TRAITÉ ÉLÉMENTAIRE

DE

DROIT CIVIL

CONFORME AU PROGRAMME OFFICIEL DES FACULTÉS DE DROIT

PAR

MARCEL PLANIOL
PROFESSEUR DE DROIT CIVIL A LA FACULTÉ DE DROIT DE PARIS

DEUXIÈME ÉDITION

TOME TROISIÈME

Mariage et divorce
Régimes matrimoniaux
Successions
Donations et testaments

PARIS
LIBRAIRIE COTILLON
F. PICHON, SUCCESSEUR, ÉDITEUR
Libraire du Conseil d'État et de la Société de législation comparée.
24, rue Soufflot, 24
1903

TRAITÉ ÉLÉMENTAIRE

DE

DROIT CIVIL

TOME TROISIÈME

Chaque exemplaire doit porter la griffe de l'auteur et celle de l'éditeur.

CHARTRES. — IMP. DURAND, RUE FULBERT

TRAITÉ ÉLÉMENTAIRE

DE

DROIT CIVIL

CONFORME AU PROGRAMME OFFICIEL DES FACULTÉS DE DROIT

PAR

MARCEL PLANIOL

PROFESSEUR DE DROIT CIVIL A LA FACULTÉ DE DROIT DE PARIS

DEUXIÈME ÉDITION

TOME TROISIÈME

Mariage et divorce
Régimes matrimoniaux
Successions
Donations et testaments

PARIS

LIBRAIRIE COTILLON

F. PICHON, SUCCESSEUR, ÉDITEUR

Libraire du Conseil d'État et de la Société de législation comparée.

24, rue Soufflot, 24

1903

PLAN DE L'OUVRAGE

PRÉFACE

Le troisième volume du *Traité* contient la plus grande partie des matières qui sont actuellement attribuées à l'examen de troisième année, mais non pas toutes. Pour en avoir l'ensemble complet, il faut y ajouter la théorie des *incapables* et celle de la *filiation*, qui ont été placées dans le tome Ier (1re édit., p. 661 et suiv.; 2e édit., p. 687 et suiv.), afin d'éviter une disproportion excessive dans l'épaisseur des trois volumes. En troisième année, l'étudiant a donc à apprendre près de la moitié du droit civil (un millier d'articles environ). Il est évident que le professeur n'a pas le temps, même dans un cours annuel de trois leçons par semaine, de faire passer une pareille abondance de textes sous les yeux de son auditoire. Sans doute, il y a dans cet ensemble, comme partout dans la législation, des dispositions d'importance médiocre ou purement réglementaires, qu'il ne s'attardera pas à commenter. Néanmoins, toutes les parties qui composent le programme ont une valeur pratique ou un intérêt social considérable : la protection des mineurs, l'interdiction des majeurs, la filiation légitime ou naturelle et ses modes de preuves, le mariage, le divorce, le régime des biens entre époux, la dévolution des biens par décès, les donations et les testaments; aucun de ces morceaux n'est chose négligeable. La seule solution serait la création, non pas d'une quatrième année d'études, mais d'un quatrième cours de droit civil, au moins semestriel, en troisième année. Après avoir développé, avec une complaisance marquée, les enseignements auxiliaires et les sciences à côté, on s'apercevra peut-être que le morceau principal de la science du droit a besoin d'être amplifié à son tour et porté au niveau de ses dérivés et de ses annexes.

Sans chercher à faire une table générale pour les trois volumes, laquelle ferait double emploi avec celles qui terminent les tomes I et II, j'ai ajouté à la table du tome III, un grand nombre de renvois aux deux précédents volumes qui faciliteront les recherches et permettront de retrouver les renseignements qui s'y trouvent contenus.

Quant au numérotage, diverses raisons m'ont obligé à le remanier dans tout le tome Ier et jusque vers le milieu du tome II; à partir du n° 2047 (contrat de prêt), il n'a pas varié; celui du tome III tout entier est resté le même que dans la première édition.

INDEX BIBLIOGRAPHIQUE

des ouvrages les plus fréquemment cités.

Alexandresco. *Droit ancien et moderne de la Roumanie.* Paris et Bucarest, 1898.

Accarias. *Précis de droit romain.* 2 vol. in-8°. Quatrième édition, 1886-1891.

Argentré (Bertrand d'). Œuvres complètes, comprenant des commentaires sur la coutume de Bretagne (rédaction de 1539) et des traités spéciaux. Éditions diverses de 1608, 1614, 1621, 1646, sous le titre de *Commentarii in patrias Britonum leges.*

Aubry et Rau. *Cours de droit civil français,* en 8 vol. in-8°. La quatrième édition a paru de 1869 à 1878. Une cinquième édition est en cours de publication.

Barre (Ernest). *Le code civil allemand et le code civil français comparés entre eux.* 2e édit. Traduction française par Jacques Hartmann. Berlin et Paris, 1899.

Béquet et Laferrière. *Répertoire de droit administratif,* entrepris en 1882, 16 vol. in-4° parus.

Beaumanoir. *Coutumes de Beauvaisis,* 2 vol. in-8°. Édit. Beugnot, 1842; édit. Salmon, 1899-1900.

Berthélemy. *Traité élémentaire de droit administratif,* 2e édit., 1902.

Bienvenu Martin. *Notes de jurisprudence,* 1892. Voy. Reynaud.

Bourdot de Richebourg. *Coutumier général,* 1724. Huit tomes in-f°, souvent reliés en 4 vol. Recueil presque complet des anciennes coutumes de France.

Bourjon. *Le droit commun de la France et la coutume de Paris réduits en principes,* 1747. 2 vol. in-f°.

Cauwès. *Cours d'économie politique,* 2e édit., 1893, 4 vol. in-8°.

Colin (Maurice) et Baudry-Lacantinerie. *Traité des donations entre vifs et testaments.* Paris, 1899, 2 vol. in-8°.

Colmet de Santerre [Demante et]. *Cours analytique de Code civil,* 9 vol. in-8°, 2e édit., 1881-1895; 3e édit., 1895-1896 (2 vol. parus).

Dalloz. *Répertoire méthodique et alphabétique de législation, de doctrine et de jurisprudence,* appelé aussi *Jurisprudence générale,* 44 vol. in-4°, 1844-1869. — *Supplément,* 19 vol. in-4°, 1887-1897.

Dalloz. *Code des lois administratives,* 5 vol. in-4°, 1887-1900.

Demante. Voy. Colmet de Santerre.

Demolombe. *Cours de Code Napoléon,* 31 vol. in-8°. Composé de traités séparés, dont plusieurs ont eu jusqu'à 8 éditions de 1845 à 1896.

Domat (Jean). *Les lois civiles dans leur ordre naturel,* 2 vol. in-f°. Éditions nombreuses de 1639 à 1777.

Ducrocq. *Cours de droit administratif,* 6e édit., en 2 vol., 1881. Une édition nouvelle, qui formera 7 vol., a été commencée en 1897.

Dumoulin. *Opera omnia,* 5 vol. in-8°. La dernière édition est de 1681.

Esmein. *Cours d'histoire du droit français,* 3e édit., 1898.

Esmein. *Le mariage en droit économique.* Paris, 1891, 2 vol. in-8°.

Fenet. *Recueil complet des travaux préparatoires du Code civil.* Paris, 1827-1828. 15 vol. in-8°.

Fenet. *Recueil complet des travaux préparatoires du Code civil.* Paris, 1827-1828. 15 vol. in-8°.

Ferrière (Claude de). *Corps et compilation de tous les commentateurs sur la coutume de Paris,* 2e édit. en 4 vol. in-f°. Paris, 1713.

FERRIÈRE. *Nouveau commentaire sur la coutume de Paris*; nouvelle édition par Sauvan d'Aramon. Paris, 1770, 2 vol. in-12.

FUZIER-HERMAN et DARRAS. *Code civil annoté*, 4 vol. in-4°, 1885-1898. *Supplément*, t. Ier, seul paru (1900).

GARSONNET. *Traité théorique et pratique de procédure*, 6 vol. in-8° 1882-1897. Une seconde édition en 8 volumes a été entreprise en 1898.

GIRARD. *Manuel de droit romain*, 3e édit., 1901.

HUC. *Commentaire du Code civil*, 13 vol. parus de 1892 à 1900.

HUC et ORSIER. *Code civil italien*. Traduction et commentaire, 2 vol., 1868.

LAMBERT (ÉDOUARD). *De l'exhérédation et des legs faits au profit d'héritiers présomptifs*, Paris, 1895 (Ouvrage couronné par la Faculté de droit de Paris, concours de doctorat).

LAURENT. *Principes du droit civil français* (ouvrage belge), 33 vol. in-8°. Un supplément a commencé à paraître en 1895.

LAURENT. *Avant-projet de révision du Code civil*, 6 vol. in-4°. Bruxelles, 1882-1885.

LAURIÈRE (EUSÈBE DE). *Textes des coutumes de la prévôté et vicomté de Paris*. Paris, 1778, 3 vol. in-12.

LECOURTOIS et SURVILLE. *Traité du contrat de mariage*. Paris, 1901, 3 vol. in-8°. Ouvrage compris dans le grand traité de droit civil publié sous la direction de M. Baudry-Lacantinerie.

LOCRÉ. *Législation civile, commerciale et criminelle de la France*. Recueil des discussions et travaux préparatoires de nos Codes, 31 vol. in-8°, Paris, 1829-1832.

LOYSEL (ANTOINE). *Institutes coutumières*. Première édition en 1646. Annoté par Eusèbe de Laurière en 1710. Réimpressions en 1758, 1774 et 1783. Nouvelle édition par Dupin et Laboulaye. Paris, 1846, 2 vol. in-12.

LYON-CAEN et RENAULT. *Traité de droit commercial*. La première édition, parue en 1884, sous le titre de *Précis*, n'avait que 2 vol. Une troisième édition, en 10 vol., est en cours de publication (t. 1er, 1898).

MERLIN. *Répertoire universel et raisonné de jurisprudence*, 4e édit., 1812 à 1826, 17 vol. in-4°.

MERLIN. *Questions de droit* (recueil alphabétique des — qui se présentent le plus fréquemment devant les tribunaux). Quatre éditions de 1810 à 1830.

PANDECTES FRANÇAISES. Recueil périodique d'arrêts, fondé en 1886 et actuellement dirigé par MM. Weiss et Louis Lucas.

POTHIER. *Œuvres*, annotées par M. Bugnet, 2e édit., Paris, 1861-1862.

REGNAULT (PIERRE). *Étude critique de la jurisprudence relative à la représentation de la dot par les paraphernaux*. Thèse, Paris, 1894.

REYNAUD (JOSEPH). *Notes de jurisprudence du Conseil d'État*, de 1879 au 31 décembre 1897, Melun, Impr. administrative, 1899.

RODIÈRE et PONT. *Traité du contrat de mariage et des droits respesctifs des époux*. 2e édit., Paris, 1865-1869, 3 vol. in-8°.

ROUSSILHE. *Traité de la dot*, 1785. Nouvelle édition par Sacase, Paris et Toulouse, 1856, 1 vol. in-8°.

SIMONET. *Traité élémentaire de droit public et administratif*, 3e édit., 1899.

SIREY. *Recueil général des lois et des arrêts*. 1 vol. in-4° par an.

TISSIER (THÉOD.). *Traité théorique et pratique des dons et legs aux établissements publics et d'utilité publique*, 1896, 2 vol. in-8° (extrait du *Répertoire* de BÉQUET).

TURGEON (CHARLES). *Le féminisme français*. 2 vol. in-12, Paris, 1902.

VIOLLET (PAUL). *Histoire du droit civil français*, 2e édit., 1893.

WAHL (ALBERT) (BAUDRY-LACANTINERIE et). *Traité des successions*. Paris, 1899, 3 vol. in-8°.

WEISS (ANDRÉ). *Traité théorique et pratique de droit international privé*. En cours de publication. Quatre volumes parus de 1892 à 1901.

ABRÉVIATIONS

A. C. . . Ancienne coutume. Rédaction d'une coutume qui a été ensuite réformée. (Voy. N. C.)

Al. . . . Alinéa.

Ann. étr. . *Annuaire de législation étrangère*, publié par la Société de législation comparée. Voy. t. Ier, n° 132.

Arg. art. . Argument tiré de l'article.

Cass. . . Arrêt de la Cour de cassation.

Cbn. . . Combinés.

C. . . . Code.

C. civ. . . Code civil. Cette abréviation se rapporte toujours au Code civil français ; les codes étrangers sont toujours indiqués d'une manière spéciale.

C. com. . Code de commerce.

C. I. crim . Code d'instruction criminelle.

Comp. . . Comparez.

C. pén. . . Code pénal.

C. proc. civ. Code de procédure civile.

D. . . . Dalloz. Recueil périodique d'arrêts. Cette abréviation : D. 78. 1. 89, signifie : Dalloz, année 1878, première partie, p. 89. Voy. t. Ier, n° 115.

Décl. . . Déclaration du roi.

Décr. . . Décret.

Dig. . . . *Digeste*. Recueil de droit romain fait par l'ordre de Justinien au VIe siècle. Les citations se font ainsi : *Dig.* liv. X, tit. I, fr. 2, § 3. Les lettres fr. désignent les différents fragments ; le premier § de chacun d'eux, qui ne porte pas de numéro, s'appelle *principium* et se désigne par les lettres pr.

L. . . . Loi.

N. C. . . Nouvelle coutume (dernière rédaction d'une coutume).

P. . . . *Pandectes françaises*. Recueil périodique d'arrêts. Voy. t. Ier, n° 115.

Répert. . . *Répertoire alphabétique* de Dalloz. Voy. t. Ier, n° 121.

S. . . . Sirey. Recueil d'arrêts. Voy. t. Ier, n° 115. Pour le mode de citation, voy. ci-dessus, D.

S. chr. . . *Sirey chronologique*. Réimpression des premières années de Sirey jusqu'à 1830, dans laquelle les arrêts importants ont seuls été conservés et mis par ordre chronologique.

Suppl. . . *Supplément* du Répertoire de Dalloz. Voy. t. Ier, n° 121.

T. . . . Tome.

T. A. C. . *Très ancienne coutume*. Rédaction primitive d'une coutume qui, comme celle de Bretagne, en a eu trois successives.

V°. . . . (Verbo) au mot.

OBSERVATIONS

Tout article cité sans indication spéciale est un article du Code civil.

L'astérisque simple * indique un passage à étudier spécialement en vue de l'examen.

Le double astérisque ** indique les points les plus importants.

Pothier est toujours cité d'après l'édition Bugnet ; Loysel, d'après l'édition Dupin et Laboulaye ; le Digeste, d'après l'édition Mommsen.

PREMIÈRE PARTIE

MARIAGE ET DIVORCE

LE MARIAGE

1. Bibliographie. — ESMEIN, *Le mariage en droit canonique*, Paris, 2 vol., 1891. — CH. LEFEBVRE, *Introduction générale à l'histoire du droit matrimonial français*, Paris, 1900 ; du même auteur, *La coutume française du mariage au temps de saint Louis*, conférence faite à la Sorbonne, le 21 mars 1901. — P. GIDE, *Condition civile et politique des femmes*, 2e édit., 1885. — ERN. GLASSON, *Le mariage civil et le divorce dans l'antiquité et dans les principales législations modernes de l'Europe*, Paris, 2e édit., 1880. — LE P. DANIEL, *Le mariage chrétien et le divorce*, 1870. — BASDEVANT, *Des rapports de l'Église et de l'État dans la législation du mariage, du Concile de Trente au Code civil*, thèse, Paris, 1900. — HOROY, *Traité du mariage* (droit canonique), 1886. — MEYNIAL, *Le mariage après les invasions*, *Nouvelle Revue historique de droit*, 1896-1898. — P. QUINQUET DE MONJOUR. *L'indissolubilité du mariage en France du Ve siècle au Concile de Trente*, thèse, Paris, 1901. — Voyez aussi nos 58, 99, 157 et 353.

***2. Importance de cette matière.** — L'importance sociale du mariage est extrême : pour les époux eux-mêmes, il est l'acte décisif de la vie et, comme le disait M. Ch. Beudant, « le moyen le plus complet de se rendre ici-bas heureux ou malheureux » ; il intéresse les parents des deux époux, à qui il va donner un nouvel allié et de nouveaux parents ; il intéresse au plus haut point l'État tout entier, qui n'est qu'un agrégat de familles. Les règles juridiques qui le gouvernent sont donc de la plus grande importance[1]. Cependant cette matière ne tient pas dans les affaires et dans les diverses carrières juridiques une place proportionnelle à son intérêt et à sa valeur. Les procès qu'elle soulève sont rares ; les questions de nullités de mariage, si considérables et si délicates en doctrine, se rencontrent si rarement qu'elles sont dans la pratique une quantité négligeable.

---

[1] C'est le mariage qui crée la famille et c'est sur le mariage que tout repose. Une mauvaise législation du mariage pourrait perdre un État, si le mariage ne dépendait des mœurs publiques et du niveau des idées morales plus encore que de la législation.

CHAPITRE PREMIER

NOTIONS PRÉLIMINAIRES[1]

§ 1. — *Définition et caractères généraux du mariage.*

A. — Du mariage légitime.

*** 3. Changement nécessaire dans la définition traditionnelle.** — Les formules que les Romains employaient pour définir le mariage ne sont plus exactes. D'après les idées antiques, le mariage aurait pour essence l'*établissement de l'égalité* entre les deux époux : « Individua vitæ consuetudo, consortium omnis vitæ, divini atque humani juris communicatio. » Dans une société répartie en classes, où existe une hiérarchie sociale des personnes, et où chaque famille a son culte particulier, on conçoit que la loi traduise sous cette forme le caractère de l'union qu'elle sanctionne. Cet effet était celui qui frappait le plus, et il était suffisant pour caractériser l'union légale et pour la distinguer du concubinage, simple union de fait. — Mais chez les peuples modernes, et spécialement en France, où les distinctions sociales ont disparu des lois et ne subsistent plus que dans les mœurs, la définition romaine n'a plus de sens : pour lui en donner un, on est obligé de la transporter et d'en faire une définition *morale*, de *juridique* qu'elle était.

Où se trouve donc aujourd'hui le caractère propre du mariage, capable de le distinguer du concubinage ? Uniquement *dans sa force obligatoire* : le mariage est une union qui ne se dissout pas au gré des époux et qui, de sa nature, doit durer autant que leur vie. Quand on se marie, *on se lie juridiquement,* on « s'oblige ». Le mariage moderne est un « contrat » que la loi fait respecter, qu'elle ne permet pas de rompre et qu'elle sanctionne ; l'adultère est un » délit ». Que cette force obligatoire du mariage moderne lui soit procurée par la religion ou par la loi, peu importe : là est son caractère véritable. A l'époque romaine, on ne se mariait pas pour s'assurer la fidélité de son conjoint : le divorce était libre ; il avait lieu sans cause déterminée, sans

[1] Je ne place pas en tête un aperçu historique du mariage dans son ensemble, ce qui m'aurait forcé à parcourir deux fois le cycle entier d'abord pour le passé, ensuite pour le présent. Les notions historiques sont exposées à propos de chaque point particulier. Voyez notamment pour les formes du mariage, nos 158 à 170 ; pour le consentement des parents, nos 59 à 62 ; pour les nullités et empêchements, nos 37, 48, 55-57, 61-62, 349, 386, 423, 429. Voyez aussi les nos 11 à 13 et 101 à 105.

procédure, sans jugement ; il pouvait même se faire sous le nom de « repudium », par la volonté d'un seul des deux époux : les « justæ nuptiæ » étaient aussi fragiles que le « concubinatus ».

Le grand fait historique, qui a changé la conception du mariage, est donc l'établissement plus ou moins complet de son *indissolubilité*. Il s'est produit sous la forme d'une réglementation restrictive du divorce, qui dans les pays catholiques, et en France même pendant longtemps, est allée jusqu'à sa suppression complète. Si cette indissolubilité ne s'était pas établie, la disparition des castes, sous l'influence des idées chrétiennes d'égalité et de fraternité, aurait confondu le mariage avec le concubinat. Aujourd'hui les traits essentiels du mariage, les seuls qui méritent de figurer en première ligne dans sa définition, sont donc sa force obligatoire et sa durée. On doit dire : le mariage est *un contrat par lequel l'homme et la femme établissent entre eux une union que la loi sanctionne et qu'ils ne peuvent rompre à leur gré* [1]. — On voit par là à quel point sont éloignées du but les définitions antiques qui traînent encore dans beaucoup de livres de droit.

***4. Caractère contractuel du mariage.** — L'idée que le mariage est un contrat est rejetée par beaucoup de gens. Chez la plupart, c'est l'effet d'une préoccupation religieuse, parce que dans la doctrine canonique, l'institution du sacrement de mariage a absorbé le contrat. Mais la loi, qui statue pour un peuple pratiquant des religions différentes et comprenant même des personnes qui n'en pratiquent aucune, ne peut pas faire sienne une conception religieuse (ci-dessous n° 163). Chez quelques autres, l'erreur tient à une notion inexacte de la nature des contrats [2].

***5. Distinction dans le mariage de la convention et de l'état matrimonial.** — Une confusion, facile à éviter, est quelquefois commise par ceux qui prétendent que le mariage n'est pas un contrat. Ils entendent par mariage l'*état matrimo-*

[1] Comparez la définition de Portalis : « La société de l'homme et de la femme qui s'unissent pour perpétuer leur espèce, pour s'aider par des secours mutuels à porter le poids de la vie, et pour partager leur commune destinée ». Voyez la critique qu'en fait M. Ch. Beudant, qui reproche à Portalis de sacrifier à la phrase et de faire de la procréation des enfants le but essentiel du mariage. M. Beudant propose de définir le mariage : « la convention par laquelle deux personnes de sexe différent unissent pour la vie leurs destinées à titre d'époux. » (*Cours*, t. I. p. 293). N'est-ce pas faire entrer la chose à définir dans la définition, car qu'est-ce que deux époux, sinon des gens mariés ?

[2] Ainsi certains philosophes commencent par établir comme un axiome qu'un contrat est un acte essentiellement arbitraire dans toutes ses parties. Ils ont ensuite beau jeu pour démontrer que le mariage n'est pas un contrat, parce que les époux ne sont pas libres d'en déterminer à leur gré les conséquences ni de le rompre d'un commun accord (BEAUSSIRE, *Principes du droit*, p. 212-213). Ce raisonnement repose sur une méconnaissance absolue des idées juridiques. Il est faux qu'un contrat soit nécessairement arbitraire en toutes ses parties. Quelle que soit l'opération qui fait l'objet du contrat, il y a nécessairement des points que les contractants ne sont pas libres de modifier : il y a toujours des conditions, des éléments, des effets qui sont de l'*essence* du contrat et sans lesquels l'acte ne se conçoit même pas. Il en est de même pour le mariage. Sans doute pour lui la liberté des parties est moindre, parce que l'Etat est directement intéressé à la constitution intérieure des familles. Il a donc réglé lui-même la convention matrimoniale, et il en impose aux particuliers le cadre tout fait. Mais il n'en faut pas conclure que la liberté des parties soit nulle : les divers *régimes matrimoniaux* entre lesquels les époux ont à choisir sont là pour prouver le contraire ; les droits du mari et la situation de la femme varieront, suivant le régime qu'ils adopteront. D'ailleurs, quand même cette liberté serait nulle, le mariage n'en serait pas moins un contrat parce que la véritable définition du contrat est celle-ci : *un accord de volontés productif d'obligations.*

nial, la condition sociale des époux. Il faut bien prendre garde que le mot *mariage* a deux sens : on s'en sert pour désigner tantôt la convention ou volonté de vivre ensemble, tantôt le genre de vie qui en résulte. Pris dans le second sens, le mariage n'est pas un contrat, c'est un *état* : on dit qu'il dure, qu'il finit ; qu'il est heureux ou malheureux, etc.; mais quand on le prend dans le premier sens, on dit qu'il se conclut, qu'il se brise, qu'il est valable ou nul, toutes choses qui ne sont intelligibles que pour les contrats. C'est donc jouer sur les mots que de dire : le mariage n'est pas un contrat, parce que c'est un « état de vie » ; cet état de vie naît d'un contrat qui s'appelle aussi « mariage ».

* **6. But du mariage.** — L'institution du mariage a plus d'une utilité. Celle qu'on met toujours en avant la première, c'est *l'association* des époux. « L'homme et la femme s'unissent, disait Portalis, pour s'aider par des secours mutuels à supporter le poids de la vie » (LOCRÉ, *Lég. civ.*, t. IV, p. 479-481 [1]). — « Le mariage est une véritable société : les langues, les mœurs, les législations de tous les pays en font foi » (GLASSON, *Le droit civil français*, nouv. édit., t. I, p. 119). Sans aucun doute le mariage a cet effet de créer entre les époux des devoirs réciproques : il les associe, mais ce n'est pas là son but : ce n'est pas l'intérêt personnel des époux qui justifie le mariage. Son motif impérieux se trouve dans les devoirs communs des parents envers les enfants : l'union prolongée des père et mère n'est que le moyen de remplir ces devoirs. C'est la faiblesse de l'enfant, que la mère est impuissante à protéger seule, qui a imposé à l'homme cette union perpétuelle. Sans cette nécessité, l'humanité aurait pu s'en tenir aux mœurs préhistoriques, à la phase primitive des unions libres et temporaires. La production de générations nouvelles, — et je n'entends pas seulement par là la procréation des enfants, mais leur protection et leur éducation, — telle est la véritable raison d'être du mariage.

Ce qui trompe ceux qui soutiennent le contraire, c'est que le mariage a lieu quelquefois à un moment où la procréation des enfants n'est plus possible ; on ne lui voit plus alors d'autre but que la vie commune. Mais ce fait est trop exceptionnel pour altérer le caractère normal du mariage. Il arrive fréquemment qu'une institution juridique, établie dans un but déterminé, trouve ensuite dans la pratique d'autres utilités secondaires en vue desquelles elle n'a pas été faite. D'ailleurs la vie commune elle-même peut être impossible, par exemple dans les mariages *in extremis* : quand un mariage a lieu dans ces conditions, ce n'est ni pour vivre ensemble, ni pour avoir des enfants qu'on se marie, puisque l'un des conjoints va mourir. Le mariage ne conserve plus d'utilité que pour légitimer des enfants déjà nés, ou pour donner le titre d'épouse à une concubine ou à une fiancée. La réalisation du moindre des effets du mariage suffit pour le motiver dans

[1] On a reproché à Portalis d'avoir présenté la vie conjugale comme un *fardeau*. « C'est un système philosophique aussi faux qu'il est dangereux », disait Mourlon. « Doctrine funeste ! », disait Laurent. Il n'y a pourtant rien d'immoral à parler des charges de la famille et à évoquer ainsi l'idée du *devoir* devant ceux qui se marient.

des cas exceptionnels, mais non pas pour donner théoriquement la raison d'être décisive de cette institution, son but social.

Au fond le mariage n'est pas autre chose que l'union sexuelle de l'homme et de la femme, élevée à la dignité de contrat par la loi et de sacrement par la religion, parce que ceux qui réclament le titre d'époux comprennent toute la portée de leur union et en acceptent toutes les conséquences et tous les devoirs. Le droit canonique, plus rapproché que nos lois modernes des origines historiques de l'institution, a toujours tenu pour maxime que la consommation du mariage (copula carnalis) était de son essence [1]. Un mariage non suivi de consommation était nul. C'est ainsi que Louis XII a pu faire annuler son union avec la fille de Louis XI pour épouser Anne de Bretagne.

C'est pour cela que jusqu'à la Révolution on a hésité à admettre la validité des mariages contractés « in extremis vitæ momentis », c'est-à-dire à un moment où il est certain qu'aucune consommation ne peut plus avoir lieu. Si la loi moderne a cessé d'appliquer cette règle avec rigueur, c'est qu'elle tient compte de la multiplicité des effets juridiques du mariage et qu'il lui paraît suffisant que l'un de ces effets (la légitimation d'un enfant, par exemple) puisse être obtenu pour motiver la célébration d'une union.

7. Diminution du nombre des mariages. — Un fait très alarmant se produit en France : le nombre des mariages a beaucoup diminué depuis 1851. Un léger mouvement de reprise a été constaté : 290 171 mariages en 1896, 291 462 en 1897, 295 752 en 1899, 299 084 en 1900 [2], contre 289 555 en 1884, et 269 332 en 1890 ; mais ce fait s'explique en partie par les progrès du divorce : un bon nombre des gens qui se marient sont des divorcés, de sorte que le nombre total des gens mariés n'augmente pas autant que le disent les statistiques. Sur « la crise du mariage », voyez TURGEON, *Le féminisme français*, t. II, p. 68-80, et JOLY, dans le *Correspondant*, janvier 1902.

8. Diminution du nombre des naissances. — A l'affaiblissement du mariage correspond une diminution plus effrayante encore de la natalité. En sept ans, de 1883 à 1890, on a constaté une baisse de près de 100 000 dans le nombre des naissances : de 937 944, elles sont tombées à 838 059. Elles s'étaient relevées un peu en 1899 ; on a compté en France 847 627 naissances, ce qui est encore un chiffre extrêmement faible, et l'excédent des naissances sur les décès a été seulement de 31 394. En 1900, nouveau recul : 827 297 naissances (moyenne des dix dernières années : 854 076) ; et le chiffre des décès, qui donne un excédent de 25 988, s'élève à 853 285, alors que la moyenne des décès des dix dernières années était seulement de 831 361 [3]. Pendant ce temps-là, la popula-

[1] Aucune législation n'a attribué autant d'importance aux rapports sexuels dans la conception du mariage. M. Esmein (t. I, p. 83-84) explique ce caractère du droit canonique par une double influence : ce droit s'est formé d'abord par la pratique plutôt que par la science, il a largement emprunté aux coutumes et aux idées populaires, et il s'est fait peuple, pour ainsi dire, en adoptant cette conception du mariage que le peuple envisage surtout par son côté naturaliste. — En second lieu, l'influence de certains textes de l'Ecriture a été prépondérante. La loi juive porte encore la marque des coutumes primitives jusque dans ses expressions pittoresques et poétiques. — Voyez aussi ce que dit M. Esmein, à la p. 99, sur la façon dont la nécessité de l'union sexuelle s'est introduite dans la doctrine canonique comme un élément essentiel du mariage.

[2] Ce dernier chiffre est le plus élevé qu'on ait observé depuis 1876.

[3] Rapport au ministre du Commerce sur le mouvement de la population, décembre 1901 (*Journal officiel* du 2 décembre 1901). Sur le recensement de 1901, voir l'*Economiste français*, du 6 juillet et du 24 août 1901.

tion allemande augmente rapidement : l'année 1898 a donné 1 964 731 naissances, soit plus du double des naissances françaises, et l'excédent des naissances sur les décès a été de 846 871 ; c'est un accroissement de population qui est de 27 à 28 fois supérieur au nôtre. Aussi l'Allemagne, contre laquelle nous avons lutté en 1870 avec une population presque égale à la sienne, peut opposer maintenant 55 millions d'habitants à nos 38 millions de Français. Au train dont vont les choses, il y aura bientôt 100 millions d'Allemands en Europe (y compris ceux d'Autriche). Quelle figure ferons-nous auprès d'eux [1] ?

B. — Du concubinage.

9. Sa nature extrajuridique. — C'est par ses formes et par son caractère obligatoire que le mariage se distingue aujourd'hui du concubinage. Celui-ci est un *pur fait* : ce n'est pas un *contrat* ; il n'a point de formes déterminées, et il ne produit point d'effets juridiques ; il reste entièrement en dehors du droit. Tout ce qu'on peut en dire c'est qu'il est *licite*, à moins qu'il ne constitue un adultère ou un enlèvement de mineur ; l'inceste n'est pas puni.

Devant la conscience les concubins ont les mêmes devoirs que les époux : toute union d'un homme et d'une femme engendre les mêmes obligations, parce qu'elle peut donner naissance à un enfant et fonder en fait une famille. La différence est que les *époux* reconnaissent ces obligations et s'engagent à les remplir, tandis que les *concubins* ne s'y astreignent pas et se réservent la possibilité de s'y soustraire. Ce qui fait que le concubinage est immoral, ce n'est pas une simple omission, l'absence des formes initiales, c'est que grâce à cette irrégularité, les concubins conservent leur liberté et enlèvent au pouvoir social tout moyen de contrainte. Or la société a un intérêt suprême à la durée des unions qui créent les familles [2].

10. Le concubinage à l'époque romaine. — La distinction du concubinage et du mariage est donc aujourd'hui très nette. Il n'en a pas toujours été de même. En droit romain il n'y avait pas à proprement parler de *célébration* du mariage : le droit réglait seulement ses *conditions* de validité et ses *effets* ; il ne s'occupait pas de ses *formes* ; les cérémonies religieuses, les fêtes et réjouissances qui accompagnaient ordinairement le mariage n'étaient pas nécessaires. D'autre part, le divorce n'était pas réglementé ; il pouvait avoir lieu sans cause déterminée et même par la volonté d'un seul des deux époux (*repudium*). Le mariage était donc aussi peu solennel et aussi peu solide que le concubinage, de sorte que la distinction était souvent difficile à faire. Quant à la théorie traditionnelle qui fait du « concubinatus » une union juridique, une sorte de mariage inférieur, elle perd tous les jours du terrain, et l'avenir appartient aux idées émises sur ce sujet par M. Gide [3].

[1] Notre système fiscal a une bonne part de responsabilité dans ce phénomène, qui amoindrit progressivement la race française en lutte avec des races plus prolifiques. Il est organisé de telle sorte que les taxes écrasent les familles nombreuses ; l'impôt sur les loyers notamment est en réalité un impôt sur les charges de famille ; il ne serait équitable que si on divisait le revenu présumé du chef de famille par le nombre de personnes qu'il fait vivre. Les détaxes qu'on a proposées de quelques francs par enfant sont grotesques. M. Paul Leroy-Beaulieu a eu une idée bien meilleure, qui serait de réserver toutes les places des administrations publiques, ou dépendant de l'État, aux pères de famille ayant au moins trois enfants (*Le constant abaissement de la natalité en France et le moyen de l'enrayer*, dans l'*Économiste français*, du 7 décembre 1901).

[2] Cela n'empêche pas le législateur moderne de pousser de tout son pouvoir à l'abandon du mariage en améliorant systématiquement la situation de l'enfant naturel : depuis 1896 les gens non mariés peuvent se donner, par un simple concubinage, des enfants qui ont, par rapport à eux, des droits équivalents à ceux des enfants légitimes. Voyez ci-dessous n°s 1834-1838 et 2944-2954. Tous ceux qui n'attendent pas des successions de leurs familles sont ainsi sollicités par la loi elle-même à s'affranchir des liens du mariage. Nous tendons vers un état social où il n'y aura plus que les gens riches à se marier.

[3] *De la condition de l'enfant naturel et de la concubine dans la législation romaine.* Paris, 1880 (Extrait du Compte Rendu de l'Acad. des Sciences morales et politiques, et réimprimé en 1885 par M. Esmein à la suite de *La condition privée de la femme*, 2e édition).

§ 2. — *Histoire de la législation du mariage.*

***11. Période antique.** — Dans l'empire romain c'était le pouvoir civil qui possédait la législation et la juridiction en matière de mariage. Quand vint le christianisme, les empereurs s'inspirèrent de plus en plus des principes de l'Église, mais ne s'y conformèrent jamais absolument. Ainsi ils maintinrent le divorce, que l'Église condamnait.

Les actes législatifs du pouvoir séculier sur le mariage se prolongent jusque vers l'an 900 : les derniers documents de ce genre que l'on cite sont les capitulaires de Verberie et de Compiègne, de 758 et 768 (Boretius, *Capitularia*, t. I, p. 15) et l'édit de Piste de 864 (Launoy, *Regia in matrimonium potestas*, 1674, p. 347-348).

***12. Période canonique.** — Dès le début l'Église avait établi des préceptes nouveaux en matière de mariage, et comme son autorité allait en grandissant, ce qui n'avait été à l'origine qu'un pouvoir disciplinaire finit par devenir un véritable pouvoir de législation et de juridiction. On peut admettre que cette substitution de l'Église au pouvoir séculier était consommée au xe siècle. Depuis lors, et pendant plus de six cents ans, l'Église fut seule à légiférer sur le mariage, et seule à juger les causes matrimoniales. Ce fait est un des points les plus importants de l'histoire de l'Église. L'Évangile a été avant tout une réforme morale, et ce fut sur la vie privée, et en particulier sur le mariage, que porta l'effort décisif.

***13. Retour offensif du pouvoir civil.** — A partir du xvie siècle, la royauté s'efforça de reconquérir le terrain perdu. Elle commença par ressaisir la *juridiction sur les causes matrimoniales*. Les tribunaux laïques avaient toujours conservé la connaissance des *questions d'ordre pécuniaire* qui naissent du mariage ; ils partirent de là pour connaître des affaires relatives au mariage lui-même. De bonne heure, ils statuèrent sur les *questions de séparation de corps*, sous prétexte que cette séparation des personnes entraîne la séparation de biens. Ils se mirent plus tard à juger les *demandes en nullité de mariage*, soit en distinguant le contrat du sacrement (Houard, *Dictionnaire de la coutume de Normandie*, t. I, p. 337), soit en déclarant, sur appel comme d'abus, « mal et abusivement contractés » les mariages non conformes aux règles sur l'âge des époux, sur la publication des bans, sur le consentement des parents (Fleury, *Institution au droit ecclésiastique*, t. II, p. 46).

A partir de 1556, les *ordonnances royales* recommencent à s'occuper du mariage. Elles n'osent pas établir des causes de nullité que l'Église ne connaît pas ; mais elles retirent peu à peu les effets civils à certains mariages : elles permettent aux parents de déshériter leurs enfants qui se sont mariés sans leur consentement (Ord. de février 1556 v. st. ; ord. de Blois de 1579) ; plus tard elles prononcent de plein droit la déchéance de tous droits successoraux contre ces enfants (Ord. de 1639) et quelquefois même la peine de mort (Ord. du 22 novembre 1730). D'autres ordonnances s'occupèrent de la forme des mariages (Ord. de Blois, 1579 ; édit de mars et déclaration de juin 1697).

L'État a mis trois siècles à ressaisir le double pouvoir que l'autorité civile avait laissé jadis glisser de ses mains. Depuis la Révolution son triomphe est complet. Il y a une scission absolue entre la loi de l'État et les préceptes de la religion, et la loi civile « ignore » la législation canonique (Comp. Viollet, *Précis*, p. 334-339 ; 2e édit., p. 395-401).

***14. État actuel.** — Actuellement le droit français considère le mariage comme un contrat exclusivement civil : la loi seule en règle les conditions, les formes, les effets, les nullités. Il s'est produit ainsi pour le mariage, considéré au fond et en lui-même, de même que pour les registres de l'état civil, une sécularisation complète. C'est un principe incontesté de notre droit public depuis la constitution de 1791, qui portait : « La loi ne considère le mariage que comme un contrat civil » (Tit. II, art. 7)[1]. Une disposition analogue, qui figurait dans le projet de Code civil, a été retranchée comme superflue.

[1] En Roumanie, le mariage civil est admis par le Code. Sur une controverse rela-

CHAPITRE II

CONDITIONS NATURELLES D'APTITUDE AU MARIAGE[1]

** **15. Énumération.** — Deux conditions seulement sont exigées par la loi moderne pour qu'une personne possède, d'une manière générale, l'*aptitude au mariage* : il suffit d'être 1° *pubère*, 2° *sain d'esprit*.

La loi n'exige pas la *majorité*, seulement elle oblige le mineur à se pourvoir du consentement de ses parents. Cette condition fera l'objet d'un chapitre spécial. — Le droit moderne ne tient plus compte de l'*impuissance*.

Telles sont les seules conditions exigées de chaque époux individuellement. En outre la condition fondamentale de tout mariage, qu'il est à peine besoin de rappeler, est la *différence de sexe* entre les deux personnes qui veulent s'unir.

§ 1. — *De l'impuberté.*

* **16. Nécessité d'une présomption de puberté.** — De tout temps la puberté a été considérée comme une condition du mariage ; la nature l'impose. Mais comme elle arrive à un âge qui varie d'un individu à l'autre, on ne pouvait songer, sans révolter la pudeur, à une vérification directe. On a donc établi un âge à partir duquel l'individu est considéré comme pubère. Il y a ainsi une *puberté légale*, en vertu d'une présomption de la loi, qui peut ne pas coïncider avec la puberté réelle.

** **17. Age de la puberté légale.** — D'après les traditions romaines, cet âge était fixé à 12 ans pour les femmes et à 14 ans pour les hommes, et jusqu'en 1792 on n'en a pas connu d'autre. C'était une puberté un peu précoce. La présomption était bonne peut-être pour les climats du Midi ; elle était contraire aux faits en France, et plus encore dans les pays du Nord. Heureusement les mœurs corrigeaient la loi ; on s'abstenait en général de se marier si jeune. La loi du 20 septembre 1792 exigea une année de plus, et la puberté fut fixée, suivant les sexes, à 13 et à 15 ans. Le Code civil la reporta à 15 ans *révolus* pour les femmes, et à 18 ans *révolus*[2] pour les hommes

tive à l'art. 22 de la constitution roumaine, qui semble déclarer « obligatoire » la bénédiction religieuse, voyez ALEXANDRESCO, p. 72. — En Hongrie, le mariage civil a été introduit par une loi de 1895. — Sur beaucoup de points (nullités, preuve et effets du mariage) la législation roumaine diffère fort peu de la nôtre.

[1] Il y a avantage à séparer deux catégories de conditions requises pour le mariage, quoiqu'on les examine d'ordinaire en les mélangeant : les unes sont des conditions générales, toujours applicables, qui déterminent l'*aptitude personnelle* au mariage ; les autres sont des *règles exceptionnelles*, tirées de circonstances spéciales qui peuvent, dans certains cas, créer un obstacle au mariage. Voyez ci-dessous, nos 331 et suiv.

[2] En Roumanie, on a supprimé le mot « révolus », ce qui peut permettre des mariages sans dispense près d'un an plus tôt (ALEXANDRESCO, p. 78).

(art. 144). Comme l'a dit Portalis « il était impolitique de permettre à des « êtres à peine affranchis de la stérilité de l'enfance de perpétuer dans des « générations imparfaites leur propre débilité ».

18. Propositions de réforme. — Beaucoup de personnes estiment que les chiffres adoptés par le Code civil sont encore trop faibles et que, même au point de vue physiologique, il serait avantageux de reculer de nouveau l'époque normale des mariages. Les femmes qui se marient trop jeunes n'ont que des enfants petits et chétifs, ou bien elles restent stériles pendant les premières années de leur mariage. La mortalité est beaucoup plus grande parmi les enfants de femmes très jeunes que parmi ceux dont les mères se sont mariées tard. — En Belgique, Laurent proposait, dans l'art. 141 de son *Avant-projet*, d'adopter l'âge de 21 ans sans distinction pour les deux sexes [1]. La réforme ne peut qu'être approuvée. Les tableaux statistiques montrent que les mariages précoces deviennent de moins en moins nombreux, et lorsqu'ils sont nécessaires l'emploi des *dispenses d'âge* permettrait d'apporter à cette rigueur tous les tempéraments désirables. Dans ce système la *puberté* disparaît comme condition légale des mariages ; il ne reste plus que la *majorité*.

***19. Des dispenses d'âge.** — D'après l'art. 145 le gouvernement est autorisé à permettre le mariage, même avant l'âge fixé par le Code, pour *motifs graves*. La loi l'a laissé juge de la gravité des motifs ; celui que l'on fait valoir le plus ordinairement est la grossesse de la femme. Il y a sur ce sujet des circulaires ministérielles de 1824 et de 1832. Le mode à suivre pour l'obtention des dispenses est réglé par arrêté du 20 prairial an XI. La loi n'a pas déterminé non plus l'étendue des dérogations que l'art. 144 pourrait recevoir. En fait le gouvernement n'accorde jamais de dispenses pour plus d'une année.

§ 2. — *De la folie.*

****20. Pourquoi l'aliéné est incapable de se marier.** — Les personnes qui sont entièrement privées de l'usage de la raison, soit par la folie, soit par l'imbécillité, sont incapables de contracter mariage. Elles sont incapables de donner un consentement, et le consentement est de l'essence du mariage comme de tous les contrats. C'était le motif qu'en donnait Pothier (*Op. cit.*, n° 92) ; on s'en contente encore de nos jours, et pourtant il n'est pas le seul. Le mariage n'est pas seulement un *contrat*, auquel il faille consentir une fois ; c'est aussi un *état* qui se prolonge, qui doit durer la vie entière, avec de lourdes charges, que celui qui se marie doit être à même de supporter. Un fou est incapable aussi bien de remplir ses devoirs d'époux une fois marié que de consentir à son mariage. Mais, comme on va le voir, la loi ne s'est pas placée à ce dernier point de vue.

***21. Possibilité du mariage pendant les intervalles lucides.** — Quand la folie présente des intervalles lucides, le mariage est possible, parce que, aux yeux du Code, il n'y a pas d'autre obstacle à sa conclusion que l'impossibilité de consentir, et que la volonté reparaît pendant ces intervalles.

[1] On s'est plaint quelquefois d'un mal inverse. Les mariages tendent à devenir de plus en plus *tardifs* et on a même reproché à la loi militaire d'avoir à cet égard un effet désastreux : la vie de caserne enlève aux jeunes paysans le désir de retourner aux champs (Discussion entre MM. Levasseur et Roussel, à propos du recensement de 1891. Acad. Sciences morales, *Comptes rendus*, 1892, I, 350).

Pothier, logique dans son système, le décidait ainsi : « Cette personne ayan « pendant ce temps l'usage de la raison, il n'est pas douteux que le ma- « riage qu'elle contracterait pendant ce temps serait valable » (*Op. cit.*, n° 92). Telle est encore la solution implicite du Code civil.

*** 22. Effet de l'interdiction.** — Cette solution est fâcheuse. Elle est heureusement corrigée par l'effet attribué à l'*interdiction*. L'interdiction judiciaire est un jugement qui constate chez une personne l'état habituel de démence, d'imbécillité ou de fureur. L'effet de ce jugement est de frapper l'individu d'une incapacité générale et *permanente* ; son utilité est de supprimer pour ainsi dire les intervalles lucides, en faisant persister l'incapacité juridique pendant ces intervalles, de façon à empêcher toute difficulté dans l'avenir sur la question de savoir si tel acte a été passé pendant un intervalle lucide ou non. Le projet de Code civil déclarait l'interdit incapable de contracter mariage. L'article qui contenait cette disposition bienfaisante fut retranché sur une observation de Cambacérès que c'était la conséquence de la règle générale qui exige pour le mariage un consentement valable (Fenet, t. IX, p. 8 et 12). Ce retranchement n'a donc pas eu pour but de permettre à l'interdit de se marier, mais bien de supprimer comme inutile une énonciation que l'on jugeait contenue implicitement dans l'art. 146. Ainsi les fous et les imbéciles, lorsque leur état est régulièrement constaté par un jugement d'interdiction, sont incapables de se marier, même quand ils sont par intervalles en état de consentir. Si l'on pouvait en douter encore, il suffirait de se reporter à l'art. 174. Dans cet article, la loi permet à certains collatéraux de faire opposition au mariage de leur parent en se fondant sur son état de démence, mais en même temps elle les oblige à demander son interdiction dans un bref délai. Qu'est-ce à dire, sinon que l'interdiction une fois prononcée établira d'une manière définitive l'obstacle qui empêche leur parent de contracter mariage [1] ?

Cependant les auteurs modernes ont une tendance à admettre que l'interdit peut se marier dans un intervalle lucide. Voyez l'analyse de la doctrine dans Dalloz, *Suppl.*, v° Mariage, n° 103, et spécialement Huc, t. II, n° 17, et Villey, *Des actes de l'interdit*, p. 154 et suiv.

Quant à la jurisprudence, elle n'a jamais eu à se prononcer directement sur la question. Un arrêt de 1844 a seulement admis, *dans ses motifs*, que l'interdit pour cause de démence n'était pas absolument incapable de se marier dans ses intervalles lucide (Cass., 12 nov. 1844, D. 45. 1. 99, S. 45. 1. 246). On ne peut considérer cette décision comme une jurisprudence sur ce point ; voyez les observations qui l'accompagnent dans les deux recueils précités [2].

23. Lacune de la loi corrigée par la pratique. — Grâce aux effets de l'interdiction, l'insuffisance du système traditionnel qui permet aux fous de se marier pendant leurs intervalles lucides perd une grande partie de ses dangers, puisque le mariage devient par elle impossible, même en temps de lucidité. Néanmoins le vice du système subsiste parce qu'en fait un très grand nombre de fous ne sont pas interdits, les familles reculant devant la publicité de la procédure de l'interdiction et ayant à leur disposition un autre moyen plus simple et plus discret : l'internement (voir t. I, n°s 2614 et suiv.). Si dans la pratique il ne produit pas plus d'effets fâcheux, c'est qu'une personne dont la folie est bien caractérisée trouve difficilement à se marier.

[1] Demante a essayé d'interpréter autrement l'art. 174 (t. I, n° 224 *bis*). Selon lui, il n'en résulte pas que l'opposition doive nécessairement être maintenue, quand l'interdiction est prononcée. C'est enlever toute espèce d'utilité à l'obligation que la loi impose à l'opposant de faire interdire son parent.

[2] Il s'agissait de refuser à des collatéraux le droit de demander pour ce motif la nullité de mariage de l'aliéné, alors qu'ils avaient formé opposition à son mariage et que leur opposition avait été rejetée.

§ 3. — *De l'impuissance.*

24. Système de l'ancien droit. — Dans l'ancien droit l'aptitude à la génération était, même pour les pubères, exigée comme une condition indispensable pour le mariage à tel point que le mariage était nul quand elle faisait défaut. L'impuissance figurait parmi les empêchements *dirimants* du mariage. Pothier en donnait la raison suivante : « Si les impubères sont regardés comme incapables de contracter mariage, parce qu'ils ne sont pas habiles à la génération, quoiqu'ils doivent un jour le devenir, *à plus forte raison* les impuissants, qui ne peuvent jamais le devenir, en sont incapables » (*Contrat de mariage*, n° 96). On ne faisait d'exception que pour l'impuissance qui tenait à la vieillesse, probablement parce qu'elle est inévitable.

25. Système moderne. — Le Code n'a point parlé de l'impuissance au sujet du mariage [1]. Les travaux préparatoires nous apprennent pourquoi. Les demandes en nullité de mariage qui se fondaient sur cette cause suscitaient beaucoup de difficultés et de scandales, même après que la procédure du « congrès » eut été abolie par le Parlement de Paris (Arrêt de règlement du 18 septembre 1677). Portalis et Tronchet, dans la séance du 14 brumaire an X, expliquèrent le silence gardé par la loi sur l'impuissance par le désir de mettre fin à ces inconvénients. Il en résulte que l'aptitude à engendrer ou à concevoir, après l'âge de la puberté légale, n'est plus exigée par la loi. Voir toutefois ce qui sera dit à propos des nullités de mariage (ci-dessous, n° 365).

§ 4. — *De la différence de sexe.*

26. Silence des textes. — Chaque époux étant personnellement apte au mariage, il est de plus nécessaire que ceux qui se présentent pour se marier soient de sexe différent. Cette condition est tellement évidente que la loi n'en a pas parlé.

Elle doit cependant être vérifiée. Ordinairement son existence est certaine par elle-même ; mais l'officier de l'état civil a un moyen juridique pour s'en assurer : la loi veut qu'il se fasse remettre les actes de naissance des deux époux, toutes les fois qu'il sera possible de se les procurer (art. 70). Or l'acte de naissance indique le sexe de l'enfant, et c'est un des points que l'officier de l'état civil qui a reçu cet acte a dû vérifier par lui-même ou par un médecin délégué.

Dans les cas exceptionnels où il y aurait eu erreur sur le sexe de l'un des conjoints, ou bien s'il y a absence de sexe déterminé, une question s'élève : c'est celle de la nullité du mariage ; elle sera examinée plus loin.

CHAPITRE III

PROHIBITIONS FONDÉES SUR DES CAUSES PARTICULIÈRES

*** 27. Notion générale et énumération.** — Il ne suffit pas qu'une personne ait l'aptitude générale au mariage, telle qu'elle est déterminée au chapitre précédent ; bien que cette capacité primordiale et indispensable soit acquise, il peut y avoir *une raison spéciale qui l'empêche de se marier.* Dans certains cas la loi interdit le mariage à une personne, en considération

[1] L'impuissance n'est mentionnée au Code civil qu'à propos de l'action en désaveu (art. 313).

d'un *fait* ou d'un *état* qui lui est propre, et qui constitue pour elle une *prohibition exceptionnelle de mariage.*

Presque toutes ces prohibitions (cinq sur six) dérivent du Code Napoléon. Les causes qui les motivent sont :

1° *L'existence d'un premier mariage non encore dissous ;*

2° *La parenté ou l'alliance au degré prohibé ;*

3° *La crainte d'une confusion de part ;*

4° *La complicité d'adultère ;*

5° *L'abus du divorce.*

Ces deux dernières qui avaient disparu avec le divorce en 1816 ont été rétablies en 1884 en même temps que lui, et avec une modification particulière.

6° La sixième cause de prohibition est l'*état militaire*. Elle dérive de lois spéciales et peut du reste être facilement levée.

En outre un certain nombre de prohibitions ont existé autrefois, que nos lois actuelles n'ont pas reproduites.

§ 1. — *Prohibitions existantes.*

**** 28. Classification.** — Si l'on considère l'*étendue* de ces diverses prohibitions, on voit qu'elles se divisent en deux classes :

Les unes sont *absolues,* en ce sens qu'elles interdisent le mariage avec toute autre personne quelle qu'elle soit : celui qui en est frappé ne peut pas se marier du tout. Telles sont les n^os^ **1**, **3** et **6** de la liste précédente.

Les autres sont *relatives,* c'est-à-dire que le mariage est interdit avec telle ou telle personne déterminée (un parent, un allié, le complice de l'adultère, l'ancien conjoint), mais non avec les autres. Elles sont fondées en effet sur un *rapport* particulier qui existe entre deux individus et qui n'existe pas entre chacun d'eux et toute autre personne. L'effet de ces prohibitions est donc très borné, tandis que les premières reposent sur une *qualité personnelle* de l'individu qui existe nécessairement envers tout le monde.

29. Renvoi. — Pour la *sanction* de ces diverses prohibitions (question de savoir si le mariage contracté en violation des défenses de la loi est *nul*), voyez ci-dessous la théorie des *nullités de mariage* (n°s 327 à 429).

1° Mariage antérieur non dissous.

*** 30. Raisons d'être de la monogamie.** — La *monogamie* est depuis longtemps la loi des peuples civilisés. La nature elle-même l'indique comme devant être la règle de l'humanité, en maintenant dans l'espèce humaine l'équilibre numérique des sexes. En France par exemple si l'on considère, en chiffres ronds, un million d'enfants on voit qu'ils se partagent par moitiés à peu près égales en garçons et en filles. Le faible excédent des garçons (510 000 contre 490 000) est plus que compensé par les chances plus nombreuses de mortalité qu'ils ont à courir. La *polygamie* est le régime des races pauvres. Elle suppose qu'une partie de la population vit dans une sorte de promiscuité, tandis que les grands et les riches entretiennent plusieurs femmes. Les chefs gaulois étaient polygames, et les exemples de polygamie persistèrent longtemps chez les Francs, même établis en Gaule et devenus chrétiens. C'était un retour offensif de la barbarie, car le monde latin était monogame. L'Église fit beaucoup pour rendre au mariage sa dignité.

***31. Répression de la bigamie.** — Pour pouvoir se marier il faut être libre, c'est-à-dire *célibataire, veuf* ou *divorcé*. Celui qui est déjà engagé dans les liens d'un premier mariage ne peut pas en contracter un second. Il y aurait *bigamie,* et le second mariage serait *nul*. En outre, si l'époux bigame s'était remarié de mauvaise foi, c'est-à-dire n'ayant aucun motif plausible de se croire veuf, il commettrait un *crime,* puni des travaux forcés à temps (art. 340 C. pén.). L'officier public qui le marierait sciemment serait condamné à la même peine.

***32. Moyen adopté pour empêcher la bigamie.** — Les cas de bigamie sont rares; cependant les annales judiciaires en offrent de temps à autre des exemples. C'est une cause de scandales, et l'annulation du second mariage est d'autant plus fâcheuse que, presque toujours cette union a été contractée de bonne foi par l'époux non bigame. On a donc imaginé un moyen assez simple pour empêcher la bigamie de se produire, ou tout au moins pour la rendre plus difficile. Une *mention du mariage* doit être inscrite dans un court délai *en marge de l'acte de naissance* des futurs époux. Les extraits d'actes de naissance portent la date du jour où ils sont délivrés, et quiconque veut se marier doit produire à l'officier de l'état civil un extrait de fraîche date de son acte de naissance : cet extrait ne doit pas avoir plus de trois mois, s'il a été délivré en France, ni plus de six mois, s'il a été délivré dans une colonie ou dans un consulat (art. 70). Par ce moyen l'officier de l'état civil chargé de procéder à un mariage peut savoir d'une façon à peu près sûre si les futurs époux ne sont pas déjà engagés dans les liens d'une précédente union. C'est la loi du 17 août 1897 qui a organisé ce système de publicité des mariages en ajoutant des alinéas nouveaux aux art. 70 et 76. Sur les mentions d'actes de l'état civil à faire en marge d'autres actes déjà inscrits sur les registres, voyez t. I. n° 474.

33. Unions polygames célébrées à l'étranger. — La loi qui prohibe la bigamie est une loi d'ordre public; elle s'impose donc même aux étrangers qui habitent la France, même à ceux dont la loi nationale admet la pluralité des femmes. Cependant ces étrangers ne s'exposent pas à des poursuites en venant dans notre pays, leurs mariages étant par hypothèse célébrés en dehors du territoire ; ce que la loi prohibe et punit c'est le fait de la célébration du second mariage en France. D'ailleurs elle respecte les usages des populations musulmanes qui habitent nos colonies et les pays soumis au protectorat français [1].

34. Cas d'absence d'un conjoint. — L'*absence* ne donne jamais la certitude de la mort ; il en résulte que le conjoint abandonné par l'absent n'est pas libre de se remarier, quand même l'absence durerait très longtemps, parce qu'il ne peut pas prouver la dissolution du mariage en produisant l'*acte de décès* de son conjoint. Voyez l'Avis du Conseil d'État du 17 germinal an XIII, en note sous l'art. 139 C. civ., qui condamne l'emploi des *actes de notoriété* pour les militaires disparus. Voyez cependant t. I, 1re édit., n° 532 ; 2e édit., n° 549.

2° Parenté ou alliance.

***35. Motifs de la prohibition.** — La prohibition du mariage entre proches parents est fondée sur une double raison :

[1] Avant le rétablissement du divorce en 1884 on se demandait si un étranger, dont la loi nationale permettait le divorce et qui avait divorcé dans son pays, pouvait se remarier en France avant le décès de sa première femme. La question avait fait difficulté, parce que la loi de 1816, qui avait aboli le divorce, était une loi d'ordre public. Mais la jurisprudence avait permis à ces étrangers divorcés de se remarier, et avec raison, car d'après leur statut personnel, ils étaient *libres*. La loi française n'avait pu abolir le divorce que pour les Français. — La question ne peut plus se poser désormais puisque le divorce est pratiqué en France.

1° *Une raison physiologique.* Dans les unions entre parents la race s'affaiblit; les enfants sont souvent atteints de surdité, de folie ou d'épilepsie, ou ne vivent pas. Le sang a besoin de se mêler.

2° *Une raison morale.* Entre proches parents l'existence est souvent intime; la vie de famille les réunit tous sous le même toit. La perspective d'un mariage possible pourrait provoquer des désordres.

Cette seconde raison est seule applicable aux *alliés*.

36. Impunité de l'inceste. — Le mariage célébré entre personnes parentes ou alliées au degré prohibé est *nul*, et le vice qui l'atteint porte le nom d'*inceste*. Chose remarquable : l'inceste, qui est un crime dans beaucoup de pays, n'est pas puni en France. La sanction purement civile de la nullité du mariage est la seule, et naturellement elle ne frappe que ceux qui se marient, non les concubins. — L'inceste n'est pas puni en Roumanie, mais il l'est en Allemagne, en Autriche, en Hongrie, en Suède.

37. Étendue ancienne de la prohibition. — A l'époque où le *droit canonique* régissait seul le mariage, il avait établi des prohibitions très étendues, bien au delà de ce qu'avaient fait le droit romain et le droit hébraïque. Il les porta jusqu'au 6e et même jusqu'au 7e degré canonique, ce qui, suivant la computation civile, donne le 12e et le 14e degré. Ces prohibitions excessives eurent un résultat singulier : les mariages des maisons régnantes en Europe, qui s'alliaient presque toujours entre elles, étaient pour la plupart sujets à être cassés, et dans la pratique on vit des exemples scandaleux d'annulation. Il fallait réagir : en l'an 1215, le Concile de Latran limita les prohibitions en ligne collatérale au 4e degré canonique, qui n'est pas le degré de cousins germains, mais bien de petits-fils de cousins germains (notre huitième degré civil).

*** 38. Réduction moderne de ces prohibitions.** — Sous la Révolution, la prohibition n'exista plus qu'en ligne directe, et entre frères et sœurs. Le Code civil s'est montré lui aussi très sobre de prohibitions, peut-être trop, car il permet les mariages entre cousins germains, que condamnent beaucoup de physiologistes.

Les interdictions canoniques survivent encore pour le mariage à l'église; mais on obtient facilement une dispense pour beaucoup d'entre elles, et elles ne sont plus guère autre chose qu'une ressource fiscale pour le clergé, au moins pour les degrés les plus éloignés.

*** 39. Prohibition absolue en ligne directe.** — Entre personnes unies par un lien de parenté ou d'alliance en ligne directe, que ce lien soit légitime ou naturel, le mariage est toujours prohibé, à tous les degrés (art. 161).

Toutefois, en matière d'adoption, l'art. 348 ne mentionne que les alliés du premier degré : il défend le mariage de l'adopté avec le conjoint de l'adoptant, et celui de l'adoptant avec le conjoint de l'adopté. Mais à cause de l'âge qu'a ordinairement l'adoptant (plus de 50 ans), il semble inutile de prévoir des projets entre personnes d'un degré plus éloigné.

**** 40. Prohibitions en ligne collatérale.** — Le mariage est défendu :

1° Entre personnes parentes ou alliées au second degré : *frères et sœurs*, *beaux-frères et belles-sœurs,* sans distinguer encore si la parenté est légitime ou naturelle (art. 162).

Dans le cas d'adoption, la parenté au degré de frères et sœurs peut exister soit entre enfants adoptifs d'un même individu, soit entre l'adopté et un enfant qui surviendrait plus tard à l'adoptant (art. 348), car l'adoption n'est possible que de la part d'une personne qui n'a pas encore d'enfants.

2° Entre personnes parentes au 3e degré : *oncle et nièce, tante et neveu* (art. 163). Cette prohibition est spéciale à la parenté légitime; l'art. 163 ne mentionne pas, comme le font les art. 161 et 162, les parents naturels à côté des parents légitimes. Elle ne s'applique pas davantage à l'alliance : entre alliés, il n'y a d'empêchement au mariage que pour les beaux-frères et belles-sœurs ; une personne peut donc épouser l'ex-conjoint de son neveu ou de sa nièce, ou celui de son oncle ou de sa tante.

3° Entre *grand-oncle* ou *grand'tante* avec un *petit-neveu* ou une *petite-nièce*. Cet empêchement est comme le précédent spécial aux parents légitimes et ne s'applique ni aux parents naturels ni aux alliés à ce degré. Mais il a ceci de particulier qu'il n'a pas été établi expressément par le Code.

On s'est demandé si les expressions « oncle, tante, neveu, nièce » de l'art. 163 comprennent les grands-oncles et grand'tantes, les petits-neveux et petites-nièces. La question fut soumise au Conseil d'État, qui la résolut négativement le 23 avril 1808, et c'est aussi ce qui semble bien résulter des discussions préparatoires du Code civil. Mais l'Avis du Conseil ne fut pas approuvé, et Napoléon fit paraître au *Bulletin des lois*, le 7 mai 1808, une décision contraire qui interdit le mariage entre un grand oncle et sa petite-nièce. La plupart des auteurs acceptent comme une loi cette décision de l'Empereur; M. Demolombe y voit non pas une addition au Code, mais une simple *interprétation* de l'art. 163. Seuls MM. Dalloz, Aubry et Rau lui refusent toute autorité, parce qu'elle n'a pas été rendue dans la forme ordinaire des décrets, et qu'elle n'est revêtue d'aucune signature, ni de l'Empereur ni des ministres. La Jurisprudence interprète l'art. 163 conformément à la décision impériale (Cass., 28 novembre 1877, D. 78. 1. 209, S. 78. 1. 337).

* **41. Question relative à la parenté naturelle.** — Pour faire obstacle au mariage, faut-il que cette parenté soit *légalement établie* soit par une reconnaissance volontaire, soit par un jugement? En règle générale, la parenté naturelle ne produit d'effets légaux qu'autant qu'elle est régulièrement constatée par l'un de ces deux modes, et d'habitude la loi a soin de le rappeler : elle ne parle jamais des parents naturels sans ajouter les mots « légalement reconnus ». Ici, par extraordinaire, ces mots ne figurent pas dans le texte : plusieurs en ont conclu que cela n'était pas nécessaire, et ils ont cru démontrer que cette omission était intentionnelle au moyen des travaux préparatoires : la Cour de Lyon avait demandé qu'on ajoutât les mots « légalement reconnus », et on ne tint pas compte de son observation. Ils font valoir en outre le scandale qu'il y aurait à voir un homme épouser sa fille ou sa sœur naturelle non reconnue, alors que la parenté est certaine en fait et connue de tout le monde. Voyez en ce sens Trib. civ. de Versailles, 13 janvier 1892, S. 92. 2. 92.

Néanmoins l'opinion générale est d'avis contraire. La règle est que la parenté naturelle doit être régulièrement constatée pour produire ses effets, il faudrait un texte formel pour déroger à cette règle, et ce texte manque. Quant au scandale, il serait plus à redouter encore, si l'on pouvait demander l'annulation d'un mariage sous le prétexte d'une parenté naturelle toujours douteuse.

* **42. Observation relative à l'alliance.** — Rappelons ce qui a déjà été dit à propos de l'alliance : l'obstacle qu'elle crée pour le mariage subsiste même après la disso-

lution de l'union qui l'a fait naître, et cela alors même qu'il n'en resterait pas d'enfants. Il y a mieux : tant que cette première union dure, on n'a pas besoin de l'alliance pour empêcher le mariage entre alliés, car il y aurait bigamie pour l'un des deux.

43. Combinaisons de parenté ou d'alliance où le mariage est permis. — Il n'y a pas d'autres empêchements de mariage fondés sur la parenté ou l'alliance. Ainsi le mariage est permis entre cousins germains, même sans dispenses. Ainsi encore deux sœurs peuvent épouser les deux frères; deux sœurs peuvent se marier l'une avec le père, l'autre avec le fils. De même quand un veuf ayant un fils épouse une veuve qui a déjà une fille, le fils de l'un peut épouser la fille de l'autre[1].

**** 44. Dispenses pour cause de parenté.** — L'obstacle que la parenté ou l'alliance met au mariage peut être levé dans trois cas au moyen de *dispenses* accordées par le gouvernement :

1° Entre beaux-frères et belles-sœurs (alliés au second degré)[2];

2° Entre oncle et nièce ou tante et neveu (parents au 3e degré) ;

3° Entre grand-oncle et petite-nièce ou entre grand'tante et petit-neveu (parents au 4e degré) (art. 164 et décision impériale de 1808).

Les dispenses sont accordées par le chef de l'État sur le rapport du ministre de la Justice, et sur l'avis du ministère public du lieu du domicile de l'impétrant. L'arrêté du 20 prairial an XI a réglé le mode de délivrance de ces dispenses.

3° Crainte d'une confusion de part.

*** 45. Caractère temporaire de la prohibition.** — Toutes les fois que la femme survit à la dissolution de son mariage, la loi lui impose un délai de dix mois, qu'elle doit laisser s'écouler avant de se remarier. La défense en est faite à la femme pour le cas de *mort du mari* par l'art. 228 et pour le cas de *divorce* par l'art. 296. On l'étend par analogie au cas où le mariage a été *annulé*. Aussi l'expression « délai de viduité » dont on se sert ordinairement pour le qualifier est-elle trop étroite, ne convenant qu'à un cas sur trois. — Après un divorce, le point de départ du délai de viduité est le jour de la transcription du jugement à l'état civil (Paris, 3 mai 1899, D. 1900. 2. 177).

46. Ses motifs. — Cette règle n'est pas fondée sur des raisons de convenance, sur une sorte de deuil légal imposé aux veuves, car elle s'applique à des femmes qui ne sont pas toutes des veuves, et les hommes, même veufs, n'y sont jamais soumis. Elle a pour motif le désir d'éviter une confusion de part (*turbatio sanguinis* ou *partus*), c'est-à-dire l'incertitude sur le véritable père de l'enfant. En effet, la loi, pour déterminer la paternité légitime, a dû évaluer la durée possible des grossesses d'une manière un peu large, de façon à comprendre les cas extrêmes de longueur ou de brièveté : elle leur assigne une durée de 300 jours au plus et de 180 jours au moins (Voyez t. I, n° 2744). On obtient ainsi un intervalle de 121 jours, pendant lequel se place nécessairement la conception. Si une femme pouvait se remarier aussitôt après la dissolution de son premier mariage, et si cette femme mettait ensuite au monde un enfant moins de 300 jours après la disso-

[1] Il pourrait même arriver que le fils du veuf épousât la veuve, tandis que son père épouserait la fille de la veuve. Les journaux, qui rééditent de temps en temps cette hypothèse pour l'amusement de leurs lecteurs, disent que le fils devient alors le beau-père de son propre père, le grand-père de ses frères, etc. C'est inexact : il est seulement le mari de la belle-mère de son père, car il n'y a pas d'alliance entre le second mari d'une veuve et le mari de sa fille née du premier lit.

[2] L'art. 164 primitif n'autorisait pas les beaux-frères et belles-sœurs à obtenir des dispenses. C'est seulement par une loi du 16 avril 1832, qui a remanié le texte de cet article, que cette facilité leur a été accordée.

lution du premier mariage, cet enfant pourrait être attribué légalement à ses deux maris, puisque la période de 121 jours pendant laquelle la conception a été possible aurait commencé du vivant du premier mari et ne se trouverait pas encore finie au moment où le second mariage serait célébré.

47. Fixité du délai. — Le délai de 10 mois choisi par la loi est celui des grossesses les plus longues, 300 jours. Après ce temps on est certain que les enfants qui naissent n'ont pas pour père le premier mari. — La confusion de part que redoute la loi disparaît dans les deux cas suivants : 1° lorsque la femme, enceinte à la dissolution de son mariage, accouche avant l'expiration des dix mois; 2° lorsque le divorce est prononcé après une séparation de corps ayant duré trois ans ou davantage. Cependant ni dans un cas ni dans l'autre la loi ne lève la prohibition du mariage. Il faudra donc, quelque vaine que soit une crainte de ce genre, attendre la fin du délai.

4° Complicité d'adultère.

***48. Origine de la prohibition.** — Une loi d'Auguste, *Lex Julia de Adulteriis coercendis*, avait interdit à la femme condamnée pour adultère d'épouser son complice. C'est du moins ce qu'on peut déduire d'un fragment du Digeste où Paul décide que, si le mari a abandonné la poursuite en adultère, sa femme pourra après sa mort se marier valablement avec la personne qu'il avait poursuivie, mais qui n'a pas été condamnée (Liv. XLVIII, tit. 5, fr. 40). Justinien réédita cette prohibition (Nov. 134, chap. 12). En France même le mariage resta toujours interdit après la mort du premier conjoint entre le mari ou la femme adultère et son complice. Mais, comme nous l'explique Pothier (*Contrat de mariage*, nos 231 à 239), le droit canonique avait considérablement atténué l'effet de cet empêchement. Le mariage contracté entre ces deux personnes restait valable, à moins que l'adultère n'eût été accompagné d'une promesse de s'épouser faite durant le premier mariage. L'empêchement était donc en principe *simplement prohibitif*, dans le sens qui sera expliqué plus loin.

49. Système du Code. — Les auteurs du Code, préoccupés du besoin de réprimer la licence des mœurs, que la Révolution avait portée à son comble, s'étaient montrés beaucoup plus sévères. Ils interdisaient à la femme adultère de se remarier jamais, non pas seulement avec son complice, mais avec qui que ce fût. Leur texte avait été adopté d'abord sans difficulté par le Conseil d'Etat, mais à une séance ultérieure Tronchet fit remarquer que cette interdiction serait une excuse pour le libertinage de la femme, et sur la proposition de Portalis l'incapacité fut restreinte au *complice* de l'adultère (art. 298). Mais en même temps on la généralisa à un autre point de vue. Le texte primitif disait : la *femme* adultère; le texte définitif dit : l'*époux* coupable, ce qui comprend aussi le mari, par une réciprocité parfaitement juste.

Cette prohibition n'est prononcée qu'en prévision du *divorce* : « Dans le cas de divorce admis en justice pour cause d'adultère... », dit le texte. L'adultère n'empêcherait donc pas le mariage entre les deux coupables si, à défaut du divorce, la première union se dissolvait par la mort de l'époux trompé. La loi de 1884 qui a rétabli le divorce n'a rien changé sur ce point au texte de 1803. Son application suppose que le complice de l'adultère est connu et qu'il a été désigné soit dans le jugement correctionnel qui l'a condamné, soit dans le jugement qui a prononcé le divorce (Paris, 2 août 1887, S. 87. 2. 160). Toutefois comme il ne peut dépendre des juges de rendre le mariage possible en s'abstenant de nommer le complice, il faut décider que son nom pourrait être recherché dans les enquêtes, s'il était passé sous silence dans le jugement.

50. Discussions sur cette prohibition. — Le mérite de la disposition écrite dans l'art. 298 est fort controversé. Tandis que ses partisans y voient une mesure de haute moralité, destinée à empêcher qu'on ne cherche dans l'adultère un moyen de rompre un mariage pour en contracter un autre, ses adversaires lui reprochent de perpétuer le scandale en empêchant l'époux coupable de régulariser à l'avenir sa situation. Il y a du vrai dans les deux opinions; la prohibition d'épouser le complice sera tantôt un bien et tantôt un mal, selon le caractère des époux et les circonstances où ils se trouveront.

5° Union antérieure dissoute par le divorce.

51. Atténuation de cette prohibition. — L'ancien art. 295 disait que les époux divorcés ne pourraient plus se réunir à nouveau par le mariage. La rupture, une fois opérée, devait être définitive; c'était à eux à bien réfléchir auparavant. Le but était d'éviter des divorces demandés à la légère. — En 1884 on est parti d'une autre idée. Le divorce est un mal : si les époux divorcés se réconcilient, pourquoi ne pas permettre une sorte de restauration de leur mariage, surtout quand ils ont eu des enfants? On a donc supprimé en principe l'ancienne prohibition. On ne l'a laissée subsister que pour un cas particulier qui, comme on va le voir, est de nature à se présenter rarement : si dans l'intervalle l'un des époux avait contracté un nouveau mariage avec une tierce personne et si ce second mariage a été lui aussi dissous par le divorce, il ne pourra plus se remarier avec son premier conjoint. Il est devenu suspect et on craint que son troisième mariage ne soit pas plus solide que les deux premiers. Comp. ci-dessous n° 3008.

6° État militaire.

52. Nécessité d'une autorisation. — Trois décrets, du 16 juin, du 3 et du 28 août 1808, ont défendu aux militaires, marins et gendarmes de se marier sans l'autorisation de leurs supérieurs, qui est donnée aux officiers par le ministre, aux sous-officiers et soldats par le conseil d'administration de leur corps. Voyez aussi les ordonnances du 29 novembre 1820 et du 20 janvier 1832.

53. Restriction du système ancien. — Pendant longtemps la nécessité d'une autorisation s'appliquait même aux hommes de la réserve séjournant dans leurs foyers (Circ. du 10 janvier 1854, D. 54. 3. 13. — Voyez toutefois L. 1er février 1868). La loi du 15 juillet 1889 (art. 58) permet aux hommes de la disponibilité et de la réserve de l'armée active de se marier sans autorisation.

54. Sanction. — L'officier de l'état civil qui célébrerait sciemment le mariage d'un officier, sous officier ou soldat sans exiger la pièce portant autorisation ou sans l'annexer à l'acte de mariage, encourrait la destitution (Décr. de 1808, art. 3).

§ 2. — *Prohibitions abolies.*

55. Leur grand nombre dans l'ancien droit. — Les prohibitions de mariage ne sont plus aujourd'hui qu'au nombre de six. Elles étaient autrefois beaucoup plus nombreuses : les *vœux solennels* que prononcent les religieux profès ; les *ordres sacrés* (prêtrise, diaconat et sous-diaconat) ; l'*alliance spirituelle* née du *baptême* entre les parrain et marraine, ou entre l'un d'eux et l'enfant baptisé ; l'*empêchement d'honnêteté publique* né des *fiançailles*, entre chaque fiancé et les parents de l'autre en ligne directe ; le *rapt* ou la *séduction* d'une jeune fille ; le *meurtre* du précédent conjoint ; la *diversité de religion* (édit de novembre 1680 sur les mariages entre catholiques et hérétiques) ; la *différence de couleur* (Code noir de 1724) ; la *mort civile* qui frappait les condamnés aux peines capitales. Presque toutes ces prohibitions ont disparu pendant la Révolution ou par l'effet de la publication du Code (L. 30 ventôse an XII). Cependant les mariages entre blancs et noirs ou métis n'ont été permis dans les colonies françaises qu'en 1831 et 1833 ; la mort civile a subsisté jusqu'en 1854.

Il faut remarquer en outre que les empêchements qui dérivent de la parenté et de l'alliance ont été considérablement réduits.

56. Mariages in extremis. — Les mariages contractés à l'approche de la mort n'étaient pas à proprement parler *prohibés*, car on n'en avait pas défendu la célébration ; mais les ordonnances de 1639 et de 1697 les avaient *privés d'effets civils*. Le point le plus grave était que la personne qui avait eu des enfants d'un concubinage ne pouvait pas les légitimer par un mariage célébré aux derniers moments de sa vie. On espérait par ce moyen engager les concubins à régulariser au plus vite leur situation au lieu d'attendre leur dernière heure. Le mariage in extremis n'était donc pas défendu ; seulement la loi le rendait inutile. Rigueur vaine, que le Code civil a abandonnée : elle n'empêchait pas le mal ; elle empêchait de le réparer.

57. Mariage des prêtres. — L'empêchement né des *vœux religieux* mérite de nous arrêter quelque temps. Ces vœux engendraient autrefois un obstacle absolu au mariage : 1° pour ceux qui étaient ordonnés prêtres, diacres ou sous-diacres ; 2° pour ceux et celles qui entraient dans les ordres monastiques. Les Parlements ont toujours accepté les décisions des conciles sur ce point. Mais les interdictions canoniques ont été abrogées par la Révolution (Constitution des 3-14 septembre 1791 ; décrets du 17 décembre 1792, des 19 juillet, 29 juillet, 12 août et 19 septembre 1793 — et pour les ordres monastiques, L. 13-19 février 1790). La loi ne connaît plus les vœux religieux, qui restent une pure affaire de conscience.

Depuis la Révolution, il n'y a jamais eu de doutes relativement aux membres des *communautés religieuses d'hommes ou de femmes* : les lois qui les ont rendus capables de se marier n'ont jamais été rapportées. MM. Aubry et Rau croient cependant trouver dans un décret du 18 février 1807 relatif aux congrégations hospitalières de femmes, l'intention de donner effet aux vœux temporaires qu'on y prononce, parce que les vœux sont reçus par un officier de l'état civil (art. 7 et 8 du décret).

Au contraire, la question du *mariage des prêtres* a plus d'une fois passionné les esprits. Il y a toute une littérature sur la question (Voyez Dramard, *Bibliographie*, nos 451 à 480). L'Église a naturellement un vif désir de voir la puissance séculière lui prêter son concours, et forcer ses prêtres à respecter leurs vœux en les empêchant de se marier. Tous ses amis ont cherché dans nos lois un texte favorable pour ressusciter l'ancienne prohibition, et pendant longtemps la jurisprudence leur a donné raison. Voici l'histoire de la question :

En 1801, lorsque le culte catholique a été rétabli en France par le Concordat, le Code civil n'était pas encore fait. Les prélats qui négocièrent le traité firent de grands efforts pour obtenir qu'on fît défense aux prêtres de se marier. Ils n'y réussirent pas. Après la signature de la convention avec le Saint-Siège, Bonaparte fit voter une loi additionnelle contenant ce qu'on appelle « *Les articles organiques du Concordat* » (L. 18 germinal an X), qui assure à l'Église le respect des canons reçus en France (art. 6) et défend aux évêques d'ordonner des personnes ne réunissant pas les conditions requises (art. 26). En demandant au Corps législatif le vote de cette loi, dans la séance du 15 germinal, Portalis expliquait ainsi la portée de ces articles : « Le mariage des ministres des cultes, s'ils « en contractent un, n'est pas nul aux yeux des lois politiques et civiles, et les enfants « qui en naîtraient seraient légitimes, mais dans le for intérieur et dans l'ordre religieux « ils s'exposeraient aux peines spirituelles prononcées par les lois canoniques. Ils conti- « nueraient à jouir de leurs droits de cité et de famille, *mais ils seraient tenus de* « *s'abstenir de l'exercice du sacerdoce*. » Ainsi, d'après l'aveu de ses auteurs, la portée de la loi est purement *administrative* : on assure à l'Église le respect de sa discipline intérieure, en privant de ses fonctions le prêtre qui se marie ; mais on n'entend pas toucher à la législation civile de la France. L'année suivante, en 1803, on prépare le Code civil et on discute le titre du mariage. Pas une ligne, pas un mot dans le texte qui puisse servir d'argument pour interdire le mariage aux prêtres. Et que dit encore Portalis dans l'*Exposé des Motifs* ? « L'engagement dans les ordres sacrés, le vœu monas- « tique et la disparité de culte, qui dans l'ancienne jurisprudence étaient des empêche- « ments dirimants, *ne le sont plus*. Ils ne l'étaient devenus que par les lois civiles qui « avaient sanctionné les règlements ecclésiastiques. Ils ont cessé de l'être depuis que la « liberté de conscience est devenue elle-même une loi de l'État. »

Il est vrai que plus tard, en 1806 et en 1807, ce même Portalis, sur l'ordre de l'Empereur, écrivit à deux ou trois officiers de l'état civil pour leur défendre de marier des ecclésiastiques. Ce n'était plus le rédacteur du Code civil, c'était un ministre du gouvernement impérial qui agissait ainsi par voie administrative. A cette époque, un grand nombre de jeunes gens entraient dans les ordres pour échapper au service militaire ; puis, au bout de quelque temps, ils abandonnaient le sacerdoce et prétendaient se marier. Le procédé employé par Portalis pour empêcher ces mariages était un simple expédient.

On reconnaissait que les ordres du ministre, qui pouvaient être obligatoires pour les maires, ne liaient pas les tribunaux, et on songea en 1813 à faire de la prêtrise, par une loi spéciale, un empêchement au mariage. Malgré les insistances de l'Empereur, le projet rencontra des difficultés et n'aboutit pas.

En cet état de la législation, on peut affirmer qu'il n'existe aucun texte interdisant le mariage aux prêtres. Cependant la jurisprudence, entraînée par des considérations politiques ou religieuses, avait cru trouver dans les articles organiques précités le moyen de donner satisfaction à l'Église. Nous aurons plus tard, à propos des *nullités de mariage*, à nous demander si cette prohibition, en la supposant fondée, devait entraîner l'annulation. Par son arrêt le plus récent, la Cour de cassation a déclaré « que la loi de germinal n'était relative qu'à l'organisation des cultes, et nullement à l'état civil des per« sonnes, et qu'il n'existe aucune loi qui interdise le mariage aux prêtres au regard de « l'autorité civile » (Cass., 25 janv. 1888, D. 88. 1. 97, S. 88. 1. 193). Elle a en conséquence rejeté le pourvoi dirigé contre un arrêt de la Cour d'Amiens qui avait reconnu comme valable le mariage célébré [1].

CHAPITRE IV

DU CONSENTEMENT DES PARENTS

§ 1. — *Notions générales et historiques sur la minorité en matière de mariage.*

58. Bibliographie. — VANTROYS, *Étude historique et critique sur le consentement des parents au mariage*, thèse, Paris, 1889. — FRANK BERNARD, *Étude historique et critique sur le consentement des ascendants au mariage*, thèse, Paris, 1899.

*** 59. Pourquoi les mineurs ne peuvent pas se marier librement.** — La loi n'exige pas la *majorité* pour le mariage ; elle se contente de la *puberté* ou aptitude physique à engendrer et à concevoir, parce que le but principal du mariage apparaît comme étant la procréation des enfants, mais ce n'est pas là son seul objet. L'homme et la femme prennent en se mariant les engagements les plus graves qu'ils puissent avoir à tenir au cours de leur vie : ils doivent être capables d'en comprendre la portée et capables aussi de les remplir. Celui qui se marie dispose de son avenir entier, et ce qui augmente encore le péril, c'est qu'il agit ordinairement sous l'empire d'un sentiment qui trouble et fait taire la raison. Voilà pourquoi les mineurs ne peuvent pas se marier librement : il leur faut le consentement de leurs parents ou de leur famille. L'approbation des parents n'est pas seulement une garantie contre un coup de tête ; s'ils ne doivent pas laisser

[1] Cet arrêt est contraire à une jurisprudence antérieure (Agen, 6 juillet 1860, DALLOZ, *Suppl.*, v° Culte, n° 60 ; trib. Seine, 25 janv. 1865, *Gaz. des Trib.*, 26 janv. 1865 ; Rennes, 4 févr. 1876 et Cass., 26 févr. 1878, D. 78. 1. 113, S. 78. 1. 241). Le rapport de M. le conseiller Lepelletier pour ce dernier arrêt reproduit les principaux canons des conciles sur ce point de discipline ecclésiastique.

leur enfant s'engager à la légère dans un mauvais mariage, ils doivent aussi, quand se présente un bon parti, penser au lendemain : des époux trop jeunes n'ont pas la raison et l'expérience nécessaires pour diriger une maison et élever des enfants. C'est une mesure de prudence sociale que d'exiger pour le mariage cette maturité d'esprit que l'âge seul peut donner. La loi n'impose pas d'une manière absolue la condition de majorité ; elle en fait juges les parents et leur délègue le pouvoir d'apprécier en fait si le mariage peut raisonnablement avoir lieu.

On peut donc se marier dès que l'âge de la puberté légale est venu ; mais tant que la majorité n'est pas atteinte, le mariage doit être autorisé par les parents. Ainsi le rôle de ces deux conditions de capacité n'est pas le même : *avant la puberté,* le mariage est *impossible,* sauf l'effet des dispenses d'âge ; après la puberté, mais *avant la majorité,* le mariage est *possible,* mais seulement *avec le consentement des parents*[1].

** **60. Age de la majorité matrimoniale.** — L'ancien droit coutumier français avait conservé d'une manière assez générale la majorité romaine de 25 ans comme âge de la pleine capacité juridique. En 1792 l'âge de la majorité fut abaissé à 21 ans. Le Code civil s'est montré éclectique : il a maintenu pour les actes juridiques ordinaires la réduction opérée par la Législative ; on est majeur à 21 ans (art. 388 et 488), mais il est revenu, en matière de mariage, à l'ancienne majorité romaine, au moins partiellement. Les garçons ont besoin du consentement de leurs parents jusqu'à 25 ans ; tant qu'ils n'ont pas atteint cet âge, ils sont réputés mineurs quant au mariage. Il existe ainsi une majorité spéciale pour le mariage, la *majorité matrimoniale,* distincte de la majorité ordinaire.

Voyons en détail quel est le système du Code. Il repose sur une *distinction entre les deux sexes* :

Pour les *garçons,* l'âge de la majorité est 25 ans (art. 148). Cependant, si le futur époux n'a plus aucun ascendant, il peut se marier librement à partir de 21 ans, parce que, sa tutelle étant finie et son conseil de famille dissous, il n'y a plus alors personne qui ait qualité pour lui donner le consentement dont il a besoin (art. 159 et 160).

Pour les *filles,* la majorité, et avec elle la pleine indépendance, arrive toujours à 21 ans (art. 148).

Pourquoi cette différence ? On en a donné plusieurs raisons sans valeur. La seule qui puisse justifier la décision du Code est qu'il n'y a pas grand inconvénient, surtout dans nos mœurs où l'on se marie de plus en plus

[1] Cette condition légale influe sur le langage courant : c'est le consentement des parents qui fait le mariage, et comme ce sont surtout les filles qui se marient étant mineures, on dit qu'un père « donne » sa fille en mariage ; il ne « donne » pas son fils, parce que celui-ci, étant majeur, se marie par lui-même.

tard, à retarder jusqu'à 25 ans le mariage d'un jeune homme, tandis que les jeunes filles se marient d'ordinaire plus tôt : passé vingt-cinq ans, elles trouveraient peut-être difficilement un parti convenable, si l'opposition de leurs parents les empêchait de s'établir auparavant.

61. Inutilité du consentement des parents d'après le droit canonique. — Sur ce point, comme sur bien d'autres, le droit actuel ne peut être compris qu'à l'aide de l'histoire. En droit romain la puissance paternelle n'avait pas de limite : elle durait autant que la vie du père. A 40 ou à 50 ans l'homme pouvait encore être arrêté dans ses projets de mariage par le refus paternel. Il se fit une lente réaction à mesure que les traditions romaines s'affaiblissaient : on permit aux enfants de famille de se marier sans le consentement de leurs parents. Le mouvement, commencé sous les empereurs païens, s'acheva à la fin du moyen âge. Les canonistes adoptèrent généralement la doctrine nouvelle de la validité du mariage contracté sans l'assentiment du père de famille et le *Concile de Trente* la proclama solennellement dans sa session XXIVe, en frappant d'anathème les partisans de la nullité. C'est la manifestation la plus remarquable d'une tendance constante du droit canonique, qui a voulu assurer à tout prix la liberté des mariages, fût-ce au péril de la famille[1].

62. Sa nécessité rétablie par le pouvoir civil. — Les Parlements n'acceptèrent pas la décision du droit canon et ils maintinrent la nécessité du consentement des parents. Toutefois, sauf quelques arrêts isolés, ils ne conservèrent pas intact le système romain et prirent un moyen terme : les *mineurs* de 25 ans furent seuls astreints à la nécessité d'obtenir le *consentement* de leurs parents ; les *majeurs* étaient seulement tenus de requérir leur *conseil*, et, en cas de refus, ils pouvaient passer outre.

Les enfants de famille qui se passaient du consentement de leurs parents se mariaient ordinairement en secret. De là le nom qu'on donna à ces mariages de *mariages clandestins* ; ce qui voulait dire *mariages non autorisés par les parents.* On trouvera plus loin (n° 165) un autre sens du mot qu'il ne faut pas confondre avec celui-ci. Les mariages clandestins étaient fréquents ; pour les empêcher, les rois établirent contre eux une législation de plus en plus sévère. Un édit de Henri II, de février 1556 (1557 nouv. st.) permit aux parents d'exhéréder leurs enfants mariés sans leur consentement[2]. L'ordonnance de novembre 1639 les déclara déchus de plein droit de tous leurs droits successoraux et de tous les avantages provenant de testaments ou de leur contrat de mariage. D'autre part les Parlements assimilèrent le mariage clandestin au rapt et lui en appliquèrent les peines ; ce fut le *rapt de séduction* (Voyez Duguit, *Le Rapt de séduction, Revue historique de droit*, 1886, p. 587). Mais, malgré les efforts de quelques-uns, la jurisprudence civile n'osa jamais aller plus loin et aboutir franchement à la nullité du mariage. Il n'appartenait qu'à l'Église de prononcer des annulations. L'édit de 1556 n'en a pas moins une grande importance historique : il est en France le premier acte législatif relatif au mariage émanant de l'autorité royale.

[1] « Le droit canonique, dit M. Esmein (t. I, p. 85-86), par un élan naturel et par un parti pris puissant, favorise la conclusion des mariages. Il pousse au mariage tous ceux qui ne se sentent pas capables de porter l'état supérieur de virginité ou de continence et qui ne s'y sont pas astreints par des vœux solennels... Pour faciliter la conclusion des mariages, à l'âge où les passions ont le plus de force, il a affaibli la puissance paternelle et l'autorité familiale ; il a déclaré capables de se marier, de leur seule autorité, toutes les personnes pubères. » Voyez *ibid.* les textes rapportés par M. Esmein et qui donnent les motifs de cette tendance du droit canonique : désir d'éviter la fornication, d'une part ; de faciliter l'accès d'un sacrement, d'autre part.

[2] Cet édit a eu pour cause un incident historique. Henri II voulait marier sa fille naturelle Diane à François de Montmorency, fils du connétable. Or François avait épousé secrètement Jeanne de Piennes, fille d'honneur de Catherine de Médicis, et le roi, qui ne pouvait obtenir du pape Paul IV la cassation du mariage, chercha par d'autres moyens à le rompre (Vantroys, *Thèse*, p. 188 et suiv.).

§ 2. — *Personnes dont le consentement est requis.*

A. — Mariage d'un enfant légitime.

1° Consentement des père et mère.

** **63. Cas où les deux parents sont en état de consentir.** — Si le père et la mère sont tous deux vivants et en état de manifester leur volonté, l'enfant doit en principe obtenir le consentement de tous les deux, mais en cas de dissentiment, l'avis du père l'emporte : si le père consent, le mariage peut avoir lieu ; s'il refuse, le mariage est impossible (art. 148). Le père exerce donc pour le mariage de ses enfants le pouvoir prépondérant qui lui appartient dans la famille, mais la loi veut que la mère soit consultée en même temps que lui. C'est d'abord un acte de déférence, et cette démarche n'est pas inutile : la mère peut avoir à présenter des observations capables de faire réfléchir son mari ou son fils, et de modifier leur détermination.

** **64. Cas où un seul des deux parents est en état de consentir.** — Si l'un des deux parents, soit le père, soit la mère, est *mort* ou *dans l'impossibilité de manifester son consentement* pour cause de folie, d'absence, d'interdiction.., le consentement du parent présent et capable suffit, quand même ce serait la *mère,* quand même elle ne serait *pas tutrice.* L'art. 149 ne fait aucune distinction. Le droit de consentir au mariage est une des prérogatives de la puissance paternelle, qui ne peut appartenir qu'aux père et mère, tant qu'ils sont vivants et capables de l'exercer. Le mineur qui n'a plus que sa mère est ainsi dispensé de consulter ses ascendants de la ligne paternelle.

* **65. Cas où les parents sont divorcés ou séparés de corps.** — Une loi du 20 juin 1896, insérée dans l'art. 152 C. civ.[1], a retiré au père son avis prépondérant quand il existe une séparation de corps ou un divorce prononcé contre lui et que la garde des enfants lui a été enlevée pour être confiée à la mère. On a voulu par là supprimer une opposition injuste que peut rencontrer l'enfant et que le droit antérieur n'offrait aucun moyen de surmonter. La loi nouvelle déplace, sur un point particulier, l'exercice de la puissance paternelle pour le transférer à la mère qui en est plus digne que le père.

Le texte est conçu en termes généraux et s'applique à la mère aussi bien qu'au père ; mais, quand c'est la mère qui se trouve dans cette situation, l'avis du père l'emporte d'après les règles ordinaires et la loi de 1896 est sans application contre elle.

Il résulte du reste de la rédaction adoptée par le nouvel art. 152 qu'une double condition est nécessaire pour que le père subisse cette déchéance : il faut 1° *que le divorce ou la séparation de corps ait été prononcée contre lui* ; 2° *que la garde des enfants lui ait été enlevée.* Si cette dernière condition n'était pas remplie, il conserverait son avis prépondérant, bien qu'ayant rendu nécessaire par sa faute le divorce ou la séparation.

D'autre part, il a été dit dans les discussions de la loi qu'on conservait la règle ancienne au cas où le divorce ou la séparation aurait été prononcée *aux torts des deux époux* à

[1] L'ancien art. 152 contenait une disposition relative aux actes respectueux qui a été abrogée.

la fois. Le texte a été rédigé en conséquence de manière à prévoir uniquement le cas où un seul d'entre eux avait des torts.

2° Consentement des ascendants du second degré.

*** 66. Égalité entre les deux lignes.** — Lorsque le père et la mère sont tous les deux ou morts ou dans l'impossibilité de manifester leur volonté, le droit de consentir au mariage passe aux ascendants du degré supérieur, les grands-pères et grand'mères. Il se partage également entre les deux lignes paternelle et maternelle ; le côté paternel ne l'emporte pas sur l'autre. Par conséquent, il suffit qu'une des deux lignes consente pour que le mariage ait lieu : le *partage vaut consentement* (art. 150, al. 2).

***67. Comment se détermine l'avis de chaque ligne.** — Quand pourra-t-on dire qu'une ligne consent au mariage ? Cela dépend du nombre des ascendants qui la représentent. S'il n'y en a plus qu'un, il suffit de son consentement. *L'avis de l'ascendant unique, qui représente une des deux lignes, l'emporte donc sur l'opposition de l'autre ligne*, même si cet ascendant appartient à la ligne maternelle, même si c'est une femme. Ainsi le mariage pourra avoir lieu si la grand'mère maternelle l'autorise, quand même le grand-père et la grand'mère de la ligne paternelle répondraient par un refus. La prépondérance du sexe masculin, qui est admise entre ascendants de la même ligne, n'a pas lieu d'une ligne à l'autre.

S'il y a *deux ascendants dans la même ligne*, le grand-père et la grand'mère, tous deux doivent être consultés, mais s'ils ne sont pas du même avis, on applique la même règle que pour le désaccord entre les père et mère : l'*avis du mari l'emporte sur celui de sa femme* (art. 150, al. 1er). Par suite, lorsque l'enfant a encore ses quatre ascendants du second degré, le consentement d'un seul, pourvu qu'il soit du sexe masculin, l'emporte sur l'opposition des trois autres [1].

3° Ascendants du troisième degré.

68. Dévolution à leur profit du droit de consentir au mariage. — Les ascendants du troisième degré, bisaïeuls, ou arrière-grands-pères et grand'mères, ne sont pas nommés expressément dans la loi. On reconnaît cependant que les expressions « aïeuls et aïeules » dont se servent les art. 150 et 160 sont générales et comprennent tous les ascendants [2]. Toutefois, un bisaïeul ne doit être consulté qu'autant qu'il reste seul pour représenter sa ligne ; le droit de consentir au mariage de son arrière-petit-enfant ne peut donc être exercé par lui qu'après la disparition de tous les ascendants plus proches en degré dans la même ligne.

On admet en général qu'après la disparition des ascendants du second degré dans une ligne, il s'opère une dévolution au profit des aïeuls du troisième degré, qui les remplacent pour représenter cette ligne et consentir au mariage : chaque ligne est considérée comme ayant un droit propre, qui doit être exercé tant qu'elle a des représentants. Il en résulte que le consentement donné par un bisaïeul resté seul dans sa ligne peut l'emporter sur l'opposition des aïeuls plus rapprochés qui représentent l'autre ligne. — Toutefois, cette dévolution d'un degré à l'autre est contestée par quelques auteurs qui n'ad-

[1] La disposition de l'art. 152 (texte de 1896) qui retire au mari sa prépondéranc, naturelle quand il existe un divorce ou une séparation de corps prononcée contre lui est spéciale aux « parents », c'est-à-dire au père et à la mère, et ne s'applique pas aux autres ascendants.

[2] Le sens de ces mots est précisé par l'emploi qui en est fait dans l'art. 173, où il s'agit du droit de faire opposition au mariage : les mots « à défaut d'aucun ascendant », par lesquels débute l'art. 174, montre que dans l'art. 173 le mot « aïeuls » comprend tous les ascendants autres que le père et la mère.

mettent l'intervention des ascendants du troisième degré qu'autant que le second degré n'a plus de représentants ni dans une ligne ni dans l'autre.

4° Règles communes à tous les ascendants.

69. Cas où une des deux lignes fait défaut. — Si tous les ascendants d'une ligne sont morts et incapables de consentir, le droit d'autoriser le mariage passe naturellement aux ascendants de l'autre ligne, quel que soit leur degré ; n'en restât-il qu'un seul, son consentement suffira, ou son refus empêchera le mariage.

***70. Facilités données pour prouver le décès des parents et ascendants.** — Un mineur se présente pour se marier avec le consentement de sa mère seulement, prétendant que son père est mort, ou bien il est autorisé d'un seul ascendant paternel ou maternel et il prétend que les autres sont morts. Régulièrement il devrait être porteur de leur acte de décès, mais cette exigence empêcherait beaucoup de mariages. Il arrive souvent, surtout dans les classes pauvres, que l'acte de décès ne peut être produit parce qu'on ignore dans quel lieu l'ascendant est décédé. Un avis du Conseil d'État du 4 thermidor an XIII (23 juillet 1805) a réglé les moyens de preuve à fournir, avec la pensée de faciliter les mariages ; le décès des père et mère (ajoutez : ou des autres ascendants) peut être *attesté par les aïeuls ou aïeules survivants*. Si tous sont morts, le futur époux et les quatre témoins du mariage *attesteront sous serment* qu'ils ignorent le lieu de son décès et celui de son dernier domicile. — Ces dispositions ont été insérées par la loi du 20 juin 1896, dans l'art. 155, qu'elles ont considérablement allongé.

71. Exclusion des ascendants relégués ou transportés. — La loi du 20 juin 1896 (art. 153 nouv.) a assimilé à l'ascendant dans l'impossibilité de manifester sa volonté celui qui subit la peine de la relégation et celui qui est maintenu dans les colonies pénitentiaires par application de l'art. 6 de la loi du 30 mai 1854 sur l'exécution de la peine des travaux forcés[1].

C'est encore une mesure prise pour faciliter les mariages. Obliger un enfant, dont le père subit une peine en Nouvelle-Calédonie, à solliciter son consentement, c'était l'exposer à des retards considérables, et souvent faire manquer le mariage. D'autre part, ce père est séparé de son enfant depuis de longues années peut-être, il ne l'a pas vu grandir et ne connaît souvent pas du tout la personne qu'il se propose d'épouser : comment pourrait-il donner ou refuser utilement son consentement ?

Cependant on n'a pas voulu frapper le condamné ou le relégué d'une déchéance absolue. On dispense l'enfant de solliciter son consentement, mais on lui permet de le consulter et de produire son autorisation à l'officier de l'état civil, quand il l'a obtenue (même art.).

5° Consentement du conseil de famille.

**** 72. Pourquoi son consentement est requis.** — Quand il n'y a plus ni père, ni mère, ni aucun ascendant, le droit de consentir au mariage du mineur appartient au *conseil de famille*. C'est lui, et non pas le tuteur, qui remplace alors les parents décédés, parce que c'est dans le conseil de famille que réside véritablement la puissance tutélaire ; le tuteur n'est qu'un agent d'exécution et d'administration. Ce n'est pas un simple avis que donne

[1] Cet article est ainsi conçu : « Tout individu condamné à moins de huit années de travaux forcés sera tenu, à l'expiration de sa peine, de résider dans la colonie pendant un temps égal à la durée de sa condamnation. Si la peine est de huit années, il sera tenu d'y résider pendant toute sa vie. »

le conseil ; c'est un *consentement* ou un *refus* qui sera définitif. Aucun recours n'est ouvert, tandis que les décisions ordinaires du conseil ne sont que des « avis », qui peuvent être attaqués quand ils ne sont pas unanimes (art. 883 C. proc. civ.).

*** 73. Effet de la majorité.** — Quand le mineur atteint 21 ans, la tutelle prend fin et il n'y a plus de conseil de famille. C'est ce qui fait que dans ce dernier cas le Code a été obligé d'*abaisser à 21 ans, même pour les garçons, l'âge de la majorité matrimoniale.*

B. — Enfants naturels.

*** 74. Consentement donné par les père et mère.** — On leur applique en principe les mêmes règles qu'aux enfants légitimes; l'art. 158 renvoie aux art. 148 et 149. Le père et la mère doivent tous deux être consultés quand ils sont connus légalement; en cas de dissentiment, l'avis du père l'emporte; si l'un d'eux est mort, absent, ou fou le consentement de l'autre suffit; si l'un d'eux seulement est légalement connu, il suffit qu'il consente.

75. Exclusion des autres ascendants. — La loi ne parle pas des autres ascendants; l'art. 158 ne renvoie pas à l'art. 150. Il y en a une bonne raison : aucun lien légal n'existe entre l'enfant naturel et ses ascendants.

*** 76. Enfant naturel n'ayant ni père ni mère.** — Si les père et mère naturels sont tous deux morts ou hors d'état de manifester leur volonté ou si aucun d'eux n'a reconnu l'enfant, le consentement nécessaire au mariage de l'enfant naturel est donné par un *tuteur ad hoc* (art. 159). Pourquoi cette nomination d'un tuteur spécial? pourquoi n'est-ce pas, comme pour les enfants légitimes, le conseil de famille qui autorise le mariage? En voici la raison : L'enfant naturel n'a pas de famille; son conseil de famille ne peut être composé que d'amis ou de voisins, qui s'intéressent peut-être fort peu à lui. De plus toute responsabilité collective est en réalité l'absence de responsabilité et la délibération sur un point aussi grave serait le plus souvent superficielle ou nulle. La loi a pensé qu'en chargeant une personne unique de consentir au mariage, celle-ci sentirait mieux la gravité de la décision qu'elle doit prendre, et se donnerait la peine d'examiner les circonstances.

77. Nomination du tuteur *ad hoc*. — L'article 159 ne dit pas par qui sera nommé ce tuteur *ad hoc*, et son silence a fait naître une controverse. En général on décide qu'il sera choisi par le conseil de famille, parce que c'est ce conseil qui en principe a qualité pour les nominations de tuteurs. Mais quelques-uns tiennent pour suspecte cette « assemblée d'indifférents » qui forme le conseil de famille d'un enfant naturel, et ils veulent charger le tribunal du soin de nommer le tuteur. Ce serait en effet le meilleur parti à prendre si le texte le permettait. Mais le plus souvent les tribunaux eux-mêmes ne se reconnaissent pas comme investis de cette fonction.

Rien n'empêche de désigner comme tuteur *ad hoc* de l'enfant naturel son tuteur ordinaire, quand il en a un.

78. Effet de la majorité. — Comme pour les enfants légitimes, le conseil de famille des enfants naturels ne peut se réunir que pendant leur minorité ; ils peuvent donc se marier à leur gré et librement dès qu'ils ont 21 ans, quand ils n'ont ni père ni mère.

C. — Enfants assistés.

79. Forme d'autorisation suivie en pratique. — Régulièrement il faudrait leur appliquer les règles précédentes, et par exemple quand leurs parents sont morts ou inconnus, réunir un conseil de famille et leur faire nommer un tuteur *ad hoc* pour consentir à leur mariage. Une pratique contraire à la loi, mais beaucoup plus simple et plus expéditive, s'est introduite depuis le commencement du XIXe siècle. Des milliers d'enfants assistés se sont mariés avec la seule autorisation de leurs tuteurs légaux, c'est-à-dire des *commissions administratives des hospices* et à Paris du *directeur de l'Assistance publique* (L. 15 pluviôse an XIII; L. 10 janvier 1849). S'il fallait observer le Code civil, les enfants assistés ne se marieraient jamais pendant leur minorité. On les pousserait au concubinage. La loi du 24 juillet 1889 donne un moyen de régulariser ces situations en faisant prononcer la déchéance des parents, quand ils existent encore.

80. Moyen de vaincre la résistance des parents. — La loi de 1889 a, en outre, prévu l'hypothèse où il existe des parents ayant conservé le droit de consentir au mariage, qui sont connus et qui s'y refusent. L'Assistance publique pourra désormais les faire citer devant le tribunal, siégeant en la Chambre du conseil, qui donnera ou refusera le consentement nécessaire, les parents entendus ou dûment appelés (art. 17, al. 2). Voyez ci-dessous, n° 85.

§ 3. — *Formes et caractères du consentement.*

****81. Moment où le consentement doit être donné.** — Le consentement dont l'époux a besoin est exigé par la loi pour compléter sa capacité encore imparfaite. On se défie de lui et de son inexpérience; on veut qu'il soit *assisté* dans un acte aussi grave par ceux qui s'intéressent le plus à lui. C'est donc *au moment même où il contracte mariage* que l'approbation de ses parents lui est nécessaire.

***82. Consentement oral.** — Ordinairement les père, mère, et autres ascendants qui consentent à un mariage se rendent à la mairie avec les futurs époux, et ils donnent leur consentement verbalement à l'officier de l'état civil, en réponse à la question qui leur est posée par celui-ci : « Consentez-vous au mariage ? »

***83. Consentement écrit.** — Il y a des cas où le consentement ne peut être donné oralement au moment même du mariage : l'ascendant réside au loin ou bien il est malade, ou bien encore c'est le conseil de famille qui doit consentir; on ne pouvait exiger qu'il se transportât en corps à la mairie, le juge de paix en tête, et suivi du greffier. En pareils cas le consentement est donné d'avance, et par écrit. Il doit l'être *par acte authentique* (art. 73).

De la part des ascendants, ce sera un acte notarié; pour le consentement du conseil de famille on se servira d'une expédition de sa délibération délivrée par le greffier [1]. La loi du 20 juin 1896, pour faciliter le mariage, permet à l'ascendant de donner son consentement par un acte reçu par l'officier de l'état civil de son propre domicile (art. 73, al. 2).

A l'étranger l'acte peut être reçu par nos agents diplomatiques et consulaires.

84. Désignation du conjoint de l'enfant. — Quand le consentement est donné par écrit, la personne que le mineur est autorisé à épouser doit y être désignée. Un consentement donné « en blanc » serait nul; ce ne serait plus assister le mineur, le guider que de lui dire : « Marie-toi avec qui tu voudras », ce serait le dispenser d'obtenir un consentement.

[1] Pour les consentements à mariage donnés au cours d'un voyage maritime ou en temps de guerre, voyez la loi du 8 juin 1893 (art. 93 et suiv. C. civ.).

Cependant la loi n'exige pas expressément cette désignation. L'art. 73 porte bien que l'acte de consentement doit contenir « les nom, prénoms, profession et domicile *du futur époux* », mais ce futur époux n'est autre que le mineur même auquel le consentement est donné. C'est par subtilité et pour trouver à toute force un argument de texte qu'on a voulu appliquer ces mots au *futur conjoint de l'enfant*. — Malgré le silence du texte, il n'y a plus de doute aujourd'hui sur la nécessité de le désigner. Des circulaires ministérielles de 1807 et de 1852 ont appelé sur ce point l'attention des notaires et des officiers de l'état civil.

***85. Caractère définitif du refus du consentement.** — Lorsqu'un ascendant refuse son consentement, sa décision est définitive; *l'enfant n'a pas de recours contre elle* et le tribunal ne pourrait pas la réformer. L'ascendant n'a même pas à donner les motifs de son refus.

Une exception à cette règle a été introduite par la loi du 24 juillet 1889 : quand un enfant a été *confié à l'assistance publique* et qu'il s'agit de le marier, les parents qui ont conservé le droit de consentir à son mariage peuvent, en cas de refus de leur part, être cités devant le tribunal civil en la Chambre du conseil (non à l'audience publique), et, eux entendus ou dûment appelés, le tribunal statuera en donnant ou en refusant l'autorisation de procéder au mariage.

***86. Révocabilité du consentement.** — Lorsque le consentement a été ainsi accordé d'avance, il peut être révoqué par celui qui l'a donné, tant que le mariage n'est pas célébré. L'ascendant peut avoir été trompé; il a peut-être reçu de nouveaux renseignements, etc... C'est au moment même du mariage que son consentement est efficace; il faut donc qu'il l'ait maintenu jusque-là. Pour le révoquer, il retirera sa signature des mains de l'enfant, ou, s'il n'en peut obtenir la restitution, il enverra à l'officier de l'état civil une *opposition* au mariage, de façon que celui-ci soit averti de son changement de volonté.

87. Cas de mort de l'ascendant. — On peut supposer que l'*ascendant qui a donné son consentement meurt avant le mariage*. L'enfant doit-il se munir d'un consentement nouveau? Cela dépend des cas. Si par exemple cet ascendant était le survivant des père et mère, le droit d'autoriser le mariage passe par sa mort aux ascendants du second degré, et l'enfant ne pourra se marier qu'après avoir obtenu leur consentement. Mais si l'ascendant décédé n'était pas seul de son degré, le consentement, déjà donné par les autres en même temps que par lui, suffit.

88. Rôle de l'officier de l'état civil. — L'officier de l'état civil qui procède au mariage doit s'assurer que les consentements nécessaires ont été donnés, qu'ils sont réguliers et qu'ils n'ont pas été retirés. Sinon il est passible d'une amende de 16 à 300 francs, et d'un emprisonnement de 6 mois à 1 an (art. 193 C. Pén.). Il doit en outre, après s'en être assuré, en faire *mention dans l'acte*. S'il a omis cette précaution, il a commis une autre irrégularité, prévue et punie par l'art. 156 C. civ. de peines équivalentes (amende jusqu'à 300 francs et six mois de prison au moins), bien que le délit soit moins grave. Les principes du droit pénal moderne étant contraires à la durée arbitraire des peines, le chiffre unique indiqué par le Code fait à la fois l'office de maximum et de minimum.

89. Renvoi. — Pour les conséquences du *défaut de consentement*, voyez *Nullités du mariage* (nos 327 et suiv.).

§ 4. — *Des actes respectueux.*

***91. Notion générale.** — Alors même que la personne qui veut se marier a dépassé l'époque de sa majorité matrimoniale (25 ou 21 ans selon son sexe), elle n'est pas absolument libre de se marier sans consulter ses ascendants, tant qu'il lui en reste. Sans doute elle peut se marier *contre leur gré* et se passer de leur approbation, mais la loi veut à tout le moins *qu'elle leur demande leur conseil* (art. 151). Plus exactement voici ce qui se passe : le futur époux demande à chaque ascendant de consentir à son mariage ; s'il obtient un refus, il adresse à l'ascendant opposant une sorte de sommation, dite *acte respectueux*, et le mariage a lieu au bout d'un délai assez bref, alors même que l'ascendant consulté persisterait dans son opposition. Le *refus de l'ascendant n'empêche donc pas le mariage* de son descendant majeur, il amène un *simple retard*. Tel est, en résumé, le système des *actes respectueux* qui sont de tradition dans le droit français. Il n'a subi qu'une courte éclipse entre la loi de 1792 et le Code civil.

***92. Motifs de cette formalité.** — On la justifie en disant que, même majeur, l'homme a besoin d'être protégé contre lui-même ; on fait des folies à tout âge. Un bon conseil, pense-t-on, peut arrêter au dernier moment celui qui va faire un sot mariage et l'empêcher de se lier pour la vie. N'y eût-il que le retard d'un mois, cela serait encore un bon effet ; c'est le temps de la réflexion, ses yeux peuvent s'ouvrir.

***93. Ses inconvénients et sa réforme.** — L'intention du législateur était bonne, mais quand on place ainsi sa confiance dans les lois et qu'on espère restaurer les vieilles mœurs avec une petite procédure, on se voit souvent trompé dans son calcul. Même sans la formalité des actes respectueux, les bons conseils de la famille ne font pas défaut en pareil cas, et l'exigence de la loi ne sert guère en fait qu'à exaspérer des parents désarmés et impuissants, et à faire subir aux notaires, quand ils ont affaire à certaines gens, des scènes fort désagréables. La loi du 20 juin 1896 a considérablement diminué le nombre des actes respectueux (voyez ci dessous n° 98).

94. Son origine. — Quelle que soit la valeur des motifs qui l'ont fait introduire et maintenir, cette institution des actes respectueux est *le dernier débris de la puissance paternelle romaine*. Lorsque la royauté et les Parlements luttaient contre la jurisprudence canonique, qui permettait aux jeunes gens de se marier librement sans le consentement de leur famille dès qu'ils avaient atteint l'âge de la puberté romaine, ils allaient chercher des armes dans le *Code* et dans le *Digeste*, mais la « patria potestas » qu'ils y trouvaient était, par sa perpétuité et son absolutisme, entièrement étrangère aux mœurs de la France du Nord. Aussi lui appliqua-t-on un tempérament remarquable : on décida qu'à partir d'un certain âge, qui fut fixé à 25 ans pour les filles et à 30 ans pour les garçons, le père ne pourrait plus empêcher absolument le mariage, et qu'il suffirait de « requérir son avis et conseil » (Édit de février 1556 v. st., art. 5). Telle est l'origine de cet effet singulier attaché par le droit français à la puissance paternelle, qui la rend, à ce point de vue spécial, indéfinie dans sa durée, de sorte que l'âge le plus avancé n'en affranchit pas. — On peut remarquer que le langage même du Code civil est resté romain : il emploie l'expression *enfants de famille* pour désigner des gens qui peuvent avoir 40 ou 50 ans. C'est le langage des ordonnances et des anciens arrêts, qui en ressuscitant le droit romain lui avaient naturellement emprunté sa langue.

***95. Ascendants à consulter.** — A qui doit-on demander conseil? Remarquons tout d'abord qu'il s'agit d'individus *majeurs* quant au mariage, ayant plus de 21 ou de 25 ans; il ne sera donc jamais question d'adresser des actes respectueux ni à un tuteur ni à un conseil de famille. Les seules personnes qui doivent être consultées sont des ascendants. Pour déterminer parmi eux ceux dont l'avis doit être demandé et à qui il faudra adresser des actes respectueux, s'ils désapprouvent le mariage, on peut employer une formule très simple : il faudra suivre l'ordre hiérarchique établi par la loi pour le cas où il s'agit de *consentir* au mariage d'un *mineur*. Par conséquent ce sera tout d'abord le père et la mère; à défaut de père, la mère; à défaut de père et de mère, les ascendants du second degré, et ainsi de suite. Dans chaque degré il faut consulter chaque ascendant, et sur son refus, lui adresser un acte respectueux, de telle sorte que le jour du mariage, pour chaque ascendant vivant et ayant le droit de consentir au mariage, l'officier de l'état civil doit recevoir la preuve soit du consentement, soit de l'acte respectueux, soit de l'impossibilité où est cet ascendant de donner son avis.

***96. Forme des actes respectueux.** — Ces actes sont au fond des *sommations* et ils en portaient autrefois le nom : l'ascendant est sommé de donner son consentement ou de dire pourquoi il refuse. La jurisprudence, par une exigence bien naturelle, a voulu de tout temps qu'ils fussent rédigés en termes respectueux : d'où la qualification de *sommations respectueuses* qu'on leur donnait jadis. Les auteurs du Code ont trouvé que le mot « sommation » lui-même était trop impératif pour être respectueux, et ils l'ont remplacé par le mot « acte ».

Pour le même motif, ils ont changé l'officier public dont le ministère était nécessaire. Autrefois on employait les *huissiers*, parce que leurs fonctions ordinaires comprennent les notifications et significations d'actes. Mais les huissiers ont une mission plus pénible, qui est de faire exécuter les ordres de la justice, saisies, expulsions, etc., et leur seule intervention produisait un effet désagréable sur les ascendants consultés. Le Code a remplacé l'huissier par un *notaire*, conseiller ordinaire des familles, et plus capable que lui d'amener une conciliation.

Grâce à l'emploi d'un intermédiaire, l'enfant n'a pas besoin d'être *présent*. Pothier cependant exigeait qu'il le fût, mais dans la pratique on ne suivait pas son opinion. En fait ce n'est pas au moment de la visite du notaire que l'ascendant est *consulté* : quand on en arrive là, c'est que le fait du mariage de son descendant lui est déjà connu, et qu'il le désapprouve. Tout a été dit entre eux. Une dernière entrevue ne pourrait amener qu'une scène de violences, et l'acte respectueux n'est qu'un moyen de constater authentiquement le refus de consentement.

Le notaire doit être *porteur d'un acte écrit*, rédigé en termes respectueux, et par lequel son client demande l'*avis* de son ascendant sur le mariage projeté. Il doit le remettre à l'ascendant (art. 151 et 154). L'art. 154 suppose que le notaire se trouve en présence de l'ascendant et qu'il lui parle, puisque, dans le *procès-verbal* qui doit être dressé pour constater la remise de l'acte respectueux, le notaire doit *mentionner la réponse qui lui a été faite*. On est d'accord pour reconnaître que si le notaire ne trouve personne au logis, ou si on refuse de le recevoir, il n'est pas obligé de se représenter : autrement l'ascendant pourrait, par sa mauvaise volonté, retarder la signification de l'acte respectueux et prolonger illégalement les délais. Le notaire se bornera à constater, dans son procès-verbal, l'absence de l'ascendant ou son refus de le recevoir.

L'art. 154 veut que le notaire qui signifie l'acte respectueux soit assisté d'un de ses collègues ou de deux témoins (témoins instrumentaires).

97. Délai à observer avant le mariage. — L'acte respectueux n'est pas seulement une demande d'avis ou la constatation authentique d'un refus ; il entraîne après lui une remise du mariage. L'enfant qui a requis le conseil de ses ascendants ne peut donc pas passer outre immédiatement après leur refus : pour lui donner le temps de réfléchir, on lui impose un *délai d'un mois* (art. 151, al. 2).

***98. Nombre des actes respectueux.** — Le Code avait jugé que pendant la jeunesse ce délai lui-même ne serait pas suffisant pour donner aux passions le temps de se calmer. Dans cette idée, il avait aggravé cette sorte de servitude pendant les premières années qui suivent la majorité matrimoniale et *triplé le délai* ; pour cela, l'ancien art. 152 exigeait que le premier acte respectueux « *fût renouvelé deux autres fois, de mois en mois* ». Ainsi, pendant une période de cinq ans (de 25 à 30 ans) pour les garçons, et de quatre ans (de 21 à 25) pour les filles, trois actes respectueux, signifiés à un mois d'intervalle l'un de l'autre, étaient nécessaires ; le mariage ne pouvait avoir lieu qu'un mois après le troisième.

La loi du 20 juin 1896 a supprimé cette complication, afin de faciliter la conclusion des mariages : elle a abrogé la disposition primitive de l'art. 152 : aussitôt que la majorité matrimoniale est atteinte, un seul acte respectueux suffit. Sa réitération n'est jamais nécessaire ; l'expérience avait prouvé que c'était une lenteur inutile.

CHAPITRE V

DES FIANÇAILLES

99. Bibliographie. — P. Viollet, *Précis de l'Histoire du Droit Français*, p. 354 à 360 ; 2e édit., p. 418-424. — Ambr. Collin, *Des Fiançailles*, thèse, Paris, 1887. — Esmein, *Le mariage en droit canonique*, 2 vol. in-8, Paris, 1891.

100. Définition. — On appelle « fiançailles » l'*engagement que prennent deux personnes l'une envers l'autre de se marier plus tard l'une avec l'autre*. — Le verbe « fiancer » avait anciennement le sens général de *promettre en engageant sa foi* ; il ne s'est conservé dans l'usage que pour les promesses de mariage.

§ 1. — *Histoire.*

101. Système romain. — Les fiançailles, « sponsalia », étaient nettement distinctes du mariage dans le droit romain classique ; mais il est probable qu'à l'origine elles représentaient l'*élément consensuel du mariage*, l'engagement de se prendre pour mari et femme, et que la « deductio puellae » n'était que l'*exécution de ce contrat*, qui se composait ainsi de deux actes successifs, l'engagement et la consommation du mariage.

Dans le droit classique, les fiançailles ne sont plus obligatoires ; on peut s'en dégager, nonobstant toute preuve contraire. Ceci est la conséquence du droit désormais reconnu aux deux conjoints de rompre le mariage lui-même. Par suite encore, les fiançailles peuvent se faire par simple convention et n'ont pas besoin de revêtir les formes solennelles d'un contrat verbal.

102. Distinction canonique des paroles de présent et des paroles de futur. — Dans le droit canonique on distingua deux sortes d'engagements relatifs au mariage. L'un contenait le consentement *actuel* de se prendre pour mari et femme. Ce *consensus de praesenti* fut considéré comme étant le mariage lui-même (*pactio conjugalis*), auquel manquait seulement la consommation (*copula carnalis*). Quant à la *desponsatio per verba de futuro*, qui était une simple promesse de s'épouser plus tard, elle faisait des *fiancés* et non des *époux*. Ces deux engagements portaient également le nom de « sponsalia », mais ils étaient bien différents en réalité. Cette distinction a été très nettement établie au XIIe siècle par Pierre Lombard, évêque de Paris, mort en 1160, et par Hugues de Saint-Victor, mort en 1141. Voyez sur cette doctrine Esmein, *op. cit.*, p. 121-123.

103. Valeur des fiançailles en droit canonique. — Les « sponsalia per verba de futuro » faisaient naître l'obligation de contracter le mariage promis[1]. C'était une *véritable obligation juridique*, sanctionnée par une action en justice. Le moyen de contrainte seul fut difficile à trouver ; pour vaincre les résistances on ne pouvait employer que l'excommunication, et encore y eut-il sur ce point des hésitations.

Les fiançailles produisaient en outre un *empêchement au mariage* que l'un des fiancés aurait voulu contracter avec un des parents de l'autre.

[1] Dans l'ancienne doctrine canonique, on avait même admis que les fiançailles se transformaient de plein droit en mariage par le seul fait que la « copula carnalis » intervenait entre les fiancés, sans qu'il fût besoin d'une nouvelle manifestation de consentement, et même sans qu'une volonté contraire pût empêcher ce résultat. C'était l'effet de la doctrine primitive, ainsi formulée par Gratien : « Conjugium desponsatione initiatur, commixtione perficitur. » Mais cette théorie conduisit à l'idée des *mariages présumés*, qui souleva d'innombrables procès, aussi obscurs que scandaleux, et qui fut abandonnée à la suite du Concile de Trente. Sur tous ces points, voyez Esmein, *Le mariage en droit canonique*, t. I, p. 139 et suiv. ; t. II, p. 210 et suivantes.

Quant aux « sponsalia per verba de praesenti », comme elles constituaient non pas de simples fiançailles, mais un *mariage parfait*, on décidait que l'union contractée postérieurement par l'un des fiancés avec une tierce personne était nulle, même si elle avait été consommée la première. Cette règle fut législativement consacrée par les papes Innocent II (1130-1143) et Alexandre III (1159-1181)[1].

104. Les fiançailles depuis le concile de Trente. — La décadence des fiançailles ou promesses de mariage par paroles de futur s'accentua au XVIe siècle. A cette époque le concile de Trente opéra une réforme désirée depuis longtemps, en déclarant nul tout mariage qui n'aurait pas été contracté solennellement devant le propre curé des époux. Les fiançailles perdirent alors leur ancien rôle puisque désormais elles n'étaient plus utiles pour la formation du mariage. Elles auraient dû disparaître ; néanmoins l'usage les conserva. On leur trouva même un nouveau genre d'intérêt. A partir des fiançailles les deux familles annoncent le mariage pour un terme désigné d'avance et dans cet intervalle les tiers avertis par le bruit public ont le temps de dénoncer les empêchements qui peuvent exister. Aussi dans certains diocèses on appliquait aux fiançailles les mêmes règles qu'aux publications de bans : on défendait de célébrer le mariage le jour même des fiançailles et on recommandait en même temps de ne pas le différer pendant plus d'une année.

105. Sanction des fiançailles. — Le système qui avait prévalu pendant longtemps consistait à employer en ce cas la *censure ecclésiastique* ; écrivains, officiaux et Parlements l'adoptèrent d'abord. Mais au XVIIe siècle il se fit un revirement d'opinion : en 1637 et en 1638 deux arrêts interdirent l'emploi des censures ecclésiastiques, sous peine d'appel comme d'abus et les officiaux durent désormais mettre les parties « hors de cour », sauf à leur assigner une légère pénitence (prière ou petite aumône). Cependant les Parlements, tout en empêchant les officialités de prononcer la censure, reconnurent toujours aux fiançailles la valeur d'une promesse ordinaire. Or les promesses ayant pour objet un fait à accomplir (*obligations de faire*) se résolvent en dommages et intérêts en cas d'inexécution. Aussi vit-on souvent un fiancé délaissé obtenir une condamnation pécuniaire contre celui qui avait manqué à sa parole sans justes motifs.

§ 2. — *Droit actuel.*

***106. Suppression complète de la force obligatoire des fiançailles.** — Aujourd'hui la ruine des fiançailles comme institution juridique est consommée : *Toute promesse de mariage est nulle*. Les parties doivent arriver devant l'officier de l'état civil ayant encore leur pleine indépendance afin que le consentement qu'elles donnent alors soit réellement *libre* ; la loi n'en connaît pas d'autre. Elles ne peuvent pas, en ressuscitant un vieux procédé romain, donner indirectement à leurs fiançailles la force obligatoire qui leur manque, en y ajoutant, comme une sorte de *dédit*, une somme d'argent fixée à forfait pour le cas de rupture (*stipulatio pœnæ*). Le mariage est *hors du commerce* et sa valeur ne s'exprime pas en chiffres.

Ainsi amoindries depuis le concile de Trente, annulées depuis le Code civil, les fiançailles n'ont plus rien de juridique. Pothier les comptait encore « parmi les choses qui ont coutume de précéder le mariage », et on les mentionnait toujours dans les contrats de mariage à la fin du XVIIIe siècle. Aujourd'hui elles se réduisent à une fête de famille et à l'annonce publique du mariage. Mises sous la forme juridique d'une promesse, elles restent inopérantes.

***107. Indemnités accordées pour la rupture d'un projet de mariage.**

[1] Il y eut en toute cette matière des variations et des incertitudes dans les opinions des canonistes. La théorie gallicane de Pierre Lombard triompha sur le point principal en faisant admettre que le mariage était parfait par le seul consentement, mais la doctrine bolonaise, celle de Gratien, survécut sur d'autres points, de sorte qu'il n'était pas facile de concilier des règles qui avaient répondu originairement à des conceptions différentes. Voyez le chapitre de M. Esmein sur l'*Evolution de la théorie relative à la formation du mariage* (t. I, p. 95 et suiv.).

— Néanmoins on voit de temps à autre nos tribunaux allouer des indemnités pécuniaires à l'occasion de mariages manqués, mais il y a entre l'ancienne jurisprudence et la nouvelle *une différence grave* et qu'il faut bien comprendre.

La formule qui exprime le système moderne est devenue classique depuis un arrêt de Cassation du 30 mai 1838. On ne reconnaît à aucun degré la validité de la promesse de mariage : elle ne produit aucun effet, ni empêchement à un autre mariage, ni obligation pour le promettant, et *ce n'est pas en elle que l'action en dommages et intérêts prend sa source*. Cette action, quand elle a lieu, est fondée sur d'autres faits et résulte d'un principe général : tout fait illicite qui cause à autrui un dommage oblige son auteur à le réparer (art. 1382 C. civ.). Celui qui, *sans motifs sérieux*, rompt au dernier moment un projet de mariage, alors que l'autre partie a déjà fait des dépenses, acheté un mobilier, loué un appartement, etc., lui fait subir par sa légèreté un dommage dont il lui doit la réparation. Il peut en outre, par l'éclat d'une rupture, lui causer un préjudice moral en faisant soupçonner qu'il y a une raison cachée que la médisance s'exercera à découvrir. C'est sur ces faits que se fonde la demande d'indemnité. On voit qu'elle serait également justifiée alors même qu'il n'y aurait eu en réalité aucune promesse formelle de mariage.

Les résultats pratiques ne correspondent pas tout à fait à ceux de l'ancien système : les dommages et intérêts seront obtenus plus rarement qu'autrefois. Mais c'est bien plus dans l'analyse de leur *cause juridique* que dans leur *fréquence* qu'il faut chercher le changement survenu. — Comp. Léon Renault, *Des promesses de mariage*, *Revue critique*, 1888; Saleilles, *Théorie de l'obligation*, 2e édit., p. 375, note 2.

107 *bis*. Courtage matrimonial. — La jurisprudence annule, comme contraires aux bonnes mœurs, les traités par lesquels des entremetteurs stipulent une commission pour le cas où ils feraient réussir un projet de mariage (Cass., 1er mai 1855, D. 55. 1. 147, S. 55. 1. 337; Paris, 3 févr. 1859, D. 59. 2. 112, S. 59. 2. 295).

CHAPITRE VI

FORMALITÉS PRÉALABLES AU MARIAGE

§ 1. — *Des publications.*

***108. Définition.** — Le mariage doit être précédé de « publications », c'est-à-dire d'*annonces publiques du mariage*, et un certain délai doit s'écouler entre ces publications et la célébration du mariage.

***109. Leurs motifs.** — La loi demande aux époux de remplir diverses conditions d'aptitude au mariage; elle prévoit en outre certains faits sur lesquels elle fonde des prohibitions spéciales. L'absence d'une de ces conditions d'aptitude ou l'existence d'un de ces faits constitue ce qu'on appelle un « empêchement ». Ainsi l'impuberté, le défaut de consentement des parents si le futur époux est mineur, le défaut d'acte respectueux s'il est majeur, la parenté au degré prohibé, un mariage antérieur non dissous, sont des empêchements. Autrefois la mort civile, la prêtrise étaient des empêchements.

Quand il existe un empêchement le mariage ne doit pas être célébré, puisqu'il le serait en violation de la loi ; l'officier de l'état civil doit *refuser son ministère*. Mais le législateur devait prévoir que certaines personnes chercheraient à se marier, sans remplir les conditions voulues ou au mépris de ses prohibitions, en cachant leur situation. La tromperie est difficile pour le défaut d'âge ou pour le défaut de consentement des ascendants, car les officiers de l'état civil se font remettre les actes de naissance des parties, et si on ne produit pas le consentement des parents ils demandent les actes de décès. Il faudrait donc fabriquer des pièces fausses. Mais rien n'est plus aisé que de les tromper sur d'autres points, tels que l'existence d'un premier mariage[1], la parenté ou l'alliance. Dans les villes surtout, les officiers municipaux ne connaissent pas les parties ; ils ignorent s'il existe des empêchements et ils pourraient se prêter de très bonne foi à des unions illicites.

Il y a donc un grand intérêt, pour assurer le respect de la loi, à ce que l'officier public soit *averti* de l'existence de l'empêchement. Pour y réussir la loi a organisé deux procédures particulières : les *publications de mariage*, et les *oppositions au mariage*. Les publications sont destinées à provoquer les oppositions : elles font connaître au public le projet de mariage, et on espère que, s'il existe un empêchement, il est connu de quelques personnes et que celles-ci s'empresseront d'en donner avis à la mairie.

110. Origine des publications de mariage. — Les publications de mariage ne sont pas une invention de la loi civile. Elles ont leur origine dans les *bans* ou *bannies* que le clergé catholique adressait aux fidèles du haut de la chaire, dans le même désir de faire connaître au public les mariages projetés et de refuser son ministère si on lui donnait avis d'un empêchement. Le clergé a continué d'annoncer publiquement les mariages ; les bans se font encore le dimanche à la grand'messe, mais ils n'ont plus d'utilité que pour assurer l'observation des règles canoniques dans les mariages célébrés à l'église.

111. Comment devraient se faire les publications. — D'après l'art. 63, ces publications doivent consister dans une *annonce orale*, faite au public par l'officier de l'état civil, et indiquant les noms et domicile des futurs époux, leur qualité de majeur ou de mineur, et les noms de leurs pères et mères. Cette annonce doit être faite deux fois, c'est-à-dire *deux dimanches de suite*, à la porte de la maison commune. Ensuite l'officier en dresse acte, sur un registre spécial, tenu en simple, et non en double comme le sont les autres registres de l'état civil. Enfin une affiche annonçant le mariage est apposée à la porte de la mairie pendant l'intervalle des deux publications.

112. Comment elles se font dans la pratique. — Les choses ne se passent pas tout à fait ainsi, surtout dans les villes. On s'est dispensé des publications orales à faire aux passants du dimanche. On se borne à rédiger l'*acte* de publications sur le registre, et à placer une affiche dans un tableau spécial où elle reste pendant le temps nécessaire. Les publications orales ne se font plus que dans quelques communes rurales. Cet état de choses est irrégulier, mais les mariages reçoivent une publicité beaucoup plus sérieuse et plus efficace *par les journaux* : en fait ils sont connus beaucoup plus par la presse locale que par les voies légales. — Il convient toutefois d'observer que ce moyen de publicité fait défaut à Paris.

113. Demande de publications. — L'officier de l'état civil ne doit procéder aux publications d'un mariage que sur la réquisition des deux futurs époux à la fois : la demande formée par un seul n'est pas suffisante, car il n'est pas sûr que l'autre adhère au projet de mariage. — Il n'est pas nécessaire que les futurs remettent à ce moment toutes les pièces requises pour le mariage ; il suffit qu'ils les produisent avant la célébration.

114. Dans quelles communes doivent être faites les publications. — Elles sont exigées d'abord dans toutes les communes où le mariage peut être célébré, et qui peuvent être au nombre de quatre (art. 166 et 167) (ci-dessous n° 176). En outre, elles doivent être faites dans toutes les communes où sont domiciliés les ascendants *dont le consentement est nécessaire*. Remarquez ces derniers mots : il faut que le futur époux ait encore besoin de leur *consentement*. S'il peut s'en passer en leur adressant seulement un acte respectueux, les publications ne sont pas exigées dans la commune qu'habitent les ascendants (art. 168).

Si l'un des futurs époux a besoin d'être autorisé par son conseil de famille, on doit décider, par analogie, que les publications doivent être faites dans la commune où siège ce conseil, car l'époux se trouve « sous la puissance d'autrui » relativement au mariage.

[1] Voyez cependant ce qui est dit au n° 32 ci-dessus sur la réforme opérée en 1897.

115. Délai entre le mariage et les publications. — Pour donner le temps aux oppositions de se produire, la loi fixe un délai pendant lequel le mariage ne peut pas avoir lieu : il peut être célébré *au plus tôt* le troisième jour après la seconde publication, ce qui donne un délai de deux jours entiers entre elle et la célébration du mariage (art. 64) Comme les publications se font nécessairement le dimanche, le premier jour où le mariage est possible est donc le *mercredi* de la seconde semaine des publications.

116. Des dispenses. — Toutefois, pour des *causes graves* (maladie, mariage « in extremis », départ forcé d'un fonctionnaire...), la loi permet aux parties de se faire dispenser de la *seconde* publication, de la seconde seulement, la première devant toujours être faite (art. 169). Il y a ainsi une abréviation de *sept jours*, le mariage pouvant avoir lieu le mercredi qui suit la publication unique [1].

D'après l'art. 169, cette dispense est accordée par le gouvernement « ou par les officiers préposés à cet effet ». L'arrêté du 20 prairial an X a confié ce soin aux procureurs de la République ; on devra demander la dispense au procureur de l'arrondissement dans lequel le mariage doit être célébré. S'il avait fallu s'adresser à Paris, il aurait été plus court de faire les deux publications que d'attendre une réponse venant d'un ministère.

117. Délai utile pour le mariage. — Le délai pendant lequel le mariage peut être célébré commence donc à courir le 10e jour après la première publication ou le 3e après la publication unique en cas de dispense. *Il dure un an* (art. 65). Si le mariage n'a pas été célébré dans l'année, de nouvelles publications sont nécessaires : les premières sont *périmées*. Le motif de cette exigence est que de nouveaux empêchements ont pu surgir pendant de si longs retards, et que les tiers ont pu croire que le projet de mariage était abandonné.

§ 2. — *Des oppositions au mariage.*

118. Leur abus dans l'ancien droit. — Avant la Révolution, aucune règle ne limitait la possibilité d'entraver les mariages par des oppositions. Qui voulait s'opposer pouvait le faire ; et l'opposition pouvait être fondée sur un motif quelconque. De cette liberté dérivaient des abus sans nombre : un prétendant évincé, une maîtresse abandonnée, un ennemi inconnu, un jaloux, faisait opposition, provoquait des retards, des frais, des désagréments, parfois une rupture.

***119. Réglementation moderne.** — Pour empêcher à l'avenir ces vexations, la loi du 20 septembre 1792 avait restreint le droit d'opposition dans des limites rigoureuses, et le Code a suivi son exemple : ce droit n'est plus accordé qu'à un petit nombre de personnes, et à la plupart d'entre elles il n'est permis d'en user que dans un ou deux cas prévus et déterminés. En outre la loi a établi certaines formes qui sont obligatoires à peine de nullité, et en dehors desquelles l'officier de l'état civil n'est pas tenu de respecter l'opposition.

***120. Système suivi en pratique.** — Tel est le système légal. Dans la pratique il n'est pas observé. Les officiers de l'état civil ont une tendance marquée à s'abstenir toutes les fois qu'ils sont prévenus de l'existence d'un empêchement et que l'avis leur paraît sérieux. Dans certains cas leur intérêt personnel est gravement engagé : la loi prononce parfois contre eux des

[1] Certaines personnes trouvent que ce délai de trois jours est encore trop long pour les mariages in extremis et voudraient alors le réduire à 24 heures. En l'état des textes, cette solution ne peut être admise, et il serait bien dangereux de réduire autant le délai, car les oppositions n'auraient pas le temps de se produire.

peines sévères quand ils célèbrent *sciemment* des mariages qu'elle défend (art. 156, 157 C. civ., 193, 194 et 340 C. pén.).

Alors même qu'ils ne s'exposeraient personnellement à aucune peine, ils ont des raisons sérieuses d'être prudents : mieux vaut un retard que l'annulation d'un mariage. On peut dire qu'en fait toute opposition, dont la fausseté n'est pas apparente, est respectée.

121. Distinction de l'opposition et du simple avis. — Il y aurait donc lieu, si on voulait expliquer le mécanisme des oppositions tel qu'il fonctionne, et non pas tel que la loi l'a réglé, d'introduire dans le droit une distinction nouvelle qui existe déjà dans les faits. Il faudrait distinguer l'*opposition,* régulière et permise par la loi, et le simple *avis* sans forme et sans règle. L'opposition véritable équivaut à une *défense* pour l'officier de l'état civil ; il est tenu d'attendre, pour procéder au mariage, qu'on lui en rapporte la *mainlevée*. Le simple avis au contraire ne le lie pas : c'est un avertissement envoyé par n'importe qui et sous n'importe quelle forme ; on le prévient qu'il existe un empêchement, et voilà tout. C'est lui qui est juge de ce qu'il doit faire ; il peut s'abstenir ou passer outre. L'avis n'a qu'un seul résultat juridique : il constitue l'officier de l'état civil en état de *mauvaise foi,* et le rend passible des peines prononcées dans certains cas par la loi. — Il est bon d'ajouter que l'*opposition irrégulière* soit par vice de forme, soit comme émanant d'une personne qui n'a pas qualité pour la faire, est nulle comme telle, et n'a que la valeur d'un simple avis.

122. Pourquoi il ne se produit plus d'abus. — Ainsi le changement qu'ont voulu les auteurs du Code n'est pas atteint : les officiers de l'état civil tiennent compte d'oppositions auxquelles la loi n'a attaché aucun effet. Et cependant les abus qui se commettaient au XVIIIe siècle ont disparu. La raison en est non pas dans la réglementation sévère des oppositions, mais *dans la diminution du nombre des empêchements de mariage et des cas de nullité*. Ce qui fait qu'on ne voit plus tant de mariages arrêtés par des oppositions malveillantes, c'est que les causes d'empêchement sont beaucoup moins nombreuses qu'autrefois, et que celles qui subsistent sont presque toutes *faciles à vérifier*.

A. — Personnes ayant le droit de former opposition.

***123. Énumération.** — Peuvent faire opposition : 1° le conjoint de l'un des futurs époux ; 2° les *père* et *mère* de chacun d'eux ; 3° les autres *ascendants* ; 4° quelques *collatéraux* les plus proches ; 5° le *tuteur* ou *curateur* de l'un des futurs ; 6° le *ministère public*.

*** 124. Opposition d'un conjoint.** — Il s'agit de la personne avec laquelle l'un des futurs époux est déjà marié. La loi le nomme en première ligne (art. 172), parce que c'est lui qui a le plus d'intérêt à empêcher un nouveau mariage.

Un époux divorcé n'a plus le titre de conjoint ; par conséquent le divorce enlève au premier conjoint le droit de faire opposition à un nouveau mariage (Trib. de Lyon, 27 déc. 1888, D. 90. 2. 365, S. 91. 2. 246). La solution contraire (Trib. de Dieppe, 26 juin 1890, D. 92. 2. 213, S. 90. 2. 200) paraît bien être une erreur.

* **125. Opposition des père et mère.** — Le droit de faire opposition appartient aux parents naturels aussi bien qu'aux parents légitimes, car la loi ne distingue pas (art. 173). Mais la mère, légitime ou naturelle, n'a jamais le droit d'opposition qu'autant que le père est mort, déchu, ou hors d'état de manifester sa volonté.

La mère n'a pas le droit de former opposition quand le père consent au mariage, parce que le consentement du père suffit pour que le mariage puisse avoir lieu ; on devait donc enlever à la mère le droit de l'entraver. Cependant il y a un cas où il n'eût été que juste de lui accorder le droit d'opposition, même du vivant du père : c'est lorsque l'enfant a omis de la *consulter* (ci-dessus n° 63). Elle peut seulement avertir officieusement l'officier de l'état civil de cette irrégularité, et il est probable que celui-ci consentira à surseoir jusqu'au jour où on lui apportera la preuve que l'avis de la mère a été demandé. Mais tout ceci sera extra-légal.

** **126. Opposition des ascendants.** — Le droit de faire opposition appartient d'abord aux aïeuls et aïeules, ascendants du second degré, mais ils ne peuvent l'exercer qu'à défaut des père et mère (art. 173). — Les ascendants d'une ligne peuvent former opposition, quoique les ascendants de l'autre ligne aient consenti au mariage ; la loi n'admet aucune prééminence d'une ligne sur l'autre.

Quand les ascendants du second degré sont morts ou hors d'état de manifester leur volonté, leur droit passe aux ascendants du 3e degré ou bisaïeuls, car les collatéraux ne peuvent l'avoir qu'autant qu'il ne reste plus « aucun ascendant » (art. 174). Les bisaïeuls et bisaïeules sont compris dans la loi sous les qualifications « d'aïeuls et aïeules », qui se trouvent ainsi avoir dans le Code civil un sens plus large que celui qu'on leur donne ordinairement.

Dans chaque ménage d'ascendants, le droit de former opposition appartient-il concurremment à l'aïeul et à l'aïeule? Ou bien l'avis du mari l'emporte-t-il sur celui de sa femme, de sorte que celle-ci ne puisse pas faire opposition quand son mari consent au mariage? La loi n'a pas statué expressément sur la question. Mais l'avis unanime est de maintenir en ce cas la prépondérance du sexe masculin. La loi l'a fait pour les père et mère ; il y a même raison pour les autres ascendants. Le consul Lebrun avait fait adopter sans observations un amendement en ce sens (Fenet, t. IX, p. 38) ; on ne l'a pas reproduit dans le texte définitif, mais l'esprit de la loi n'est pas douteux, puisque l'art. 150 porte, à propos du consentement au mariage, que la volonté de l'aïeul suffit, malgré l'avis contraire de sa femme.

* **127. Collatéraux.** — Les collatéraux auxquels la loi accorde le droit d'opposition sont un nombre de six seulement : le *frère* et la *sœur* ; l'*oncle* et la *tante*, le *cousin germain* et la *cousine germaine* (art. 174). Le Tribunal de cassation avait proposé d'ajouter les neveux et nièces, plus proches que

les cousins et cousines; son avis ne fut pas adopté, probablement à cause du respect que ces personnes doivent aux frères et sœurs de leur père ou de leur mère.

A la différence des ascendants, il n'y a point pour les collatéraux de hiérarchie établie; tous peuvent s'opposer au mariage *concurremment*.

La loi exige que les collatéraux soient *majeurs* pour faire opposition. Le mot « majeurs » a été ajouté sur une observation du Tribunal de cassation. Par conséquent le droit de faire opposition n'appartient pas aux collatéraux mineurs et ne peut pas être exercé en leur nom par leurs tuteurs. L'addition du mot « majeurs » serait inutile, s'il signifiait simplement que le mineur est incapable d'exercer par lui-même le droit d'opposition; le droit commun eût suffi.

128. Tuteur ou curateur. — On s'est demandé de quels tuteur ou curateur il était ici question. La loi venant de parler des collatéraux majeurs dans l'art. 174, et l'art. 175 commençant par un renvoi aux « cas prévus par le précédent article », il serait assez naturel de penser que ce tuteur ou curateur est celui d'un collatéral mineur, au nom duquel il exerce le droit d'opposition pendant sa minorité. C'était ainsi que Malleville, un des auteurs du Code civil, comprenait cette disposition. Mais l'examen des travaux préparatoires montre qu'il s'agit du *tuteur ou curateur de l'un des futurs époux*. L'art. 175 a été ajouté à la demande du Tribunat qui trouvait convenable que les tuteurs ou curateurs pussent former opposition « au mariage de ceux dont la personne était confiée à leur surveillance » (Fenet, t. IX, p. 120).

129. Ministère public. — Le droit de faire opposition à un mariage n'a pas été conféré au ministère public par le Code civil; cela résulte de ce seul fait que le texte ne le lui a pas accordé. La jurisprudence le lui reconnaît néanmoins (Cass., 21 mai 1856, D. 56. 1. 208, S. 57. 1. 111; Cass., 28 nov. 1877, D. 78. 1. 209, D. 78. 1 337; Grenoble, 14 janv. 1889, D. 90. 2. 193). Elle se fonde sur une double raison: 1° le Code autorise le ministère public à demander la nullité du mariage dans certains cas; cela implique le droit d'empêcher le mariage non encore célébré: mieux vaut prévenir que punir; 2° l'art. 46 de la loi du 20 avril 1810, sur l'organisation judiciaire, charge le ministère public de poursuivre l'exécution des lois dans leurs dispositions qui intéressent l'ordre public: ceci s'applique évidemment aux empêchements de mariage. — Ces deux arguments ne sont pas sans réplique. La loi a certainement accordé l'action en nullité plus largement que le droit d'opposition; il semble qu'elle ait considéré ce dernier droit comme plus dangereux que l'autre. Ainsi les collatéraux peuvent faire annuler un mariage pour cause de bigamie, et ils n'ont pas le droit de fonder une opposition sur ce motif. On ne peut donc rien conclure pour le ministère public du droit que la loi lui donne d'agir en nullité. Quant à la loi de 1810, c'est une loi générale sur l'organisation judiciaire, qui n'a pu avoir pour effet de déranger le système organisé par le Code pour les oppositions à mariage, système qui doit se suffire à lui même: « Generalia specialibus non derogant[1]. »

Malgré la faiblesse des arguments sur lesquels s'appuie cette jurisprudence, on peut se

[1] On a essayé de fortifier l'argument tiré de la loi de 1810 à l'aide d'une distinction. Son art. 46 commence par autoriser le ministère public à agir d'office en justice « *dans les cas exprimés par la loi* ». Il y a là une disposition restrictive, mais qui ne concerne que l'*action en justice*. L'al. 2, beaucoup plus large, charge le ministère public de « surveiller » et de « poursuivre d'office » l'exécution des lois qui intéressent l'ordre public. Il s'agit ici d'actes autres que des instances, et ceci doit comprendre l'opposition à mariage, qui est un *acte extrajudiciaire*. Si plus tard un débat s'engage pour la mainlevée de cette opposition, ce ne sera pas le ministère public qui aura introduit l'action. — Cette argumentation est ingénieuse, mais elle est contraire aux faits: dans l'instance en mainlevée, le ministère public aura réellement la qualité de demandeur, car c'est lui qui est obligé de faire la preuve; la demande en mainlevée n'est qu'une sorte de réplique à son intervention. Voyez Flurer, dans D. 90. 2. 193.

résigner aisément à sa solution, qui semble aujourd'hui bien établie : les dangers qui ont fait limiter sévèrement par les lois modernes le droit de faire opposition, ne sont guère à redouter de la part des magistrats, qui n'agiront que dans les cas où leur intervention sera manifestement utile.

***130. Personnes auxquelles le droit d'opposition est refusé.** — Les travaux préparatoires et l'ensemble des dispositions du Code sur cette matière prouvent qu'on a voulu refuser le droit de former opposition à toute personne autre que celles qui en sont spécialement investies. Ainsi un fils ou un autre descendant n'a pas le droit de faire opposition au mariage que son père, sa mère ou un autre ascendant se proposerait de contracter. Cet acte serait contraire au devoir de respect et de soumission que les enfants et descendants doivent à leurs parents et ascendants. C'est pour la même raison qu'on a refusé le droit d'opposition aux neveux et nièces. Quant aux collatéraux au delà du quatrième degré et aux alliés d'un degré quelconque, le droit d'opposition leur a été refusé parce qu'on a voulu le restreindre au plus petit nombre possible de personnes. On a pensé que le mariage de leur parent ou allié ne les touchait pas assez pour leur permettre de l'empêcher. C'est aussi l'effet de la réaction qui s'était produite dans les esprits contre les abus tolérés dans l'ancien droit.

B. — Motifs des oppositions.

***131. Inégalité dans le droit de faire opposition.** — Les personnes qui possèdent le droit d'opposition ne l'ont pas toutes avec la même étendue.

Aux parents et aux ascendants la loi donne un *droit illimité* d'opposition : ils peuvent en former une sans indiquer le motif sur lequel ils la fondent, et par conséquent ils peuvent *faire des oppositions sans motifs réels*. A toutes les autres personnes la loi ne donne le droit de faire opposition que *dans certains cas prévus* et déterminés par elle, et à la *charge d'indiquer dans leur opposition le motif qu'elles font valoir.*

132. Appréciation du système de la loi. — La loi accorde donc aux ascendants une faveur qu'elle refuse aux autres. La raison en est facile à fournir : elle a confiance en eux. Elle pense qu'ils ne feront pas opposition sans cause sérieuse au mariage de leur enfant. Sans doute s'il n'existe *aucune cause légale* d'empêchement, l'opposition ne sera pas maintenue : l'enfant en obtiendra à coup sûr la mainlevée par jugement (voir ci-dessous, n° 148). Mais la procédure demandera du temps ; ce sera un nouveau retard, qui lui permettra de réfléchir, si le délai de l'acte respectueux n'a pas suffi.

C'est une arme suprême que la loi met dans la main des ascendants, parce qu'elle suppose que, même en dehors de tout motif légal, leur résistance au mariage de leur enfant a des raisons morales solides. — Ainsi raisonne-t-on d'ordinaire pour justifier la faveur que la loi leur fait. Reste à savoir s'il y a profit à engager une famille dans cet état de lutte ouverte, lorsque la résistance des ascendants est vaincue d'avance, et si on n'use pas l'autorité paternelle au lieu de la grandir.

133. Motifs d'opposition pour le conjoint. — Pour lui, le motif est tout trouvé : étant déjà marié avec l'un des futurs époux, il demande le respect de la foi promise. On dit quelquefois qu'en s'opposant à un nouveau mariage de son conjoint, il

« défend son titre ». Cela n'est pas tout à fait exact : son titre ne sera pas compromis ; c'est le second mariage qui sera nul pour cause de bigamie ; il demande seulement l'exécution du sien. — Pour le conjoint l'existence d'un mariage antérieur est la seule cause possible d'opposition ; mais elle lui suffit, car il la possède toujours.

134. Motifs d'opposition pour les collatéraux. — Si la loi s'est montrée trop généreuse envers les parents et ascendants, elle a peut-être restreint outre mesure les causes qui permettent aux autres membres de la famille de faire opposition. Ainsi pour les collatéraux, l'art. 174 indique seulement deux causes d'opposition :

1° *Lorsque le consentement du conseil de famille, requis par l'art.* 160, *n'a pas été obtenu.* La loi suppose que l'un des futurs époux est mineur et n'a plus aucun ascendant. Son mariage n'a pas été autorisé par son conseil de famille. Si ce consentement n'a pas été obtenu, le mariage ne peut avoir lieu.

Quelle peut bien être l'utilité d'une opposition en pareil cas ? En effet, l'acte de naissance du futur époux, qui doit être remis à l'officier de l'état civil, trahit sa minorité, et infailliblement on lui demandera où est le consentement dont il a besoin. Pour trouver une utilité à l'opposition des collatéraux, il faut prévoir des faits peu vraisemblables, tels que la falsification de l'acte de naissance faisant croire à la majorité du futur époux ou une négligence grossière de la part de l'officier municipal.

2° « *Lorsque l'opposition est fondée sur l'état de démence du futur époux.* » Sous le nom de « démence », il faut entendre ici les différents états d'aliénation mentale, que l'article 489 qualifie *imbécillité, démence* ou *fureur*, et qui seraient suffisants pour justifier l'interdiction.

135. Motifs d'opposition pour le tuteur ou curateur. — Pour le tuteur ou curateur, les causes d'opposition sont les mêmes que pour les collatéraux : défaut de consentement du conseil de famille ; état de démence du futur époux. C'est ce qui résulte du renvoi contenu dans l'art. 175 : « Dans les deux cas prévus par le précédent article... ».

Il est tout simple de comprendre une opposition venant du tuteur ou du curateur, quand le consentement du conseil de famille n'a pas été obtenu. Mais le second cas est beaucoup plus difficile à s'expliquer. En effet l'opposition du tuteur ou du curateur doit être autorisée par le conseil de famille. Se figure-t-on dès lors un conseil de famille accordant d'une part au mineur l'autorisation de se marier, et d'autre part à son tuteur l'autorisation de s'opposer à son mariage ? On l'a dit : ce n'est pas le pupille qui mériterait alors d'être interdit, mais bien les membres de son conseil. On a fait d'inutiles efforts pour trouver une espèce raisonnable, expliquant cette double décision contradictoire d'un même conseil de famille. Par exemple, la folie du mineur peut se déclarer après qu'il a obtenu l'autorisation de se marier. Mais alors le conseil a un moyen beaucoup plus simple pour empêcher son mariage que d'autoriser le tuteur à faire opposition : c'est de révoquer le consentement qu'il a donné. L'explication la plus naturelle est que cette disposition de la loi a été introduite sans avoir été mûrement étudiée et qu'on n'a pas aperçu la difficulté qu'on faisait naître par le renvoi d'un article à l'autre pour les causes d'opposition.

***13 . Motifs d'opposition du ministère public.** — L'étendue de son droit dépend de l'argument qu'on emploie pour en démontrer l'existence. Si on se fonde sur la faculté qu'il a d'agir en nullité, il ne pourra motiver son opposition que sur la violation des dispositions des art. 144 (impuberté de l'un des futurs époux), 147 (bigamie) et 161-163 (parenté ou alliance au degré prohibé). Pour toute autre cause d'empêchement, il sera désarmé (art. 190 et 184 cbnés). Si on se fonde, au contraire, sur la loi de 1810, art. 46, son droit sera beaucoup plus général : un empêchement quelconque lui permettra de faire opposition, parce que tous les empêchements au mariage sont d'ordre public.

C. — Forme des oppositions.

137. Exploit d'huissier. — L'opposition se forme *par ministère d'huissier*. C'est un acte extrajudiciaire, soumis aux formes ordinaires des *exploits*, sauf quelques règles particulières établies par les art. 66 et 176.

L'acte d'opposition doit indiquer : 1° La *qualité de l'opposant*, 2° Les *motifs de l'opposition*, à moins qu'elle ne soit formée par un ascendant. De sorte l'officier de l'état civil pourra voir, à la seule lecture de l'acte, si l'opposition est faite par une personne ayant qualité pour la faire et si elle est fondée sur un motif légal.

138. Signature. — La loi veut en outre que l'opposant ou son fondé de pouvoirs signe l'opposition sur l'original et sur la copie (art. 66) : cette signature est insolite, les actes des huissiers ne sont pas signés par leurs clients. Par cette exigence la loi a voulu décourager les opposants qui se présenteraient sous un nom d'emprunt : en les forçant à donner leur signature, on les oblige à faire un faux ou à dévoiler la supercherie. La peine qui les menace s'ils signent d'un faux nom est celle des travaux forcés à temps (art. 147 C. pén.); elle est assez sévère pour les arrêter.

139. Élection de domicile. — L'opposant doit faire élection de domicile *dans la commune où le mariage doit être célébré* (art. 176). La loi a voulu éviter à l'époux dont le mariage se trouve empêché l'obligation d'aller plaider au loin pour obtenir mainlevée de l'opposition.

Il n'y a pas de difficultés quand le mariage ne peut avoir lieu que dans une seule commune ; mais souvent il est possible dans plusieurs. Comment l'opposant connaîtra-t-il la commune où il aura lieu ? La loi, qui n'a pas prévu cette question, n'oblige pas les futurs époux à annoncer dans les publications dans quel endroit ils comptent se marier, et le plus souvent cette indication n'est pas donnée par eux ; en écrivant l'art. 176 on avait donc perdu de vue que les époux peuvent avoir l'option entre plusieurs communes pour y célébrer leur mariage. Mais il résulte implicitement de l'art. 69 que l'opposition est possible dans l'une quelconque des communes où le mariage peut avoir lieu, puisque l'on doit produire un certificat de chaque officier de l'état civil constatant qu'il n'a reçu aucune opposition. Cependant certains auteurs pensent que l'opposition doit être faite dans la commune où se trouve le domicile de l'époux du chef duquel existe l'empêchement. Cela serait conforme à l'esprit de la loi, mais en l'absence d'un texte qui l'impose, cette solution n'a rien d'obligatoire.

140. Sanction. — Ces diverses prescriptions sont sanctionnées par des peines sévères : c'est d'abord la *nullité de l'opposition irrégulière*; le tribunal devrait en donner mainlevée pure et simple, et même l'officier de l'état civil ne serait pas tenu de s'y arrêter. S'il passait outre, on ne pourrait pas prononcer contre lui la peine de 300 francs d'amende établie par l'art. 68 C. civ. — Ce serait ensuite l'*interdiction de l'huissier* qui aurait signé l'acte. L'huissier, étant ainsi intéressé personnellement à la régularité de l'opposition, aurait le droit de refuser son ministère, si l'opposant n'était pas une des personnes énumérées par la loi, ou si un collatéral ne lui indiquait pas un des motifs déterminés par l'art. 174. Cela n'autorise pas l'huissier à se faire juge de l'exactitude des faits allégués par l'opposant ou de la qualité prise par lui : il n'est responsable que de la régularité de forme de l'acte qu'il dresse.

141. Signification de l'acte. — L'opposition doit être « signifiée », c'est-à-dire que l'huissier doit en *donner copie* : 1° aux parties; 2° à l'officier de l'état civil.

Aux parties, c'est-à-dire aux deux époux. La loi exige donc, sans grande nécessité, qu'on la signifie même à celui contre lequel elle n'est pas dirigée[1].

A l'officier de l'état civil. — Il peut y en avoir plusieurs compétents pour le mariage. Si l'on connaît d'avance celui qui devra le célébrer, on devra s'adresser à lui. Au cas contraire, on aura le choix, car il est inutile de faire cette signification aux officiers de l'état civil de toutes les communes où la célébration du mariage est possible. Chacun d'eux doit en effet transmettre à celui qui célébrera le mariage un certificat constatant qu'il n'a pas reçu d'opposition (art. 69). Que si ce certificat est déjà délivré, il n'est pas davantage nécessaire de faire la signification à tous, car on connaît déjà celui qui célébrera le mariage.

[1] Voyez cependant ce qui est dit ci-dessus, p. 43, note 1.

Ces significations se font, conformément au droit commun, *à personne ou à domicile.*

142. Visa et enregistrement de l'opposition. — L'officier de l'état civil, qui reçoit une opposition, doit mettre son visa sur l'original que conserve l'huissier (art. 66). On prévient ainsi un conflit d'affirmations contraires pour le cas où l'officier de l'état civil, ayant égaré ou oublié l'opposition, prétendrait ne l'avoir pas reçue, tandis que l'huissier affirmerait la lui avoir signifiée. C'est du reste l'application d'une règle générale applicable à tout officier public qui reçoit en cette qualité une signification (art. 69 C. proc. civ.).

Il doit en outre, sans délai, mentionner l'opposition qu'il a reçue sur le registre spécial des publications de mariage, de manière à en conserver la mémoire (art. 67).

143. Sanction du défaut de signification. — L'opposition qui ne serait pas signifiée à l'officier de l'état civil reste sans effet : légalement, il l'ignore.

Celle qui ne serait pas signifiée aux parties arrêterait bien l'officier de l'état civil, mais le tribunal devrait en donner mainlevée pure et simple, par application d'une règle de procédure : Tout acte qui n'a pas été régulièrement signifié est non avenu. « *Idem est non esse et non significari.* »

D. — Effet des oppositions.

** **144. Effet d'une opposition régulière.** — L'officier de l'état civil qui a reçu une opposition doit refuser de célébrer le mariage tant qu'on ne lui en a pas remis la *mainlevée* (art. 68). S'il n'en tient pas compte et procède à la célébration, il encourt une amende de 300 francs, et peut être en outre condamné à des dommages et intérêts (même art.) [1].

On exprime ce résultat en disant que l'*opposition crée,* par elle-même et abstraction faite de ses motifs, *un empêchement au mariage.*

En effet, de deux choses l'une : si l'opposition vient d'un ascendant, le motif n'est pas indiqué ; elle peut donc être faite même sans motifs. Si l'opposition vient de toute autre personne, le motif est nécessairement indiqué, mais l'officier de l'état civil n'est pas juge de la réalité de celui qui est exprimé : il peut être faux ; c'est le tribunal qui jugera. Il en est ainsi alors même que l'officier connaîtrait personnellement le futur époux et aurait la certitude que l'empêchement allégué n'existe pas.

** **145. Effet d'une opposition irrégulière.** — Ici se pose la grave question de savoir si un officier de l'état civil peut passer outre, quand l'opposition qu'il a reçue est irrégulière en la forme, ou émane d'une personne sans qualité, ou est fondée sur une cause non prévue par la loi.

Rien dans le texte ne laisse entrevoir la solution de cette difficulté, si ce n'est la nullité que l'art. 176 prononce contre l'opposition irrégulière, ce qui semble bien la destituer de tout effet. La loi de 1792 avait sur ce point une disposition formelle : « Toutes oppositions formées hors les cas, les formes « et par toutes personnes autres que celles ci-dessus désignées seront re- « gardées comme non avenues, *et l'officier public pourra passer outre à*

[1] La question de savoir si le mariage célébré au mépris d'une opposition régulière peut être annulé sera examinée à propos des nullités (n° 335-4°).

« *la célébration du mariage* » (Tit. IV, sect. III, art. 9). On doit croire que telle est encore la pensée du Code. Tout le système des oppositions est soumis à une réglementation minutieuse, éminemment restrictive, dont les motifs ont été donnés plus haut. Toutes ces précautions n'auraient pas de raisons d'être, si le devoir de l'officier de l'état civil était de s'arrêter devant une opposition non conforme à la loi, car celle-ci produirait le même effet que si elle était régulière. Elle retarderait le mariage, et c'est justement ce que la loi a voulu éviter.

L'officier de l'état civil aurait donc le droit de méconnaître une opposition dont l'irrégularité serait évidente, et il ne serait pas passible des peines portées par l'art. 68 pour avoir passé outre. Mais on a déjà dit qu'en fait les officiers municipaux tiennent compte de toute opposition, si informe qu'elle soit, quand la cause leur en paraît vraisemblable (ci-dessus nos 120-122).

E. — Mainlevée de l'opposition.

*** 146. Deux espèces de mainlevées.** — La *mainlevée* est le retrait de l'opposition. Elle peut se faire de deux façons :

1° *Par la volonté de l'opposant*; 2° *Par jugement.*

*** 147. Mainlevée volontaire.** — La mainlevée volontaire n'a *pas de formes déterminées* par la loi. L'opposant peut se désister de vive voix devant l'officier de l'état civil au moment de la célébration du mariage, s'il y assiste. Sinon, on admet qu'il faut un acte notarié, par argument de l'article 67 qui parle des *expéditions* des *actes de mainlevée.*

*** 148. Mainlevée judiciaire.** — A défaut de désistement volontaire de la part de l'opposant, le futur époux contre lequel l'opposition a été formée peut en demander la mainlevée à la justice[1]. Le tribunal apprécie si l'opposition est bien fondée, et, s'il estime que non, il ordonne qu'il sera passé outre à la célébration du mariage ; la mainlevée résulte alors d'un jugement.

L'opposition ne peut être maintenue par le tribunal que s'il existe un empêchement réel, dont la preuve doit être fournie par l'opposant. Cette règle s'applique même aux oppositions formées par un père ou autre ascendant : on ne lui demande pas de faire connaître, dès le moment où il fait opposition, le motif pour lequel il s'oppose au mariage ; mais quand la mainlevée est demandée, il doit justifier de l'existence d'un empêchement légal ; faute par lui d'apporter cette preuve, la mainlevée sera prononcée et son opposition n'aura servi qu'à retarder le mariage de quelques jours. La jurisprudence est fixée en ce sens depuis un arrêt de Cassation du 7 no-

[1] Il a été jugé que l'autre futur conjoint a également le droit d'agir en mainlevée (Trib. Seine, 15 avril 1897, D. 98. 2. 419).

vembre 1814 [1]. Les ascendants allèguent fréquemment l'état de démence de leur enfant ; ils doivent en ce cas se conformer à la règle commune et le faire interdire ; sinon l'opposition doit être levée (Cass., 30 juin 1879, D. 80. 1. 135, S. 79. 1. 416).

149. Compétence. — La demande en mainlevée est portée, au gré du demandeur, soit devant le tribunal du domicile élu par l'opposant, soit devant celui de son domicile réel.

150. Procédure rapide. — Comme l'affaire requiert célérité, elle est dispensée du préliminaire de conciliation (art. 49 C. proc. civ., al. 2), et même elle n'attend pas son tour au rôle d'audience : le tribunal doit prononcer *dans les dix jours* sur la demande en mainlevée (art. 177); s'il y a appel, la Cour doit également statuer dans les dix jours. Il est bien probable que la loi a entendu imposer au tribunal et à la Cour l'obligation de statuer *définitivement* dans ce délai sur le mérite de l'opposition, mais en pratique on ne l'interprète pas ainsi : il peut y avoir, dit-on, impossibilité matérielle, par exemple en cas de démence, et on croit donner satisfaction au texte en rendant dans ce délai un premier jugement *préparatoire*.

L'opposant avait naguère un moyen de traîner l'affaire en longueur : c'était de faire défaut en première instance, puis en appel; après chaque défaut, il faisait opposition et l'affaire revenait une seconde fois devant le tribunal et devant la Cour, ce qui en doublait la durée. Pour mettre un terme à cette manœuvre, la loi du 20 juin 1896 (art. 179, al. 2) a décidé que les jugements et arrêts par défaut rejetant les oppositions à mariage ne seraient plus susceptibles d'opposition.

151. Effet des voies de recours. — Le demandeur en mainlevée a pu obtenir gain de cause une première fois et succomber définitivement grâce à l'exercice d'une voie de recours. On demande quel serait le sort du mariage célébré dans l'intervalle entre les deux décisions judiciaires. Il faut distinguer :

1° La mainlevée a été donnée *par le tribunal de première instance*. Si le jugement est frappé d'appel, le mariage ne peut pas être célébré parce que l'appel est *suspensif* : c'est comme si le jugement n'était pas encore prononcé.

2° Le jugement de mainlevée a été confirmé *par la Cour d'appel*. Il peut y avoir *pourvoi en cassation*. Cette voie de recours, à la différence de l'appel, n'est pas suspensive. Le mariage pourra donc être célébré en exécution de l'arrêt et avant que l'affaire n'ait reçu sa solution finale. Qu'adviendrait-il si l'arrêt de mainlevée était cassé et si la Cour de renvoi maintenait définitivement l'opposition ? Le mariage devrait-il être considéré comme nul ? La question est controversée. L'opinion soutenue par Marcadé et adoptée par Aubry et Rau (t. V, § 457, p. 40, note 10), d'après laquelle le mariage serait nécessairement nul, est inadmissible. La cassation de l'arrêt qui avait prononcé la mainlevée de l'opposition a simplement pour effet de maintenir cette opposition ; il se trouve donc que le mariage a été célébré au mépris d'une opposition existante et régulière, mais un mariage n'est pas nul par cela seul ; il faut qu'il existe une cause particulière de nullité. En vain dit-on que la cassation a pour effet de mettre à néant tout ce qui a pu se faire en exécution de l'arrêt cassé : cette maxime est vraie, mais il en résulte simplement que la mainlevée de l'opposition est réputée n'avoir jamais été donnée. Le mariage ne sera donc nul que s'il existe réellement une cause de nullité. En ce sens LAURENT, t. II, n° 405 ; HUC, t. II, n° 122.

152. Effet de la mainlevée. — Si l'opposition a été annulée pour un vice de forme, on admet en général qu'elle peut être renouvelée. Si elle a été rejetée parce que son auteur n'avait pas qualité pour la faire, le même opposant n'en peut pas former une

[1] On cite comme exemple une affaire jugée par la Cour de Bourges : un père ne pouvant empêcher sa fille de se marier avec un de ses domestiques, ancien forçat, qui l'avait séduite. C'est la conséquence forcée de la liberté indispensable reconnue à toute personne qui a atteint sa majorité matrimoniale de se marier sans le consentement de qui que ce soit.

autre ; il y a chose jugée contre lui. Enfin si elle a été jugée mal fondée, il est bien certain que le même opposant ne peut pas la renouveler pour le même motif. Mais peut-il former une opposition nouvelle fondée sur une autre cause ? La question est discutée en doctrine (Demolombe, t. III, nº 176 ; Aubry et Rau, t. V, § 457, p. 42, note 15). Il n'y a pas de jurisprudence sur la question. Il semble bien que le jugement doive avoir effet une fois pour toutes, et que les divers empêchements soient simplement des moyens de justifier l'opposition. Sans cela un ascendant pourrait la renouveler de nombreuses fois en prenant l'un après l'autre pour motif tous les empêchements possibles.

153. Dommages-intérêts en cas de mainlevée. — Quand la justice donne mainlevée d'une opposition, l'opposant *peut* être condamné à des dommages et intérêts, si l'on estime qu'il a commis une faute lourde, ou qu'il a agi dans une intention vexatoire (art. 179). Par exception les *ascendants* ne s'exposent jamais à une condamnation de ce genre : la puissance paternelle leur confère un pouvoir discrétionnaire, et leur opposition, même sans motif, n'est jamais coupable (même art.).

154. Dépens. — La loi n'ayant rien dit des dépens, on doit appliquer le droit commun : le perdant les supportera (art. 130 C. proc. civ.). Toutefois, en cas d'opposition faite par un ascendant, les juges auront la faculté de prononcer la *compensation des dépens* (art. 131 C. proc. civ.).

§ 3. — *Pièces à remettre à l'officier de l'état civil.*

155. Énumération. — Avant la célébration du mariage, chaque époux doit remettre à l'officier de l'état civil les pièces qui constatent sa capacité personnelle, les divers consentements et autorisations dont il a besoin et l'accomplissement régulier de toutes les formalités préalables au mariage. C'est-à-dire :

1º Son *acte de naissance*. S'il est dans l'impossibilité de se le procurer, il peut y suppléer par *un acte de notoriété* délivré par le juge de paix du lieu de sa naissance ou par celui de son domicile (art. 70). C'est une décision de faveur spéciale au mariage, et l'acte de naissance ne peut être remplacé par un moyen aussi facile en aucun autre cas.

2º Les *actes constatant le consentement* de ses parents, de son conseil de famille ou du tuteur *ad hoc*, lorsqu'ils ne se proposent pas d'assister à la cérémonie du mariage.

3º L'*acte respectueux*, s'il en a été fait.

4º Les *actes de décès* des ascendants. Toutefois, un avis du Conseil d'État du 24 thermidor an XIII (23 juillet 1805) autorise à s'en passer sur la simple *attestation* des aïeuls et aïeules, s'il en existe, et à leur défaut sur une *déclaration à serment* des époux *majeurs* et de leurs témoins. — Au lieu d'un acte de décès, il peut y avoir lieu à la production de l'*expédition* d'un jugement d'*interdiction* ou de *déclaration d'absence*, laquelle peut être remplacée de la même manière que l'acte de décès (Avis du Conseil d'État précité.) — Depuis 1896 on peut aussi avoir à produire l'expédition de l'arrêt qui a condamné l'ascendant à la relégation ou à la transportation.

5º L'*autorisation de mariage* donnée par l'autorité supérieure, lorsque le futur époux est militaire, marin ou assimilé.

6º L'acte ou décret accordant, s'il y a lieu, les *dispenses* à raison de l'âge ou de la parenté ou de l'alliance, ou la dispense de la seconde publication.

7º L'*acte de décès* du premier conjoint, si l'un des époux a déjà été marié.

8º Les *certificats de publications*, si elles ont été nécessaires dans d'autres communes.

9º Les *certificats de non-opposition* délivrés par les officiers de l'état civil des autres communes.

10º La *mainlevée* des oppositions qui ont pu être formées.

11º Le *certificat délivré par le notaire* conformément à l'alinéa final de l'art. 1394, s'il a été fait un contrat de mariage (loi du 10 juillet 1850).

12º Le *certificat du médecin*, si le mariage a lieu hors de la mairie pour cause de maladie.

13° Le certificat délivré aux étrangers par les autorités de leur pays conformément à la circulaire ministérielle du 3 mars 1831.

156. Inconvénients de ces précautions. — Les exigences paperassières des bureaux rebutent beaucoup de pauvres gens, qui reculent devant tant de formalités et ne se marient pas. Trop de certificats, trop de démarches, trop de correspondances, trop de frais. « Grâce aux auteurs du Code civil, écrit M. d'Haussonville, le mariage est devenu un luxe. » Le mal a été signalé dès 1826; une loi des 10-18 décembre 1850 a chargé l'officier de l'état civil de rechercher les actes nécessaires aux *indigents* et les *a dispensés des droits*; la Société de Saint-François Régis, fondée à Paris en 1826, s'occupe activement de faciliter ces mariages[1]. Mais les résultats obtenus sont insuffisants. On a essayé depuis lors de créer une nouvelle agitation et de déterminer un courant d'opinion pour forcer la main au législateur[2]. On a demandé de restreindre les publications, de ramener dans des limites raisonnables la nécessité d'obtenir le consentement des ascendants, de supprimer les actes respectueux et de délivrer tous les actes sans frais. Les mariages clandestins ne sont plus un danger; le péril est dans la multiplication des faux ménages. La loi du 20 juin 1896 a donné satisfaction, dans une certaine mesure, à ces réclamations.

CHAPITRE VII

CÉLÉBRATION DU MARIAGE

157. Bibliographie. — L. Beauchet, *Étude historique sur les formes de la célébration du mariage dans l'ancien droit français*, Paris, 1883 (tirage à part d'articles parus dans la *Nouvelle Revue historique de droit*, en 1882). — L. Desforges, *Étude historique sur la formation du mariage en droit romain et en droit français*, thèse, Paris, 1887. — René Lemaire, *Étude historique et critique sur le mariage civil*, thèse, Paris, 1901. — Paul Viollet, *Précis de l'histoire du droit français*, p. 360 et suiv.; 2e édit., p. 424 et suiv. — A. Esmein, *Le mariage en droit canonique*, 2 vol., 1891. — Bonifas, *Le mariage des protestants depuis la Réforme jusqu'à 1789*, Thèse, Paris, 1901.

§ 1. — *Histoire des formes du mariage.*

A. — Le mariage consensuel de l'antiquité et du moyen âge.

158. Époque romaine. — Dans la haute antiquité romaine le mariage avait été un acte solennel; il avait eu ses formes juridiques particulières; l'une était une cérémonie religieuse, la *confarreatio*, l'autre était purement civile, la *coemptio*. Mais ces solennités, qui avaient été certainement à l'origine les formes du mariage lui-même [3], ne servirent plus dans la suite qu'à acquérir la puissance spéciale appelée « manus », et le mariage pouvait se former sans elles. A l'époque où le christianisme triompha, le mariage n'exige aucune solennité extérieure accompagnant et manifestant le consentement. Il y a

[1] Sur l'utilité des sociétés qui poussent les pauvres au mariage, voyez d'intéressants renseignements statistiques et bibliographiques dans la thèse de M. Franck Bernard, sur *Le consentement des ascendants au mariage*. Paris, 1889, p. 326 et suiv. A Paris, en 1898, 2 861 mariages ont été réalisés et 1 390 enfants ont été légitimés.

[2] Voyez Georges Michel, *Le mariage des indigents*, dans l'*Economiste français*, du 5 avril 1890.

[3] Sur la forme primitive des mariages, contractés par un procédé analogue à la stipulation, voyez un texte des Institutes d'Ulpien, qui nous a été conservé par Servius (*Ad Æneid.*, IV) et par Boëce (*Topica*, 3. 4) (Girard, *Textes*, II, 10; Viollet, *Précis*, 2e édit., p. 598, note 4).

ordinairement une cérémonie nuptiale, des réjouissances (*nuptiarum festivitas*), une promenade en public avec flûtes et chants (*deductio puellae in domum mariti*), des sacrifices, des prières. Mais ces formes extérieures n'ont rien de juridique : elles dépendent des goûts et des usages, et ne sont point nécessaires à la validité du mariage ; un mariage accompli sans elles et en secret est tout aussi bon.

***159. Moyen âge.** — Le mariage, devenu *contrat consensuel*[1], en resta là pendant de longs siècles. Quand le christianisme se répandit, les rites du culte nouveau remplacèrent les anciennes cérémonies païennes. Les chrétiens prirent de bonne heure l'habitude de faire bénir leur union par un prêtre. Mais, pas plus que les formes païennes, cette intervention du prêtre ne servait à la conclusion du mariage, qui résultait toujours de la seule volonté des époux.

***160. Ses inconvénients.** — Un pareil système produisait dans la pratique des effets désastreux. L'existence du mariage pouvait à tout instant être mise en doute. Quand l'un des conjoints voulait le nier, l'autre se trouvait le plus souvent dans l'impossibilité d'en apporter la preuve. Dans le monde romain on avait l'habitude de rédiger et de signer un écrit, *instrumentum, tabulae*, qui assurait une preuve facile. L'usage en était tel que les gens étrangers au droit y voyaient le mariage lui-même : « Si tibi legitimis pactam junctamque tabellis || non es amaturus », dit Juvénal (Sat. VI). Cet usage se perdit, comme tant d'autres, après l'invasion barbare, ou du moins il se fit de plus en plus rare. A défaut d'écrits, il ne restait plus que la preuve *par témoins*, toujours suspecte, et qui manquait souvent, ou la *possession d'état*. Ce dernier moyen était le plus efficace et le plus sûr. Il préservait tous ceux qui avaient vécu au grand jour comme mari et femme des attaques dont leur état pouvait être l'objet. De là le dicton, recueilli plus tard par Loysel, justement à l'époque où il cessait d'être vrai : « Boire, manger, coucher ensemble || Est mariage ce me semble » (*Instit. coutumières*, liv. I, tit. II, n° 6).

B. — Rétablissement de la solennité du mariage par l'Église catholique.

161. Origine du mouvement. — De fort bonne heure l'Église, qui avait érigé le mariage en sacrement et proscrit le divorce, chercha à faire respecter le lien conjugal, en entourant sa formation de solennité et de publicité. Dès 524 le concile d'Arles exigeait une dot et des noces publiques. La célébration de la messe et la bénédiction du prêtre étaient toutes désignées pour servir de formes au mariage. A partir du IXe siècle, les canons des conciles qui exigent la célébration publique du mariage deviennent fréquents. Le plus important est le canon 51 du quatrième concile œcuménique de Latran, réuni en 1215 sous Innocent III. A partir de ce moment on remarque en France un mouvement de plus en plus vif en faveur de la publicité du mariage. Une manifestation imposante eut lieu en 1449 dans un concile national assemblé à Lyon, mais ce concile était impuissant à prononcer la sanction nécessaire de cette obligation nouvelle : la *nullité* des mariages simplement consensuels. Ce fut l'œuvre du concile de Trente réuni au siècle suivant[2].

***162. Œuvre du concile de Trente.** — Ce concile fut saisi de la question, dans sa vingt-quatrième session, le 24 juillet 1563, par une requête qui lui fut adressée par deux ambassadeurs laïques du roi de France, Arnaud du Ferrier et Dufaur de Pibrac. Après de longs débats, le concile adopta, le 11 novembre, un décret par lequel le mariage était *nul* s'il n'avait pas lieu à l'Église en présence du propre curé des époux : *in facie Ecclesiae, proprio praesente parocho*. Pour le détail des difficultés qu'eut à

[1] On n'examine pas ici la question de savoir si le mariage ne requiert pas un autre élément que le consentement ; on en dira quelques mots plus loin. Il s'agit seulement de savoir sous quelle forme le consentement peut se manifester, avec ou sans solennités.

[2] En Orient, les mariages purement civils étaient frappés de nullité, depuis la fin du IXe siècle ou le commencement du Xe, par une constitution de l'empereur Léon VI. Mais la loi byzantine n'avait pas influencé la jurisprudence canonique de l'Occident.

résoudre le concile et les transformations que subit le projet, voyez Esmein, *Le mariage en droit canonique*, t. II, p. 154 et suiv.

163. Sa publication en France. — Le pape Pie IV ouvrit aussitôt des négociations avec les États catholiques pour obtenir la publication officielle des décrets du concile. Il ne put jamais y décider le roi de France. L'autorité civile cherchait alors à se ressaisir de la juridiction du mariage qui depuis le milieu du moyen âge était tombée dans la compétence exclusive des tribunaux ecclésiastique, les *Officialités*. La publication du concile de Trente en France fut purement ecclésiastique, et elle eut lieu timidement dans divers conciles provinciaux de 1564 à 1609, jusqu'au jour où l'Assemblée du clergé le publia malgré l'opposition du Parlement (7 juillet 1615).

164. Ordonnance de Blois. — Le roi, de son côté, introduisit la règle nouvelle dans son royaume par voie d'ordonnances. La première est celle de *Blois*, du mois de mai 1579. Son art. 40 porte que le mariage doit être célébré devant « le curé parrochial », après publications de bans et en présence de quatre témoins dignes de foi pour le moins, le tout « sous les peines portées par les saints conciles ». Les mariages non solennels étaient donc déclarés nuls par l'Église, qui seule en avait le droit, et son décret avait force de loi en France puisque le roi l'avait approuvé par une ordonnance. Les tribunaux laïques, les Parlements ne pouvaient pas encore, à cette époque, prendre directement connaissance des affaires relatives à la validité des mariages, mais les décisions des officialités leur étaient déférées au moyen de l'*appel comme d'abus*. C'est par cette voie que la nullité s'introduisit dans la jurisprudence civile.

165. Les mariages à la Gaulmine et la jurisprudence. — Les mariages non solennels, qu'on appelait à cette époque mariages *clandestins* (voir l'observation sur le double sens de ce mot, ci-dessus n° 62), ne disparurent pourtant qu'à la longue. On ne détruit pas facilement une habitude aussi vieille. Sans entrer dans le détail des arrêts, des déclarations et des ordonnances qui se succédèrent, rappelons seulement l'épisode le plus connu de la lutte contre les décisions du concile de Trente et de l'ordonnance de Blois. Un certain *Gilbert Gaulmin*, homme d'esprit très connu de son temps, ancien intendant du Nivernais et doyen des maîtres des requêtes, voulut se marier sur le tard — il avait plus de soixante ans —, mais son curé, pour une raison que l'on ignore, refusa de bénir son mariage. Que fit Gaulmin ? Il amena deux notaires à l'église paroissiale, avec sa fiancée et plusieurs témoins, fit constater le refus que le curé opposait à ses sommations, déclara qu'il se mariait *en face d'Église* et se fit donner acte du tout. Tel était le *mariage à la Gaulmine* qui devint fort à la mode à partir de 1640 et sur la validité duquel on a beaucoup discuté. Il est certain que le concile de Trente exigeait seulement que le mariage fût contracté publiquement en présence de témoins et devant le curé, *proprio praesente parocho*. La bénédiction nuptiale n'était pas imposée pour la validité du mariage et c'était là ce qui faisait le mérite de l'invention de Gaulmin.

Le dernier édit, qui mit fin à ces irrégularités, est de 1697. Il renouvelle et précise les règles posées par l'ordonnance de Blois. Dès 1692, le Parlement de Paris, sur les conclusions de Lamoignon, avait admis que la bénédiction du mariage était essentiellement nécessaire à sa validité. En résumé c'est seulement à la fin du XVIIe siècle que le mariage est redevenu un acte *solennel* comme il l'était au temps de la république romaine.

166. Les mariages de Gretna Green. — Le système antérieur au concile de Trente s'est conservé en Écosse et aux États-Unis où le mariage est resté indépendant de toute forme et purement consensuel. Les Anglais, soumis depuis 1757 à une règle analogue à celle de la France, ont longtemps profité du voisinage de l'Écosse pour y contracter de faciles mariages : Le maréchal ferrant de Getna Green, village écossais près de la frontière, et son registre de mariages, sont devenus célèbres [1]. Ces mariages n'étaient

[1] Le succès du forgeron de Gretna Green tenait à un bill de 1753 qui déclarait nul tout mariage non célébré devant un ministre de l'Eglise anglicane. On ne faisait d'exception que pour les mariages des Juifs et ceux des quakers. Mais beaucoup d'Anglais échappaient à cette loi (que lors Russel fit abroger en 1836) en allant se marier soit à Jersey, soit en Ecosse.

point une bizarrerie du droit écossais ; c'était, sur un point particulier, la persistance d'un état de choses qui, avant le concile de Trente, existait dans tout l'Occident.

C. — Mariage des protestants.

167. Effets de la révocation de l'édit de Nantes. — Quand la Réforme se développa en France, les protestants prirent l'habitude de se marier devant leurs pasteurs. A partir de l'édit de Nantes (1598), ces mariages furent considérés comme valables, à l'égal des mariages catholiques. Mais, quand Louis XIV eut révoqué l'édit d'Henri IV et que l'exercice de la religion « prétendue réformée » fut prohibé, les temples fermés, les pasteurs chassés, *il n'y eut plus pour les protestants de forme légale du mariage*, et cette situation se prolongea pendant plus d'un siècle. Ils en étaient réduits à se marier *au Désert*, c'est-à-dire en secret, dans les bois ou dans les montagnes, et pendant la nuit le plus souvent. Longtemps les Parlements reculèrent devant les conséquences logiques d'un pareil système qui étaient pour ces mariages célébrés clandestinement la nullité, pour les époux l'état de concubinage et pour leurs enfants la bâtardise et l'incapacité de succéder à leurs parents. On vit par exemple, en 1717, le Conseil du Roi refuser à un traitant la succession d'un protestant qu'il prétendait tombée en déshérence parce que sa fille n'était pas née d'un mariage légitime. Jusqu'en 1739 on ne cite pas un seul exemple d'un mariage de protestants cassé. Et ceci était d'autant plus remarquable que de temps à autre les Parlements annulaient pour clandestinité des mariages de catholiques.

C'est le Présidial de Nîmes qui osa le premier, dans ses Assises du Vivarais en 1739, casser un mariage protestant, et ordonna la séparation des époux. Le gouvernement ayant laissé faire, les Parlements se mirent à appliquer aux réformés cette dernière rigueur, la pire de toutes, qu'on leur avait jusqu'alors épargnée. Plus d'un million de Français se trouvaient ainsi flétris. Et ce n'était pas seulement par les voies civiles qu'on agissait contre eux. Les Parlements de Bordeaux, de Toulouse et de Grenoble, qui se distinguèrent par leurs sévérités, condamnaient les hommes aux galères, les femmes à être rasées et enfermées, et confisquaient les dots au profit des hôpitaux [1]. L'intendant du Languedoc, M. de Saint-Priest, disait que si on n'y apportait remède, il n'y aurait bientôt plus que des enfants naturels dans la province.

168. Édit de 1787. — Il serait trop long d'exposer ici les discussions passionnées que provoqua cette jurisprudence rigoureuse. Les traités, pamphlets et brochures de toutes sortes qui furent publiés sont innombrables [2]. Le mouvement des esprits en faveur de la tolérance prit un immense développement dans la seconde moitié du XVIIIe siècle. Turgot, Voltaire, Rousseau soulevèrent l'opinion publique. De toutes parts on réclama l'institution d'une nouvelle forme de mariage pour les protestants. Ce fut l'objet de l'édit de 1787 déjà signalé à propos des actes de l'état civil. Cet édit, préparé par Malesherbes onze ans auparavant, et repris par le baron de Breteuil, alors ministre de la maison du roi, offrait aux *non catholiques* le choix entre une *double forme* de mariage : ils pouvaient faire leur *déclaration de mariage* soit devant le premier officier de la justice des lieux, seigneuriale ou royale, soit devant le curé ou vicaire de leur domicile, mais alors en la *maison* dudit curé ou vicaire et non pas à l'église. « Cet édit, dit Rabaud-Saint-« Étienne, répandit la joie et la consolation dans les familles des réformés et ont les vit « accourir en foule chez les juges royaux pour faire enregistrer leurs mariages. »

D. — Le mariage civil.

***169. Son institution pendant la Révolution.** — En 1790 l'Assem-

[1] BARON DE BRETEUIL, *Mémoires* présentés au Roi en 1787, *passim*. ANQUEZ, *Etat civil des Réformés*, Paris, 1868, chap. II. MALESHERBES, *Mémoires sur le mariage des protestants*, 1785 et 1788. RULHIÈRES, *Eclaircissements sur les causes de la révocation de l'Edit de Nantes...*, Paris, 1788, 2 vol.

[2] On en trouvera une liste déjà longue dans la thèse de M. Desforges (Paris, 1887, p. 226 à 228), à qui j'emprunte une partie de ces détails.

blée constituante reçut une pétition du comédien Talma déjà célèbre, qui se plaignait du curé de Saint-Sulpice, qui avait refusé de le marier. La question de savoir jusqu'où allait le pouvoir de l'autorité ecclésiastique sur les mariages se trouvait ainsi soulevée. Elle ne tarda pas à recevoir une solution. La Constitution de 1791 formula le principe moderne : « *La loi ne considère le mariage que comme contrat civil* » (Titre II, art. 7). Toutefois ce fut seulement la loi des 20-25 septembre 1792 qui mit en œuvre ce principe en créant les *officiers de l'état civil*. Dans l'intervalle un certain nombre de mariages avaient été reçus par des notaires. C'est depuis ce moment que le mariage est *sécularisé*[1].

170. Ses avantages et ses inconvénients. — Le mariage civil a résisté victorieusement à beaucoup d'assauts. Il a de si grands avantages qu'on peut le croire établi pour longtemps, sinon pour toujours. La simplicité et l'unité du procédé de publicité et de célébration, qui est le même pour tous, la neutralité de l'État, la facilité et la sûreté de la preuve. Il a cependant quelques inconvénients. Voici d'abord le plus grave qui est de nature à se présenter rarement, mais qui constitue une véritable atteinte aux droits de la conscience. On a vu des maris après le mariage civil, refuser de se rendre à l'église pour y recevoir la bénédiction du prêtre. La loi ne tenant compte que de l'acte civil, les deux époux sont valablement mariés et la femme n'a aucun moyen de contraindre son mari à exécuter sa promesse. Bien des remèdes ont été proposés ; ils sont tous insuffisants. Actuellement, la seule issue possible à cette situation est le divorce ; on doit certainement considérer comme une injure grave pour la femme un manque de parole sur un point aussi capital, et une femme catholique ne peut pas hésiter à demander le divorce en pareil cas, puisque le mariage religieux, seul indissoluble aux yeux de l'Église, n'est pas encore célébré.

Le mariage civil a un autre inconvénient, qui est plutôt dans les faits que dans la loi, et que les mœurs ont déjà en partie effacé. Dès l'an V la Réveillère-Lépeaux, dans un mémoire lu à l'Académie des sciences morales et politiques, décrivait en termes amers « la salle sans propreté et sans décoration » de la commune de Paris, où il avait vu célébrer un mariage, « sur des bancs de taverne, par un officier en chétive redingote ». Point de chants, point de discours, point d'emblèmes, une formule en quatre mots, quelques signatures et voilà le mariage terminé. Le tableau a souvent été fait par comparaison avec la cérémonie de l'église, la beauté du cadre, les fleurs, les orgues, la marche du cortège en grande pompe, le recueillement des époux et des deux familles. Il faut ajouter, pour être juste, que les municipalités des villes ont fait beaucoup pour donner à la célébration des mariages plus de dignité et qu'il ne tient qu'aux parties d'y apporter une meilleure tenue.

§ 2. — *Droit actuel.*

A. — Caractères généraux du mariage civil.

****171. Caractère solennel du contrat.** — Le mariage est un contrat *solennel*, c'est-à-dire que la volonté des parties ne suffit pas : il faut

[1] Sous la Révolution, par un changement de fortune imprévu, les catholiques se trouvèrent à leur tour privés d'état civil. La *Constitution civile du clergé* avait enlevé toute valeur légale aux actes des prêtres réfractaires. Or des catholiques sincères ne pouvaient en conscience s'adresser aux prêtres assermentés, mis en possession des paroisses, qu'ils considéraient comme des schismatiques. Reculant devant un mariage sacrilège, ils se résignèrent, comme autrefois les protestants, à contracter des mariages nuls aux yeux de la loi, mais seuls valables selon leur conscience.

l'emploi d'une forme spéciale organisée par la loi. La forme consiste dans la *présence personnelle des deux époux* et dans la *célébration* du mariage par un *officier de l'état civil*, représentant de la loi et de l'État, qui intervient pour donner au mariage un caractère public. Tout mariage contracté sans forme, ou célébré par un notaire ou tout autre agent, est nul et non avenu aux yeux de la loi.

Le mariage religieux n'a aucune valeur légale. La loi ne s'en occupe pas, si ce n'est pour interdire aux ministres des différents cultes d'y procéder avant la célébration du mariage civil (n° 172).

La loi civile ne tient pas compte, comme le faisait le droit canonique de la consommation du mariage [1]. La nécessité de la présence réelle des deux époux au moment de la célébration supprime même la condition qu'exigeait le droit romain, que la femme fût mise à la disposition du mari [2], ou plutôt elle rend cette condition réciproque et la suppose d'avance réalisée.

** **172. Antériorité nécessaire du mariage civil.** — En 1801, lorsque le Concordat fut signé, les catholiques étaient privés depuis près de dix ans du mariage religieux. Dès la réouverture des églises une foule de personnes vinrent demander la réhabilitation de mariages civilement contractés dans l'intervalle. On devait donc craindre que la population ne se pliât pas sans résistance à la forme civile du mariage, maintenant qu'elle avait le choix. Si les catholiques allaient comme autrefois demander à leur curé la bénédiction nuptiale, s'ils délaissaient la mairie pour l'église, la conséquence était claire : tous ceux qui se seraient contentés du mariage religieux se seraient trouvés privés d'un état civil régulier, et non mariés aux yeux de la loi. La loi du 18 germinal an X (8 avril 1802), contenant les dispositions organiques du Concordat, défendit aux curés de donner la bénédiction nuptiale aux personnes qui ne justifieraient pas de la célébration du mariage devant l'officier de l'état civil (art. 54). A cette mesure de police il fallait une sanction pénale ; elle se fit attendre jusqu'en 1810. Les art. 199 et 200 du Code pénal prononcent contre les ministres du culte l'*amende* pour la première contravention, la *prison* pour la seconde, la *déportation* pour la troisième.

Beaucoup de gens se plaignent de cet état de choses (voyez n° 170). C'est cependant le seul régime possible depuis la scission irrévocable, qui s'est produite entre la législation civile et la jurisprudence canonique. On ne saurait subordonner les effets du mariage civil à la célébration du mariage religieux quand les parties veulent les deux à la fois :

[1] Gratien distinguait le « matrimonium initiatum » du « matrimonium ratum » ; le premier résultait du simple consentement ; le second supposait la consommation, « copula carnalis » ou « commixtio sexuum ». Le mariage consommé était le seul qui fût primitivement indissoluble. Quand la théorie de Pierre Lombard eut prévalu, et que l'on admit pour maxime que « contractus perfectus est per solum consensum », il resta toujours quelque chose de la théorie primitive. Ainsi le mariage non consommé continua à pouvoir se dissoudre par l'entrée en religion de l'un des époux sans le consentement de l'autre.

[2] « Vir absens uxorem ducere potest ; femina absens nubere non potest » (PAUL, *Sentent.*, II, 19. 8). Il y avait donc inégalité à ce point de vue entre les deux époux.

conventions matrimoniales, droits du mari, capacité de la femme, intérêts des tiers, tout resterait dans l'incertitude pendant l'intervalle d'une cérémonie à l'autre. Encore moins peut-on songer à autoriser la célébration du service religieux le premier. C'est le système suivi en Italie où il produit tant d'abus qu'une réforme y est devenue nécessaire : les pénalités établies chez nous en 1810 (art. 199 et 200 C. pén.) contre les prêtres qui procèdent au mariage de personnes non encore mariées civilement ont été abandonnées. Qu'en est-il résulté ? C'est que des individus sans scrupules abusent de l'ignorance des femmes, en leur persuadant que le mariage religieux suffit, et abandonnent ensuite celles qui ne se sont pas assuré légalement le titre d'épouses. — Enfin on a proposé de laisser le choix aux époux entre les deux formes du mariage. Il serait en effet très facile d'organiser ce système : un officier de l'état civil assisterait au mariage religieux et en dresserait procès-verbal. Mais il y a un obstacle insurmontable : on serait obligé d'appliquer tantôt les dispositions du droit civil, tantôt les dispositions du droit canonique, car l'Église ne se soumettrait pas à la législation établie par l'État, et finalement la conséquence serait la restauration des tribunaux ecclésiastiques et du dualisme de droit auquel la Révolution a mis fin.

B. — Du lieu où doit se faire le mariage.

***173. Communes dans lesquelles le mariage peut être célébré.** — Le mariage ne peut pas être contracté n'importe où. Le droit de se marier est un de ceux dont l'exercice est *localisé*. La loi veut que les gens se marient *dans la commune qu'ils habitent*, parce qu'ils y sont plus connus qu'ailleurs, et c'est là surtout qu'on a des chances de voir apparaître des oppositions, s'il existe quelque empêchement. Cette mesure restrictive de la liberté des particuliers est donc prise dans l'intérêt de la loi, pour faire respecter ses prohibitions.

Cette règle de la loi moderne n'est que la reproduction du principe fondamental proclamé par le concile de Trente : quand on a exigé l'intervention du curé, ce n'était point d'un curé quelconque qu'il s'agissait, mais du « proprius parochus », c'est-à-dire du propre curé de l'un des conjoints, la compétence à cet égard étant déterminée par le domicile des époux. Cela n'était pas exprimé en termes formels, dans le décret qui prononçait la nullité des mariages clandestins, mais cela résultait de divers passages.

***174. Controverse sur la détermination du domicile matrimonial.** — La détermination de la commune ou des communes dans lesquelles le mariage peut être célébré a donné lieu à une longue controverse. Le Code a traité deux fois ce point, au Titre « de l'état civil », dans l'art. 74, au Titre « du mariage », dans l'art. 165. Dans les deux articles, il est dit que le mariage doit être célébré dans la commune où l'un des deux époux aura son domicile. Mais l'art. 74 ajoute : « ce domicile, quant au mariage, s'établira par six mois d'habitation continue dans la même commune », addition qui ne se retrouve pas dans l'art. 165. La question est de savoir si, en parlant du domicile, sans rien préciser, l'art. 165 vise le domicile spécial déterminé par l'art. 74, ou le domicile ordinaire de l'art. 102. Si on admet que l'art. 165 se réfère à l'art. 74, *la seule commune où une personne puisse se marier est celle où elle réside depuis six mois* ; elle ne peut pas se marier au lieu de son domicile réel, quand elle vient d'en changer, tant qu'elle n'y a pas encore habité pendant six mois ; en revanche, elle peut se marier au lieu de sa résidence au bout de six mois, encore qu'elle n'y ait pas son domicile réel.

175. Arguments en faveur de l'unité du domicile matrimonial. — Cette opinion peut se soutenir par des arguments sérieux. D'abord *elle est seule en harmonie avec les motifs de la loi* : il peut arriver qu'une personne ait son domicile dans une commune qu'elle n'habite plus depuis longtemps, où elle est oubliée ; ou bien à l'inverse qu'elle veuille se marier immédiatement dans une commune où elle vient d'établir son domicile et où elle n'est pas encore connue. Dans l'un comme dans l'autre cas, s'il existe des empêchements, la fraude sera facile. En second lieu, *la disposition additionnelle de l'art. 74 se trouvait primitivement à la fin de l'art.* 165, et c'est seulement dans la discussion au Conseil d'État qu'on jugea convenable de la renvoyer au titre « Des Actes de l'état civil », ce qui prouve bien que l'art. 165 n'entendait pas parler du domicile ordinaire. Enfin elle a été consacrée législativement par un *Avis du Conseil d'État*, du 21 septembre 1805, relatif aux militaires et ainsi conçu : « Le Conseil d'État est « d'avis que les militaires, lorsqu'ils se trouvent sur le territoire de l'Empire, ne peuvent « contracter mariage que devant les officiers de l'état civil des communes où ils ont résidé « sans interruption pendant six mois, ou devant l'officier de l'état civil de la commune « où leurs futures épouses ont acquis le domicile fixé par l'art. 74 du Code civil. » La question soumise au Conseil ne concernait que les militaires, mais il est visible qu'il leur fait l'application du droit commun.

***176. Solution actuelle.** — Néanmoins cette opinion n'a pas prévalu dans la pratique. Il est admis aujourd'hui que les parties ont le choix et qu'elles peuvent se marier, soit en vertu de l'art. 74, dans la commune où l'une d'elles réside depuis six mois sans y avoir son domicile, soit en vertu de l'art. 165, dans la commune où l'une d'elles a son domicile quoiqu'elle n'y réside pas. Comme cette situation peut se reproduire pour l'autre époux, il peut arriver que les parties aient à choisir entre *quatre communes différentes* pour la célébration de leur mariage (Orléans, 9 août 1890, D. 91. 2. 235 ; comp. Cass., 15 juin 1887, D. 88. 1. 412, S. 90. 1. 446). Cette opinion a pour elle :

1° *La tradition*. Le droit canonique a toujours admis que le curé du domicile était compétent, alors même que ce domicile existerait depuis fort peu de temps (Sanchez, *De sacr. matr.*, liv. III, disp. xxiv, n°s 14-15). Quant au curé du lieu où l'un des conjoints a une simple « habitatio » (résidence), sa compétence a été discutée ; certains ne voulaient la reconnaître en aucun cas ; mais l'opinion qui prévalut fut que la personne en résidence dans une paroisse, d'une manière normale et prolongée, devenait pour le mariage paroissien du curé du lieu. Il y eut toujours des variations sur la durée du séjour ; on se contentait parfois (pour les domestiques) d'un mois ou deux ; le plus souvent on exigeait l'année entière ou la plus grande partie de l'année (Esmein, *op. cit.*, t. II, p. 179-181). Un édit de mars 1697 exigeait six mois ou un an de résidence selon que le paroissien venait d'une paroisse du même diocèse ou d'un autre diocèse, mais le mariage était possible dans la nouvelle résidence, même avant l'expiration du délai de six mois ou d'un an, avec la permission du curé du précédent domicile, et à la condition de faire des bans dans les deux paroisses (comp. Pothier, *Contrat de mariage*, n° 356). — Enfin la loi sur l'état civil de 1792, que le Code reproduit textuellement avait été interprétée dans le même sens par un décret du 22 germinal an II.

2° *La discussion au Conseil d'État*. Dans la séance du 26 septembre 1801, le Premier Consul demanda si une personne pourrait célébrer son mariage dans le lieu de son domicile, quoique depuis six mois elle eût résidé ailleurs. Tronchet répondit oui, parce qu'on ne perd pas le droit de célébrer son mariage à son domicile pour avoir acquis le droit de le célébrer ailleurs (Fenet, t. IX, p. 27).

3° Un *avantage pratique*. Il consiste à permettre aux gens qui changent de domicile de se marier sans retard, tandis que l'opinion précédente leur impose une sorte de stage de six mois. Mais remarquez que cet inconvénient sera rare, car il faut que le même fait (changement récent du domicile) se réalise en même temps pour les deux époux, sans cela on aurait toujours la ressource de célébrer le mariage dans la commune de l'époux qui n'a pas déménagé. Cette coïncidence, rare dans les circonstances ordinaires, s'est multipliée après la cession de l'Alsace et de la Lorraine à l'Allemagne. Beaucoup de familles, ayant opté pour la nationalité française, vinrent s'établir en dehors des territoires cédés. Pour faciliter les mariages entre elles, les députés alsaciens et lorrains déposèrent une proposition de loi qui autorisait le mariage, en cas de changement de domicile, après une résidence d'un mois. Le projet fut retiré, parce que la commission de l'Assemblée nationale à laquelle il avait été renvoyé estima que les textes du Code civil n'exigent pas une résidence de six mois pour ceux qui veulent se marier au lieu de leur domicile réel et le 21 décembre 1871 le ministre de la justice adressa aux procureurs généraux une circulaire en ce sens (D. 72. 3. 16, S. 71. 2. 283). Ce fait peut être considéré comme une sorte d'interprétation législative confirmant la jurisprudence.

***177. Correctif pratique de la solution admise.** — L'opinion qui a triomphé n'a pas d'inconvénients sérieux, parce que l'on admet, au cas où la résidence de six mois et le lieu du domicile ne se trouvent pas au même endroit, que *les publications doivent être faites dans les deux communes*. C'était ainsi que les choses se passaient dans l'ancien droit et sous l'empire de la législation intermédiaire (Décr. 22 germinal an II). Tronchet a déclaré en termes formels dans la séance du Conseil d'État du 24 vendémiaire an X que cette double publication était *toujours nécessaire*, mais le Code ne le dit pas.

L'art. 167, qui impose les publications dans les deux communes, suppose que le mariage se fait au lieu de la résidence, alors que le domicile est ailleurs ; le texte manque pour le cas inverse, où il doit avoir lieu dans la commune du domicile réel, alors que les futurs époux y résident depuis moins de six mois.

***178. Impossibilité de se marier hors de la commune.** — La loi veut (art. 74) que le mariage soit célébré « *dans la commune* » du domicile (ou de la résidence). Par conséquent l'officier municipal ne doit pas se transporter au dehors pour y marier un de ses administrés. Compétent à raison de la personne, il serait incompétent à raison du lieu. Quand la loi dit, dans l'art. 165, que le mariage sera célébré « *devant l'officier civil du domicile de l'une des parties* », elle le suppose donc agissant dans son ressort. Son mandat cesse au delà des limites de la commune qu'il administre, et il n'a plus de pouvoirs, pas plus que le premier venu [1]. S'il l'avait fait le mariage serait-il nul ? (voy. ci-dessous n° 361).

Le Code italien autorise un procédé très simple pour faciliter le mariage hors de la commune où il devrait normalement se faire : en cas de nécessité ou de simple convenance, l'officier de l'état civil compétent adresse une réquisition écrite à celui de la commune où la célébration doit avoir lieu (art. 96), et de la sorte le mariage peut être célébré dans une commune quelconque.

179. Choix du local, du jour et de l'heure. — L'art. 165 ne précise pas le lieu où le mariage doit se faire. Il dit simplement : « devant l'officier civil. » Mais l'art. 75 dit : « dans la maison commune. » C'est donc *à la Mairie* que les mariages doivent être célébrés. Toutefois on reconnaît qu'à défaut de maison commune, ou en cas de maladie ou d'infirmités de l'une des parties, l'officier civil pourrait se rendre, pour procéder au mariage, dans la maison du malade ou dans tout autre lieu, mais en ayant soin d'indiquer les causes qui ont motivé cette dérogation aux prescriptions de la loi [2] (Circul. du garde des sceaux, 15 oct. 1852 ; Toulouse, 7 janv 1899, D. 1900, 2. 29). Sur la responsabilité pénale de l'officier, au cas de célébration d'un mariage hors de la mairie sans nécessité, voyez Cass., 31 mai 1900, D. 1901. 1. 205.

Le *choix du jour* appartient aux parties (art. 75) ; mais l'*heure* est indiquée par l'officier de l'état civil, d'après les besoins du service [3]. Rien n'empêche qu'un mariage soit célébré la nuit ou un jour de fête légale.

C. — Formes du mariage.

****180. Publicité de la célébration.** — Les mariages doivent se faire

[1] D'après le droit canonique, la compétence du curé était au contraire personnelle et non territoriale : le propre curé d'une personne pouvait donc la marier hors de sa paroisse et même hors du diocèse (Esmein, *op. cit.*, t. II. p. 177-178).

[2] Il existait dans le projet de Code un article spécialement écrit dans ce but. Cet article, ajourné provisoirement, a été ensuite oublié. Par suite l'autorisation du sous-préfet, qu'on avait voulu exiger, n'est pas nécessaire.

[3] « Suivant les besoins du service », et non suivant leurs convenances personnelles ou leurs rancunes. On a vu des maires fixer à minuit moins un quart (afin de ne pas sortir du jour fixé par les parties) la célébration du mariage d'un adversaire politique.

publiquement, c'est-à-dire que les portes de la mairie (ou de la maison) doivent rester ouvertes, de façon que le public puisse entrer et y assister.

****181. Présence des futurs époux.** — Les futurs époux doivent se présenter *en personne* devant l'officier de l'état civil. La loi ne le dit nulle part, mais partout elle suppose la présence réelle des deux époux (voyez surtout l'article 75). La discussion du Conseil d'État sur les art. 146 et 180 le prouve également ; le Premier Consul fit même remarquer, sans soulever de contradiction, que le mariage ne pouvait plus avoir lieu qu'entre personnes présentes. Enfin l'art. 294 exigeait formellement pour le divorce par consentement mutuel la présence des deux époux : « les parties se présenteront *ensemble et en personne*... ». A plus forte raison doit-il en être de même pour le mariage[1]. — Il y en a d'ailleurs une raison décisive : Si le mariage *par procureur* était permis, il pourrait arriver que la partie absente ait changé de volonté avant la célébration, sans avoir eu le temps de révoquer son mandat, de sorte que son consentement ferait défaut au moment de la célébration et qu'on la marierait ainsi malgré elle.

***182. Témoins.** — Outre les parties, le mariage exige la présence de quatre témoins, deux pour chaque époux[2]. Ces témoins peuvent être parents ou non des parties ; ils doivent être âgés de 21 ans (art. 37). Le texte primitif exigeait en outre qu'ils fussent du sexe masculin ; la loi du 7 décembre 1897 a admis les femmes à figurer comme témoins dans les actes de l'état civil, et modifié en ce sens l'art. 37, qui porte maintenant : « Sans distinction de sexe. » — Toutefois le mari et la femme ne peuvent être en même temps témoins dans le même acte.

183. Formalités à remplir. — Quand tout le monde est réuni, l'officier de l'état civil procède au mariage. Les formalités sont décrites dans l'art. 75. Il commence par donner *lecture des pièces* ci-dessus mentionnées (n° 155). En fait cette lecture, qui n'a pas grande utilité, est souvent omise. Il doit également leur lire le chapitre VI du Titre « Du Mariage » sur *les droits et devoirs respectifs des époux*. Dans la pratique, l'officier se borne à lire les trois premiers articles et le dernier, et il omet les autres qui contiennent des règles de détail sur l'autorisation maritale et l'incapacité de la femme, qui seraient difficilement comprises des parties.

Ensuite il demande aux futurs époux s'ils consentent à se prendre pour mari et femme. Chacun doit répondre à son tour affirmativement. Le refus de répondre équivaut à une réponse négative. Le « oui » est donc *sacramentel*. L'officier interpelle également les personnes dont le consentement est nécessaire au mariage, si elles sont présentes, pour leur demander si elles l'autorisent.

Cela fait *il prononce, au nom de la loi*, que les deux parties sont *unies par le mariage*, et il en dresse *sur-le-champ* un acte qui est signé par lui, par les époux, par leurs témoins et leurs parents. Les énonciations que doit contenir cet acte sont énumérées dans l'art 76.

184. Mariage des sourds-muets. — Une difficulté peut se présenter lorsque l'un des conjoints est *sourd*. S'il sait lire, on se tirera d'affaire en employant l'écriture ; même s'il est illettré, on lui permet de se marier quand il peut manifester son consentement d'une manière quelconque (Bordeaux, 29 déc. 1856, D. 57. 2. 173 et la note). Le projet de Code civil proposait de déclarer incapables du mariage les *sourds-muets de*

[1] En cela la loi civile est contraire au droit canonique, qui a toujours admis les mariages par procureur, même depuis le Concile de Trente.

[2] Le Concile de Trente n'en avait exigé que deux, outre le curé, considéré lui-même comme un troisième témoin.

naissance, à moins qu'ils ne fussent en état de manifester leur consentement. L'article fut retranché parce qu'on fit observer qu'il suffisait d'établir en règle générale la nécessité du consentement. On décida cependant de placer dans le chapitre relatif à la célébration des mariages une disposition sur la manière dont ce consentement serait exprimé, mais on oublia ensuite de le faire.

***185. Rôle de l'officier de l'état civil.** — Une chose à noter est le rôle que la loi attribue à l'officier municipal. Ce n'est plus une simple *déclaration de mariage* que les époux vont faire à la mairie. L'officier civil n'est pas seulement chargé de constater leurs volontés ; c'est lui qui les déclare unis au nom de la loi. C'est le contraire en droit canonique, au moins dans l'opinion commune, le prêtre n'administre pas le sacrement de mariage ; il bénit les époux, mais son rôle se borne à celui d'un *témoin qualifié* ; il assiste au mariage ; il ne le fait pas.

Cette idée d'une « célébration » civile du mariage s'est développée dans les dernières années de la Révolution ; ce mot nouveau s'est substitué à partir de l'an II à l'ancienne expression « déclaration de mariage » qu'on trouve dans les textes antérieurs. Le besoin de faire du mariage une cérémonie qui parle à l'imagination a préoccupé beaucoup d'esprits. Gohier ne voulait pas que le mariage se réduisît à un « petit procès-verbal » ; il rêvait une cérémonie « civique », devant l'autel de la patrie. Bonaparte, moins utopiste, voulut tout au moins que l'officier municipal, qui représente la loi, rappelât aux futurs époux leurs devoirs et leur fît prendre l'engagement de les remplir. Il y a donc eu autre chose qu'un changement de mots; il y a au fond une transformation dans les idées.

186. Mariage des Français à l'étranger. — Les Français peuvent se marier en pays étranger; les déclarations du 16 juin et du 6 août 1685, qui interdisaient ces mariages, sauf autorisation spéciale donnée par le roi, ont été abrogées par la loi du 20 septembre 1792. Dans le projet de Code civil on avait proposé d'exiger que l'un des époux au moins eût à l'étranger une résidence de six mois, ce qui fut écarté sur quelques observations du Premier Consul.

En principe les Français qui se marient à l'étranger doivent *suivre les formes établies pour le mariage par la loi du pays où ils se trouvent*. Par suite, si la loi de ce pays n'en exige aucune, leur mariage sera valable, même en France, quoiqu'il y ait eu simplement échange de consentements. Cependant le Code les astreint à une formalité supplémentaire : ils sont tenus de faire précéder leur mariage de *publications faites en France* (art. 170). Cela suppose évidemment que l'un des époux au moins a son domicile en France, ou qu'il y a des parents dont le consentement est nécessaire. Sans cela il n'y a pas de commune désignée pour servir à ces publications. Cette précaution est prise pour empêcher que le mariage à l'étranger ne soit un moyen d'éluder la loi française, car la règle « Locus regit actum » aurait pour effet de dispenser les parties de ces publications, si la loi étrangère ne les exige pas.

Si le mariage a lieu *entre deux Français*, ou même dans certains pays *entre un Français et une étrangère*, il peut se former d'une autre manière : nos agents diplomatiques et consulaires ont qualité pour présider à sa célébration. L'art. 170 ancien ne parlait pas de ce procédé, mais sa possibilité n'était pas douteuse [1], et la loi du 29 novembre 1901 l'a réglementé en ajoutant deux alinéas au texte primitif. Le mariage a lieu alors *dans les formes établies par les lois françaises*.

Enfin, quand les formes employées pour le mariage ne sont pas celles de la loi fran-

[1] Autrefois le mariage devant nos agents diplomatiques et nos consuls n'était permis qu'entre Français ; si l'un des futurs époux était étranger, nos agents n'ayant pas de juridiction sur lui, ne pouvaient procéder au mariage. La loi du 29 novembre 1901 le leur a permis quand c'est la future épouse qui est étrangère parce qu'elle va devenir Française en acquérant la nationalité de son mari. Néanmoins ceci n'est possible que dans certains pays désignés par décret.

çaise, l'art. 171 établit une formalité particulière qui n'est nécessaire qu'autant que le Français qui s'est marié à l'étranger rentre en France. *Dans les trois mois de son retour*, l'acte qui constate son mariage doit être *transcrit sur le registre des mariages du lieu de son domicile*.

187. Mariage des étrangers en France. — Ces mariages peuvent toujours être célébrés dans les formes françaises par ceux de nos officiers de l'état civil qui sont compétents d'après les art. 74 et 165. Une circulaire ministérielle du 4 mars 1831 recommande d'exiger de l'étranger qui veut se marier en France un certificat des autorités de son pays constatant qu'il est apte à contracter mariage d'après les lois qui le régissent. Cette circulaire suscite beaucoup d'entraves au mariage des étrangers, parce que les autorités auxquelles on s'adresse répondent ordinairement qu'elles n'ont pas qualité pour donner des consultations et délivrer des certificats de ce genre. Il est vrai qu'elle ajoute : « En cas de contestation, les tribunaux sont appelés à statuer. » Malgré ces inconvénients, le Code italien exige ce certificat (art. 103).

En outre, lorsque le mariage a lieu entre deux étrangers de même nationalité, il peut être célébré par les agents diplomatiques et consulaires de leur nation en France, et dans les formes étrangères.

CHAPITRE VIII

PREUVE DU MARIAGE

***188. Importance de cette matière.** — Si quelqu'un veut tirer à son profit une conséquence juridique de l'existence d'un mariage, il doit commencer par en démontrer la célébration. S'il ne réussit pas à administrer cette preuve, le mariage non prouvé, bien qu'il ait été réellement célébré, ne produira aucun effet[1]. C'est l'application de la loi générale : tout demandeur doit prouver le fait sur lequel il fonde sa prétention.

Mais, en matière de mariage, on n'applique pas le droit commun des preuves. La loi l'a soumis à un système spécial, qui est la conséquence du caractère solennel reconnu au mariage au XVIe siècle. Jusque-là on avait pu faire la preuve d'un mariage par tous les moyens possibles, et notamment par la possession d'état. La loi moderne exige en principe une preuve écrite d'un genre particulier et n'autorise d'autres modes de preuves qu'à titre exceptionnel.

189. Cas où ne s'appliquent pas les règles spéciales établies par la loi. — Le système exceptionnel de preuves organisé par les art. 194-200 suppose que le demandeur réclame à son profit *un des effets civils du mariage* (Voyez ces effets au n° 214). C'est dans ce cas seulement que les règles sévères établies par la loi devront être observées. S'il s'agissait de prouver *dans un autre but le fait de la célébration*, la preuve pourrait en être reçue par tous les moyens ordinaires, écritures ou témoignages. Par exemple, un mari lègue à sa femme une rente viagère jusqu'au jour où elle se remariera. La veuve s'étant remariée, les héritiers du mari pourront refuser de lui conti-

[1] Ceci fait comprendre pourquoi les rédacteurs du Code ont placé les règles sur la preuve du mariage (art. 194 à 200) au milieu des articles relatifs aux nullités. Ils ont voulu rapprocher les cas où la preuve de la célébration fait défaut de ceux où le mariage est nul, parce que dans un cas comme dans l'autre les effets du mariage ne se produisent pas, quoique la célébration ait eu lieu. Il y a cependant une grande différence entre les deux hypothèses. Quand la preuve ne peut pas être rapportée, le mal est moins grave, puisque le mariage existe et est valable ; d'un moment à l'autre la preuve peut se retrouver ou se reconstituer. Quand il y a nullité, le mal est irrémédiable. D'autre part, un mariage nul peut valoir à titre de mariage putatif et produire ses effets, si les époux sont de bonne foi ; ce qui n'aura jamais lieu pour un mariage valable dont la preuve ne peut être produite.

nuer le service de la rente, et pour prouver son mariage, ils pourront employer n'importe quels moyens de preuve, car ils ne réclament pas un effet attaché par la loi au mariage ; ils demandent simplement à prouver la *réalisation d'une condition*.

190. Mariages célébrés à l'étranger. — Le système de preuves établi par la loi française pour le mariage ne s'applique qu'aux mariages célébrés en France ou dans nos colonies régies par la loi française. Les mariages célébrés à l'étranger se prouvent d'après les règles établies dans le pays où ils ont eu lieu : la loi locale gouverne ces mariages pour leurs mode de preuve aussi bien que pour les formes de leur célébration. « Locus regit actum. » Voyez l'art. 47.

§ 1. — *Preuve régulière par les registres de l'état civil.*

**** 191. Formule de la règle.** — La règle pour la preuve du mariage est formulée en ces termes dans l'art. 194 : « Nul ne peut réclamer le titre d'époux et les effets civils du mariage, *s'il ne représente un acte de célébration inscrit sur le registre de l'état civil* ». Traduisez : un extrait reproduisant l'acte inscrit sur le registre. — La question de nullité des actes inscrits sur feuilles volantes, controversée pour les actes de l'état civil en général, se trouve clairement tranchée par ce texte en ce qui concerne les mariages.

*** 192. Son étendue et ses limites.** — Pour préciser la portée de cette disposition, il faut signaler trois points :

1° La règle est générale, en ce sens qu'elle est *applicable à toute personne*, non seulement aux époux, mais même aux tiers, notamment aux enfants issus du mariage. Si la loi dit que nul ne peut réclamer « le titre d'époux », c'est parce que ce titre est le premier des effets civils du mariage ; il est donc naturel qu'on pense à lui tout d'abord. Mais la décision n'est pas limitée aux seuls conjoints. Le législateur entend bien réellement exiger de toute personne qui invoque à son profit un effet civil du mariage, la production d'un acte de l'état civil. Ce qui le prouve c'est que, par une disposition spéciale, il en dispense les enfants dans un cas déterminé.

2° La règle est encore générale, en ce qu'elle *exclut tout autre moyen de preuve* que l'acte de l'état civil. Aucune espèce de titre ne peut y suppléer, et en réalité il n'y en a pas qui aient pour objet de constater le fait de la célébration : ni les publications ni la rédaction du contrat de mariage ne prouvent que le mariage projeté a eu lieu. A plus forte raison la preuve par témoins n'est-elle pas admise.

§ 2. — *Rôle de la possession d'état dans la preuve du mariage.*

A. — Le principe.

**** 193. Pourquoi la possession d'état ne fait pas preuve du mariage.** — La possession d'état d'époux légitimes est le fait, pour un homme et une femme qui vivent ensemble, de passer pour mariés aux yeux de ceux qui les connaissent. En général le *fait* de la possession est conforme au *droit*, aussi bien pour l'état des personnes que pour la propriété : ordinairement c'est le propriétaire qui possède sa chose ; ordinairement ceux qui passent pour être mariés le sont réellement. Mais le contraire peut arriver : il y a beaucoup de ménages irréguliers dont personne ne soupçonne l'irrégularité. Dans les grandes villes surtout il est facile aux gens qui arrivent dans un endroit où ils ne sont pas connus de s'y faire passer pour mariés. La possession d'état d'époux légitimes est donc très souvent imméritée et trompeuse. Remarquez d'ailleurs qu'elle sera toujours l'œuvre des époux : c'est parce qu'ils se sont présentés et comportés comme époux légitimes que le public les a pris pour tels. La loi ne pouvait donc accepter comme preuve du mariage la possession d'état même la plus vieille et la plus solide. De là la décision de l'art. 195 : « La possession d'état ne pourra dispenser les prétendus époux qui l'invoqueront respectivement de représenter l'acte de célébration du mariage devant l'officier de l'état civil. » Décider autrement c'eût été permettre aux concubins d'usurper les droits des époux légitimes ; c'eût été favoriser le développement du concubinage.

C'est seulement depuis l'ordonnance de Blois de 1579 (art. 40 et 44) que la possession d'état a perdu en France sa valeur probante pour le mariage. Jusqu'à la fin du XVIe siècle, elle a engendré tout au moins une présomption de célébration, comme l'atteste le vieux dicton : « Boire, manger, coucher ensemble est mariage ce me semble. »

B. — Première exception.

***194. Utilité de la possession d'état comme complément de preuve.** — Si la possession d'état n'a pas à elle seule une force suffisante pour prouver le mariage elle peut cependant y aider en corroborant une preuve incomplète. Il se peut que l'acte de l'état civil soit représenté, mais qu'il soit *irrégulier* et que, par suite, il ne puisse servir de preuve décisive. La loi décide alors que si les époux ont vécu depuis le jour de la célébration comme mari et femme, la possession d'état couvre les vices du titre : « Ils sont respectivement non-recevables à demander la nullité de cet acte » (art. 196). *Respectivement* : la fin de non-recevoir tirée de la possession d'état n'est donc opposable que par l'un des époux à l'autre, et elle n'empêcherait pas les tiers de critiquer le titre irrégulier qui leur est présenté. On devine la raison de cette différence : la loi ne veut pas que les époux se donnent à eux-mêmes, par un fait qui leur est personnel, une sorte de confirmation de leur titre à l'égard des tiers. Peut-être est-elle un peu sévère, car l'acte insuffisant qu'ils possèdent vaut tout au moins comme commencement de preuve, et le genre de vie qu'ils ont mené depuis lors rend tout à fait vraisemblable le fait de la célébration.

195. Rareté d'application de cette disposition. — L'art. 196 trouvera rarement son application. En effet, les formalités prescrites pour la rédaction des actes de l'état civil ne sont presque jamais requises à peine de nullité. On ne cite guère comme causes de nullité que le cas, peu vraisemblable à l'époque actuelle, où l'acte aurait été inscrit sur une feuille volante, et celui où la signature de l'officier de l'état civil ferait défaut. Quand il est inscrit sur le registre et signé, quelque incomplet qu'il soit, l'acte de mariage n'est pas nul, il n'est pas *vicié* : on n'a donc nul besoin de la possession d'état pour en couvrir la nullité.

***196. Extension admise par la jurisprudence.** — Par la façon dont elle interprète l'art. 196, la jurisprudence a trouvé à la possession d'état une autre utilité beaucoup plus considérable : elle lui fait couvrir les irrégularités qui entachent *le fait même de la célébration*, aussi bien que celles de l'acte écrit. Dans ce système la possession d'état empêche les époux de se prévaloir du vice de *clandestinité* ou du vice d'*incompétence* qui rend leur mariage nul. Voyez nos 353 et suiv.

C. — Deuxième exception.

* **197. Son caractère et ses motifs.** — Dans un cas particulier l'effet probatoire accordé à la possession d'état est beaucoup plus considérable encore : *elle dispense entièrement de toute autre preuve* et fait admettre à elle seule l'existence du mariage. Mais cette force probante ne lui est reconnue qu'en *faveur des enfants* et dans un concours de circonstances peu ordinaires. Cette hypothèse est prévue par l'art. 197. Les enfants auront souvent besoin de prouver leur qualité d'enfants légitimes : or ils ne peuvent être légitimes qu'autant que leurs père et mère étaient mariés : pour établir leur propre légitimité, ils devront donc commencer par prouver le mariage de leurs parents. Tant que les parents sont vivants, les enfants peuvent se renseigner facilement auprès d'eux sur le lieu et la date de la célébration de leur mariage. Mais quand tous deux sont morts, si les enfants ignorent ce lieu et cette date, ils se trouveront souvent fort empêchés. On ne peut les astreindre à faire des recherches dans toutes les communes de France et d'Algérie, ou à l'étranger. La loi vient à leur secours en les dispensant de produire l'acte de célébration, il leur suffira d'établir que leurs père et mère « ont vécu publiquement comme mari et femme », c'est-à-dire ont eu la possession d'état d'époux légitimes. En pareil cas la possession d'état fait donc *preuve complète* du mariage, puisque rien ne le prouve, hormis elle-même. Mais cet effet extraordinaire attribué à la possession d'état est strictement limité au profit des enfants *issus du mariage* : c'est une concession faite par la loi, dans un sentiment de faveur pour la légitimité.

* **198. Conditions requises pour l'emploi de ce moyen de preuve.** — Les enfants auxquels la loi l'accorde n'y auront pas toujours droit ; ils n'y seront admis que grâce à la réunion de trois conditions. Il faudra :

1° *Que le père et la mère soient tous deux décédés*. La loi n'a pas prévu les autres cas où l'enfant se trouvera dans la même impossibilité, lorsque le survivant des père et mère est en état d'*absence*, ou dans un état de *folie* ou d'*imbécillité* qui ne permet pas de tirer de lui un renseignement utile.

D'après les règles les plus élémentaires de l'interprétation juridique, il est impossible d'étendre à d'autres cas, pour lesquels elle n'a pas été écrite, une disposition exceptionnelle d'un caractère aussi grave. L'équité pourtant se révolte, car pour les enfants l'obstacle est le même que si leurs parents étaient morts. Aussi beaucoup d'auteurs admettent que l'article devrait s'appliquer aussi en cas d'absence ou de folie des parents. Laurent le disait en termes formels dans son *Avant-projet* (art. 200).

On peut supposer que les parents, étant présents et capables, refusent de renseigner leurs enfants, soit par un sentiment de haine, soit dans une intention frauduleuse. Personne ne propose d'étendre à ce cas le bénéfice de l'art. 197, car ce serait faciliter une entente entre les parents et les enfants pour faire admettre un prétendu mariage qui n'aurait jamais été célébré.

2° *Que les enfants aient eux-mêmes la possession d'état d'enfants légitimes.* Cette possession d'état en la personne des enfants est distincte de la possession d'état d'époux légitimes qu'ont eue leurs parents, mais elle en est la suite et la conséquence. En outre elle la corrobore, et rend plus vraisemblable encore la prétention des enfants. La loi l'exige dans la partie finale de l'art. 197 : « toutes les fois que cette légitimité est prouvée par une possession d'état qui n'est pas contredite... ». Il ne s'agit plus là de la possession d'état des parents qui a trait au mariage, mais de la *possession de la légitimité*, ce qui ne peut convenir qu'aux enfants. Merlin a dépensé inutilement beaucoup de science pour le prouver ; le texte est suffisamment clair.

Les deux possessions d'état dont il est question dans l'art. 197 sont donc distinctes, et par suite la possession de l'état d'époux légitimes par les père et mère ne résulte pas de la possession de l'état d'enfants légitimes par les réclamants ; l'une des deux ne peut pas s'induire de l'autre (Cass., 19 juin 1867, D. 67. 1. 342).

3° *Que leur possession d'état ne soit pas contredite par leur acte de naissance.* Il n'est pas nécessaire que l'enfant produise un acte de naissance lui attribuant la qualité d'enfant légitime : s'il en a un de cette sorte, sa situation n'en sera que meilleure, mais la loi ne l'exige pas. Elle veut seulement, *si son acte de naissance est produit,* que cet acte ne contredise pas ses prétentions en lui attribuant la qualité d'enfant naturel, ou d'enfant né d'autres personnes que celles dont il se prétend issu.

On doit même reconnaître que l'acte de naissance ne « contredit » pas la possession d'état, quand l'enfant a été inscrit comme né de père et mère inconnus : car il n'attribue aucune filiation à l'enfant ; rien n'empêche alors donc de croire que celle qu'il passe en fait pour avoir est réellement la vraie.

** **199. Effet de la possession d'état.** — Quand ces trois conditions sont réunies, l'enfant n'a pas besoin de produire l'acte de mariage de ses parents : la possession d'état d'époux légitimes, si l'enfant réussit à démontrer qu'ils l'ont eue ou si elle n'est pas contestée, suffit pour prouver le mariage. C'est ce que dit l'art. 197 d'une façon un peu détournée : « la légitimité des enfants ne pourra être contestée sous le seul prétexte du défaut de représentation de l'acte de célébration ». Si la légitimité des enfants ne peut être contestée, c'est que le mariage de leurs parents est tenu pour prouvé.

Remarquez ces mots : « *Sous le seul prétexte* du défaut de représentation... ». Donc, on pourrait opposer aux enfants tous les autres faits ou indices qui tendraient à faire croire que leurs parents n'étaient pas réellement mariés et que la possession d'état dont ils ont joui était mensongère. En d'autres termes, dans les circonstances prévues par l'art. 197, la possession d'état fait présumer le mariage des parents, mais elle ne le prouve pas d'une manière irréfragable, comme le ferait l'extrait de l'état civil, si les enfants pouvaient se le procurer.

La jurisprudence admet bien la possibilité de cette preuve contraire à fournir par les tiers, mais elle veut une preuve *directe* et *décisive*, ce qui la rend en fait impossible. Comment prouver d'une manière directe qu'un mariage n'a jamais été célébré ? Dans une espèce qui s'est présentée, il y avait eu un contrat de mariage rédigé, mais tous les parents affirmaient que le mariage n'avait pas eu lieu et que par suite l'enfant était naturel. Celui-ci ayant la possession d'état d'enfant légitime, sa demande fut admise, car il était possible que le mariage eût été célébré à l'insu de la famille.

§ 3. — *Preuve exceptionnelle par titres et par témoins.*

*** 200. Cas où cette preuve est permise.** — La rigueur du principe écrit dans l'art. 194 (preuve du mariage par l'acte de l'état civil) ne peut être maintenue d'une manière absolue. Il y a lieu de ménager aux époux une autre preuve lorsque celle-ci leur fait défaut sans qu'il y ait faute de leur part, ce qui peut arriver dans deux sortes d'hypothèses.

1° Dans les cas prévus par l'art. 46, au titre « Des actes de l'état civil », c'est-à-dire *lorsqu'il n'aura pas été tenu de registres ou lorsque ceux qui existaient ont été perdus* (voyez t. I, 1re édit., n°s 554 et suiv.; 2e édit., n°s 571 et suiv.). L'art. 194 en fait lui-même la réserve expresse.

2° Lorsque l'acte de mariage régulièrement inscrit sur les registres, a été ensuite *détruit ou altéré par une main criminelle.*

Dans toutes ces hypothèses la loi autorise la preuve par *titres* et même par *témoins*, malgré la défiance que lui inspire en général ce dernier genre de preuve. Il n'y avait pas moyen de faire autrement. — Cette faculté, accordée à titre exceptionnel de prouver le fait de la célébration autrement que par un acte de l'état civil n'est pas spéciale au mariage : une naissance, un décès pourraient, le cas échéant, être prouvés de la même manière.

A. — Preuve du mariage au cas de perte ou d'inexistence des registres.

201. Renvoi. — Il n'y a rien de particulier à dire de ce cas qui est entièrement régi par l'art. 46. Voyez t. I, 1re édit., n°s 554 et suiv.; 2e édit., n°s 571 et suiv.

B. — Preuve du mariage résultant d'une procédure criminelle.

202. Observations sur la place des art. 198 à 200. — Les art. 198, 199 et 200, qui règlent le cas où il y a eu destruction criminelle de l'acte, devaient être renvoyés au titre « Des actes de l'état civil », comme l'observation en a été faite dans la discussion au Conseil d'État. Ils ont néanmoins été maintenus au Titre « Du mariage », probablement pour ne pas scinder les règles sur la preuve du mariage.

203. Leur rédaction défectueuse. — Ces trois articles ont besoin d'assez longues explications, mais on s'exagère d'ordinaire les vices de leur rédaction [1], parce qu'on oublie qu'ils ont été rédigés huit ans avant le Code d'Instruction criminelle et qu'il faut les interpréter, non pas d'après la terminologie de notre droit pénal actuel, qui est postérieure, mais à l'aide des Traités de procédure criminelle de Jousse et de Pothier, dont les auteurs du Code parlaient encore la langue. — Du reste, les art. 198 et 199 ne contiennent que l'application des principes du droit commun ; seul l'art. 200 établit une forme tout à fait anormale de procéder. — Intéressants à étudier au point de vue doctrinal, ils sont restés jusqu'à ce jour sans applications pratiques.

204. Leurs cas d'application. — La loi suppose que la preuve régulière que les époux s'étaient ménagée a été détruite ou altérée par un *acte prévu et puni par la loi pénale* et elle leur donne les moyens de reconstituer la preuve de leur mariage.

Pour l'application de ces articles il n'y a pas lieu de distinguer :

1° *Selon que le coupable est l'officier de l'état civil ou un tiers.* — L'art. 200 est bien rédigé en vue du cas spécial où c'est l'officier lui-même qui a détruit ou falsifié l'acte, mais cet article donne pour ce cas une solution exceptionnelle concernant seulement la procédure et non la preuve, et l'art. 198, qui autorise l'emploi de la preuve par tous moyens, s'exprime en termes généraux et il n'y avait réellement aucun motif pour faire une distinction.

2° *Selon que l'acte commis est un crime ou un simple délit* [2]. — Ordinairement ce sera un crime, car l'altération des actes de l'état civil constitue un *faux en écritures publiques*, puni des travaux forcés. Cependant les trois art. 198-200 s'appliqueraient même au cas où l'infraction ne serait qu'un délit, tel que l'inscription de l'acte sur une feuille volante (art. 192 C. pén.). Il est même bon de remarquer que primitivement ils avaient été rédigés en vue de ce seul cas ; ce ne fut que plus tard, dans la discussion, qu'on les généralisa. On voit par là qu'il faut prendre dans un sens large l'expression « procédure criminelle » employée dans l'art. 198. Si on retouchait actuellement cette partie du Code, il faudrait dire, comme Laurent proposait de le faire en Belgique : « par un procès *criminel ou correctionnel* », car dans le langage moderne on réserve l'épithète « criminel » à ce qui est crime proprement dit et de la compétence des cours d'assises, tandis que les simples délits sont de la compétence des tribunaux correctionnels (tribunaux d'arrondissement siégeant comme juridictions répressives).

205. Nature et objet de l'action. — L'art. 199 appelle « action criminelle » celle qui est intentée par les époux ou autres intéressés dans le but d'obtenir le rétablissement de la preuve détruite. *Tel était le langage de l'ancien droit* ; on appelait « action criminelle » toute action née d'un fait délictueux parce que le mot « criminel » avait anciennement un sens très large, comprenant toutes les infractions à la loi pénale (Jousse, *Procédure criminelle*, t. Ier, Des actions qui naissent des crimes, p. 561 et suiv.). La classification des infractions en trois classes (crimes, délits et contraventions) est moderne. On disait donc « agir au criminel », par opposition à « agir au civil ». — Mais *le langage a changé* : de nos jours, cette même action, que la loi nomme « criminelle », s'appelle proprement *action civile*, parce qu'elle appartient à la « partie civile », c'est-à-dire à la personne lésée par l'infraction et qu'elle lui sert à obtenir la réparation du dommage causé. Sous ce nom on l'oppose à l'*action publique* qui tend à l'application de la peine et ne peut être exercée que par le ministère public. Il n'y a plus aucune action qui porte spécialement le nom d'action criminelle.

On a prétendu que l' « action criminelle » de l'art. 199 était autre chose que l'action civile ou action en réparation du préjudice causé par un fait délictueux, sous prétexte que

[1] Laurent va jusqu'à dire, dans les motifs de son *Avant-projet*, qu'on ne sait pas ce que la loi a voulu dire.

[2] Les *crimes* sont les infractions les plus graves, punies des peines les plus sévères (mort, travaux forcés, réclusion) ; les *délits* sont des infractions de gravité moyenne, punies d'un emprisonnement de 6 jours à 5 ans et d'amendes diverses. Il n'y a au-dessous des délits que les *contraventions de simple police*, punies de peines minimes (prison jusqu'à 5 jours, amende jusqu'à 15 francs).

cette dernière ne pourrait avoir pour objet, d'après les art. 10, 51 et 52 C. pén., qu'*une somme d'argent* à titre d'indemnité. C'est une erreur. Ces articles sont purement énonciatifs ; ils parlent de restitutions et de dommages-intérêts, parce que c'est le cas ordinaire, à la suite d'un vol, d'un abus de confiance, d'un incendie volontaire, de coups et blessures. Mais l'art. 2 C. Inst. crim. est beaucoup plus large : il donne pour objet à l'action dite civile « *la réparation du dommage* ». Or cette réparation peut être procurée sous une forme quelconque et comporte notamment, en matière de faux en écritures, la suppression de l'acte falsifié et la reconstitution de l'acte vrai (Garraud, *Précis de droit criminel*, 4e édit., n° 348).

Lorsque la Cour (ou le Tribunal), statuant « au criminel », aura reconnu que le fait, qui a fait l'objet de la poursuite, a eu pour résultat de supprimer la preuve d'un mariage réellement célébré, elle ordonnera que l'acte détruit ou falsifié soit réinscrit sur le registre. On se trouve ainsi dans l'hypothèse prévue par la loi : *la preuve de la célébration du mariage se trouve acquise par le résultat d'une procédure criminelle.*

206. Qui peut exercer cette action. — Cette action appartient d'abord à *tous ceux qui sont intéressés à prouver l'existence du mariage*, car ils souffrent tous de la suppression de sa preuve normale. L'art. 198 suppose (sans le dire) que l'action est exercée par les époux qui se sont aperçus du fait pendant la durée de leur mariage et l'art. 199 prévoit le cas où « les époux ou l'un d'eux sont décédés sans avoir découvert la fraude », et où l'action est intentée par d'autres personnes. Ces prévisions sont assez vraisemblables : les époux ont tant et de si grands intérêts à faire rétablir la preuve régulière de leur mariage, qu'ils s'empresseront toujours d'agir dès qu'ils connaîtront la fraude, de telle sorte que si l'acte n'a pas été reconstitué ou rectifié avant leur mort on peut être sûr qu'ils ont ignoré le fait. Mais il ne faudrait pas conclure de la rédaction employée par la loi que, tant que les époux sont tous deux vivants, eux seuls ont le droit d'exercer l'action ; ni encore que personne ne l'a après eux, au cas où ils seraient morts après avoir découvert la fraude et sans avoir rien fait pour la réparer. De pareilles solutions ne se justifieraient pas et ce serait abuser de l'ordre suivi par la loi, qui n'est qu'une simple prévision. — On doit se dire que les tiers n'ont, en général, d'intérêt à prouver le mariage qu'après la mort de l'un des époux : ce sont, par exemple, leurs enfants qui veulent recueillir leur succession comme enfants légitimes. Mais cet intérêt peut naître du vivant même des époux : si un de leurs enfants meurt, ses frères et sœurs ont besoin, pour recueillir sa succession, à laquelle ils sont appelés en concours avec les père et mère, de prouver leur légitimité et par suite le mariage de leurs parents. Il n'y a aucune raison pour leur refuser le droit d'agir en justice et d'obtenir la reconstitution de l'acte détruit ou altéré.

Outre les époux et les tiers intéressés, l'exercice de l'action civile appartient encore au *ministère public* (art. 199). Quoi qu'on en dise, la loi ne déroge ici à aucun principe. Le ministère public est dans son rôle, car il a qualité pour poursuivre d'office la rectification des actes de l'état civil quand l'ordre public est intéressé. Les auteurs de la loi ont estimé que c'était ici le cas, parce que la preuve des mariages intéresse la société tout entière.

207. Mode exceptionnel d'exercice de l'action après la mort du coupable. — Quand le projet de Code fut soumis aux Tribunaux, quelques-uns signalèrent un danger. Après la mort de l'officier public, aucune peine ne peut plus être prononcée, puisque les peines sont *personnelles* ; ses héritiers ne seraient tenus qu'à des réparations pécuniaires. Cela étant, une collusion frauduleuse n'est-elle pas à craindre entre les héritiers de l'officier et ceux qui auraient intérêt à faire constater un mariage ? Il serait possible, en achetant à prix d'argent leur connivence, de les faire condamner comme responsables civilement des actes de leur auteur défunt et d'obtenir par jugement la preuve de la célébration d'un mariage qui n'aurait jamais été célébré. Pour répondre à ces craintes, on ajouta une disposition qui est devenue l'art. 200, et d'après laquelle l'action appartenant aux intéressés est dirigée contre les héritiers non pas par les parties elles-mêmes, mais *par le ministère public*, en leur présence. Dérogation remarquable aux principes ordinaires de la procédure, qui se justifie par le désir d'éviter des fraudes, mais qui n'a jamais trouvé et ne trouvera peut-être jamais son application.

Pareille collusion n'est guère à craindre du vivant de l'officier : il encourt les travaux forcés, et une somme d'argent ne le déciderait pas à se laisser condamner.

L'art. 200 suppose que le coupable est l'officier de l'état civil lui-même ; mais ce peut être un tiers, et la procédure qu'il institue doit être suivie par identité de motifs, quelle que soit la personne du coupable.

208. Devant quel tribunal l'action peut être portée. — Dans les art. 198 et 199, la loi suppose évidemment que les époux ou les tiers intéressés agissent en même temps que le ministère public, devant le tribunal répressif (cour d'assises ou tribunal correctionnel) saisi des poursuites ; qu'ils se portent, suivant l'expression technique, *parties civiles*, en joignant leur demande à l'action du ministère public. En effet, dans l'art. 198, elle dit que la preuve de la célébration se trouvera acquise par « une procédure criminelle » et dans l'art. 199 elle nomme leur action une « action criminelle ». C'étaient les expressions usitées au XVIIIe siècle lorsque l'action était ainsi intentée. Or, d'après le droit commun, les particuliers victimes d'un crime ou d'un délit ont également le droit de porter leurs réclamations devant les tribunaux ordinaires, *d'agir au civil*. On se demande si le Code a entendu priver les époux et les autres intéressés de cette option entre les deux voies. Beaucoup d'auteurs le croient, entre autres MM. Valette, Aubry et Rau, Demolombe, et la raison qu'ils en donnent, c'est qu'il importe d'éviter des collusions entre les demandeurs et le prétendu coupable (ci-dessus, n° 207). On peut leur répondre que ces collusions ne sont guère à redouter tant que la poursuite criminelle est possible, parce que l'action exercée par les parties éveillera l'attention du ministère public, et on peut être presque sûr qu'il ne gardera pas le silence, pour peu que les faits allégués soient vraisemblables et surtout si les réclamants obtiennent gain de cause. Mais la réponse décisive c'est que cette dérogation aux règles ordinaires serait extrêmement grave et qu'on ne saurait l'induire d'un texte aussi peu probant. Cela eût bien valu la peine d'être dit en termes formels. On doit donc penser que telle n'a pas été la volonté des auteurs de la loi, d'autant plus que leur langage s'explique très simplement par une autre idée : ils attachent au jugement un effet considérable qui ne peut se produire que si les parties ont pris la voie criminelle (ci-dessous n° 212) ; ils n'ont donc dû penser qu'à cette hypothèse, mais ils n'ont pas pour cela entendu leur fermer l'autre voie.

209. Cas où l'action est prescrite. — Il y a un cas que la loi n'a pas prévu : c'est celui où l'action est éteinte par la prescription du vivant même de l'officier (ou du coupable, quel qu'il soit). Beaucoup d'auteurs admettent qu'on doit procéder alors au civil, dans la forme prescrite par l'art. 200. Cela est impossible à admettre pour une double raison : 1° La procédure instituée par cet article est trop exceptionnelle et trop anormale pour être applicable à une hypothèse autre que celle qui fait l'objet des prévisions du texte : décès du coupable avant la prescription de l'action ; 2° alors même que cette disposition serait susceptible d'une interprétation extensive, elle serait hors de mise dans l'hypothèse de la prescription, parce que l'*action civile est éteinte* en même temps que l'action publique (art. 3 C. instr. crim.) et que les parties intéressées n'ont aucun principe d'action contre le coupable, qui ne leur doit plus rien : il est libéré par l'effet de la prescription. — Il reste néanmoins aux parties une *ressource dernière* : le fait de la destruction de leur titre étant indéniable, elles peuvent se pourvoir en rectification dans les formes ordinaires, sans accuser personne du fait (art. 46).

210. Cas où le coupable est inconnu. — On doit appliquer les mêmes considérations et la même solution au cas où la personne coupable du fait reste inconnue.

211. Effets du jugement. — Le jugement ou l'arrêt qui constate l'irrégularité ou le faux doit être transcrit sur les registres de l'état civil pour remplacer l'acte omis, altéré ou détruit. — Le projet du Code civil voulait que le mariage fût « réhabilité », c'est-à-dire que l'on en fît une nouvelle célébration[1]. Cette complication est inutile,

[1] Ces réhabilitations au moyen d'une célébration nouvelle étaient fréquemment or-

puisque la célébration n'a pas été mal faite ; elle pourrait d'ailleurs être impossible, quand l'un des époux est déjà décédé. On y a donc renoncé pour se contenter de la transcription du jugement sur les registres.

La loi dit que cette transcription assure au mariage les effets civils *à compter du jour de sa célébration*. Cette décision est de stricte équité ; les époux ne doivent pas souffrir du crime commis par un tiers. Du reste, on l'aurait bien sous-entendue, car les jugements sont en principe *déclaratifs de droits*, c'est-à-dire qu'ils constatent simplement ceux qui existent ; ils n'en confèrent pas de nouveaux : c'est donc en vertu de sa célébration, et non en vertu du jugement, que le mariage produit ses effets. Ces mots sont un reste de la rédaction primitive, dans laquelle ils étaient beaucoup plus utiles, parce que le projet ordonnait une seconde célébration ; il était bon de dire que les effets du mariage remonteraient au jour de la première.

D'ailleurs, les effets civils ne sont pas *assurés* au mariage, comme le dit la loi. On n'a pas plaidé pour savoir si le mariage était valable ou nul, mais seulement si la célébration avait eu lieu. Le mariage a été célébré, voilà le point acquis. Produira-t-il ses effets ? C'est une autre question qui dépend de sa *validité*, et qui n'a pas été examinée ; on a rendu aux époux la *preuve* de la célébration, et c'est tout.

212. Autorité absolue du jugement rendu au criminel. — Le texte ajoute encore que ces effets se produiront tant à l'égard des époux qu'à l'égard de leurs enfants. Il est à peu près certain que la loi en s'exprimant ainsi a voulu trancher une question qui est cependant fort controversée. On se demande si le jugement remplace absolument l'acte de l'état civil, c'est-à-dire s'il vaut preuve de la célébration pour ou contre tout le monde ? En règle générale, les jugements ne produisent leurs effets que pour ceux qui ont été *parties* dans l'instance ; ils restent sans effet à l'égard des tiers. « Res inter alios judicata aliis nec nocere nec prodesse potest » (Voyez t. I, n°s 371 et suiv.). Beaucoup d'auteurs lui appliquent la règle ordinaire sur l'autorité purement relative de la chose jugée. « Ce qui est inscrit sur les registres, dit Laurent, ce n'est pas un acte de l'état civil, c'est un jugement. » Mais remarquez que si les tiers peuvent décliner l'autorité du jugement rendu au profit des époux contre l'officier de l'état civil, il n'est plus vrai de dire que ce jugement assure aux époux et à leurs enfants *tous les effets civils* du mariage comme l'aurait fait l'acte de célébration. Ce que la loi a voulu, c'est rétablir l'acte détruit avec la même autorité et le même caractère. D'ailleurs il n'y a pas ici de dérogation aux règles de la chose jugée, car nous sommes en *matière criminelle*, et il est de tradition que ce qui est jugé au criminel a une autorité *absolue* (et non plus relative). Cette règle spéciale aux décisions des juridictions répressives était vraie en 1801 et elle l'est encore aujourd'hui ; les art. 198 à 200 n'en sont qu'une application. Le jugement aura donc une portée générale et la célébration du mariage ne pourra plus être remise en question par personne.

213. Autorité du jugement rendu au civil. — Lorsque l'action aura été exercée devant les tribunaux civils par les parties elles-mêmes, dans les cas où elles peuvent le faire librement, on devra appliquer l'article 100 et ne reconnaître au jugement qu'une autorité relative (art. 1351), parce qu'on est en présence d'un jugement ordinaire.

Mais dans le cas exceptionnel où la procédure aura été dirigée au civil par le procureur de la République, conformément à l'art. 200, il semble bien que la pensée de la loi ait été d'accorder au jugement une autorité absolue. Cet article fait partie d'un groupe et doit suivre les mêmes règles que ceux qui le précèdent : la loi ordonne une procédure différente, mais dans le même but et qui doit produire le même effet définitif. Du reste

données dans l'ancien droit, quand le mariage était nul pour vice de forme, par exemple pour n'avoir pas été célébré devant le propre curé. Les procureurs du Roi avaient ordre d'y obliger les parties (Déclaration du 15 juin 1697). Depuis le Code civil la réhabilitation d'un mariage nul pour vice de forme n'est jamais obligatoire, mais ceux qui ont des doutes sur la validité de leur union ont le droit d'y procéder sans avoir besoin de la faire annuler par justice au préalable (Orléans, 14 avril 1886, D. 87. 2. 95, S. 86. 2. 191).

on peut faire l'argument suivant : le ministère public est ici le *demandeur nécessaire*, l'action ne pouvant être intentée par aucune autre personne : ce qui a été décidé sur l'action exercée par lui doit donc être *jugé une fois pour toutes* ; il serait véritablement déraisonnable de forcer le ministère public à intenter à nouveau l'action, chaque fois qu'il se présenterait une nouvelle personne ayant intérêt à faire constater le mariage. Ajoutons enfin que l'intervention du ministère public ne s'explique que par une seule considération : la crainte d'une collusion frauduleuse entre les époux et les héritiers de la personne accusée du crime et décédée. Or cette collusion ne serait pas à craindre si le jugement à obtenir ne devait pas avoir pour effet de restaurer un acte de l'état civil opposable à tous.

CHAPITRE IX

EFFETS DU MARIAGE

* **214. Énumération.** — Les effets du mariage sont nombreux. On peut les classer de la manière suivante.

RAPPORTS DES ÉPOUX ENTRE EUX. — Ce sont : 1° des *devoirs réciproques*, à la charge de chaque époux ;

2° Puis la subordination de la femme au mari, ou pour lui donner son vrai nom, la *puissance* ou *autorité maritale*, qui porte à la fois sur la personne et sur les biens de la femme et qui entraîne comme conséquence l'*incapacité* de celle-ci ;

3° Enfin la *vie commune* et les nombreuses charges qu'elle impose appellent un règlement spécial pour les intérêts pécuniaires des époux, règlement qui forme leur *régime matrimonial* et qui, lorsqu'il fait l'objet de conventions spéciales, exige la rédaction d'un *contrat de mariage*.

RAPPORTS DES ÉPOUX AVEC LEURS ENFANTS. — A ce point de vue, le mariage fait naître des devoirs et des droits spéciaux, qui doivent être étudiés à propos de la *filiation légitime*, de la *légitimation*, de la *puissance paternelle*, de la *tutelle*, de l'*émancipation*, des *successions*[1].

RAPPORTS AVEC LES AUTRES MEMBRES DE LEURS FAMILLES. — Le mariage fait naître l'*alliance* de chacun d'eux avec les parents de l'autre. L'alliance à son tour entraîne diverses conséquences, *empêchement au mariage, obligation alimentaire*...

* **215. Uniformité des effets du mariage.** — Les effets du mariage sont toujours identiques ; le mariage français est *un*. Il n'en a pas été de même toujours et partout. Chez les Romains il y avait le *matrimonium in-*

[1] L'obligation alimentaire entre parents, que la loi présente, dans les art. 205 et suiv., comme un effet du mariage, n'en est pas un puisqu'elle existe entre parents naturels et adoptifs. C'est un effet de la *parenté*, ce qui est bien différent. C'est seulement entre époux et entre alliés, que cette obligation dérive du mariage parce qu'elle ne repose pas pour eux sur le lien du sang.

justum pour les pérégrins et les latins et le *contubernium* pour les esclaves, qui ne produisaient pas les effets des *justæ nuptiæ*. Certaines législations (Prusse, Russie...) admettent le mariage *morganatique*, sorte d'union légitime inférieure au mariage, qui ne donne ni à la femme ni aux enfants les droits qu'ils tiendraient d'un véritable mariage, notamment l'égalité de rang avec leur mari ou leur père. Comp. ci-dessus n° 3.

216. Renvoi. — La plupart des effets du mariage feront l'objet d'études spéciales, notamment le régime matrimonial, qui fait partie du programme de la 3e année. Les seuls points à étudier ici sont les *devoirs réciproques* des époux et la *puissance maritale* avec son corollaire, l'incapacité de la femme mariée. — L'obligation alimentaire a déjà été étudiée (t. I, 1re édit., nos 2048 et suiv.; 2e édit., nos 3017 et suiv.) : à cause de son caractère de généralité, elle dépasse la matière du mariage et même celle de la filiation. Quant au *devoir d'éducation* dont s'occupe l'art. 203, il dérive de la filiation et non du mariage.

§ 1. — *Devoirs réciproques des époux.*

217. Énumération. — Le mariage fait naître entre le mari et la femme des obligations spéciales, qui sont la conséquence de leur état d'époux. Le Code les a indiquées dans les art. 212-213-214, mais il a oublié l'une des principales : la *contribution aux charges du ménage*, qui se trouve réglée au Titre « Du contrat de mariage ». Elle fait en effet partie des relations pécuniaires des époux.

Parmi ces devoirs nés du mariage quelques-uns sont *communs aux deux époux*, un est *propre au mari* (le devoir de protection), un est *propre à la femme* (le devoir d'obéissance). Les premiers seuls font l'objet du présent paragraphe ; les deux derniers seront étudiés dans le paragraphe suivant, à propos de la puissance maritale, dont ils ne sont que des éléments.

Les devoirs communs aux deux époux sont d'abord la *cohabitation* indiquée dans l'art. 214 ; d'autre part, la *fidélité*, le *secours*, l'*assistance* énumérés dans l'art. 212.

A. — Devoir de cohabitation.

218. Son importance. — « La femme doit habiter avec le mari..., le mari est obligé de la recevoir », dit l'art. 214[1]. Ce devoir est commun aux deux époux, et il est le premier de tous, car c'est lui qui sert de base et de condition aux autres, le mariage ayant pour but d'établir la vie commune. Quand il n'est pas rempli, l'union des époux est détruite et le but du mariage n'est pas atteint.

*** 219. Silence de la loi sur sa sanction.** — Si le mari refuse de recevoir sa femme, si la femme refuse d'habiter avec son mari, y a-t-il une sanction juridique au devoir qui leur est imposé ? L'époux délaissé a-t-il des moyens légaux pour contraindre le récalcitrant ? Le mariage soulève peu de questions plus graves, et en même temps plus difficiles à résoudre, la loi ayant omis de statuer.

220. Emploi de la force publique. — Le moyen auquel on pense

[1] L'art. 214 confond et traite pêle-mêle le devoir de cohabitation qui est commun aux deux époux, avec le devoir propre à la femme de suivre son mari en tous pays, qui est un effet de la puissance maritale. Voyez ci-dessous, n° 248, 5°.

tout d'abord est l'emploi de la force : le mari pourrait faire ramener sa femme au logis, *manu militari*, au besoin entre deux gendarmes ; la femme pourrait se faire ouvrir de force, par un commissaire de police, les portes de l'habitation de son mari. La jurisprudence a pendant longtemps ordonné de pareilles exécutions (Paris, 31 mars 1855, D. 55. 2. 284, S. 55. 2. 494 ; Nîmes, 20 févr. 1862 et Pau, 11 mars 1863, D. 63. 2. 193, S. 63. 2. 161), et la plupart des auteurs les considèrent comme licites.

Quelques-uns cependant ont soulevé des objections (LAURENT, t. III, n° 93 ; HUC, t. II, n° 238). Leur principal argument est que l'emploi de la force est impuissant, car il ne peut se prolonger ; le mari mettra de nouveau sa femme à la porte, ou celle-ci s'enfuira de la maison dans laquelle son mari n'a pas le droit de la séquestrer. C'est mal poser la question : il ne s'agit pas de savoir si le moyen est *efficace*, mais s'il est *légitime*. Rien dans la loi ne le prohibe ; il s'appuie sur une tradition déjà longue ; il procure au moins un commencement d'exécution, et il est possible que la seule menace de la force suffise à décider chaque époux à faire son devoir. Laurent lui-même estime que l'emploi de la force n'est pas contraire à la liberté : « car l'époux est *obligé* ; c'est lui-même qui s'est privé de sa liberté en se mariant ». Du reste, on reconnaît qu'il y a « devoir » ; la liberté n'a jamais consisté dans la violation d'un devoir. Une Cour a cependant refusé d'accorder à un mari, qui la demandait, l'exécution par la force d'une ordonnance de référé condamnant sa femme à réintégrer le domicile conjugal (Aix, 22 mars 1884, S. 84. 2. 93). On peut donc considérer que l'emploi de ce moyen est de plus en plus étranger aux mœurs modernes. Il ne reste plus qu'à rechercher un moyen de contrainte indirecte.

* **221. Condamnations pécuniaires.** — Une condamnation pécuniaire est possible, mais il faut savoir à quel titre.

1° Supposons d'abord que *c'est le mari qui refuse de recevoir sa femme chez lui*. — A tout le moins le mari pourra être condamné à servir à sa femme une *pension alimentaire* selon son état et ses moyens. Il semble même qu'on puisse le condamner à des *dommages-intérêts* à raison de tant par jour de retard, car il est tenu d'une obligation de faire, dont l'objet est déterminé par l'art. 214 : « la recevoir chez lui et lui fournir tout ce qui est nécessaire à la vie, selon ses facultés et son état ». L'inexécution de cette obligation cause à sa femme un préjudice pécuniaire appréciable, qui peut servir de base à des dommages-intérêts.

2° Supposons maintenant que *c'est la femme qui refuse de réintégrer le domicile conjugal*. Le mari peut d'abord *lui refuser tout argent* : il conservera pour lui les revenus dont il a la jouissance, soit des biens communs, soit même des biens dotaux ou propres à sa femme, dont il est administrateur. Il pourra même *refuser de lui servir une pension alimentaire* : si étroite que soit cette obligation, elle est corrélative à celles dont la femme est tenue envers lui ; le mariage crée entre les époux une situation analogue à celle d'un contrat synallagmatique, et chacun d'eux ne peut rien réclamer à l'autre, s'il n'est prêt lui-même à remplir tous ses devoirs (Paris, 22 janv. 1887, sous Cass., S. 91. 1. 466).

Très énergique en principe, ce moyen devient inefficace quand la femme a des *revenus personnels,* dont son contrat de mariage lui a conservé l'administration et la jouissance. La jurisprudence admet que le mari peut alors se faire autoriser par justice à *faire saisir ou séquestrer les revenus de sa femme,* pour la prendre encore par la famine (Paris, 27 janv. 1855, D. 55. 2. 208, S. 55. 2. 142; Trib. Lyon, 19 mars 1870, D. 71. 5. 258).

Les mêmes auteurs, qui condamnent l'emploi de la force, critiquent encore ce moyen, en disant que le mari ne peut « saisir », parce qu'il n'est pas « créancier ». Mais on peut répondre qu'il y a ici moins une saisie qu'une sorte de séquestre, analogue à celui qui se pratique sur les biens d'un criminel en état de contumace. On objectera que le texte manque pour autoriser ce moyen de contrainte; mais il y a nécessité d'assurer dans la mesure du possible l'exécution d'une obligation légale, et la jurisprudence établie sur ce point a la valeur d'un droit coutumier.

Ce moyen lui-même peut être insuffisant, si la femme trouve asile chez un parent ou chez un ami ; contre le tiers qui a recueilli sa femme chez lui, le mari ne peut rien. Quelques décisions judiciaires ont alors appliqué à la femme le système des *astreintes,* en prononçant contre elle des dommages-intérêts à raison de tant par jour de retard (Req., 26 juin 1878, D. 79. 1. 80, S. 79. 1. 176. — Comp. Nîmes, 20 févr. 1862, D. 63. 2. 193), mais il existe d'autres décisions qui ont considéré ce moyen comme inapplicable (Pau, 11 mars 1863, D. 63. 2. 193, S. 63. 2. 161.)

C'est vainement que quelques auteurs récents contestent la légitimité de ce procédé, en prétendant que les dommages-intérêts ne peuvent sanctionner que les droits de créance et non les droits de puissance, et que sous ce nom de dommages-intérêts c'est une véritable amende que les tribunaux prononcent contre la femme. On peut leur faire une double réponse : 1° la condamnation à des dommages-intérêts est possible contre le mari qui refuse de recevoir sa femme ; il est naturel que le devoir de cohabitation ait une sanction identique au profit du mari ; 2° les dommages-intérêts peuvent être accordés, même à raison d'un *préjudice moral,* comme le prouvent les satisfactions pécuniaires accordées en cas d'injure et de diffamation.

222. Assimilation à l'injure grave. — Il y a un dernier point certain, c'est que le refus par l'un des époux de remplir son devoir en acceptant la vie commune constitue une injure grave et autorise l'autre à demander soit le *divorce,* soit la *séparation de corps.* Ceci est moins une sanction que l'équivalent d'une *résolution* (totale ou partielle) *du contrat* : l'époux outragé renonce à réclamer l'accomplissement de l'obligation et il s'en fait lui-même dispenser.

Cette ressource dernière sera souvent la seule pratique. Tous les autres moyens n'ont qu'un effet temporaire, et de plus il ne peut y avoir aucun avantage social à obliger à vivre ensemble deux personnes pour qui la vie commune est devenue insupportable. La force des choses est ici plus puissante que la loi.

223. Comment prend fin le devoir de cohabitation. — Ce devoir cesse par l'effet de la séparation de corps, qui a précisément pour objet d'y mettre fin. Il cesse également d'une manière provisoire, *pendant l'instance* en divorce ou en séparation de corps, en vertu d'une ordonnance du juge. Il devrait cesser de même pendant l'*instance en nullité,* quand l'annulation du mariage est demandée, mais les rédacteurs du Code français n'ont pas songé à réserver cette facilité à la femme. Le Code italien (art. 115), le Code espagnol (art. 68) et l'avant-projet de Laurent (art. 194) la lui accordent expressément.

Du reste le devoir pour chaque époux d'habiter avec l'autre est *conditionnel* en ce sens qu'il est *subordonné à l'accomplissement de toutes les obligations qui dérivent du mariage.* Ainsi la femme ne peut pas être contrainte à habiter avec son mari, quand celui-ci lui fait dans sa maison une existence insupportable, soit par les mauvais traitements qu'il lui inflige, soit par l'existence qu'il y mène lui-même, s'il y entretient une concubine ou s'il y exerce une profession inavouable. En ce cas tout moyen de contrainte doit être refusé au mari contre elle (Pau, 8 mai 1890, S. 91. 2. 13).

B. — Devoir de fidélité.

* **224. Son importance.** — C'est, au point de vue moral, le principal des devoirs qu'engendre le mariage, et la faute la plus grave que l'un des époux puisse commettre envers l'autre est la violation de ce devoir, l'*adultère*.

* **225. Sa sanction.** — Le devoir de fidélité n'est pas un devoir de morale pure; c'est une obligation sanctionnée par la loi positive. L'adultère est un *délit* puni par les art. 337, 338 et 339 du Code pénal[1], mais c'est un délit d'un caractère exceptionnel. Pour des raisons faciles à comprendre, la loi laisse au conjoint offensé le droit de *pardonner*; mieux vaut parfois le silence que l'éclat d'un scandale public : « Sur telles affaires toujours le meilleur est de ne rien dire », conclut Sosie à la fin d'*Amphitryon* ; au lieu de « toujours », mettons « souvent », et nous serons dans la vérité. Il en résulte que le ministère public ne peut jamais exercer de poursuites contre l'époux coupable que sur la demande de son conjoint.

* **226. Répression différente de l'adultère du mari et de l'adultère de la femme.** — On remarque plusieurs différences dans la répression de l'adultère, selon qu'il a été commis par le mari ou par la femme.

Les deux principales concernent l'application de la peine, et, comme on va le voir, la femme est traitée plus sévèrement que le mari.

1° *Tout adultère de la femme est punissable*, quel que soit le lieu où il a été commis, et quand même il serait resté à l'état de fait isolé. Au contraire, le mari n'encourt de peine que quand deux circonstances aggravantes sont réunies. Il faut *a*) qu'il ait eu des relations suivies avec sa complice ; *b*) que ces relations aient eu lieu dans sa propre maison. C'est ce qui résulte de l'art. 339 C. pén. qui ne prononce la peine qu'autant

[1] Les pénalités contre l'adultère de la femme étaient également écrites dans les art. 298, 308 et 309 du Code civil, ce qui n'était pas leur place, et par surcroît le texte primitif autorisait le tribunal *civil* à prononcer la *peine*. Cette double anomalie s'expliquait parce que pendant la Révolution l'adultère n'était pas puni et on ne voulut pas attendre la rédaction du Code pénal pour sévir. Ces articles ont disparu, le premier en 1816, les deux autres en 1884.

que le mari « *a entretenu sa concubine dans la maison conjugale* ». Ainsi, quand il a soin d'entretenir sa maîtresse au dehors, ou quand l'adultère commis par lui dans la maison conjugale est un fait passager, le mari n'encourt aucune peine.

2° Quand une peine est applicable, elle est beaucoup plus grave pour la femme que pour le mari : le mari n'encourt jamais qu'une *amende*, tandis que la femme adultère peut être condamnée à deux années de prison.

Cette inégalité dans la répression a soulevé de vives critiques. « On voit bien, disent souvent les femmes, que les lois sont faites par les hommes. » Il est pourtant facile de justifier cette différence. L'adultère de la femme peut produire des conséquences morales et matérielles beaucoup plus dangereuses que l'adultère du mari. Quand le mari a une maîtresse, les enfants qu'il en a n'entrent pas dans la famille ; ils restent des étrangers pour sa femme. Quand la femme a un amant, si elle a des enfants, ils seront les enfants légitimes de son mari. Celui-ci a bien l'action en désaveu, mais souvent les preuves lui manqueront pour chasser de sa famille ces enfants qui ne sont pas les siens. C'est là un danger extrêmement grave, qui n'atteint pas seulement le mari trompé ; l'adultère de la femme compromet la base sur laquelle repose la famille légitime : la présomption de paternité du mari. Il y a donc *délit social*. Or la peine est prononcée au nom de la société. Si la faute de l'époux coupable est toujours égale au point de vue privé, elle ne l'est pas au point de vue de l'intérêt général. Comparer ce qui est dit plus loin à propos de l'adultère considéré comme cause de divorce ou de séparation de corps.

***227. Du complice d'adultère.** — Par application de la même idée, on doit également reconnaître comme fondée la différence que la loi fait entre le *complice de la femme* et la *complice du mari* : le premier est punissable, la seconde ne l'est pas (art. 338 C. pén.). Le complice de l'époux adultère ne manque personnellement à aucun devoir. Il ne mérite une peine qu'autant qu'il met en péril la famille légitime.

228. Excuse en cas de meurtre de l'époux coupable. — Mais voici une autre différence qui est injustifiable. Le mari est *excusable* [1] quand il tue sa femme ou le complice de sa femme surprise en flagrant délit. La femme dans le cas inverse ne bénéficie pas de la même excuse. Ceci est injuste, car l'outrage est le même, et la colère a le droit d'être égale.

229. Divorce et séparation. — Outre sa sanction pénale, l'adultère a encore une sanction *civile* : il entraîne, au gré de l'offensé, la séparation de corps ou le divorce (ci-dessous nos 505, 689 et 692).

C. — Devoir de secours.

230. Son objet. — Pour les époux le devoir de secours consiste dans l'obligation qu'a chacun d'eux de fournir à son conjoint tout ce dont il a besoin pour vivre. Cette obligation est l'équivalent de l'*obligation alimentaire* des parents et des alliés étudiée dans le t. I, 1re édit., nos 2048 et suiv ; 2e édit., nos 3017 et suiv.

231. Distinction. — Le devoir de secours existe d'abord *du vivant des époux* ; ensuite, par une dérogation remarquable aux règles ordinaires, il se transmet *à la charge des héritiers du prémourant* (L. 9 mars 1891) [2].

1° Règles applicables aux époux eux-mêmes.

***232. Cas où l'obligation s'exécutera.** — Dans l'état ordinaire des choses le

[1] En droit pénal on appelle « excuses » certains faits déterminés par la loi qui amènent un abaissement de la peine, et quelquefois même une exemption totale, quand leur existence est reconnue.

[2] Il résulte des travaux préparatoires de la loi de 1891 que cette pension alimentaire a été accordée au conjoint survivant pour remplacer, dans une certaine mesure, la qualité de *réservataire* qu'on lui refusait : le conjoint n'a droit à aucune réserve et peut être entièrement dépouillé de ses droits successoraux par le testament du prémourant. On a voulu, à tout le moins, lui assurer alors des aliments, pour l'empêcher de mourir de faim. La créance alimentaire est donc un droit dont l'époux prémourant ne peut priver le survivant.

devoir de secours est rendu inutile, du vivant des époux, soit par le devoir spécial au mari qui doit recevoir sa femme chez lui et lui fournir ce qui lui est nécessaire selon ses facultés et son état (ce qui dépasse les aliments proprement dits), soit par l'attribution au mari de tout ou portion des revenus de la femme. Le devoir de secours, ainsi absorbé par d'autres tant que dure la vie commune, n'apparaît guère qu'*en cas de rupture*, soit après une séparation de corps régulière, soit après une séparation de fait à l'amiable, ou par suite du refus du mari de recevoir sa femme chez lui. Celui des époux qui a des ressources suffisantes doit alors être condamné à servir à l'autre une pension alimentaire. Ordinairement ce sera le mari, parce qu'il a la jouissance des revenus de sa femme.

2° Règles applicables à la succession du prédécédé.

233. Innovation de 1891. — Par une dérogation grave aux principes traditionnels, et qui cependant n'est pas sans exemple dans notre droit (t. I, 1re édit., nos 2055 et 2080 ; 2e édit., nos 3024 et 3049), la loi du 9 mars 1891 a déclaré la « succession » de l'époux prédécédé tenue de la dette d'aliments envers le survivant [1]. La singularité de cette décision ne consiste pas seulement en ce que la loi déclare *transmissible aux héritiers* une obligation qui est généralement personnelle au débiteur et qui s'éteint avec sa vie (t. I, 1re édit., n° 2078 ; 2e édit., n° 3048) ; elle réside aussi en cette circonstance que les débiteurs ne sont pas tenus en leur propre nom et sur tous leurs biens, mais seulement comme héritiers du défunt et eu égard aux biens qu'il a laissés. C'est ce que les rédacteurs de la loi ont voulu exprimer en disant, non pas que « les héritiers de l'époux » étaient débiteurs d'aliments, mais bien que « sa succession en était tenue [2].

234. Règles du droit commun applicables au conjoint survivant. — Puisqu'il s'agit d'une *pension alimentaire*, et que les dispositions votées en 1891 ont été insérées dans l'art. 205 C. civ., à l'endroit où le Code s'occupe de ce genre d'obligations, il en faut conclure que les règles ordinaires lui sont applicables, toutes les fois qu'une dérogation ne résulte pas, implicitement ou expressément, des dispositions de la nouvelle loi.

Ainsi on devra tenir compte des besoins et des ressources de l'époux qui réclame des aliments pour en fixer le chiffre. Ainsi encore la pension qui lui est accordée pourra être diminuée ou totalement supprimée, s'il lui survient un accroissement de ressources tel qu'il n'ait plus besoin d'être secouru.

235. Limitation de la créance alimentaire. — La loi n'accorde d'aliments au survivant que *sur la succession* du prédécédé. Cela veut dire que les héritiers n'en sont pas tenus personnellement et sur tous leurs biens, mais seulement comme détenteurs des biens de la succession et jusqu'à concurrence de leur valeur. Il se fait donc, à leur profit, et de plein droit, une sorte de *séparation des patrimoines* toute spéciale, qui a pour effet de limiter la portée de leur obligation, contrairement au principe général de l'art. 2092. Dans leurs rapports avec l'époux survivant, créancier d'aliments, ils sont dans une situation analogue à celle qu'ils auraient envers un créancier quelconque, s'ils avaient accepté la succession sous bénéfice d'inventaire [3].

[1] Le texte, qui a été incorporé dans l'art. 205 C. civ., est ainsi conçu : « La succession de l'époux prédécédé en doit (des aliments) dans le même cas à l'époux survivant. »

[2] Ce langage a été, je le reconnais, inspiré par les dispositions déjà anciennes des art. 762 à 764, relatifs aux enfants adultérins ou incestueux ; cependant il n'avait pas été employé par les rédacteurs du Code civil : dans ces trois articles, on voit clairement que ce sont les héritiers qui sont tenus, mais que leur obligation, au lieu d'être générale et de porter sur tous leurs biens, s'estime seulement par rapport à l'actif qu'ils ont recueilli dans la succession. La formule insolite et trop concise de la loi de 1891 a fait naître cette idée étrange que la « succession » était *débitrice*, comme si elle constituait une personne morale distincte de l'héritier, et on a vu un conjoint survivant réclamer des aliments à la succession du prédécédé, alors qu'il était lui-même son unique héritier, comme si une personne pouvait se devoir des aliments à elle-même (Poitiers, 7 juillet 1897, D. 98. 2. 409).

[3] Les deux situations ne sont pas de tout point semblables ; mais le résultat prin-

236. Conséquences. — Il résulte de là que si la succession est insolvable, l'époux survivant n'a droit à rien, sa créance d'aliments ne pouvant s'exercer que sur l'actif net (Trib. Avesnes, 13 juillet 1894, D. 95. 2. 201).

Il en résulte encore que le conjoint survivant n'a *aucun espoir de voir augmenter sa pension* par suite d'un accroissement de fortune de ses débiteurs. De droit commun le chiffre de la pension peut être relevé quand les ressources de celui qui la doit augmentent; mais ici cet espoir est enlevé à l'époux créancier, puisque la masse débitrice est une succession dont l'état a été définitivement fixé à l'heure de son ouverture et qui ne peut recevoir aucun accroissement par la suite [1].

237. Personnes tenues de la pension alimentaire. — Bien que le texte de la loi porte que c'est la « succession » du prédécédé qui « doit » les aliments, cette formule ne doit pas faire illusion : ce sont les *héritiers et successeurs universels* du défunt qui en sont tenus, et, dans ses rapports avec eux, le conjoint survivant jouit de tous les droits qui appartiennent d'ordinaire à un créancier d'aliments [2].

Ces personnes en sont tenues, conformément au droit commun, chacune en proportion de la part pour laquelle elle représente le défunt (art. 870 et 871).

238. Mode de service de la pension. — La loi dit que « la pension alimentaire est *prélevée sur l'hérédité* ». Cette disposition ne signifie rien, car l'époux ne prélève pas des biens en nature; on lui sert une pension en argent, pour laquelle il jouit seulement des garanties accordées par le droit commun aux créanciers d'une succession [3]. Mais les parties sont entièrement libres d'établir le service de la rente sous la forme que bon leur semble et d'accorder, par exemple, au conjoint une hypothèque conventionnelle sur leurs propres immeubles pour la lui garantir, soit même en prélevant un capital sur la succession pour le placer en son nom quant à la jouissance et en leur nom quant à la propriété.

239. Priorité du conjoint sur les légataires particuliers. — La loi veut que la pension due au conjoint soit payée de préférence aux legs particuliers que le défunt a pu faire. Par conséquent, si l'actif net, déduction faite du passif, ne suffit pas à assurer le service de la pension, les légataires particuliers subiront une réduction dans la mesure où elle sera nécessaire. C'est l'application d'une vieille idée qu'exprime l'adage : « Nemo liberalis nisi liberatus » ; c'est-à-dire qu'une personne ne peut faire des libéralités par acte de dernière volonté que sur l'actif net de sa succession, déduction faite de

cipal, qui est la *limitation de la dette*, se produit dans les deux cas. Les différences consistent : 1° en ce que pour obtenir le paiement de sa pension, telle qu'elle a été fixée, le conjoint survivant peut saisir même les *biens personnels des héritiers*, tandis que les biens de l'héritier bénéficiaire sont à l'abri de toute poursuite émanant des créanciers du défunt ; 2° en ce que les héritiers du conjoint décédé ne jouissent pas de la *faculté d'abandon* reconnue à l'héritier bénéficiaire par l'art. 802-1°.

[1] Il n'y aura jamais lieu d'augmenter le chiffre de la pension primitivement accordée au conjoint, pour quelque cause que ce soit, même si ses propres besoins venaient à augmenter. La question alimentaire est réglée une fois pour toutes à l'époque de l'ouverture de la succession (Voyez ci-dessous, n° 243).

[2] Puisqu'il y a un « créancier » d'aliments, il est impossible qu'il n'ait pas devant lui un ou plusieurs débiteurs. En disant que c'est la « succession » qui doit, on a voulu faire ressortir la façon toute particulière dont les héritiers sont grevés, n'étant pas tenus personnellement et sur tous leurs biens, mais seulement sur les biens de la succession. Cette formule, adoptée par le législateur, a son origine dans le rapport rédigé au nom de la Faculté de droit de Paris, par M. Duverger, pendant les travaux préparatoires de la loi.

[3] La présence de ces mots dans le texte s'explique par les vicissitudes qu'il a subies pendant les discussions. Le texte primitif voulait que le *capital* de la pension fût prélevé sur l'hérédité, afin de mieux assurer au conjoint le service de sa rente. On fit remarquer que le prélèvement d'un capital était inutile, parce que l'époux survivant, étant un créancier comme les autres, trouve une protection suffisante dans la possibilité de demander la *séparation des patrimoines* (art. 878) et de prendre une *inscription hypothécaire* sur les immeubles de la succession (art. 2111). — L'observation était juste, mais alors il eût fallu faire disparaître de la loi toute mention d'un prélèvement quelconque.

son passif ; or, la créance d'aliments est une dette véritable, qui fait partie du passif héréditaire [1].

En principe, cette réduction est subie par tous les légataires particuliers, proportionnellement à leur émolument. Cependant, si le testateur a déclaré expressément qu'un legs serait acquitté de préférence aux autres, le légataire qui en profite ne subira de réduction que le dernier et au cas où tous les autres legs auraient été déjà entièrement supprimés sans qu'on soit parvenu à faire face aux besoins du conjoint survivant.

240. Effet du divorce. — Si, au jour du décès du prémourant des époux, il existe un divorce prononcé aux torts de qui que ce soit des deux, *aucune pension alimentaire n'est due au survivant*, parce qu'il n'y avait plus d'époux au jour où la succession de l'un d'eux s'est ouverte.

241. Effet de la séparation de corps. — L'existence d'un jugement de séparation de corps, *même prononcé aux torts du survivant*, n'a pas pour effet d'enlever au conjoint coupable son droit à des aliments. En effet, ce droit lui appartenait, malgré ses torts, du vivant de son conjoint : il aurait pu les lui réclamer à lui-même ; il le pourra également contre ses héritiers, puisque ceux-ci reçoivent par transmission l'obligation du défunt.

Il est bien vrai que la séparation de corps prive le survivant, quand c'est lui qui est coupable, des droits qui lui sont accordés sur la succession du prémourant soit en propriété, soit en usufruit (art. 767), mais le *droit héréditaire* est distinct de la *créance d'aliments* et se gouverne par d'autres règles. Il est donc impossible d'admettre pour cette créance une cause de déchéance que la loi n'a pas exprimée.

242. Effet du convol du survivant. — Pour la même raison, l'époux survivant ne perd pas sa pension quand il se remarie, bien que l'art. 767 le prive alors de son droit d'usufruit. Mais, en se remariant, il acquerra ordinairement des ressources nouvelles qui rendront inutile la continuation de sa pension, par le seul effet des règles du droit commun.

243. Délai de réclamation de la pension. — La pension alimentaire due à un conjoint survivant présente encore un autre caractère anormal : les héritiers du prédécédé n'en sont pas personnellement débiteurs de façon que leur obligation persiste pendant leur vie entière et que la pension puisse leur être réclamée à quelque époque que le survivant tombe dans le besoin. Le droit de celui-ci ne peut prendre naissance qu'autant qu'il se trouvait *dans le besoin au moment de l'ouverture de la succession*. De plus la loi lui donne un délai particulier pour agir, qui éteindra son action bien avant l'arrivée de la prescription ordinaire : il doit le faire *dans l'année du décès*. Toutefois, si les opérations du partage ne sont pas encore terminées au bout d'un an, la loi lui réserve son droit jusqu'à la conclusion définitive du partage, après quoi le conjoint est absolument forclos.

244. Non-rétroactivité de la loi. — Par application des règles du droit commun, la loi du 9 mars 1891 n'a d'effet que pour les *successions ouvertes depuis son entrée en vigueur* (ci-dessus n°s 220 et 227). Aucune pension alimentaire ne peut donc être réclamée en vertu de ses dispositions aux personnes qui ont recueilli une succession auparavant, par le conjoint survivant même plongé dans le dénuement (Rouen, 14 févr. 1892, D. 93. 2. 169, S. 92. 2. 164).

D. — Devoir d'assistance.

245. Son objet. — L'*assistance* ne doit pas être confondue avec le *secours* : elle consiste dans les *soins personnels* à donner au conjoint quand il est malade ou infirme. C'est donc une *obligation de faire* tandis que le devoir de secours est une *obligation de donner*.

[1] Les légataires particuliers ne subissent jamais de réduction qu'après les légataires universels, qui sont assimilés aux héritiers et, comme tels, les véritables débiteurs de la pension. On ne passe aux legs particuliers qu'« en cas d'insuffisance », comme dit expressément le nouvel art. 205.

246. Sanction. — A la différence du devoir de secours, le devoir d'assistance n'a point de sanction directe. Il ne peut pas donner lieu à une réclamation en justice, ni à une indemnité pécuniaire. La seule conséquence qu'entraîne son inexécution est la possibilité de considérer l'abandon de l'un des conjoints par l'autre comme une *injure grave*, suffisante pour motiver la séparation de corps ou le divorce.

§ 2. — *De la puissance maritale.*

***247. Le laconisme des textes.** — Il est assez singulier que le Code n'ait même pas prononcé le nom de la puissance maritale en réglant les effets du mariage ; il ne l'a nommée qu'une seule fois, au Titre « du contrat de mariage », pour défendre d'y porter atteinte : « les époux ne peuvent déroger aux droits résultant de la puissance maritale sur la personne de la femme » (art. 1388).

Si le mot ne se trouve pas dans les articles relatifs au mariage la chose y est pourtant. C'est d'elle qu'il est question dans l'art. 213 : « Le mari doit protection à sa femme, la femme doit obéissance à son mari. » La puissance maritale est présentée ainsi sous son double aspect historique, à la fois *devoir de protection* pour le mari et *état de subordination* pour la femme. Pour en maintenir le principe, un pareil texte suffit ; mais comme organisation, il est loin d'être satisfaisant. Cette lacune n'est comblée qu'en partie par quelques textes épars dans le Code et qui appliquent ou déterminent quelques-uns des effets ou des conséquences de la puissance maritale.

Pothier n'était guère plus explicite, quand il définissait cette puissance « le droit qu'a le mari d'exiger de sa femme tous les devoirs de soumission qui sont dus à un supérieur » (*De la puissance du mari*, n° 1) et dans la suite, quand il veut expliquer « ce en quoi notre droit fait principalement consister la puissance du mari », il ne trouve à signaler que l'incapacité de la femme quand elle agit sans être autorisée de son mari. Cette nécessité de l'autorisation maritale est en effet une des suites les plus remarquables de la puissance maritale, celle qui exige les plus longues explications, mais elle est loin d'être la seule.

Ce silence relatif des textes s'explique par le caractère particulier de la puissance maritale : c'est une institution qui dépend bien plus des mœurs que de la législation. Elle ne touche le droit que par certaines de ses conséquences qui prennent une forme juridique.

****248. Effets de la puissance maritale.** — Les points sur lesquels il existe des règles juridiques, soit dans la loi, soit dans la jurisprudence, sont les suivants :

1° *La femme ne peut faire, en principe, aucun acte juridique valable sans l'autorisation de son mari.* C'est *l'incapacité de la femme mariée.* A cause de son importance, cette conséquence de la puissance maritale fera l'objet d'un paragraphe spécial (n°s 253 et suiv.).

2° *La femme, en se mariant, acquiert la nationalité de son mari* (art. 12 et 19). Cette règle est le dernier débris de l'idée antique qui donnait à la femme la condition civile du mari. On ne voit plus bien son utilité dans le droit actuel. Pourquoi ne pourrait-il pas y avoir mariage, comme il pourrait y avoir association, entre personnes de nationalités différentes? Pourquoi chaque époux ne garderait-il pas sa patrie, comme il garde sa famille et sa religion? Il semble qu'il suffirait de permettre à la femme étrangère de devenir Française facilement, à la suite de son mariage avec un Français. D'ailleurs le Code n'a pas maintenu entièrement la communauté de patrie, puisque le changement de nationalité qui atteint le mari après le mariage n'atteint pas nécessairement la femme.

3° *La femme après son mariage porte le nom de son mari.* Le Code italien le dit en propres termes : « ne assume il cognome » (art. 131). Les textes français sont muets. Néanmoins il est admis que si la femme a le droit dans la vie mondaine de porter le nom de son mari, c'est simplement le résultat d'un *usage*, mais qui est implicitement consacré par la loi. Sur le port du nom du mari par la femme voyez t. 1er, 1re édit., n° 378 ; 2e édit., n° 404. Cette habitude s'explique par le désir de pouvoir contrôler les signatures d'un acte par comparaison avec les lettres missives et autres pièces que les femmes mariées signent ordinairement de cette façon. Il serait bon tout au moins que la femme, après avoir signé du nom de son mari, ajoutât son nom de famille précédé du mot *née*.

4° *Le mari a le droit de surveiller les relations personnelles de sa femme.* Il peut lui défendre de voir telle ou telle personne. D'après Thibaudeau, le Premier Consul disait dans la discussion : « Ne devrait-on pas ajouter que la « femme n'est pas maîtresse de voir quelqu'un qui ne plaît pas à son mari? « Les femmes ont toujours ces mots à la bouche : Vous voulez m'empêcher « de voir qui me plaît » (*Mémoires sur le Consulat*, p. 426). Ce droit de surveillance du mari engendre surtout des difficultés quand il s'exerce *sur les correspondances* de sa femme. Un mari a-t-il le droit d'intercepter les lettres adressées à sa femme par des tiers, ou écrites par celle-ci, de les ouvrir, de les supprimer? Le droit du mari n'est pas douteux dans l'état des textes et de nos mœurs actuelles[1]. C'est même son devoir de protéger sa femme contre des égarements passagers et de la soustraire à des influences pernicieuses qui pourraient troubler sa famille. Seulement son droit n'est pas absolu. Il n'a pas, comme un père ou un tuteur, une éducation à diriger. Si son contrôle s'exerce d'une manière blessante et sans motifs il peut dégénérer en *injure grave* (voyez M. LABBÉ, S. 77. 1. 161. — ALB. TISSIER. *La propriété et l'inviolabilité des lettres missives*, thèse, Paris, 1885). De plus contre les abus d'autorité du mari, le recours à la justice est ouvert, comme contre les abus de la puissance paternelle. Par exemple, un mari ne

[1] L'art. 187 de l'Instruction générale de 1856 le reconnaît formellement : les lettres adressées à des femmes sous puissance de mari peuvent être arrêtées par celui-ci avec une ordonnance du juge. Cette ordonnance n'est exigée que pour assurer la régularité du service et dégager la responsabilité de l'administration, et non pour donner au mari un droit qu'il tient du Code civil.

peut pas priver arbitrairement sa femme de toutes relations avec ses proches parents (Trib. Seine, 13 janv. 1870, D. 70. 3. 40, S. 70. 2. 158).

5° *La femme doit suivre son mari partout où il va se fixer.* C'est le seul effet de la puissance maritale dont il soit question dans le Code civil, en dehors du devoir vague d'obéissance, mentionné dans l'art. 213. L'art. 214 l'énonce en ces termes : « La femme doit suivre son mari partout où il juge à propos de résider. »

C'est donc le mari qui a la prépondérance quand il s'agit de fixer le lieu de la résidence commune. A ce point de vue, sa volonté est une loi absolue pour sa femme.

Avant la Révolution, Pothier faisait une réserve : « pourvu néanmoins que ce ne soit « pas hors du royaume et en pays étranger, car si le mari, en abjurant sa patrie, voulait « s'y établir, la femme, qui doit encore plus à son pays qu'à son mari, ne serait pas obli-« gée de l'y suivre. »

Le projet de Code civil contenait un alinéa spécial limitant de la même manière le devoir de la femme, mais cet alinéa fut retranché dans la discussion sur les observations du Premier Consul, disant que l'obligation de la femme de suivre son mari devait être absolue.

Le devoir de la femme a cependant une limite : il n'est pas aussi absolu qu'a pu le dire le Premier Consul, et sa limitation résulte du texte même de la loi : la femme doit suivre son mari partout où il juge à propos de « résider » (art. 214). Il faut donc que le mari se choisisse une *résidence fixe* ; s'il voulait mener une vie errante et passer son temps à voyager, sa femme ne serait pas obligée de le suivre.

*** 249. Conséquences indirectes de la puissance maritale.** — La puissance maritale produit en outre certaines conséquences indirectes, qu'il faut mettre encore au nombre de ses effets. Telles sont :

1° La prépondérance du mari dans l'exercice de la puissance paternelle sur les enfants communs.

2° La prépondérance du mari dans la gestion pécuniaire des biens communs (communauté entre époux) et même ses droits spéciaux sur les biens propres de la femme.

L'une et l'autre doivent être étudiées à propos des matières auxquelles elles se rattachent : puissance paternelle, communauté entre époux, régime dotal.

250. Disparition du droit de correction. — Dans quelques législations, on reconnaît encore au mari un *droit de correction*, par exemple en Portugal. Il n'y a pas si longtemps que ce même droit était encore admis en Angleterre (Pour les détails voyez Lehr, *Droit civil anglais*, n° 123). En Prusse, en 1812, il a fallu un rescrit pour apprendre aux maris qu'ils n'avaient pas le droit de battre leurs femmes. En France un arrêt a semblé reconnaître au mari un droit de correction corporelle, tout à fait étranger à nos mœurs (Chambéry, 4 mai 1872, D. 73. 2. 129 et la note).

*** 251. Décadence de la puissance maritale.** — Presque tous les jurisconsultes acceptent sans examen et sans discussion, comme un axiome ou comme un fait, le principe de la puissance maritale. Les légistes, qui sont avant tout des hommes de tradition, luttent volontiers contre le progrès des idées, mais malgré leur force de résistance, la puissance maritale s'en va. Elle disparaîtra tôt ou tard. Déjà en Italie le Code de 1865 l'a fort amoindrie. Il dit bien, dans l'art. 131, que le mari est le chef de la famille (capo della famiglia), que la femme prend sa condition et son nom, et qu'elle est obligée de le suivre partout où il juge utile de fixer sa résidence, mais il ne parle plus du devoir général d'obéissance. En Belgique Laurent proposait hardiment de la supprimer et d'établir l'égalité des époux et l'indépendance de la femme (*Avant-projet de revision du Code civil*, t. I, p. 424 et suiv.). En France même ces idées gagnent de jour en jour du terrain. Nous n'acceptons plus les yeux fermés les affirmations de Portalis ou de Pothier quand ils nous disent que la prépondérance du mari et l'asservissement de la femme sont « de droit naturel ». Le mariage est l'union des âmes, disait le Premier Consul ; nous le concevons comme une association de deux êtres égaux qui ne peut se maintenir que par leur bonne harmonie. Or le mariage paraît n'avoir été pour Napoléon que la possession légale, corps et âme, d'une femme par un homme [1]. Peut-être y aurait-il un juste milieu à observer entre cette espèce d'autorité brutale, telle que la comprenait Napoléon, et la suppression absolue de toute prépondérance du mari. Le mouvement du « féminisme » contemporain pousse à une réforme radicale, qui ferait disparaître le mariage lui-même ou tout au moins le ferait retomber à l'état d'union libre, comme l'était le mariage antique, quand le christianisme l'emporta dans un mouvement de réaction irrésistible. Sur tous les problèmes que soulève ce mouvement d'opinion, voyez TURGEON, *Le féminisme français*, spécialement t. II, p. 82 et suiv.; p. 317 et suiv. [2]. Sur l'esprit antiféministe de la Révolution, voir Mme CHELIGA, *Revue politique et parlementaire*, 10 août 1897.

252. Législation anglaise. — Il est intéressant de rapprocher du mouvement qui se produit en France la transformation profonde qui s'est opérée en Angleterre dans la condition de la femme mariée. Jusqu'en 1870 sa personnalité a été confondue dans celle du mari (STUART MILL, *l'Affranchissement des femmes*, trad. Cazelles, 1869, in-12). Un acte du 9 août 1870 lui donna une capacité partielle analogue à celle qui résulte chez nous de la séparation de biens ; un second acte du 18 août 1882 a changé du tout au tout les principes traditionnels du droit anglais en donnant à la femme la pleine capacité civile, qu'elle ne possède encore en aucun autre pays (LEHR, *Droit civil anglais*, nos 127 et suiv. Voyez aussi *Ann. étr.*, t. XII, p. 329. Comp. GLASSON, *Rapport sur le prix du budget*, lu à l'Institut le 8 octobre 1898). M. Glasson remarque que la femme française est encore mieux traitée que la femme anglaise : 1° à cause de l'usage des constitutions de dot ; 2° parce qu'elle a des droits de succession égaux à ceux des hommes (*op. cit.*, p. 12-13). Critique intéressante des législations anglaise et américaine dans la thèse de M. Albert Chéron (p. 319 et suiv.), citée au n° 253 ci-dessous.

§ 3. — *Incapacité de la femme mariée.*

253. Bibliographie. — LABOULAYE, *Recherches sur la condition civile et politique des femmes*, Paris, 1843. — PAUL GIDE, *Étude sur la condition privée de la femme*, 2e édit., Paris, 1885. — STUART MILL, *L'assujettissement des femmes*, trad. Cazelles, Paris, 1876. — NAVILLE, *la Condition sociale des femmes*, Lausanne, 1891, in-12. — GLASSON, *Rapport sur le prix du budget*, lu à l'Institut le 8 oct. 1898. — H. BASSET, *Du rôle de la femme mariée...*, thèse, Paris, 1896. — CH. TURGEON, *Le féminisme français*, 1901, t. II, p. 163 et suiv. — ALBERT CHÉRON, *Étude sur l'adage Uxor non proprie est socia, sed speratur fore*, thèse, Paris, 1901.

A. — Causes de l'incapacité.

***254. Incertitude du système du Code.** — Il est assez difficile de savoir quelles ont été les idées des rédacteurs du Code sur l'incapacité des femmes mariées. Les travaux préparatoires sont absolument muets, ce qui est assez étonnant, vu l'importance de cette matière et la gravité des changements que le Code y a apportés. Ni le rapporteur, ni l'orateur du Tribunat n'en ont dit un mot. Seul, Portalis en a parlé, et il n'a fait qu'effleurer le sujet.

[1] D'après Thibaudeau, Bonaparte l'a dit en propres termes au Conseil d'État : « La « nature a fait de nos femmes nos esclaves ! Le mari a le droit de dire à sa femme : « Madame, vous ne sortirez pas ! Madame, vous n'irez pas à la Comédie ! Madame, « vous ne verrez pas telle ou telle personne ! c'est-à-dire : Madame, vous m'appartenez « corps et âme ! » (*Mémoires sur le Consulat*, p. 426).

[2] Je ne saurais trop recommander la lecture de ces deux petits volumes, on se trouvent résumées, sous une forme très littéraire, quelquefois ironique et mordante, toutes les idées qui représentent l'opinion moyenne. On trouvera, à la fin du t. II, une *bibliographie féministe*, la première du genre.

***255. Origine historique.** — L'incapacité spéciale aux femmes mariées dérive d'une incapacité plus générale qui frappait autrefois toutes les femmes, mariées ou non. Dans les sociétés primitives, où règnent la violence et la guerre, la femme est trop faible pour se défendre elle-même : elle reste en tutelle perpétuelle. Tel a été le droit de Rome sous la République ; telles étaient les coutumes germaniques. Cette incapacité perpétuelle et générale s'atténua peu à peu avec les progrès de la civilisation et de l'ordre social. On peut dire que le droit français proprement dit ne l'a jamais connue ; mais si l'incapacité primitive des femmes a disparu dans l'état de célibat et de veuvage, elle a subsisté dans le mariage. Le même fait s'était produit en droit romain : la *manus* y a survécu longtemps à la tutelle des femmes *sui juris*. Elle a pourtant fini par s'en aller à son tour, et dans les derniers siècles de l'Empire aucune incapacité ne frappait plus les femmes à raison du mariage. Elles avaient la libre disposition de leurs biens avec une pleine capacité pour s'obliger elles-mêmes. Il est possible que le droit français suive la même marche, et que notre « autorité maritale » s'évanouisse un jour comme l'ancienne « manus » romaine.

***256. Justification théorique moderne.** — L'incapacité de la femme ne tient pas à son sexe. « Le besoin qu'elle a de l'autorisation de son « mari n'est pas fondé sur la faiblesse de sa raison, car une femme mariée « n'a pas la raison plus faible que les filles et les veuves, qui n'ont pas besoin « d'autorisation » (POTHIER, *Puissance du mari*, n° 3). Devenue épouse et mère, la femme peut acquérir, au même degré qu'un homme, l'intelligence et l'expérience des affaires. Suivant l'heureuse expression de M. Gide, son état n'est donc pas un état d'*incapacité*, c'est un état de *dépendance* (*Condition privée de la femme*, 2e édit., p. 371.) La femme n'est pas incapable parce qu'elle est *femme*, mais parce qu'elle est *mariée*. Le motif de son incapacité se trouve dans les droits que le mariage a conférés à son mari.

Il faut préciser davantage. L'autorité du mari est à la fois une puissance sur la *personne* de sa femme et une puissance sur ses *biens*. Pothier rattache l'incapacité de la femme à la première ; c'est même le seul effet qu'il indique pour la puissance sur la personne. Tous nos interprètes modernes, qui d'ailleurs cherchent rarement à faire autre chose qu'à commenter les textes, font comme lui : ils supposent que si la femme agit sans l'autorisation de son mari, elle méconnaît son autorité et que celui-ci a le droit de demander la nullité de ses actes *pour un intérêt moral*, pour faire respecter sa puissance méconnue, et alors même qu'il n'y trouverait aucun profit pécuniaire. — Il serait plus juste de dire, comme le fait Laurent, que la nullité des actes de la femme n'a pas d'autre raison d'être que les droits qu'elle a accordés à son mari sur ses biens. Elle ne peut pas compromettre ces droits par les actes qu'elle fait, et si le mari peut ne tenir aucun compte des actes de sa femme non autorisés par lui, ce n'est pas comme seigneur et maître, mais comme conjoint et comme père, car les conventions matrimoniales intéressent les enfants comme lui-même (LAURENT, *Avant-projet*, p. 444). Seulement si l'on voulait réduire ainsi la conception de l'incapacité des femmes mariées, il n'y aurait plus lieu de les déclarer *incapables*, il suffirait de décider que leurs actes faits sans le consentement de leurs maris ne seraient pas *opposables* à ceux-ci. C'est ainsi que celui qui a loué sa maison conserve le droit de la vendre valablement, mais il ne peut pas, en la vendant, porter atteinte aux droits de son locataire, et l'acheteur est obligé d'entretenir le bail jusqu'à son expiration.

***257. Différence de point de vue entre le Code Napoléon et l'ancien droit.**— Autant qu'on en peut juger par l'état des textes, puisque ses auteurs ont négligé de s'expliquer, le Code ne s'en est pas tenu au principe ancien. Pothier disait très clairement : « La nécessité de l'auto- « risation du mari n'est fondée que sur la puissance que le mari a sur la « personne de sa femme, qui ne permet à sa femme de rien faire que dépen- « damment de lui. » — Les conséquences de ce principe seraient faciles à déduire.

1° Le mari seul devrait avoir le droit de faire annuler l'acte irrégulier. L'ancienne jurisprudence avait bien reconnu ce droit à tout intéressé, mais c'était par suite du caractère solennel que l'on avait donné à l'autorisation ; le défaut de solennité rendait l'acte absolument nul. Du moment où l'on abandonnait toute forme solennelle, la restriction de l'action en nullité au profit exclusif du mari s'imposait.

2° La ratification du mari donnée après coup devrait suffire à valider définitivement l'acte de sa femme.

3° Un mari même mineur devrait pouvoir autoriser sa femme.

Le Code civil n'ayant admis aucune de ces trois solutions, nous devons reconnaître que, dans son système, l'incapacité de la femme est fondée à la fois sur le désir de faire respecter l'autorité du mari, et sur une pensée de protection pour la femme. En effet, l'article 1124 range la femme mariée parmi les incapables, à côté des fous et des enfants. — Ce système est une conception bâtarde, qui n'a recueilli que des critiques, et qui ne mérite pas autre chose. Pour les conséquences qu'il entraîne, voyez ci-dessous n° 310.

258. Systèmes étrangers. — CODE ITALIEN. — En Italie, l'art. 134 du Code civil semble la reproduction du texte français : la femme ne peut donner, aliéner ses immeubles, les hypothéquer, emprunter, céder ou toucher ses capitaux, s'engager comme caution, transiger ni ester en justice pour ces différents actes sans l'autorisation de son mari. Il y a cependant une différence radicale entre le système italien et le nôtre. L'incapacité de la femme et la nécessité de l'autorisation ne sont plus en Italie que des *exceptions*. La femme est capable d'agir seule en dehors des cas prévus ; sa capacité n'est même pas bornée aux actes de pure administration, elle peut aliéner son mobilier corporel, donner un meuble quelconque en gage, etc. Mais ce système, qui place la femme dans une situation analogue à celle du mineur émancipé ou du prodigue, mérite à la fois les reproches adressés à toutes les opinions, car il n'est qu'une transaction entre deux principes opposés. Le seul système logique, si l'on veut entrer dans la voie nouvelle et affranchir la femme de la tutelle maritale, est celui que proposait Laurent dans son *Avant-projet*.

CODE ROUMAIN. — En Roumanie, l'incapacité de la femme mariée suit des règles très voisines des nôtres : même système d'autorisation par le mari ou par justice, même exception pour la capacité de la femme séparée de biens (art. 246 et suiv. C. civ. roumain). Comp. ALEXANDRESCO, p. 116.

1° Actes pour lesquels l'autorisation est nécessaire.

259. Sa généralité. — L'incapacité dont la femme mariée est frappée, dans la situation normale du mariage, est très étendue, car il n'y a qu'un très petit nombre d'actes (ci-dessous n°s 267 à 273) qu'elle puisse faire seule. Pour elle, comme pour le mineur, l'incapacité est la règle, la capacité l'exception.

Cet état d'incapacité complète représente la vraie tradition de la France coutumière « Femme mariée ne peut *aucunement* contracter... », disait l'art. 194 de la coutume d'Orléans (Comp. art. 223 cout. de Paris).

A mon sens, l'incapacité de la femme mariée ne concerne pas seulement les *actes juridiques particuliers,* comme la conclusion d'un contrat déterminé ou l'exercice d'une action en justice, mais aussi et surtout *le choix d'une profession.* En sa qualité d'incapable, soumise pour sa personne même à l'autorité du mari et obligée de résider chez lui, la femme ne saurait exercer d'une manière sérieuse aucune profession indépendante sans l'assentiment de celui qui est son maître de par la loi. Telle est la conception de la puissance maritale et la tradition certaine de notre droit. Une femme ne peut donc être ni commerçante, ni avocat, ni médecin, ni artiste dramatique, sans la permission de son mari (Dalloz, *Suppl.*, V° Théâtre, n° 64).

Cependant une opinion plus libre commence à se répandre dans le monde, et on entend soutenir que la femme peut faire sa médecine et son droit sans y être autorisée et même qu'elle peut prêter serment d'avocat et se faire inscrire au barreau. On soutient notamment que la loi du 1er décembre 1900, qui a ouvert aux femmes l'accès du barreau, a dérogé implicitement aux principes du Code civil, parce que c'est une loi de droit public. J'estime que c'est ajouter aux dispositions de cette loi, qui n'a rien dit de tel : une femme peut être avocat, cela veut dire que son sexe ne lui interdit plus cette profession ; mais, si elle est mariée, on n'a touché en rien aux prérogatives du mari. Que serait la profession d'avocat, exercée par une femme que son mari pourrait emmener inopinément le jour où une affaire doit se plaider? Et que serait la puissance maritale le jour où une femme pourrait se choisir à son gré une profession aussi indépendante que celle-là? Et pourquoi cette seule profession et pas les autres? Si on a fait la réforme de 1900, ce n'est pas pour envoyer aux barreaux des avocats plus éloquents ou plus insinuants, c'est pour donner aux femmes un moyen de plus d'existence. Il y aurait donc même raison de leur rendre leur liberté pour une profession quelconque.

* **260. Sa durée.** — L'incapacité de la femme, tenant à la situation subordonnée que lui donne son mariage, persiste en principe tant que le mariage n'est pas dissous. Cependant la *séparation de corps* suspend la puissance maritale et, tant que cette séparation dure, la femme majeure recouvre sa pleine capacité civile[1]. Mais ce cas est le seul. Ni la *folie* et l'*interdiction* du mari, ni son *état d'absence,* ne relèvent la femme de son

[1] Ceci est l'effet d'une réforme récente (1893). Le texte primitif du Code, conforme aux traditions antérieures, maintenait l'incapacité de la femme même au cas de séparation de corps (ci-dessous, n° 718).

incapacité, bien que personne ne puisse alors exercer sur elle la puissance maritale.

** **261. Ses limites variables.** — L'incapacité de la femme se retrouve sous tous les régimes. Cependant le *régime matrimonial*[1] adopté par les époux n'est pas sans influence sur elle. Ceci est extrêmement remarquable : c'est le seul cas dans notre droit où les particuliers puissent par leurs conventions modifier leur capacité personnelle; partout ailleurs l'aptitude juridique des personnes à agir valablement est réglée par la loi et non pas par elles-mêmes. Du reste la liberté des parties se meut dans certaines limites rigoureusement déterminées. Il existe une situation normale pour les femmes mariées : c'est celle qui est décrite par la loi dans les art. 215 à 226 et qui s'applique aux femmes mariées sous le régime de la communauté. Ces dispositions forment une espèce de thème que les conventions matrimoniales peuvent varier soit pour aggraver l'incapacité de la femme par le système de la *dotalité*[2], soit pour la restreindre, en laissant à la femme l'administration de ses biens (régime de séparation de biens ; paraphernaux sous le régime dotal). Ces modifications conventionnelles de l'incapacité légale des femmes mariées seront étudiées en détail à propos du contrat de mariage; toutefois il sera nécessaire de donner dès maintenant quelques indications sur la *séparation* de biens pour l'explication des art. 215, 217 et 223.

2° Actes pour lesquels la femme n'a pas besoin d'autorisation.

** **262. Obligations conventionnelles.** — Il semble que c'est par là qu'il eût fallu commencer : l'incapacité d'une personne est l'impossibilité où elle se trouve de faire des actes juridiques valables, et en première ligne parmi ces actes se trouvent les contrats. Cependant l'art. 217, qui énumère les principaux actes interdits aux femmes mariées, ne leur défend pas de s'obliger par des conventions. L'article 234 de la coutume de Paris le disait formellement : « Une femme mariée ne se peut obliger sans le consentement de son mari... » On a supprimé le mot, malgré les réclamations du Tribunat, parce qu'il est certaines obligations dont les femmes peuvent être valablement tenues sans l'autorisation de leurs maris. L'incapacité de s'obliger n'étant pas complète, on a craint qu'on ne tirât de ce mot des conclusions exagérées. Il eût mieux valu le laisser figurer dans l'énumération, sauf à indiquer ensuite les exceptions. Du reste, le principe n'est pas douteux : en

[1] On appelle *régime matrimonial* le règlement contenu dans le *contrat de mariage* pour les intérêts pécuniaires des époux. Il existe plusieurs régimes matrimoniaux entre lesquels s'exerce le choix des parties. Les principaux types sont la *communauté*, la *séparation de biens* et le *régime dotal*.

[2] Le régime dotal, en rendant les biens dotaux inaliénables, n'augmente pas le nombre des actes que la femme est incapable de faire ; il empêche seulement le mari d'autoriser sa femme à agir. Il est plutôt dirigé contre le mari que contre la femme.

général la femme non autorisée ne peut pas contracter d'obligations valables. Cela résulte à l'évidence de l'art. 220 qui permet par exception à la femme commerçante de s'*obliger* pour son négoce sans l'autorisation de son mari. De plus, quand ils arrivèrent au Titre *Des Obligations* les rédacteurs de la loi ne pensèrent plus au scrupule qui les avait arrêtés, et ils déclarèrent les femmes mariées incapables de contracter des obligations (art. 1124 et 1125).

L'impossibilité de s'obliger comprend toutes les conventions depuis les contrats de simple administration, comme le *bail*, les *marchés* de réparation ou de fournitures, jusqu'aux actes les plus dangereux, comme le *prêt*, l'*emprunt*, le *cautionnement*, la *transaction*. — Elle entraîne en outre l'incapacité d'*accepter une succession* (art. 776), car l'acceptation d'une succession est une manière de contracter d'un seul coup une masse considérable d'obligations, à savoir toutes celles qui grevaient le défunt.

** **263. Aliénations et créations de droits réels.** — Aliénations. — L'art. 217 dit que la femme ne peut ni *donner* ni *aliéner*. Le second mot eût suffi, car la *donation* n'est qu'un cas particulier d'aliénation : c'est l'aliénation à titre gratuit. Quant aux aliénations à titre onéreux, leurs espèces les plus usitées sont la *vente*, l'*échange* et le *paiement*. Celui qui paie aliène l'argent ou la chose qu'il donne à son créancier. Aussi l'art. 1238 exige que l'auteur du paiement soit capable d'aliéner. D'autres aliénations, plus ou moins avouées, se retrouvent dans les *partages*, dans les *transactions*, dans les *désistements*. Enfin il est une aliénation d'un genre spécial : C'est la *renonciation à une succession ouverte*. Elle fait perdre à l'héritier la propriété entière des biens du défunt, qui lui était déjà acquise de plein droit par l'effet de la dévolution héréditaire. — L'impossibilité d'aliéner s'étend à tous ces actes. Elle empêche d'ailleurs la femme d'aliéner un bien quelconque, *meuble* ou *immeuble*, *corporel* ou *incorporel*.

Démembrements de propriété. — « Aliéner », c'est transmettre la propriété de son bien à autrui, « rem suam alienam facere ». A côté de l'aliénation totale, il y a les *aliénations partielles* qui constituent seulement des démembrements de la propriété : constitution de *servitudes*, d'*usufruit*, et de *tous autres droits réels démembrés de la propriété*. La loi n'en a pas parlé expressément, mais il n'est pas douteux que tous ces actes soient interdits à la femme sous le nom général d'aliénations : la capacité exigée pour les faire est la même.

Hypothèques. — Enfin l'incapacité d'aliéner a pour conséquence l'incapacité d'*hypothéquer*[1]. L'art. 217 le dit formellement, et on eût facilement

[1] L'hypothèque est un droit réel donné à un créancier pour la garantie de sa créance, qui lui permet de faire saisir et vendre le bien pour se payer sur le prix, par préférence à tous autres créanciers et quand même le bien hypothéqué serait passé aux

supplée à son silence avec l'art. 2124 qui ne permet la constitution d'une hypothèque qu'à ceux qui ont la capacité d'aliéner l'immeuble.

* **264. Acquisitions.** — L'art. 217 défend à la femme mariée d' « acquérir à titre gratuit ou onéreux ». Il peut sembler étrange que la loi ait songé à défendre aux femmes d'*acquérir,* car, suivant l'expression romaine, celui qui acquiert rend sa condition meilleure. Et cependant, une fois l'incapacité admise, l'interdiction d'acquérir se comprend parfaitement. D'abord les acquisitions à titre onéreux ne vont jamais sans une *aliénation* ou une *obligation* qui en forme la contre-partie. Ainsi celui qui achète s'engage à payer le prix, ou le verse immédiatement; celui qui échange donne quelque chose à la place de ce qu'il reçoit; etc. Quant aux acquisitions à titre gratuit, par don ou par legs, elles sont souvent *grevées de charges* qui constituent autant d'obligations et fussent-elles absolument nettes et quittes, la morale exige qu'un mari connaisse et approuve les cadeaux et libéralités que des tiers font à sa femme (art. 905).

L'incapacité d'acquérir empêche les femmes mariées de recevoir valablement seules les sommes d'argent qui leur sont dues. Elles sont incapables de *recevoir un paiement* et d'en donner quittance et cette incapacité s'applique aussi bien aux *revenus* qu'aux *capitaux*.

** **265. Exercice des actions en justice.** — L'incapacité de la femme en matière judiciaire est traitée à part dans les art. 215 et 216. La règle est qu'elle ne peut pas *ester en jugement* sans autorisation. « Ester en jugement » est une vieille formule qui vient de *stare in judicio* [1] et qui veut dire *plaider*. La règle s'applique quel que soit le rôle de la femme dans l'affaire, *demanderesse* ou *défenderesse*; quelle que soit la nature de la contestation, et quel que soit le tribunal saisi. Voir les exceptions au n° 272 ci-dessous.

Deux points sont à remarquer.

1° La loi empêche la femme de plaider sans autorisation *alors même qu'elle aurait eu capacité pour faire seule l'acte qui donne lieu à la contestation,* soit qu'elle ait agi comme femme séparée de biens, soit qu'elle ait agi comme marchande publique [2]. Ainsi la capacité de contracter sur une matière ne donne pas la capacité de plaider. Une femme séparée de biens peut donner à bail ses immeubles; elle ne peut pas assigner ses locataires en paiement; une femme commerçante peut acheter et vendre des mar-

mains d'un tiers acquéreur. Sauf exception pour les navires, l'hypothèque ne peut être établie que sur les immeubles.

[1] La traduction correcte de cette formule latine serait *ester en justice* et non pas « en jugement », car « judicium » a ici gardé son sens romain et désigne la phase de la procédure qui se passe devant le « judex », par opposition à celle qui avait lieu devant le magistrat, « in jure ».

[2] Si elle a agi avec autorisation du mari ou de justice, c'est le principe de la *spécialité* qui s'oppose à ce qu'elle plaide sans une nouvelle autorisation : elle a été autorisée à passer l'acte, et non à plaider.

chandises pour des sommes considérables ; elle ne peut pas plaider devant les prud'hommes avec un de ses employés ou ouvriers.

Système bizarre assurément et que rien ne peut justifier. Au temps des coutumes, la femme séparée de biens avait capacité pour plaider relativement aux actes d'administration qu'elle faisait seule (*Cout. de Paris*, art. 224 ; Pothier, *Puissance du mari*, n° 61). Pour les femmes marchandes publiques, il y avait doute. Quelques coutumes (Dourdan, tit. VI, art. 80 ; Mantes, art. 125) leur accordaient expressément la capacité de plaider sur les affaires de commerce. Pothier pensait que dans les coutumes muettes, comme celle de Paris, on devait leur refuser cette faculté parce que le commerce était entrepris par la femme en vertu d'une autorisation du mari et que cette autorisation, donnée pour contracter, ne devait pas s'étendre au droit d'ester en justice. Raison faible et que le Code eût dû écarter en assimilant la femme commerçante à la femme séparée ; il a fait l'inverse et retiré à toutes deux le droit de plaider. Ce n'est pas la première fois que nous constatons que le Code Napoléon a été une loi de réaction contre l'indépendance des femmes mariées.

2° L'incapacité de plaider s'étend-elle au *préliminaire de conciliation* ? Non. Ce préliminaire ne fait pas partie de l'instance ; le procès n'est pas encore commencé. Mais il a pour but d'amener soit une *transaction*, soit un *désistement* ou un *acquiescement*. Dès lors la question de savoir si la femme peut y figurer sans autorisation dépend de la nature de l'affaire : est-ce un droit dont elle ait la disposition, en qualité de femme séparée ou de commerçante ? Elle n'a pas besoin d'être autorisée pour y venir. Au cas contraire il lui faudra une autorisation comme pour toute autre convention ou traité amiable sur le droit contesté ; c'est l'effet, non de son incapacité de plaider, mais de son incapacité d'aliéner et de s'obliger.

2° Actes pour lesquels la femme n'a pas besoin d'autorisation.

266. Observation. — Il n'est parlé sous cette rubrique que des actes qui sont *toujours permis* à la femme mariée, quel que soit son régime matrimonial. Ceux qui ne lui sont permis que par l'effet d'une extension exceptionnelle de sa capacité normale font l'objet de la section suivante (nos 274 et 278).

*** 267. Actes de puissance paternelle.** — Dans les cas où la femme en a l'exercice, la puissance paternelle la rend indépendante de son mari. Ce ne serait pas avoir cette puissance que d'être soumis à la volonté d'un autre pour l'exercer.

Tant que dure le mariage, la loi en réserve l'exercice au mari seul. Cependant la femme le possède *à défaut du mari*, c'est-à-dire quand celui-ci est *interdit*, *absent* ou *déchu*. C'est elle alors qui agira relativement aux enfants nés du mariage.

Une telle circonstance n'est pas nécessaire pour les enfants que la femme a eus d'une précédente union : son mari actuel n'a aucun droit sur eux ; elle seule possède à leur égard la puissance paternelle ; elle seule peut *autoriser leur mariage* ou *s'y opposer*, les *émanciper*, etc. — Sa puissance paternelle lui permet d'*accepter les donations* offertes à ses enfants du premier lit (art. 935). Incapable d'accepter pour elle-même, elle peut autoriser une acquisition qui n'est pas pour elle et qui ne peut même pas lui profiter indirectement, car, étant remariée, elle n'a plus la jouissance légale des biens de ses enfants mineurs (art. 386).

La liberté pour la femme d'exercer sa puissance paternelle sur les enfants qui n'appartiennent pas à son mari produit encore une autre conséquence : c'est à ce principe qu'il faut rattacher la possibilité pour la femme de *reconnaître seule un enfant naturel* qu'elle aurait eu avant son mariage (art. 337). Cette reconnaissance aura pour résultat d'obliger la femme à nourrir et à élever l'enfant, mais ces obligations dérivent de la filiation et non de la reconnaissance, qui n'en est que le mode de preuve.

***268. Testament.** — Le testament ne produit d'effets que pour le moment où la femme sera morte, c'est-à-dire à une époque où la puissance maritale n'existera plus; le testament fait par la femme ne porte donc aucune atteinte à l'autorité de son mari. De plus, le testament doit être l'œuvre libre du testateur, et l'influence d'une volonté étrangère à la sienne ne pourrait que le vicier. La femme fera donc son testament sans autorisation du mari (art. 226 et 905). Pour la même raison la femme peut révoquer un testament déjà fait, ou même une donation faite par elle à son mari, car les donations entre époux sont révocables comme les testaments (art. 1096, al. 2).

La capacité de tester entraîne pour la femme le droit de régler librement le mode de ses obsèques et le lieu de sa sépulture (L. 10 novembre 1887; Décr. 27 avril 1889).

***269. Actes conservatoires.** — On appelle ainsi des actes qui ont pour unique effet de conserver un droit, sans rien ajouter aux obligations ni aux charges de la personne qui les fait. Il est de principe que les actes conservatoires peuvent être faits par les incapables. Malheureusement jamais on n'en a dressé la liste; on peut citer comme exemple l'interruption d'une prescription, l'apposition des scellés après un décès, l'inscription d'une hypothèque, la transcription d'une donation ou d'une vente régulièrement conclues.

****270. Obligations délictuelles.** — Malgré la règle qui interdit à la femme de s'obliger sans l'autorisation de son mari, il y a des obligations qu'elle peut contracter seule : ce sont toutes celles qui naissent d'un fait illicite ou *délit*. Il faut entendre par là d'abord tous les délits du droit criminel, ceux qui sont frappés d'une *peine*, mais il ne faut pas s'en tenir là. On doit y comprendre aussi les faits illicites réprimés uniquement par le droit civil, comme le *dol* et la simple *faute* (délits civils et quasi-délits), qui n'entraînent d'autre conséquence que l'obligation d'indemniser celui qui en a souffert. C'est une vieille règle du droit que *les incapables eux-mêmes*, dès qu'ils ont le discernement de leurs actes, *s'obligent pleinement par leurs délits*. Le droit romain appliquait cette règle aux esclaves ; nous l'appliquons aux mineurs et aux femmes mariées (art. 1310 pour les mineurs ; pour les femmes le texte manque).

La validité de l'obligation née d'un délit peut empêcher la femme de faire annuler un contrat passé (ou une action exercée) par elle sans autorisation, lorsqu'elle n'est présentée faussement comme étant non mariée (ou séparée de corps), soit qu'elle ait employé des manœuvres frauduleuses, soit que par ses agissements géminés et prolongés elle ait laissé l'autre partie dans l'erreur. Il y a là de sa part un délit ou un quasi-délit qui l'engage, et la réparation la plus exacte qu'elle puisse offrir à l'autre partie, c'est de s'abstenir d'attaquer le contrat (Cass., 28 mars 1888, D. 88. 1. 361, S. 91. 1.

294). Toutefois il a été jugé, par analogie avec l'art. 1307, qu'une simple déclaration de capacité de sa part ne serait pas suffisante pour produire cet effet (Besançon, 5 avril 1879, D. 80. 2. 6, S. 80. 2. 101).

***271. Obligations nées du fait d'autrui ou de la loi.** — Toutes les fois qu'une obligation peut prendre naissance à la charge d'une personne par le fait d'autrui, ou bien de plein droit, d'après la loi et à raison d'une circonstance involontaire de la part de l'obligé, la femme s'en trouvera tenue, s'il y a lieu, sans qu'on ait à s'inquiéter du consentement de son mari. Telles seraient les obligations nées d'un *enrichissement sans cause*, acquis par la femme, ou d'une *gestion d'affaires* entreprise à son profit par un tiers[1]. Le motif est le même que pour les obligations délictuelles. Ces obligations naissent indépendamment de la volonté de l'obligé, seulement ici on ne trouve même plus l'acte imputable à la femme, qui constitue le délit.

***272. Défense en justice en matière criminelle ou de police.** — Par dérogation à l'art. 215, qui interdit à la femme d'ester en justice sans autorisation, l'art. 216 dit que cette autorisation « n'est pas nécessaire lorsque la femme est poursuivie en *matière criminelle ou de police* ». Cette dernière expression comprend à la fois la police correctionnelle et la simple police, de sorte que l'exception est générale et a lieu, qu'il s'agisse de *crimes*, de *délits* ou de *contraventions*.

Pour quel motif permet-on à la femme de plaider sans être autorisée ? C'est que la personne poursuivie en matière pénale ne peut pas empêcher la poursuite d'avoir lieu ; aucun arrangement n'est possible avec le ministère public quand il est décidé à agir : le procès suivra son cours et la femme sera condamnée par défaut. Elle a donc toujours intérêt à se défendre pour échapper à la condamnation, ou tout au moins pour la faire atténuer. Par conséquent, l'autorisation ne devant jamais être refusée à la femme, il était plus simple de la dispenser de la demander. Au contraire, dans les affaires civiles, le défendeur fait souvent mieux de transiger, ou même d'acquiescer purement et simplement à la demande dirigée contre lui, quand elle est fondée, plutôt que de perdre son temps et son argent à plaider quand son procès est perdu d'avance. On conçoit donc que le mari ait, dans les procès civils, un droit de contrôle sur la résistance de sa femme, droit qui ne lui appartient pas au criminel[2].

L'action contre laquelle la femme se défend valablement sans autorisation est l'*action publique*, celle qui est exercée au nom de la société par le ministère public et qui tend à faire prononcer contre elle une condamnation pénale. Or la plupart du temps les délits font naître une autre action, dite *action civile* par opposition avec la précédente ; celle-ci appartient à la victime et elle tend simplement à des dommages et intérêts. La femme a-t-elle besoin d'être autorisée pour résister à cette demande d'indemnité ? On distingue. Si la personne lésée la poursuit, comme elle en a le droit, en même temps que le ministère public et devant la juridiction répressive (c'est ce qu'on appelle *se porter partie civile*), la femme n'a pas besoin d'autorisation, car elle a qualité pour défendre à l'action la plus importante à laquelle la seconde est jointe. En se défendant contre l'une, elle se défend contre l'autre. Si au contraire la victime du délit porte son action séparément *devant le tribunal civil*, la femme doit être *autorisée pour plaider*, car il n'est plus vrai de dire alors qu'elle est poursuivie « en matière pénale ».

[1] Il faut supposer que la gestion d'affaires est l'œuvre d'un tiers et qu'elle a profité à la femme. Si la femme avait joué elle-même le rôle de gérant en s'immisçant dans les affaires d'autrui, elle ne pourrait pas se trouver obligée, sans le consentement de son mari, par cet acte volontaire de sa part, pas plus que par l'acceptation d'un mandat.

[2] Il est bon d'ajouter que, dans la plupart des cas, le mari a l'exercice des actions appartenant à sa femme. Il n'a donc pas à l'autoriser ; c'est lui-même qui plaide comme représentant sa femme.

CAS DOUTEUX. — Il y a des doutes dans deux cas particuliers.

1° La partie lésée use du droit de *citation directe* et poursuit à elle seule la femme soit devant le tribunal de simple police (art. 145 C. instr. crim.), soit devant le tribunal correctionnel (art. 182 C. instr. crim.), soit même devant la cour d'assises au cas d'injures ou de diffamation (L. 29 juillet 1881, art. 47, n° 6) ; l'action publique n'est pas exercée ; mais au cours de l'audience le ministère public peut requérir une peine contre elle. Aussi la solution traditionnelle est-elle qu'en pareil cas la femme n'a pas besoin d'autorisation pour se défendre (POTHIER, *Puissance du mari*, n° 65. Comp. Cass. crim., 31 mai 1816). Mais quelques auteurs modernes (AUBRY et RAU, § 472, n° 1, p. 140, note 14 ; HUC, t. II, n° 244) soutiennent que l'autorisation est nécessaire, malgré la généralité du texte de l'art. 216, parce que la femme n'est pas poursuivie criminellement, et que le mari peut avoir intérêt à empêcher le procès de se faire, précisément pour ne pas donner occasion au ministère public de prendre des conclusions contre sa femme. A quoi on peut répondre que la citation, qu'on suppose déjà lancée, suffira bien à donner l'éveil au Parquet et qu'il n'y a peut-être pas lieu de changer l'ancienne solution.

2° La femme, poursuivie criminellement, oppose pour sa défense une *question préjudicielle* qui est de la compétence des tribunaux civils (exemple dans l'art. 182 C. for.). On admet qu'elle a besoin d'être autorisée pour plaider sur cette question au civil (Cass., 20 mai 1846, D. 46. 1. 205). Cependant, elle est autorisée à se *défendre*; pourquoi ne peut-elle pas employer tous les moyens qui lui semblent bons ? la question préjudicielle n'est pas un procès séparé : c'est un moyen de défense.

***273. Dépôts et retraits aux caisses d'épargne.** — La loi du 9 avril 1881, art. 6, permet aux femmes mariées de se faire donner un livret de caisse d'épargne, d'opérer des dépôts et même des retraits de fonds, sans l'autorisation de leur mari (Comp. L. 20 juillet 1886, sur la Caisse nationale des retraites sur la vieillesse, art. 13, al. 4). Dans la pensée de leurs auteurs ces textes ne devaient pas porter atteinte au principe du Code civil sur la nécessité de l'autorisation maritale ; ils ont formellement déclaré que la femme qui fait ces dépôts avec de l'argent appartenant à la communauté, agissait non point en son nom propre, mais comme mandataire de son mari en vertu d'un *mandat tacite* (Comp. PLANIOL, *Revue critique*, 1882, p. 42). Peu importe alors sa capacité personnelle, un incapable pouvant servir de mandataire. On réserve du reste au mari le droit de faire *opposition au retrait des fonds*.

Mais, dans la pratique, on s'est sensiblement écarté de cette idée de mandat. Les caisses d'épargne, avec le formalisme nécessaire pour assurer la régularité de leurs opérations, ne connaissent pas d'autre créancier que celui qui est inscrit sur le livret. Elles ne peuvent se faire juges des droits et des pouvoirs du mari sur les sommes déposées par sa femme. Dès lors on a vu les dépôts faits par les femmes mariées se développer avec les caractères d'une institution indépendante des règles traditionnelles. Ainsi l'opposition, que la loi réserve au mari, ne fut pas reçue sous une forme quelconque, comme le serait la *révocation d'un mandat*, les caisses d'épargne exigèrent une *opposition en règle*, comme celle que pourrait faire un créancier : voilà donc le mari, véritable propriétaire légal des sommes déposées par sa femme, assimilé à un étranger qui cherche à se faire attribuer des deniers qui ne lui appartiennent pas[1]. Aussi constate-t-on dans la pratique que le nombre des oppositions faites par les maris est très faible[2]. Les controverses ont

[1] Nous estimons que sur ce point les caisses d'épargne et l'administration avaient dépassé leurs pouvoirs : il ne peut dépendre d'elles de modifier le régime de communauté qui est établi par une loi. Leur manière d'agir était une interprétation purement administrative de la loi, c'est-à-dire sans force juridique. Voyez en ce sens trib. de Louviers, 5 mars 1892, D. 1900. 2. 126 en sous-note.

[2] Dans les Caisses d'épargne ordinaires, de 1882 à 1894, 385 oppositions ont été signifiées ; ce qui donne une moyenne de 1 opposition pour 1 313 comptes, mais la proportion vraie est encore plus faible, parce qu'il faut tenir compte des livrets dont le règlement n'a point été demandé. Voir sur tous ces points la thèse de M. Aftalion, Paris, 1898.

pris fin par la loi du 20 juillet 1895, dont l'art. 16 a réglé d'une manière spéciale les conséquences d'une opposition formée par le mari[1].

D'un autre côté, si le mari peut s'opposer au *retrait*, il n'a aucun moyen de s'oppposer au *dépôt*. De sorte que la femme peut puiser librement dans la caisse commune pour thésauriser et opérer une sorte de mainmise sur des valeurs dont la gestion ne lui appartient pas.

On est ainsi tout près de reconnaître à la femme un *droit propre* sur les sommes portées sur son livret.

3° Extensions exceptionnelles de la capacité des femmes mariées.

***274. Énumération.** — Le tableau qui vient d'être dressé présente *l'incapacité normale de la femme* pendant le mariage. La subordination qui lui est imposée est susceptible d'allègement. Tantôt c'est la femme elle-même qui se procure cette situation plus libre (ce qui a lieu pour les *femmes mariées sous le régime de la séparation de biens* et pour les *femmes commerçantes*), tantôt c'est la loi qui le lui octroie pour des raisons diverses (*femmes séparées de biens par jugement, femmes transportées*). Rappelons enfin l'effet de la *séparation de corps* qui supprime entièrement l'incapacité de la femme pour tout le temps de sa durée. Pour ce dernier cas voyez ci-dessous n° 719.

****275. Femmes séparées de biens**[2]. — La séparation de biens est un régime qui consiste : 1° à séparer les deux patrimoines du mari et de la femme de façon à empêcher la communauté de s'établir entre eux ; 2° à laisser à la femme l'administration et la jouissance de sa fortune personnelle. Par conséquent la femme séparée peut faire tous les actes dits d'*administration* (baux, perceptions de loyers, ventes de récoltes, marchés pour l'entretien des immeubles), par opposition aux actes plus graves, dits *actes de disposition* (ventes, constitutions d'hypothèques ou de servitudes, etc.). Elle a ainsi une *demi-capacité,* bornée aux actes d'administration et par suite analogue (mais non tout à fait semblable) à celle du mineur émancipé. Pour plus de détails voyez ci-dessous n°s 1430 et suiv.

Ce régime existe dans trois cas : 1° quand la femme l'a adopté par son contrat de mariage, comme régime matrimonial (*séparation conventionnelle*)[3] ; 2° quand la femme, mariée d'abord sous un autre régime, a obtenu

[1] L'opposition faite par le mari est dénoncée à la femme par lettre recommandée, et celle-ci a un mois pour se pourvoir devant la justice ; passé ce délai, le mari peut retirer seul les sommes déposées par sa femme, pourvu que son contrat de mariage lui en donne le droit.

[2] On remarquera que dans les art. 215 et 217 la loi vise, à côté de la femme *séparée de biens,* la femme *non commune.* Les deux expressions ne sont pas synonymes. Il existe, en effet, un régime intermédiaire entre la communauté et la séparation de biens : c'est le régime *sans communauté.* Sous ce régime, la femme est traitée pour ses droits et pour sa capacité personnelle comme la femme commune en biens. Il est inutile d'insister : le régime sans communauté est dans la pratique d'une extrême rareté.

[3] L'état de femme séparée est la capacité la plus grande que la femme puisse se réserver pendant le mariage par son contrat. Elle ne pourrait pas faire davantage, se faire accorder par exemple la permission d'aliéner librement ses immeubles. Voyez l'art. 223.

contre son mari un jugement de séparation de biens (*séparation judiciaire*); 3° sous le régime dotal, la femme est réputée séparée de biens pour tout ce qui concerne ses *paraphernaux* (biens extra-dotaux). — Jusqu'en 1893 l'état de séparation de biens résultait en outre de tout jugement de séparation de corps; aujourd'hui la femme séparée de corps est dans une situation encore meilleure : elle n'a jamais besoin d'autorisation.

*276. **Femmes commerçantes.** — Une femme n'est pas commerçante quand elle aide son mari dans son commerce. Beaucoup de femmes sont dans ce cas : leur situation est celle d'un commis, d'un simple employé du mari, dont elles ne font, comme dit l'art. 220, que « détailler les marchandises ». En pareil cas, le mari seul est commerçant et la femme, par suite, ne pourrait pas être mise en faillite.

La femme est commerçante uniquement quand elle exerce « *un commerce séparé* » (art. 220, al. 2). La coutume de Paris exigeait *un commerce autre que celui du mari* (art. 235) ; cela n'est plus nécessaire : le genre de commerce peut être le même ; il suffit que l'entreprise commerciale de la femme soit distincte.

Quand la femme est commerçante, elle obtient une *capacité presque entière*. Elle peut s'obliger (louer un magasin, vendre, acheter, emprunter, accepter des traites), aliéner même ses immeubles pour se procurer de l'argent et les hypothéquer (art. 7 C. comm.). Sa capacité ne souffre que *deux restrictions* : 1° En vertu de l'art. 215, elle ne peut pas *plaider* sans autorisation : la loi le lui défend « quand même elle serait marchande publique » ; 2° Elle ne peut pas sans autorisation *former une société* commerciale avec un tiers. Ceci a été admis sans texte pour des raisons de convenance.

Du reste, cette capacité extraordinaire n'est accordée à la femme commerçante que « *pour ce qui concerne son négoce* » (art. 220). Pour tous les actes étrangers à son commerce, elle reste sous l'empire du droit commun et soumise à la nécessité de l'autorisation.

Sur l'autorisation nécessaire à la femme pour faire un commerce, voyez nos 286 et 314.

277. **Femmes transportées.** — D'après le décret du 31 août 1878, art. 12, qui règle la condition des *transportées concessionnaires de terrains dans les colonies pénitentiaires*, la femme mariée, qui subit la transportation et qui a obtenu une concession de terre, peut faire seule tous les actes d'*administration*, d'*exploitation* et de *jouissance, si son mari ne réside pas dans la colonie* ; pour les actes de disposition, elle a toujours besoin d'être autorisée par son mari ou par justice.

278. **Propositions de réforme en faveur de la femme ouvrière ou employée.** — Diverses propositions ont été faites pour laisser à la femme qui gagne de l'argent par son travail la *libre disposition de son salaire*. On supprimerait toute ingérence du mari, de façon à permettre à la femme, non seulement de toucher seule son salaire, mais aussi d'en conserver le profit. Des propositions de réforme législative provoquées par le travail de M. Glasson sur *Le Code civil et la question ouvrière*, ont été déposées, mais les difficultés qu'on rencontre pour assurer à la femme une protection à la fois simple et sûre paraissent avoir découragé leurs auteurs. Voyez sur ce sujet les thèses de MM. Basset et Guntzberge, Paris, 1896, et Lucien Leduc, Paris, 1898. Voyez aussi t. II, n° 1848.

§ 4. — *Autorisation des femmes mariées.*

**279. Habilitation par autorisation du mari ou de justice. — L'incapacité de la femme n'est par irrémédiable comme celle du fou ou de l'enfant en bas âge ; on n'a pas besoin de lui substituer quelqu'un pour la *représenter*. Elle peut *agir elle-même*, avec l'*autorisation* de son mari, et, si le mari refuse de l'autoriser ou est hors d'état de le faire, elle peut s'adresser au tribunal qui lui donnera l'autorisation dont elle a besoin. L'autorisation maritale, ou à défaut celle de la justice, suffit toujours, quelle que soit la gravité de l'acte.

***280. A quel moment doit être donnée l'autorisation.** — L'autorisation dont la femme a besoin doit lui être donnée *avant* l'accomplissement de l'acte, ou au plus tard *au moment même* où cet acte s'accomplit. Après ce moment il ne pourrait plus être question d'*autoriser* l'acte. Le consentement du mari, quand il est donné après coup, ne peut valoir que comme *ratification*.

Cependant, quand il s'agit d'*autorisation de plaider*, la jurisprudence admet que le consentement du mari intervient utilement au cours de l'instance et valide la procédure antérieure. L'*autorisation de plaider en appel* produit le même effet pour la procédure de première instance.

A. — De l'autorisation du mari.

***281. Formes anciennes de l'autorisation du mari.** — Au XVIIIe siècle on distinguait entre deux espèces d'actes. Pour les *contrats* et autres actes extrajudiciaires, l'autorisation maritale devait être *expresse* et donnée par écrit. Il ne suffisait pas que le mari eût connu et approuvé l'acte de sa femme, ni même qu'il y eût pris part en même temps qu'elle. Il fallait une autorisation écrite, et on s'attachait tellement aux formes, que s'il n'était pas dit dans l'acte d'autorisation que le mari *autorisait* sa femme, l'acte de celle-ci était nul ; le mot « autoriser » était sacramentel (POTHIER, *Puissance du mari*, n°s 67-70) et il n'y avait que le mot « habiliter » qu'on considérât comme équipollent. A l'inverse pour les *instances en justice* on n'admettait pas l'autorisation expresse. Le mari ne pouvait pas autoriser d'avance sa femme à plaider. Il était nécessaire qu'il figurât « en qualité » dans l'instance conjointement avec elle (POTHIER, *op. cit.*, n° 75). C'est cette antithèse traditionnelle entre les deux catégories d'actes qui explique la présence de deux articles différents dans le Code civil pour régler l'incapacité de la femme (art. 215 et 217), l'un en matière judiciaire, l'autre en matière extrajudiciaire.

***282. Disparition de l'ancienne distinction.** — Il est admis aujourd'hui que, dans l'un comme dans l'autre cas, l'autorisation peut être soit *expresse*, soit *tacite*.

Pour les *instances en justice* le changement est le résultat d'une correction faite à la légère ; on peut affirmer qu'il n'a pas été voulu par les auteurs de la loi. Le texte du projet disait : « La femme ne peut ester en jugement sans l'*assistance* de son mari » ; c'était la reproduction pure et simple de l'ancien système. Boulay fit remarquer que le mot *assistance* figurait déjà, trois articles plus haut, avec un autre sens, dans l'énumération des devoirs des époux et qu'il valait mieux lui substituer le mot *autorisation*. La critique n'était pas sérieuse, car, dans les deux articles, le sens technique du mot, quoique différent, était fort clair. Le changement fut fait sans réflexion et voilà comment la jurisprudence se croit aujourd'hui le droit de se contenter d'une autorisation préalable donnée par écrit, au lieu d'une assistance réelle et permanente de la femme par le mari pendant la durée de l'instance.

***283. Autorisation expresse.** — Pour les contrats et autres actes extrajudiciaires, le Code exige en principe une autorisation *par écrit*. On ne devrait donc pas considérer comme suffisante une autorisation donnée verbalement, alors même que les parties auraient les moyens de la prouver par témoins, soit parce que l'intérêt en litige ne dépasse pas 150 fr. (art. 1341), soit parce qu'il en existe un commencement de preuve par écrit (art. 1347). Ce n'est pas d'une question de preuve qu'il s'agit ; la loi détermine ici, non pas les moyens de prouver l'autorisation qui pourrait avoir été donnée sous une forme quelconque, mais bien la forme dans laquelle l'autorisation doit être donnée : l'écrit est ce qui constitue l'autorisation, et en dehors de lui une manifestation de volonté purement verbale n'est pas une autorisation. En d'autres termes, il reste quelque chose de l'ancien caractère solennel de l'autorisation maritale, mais le droit nouveau, moins formaliste que l'ancien, se contente de toute constatation écrite du consentement : peu importent les termes employés, si la volonté du mari est clairement manifestée.

La loi n'a pas indiqué la nature de l'écrit ; elle n'exige pas l'authenticité. Par conséquent un écrit quelconque est valable ; au besoin même une *simple lettre missive* suffirait. — Cette facilité doit appartenir au mari alors même que l'acte projeté par la femme devrait être reçu par un notaire et serait un acte solennel, comme une donation entre vifs (art. 931). L'acte notarié n'est nécessaire que pour constater le consentement de la personne qui donne ; or, cette personne est la femme et non le mari.

La loi du 8 juin 1893 a établi des mesures spéciales pour les autorisations maritales données au cours d'un voyage maritime ou par les militaires en campagne.

****284. Autorisation tacite.** — A côté de cette forme expresse d'autorisation, seule pratiquée jadis, l'art. 217 en admet une autre : *le concours du mari dans l'acte*. L'ancien droit, qui annulait les actes faits conjointement par le mari et la femme, s'il n'y était pas dit en termes formels que celle-ci était autorisée, était d'une rigueur excessive ; il est bien certain que le mari autorise sa femme, lorsqu'il passe l'acte et le signe avec elle.

Le « concours du mari » suppose que, l'acte étant fait par la femme, le mari y a pris part en même temps qu'elle [1]. La présence de leurs deux signatures au bas de l'acte ne prouve pas à elle seule ce concours, car celle de la femme a pu être ajoutée après coup (Cass., 22 févr. 1893, D. 93. 1.

[1] Je ne crois pas qu'en parlant de concours dans l'*acte*, la loi ait eu en vue, comme le disent quelques auteurs, l'*opération juridique*, le *negotium* fait par la femme ; il s'agit ici de l'*écrit* constatant l'aliénation, l'hypothèque, etc., consentie par la femme. Cet écrit devrait porter en termes formels que la femme est autorisée par son mari, mais cette mention n'est point nécessaire quand le mari est présent et signe l'acte avec elle.

295, S. 93. 1. 182). Il est donc bon de constater dans l'acte la participation simultanée des deux époux, afin que le tiers qui traite avec eux puisse plus tard fournir la preuve de ce fait, car cette preuve est à sa charge ; c'est la condition de validité de son titre.

Le Code a élargi la règle ancienne, en admettant une autorisation tacite. Faut-il s'en tenir là ? Ne doit-on pas décider que, toutes les fois que le consentement du mari résultera des circonstances, la femme devra être considérée comme autorisée par lui ? Certains auteurs (Aubry et Rau, t. IV, p. 472) ont pensé que l'indication du concours du mari dans l'acte était donnée par la loi à titre purement énonciatif, et que d'autres faits pouvaient être reconnus comme équivalents. Les cours d'appel montrèrent d'abord une tendance à admettre cette opinion, mais la Cour de cassation a jugé que le concours du mari dans l'acte est le seul fait admis par la loi comme valant autorisation tacite (Cass., 26 juill. 1871, D. 71. 1. 293, S. 71. 1. 65 ; Cass., 20 janv. 1881, D. 81. 1. 354, S. 82. 1. 301). En effet le texte ne dit pas, en termes généraux, que l'autorisation du mari peut être tacite. Par conséquent on ne doit pas tenir pour autorisée la femme qui agit au vu et au su de son mari. Cette solution, rigoureuse en apparence, a l'avantage de supprimer beaucoup de difficultés : trop de procès s'élèveraient sur l'appréciation des circonstances si l'autorisation maritale pouvait se présenter sous une forme indéfiniment variée.

La jurisprudence de la Cour de cassation ne s'oppose pas du reste à ce que les juges reconnaissent comme autorisés implicitement les actes qui sont la conséquence nécessaire d'un acte principal régulièrement autorisé par le mari (Paris, 23 juill. 1852, D. 54. 2. 102).

* **285. Forme de l'autorisation tacite dans les instances en justice.** — Quand il s'agit d'autoriser la femme à plaider, l'autorisation tacite du mari résulte parfois de cette circonstance que c'est lui qui est l'adversaire de la femme : en exerçant une action contre elle ou en répondant à celle qu'elle exerce contre lui, le mari autorise implicitement sa femme à plaider. Il y a là pour les procédures l'équivalent du concours du mari dans l'acte pour les autorisations de contracter (Cass., 18 mars 1878, D. 78. 1. 201, S. 78. 1. 193).

286. Règle spéciale au commerce. — Il y a cependant un cas où l'autorisation tacite du mari, résultant de sa simple tolérance, est considérée comme suffisante. C'est lorsqu'il permet à sa femme de faire le commerce. Cette dérogation au principe était déjà admise dans l'ancien droit. Elle a été consacrée par l'art. 4 du Code de commerce qui se contente du *consentement* du mari. Or le *consentement*, à la différence de l'autorisation, n'a pas de formes juridiques déterminées. Le mari consent dès qu'il connaît et laisse faire.

* **287. Extension relative au louage de travail.** — Le louage de travail a ceci de particulier qu'il constitue l'adoption d'une profession en même temps qu'un contrat ; la femme qui loue ses services cherche un moyen de gagner sa vie et de nourrir ses enfants. La jurisprudence a permis à la femme mariée, abandonnée par son mari, de s'engager soit comme actrice (Paris, 23 août 1851, D. 52. 2. 10), soit comme employée de magasin (Cass., 6 août 1878, D. 78. 1. 400, S. 79. 1. 65). Pour justifier sa décision, elle dit que le mari, en abandonnant sa femme, lui a implicitement donné l'autorisation de contracter. Cela n'est pas possible, car cette prétendue autorisation tacite serait inadmissible pour d'autres contrats, tels qu'une vente d'immeuble ou une constitution d'hypothèque. De plus, elle est contraire à l'art. 217, qui, en fait d'autorisation tacite, n'en admet pas d'autre que le concours du mari dans l'acte. On eût mieux fait de raisonner par analogie avec l'entreprise commerciale : il s'agit pour la femme moins de faire un contrat que de prendre un métier, qui lui est indispensable.

288. Difficulté pour les achats de fournitures. — Toutes les femmes mariées passent journellement un très grand nombre d'actes avec les tiers, pour l'entretien de la famille. Ces actes sont pour la plupart des *achats* de vivres, de vêtements; quelques-uns sont des *marchés* de travaux pour des menues réparations ou des *louages d'ouvrage* de serviteurs et d'ouvriers. Ces actes, très importants à cause de leur grande fréquence, n'ont pas été prévus et réglés par les textes.

Leur validité n'est cependant pas douteuse, non plus que l'obligation qui en résulte pour le mari. Celui-ci est tenu de remplir les engagements pris par sa femme, tant qu'il ne lui a pas retiré son pouvoir.

Mais il y a incertitude sur la qualification juridique qui convient à ce pouvoir donné par le mari. Est-ce une *autorisation*? est-ce un *mandat*? L'intérêt de la question est que si la femme agit en vertu d'un mandat, elle ne s'obligera pas personnellement, tandis que si elle agit en vertu d'une autorisation, elle s'obligera elle-même en même temps que son mari. Dans l'opinion générale qui a cours en France la femme n'est que *mandataire*. Mais, comme le fait observer Laurent dans les motifs de son *Avant-projet*, cette idée est contraire à la réalité des choses. Il y a un partage naturel de fonctions entre les époux. La femme, en s'occupant des besoins du ménage, ne remplit pas le rôle de son mari, mais le sien propre. Elle n'agit donc pas comme mandataire du mari, mais comme son associée, ayant avec lui des intérêts communs. Sans doute, il est vrai de dire que l'associé qui gère les intérêts communs est le mandataire de l'autre et qu'il a reçu de lui un pouvoir pour agir en son nom; mais il n'agit pas exclusivement à ce titre, il s'oblige en même temps lui-même, puisque les intérêts de son associé sont aussi les siens. La femme, en faisant ces différents actes, agit donc à la fois au nom de son mari et au sien, et le pouvoir qu'elle en a reçu vaut tout à la fois *mandat* et *autorisation*.

Quelle que soit sa nature, ses conditions d'existence ne varieront pas. Tout le monde admet que ce mandat ou cette autorisation est *tacite* : la femme n'a pas besoin de produire un pouvoir écrit; le mari n'a pas besoin de le lui conférer expressément. Elle l'a de plein droit par le seul fait du mariage. De plus on verra qu'il est *général* (n° 313) et *révocable* (n° 290).

*** 289. Autorisations données par le mari pour contracter avec lui-même.** — Il existe une vieille règle, dictée par la prudence la plus élémentaire, qui défend au protecteur d'un incapable de passer avec lui des contrats sous sa seule autorisation : « Nemo in rem suam auctor esse potest. » *In rem suam*, c'est-à-dire dans une affaire qui l'intéresse personnellement. Ainsi quand le tuteur veut acheter ou prendre à ferme les biens de son pupille, c'est le subrogé-tuteur qui lui en passe acte au nom du mineur. Cette règle s'applique-t-elle au mari? Faut-il, quand la femme veut contracter avec lui, qu'elle se fasse autoriser par la justice[1]?

L'intervention de la justice serait un moyen efficace pour protéger la femme, et la mesure serait sage, car par cela seul qu'il traite avec elle, son mari a des intérêts opposés aux siens, et elle se trouverait abandonnée sans défense aux entreprises de son adversaire. Comme protection pour la femme, l'utilité de ce procédé n'est pas discutable, cependant la loi ne l'exige pas. Il est facile de démontrer que, pour tous les contrats permis entre époux, la femme n'a pas besoin d'autre autorisation que de celle de son mari. L'autorisation du mari est la règle; l'art. 217 la formule en termes généraux, sans distinguer si la femme contracte avec son mari ou avec un tiers. L'autorisation de justice est l'exception; les causes qui la rendent nécessaire sont limitativement énumérées, et parmi ces causes on ne voit point figurer l'opposition d'intérêts entre le mari et sa femme. Aucun texte ne vient priver le mari pour ce cas particulier de son pouvoir ordinaire, comme le fait l'art. 420 pour le tuteur. Bien mieux, un décret du 17 mars 1809 décide formellement que la femme peut créer un *majorat* au profit de son mari « sans qu'il soit besoin d'autre autorisation que « de celle requise par l'art. 217 du Code Napoléon ». Pothier explique en très bons

[1] Cette question se pose quel que soit le parti que l'on prenne sur une autre question controversée : les contrats sont-ils d'une manière générale permis entre époux? Car dans toutes les opinions il y en a au moins quelques-uns de possibles.

termes la raison d'être de cette différence entre le tuteur et le mari : c'est, dit-il, parce que l'autorisation du tuteur est requise pour veiller à l'intérêt du mineur, tandis que le mari n'intervient pas pour veiller sur sa femme car elle est capable de veiller elle-même à ses intérêts. mais pour lui permettre de contracter (*Puissance du mari*, n° 42). Tous nos anciens auteurs étaient du même avis. Ils se demandaient seulement si le mari avait besoin de déclarer expressément qu'il autorisait sa femme, ou si l'on ne devait pas la considérer comme autorisée tacitement par le seul fait de la participation du mari à l'acte.

290. Révocation de l'autorisation. — Le mari, après avoir donné son autorisation, peut la révoquer, soit en retirant des mains de sa femme le consentement écrit qu'il lui a donné, ou en signifiant son changement de volonté à l'autre partie. A compter de ce moment, l'acte n'est plus possible, s'il n'est pas encore fait ; s'il s'agit d'une opération durable et déjà commencée, comme une instance en justice, elle ne peut pas continuer. Si l'acte est déjà accompli, la révocation intervient trop tard et l'acte reste valable.

Mais dans les cas où l'acte n'est pas fait ou n'est pas achevé, si la femme tient à l'accomplir quand même, elle peut se faire autoriser par justice.

Dans un cas particulier la faculté de révocation a été soumise par la jurisprudence à des conditions rigoureuses : c'est lorsqu'il s'agit du pouvoir général donné à la femme pour faire des achats au compte du ménage. La justice a tenu à protéger l'intérêt des tiers : le mari doit leur faire savoir qu'il ne paiera plus les dettes que sa femme pourrait contracter à l'avenir, et il doit adresser à cet effet des notifications individuelles à chaque fournisseur. Un avis collectif, au moyen d'annonces dans les journaux, serait insuffisant pour le mettre à l'abri des réclamations[1].

B. — De l'autorisation de justice.

** **291. Caractère supplétif de l'autorisation de justice.** — L'autorisation régulière dont la femme a besoin est celle de son mari. Mais l'impossibilité de l'obtenir ne la réduit pas à l'inaction. Lorsque le mari *ne veut pas* ou *ne peut pas* autoriser sa femme à agir, l'autorisation *maritale* est remplacée par une autorisation *judiciaire*. Comme le disait Pothier (*Puissance du mari*, n° 23), l'autorisation de justice n'est que « représentative et supplétive » de celle du mari.

1° Causes rendant nécessaire l'autorisation de justice.

* **292. Refus du mari.** — Le mari n'a pas un droit de *veto* absolu sur les actes de sa femme ; il ne peut pas, par carpice ou par haine, l'empêcher de faire un acte utile. Si le refus qu'il lui oppose n'a pas de justes motifs, la femme peut en quelque sorte faire appel de sa décision devant le tribunal, qui appréciera les raisons du mari et donnera l'autorisation, s'il y a lieu

[1] Pour ceux qui considèrent ce pouvoir donné à la femme comme un *mandat* et non comme une *autorisation* (voy. ci-dessus, n° 288), il y a révocation de mandat et non retrait d'autorisation, mais le résultat est le même ainsi que les conditions de forme.

(art. 218 pour les actions en justice, art. 219 pour les contrats et autres actes).

293. Absence du mari. — L'absence du mari empêche la femme d'obtenir son autorisation. Il en est ainsi pendant la période de présomption d'absence aussi bien qu'après le jugement qui la déclare. Le doute que pourrait faire naître sur ce point l'art. 222, qui ne précise pas, est levé par l'art. 863 C. proc. civ. : « Dans le cas d'absence présumée du mari ou lorsqu'elle aura été déclarée... » On accorde même à la femme la faculté de s'adresser à la justice pour se faire autoriser en cas de simple *non-présence*. Pothier l'admettait si le mari était « trop éloigné pour donner cette autorisation aussi promptement que le cas l'exige » (*Puissance du mari*, n° 12), et Tronchet l'a dit formellement au Conseil d'État : « Il peut y avoir tellement urgence, disait-il, que la femme n'ait pas le temps de consulter son mari, s'il est au loin. » Ce qui supprime tout inconvénient, c'est que l'autorisation ne doit être accordée à la femme « qu'en connaissance de cause ». Mais certains auteurs soutiennent que le Code de procédure civile (art. 863 précité) a législativement tranché la question en limitant l'autorisation du juge en cas d'absence déclarée ou présumée.

Ajoutons qu'avec la facilité actuelle des communications à grande distance et la lenteur de nos procédures, la femme aura souvent plus vite fait de s'adresser à son mari qu'au tribunal.

*** 294. Minorité du mari.** — « Si le mari est mineur, l'*autorisation du juge est nécessaire à la femme*, soit pour ester en jugement, soit pour contracter » (art. 224). Ceci est une innovation du Code. Autrefois un mari, même mineur, pouvait autoriser sa femme à plaider ou à contracter, parce que son intervention n'était demandée que pour faire respecter sa puissance maritale. Aujourd'hui le point de vue a changé : une idée de protection due à la femme s'est jointe à la puissance du mari pour expliquer son incapacité. De là l'utilité de l'intervention de la justice quand le mari est mineur : étant lui-même incapable, comment pourrait-il habiliter un autre incapable à agir ?

La plupart des auteurs font remarquer que l'art. 224 est trop absolu dans ses termes. Le mari mineur est *émancipé* par le mariage (art. 476), et il y a un certain nombre d'actes qu'il est capable de faire valablement pour son propre compte (art. 481) ; il pourrait donc autoriser sa femme, sans que celle-ci ait besoin de recourir à la justice, pour faire un des actes permis aux mineurs émancipés. — Mais cette remarque n'a guère d'intérêt pratique : en effet les actes qu'un mineur émancipé peut faire sont les *actes d'administration*. Or il arrivera de deux choses l'une : s'il y a séparation de biens, la femme a capacité pour faire ces actes à elle seule, sans aucune espèce d'autorisation ; s'il n'y a pas séparation de biens, l'administration des biens de la femme appartient au mari, qui agira lui-même sans avoir d'autorisation à donner à sa femme. Dans un seul cas il pourra y avoir lieu à autorisation de la part d'un mari mineur : c'est lorsque la femme voudra *exercer une action mobilière*, et encore cela suppose la femme séparée de biens, sans quoi l'exercice de l'action appartiendrait encore au mari (art. 1428, al. 2 ; art. 1549).

*** 295. Interdiction du mari.** — L'*interdiction* suppose la folie ou un affaiblissement mental complet. Le mari est hors d'état de donner un consentement ; l'autorisation de la justice est donc nécessaire à la femme dont le mari est interdit (art. 222). Cette disposition est surtout intéressante à observer pour le cas où le mari a des intervalles lucides : on ne pourrait pas, en profitant d'un de ces moments, obtenir de lui une autorisation valable ; son incapacité est permanente.

Si le mari, sans être interdit, a été placé dans un *établissement d'aliénés* conformément à la loi du 30 juin 1838, sa situation, au point de vue de la capacité, est la même que s'il était interdit. L'art. 222 devra alors s'appliquer par analogie.

* **296. Mari pourvu d'un conseil judiciaire.** — Il peut arriver que le mari soit dans un état de demi-interdiction : on l'a pourvu d'un conseil judiciaire soit pour cause de prodigalité, soit pour cause de faiblesse d'esprit. En cet état, il conserve en principe sa capacité personnelle, sauf pour un certain nombre d'actes déterminés par la loi, qui sont les plus graves et les plus dangereux et pour lesquels il a besoin d'être *assisté par son conseil*, (art. 499 et 513). Cette situation n'a pas été prévue par la loi. On décide, par identité de motifs, que le mari a perdu le droit d'autoriser sa femme pour tous les actes dont il est lui-même personnellement incapable. Ces actes devront donc être autorisés par la justice quand la femme voudra les faire.

297. Condamnation du mari à une peine criminelle. — L'art. 221, prévoyant le cas où le mari a été condamné à une peine *afflictive* ou *infamante* (ce sont les peines attachées aux faits qualifiés crimes), interdit à la femme de contracter sans autorisation de justice : « Lorsque le mari est frappé d'une condamnation..., la femme, même majeure, ne peut ester en jugement, etc..., qu'après s'être fait autoriser par le juge... ».

Les motifs de cet article n'apparaissent pas nettement[1]. Les auteurs l'expliquent comme établissant *une déchéance contre le mari*, que la loi a voulu priver de sa puissance maritale parce qu'il était *indigne de l'exercer*. Il n'est pas bien sûr que telle soit la raison d'être de la loi. Qu'on lise attentivement le texte : on verra qu'il est *dirigé plutôt contre la femme que contre le mari* : ce n'est pas au mari qu'on défend d'autoriser sa femme ; c'est à la femme qu'on défend d'agir sans être autorisée par la justice. Il semble qu'on ait craint qu'une femme mariée, dont le mari, condamné pour crime, serait au bagne ou en fuite, se considérât comme affranchie de la puissance maritale et comme capable d'agir seule. Peut-être en avait-on vu des exemples dans la pratique. En tout cas on n'avait pas à retirer au mari le droit d'autoriser sa femme : l'exercice de sa puissance maritale lui était déjà enlevé par le Code pénal de 1791 (tit. IV, art. 2), d'après lequel : « Quiconque aura été condamné à l'une des peines (suit l'énumération des peines criminelles alors existantes), ne pourra, pendant la durée de la peine, exercer par lui-même aucun droit civil. »[2] Le Code civil, prenant ce point comme acquis, veut que la femme se fasse autoriser par justice.

Si la disposition de l'art. 221 peut avoir quelque utilité propre contre le mari, c'est seulement au cas où celui-ci a été *condamné par contumace*. En ce cas le mari ne subit aucune peine ; il est en fuite. Cependant le texte assimile formellement le condamné par contumace à celui qui a été arrêté, jugé contradictoirement et qui subit sa peine. Actuellement la majorité des criminalistes décide que le condamné par contumace n'est pas en état d'interdiction légale (GARRAUD, *Traité de droit pénal*, t. II, n° 50), mais cette opinion n'a jamais été unanime ; l'opinion contraire a été émise en 1854 au Corps légis-

[1] Les travaux préparatoires ne contiennent rien qui nous permette de les deviner.
[2] C'est ce texte qui a introduit dans nos institutions pénales l'*interdiction légale*, inconnue dans l'ancien droit.

latif (par M. Riché, rapporteur de la loi qui a aboli la mort civile) et il est fort possible que l'idée des auteurs du Code civil, quand ils ont rédigé l'art. 221, ait été que l'interdiction légale atteignait même le contumax.

Dans l'opinion moderne, le condamné contumax n'étant pas en interdiction légale, l'art. 221 a la valeur d'une disposition exceptionnelle, attachant un effet particulier à l'état de contumace. Pour lui trouver un sens et en définir la portée, on est obligé de dire que le texte a une rédaction incorrecte et que les mots « pendant la durée de la peine », signifient *pendant la durée de la contumace*, au cas où la condamnation n'a pas été contradictoire. Ce temps sera au plus de 20 ans, au bout desquels la condamnation sera prescrite.

Les auteurs modernes ont éprouvé une autre difficulté pour l'interprétation de l'art. 221, parce qu'ils ont négligé de l'expliquer d'après la législation pénale en vigueur en 1803. L'art. 221 parle d'une manière générale du cas où le mari est frappé d'une condamnation à une peine afflictive ou infamante. Or, parmi ces peines il en est une, la *dégradation civique* [1], qui est attachée comme une peine accessoire à toutes les condamnations criminelles (art. 28 C. pén.) et qui a une durée indéfinie : celui qui a été condamné à une peine temporaire, et qui a achevé sa peine, reste toute sa vie en état de dégradation civique, à moins qu'une amnistie ou une réhabilitation ne vienne (ce qui est très rare) effacer l'effet de la condamnation. De plus, la dégradation civique est quelquefois prononcée comme peine principale, et en ce cas encore, elle est perpétuelle. Dès lors il semble que le mari, une fois condamné à une peine criminelle temporaire, soit déchu de sa puissance maritale, non pas pour un temps, comme le dit l'art. 221, mais pour toujours, parce que la dégradation civique est une peine infamante (art. 8 C. pén.).

Si on admet qu'en écrivant l'art. 221, les auteurs du Code civil se sont référés au Code pénal de 1791, on doit décider qu'ils n'ont songé qu'aux peines entraînant l'interdiction légale (peines privatives de liberté, plus la déportation simple et le bannissement). La dégradation civique est restée en dehors de leurs prévisions. D'ailleurs les conséquences de la dégradation civique sont limitativement énumérées par la loi pénale et il est impossible d'y rien ajouter. L'art. 221 n'a pas été écrit pour retirer au mari l'exercice de sa puissance maritale, mais bien pour obliger sa femme à se pourvoir de l'autorisation de justice, quand une condamnation pénale ne permet pas à son mari de l'autoriser.

2° Cas où la justice ne peut pas autoriser la femme.

***298. Cas certains.** — Il y a d'abord deux cas qui sont certains parce qu'il existe des textes :

1° La femme veut *accepter les fonctions d'exécutrice testamentaire*. L'art. 1029 C. civ. exige en principe l'autorisation du mari. Cependant, si la femme est séparée de biens, la femme pourra s'adresser à la justice, si son mari refuse de l'autoriser.

2° La femme veut *faire un compromis* (contrat spécial qui consiste à soumettre un droit litigieux à un arbitre). Cet acte est interdit aux femmes mariées non autorisées de leurs maris (art. 83-6° et 1004 C. proc. civ.).

***299. Cas controversés.** — 1° La femme veut *entreprendre le commerce*. Le cas est prévu par l'art. 4 C. com. qui dit : « La femme ne peut être marchande publique sans le consentement de son mari. » Le texte n'ajoutant pas « ou de justice », la plupart des auteurs en concluent que cette omission est intentionnelle et que la femme ne peut pas se faire autoriser à cet effet par la justice.

[1] On appelle ainsi un ensemble de déchéances qui sont énumérées par la loi pénale (art. 34 C. pén.).

On en donne deux raisons. D'abord le pouvoir pour la justice d'autoriser la femme à devenir commerçante ne pourrait résulter que des textes généraux du Code civil, puisque le Code de commerce est muet. Or les art. 218, 219, 221, 222, 224 supposent tous qu'il s'agit soit d'*ester en justice*, soit de *passer un acte* ou de *contracter*, expressions qui ne conviennent qu'à des actes et contrats déterminés et isolés et non à l'exercice d'une profession, qui comportera des actes juridiques en nombre illimité. De plus il y a une raison pratique pour ne pas permettre aux juges de se substituer ici au mari : ils peuvent bien apprécier l'opportunité d'un acte dont on leur soumet toutes les conditions; ils jugeront mal l'aptitude de la femme à l'exercice d'une profession commerciale. — Malgré ces raisons la jurisprudence est contraire ; beaucoup de jugements et d'arrêts ont autorisé des femmes mariées à faire le commerce sur le refus du mari (Paris, 3 janv. 1868, D. 68. 2. 28 ; trib. com. Saint-Étienne, 16 janv. 1880, D. 81. 1. 225). Seul le tribunal civil de Lyon s'est refusé à deux reprises à habiliter des femmes mariées à faire le commerce sur le refus du mari (16 janv. et 13 mars 1869, D. 69. 3. 29. 30). — Certains auteurs distinguent et tout en décidant que la justice est tenue de respecter l'opposition formelle du mari, ils admettent que la femme peut s'adresser aux tribunaux quand le mari est hors d'état de manifester sa volonté. Il n'y a pas alors de raison pour priver la femme d'un gagne-pain. La jurisprudence, qui se reconnaît le droit de passer outre au refus du mari, accorde en ce cas, et à plus forte raison, l'autorisation que la femme lui demande (Bordeaux, 16 juin 1869, D. 70. 2. 34).

2° La femme veut contracter un *engagement théâtral.*

Aucun texte n'a prévu la question. La doctrine réserve en général au mari seul le droit d'autoriser sa femme à choisir cette profession. Elle en donne surtout pour raison le désir de ménager les susceptibilités du mari et l'intérêt moral de la famille. Néanmoins la question est discutable ; peut-être pourrait-on la résoudre à l'aide de la distinction faite au n° précédent, entre le cas où le mari refuse son consentement et celui où il est hors d'état de le manifester.

Du reste, la question est générale et se pose pour *une profession quelconque*. On cite un jugement du tribunal civil de la Seine du 2 mars 1887 (Dalloz, *Suppl.*, v° Mariage, n° 495 ; S. 87. 2. 117) qui a refusé d'autoriser une femme mariée à subir l'examen d'élève sage-femme. On a dit, dans le même sens, que le mari pourrait rendre vaine l'autorisation du tribunal, en déplaçant son domicile et en obligeant sa femme à le suivre (Laurent, t. III, n° 135). Ne peut-on pas répondre que le mari qui agirait ainsi commettrait un abus de sa puissance maritale, qui pourrait être réprimé par la justice et qui autoriserait sa femme à demander le divorce ou la séparation de corps ?

Du reste toute cette série de questions relatives à la profession des femmes mariées a beaucoup perdu de son acuité depuis la loi du 6 février 1893 qui a rendu aux *femmes séparées de corps* leur pleine indépendance, car c'était surtout pour elles que les difficultés s'élevaient en pratique.

3° Procédure à suivre pour obtenir l'autorisation de justice.

300. Introduction de la demande. — La femme formule sa demande dans une *requête* adressée au président du tribunal du domicile de son mari. Celui-ci autorise la femme à assigner son mari devant le tribunal.

301. Sommation préalable. — Le Code civil ne parle pas d'une sommation préalable adressée au mari par la femme ; il permet à celle-ci de *citer son mari directement* devant le tribunal civil, mais on admet que l'art. 219 a été modifié sur ce point par l'art. 861 C. proc. civ.[1]. La femme doit donc commencer par adresser à son mari une som-

[1] Il n'est pas bien sûr que l'art. 861 C. proc. civ. ait modifié l'art. 219 C. civ. Ce dernier texte prévoit que le mari refuse d'autoriser sa femme « à passer un acte » ; le Code de procédure suppose que la femme veut se faire « autoriser à la poursuite de ses droits », c'est-à-dire exercer une action en justice. Les deux textes statuent donc

mation d'avoir à lui donner son autorisation ; ce n'est que sur son refus ou sur son silence, qu'elle peut s'adresser à la justice.

Toutefois cette sommation ne se comprend qu'autant que le mari est *présent et capable*. Dans tous les autres cas elle est inutile.

302. Audition du mari. — Le mari doit-il être entendu par le tribunal ? Cela dépend des cas. En principe, il doit être cité pour développer les motifs de son refus ou pour donner son avis. Toutefois son audition est nécessairement impossible, quand il est en état d'*absence* ou de *folie*. Pour le cas où il est *condamné à une peine criminelle*, son audition est possible, mais elle est facultative pour les juges, qui peuvent statuer régulièrement sans l'entendre (art. 221). Il en est de même quand il est *mineur*.

Quand le mari doit être entendu, il comparaît en la Chambre du conseil, et non à l'audience publique (art. 219). Il suffit qu'il soit régulièrement cité ; s'il ne vient pas, le tribunal passe outre.

* **303. Qui accorde l'autorisation.** — En général c'est le *tribunal entier* qui accorde l'autorisation. Quelquefois cependant elle est donnée sur requête *par le président* (actions en divorce ou en séparation de corps ; demandes de séparations de biens). L'autorisation est donnée ou refusée, après examen de l'affaire. La décision prise est toujours *susceptible d'appel*.

304. Femme défenderesse à une action exercée par un tiers. — Pour ce cas particulier, comme ce n'est pas la femme qui prend l'initiative de l'action, on a reconnu que le soin de régulariser la procédure en faisant pourvoir la femme de l'autorisation dont elle a besoin, incombe au demandeur. Le moyen d'y parvenir consiste à assigner le mari à fin d'autorisation, en même temps que sa femme. Sur son refus, ou s'il fait défaut, le demandeur prend des conclusions pour demander au tribunal d'autoriser la femme défenderesse à plaider. — L'assignation donnée au mari n'est même pas nécessaire, s'il est certain d'avance qu'il ne peut pas manifester sa volonté, par exemple s'il est interdit ou absent.

Si le demandeur omet de faire autoriser la femme, son adversaire, il ne peut ni la poursuivre, ni la faire valablement condamner par défaut.

C. — De la spécialité de l'autorisation.

1° Le principe.

** **305. Établissement du principe.** — Que l'autorisation soit donnée à la femme par le mari ou par la justice, elle doit en principe être *spéciale*. Cette règle, qui est de tradition dans le droit français (POTHIER, *Puissance du mari*, n° 63), n'est énoncée d'une manière expresse dans le Code civil que pour un cas particulier, à propos de la femme séparée de biens qui veut aliéner ses immeubles (art. 1538). Mais sa portée absolue est supposée par l'art. 223, qui limite aux actes d'administration l'effet des autorisations générales. — La jurisprudence n'a jamais mis en doute l'existence de ce principe.

* **306. Ses motifs.** — On a toujours considéré comme insuffisante une autorisation générale. Le mari, dit-on, abdiquerait sa puissance, plutôt qu'il ne l'exercerait, s'il autorisait sa femme à passer seule tous les actes qu'il lui plairait de faire. Aujourd'hui surtout que l'incapacité de la femme est fondée en partie sur une idée de protection pour elle, il est néces-

sur des hypothèses différentes. Néanmoins on donne en pratique une portée générale à l'art. 861 C. proc. civ.

saire que le mari ou la justice examine l'acte à faire, en étudie les conditions et les effets, et ne donne l'autorisation qu'avec pleine connaissance de cause.

Cependant la loi a été quelquefois critiquée. Il a paru regrettable qu'un mari, obligé de s'absenter pour un long voyage ou absorbé par ses travaux, ne pût pas laisser à sa femme des pouvoirs un peu larges pour conclure des contrats (Huc, t. II, n° 261). C'est seulement pour les affaires personnelles de la femme que cette impossibilité est gênante. Quand il s'agit des affaires du mari ou de celles de la communauté, le droit commun permet au mari de choisir sa femme pour mandataire et de lui donner des pouvoirs aussi étendus qu'il voudra : qui parle d' « autorisation » parle des biens, droits et actions de la femme.

307. Exemples d'autorisations irrégulières. — Serait insuffisante, pour défaut de spécialité, l'autorisation donnée à la femme d'*aliéner* un immeuble sans que l'acquéreur soit connu, le prix indiqué et toutes les autres conditions de la vente précisées dans l'acte d'autorisation (Cass., 10 mai 1853, D. 53. 2. 160); l'autorisation d'*hypothéquer*, sans dire quel immeuble et pour quelle dette ; ou encore l'autorisation d'*emprunter*, si la somme à emprunter n'était pas fixée (Cass., 19 juin 1888, D. 88. 1. 478, S. 88. 1. 432); de *cautionner* une dette dont le montant n'est pas encore connu (Cass., 12 mars 1883, D. 84. 1. 13, S. 85. 1. 495), d'*ester en justice* pour toutes les affaires relatives à son commerce (Cass., 30 janv. 1877, D. 77. 1. 348, S 77. 1. 73).

Chaque opération autorisée doit donc être déterminée dans son objet et dans ses conditions, mais le mari peut en autoriser à la fois et par le même acte autant qu'il voudra.

*** 308. Application du principe aux autorisations de plaider.** — Pour les instances en justice, la spécialité de l'autorisation donne lieu à quelques difficultés. La plupart des affaires sont jugées deux fois, en première instance et en appel. Quand l'appel n'est pas possible, ou après la décision des juges d'appel, il y a lieu au pourvoi en cassation. Cela fait en somme deux et même trois instances successives pour la même affaire.

En général, l'autorisation est donnée à la femme en termes vagues, *pour plaider dans telle affaire*. Jusqu'à quel point l'autorisation de plaider accordée à la femme lui permettra-t-elle de conduire le procès ? En doctrine la question est très controversée. Cependant l'opinion qui interprète l'autorisation dans un sens restrictif a pour elle la règle de la spécialité, qui doit avoir ici pour effet de donner à l'autorisation de plaider la moindre étendue possible.

La jurisprudence résout la question par des distinctions géminées : 1° La femme, qui a perdu le procès en première instance, ne peut interjeter appel qu'en vertu d'une autorisation nouvelle (Cass., 22 janv. 1879, D. 79. 1. 121, S. 79. 1. 273 ; Cass., 21 févr. 1888, D. 88. 1. 214. — Voyez cependant Chambéry, 19 mars 1888, S. 88. 2. 195).

2° Si la femme a gagné en première instance et que l'appel soit interjeté contre elle par son adversaire, il faut sous-distinguer : Avait-elle primitivement le rôle de *défenderesse* ? Elle aura besoin d'être autorisée à nouveau pour défendre en appel (Poitiers, 16 févr. 1881, D. 81. 2. 136). — Était-elle *demanderesse* en première instance ? Une autorisation nouvelle ne lui sera pas nécessaire (Cass., 25 févr. 1879, D. 79. 1. 158, S. 79. 1. 273). Cette dernière solution est peu en harmonie avec les autres et avec le principe de la spécialité. Aussi est-elle combattue par Laurent (t. III, n° 149) et par Aubry et Rau (§ 472, n° 5). L'instance d'appel n'est pas la suite de la première ; c'est un nouveau procès qui s'engage.

Dans le cas où la femme a besoin de deux autorisations distinctes, l'une pour la première instance, l'autre pour l'appel, la jurisprudence admet que celle-ci peut être donnée d'avance, pourvu que ce soit en termes précis et non équivoques (Cass., 1er mars 1858, D. 58. 1. 104. — Comp. Cass., 18 août 1857, D. 57. 1. 333).

Au fond tout se réduit à une question d'interprétation de volonté, car il n'est pas douteux que les diverses instances soient des actes distincts, dont chacun a besoin d'une autorisation spéciale. On doit donc uniquement rechercher si chaque instance a été autorisée : Qu'a voulu le mari ? Toute la question est là. — Dans notre ancien droit ces difficultés ne se présentaient point, parce que la femme ne pouvait plaider qu'avec l'*assistance*, c'est-à-dire avec le concours permanent du mari. Elles sont nées de l'observation maladroite faite par Boulay (ci-dessus n° 282).

2° Les exceptions.

309. Énumération. — Dans *trois cas* l'autorisation maritale cesse d'être soumise à la règle de la spécialité et peut porter sur un nombre indéterminé d'actes non prévus ni réglés au jour de l'autorisation. Cela est possible : 1° pour les *actes d'administration* ; 2° pour les *achats de fournitures* ; 3° pour les *actes de commerce*.

* **310. Autorisations d'administrer.** — La dérogation au principe de la spécialité, en ce qui concerne les autorisations d'administrer, est formulée en ces termes dans l'art. 223 : « Toute autorisation générale, même stipulée par contrat de mariage, n'est valable que quant à l'administration des biens de la femme. » *N'est valable que...*, donc elle est encore bonne à quelque chose. Il résulte en effet de l'ensemble du texte qu'une autorisation donnée en termes généraux peut, même pendant le mariage, permettre à la femme d'administrer ses biens.

C'est ce que Pothier explique en termes fort clairs dans un passage d'où notre article a été certainement tiré : « Il faut distinguer entre les actes de simple administration et ceux qui passent les bornes d'une simple administration... Une autorisation générale suffit pour tous les actes et contrats que fait la femme, qui ne passent pas les bornes de cette administration. A l'égard des autres actes et contrats, l'autorisation du mari doit être expresse et spéciale. Les autorisations générales portées soit par une procuration, soit même par un contrat de mariage..., sont nulles et de nul effet. » (*Puissance du mari*, n° 67.) Il est évident que l'art. 223 a eu pour but le maintien du droit ancien.

311. Difficultés qu'elles soulèvent. — Nous devons examiner deux difficultés que les auteurs de la loi et Pothier lui-même ne semblent pas avoir soupçonnées.

1° Lorsque la permission générale d'administrer ses biens est reconnue à la femme par le contrat de mariage, elle ne peut avoir le caractère d'une *autorisation*, car le futur mari ne possède pas encore la *puissance maritale*. Cette convention est donc une dérogation aux règles ordinaires du mariage et elle a pour objet de *réserver à la femme une capacité partielle*. De la sorte, la femme agira, non comme autorisée par son mari, mais comme capable d'agir seule. Il y a dispense d'autorisation plutôt qu'autorisation générale.

2° Lorsque la même permission est donnée par le mari après le mariage, il y a encore lieu de se demander quelle en est la nature. Elle modifie la situation antérieure de la femme. Or, les conventions matrimoniales ne peuvent recevoir aucune modification pendant le mariage (art. 1395). Il semble donc que la femme, qui ne s'est pas réservée l'administration de ses biens par son contrat, ne peut pas l'obtenir de son mari par un acte postérieur : cette administration appartient au mari et elle doit lui rester. M. Demolombe propose de dire que cet acte vaudra, non pas comme autorisation, mais *comme mandat*. Il est de fait que Pothier et les arrêts anciens nomment « procuration » l'acte qui contient cette autorisation. En outre on comprend que le mari sera surtout tenté de donner à sa femme une autorisation de ce genre quand il s'absente et veut laisser derrière lui quelqu'un pour le remplacer. Mais le *mandat* et l'*autorisation* sont choses fort différentes : si la femme agit comme mandataire, elle oblige son mari et ne s'oblige pas elle-même. De plus, étant donné le principe du droit français qui permet de choisir un incapable pour mandataire, on ne voit pas pourquoi la loi limite la portée de ce mandat aux actes d'administration : le mari est libre de choisir sa femme comme mandataire pour un acte quelconque. Enfin l'art. 223, comme tous les auteurs anciens, suppose que cet acte est une *autorisation* et que la femme agit pour son propre compte, sur ses biens et en s'obligeant elle-même. Il faut donc reconnaître que, dans le système du Code, ces autorisations générales données pendant le mariage, qui restituent à la femme l'administration de ses biens, ne constituent pas une des modifications au régime nuptial prohibées par l'art. 1395[1].

312. Régimes où l'autorisation générale est utile. — Ces autorisations générales ne sont pas nécessaires pour les femmes séparées de biens, ni pour les femmes dotales ayant des paraphernaux. Les unes comme les autres ont, d'après leur régime, la capacité nécessaire pour administrer et n'ont pas besoin d'y être autorisées par leurs maris.

*** 313. Achats de fournitures.** — Si on considère la permission donnée à la femme de faire les achats nécessaires au ménage comme une autorisation et non comme un simple mandat (voyez ci-dessus n° 288), on rencontre encore dans ce cas une autorisation qui est générale par la force des choses, le mari ne pouvant la renouveler à chaque achat que fait la femme.

*** 314. Autorisation de faire le commerce.** — L'autorisation donnée à la femme pour entreprendre le commerce ne porte pas sur les actes très nombreux et de nature très diverse qu'elle aura à faire pour son négoce : les époux ne peuvent ni les énumérer ni les prévoir. Le seul fait qui soit autorisé, c'est l'entreprise commerciale elle-même ; pour les actes spéciaux qu'elle fera en qualité de commerçante la femme agit en réalité sans autorisation. C'est ce que dit l'art. 220 : « La femme, si elle est marchande publique, peut, *sans l'autorisation de son mari*, s'obliger pour ce qui concerne son négoce. » La façon de parler, dont la loi s'est servie dans cet article, a été critiquée, mais bien à tort. On prétend que la femme n'agit pas alors sans autorisation ; qu'elle est autorisée, seulement que par dérogation au principe, l'autorisation est *générale*. C'est une chicane de mots. L'autorisation générale équivaut à l'indépendance et au défaut d'autorisation. La femme commerçante est habile à agir seule et elle agit réellement sans le concours et sans l'assistance d'une autre volonté que la sienne. D'ailleurs tel était déjà le langage de la coutume de Paris, art. 236 : « La femme marchande publique se peut obliger sans son mari », et c'est ainsi que le comprenait Pothier qui traite le cas où la femme est marchande comme un de ceux où elle est affranchie de l'autorisation maritale (*Puissance du mari*, n° 20).

D. — Effets de l'autorisation.

**** 315. Validité de l'acte.** — L'effet d'une autorisation régulière donnée à la femme est de l'*habiliter à agir*, et l'acte fait par elle est *aussi valable que s'il avait été fait par une femme célibataire ou veuve.*

[1] Observez d'ailleurs que le mari, chargé par le contrat de mariage d'administrer les biens de sa femme, n'est lui-même qu'un *mandataire*. Conçoit-on un *mandataire* chargeant son *mandant*, par un mandat donné en sens contraire du premier, d'exécuter la mission qu'il en a reçue ?

Ceci suppose deux conditions :

1° L'autorisation doit avoir été *employée exactement et uniquement à l'acte auquel elle était destinée*. Ainsi l'acte serait nul si la femme, autorisée à *vendre* son bien, en avait fait une *donation* déguisée sous la forme d'une vente ; ainsi encore la femme, autorisée à *plaider*, ne pourrait pas employer cette autorisation à faire un *acquiescement* ou une *transaction*.

2° Il ne doit exister *aucune cause d'incapacité autre que le mariage* : c'est celle-là seulement dont la femme peut se trouver relevée par une simple autorisation. Or il peut y en avoir d'autres tenant soit à la *minorité* de la femme, soit à la *dotalité* de ses biens.

* **316. Cas où la femme est mineure.** — Si la femme s'est mariée encore mineure, elle est émancipée par son mariage ; mais les actes les plus graves doivent être autorisés par son conseil de famille, et la délibération de celui-ci devra être homologuée par le tribunal (art. 483 et 484). L'autorisation du mari ne suffirait pas pour eux.

317. Cas où le bien est dotal. — Si la femme s'est mariée sous le régime dotal, ses immeubles dotaux sont *inaliénables* (art. 1554) et par voie de conséquence il y a toute une série d'actes qui deviennent impossibles ou du moins qui ne peuvent plus être faits avec la seule autorisation du mari et que la justice elle-même ne peut autoriser que pour des causes prévues et déterminées par la loi. L'inaliénabilité dotale équivaut donc à une *aggravation conventionnelle de l'incapacité de la femme*, puisque l'autorisation maritale ne suffit plus pour assurer la validité de l'acte.

** **318. Effet de l'autorisation relativement au mari.** — Quant au mari, l'autorisation donnée par lui ou par la justice ne produit en général aucun effet direct contre lui. Si c'est lui-même qui a autorisé sa femme, il a bien consenti à ce qu'elle s'obligeât, mais il n'a pas entendu s'obliger lui-même : « Qui auctor est se non obligat. » Si c'est la justice qui a donné l'autorisation, on n'en saurait tirer aucune conséquence contre le mari, puisqu'il est resté étranger à ce qui s'est passé.

Tel est le principe, mais il y a des *exceptions* :

1° Lorsque le mari autorise sa femme à *aliéner un de ses biens propres*, il perd la jouissance qui lui appartenait sur ce bien. Son consentement à la vente suppose la renonciation de son droit, à moins qu'il n'ait fait des réserves formelles pour le conserver, auquel cas la vente se réduit à la nue propriété. — Une vente autorisée par la justice laisse toujours subsister le droit de jouissance du mari.

2° Lorsque les époux sont mariés *sous le régime de la communauté*, la femme autorisée par son mari oblige la communauté et *toutes les fois que la communauté est tenue, le mari est tenu lui aussi sur ses propres biens*. L'art. 220 fait l'application de cette règle aux obligations contractées par une femme commerçante : « elle oblige aussi son mari, s'il y a communauté entre eux. »

Cet effet ne se produit pas si la femme commune en biens n'a contracté qu'avec l'autorisation de justice.

3° Lorsque la femme contracte avec l'autorisation de la justice, mais *dans l'intérêt du mari ou de la communauté*, les deux époux se trouvent alors obligés (art. 1427).

E. — Effet du défaut d'autorisation.

** **319. Nullité de l'acte non autorisé.** — Règle générale. — En principe tout acte fait par la femme sans autorisation régulière de son mari ou de justice, est *annulable*. Voir t. I, 1re édit., n° 324 ; 2e édit., n° 343, les caractères généraux des nullités relatives.

La nullité de l'acte irrégulier n'a pas lieu de plein droit : elle doit être prononcée par jugement. Il faudra donc s'adresser à la justice, exercer une *action en nullité* ; mais l'annulation devra être accordée par le tribunal sous la seule condition qu'il soit prouvé 1° que l'acte a été fait pendant le mariage ; 2° qu'il n'a pas été autorisé. Il n'y a pas lieu de rechercher si l'acte a causé un préjudice à la femme ou au mari. Voyez t. I, 1re édit., nos 445 et 446 ; 2e édit., nos 2100 et 2101.

Règle spéciale pour les donations. — Par une exception tout à fait remarquable à cette règle, la jurisprudence considère comme entachée de *nullité absolue* la donation acceptée par la femme sans autorisation ; la Cour de cassation dit qu'alors la donation demeure imparfaite et qu'il lui manque une des conditions nécessaires à son existence légale (Cass., 14 juill. 1856. D. 56. 1. 282, S. 56. 1. 641 ; Cass., 15 juill. 1889, D. 90. 1. 100, S. 89. 1. 412). Mais ceci n'a lieu qu'autant que la donation a été faite par acte authentique ; pour toutes les hypothèses où la donation se fait valablement sous une autre forme, les art. 225 et 1125 reprennent leur empire et l'acte non autorisé n'est qu'annulable (Paris, 12 mai 1898, D. 99. 2. 313 ; Cass., 30 nov. 1896, D. 1. 449, S. 97. 1. 99). Du reste sur le principe même cette jurisprudence est très contestée en doctrine. Voyez Baudry-Lacantinerie et Colin, *Donations entre vifs*, t. 1, nos 1305 et suiv.

** **320. Personnes pouvant demander la nullité.** — L'action en nullité contre un acte simplement annulable n'appartient jamais qu'aux personnes que la loi a voulu protéger. Ces personnes sont :

1° *Le mari*. C'est surtout dans son intérêt que la nullité est établie ; on veut faire respecter son autorité maritale. C'est donc à lui que l'action en nullité doit appartenir tout d'abord.

2° *La femme*. Rationnellement, l'action en nullité ne devrait pas lui être donnée. Mais on a vu ci-dessus n° 257 que le Code civil a admis un système mixte sur les motifs de l'incapacité. La loi permet donc à la femme d'attaquer l'acte irrégulier fait par elle (art. 225).

3° *Leurs héritiers* (art. 225). La loi fait ici l'application d'un principe général, d'après lequel les actions qui appartiennent à une personne passent après sa mort à ses héritiers.

La transmission de l'action aux héritiers de la femme se comprend sans difficulté : cette action présente pour elle un intérêt pécuniaire qui lui survit ; il s'agit de reprendre un bien qu'elle avait aliéné, de se faire libérer d'une obligation qu'elle avait contractée. Pour les héritiers du mari, il n'en est pas de même. Entre les mains du mari, l'action ne présente guère qu'un *intérêt moral*, car l'acte irrégulier et non autorisé par lui ne lui est pas opposable et ne peut lui nuire. Or les héritiers du mari ne succèdent pas à sa puissance sur la femme ; cet intérêt leur manque. Dans quel but pourront-ils donc agir en nullité sans se voir opposer la maxime : « Sans intérêt, pas d'action » ? On peut trouver des cas où l'annulation présentera pour eux un intérêt pécuniaire, par exemple, si la femme avait *renoncé à une succession mobilière* destinée à tomber en communauté et dont ils auraient recueilli la moitié comme successeurs du mari [1].

La difficulté est pareille pour le mari lui-même, quand il survit à la dissolution du mariage : en perdant sa puissance maritale, il perd l'intérêt qu'il avait à faire annuler l'acte, et ne peut plus par suite en demander la nullité, si ce n'est dans les cas exceptionnels où l'annulation présente encore pour lui un intérêt pécuniaire.

321. Refus de l'action aux tiers. — L'action en nullité est au contraire refusée à la personne qui a traité ou plaidé avec la femme non autorisée.

Les textes le disent expressément : « La nullité ne peut être opposée que par la femme, par le mari, ou par leurs héritiers » (art. 225) ; « Les personnes capables de s'engager ne peuvent opposer l'incapacité de la femme mariée avec qui elles ont contracté » (art. 1125).

En limitant ainsi l'action en nullité, ces deux textes ont introduit dans notre droit un changement considérable. Avant le Code civil, l'autorisation maritale étant considérée comme une *solennité* du contrat (ci-dessus n° 281), son absence entraînait une nullité *absolue*. Par suite, cette nullité pouvait être opposée par tout intéressé, même par la partie qui avait traité avec la femme. (POTHIER, *Puissance du mari*, n°s 5 et 78).

** **322. Durée de l'action en nullité.** — L'action en nullité dure dix ans. C'est un principe général pour toutes les actions de ce genre (art. 1304). Mais le délai de dix ans ne court contre la femme que *du jour de la dissolution du mariage*. Il y a doute pour savoir si la prescription est légalement retardée au profit du mari, ou si elle court contre lui du jour même de l'acte. Sur la controverse doctrinale à cet égard voyez la note du *Dalloz* sous Pau, 14 juin 1898, D. 99. 2. 141. Cet arrêt fait courir la prescription contre le mari dès le jour où l'acte est passé.

323. Difficulté au cas d'absence du mari. — L'absence du mari soulève une question de preuve assez délicate : une femme mariée prétend faire annuler un acte fait par elle sans autorisation pendant que son mari était en état d'absence. Est-ce à elle de prouver que son mari existait encore au jour où le contrat a été passé par elle ? Est-ce au tiers, qui désire faire maintenir le contrat, à prouver que le mari était déjà mort ? En fait, ni l'une ni l'autre de ces deux affirmations ne peut être prouvée puisque l'absence consiste précisément dans une incertitude absolue sur la vie ou la mort de la personne. La jurisprudence, après quelques hésitations, a décidé que l'obligation contractée par la femme devait être annulée, à moins que le tiers ne prouvât le décès du mari antérieurement à la date de cette obligation (Cass., 9 mai 1882, D. 83. 1. 251, S. 82. 1. 340). Au point de vue des textes la question n'est pas douteuse : l'art. 222 décide formellement que la femme de l'absent a besoin d'autorisation. Elle se trouve donc dans un cas où le défaut de cette autorisation doit rendre nul l'acte fait par

[1] Je donne cette hypothèse comme exemple, parce que tout le monde la reproduit depuis Marcadé qui l'a inventée. Mais à quoi cela avancera-t-il les héritiers du mari de faire annuler la renonciation faite par la femme ? Ils ne pourront pas accepter la succession à la place de la femme, ni forcer son consentement, et celle-ci sera libre de renoncer à nouveau, si elle le veut.

elle, à moins qu'on ne prouve contre elle que son mari était non seulement absent, mais mort.

L'incapacité de la femme étant principalement fondée sur l'intérêt du mari, il serait plus simple et plus logique de restituer sans entrave à la femme l'administration du ménage quand il est absent. C'est ce qu'a fait le Code italien (art. 135).

* **324. Confirmation de l'acte annulable.** — La façon dont les actes annulables peuvent être confirmés ou ratifiés a été expliquée dans le tome II, à propos des contrats. Un seul point, spécial aux actes des femmes mariées, a besoin d'être exposé ici [1]. Le mari, ayant connaissance de l'acte fait par sa femme, le ratifie : quel sera l'effet de cette confirmation ? Il est bien certain que le mari a perdu le droit de critiquer l'acte, après l'avoir approuvé, mais sa femme, qui avait de son côté le droit de l'attaquer, conserve-t-elle son action en nullité? Il y avait dans le projet de Code civil, à l'art. 217, un alinéa final qui disait : « Le consentement du mari, quoique postérieur à l'acte, suffit pour le valider. » Cet alinéa, qui tranchait la question, a disparu sans qu'on sache pourquoi. Il semblerait raisonnable d'en conserver la décision, puisque la seule chose qui manquât à l'acte était l'approbation du mari : une fois que cette approbation est acquise, on ne voit plus de cause de nullité. Néanmoins ce n'est pas ainsi que le Code est interprété. En se fondant sur ce fait que la loi accorde l'action en nullité à la femme en même temps qu'au mari, on reconnaît à la femme un droit distinct du sien, et les deux actions en nullité, une fois nées, sont considérées comme *indépendantes*. La femme conserve donc la sienne, malgré la ratification du mari.

* **325. Solution de l'ancien droit.** — Dans l'ancien droit les actes des femmes mariées non autorisées n'étaient pas susceptibles de confirmation parce qu'on les considérait comme frappés d'une nullité absolue. Cependant, lorsque le mari les approuvait, toutes les volontés dont ils exigeaient le concours se trouvant réunies, ils produisaient tous leurs effets, mais seulement pour l'avenir. La différence avec le droit moderne se trouvait donc en ceci que le consentement du mari ne valait pas confirmation *rétroactive* d'un acte antérieur, mais conclusion d'un acte valable au moment même où il était donné.

* **326. Formes particulières pour les jugements rendus contre la femme non autorisée.** — L'action en nullité n'est donnée que contre les contrats et autres actes extrajudiciaires, et non contre les jugements, pour lesquels il existe des *voies de recours* spéciales. Par conséquent, quand une femme mariée a plaidé sans autorisation et qu'elle a perdu son procès, elle ne peut attaquer par voie d'action en nullité le jugement ou l'arrêt rendu contre elle. Pour faire tomber cette décision il lui faut employer les voies de recours.

[1] On doit remarquer que si l'*autorisation* donnée d'avance pour faire l'acte ne peut pas être tacite, il en est autrement de la *ratification* qui intervient après coup. Ainsi le fait du mari qui occupe un appartement pris à bail par sa femme sans autorisation, vaut ratification du bail (Paris, 3 août 1872, D. 73. 2. 119. — Comp. pour une autre hypothèse de souscription non autorisée à des actions d'une société, Cass., 25 mai 1886, D. 87. 1. 379, S. 87. 1. 268).

De la part de la femme, la voie à employer sera la *requête civile* (art. 480 et 481 C. proc. civ.).

De la part du mari, il y aura lieu à *tierce opposition*, car le jugement a été obtenu en fraude de ses droits et peut lui faire grief (Cass., 28 mars 1888, D. 88. 1. 361, S. 91. 1. 294).

De plus, si l'affaire n'est pas encore terminée, le moyen de nullité tiré du défaut d'autorisation peut être proposé soit par la femme, soit par le mari ; il pourrait même interjeter appel précisément pour user de ce moyen. Enfin ils seraient admis à le présenter pour la première fois devant la Cour de cassation, parce qu'il est d'ordre public (Cass., 21 févr. 1888, D. 88. 1. 214, S. 88. 1. 104 ; Cass., 16 juill. 1889, D. 90. 1. 377 ; Cass., 9 mars 1896, D. 96. 1. 152).

CHAPITRE X

NULLITÉS DU MARIAGE

§ 1. — *Système exceptionnel appliqué aux nullités de mariage.*

** **327. Le principe et ses motifs.** — D'après l'opinion dominante, la théorie des nullités en matière de mariage est soumise à une règle exceptionnel qu'on peut formuler ainsi : « *Pas de nullité pour le mariage sans un texte qui la prononce expressément.* » La Cour de cassation a eu plusieurs fois l'occasion de proclamer ce principe (Cass., 9 janv. 1821, Dalloz, *Répert.*, v° Mariage, n° 210, S. 21. 1. 157, S. chr., 6. 1. 359 ; Cass., 12 nov. 1839, Dalloz, *ibid.*, n° 514, S. 39. 1. 826 ; Cass., 12 nov. 1844, D. 44. 1. 98, S. 45. 1. 246), et il est aujourd'hui accepté par tout le monde.

C'est une dérogation remarquable au droit commun. En toute autre matière il est admis que la nullité peut être *virtuelle* ou *tacite*. Quand la loi défend quelque chose, ce qui est fait en violation de cette défense est nul. Voyez, dans le t. I, la théorie des nullités. Il n'en est pas de même pour le mariage. Pourquoi ?

L'intention du législateur a été, dit-on, de tout prévoir et de tout régler. L'annulation d'un mariage est une mesure dangereuse, qui jette un trouble profond dans les familles : malheur irréparable pour les uns, scandale pour les autres. Le législateur s'est réservé à lui seul le droit de décider si la violation de la loi était assez grave pour justifier une telle rigueur, et il n'a rien voulu laisser aux hasards des débats judiciaires. C'est pour cela qu'il a consacré aux nullités du mariage un chapitre spécial, le chapitre IV du Titre V (art. 180-202). Toutes les causes de nullité que le législateur a voulu admettre y sont réglementées ; ce chapitre se suffit à lui-même, et pour

[1] Toutefois, la possibilité de cette voie de recours est contestée ; mais cette controverse appartient aux Cours de procédure.

respecter les intentions des auteurs de la loi, nous devons nous en tenir là. *Il faut rejeter toute cause de nullité qui n'est pas prévue et réglée dans le chapitre* IV *du Titre « Du mariage »*. C'est à cette conclusion qu'on doit aboutir, si l'on admet le principe de la Cour de cassation.

***328. Réfutation.** — Cette façon de comprendre l'utilité du chapitre IV est démentie à la fois par les travaux préparatoires et par les textes. Ce chapitre a pour but de déterminer les personnes qui peuvent demander la nullité d'un mariage. S'il a été écrit dans une intention particulière, ç'a été pour enlever à certaines personnes le droit d'attaquer les mariages, et non pour empêcher les juges de reconnaître des causes de nullité en interprétant la pensée de la loi. Il faut lire la discussion du Conseil d'État sur ces articles (FENET, t. IX, p. 40 à 56). On ne se demanda jamais dans quel cas le mariage serait nul, mais seulement, *étant donnée une cause de nullité, qui pourrait s'en prévaloir* (Comp. Cass., 9 nov. 1887, D. 88. 1. 161). Quant aux textes voici ce qu'il faut remarquer. Le chapitre est intitulé : « Des demandes en nullité », et non pas « Des causes de nullité ». Dans le projet, les articles étaient presque tous ainsi conçus : « La nullité résultant de ce que... » Ils n'avaient donc pas pour objet d'établir des nullités. La nullité résulte suffisamment des différents articles qui exigent certaines conditions d'aptitude, qui édictent des prohibitions ou qui établissent les formes du mariage. Dans leur rédaction actuelle les articles du chapitre IV disent tous : « *Le mariage peut être attaqué par...* » ou : « *ne peut être attaqué que par...* » Ce n'est pas cette forme qu'on aurait employée si on avait voulu dire que le mariage serait nul dans tels cas et non pas dans tels autres. On outrepasse donc les volontés évidentes du législateur, quand on refuse de reconnaître des causes de nullité en dehors de ce chapitre.

J'ajoute que la règle d'interprétation qu'on s'impose — en admettant qu'elle fût conforme à la pensée des auteurs de la loi — n'aurait de valeur sérieuse que pour les infractions aux règles contenues dans le titre « Du Mariage », le seul qu'on eût sous les yeux quand on rédigea notre chapitre. Mais cette règle perd toute espèce de force quand il s'agit de règles faisant partie d'une autre division du Code, comme les prohibitions qui furent portées plus tard dans les Titres « Du Divorce » et « De l'Adoption », lesquels n'étaient pas encore votés quand on s'occupa du mariage.

Les arguments sur lesquels la doctrine essaie de fonder le principe « Pas de nullité sans texte » sont parfois d'une extrême faiblesse. Il est des auteurs qui disent : « Comment douter que le législateur ait voulu tout prévoir et tout régler, quand on le voit prononcer en termes exprès la nullité du mariage dans une série d'hypothèses ? Peut-on songer à admettre des nullités virtuelles, fondées sur la volonté tacite du législateur, dans une matière où il a manifesté sa volonté d'une manière expresse ? » Hé ! oui, on le peut, car on le fait pour tous les contrats. Ainsi la vente de la chose d'autrui est déclarée nulle expressément par l'art. 1599, ce qui n'empêche pas d'admettre la nullité pour la vente d'une succession future ou pour la vente consentie par un époux à l'autre, qui sont toutes deux prohibées par les art. 1595 et 1600, sans que ni l'un ni l'autre les déclare nulles expressément.

***329. Cas de nullité admis sans texte.** — Du reste quand on passe aux applications on s'aperçoit bien vite qu'il est, sinon impossible, du moins fort difficile de maintenir ce prétendu principe. Dans le titre même « Du Mariage », il y a l'art. 170, qui établit une cause de nullité particulière et qui pourtant ne fait pas partie du chapitre consacré aux nullités. Bien mieux : le législateur a commis une omission évidente dans son énumération. Il a oublié de prévoir dans l'art. 182 le cas où un enfant naturel se marierait sans le consentement d'un tuteur *ad hoc*, comme l'exige l'art. 159. Il y aurait donc un cas où un mineur pourrait se marier valablement sans le consentement de personne ! — Prenons le Titre « Du Divorce ». Nous y trouvons les art. 295 et 298 qui établissent deux prohibitions de mariage, lesquelles doivent raisonnablement être sanctionnées par la nullité ; mais le mot de « nullité » ne s'y trouve pas ; la loi dit simplement : « Les époux divorcés *ne pourront* se réunir... » — « L'époux coupable ne *pourra jamais* se marier avec son complice... » — De même dans le Titre « De l'Adoption », l'art. 348 édicte une série de prohibitions qui ne signifient pas grand'chose, si elles n'entraînent pas nullité du mariage. Mais cet article se borne à dire : « Le mariage est *prohibé* entre... », sans ajouter qu'il sera nul. — Rappelons enfin l'art 25, abrogé en 1854, qui déclarait l'individu condamné à une peine perpétuelle « incapable de contracter un mariage produisant des effets civils ».

Aussi presque tous les auteurs reculent devant l'application absolue de leur principe. La plupart admettent la nullité dans le cas de l'art. 170 ; d'autres l'acceptent pour l'hypothèse de l'art. 159 ; quelques-uns même veulent bien sanctionner de cette manière les art. 295 et 298. LAURENT seul est logique jusqu'au bout : fidèle à sa méthode ordinaire d'interprétation rigoureuse, il rejette toutes ces causes de nullité sans exception. Un principe est jugé par ses conséquences quand il conduit à des solutions comme celles qu'a enseignées Laurent.

Quant à la *jurisprudence*, elle n'a pas à construire une doctrine synthétique ; elle se borne à statuer sur les espèces qui lui sont soumises. Elle se sert du principe qui vient d'être discuté et qui lui fournit un moyen commode de repousser certaines demandes en nullité. Mais elle nous offre des exemples éclatants de dérogations, pour les *mariages célébrés à l'étranger* (art. 170) et pour les *mariages contractés par des prêtres* : s'il y a des textes qui ne parlent pas de nullité ce sont certainement les art. 6 et 26 de la loi du 18 germinal an X (ci-dessus n° 57).

Toutefois elle décide que l'empêchement au mariage provenant de l'adultère ne constitue qu'un empêchement prohibitif (Trib. de la Seine, 20 mai 1896, D. 99. 2. 50 ; Paris, 3 mars 1897, D. 97. 2. 489).

***330. Conclusion.** — S'il fallait établir un principe spécial pour le mariage, voici bien plutôt ce qu'il faudrait dire. A la différence des autres matières, *la formule prohibitive,* employée par la loi à propos du mariage, *n'est pas nécessairement irritante,* c'est-à-dire qu'elle ne suffit pas toujours pour faire admettre la nullité. Il faut rechercher *pour chaque cas* si l'intention du législateur a été d'y attacher cette sanction rigoureuse. S'il est vrai d'une manière générale que les lois doivent être obéies, et que les actes contraires à leurs dispositions doivent être nuls, il y a lieu de n'appliquer cette règle au mariage qu'avec réserve. Pour le mariage les conséquences de l'annulation sont telles que, dans bien des cas, il vaut mieux maintenir une union illégale que de l'annuler. L'interprète, comme le législateur, doit donc se montrer sobre de nullités, et *reconnaître l'existence de prohibitions qui n'empêcheront pas le mariage célébré d'être valable* (ci-dessous n° 333).

§ 2. — *Des empêchements de mariage.*

***331. Définition.** — On appelle « empêchements du mariage » toute raison pour laquelle l'officier de l'état civil doit *refuser de procéder à la célébration.* Un empêchement est donc un fait *antérieur au mariage* et qui y fait obstacle.

***332. Causes variées d'empêchements.** — Les causes d'empêchement sont diverses. Tantôt c'est une *condition de capacité* qui manque à l'un des époux (ci-dessus n° 15) ; tantôt c'est une *circonstance particulière* sur laquelle la loi fonde une prohibition de mariage (ci-dessus n° 27) ; d'autres fois ce sera une *formalité* qui aurait dû être remplie et qui a été omise (ci-dessus n° 108).

333. Effets des empêchements. — Tout empêchement de mariage est un obstacle à la célébration ; c'est par là que tous méritent leur nom ; mais la loi n'attache pas à tous la même force. Il en est qui laissent subsister le mariage, si, en fait, il a été célébré ; ceux-là sont des *empêchements simplement prohibitifs.* Il en est d'autres qui sont plus sévèrement sanctionnés et dont la violation entraîne la nullité du mariage, quand on a passé outre : ceux-là sont des *empêchements dirimants* (de *dirimere,* rompre). Ainsi l'empêchement ne s'accompagne pas toujours d'une nullité. Pourquoi cela ? C'est que l'annulation d'un mariage est toujours un fait grave, dont les conséquences, pénibles pour les uns, scandaleuses pour les autres, sont souvent un mal plus grand que le fait même de la violation d'une règle légale. La loi recule devant ces conséquences : tout en désirant que le mariage n'ait pas lieu et en défendant aux officiers municipaux de le célébrer, elle le laisse subsister quand il a eu lieu : il y a donc *prohibition sans nullité.* Ce n'est que pour les règles les plus importantes, celles que le législateur tient absolument à faire respecter qu'il y a non seulement *défense de célébrer le mariage*, mais en outre *nullité du mariage célébré*.

* **334. Erreurs à éviter.** — En elle-même cette distinction est facile à comprendre et à retenir. Cependant beaucoup d'étudiants s'y trompent, parce qu'ils la confondent avec une autre : celle des nullités absolues et des nullités relatives. Ils s'imaginent que la nullité absolue sanctionne les empêchements dirimants et la nullité relative les empêchements prohibitifs. — L'erreur est facile à éviter quand on en est prévenu : il n'y a pas de concordance entre les deux espèces de nullités et les deux espèces d'empêchements, car les empêchements simplement prohibitifs n'entraînent *jamais* nullité, et toutes les fois que le mariage célébré au mépris d'un empêchement est nul, on peut être sûr que l'empêchement était *dirimant*, quand bien même il y aurait simple nullité relative.

On commettrait une erreur d'un autre genre si l'on croyait que la nullité d'un mariage suppose toujours l'existence *antérieure* d'un empêchement. Il y a des causes de nullité qui sont *contemporaines* de la célébration. Telles sont la clandestinité, l'incompétence de l'officier de l'état civil, les vices du consentement.

* **335. Liste des empêchements simplement prohibitifs.** — Tous les empêchements qui sont *dirimants* vont être passés en revue pour l'étude des *nullités* qu'ils entraînent. Dressons ici, pour n'y plus revenir, la liste de ceux qui sont *simplement prohibitifs* :

1° *Le défaut d'actes respectueux*, quand le futur époux est majeur au moment de son mariage, mais qu'il a encore des ascendants (ci-dessus nos 90 et suiv.). Le mariage ne peut être annulé, puisque la majorité donne la capacité nécessaire pour se marier sans le consentement de personne.

2° *Le défaut de publications*. Voyez ce qui sera dit plus loin du vice de *clandestinité* (ci-dessous nos 355 à 357).

3° *Le délai de dix mois*, imposé à la femme veuve (art. 228), à la femme divorcée (art. 296), et par analogie à celle dont le mariage a été annulé (ci-dessus n° 45). La crainte d'une *confusion de part*, qui est le motif de cette prohibition, ne suffit pas pour annuler le mariage : l'annulation ne servirait même à rien, car elle n'empêcherait pas la grossesse de la femme et le doute qui plane sur la filiation de l'enfant.

4° *L'existence d'une opposition*. On a vu plus haut (n° 144) que l'officier de l'état civil qui reçoit une opposition à un mariage ne doit pas le célébrer, tant qu'on ne lui en présente pas la *mainlevée*. Qu'adviendrait-il s'il passait outre ? Le mariage serait-il nul ? Cela dépend de la question de savoir s'il existe réellement un empêchement, et si cet empêchement est *dirimant*. La nullité ne peut résulter que d'une cause précise et réelle ; l'opposition à elle seule ne crée qu'un empêchement *prohibitif*. Elle empêche la célébration, elle rend l'officier de l'état civil passible d'une amende, s'il y procède avant la mainlevée, mais le mariage est *valable*, à moins qu'il n'y ait réellement une cause particulière de nullité.

5° Enfin l'*état militaire* : le défaut d'autorisation des supérieurs ne pourrait avoir d'autre sanction que des mesures disciplinaires. L'interdiction de se marier sans autorisation n'est qu'une règle de police, et l'annulation du mariage serait sans proportion avec l'infraction. Sur l'autorisation exigée des militaires, voyez ci-dessus nos 52-54.

* **336. Cas controversés.** — Cette liste s'allonge beaucoup pour ceux qui admettent le principe : « Pas de nullité en dehors du chapitre IV. »

Ils y ajoutent les empêchements dérivant de l'*abus du divorce* (art. 295), de l'*adultère* (art. 298), de l'*adoption* (art. 348) que nous considérons comme dirimants. Quelques-uns même y font rentrer le *défaut de consentement du tuteur ad hoc de l'enfant naturel* (art. 159). Voyez ci-dessus n° 329.

337. Cas à rejeter. — Les arrêts ont pendant longtemps considéré la *prêtrise* comme un empêchement prohibitif. Sous l'empire de l'opinion commune, qui n'admet pas de causes de nullité en dehors de celles que le Code civil a expressément établies, la Cour de cassation rejetait, au moins implicitement, toute idée de nullité pour le mariage des prêtres (9 janv. 1821, S. 21. 1. 826). Mais, ayant donné cette satisfaction à ce qui lui paraissait être le principe de la loi civile, elle avait admis que l'engagement dans les ordres sacrés constituait un empêchement au mariage (Cass., 21 févr. 1833, S. 33. 1. 168; Cass., 23 févr. 1847, D. 47. 1. 129, S. 47. 1. 177). Jusque-là la jurisprudence s'était bornée à approuver le refus qu'avaient opposé quelques officiers de l'état civil à des prêtres qui voulaient se marier. En combinant ces diverses décisions on fit de la prêtrise un simple empêchement prohibitif. On s'appuyait aussi sur la parole de Portalis, qui avait déclaré officiellement comme orateur du gouvernement, à propos de la loi organique du Concordat, que les ordres sacrés n'étaient plus un empêchement *dirimant*: il n'avait pas dit qu'ils n'étaient pas un empêchement *prohibitif*. Cette doctrine eut un temps de succès: on croyait respecter à la fois la loi civile relative aux nullités de mariage, et la fidélité due aux vœux religieux. Mais cette sorte de moyen terme n'a pu se soutenir. Du moment où l'on admet que la loi civile interdit le mariage aux prêtres par respect pour les canons, il faut admettre qu'elle en prononce comme eux la nullité, puisqu'elle n'est que l'exécutrice des décisions des conciles. *Si l'empêchement existe, il n'est pas simplement prohibitif, il est dirimant*. C'était ce que décidaient autrefois les Parlements, et la Cour de cassation elle-même a été entraînée jusque-là.

En 1878 la Chambre des requêtes rejeta un pourvoi dirigé contre un arrêt de la Cour de Rennes, de 1876, qui avait annulé le mariage d'un prêtre (ci-dessus p. 20, note 1). Le système de la nullité faisait ainsi son entrée à la Cour de cassation. Alors on a retourné contre la jurisprudence son prétendu principe: « Où prenez-vous la nullité, puisqu'il n'y a pas de texte formel? » Devant cette objection le parti de la nullité a succombé. Mais nous n'avons pas besoin de ce principe pour écarter la nullité et pour déclarer le mariage valable: il n'y a pas de nullité, parce qu'*il n'y a pas d'empêchement du tout*. L'empêchement n'est ni dirimant ni prohibitif: il n'existe pas. Comp. n° 524 ci-dessous.

§ 3. — *Des mariages inexistants.*

338. Observation préliminaire. — C'est pour corriger les résultats désastreux de leur principe « Pas de nullité sans texte » que les auteurs modernes ont été amenés à construire leur théorie des *actes inexistants* (Voyez t. 1, 1re édit., n°s 314 et 326-330; 2e édit., n°s 333 et 345-349)[1]. Puisqu'il y a des cas où la loi ne prononce pas la nullité, et où il est raisonnablement impossible d'admettre que le mariage produise ses effets, on peut se tirer d'embarras en décidant que le mariage est inexistant et qu'alors la loi n'a pas à l'annuler. Telle fut la raison pratique de cette théorie, dont notre ancien droit n'avait jamais éprouvé le besoin.

* **339. Énumération.** — Nous allons étudier rapidement les hypothèses qui sont considérées comme des cas d'inexistence du mariage. Elles sont au nombre de trois seulement: l'*identité de sexe*, le *défaut de forme*, le *défaut de consentement*.

A. — Identité de sexe.

340. Possibilité de l'hypothèse. — Les auteurs croyaient prévoir, d'une manière purement théorique, ce cas d'inexistence du mariage; mais les annales judiciaires ont prouvé que la question pouvait se poser en pratique. Il y a des cas où les organes d'un sexe manquent totalement ou sont si mal conformés que le sexe devient douteux.

[1] Cette théorie, qui est relativement récente, a donc son origine dans la matière du mariage, bien qu'on lui ait donné une portée générale.

Il est bien certain que le mariage suppose la différence du sexe entre les deux personnes qui s'unissent et qu'il est radicalement nul ou sans objet lorsque l'on s'est trompé sur le sexe de l'une d'elles ou, ce qui revient au même, si l'une d'elles n'a pas de sexe déterminé.

341. Jurisprudence. — Les tribunaux ont résolu diversement la question, tantôt déclarant le mariage nul comme n'ayant pas uni un homme et une femme (Montpellier, 8 mai 1872, D. 72. 2. 48, S. 72. 2. 272), tantôt le maintenant en considérant le vice de conformation comme un simple cas d'impuissance (Caen, 16 ou 23 mars 1882, D. 82. 1. 155, S. 82. 2. 108). Cette différence de solution pourrait se justifier par la variété des cas. Dans l'affaire jugée par la Cour de Caen, le sexe de la femme était reconnaissable, bien qu'elle manquât des organes propres à la génération.

B. — Défaut de célébration devant l'officier de l'état civil.

* **342. Rareté de l'hypothèse.** — On a déjà vu que le défaut de formes pour les actes solennels est plutôt un cas de nullité qu'un cas d'inexistence, mais qu'il n'y a point d'inconvénient à déclarer l'acte inexistant, quand il n'est pas revêtu des formes requises par la loi (t. I, n° 330 ; 2e édit., n° 349). Tous les auteurs modernes considèrent comme tel le mariage qui aurait été célébré *devant un notaire* ou *devant un prêtre,* à plus forte raison celui qui aurait été contracté par un *simple échange de consentements,* comme avant le concile de Trente. Au reste, ces choses-là ne se voient plus, en France du moins, que dans les comédies du répertoire qui gardent le souvenir du droit primitif.

* **343. État des textes.** — On attache en général beaucoup d'importance à décider que le mariage est inexistant quand il n'a pas été célébré par un officier de l'état civil, parce que, dit-on, la loi n'a pas expressément prononcé la nullité d'un pareil mariage, et il est nécessaire que le principe fondamental du mariage civil reçoive sa sanction. — On oublie que si le nom de « nullité » n'est pas écrit dans la loi, la nullité y est cependant organisée par l'art. 194 : « Nul ne peut réclamer les effets civils du mariage, s'il ne représente un acte inscrit sur le registre. » La preuve du mariage étant alors impossible à fournir, aucun des effets du mariage ne se produira. En quoi un texte parlant expressément de nullité serait-il plus énergique ?

C. — Défaut absolu de consentement.

* **344. Effet radical du défaut de consentement.** — C'est pour ce cas que la notion de l'acte inexistant se trouve clairement énoncée dans la loi : « Il n'y a pas de mariage, quand il n'y a pas de consentement. » Le texte suppose, en disant cela, une absence absolue de consentement, et non pas l'existence d'un consentement vicié par quelque cause accidentelle, ce qui rendrait le mariage simplement annulable.

* **345. Jurisprudence relative à l'absence de consentement.** — D'après les auteurs, l'acte inexistant ne peut produire aucun effet : la pre-

mière condition pour en produire serait d'exister. Raisonnant à l'aide de la pure logique, les auteurs en concluent que toute personne pourra toujours et à toute époque opposer l'inexistence de l'acte, quand on voudra lui faire produire effet contre elle. La seule hypothèse pratique où cette théorie doctrinale est susceptible de recevoir son application au mariage est celle où un mariage est attaqué comme ayant été contracté par une personne en état de démence au moment de la célébration, mais la Cour de cassation semble l'avoir rejetée par un arrêt du 9 novembre 1887 (D. 88. 1. 161, S. 87. 1. 461). Un frère attaquait le mariage de son frère décédé, pour cause d'insanité d'esprit. La Cour de cassation a décidé que les collatéraux ne pouvaient agir en nullité de mariage que dans les cas où le leur permet l'art. 184 ; or parmi les textes que vise cet art. 184, on ne trouve pas l'art. 146 qui règle l'effet du défaut de consentement[1]. Cependant ce raisonnement n'a été qu'un moyen d'écarter l'action des collatéraux, toujours vue avec défaveur, et il est douteux qu'il devienne un principe de jurisprudence. La doctrine qu'on pourrait tirer de cet arrêt a été très nettement répudiée par un arrêt fort bien motivé de la Cour de Bastia, qui a considéré comme frappé de nullité absolue un mariage contracté par un homme en état d'imbécillité congénitale (Bastia, 8 févr. 1888, D. 88. 1. 317, S. 89. 2. 177).

Au fond, l'arrêt du 9 novembre 1887 n'est pas contraire à la distinction des mariages inexistants et des mariages nuls[2]; on peut comprendre sa décision comme une règle spéciale à la théorie du consentement. La preuve du défaut de consentement est si dangereuse à fournir après la mort de l'auteur de l'acte, les collatéraux apportent tant de passion à attaquer un mariage qui a renversé leurs espérances et leurs calculs, qu'il y a avantage pratique à leur refuser l'action en nullité, comme l'a fait la Cour de cassation[3].

§ 4. — *Des nullités absolues du mariage.*

A. — Causes de nullité.

* **346. Énumération.** — Les causes qui entraînent la nullité absolue d'un mariage sont au nombre de sept. Les cinq premières sont admises par tout le monde et portent des noms spéciaux : l'*impuberté*, l'*inceste*, la *bigamie*, la *clandestinité*, l'*incompétence* de l'officier de l'état civil. Les

[1] Il résulte de là que, sur ce point comme sur bien d'autres, les règles de fond sont dominées par les règles de la preuve. La loi a beau dire qu'il n'y a pas de mariage quand il n'y a pas de consentement; le mariage existe néanmoins et produit ses effets, tant que la loi ne rend pas possible la preuve du fait allégué en ouvrant l'action en nullité.

[2] La Chambre civile a soigneusement omis de prononcer d'une manière générale le mot de mariages inexistants, et son abstention est d'autant plus remarquable que l'arrêt de la Cour de Bordeaux, du 24 juin 1884, contre lequel le pourvoi était dirigé, fait au contraire reposer son argumentation sur cette idée que le législateur a rejeté dans les art. 146 et 180 la distinction des mariages inexistants et des mariages nuls.

[3] Les collatéraux ne sont pas entièrement désarmés pour cela ; il leur reste une double ressource : 1° faire opposition au mariage, avant qu'il ne soit célébré, et provoquer l'interdiction de leur parent ; 2° s'ils ont négligé ce moyen, faire interdire le dément et faire exercer l'action en nullité par son tuteur, car cette action appartient très certainement au dément lui-même de son vivant.

deux autres n'ont pas reçu de nom particulier et sont prévues par les textes relatifs au divorce (art. 295 et 298). On pourrait nommer l'une *l'abus du divorce* et l'autre la *complicité d'adultère*. Toutes deux sont contestées et ne sont même pas admises dans l'opinion la plus générale. Enfin il en est deux autres qui doivent certainement être rejetées : la *prêtrise* et l'*impuissance*.

1° Impuberté.

347. Controverse sur la nature de la nullité. — Le mariage d'un impubère est certainement nul, mais le caractère de la nullité qui l'atteint a été contesté. Ainsi qu'on le verra, cette nullité est susceptible de se couvrir au bout d'un temps plus ou moins long. Or les nullités véritables sont perpétuelles : « Quod nullum est nullo lapsu temporis convalescere potest. » Néanmoins *il faut ranger ce cas parmi les nullités absolues*. Pour le démontrer il suffit de remarquer qu'une dispense d'âge, obtenue après le mariage, ne le rendrait pas valable : la ratification qui est toujours possible pour les actes annulables ne l'est pas pour lui. D'ailleurs, la loi accorde le droit d'opposer cette nullité à tout intéressé (art. 184), ce qui est le propre des nullités absolues. Il faut donc se borner à constater que, par suite d'une disposition spéciale de la loi, cette nullité présente un *caractère anormal* qui est d'être *temporaire* (ci-dessous, n° 387).

2° Inceste.

*** 348. Caractère absolu de la nullité.** — L'inceste est le vice qui atteint un mariage contracté entre parents ou alliés au degré prohibé (ci-dessus n°s 39 et 40). La nullité qui résulte de l'inceste est absolue. Donc des dispenses obtenues après coup, dans les cas où elles sont possibles (ci-dessus n° 44), ne valideraient pas le mariage. Tout ce que les époux pourraient faire, ce serait de se remarier après les avoir obtenues, et leur qualité d'époux légitimes ne daterait que du jour de la seconde célébration.

*** 349. Controverse pour la parenté adoptive.** — La parenté fictive qui résulte de l'adoption crée certains empêchements au mariage (art. 348). Si ces empêchements sont *dirimants*, la nullité sera certainement absolue, puisque les relations de parenté sont d'ordre public ; mais ont-ils ce caractère ? Non, d'après l'opinion générale. Par application de la règle : « *Pas de nullité en dehors du chapitre* IX », on les déclare simplement *prohibitifs*. Il est inutile de revenir ici sur la discussion de ce prétendu principe. Disons seulement que si cette cause particulière de nullité n'est pas mentionnée dans le chapitre IV du Titre « Du Mariage », il y en a une bonne raison : c'est que, quand ce titre a été voté, on ne savait même pas si l'adoption serait permise. En outre, quand on a prohibé le mariage à cause d'une parenté adoptive, on l'a fait pour assimiler cette parenté à la parenté véritable. L'art. 348 emploie les mêmes expressions que les art. 161, 162 et 163 : « *Le mariage est prohibé entre...* » Il serait étrange qu'un père pût être valablement marié avec sa fille adoptive.

Le Code allemand a résolu le problème d'une autre façon, qui paraît fort raisonnable ; il déclare que lorsque des personnes liées par l'adoption contractent mariage contrairement aux prescriptions de la loi, le mariage n'est pas nul, mais il rompt le lien établi par l'adoption (art. 1771). De plus, la loi allemande n'établit d'empêchement au mariage qu'entre l'adoptant et l'adopté.

3° Bigamie.

*** 350. Conditions de la nullité.** — Il y a bigamie lorsque l'un des conjoints était déjà marié avec une autre personne le jour où il a contracté mariage. Le second mariage est frappé de nullité absolue (art. 147). Mais cette nullité suppose naturellement deux choses : 1° l'*existence*, 2° la *validité* du mariage antérieur. De là une double règle indiquée dans les deux n^os^ suivants.

351. Cas d'absence du premier conjoint. — Si l'existence du premier mariage est douteuse par suite de l'*absence* du premier conjoint, le second mariage ne peut pas être attaqué, tant que durera l'incertitude sur la vie de l'absent. En effet il ne peut être nul que *s'il est démontré que le premier mariage existait encore* au moment où il a été contracté ; or, par hypothèse, cette preuve est impossible, puisque le premier conjoint est en état d'absence.

C'est seulement après le retour de l'absent ou lorsqu'on aura reçu de ses nouvelles qu'une action en nullité pourra être exercée (art. 139). Le Code a entendu consacrer ici une double maxime énoncée en 1723, dans une affaire célèbre, par l'avocat général Gilbert Desvoisins : « L'incertitude de la mort de l'un des époux ne doit jamais suffire pour contracter un mariage nouveau, mais elle ne doit jamais suffire non plus pour troubler un mariage contracté. » Malheureusement on verra (ci-dessous n° 379), que l'art. 139 soulève une difficulté sérieuse quand il s'agit de déterminer les personnes auxquelles la loi ouvre l'action en nullité.

*** 352. Cas de nullité du premier mariage.** — Si le conjoint bigame prétend que son premier mariage est *nul*, la question de validité ou de nullité de ce premier mariage doit être *jugée préalablement* (art. 189). Cela est nécessaire, car si le premier mariage est nul il n'a pu empêcher la formation du second, le prétendu bigame étant en réalité libre au moment où il s'est marié de nouveau.

4° Clandestinité.

*** 353. Caractère variable de ce vice.** — La clandestinité est le *défaut de publicité*. La publicité du mariage est double : il reçoit d'abord une *publicité préalable* au moyen des publications ; puis *la célébration elle-même* se fait *publiquement*, c'est-à-dire que le public doit être admis à y assister ; c'est pour cela que, sauf nécessité absolue, le mariage doit avoir lieu dans la maison commune, et que les portes doivent rester ouvertes de façon à permettre aux passants et aux curieux d'entrer et de voir ce qui se passe.

L'un de ces éléments de publicité, ou même plusieurs à la fois, peuvent manquer, sans que la publicité fasse défaut. Le vice de clandestinité est donc *susceptible de degrés* ; la publicité peut être plus ou moins complète. Il n'en est pas de même des autres vices, impuberté, bigamie, inceste : pour eux c'est tout l'un ou tout l'autre ; ils existent ou ils n'existent pas.

*** 354. Distinction à faire.** — La loi tient beaucoup à la publicité : c'est le seul moyen de provoquer des oppositions et d'empêcher des unions illicites qu'il faudrait briser plus tard. Néanmoins le vice de clandestinité entraîne rarement l'annulation du mariage.

Pour comprendre le système du droit sur ce point il faut distinguer le vice qui résulte du *défaut de publications*, et celui qui tient à la *célébration occulte du mariage*.

* **355. Absence de publications.** — L'absence de publications n'est jamais une cause de nullité [1]. L'observation de la loi est assurée seulement par une *amende* qui est de 300 francs pour l'officier de l'état civil, et pour les parties proportionnée à leur fortune (art. 192). C'est la *seule sanction* de cette irrégularité. L'art. 192 contenait dans le projet une disposition additionnelle, disant que le mariage ne pourrait être attaqué que s'il contenait une contravention aux règles du chapitre Ier sur les conditions et qualités requises pour contracter mariage. Cette disposition a été retranchée comme inutile sur l'observation du Tribunat. Aussi avons-nous rangé le défaut de publications parmi les empêchements simplement prohibitifs.

* **356. Célébration clandestine.** — Si la célébration n'a pas été publique, cette circonstance peut entraîner l'annulation. L'art. 191 le suppose, puisqu'il détermine les personnes qui ont le droit d'attaquer un mariage quand il n'a pas été célébré *publiquement*. Mais cette cause de nullité est, on peut le dire, réduite par la jurisprudence à l'état théorique (ci-dessous no 358). Il a toujours été admis que les juges, saisis d'une demande en nullité fondée sur cette cause, jouissaient d'un *pouvoir discrétionnaire absolu*. En général ils en font un très large usage pour maintenir le mariage attaqué, lorsqu'il a été contracté librement et qu'aucune condition de fond ne faisait défaut. Un arrêt de la Cour de cassation, du 9 mars 1831, qui avait annulé un mariage pour simple clandestinité, a été enregistré par J.-B. Sirey avec une longue protestation contre « cet acte de sévérité sans objet, étonnant autant que douloureux » (31. 1. 142). Depuis lors aucune décision judiciaire n'a sanctionné avec une pareille énergie la règle de la publicité.

357. Clandestinité des mariages célébrés à l'étranger. — L'exemple le plus remarquable de cette tendance favorable aux mariages se rencontre dans l'application de l'art. 170. Cet article est relatif aux mariages contractés à l'étranger par des Français. Il veut que leur célébration soit précédée de publications faites en France conformément à la loi française. L'omission de cette formalité entraîne-t-elle la nullité du mariage? Sans doute il ne s'agit ici que des publications, et nous savons qu'en général leur omission ne vicie pas le mariage. Mais, comme la célébration a lieu à l'étranger, les publications constituent à elles seules toute la publicité que le mariage reçoit en France. Quand elles manquent, la clandestinité est donc complète. De plus il existe pour ce cas un texte particulier, l'art. 170. Il ne s'est pas formé moins de trois opinions pour résoudre la question. Les uns, enchaînés par un principe qui a été combattu plus haut (nos 327 et 328), ne veulent pas entendre parler de nullité, parce que l'art. 170 ne la prononce pas expressément et surtout parce que ce texte n'est pas rappelé dans le chapitre consacré aux demandes en nullité. D'autres font remarquer que l'art. 170 est bien clair, il dit : « Le mariage... *sera valable, pourvu qu'il ait été précédé de publications.* » N'est-ce pas dire qu'il sera nul, si les publications n'ont pas eu lieu? Donc la nullité devra être

[1] Voyez toutefois ce qui est dit au no 357 à propos de l'art. 170.

prononcée pour clandestinité. — Ni l'une ni l'autre de ces deux opinions absolues n'a prévalu. La jurisprudence, faisant ici usage du pouvoir d'appréciation qu'on lui reconnaît toutes les fois qu'il s'agit de clandestinité, s'est rangée à une opinion intermédiaire. Elle n'annule le mariage qu'autant que les époux sont allés se marier à l'étranger pour se cacher, et qu'ils se sont abstenus de rendre leur projet public en France pour éviter des oppositions qu'ils redoutaient. Elle considère alors leur mariage comme contracté *en fraude de la loi française*. On voit que la nullité ne tient plus ici à une clandestinité pure et simple.

358. Rareté des annulations pour clandestinité. — On peut donc dire qu'en fait, grâce à l'indulgence très justifiée de la jurisprudence, la clandestinité — quand elle est seule — n'est plus une cause de nullité de mariage. Les cours et tribunaux proclament encore le principe, mais ne l'appliquent plus. Cet état du droit, qui est conforme aux traditions, est bien préférable aux rigueurs de l'annulation. Faisant allusion à une distinction entre les formes qui font partie intégrante de la célébration du mariage et celles qui sont de simples moyens de publicité, Tronchet disait au Conseil d'État : « L'omission de ces dernières formes ne blesse pas l'essence du mariage. Cette distinc- « tion a toujours fait rejeter les réclamations fondées sur la violation des formes, lorsque « les conditions essentielles au mariage se trouvaient respectées » (Séance du 28 oct. 1801). En effet, lorsque les conditions essentielles se trouvent réunies, qu'importe l'irrégularité des formes, puisque les formes dont il s'agit ne sont établies que pour assurer le respect des règles de fond ? L'observation de la loi est suffisamment assurée par les peines portées dans l'art. 193. Dans la réalité on n'a jamais vu en France depuis le Code civil la célébration entièrement clandestine d'un seul mariage.

359. Des mariages tenus secrets. — Il ne faut pas confondre les mariages *clandestins* avec les mariages *secrets*. Le mariage secret a pu être célébré avec toute la publicité désirable et après les publications d'usage. Seulement les parties l'ont ensuite tenu caché, soit qu'il ait passé inaperçu dans le mouvement d'une grande ville, soit qu'ils soient allés s'établir après leur mariage dans une ville où ils n'étaient pas connus. Une déclaration de 1639 avait privé les mariages secrets de tout effet civil. Cette sévérité n'a pas été conservée dans le droit moderne. Néanmoins les époux n'ont aucun intérêt légitime à cacher leur mariage, et s'il en est résulté quelque préjudice pour les tiers, ils seront tenus de les indemniser, par exemple si la femme fait annuler des obligations qu'elle a contractées sans l'autorisation de son mari (application de l'art. 1382 C. civ.).

5° Incompétence de l'officier de l'état civil.

** **360. Deux sortes d'incompétence.** — L'officier de l'état civil peut être incompétent de deux façons. Il peut l'être d'abord *à raison de la personne*, lorsque ni l'un ni l'autre des époux n'a dans la commune son domicile réel ou une résidence suffisante pour le mariage. Cette première espèce d'incompétence est certainement une cause de nullité (art. 165 et 191 cbnés). L'officier municipal peut être incompétent *à raison du lieu*, lorsqu'il se transporte pour célébrer le mariage sur le territoire d'une autre commune. Beaucoup d'auteurs ne veulent pas que cette dernière espèce d'incompétence soit une cause de nullité, parce que, disent-ils, l'art. 191, parlant de l'officier public compétent, se réfère à l'art. 165 et non à l'art. 74. C'est encore une application du principe qui a été combattu ci-dessus (n° 328). Nous avons admis que le chapitre IV détermine, non pas les causes de nullité, mais seulement les personnes qui ont le droit d'attaquer les mariages nuls. Si le mariage célébré hors de la commune doit être annulé, la nullité dérive donc de l'art. 74, et ce texte-là suffit. On peut même dire que l'incompétence à raison du lieu est plus radicale et plus complète encore que l'incompétence à raison de la personne[1].

*** 361. Caractère facultatif de la nullité.** — Le pouvoir d'appréciation que les tribunaux possèdent quand il s'agit du vice de clandestinité, leur appartient également en cas d'incompétence. L'art. 193 punit en effet d'une amende « toutes contraventions aux règles prescrites par l'art. 165, « *lors même que ces contraventions ne seraient pas jugées suffisantes pour* « *faire prononcer la nullité du mariage* ». Or l'art. 165 exige deux choses : la publicité de la célébration et la compétence de l'officier public. On en conclut qu'en cas de contravention à l'une ou à l'autre de ces deux règles les juges ont le droit de rejeter la demande en nullité[2].

On comprend que le pouvoir des tribunaux soit le même pour l'incompétence que pour la clandestinité, car les règles sur la compétence font partie du système de publicité établi par le Code. Si la loi veut que les particuliers se marient au lieu de leur domicile ou de leur résidence, c'est parce que c'est là qu'ils sont le mieux connus et qu'on a le plus de chance de voir se produire des oppositions. On pourrait donc soutenir, sans exagération, que la célébration du mariage dans une autre commune n'est qu'une forme particulière de la clandestinité[3].

6° Complicité d'adultère.

362. Controverse. — « Dans le cas de divorce pour cause d'adultère, l'époux coupable ne pourra jamais se marier avec son complice » (art. 298). Cette prohibition est-elle sanctionnée par la nullité ? Cela dépend du parti que l'on prend sur la question de principe : Le chapitre IV du titre « Du Mariage » a-t-il eu pour but de donner une énumération limitative des cas de nullité ? (n° 327). Si l'on admet la négative, sur cette dernière question, la nullité n'est pas douteuse, dans le cas de l'art. 298, et cette nullité est absolue. Mais l'opinion générale, appliquant ici son principe ordinaire, rejette toute idée de nullité.

7° Abus du divorce.

363. Controverse. — « Les époux divorcés ne pourront plus se réunir, si l'un ou l'autre a postérieurement au divorce contracté un nouveau mariage suivi d'un second

[1] Sur un cas particulier d'incompétence, tenant à l'irrégularité d'une délégation donnée par le maire, voyez ce qui est dit de l'affaire des *mariages de Montrouge*, t. I, 1re édit., p. 190, note 1 ; 2e édit., p. 198, note 1.

[2] La conclusion est peut-être excessive, car la loi ne dit pas que la nullité pourra être écartée quelle que soit la nature de la contravention, mais — ce qui est très différent — que l'amende devra être prononcée alors même que le mariage ne serait pas annulé. Cela n'implique nullement que l'annulation du mariage dépend toujours de l'arbitraire du juge.

[3] Ceci prouve, soit dit en passant, que le pouvoir d'appréciation des Tribunaux au cas de clandestinité, n'est pas fondé comme on le prétend sur le plus ou le moins dont ce vice est susceptible. Car pour l'incompétence, il n'y a pas de milieu : l'officier qui a célébré le mariage était compétent ou il ne l'était pas, et cependant les juges ont le même pouvoir. D'ailleurs, dans l'hypothèse de l'art. 170 (défaut de publications en France d'un mariage célébré à l'étranger), qui est la plus importante et la plus pratique des espèces de clandestinité, la clandestinité est toujours totale, et ce que les juges apprécient ce n'est pas le caractère occulte du mariage, mais sa possibilité légale. Ils l'annulent s'il y a eu fraude, et le valident, si le non-accomplissement des publications ne cache aucune autre irrégularité.

divorce » (art. 295). Si le *remariage* des deux ex-époux a eu lieu est-il nul ? Même controverse et même réponse que pour la cause de nullité précédente.

8° Anciens cas de nullité abandonnés.

364. Prêtrise. — On a vu (ci-dessus n° 57) que la prêtrise, d'après la jurisprudence la plus récente, ne constitue pas un empêchement au mariage. Parmi ceux qui admettent au contraire que cet empêchement existe, la plupart se contentent de le déclarer *prohibitif* (ci-dessus n° 337). Pour ceux qui vont jusqu'à en faire un empêchement *dirimant*, le caractère de la nullité n'est pas douteux : elle doit être absolue, étant fondée sur des raisons d'ordre public.

365. Impuissance. — On a déjà vu qu'à partir de la puberté, l'aptitude à engendrer ou à concevoir n'est plus exigée par la loi comme une condition du mariage. L'impuissance n'est donc pas une cause de nullité. Il n'y a pas à distinguer si la preuve en pourrait être fournie facilement ou non, grâce à l'apparence du vice de conformation, ni si sa cause est naturelle ou accidentelle (Caen, 16 ou 23 mars 1882, D. 82. 2. 155, S. 82. 2. 108). Mais la question devient plus délicate si le vice de conformation est tel que l'on ne puisse déterminer le sexe auquel la personne appartient. Voyez ce qui a été dit à propos de l'identité de sexe, ci-dessus n° 25.

B. — Personnes pouvant agir en nullité.

1° Observations générales.

**** 366. Concessions limitatives du droit d'attaquer le mariage.** — Le législateur a estimé qu'il vaut souvent mieux laisser subsister des unions prohibées par la loi ou irrégulières dans leurs formes, plutôt que de les annuler et de contraindre les époux à se séparer. La loi a donc limité sévèrement l'exercice des actions en nullité, en précisant avec soin les personnes qui ont le droit d'attaquer le mariage. La détermination de ces personnes est le but véritable du chapitre IV.

L'art. 184 l'a fait pour les cas d'impuberté, de bigamie et d'inceste; l'art. 191 pour les cas de clandestinité et d'incompétence de l'officier civil. La jurisprudence admet en outre que l'art. 180 vise non seulement le cas où il y a vice de consentement (cas de nullité relative), mais aussi le cas où il y a eu défaut total de consentement (cas d'inexistence du mariage) (Cass., 9 nov. 1887, D. 88. 1. 161, S. 87. 1. 461). Elle comble par là une des lacunes de la loi : en effet l'art. 146, qui parle du défaut de consentement, n'a été visé ni par l'art. 184 ni par l'art. 191, de sorte que, si on n'admet pas le système de la jurisprudence, aucun texte ne détermine les personnes qui peuvent attaquer un mariage pour ce motif.

*** 367. Nombre de personnes pouvant agir.** — D'après la jurisprudence actuelle, le nombre des personnes auxquelles il est permis d'attaquer le mariage varie beaucoup. En principe l'action est ouverte (pour les cas de nullité absolue) *à tout intéressé*, plus le ministère public (art. 184 et 191); mais diverses restrictions viennent parfois modifier cette règle. Ainsi tandis que le ministère public perd son action quand le mariage nul est dissous, les collatéraux ne peuvent agir, au contraire, qu'après la mort de l'un des époux (art. 187). D'autre part les ascendants qui ont consenti au mariage d'un impubère sont privés du droit de l'attaquer. Il faut donc bien remarquer que toutes les personnes que la loi énumère spécialement ou englobe d'une façon générale sous la désignation d'« intéressés » *ne possèdent pas en même temps le droit d'agir*.

De plus, pour le cas spécial d'absence complète de consentement, la jurisprudence (arrêt du 9 nov. 1887 précité) restreint singulièrement le nombre des personnes qui ont le droit d'attaquer le mariage : elle n'admet ce droit, par application de l'art. 180, que pour *l'époux dont le consentement a fait défaut*, alors qu'il devrait appartenir à tout le monde.

***368. Intérêts divers donnant l'action.** — Tantôt la personne qui demande la nullité se fonde sur un *intérêt moral*. Ceci arrive pour les époux eux-mêmes, pour le premier conjoint de l'époux bigame, pour les ascendants et pour le ministère public, représentant les intérêts généraux de la société. Du reste, en matière de mariage, le côté moral est le plus important; les questions d'argent sont secondaires; elles fournissent d'ordinaire l'occasion de la demande plutôt que son véritable motif.

Tantôt l'action se fonde simplement sur un *intérêt pécuniaire*, le demandeur n'ayant pas, aux yeux de la loi, d'intérêt moral à obtenir la nullité du mariage. Ceci arrive pour les collatéraux, pour les enfants d'un premier lit, pour les créanciers des époux et les tiers acquéreurs de leurs biens.

369. Cas non prévus par la loi. — Malgré l'abondance des articles en cette matière il reste encore un cas où la loi est en défaut : c'est l'hypothèse de l'*identité de sexe*, hypothèse extrêmement rare et qui n'a pas été prévue par le législateur. La doctrine vient ici au secours du texte avec sa théorie de l'inexistence du mariage et le droit d'opposer la nullité se trouve alors ouvert à tout intéressé. — Il en était de même au temps où la jurisprudence admettait la nullité du *mariage des prêtres*; il y avait là un motif d'ordre public qui ouvrait l'action à tout le monde.

Quant au *défaut de célébration devant un officier de l'état civil*, la question ne se pose pas, parce qu'un pareil mariage ne pourrait pas être *légalement prouvé* : nul n'a besoin de l'attaquer parce qu'il ne peut être opposé à personne.

2° Liste des personnes pourvues de l'action.

****370. Époux.** — Une personne a toujours le droit de rompre une union nulle, même quand elle est légalement coupable de l'avoir contractée. Les époux sont mentionnés en première ligne, et sans aucune distinction ni réserve, par les deux art. 184 et 191, parmi les personnes qui ont le droit d'attaquer le mariage. Ainsi l'inceste commis par eux ne les prive pas de ce droit; le crime de bigamie lui-même n'empêche pas l'époux bigame d'obtenir un jugement de nullité en sa faveur[1].

[1] Ce n'est pas, comme on le dit parfois, une dérogation à la règle d'après laquelle nul ne peut trouver dans sa propre faute un principe d'action, dérogation qui serait admise ici pour le seul désir de faire plus sûrement prononcer la nullité du mariage en multipliant le nombre des personnes qui peuvent la demander. — C'est l'application de cette autre règle que nul ne peut être tenu de persister dans l'accomplissement d'un fait illicite.

***371. Premier conjoint de l'époux bigame.** — C'est ordinairement lui qui réclamera en cas de bigamie pour faire respecter l'antériorité de son titre : le second mariage a été, comme dit l'art. 188, « contracté à son préjudice ». Ce texte lui permet d'agir « du vivant même de l'époux bigame ». Ces mots font allusion à une règle contraire établie dans l'art. 187 pour les collatéraux ou plutôt contre eux.

***372. Conjoint divorcé.** — Après le divorce, les deux conjoints deviennent complètement étrangers l'un pour l'autre. L'un d'eux ne pourrait donc pas, en se prévalant de son ancien titre, agir en nullité [1] (Cass., 24 mai 1892, D. 93. 1. 412, S. 92. 1. 299).

****373. Ascendants des époux.** — Le droit d'agir vient pour eux de l'affection qu'ils portent à leur descendant et de l'outrage qu'ils peuvent ressentir d'un mariage qui est peut-être criminel. Comme la loi n'a établi aucun ordre entre eux, on doit décider que l'*action leur appartient à tous concurremment*, et qu'un aïeul ou une aïeule pourraient agir malgré l'inaction des père et mère. Il n'y a pas lieu de suivre pour les demandes en nullité la hiérarchie établie pour les oppositions, puisque le même droit peut appartenir en même temps à bien d'autres personnes qu'aux ascendants.

Dans un cas particulier les ascendants sont *privés de leur action*. C'est lorsque leur descendant s'est marié étant encore impubère : *ceux d'entre eux qui ont consenti au mariage* ne sont pas recevables à en demander la nullité (art. 186). Il ne faut pas, a dit Portalis, qu'ils puissent « se jouer du mariage après s'être joués des lois ».

374. Conseil de famille. — Lorsque l'un des époux est mineur et n'a plus d'ascendants, son conseil de famille, qui aurait eu le droit de consentir au mariage, a également, tant qu'il existe, c'est-à-dire tant que dure la minorité, le droit d'agir en nullité. Le conseil de famille, il est vrai, n'est pas expressément nommé dans les art. 184 et 191, mais il s'y trouve implicitement compris comme remplaçant les ascendants pendant la minorité de l'époux. Ce qui lève tous les doutes à cet égard, c'est que dans l'art. 186 la loi retire à « la famille », de même qu'aux ascendants, le droit d'attaquer le mariage pour impuberté lorsqu'elle y a donné son consentement. Si ce droit lui est retiré dans un cas particulier, c'est qu'il lui appartient en principe.

****375. Collatéraux.** — La loi ne tenant pas compte de l'intérêt moral ou d'affection que les collatéraux prétendraient avoir à la nullité du mariage, leur action se fonde toujours sur un intérêt pécuniaire. Il ne suffit pas d'ailleurs que cet intérêt soit éloigné et éventuel, il faut qu'il soit « *né et actuel* » (art. 187), c'est-à-dire déjà ouvert.

La loi suppose que cet intérêt né et actuel ne peut exister pour eux qu'*après la mort de leur parent* ; il naît de l'ouverture de sa succession, qu'ils veulent recueillir à l'exclusion de son conjoint ou des enfants nés du mariage qu'ils prétendront être illégitimes : aussi l'art. 187 dit que les collatéraux ne peuvent pas agir « du vivant des deux époux ». En fait cela est toujours vrai. On a bien forgé des hypothèses dans lesquelles un intérêt né et actuel existerait pour eux du vivant des deux époux, mais ces combinaisons, bien que possibles, ne se sont jamais réalisées [2]. Si par extraordinaire il s'en présentait une, il

[1] Dans l'espèce, le conjoint divorcé prétendait avoir un intérêt né et actuel, parce que son ex-conjoint remarié lui devait une pension alimentaire.

[2] On a supposé le cas suivant : la personne qui a contracté le mariage nul a à la fois son père, un oncle, et des enfants nés de son mariage. Son père meurt, et elle est écartée de la succession comme indigne, ou bien elle y renonce. L'oncle (frère du

n'est pas douteux que les collatéraux auraient immédiatement le droit d'attaquer le mariage. Comp. Cass., 25 mars 1889, D. 90. 1. 227, S. 90. 1. 145[1].

*** 376. Enfants d'un premier lit.** — Leur situation est à peu près la même que celle des collatéraux : ils ne peuvent agir qu'en vertu d'un intérêt né et actuel, mais il est facile de concevoir en leur personne l'existence de cet intérêt du vivant même des époux. Il suffit de supposer que l'un d'eux vient à mourir, laissant une succession bonne à recueillir. Les survivants seront obligés de subir le concours des enfants nés du second mariage, à moins que la nullité de ce mariage ne soit constatée. Nul doute qu'en pareil cas leur action ne soit recevable, malgré le texte trop étroit de l'art. 187 ; les rédacteurs de la loi n'ont pas songé à ces hypothèses exceptionnelles et se sont exprimés en vue des cas ordinaires ; mais il est inadmissible que le droit des enfants légitimes soit sacrifié, alors que celui d'un simple créancier serait protégé.

*** 377. Créanciers des époux et tiers acquéreurs de leurs biens.** — Les créanciers des époux auront souvent grand intérêt à leur opposer la nullité de leur mariage. S'agit-il d'un *créancier de la femme* ? Si elle a traité avec lui sans autorisation, l'obligation ne peut être valable qu'autant que la nullité du mariage sera reconnue. S'agit-il d'un *créancier du mari* ? Il se verra opposer l'hypothèque légale de la femme sur les immeubles du mari, qui suppose la validité du mariage. Il en est de même d'un *acquéreur d'un bien de la femme*, qui se voit attaqué par elle à cause de l'inaliénabilité dotale de ses biens, ou d'un *acquéreur du bien du mari*, qui veut se soustraire au droit de suite attaché à l'hypothèque légale de la femme.

Les créanciers et tiers acquéreurs ayant un intérêt né et actuel seront certainement admis à faire constater la nullité du mariage, puisque la loi accorde l'action « à tous ceux qui y ont intérêt » (art. 184 et 191). Aucun texte ne les a exclus de cette catégorie.

*** 378. Ministère public.** — Le procureur de la République a le droit de « faire casser » les mariages nuls : les art. 184 et 191 le mentionnent tous deux à la suite des divers intéressés. Son action se justifie parce que les causes de nullité absolue intéressent l'ordre public ; quelques-unes même constituent des délits ou des crimes. La loi lui donne en outre le droit de « faire condamner les époux à se séparer » (art. 190), condamnation dont on ne voit pas bien la portée, si les époux désunis veulent continuer leurs relations à titre de concubinage.

L'action du ministère public n'est possible que *du vivant des deux époux* (art. 190). Après la mort de l'un d'eux, l'état illégal que la loi l'autorisait à poursuivre a cessé, puisque le mariage nul est déjà en fait dissous par la mort. Ses poursuites n'auraient plus d'objet et n'aboutiraient qu'à un scandale inutile.

Les expressions dont s'est servie la loi dans l'art. 190 ont été souvent mal comprises. Le texte dit : «... *peut et doit* demander... » On a cru que la loi lui imposait l'obligation de poursuivre toujours et quand même, quelles que soient les circonstances, sans avoir à examiner s'il ne ferait pas mieux de s'abstenir. Ceux qui traduisent ainsi le texte ne remarquent pas l'ordre suivi par la loi. Les art. 187 à 190 ont pour objet de déterminer le *temps* pendant lequel les diverses demandes en nullité doivent être formées. L'art. 187 ne permet aux collatéraux d'agir qu'après la mort de l'un des époux ; l'art. 188 permet au contraire au premier conjoint d'attaquer le second mariage du vivant même de l'époux bigame ; quant à l'art. 190 il établit une règle différente pour le ministère public : celui-ci *peut* agir du vivant des époux, et même il *doit* le faire, parce qu'après la dissolution du mariage par la mort de l'un d'eux, son action sera éteinte. C'est par

défunt) a un intérêt né et actuel à faire constater la nullité du mariage de son neveu pour écarter de la succession les enfants nés du mariage nul, car si on ne le lui permet pas, ces enfants seront traités comme légitimes et ils succéderont seuls à leur grand-père.

[1] Dans cette affaire, les collatéraux avaient la qualité de défendeurs. On voulait les forcer à faire partie du conseil de famille des enfants nés du mariage nul. Ils avaient intérêt à n'en pas reconnaître la validité, car la chose jugée leur aurait été opposable.

comparaison avec les art. 187 et 188 que la double expression *peut* et *doit*, qui figure dans l'art. 190, doit s'expliquer.

379. Difficulté relative à la bigamie au cas d'absence du premier conjoint. — Pour le cas particulier où le premier conjoint était en état d'absence au moment où le second mariage a été contracté, nous trouvons l'art. 139, au titre « De l'Absence » qui nous dit : « L'époux absent, dont le conjoint a contracté une nouvelle union, *sera seul recevable* à attaquer ce mariage par lui-même ou par son fondé de pouvoir muni de la preuve de son existence. » Il est bien clair que, par ce texte, la loi a voulu réserver l'action en nullité à l'absent, à l'exclusion de tous autres, mais on n'est pas d'accord pour déterminer la période pendant laquelle l'absent possède ce droit exclusif. Dans l'opinion qui prévaut en jurisprudence et en doctrine, la loi statue uniquement pour la période d'incertitude pendant laquelle on reste sans nouvelles de l'absent. Notre article n'est que la consécration du principe formulé autrefois par Gilbert Desvoisins (ci-dessus n° 351) et universellement admis, d'après lequel la simple possibilité de l'existence du conjoint absent ne doit pas suffire pour troubler un mariage contracté depuis sa disparition. L'art. 28 du projet le disait d'une manière très claire [1], et on l'a remanié, non pas pour en modifier le sens, mais pour donner satisfaction à Thibaudeau qui en avait critiqué les termes. Du reste, l'art. 139 actuel parle de l'époux « absent », ce qui implique une absence durant encore.

Mais quelques auteurs, parmi lesquels il faut citer Laurent, pensent au contraire que l'art. 139 s'applique indistinctement à toute époque et que l'absent doit toujours être seul à pouvoir agir en nullité, alors même que l'incertitude a cessé, parce qu'on a reçu de ses nouvelles ou parce qu'il est de retour. Ce système a contre lui les conséquences inadmissibles auxquelles il conduit : l'absent seul pouvant attaquer le mariage contracté par son conjoint, ce mariage sera traité comme régulier, s'il garde le silence, et on pourra voir une femme ayant deux maris, des enfants ayant deux pères. Singulier ménage à trois, érigé en ménage légitime ! Laurent, devenu législateur, introduit naturellement son système dans son projet : « ... la nullité ne pourra être demandée, *en aucun cas*, que par l'absent... » On ne saurait admettre en France une dérogation aussi grave aux principes généraux tant qu'il ne sera pas statué par une disposition expresse du genre de celle que Laurent proposait d'adopter en Belgique.

MM. Aubry et Rau ont soutenu une opinion intermédiaire. L'art. 139 s'appliquerait jusqu'au retour de l'absent et aurait pour but de déclarer non recevables dans leur action les intéressés qui offriraient de prouver, par des moyens plus ou moins concluants, le fait de son existence. Le législateur, disent-ils, n'a pas voulu faire dépendre le sort d'un mariage d'éléments de preuve dont l'appréciation n'est pas à l'abri de toute chance d'erreur. Ces considérations ont une certaine valeur, mais il est bien douteux que telle ait été la pensée des rédacteurs de la loi. Si beaucoup d'auteurs se préoccupent de chercher un sens particulier à l'art. 139 c'est qu'il leur semble que, dans l'opinion dominante, cet article ne sert à rien : il suppose que la preuve de l'existence de l'absent n'est pas rapportée ; l'action en nullité des intéressés est déjà non recevable d'après les principes du droit commun ; il est donc inutile de la leur enlever. Cette préoccupation manque de fondement et il est faux de dire que l'art. 139 est inutile quand on l'entend comme le fait la jurisprudence, car justement dans l'ancien droit on avait annulé des seconds mariages de ce genre pour cette seule raison que la preuve de la dissolution du premier n'était pas rapportée. Il était bon de s'expliquer sur ce point pour consacrer formellement la maxime contraire formulée par Gilbert Desvoisins.

[1] Après avoir dit, dans l'article 27, que l'absence de l'un des époux, sans que l'on ait reçu de ses nouvelles, ne suffit point pour autoriser l'autre à contracter un nouveau mariage, le projet ajoutait : « Si néanmoins il arrivait qu'il eût été contracté un nouveau mariage, il ne pourrait être dissous sous le seul prétexte de l'incertitude de la vie ou de la mort de l'absent, et tant que l'époux qui avait disparu ne se représente point, ou ne réclame point par un fondé de procuration spéciale muni de la preuve positive de l'existence de cet époux. » (Art. 28) (FENET, t. II, p. 36.)

On est d'accord pour reconnaître que le fondé de pouvoirs dont il est question dans l'art. 139 est un mandataire chargé spécialement par l'absent de demander la nullité du second mariage et non pas un mandataire général chargé d'administrer ses biens.

C. — Effets des nullités absolues.

380. Confusion commise par les auteurs du Code. — On sait (voyez t. I) que les actes qui sont frappés de nullité absolue par la loi ne produisent aucun effet juridique. La nullité dont ils sont atteints les paralyse de plein droit, sans qu'il y ait besoin de sentence d'annulation. Dans la conception des rédacteurs du Code, il n'en est pas de même pour le mariage. A la séance du 27 septembre 1801, le Premier Consul se plaignit de voir que le projet n'expliquait pas dans quels cas le mariage est nul de plein droit, et Tronchet lui répondit : « *Jamais le mariage n'est nul de plein droit ; il y a toujours un titre et une apparence qu'il faut détruire* » (FENET, t. IX, p. 53). Ailleurs il parle de « faire cesser » un mariage frappé de nullité absolue et il ajoute : « Après tout, ce mariage subsiste dans le fait » (*Ibid.*, p. 50). Ces mots nous font comprendre en quoi a consisté l'erreur de Tronchet : il a confondu la *nullité* qui frappe l'*acte juridique*, avec la séparation des époux ou *cessation de l'union de fait*, ce qui ne concerne que l'*exécution de l'acte*.

***381. Preuve d'une nullité agissant de plein droit.** — Les auteurs ne s'expliquent presque jamais sur la question. Seuls MM. Aubry et Rau disent qu'un mariage précédent, quoique entaché de nullité absolue, fait obstacle à la célébration d'une union nouvelle, tant que sa nullité n'a pas été prononcée par jugement (§ 463, n° 1, 4e édit., t. V, p. 81). C'est bien là « cette *apparence* qu'il faut détruire », dont parlait Tronchet. Ne pourrait-on pas contester cette idée ? Voici par exemple l'art. 189, qui déclare valable le second mariage du bigame, lorsque le premier est nul. Pour que le second mariage soit exempt du vice de bigamie, il faut nécessairement que le premier soit considéré comme *ayant été non avenu*, même avant toute sentence du juge. Il faut donc admettre qu'avant le jugement sur la nullité, le mariage illégal est déjà privé de ses effets par la seule force de la loi et par le seul fait de son irrégularité.

D'ailleurs les idées des législateurs n'étaient pas très nettes sur ce point. Le Ministre de la justice, parlant du cas de bigamie, disait : « Ouvrir alors une action à telle ou telle personne, c'est supposer que le second mariage a besoin d'être attaqué pour être nul : il l'est de plein droit » (FENET, t. IX, p. 47). On se rendit à son observation, car on ouvrit l'action à tous les intéressés, ce qui prouve qu'on admettait l'idée d'une nullité se produisant avant tout jugement.

***382. Effets attribués à tort aux mariages nuls.** — Certains effets ont été parfois signalés comme produits par les mariages nuls de nullité absolue, tant que la justice n'a pas prononcé sur cette nullité. On a dit : 1° la femme, qui demande la nullité du mariage, doit être autorisée à cet effet par son mari ou par la justice ; 2° l'action doit être portée devant le domicile du mari, même quand elle est dirigée contre la femme. Or la *nécessité de l'autorisation maritale* et la *communauté de domicile* sont bien des *effets civils du mariage*. Voilà donc un mariage radicalement nul qui produit ses effets. — C'est *confondre la question de preuve avec la question de fond*. « Foi est due au titre » : une célébration de mariage a eu lieu; l'acte de l'état civil est représenté; une personne prétend que le mariage est nul, l'autre qu'il est valable; il y a contestation. On doit donc *agir provisoirement comme si le mariage était valable*, car il se peut que la justice prononce en ce sens. Ce n'est pas là attribuer efficacité à un mariage nul, c'est donner effet à un mariage dont l'existence en fait est prouvée et *dont la nullité ne l'est pas encore*.

D. — Réhabilitation exceptionnelle de certains mariages nuls.

***383. Caractère ordinairement ineffaçable de la nullité.** — Les nullités absolues ne sont pas susceptibles de se couvrir. Aucune ratification n'est possible, aucune prescription n'est à craindre. Cette règle générale s'applique en principe au mariage. Ainsi des dispenses d'âge ou des dispenses de parenté ou d'alliance, obtenues après coup, ne valideraient pas un mariage célébré avant l'âge ou contracté entre parents ou alliés. Ainsi encore un consentement réitéré donné par les époux ne les priverait pas du droit d'attaquer leur mariage[1]. Enfin quel que soit le temps écoulé depuis la célébration, la demande en nullité est toujours recevable.

***384. Causes de nullité absolue susceptibles de se couvrir.** — Cependant il y a trois causes de nullité que la loi considère comme couvertes dans certains cas : ce sont l'*impuberté*, la *clandestinité* et l'*incompétence de l'officier public*. Il se produit alors une sorte de *réhabilitation* du mariage : il est à l'abri de toute attaque, la nullité ne pouvant plus être demandée par personne.

***385. Faits capables d'effacer la nullité.** — Ces faits sont *toujours postérieurs au mariage*. En se produisant, ils effacent son vice originel. Ce sont : 1° la *puberté* acquise par l'époux qui s'était marié avant l'âge légal : 2° la *grossesse* de la femme qui s'est mariée impubère et qui l'est encore ; 3° la *possession d'état* d'époux légitime.

Les deux premiers faits, prévus par l'art. 185, effacent le vice d'impuberté ; le dernier efface les vices d'une célébration clandestine ou faite par un officier incompétent (art. 196). Chacun d'eux a besoin de quelques explications.

1° Arrivée de la puberté.

386. Motif de la régularisation du mariage. — Une personne se marie avant d'avoir l'âge légal et sans dispense régulière. Son mariage est nul, mais au bout d'un temps plus ou moins long elle arrive à la puberté. La loi considère ce fait comme devant mettre un terme au vice du mariage : il y a eu une anticipation condamnable sur l'âge fixé par la loi, mais une fois cet âge dépassé, il serait inutile de rompre une union, régulière à tous autres égards et à laquelle rien ne manque plus désormais[2].

387. Délai accordé aux parties. — Toutefois la survenance de la puberté ne couvre pas la nullité immédiatement, dès que l'époux a atteint le minimum d'âge fixé par la loi. L'art. 185-1° réserve aux intéressés un délai de *six mois* pour former leur demande à partir du jour où l'époux trop jeune est devenu pubère.

[1] Si les époux ont des doutes sur la validité de leur mariage, rien ne les empêche de faire procéder à une nouvelle célébration, après que le vice qui leur fait craindre la nullité a disparu (Orléans, 14 avril 1886, D. 87. 2. 95, S. 86. 2. 191). La première célébration n'est pas un obstacle, mais si sa nullité est plus tard démontrée, les effets du mariage ne dateront que du jour de la seconde, qui n'a aucune rétroactivité.

[2] Ce caractère temporaire de la nullité qui dérive de l'impuberté a déjà été signalé (ci-dessus n° 347). Il a fait parfois douter que cette nullité fût réellement absolue ; on a voulu en faire une sorte de nullité mixte, intermédiaire entre celles qui sont absolues et celles qui sont relatives. Il faut maintenir pourtant son caractère, qui est d'être absolue ; la particularité qui la rend temporaire tient à la nature spéciale de sa cause ; c'est une anomalie, qui laisse subsister, sur tous les autres points, les conséquences de sa nature absolue.

2° Grossesse de la femme.

388. Pourquoi et dans quelle mesure la nullité se trouve couverte. — Quand une femme se marie étant encore impubère, si elle devient enceinte avant l'époque de la puberté légale ou dans le délai de six mois établi par l'art. 185 à compter de sa puberté, ce fait prouve que l'épouse était nubile et que la présomption de la loi s'est trouvée fausse en sa personne. Il équivaut donc à l'arrivée de la puberté normale et doit produire le même effet qu'elle en faisant disparaître la nullité. C'est ce qu'a admis l'art. 185-2°.

Si les deux époux étaient impubères au jour du mariage, la grossesse de la femme ne couvrirait pas la nullité tenant à l'impuberté du mari. Probante pour la nubilité de la femme, elle ne l'est pas pour celle du mari, car elle peut être le fruit d'un adultère.

389. Absence de délai. — La grossesse de la femme met fin immédiatement à toute action en nullité ; on n'a point établi pour ce cas le même délai de six mois que pour la simple arrivée de la puberté légale. C'est ce qui résulte de la comparaison du 1° et du 2° de l'art. 185.

3° Possession d'état.

*** 390. Effet de la possession d'état.** — La possession d'état qui suit le mariage, quand les époux vivent publiquement et loyalement comme mari et femme[1], doit avoir pour effet de couvrir un simple vice de formes entachant sa célébration. En pratique c'est bien le résultat qui se produit, grâce à la jurisprudence, mais il est douteux qu'il soit conforme aux textes. L'art. 196, qui règle les effets de la possession d'état, est ainsi conçu : « Lorsqu'il y a possession d'état et que l'acte de célébration du mariage devant l'officier de l'état civil est représenté, les époux sont respectivement non recevables à demander la nullité de cet acte ». *De* CET *acte*..., il s'agit donc de celui dont il est parlé au début de la phrase, de celui qui est représenté, c'est-à-dire de l'acte écrit sur les registres. « Acte » est donc pris ici dans le sens d'*instrumentum*, et non dans le sens de *negotium* ; la loi n'entend pas parler de la célébration elle-même, considérée comme acte juridique. Cela est d'autant plus évident que dans la série d'articles dont celui-ci fait partie, la loi règle les *moyens de preuve* du mariage et qu'elle vient de dire dans l'article précédent que la possession d'état ne dispense pas ceux qui se prétendent mariés de produire un acte de l'état civil. La pensée de la loi est donc bien claire : la possession d'état à elle seule ne prouve pas le mariage ; elle peut seulement servir de complément de preuve, quand l'écrit destiné à prouver la célébration est irrégulier.

Mais la jurisprudence ne l'entend pas ainsi. Suivant elle, ce qui est couvert par la possession d'état, ce n'est pas seulement l'irrégularité de rédaction qui entache l'acte instrumentaire, c'est aussi le vice de formes qui se trouve *dans la célébration elle-même*, soit la *clandestinité*, soit l'*incompétence*. La plupart des auteurs approuvent cette interprétation extensive de l'art. 196. Laurent, dans son Avant-projet, transformait cette jurisprudence en loi : « Dans les cas où il n'y a pas d'empêchement dirimant, « l'action en nullité pour incompétence de l'officier public ou pour clandestinité de « la célébration se couvre par la possession d'état qui suivra immédiatement le mariage » (art. 190). Comp. ce qui a été dit ci-dessus (nos 358 et 361) sur l'effet des vices de forme.

391. Caractère relatif de son effet. — Il y a encore une autre observation à faire. Le Code français ne fait de la possession d'état une fin de non-recevoir qu'autant que la demande en nullité est formée *par l'un des époux contre l'autre* : « Les époux, dit l'art. 196, sont *respectivement* non recevables... » Cet article n'a donc pas été écrit pour être opposé aux *tiers* qui attaquent le mariage, mais en fait la demande des tiers échouera toujours. Très souvent les époux auront été de bonne foi, les questions de compétence n'étant pas faciles à résoudre : on se sera trompé de commune, et il y a eu

[1] Cette possession d'état doit être *constante*, c'est-à-dire *continue* (Cass. 28 nov. 1899, S. 1901. 1. 21).

erreur de la part de tout le monde. Dès lors, les époux peuvent bénéficier de la théorie des *mariages putatifs* (voy. nos 430 et suiv.), de sorte que l'annulation de leur mariage n'avancerait à rien les tiers qui la demandent, puisque ce mariage produit les mêmes effets civils que s'il avait été valable. En outre, les tribunaux seront tentés de faire usage de leur pouvoir d'appréciation, puisqu'il s'agit de clandestinité ou d'incompétence et ils maintiendront le mariage, malgré l'irrégularité de sa célébration.

392. Précédents historiques de cette théorie. — Ce n'est pas le Code civil qui a admis pour la première fois cette espèce de réhabilitation de mariages atteints à l'origine d'une nullité radicale. Le droit canonique l'a pratiquée jusqu'au Concile de Trente sous le nom de *revalidatio*. Appliquée d'abord au cas où la nullité provenait d'un vice de consentement (violence ou erreur), elle s'était étendue au cas où l'un des époux était impubère. Cette idée était toute naturelle à l'époque où le mariage était purement consensuel : en continuant la vie commune avec connaissance de cause et en temps de capacité, les époux étaient considérés comme donnant à nouveau leur consentement, et le mariage était validé (*convalescebat*). Mais, quand le Concile de Trente eut établi la solennité du mariage, une pareille solution devint juridiquement impossible, et il fallut absolument une nouvelle célébration en bonne forme et exempte de vice. Cette solution nouvelle fut admise de bonne heure. Voyez Esmein, *Le mariage en droit canonique*, t. II, p. 221-222.

§ 5. — *Nullités relatives.*

**** 393. Leurs causes.** — Les causes de nullité relative pour le mariage sont les mêmes que pour les contrats ordinaires : un *vice du consentement* (art. 180-181), l'*incapacité* de la personne qui a contracté (art. 182-183). Seulement, dans l'un et dans l'autre cas, il existe des règles propres au mariage.

A. — Annulabilité pour vice du consentement.

**** 394. Exclusion du dol comme cause de nullité de mariage.** — L'art. 180 n'admet comme vices du consentement capables de faire annuler un mariage que la *violence*, commise contre l'un des époux, et l'*erreur dans la personne*. Il ne fait pas mention du dol ; son silence est intentionnel. Le dol, qui de droit commun est un vice du consentement aussi énergique que la violence ou l'erreur (art. 1109 et 1116), ne permet pas d'attaquer un mariage. Pourquoi cela ? Pourquoi la tromperie, la fourberie sont-elles ainsi permises et tolérées en matière de mariage ? C'est que, pour arriver plus sûrement à la conclusion du mariage qui leur plaît, les parties se jettent réciproquement « la poudre aux yeux », comme dans la comédie d'Émile Augier. Chacun se fait valoir, même en trompant l'autre pour vaincre ses résistances et ses hésitations. Cet effort réciproque est une sorte de lutte naturelle et inévitable. — De plus, on se fait souvent à soi-même des illusions qui se dissipent plus tard, et on est porté à accuser l'autre partie de manœuvres dolosives. S'il était permis de se plaindre et d'attaquer les mariages pour de pareils mécomptes, les demandes seraient probablement nombreuses, et l'institution du mariage serait elle-même ébranlée. Afin d'en garantir la solidité, la loi se fait en quelque sorte la complice de ces supercheries : c'est à chacun de bien prendre ses renseignements avant de dire oui. Cette règle est ancienne dans notre droit. On la trouve formulée ainsi dans les *Institutes Coutumières* de Loysel : « *En mariage il trompe qui peut.* » (Liv. I, tit. II, n° 3, édit. Dupin, n° 105).

2° Violence.

395. De la violence. — A défaut de règles spéciales pour la définition de la violence en matière de mariage, on applique les art. 1111 à 1114, relatifs aux contrats[1]. La violence est toute contrainte *matérielle* ou *morale* qui empêche le consentement d'être libre, par exemple des mauvais traitements ou des menaces de mort. Par exception, la loi ne considère pas comme une violence susceptible de donner l'action en nullité la *crainte révérentielle* qu'inspirent les ascendants quand il n'y a pas eu de violences exercées (art. 1113). Cette exception trouve son application principale dans notre matière, car c'est surtout pour le mariage que les parents usent de leur autorité et imposent leur volonté à leurs enfants. Confiant dans leur affection et leur expérience, le Code ne considère pas l'enfant comme ayant le droit de se plaindre par cela seul qu'il a cédé à la volonté de ses parents.

Avec les formalités actuelles du mariage, sa célébration sous l'empire de la violence est devenue à peu près impossible. En fait, depuis le Code civil, on n'en a vu qu'un exemple dans la pratique judiciaire (ci-dessous n° 426).

***396. Du rapt.** — Le rapt a été autrefois une cause de nullité de mariage. La législation de Justinien, les capitulaires de Charlemagne, les conciles, notamment le Concile de Trente, l'avaient successivement proclamé. On voulait par là décourager des actes de violence, des causes de rixes, de meurtres et de vengeances, plutôt qu'on ne se préoccupait d'assurer la liberté des mariages. Le rapt est aujourd'hui encore puni quand il porte sur des mineurs (art. 354 à 357 C. pén.), mais la prohibition du mariage a disparu ; le mariage ne peut être annulé que si la personne ravie peut établir que son ravisseur a obtenu son consentement par la violence.

***397. De la séduction.** — La séduction était définie par Pothier : « Les mauvaises voies et les mauvais artifices par lesquels on engage une jeune personne à consentir à un mariage sans employer la violence » (*Mariage*, n° 228). Dans notre ancien droit, on avait fait de la séduction une cause de nullité pour le mariage des mineurs ; c'était une façon détournée qu'employaient les Parlements pour annuler les mariages contractés par des mineurs sans le consentement de leurs parents : on considérait qu'ils s'étaient laissé séduire et que leur volonté n'avait pas été libre. — On pourrait soutenir que le Code civil admet encore ce système, car dans l'art. 180 il a évité de nommer la violence ; il déclare, en termes généraux, que le mariage peut être annulé quand le consentement n'a pas été « libre ». Cette tournure paraît comprendre même le cas de séduction ; Marcadé l'a soutenu (t. III, n° 250), mais il est resté seul de son avis[2]. Il n'y a pas de monument de jurisprudence sur la question et voici pourquoi : la séduction n'était une cause de nullité que pour le mariage des mineurs ; or, quand un mineur se laissera aller à con-

[1] Quelques auteurs pensent cependant que la loi, n'ayant ni établi des règles particulières pour le mariage, ni fait un renvoi aux règles des contrats ordinaires, a voulu tout laisser à l'appréciation des juges (GLASSON, *Du consentement des époux au mariage*, n° 119). Dans ce système, les dispositions des art. 1111-1114 peuvent servir de guides, mais ne sont pas obligatoires.

[2] Cet isolement ne prouve pas qu'il eût tort. La façon dont la loi s'est exprimée est d'autant plus favorable à son système qu'elle a été voulue et qu'elle est le résultat d'une correction. Le projet portait : « L'époux dont le consentement aura été *forcé*... » Le mot « forcé » rappelant trop l'idée de violence matérielle, la section de législation du Tribunat proposa de dire « dont le consentement n'a pas été libre ». Rien n'empêcherait donc les magistrats actuellement de décider que la séduction est tout aussi contraire à la « liberté » du consentement que la violence. C'était ce que disait Pothier (n° 320). Au reste, comme il est dit au texte, la question n'a pas d'intérêt pratique.

tracter un mariage sous l'empire de la séduction, il se passera du consentement de ses ascendants, de sorte que son mariage sera annulable pour une autre cause. La théorie de la séduction avait sa raison d'être avant la Révolution, pour pallier les inconvénients du droit canonique qui permettait aux mineurs de se marier sans le consentement de personne; elle n'en a plus dans le droit moderne, qui les soumet directement à la nécessité d'obtenir l'autorisation de qui de droit. Portalis en a fait la remarque au Conseil d'État, en disant que la législation avait suffisamment pourvu par là à l'intérêt de la famille (LOCRÉ, *Esprit du Code civil*, t. I, p. 45 et suiv.).

3° Erreur.

*** 398. Limitation par la loi des causes d'erreur.** — Quelles sortes d'erreurs rendent un mariage annulable? Il ne faut pas songer à appliquer ici la théorie ordinaire de l'erreur, telle qu'elle fonctionne en matière de contrats (art. 1110). Il existe pour le mariage un texte spécial, l'art. 180, qui n'admet qu'*une seule espèce d'erreur* comme cause de nullité : l'*erreur dans la personne*.

Cet article provient du traité de Pothier sur le Mariage (n°s 308 à 314), où sont distinguées deux sortes d'erreurs : 1° l'*erreur sur la personne,* qui détruit absolument le consentement et qui empêche le mariage de se former : « par exemple si, me proposant d'épouser Marie..., je promets la « foi de mariage à Jeanne qui se fait passer pour Marie... le concours des « volontés des deux parties ne se trouve pas dans cette espèce, puisque si « Jeanne a voulu m'épouser, je n'ai pas de même voulu épouser Jeanne ». 2° l'*erreur sur les qualités de la personne,* qui n'empêche pas le mariage d'être valable, « car il n'est pas de l'essence du mariage que la femme que « j'épouse ait les qualités que je crois qu'elle a : il suffit que ce soit elle « que j'ai voulu épouser »[1]. L'art. 180 n'est que la reproduction de la doctrine de Pothier.

Qu'est-ce maintenant que l' « erreur dans la personne » ? Peu de questions ont fait autant discuter que celle-ci.

399. Opinions doctrinales. — Trois opinions sont possibles :

1° On peut s'en tenir rigoureusement à l'avis de Pothier et n'admettre comme cause de nullité que l'erreur *sur la personne physique*, qui suppose une substitution de personnes à peu près impossible à réaliser et dont la pratique n'a jamais offert d'exemple. Tel a été l'avis de Malleville (t. I, p. 195 et suiv.). Telle paraît être aussi l'opinion de Laurent (t. II, n°s 293 et suiv.).

[1] Le Premier Consul fit cette remarque fort juste : « L'erreur ne peut pas porter sur la personne physique ; elle ne peut porter que sur les qualités » (THIBAUDEAU, *Mémoires sur le Consulat*, p. 429). En effet, dans l'hypothèse même de Pothier, l'erreur ne porte pas sur la personne physique : Jeanne s'est présentée sous le nom de Marie ; mais c'est bien Jeanne que son mari a voulu épouser, il a cru qu'elle s'appelait Marie, et qu'elle appartenait à une famille qui n'est pas la sienne : ce ne sont là que des *qualités*. De nos jours, on change un peu l'hypothèse : on suppose que Jeanne se présente voilée sous le nom de Marie, et que la substitution de personnes est reconnue après la cérémonie ; mais dans ce cas il n'y a pas de mariage du tout, car l'acte de mariage ne porte pas le nom de Jeanne : il porte celui de Marie, et il ne vaut rien parce qu'il n'est pas signé d'elle. On cite encore l'exemple de Jacob, qui, voulant épouser Rachel, épousa sa cousine Lia. Mais ici encore la personne physique qui lui avait plu et qu'il avait consenti à prendre pour femme était bien Lia, et il n'y avait d'erreur que sur le nom.

2° On peut regarder comme suffisante l'erreur sur l'*identité civile* de la personne. On en a vu en pratique plusieurs exemples. Un aventurier se fabrique de faux papiers, ou s'empare de ceux d'un autre ; il se présente sous un nom qui n'est pas à lui et se fait passer pour ce qu'il n'est pas. Il n'y a pas erreur sur l'individu physique ; c'est bien lui qu'on a voulu épouser, mais il y a eu erreur sur sa filiation et son origine ; c'est une erreur sur la personne, c'est-à-dire sur son identité juridique. Le Premier Consul appelait cela une erreur *sur la famille* (Fenet, t. IX, p. 46). C'est l'avis auquel se rangent la plupart des auteurs modernes, notamment MM. Aubry et Rau, Demante, Glasson.

3° On peut enfin aller jusqu'à considérer comme viciant le consentement une erreur portant *sur une qualité substantielle* de la personne. Ce système laisse aux tribunaux la faculté d'annuler le mariage toutes les fois qu'il est établi que l'un des époux s'est trompé sur une qualité importante de son conjoint, telle qu'il n'eût pas consenti au mariage, s'il eût connu la vérité. Parmi les qualités de ce genre, auxquelles M. Huc propose de donner le nom d'*attributs de la personne*, on cite notamment la nationalité, la religion, la laïcité ou absence de tout engagement religieux contraire au mariage. Ainsi il semblerait tout à fait désirable qu'une femme, fervente catholique, qui a épousé par erreur un prêtre ou un moine défroqué, pût demander l'annulation de son mariage.

Cette dernière opinion a été adoptée par Marcadé, par Demolombe (t. III, n° 253), par Pont (*Revue critique*, 1861 et 1862 : Comp. Huc, t. II, n°s 75 et suiv.). Elle semble bien avoir été celle des auteurs du Code. Thibaudeau disait que, dans l'ordre social, les individus ont des qualités essentielles qui les *personnalisent*, et que, si croyant épouser un individu qui avait ces qualités, on en épouse un autre qui ne les a pas, il y a véritablement erreur de personne ; Tronchet disait de son côté que l'erreur dépend de circonstances qui se diversifient à l'infini, tellement que la loi ne peut toutes les embrasser et doit poser le principe sans déterminer les divers cas où il y a erreur (Fenet, t. IX, p. 45-46).

* **400. Jurisprudence.** — La jurisprudence a longtemps hésité sur le parti à prendre ; elle a été fixée dans le sens de la seconde opinion par un arrêt solennel de la Cour de cassation (Ch. réunies, 24 avril 1862, D. 62. 1. 153; S. 62. 1. 342), rendu dans une affaire où il s'agissait d'une femme qui avait épousé sans le savoir un forçat libéré, son mari ayant été condamné dans sa jeunesse à quinze ans de travaux forcés pour complicité d'assassinat. Il a été jugé que ce genre d'erreur ne constituait pas l'erreur dans la personne prévue par l'art. 180. Depuis lors on ne peut plus obtenir l'annulation d'un mariage que pour erreur sur l'*identité* (physique ou civile) de la personne et non plus pour erreur sur les qualités. Voyez notamment Bordeaux, 21 mars 1866, D. 66. 2. 87[1].

401. Inutilité de la condition de fraude. — Le Premier Consul aurait voulu que l'erreur ne fût capable de faire annuler le mariage qu'autant qu'elle serait le résultat de manœuvres dolosives ; au cas où il n'y a pas eu fraude de la part du conjoint, il aurait désiré maintenir le mariage. Cette condition de fraude n'est pas nécessaire. L'erreur est admise comme motif de nullité, sans distinguer quelle a été sa cause, et c'est justement par là qu'elle se distingue du dol. Dans le système proposé par le Premier Consul, le

[1] Le système suivi par la jurisprudence moderne reproduit assez exactement l'ancienne théorie canonique. Les canonistes reconnaissaient comme dirimante l'erreur sur la personne, *error personæ*, et par là ils entendaient l'erreur sur l'identité de la personne ; ils rejetaient au contraire l'erreur sur les qualités, *error qualitatis*. Toutefois l'erreur sur la qualité devenait une erreur sur la personne quand elle avait pour résultat de donner à cette personne une individualité sociale autre que la sienne. Voyez sur ce point Esmein, *Le mariage en droit canonique*, t. I, p. 312-317.

mariage aurait été annulable pour *dol* et non pas pour *erreur*. Du reste, il est en fait difficile de concevoir comment de pareilles erreurs pourraient être possibles sans que l'un des époux soit trompé par l'autre.

402. Critique de la jurisprudence. — Le système auquel s'est arrêtée la jurisprudence est beaucoup trop dur ; il porte la marque d'une tendance exagérée à maintenir les mariages contre toute atteinte. Il conduit de plus à des résultats choquants : une jeune fille de bonne famille épouse un forçat libéré, une catholique fervente épouse un moine ou un prêtre dont elle ignore la condition religieuse : ni l'une ni l'autre n'obtiendront l'annulation de leur mariage ; c'est une simple erreur de qualité. Mais un homme se fait passer pour noble en se servant de papiers qui lui attribuent un faux état civil : sa dupe obtiendra l'annulation du mariage parce qu'il y a eu erreur sur la personne. J'avoue qu'en ce cas la personne trompée me paraît infiniment moins digne d'intérêt que dans les deux premières hypothèses. De plus, comme M. Demolombe l'a victorieusement démontré, les éléments de l'état civil qui déterminent la filiation ne sont eux-mêmes que des qualités, de sorte que la jurisprudence, pour respecter son propre principe, devrait s'en tenir à l'erreur sur l'identité physique.

403. Jurisprudences et législations étrangères. — Bien que le Code italien (art. 105) ait la même rédaction que le nôtre et parle lui aussi d'erreur dans la personne (errore nella persona), la jurisprudence italienne l'interprète largement. On a vu annuler un mariage contracté par un Turc, qui avait caché sa nationalité et dont la femme ne s'attendait pas à se trouver soumise par son statut personnel au régime de la polygamie (Brescia, 10 oct. 1883, Dalloz, *Suppl.*, V° Lois, n° 290).

En Allemagne le Code civil autorise l'annulation du mariage quand l'erreur porte sur une qualité personnelle telle que l'autre époux n'aurait pas contracté mariage s'il avait connu l'état des choses (art. 1333).

La loi suisse du 24 déc. 1874, art. 50, ne précise rien et parle simplement de l'erreur dans la personne.

4° De l'action en nullité pour erreur ou violence.

** **404. Personnes munies de l'action.** — La nullité qui résulte de la violence ou de l'erreur est *relative*[1] ; c'est dire que l'action n'appartient pas à toute personne qui aurait intérêt à faire annuler le mariage, mais seulement à certaines personnes déterminées, et même la loi a ici restreint si étroitement l'action qu'il n'y a jamais qu'*une seule personne* à pouvoir l'exercer, à savoir l'époux dont le consentement n'a pas été libre ou a été vicié par une erreur.

Ainsi on ne permet pas d'agir ni à l'*autre époux*, ni aux *tiers*, ni aux *ascendants* de l'époux pourvu de l'action. Ceci n'est encore que l'application des règles ordinaires des nullités relatives, mais la loi va plus loin.

1° L'action est *refusée aux créanciers de l'époux*. C'est une de ces actions « attachées à la personne » dont parle l'art. 1166 et qui ne peuvent être exercées par les créanciers du chef de leur débiteur. L'époux seul est juge de l'opportunité de l'action.

2° L'action est *intransmissible* et ne passe pas aux *héritiers de l'époux*

[1] Dans le système de Pothier conforme en cela au droit canonique (Esmein, *op. cit.*, t. I, p. 309 et 313) la violence et l'erreur sur la personne rendaient le mariage radicalement nul, ou pour mieux dire en empêchaient la formation, faute de consentement. Beaucoup de personnes pensent qu'il devrait encore en être de même en cas d'erreur sur l'*individu*, c'est-à-dire sur l'identité physique, mais la réalisation de ce genre d'erreur est impossible.

après son décès. Ainsi les héritiers du conjoint prédécédé ne pourraient pas attaquer son mariage pour cause d'erreur dans la personne (Trib. Toulouse, 24 févr. 1879, D. 79. 3. 64).

405. Controverse au cas de décès du demandeur pendant l'instance. — Si l'époux venait à mourir après avoir intenté son action et avant que l'instance fût terminée, ses héritiers auraient-ils le droit de la continuer? On l'admettait autrefois sans difficulté, par application de la règle romaine : « Actiones quæ morte pereunt, semel inclusæ judicio salvæ permanent » (DALLOZ, *Répert.*, V° Mariage, n° 460). Mais les auteurs les plus récents enseignent généralement que cette circonstance même ne rend pas l'action transmissible aux héritiers; ils en donnent pour raison que cette action n'a pas de but pécuniaire et est destinée seulement à rompre une union dans laquelle le défunt se trouvait engagé sans son libre vouloir; lui mort, l'action n'a plus d'objet (GLASSON, *Du consentement des époux au mariage*, n° 150; LAURENT, t. II, n° 450; HUC, t. II, n° 134). Cependant l'action a des conséquences pécuniaires considérables, et, comme il est de règle que les héritiers ont le droit de poursuivre les instances commencées par leur auteur, on devrait leur en reconnaître ici la faculté, puisqu'un texte formel ne la leur a pas retirée. On peut tirer argument en ce sens de l'art. 330 qui autorise les héritiers à poursuivre l'action en réclamation d'état, quand l'enfant meurt après l'avoir intentée. Si l'intérêt moral, qui est le but principal de l'action, est intransmissible aux héritiers, ses suites pécuniaires les intéressent autant que l'époux, et cela doit suffire pour que l'action leur passe, puisque tout le monde reconnait que la maxime romaine a un fondement rationnel relativement aux actions pécuniaires.

*** 406. Durée de l'action.** — Les nullités relatives sont toujours *temporaires,* c'est-à-dire que l'action qui est donnée par la loi pour obtenir l'annulation se prescrit. De droit commun le temps de la prescription est de dix ans (art. 1304) ; pour le mariage, l'action en nullité est bornée dans un temps beaucoup plus court : la loi ne donne en principe que *six mois* pour l'attaquer (art. 181).

Le point de départ de ce délai est, suivant les cas, la *cessation de la violence* ou la *découverte de l'erreur*. Tant que la violence se prolonge, tant que l'erreur n'est pas reconnue, on ne peut reprocher à l'époux violenté ou trompé de n'avoir pas agi ; il serait déraisonnable de faire courir la prescription plus tôt.

Pour que l'action se perde en un temps aussi court, il faut d'ailleurs une condition particulière : il faut que la *cohabitation* entre les époux ait été *continuée pendant les six mois* (art. 181). Si l'époux auquel on a fait violence ou qui a été victime d'une erreur ne rompt pas la vie commune, il réitère en quelque sorte, et cette fois librement, son consentement au mariage. C'est seulement la cohabitation continuée pendant six mois qui vaut approbation tacite. S'il s'est retiré pour vivre séparément, il a au contraire protesté par sa conduite contre une union dont il ne veut pas, et l'art. 181 ne lui est pas applicable.

407. Cas de rupture entre les époux dans le délai légal. — L'action pourra donc, en cas de rupture entre les époux, être utilement exercée *après le délai de six mois*. Malheureusement la loi a oublié de dire combien de temps elle durera. On peut hésiter entre trois solutions : la déclarer *imprescriptible*, lui appliquer la *prescription trentenaire*, la soumettre à la *prescription décennale*. — L'imprescriptibilité a ses partisans ; les actions d'état sont en général imprescriptibles : la loi ne l'a dit nulle part expressément, mais cela résulte de leur examen : quelques-unes seulement ont été soumises à la prescription, comme l'action en désaveu. Cependant on peut remarquer que si l'imprescriptibilité convient aux actions d'état fondées sur des faits naturels qui resteront éternellement vrais, comme la filiation, elle convient beaucoup moins à celles qui ont pour objet de mettre fin (comme le fait l'action en nullité) à un état temporaire de sa nature comme le mariage. Aussi l'opinion la plus générale est-elle que cette action doit se prescrire. Dans cette idée, on s'accorde pour lui appliquer la prescription de trente ans, qui est établie dans les termes les plus généraux par l'art. 2262 pour toutes les actions qui ne sont pas imprescriptibles[1]. Quant à la prescription de dix ans, elle paraîtrait convenir spécialement ici, puisqu'elle est établie pour les actions en nullité ; mais le texte qui l'organise n'a pas une portée générale ; il concerne seulement les nullités des *obligations conventionnelles* ; or le mariage n'est pas soumis aux règles des contrats ordinaires.

*** 408. De la confirmation du mariage.** — Peut-on trouver des faits valant confirmation et faisant perdre à l'époux son action en nullité avant le temps de la prescription ? La question ne peut pas se poser pour la *confirmation tacite* : la prétendue prescription de six mois réglée par l'art. 181 n'est, au fond, qu'une confirmation tacite, puisqu'elle suppose quelque chose de plus que le laps de temps. Ce cas ayant été réglé d'une manière précise par le Code, il ne peut pas y en avoir d'autre ; et, de fait, aucune circonstance autre que la cohabitation continuée pendant six mois ne prouve l'exécution volontaire et libre du mariage annulable. On a cité la grossesse de la femme survenant avant les six mois : mais si l'action en nullité appartient à la femme, son état de grossesse ne prouve pas qu'elle ait ratifié le mariage, car elle a pu subir une contrainte de la part du mari ; si l'action en nullité appartient au mari, la grossesse de la femme ne prouve pas davantage l'intention du mari de renoncer à la nullité, car elle peut être due à un adultère.

Pourrait-il y avoir une *confirmation expresse* ? L'époux violenté ou trompé pourrait-il renoncer par un acte formel à son action, de manière à donner pleine sécurité à son conjoint avant l'expiration des six mois ? Il eût été très raisonnable de le permettre par une disposition spéciale, mais la loi ne l'a pas fait, ce qui rend la chose douteuse. Il semble bien qu'on n'ait pas voulu admettre d'autre fin de non-recevoir que celle qui se tire d'une cohabitation continuée pendant six mois. Peut-être a-t-on voulu laisser ce temps à l'époux pour réfléchir[2].

B. — Annulabilité pour défaut de consentement des parents.

1° Cas où il y a nullité.

*** 409. Le principe.** — Les futurs époux ont besoin du consentement de leurs parents *tant qu'ils n'ont pas atteint l'âge de la majorité matrimoniale* ; rappelons à ce sujet que, pour les garçons, la minorité se prolonge jusqu'à 25 ans, à moins qu'il ne leur reste plus aucun ascendant. A défaut du consentement requis, le mariage contracté sera *annulable* (art. 182)[3]. Voyez ci-dessus nos 58 et suiv.

[1] Il est cependant peu probable que les auteurs du Code aient pensé aux actions d'état en écrivant cet article. Ils n'ont visé que les actions *réelles* et *personnelles*. Or les actions d'état n'ont ni l'un ni l'autre de ces deux caractères ; la division des actions en réelles et personnelles ne concerne que les actions d'intérêt pécuniaire comprises dans le patrimoine.

[2] Si les époux y consentent rien ne semble s'opposer à une nouvelle célébration du mariage entre eux, qui vaudra, non comme confirmation de la première, mais comme mariage nouveau.

[3] Les annulations prononcées pour cette cause sont assez rares. Voyez-en quelques exemples dans la thèse de M. Franck Bernard, p. 336.

On sait aussi que le défaut de l'acte respectueux ne crée qu'un empêchement prohibitif et n'entraîne pas nullité (ci-dessus n° 335-1°).

410. Omission commise par la loi. — En énumérant les cas où le consentement d'autrui est nécessaire à la personne qui se marie, l'art. 182 a oublié un cas : il énumère les père et mère, les ascendants, le conseil de famille ; il a oublié le *tuteur ad hoc* qui doit consentir au mariage de l'enfant naturel. En général, on reconnaît que le mariage serait annulable pour défaut de consentement de ce tuteur, comme il le serait dans les autres cas spécialement prévus par la loi. Il est bien clair que la loi a voulu établir dans l'art. 182 la sanction de l'obligation qu'elle impose aux mineurs de se pourvoir du consentement de leur famille et que cette sanction doit être générale. — Cependant quelques auteurs, appliquant rigoureusement leur principe « Pas de nullité sans texte », décident qu'il n'y a pas de nullité quand le consentement du tuteur *ad hoc* n'a pas été fourni. Nous répondrons une fois de plus que les nullités résultent, non du chapitre IV de la loi, mais du chapitre Ier et que l'art. 182 a seulement pour but de déterminer les personnes qui peuvent agir en nullité. Or à ce point de vue son texte est conçu de manière à englober tous les cas possibles : il ouvre l'action « à ceux dont le consentement était requis ».

2° Personnes ayant l'action en nullité.

***411. Personnes dont le consentement était requis.** — La loi ouvre d'abord l'action à « ceux dont le consentement était requis » (art. 182). Cette formule vague fait naître plusieurs difficultés, qui divisent les auteurs, mais qui ne paraissent pas s'être présentées dans la pratique.

1° L'enfant avait encore son père et sa mère au moment de son mariage. L'action ne peut être exercée que par le père, tant qu'il est vivant ; mais si le père meurt, étant encore dans le délai utile pour agir, l'action en nullité passe-t-elle à la mère? Les auteurs français répondent affirmativement et autorisent alors la mère à agir à la place du père (Dalloz, *Répert.*, v° Mariage, n° 474 ; *Suppl.*, n° 251). Mais Laurent a admis l'opinion contraire (t. II, n° 457) ; c'est l'effet de son système d'interprétation littérale ; il s'appuie sur ce que le consentement de la mère n'était pas « requis ».

Même question quand le père disparaît ou devient fou.

2° Quand le consentement requis était celui des aïeuls et aïeules, de quelle manière l'action pourra-t-elle être intentée par eux? On est d'accord pour reconnaître que dans chaque ménage d'ascendants, l'aïeule ne pourra pas agir contre la volonté de son mari. Mais, si celui-ci meurt ou devient fou ou absent, la même question qui vient d'être examinée pour les père et mère s'élève à nouveau.

3° Si l'une des deux lignes déclare approuver le mariage, l'autre perd le droit d'agir en nullité. Il doit encore en être de même, si l'approbation d'une des lignes survient après que l'autre a déjà intenté l'action en nullité : cette action tombe, elle est désormais sans objet, puisque le consentement d'une des deux lignes suffit pour le mariage. Zachariae a seul été d'un avis contraire. — Il ne résulte pas de là, comme on l'a parfois prétendu, que les ascendants soient obligés de s'entendre pour exercer conjointement l'action en nullité : chaque ligne possède cette action, sauf à la voir s'éteindre par l'effet du consentement que l'autre ligne peut donner au mariage.

***412. Époux mineur.** — L'action appartient en outre à l'époux qui s'est marié sans le consentement de sa famille, alors qu'il aurait dû en être pourvu.

C'est lui que la loi veut protéger en sa qualité de mineur ; c'est donc à lui que l'action doit appartenir tout d'abord ; il devrait être seul à l'avoir, et si la loi la donne également à ses ascendants, c'est afin de le mieux protéger lui-même, parce qu'elle prévoit qu'il restera sous l'empire de la même passion ou des mêmes influences qui l'ont entraîné à se marier sans l'approbation de ses parents.

***413. Refus de l'action aux créanciers et aux héritiers.** — L'action en nullité de mariage, fondée sur l'incapacité de l'un des époux, est *attachée à la personne* de ceux qui la possèdent. Par conséquent elle ne peut être exercée ni par les créanciers de l'époux mineur ou de ses ascendants, ni par leurs héritiers.

A plus forte raison n'appartient-elle pas à l'autre époux, ni aux tiers.

414. Absence de dévolution. — Quand l'ascendant auquel appartenait l'action vient à mourir la possédant encore, il ne se fait aucune dévolution au profit du degré suivant. Ainsi, après la mort du survivant des père et mère, l'action ne passe pas aux aïeuls et aïeules; et ceux-ci ne la possèdent pas de leur propre chef, puisque leur consentement n'était pas requis au jour où le mariage a eu lieu.

3° Fins de non-recevoir opposables aux ascendants.

***415. Prescription annale.** — L'action en nullité qui appartient aux personnes dont le consentement était requis et n'a pas été obtenu, ne dure qu'un an (art. 183). Ce délai court du jour où elles ont eu connaissance du mariage (même art.).

***416. Ratification du mariage.** — Les ascendants peuvent ratifier le mariage sans attendre que l'année que la loi leur donne pour agir soit écoulée.

L'approbation qu'ils donnent au mariage, peut être expresse ou tacite; la loi accepte l'une et l'autre comme suffisante. Ainsi la moindre marque de consentement donnée par eux soit dans leurs paroles, soit dans leur conduite, leur enlève le droit d'agir. On cite comme exemple le cas où le père (ou la mère) aurait accepté d'être parrain (ou marraine) d'un enfant à naître du mariage.

4° Fins de non-recevoir opposables à l'époux.

***417. Prescription annale.** — Pour l'époux, comme pour ses ascendants ou son conseil de famille, l'action ne dure qu'un an (art. 183). Ce délai a pour point de départ le jour *où l'époux a atteint l'âge compétent pour consentir par lui-même au mariage* (même art.). La prescription éteint l'action, quand même les époux auraient vécu séparés; la loi n'exige pas qu'il y ait eu cohabitation comme au cas où la cause de nullité est un vice du consentement. La différence de rédaction entre les art. 181 et 183 est très nette à ce point de vue.

***418. Ratification du mariage par les ascendants.** — L'époux qui s'est marié sans l'autorisation de sa famille, à l'âge où il en avait encore besoin, peut perdre son action en nullité bien avant que la prescription déterminée par l'art. 183 se soit accomplie contre lui. Toutes les fois que les personnes dont le consentement était requis ont manifesté l'intention d'approuver le mariage ou qu'elles ont laissé passer, sans réclamation de leur part, l'année qui leur était donnée pour agir, *le mariage devient inattaquable*; le consentement donné par elles après coup fait disparaître la cause de nullité, et c'est tout naturel puisque rien ne manque plus désormais à sa validité. Du reste le texte est formel : « Le mariage ne peut plus être attaqué *ni par les époux* ni par les parents dont le consentement était requis... ».

La prescription annale opposable à l'époux n'aura donc l'occasion de s'appliquer qu'au cas où l'époux aura atteint sa majorité matrimoniale avant que ses ascendants n'aient appris son mariage ; et encore faudra-t-il que cette prescription ait le temps de s'achever avant qu'ils aient approuvé expressément ou tacitement le mariage.

419. Controverse sur la possibilité d'une ratification par l'époux. — La loi n'a pas parlé, à propos de l'époux qui s'est marié irrégulièrement, d'une ratification émanant de lui ; elle ne s'occupe que de la prescription. Ceci ne peut être l'effet d'un oubli, car le même texte règle, dans l'alinéa précédent, la façon dont les ascendants peuvent ratifier le mariage. On doit en conclure, selon nous, que la loi a entendu écarter toute ratification venant de l'époux.

Cependant certains auteurs pensent qu'une ratification, tout au moins une ratification expresse, serait efficace et lui ferait perdre l'action en nullité. On peut, il est vrai, avoir quelque scrupule à décider qu'une personne majeure ne peut pas disposer de son action et y renoncer. Mais il faut reconnaître qu'il y a ici une raison spéciale : la loi a jugé inutile d'abréger le délai d'un an qu'elle donne à l'époux à compter de sa majorité, pour réfléchir sur les suites de son mariage et pour en demander la nullité. D'ailleurs si on admet la ratification expresse, il est bien difficile de dire que la ratification tacite, quand elle sera certaine, n'aura pas la même efficacité. Or la loi exclut certainement la ratification résultant de la cohabitation, puisqu'elle accorde un an pour agir, alors même que les époux ont continué à vivre ensemble.

5° Fins de non-recevoir à écarter.

***420. Dissolution du mariage.** — La loi n'a rien dit du *cas où le mariage serait déjà dissous* d'une façon quelconque, avant que l'action en nullité soit exercée. Par conséquent, il faut décider que cette dissolution du mariage par un mode quelconque (décès de l'un des époux ou divorce) n'empêche pas l'action en nullité d'être exercée ; elle peut encore avoir son intérêt pour effacer, même dans le passé, les effets que le mariage a produits pendant qu'il a duré.

421. Dol de l'époux. — Beaucoup d'auteurs admettent une autre fin de non-recevoir, tirée du *dol de l'époux mineur*, lorsqu'il a employé des manœuvres frauduleuses pour persuader à son conjoint qu'il était majeur quant au mariage et pouvait se passer de toute autorisation. On peut bien, en ce sens, tirer argument de l'art. 1310, mais cet article est spécial aux contrats ordinaires et il est douteux qu'il puisse s'appliquer à un acte comme le mariage. En tout cas cette fin de non-recevoir ne paralyserait que l'action appartenant à l'époux auteur du dol et laisserait intacte celle que possèdent ses parents ou ascendants ou son conseil de famille.

§ 6. — *Autorité des jugements en matière de nullité de mariage.*

422. Bibliographie. — Thèses de MM. Raymond Bufnoir, Paris, 1893, et Cheneaux, Bordeaux, 1895.

423. Position de la question. — Un grand principe, déjà admis en droit romain et toujours conservé depuis, veut que les jugements n'aient d'autorité que pour les personnes qui ont été *parties en cause* ou qui ont *succédé à l'une des parties* ; ils ne peuvent être ni opposés aux *tiers* ni invoqués par eux. La même question peut donc être plaidée autant de fois qu'il y a de personnes intéressées à la discuter, si toutes ne sont pas mises en cause du premier coup, et à chaque fois, le tribunal saisi de l'action sera libre de la juger dans un sens différent, sans être lié par les décisions précédentes. C'est le principe qu'on appelle l'*autorité relative de la chose jugée* (Voyez 1re édit., t. II, nos 160 et suiv.; 2e édit., t. I, nos 361 et suiv.).

Cette règle est établie dans les termes les plus larges par l'art. 1351. Il est aujourd'hui reconnu que ce texte s'applique aux jugements rendus sur l'état des personnes, bien qu'il soit placé dans le Code au Titre « Des contrats et des obligations conventionnelles ». Ce titre contient, outre les règles propres aux obligations, tous les principes généraux du droit civil, qui s'appliquent toutes les fois qu'il n'y est pas dérogé par des dispositions particulières.

Mais la question est de savoir s'il n'y a pas quelque raison particulière d'admettre une exception pour les nullités de mariage. Cette question, déjà signalée (t. I, 1re édit., nos 465-466; 2e édit., no 483), doit maintenant être étudiée à fond.

***424. Importance de la question.** — Dans les affaires d'intérêt pécuniaire, questions de contrats, d'obligations, de propriété, de servitudes, etc., les personnes intéressées au débat sont toujours peu nombreuses; le plus souvent il n'y en a que deux, le demandeur et le défendeur. Même quand il y en a davantage, il est facile de mettre tout le monde en cause et de terminer l'affaire dans une seule instance de façon qu'elle ne puisse pas se recommencer à l'avenir.

Mais dans les questions de mariage, il n'en est pas de même; l'état d'une personne mariée la suit *dans toutes ses relations avec toutes les autres*. Il y a donc un intérêt de premier ordre à ce que l'état des époux soit *fixé d'une manière absolue*, c'est-à-dire le même à l'égard de tout le monde. C'est à cette condition seulement qu'on peut avoir la sécurité dans les affaires.

425. Distinction des jugements constitutifs et des jugements déclaratifs de l'état. — Avant d'examiner la question en elle-même, il est nécessaire de rappeler une différence déjà signalée (t. I, 1re édit., no 464; 2e édit., no 482) entre deux catégories de jugements, les uns *constitutifs* de l'état, les autres simplement *déclaratifs*.

Il y a des cas où l'acte qui modifie l'état d'une personne et qui lui confère une qualité nouvelle suppose l'intervention de la justice: tels sont le divorce, la séparation de corps, l'interdiction, l'adoption. En pareil cas, ce n'est pas l'autorité de la chose jugée qui s'attache au jugement, parce qu'il n'est pas un *acte de juridiction* mettant fin à une contestation sur l'existence d'un droit et déclarant si ce droit existe, au profit de qui et dans quelle mesure. C'est un *acte d'autorité* qui crée un état nouveau, celui d'époux divorcés ou séparés de corps, d'aliéné interdit, d'enfant adoptif, et le crée nécessairement pour tout le monde, comme le pourrait faire un mariage ou une émancipation. L'effet d'un jugement constitutif de l'état est donc nécessairement *absolu*.

Mais lorsqu'il ne s'agit pas de constituer l'état, mais seulement de le *vérifier*, pour savoir s'il existe réellement, l'état des personnes donne lieu à un véritable procès, terminé par un *jugement purement déclaratif*, par lequel le juge constatera l'état, sans le modifier en rien. C'est seulement à un jugement de ce genre qu'il peut être question d'attribuer un *effet relatif*, limité aux parties en cause.

***426. Jurisprudence sur la nullité pour vice du consentement.** — Il n'existe sur la question qu'un seul monument de jurisprudence, ce qui montre à quel point elle préoccupe peu la pratique (Agen, 14 juin 1890, D. 91. 2. 153, note de M. de Loynes; comp. CHARMONT, *Revue critique*, 1892). Il s'agissait d'une nullité de mariage prononcée pour *vice du consentement* (violence), c'est-à-dire d'un cas dans lequel l'action en nullité ne pouvait être exercée que par *une seule personne*, l'époux dont le consentement n'avait pas été libre.

La Cour a décidé que le jugement qui avait annulé le mariage devait avoir une *autorité absolue*, et que le mariage devait être tenu pour nul, même à l'égard des personnes qui n'avaient pas été représentées dans l'instance[1].

[1] Il est en effet admis que, dans les cas où l'action en justice est réservée à une seule personne, ce qui est jugé pour ou contre elle crée un état absolu qui est réputé vrai à l'égard de tout le monde (t. I, 1re édit., no 463; 2e édit., no 482).

427. Extension au second cas de nullité relative. — Que faudrait-il décider dans tous les autres cas où un mariage viendrait à être déclaré nul sur la demande d'une des personnes munies d'action? Le raisonnement employé par la Cour d'Agen peut encore servir pour le second cas de nullité relative (défaut de consentement des ascendants). Là encore l'action est réservée, non plus absolument à une seule personne, mais à un petit nombre, à deux peut-être (le mineur qui avait besoin d'autorisation et l'ascendant qui devait l'autoriser). On peut donc prévoir, par analogie, que la jurisprudence se prononcerait dans le même sens, puisque la grande majorité des intéressés sont privés du droit d'agir : il faut donc qu'on tienne pour vrai à leur égard ce qui a été jugé sur la demande d'une des personnes munies de l'action.

428. Extension aux cas de nullité absolue. — Le même raisonnement ne peut plus être employé pour les *nullités absolues*, qui ouvrent l'action *à tous les intéressés*. Dès lors il semble que la question puisse être plaidée à nouveau sur la demande de chacun d'eux, chaque fois que l'occasion s'en présentera et que par suite le premier jugement obtenu n'ait qu'une autorité relative.

Cependant il faut, ici encore, éviter à tout prix les difficultés et les incertitudes qui naîtraient d'une question indéfiniment débattue[1]. Or il y a une *raison* particulière qui peut faire accepter l'idée d'une autorité absolue attachée au jugement, même dans l'état actuel des textes, et sans qu'il y ait besoin d'une réforme législative.

Cette raison est la suivante : Il semble que, dans la pensée des auteurs de la loi, le jugement qui prononce la nullité d'un mariage n'est pas un jugement purement déclaratif; pour eux, le mariage n'était pas nul de plein droit ; il est *cassé* par la justice (ci-dessus n°s 380 et suiv.). L'état de mariage était l'œuvre de la puissance publique autant que de la volonté des conjoints; l'officier de l'état civil les avait unis « au nom de la loi ». Cet état reconnu et garanti par l'autorité publique a donc besoin d'être détruit au nom de la même autorité. Le jugement qui annule le mariage rend aux époux une liberté qu'ils n'avaient plus ; il modifie donc leur état : *ils étaient mariés, ils cessent de l'être.*

Ainsi envisagé le jugement aurait la nature d'un *acte constitutif d'un état nouveau* et, comme tel, il devrait avoir une portée absolue, pour le même motif que s'il s'agissait d'un jugement de divorce ou de séparation de corps.

Que tel soit bien l'esprit du Code c'est ce qui résulte d'une double observation :

1° La loi suppose que l'époux dont le mariage a été annulé peut contracter un second mariage valable avec une autre personne (art. 147 et 189 cbnés). C'est donc que la nullité du premier mariage est acquise à l'égard de tout le monde par l'effet d'un jugement unique et que sa validité ne peut plus être soutenue par personne.

2° La loi confie au ministère public le soin de demander la nullité du mariage dans les cas de nullité absolue (art. 184 et 190). Cette mission serait parfaitement inutile si le jugement obtenu n'avait qu'une autorité relative, car les particuliers ne pourraient pas s'en prévaloir; mais telle n'est pas la pensée de la loi, car le texte veut que le tribunal, sur les réquisitions du ministère public, condamne les époux à se séparer, ce qui montre que leur union est rompue à l'égard de tous. Or il est impossible d'accorder une autorité absolue au jugement obtenu par le ministère public, alors que l'on ne reconnaîtrait qu'une autorité relative au jugement rendu à la requête d'un ascendant ou d'un premier conjoint[2].

429. Cas où la demande en nullité a été rejetée. — On vient de voir ce qui se produit lorsque le mariage est annulé; mais il se peut que la demande échoue. Que décider en pareil cas? Si la personne qui a intenté l'action était seule à l'avoir (par

[1] M. de Loynes a montré à quelles situations inextricables et à quels résultats inadmissibles on arrive avec le système de la nullité relative (D. 91. 2. 153).

[2] Il y aurait peut-être là le germe d'une distinction à introduire par voie de réforme législative : toutes les fois que la nullité d'un mariage serait demandée devant un tribunal, le ministère public serait obligé de donner ses conclusions, et, grâce à son intervention, le jugement pourrait être investi d'une autorité absolue, quel qu'en soit le sens.

exemple un époux dont le consentement a été vicié), tout est fini ; le mariage est inattaquable, puisque la seule personne qui pouvait le faire casser n'y a pas réussi. Mais si l'action appartient en même temps à d'autres, quel que soit leur nombre, il semble impossible de leur enlever le droit d'agir ; il faudrait un texte particulier déclarant que l'action se trouverait épuisée pour tous par l'initiative d'un seul des intéressés. Peut-être l'un d'eux, en agissant à nouveau, réussira-t-il à faire casser le mariage.

CHAPITRE XI

DES MARIAGES PUTATIFS

§ 1. — *Utilité et notion générale du mariage putatif.*

**** 430. Effet ordinaire de la nullité.** — Quand un mariage est déclaré nul ou annulé, il ne peut plus produire aucun effet ; et tous ceux qu'il avait paru produire jusque-là disparaissent puisqu'il est réputé n'avoir jamais existé. L'apparence de légitimité que le fait de la célébration avait donnée à l'union de ces deux personnes se trouve rétroactivement détruite par la sentence judiciaire qui a reconnu ou prononcé la nullité. « *Quod nullum est nullum producit effectum.* »

*** 431. Conséquences.** — Voici quelles sont les principales conséquences de cette idée :

1° Les enfants nés du mariage ne sont pas légitimes. Dans la plupart des cas, ils seront enfants naturels simples. En cas de bigamie, ils seront adultérins pour l'époux bigame. En cas de parenté ou d'alliance, ils seront incestueux pour leurs deux parents.

2° La femme n'ayant jamais été mariée n'a jamais perdu sa capacité. Les actes qu'elle a pu faire sans autorisation doivent donc être considérés comme valables.

3° Les conventions matrimoniales contenues dans le contrat de mariage ne peuvent pas recevoir leur exécution. Elles supposent toujours l'existence d'un mariage, et il n'y en a pas. A défaut du contrat de mariage, il faudra appliquer les règles du droit commun, comme si les deux conjoints avaient vécu ensemble sans s'être mariés (Paris, 10 févr. 1892, D. 92. 2. 493), et souvent la liquidation et le règlement de leurs droits présenteront de graves difficultés.

4° Les donations que les conjoints avaient pu recevoir de leurs parents ou des tiers tombent. Si elles ont déjà été réalisées, les biens reçus doivent être restitués. Une donation faite en vue du mariage est toujours censée faite sous la condition *si nuptiae sequantur*. Cette condition venant à défaillir par la nullité du mariage, la donation devient caduque.

5° Si les époux ont fait entre eux des conventions contraires à leur régime matrimonial, ces conventions sont valables, bien qu'il soit interdit de modifier le régime matrimonial pendant le mariage. Leur liberté tient ici à ce qu'ils n'étaient pas mariés. On a appliqué cette règle au cas où, prévoyant l'annulation de leur mariage, ils avaient eux-mêmes réglé à l'amiable leurs intérêts pécuniaires (Paris, 10 févr. 1892, précité).

6° Chaque époux perd le droit de succéder à son conjoint, qu'il tenait de l'art. 767. Dans le cas où la nullité serait reconnue ou prononcée seulement après la mort de l'un d'eux, le survivant qui aurait déjà recueilli sa succession devrait la restituer à qui de droit.

Le seul effet qu'on reconnaisse au mariage nul ou annulé est d'imposer à la femme un délai de dix mois avant de contracter un nouveau mariage (art. 228).

**** 432. Définition du mariage putatif.** — Cet anéantissement complet des effets du mariage est extrêmement rigoureux. Il serait surtout pénible s'il se produisait contre les époux de *bonne foi*, c'est-à-dire contre des gens qui ont ignoré en se mariant la cause de nullité qui frappait leur union. Aussi est-il admis depuis très longtemps que le mariage nul, contracté de bonne foi, produit ses effets comme s'il avait été valable jusqu'à la sentence du juge déclarant sa nullité. La sentence met fin au mariage, comme le ferait un divorce : le mariage ne produit plus d'effets dans l'avenir, il cesse d'en produire ; mais tous ceux qu'il avait produits jusque-là subsistent, les droits acquis ne sont pas détruits. En d'autres termes, à raison de la bonne foi des parties, la nullité se réalise *sans rétroactivité*. Ce mariage s'appelle *mariage putatif* (*putativus*, réputé pour être ce qu'il n'est pas).

*** 433. Origine de cette théorie.** — La théorie des mariages vient du *droit canonique*. Le droit romain ne la connaissait pas (*Code*, liv. V, tit. 5, loi 6). En Orient le principe primitif a subsisté dans toute sa rigueur. En Occident même, le mariage putatif n'apparaît qu'au XIIe siècle, dans les décrétales d'Alexandre III et dans les ouvrages de Pierre Lombard. Les *Exceptiones Petri*, qui sont du siècle précédent, l'ignorent encore (Voyez les textes rapportés par M. Esmein, *Le mariage en droit canonique*, t. I, p. 32-33). Cette création paraît avoir été l'œuvre, non de la législation, mais de la doctrine, et elle a eu pour cause probable l'exagération des prohibitions de mariage entre parents : un grand nombre de personnes étaient exposées, de la meilleure foi du monde, à contracter des mariages nuls. Il fallut à tout prix trouver un palliatif.

§ 2. — *Conditions requises pour l'efficacité du mariage putatif.*

*** 434. Comparaison du Code civil et du droit canonique.** — Le texte actuel n'exige qu'une seule condition pour que le mariage nul produise ses effets civils : il faut qu'il ait été « *contracté de bonne foi* » (art. 201 in fine). Le droit canonique exigeait de plus une *juste cause d'erreur*, la rendant excusable, et la *célébration publique* du mariage.

A. — De la condition de bonne foi.

**** 435. Définition.** — La bonne foi consiste à ignorer l'empêchement qui s'opposait à la formation du mariage ou le vice qui a rendu insuffisantes les formalités remplies pour sa célébration [1].

L'erreur commise par les époux peut être une *erreur de fait* ou une *erreur de droit*. Il y aura erreur de fait si les époux ignorent, par exemple, le lien de parenté ou d'alliance qui les unit. Il y aura erreur de droit si une étrangère (le cas s'est présenté) épouse un Français, âgé de 24 ans, croyant qu'à cet âge il peut se marier sans le consentement de ses parents parce que telle est la loi de son pays ; ou encore si un beau-frère et une belle-sœur se marient, ignorant la disposition de l'art. 162 qui leur interdit de se

[1] Pothier en donnait une définition plus étroite : pour lui la bonne foi était l'ignorance de l'empêchement dirimant qui rendait le mariage nul (*Mariage*, n° 437). Ceci tient à ce que de son temps le droit canonique refusait le bénéfice de leur bonne foi à ceux dont le mariage n'avait pas été célébré dans une forme régulière.

marier sans avoir obtenu des dispenses. Il y a eu quelque difficulté pour admettre que l'erreur de droit peut donner efficacité au mariage nul, mais l'opinion favorable aux époux l'a emporté, et avec juste raison, car la loi ne distingue pas entre les deux espèces d'erreur (Paris, 14 mars 1889, D. 90. 2. 88).

** **436. Bonne foi d'un seul époux.** — Il suffit qu'un seul des époux ait été de bonne foi pour que les effets civils soient assurés au mariage, mais ils le sont alors d'une manière moins large que si la bonne foi avait été commune aux deux époux.

** **437. Moment auquel la bonne foi doit exister.** — La bonne foi n'est nécessaire qu'au moment de la célébration du mariage. Il s'agit en effet d'apprécier la valeur d'un contrat : on ne peut se placer pour cela à un autre instant que celui où il s'est formé. Ainsi, une fois acquis aux époux, le bénéfice de leur bonne foi initiale leur reste, alors même qu'ils découvriraient la cause de nullité de leur mariage très peu de temps après, et resteraient en cet état longtemps avant que la nullité en soit constatée. Par suite, les enfants qui naîtraient pendant cette période seraient néanmoins légitimes, malgré l'état actuel de mauvaise foi de leurs parents.

Ceci est très remarquable : la loi n'impose jamais aux époux l'obligation de demander la nullité de leur mariage et de se séparer, de sorte qu'un mariage nul, et dont la nullité sera connue, mais sans que personne ait intérêt à la faire constater, pourra produire indéfiniment les effets d'un mariage valable.

* **438. Charge de la preuve.** — Pour bénéficier des effets du mariage putatif, faut-il que l'époux ou l'enfant né du mariage établisse l'existence de la bonne foi, ou bien est-ce à leur adversaire, qui conteste les effets du mariage, à prouver que les époux étaient de mauvaise foi en se mariant? La question est importante, car le fardeau de la preuve est chose grave, et souvent une partie échoue en justice faute de pouvoir prouver son dire. La question est très controversée. Certains auteurs appliquent rigoureusement la règle d'après laquelle celui qui veut bénéficier d'une faveur exceptionnelle de la loi, comme est celle de l'art. 201, doit prouver qu'il remplit les conditions requises (Demolombe, t. III, n° 359, Laurent, t. II, n° 506). D'autres distinguent entre l'erreur de droit et l'erreur de fait ; la bonne foi serait présumée dans le second cas, mais non dans le premier, parce que nul n'est censé ignorer la loi (Aubry et Rau, t. V, § 460, p. 59). Enfin l'opinion qui présume toujours la bonne foi a aussi ses partisans (Dalloz, *Suppl.*, v° Mariage, n° 323) et elle a été consacrée par la jurisprudence (Aix, 11 mars 1858, D. 71. 5. 260). On s'appuie sur l'art. 2268, aux termes duquel : « La bonne foi est toujours présumée ; c'est à celui qui allègue la mauvaise foi de la prouver. » Bien qu'écrit à propos de la prescription, cet article n'établit pas une présomption légale étroite et spéciale à cette matière ; il est fondé sur une idée générale, à savoir que nul n'est présumé avoir contrevenu sciemment à la loi.

La première opinion, qui met la preuve de la bonne foi à la charge des époux, est la vraie. D'abord elle est seule conforme à la tradition, puisque jadis on exigeait que l'époux prouvât non seulement qu'il était de bonne foi, mais même qu'il avait pour l'être un juste motif. Les deux autres opinions supposent une présomption de bonne foi qui ne pourrait exister qu'en vertu d'un texte formel ; la règle d'après laquelle nul ne doit être réputé contrevenir sciemment à la loi, vraie en matière pénale, est sans application aux affaires civiles, dans lesquelles il s'agit de faire produire effet à des actes juridiques, qui doivent être réguliers et conformes aux lois.

B. — Du juste motif d'erreur.

439. Ancien droit. — On ne se contentait pas jadis de la bonne foi ; il fallait en outre que l'époux eût à faire valoir une juste cause expliquant l'erreur dans laquelle il était tombé. Voyez les exemples que donne Pothier : il suppose que la femme d'un soldat, laissé pour mort sur le champ de bataille, s'est remariée « sur la foi d'un certificat de mort de son mari, en bonne forme, du major du régiment » (n° 437). Dans d'autres exemples, empruntés par lui à des arrêts de 1689 et 1693 (mariages d'un chevalier de Malte et d'un récollet, qui s'étaient fait passer pour laïques), la juste cause de la bonne foi est l'erreur commune que la femme avait partagée (n° 439). Comp. le *Nouveau Denizart*, t. III, v° *Bonne foi des contractants*, § 2, n° 1.

440. Jurisprudence actuelle. — La jurisprudence moderne n'exige plus cette condition, parce que le texte ne parle que de la bonne foi. On aurait pu cependant tenir compte de ce que disait Portalis, dans l'*Exposé des Motifs*, qu'on avait voulu consacrer par un texte une maxime introduite par le droit canonique et depuis longtemps adoptée dans nos mœurs (Fenet, t. IX, p. 174). Ces paroles n'indiquent pas l'intention de faire un changement.

C. — Condition de publicité.

441. Comment elle s'était introduite. — Depuis que le concile de Latran avait exigé une annonce publique du mariage au moyen des bans, l'omission de cette formalité était considérée comme une faute, comme un péché contre les lois de l'Église ; le mariage célébré clandestinement n'était pas nul par cela seul, mais s'il existait un empêchement dirimant, les époux n'étaient pas admis au bénéfice du mariage putatif. La publicité de la célébration devint ainsi une condition du mariage putatif[1].

442. Comment elle a disparu. — Le texte actuel ne suppose pas que le mariage a été *contracté publiquement*. Personne ne soutient que cette condition ancienne soit encore nécessaire; mais sa disparition ne crée pas un grand vide, car lorsque les époux se seront cachés pour se marier, il sera bien rare qu'ils aient été de bonne foi : ce fait seul révélera leur connaissance de l'empêchement qui rend le mariage nul.

§ 3. — *Vices couverts par la bonne foi.*

443. Système ancien. — Avant le Code civil la bonne foi des époux couvrait seulement les nullités dues à l'existence antérieure d'un empêchement dirimant, et non les nullités de forme qui pouvaient entacher la célébration du mariage. Voyez le passage d'Hertius rapporté ci-dessus en note : « Matrimonium putativum... bona fide et *solenniter* contractum... » Loin d'être couvertes par la bonne foi des époux, les irrégularités de formes empêchaient la bonne foi de produire ses effets (ci-dessus n° 441). Le système ancien reposait donc sur cette idée très simple que nul n'est censé ignorer les formes du mariage, tandis qu'il peut toujours exister, à l'insu des époux, un empêchement qui les empêche de s'unir.

*** 444. Jurisprudence moderne.** — Dans le droit actuel, la théorie

[1] Voici ce que disait Gui Coquille : « Quand le mariage a esté fait clandestinement, « sans proclamation de bans, ou autre part qu'en lieu public, la bonne foy et la juste « ignorance que l'un des mariez peut avoir de l'empeschement qui seroit au mariage... « ne sert et ne releve de rien, et n'empesche que le mariage ne soit illegitime. *Cap.* « *cum inhibitio, ex. de clandest. despons.* Mais quand le mariage a esté solennellement « fait, la bonne foi et l'ignorance de l'un des mariez fait que les enfans sont légitimes « selon la Glose audit chapitre. » (*Coust. de Nivernois*, sous l'art. 1er du chap. XXIII.) Hertius résumait ainsi la théorie : « Matrimonium putativum est quod bona fide et « solemniter, saltem opinione conjugis unius justa, contractum inter personas jungi « vetitas consistit. »

du mariage putatif s'est élargie : la bonne foi des époux peut rendre valable un mariage dont la cause de nullité est un vice de forme. Ce changement provient de l'établissement de formes nouvelles instituées pour le mariage par les lois civiles et de la variété qui existe à cet égard entre les différents États. Cet antagonisme de lois amène des irrégularités d'une manière à peu près inévitable ; à l'intérieur du même pays, le changement de législation n'a qu'un effet temporaire, et la validité des unions irrégulières pourrait n'être admise qu'à titre de mesure transitoire ; mais la diversité des législations nationales est une cause permanente d'erreurs.

La jurisprudence décide donc qu'un mariage contracté *devant un prêtre*, dans un pays et à une époque où le mariage civil était obligatoire, peut néanmoins valoir à titre de mariage putatif. C'est ce qu'a admis la Cour de Bordeaux, pour un mariage contracté à l'église métropolitaine de Mexico, près d'un an après que le décret de Juarez sécularisant le mariage y avait été promulgué (5 févr. 1883, Dalloz, *Suppl.*, t. X, p. 427, note 1 ; S. 83. 2. 137). Même solution de la Cour de Bruxelles pour un mariage célébré à Tournai en 1799 peu de temps après l'introduction du mariage civil par la conquête française (*Pasicrisie*, 1852, 2. 331).

A plus forte raison, la bonne foi des époux couvrirait-elle le vice résultant de l'incompétence de l'officier qui a célébré leur mariage. Ainsi le mariage contracté devant un *agent diplomatique*, entre deux personnes dont l'une seulement appartient à la nation qui a accrédité cet agent, est généralement nul pour incompétence (voyez ci-dessus n° 186). Il vaudra néanmoins comme mariage putatif, parce qu'il y a eu une célébration qui, même pour la loi française, est une des formes du mariage et aurait pu donner une union valable.

445. Opinion doctrinale dissidente. — Quelques auteurs, et non des moindres, raisonnant sur les textes d'une façon étroite, pensent que la bonne foi des époux ne peut couvrir que les causes de *nullité* proprement dites et non les causes d'*inexistence* du mariage (Demolombe, t. III, n° 354 ; Aubry et Rau, t. V, § 460, p. 46, note 1 ; Laurent, t. I, n° 515 ; Huc, t. II, n° 161). Leur argument principal est que dans tout le chapitre iv, et spécialement dans les art. 201-202, la loi ne parle que des mariages nuls et non des mariages inexistants. Ils ajoutent qu'un mariage qu'il est nécessaire d'annuler peut produire ses effets, tandis qu'un mariage inexistant est le néant, et qu'il est difficile de comprendre que le néant puisse avoir des effets. Le premier argument est sans valeur si l'on admet que la distinction des mariages nuls et des mariages inexistants est entièrement étrangère au Code civil ; quand l'art. 201 parle du « mariage déclaré nul », ces mots comprennent dans leur généralité tous les cas possibles, inexistence aussi bien que nullité. Quant au second argument, on croit le réfuter en disant : « Ce n'est pas au néant que le législateur fait produire les effets du mariage, mais bien à la bonne foi des époux, dont la situation est tout aussi digne d'intérêt dans un cas que dans l'autre. » Cette observation ne prouve rien, car la bonne foi seule des époux ne suffirait pas ; il faut qu'il y ait eu « mariage contracté », c'est-à-dire un *acte*, un mariage fait sous une forme ou sous une autre, et c'est cet acte qui produit ses effets quand la bonne foi des époux en couvre les vices.

La seule réfutation possible consiste à dire que la différence entre l'acte nul et l'acte inexistant n'est que dans les mots ; l'acte nul de nullité absolue, quand cette nullité est reconnue, n'a pas plus d'existence légale que l'acte dit « inexistant ». Il n'y a donc pas plus de difficulté à admettre l'efficacité du mariage à titre putatif dans un cas que dans l'autre.

Au reste l'opinion qui vient d'être discutée ne peut recevoir d'application pratique que dans le cas où le vice du mariage est son défaut de célébration par un officier de l'état civil. Elle conduirait à refuser les effets civils au mariage contracté de bonne foi devant un prêtre. On a vu que la jurisprudence applique sans difficulté l'art. 201 à cette hypothèse, et c'est de toute nécessité et de toute justice. Le résultat de l'opinion contraire suffirait à lui seul pour la faire rejeter.

* **446. Nécessité d'une célébration.** — Il est cependant nécessaire qu'il y ait une forme quelconque de célébration. D'après le texte c'est le mariage « *contracté* » de bonne foi qui peut produire les effets civils. Il faut donc qu'il y ait eu au moins quelque chose qu'on puisse considérer comme la célébration d'un mariage (comp. DEMOLOMBE, t. III, n° 354). Ainsi on devrait certainement refuser les effets civils de mariage à quelqu'un qui prétendrait s'être marié sans aucun acte. Il est même douteux que les tribunaux consentent jamais à valider à titre de mariage putatif, comme le proposait MARCADÉ, un mariage contracté devant un greffier de juge de paix, par une jeune fille ignorante et abusée.

§ 4. — *Effets du mariage putatif.*

** **447. Distinction.** — Deux cas sont à distinguer : les époux étaient tous deux de bonne foi; un seul l'était. Les deux cas sont prévus séparément, le premier par l'art. 201, le second par l'art. 202.

A. — Bonne foi des deux époux.

** **448. Plénitude d'effets du mariage.** — Quand les deux époux ont été de bonne foi, le mariage, bien qu'annulé, produit tout autant d'effets que s'il avait été valable. Il n'y a de différence que dans la durée du temps pendant lequel ces effets se produisent (ci-dessous, n° 451).

449. Difficulté pour la légitimation des enfants antérieurs au mariage. — Il n'y a de doute que sur un point : les enfants nés avant le mariage se trouvent-ils légitimés ? La plupart des auteurs modernes admettent l'affirmative (DEMANTE, t. I, n° 283 *bis*, VII; AUBRY et RAU, t. V, § 460, p. 50, note 12 ; LAURENT, t. II, n° 509; HUC, t. II, n° 167). Il leur a semblé naturel que le mariage putatif, auquel la loi accorde tous les effets civils, puisse légitimer les enfants comme le ferait un mariage valable; peut-être a-t-il été contracté spécialement en vue de produire cette légitimation. Comme interprétation du Code, cette opinion est cependant très douteuse. L'art. 201 ne précise pas quels enfants doivent bénéficier de la légitimité, car il dit que le mariage produit ses effets « tant à l'égard des époux qu'à l'égard des enfants », mais l'art. 202 est plus explicite : il ne profite qu'aux enfants « issus du mariage ». Or il n'y a aucune raison de faire une différence entre les deux hypothèses prévues par ces deux articles ; quand il parle des enfants en général, l'art. 201 doit s'entendre de ceux qui sont nommés dans l'art. 202. Cette rédaction du texte n'est pas fortuite : elle reproduit la solution traditionnelle. D'après le droit canonique le mariage putatif avait bien pour effet de donner la légitimité aux enfants conçus depuis le mariage, mais non à ceux qui étaient nés d'un commerce antérieur. Cela avait été jugé par un arrêt célèbre du 15 mars 1674, pour une femme dont le premier mari était revenu après 40 ans d'absence, et Pothier s'explique sur ce point de manière à ne laisser aucun doute, en donnant les motifs de cette solution restrictive (*Mariage*, n° 441). Le Code a donc entendu maintenir l'ancienne règle par cela seul qu'il n'y a pas dérogé, et Portalis a déclaré qu'on n'avait pas eu l'intention de faire des réformes en cette matière (Comp. Dalloz, *Répert.*, V° Mariage, n° 606).

La vérité est que les auteurs modernes cherchent un moyen de corriger une solution qui leur paraît trop dure et contraire au but même de l'institution du mariage putatif. Le raisonnement par lequel Pothier justifie l'ancienne distinction est d'une faiblesse extrême : « N'ayant pu intervenir de mariage légitime entre les parties, le vice du commerce d'où l'enfant est né n'a pu être purgé. » Si ce raisonnement valait quelque chose, ce n'est pas seulement la légitimation, ce sont tous les effets du mariage qui seraient impossibles. Il n'y a pas de jurisprudence sur la question.

450. Cas spécial où les enfants sont adultérins ou incestueux. — Tout en admettant que les enfants antérieurs au mariage nul sont légitimés, la plupart des auteurs font néanmoins exception pour le cas où le mariage est annulé parce qu'il existait un autre mariage non dissous, ou pour cause de parenté ou d'alliance au degré prohibé. Les enfants sont alors *adultérins* ou *incestueux*. Or la loi défend la légitimation de ces deux catégories d'enfants (art. 331). Un mariage valable n'aurait pas pu les légitimer. Un mariage putatif ne le pourra pas davantage, parce que ce serait donner plus d'effets au mariage quand il est nul que quand il est valable.

Ce raisonnement si simple a séduit tout le monde. Cependant ne pourrait-on pas objecter que l'idée mère du mariage putatif consiste précisément à supprimer par une fiction le vice qui a empêché la formation d'un mariage valable ? Si l'on efface ce vice pour laisser se produire les effets normaux du mariage, pourquoi en tiendrait-on compte pour empêcher la légitimation des enfants ? La bonne foi de leurs parents efface le vice de leur origine et ils doivent obtenir le bénéfice de la légitimité tout aussi bien que ceux qui sont nés après le mariage et qui sont, tout autant qu'eux, incestueux ou adultérins.

* **451. Époque où cessent les effets du mariage putatif.** — A partir du jour où la sentence de nullité est rendue, le mariage cesse d'avoir effet. Par conséquent aucun résultat nouveau ne peut plus se produire ; à partir de ce moment, la situation est la même que s'il y avait eu divorce : les deux époux étaient mariés ; ils ne le sont plus. Mais cet effet se produit sans aucune rétroactivité : la nullité n'atteindra le mariage qu'à compter du jugement, et non à compter de la demande, comme le voudrait la règle ordinaire. Ce qui empêche cette règle de s'appliquer ici, c'est la bonne foi des époux qui (bien qu'elle ait peut-être disparu en fait) continue à les protéger jusqu'à l'annulation de leur mariage.

452. Conséquence pour le droit de succession. — Si les deux époux sont encore vivants au jour où l'annulation de leur mariage est prononcé, chacun d'eux perd le droit de succéder à l'autre, droit qui lui appartenait en qualité d'époux (art. 767) : après l'annulation ce titre leur est enlevé. — Laurent paraît ne pas comprendre pourquoi les deux époux ne peuvent plus se succéder l'un à l'autre, alors que le droit de succession subsiste entre eux et leurs enfants : c'est que la qualité d'enfant légitime est permanente et survit à la dissolution du mariage, tandis que la qualité d'époux est temporaire et se perd quand le mariage est dissous.

Si l'un des époux était déjà mort quand la nullité est reconnue, sa succession, recueillie par le survivant, resterait acquise à celui-ci, qui était encore son *conjoint* au jour du décès. Il résulte de là que si le mariage putatif était nul pour cause de bigamie, et s'il venait à se dissoudre par la mort de l'époux bigame, la succession du bigame se partagerait entre ses deux conjoints, tous deux vivants, et qui auraient des droits égaux.

453. Jurisprudence en matière d'obligation alimentaire. — Deux époux se doivent mutuellement des aliments (art. 212). C'est encore une des conséquences du titre d'époux qui disparaît quand le mariage est annulé. Par conséquent l'un d'eux ne peut plus à l'avenir réclamer une pension à son ex-conjoint (Alger, 26 mai 1879, D. 80. 2. 161, S. 79. 2. 281). On devrait même décider que la pension allouée au temps où le mariage durait encore doit cesser [1].

B. — Bonne foi d'un seul époux.

** **454. Situation inégale des deux époux.** — Lorsqu'un seul des deux époux a été de bonne foi, le mariage nul produit encore ses effets civils comme mariage putatif, mais d'une façon moins pleine; l'époux de mauvaise foi est privé du bénéfice de la loi; seuls, l'autre époux et les enfants en profitent (art. 202). Il en résulte pour les époux une situation inégale : l'un d'eux subit tous les effets avantageux qui se réalisent au profit de son conjoint sans bénéficier personnellement du mariage en quoi que ce soit. Ce n'est pas une injustice, c'est la conséquence de sa mauvaise foi. Quelques exemples feront comprendre jusqu'où va cette inégalité de traitement.

1° Droit de succession.

455. Exclusion de l'époux de mauvaise foi. — Les enfants nés du mariage seront traités comme légitimes par rapport à leur père et à leur mère, et ils pourront succéder à l'un et à l'autre ; l'époux de bonne foi leur succédera également, mais non celui qui a été de mauvaise foi ; il ne pourra pas recueillir les successions de ses enfants ou petits-enfants qui décéderaient avant lui. Mais on décide en général que cette exclusion lui est personnelle et ne s'étend pas aux autres ascendants de sa ligne, pour lesquels les enfants nés du mariage sont des descendants légitimes ; il n'y a aucune raison pour modifier ici le caractère ordinaire du droit de succession qui est la *réciprocité*, car on ne peut reprocher aucune faute à ces ascendants de l'époux de mauvaise foi.

2° Donations.

456. Donations entre futurs époux. — L'époux de mauvaise foi perd certainement la donation qui a pu lui être faite par son conjoint dans le contrat de mariage, quand bien même il y aurait eu donation mutuelle de la part de chaque conjoint à l'autre, ce qui est un fait très fréquent. Maintenir cette donation, ce serait donner effet au mariage en vue duquel elle a été faite. Celui qui était de bonne foi conserve au contraire le bénéfice de la donation qu'il a reçue pour la recueillir à la mort du donateur, s'il lui survit, car ces donations mutuelles entre époux sont ordinairement suspendues jusqu'au décès du prémourant.

457. Donations entre époux. — Les époux peuvent se faire d'autres donations pendant le mariage. Celles-là n'ont pas pour cause le mariage ; leur validité n'en est pas un « effet civil ». Par conséquent elles doivent survivre à l'annulation du mariage, mais comme elles sont essentiellement *révocables* (art. 1096), leur maintien ne peut jamais avoir lieu que conformément à la volonté des époux.

458. Donations émanant d'un tiers. — Quant aux donations que l'époux de

[1] Cependant un arrêt a admis l'un des époux à se faire servir par l'autre une pension après l'annulation du mariage (Rouen, 9 avril 1887, S. 87. 2. 235). — Mais cette décision se fonde une circonstance particulière : l'époux créancier des aliments était seul de bonne foi ; son conjoint était bigame, de sorte que la rente dont il était chargé avait tout autant le caractère d'une *indemnité* que d'une pension alimentaire. L'annulation du mariage, ayant pour cause une tromperie de l'un des époux par l'autre, loin de pouvoir faire disparaître cette obligation, l'aurait plutôt créée à titre de réparation du dommage causé. Cette jurisprudence peut s'appuyer en outre, par analogie, sur la disposition particulière de l'art. 301, qui pour le cas de divorce, prononcé aux torts d'un seul des conjoints, permet encore à l'autre d'obtenir une pension alimentaire, malgré la dissolution du mariage.

mauvaise foi a reçues d'un tiers en vue du mariage, elles doivent en principe tomber comme les autres, car elles sont faites sous la condition : « Si nuptiæ sequantur », et à l'égard de cet époux, il n'y a pas de mariage. Néanmoins il y aurait lieu de les maintenir, selon l'avis de beaucoup d'auteurs, au cas où il existerait des enfants nés du mariage, car ces libéralités doivent un jour profiter aux enfants, et leur annulation priverait ceux-ci d'une partie des effets que l'union de leurs parents doit produire à leur profit [1].

3° Puissance paternelle.

459. Déchéance de l'époux de mauvaise foi. — La puissance paternelle, avec toutes ses conséquences, n'appartiendra qu'à l'époux de bonne foi ; l'autre en est nécessairement privé après l'annulation du mariage.

4° Annulation des actes de la femme.

460. A qui appartient l'action en nullité. — Au cas où la femme aurait fait des actes avec des tiers sans autorisation, celui des deux époux qui se sera marié de bonne foi aura seul le droit d'en demander la nullité ; tandis que de droit commun l'action en nullité est ouverte conjointement aux deux époux contre un acte non autorisé.

5° Hypothèque légale.

461. Renvoi. — Il y aurait plusieurs difficultés à résoudre [2], principalement pour l'exécution des *conventions matrimoniales* dans l'hypothèse où un seul des époux a été de bonne foi. Elles dépassent les bornes d'un manuel. On les trouvera indiquées avec précision dans l'ouvrage de MM. Aubry et Rau (t. V, § 460). Nous dirons seulement que, si c'est la femme qui a été de mauvaise foi, elle ne pourra pas opposer son *hypothèque légale* aux tiers, créanciers du mari ou acquéreurs de ses biens.

CHAPITRE XII

DE LA DISSOLUTION DU MARIAGE

*** 462. Définition.** — La dissolution du mariage est la *rupture du lien conjugal et la cessation des effets que l'union des époux produisait soit à leur égard, soit à l'égard des tiers.* La dissolution d'un mariage suppose

[1] Cette solution est incontestable quand il s'agit de donations portant sur les biens à venir, car en pareil cas les enfants à naître du mariage sont considérés comme étant eux-mêmes et personnellement donataires, à défaut de leur père ou mère gratifié en première ligne (art. 1082-1084-1086-1089). Il y a quelques dissentiments pour les donations de biens présents, car les enfants n'en peuvent profiter que comme héritiers du conjoint gratifié. Cependant même alors, et tout en reconnaissant que la question est réellement douteuse, je crois qu'on doit accepter la même solution pour donner toute sa portée à l'art. 202.

[2] Autre exemple des difficultés nombreuses que font naître les mariages putatifs. Un seul des époux étant de bonne foi, il se trouve que l'époux de mauvaise foi avait fait une donation à un tiers avant le mariage, à une époque où il n'avait pas d'enfants. Un enfant naît du mariage nul. En règle générale, la survenance de cet enfant opérerait la révocation de la donation antérieure au mariage (art. 960). Ici aucune solution n'est satisfaisante : on ne peut ni maintenir cette donation, ce qui serait priver les enfants d'un des effets civils du mariage ; ni la révoquer pour en faire profiter l'époux de mauvaise foi, ce qui serait lui procurer un avantage comme suite du mariage ; ni la révoquer pour en faire passer directement l'objet aux enfants nés du mariage, ce que la loi n'autorise pas. La seconde solution semble cependant la plus acceptable des trois : l'art. 202 fléchirait ici devant l'art. 960, comme une règle générale devant une exception.

sa validité. Le mariage nul ne se dissout pas : quand sa nullité est reconnue, il est reconnu du même coup qu'il n'a jamais produit d'effets, ou bien ceux qu'il avait produits, quand il était simplement annulable, sont rétroactivement anéantis. Le tout sauf application de la théorie des mariages putatifs.

463. Effets. — La dissolution d'un mariage met fin à tous les effets qu'il produisait. Néanmoins on a vu que l'*alliance* qu'il a établie subsiste et crée certains empêchements à une nouvelle union (ci-dessus n° 42).

464. Causes. — Les faits qui opèrent la dissolution du mariage sont : 1° La *mort* de l'un des époux ; 2° le *divorce*. On doit assimiler aux causes véritables de dissolution la sentence qui annule un *mariage putatif* (ci-dessus, n° 432).

L'art. 227 mentionne en outre la condamnation devenue définitive de l'un des époux à une peine emportant la *mort civile*, mais cette cause a disparu ; la mort civile a été abolie par la loi du 31 mai 1854.

L'*absence* est-elle une cause de dissolution du mariage ? Non certainement, d'après les textes du Code civil, qui ne la mentionnent pas. Non encore d'après la raison, car l'absence est par essence l'incertitude sur la vie ou la mort. On ne sait pas si l'absent est mort, on ne sait donc pas si son mariage est dissous. Le projet du Code civil permettait cependant à l'époux présent de contracter un nouveau mariage lorsqu'il se serait écoulé cent ans depuis la naissance de l'absent. Cette disposition n'a pas été conservée. — Voyez ce qui sera dit de l'absence considérée comme cause de divorce (nos 498 et 523-4°).

CHAPITRE XIII

DES SECONDES NOCES

§ 1. — *Droit de se remarier.*

*** 465. Possibilité de se marier plusieurs fois.** — La dissolution du mariage rend à chaque époux, s'il y a divorce, ou à l'époux survivant, s'il y a décès, sa liberté au point de vue matrimonial : n'étant plus engagé dans les liens de l'union dissoute, il est libre d'en contracter une nouvelle, et ainsi de suite indéfiniment, pourvu que chaque union nouvelle soit postérieure à la dissolution de la précédente.

466. Doctrine canonique. — En combinant la doctrine de l'indissolubilité du mariage avec la croyance à l'immortalité, on arrive à considérer comme adultère et bigame celui ou celle qui se remarie après la mort de son conjoint. La prohibition des secondes noces fut un dogme des *Cathares* (purs), condamnés comme hérétiques par le concile de Nicée, en 325. L'Église catholique a toujours enseigné qu'il est permis de contracter successivement plusieurs mariages sans limitation de nombre. « Mulier alligata est legi quanto tempore vir ejus vivit ; quod si dormierit vir ejus, liberata est : cui vult nubat »

(SAINT PAUL, *I^a ad Corinth.*, cap. 7). Cependant, quoiqu'elle les ait toujours permis, l'Église a toujours considéré ces nouveaux mariages comme défavorables, parce que ceux qui les contractaient lui étaient suspects d'incontinence. Pendant longtemps elle les soumettait à une pénitence. Selon plusieurs rituels, on ne prononce pas sur les seconds mariages la bénédiction qu'on donne aux premiers (POTHIER, n° 531).

*** 467. Dangers des secondes noces.** — Les seconds et subséquents mariages, utiles en principe, surtout lorsque la première union s'est trouvée brisée de bonne heure, offrent cependant d'assez graves dangers, lorsqu'ils sont contractés par une personne ayant déjà des enfants. Souvent l'influence du second conjoint devient mauvaise ; une jalousie naturelle le rend défiant et injuste, et les enfants du premier lit sont maltraités, dépouillés de leurs biens, chassés parfois.

***468. Ancienne législation.** — En juillet 1560, sous François II, le chancelier de l'Hospital fit rendre un édit célèbre, l'*Édit des secondes noces*, dont le préambule constate en termes sévères les fâcheux effets de ces remariages tardifs, d'où « outre les querelles et divisions entre les mari et enfants, s'ensuit la diminution des bonnes familles, et conséquemment diminution de la force de l'état public ». L'édit ne prohibe pourtant pas ces seconds mariages ; il se borne à restreindre la faculté de faire des donations au nouveau conjoint, en renouvelant d'anciennes constitutions impériales de 382 et 469, tirées du Code de Justinien. L'un des chefs de l'édit a été conservé par le Code (art. 1098) ; l'autre a été abandonné.

L'ordonnance de Blois, en 1579, établit par son art. 18 une peine rigoureuse contre la veuve qui se remarie avec un homme indigne de sa condition, par exemple son *valet*. La femme était interdite et incapable d'aliéner et de s'obliger. — La loi moderne ne prend plus tant de souci de la dignité des gens, et rien n'empêche plus les veuves « de condition » d'épouser leur maître d'hôtel.

§ 2. — *Du délai de viduité.*

***469. Délai de dix mois imposé à la femme.** — L'art. 228 défend à la femme *veuve* de contracter un nouveau mariage moins de dix mois après la mort de son premier mari. L'art. 296 fait la même défense à la femme *divorcée*. Comme le divorce a été supprimé de 1816 à 1884, ce délai a pris dans la pratique le nom de *délai de viduité*, à cause du seul cas où il s'appliquait [1].

470. Motifs. — Le motif de cette prohibition n'est nullement une raison de convenance, une sorte de deuil obligatoire imposé à la veuve, car cette raison aurait dû faire étendre la même prohibition au veuf. On désire éviter la *confusion de part*, *turbatio sanguinis*, qui rendrait incertaine la filiation de l'enfant, s'il en naissait un à une époque rapprochée de la dissolution du premier mariage. On se trouverait souvent dans l'impossibilité de savoir auquel des deux maris l'attribuer.

La crainte de cette confusion sera souvent dissipée : si la femme met au monde un enfant peu de temps après la mort de son mari, il n'y a plus de motifs pour l'empêcher de se marier immédiatement. Sans doute les rédacteurs de la loi n'ont pas songé à ce

[1] L'ancien droit français ne connaissait pas ce délai de viduité, qui était pourtant écrit au *Digeste* (Fr. 11, § 1, *De his qui notantur infamia*), mais le droit canonique l'avait abandonné (Cap. 4 et 5 Extr. *De secundis nuptiis*). Pothier se montrait « bien éloigné d'approuver la raison de ces décrétales » ; elles n'avaient pas voulu restreindre la permission que saint Paul avait donnée aux femmes de se remarier après la mort de leur mari. C'est un fort mauvais raisonnement, disait-il, et il y a de meilleurs motifs à donner : il est inutile de forcer une femme à attendre si longtemps pour se remarier, ce qui peut lui causer un grand préjudice, lorsqu'elle se trouve à la mort de son mari « chargée d'un gros commerce ou d'un gros labour ».

cas, mais quoique la prohibition n'ait plus alors de motif, on la respecte jusqu'au bout, parce que le texte ne contient aucune distinction.

Ceci fait croire à beaucoup de personnes que l'institution du délai de viduité repose, au moins à titre accessoire, sur une idée de convenance. La femme, dit-on, ne doit pas mettre trop d'empressement à contracter un nouveau mariage, et doit employer ce temps à la mémoire de son mari décédé. C'est quelque peu puéril, car si ce motif avait quelque valeur, il devrait faire établir le même délai contre le mari, ce qui n'a pas lieu (ci-dessous n° 474) ; pour la femme même, il manque totalement au cas de divorce. Donc on n'en doit point tenir compte.

471. Durée du délai. — Le délai de dix mois choisi par le Code correspondait exactement au délai de 300 jours qui est, à l'estimation des auteurs de la loi, la durée maxima des plus longues grossesses possibles (art. 315). En effet, au moment où le Code civil a été rédigé, le calendrier républicain était encore en vigueur, et les mois de ce calendrier étaient tous uniformément de 30 jours. Le changement de ce calendrier a eu pour effet d'allonger de quelques jours le délai ainsi fixé : dix mois, comptés de quantième à quantième, contiendront 303 à 305 jours, suivant que février y sera ou non compris. On pourrait éviter à la femme qui veut se remarier ce léger supplément d'attente, en disant que le délai légal, qui était de 300 jours en 1803, n'a pu être modifié par la disposition d'ordre administratif qui a rétabli l'ancien calendrier. Il faut continuer à appliquer les art. 228 et 296 en droit moderne, avec leur valeur ancienne, comme s'ils étaient écrits dans une langue morte. Or, dans la pensée de leurs rédacteurs, dix mois, c'était 300 jours et non plus.

472. Application du délai au cas d'annulation du mariage. — L'art. 228 a été écrit pour la femme *veuve*, l'art. 296 pour la femme *divorcée*. On est en général d'accord pour admettre, par identité de cause, que le même délai devrait être observé à la suite de l'*annulation d'un mariage putatif*, qui est assimilable à un mariage dissous par le divorce ou par la mort.

473. Sanction. — De l'avis général, l'empêchement de mariage qui résulte des art. 228 et 296 n'est qu'un *empêchement simplement prohibitif*, n'entraînant pas la nullité du mariage. La plupart de ceux qui lui reconnaissent ce caractère se décident par leur raison favorite : la loi n'a pas prononcé le mot de nullité ! Il y en a une raison bien meilleure, c'est que, quand le second mariage a eu lieu avant l'expiration du délai de dix mois, le mal est fait, et il ne servirait à rien d'annuler le mariage. Le remède serait pire que le mal. La prohibition de la loi trouve une sanction suffisante dans la responsabilité personnelle des officiers de l'état civil, qui encourent une amende de 16 à 300 francs (art. 194 C. pén.).

474. Absence de délai pour le mari veuf ou divorcé. — Aucune prohibition de ce genre n'est prononcée contre le *mari* veuf ou divorcé. Il ne faut pas voir là une sorte d'inégalité injuste entre l'homme et la femme, et dire que les maris sont dispensés par la loi de porter le deuil de leurs épouses. Il n'y a rien de commun entre nos articles et les règles sur le deuil qu'imposent les convenances sociales. La *turbatio sanguinis* n'est pas à craindre : voilà la raison décisive de cette différence. On a fait remarquer en outre qu'un second mariage aura ce résultat utile de donner le plus vite possible une nouvelle mère aux enfants en bas âge ; cette observation est surtout juste à la suite d'un divorce, alors que le pieux souvenir d'une morte n'est pas là pour retarder l'introduction d'une autre femme dans la maison.

LE DIVORCE

475. État de la législation. — Les textes primitifs (C. civ. art. 229 à 304) ont été remaniés par les lois du 27 juillet 1884 et du 18 avril 1886. Il existe dans cette série d'articles une lacune considérable entre les art. 252 et 295. Ce vide de 42 numéros tient d'abord au non-rétablissement du divorce par consentement mutuel, qui remplissait les art. 275 à 294 et l'art. 305. Ensuite la loi de 1886, qui a réformé la procédure du divorce, a entassé ses dispositions dans un petit nombre d'articles dont beaucoup comprennent 7 et 8 alinéas, tandis qu'on laissait inoccupés 23 numéros du Code. Il eût été facile de rendre moins pénible l'étude et la citation de ces textes interminables.

476. Bibliographie. — Ern. Glasson, *Le mariage civil et le divorce dans l'antiquité et dans les principales législations modernes de l'Europe*, 2e édit., 1880, 1 vol. in-8. — Olivier Martin, *La crise du mariage dans la législation intermédiaire*, thèse, Paris, 1901. — Le Père Didon, *Indissolubilité et divorce*, 6e édit., 1880. — Morizot-Thibault, *La femme et le divorce*, *Réforme sociale*, 1er août 1901. — Laurent, *Motifs de l'Avant-projet de revision du Code civil*, t. II, p. 1 et suiv. — J. Hitier, *Du développement de la jurisprudence en matière de divorce depuis 1884*, Paris, 1895 (*Annales de l'enseignement sup. de Grenoble*). — Tissot, *Le mariage, la séparation et le divorce*, Paris, 1868. — H. Coulon, *Le divorce et la séparation de corps*, 5 vol. parus, 1890-1897. — Voyez aussi les ouvrages cités à propos du mariage, ci-dessus n° 1.

CHAPITRE PREMIER

NOTIONS GÉNÉRALES ET HISTORIQUES

** **477. Définition.** — Le divorce est la *rupture d'un mariage valable, du vivant des deux époux*; *divortium* vient de *divertere*, s'en aller chacun de son côté [1]. Cette rupture ne peut avoir lieu que par autorité de justice et pour des causes déterminées par la loi.

§ 1. — *Historique.*

478. Législations anciennes. — Les législations anciennes, avec lesquelles l'Église s'est trouvée en contact, admettaient le divorce. Le *droit romain* surtout l'autorisait d'une manière très large, sans intervention du juge, et sans même exiger le consentement réciproque des parties : la répudiation unilatérale était possible, de la part de la femme aussi bien que de la part du mari. Les *coutumes germaniques*, de même que la loi juive, permettaient au mari de répudier sa femme à sa volonté et sans cause déterminée.

[1] Dans le langage des canonistes, le mot « divortium » ne s'applique pas uniquement à ce que nous appelons le divorce. Il comprend également la séparation de corps (divortium quoad torum et mensam) et les jugements de nullité de mariage. Il s'applique donc à tous les jugements qui ordonnent ou autorisent la cessation de la vie commune entre deux personnes ayant vécu comme mari et femme.

***479. Le droit canonique.** — Dès les premiers temps l'Église réagit contre le divorce. Le point de départ de ce mouvement est une parole de Jésus-Christ, mais il y a entre les évangélistes une différence remarquable. Tandis que saint Mathieu semble admettre le divorce quand il a pour cause l'*adultère*[1], saint Marc et saint Luc le condamnent d'une façon absolue[2].

Pendant plusieurs siècles, beaucoup de Pères de l'Église, entre autres Tertullien, autorisèrent le divorce conformément au texte de saint Mathieu, mais la thèse de l'indissolubilité absolue fut défendue par saint Augustin, et proclamée de plus en plus fréquemment par les *conciles*, surtout à partir de la fin du VIIIe siècle. Son triomphe cesse d'être discuté au XIIe siècle; Gratien et Pierre Lombard décident l'un et l'autre que le divorce pour cause d'adultère est interdit[3].

480. Église d'Orient. — Tandis que l'Église catholique se prononçait de plus en plus pour une prohibition complète, l'Église d'Orient conservait le divorce, sous l'influence de la législation civile. Elle resta toujours dépendante de l'Empire et au lieu de réagir contre les institutions civiles, elle s'en appropria les principes.

481. La Réforme. — Au XVIe siècle, la Réforme provoqua un vif mouvement en faveur du divorce, qui fut rétabli dans les pays protestants. On dépassa même le texte de l'Évangile, puisque on autorisa le divorce dans d'autres cas que celui d'adultère de la femme.

482. Législation intermédiaire.** — La Révolution, qui ne voyait plus dans le mariage qu'un contrat civil, devait nécessairement aboutir au divorce. Son rétablissement fut projeté dès le temps de la Constituante, mais ce fut seulement l'Assemblée législative qui l'organisa par la loi du 20 septembre 1792[4]. Elle le permit avec une trop grande facilité. D'abord elle introduisit le divorce non seulement par ***consentement mutuel, mais même pour simple ***incompatibilité d'humeur*** alléguée par un seul des deux époux. Ensuite elle créa des causes trop nombreuses de divorce, et parmi elles plusieurs étaient fort discutables, comme l'émigration, la folie, la disparition de l'un des époux pendant cinq ans. — La Convention, par deux décrets du 8 nivôse et du 4 floréal an II, rendit le divorce plus facile encore; mais, devant les abus de cette liberté nouvelle, elle revint vite à la loi de 1792 (Décr. du 15 thermidor an III). A Paris, dans les 27 mois qui suivirent la promulgation de la loi, il y eut 5 994 divorces. Dans les trois premiers mois de 1793 leur nombre égala celui des mariages; en l'an VI il le dépassa. Voyez aussi Olivier Martin, thèse précitée, p. 155 et suiv. et p. 256.

***483. Réglementation du divorce par le Code civil.** — Le Code civil conserva le divorce, mais en prenant des précautions pour le régler et pour « arrêter le torrent d'immoralité » que roulaient les lois révolutionnaires. Le divorce pour incompatibilité d'humeur sur la demande d'un des époux fut supprimé. Le divorce par consentement mutuel fut rendu plus difficile (Comp. n° 501). Enfin les causes déterminées du divorce furent réduites de sept à trois. Ces sages mesures eurent un effet salutaire. La moyenne des divorces tomba à Paris à 50 par an (75 au plus), et il est permis de croire que, si le divorce avait subsisté en France, il ne s'y serait pas produit d'abus graves, pas plus qu'en Belgique où on l'a conservé.

[1] S. Mathieu, XIX, 9: « Quicumque dimiserit uxorem suam, nisi ob fornicationem, et aliam duxerit, moechatur. »

[2] S. Marc, X, 11 : « Quicumque dimiserit uxorem suam, et aliam duxerit adulterium committit » et S. Luc, XVI, 18: « Omnis qui dimittit uxorem suam, et alteram ducit moechatur. »

[3] Pour plus de détail sur le développement du droit canonique, en matière de divorce, voyez Esmein, *Mariage*, t. I, p. 45-89. La distinction des cas de divorce et des causes de nullité a été très lente à se faire, et l'Eglise a souvent admis la nullité du mariage pour des causes postérieures à l'union des époux, ce qui ressemble beaucoup à des cas de divorce. Le principe admis sur les mariages non consommés, qui étaient considérés comme dissolubles, a beaucoup favorisé ces décisions.

[4] Cette loi, votée sous l'influence alors prépondérante des Girondins, reflète leurs idées philosophiques sur le mariage et la famille. Le préambule porte « qu'il importe de faire jouir les Français de la faculté du divorce, qui résulte de la liberté individuelle dont un engagement indissoluble serait la perte », et constate que déjà beaucoup de personnes avaient divorcé sans attendre une loi sur la matière.

***484. Suppression du divorce en 1816.** — Avec la Restauration et la Charte de 1814, la religion catholique redevint religion d'État. Le divorce était dès lors condamné. M. de Bonald déposa une proposition relative à l'abolition du divorce, qui aboutit à la loi du 8 mai 1816. Cette loi a toujours été considérée comme une satisfaction donnée à l'Église contre le régime issu de la Révolution ; les paroles passionnées de M. de Bonald et les discussions auxquelles le projet donna lieu ne laissent aucun doute à cet égard.

***485. Rétablissement du divorce.** — La Charte de 1830 enleva au catholicisme son caractère de religion exclusive. La conséquence logique eût dû être le rétablissement du divorce, mais la Chambre des Députés eut beau, dans les premières années du règne de Louis Philippe, le voter quatre ou cinq fois, il fut toujours repoussé par la Chambre des Pairs. En 1848 la Constituante le rejeta à son tour. Ce fut seulement soixante-huit ans après sa suppression qu'il fut rétabli par une loi du 19 juillet 1884, à la suite d'une longue campagne entreprise par M. Naquet. Un premier projet avait été présenté par lui en 1876 : c'était un retour à la législation révolutionnaire de 1792. Son auteur le remplaça en 1878 par un autre qui constituait au contraire un retour au système du Code civil, par l'abrogation pure et simple de la loi de 1816, sauf quelques modifications. Ce dernier aboutit enfin, non sans de grands changements. — Une seconde loi, du 18 (*alias* 30) avril 1886, a modifié la procédure du divorce. Enfin les art. 248 et 299 ont été retouchés en 1893.

486. Rétroactivité de la loi de 1884. — On s'est demandé si la loi de 1884 produisait un effet rétroactif. Par exemple, si une femme pouvait demander le divorce pour un adultère simple de son mari, commis hors de la maison conjugale avant la mise en vigueur de la loi nouvelle. L'affirmative a été jugée (Nancy, 12 nov. 1884, D. 86. 2. 31, S. 85. 2. 83; Pau, 28 mars 1887, D. 87. 2. 248). On a dit que cette solution n'était pas contraire à la non-rétroactivité des lois écrite dans l'art. 2 C. civ., parce que ce principe ne protège que les *droits acquis*. Mauvais raisonnement. Il n'est pas ici question de respecter des droits déjà nés ou de sacrifier de simples espérances : le divorce est une sorte de répression civile de faits illicites; à ce point de vue, la législation du divorce ressemble beaucoup plus aux lois pénales qu'aux lois civiles. Or, en matière pénale, la rétroactivité n'est jamais admise contre des faits antérieurs à la loi. La vraie raison pour admettre ici la rétroactivité est que le législateur l'a voulue. L'art. 4 de la loi de 1884 autorise à convertir en instances de divorce les instances en séparation de corps alors pendantes, et en jugements de divorce les jugements de séparation devenus définitifs auparavant ; il a donc voulu que la sanction du divorce fût attachée à des faits antérieurs à sa promulgation. On sait d'ailleurs que le principe de la non-rétroactivité des lois n'est pas un principe constitutionnel et qu'il ne lie pas le législateur.

487. Législations étrangères. — En *Italie* le divorce avait disparu avec la domination française En 1865 divers publicistes et jurisconsultes firent de grands efforts pour le faire rétablir, mais n'y réussirent pas. L'art. 148 C. civ. ital. porte que le mariage ne se dissout qu'à la mort de l'un des conjoints.

En *Alsace-Lorraine*, le divorce a été remis en vigueur par une loi du Parlement allemand du 27 novembre 1873 (*Annuaire étranger*, 1873, p. 559).

Le *Code civil allemand* a réglementé le divorce dans les art. 1564 à 1585. Les effets du divorce sur les biens sont régis par des dispositions éparses (art. 1478, 1933, 2077, 2268 et 2279).

Actuellement le divorce est admis dans la plupart des pays de l'Europe. Les seules législations qui le prohibent absolument sont celles de l'Espagne, du Portugal, de l'Italie et de l'Autriche. En Hongrie, il est permis aux non-catholiques; en Russie il n'est défendu que dans les provinces polonaises.

§ 2. — *Examen du principe.*

488. Raison pratique du divorce. — Le divorce doit-il être admis et pour quelles raisons? Le mariage est contracté pour la vie entière; c'est dans une union à perpétuité que les époux s'engagent, mais qui dit *perpétuité* ne dit pas nécessairement *indissolubilité*. L'union de l'homme et de la femme, qui devrait être une cause de paix et de concorde, une garantie de moralité, manque quelquefois son but. La vie commune devient impossible, elle se rompt, ou bien, si elle continue, le ménage devient un foyer de troubles, une cause permanente de scandales. C'est un mal qui résulte des passions et des faiblesses humaines. Il y a là une situation de fait dont le législateur est bien obligé de tenir compte : il est responsable de l'ordre et des bonnes mœurs; il faut qu'il intervienne. Quel sera le remède? Les uns disent: la séparation de corps suffit; c'est la vie commune qui est la cause du mal, il faut la rompre par un procédé légal et permettre aux époux de vivre sous le régime de la *séparation*. — Le remède est insuffisant. Sans doute la séparation de corps fait disparaître les inconvénients de la vie commune; en supprimant le ménage elle supprime les causes journalières de froissement, mais elle laisse subsister le *mariage*: les deux époux vivront séparés, mais ils resteront mariés; le lien du mariage est seulement *relâché*, il n'est pas brisé. Il en résulte que les époux, n'étant pas libres, ne peuvent pas se remarier, se créer une nouvelle famille, recommencer la vie. Leur existence est sacrifiée sans espoir. Ils se trouvent donc condamnés au *célibat forcé*. Or, comme l'a fait remarquer Laurent, le plus souvent c'est l'adultère de l'un d'eux, ou de tous les deux, qui a rendu la vie commune impossible : croit-on qu'une fois séparés de corps ils renonceront à leurs liaisons illégitimes? Et puis, quelle situation pour la femme délaissée! L'adultère du mari n'est plus punissable, puisqu'il n'y a plus de maison commune (art. 339 C. pén.). Et pour le mari, que sa femme déshonore, traînant partout son nom et celui des enfants, l'assaillant de demandes d'argent, ou le menaçant de nouveaux scandales!

La séparation de corps ne fait donc disparaître le mal que pour le remplacer par un autre. Il n'y a plus de scènes de ménage entre deux époux forcés de vivre ensemble, mais il y aura des scandales publics qui feront le désespoir de l'autre conjoint, et, si lui aussi est coupable, le scandale sera double. Après la séparation les époux peuvent se faire autant de mal qu'avant, quoique d'une autre façon. La cause du mal étant le mariage, c'est lui qu'il faut rompre, et non pas seulement la vie commune. Le seul remède efficace c'est le divorce. Pour rétablir la paix, il faut rendre à chacun sa liberté, comme avant le mariage.

L'avantage décisif du divorce est de rendre possible pour les époux désunis un autre mariage. C'est créer pour l'État un danger permanent que d'y entretenir un grand nombre d'époux séparés, qui sont en réalité des maris sans femme et des femmes sans mari. C'est provoquer l'adultère.

489. Objection tirée des croyances religieuses. — La plupart des adversaires du divorce le condamnent par des considérations d'ordre théologique, pour obéir aux enseignements de l'Église. Est-ce un motif suffisant pour le législateur? La majorité de la nation est catholique, mais ce n'est pas une raison pour refuser le divorce à la minorité qui ne partage pas ses croyances. La liberté de conscience serait violée, si une partie de la population était privée du divorce par application des opinions religieuses de l'autre partie. Au contraire, la loi ne blesse pas les croyances des époux catholiques, en autorisant le divorce sans le leur imposer; elle leur laisse la faculté de recourir à la séparation de corps, qui est conforme aux préceptes de la religion [1].

Enfin, si on suppose qu'un seul des deux époux est catholique, il arrivera de deux choses l'une : ou bien ce sera lui qui aura à se plaindre de son conjoint, et il pourra, comme demandeur, se contenter de la séparation de corps; ou bien ce sera lui qui se sera mis dans son tort, et il sera vraiment bien mal venu à se plaindre de la loi au nom de ses principes religieux, car la religion qui lui interdit le divorce, lui interdit également

[1] M. Naquet faisait observer en outre que ce qui est indissoluble aux yeux de la religion, ce n'est pas le mariage civil, qu'elle ne reconnaît pas, mais uniquement le sacrement de mariage. Les catholiques, disait-il, ne peuvent donc pas être blessés lorsque la loi civile déclare rompu un lien dont ils sont les premiers à contester la valeur (Discours à la Chambre des députés, *Journal officiel*, 8 février 1881).

l'adultère et tous les autres faits qui sont des causes de divorce. Du reste, si la dissolution du mariage est prononcée contre lui, il restera encore libre de respecter les préceptes de la religion et de ne pas user de la faculté de se remarier[1].

Il faut donc laisser de côté les croyances religieuses et traiter la question comme purement civile. C'est le point le plus difficile à obtenir. Il y a toujours des *dessous* dans la discussion, des arguments cachés au fond des cœurs ou entre les lignes. Le catholicisme se souvient de ses origines et du rôle bienfaisant qu'il sut remplir contre les corruptions de l'Empire romain[2]; il a gardé l'horreur du divorce avec l'immobilité d'un dogme. Il faudrait pourtant tenir compte des transformations historiques des sociétés. La France du xxe siècle n'est pas la société avilie de la décadence impériale. En sens inverse, beaucoup d'esprits se déterminent en faveur du divorce par une sorte de combativité instinctive contre tout ce qui est enseigné par l'Église catholique, et le seul fait d'être érigée en dogme par elle leur rend suspecte l'indissolubilité du mariage.

490. Objection tirée de l'intérêt des enfants. — Le divorce, dit-on, sacrifie les enfants dans l'intérêt des parents. C'est une erreur. Ce qui fait le malheur des enfants, ce n'est pas la rupture légale du mariage, c'est la rupture de fait, la discorde, la haine, le crime, dont ils sont témoins et victimes. Leur père leur apprendra à mépriser ou à détester leur mère, ou réciproquement. Or c'est là une situation que le divorce ne crée pas et qui se retrouve, à l'état aussi aigu, dans le régime de la séparation de corps. — Il faut même aller plus loin : le divorce ne peut qu'améliorer le sort des enfants. Au lieu d'être élevés dans une maison où ils seront témoins d'un concubinage adultère, ils pourront retrouver une famille légitime par le nouveau mariage de leur père ou de leur mère. Quant aux mesures que le tribunal peut prendre pour l'éducation des enfants au cas où les deux parents sont tous deux indignes, elles sont les mêmes, qu'il y ait divorce ou séparation. La situation n'est donc pas empirée par le divorce, et on peut espérer qu'elle sera parfois améliorée.

491. Autres objections. — Le divorce, dit-on, ébranle l'institution du mariage. Il y a danger à rendre le lien conjugal trop fragile. On se mariera à la légère, si l'on sent derrière soi une porte de sortie; avec le mariage indissoluble, on y regardera à deux fois avant de s'engager. — L'objection est décisive, quand le divorce est permis à volonté, comme le divorce des Romains. Elle a encore une grande force, quand les tribunaux prononcent trop facilement le divorce, comme c'est malheureusement leur tendance actuelle; elle tombe, du moment que les causes du divorce sont limitées par le législateur et appréciées sévèrement par le juge. Une réglementation étroite du divorce peut en empêcher l'abus. Il y a là une question d'organisation et d'application, et non pas une objection contre le principe. D'ailleurs quand on se marie on n'envisage guère la possibilité d'une rupture; si on la prévoyait, on ne se marierait pas.

On dit encore que le divorce encourage l'adultère; on commettra un adultère pour arriver au divorce. Le moyen serait risqué : l'époux qui s'en rend coupable n'est pas sûr que son conjoint demandera le divorce; celui-ci pourra très bien se contenter de la séparation, ou même ne rien demander du tout, et l'autre en sera pour sa faute. D'ailleurs

[1] Lors de la discussion du Code civil, le principe du maintien du divorce fut admis presque sans débats. Portalis disait : « Le véritable motif qui oblige les lois civiles d'admettre le divorce, c'est la liberté des cultes ; il est des cultes qui autorisent le divorce, il en est qui le prohibent ; la loi doit donc le permettre, afin que ceux dont la croyance l'autorise puissent en user. » (Fenet, t. IX. p. 251.) Ainsi l'objection religieuse fut la seule qu'on examina ; on ne se demanda point si, *au point de vue purement civil,* il y avait avantage ou inconvénient à permettre le divorce. On pensait même que la loi n'avait pas à *permettre,* ni à *autoriser* le divorce ; que celui-ci résultait suffisamment de la liberté naturelle des individus, et que le législateur devait se borner à en régler les causes et les formes et à en prévenir l'abus (*Ibid.*, p. 250).

[2] Juvénal parle d'une femme qui avait eu huit maris en cinq ans : « Sic fiunt octo mariti || quinque per autumnos : titulo res digna sepulcri. » Ce n'était sans doute qu'un *fait divers* qui avait amusé Rome, mais l'abus du divorce dans l'antiquité n'est pas niable.

l'adultère est inutile pour obtenir le divorce qui peut être prononcé pour d'autres causes.

492. Opinion féminine. — Le plus grand obstacle qu'a rencontré le rétablissement du divorce est venu de l'opinion féminine; ses adversaires les plus passionnés et les plus redoutables ce sont les femmes. Le divorce les effraie. Quand ce n'est pas la suite d'une éducation religieuse qu'elles reçoivent plus que les hommes, c'est une terreur mal raisonnée, née de l'ignorance des causes qui rendent le divorce possible. Elles n'y voient qu'une possibilité d'abandon déréglée. En fait, la statistique dément leurs craintes : les cinq sixièmes des séparations de corps sont demandées par la femme contre le mari. Pour le divorce, la différence est moindre, mais encore considérable ; ainsi en 1896, sur 8 774 demandes en divorce, 5 298 émanaient de la femme et 3 476 du mari (*Journal officiel*, 1899, p. 5123). Même proportion en 1898 : 5 485 contre 4 036.

493. Conclusion. — En résumé, le divorce est un mal, mais c'est un mal nécessaire, parce qu'il est le remède d'un mal plus grave. Interdire le divorce parce qu'il est fâcheux, c'est comme si on voulait interdire l'amputation parce que le chirurgien mutile le malade. Ce n'est pas le divorce qui détruit l'institution sainte du mariage, c'est la mésintelligence des époux, et le divorce y met fin.

494. Statistique. — D'après les comptes de l'Administration de la justice civile, publiés à l'*Officiel*, le nombre des divorces a subi une progression constante avec quelques faibles oscillations. Les chiffres suivants en donneront une idée ; je mets en regard les chiffres fournis par les rapports adressés annuellement au ministre du commerce sur le mouvement de la population en France.

ANNÉES	STATISTIQUES DU MINISTÈRE DE LA JUSTICE [1]	STATISTIQUES DU MINISTÈRE DU COMMERCE [2]
1884 (cinq mois)	1 657 divorces	1 657 divorces.
1885 (année entière)	4 123 »	4 277 »
1886 »	4 005 »	2 950 »
1887 »	5 797 »	3 636 »
1888 »	5 482 »	4 708 »
1889 »	6 249 »	4 786 »
1890 »	6 557 »	5 457 »
1891 »	6 431 »	5 752 »
1892 »	7 035 »	5 772 »
1893 »	6 937 »	6 184 »
1894 »	7 893 »	6 419 »
1895 »	7 700 »	6 751 »
1896 »	7 879 »	7 051 »
1897 »	7 999 »	7 460 »
1898 »	7 670 »	7 238 »
1899 »	7 664 »	7 179 »
1900 »	(?) »	7 157 »

Je ne sais comment expliquer la discordance de ces deux statistiques. Sur des faits nombreux et variés, comme ceux du trafic international, les erreurs se comprennent ; mais pour des faits qui donnent lieu à quelques centaines d'actes dans chaque ressort, tous inscrits sur des registres authentiques, un pareil désaccord donne une triste idée des statistiques officielles. Il est vrai que le ministère du commerce dresse ses tableaux d'après les registres de l'état civil [3], tandis que le ministère de la justice donne le relevé des jugements et arrêts ; or un certain nombre de divorces autorisés par la justice peuvent n'être

[1] Ces chiffres sont ceux des divorces *prononcés* ; le chiffre des *demandes* a été de 9 050 en 1898, de 9 053 en 1899 (*Rapports* annuels du garde des sceaux ; *Journal officiel*, 7 juillet 1900, 26 septembre et 13 décembre 1901).

[2] *Journal officiel*, 14 octobre 1890 et 2 décembre 1901.

[3] Le rapport du 9 octobre 1890 donne son relevé « d'après le dépouillement des registres de l'état-civil » (*Journal officiel*, 14 octobre 1890, p. 5019, col. 1).

pas suivis d'effet. Voyez ci-dessous n° 610. Néanmoins les différences sont trop fortes pour s'expliquer de la sorte : elles atteignent 1 100 en 1890, 1 263 en 1892 et 1 474 en 1894 ! On ne peut supposer qu'une fois sur six ou sept les époux se soient réconciliés au dernier moment. En 1887, il y a même eu un écart de 2 161 unités, soit plus d'un tiers !

La proportion des demandes admises par le tribunal est toujours très élevée : 85 pour 100, alors que pour la séparation de corps cette proportion ne dépasse pas 75 pour 100. A Paris l'encombrement des affaires est tel que le divorce tend à devenir une formalité. On s'étonnait, en décembre 1898, d'avoir vu le tribunal de la Seine prononcer 98 divorces en une seule audience ; depuis lors ce chiffre a été de beaucoup dépassé ; on a atteint 270 en un jour ! Cette justice à la vapeur devient effrayante ; comment les magistrats arrivent-ils à se rendre compte des affaires qu'ils jugent ainsi par paquets ?

Si cette statistique ne rappelle pas les abus de la période révolutionnaire, l'augmentation constante du nombre des divorces n'en est pas moins inquiétante. Les faits ont démenti de la façon la plus nette les affirmations optimistes des partisans de la réforme, qui pensaient en 1884, qu'après une sorte de liquidation de l'arriéré on verrait diminuer le nombre des divorces qui se fixerait à un chiffre normal : il n'a pas diminué, il a doublé. Le pouvoir législatif et le pouvoir judiciaire ont leur part de responsabilité dans cet état de choses : des textes trop vagues d'une part, une jurisprudence trop facile de l'autre, encouragent un mouvement fâcheux, mais dont beaucoup d'esprits se réjouissent en pensant à la réaction inévitable qu'il prépare.

Voici d'autres chiffres qui aideront encore à préciser les idées : sur 1 000 mariages célébrés on estime que 28 se dissolvent par le divorce. Ceci est une moyenne générale pour la France entière ; les chiffres varient d'un département à l'autre ; la proportion est de 1 pour 1 000 dans les Hautes-Alpes et la Lozère, 2,5 dans les Côtes-du-Nord et de 75 (1898), 78,1 (1899), à Paris ; 63 dans le Rhône.

CHAPITRE II

DES CAUSES DE DIVORCE

§ 1. — *Notions générales.*

* **495. Différence entre les législations modernes et les législations anciennes.** — Le droit romain ne demandait pas compte aux époux des *motifs* qui les portaient à se séparer : ni pour le « divortium communi consensu », ni pour le « repudium » (divorce par la volonté d'un seul des conjoints), la loi n'avait déterminé et limité les causes de la rupture. Dans la législation de Justinien, l'époux qui répudie son conjoint «sine ulla causa » est frappé de certaines peines, parfois très graves, mais la répudiation n'en est pas moins valable et le mariage rompu. Le divorce dépendait donc uniquement de la volonté des époux, et même le maintien du mariage supposait le consentement permanent des deux époux, puisque chacun d'eux pouvait le rompre à lui seul.

Quand les législations modernes, réagissant contre le principe catholique de l'indissolubilité absolue, sont revenues au divorce, elles ne l'ont admis au contraire que *pour des causes déterminées,* sauf à différer beaucoup entre elles sur le nombre et la nature des causes qui peuvent justifier le divorce.

A. — Du divorce pour causes déterminées.

496. Systèmes généraux sur les causes de divorce. — Les diverses législations se sont montrées très inégales dans le nombre et la nature des causes de divorce admises par elles. Les unes n'admettent comme telles que des *fautes graves* commises par l'un des conjoints contre l'autre : c'est le système du Code Napoléon et de la loi française de 1884, qui s'est peu écartée des dispositions primitives du Code ; c'est aussi le système du Code néerlandais. Les autres permettent le divorce pour des faits qui n'ont pas le caractère d'un manquement à un devoir matrimonial, tels que l'émigration, l'état d'absence, la folie. C'est le système de la loi française de 1792 et du Code civil allemand. Ces deux catégories de législations reposent sur *deux conceptions différentes du divorce* : les premières le considèrent comme *une sanction des devoirs qu'impose le mariage*, de sorte que les faits qui ne sont pas imputables à faute à l'un des conjoints ne sont pas des causes de divorce et doivent être supportés par l'autre, quelque fâcheux qu'ils soient pour lui, comme des risques inséparables de l'existence humaine [1]. Les autres, au contraire, voient dans le divorce *un moyen d'affranchir l'un des époux du lien conjugal, dès que le but du mariage ne peut plus être atteint par lui*, alors même qu'il n'y aurait aucune faute de son conjoint.

497. Tableau synoptique. — Voici la comparaison des causes de divorce dans quelques législations ; les lignes ponctuées indiquent que la cause de divorce correspondante manque dans la législation dont il s'agit :

1 Dans le projet de l'an VIII, les causes de divorce sont définies « les crimes et délits de l'un des époux contre l'autre » (FENET, t. II, p. 51). — Appliquant cette idée avec logique, la Cour de Montpellier a décidé (10 novembre 1897, D. 99. 2. 15, S. 1901. 2. 137) que les causes de divorce ou de séparation de corps pouvaient donner lieu à une *indemnité* en argent, accordée à l'époux innocent en vertu du principe général de l'art. 1382.

LOI DE 1792	CODE NAPOLÉON et loi de 1884.	LOI SUISSE 24 déc. 1874 (art. 46).	CODE NÉERLANDAIS (art. 264).	CODE ALLEMAND
Inconduite notoire.	Adultère (art. 229-230).	Adultère.	Adultère.	Adultère (art. 1565).
Abandon pendant deux ans	. . . . . .	Abandon malicieux pendant deux ans.	Abandon malicieux.	Abandon malicieux (art. 1567).
Sévices.	Excès et sévices (art. 231).	Sévices.	Blessures graves.	Attentat à la vie et sévices graves (art. 1566 et 1568).
Injures graves.	Injures graves (art. 231).	Injures graves.	. . . . . .	Manquement aux devoirs conjugaux rendant la vie commune impossible. (art. 1568).
Condamnations criminelles.	Condamnations criminelles.	Condamnations infamantes.	Certaines condamnations pénales.	Certaines condamnations pénales. (art. 1568).
Folie.	. . . . . .	Folie incurable.	. . . . . .	Folie incurable (art. 1569).
État d'absence pendant cinq ans	. . . . . .	. . . . . .	. . . . . .	. . . . . .
Émigration dans les cas prohibés.	. . . . . .	. . . . . .	. . . . . .	. . . . . .
Incompatibilité d'humeur.	. . . . . .	. . . . . .	. . . . . .	. . . . . .

La plus large de ces législations est visiblement notre loi de 1792 : la plus restrictive est le Code néerlandais, qui n'autorise le divorce que dans quatre cas précis. Le Code Napoléon et la loi de 1884 paraissent avoir également quatre causes de divorce ; mais parmi elles, il y en a une, l'injure grave, qui en réalité en contient un nombre indéfini (ci-dessous n°s 507 et 520 et suiv.). — Dans quelques pays, on rencontre des causes exceptionnelles : l'impuissance en Suède et en Russie, l'abjuration de la foi chrétienne en Serbie. Pour plus de détails sur les législations étrangères, voyez l'ouvrage de M. Glasson sur *Le mariage civil et le divorce*.

498. Causes de divorce abandonnées par le Code français. — Parmi les causes de divorce que la loi de 1792 avait admises, il en est une, l'*émigration*, qui ne se justifiait que par les circonstances exceptionnelles de l'époque. Une autre est unanimement condamnée par les législations modernes, c'est l'*incompatibilité d'humeur* alléguée par l'un des époux. Elle aboutissait à rendre à peu près inutile toute la réglementation des causes de divorce par la loi, puisqu'il suffisait que l'un des époux alléguât ce fait, qui est à peu près impossible à vérifier, pour obtenir la rupture de son mariage. L'incompatibilité d'humeur, qu'on avait pu éprouver par l'expérience de 1792 à 1803, fut rejetée comme étant en réalité une cause indéterminée de divorce et une source de dépravation ; on fit observer de plus que, si l'incompatibilité d'humeur va jusqu'à rendre aux époux la vie insupportable, elle ne peut arriver à ce degré sans se manifester par des faits qui deviennent des causes déterminées de divorce (FENET, t. IX, p. 258-259)[1].

L'*abandon* volontaire de l'un des époux par l'autre ou, comme disent certains Codes étrangers, l'*abandon malicieux*, a été supprimé par le Code civil comme cause de divorce ; mais on verra que la jurisprudence l'a rétabli en le considérant comme une injure grave.

Bien que la *folie* entraîne le divorce, d'après quelques législations, quand elle est reconnue *incurable* et qu'elle dure depuis plusieurs années, on ne peut qu'applaudir à sa suppression dans le Code français : quand l'un des époux perd la raison, le devoir de l'autre est de le soigner, et un si cruel malheur ne peut être une raison pour dispenser celui-ci de la mission de dévouement qui lui incombe.

Reste l'*absence*. C'est fausser le rôle juridique de ce fait que d'en faire une cause de divorce. En effet, si on a des raisons de croire que la disparition est volontaire, les tribunaux seront libres d'y voir un *abandon*, c'est-à-dire une injure grave, et de prononcer le divorce. Au cas contraire, le mariage ne peut se dissoudre que par la mort. De l'aveu de ceux qui défendirent à nouveau cette cause de divorce dans les discussions de la loi de 1884, elle ne devait pas nécessairement amener le divorce : le tribunal aurait eu à apprécier la probabilité du décès. M. Labiche disait au Sénat : « Chacun de nous a connu « quelques-unes de ces situations extrêmement intéressantes qui imposent une certitude « morale absolue que l'absent est mort. L'acte de décès manque, mais la mort est cer- « taine ; bien qu'on ne puisse pas en faire la preuve matérielle, le doute n'existe dans « l'esprit de personne. C'est dans ces cas-là que nous confions aux tribunaux le soin d'apprécier, etc. » Mais dans ce système ce n'est pas un divorce que les tribunaux devraient prononcer, mais bien un jugement constatant le décès. C'est sous la forme d'une modification à la législation ancienne sur la preuve du décès qu'il fallait chercher un adoucissement à ces situations sans issue, et il y a été en partie pourvu par la loi du 8 juin 1893 qui a institué les jugements déclaratifs de décès.

B. — Du divorce par consentement mutuel.

***499. Son caractère propre.** — Dans le système du divorce pour causes déterminées, le divorce fait toujours l'objet d'une *demande formée par l'un des époux contre l'autre*. Le demandeur allègue un fait, qui est une cause de divorce d'après la loi ; son conjoint en conteste l'existence ou tout au moins résiste à la demande. Mais le divorce peut aussi se comprendre d'une autre manière et *s'opérer par un accord de volontés des époux* : c'est le divorce « communi consensu » des Romains, le divorce par consentement mutuel encore admis chez quelques peuples modernes.

500. Sa réglementation en 1792. — Le divorce par consentement mutuel avait été admis par la loi de 1792. Comme les époux sont d'accord pour se séparer, l'intervention du tribunal avait été jugée inutile. On s'était contenté d'entourer ce divorce de quelques précautions destinées à empêcher la rupture trop facile du mariage ; les principales consistaient dans des délais successifs imposés aux époux et dans leur comparution devant une assemblée composée de six parents ou amis.

***501. Système du Code civil.** — Éliminé dans le projet, le divorce par consentement mutuel a reparu dans la rédaction définitive sous l'influence du Premier Consul. Le Conseil d'État lui était hostile, l'opinion publique n'en voulait pas et les répugnances

[1] L'incompatibilité d'humeur, qui n'était pas prévue dans le projet de l'an VIII, fut proposée comme cause de divorce par le tribunal de cassation, sous le nom de « conduite habituelle de l'un des époux rendant à l'autre la vie commune insupportable (FENET, t. II, p. 470). Le tribunal reconnaissait lui-même que ces faits n'étaient pas susceptibles d'être formellement prouvés.

qu'il inspirait s'étaient fait jour dans les « Observations » des Tribunaux : presque tous avaient demandé sa suppression. Mais Bonaparte fit les plus grands efforts pour le faire adopter. Les procès-verbaux officiels laissent deviner comment sa volonté impérieuse entraîna le conseil. On le soupçonne d'avoir tant insisté dans un intérêt personnel et d'avoir voulu se réserver pour l'avenir un moyen de rompre son union avec Joséphine Beauharnais qui ne lui donnait pas d'héritier pour « ses rêves d'Empire ».

Tel que le Code l'avait réglé, ce genre de divorce n'était cependant pas, à beaucoup près, un divorce à volonté, comme le « divortium bona gratia » des Romains. On l'avait entouré de formalités compliquées, hérissées de difficultés ; on avait tout fait pour le rendre aussi onéreux et par conséquent aussi rare que possible. Pour s'en faire une idée, il faut lire les art. 275 et suiv. du Code Napoléon. Il fallait notamment persévérer dans la volonté de divorcer pendant un an et obtenir le consentement d'une sorte de tribunal de famille ; le divorce une fois prononcé faisait passer de plein droit aux enfants, en nue propriété, la moitié de la fortune de chaque conjoint et de plus il mettait obstacle à tout nouveau mariage pendant trois ans. — En outre le divorce supposait nécessairement l'intervention du tribunal bien qu'il n'y eût ni litige ni faits à prouver.

502. Son but. — Le divorce par consentement mutuel n'est pas nécessairement un divorce sans cause, comme le dit Laurent ; mais c'est tout au moins un divorce *sans cause déterminée par la loi et prouvée devant les juges*. Et c'est justement là ce qu'avait voulu Bonaparte. La nécessité de demander le divorce aux tribunaux l'effrayait. Il disait qu'il fallait étouffer le scandale et que le recours à la justice n'était utile que dans les cas graves, en cas d'adultère par exemple, quand il y a poursuite criminelle. Plus tard, employant une petite habileté pour faire passer son système, il affirmait que le consentement mutuel n'était pas une *cause* de divorce, mais seulement le *signe* que le divorce était devenu nécessaire : il fait présumer l'existence d'une cause réelle que les époux veulent tenir secrète et on doit les dispenser de la révéler en se couvrant réciproquement de honte et de ridicule.

503. Rareté de son application. — Le divorce par consentement mutuel fut donc admis (art. 233). Il ne paraît pas avoir jamais causé d'abus, car les arrêts contenus dans les recueils se réfèrent tous à des divorces opérés sous l'empire de la loi de 1792. En Belgique, où il existe encore, les statistiques révèlent son extrême rareté (1 sur 400 environ). En France on ne signale guère que celui de Napoléon et de Joséphine qui du reste ne fut pas soumis aux règles ordinaires (Voyez Colmet de Santerre, *Le divorce de Napoléon*)[1].

***504. Sa suppression.** — La loi de 1884 ne l'a pas rétabli en France[2]. En Belgique, il est condamné d'avance. « C'est en définitif un divorce sans cause et le divorce sans cause est un attentat au mariage... Nous espérons qu'il disparaîtra un jour de notre

[1] En Roumanie on a conservé le divorce par consentement mutuel, comme il existait dans le Code Napoléon. Voyez sur ce sujet Alexandresco, p. 125.

[2] Peut-être un jour y reviendra-t-on, si l'état de choses actuel continue à se développer. Il est peu probable qu'il se trouve en France, d'ici longtemps, une majorité disposée à supprimer le divorce. Or la jurisprudence a montré une telle facilité à admettre les griefs des époux et à prononcer la rupture du lien conjugal que nous nous rapprochons sensiblement du divorce par consentement mutuel. Quand deux époux ne peuvent plus se souffrir l'un l'autre, ils s'entendent pour créer une cause de divorce, s'il n'en existe pas de réelles. On simule un adultère, on apporte des témoins : les dessous de la vie parisienne fournissent dans ce but toutes sortes de ressources aux ménages désunis, décidés à divorcer. Il est impossible que les magistrats ignorent toutes les combinaisons qui servent devant eux, et ils sont loin de montrer la rigueur et la sévérité qu'on aurait pu souhaiter, si l'on avait voulu faire du divorce ce qu'il devrait être : un remède extrême et rare pour des situations désespérées. Dès lors, il est possible que ce courant nous mène au rétablissement du divorce pour incompatibilité d'humeur, démontrée par le consentement des deux époux au divorce, ce qui serait plus simple et plus franc que les comédies qui se jouent, et ce qui permettrait de s'assurer d'une façon plus sérieuse de la volonté inébranlable des époux, au moyen de diverses mesures de précaution, telles que des délais successifs à eux imposés.

Code », disait Laurent dans ses *Principes de droit français*. Naturellement il l'avait biffé de son projet de revision du Code.

§ 2. — *Causes actuelles du divorce en France.*

A. — Observations préliminaires.

****505. Énumération légale.** — La loi de 1884 n'a admis que le divorce pour causes déterminées, et la liste des faits qui donnent lieu au divorce est la même qu'en 1803 : *Adultère; excès ou sévices; injures graves; condamnations criminelles*. Il y a seulement des variantes de détail dans la réglementation de ces causes : l'adultère entraîne plus facilement le divorce qu'autrefois ; pour les condamnations criminelles, c'est l'inverse : cette cause de divorce a été diminuée.

*** 506. Absence réelle de limitation.** — D'après la loi (art. 229-232) et d'après tous ses interprètes, les causes de divorce sont en France au nombre de *quatre* seulement, ou même de *trois*, car on réunit d'ordinaire en une seule les sévices et les injures, qui sont pourtant choses fort différentes. Cependant cette énumération n'a de limitatif que l'apparence : les causes de divorce sont beaucoup plus nombreuses que l'indique la loi, parce que l'injure grave contient en elle tout un groupe de faits que nous aurons à analyser plus loin.

***507. Sens large du mot « injures ».** — Le mot « injures » n'est pas pris, dans la loi sur le divorce, avec le sens étroit que lui donne la loi sur la presse. D'après la loi du 29 juillet 1881, art. 29, l'injure est un terme de mépris ou d'invective, qui *attribue à la personne injuriée* une qualité ou un caractère déshonorant. Elle est de même nature que la diffamation, dont elle diffère seulement par une nuance[1]. En matière de divorce, l'injure est tout autre chose, au moins d'après la jurisprudence ; c'est ce qui est fait par l'un des époux contre l'autre, en violation de leurs devoirs mutuels de respect et d'affection[2].

*** 508. Résultats de l'extension de sens donnée à l'injure.** — Le mot « injures » ayant pris un sens très large dans la jurisprudence moderne, on est arrivé à cette double conséquence : 1° qu'il contient en lui toutes les autres causes de divorce ; 2° qu'il efface toute limitation dans le nombre de ces causes.

[1] « Sot, animal, fat, insolent, vaurien, canaille », sont des injures. La diffamation diffère de l'injure en ce qu'elle est l'*imputation d'un fait précis* qui porte atteinte à la considération de la personne (L. 17 mai 1819, art. 13, exactement reproduit dans la loi du 29 juillet 1881, art. 29). Traiter quelqu'un de « faussaire », de « voleur », c'est l'injurier, parce que cela n'indique pas les circonstances de temps et de lieu dans lesquelles le faux ou le vol aurait été commis ; il y aurait diffamation, s'il résultait des termes employés ou des circonstances que celui qui a prononcé ces paroles entendait reprocher à l'autre un fait de vol ou de faux connu et déterminé.

[2] Ce double sens du mot se retrouve dans la langue littéraire. A côté des outrages ou paroles offensantes, le mot « injures » désigne les dommages immérités causés à une personne : les injures du temps, les injures du sort. Voyez LITTRÉ, au mot *Injure*.

1° Quand la loi parle d'adultère, de condamnations criminelles et d'excès ou sévices, elle vise des faits spéciaux qui rentrent dans la notion générale de l'injure. Le texte eût-il omis de les nommer pour les admettre comme cause légales qu'elles n'en seraient pas moins telles, et que l'idée d'injure suffirait pour obtenir le divorce. La seule utilité qui résulte de leur mention dans la loi est d'enlever aux tribunaux leur pouvoir ordinaire d'appréciation : ce sont des faits qui ont paru tellement graves au législateur qu'il a voulu que le divorce fût alors nécessairement prononcé.

2° L'énumération de la loi n'est pas limitative. A côté des *faits précis* (adultère, condamnations pour crime, excès ou sévices, paroles injurieuses), prévus par la loi, et qui constituent vraiment des causes déterminées de divorce, on rencontre une *formule générale, l'injure,* qui a la valeur d'un principe susceptible d'applications indéfinies. Dès lors toute barrière est renversée, et la vérité est que nous avons en France *un nombre illimité de causes déterminées de divorce.* Elles sont déterminées par la jurisprudence, et non par la loi (Comp. *Revue critique,* 1887, p. 687). C'était ce qui existait autrefois, quand Pothier reconnaissait qu'il fallait « tout laisser entièrement à l'arbitrage et à la prudence des juges » (*Mariage,* n° 508). Mais il est douteux que le mot « injures » ait eu pour les rédacteurs du Code un sens aussi large ; ils n'en ont pas aperçu la portée ; c'est la jurisprudence qui l'a élargie, en développant le sens usuel du mot, alors que les auteurs de la loi avaient bien cru nous donner une *liste close* des causes de divorce.

On doit donc résumer le système actuel du droit français sur ce point de la façon suivante : le divorce est possible *toutes les fois que l'un des époux manque gravement à ses devoirs envers l'autre*[1] ; la gravité de la faute est, en principe, appréciée par les juges ; dans certains cas, la loi leur enlève ce pouvoir, en ordonnant que le divorce soit prononcé après vérification matérielle du fait indiqué par elle.

B. — Énumération.

509. Ordre à suivre. — Les causes de divorce peuvent se classer de la façon suivante : 1° adultère ; 2° excès et sévices ; 3° paroles outrageantes ; 4° faits injurieux ; 5° condamnations pénales.

1° De l'adultère.

*** 510. État actuel des textes.** — La rédaction actuelle du Code présente sur ce point une singularité : il y a deux textes, les art. 229 et 230, l'un pour l'adultère du mari, l'autre pour l'adultère de la femme, et tous deux sont conçus exactement dans les mêmes termes. Ce double texte avait sa rai-

[1] C'est à peu près ce que dit l'art. 1568 C. civ. all., d'après lequel il y a lieu à divorce quand l'un des époux se rend coupable d'un trouble profond des rapports conjugaux « par une violation grave des devoirs nés du mariage ou par une conduite déshonorante ou immorale ».

son d'être dans la rédaction primitive, qui établissait une différence entre les deux époux. Tout adultère commis par la femme, même isolé, même en dehors de la maison conjugale, entraînait contre elle le prononcé du divorce. Au contraire, l'adultère du mari ne donnait lieu au divorce qu'autant qu'il était accompagné de cette double circonstance agravante : l'entretien régulier d'une concubine, et le fait se passant dans la maison conjugale. — Cette différence a été supprimée en 1884, et la partie finale de l'art. 230 : « lorsqu'il aura tenu sa concubine dans la maison commune » a été retranchée, ce qui a rendu cet article semblable au précédent.

511. Justification de la réforme. — Les deux époux sont donc aujourd'hui traités de même au point de vue du divorce pour adultère. Bien que le système du Code ait encore quelques partisans attardés, on doit applaudir à cette réforme. On a beau alléguer la tolérance qui entoure trop souvent dans nos mœurs l'adultère du mari, et prétendre qu'il ne fait pas au cœur de l'épouse une blessure aussi vive que celle qu'éprouve un mari trompé par sa femme ; aux yeux de la morale, *la faute est égale*. Les deux époux se doivent mutuellement fidélité et ils ne se doivent pas cette fidélité à deux degrés différents. La plus stricte justice exige que la femme offensée obtienne le divorce pour cette cause aussi facilement que le mari. Si la femme trahie veut user d'indulgence, elle en est libre ; elle peut pardonner et n'a alors qu'à s'abstenir d'agir. Mais la loi serait injuste, si elle l'en empêchait.

L'égalité de traitement dans la question du divorce est parfaitement compatible avec le maintien de l'ancienne différence dans la répression pénale de l'adultère. Quand on considère l'adultère au point de vue social, comme un délit, l'adultère du mari est beaucoup moins dangereux que celui de la femme : celui du mari ne rend pas suspecte la filiation des enfants ; les intérêts généraux sont plus gravement compromis par celui de la femme. Il doit y avoir *égalité dans le divorce*, parce que le divorce est la satisfaction accordée au conjoint et que, venant du mari ou de la femme, l'offense est égale. Il doit y avoir *inégalité dans la peine*, parce que la peine est la satisfaction accordée à la société et que pour elle le danger est plus ou moins grand, suivant que l'adultère vient de la femme ou du mari. Il n'y a donc pas la moindre inconséquence dans le système de la loi, quoiqu'on le dise souvent.

*** 512. Portée restreinte de la réforme.** — D'ailleurs la réforme est beaucoup moins grave et moins réelle qu'elle le paraît. Avant 1884 la jurisprudence avait déjà trouvé le moyen d'assimiler, ou peu s'en faut, l'adultère du mari à celui de la femme : elle le considérait comme une injure grave, toutes les fois qu'il avait été entouré de circonstances offensantes pour la femme, par exemple quand il y avait eu scandale public. Cette jurisprudence était relative, non pas au divorce qui n'existait pas, mais bien à la séparation de corps ; mais comme on le verra les causes sont les mêmes : l'art. 306 renvoie pour la séparation de corps aux causes du divorce.

513. Constatation judiciaire de l'adultère. — Un moyen qui s'emploie fréquemment dans la pratique pour faire constater l'adultère est de requérir le commissaire de police qui peut surprendre l'époux coupable et son complice en flagrant délit quand le lieu du délit est connu. Toutefois le commissaire n'est obligé de déférer à cette réquisition que si l'adultère est commis dans les conditions prévues par la loi pénale ; par suite, l'adultère du mari commis hors de la maison conjugale échappe à ce mode de constatation, car il n'est pas un fait délictueux, et la police n'a pas qualité pour intervenir dans une affaire purement privée qui ne peut donner lieu à aucune poursuite.

2° Excès et sévices.

*** 514. Définition.** — Les *excès* et les *sévices* ne peuvent guère être distingués les uns des autres ; il faut voir dans cette qualification d'un même genre de faits, une simple redondance de langage [1]. Ce que la loi désigne ainsi, ce sont tous les *mauvais traitements matériels,* depuis les simples coups ou voies de fait jusqu'à l'attentat à la vie ou tentative de meurtre, que le Code allemand mentionne à part.

515. Leur degré de gravité. — On s'est demandé si l'épithète « graves », qui termine l'énumération de l'art. 231 (excès, sévices, ou injures graves), tombait aussi bien sur les deux premiers mots que sur le dernier. La question est un peu oiseuse ; les excès et les sévices sont par eux-mêmes des faits graves qui n'ont pas besoin d'être ainsi qualifiés ; ces mots ne s'emploient pas à propos d'un léger manquement au devoir. La nécessité de prouver leur gravité ne peut donc être mise en doute [2].

Le *Code néerlandais* a restreint cette cause de divorce en exigeant des *blessures graves* ou des sévices tels qu'ils mettent la vie en danger. En France le divorce pourrait être obtenu sans même qu'il y eût blessure, à plus forte raison péril pour la vie.

516. Leur nombre. — En général, un fait unique n'est pas considéré comme suffisant. En employant le pluriel, la loi montre qu'elle a en vue des faits *multiples* et *répétés.* Cependant, selon les circonstances, un *acte isolé* sera pris en considération : tel serait un attentat à la vie ou une blessure grave.

3° Paroles outrageantes.

*** 517. Définition.** — L'injure, que la loi énumère à côté des excès et sévices, est un acte d'un tout autre genre, qui ne suppose pas l'atteinte matérielle au corps ou à la santé. L'injure est *toute offense ou outrage, quelle qu'en soit la forme, verbale ou écrite.* L'injure, ainsi définie, est celle qu'ont prévue et réprimée les lois sur la presse de 1819 et de 1881.

*** 518. Pouvoir d'appréciation des tribunaux.** — L'injure n'est une cause de divorce qu'autant qu'elle est *grave.* Les juges apprécient librement son degré de gravité. Pothier leur recommandait de tenir compte de

[1] Pothier parlait d'une manière vague des « mauvais traitements » confondant sous ce nom les excès ou sévices d'une part, les injures de l'autre (*Mariage,* n°s 509 et 510). Parmi les auteurs modernes, quelques-uns veulent appeler « excès » les actes les plus graves, ceux qui mettent la vie en danger ; tandis que les sévices seraient de simples voies de fait qui ne menacent ni la vie ni la santé : cette classification arbitraire est contraire au sens naturel des mots, car il y a « excès » dès qu'on sort des bornes de ce qui est permis, tandis que le mot « sévices » exprime d'une manière particulière l'idée de cruauté. — Le Code allemand emploie une expression unique : *grobe Misshandlung,* mauvais traitements graves.

[2] On comprend l'utilité de l'épithète « graves » appliquée aux *injures,* car il en est qui sont légères. On la comprend encore pour qualifier les *mauvais traitements,* qui pourraient être peu de chose ; et c'est pour cela que Pothier veut que les « mauvais traitements » soient assez considérables pour être une juste cause de séparation (n° 510), et que le Code allemand exige qu'ils aient le caractère de la brutalité (grobe). Notre Code dit tout cela en parlant de sévices et d'excès.

la qualité des parties : un coup de poing, disait-il, ou un soufflet qui pourrait être une cause de séparation entre personnes de condition honnête n'en est pas une entre gens du bas peuple, à moins qu'ils n'aient été souvent réitérés. Pareilles distinctions ne se proclament plus entre les classes, mais elles ont lieu tout naturellement, beaucoup de gens ne ressentant pas d'offense là où d'autres souffriraient cruellement (Comp. Cass., 11 avril 1865, D. 66. 1. 166; LAURENT, t. III, n° 188).

Les tribunaux sont donc autorisés à rejeter la demande, s'ils estiment que la gravité des faits allégués n'est pas suffisante. Aussi dit-on souvent que l'injure grave est une *cause facultative de divorce*, tandis que l'adultère et les condamnations criminelles sont des *causes péremptoires*, pour exprimer ce fait que les magistrats ne jouissent pas pour ces dernières du même pouvoir d'appréciation que pour les autres.

L'appréciation à faire est une question de fait pour laquelle les juges du fond sont souverains (Cass., 6 févr. 1860, D. 60. 1. 122, S. 61. 1. 74; Cass., 30 juin 1875, D. 76. 1. 442; Cass., 16 avril 1894, D. 95. 1. 85. — Les arrêts en ce sens sont très nombreux).

Une injure isolée peut, « selon les circonstances » (Cass., 22 juin 1880, D. 81. 1. 104), être une cause de divorce. Comp. ci-dessus n° 516 pour les sévices.

519. De la publicité. — La publicité n'est pas requise pour que l'injure devienne une cause de divorce ; la loi ne l'exige pas. Toutefois le défaut de publicité en atténue nécessairement la gravité ; de plus, il arrivera souvent que l'injure commise sans témoins ne pourra être prouvée.

4° Faits injurieux.

** **520. Définition.** — Compris dans la loi sous le même nom que l'injure proprement dite, par écrits ou par paroles, le fait injurieux, admis en jurisprudence comme cause de divorce, en est en réalité profondément différent.

C'est tout manquement grave à l'un des devoirs spéciaux aux époux ; on devrait donc l'appeler « faute conjugale », plutôt qu' « injure » (Comp. ci-dessus n° 508).

521. Caractères. — Ce qui a été dit ci-dessus, à propos de l'injure verbale, pour la condition de *gravité*, s'applique également au fait injurieux, puisque, si la chose est différente, le texte est le même.

* **522. Pouvoir d'appréciation des juges.** — Même observation en ce qui concerne le pouvoir d'appréciation laissé aux tribunaux [1].

* **523. Principaux cas de faits injurieux.** — Sans chercher à passer

[1] Notons cependant que la différence qui sépare à ce point de vue les *causes péremptoires de divorce* (faits spécialement prévus par la loi), et les *causes facultatives* (faits appréciés par les tribunaux), tend à s'atténuer. A mesure que la jurisprudence se consolide, la reconnaissance d'une faute particulière comme cause de divorce remplace son insertion dans la loi : il ne reste plus qu'à examiner les circonstances de chaque espèce pour voir si la faute cataloguée dans les recueils d'arrêts a réellement été commise, si ses conditions d'existence sont réunies.

en revue toutes les hypothèses où la jurisprudence reconnaît l'existence d'une faute grave, suffisante pour faire prononcer le divorce à titre d'injure, on peut signaler les principales :

1° Le refus de consentir à la célébration religieuse du mariage après le mariage civil (Angers, 29 janv. 1859, D. 60. 2. 96 ; Bruxelles, 17 juillet 1889, S. 90. 4. 28).

2° Le refus volontaire et persistant de la part de l'un des époux de consommer le mariage (Décisions nombreuses : Metz, 25 mai 1869, D. 69. 2. 202 ; Cass., 19 janv. 1892, S. 92. 1. 78 ; Cass., 12 nov. 1900, D. 1901. 1. 21, S. 1901. 1. 80). Comparez pour le cas où la non-consommation du mariage n'est pas volontaire, Cass., 22 février 1899, D. 99. 1. 244.

3° Le fait d'avoir volontairement communiqué la syphilis à l'autre conjoint (Cass., 18 janv. 1892, D. 92. 1. 184, S. 92. 1. 80).

4° L'abandon volontaire de l'un des époux par l'autre (Cass., 6 févr. 1860, D. 60. 1. 122, S. 61. 1. 74 ; Amiens, 30 nov. 1887, D. 90. 5. 158, S. 88. 2. 87) [1].

5° Le refus persistant du mari de recevoir sa femme (Cass., 8 janv. 1872, D. 72. 1. 87 ; Cass., 6 nov. 1888, S. 89. 1. 64).

6° Le refus de recevoir les parents de la femme (Cass., 30 nov. 1898, D. 99. 1. 358).

7° La simple tentative d'adultère, notamment lorsque le mari cherche à établir des relations avec la servante du ménage (Cass., 18 déc. 1894, D. 95. 1. 260).

8° Le refus du mari de renvoyer ou de laisser renvoyer un domestique qui s'est montré inconvenant envers la femme (Cass., 30 nov. 1898 précité). Voyez cependant tribunal civil de la Seine, 14 nov. 1893, D. 94. 2. 260.

9° Le refus du mari de laisser baptiser les enfants communs (Cass., 30 nov. 1898 précité).

524. Faits antérieurs au mariage. — En principe, les faits injurieux doivent s'être passés *depuis le mariage* (Trib. de Cambrai, 28 mars 1888, D. 88. 5. 165). Cependant la plupart des auteurs admettent que des faits antérieurs au mariage, tels que l'inconduite de la femme ou son état de grossesse,

[1] Il a été jugé que la fuite de l'un des époux pouvait être justifiée et n'était pas une cause de divorce quand elle avait lieu dans la crainte d'une faillite ou d'une condamnation pénale (Bruxelles, 14 nov. 1871. D. 87. 5. 60 ; autres arrêts de Liège, 4 déc. 1867, Bruxelles, 21 juin 1870, et Paris, 11 févr. 1887, dans DALLOZ, *Suppl.*, t. V, p. 334, notes 3 et 4 ; p. 313, note 3). Mais il y aurait injure grave si l'époux fugitif laissait son conjoint sans nouvelles et sans ressources et sans rien faire pour le laver de la flétrissure indirecte qu'il lui a infligée (Paris, 18 avril 1888, D. 90. 5. 101 ; Paris, 13 févr. 1895, D. 95. 2. 296).

[2] D'après un arrêt, le refus du mari de recevoir sa femme ne serait même pas justifié par l'inconduite de celle-ci, la vie commune étant une obligation essentielle dont les époux ne peuvent être dispensés que par une séparation de corps judiciairement prononcée (Cass., 27 janvier 1874, D. 74. 1. 140, S. 74. 1. 216). Voyez cependant Paris, 9 avril 1875, Dalloz, *Suppl.*, t. V., p. 333, note 2, et les auteurs cités, *ibid.*, n° 73. *Adde* Alger, 23 avril 1893, S. 93. 2. 184.

peuvent, *s'ils ont été cachés au mari,* constituer une injure grave. Voyez les citations en sens divers dans Dalloz, *Suppl.*, t. X, p. 340, n° 91. — Comp. Lyon, 4 août 1891, D. 92. 2. 219 ; Paris, 10 août 1892, S. 93. 2. 242. En pareil cas c'est moins l'acte antérieur que le silence gardé par son auteur qui constitue l'injure ; c'est la tromperie prolongée jusqu'au moment du mariage. On peut aussi considérer comme injurieuse la façon dont cette faute serait ensuite révélée par la femme à son mari (Lyon, arrêt précité. — Voyez cependant Dijon, 19 févr. 1890, S. 90. 2. 111).

Dans le même sens, le divorce a été prononcé contre un prêtre catholique, qui avait caché son état ecclésiastique à sa future épouse pour l'amener à consentir au mariage (Trib. de la Seine, 19 mai 1888, *Gazette du Palais*, 30 mai 1888). Cette décision atténue sensiblement la jurisprudence relative aux nullités de mariage signalée aux n°s 400 et 402 ci-dessus.

5° Condamnations criminelles.

***525. Pourquoi il y a lieu à divorce.** — La flétrissure qui résulte d'une condamnation à une peine grave rejaillit indirectement sur le conjoint du condamné ; il est juste que ce conjoint, s'il reconnaît l'indignité du condamné, puisse obtenir la rupture du mariage et n'avoir plus rien de commun avec lui.

Cette cause de divorce est *péremptoire,* de même que l'adultère ; les juges n'ont rien à apprécier et ne peuvent refuser le divorce.

*** 526. Condamnations entraînant le divorce.** — L'art. 232 a subi une retouche en 1884. Le texte primitif portait : « condamnation à une peine *infamante...* » Or on faisait remarquer qu'il y a deux peines infamantes, le *bannissement* et la *dégradation civique,* qui sont classées comme telles par la loi, mais auxquelles, dans nos mœurs modernes, ne s'attache aucune idée de flétrissure ou d'infamie, parce qu'elles sont prononcées pour des faits politiques. Il paraissait injuste que des faits de ce genre pussent entraîner le divorce ou la séparation de corps. Les auteurs de la loi de 1884 ont voulu tenir compte de ces critiques ; ils l'ont fait en ajoutant un mot dans l'art. 232 : le divorce ne peut plus être prononcé que pour une condamnation à une peine *afflictive et infamante.* Les peines afflictives sont la peine de mort et les peines privatives de liberté. Les peines simplement infamantes, comme la dégradation civique et le bannissement, se trouvent ainsi écartées. Mais la réforme s'est arrêtée là ; on a laissé subsister comme causes de divorce les autres condamnations aux peines politiques afflictives comme la déportation et la détention.

527. Conditions pour que la condamnation entraîne le divorce. — Il faut :

1° Que la condamnation ait été prononcée *par un tribunal français* (Dalloz. *Suppl.*, t. V, p. 344, n° 109).

2° Qu'elle soit *devenue définitive*. Cela résulte de l'art. 261. Par suite une condamnation par contumace, qui tombera de plein droit si le condamné se représente ou est arrêté, n'est pas une cause de divorce. Elle le devient seulement lorsque la peine est prescrite, c'est-à-dire au bout de vingt ans Comp. Paris, 11 févr. 1887, S. 87. 2. 88.

3° Qu'elle n'ait été effacée ni par la *réhabilitation* ni par l'*amnistie*. Mais la grâce, simple remise de la peine, n'efface pas la condamnation. A plus forte raison le divorce peut-il être demandé si la peine a été subie ou si elle est prescrite.

4° Qu'elle ait été *prononcée pendant le mariage,* car le texte porte : « La condamnation de l'un des *époux*... » Peu importe alors que le crime ait été commis avant le mariage. Quant aux condamnations antérieures au mariage, elles ne sont pas par elles-mêmes des causes de divorce ; mais, si elle a été cachée à l'autre conjoint, ce fait peut constituer une injure grave. Comp. trib. Anvers, 27 mai 1876, Dalloz, *Suppl.*, t. V, p. 340, note 2.

*** 528. Effet des condamnations correctionnelles.** — Les qualifications « afflictive et infamante » ne conviennent qu'aux *peines criminelles* (art. 7 et 8 C. pén.). Les simples peines correctionnelles, l'emprisonnement par exemple, ne sont pas des causes de divorce. Cependant une condamnation de ce genre est souvent plus déshonorante que certaines condamnations en Cour d'assises. Actuellement la jurisprudence admet que le divorce est possible, à raison de la solidarité qui confond l'honneur des deux époux, lorsque la condamnation encourue peut être considérée comme une flétrissure (Toulouse, 7 juill. 1886, D. 88. 2. 52, S. 86. 2. 209; Toulouse, 31 déc. 1888, D. 90. 2. 104, S. 89. 2. 61 ; Angers, 13 avril 1896, D. 96. 2. 439). C'est une application du principe relatif aux injures graves, et les tribunaux se réservent, dans ce cas particulier d'injure comme dans les autres, leur pouvoir d'appréciation, pour décider s'il y a *atteinte à l'honneur du conjoint*[1].

529. Observations. — Relativement aux condamnations correctionnelles, il faut remarquer trois points :

1° La cause du divorce se trouve moins dans la condamnation en elle-même que dans le fait qui l'a motivée. Le jugement sert seulement de preuve pour établir l'acte déshonorant reproché au coupable. Il en résulte que l'on concevrait tout aussi bien la demande en divorce en l'absence de toute condamnation, soit que celle-ci ne soit pas encore prononcée, soit qu'elle ne puisse plus l'être.

2° Cette jurisprudence ne s'est établie que depuis la loi de 1884. Antérieurement les tribunaux refusaient la séparation de corps pour condamnation correctionnelle (Grenoble, 24 janv. 1865, D. 65. 2. 220 ; Comp. Dalloz, *Suppl.*, t. V, p. 341, n° 93). On ne trouve en ce sens qu'un jugement de Saumur (2 août 1862, D. 62. 3. 72) qui s'attache, non à la condamnation, mais aux faits de proxénétisme reprochés à la femme, en les considérant comme injurieux pour le mari.

[1] D'après un arrêt (Toulouse, 31 déc. 1888, S. 88. 2. 61), le caractère injurieux du fait résulte de ce que le mariage entraîne pour les deux époux « une solidarité d'honneur et de devoir », qui est telle « que l'un des époux ne peut pas encourir une flétrissure sans qu'elle s'étende à son conjoint ».

3° Ce qui a entraîné la jurisprudence, c'est qu'on a cru trouver une indication en ce sens dans les discussions de la loi de 1884. La commission de la Chambre des députés avait proposé d'admettre le divorce pour les délits les plus graves, le vol, l'escroquerie, l'abus de confiance, l'outrage public à la pudeur, l'excitation de mineurs à la débauche ; mais le texte, adopté par la Chambre, fut repoussé par le Sénat. A cette occasion, le rapporteur fit observer que « dans l'immense majorité des cas les tribunaux considéreraient l'infamie de l'un des époux comme une injure grave envers l'autre » (Comp. Castelnaudary, 13 août 1885, P. 1887. 2. 185).

CHAPITRE III

DES DEMANDES EN DIVORCE

§ 1. — *Observations préliminaires.*

530. Objet de ce chapitre. — L'étude des demandes en divorce comprend deux sortes de règles : les unes sont des *règles de fond*, par exemple quand il s'agit de déterminer les personnes qui ont le droit de demander le divorce ou la façon dont le divorce s'opère. Les autres sont des *règles de pure forme*, qui gouvernent la procédure de l'action, son jugement et les voies de recours.

531. Pourquoi la procédure du divorce est réglée par le Code civil. — La procédure du divorce, qui devrait se trouver dans le Code de procédure, a été réglée par le Code civil pour une raison accidentelle. On ne savait pas en 1803 si le Code de procédure se ferait rapidement, et on n'a pas voulu attendre sa rédaction pour réprimer par une procédure minutieuse les abus dont on avait été témoins pendant dix ou douze ans. On a saisi l'occasion qui se présentait de prendre des précautions et voilà pourquoi on trouve une procédure entière régie par le Code civil. Le Code Napoléon contient du reste de nombreuses « enclaves » de ce genre, par exemple à propos de l'*Adoption*, de l'*Interdiction*, des *Partages*, des *Hypothèques*, de l'*Expropriation forcée*, sans parler des articles isolés comme les art. 13, 14, 15, 1225 et autres. En 1884 et en 1886, quand on a rétabli le divorce et modifié sa procédure, on n'a pas jugé utile de distraire ces règles du Code civil où l'on était habitué à les chercher, pour les transporter dans le Code de procédure, dont il aurait fallu remanier ou allonger le numérotage.

532. Conséquence. — Ce fait purement accidentel produit cependant une conséquence juridique remarquable. A la fin du Code de procédure se trouvent quelques dispositions générales, parmi lesquelles celle-ci : « Aucun exploit ou acte de procédure ne pourra être déclaré nul, si la nullité n'en est pas formellement prononcée par la loi » (art. 1030). Or cet article n'est applicable qu'aux règles établies par le Code dont il fait partie. Il en résulte que la nullité d'une procédure en divorce pourrait être admise par le tribunal sans texte formel, et il est bon de remarquer que la loi de 1886, sur la procédure du divorce, ne prononce qu'une seule fois la nullité (art. 237). La règle de l'art. 1030 étant inapplicable, les juges devront se décider, pour admettre ou rejeter la nullité, d'après la distinction des formalités *substantielles* et des formalités *secondaires*.

***533. Œuvre de la loi de 1886.** — Le législateur de 1884 s'était contenté de faire revivre, presque sans modifications, les art. 234 à 274 du Code primitif, qui réglaient la procédure du divorce. Il s'était bien rendu compte des inconvénients de cette procédure, mais il n'avait pas voulu entreprendre immédiatement sa réforme, dans la crainte de retarder et peut-être de compromettre le vote d'une loi qui avait déjà échoué ; on vota d'abord le rétablissement du divorce, sauf à revenir ensuite sur les formes de l'action. Cette réforme fut l'œuvre de la loi du 18 avril 1886, insérée dans le Code civil, où elle forme actuellement les art. 234 à 252, les art. 253 à 274 étant abrogés et non remplacés.

La loi de 1886 a eu surtout pour but de *simplifier la procédure du divorce*. En 1803 on s'était appliqué à organiser une procédure lente et compliquée, afin de rendre les divorces plus rares dans la pratique et plus difficiles à obtenir. En 1884, ces lenteurs, avec les frais qu'entraînaient tant de formalités, apparaissaient au contraire comme des entraves inutiles ; mais là ne fut pas la cause principale de la réforme. Dans le système primitif du Code, l'*enquête* (audition des témoins) se faisait *à l'audience*, c'est-à-dire devant le tribunal tout entier. Avec l'afflux des causes de divorce qui se produisit, les audiences se trouvaient absorbées par un seul genre d'affaires, et l'expédition des autres causes retardée d'autant. Or, dans beaucoup de tribunaux trop chargés, on se plaignait déjà auparavant de l'encombrement et des retards que subissaient les affaires. Il fallut donc alléger la procédure ; on y est arrivé par divers moyens, et notamment en substituant *les formes ordinaires de l'enquête* à la forme spéciale établie par le Code civil. On gagne ainsi beaucoup de temps ; mais plus d'un praticien pense que les parties y ont aussi perdu quelque peu des garanties résultant de l'ancienne forme qui faisait le tribunal entier juge des déclarations des témoins : les affaires de divorce roulent sur des faits analogues aux affaires criminelles, et il n'était pas mauvais que tous les magistrats qui sont appelés à statuer sur la demande entendissent les déclarations des témoins interrogés dans l'enquête[1].

En même temps, la loi de 1886 a fait diverses réformes qui seront indiquées plus loin à propos du *prononcé du divorce*. Elle a aussi retouché la procédure de la *séparation de corps*.

§ 2. — *Personnes pouvant exercer l'action.*

A. — Qui a le droit d'agir.

***534. Action des époux.** — Le divorce peut être demandé par chacun des deux époux, quand il croit avoir à se plaindre de l'autre. La demande peut être *unique* ou *double* : au premier qui agit, l'autre peut répondre en demandant le divorce à son tour. On verra plus loin l'utilité de ces demandes reconventionnelles (ci-dessous n° 655).

*** 535. Refus de l'action à toute autre personne.** — La faculté de demander le divorce est essentiellement personnelle aux époux ; aucune personne autre qu'eux-mêmes ne peut agir. Sont ainsi exclus :

1° *Les créanciers des époux*. La demande n'est pas une action relative aux biens et qui fasse partie du patrimoine.

2° *Les héritiers des époux*. Quand l'un des époux est mort, il n'y a plus lieu à divorce, puisque le mariage est dissous et que le divorce avait pour but de le dissoudre. Les héritiers ne pourraient même pas continuer l'action, si le décès de l'époux se produisait au cours de l'instance. L'action est absolument éteinte (art. 244, al. 3) ; les héritiers ne peuvent même pas poursuivre le divorce afin d'obtenir la révocation des avantages matrimoniaux (Cass., 27 juill. 1871, D. 71, 1. 81, S. 71. 1. 209). Le tribunal ne peut même

[1] Les dépositions reçues par le juge commissaire sont bien lues à l'audience ; mais outre qu'elles peuvent ne pas rendre très fidèlement les paroles réellement prononcées, le tribunal n'a pas sous les yeux le spectacle vivant de l'enquête : bien des indices dans le jeu de la physionomie, dans le ton, dans le regard, modifient la valeur des témoignages et font impression sur les auditeurs.

pas statuer sur les dépens, car l'obligation de payer les dépens est une conséquence de la perte du procès sur le fond (Dijon, 7 févr. 1872, D. 73. 2. 122, S. 72. 2. 6). Toutefois ce dernier point est controversable. Voyez DALLOZ, note sous Cass., 27 juillet 1871 précité, et *Suppl.*, t. V, p. 382, n° 386.

3° Le *tuteur de l'interdit judiciaire*. Sous l'empire des textes du Code civil, il a été jugé en Belgique que le tuteur de l'interdit judiciaire ne peut demander le divorce au nom de l'aliéné (Cass. belge, 11 nov. 1869, D. 70. 2. 1.) La loi française de 1886 a établi chez nous la même règle : ceci résulte de la suppression d'un alinéa du projet, qui permettait formellement au tuteur de présenter la requête à fin de divorce, avec l'autorisation du conseil de famille; cette disposition a été remplacée par une autre qui permet seulement au tuteur d'un aliéné de demander la *séparation de corps* (art. 307, al. 2). Cette différence s'explique aisément. La séparation de corps n'a qu'un effet temporaire, elle laisse subsister le mariage, tandis que le divorce le dissout : de même que le mariage, le divorce exige donc le consentement personnel de l'intéressé; il est, par suite, impossible, de le demander du chef d'un dément qui est hors d'état de manifester une volonté valable.

Si la demande en divorce est *introduite par le conjoint de l'interdit*, celui-ci sera nécessairement représenté par son tuteur, car il faut bien que l'action suive son cours.

Ce qui vient d'être dit de l'*aliéné interdit* s'applique, par identité de motifs, au cas où l'aliéné est renfermé dans un établissement spécial sans être interdit. La demande ne pourra pas être formée en son nom ; s'il s'agit d'y défendre, il sera représenté par un mandataire spécial (L. 30 juin 1838, art. 33). Comp. Bordeaux, 18 juill. 1888, D. 90. 2. 51, S. 89. 2. 64.

B. — Cas où l'époux est incapable.

536. Distinction. — Si l'un des époux est incapable, comment l'action pourra-t-elle être exercée ? Ordinairement c'est l'*époux incapable lui-même* qui agit ou défend à l'action, sauf à obtenir les autorisations dont il a besoin. Dans un cas unique, l'action en divorce est exercée *par le représentant de l'incapable* (ci-dessous n° 540).

537. Incapacité de la femme. — En matière de divorce, la femme et le mari se trouvent sur la même ligne : la femme qui veut demander le divorce peut présenter sa requête au président, librement, sans autorisation de personne ; pour introduire sa demande devant le tribunal, son mari a besoin comme elle de l'autorisation du président, et elle n'en a pas besoin d'autre. Si la femme est défenderesse, l'autorisation accordée par le président à son mari pour l'assigner devant le tribunal, vaut implicitement pour elle autorisation de plaider. De sorte que, *dans aucun cas et sous aucune forme, on ne voit se manifester l'incapacité habituelle de la femme* et que les deux époux sont astreints aux mêmes formalités.

538. Époux aliéné. — On a déjà vu qu'aucune action en divorce ne peut être intentée du chef de l'aliéné ; mais cet aliéné lui-même, s'il a des intervalles lucides, pourrait-il former la demande ? Quelques auteurs admettent l'affirmative, mais cette solution est plus que douteuse, car il est bien certain que la demande en divorce est une *action en justice* et que l'interdit est frappé d'une incapacité permanente qui dure même pendant les intervalles lucides.

539. Époux interdit légalement. — Lorsque l'époux est en état d'interdiction légale, c'est-à-dire lorsqu'il subit une peine afflictive (travaux forcés, réclusion, déportation, détention), le divorce est possible, parce que la volonté du condamné peut être exprimée et connue.

La loi a prévu le cas où c'est l'époux interdit qui veut se porter demandeur ; l'action est alors exercée *par le tuteur du condamné*, mais ce tuteur ne peut agir que « *sur la réquisition ou avec l'autorisation de l'interdit* » (art. 234, al. 3). L'emploi du mot « réquisition » implique, selon nous, que le tuteur est obligé d'agir quand l'interdit le lui demande. Toutefois ce point est controversé.

Aucun texte n'a prévu le cas inverse, celui où la demande est formée par le conjoint de l'interdit ; mais il ne peut y avoir aucune difficulté : le condamné sera nécessairement représenté par son tuteur, dès le début de l'instance et même pour le préliminaire de conciliation (Paris, 7 avril 1887, D. 88. 2. 245, S. 88. 2. 54 ; Besançon, 21 nov. 1894, D. 95. 2. 317).

540. Époux mineur. — En fait, la qualité de mineur ne peut guère se rencontrer qu'en la personne de la femme : elle est émancipée par son mariage et elle a son mari pour curateur. Peut-elle alors demander le divorce ? Le silence des textes laisse la question dans le doute ; la loi ne reconnaît pas au mineur émancipé une capacité entière pour exercer les actions en justice ; il a besoin d'être autorisé pour intenter les plus graves, les actions immobilières. Il semble donc que la femme mineure a besoin d'une autorisation tout au moins pour agir comme demanderesse, mais il n'est pas nécessaire de lui faire nommer pour cela un tuteur ou un curateur *ad hoc* ; l'action en divorce a ses formes spéciales et *l'autorisation donnée par le président est considérée comme suffisante* (Trib. civ. Seine, 23 juill. 1894, D. 95. 2. 85 ; Paris, 22 mars 1894, D. 94. 2. 472 ; Angers, 4 janv. 1899, D. 99. 2. 100).

541. Époux pourvu d'un conseil judiciaire. — Le prodigue ou le faible d'esprit, à qui il a été nommé un conseil judiciaire, est incapable de *plaider* seul (art. 499 et 513). Bien que le motif de l'incapacité de plaider concerne exclusivement les affaires pécuniaires [1], on admet en général que l'autorisation de son conseil lui est nécessaire pour plaider en divorce, soit comme demandeur, soit comme défendeur. En cas de refus injuste de la part du conseil, l'incapable peut demander la nomination d'un conseil judiciaire « *ad hoc* » (Paris, 25 mars 1890, D. 90. 2. 257, S. 90. 2. 107).

§ 3. — *Compétence.*

***542. Compétence exclusive des tribunaux civils.** — La demande en divorce, comme toutes les actions qui tendent principalement à modifier ou à constater l'état des personnes, rentre naturellement dans la compétence des tribunaux civils. Eux seuls peuvent en connaître. Par conséquent un tribunal de répression, saisi d'une poursuite sur un fait qui constitue une cause de divorce, ne pourrait pas prononcer le divorce accessoirement à la peine. Les juridictions répressives peuvent bien statuer sur *l'action civile* qui naît d'un crime ou d'un délit (art. 3 C. instr. crim.), mais cette action civile a pour unique objet la demande d'une *indemnité pécuniaire* destinée à réparer le dommage ; ils sont incompétents pour toutes autres actions qui s'exercent à l'occasion d'un fait délictueux.

543. Influence sur le civil de la chose jugée au criminel. — Supposons que la cause du divorce soit un fait délictueux qui a fait l'objet d'une poursuite criminelle. Quand la demande en divorce viendra devant le tribunal civil, quelle sera l'autorité du jugement rendu au criminel ? Il faut distinguer selon l'issue du débat engagé sur l'action publique.

1° *Il y a eu condamnation.* — Les faits à raison desquels l'un des conjoints a été condamné doivent être *tenus pour vrais* et ne peuvent plus être débattus à nouveau devant le tribunal civil parce que *la chose jugée au criminel a autorité au civil.* Les juges civils n'auront plus qu'à examiner si ces faits, désormais acquis, peuvent être considérés comme une cause de divorce. Il pourrait donc arriver que le divorce ne fût pas

[1] La nomination d'un conseil judiciaire a pour but d'empêcher le prodigue de se ruiner ; la demande en divorce n'offre à aucun degré ce genre de danger.

prononcé, malgré la condamnation de l'époux. Toutefois ce pouvoir d'appréciation est enlevé aux juges civils, si l'époux a été condamné à une peine afflictive et infamante, car cette peine est par elle-même une cause péremptoire de divorce.

2° *Il y a eu absolution.* — L'absolution suppose que la personne poursuivie a été reconnue *coupable du fait,* mais que pour une raison particulière on l'a *exemptée de la peine.* Il y a donc chose jugée sur le fait lui-même, qui ne peut pas plus être remis en question que s'il y avait eu condamnation. Peu importe qu'aucune peine n'ait été prononcée.

3° *Il y a eu acquittement.* — La personne poursuivie est déclarée *non coupable.* L'ancien art. 235 portait que la demande en divorce peut alors être reprise, « sans qu'il soit permis d'en inférer aucune fin de non-recevoir contre l'époux demandeur ». Cela a besoin d'une explication. L'individu acquitté ne peut plus être l'objet d'une poursuite pénale à raison des mêmes faits ; il y a chose jugée en sa faveur. Mais ces faits peuvent encore être *appréciés au point de vue civil.* Il est possible que les faits qu'on lui reprochait ne présentent pas tout à fait les caractères nécessaires pour motiver une condamnation pénale et qu'ils soient cependant une cause de divorce : les conditions définies par la loi pour l'application d'une peine et pour la rupture du mariage ne sont pas les mêmes. Il n'y aurait donc *aucune contradiction* entre les deux jugements si le tribunal civil prononçait le divorce à raison d'un fait dont l'époux aurait été reconnu non coupable au point de vue pénal par une décision antérieure d'une juridiction répressive.

544. Détermination du tribunal civil compétent. — Les textes actuels ne contiennent rien sur la fixation de compétence entre tribunaux civils[1]. On se référera donc au droit commun (art. 59, al. 1, C. proc. civ.) : ce sera le tribunal du *domicile de l'époux défendeur* qui sera compétent Le texte ancien (art. 234) attribuait compétence au tribunal « dans l'arrondissement duquel les époux auront leur domicile ». Cette formule était exacte pour les cas ordinaires, la femme ayant le même domicile que son mari ; elle cessait de l'être pour le cas où les époux étaient déjà séparés de corps et où la femme avait un domicile distinct.

545. Cas où l'époux défendeur change de domicile pendant l'instance. — Le tribunal, régulièrement saisi de la demande, reste compétent malgré le déplacement postérieur du domicile du défendeur. Il y a eu des difficultés pour savoir à partir de quel moment le tribunal devait être considéré comme saisi. Divers auteurs voulaient que ce fût seulement du jour où l'assignation est lancée ; mais la jurisprudence juge que le tribunal est saisi dès le moment où l'époux demandeur présente au président du tribunal sa requête afin d'être autorisé à assigner son conjoint (Cass., 8 déc. 1880, D. 81. 1. 260, S. 82. 1. 103).

546. Cas où l'époux défendeur n'a pas de domicile connu. — L'époux demandeur forme alors sa demande devant le tribunal du dernier domicile de son conjoint (Trib. Seine, 12 juill. 1886, DALLOZ, *Suppl.*, t. V, p. 347, note 1). On pourrait même admettre, si c'est la femme qui agit et que le mari a disparu depuis longtemps, que la résidence actuelle de la femme déterminera la compétence.

547. Exception d'incompétence. — L'époux défendeur qui veut opposer l'incompétence du tribunal devant lequel la demande est portée doit le faire aussitôt qu'il comparaît devant le président et avant de présenter ses explications et moyens de défense (Cass., 1er juin 1891, D. 93. 1. 428 ; Paris, 15 mars 1892, D. 93. 2. 367, S. 92. 2. 72). Sinon, il est réputé renoncer à cette exception.

548. Appel sur la question de compétence. — La décision du président sur

[1] La question de savoir quel est, *entre les tribunaux civils,* celui qui sera compétent pour connaître de la demande en divorce, rentre dans ce qu'on appelle la compétence *ratione personæ.* Les questions de ce genre ne s'élèvent jamais qu'après qu'une autre question plus générale sur la compétence a été résolue : quel est *l'ordre de tribunaux* qui sera compétent, à l'exclusion des autres ? La réponse à cette question détermine la compétence *ratione materiæ.* Pour le divorce, on a déjà vu que les tribunaux civils étaient compétents « ratione materiae » (Ci-dessus n° 542).

la question de compétence est sujette à appel. L'appel doit-il être porté devant le tribunal ou devant la Cour? Voyez en sens opposés Grenoble, 2 mai 1891, S. 93. 2. 177 et Nîmes, 16 févr. 1892, S. 92. 2. 39.

§ 4. — *Formalités préliminaires.*

* **549. Énumération.** — Ces formalités sont au nombre de deux : la *requête au président du tribunal* et la *tentative de conciliation.*

A. — Requête.

550. Motif de cette formalité. — La demande en divorce doit être précédée d'une *autorisation* accordée par le président du tribunal à l'époux demandeur, autorisation qui est un permis d'assigner devant le tribunal. C'est pour obtenir cette autorisation que la requête est nécessaire (art. 234, al. 1).

551. Formes. — Cette requête est un *acte d'avoué.* L'époux qui veut se porter demandeur doit donc avoir préalablement fait choix de son avoué.

552. Contenu. — La requête doit contenir l'énoncé au moins sommaire des faits sur lesquels la demande est fondée ; cela est nécessaire pour que le président puisse, comme la loi l'y oblige, faire aux époux les observations qu'il juge convenables à opérer un rapprochement. Cependant le texte actuel n'impose plus cette obligation au demandeur, alors que l'ancien art. 236 le disait formellement.

L'époux demandeur peut-il alléguer devant le tribunal des faits autres que ceux qu'il avait énumérés dans sa requête? La Cour de Douai l'y a autorisé dans un cas où les faits nouveaux étaient *connexes* à ceux qu'il avait indiqués d'abord (Douai, 9 mai 1885, D. 86. 2. 99). Il semble que la même faculté devrait lui être refusée s'il s'agissait de faits entièrement distincts, surtout s'ils constituaient une *cause différente* de divorce.

* **553. Comparution personnelle et observations du président.** — La loi veut que la requête soit présentée au président par le demandeur *en personne* (art. 234). Cette formalité est exigée parce que la loi confie au président, à ce moment même, le soin de faire une *première tentative d'apaisement.* Ce magistrat doit faire au requérant « les observations qu'il croit convenables » (art. 235), dans le but de le décider à renoncer à son projet, si par hasard sa demande n'est pas sérieuse. Aussi la loi attache-t-elle une grande importance à cette comparution de l'époux lui-même.

Toutefois lorsque le demandeur est en état d'interdiction légale, la requête est présentée en son nom par son tuteur, mais il a été dit, dans la discussion de la loi, que le président pourrait ordonner la comparution personnelle du condamné.

554. Cas où le demandeur est empêché. — Lorsque le demandeur, par suite d'une maladie dûment constatée, est hors d'état d'aller trouver le président, celui-ci est obligé de se transporter au domicile du malade, accompagné du greffier, afin de recevoir la requête (art. 234, al. 2).

La loi suppose que l'époux demandeur se trouve dans le ressort du tribunal compétent, et n'a pas prévu le cas où cet époux serait malade au loin. En ce cas, le président n'ayant pas de pouvoirs pour se rendre en cette qualité dans un autre arrondissement, adressera une commission rogatoire à son collègue pour entendre le malade sur place.

B. — Tentative de conciliation.

* **555. Sa forme spéciale.** — Dans presque tous les genres de procès la loi impose aux parties une formalité préalable. Avant d'aller devant le tribunal pour plaider, elles doivent se rendre devant le juge de paix qui est chargé d'arranger l'affaire, si c'est possible. C'est le *préliminaire de conciliation,* quelque chose comme une tentative d'accommodement diplomatique avant l'ouverture des hostilités. — Pour les demandes en divorce il y a aussi un préliminaire de conciliation, mais il est organisé d'une manière spéciale. Il se fait *devant le Président du Tribunal,* et non devant le juge de paix.

556. Citation. — La citation, destinée à convoquer l'autre époux, lui est adressée en vertu d'une ordonnance du président écrite au bas de la requête, par laquelle il fixe le lieu et l'heure de la réunion et commet un huissier pour la notifier. La citation est envoyée à l'autre époux trois jours au moins d'avance, plus les délais de distance, et sous pli fermé, à peine de nullité (art. 235 et 237).

557. Entrevue des époux. — La réunion des époux doit se faire, en principe, dans le cabinet du magistrat, qui peut cependant désigner un autre endroit et s'y transporter lui-même, au cas où l'une des parties justifierait de l'impossibilité de se rendre auprès de lui (art. 238, al. 1).

Les parties doivent comparaître *en personne* ; cela est nécessaire pour assurer la possibilité d'un arrangement ; un mandataire ne pourrait agir qu'en vertu d'instructions antérieures qui lui seraient nécessairement données pour refuser toute conciliation. L'art. 877 C. proc. civ. leur défend même de se faire assister par des avoués ou des conseils (avocats) ; cet article, écrit à propos de la séparation de corps, doit être considéré comme commun aux deux procédures.

558. Possibilité de renouveler l'essai de conciliation. — Si le président, sans réussir à réconcilier les époux à leur première comparution devant lui, ne désespère pas d'y réussir en leur laissant le temps de la réflexion, la loi lui permet de recommencer sa tentative dans un délai qui ne peut excéder vingt jours : « Le juge peut, suivant les circonstances, *ajourner les parties* à un délai qui n'excède pas vingt jours... » (art. 238, al. 5). Au jour fixé, les époux comparaissent de nouveau, et pour la dernière fois, devant le président qui ne peut prolonger plus longtemps sa tentative de réconciliation.

559. Du permis de citer. — Après la première réunion des époux, ou au plus tard après la seconde, si le président a échoué dans ses efforts pour empêcher le divorce, il dresse un *procès-verbal* constatant la non-conciliation (ou le défaut de l'autre époux) ; puis, en réponse à la requête qu'il a reçue, il rend une *ordonnance* par laquelle il autorise l'époux qui veut obtenir le divorce à assigner son conjoint devant le tribunal (art. 238, al. 1). C'est le *permis de citer*.

560. Délai donné pour l'assignation. — L'époux qui a obtenu la permission de citer doit en user dans un délai de *vingt jours à compter de la date de l'ordonnance* (art. 238, al. 6). Faute par lui d'avoir usé de cette permission dans ledit délai, les mesures provisoires ordonnées à son profit cessent de plein droit. Sur ces mesures, voyez ci-dessous n°s 616 et suiv. Il ne faut pas confondre ce délai de vingt jours avec l'autre délai de vingt jours dont il est question dans l'al. 5 du même art. L'un de ces délais fixe l'intervalle dans lequel doit avoir lieu la seconde tentative de conciliation ; l'autre fixe le délai dans lequel doit être lancé l'ajournement après l'ordonnance du président.

§ 5. — *Marche de la procédure.*

A. — Règles générales.

561. Retour au droit commun. — On a déjà vu que la procédure organisée par le Code était dispendieuse, lente et encombrante. Ses inconvénients, déjà reconnus de 1803 à 1816, signalés à nouveau dans la discussion de la loi de 1884, ont amené le vote de la loi de 1886, qui en a beaucoup simplifié les formalités. L'idée dominante de la réforme de 1886 a été d'appliquer au divorce les règles ordinaires de la procédure. C'est ce que dit l'art. 239, al. 1er : « La cause est *instruite et jugée dans la forme ordinaire* [1]. »

562. Applications. — Le principe nouveau s'applique notamment aux points suivants :

1° A l'*assignation*, qui est envoyée dans la forme ordinaire par un exploit d'huissier.

2° A la *demande reconventionnelle*, que l'époux défendeur peut former de son côté

[1] Avant 1886, la procédure était simplifiée pour le cas particulier où la cause de divorce était une condamnation infamante. Actuellement, il n'y a plus de différence à faire dans la procédure pour ce cas, si ce n'est que le sursis par lequel les juges peuvent retarder le prononcé du jugement n'a pas lieu (art. 246, al. 1).

pour demander le divorce à son profit, et qui peut se faire par un *simple acte de conclusion* (art. 239, al. 3), c'est-à-dire un acte d'avoué à avoué[1].

3° A l'*enquête*. L'audition des témoins a lieu dans la forme ordinaire, devant un juge-commissaire qui les entend dans son cabinet, seul avec le greffier (art. 245, al. 1). Avant 1886, les enquêtes se faisaient en grand apparat, à l'audience, le ministère public sur son siège et en présence des parties. Avec la procédure nouvelle, on gagne du temps puisque l'audience est libre pour d'autres affaires, pendant que l'enquête se fait par un seul juge.

4° A la *publicité des audiences*. Les audiences des affaires de divorce sont toutes publiques, à moins que le tribunal n'use du droit que la loi lui donne de prononcer le *huis clos* (art. 239, al. 4). D'après les règles du Code civil, la plupart des audiences avaient nécessairement lieu à huis clos.

B. — Règles spéciales.

563. Cas où elles subsistent. — Malgré les simplifications dont elle a été l'objet la procédure du divorce est encore soumise à quelques règles exceptionnelles. On a déjà vu celles qui concernent les formes particulières du *préliminaire de conciliation*. On verra plus loin celles qui sont relatives à la *preuve* et aux *voies de recours*. Il ne s'agit ici que de celles qui se rencontrent dans la marche de la procédure devant le tribunal, pendant l'*instance en divorce*.

564. Défaut du défendeur. — Si le défendeur fait défaut, des mesures exceptionnelles de publicité peuvent être prises pour l'avertir de la demande dirigée contre lui, toutes les fois que l'assignation ne lui a pas été remise « parlant à sa personne » (art. 247). Le président peut ordonner des *insertions dans les journaux*, mais il doit le faire avec prudence, par exemple en rédigeant ainsi son avis, comme le disait le rapporteur à la Chambre : « M. A... est invité à se présenter au greffe pour prendre connaissance d'une affaire qui l'intéresse », sans dire qu'il s'agit d'une demande en divorce. — Le *jugement* ou l'*arrêt* prononcé par défaut est signifié *par huissier commis* (même art.). Enfin le président peut en ordonner la *publication par extraits* dans les journaux qu'il désigne. — Toutes ces mesures de publicité, qui sont exceptionnelles, sont prises parce que l'expérience a démontré que certains divorces, prononcés par défaut, auraient pu être évités, si le défendeur avait été prévenu à temps pour venir se justifier.

565. Possibilité d'un sursis. — Au dernier moment de la procédure, quand l'enquête est faite, les débats terminés, et qu'il ne reste plus qu'à prononcer le jugement, le tribunal peut s'abstenir de statuer et ajourner sa décision pendant un délai qui ne peut excéder *six mois* (art. 246). C'est encore une tentative d'apaisement, un temps d'épreuve imposé aux parties ; on espère qu'un rapprochement peut encore s'opérer. Si le demandeur persiste dans ses conclusions après le délai écoulé, le tribunal ne peut plus user d'atermoiement et le jugement est rendu. — Avant 1886 ce délai pouvait être d'une année ; il a donc été réduit de moitié.

Il y a cependant un cas où le tribunal ne peut pas recourir à ce délai de six mois : c'est lorsque le divorce est demandé pour condamnation de l'un des époux à une peine afflictive et infamante. La nature du grief est telle qu'il serait déraisonnable d'attendre un accommodement et le divorce doit être prononcé immédiatement.

Le Code civil admettait une seconde exception du même genre : le divorce devait être prononcé sans sursis, lorsqu'il était demandé pour adultère (art. 259 primitif). En 1886 on a jugé plus sage de ne pas priver les magistrats d'une faculté qui peut parfois produire un effet utile ; même en cas d'adultère, l'époux outragé peut encore pardonner.

566. Défense aux journaux de reproduire les débats. — La reproduction

[1] Cet article a fait cesser une controverse. Beaucoup d'auteurs voulaient que la demande reconventionnelle en divorce fût, comme une demande principale, précédée d'une tentative de conciliation. C'était recommencer en pure perte, une formalité qui avait déjà échoué une première fois, et n'avait aucune chance de réussir.

des débats par la voie de la presse est interdite (art. 239, al. final). La sanction est une amende de 100 à 2 000 francs. Cette prohibition avait d'abord été repoussée par la Chambre ; c'est le Sénat qui l'a réintroduite dans la loi. Elle a pour cause le désir d'étouffer le scandale, et d'empêcher les journaux de battre monnaie avec les hontes et les tristesses intimes des familles. Les torts de chaque époux sont souvent grossis par son adversaire, et ces luttes ardentes passionnent le public qui se montre toujours friand de telles lectures. C'est bien assez de la publicité inévitable de l'audience. L'interdiction est, du reste, limitée aux *débats* ; le *jugement* peut être publié ; la loi elle-même en ordonne la publicité.

§ 6. — *Fins de non-recevoir.*

*** 567. Définition.** — On entend par fins de non-recevoir les exceptions que l'époux défendeur peut opposer à la demande, non pas pour contester les faits qu'on lui reproche, mais *pour faire écarter la demande, quoique ces faits soient prouvés ou susceptibles de l'être.*

*** 568. Énumération.** — Les fins de non-recevoir possibles sont assez nombreuses. Les unes sont tirées des principes généraux de la procédure :

1° La *prescription* de l'action ;

2° La *péremption* de l'instance après trois ans d'interruption ;

3° L'exception de *chose jugée*, lorsque les faits allégués ont déjà motivé une demande en divorce qui a été repoussée;

4° L'existence d'un *précédent divorce* entre les mêmes conjoints.

D'autres sont des règles spéciales à la matière du divorce ; telles sont :

1° La *réciprocité des torts ;*

2° La *connivence dans l'adultère ;*

3° La *réconciliation des époux;*

4° La *non-justification de résidence* (cause spéciale à la femme).

La péremption et l'exception de chose jugée n'offrant aucune règle qui soit particulière au divorce, nous n'en dirons rien ; l'existence d'un précédent divorce et la non-justification de résidence seront étudiées plus loin (n°s 623 et 677). Restent les quatre autres fins de non-recevoir, que nous allons examiner.

Il a souvent été jugé que les fins de non-recevoir opposables à la demande en divorce sont limitativement énumérées par la loi (Nîmes, 17 juin 1889, D. 91. 5. 183). Ce qui n'empêche pas les tribunaux d'en admettre au moins deux (ci-dessous n°s 572 et 574) qui ne sont pas établies par des textes.

A. — Prescription.

569. Diverses prescriptions proposées. — Existe-t-il une prescription extinctive de l'action en divorce? Toullier pensait que le silence de l'époux offensé prolongé pendant une année équivalait au pardon, par application de l'art. 957 qui limite à une année la durée de l'action en révocation d'une donation pour ingratitude. Mais cette extension à notre hypothèse d'un article écrit pour une matière toute différente est trop arbitraire pour être admise. — On a dit encore qu'au cas où les faits allégués constituent un *délit*, par exemple l'adultère, des coups et blessures, etc., la demande devait être formée dans le délai de 3 ans, parce que au delà de ce temps l'action civile est prescrite comme l'action publique (art. 2, 637 et 638, C. inst. crim.). Aucune plainte n'est donc plus recevable lorsqu'elle se fonde sur des faits délictueux remontant à plus de trois années. Il faut répondre que la demande en divorce n'est pas l'*action civile*, dont il est parlé dans le Code d'instruction criminelle : l'action civile a pour but la réparation du dommage, et elle peut être poursuivie devant les mêmes juges que l'action publique; tel n'est pas le but de la demande en divorce, qui d'ailleurs n'est pas de nature à être soumise aux tribunaux correctionnels accessoirement aux poursuites exercées par le ministère public.

570. De la prescription trentenaire. — Beaucoup d'auteurs appliquent l'art. 2262 à la demande en divorce, et la déclarent prescrite au bout de trente ans (Aubry et Rau, § 492, p. 187; Laurent, t. III, n° 215, et la plupart des traités spéciaux sur le divorce).

Cependant quelques auteurs écartent l'art. 2262, parce que la prescription ne court pas entre époux (art. 2253) (Demolombe, t. IV, n° 409; Trib. d'Abbeville, 20 mai 1884, Dalloz, *Suppl.*, t. V, p. 383, note 2, S. 85. 2. 168; Trib. de Rambouillet, 3 août 1894, D. 95. 2. 294). La raison est mauvaise, parce que l'art. 2253 a pour motif le désir d'écarter, en empêchant le procès, tout ce qui pourrait troubler la paix du ménage, motif qui fait absolument défaut pour les demandes en divorce ou en séparation de corps. De plus l'art. 2253 ne se comprend que pour les actions qui peuvent encore être *exercées après la dissolution du mariage*; et l'action en divorce n'est pas de ce nombre, elle s'éteint quand le mariage se dissout pour une autre cause. La vraie raison d'écarter la prescription trentenaire doit donc être cherchée ailleurs; elle se trouve dans la nature spéciale de la demande en divorce qui est plutôt une *faculté* qu'une *action*; de son côté l'art. 2262 est fait pour les actions relatives au patrimoine.

Cette question est d'ailleurs de nature à se présenter rarement en pratique, parce que l'époux qui serait resté plus de trente ans sans agir après les torts que son conjoint a eus envers lui devrait être considéré comme les ayant pardonnés. Il faut des circonstances exceptionnelles pour qu'il en soit autrement, comme dans l'espèce jugée par le tribunal d'Abbeville, où les époux étaient restés pendant ce temps dans un état de séparation de fait.

B. — Réciprocité des torts.

*** 571. Son effet ordinaire.** — La loi n'en a pas parlé. En principe, elle ne constitue pas une fin de non-recevoir. Lorsque le demandeur est lui-même coupable envers son conjoint, la seule conséquence de ce fait est que les causes du divorce existent en double, et qu'il y a deux raisons au lieu d'une pour le prononcer. L'autre époux n'a qu'à former une demande reconventionnelle tendant aux mêmes fins, et le tribunal statuera à la fois contre les deux époux.

*** 572. Cas exceptionnels.** — Cependant il y a deux cas où il est permis de tirer de ces torts réciproques une fin de non-recevoir.

1° Lorsque le divorce est demandé pour *mauvais traitements* (excès, sévices ou injures), il faut établir une sorte de balance ou de compensation entre la conduite des deux conjoints, en ce sens que les faits reprochés au défendeur peuvent être atténués par la façon dont son conjoint s'est conduit envers lui : on lui reproche des voies de fait, des paroles outrageantes; il était peut-être sous l'empire de la colère, et il faut tenir compte des circonstances qui l'y ont provoqué.

Ainsi il a été jugé que les griefs allégués par le demandeur peuvent n'être pas jugés assez graves pour justifier sa demande, quand ils sont en partie excusés par ses propres torts envers son conjoint (Nancy, 20 déc. 1873, D. 74. 2. 208; Cass., 18 janv. 1881,

D. 81. 1. 125). Mais on ne doit pas aller plus loin. En dehors de cette *excuse de provocation*, qui peut atténuer la gravité de certains faits, il faut maintenir le principe que les torts de l'un sont indépendants des torts de l'autre.

2° En cas de *condamnation criminelle*, si les deux époux en ont chacun une à leur passif, il est impossible d'admettre que l'un d'eux puisse se plaindre du déshonneur de l'autre. Ils sont dignes de vivre ensemble. — Cette fin de non-recevoir est très généralement admise, bien qu'il n'y ait pas de texte.

573. Controverse en cas d'adultère réciproque. — On a quelquefois voulu ajouter un troisième cas, celui d'*adultère réciproque*. Non pas qu'on ait cherché à démontrer l'existence d'une fin de non-recevoir à l'aide de raisons morales qui font absolument défaut, mais on a cru trouver un argument de texte dans l'art. 336 du Code pénal. D'après cet article, quand le mari est lui-même punissable pour adultère, il « perd le droit de *dénoncer* l'adultère de sa femme ». Plusieurs auteurs en ont conclu à tort qu'il ne peut plus *demander le divorce*. Ils font confusion entre la *répression pénale* de l'adultère, qui fait seule l'objet des dispositions du Code pénal, et les *conséquences civiles* de ce délit, telles que la demande en divorce, conséquences dont le Code pénal ne s'occupe pas. De ce que l'adultère n'est plus susceptible d'être puni, il ne s'ensuit pas que le divorce ne puisse plus être demandé. Comp. ce qui est dit ci-dessous à propos de la prescription.

C. — Connivence dans l'adultère.

574. Silence du Code. — L'un des époux se plaint d'un adultère commis par l'autre; il est prouvé qu'il a non seulement toléré, mais favorisé et encouragé l'inconduite de son conjoint. Y a-t-il là une fin de non-recevoir? Le bon sens et l'honnêteté disent oui, mais il n'y a pas de texte et il est de jurisprudence que les fins de non-recevoir sont limitativement énumérées par la loi (ci-dessus n° 568). Néanmoins la Cour de Paris a jugé que la connivence de l'époux dans l'adultère de son conjoint le rendait non recevable à demander le divorce (Paris, 18 juillet 1893, D. 93. 2. 471. Comp. DALLOZ, *Suppl.*, V° *Divorce*, n° 402).

575. Disposition du Code allemand. — Le Code allemand (art. 1565, al. 2) contient sur ce point une disposition générale: le défendeur peut opposer une fin de non-recevoir à la demande, lorsque le demandeur a soit *consenti*, soit *participé*, non seulement à l'adultère, mais à *tout fait punissable* qui sert de base à l'action.

D. — Réconciliation des époux.

*** 576. Définition.** — La réconciliation est prévue expressément comme fin de non-recevoir par l'art. 244. Quand il y a réconciliation c'est que l'époux offensé a consenti à *pardonner*; il a oublié les torts de l'autre; la réconciliation vaut donc *renonciation au droit de demander le divorce*.

*** 577. Ses formes.** — Les tribunaux apprécient souverainement les faits d'où peut résulter la réconciliation. Le plus commun et le plus significatif est la *reprise de la vie commune*, quand elle avait été *provisoirement rompue*.

Mais le simple fait de sa continuation, s'il n'y a pas eu de rupture, ne constitue pas une fin de non-recevoir (Cass., 11 déc. 1893, D. 94. 1. 341, S. 94. 1. 120. Comp. Lyon, 4 août 1891, D. 92. 2. 219).

*** 578. Ses effets.** — La réconciliation empêche la demande en divorce ou fait tomber la procédure déjà commencée, quand elle se produit au cours de l'instance; elle produit l'effet d'une amnistie qui efface le passé. Cet effet a lieu même quand la cause de divorce était une condamnation infamante (Toulouse, 7 juill. 1886, S. 86. 2. 209).

579. Possibilité d'une rétractation. — Les torts pardonnés peuvent revivre, pour ainsi dire, et être repris et allégués comme cause de divorce dans deux cas: si l'époux qui s'en était rendu coupable retombe dans son tort et commet de nouvelles fautes, ou, ce qui revient au même, lorsque des faits anciens et inconnus viennent à se découvrir. Dans les deux cas, ces faits nouveaux ou nouvellement découverts, et qui par suite n'ont pas fait l'objet du pardon accordé, pourront servir de base à une demande de divorce, *alors même qu'ils ne seraient pas suffisants à eux seuls pour la motiver*; on les joindra aux faits pardonnés, pour les apprécier tous ensemble. On permet donc à l'époux offensé de revenir sur le pardon, parce qu'il l'aurait refusé, s'il avait tout connu. C'est en ce sens que doit être entendu l'art. 244, al. 2, d'après lequel l'époux peut demander le divorce « pour cause survenue ou découverte depuis la réconciliation et se prévaloir des anciennes causes à l'appui de sa nouvelle demande ». Il n'aurait pas besoin de se prévaloir des faits pardonnés, si les faits non compris dans le pardon suffisaient à eux seuls pour faire prononcer le divorce.

Ces combinaisons ne peuvent se présenter que pour les cas de sévices ou d'injures, qui sont sujets à appréciation. Les juges ont en cette matière un pouvoir souverain (Cass., 18 déc. 1894, D. 95. 1. 260; Cass., 19 févr. 1895, D. 95. 1. 224).

580. Caractère de la fin de non-recevoir. — La fin de non-recevoir tirée de la réconciliation des époux est d'ordre public; elle peut donc être opposée en tout état de cause, et, dans le silence des parties, elle peut être suppléée d'office par le juge (Lyon, 2 mars 1894, D. 94. 2. 468).

§ 7. — *De la preuve.*

***581. Dérogations diverses aux règles ordinaires.** — Relativement aux modes de preuve admis en matière de divorce, il existe quelques particularités remarquables. Tantôt la loi admet, par dérogation aux règles de droit commun, certains modes de preuves ou certains témoins qu'elle écarte d'ordinaire; tantôt, par une exception en sens inverse, elle repousse comme suspecte une preuve qui serait suffisante en toute autre occasion.

A. — Preuves permises à titre exceptionnel.

***582. Production des lettres missives.** — Très souvent, surtout en cas d'adultère, les faits reprochés au défendeur ne peuvent être prouvés que par des lettres missives. En principe, la correspondance privée est confidentielle et son secret est inviolable; par suite, une lettre ne peut être produite en justice que du consentement de celui qui l'a reçue. Si l'on appliquait ici les règles ordinaires, il en résulterait que le demandeur en divorce ne pourrait prouver l'adultère de son conjoint au moyen de la correspondance échangée entre l'époux coupable et son complice; quelques auteurs n'ont pas reculé devant cette conséquence rigoureuse (Laurent, t. III, nos 201 et suiv. — Paris, 11 juin 1875, Dalloz, *Suppl.*, t. V, p. 387, note 1). Mais l'opinion commune est en sens contraire, et la jurisprudence admet d'une manière constante une dérogation au principe en faveur du divorce et de la séparation de corps (Cass., 11 juin 1888, D. 90. 1. 12, S. 88. 1. 376;

Cass., 25 mars 1890, D. 91. 1. 311, S. 90. 1. 168). Toutefois la production d'une lettre missive n'est pas autorisée lorsque celui qui veut s'en servir se l'est procurée d'une manière illicite (Besançon, 30 déc. 1862, D. 63. 2. 63) ou lorsqu'elle est venue entre ses mains par suite d'une erreur (Cass., 2 mai 1875, D. 76. 1. 183).

A ce point de vue les deux époux ne sont pas traités de même[1]. La puissance maritale donne au mari un pouvoir particulier sur la personne de la femme, à raison duquel les tribunaux l'autorisent à intercepter la correspondance de sa femme avec son complice (Cass., 15 juill. 1885, D. 86. 1. 145; Comp. Cass. crim., 9 juin 1883, D. 84. 1. 89, S. 85. 1. 137). Cependant le pouvoir d'investigation du mari sur la correspondance de sa femme n'est pas illimité et un tribunal rejette à bon droit du débat des lettres écrites par sa femme à une amie et qui sont venues entre ses mains par suite d'un acte déloyal de celle-ci (Cass., 5 févr. 1900, D. 1901. 1. 45, S. 1901. 1. 17). Ce dernier arrêt semble marquer un recul de la jurisprudence.

Sur la manière dont la femme peut se procurer les lettres écrites par son mari ou à lui adressées, voyez en sens divers, Rouen, 13 nov. 1878 et Bordeaux, 13 janv. 1879, D. 80. 2. 190, S. 80. 2. 108; Lyon, 6 mars 1883, D. 85. 2. 191; Cass., 25 mars 1890, D. 91. 1. 311; Bordeaux, 7 déc. 1894, D. 95. 2. 147).

***583. Audition des parents, alliés et domestiques.** — Une exception remarquable est faite au droit commun pour la qualité des témoins admis à déposer dans l'enquête. D'après les règles ordinaires, les proches *parents* ou *alliés* des parties, jusqu'au degré de cousin issu de germains inclusivement, sont tantôt écartés de plein droit (parents et alliés en ligne directe, art. 268 C. proc. civ.), tantôt *reprochables* (art. 283 C. proc. civ.), c'est-à-dire pouvant être écartés sur la demande de l'adversaire. Ils sont suspects comme trop favorables, ou, en cas de brouille de famille, comme trop mal disposés. Il en est de même des *domestiques*. Mais, en matière de divorce, ces personnes sont souvent les seuls témoins possibles des faits de la vie intime sur lesquels la demande se fonde. Si on les avait écartés, on aurait rendu la preuve impossible. Ils seront donc entendus (art. 245, al. 2). On n'excepte que les *descendants*, qui ne sont jamais admis à déposer en justice contre leurs parents : ce serait de leur part manquer à la piété filiale. Les descendants ne sont pas seulement reprochables; ils sont incapables de déposer; leur témoignage doit donc être rejeté d'office.

En déclarant que les parents, alliés et domestiques peuvent être entendus, la loi a considéré leur témoignage comme nécessaire; elle a donc voulu exclure, en même temps que la cause de reproche tirée de leur qualité, toutes les circonstances qui y sont inhérentes, comme le fait d'être héritier présomptif ou donataire de l'un des époux, ou d'avoir bu et mangé avec lui depuis le jugement qui a ordonné l'enquête (art. 283 C. proc. civ.). (Caen, 28 janv. 1874, D. 75. 2. 44, S. 74. 2. 169).

B. — Preuves interdites.

***584. Aveu du défendeur.** — En toute autre matière, l'aveu de la personne accusée d'un fait est considéré comme la meilleure des preuves, ou plutôt il n'y a plus alors de « preuve » à fournir puisqu'il n'y a plus de débat. A la Cour d'assises, par exemple, les jurés se sentent la conscience bien tranquille, lorsque l'accusé laisse échapper l'aveu de son crime : « Habemus confitentem reum ! » a été de tout temps le cri de triomphe des accusateurs. Cependant, en matière de divorce, l'*aveu du défendeur n'est pas reçu comme preuve*. C'est que son aveu ne lui est pas entièrement défavorable; il peut désirer le divorce et avouer des torts chimériques pour l'obtenir; or la loi prohibe le divorce *par consentement mutuel*; elle ne devait donc pas laisser aux époux un moyen indirect de l'obtenir en se chargeant de fautes imaginaires que le prétendu coupable viendrait avouer en justice : son aveu est suspect, parce qu'il peut être intéressé.

[1] Cette différence entre les deux époux est sujette à controverse. Voyez les observations présentées dans DALLOZ, *Suppl.*, v° Divorce, n° 417 et D. 85. 2. 191, et dans le *Sirey*, par M. NAQUET, 1901. 1. 17.

Cependant, quand il existe d'autres preuves, l'aveu peut être pris en considération (Cass., 29 avril 1862, D. 62. 1. 515, S. 62. 1. 945).

585. Serment. — Une distinction est nécessaire entre les deux espèces de serment *décisoire* et *supplétoire*. Le serment décisoire ne peut être déféré que *pour des faits sur lesquels les parties ont le droit de transiger*. Il n'est donc pas possible d'employer le serment pour établir des faits servant de base à une demande en divorce, la transaction étant ici impossible. Quant au serment supplétoire, la même règle pourrait s'appliquer; toutefois il y a quelques doutes, parce que ce serment n'est qu'un complément de preuve et ne lie pas le juge (Carpentier, *Traité du divorce*, n° 20).

586. Télégrammes. — La recherche, dans un bureau télégraphique, de dépêches que l'un des époux prétendrait avoir été expédiées par l'autre serait une mesure illégale qui ne doit pas être ordonnée (Pau, 2 janv. 1888, D. 89. 2. 134, S. 89. 2. 213).

C. — Preuves normales.

587. Témoignages et présomptions. — Quand la demande se fonde sur des faits purs et simples, tels que des violences, des injures, un adultère, la preuve en est recevable par fous les moyens (Cass., 13 nov. 1889, D. 90. 1. 36, S. 90. 1. 388). — Pour l'adultère, on peut aussi employer le procès-verbal de police dont il a été parlé ci-dessus n° 513. Quant aux condamnations pénales elles se prouvent normalement par un certificat du greffier, mais l'art. 261 ancien qui prescrivait ce mode de preuve ayant été abrogé, la preuve pourrait résulter d'un simple extrait du casier judiciaire.

588. Preuve de la réconciliation. — Quand le défendeur élève une fin de non-recevoir tirée de la réconciliation, c'est à lui d'en faire la preuve. Cette preuve est possible par tous les moyens, puisqu'il s'agit d'un fait pur et simple; de plus les raisons qui empêchent de recevoir l'aveu ou le serment, quand il s'agit des faits servant de base à la demande, n'existent plus ici; on n'a plus à redouter une entente des époux pour obtenir un divorce sans cause réelle, puisque la preuve offerte tend à rendre le divorce impossible.

§ 8. — *Voies de recours.*

589. Énumération. — L'affaire est jugée d'abord par le tribunal civil; elle peut ensuite être portée devant la Cour d'appel. Le jugement rendu par le tribunal peut donc être attaqué par la voie de l'*appel*; l'arrêt de la Cour peut l'être à son tour par un *pourvoi en cassation*. En outre, il existe deux voies de recours communes au jugement et à l'arrêt, savoir l'*opposition* et la *requête civile*.

Après avoir passé en revue ces diverses de recours, il nous faudra dire quelques mots de l'*acquiescement* et du *désistement*.

A. — Appel.

590. Application du droit commun. — D'après l'art. 248, l'appel en matière de divorce est soumis aux règles du droit commun, notamment en ce qui concerne le *délai* (deux mois), le *point de départ du délai* (signification du jugement) et la façon dont l'appel est *jugé par la Cour en audience ordinaire*. Les affaires relatives à l'état des personnes étaient jadis jugées par les Cours d'appel en audience solennelle (Décr. du 30 mars 1808, art. 22). Ce décret, aujourd'hui abrogé (Décr. 26 nov. 1899), avait déjà été modifié en ce qui concerne les causes de divorce par un décret du 30 avril 1885, dont la loi de 1886 n'a fait que confirmer la disposition en l'introduisant dans le Code civil.

***591. Dérogation au droit commun.** — Sur un seul point les règles ordinaires sont mises de côté: *le délai d'appel est suspensif*, c'est-à-dire que le jugement qui a admis le divorce ne peut pas être transcrit sur les registres de l'état civil tant que l'appel est possible (art. 252, al. 1). De droit commun le délai d'appel ne suspend pas l'exécution des jugements; c'est seulement l'appel interjeté qui a cet effet.

B. — Pourvoi en cassation.

***592. Effet suspensif du pourvoi.** — Le pourvoi en cassation est soumis en principe aux règles ordinaires, soit parce que la loi l'y soumet expressément (voyez l'art. 248, al. 5, pour le point de départ du délai), soit parce qu'elle n'y a point dérogé (par exemple pour la durée du délai, qui est de deux mois).

Mais, comme pour l'appel, il existe une dérogation remarquable en ce que l'exécution du jugement est suspendue tant que le pourvoi est pendant. De droit commun, le pourvoi en cassation n'est pas suspensif; une décision rendue en dernier ressort peut être exécutée même après que le pourvoi a été formé, de sorte que si cette décision est plus tard cassée, il y aura lieu de revenir sur l'exécution déjà faite ou commencée. Il était impossible d'appliquer ce système au divorce, car, si le jugement qui prononce le divorce avait pu être exécuté malgré le pourvoi, il aurait pu y avoir un nouveau mariage contracté dans l'intervalle par l'un des conjoints, mariage qui se trouverait nul après la cassation de l'arrêt de divorce. De là la disposition finale de l'art. 248: « *Le pourvoi est suspensif en matière de divorce* et de séparation de corps. » — A la condition toutefois qu'il soit formé dans le délai légal (Douai, 9 août 1892, D. 94. 2. 81, S. 93. 2. 41).

L'effet suspensif du pourvoi s'applique non seulement à l'arrêt final qui prononce le divorce, mais aussi aux arrêts avant dire droit rendus au cours de l'instance qui peuvent être frappés d'un pourvoi, notamment à l'arrêt interlocutoire qui ordonne une enquête (Cass., 23 nov. 181. 9, D 92. 1. 291, S. 92. 1. 18; comp. Besançon, 1er juin 1885, D. 86. 2. 64, S. 86. 2. 131).

***593. Effet suspensif du délai.** — La loi n'a pas dit, comme elle l'a fait pour l'appel, que le délai lui-même, donné aux parties pour se pourvoir en cassation, est suspensif avant que le pourvoi soit formé. On l'admet cependant tout au moins en ce qui concerne l'*arrêt final prononçant le divorce*, parce que l'art. 252 n'autorise la réalisation du divorce par la transcription sur les registres de l'état civil qu'après que la sentence est *devenue définitive*, ce qui suppose que le délai du pourvoi est expiré. Mais ce texte est spécial à la décision qui prononce le divorce; aucune disposition de la loi n'attribue en termes généraux l'effet suspensif au délai, comme l'art. 248 le fait pour le pourvoi formé. On en conclut que les *arrêts avant faire droit*, rendus au cours d'une procédure de divorce, peuvent être exécutés même avant l'expiration du délai, tant qu'ils ne sont pas frappés de pourvoi (Cass., 25 juill. 1893, D. 93. 1. 545, S. 94. 1. 89).

C. — Opposition.

***594. Définition.** — L'opposition est une voie de recours spéciale contre les décisions rendues *par défaut*. Il y a deux sortes de défaut: une partie fait défaut quand elle n'a pas comparu, c'est-à-dire quand elle n'a pas constitué d'avoué pour la représenter devant le tribunal ou la Cour (*défaut faute de comparaître* ou *défaut contre partie*); elle fait aussi défaut lorsque son avoué ne prend pas de conclusions en son nom (*défaut faute de conclure* ou *défaut contre avoué*). Quand les deux adversaires sont tous deux représentés par des avoués qui prennent des conclusions sur le fond, on dit que la décision est *contradictoire*.

L'opposition est une *voie de rétractation*, c'est-à-dire que l'affaire revient devant le tribunal ou la Cour qui a statué par défaut, et qui la jugera à nouveau, tandis que l'appel et le pourvoi en cassation sont des *voies de réformation*, qui soumettent l'affaire à une juridiction supérieure.

***595. Particularités en matière de divorce.** — Les délais donnés pour faire opposition ne sont pas ceux du droit commun. En général la loi donne seulement huit jours à compter de la signification à avoué, quand le défaut est faute de conclure; l'opposition est recevable jusqu'à l'exécution, quand le défaut est faute de comparaître,

Ces délais étaient inadmissibles en matière de divorce: dans un cas, le délai de huitaine est trop court, et dans l'autre on ne pouvait admettre l'opposition jusqu'à exécution de l'arrêt puisque les délais sont suspensifs et qu'aucune exécution n'est possible tant que l'opposition est recevable. On a donc admis des délais spéciaux qui sont :

1° *Un mois*, à compter de la signification quand cette signification a été faite à la personne ;

2° *Huit mois*, à compter du dernier acte de publicité quand la signification n'a pu être faite à l'époux lui-même (art. 247, al. final). Ce délai de huit mois a été choisi par imitation du délai le plus long que la loi accorde pour les ajournements (art. 73 C. proc. civ.). On a redouté que la signification, même déposée au domicile de l'époux, entre les mains d'un domestique ou d'un concierge, ne parvienne pas à son destinataire.

596. Effet suspensif. — La loi n'attribue pas explicitement l'effet suspensif aux délais de l'opposition, mais cela résulte indirectement de ce que ces délais précèdent nécessairement ceux de l'appel ou du pourvoi en cassation : le délai d'appel ne commence à courir que du jour où l'opposition n'est plus recevable (art. 248, al. 2); il en est de même pour le délai du pourvoi en cassation (art. 248, al. 5)[1].

D. — Requête civile.

597. Sa possibilité. — La requête civile est une voie de recours extraordinaire, dont les causes sont déterminées par l'art. 480 C. proc. civ. Elle peut être exercée contre une décision définitive, qui n'est plus susceptible d'aucune voie de recours et qui est déjà exécutée. Le projet du gouvernement la supprimait en matière de divorce; mais la commission a retranché l'alinéa qui la prohibait. Elle est donc possible même contre un divorce déjà exécuté et suivi d'un nouveau mariage; il y a là un danger grave, qui est heureusement de nature à se présenter rarement, étant données les causes qui ouvrent cette voie de recours.

598. Délai. — On n'a pas pu attacher l'effet suspensif au délai donné pour exercer la requête civile, car dans certains cas le point de départ de ce délai peut être reculé indéfiniment, par exemple dans les hypothèses prévues par les nos 9 et 10 de l'art. 480 C. proc. civ. Voyez aussi l'art. 484. Mais en général le délai de la requête civile est de deux mois à compter de la signification du jugement ou de l'arrêt.

E. — De l'acquiescement.

599. Sa prohibition. — On appelle « acquiescement » l'adhésion donnée par une partie à la décision rendue, adhésion qui lui enlève le droit de l'attaquer par les diverses voies de recours ouvertes à son profit. La question de savoir si l'acquiescement est possible en matière de divorce était controversée avant 1886. L'acquiescement est un acte de la nature des contrats : il a paru qu'une convention entre les parties ne devait pas avoir d'influence sur le divorce, et la loi du 18 avril 1886 a prohibé l'acquiescement au jugement ou à l'arrêt qui prononce le divorce (art. 249). On a voulu aussi réserver jusqu'au dernier jour l'exercice d'une voie de recours, qui aura peut-être pour effet d'empêcher le divorce en amenant la réformation de la décision qui l'a admis. Mais, en vertu de ce même motif, on permet au demandeur d'acquiescer au jugement ou à l'arrêt qui a rejeté la demande en divorce, car celui qui acquiesce renonce alors à sa demande. Dans les deux cas, la solution a été inspirée par le désir de rendre le divorce aussi rare que possible (Nancy, 17 juill. 1891, D. 92. 2. 56, S. 91. 2. 112).

L'acquiescement tacite n'est pas plus admis que l'acquiescement exprès (Caen, 19 févr. 1889, D. 91. 2. 104, S. 90. 2. 217).

F. — Du désistement.

600. Controverse. — Le désistement est l'abandon volontaire d'une instance intro-

[1] La possibilité de former opposition contre le jugement rendu par le tribunal de première instance, quand il a statué par défaut, n'existe que depuis 1886. Les textes primitifs du Code, conservés en 1884, n'autorisaient l'opposition que contre l'arrêt ; ceci tient à ce que le Code civil a été rédigé sous l'empire de l'ordonnance de 1667, qui n'admettait pas l'opposition contre les décisions rendues en premier ressort.

duite devant la justice. Le demandeur en divorce peut sans doute se désister à tout moment de sa demande. Mais voici un cas qui fait difficulté : la demande a été accueillie par le tribunal de première instance qui a prononcé le divorce ; le défendeur fait appel ; peut-il se désister de son appel pendant l'instance devant la Cour ? Ce désistement, venant de l'époux qui était primitivement défendeur, produit l'effet d'un acquiescement au divorce. Il y a des décisions en sens contraires. Une Cour a jugé que la disposition de l'art. 249, qui prohibe l'acquiescement, ne pouvait être étendue au désistement (Rouen, 5 janv. 1895, D. 95. 2. 495) ; une autre a décidé au contraire qu'il y avait même raison pour interdire le désistement de l'appel qui équivaut ici à un acquiescement (Paris, 30 nov. 1893, D. 94. 2. 98). Comp. Cass., 23 oct. 1889 (D. 90. 1. 397, S. 90. 1. 61) pour le cas où l'appelant fait défaut sur son appel.

§ 9. — *Exécution du jugement ou arrêt.*

601. Division. — Trois points principaux sont à examiner relativement à l'exécution du jugement :

A. La *publicité*, qui doit porter le divorce à la connaissance des tiers ;

B. La *transcription du jugement* sur les registres de l'état civil ;

C. Le *délai* donné aux époux pour faire opérer cette transcription.

A. — Publicité du divorce.

*** 602. Utilité de la publicité.** — Le divorce, en dissolvant le mariage, met fin aux pouvoirs que le mari possédait sur la personne et sur les biens de sa femme, ainsi que sur les biens communs, quand il en existe ; en même temps le divorce rend à la femme son indépendance et sa pleine capacité. Les tiers ont donc le plus grand intérêt à savoir si le divorce a eu lieu et à quelle époque.

Cependant le Code civil n'avait ordonné aucune mesure de publicité. Le Code de commerce (art. 56) avait soumis les jugements de divorce ou de séparation de corps aux formalités prescrites par l'art. 872 C. proc. civ., mais ce texte ne s'appliquait qu'au cas où l'un des époux était commerçant. C'est seulement la loi de 1886 (art. 250 C. civ.) qui a établi la publicité d'une manière générale.

603. Formes. — Cette publicité se fait d'abord par *affiches dans l'auditoire* du tribunal civil et dans celui du tribunal de commerce, ainsi que dans les Chambres de notaires et d'avoués ; puis par des *insertions* dans *un* journal du lieu, et, s'il n'y en a pas dans l'arrondissement, dans un journal du chef-lieu du département.

Cette publicité doit se faire au lieu du domicile du mari (arg. anal. art. 872 C. proc. civ.). Au cas où les deux époux ont déjà des domiciles séparés dans deux arrondissements distincts, une double publicité serait utile, mais la loi ne l'exige pas.

604. Délai et sanction. — Malheureusement la loi a négligé de dire qui serait chargé de faire faire ces affiches et insertions, et dans quel délai elles seraient faites. Il est probable qu'elles doivent être requises par l'époux qui a obtenu le divorce et faites immédiatement. D'autre part il est bien certain que l'efficacité du divorce n'est pas subordonnée à l'exécution de ces mesures ; si la publicité a été omise le divorce n'en sera pas moins opposable aux tiers. Enfin on peut remarquer que ce qui est publié, c'est le jugement, et non pas le divorce ; car le divorce ne résulte que d'une formalité postérieure au jugement. Les tiers sont donc prévenus d'avance. La formalité postérieure n'aura peut-être jamais lieu ; cependant il arrivera bien rarement que les époux qui sont allés si loin laissent tomber sans l'exécuter le jugement qu'ils ont obtenu.

B. — Transcription sur les registres de l'état civil.

** **605. Modification de la forme du divorce.** — Le divorce ne résulte pas de plein droit du jugement ou de l'arrêt qui le permet. Le divorce est, comme le mariage, un acte de l'état civil. Il faut donc, après la décision judiciaire, qui en a seulement constaté les causes, une formalité civile qui constituera la rupture du lien conjugal. D'après le Code Napoléon, dont la loi de 1884 avait conservé le système, le divorce était prononcé par l'officier de l'état civil, comme le mariage et dans les mêmes formes. C'était l'application de la règle : « *Quæ certo jure contrahuntur, contrario jure pereunt.* » Il fallait la *comparution personnelle des deux époux* et l'*assistance de quatre témoins*. Cette exigence de la loi, en mettant en présence deux personnes irritées l'une contre l'autre, amenait souvent des scènes, tantôt comiques, tantôt scandaleuses ; les officiers municipaux des grandes villes s'en plaignirent. Averties par ces réclamations, les Chambres profitèrent de la loi de 1886 pour changer la nature de cette formalité. A la prononciation solennelle du divorce par l'officier de l'état civil on a substitué la *simple transcription* du jugement ou de l'arrêt sur les registres de l'état civil. Cette formalité peut se faire sans la présence des deux époux.

On transcrit seulement le *dispositif* du jugement et non ses motifs (art. 251).

* **606. Modification dans la compétence de l'officier civil.** — Par une autre innovation également heureuse, cette transcription doit se faire sur les registres *du lieu où le mariage a été célébré,* de telle sorte que les ex-époux trouveront dans le même endroit la double preuve dont ils ont besoin, celle de leur mariage et celle de leur divorce (art. 251). Avant 1886, on décidait au contraire que l'officier compétent pour prononcer le divorce était celui de la commune dans laquelle le mari était domicilié au début de l'instance. Cependant si le mariage a eu lieu à l'étranger la transcription est faite au lieu du dernier domicile. — Mention du divorce est faite en marge de l'acte de mariage.

** **607. Importance de la transcription à l'état civil.** — La nature de la formalité nécessaire pour rompre le mariage a donc été changée, mais son importance et son rôle sont restés les mêmes. C'est d'elle que résulte le divorce, et non pas du jugement ; il se réalise à la mairie, et non pas au Palais. De là cette conséquence : si l'un des époux meurt avant qu'elle soit accomplie, il meurt le mariage durant encore, il meurt *marié,* et le divorce qui n'a pas encore eu lieu, est devenu *impossible.*

* **608. Fixation du jour de la transcription.** — La loi n'a pas voulu laisser à l'officier de l'état civil le droit ou la charge de fixer arbitrairement le jour auquel la

transcription doit se faire, parce que c'est de ce jour que datera la dissolution du mariage. Elle l'a donc *déterminé d'une manière fixe* : l'officier doit opérer cette transcription *le cinquième jour à compter de la réquisition* qui lui en est faite par l'un des époux. On ne tient compte ni du jour où la signification est faite, ni des jours fériés. Ainsi une réquisition étant faite un jeudi, le divorce devra être transcrit le mercredi suivant, s'il n'y a pas dans l'intervalle d'autre jour férié que le dimanche ; elle ne peut être ni reculée ni avancée, fût-ce d'un jour (art. 252, al. 2).

C. — Délai pour la réalisation du divorce.

*** 609. Sa durée.** — La loi veut que le divorce ait lieu, dans un délai assez bref après que la justice a statué. Elle donné à cet effet aux époux un délai de *deux mois* à compter du jour où la sentence rendue entre eux est *devenue définitive* (art. 252, al. 1). Ce jour est le dernier jour du délai donné pour faire appel, s'il s'agit d'un jugement ; pour se pourvoir en cassation, s'il s'agit d'un arrêt ; et. au cas où le pourvoi aurait été formé, c'est le jour où il a été rejeté qui sert de point de départ. Quand le pourvoi est admis, l'arrêt est cassé et tout est à recommencer.

*** 610. Son caractère fatal.** — Il était impossible de laisser aux époux la faculté d'attendre indéfiniment, leur arrêt de divorce en main, et sans le faire transcrire pour le rendre irrévocable. Aussi la loi prononce-t-elle contre eux une *déchéance,* si la transcription n'a pas été requise par eux dans le délai qu'elle leur donne; le jugement ou l'arrêt qui avait prononcé le divorce sera considéré comme *non avenu.* Les époux ont ainsi un moyen suprême de renoncer au divorce : un léger retard, et tout est effacé (art. 252, al. 4.). Ils pourraient cependant recommencer une nouvelle demande fondée sur les mêmes faits (Pau, 19 juin 1900, S. 1901. 2. 34).

Il faut remarquer que ce qui doit être fait dans le délai de deux mois fixé par la loi, c'est la *réquisition* adressée par les époux à l'officier de l'état civil, et non la *transcription* qui doit être opérée par les soins de celui-ci. Cette transcription pourrait donc avoir lieu quelques jours après l'expiration du délai, si la réquisition avait été faite en temps utile ; cela suffit pour que la déchéance ne soit pas encourue.

611. Empêchement de force majeure. — La déchéance prononcée par la loi est fondée sur une présomption de réconciliation entre les époux. D'après la jurisprudence, cette présomption souffre la preuve contraire. Ainsi l'époux qui avait demandé le divorce et qui a omis de requérir la transcription dans le délai légal évite la déchéance quand il peut prouver qu'il en a été empêché par une force majeure (Paris, 30 mai 1888, D. 90. 2. 17).

612. Cas d'omission de la transcription. — Qu'arriverait-il si l'officier de l'état civil négligeait ou refusait de transcrire le divorce, bien qu'il en eût été régulièrement requis ? Son erreur ou sa mauvaise volonté ne peut pas nuire aux époux ; ceux-ci ne doivent pas subir une déchéance par le fait d'autrui après avoir fait tout ce que la loi leur demandait. Seul l'officier de l'état civil encourrait les peines fixées par l'art. 50 (auquel renvoie l'art. 252)[1]. Toutefois il semble bien que la transcription en retard ne pourrait plus être opérée qu'en vertu d'un jugement (Avis du Conseil d'État, 12 brumaire an XI, arg. anal.).

***613. Droit réciproque des deux époux.** — Avant 1886, celui des conjoints qui avait obtenu le divorce à son profit avait seul le droit de faire prononcer le divorce dans le délai voulu ; il avait ainsi un moyen de ne pas user de sa victoire; satisfait d'avoir obtenu gain de cause, il pouvait pardonner à son conjoint et reprendre la vie commune. Avec le texte actuel chacun des deux époux est armé du même droit : si celui qui a triomphé ne demande pas la transcription du divorce, l'autre peut la requérir à sa place. — Cette innovation de la loi de 1886 n'a pas passé sans difficulté et elle est encore aujourd'hui contestée. A quoi bon donner à l'époux coupable le moyen de forcer son conjoint à subir le divorce ? Les Chambres de 1886 se sont laissé convaincre par cette considération qu'un jugement ou un arrêt, une fois rendu, forme un titre égal pour les deux parties et leur appartient en commun. Cette idée, vraie pour les affaires ordinaires, perd toute sa force dans une matière comme le divorce où les considérations morales jouent un rôle exclusif.

Quoi qu'il en soit de la valeur de ses motifs, la règle nouvelle ne paraît pas avoir de grands inconvénients pratiques ; la vie commune n'est réellement possible que du consentement des deux époux et s'ils sont d'accord pour la reprendre, ils n'ont qu'à s'abstenir l'un et l'autre de requérir la transcription.

614. Différence maintenue par le texte. — En concédant même à l'époux qui a succombé le droit de requérir la transcription du divorce, la loi de 1886 a néanmoins établi une différence entre lui et son conjoint : la partie qui a obtenu le divorce a seule le droit de faire faire la transcription *pendant le premier mois du délai*. C'est seulement pendant le second mois que ce droit est donné aux deux conjoints concurremment (art. 252, al. 1 et 3).

615. Pièces à produire. — Si la transcription n'est pas demandée par l'un des époux en personne, son mandataire doit être porteur d'un pouvoir spécial. L'avoué qui l'a représenté dans l'instance n'a pas par cela seul qualité pour requérir la transcription (Nancy, 14 janv. 1888, S. 88. 2. 53). — Quant aux certificats à produire, voyez l'art. 252, al. 1, *in fine*.

CHAPITRE IV

MESURES PROVISOIRES PRISES PENDANT L'INSTANCE.

§ 1. — *Généralités.*

***616. Leur objet.** — Pendant la durée de l'instance il se produit une demi-rupture entre les époux, une sorte de relâchement anticipé des liens qui les unissent. Il y a donc lieu de prendre immédiatement certaines mesures provisoires concernant : 1° la *séparation de résidence*, 2° l'*entretien des époux*, 3° la *garde de leurs enfants*, 4° la *conservation de leurs biens*.

[1] Et encore cela suppose que l'inaction de l'officier de l'état civil n'est pas justifiée par une raison sérieuse. Il a pu refuser d'opérer la transcription à raison d'une différence dans l'orthographe du nom des parties (Angers, 23 juin 1893, D. 94. 2. 76, S. 93. 2. 164).

* **617. Qui les ordonne.** — D'après les textes primitifs, c'était le tribunal qui, une fois saisi de la demande, statuait sur ces différents points. D'après les nouveaux art. 236 et 238, le magistrat conciliateur peut y pourvoir immédiatement. En effet, dès le jour où la citation en conciliation est lancée, la cohabitation devient pénible pour les époux ; elle peut même avoir ses dangers et il y a urgence à prendre quelques mesures préservatrices pour les époux et pour les enfants. — Si le président n'a pas été appelé à statuer, ces diverses mesures pourront dans la suite être ordonnées par le tribunal (art. 240).

618. Leur durée. — On pouvait craindre que l'époux demandeur n'abusât de ces facilités pour obtenir une résidence séparée ou la garde des enfants, et pour s'en tenir là, sans poursuivre ensuite le divorce. Aussi l'art. 238, 8e al. [1], décide que les mesures provisoires ordonnées par le président cessent de plein droit, si le demandeur n'use pas de son permis de citer dans les vingt jours qui suivent celui où il l'a obtenu.

619. Modifications possibles. — Les mesures prises, soit par le président, soit plus tard par le tribunal, peuvent toujours être modifiées, complétées ou rapportées lorsque les circonstances ont changé ; des faits nouveaux peuvent survenir qui rendent ces modifications désirables. C'est en ce sens qu'il faut entendre l'al. 5 de l'art. 238 et non comme donnant au tribunal le pouvoir de réformer, comme juge d'appel, les décisions antérieurement prises par son président.

620. Mesures prises sur référé. — A partir du moment où le tribunal est saisi de la demande, le président perd en principe le pouvoir d'ordonner ces différentes mesures ; le tribunal est seul compétent pour y pourvoir ; la loi n'avait confié cette mission au président que provisoirement, pendant la durée de la tentative de conciliation. Mais le président possède une autre compétence qui lui est propre en sa qualité de *juge des référés* : c'est celle de statuer sur tous les cas qui présentent un caractère exceptionnel d'urgence (C. proc. civ., art. 806 et suiv.). La loi y fait allusion dans l'art. 238, al. 5, en disant que le juge des référés peut « statuer, en tout état de cause, *sur la résidence de la femme* ». La jurisprudence a conclu de ce texte que le président ne pouvait statuer en référé que sur cette seule hypothèse et non sur les autres ; par exemple, qu'il ne pouvait pendant l'instance rendre aucune ordonnance sur référé pour la garde des enfants (Pau, 10 août 1887, D. 88. 2. 242, S. 89. 2. 29. Comp. Paris, 12 mars 1891, D. 92. 2. 567). C'est une interprétation restrictive qui n'était commandée par aucun principe et que plusieurs auteurs ont critiquée.

621. Voies de recours. — Les diverses décisions en vertu desquelles les mesures provisoires sont ordonnées peuvent-elles être attaquées ? On ne peut répondre à cette question que par des distinctions.

1° *Mesures ordonnées par le président en vertu de ses pouvoirs de conciliateur.* La loi n'a organisé aucune voie de recours contre la première ordonnance qu'il rend en veru de l'art. 236 pour permettre à l'époux demandeur de citer son conjoint en conciliation devant lui, quoique par cette ordonnance il puisse déjà assigner à la femme un lieu de résidence provisoire. Au contraire la loi admet l'*appel* contre la seconde ordonnance, celle que le président rend après une tentative infructueuse de conciliation (art. 238, al. 5). Cette différence se comprend : à ce moment, les mesures prises sont plus importantes et elles peuvent durer autant que l'instance.

L'appel est possible dans le délai fixé par l'art. 809 C. proc. civ. qui est de quinzaine. L'ordonnance est exécutoire par provision, nonobstant l'appel.

L'appel est porté devant la Cour d'appel et non devant le tribunal, et il est possible alors même que le tribunal est déjà saisi de la demande en divorce (Cass., 29 juin 1892, D.

[1] 8e alinéa ! Le législateur moderne a alourdi le Code civil par l'ingestion de ces articles interminables. Il est d'autant moins excusable que la loi de 1886 a laissé vides 22 numéros d'articles abrogés (art. 253 à 274).

92. 1. 553, S. 93. 1. 242). On doit en conclure que la Cour n'est pas dessaisie par l'introduction de l'instance devant le tribunal quand l'appel a été formé auparavant (De Loynes, dans Dalloz, sous Cass. préc.).

2° *Mesures ordonnées par le tribunal.* — Aucune dérogation au droit commun n'étant écrite dans les textes, les règles ordinaires devront s'appliquer en tous points.

3° *Mesures ordonnées sur référé par le président.* — Même observation.

§ 2. — *Règles spéciales aux différents cas.*

A. — Séparation de résidence.

622. Sa fréquence. — Tant que le divorce n'est pas prononcé, les époux devraient continuer à vivre ensemble ; mais, en fait, cette continuation de la vie commune n'a presque jamais lieu. Le demandeur prétend que la vie commune est insupportable et il s'empresse de le démontrer en la rompant. La loi le lui permet, sauf à faire régulariser la situation.

***623. Résidence de la femme.** — Quand la femme veut quitter le domicile de son mari, elle ne peut le faire sans autorisation, car elle n'a pas le droit d'avoir une résidence séparée. Le président ne doit pas seulement l'autoriser à quitter son mari ; il doit aussi *indiquer le lieu de sa résidence provisoire* (art. 236). Naturellement il tiendra compte du désir de la femme ; ainsi il pourra l'autoriser à se retirer chez ses parents ou dans une famille amie qui consent à la recevoir, mais c'est lui qui choisit et il a pour le faire un pouvoir discrétionnaire.

La résidence fixée par le président est obligatoire pour la femme. Elle doit justifier qu'elle y réside effectivement toutes les fois qu'elle en est requise (art. 241). A défaut de cette justification, le mari aurait le droit de lui refuser tout secours en argent. En outre, au cas où la femme serait demanderesse, il aurait le droit de la faire déclarer non recevable à continuer les poursuites commencées. Ce serait toutefois une simple suspension de la procédure et non une déchéance définitive équivalant à l'extinction de l'action.

La décision qui fixe la résidence de la femme équivaut pour elle à l'établissement d'un domicile provisoire dans ses rapports avec son mari et c'est là que le mari doit lui notifier les actes de la procédure (Chambéry, 19 juill. 1887, D. 88. 2. 89, S. 90. 2. 217).

Le lieu primitivement fixé peut être changé ensuite par le tribunal et quelquefois par la Cour au moyen de l'appel (sur les règles de compétence voyez Dalloz, *Suppl.*, v° Divorce, n°s 267 et suiv. et n° 287).

624. Résidence du mari. — Le Code civil n'avait parlé que de la résidence de la femme parce que dans les cas ordinaires c'est elle qui veut quitter le domicile conjugal. Il peut arriver cependant que ce soit le mari. Lui aussi ne peut le faire sans autorisation, car s'il se choisit un autre domicile, sa femme a le droit de s'y faire admettre à cause de la communauté de résidence qui est obligatoire entre époux. Le mari doit donc se faire autoriser à avoir une résidence *séparée.* Cependant il y a cette différence entre sa femme et lui que le président ne peut pas lui imposer le lieu où il résidera et qu'il est libre d'aller où bon lui semble.

Le départ du mari du domicile commun n'est pas toujours volontaire. Une jurisprudence bien établie autorise le président, et après lui le tribunal, à lui enjoindre d'en sortir, afin d'établir au domicile conjugal la résidence provisoire de la femme. Cela peut présenter une grande utilité, si la femme gère en son nom dans ce lieu un établissement commercial ou industriel auquel le mari est étranger. Ce pouvoir n'est pas accordé aux juges par le texte d'une manière expresse ; il a été seulement indiqué dans l'exposé des motifs de la loi de 1886 et la jurisprudence l'admettait déjà antérieurement pour la séparation de corps (Douai, 6 avril 1853, D. 56. 2. 145 ; Bordeaux, 27 mai 1872, D. 73. 2. 84 ; Cass., 18 janv. 1892, D. 92. 1. 124, S. 92. 1. 68).

On admet toutefois que cette mesure ne peut pas être prise contre le mari sans qu'il ait été appelé à se défendre. Par conséquent, le président ne peut pas lui donner l'ordre de quitter le domicile conjugal quand il rend sa première ordonnance permettant à la femme de le citer devant lui. Si la mesure est nécessaire immédiatement et avant la comparution du mari pour la conciliation sur la demande en divorce, il faut y pourvoir par voie de référé, car le référé suppose un débat contradictoire.

B. — Entretien des époux.

***625. Provision due à la femme.** — La vie en ménage ayant cessé, il y aura presque toujours lieu de statuer sur l'entretien provisoire des époux pendant le procès. Presque toujours ce sera la femme qui aura besoin d'une provision alimentaire. En effet, lors même qu'elle a de la fortune, son mari aura souvent l'administration et la jouissance de tous ses revenus en vertu du contrat de mariage ; la séparation de fait qui se produit alors ne met pas fin aux pouvoirs du mari ; les conventions matrimoniales subsistent et les revenus de la femme restent au mari. Le mari est seulement obligé de lui rendre les effets à son usage personnel (art. 238).

***626. Provision due au mari.** — Cependant la situation contraire peut se présenter. Quand la femme est séparée de biens ou quand elle est commerçante, ce peut être elle qui a en main toutes les ressources du ménage, si bien que le mari a besoin de secours.

***627. Objet de la provision.** — Les sommes qu'il convient d'allouer à l'un ou à l'autre époux, selon les cas, comprennent à la fois ce qui lui est nécessaire pour vivre et l'argent dont il a besoin pour suivre l'instance. C'est donc à la fois une provision *alimentaire* et une provision *ad litem*.

La provision fournie pendant l'instance n'est qu'une *avance* faite par l'un des époux à l'autre ; elle est donc imputable sur ce qui revient à celui-ci lors du règlement final de ses droits (Cass., 22 juill. 1889, D. 90. 1. 421, S. 93. 1. 405 ; Cass., 9 juin 1896, D. 99. 1. 198).

C. — Garde provisoire des enfants.

*** 628. Pourquoi des mesures spéciales sont nécessaires.** — En principe les enfants sont sous la garde du père. Lui seul exerce pendant le mariage la puissance paternelle. C'est donc lui qui a le droit de les garder pendant le procès, mais diverses circonstances peuvent faire qu'on les lui enlève, soit leur bas âge qui exige les soins maternels, peut-être l'allaitement ; soit la brutalité ou la mauvaise conduite du père.

*** 629. Comment il y est pourvu.** — En pareil cas, le président, ou après lui le tribunal, peuvent prendre toutes les mesures nécessaires. Ils peuvent confier les enfants à la mère, ou aux grands-parents, ou même à des tiers, par exemple les faire placer dans une salle d'asile ou dans une maison d'éducation. Ces différentes mesures peuvent être prises, soit sur la demande de l'époux défendeur, soit sur celle des divers membres de la famille, qui peuvent les demander individuellement, sans limitation de degré, soit sur les réquisitions du ministère public, soit même d'office par le tribunal (art. 240).

Le tribunal n'est pas obligé de respecter les conventions que les époux ont pu faire entre eux pour se partager la garde de leurs enfants (Paris, 22 nov. 1892, S. 94. 2. 70). Celui des deux époux qui n'a point obtenu cette garde a néanmoins le droit de surveiller la personne (son conjoint ou un tiers) à laquelle ils ont été confiés, afin de contrôler l'éducation et l'entretien des enfants.

La question des enfants soulève dans la pratique de grosses difficultés. Il arrive souvent que l'un des époux les enlève ou les cache ou refuse de les rendre quand le tribunal le lui ordonne. Les juges emploient alors différents moyens pour l'y contraindre, tantôt la *saisie de ses revenus*, tantôt une *astreinte* (condamnation à des dommages-intérêts à raison de tant par jour de retard) (Cass., 24 mars 1857, S. 57. 1. 267; Cass., 18 mars 1878, D. 78. 1. 201, S. 78. 1. 193). Mais la légalité de ces deux procédés est fortement contestée. Une loi du 5 décembre 1901 punit d'un mois à un an de prison et de 16 à 5 000 francs d'amende les père et mère qui n'obéissent pas aux décisions de justice (alinéa ajouté à l'art. 357 C. pén.).

D. — Conservation des biens.

* **630. Cause des dangers à prévoir.** — Il y a lieu de prévoir les détournements et les fraudes que le mari pourrait commettre contre sa femme, car il a sur ses biens des pouvoirs considérables, dont il pourrait être tenté d'abuser maintenant qu'il est brouillé à mort avec elle. Nous avons sur ce point deux textes, les art. 270 et 271 anciens, devenus depuis 1886 les art. 242 et 243 qui sont plus larges et plus complets. Le premier prévoit les *détournements d'objets mobiliers*, l'autre les *aliénations d'immeubles* et les *obligations*.

1° Conservation du mobilier.

* **631. Mobilier à garantir.** — Le mobilier dont il s'agit peut être soit le mobilier *commun*, soit même le mobilier *propre* à la femme, dont dont le mari a souvent l'administration et la jouissance. Le nouveau texte, dans un alinéa spécial, a visé ce dernier cas que le texte primitif n'avait pas prévu.

632. Apposition des scellés. — La première mesure à prendre est l'apposition des scellés. L'ancien texte (art. 270) n'accordait qu'à la femme le droit de la requérir; le texte actuel le permet aux deux époux (art. 242). Dans quelques cas exceptionnels on pourra donc voir apposer les scellés à la requête du mari, mais en fait cela sera rare, car c'est presque toujours le mari qui a le mobilier en sa possession et c'est contre lui, et non contre sa femme qu'il y a lieu de prendre des précautions.

Lorsque les scellés ont été apposés, chacun des époux peut en demander la levée et au fur et à mesure de la levée des scellés, le mobilier (objets matériels et valeurs) est *inventorié* et *prisé*. L'époux qui est en possession (ou une autre personne désignée par le tribunal, si on le juge à propos), en est constitué *gardien judiciaire*. Ceci veut dire, quoiqu'on prétende le contraire, que le mari perd le droit d'aliéner et doit représenter en nature tout ce qui a été compris dans l'inventaire.

633. Autres mesures possibles. — L'ancien art. 270 n'autorisait, pour la conservation du mobilier, pas d'autre mesure que l'apposition des scellés suivie d'inventaire. Le texte actuel cite toujours celle-là, mais à titre d'exemple et suppose qu'il peut y en avoir d'autres. Ces autres mesures non prévues par la loi pourraient être des *saisies-arrêts* faites entre les mains des personnes qui doivent de l'argent à la communauté ou à la femme, et le *dépôt* de ces sommes à la Caisse des dépôts et consignations. Les juges sont libres en principe de décider les mesures à prendre. Néanmoins ils ne peuvent aller jusqu'à destituer entièrement le mari de l'administration des biens communs ou des biens dotaux pour nommer à sa place un administrateur provisoire; les seules mesures possibles sont des précautions de détail, limitant et réglementant la gestion du mari (Cass., 26 mars 1889, D. 89. 1. 444, S. 90. 1. 253; Bordeaux, 11 janv. 1893, D. 93. 2. 518).

2° et 3° Aliénation d'immeubles et création de dettes nouvelles.

* **634. Cas où le danger existe.** — Sous la plupart des régimes, la

femme n'a pas à redouter que son mari aliène ses immeubles ; elle seule en a le droit et son consentement est nécessaire. De même, elle n'a pas à craindre en principe l'effet des obligations contractées par son mari : celui-ci ne la représente pas, et quand il s'oblige sa femme n'est pas tenue de payer le créancier, à moins qu'elle n'ait contracté la dette en même temps que lui. Sur ce double point, il en est autrement quand les époux ont établi une *communauté de biens* entre eux : le mari a le pouvoir d'aliéner seul les immeubles qui font partie de cette communauté (conquêts) et, de plus, les dettes qui naissent en sa personne sont exécutoires sur les biens communs ; sa femme, commune en biens avec lui, se trouve ainsi obligée de payer pour moitié les dettes de son mari, à moins qu'elle ne renonce à la communauté. On pouvait donc craindre que le mari ne s'empressât d'aliéner les biens communs ou de contracter de nouvelles dettes, pour nuire à sa femme.

* **635. Précaution prise.** — Dans le projet de l'an VIII, il y avait une disposition rigoureuse, qui enlevait au mari, à compter du jour de la demande en divorce, son double pouvoir d'aliéner les immeubles communs et d'obliger la communauté par ses dettes (FENET, t. II, p. 59, art. 38). Cette disposition fut écartée sur les observations du Tribunat et on décida simplement que ces obligations ou aliénations pourraient être annulées, si elles étaient *faites en fraude des droits de la femme* (art. 271 anc., 243 nouv.).

Que signifient ces mots? Dans la discussion de la loi de 1886, comme dans la préparation du Code civil, on en a discuté la portée, et il a été reconnu que c'était tout simplement l'application du principe de l'*action paulienne* (art. 1167), car la femme est en réalité créancière de son mari ; elle a ou peut avoir des réclamations de nature très diverse à faire valoir contre lui. Elle se trouve donc dans la situation d'un créancier en face de son débiteur, et on comprend que la loi lui accorde la même protection contre la fraude. L'annulation des actes faits par le mari n'est qu'un cas spécial d'action paulienne. — En somme la loi ne confère ici à la femme aucun bénéfice exceptionnel, elle la laisse sous l'empire du droit commun. L'article est donc au fond entièrement *inutile*, bien qu'il ait les allures d'une disposition extraordinaire.

Pour réussir dans sa demande en annulation il faudra que la femme se soumette à toutes les conditions de l'action paulienne, et notamment elle aura à prouver l'*intention frauduleuse* dirigée contre elle ; il ne suffirait pas qu'elle démontrât le *préjudice* souffert. Ce point a fait l'objet d'un débat particulier au Sénat.

La loi détermine avec grand soin le point de départ de cette limitation des pouvoirs du mari : c'est l'ordonnance du président appelant le défendeur en conciliation devant lui art. 243). En quoi elle a parlé pour ne rien dire : puisqu'elle ne concède aucune faveur nouvelle à la femme, la même demande pourrait être formée pour des actes antérieurs à cette ordonnance et abstraction faite de toute procédure à fin de divorce.

CHAPITRE V

EFFETS DU DIVORCE

* **636. Aperçu général.** — Les effets du divorce sont nombreux, mais il est facile de s'en faire une idée générale en songeant, d'une part, que le

divorce est une *cause de dissolution du mariage* et, d'autre part, que cette dissolution est *due à l'indignité de l'un des époux*. A ces deux idées on peut rattacher tout ce qu'il y a de particulier à dire sur la dissolution d'un mariage par le divorce, en étudiant d'abord l'espèce de *mise en liberté* des époux par la rupture du lien conjugal, et ensuite les diverses *déchéances* que subit l'époux coupable. Un paragraphe spécial sera nécessaire pour déterminer l'époque à laquelle se produisent les divers effets du divorce (§ 2). Enfin il faut s'occuper du *nouveau mariage* que les époux divorcés pourraient contracter entre eux (§ 4).

Ajoutons que la jurisprudence, considérant que les causes de divorce sont toutes des faits illicites qui peuvent causer un *préjudice appréciable* à l'autre conjoint, admet avec raison qu'elles ont d'autres conséquences que la dissolution du mariage et que l'époux coupable peut être condamné à payer à l'autre des *dommages-intérêts* (Montpellier, 10 nov. 1897, D. 99. 2. 15).

§ 1. — *Effets de la rupture du mariage.*

* **637. Persistance du mariage dans le passé.** — Le divorce détruit le mariage, mais il le détruit sans rétroactivité, et *pour l'avenir seulement* ; le mariage des époux divorcés est dissous ; il n'est pas anéanti dans le passé. En cela, le divorce diffère de l'annulation du mariage. Les deux époux ne sont plus mariés ensemble, mais il reste vrai qu'ils l'ont été.

* **638. Arrêt des effets du mariage au jour du divorce.** — Le mariage dissous par le divorce cesse de produire de nouveaux effets ; une dérogation purement apparente à cette règle existe en ce qui concerne l'*obligation alimentaire,* que la loi maintient en partie.

A. — Indépendance réciproque des époux.

** **639. Suppression de leurs droits et de leurs devoirs.** — Les deux époux deviennent libres et indépendants l'un de l'autre. La femme peut désormais disposer librement de ses biens et s'obliger, si elle est majeure ; le mari a perdu sa *puissance maritale* ; mais les actes faits par la femme avant le divorce sans autorisation restent nuls.

Chacun d'eux cesse de pouvoir faire usage du *nom* de l'autre ; la femme ne peut plus porter le nom de son mari (t. I, 1re édit., n° 377 ; 2e édit., n° 409).

Tous leurs *devoirs réciproques* disparaissent.

Le droit que chacun d'eux avait de *succéder* à l'autre s'évanouit.

A la mort du mari, la femme n'aura pas le droit de réclamer la *pension de retraite* que certaines fonctions assurent aux veuves.

640. Possibilité de se remarier. — Chacun d'eux devient libre de contracter un nouveau mariage avec une autre personne. Toutefois il faut tenir compte des deux restrictions suivantes ;

1° Le délai de dix mois ou *délai de viduité,* qui empêche la femme devenue veuve de se remarier immédiatement, afin d'éviter la confusion de part ou *turbatio sanguinis* (art. 228) est également imposé à la femme divorcée par l'art. 296. — Ce délai doit être observé par la femme même quand le divorce a été précédé d'une séparation de corps ayant duré trois ans ou davantage, bien qu'alors son motif n'existe plus, mais la loi ne distingue pas.

2° Lorsque le divorce est *prononcé pour adultère,* l'époux coupable ne peut pas se marier avec son complice (art. 298). Voyez ci-dessus n° 51.

*** 641. Situation des enfants.** — Le divorce des parents soulève de nombreuses questions relatives aux enfants. Ces différents points seront étudiés à propos de la puissance paternelle, de la garde des enfants, de la tutelle, etc. La loi y touche dans les art. 302-304. Il suffit de dire pour l'instant que le divorce laisse subsister la *puissance paternelle* et peut seulement entraîner quelques modifications dans son exercice.

A plus forte raison, le divorce laisse-t-il intacte la qualité de *légitimes* qui appartient aux enfants avec toutes ses conséquences (droit de succéder à leurs parents et à tous les membres de la famille, droit de se succéder les uns aux autres ; obligation alimentaire réciproque entre eux et leurs parents et ascendants, etc.).

B. — Maintien partiel de l'obligation alimentaire.

642. Cas où elle persiste. — Aux termes de l'art. 301, si les époux ne se sont fait l'un à l'autre aucun avantage, ou si ceux qui ont été stipulés ne paraissent pas suffisants pour assurer la subsistance de l'époux qui a obtenu le divorce, le tribunal peut condamner l'autre époux à lui servir une pension alimentaire. Il résulte d'abord de là que cette faveur n'est accordée qu'à l'époux entièrement innocent des torts qui ont amené le divorce. Par conséquent, lorsque le divorce est prononcé aux torts des deux conjoints, les aliments ne peuvent être accordés à aucun d'eux (Cass., 24 nov. 1886, D. 87. 1. 335, S. 87. 1. 433; Cass., 27 janv. 1891, D. 91. 1. 461, S. 91. 1. 72).

643. Fondement de son maintien. — Le divorce ayant détruit le mariage, aucun des effets du mariage ne devrait plus se produire. Sur quelle idée est fondée cette persistance de l'obligation alimentaire entre deux personnes qui n'ont plus rien de commun? Son fondement se trouve dans un principe déjà signalé plus d'une fois. Quiconque a par sa faute causé un préjudice à autrui est obligé d'indemniser la personne lésée (art. 1382). Tant que le mariage durait, il constituait pour chacun des conjoints une situation acquise, sur laquelle il pouvait compter ; la communauté de vie permettait à l'époux pauvre de participer au bien-être de son conjoint ; brusquement, par la faute de celui-ci, ces ressources lui manquent et il se trouve plongé dans la misère. C'est le cas ou jamais de faire subir au coupable la responsabilité de ses fautes. On voit que cette obligation alimentaire repose sur une idée toute différente de celle de l'art. 212. Ce n'est plus un devoir entre conjoints, puisqu'il n'y a plus de conjoints, c'est l'obligation de réparer pécuniairement les conséquences d'un acte illicite. Cette obligation après le divorce a donc au plus haut degré le caractère d'une *indemnité* : elle est destinée à restituer au conjoint pauvre un peu des ressources dont il est désormais privé par la faute de l'autre (Rapports de MM. les Conseillers Manau sur l'arrêt du 24 nov. 1866, dans S. 88. 1. 433, et Denis sur l'arrêt du 3 janv. 1893, dans S. 93. 1. 225. — *Contra* LAURENT, t. III, n° 311).

644. Époque à laquelle les aliments peuvent être accordés. — L'art. 301 semble bien supposer que les aliments sont accordés par le tribunal saisi de la demande en divorce, et par le jugement même qui accueille cette demande : c'est un point à régler lors de la séparation des époux. Cependant la jurisprudence admet que la formation tardive de la demande, introduite après coup, ne fournit aucune fin de non-recevoir contre l'époux qui réclame des aliments (Cass., 10 mars 1891, D. 91. 1. 175, S. 91. 1. 148). Mais elle décide en même temps que les aliments ne peuvent être dus que si leur cause existait déjà au moment même où le lien conjugal a été brisé (Paris, 16 juin 1888, DALLOZ, *Suppl.*, t. V, p. 435, note 3, S. 89. 2. 103). Cette dernière solution est critiquée par certains auteurs, qui veulent faire retomber sur l'époux coupable même les besoins d'argent qui pourraient atteindre plus tard son ex-conjoint ; il y aurait là une extension illimitée de l'obligation, qui est difficilement conciliable avec la rédaction même de l'art. 301, lequel se place au moment de la liquidation des droits des époux et ne rend nullement le coupable responsable de tout l'avenir.

645. Règles applicables à la pension alimentaire. — En l'absence de règles spéciales établies par la loi, on doit *se référer aux règles du droit commun*, pour la détermination des besoins du demandeur pour l'objet de la pension, sa quotité, son mode de paiement, etc.

Cependant on doit signaler les deux *règles spéciales* suivantes, dont la première seule résulte de la loi, l'autre ayant été établie par la jurisprudence :

1° La pension accordée ne peut excéder *le tiers des revenus* de l'époux qui la doit (art. 301). Il y a là un maximum qui lui est propre ;

2° La dette de l'époux chargé du service de la pension ne s'éteint pas avec lui et passe à ses héritiers jusqu'au décès de l'époux créancier. La jurisprudence a de tout temps donné ce sens à l'art. 301 qu'elle appliquait à la séparation du corps (Cass., 18 juill. 1809; Cass., 12 déc. 1848, D. 52. 5. 20 ; Lyon, 4 juin 1892, D. 93. 2. 32, S. 93. 2. 60). Cette solution donne à la dette alimentaire après le divorce un caractère mixte ; ce n'est pas simplement le maintien de l'obligation ordinaire de l'art. 212 ; c'est une dette ayant en partie un caractère nouveau.

§ 2. — *Date des différents effets du divorce.*

* **646. Le principe et ses exceptions.** — La ligne de démarcation entre le mariage et l'état de liberté qui le suit devrait être *nette* : il se produit une rupture brusque au moment où le divorce s'opère ; tous les effets du mariage devraient durer jusque-là et tous devraient cesser à ce moment. Mais ce principe n'est pas vrai d'une manière absolue ; la loi a attaché une certaine *rétroactivité* au divorce, de sorte que quelques effets sont réputés se produire plus tôt.

A. — Fixation du moment principal.

* **647. Solution primitive.** — Avant 1886 la situation à cet égard était très claire : le divorce était un acte de l'état civil, comme le mariage ; la rupture du mariage se produisait donc *au moment où le divorce était prononcé par l'officier de l'état civil* (art. 264 anc.) ; le jugement ou l'arrêt n'était qu'une autorisation de divorcer, après constatation judiciaire d'une cause de divorce.

* **648. Situation actuelle.** — La loi de 1886 a changé la *forme* du divorce, que l'officier de l'état civil ne « prononce » plus ; il se borne à trans-

crire le jugement sur le registre. A-t-elle changé en même temps la date du divorce ? Est-ce désormais le jugement ou l'arrêt qui l'opère, sauf réalisation ultérieure de la condition de publicité ? On pourrait le croire à la lecture des textes nouveaux. La loi de 1886 répète à plusieurs reprises (art. 247, al. 2 ; art. 249 ; art. 250, al. 1) que le tribunal « prononce » le divorce, tandis que la rédaction primitive disait qu'il l' « admet » (art. 259 et 260 anc.) ou qu'il l' « autorise » (art. 264 anc.). Quelques décisions judiciaires avaient accueilli cette idée (Limoges, 26 nov. 1887, D. 89. 2. 40, S. 89. 2. 129 ; Trib. Versailles, 14 août 1889, S. 90. 2. 95). L'opinion contraire a pourtant triomphé (Alger, 6 juillet 1892, D. 93. 2. 366, S. 93. 2. 275 ; Cass., 18 avril 1893, D. 94. 1. 67, S. 94. 1. 5 ; Paris, 13 décembre 1895, D. 96. 2. 418), et elle est exacte. Il est en effet certain qu'en modifiant la formalité accomplie à l'état civil, le législateur n'a entendu en changer que la forme et non les effets : c'est toujours elle qui opère le divorce, elle qui donne la date de la dissolution du mariage (exposé des motifs, Sirey, *Lois annotées,* 1886, p. 56, note 33 ; séance du Sénat du 12 déc. 1885, *Journal officiel* du 13, débats parlem., p. 1295). C'est parce qu'on voulait maintenir cet effet à la formalité de la transcription qu'on a obligé l'officier de l'état civil à la faire à jour fixe, afin de ne pas laisser dans l'incertitude la situation des époux. De plus l'art. 244, al. 3, dit que le jugement ou arrêt de divorce est non avenu lorsque l'un des époux vient à mourir après qu'il a été rendu, mais avant qu'il ne soit transcrit : cela suppose bien que le divorce n'est pas encore opéré, car il n'y aurait aucune raison pour le rendre caduc, s'il résultait directement de la décision judiciaire (Comp. Massigli, *Revue critique,* 1890, p. 453 et suiv.).

***649. Conséquences.** — La transcription faite sur les registres de l'état civil opérant dissolution du mariage sans effet rétroactif, il en résulte les conséquences suivantes :

1° L'*incapacité de la femme* subsiste après le jugement ou l'arrêt jusqu'à la transcription. Ainsi, si elle veut faire une *donation* à ses enfants, elle a besoin d'autorisation, et la donation non autorisée serait nulle (Cass., 18 avril 1893 précité). Il en est de même pour tout autre acte qui excède sa capacité (Alger, 6 juillet 1892 précité) ;

2° Le *devoir de fidélité* subsiste. Les relations que l'un des époux aurait avec une autre personne entre l'arrêt et sa transcription constituent le délit d'adultère et sont punissables (Riom, 5 avril 1892, S. 92. 2. 112);

3° Le délai de dix mois, dit *délai de viduité,* pendant lequel il est interdit à la femme de se remarier court seulement du jour de la transcription ;

4° Même observation pour le délai de 300 jours établi par l'art. 315 pour la légitimité des enfants nés après la dissolution du mariage.

B. — Rétroactivité de la dissolution de la communauté.

***650. Innovation de la loi de 1886.** — Le Code civil et la loi de 1884 avaient appliqué au divorce la règle ordinaire des actes juridiques : ses effets se produisaient à partir du jour où il était réalisé, et sans rétroactivité. En 1886 on jugea utile de le faire rétroagir à certains égards, afin de protéger la femme contre les abus de pouvoir du mari sur la communauté. Pour cela, on voulut *que la communauté fût réputée* *dissoute*, non pas seulement au jour où le divorce a lieu (jour de la transcription de l'arrêt ou du jugement), mais *dès le jour de la demande*[1].

C'est ce qui résulte clairement des déclarations faites par M. Labiche au Sénat pour expliquer ce qu'on voulait faire : on se proposait « d'enlever aux époux la faculté de modifier en ce qui les concerne le patrimoine de la communauté, en avançant ou en retardant, suivant certaines combinaisons, le moment où la décision du juge sera définitive »[2].

651. Rédaction vicieuse du texte. — Une pareille idée aurait dû être exprimée clairement. Malheureusement la formule choisie est extrêmement vague : « Le jugement dûment transcrit remonte, quant à ses effets entre époux, au jour de la demande » (art. 252). Cet article n'indique en rien le but qu'on poursuivait, et semble attribuer au divorce une *rétroactivité absolue*, reportant tous ses effets au jour de la demande. On n'a pas manqué de lui attribuer ce sens dans la pratique (voyez le rapport de M. le conseiller Denis, D. 94. 1. 67-68) ; la Cour de cassation a fait justice de cette prétention (arrêt du 18 avril 1893 précité), mais il n'en est pas moins regrettable que cette disposition, qui contient l'innovation capitale de la loi de 1886, se présente sous cette forme.

***652. Sur quoi porte l'effet rétroactif.** — La rétroactivité attachée au divorce par l'art. 252 ne concerne pas tous les droits pécuniaires des époux : ainsi un emprunt contracté par la femme pendant l'instance sans autorisation serait nul, la femme étant encore incapable. Par conséquent la formule donnée par la Cour de cassation, dans son arrêt du 18 avril 1893 : « l'art. 252 ne concerne que les biens », est trop vague. C'est seulement la *dissolution de la communauté* qui est reportée au jour de la demande ; la rétroactivité n'atteint donc pas le régime matrimonial quel qu'il soit ; elle n'a de raison d'être que pour la communauté.

De plus cette rétroactivité n'opère que *dans les rapports des époux entre eux* ; sur ce point l'art. 252 est formel. A l'égard des tiers, la communauté est donc réputée durer jusqu'au jour de la réalisation du divorce, et le mari conserve ses pouvoirs jusque-là. Par suite, les aliénations de biens communs faites par le mari restent valables ; les obligations contractées par lui envers des tiers sont exécutoires sur les biens communs. Seulement le mari devra en tenir compte à sa femme.

On peut remarquer d'ailleurs que l'article a été fait moins pour retirer au mari ses pouvoirs sur les biens communs (à cet égard la femme était suffisamment protégée par l'art. 243 qui réprime les fraudes commises par le mari contre elle), que pour empêcher les époux, d'un commun accord, de hâter ou de retarder l'effet du divorce pour modifier la composition de la communauté, par exemple quand l'un d'eux est à la veille de recueillir la succession d'un parent dont la mort est attendue d'un moment à l'autre. Néanmoins l'art. 252 concourt avec l'art. 243 pour protéger la femme ; il est même plus avantageux que ce dernier article, en ce qu'il fait tomber les actes du mari, postérieurs à la demande, sans que la femme ait à prouver la fraude : ils sont nuls à son égard parce que le mari perd rétroactivement son pouvoir de maître des biens communs. Au contraire l'art. 243 est plus énergique que l'art. 252, en ce que, au cas de fraude, il fait tomber l'acte même à l'égard des tiers, tandis que la dissolution rétroactive de la communauté ne protège la femme que dans ses rapports avec son mari.

653. Caractère relatif de la rétroactivité. — Si la loi n'a pas admis même à l'égard des tiers la dissolution rétroactive de la communauté, cela tient à ce que la demande en divorce n'est pas portée à la connaissance du public par voie d'affiches ou d'insertions ; c'est seulement le jugement ou l'arrêt qui est publié. Le législateur n'a fait ici que consacrer, peut-être hâtivement, une jurisprudence mal équilibrée qui applique la même distinction entre les tiers et les époux au cas de séparation de corps (ci-dessous n° 716).

[1] D'une manière plus précise ce jour est celui où l'ordonnance du président citant les époux à comparaître en conciliation devant lui a été notifiée à l'époux défendeur (Bordeaux, 16 avril 1896, D. 99. 2. 335).

[2] A ce premier motif le rapporteur du Sénat en ajoutait un autre : on voulait « priver le mari des moyens de modifier arbitrairement le patrimoine de la communauté pendant la durée de l'instance ».

§ 3. — *Déchéances résultant du divorce.*

* **654. Motif de ces déchéances.** — Lorsque l'autorité sociale se trouve obligée de rompre un mariage par le divorce, c'est toujours parce qu'il y a eu des fautes commises, au moins par l'un des époux. On comprend donc que cette cause de dissolution ne se produise pas avec une innocuité parfaite, et que la loi se montre sévère contre l'époux coupable en lui faisant subir quelques déchéances.

* **655. Effet de la réciprocité des torts.** — Lorsqu'un seul des deux époux est coupable, la situation qui leur est faite est inégale, l'époux innocent ne perdant aucun de ses droits [1]. Lorsque, tous les deux étant coupables, le divorce est prononcé sur la demande de chacun d'eux, ce système de déchéances s'applique à l'un comme à l'autre, et par cette réciprocité de traitement l'égalité se trouve rétablie aux dépens de tous deux. De là la grande importance qui s'attache aux demandes reconventionnelles par lesquelles le défendeur demande que le divorce soit prononcé à son profit et aux torts de son conjoint.

** **656. Objet de ces déchéances.** — Les déchéances prononcées par la loi sont : 1° la *perte des avantages matrimoniaux* ; 2° la *restriction de la puissance paternelle* [2].

A. — Perte des avantages matrimoniaux.

* **657. Textes établissant cette déchéance.** — En principe les conventions contenues dans le contrat de mariage doivent être suivies pour le règlement des intérêts pécuniaires des époux divorcés. Cependant ces conventions subissent une sorte de mutilation ; l'époux coupable perd tous les *avantages* que lui avait faits son conjoint, soit par le contrat de mariage, soit depuis le mariage (art. 299). L'art. 300, pour mieux marquer la pensée de la loi et pour couper court à un doute qui aurait pu se présenter, dit : « L'époux qui aura obtenu le divorce conservera les avantages à lui faits

[1] L'inégalité de situation entre les époux, quand un seul a des torts, ne résulte pas seulement des déchéances qu'il subit. La création à sa charge d'une obligation alimentaire au profit de son conjoint (ci-dessus n° 643) crée une autre inégalité contre lui ; ce n'est pas une déchéance d'un droit, c'est la naissance d'une obligation nouvelle, autre effet de sa faute.

[2] Il ne faut pas assimiler à ces déchéances la perte du *droit de succession* établi par l'art. 767 au profit du conjoint non divorcé qui survit à l'autre, ni celle du *droit de jouissance* accordé par l'article 1er de la loi du 14 juillet 1866 au conjoint survivant d'un *auteur, compositeur* ou *artiste* sur les œuvres du prédécédé, ni enfin l'impossibilité où se trouvera la femme divorcée d'obtenir la *pension* que la loi attribue souvent aux veuves des *militaires, fonctionnaires* ou *employés*. Sans doute ces différents droits sont perdus par l'effet du divorce, mais non pas à titre de déchéance : c'est la conséquence de la perte de la *qualité de conjoint*. Pour recueillir ces divers bénéfices il faut avoir cette qualité au jour du décès du prémourant, car ils ne sont accordés qu'au *conjoint* ; or l'époux divorcé ne l'est plus. Il est depuis longtemps complètement étranger à celui qui vient de mourir ; il ne peut donc pas lui *succéder*. Il suit de là que ces divers droits sont perdus aussi bien pour l'époux innocent que pour le coupable. Voyez aussi pour le *nom du mari* ce qui a été dit dans le tome Ier, n° 377).

par l'autre époux, *encore qu'ils aient été stipulés réciproques et que la réciprocité n'ait pas lieu.* »

Cette disposition est difficile à comprendre pour qui ne connaît pas encore les règles du contrat de mariage. On se bornera donc aux points essentiels.

***658. Avantages compris dans la déchéance.** — Quels sont ces « avantages » frappés de caducité par l'art. 299? Ce sont :

1° Les *donations* proprement dites, qui sont très fréquentes entre époux, et qui se font soit dans le contrat de mariage, soit après le mariage par acte séparé;

2° Les *avantages nuptiaux* (gains de survie et autres). La donation n'est pas le seul moyen qu'ont les époux de s'avantager. Sous le régime de communauté, chacun d'eux doit en principe prendre lors du partage la moitié des biens communs. Toute clause qui lui permet de prendre plus, soit au moyen d'un *préciput* (art. 1515 et suiv.), soit au moyen d'un *partage inégal* (art. 1520 et suiv.), constitue un « avantage » et le divorce lui en fait perdre le bénéfice. La loi s'est prononcée expressément pour la perte du droit au préciput (art. 1518), et il y a lieu de donner la même solution pour les autres clauses qui attribuent à l'un des époux dans le partage une part plus forte que la moitié.

659. Avantages non sujets à déchéance. — Il ne faudrait pas aller plus loin. Il y a d'autres profits que l'un des époux peut retirer du régime de communauté: sous ce régime, le mobilier et les dettes se confondent, et chacun en prend ou en supporte la moitié; il en résulte que, si l'un d'eux a apporté en se mariant moins de meubles ou plus de dettes que l'autre, il réalise un bénéfice, puisque sa part d'actif est désormais supérieure, ou sa part de passif inférieure, à ce qu'elle était, étant devenue égale à celle de son conjoint. Mais il n'y a là aucun « avantage » fait par l'un des époux à l'autre; c'est l'effet normal de l'adoption du régime en communauté, et la loi n'a entendu frapper de déchéance à la suite du divorce que les conventions dérogatoires au droit commun, qui marquent chez l'autre époux un désir de libéralité[1].

660. Donations faites par des tiers. — La déchéance frappe uniquement les libéralités faites au coupable *par son conjoint* (art. 299). Le divorce laisse donc subsister les donations faites par des tiers, même par des parents de l'autre conjoint. Si l'époux donataire a manqué à ses devoirs envers son conjoint, il n'a pas par cela seul commis d'ingratitude envers le tiers donateur.

***661. Comparaison avec la révocation des donations pour ingratitude.** — On a souvent comparé cette perte des avantages matrimoniaux à la suite d'un divorce à la révocation des donations pour ingratitude. On a même été jusqu'à dire que c'en était un cas particulier. Sans doute il y a bien une idée commune dans les deux théories, qui est de priver un ingrat ou un indigne d'une concession qui lui avait été faite, mais l'art. 299 diffère profondément de l'art. 955. D'abord, il ne s'applique pas uniquement aux donations proprement dites, puisqu'il frappe aussi les avantages nuptiaux, c'est-à-dire des clauses qui, ni pour le fond ni pour la forme, ne sont considérées comme des libéralités et qui ne seraient point révocables pour ingratitude. Il dépasse donc singulièrement le principe dont on prétend qu'il est l'application. — De plus il produit son effet *de plein droit*; la déchéance est prononcée par la loi elle-même : « l'époux perdra... », dit

[1] On verra dans une autre matière que, quand il s'agit de protéger les enfants d'un premier lit contre le second conjoint, les art. 1496 et 1527 considèrent ces profits dérivant de la mise en communauté comme des « avantages » sujets à réduction au profit des enfants, mais ce sont là des dispositions d'une sévérité exceptionnelle qui ne sauraient être étendues. Les déchéances sont toujours de droit étroit. La loi est déjà assez dure en privant l'époux de son droit au préciput, lequel n'est souvent qu'un moyen de reprendre un excédent d'apport, pour que nous ne nous croyions pas obligés de renchérir encore sur ses rigueurs. Laurent (t. III, n° 304) cite cependant un arrêt de la Cour de Cologne, du 26 nov. 1843, d'après lequel l'époux coupable perd le bénéfice de l'établissement d'une communauté universelle, lorsqu'il n'a fait personnellement aucun apport à cette communauté. C'est une erreur ; la communauté est considérée par la loi comme une convention à titre onéreux, dans laquelle il ne peut y avoir d'avantages que ceux qui sont spécialement consentis par l'autre époux.

l'art. 299, tandis que contre les donataires ingrats il faut toujours demander au tribunal la révocation, qui ne se produit que *par sentence judiciaire*.

***662. Effet relatif de la déchéance.** — La privation des avantages matrimoniaux, comme la révocation des donations pour ingratitude, est une *pénalité* civile frappant l'époux qui porte la responsabilité morale du divorce. Il faut tirer de là cette conclusion que la déchéance doit frapper le coupable seul et non les tiers. Donc si l'époux donataire a pendant le mariage consenti des droits à un tiers sur la chose à lui donnée par son conjoint, par exemple s'il l'a vendue, grevée d'hypothèques ou de servitudes, les droits acquis à l'acheteur, aux créanciers, aux voisins, subsisteront malgré la révocation des droits du donataire. C'est ce qui se passe pour les donations révoquées pour ingratitude. Seulement, entre les époux, ce tempérament protecteur des tiers n'aura pas souvent l'occasion de s'appliquer, parce que les avantages que l'un des conjoints fait à l'autre ne sont presque jamais susceptibles de se réaliser avant la dissolution du mariage. La plupart sont des *gains de survie*, qui ne sont recueillis par l'un d'eux qu'après la mort de l'autre. Le donataire ne peut donc pas disposer pendant le mariage des biens donnés pour concéder sur eux des droits à des tiers.

663. Utilité de la déchéance pour les donations révocables. — La plupart des avantages entre époux sont irrévocables comme faisant partie des conventions matrimoniales. Si la loi ne les déclarait pas perdus, ils resteraient intacts, et il serait impossible au conjoint qui les a consentis de les enlever à l'autre. Au contraire les *donations faites pendant le mariage* sont essentiellement révocables (art. 1096). A quoi sert donc la déchéance puisqu'il dépendait du conjoint offensé d'en enlever le bénéfice à l'autre? Ici la déchéance est beaucoup moins utile; elle dispense seulement de révoquer la libéralité d'une manière expresse; la loi se fait d'office l'exécuteur de cette sorte de châtiment[1].

***664. Moment où s'opère la déchéance.** — La déchéance se produit *au moment où le divorce est prononcé* (art. 299). La rédaction de cet article a été modifiée en 1884 et le changement opéré alors a fait disparaître l'incertitude qui naissait de son texte primitif : on se demandait si la déchéance était encourue dès le moment où était rendue la décision judiciaire admettant le divorce ou seulement du jour de sa prononciation par l'officier de l'état civil, Il n'y a plus de doute aujourd'hui : la déchéance a lieu à la date de la transcription du divorce sur les registres de l'état civil. On en conclut que si l'un des époux venait à mourir avant que cette transcription n'ait été opérée, la déchéance ne serait pas encourue, puisque la réalisation du divorce est désormais impossible. Mais on peut alors recourir aux art. 955 et suiv. et révoquer la donation pour ingratitude (Lyon, 11 août 1886, *Gaz. Pal.*, 86. 2. Suppl. 78).

***665. Mode d'action de la déchéance.** — La déchéance a lieu *de plein droit*. C'est la loi qui l'opère; il n'est besoin d'aucune déclaration ou formalité (Cass., 17 juin 1845, D. 45. 1. 415, S. 46. 1. 52). Il en résulte que les aliénations ou les constitutions de droits réels consenties par l'époux coupable après la transcription du divorce sont nulles comme étant faites par un non-propriétaire. Ceci n'est pas en contradiction avec ce qui a été dit au n° 662, pour les aliénations antérieures : la révocation n'est pas rétroactive, elle ne porte donc aucune atteinte aux droits antérieurement acquis, mais quand elle s'est une fois opérée, elle empêche toute acquisition de nouveaux droits par des tiers. De là, pour les tiers, un nouvel intérêt qui s'attache à la publicité organisée pour le divorce.

B. — Amoindrissement de la puissance paternelle.

*** 666. Motif.** — Les causes qui justifient le divorce impliquent la dépravation morale de l'un au moins des époux. Il n'est que juste de le traiter aussi comme indigne en sa qualité de père ou de mère.

[1] La révocabilité des donations faites entre époux pendant le mariage fait que l'époux innocent lui-même est à peu près sûr de perdre celles qu'il a pu recevoir. En effet, quoique la loi ne les révoque pas d'office, il doit s'attendre à les voir révoquer par son ex-conjoint.

***667. A qui sont confiés les enfants.** — La première chose à faire est d'enlever les enfants à l'époux coupable pour les soustraire à son influence qui pourrait être pernicieuse. Aussi l'art. 302 décide-t-il que les enfants doivent être *confiés à l'époux qui a obtenu le divorce*.

Toutefois ce n'est pas là une règle absolue, et le même article réserve aux tribunaux le droit d'ordonner qu'ils seront laissés à l'autre époux, quoique coupable, ou qu'ils seront remis à une tierce personne. Les juges sont donc libres de décider ce que bon leur semble, dans l'intérêt des enfants. Ils pourront par exemple donner les garçons au père et les filles à la mère, ou confier à celle-ci les enfants en bas âge qui ont besoin des soins maternels et qu'elle allaite peut-être encore. On voit souvent le tribunal ordonner que les enfants seront placés dans une maison d'éducation désignée par lui, régler la façon dont les parents pourront les voir et distribuer entre eux le temps des vacances[1]. La Cour de cassation reconnaît même aux tribunaux le pouvoir d'interdire complètement au père ou à la mère de voir son enfant (Cass., 7 mai 1900, D. 1901. 1. 452, P. 1901. 1. 279.)

668. Qui peut provoquer ces mesures. — Ces mesures peuvent être prises sur la demande, soit de la famille, soit du ministère public (art. 302). La « famille » désigne les membres de la famille considérés individuellement, et non le conseil de famille, qui n'existe pas (Cass., 28 févr. 1893, D. 93. 1. 279). Parmi eux il faut comprendre en première ligne les parents eux-mêmes (Trib. Seine, 27 janv. 1886, S. 88. 2. 129; Paris, solut. implicite, 19 juillet 1886, *ibid.* et D. 87. 2. 211).

***669. Révocabilité perpétuelle des mesures prises.** — Quelles qu'elles soient, les mesures ordonnées sont toujours révocables et susceptibles d'être modifiées suivant les circonstances, sur la demande des mêmes personnes. Par exemple lorsque des enfants en bas âge ont été laissés à la mère, malgré sa faute, parce qu'ils ne pouvaient se passer de ses soins, le père peut demander qu'ils lui soient rendus dès qu'ils auront grandi ou si de nouvelles raisons surgissent pour les enlever à la mère (Cass., 1er août 1883, D. 85. 1. 206, S. 84. 1. 116; Cass., 3 juill. 1893, D. 94. 1. 23, S. 93. 1. 424).

C'est au tribunal qui a rendu un jugement qu'il appartient de connaître de son exécution (art. 372 et 554 C. proc. civ.). Par conséquent le changement à apporter aux mesures primitivement ordonnées devra être demandé au tribunal qui a rendu le jugement, lors même que le domicile des parents ou des enfants aurait été depuis transporté dans un autre ressort (Orléans, 8 janv. 1885, D. 86. 2. 83, S. 85. 2. 45).

*** 670. Droit de surveillance concédé aux parents.** — La perte du droit de diriger l'éducation des enfants entraîne comme conséquence la perte du droit de *correction* (art. 375 et suiv.) qui n'en est que la sanction et qui entre les mains de l'époux coupable ne pourrait être qu'un moyen d'entraver l'éducation dirigée par l'autre parent ou par un tiers. Le parent déchu conserve seulement le droit de *surveiller* l'éducation de ses enfants (art. 303). Ce droit de surveillance ne lui confère du reste aucun pouvoir direct sur eux. Il peut seulement, le cas échéant, s'adresser au tribunal pour lui de-

[1] La remise des enfants par l'un des conjoints à l'autre ou à un tiers peut rencontrer des obstacles de fait et devenir impossible par sa mauvaise volonté. Ces difficultés ont déjà été examinées à propos des mesures provisoires prises pendant l'instance (n° 629).

mander de modifier les mesures prises précédemment par lui, par exemple de retirer la garde des enfants à la personne qui en est chargée.

671. Contribution aux frais.— Le parent qui se voit privé, à la suite du divorce, du droit d'élever et de faire instruire ses enfants à sa guise n'est pas pour cela déchargé de son *devoir d'éducation*. On lui enlève d'une manière plus ou moins complète le pouvoir de diriger ses enfants, on lui retire toute influence sur eux, mais on ne le dispense pas de *payer* : il reste tenu, d'après l'art. 303, de contribuer, à proportion de ses facultés, aux frais d'éducation et d'entretien.

672. Perte de la jouissance légale. — Ce n'est pas seulement le droit de diriger l'éducation qui est perdu pour l'époux coupable. Il subit encore une autre déchéance, dont il n'est pas parlé, il est vrai, au titre « du divorce ». D'après l'art. 386 il perd le droit de *jouissance légale*. Voyez sur ce droit t. I, 1re édit., nos 2439 et suiv.; 2e édit., nos 2167 et suiv.

***673. Ce qui reste de la puissance paternelle.** — Les parents possèdent bien d'autres droits et pouvoirs, dont l'ensemble constitue la puissance paternelle ; or les déchéances attachées de plein droit par la loi aux fautes qui ont amené le divorce s'arrêtent aux points indiqués plus haut. La puissance paternelle est amoindrie ; elle n'est pas détruite. Le législateur a pourvu au plus pressé ; il a voulu soustraire les enfants à la contagion du mauvais exemple, et c'est tout. Les père et mère conservent donc le droit de donner à leur enfant les consentements assez nombreux dont il a besoin pour se marier, pour se donner en adoption, pour se soumettre à la tutelle officieuse, pour s'engager dans l'armée ; le père conserve son pouvoir d'administration légale ; le droit d'être tuteur, de nommer un conseil à la mère survivante et tutrice, ou de désigner le tuteur quand il meurt le dernier : enfin le droit d'émanciper l'enfant.

674. Possibilité d'une déchéance complète. — A défaut d'une *déchéance légale* il faut tenir compte du nouveau système de *déchéance par autorité de justice* introduit par la loi du 24 juillet 1889 sur les enfants maltraités ou moralement abandonnés. Cette loi autorise les tribunaux à enlever aux parents tous les droits qui viennent d'être indiqués, lorsque « par leur inconduite notoire et scandaleuse » ils compromettent soit la sécurité, soit la moralité de leurs enfants (art. 2, 6°). Les mêmes faits qui justifient le divorce pourront donc désormais entraîner, dans les cas graves, une déchéance entière de la puissance paternelle. Ils auront ainsi une double sanction civile, la rupture du mariage et la perte de la puissance paternelle, et cette dernière, quand elle aura lieu, absorbera les déchéances incomplètes que les art. 303 et 386 établissent de plein droit.

§ 4. — *Nouveau mariage entre époux divorcés.*

***675. Changement dans la législation.** — Les deux époux séparés par le divorce peuvent-ils se réunir à nouveau ? Le Code civil primitif ne le leur permettait pas : « Les époux qui divorceront pour quelque cause que ce soit ne pourront plus se réunir » (art. 295). En 1884, cette disposition a paru trop sévère, et on l'a modifiée pour autoriser la reconstitution du ménage divorcé sauf dans un cas exceptionnel qui sera indiqué plus loin.

***676. Nécessité d'une seconde célébration.** — Pour rétablir leur union une simple réconciliation de fait ne suffirait pas. Elle suffit au cas de séparation de corps, parce que cette séparation laisse subsister le mariage : mais le divorce l'a détruit. Une nouvelle célébration du mariage est donc nécessaire, et la nouvelle union ne produira ses effets que de ce jour, *sans rétroactivité*.

***677. Indissolubilité du nouveau mariage.** — Ce second mariage est soumis d'ailleurs à un régime exceptionnel : il n'est pas susceptible de se rompre par un *nouveau divorce*, pour quelque cause que ce soit, excepté au cas de condamnation de l'un des époux à une peine afflictive et infamante prononcée depuis leur réunion (art. 295). Cette sévérité particulière de la loi est parfaitement justifiée, de même que l'exception qui la tempère : les époux se connaissent ; ils savent ce qu'ils font en se reprenant. Il ne faut pas qu'ils puissent plagier Marivaux en jouant entre eux aux « Jeux de l'amour et du divorce ».

***678. Rétablissement du régime nuptial primitif.** — Les époux ne peuvent pas adopter de *conventions matrimoniales* autres que les premières (même art.). Sans cette précaution le divorce aurait pu être un moyen de changer de régime aux dépens des tiers. Or les conventions matrimoniales sont immuables : « Elles ne peuvent recevoir aucun changement après la célébration du mariage » (art. 1395). Il faut donc empêcher les époux de substituer, au moyen d'un divorce suivi d'un nouveau mariage, un régime matrimonial à un autre, en faisant avant leur seconde union un nouveau contrat de mariage différent du premier. Les tiers qui traiteraient ensuite avec eux et qui les auraient connus avant cette modification pourraient être trompés.

679. Cas où le mariage entre époux divorcés est impossible. — La faculté que la loi leur laisse de se remarier ensemble leur est du reste retirée dans un cas particulier. Si pendant la durée de leur divorce, l'un d'eux a *contracté avec une tierce personne un second mariage terminé lui aussi par un divorce*, on ne lui permet pas d'épouser à nouveau son premier conjoint. C'est à ce cas unique que se réduit désormais l'ancienne interdiction prononcée d'une manière générale par l'art. 295 primitif entre conjoints divorcés. C'est une concession faite aux partisans du maintien de cette prohibition, mais elle est de nature à trouver rarement son application, car elle suppose une combinaison de circonstances difficile à réaliser. On peut même se demander si l'on n'eût pas mieux fait de laisser cet amateur de divorces s'emprisonner lui-même dans un mariage indissoluble (Comp. ci-dessus n° 51).

LA SÉPARATION DE CORPS

680. Bibliographie. — Massol, *De la séparation de corps*, 2e édit., 1875, 1 vol. — H. Coulon, *La séparation de corps et le divorce*, 5 vol., 1890-1897.

681. Textes. — Les textes sont les art. 306 à 311 C. civ., remaniés par les lois de 1884 et de 1886 sur le divorce et par la loi du 6 février 1893, spéciale à la séparation de corps. Il faut y joindre les art. 875 à 880 C. proc. civ.

CHAPITRE PREMIER

GÉNÉRALITÉS ET HISTOIRE

****682. Définition.** — La séparation de corps est l'*état de deux époux qui ont été dispensés par la justice de l'obligation de vivre ensemble.*

La séparation de corps diffère du divorce en ce qu'elle ne rompt pas le mariage ; elle en relâche seulement les liens. Les deux époux restent mariés, mais vivent séparément. Toutes les obligations nées du mariage subsistent, excepté celles qui se rattachent à la vie commune.

***683. Origine canonique.** — La séparation n'est pas autre chose que le divorce antique amoindri dans ses effets par le droit canonique, qui défendait aux époux désunis de contracter mariage avec d'autres personnes. Ce n'est donc pas une institution nouvelle, mais la transformation d'une institution antérieure : chaque époux ne pouvant plus se remarier du vivant de l'autre, le divorce se réduisait à une simple *séparation d'habitation* (divortium quoad torum et mensam). On reconnut de bonne heure qu'un divorce qui ne rendait pas aux époux le droit de se remarier laissait en réalité subsister leur union. Pierre Lombard disait déjà que les époux étaient séparés « corporaliter », mais non pas « sacramentaliter » : « Manet enim vinculum conjugale inter eos » (voyez le texte entier dans Esmein, *Le mariage en droit canonique*, t. II, p. 87, note 3).

***684. Forme judiciaire.** — Un autre changement se produisit. Tandis que le divorce antique résultait de la seule volonté des époux, la séparation canonique devait être prononcée en justice, et naturellement la juridiction compétente était celle de l'Église. Cette règle fut établie de très bonne heure ; le concile d'Agde, de 506, la suppose déjà existante (Can. XXV, Bruns, t. II, p. 151). Elle était fondée sur la nécessité de vérifier l'existence d'une cause de répudiation reconnue par l'Église. Depuis lors cette règle a toujours été observée et s'étendit au véritable divorce, quand il fut rétabli, sauf le retour de la compétence aux juridictions civiles.

685. La séparation de corps avant la Révolution. — Dans notre ancien droit la femme seule pouvait demander la séparation. C'était de cette façon que la loi la protégeait contre la force brutale ou contre les abus de l'autorité du mari. Les causes qui lui permettaient d'agir n'étaient pas déterminées ; elles étaient laissées à l'arbitrage et à la prudence des juges (POTHIER, *Mariage*, n° 508). Le motif le plus ordinaire était tiré des mauvais traitements que les maris exerçaient sur leurs femmes. Or, faisait remarquer Pothier, un coup de poing n'a pas la même valeur entre gens du bas peuple qu'entre personnes de condition honnête. — Quant au mari, comme il a la force et l'autorité, on n'avait pas jugé utile de le protéger de la même manière. Aussi lui refusait-on le droit de demander la séparation, si ce n'est en cas d'adultère de sa femme (POTHIER, n° 525). Il pouvait alors intenter contre elle une accusation criminelle qui aboutissait à la faire enfermer dans un monastère, par application d'une Novelle de Justinien. Au bout de deux ans, si son mari ne consentait pas à la reprendre et à la recevoir chez lui, elle était rasée et elle restait au couvent toute sa vie. On la déclarait en même temps déchue de ses dot, douaire et conventions matrimoniales.

***686. La séparation depuis 1792.** — Lorsque l'Assemblée législative rétablit le divorce, elle abolit en même temps la séparation de corps [1]. On ne concevait alors la réforme à faire que comme la suppression pure et simple du principe de l'indissolubilité introduit dans la législation par l'Église. On s'aperçut ensuite que ce système unitaire portait atteinte aux croyances religieuses des catholiques et qu'on les plaçait, comme le disait Portalis, entre leur désespoir et leur conscience.

Il n'était que juste de laisser à leur disposition dans ces situations pénibles un remède compatible avec leur foi. Ainsi se fit jour l'idée de donner le choix aux particuliers entre le divorce et la séparation de corps, qu'on appela pour cette raison « le divorce des catholiques ». Cependant le projet de Code civil ne la rétablissait pas ; comme la loi de 1792, il n'admettait que le divorce. Ce fut seulement le Conseil d'État qui la fit introduire dans le texte. — Il n'a jamais été question de la supprimer depuis [2]. Rappelons seulement que de 1816 à 1884 elle a existé seule.

687. Législation allemande. — En Allemagne une loi d'Empire, du 6 février 1875, applicable à l'Alsace-Lorraine, et qui fait partie du système de lutte engagée à cette époque en Allemagne par le pouvoir civil contre l'Église, a supprimé la séparation de corps perpétuelle (art. 77. — *Annuaire de Législation étrangère*, t. V, p. 215).

688. État des textes. — Les auteurs du Code avaient traité longuement du divorce dans quatre chapitres, qui contenaient 77 articles. Quand ils se décidèrent à rétablir la séparation de corps, ils lui consacrèrent le chapitre v, qui ne contient que six articles, et comme deux d'entre eux, les art. 308 et 309, ont été abrogés en 1884, il n'en reste plus que quatre. Un tel laconisme a fait naître de graves difficultés. Il est évident que si les rédacteurs de la loi ont été si brefs sur la séparation de corps, c'est qu'ils l'ont considérée comme une institution subsidiaire, admise dans la loi pour remplacer le divorce, à l'usage des catholiques. Nous devons donc compléter le chapitre de la séparation de corps en lui étendant autant que possible les règles du divorce. Malheureusement les deux institutions, quoique destinées à fonctionner l'une pour l'autre, sont si profondément différentes qu'il est impossible d'appliquer à l'une toutes les règles de l'autre, et la ligne de démarcation, qui doit suivre les points où s'arrête l'analogie, est souvent difficile à tracer. On s'est trouvé d'accord en France pour formuler la règle d'interprétation suivante : « Les règles du divorce doivent être étendues à la séparation de corps toutes les fois que leur application n'est pas empêchée par les principes généraux, par la nature de la séparation de corps, ou par une disposition expresse ou implicite de la loi. » Laurent seul a critiqué le bien fondé de cette règle en niant l'analogie du divorce et de la séparation. Cette analogie est cependant très réelle, et en tout cas elle était dans la pensée des auteurs du Code. —

[1] C'est de la même façon que la Roumanie, qui a toujours admis le divorce, ne connaît pas la séparation de corps (ALEXANDRESCO, p. 108).

[2] Depuis le rétablissement du divorce, le nombre des séparations a augmenté au lieu de diminuer : de 1694 en 1888, elles ont passé à 1823 en 1895 et à 1982 en 1897 (*Officiel* du 7 juill. 1900, Rapport du garde des sceaux). En 1898, elles sont montées à 2164 (*Journal officiel*, 26 sept. 1901), et à 2254 en 1899.

Lorsqu'on a supprimé le divorce en 1816, on n'a pas abrogé les articles du Code qui s'y rapportaient, on a dit simplement « le divorce est *aboli* ». Aussi ces articles ont-ils été maintenus dans l'édition officielle du Code qui fut donnée la même année. Inapplicables au divorce qui n'existait plus, ils avaient donc conservé leur valeur pour la séparation [1]. — En 1816-17 un projet de loi fut présenté pour réglementer en détail la séparation de corps, mais la Chambre des députés n'y donna aucune suite. Les textes anciens ont d'ailleurs été remaniés et complétés en 1884, en 1886 et en 1893.

CHAPITRE II

CAUSES DE LA SÉPARATION DE CORPS

§ 1. — *Indication des causes de la séparation.*

689. Exclusion du consentement mutuel. — La séparation de corps n'a jamais été permise par consentement mutuel. Le Code Napoléon lui-même ne la permettait que pour cause déterminée [2]. L'art. 306 disait : « Dans les cas où il y a lieu à divorce pour cause déterminée, il sera libre « aux époux de former une demande en séparation de corps. » Depuis 1884, le divorce lui-même ne peut plus avoir lieu par consentement mutuel, et l'article nouveau se trouve ainsi rédigé : « Dans les cas où il y a lieu à la demande en divorce, il sera libre... »

Pour la même raison on avait supprimé en 1884, à la fin de l'art. 307, les mots : « elle ne pourra avoir lieu par le consentement mutuel des époux. » Les auteurs de la loi de 1886 se servaient probablement d'une édition du Code antérieure à 1884, car ils ont rétabli ces mots sans aucune nécessité.

690. Identité des faits servant de cause au divorce et à la séparation. — Il y a donc identité entre les causes du divorce et celles de la séparation, et il suffit de se reporter à ce qui a été dit plus haut pour l'explication des art. 229 à 232 (n°s 505 à 529). L'intention du législateur a été de laisser l'option au demandeur entre les deux voies : les faits qui servent de cause à la demande sont les mêmes; la solution dépend de sa foi religieuse et du désir qu'il peut avoir de reconquérir sa liberté : c'est pour respecter l'une et l'autre qu'on lui donne le choix.

[1] C'est ce qui fait qu'un grand nombre de décisions judiciaires rendues de 1816 à 1884, à propos de la séparation de corps, mais pour des textes considérés comme communs aux deux institutions, peuvent être citées aujourd'hui à propos du divorce.

[2] Il n'y a pas de motifs sérieux qui permettent d'expliquer pourquoi le consentement mutuel n'était pas admis en matière de séparation de corps à une époque où il l'était en matière de divorce. Si ce genre de procédure peut rendre des services, il faut l'autoriser dans les deux cas, car les dangers qu'il présente sont beaucoup moins graves quand il aboutit à une séparation. Le système du Code primitif était illogique. On l'explique par l'influence du Premier Consul qui avait besoin du divorce par consentement mutuel, en faveur duquel il insista beaucoup, mais qui ne tenait nullement à ce qu'on accordât la même facilité pour les séparations de corps dont il n'avait que faire.

691. Création d'une différence entre la séparation et le divorce. — Cependant une idée différente a été proposée pendant la discussion du Code. On voit que certains conseillers d'État et le Premier Consul lui-même ne mettaient pas la séparation de corps sur la même ligne que le divorce. La séparation leur semblait une mesure infiniment moins grave, puisqu'elle ne rompt pas le mariage ; elle devait être employée dans des cas où le divorce ne paraîtrait pas justifié, lorsqu'on peut croire que le dissentiment des époux est momentané et qu'ils se réconcilieront. Pour eux, les sévices n'auraient dû être une cause de divorce qu'autant qu'ils dégénèrent en attentat. Leur manière de voir s'est trouvée condamnée par les textes tels qu'ils furent admis alors ; mais cette hiérarchie entre le divorce et la séparation de corps, qui avait été entrevue en 1803, reparaît aujourd'hui dans la jurisprudence, et elle trouve dans les textes nouveaux deux dispositions qui lui ont servi, pour ainsi dire, de portes d'entrée. D'une part, l'art. 239 permet à l'époux, qui a commencé par demander le divorce, de transformer sa demande en simple demande de séparation, en tout état de cause, même en appel. Il était à prévoir que, lorsque la tournure des débats fait craindre au demandeur de voir échouer son action parce que les faits allégués perdent un peu de la gravité qu'il leur attribuait, il serait tenté d'abaisser sa prétention, et que les juges lui accorderaient plus aisément cette demi-satisfaction. D'autre part, la séparation de corps au bout de trois ans peut être convertie en divorce sur la demande de l'un des époux, et les juges devant lesquels cette demande est portée ont un plein pouvoir pour apprécier s'il y a lieu ou non d'accorder la conversion (art. 310). N'est-il pas tout naturel qu'ils fassent usage de ce pouvoir d'appréciation pour refuser la conversion lorsque les faits, assez graves pour motiver une séparation, ne le paraissent pas assez pour justifier le divorce ? Ils n'y ont pas manqué[1], et la Cour de cassation a rejeté les pourvois en disant que les tribunaux faisaient une application exacte et juridique de l'art. 310 lorsqu'ils écartaient une demande en conversion pour ce motif « que les causes qui avaient motivé la séparation de corps n'étaient pas de nature à justi- « fier la rupture complète du lien conjugal » (Cass., 12 août 1885, D. 86. 1. 355, S. 86. 1. 193 ; Cass., 11 janv. 1887, D. 87. 1. 334, S. 88. 1. 374 ; Cass., 8 janv. 1900, P. 1901. 1. 97). Voyez aussi PLANIOL, *Revue critique*, 1887, p. 689.

On peut donc dire désormais que la réforme est faite, qu'il y a deux degrés dans la dislocation du mariage et que, en dépit de l'art. 306, le divorce est plus difficile à obtenir que la séparation de corps[2]. Naturellement ce ne sont pas les causes précises, comme l'adultère ou la condamnation pénale, qui permettent aux juges d'établir cette différence : ils se trouvent là en présence de faits qui ne comportent pas de degrés. C'est dans la foule innommée des *injures graves* que les magistrats exercent leur choix ; c'est dans les manquements non déterminés par les textes aux divers devoirs conjugaux qu'un triage est possible entre les fautes majeures qui entraînent le divorce et les fautes mineures dont l'effet se borne à la séparation. Comp. la note de M. CHARMONT, dans les *Pandectes françaises*, 1901. 1. 97.

§ 2. — *Du choix à faire entre la séparation et le divorce.*

692. A qui ce choix appartient. — L'époux qui a à se plaindre de

[1] Nombreuses décisions citées dans DALLOZ, *Suppl.*, v° Divorce, n° 694.

[2] En quelques années, cette idée a si bien pénétré la jurisprudence et la pratique que la Cour de cassation en fait aujourd'hui une sorte de principe ; elle en tire cette conséquence que, lorsqu'un des époux a commencé par demander le divorce, s'il réduit en appel sa demande aux fins de séparation, la Cour d'appel ne peut statuer en rejetant sa demande par simple adoption de motifs parce que les faits qui avaient paru insuffisants aux premiers juges pour motiver le divorce, peuvent l'être assez pour entraîner la séparation de corps (Cass., 8 janv. 1900, D. 1900. 1. 293, S. 1900. 1. 497). — D'après les statistiques du ministère de la justice, le chiffre des demandes admises est de 91 pour 100 pour le divorce et de 85 pour 100 pour la séparation (rapport sur l'année 1897, *Journal officiel* du 7 juillet 1900). Le rapport précédent donnait des chiffres sensiblement différents pour l'année 1896 ; 85 pour 100 et 75 pour 100. Le même rapport de 85 pour 100 s'est maintenu en 1898 (*Journal officiel*, 26 septembre 1901), mais en 1899 sur 2 941 demandes de séparation, 2 254 seulement ont été admises.

son conjoint a une option à faire : il peut, à son choix, demander le divorce ou la séparation ; c'est lui, et non le tribunal, qui apprécie l'opportunité de l'une ou de l'autre. S'il pense que le temps amènera son conjoint à résipiscence, il pourra se contenter d'abord de la séparation, sauf à demander plus tard, comme il en a le droit, la conversion de la séparation en divorce, si son espoir s'est évanoui.

693. Possibilité de changer l'objet de la demande. — L'époux demandeur peut-il changer d'avis pendant le procès, et après avoir demandé l'un modifier ses conclusions pour demander l'autre ? Avant la réforme de procédure opérée en 1886 un pareil changement ne pouvait se faire par simple modification de conclusions ; au fond, il était bien permis, mais au prix d'un long détour. Les procédures du divorce et de la séparation étaient si différentes qu'il eût été impossible de greffer la fin de l'une sur le commencement de l'autre ; après s'être engagé dans l'une des voies de la bifurcation, il fallait revenir en arrière et recommencer tout.

La loi de 1886 contient sur ce point une disposition nouvelle : « Le demandeur peut en tout état de cause *transformer sa demande en divorce en demande en séparation de corps* » (art. 239, al. 2). Les débats reproduits par le « Journal officiel » nous apprennent que cet alinéa a été ajouté dans une pensée de résistance au divorce : on a voulu faciliter tout ce qui tend à maintenir le lien conjugal. Ainsi cette facilité de changer l'objet de la demande au milieu de la procédure a bien été accordée quand il s'agit pour le demandeur d'*abaisser ses prétentions* et de descendre du divorce à la séparation ; mais il en résulte implicitement qu'elle continue d'être refusée au demandeur qui voudrait obtenir le divorce après avoir conclu d'abord à une simple séparation (Cass., 22 févr. 1888, D. 88. 1. 223, S. 88. 1. 374). Le changement peut bien se faire, mais, comme avant 1886, il faut recommencer toute la procédure[1].

La faculté de demander la séparation à la place du divorce peut être exercée même en cause d'appel (Cass., 5 juillet 1892, D. 93. 1. 412, S. 92. 1. 504).

CHAPITRE III

FORMES DE LA SÉPARATION

****694. Nécessité d'un jugement.** — La séparation de corps doit être

[1] Cette obligation imposée au demandeur est-elle bien raisonnable ? La différence entre les deux procédures est aujourd'hui bien faible. Le seul point qui mérite considération est la publicité exceptionnelle ordonnée par la loi quand l'époux défendeur fait défaut, au cas où la demande tend au divorce (art. 247). Cette publicité n'est pas imposée aux simples demandes en séparation. Mais il semble bien que l'art. 247, qui n'était pas applicable tant qu'il s'agissait de séparation, le devient immédiatement dès qu'il y a demande en divorce. Le tribunal pourrait donc ordonner, s'il le juge à propos, les mesures prescrites par cet article. — On peut bien dire qu'il y a dans la solution admise un excès de formalisme peu en harmonie avec l'ensemble de nos lois.

prononcée par la justice. Toute séparation volontaire, consentie à l'amiable entre les époux, est nulle et de nul effet. Elle ne peut valoir qu'autant que les deux époux consentent à la respecter. A toute époque chacun d'eux a le droit de la méconnaître, et d'exiger de l'autre l'exécution de ses obligations d'époux ou de lui refuser la pension convenue entre eux. Il faut toujours un jugement, parce que les époux ne peuvent pas se dispenser de leur autorité privée des obligations nées du mariage.

§ 1. — *Règles générales.*

****695. Qui peut demander la séparation.** — Le Code Napoléon, abandonnant sur ce point les traditions de l'ancien droit, admet également les deux époux à demander la séparation, et pour les mêmes causes.

Cependant en fait, dans la plupart des cas, la séparation de corps est demandée par la femme[1] : sur 100 demandes, 15 seulement émanent du mari. Il ne faut pas s'empresser d'en conclure que dans les ménages désunis c'est presque toujours le mari qui a tort. D'abord, lorsque sa femme se conduit mal, le mari a une raison particulière pour s'abstenir de demander à la justice une séparation en règle. En effet la séparation *de corps* entraîne la séparation *de biens*, et fait perdre au mari la jouissance des revenus propres à sa femme, qui lui appartient presque toujours. Il préfère donc s'arranger à l'amiable avec sa femme, l'expulser de chez lui ou la laisser partir en lui faisant une pension. Ensuite il lui est plus facile qu'à la femme de recourir à ces combinaisons, d'imposer sa volonté, car il est le maître, tandis que la femme, quand c'est elle qui a à se plaindre, ne peut rien exiger de lui ; elle lui est subordonnée, et ne peut rien obtenir qu'en s'adressant à la justice. C'est par ces considérations qu'il faut expliquer, au moins en partie, l'énorme différence qu'on remarque dans les chiffres des demandes intentées par les maris et par les femmes.

696. Cas où le demandeur est interdit. — Lorsque l'un des époux est en état d'*interdiction,* la demande est intentée en son nom par son tuteur, sans distinguer si l'interdiction est *légale* ou *judiciaire*. La seule différence est que, dans le cas d'interdiction légale, la demande est formée sur l'initiative de l'interdit lui-même, et le tuteur n'est qu'un mandataire obligé, son porte-voix; tandis que dans le cas d'interdiction judiciaire, l'interdit étant fou est hors d'état d'apprécier la situation, et c'est le tuteur qui a l'initiative de la demande, mais il lui faut pour agir l'autorisation du conseil de famille (art. 307, al. 2, rédaction de 1886).

Rappelons que le *divorce* ne peut pas être demandé par le tuteur d'un aliéné, puisqu'on a supprimé l'alinéa spécial qui l'y autorisait (ci-dessus n° 535-3°). Voici l'explication de cette différence. On n'a pas voulu laisser s'accomplir un divorce, qui est une rupture irréparable, quand le principal intéressé est hors d'état de le vouloir; mais la séparation de corps, qui ne compromet rien d'une manière définitive, peut être pour lui une protection utile et sans dangers.

697. Changements survenus dans la procédure à suivre. — Avant 1886 la procédure de la séparation de corps différait profondément de celle du divorce. Tandis

[1] En 1895, sur 2 446 demandes en séparation, 2 055 émanaient de la femme, et 391 seulement du mari (*Rapport* sur l'année 1897, *Officiel,* du 7 juillet 1900). En 1897, sur 2 657 demandes, 422 venaient du mari. Pour le divorce la proportion est toute différente : en 1898, 4 036 demandes ont été formées par les maris et 5 485 par les femmes (*Journal officiel,* 26 sept. 1901).

que le Code avait établi pour celui-ci une procédure exceptionnelle, hérissée de difficultés et remplie de dérogations au droit commun, il avait dit pour la demande en séparation : « elle sera *intentée, instruite* et *jugée* de la même manière que toute autre action civile » (art. 307). C'était l'application pure et simple du droit commun. Un peu plus tard le Code de procédure vint modifier cet état de choses, en établissant quelques règles particulières pour la séparation de corps, de sorte que l'art. 307 n'était plus tout à fait exact. Néanmoins, comme on n'avait pas touché à la procédure du divorce, la différence était grande encore. La loi de 1886 l'a fait disparaître presque tout entière. D'abord elle a simplifié la procédure du divorce ; ensuite elle a déclaré applicables à la séparation de corps les nouveaux articles 236 à 244. Si bien que les deux procédures, celle de la séparation de corps s'éloignant du droit commun, celle du divorce s'en rapprochant, se sont presque confondues dans une forme intermédiaire. Néanmoins l'article 307 continue à dire que la demande est « intentée, instruite et jugée » dans la forme ordinaire.

698. Application de la procédure du divorce. — En dehors des rares différences signalées au numéro suivant, les règles sont les mêmes que pour le divorce. Appliquez tout ce qui a été dit à propos du divorce sur la *compétence* exclusive des Tribunaux civils ; sur le caractère *personnel* de la demande, qui ne peut être intentée ni par les créanciers ni par les héritiers ; sur les *fins de non-recevoir* ; sur les *causes d'extinction* ; sur les *mesures provisoires* à prendre pendant l'instance ; sur la *preuve* à fournir, etc. — Depuis une ordonnance du 16 mai 1835 l'appel sur une demande en séparation de corps est jugé par la Cour en audience ordinaire ; la même règle est applicable aux causes de divorce depuis le décret du 30 avril 1885, déjà cité au n° 590, qui a ainsi fait disparaître une différence entre les deux procédures.

699. Différences de procédure entre la séparation de corps et le divorce. — Elles sont peu nombreuses, et plusieurs portent sur des détails.

1° Le demandeur en séparation n'est pas obligé de présenter sa requête *en personne* au président du tribunal (art. 875 C. proc. civ.). Par suite, s'il est empêché de se déplacer, le président n'a pas à se transporter près de lui. Différence purement accidentelle, qu'aucune raison ne justifie.

2° Le défaut du défendeur ne donne pas lieu aux mesures exceptionnelles de *publicité* qui sont prises pour les demandes en divorce (art. 247).

3° Les juges ne peuvent pas imposer aux parties le *temps d'épreuve, de six mois au plus* (art. 246). Cet article n'est pas compris dans le renvoi fait par l'art. 307, et sa disposition serait en effet sans raison pour la séparation de corps.

4° *Le délai d'appel n'est pas suspensif* ; l'appel interjeté a seul pour effet de suspendre l'exécution, comme de droit commun. On admet au contraire que le délai d'appel est suspensif en matière de divorce (ci-dessus n° 591)[1].

5° Le jugement qui prononce la séparation de corps est *susceptible d'acquiescement* ; l'art. 249 qui prohibe l'acquiescement n'est applicable qu'au divorce (arg. art. 307) (Cass., 28 nov. 1887, D. 88. 1. 433, S. 90. 1. 113 ; Cass., 28 déc. 1891, D. 92. 1. 114, S. 92. 1. 120).

6° La séparation de corps ne nécessite *aucune formalité à l'état civil* ; le jugement suffit à l'établir. Cette différence est bien atténuée depuis que l'officier de l'état civil ne prononce plus le divorce et se borne à transcrire le jugement sur ses registres ; on comprendrait même qu'elle disparût tout à fait et que la même formalité fût remplie pour les simples séparations.

§ 2. — *Règles spéciales aux demandes reconventionnelles.*

***700. Définition.** — *Conventio* voulant dire « citation en justice », la demande

[1] Primitivement il y avait une différence analogue pour le pourvoi en cassation : le pourvoi était suspensif en matière de divorce, il ne l'était pas en matière de séparation. Cette différence a disparu depuis la loi du 6 février 1893 (art. 248 *in fine*) qui attribue expressément le même effet au pourvoi dans les deux cas.

reconventionnelle est celle qui est formée par une personne déjà poursuivie par une autre, lorsqu'au lieu de se borner à se défendre, elle l'attaque à son tour en dirigeant une action contre le demandeur. La demande reconventionnelle est jointe à la première, les deux actions marchent ensemble et sont terminées par un même jugement.

701. Leur mode d'instruction. — Dans les affaires ordinaires les demandes reconventionnelles peuvent s'introduire par un simple acte de conclusions, c'est-à-dire qu'elles ne sont pas soumises au préliminaire de conciliation.

En est-il de même dans les affaires de divorce ou de séparation?

***702. Cas où les deux demandes ont le même objet.** — Supposons d'abord que la demande reconventionnelle ait le même objet que la demande principale : les époux demandent tous deux le divorce ou la séparation. En ce cas la demande formée par le défendeur peut toujours être *introduite par un simple acte de conclusions*[1] (art. 239, al. 3).

***703. Cas où les deux demandes ont un objet différent.** — Supposons maintenant que la demande reconventionnelle n'a pas le même objet que la demande primitive : l'époux défendeur dans une action en divorce demande la séparation, ou inversement. La possibilité d'entre-croiser ainsi les deux espèces de demandes a été rejetée en termes très énergiques par le rapporteur de la commission du Sénat, M. Denormandie, dans la séance du 10 décembre 1885 : « Nous n'admettons pas, disait-il, cet *enchevêtrement de procédures.* » La Cour de Pau en 1885 (S. 86. 2. 210), celle de Dijon en 1887 (S. 88. 2. 17), ont de même écarté ce mélange des deux actions en se fondant principalement sur la différence des deux procédures. Mais ce motif a perdu presque toute valeur depuis les réformes de 1886 qui ont identifié, ou peu s'en faut, la marche des deux actions. Une solution différente a été donnée par le tribunal de Chambéry, le 7 juin 1886 (S. 88. 2. 85), qui a admis le croisement de deux actions lorsque la demande principale a pour objet le divorce. Son argument décisif c'est que le défendeur pourrait répliquer en demandant lui aussi le divorce : or qui peut le plus peut le moins. Cette façon de raisonner *a fortiori* avait déjà été employée devant la Chambre par M. Letellier, rapporteur, qui affirmait que le défendeur au divorce pourrait répondre par une simple demande en séparation. *L'Exposé des motifs* lui reconnaissait également le même droit. — Cette solution paraît bien préférable à la première. Quel que soit l'objet de la demande, divorce ou séparation, les deux actions naissent de faits connexes : la mésintelligence des époux. Or la conduite de l'un explique celle de l'autre, et il y a avantage à réunir les deux instances en une seule pour les soumettre à un même examen. Seulement la loi reste boiteuse, si on ne va pas jusqu'à admettre la demande reconventionnelle en divorce opposée à une demande principale en séparation. Les dénégations catégoriques de M. Denormandie ne sont pas écrites dans la loi ; la crainte d'enchevêtrer des formes différentes de procédure est vaine depuis que les formes anormales de l'action en divorce ont disparu. La jurisprudence ne trouvera donc devant elle ni texte ni obstacle de fait pour l'arrêter, si elle veut entrer dans cette voie.

En somme, lorsque la demande principale est formée à fin de divorce, le défendeur peut riposter en demandant soit le divorce, soit la séparation, à son choix (Riom, 1er févr. 1888, D. 90. 2. 158, S. 90. 2. 207 ; Paris, 27 juin 1888, D. 90. 2. 361, S. 91. 2. 62).

Lorsque la demande principale est formée à fin de séparation de corps, le défendeur ne peut demander dans ses conclusions que la séparation de corps et non le divorce (Comp. Dijon, 27 févr. 1887, S. 88. 2. 17). S'il veut obtenir le divorce, il doit introduire sa demande par voie d'action principale.

[1] Depuis 1886 cette règle est vraie pour le divorce comme pour la séparation. Avant la réforme de la procédure du divorce, on décidait en général que le défendeur dans l'instance en divorce devrait observer les mêmes formes que s'il introduisait une demande principale, et recommencer pour son compte la procédure entière en la prenant à son point de départ. On a jugé qu'il était inutile d'imposer aux parties ces lenteurs et ces frais et de tenter à nouveau une conciliation qui n'a pas réussi. L'art. 239 al. 3 a donc étendu au divorce cette forme simplifiée des demandes reconventionnelles que la jurisprudence admettait déjà pour les séparations de corps (Voir les arrêts cités dans DALLOZ, *Suppl.*, v° Divorce, n° 238).

***704. Admission possible des deux demandes à la fois.** — Lorsque deux demandes sont ainsi introduites soit dans la même instance, soit par deux actions séparées, et qu'elles tendent à des fins diverses, il n'y a aucune difficulté, lorsque l'une des deux demandes est rejetée : il y a soit divorce, soit séparation de corps. Qu'arrivera-t-il lorsqu'elles sont toutes deux admises ? Le divorce obtenu par l'un des conjoints absorbe nécessairement la séparation obtenue par l'autre. Le seul effet du succès de la demande en séparation de corps est alors de faire encourir les déchéances prononcées par les art. 299 et 336 même par celui des époux qui demandait le divorce (Comp. Bordeaux, 13 nov. 1893, S. 94. 2. 80).

705. Possibilité d'introduire la demande reconventionnelle en appel. — L'art. 248, al. 4, contient une autre décision relative aux demandes reconventionnelles. Il dit qu' « elles peuvent se produire même en appel sans être considérées comme demandes nouvelles ». D'après le droit commun écrit dans l'art. 464 C. proc. civ., les demandes *nouvelles* ne peuvent pas se former pour la première fois en appel, parce que cette production tardive aurait pour effet de priver l'adversaire du bénéfice d'un degré de juridiction, la demande qui se produit ainsi n'ayant pas été soumise aux premiers juges. La loi fait exception pour les demandes *qui servent de défense à l'action principale*. Exemples : Si, étant poursuivi par un créancier qui me réclame 20 000 francs, je lui réclame à mon tour des dommages et intérêts pour un délit qu'il a commis à mon préjudice, ou encore si je demande l'annulation pour vice de forme ou pour incapacité de l'obligation contractée par moi, je forme une demande qui me sert de défense, car elle m'empêchera d'être condamné par l'effet de la compensation judiciaire qu'on fera entre les deux. Je pourrai donc la produire pour la première fois en appel, si j'ai omis de le faire en première instance. Tel est le sens de la règle et de l'exception, établies l'une et l'autre par l'art. 464 C. proc. civ. Dans la discussion de la loi de 1886 on a cru que la demande reconventionnelle en divorce (ou en séparation) étaient une *défense* contre la demande principale, et que par suite l'autorisation de l'introduire en appel était l'application de l'art. 464. « Cela est conforme à tous les principes de droit », disait M. Labiche au Sénat. On s'est trompé. La demande reconventionnelle en divorce n'empêchera pas l'époux défendeur d'être condamné ; il ne peut échapper à la condamnation qu'en se disculpant des torts qui lui sont reprochés. S'il attaque à son tour, le seul résultat qu'il puisse obtenir, c'est de faire prononcer le divorce (ou la séparation) aux torts de son conjoint en même temps qu'aux siens et de se prévaloir par réciprocité des déchéances qu'entraîne une condamnation de ce genre. La recevabilité en appel des demandes reconventionnelles dans les affaires de divorce ou de séparation ne dérive donc pas du droit commun. Elle est fondée en réalité sur la *connexité des faits* qui servent de base aux deux actions, et aussi sur l'impossibilité où se trouverait parfois le défendeur d'obtenir une sentence de condamnation si on l'obligeait à recommencer entièremant la procédure. Sa demande deviendrait en effet sans objet le jour où la première action aurait abouti ; il ne pourrait plus demander un divorce ou une séparation qui aurait déjà eu lieu. Il se trouverait ainsi privé du bénéfice qui résulte de cette condamnation pour le gagnant par suite des déchéances que subit le perdant.

CHAPITRE IV

EFFETS DE LA SÉPARATION DE CORPS

§ 1. — *Législation actuelle.*

706. État des textes. — Le Code Napoléon n'avait pas déterminé les effets de la séparation de corps ; il se bornait à dire qu'elle emporterait toujours la séparation de biens (art. 311 anc.), ce qui était insuffisant. Les lois de 1884 et de 1886 ne furent pas plus explicites ; mais la lacune a été en grande partie comblée par la loi du 6 février 1893, *sur* *le régime de la séparation de corps*, qui a ajouté de nouveaux alinéas aux art. 108 et 311, concernant le domicile de la femme, sa capacité et le nom des époux. Malgré cela, les textes actuels sont encore insuffisants et l'état de nos lois se ressent toujours de la hâte avec laquelle la séparation de corps a été introduite dans le Code, au dernier moment et sans études préalables suffisantes.

* **707. Application de la loi nouvelle.** — La loi du 6 février 1893 a, sur plusieurs points, apporté des modifications considérables au régime antérieur de la séparation. Elle est applicable non pas seulement aux séparations prononcées depuis sa mise en vigueur, mais aussi aux *séparations prononcées ou demandées* avant sa promulgation ; elle-même le dit expressément dans son art. 5. Cette disposition n'est pas, à vrai dire, une rétroactivité dérogeant au principe de non-rétroactivité des lois, car il est de principe que les lois relatives à la capacité des personnes régissent tous les particuliers, aussitôt qu'elles sont promulguées. La rétroactivité aurait consisté à considérer la loi comme applicable même à des actes accomplis avant sa promulgation par les époux séparés de corps.

§ 2. — *Effets produits par la séparation.*

** **708. Énumération.** — Les effets de la séparation de corps peuvent être rangés sous les cinq chefs suivants : 1° cessation de la vie commune ; 2° séparation de biens ; 3° restitution de la pleine capacité à la femme ; 4° séparation des noms des époux ; 5° déchéances diverses. — Il y aura lieu d'indiquer ensuite, dans un troisième paragraphe, les effets de la persistance du mariage entre époux séparés.

A. — Cessation de la vie commune.

* **709. Son importance.** — Cet effet de la séparation de corps est *son effet principal* ; c'est lui d'ailleurs qui est le but même de l'institution, la raison d'être de sa conservation dans nos lois : on veut délier les époux de l'obligation de vivre ensemble, sans rompre leur mariage. Tous les autres effets de la séparation sont *secondaires*, et ne se produisent que *par voie de conséquence ou d'extension* de ce premier effet, sauf toutefois les déchéances, qui se rattachent à une idée de pénalité. Quelques-unes de ses conséquences, comme la séparation de biens et la capacité de la femme, sont des effets en quelque sorte adventifs, ajoutés à l'idée première ; il en est d'autres qui sont la manifestation directe de la cessation de la vie commune, la forme même sous laquelle cette rupture se produit.

** **710. Séparation des domiciles.** — La séparation d'habitation ne porte pas seulement sur la *résidence*, mais sur le *domicile* des époux. Si la femme est considérée comme ayant pour domicile légal celui de son mari, c'est qu'elle est obligée d'habiter avec lui ; quand cette obligation cesse, la communauté de domicile doit cesser également. La femme séparée de corps est donc désormais capable de se choisir un domicile et de le déplacer à son gré. La jurisprudence l'admettait déjà ; la loi du 6 février 1893 s'en est expliquée formellement (art. 108 nouv., al. 2).

* **711. Suppression de tous frais communs.** — La séparation d'ha-

bitation met fin à la vie de ménage; par suite la femme n'a plus à *contribuer* aux frais de la vie commune, comme elle y était tenue par les art. 1448, 1537 et 1575.

712. Suppression du devoir d'assistance. — L'assistance, telle que la loi la comprend, comporte des soins personnels à donner par l'un des époux à l'autre, et par suite elle implique la cohabitation. Elle cesse donc par l'effet de la séparation de corps.

B. — Séparation de biens.

***713. Dissolution de la communauté.** — La séparation de corps entraîne comme conséquence la séparation de biens (art. 311, al. 2). Cela veut dire d'abord que, s'il existe entre les époux une communauté de biens, on liquide cette espèce de société, chacun reprend sa part d'actif et de passif, et il n'y a plus de biens communs et indivis entre les deux époux.

***714. Suppression des pouvoirs du mari sur les biens de sa femme.** — En outre le mari perd tous les droits de *jouissance* et d'*administration* qu'il pouvait avoir sur les biens propres de sa femme ; il a presque toujours des droits de ce genre, quel que soit le régime matrimonial des époux et même en l'absence de toute communauté de biens.

La femme recouvre donc l'administration de ses biens, et en même temps la jouissance personnelle de ses revenus. Elle peut les toucher et en disposer, sans avoir de comptes à rendre à son mari.

***715. Caractère légal de la séparation de biens.** — Cette séparation de biens qui résulte de la séparation de corps en est la conséquence nécessaire et légale. Elle se produit *de plein droit,* sans que le juge ait besoin de la prononcer et sans qu'il puisse l'empêcher.

716. Rétroactivité de la séparation de biens. — D'après la jurisprudence cette séparation de biens est rétroactive, c'est-à-dire que la communauté est censée se dissoudre et le mari perdre tous ses pouvoirs, non pas le jour du jugement, mais *le jour où la demande en séparation de corps a été formée.* Cependant cette rétroactivité n'est pas opposable aux tiers; elle a lieu seulement *dans les rapports des époux entre eux.* Le mérite de cette jurisprudence sera discuté à propos du contrat de mariage et de la séparation de biens judiciaire. On a déjà vu que la loi de 1886 avait décrété la même rétroactivité pour le divorce (n° 650). La question sera traitée plus à fond à propos de la dissolution de la communauté (ci-dessous n° 1205).

C. — Capacité de la femme séparée de corps.

***717. État ancien du droit.** — Dans l'organisation traditionnelle que la séparation de corps avait reçue du droit canonique et que le Code Napoléon avait conservée, l'*autorité maritale* survivait. A vrai dire, par l'effet de la double séparation de corps et de biens, la femme se trouvait à même de mener une existence indépendante: elle avait son domicile séparé, ses revenus propres, et on lui reconnaissait, comme à toute femme séparée de biens, une *capacité limitée* ayant pour objet l'*administration de ses biens.* Elle était donc capable de faire seule et sans autorisation tous les actes nécessités par cette administration, notamment les baux, les réceptions de loyers et fermages, etc. Mais, sauf cette atténuation, l'incapacité de la femme subsistait et la puissance maritale trouvait encore l'occasion de s'exercer toutes les fois que la femme voulait accomplir un *acte de disposition* dépassant les bornes de sa capacité (aliénation, constitution d'hypothèque, emprunt, achat d'immeubles, etc.). La femme ne pouvait faire ces actes valablement qu'à la condition d'être régulièrement autorisée, en principe par son mari, ou à son défaut par justice.

** **718. Inconvénients et modification de ce régime.** — Cette situation, qui n'avait pas soulevé de plaintes dans les XVIIe et XVIIIe siècles, a paru de nos jours avoir des inconvénients sérieux. Dans l'état d'hostilité où se trouvent deux époux séparés de corps, le mari refusait presque toujours de donner l'autorisation qu'on lui demandait. La femme était alors obligée de faire constater son refus et de s'adresser à la justice [1]. De là des retards et des frais, et des incidents qui ne pouvaient qu'envenimer davantage les rapports des deux époux. Il était donc désirable que le mari fût complètement dépouillé de ses pouvoirs sur la personne de sa femme et que celle-ci fût libre dans tous ses actes. Cette réforme, bien souvent réclamée, a été opérée par la loi du 6 février 1893 (art. 311 nouv., al. 3). La séparation de corps a été ainsi considérablement rapprochée du divorce, dont elle ne diffère plus guère que par l'obligation de fidélité et l'impossibilité de se remarier.

** **719. Régime actuel.** — D'après le texte nouveau, la séparation de corps rend à la femme « le plein exercice de sa capacité civile, sans qu'elle ait besoin de recourir à l'autorisation de son mari ou de justice ». La portée de la réforme est aussi générale que possible : aucun acte, si grave qu'il soit, n'a plus besoin d'être autorisé par le mari [2].

Cependant la formule employée par la loi a besoin d'être bien comprise, et elle ne peut l'être que par la connaissance des raisons qui ont décidé la réforme. Elle ne signifie pas que la femme obtient par la séparation *la même capacité que si elle n'était pas mariée,* mais seulement que l'*exercice de la puissance maritale est suspendu* pendant la durée de la séparation de corps et que la femme n'est plus soumise à la nécessité d'obtenir l'autorisation de son mari ou à défaut celle de la justice qui devrait la remplacer. La différence entre les deux formules se comprend par leurs applications.

[1] Souvent le mari faisait pis encore : il se faisait payer l'autorisation qu'il donnait, et la femme avait souvent intérêt à traiter avec lui à prix d'argent : c'était plus tôt fait et moins cher que d'obtenir une autorisation judiciaire.

[2] L'avantage ainsi procuré à la femme séparée a été très apprécié dans les ménages désunis, et la mise en vigueur de la loi de 1893 a eu pour résultat de faire baisser momentanément le chiffre des demandes en divorce. Ainsi, à Paris, leur total est tombé de 3 119 en 1894 à 2 694 en 1895. Pendant ce temps les demandes en séparation s'élevaient sensiblement, de 2 094 en 1892, elles passaient à 2 405 en 1894, à 2446 en 1895, à 2 586 en 1896, à 2 657 en 1897 (*Rapports* du garde des sceaux, *Officiel,* 1897, p. 3023 ; 1900, p. 4346). En 1899, elles ont atteint le nombre de 2941.

S'agit-il d'un acte pour la validité duquel l'autorisation du mari aurait été suffisante ? La femme le fera à elle seule, sans se faire autoriser par personne et il sera valable, comme s'il avait été fait par une femme non mariée. Sur ce point les deux formules conduisent au même résultat.

S'agit-il d'un acte pour lequel l'autorisation du mari n'aurait pas suffi, par exemple l'aliénation d'un immeuble dotal? L'état de femme séparée de corps n'autorise pas un pareil acte : la loi de 1893 a eu pour but de délivrer la femme d'une tutelle dont l'exercice était abusif ; mais non de la priver des garanties exceptionnelles qu'elle avait pu s'assurer par son contrat de mariage, telles que la dotalité. L'immeuble dotal d'une femme séparée de corps reste donc inaliénable ; son aliénation ne peut pas être consommée plus facilement après la séparation qu'avant. On aperçoit ainsi l'intérêt qu'il y a à ne pas dire que la femme séparée possède la pleine capacité civile comme si elle n'était pas mariée ; c'est que la séparation de corps n'est pas le divorce, elle laisse subsister le régime dotal, sauf l'effet de la séparation de biens. Aussi la loi de 1893 se serait-elle exprimée plus exactement si elle avait dit que la séparation de corps suspend l'exercice de la puissance maritale, au lieu de dire qu'elle rend à la femme sa pleine capacité.

*** 720. Identité constante de la capacité de la femme.** — Le régime établi par la loi de 1893 profite à la femme dans tous les cas, *même lorsque la séparation de corps a été prononcée contre elle*. Le Sénat avait voté en 1887 une disposition contraire qui refusait le bénéfice de la capacité à la femme reconnue coupable ; il a fini par la rejeter, en considérant qu'il ne s'agissait pas de récompenser la femme, mais de faire disparaître des inconvénients qui se présentaient sans distinction dans les deux hypothèses.

D. — Nom des époux.

*** 721. Renvoi.** — La séparation de corps ne devrait avoir aucune conséquence sur le nom des époux, puisqu'ils restent mariés, et que la communauté du nom n'est qu'une indication de l'état de mariage. Ce fait étant toujours vrai, son énonciation devrait être toujours permise. Cependant on a déjà vu que le législateur avait inopinément attribué à la séparation de corps un effet très énergique sur le nom du mari et de la femme (art. 311, al. 1). Voyez t. I, n° 410.

E. — Déchéances diverses.

*** 722. Analogie avec le divorce.** — L'époux contre lequel la séparation de corps est prononcée subit diverses déchéances, qui forment une sorte de pénalité civile pour les fautes qu'il a commises. L'idée mère est donc la même qu'au cas de divorce, mais les déchéances encourues ne sont pas de tout point semblables.

723. Droits d'auteur. — L'époux coupable perd le *droit de jouissance* accordé au conjoint survivant d'un auteur, compositeur ou artiste sur les œuvres du prédécédé

(L. 14 juillet 1866). Aux termes de l'art. 1er cette jouissance n'a pas lieu lorsqu'il existe au jour du décès une séparation de corps prononcée contre le survivant.

724. Pensions de retraite. — De même, la femme survivante, quand la séparation de corps a été prononcée contre elle, perd tout droit sur la *pension militaire* ou *civile* accordée à son mari, qui aurait pu sans cela être continuée à son profit (L. 11 avril 1831, art. 18 ; L. 18 avril 1831, art. 20 ; L. 9 juin 1853, art. 13).

725. Droit de succession. — Le Code Napoléon n'avait pas retiré au coupable le droit de succession, d'une application d'ailleurs très rare, que les époux tenaient de l'art. 767 primitif. Mais ce droit de succession n'étant garanti par aucune réserve, chaque époux pouvait s'attendre à se le voir enlever par le testament de son conjoint. La loi du 9 mars 1891, qui a beaucoup étendu les droits successoraux du conjoint survivant, a en même temps subordonné ce droit à la circonstance qu'il n'existerait pas de séparation de corps prononcée contre le survivant (art. 767 nouv.).

726. Observation. — Les différents droits dont il est parlé aux trois numéros précédents sont également perdus après un divorce, mais pour une autre raison. Ils s'éteignent alors parce *qu'ils sont attachés à la qualité de conjoint et que les époux* divorcés n'ont plus cette qualité ; ils s'éteignent par suite pour les deux conjoints, même pour celui qui n'a rien à se reprocher. Au contraire, en cas de séparation de corps le titre de conjoint n'est pas effacé ; ces divers droits devraient survivre. S'ils sont perdus pour l'époux coupable, c'est donc à titre de *déchéance* ; par suite ils subsistent pour l'autre époux.

*** 727. Puissance paternelle.** — Cette puissance se trouve amoindrie par la séparation de corps comme par le divorce. L'époux coupable perd la *garde* des enfants qui lui sont ordinairement enlevés. Il faudrait répéter ici ce qui a été dit sur ce point à propos du divorce (nos 666 à 672). Déjà avant 1886 les tribunaux se reconnaissaient le droit d'ordonner toutes ces mesures par application des articles relatifs au divorce (Cass., 24 juillet 1878, D. 78. 1. 471, S. 79. 1. 424 ; Cass., 1er août 1883, D. 85. 1. 206). Leurs décisions donnaient lieu à de vives critiques (LAURENT, t. III, n° 350) ; mais elles ont été ratifiées par le législateur, car l'art. 307 a déclaré applicables à la séparation de corps les art. 236 à 244, y compris par conséquent l'art. 240 [1].

Cependant l'amoindrissement de la puissance paternelle est *moindre qu'au cas de divorce*. Il n'est pas dit en effet que la séparation fasse perdre le droit de *jouissance légale* de l'art. 384. L'art. 386 l'enlève seulement à celui des père et mère contre lequel le divorce a été prononcé.

Comme en matière de divorce, les décisions prises par les tribunaux relativement aux enfants d'époux séparés ne sont jamais définitives, et peuvent toujours être modifiées par le tribunal qui les a ordonnées (Cass., 25 août 1884, D. 85. 1. 206, S. 84. 1. 424).

*** 728. Avantages matrimoniaux.** — Pour eux nous n'avons qu'un

[1] Il n'y a là qu'une indication, et non, à vrai dire, une confirmation totale de la jurisprudence. En effet l'article 240 ne vise que les mesures provisoires à prendre pendant l'instance. Pour le temps qui suit la séparation prononcée, le tribunal ne peut statuer qu'en vertu des art. 302 et 303 qui n'ont pas été expressément déclarés applicables à la séparation de corps. Néanmoins la jurisprudence n'a jamais hésité à les lui étendre (Voyez les arrêts cités dans DALLOZ, *Répert.*, v° Divorce, nos 318 et suiv., *Suppl.*, *ibid.*, n° 653). Quelques auteurs en contestent cependant l'applicabilité directe et absolue (DEMANTE, t. II, n° 31 *bis*. II ; AUBRY et RAU, t. V, § 494, p. 201, note 13).

texte, l'art. 1518 relatif au *préciput*. Cet article décide implicitement que l'époux contre lequel la séparation de corps a été prononcée perd son droit au préciput. Faut-il s'arrêter là, et le préciput est-il le seul avantage que fasse perdre la séparation ?

Ne doit-on pas au contraire admettre que l'art. 299, qui fait perdre au coupable à la suite d'un divorce tous ses avantages matrimoniaux, est susceptible d'être étendu à la séparation de corps ? L'application de cet article ne fait plus guère de doute aujourd'hui, et elle est admise en jurisprudence depuis plus d'un demi-siècle. Cette opinion a triomphé à la Cour de cassation dans un arrêt célèbre des Chambres réunies, rendu le 23 mai 1845 (D. 45. 1. 225, S. 45. 1. 321), à une faible majorité (18 voix contre 16) et après une délibération de sept heures et demie [1] ; le procureur général Dupin avait conclu en sens contraire (TROPLONG, *Donations*, n° 1357). La grosse objection se tirait du caractère pénal de cet article qui établit une déchéance, et qui, écrit spécialement pour le divorce, ne pouvait, disait-on, être étendu à d'autres cas. Mais la solution qui a prévalu avait pour elle les traditions de l'ancien droit (POTHIER, *Douaire*, n°s 256 et 257), qu'on doit considérer comme maintenues implicitement par le Code, et un argument *a fortiori* tiré de l'art. 1518 : si la loi admet la perte du préciput, qui est une convention onéreuse plutôt qu'une libéralité, à plus forte raison doit-on enlever au coupable le bénéfice des donations qu'il a reçues.

La question est si bien vidée qu'en 1884 et en 1886 quand on a remanié le chapitre de la séparation de corps, et qu'on y a fait du vide en abrogeant deux articles, on n'a pas jugé utile de trancher cette vieille controverse. Plusieurs orateurs ont même reconnu dans la discussion, comme un point incontesté, l'extension de l'art. 299 à la séparation de corps. La jurisprudence a ainsi reçu, d'une manière indirecte, la sanction législative. C'est donc sans aucun espoir de succès que certains auteurs s'obstinent à la combattre encore.

§ 3. — *Effets de la persistance du mariage.*

*** 729. Le principe.** — On a déjà vu comment s'est introduite cette idée que la séparation des deux époux laisse subsister le mariage. C'est la combinaison des idées chrétiennes sur l'indissolubilité du mariage avec les idées antiques sur le divorce, dont la séparation a conservé le nom en droit canonique. Le mariage n'étant pas dissous, tout ce qui est la suite nécessaire de l'état d'époux, en dehors de la vie commune, continue à se produire.

*** 730. Maintien du devoir de fidélité.** — Le principe étant le maintien du mariage malgré la séparation, le devoir de fidélité subsiste. Il reste entier pour la femme, qui est toujours punissable en cas d'adultère. Mais pour le mari il y a une atténuation importante : si l'adultère commis par lui

[1] La jurisprudence n'a jamais varié (Cass., 27 décembre 1893, D. 94. 1. 391, S. 94. 1. 119).

peut encore être considéré comme une cause de divorce au profit de sa femme, il cesse d'être un délit au point de vue pénal : en effet l'amende n'est prononcée contre le mari adultère qu'autant qu'il a tenu sa concubine *dans la maison commune* ; or, après la séparation, il n'y a plus de maison commune. Pour la femme, au contraire, la peine de l'adultère n'est subordonnée à aucune condition de ce genre.

731. Maintien du devoir de secours. — Le devoir de secours subsiste. Celui des époux qui est dans le besoin conserve donc le droit de réclamer à l'autre une *pension alimentaire*, malgré la séparation, et sans qu'il y ait lieu de rechercher si elle a été prononcée au profit du demandeur ou contre lui. Sur ce point la jurisprudence est constante (Cass., 27 janv. 1890, D. 90. 1. 447, S. 90. 1. 216).

732. Controverse sur le principe de la pension alimentaire. — Aucun doute ne devrait s'élever sur la détermination de l'article en vertu duquel cette pension est accordée : c'est le devoir de secours, établi par l'art. 212, qui survit à la séparation parce que le mariage n'est pas dissous. Cet article est toujours applicable, et il suffit. Pour la jurisprudence, il y aurait par surcroît un autre article applicable conjointement avec lui, tout au moins quand la pension est demandée par l'époux contre lequel la séparation n'a pas été prononcée. C'est l'art. 301, déjà expliqué à propos du divorce (nos 642 à 645). Cette extension de l'art. 301 à la séparation de corps a été admise par de nombreux arrêts. Voyez entre autres Cass., 2 août 1861, D. 61. 1. 97.

CHAPITRE V

DE LA CESSATION DE LA SÉPARATION DE CORPS

*** 733. Causes de cessation.** — Les effets de la séparation de corps ne sont pas définitifs comme ceux du divorce ; ce qui fait qu'il faut pour eux un chapitre de plus que pour ceux du divorce, afin d'étudier les façons dont ils peuvent prendre fin. L'état de séparation de corps finit de trois manières : 1° par la *réconciliation des époux* ; 2° par la *conversion de la séparation en divorce* ; 3° par la *mort de l'un des époux*. Dans le premier cas il y a un retour plus ou moins complet aux effets normaux du mariage ; dans les deux derniers, la séparation finit indirectement, parce qu'elle suppose le mariage et que le mariage est dissous.

§ 1. — *Réconciliation des époux.*

A. — Formes de la réconciliation.

*** 734. Facilités données par la loi.** — La loi ne voit dans la séparation de corps qu'un état temporaire destiné à calmer l'irritation des époux par l'éloignement. Non seulement elle permet le rétablissement de la vie commune, mais elle l'appelle de ses vœux, elle le favorise. En effet elle n'exige des époux qui veulent se réconcilier aucune condition particulière ; ils n'ont aucune formalité à remplir, sauf ce qui est dit au n° 737 ci-dessous. Les époux se réconcilient quand ils le veulent et comme ils le veulent. Malgré ces facilités, les réconciliations d'époux séparés sont en nombre infime : deux pour cent à peine.

***735. Nécessité du consentement des deux époux.** — Une seule règle doit être posée à propos de la réconciliation, c'est que le *consentement des deux époux* est nécessaire. Il ne suffirait pas que celui qui a demandé et obtenu la séparation de corps manifestât le désir de reprendre la vie commune ; il ne peut pas contraindre son conjoint à se réunir à lui. Sans doute il était libre, tant que le procès durait, de se *désister*, et l'abandon de son action aurait empêché la rupture ; mais le jugement une fois rendu vaut titre pour les deux parties. Il crée entre elles une situation régulière, comme aurait pu le faire un contrat si la loi permettait les séparations amiables. La décision judiciaire remplace ici une convention, et la situation ne peut plus être modifiée que par un accord de volontés des deux époux. D'ailleurs que pourrait-on espérer d'un ménage rétabli contre la volonté de l'un des conjoints ? Quant à l'art. 309, dont on s'est servi pour essayer d'établir l'opinion contraire, il est aujourd'hui abrogé, mais sa disposition est reproduite littéralement dans le second alinéa de l'art. 337 C. pén. Il y est dit : « Le mari restera le maître d'arrêter l'effet de cette condamnation en *consentant* à reprendre sa femme », mais le législateur suppose évidemment que la femme, qui est en prison, ne demandera pas mieux que d'en sortir, et le verbe « consentir » employé par lui implique lui-même l'idée d'un accord.

***736. Inutilité de la reprise de la vie commune.** — Suffit-il qu'il y ait eu réconciliation entre les époux ? ou faut-il qu'il y ait reprise réelle de la vie commune ? La question était réglée par le projet sur la séparation de corps qui avait été préparé en 1816 : il y était dit que la séparation ne cesserait que « par le rétablissement notoire de la vie commune ou par la « déclaration faite par les époux dans un acte authentique, qu'ils enten- « dent faire cesser l'état de séparation » (art. 37). Mais, ce projet ayant échoué, nous n'avons aucun texte. Le plus sûr paraît être de s'en tenir aux règles ordinaires. Or la renonciation à un droit acquis peut se produire sous toute espèce de formes, tacitement ou expressément. Le moindre rapprochement entre les époux séparés entraînera donc abandon de l'espèce d'indépendance qui résultait du jugement, et chaque époux pourra dès lors exiger de l'autre la reprise de la vie commune [1].

[1] Cependant la Cour de Paris a jugé que le rétablissement effectif de la vie commune était nécessaire pour faire tomber le jugement de séparation (5 avril 1859, D. 59. 2. 68, S. 62. 1. 113). Sa décision a été longuement réfutée par M. Demolombe (t. IV, n° 536 *bis*). Elle a pour inconvénient principal d'autoriser le mari à aller en bonne

* **737. Nécessité d'une publicité.** — Autrefois la réconciliation des époux n'était soumise à aucune mesure de publicité : elle produisait de plein droit et par elle seule les effets que la loi y attache. Cela n'avait pas d'inconvénients parce que la capacité de la femme ne se trouvait pas modifiée par la réconciliation : la séparation de corps ne lui avait conféré que la capacité limitée qui appartient à la femme séparée de biens, et elle conservait cette même capacité après s'être réconciliée, parce que la réconciliation des époux met fin à la séparation de corps, mais non à la séparation de biens qui en est la conséquence. Depuis qu'on a accordé à la femme séparée de corps une pleine capacité, la réconciliation des époux a pour effet nécessaire de diminuer la capacité de la femme : n'étant plus séparée de corps, elle perd la capacité entière que lui donne le nouvel art. 311, al. 3, pour conserver seulement une capacité limitée en sa qualité de femme simplement séparée de biens. Il en résulte qu'elle perd par la réconciliation le droit de faire seule les *actes de disposition* (obligations, aliénations, établissement d'hypothèques, etc.). Les tiers ont donc le plus grand intérêt à être prévenus du fait de la réconciliation alors que ce fait leur était indifférent avant la loi du 6 février 1893. C'est pour cela que cette loi a organisé une publicité destinée à rendre la réconciliation opposable aux tiers (art. 311, al. 4).

738. Formes de la publicité. — Cette publicité se fait de trois façons :

1° Il doit être dressé un *acte notarié* constatant la réconciliation des époux et *un extrait de cet acte doit être affiché* dans la salle principale du tribunal de première instance, et de plus, si le mari est commerçant, dans celle du tribunal de commerce (art. 311 et 1445 cbnés) ;

2° *Mention du même acte doit être faite en marge a)* de l'acte de mariage des époux, *b)* du jugement ou arrêt qui a prononcé leur séparation ;

3° L'extrait de l'acte de réconciliation doit être publié par *insertions dans les journaux du département recevant les annonces légales*.

B. — Effets de la réconciliation.

* **739. Effets sur la personne de la femme et des enfants.** — Lorsque les époux se réconcilient, le régime qui résultait du jugement cesse de plein droit. La vie en ménage reprend son cours, la femme n'a plus de domicile séparé, les enfants rentrent sous l'autorité exclusive du père.

* **740. Maintien de la séparation de biens.** — Il reste toutefois

fortune chez sa femme, et même à la recevoir furtivement chez lui. S'il avait la précaution de la traiter comme une courtisane, la reprise de relations intimes, même assidues, la naissance même d'un enfant ne mettrait pas fin à la séparation ! « Il est bon que les époux sachent que l'état de séparation de corps impose des sacrifices et des devoirs rigoureux » (QUENAULT, *Revue critique*, 1857, p. 317). La solution de la Cour de Paris est d'ailleurs contraire aux traditions : « Conjux innocens copulam habens « cum conjuge adultera etiam occulto censetur condonare injuriam, ac ad pristinam « suam amicitiam conjugem adulteram revocare. Nec refert an ea copula contingat « ante vel post divortium celebratum... » (SANCHEZ, *de Matrimoniis*). — Dans l'espèce plaidée devant la Cour de Paris l'intérêt du débat était une condamnation à 3 mois de prison prononcée contre la femme pour adultère et que celle-ci prétendait être effacée par sa réconciliation avec son mari.

quelque chose de l'état de séparation: la séparation de biens, qui avait été la conséquence de la séparation de corps, lui survit. Les conventions matrimoniales primitives qui avaient été remplacées par un régime différent, ne reprennent pas leur force antérieure par le seul fait de la réconciliation. Elles ne peuvent être rétablies que par une convention spéciale, pour laquelle la loi exige un acte notarié et une certaine publicité (art. 1451). Le rétablissement du contrat de mariage est d'ailleurs soumis à des règles particulières qui ne peuvent être expliquées qu'à propos de ce contrat.

* **741. Effet d'une réconciliation non publiée.** — On a vu ci-dessus que depuis 1893 la réconciliation des époux doit être publiée conformément à l'art. 311, al. 4, lors même que les époux s'en tiendraient là et ne rétabliraient pas leurs conventions matrimoniales dans la forme prescrite par l'art. 1451. Quel serait donc l'effet d'une réconciliation opérée en fait, mais pour laquelle la publicité requise n'aura pas été remplie? L'art. 311 règle la situation en disant que *la diminution de capacité* que subit la femme par l'effet de la réconciliation *n'est pas opposable aux tiers.* Cela veut dire que si la femme accomplit seule et sans autorisation, à une date postérieure à la réconciliation, un acte dépassant la capacité des femmes séparées de biens, telle qu'elle est réglée par l'art. 1449, cet acte sera valable et que ni le mari ni la femme n'en pourront demander la nullité contre les tiers : à l'égard des tiers la femme conserve alors, malgré la réconciliation, la pleine capacité qu'elle avait durant la séparation de corps.

* **742. Triple option laissée à la femme.** — Depuis 1893 la femme qui se réconcilie avec son mari a donc, relativement à sa capacité personnelle et à son régime matrimonial, le choix entre trois partis, au lieu de deux qui lui étaient ouverts au temps où l'art. 1451 existait seul. Elle peut :

1° Se réconcilier en fait, en s'abstenant de toute publicité. Elle conserve alors dans ses rapports avec les tiers le bénéfice de la *capacité entière* que lui donne l'art. 311, al. 3.

2° Publier la réconciliation conformément à l'art. 311, al. 4, mais sans rétablir son contrat de mariage. Elle conserve alors le bénéfice de la séparation de biens accessoire à la séparation de corps, avec *capacité limitée.*

3° Rétablir son régime matrimonial primitif, par application de l'art. 1451. Elle retombe alors dans l'état d'*incapacité normale* où l'avait placée son mariage.

743. Lacunes de la loi. — La loi a omis de statuer sur deux points :

1° *A quel moment s'opère le passage de l'état de capacité entière à l'état de capacité limitée par l'effet d'une réconciliation* ? Est-ce à la date de l'acte notarié exigé par l'art. 311 ? Ou seulement à compter du jour où la publicité de cet acte a été effectuée ? Il semble bien que ce soit l'acte de réconciliation qui modifie lui-même la capacité de la femme, sauf accomplissement ultérieur des mesures de publicité. Il n'en est pas moins vrai qu'aucun délai n'étant fixé, des tiers pourront se trouver surpris ayant traité avec la femme, après la signature de l'acte et avant qu'il n'ait été rendu public.

2° *Quelle serait la situation d'un tiers qui aurait traité avec la femme, sans que la réconciliation ait été publiée, mais après en avoir été averti par elle ou après en avoir eu connaissance par un autre moyen?* La question est délicate. D'un côté la publicité n'est organisée que dans l'intérêt des tiers et pour leur faire connaître la réconciliation ; or les tiers ne peuvent se prétendre trompés quand il est établi que la situation réelle de la femme leur était parfaitement connue. D'autre part, quand la loi organise un mode spécial pour porter un acte à la connaissance des tiers, ce fait doit être réputé non avenu tant qu'il n'a pas été publié dans la forme légale. C'est ce qui a lieu par exemple pour les aliénations non transcrites et pour les hypothèques non inscrites. Cette dernière solution paraît la plus sûre.

§ 2. — *Conversion de la séparation en divorce.*

A. — Cause de la conversion.

*** 744. Pourquoi cette conversion est permise.** — La séparation de corps est une situation cruelle, qui laisse subsister toutes les obligations et toutes les charges du mariage, et qui en même temps supprime tous les avantages que peut offrir la vie de famille. Le mariage, pour des époux séparés de corps, n'est plus qu'une chaîne sans compensation. Quand tout espoir d'accommodement est perdu, cette situation deviendrait intolérable, si elle ne devait pas avoir une fin. M. de Marcère, rapporteur de la loi de 1884, disait : « Ce qu'est la séparation de corps pour les époux, le voici : c'est le dérèglement de la vie ou le célibat forcé, c'est-à-dire un état contraire soit aux lois sociales, soit à la nature humaine. » On a donc pensé qu'il fallait laisser aux époux un moyen d'en sortir en faisant convertir leur séparation en divorce au bout de trois ans, à compter de l'arrêt définitif [1].

***745. Qui peut demander la conversion.** — Le Code Napoléon n'avait accordé cette faculté qu'*à l'époux coupable,* à celui contre lequel la séparation avait été prononcée. Lui seul pouvait adresser à l'autre une mise en demeure, et lui dire : « Voilà trois ans que vous m'avez fait condamner à me séparer de vous, trois années d'expiation. Avez-vous oublié, pardonné? Alors réconcilions-nous, reprenez-moi. Sinon, rendez-moi ma liberté entière : divorçons. » On voit dans cet article le fond de la pensée des rédacteurs du Code. Ils n'avaient admis la séparation de corps qu'à regret. Ils ont voulu faire d'elle une situation provisoire, essentiellement temporaire, qui devait nécessairement se terminer par la réconciliation ou par le divorce. C'était, suivant le mot de M. Jules Simon, trois ans de pénitence avec le divorce au bout. Un pareil système avait un inconvénient grave, il mettait l'époux

[1] En fait on use assez volontiers de cette faculté. En 1898, il y a eu 430 séparations de corps converties en divorce.

innocent à la merci du coupable. Peut-être le demandeur s'était-il abstenu de demander le divorce, parce que sa foi religieuse lui défendait d'y recourir, et il allait se le voir imposer au bout de trois ans par son conjoint! Cette perspective était de nature à le faire reculer, et à l'empêcher de demander la séparation, dans la crainte d'en voir plus tard sortir un divorce contre son gré.

En 1884 on adopta un système différent. Le droit de demander la conversion fut accordé *aux deux conjoints également*. Chacun d'eux peut donc demander sa mise en liberté définitive. — On avait proposé dans la discussion de s'écarter davantage encore du Code civil en réservant exclusivement ce droit à l'époux non coupable. La raison qui a été donnée pour le conserver au coupable lui-même est que la séparation est une situation dangereuse, antisociale, qu'il est bon de faire cesser dans un intérêt supérieur, lorsque la réconciliation est décidément impossible.

* **746. Caractère facultatif de la conversion.** — D'après le Code Napoléon, la conversion de la séparation en divorce était inévitable quand elle était demandée par l'époux coupable, qui seul alors en avait le droit; le tribunal ne pouvait pas la lui refuser. En 1884 on a rendu la conversion *facultative* pour les juges. L'art. 310 porte en effet: « Le jugement *pourra être converti...* » Le tribunal apprécie donc s'il y a lieu d'accorder la conversion, et on lui laisse sur ce point liberté entière : il se déterminera d'après les circonstances.

Cette modification a été faite pour donner satisfaction à ceux qui auraient voulu retirer entièrement à l'époux coupable le droit d'obtenir la conversion. Ils rejetaient, à l'égal d'une injustice, l'idée d'imposer le divorce à un époux innocent contrairement à sa foi religieuse, et cela sur la demande du coupable. L'appréciation des tribunaux, qu'on investit d'un pouvoir discrétionnaire, paraissait devoir être une garantie sérieuse. Cependant, en pratique, l'époux coupable obtient aisément la conversion, quoique l'autre s'y oppose pour un motif de conscience (Angers, 13 avril 1896, D. 96. 2. 439).

Le pouvoir d'appréciation laissé au juge a eu un autre effet : il a rendu le divorce plus difficile à obtenir que la séparation. Dans certains cas les juges refusent la conversion parce que les faits allégués ne leur paraissent pas avoir une gravité suffisante pour rompre le mariage (ci-dessus n° 691). En 1898, 9 pour 100 des demandes de conversion ont été rejetées (*Officiel*, 26 septembre 1901). En 1899 sur 408 demandes, 378 ont été admises.

747. Critique de la loi. — Le pouvoir laissé aux juges n'a été en somme qu'un moyen pour le législateur de ne pas résoudre lui-même une question gênante. Il n'en reste pas moins possible, et même fréquent, de voir rompre définitivement un mariage sur la demande de l'époux qui a été seul à avoir des torts. C'est un résultat qui paraît choquant à beaucoup de bons esprits.

Sans doute la séparation de corps a des inconvénients graves; c'est un état qui n'est ni le mariage, ni la liberté; mais du moment où on l'admet dans les lois par respect pour les opinions religieuses de ceux qui ne veulent pas du divorce, il y a une véritable contradiction à en faire la préface du divorce imposé à l'époux innocent sur la demande du coupable. Cet argument a été développé avec force par M. Lucien Brun, qui se plaignait que la liberté de conscience fût violée, et il avait raison [1].

*** 748. Mode d'exercice du pouvoir d'appréciation des tribunaux.** — La Cour de cassation reconnaît que les juges du fait ont un pouvoir souverain pour apprécier l'opportunité de la conversion (Cass., 11 janv. 1887, D. 87. 1. 334, S. 88. 1. 374; Cass., 21 avril 1896, D. 96. 1. 551, et les arrêts cités aux notes). Mais ils doivent se décider d'après les circonstances de la cause, et non d'après des raisons théoriques, comme celle qui consiste à dire que le divorce est, en principe, préférable à la séparation de corps (Cass., 12 janv. 1887, D. 87. 1. 160, S. 88. 1. 375).

Pour accorder le divorce, ils se déterminent principalement par cette raison que tout espoir de rapprochement entre les époux est perdu (Bourges, 22 nov. 1886, D. 87. 2. 80; Bastia, 1er mars 1892, D. 92. 2. 417; Dijon, 3 juillet 1895, D. 96. 2. 287; Paris, 17 juin 1896, D. 96. 2. 408). Mais lors même qu'on en est là, la conversion n'est pas nécessairement prononcée, quand elle est requise par l'époux coupable et que son conjoint y résiste. Les raisons reconnues suffisantes pour faire rejeter alors la conversion sont tirées soit de l'inconduite de l'époux coupable depuis la séparation, de l'aggravation de ses torts et de l'inexécution de ses engagements, soit de l'intérêt personnel du conjoint innocent et des enfants (Lyon, 13 mai 1890, D. 92. 2. 166; Rennes, 30 oct. 1894, D. 94. 2. 149; Paris, 24 janvier 1893, D. 95. 2. 480; Comp. Cass., 29 mars 1886, D. 90. 1. 378).

La Cour de Rennes a même fondé en partie au moins sa décision sur cette considération que l'époux coupable (en l'espèce le mari) vivait en concubinage et ne demandait le divorce que pour épouser sa concubine. Il n'y a rien à dire contre ce motif, puisque les tribunaux ont un pouvoir discrétionnaire; mais il est directement contraire aux intentions du législateur, qui n'a accordé à l'époux coupable le droit de demander la conversion que pour lui permettre de ne pas vivre en concubinage.

749. Conception nouvelle de la conversion. — On pourrait comprendre la

[1] On ne doit accorder aucun poids à l'argument présenté par M. Jules Simon, d'après lequel la conversion d'un jugement de séparation de corps en jugement de divorce serait contraire à l'autorité de la chose jugée. La chose jugée ne se comprend que pour les constatations de faits contestés : le juge démêle ce qui lui paraît être la vérité et son opinion est tenue pour telle. Mais la prononciation d'une séparation de corps est une mesure d'ordre, une décision qui modifie l'état du droit des personnes, et qui est nécessairement susceptible d'être modifiée à son tour par un acte contraire du même pouvoir.

conversion de la séparation en divorce, sous une autre forme qui répondrait mieux aux intentions du législateur de 1884. La demande en conversion serait une demande en divorce, fondée sur une cause nouvelle, l'impossibilité pour l'époux demandeur de rester plus longtemps dans la situation fausse que lui fait la séparation de corps. Le juge saisi de la demande n'a donc pas à apprécier à nouveau ni les faits anciens qui ont motivé le jugement de séparation, ni les faits nouveaux qui ont pu aggraver les torts du conjoint coupable. Il doit se demander uniquement s'il est bon que l'état de séparation de corps se prolonge, et pour cela il ne doit examiner qu'un seul point : les chances d'une réconciliation possible. — Ce système, développé par M. Saint-Marc dans la *Revue critique* (1885, spécialement p. 122 et 229), est incompatible avec l'état actuel des textes et les combinaisons adoptées en fait par les auteurs de la loi de 1884 ; mais il a fait l'objet d'une nouvelle proposition de réforme législative, d'après laquelle les juges seraient *obligés* de prononcer le divorce quand l'un des époux, coupable ou non, le demanderait. De la sorte il y aurait une *nouvelle cause péremptoire de divorce* à ajouter à celles qui existent déjà et qui serait l'existence d'une séparation de corps ayant duré trois ans.

B. — Formes de la conversion.

***750. Calcul du délai de trois ans.** — La conversion ne peut être demandée qu'au bout de trois ans (art. 310, al. 1er). La loi n'a pas fixé le point de départ de ce délai. On admet que c'est le jour où le jugement est devenu définitif (Cass., 28 nov. 1887, D. 89. 1. 433, S. 90. 1. 113). Par suite, si l'époux acquiesce au jugement, le délai courra du jour de l'acquiescement (Cass., 28 déc. 1891, D. 92. 1. 114, S. 92. 1. 120). Voyez cependant Bourges (3 nov. 1890, D. 91. 2. 277, S. 91. 2. 245), qui fait courir le délai du jour du jugement.

751. Suppression d'une ancienne fin de non-recevoir. — Sur un autre point encore le système primitif a été modifié. On a fait disparaître une exception établie par le texte de 1803 : lorsque la séparation avait été prononcée pour adultère de la femme la conversion était impossible. Aucune exception de ce genre ne figure dans le texte nouveau ; la conversion peut toujours être demandée.

752. Procédure. — Il était inutile d'obliger les parties à suivre la procédure du divorce dans toute sa lenteur. Aussi la conversion s'obtient-elle au moyen d'une procédure sommaire, esquissée dans l'art. 310, complété sur ce point en 1886. Il y a d'abord une requête au président pour obtenir l'autorisation d'assigner. Le président y répond par une ordonnance qui nomme en même temps un juge-rapporteur. L'affaire est communiquée au ministère public. Les débats ont lieu en la Chambre du conseil ; le jugement seul est prononcé à l'audience. — Même procédure en appel. La formalité du rapport est substantielle et son inobservation est une cause de nullité (Cass., 17 avril 1889, D. 90. 1. 278, S. 90. 1. 70).

753. Tribunal compétent. — La Chambre des députés voulait que la demande en conversion fût jugée par le même tribunal qui avait prononcé la séparation de corps. Cette disposition eût été exceptionnelle. Elle a été rejetée parce que la conversion peut être demandée au bout de longues années ; il ne servirait à rien de revenir devant le même tribunal ; sa composition ayant varié dans l'intervalle, on n'y retrouverait plus les mêmes juges. Il n'y avait réellement pas d'intérêt à obliger les parties à aller plaider au loin, quand leur domicile a été déplacé. Le droit commun s'appliquera donc ; le tribunal compétent est celui du domicile actuel du défendeur.

754. Frais. — Quand la conversion est demandée par celui dont les torts ont rendu la séparation nécessaire, les frais de la procédure de conversion sont à sa charge (Angers, 13 avril 1896, D. 96. 2. 439). Mais si l'époux innocent, après avoir perdu en première instance, fait appel et succombe une seconde fois devant la Cour, une partie des frais d'appel peut être mise à sa charge (Caen, 13 févr. 1885, D. 86. 2. 98, S. 86. 1. 193).

***755. Possibilité de renouveler la demande.** — Le rejet d'une demande en conversion ne fait pas obstacle à ce que cette demande soit renouvelée par le même époux. En écartant la première demande, le juge statue d'après l'état de fait au moment où elle est formée; il la rejettera, par exemple, s'il pense que tout espoir de réconciliation n'est pas perdu. C'est pourquoi sa première décision ne l'empêche pas de statuer plus tard en sens contraire, si les choses ont changé. La demande en conversion est ainsi au nombre de celles qui peuvent être indéfiniment renouvelées, de même que les demandes en pension alimentaire (Paris, 3 juillet 1890, D. 91. 2. 57 et la note de M. R. Beudant. — *Contra*, Paris, 1er juillet 1886, *ibid.*).

756. Dispositions transitoires. — La loi de 1884 contenait des dispositions transitoires qui n'ont plus d'intérêt. Les demandes en séparation de corps pendantes au moment de sa promulgation ont pu être converties en demandes de divorce, à la volonté du demandeur. Quant aux séparations prononcées antérieurement et devenues définitives elles ont pu ou peuvent encore être converties en divorces conformément à l'art. 310, c'est-à-dire trois ans seulement après leur prononciation et sur la demande de l'un ou de l'autre époux.

C. — Effets de la conversion.

***757. Titre auquel le divorce est prononcé.** — La demande en conversion ne suppose pas de faits nouveaux; le divorce, une fois admis, sera donc réputé prononcé pour *les faits anciens* qui avaient primitivement motivé la séparation. S'il y a des faits nouveaux, ils peuvent servir de demande à une cause de divorce, mais ce n'est plus alors la *conversion* qui est demandée; c'est une demande nouvelle qui doit s'engager dans les formes ordinaires. De plus, cette demande, ayant sa cause propre, pourra être formée moins de trois ans après la séparation.

Comme conséquence de cette observation, il a été décidé que les juges qui prononcent la conversion ne peuvent *changer la nature de la cause de séparation*, devenue cause de divorce. Ils sont liés à cet égard par la chose jugée. Ainsi, quand la séparation a été prononcée pour cause d'*injure grave*, à raison de relations entretenues par le mari avec une femme désignée seulement par l'initiale de son nom, le divorce ne peut pas être prononcé par voie de conversion pour cause d'*adultère* avec désignation nominative de la complice du mari, de façon à rendre impossible un mariage entre eux (Caen, 25 oct. 1887, D. 91. 2. 40). Solution analogue pour un mari, contre lequel la séparation avait été prononcée pour injure grave parce que à cette époque (avant 1884) l'adultère du mari commis hors de la maison conjugale n'était pas une cause de séparation, il a été jugé qu'on ne pouvait prononcer le divorce par conversion pour adultère de façon à leur appliquer l'art. 298 (Cass., 24 mai 1892, D. 93. 1. 411).

758. Déchéances. — Quel que soit l'époux qui ait demandé et obtenu la conversion, les déchéances encourues à raison de la séparation devenue un divorce n'atteignent jamais que celui qui s'est rendu coupable des causes de cette séparation. Ainsi lorsque la conversion a lieu sur la demande de l'époux qui était originairement défendeur, et malgré la résistance de celui qui avait obtenu le jugement, les déchéances prononcées par l'art. 299 ne sont pas encourues par l'époux innocent qui s'est opposé à la conversion. Le divorce n'est pas prononcé *contre lui*, quoiqu'il se réalise *malgré lui*; ce qui arrive est tout simplement la substitution du divorce à la séparation qu'il avait demandée. C'est donc le jugement de séparation de corps, prononcé à son profit, qui devient jugement de divorce, et c'est à la première décision qu'il faut se reporter pour savoir contre qui le divorce est prononcé[1]. Les déchéances ne frappent jamais que celui qui a rendu la rupture nécessaire

[1] On a très légitimement conclu de là que lorsque la séparation avait été pronon-

par sa faute. Le plus simple raisonnement conduit à cette solution, qu'exige impérieusement l'équité (Comp. Bastia, 1er mars 1892, D. 92. 2. 417).

***759. Transcription du jugement.** — Le divorce étant réputé prononcé au profit de celui des deux époux qui avait originairement obtenu la séparation, c'est cet époux qui a seul le droit de faire transcrire le jugement de divorce pendant le premier mois, bien que la conversion ait été prononcée à la requête du coupable (Nancy, 14 janvier 1888, S. 88. 2. 53).

760. Droit aux aliments. — Les pensions alimentaires ont soulevé devant la jurisprudence des questions multiples au cas de conversion de la séparation en divorce. Supposons qu'une pension de ce genre ait été accordée pendant la séparation ; que devient-elle par l'effet de la conversion ?

Le point capital à noter est celui-ci : après la rupture du mariage, aucune pension ne peut plus être servie par application de l'art. 212, qui suppose la qualité d'époux ; d'autre part, l'époux innocent a seul droit au bénéfice de la pension indemnitaire établie par l'art. 301 ; cet article s'applique nécessairement à cause de la généralité de ses termes au divorce par conversion aussi bien qu'au divorce ayant fait dès le début l'objet de la demande.

Ces principes étant posés, il ne peut y avoir de difficulté au cas où la pension était servie à l'époux dont les torts avaient provoqué la séparation ; cette pension s'éteint nécessairement. En effet celui qui la touchait ne peut plus la réclamer ni en vertu de l'art. 212, ni en vertu de l'art. 301.

Mais quand la pension est due à celui des époux qui avait obtenu la séparation de corps à son profit, il devient très important de savoir quel est celui des deux articles dont il lui a été fait application ; si c'est en vertu de l'art. 212, la pension s'éteint par l'effet du divorce ; si c'est en vertu de l'art. 301, elle subsiste (Cass., 4 févr. 1889, D. 89. 1. 250, S. 89. 1. 128 ; Bordeaux, 21 mars 1892, D. 92. 2. 412, S. 92. 1. 276). Les tribunaux ont cherché divers moyens de maintenir à l'époux innocent le bénéfice de sa pension ; il a été jugé que, bien que le jugement de séparation se soit fondé uniquement sur l'art. 212, la pension peut se trouver due en réalité en vertu de l'art. 301 (Cass., 3 janvier 1893, D. 93. 1. 126, S. 93. 1. 225). Mais tous ces procédés plus ou moins habiles sont inutiles ; au cas même où il serait certain que la pension n'a été accordée qu'en vertu de l'art. 212, une nouvelle pension alimentaire peut toujours être allouée à l'époux innocent, par application de l'art. 301, au moment où la conversion a lieu (Cass., 10 mars 1891, D. 91. 1. 175).

Enfin toute difficulté disparaît encore au cas où la séparation avait été prononcée *aux torts des deux conjoints* : la pension qui pouvait être servie par l'un d'eux à l'autre cesse, car l'art. 301 n'est applicable à aucun des conjoints (Cass., 24 nov. 1886, D. 87. 1. 335, S. 88. 1. 433 ; Cass., 27 janv. 1891, D. 91. 1. 461, S. 91. 1. 72).

§ 3. — *Mort de l'un des conjoints.*

761. Ses conséquences. — La séparation de corps suppose le mariage ; c'est un état particulier dans lequel se trouvent deux personnes mariées ensemble. Il en résulte que l'état de séparation de corps ne peut pas se prolonger au delà de la durée du mariage lui-même. Il prend donc fin quand le mariage se dissout par la mort de l'un des époux.

Cette remarque est intéressante à faire quand il existe des enfants nés du mariage et que, à raison de la séparation, des mesures avaient été prises contre le père pour lui enlever la garde des enfants et restreindre l'exercice de son droit de puissance paternelle. La mère

cée aux torts des deux époux, le divorce ne peut être admis aux torts de l'un d'eux seulement (Cass., 11 févr. 1889, D. 90. 1. 225 ; Cass., 25 juill. 1892, D. 93. 1. 411, S. 92. 1. 503).

étant morte, ces mesures prennent fin parce qu'elles n'étaient qu'un effet de la séparation de corps. Le père survivant *recouvre* le plein exercice de ses droits, y compris la garde des enfants, dont il devient tuteur légal (Poitiers, 21 juill. 1890, D. 91. 2. 73, avec une note de M. de Loynes). Un résultat analogue se produirait si ces mesures avaient été ordonnées contre la mère : à la mort du père, elle *acquerrait* l'exercice de la puissance paternelle, qui jusque-là ne lui avait pas encore appartenu.

DEUXIÈME PARTIE

LES RÉGIMES MATRIMONIAUX

GÉNÉRALITÉS

CHAPITRE PREMIER

NOTIONS PRÉLIMINAIRES

762. Bibliographie. — Traités généraux. — Rodière et Pont, *Traité du contrat de mariage et des droits respectifs des époux*, 2e édit., 1865, 3 vol. in-8. — Guillouard, *Traité du contrat de mariage*, 3e édit., 1895, 4 vol. in-8. — Lecourtois et Surville, *Du contrat de mariage*, 2e édit., 1901, 3 vol. in-8. — On peut consulter aussi les traités plus anciens de Bellot des Minières (1826), Odier (1846), Troplong (1857).

Questions diverses. — Vidal, *Étude sur les moyens organisés par la loi et la jurisprudence pour protéger les fiancés contre leurs fraudes réciproques*, 1885. — P. Cauwès, *De la protection des intérêts économiques de la femme mariée*, 1894. — H. Basset, *Le rôle de la femme mariée dans la gestion des intérêts pécuniaires de l'association conjugale*, thèse, Paris, 1896. — Aftalion, *La femme mariée ses droits et ses intérêts pécuniaires*, thèse, Paris, 1899. — René Minard, *Des droits et des pouvoirs du mari sur les valeurs mobilières de sa femme sous les différents régimes matrimoniaux*, thèse, Paris, 1901. — H. Coulon, *De la réforme du mariage, modifications aux régimes matrimoniaux*, 1900.

Formules. — Michaux, *Traité pratique des contrats de mariage...*, 1869. — Defrénois, *Traité formulaire des contrats de mariage*, 1865.

763. Observation. — En général on appelle cette matière « Le contrat de mariage », parce que tels sont les premiers mots de l'intitulé de ce titre dans le Code civil, mais cette dénomination est fort mal choisie. En effet, le contrat de mariage n'est que l'acte qui règle le régime des biens entre époux et souvent il manque : la majorité des gens qui se marient ne fait point de contrat. Et cependant le régime matrimonial n'en existe pas moins ; seulement il est réglé par la loi.

Du reste, dans le Code civil, l'intitulé complet du titre V porte : « Du contrat de mariage *et des droits respectifs des époux* », ce qui est plus exact, car la loi règle à la fois la portée de leurs conventions et leurs droits en l'absence de convention.

***764. Objet des régimes matrimoniaux.** — Tout mariage fait naître en foule des questions intéressant les biens des époux. Du mariage lui-même découlent des charges : il faut savoir par qui et dans quelle proportion ces charges seront supportées ? Quels seront les droits du mari sur les biens de sa femme ? Dans quelle mesure celle-ci conservera-t-elle l'administration et la jouissance personnelle de ses revenus ? Les époux acquerront des biens : à qui ces biens nouveaux appartiendront-ils ? Quels seront les droits de la veuve ? Quels seront les droits du mari survivant ? Pour résoudre toutes ces questions, une théorie spéciale s'est peu à peu formée, celle du *régime matrimonial,* qui a pris naissance en droit romain avec la pratique de la dot[1].

***765. Variété de régimes existant en France.** — A la rigueur on pourrait concevoir que toutes les questions à résoudre fussent réglées de la même façon pour tout le monde. Au point de vue pécuniaire, le mariage pourrait très bien produire des effets uniformes, puisqu'il en produit de tels pour la condition des personnes : la puissance maritale, la puissance paternelle ne varient pas d'un ménage à l'autre ; mais cette uniformité n'existe pas pour les biens. On remarque au contraire une très grande diversité. Il y a d'abord à cela une raison historique : la France a été le point de rencontre de races différentes, qui ont gardé longtemps des mœurs fort diverses. Jusqu'au Code civil, l'opposition a été très tranchée entre le Midi et le Nord en matière de régime matrimonial.

Cette première raison ne suffirait pas à expliquer l'état actuel : il en résulterait tout au plus deux systèmes, l'un romain, l'autre germanique ; or il y en a bien plus de deux. Ceci est l'effet de la *liberté laissée aux particuliers.* Sur une matière où l'Église ne faisait pas intervenir l'autorité immuable du droit canonique, et à une époque où la législation civile était muette, les conventions privées ont pu se donner librement carrière.

***766. Principaux régimes.** — Malgré la liberté que la loi française laisse aux époux pour construire leur contrat de mariage selon leurs goûts et leurs intérêts, il existe un certain nombre de *formules-types,* qu'on appelle *régimes,* et dont les conventions individuelles ne sont que des variantes.

La loi française en reconnaît quatre : 1° la *communauté* ; 2° le *régime sans communauté* ; 3° la *séparation de biens* ; 4° le *régime dotal.*

Il est nécessaire d'en donner dès maintenant une idée sommaire, par l'indication de leurs traits caractéristiques, afin que le lecteur puisse comprendre les allusions qui seront faites à chacun d'eux.

***767. Notion sommaire de la communauté.** — Ce régime est caractérisé par l'existence d'une *masse commune* qui se compose de *biens indivis,* appartenant aux deux époux par moitié en général, et qui doit régu-

[1] Très compliquée chez nous, cette théorie était beaucoup plus simple en droit romain. La femme *in manu* était assimilée à une *filia familias* et ne possédait rien en propre, ce qui supprimait tout régime matrimonial comme institution juridique distincte. La femme mariée sans « manus » restait capable et indépendante de son mari. L'origine du régime matrimonial est donc l'institution de la dot, qui créait des rapports obligatoires d'ordre pécuniaire entre mari et femme. Ces rapports se sont développés et compliqués sous l'influence germanique.

lièrement rester dans cet état d'indivision pendant toute la durée du mariage. C'est cette masse qu'on appelle la *communauté*; elle fait l'objet d'une *société de biens,* d'un genre particulier, qui est propre aux époux.

Cette communauté peut comprendre, soit la totalité, soit seulement une partie des biens des époux : ce dernier cas est le plus fréquent, les communautés universelles sont rares.

Les biens communs sont *administrés par le mari,* avec des *pouvoirs très étendus,* presque aussi grands que s'il en était seul propriétaire.

Les biens non compris dans la communauté sont appelés *propres,* et les propres de la femme sont administrés par le mari, qui en perçoit les revenus au profit de la communauté.

***768. Notion sommaire du régime sans communauté.** — Ce régime est soumis aux mêmes règles que le précédent, notamment pour la *capacité* de la femme, ainsi que pour l'administration et la jouissance de ses propres qui sont attribuées au mari. Il n'y a de différence que dans l'absence de communauté : *il n'y a pas de biens communs*; tous les biens des époux sont propres soit au mari, soit à la femme.

***769. Notion sommaire de la séparation de biens.** — Comme le précédent, ce régime exclut l'existence d'une masse commune; mais il en diffère : 1° par la *demi-capacité* que la femme conserve pour administrer ses biens; 2° par la *privation des revenus* de la femme, dont le mari n'a pas la jouissance.

***770. Notion sommaire du régime dotal.** — Celui-ci est au fond un régime de séparation de biens. Ce qui lui vaut son nom, c'est la présence d'une *dot,* apportée par la femme au mari, et dont celui-ci acquiert tout au moins les revenus et parfois même la propriété. Les biens dotaux sont en principe *inaliénables* et *insaisissables.* Les biens non-dotaux prennent le nom de *paraphernaux.*

***771. Œuvre du Code civil.** — La Révolution, qui avait modifié la puissance paternelle, le mariage et les successions, n'avait pas touché au régime des biens entre époux : les régimes coutumiers restaient confinés dans le Nord; le régime dotal dans le Midi. Quand le Premier Consul fit préparer le projet définitif, la commission de rédaction eut à résoudre une importante question. Fallait-il opter entre le droit coutumier et le droit romain? Et, si on le faisait, auquel fallait-il donner la préférence? La commission fut d'avis de les conserver tous les deux et de laisser les particuliers libres de choisir.

Cette décision eut un résultat remarquable, qui est la *pénétration réciproque des deux régimes.* Leurs domaines ne sont plus séparés : le régime dotal peut depuis 1804 être établi à Paris et à Lille, et la communauté à Toulouse et à Marseille.

772. Répartition actuelle des régimes. — Pendant longtemps il a été impossible de savoir dans quelle mesure cette pénétration s'était réalisée. Une enquête entreprise en 1876 sur ce sujet dut être abandonnée, à cause de l'opposition passive des notaires et la question posée à nouveau en 1886, à la Sorbonne, au Congrès des Sociétés savantes des départements, resta encore sans réponse. Voyez toutefois, sur l'extension du régime dotal à Paris, le *Journal officiel* du 20 avril 1895, p. 2254 (Congrès des Sociétés savantes).

En 1898, l'administration de l'enregistrement fit dresser une statistique des contrats de mariage (*Bulletin de statistique*, février 1899, p. 141) et le congrès de droit comparé de 1900 entendit sur ce sujet un intéressant rapport de M. Adam, avoué à Yvetot, qui s'était livré à une enquête auprès des chambres de notaires (*Bulletin de la Société de législation comparée*, 1900, p. 562). Il ressort de ces documents que les *cinq septièmes* environ des gens qui se marient se trouvent placés *sous le régime de la communauté légale* : sur 287 179 mariages célébrés en 1898, 82 346 seulement avaient été précédés d'un contrat de mariage. Quant aux régimes adoptés par des conventions expresses, on peut faire les observations suivantes : sur 82 346 contrats, 68 412 ont adopté les diverses variétés de la communauté, alors que le nombre des contrats de régime dotal atteignait seulement 10 112.

D'autre part, le régime dotal perd sans cesse du terrain dans la région qui était jadis son domaine propre et ses progrès sont à peu près nuls dans le reste du pays. Il n'a plus la majorité que dans les ressorts de Montpellier, de Nîmes, d'Aix et de Bastia. Dans le ressort de Toulouse, sur près de 4 000 contrats relevés en 1898, 764 seulement ont adopté le régime dotal. Dans le ressort de Grenoble, on en compte 1 566 seulement sur 4 310 contrats ; dans celui de Riom, 1 829 sur 6 165 contrats. La région de Bordeaux ne pratique guère que la communauté d'acquêts : ce régime a été adopté 5 527 fois sur 5 561 contrats. Toutefois il est vraisemblable que les chiffres publiés ne donnent qu'une idée fausse du nombre réel des cas de régime dotal dans les départements du Centre et du Nord et principalement à Paris. Beaucoup de notaires ont l'habitude de commencer la rédaction du contrat en établissant la communauté d'acquêts ; les clauses d'où résulte la dotalité ne viennent qu'à la suite, et souvent sous une forme détournée qui peut empêcher de les reconnaître. Il y a donc lieu de craindre, jusqu'à plus ample informé, qu'un certain nombre de contrats instituant le régime dotal aient été attribués à la communauté d'acquêts. Peut-être aussi en est-il de même dans la région du Midi, et en ce cas on ne peut faire usage d'une statistique mal faite.

Quant aux anciennes provinces coutumières, veut-on savoir ce qu'elles font du régime dotal ? Si on défalque la Normandie, où ce régime est relativement assez commun, bien qu'il représente moins d'un sixième des contrats[1], et Paris, où les stipulations plus ou moins complètes de dotalité se voient de temps à autre[2], on en trouve tout juste 34 exemples dans une région qui comprend les trois cinquièmes de la France[3]. Le régime dotal n'a rien gagné dans le Nord et il recule constamment dans le Midi. Voyez notamment les observations de M. Adam sur les régions de Valence, d'Aurillac et autres (*op. cit.*, p. 573) et sa conclusion (p. 577).

Laurent s'était donc fort exagéré le mouvement d'extension du régime dotal dans les pays coutumiers (Laurent, t. XXIII, p. 452 ; *Avant-projet de revision*, t. V, p. 176). Voir quelques renseignements sur la rareté de ce régime dans la région d'Arras, Douai et Gand, dans Viollet, *Précis*, p. 658 ; 2e édit., p. 771. Voir aussi Duverger, *Revue pratique*, t. XLIV, 1878, p. 295-296.

[1] Sur 6 118 contrats, on compte 931 stipulations du régime dotal (ressorts de Caen et de Rouen réunis).

[2] Et encore on ne trouve que 63 cas de régime dotal pur sur 8 653 contrats passés en 1898, à peine 1 sur 137 ! Il est évident que la proportion des Méridionaux habitant Paris est bien supérieure à ce chiffre. Ils perdent donc leurs traditions locales, quand ils se déplacent.

[3] Il est représenté dans tous les ressorts, mais presque partout à dose infinitésimale : 1 cas dans les ressorts de Douai et d'Angers, 2 dans ceux de Poitiers et de Bourges, 3 dans ceux de Nancy et de Besançon.

***773. Choix du régime légal.** — Une autre question encore se présenta lors de la confection du Code. Il fallut prévoir le cas très fréquent des gens qui se marient sans faire de contrat de mariage, et déterminer leur régime matrimonial. Les partisans des deux grands régimes, la communauté et le régime dotal, se retrouvèrent ici en présence.

Les partisans du régime dotal faisaient valoir en sa faveur la nécessité de protéger la femme contre le mari, qui pouvait trop facilement la ruiner en obtenant son consentement pour aliéner son bien ou pour l'hypothéquer. Contre la communauté, ils représentaient qu'elle est injuste pour le mari, parce que c'est lui qui l'enrichit par son travail et que la femme acquiert la moitié de ses gains.

En faveur du régime coutumier, on répondait que la communauté est surtout le régime des ménages pauvres, dans lesquels la femme travaille autant que le mari. Même dans les classes riches ou aisées, la femme *conserve* ce que le mari *gagne*. On ajoutait que la loi des successions ne donnait à la femme qu'un rang très éloigné et qu'il était juste que le régime matrimonial compensât cette situation. Enfin l'habitude de joindre une *société d'acquêts* au régime dotal, qui commençait à se répandre dans le Midi, fut présentée comme une indication du sentiment public en faveur de la communauté. D'autre part, on reprochait au régime dotal d'apporter des *entraves au commerce* par l'inaliénabilité qu'il établit et de rendre possibles des *fraudes contre les tiers*, auxquelles la femme vend ou hypothèque son immeuble dotal pour demander ensuite la nullité de l'aliénation ou de l'hypothèque.

Ce fut la communauté qui l'emporta. D'après l'art. 1400, à défaut de contrat de mariage, les époux sont *communs en biens*, et le détail de leur communauté est réglé par la loi. Cette communauté, qui existe à défaut de contrat, est ce qu'on appelle le *régime légal*. Quand il existe un contrat, on se trouve en présence d'un régime matrimonial *conventionnel*.

774. Cas d'application du régime légal. — On verra plus loin (n°s 840 et 841) que ce régime a lieu lorsque les parties ont fait un contrat de mariage et que ce contrat de mariage est ensuite annulé. Mais il a lieu aussi, et c'est là son application normale, pour toutes les personnes qui n'ont pas fait de contrat du tout. De graves difficultés se sont élevées pour le cas où des *étrangers résidant en France* s'y marient sans contrat, et la même question se pose pour les *Français qui résident à l'étranger* ; car la loi n'a statué que pour les Français habitant le territoire qu'elle régit. Comme ces difficultés appartiennent au droit international, nous n'en dirons que quelques mots. On écarte l'idée d'une adoption tacite, et en quelque sorte obligatoire, du régime français de la communauté ; l'intention des parties doit être recherchée, et un des indices les plus sûrs de leur volonté à cet égard est la situation du lieu où les époux entendaient fixer leur domicile après le mariage. Voyez pour les Français mariés à l'étranger : Cass., 9 mars 1891, D. 91. 1. 459, S. 93. 1. 457 ; et pour les étrangers mariés en France : Paris, 24 mai 1895, D. 96. 2. 53, S. 96. 2. 154.

775. Système allemand. — Jusqu'en 1900, le régime des biens entre époux présentait en Allemagne une diversité extrême. Sous le nom de *communauté d'administration*, le nouveau Code a adopté un régime analogue à notre régime sans communauté et qui est emprunté aux lois prussiennes et au Code saxon. Le mari a tous les revenus, sauf déduction de ce que la femme gagne par son travail (art. 1367). Comp. Meulenaere, *Code civil allemand*, p. 370 ; Barre, *Le Code civil allemand et le Code civil français, comparés*, § 136.

CHAPITRE II

LE CONTRAT DE MARIAGE

** **776. Définition.** — On appelle « contrat de mariage » la convention par laquelle les époux constatent leurs conventions pécuniaires et règlent eux-mêmes leur régime matrimonial.

777. Origine. — L'habitude de faire un contrat de mariage est relativement récente. Les Romains n'en faisaient pas : leur régime matrimonial n'était pas conventionnel, il était légal. Ils constataient seulement l'apport de la dot et réglaient les conditions de sa restitution, au moyen de l'*instrumentum dotale*.

Il en était à peu près de même au moyen âge. On trouve bien dans les archives anciennes un assez grand nombre d'actes appelés « contrats de mariage », mais ce sont des *promesses de mariage*, avec *stipulation d'une dot*. Aussi toutes nos anciennes coutumes françaises ne supposent jamais que les particuliers aient l'habitude d'établir par contrat leur régime matrimonial : tout était réglé par la coutume.

Ce fut seulement au xvie siècle, quand on se trouva en possession de coutumes écrites, officielles, que les jurisconsultes commentaient, qu'on eut l'idée de modifier par des règles conventionnelles le statut local, aussitôt que ses dispositions devinrent incommodes ou trop étroites. On vit alors les praticiens inventer des clauses qui modifiaient le régime traditionnel de la communauté et comme ces clauses parurent avantageuses et qu'elles constituaient un réel progrès, l'usage se répandit de faire un contrat de mariage pour en profiter.

* **778. Utilité actuelle.** — L'apparition du Code civil donna au contrat de mariage une importance encore plus grande que celle qu'il avait eue dans le passé, puisque les époux eurent à choisir entre des régimes plus nombreux et plus éloignés les uns des autres. De plus dans les régions où la communauté n'était pas pratiquée (départements du Midi et Normandie), la population se trouvait en quelque sorte mise en demeure de faire un contrat, si elle voulait éviter ce régime contraire à ses habitudes : faute de conventions contraires, elle devait le subir à titre de régime légal. Aussi est-ce surtout dans ces régions que les contrats de mariage sont nombreux. Ailleurs, il n'y a guère que les gens ayant une fortune de quelque importance qui se décident à en faire les frais.

§ 1. — *Des parties, de leur présence et de leur capacité.*

** **779. Distinction.** — Sont parties dans un contrat de mariage :

1° Les futurs ;

2° Les personnes, parentes ou non, qui interviennent pour les autoriser ou pour leur faire des libéralités.

Les futurs époux sont les seuls pour lesquels il y ait des particularités à signaler, soit pour leur présence, soit pour leur capacité.

A. — Présence des futurs époux.

* **780. Comparution par mandataire.** — Pour le mariage, il leur est impossible de se faire représenter par des mandataires ; ils doivent comparaître en personne. Pour le contrat de mariage, il leur est permis d'employer un mandataire, pourvu que celui-ci soit porteur d'une procuration *authentique* et *spéciale*, c'est-à-dire contenant en détail les clauses du contrat à signer.

781. Contrat signé par un porte-fort. — Tout contrat de mariage est nul s'il est reçu en l'absence des époux ou de leurs représentants munis de pouvoirs réguliers, alors même que leurs parents se seraient portés forts pour eux. Un pareil contrat n'a aucune existence ; il ne peut être ratifié ou confirmé ni expressément, ni tacitement, et toute personne intéressée peut à toute époque en faire constater la nullité. Ces contrats passés entre les parents seuls, et sans le concours de leurs enfants, étaient dans le Midi de la France d'un usage immémorial sous le nom de *contrats de fiançailles* et les Cours d'appel du Midi et la Cour de cassation ont été souvent appelées à en prononcer la nullité (voyez la liste d'arrêts donnée dans Dalloz, *Table de vingt-deux ans*, v° Contrat de mariage, n° 21, et spécialement Cass., 11 juillet 1853, D. 53. 1. 281, S. 54. 1. 49 ; Cass., 6 avril 1858, D. 58. 1. 224, S. 59. 1. 17 ; Cass., 10 avril 1866, D. 66. 1. 350, S. 66. 1. 190). La difficulté principale était de savoir si ces contrats, qui étaient atteints d'une nullité radicale, pouvaient être ratifiés et à quelle époque et sous quelle forme cette ratification pouvait se faire. Du reste cette habitude paraît s'être perdue.

B. — Capacité nécessaire.

* **782. Distinction.** — Une double capacité doit être envisagée : 1° la *capacité de se marier* ; 2° la *capacité de contracter*.

1° Capacité de se marier.

* **783. Comment la question se pose.** — Faut-il que les époux aient déjà, au moment où ils font leur contrat de mariage, la capacité de se marier ? La question ne se pose pas quand l'obstacle qui empêche leur mariage est perpétuel, car à aucune époque leur contrat de mariage ne trouvera l'occasion de s'appliquer. Mais si cet obstacle est de nature à disparaître avec le temps, et si le contrat de mariage est rédigé trop tôt, à un moment où le mariage ne serait pas encore possible, sera-t-il nul lui-même ?

* **784. Solution.** — La loi a prévu un cas, le défaut d'âge de l'un des époux, que l'on suppose encore mineur, et l'art. 1398 dit : « Le mineur, *habile à contracter mariage...* » Il faut donc que le mineur ait déjà l'âge requis pour le mariage (15 ans révolus pour la femme, 18 ans pour l'homme) au moment où le contrat est dressé, ou qu'il ait déjà obtenu une dispense d'âge. Fait plus tôt, le contrat de mariage serait nul.

Pour tous les autres cas d'empêchements temporaires, il n'existe aucun texte. On doit admettre la validité du contrat fait par anticipation précisément parce qu'aucun texte ne l'annule. La jurisprudence a statué en ce sens pour les beau-frère et belle-sœur, qui font leur contrat de mariage en attendant la dispense sollicitée par eux ; elle a même décidé ainsi dans un cas où cela pouvait sembler douteux : le contrat de mariage avait été rédigé avant la loi du 16 avril 1832, modifiant l'art. 164, c'est-à-dire à une époque où aucun mariage de ce genre n'était encore possible (Paris, 9 février 1860, D. 60. 2. 73). On admet aussi en Belgique que le contrat de mariage peut être rédigé avant l'expiration du délai de trois ans imposé aux époux divorcés.

2° Capacité de contracter.

a. — *Mineur*.

** **785. Règle traditionnelle.** — A son égard, la loi a statué, par un texte formel, l'art. 1398 : pour faire son contrat de mariage, le mineur [1] doit remplir les mêmes conditions que pour son mariage. C'est l'application d'une ancienne maxime : « Habilis ad nuptias, habilis ad pacta nuptialia [2] », qui signifie que les conditions de capacité sont les mêmes pour les deux contrats, mariage et contrat de mariage.

* **786. Personnes devant assister le mineur.** — Incapable de contracter seul, le mineur a besoin d'être assisté, et, pour obéir à l'art. 1398, il doit l'être dans son contrat de mariage par les mêmes personnes qui l'assisteront à son mariage. Ces personnes sont : 1° ses père et mère ; 2° à leur défaut, ses autres ascendants ; 3° à défaut d'ascendants, son conseil de famille, ou un tuteur *ad hoc* s'il s'agit d'un enfant naturel (art. 148 et suiv.).

Quand un mineur se marie n'ayant plus comme ascendants que son aïeul et son aïeule maternels, il peut faire valablement son contrat de mariage avec la seule assistance de son aïeul, dont le consentement suffirait à permettre le mariage en cas de dissentiment entre lui et sa femme (Alger, 24 oct. 1888, D. 90. 2. 105, S. 92. 2. 310). Une solution analogue devrait être donnée dans tous les cas où il y aurait deux ascendants, dont l'un pour-

[1] On s'est demandé de quel mineur il est parlé dans l'art. 1398. Selon ODIER (*Contrat de mariage*, t. II, n° 607), il s'agissait du *mineur quant au mariage*, c'est-à-dire du majeur de 21 ans, mais âgé de moins de 25 ans et ayant encore des ascendants. Dans l'opinion qui prévaut, la loi parle du mineur ordinaire, de celui qui n'a pas encore 21 ans. A partir de cet âge, le futur époux peut faire son contrat de mariage sans l'assistance de personne ; il est désormais capable de tous les actes de la vie civile (art. 488), bien qu'il ait encore besoin du consentement de ses ascendants pour son mariage.

[2] Sur cette règle, voyez BRODEAU sur LOUET, lettre M, n° IX.

rait autoriser le mariage malgré l'opposition de l'autre ; par exemple le contrat de mariage serait valable fait avec la seule assistance du père, la mère étant vivante, ou avec l'ascendant qui représente seul l'une des deux lignes, les ascendants de l'autre ligne n'ayant pas été consultés.

*** 787. Dérogations au droit commun.** — D'après le droit commun, le mineur n'agit pas lui-même ; il est *représenté* par son père, administrateur légal, ou par son tuteur (art. 450), et lui-même ne parle jamais à l'acte Voyez t. I, nos 2357 à 2366. Dans son contrat de mariage, c'est *lui-même qui figure,* comme dans son mariage : il a paru indispensable d'avoir son consentement personnel dans un acte aussi grave, qui va le lier pour sa vie entière, et au moment même où il va se trouver émancipé.

De plus, ce n'est pas *son protecteur ordinaire,* tuteur ou curateur, qui l'assiste, mais bien *les personnes dont le consentement est requis pour son mariage.* Quelle en est la raison ? Ces personnes, ayant seules le droit de consentir au mariage, doivent nécessairement en fixer les conditions pécuniaires. Sans cela, le tuteur pourrait indirectement faire échouer un mariage qui lui déplairait, s'il était chargé de régler les conventions matrimoniales ; c'est souvent des clauses du contrat que dépend la réalisation du mariage projeté.

Il peut arriver que l'ascendant qui a la tutelle ou l'administration légale, soit aussi celui qui autorise le mariage, par exemple le père. Il importe de remarquer qu'il agit alors, non plus comme tuteur, mais comme ascendant investi de la puissance paternelle, et en voici la conséquence : c'est qu'il peut autoriser le mineur pour son contrat de mariage, quoiqu'il y ait opposition d'intérêts entre eux ; l'art. 420 lui est inapplicable (Cass., 23 févr. 1869, D. 69. 1. 179, S. 69. 1. 193). Voyez toutefois, en sens contraire, la note de M. Labbé, dans le *Sirey*. L'art. 420 s'appliquerait certainement, s'il s'agissait d'autoriser le mineur pour des conventions en réalité étrangères à son contrat de mariage (Cass., 10 déc. 1867, D. 67. 1. 475, S. 68. 1. 121).

*** 788. En quoi consiste l'assistance.** — En principe, l'assistance exigée par l'art. 1398 suppose la présence réelle de l'ascendant, qui assiste au contrat et en discute les clauses. Selon Laurent (t. XXI, n° 24), ce serait même le seul mode régulier d'assistance. Il est cependant admis que le consentement peut être donné d'avance et par écrit, ou que l'ascendant peut se faire représenter par un fondé de pouvoirs, pourvu que, dans l'un et l'autre cas, il précise avec soin les conventions qu'il entend approuver. L'assistance effective, telle que la voulait Laurent, serait même impraticable pour les mineurs qui n'ont plus d'ascendants : le conseil de famille ne peut pas se transporter tout entier chez le notaire, juge de paix en tête, pour discuter et signer le contrat. En pratique, il en approuve les termes d'avance, sur un projet communiqué par le notaire, et une expédition de sa délibération, relatant les clauses de ce projet, est transmise au notaire pour être jointe au contrat, à titre d'annexe. Il ne suffirait pas que le conseil de famille déléguât un de ses membres pour assister le mineur, sans préciser lui-même les conventions qu'il autorise (Cass., 15 nov. 1858, D. 58. 1. 439, S. 59. 1. 385 ; Cass., 16 juin 1879, D. 80. 1. 415, S. 80. 1. 166).

*** 789. Effet d'une autorisation régulière.** — Le mineur, ainsi habilité, peut consentir, *comme s'il était majeur*, toutes les conventions dont le contrat de mariage est susceptible[1]. Il peut donc faire une donation à son conjoint (art. 1095), ce qui est très remarquable, car d'après le droit commun un mineur ne peut donner entre vifs à qui que ce soit et si peu que ce soit (art. 903)[2].

Cependant cette capacité exceptionnelle du mineur n'est pas absolue : elle subit une restriction pour la future épouse, qui, lorsqu'elle est encore mineure, ne peut pas consentir la réduction de son hypothèque légale (art. 2140).

*** 790. Effet du défaut d'autorisation.** — L'inobservation de la loi est sanctionnée par la nullité du contrat. Quelle est cette nullité ? est-elle relative ou absolue ? C'est un point sur lequel une grave dissidence existe entre la doctrine et la jurisprudence. Il sera examiné plus loin (n°s 836-839).

b. — *Personnes pourvues d'un conseil judiciaire.*

*** 791. Jurisprudence.** — Ces personnes sont incapables de faire seules certains actes énumérés dans les art. 499 et 513. Le mariage n'y figurant pas, il leur est permis de se marier librement. Peuvent-elles également faire leur contrat de mariage ? Le texte n'en dit rien. Si on leur applique l'ancienne maxime « *Habilis ad nuptias...* », par analogie avec l'art. 1398, la conséquence sera la liberté de faire leur contrat de mariage sans l'assistance de personne, et valablement. La Cour de cassation a admis deux fois cette solution (24 déc. 1856, D. 57. 1. 18, S. 57. 1. 245 ; 5 juin 1889, D. 91. 1. 449, S. 89. 1. 413) ; mais, aux deux fois, les Cours d'appel devant lesquelles l'affaire fut renvoyée ont statué en sens contraire (Agen, 21 juill. 1857, D. 57. 2. 168, S. 57. 2. 530 ; Orléans, 11 déc. 1890, D. 91. 2. 362, S. 91. 2. 199) ; et il y avait d'autres arrêts semblables plus anciens (Bordeaux, 7 févr. 1855 ; Amiens, 21 juill. 1852 ; etc.). L'arrêt précité de la Cour d'Orléans ayant été attaqué à son tour, il est intervenu un *arrêt des Chambres réunies* (21 juin 1892, D. 92. 1. 369, S. 94. 1. 449), qui a donné raison aux Cours d'appel. On peut donc considérer le débat comme clos.

*** 792. Doctrine.** — La doctrine presque entière s'est prononcée en faveur du système des Cours d'appel. Il y a en effet une excellente raison de distinguer entre le mineur et le prodigue. Comme le mineur a besoin d'être autorisé par sa famille pour se marier, la maxime « Habilis ad nuptias... » l'oblige à se faire également autoriser pour son contrat de mariage, tandis que le prodigue peut se marier seul, sans aucune assistance,

[1] Le droit moderne est sur ce point beaucoup plus large que notre ancien droit, qui n'autorisait le mineur à introduire dans son contrat que les conventions ordinaires, celles qui y étaient d'un usage courant, « pacta et renuntiationes quae in talibus apponi solent », disait Dumoulin, et non pas les conventions exceptionnelles, comme la communauté universelle.

La loi n'autorise de la part du mineur que les conventions constitutives des contrats de mariage. On ne peut profiter de cette capacité exceptionnelle du mineur pour échapper aux règles de la tutelle ou de l'administration légale, et pour lui faire consentir, sans l'autorisation de son conseil de famille, des conventions en réalité étrangères à son contrat de mariage (Cass., 10 déc. 1867, D. 67. 1. 475, S. 68. 1. 121 ; Limoges, 29 janv. 1879, D. 80. 2. 255, S. 79. 2. 232 ; Cass., 11 déc. 1882, D. 83. 1. 132).

de sorte que cette même maxime le laisserait sans protection pour l'acte pécuniaire le plus grave de tous, par son étendue et par sa durée.

* **793. Conséquences.** — D'après la jurisprudence des Cours d'appel, qui s'est toujours appliquée en fait, et qui est aujourd'hui sanctionnée par la Cour de cassation, la personne pourvue d'un conseil ne peut faire seule son contrat de mariage, mais elle peut se marier à son gré et sans contrat, ce qui la place sous le régime de la communauté légale (Paris, 13 juillet 1896, D. 96. 2. 302). Elle peut donc rédiger un contrat par lequel elle adopterait ce régime, ou en restreindrait les effets, par exemple en limitant la communauté aux acquêts ; mais l'assistance de son conseil lui deviendrait nécessaire pour toutes les clauses entraînant soit une aliénation, soit une obligation plus étendue que celles qui résultent du régime légal, par exemple une *donation* à son conjoint ou un *ameublissement* (Bordeaux, 5 févr. 1855, D. 56. 2. 250, S. 56. 2. 65).

c. — *Interdit.*

794. Silence des textes. — Si l'on admet que le mariage d'un interdit est possible dans un intervalle lucide (question étudiée ci-dessus n° 22), on doit se demander comment il faudra faire son contrat de mariage. La question se pose exactement dans les mêmes termes que pour le prodigue, et l'on doit écarter l'application de la maxime « Habilis ad nuptias... » L'interdit ne fera donc pas son contrat de mariage ; il sera représenté par son tuteur (art. 450 et 509).

Même solution pour le condamné en état d'interdiction légale.

§ 2. — *De la liberté des conventions matrimoniales.*

A. — Le principe.

** **795. Motif.** — Le principe est écrit dans l'art. 1387 : les époux peuvent faire leurs conventions comme ils le jugent à propos [1]. Pothier disait : « C'est un principe que les contrats de mariage sont susceptibles de toutes sortes de conventions » (*Communauté, Introd.*, n° 1), et Berlier en a donné le motif dans la discussion du Code : « Les prohibitions pourraient avoir pour effet d'empêcher des mariages » (Fenet, t. XIII, p. 651). La loi veut donc faciliter le mariage en facilitant les conventions qui l'accompagnent : elle élargit pour elles les limites ordinaires.

* **796. Applications.** — Voici les principales clauses qui sont permises dans les contrats de mariage par faveur exceptionnelle :

1° Donations de biens à venir. — Interdites en droit commun comme constituant des pactes sur succession future, elles sont permises dans les contrats de mariage (art. 947, 1082 et 1084).

2° Donations potestatives. — Les conditions potestatives qui annulent les donations ordinaires sont tolérées dans les contrats de mariage (art. 1086),

[1] Sur un cas exceptionnel et unique dans lequel les époux sont privés de la liberté ordinaire par l'art. 295, al. 2, voyez ci-dessus n° 678.

conformément à l'ancienne maxime : « Donner et retenir, *hors mariage*, ne vaut ».

3° Donations faites par un mineur. — (Art. 1095). Voyez ci-dessus n° 789.

4° Communauté des biens a venir. — De droit commun, les associés ne peuvent mettre en commun que la *jouissance* de leurs biens à venir (art. 1937) ; les époux peuvent les faire entrer en communauté pour la pleine propriété.

5° Attribution a l'un des époux de la totalité des bénéfices. — Cette clause, prohibée dans les sociétés ordinaires (art. 1855), est permise dans la communauté (art. 1525).

6° Inaliénabilité dotale. — Cette clause est certainement la plus remarquable de toutes celles qui tendent à favoriser le mariage.

B. — Restrictions diverses.

*** 797. Clauses contraires aux bonnes mœurs.** — Cette grande liberté n'est cependant pas absolue : ce contrat, le plus favorisé et le plus libre de tous, subit encore des restrictions diverses. La première est énoncée en termes un peu vagues dans l'art. 1387 : la loi prohibe toute clause contraire aux bonnes mœurs, ce qui est une application particulière du principe déjà formulé dans l'art. 6. On n'en signale pas d'exemple dans la pratique.

Toutefois on pourrait rattacher à cette idée les doutes qui se sont élevés sur le point suivant : un époux peut-il, en faisant une donation à l'autre, stipuler que sa libéralité sera révoquée si le donataire, devenu veuf, se remarie? Quelques auteurs ont pensé que cette clause était illicite comme contraire à la liberté des mariages ; mais l'opinion générale et la pratique se sont prononcées pour sa validité. Elle est en effet dictée par un sentiment louable, qui est tantôt le désir de protéger les enfants, tantôt celui de conserver les biens aux membres de la famille. Le conjoint survivant n'est pas pour cela empêché de se remarier ; il reste libre de le faire, en perdant le profit des libéralités du défunt.

*** 798. Clauses portant atteinte à la puissance maritale.** — La puissance maritale est une des conséquences essentielles du mariage. Il ne peut être permis aux gens qui se marient de la détruire ou de l'altérer par leurs conventions, et c'est ce que la loi leur défend expressément dans l'art. 1388. Du reste cela ne se fait jamais. Mais la puissance maritale a pour conséquence l'*incapacité de la femme,* et cette incapacité doit être comprise dans la prohibition établie par la loi. Or le contrat de mariage a inévitablement pour effet de fixer l'étendue de cette incapacité, qui dépend du régime adopté. Il importe donc de rechercher dans quelle mesure les époux peuvent la faire varier.

S'ils adoptent la communauté, la femme sera *complètement incapable* ; elle ne pourra faire valablement sans autorisation les actes les moins graves, ceux qui constituent la simple administration. S'ils choisissent la séparation de biens, elle conservera au contraire une *demi-capacité,* analogue à celle d'un mineur émancipé, qui lui servira à administrer elle-même sa fortune.

Ils peuvent en outre aggraver l'incapacité de la femme en stipulant l'inaliénabilité de la dot, clause dont les effets sont expliqués plus loin.

Mais ces limites ne peuvent pas être franchies. La femme ne pourrait pas conserver une capacité entière, convenir qu'elle pourra aliéner ses immeubles ou emprunter sans autorisation. A l'inverse, la femme ne peut pas se rendre incapable sans remède, en s'interdisant de s'obliger même avec l'autorisation de son mari, de façon à pouvoir attaquer comme nuls les actes faits avec cette autorisation.

On a vu des exemples de clauses de ce genre. A Paris, des notaires avaient rédigé en ce sens des contrats de mariage et deux arrêts les ont validés (Paris, 17 nov. 1875, D. 77. 2. 89, S. 76. 2. 65; 6 déc. 1877, D. 78. 2. 81, S. 78. 2. 61). Cette espèce d'*incapacité contractuelle* (tel fut le nom qu'on lui donna) souleva une véritable émotion dans le monde juridique. M. Valette publia dans « Le Droit » divers articles où il appelait cette jurisprudence « une innovation inouïe, qui rompait avec tous les textes et toutes les traditions antérieures, d'après lesquels nul ne peut disposer à son gré de son état » (*Mélanges*, t. II, p. 513 et suiv.). Le second de ces arrêts fut cassé (Cass., 22 déc. 1879, D. 80. 1. 112, S. 80. 1. 125) et la Cour a maintenu depuis lors sa décision (Cass., 13 mai 1885, D. 86. 1. 204, S. 85. 1. 312), si bien qu'on peut considérer cette doctrine hérétique comme définitivement condamnée. La Cour de Paris elle-même a abandonné sa première jurisprudence (Paris, 19 juin 1884, S. 84. 2. 193). Mais la pratique a eu un retour offensif sous une autre forme : elle a étendu l'inaliénabilité dotale à tous les régimes : cette inaliénabilité n'est pas la même chose que l'incapacité contractuelle. Il y a là une distinction délicate à faire, sur laquelle nous reviendrons plus loin (n° 804).

*** 799. Clauses portant atteinte à la puissance paternelle.** — C'est par erreur que le Code parle à ce propos de la « puissance *maritale* sur la personne des enfants » (art. 1388) ; il s'agit évidemment de la puissance *paternelle*. Les époux ne peuvent pas modifier ou supprimer les divers droits ou obligations qui découlent pour eux de leur puissance sur leurs enfants, tels que leurs droits d'éducation, de correction, etc. Voici la conséquence pratique la plus intéressante de cette prohibition. On considère en général comme nulle la convention d'élever les enfants dans telle ou telle religion, convention usitée surtout dans les mariages mixtes, entre personnes de religions différentes (Huc, t. III, n° 167); on estime qu'elle comporte une abdication illégale de la part du père, parce que c'est ordinairement la mère qui demande que les enfants soient élevés dans sa religion. L'opinion contraire, soutenue jadis par Rodière et Pont (*Contrat de mariage*, T. I, n° 63), me paraît plus équitable. Voyez l'examen de cette question, t. I, n° 2120.

*** 800. Clauses contraires aux droits du mari comme chef.** — L'art. 1388 défend encore de déroger aux droits qui appartiennent au mari *comme chef*. Il ne s'agit plus ici de ses droits de puissance sur les personnes, car cela ferait double emploi avec ce que la loi vient de dire du mari comme *chef de la famille*, mais de ses droits sur les biens comme *chef de la communauté*.

On ne peut donc pas enlever au mari la direction de la communauté ni amoindrir ses pouvoirs en exigeant le concours de la femme pour les actes d'aliénation, « étant contre la bienséance publique, disait Pothier, que l'homme, que Dieu a fait pour être le chef de la femme, ne fût pas le chef de leur communauté de biens » (Introd., n° 4). Ainsi la femme ne peut pas se réserver le droit de consentir à l'aliénation des biens communs (Paris, 7 mai 1855, D. 56. 2. 257, S. 56. 2. 497)[1].

Mais les droits d'administration et de jouissance qui appartiennent au mari sur les biens propres de sa femme ne sont pas essentiels au régime, car il y a des régimes sous lesquels le mari ne les a pas : la séparation de biens et le régime dotal pour les paraphernaux. Il est donc permis de les modifier, et la femme peut se réserver, sous un régime quelconque, le droit de percevoir certains revenus et d'en disposer.

801. Pactes successoires. — L'art. 1389 ne fait que rappeler et confirmer la prohibition générale qui frappe les conventions sur successions futures (art. 791, 1130 et 1600).

Anciennement la prohibition était levée pour les contrats de mariage, et les conventions sur successions futures y étaient nombreuses : substitutions pupillaires, règlement des parts des enfants dans la succession des parents, clauses d'affrérissement (assimilation des enfants du premier lit à ceux du second, tendant à détruire le *privilège du double lien*), etc. Une seule a survécu : l'*institution contractuelle*, qui sera expliquée à propos des successions et des donations.

802. Références aux anciennes coutumes. — Il est défendu d'adopter, sous forme de renvoi, un régime organisé par une coutume abrogée (art. 1390). La loi ne veut pas qu'on se réfère d'*une manière générale*, à l'une des coutumes, lois ou statuts locaux qui régissaient ci-devant les diverses parties du territoire français, et qui sont abrogées par le présent Code (L. 30 ventôse an XII, art. 7). On a voulu éviter que la diversité des anciennes coutumes ne se maintînt dans l'usage par la force des traditions, mais la loi n'empêche pas d'adopter leurs dispositions *en les transcrivant*, pourvu qu'elles n'aient rien de contraire aux lois modernes. Elles valent alors *comme conventions privées*; ce ne sont plus des textes législatifs appliqués comme s'ils étaient toujours en vigueur. C'est tout ce que les auteurs du Code ont voulu.

D'autre part il est permis de se référer à une loi étrangère, toujours sous la condition qu'elle ne soit pas contraire aux principes d'ordre public de la loi française. Les motifs de l'art. 1390, ainsi que son texte, ne s'appliquent qu'aux anciennes lois françaises.

802 *bis*. Prohibitions diverses. — Il existe enfin un certain nombre de dispositions prohibitives éparses dans le Code et auxquelles l'art. 1398 *in fine* fait allusion sans les énumérer[2]. Parfois la prohibition est expressément écrite dans le texte, par exemple dans l'art. 1453, relatif à la faculté qu'a la femme de renoncer à la communauté. Parfois elle en résulte implicitement, par exemple dans l'art. 1483, relatif à la faculté d'accepter la communauté sous bénéfice d'inventaire.

C. — Conséquences récentes du principe de liberté.

*** 803. Mélange des régimes.** — La liberté des conventions matri-

[1] Il se produit depuis quelques années un très vif mouvement d'opinion contre les pouvoirs excessifs du mari sur la communauté. Voyez notamment les observations de M. Boistel, *Réforme sociale*, 1er janvier 1902, sur les *Limites à apporter aux pouvoirs du mari*. La *Société d'Études législatives*, nouvellement fondée à Paris, a mis ce sujet à l'étude et s'efforcera d'obtenir du Parlement une réforme sur ce point.

[2] Si on ne les a pas rappelées dans les art. 1388 à 1390, c'est dans la crainte que l'énumération ne fût incomplète et ne laissât dépourvues de sanction les dispositions prohibitives que l'on aurait oubliées (Locré, t. VI, p. 344).

moniales produit une conséquence que les auteurs du Code civil ne paraissent pas avoir prévue : c'est le mélange des divers régimes, par la combinaison d'éléments empruntés à plusieurs pour former un régime composite. Ils n'ont songé qu'à une hypothèse, la seule que la pratique eût encore révélée de leur temps : l'adjonction d'une société d'acquêts au régime dotal (art. 1581). Voyez ci-dessous nos 1681-1697. Mais depuis lors ces combinaisons ont fait des progrès. Ce que la pratique a montré est l'inverse de ce qui se faisait avant la Révolution : on avait vu jadis la communauté pénétrant dans le régime dotal sous forme de société d'acquêts ; au cours du XIXe siècle on a vu au contraire l'inaliénabilité dotale pénétrer dans le régime de communauté.

* **804. Extension de l'inaliénabilité dotale.** — On peut distinguer trois étapes dans cette voie :

1° En se mariant sous le régime de la communauté, une femme déclare que *ses biens propres,* meubles ou immeubles, seront inaliénables comme sous le régime dotal ou ne pourront être aliénés qu'à charge de remploi du prix. Cette clause devient de plus en plus fréquente dans la pratique. Même dans le Nord de la France, tout en adoptant le régime de communauté qui est dans les traditions du pays, les femmes mariées veulent se placer sous la protection de la dotalité.

Cette clause est-elle valable ? Quelques auteurs déjà anciens, comme Marcadé et Troplong, l'ont condamnée en disant que l'inaliénabilité d'un bien ne peut être établie que dans l'hypothèse particulière où la loi l'a permise, c'est-à-dire pour les époux qui se marient sous le régime dotal. Mais leur opinion a été abandonnée par la grande majorité de la doctrine, et elle est condamnée par la jurisprudence. Les arrêts sont nombreux (Cass., 24 août 1836, D. 37. 1. 141, S. 36. 1. 913 ; Cass., 3 février 1879, D. 79. 1. 246, S. 79. 1. 353 ; Cass., 13 novembre 1895, D. 96. 1. 14, S. 99. 1. 267). La solution qui a triomphé se fonde sur ce que la loi n'exige pas qu'on ait stipulé expressément le régime dotal au moyen d'une formule sacramentelle (art. 1392). Or la clause d'inaliénabilité, quand elle est clairement formulée, équivaut à une adoption implicite partielle de ce régime. D'autre part, l'art. 1581 montre que le régime dotal peut se combiner avec la communauté. C'est aujourd'hui un point acquis [1].

Ici nous devons faire une remarque importante : cette extension de l'inaliénabilité n'équivaut pas à l'incapacité contractuelle dont il a été parlé au n° 798 ci-dessus. En vertu des clauses d'incapacité proprement dite, l'acte aurait été *annulé*, et l'acquéreur ou le créancier, ayant perdu leur titre même, n'aurait eu aucun droit, à aucune époque, ni contre la femme ni contre ses héritiers. Avec l'inaliénabilité, les biens déclarés inalié-

[1] Il faut noter cette solution comme un changement considérable car la tradition du régime matrimonial, tradition vingt fois séculaire, était de restreindre l'inaliénabilité aux seuls biens dotaux. Sur les dernières résistances à l'idée nouvelle, voyez VALETTE, *Mélanges*, t. I, p. 519, et LYON-CAEN, dans *Sirey*, 76. 2. 66.

nables ne peuvent être aliénés ou hypothéqués par la femme ni saisis par ses créanciers ; mais les actes qu'elle fait ne sont pas nuls en eux-mêmes : ils subsistent, et les tiers qui ont traité avec elle ont action sur ceux de ses biens qu'elle n'a pas rendus inaliénables, s'il y en a, sur les biens nouveaux qu'elle acquerra après la dissolution du mariage, ou enfin sur les biens de ses héritiers, s'ils acceptent sa succession purement et simplement.

2° On ne s'en est pas tenu là. On a vu la femme stipuler cette même inaliénabilité, non plus seulement pour ses propres, c'est-à-dire pour les biens dont elle conserve la propriété entière, mais même pour sa part dans les acquêts, c'est-à-dire pour la moitié qui lui appartient dans la masse commune. Cette clause a été avec raison déclarée nulle (Cass., 29 juin 1847, D. 47. 1. 295, S. 47. 1. 606). Elle porte en effet atteinte au droit du mari comme chef : du moment où on établit une communauté, il faut que le mari en ait la libre disposition.

3° On a vu plus fort encore, car rien n'est plus étonnant que les progrès de la loi Julia à travers les âges et il semble qu'elle soit destinée à toujours s'étendre. J'indique brièvement l'hypothèse, à cause des difficultés considérables qu'elle soulève. On a vu deux époux convenir qu'un capital fourni pour moitié par chacun d'eux serait employé à l'acquisition d'un immeuble qui devait rester indivis pendant toute la durée du mariage et être remplacé, en cas d'aliénation, par un immeuble d'une valeur au moins égale. Cette clause équivalait à une stipulation d'inaliénabilité, et, chose remarquable, elle rendait inaliénable le bien entier, c'est-à-dire la part du mari en même temps que celle de la femme ! On aurait dû prononcer sa nullité à plus forte raison encore que pour la clause précédente. Cependant elle a été validée par la Cour de Paris (arrêt du 6 juin 1885), et le pourvoi formé contre cet arrêt a été rejeté par la Chambre des requêtes (arrêt du 30 novembre 1886, D. 87, 1. 49, S. 87. 1. 401), après un rapport remarquable de M. Ballot-Beaupré. Mais voyez la note de M. Poncet, dans D. 87. 1. 49.

§ 3. — *Formes du contrat de mariage.*

A. — Solennité.

805. Ancien droit. — L'authenticité du contrat de mariage ne date guère que du XVIIe siècle, et même après cette époque on le faisait encore sous seings privés en Normandie, en Poitou et en Alsace.

** **806. Droit actuel.** — Actuellement il doit être passé devant notaire et en minutes (art. 1394). C'est donc un *contrat solennel* (t. I, n° 285 ; t. II. n° 992). La raison est qu'un acte sous seings privés pourrait être facilement détruit, ce qui entraînerait un changement de régime par l'application de la communauté légale. De plus le notaire conseille utilement les parties dans la rédaction d'un acte aussi difficile. Enfin il y a presque toujours des donations qui rendent nécessaire l'intervention du notaire.

807. Présence du notaire en second. — La présence réelle du second notaire, ou des témoins instrumentaires qui le remplacent, n'est pas exigée par la loi du 21 juin 1843. L'art. 2 de cette loi donne une énumération limitative des actes pour lesquels cette présence est nécessaire, et le contrat de mariage n'y figure pas. On a même pris soin d'expliquer, dans les discussions préparatoires de cette loi, que cette dispense profiterait encore aux contrats de mariage, quand même ils contiendraient des donations, bien que la donation figure parmi les actes qui exigent la présence réelle du second notaire. On a entendu accorder cette immunité aux donations consenties par contrat de mariage, afin de ne pas obliger les futurs époux à faire connaître à des personnes étrangères la teneur de leurs conventions matrimoniales, dans les localités où l'éloignement de tout autre notaire les aurait forcés à prendre des témoins pour le remplacer. Comp. Bordeaux, 27 mai 1853, D. 54. 2. 90, S. 53. 2. 587; Lyon, 1er juin 1883, D. 84. 2. 110, S. 84. 2. 153. Mais si une donation était faite à l'un des époux, en faveur du mariage, *par acte séparé*, elle resterait soumise à l'art. 2.

D'autre part, la signature du notaire en second doit être apposée sur l'acte avant son enregistrement et avant la célébration du mariage : il est nécessaire qu'à ce moment le contrat de mariage ait acquis sa forme régulière et définitive, seule capable de faire de lui l'acte authentique que la loi exige (Orléans, 26 janv. 1895, D. 96. 2. 33, S. 96. 2. 1). Voyez la note de M. Glasson dans le *Dalloz* sous cet arrêt.

808. Frais. — Des systèmes très divers ont été proposés sur ce point. L'opinion qui prévaut distingue : les frais d'acte proprement dits sont payés par moitié par chaque époux, les droits proportionnels de mutation, auxquels donnent lieu les donations contenues dans le contrat, sont payés par l'époux doté ou donataire (Cass., 8 déc. 1874, D. 75. 1. 33, S. 75. 1. 209).

Toutefois les frais de ce contrat autres que les droits de mutation sont une charge de la communauté, et la femme doit en être indemnisée, si elle y renonce plus tard (Caen, 6 déc. 1877, D. 79. 2. 134, S. 78. 2. 215). Voyez cependant Dijon, 3 déc. 1869, D. 70. 2. 162, S. 70. 2. 17. Ce même arrêt répartissait les frais du contrat proportionnellement aux apports des époux et à leurs avantages matrimoniaux.

B. — Publicité.

*** 809. Système primitif.** — Avant 1850, il y avait absence complète de publicité, sauf pour le contrat de mariage des commerçants, pour lequel le Code de commerce exige une publicité spéciale qui n'intéresse pas le droit civil (Ord. 1673, titre VIII, art. 1 ; art. 67 C. com.).

Ce défaut de publicité créait un danger redoutable, au cas où les époux avaient adopté le régime dotal. Sous ce régime les biens dotaux sont inaliénables et insaisissables. La femme pouvait se présenter aux tiers comme mariée sans contrat, par suite comme commune en biens avec son mari et capable de s'obliger ou d'aliéner avec sa seule autorisation. Les tiers n'avaient aucun moyen de vérifier son dire, ils traitaient avec elle de confiance, et plus tard la femme, armée de son contrat, leur reprenait sa dot ou la mettait à l'abri de leurs poursuites. Par contre-coup, le crédit des époux, même de bonne foi, se trouvait ruiné ; on avait toujours peur, surtout dans les pays de régime dotal, de traiter avec des gens qui disaient n'avoir point fait de contrat.

**** 810. Réforme de 1850.** — Ces inconvénients ont pris fin, grâce à une réforme due à l'initiative de M. Valette (L. 10 juill. 1850). Son idée a été d'associer le contrat de mariage à la publicité du mariage, constaté par les registres de l'état civil. A cet effet le notaire qui rédige leur contrat délivre aux futurs époux un certificat sur papier libre, et sans frais, énonçant ses noms et résidence, les noms, qualités et demeures des futurs époux, et la date du contrat. Ce certificat indique qu'il doit être remis à l'officier de l'état civil avant la célébration du mariage (art. 1394). De son côté, l'officier de l'état civil doit interpeller les époux, ainsi que les personnes qui autorisent le mariage, si elles sont présentes, et leur demander s'il a été fait un contrat de mariage et chez quel notaire (art. 75). Sur leur réponse affirmative, il doit reproduire sur son registre les indications du certificat délivré par le notaire ; au cas contraire, il inscrit la réponse des époux qui déclarent se marier sans contrat (art. 76).

Grâce à ces déclarations inscrites sur des registres que chacun peut consulter, la loi établit une publicité plus complète et plus durable que les affiches ordonnées pour le contrat de mariage des commerçants. Les tiers sont ainsi avertis de l'existence du contrat et de la résidence du notaire qui l'a reçu et chez qui ils peuvent en prendre connaissance.

* **811. Sanctions.** — La loi du 10 juillet 1850 a une double sanction :

1° Amendes. — Le notaire doit délivrer aux parties le certificat que la loi exige, en les prévenant qu'elles auront à le remettre à l'officier de l'état civil avant la célébration du mariage ; et pour éviter toute contestation sur ce point la loi veut qu'il leur donne lecture de ses dispositions et fasse mention de cette lecture à la fin du contrat à peine de 10 francs d'amende (art. 1394).

De son côté l'officier de l'état civil encourt une amende de 100 francs au plus lorsqu'il n'a pas mentionné dans l'acte de mariage l'interpellation que la loi l'oblige à faire et la réponse qu'il a reçue des époux (art. 76).

2° Sanction civile. — Quel sera le sort du contrat non rendu public conformément à la loi ? On aurait pu décider que ce contrat ne serait pas opposable aux tiers et que les époux étant réputés n'en avoir point fait, seraient considérés comme communs en biens légalement. Mais ce n'est pas ce que la loi a fait, et les candidats s'y trompent souvent à l'examen. L'art. 1391 se borne à dire que « la femme sera réputée à l'égard des tiers, *capable de contracter* dans les termes du droit commun ». Il faut bien comprendre le sens de cette disposition. La femme est simplement privée de la protection exceptionnelle que lui assurait l'inaliénabilité de ses biens dotaux ; elle est capable de s'obliger ou d'aliéner comme elle le serait sous le régime de la communauté, mais cela ne signifie pas que le contrat de mariage soit non avenu à l'égard des tiers. Un exemple va faire comprendre la différence des deux formules. Supposez que les époux qui ont tenu leur contrat de mariage secret soient réellement mariés sous le régime de la séparation de biens et que le mari donne à bail un immeuble appartenant à sa femme. Le bail est nul parce que le mari n'a pas sous ce régime l'administration des biens de la femme. Même ignoré des tiers, le contrat de mariage leur sera néanmoins opposable et la loi de 1850 ne les protégera pas. Que dit-elle en effet? Que la femme est *capable de s'obliger*; or elle ne s'est pas engagée et son mari seul a paru dans l'acte. Il n'y a point là de lacune ou d'injustice, et les tiers n'ont pas besoin d'une protection spéciale : ils n'ont qu'à exiger la signature des deux époux, et le bail sera sûrement valable, quel que soit leur régime matrimonial ; il y aura toujours une des deux signatures d'utile.

En somme la loi de 1850 est une loi protectrice dirigée uniquement contre le régime dotal, parce que lui seul crée un danger pour les tiers, le concours des deux époux ne suffisant pas à rendre l'acte valable.

***812. Conditions d'application de la loi.** — Même en supposant que les époux ont caché à la mairie l'existence de leur contrat de mariage, la loi de 1850 qui dépouille la femme de la protection qu'elle avait cherchée dans le régime dotal, ne s'appliquera pas toujours. Il est possible, en effet, que les époux n'aient pas voulu user du moyen de fraude qu'ils s'étaient réservé, et qu'au dernier moment ils se soient ravisés en prévenant loyalement les tiers de la nature de leurs conventions matrimoniales. En ce cas, aucune fraude n'ayant été commise, personne n'aura lieu de se plaindre.

La responsabilité des époux serait encore à l'abri s'il y avait eu simple omission sur les registres : cette omission ne leur étant pas imputable, ils n'auraient pas à en souffrir. La loi ne fonctionne contre eux que pour réprimer une *déclaration mensongère* de leur part portant qu'ils se sont mariés sans contrat alors qu'ils en ont fait un.

Du reste, le système établi en 1850 est si bien organisé pour prévenir toutes les fraudes et il est si bien entré dans la pratique que nos recueils ne contiennent pas d'arrêt qui ait eu à en faire l'application.

§ 4. — *Immutabilité des conventions matrimoniales.*

A. — Le principe.

***813. Caractère exceptionnel du contrat de mariage.** — Le contrat de mariage n'est point un contrat ordinaire. En général les contrats ne nuisent ni ne profitent aux tiers (art. 1165). Le contrat de mariage produit ses effets pour tout le monde. C'est moins un contrat qu'une sorte de *charte particulière*, contenant la loi sous laquelle les époux vont vivre et qui va régler leurs rapports avec les tiers. Ainsi les époux peuvent opposer aux tiers les effets de l'inaliénabilité dotale ou les pouvoirs du mari sur les biens de sa femme. C'est pour cela que la loi a voulu pour lui la publicité ; c'est pour cela encore qu'elle a établi son *immutabilité* ou *irrévocabilité*. Les deux mots s'emploient à peu près indifféremment.

C'est en effet un principe que les conventions matrimoniales sont irrévocables pendant le mariage : elles ne peuvent pas être modifiées tant qu'il dure (art. 1395) : donc il faut qu'elles soient rédigées auparavant (art. 1394). Cette immutabilité est une règle d'origine coutumière.

***814. But de la règle.** — L'immutabilité du contrat de mariage a une double utilité.

1° Intérêt des époux. — C'est principalement la femme que la loi veut protéger : on craint que le mari n'abuse de son influence sur elle pour obtenir des modifications à son avantage. La rédaction du contrat doit donc avoir lieu avant le mariage, à un moment où chacun des deux époux est encore libre et a toute son indépendance pour discuter ses intérêts. Tel est le motif principal, mais non le seul, car il conduirait seulement à interdire les changements défavorables à la femme.

2° Intérêt des tiers. — A leur égard, il importe que le régime matrimonial soit stable, pour que ceux qui traiteront avec les époux sachent à quoi s'en tenir sur la capacité personnelle de la femme, sur les droits du mari sur les biens de sa femme, sur le caractère dotal ou paraphernal, propre ou commun, de chacun de leurs biens. La loi ne veut donc pas que leurs conventions soient modifiées au cours du mariage, dans la crainte que les tiers n'ignorent les modifications apportées au contrat primitif; ils pourraient être surpris par des changements imprévus, ce qui jetterait l'incertitude dans les affaires.

B. — Effets de l'immutabilité.

** **815. Son étendue.** — Le contrat de mariage lie toutes les personnes qui y ont été *parties,* mais non les autres. Les effets de son immutabilité doivent être examinés séparément pour les époux et pour les autres parties, parce qu'ils sont beaucoup plus considérables et plus intéressants pour les époux que pour toute autre personne.

* **816. Effets relatifs aux époux.** — 1° Les époux ne peuvent pas transformer d'une façon complète le régime adopté par eux. Ils ne peuvent pas après avoir établi la communauté la supprimer ou en paralyser les effets pour se séparer de biens; ni inversement l'établir après coup, lorsqu'ils ne l'ont pas fait avant la célébration du mariage.

2° Ils ne peuvent pas davantage modifier leur régime sur un point spécial, par exemple faire entrer en communauté un bien qui devrait rester propre à l'un d'eux d'après leur contrat, ou rendre dotal un bien qui ne devrait pas le devenir.

3° Ils ne peuvent même pas renoncer aux libéralités contenues dans le contrat de mariage. Ces donations font en effet partie des conditions du mariage. Toutefois cette renonciation peut être faite dans le testament de l'époux donataire, parce que le testament ne produit d'effet qu'après la dissolution du mariage, et que les époux ne sont liés par leur contrat que pendant la durée du mariage. Quand le contrat de mariage a pris fin il ne peut plus être question de son immutabilité.

* **817. Effets relatifs aux autres parties.** — Les personnes qui ont pris part au contrat de mariage sont liées également, mais d'une façon bien plus restreinte que les époux. Elles le sont seulement pour l'exécution de leurs libéralités ou des autres conventions constatées dans le contrat. Ainsi celui qui a constitué une dot ne peut pas, après le mariage, obtenir valablement un *terme* pour la payer (Cass., 4 déc. 1867, D. 67. 1. 455, S. 68. 1. 153). Mais il lui serait permis de renoncer au bénéfice du terme, ce qui ne porte aucune atteinte à la convention, puisqu'un débiteur a toujours le droit de le faire. On admet également que *le mode de paiement* de la dot

peut être changé, même si cette facilité n'a pas été réservée par le contrat, pourvu que le *chiffre* de la dot ne soit pas modifié. Ainsi l'obligation du constituant qui a promis pour dot une somme d'argent peut être acquittée au moyen d'une dation en paiement, par exemple par la remise d'un immeuble. (Cass., 22 juill. 1889, D. 90. 1. 425, S. 89. 1. 456.) On admet encore que celui qui a promis de servir une pension aux époux peut se libérer en leur donnant le capital (Cass., 14 nov. 1898, D. 99. 1. 40, S. 1900, 1. 15). Mais l'inverse ne serait pas admis. Comp. Cass.' 27 nov. 1900, S. 1900. 1. 119.

*** 818. Liberté laissée aux tiers.** — Tels sont les seuls effets que l'immutabilité produise contre les tiers. A tous autres égards ceux-ci restent libres, et les conventions que les époux ont pu faire dans leur contrat de mariage ne les lient pas.

Exemples. — 1° Les époux se sont mariés sous le régime de la communauté légale, de façon que tous leurs meubles soient communs. Un tiers peut parfaitement pendant le mariage faire une donation à l'un d'eux, en stipulant que le meuble par lui donné, au lieu d'être commun, restera propre à l'époux donataire. La loi elle-même autorise cette clause dans l'art. 1401-1°.

2° Une femme s'est mariée sous le régime dotal en stipulant que tous ses biens à venir seraient dotaux. Un tiers peut lui faire une donation pendant le mariage à la condition que le bien donné sera paraphernal.

Ainsi la convention de communauté ou de dotalité ne paralyse pas la liberté des tiers. Ce qui est plus remarquable c'est qu'elle n'empêche pas les époux eux-mêmes d'accepter de pareilles libéralités. Il y a là certainement une interprétation bienveillante qui fait fléchir le principe.

C. — Modification du contrat par contre-lettres.

*** 819. Possibilité de ces changements.** — On vient de voir que le contrat de mariage doit être signé avant le mariage. Une fois le mariage célébré, il est trop tard pour le rédiger ou même pour le modifier. Mais jusqu'à cette célébration, les conventions matrimoniales ne forment qu'un projet, qui peut être abandonné ou modifié par les parties, et cet intervalle est quelquefois assez long pour que des changements deviennent utiles. Les changements convenus avant le mariage ne sont cependant valables que sous certaines conditions rigoureuses.

*** 820. Leur forme.** — Ces changements se font au moyen d'actes spéciaux appelés *contre-lettres*. Le mot « contre-lettres » désigne tantôt un acte destiné à demeurer secret pour modifier frauduleusement les clauses d'un acte apparent, tantôt la simple modification d'un acte antérieur sans aucune pensée de clandestinité ni de fraude. C'est dans ce dernier sens qu'il est pris ici.

*** 821. Conditions de validité entre les parties.** — Pour être pleinement valables et régulières, les contre-lettres doivent remplir diverses conditions, au nombre de quatre, mais qui sont d'une importance inégale, toutes n'ayant pas reçu la même sanction. Les deux premières, qui sont les principales, sont énoncées dans l'art. 1396 ; elles sont suffisantes pour la validité de la contre-lettre *entre les parties* :

1° La contre-lettre doit être rédigée *dans la même forme que le contrat de mariage*, c'est-à-dire par-devant notaires ;

2° Il faut le consentement *simultané* de toutes les personnes qui ont été *parties* au contrat. Quant à celles qui y ont assisté *honoris causa*, sans y jouer de rôle actif, il n'est pas nécessaire de les faire revenir. Anciennement on exigeait la présence de tous ceux qui avaient *assisté* au contrat primitif (coutumes de Paris, art. 258; d'Orléans, art. 223), ce qui était évidemment inutile et excessif. Comp. Loysel, n° 106.

Cas spécial. — Un fils ayant plus de 21 ans et moins de 25, a besoin du consentement de son père pour se marier; mais, comme il est majeur, il peut faire son contrat de mariage tout seul. En fait son père assiste au contrat et le signe. Puis le fils fait une contre-lettre en l'absence de son père. Cette contre-lettre est valable. On objecte que le père avait peut-être consenti au mariage en considération du régime adopté et qu'il aurait refusé son consentement, s'il en avait connu la modification. Il faut répondre que le père n'était pas « partie » au contrat. S'il veut se garantir contre cette surprise, il n'a qu'à se faire représenter l'acte au dernier moment. Comp. Montpellier, 8 févr. 1869, S. 69. 2. 49. En l'espèce, la contre-lettre a été annulée, le père ayant été partie au contrat.

***822. Conditions rendant la contre-lettre opposable aux tiers.** — D'après l'art. 1397, « tous changements et contre-lettres, même revêtus des formes prescrites par l'article précédent, seront sans effet à l'égard des tiers, si... ». Les deux premières conditions étudiées au n° 821, suffisantes pour que la contre-lettre soit valable entre les parties, ne suffisent donc pas pour que les époux puissent l'opposer aux tiers; il faut que d'autres conditions, indiquées par l'art. 1397, soient également remplies. Ces conditions supplémentaires sont :

1° *La rédaction de la contre-lettre à la suite du contrat de mariage.* De la sorte elle fait corps, dans la mesure du possible, avec l'acte qu'elle modifie. Si elle était rédigée par acte séparé, les personnes qui consulteraient ensuite le contrat de mariage risqueraient de ne pas connaître l'acte additionnel qui l'a modifié;

2° *La transcription de la contre-lettre dans les expéditions délivrées aux tiers.* Il faut que le notaire ait soin de donner en même temps connaissance, à ceux qui le consultent, et de l'acte principal et de sa contre-lettre, et rien ne lui sera plus facile, les deux étant écrits à la suite l'un de l'autre. Sans cette dernière précaution, tout le système combiné par la loi manque son but, et les tiers ne sont pas prévenus.

Il y a cependant des doutes sur la sanction de cette quatrième condition. Avec plusieurs auteurs, je crois que si l'expédition délivrée aux tiers ne fait pas mention de la contre-lettre, ceux-ci auront le droit de la méconnaître. Telle est bien la pensée de la loi, qui apparaît plus claire encore dans le projet de l'an VIII. Mais un parti considérable dans la doctrine, qui a longtemps été prépondérant, tient au contraire que la contre-lettre sera néanmoins opposable aux tiers, bien que ceux-ci ne l'aient pas connue. L'argument qu'on allègue est que les époux ont fait tout ce qui dépendait d'eux en retournant loyalement chez leur notaire et en faisant rédiger le changement à la suite de l'acte primitif. Ce n'est pas leur faute si, plus tard, le notaire ou son clerc transcrit leurs conventions d'une manière incomplète. Ils ne doivent pas avoir à souffrir de la faute d'autrui. — Ce raisonnement n'est pas concluant; toutes les fois que la loi établit des mesures de publicité dans l'intérêt des tiers, on voit les parties intéressées souffrir de la négligence ou de la mauvaise foi des agents ou officiers, notaires, conservateurs des hypothèques et autres, chargés de remplir certaines formalités pour porter un fait à la connaissance du public; l'intérêt général l'emporte ici sur l'intérêt particulier, et la partie victime de cette omission n'a qu'un recours contre l'officier ou employé négligent, si elle le retrouve et si elle peut prouver sa faute. Il n'y a donc rien d'étonnant à ce qu'il en soit de même dans notre hypothèse.

D'ailleurs le texte est suffisamment clair. Que dit-il pour le cas où le notaire aurait omis de donner copie de la contre-lettre? Que ce notaire sera tenu « des dommages et intérêts des *parties* », et ces parties qui peuvent-elles bien être, sinon celles qui ont figuré dans la contre-lettre non transcrite? C'est donc bien que, dans le système de la loi, les *tiers* n'ont pas à souffrir de cette omission et ne se voient pas opposer la modification dont ils ont ignoré l'existence. — Ceux qui acceptent la solution contraire sont obligés de dire que l'art. 1397, en parlant des « parties », a entendu désigner les *tiers* qui sont venus demander au notaire une expédition du contrat. Cette interprétation est bien peu vraisemblable.

823. Actes soumis à ces conditions. — On ne doit considérer comme soumis aux conditions exprimées par les art. 1396 et 1397 que les actes qui apportent réellement un *changement* aux conventions précédemment arrêtées. Ce sont justément ces mêmes actes qui seraient *nuls* s'ils intervenaient après la célébration du mariage. Quant aux conventions nouvelles qui ne modifient rien aux précédentes, il n'y a pas lieu d'observer pour elles toutes ces formalités. S'il s'agit par exemple pour les époux de recevoir une donation supplémentaire, un complément de dot, ils pourront en être gratifiés par un autre contrat, passé au besoin chez un autre notaire.

Toutefois, lorsque cette donation nouvelle est faite par l'un des futurs époux à l'autre, on la considère traditionnellement comme une contre-lettre (POTHIER, *Communauté*, Introd., n° 14). Ils sont censés s'être donné par leur contrat tout ce qui devait l'être, et il importe de les protéger contre leurs propres entraînements. Une fois qu'ils seront mariés, ils se donneront l'un à l'autre tout ce qu'ils voudront, mais ces donations faites pendant le mariage seront essentiellement révocables, tandis qu'avant la célébration du mariage, ils pourraient se faire des libéralités irrévocables, qui modifieraient sensiblement leur situation réciproque.

D. — Changement de régime au cours du mariage.

1° Effet de certains jugements.

***824. Cas où le changement a lieu.** — Il y a des cas où les époux changent de régime au cours de leur mariage, à la suite d'un jugement, et cela se produit dans deux hypothèses différentes :

1° SÉPARATION DE BIENS. — Lorsqu'un jugement prononce la séparation de biens sur la demande de la femme, le régime antérieur, qu'on suppose être la communauté, se trouve détruit et remplacé par le régime de la séparation[1]. Ce changement se produit sans rétroactivité.

2° ANNULATION DU CONTRAT DE MARIAGE. — Le résultat est le même quand un jugement annule le contrat de mariage, et les époux se trouvent placés sous le régime de la communauté légale qu'ils avaient d'abord écarté. Mais alors le changement a lieu rétroactivement, et le contrat annulé est réputé n'avoir jamais produit d'effets.

Dans ces deux cas le changement se fait *par autorité de justice*. Ce n'est pas *la volonté des époux* qui l'opère; il n'y a donc pas dérogation directe au principe de l'immutabilité, qui empêche seulement les époux de défaire eux-mêmes leur œuvre.

825. Rétablissement conventionnel du contrat. — On verra (ci-dessous nos 1199 à 1203) qu'après la séparation de biens, les époux peuvent, sous certaines conditions qui seront déterminées plus tard, renoncer à ce régime d'origine judiciaire, et reprendre la communauté établie par leur contrat. Mais alors il y a *restauration* du contrat de mariage, et non modification, ce qui fait qu'il n'y a encore là aucune atteinte au principe de l'immutabilité.

2° Effet d'une modalité insérée dans le contrat.

826. Distinction. — Serait-il permis aux époux de produire eux-mêmes un changement semblable, de le ménager et de le préparer d'avance par une clause spéciale de leur contrat de mariage? Ils auraient le choix entre deux moyens pour y arriver :

1° *Stipuler un terme suspensif ou extinctif* pour le régime adopté par eux ;

2° *Stipuler un régime sous condition*.

827. Stipulation d'un terme. — Il y a un cas particulier prévu par la loi. Dans

[1] Je ne dirais pas la même chose du cas où la séparation de biens intervient entre époux mariés sous le régime dotal : ce régime n'est pas détruit, ainsi que je l'expliquerai plus loin, et la séparation se résume en une simple restitution anticipée de la dot à la femme. Quant à la séparation de corps, son effet actuel ne se borne pas à substituer le régime de la séparation de biens au régime primitivement choisi par les époux ; elle met entièrement fin à toute espèce de régime matrimonial entre eux, la femme reprenant sa complète indépendance.

l'art. 1399, il est dit que la communauté commence nécessairement le jour du mariage et qu'on ne peut stipuler qu'elle commencera à une autre époque. Ce texte a une raison historique : il a servi à abroger le *délai d'an et jour* qui, dans certaines coutumes, retardait la formation de la communauté. Voyez ci-dessous, n° 894-1°.

Mais la loi n'a rien dit de la convention qui fixerait un terme *extinctif* à la communauté. Elle ne dit même absolument rien relativement aux autres régimes. J'estime que toutes ces combinaisons seraient contraires à l'esprit de la loi et devraient être annulées. J'en donnerai un double argument : 1° il n'est pas douteux que la loi tient beaucoup à assurer la stabilité des conventions matrimoniales et qu'elle n'en permet le changement que pour des motifs graves : 2° elle prévoit en maint article les événements qui mettent fin aux divers régimes : elle parle de la mort, du divorce, de la séparation de biens, de la séparation de corps, et jamais d'un terme conventionnel. — Cependant beaucoup d'auteurs arrivent à la solution contraire par le raisonnement que voici : l'art. 1387 proclame le principe de la liberté en matière de conventions matrimoniales, et l'art. 1399, qui contient une prohibition particulière, est dès lors un texte exceptionnel qu'on ne peut pas étendre (Dalloz, *Suppl.*, v° Contrat de mariage, n° 19). Mais l'art. 1388 réserve aussi l'effet des « dispositions prohibitives du présent Code », et il faudrait savoir si l'ensemble de ses dispositions ne contient pas la prohibition virtuelle des régimes temporaires.

***828. Stipulation d'une condition.** — Au cas où les époux auraient inséré une condition dans leur contrat, il y a lieu de raisonner autrement. On doit remarquer d'abord qu'elle produirait des effets différents de ceux d'un terme extinctif ou suspensif : les époux ne seraient pas *mariés sous deux régimes successifs*, dont chacun produirait tous ses effets pendant un temps déterminé. Grâce à la rétroactivité de la condition, les époux seraient réputés avoir toujours été soumis à celui des deux régimes qui s'établirait définitivement ; l'autre disparaîtrait rétroactivement, sauf l'effet des actes d'administration faits par le mari, qui seraient maintenus.

L'insertion d'une condition est-elle possible ? On l'admet en général. Nos anciens auteurs en parlaient déjà (Lebrun, *Communauté*, liv. I, chap. III, n° 10 ; Pothier, *Communauté*, n° 278). On cite en droit moderne trois arrêts de la Cour de Colmar, dont le dernier est du 8 mars 1864 (D. 64. 2. 85). On ajoute que les tiers sont suffisamment protégés (depuis 1850) par la publicité du contrat de mariage.

Toutes ces raisons ne sont peut-être pas bien convaincantes. L'autorité de la tradition est faible, car le Code a donné à la règle de l'immutabilité des conventions matrimoniales une importance et une rigueur qu'elle n'avait jamais eues et qui ne semblent guère compatibles avec ces espèces de changements à vue machinés à l'avance. En tout cas, il est un point certain, c'est que la condition stipulée ne doit pas avoir un caractère potestatif pour les époux, car ce serait leur réserver un moyen de changer de régime à volonté.

§ 5. — *Caducité et rétroactivité du contrat de mariage.*

****829. Son caractère accessoire.** — Le contrat de mariage est un contrat accessoire qui se rattache au mariage pris comme contrat principal. Il est donc subordonné : 1° à la célébration, 2° à la validité du mariage, ce qu'on exprime en disant qu'il est toujours fait sous la condition *si nuptiæ sequantur*. De là résultent d'importantes conséquences dont nous allons parler en nous occupant de sa caducité et de sa rétroactivité.

A. — Caducité.

***830. Cas où elle a lieu.** — 1° Le contrat de mariage est caduc si le mariage n'a pas lieu. Mais la caducité n'est encourue qu'autant qu'il est devenu certain que le projet de mariage est tout à fait abandonné. A ce point de vue aucun délai n'est fixé pour l'efficacité du contrat préparé ; se fût-il écoulé plus d'un an depuis sa signature, il serait encore utile, bien qu'il faille alors recommencer les publications faites en vue du mariage qui sont périmées;

2° Si le mariage, une fois célébré, est annulé, comme il n'y a plus d'époux ni d'union conjugale, les conventions matrimoniales deviennent sans objet. Cependant, en cas de *mariage putatif*, comme le mariage n'est annulé que pour l'avenir, le contrat de mariage reçoit son application pour le passé, de même que s'il s'agissait d'une union régulièrement contractée et maintenant dissoute.

***831. Conséquences de la caducité.** — Le contrat de mariage caduc est-il entièrement dénué d'effets? Oui, *comme contrat de mariage*, puisqu'il n'existe pas d'union qu'il puisse régir. Mais il pouvait contenir des clauses ou conventions *étrangères au régime matrimonial des époux*, et dont le sort est indépendant de son efficacité. Ainsi une *reconnaissance d'enfant naturel*, qui y aurait été insérée, subsisterait malgré la caducité du contrat de mariage (Grenoble, 6 août 1861, D. 61. 2. 207, S. 62. 2. 132). Quant aux donations faites dans le contrat aux futurs époux, elles tombent avec lui, parce qu'elles dépendent elles-mêmes de la célébration du mariage en vue duquel elles étaient faites.

B. — Rétroactivité.

832. Absence naturelle de rétroactivité. — Un contrat de mariage ne doit produire d'effets qu'à partir de la célébration du mariage; jusque-là il n'a ni objet ni utilité. Mais ensuite s'élève une question grave : une fois le mariage célébré ne doit-on pas lui reconnaître une rétroactivité qui en ferait remonter les effets jusqu'au jour de sa date? Pour lui attribuer cette rétroactivité, il suffit de le traiter comme soumis à une véritable *condition*, la condition « si nuptiæ sequantur » ; dès lors grâce à l'art. 1179 il rétroagira; c'est ce qu'a déclaré, en termes tout à fait généraux, un arrêt du 18 décembre 1878 cité ci-dessous.

Mais on a fort bien observé que le contrat de mariage n'est pas à vrai dire un acte *conditionnel*, il est bien plutôt un acte à *terme* (Note sous Cass. D. 79. 1. 441). Il est en effet rédigé par anticipation, en vue de régler un état nouveau qui s'établira un jour donné; la rétroactivité serait ici sans objet : il est inutile de faire rétroagir l'acte qui règle le régime matrimonial, car il n'y a pas de régime matrimonial à une époque où il n'y a encore ni mariage, ni mari, ni femme. Il faut donc reconnaître que les effets propres au contrat de mariage ne sont pas susceptibles de rétroactivité. Ce point a d'autant plus d'importance que l'intervalle qui sépare les deux contrats est parfois très long. On cite un cas où il fut de 18 ans (GABRIEL TIMBAL, *Point de départ des effets du régime matrimonial*, Toulouse, 1901, p. 18).

833. Exceptions. — Cependant on admet parfois diverses exceptions plus apparentes que réelles :

1° DONATIONS. — Voici d'abord une solution reçue communément en doctrine. Dans les donations faites aux futurs époux par des tiers, le transfert de propriété est réputé s'accomplir à la date du contrat de mariage, et non pas seulement au jour du mariage (Cass., 26 janv. 1847, D. 47. 1. 63, S. 47. 1. 147);

2° EXISTENCE DE LA DOT. — La jurisprudence va plus loin, elle admet que la dot existe avec son caractère propre dès le jour du contrat (Cass., 18 déc. 1878, D. 79. 1. 441, S. 81. 1. 353);

3° MANDAT SPÉCIAL DONNÉ AU MARI. — Si le mari hypothèque avant le mariage les biens de sa future femme, en vertu d'un mandat contenu dans le contrat, l'hypothèque se trouve rétroactivement validée (Toulouse, 8 mai 1883, rapporté par M. Vidal, p. 132-134, ouvrage cité ci-dessus n° 762).

Ces deux dernières décisions ont été vivement critiquées; voyez la note de M. LACOINTA, dans le *Sirey*, 81. 1. 353; voyez aussi TIMBAL, *op. cit.*, p. 50 et suiv.; et CHAUSSE, dans *Revue critique*, 1900, t. XXIX, p. 537. Cependant les arrêts n'ont pas la portée absolue que semblent leur donner des considérants rédigés en termes trop généraux. Ils n'ont jamais décidé que le régime matrimonial serait rétroactivement réputé avoir commencé avant le mariage ; ils ont seulement donné effet immédiat à certaines conventions particulières contenues dans le contrat. Spécialement, l'arrêt du 18 décembre 1878 a décidé que des immeubles, acquis par la future épouse au moyen d'un échange, entre le contrat de mariage et le mariage, avaient le caractère dotal comme ceux dont ils prenaient la place. La subrogation réelle est ici nécessaire et elle se fonde sur une affectation conventionnelle donnée aux futurs biens dotaux, affectation qui est obligatoire dès avant le mariage, et qui est susceptible de se transmettre d'un bien à un autre par voie d'échange, sans qu'il y ait en cela aucune rétroactivité dans l'effet des conventions matrimoniales. Du reste la jurisprudence a écarté d'autres solutions, qui auraient été les conséquences les plus remarquables du principe qu'on lui attribue : elle a refusé de faire rétroagir au jour du contrat de mariage l'hypothèque légale que la femme possède sur les biens de son mari. D'après la jurisprudence, cette hypothèque prend rang seulement à dater du mariage (Cass., 22 janv. 1878, D. 78. 1. 154, S. 78. 1. 306). Elle décide également que l'inaliénabilité dotale ne commence qu'avec le mariage (ci-dessous n° 1599).

§ 6. — *Nullité du contrat de mariage.*

***834. Cas de nullité.** — Si l'on écarte les nullités qui frappent seulement une clause particulière, une stipulation de détail, telle que l'*incapacité contractuelle* (ci-dessus, n° 798) ou l'*inaliénabilité des conquêts* (ci-dessus, n° 804-2° et 3°), en laissant intact le surplus des conventions matrimoniales, on voit que le contrat de mariage tout entier peut être nul pour quatre sortes de causes :

1° L'*absence des futurs époux* ou de l'un d'eux (ci-dessus, n° 781).

2° Un *vice de forme*, par exemple si le contrat a été fait par acte sous seings privés, ou si l'acte authentique qui le contient est irrégulier et nul comme tel.

3° Un *vice du consentement.* Sur ce point la loi n'a rien prévu ; on doit donc se reporter au droit commun et admettre comme causes de nullité le dol, la violence et l'erreur. Comme le dol n'est pas une cause de nullité pour le mariage, on a quelquefois douté de la possibilité de l'admettre pour le contrat de mariage, mais les motifs qui l'ont fait écarter en matière de mariage sont tellement spéciaux à l'union conjugale elle-même qu'on ne doit pas les étendre au contrat purement pécuniaire qui l'accompagne.

4° L'*incapacité* de l'un des futurs époux, par exemple si un prodigue faisait son contrat sans le consentement de son conseil judiciaire. Pour le mineur la nullité peut être encourue dans deux cas distincts : *a*) il n'avait pas encore l'âge requis pour se marier, car on a vu que la loi exige qu'il soit déjà « habile à contracter mariage » au moment où il rédige son contrat; *b*) il n'a pas été assisté d'une manière régulière, conforme aux prescriptions de l'art. 1398.

835. Observation. — Il peut arriver que le mariage et le contrat de mariage soient nuls tous les deux ; en pareil cas, il existe deux actions en nullité qui sont toujours indépendantes l'une de l'autre : l'une, dirigée contre le mariage, fera tomber le contrat de mariage par voie de conséquence ; l'autre, dirigée contre le contrat de mariage, aura un effet moins grave, ce contrat seul sera annulé et le mariage subsistera. Chacune de ces deux actions suivra ses règles propres.

Cette indépendance respective des deux actions en nullité est surtout intéressante à observer quand c'est le même vice qui affecte à la fois le mariage et les conventions matrimoniales, par exemple quand c'est un *mineur de 21 ans* qui, sans autorisation aucune, s'est marié et a rédigé son contrat. Alors les deux actions en nullité ont la même origine et pourtant elles ne sont pas soumises aux mêmes règles, notamment elles n'ont pas la même durée. La nullité du mariage se trouvera couverte au bout d'un an (art. 183); il y a des difficultés pour déterminer la durée de l'action en nullité dirigée contre le contrat de mariage, mais il est certain qu'un an après elle sera encore fort loin d'être éteinte. Par conséquent la première action sera prescrite depuis longtemps que la seconde subsistera encore.

A. — Caractères de la nullité.

***836. Généralisation de la question.** — Sur les caractères que l'on doit reconnaître à ces diverses nullités il existe une grave dissidence entre la jurisprudence et la doctrine. Cette dissidence s'est révélée en fait exclusivement à propos du contrat de mariage du mineur, mais la question a une portée beaucoup plus large et doit être étendue à tous les cas possibles de nullité.

***837. Doctrine ancienne.** — Pendant longtemps tous les auteurs ont appliqué sans difficulté au contrat de mariage la distinction des nullités relatives et des nullités absolues, et ils ne paraissaient même pas soupçonner, du moins en général, qu'on pût avoir des raisons de l'écarter. Pour eux la nullité devait être *purement relative* toutes les fois qu'elle a uniquement pour objet la protection individuelle d'une personne déterminée, par exemple d'un incapable comme le mineur. Dans ce système le mineur seul peut se prévaloir de la nullité, qui peut également être demandée de son chef par ses héritiers ou ses créanciers (art. 1166); mais l'autre partie n'en a pas le droit (art. 1125). Autre conséquence : la nullité peut disparaître par l'effet d'une confirmation expresse ou tacite (art. 1338), ou par l'expiration d'un délai de dix ans (art. 1304). Toutefois le point de départ de ce délai est rejeté à la dissolution du mariage, au lieu d'être placé au jour de la majorité de l'époux mineur. La raison de cette dérogation au droit commun est l'immutabilité des conventions matrimoniales (art. 1395); si on ne peut pas modifier ces conventions pendant le mariage, à plus forte raison ne peut-on pas les supprimer entièrement en les faisant annuler.

****838. Jurisprudence.** — D'après les arrêts, la nullité d'un contrat de mariage est toujours une nullité absolue : toute personne intéressée peut l'opposer, la demande est recevable en tout temps et jamais il ne pourra y avoir de confirmation (Cass., 5 mars 1855, D. 55. 1. 101, S. 55. 1. 348; Cass., 19 juin 1872, D. 72. 1. 346, S. 72. 1. 281; Cass., 16 juin 1879, D. 80. 1. 415, S. 80. 1. 166).

Sur quoi se fonde une jurisprudence aussi extraordinaire? C'est que le système de la doctrine créait une situation intolérable en pratique; tous les actes faits soit par les époux entre eux, soit par l'un d'eux avec des tiers restaient dans l'incertitude pendant toute la durée du mariage, et cette incertitude pouvait se prolonger encore pendant dix ans après sa dissolution; le conjoint qui s'était marié encore mineur tenait tout le monde à sa merci et cela d'une manière presque indéfinie. C'est pour éviter un résultat aussi fâcheux que la jurisprudence a voulu traiter tous les cas de nullité comme s'ils étaient d'ordre public. On peut donc dire que cette solution était nécessaire en fait. Il fallait seulement lui trouver un fondement juridique pour déroger à une règle aussi essentielle que la théorie ordinaire des nullités. On a trouvé ce fondement dans les art. 1395 à 1397 : le pacte matrimonial, solennel et immuable, ne peut pas être changé au gré des parties. Il résulte de sa nature particulière que la nullité relative est impossible pour lui. C'est tout l'un ou tout l'autre : il faut qu'il soit *pleinement valable* ou *absolument nul,* et qu'on sache dès le début du mariage à quoi s'en tenir sur le régime des époux. Si leur contrat est valable on l'appliquera d'une manière définitive; s'il est nul, ils seront mariés sous le régime de la communauté légale. L'incertitude qu'entraîne la nullité relative est incompatible avec ce contrat.

839. Tendance nouvelle en doctrine. — La solution admise par la jurisprudence commence à pénétrer dans la doctrine. Nombre d'auteurs récents consentent à écarter pour le contrat de mariage l'application de l'art. 1125, qui formule une des conséquences les plus caractéristique des nullités relatives ; on se rappelle que cet article refuse à la partie capable, qui a traité avec un incapable, le droit d'opposer à celui-ci la nullité tenant à son incapacité. Voyez notamment LAURENT, t. XXI, n° 35. Ils créent ainsi une nullité bâtarde, qui présente des caractères mélangés : relative en principe, elle devient absolue à certains égards, ce qui fait d'elle une nouveauté inconnue dans notre droit.

D'autres, plus hardis, adoptent en entier le système de la jurisprudence. Voyez notamment GUILLOUARD, t. I, n° 316. Cette opinion sera bientôt universelle, la jurisprudence étant très suffisamment motivée en droit et très utile en fait.

B. — Conséquences de la nullité.

**** 840. Application du régime légal.** — Quand leurs conventions matrimoniales sont nulles, les époux sont traités comme s'ils n'avaient pas fait de contrat et soumis par suite au régime légal de la communauté (art. 1393 et 1400. — Cass., 16 nov. 1858 et 26 juill. 1859, S. 59. 1. 385. et 849).

*** 841. Opinion de M. Demolombe.** — Cette conséquence certaine et constante en pratique a été cependant contestée par M. Demolombe, pour le prodigue pourvu d'un conseil judiciaire, en cas d'annulation de son contrat (t. III, n° 22; t. VIII, n° 740). Selon cet auteur la communauté devrait être écartée parce qu'elle entraîne l'aliénation des meubles et de l'usufruit des immeubles, qui tombent dans la masse commune ; or le prodigue est incapable d'aliéner (art. 499 et 513). Par suite le seul régime possible pour lui à défaut d'un contrat de mariage valable doit être la séparation de biens.

RÉFUTATION. — L'interdiction d'aliéner faite au prodigue vise les aliénations ordinaires, ventes et donations, qui seules ont pu paraître dangereuses pour lui. Au contraire la communauté légale réglée par la loi elle-même est considérée par le législateur comme le meilleur régime possible en l'absence de conventions particulières. D'ailleurs les termes absolus de l'art. 1400, qui établit la communauté légale « à défaut de contrat », comprennent aussi bien le cas du contrat nul que l'absence de tout contrat, ce qui impose la solution commune.

*** 842. Maintien possible des donations.** — Tel est l'effet direct et général de la nullité, le régime choisi et organisé par les époux ne leur est pas appliqué; mais ce naufrage du contrat de mariage n'est pas toujours absolu. Les conventions, qui étaient étrangères au régime adopté, peuvent survivre et produire leur effet, *si les conditions de validité qui leur sont nécessaires se trouvent remplies.* Ainsi une constitution de dot faite à l'un des époux vaudra comme donation à son profit si les règles des donations ordinaires ont été observées. A la vérité ceci n'arrivera pour ainsi dire jamais parce que la donation exige la présence réelle du notaire en second ou des témoins instrumentaires dont on ne se met point en peine pour les contrats de mariage (ci-dessus n° 807). Mais la règle que nous indiquons ici à propos des donations pourrait à l'occasion recevoir son application à des conventions d'un autre genre insérées dans le contrat de mariage si leur nature propre ne requiert pas de solennité particulière (Nîmes, 25 mai 1857, S. 57. 2. 609).

Pour les donations elles-mêmes, l'absence de leurs conditions habituelles de forme ne les empêchera pas toujours de valoir. Ainsi une constitution de dot, faite en argent ou en meubles, vaudra comme don manuel si la remise effective en a été faite à l'époux doté. Mais naturellement les valeurs ainsi données échapperont au régime dotal si c'est lui qui avait été choisi, et cette dot sera aliénable et saisissable selon le droit commun.

Ceci ne contredit pas ce qui a été dit plus haut pour le cas de caducité. Quand le contrat de mariage est caduc, les donations tombent parce que le mariage n'a pas lieu et qu'elles sont subordonnées à sa célébration. Ici nous supposons que le mariage a été célébré régulièrement et que le contrat de mariage est seul annulé. La célébration du mariage suffit à maintenir les donations.

***843. Hypothèse inverse.** — Il peut arriver que certaines conventions étrangères au régime matrimonial qui avaient été insérées dans le contrat de mariage, se trouvent nulles sans que celui-ci soit atteint. En voici un exemple : un mineur fait son contrat de mariage avec l'assistance régulière des personnes qui doivent l'assister d'après l'art. 1398, mais on profite de ce contrat pour lui faire vendre un immeuble à un tiers sans les formalités ordinaires de la tutelle (autorisation du conseil de famille et homologation du tribunal). La vente est nulle en vertu des principes du droit commun, mais le contrat de mariage, régulier en lui-même, subsiste intact (Limoges, 29 janv. 1879, D. 80. 2. 255, S. 79. 2. 232). Il y a d'autres arrêts plus anciens, car cela se voit quelquefois.

C. — Exécution des contrats de mariage nuls.

***844. Impossibilité de la confirmation.** — Un contrat de mariage nul n'est pas susceptible de confirmation. On aura beau s'y conformer, son exécution ne vaudra jamais confirmation tacite. Il faut qu'il soit refait à temps, c'est-à-dire avant la célébration du mariage, et avec toutes les formes et conditions requises. C'est alors un nouveau contrat. En tout cas, la célébration du mariage ne saurait être considérée comme une confirmation tacite, car elle est un acte indépendant et non pas l'exécution du contrat de mariage.

Il y a eu quelques arrêts en sens contraire, rendus à propos des contrats faits par les parents des futurs époux, en l'absence de ceux-ci (ci-dessus n° 781). Voyez notamment Toulouse, 15 juin 1844, D. 45. 4. 110, S. 49. 2. 133; Montpellier, 3 juill. 1847, D. 47. 2. 144. Mais ces arrêts rendus avant 1855, époque où la Cour de cassation a établi sa jurisprudence sur le caractère nécessairement absolu des nullités du contrat de mariage, n'ont actuellement qu'une autorité assez faible.

***845. Période postérieure à la dissolution du mariage.** — Tout nul qu'il est, un contrat de mariage peut recevoir son exécution définitive après que le mariage est dissous, pour la liquidation des droits et reprises des époux. A cette époque, le conjoint survivant et les héritiers du prédécédé, ou les deux conjoints, s'il y a eu divorce, sont libres de régler leurs intérêts conformément à ses dispositions, s'ils le veulent. Un pareil règlement n'est pas la confirmation du contrat de mariage, car il ne saurait y avoir de confirmation pour un acte qui n'existe pas, ni de conventions matrimoniales pour un mariage qui n'existe plus. C'est une convention spéciale et nouvelle, qui vaut comme transaction entre personnes libres de disposer de leurs droits et d'en régler la liquidation sur les bases qui leur conviennent (Cass., 10 avril 1866, D. 66. 1. 350, S. 66. 1. 190).

CHAPITRE III

THÉORIE GÉNÉRALE DE LA DOT

846. Insuffisance des textes. — Voici encore une théorie générale, commune à tous les régimes, et dont il y a lieu de s'occuper dès maintenant. La loi ne contient nulle part de dispositions générales applicables à la dot ; c'est une théorie qui n'est pas faite dans le Code. On ne trouve que des dispositions isolées, éparses, parfois contradictoires et beaucoup de lacunes et d'omissions.

§ 1. — *Définition et caractères de la dot.*

****847. La dot au sens étroit.** — Le mot « dot » a deux sens, l'un étroit, l'autre large. Au sens étroit, qui est le plus fréquent, la dot est *le bien que la femme apporte au mari pour supporter les charges du mariage.* C'est la formule que donne l'art. 1540, à propos du régime dotal, et elle est exacte pour tous les régimes. Mais il faut pour cela donner un sens particulier au mot « apporte » : il ne s'agit pas de ce que la femme apporte d'une manière vague, de ce qu'elle possède ; il s'agit de biens dont le mari obtient la jouissance, dont il gagne les revenus. Il faut donc, pour qu'il y ait *dot*, que la femme ait transféré à son mari, soit la propriété, soit tout au moins la jouissance. Dans ce premier sens la constitution de certains biens en dot est une convention entre futurs époux.

****848. La dot dans les différents régimes.** — Tous les régimes ne comportent pas la présence d'une dot.

Sous le *régime de communauté,* à tous ses degrés, *tous les biens de la femme sont dotaux,* puisque la communauté, représentée par le mari, a la jouissance de tous les revenus des époux.

Il en est de même sous le *régime sans communauté,* dans lequel cette jouissance universelle des revenus de la femme appartient au mari en son propre nom.

Sous le *régime dotal,* il n'y a de dotaux que les biens qui sont déclarés tels par le contrat de mariage ou par la loi. Aussi, chose singulière, la dot, qui a donné son nom à ce régime peut très bien y faire défaut, si aucun bien n'a fait l'objet d'une constitution dotale. Ce régime se confond alors avec la séparation de biens.

Enfin sous le *régime de séparation de biens*, il n'y a pas de dot du tout : le mari n'acquiert la jouissance d'aucun des biens de sa femme. Mais la dot est ici remplacée par une obligation légale, imposée à la femme, de contribuer aux charges communes pour une portion de ses revenus, fixée à *un tiers* par la loi (art. 1537) [1].

[1] MM. Aubry et Rau reconnaissent que la clause de séparation de biens et la paraphernalité de tous les biens de la femme est exclusive de l'idée de dot (T. V, § 500,

*** 849. La dot au sens large.** — Dans son sens large, le mot « dot » a une tout autre signification. Il désigne les biens qui sont donnés aux futurs époux par leurs parents ou par des tiers pour les aider à se marier (art. 1438-1440). En ce sens, le futur époux peut être doté, aussi bien que la future épouse, et la constitution de dot est une convention entre l'un d'eux et un tiers.

*** 850. Distinction des deux emplois du mot.** — On ne discerne pas assez, en général, le double sens du mot « dot », et c'est la cause principale des obscurités qui enveloppent cette matière. Si l'on veut s'y reconnaître, il faut s'attacher à la distinction suivante.

Lorsque la dot met en relations l'*un des époux et un tiers,* sa constitution est une *libéralité,* et elle peut intervenir aussi bien au profit du mari qu'au profit de la femme.

Lorsque la dot met en relations *la femme et le mari,* elle n'est nullement une libéralité ; mais elle émane alors nécessairement de la femme, et sa constitution ne pourrait pas se faire en sens inverse ; venant du mari elle ne se comprendrait pas puisqu'elle est par définition apportée à celui-ci (ci-dessus n° 847).

On devrait réserver le nom de « dot » pour l'apport fait au mari par la femme, et se servir de l'expression « donation à cause de noces », pour les libéralités faites aux époux par des tiers. Ce langage serait beaucoup plus clair. Mais le plus souvent c'est à la femme que la libéralité est adressée et elle lui est faite pour devenir sa dot au sens étroit ; il y a alors une double opération : donation à la femme par un tiers et apport par celle-ci au mari. De là la confusion de mots qui s'est produite.

851. Observation. — Ce qui suit concerne uniquement la dot au sens large, c'est-à-dire les libéralités faites aux époux en vue de leur mariage. Tout ce qui a trait aux relations du mari et de la femme, c'est-à-dire à la détermination des biens dotaux et à l'étendue des droits du mari sur la dot, trouvera naturellement sa place dans l'étude de chaque régime.

*** 852. Caractère facultatif de la constitution de dot pour les parents.** — C'est un principe de notre droit moderne que les parents ne sont pas tenus de doter leurs enfants. L'art. 204 dit : « L'enfant n'a pas d'action contre ses père et mère pour un établissement par mariage ou autrement ». Ce texte est conforme à notre tradition coutumière : « Ne dote qui ne veut, » disait un vieil adage.

Il en était autrement en droit romain. D'après une constitution qui remontait au temps des Antonins (*Dig.*, liv. XXIII, tit. 2, fr. 19), le préteur forçait le père à doter sa fille. Cette règle avait été maintenue dans nos pays de droit écrit (ROUSSILHE, *Traité de la dot*, édit. Sacaze, p. 8), et les Parlements, notamment à Toulouse (arrêts du 13 août

p. 221, texte). Il en est de même de M. Guillouard (T. I, n° 134). Au contraire, MM. Colmet de Santerre (T. VI, n° 9 *bis*-IV) et Laurent (t. XXI, n° 157) considèrent comme une dot cette contribution de la femme aux charges du ménage.

1587 et du 13 juin 1612) et à Bordeaux (arrêt du 6 avril 1604) la faisaient respecter. En 1804 le système coutumier l'emporta, non sans une vive discussion (FENET, t. IX, p. 59-66).

853. Existence d'une obligation naturelle. — « Il n'existe pas d'action », ce qui veut dire que l'obligation de doter a cessé d'être une obligation civile, mais elle subsiste à l'état d'*obligation naturelle*. Quelques auteurs l'ont niée (RODIÈRE et PONT, t. I, n° 96 ; LAURENT, t. XXI, n° 159), mais l'opinion la plus générale en reconnaît l'existence (AUBRY et RAU, t. V, § 500, p. 223, texte et note 6 ; DEMOLOMBE, t. XXIV, n° 351). L'intérêt de la question apparaît seulement au cas où les parents ont promis une dot par acte sous seing privé. Leur engagement est valable puisqu'il y a obligation naturelle, comme promesse d'exécution ; sinon il serait nul, faute d'être revêtu des formes requises pour les libéralités entre vifs. Toutefois ceci suppose que le montant de la dot promise est *déterminé dans l'acte* ; s'il s'agissait d'une promesse de dot, en termes vagues, elle ne serait pas obligatoire, faute d'un objet certain (Cass., 10 déc. 1842, D. 42. 1. 88, S. 43. 1. 335).

** **854. Conséquences de la nature de la dot.** — Entre le constituant et l'époux doté, la dot est une *donation* [1]. Il en résulte qu'elle est, comme toutes les donations en général, *révocable* pour les causes déterminées par la loi, *rapportable* à la succession du constituant, et *réductible* au cas où elle entame la réserve. A propos des causes de révocation, je me bornerai à faire observer que la constitution de dot n'est *pas révocable pour ingratitude du donataire,* parce qu'elle fait partie du groupe des donations faites en faveur de mariage, qui échappent à cette cause de révocation (art. 959). Pour le cas de réduction, il n'existe aucune règle spéciale. Mais l'hypothèse du rapport donne lieu à diverses difficultés. Voyez ci-dessous n°s 875 et suiv.

En outre la constitution de dot est soumise aux droits de mutation très élevés qui frappent les libéralités entre vifs. Sur les fraudes que commettent parfois les constituants en simulant un apport personnel fait par l'enfant lui-même pour échapper aux droits, voyez *Solution de l'administration de l'enregistrement*, du 12 novembre 1898, D. 1900. 2. 390.

§ 2. — *De la constitution de dot.*

* **855. Distinction.** — Lorsque la dot est constituée *par un étranger*, c'est-à-dire par une personne autre que les père et mère, sa constitution est entièrement régie par le droit commun des donations. Il y a au contraire des textes spéciaux pour les constitutions de dot émanant des *père* et *mère* ou de l'un d'eux.

856. Cas où l'enfant a des biens propres. — Dans l'art. 1546, la loi formule la règle suivante : lorsque l'enfant doté a des biens personnels, ces biens ne s'imputent pas en principe sur la dot qui lui est constituée ; sa dot doit être prise sur les biens de ses parents qui la lui ont promise, ce qui est assez naturel. Toutefois la loi réserve l'effet des stipulations contraires, qui sont assez fréquentes. Souvent on convient que la fortune propre à l'enfant viendra en déduction de la dot et le constituant s'engage seulement d'une

[1] Voyez toutefois ce qui est dit des solutions de la jurisprudence aux n°s 867 et 884 ci-dessous.

façon subsidiaire à en fournir le complément. La règle écrite dans l'art. 1546 n'est donc qu'une interprétation de volonté.

Bien que cet article soit placé dans le chapitre « Du régime dotal », il doit être étendu à tous les régimes ; sa décision est conforme aux principes généraux du droit.

A. — Dot constituée par les père et mère conjointement.

*** 857. Répartition de la dot entre les constituants.** — En pareil cas la dot est due par les deux parents pour des parts égales. Chacun en paiera la moitié, à moins qu'ils n'aient fixé un autre mode de répartition. Ceci est dit dans l'art. 1438, pour le cas où les constituants sont *communs en biens,* et dans l'art. 1544, al. 1, s'ils sont *mariés sous le régime dotal.* Il y a encore lieu de généraliser ces deux décisions, pour les appliquer quel que soit le régime des constituants.

Il résulte de là que lorsqu'une dot promise conjointement à un enfant commun par deux époux mariés sous le régime de la communauté, tout est terminé si cette dot lui est fournie *en effets communs,* tandis qu'il y a lieu à un recours de l'un des époux contre l'autre, si cette même dot est fournie à l'enfant au moyen d'immeubles ou de valeurs propres à un seul de ses deux parents. Ce recours est ouvert pour la moitié de ladite dot, eu égard à la valeur des biens donnés au jour de la donation (art. 1438, al. 2).

858. Promesse solidaire. — Si les père et mère se sont engagés *solidairement* envers leur enfant, celui-ci aura bien action pour le tout contre chacun d'eux, mais dans les rapports des constituants entre eux, la répartition devra encore se faire par moitié. Par suite, si la dot est fournie en biens personnels à l'un des parents, son conjoint lui doit une indemnité, quel que soit leur régime matrimonial, de façon qu'en définitive la charge de la dot se divise également entre eux.

859. Obligation personnelle de la mère. — Cette obligation de fournir la dot est personnelle pour moitié à chacun des constituants. Ainsi quand ils sont communs en biens et que la dot a été fournie en valeurs communes, s'il arrive plus tard que la femme du constituant renonce à la communauté, elle devra néanmoins rembourser à son mari la moitié de la dot constituée à l'enfant. C'est la conséquence de l'effet produit par la renonciation de la femme : tous les biens communs sont réputés appartenir au mari seul ; il se trouve donc, en définitive, que la dot a été fournie tout entière aux dépens du mari et sa femme, même renonçante, n'a pas pu s'affranchir d'une obligation qui lui était personnelle. Telle était déjà la solution donnée par Pothier (*Communauté*, n° 649).

Il en serait toutefois autrement si la dot avait été mise à la charge de la communauté, pour être prise sur leurs biens personnels seulement au cas d'insuffisance de la communauté : la mère se trouve affranchie de son obligation par sa renonciation à la communauté (Agen, 23 mai 1865, S. 85. 2. 191). Il y a eu sur ce point quelques difficultés (voyez Guillouard, t. I, n° 144).

B. — Dot constituée par un seul des deux parents.

860. Distinction. — Ici nous devons faire une distinction, suivant que l'autre parent est *encore vivant* ou *déjà décédé.*

861. Cas où l'autre parent survit. — Quand les deux parents sont vivants et que la dot est constituée par l'un d'eux seulement, celui-ci est ordinairement le père. Pour ce cas, la loi donne dans deux textes différents (art. 1439 et 1544, al. 2) des solutions qui ne concordent pas : elle distingue selon que les constituants sont mariés sous le régime de communauté ou sous le régime dotal, mais la différence entre ses deux solutions se comprend, quand on songe aux principes opposés qui gouvernent ces deux régimes.

En principe, l'obligation est personnelle à celui des deux parents qui seul a constitué la dot, l'autre n'en est pas tenu. C'est ce que dit l'al. 2 de l'art. 1544, mais cela n'est entièrement vrai que sous le régime dotal, dans lequel les obligations contractées par le mari n'obligent jamais la femme. Quant au régime de communauté, il faut tenir compte des règles qui lui sont propres : le mari a le pouvoir d'obliger la communauté ; par suite, quand il promet une dot à son enfant, sa femme en est tenue pour moitié, comme commune en biens avec lui, et la femme ne peut s'affranchir de cette obligation qu'en renonçant à la communauté. C'est encore tout ce que dit l'art. 1439 qui met la dot constituée par le mari seul à la charge de la communauté, c'est-à-dire pour moitié à la charge de la femme, à moins que le mari n'ait déclaré expressément qu'il s'en chargeait pour le tout ou pour une portion plus forte que la moitié.

862. Cas où l'autre époux est prédécédé. — Le principe est que le survivant seul est tenu de la dot, mais son application est souvent modifiée par des conventions particulières. Souvent la dot est constituée par lui « tant en biens paternels que maternels », et le sens de cette formule a besoin d'être déterminé. Lorsque le contrat n'a rien spécifié sur la part de chacun, la dot se prend d'abord sur les biens du parent prédécédé, c'est-à-dire sur les droits que le futur époux a dans la succession, et si ces droits ne suffisent pas à parfaire la dot, le survivant doit prendre le surplus sur ses biens personnels (art. 1545).

Quand les portions ont été déterminées, la dot ne se prend sur la succession du prédécédé que jusqu'à concurrence du chiffre indiqué, mais il peut arriver que la succession ne suffise pas à fournir la portion mise à sa charge, et on se demande alors si le constituant est tenu de fournir, outre sa part propre, ce qui manque sur l'autre portion ? En général on admet l'affirmative, car en promettant la dot il doit connaître la consistance de la succession de son conjoint : on présume qu'il a voulu garantir à son enfant la somme totale (Rodière et Pont, t. I, n° 100 ; Aubry et Rau, t. V, § 500, note 14).

§ 3. — *Du paiement et de la garantie de la dot.*

A. — Paiement de la dot.

* **863. Interprétation d'une clause usuelle.** — Beaucoup de contrats de mariage portent que *la célébration du mariage vaudra quittance de la dot*, ou ce qui revient au même que, par le seul fait de cette célébration, *le mari demeurera chargé des apports de la femme*. Cette clause a pour but de dispenser les époux de rédiger une quittance pour constater un versement qui s'effectue souvent au dernier moment, au milieu des préoccupations et des cérémonies du mariage. Mais des difficultés se sont élevées pour déterminer l'effet de cette clause, lorsque le mariage est célébré sans que la dot ait été réellement payée. Il a été jugé qu'elle créait une présomption indestructible du paiement de la dot, à l'égal d'une preuve écrite (Dijon, 7 mai 1862, D. 62. 2. 174, S. 63. 2. 34). N'est-il pas inique de refuser toute action à l'époux doté, alors qu'il a pu croire à un simple retard, et espérer que la dot lui serait prochainement versée ? De plus, la clause contenue dans le contrat de mariage ne peut avoir la force probante d'une preuve littérale, car elle a été écrite à un moment où la dot était encore due, et on ne dresse pas la preuve d'un fait avant qu'il soit accompli, ou bien l'écrit qui est alors dressé n'en fait pas preuve. On doit donc réserver à l'époux le droit de prouver que la dot ne lui a pas été versée, et il fera cette preuve par tous les moyens possibles. Le seul effet de la clause ci-dessus rapportée est donc de déplacer la preuve, en attachant au fait de la célébration du mariage la force

d'une présomption simple, qui dispense le constituant de rapporter une quittance en règle quand il se prétend libéré. C'est en ce sens que la jurisprudence s'est fixée (Cass., 22 août 1882, D. 83. 1. 296, S. 83. 1. 25; Cass., 7 mai 1884, D. 84. 1. 285, S. 85. 1. 28; Nancy, 7 nov. 1896, D. 97. 2. 46. — Comp. *Revue critique*, 1883, p. 670).

864. Présomption de paiement. — Dans un cas particulier, en faveur du régime dotal, la loi établit au profit de la femme une présomption de paiement de la dot qui lui permet d'en réclamer la restitution sans avoir rien à prouver (art. 1569). Sur cette présomption, voyez ci-dessous n° 1645. Elle ne s'applique sous aucun autre régime ; c'est un texte exceptionnel spécial à la femme dotale (Dijon, 11 mai 1888, S. 88. 2. 239).

865. Cours des intérêts. — La dot porte intérêt de plein droit à compter du jour du mariage, sans distinguer si elle est constituée par un tiers ou par les parents (art. 1440 et 1548). On sait que, d'après le droit commun (art. 1153), les créanciers de sommes d'argent n'ont droit aux intérêts moratoires que du jour de la sommation, sauf dans le cas où la loi les fait courir de plein droit. La constitution de dot est un de ces cas exceptionnels, parce que la dot est destinée à subvenir aux frais du ménage et que le retard de son paiement est toujours préjudiciable aux époux. Il y en a un double motif : la loi n'a pas voulu, dit M. Guillouard (t. I, n° 166), obliger des enfants à agir en justice contre leurs parents. De plus, le constituant est censé avoir voulu assurer aux futurs époux les revenus de la dot dès le jour du mariage, puisqu'ils en ont besoin pour vivre.

Les intérêts courent, dit le texte, encore qu'il y ait terme pour le paiement, mais une stipulation spéciale peut en dispenser le constituant. La double disposition des art. 1440 et 1548 suppose une dot promise en argent. Si la dot se compose en tout ou en partie d'objets qui ne rapportent ni intérêts ni aucune espèce de fruits, comme des meubles meublants, le retard du constituant ne l'oblige à payer des dommages et intérêts que sous les conditions du droit commun, c'est-à-dire après mise en demeure et au cas de préjudice prouvé.

866. Prescription des intérêts. — Malgré la faveur dont jouit la dot, ses intérêts restent soumis à la prescription de cinq ans établie par l'art. 2277 (Toulouse, 14 déc. 1850, D. 51. 2. 85, S. 51. 2. 102).

B. — Garantie.

*** 867. Existence de la garantie.** — Toute personne qui constitue une dot est tenue de l'obligation de garantie (art. 1440 et 1547). Ceci est une autre exception au droit commun. En règle générale un donateur n'est pas garant de ce qu'il donne, si ce n'est à raison de son fait personnel. En matière de dot la garantie est due en vertu de la loi et par l'effet d'une présomption de volonté. La dot n'est pas une libéralité ordinaire, elle a une destination obligatoire et doit servir à l'acquittement des charges que le mariage fait naître. Il est donc naturel de présumer que le constituant en a voulu assurer le bénéfice à l'époux doté par lui, en le garantissant contre toute éviction. En ce sens, Demolombe, t. XX, n° 546, Guillouard, t. I, n° 161.

D'anciens arrêts expliquaient autrement l'existence de la garantie : ils disaient que la constitution de dot est un acte à titre onéreux (Cass., 22 niv. an X, S. chr. 1. 1. 577 ; Rouen, 3 juill. 1828, S. chr. 9. 2. 110). Cette base est fausse, comme on l'a vu par l'analyse de la constitution de dot (ci-dessus n° 850).

*** 868. Personnes tenues de la garantie.** — « Toute personne... », dit la loi. Par conséquent la femme est garante de la dot, quand elle se constitue en dot ses propres biens.

Toutefois le principe qui oblige le constituant à garantie peut être contrarié par une autre règle : c'est que la garantie n'a pas lieu dans les transmissions qui ont pour objet une *universalité* (arg. art. 1696). Or la femme peut se constituer en dot tous ses biens ou une partie de ses biens à titre universel. Par exemple, sous les régimes de communauté ou sans communauté, tous les biens de la femme sont dotaux, au moins pour la jouissance ; sous le régime dotal, la constitution de dot peut porter sur tous les biens présents ou à venir. En ce cas le mari n'acquiert de droits sur les biens de la femme que dans l'état où ils se trouvent et aucune garantie ne lui est due s'il vient à subir l'éviction d'un bien particulier.

* **869. Personnes ayant droit à garantie.** — Il faut se rappeler le caractère complexe de la constitution de dot et la distinction indiquée ci-dessus au n° 850, qui seule permet de résoudre toutes les difficultés dont cette théorie est remplie. Quand la constitution est faite par un tiers au profit de la femme, il y a au fond de cet acte unique un double contrat : 1° une *donation faite à la femme,* par ses parents ou par un tiers ; 2° un *apport de la dot* fait par la femme au mari. Par conséquent ce n'est pas le mari qui est donataire direct, c'est la femme ; le mari tient la dot de celle-ci et non du constituant. Il est donc un *ayant cause* de sa femme, à peu près dans la même situation qu'un *sous-acquéreur*. Il faut en conclure que la garantie est due d'abord par le constituant à la femme, puis par la femme à son mari. Le mari peut même, comme tout cessionnaire, remonter par l'action en garantie jusqu'au constituant, en agissant du chef de sa femme.

870. Étendue de la garantie. — Cette garantie se détermine d'après les principes du droit commun. Domat étendait à ceux qui constituent une dot « les règles de la garantie que doivent ceux qui vendent ou transportent » (*Loix civiles,* liv. I, tit. X, sect. 2, n° 24). On ne peut cependant pas étendre à la dot l'art. 1631, qui oblige le vendeur à restituer, à tout événement, le prix qu'il a reçu, même quand la chose a diminué de valeur depuis la vente ; car il n'y a pas eu de prix stipulé. Par conséquent l'obligation du garant se réduit toujours à indemniser l'époux de la valeur qu'avait, au moment de l'éviction, l'objet qui lui a été enlevé par un tiers.

§ 4. — *De la dot constituée sous forme de rente.*

* **871. Avantage du procédé.** — Il arrive fréquemment que les parents, au lieu de fournir une dot en biens fonds ou en valeurs mobilières, c'est-à-dire en *capital,* s'engagent simplement à servir une *pension annuelle* proportionnée à leur fortune. C'est un procédé commode qui évite d'aliéner ou de morceler des domaines, et qui, de plus, met l'enfant doté à l'abri de

beaucoup de risques. D'autre part un grand nombre de pères, en mariant leurs filles, hésitent à mettre immédiatement un capital considérable à la disposition de leur gendre, surtout quand celui-ci s'occupe d'affaires ou de spéculations capables d'engloutir la fortune de sa femme. Mais ces rentes promises à titre de dot ont soulevé dans la pratique diverses questions délicates, qui font l'objet des numéros suivants.

A. — Extinction de la rente.

*** 872. Survie possible de la rente.** — On s'est demandé d'abord si la rente doit continuer au profit du survivant, quand l'un des deux époux vient à mourir. Une distinction s'impose. Si c'est l'*époux doté qui survit*, la rente constituée à son profit doit lui être servie sa vie durant, et même après la dissolution du mariage. Le mariage a créé pour cet époux des charges qui ne s'éteignent pas quand il se dissout, alors même qu'il n'en resterait pas d'enfants. La rente a été constituée à l'occasion du mariage, mais non pas seulement pour sa durée. Comp. Guillouard, t. I, n° 159.

Si c'est l'*époux doté qui meurt*, la rente doit s'éteindre, au moins en principe, car elle doit être traitée comme établie en considération de la personne et par suite comme *viagère*. Par exception, on peut admettre que le conjoint survivant y a encore droit s'il y a des enfants, mais ceci est l'effet de la *réversibilité* de la rente dont il est question dans les numéros suivants. Ces règles ne s'appliquent d'ailleurs qu'en l'absence de conventions particulières qu'on manque rarement de faire.

B. — Réversibilité de la rente.

*** 873. Conventions de réversibilité.** — La rente dotale peut être stipulée réversible, après la mort de l'époux doté, au profit des enfants à naître du mariage. La rente, étant viagère, est destinée à s'éteindre par la mort de l'époux ; si on veut en faire profiter les enfants, il n'y a qu'un moyen pratique d'y réussir : c'est de constituer la rente au profit de l'époux doté, mais *sur la tête du constituant*. On sait qu'une rente est constituée sur la tête d'une personne, quand c'est cette personne qui doit par son décès déterminer l'extinction de la rente (Voyez t. II, n° 2122). Dès lors, voici comment les choses se passeront. Si le père donateur meurt avant l'époux doté, la rente s'éteint, mais l'époux doté n'y perd rien car il recueille la succession de son père et perçoit désormais comme propriétaire les revenus à l'aide desquels sa rente lui était servie. Si c'est l'époux doté qui meurt le premier, la rente ne s'éteint pas, puisque la personne sur la tête de laquelle elle repose, à savoir le constituant, est encore vivante ; cette personne doit donc en continuer le service au profit des enfants de l'époux décédé.

874. Difficulté au point de vue fiscal. — Il y a eu quelques difficultés pour savoir à quel titre les enfants nés du mariage recueillent la rente dotale. La question s'est posée en pratique pour la perception des droits de mutation. La régie prétendait faire payer aux petits-enfants du constituant le droit très élevé qui frappe les donations entre vifs ; elle interprétait la clause du contrat de mariage comme si les petits-enfants étaient personnellement donataires de leur grand-père.

La thèse de la régie n'était pas admissible. S'il s'agissait d'une donation, elle serait nulle, car on ne peut pas faire de donations à des personnes qui ne sont pas encore conçues au jour où l'acte est dressé, comme les enfants à naître du mariage. Cela n'est possible que dans l'hypothèse de l'*institution contractuelle* (art. 1082), qui est une donation de biens à venir, et ce n'est pas ici le cas. Les petits enfants profitent donc de la rente en qualité d'héritiers de l'époux doté. C'est une rente qui n'était pas viagère et qui, par suite, n'est pas encore éteinte ; ils la trouvent dans la succession de leur père ou mère et elle leur est *transmise par dévolution héréditaire*. La conséquence est qu'ils doivent payer sur cette rente seulement le droit de mutation par décès (Trib. de la Seine, 4 avril 1884, D. 85. 3. 101, S. 85. 2. 223).

§ 5. — *Du rapport de la dot.*

A. — Situation ordinaire.

*** 875. Effet des règles du rapport.** — Disons d'abord, pour ceux qui ne le sauraient pas encore, que le *rapport* est l'obligation imposée à un héritier qui a reçu une libéralité du défunt d'en reverser le montant à la masse, avant tout partage. Le rapport des *meubles* se fait *en moins prenant* (art. 868), c'est-à-dire que le donataire qui succède au donateur impute sur sa part héréditaire les meubles qu'il a reçus et n'a droit qu'à l'excédent. Le rapport des *immeubles* se fait de deux façons : *en nature,* toutes les fois que le donataire a conservé la propriété du bien ; *en moins prenant,* quand l'immeuble a été aliéné par lui (art. 859 et 860). Quand le rapport d'un immeuble se fait en nature, les droits réels consentis par le donataire sont résolus, à moins que le partage définitif ne fasse tomber cet immeuble dans son lot (art. 865).

Appliquons ces règles du rapport à une dot constituée par un tiers à la femme et apportée par elle à son mari, en supposant d'abord qu'il s'agit d'une dot immobilière. Nous savons qu'en principe la femme reste propriétaire de sa dot ; l'apport qu'elle en fait ne confère au mari qu'un simple droit de jouissance. Le rapport de la dot à la succession doit se faire en nature, et le mari perd son droit de jouissance sur l'immeuble donné, à moins que ce bien ne revienne à sa femme par l'effet du partage. Le rapport d'un immeuble dotal ne se fera en moins prenant que dans les cas où la propriété en est acquise au mari, conformément à l'art. 1552.

Quand la dot consiste en effets mobiliers ou en argent, le rapport s'en fait toujours en moins prenant.

B. — Dispense exceptionnelle de rapport.

876. Disposition de la loi. — Dans un cas particulier, la femme dotée se trouve dispensée par la loi de faire le rapport de sa dot (art. 1573). Cette dispense profite à la femme lorsque son père l'a mariée à un homme qui était *déjà insolvable au jour du* *mariage*, et qui n'avait alors *ni art ni profession* qui pût lui tenir lieu de fortune. Exiger de la femme le rapport de la dot qu'elle avait reçue, ce serait faire retomber sur elle les conséquences d'une faute commise par son père ; il est plus juste que la perte retombe sur la succession entière et que les autres enfants en supportent leur part. Aussi la loi dispense-t-elle la fille dotée, qui veut succéder à son père, de rapporter *sa dot*, laquelle est peut-être gaspillée et perdue ; elle l'oblige seulement à rapporter *son action en reprise* contre le mari. De la sorte, les risques de l'insolvabilité du mari sont pour la succession du constituant, qui tirera ce qu'elle pourra de la déconfiture du mari.

La dispense de rapport n'est justifiée que parce qu'il y a eu *faute du constituant* : un père est inexcusable d'avoir marié sa fille dans de pareilles conditions, sans prendre les précautions nécessaires pour sauvegarder sa dot. Si donc le mari n'était devenu insolvable que depuis le mariage, ou s'il avait un métier ou une profession qui lui tenait lieu de bien, la perte de la dot tomberait uniquement sur la femme (art. 1573, al. 2).

877. Cas d'application de l'art. 1573. — L'art. 1573 est une disposition de faveur qui doit s'interpréter restrictivement. D'où la double conséquence suivante :

1° *Il est inapplicable lorsque la dot a été constituée par un autre que le père* ;

2° *Il est propre au régime dotal*. Il se trouve en effet écrit dans le chapitre III, à propos de ce régime. Il y aurait évidemment d'égales raisons d'équité pour accorder la même faveur à une jeune fille qui aurait été mariée sous le régime de la communauté à un homme sans ressources. Cependant l'opinion générale restreint l'application de l'art. 1573 au régime dotal, parce que la règle qu'il contient est empruntée au droit romain (Novelle 97, chap. VI), qu'elle était étrangère aux pays de coutume et n'a été maintenue que pour respecter les habitudes des populations du Midi.

C. — Clauses relatives au rapport des dots.

***878. Formules usuelles.** — On trouve fréquemment dans les contrats de mariage une clause relative au rapport de la dot et qui est ancienne, puisqu'elle est déjà indiquée par Pothier (*Communauté*, n° 650). On l'emploie quand la dot est constituée en même temps par les père et mère, et on stipule que la dot est donnée *en avancement d'hoirie sur la succession du prédécédé* ou encore que la dot sera *imputée pour le tout sur la succession du prémourant*.

***879. Effet du vivant des constituants.** — Tant que les père et mère qui ont constitué la dot sont tous deux vivants, la clause ne produit pas d'effet. Chacun d'eux reste tenu et peut être poursuivi en paiement du total, s'il y a solidarité ; sinon de la moitié de la dot, conformément aux règles déjà exposées (ci-dessus n°s 855-858). C'est seulement quand l'un des constituants est mort que la clause peut recevoir son application.

***880. Effet au décès du prémourant.** — Dans la grande majorité des cas, la dot est fournie au moment du mariage, de sorte qu'elle se trouve déjà acquittée au jour où l'un des constituants vient à mourir, et qu'il s'agit uniquement d'en régler le *rapport*, et non plus le *paiement*. C'est du reste dans cette prévision que la clause a été écrite. Son effet est alors de rendre la dot *rapportable tout entière à la succession du premier mourant des père et mère*. Celui-là est réputé avoir seul constitué la dot, et l'enfant doté ne peut rien prendre dans sa succession si le chiffre de sa dot atteint ou dépasse sa part héréditaire. Il se peut même que l'enfant doté, qui rapporte la totalité de sa dot, ne recueille dans la succession qu'une part moindre, de sorte que le rapport effectué par lui le constitue en perte : il retire de la succession moins qu'il n'y a mis.

***881. Situation du survivant des constituants.** — L'époux doté peut-il alors se retourner contre le survivant de ses père et mère pour lui réclamer tout ce qui lui manque de sa dot? La Cour de cassation a jugé que, le prémourant étant réputé avoir à lui seul constitué toute la dot, le survivant devait être exonéré de l'engagement pris et que l'enfant n'avait aucune action à exercer contre lui (Cass., 3 juill. 1872, D. 73. 1. 369, S. 72. 1. 201).

Cette décision a été vivement critiquée par M. Labbé dans sa note du *Sirey*. Je crois cependant qu'elle a fait une exacte interprétation de la clause du contrat de mariage, qui portait simplement que la dot serait « *imputable en totalité* sur la succession du premier mourant des père et mère de la future épouse ». Mais cette clause était mal rédigée et l'effet qu'elle entraîne, en libérant le survivant de sa promesse par l'effet d'une condition résolutoire, est certainement contraire à l'intention des parties dans la grande majorité des cas. Celles-ci ne cherchent point à donner à la dot une consistance incertaine et variable, dépendant de l'état de fortune futur des constituants, mais seulement à la rendre aussi peu onéreuse que possible pour les constituants et pour les autres enfants non encore dotés. Afin de respecter pleinement l'intention de leurs clients, beaucoup de notaires, surtout à Paris, ont l'habitude de compléter cette clause en disant que la dot sera *rapportable subsidiairement sur la succession du survivant*. On limite ainsi la résolution de la dot par l'effet du rapport : quand s'ouvre la succession du premier mourant des constituants, la dot n'est rapportable que pour le montant de la part héréditaire de l'enfant doté, qui conserve l'excédent pour le rapporter plus tard à la succession de son autre parent. Cette clause est licite et doit produire son effet. Voyez cependant un arrêt (Paris, 16 mars 1850, D. 50. 2. 167) qui a entièrement méconnu la validité de cette convention.

882. Conséquence excessive attribuée à la clause. — Prévoyant le cas où l'un des constituants viendrait à mourir avant que la dot ait été payée, divers auteurs décident que l'enfant doté n'a plus aucune action à exercer contre le survivant et doit se contenter de ce qu'il pourra prendre dans la succession du prédécédé. Ils en donnent pour raison que le survivant est désormais réputé étranger à la constitution de dot et libéré de toute obligation personnelle (Guillouard, t. I, n° 148). Ils s'appuient sur un ancien arrêt (Cass., 11 juill. 1814, D. 12. 427, S. chr. 4. 1. 592) où on lit, en effet, que le survivant est censé n'avoir rien donné. Mais sur cela il faut observer : 1° que l'arrêt de 1814 n'a nullement refusé à l'enfant doté une action en paiement et qu'il a statué seulement sur la question de savoir si l'enfant devait rapporter tout ce qu'il avait reçu ; 2° qu'on dépasse certainement la volonté des parties en appliquant au *paiement* de la dot une clause qui n'est écrite que pour en régler le *rapport* et qui dès lors ne doit avoir de valeur et d'effet qu'autant que la dot a été effectivement fournie. C'est bien ainsi que l'entendait Pothier quand il disait que par l'effet de cette clause « le prédécédé est censé avoir seul *donné* le total et le rapport ne s'en fera qu'à sa succession » (*Coutume d'Orléans*, Introd. au titre XVII, n° 86). « Donné » et non pas « promis » : il suppose donc le paiement déjà fait.

Si l'idée d'une résolution de la promesse du survivant était absolument vraie, il faudrait aller jusqu'à dire que, si la dot a été fournie en valeurs communes aux deux époux, le survivant aurait une action en répétition contre l'enfant doté pour tout ce qu'il lui a fourni et c'est une conséquence que personne n'admet (Guillouard, t. I, n° 149).

§ 6. — *De l'action Paulienne en matière de dot.*

A. — Dot de la femme.

***883. Position de la question.** — Quand la personne qui constitue une dot est insolvable, la question s'élève de savoir si ses créanciers peuvent agir contre l'époux doté pour lui enlever ce qu'il a reçu, au moyen de l'action Paulienne. C'est une combinaison qui se voit quelquefois : des gens ruinés marient richement leur fille, en lui donnant une belle dot au lieu d'employer leur argent à désintéresser leurs créanciers ; du même coup ils assurent leur propre avenir. Voyez Paris, 31 janv. 1845, D. 45. 2. 50, S. 45. 2. 129. Il faut se rappeler que les conditions de l'action Paulienne varient suivant que l'acte frauduleux attaqué par les créanciers a été fait à titre gratuit ou à titre onéreux : contre un acquéreur à titre onéreux, les créanciers fraudés ne peuvent réussir qu'en prouvant qu'il a été complice de la fraude commise par leur débiteur; contre un acquéreur à titre gratuit, leur action réussit même quand il a traité de bonne foi. Pour savoir dans quelles conditions l'action Paulienne sera recevable, il faut donc rechercher si la constitution d'une dot se fait à titre gratuit ou à titre onéreux.

****884. Jurisprudence.** — La jurisprudence est tombée dans une erreur singulière. Elle a voulu protéger les époux contre les réclamations des créanciers et elle a décidé que la constitution d'une dot est *un acte à titre onéreux dans toutes ses parties,* même dans les rapports de l'époux doté avec le constituant. La raison est que cet époux ne reçoit pas la dot à titre de libéralité pure ; on la lui donne *à la condition qu'il se marie,* c'est-à-dire qu'il accepte les charges d'un ménage; c'est donc une *donation onéreuse,* par suite, les créanciers ne peuvent pas triompher dans l'action Paulienne qu'en établissant la complicité de l'époux doté (arrêts nombreux ; Cass., 25 févr. 1845, D. 45. 1. 174, S. 45. 1. 417; Cass., 11 nov. 1878, D. 79. 1. 416, S. 80. 1. 28; beaucoup d'arrêts d'appel) [1].

885. Critique. — Cette jurisprudence aboutit à supprimer presque complètement l'action Paulienne en matière de dot. Comment prouver qu'une jeune fille, qui souvent sort du couvent pour se marier, connaissait le mauvais état des affaires de son père (Demolombe, t. XXV, n°s 212-216)? La jurisprudence protège donc très efficacement les ménages qui se fondent, mais elle sacrifie les droits des créanciers qui sont tout aussi respectables.

D'ailleurs les considérations pratiques ne sont pas tout ; il faut tenir compte aussi des textes et des principes. La question a besoin d'être dédoublée. Prenons d'abord les relations entre l'époux doté et le constituant. Il est faux de dire, comme l'affirment les arrêts, que la constitution de dot « participe de la nature des actes onéreux ». Entre ces deux

[1] La jurisprudence n'a jamais produit un seul bon argument à l'appui de sa solution : certains arrêts disent que la dot se constitue à titre onéreux puisqu'elle fait naître l'obligation de garantie à la charge du constituant. L'argument n'a aucune force, car la garantie peut parfaitement être stipulée par le donataire, et c'est parce qu'elle sous-entend une convention de ce genre que la loi déclare le constituant de la dot tenu à garantie.

personnes, la constitution de dot est *purement gratuite*. Il est bien vrai que l'époux doté s'oblige à supporter les charges d'un ménage, mais envers qui ? envers son conjoint et non envers le constituant. Il ne prend aucun engagement au profit de ce dernier de sorte que l'élément essentiel du contrat onéreux manque : une des parties reçoit quelque chose et ne promet rien en échange. C'est donc un acte gratuit. Voyez en ce sens AUBRY et RAU (t. IV, § 313, note 27) et beaucoup d'autres auteurs, ainsi que quelques arrêts (Montpellier, 6 août 1842).

Prenons maintenant l'autre aspect de la question et envisageons les rapports du mari et de la femme. Supposons que les créanciers aient triomphé contre la femme dotée : ils se trouvent en présence d'un *sous-acquéreur*, le mari, qui possède des droits sur les biens frauduleusement soustraits à leur gage. Vont-ils pouvoir l'atteindre, lui enlever la dot, et sous quelles conditions ? Ici la question se pose dans des termes bien différents. Entre la femme et le mari, il est certain que *l'apport de la dot se fait à titre onéreux* : le mari reçoit des revenus et s'engage à les employer d'une manière déterminée. En sa qualité d'ayant cause de la femme, il est donc un sous-acquéreur à titre onéreux qui tient ses droits d'un premier acquéreur à titre gratuit ; mais on sait que les conditions de l'action Paulienne s'apprécient séparément en la personne de chacun des acquéreurs successifs. Ceci tranche la question : le mari, usufruitier de la dot, ne peut perdre son droit de jouissance que s'il a été complice de la fraude. Telle était déjà la solution romaine [1] et notre jurisprudence l'a conservée en la fortifiant, puisqu'elle l'a étendue même aux rapports de la femme dotée avec le constituant. On peut donc dire qu'en matière de dot la théorie de l'action Paulienne se trouve modifiée en ce qu'un acte de nature mixte est traité comme s'il était à titre onéreux à tous égards [2].

886. Remarque. — Si l'action Paulienne était recevable contre la femme sans l'être contre le mari, la constitution de dot serait annulée à l'égard de la femme seulement, c'est-à-dire pour la nue propriété, et la jouissance resterait au mari.

B. — Dot du mari.

*** 887. Jurisprudence.** — La même question s'est présentée plus tard à propos de dots frauduleusement constituées au futur époux par des parents insolvables. La Cour de cassation, persistant dans sa jurisprudence et aggravant même la précision de ses formules, a décidé à deux reprises que la donation faite au futur, en considération du mariage, est *un véritable acte à titre onéreux,* tout aussi bien que la constitution de dot au profit de la femme, et ne peut être annulée qu'autant qu'un concert frauduleux a existé entre toutes les parties intéressées (Cass., 18 janv. 1887, D. 87. 1. 257, S. 87. 1. 97 ; Cass., 18 déc. 1895, D. 98. 1. 193, S. 96. 1. 172). Ce qu'il y a d'exorbitant dans cette jurisprudence nouvelle, c'est que l'action des créanciers est condamnée à échouer, même quand le futur époux aura été complice de la fraude commise par ses parents, *par cela seul que sa femme l'aura ignorée* ! La bonne foi de la femme couvre la mauvaise foi du mari. On ne saurait s'élever trop vivement contre un tel oubli des principes.

[1] Les jurisconsultes romains remarquaient que, sans la dot, le mari ne se serait pas marié : « Cum is indotatam uxorem ducturus non fuerit » (VENULEIUS, au *Digeste*, liv. XLII, tit. 8, fr. 25, § 1). Comparez JULIEN : « Ex promissione dotis non videtur causa lucrativa esse » (*Digeste*, liv. XLIV, tit. 7, fr. 19).

[2] En Roumanie la constitution de dot est considérée comme à titre onéreux pour le mari, à titre gratuit pour la femme. Le mari ne peut donc être atteint par l'action Paulienne que si sa mauvaise foi est établie (Cass. roum., *Bulletin*, année 1891, p. 177. ALEXANDRESCO, p. 92).

Ajoutons que les Cours d'appel ne paraissent pas suivre la Cour de cassation dans cette voie. La Cour d'Orléans a déclaré nettement que, dans les rapports du père et du fils, la constitution de dot a tous les caractères d'un acte de pure bienfaisance, et que la femme, n'étant pas personnellement donataire, n'a aucun titre pour faire maintenir à son profit cette donation quand elle est frauduleuse (Orléans, 8 juin 1898, D. 98. 2. 284. — Voyez aussi Paris, 27 juill. 1894, D. 95. 2. 32, S. 95. 2. 158).

LE RÉGIME DE COMMUNAUTÉ

CHAPITRE PREMIER

HISTOIRE DE LA COMMUNAUTÉ

888. Bibliographie. — P. VIOLLET, *Histoire du droit civil français*, passim. — LABOULAYE, *Recherches sur la condition civile et politique des femmes*, p. 285 et suiv. — ALBERT CHÉRON, *Étude sur l'adage Uxor non est proprie socia, sed speratur fore*, thèse, Paris, 1901. — L'enseignement donné à la Faculté de Paris par M. Lefebvre sur le droit coutumier a provoqué plusieurs thèses sur *le droit des gens mariés* d'après nos anciennes coutumes. Voyez pour la *Lorraine*, L. SCHUBERT, 1901 ; pour le *Beauvoisis* (d'après Beaumanoir), ED. PLIVART, 1901 ; pour la *Bretagne*, G. JAMONT, 1901 et pour la *Franche Comté*, PIDOUX, 1902.

§ 1. — *Fausses conjectures sur son origine.*

889. Habitudes romaines. — L'histoire de la communauté a été longtemps inconnue, et il y reste encore plus d'un point douteux ou obscur. On a inutilement cherché ses origines *dans le droit romain*. Voyez notamment LAURIÈRE, *Coutume de Paris*, tit. X, t. II, p. 185. On citait surtout un fragment de Scævola, où il est parlé d'un homme « qui societatem omnium bonorum cum conjuge sua per annos quadraginta habuit » (*Dig.*, liv. XXXIV, tit. 1, fr. 16, § 3). Mais il n'y a là qu'une application du contrat ordinaire de société entre deux époux. On trouve une autre allusion au même fait dans une épigramme de Martial à Nigrine, où on lit : « Gaudentem socio participique viro (IV, 75). Mais nous connaissons assez, par une multitude de textes, les habitudes des anciens pour être sûrs que cet emploi de la société entre époux devait être rare, et la plupart des gens se mariaient sous le régime dotal, qui est un régime de séparation de biens. Comp. GIRAUD, *Le droit français au moyen âge*, t. I, p. 56.

890. Habitudes gauloises. — D'autres ont cru trouver la communauté chez les Gaulois. Ils s'appuient sur un passage de CÉSAR, *De bello gallico*, VI, 20 (ou 19)[1]. César dit que le mari qui a reçu de sa femme « pecunias dotis nomine », en prend autant dans sa fortune propre pour les réunir à ce que lui a donné sa femme : « tantas ex suis bonis, æstimatione facta, cum dotibus communicant. » Voilà donc une masse commune entre époux : n'est-ce pas l'origine de notre communauté? César ajoute que cette masse commune devient en entier la propriété du survivant. Il y a évidemment là quelque chose d'étranger aux mœurs romaines, mais ce n'est pas encore la communauté française; ce n'est qu'*un gain de survie*, et qui porte sur un groupe très limité de biens.

D'autre part, il est certain que César désigne ici, sous le nom de « pecunia », le *bétail*, les *troupeaux*, et non de l'argent. C'est ce que prouvent les mots « æstimatione facta » et « fructus servantur ». Tel est le sens ancien du mot latin « pecunia » (Voy. FREUND, h. v°), et cette traduction est conforme à ce que nous savons des races celtiques; ainsi,

[1] Voici le passage entier : « Viri quantas pecunias ab uxoribus dotis nomine acceperunt, tantas ex suis bonis, æstimatione facta, cum dotibus communicant. Hujus omnis pecuniæ ratio habetur, fructusque servantur. Uter eorum vita superarit, ad eum pars utriusque cum fructibus superiorum temporum pervenit. »

dans les coutumes galloises, l'apport de la femme consistait en bétail : « animalia quæ secum a parentibus adduxit » (*Leges Walliae*, A, II, 20, 33 ; *ibid.*, B, II, 23, 14)[1].

§ 2. — *Origine de la communauté.*

***891. Sa source.** — Il est vraisemblable que la communauté s'est formée dans le haut moyen âge, peut-être du VIIIe au Xe siècle. Malheureusement les textes que nous possédons sur cette époque sont rares, et ils sont loin de nous éclairer d'une manière complète sur la question. On y voit seulement que les Germains ont considéré de tout temps, comme formant une catégorie à part, les biens que l'on appela plus tard les *conquêts*, c'est-à-dire ceux que le mari et la femme acquièrent ensemble pendant le mariage[2], et que l'usage était que le mari en donnât une partie à la femme, en même temps qu'une partie de ses propres, pour le cas où elle lui survivrait[3]. Ce que la femme obtenait ainsi en vertu d'une *dotation* (dotalicium) de son mari a fini par lui être attribué de plein droit, et s'est peu à peu dédoublé : sur les propres du mari, c'est devenu le *douaire* ; sur les meubles et les conquêts, la *communauté*. Une différence s'est ensuite établie : sur les meubles et les conquêts, la femme a continué à recevoir sa part en pleine propriété, comme on le voit dans les chartes rapportées en note ; sur les propres de son mari on ne lui donna plus qu'un simple droit viager, c'est-à-dire un usufruit.

***892. Consolidation du droit de la femme.** — Une autre observation doit être faite. Primitivement il semble bien que le droit de la femme soit un simple *gain de survie*. Ainsi la loi Ripuaire ne lui donne son tiers des conquêts qu'autant que le mari meurt le premier, *si virum supervixerit*. Mais de très bonne heure on s'habitua à considérer la femme comme ayant déjà un droit dans les conquêts *du vivant même de son mari*. Déjà, au VIIe siècle, dans les formules de Marculf, on voit la femme disposer de son vivant, au profit de son mari, de sa part dans les conquêts (MARCULF, II, 7 et 17).

893. Quotité du droit de la femme. — Pendant très longtemps la part de la femme n'a pas été fixée d'une manière uniforme. Elle est du *tiers* chez les Ripuaires, dans tout l'Est de la France et dans le *pagus parisiensis* (*Formules de Marculf*). Elle était de moitié chez les Saxons. Voyez VIOLLET, *Établissements de Saint-Louis*, t. I, p. 133.

894. Communautés taisibles. — Une habitude très lointaine, qui s'est beaucoup développée au moyen âge, est venue influer fortement sur la formation de la communauté. C'est l'existence d'une sorte de société particulière, appelée *société taisible*, qui se

[1] Cette interprétation du passage de César a été donnée par M. D'ARBOIS DE JUBAINVILLE, *Recherches sur l'origine de la propriété foncière et des noms de lieux en France*, p. 109-111. Parmi les auteurs qui ont rattaché la communauté aux usages gaulois, voyez surtout GROSLEY, *Recherches pour servir à l'histoire du droit français*, 1752, et HUMBERT, *Du régime nuptial chez les Gaulois*, dans la *Revue historique du droit français et étranger*, 1858, p. 517. Comp. VALROGER, *Les Celtes et la Gaule celtique*, Paris, 1879, p. 459.

[2] « De omni re quam simul collaboraverint » (*Loi Ripuaire*, titre 37 (*alias* 39), § 2). — On trouve fréquemment, pendant tout le moyen âge, des exemples de cette « collaboratio ». Par exemple, dans les chartes de Cluny, dans celles de Redon, etc., on voit la femme et le mari acheter et vendre ensemble : « D. viro Witberto et uxore sua Gautsana, emptores, nos... Sigefontis et uxor mea, venditores... » (*Recueil des Chartes de l'abbaye de Cluny*, n° 36. Comp. *ibid.*, nos 60, 77, 84, 85, etc.)

[3] Chartes de Cluny, n° 7, de l'an 833 environ : « Quia et racio postulat et consuetudo exquirit ut sponsus sponsam et maritus uxorem dotare debeat, ideo cedó tibi atque dono *per hoc dotalicium* aliquid ex rebus meis, que sunt site in pago Lugdunense (1 manse avec 1 serf). Cedo etiam tibi *terciam partem ex omnibus rebus meis mobilibus quas modo habeo vel in futuro pariter acquirere poterimus*, in omnibus rebus que dici vel nominari possunt. Hæc omnia... trado atque transfundo *perpetualiter*... » Comparez le n° 86, daté de 905 : « Cedo tibi tercia partione de omnes res, facultates meas, quas visus sum abere aut possidere, aut inantea, cum Deo omnipotentis adjutorio *conquirere* aut laborare potuero... sub integro tibi cedo et secundum mea lege manibus tibi trado, *perpetualiter* ad abendum ». Ces chartes ont été aussi publiées par M. THÉVENIN, *Textes... des époques mérovingienne et carolingienne*, Institutions privées, nos 175 et 176.

formait entre personnes vivant *à même pot et feu*, au bout d'un an et un jour de cohabitation[1]. Cette société, constante entre vilains, très rare chez les nobles (voyez cependant coutume de Troyes, art. 101), avait lieu même entre personnes non parentes; à plus forte raison dût-elle recevoir son application aux époux.

L'influence des communautés taisibles sur la communauté conjugale s'accuse surtout par ce double fait :

1° Un grand nombre de coutumes ne faisaient commencer la communauté entre époux, qu'*au bout d'un an et un jour de cohabitation* (Chartres, 57, 61; Châteauneuf, 66-70; Dreux, 48, 52; Lodunois, XXIV, 1, 2; Poitou, 231; Maine, 508, 509; Anjou, 511, 512; Grand Perche, 102, 103, 107; Bretagne, 424, 469)[2]. On a objecté qu'à l'exception des trois premières, ces coutumes ne connaissaient pas les sociétés taisibles entre gens non mariés. Cela prouve seulement qu'à l'époque où ces coutumes ont été fixées et rédigées, l'usage des sociétés taisibles, qui est une véritable antiquité juridique, était déjà oublié en dehors du mariage, mais la trace de son action est indéniable.

2° La communauté continuait de plein droit, *après la mort de l'un des époux*, entre le survivant et les enfants nés du mariage, à moins qu'il n'y eût inventaire et partage (LAURIÈRE sur LOYSEL, 286). Dans toutes les coutumes cette prolongation n'avait lieu qu'entre roturiers.

C'est Laboulaye qui a signalé le premier le rôle des sociétés taisibles dans l'histoire de la communauté entre époux (*Recherches sur la condition des femmes*, p. 334 et suiv.).

895. La communauté entre nobles. — Dans notre ancien droit coutumier la diversité est partout. Pour ces courtes indications, je ne puis m'astreindre, comme cela serait nécessaire, à suivre son développement par régions. Tout au moins dois-je indiquer que la communauté entre nobles se distingue profondément de la communauté roturière. Elle n'a peut-être pas eu la même origine et n'a pas suivi la même marche: pendant longtemps la femme noble a possédé, comme un privilège exclusif, le droit de renoncer à la communauté, ce qui rappelle le temps des vieilles lois germaniques, d'après lesquelles le droit de la femme n'était qu'un droit de succession.

§ 3. — *Organisation de la communauté du* XVIe *au* XVIIIe *siècle.*

***896. Sa composition.** — Au moment où le droit coutumier se trouve fixé par la rédaction des coutumes, l'usage le plus général faisait entrer dans la communauté: 1° *tous les meubles des époux*; 2° *les conquêts immeubles*, c'est-à-dire les immeubles acquis pendant le mariage à titre onéreux (*Coutume* de Paris, art. 220, en note dans les *Codes Tripier* sous l'art. 1399)[3]. Mais dans certaines régions, principalement dans les *pays flamands*, la communauté avait reçu une plus grande extension. En beaucoup d'endroits, on y pratiquait la *communauté universelle*, dans laquelle tombaient tous les immeubles appartenant aux époux, même antérieurs au mariage ou acquis à titre gratuit. On a expliqué ce fait par les considérations suivantes: les Flandres comptaient beaucoup de grandes villes commerçantes; la fortune mobilière y avait acquis une grande

1 Sur les sociétés ou communautés taisibles, voir VIOLLET, *Précis*, p. 749 et suiv.

2 Les coutumes qui faisaient commencer la communauté immédiatement après le mariage se trouvaient principalement au Nord de Paris. BEAUMANOIR : « Chacun sait que compaignie [communauté] se fait par mariage, car sitôt comme mariage est fait, les biens de l'un et de l'autre sont communs par la vertu du mariage » (Chap. XXI, n° 2). Comp JEAN DES MARÈS, décision 247. Cependant à Paris même le *Grand coutumier* (XVe siècle) mentionne encore le délai d'an et jour : « Nota que par usage et coustume deux conjoins ou affins demeurans ensemble par an et jour, sans faire division ou protestation, ils acquièrent l'un avec l'autre communauté quant aux meubles et conquestz » (II, 40, édit. Laboulaye, p. 371).

3 Dans l'*Ecole des femmes* (acte IV, scène 2), au milieu d'une scène entre Arnolphe et un notaire, Molière s'est amusé à mettre en vers les principales règles de la communauté, et il l'a fait avec beaucoup de précision : « Sais-je pas qu'étant joints on est, par la coutume, communs en meubles, biens immeubles et conquêts, à moins que par un acte on y renonce exprès ? »

importance et la collaboration de la femme aux affaires du mari y révélait toute son utilité ; en outre, dans les villes, les tenures comprises dans l'enceinte de l'échevinage se trouvaient affranchies du lien féodal par les chartes municipales. Ces biens pouvaient donc se transmettre librement et par suite tomber en communauté; aussi le droit des villes a-t-il toujours été plus large en matière de communauté que le droit des campagnes. Beaucoup de statuts municipaux avaient adopté la communauté universelle ; ainsi à Bruges, la communauté comprenait tous les biens sauf les fiefs (P. FOURNIER, *Étude sur la fortune mobilière propre à la femme*, thèse, Paris, 1878). Mais dans la majeure partie de la France coutumière pendant les deux ou trois derniers siècles, la tendance était de restreindre la communauté par des conventions particulières; on pratiquait de plus en plus le système de la *communauté réduite aux acquêts*.

***897. Pouvoirs du mari.** — Outre l'existence de biens communs, le régime de communauté avait un autre caractère qui jadis lui était propre : c'était la grande étendue des pouvoirs accordés au mari sur la personne et sur les biens de sa femme. Les droits qu'on lui donnait sur les biens dérivaient du droit de puissance que les coutumes lui reconnaissaient sur la personne. « Comme donc les maris ont puissance sur leurs personnes [des femmes], aussi l'ont-ils à plus forte raison sur leurs biens » (LOYSEAU, *Du déguerpissement*, liv. II, chap. IV, n° 7). Cette *puissance maritale*, inconnue dans le Midi et dans le droit romain, nous venait du *mundium* germanique, espèce de tutelle du mari sur sa femme, devenue au moyen âge la *mainbournie* (*mundeburdium*). « Femmes franches, disait LOYSEL, sont en la puissance de leurs maris et non de leurs pères » (*Institutes coutumières*, n° 122). « Voire est que tant comme ils vivent ensemble li homs en est mainburnissière » (BEAUMANOIR, chap. XXI, 2; chap. LVII, 2).

Cette puissance maritale s'appelait quelquefois *bail*; quelquefois aussi ce nom désignait le mari lui-même considéré comme protecteur d'un incapable : « Le mari a le gouvernement et administration des immeubles et héritages de sa femme, et sans procuration d'elle peut agir en son nom comme mari et bail » (Cout. de Péronne, art. 124).

Voici les conséquences de cette puissance maritale :

1° Le mari exerce sur les biens communs un pouvoir de disposition absolu : « Le mari est seigneur des meubles et conquêts immeubles par lui faits durant et constant le mariage de lui et de sa femme, en telle manière qu'il les peut vendre, aliéner et hypothéquer, et en faire et disposer par donation ou autre disposition faite entre vifs, à son plaisir et volonté, sans le consentement de sa dite femme, à personne capable et sans fraude » (Cout. de Paris, art. 295);

2° C'était le mari, et non la femme, qui administrait les biens propres de celle-ci et qui en avait la jouissance (Cout. de Paris, art. 226 et 227);

3° Le mari pouvait demander la nullité des actes faits par sa femme sans son consentement (Cout. de Paris, art. 223 et 224).

***898. Droit de la femme.** — Cette puissance si considérable du mari, qui le rendait *maître et seigneur* de la communauté, anéantissait presque le droit de la femme sur les biens communs, et faisait dire à Dumoulin que, du vivant de son mari, la femme n'en était pas copropriétaire et qu'elle avait seulement l'espérance de le devenir : « Proprie non est socia, sed speratur fore[1]. » C'était un souvenir du droit primitif et du temps où la communauté n'existait pas encore, la femme ayant seulement le droit de prendre une part des conquêts, à titre de gain de survie. Comp. CHÉRON, thèse citée au n° 888.

Quelques coutumes en avaient même gardé des traces plus ou moins fortes : « Homme et femme conjoints par mariage ne sont uns et communs; ains le mari seul, sans l'advis

[1] Voyez aussi ce que Dumoulin dit sur l'art. 37 de la coutume de Paris : « Et quamvis ista communio, pendente matrimonio, proprie non sit in actu, sed in credito et in habitu, tamen, soluto matrimonio, ipso jure exit in actum et in veram et actualem dominii et possessionis communionem ». « Quorum licet, constante matrimonio, maritus sit solus actu dominus, propter auctoritatem administrationis et alienandi potestatem, non tamen absolute solus dominus est, ad onus communionis spectantis ad uxorem » (Glose 1, n°s 1 et 2).

et consentement de la femme en peut disposer comme et à qui bon lui semblera. Elle partit néanmoins après le décès du mari » (Cout. de Reims, art. 239).

899. Régime particulier à la Normandie. — La coutume de Normandie rejetait également le système de la communauté et donnait seulement à la femme un tiers après le décès du mari (art. 389). Cette province avait une autre particularité, qui a fait comparer son régime matrimonial au régime dotal. On y tenait pour maxime que : « bien de femme ne se doit perdre ». Les biens de la femme n'étaient cependant pas frappés d'une véritable inaliénabilité, semblable à celle de la dot sous la loi romaine. L'immeuble dotal pouvait parfaitement être aliéné par le mari avec le consentement de la femme ; seulement si après la dissolution du mariage le mari ou ses héritiers ne pouvaient pas rendre à la femme ou à ses héritiers la valeur de l'immeuble aliéné, on donnait à la femme un recours contre l'acquéreur, ce n'était donc qu'une simple action subsidiaire. Voyez les articles 329, 330, 389, 392 et 393 de la coutume de Normandie.

Les caractères exceptionnels des coutumes normandes tiennent sans doute à ce fait que les Normands se sont établis en Neustrie plusieurs siècles après les grandes invasions; ils y sont arrivés les derniers, ayant encore conservé les traditions germaniques, à une époque où notre droit national était déjà presque formé.

§ 4. — *La communauté hors de France.*

900. Notions sommaires. — En dehors de la France le régime de communauté est pratiqué dans plusieurs pays. En *Belgique*, le Code Napoléon est encore en vigueur. En *Hollande*, le régime légal est la communauté universelle (art. 174, C. civ. néerlandais); mais on peut la réduire aux acquêts ou même l'exclure complètement par des stipulations particulières (*Ibid.*, art. 199).

En Italie la communauté, qui y était inconnue, avait été introduite du vivant de Napoléon en même temps que le Code civil; mais elle était si peu dans les habitudes du pays que le nouveau Code civil italien, en vigueur depuis 1866, ne permet même pas de l'adopter par une convention spéciale, tout au moins sous sa forme large, la communauté légale, qui forme le droit commun en France. On peut seulement stipuler une communauté réduite aux acquêts.

Sur les régimes pratiqués en *Allemagne* et sur le système du nouveau Code, voyez Meulenaere, *Code civil allemand*, p. 370; Barre, *Le Code civil allemand et le Code civil français comparés entre eux*, traduction Hartmann, 2ᵉ édit., Paris, 1899. Voyez aussi Le Courtois et Surville, *Du contrat de mariage*, 2ᵉ édit., t. III, nº 1460. D'après le Code civil allemand (art. 1363-1563), le régime de droit commun offre une grande ressemblance avec notre régime sans communauté.

CHAPITRE II

CARACTÈRES ET NATURE DE LA COMMUNAUTÉ

§ 1. — *Analyse de ses caractères.*

*** 901. Caractères exceptionnels de la communauté.** — La communauté est *une société de biens* établie entre époux, mais ce n'est pas une société ordinaire ; aussi ne lui en donne-t-on pas le nom. La communauté conjugale diffère des sociétés proprement dites, principalement en ce que son fonctionnement et son mode de gestion ne sont pas abandonnés aux libres conventions des parties. Dans une société ordinaire, les associés en règlent la gestion comme ils le veulent ; ils donnent à qui ils veulent la direction des affaires sociales; ils restreignent ou ils étendent à volonté l'étendue des pouvoirs du gérant; de plus, s'ils n'ont rien dit, chaque associé a des droits et des pouvoirs égaux (art. 1859). Pour la communauté, *tout est réglé par la loi*; la communauté a un maître nécessaire qui est le mari ; ses pouvoirs sont déterminés par le Code et le contrat de mariage n'y peut pas toucher.

A un autre point de vue encore, les époux sont moins libres que des associés ordinaires : c'est la loi elle-même qui détermine le commencement et la fin de leur communauté et ils ne peuvent pas stipuler d'autres époques, s'associer ou se séparer quand ils le veulent.

En revanche, la société conjugale est affranchie de plusieurs règles restrictives qui gênent les sociétés ordinaires, mais celles-ci concernent seulement *la composition de la masse commune* et *son mode de partage*. Ils peuvent faire entrer en communauté leurs biens à venir en pleine propriété, ce qui est contraire à l'art. 1837 ; ils peuvent attribuer la totalité des bénéfices à l'époux survivant, ce qui est contraire à l'art. 1855. Ainsi la communauté est régie tantôt d'une façon plus libérale et tantôt d'une façon plus sévère que les autres sociétés.

Telle qu'elle est organisée par la loi, la communauté ne peut exister *qu'entre époux* ; elle ne se prolonge pas à la mort de l'un d'eux, avec ses enfants ou autres héritiers, tandis que d'après l'art. 1868 les héritiers d'un associé peuvent prendre sa place dans la société, quand cela a été convenu.

902. Double sens du mot. — Le mot « communauté » désigne deux choses différentes :

1° *Les époux eux-mêmes*, considérés comme associés. C'est ainsi qu'on dit que la communauté est créancière ou débitrice. Cela signifie que le rôle de débiteur ou de créancier est rempli par les deux époux ensemble.

2° *Les biens communs*. On dit par exemple qu'un créancier a action sur la communauté quand il a pour gage le patrimoine commun aux deux époux.

**** 903. Commencement de la communauté.** — La communauté se forme de plein droit au moment précis où le mariage a lieu. C'est ainsi qu'il faut traduire la formule « au jour du mariage », employée dans l'art. 1399 [1].

[1] Une opinion contraire a été jadis enseignée par TOULLIER (nos 75-77). Il se fondait sur ce que tous les droits sur la communauté appartiennent au mari, et pensait que la femme en devient copropriétaire seulement le jour où elle l'accepte. Il rappelait aussi le mot de Dumoulin : « Non proprie est socia », ainsi qu'un passage analogue de Pothier disant : « Pendant que la communauté dure, le mari est réputé en quelque façon comme le seul seigneur et maître absolu des biens dont elle est composée. Le droit qu'y a la femme est regardé comme un droit informe, qui se réduit au droit de partager un jour les biens qui se trouveront la composer lors de sa dissolution. » (*Communauté*, n° 3). L'opinion de Toullier, qui n'est plus aujourd'hui qu'un paradoxe, a été vraie à une époque très ancienne, et les textes qu'il cite ne sont que des vestiges et des réminiscences du droit primitif, où la femme n'était pas réellement copropriétaire et n'avait droit à une part de la communauté qu'après sa dissolution. S'il était besoin d'opposer un texte à celui de Pothier, il suffirait de citer Laurière :

904. Renvoi. — Sur la question de savoir si la formation de la communauté peut être conventionnellement retardée par l'effet d'un terme ou d'une condition, voyez ci-dessus nos 827 et 828.

** **905. État indivis de la communauté.** — On s'est demandé souvent si la communauté était douée de la personnalité civile, de façon qu'on dût la considérer comme formant, entre les biens propres du mari et ceux de la femme, le patrimoine d'une troisième personne qui serait fictive, ou bien si cette masse commune était tout simplement la propriété indivise des deux époux.

Intérêts de la question. — Voici d'abord quel serait l'intérêt de la question. Si la communauté est une personne morale, c'est elle qui est propriétaire pendant le mariage, et l'indivision n'existe entre les époux que du jour où la communauté se dissout : la personne fictive disparue, les deux époux deviennent propriétaires des biens qui étaient réputés lui appartenir; par suite l'effet déclaratif du partage remontera seulement au jour de sa dissolution. Au contraire, si la communauté n'est pas une personne civile, l'indivision commence pour les époux du jour du mariage quant aux biens antérieurs au mariage, et quant aux biens nouveaux, elle s'établit à mesure qu'ils sont acquis. L'effet rétroactif du partage remontera donc pour chacun d'eux beaucoup plus haut dans le passé qu'avec le précédent système.

Il semble dès lors que le débat intéresse de nombreuses questions pratiques. Il n'en est rien. En effet, quel serait l'intérêt à déterminer le jour plus ou moins ancien où a commencé l'indivision? Ce serait de savoir si l'acte fait par l'un des époux relativement à un bien déterminé (aliénation, hypothèque, etc.) est valable comme ayant été fait par le propriétaire définitif de ce bien, ou s'il est nul parce que son auteur est réputé rétroactivement n'en avoir jamais eu la propriété. Or cette application pratique de la question disparaît devant la réglementation minutieuse des pouvoirs du mari par la loi. Quelle que soit l'issue du partage, le sort de l'acte fait par la femme ou le mari est déterminé d'une manière précise et certaine. Qu'importe alors que le mari ait agi comme administrateur d'une société civile douée de personnalité, ou comme gérant de biens indivis entre sa femme et lui ? Il faudra respecter les actes faits par lui régulièrement et annuler tous les autres.

Les conséquences pratiques de la question deviennent ainsi très rares. La principale se présente lors du règlement du passif commun après la dissolution de la communauté : alors un conflit s'élève entre les créanciers personnels de chaque époux et les créanciers

« Si le mari est seigneur des meubles et conquêts immeubles, il n'en est pas propriétaire, si ce n'est de la moitié seulement, et s'il peut vendre, aliéner, hypothéquer, ce n'est que parce qu'il en a la libre administration en qualité de chef de la communauté » (Sur l'art. 225 Cout. de Paris). Et Dumoulin disait lui-même : « Licet constante matrimonio maritus sit solus actu dominus propter auctoritatem administrationis et alienandi potestatem, non tamen absolute solus dominus est ad onus communionis spectantis ad uxorem. » (Cout. de Paris, art. 37, glose 1, n° 1.)

de la communauté. Dans un cas semblable, quand il s'agit de sociétés qui sont personnes civiles, on admet que les créanciers sociaux ont un droit de préférence sur l'actif social contre les créanciers personnels des associés. La société est censée se survivre à elle-même pour sa liquidation, ce qui empêche la confusion de son actif particulier avec l'actif propre à chacun de ses membres : l'actif social est ainsi attribué tout entier aux créanciers sociaux avant que les créanciers personnels des associés puissent y toucher. Il faudra appliquer la même règle aux créanciers de la communauté et des époux, si l'on admet l'idée de personnalité. Au cas contraire, chaque moitié de la masse indivise se confond avec les biens des époux, et les créanciers communs subissent d'un côté le concours des créanciers du mari, de l'autre celui des créanciers de la femme.

Pour l'indication des autres intérêts voyez COLMET DE SANTERRE, t. VI, 18 *bis*, IV-IX.

SOLUTION. — La question qui se pose pour la communauté était naguère encore considérée comme un simple cas particulier d'une question plus générale, concernant toutes les sociétés civiles, et on les résolvait également toutes les deux par la négative. Depuis que la Cour de cassation a reconnu la personnalité des sociétés civiles ordinaires (Cass., 23 février 1891, D. 91. 1. 337, S. 92. 1. 173; Cass., 2 mars 1892, D. 93. 1. 169, S. 92. 1. 497), on ne peut plus tenir le même raisonnement. Cependant il n'est pas douteux que la solution n'a pas changé pour la communauté conjugale et qu'elle est restée dans l'état où notre ancien droit l'a connue. On a toujours considéré les époux comme copropriétaires et le mari comme seigneur et maître des biens communs, ce qui exclut jusqu'à l'idée d'une troisième personne dont il ne serait que le représentant. Rien dans les travaux préparatoires ni dans les textes ne permet de penser que le Code ait abandonné le point de vue traditionnel et la solution nouvelle de la jurisprudence est spéciale aux sociétés du droit commun. La communauté entre époux est donc restée ce qu'elle était : une masse de biens à l'état d'indivision. Plusieurs arrêts ont décidé expressément que la communauté ne formait pas une personne morale (Cass., 18 avril 1860, D. 60. 1. 185, S. 60. 1. 305; Cass., 16 janv. 1877, D. 78. 1. 265; Cass., 28 févr. 1886, S. 87. 1. 213). Voyez aussi MEYNIAL, note dans *Sirey*, 92. 1. 73, et la note du *Dalloz* sous l'arrêt de 1860.

906. Observation. — On distingue habituellement trois variétés de la communauté : 1° *la communauté légale*; 2° *la communauté réduite aux acquêts*; 3° *la communauté universelle*. En réalité, il n'y a pas trois régimes distincts. C'est toujours le même régime qui fonctionne : les pouvoirs du mari, les droits de la femme sont les mêmes. Comp. art. 1528. Il n'y a de changé que la composition active et passive de la masse commune qui est plus ou moins étendue. Par suite, on peut sans inconvénients réunir dans une théorie unique l'explication de ces trois espèces de communauté, sauf à expliquer en temps et lieu en quoi leur composition diffère.

§ 2. — *Appréciation critique de la communauté.*

A. — Avantages du régime.

***907. Conformité avec l'institution du mariage.** — De tous les régimes matrimoniaux, le régime en communauté est certainement le plus conforme à l'idée que les peuples modernes se font de la famille et du mariage. La séparation de biens, à moins de raisons exceptionnelles, n'est pas *naturelle dans le mariage* : il est contradictoire, comme le dit M. Glasson, que deux personnes qui partagent le même foyer domestique aient pour leurs biens des intérêts entièrement distincts.

908. Son adaptation aux besoins du commerce. — Le régime de communauté s'accommode à merveille aux habitudes des races commerçantes. Il s'est surtout développé au moyen âge dans les villes riches et exceptionnellement actives de la Flandre et de la Hollande. Dans ces pays la communauté est même devenue universelle (ci-dessus n° 896), et les immeubles y sont de bonne heure devenus communs comme les meubles. Ces traditions ne se sont pas perdues, car Laurent dans son *Avant-projet de revision du Code civil* pour la Belgique, adoptait la communauté universelle comme régime légal. Cependant la forme qui convient le mieux aux habitudes françaises est la communauté réduite aux acquêts, c'est elle qu'on adopte presque toujours quand on fait un contrat de mariage.

B. — Inconvénients.

909. Nécessité d'un partage. — Le reproche le plus grave qu'on lui ait fait est de rendre nécessaires un partage et une liquidation générale entre l'époux survivant et les héritiers du prédécédé. Il faudra alors trouver de grosses sommes en argent comptant pour régler des reprises, qui ne peuvent pas toujours se solder au moyen de biens en nature ; il faut réaliser des valeurs qui représentent une forte part de l'actif total ; il faut enfin partager ou vendre le fonds de commerce, quand il en existe un. Les créanciers se présentent, réclament des garanties, parce qu'ils craignent des fraudes et se montrent d'autant plus exigeants qu'il est impossible de leur donner une satisfaction immédiate. Souvent les époux auraient fait de bonnes affaires, si le mariage avait duré plus longtemps ; le décès de l'un d'eux devient pour l'autre une cause de ruine (Simonnet, *Revue critique*, 1857, p. 355).

On peut remédier à cet inconvénient par une clause qui est devenue presque de style dans le contrat de mariage des commerçants. C'est la *faculté accordée au survivant de conserver le fonds de commerce*, clause qui lui permet de continuer ses affaires sans être inquiété par les enfants ou par des collatéraux. Il n'est plus exposé à une liquidation forcée, juste au moment où il est privé du concours de son conjoint. Sur cette clause, voyez ce qui sera dit ci-dessous à propos de la dissolution et du partage de la communauté. Il serait avantageux d'en faire une règle normale du régime.

910. Inégalité des apports. — Telle qu'elle est organisée par la loi, la communauté produit encore un autre effet fâcheux. L'entrée en communauté du mobilier que les époux possèdent en se mariant et de celui qu'ils acquièrent plus tard par succession peut aboutir à un résultat injuste : si l'un des époux a une fortune mobilière beaucoup plus considérable que l'autre, il en perd la moitié au profit de son conjoint. On évite ce résultat en faisant un contrat de mariage, ce qui n'est pas difficile, puisqu'on suppose que l'un des époux ou sa famille possède une fortune importante. La communauté légale est surtout le régime des pauvres gens, des ménages modestes, qui n'ont pas ou qui ont peu de capitaux.

911. Pouvoirs excessifs du mari. — Enfin on reproche vivement depuis quelques années au régime de communauté de ne pas protéger suffisamment les gains personnels de la femme, lorsque celle-ci a un métier ou une profession qui lui donne des moyens de vivre. Elle est obligée de remettre à son mari tout ce qu'elle gagne, salaires, bénéfices, traitement, et si le mari est ivrogne ou dissipateur, la femme ni les enfants ne profitent pas d'un gain qui suffirait souvent à leur assurer une existence heureuse. Voyez notamment Glasson, *Rapport sur le concours pour le prix du budget*, 1898, p. 18.

A cela on peut répondre deux choses : 1° il est facile au moyen d'une loi spéciale, de réserver à la femme commune en biens la libre disposition de ce qu'elle gagne par un travail séparé[1] ; 2° la mainmise du mari sur les gains de la femme pour les dissiper est

[1] C'est ce qu'a fait le Code allemand qui réserve à la femme tout ce qu'elle gagne par son travail personnel (art. 1367).

plutôt une question de mœurs qu'une question de droit, et le danger se reproduira toujours, quel que soit l'état de la législation; on pourra seulement l'atténuer. Comp. TURGEON, *Le féminisme français*, t. II, p. 148 et suiv.[1].

D'ailleurs, la question devrait être généralisée. Ce n'est pas seulement pour la protection des gains de la femme que les pouvoirs du mari commencent à paraître excessifs; c'est d'une façon générale, sur les valeurs de toute provenance qui forment la communauté que leur réduction est demandée. Voyez BOISTEL, *Des limites à apporter aux pouvoirs du mari*, *Réforme sociale*, 1er janvier 1902. Mais ces restrictions à la libre disposition de leur fortune amèneront peut-être un plus grand nombre de maris à préférer le régime de la séparation où l'absence de toute communauté serait compensée par des dons mutuels ou tout simplement par les droits successoraux du conjoint survivant.

CHAPITRE III

ACTIF DE LA COMMUNAUTÉ

AVIS. — La composition active de la communauté n'est pas toujours la même : à côté de la communauté dite *légale*, dont la composition est déterminée par la loi, et qui représente l'ancien type organisé au moyen âge par le droit coutumier, on trouve d'autres combinaisons adoptées par la libre convention des époux et qui forment ce qu'on appelle la *communauté conventionnelle*. De là la nécessité de diviser ce chapitre en deux sections, en commençant par le régime légal.

SECTION I. — Régime légal.

** **912. Éléments de l'actif.** — D'après la loi, l'actif commun n'absorbe pas la totalité de la fortune des époux. Chacun d'eux garde en propre certains meubles et certains immeubles ; il y a donc lieu de prendre séparément ces deux catégories de biens pour rechercher ce qui est propre et ce qui est commun.

Aux termes de l'art. 1401, l'actif de communauté comprend :

1° Le mobilier presque tout entier ;

2° Certains immeubles ;

3° La jouissance de tous les biens qui restent propres aux époux.

913. Controverses lors de la confection du Code. — Quand il a déterminé la composition de la communauté légale, le Code a suivi les règles traditionnelles du droit coutumier, quoiqu'on eût proposé au Conseil d'État d'innover, soit pour étendre, soit pour restreindre son actif. Bérenger proposait la communauté universelle, comme en Hollande. Système logique, si l'on raisonne d'une manière abstraite : l'association des biens doit être complète, de même que l'union des personnes est absolue. On y trouverait en outre cet avantage de tout simplifier et de rendre les fraudes moins faciles. Tronchet fit rejeter la proposition, dans la crainte de bouleverser des usages séculaires ; la communauté universelle n'a pas les préférences de la population et rien n'est plus rare en fait

[1] M. Thaller propose d'opérer la réforme sans intervention législative : la loi du 12 janvier 1895, art. 2, déclare les salaires des ouvriers et gens de services incessibles pour huit dixièmes ; ce qui est incessible n'entre pas en communauté (ci-dessus, n° 921) ; donc cela est propre à la femme (*Réforme sociale*, 1er octobre 1901). — Il n'en resterait pas moins vrai que ce salaire, *propre* à la femme, se trouverait soumis à l'*administration* du mari.

qu'un contrat de mariage qui l'adopte. — Malleville demandait au contraire qu'on choisît comme régime légal la communauté réduite aux acquêts. Si la vie commune doit entraîner la communauté de biens et l'association des efforts celle des richesses, ce ne peut être qu'à partir du jour où le mariage a commencé. Jusque-là les époux ont vécu séparés et devraient conserver séparément leurs biens. Le système de Malleville, si raisonnable et si juste en lui-même fut écarté par des raisons pratiques. La communauté réduite aux acquêts diffère de la communauté légale en ce qu'elle ne comprend pas le mobilier des époux. Or les gens qui se marient sans contrat ne font pas davantage l'inventaire de leur mobilier, et comment eût-on distingué, à défaut d'inventaire, les meubles propres des meubles communs ? Pour éviter cette difficulté [1], il parut préférable de faire entrer en communauté tous les meubles des époux, sauf à eux à les exclure par contrat de mariage si leur fortune mobilière en vaut la peine.

* **914. Présomption en faveur de la communauté.** — Dans le système de la loi française, la plus grande partie de la fortune des époux entre en communauté. Si certains biens leur restent propres, ce n'est que par exception ; sans doute, avec le temps, ces exceptions sont devenues plus nombreuses et plus importantes, mais le principe est resté. Aussi la présomption de propriété est-elle en faveur de la communauté : tout immeuble est réputé acquêt, à moins que l'un des époux ne prouve qu'il lui appartient en propre (art. 1402). A plus forte raison, la même présomption existe-t-elle pour les meubles.

§ 1. — *Mobilier.*

A. — Entrée générale du mobilier en communauté.

** **915. Généralité du principe.** — En principe, tout le mobilier des époux tombe en communauté, sauf quelques exceptions signalées plus loin ; tout le mobilier *présent*, c'est-à-dire possédé par les époux au jour du mariage, et tout le mobilier *futur*, c'est-à-dire acquis au cours du mariage (art. 1401-1°).

* **916. Formule incomplète de la loi.** — En fait de mobilier futur, le texte ne cite que celui qui échoit aux époux *à titre de donation ou de succession*. Pour les meubles acquis à titre onéreux, le texte manque. Ce n'est pas que la loi ait voulu les exclure de la communauté : si elle a parlé du mobilier acquis par succession ou par donation, c'est pour éviter un doute à son égard. Il aurait pu sembler destiné par son origine à rester propre à l'époux qui l'acquiert ; mais du moment où ce mobilier appartient à la communauté, il faut à plus forte raison lui attribuer celui qui provient du travail des époux ou de leurs économies, car le but même de leur association est la mise en commun de leur industrie et de ses résultats. On doit donc lire ainsi le texte : tout le mobilier que les époux possèdent ou posséderont,

[1] Elle n'était peut-être pas décisive. On aurait pu laisser à chaque époux le droit de prouver comme il le pourrait l'origine du mobilier qu'il réclame comme propre : faute par lui d'apporter une preuve régulière, ce mobilier serait resté acquis à la communauté. A quoi bon interdire cette preuve, dans les cas où elle est possible en fait ?

même celui qui leur échoit pendant le mariage à titre de donation ou succession.

* **917. Biens compris dans le mobilier.** — L'expression « mobilier » a ici un sens très large ; elle comprend tout bien, corporel ou incorporel, qui n'est pas immeuble. Quelques observations suffiront.

1° CRÉANCES. — Les créances entrent en communauté, même quand elles sont hypothécaires, et bien que l'hypothèque soit en elle-même un droit immobilier; elle suit la créance dont elle est l'accessoire.

2° RENTES. — Viagères ou perpétuelles, il n'y a pas à distinguer entre elles, depuis que l'art. 529, al. 2, les a toutes déclarées mobilières.

3° ASSURANCES SUR LA VIE. — Le capital promis par une compagnie d'assurance appartient à l'assuré, bien qu'il soit payable seulement après sa mort. Il figure dans son patrimoine, à l'état de créance à terme, qui existe de son vivant et dont l'exigibilité seule est différée. Si l'assuré n'en a pas disposé, comme sa police le lui permet, ce capital figure dans l'actif commun et doit être partagé avec le conjoint.

4° OFFICES. — L'office étant un meuble (t. I, n° 843), son entrée en communauté n'est pas douteuse, quoiqu'aucune association ne soit permise entre l'officier ministériel et un tiers. Ce qui devient commun n'est pas le titre ou la fonction, mais seulement la valeur vénale du droit de présentation (L. 28 avril 1816, art. 91).

5° PROPRIÉTÉ LITTÉRAIRE, ARTISTIQUE ET INDUSTRIELLE. — La propriété des œuvres littéraires ou scientifiques, des œuvres d'art ou des inventions faites ou exécutées avant ou pendant le mariage appartient à la communauté.

On avait prétendu, en s'appuyant sur l'art. 39 du décret du 5 février 1810, que cette propriété n'entrait en communauté que par une clause expresse du contrat de mariage. La loi du 14 juillet 1866 a admis implicitement leur mise en communauté de plein droit, en parlant d'une façon générale « des droits qui peuvent résulter en faveur du conjoint du régime de la communauté » (art. 1er).

Il résulte de cette disposition une conséquence tout à fait choquante. Quand l'un des époux meurt, si c'est l'*auteur de l'œuvre* qui survit, il n'a droit qu'à *la moitié du produit de son travail*; l'autre moitié appartient aux héritiers du prédécédé; si c'est l'*époux non auteur,* celui-ci a droit à *la totalité du produit,* en vertu de cette même loi de 1866, car le conjoint survivant a la jouissance entière à titre d'usufruitier. La loi est ici aussi absurde qu'injuste ; et cela prouve qu'en 1866 on aurait dû faire de ce genre de richesse un propre de communauté.

6° INTÉRÊTS ET ACTIONS DES SOCIÉTÉS. — Ces actions ou intérêts sont meubles, encore que la société possède des immeubles (art. 529). Le droit de l'époux associé passe donc à la communauté. Si la société vient à se dissoudre durant le mariage et si l'actif en est partagé en nature entre les associés, les immeubles qui pourront être mis dans le lot de l'époux appartiendront à la communauté, car en acquérant sa part dans la société, la communauté s'est substituée à l'époux d'une manière complète.

B. — Mobilier propre.

*** 918. Sa rareté.** — Il est assez rare de trouver dans la communauté légale des meubles qui soient restés propres à l'un des époux, à cause du principe ancien qui rendait commun tout le mobilier (ci-dessus n° 896). Il en existe cependant quelques catégories.

919. Objets sans valeur vénale. — On doit d'abord énumérer certains objets qui ont un caractère personnel au plus haut degré, tels que les *titres de famille*, parchemins et papiers anciens ; les *souvenirs de famille*, tels que portraits, armes, décorations ; puis les *lettres* reçues par l'un des époux, et aussi les *manuscrits non encore édités* : l'époux qui en est l'auteur aurait eu le droit de les détruire. Ces objets sont d'autant plus facilement exclus de la communauté par leur caractère, qu'ils n'ont pas pour la plupart de valeur vénale. Mais il ne faut pas aller trop loin dans cette voie, car la communauté comprend même les objets à l'usage personnel de chaque époux, tels que la toilette, les bijoux, la bibliothèque, les armes, etc. Il en serait de même des souvenirs de famille, s'ils avaient une valeur intrinsèque suffisante pour faire d'eux de véritables biens. Comp. Paris, 3 mars 1896, D. 97. 2. 54.

*** 920. Objets donnés avec exclusion de communauté.** — La clause d'exclusion est permise, pour les dons et pour les legs, par l'art. 1401-1° : le donateur ou le testateur peut déclarer que ce qu'il donne n'entrera pas en communauté[1]. Même solution pour les biens frappés d'inaliénabilité (Trib. civ. Seine, 27 juillet 1901, *Le Droit,* 9 nov. 1901).

Il y a eu des difficultés pour le cas où l'époux donataire est héritier à réserve du donateur. La clause d'exclusion est nulle en ce qui concerne la réserve, comme portant sur des biens dont le donateur n'avait pas la libre disposition (Cass., 6 mai 1885, D. 85. 1. 369, S. 85. 1. 289). C'est aussi l'opinion générale en doctrine. On objectait que c'était retourner la réserve contre le réservataire : il ne s'agissait pas de le dépouiller, mais bien de lui assurer personnellement la propriété exclusive des biens donnés ; mais il faut tenir compte de ce fait que la communauté a acquis légitimement des droits sur les successions qui peuvent échoir aux époux et qu'elle était sûre de n'être pas privée de celles qui leur étaient attribuées en qualité de réservataires. On doit donc considérer la communauté comme *cessionnaire* des droits de l'époux et comme pouvant les exercer de son chef, en sorte que le donateur ne peut pas lui enlever les biens qu'il donne.

921. Pensions incessibles. — Sont également exclues de la communauté, même sous le régime légal, certaines pensions viagères, telles que les *pensions de réforme* ou *de retraite*, les *pensions alimentaires*, et les *rentes viagères déclarées insaisissables* conformément à l'art. 1981. Ces rentes ou pensions sont insaisissables et incessibles ; elles ne peuvent donc entrer en communauté.

Pour les rentes viagères de la Caisse de retraites pour la vieillesse, il y a cette particularité qu'elles sont *saisissables* au-dessus de 360 fr. et *propres pour le tout* (L. 18 juin 1850, art. 4 et 5).

**** 922. Meubles subrogés à des propres.** — Le meuble qui se

[1] La jurisprudence a fait une application curieuse de l'art. 1401-1° aux *dons honorifiques,* offerts au mari : ils ont un caractère personnel qui implique la clause d'exclusion de communauté (Bastia, 26 févr. 1840, S. 40. 2. 121).

trouve subrogé à un propre lui emprunte son caractère : « Subrogatum sapit naturam subrogati[1]. » Cette subrogation se présente dans divers cas :

1° VENTE D'UN PROPRE. — Après la vente d'un bien propre à l'un des époux et tant que le prix n'est pas payé, le propre est remplacé par la créance contre l'acheteur, et cette créance reste propre à l'époux à qui appartenait le bien vendu. Si la communauté se dissout avant que le prix ait été payé, la créance, qui n'a pas cessé de lui appartenir, ne doit pas être comprise dans le partage.

2° REMPLOI. — Quand le prix d'un propre vendu est payé par le tiers acheteur, il peut être employé à l'acquisition de valeurs mobilières, de façon que ces valeurs prennent elles-mêmes le caractère de propre. Il suffit pour cela d'observer certaines conditions exigées par la loi, ce qui sera expliqué à propos du remploi (ci-dessous n°s 951 à 956).

3° SOULTE DE PARTAGE. — La soulte peut être assimilée à un prix de vente ; elle est attribuée à l'époux qui a reçu de ses cohéritiers, dans un partage de succession, un lot moins fort que sa part héréditaire, c'est comme s'il leur avait vendu le surplus de sa part. La soulte reste donc propre à l'époux et ne tombe pas en communauté (Cass., 11 déc. 1850, D. 51. 1. 287).

[1] THÉORIE GÉNÉRALE DE LA SUBROGATION RÉELLE. — Les cas d'échange et de remploi sous les différents régimes matrimoniaux, qui sont les exemples les plus intéressants de subrogation réelle, fournissent l'occasion d'en exposer théoriquement la notion. La subrogation réelle a été considérée comme une *fiction légale* par tous nos auteurs anciens et modernes, et son résultat comme *l'acquisition d'une qualité juridique*, transmise du bien ancien au bien nouveau (MERLIN, *Répertoire*, v° Subrogation de choses ; Aubry et Rau, 4° édit., t. VI, p. 235 ; JACQUES FLACH, *De la subrogation réelle*, dans la *Revue historique de droit*, 1868). De plus, on s'attachait sans examen à l'adage *In judiciis universalibus pretium succedit loco rei et res pretio*, de sorte qu'on n'apercevait pas le rôle de la convention en cette matière, qui paraissait arbitraire et exceptionnelle, et qu'il devenait impossible de justifier les cas de subrogation réelle se produisant à titre particulier. Toute cette théorie a été élucidée par quelques travaux récents et paraît arrivée, ou peu s'en faut, à des formules définitives (SALEILLES, note dans *Sirey*, 95. 2. 185 ; DEMOGUE, *Essai d'une théorie générale de la subrogation réelle*, Revue critique, 1901, t. XXX, p. 236 et suiv. ; PLANIOL, note dans *Dalloz* sous Cass., 29 avril 1901, D. 1902. 1.). Les cas de subrogation réelle forment deux séries :

1° BIENS SOUMIS A UNE AFFECTATION SPÉCIALE. — Toutes les fois qu'un bien est affecté à un certain but, auquel ses revenus doivent servir, il est envisagé plutôt *dans sa valeur pécuniaire* que dans son *individualité matérielle*, de telle sorte que, s'il devient nécessaire ou utile d'opérer un changement dans le placement des capitaux qu'il représente, son aliénation est possible, mais le bien nouveau qui le remplace est *nécessairement affecté à la même destination que lui*, parce que le but qu'on poursuit survit à la conservation du bien primitif, qui n'était qu'un moyen de l'atteindre. En pareille matière *la volonté des parties est souveraine*, et on doit toujours admettre la subrogation, même pour des biens *affectés isolément à un certain service*.

2° MASSES DE BIENS SUJETTES A RESTITUTION. — L'idée de subrogation intervient encore, lorsqu'il s'agit de la demande en restitution d'une *universalité de biens*, comme dans la pétition d'hérédité, et qu'on cherche à savoir ce qui doit être restitué. Elle sert alors à résoudre non plus une question d'*affectation*, mais une question d'*origine*. En ce cas la volonté des parties est indifférente ; tout dépend d'une question de fait, et c'est alors seulement que s'applique l'adage précité *In judiciis universalibus*...

En somme on voit qu'il n'y a jamais de *fiction* et que jamais il ne s'agit de modifier le *caractère* ou la *qualité* juridique d'un bien, mais seulement de son affectation ou de l'obligation de restituer. Ce qui autorise le langage usuel c'est que l'affectation d'un bien s'exprime parfois au moyen d'un mot qui semble l'énonciation d'une qualité : on appelle « biens dotaux », ceux qui sont affectés aux besoins du ménage ; « biens propres », ceux qui sont réservés à chaque époux à l'exclusion de la communauté.

4° Indemnité d'assurance. — Quand un immeuble propre à l'un des époux est incendié, l'indemnité due par la compagnie est subrogée à l'immeuble et n'appartient pas à la communauté (Bordeaux, 29 mars 1857, D. 58. 2. 61).

923. Produits non périodiques. — Les objets mobiliers provenant des propres des époux et qui n'ont pas le caractère de fruits, n'appartiennent pas à la communauté. Tels sont les matériaux d'une maison démolie, les arbres d'un bois non mis en coupe réglée, les produits d'une carrière ouverte au cours du mariage. La communauté n'y a aucun droit parce qu'elle est assimilée à un usufruitier pour tout ce qui concerne la jouissance des propres ; donc, si ces meubles ont été vendus et le prix touché par elle, elle en doit récompense à l'époux.

923 *bis*. Trésor. — Le trésor constitue en principe un *acquêt mobilier* ; lorsqu'il est attribué à l'un des époux *jure inventionis*, par l'effet de l'occupation, il est commun. Mais s'il est trouvé sur un fonds appartenant à l'un des époux, celui-ci en acquiert la moitié en qualité de propriétaire du fonds. Cette moitié du trésor est exclue de la communauté, car elle se rattache à la possession d'un propre (Aubry et Rau, t. V, § 507, note 28). La solution est du reste controversée.

§ 2. — *Immeubles.*

** **924. Division.** — Les immeubles sont traités par la loi tout autrement que les meubles. La part de la communauté y est bien moins grande, et c'est surtout parmi eux que la loi réserve des propres aux époux. Pour déterminer les immeubles propres et les immeubles communs, il faut faire une première distinction entre 1° les immeubles que les époux possèdent en se mariant et 2° ceux qu'ils acquièrent dans la suite. Le principe applicable à la première catégorie est tout juste l'inverse de celui qui s'applique à la seconde.

A. — Immeubles antérieurs au mariage.

1° Principe.

* **925. Formule et motif.** — En principe, les immeubles que les époux possèdent au jour de leur mariage leur restent *propres* (art. 1404, al. 1). Cette règle, qui était jadis absolue, comporte aujourd'hui une *exception unique*, d'une réalisation à peu près impossible (ci-dessous n° 929).

Le motif de la règle est aisé à découvrir : les biens antérieurs au mariage représentent nécessairement la fortune propre à chaque époux ; ils ne sont pas le produit de leur collaboration ; chacun garde donc pour lui ses immeubles, et on a déjà vu que la même règle devrait être appliquée aux meubles ; si on n'exclut pas ceux-ci de la communauté, c'est uniquement pour éviter une difficulté pratique (ci-dessus n° 913).

* **926. Application.** — Il peut arriver qu'un immeuble, acquis en apparence pendant le mariage, doive être réputé antérieur au mariage.

Par exemple, *lorsque l'un des époux a usucapé un immeuble*, dont il n'était encore que possesseur au moment où il s'est marié, la prescription accomplie pendant le mariage, remonte quant à ses effets au jour où elle a commencé (T. I, n° 1491). L'immeuble acquis dans ces conditions sera donc propre. Il en est de même de l'*immeuble précédemment aliéné et recouvré pendant le mariage en vertu d'une cause antérieure*. Cet immeuble avait été la propriété de l'époux, et il serait devenu propre s'il avait été conservé par lui ; il le deviendra si l'époux le reprend au moyen d'une action fondée sur son titre ancien de propriétaire. Si on suppose que cet immeuble avait été *vendu* par l'époux, il pourra être repris par lui en vertu d'une action en résolution pour défaut de paiement du prix, ou d'une action en réméré, ou d'une action en rescision pour lésion, ou en nullité pour incapacité. Si on suppose qu'il y avait eu *donation*, la donation pourra être révoquée pour inexécution des charges ou pour survenance d'enfant.

Remarque. — Il n'est pas nécessaire que la cause qui rend à l'époux son ancien immeuble se produise avec effet rétroactif, comme cela a lieu pour les actions en nullité ou en résolution. Ainsi la révocation d'une donation pour ingratitude n'a pas de rétroactivité. Néanmoins l'immeuble est propre à l'époux parce qu'il ne s'agit pas pour lui d'une acquisition nouvelle, mais d'un retour de propriété qui se fait en vertu de son titre antérieur.

2° Exception.

***927. Cas prévu par la loi.** — Autrefois la règle qui réserve en propre aux époux les immeubles antérieurs au mariage était absolue, mais elle permettait une fraude que nos anciens auteurs, et notamment Pothier, avaient signalée (*Communauté*, n° 281). Deux époux, qui possèdent une fortune mobilière importante, adoptent dans leur contrat de mariage la communauté légale ; s'il y a égalité ou peu de différence entre leurs fortunes, il n'y a pour eux ni perte ni gain. Mais voici le danger : le contrat une fois rédigé, l'un d'eux réalise sa fortune et achète un immeuble avant le mariage : cet immeuble va lui rester propre et le résultat sera qu'il conservera pour lui la totalité de sa fortune personnelle et acquerra la moitié de celle de son conjoint.

Pour prévenir cette fraude, le Code décide que *les immeubles acquis dans l'intervalle des deux contrats tombent en communauté* (art. 1404, al. 2).

D'après son motif historique, l'art. 1404 ne s'appliquera pas : 1° si l'immeuble a été acquis *à titre gratuit* ; 2° s'il a été acquis *en échange d'un bien destiné à rester propre*. Dans ces deux cas l'autre époux ne souffre aucun préjudice. On voit par là que le texte de la loi est rédigé en termes trop généraux.

928. Hypothèse inverse. — Il peut arriver qu'un immeuble soit vendu dans ce même intervalle entre le contrat de mariage et le mariage. Il devait rester propre, étant antérieur au mariage : le prix restera-t-il propre, ainsi que les valeurs qu'il aura pu servir à acquérir ? Non, selon moi, car 1° *le texte ne le dit pas* ; l'art. 1404 ne déroge pas pour ce cas à l'art. 1401-1°, et comme c'est un texte exceptionnel on ne peut pas l'étendre ; 2° *le motif de la loi fait défaut* ; la communauté n'a pas de fraude à craindre, et loin d'y perdre, elle gagne à cette transformation survenue dans la fortune de l'un des époux.

Toutefois il existe une autre interprétation de la loi, d'après laquelle l'art. 1404 aurait pour motif, non pas la possibilité d'une fraude, mais bien le principe de l'immutabilité des conventions matrimoniales. Tous les biens qui sont destinés à être propres d'après le contrat doivent le rester, et les époux ne pourraient les faire tomber en communauté qu'au moyen de contre-lettres régulières. Dans cette opinion, l'art. 1404, au lieu d'être une disposition exceptionnelle, est l'application pure et simple d'un principe. On doit donc l'étendre par analogie au cas où des meubles ont été acquis en échange d'immeubles, pour les déclarer propres comme les biens qu'ils remplacent. — Cette façon de raisonner n'est pas exacte : il est bien certain que les auteurs de la loi ont rédigé l'art. 1404 uniquement pour empêcher la fraude signalée par Pothier, et non comme une conséquence de l'immutabilité matrimoniale ; il est non moins certain qu'ils ont entendu faire tomber en communauté les meubles acquis dans l'intervalle des deux contrats à la place d'immeubles. En effet Pothier, dans ce même nº 281, déclarait ces meubles propres pour éviter « un avantage fait à l'autre conjoint dans un temps prohibé ». Cette solution a été omise à dessein dans l'art. 1404 parce que son motif avait disparu : le Code permet les donations entre époux que l'ancien droit prohibait.

929. Rareté de ces hypothèses. — Du reste il est inutile d'insister : l'art. 1404 est d'une application à peu près impossible en fait. Il suppose qu'un contrat de mariage a été rédigé, et qu'on a adopté la communauté légale. Or cela est extrêmement rare : quand on fait un contrat de mariage, en se mariant sous le régime de la communauté, c'est presque toujours pour modifier le régime légal et réduire la communauté aux acquêts. Or, en pareil cas, toute la fortune antérieure au mariage, mobilière ou immobilière, est exclue de la communauté, de sorte que le fait prévu par l'art. 1404 est irréalisable.

B. — Immeubles acquis pendant le mariage.

****930. Règle générale.** — Pour ceux-ci la règle est renversée : en principe, *ils tombent dans la communauté* et portent le nom de *conquêts* (art. 1401-3°). Ils ne peuvent rester propres à l'un des époux que *dans les cas déterminés par la loi* ; il est vrai que plusieurs de ces cas sont fort importants et de nature à se présenter fréquemment.

****931. Énumération des exceptions.** — Les causes d'acquisition qui font qu'un bien est propre sont en général des causes *lucratives* ; cependant on rencontre aussi parmi elles des modes d'acquisition à titre onéreux qui, se réalisant pendant le mariage, donnent des propres et non des conquêts. Voici la liste de toutes ces causes d'acquisition à titre de propres : 1° la *succession ab intestat* ; 2° la *donation* ou le *legs* ; 3° l'*arrangement de famille* ; 4° l'*échange contre un propre* ; 5° le *remploi* ; 6° le *retrait d'indivision*.

1° Conquêts.

****932. Terminologie.** — Les deux expressions *conquêts* et *acquêts*, qui sont synonymes aujourd'hui, ne l'étaient pas autrefois. Les conquêts s'opposaient aux propres, en matière de communauté ; les acquêts s'opposaient aux propres en matière de succession. Depuis qu'on ne distingue plus les propres des autres biens dans la masse des successions, les deux mots peuvent s'employer l'un pour l'autre sans créer de confusion fâcheuse puisqu'il n'existe plus qu'une seule occasion de s'en servir.

***933. Rôle des conquêts.** — Comme l'art. 1404 reste sans application en pratique, il n'y a jamais d'immeubles communs ayant une date antérieure au mariage, et les conquêts forment à eux seuls toute la partie immobilière de la communauté sous le régime légal.

Ces biens sont acquis par les époux, soit à l'aide de valeurs mobilières tombées en communauté, soit au moyen d'économies réalisées sur leurs revenus ou sur le produit de leur travail. Ils sont donc souvent, mais non toujours, le produit de la collaboration des époux.

Le plus souvent ils sont acquis *par voie d'achat*. Mais l'*échange* peut donner aussi un conquêt, quand le bien aliéné par les époux avait lui-même cette qualité.

934. Rédaction vicieuse de la loi. — L'art. 1401-3° est mal rédigé. Il attribue la qualité de conquêt à tout immeuble « acquis pendant le mariage », ce qui est beaucoup trop large. On a vu qu'il y a plusieurs titres d'acquisition qui donnent des propres et non des conquêts, même pendant le mariage. On propose une correction à la loi pour lui faire dire : « acquis *à titre onéreux* », correction qui ne vaut pas mieux que le texte actuel, car l'acquisition d'un propre se fait souvent par voie d'achat ou d'échange. La seule forme exacte est celle qu'employait la coutume de Paris qui déclarait communs les « conquêts immeubles » ; le sens exact du mot est suffisamment fixé par l'usage.

2° Immeubles acquis par succession.

***935. Portée de la règle.** — Tout immeuble recueilli dans une succession par l'un des époux fait partie de son patrimoine personnel et n'entre pas en communauté (art. 1404, al. 1).

Le mot « succession » de l'art. 1404 ne concerne que les *successions ab intestat*, les *legs* sont assimilés aux donations (ci-dessous n° 939) ; mais du moins toute espèce de succession y est comprise. Ainsi le *retour légal*, établi par les art. 351, 747 et 766, donne à l'immeuble le caractère de propre ; ce qui amène une conséquence curieuse : quand deux époux donnent ensemble à un de leurs enfants un immeuble dépendant de leur communauté et que cet enfant meurt avant eux, possédant encore l'immeuble donné, ses parents reprennent ce bien *jure hereditatis* et il est désormais propre à chacun d'eux pour moitié au lieu d'être commun. Comp. ci-dessous n° 940.

Est également propre l'immeuble acquis par l'exercice du *retrait successoral*.

***936. Effet du partage.** — Il arrive rarement que l'époux qui succède recueille une succession ou une part de succession composée exclusivement d'immeubles. Le plus souvent la succession est *mixte*, c'est-à-dire à la fois mobilière et immobilière. Alors se présente une difficulté pour déterminer la part de la communauté et celle qui doit rester propre à l'époux héritier : faut-il rechercher dans quelle proportion se trouvaient les meubles et les immeubles au moment de l'ouverture de la succession, ou bien attendre que le partage soit fait pour savoir combien l'époux recevra de meubles et combien d'immeubles ? La proportion est parfois fort différente, et la part de la communauté est susceptible d'être augmentée ou diminuée, selon qu'on mettra plus ou moins de meubles dans le lot de l'époux. La jurisprudence s'en tient au résultat du partage (Caen. 18 août 1880, DALLOZ, *Suppl.*, t. IV, p. 36, note 1 ; S. 81. 2. 113). En ce sens, DEMOLOMBE, t. XVII, n° 317 : en sens contraire AUBRY et RAU, t. V, § 507, note 13 ; § 625, note 29 ; LAURENT, t. XXI, n°s 233 et suiv. Cette difficulté, qui concerne l'art. 883, ne peut être étudiée ici. Voyez ce qui en sera dit à propos des successions.

3° Immeubles acquis par donation ou legs.

***937. Système ancien.** — Le système du Code sur ce point est une innovation. Dans l'ancien droit les immeubles acquis à titre gratuit pendant le mariage étaient communs. « Il n'est si bel acquêt que de don » (Loysel, n° 655). On ne faisait exception à cette règle que pour les immeubles donnés par un ascendant : on considérait de pareilles libéralités comme des *avancements d'hoirie*, c'est-à-dire comme des successions anticipées qui laissaient aux biens donnés leur caractère de propres, comme s'ils avaient été recueillis dans la succession du donateur (coutume de Paris, art. 246).

****938. Système actuel.** — Ce qui était une exception est devenu la règle : l'art. 1405 ne distingue pas quel est le donateur. Tout immeuble donné sera donc propre, même s'il vient d'un parent collatéral ou d'un étranger, à moins que la donation ne contienne expressément que l'immeuble entrera en communauté (art. 1405). — Le changement avait été préparé par une clause devenue de style dans les contrats de mariage et qui attribuait à l'immeuble le caractère de propre. L'*usage* avait donc abrogé la *coutume*.

***939. Extension aux biens légués.** — Quoique les art. 1402 et 1405 ne parlent que des *donations*, ils sont également applicables aux *legs* ; le mot « donation » a ici un sens large qui comprend toutes les libéralités, entre vifs ou testamentaires. Ainsi un immeuble légué sera propre aussi bien qu'un immeuble donné.

940. Controverse. — Qu'arriverait-il si un immeuble était donné aux deux époux conjointement? Sera-t-il commun ou propre à chacun pour moitié? La question semble sans intérêt puisque, dans un cas comme dans l'autre, chaque époux sera propriétaire de la moitié de l'immeuble. Elle mérite cependant d'être discutée, car les conséquences des deux solutions possibles seront fort différentes : 1° si l'immeuble est commun, le mari peut l'aliéner à lui seul pour le tout ; au cas contraire, il ne peut disposer que de sa moitié et non de celle qui appartient à sa femme ; 2° si la femme renonce à la communauté, elle perd tout droit sur cet immeuble, s'il est devenu un bien commun ; elle conserve la moitié qui lui appartient, s'il est propre à chacun d'eux pour une part.

Il y aurait évidemment même raison pour déclarer propre cet immeuble qui provient d'une donation, qu'il y ait un donataire unique ou deux donataires conjoints. Cependant j'estime que tel n'est pas le sens de la loi. Dans l'art. 1401-3°, se trouve formulée une règle générale : les immeubles acquis pendant le mariage sont communs. L'art. 1405, dérogeant à la tradition historique, y apporte une exception ; on doit donc l'interpréter strictement et prendre sa formule à la lettre. Or il vise uniquement « les donations d'immeubles *qui ne sont faites qu'à l'un des deux époux*... ». Donc, si l'immeuble est donné aux deux époux en même temps, la règle ancienne subsiste et l'immeuble est commun.

4° Immeuble reçu par arrangement de famille.

***941. Définition.** — On désigne sous ce nom une convention prévue par l'art. 1406 et qui consiste en ceci : un père ou tout autre ascendant cède un immeuble à son enfant ou descendant, non pas dans un but de pure libéralité, mais pour obtenir un résultat avantageux pour lui-même, soit que l'ascendant veuille se libérer par ce moyen d'une somme qu'il doit à son descendant, à titre de dot ou autrement, soit qu'il impose à celui-ci l'obligation d'acquitter certaines dettes dont le disposant est tenu envers des étrangers.

Pothier appelait ces conventions des « accommodements de famille » et il admettait que les immeubles ainsi transmis étaient des propres, parce que l'opération équivalait à un avancement d'hoirie. On réalise ainsi, du vivant du père, ce qui se passerait à sa mort : son fils, devenu son héritier, recueillerait l'immeuble à titre de propre, et serait obligé, pour le garder, de payer les créanciers, ou bien il verrait sa créance contre son père s'éteindre par confusion. C'est cette solution de Pothier que le Code a consacrée.

942. Condition d'application. — Pour que l'immeuble devienne propre, il faut que la cession émane du *père*, de la *mère* ou d'un autre *ascendant* : le texte est formel. Si elle vient d'un collatéral, et à plus forte raison si elle vient d'un étranger, l'immeuble reçu sous cette même condition sera commun, et c'est justice : on ne peut pas considérer cet arrangement comme un avancement d'hoirie, parce qu'il n'est pas dans l'ordre naturel que l'époux succède au donateur.

5° Immeubles acquis par échange.

**** 943. Effet de la subrogation.** — Lorsqu'un bien propre est aliéné pendant le mariage par voie d'échange contre un autre immeuble, l'immeuble nouvellement acquis devient propre parce qu'il remplace dans le patrimoine de l'époux un bien qui lui était propre (art. 1407). C'est un cas particulier de *subrogation réelle*[1].

****944. Comment elle s'opère.** — Dans le cas d'échange, la subrogation se produit *de plein droit*, par le seul fait de l'opération, sans conditions ni formalités aucunes.

***945. Échange avec soulte.** — Il est rare que les deux immeubles échangés aient été estimés exactement à la même somme. Presque toujours, il y a entre eux une différence de valeur qui se règle au moyen d'une somme d'argent appelée *soulte*, que l'acquéreur de l'immeuble le plus considérable paie à son coéchangiste.

Si c'est l'immeuble ancien qui vaut le plus cher, la soulte est due à l'époux qui l'a cédé, et comme cette somme est encaissée par la communauté, celle-ci devra lui en tenir compte, ce qui se fera plus tard au moyen d'une *récompense* ou d'un *remploi*.

Au contraire, si l'ancien immeuble valait moins que le nouveau, c'est l'époux qui paie la soulte à l'autre partie, et ordinairement il acquitte cette soulte avec les deniers de la communauté, auquel cas il en doit la récompense, car son nouvel immeuble lui est propre pour le tout, et il ne lui est pas permis d'accroître sa fortune personnelle aux dépens de la caisse commune.

***946. Cas où la soulte est considérable.** — Une difficulté s'élève lorsque

[1] Sur la subrogation réelle, voyez la note sous le n° 922 ci-dessus.

l'époux est ainsi débiteur d'une soulte importante : doit-on, même alors, considérer son nouvel immeuble comme lui étant propre en totalité? Trois opinions sont en présence.

Première opinion. — Elle consiste à appliquer purement et simplement l'art. 1407. Ce texte ne distingue pas; il s'exprime en termes absolus. On doit d'ailleurs prendre l'opération avec la qualification que les parties lui ont donnée : il y a échange; l'immeuble acquis doit donc devenir propre en totalité (Laurent, t. XXI, n° 357).

Cette solution a un danger : avec des opérations de ce genre, le mari peut augmenter à volonté sa fortune propre; sans doute la communauté aura un recours contre lui pour le montant des soultes qu'elle aura payées à son profit, mais elle serait réduite pour cela à exercer une action contre lui et elle peut trouver son débiteur insolvable.

Seconde opinion. — Quand la soulte due par l'époux s'élève à plus de la moitié de la valeur du nouvel immeuble, la plus grande partie de ce bien se trouve *payée en argent*, de sorte que l'opération n'est pas un échange, mais un achat. Par suite, l'immeuble doit être un conquêt. Au cas contraire, quand la soulte ne s'élève pas à la moitié de la valeur totale, le contrat garde son caractère d'échange et l'immeuble est propre (Guillouard, t. II, n° 466).

Cette solution n'est que l'application d'une ancienne maxime tout à fait arbitraire et qu'on formulait ainsi : « Major pars trahit ad se minorem. » Or cette maxime est sans force légale, car elle n'est écrite nulle part et aucun texte n'en admet le principe.

Troisième opinion. — Celle-ci peut être considérée comme la solution traditionnelle (Pothier, *Communauté*, n° 197). L'opération reste un *échange* tant que la soulte est *minime*. Lorsque la soulte devient considérable, l'acquisition présente un caractère mixte : elle est mélangée de vente et d'échange et le résultat est que l'immeuble nouveau est *propre jusqu'à concurrence de la valeur qu'avait l'ancien*; il est *commun pour le surplus*. Enfin, si la soulte est tellement importante qu'elle forme la partie principale de la convention, l'opération n'est qu'un *achat*, accompagné de la cession d'un propre à titre de dation en paiement pour une partie du prix, mais cette opération accessoire n'en change pas la nature. Dès lors l'immeuble est conquêt pour le tout, sauf récompense à l'époux pour la valeur du propre qu'il a cédé.

La jurisprudence ne s'est pas encore prononcée bien nettement entre ces divers systèmes (Nancy, 3 mars 1869, D. 69. 2. 85, S. 69. 2. 257; Cass., 9 août 1870, D. 71. 1. 156).

6° Immeubles acquis par remploi.

****947. Définition.** — Le remploi est un *achat à titre de propre,* au moyen de deniers qui ne sont pas destinés à tomber en communauté. Le bien ainsi acheté ne devient pas commun parce qu'il sert de *placement* à une valeur propre.

****948. Importance et utilité du remploi.** — La théorie du remploi, que le Code a réglée en deux articles (art. 1434 et 1435), a une grande importance pratique et donne lieu à de fréquentes questions d'examens.

Son utilité pratique est la suivante. Supposez une créance de somme d'argent, propre à l'un des époux. Tant que le débiteur ne se libère pas, cette valeur reste propre à l'époux qui en est créancier. Arrive le jour du paiement : les billets ou pièces de monnaie qui sont versés à l'époux sont des choses *consomptibles par le premier usage,* et la communauté en devient *quasi-usufruitière,* c'est-à-dire *propriétaire,* sous charge de restitution. Si cet argent est ensuite placé, le bien qu'il aura servi à acheter sera un conquêt, parce qu'il succédera à des effets mobiliers devenus propriété commune. L'époux à qui cette somme avait été payée se trouve ainsi réduit à une *action personnelle contre la communauté,* qui lui doit une *récompense.*

Le remploi a pour but d'empêcher ce résultat en reconstituant le patrimoine propre de l'époux : il rend celui-ci propriétaire exclusif du bien qui est acheté avec l'argent disponible.

Cette opération peut être utile à chacun des deux époux, au mari comme à la femme. Celui au profit duquel se fait le placement bénéficie de la sécurité que donne la propriété ; il a pour lui les chances de plus-value ; il est propriétaire au lieu d'être créancier. Mais c'est surtout pour la femme que le remploi est avantageux : si elle reste simple créancière, elle court le risque de n'être pas payée, au cas où la communauté et le mari deviendraient insolvables ; un remploi immédiat, au moment où l'argent est encore à placer, la met à l'abri de ce danger en lui donnant un immeuble que son mari ne pourra pas aliéner sans son consentement et que les créanciers du mari ou de la communauté ne pourront pas saisir.

949. Origine. — Malgré ses avantages, la pratique du remploi est d'invention récente. Primitivement on n'y avait pas songé : comme tous les meubles des époux leur étaient communs, toutes les fois qu'un immeuble était vendu, le prix en était gagné par la communauté, qui le gardait définitivement[1]. Il y avait là quelque chose d'inique, et de plus cela permettait à l'un des époux d'avantager son conjoint, ce qui lui était interdit par la coutume. Afin d'éviter ces avantages indirects et irrévocables, on admit d'abord *le droit à récompense* au profit de l'époux vendeur (Coutume de Paris, rédaction de 1580, art. 232). Puis, du temps de Pothier, on lui permit de reprendre comme propre le nouvel immeuble acquis avec le prix du bien vendu par lui.

***950. Hypothèses donnant lieu au remploi.** — Celle qui est prévue par la loi, la *vente d'un immeuble,* n'est pas la seule. Anciennement on citait à côté d'elle le *rachat d'une rente,* qui mettait également à la disposition de l'époux et de la communauté un capital important remboursé par le débirentier qui se libérait ; mais cette hypothèse n'a plus guère d'intérêt pratique à cause de la rareté des rentes entre particuliers. Toutefois un cas analogue peut se présenter quand un propriétaire voisin veut se rédimer d'une servitude qui grève son fonds au profit d'un propre : *le rachat de la servitude* peut donner lieu à un remploi.

Il peut y avoir lieu à un remploi à la suite d'une *vente de meuble.* Dans l'art. 1434, la loi suppose que c'est un immeuble qui a été vendu, et c'est le cas ordinaire, parce que sous le régime légal les époux n'ont généralement que des immeubles en fait de propres ; mais parfois ils peuvent avoir des meubles propres. Pourrait-on remployer le prix provenant de la vente d'un meuble ? La négative a été soutenue, et elle est conforme à la lettre du texte, mais si l'on songe à la grande utilité du remploi et à son but qui est

[1] Il faut dire aussi que les ventes à prix d'argent, moyennant un capital mobilier, étaient rares, et que les aliénations se faisaient généralement sous la forme du bail à rente, qui donnait naissance à un droit immobilier, la rente foncière, laquelle restait propre à l'époux.

conforme aux principes fondamentaux de la communauté, on doit tenir pour certain que la loi n'a pas eu l'intention d'en restreindre l'usage. Elle a parlé d'immeubles, parce que le cas où il s'agit de meubles est rare.

Enfin l'existence de deniers propres, susceptibles de donner lieu à un remploi, a souvent une cause toute différente. Il est possible que l'un des époux se trouve propriétaire d'une *somme d'argent* qui lui est *donnée à la condition qu'elle n'entrera pas en communauté* (art. 1401-1° et ci-dessus n° 920), et il est tout naturel qu'il songe à l'employer en achetant un bien qui lui soit propre.

Cette possibilité a encore soulevé les critiques de Laurent (t. XXI, n° 363), qui pense que ce n'est plus un remploi, puisque rien n'a été aliéné, et qu'on n'est plus alors dans l'hypothèse prévue par les termes précis de l'art. 1434, texte qui crée une fiction et qui ne peut pas s'étendre. Mais son interprétation rigoureuse n'a pas été admise, et ne devait pas l'être. Il est reconnu que le remploi est possible toutes les fois qu'il y a une somme propre à l'un des époux disponible pour un placement, et on a même trouvé, dans un texte spécial, l'indication de cette portée générale du remploi : l'art. 1595 dit que le mari peut céder un bien à sa femme « pour le remploi de deniers à elle appartenant, si ces deniers ne tombent pas en communauté ». Ce sont là des expressions larges, qui comprennent tous les cas qui peuvent se présenter. La jurisprudence est fixée en ce sens (Cass., 16 nov. 1859, D. 59. 1. 490, S. 60. 1. 242).

** **951. Condition du remploi.** — Certaines conditions de forme sont nécessaires pour que le remploi produise son effet et fasse acquérir un bien à titre de propre. Le remploi est une *subrogation réelle* qui, au lieu de se faire toute seule, comme dans l'échange, se produit seulement *par la volonté des époux*. Or il faut que cette volonté se manifeste *dans des formes déterminées par la loi*. Le seul fait de l'acquisition, même réalisée avec l'intention de subroger le bien nouveau au bien ancien, ne suffirait pas.

Le Code exige une *double déclaration*. Il faut dire : 1° que l'acquisition est faite *au moyen des deniers provenant de l'aliénation* (ou donnés avec exclusion de communauté) ; 2° qu'elle est faite *pour tenir lieu de remploi* (art. 1434). Une seule de ces déclarations ne suffirait pas ; il les faut toutes les deux, et elles doivent se trouver dans l'acte même d'acquisition, car le texte porte : « s'il n'est déclaré, *lors de l'acquisition*... » Le Code ne fait ici que suivre une opinion très clairement énoncée par Pothier (*Communauté*, n° 198).

952. Effet d'une déclaration tardive. — Quel serait l'effet d'une déclaration faite après coup, pour attribuer comme propre à l'un des époux un immeuble qui aurait été acheté sans remplir la condition légale et qui par suite aurait pris la qualité de conquêt ? En général on distingue selon que le remploi était à faire dans l'intérêt du mari ou dans l'intérêt de la femme.

Quand il s'agit du mari, cette déclaration tardive reste *absolument sans effet*, et voici le motif qui rend cette solution nécessaire. Si le mari pouvait, après avoir acheté un immeuble comme conquêt, se l'approprier plus tard par une simple déclaration de remploi, il spéculerait aux dépens de la communauté ; il laisserait se dessiner les chances de l'opération pour abandonner l'immeuble à la communauté, quand l'affaire serait mauvaise, et pour le prendre à son compte, quand elle serait bonne.

Mais la même déclaration peut produire effet, quand elle intervient au profit de la femme; et on en trouve la preuve dans l'art. 1595, al. 2. On sait que cet article interdit la vente aux époux (t. II, nos 1436 et suiv.). Or, après avoir formulé cette interdiction, il y apporte diverses exceptions, entre autres celle-ci : il est permis au mari de vendre son bien à sa femme, lorsqu'il doit faire le remploi de deniers à elle propres. S'il peut lui céder un de ses biens personnels, il peut également lui vendre un bien de la communauté. — L'opération est donc *valable*; seulement il faut bien se rendre compte à quel titre : elle vaut, non pas comme *remploi*, mais comme dation en paiement, et la différence est grande entre les deux choses. S'il y avait remploi véritable, la femme se trouverait, grâce à la rétroactivité du remploi, l'ayant cause direct du tiers vendeur. Comme il y a dation en paiement, elle sera au contraire l'ayant cause de la communauté : le bien qui lui est affecté est passé d'abord du tiers vendeur dans la masse commune, et de celle-ci à la femme, sans rétroactivité. La propriété intérimaire de la communauté ne s'efface pas, et cela peut avoir de graves conséquences juridiques, car les droits réels, hypothèques et autres, consentis par le mari ou nés de son chef, vont se trouver maintenus. De plus, comme il y aura deux transmissions successives, il sera dû deux droits de mutation, dont le second portera seulement sur la part que le mari transmet à sa femme dans le bien commun.

* **953. Nécessité d'une acceptation du remploi par la femme.** — Quand le remploi se fait au nom du mari, la double déclaration prescrite par l'art. 1434 suffit. Pour la femme, il faut autre chose : le remploi doit être *accepté* par elle (art. 1435). On comprend aisément la nécessité de cette condition supplémentaire. Aucune acceptation n'est nécessaire quand le mari agit pour son propre compte, mais si le remploi est fait en faveur de la femme, il est nécessaire qu'elle l'accepte, parce que le mari, simple administrateur de la fortune personnelle de la femme, n'a pas reçu le pouvoir d'acheter des propres au compte de celle-ci (Cass., 25 juin 1883, D. 84. 1. 79, S. 85. 1. 376).

954. Forme de l'acceptation. — L'acceptation du remploi par la femme doit être formelle (Cass., 26 juill. 1869, D. 69. 1. 455, S. 69. 1. 401). La présence de la femme à l'acte d'acquisition ne suffirait donc pas et l'immeuble tomberait en communauté. Pothier donnait une solution contraire, mais le texte du Code est impératif : il faut que le remploi soit « formellement accepté » par la femme. Voyez cependant Paris, 17 mai 1851, D. 54. 5. 646.

Quand l'acceptation est donnée par acte séparé la femme n'a pas besoin d'être spécialement autorisée par son mari : il y a autorisation implicite dans le fait du mari qui lui offre un bien en remploi.

* **955. Délai de l'acceptation.** — Aucun délai précis n'a été fixé à la femme. La nécessité d'une acceptation immédiate avait été proposée à la section de législation du Conseil d'État et n'a pas été admise. Cependant l'acceptation doit intervenir *avant la dissolution de la communauté*; sinon, la femme aurait simplement droit à la récompense du prix de son immeuble vendu[1]. C'est en effet le seul droit que lui accorde l'art. 1435, « lors de la dissolution de la communauté », au cas où le remploi n'a pas été accepté auparavant. Le remploi est un acte d'administration maritale, qui ne peut

[1] La question était discutée dans l'ancien droit; POTHIER donnait une solution contraire à celle du Code (*Communauté*, n° 200).

plus se faire quand le mari a perdu ses pouvoirs, et son but ne peut plus être atteint, qui est d'attribuer à un bien le caractère de propre : quand la communauté est dissoute, le caractère des différents biens des époux se trouve définitivement fixé, et ils ne peuvent plus acquérir de nouveaux propres (Cass., 2 mai 1859, D. 59. 1. 275, S. 59. 1. 293. — Comp. GUILLOUARD, t. II, n° 488).

Tant que le mariage dure, la femme peut donc retarder indéfiniment sa réponse, et son mari n'a pas le droit de la forcer à se prononcer en lui faisant fixer un délai par les tribunaux. Il s'est mis par sa faute dans cette situation gênante que lui crée l'attente d'une acceptation définitive : il n'aurait dû acheter qu'avec le consentement de sa femme. Mais cette situation est rare : le mari a plutôt une tendance à retarder le remploi, et c'est généralement la femme qui a hâte de le voir s'effectuer.

***956. Formule usuelle.** — Dans la pratique on rencontre une clause qui tend à se répandre : c'est l'*acceptation anticipée* des remplois futurs, qui est donnée d'avance par la femme dans son contrat de mariage. Il est dit que la première acquisition qui suivra l'aliénation vaudra remploi. Cette clause est valable (Agen, 20 juillet 1858, D. 59. 1. 275, S. 59. 2. 1 ; Grenoble, DALLOZ, *Suppl.*, t. IV, p. 257, note 1 ; S. 61. 2. 565) ; l'art. 1435 a statué uniquement pour le cas où les époux n'ont pas fait de contrat de mariage ou n'y ont inséré aucune convention spéciale en vue du remploi. Toutefois la portée de cette clause est discutée. Voyez l'analyse des diverses opinions en présence dans DALLOZ, *Suppl.*, v. Contrat de mariage, n° 522 ; voyez aussi ci-dessous n° 1053.

***957. Remploi par anticipation.** — D'ordinaire l'aliénation précède le remploi : ce n'est qu'après qu'on a vendu un bien, qu'on cherche à en placer le prix ; mais l'ordre des opérations peut être interverti : on voit souvent des époux acquérir un immeuble qu'ils se proposent de payer avec le prix d'une aliénation non encore réalisée, et qui, dans leur pensée, doit servir de remploi au prix de vente. C'est le *remploi par anticipation*.

ORIGINE ET UTILITÉ. — Ce genre de remploi, qui était déjà pratiqué dans l'ancien droit, présente un double avantage. Il permet d'abord de saisir une bonne occasion qui se présente, et d'acheter un bien dans des conditions favorables. En second lieu, l'époux qui se propose de vendre un de ses biens propres est plus sûr que le prix n'en sera pas dissipé, et c'est là parfois un grand avantage pour la femme.

SA VALIDITÉ. — Un doute toutefois s'est jadis élevé sur la validité de cette combinaison si avantageuse : elle n'est pas comprise dans les termes de la loi. Tel qu'il est conçu, l'art. 1434 suppose évidemment que l'aliénation est consommée au moment où le remploi se fait. Et d'ailleurs, comment concevoir, disait Toullier, que l'on remplace un propre qui existe encore dans le domaine de l'époux ? Nous ne sommes donc plus dans l'espèce prévue par la loi, et l'immeuble acquis ne peut être qu'un conquêt. — Cependant ce doute n'a pas persisté. Lorsque la loi a supposé l'aliénation faite avant le remploi, elle a prévu l'hypothèse normale, mais elle n'a pas entendu faire de cette antériorité une de ses conditions de validité. Il n'y a aucune raison pour abandonner une tradition déjà ancienne et pour condamner une combinaison d'une utilité très appréciable.

Au surplus, le bien acheté d'avance en vue du remploi ne devient propre qu'autant que l'aliénation projetée se réalise ; si elle ne se fait pas, il reste conquêt. En d'autres termes, le remploi fait par anticipation est *conditionnel*, et ne fait pas immédiatement un propre du bien ainsi acheté (Cass., 14 mai 1879, D. 79. 1. 420, S. 80. 1. 17).

DANGERS. — Si avantageux qu'il soit, le remploi par anticipation présente pourtant des dangers. D'abord pour la communauté : il est à craindre que l'époux, dans l'intérêt duquel le remploi a été fait, refuse ensuite d'aliéner son immeuble. La communauté se trouve alors grevée d'une acquisition qui lui est onéreuse, puisqu'elle n'en a que faire.

L'ordre dans lequel les opérations se succèdent permet donc à l'époux auquel cet achat était destiné, de le laisser pour compte à la communauté, si le résultat en a été malheureux. Cette raison a amené quelques auteurs à condamner le remploi par anticipation, ou tout au moins à ne l'admettre que dans l'intérêt de la femme (Voyez les arrêts et opinions analysés par AUBRY et RAU, t. V, § 507, note 64). Ce n'est pas un motif décisif : toute opération peut devenir dangereuse entre des mains maladroites.

D'autres dangers menacent l'époux ; ils viennent de ce que l'immeuble ne prend pas immédiatement le caractère de propre et peut être saisi par les créanciers de la communauté. Je les ai analysés dans une note du *Dalloz*, 91. 1. 135.

OBSERVATION. — Puisque le remploi par anticipation est permis, il y a une conclusion à en tirer pour le remploi ordinaire : c'est que, lorsque l'aliénation d'un propre est déjà faite, il n'est pas nécessaire pour la validité du remploi que le prix en soit déjà versé aux époux (Cass., 6 janv. 1858, D. 58. 1. 39, S. 58. 1. 273). Très souvent l'acquisition destinée à placer ce prix est faite alors qu'il est encore dû, et l'argent ne fait que passer par les mains des époux ; parfois même il est délégué au vendeur du propre nouveau qui touche directement son prix des mains de l'acheteur du propre ancien.

** **958. En quels biens se fait le remploi.** — Le plus ordinairement les remplois se font en biens de même nature que le propre aliéné. Si c'est *un immeuble* qu'on a vendu on en achète un autre à la place, mais il n'y a rien là d'obligatoire, et il est permis d'acquérir des valeurs mobilières, rentes sur l'État ou autres, pour remployer le prix d'un immeuble. On l'a vainement contesté.

Assez souvent le contrat de mariage contient une clause qui détermine les biens qui devront être achetés en remploi, et dans les habitudes modernes on autorise de plus en plus les *remplois en valeurs mobilières,* sauf à spécifier celles de ces valeurs qui pourront être achetées, rentes sur l'État, obligations de la Ville de Paris ou des départements, obligations et actions des chemins de fer, ou quelquefois des valeurs locales, que les époux connaissent particulièrement. Sur la possibilité de faire un remploi en meubles meublants, voyez Cass., 1er août 1900, D. 1901. 1. 145.

A ce sujet, il faut signaler les dispositions exceptionnelles de deux lois, qui ont introduit un régime de faveur pour les *rentes sur l'État.* Dans les cas où un remploi devra être fait obligatoirement en immeubles (et cela peut arriver non seulement en vertu des contrats de mariage, mais aussi en vertu de jugements ou de textes de lois), la personne qui fait le remploi peut également acheter des rentes sur l'État. Cela a été décidé d'abord par la loi du 2 juillet 1862 (loi du budget), art. 46, pour les rentes 3 0/0, et la même disposition a été insérée dans une autre loi budgétaire du 16 septembre 1871 (art. 29), pour les rentes 5 0/0, aujourd'hui converties en 3 1/2. Ces deux lois ont un but fiscal : on a voulu favoriser le crédit de l'État et le placement de ses titres en élargissant leur marché, en leur donnant une clientèle nouvelle. Mais on n'a pas voulu imposer ces remplois en rentes aux gens qui n'en voudraient pas et on a réservé la possibilité d'insérer dans les contrats une clause contraire qui les prohiberait.

Les rentes ainsi achetées en remploi à la place d'un immeuble ne sont pas pour cela immobilisées : *elles conservent leur caractère mobilier*. Elles deviennent seulement des propres pour l'époux qui les achète.

Les deux lois précitées de 1862 et de 1871 régissent même les contrats de mariage antérieurs à leur publication, sans que cette rétroactivité blesse aucun droit acquis ; c'est une facilité qu'on offre aux particuliers, et la sécurité du placement est la même.

*** 959. Nature de l'opération.** — Un remploi fait par le mari en son propre nom est *un simple achat*, et il ne soulève aucune difficulté. Mais quelles relations s'établissent entre le mari et la femme, lorsque le mari fait l'achat pour sa femme et sans la participation de celle-ci ? L'analyse juridique de ces rapports est le grand problème de toute la théorie du remploi et il importe de les bien saisir.

Interprétation par l'idée d'une dation en paiement. — On a voulu voir dans le remploi une simple *dation en paiement*. La communauté, qui a reçu le prix du propre aliéné, en est *débitrice* envers la femme, et le mari, gérant de la communauté, offre un immeuble à la place d'argent pour la libérer. Ainsi compris, le remploi est une *opération double* : l'immeuble est d'abord conquêt, puis devient propre, si la femme l'accepte et il prend cette qualité *sans rétroactivité*. C'est une offre que fait le mari, offre qui est *révocable* ; il s'opère une double transmission, ce qui entraîne le paiement d'un double droit de mutation et la nécessité de transcrire une seconde fois. Cette interprétation est insoutenable : l'unité de l'opération appelée « remploi » est traditionnelle, ainsi que la rétroactivité de l'acceptation.

Interprétation par l'idée de gestion d'affaires. — Une autre opinion, qui a été celle de Pothier (*Communauté*, n° 200), et de D'Aguesseau (27e plaidoyer, édit. Pardessus, t. II, p. 464), et qui a été reprise par M. Labbé (*De la ratification des actes d'un gérant d'affaires*, nos 89 à 96), voit dans le remploi une gestion d'affaires. Si l'on s'en tient à cette idée sans la combiner avec aucune autre, le remploi fait pour la femme présente deux caractères principaux : la rétroactivité après l'acceptation et l'irrévocabilité jusqu'à l'acceptation.

Il est *rétroactif*, car le mari en achetant a représenté sa femme comme l'aurait fait un mandataire et c'est elle qui a été propriétaire dès le jour de l'achat. Cette rétroactivité fait tomber tous les droits réels nés sur l'immeuble du chef du mari ; le remploi n'exige qu'une seule transcription et il n'autorise la perception des droits d'enregistrement qu'une seule fois, puisqu'il n'y a qu'une seule mutation.

Le remploi est, de plus, *irrévocable*, et le mari ne peut, par aucune manifestation de volonté, empêcher sa femme de prendre l'acquisition pour elle.

Cette seconde conséquence fait naître contre ce système une objection qui paraît décisive à beaucoup de personnes. Les auteurs du Code ont certainement considéré l'offre de remploi faite à la femme comme révocable jusqu'à ce qu'elle soit acceptée. Treilhard et Tronchet l'ont dit : la femme ne peut accepter le remploi qu'autant que l'immeuble existe encore en nature et n'a pas été hypothéqué, car en attendant il est conquêt; et il a été convenu que l'article devrait être ainsi entendu (FENET, t. XIII, p. 563). — De plus, le texte ne parle pas de « ratification », comme le faisait Pothier, mais bien d'*acceptation*, ce qui suppose une *offre*. Or toute offre est révocable. En ce sens GUILLOUARD, t. II, n° 509; DALLOZ, *Suppl.*, v° Contrat de mariage, n°s 520 et 527.

L'idée d'une gestion d'affaires étant rejetée, il n'y aurait plus qu'un parti à prendre, qui serait de voir dans le remploi une opération *sui generis*, ne rentrant dans aucune autre notion juridique. On se contente souvent de cette formule vague, qui est loin de donner une réponse satisfaisante. Je crois qu'il faut s'en tenir à l'idée d'une gestion d'affaires en la modifiant. Le remploi fait pour la femme sans la participation de celle-ci est une opération *à deux issues*, qui se fait sous une alternative : elle risque de rester pour compte à la communauté, auquel cas ce sera *l'achat d'un conquêt* : mais si la femme la prend pour elle, il est impossible d'y voir autre chose que *l'achat d'un propre* fait pour la femme par le mari sans mandat spécial, c'est-à-dire une gestion d'affaires. L'idée d'*offre* est parfaitement conciliable avec cette analyse : le mari se réserve une *option* pour lui même aussi bien que pour sa femme, ce qui lui permet de garder l'achat au profit de la communauté qu'il représente, si la femme ne lui enlève pas cette faculté par une décision rapide.

* **960. Caractères spéciaux du remploi.** — L'*offre* de remploi est *révocable* et son *acceptation* est *rétroactive*. Tels sont les deux caractères que nous a transmis la tradition. Comp. GUILLOUARD, t. II, n° 497 ; HUC, t. IX, n° 203.

Nous devons donc déterminer dans quels cas l'offre de remploi devra être considérée comme révoquée. Sa révocation peut être *expresse* ou *tacite* ; cette dernière seule donne lieu à des difficultés. Elle se produit lorsque le mari agit comme si la communauté était propriétaire définitif de l'immeuble, par exemple lorsqu'il l'aliène. Jusqu'ici pas de complication ; mais si le mari se borne à grever l'immeuble de servitude ou d'hypothèque, les auteurs se partagent sur la solution à adopter. Mourlon admettait que l'offre est alors révoquée pour le tout, parce que le mari a fait un acte de disposition qui implique l'intention de conserver cet immeuble à la communauté. MM. Aubry et Rau veulent au contraire que l'offre subsiste pour le surplus et maintiennent à la femme le droit de l'accepter encore, sauf à respecter les servitudes ou hypothèques établies par son mari.

Où est donc l'intérêt qu'il y a à reconnaître la rétroactivité du remploi, puisque tout acte de disposition du mari fait évanouir le droit de la femme sur l'immeuble, ou tout au moins doit être respecté par elle après qu'elle a accepté? Cet intérêt existe néanmoins, et il est double. Il se voit d'abord pour les *hypothèques légales* et autres charges réelles qui ont pu prendre naissance sur l'immeuble du chef du mari et *sans sa volonté*: celles-là disparaissent, parce qu'elles n'impliquent aucune intention de révoquer l'offre. Il se voit encore au point de vue fiscal, en ce que l'acceptation ne donne pas lieu à un nouveau droit de mutation.

** **961. Résultat du remploi effectué.** — Le bien acquis à titre de remploi devient propre à l'époux; c'est le but même qu'on se propose, mais cela ne va pas sans difficultés quand il y a une différence de valeur entre les deux immeubles successifs. Si c'est l'ancien bien qui valait plus que le nouveau, il est tout simple que l'époux reste créancier de la communauté pour la différence; il n'a été fait qu'un remploi partiel. Si l'ancien bien valait moins, le nouveau ne prend le caractère de propre que jusqu'à concurrence de la valeur aliénée; pour le surplus il est commun. Ceci est admis traditionnellement, afin que les époux n'augmentent pas à volonté leurs patrimoines propres.

Toutefois, si la différence était minime, il vaudrait mieux considérer l'époux comme propriétaire exclusif, sauf récompense à la communauté pour l'excédent qu'elle a payé de ses deniers. Ce tempérament, indiqué par Pothier, est généralement accepté; le danger est nul et la simplification est grande.

7° Acquisition par suite d'indivision.

962. Double disposition de l'art. 1408. — L'art. 1408, qui prévoit cette hypothèse, contient deux dispositions différentes. La première attribue le caractère de propres aux parts indivises nouvellement acquises à l'époux; la seconde, qui sert de sanction à la précédente, institue ce qu'on appelle *le retrait d'indivision*.

a. — *Acquisition de nouvelles parts indivises.*

* **963. L'hypothèse et sa solution.** — Un époux est propriétaire, à titre de propre de communauté, d'une part indivise dans un immeuble. Ordinairement il a recueilli cette part dans une succession à laquelle il a été appelé en concours avec d'autres héritiers. Pendant le mariage, il acquiert les parts indivises appartenant à ses copropriétaires dans le même immeuble. Ces parts nouvellement acquises ne forment pas des conquêts : elles lui sont propres, sauf récompense à la communauté, s'il y a lieu (art. 1408, al. 1).

964. Controverse sur les motifs de la loi. — Cette solution est ancienne et on en donnait jadis l'explication suivante. Grâce au principe de l'effet déclaratif du partage, l'époux est censé avoir reçu *directement du défunt* la totalité de l'immeuble qui a été mis dans son lot ou qu'il a acheté sur licitation. Il le reçoit donc *par succession*, et c'est un propre de communauté. Tel était le raisonnement de Pothier (*Communauté*, nº 146), et il a été reproduit par Tronchet dans les travaux préparatoires (Locré, t. VI, p. 435).

Cette première explication fait de l'art. 1408 une conséquence et une dépendance de l'art. 883. Or il existe de graves controverses sur ce dernier article : on se demande principalement s'il s'applique aux actes qui ne font pas cesser l'indivision d'une manière complète. Ces difficultés se représenteraient donc pour l'art. 1408. Ainsi, quand l'époux acquiert seulement la part d'un de ses copropriétaires, de façon à rester dans l'indivision avec un ou plusieurs autres, va-t-il devenir propriétaire exclusif de cette part nouvelle ? On pourrait en douter et en fait on l'a contesté.

Mais la jurisprudence a coupé court à ces incertitudes en décidant que l'art. 1408 n'était pas seulement l'application de l'art. 883, mais constituait *une disposition indépendante* qui avait pour but *l'unification de la propriété*. Si la part nouvellement acquise entrait en communauté, l'époux qui a cherché à sortir de l'indivision dans laquelle il se trouvait, retomberait dans une autre indivision avec son conjoint. Il est donc nécessaire que l'art. 1408 s'applique, quoique l'indivision subsiste encore, lorsque l'époux n'a pas acquis toutes les autres parts indivises (Cass., 30 janv. 1850. D. 50. 1. 171 ; Cass., 30 janv. 1865, D. 65. 1. 191, S. 65. 1. 140 ; Lyon, 21 janv. 1876, D. 78. 2. 38). Comp. Siméon, Discours au Corps législatif, dans Locré, t. XIII, p. 465.

b. — *Retrait d'indivision.*

***965. Danger possible pour la femme.** — Quand c'est la femme qui est propriétaire de la part primitive dans le bien indivis, il y a pour elle un danger particulier : son mari, prenant les devants, peut se rendre adjudicataire de l'immeuble en son propre nom et lui enlever ainsi l'espérance de l'acquérir elle-même en propre. Pour empêcher ce calcul du mari et protéger le droit de la femme, la loi donne à celle-ci une *option* : elle peut *abandonner le bien à la communauté*, en se faisant rembourser le prix de sa part dans l'immeuble ; ou bien, si elle le préfère, *prendre pour elle l'acquisition tout entière*, à la charge d'en payer le prix, sa part déduite. — Quand elle prend ce second parti, elle exerce un droit de *retrait* particulier, qui est appelé le « retrait d'indivision », non pas parce que le bien retrayé par la femme se trouve dans l'indivision au moment où le retrait a lieu : il n'y est plus ; mais parce que le droit de le reprendre au mari a pour origine l'état d'indivision dans lequel il se trouvait antérieurement.

966. Régimes sous lesquels le retrait est possible. — Dans l'art. 1408, la loi suppose qu'il s'agit d'une femme *commune en biens*, mais il est admis que le retrait est possible *sous tous les autres régimes*, parce qu'il y a toujours mêmes raisons pour l'autoriser (Lyon, 20 juill. 1843, D. 44. 2. 197, S. 44. 2. 319 ; Cass., 1er mai 1860, D. 60. 1. 511, S. 61. 1. 785 ; Cass., 26 janv. 1887, D. 87. 1. 275, S. 90. 1. 293). C'est un exemple très remarquable de jurisprudence extensive, d'autant plus que la loi moderne est notoirement hostile aux retraits de toute nature. Cependant elle est approuvée par la presque unanimité des auteurs ; Laurent est seul à la combattre (T. XXI, nº 334).

***967. Cas donnant lieu au retrait.** — Il importe peu que le mari ait acheté la totalité ou une partie seulement de l'immeuble, ni qu'il ait traité à l'amiable ou qu'il se soit rendu adjudicataire dans une licitation.

968. Qui peut exercer le retrait. — Le droit accordé à *la femme* peut sans difficulté être exercé après sa mort par ses *héritiers*. Quant aux *créanciers de la femme*, il semble qu'ils devraient être admis à l'exercer de son chef, puisqu'il s'agit d'un droit exclusivement pécuniaire. Cependant la jurisprudence leur en refuse l'exercice (Cass., 8 mars 1837, S. 37. 1. 331). C'est une vieille tradition, conservée par les tribunaux modernes, que les retraits constituent des facultés personnelles qui échappent à l'action des créanciers.

969. Époque du retrait. — La loi indique le moment où le retrait doit se faire : c'est « lors de la dissolution de la communauté » (art. 1408). Il est cependant reconnu que la femme a le droit de retrayer l'immeuble même auparavant, pendant que la communauté dure encore, et dès le lendemain de l'acquisition faite par son mari. Elle peut y avoir un sérieux intérêt, et il n'y a pas de raison pour le lui refuser (Lyon, 19 ou 20 juill. 1843, précité). La formule employée par la loi signifie simplement qu'avant la dissolution de la communauté, la femme ne peut pas être mise en demeure de se prononcer.

A défaut d'une prescription spéciale, son droit dure 30 ans à compter de la dissolution de la communauté.

Toutes ces règles sont très favorables à la femme ; et on doit y voir l'une des garanties multiples qui lui sont accordées en compensation de la situation subordonnée qui lui est faite pendant le mariage.

*** 970. Effet du retrait.** — Lorsque la femme n'use pas de son droit, l'immeuble acquis par le mari reste pour le tout dans la communauté : c'est un *conquêt*, y compris même la part qui appartenait primitivement à la femme ; on a adjugé au mari toutes les parts des indivisaires, celle de la femme comme les autres. La femme n'a plus que le droit d'obtenir la portion du prix correspondant à la part qu'elle possédait.

Lorsque le retrait a lieu, *l'immeuble retrayé devient propre à la femme en totalité*, sauf remboursement à la communauté de la somme qu'elle avait payée pour l'acquérir.

971. Rétroactivité du retrait. — Jusqu'au moment où la femme exerce le retrait l'immeuble est resté conquêt ; c'est seulement quand il est retiré de la communauté qu'il devient propre à la femme, mais il le devient alors avec effet rétroactif.

Cette rétroactivité du retrait fait remonter le droit de propriété de la femme jusqu'au jour de l'acquisition par le mari, comme si elle-même s'était portée adjudicataire. Il suit de là que *tous les droits établis dans l'intervalle sur cet immeuble par le mari disparaissent* : les tiers sont sacrifiés dans l'intérêt de la femme (Besançon, 20 mars 1850, D. 52. 2. 287, S. 50. 2. 445 ; Grenoble, 18 août 1854, D. 56. 2. 61, S. 55. 2. 91).

Il est vrai que la loi ne parle pas de cette rétroactivité, mais sans elle le droit de la femme ne serait-il pas dérisoire ? Quel est le but de la loi ? Assurer à la femme la position qu'elle aurait si elle avait acheté elle-même. Il faut donc que la femme soit considérée comme ayant toujours été propriétaire et que le mari ne puisse, en aliénant l'immeuble, lui enlever son droit.

972. Restriction. — Cependant cette rétroactivité n'a pas pour effet de substituer absolument la femme aux lieu et place de son mari, à l'égard des anciens vendeurs de l'immeuble. En voici une conséquence remarquable. Si la femme était réputée avoir acheté à la place de son mari, entre elle et ses copropriétaires l'opération serait un partage, et ceux-ci, si le prix ne leur était pas payé, n'auraient contre elle aucune action en résolution, car ce droit n'appartient pas aux copartageants. Mais comme, à leur égard, c'est toujours le mari qui est acquéreur, ils pourront faire prononcer la résolution de la vente contre lui et, la vente résolue, reprendre leur bien entre les mains de la femme.

§ 3. — *Jouissance des propres.*

*** 973. Troisième élément actif de la communauté.** — Par les règles qui précèdent, on a pu juger ce que la communauté comprend, en fait de *propriété*, tant parmi les immeubles que parmi les meubles. Elle comprend encore un troisième élément : la loi lui attribue en effet *la jouissance de tous les biens qui appartiennent en propre aux époux* (art. 1401-2°).

974. Distinction des revenus et des autres meubles. — Autrefois on ne distinguait pas, parmi les meubles de la communauté, ceux qui lui appartiennent *comme capitaux*, et ceux qu'elle perçoit *comme fruits des propres*. Ainsi la coutume de Paris (art. 220) disait que les époux sont

« communs en meubles », ce qui comprenait les deux éléments d'actif mobilier que nous distinguons aujourd'hui.

C'est Pothier qui proposa le premier cette séparation, en montrant l'intérêt qu'il y avait à la faire. Si les conjoints ont, par leur contrat de mariage, exclu les meubles de la communauté, pour la réduire aux acquêts, la communauté n'en conservera pas moins la jouissance des propres. Il importe donc de ne pas confondre ces deux choses en une seule.

*975. **Application des règles de l'usufruit.** — Le droit de jouissance de la communauté est soumis en principe aux règles de l'usufruit. Ainsi les fruits civils lui sont acquis *jour par jour* et les fruits naturels seulement *par leur perception*. C'est ce qui résulte de la double expression employée dans l'art. 1401 : « *échus* ou *perçus* pendant le mariage ». Le mot « échus » convient aux revenus en argent ; le mot « perçus » aux fruits en nature. Comp. art. 585 et 586. Ainsi encore la communauté n'a droit aux *coupes de bois* dans les futaies qu'autant qu'il y a eu un aménagement régulier avant le mariage (art. 1403, al. 1 et 2). De même les produits des *carrières* et des *mines* ne tombent en communauté que si elles étaient déjà ouvertes au moment du mariage (art. 1403, al. 1). Si leur ouverture est postérieure, la communauté doit indemnité à l'époux pour tout le profit qu'elle en a retiré (art. 1403, al. 3).

976. **Règles exceptionnelles.** — Cependant on signale quelques différences entre ce droit de jouissance de la communauté et l'usufruit ordinaire. L'assimilation ne pouvait pas être absolue, parce qu'il existe pour les époux une règle particulière qui les empêche de s'enrichir aux dépens l'un de l'autre. De là découlent quelques différences qui portent sur les points suivants :

1° Coupes de bois non faites. — Si des arbres qui auraient dû être coupés ne l'ont pas été pendant la communauté, celle-ci devra être indemnisée du montant de la coupe non faite (art. 1403, al. 2). Un usufruitier ordinaire n'a droit à aucune indemnité pour les coupes de bois qu'il a négligé de faire (art. 590) ; il sait que son droit peut finir d'un jour à l'autre, c'est à lui de ne pas mettre de retard dans ses perceptions de fruits.

2° Récoltes sur pied a la dissolution. — Si une récolte se trouve préparée au moment où la communauté se dissout, elle appartient en entier à l'époux propriétaire du fonds, mais la communauté doit être indemnisée par lui des frais de semences et de labours. Autrement l'époux s'enrichirait à ses dépens, en faisant une récolte qu'il trouve toute préparée.

Mais la réciproque n'est pas vraie. Si une récolte était sur pied au jour du mariage, elle appartient à la communauté, et l'époux qui en a fait les frais n'a pas droit à leur remboursement. Le motif en est simple : s'il avait gardé son argent, au lieu de l'employer à préparer la récolte, il ne l'aurait pas gardé en propre ; cet argent serait devenu commun avec les autres valeurs mobilières.

Pour les usufruitiers ordinaires, la loi ne fait pas la même distinction : que la récolte se trouve sur pied au commencement ou à la fin de l'usufruit, il n'y a jamais lieu au remboursement des frais. La loi simplifie les comptes en tenant pour égales les chances de gain ou de perte des deux côtés.

3° Améliorations. — Ceci est beaucoup plus important. D'après l'art. 599, un usufruitier n'a jamais droit à une indemnité à raison des améliorations qu'il prétend avoir faites sur le fonds dont il avait la jouissance. Cette règle ne s'applique pas à la communauté : si le bien propre de l'un des époux a été amélioré avec de l'argent commun, il y lieu à récompense au profit de la communauté.

4° Dispense d'inventaire et de caution. — Enfin le mari, représentant de la communauté, n'est pas obligé de faire inventaire et de donner caution, double obligation qui pèse en principe sur l'usufruitier (art. 600 et 601).

Section II. — Modifications conventionnelles de l'actif commun.

977. **Distinction.** — Les modifications que les particuliers apportent au

régime légal par leur contrat de mariage ont tantôt pour but d'*augmenter* l'actif commun et tantôt de le *restreindre*.

§ 1. — *Clauses extensives.*

***978. Énumération.** — Les clauses qui augmentent l'actif de la communauté sont au nombre de deux : 1° L'*ameublissement*; 2° la stipulation de *communauté universelle*.

A. — Ameublissement.

***979. Définition.** — On appelle « ameublissement » la convention par laquelle *les époux font entrer en communauté un ou plusieurs immeubles qui, d'après la loi, devraient leur rester propres,* soit parce qu'ils sont antérieurs au mariage, soit parce qu'ils doivent leur arriver un jour à titre de succession. Ces immeubles entrent en communauté comme les meubles, d'où le nom d'ameublissement.

L'ameublissement est régi par les art. 1505-1509.

980. Rareté des ameublissements. — Cette clause était autrefois d'un grand usage, ainsi qu'on en peut juger par les développements que Lebrun, Pothier et autres lui ont consacrés et par les indications qu'ils donnent. A une époque où les valeurs mobilières étaient peu de chose, les communautés auraient commencé avec un actif à peu près nul, et l'habitude était que la femme ameublît le tiers de ses immeubles, car sa dot lui était constituée ordinairement en biens immobiliers (Lebrun, *Communauté*, liv. I, chap. v, dist. 2)[1]. Ordinairement aussi le mari ameublissait une même quantité d'immeubles de façon à former une communauté à mises égales.

Cette habitude se perd de plus en plus. Les gens qui se marient en faisant un contrat de mariage ont au contraire une tendance à exclure de la communauté le plus de choses possibles. Nos recueils d'arrêts n'ont pas publié de décisions sur la matière depuis 1859.

981. Obscurité de la loi. — Réduite à elle-même, à ses principes naturels, la théorie de l'ameublissement serait fort simple à expliquer, si on pouvait se dispenser de lire la loi. Elle était très claire dans Pothier (*Communauté*, nos 303-314). Malheureusement les rédacteurs du Code l'ont beaucoup obscurcie, en multipliant le nombre des hypothèses.

1° Étendue de l'ameublissement.

982. Distinction. — D'après l'art. 1505, l'ameublissement peut porter sur *tout ou partie des biens présents ou futurs.* L'ameublissement pourrait donc être général et porter sur la totalité des immeubles. Toutefois cet ameublissement de tous biens, que Pothier et Lebrun étudiaient en même temps que les autres, nous est présenté par le Code comme constituant une clause à part, tout au moins quand il est réciproque, sous le nom de *communauté universelle* (ci-dessous nos 988 et suiv.).

983. Intérêts de cette distinction. — Sauf l'allusion qui y est faite dans l'art. 1505, le Code a passé sous silence cette distinction, qui était formellement énoncée dans Pothier, *Communauté*, n° 304. Elle a cependant son intérêt à un double point de vue :

1° Garantie. — L'époux qui fait un ameublissement particulier est garant envers la communauté, si l'immeuble lui est ensuite enlevé par un tiers[2]. Au cas d'ameublissement

[1] Comp. Molière : « Sais-je pas que le tiers du bien de la future || Entre en communauté pour... — Oui, c'est chose sûre, || Vous savez tout cela, mais qui vous en dit mot ? » (*Ecole des femmes*, acte IV, scène 2).

[2] La question avait fait difficulté dans l'ancien droit, mais Pothier avait fini par reconnaître l'existence de la garantie (*Communauté*, n° 311).

général, il n'y a pas lieu à garantie, parce que celui qui dispose d'un ensemble de biens les transmet tels qu'il les a, avec les chances d'éviction qui le menacent lui-même.

2° Passif. — Un ameublissement particulier ne modifie en rien les règles ordinaires du passif de la communauté, parce que les dettes grèvent l'ensemble des biens, et non tel ou tel bien déterminé. Au contraire un ameublissement général des biens présents ou des biens futurs ferait entrer en communauté les dettes immobilières correspondantes à cette masse de biens. Mais on verra que cette seconde conséquence est de peu d'application dans notre droit moderne, à cause de la rareté extrême, pour ne pas dire l'inexistence des dettes immobilières.

2° Effet de l'ameublissement.

*984. **Distinction.** — Au point de vue de ses effets, l'ameublissement peut se faire de deux façons :

1° Ameublissement en propriété. — C'est l'effet le plus simple et le plus naturel de la clause : l'immeuble ameubli devient vraiment *un bien de communauté* ; il tombe pleinement dans la masse commune, en toute propriété.

2° Ameublissement en valeur. — L'ameublissement peut encore se faire de telle sorte que les immeubles qui en sont l'objet *restent la propriété de l'époux* auquel ils appartiennent. Cela arrive lorsque l'époux déclare faire l'ameublissement seulement *jusqu'à concurrence d'une certaine somme*. Ce qui entre alors en communauté, c'est seulement la valeur de l'immeuble jusqu'à la somme indiquée, et le mari, si l'ameublissement est fait par la femme, acquiert sur cet immeuble imparfaitement ameubli des pouvoirs spéciaux qui seront expliqués plus loin.

985. **Complication créée par le Code.** — Très nette dans l'ancien droit[1], cette distinction a été embrouillée par le Code. Pothier appelait « ameublissement déterminé » l'ameublissement qui se fait en pleine propriété, parce qu'ordinairement il porte sur un ou plusieurs immeubles spécialement désignés, sur *tel* ou *tel* immeuble. Il appelait « ameublissement indéterminé » l'ameublissement qui se fait seulement pour la valeur des biens jusqu'à concurrence d'une somme convenue, parce que cette clause frappait toujours l'ensemble des immeubles, sans en spécifier aucun. C'est aussi ce que supposait Lebrun.

A ces deux catégories, le Code en a ajouté une troisième, et il a prévu le cas où l'ameublissement en valeur serait fait, non plus sur l'ensemble des biens, mais sur un *immeuble déterminé* (art. 1507, al. 3). Cette hypothèse nouvelle, qui vient compliquer la théorie, se trouvait déjà dans le projet de l'an VIII. Il en résulte que les auteurs modernes ont été obligés de dédoubler l'ameublissement déterminé de Pothier (celui qui porte sur un héritage particulier), et de distinguer l'*ameublissement déterminé de la première espèce* (art. 1507, al. 2), qui se fait en pleine propriété, et l'*ameublissement déterminé de la seconde espèce* (art. 1507, al. 3), qui se fait en valeur.

Tout cela est bien compliqué, mais qui en a cure ? On n'use plus jamais de cette combinaison surannée, que les praticiens ont, pour la plupart, de la peine à comprendre.

986. **Effet de l'ameublissement en valeur.** — Le profit que retire la communauté d'un ameublissement déterminé de la première espèce, c'est-à-dire fait en pleine propriété, est facile à comprendre : le bien ameubli devient commun ou, comme on

[1] Pothier, *Communauté*, nos 305 à 314. Comp. Lebrun, *Communauté*, liv. I, chap. v, dist. 2, nos 7 à 11. — Lebrun distingue quatre sortes d'ameublissements, mais qui en réalité se réduisent aux deux espèces indiquées par Pothier. En effet sa quatrième espèce d'ameublissement n'est autre que l'ameublissement général de tous biens, c'est-à-dire la communauté universelle, qui est nécessairement un ameublissement en pleine propriété. D'autre part les deux premières espèces qu'il énumère n'en font en réalité qu'une seule, qui est l'ameublissement en valeur ou jusqu'à concurrence d'une certaine somme, et il reconnaît lui-même que les effets sont semblables et qu'il n'y a de différence que dans la façon dont la clause est énoncée. Il n'en reste donc que deux. les nos 1 et 3 de son énumération, qui sont l'ameublissement en valeur et l'ameublissement en propriété.

disait autrefois, il *sort nature de conquêt* (POTHIER, *Communauté*, n° 305). Mais dans tous les cas où l'ameublissement est limité à une certaine somme, l'effet qui se produit est beaucoup moins simple. La communauté ne devient pas propriétaire de l'immeuble, qui reste propre à l'époux auteur de l'ameublissement. Cet époux se trouve seulement « obligé » à quelque chose envers la communauté (art. 1508, al. 1). C'est donc une *simple créance* que la communauté a acquise. Comp. POTHIER, *Communauté*, n° 314.

Quel est l'objet de l'obligation ainsi contractée par l'époux ? Il est tenu de mettre ses immeubles à la disposition de la communauté jusqu'à concurrence de la somme promise, ce qui produit deux conséquences différentes, selon l'époque que l'on considère.

1° *Pendant la durée de la communauté*, et en supposant que l'ameublissement a été fait par la femme, le mari peut hypothéquer les immeubles qu'elle a ameublis, jusqu'à concurrence de la somme indiquée (art. 1507, al. 3 ; art. 1508, al. 2). C'est là une singularité remarquable, car la loi refuse au mari, dans les mêmes textes, le pouvoir d'aliéner[1], ou du moins il ne peut le faire qu' « avec le consentement de la femme », ce qui revient à dire que c'est la femme qui aliénera elle-même son immeuble avec le consentement de son mari. En règle générale, ceux qui ne peuvent pas aliéner ne peuvent pas hypothéquer (T. II, n°s 2770 et suiv.).

Cette première conséquence de l'ameublissement en valeur devient inutile, quand il émane du mari : celui-ci peut hypothéquer son immeuble, et sans limitation de sommes, non pas parce que l'immeuble est ameubli, mais parce qu'il en est le propriétaire.

2° *Après la dissolution de la communauté*, si la communauté n'a pas recueilli le profit de l'ameublissement au moyen d'une constitution d'hypothèque, l'époux se trouve obligé de *comprendre ses immeubles dans le partage jusqu'à due concurrence*. Comp. POTHIER, n° 313. On laisse à l'époux le droit de choisir parmi ses immeubles ceux qui seront mis en partage avec les biens de communauté.

987. Caractères de l'obligation de l'époux. — L'obligation dont se trouve tenu l'époux qui a fait l'ameublissement est absolue et la femme ne peut pas s'en affranchir en renonçant à la communauté.

Mais cette obligation a un objet limité ; elle ne grève que les immeubles qui ont été compris dans l'ameublissement, et non le reste du patrimoine propre de l'époux. C'est, comme on l'a dit, un *assignat limitatif*. De là découle une double conséquence :

1° Si les immeubles frappés d'ameublissement sont inférieurs à la somme indiquée, l'époux ne doit pas être contraint de compléter cette somme sur ses autres biens.

2° Si ces immeubles, suffisants à l'origine, périssent ou se détériorent, la perte est pour la communauté, parce que son droit ne va pas au delà des biens qui lui ont été assignés.

B. — Communauté universelle.

988. Son caractère exceptionnel. — La stipulation qui rend communs tous les biens des époux est permise par l'art. 1526. Un texte spécial était nécessaire, car l'art. 1837 défend les sociétés universelles entre particuliers, ou du moins ne permet d'y faire tomber les biens à venir que pour la jouissance. Comp. ci-dessus n° 796-4°.

*** 989. Ses effets.** — L'effet de cette clause est très simple : tous les biens des époux, les immeubles aussi bien que les meubles, les biens futurs comme les biens présents, font partie de la communauté.

Cependant on peut encore trouver sous ce régime quelques rares éléments d'actif qui restent propres aux époux. Tels sont :

[1] Le Code s'écarte ici du sentiment de Pothier, qui reconnaissait au mari le pouvoir d'aliéner, mais c'était une opinion qui lui était personnelle (*op. cit.*, n° 313).

1° Les biens qui leur seraient donnés ou légués par un tiers à la condition qu'ils n'entrent pas dans la communauté ;

2° Les biens qui sont incessibles par leur nature. Ces biens ne peuvent pas entrer en communauté. Leur acquisition est pour ainsi dire accompagnée d'une clause tacite qui les en exclut.

***990. Son caractère onéreux.** — La stipulation de la communauté universelle n'a pas en principe le caractère d'une libéralité ; c'est une convention de mariage. Cependant la Cour de cassation a admis qu'elle pouvait à l'occasion être considérée comme une libéralité déguisée, donnant lieu à la perception des droits fiscaux et sujette à réduction en cas d'atteinte à la réserve, lorsque l'apport de l'un des époux est nul ou insignifiant, tandis que celui de l'autre est considérable (Cass., 3 avril 1843, D. 43. 1. 210, S. 43. 1. 289 ; Cass., 18 janv. 1888, D. 88. 1. 174, S. 90. 1. 179).

991. Sa rareté. — C'est le moins usité de tous les régimes matrimoniaux. En 1898, sur 82 346 contrats de mariage, il n'y en a eu que 258 à adopter la communauté universelle, dont 162 dans le ressort de Douai, 22 dans celui de Bordeaux et 8 en Normandie (Caen et Rouen réunis). Dans plusieurs ressorts on n'en a pas vu un seul cas (*Bulletin de statistique*, 1899, p. 141 ; *Bulletin de la société de législation comparée*, juin 1900, p. 564).

§ 2. — *Clauses restrictives.*

**** 992. Leur importance pratique.** — Dans la pratique les clauses restrictives sont beaucoup plus fréquemment employées que les clauses extensives. Depuis que la fortune mobilière s'est développée, on s'est éloigné peu à peu de l'ancienne habitude qui faisait tomber dans la communauté le mobilier entier, tout ce que les époux avaient de meubles en se mariant, tout ce qu'ils en acquéraient par la suite, par succession, donation ou legs. Quand une personne, riche en valeurs mobilières, épouse une personne riche en immeubles, le mariage lui fait perdre la moitié de sa fortune sans qu'elle acquière rien de celle de son conjoint. On évite cet inconvénient en faisant un contrat de mariage par lequel on exclut ce mobilier de la communauté ; c'est ce qu'on appelle *réduire la communauté aux acquêts*. C'est le plus usité de tous les régimes matrimoniaux conventionnels. En 1898, sur 68 412 contrats ayant adopté le principe de la communauté, 67 288 portaient la clause de réduction aux acquêts ; 866 contrats seulement avaient adopté le régime légal.

993. Distinction. — Il faut distinguer deux catégories de clauses d'exclusion : les unes sont *expresses*, les autres *tacites*.

A. — Exclusion expresse.

1° Forme et étendue de la clause.

*** 994. Dénominations diverses.** — Quand elle est expresse, l'exclusion porte différents noms. On l'appelle en général *stipulation de propres* ou *exclusion de communauté*. Telles sont du moins ses qualifications les plus courantes dans les contrats de mariage, qui sont très claires, mais il en est une autre qui a besoin de quelque explication : c'est celle de *clause de réa-*

lisation, qui ne peut se comprendre que par la connaissance d'un vieil usage. Anciennement le qualificatif « réel » s'employait spécialement à propos des immeubles. Ainsi notre saisie immobilière s'appelait *saisie réelle* ; les actions immobilières s'appelaient *actions réelles* et cette expression, familière aux praticiens, est restée dans l'art. 59 C. proc. civ. : « En matière réelle. » C'est ainsi encore que le *Dictionnaire de l'Académie* définit toujours de cette façon le mot « réel » (Comp. T. I, 1re édit., n° 871 ; 2e édit., n° 842). Il était donc tout simple, quand on excluait des meubles de la communauté, de dire qu'on les *réalisait*, pour dire qu'on les assimilait aux immeubles, seuls biens qui fussent propres d'après la coutume. Tel était le langage du XVIIe siècle ; Lebrun n'en emploie pas d'autre. L'expression *réalisation* se rencontre encore de nos jours avec ce sens ; mais elle tend à disparaître [1].

Ainsi les *meubles réalisés* sont des meubles exclus de la communauté, et cette expression s'oppose à *propres ameublis*.

* **995. Étendue variable de l'exclusion.** — Quels sont les meubles que l'on peut exclure de la communauté ? Les art. 1498 et 1500 répondent à cette question en nommant le *mobilier présent* et le *mobilier futur*.

Le mobilier présent est celui que les époux possèdent au moment où ils se marient. Toutes les fois qu'il est exclu, l'art. 1404 devient inapplicable. Sur la disposition de cet article, voyez ci-dessus nos 927 à 929. Comme aucun meuble antérieur au mariage ne doit entrer en communauté, il n'y a plus de fraude à craindre par l'effet de la transformation de la fortune de l'un des époux.

L'expression « mobilier futur » a ici un sens traditionnel. Ce n'est pas tout le mobilier que les époux acquerront pendant le mariage, mais seulement celui qui leur arrivera à titre gratuit, par succession, donation ou legs.

Pour le mobilier futur, comme pour le mobilier présent, l'exclusion peut être totale ou partielle. Quand elle est totale, elle peut porter à la fois sur le mobilier présent et sur le mobilier futur, ou seulement sur l'un des deux.

L'exclusion du mobilier peut être *réciproque*, c'est-à-dire stipulée par chacun des deux époux à son profit. Mais cela n'est pas nécessaire, et elle peut fort bien être *unilatérale*, l'un des deux époux laissant tomber son mobilier en communauté, tandis que l'autre en retire le sien. On peut donc se livrer aux combinaisons les plus variées.

2° Effets de l'exclusion.

** **996. Réserve de la propriété.** — A qui appartient le mobilier exclu ?

[1] Au XVIIIe siècle le mot « réalisation » prit dans la langue des affaires un autre sens. Lors de la débâcle de la Banque de Law, on se hâta de *réaliser* c'est-à-dire de transformer en espèces les effets de valeur fictive qu'on avait en mains. Le mot est resté dans la langue avec ce sens : réaliser sa fortune, c'est la transformer en argent comptant.

Est-ce à la communauté ou à l'époux ? Voilà une question qui peut sembler étrange, et cependant il est nécessaire de l'examiner.

Anciennement les meubles exclus, *réalisés,* selon l'expression du temps, se trouvaient dans une position un peu ambiguë. Voici ce qu'en disait Pothier (*Communauté,* n° 325). Ils sont « réputés immeubles... à l'effet d'être exclus de la communauté »; ce sont des « propres conventionnels. » Mais « il y a une *grande différence* entre ces propres conventionnels et les véritables immeubles qui sont propres réels de communauté. » Les propres réels ne se confondent pas avec les biens communs et le conjoint à qui ils appartiennent continue durant le mariage d'en être seul propriétaire comme il l'était auparavant; tandis que les propres conventionnels entrent en réalité dans la communauté qui en devient propriétaire, à la charge d'en restituer la valeur après sa dissolution. Leur réalisation et leur exclusion de communauté ne consistent donc que dans *une créance de reprise de leur valeur,* que le conjoint qui les a réalisés a le droit d'exercer après la dissolution de la communauté. Il n'en est pas *propriétaire,* mais seulement *créancier.* Aussi appelait-on souvent les meubles réalisés des *propres fictifs.*

Sous l'empire du Code, quelques jurisconsultes, notamment Merlin, ont encore suivi la même idée; mais cette opinion n'a pu se maintenir longtemps. En effet l'art. 1498 s'explique en termes catégoriques : « Le mobilier est *exclu* » »; il reste donc réellement propre à chaque époux. L'ancienne distinction des propres réels et des propres fictifs a ainsi disparu avec l'ancien droit; le Code l'ignore. La jurisprudence a paru quelque temps hésitante; cependant la solution qui maintient réellement à l'époux la propriété de son mobilier se trouve incidemment, mais très nettement énoncée dans un arrêt de la Chambre des Requêtes (Cass., 5 nov. 1860, D. 61. 1. 81, S. 61. 1. 49).

*** 997. Conséquences pratiques.** — La solution du droit nouveau entraîne diverses conséquences que n'admettait pas l'ancien droit.

1° *Le mobilier exclu reste aux risques de l'époux auquel il appartient*; c'est pour lui qu'il périt, s'améliore ou se détériore. Jadis c'était pour la communauté; l'époux restait toujours créancier d'une somme fixe.

2° *Le mari ne peut pas aliéner le mobilier réalisé par sa femme*; il n'a sur lui qu'un simple droit d'administration et de jouissance. Cependant ceci a été controversé (ci-dessous n° 1048).

3° *Les créanciers du mari ne peuvent pas saisir le mobilier réalisé par la femme.* Ce mobilier n'est pas compris dans la communauté qui leur sert de gage.

4° *La reprise du mobilier se fait en nature,* conformément à l'art. 1470, l'époux en est resté propriétaire.

*** 998. Cas où le mobilier exclu devient propriété commune.** — Par exception à la règle indiquée au n° 996, la communauté acquiert parfois la propriété du mobilier réalisé. Ceci arrive pour les catégories suivantes :

1° Meubles consomptibles. — La communauté a la jouissance de tous les biens propres des époux. Or les meubles consomptibles sont tels qu'on ne peut s'en servir sans les consommer (t. I, nos 752-753). Le droit de la communauté se transforme donc sur eux en *quasi-usufruit*, et elle devient propriétaire de ces meubles et débitrice de leur valeur.

2° Meubles estimés. — Souvent le mobilier est livré à la communauté avec estimation de sa valeur en argent. On applique alors un vieil adage, d'après lequel *l'estimation vaut vente*, sauf stipulation contraire. L'époux est censé avoir vendu son mobilier à la communauté, en se réservant le droit au prix à titre de reprise. — L'art. 1551 exprime cette règle pour la dot mobilière, à l'occasion du régime dotal, et on l'étend par analogie à la communauté. La jurisprudence admet depuis longtemps cette extension (Paris, 11 mai 1837, S. 37. 2. 306; Cass., 14 nov. 1855, D. 55. 1. 461, S. 56. 1. 11). Néanmoins on doit tenir compte de l'intention des époux, et s'il était démontré que l'estimation a eu un autre but, l'époux conserverait la propriété de son mobilier (Cass., 14 mars 1877, D. 77. 1. 353, S. 78. 1. 5). Ordinairement, du moins dans les contrats de mariage récents, on s'explique d'une manière précise sur ce point.

3° Meubles destinés a être vendus. — Enfin les meubles que leur nature destine à la vente deviennent propriété commune, sauf reprise de leur valeur. Tels sont les produits d'une carrière qui n'ont pas le caractère de fruits. Tout au moins ils sont à la disposition du mari ; car il faut bien qu'il puisse les vendre, et la reprise a lieu seulement pour le prix.

Dans ces trois cas exceptionnels, la communauté devient propriétaire des meubles exclus, et l'époux est seulement créancier de leur valeur. On devra donc donner les solutions inverses de celles qui ont été indiquées au n° 997 : le mari pourra aliéner ; les risques seront pour la communauté, etc.

Il reste à déterminer la somme qui fera l'objet de la reprise. Pour les choses estimées, ce sera le montant de leur estimation ; pour les deux autres cas, ce sera la valeur de choses de même nature.

3° Forme usuelle de la clause d'exclusion. (Communauté d'acquêts).

****999. Sa fréquence.** — Ordinairement l'exclusion du mobilier est réciproque et elle porte à la fois sur le mobilier présent et sur le mobilier futur. On obtient ainsi ce qu'on appelle la *communauté réduite aux acquêts*.

Ce genre de communauté est celui qu'on adopte le plus souvent, tout au moins dans les départements des anciens pays de coutume, quand on fait un contrat de mariage. C'est la forme habituelle de la communauté conventionnelle (voyez ci-dessus n° 992).

***1000. Rédaction ordinaire de la clause.** — Les contrats de mariage qui adoptent ce régime sont souvent conçus de la manière suivante :

« Article premier. — Les futurs époux déclarent adopter pour base de leur union le régime de la communauté tel qu'il est établi par le Code civil, sauf les modifications résultant des articles ci-après.

« Article 2. — *Stipulation de propres.* Les époux se réservent en propre leur mobilier présent, ainsi que les meubles qui pourront leur advenir par succession, donation ou legs.

« Article 3. — *Séparation des dettes.* Les futurs époux stipulent qu'ils paieront séparément leurs dettes personnelles. »

Ce sont les formules traditionnelles du notariat. Elles remontent à l'ancien droit, au temps où les coutumes officiellement rédigées ne connaissaient et ne réglaient qu'un seul type de communauté, celui que nous appelons la communauté légale. Mais depuis 1804 la loi prévoit et réglemente elle-même, dans les art. 1498 et 1499, le régime de communauté réduite aux acquêts, et sans les habitudes de copie qu'on a dans les études de notaire, où l'on aime toujours par une prudence bien naturelle, à reproduire la forme des actes antérieurs, on pourrait établir cette communauté par un article unique du contrat se référant à l'art. 1498, au lieu de viser les art. 1400 et suiv.

***1001. Actif de la communauté réduite aux acquêts.** — Par suite de l'exclusion générale du mobilier présent et du mobilier futur, l'actif de cette communauté se trouve singulièrement réduit. Il ne s'alimente plus que par *les revenus des époux*, et à ce point de vue il y a lieu de distinguer les *fruits* qui proviennent des propres, et les *produits du travail*.

***1002. Revenus des propres.** — De même que la communauté légale, la communauté réduite est *usufruitière universelle des biens des époux*. Si donc il reste quelques économies à la fin de l'année, le profit en est pour la communauté (art. 1498 *in fine*).

Ce droit de jouissance des propres est soumis aux mêmes règles que sous la communauté légale, sauf en un point : Quand une récolte est sur pied au début du mariage, la communauté légale en bénéficie sans être obligée d'en rembourser les frais à l'époux, parce qu'elle aurait également acquis ces sommes à titre de meubles, si elles n'avaient pas été employées de la sorte. Sous la communauté réduite aux acquêts, comme les meubles antérieurs au mariage restent propres, la solution ne peut plus être la même et la communauté doit récompense à l'époux (Limoges, 31 août 1863, S. 64. 2. 204). Il a cependant été jugé que l'époux n'avait droit à aucune récompense par application de l'art. 585 (Bordeaux, 3 févr. 1873, D. 73. 2. 162, S. 73. 2. 107). Cette décision ne me semble pas devoir être suivie : la communauté ne peut pas être assimilée à un usufruitier ordinaire; il existe pour elle un principe spécial, écrit dans l'art. 1437, qui déroge nécessairement aux règles habituelles de l'usufruit : tout enrichissement de la communauté aux dépens de l'un des époux donne lieu à récompense.

1003. Loyers touchés d'avance. — Lorsque l'un des époux, propriétaire d'un immeuble, a touché d'avance et sans fraude, avant de se marier, une partie des loyers ou fermages, on se demande si la communauté aura le droit de réclamer ces revenus, au cas où l'époque à laquelle ils correspondent se placerait pendant sa durée. La Cour de cassation a jugé négativement (Cass., 27 mai 1879, D. 81. 1. 297, S. 80. 1. 393), parce que la communauté n'a droit qu'aux fruits *échus* ou *perçus* pendant le mariage (art. 1498). Cet arrêt a certainement donné une fausse interprétation de la loi : le mot « échus » s'applique aux fruits civils (ci-dessus n° 975), et c'était ici le cas de s'y conformer; la communauté doit acquérir ces fruits *jour par jour*, et peu importe l'époque de leur perception réelle. Comp. GUILLOUARD, t. III, n° 1451.

***1004. Produits du travail.** — L'art. 1498 les appelle « produits de l'*industrie* ». C'est le vieux sens du mot, qui était très large. Le mot « industrie » a pris de nos jours un sens plus étroit, et nous dirions aujourd'hui plus volontiers « produits du travail ».

Quel que soit le genre de travail des époux, industrie proprement dite ou commerce, travail manuel ou profession libérale, ses produits tombent en communauté. Et ceci est vrai également quelle que soit la nature du produit ou quel que soit le nom qu'il porte, *salaires, bénéfices, traitement, rémunération quelconque*[1]. La communauté est formée précisément pour la mise en commun de tous les efforts; c'est une association de travail. Même les produits qui n'ont pas le caractère périodique des fruits, tels que les *œuvres littéraires et artistiques* et les *inventions*, appartiennent à la communauté, lorsqu'elles sont faites pendant le mariage.

La loi parle de l'industrie *commune* des époux. L'épithète est de trop. Il est indifférent que le travail se fasse en commun ou qu'il soit personnel à l'un des époux.

1005. Cas exceptionnel. — Malgré la généralité de la règle, il peut cependant arriver que le produit de l'industrie, au lieu de former une valeur commune, vienne s'incorporer dans un bien propre. Comme exemple, on peut citer la plus-value obtenue par une étude de notaire appartenant comme propre à son titulaire. Cette plus-value ne forme pas un bien distinct de l'office ministériel, auquel elle s'incorpore ; elle reste donc propre comme lui (Cass., 14 avril 1893, D. 93. 1. 351, S. 93. 1. 416). On évite par là une difficulté considérable qu'aurait entraînée l'appréciation de cette plus-value, si on l'avait attribuée à la communauté; d'ailleurs sa cause peut être en partie fortuite.

1006. Gains fortuits. — On ne doit pas confondre avec les produits du travail un certain nombre de sommes ou valeurs, gagnées fortuitement par les époux. Tels sont :

1° La portion d'un *trésor*, attribuée à l'un des époux comme inventeur ;

2° Les gains dans les *jeux de hasard* ;

3° Les *lots* gagnés dans une loterie ou dans un tirage d'obligations.

Toutes ces choses, n'étant pas le produit d'un travail, n'appartiennent pas à la communauté et restent propres à l'époux qui les acquiert. Toutefois il y a quelques difficultés. Ainsi les gains faits au jeu sont attribués à la communauté par certains auteurs (AUBRY et RAU, t. V, § 522, p. 449, note 8; COLMET DE SANTERRE, t. VI, n° 161 *bis*-v). D'autres distinguent entre les jeux de pur hasard et ceux qui supposent une certaine habileté ou adresse de la part du joueur, et ne réservent en propre à l'époux que le produit des premiers (RODIÈRE et PONT, t. II, n° 1248). Il n'y a pas de jurisprudence sur la question.

Quant aux lots, la décision donnée ci-dessus suppose que le billet ou le titre qui est sorti au tirage appartient en propre à l'époux, soit qu'il s'agisse d'obligations comprises dans sa fortune personnelle, soit que le billet de loterie lui ait été donné avec clause d'exclusion de communauté. Mais s'il s'agissait d'un billet de loterie pris au cours du mariage, le lot gagné appartiendrait certainement à la communauté, parce qu'il a été payé avec de l'argent pris sur les revenus qui lui appartiennent : c'est pour elle que la chance de gain a été achetée.

1007. Indemnités d'assurances. — Une difficulté du même ordre s'élève pour l'indemnité payée à l'un des époux à raison d'un accident dont il a été victime. Quelques-

[1] Toutefois on ne considère pas comme un produit du travail les sommes léguées à un domestique, à titre de pure libéralité. C'est un *don*, qui n'entre pas en communauté (Chambéry, 25 août 1879, D. 80. 2. 196, S. 80. 2. 53).

uns veulent la faire tomber en communauté, parce qu'elle représente l'activité et le travail de l'époux, que l'accident a détruits ou amoindris. On a fort bien répondu que cette activité était propre à l'époux et que la communauté en gagnait seulement les produits; l'indemnité doit donc rester propre à l'époux blessé, et la communauté profitera seulement des intérêts qu'elle pourra rapporter.

Il conviendrait de donner encore la même solution dans le cas où l'indemnité serait payée à l'époux par une compagnie d'assurances. On objecte qu'alors l'*indemnité* correspond aux *primes* et que celles-ci ont été payées par la communauté ; qu'il est donc juste que ce soit la communauté qui encaisse la somme. Mais l'indemnité correspond en réalité au dommage subi par l'époux ; c'est sur ce dommage qu'elle se mesure, parce qu'elle est destinée à le réparer ; elle doit donc rester propre à l'époux, sauf indemnité à la communauté pour les primes qu'elle a payées. En ce sens DALLOZ, *Suppl.*, v° Contrat de mariage, n° 958.

*** 1008. Actif immobilier de la communauté.** — De tout ce qui précède, il résulte que les éléments de la communauté d'acquêts sont purement mobiliers. Elle peut cependant arriver à posséder des immeubles, si les époux réalisent des économies un peu considérables et finissent par faire un placement immobilier. Hors le cas d'économies suivies de placements en immeubles ou en valeurs mobilières [1], la communauté d'acquêts reste vide ; sa caisse s'épuise à mesure qu'elle se remplit, parce qu'il n'y entre que des revenus qui se consomment à peu près aussitôt qu'ils sont acquis.

4° Communauté réduite aux acquêts immobiliers.

1009. Effet de la clause. — Cette communauté résulte de l'*exclusion totale du mobilier futur, même de celui qui sera acquis à titre onéreux*. De cette façon, il ne peut y avoir dans la communauté, en fait de capitaux, que des *acquêts immeubles*. Quant aux acquêts mobiliers, ils appartiennent au mari comme sous le régime sans communauté.

1010. Son emploi. — Cette clause est usitée en Belgique, et plus encore en Normandie, où les notaires y ont vu un moyen de reconstituer approximativement l'ancien régime matrimonial de la coutume. D'après les art. 329 et 330 de la coutume de Normandie, bien qu'il fût défendu de stipuler la communauté, la femme avait droit à une part importante des conquêts, qui variait selon les localités. C'était tantôt une moitié et tantôt un tiers, et on le lui donnait tantôt en pleine propriété, tantôt en usufruit seulement. Voyez les deux articles précités.

1011. Sa validité. — La validité de cette clause a été quelquefois contestée (COLMET DE SANTERRE, t. VI, n° 162 *bis*-VIII). Elle ne semble guère douteuse, puisque les époux peuvent supprimer entièrement la communauté. La femme se trouve encore mieux partagée que sous le régime sans communauté, sous lequel le mari garde tous les acquêts, tant immobiliers que mobiliers. Pas de jurisprudence sur la question. Voyez DALLOZ, *Suppl.*, v° Contrat de mariage, n° 941.

B. — Exclusion tacite.

*** 1012. Clause entraînant exclusion.** — L'exclusion tacite du mobilier résulte indirectement de la *clause d'apport* (art. 1500-1503) [2]. On

[1] Elle pourrait aussi acquérir la propriété d'un immeuble par l'effet d'un ameublissement. Voyez à cet égard Paris, 22 mars 1900, D. 1900. 2. 465, et la note de M. de Loynes qui critique très justement cet arrêt.

[2] En général on considère également comme un cas d'exclusion tacite la *clause*

appelle ainsi la clause par laquelle l'un des époux s'engage à apporter quelque chose à la communauté. C'est une *promesse d'apport,* c'est-à-dire de mise en communauté, qui entraîne implicitement l'exclusion de tout ce qui ne s'y trouve pas compris : l'époux met en communauté ce qu'il a promis d'y apporter, et réalise le surplus de son mobilier.

1013. Distinction. — La clause d'apport se présente sous deux formes différentes :

I. Apport d'un ou de plusieurs biens déterminés. — Par suite d'un apport ainsi limité, tout le mobilier se trouve exclu, à l'exception des objets dont l'apport a été promis et qui seuls tombent en communauté.

II. Apport limité à une certaine somme. — On suppose que l'époux déclare apporter à la communauté son mobilier jusqu'à concurrence d'une somme déterminée. La fixation d'une limite par un chiffre entraîne exclusion de communauté pour le surplus puisque l'époux n'a voulu y laisser entrer son mobilier que jusqu'à cette somme et pas au delà.

Dans ce second cas, l'exclusion ne produit pas les mêmes effets que dans le précédent. Elle n'empêche pas la communauté de devenir propriétaire de tout le mobilier, même de ce qui dépasse la valeur fixée : elle autorise seulement l'époux à exercer une action en reprise, lors du partage, pour l'excédent. L'art. 1503 est bien formel sur ce point : lors de la dissolution de la communauté l'époux prélève « *la valeur* de ce dont le mobilier qu'il a apporté lors du mariage, ou qui lui est échu depuis, excédait sa mise en communauté ». En d'autres termes, l'excédent du mobilier se trouve exclu, non pas *en nature*, mais *en valeur*; l'époux n'en reste pas *propriétaire*; il en est seulement *créancier*.

1014. Preuve de l'apport. — Les clauses d'apport rendent l'époux *débiteur* envers la communauté (art. 1501); il a promis d'apporter quelque chose et, comme tout débiteur, il est obligé de justifier de sa libération (même art.). C'est donc lui qui doit prouver qu'il a effectué son apport. Comment se fera cette preuve?

Pour le mobilier présent, l'apport de la femme se trouve établi par la *quittance* que le mari lui donne à elle-même ou à ceux qui l'ont dotée (art. 1502, al. 2). Sur la clause du contrat, portant que la célébration du mariage vaudra quittance de l'apport, voyez ci-dessus n° 863.

Pour le mari, on ne pouvait pas employer le même procédé, car la femme n'a pas qualité pour lui donner quittance de ses apports au nom de la communauté. Aussi, d'après l'art. 1502, al. 1, l'apport du mari est suffisamment justifié *par sa propre déclaration* portée au contrat. C'est alors à la femme et à ses parents, s'ils ne veulent pas être trompés, à prendre leurs renseignements pour vérifier les affirmations du mari.

CHAPITRE IV

ADMINISTRATION DE LA COMMUNAUTÉ

** **1015. Uniformité de système.** — Quelle que soit l'étendue de la communauté, légale, universelle ou réduite aux acquêts, son administration est toujours soumise aux mêmes règles : il n'y a pas plusieurs *régimes* de

d'emploi, par laquelle un des époux stipule qu'il sera fait emploi à son profit, et à titre de propre, d'une certaine somme apportée par lui. J'estime qu'il y a en ce cas *exclusion expresse,* car la valeur soumise à emploi est réellement exclue de la communauté, mais c'est elle qui fait l'*objet direct* de la clause d'exclusion.

communauté, il n'y en a qu'un seul; l'étendue de la masse commune est la seule chose qui varie (art. 1528).

1016. Système de Cambacérès. — Dans ses deux premiers projets, Cambacérès donnait un droit égal aux deux époux pour la gestion de leurs intérêts communs : aucun acte important n'aurait pu se faire sans l'accord de leurs volontés. Il renonça à son idée dans son troisième projet, disant que « cette administration commune détruirait par ses débats le charme de la vie domestique ». Cependant on arrive en fait à un système à peu près semblable à cause de l'hypothèque de la femme qui grève les biens du mari : celui-ci a besoin du consentement de sa femme pour aliéner ou pour hypothéquer ses immeubles (voyez t. II, nos 3464 et suiv.). Comp. VIOLLET, 1re édit., p. 669; 2e édit., p. 781 et suiv.

1017. Système du Code. — D'après le Code civil, *l'administration de la communauté appartient au mari.* Elle lui appartient *en sa qualité de chef* et par suite on n'y peut porter aucune atteinte par les clauses du contrat de mariage (art. 1388 et ci-dessus n° 800). Tous les pouvoirs lui appartiennent; sa femme n'en a aucuns, si ce n'est dans quelques cas exceptionnels où il lui est permis de disposer des biens communs (ci-dessous nos 1041 et suiv.).

§ 1. — *Pouvoirs du mari.*

1018. Ancien droit. — Autrefois le mari était *seigneur et maître* de la communauté. La coutume de Paris disait : « Le mari est seigneur des meubles et conquêts immeubles, en telle manière qu'il les peut *vendre, aliéner* ou *hypothéquer* et *en faire et disposer* par donation ou autre disposition entre vifs, *à son plaisir et volonté, sans le consentement de sa femme* » (art. 225). Comp. LOYSEL, n° 118. Pothier remarquait même qu'il pouvait *abuser de son pouvoir* et laisser perdre ou dépérir tous les biens communs sans être tenu d'indemniser sa femme : « il peut laisser les prescriptions s'accomplir, *dégrader les héritages, briser les meubles, tuer les animaux par brutalité*, etc. » (POTHIER, *Communauté*, n° 470)[1].

1019. Critiques anciennes contre les coutumes. — Depuis longtemps on dirigeait des critiques contre les coutumes et on se plaignait des droits excessifs qu'elles accordaient au mari sur les biens communs. Qu'on lui permette d'administrer en pleine liberté, soit; mais de donner! « Donner, c'est *perdre* », disait Ferrière. Cela était d'autant plus grave que ce qu'il donne appartient pour moitié à sa femme; un tel pouvoir est contraire à l'essence de la société qui existe entre époux (LAURENT).

***1020. Réforme de 1804.** — Le Code a tenu compte de ces critiques; il a restreint notablement les pouvoirs du mari, et cependant il n'a peut-être pas fait assez : on a déjà vu (ci-dessus n° 911) combien on se préoccupe actuellement des droits considérables que la loi accorde au mari et des abus qui en résultent. Les règles actuelles *varient selon la nature des actes.*

A. — Actes à titre onéreux.

****1021. Conservation de l'ancienne règle.** — Tous les actes à

[1] Beaumanoir disait de même : « Voire est que tant comme il vivent ensemble, li hons en est mainburnisseres, et convient que la fame suefre et obeïsse de tant comme il apartient a leur muebles et as despueilles de leur eritages : tout soit ce que la fame é voie perte tout apertement, si convient il qu'ele en suefre la volenté de son seigneur » (BEAUMANOIR, édit. Salmon, n° 622; édit. Beugnot, chap. XXI, 2).

titre onéreux peuvent être faits par le mari, actes d'administration et actes de disposition, baux, ventes, échanges, constitution d'hypothèques ou de servitudes, etc. Il peut les faire *seul et sans le concours de sa femme* (art. 1421), sauf l'effet de l'hypothèque légale signalé ci-dessus (n° 1016). Il n'y a de restriction qu'au cas de fraude (ci-dessous n° 1022).

1022. Nullité des actes frauduleux. — Déjà dans l'ancien droit les pouvoirs du mari étaient soumis à une restriction considérable qui subsiste encore aujourd'hui. L'art. 225 de la coutume de Paris, après avoir énoncé dans toute leur étendue les pouvoirs qu'elle lui reconnaissait, ajoutait cependant cette réserve que le mari devait agir « *sans fraude* ». Cela est encore vrai, bien que les textes actuels (art. 1421 et suiv.) ne contiennent plus la même réserve ; c'est l'effet des principes généraux et de la maxime : « Fraus omnia corrumpit. » Toute espèce de doute est supprimée par l'application particulière qui en est faite à un cas particulier dans l'hypothèse du divorce par l'art. 243 actuel, 271 ancien (ci-dessus n° 635).

La fraude du mari consisterait à s'enrichir aux dépens de sa femme, par exemple en faisant une aliénation à un prête-nom qui serait chargé de lui restituer les biens. — Considérable en théorie, cette restriction des pouvoirs du mari est à peu près nulle en pratique; la disposition de la loi fait l'office d'une mesure préventive qui empêche les fraudes. Voyez cependant Bordeaux, 7 févr. 1878, D. 79. 2. 124: une vente à rente viagère de tous les immeubles, contenant une libéralité déguisée, a été annulée sur la demande des héritiers de la femme parce qu'elle avait été faite à un moment où la femme était sur le point de mourir et que la rente avait été constituée sur la tête du mari. Comp. Cass., 11 nov. 1895, D. 96. 1. 44, S. 96. 1. 281.

B. — Donations entre vifs.

1° Restriction moderne des pouvoirs du mari.

***1023. Dispositions de la loi actuelle.** — Autrefois le mari pouvait *donner* les biens de communauté sans aucune restriction, mais le Code a restreint ses pouvoirs (art. 1422). La loi distingue les donations de meubles et les donations d'immeubles. *Les donations immobilières sont défendues au mari.* Quant aux donations *mobilières,* elles lui restent *permises en principe,* sauf dans deux cas exceptionnels : 1° lorsqu'il s'agit d'une *universalité de meubles* ; 2° lorsque la donation est faite *avec réserve d'usufruit pour le mari.*

1024. Critique. — Un pareil système est plein d'inconvénients. Notre Code subit encore l'influence de la vieille maxime « Vilis mobilium possessio » : il est défendu au mari de donner un bout de champ qui vaut 60 francs et il pourra donner une inscription de rente valant 100 000 francs et davantage ou une liasse d'obligations de chemins de fer ! Le mieux serait de n'autoriser que les libéralités *modiques* en fixant un maximum ou de s'en tenir même aux *cadeaux et présents d'usage.* C'est du reste à peu près à ce résultat qu'en arrive la jurisprudence : elle annule comme frauduleuses toutes les donations *excessives,* même faites à titre particulier (Rouen, 25 janv. 1860, D. 61. 5. 87, S. 61. 2. 204 ; Toulouse, 22 juill. 1865, D. 65. 2. 162, S. 66. 2. 128; Bordeaux, 16 janv. 1878, D. 79. 2. 182, S. 78. 2. 252; Agen, 11 févr. 1896, D. 97. 2. 513).

Une autre critique est faite. La loi défend au mari de donner l'*universalité* ou une *quotité* du mobilier. Mais les donations entre vifs sont des transmissions à titre particulier; il n'y a de transmissions universelles que celles qui se font par décès (t. I, n° 303). Il est peu probable que les rédacteurs du Code aient pensé au cas exceptionnel où le mari ferait avec les biens communs une *institution contractuelle* ou *donation de biens à venir* et il faut croire qu'ils ont voulu lui interdire les donations qui, *en fait*, porteraient sur l'ensemble ou sur une portion considérable du mobilier commun. C'est l'avis général. Voyez les arrêts précités.

La défense de donner un meuble avec réserve d'usufruit se comprend mieux. Si le mari était libre de faire des donations de meubles en se réservant la jouissance de ce qu'il donne, il serait trop enclin à faire des libéralités qui ne l'appauvriraient pas d'une manière sensible pour lui et qui tomberaient uniquement sur ses héritiers et sur sa femme survivante. Pour protéger la communauté, on a donc établi que le mari devait se dépouiller lui-même de son vivant, ce qui le rend plus réservé.

***1025. Donations permises au mari.** — Quelles donations sont encore possibles pour le mari agissant seul? Il n'y a plus que les *donations de meubles faites à titre particulier et en pleine propriété.* — Ces donations seraient elles-mêmes annulables si elles contenaient une *fraude* du mari (voy. ci-dessus n° 1022). Comp. Cass., 11 novembre 1895, D. 96. 1. 44, S. 96. 1. 281.

1026. Effet d'une donation faite à la femme. — Si le mari fait donation à sa femme d'un bien de communauté, la femme est-elle donataire pour le tout? Oui, dit la Chambre des requêtes (Cass., 9 mai 1881, S. 81. 1. 337). Non, dit M. LABBÉ (*ibid.* en note), la femme étant déjà propriétaire pour moitié, en sa qualité de commune, des biens que son mari lui donne. Cela est d'évidence. Cependant si la donation ne peut avoir d'effet translatif que pour moitié, il y a bien quelque chose à quoi le mari renonce sur la moitié qui appartenait précédemment à sa femme : c'est à son droit d'en disposer; les biens donnés sortent de la communauté pour entrer dans le patrimoine propre de la femme.

2° Sanction de la prohibition.

***1027. Nullité des donations prohibées.** — Quand le mari a fait une libéralité qui lui était interdite, par exemple une donation d'immeuble, la donation est nulle, quoique l'art. 1422 ne prononce pas la nullité en termes formels; elle résulte de sa prohibition même.

***1028. A qui appartient l'action.** — La nullité n'est établie que *dans l'intérêt de la femme*; c'est elle seule que la loi veut protéger; elle seule aura donc le droit d'attaquer la donation.

1029. Conditions de son exercice. — Mais cette nullité ne peut pas être demandée immédiatement : il faut attendre la dissolution de la communauté; c'est alors seulement que la femme aura le droit d'agir. En attendant, son action est imprescriptible (art. 2256-1°). Voyez t. II, n° 706-3°.

En outre, quand la communauté est dissoute, la nullité n'est pas certaine encore. *Le sort de la donation dépend du parti que la femme prend sur la communauté.* Si elle *renonce*, toute la communauté reste au mari et la femme perd tout droit pour critiquer les aliénations consenties par lui, car elle n'aurait rien à prétendre dans les biens dont il a disposé, au cas où la donation serait annulée. Si elle *accepte*, elle a au contraire intérêt à voir le bien donné rentrer dans la masse commune qui sera grossie d'autant. Cependant, avant d'enlever l'immeuble au donataire, il faut *attendre le résultat du partage*. En effet, si l'immeuble donné par le mari à un tiers tombe au lot du mari, le donataire sera autorisé à le conserver, comme l'ayant reçu de son vrai propriétaire, grâce à l'effet rétroactif du partage. C'est seulement au cas où cet immeuble est *mis au lot de la femme* que l'action en nullité pourra être utilement intentée. On devra donc procéder provisoirement à une réunion purement fictive de l'immeuble à la masse ; puis on fera l'attribution des lots et, selon le cas, on fera tomber la donation ou on la laissera subsister. Son annulation est donc la *conséquence* et non le *préliminaire* du partage.

1030. Recours du donataire contre le mari. — En supposant le donataire du mari évincé par la femme, lui donnera-t-on un recours contre son donateur? La question est controversée en doctrine. Les uns lui ouvrent ce recours (AUBRY et RAU, t. V, § 509, texte et note 16; GUILLOUARD, t. II, n° 708); d'autres le lui refusent (COLMET DE SANTERRE, t. VI, n° 66 *bis*-VIII; LAURENT, t. XXII, n° 29). La jurisprudence accorde l'action (Agen, 11 févr. 1896, D. 97. 2. 513). On applique par analogie l'art. 1423 qui donne cette solution pour le cas de legs, et on ajoute que la nullité étant relative ne peut profiter qu'à la femme et qu'on en ferait profiter le mari si on laissait le donateur dépourvu de tout recours (note de M. Deloynes, dans *Dalloz*, sous l'arrêt précité). Aucun de ces arguments n'est bien décisif: l'art. 1423 est un texte exceptionnel que l'on ne peut pas étendre, et les nullités relatives, une fois prononcées, ont un effet aussi énergique que celui des nullités absolues. La vérité est que cette solution paraît équitable et conforme à l'intention ordinaire des parties.

Aucun doute n'existerait si la donation était intervenue dans un cas où le donateur est astreint à garantie, par exemple si elle avait été faite à titre de constitution de dot (Nancy, 17 mai 1861, S. 61. 2. 473).

3° Exception à la prohibition.

* **1031. Établissement d'un enfant commun.** — Les diverses catégories de donations qui sont prohibées par l'art. 1422 deviennent permises au mari dans un cas particulier, c'est quand il s'agit d'un enfant commun, que l'on veut établir par mariage ou autrement. A cette occasion le mari peut donner tout ce qui lui est interdit en principe, soit un immeuble, soit une quote-part ou l'universalité du mobilier ; il pourrait même faire des donations en s'en réservant l'usufruit, ce qui serait peu pratique pour le but qu'il se propose.

Toutefois, comme il n'est propriétaire que de la moitié de ce qu'il donne, il ne peut accorder de dispense de rapport valable que pour la moitié de la donation ; pour l'autre moitié cette dispense ne peut être consentie que par la femme.

1032. Donations faites à un enfant d'un premier lit. — Ces donations restent sous l'empire du droit commun ; les prohibitions de l'art. 1422 ne sont levées qu'au profit des enfants nés du mariage, ce qui est bien naturel.

Cependant, il s'est présenté une difficulté: l'art. 1469 suppose qu'une donation faite à un enfant d'un premier lit est valable, puisqu'il soumet simplement le mari à fournir une récompense à la communauté; il semble donc compléter l'art. 1422. Ainsi avait jugé la Cour d'Amiens, mais son arrêt a été cassé (Cass., 14 août 1855, D. 55. 1. 372, S. 55. 1. 776) et avec raison, car l'art. 1469 s'explique très simplement en supposant que le mari a fait à son enfant une des libéralités permises d'une manière générale par l'art. 1422.

C. — Dispositions testamentaires.

* **1033. Solution traditionnelle.** — Par testament le mari ne peut léguer que la *moitié de la communauté*, et rien de plus. Telle était déjà la solution admise dans l'ancien droit, à l'époque où on lui permettait de dis-

poser de la totalité par donation entre vifs (POTHIER, *Communauté*, n° 475). Quelle est la raison de cette différence ? De son vivant le mari était seigneur et maître de la communauté, mais à sa mort, son pouvoir cesse ; à la dissolution de la communauté il n'est plus qu'un associé ayant droit au partage. Or, le testament ne produit d'effet qu'à la mort ; c'est donc une façon de disposer qui ne peut s'appliquer qu'à la part du mari dans la masse commune.

Le Code a conservé la solution ancienne (art. 1423).

* **1034. Dispositions à titre universel.** — Si le mari a disposé d'une manière générale *de sa part* dans la communauté, ou même de toute la communauté ou d'une quotité supérieure à sa part, l'application de la loi est simple : le legs sera exécuté jusqu'à concurrence de la part du mari.

* **1035. Dispositions à titre particulier.** — Si le mari a légué un objet particulier dépendant de la communauté, le sort du legs dépend du partage : si le bien légué est mis au lot des héritiers du mari, *le legs s'exécute en nature*, et l'objet doit être délivré au légataire ; si ce bien est mis au lot de la femme, le legs s'exécute *par équivalent* : les héritiers du mari, n'ayant pas la chose, doivent remettre au légataire sa valeur en argent (art. 1423). Le légataire en profite donc sous une forme ou sous une autre, dans tous les cas.

Cette disposition de la loi est remarquable, car elle déroge à l'art. 1021, qui déclare nul le *legs* de la chose d'autrui : quand le bien légué est attribué à la femme, le mari est réputé n'en avoir jamais été propriétaire ; il a donc légué la chose d'autrui.

Comp. Paris, 6 mai 1861, D. 62. 2. 161, pour un cas où le legs du mari avait été fait après la dissolution de la communauté.

D. — Pouvoirs du mari sur les immeubles ameublis.

1036. Ameublissement en propriété. — Nous supposons que l'immeuble est ameubli réellement et entre en communauté. Par suite, bien que cet immeuble vienne de la femme, le mari peut l'aliéner, l'hypothéquer, comme un conquêt ; ses créanciers peuvent le saisir. En voulant exprimer cet effet de l'ameublissement, la loi dit, dans l'art. 1507, que l'immeuble devient bien de communauté *comme les meubles mêmes*. Cette formule n'est pas heureuse et il faut se garder de la prendre à la lettre ; elle signifie simplement que l'immeuble devient commun, en même temps que le mobilier, mais on ne le considère pas comme un meuble pour cela : il garde son caractère immobilier et en conséquence le mari ne peut pas le *donner* (art. 1422).

E. — Corollaire des pouvoirs du mari.

** **1037. Garanties données à la femme.** — Privée de tout pouvoir sérieux sur la communauté, bien qu'elle en soit copropriétaire pour moitié, la femme est protégée autrement par la loi. On a établi à son profit diverses garanties qui sont comme la *contre-partie* de la quasi-omnipotence du mari. Ces garanties, que nous retrouverons plus loin, sont les suivantes :

1° La possibilité de *renoncer à la communauté*, quand elle se trouve ruinée par la mauvaise administration du mari ;

2° La faculté de *limiter son obligation aux dettes* au moyen d'un *inventaire*. quand elle veut l'accepter et que le montant du passif lui est inconnu ou semble supérieur à l'actif;

3° Le droit de demander *la séparation de biens,* qui met fin aux pouvoirs du mari quand les affaires de la communauté tournent mal;

4° L'*hypothèque légale*. Mais cette dernière garantie existe d'une manière générale, sous tous les régimes, et est historiquement indépendante du régime de communauté.

§ 2. — *Pouvoirs de la femme.*

** **1038. Le principe.** — Sur la communauté la femme n'a aucun pouvoir : elle assiste en spectatrice à l'administration de son mari ; par elle-même elle ne peut rien, pas même avec l'autorisation de la justice (art. 1426).

1039. Les exceptions. — Le droit de copropriété de la femme reparaît dans quelques cas, durant la communauté, pour lui permettre d'exercer sur elle certains pouvoirs. Ce droit se manifeste :

1° Quand la femme concourt à une donation faite par le mari ;

2° Quand elle agit avec l'autorisation de justice dans les cas prévus par la loi ;

3° Quand elle fait son testament ;

4° Quand elle fait des dépôts à la caisse d'épargne.

A. — Concours de la femme dans les donations.

* **1040. Controverse.** — On a vu (ci-dessus n° 1023) que l'art. 1422 défend au mari de faire certaines donations ; comme cette défense est établie dans l'intérêt de la femme, on s'est demandé si la femme pouvait consentir à la donation de façon à la rendre valable par son adhésion. Quelques auteurs ont résolu la question par la négative : il leur paraissait dangereux d'autoriser la femme à renoncer à la protection que la loi lui accorde, au moment même où elle en a besoin, parce que son consentement pourrait être obtenu par l'ascendant ou l'obsession de son mari. De plus, comment le consentement de la femme pourrait-il produire quelque effet, puisqu'elle n'a pendant le mariage aucun pouvoir sur la communauté ? (LAURENT, t. XXII, n° 21).

Il y a eu quelques arrêts en ce sens (Caen, 3 mars 1843), mais l'opinion contraire a triomphé en 1850 (Cass., 5 févr. 1850 ; Cass., 23 juin 1869, D. 70. 1. 5, S. 69. 1. 358 ; Caen, 26 janv. 1888, D. 88. 2. 299, S. 89. 2. 171), et c'est à bon droit. Lorsque le Code a restreint les pouvoirs du mari sur la communauté, il n'est pas entré dans son esprit de frapper ces biens d'une indisponibilité absolue ; de son côté, la femme n'est pas incapable de faire des donations avec l'autorisation de son mari ; elle pourrait donner ses biens propres, même immobiliers ; pourquoi ne pourrait-elle pas donner sa part d'un bien commun, et, quand elle est d'accord avec lui, faire une donation valable pour le tout ? Comp. AUBRY et RAU, t. V, § 509, note 14.

On admettait déjà une solution analogue dans l'ancien droit : le concours de la femme la rendait non recevable à attaquer comme frauduleuse la donation faite par le mari à un héritier présomptif (POTHIER, *Communauté*, n° 494).

B. — Aliénations autorisées par justice.

* **1041. Possibilité de ces aliénations.** — D'après l'art. 1427, la communauté se trouve tenue des obligations contractées par la femme, avec l'autorisation de justice : 1° pour *tirer le mari de prison*, 2° pour *établir un enfant en l'absence du mari*. Nous examinerons plus loin (nos 1101 et suiv.) les diverses questions que ce texte soulève ; pour le moment, il suffit de remarquer que, malgré la rédaction un peu étroite de la loi, la femme peut non seulement *obliger* la communauté en empruntant de l'argent, mais même *disposer* des biens communs pour se procurer *par une vente* l'argent dont elle a besoin ou pour constituer une *dot en nature* à l'enfant qu'elle établit. Le texte dit qu'elle peut « *obliger* ou *engager*... » ; cette dernière expression vise la constitution d'une hypothèque, qui est un *acte de disposition*, et cela implique que la justice pourrait à l'occasion autoriser la femme à *aliéner*.

C. — Dispositions testamentaires.

* **1042. Capacité de la femme.** — Pour faire son testament, la femme n'a pas besoin de l'autorisation de son mari, parce que les dispositions testamentaires ne produisent d'effet qu'après la mort, et qu'à ce moment le mari perd tous ses pouvoirs par la dissolution du mariage. Pourvu qu'elle soit majeure, elle peut donc disposer de tout ce qui lui appartient, savoir de ses biens propres et de sa part de communauté.

* **1043. Controverse.** — Aucune difficulté ne se présente si la femme a disposé à titre universel ; mais *si elle a légué un objet particulier*, le legs ne peut s'exécuter qu'autant que cet objet est mis dans le lot de ses héritiers. Si le partage l'attribue au mari, le légataire en est privé. Doit-on alors lui accorder un recours contre la succession de la testatrice pour en obtenir la valeur en argent ? C'est ce qu'on fait dans l'hypothèse d'un legs venant du mari (ci-dessus n° 1035), et il y aurait, au point de vue de l'équité une puissante raison d'analogie pour étendre cette solution aux legs de la femme. Aussi bon nombre d'auteurs n'ont pas hésité à le faire. Il y a cependant une raison sérieuse de douter : l'art. 1423 est un *texte exceptionnel*, qui déroge à l'art. 1021, d'après lequel le legs de la chose d'autrui est nul et qui par suite ne comporte pas une interprétation extensive. Le seul moyen d'écarter cet argument serait de dire que le legs d'une chose indivise ne doit pas être considéré comme un legs de la chose d'autrui, dans le sens de l'art. 1021 ; ce texte ainsi écarté, il n'y aurait plus d'obstacle à la solution équitable indiquée ci-dessus. La jurisprudence n'a pas encore statué directement sur la question. Voyez Cass., 6 juin 1883, D. 84. 1. 33, S. 84. 1. 129, pour un cas où la femme avait elle-même réglé le droit du légataire pour le cas où il ne serait pas mis en possession de l'immeuble. Comp. Besançon, 10 déc. 1862 (DALLOZ, *Suppl.*, v° Contrat

de mariage, n° 428, S. 63. 2. 55), pour un cas où la femme avait renoncé à la communauté.

D. — Dépôts à la caisse d'épargne.

1044. Textes. — Une loi du 9 avril 1881 (art. 6, al. 5), complétée par la loi du 20 juill. 1895, art. 16, a permis aux femmes mariées, quel que soit le régime de leur contrat de mariage, de se faire ouvrir des livrets de caisse d'épargne sans l'assistance de leur mari, et de retirer, sans cette assistance, les sommes inscrites sur leurs livrets, sauf opposition du mari.

En cas d'opposition, il est sursis au retrait du dépôt pendant un mois, à partir de la dénonciation faite à la femme par lettre recommandée, à la diligence de la caisse d'épargne. Passé ce délai, et faute par la femme de s'être pourvue contre ladite opposition, le mari peut toucher seul le montant du livret, si le régime sous lequel il est marié lui en donne le droit.

1045. Droit propre de la femme. — En 1881, il avait été bien précisé que l'on considérait la femme qui fait des dépôts à la caisse d'épargne comme simple mandataire du mari ; mais peu à peu on est arrivé à lui donner en fait sur ces sommes déposées par elle un véritable droit propre. D'abord le mari n'a *aucun moyen de s'opposer au dépôt*, de sorte que la femme peut puiser à pleines mains dans la masse commune; ensuite les caisses se prétendent tenues au secret *même envers le mari*, ce qui fait qu'il ignore si sa femme a de l'argent déposé et dans quelle caisse ; si bien que la femme se constitue ainsi une sorte de « caisse noire » qui est à sa disposition absolue. Et il ne faut pas croire qu'il s'agisse de peu de chose : les caisses d'épargne délivrent par an plus de 100 000 livrets aux femmes mariées ; en 1898 un million et demi de femmes en possédaient déjà et le nombre de celles qui font leurs dépôts sans autorisation augmente sans cesse. Toutefois la limite de 1 500 francs par livret protège chaque ménage contre le grossissement démesuré de ces sommes soustraites à l'administration du mari. De plus on a remarqué que le mari qui fait opposition est moralement dans son tort et veut mettre la main sur un petit magot amassé par sa femme ; l'atteinte portée au régime du Code civil est donc un bienfait social, une entrave aux abus de pouvoir d'un mari ivrogne ou paresseux. Comp. AFTALION, *thèse*, Paris, 1898.

CHAPITRE V

ADMINISTRATION DES BIENS PROPRES DE LA FEMME

1046. Plan. — Le mariage ne modifie pas les droits que le mari possède sur ses propres biens; il n'y a donc rien à en dire, sinon pour rappeler l'existence de l'hypothèque légale, qui l'oblige à faire intervenir sa femme quand il veut hypothéquer ou aliéner ses immeubles. Il y a lieu, au contraire, de s'occuper longuement de l'administration des biens de la femme, et d'analyser les règles applicables : 1° aux actes de disposition; 2° aux actes d'administration ; 3° à l'exercice des actions.

§ 1. — *Aliénations.*

A. — Conditions de validité.

** **1047. Règle.** — En principe les actes de disposition relatifs aux biens de la femme doivent être *faits par la femme elle-même*, régulièrement autorisée; le mari n'a pas de pouvoir pour les faire.

Certaine aujourd'hui d'une façon générale, pour les *meubles* aussi bien que pour les *immeubles*, cette règle n'est écrite dans la loi qu'à l'occasion de ces derniers (art. 1428, al. 3). Le silence des textes à l'égard des meubles s'explique, parce que la loi n'a statué que pour l'administration de la communauté légale et que sous ce régime les propres mobiliers sont extrêmement rares.

Ce texte est d'ailleurs mal rédigé: « Le mari, dit-il, ne peut aliéner sans le consentement de sa femme... » Quand l'aliénation a lieu, ce n'est pas *le mari* qui aliène *avec le consentement de sa femme*, c'est *la femme* qui aliène, *avec l'autorisation du mari*. — Cette rédaction vicieuse était déjà celle de la coutume de Paris, art. 226.

***1048. Controverse relative aux meubles.** — Pour les meubles le silence de la loi a fait naître une difficulté. On a voulu en conclure par a contrario que le mari pouvait les aliéner sans le consentement de sa femme, puisqu'on lui fait seulement défense de disposer des immeubles, et on s'appuyait en outre sur l'ancien droit, qui reconnaissait au mari le pouvoir d'aliéner les meubles propres de sa femme (AUBRY et RAU, § 510, note 10 et § 522, note 33). Cette opinion est abandonnée: la règle ancienne était fondée sur cette idée que les propres mobiliers n'étaient que des *propres fictifs*, qui entraient en communauté pour la propriété, et donnaient lieu seulement à la reprise de leur valeur. Il était donc tout naturel que le mari pût les aliéner. Mais le droit a changé: actuellement les meubles propres restent la propriété de la femme, et le mari, qui en est simple administrateur, n'a pas le droit d'en disposer. Voyez pour des *créances* appartenant à la femme Cass., 5 nov. 1860, D. 61. 1. 81, S. 61. 1. 49; Cass., 4 août 1862, D. 62. 1. 480, S. 62. 1. 935. Il n'y a pas d'arrêts pour les meubles en nature, mais il y a identité de motifs.

Cette jurisprudence relative au pouvoir d'aliéner paraît assez protectrice des intérêts de la femme; malheureusement son effet pratique se trouve détruit pour la partie principale de la fortune mobilière, savoir les valeurs de bourse, grâce à la faculté de convertir les *titres nominatifs* que l'on reconnaît au mari (ci-dessous n° 1061 bis).

***1049. Exceptions.** — Par dérogation à la règle le mari peut parfois aliéner certains biens de sa femme ou en disposer.

IMMEUBLES. — La faculté de disposer existe pour les immeubles qui ont été *ameublis par la femme jusqu'à concurrence d'une certaine somme*. Cet ameublissement partiel laisse la propriété à la femme; le mari *ne peut donc pas aliéner l'immeuble*. Néanmoins la loi lui permet de l'*hypothéquer jusqu'à concurrence de la somme fixée* (art. 1507, al. 3; art. 1508, al. 2). Cette situation est très remarquable, car de droit commun, pour pouvoir hypothéquer un bien, il faut avoir la capacité ou le pouvoir de l'aliéner. Nous trouvons ici un des cas exceptionnels très rares, dans lesquels une personne peut hypothéquer sans pouvoir aliéner. Comp. t. II, n°s 2771 et 2779.

Meubles. — Le mari a le droit d'aliéner : 1° ceux qui sont *consomptibles par le premier usage* (art. 587) ; 2° ceux qui sont *destinés à être vendus* (arg. art. 1851) ; 3° ceux qui sont *livrés sur estimation* (art. 1532-1551), dans les cas où cette estimation est réputée valoir vente à la communauté.

* **1050. Sanction.** — Supposons que le mari ait fait un des actes de disposition qui lui sont interdits ; il a, par exemple, vendu un bien de sa femme. *La vente est nulle.* Toutefois si la chose vendue est un meuble corporel, l'acquéreur sera protégé par l'art. 2279, s'il est de bonne foi. En tout autre cas la femme possède l'action en revendication, une vente faite par une personne sans qualité ne pouvant pas dépouiller une autre de sa propriété.

1050 bis. Effet restreint de l'autorisation de justice. — Lorsque l'aliénation est autorisée par le tribunal à défaut du mari, elle ne peut porter que sur la nue propriété des biens de la femme, parce que le consentement du mari serait nécessaire pour lui faire perdre la jouissance des revenus qui lui appartient.

1051. Effet de l'acceptation de la communauté par la femme. — Rien n'est plus simple au cas où la femme renonce à la communauté : étrangère aux obligations de son mari, elle est libre d'agir, et l'acquéreur évincé par elle est réduit à un recours en garantie contre le mari.

Mais quand la femme accepte la communauté, la solution change : l'obligation de garantie, contractée par le mari quand il a vendu, est entrée en communauté, et la femme acceptante s'en trouve tenue ; l'acquéreur peut donc lui opposer l'exception de garantie, aussi bien qu'au mari. On se demande seulement dans quelle mesure cette exception sera opposable à la femme. C'est seulement en sa qualité de commune en biens avec son mari que la femme est garante ; il semble donc qu'elle soit recevable à exercer sa revendication au moins pour une moitié ; mais l'obligation de garantie est généralement considérée comme indivisible (Voyez t. II, n° 1532), et cette indivisibilité empêche pour le tout l'exercice de l'action contre le tiers. La jurisprudence semble incliner en ce sens (Cass., 8 nov. 1893, D. 94. 1. 417). Toutefois cet arrêt a statué sur un cas où la femme n'avait pas seulement accepté la *communauté*, mais aussi la *succession de son mari* en qualité de légataire universelle. Mais la grande majorité des auteurs décide que la femme peut revendiquer, les uns disent pour moitié, les autres pour le tout, à la condition de payer au tiers évincé la moitié des dommages-intérêts ou tout au moins la moitié du prix sujet à restitution [1]. Voyez les citations des diverses opinions en présence dans Sirey, Tables, 1880-

[1] Cette question, que la doctrine discute passionnément, se présente bien rarement en pratique pour la raison suivante. Le mari ne peut pas présenter l'immeuble *comme sien* à l'acquéreur ; les titres de propriété, qui sont presque toujours consultés, établiraient trop facilement son mensonge ou son erreur. Il le vend donc *comme propre de sa femme* : c'est alors un administrateur dépassant ses pouvoirs, et qui est sans titre pour aliéner. L'art. 1997 lui devient applicable : le mandataire qui a donné connaissance de ses pouvoirs, n'est tenu à aucune garantie pour ce qui a été fait au delà. Si le mari n'est pas garant, la femme ne l'est pas davantage, et rien ne l'empêche de

1890, p. 260, nos 59 à 63. Voyez aussi pour l'ancien droit POTHIER, *Communauté*, n° 253 ; *Puissance du mari*, n° 84 ; GUI COQUILLE, *Questions et réponses*, n° 105 ; FERRIÈRE, *Coutume de Paris*, art. 226.

1052. Conséquence. — Comme l'action de la femme contre le tiers acquéreur dépend du parti que la femme prendra sur la communauté, il s'en suit qu'elle ne peut pas exercer sa revendication par anticipation, avant que la communauté soit dissoute, car il est possible qu'elle se trouve finalement tenue de respecter l'aliénation (Bastia, 6 mai 1856, D. 56. 2. 203 ; Chambéry, 6 mai 1885, D. 86. 2. 33, S. 87. 2. 177). Voyez en sens contraire AUBRY et RAU, t. V, § 510, texte et notes 25-26 ; GUILLOUARD, t. II, nos 810-811.

La solution qui a triomphé en jurisprudence est regrettable. Il y a peut-être pour la femme un intérêt considérable et urgent à reprendre immédiatement possession de son bien ; d'autre part, elle n'a commis aucune faute, tandis qu'on peut reprocher à l'acquéreur de n'avoir pas vérifié les titres de propriété du mari (POTHIER, *Communauté*, n° 253 ; *Puissance du mari*, nos 84 ; GUI COQUILLE, *Questions et réponses*, n° 105 ; FERRIÈRE, *Coutume de Paris*, art. 226). Pothier faisait valoir une raison excellente : avant de savoir si la femme peut être obligée par un contrat du mari, il faut se demander si le contrat fait par le mari rentre dans les pouvoirs qui lui sont reconnus.

B. — Conventions relatives au remploi.

1053. Acceptation anticipée par contrat de mariage. — On rencontre assez souvent dans les contrats de mariage une clause d'après laquelle les premières acquisitions immobilières faites par le mari après la vente tiendront lieu de remploi du propre de la femme. Il semble que cette clause vaille acceptation anticipée par la femme ; cependant ce n'est pas en ce sens qu'elle est généralement interprétée : on y voit seulement une obligation imposée au mari, qui ne peut s'opposer à ce que sa femme prenne pour elle l'acquisition qu'il aura faite ; mais cette clause ne dispense pas la femme de la nécessité d'accepter plus tard le remploi : décider autrement ce serait enlever à la femme la faculté d'examiner la valeur de l'achat fait par le mari et la forcer peut-être à prendre un bien qui ne lui convient nullement. De plus cette clause ne dispense pas davantage le mari de faire les déclarations exigées par la loi quand il veut que son acquisition serve de remploi à sa femme. A quoi donc sert-elle ? son utilité est assez bornée : elle permet à la femme de prendre pour elle l'acquisition du mari, même après la dissolution du mariage.

* **1054. Remploi obligatoire.** — Rien n'oblige en principe le mari à opérer le remploi ; c'est pour lui une pure faculté. Seul le contrat de mariage peut lui en faire une obligation au moyen d'une clause expresse ; encore faut-il avoir soin de fixer un délai dans lequel le remploi devra être fait. Faute de délai, le mari jouirait d'un terme indéfini pour s'acquitter et sa femme ne serait jamais recevable à prétendre qu'il manque à son obligation.

EFFET A L'ÉGARD DES TIERS. — La clause qui se borne à rendre le remploi obligatoire ne produit ses effets qu'entre les époux ; *elle n'est pas opposable aux tiers*. Cela signifie que la femme n'a pas d'action contre le tiers acquéreur de son bien, si le mari n'a pas remployé le prix provenant de la vente ; l'aliénation reste valable, quoique le remploi n'ait pas eu lieu. La clause de remploi obligatoire n'a donc pas pour effet de rendre le bien de la femme inaliénable ; son seul effet est de donner à la femme *une action contre son*

revendiquer pour le tout. Cependant il arrive que le mari vende l'immeuble comme lui appartenant : voyez l'arrêt de 1893 cité au texte.

mari, pour l'obliger à faire le remploi; les tiers n'en sont aucunement tenus ni responsables.

Mais les parties peuvent, sous la seule condition de s'expliquer clairement, rendre le remploi *obligatoire même pour les tiers.* Par cette clause, la femme s'assure le droit d'attaquer la vente si le remploi du prix n'est pas fait. C'est alors au tiers, qui veut se mettre à l'abri de toute réclamation, qu'incombe le soin de s'assurer, *avant de payer son prix,* que le remploi a été régulièrement effectué. Comme le résultat de son acquisition est subordonné à cet emploi, il a le droit de l'exiger. S'il n'a pas pris cette précaution, il n'a à se plaindre que de sa propre négligence: le contrat de mariage l'aurait renseigné, s'il s'était donné la peine de le consulter, sur les conditions que la femme avait mises à l'aliénation de ses immeubles. La loi du 10 juillet 1850 (ci-dessus nos 810 et suiv.) trouverait ici son application, au cas où une déclaration mensongère aurait été faite à l'état civil, et la femme serait réputée capable d'aliéner dans les termes du droit commun.

Cette convention a donc pour résultat de placer la femme commune, pour l'aliénation de ses propres, dans la situation d'une femme dotale qui a pris soin de déclarer ses biens dotaux aliénables sous condition de remploi (ci-dessous nos 1545 et suiv.).

C. — Partage des successions.

1055. Règle légale. — Dans l'art. 818 la loi règle la façon dont on doit procéder au partage des successions recueillies par la femme [1]. En principe c'est la femme qui a qualité pour figurer au partage. Toutefois, comme il arrive souvent que la succession échue à la femme entre en communauté, soit pour la propriété, soit pour la jouissance, le mari a qualité pour faire lui-même certains partages sans le concours de sa femme. Le partage fait par lui sera un *partage définitif,* c'est-à-dire portant sur le fond même du droit de propriété, si les biens mis au lot de la femme doivent devenir *communs*; il sera *provisionnel,* c'est-à-dire qu'il ne portera que sur la jouissance, si ces biens doivent rester *propres à la femme* d'après la loi ou d'après le contrat de mariage. Sur la distinction des partages définitifs et des partages provisionnels, voyez ce qui est dit ci-dessous, à propos des successions.

1056. Applications. — Il faut bien comprendre le système de la loi : sa distinction est fondée, non pas sur le caractère mobilier ou immobilier des biens héréditaires, mais sur leur entrée en communauté ou dans le patrimoine propre de la femme. Ordinairement, il est vrai, ce qui entre en communauté est mobilier, ce qui est propre est immobilier ; mais le contraire peut arriver. Ainsi, sous un régime de communauté réduite aux acquêts, le mari n'aura pas le droit de partager les successions même mobilières échues à sa femme, parce qu'elles restent propres à celle-ci ; au contraire, s'il y a une

[1] Il a déjà été dit (t. I, p. 872, note 2) que l'action en partage n'est pas une *action* encore bien que souvent le partage se fasse *en justice.* Le partage est un *contrat.* Par suite il n'y a pas lieu d'en parler à propos de l'exercice des *actions en justice* (ci-dessus nos 1062 et suiv.). Il n'y a aucune concordance entre les règles de l'art. 818 et celles de l'art. 1428 ; et il n'y a aucune raison pour que cette concordance existe.

clause d'ameublissement des biens futurs en pleine propriété, il aura le droit de partager même une succession immobilière. Dans tous les cas, et à moins de clause tout à fait exceptionnelle, le mari a toujours le droit de procéder à un *partage provisionnel*, parce que la communauté a la jouissance de tous les propres des époux.

Il n'y a pas à distinguer si le partage se fait *à l'amiable* ou *en justice* ; il n'y a pas à distinguer non plus s'il est *provoqué* par le mari ou par les cohéritiers de la femme (art. 818, al. 1 et 2 cbn.).

§ 2. — *Actes d'administration.*

** **1057. Règle.** — Pour l'administration, la règle est renversée : ce n'est plus la femme qui agit, c'est le mari, car le mari est *administrateur* des biens de sa femme (art. 1428).

* **1058. Comparaison avec les biens communs.** — Sur les propres de sa femme le mari a des pouvoirs qui diffèrent en plusieurs points de ceux qu'il a sur les biens communs.

1° Validité des modifications conventionnelles. — Il est permis de les lui *enlever*, ou de les *restreindre* par contrat de mariage ; la femme peut se réserver la jouissance et l'administration de ses biens. S'il s'agissait de la communauté, les pouvoirs du mari ne pourraient pas être modifiés.

2° Étendue moindre. — Pour l'administration des propres le mari n'a que des pouvoirs bornés, bien moindres que pour les biens communs : il est *simple administrateur* et n'a de droits que ceux qui lui sont *expressément conférés*. Sur la communauté, il garde en principe son antique qualité de *maître* ; il a tous les pouvoirs, sauf ceux qui lui sont *expressément retirés*.

3° Responsabilité. — En sa qualité d'administrateur le mari est responsable (art. 1428, al. 4). S'il laisse dépérir les immeubles faute d'entretien ou de grosses réparations, s'il laisse les prescriptions s'accomplir, soit pour des créances dont il ne poursuivrait pas le recouvrement en temps utile, soit pour des biens passés aux mains d'un tiers qui les usucape, il répond de sa négligence. Il est tenu non seulement du « dépérissement » des biens, comme le dit la loi, mais de *toute faute*. Aucune responsabilité de ce genre ne lui est imposée pour les biens communs.

* **1059. Baux.** — En sa qualité d'administrateur le mari a non seulement le *droit*, mais le *devoir* de donner à bail les immeubles de sa femme, et les baux qu'il aura passés pendant la durée de la communauté seront obligatoires pour la femme, *même au cas de renonciation*. L'intérêt de la femme elle-même l'exige : pour que le mari trouve à louer dans de bonnes conditions, il importe que le droit du preneur ne soit pas précaire.

Toutefois pour que la femme ne se trouve pas liée pour une durée trop longue par une fantaisie de son mari, la loi (art. 1429-1430) lui applique un système qui a déjà été expliqué à propos de l'administration du tuteur

(t. I, nos 2412-2413) : on limite à *neuf ans au plus* la durée pour laquelle les baux faits par le mari *seul*[1] seront opposables à la femme après la dissolution de la communauté. Si donc le mari a consenti un bail pour une durée plus longue, la convention sera pleinement exécutée tant que durera la communauté. La communauté une fois dissoute, pour savoir pendant combien de temps la femme sera obligée de respecter le bail, on le divisera depuis son point de départ en périodes de neuf ans, et le preneur n'aura que le droit de terminer celle dans laquelle on se trouvera à ce moment (art. 1429).

La résiliation du bail est alors *facultative* pour la femme qui peut, si elle le préfère, ratifier le bail et en demander l'exécution entière. Comme le preneur ne peut rester indéfiniment dans l'incertitude, on lui permet de mettre la femme en demeure de se prononcer dans un sens ou dans l'autre.

Pour les *renouvellements de baux*, la loi laisse au mari une certaine liberté. Elle lui permet de renouveler un bail deux ans ou trois ans avant son expiration, suivant qu'il s'agit de maisons ou de biens ruraux. Si le renouvellement a eu lieu avant cette époque, il reste sans effet à l'égard de la femme, à moins que son exécution n'ait commencé, c'est-à-dire que l'ancien bail ne fût expiré avant la dissolution de la communauté. Il en résulte que la femme peut, au maximum, être tenue pour onze ans quand il s'agit d'une maison et pour douze ans quand il s'agit d'une ferme ou d'une terre.

1060. Loyers d'avance. — Un mari ne peut se faire *payer d'avance* les loyers ou fermages à échoir par les locataires ou fermiers des biens de sa femme ; il ne peut pas davantage *céder* ces mêmes loyers à des tiers, ou du moins il ne peut le faire que dans la mesure où de pareils actes sont autorisés par l'usage des lieux (Cass., 18 août 1868, D. 68. 1. 371, S. 69. 1. 17). Quand le mari aura ainsi touché un ou plusieurs termes d'avance, la quittance donnée par lui au locataire ou fermier sera opposable à la femme, en ce sens que le débiteur ne pourra pas être obligé de payer une seconde fois ; mais, si la communauté se dissout avant que ces termes ne soient courus, la femme aura un recours contre la communauté et le mari pour se faire rembourser ces sommes qui correspondent à une période dont la communauté n'aura pas eu la jouissance.

***1061. Réception des capitaux.** — On admet en général que le mari a qualité pour recevoir les capitaux mobiliers dus à sa femme, quand ses débiteurs veulent se libérer. C'est pour lui la conséquence de son droit de poursuivre le recouvrement de créances (ci-dessous nos 1062). Il en résulte que le mari est un administrateur à pouvoirs assez larges, car la réception des capitaux est un acte grave, qui peut compromettre le résultat final d'une aliénation.

1061 *bis*. Conversion des titres nominatifs. — Peut-on appliquer au mari l'art. 10 de la loi du 27 février 1880, qui soumet la conversion des titres nominatifs en titre au porteur, aux mêmes conditions et formalités que l'aliénation de ces titres ? L'opinion la plus généralement admise se prononce pour la négative (Saleilles, *De l'aliénation des valeurs mobilières...*, n° 140 ; Buchère, *Traité des valeurs mobilières*, nos 827 à 830 ; Wahl, *Traité des titres au porteur*, n° 574). Cependant il semble bien

[1] Il est bien évident que si la femme a concouru au bail, le bail est obligatoire pour elle, quelle qu'en soit la durée.

résulter des travaux préparatoires que les auteurs de la loi de 1880 ont voulu, comme le disait M. Denormandie, « mettre une loi dans une autre », c'est-à-dire faire de l'art. 10 une disposition générale *applicable à tous les incapables,* quoique placée dans une loi spéciale aux tuteurs. Voyez la discussion de ce point et les citations dans la thèse de M. René Minard, sur « les pouvoirs du mari », Paris, 1901, n°s 174 à 182. En jurisprudence il existe seulement deux jugements du tribunal de la Seine, du 23 mars 1882 (DEFRÉNOIS, *Répert. du notariat,* 1883, art. 953) et du 17 novembre 1893 (*Le droit financier,* 1894, p. 56) qui ont admis la conversion, mais s'expliquent par des raisons d'espèce (voy. HOUPIN, *Répert. du notariat, loc. cit.*).

§ 3. — *Exercice des actions en justice.*

** **1062. Actions mobilières.** — La loi permet au mari d'exercer seul toutes les actions mobilières appartenant à sa femme (art. 1428, al. 2). Il n'y a pas à distinguer entre la demande et la défense ; le mari, agissant seul, représente sa femme et le jugement profite ou nuit à celle-ci.

L'exercice des actions mobilières pour le mari se comprenait fort bien dans l'ancien droit, lorsque le mari disposait des meubles propres de sa femme. Son maintien dans le droit nouveau n'est probablement qu'une inconséquence.

* **1063. Actions possessoires.** — Le droit d'agir au possessoire rentre dans les attributions du mari administrateur de la fortune de sa femme : « Le mari, disait LOYSEL, est maître de la communauté, *possession* et jouissance des propres de sa femme » (*Institutes coutumières,* n° 118). Cette faculté lui est indispensable pour protéger son droit de jouissance.

* **1064. Actions immobilières pétitoires.** — Il résulte du silence de l'art. 1428, al. 2, que l'exercice de ces actions n'appartient pas au mari : par cela seul que la loi ne le lui concède pas, elle le lui refuse. C'est de cette façon qu'on interprétait déjà dans l'ancien droit l'art. 233 de la coutume de Paris, conçu dans les mêmes termes que le texte actuel. En ce sens Bourges, 31 décembre 1894, D. 95. 2. 406, S. 95. 2. 82.

Par suite, quand il y aura lieu d'intenter une action de ce genre, c'est la femme qui devra agir avec l'assistance de son mari ou c'est contre elle que l'action du tiers devra être dirigée. Que si, par extraordinaire, la femme refusait d'exercer son action dans un cas où le mari juge qu'il serait utile de le faire, sa résistance serait invincible. Mais le mari ne serait pas dépourvu de toute ressource : représentant de la communauté, il serait libre d'exercer une sorte d'*action confessoire* par laquelle, sans toucher à la question de propriété, il revendiquerait le droit de jouissance lui appartenant sur les biens propres de sa femme ; cette action lui est ouverte en son nom personnel, comme celle qui est donnée à un usufruitier ordinaire (Orléans, 31 janv. 1898, D. 1900. 2. 237).

1065. Droit de la femme. — La loi dit que le mari peut *exercer seul,* c'est-à-dire sans le concours de sa femme, telle ou telle catégorie d'actions ; elle ne dit pas que le mari *peut seul exercer* ces actions. Par conséquent l'action serait valablement intentée par la femme dûment autorisée, ou valablement dirigée contre elle, même dans les cas où son exercice est accordé au mari.

CHAPITRE VI

DU PASSIF DES ÉPOUX

§ 1. — *Notions préliminaires.*

A. — Distinction du droit de poursuite et de la contribution aux dettes.

** **1066. Définition et renvoi.** — Pour le moment nous n'avons à résoudre qu'une seule question, qui est *la détermination des droits du créancier*. Peut-il saisir les biens communs? Est-il réduit à poursuivre son débiteur sur ses biens personnels? C'est ce qu'on appelle la *théorie du droit de poursuite*.

Plus tard, quand nous nous occuperons du règlement à faire entre les époux, qui est un règlement de compte définitif après la dissolution et la liquidation de la communauté, il y aura un autre point de vue à examiner: la dette a-t-elle été acquittée par celui des trois patrimoines qui devait la supporter définitivement? Si oui, tout est fini par là; si non, celui qui a fourni les fonds a le droit d'en exiger le remboursement puisqu'il a payé à la décharge d'autrui. Ce règlement ultérieur et définitif de la dette s'appelle *contribution entre époux*, et l'indemnité qui peut être due par la communauté à l'époux ou par l'époux à la communauté, s'appelle *récompense*.

B. — Distinction des dettes communes et des dettes personnelles.

** **1067. Formule de cette distinction.** — Au point de vue passif on retrouve la distinction des trois patrimoines déjà étudiée au point de vue actif: il y a des dettes *communes aux deux époux*, appelées « dettes de communauté », et des *dettes propres soit au mari, soit à la femme*, appelées « dettes personnelles ».

1° Des dettes communes.

** **1068. Ce qu'elles sont.** — Les dettes de la communauté ne sont pas les dettes d'une troisième personne distincte des époux, puisque la communauté n'est qu'une simple indivision; ce sont les *dettes du mari et de la femme, considérés comme associés et tenus sur leurs biens communs*. Mais il ne faut pas conclure de là que chacun des époux en est tenu pour moitié, comme cela arriverait pour deux débiteurs conjoints ordinaires. En effet toute dette de la communauté provient toujours de l'un des époux qui l'a contractée personnellement, et, quoique cette dette tombe en communauté et que l'autre époux s'en trouve maintenant tenu pour moitié, *celui du chef duquel la dette est née ne cesse pas d'en être débiteur pour le tout*.

Il y a là une règle traditionnelle, propre à ce régime et qui exclut l'application du droit commun. On peut l'expliquer de la manière suivante : l'époux auteur de la dette se trouve lié envers son créancier par un lien d'obligation personnelle dont il ne peut pas se dégager à sa volonté. La clause du contrat de mariage, écrit ou tacite, qui fait tomber cette dette en communauté ne peut pas priver le créancier de la moitié de son action contre son débiteur.

Mais si cette convention ne peut pas nuire au créancier, du moins elle lui profite, car il peut désormais poursuivre les biens communs, c'est-à-dire des biens qui appartiennent pour moitié à un autre qu'à son débiteur. Il peut saisir : 1° les biens propres de son débiteur ; 2° les biens de la communauté, ce qu'on exprime en disant que l'entrée de cette dette en communauté lui donne *deux débiteurs au lieu d'un.*

1069. Effet des titres exécutoires. — A cet égard la communauté est traitée comme l'époux débiteur lui-même ; elle ressemble à un successeur universel. Par suite, le titre exécutoire que le créancier peut avoir contre l'un des époux, contre la femme par exemple, peut être utilisé par lui contre la communauté, quand celle-ci se trouve tenue de la dette.

2° Des dettes personnelles.

** **1070. Définition.** — Les dettes personnelles sont celles qui ne grèvent pas la communauté et qui restent propres à l'époux qui les a contractées ou du chef duquel elles sont nées.

* **1071. Droit des créanciers de la femme.** — Celui qui est créancier personnel de la femme ne peut saisir que ce qui appartient à sa débitrice ; il doit respecter tout ce qui est dans la communauté. Par suite, il est réduit à *la nue propriété des biens propres de la femme,* car la jouissance appartient à la communauté.

* **1072. Droit des créanciers du mari.** — Tout autre est leur situation. A raison des pouvoirs très étendus que le mari possède sur la communauté, celle-ci est considérée comme *confondue entre ses mains avec son propre patrimoine.* C'est une idée très ancienne, qui remonte au temps où la femme n'était pas réputée copropriétaire des conquêts pendant le mariage, et qui subsiste encore malgré les restrictions des pouvoirs du mari sur les biens communs.

Une telle idée vaut aux créanciers un grand avantage : *tout créancier qui a une action contre le mari a également action contre la communauté,* et réciproquement, les deux masses de biens étant réputées n'en faire qu'une.

* **1073. Conséquences.** — 1° Dans les cas très rares où l'obligation du mari ne grève pas la communauté, *son créancier personnel* peut néanmoins *saisir les biens communs,* comme s'il était devenu créancier de la communauté.

2° Quand la dette de la femme tombe en communauté, son créancier peut saisir non seulement les biens communs, mais même les biens propres du mari, comme s'il était devenu créancier personnel de celui-ci. On exprime ce dernier résultat en disant que le créancier de la femme acquiert *trois débiteurs au lieu d'un* : la femme, la communauté et le mari (art. 1419).

C. — Bases de répartition du passif.

** **1074. Double principe admis par la loi.** — Quand il s'agit de répartir le passif entre les trois patrimoines et de décider si la communauté est tenue de telle ou telle dette, et dans quelle mesure, le régime de communauté obéit à *deux idées différentes,* selon l'origine et la nature des dettes.

Principe de proportionnalité. — La règle première est *une proportion à établir entre le passif et l'actif* : la communauté doit supporter les dettes dans la mesure où elle gagne l'actif des époux. Cette idée a été appliquée :

1° Au passif dont les époux étaient grevés avant leur mariage;

2° Au passif qui grève les successions recueillies par eux au cours du mariage;

3° Aux charges annuelles de leurs biens.

Mais on verra que cette idée d'une répartition proportionnelle de l'actif et du passif n'a pas toujours été très exactement appliquée (ci-dessous n° 1077).

Effet des pouvoirs du mari. — On suit une règle toute différente pour les dettes nouvelles contractées ou nées pendant le mariage. Ici on ne rattache plus le passif à telle ou telle catégorie de biens : on se règle sur l'*étendue des pouvoirs respectifs des époux sur la communauté.* Pour savoir si une dette grève la communauté, on tient compte du pouvoir qu'avait ou non son auteur de disposer des biens communs; d'où cette double conséquence que les dettes du mari obligent toujours la communauté, tandis que les dettes de la femme ne l'obligent pas en principe.

** **1075. Composition ordinaire du passif commun.** — Sous le régime légal, et par application des principes qui viennent d'être indiqués, le passif de la communauté comprend :

1° Les dettes mobilières antérieures au mariage;

2° Toutes les dettes contractées pendant le mariage par le mari ;

3° Certaines dettes contractées par la femme dans des cas déterminés;

4° Les dettes des successions mobilières échues aux époux ;

5° Le service des intérêts ou arrérages des dettes personnelles aux époux.

Comp. art. 1409. — Les règles de la loi subissent d'ailleurs des modifications assez profondes par l'effet des conventions particulières des époux. Voyez ci-dessous n°s 1115 à 1133.

§ 2. — *Le passif des époux sous le régime légal.*

A. — Passif antérieur au mariage.

1° Dettes entrant en communauté.

** **1076. Principe.** — Dans le but d'établir une corrélation entre l'actif et le passif, la loi fait une distinction parmi les dettes dont les époux sont grevés au jour du mariage : celles de ces dettes qui sont *mobilières* entrent en communauté, *afin d'y suivre l'actif mobilier* (art. 1409-1°).

Notre Code n'a fait ici que conserver une vieille règle du droit français : « Les dettes mobilières d'une personne sont une charge de l'universalité de ses meubles » (POTHIER, *Communauté*, n° 233). « *Qui épouse le corps épouse les dettes* » (LOYSEL, n° 110).

*** 1077. Critique.** — On voulait établir l'équilibre entre le passif et l'actif ; malheureusement *cet équilibre n'existe ici qu'en apparence* : il n'y a aucune proportion réelle entre ce que la communauté gagne en fait d'actif et ce qu'elle supporte en fait de passif, dès que les époux, ou seulement l'un d'eux, possèdent un ou plusieurs immeubles. En effet les obligations qui existent actuellement, sous l'empire de nos lois modernes, sont toujours mobilières ; les dettes ayant un caractère immobilier sont d'une extrême rareté (t. I, n°s 816 et suiv.). De la sorte, la communauté se trouve tenue en fait, et à peu près à coup sûr, de tout le passif, alors qu'elle est réduite au mobilier en fait d'actif et qu'une grosse part de la fortune des époux, la presque totalité peut-être, lui échappe. C'est un grave défaut, et en mettant les choses au pis, on voit se produire une véritable iniquité : qu'une personne chargée de dettes et ayant une fortune entièrement immobilière se marie sans contrat, elle conservera pour elle tout son actif, et fera payer la moitié de ses dettes par son conjoint.

La seule chose qu'on puisse dire à la décharge de la loi française, c'est que son procédé simpliste évite tout calcul et supprime bien des complications.

***1078. État ancien du droit.** — Cette anomalie n'existait pas dans notre ancien droit. Les dettes mobilières étaient alors peu de chose ; toutes les grosses obligations étaient réputées immeubles. Empruntait-on de l'argent ? On ne pouvait pas le faire sous la forme d'un *prêt à intérêt*, qui était défendu ; le prêt se faisait sous la forme d'une *constitution de rente* et la rente constituée, du moins en beaucoup d'endroits, était considérée comme immobilière. Achetait-on une maison ou une terre ? L'acquisition se faisait le plus souvent au moyen d'un *bail à rente*, et l'acquéreur ne s'obligeait pas, comme dans la vente, à payer un prix en argent ; le prix était remplacé par une *rente foncière*, droit réel analogue à une servitude imposée sur l'immeuble, et cette charge immobilière restait propre à l'époux acheteur.

Dans cet état du droit, le passif mobilier était presque uniquement composé des *dettes courantes*, c'est-à-dire d'obligations peu importantes en général. D'autre part l'actif mobilier était peu de chose aussi : les offices, les rentes étaient immeubles. Au temps des coutumes, la communauté ordinaire (aujourd'hui dite « légale ») commençait donc avec peu de chose, en actif comme en passif, et la règle qui lui attribuait toutes les dettes mobilières était très équitable. Aujourd'hui elle ne l'est plus.

*** 1079. Condition spéciale pour les dettes de la femme.** — Pour les dettes du mari une seule condition suffit : leur nature mobilière ; il n'est pas nécessaire qu'elles aient date certaine avant le mariage pour entrer en communauté, car alors même qu'elles auraient été contractées depuis le mariage, la communauté s'en trouverait toujours tenue, le mari ayant le pouvoir de l'obliger quand il s'oblige lui-même. Il n'en est pas de même pour les dettes de la femme : ses dettes antérieures au mariage tombent bien en communauté, mais une fois le mariage célébré, elle n'a plus le pouvoir d'engager les biens communs envers ses créanciers. Il importe donc de savoir si la dette de la femme a été contractée réellement *avant le mariage* : aussi la loi exige-t-elle *que l'obligation ait acquis date certaine avant cette époque* pour permettre au créancier de la femme de poursuivre le mari et la communauté (art. 1410).

1080. Observation. — Deux faits seulement, sur trois qu'admet l'art. 1328, sont mentionnés dans l'art. 1410 comme pouvant donner date certaine à la créance de la femme antérieure au mariage : *l'enregistrement du titre* et *le décès d'un des signataires*. La loi a omis le troisième : *la relation de l'acte dans un acte authentique*. On est d'accord pour compléter l'art. 1410 au moyen de l'art. 1328.

1081. Exceptions. — Il y a des cas où la date certaine n'est pas nécessaire : 1° Si la créance ne dépasse pas 150 francs (art. 1341) ; 2° s'il a été impossible au créancier de la femme de se préparer une preuve écrite (art. 1348) ; 3° s'il a perdu son titre par cas fortuit ou force majeure (art. 1348) ; 4° en matière commerciale (art. 109 C. com.). Dans tous ces cas, le créancier pouvant prouver par témoins l'existence même de sa créance, sera reçu à plus forte raison à établir qu'elle est antérieure au mariage (Cour de Genève, 29 oct. 1892, S. 92. 4. 40).

2° Dettes restant personnelles à l'un des époux.

** **1082. Passif personnel du mari.** — Pour le mari le passif personnel se trouve réduit à peu près à rien, puisque la loi n'exclut en ce qui le concerne que les dettes immobilières antérieures au mariage. Pour trouver une dette qui lui reste propre à ce titre, il faudrait supposer une vente faite par le mari et non encore exécutée, de terrains en quantité déterminée à prendre dans un lot plus considérable lui appartenant, comme une vente de 100 hectares à prendre dans une concession coloniale, ou quelque autre hypothèse tout aussi rare. Et encore cela constituerait plutôt une diminution prochaine de sa fortune qu'une dette proprement dite.

On pourrait en rapprocher le cas où le mari est propriétaire d'un immeuble hypothéqué à la dette d'autrui, soit comme tiers acquéreur, soit comme caution réelle. En pareil cas le créancier n'a d'action que sur le bien du mari qui lui est hypothéqué ; il ne peut pas toucher au surplus de ses biens ni aux biens communs. Seulement il ne s'agit plus alors d'une *dette* du mari exclue de la communauté, puisque le mari n'est pas personnellement débiteur ; il n'y a qu'une *action réelle*, localisée en quelque sorte sur un bien appartenant en propre au mari ; c'est une *chance d'éviction* qui ne menace que lui.

** **1083. Passif personnel de la femme.** — Sont exclues de la communauté *toutes les dettes personnelles de la femme qui n'ont pas encore acquis date certaine au jour du mariage* (art. 1410, al. 1). Le mari n'est donc pas obligé de les acquitter ; le créancier ne peut poursuivre son paiement que sur la nue propriété des immeubles personnels de la femme (art. 1410, al. 2).

Cependant il peut être certain en fait que la dette est antérieure au mariage ; le mari peut alors *reconnaître la sincérité* de la date que porte l'écrit signé par sa femme et acquitter volontairement la dette (art. 1410, al. 3). S'il agit ainsi, la dette est considérée comme réellement antérieure au mariage et comme tombée en communauté : par conséquent la communauté ne pourra rien réclamer à la femme dans l'avenir, pour avoir acquitté une dette dont elle n'était pas tenue[1]. Ceci suppose d'ailleurs que le mari a payé la dette en la considérant comme tombée en communauté ; *s'il fait ses réserves en payant le créancier,* il est réputé agir comme gérant du patrimoine de sa femme ; c'est au nom de celle-ci qu'il paie, ce qui réserve à la communauté la possibilité de recourir contre la femme.

* **1084. Situation de la femme à l'égard du créancier.** — Quand le mari refuse de reconnaître les dettes de la femme n'ayant pas date certaine, la communauté n'en est pas tenue et la femme seule est débitrice. Quelle est à son égard la valeur de son obligation ? Elle est *pleinement valable.* En effet, jusqu'au mariage, la femme était capable de s'obliger (en la supposant majeure). Or les obligations sous seings privés font par elles-mêmes foi de leur date entre les parties. Dans les rapports du créancier et de la femme, il est donc certain que l'écrit a été signé par celle-ci *au jour de sa date,* c'est-à-dire en temps de capacité, et par suite le créancier a le droit de la poursuivre, en respectant les droits acquis à la communauté sur les biens de sa débitrice.

Au cas où la femme se serait réservé la jouissance d'une partie de ses biens personnels, cette part de revenus pourrait-elle être saisie par son créancier ? Il a été jugé que non, parce que l'entretien de la femme retomberait alors à la charge de la communauté (Cass., 9 août 1820, S. 20. 1. 426). L'arrêt est discutable : comment un élément d'actif, disponible pour le débiteur, peut-il être insaisissable pour le créancier sans une disposition spéciale de la loi ?

1085. Question. — On peut se demander dès lors ce que devient l'incapacité de la femme mariée, à qui la loi défend de s'obliger sans l'autorisation de son mari : elle n'a qu'à signer un billet en lui donnant une date fausse antérieure au mariage pour se trouver valablement obligée ; avec une simple antidate, elle peut compromettre sinon son revenu actuel, tout au moins le capital de sa fortune. — Réponse. L'incapacité de la femme reste entière ; tout se réduit à une preuve à fournir, preuve difficile, il est vrai, mais souvent possible. Cette preuve de l'antidate peut être faite par tous les moyens, puisqu'il s'agit d'un acte frauduleux, et elle est recevable aussi bien de la part de la femme que de la part du mari.

Il y a certainement là un danger à craindre ; ce danger n'existe pas quand la femme était *encore mineure au moment de son mariage* : avant comme après, elle était incapable de s'obliger seule et une antidate ne l'avancerait à rien.

B. — Dettes contractées par le mari au cours du mariage.

** **1086. Généralité de la règle.** — *Toutes les obligations contractées par le mari pendant le mariage tombent dans la communauté* (art. 1409-2°), « Contractées... » ; il eût mieux valu dire « *nées* en la personne du mari »

[1] Bien mieux : si le mari avait reconnu la sincérité de la date d'une manière quelconque, il ne pourrait plus ensuite refuser de payer le créancier (Besançon, 4 mars 1878, D. 79. 2. 48, S. 79. 2. 144).

car elles peuvent provenir d'une source quelconque, d'un contrat, d'un délit ou de la loi ; il n'y a *aucune exception*. Quand le mari devient débiteur, son créancier peut toujours saisir les biens communs.

***1087. Motif.** — Il y a, dit-on souvent, un *mandat* donné par la femme à son mari afin de gérer leur communauté et de l'obliger au besoin. — Mais le mari peut obliger sa femme même à l'insu de celle-ci, même malgré son opposition, même contre son intérêt, ce qui exclut toute idée de mandat.

On a dit encore : « La femme *ratifie* les actes de son mari en acceptant la communauté. » Cette seconde idée est tout aussi insuffisante que la première, car les droits acquis aux créanciers n'en restent pas moins valables malgré la renonciation de la femme à la communauté. Et d'ailleurs comment la femme pourrait-elle « ratifier » les obligations de son mari quand elles ont une cause illicite?

Il n'y a donc pas d'autre raison que *l'origine historique de la communauté* et son état primitif : c'est *la volonté de la loi* qui fait du mari le maître de la communauté, comme conséquence du pouvoir qu'elle lui donne sur la personne de la femme. De même qu'il peut dissiper l'actif commun, de même il peut ruiner la communauté en s'obligeant d'une façon quelconque, même par des actes illicites.

***1088. Conséquences actuelles.** — La règle étant absolue, il n'y a pas lieu de faire aucune exception quel que soit le caractère de l'obligation. Ainsi l'*amende* elle-même, prononcée contre le mari, tombe en communauté et peut être recouvrée sur les biens communs, c'est-à-dire en partie sur les biens de la femme (art. 1424). Et cependant l'amende est une *peine*, qui devrait rester personnelle au coupable. Les antiques principes de la communauté sont ici en contradiction ouverte avec les idées modernes.

Un autre exemple bien remarquable, non prévu par la loi, nous est fourni par la jurisprudence. Avant de se marier, le mari a eu un enfant naturel ; il reconnaît cet enfant pendant le mariage. Aux termes de l'art. 337 la reconnaissance ainsi faite ne peut pas nuire à l'autre époux ni aux enfants nés du mariage (t. I, n°s 2879-2889). Il semble donc que l'enfant naturel ne puisse réclamer d'aliments à son père que sur la nue propriété de ses biens personnels, afin de respecter les droits de la famille légitime, et c'est ce que beaucoup d'auteurs en avaient conclu. Néanmoins la jurisprudence lui a reconnu une action sur la communauté à raison des pouvoirs du mari, qui est toujours libre d'en disposer (Cass., 13 juill. 1886, D. 87. 1. 119, S. 87. 1. 65). Comp. t. I, n° 2884.

1089. Ancienne exception. — Jadis quand un mari commun en biens subissait une condamnation pour crime emportant mort civile, les condamnations pécuniaires prononcées contre lui à raison du même fait ne frappaient que sa part de communauté et ses biens personnels (art. 1425). D'après Pothier, cette solution avait été admise comme une conséquence de la mort civile : la communauté se trouvant dissoute ne pouvait être obligée par le mari. L'explication a quelque chose d'incorrect, car la *cause* de la dette est le *crime*, qui est antérieur à la *condamnation*, et c'est seulement cette dernière qui entraînait mort civile. C'était bien plutôt l'effet des règles traditionnelles de la confiscation (DALLOZ, *Suppl.*, v° Contrat de mariage, n° 321). — Depuis la loi du 31 mai 1854 qui a abrogé la mort civile, l'art. 1425 est devenu sans objet (Cass., 2 mai 1864, D. 64. 1. 266).

C. — Dettes contractées par la femme pendant le mariage.

****1090. Règles générales.** — Dépourvue de tout pouvoir sur la communauté, la femme ne peut donner à ses créanciers une action sur les biens communs ; c'est au mari seul que ce pouvoir appartient. La règle est donc ainsi établie : pour que la femme oblige la communauté, *il faut qu'elle contracte avec l'autorisation de son mari* (art. 1426).

Par exception à cette règle, il y a *deux cas* dans lesquels la femme peut obliger la communauté lorsqu'elle contracte *avec l'autorisation de justice* (art. 1427).

Cela fait donc déjà pour la femme deux manières de s'obliger ; mais nous devons examiner en outre les cas où la femme s'oblige *comme mandataire de son mari,* et ceux où elle le fait *sans aucune espèce d'autorisation.*

1° Femme autorisée du mari.

* **1091. Effet de l'autorisation.** — En autorisant sa femme, le mari lui communique le pouvoir qu'il a d'obliger la communauté ; il lève pour ainsi dire l'obstacle qui empêchait cette communauté d'être tenue. Conformément aux principes déjà exposés (ci-dessus n° 1073-2°), le créancier acquiert alors action contre la communauté et contre le mari lui-même (art. 1409-2° et 1419).

* **1092. Explication.** — Pourquoi le mari, qui est intervenu, non pour s'obliger lui-même, mais pour autoriser sa femme à contracter, se trouve-t-il lui-même tenu de l'obligation ? Il est de principe que celui qui habilite un incapable ne s'oblige pas quand l'incapable s'oblige avec son autorisation : « Qui auctor est se non obligat. » Cependant l'art. 1419 déclare que le mari est tenu à raison de l'autorisation qu'il a donnée. Il y en a deux explications possibles.

1° Effet de la confusion des deux masses. — On peut d'abord soutenir que l'action du créancier sur les biens du mari s'explique suffisamment par la confusion qui règne durant le mariage entre les biens propres du mari et les biens communs (ci-dessus n° 1072). Dans cette opinion, on doit admettre que, lorsque cette confusion aura cessé, le mari ne pourra plus être poursuivi sur ses propres biens que *comme commun en biens,* c'est-à-dire pour moitié seulement ; il n'y a point à sa charge de véritable obligation personnelle ; c'est tout ce que l'on peut conclure de l'art. 1419. Telle semblait bien être l'opinion de Pothier (*Communauté,* n° 13).

2° Obligation personnelle du mari. — Une autre interprétation, qui est plus généralement admise, veut que le mari soit tenu d'une véritable obligation personnelle et qu'il y ait ici une exception directe à la règle « Qui auctor est se non obligat ». On en donne pour motif que, si on rejette cette exception, on donne au mari un moyen de se décharger des obligations qui concernent la communauté, en les faisant contracter par sa femme à sa place et avec son autorisation. Il y a là en effet un danger et la raison a paru suffisante ; on a déjoué ce calcul en déclarant le mari tenu personnellement (Demolombe, t. IV, n° 310 ; Aubry et Rau, t. V, § 520, note 2 ; Guillouard, t. II, n° 845. — Paris, 19 févr. 1845, D. 45. 4. 89).

Comme conséquence, le mari restera tenu pour le tout envers le créancier même après la dissolution de la communauté[1].

1093. Prétendus cas exceptionnels. — Y a-t-il des cas dans lesquels une obligation contractée pendant le mariage par une femme autorisée de son mari lui reste personnelle au lieu de grever la communauté ? On l'a soutenu en se fondant sur les art.

[1] Il y aurait encore une autre conséquence possible : si la femme est commerçante et tombe en faillite, le mari, tenu personnellement envers ses créanciers, ne profitera pas du concordat accordé à sa femme (voyez l'arrêt de Paris 1845 cité au texte). Il en profiterait au contraire, s'il ne pouvait être poursuivi qu'en qualité de commun en biens avec sa femme : la remise faite à celle-ci s'étendrait par voie de conséquence à son mari.

1413 et 1432. L'art. 1413 s'occupe des dettes qui grèvent les successions purement immobilières échues à la femme : ces dettes ne tombent pas en communauté, même quand ces successions sont acceptées avec l'autorisation du mari. Quant à l'art. 1432, il statue sur l'hypothèse suivante : il s'occupe du cas où le mari a autorisé sa femme à vendre un de ses propres et où l'acquéreur est ensuite évincé par un tiers ; cet acquéreur peut poursuivre le mari comme garant de la vente et obtenir de lui une indemnité. A cette occasion le texte s'exprime ainsi : « Le mari *qui garantit solidairement ou autrement* la vente que sa femme a faite... » Donc, dit-on, la seule autorisation de vendre donnée à la femme ne suffit pas pour imposer au mari l'obligation de garantie, puisque le texte suppose que cette garantie a été promise par le mari d'une manière spéciale. — Voilà donc deux cas dans lesquels la communauté ne sera pas tenue, quoique le mari ait autorisé sa femme. Comment expliquer ce fait ? C'est qu'il est évident, *par la nature même de l'opération*, que l'affaire n'intéresse pas la communauté : la femme accepte une succession qui doit lui rester entièrement propre, ou elle vend un immeuble qui lui appartient en propre. Dans les deux cas la communauté n'a rien à y voir, et le tiers qui traite avec la femme ou qui est créancier de la succession recueillie par elle ne doit compter ni sur le mari ni sur la communauté : il a été averti par les faits eux-mêmes que le mari intervenait seulement pour habiliter sa femme à contracter. Dès lors, si telle est l'explication des art. 1413 et 1432, nous pouvons formuler la règle suivante : *toutes les fois qu'il sera évident pour les tiers que l'affaire intéresse uniquement la femme, l'obligation contractée par la femme lui restera personnelle.* C'est seulement quand le tiers aura pu croire à un intérêt commun aux deux époux qu'il aura action contre eux deux.

Réfutation. — Une pareille règle n'est pas conciliable avec les textes. L'art. 1419 pose une règle absolue : toute obligation contractée par la femme avec l'autorisation du mari oblige ce dernier et la communauté ; pour y déroger dans des cas spéciaux, il faut un texte particulier. Donc, *aucune exception ne doit être admise en dehors des textes*. De plus, il faut voir si ceux qu'on propose contiennent réellement des exceptions. Prenons d'abord l'art. 1413 : cet article ne prévoit pas une obligation contractée par la femme : il s'agit d'*obligations venant d'un tiers*, auquel la femme succède. On comprend alors que pour régler cette succession la loi ait limité l'action des créanciers et protégé la communauté : les créanciers qu'on va avoir à payer n'ont pas traité avec la femme ni sollicité l'autorisation du mari. La situation n'est pas la même ; si tant est qu'il y ait ici une exception à notre règle, elle n'est pas directe. — Quant à l'art. 1432, c'est bien pis : on lui fait dire ce qu'il ne dit pas. Ce texte n'a pas pour objet de décider quand le mari sera garant de la vente faite par sa femme, mais seulement de donner *un exemple de récompense due au mari*, quand celui-ci aura indemnisé l'acquéreur évincé. Maintenant, dans quelle hypothèse et sous quelle condition le mari sera-t-il tenu de la garantie ? Ce n'est pas dans l'art. 1432 que se trouve la réponse ; c'est dans les art. 1409-2° et 1419, où se trouvent formulés les principes de la matière : le mari s'oblige en même temps que sa femme quand il l'autorise.

*** 1094. Femme obligée solidairement avec son mari.** — Il arrive fréquemment que le mari et la femme s'obligent ensemble envers le même créancier et celui-ci prend ordinairement la précaution de stipuler la solidarité. En ce cas la femme est tenue *envers le tiers* de la même façon qu'un débiteur ordinaire ; elle sera obligée de payer le total de la dette, s'il le lui demande. En conséquence elle ne bénéficie pas du concordat accordé à son mari (Paris, 16 avril 1864, D. 64. 2. 127, S. 64. 2. 289).

Néanmoins sa situation est meilleure que celle du véritable codébiteur solidaire : *dans ses rapports avec son mari*, elle est *réputée caution* (art. 1431), ce qui veut dire que la femme ne devra supporter personnellement aucune partie de la dette ; si elle l'a payée, elle aura un recours contre lui pour le total ; si c'est lui qui a payé, il n'aura aucun recours contre elle.

1095. Condition du recours de la femme. — Pour que la femme soit réputée caution, il y a une condition : il faut que l'obligation ait été contractée « pour les affaires de la communauté ou du mari ». Il est en effet de toute justice que la femme soit traitée comme codébitrice solidaire de la même manière que son mari et obligée de supporter la moitié de la dette lorsque l'obligation n'a pas été contractée dans l'intérêt du mari. Ainsi il a été jugé que l'art. 1431 était inapplicable si le mari et la femme, obéissant à un même sentiment d'affection, se portent cautions solidaires d'un de leurs enfants (Rennes, 22 nov. 1848, D. 51. 2. 151 ; Bordeaux, 1er mai 1850, D. 52. 2. 174, S. 51. 2. 185).

1096. Controverse. — Cet art. 1431 a fait naître une controverse. Le plus souvent il est facile de savoir dans quel intérêt la dette a été contractée et la disposition de la loi sera ou non appliquée, selon le cas. Mais parfois aussi on ignore au profit de qui l'opération s'est faite. Qu'arrive-t-il alors ? La femme aura-t-elle son recours pour le tout, comme une caution, sans avoir rien à prouver ? Généralement on admet qu'il existe alors une *présomption légale* au profit de la femme : en disant que la femme est « réputée caution », la loi la dispense de toute espèce de preuve. Il lui serait trop difficile de prouver que l'obligation intéresse la communauté ou le mari ; c'est au mari s'il veut lui faire supporter tout ou partie de la dette à prouver qu'elle y est intéressée seule ou autant que lui (Dalloz, *Répert.*, v° Contrat de mariage, n° 1057, *Suppl.*, *ibid.*, n° 345. En ce sens Paris, 10 juill. 1833, Dalloz, *Répert.*, eod. v°, n° 1034). — Cependant cette opinion traditionnelle perd du terrain : la présomption qu'on attribue à la loi n'est pas écrite dans le texte : pour que la femme soit réputée caution, il y a une condition ; il faut que la dette ait été contractée « pour les affaires du mari ou de la communauté » ; cette condition doit être prouvée par la femme. Comp. Rennes, 22 nov. 1848, précité.

***1097. Femme obligée conjointement avec son mari.** — Si la femme s'oblige conjointement avec son mari, mais *sans solidarité*, il se produit une autre dérogation au droit commun, dans un autre sens ; ce n'est plus la femme qui est traitée plus favorablement qu'un débiteur ordinaire ; c'est *le mari qui est traité plus rigoureusement*. Entre codébiteurs conjoints, le droit commun divise de plein droit la dette ; chacun d'eux en est tenu pour moitié (art. 1220). Cette règle commune s'applique bien à la femme : le créancier n'a action contre elle que *pour la moitié* (art. 1487). Mais le mari ? La loi n'en parle pas. On admet qu'il peut être *poursuivi pour le tout*. C'est une solution traditionnelle, déjà donnée dans l'ancien droit (Pothier, *Communauté*, nos 729 et 732) ; ceci est déjà une raison. Elle se motive en outre par l'intention vraisemblable des parties : le mari aurait pu conclure l'affaire à lui tout seul et il aurait été obligé pour le tout. En faisant intervenir la femme dans une affaire que le mari avait pouvoir de traiter seul, le créancier a voulu augmenter et non diminuer ses garanties ; il a adjoint un second débiteur au premier sans faire remise à celui-ci d'une partie de sa dette. Du reste, en donnant la solution qui concerne la femme, l'art. 1487 semble bien nous donner à entendre que sa situation est une faveur dont elle est seule à bénéficier et qu'il existe à côté d'elle un autre débiteur tenu pour le tout. Voyez la façon dont le texte est rédigé.

2° Femme mandataire du mari.

1098. Effet de l'obligation. — Quand le mari veut s'obliger, il lui est permis de le faire par l'intermédiaire d'un mandataire. Or il a, à côté de lui, un mandataire tout trouvé et qu'il emploie souvent : c'est sa femme. La femme peut valablement en faire l'office (t. II, n° 2240 *bis*). On doit alors appliquer aux deux époux les principes ordinaires sur la représentation dans les actes juridiques : le mari sera considéré comme s'étant obligé lui-même et la femme ne deviendra pas personnellement débitrice ; le créancier ne pourra pas la poursuivre, car le mandataire ne s'oblige pas envers les tiers en exécutant son mandat. La dette tombera en communauté, parce qu'elle est réputée provenir du mari. C'est ce qu'explique très clairement l'art. 1420. Voyez aussi Trib. Seine, 14 mars 1889, D. 91. 2. 257.

Pour la reddition du compte de la femme, voir t. II, n° 2247 *bis*.

* **1099. Mandat tacite général de la femme.** — Il n'est pas besoin, pour appliquer ces règles, de supposer que la femme a reçu de son mari une « procuration » comme le dit l'art. 1420. Ce pouvoir de représenter le mari existe toujours, en vertu d'un mandat sous-entendu, pour les *fournitures nécessaires au ménage et les dépenses courantes* (Cass., 11 février 1826, S. 26. 1. 332 ; Paris, 9 août 1856, *Gaz. des trib.*, 9 et 10 août 1856). Et telle est la force de la présomption sur laquelle il repose, qu'il dure encore alors même que les deux époux ont *rompu la vie commune* et que la femme a pris un *domicile séparé* (Cass., 13 février 1844, S. 44. 1. 662. Voyez cependant Besançon, 25 juillet 1866, D. 66. 2. 491, S. 67. 2. 48. Comp. Paris 22 nov. 1890, D. 91. 2. 257). On admet à plus forte raison qu'il dure encore *quand le mari est absent*.

1100. Révocation du mandat tacite. — Pour retirer à sa femme ce mandat général, il faut que le mari défende aux fournisseurs de lui faire crédit et de traiter avec elle, *par des notifications directes et individuelles* (Cass., 16 juill. 1889, D. 91. 1. 158, S. 90. 1. 115 ; comp. Poitiers, 23 déc. 1889, D. 90. 2. 359). Un avertissement collectif au moyen d'*insertions dans les journaux* ne suffirait pas à lui seul, du moins en général, pour décharger le mari des obligations contractées par sa femme ; cependant les juges auraient alors à apprécier les circonstances (Douai, 13 mai 1846, D. 47. 2. 60, S. 47. 2. 24). Ainsi ils pourraient écarter la réclamation des créanciers si le fait de la séparation des époux était *notoire* (Paris, 25 mai 1898, D. 99. 2. 309, et la note de M. De Loynes, dans D. 91. 2. 257) ; ainsi encore si les fournitures faites à la femme dépassaient notablement les ressources du ménage, le montant de leurs factures pourrait être réduit (Paris, 5 févr. 1895, D. 96. 2. 495 ; Paris, 9 déc. 1895, D. 96. 2. 133).

3° Femme autorisée de justice.

** **1101. Effet de l'autorisation.** — En principe, l'autorisation donnée par la justice à la femme n'ouvre pas d'action au créancier contre la communauté (art. 1426). L'obligation reste *personnelle à la femme*. L'autorisation n'a qu'un seul effet : *habiliter la femme à contracter*, rendre valable l'obligation contractée par elle, et qui sans cela serait annulable. Le créancier ne peut donc saisir que la nue propriété des biens de la femme.

***1102. Double exception.** — A cette règle, l'art. 1427 apporte deux exceptions :

1° MARI A TIRER DE PRISON. — On ne tire pas les gens de prison avec de l'argent, mais il s'agit ici d'un genre spécial de captivité. Le mari peut être *emprisonné pour dettes*, ce qui est encore possible en cas de condamnation pénale (L. 22 juillet 1867 ; L. 19 décembre 1871). Voyez t. II, n° 177. Il s'agit alors de payer ses dettes et pour cela d'emprunter de l'argent ; la femme s'y fera autoriser par justice. On peut encore supposer que le mari est *prisonnier de guerre* ou *captif de brigands* et qu'on demande une rançon ou un cautionnement pour le mettre en liberté.

2° ENFANT A DOTER. — La loi suppose l'*absence du mari* (art. 1427) ; la dot est alors promise par la femme autorisée de justice. Si le mari est interdit, on applique l'art. 511 (t. I, n°s 2664-2666) ; c'est le conseil de famille du mari qui constitue la dot.

Dans ces deux cas, la femme *oblige la communauté*. Il y a toutefois une *différence* entre eux : dans le premier, la femme peut agir *même sur le refus du mari* ; dans le second, il faut que le mari soit hors d'état de faire connaître sa volonté ; s'il est présent et capable et qu'il refuse, la femme ne peut rien faire, car il s'agit d'un acte de puissance paternelle et le mari seul en a l'exercice (art. 373).

1103. Controverse. — Ces deux exceptions sont-elles les seules ? J'en suis convaincu, car l'art. 1427 est un texte exceptionnel, le principe étant que l'autorisation de justice ne produit point d'effet contre la communauté (art. 1426). Nous ne pouvons donc pas aller au delà des termes de la loi.

L'opinion contraire est cependant très souvent soutenue et enseignée ; il y a même eu un arrêt en sa faveur (Amiens, 26 juill. 1877, DALLOZ, *Suppl.*, v° Contrat de mariage, n° 356, S. 77. 2. 265)[1]. On s'appuie d'abord sur le texte de l'art. 1427 : il y est dit que la femme, *même dans ces deux cas* (qui sont les plus favorables), ne peut obliger la communauté que si elle est autorisée par justice. Cela laisse supposer que dans d'autres cas encore la femme peut obliger la communauté quand la justice l'autorise. — Le raisonnement serait bon si nous n'avions sur la question que le texte actuel ; mais quand on le compare avec l'ancien droit, sa rédaction s'éclaire et son « même... » s'explique autrement. Autrefois, quand il s'agissait de tirer le mari de prison, la femme pouvait agir seule, sans aucune autorisation ; l'art. 1427 a été fait pour supprimer cette ancienne pratique et pour astreindre la femme à solliciter l'autorisation de justice. Comp. GUILLOUARD, t. II, n° 837.

On a développé un autre argument encore, tiré des règles de l'absence. En attendant la déclaration d'absence d'un mari disparu, le tribunal peut autoriser une personne quelconque à agir dans l'intérêt de l'absent, de façon que le mari et la communauté soient tenus par ce qui aura été fait en leur nom ; la femme peut être chargée de cette mission (art. 112). — Cela est vrai, mais on se place ainsi dans une hypothèse toute différente : il ne s'agit plus d'une obligation contractée par la femme et tombant dans la communauté ; la femme agit alors comme *mandataire du mari* ; elle le représente et gère ses affaires sous la surveillance du tribunal ; c'est donc *une dette du mari* qui prend naissance et non une dette de la femme.

4° Femme agissant sans autorisation.

a. — *Cas ordinaire.*

**** 1104. Nullité des obligations contractuelles.** — Dans les cas ordinaires les obligations contractées par une femme mariée non autorisée

[1] Il s'agissait d'un mari aliéné dont la femme avait été nommée administratrice provisoire, et d'opérations commerciales à faire au nom de la communauté.

ne grèvent jamais la communauté. Mais il y a plus : *la femme elle-même n'est pas valablement obligée* (art. 217, 225 et 1125. — Comp. ci-dessus nos 309 et suiv.), tout au moins lorsqu'il s'agit de contrats.

1105. Exception pour les obligations délictuelles. — Il y a cependant obligation valable si la femme se trouve tenue *par un acte illicite,* délit ou quasi-délit (ci-dessus nos 270-271).

1106. Question. — La femme qui s'est rendue coupable d'un délit peut être poursuivie au civil par la victime, et pour défendre à cette action, elle a besoin d'être autorisée par son mari (ci-dessus n° 272 *in fine*). On se demande alors si le mari est tenu, à raison de cette autorisation, des condamnations prononcées contre la femme? Il faut distinguer : il ne sera pas tenu des *dommages-intérêts,* parce que ceux-ci ont leur cause dans le *fait délictueux* de la femme, que le mari n'a pas autorisé et dont il n'est pas responsable; mais il sera tenu des *frais du procès,* car ils ont pour cause *une instance* qu'il a autorisée au lieu de s'entendre à l'amiable avec la partie lésée.

b. — *Femme commerçante.*

1107. Effet de ses obligations. — L'art. 1426 décide formellement que la femme oblige la communauté, sans le consentement de son mari, « lorsqu'elle contracte *comme marchande publique et pour le fait de son commerce* ». Je me suis déjà expliqué sur la question de savoir si la femme commerçante doit être considérée comme agissant réellement sans autorisation du mari, ou si on doit admettre l'existence d'une autorisation générale, donnée une fois pour toutes, pour lui permettre d'entreprendre son commerce (ci-dessus n° 314). Le résultat pratique est toujours le même : la femme commerçante oblige la communauté *comme si son mari l'avait autorisée.* C'est une solution traditionnelle ; et le mari lui-même est tenu de ses obligations comme il a été dit ci-dessus (n° 1091).

1108. Cas d'application. — Ce pouvoir anormal d'obliger la communauté par ses actes n'est accordé à la femme qu'*à raison de son commerce* (art. 1426). Il faut donc qu'il s'agisse d'actes commerciaux, soit par eux-mêmes, soit parce qu'ils se réfèrent au commerce que fait la femme. Mais il n'est pas nécessaire que ce soit un *contrat* : il y a des délits ou quasi-délits que la femme peut commettre en exerçant sa profession et qui en sont la conséquence et la dépendance. Le mari et la communauté en seront tenus.

Cette règle s'appliquerait même à des fonctions ou professions n'ayant pas le caractère commercial et que le mari aurait autorisées. Voyez pour une faute commise par une femme qui avait pris la garde d'un enfant moyennant salaire, Cass., 22 juill. 1891, D. 92. 1. 5. et la note.

D. — Dettes des successions échues aux époux.

1109. Avertissement. — Les règles qui vont être expliquées pour les *successions* s'appliquent également aux *donations* et aux *legs* (art. 1418).

I. Donations. — En principe, les donations entre vifs n'obligent pas le donataire à payer les dettes du donateur, dont il est l'ayant cause à titre particulier. Cependant cette obligation peut lui incomber dans deux cas :

1° *S'il y a une convention spéciale qui l'y oblige.* Il faut alors qu'un *état des dettes* du donateur soit dressé au jour de la donation (art. 945).

2° *Si c'est une donation de biens à venir* ou *institution contractuelle.* Il s'agit alors d'une *donation de succession* qui équivaut à une *institution d'héritier.*

II. Legs. — Quant aux libéralités testamentaires qu'on appelle des « legs » une distinction analogue doit être faite : le légataire particulier n'est pas tenu des dettes; cette obligation pèse seulement sur les *légataires universels* ou *à titre universel.*

Voilà donc trois cas (succession, donation, legs), dans lesquels l'un des époux peut se trouver *obligé par des dettes qu'il n'a pas contractées lui-même* et qui tombent à sa charge pendant le mariage : là est le trait commun de ces trois hypothèses. Nous avons à déterminer les droits de ces créanciers nouveaux sur la communauté. A l'exemple de la loi, nous ne nous occuperons que des successions, qui forment le cas le plus important ; les règles sont les mêmes pour les deux autres ; mais pour mettre plus de clarté, nous distinguerons selon les diverses masses de biens que les créanciers peuvent se proposer de saisir.

1° Biens compris dans la succession.

***1110. Action des créanciers.** — Les créanciers du défunt *conservent toujours pour gage la totalité des biens héréditaires.* Ces biens arrivent à l'époux grevés de dettes ; celui-ci les recueille avec leurs charges, « *cum sua causa* ». Soit qu'ils restent propres à l'époux qui les recueille, soit qu'ils entrent en communauté, ils sont considérés comme formant toujours le gage des créanciers, qui peuvent *les saisir en pleine propriété.* Et cela est vrai *dans tous les cas* : que la succession soit échue au mari ou à la femme, qu'elle soit acceptée par celle-ci avec l'autorisation du mari ou de justice, qu'il y ait eu ou non inventaire. Voyez les art. 1412, 1413, 1416 et 1417.

2° Biens propres de l'époux héritier.

***1111. Son obligation personnelle.** — Celui des époux qui recueille la succession devient *débiteur personnel des créanciers du défunt* ; ceux-ci ont donc action sur ses biens propres, à moins qu'il n'ait accepté sous bénéfice d'inventaire. C'est le droit commun.

1112. Restriction relative à la femme. — Il y a toutefois une restriction à faire à cet égard quand c'est la femme qui recueille la succession. Si elle l'accepte *avec l'autorisation de justice,* les créanciers ne peuvent la poursuivre que sur *la nue propriété de ses biens personnels* ; ils ne peuvent toucher à la jouissance, qui appartient à la communauté. Ils n'ont d'action sur la pleine propriété des biens de la femme qu'autant qu'elle accepte avec l'autorisation du mari (art. 1413). Cette disposition n'est du reste que l'application de principes déjà connus (ci-dessus n° 1071).

3° Biens de la communauté.

***1113. Principe du système de la loi.** — Pour déterminer si la communauté sera tenue des dettes de la succession, la loi a posé des règles si compliquées qu'on a quelque peine à s'y reconnaître. Voici le principe théorique qui lui sert de point de départ : *la communauté doit supporter le passif, quand c'est elle qui recueille l'actif*; au contraire, *elle ne doit pas en être tenue, quand l'actif reste propre à l'époux qui succède.* Ce principe très juste est l'application du vieil adage : « *Ubi emolumentum, ibi onus.* »

Le droit des créanciers contre la communauté dépendra donc de la nature mobilière ou immobilière des biens héréditaires.

Nous allons d'abord rechercher quelles seraient les *conséquences naturelles* de ce principe si on l'appliquait rigoureusement ; nous verrons ensuite quelles sont les *modifications* que ses effets subissent par l'intervention de *causes étrangères*.

Auparavant nous ferons remarquer que si l'entrée en communauté, sous le régime légal, dépend uniquement de la nature mobilière ou immobilière des biens, il peut cependant arriver, en matière de donations ou de legs, que le disposant ait manifesté une volonté contraire, pour faire entrer en communauté des biens immobiliers ou pour en exclure des biens mobiliers : on devra donc tenir compte non seulement de la nature des biens donnés ou légués, mais aussi des clauses de la donation ou du testament afin d'appliquer d'une manière exacte le principe ci-dessus énoncé.

a. — *Conséquences naturelles du principe.*

*** 1114. Successions mobilières.** — La communauté acquérant tout l'actif (art. 1401-1°), voit tout le passif tomber à sa charge (art. 1409-1° et 1411).

*** 1115. Successions immobilières.** — Quand la succession est purement immobilière, l'actif reste propre à l'époux (art. 1404, al. 1 et 1405) ; la communauté n'est donc pas tenue du passif.

Remarque. — Les successions purement immobilières sont très rares dans notre droit actuel, car il est impossible que le défunt ne possède pas au moins quelques meubles. Cependant on en rencontre quelques-unes : 1° le *legs à titre universel de tout ou partie des immeubles* ; 2° le *droit de l'héritier ab intestat*, quand le défunt a légué *tous ses meubles* à une autre personne ; 3° le *retour successoral* de l'ascendant donateur ou de l'adoptant, quand la chose donnée qui lui fait retour est un immeuble. — Dans notre ancien droit les successions purement immobilières étaient beaucoup plus fréquentes, à cause de la *distinction des propres et des acquêts* qui séparait en deux presque toutes les successions et en déférait les deux parties à des héritiers différents : les meubles étaient dévolus au même héritier que les acquêts immobiliers, et l'héritier aux propres ne recevait jamais que des immeubles.

1116. Successions mixtes. — Quand la succession comprend à la fois des meubles et des immeubles, la communauté devrait être *tenue d'une part des dettes proportionnelle à la part d'actif qu'elle recueille*. Or elle prend les meubles, tandis que les immeubles restent propres à l'époux. C'est donc d'*après la proportion des meubles dans la valeur totale de la succession* que la communauté se trouverait tenue des dettes.

1117. Observation. — Par cette analyse du principe, on voit que le procédé adopté pour la répartition du passif des successions entre l'époux et la communauté est beaucoup plus équitable que celui qui a été admis pour la répartition du passif antérieur au mariage (ci-dessus nos 1076-1077). En effet la charge de l'époux et celle de la communauté se déterminent proportionnellement à l'actif que chacun recueille, ce qui aboutit à *une proportionnalité réelle* ; tandis que pour les dettes antérieures au mariage la part de la communauté se détermine d'après la nature mobilière des dettes, ce qui fait qu'elle les supporte toutes alors qu'elle n'acquiert souvent qu'une part infime de l'actif des époux. Il y a donc *une véritable inexactitude* dans la rédaction de l'art. 1409-1°, qui applique aux dettes des successions les mêmes règles qu'aux dettes antérieures et qui ne les met à la charge de la communauté qu'autant qu'elles sont mobilières. Son énonciation est du reste corrigée suffisamment par les art. 1411 et suiv. qui contiennent des dispositions précises sur la matière.

b. — *Modifications résultant de causes étrangères.*

1118. Nature variable de ces modifications. — Il a été impossible d'appliquer rigoureusement et exclusivement dans tous les cas le principe ci-dessus indiqué, avec les conséquences qui en découlent telles qu'elles viennent d'être analysées. Divers principes différents sont venus le contrarier et en modifier les effets, tantôt pour *restreindre le droit des créanciers contre la communauté*, en les empêchant de saisir les biens communs quand la succession est mobilière, tantôt pour *étendre leur action* en leur permettant de saisir ces mêmes biens quand la succession est immobilière.

En pareils cas, la proportion voulue par la loi se rétablit plus tard au moyen de *récompenses*, et la répartition proportionnelle du passif ne régit plus les rapports des époux avec les créanciers héréditaires ; la règle n'est vraie que *dans les rapports des époux entre eux.*

1119. Successions échues au mari. — On ne rencontre pour elles qu'une seule cause de modification, mais qui est *constante* : c'est son pouvoir presque absolu sur la communauté, confondue avec ses propres biens et tenue de toutes ses dettes. Il en résulte, lorsque la succession échoit au mari, que *les créanciers ont toujours action pour le tout contre la communauté*, alors même que la communauté ne gagnerait qu'une partie de la succession, ou même n'en acquerrait aucune part. Voyez l'art. 1412 pour les successions purement immobilières, et l'art. 1416 pour les successions mixtes. Si les créanciers usent de leur droit et se font payer avec les biens communs, la communauté a droit ensuite à une récompense de la part du mari, pour le total, si la succession est purement immobilière ; pour une part correspondante aux immeubles, si elle est mixte.

1120. Successions acceptées par la femme avec l'autorisation du mari. — Grâce à l'autorisation du mari, les créanciers voient augmenter leurs droits contre la communauté, dans une mesure variable.

I. Successions mixtes. — Il eût été très difficile pour les créanciers de savoir pour quelle part ils peuvent poursuivre la communauté : cette part dépend de la proportion des meubles par rapport à l'ensemble de la succession, et les créanciers ignorent cette proportion, qui ne peut être connue que par une évaluation exacte, plus exacte même que celles que contiennent les inventaires. Pour simplifier, la loi leur donne *action pour le tout contre la communauté* (art. 1416). C'est ensuite aux époux, quand ils connaîtront cette proportion par le partage et l'inventaire, à régler les différences au moyen de récompenses, de façon à ne laisser à la charge de la communauté que sa part contributoire. Cela n'a rien d'exorbitant, car la communauté a reçu tout l'argent liquide de la succession ; elle peut bien faire l'avance du total des dettes, sauf son recours contre la femme.

II. Successions purement immobilières. — Les dettes de ces successions sont exclues de la communauté, quoique le mari ait autorisé sa femme à accepter. La loi est formelle (art. 1413). — Toutefois leur exclusion n'est pas absolue : elle s'applique seulement au *capital* des dettes, car la communauté acquérant la jouissance des immeubles recueillis par la femme, il est juste de lui faire supporter *les intérêts des dettes héréditaires.*

1121. Successions acceptées par la femme avec autorisation de justice. — Restriction habituelle de l'action des créanciers. — Dans ce cas la modification aux effets naturels du principe de proportionnalité ne consiste plus, comme dans les hypothèses précédentes, dans une extension de l'action des créanciers ; c'est au contraire une *restriction* qui se produit. Il est de principe que l'autorisation de justice ne peut pas nuire à la communauté ni au mari ; la loi refuse donc aux créanciers de la succession le droit de poursuivre la communauté, *même quand la succession recueillie par la femme est mobilière en tout ou en partie.* Le passif en reste alors personnel à la femme, comme s'il s'agissait d'une succession immobilière.

Réfutation d'une objection. — On pourrait avoir un scrupule : la communauté acquiert l'actif (art. 1401-1°), qui est régulièrement devenu propriété de la femme. Ne serait-il pas juste de lui faire supporter une part proportionnelle du passif? Cette injustice apparente a fait quelquefois douter que l'actif lui-même entrât en communauté ; on a voulu le déclarer *propre à la femme*. — Réponse : La communauté n'acquiert l'actif que « cum onere » ; elle le gagne déduction faite des dettes, puisque les créanciers conservent comme gage la totalité de la succession, en meubles et immeubles (ci-dessus n° 1110). C'est seulement *le surplus de la fortune de la femme* qui reste hors de leur atteinte : il n'y a rien d'injuste dans ce résultat.

Effet de la confusion du mobilier. — Il se peut qu'en fait le mobilier héréditaire recueilli par la femme se soit confondu avec les meubles qui appartenaient déjà aux époux et qui font partie de leur communauté. Alors la communauté se trouve tenue, comme tout détenteur d'un mobilier chargé de dettes, et les créanciers peuvent la poursuivre, par une sorte d'action « de in rem verso », jusqu'à concurrence des valeurs qu'elle a reçues. Remarquez que ce n'est pas *l'acceptation de la succession* par la femme, ni *l'autorisation donnée par le tribunal* qui obligent alors la communauté : c'est un fait postérieur, *la confusion du mobilier héréditaire et du mobilier commun*.

Étendue de l'obligation de la communauté. — Rationnellement la communauté ne devrait être tenue que *dans la mesure de son enrichissement*, c'est-à-dire jusqu'à concurrence de la valeur du mobilier reçu par elle. Mais comment connaître cette valeur? Il n'y a qu'un moyen : l'*inventaire*. Si le mari a eu soin de faire inventorier les meubles de la succession, il s'en servira pour limiter les poursuites des créanciers héréditaires ; s'il a négligé cette précaution, il est en faute, puisqu'il était chargé d'administrer les biens de sa femme ; aussi la loi donne-t-elle alors action aux créanciers *pour le tout* contre lui et la communauté (art. 1416, al. 2).

E. — Intérêts ou arrérages des dettes personnelles des époux.

***1122. Le principe.** — Comme conséquence du droit de jouissance que la loi accorde à la communauté sur les biens propres des époux, elle fait une charge commune du service des intérêts ou arrérages dus à leurs créanciers personnels (art. 1409-3°). Les intérêts dus aux créanciers se paient avec les revenus ; or c'est la communauté qui touche tous les revenus des époux ; il est donc tout naturel qu'elle supporte annuellement les intérêts de leur passif. Ainsi, de même que leurs biens personnels ne leur restent *propres qu'en nue propriété* et tombent en communauté pour la jouissance, de même leurs dettes personnelles ne leur restent *propres qu'en capital*, et le service des intérêts est à la charge de la communauté.

1123. Application à la femme. — Pour le mari, qui n'a pour ainsi dire jamais de dettes personnelles, la disposition de l'art. 1409-3° n'offre pas grand intérêt. Il en est autrement pour la femme, dont le passif personnel, étranger à la communauté, peut être considérable.

Énumération. — Sont personnelles à la femme, d'après les règles ci-dessus exposées :

1° Les dettes antérieures au mariage, quand elles n'ont pas date certaine et que le mari n'en reconnaît pas l'antériorité ;

2° Les dettes contractées par elle pendant le mariage sans autorisation ni du mari ni de justice ;

3° Les dettes contractées avec l'autorisation de justice en dehors des deux cas prévus par l'art. 1427 ;

4° Les dettes des successions, donations ou legs acceptés avec l'autorisation de justice ;

5° Les dettes des successions ou donations purement immobilières acceptées même avec l'autorisation du mari.

1124. Dettes faussement assimilées aux intérêts passifs. — Dans la plupart des livres et des cours, on ajoute aux précédentes d'autres dettes, d'une autre nature, que l'on met à la charge de la communauté au même titre et comme conséquence de son droit de jouissance : on les réunit toutes ensemble sous le nom de « Dettes charges des fruits ». Ce sont : 1° les *réparations d'entretien des biens propres* et autres charges, telles que les *impositions*, qu'on appelle « charges usufructuaires » (art. 1409-4°); 2° les *charges du mariage* (aliments des époux, éducation et entretien des enfants, etc.) (art. 1409-5°). En cela on ne fait que suivre l'exemple de la loi qui les énumère à la suite des autres éléments passifs de la communauté, et qui elle-même suit ici POTHIER, *Communauté*, n°s 270 et suiv. — Cependant ces deux sortes de dettes doivent certainement être éliminées de notre énumération, car *elles font nécessairement double emploi avec les catégories précédentes.* De quoi s'agit-il en effet? D'obligations contractées envers des tiers au cours du mariage, soit pour les réparations des propres, soit pour l'entretien de la famille ou l'éducation des enfants. Or ces obligations ne peuvent naître que de contrats ou marchés passés soit par la femme, soit par le mari; c'est le mari qui traite avec un entrepreneur pour des travaux à faire; c'est la femme qui achète des denrées ou des vêtements; c'est un enfant qu'on met en pension; en toute hypothèse il y aura une obligation contractée par le mari ou par la femme comme mandataire du mari, et il en a déjà été parlé.

Pourquoi donc Pothier s'en occupait-il à part? C'est qu'il voulait remarquer que ces dettes doivent rester définitivement à la charge de la communauté : c'est la charge annuelle de son droit de jouissance. Elle n'aura donc *pas droit à récompense* de la part des époux pour les réparations faites sur leurs propres, ni pour l'entretien de leurs personnes. Cela est très vrai et très important à dire; seulement *c'est un autre point de vue*; c'est un morceau de la théorie des récompenses dont nous ne nous occupons pas encore. Observons une fois pour toutes que dans la plupart des articles relatifs au passif de la communauté la loi traite pêle-mêle les deux ordres d'idées, contribution et droit de poursuite.

§ 3. — *Modifications conventionnelles des règles légales.*

A. — Clauses extensives du passif commun.

1125. Observation générale. — Sur ces clauses il y a peu de choses à dire L'augmentation du passif de communauté ne fait jamais l'objet direct et exclusif d'une clause particulière, mais *elle résulte parfois implicitement de certaines clauses étendant l'actif de la communauté*, comme l'ameublissement ou la communauté universelle.

1126. Effet de l'ameublissement. — L'ameublissement laisse en principe les époux sous le droit commun pour le paiement de leurs dettes, parce que la communauté ne reçoit les immeubles ameublis qu'à titre particulier. Cependant si le contrat de mariage contenait un *ameublissement général et en pleine propriété*, par exemple celui des immeubles à recueillir par succession, il y aurait modification indirecte des règles du passif; la communauté, recueillant en totalité l'actif héréditaire, serait tenue de tout le passif de la succession.

1127. Effet de la communauté universelle. — Le sien est encore plus simple, parce qu'il est plus complet; tout le passif est commun, sauf:

1° Les obligations contractées par la femme pendant le mariage sans l'autorisation du mari;

2° Les dettes grevant les dons ou legs faits sous la condition qu'ils n'entreront pas en communauté;

3° Les obligations dérivant d'une reconnaissance d'enfant naturel faite pendant le mariage, dans les conditions prévues par l'art. 337 (t. I, n° 2879). Toutefois ce dernier cas est controversé. Comp. ci-dessus n° 1088.

B. — Clauses restrictives du passif commun.

* **1128. Leur importance et leur nombre.** — Celles-ci sont beau-

coup plus pratiques, plus intéressantes et aussi plus difficiles à expliquer et à comprendre. L'exclusion de communauté peut résulter pour les dettes de deux clauses différentes : l'une est la *séparation des dettes,* l'autre la *déclaration de franc et quitte.*

1° Clause de séparation des dettes.

* **1129. Sa portée possible.** — Cette clause peut avoir pour objet : 1° les *dettes mobilières antérieures au mariage* ; c'est le seul cas prévu par l'art. 1510, reproduisant l'art. 222 de la coutume de Paris ; 2° les *dettes grevant les meubles recueillis par succession, donation ou legs pendant le mariage.*

Mais c'est tout : on ne peut pas exclure de la communauté les *dettes contractées pendant le mariage* par les époux. Le sort de celles-ci est *réglé par la loi d'une manière impérative,* d'après le rôle qu'elle assigne à chacun d'eux et les pouvoirs qu'elle lui accorde ou qu'elle lui refuse. Ainsi on ne pourrait pas convenir que le mari en s'obligeant n'obligerait pas la communauté : ce serait porter atteinte aux droits qu'il possède comme chef, ce qui est défendu par l'art. 1388 (ci-dessus n° 800).

* **1130. Exclusion des dettes mobilières antérieures au mariage.** — C'est une convention très fréquente. Les époux stipulent volontiers que *leur communauté ne sera point chargée des dettes actuelles,* ou, ce qui revient au même, que *chacun d'eux paiera séparément les siennes.* Ordinairement la stipulation est *réciproque* et s'applique aux deux époux également. Mais il est permis de la rendre *unilatérale,* et d'exclure seulement les dettes de l'un des époux. Pareille convention se comprend si l'un des époux a un passif considérable, tandis que l'autre n'en a pas ; en se mariant sous le régime légal, l'époux endetté passerait la moitié de ses charges à l'autre ; on évite ce résultat par une clause d'exclusion, même dépourvue de réciprocité.

1131. La question de date. — Comme l'exclusion ne peut porter que sur les dettes antérieures au mariage, la question de date prend une grande importance, et quelques cas présentent des difficultés.

Délits. — Si un délit a été commis avant le mariage, par l'un des époux qui est ensuite condamné à raison de ce fait : l'*amende* et les *réparations civiles* prononcées ou liquidées après le mariage sont exclues de la communauté, car leur vraie cause est le délit et le jugement n'a fait que constater leur existence et en déterminer le montant.

Procès. — Lorsqu'un procès a été engagé avant le mariage, si l'époux le perd et est condamné aux *dépens,* la cause de son obligation est le fait d'avoir témérairement intenté un procès ; il était sans droit pour agir, le jugement le prouve ; sa dette est donc en réalité antérieure au mariage.

Tutelles. — Si l'un des époux était chargé d'une tutelle quand il s'est marié et sort de charge pendant le mariage, sa dette sera connue par le compte de tutelle et on formera le *reliquat* ; mais il faudra distinguer selon la date des faits qui ont constitué le tuteur débiteur de son pupille : l'exclusion portera sur les sommes dont il était déjà redevable au jour du mariage, mais non sur les obligations résultant de sa gestion postérieure.

*** 1132. Effets de la clause entre les époux.** — Dans les rapports des époux entre eux la clause a un effet très simple et qui est toujours le même, qu'il s'agisse du mari ou de la femme : lorsque la communauté aura acquitté de ses deniers une dette antérieure au mariage, l'époux qui en était débiteur lui en devra récompense, puisqu'il avait été convenu que la communauté n'en serait point chargée. Ce point est réglé très clairement dans l'art. 1510, al. 1.

Seuls, les intérêts courus pendant le mariage resteront à la charge de la communauté (art. 1512), comme s'il s'agissait d'une dette exclue par la loi.

*** 1133. Effet à l'égard des créanciers.** — La clause de séparation des dettes est-elle *opposable aux créanciers*, c'est-à-dire les époux peuvent-ils, en s'armant de leur contrat de mariage, soutenir que la communauté est exonérée de toute poursuite et empêcher les créanciers de saisir leurs biens communs ? Une distinction doit être faite selon qu'il y a eu ou non inventaire du mobilier antérieur au mariage.

1° ABSENCE D'INVENTAIRE. — Ce cas particulier est réglé par la loi (art. 1510, al. 2). Si le mobilier antérieur au mariage n'a pas été inventorié, il s'est *confondu dans la communauté* avec les autres biens qui la composent, et les créanciers ont toujours *action sur la totalité des biens communs*, « sans avoir égard, dit le texte, à aucune des distinctions qui seraient réclamées ». Cela veut dire que la règle est la même, qu'il s'agisse des créanciers de la femme ou de ceux du mari, qu'ils veuillent saisir dans la communauté les apports de l'un ou de l'autre époux, même de celui qui n'était pas leur débiteur, que ces biens soient meubles ou immeubles ; ils peuvent saisir même les *acquêts immobiliers*, car ces biens ont été acquis peut-être avec les meubles de leur débiteur. En d'autres termes, quand il n'y a pas eu d'inventaire du mobilier, la clause de séparation des dettes ne produit jamais d'effet contre les créanciers[1].

2° EXISTENCE D'UN INVENTAIRE. — Cette hypothèse, inverse de la précédente, n'a pas été prévue par la loi et nous sommes réduits à des solutions doctrinales.

Un premier point est certain : *la clause sera opposable aux créanciers de la femme* ; le mari pourra se défendre contre eux en leur opposant l'inventaire, sous la seule condition de leur faire l'*abandon du mobilier inventorié*. Les créanciers n'ont pas à se plaindre puisqu'ils conservent les

[1] L'effet de la confusion résultant du défaut d'inventaire sera le même si on suppose qu'il s'agit non plus du mobilier existant au jour du mariage, mais d'une *succession en partie mobilière* acceptée par la femme sous un régime de communauté réduite aux acquêts : en s'abstenant de faire inventorier les valeurs mobilières comprises dans la succession, le mari s'oblige personnellement envers les créanciers au paiement des dettes du défunt et oblige la communauté avec lui (Cass., 23 avril 1888, D. 89. 1. 233, S. 89. 1. 25).

biens qui formaient leur gage au jour du mariage. C'est une solution traditionnelle, exposée tout au long dans POTHIER, *Communauté*, nos 362 à 364.

Il y a au contraire *controverse* sur le point de savoir si les *créanciers du mari* se verront de même arrêtés dans leurs poursuites par l'existence d'un inventaire. Quelques auteurs soutiennent qu'il ne faut point faire de différence entre les créanciers du mari et ceux de la femme ; pour eux l'argument « a contrario » qui se tire du texte de l'art. 1510 a la même force contre les deux catégories de créanciers. Cette opinion me paraît une erreur : même quand il y a eu inventaire, la clause de séparation n'est *jamais opposable aux créanciers du mari*, à cause des pouvoirs que leur débiteur possède sur la communauté. Ces pouvoirs sont tels que lui-même pourrait toujours employer les biens communs à désintéresser ses créanciers personnels ; ce qu'il peut faire ainsi, ses créanciers peuvent évidemment le faire de son chef. Comp. AUBRY et RAU, t. V, § 526, texte et note 11. Il n'y a donc que les créanciers de la femme qui soient arrêtés par la clause de séparation des dettes, et c'est du reste ce que suppose clairement Pothier : il ne se préoccupe que du mari aux prises avec les créanciers de sa femme et ne se demande même pas si la clause qu'il examine serait opposable à ceux du mari (POTHIER, *Communauté*, nos 362 à 364).

1134. Exclusion des dettes grevant les successions, donations ou legs. — L'exclusion de ces dettes résulterait suffisamment de l'exclusion de l'actif qu'elles grèvent et on pourrait la sous-entendre ; mais en fait les contrats de mariage l'établissent toujours *expressément*.

Si cette convention a été adoptée par les époux, il faudra appliquer à ces dettes provenant de successions, de donations ou de legs les mêmes règles et les mêmes distinctions qui viennent d'être exposées pour les dettes antérieures au mariage, notamment pour l'*inefficacité de la clause contre les créanciers du mari*, et pour la *nécessité d'inventorier le mobilier échu à la femme*, si le mari veut écarter l'action des créanciers contre la communauté.

1135. Forme usuelle de ces clauses. — Dans la pratique les clauses expresses d'exclusion des dettes portent presque toujours *sur les deux catégories de dettes* signalées ci-dessus au n° 1129, et en outre elles sont *réciproques*. Les époux stipulent qu'ils paieront séparément : 1° leurs dettes antérieures au mariage ; 2° toutes les dettes qu'ils recueilleront par succession, donation ou legs. Sous cette forme, elle concourt avec une clause correspondante pour l'actif, à former la *communauté réduite aux acquêts* (ci-dessus n° 1000).

*** 1136. Conséquence pratique.** — Que reste-t-il pour former le passif commun sous l'empire de cette clause quand elle est complète ? La loi ne nous fournit à cet égard aucune indication ; elle semble même nier l'existence d'un passif commun, en disant, dans l'art. 1498, que la communauté ne doit payer *ni les dettes présentes, ni les dettes futures* des époux. Mais on a déjà vu, à propos de l'actif (ci-dessus n° 995) que le mot « futur » n'a pas un sens absolu, et désigne dans l'usage, en matière de communauté, ce qui est acquis par succession, donation ou legs. Il reste au contraire des catégories considérables de dettes qui entrent en communauté; ce sont *toutes celles qui sont contractées par le mari et toutes celles que la femme contracte avec son autorisation*, auxquelles il faut joindre les deux cas prévus par l'art. 1427, où la femme s'oblige avec l'autorisation de justice (ci-dessus n° 1102), et les *intérêts ou arrérages* de toutes les autres dettes des époux.

1137. Question particulière. — On s'est demandé quelle influence pouvait avoir sur la composition du passif commun la *réduction de la communauté aux acquêts immobiliers* (ci-dessus n° 1009). Que deviennent les dettes contractées pendant le mariage? La jurisprudence a décidé qu'*elles tombent dans la communauté*, malgré l'exclusion de certains acquêts, et les époux s'en trouvent tenus comme sous un régime de communauté d'acquêts ordinaire (Rouen, 29 juin 1850, D. 51. 2. 200, S. 51. 2. 385; Cass., 3 août 1852, D. 52. 1. 257, S. 52. 1. 833). Cette clause assez rare reste donc sans influence sur la composition passive de la communauté; elle n'en modifie que l'actif.

2° Déclaration de franc et quitte.

1138. Définition. — C'est la seconde des conventions restrictives du passif commun. On appelle ainsi la clause dans laquelle l'apport de l'un des époux est *déclaré par contrat de mariage franc et quitte de toutes dettes antérieures au mariage*. C'est une sûreté, une garantie donnée à l'autre époux, pour le prémunir contre la surprise désagréable d'avoir à payer des dettes peut-être considérables, sur lesquelles il ne comptait pas : on lui promet que l'apport de son conjoint est *net*. Cette convention est prévue par l'art. 1513.

1139. Fréquence. — Cette clause est extrêmement usitée. Elle est presque de style dans les contrats de mariage, où beaucoup de notaires l'insèrent d'office.

1140. Forme. — La déclaration est habituellement *expresse*, mais elle peut être *tacite*. Elle résulte implicitement de la simple *promesse d'apport*, prévue dans l'art. 1500 (ci-dessus n° 1012). Quand un apport *déterminé* a été promis à la communauté, il faut qu'il soit *franc*; s'il était grevé de dettes, il ne se trouverait effectué qu'en partie. De là la disposition de l'art. 1511 : « Un tel apport emporte la convention tacite qu'il n'est point grevé de dettes antérieures au mariage. »

1141. Effet de la clause à l'égard des créanciers. — Elle ne leur est *pas opposable* : elle n'empêche pas les créanciers de l'époux dont l'apport a été déclaré franc et quitte de poursuivre leur paiement sur la communauté, *sur toute la communauté*, même sur les meubles qui proviennent de l'autre époux. A ce point de vue la clause de franc et quitte est moins avantageuse que la séparation des dettes, qui paralyse l'action des créanciers de la femme, dès qu'il est fait inventaire. Aussi, pour obtenir tout l'effet utile de ces conventions, on combine le plus souvent les deux clauses.

1142. Effet à l'égard des époux. — Celui dont l'apport a été déclaré franc et quitte est tenu d'indemniser la communauté si, contrairement à sa déclaration, il existait des dettes à sa charge que la communauté a été obligée de payer. La masse commune a droit à récompense; elle a un *recours à exercer contre l'époux débiteur* comme s'il y avait eu séparation des dettes. Ce recours présente même *deux avantages particuliers*, qui n'existent pas dans le cas de séparation des dettes, et c'est ici qu'apparaît l'utilité spéciale de la déclaration de franc et quitte, son rôle propre, quand on l'ajoute à une clause de séparation.

Premier avantage. — La communauté ne doit *pas même supporter les intérêts des dettes* qui n'ont pas été déclarées : son recours lui est donné pour tout ce qu'elle a payé, en intérêts aussi bien qu'en capital. Le motif est bien clair : on lui avait promis qu'aucune dette n'existait ; il faut l'indemniser de tout ce qu'on lui a fait perdre. Cela n'a pas lieu dans le recours ouvert à raison d'une clause pure et simple de séparation des dettes. Voyez ci-dessus n° 1132.

Second avantage. — Le recours peut être donné non seulement contre l'époux débiteur, mais *même contre des tiers*. La déclaration que l'apport est franc et quitte a pu être faite par d'autres que l'époux en même temps que par lui, c'est-à-dire *par ses parents* ou *par son tuteur*, comme le prévoit l'art. 1513, et même *par un étranger*. Toutes ces personnes sont tenues en vertu de la déclaration qu'elles ont faite ; elles en sont responsables et se trouvent ainsi *garantes* de la déclaration faite par l'époux lui-même. Seulement ce recours contre les tiers est *subsidiaire* : il a lieu uniquement « en cas d'insuffisance » des biens de l'époux, d'après l'art. 1513, al. 1.

1143. Ouverture du recours. — A quelle époque l'époux bénéficiaire de la clause pourra-t-il agir contre son conjoint pour se faire indemniser, en exerçant le recours que lui ouvre l'article 1513 ? Il faut remarquer que cette action soulève une question de *récompense* entre époux ; par suite l'affaire doit se liquider *seulement après la dissolution de la communauté*, quand on procède au règlement général des récompenses.

Cependant la loi déroge à cette règle en faveur du mari, quand c'est l'apport de la femme qui a été déclaré franc et quitte : on lui permet d'agir *même pendant le mariage* contre les auteurs de la déclaration qui se sont portés garants de sa femme (art. 1513, al. 2). Ceux-ci de leur côté auront un *recours* contre la femme, dont ils ne sont en quelque sorte que les cautions ; mais ce recours ne leur est ouvert qu'*après la dissolution de la communauté* (art. 1513, al. 2 *in fine*).

CHAPITRE VII

DE LA DISSOLUTION DE LA COMMUNAUTÉ

§ 1. — *Ses modes de dissolution.*

** **1144. Énumération et classification.** — On n'en trouve dans la loi qu'une énumération incomplète (art. 1441). Les causes de dissolution de la communauté peuvent se diviser en *deux groupes*.

Dissolution par voie de conséquence. — La communauté peut se trouver dissoute *parce que le mariage lui-même est dissous* : il n'y a plus de *communauté* parce qu'il n'y a plus d'*époux*. Les causes qui forment ce premier groupe sont au nombre de trois : 1° la *mort de l'un des époux* ; 2° le *divorce* ; 3° l'*annulation du mariage*. Anciennement il y en avait une quatrième, la *mort civile*, abolie par les lois du 8 juin 1850 et du 31 mai 1854.

Dissolution par voie principale. — Dans certains cas, la communauté se dissout par une cause qui lui est propre et bien que le mariage existe encore. En ce cas la communauté seule est dissoute et les deux époux se trouvent soumis à un autre régime. Les causes de ce deuxième groupe sont également au nombre de trois : 1° la *séparation de biens* ; 2° la *séparation de corps* ; 3° l'*absence*.

A. — Mort de l'un des époux.

1145. Division. — La mort de l'un des époux est la cause la plus fréquente de dissolution pour les communautés conjugales. Deux points seulement sont à considérer, comme spéciaux à cette hypothèse : 1° l'obligation imposée au survivant de *faire inventaire* (art. 1442) ; 2° les *droits accordés à la veuve* (art. 1465 et 1481).

1° Obligation de faire inventaire.

***1146. Motif.** — La nécessité de faire inventaire se justifie, non seulement parce que cet inventaire sera fort utile pour liquider et partager la communauté, dont il aidera à connaître la consistance ; mais aussi et surtout parce qu'il importe d'éviter des *fraudes au détriment des enfants* : l'époux survivant qui connaît l'état des affaires de la communauté et qui est en possession de ses titres et de ses valeurs est à même de commettre, le plus facilement du monde, des divertissements ou recélés considérables.

***1147. Délai.** — Dans le silence de la loi, on applique souvent par analogie les délais de trois mois et quarante jours établis dans d'autres hypothèses par différents textes (art. 794, 795, 1456, 1458, 1465). Cette disposition peut en effet être considérée comme sous-entendue, car un inventaire fait trop longtemps après le décès du prémourant n'offrirait plus de garanties sérieuses (Rennes, 5 févr. 1894, D. 94. 2. 400, S. 95. 2. 76). Cependant il n'est pas rare de voir les tribunaux accepter comme suffisant un inventaire terminé après l'expiration des délais légaux, quand le retard s'explique par de bonnes raisons et que la bonne foi de l'époux survivant ne peut être mise en doute (Bordeaux, 17 mars 1875, D. 77. 2. 207 ; Pau, 28 mars 1887, D. 88. 2. 117, S. 87. 2. 166). Au cas de mauvaise foi prouvée ou d'obstination injustifiée, on applique au contraire les sanctions établies par l'art. 1442 (Paris, 30 janv. 1900, P. 1901. 2. 41).

1148. Ancienne sanction. — Jadis le défaut d'inventaire entraînait *continuation de la communauté* (coutume de Paris, art. 240-241). Les enfants *mineurs* de l'époux prédécédé pouvaient demander que la communauté fût partagée comme si elle avait duré jusqu'au jour de leur demande en partage, qui pouvait parfois se produire très tardivement ; il en résultait que la communauté était réputée continuer, au profit des enfants, plus ou moins longtemps après la dissolution du mariage et que les acquisitions postérieures du survivant se partageaient au lieu de lui rester propres (Voy. Pothier, *Communauté*, n° 769 à 966). Cette pratique était une source de complications et de procès, surtout lorsque le conjoint demeuré veuf se remariait : on voyait alors s'établir une *communauté tripartite*, dans laquelle le nouvel époux entrait comme un troisième ayant droit, tandis que les enfants représentaient l'époux décédé (Pothier, *ibid.*, n° 907). On a voulu tarir la source de ces difficultés, et on a remplacé l'ancienne sanction par d'autres.

***1149. Sanctions actuelles.** — Actuellement l'obligation de faire inventaire est sanctionnée d'une *triple manière*.

Admissibilité de la preuve par commune renommée. — A défaut d'inventaire, les intéressés, quels qu'ils soient, pourront prouver la consistance de la communauté par tous les moyens, non seulement par titres ou par témoins, mais même par commune renommée. Cette preuve exceptionnelle, toujours très dangereuse pour la personne contre laquelle elle est fournie (t. I, p. 573, note 1), n'est jamais admise par la loi qu'*à titre de peine* contre une personne en faute, qui a négligé de faire établir une preuve régulière qui aurait profité à tout le monde ; son emploi risque de faire prononcer contre cette personne une condamnation exagérée.

Cette première sanction est instituée *d'une manière générale*; les deux autres *ne profitent qu'aux enfants mineurs issus du mariage*.

PERTE DE LA JOUISSANCE LÉGALE. — L'époux survivant est privé du droit de jouissance que la loi accorde aux père et mère sur les biens de leurs enfants mineurs de dix-huit ans. La déchéance s'étend même aux biens que les enfants peuvent posséder d'une autre source et n'est pas restreinte à la part qu'ils prennent dans la succession du prédécédé et dans la communauté. L'art. 1442, al. 2 s'exprime en termes absolus. Cette sanction a lieu de plein droit; il n'est pas nécessaire de faire prononcer la déchéance par la justice, et c'est au contraire l'époux survivant, s'il veut conserver son droit de jouissance, qui doit prouver l'absence de faute de sa part.

RESPONSABILITÉ SOLIDAIRE DU SUBROGÉ TUTEUR. — L'époux survivant devient de plein droit le tuteur des enfants mineurs, et la loi suppose qu'on lui donne un subrogé tuteur. Elle déclare celui-ci solidairement responsable avec le tuteur de toutes les condamnations qui peuvent être prononcées au profit des mineurs (art. 1442, *in fine*). C'est un cas de solidarité légale; il se justifie parce que l'une des fonctions du subrogé tuteur est justement de surveiller le tuteur et d'exiger de lui le strict accomplissement de ses obligations (t. 1, n° 2386). On espère par son intermédiaire forcer le tuteur à dresser l'inventaire.

1150. Dispense d'inventaire admise en jurisprudence. — Toutes ces sanctions supposent que l'inventaire pouvait être utile. Elles seraient inapplicables, s'il était avéré que la communauté était absolument mauvaise et que les enfants n'avaient rien à en retirer (Paris, 21 févr. 1893, D. 93. 2. 465, S. 94. 2. 199; Caen, 14 nov. 1894, S. 95. 2. 230).

2° Des droits de la veuve.

1151. Faveur faite à la veuve. — En cas de mort du mari, la loi permet à la veuve de prendre, *aux frais de la communauté*, son logement et sa nourriture pendant les trois mois et 40 jours qu'on lui laisse pour délibérer (art. 1465).

1152. Aliments. — Ces aliments sont accordés *à la veuve et à ses domestiques*, mais non aux enfants, lesquels sont héritiers du père et doivent vivre avec les ressources que leur procure la succession. Ils se déterminent, d'après la jurisprudence, *eu égard à la condition sociale du mari* (Cass., 15 déc. 1873, D. 74. 1. 113). Ils sont dus jusqu'à la fin des délais, même si la femme a pris parti auparavant: la loi les lui accorde en effet, non pas jusqu'à son option seulement, mais « pendant la durée des délais ». On peut remarquer que les aliments sont dus *par la communauté*, d'après l'art. 1465, tandis que le *deuil* de la veuve lui est dû *par la succession du mari* (art. 1481).

En fait, la plupart du temps, la veuve vit, comme le dit l'art. 1465, sur les provisions existantes ou avec les revenus de la masse sans qu'il y ait de pension fixée. La loi lui recommande seulement « d'en user modérément ».

1153. Logement. — D'après l'art. 1465, al. 2, la femme « ne doit aucun loyer à raison de l'habitation qu'elle a pu faire, pendant ces délais, dans une maison dépendant de la communauté ou appartenant aux héritiers du mari, et si la maison qu'habitaient les époux à l'époque de la dissolution de la communauté était tenue par eux à titre de loyer, la femme ne contribue point, pendant les mêmes délais, au paiement du loyer, qui est pris sur la masse ». C'est une mesure de convenance et d'humanité; on permet à la veuve de se servir, pendant quelques mois encore, de la maison commune.

Il y a un cas que la loi n'a pas prévu: c'est celui où le bail vient à cesser avant la fin des délais. La femme a droit alors à une indemnité pour son logement pendant ce qui reste à courir des délais.

1154. Caractère personnel des droits de la veuve. — Le double droit accordé à la veuve par l'art. 1465 lui est personnel et ne passe pas à ses héritiers (art. 1495, *in fine*).

B. — Divorce.

* **1155. Division.** — Aboli en 1816, le divorce a été rétabli par la loi du 27 juillet 1884. Quelques développements sont nécessaires pour détermi-

ner le moment auquel se produit la dissolution de la communauté par l'effet du divorce. On a déjà vu que les effets du divorce ne se réalisent pas à un moment unique (ci-dessus nos 646 et suiv.). Rappelons également que le divorce, qui était autrefois *prononcé* par l'officier de l'état civil, est aujourd'hui simplement *transcrit* par lui en exécution du jugement. Spécialement pour la dissolution de la communauté, il faut distinguer les *rapports des époux entre eux et leurs rapports avec les tiers*.

* **1156. Dissolution à l'égard des époux.** — Dans l'art. 252 nouveau, remanié par la loi du 18 avril 1886, et qui est un texte des plus longs et des plus encombrés que nous ait donné le législateur moderne, qui a tant abusé de ce procédé, on trouve un alinéa 5 ainsi conçu : « Le jugement dûment transcrit *remonte, quant à ses effets entre époux, au jour de la demande.* » Cette disposition très remarquable doit être bien comprise : la rétroactivité ainsi attribuée au jugement de divorce n'est pas l'application du droit commun. Les jugements ordinaires paraissent rétroagir parce qu'ils sont *purement déclaratifs,* et non attributifs de droits. Mais le juge qui prononce un divorce ne se borne pas à constater le droit des parties ; il modifie leur situation ; il fait un *acte d'autorité* qui *crée un état nouveau* (Comp. t. 1, n° 482). La dissolution du mariage ne se produit qu'en vertu de la sentence du juge, et même un peu plus tard, *au moment de la transcription,* qui a remplacé l'ancien prononcé du divorce par l'officier de l'état civil ; c'est toujours cet acte de l'état civil qui constitue le divorce. Alors pourquoi cette rétroactivité extraordinaire, en vertu de laquelle un état de choses, créé par le divorce, va être réputé avoir existé avant lui ? Cette disposition, qui est de droit nouveau, est apparue très tard dans la préparation de la loi de 1886 : elle y a été introduite le 24 décembre 1885, et le vote final de la loi est du 18 avril suivant. On a voulu imiter dans l'hypothèse du divorce un système déjà suivi par la jurisprudence en matière de séparation de corps : les tribunaux attribuent à cette séparation une certaine rétroactivité, qui ne produit ses effets qu'à l'égard des époux, et n'est pas opposable aux tiers à cause du défaut de publicité des demandes en séparation de corps (Voyez ci-dessus n° 716 et ci-dessous n° 1205). Au lieu de consacrer cette jurisprudence en l'étendant à un cas nouveau, il eût mieux valu la condamner, car elle est absolument contraire aux principes et aux textes.

* **1157. Dissolution à l'égard des tiers.** — A l'égard des tiers, la communauté n'est réputée dissoute qu'au moment où le mariage l'est lui-même ; il n'y a point de rétroactivité et le mari conserve tous ses pouvoirs sur la communauté, depuis la demande jusqu'à la réalisation du divorce. Les actes qu'il fait dans cet intervalle sont donc valables et opposables à la femme. Celle-ci n'a d'autre ressource que l'art. 243 nouveau (271 ancien),

qui lui permet de les faire annuler en cas de fraude. Sur ce texte, qui n'est que l'application d'un principe général, voyez ci-dessus n° 1022.

1158. Mauvaise rédaction de l'art. 252. — Pour indiquer l'effet rétroactif très restreint qu'on a ainsi attribué au divorce, la loi s'est exprimée d'une manière vicieuse : elle dit, en termes vagues, que les effets du jugement remontent au jour de la demande. Cela n'est point vrai de *tous ses effets*, mais seulement de l'effet spécial qu'il produit sur la communauté en la dissolvant : le mariage n'est pas réputé, même à l'égard des époux, se dissoudre rétroactivement; la rétroactivité n'a lieu que pour le règlement de leurs intérêts pécuniaires.

C. — Annulation du mariage.

* **1159. Difficulté.** — Il y a quelque difficulté à comprendre comment l'annulation d'un mariage peut être une cause de dissolution de la communauté : quand le mariage est annulé, il est *anéanti même dans le passé* ; c'est comme si les deux époux ne s'étaient pas mariés, et il n'y a jamais eu de communauté entre eux. On réglera leurs intérêts comme s'il y avait eu une simple confusion de fait. Une communauté ne peut se dissoudre qu'à la condition d'avoir *existé* et *duré*. Néanmoins le jugement qui annule un mariage peut réellement mettre fin à une communauté. Cela a lieu lorsque le mariage annulé vaut pour le passé à titre de *mariage putatif*. Il est alors comparable à un mariage dissous par le divorce (ci-dessus n° 432).

D. — Séparation de biens.

** **1160. Définition.** — La séparation de biens est une *mesure de protection pour la femme*, destinée à la soustraire aux dangers que lui font courir les droits de toute nature attribués au mari sur sa fortune par le régime de communauté. Elle *résulte d'un jugement*, rendu *sur la demande de la femme* (art. 1443) et qui met fin à ce régime *en séparant complètement les intérêts pécuniaires des deux époux*.

1161. Origine historique. — L'institution de la séparation de biens remonte au droit romain. Le mari, propriétaire de la dot, et tenu de la restituer un jour à la femme ou au constituant, pouvait en compromettre la restitution : la femme avait à craindre de ne pas trouver dans les biens du mari, le jour venu, des valeurs suffisantes pour lui assurer la reprise intégrale de la dot. On permit donc à la femme de réclamer, même pendant le mariage, la *restitution anticipée de sa dot* « propter inopiam mariti » (*Dig.*, liv. XXIV, tit. 3, fr. 24 ; *Code*, liv. V, tit. 12, loi 29 ; Nov. 97, chap. VI).

C'est de ce précédent historique qu'est dérivée la séparation de biens. On l'avait admise dans notre ancien droit pour les mêmes causes qui, en droit romain, donnaient lieu à la restitution anticipée de la dot. C'est la loi 24, *Soluto matrimonio*, que commente Pothier quand il veut étudier ces causes (*Communauté*, n° 510). Elle fut d'abord connue et pratiquée devant les officialités. Exemple du XIVe siècle cité par Esmein, *Le mariage en droit canonique*, t. I, p. 31, d'après Varin, *Archives législatives de Reims*, n° XCIV, p. 98. Mais au XIIIe siècle Beaumanoir en ignore complètement l'existence (n° 622). Voyez le passage rapporté ci-dessus n° 1018, en note.

1° Qui peut demander la séparation.

** **1162. Droit de la femme.** — *La femme seule* peut demander la séparation de biens ; son mari ne le peut pas (art. 1443). C'est une protection accordée à la femme contre le mari ; de la part du mari, la demande serait sans motif.

Cependant le mari a un *moyen indirect* de se séparer de biens : c'est de demander la séparation de corps, qui entraîne comme conséquence la séparation de biens, mais celle-ci ne forme plus l'objet direct et principal de la demande.

1163. Droit des héritiers de la femme. — Les héritiers de la femme ne pourraient certainement pas intenter eux-mêmes l'action, qui n'a plus d'utilité à un moment où la communauté est déjà dissoute par la mort de la femme. Ne leur est-il pas du moins permis de *la continuer,* quand elle a déjà été exercée par la femme et que celle-ci est morte au cours de l'instance? La femme avait un droit acquis à ce que la communauté fût dissoute et ses intérêts liquidés dans l'état où ils se trouvaient au jour de la demande. Il semble donc que ses héritiers devraient succéder à son action et que les lenteurs de la justice ne devraient pas leur nuire. Néanmoins la jurisprudence considère l'action comme éteinte par la mort de la femme (Bastia, 7 juill. 1869, D. 72. 2. 260).

2° Causes de séparation.

* **1164. Distinction.** — Pour se rendre compte des causes qui peuvent justifier une séparation de biens, il faut distinguer deux choses :

1° *Le fait dangereux,* qui est le *mauvais état des affaires du mari* ;

2° *Le péril qui en résulte pour la femme,* dont les intérêts sont compromis.

Le second est la conséquence du premier, dont il est nécessairement distinct.

a. — *Sources du danger que court la femme.*

* **1165. Rédaction insuffisante de la loi.** — L'art. 1443 s'exprime en termes vagues : « le désordre des affaires du mari. » Précisons ce que cache cette formule qui n'a pas de valeur particulière au point de vue juridique ; le désordre dont la loi parle peut être de plusieurs sortes.

** **1166. Insolvabilité du mari.** — Quand le mari a plus de dettes que de biens, quand il est tombé en *faillite* ou en *déconfiture,* il n'est pas douteux que la séparation peut être prononcée. Il n'est pas nécessaire que son insolvabilité soit arrivée *par sa faute* : ce peut être l'effet d'une *catastrophe financière ou commerciale,* qui ne lui est pas imputable ou d'un concours de circonstances malheureuses qui déroutent les plus prudents. Mais il faut que cette insolvabilité soit *postérieure au mariage* : si les biens du mari étaient déjà insuffisants au moment où sa femme l'a épousé, cette insuffisance en se prolongeant ne serait pas une cause de séparation (Cass., 2 juill. 1851, D. 51. 1. 272, S. 51. 1. 509).

Il n'est pas nécessaire d'attendre que la ruine du mari soit consommée ; il suffit qu'elle soit commencée ou imminente[1]; sinon le remède arriverait trop tard.

* **1167. Habitudes de gaspillage.** — Si le mari mange follement ses *revenus,* sans entamer son capital, il n'est pas *insolvable,* il est *dissipateur,* et cela suffit pour prononcer la séparation (Toulouse, 10 mai 1884, Dalloz, *Suppl.,* t. IV, p. 109, note 2, S. 84. 2. 184).

1168. Mise des biens sous séquestre. — La mise sous séquestre des biens du mari, en cas de contumace, a pour la femme le même effet que les habitudes de dissipation : elle la prive de ses revenus et la réduit aux secours que l'administration veut bien lui accorder.

* **1169. Interdiction du mari.** — L'interdiction (légale ou judiciaire) du mari est-elle une cause de séparation ? Quelques auteurs l'admettent, et c'était anciennement l'opinion de Renusson. L'interdiction dissout le mandat et la société. Il semble donc naturel qu'elle dissolve aussi cette espèce de société que forme la communauté conjugale et qu'elle mette fin à la gestion du mari, d'autant plus qu'elle a pour effet de remettre la direction de la communauté au tuteur du mari. Il y a en ce sens un jugement du tribunal de la Seine (S. 68. 2. 129). — *Cependant cette opinion doit être rejetée*: l'interdiction du mari ne crée *aucun péril* pour la femme pouvant motiver la séparation (Paris, 18 mars 1870, D. 70. 2. 102, S. 70. 2. 146; Amiens, 18 août 1882, Dalloz, *Suppl.,* t. IV, p. 112, note 1, S. 82. 2. 222).

Si la mauvaise administration du tuteur compromet les intérêts de la femme, celle-ci peut provoquer son remplacement, et au besoin se faire nommer elle-même tutrice.

1170. État de folie. — Si le mari est fou, il est possible qu'il en résulte des dangers pour les intérêts pécuniaires de la femme, mais le remède à cette situation est l'interdiction ou l'internement du mari et non la séparation de biens, qui aurait l'inconvénient de créer contre le mari une situation dont il ne pourrait pas sortir à sa volonté en cas de guérison, tandis que la mainlevée de son interdiction s'il y a lieu sera prononcée sur sa demande par le tribunal.

b. — *Nature du danger.*

** **1171. Formule de la loi.** — Le péril qui menace la femme et qui justifie la séparation est indiqué par l'art. 1443 de deux façons différentes: 1° la *dot est mise en péril*; 2° il y a *lieu de craindre que les biens du mari ne soient pas suffisants pour remplir les droits et reprises de la femme.*

La *dot* est le bien que la femme a apporté en mariage, soit qu'elle en ait personnellement conservé la propriété, soit qu'elle l'ait mis en commu-

[1] Comparez le texte rapporté par MM. Varin et Esmein : « contra maritum *vergentem ad inopiam* » (cité plus haut, p. 356).

nauté; les *reprises* sont les actions qu'elle peut faire valoir contre son mari ou contre la communauté, quand elle a des indemnités à leur réclamer. La femme est donc protégée à la fois comme *propriétaire* et comme *créancière*.

La formule employée par la loi n'est pas très heureuse, puisque les reprises de la femme ne sont au fond qu'une partie de sa dot. La seconde phrase ne peut donc avoir que la valeur d'une explication supplémentaire et incomplète de la première.

* **1172. Interprétation extensive du texte.** — On est d'accord pour entendre largement la disposition de l'art. 1443 et on le fait de deux façons différentes :

1° D'abord on n'exige pas que la dot ou les reprises de la femme soient *compromises en capital*; il suffit que les *revenus* soient détournés de leur destination légale, qui est l'entretien de la famille. Ainsi le gaspillage des revenus en folles dépenses (Toulouse, 10 mai 1884 précité), leur saisie par des créanciers du mari (Cass., 7 févr. 1894, D. 94. 1. 164, S. 94. 1. 269), ou leur séquestre par l'État créent le péril dont parle la loi. On doit assimiler aux revenus des biens et valeurs que possèdent les époux les produits du travail de la femme, profits ou salaires quand elle a un talent ou une industrie qui la fait vivre. Si le mari gaspille l'argent gagné par sa femme, la séparation pourra avoir lieu (Paris, 2 juill. 1878, D. 79. 2. 107, S. 78. 2. 199).

2° Alors même que la femme ne posséderait ni fortune, ni industrie, la séparation serait encore possible, pour sauver une succession qu'elle attend et qui tomberait en communauté : si on ne se hâtait de prononcer la séparation, le mari la gaspillerait comme il a fait de ses propres biens. Il suffit donc, selon une formule donnée par Marcadé, que l'avoir *actuel* ou même *éventuel* de la femme soit en péril (Trib. Genève, 5 mars 1889, S. 90. 4. 8).

3° Procédure de la séparation de biens.

* **1173. Nécessité d'un jugement.** — La séparation de biens ne peut pas être *volontaire* : faite à l'amiable elle est *nulle* (art. 1443, al. 2). Elle doit être *prononcée par jugement*. Le motif se trouve dans l'art. 1395 : c'est le principe de l'*immutabilité des conventions matrimoniales*. En effet, la séparation détruit le régime adopté par les époux, met fin à leur communauté et les soumet à un régime nouveau.

Toute la procédure de la séparation est entourée de précautions prises par la loi et surtout des mesures de publicité, justifiées par la crainte des fraudes très nombreuses qui se commettaient jadis contre les créanciers du mari et que la loi actuelle a réussi, sinon à empêcher complètement, du moins à diminuer dans une large mesure.

1174. Forme de la demande. — Il n'y a pas de préliminaire de conciliation (art. 49-7° C. proc. civ.), parce qu'il ne peut pas y avoir d'arrangement sur le fond entre les époux. Ce n'est pas le mari qui autorise la femme à agir, ni le tribunal, c'est le président du tribunal. La femme lui adresse une requête (art. 865 C. proc. civ.) et celui-ci peut lui faire les observations qu'il juge convenable. Le tribunal compétent est celui du domicile du mari.

1175. Publicité de la demande. — La demande en séparation doit être rendue publique (art. 866-868 C. proc. civ.). Cette publicité est requise dans l'intérêt des tiers : 1° les créanciers du mari ont besoin d'être avertis pour intervenir dans l'instance comme ils en ont le droit (ci-dessous n° 1197); 2° le jugement remontant quant à ses effets au jour de la demande, le mari ne peut plus, à partir de ce jour, conférer des droits à des tiers sur la communauté, soit comme acquéreurs de droits réels, soit comme créanciers, si ce n'est pour les besoins de son administration.

La sanction de cette prescription est la nullité de la séparation, qui pourrait être opposée à la femme, par le mari ou ses créanciers (art. 869 C. proc. civ.).

1176. Délai d'un mois. — Le même art. 869 porte qu'il ne pourra être prononcé aucun jugement qu'un mois après l'observation de ces formalités. Ce délai, établi lui aussi sous peine de nullité, est nécessaire pour donner aux créanciers le temps d'examiner si la demande est sérieuse et s'il est de leur intérêt d'intervenir.

***1177. Preuve.** — On déroge en cette matière sur un point aux règles ordinaires : *l'aveu du mari ne fait pas preuve* (art. 870 C. proc. civ.). La séparation ne pouvant pas être volontaire, il fallait éviter une entente entre les époux devant le tribunal.

1178. Publicité du jugement. — Toute séparation de biens doit être rendue publique avant son exécution (art. 1445-1°). Cette seconde publicité, distincte de celle de la demande, est nécessaire pour annoncer aux tiers que la femme a recouvré la capacité d'administrer ses biens et que les pouvoirs du mari ont pris fin. Pour ses formes voyez art. 872 C. proc. civ. et 1445-1°.

***1179. Délai d'exécution du jugement.** — D'après l'art. 1444, le jugement doit être exécuté *dans la quinzaine à compter de sa date*, sous peine de nullité. Ceci déroge gravement au droit commun qui donne trente ans pour exécuter les jugements contradictoires. C'est que le législateur redoute les séparations simulées et frauduleuses. Si la femme a réellement intérêt à se séparer, qu'elle le fasse au plus vite, pour éviter la dissipation complète de la communauté et des biens du mari. Sinon c'est que la séparation n'est pas sérieuse et qu'elle est destinée à tromper les tiers, auxquels on opposerait plus tard le jugement de séparation, après leur avoir laissé croire que la communauté existe toujours.

Ici se présente une petite difficulté. Le Code civil exige l'exécution dans la quinzaine, le Code de procédure (art. 174) donne à la femme trois mois et quarante jours pour prendre parti sur la communauté. Pour concilier ces deux textes, on admet que la femme doit faire dans la quinzaine les actes d'exécution qui n'entraînent pas acceptation de la communauté, par exemple la reprise de ses propres. Pour les autres, elle peut attendre l'expiration du temps qui lui est donné pour délibérer. Il suffit d'ailleurs que les poursuites soient *commencées* dans la quinzaine et *continuées ensuite sans interruption* (art. 1444 *in fine*); il serait le plus souvent impossible de les terminer dans un si court délai. — Les juges du fait apprécient souverainement l'existence d'une interruption dans les poursuites (Cass., 18 août 1884, D. 85. 1. 207, S. 88. 1. 23. Comp. Paris, 2 mars 1877, D. 77. 2. 91).

1180. Actes d'exécution. — La jurisprudence se montre même très large pour apprécier le commencement d'exécution qui empêche le jugement de devenir caduc. Ainsi il a été jugé que la simple signification du jugement pouvait être suffisante, bien que cette signification ne soit pas un acte d'exécution (Cass., 9 juill. 1829, Dalloz, *Répert.*, v° Contrat de mariage, n° 1828; Gand, 27 nov. 1861, *Pasicrisie*, 1861, 2. 301). Cependant il serait prudent de ne pas s'en tenir là, car il y a des décisions contraires (Limoges, 11 juill. 1839, S. 40. 2. 17; Rouen, 31 janv. 1863, D. 63. 2. 75, S. 63. 2. 128). Mais la femme éviterait toute déchéance si elle avait fait suivre sa signification d'un commandement de payer le montant des condamnations (Paris, 21 nov. 1893, D. 94. 2. 259). La simple liquidation des reprises de la femme, même accompagnée de la promesse du mari de les payer le plus tôt possible n'est pas un acte d'exécution (Bordeaux, 31 mars 1857, D. 57. 2. 113).

1181. Nécessité d'un acte authentique. — La loi veut que l'exécution du jugement, c'est-à-dire la liquidation de la communauté et l'exercice des actions en reprise de la femme, soit *sérieuse* et que les paiements qui lui sont faits soient *réels* (art. 1444). Le même texte exige en outre que ces opérations soient constatées *par acte authentique*. La loi n'exige pas un acte notarié : une quittance donnée par l'huissier serait suffisante (Cass., 12 août 1847, D. 47. 1. 322, S. 48. 1. 56), mais non un acte sous seings privés, même enregistré (Bordeaux, 7 nov. 1877, S. 78. 2. 73).

1182. Nullité pour exécution tardive. — Quand la femme ne s'est pas conformée à la loi, *tout est nul*, non seulement le jugement, mais aussi la procédure qui l'a précédé et pour en obtenir un nouveau il faudrait recommencer l'instance et la double publicité qui l'accompagne (art. 1444). Cette nullité, bien qu'établie dans l'intérêt du mari et de ses créanciers, peut être également proposée par la femme, bien qu'elle ait pour cause sa propre négligence (Cass., 28 déc. 1858, D. 59. 1. 108. S. 59. 1. 513). On la considère comme d'ordre public (Paris, 24 févr. 1855, D. 56. 2. 247, S. 55. 2. 433). Cependant les arrêts admettent que chacun des intéressés et notamment la femme peut renoncer au droit d'opposer cette nullité par une ratification expresse ou tacite (Paris, 21 nov. 1893, D. 94. 2. 259). Voyez aussi Limoges, 25 févr. 1845, D. 47. 2. 39, qui a refusé au mari le droit d'opposer cette nullité en la considérant comme établie uniquement dans l'intérêt des créanciers.

4° Effets de la séparation de biens.

** **1183. Double effet de la séparation.** — Le but de la séparation de biens est d'enlever au mari tout moyen de compromettre la fortune de sa femme en capital ou d'en gaspiller les revenus. Donc, son principal effet doit être de *détruire le régime primitif* des époux, d'où naissait ce péril, et de *le remplacer par un autre* sous lequel le mari ne possède plus aucun droit sur la fortune de sa femme, c'est-à-dire par le régime de séparation.

1184. Renvoi. — Nous nous occuperons plus loin de l'état, nouveau créé par le jugement, en étudiant le régime de la séparation de biens (voyez ci-dessous nos 1426 à 1462). Pour le moment nous n'avons à envisager qu'un seul des effets de la séparation : la destruction du régime antérieur.

* **1185. Dissolution de la communauté.** — Le premier effet de la séparation est de dissoudre la communauté, lorsqu'il en existe une. La communauté est dissoute bien que le mariage continue, et sa dissolution ouvre au profit de la femme le droit d'option qui lui appartiendrait si le mariage lui-même avait pris fin : elle pourra donc l'accepter ou y renoncer. Le plus souvent la femme qui a obtenu la séparation renonce à la communauté parce que son mari est ruiné et la communauté chargée de dettes.

La femme peut exercer tous ses droits, sauf les deux restrictions suivantes :

1° Si son mari est tombé en faillite elle subit l'application des art. 557 et suiv. C. com., qui restreignent les droits de la femme du failli.

2° Ses *gains de survie* ne peuvent pas être réclamés encore parce qu'ils sont subordonnés au prédécès du mari. Le règlement en est donc ajourné jusqu'au jour où la condition de survie sera réalisée ou défaillie (art. 1452).

* **1186. Perte des droits du mari sur les biens propres de sa**

femme. — Il ne suffirait pas de détruire la communauté; le mari perd en outre le double droit d'administration et de jouissance qu'il avait sur la fortune personnelle de sa femme, et celle-ci acquiert l'administration de ses biens et la jouissance de ses revenus. Mais le mari garde tous les autres droits qu'il tient du mariage et notamment la puissance maritale.

* **1187. Rétroactivité de la séparation.** — Ce double effet (dissolution de la communauté et perte des droits du mari) se produit rétroactivement *à compter du jour de la demande* (art. 1445, al. 2). Le jugement de séparation, étant créateur d'un état nouveau, ne rétroagirait pas si la loi ne l'avait pas dit (comp. ci-dessus n°s 650 et 716). La loi le rend rétroactif dans l'intérêt de la femme pour éviter que sa ruine, déjà commencée, ne soit aggravée ou consommée, mais il fallait pour cela une disposition spéciale de la loi dérogeant expressément au droit commun [1]. C'est à cause de cette rétroactivité qu'il était nécessaire de rendre publique la demande formée par la femme.

* **1188. Conséquences de la rétroactivité.** — Ces conséquences sont faciles à apercevoir :

1° La communauté devra être *liquidée dans l'état où elle se trouvait au jour de la demande*. Toutes les acquisitions postérieures n'entreront pas en communauté et resteront propres à l'époux qui les aura faites, par exemple les successions mobilières échues à la femme.

2° La femme aura droit à partir de la même époque à la restitution des fruits et revenus de ses biens propres et de sa moitié dans la communauté si elle l'accepte, sauf à en déduire sa part contributoire dans les charges du mariage (Agen, 29 avril 1868, S. 68. 2. 129; Toulouse, 30 déc. 1891, D. 92. 2. 95).

3° A partir du même moment, tous les actes de disposition du mari sur les biens communs sont annulables. Aucun acte de disposition ou d'obligation ne peut être opposé à la femme, s'il a été fait par le mari depuis la demande en séparation; depuis lors il n'a pu obliger que sa propre part dans la communauté. Par suite les saisies pratiquées par ses créanciers depuis l'introduction de la demande tombent par l'effet du jugement, dont la rétroactivité est opposable aux tiers (Cass., 22 avril 1845, D. 45. 1. 267, S. 46. 1. 554. Comp. Besançon, 15 févr. 1864, D. 64. 2. 37, S. 64. 2. 131).

1189. Maintien de l'administration intérimaire au mari. — Des difficultés se sont élevées anciennement sur les actes d'administration faits par le mari durant l'instance. Provisoirement, cette administration reste au mari parce qu'il ne peut la perdre avant le jugement; on s'est demandé si les actes passés par lui obligeaient la femme après la séparation. La loi ne s'en est pas occupée. Les cours de Riom et d'Angers avaient

[1] La rétroactivité remonte seulement au jour de la demande et non au jour de la requête adressée au président par la femme ou de l'ordonnance rendue par celui-ci (Bordeaux, 23 nov. 1880, S. 81. 2. 76; trib. de Troyes, 10 août 1881, S. 81. 2. 220).

admis que ces actes mêmes faits sans fraude tombaient par l'effet de la rétroactivité, à moins d'être absolument nécessaires (DALLOZ, *Répert.*, v° Contrat de mariage, n°s 1929-1930). Mais la jurisprudence s'est fixée en sens inverse (Rennes, 2 janv. 1808, S. 8. 2. 105; Poitiers, 21 mai 1823, D. *ibid.*, n° 1928. Comp. Paris, 18 juin 1855, D. 56. 2. 248, S. 56. 2. 169). La rétroactivité n'atteint donc pas le droit d'administration du mari, et il le faut bien pour que tout ne reste pas en suspens jusqu'à ce que la femme puisse légalement la reprendre. Cependant la femme pourrait attaquer ceux de ces actes d'administration intérimaire qui seraient faits en fraude de ses droits (AUBRY et RAU, t. V, § 516, 5°), et même Laurent n'exige pas la fraude et se contente du simple préjudice (t. XXII, n° 348).

1190. Nullité des règlements anticipés. — C'est seulement par fiction et pour garantir la femme que la rétroactivité a été admise. En attendant le jugement la communauté n'est pas encore dissoute et la femme ne pourrait se faire payer d'avance ses reprises par son mari; ces paiements ne libéreraient le mari que jusqu'à concurrence du profit que sa femme en aurait retiré (Grenoble, 28 août 1847, D. 48. 2. 137, S. 48. 2. 469). Par suite le mari ne pourrait pas, au cours de l'instance, céder à sa femme des biens à lui propres, pour se libérer conformément à l'art. 1595. Sa femme n'est encore que demanderesse et on ne saurait procéder à une exécution préventive et volontaire de la demande en séparation; c'est à une femme déjà séparée que l'art. 1595 permet la vente d'un bien du mari (Cass., 2 juill. 1873, D. 73. 1. 464).

5° Droit des créanciers.

a. — *Créanciers de la femme.*

***1191. Refus de l'action en séparation.** — De droit commun, les créanciers peuvent exercer les actions de leur débiteur négligent (art. 1166), du moins celles qui ont un objet pécuniaire; c'est la conséquence et la garantie du droit de gage général que la loi leur donne sur le patrimoine de leur débiteur (art. 2092). La demande en séparation ayant pour but de sauver la fortune de la femme, quand le mari se ruine, il semble que les créanciers de la femme devraient pouvoir demander la séparation de son chef en exerçant l'action qui lui appartient. Cependant la loi leur en refuse le droit (art. 1446).

Il y en a une raison particulière, la demande en séparation comporte pour l'opportunité de son exercice un élément moral, que les créanciers n'apprécieraient pas: la femme peut vouloir sacrifier sa fortune à l'honneur de son mari et à la paix du ménage; les créanciers compromettraient trop facilement l'union de la famille s'ils pouvaient lui imposer la séparation, parce qu'ils ne verraient jamais que leur intérêt pécuniaire. Le droit d'agir est donc un de ces droits *exclusivement attachés à la personne* dont parle l'art. 1166.

***1192. Ressource laissée aux créanciers.** — Cependant la loi ne laisse pas les créanciers de la femme sans défense. Dès que le mari tombe en déconfiture ou en faillite, elle leur permet d'*exercer les droits de leur débitrice jusqu'à concurrence du montant de leurs créances* (art. 1446).

Venant après la disposition précédente qui refuse aux créanciers l'exercice de l'action en séparation, cette seconde disposition de l'art. 1446 a besoin d'être bien comprise. La loi la présente comme un correctif de la première: « néanmoins »... En effet la communauté n'est pas dissoute, puisqu'on suppose que la femme ne demande pas la séparation et que ses créanciers n'ont pas le droit de la demander. La loi permet simplement à ceux-ci de réclamer au mari ce qu'il peut devoir à sa femme et de se faire payer sur ces sommes. La portée de cette disposition n'a été expliquée nulle part et il serait assez naturel d'y voir un simple rappel du principe écrit dans l'art. 1166. Mais en général on l'explique autrement. On admet l'existence d'une fiction, dont le législateur n'a pas dit un mot ni dans le texte, ni dans les travaux préparatoires. Bien que continuant entre les époux, la communauté est réputée dissoute à l'égard des créanciers. Dès lors ceux-ci peuvent exercer tous les droits que la femme posséderait s'il y avait dissolution réelle :

1° la *reprise des propres*; 2° les actions en reprise ou *récompenses* qui peuvent être dues à la femme pour des causes diverses. On admet même que les créanciers de la femme peuvent réclamer le partage de la communauté, et se faire payer sur la moitié qui appartient à la femme.

1193. Conciliation des deux dispositions. — Ainsi entendue, la prohibition de l'al. 1er de l'art. 1446 perd presque toute sa portée, non pas toute cependant : il faut observer que la communauté continue entre les époux et que le mari conserve ses droits sur la fortune propre de sa femme et sur ce qui pourra à l'avenir tomber de son chef dans la communauté.

1194. Rareté d'application. — En fait cette disposition de la loi reste à peu près sans application. Presque toujours quand le mari est en faillite ou en déconfiture, la femme s'empresse de demander la séparation et les tribunaux la lui accordent sans difficulté. Il est même question d'attacher de plein droit la séparation de biens à la faillite pour éviter des frais.

1195. Effet de l'exercice des droits de la femme par ses créanciers. — Quand les créanciers ont ainsi exercé les actions de la femme en cas d'abstention de sa part, le mari se trouve libéré d'autant pour le jour où se produira la dissolution réelle. Il a payé d'avance à l'acquit de sa femme tout ou partie de ses reprises en la libérant envers ses créanciers.

b. — *Créanciers du mari.*

****1196. Dangers et moyens de défense.** — C'est pour eux surtout que le danger est grand. Ils ont à craindre que la séparation ne soit prononcée en fraude de leurs droits, par exemple quand la femme a des revenus importants qui pourraient aider le mari à les désintéresser. Il se peut aussi que la femme fasse prononcer par surprise une séparation qui n'aurait pas de cause sérieuse. La loi leur donne un double moyen de défense : l'un, dont ils doivent se servir avant que la séparation soit prononcée, leur sert à l'empêcher ; l'autre leur permet de la faire annuler quand elle a été prononcée en fraude de leurs droits. Le premier est le *droit d'intervention,* le second la *tierce opposition.*

***1197. Intervention dans l'instance.** — Les créanciers du mari ont le droit d'intervenir dans le procès pour sauvegarder leurs intérêts, soit en première instance, soit en appel (art. 1447). Ils peuvent, par exemple, discuter les motifs sur lesquels la femme fonde sa demande, et on les y invite par la publicité dont cette demande est entourée.

*** 1198. Tierce opposition.** — La tierce opposition est la forme que prend l'action Paulienne contre les jugements. Voyez t. II, n° 336. Les créanciers sont donc tenus d'établir la fraude concertée contre eux.

Il existe en cette matière une règle exceptionnelle : la tierce opposition dont le délai ordinaire est de *trente ans,* n'est ouverte que pendant *un an* aux créanciers (art. 873 C. proc. civ.), à compter du jour où l'extrait du jugement a été affiché dans l'auditoire du tribunal conformément à l'art. 872 C. proc. civ. Cette abréviation considérable du délai a été établie pour éviter une incertitude trop prolongée sur la capacité de la femme. Elle s'applique du reste seulement au cas où c'est le jugement lui-même qu'attaquent les créanciers; si leur action était dirigée contre la façon dont les reprises de la femme ont été liquidées ou réglées, en fraude de leurs droits, ils auraient trente ans pour agir parce qu'ils attaqueraient seulement le mode d'exécution du jugement et non le jugement lui-même.

6° Possibilité de rétablir la communauté.

*1199. **Motif de la faculté laissée aux époux.** — La séparation de biens établie par jugement n'est pas pour les époux un régime définitif, c'est un remède employé en vue d'un danger dont la durée peut être passagère. Si les affaires du mari se rétablissent, la femme peut renoncer à la situation de faveur qui lui était faite et les deux époux sont libres de restaurer leur régime primitif. Il y a donc là un cas tout à fait exceptionnel dans lequel deux époux jouissent du droit de disposer de leur régime matrimonial pendant le mariage et peuvent à leur gré choisir entre la communauté et la séparation.

*1200. **Formes de la convention.** — Le rétablissement du contrat de mariage se fait « d'un commun accord » (art. 1451). Ce n'est donc pas la volonté seule de la femme qui peut rétablir la communauté quand elle juge utile à ses intérêts de renoncer à la séparation : le jugement a créé une situation qui peut être avantageuse à son mari comme à elle-même et une convention est nécessaire pour en détruire l'effet.

Les formes de cette convention sont réglées par la loi qui exige *l'authenticité* et la *publicité* de l'acte : l'acte doit être reçu par un notaire et en minute, et un extrait en doit être affiché dans la forme prescrite par l'art. 1445. Le supplément de publicité organisé par l'art. 872 C. proc. civ. n'est pas exigé ; c'est une lacune évidente, mais on ne peut pas suppléer au silence de la loi (Cass., 17 juin 1839, D. 39. 1. 224, S. 39. 1. 460).

*1201. **Objet de la convention.** — L'objet de la convention qui fait cesser la séparation de biens ne peut être que *le rétablissement du régime matrimonial primitif des époux*. Il ne leur est pas permis d'en adopter un nouveau, par exemple d'abandonner la communauté pour se soumettre au régime dotal, ni même en conservant leur régime de modifier en quoi que ce soit leur contrat de mariage.

*1202. **Sanction.** — Si une modification est introduite, la loi en prononce la nullité (art. 1451). Il faut éviter que les époux s'entendent pour obtenir une séparation à laquelle ils renonceraient ensuite en modifiant leur contrat de mariage, ce qui serait une violation de l'art. 1395.

Sur quoi porte la nullité? L'art. 1451 dit : « toute convention par laquelle les époux rétabliraient leur communauté sous des conditions différentes... est nulle. » Il semble bien que la convention entière soit atteinte par cette disposition. Cependant on admet généralement que c'est seulement la clause modificative qui est nulle et ainsi le mot « convention » doit s'entendre d'une simple clause. Si toutefois les parties avaient subordonné à cette modification le rétablissement de leur communauté, la clause prohibée par la loi entraînerait dans sa nullité leur convention entière.

* **1203. Effet rétroactif de la convention.** — Quand le contrat de mariage est valablement rétabli il est censé n'avoir jamais cessé d'exister: la séparation de biens disparaît à son tour rétroactivement, par conséquent la communauté sera considérée comme ayant continué sans interruption, particulièrement pour sa composition ; elle comprendra donc tous les biens acquis pendant la durée de la séparation et qui auraient dû lui appartenir, par exemple, sous le régime légal les successions mobilières échues aux époux. On évite par là les séparations frauduleuses que les époux feraient prononcer, parce que l'un d'eux compte sur l'ouverture prochaine d'une succession mobilière à son profit, pour rétablir ensuite leur contrat de mariage en laissant cette succession en propre à l'époux héritier.

Cette rétroactivité n'a lieu d'ailleurs qu'entre les époux et non à l'égard des tiers ; l'art. 1451, al. 3, réserve l'effet des actes faits par la femme en vertu de son droit d'administration pendant qu'elle était séparée.

E. — Séparation de corps.

1204. Existence d'une séparation de biens accessoire. — La séparation de corps n'est pas par elle-même et directement une cause de *dissolution de la communauté, car elle n'a d'autre but que de dispenser les* époux de la vie commune (ci-dessus n° 709). La communauté se trouve *cependant dissoute parce que la séparation de corps* entraîne comme conséquence la séparation de biens : il serait contradictoire de maintenir une communauté *de biens entre deux personnes dont* l'existence est maintenant séparée.

Cette séparation de biens, accessoire à la séparation de corps, diffère de la séparation de biens principale en ce qu'elle peut avoir pour cause une *demande du mari* aussi bien que de la femme, tandis que la femme seule peut demander la séparation principale. Mais naturellement cette seconde espèce de séparation ne peut pas être demandée d'une manière isolée : elle est l'accessoire de la séparation de corps, d'où elle résulte *de plein droit*.

1205. Sa rétroactivité. — Il n'y a aucune raison pour que la dissolution de la communauté, qui résulte d'une séparation de corps, se produise rétroactivement. Cela est évident quand c'est sur la demande du mari que la séparation est prononcée, la rétroactivité est même alors contraire aux intérêts de l'époux qui obtient gain de cause. Cela est vrai aussi quand c'est la femme qui a poursuivi la séparation : elle a agi, non pas parce que son mari se ruinait, mais parce qu'il lui rendait la vie commune insupportable ; la situation de fortune du ménage peut être excellente. Que si les deux périls existent à la fois, la femme devrait former cumulativement une demande en séparation de corps et une demande en séparation de biens ; à chaque danger convient son remède.

Cependant la jurisprudence admet depuis longtemps que la séparation de biens, accessoire à la séparation de corps, rétroagit au jour de la demande comme la séparation principale (Limoges, 17 juin 1835, D. 36. 2. 31, S. 36. 2. 61 ; Cass., 20 mars 1855, D. 55. 1. 329, S. 55. 1. 401 ; Paris, 12 juill. 1892, D. 93. 2. 509, S. 94. 2. 10). Cette jurisprudence a pour point de départ l'opinion de MERLIN (*Répertoire*, v° Séparation de corps, § 4, n° 4) et de TOULLIER (t. II, n°s 705 et 776) qui appliquaient l'art. 1445 à toutes les séparations de biens parce que les termes en sont absolus. Il est pourtant visible que ce texte ne s'occupe que de la séparation de biens principale, puisqu'il suppose 1° que la séparation est *demandée* par la femme et 2° *prononcée* par le jugement, double condition qui fait défaut dans l'hypothèse d'une séparation de corps. Cette solution a néanmoins été consacrée législativement par la loi du 18 avril 1886 qui l'a étendue au divorce (art. 252 et ci-dessus n° 650).

Toutefois comme cela a déjà été expliqué à propos du divorce et de la séparation de corps (ci-dessus n°s 653 et 716), on n'a pu admettre cette rétroactivité que dans les rapports des époux entre eux; à l'égard des tiers le mari conserve tous ses pouvoirs et la communauté est réputée subsister jusqu'au jour du jugement, parce que la demande en séparation de corps n'est entourée d'aucune publicité destinée à en prévenir les tiers (Cass., 12 mai 1869, D. 69. 1. 270, S. 69. 1. 301; Lyon, 16 juill. 1881, D. 82. 2. 175, S. 82. 2. 237). Voyez cependant Paris, 27 déc. 1860, D. 61. 2. 25, S. 61. 2. 263.

1206. Rétablissement facultatif de la communauté. — On a déjà vu (ci-dessus n°s 740-742) que les époux séparés de corps peuvent se réconcilier sans rétablir leur communauté. S'ils désirent reprendre non seulement la vie commune, mais leur régime matrimonial primitif, ils doivent se conformer aux dispositions de l'art. 451 qui s'applique, d'après la disposition formelle de son alinéa 1er, aux époux séparés soit de corps et de biens, soit de biens seulement. Pour les conditions et formes à observer en vue du rétablissement de la communauté, voyez ci-dessus n°s 1200 et suiv.

F. — Absence.

1207. *Pourquoi elle dissout la communauté.* — L'absence, qui ne dissout pas le mariage, est cependant une cause de dissolution de la communauté. En effet, sauf dans les cas extrêmement rares où l'on acquiert plus tard la preuve positive du décès ou de la survie de l'absent, l'incertitude qui constitue l'absence se prolonge indéfiniment et comme on est obligé de procéder tôt ou tard au règlement des intérêts pécuniaires que la disparition de l'absent a laissés en souffrance, on ne peut choisir d'autre époque pour apprécier l'état de ses affaires que celle où il a disparu. La dissolution de la communauté se trouve ainsi englobée dans le règlement de sa succession et elle est réputée se produire *au jour de sa disparition*, parce qu'on ne peut lui assigner aucune autre date précise.

1208. Option laissée au conjoint présent. — Lorsque l'on procède, au bout d'un certain nombre d'années, au règlement provisoire de la succession de l'absent comme s'il était mort, on liquide et on partage en même temps la communauté qui existait entre lui et son conjoint, dès qu'on arrive à l'envoi en possession provisoire (t. I, n° 693). Mais, comme cette liquidation atteint les intérêts du conjoint présent en même temps que ceux de l'absent et qu'on n'est pas sûr que l'absent soit mort, on permet à son conjoint, qui espère encore son retour, de demander *la continuation provisoire de la communauté*. Celui-ci a donc une option à exercer: il peut laisser prononcer l'envoi en possession provisoire et subir en conséquence la dissolution et le partage de la communauté, ou bien s'opposer à cet envoi en possession en optant pour la continuation de la communauté (art. 124).

Aucun délai ne lui est fixé pour son option; il semble cependant résulter du texte de l'art. 124 qu'il doit prendre parti avant que l'envoi provisoire ne soit ordonné puisque la loi lui permet d' « empêcher » cet envoi.

1° Continuation provisoire de la communauté.

1209. Effet général de l'option du conjoint. — Quand l'époux présent se résout en ce sens, il empêche non seulement la dissolution de la communauté, mais même l'exercice de tous les droits subordonnés à la condition du décès de l'absent, tels que le retour aux mains du nu propriétaire d'un bien dont l'absent avait l'usufruit. Le patrimoine de l'absent reste donc intact aux mains du conjoint qui en conserve la jouissance[1].

1210. Nécessité d'un inventaire. — D'après l'art. 126, al. 1, l'époux présent qui désire maintenir la communauté est obligé de faire inventaire du mobilier et des titres, comme un envoyé en possession, en présence du procureur de la République ou d'un juge de paix. La loi ne distingue pas entre le mari et la femme. On ne l'oblige pas à fournir caution.

1211. Administration de la communauté. — Pendant sa continuation provisoire, la communauté est nécessairement administrée par l'époux présent, aussi la loi dit-elle que cet époux en « *prend* ou *conserve* » l'administration. Le premier verbe s'applique au cas où c'est la femme qui est présente, le deuxième au cas où c'est le mari. Cette administration s'étend d'ailleurs *aux biens de l'absent* en même temps qu'aux biens de la communauté.

La loi ne donne aucun détail sur les caractères et la portée de cette administration. Il semble que le mari, quand c'est lui qui est présent, doive conserver tous les pouvoirs qu'il tient de la loi ou du contrat, puisqu'il y a alors simple « continuation » d'un état de choses antérieur; tandis que la femme qui « prend » une administration qui ne lui appartenait pas auparavant ne peut être traitée que comme un envoyé en possession provisoire. Il n'y a pas de jurisprudence sur la question, ce qui indique que les difficultés ne se présentent pas dans la pratique, probablement parce que l'époux présent préfère liquider tout de suite la communauté.

1212. Acquisition des fruits. — L'art. 127 donne au conjoint présent la même quantité de fruits que celle qui est attribuée aux envoyés en possession provisoire : l'absent de retour a le droit de se faire restituer le cinquième des revenus quand il reparaît dans les quinze premières années de sa disparition, le dixième seulement quand il reparaît après quinze ans passés. Enfin la totalité des revenus reste au conjoint administrateur légal quand l'absent reparaît après plus de trente ans. Cette disposition est souvent critiquée : le conjoint présent est dans une situation inverse de celle des héritiers : à mesure que le temps s'écoule, son droit devient plus douteux au lieu de s'affermir et il est peu logique de lui donner une part de fruits qui va en grossissant. Mais cette disposition de la loi n'a peut-être jamais reçu d'application dans la pratique.

1213. Option finale de la femme. — En optant pour la continuation de la communauté la femme conserve le droit d'y renoncer ensuite (art. 124, al. 2). Cela est fort juste : elle s'est opposée à une dissolution immédiate, mais n'a pas exercé le droit d'option qui lui est ouvert sur la communauté quand elle est dissoute, pour l'accepter ou la répudier. La femme d'un absent a donc à exercer deux options successives qui n'ont pas le même objet.

1214. Fin de la continuation de communauté. — Le régime établi par l'option de l'époux présent n'est que *provisoire*. Il prend fin nécessairement *quand on arrive à l'envoi en possession définitive* (t. I, n° 693-3), c'est-à-dire trente ans après la déclaration d'absence ou même plus tôt dès qu'il y a cent ans révolus depuis la naissance de l'absent (art. 129).

Il peut prendre fin plus tôt encore, soit par la *mort du conjoint présent*, soit par un *changement de volonté de sa part*, car il lui est permis de renoncer à un régime établi exclusivement en sa faveur. Dans tous ces cas, la communauté est réputée s'être dissoute au jour de la disparition ou des dernières nouvelles de l'absent, elle devra être liquidée et partagée dans l'état où elle se trouvait à cette époque, parce que sa continuation provisoire n'a été qu'un régime d'attente qui ne pouvait servir qu'à retarder les effets normaux de l'absence et à maintenir les choses en l'état pour le cas où l'absent serait revenu.

En outre, la continuation provisoire de la communauté prend fin, comme le régime tout entier de l'absence, lorsqu'on acquiert la preuve positive, soit de l'*existence de l'ab-*

1 L'art. 124 est une disposition exceptionnelle qui n'est écrite que pour la communauté et ne s'applique pas aux autres régimes, sans qu'on voie bien nettement la raison de cette différence.

sent, soit de *son décès* : au premier cas, la communauté continue et rien n'est changé au droit commun ; au second cas on la liquide et on la partage en l'état où elle était à la date du décès.

2° Dissolution immédiate de la communauté.

1215. Droits du conjoint présent. — Si le conjoint présent ne demande pas la continuation provisoire de la communauté, l'envoi en possession provisoire est prononcé, et la communauté est réputée dissoute. L'art. 124 permet alors au conjoint présent d'exercer *tous ses droits légaux et conventionnels*. Il peut donc réclamer tant *sa part de communauté* et le règlement de ses *reprises* que l'*usufruit* ou la *pension alimentaire* que lui accorde la loi du 9 mars 1891 en qualité de conjoint survivant. Ce sont ses droits « légaux » ; ses droits conventionnels sont représentés principalement par le *préciput* et par les *donations* que son conjoint a pu consentir à son profit par contrat de mariage ou par acte séparé.

Sur les biens qui lui sont ainsi attribués, l'époux n'a que les droits d'un envoyé en possession provisoire (art. 124 à 128 cbnés).

1216. Ses obligations. — L'art. 126 oblige les envoyés en possession provisoire (et l'époux en est un, quand il n'a pas opté pour la continuation de la communauté) à faire inventaire. Cette obligation lui est imposée comme à tout autre et c'est à tort qu'on en a quelquefois douté. En outre, l'art. 124 veut que l'époux donne caution « pour les choses susceptibles de restitution ». L'obligation de la personne qui cautionnera la femme sera donc plus étendue que s'il s'agissait de cautionner le mari.

§ 2. — *Option ouverte à la femme après la dissolution.*

A. — Généralités.

** **1217. Caractère exceptionnel de cette option.** — Quand la communauté est dissoute, la femme a le droit d'y *renoncer*. En cela, elle est comparable à un héritier appelé à recueillir une succession, et qui peut la *répudier*. Sans doute, il y a entre les deux situations des différences considérables qui seront signalées en leur lieu, mais l'analogie est frappante et a de tout temps été remarquée.

Ce droit de renoncer, reconnu à la femme, est un droit exorbitant, contraire aux règles des sociétés ordinaires et du mandat. Il faut y voir une des faveurs accordées à la femme, pour compenser la situation subordonnée qui lui est faite dans le ménage. Aussi est-il dit expressément dans la loi que *la femme ne peut pas se dépouiller de cette faculté par son contrat de mariage* (art. 1453) ; on tient à lui assurer, même malgré elle, le profit de ce bénéfice légal. Pour la même raison, elle ne peut pas exercer son option par anticipation avant que le mariage ne soit dissous, car ce serait s'en priver pour le temps qui reste à courir.

1218. Origine. — Sous sa forme actuelle, la faculté de renoncer à la communauté n'est point une des règles primitives du régime. Mais il n'est pas impossible qu'elle se rattache, par des liens que nous ne connaissons pas, au temps très lointain où la femme n'avait sur les conquêts qu'une sorte de droit de succession. Quoi qu'il en soit, le droit de renoncer fut d'abord un privilège réservé aux femmes nobles et les auteurs du XIVe siècle en expliquent l'établissement par les ruines et les misères que les croisades valurent à la noblesse française, explication qui paraît imaginaire[1]. Le plus ancien exemple connu est de 1284 (*Les Olim*, t. II, p. 240).

A cette époque la renonciation se faisait sous une forme symbolique : la femme déposait sur le tombeau de son mari ses clefs, sa bourse et sa ceinture (LOYSEL, nos 112 et 132)[2].

Cette faveur fut *étendue aux femmes roturières* au XVIe siècle. D'après Loysel, l'auteur de cette réforme fut Jean-Jacques de Mesme, d'abord lieutenant civil, puis premier président à Rouen, mort en 1569 (LOYSEL, n° 113). Elle fut définitivement admise en 1580, lors de la réformation de la coutume de Paris (art. 237).

1219. Objet primitif de la renonciation. — Primitivement la renonciation portait simplement sur les meubles (*Les Olim, loc. cit.* — Comp. GUILHIERMOZ, *Bibl. de l'École des chartes*, t. XLIV, p. 494 ; TARDIF, *Coutumier d'Artois*, tit. 34, n° 3, p. 85). Mais d'assez bonne heure on ne considéra plus cette renonciation comme suffisante pour décharger la femme de la contribution aux dettes et il fallut qu'elle renonçât entièrement à la communauté, y compris les conquêts immobiliers. La réforme fut faite en Bretagne dès 1420, par une ordonnance du duc Jean V, art. 24 (PLANIOL, *La très ancienne coutume de Bretagne*, p. 382). A Paris la tendance nouvelle ne triomphe que dans la coutume de 1510 (art. 115 A. C.).

*** 1220. Transmission du droit d'option aux héritiers de la femme.** — Lorsque la communauté se dissout par la mort de la femme, l'option qui lui était réservée appartient à ses *héritiers* ou *ayants cause* (art. 1453). Cette dernière expression désigne les successeurs universels de la femme autres que ses héritiers.

*** 1221. Sa divisibilité.** — Quand la femme est représentée par plusieurs héritiers ou successeurs, le droit d'option se divise entre eux. Chacun est libre de prendre le parti qui lui convient ; l'un peut donc accepter la communauté pendant que l'autre y renonce (art. 1475). Cette indépendance réciproque laissée aux héritiers constitue une différence remarquable avec la règle qui est établie pour le cas d'une succession, quand le successible appelé à la recueillir meurt avant d'avoir pris parti : tous ceux qui lui succèdent sont obligés de prendre une seule et même décision (art. 781-782).

*** 1222. Délai pour délibérer et exception dilatoire.** — De la liberté d'option laissée à la femme, est dérivée une double conséquence :

1° La femme jouit d'un délai de *trois mois et quarante jours* pour délibérer sur le parti qu'elle doit prendre, et peut même obtenir de la justice une prorogation de ce délai ;

2° Pendant la durée des délais légaux ou judiciaires qui lui sont donnés, la femme jouit, comme l'héritier, d'une *exception dilatoire* qui lui sert à repousser l'action des créanciers (art. 174 C. proc. civ.; art. 1459 et 1461).

Sur ces deux points les règles sont les mêmes que celles qu'on applique en matière de successions.

[1] « Et la raison pourquoy privillege de renonciation leur fust donné, ce fut pour ce que le mestier des hommes nobles est d'aller es guerres et voiages d'oultre mer, et à ce se obligent et aucunefois y meurent, et leurs femmes ne pevent pas de legier estre acertenées de leurs obligations faictes à cause de leurs voyages, de leurs rençons et de leurs plegeries, qui sont pour leurs compaignies et aultrement. Et pour ce ont le privillege de renonciation » (J. D'ABLEIGES, *Grand coutumier*, II, 41). Comp. JOHANNES GALLI, *Quæst.* 131.

[2] Comp. J. D'ABLEIGES : « Et ont d'usaige, si comme le corps est en terre mis, de gecter leurs bourses sur la fosse, et de non retourner à l'ostel où les meubles sont, mais vont gesir aultre part, etc... » (*Ibid.*).

B. — Formes de l'acceptation.

***1223. Absence de formes obligatoires.** — L'acceptation peut se produire sous une forme quelconque; elle peut être *expresse* ou *tacite*. Elle est expresse quand la femme prend, dans un acte authentique ou privé, la qualité de commune en biens (art. 1455). Elle est tacite quand la femme fait un acte qui suppose chez elle la qualité de commune en biens, c'est-à-dire qu'elle n'aurait le droit de faire valablement qu'à la condition d'accepter la communauté. C'est ce que la loi appelle *un acte d'immixtion* (art. 1454). Voyez par exemple Cass., 13 avril 1899, D. 99. 1. 402. S. 99. 1. 439; Cass., 13 juill. 1849, D. 1900. 1. 195.

Quant aux actes de pure administration et aux actes conservatoires, ils n'entraînent pas acceptation tacite (art. 1454). Il est donc permis à la femme de faire certains actes urgents, qui ne peuvent que profiter à tous les intéressés, telles que des interruptions de prescription, des inscriptions d'hypothèques, des réparations indispensables aux immeubles, des ventes de denrées ou de meubles impossibles à garder, etc.

1224. Effet du recel. — Il y a recel ou divertissement lorsque la femme détourne un objet de communauté avec l'intention de se l'approprier. *Le recel vaut acceptation tacite* (art. 1460). On applique donc en matière de communauté une règle semblable à celle qui existe pour les successions (art. 792). Le recel n'existe qu'autant qu'il y a eu intention frauduleuse de s'approprier les objets détournés (Cass., 24 avril 1872, D. 72. 1. 449, S. 73. 1. 113), mais l'appréciation des faits constitutifs du recel donne souvent lieu à des difficultés (Cass., 22 déc. 1874, D. 75. 1. 125, S. 75. 1. 249; Cass., 19 févr. 1879, D. 79. 1. 222).

Cet effet du recel ne peut se produire qu'autant qu'il est commis avant toute renonciation de la part de la femme ou de ses héritiers; si le fait du recel était postérieur à la renonciation il deviendrait une soustraction frauduleuse passible des peines du vol.

Faudrait-il appliquer l'art. 1460 à une femme qui serait encore mineure? La question est discutée parmi les auteurs (voyez les citations dans DALLOZ, *Suppl.*, v° Contrat de mariage, n° 770). Je ne crois pas qu'il y ait lieu de distinguer, car le recel est un acte frauduleux et le mineur n'est pas restituable contre les obligations qui naissent de son délit (art. 1310). Peu importe donc la question de savoir si l'art. 1460 vise un cas d'*acceptation tacite* ou si c'est une *acceptation forcée*, imposée à titre de *peine*.

C. — Formes de la renonciation.

***1225. Solennité de l'acte.** — A la différence de l'acceptation, la renonciation à la communauté est un acte solennel qui doit se faire d'une manière déterminée; elle ressemble dans ses formes à la renonciation d'un héritier, et se fait au moyen d'une *déclaration au greffe* du tribunal civil, transcrite sur le registre établi pour recevoir les renonciations à succession (art. 1457). Il n'y a donc pas de renonciation tacite.

Toutefois on admet que cette solennité n'est exigée que *dans l'intérêt des tiers* et qu'une manifestation de volonté sous une forme quelconque suffit pour produire les effets de la renonciation *dans les rapports des époux entre eux* (Cass., 4 mars 1856, D. 56. 1. 131, S. 56. 1. 872). Mais il est nécessaire qu'il y ait eu à ce sujet une *convention* entre les époux, car la femme ne serait pas liée par une déclaration unilatérale, même reçue par un notaire, et pourrait la rétracter tant que cette déclaration n'a pas été acceptée par le mari ou ses représentants (Cass., 1er avril 1895, D. 95. 1. 342).

D. — Délais donnés pour l'option.

1226. Distinction. — Pour se rendre compte du temps donné à la femme pour opter dans un sens ou dans l'autre, il faut distinguer deux ordres de situations. Dans les hypothèses normales, le mariage se dissout par la mort, sans que rien soit venu troubler les relations des deux époux. Dans les autres hypothèses, où la dissolution se produit de leur vivant, la loi ou la jurisprudence ont adopté des règles à part.

1° Prédécès du mari.

1227. Fixation d'un délai pour la renonciation. — La femme n'est pas du tout dans la situation d'un héritier ; ce n'est pas un patrimoine *nouveau* qui s'offre à elle : la communauté est son bien déjà depuis longtemps, depuis qu'elle existe ; elle en est *copropriétaire* avec son mari et elle est débitrice en partie de ses dettes. On comprend donc que la loi, en lui donnant cette faculté exceptionnelle de renoncer, l'ait faite *fragile* ; c'est en quelque sorte une porte de sortie qu'on ouvre à la femme ; il faut qu'elle en profite rapidement si elle veut le faire.

Jadis les coutumes variaient beaucoup sur le temps pendant lequel la femme devait être admise à renoncer ; la plupart voulaient qu'elle le fît, soit immédiatement, soit dans un délai très bref ; quelques-unes (et parmi elles la coutume de Paris) permettaient au contraire à la femme de renoncer à une époque quelconque, pourvu que les choses fussent encore entières, c'est-à-dire qu'elle n'eût accepté ni expressément ni tacitement (Pothier, *Communauté*, nos 553 et 554). Le Code civil a adopté un système mixte : il a en principe enfermé le droit de renoncer dans un délai assez bref, tout en donnant à la femme un moyen d'en prolonger considérablement la durée.

Sur la possibilité d'une prorogation judiciaire, voyez l'art. 1458.

1228. Système du Code. — En principe, la faculté de renoncer n'est ouverte à la femme que *pendant les délais légaux et judiciaires* qui lui sont donnés. Si elle veut *conserver la faculté de renoncer* après l'expiration de ces délais, elle doit prendre la précaution de faire *dresser un inventaire* pendant qu'ils courent encore (art. 1456) ; faute d'inventaire fait en temps utile, elle serait déchue de cette faculté et *définitivement commune* (art. 1459). Si l'inventaire a été fait comme le veut la loi, la possibilité de renoncer est maintenue à la femme pendant trente ans, conformément au droit commun (art. 2262).

Si trente ans se passent sans qu'elle ait pris parti, elle est *considérée comme acceptante* ; car elle est commune en biens par son contrat ou par la loi et il faut qu'elle renonce pour cesser d'être commune. Son silence vaut donc acceptation.

1229. Inutilité de l'inventaire pour les renonciations immédiates. — Du reste, la nécessité de faire inventaire dans les délais n'est imposée à la femme qu'autant qu'elle veut se réserver la liberté de son option pendant un temps plus long. Si son opinion est déjà faite et qu'elle soit décidée à renoncer, dès le moment de la dissolution, parce que la communauté est évidemment mauvaise, l'inventaire n'est pas nécessaire. Il a toujours été admis que la femme qui veut renoncer peut le faire immédiatement sans formalité préalable (Pothier, *Communauté*, nos 552-556) et la comparaison des art. 1457 et 1459 prouve que le Code n'a rien changé à cet égard. C'est la solution qui a triomphé en jurisprudence (Pau, 1er août 1894, D. 95. 2. 84, S. 94. 2. 261).

2° Prédécès de la femme.

1230. Situation des héritiers de la femme. — Les art. 1453 et 1466 accordent en termes généraux aux héritiers de la femme la faculté de renoncer, quand la communauté se dissout par son prédécès, comme elle l'aurait pu faire elle-même au cas de prédécès du mari. Il semble donc que les règles qu'on leur applique doivent être les mêmes à tous égards que celles qui sont établies pour l'option de la femme survivante. Cependant la jurisprudence actuelle a créé entre la femme et ses héritiers une différence qui n'est pas écrite dans la loi : elle décide que les héritiers de la femme n'ont pas besoin d'avoir fait inventaire dans les trois mois pour conserver indéfiniment le droit de renoncer à la communauté ; c'est seulement pour le cas de *prédécès du mari* que la loi a subordonné la conservation de ce droit à la prompte confection d'un inventaire (Cass., 19 mars 1878, D. 78. 1. 218, S. 78. 1. 355 ; Rennes, 29 janv. 1885, D. 86. 2. 128, S. 87. 2. 108). Je considère cette jurisprudence comme une pure erreur d'interprétation de la loi : l'art. 1466 en disant que « les *délais* et les formes » prescrits pour la femme sont les mêmes pour ses héritiers, rend applicable à ceux-ci l'art. 1456 qui retire à la femme le droit de renoncer après l'expiration des délais quand elle n'a pas fait inventaire. Il y a eu quelques décisions en ce dernier sens (Lyon, 9 juin 1876, D. 78. 2. 13, S. 78. 2. 7). On doit cependant observer que la nécessité d'un inventaire, facile à comprendre pour la femme survivante, qui reste en possession des biens de la communauté et qui peut par suite commettre à loisir des détournements, se justifie beaucoup moins pour les héritiers de la femme qui, en présence d'un mari survivant, ne possèdent rien des biens communs. La solution de la jurisprudence est donc préférable à celle de la loi.

Pour le cas particulier où la femme, devenue *veuve*, survit de peu à son mari et meurt à son tour avant d'avoir pris parti, voyez l'art. 1461, qui règle les *délais* dans lesquels les héritiers de la femme devront exercer leur droit d'option, qu'ils recueillent *par transmission* et trouvent ouvert dans la succession de la femme qui leur est déférée.

3° Dissolution du vivant des deux époux.

1231. Séparation de corps et divorce. — Ces deux hypothèses sont régies par un texte particulier, l'art. 1463. La femme divorcée ou séparée de corps est *considérée comme renonçante*, si elle n'a pas pris parti dans les délais. C'est donc une règle inverse de la précédente qui s'applique ici ; ce n'est plus le droit de renoncer que l'on retire à la femme, c'est *le droit d'accepter*. Cette règle repose sur *une présomption de renonciation* établie par la loi, et cette présomption ne souffre pas la preuve contraire, puisque sur son fondement la loi *dénie à la femme le droit d'accepter* la communauté (art. 1352).

1232. Controverse relative à la séparation de biens. — La loi n'a prévu nulle part, au moins dans le Code civil, l'hypothèse de la séparation de biens. Quelle solution faut-il lui appliquer ? Celle de l'art. 1459 ou celle de l'art. 1463 ? Il est évident que si la loi présume que la femme renoncera quand il y a simple *mésintelligence* aboutissant au divorce ou à la séparation de corps, il y aurait lieu de présumer de même, et à plus forte raison, sa renonciation au cas où elle a demandé la séparation de biens *parce que son mari a fait de mauvaises affaires*. Aussi plusieurs auteurs ont-ils accepté l'extension de l'art. 1463 (Aubry et Rau, t. V, § 517, note 13), et c'est la solution qui a prévalu en jurisprudence (Trib. de Mirecourt, 30 mars 1849, D. 49. 5. 356 ; Agen, 14 mai 1861, D. 61. 2. 226). Cette solution n'est pas sans objections : l'art. 1463 établit à la fois une *présomption* et une *déchéance* ; à ce double titre il est exceptionnel et devrait recevoir une interprétation stricte. De plus, l'art. 874 C. proc. civ. dit que la femme séparée de biens doit renoncer au greffe ; la loi ne présume donc pas sa renonciation. Comp. Colmet de Santerre, t. VI, n° 119 *bis*-I ; Laurent, t. XXII, n° 407 ; Guillouard, t. III, n° 1158, qui tous combattent la jurisprudence.

E. — Conditions de validité de l'option.

1233. Capacité. — Pour faire un acte d'acceptation valable, qui la dépouille définitivement de son droit de renoncer, la femme doit être *majeure* (art. 1455). Si elle est encore mineure, comme elle a été émancipée par son mariage, la combinaison des art. 461 et 484 l'oblige à se pourvoir de l'autorisation du conseil de famille. Faute de textes spéciaux, nous sommes réduits à appliquer ici des dispositions écrites en vue des successions.

1234. Irrévocabilité. — Quel que soit le parti qu'ait pris la femme, il est *irrévocable* (art. 1455) ; la loi ne lui accorde pas, comme à l'héritier, le droit de revenir sur sa répudiation (art. 790) (Cass., 17 déc. 1888, D. 89. 1. 465, S. 89. 1. 164).

1235. Annulation pour dol. — Cependant diverses causes peuvent rendre la décision de la femme annulable sur sa demande. Il n'y a rien de particulier à dire pour le cas d'*incapacité*, qui est rarement réalisable; le droit commun s'appliquerait. Au contraire, il existe des règles spéciales pour les *vices du consentement*.

1° L'art. 1455 autorise l'action en nullité seulement « s'il y a eu *dol* de la part des héritiers du mari ». Sa rédaction exclut toute possibilité de demander la nullité pour cause d'*erreur* sur la valeur ou les charges de la communauté, mais laisse ouverte l'action fondée sur la *violence*, qui est considérée comme un dol aggravé.

2° La loi prévoit que les héritiers du mari ont commis un dol pour décider la veuve à accepter la communauté. Quel intérêt ont-ils donc à voir la femme prendre sa part de communauté? Il semble qu'ils devraient bien plutôt l'engager à y renoncer; mais la loi suppose que l'actif est chargé de dettes et que les héritiers du mari ont décidé la femme à l'accepter sans prendre la précaution de faire un inventaire, ce qui l'oblige à payer les dettes avec eux. On peut aussi supposer que la femme s'était réservé le droit de reprendre ses apports en renonçant à la communauté et que les héritiers du mari tiennent à en éviter la reprise en la décidant à accepter.

3° Le texte suppose que le dol est commis par les héritiers du mari, parce que c'est pour eux surtout que la décision de la femme offre de l'intérêt; mais celle-ci pourrait tout aussi bien être trompée par une autre personne, par un créancier de la succession par exemple. L'acceptation obtenue par dol est un acte *unilatéral*; il est donc annulable quel que soit l'auteur du dol. Ici ne s'applique pas la règle propre aux contrats qui veut que l'auteur du dol soit l'autre partie (art. 1116).

4° Enfin le texte ne parle que du cas où c'est l'*acceptation* qui a été obtenue par dol. Il est certain que la nullité pourrait également être demandée, si l'on avait trompé la femme pour l'amener à faire une *renonciation* contraire à ses intérêts.

1236. Action Paulienne. — Cette action suppose que la nullité est demandée, non plus par la femme, comme au cas de dol, mais *contre elle* par ses créanciers qui se plaignent d'une fraude commise à leur détriment: la femme est alors coupable, et non plus victime. L'art. 1464 mentionne le droit pour les créanciers d'attaquer la *renonciation frauduleuse* faite par la femme ou par ses héritiers et d'accepter la communauté de leur chef. C'est l'application du droit commun. On se demande seulement s'il sera nécessaire de prouver la *fraude* ou si l'on se contentera du *préjudice*; le texte est bien formel et parle de « fraude ». Cependant la question est controversée. Voyez t. II, n° 313.

Une autre question est née : la loi ouvre l'action aux créanciers quand la femme a *renoncé*. Entend-elle exclure par là le droit d'attaquer une *acceptation frauduleuse*? Nullement. Elle a parlé de la renonciation parce que c'est le moyen le plus fréquent de frustrer les créanciers, mais il n'y a aucune raison pour écarter le droit commun au cas où la femme aurait frauduleusement accepté une communauté chargée de dettes (Cass., 26 avril 1869, D. 69. 1. 239, S. 69. 1. 269).

CHAPITRE VIII

EFFETS DE L'ACCEPTATION

** **1237. Division.** — L'acceptation de la communauté n'est qu'une renonciation à la faculté de renoncer ; elle consolide donc définitivement la qualité de commune en biens en la personne de la femme, et lui en maintient toutes les charges et tous les bénéfices. Par suite la femme se trouve *dans l'indivision avec son mari,* de sorte qu'il y a lieu de *procéder au partage de l'actif* et à *la répartition du passif entre les époux.* C'est ce que l'art. 1467 indique en fort bons termes : « l'actif se partage et le passif est supporté de la manière ci-après déterminée. »

Mais avant d'aborder l'étude du partage de l'actif et du règlement du passif, il y a lieu de s'occuper de quelques *opérations préliminaires* qui doivent précéder le partage lui-même.

SECTION I. — Opérations préliminaires au partage.

1238. Énumération. — Avant de procéder au partage de la masse commune, il faut d'abord en reconnaître la composition et en reconstituer tous les éléments, toujours plus ou moins confondus avec le patrimoine propre des époux. Les opérations qui tendent à cette liquidation sont : 1° la *reprise des propres* ; 2° le *prélèvement des récompenses dues aux époux* ; 3° le *rapport des récompenses dues à la communauté.*

§ 1. — *Reprise des propres.*

* **1239. Nature de l'opération.** — C'est la première chose à faire : il faut mettre à part les biens meubles ou immeubles, corporels ou incorporels, qui appartiennent à chaque époux à titre de propres (art. 1470, al. 1). Sur les cas où un bien est un propre, voyez ci-dessus nos 918 à 972. L'époux se présente *comme propriétaire* et reprend son bien *en nature,* et même, à proprement parler, il ne le « reprend » pas puisqu'il en a toujours conservé la propriété et que la communauté n'en avait que la jouissance ; il s'agit d'une simple *reprise de fait.*

A. — Effet de l'ameublissement.

1240. Obstacle à la reprise du propre. — Il y a cependant un cas où l'époux ne peut pas reprendre son bien propre, c'est lorsqu'il l'a *ameubli* en limitant son ameublissement *à une certaine somme.* Si l'immeuble avait été ameubli en totalité, la communauté en serait propriétaire (ci-dessus n° 984). L'immeuble imparfaitement ameubli reste la propriété de l'époux, mais celui-ci est tenu de *le faire figurer dans le partage pour sa valeur,* jusqu'à concurrence de l'ameublissement (art. 1508, al. 1). Si l'immeuble ameubli avait été aliéné, la communauté prélèverait sur le prix en provenant la somme fixée par le contrat de mariage, et l'époux n'aurait le droit de réclamer que le surplus.

1241. Nature du droit de la communauté. — La communauté n'est pas propriétaire de l'immeuble; son droit n'est qu'*une créance*: l'époux est « obligé » de comprendre l'immeuble dans le partage (art. 1508). Mais c'est une créance d'un genre tout particulier, à laquelle on a parfois donné le nom d'*assignat limitatif* pour marquer que la communauté n'a de droits que sur l'immeuble ameubli et que le surplus du patrimoine de l'époux ne lui est en rien affecté.

Il résulte de là une double conséquence: 1° Si les immeubles compris dans l'ameublissement sont *inférieurs en valeur* à la somme convenue, l'époux ne peut pas être contraint de la compléter sur ses autres biens.

2° Si les immeubles *périssent* ou se *détériorent*, la perte est pour la communauté, parce que son droit ne s'étend pas au delà.

B. — Preuve à fournir.

*** 1242. Présomption en faveur de la communauté.** — Quelle que soit l'étendue de la communauté (universelle, légale ou réduite aux acquêts), il existe en sa faveur une présomption : *tout ce que les époux possèdent est réputé commun*; si l'un d'eux réclame un bien ou une valeur comme lui appartenant en propre, il doit le prouver. Cette présomption est écrite dans l'art. 1402 pour les *immeubles,* dans l'art. 1499 pour les *meubles.*

1° Immeubles.

1243. Facilité de la preuve. — Pour les immeubles, il n'y aura pas de difficultés : les titres établissent presque toujours l'*origine de propriété,* et dans les cas où il n'y a pas de titre, comme au cas de succession, le fait est en lui-même notoire. Même pour les immeubles acquis à titre onéreux pendant la communauté, il est aisé de vérifier s'ils l'ont été par une cause capable de leur attribuer le caractère de propres, comme le *remploi* ou *l'échange contre un propre.*

2° Meubles.

*** 1244. Cas où leur reprise a lieu.** — Rappelons que la reprise de meubles comme propres ne se présente presque jamais sous la communauté légale (ci-dessus n° 918) ; dans la pratique c'est toujours quand il y a des clauses d'exclusion ou de réalisation plus ou moins étendues que la question se pose, et principalement dans les cas de réduction de la communauté aux acquêts.

1245. État des textes. — Tous les meubles, propres ou communs, sont ordinairement mêlés et confondus, et la preuve de leur origine n'est pas toujours commode à fournir. La difficulté augmente encore par l'*existence de deux textes qui ne sont pas d'accord*; la loi a réglé la question dans deux endroits, d'abord *à propos de la communauté d'acquêts* (art. 1499) et ensuite *à propos des clauses de réalisation* (art. 1504), et elle n'a pas donné les mêmes règles dans les deux cas : l'art. 1499 s'exprime en termes absolus, qui ne comportent aucune distinction, tandis que l'art. 1504, après avoir formulé une règle en termes différents, y apporte une exception.

Les dispositions de la loi française sur la nature des preuves à fournir pour la reprise du mobilier propre ont été avec raison critiquées (Alb. Tissier, *De la Communauté d'acquêts... et de la preuve des apports mobiliers*, *Revue Bourguignonne*, 1901, n° 1).

*** 1246. Règle de l'art. 1499.** — D'après cet article, la preuve du mobilier propre ne peut être fournie que *par un inventaire ou état en bonne forme,* ce qui veut dire « authentique », comme ceux qu'on trouve annexés à des comptes de tutelle ou à des actes portant donation de meubles. A défaut d'une preuve de ce genre, le mobilier reste à la communauté.

1247. Règle de l'art. 1504. — Dans sa disposition principale ce texte s'exprime tout autrement. Tout d'abord il admet que la preuve régulière peut résulter non seulement d'un inventaire ou état authentique, mais *de tout titre propre à justifier de sa consistance et valeur* (art. 1504, al. 2). Ceci revient à exiger seulement *une preuve écrite,* en laissant aux juges le soin d'apprécier le mérite de celle qui sera fournie. C'est ce qu'admet la jurisprudence (Cass., 14 mars 1877, D. 77. 1. 353, S. 78. 1. 5; Cass., 14 mai 1879, D. 79. 1. 420, S. 80. 1. 17).

1248. Exception admise par l'art. 1504. — En outre ce même article introduit une exception en faveur de la femme. Quand le mobilier à elle *échu pendant le mariage* n'a pas été inventorié, il lui est permis de prouver la consistance des meubles qu'elle réclame *par tous les moyens possibles* et même *par commune renommée* [1]. C'est que son mari est en faute de n'avoir pas fait faire l'inventaire de ce mobilier : c'était son devoir de prendre ce soin, en qualité d'administrateur des biens de sa femme, et celle-ci ne doit pas avoir à souffrir d'une faute qui n'est pas la sienne.

Ce motif est sans application *au mobilier présent,* c'est-à-dire à celui que la femme possède au jour de son mariage, parce que la femme était alors libre et maîtresse de ses biens; c'était à elle seule qu'il appartenait de se procurer un moyen régulier de preuve.

*** 1249. Conciliation admise en jurisprudence.** — Tels sont les deux articles en présence : ils ne sont pas semblables, et ils s'appliquent au même cas [2]; comment les concilier ? La jurisprudence les combine de la façon suivante :

1° S'agit-il pour les époux de *reprendre leur mobilier propre à l'encontre des créanciers de la communauté* ? Alors l'art. 1499, qui est le plus rigoureux des deux, s'appliquera d'une façon absolue : il faudra un inventaire ou état authentique, et cette preuve sera exigée aussi bien de la part de la femme que de la part du mari (Cass., 19 juin 1855, D. 55. 1. 305, S. 55. 1. 206: Cass., 20 août 1884, D. 85. 1. 312, S. 85. 1. 126; Rouen, 9 mars 1898, D. 99. 2. 13). — Cette solution est confirmée par une disposition spéciale du Code de commerce, l'art. 560, qui en cas de faillite du mari n'autorise la femme à revendiquer son mobilier propre, pour le soustraire à l'action des créanciers, qu'autant qu'elle est munie d'un inventaire ou état

[1] Sur la preuve par commune renommée, voyez t. I, p. 573, note 1, et t. II, n° 18.
[2] L'art. 1504 a été emprunté à Pothier (*Communauté,* n° 300); l'art. 1499 est dû aux auteurs du Code. Je suis convaincu que leur différence est un pur accident de rédaction, et n'a été ni voulue ni même aperçue par les auteurs de la loi.

authentique. On peut encore en rapprocher l'art. 1510, al. 2 et 3, d'après lesquels, quand il y a séparation des dettes, l'action des créanciers contre la communauté ne peut être arrêtée que par une preuve authentique.

2° Lorsque les époux ne sont pas en conflit avec leurs créanciers et que la question de preuve s'élève *dans leurs rapports entre eux,* pour le règlement de leurs reprises, la jurisprudence leur fait l'application des solutions plus bienveillantes de l'art. 1504; la preuve devient beaucoup plus facile, sans cependant cesser d'être soumise au droit commun, si ce n'est au profit de la femme dans le cas exceptionnel prévu par le texte. Voyez les arrêts de 1877 et de 1879 cités ci-dessus au n° 1247 et l'arrêt précité du 20 août 1884.

1250. Autre conciliation doctrinale. — Ces solutions étaient acceptées sans difficulté, lorsqu'en 1884 la Cour de Dijon admit une doctrine toute différente, qui était enseignée par M. Bufnoir[1]. L'art. 1499 viserait le cas d'une *reprise en nature*, quand l'époux se présente comme *propriétaire du mobilier*, et l'art. 1504 statuerait sur la *reprise en valeur*, quand l'époux est créancier d'*une somme d'argent*. Voyez les notes de M. Bufnoir, dans S. 85. 2. 25 et 89. 1. 465. Mais l'arrêt de Dijon a été cassé (Cass., 22 nov. 1886, D. 87. 1. 113, S. 89. 1. 465). L'interprétation antérieure a été ainsi maintenue, et je crois que c'est avec raison. Le système admis par la Cour de Dijon accorde une importance exagérée à la façon dont se fait la reprise (en nature ou en argent), puisque la femme ne peut se présenter comme *créancière* qu'à la condition d'avoir été *propriétaire* du mobilier à reprendre. D'ailleurs l'art. 1504 règle la question de preuve sans distinction pour tous les cas où il y a un mobilier propre, puisqu'il fait partie de la même section que l'art. 1500 où se trouve prévue la clause expresse de réalisation, qui réserve la propriété du mobilier à l'époux. Le système ordinaire de la jurisprudence ne mérite donc pas d'être combattu, il introduit une distinction utile au point de vue pratique et conforme à d'autres dispositions de notre droit.

§ 2. — *Prélèvement des récompenses dues aux époux.*

** **1251. Définition.** — Les reprises des époux ne se bornent pas aux biens en nature qui leur appartiennent, et dont la reprise n'est qu'un simple triage à faire parmi les biens existants; souvent aussi ils ont à exercer des *créances contre la communauté,* lorsque celle-ci s'est enrichie à leurs dépens. C'est alors une *indemnité* qu'ils réclament à la communauté, et ils font valoir leurs droits sur des biens qui ne leur appartiennent pas en propre. Cette seconde espèce de reprise s'appelle proprement *actions en reprise,* et elle donne lieu à des *prélèvements à titre de récompense.*

A. — Développement historique.

1252. État primitif du droit. — Ces actions en reprise qui ont aujourd'hui tant d'importance et qui nous semblent si naturelles, n'existaient pas dans le très ancien droit. Les époux n'avaient jamais le droit de réclamer une récompense à la communauté; *tout ce qui sortait de leur patrimoine pour entrer dans la masse commune était définitivement perdu pour eux.* Aussi on avait coutume de dire, comme en proverbe, qu'un

[1] Il y avait déjà eu en ce sens un arrêt de la Cour d'Angers du 26 mai 1869 (D. 69. 2. 238, S. 70. 2. 85).

mari devait « se relever trois fois la nuit pour vendre le bien de sa femme », parce qu'il était sûr d'être payé de sa peine par le gain que réalisaient la communauté et lui-même (LOYSEL, *Institutes coutumières*, n° 116).

1253. Changement survenu dans la pratique. — Ce fut l'usage qui amena un changement. On prit l'habitude d'insérer dans les contrats de mariage une clause par laquelle l'époux vendeur se réservait le droit de *placer à son profit le prix du propre vendu*, d'en faire le *remploi*. Si le remploi n'avait pas été fait, on permettait à l'époux vendeur de se faire payer une indemnité par la communauté : c'était ce qu'on appelait le *remploi sur les acquêts*.

1254. Décision des coutumes réformées. — Au XVIe siècle les coutumes réformées confirmèrent cet usage et décidèrent que cette indemnité serait due de plein droit à l'époux et se prélèverait sur les acquêts, alors même que le contrat de mariage n'aurait rien stipulé à cet égard : ce fut ce qu'on appela le *remploi légal* (Coutume de Paris, art. 232 ; d'Orléans, art. 192, etc.). Ces dispositions nouvelles donnèrent lieu à des difficultés pour les coutumes muettes (LOUET, lettre R, n° 30). Elles devinrent cependant le droit commun de la France.

1255. Extension du principe. — Les coutumes n'avaient prévu que le cas d'aliénation d'un propre et le rachat d'une rente, qui seuls avaient donné lieu à des stipulations particulières. Mais le principe une fois admis avait en lui une force d'expansion qui ne tarda pas à se manifester. Au XVIIIe siècle Pothier le formulait dans toute sa généralité : « On peut aussi établir pour principe général que chacun des conjoints est, lors de la dissolution de la communauté, *créancier de tout ce dont il a enrichi la communauté à ses dépens*, pendant qu'elle a duré » (*Communauté*, n° 607), et il en citait des exemples.

1256. État actuel des textes. — Le Code civil n'a point reproduit la formule générale qu'avait donnée Pothier. Il s'est borné, comme le faisait la coutume de Paris, à parler de cas isolés dans lesquels la récompense est due, et même il n'en mentionne que deux (art. 1433 et 1470). Mais cette énumération incomplète qui s'explique par la marche historique du droit, ne peut faire mettre en doute le principe général, dont la loi fait l'application, et dont tout le monde admettait alors l'existence. C'est donc toujours la formule donnée par Pothier, qui exprime l'état de notre droit.

B. — Motif des récompenses.

* **1257. Motif historique.** — Historiquement, le système des récompenses n'a eu d'autre cause que le désir personnel de chaque époux de conserver son bien et de n'en point faire donation à son conjoint (ci-dessus n° 1253). Mais quand les coutumes eurent admis la récompense de plein droit, en l'absence de toute stipulation, les jurisconsultes lui découvrirent un autre motif, indépendant de la volonté des époux : le désir d'empêcher des libéralités indirectes au profit du conjoint, sous un système de législation qui défendait les donations entre époux. Motif évidemment erroné, comme le prouve l'histoire, et qui ne permettrait pas d'expliquer comment il se fait : 1° que les récompenses fussent admises même sous des coutumes qui permettaient les donations entre époux ; 2° que le Code les ait conservées, quoique la prohibition de ces donations ait été abandonnée par lui.

* **1258. Raisons d'être actuelles.** — Depuis le Code civil, on peut donner une double raison pour le maintien de ce régime :

1° Il faut éviter *tout enrichissement* de l'un des époux aux dépens de l'autre, qui se fait *par voie oblique* et qui est souvent *involontaire*. Si les époux veulent se faire des libéralités, qu'ils les fassent ouvertement, puisque la loi le leur permet : ce qui aura pour eux l'avantage de leur assurer l'exercice de leur droit de révocation;

2° Il faut faire respecter l'*immutabilité des conventions matrimoniales*, car la composition des patrimoines propres et du patrimoine commun a été arrêtée par le contrat de mariage et ne peut plus être modifiée. Toutes les fois qu'une valeur sort de l'un de ces trois patrimoines pour entrer dans l'un des deux autres, elle doit y être replacée par équivalent. Et cela donne la raison d'être d'une manière générale pour toute espèce de récompense.

C. — Cas où l'époux a droit à récompense.

** **1259. Cas certains.** — Dans les cas suivants la récompense est due sans contestation possible :

1° Aliénation d'un propre. — C'est le cas primitif, celui qui a servi de point de départ à toute la série (art. 1433 et 1470). Pour que la récompense soit due il faut *deux conditions* : *a*) le prix a été *payé par l'acheteur*; sinon la communauté n'ayant rien reçu n'aurait rien à rendre, et l'époux serait encore personnellement créancier de son acquéreur ; *b*) *le remploi n'a pas été fait*; s'il y a eu remploi, l'époux est désintéressé, la communauté n'a rien gardé du prix et ne s'est pas enrichie.

2° Échange avec soulte. — Si l'époux a cédé un de ses propres par voie d'échange avec stipulation d'une *soulte à son profit*, et si le montant de la soulte a été versé à la communauté, celle-ci en est débitrice comme s'il s'agissait d'un prix de vente. Comp. art. 1407.

3° Rachat d'une servitude. — La situation est encore la même si un voisin s'est rédimé en argent d'une servitude dont il était grevé au profit d'un bien propre à l'un des époux : le propre, qui jouait le rôle de fonds dominant, s'est trouvé diminué par le rachat qui a éteint une servitude active, et la communauté s'est enrichie de la somme versée par le voisin.

4° Vente de produits. — La communauté peut avoir touché le prix de produits qui ne lui appartiennent pas d'après les règles de l'usufruit, tels que des coupes de bois faites dans les futaies non aménagées ou des matériaux extraits de carrières ou de mines ouvertes depuis le mariage. Dans cette hypothèse, comme dans les trois précédentes, la communauté a reçu en argent la valeur d'un bien qui était propre à l'un des époux; elle en doit la récompense.

5° Apport d'un excédent de mobilier. — L'époux avait promis de faire un apport mobilier jusqu'à concurrence d'une somme déterminée (ci-dessus n° 1013-II), et la valeur du mobilier tombé de son chef en communauté dépasse cette somme. Il a le droit de reprendre *en valeur* l'excédent; il agit donc comme *créancier d'une somme d'argent*. C'est l'effet déjà signalé des clauses tacites de réalisation.

6° Don ou legs de deniers propres. — Il y a lieu à reprise pour les sommes d'argent qui ont été données ou léguées à la condition qu'elles n'entreront pas dans la communauté, et qui ont été en fait confondues avec les deniers communs, faute d'emploi.

7° Paiement par l'époux d'une dette de communauté. — Si l'époux a payé avec sa fortune personnelle une dette qui était à la charge de la communauté, il y a lieu à récompense, car il l'a enrichie à ses dépens.

1260. Cas controversés. — Voici deux hypothèses pratiques dans lesquelles l'existence du droit à récompense est douteux.

1° Vente d'un propre a rente viagère. — Supposez qu'une maison qui rapportait 6 000 fr. par an soit vendue moyennant une rente viagère de 10 000 fr. ; la communauté va gagner 4 000 fr. par an, et il semble que ce soit au détriment de l'époux, puisque cette augmentation temporaire du revenu est obtenue par le sacrifice du fonds. La communauté ne doit-elle pas récompense? On l'admettait dans notre ancien droit (Pothier, *Communauté*, n° 594) et c'est aussi la solution qui a prévalu dans la jurisprudence (Cass., 1er avril 1868, D. 68. 1. 311, S. 68. 1. 253; Cass., 8 avril 1872, D. 72. 1. 108, S. 72. 1. 224), mais ce fut après de vives controverses (Dissertation intéressante sous Lyon, 17 févr. 1870, S. 70. 2. 305. Comp. Mimerel, *Revue critique*, 1853, t. III, p. 851; Pont, *Ibid.*, 1854, t. IV, p. 9. Voyez aussi les autorités citées dans Rodière et Pont, t. II, n° 935, en note. Dans le sens de la jurisprudence, Colmet de Santerre, t. VI, n° 78 *bis*-xi; Aubry et Rau, t. V, § 511, note 4; Laurent, t. XXII, n° 466). On dit que la communauté a encaissé, pendant tout le temps qu'elle a duré après la vente, des sommes qui représentaient une valeur propre, parce que les arrérages de la rente viagère contenaient virtuellement une portion de capital.

La jurisprudence est bien fixée en ce sens; j'estime cependant que c'est faire une fausse application du principe. On a tort de dire que la communauté doit indemniser les époux quand ceux-ci augmentent leur revenu aux dépens de leur capital. Les biens de toute nature fournissent des revenus qui sont essentiellement variables; la *valeur des choses* dépend à la fois *du chiffre de leur rendement annuel* et *de leur durée probable*. Quand un propriétaire déplace ses capitaux, substitue un placement à un autre, il peut à volonté *augmenter ou diminuer son revenu* en modifiant *la sécurité du placement*. Ces changements dans le taux des revenus sont inévitables, même quand ils ne sont pas voulus; c'est l'effet à peu près constant des ventes suivies de remplois. D'autre part on ne peut admettre que les époux soient *garants envers la communauté* du chiffre de leurs revenus; s'ils n'en sont pas garants, celle-ci de son côté ne leur est redevable en rien des bénéfices annuels qu'elle a pu faire par suite d'une élévation des revenus. Le système des récompenses ne devrait donc fonctionner qu'*à la suite d'encaissements de capitaux par la communauté*; on le fausse en l'appliquant aux revenus. Comp. la décision de l'art. 588 pour l'usufruitier. — Un exemple montrera l'inanité du raisonnement qu'on applique aux rentes viagères: qu'un *domaine rural*, rapportant 2 1/2 0/0 soit vendu et remplacé par une *maison de rapport* dans Paris, vieille et mauvaise, rapportant 6 0/0 net. Avant 30 ans peut-être la maison sera en ruine et aura besoin d'être rebâtie. Il y a donc même sacrifice du fonds pour une augmentation temporaire du revenu. Cependant personne n'admet ici le droit à récompense.

2° Rachat d'un droit viager. — Lorsque l'époux aliène un propre viager (une rente viagère ou un usufruit) moyennant un capital qui est versé à la communauté, a-t-il droit à récompense? C'est l'hypothèse inverse de la précédente.

Il y a un cas où tout le monde est d'accord : c'est *lorsque l'époux qui avait ce propre viager survit à la dissolution de la communauté*. S'il n'avait pas aliéné son droit d'usufruit ou sa rente, il le posséderait encore et le reprendrait comme propre; à sa place, il doit donc reprendre le prix que la communauté a touché.

Mais *si c'est lui qui meurt le premier*, on se divise. D'après la jurisprudence, *les représentants de l'époux n'ont droit à aucune récompense* (Cass., 10 avril 1855, D. 55. 1. 177, S. 55. 1. 241). On en donne pour raison que si l'époux avait conservé ce bien viager jusqu'à sa mort, son droit n'en serait pas moins éteint par son décès, et ses héritiers ne trouveraient rien à sa place dans son patrimoine ; ils n'ont donc rien perdu par l'aliénation et n'ont droit à aucune indemnité. L'aliénation n'a porté que sur une jouissance qui appartenait à la communauté, substituée à l'époux en vertu de son droit d'usufruit sur les propres ; la communauté doit donc garder le prix (AUBRY et RAU, t. V, § 511, note 5 ; LAURENT, t. XXII, n° 468). — J'estime encore que c'est mal raisonner. Il ne s'agit pas de savoir si les héritiers de l'époux qui avait un usufruit propre auraient trouvé quelque chose dans sa succession, *en supposant que la vente n'ait pas eu lieu* ; mais bien, puisqu'on raisonne sur l'hypothèse où cette vente a été faite, s'ils auraient retiré un bénéfice de cette vente *en supposant qu'il ne fût pas marié sous un régime de communauté*. Or il est certain que les héritiers auraient profité de l'opération, car ils auraient trouvé dans la succession le capital qui a remplacé le bien viager. On devrait donc reconnaître que ce capital, qui est par hypothèse *le prix d'une valeur propre*, *se trouve sans cause dans la communauté* et doit être restitué. J'ai pour moi l'autorité de POTHIER, qui avait commencé par nier le droit à récompense au cas de prédécès de l'époux (Sur le titre X de la coutume d'Orléans, n° 106), mais qui changea d'opinion et en admit plus tard l'existence (*Communauté*, n° 592).

D. — Montant de la récompense.

** **1261. Conservation de la règle ancienne.** — La règle n'a pas changé depuis le XVIe siècle : l'époux qui a vendu un propre retire de la communauté *le prix de la vente* (Coutume de Paris, art. 232 ; C. civ., art. 1433 et 1436). On ne tient donc pas compte ni de la valeur vraie qu'avait l'immeuble au jour où il a été vendu, ni de celle qu'il peut avoir au jour de la liquidation de la communauté ; on ne s'occupe pas non plus du profit que la communauté peut avoir retiré ou conservé par suite d'un placement bon ou mauvais : elle est toujours *débitrice du prix qu'elle a reçu*. Comp. POTHIER, *Communauté*, nos 586 à 588.

1262. Dissimulation partielle du prix. — Il arrive souvent que le prix réel de la vente d'un immeuble est supérieur au prix porté au contrat : on en a dissimulé une partie, pour frauder le fisc, et la différence a été payée comptant ou a fait l'objet d'une contre-lettre. En ce cas, la communauté doit rendre, non pas le prix apparent, qui est le moindre, mais la somme totale réellement touchée par elle.

Ici s'est présentée une difficulté. L'art. 1341 interdit de prouver par témoins outre ou contre le contenu d'un écrit. Cependant la Cour de cassation a décidé que la preuve *testimoniale* serait admissible pour établir le chiffre des sommes reçues par la communauté (Cass., 14 févr. 1843, S. 43. 1. 193 ; Cass., 30 déc. 1857, D. 58. 1. 39, S. 58. 1. 276). Cette jurisprudence est très exacte : il ne s'agit pas de prouver « outre l'écrit » *contre celui qui l'a signé* pour lui réclamer un prix supérieur à celui qui est exprimé dans l'acte ; il s'agit seulement de prouver qu'*en fait* la communauté a reçu une somme déterminée. Or l'acte de vente n'était pas du tout destiné à prouver la somme que recevrait la communauté, mais seulement à fixer les conventions des parties contractantes. La preuve testimoniale est donc recevable parce qu'elle ne tend pas à exiger de l'une des parties quelque chose de plus que ce que porte l'écrit qu'elle a signé. Comp. AUBRY et RAU, t. V, § 511, note 9 ; LAURENT, t. XXII, n° 462.

E. — Règlement des récompenses.

1263. Division. — Pour le règlement des récompenses qui leur sont dues, la loi accorde aux époux diverses faveurs dont les unes sont communes au mari et à la femme, les autres ne profitent qu'à la femme.

1° Faveurs communes aux deux époux.

*** 1264. Énumération.** — Les époux ont la possibilité :

1° De réclamer les *intérêts de leurs reprises* à compter du jour de la dissolution de la communauté (art. 1473) ;

2° De se payer eux-mêmes en *prélevant sur la communauté des biens en nature* jusqu'à due concurrence (art. 1471).

Je considère cette seconde faveur comme commune aux deux époux. Il pourrait y avoir à cet égard quelque difficulté, grâce à la construction grammaticale de l'art. 1471 : « Les prélèvements de la femme s'exercent... *Ils* s'exercent d'abord... » Cette phrase, qui est la seule qui autorise les prélèvements en nature, se rapporte uniquement aux droits de la femme ; il n'est pas parlé de ceux du mari. M. Colmet de Santerre en a conclu qu'il fallait lui refuser la faveur qu'on fait à la femme (t. VI, n° 132 *bis*-I), mais il est à peu près seul de son avis. En pratique le mari possède exactement le même droit que la femme (Caen, 19 janv. 1832, S. 41. 2. 82), et personne ne le lui conteste ; ce droit lui était reconnu autrefois (POTHIER, *Communauté*, n° 701) et le Code n'a fait que résumer des règles traditionnelles. Comp. DALLOZ, *Suppl.*, v° Contrat de mariage, n° 869.

*** 1265. Cours des intérêts.** — Il n'y a rien à dire sur ce point sinon que le bénéfice de la loi est *réciproque*, et qu'il appartient non seulement aux époux, quand ils sont créanciers de la communauté, mais aussi *à la communauté elle-même*, quand elle est de son côté créancière des époux : ces deux catégories de récompenses emportent les intérêts *de plein droit du jour de la dissolution* (art. 1473).

**** 1266. Caractère anormal des prélèvements en nature.** — La possibilité d'employer ce procédé constitue une particularité très importante, dont il faut tout d'abord apercevoir le *caractère anormal*. Les époux sont *créanciers* de la communauté ; or un créancier ordinaire ne peut pas se payer en prenant des biens en nature dans le patrimoine de son débiteur ; il faut qu'il les fasse *vendre* pour se faire payer *sur le prix*. Les époux bénéficient donc d'un régime de faveur, qui a pour eux un double avantage : 1° ils économisent des frais de vente ; 2° ils peuvent conserver l'un et l'autre des biens qu'il leur serait pénible de voir passer en des mains étrangères.

*** 1267. Justification.** — Les époux ne sont pas seulement créanciers de la communauté ; ils en sont en même temps *copropriétaires*, et c'est à ce titre que la loi leur permet de prendre en nature des biens de la communauté : le règlement de leurs récompenses se soude pour ainsi dire au partage et donne lieu à une simple *attribution de biens*, faite par voie de *prélèvements*, jusqu'à due concurrence.

*** 1268. Mode d'exercice des prélèvements.** — Dans l'art. 1471, la loi règle la façon dont doivent se faire les prélèvements destinés, comme on dit dans la langue du notariat, à « remplir les époux de leurs droits ». L'époux créancier doit prendre d'abord *de l'argent comptant* ; à défaut d'argent, *du mobilier* ; à défaut de meubles en nature, *des immeubles*. Cet ordre est trop simple et trop naturel pour avoir besoin d'être justifié.

1269. Nature mobilière de l'action. — L'action en reprise est mobilière, parce que ce qui est dû à l'époux est une *indemnité*, c'est-à-dire de l'argent, le meuble par excellence. Et cette action ne change pas de nature alors même qu'elle donne lieu à un *prélèvement en immeubles*. Ce prélèvement en nature n'est qu'*un procédé de règlement* qui n'altère point le caractère mobilier de l'action. D'où cette double conséquence :

1° L'action en reprise tombe en communauté si l'époux qui la possède se remarie sans contrat avant la liquidation de sa première communauté ;

2° Elle appartient au légataire du mobilier, s'il meurt laissant un testament avec un legs à titre universel portant sur tous ses meubles.

***1270. Nature de l'opération.** — Un prélèvement en nature ressemble à une *dation en paiement* : à un époux, qui est créancier d'une indemnité en argent, on donne des biens en nature. Ce n'est qu'une *apparence trompeuse*. La dation en paiement est une *convention nouvelle*, qui suppose *un accord de volontés* entre celui qui donne et celui qui reçoit. Rien de pareil ne se passe dans le règlement d'une communauté : l'époux a le droit d'opérer ses prélèvements, même malgré l'opposition de son conjoint ou des héritiers du conjoint ; en tout cas, il exerce son droit sans le concours de leur volonté.

De plus, la dation en paiement est *translative de propriété*, et si elle porte sur des immeubles elle a besoin d'être *transcrite*. Le prélèvement opéré par l'époux *n'est pas translatif* : c'est le préliminaire du partage ; c'en est même plutôt le premier acte ; c'est donc *une des opérations du partage*, avec lequel il se confond et dont il emprunte la nature *déclarative*. Il n'opère aucune transmission de propriété.

Les conséquences pratiques sont les suivantes :

1° Il n'y a *pas lieu à transcription* (Cass., 20 juill. 1869, D. 69. 1. 497, S. 70. 1. 127).

2° Il n'y a *pas de droit de mutation* à payer (Cass., 13 déc. 1864, D. 65. 1. 17, S. 65. 1. 89)[1]. Cependant depuis la loi du 28 avril 1893, art. 19, les partages sont soumis au droit proportionnel de 0 fr. 15 pour 100 fr.

3° La *lésion de plus du quart* qui autorise l'époux à demander la rescision du partage, s'apprécie tant pour les prélèvements que pour le partage du reste de la masse commune (Cass., 13 août 1883, D. 84. 1. 49, S. 84. 1. 289 ; Poitiers, 21 mai 1884, D. 84. 2. 196, S. 86. 2. 89). Toutefois il y a de sérieuses objections à faire ; voyez les notes sous les arrêts précités.

1271. Responsabilité personnelle du mari. — Si la communauté n'est pas suffisante pour désintéresser la femme, le mari répond *sur ses propres biens* des récompenses qui lui sont dues (art. 1472, al. 2). Cette responsabilité *subsidiaire* se justifie par la raison donnée au n° 1273 : il y a faute du mari, quand la communauté n'est pas en état de faire face aux règlement des reprises de la femme.

Lorsque la femme poursuit ainsi le mari sur ses biens personnels, à défaut de valeurs suffisantes dans la communauté, il ne peut pas être question pour elle de prendre des biens en nature ; ces prélèvements ne se comprennent que sur la masse commune ; contre son mari la femme se présente exclusi-

[1] La jurisprudence belge a cependant admis, sur la double question de la transcription et du droit de mutation, des solutions contraires à celles de la jurisprudence française (Gand, 21 juill. 1883, D. 83. 2. 201).

vement *comme créancière,* et si son mari lui cède un de ses biens pour s'acquitter ce sera *une dation en paiement* soumise en tout au droit commun.

*** 1272. Faculté de réclamer un paiement en argent.** — Le système des prélèvements en nature n'est qu'une *faveur* faite aux époux, et ils sont libres d'y renoncer, pour réclamer, s'ils le préfèrent, un règlement en argent[1]. La loi n'a pas entendu leur enlever un droit qui appartient à tout créancier. L'opinion et la jurisprudence paraissent se fixer en ce sens (Cass., 6 juill. 1870, D. 71. 1. 116. Comp. AUBRY et RAU, t. V, § 511, note 25; GUILLOUARD, t. II, nos 950 et suiv.).

2° Faveur spéciale à la femme.

**** 1273. Sa priorité sur le mari.** — On a fait aux deux époux une situation inégale pour le règlement des récompenses qui leur sont dues. Dans toute l'organisation du régime, plus d'une faveur a été octroyée à la femme comme compensation des pouvoirs si grands que le mari possède sur la communauté.

D'après l'art. 1471, les prélèvements de la femme s'exercent *avant ceux du mari.* Celui-ci ne peut donc rien réclamer pour son propre compte, tant que sa femme n'est pas entièrement désintéressée, et c'est justice : puisqu'il y a des reprises à exercer du chef de la femme, c'est que la communauté a reçu d'elle des valeurs considérables, et si elle n'est plus en état de les rendre, c'est la faute du mari : pourquoi n'a-t-il pas fait immédiatement le remploi de toutes les sommes qu'il a encaissées pour le compte de sa femme?

3° Controverse sur les reprises de la femme.

*** 1274. Position de la question.** — Une controverse restée célèbre, quoiqu'elle soit finie depuis plus de quarante ans, s'est élevée à propos des actions en reprise de la femme, lorsqu'elles donnent lieu à des prélèvements de meubles ou d'immeubles. On s'est demandé quelle était *la nature de l'action* exercée par la femme : agit-elle *comme créancière de ses reprises* ou *comme propriétaire des biens qu'elle prend?*

Quoique la question soit réglée d'une manière définitive par des arrêts indiscutés, cette controverse mérite encore d'être étudiée en détail, parce que c'est la seule manière de comprendre le sens et la valeur de la solution qui a triomphé, et aussi parce que la discussion continue encore entre les auteurs sous une autre forme.

*** 1275. Intérêt de la controverse.** — Si on traite la femme comme créancière, on l'oblige à subir *le concours de tous les autres créanciers de la communauté*; elle sera payée au marc le franc avec eux; si on la déclarait propriétaire, *elle les primerait tous,* puisqu'au lieu d'un simple droit de créance, elle aurait à faire valoir *une action réelle,* la revendication, laquelle n'est pas soumise à la loi du concours.

On a donc essayé de faire reconnaître à la femme la qualité de propriétaire, afin de la protéger efficacement contre la mauvaise administration du mari et de la rendre préfé-

[1] Ils peuvent y avoir intérêt. En voici un exemple. Un mari avait légué tout son mobilier à sa femme : celle-ci avait des reprises à exercer. Si on lui avait appliqué l'art. 1471 à la lettre, on aurait anéanti l'effet du legs en lui faisant prélever tout le mobilier pour ses reprises. Il devenait alors nécessaire de répartir la créance de la femme proportionnellement sur tout l'ensemble de la communauté (Amiens, 18 févr. 1887, S. 87. 2. 185).

rable aux autres créanciers. Sans doute, la femme possède déjà une garantie, son *hypothèque légale* sur les biens du mari et de la communauté ; mais l'hypothèque suppose des immeubles, et si le mari n'en a pas, la femme se trouve sans garantie. Quand la fortune du mari est mobilière, il faudrait à la femme *un privilège sur les meubles*, mais la loi ne lui en a point donné. On a cherché par tous les moyens à y suppléer et l'un de ces moyens a été de déclarer la femme propriétaire de ses reprises.

***1276. Variations de la jurisprudence.** — Ce fut la Cour de Paris qui s'en avisa la première en 1852 et la Cour de cassation adopta la même idée en 1853[1]. Son arrêt se bornait à déclarer « qu'il résulte des art. 1470, 1471, 1483 et 1493 que c'est à titre de propriétaire que la femme a droit au prélèvement préalable de ses propres, de même que le mari et avant lui, et qu'ainsi l'actif de la communauté ne se compose que du surplus des biens, prélèvement fait des reprises; qu'il suit de là que la femme ne peut être placée sur la même ligne que les créanciers de la communauté, et qu'elle doit être intégralement remplie de ses reprises avant que les autres créanciers puissent faire valoir leurs droits sur l'actif de cette communauté » (Cass., 15 févr. 1853, D. 53. 1. 75, S. 53. 1. 145; Cass., 11 avril 1854, D. 54. 1. 152, S. 54. 1. 161). C'est une énumération d'articles, suivie d'une affirmation de la solution; ce n'est pas un raisonnement. D'ailleurs l'arrêt confond le retrait des propres qui ne sont pas tombés en communauté, avec les reprises proprement dites donnant lieu à des prélèvements sur la masse commune. On essaya vainement de trouver d'autres arguments pour justifier après coup la théorie de la Cour.

Cette jurisprudence nouvelle jeta pendant cinq années la perturbation dans les affaires; si les intérêts de la femme sont dignes de faveur, ceux des créanciers ne doivent pas être absolument sacrifiés, et le crédit du mari se trouvait ruiné, parce que la femme reprenait comme propriétaire des valeurs versées par elle dans la communauté et dont rien n'indiquait la provenance. Dupin disait dans un réquisitoire en signalant ce danger que le droit de reprise ainsi entendu serait un droit de surprise (D. 58. 1. 17). Aussi pendant cinq ans, la doctrine réclama avec insistance; un grand nombre de dissertations furent publiées sur ce sujet. Il y a, comme dit Laurent, toute une littérature sur la question. Voyez principalement les dissertations de Valette (*Mélanges*, t. I, p. 401). Mimerel (*Revue critique*, t. IV, p. 408; t. XII, p. 97) et Pont (*Ibid.*, t. III, p. 436; t. IV, p. 522; t. VI, p. 398; t. IX, p. 481; t. XII, p. 3). Voyez aussi Aubry et Rau, t. V, § 511, note 28 et Demolombe, t. IX, n° 365 *bis*. Autres citations dans Rodière et Pont, t. II, n° 1091.

La doctrine finit par l'emporter : un arrêt des Chambres réunies, rendu après un délibéré de trois jours, décida que la femme est simplement créancière de ses reprises, et non propriétaire des biens qu'elle prend (Cass., 16 janv. 1858, D. 58. 1. 5, S. 58. 1. 9). Cet arrêt a été suivi de beaucoup d'autres qui ont fixé la jurisprudence (Cass., 1er déc. 1858, D. 59. 1. 11, S. 59. 1. 113; Cass., 15 mars 1859, D. 59. 1. 105, S. 59. 1. 193; Cass., 23 août 1859, trois arrêts, D. 59. 1. 351, S. 60. 1. 39). Indication complète de la jurisprudence dans Dalloz, *Tables*, 1845-1867, v° Communauté, n°s 217 à 251.

1277. Arguments. — En faveur de cette solution, il y a trois arguments également concluants :

1° *C'est la tradition* : on a toujours considéré la femme comme créancière de ses reprises : il est impossible que le Code ait bouleversé la théorie ancienne sans le dire, d'autant plus que ces prélèvements en nature étaient déjà connus et pratiqués depuis longtemps.

2° *Les textes du Code*. Partout les récompenses sont présentées comme de simples créances; les mots « devoir », « dus », sont employés dans les art. 1437, 1470 et 1473, pour désigner le droit de l'époux.

3° *Les principes généraux*. Les règles fondamentales du régime de communauté mon-

[1] Cette décision avait été précédée d'un arrêt du 1er août 1848 (D. 48. 1. 189, S. 48. 1. 727), dans lequel l'idée que la femme est propriétaire de ses reprises se trouvait déjà affirmée à un autre point de vue.

trent que la femme ne peut être exclusivement propriétaire que de ses propres ou de biens achetés en remploi de ses propres aliénés. Elle ne peut être que créancière de ses reprises et soumise comme telle au concours avec les autres créanciers (art. 2092), sauf l'effet de son hypothèque légale sur les immeubles, puisque la loi ne lui a pas donné de privilège sur le mobilier.

1278. Phase nouvelle de la controverse. — Aujourd'hui la question est absolument tranchée; la doctrine des arrêts de 1853 et 1854 n'est plus qu'un souvenir, et pourtant de nouvelles opinions ont été produites qui modifient une fois de plus le point de vue (DEMOLOMBE, t. IX, nos 363-365 *ter*; RODIÈRE et PONT, t. I, nos 383 et 388-390, t. II, nos 1081-1082). La femme doit être considérée tour à tour comme créancière et comme propriétaire de ses reprises, selon qu'on l'envisage comme venant ou non en conflit avec d'autres créanciers. En tant qu'elle réclame son paiement en concours avec d'autres, nous ne devons voir en elle qu'*un créancier qui a droit à un dividende* comme les autres, et dans le règlement auquel on procède entre eux tous, il ne peut lui être alloué que de l'argent, sa part des deniers mis en distribution. D'autre part, nous ne devons pas oublier qu'elle est *copartageante* : dès lors quand il n'y a pas de créanciers ou qu'ils sont désintéressés, la femme exerce ses reprises par voie de prélèvement en nature et il est parfaitement exact alors de la considérer comme propriétaire des biens qu'elle reçoit, parce qu'elle est seule en présence de son mari ou des ayants cause de celui-ci. Seulement, en cette qualité, elle ne peut venir que comme copartageante, c'est-à-dire *sur l'actif net et après tous les autres créanciers*, comme l'a fort bien montré M. Demolombe, au lieu de les primer comme le voulait la jurisprudence de 1853[1].

Cette distinction était déjà admise dans l'ancien droit. Ferrière disait : « *Entre les conjoints*, les reprises ne se considèrent pas comme dettes communes, mais se prennent par distraction et délibation et *comme par droit de propriété* » (Sur l'art. 253 de la coutume de Paris, no 14). Et Pothier, examinant la question, toujours au point de vue des rapports des époux entre eux, constatait le triomphe de cette opinion, qu'il appelle une opinion moderne, d'après laquelle les reprises sont regardées « moins comme une créance que comme donnant à l'époux qui les a *un droit plus fort dans la communauté* que celui de son conjoint qui n'en a pas de pareilles à exercer » (*Successions*, chap. v, art. 2, § 1; édit. Bugnet, p. 200-201). On donnait donc à l'époux pour ses reprises une part plus forte de biens communs; c'était une *opération de partage entre copropriétaires*, et c'est ainsi que le Code a considéré les prélèvements, puisqu'il en parle à propos du partage de l'actif, et cela suppose les autres créanciers désintéressés. L'idée a été admise par la Cour de cassation (Cass., 18 avril 1891, D. 91. 1. 471, S. 91. 1. 421).

§ 3. — *Rapport des récompenses dues à la communauté.*

**** 1279. Nécessité de ce règlement.** — Par la reprise des propres et le prélèvement des récompenses qui leur étaient dues, les époux ont reconstitué leur patrimoine propre; leur actif personnel est au complet. Mais la communauté à son tour peut être leur créancière, et cela pour différentes causes. Il y a donc lieu d'établir ces créances, qui augmentent la masse active à partager et de les régler avant le partage.

A. — Cas où la communauté a droit à récompense.

**** 1280. Principe général.** — La loi a fait ici ce qu'elle a omis pour

[1] Une comparaison avec l'héritier bénéficiaire éclairera toute cette discussion : un héritier bénéficiaire peut avoir lui aussi des créances à exercer contre une masse de biens dont il est copropriétaire, et il est pourtant évident qu'il ne peut invoquer son droit de propriété pour primer, comme créancier de la succession, les tiers qui en sont créanciers comme lui.

les récompenses dues aux époux : elle a formulé elle-même le principe général applicable à tous les cas. Dans l'art. 1437, après avoir indiqué quelques exemples, elle ajoute : « Et généralement, toutes les fois que l'un des époux a tiré un profit personnel des biens de la communauté, il en doit la récompense. » Un époux ne peut donc pas plus s'enrichir aux dépens de la communauté que la communauté ne peut le faire à ses dépens.

Passons en revue les diverses applications du principe.

1° Paiement par la communauté d'une dette personnelle.

1281. Explication de l'hypothèse. — On suppose une dette dont le recouvrement ne pouvait pas être poursuivi par le créancier contre la communauté ; elle ne figurait pas dans le passif commun. Mais il est possible qu'en fait le mari l'ait acquittée volontairement avec des deniers communs. Dès lors la communauté a droit à une indemnité de la part de l'époux qu'elle a libéré à ses dépens.

2° Paiement d'une dette relative à un propre.

***1282. Définition.** — La communauté a droit à récompense lorsqu'elle a payé des dettes « relatives aux immeubles propres à l'un ou à l'autre des époux » (art. 1409-1°). Que veut dire cette formule ? Il s'agit de dettes tombées en communauté du chef de l'un des époux, qui sont devenues communes *quant au droit de poursuite,* mais qui ont pour origine l'*acquisition,* l'*amélioration,* la *conservation* ou le *recouvrement* d'un propre.

Exemples : un immeuble est propre comme ayant été acheté avant le mariage, mais le prix n'en était pas encore payé, et il l'a été plus tard par la communauté : voilà une dette qui a pour origine l'acquisition d'un propre. Voyez des hypothèses analogues dans les art. 1406, 1407 et 1408. — On a construit pendant la communauté sur un terrain propre à l'un des époux ; les constructions lui deviennent propres par droit d'accession ; ou bien encore on a dégrevé à prix d'argent un immeuble propre d'une servitude qu'on trouvait gênante : voilà des dettes relatives à l'amélioration d'un propre. — On a fait à des bâtiments des réparations nécessaires : l'argent de la communauté a été employé à la conservation d'un propre. — On a intenté un procès en revendication contre un tiers détenteur qui était en train d'usucaper un immeuble propre à l'un des époux : c'est de l'argent dépensé pour le recouvrement d'un propre.

Ce sont ces diverses hypothèses que la loi résume d'un mot en parlant de dettes *relatives à un propre.* Dans toutes, l'obligation contractée par la communauté ou la dépense faite par elle a tourné au profit personnel de l'époux, et c'est pourquoi il en doit la récompense.

****1283. Terminologie usuelle.** — Une dette relative à un propre tombe bien en communauté quant au droit de poursuite, en ce sens que le créancier peut se faire payer sur les biens communs, mais la communauté n'en est tenue que provisoirement : c'est l'époux débiteur qui doit la supporter définitivement et il en doit le remboursement à la communauté si celle-ci a payé le créancier. On exprime cela en disant que la dette était *tombée en communauté sauf récompense*: voyez les art. 1406, 1407 et 1408.

Il importe donc de bien distinguer, quand on parle du passif commun : 1° les dettes qui doivent rester définitivement à la charge de la communauté, parce qu'elles y tombent *sans récompense*, et 2° les dettes qui doivent être supportées en définitive par l'un des époux et qui tombent en communauté *à charge de récompense*.

Dans le même sens, on parle souvent du *passif provisoire* de la communauté qui comprend toutes les dettes devenues communes quant au droit de poursuite, et du *passif définitif* de la communauté qui comprend seulement celles qui doivent rester à sa charge d'après les règles de la contribution aux dettes.

1284. Condition de la récompense. — Pour que la récompense soit due, il faut que l'immeuble, qui a été l'occasion de la dette, ait eu à un moment quelconque le caractère de propre, c'est-à-dire que l'époux en ait été propriétaire au moins un instant pendant le mariage. Par suite, la récompense n'est pas due pour les dettes antérieures au mariage qui se rapportent à un immeuble dont l'époux avait déjà à ce moment cessé d'être propriétaire. Quand l'immeuble pour lequel la somme a été dépensée n'appartenait plus à l'époux au jour du mariage, on ne peut plus dire que la dette est « relative à un propre », puisqu'il n'y a jamais eu de propre. C'est une dette comme une autre qui tombe en communauté sans récompense.

1285. Difficulté spéciale aux dettes de la femme. — On a déjà vu (ci-dessus n° 1083) que si le mari paie volontairement une dette de sa femme antérieure au mariage mais n'ayant pas date certaine, la loi lui refuse tout droit à récompense (art. 1410), ce qui semble lui dénier le droit de réclamer une indemnité, quand même la dette serait relative à un propre. Mais la loi s'est mal exprimée. Elle a voulu dire simplement que si le mari paie cette dette, volontairement et sans faire de réserves, il reconnait par là qu'elle est réellement antérieure au mariage et ne sera pas admis plus tard à en contester la date apparente. Voilà tout ce que la loi veut dire, mais rien n'empêche le mari de réclamer une indemnité conformément à l'art. 1409-1°, comme il le pourrait si la dette avait date certaine.

3° Dettes des successions ou donations immobilières échues aux époux.

1286. Principe de la récompense. — Les dettes dépendant d'une succession immobilière restent en principe à la charge de l'époux qui la recueille, puisqu'il en garde en propre l'actif. Cependant elles peuvent être poursuivies contre la communauté dans des cas et sous des conditions déjà indiquées (ci-dessus nos 1119 et suiv.). Si la communauté les acquitte, elle a droit à récompense, car on peut dire qu'elle a payé des dettes « relatives à des propres » puisqu'elles étaient la charge de biens acquis à titre de propres.

1287. Difficulté de preuve pour les successions mixtes. — Quand la succession comprend à la fois des meubles et des immeubles les créanciers ont souvent action pour le tout contre la communauté. Celle-ci cependant ne doit supporter en définitive qu'une part des dettes, proportionnelle au mobilier qu'elle a reçu, et elle a un recours pour le surplus. Alors se présente une difficulté de preuve. Il faudra établir la proportion des meubles et des immeubles dans l'actif héréditaire, pour fixer la part contributoire de la communauté. Cette proportion sera ordinairement connue par l'inventaire qui a dû être fait du mobilier; mais s'il n'y a pas eu d'inventaire, comment se fera la preuve? La loi distingue : le mari seul est en faute, car c'était lui qui devait faire dresser l'inventaire, soit en son nom personnel, si c'était lui qui succédait, soit au nom de sa femme comme administrateur de ses biens ; par suite, s'il a une réclamation à faire de ce chef, il n'aura d'autre ressource que le droit commun, c'est-à-dire la preuve par écrit, parce qu'il s'agira de plus de 150 fr. ; mais la femme aura le droit de prouver la consistance du mobilier tombé en communauté par tous les moyens et même *par commune renommée*, genre de preuve déjà signalé comme exceptionnellement dangereux et comme admis seulement à titre de peine contre quelqu'un qui a commis la faute de ne pas faire dresser une preuve régulière (ci-dessus n° 1248).

4° Amendes prononcées contre le mari.

1288. Innovation du Code. — Le paiement de l'amende due par le mari peut être poursuivi contre la communauté, comme celui d'une dette ordinaire, mais il y a lieu à récompense (art. 1424). Ceci est de droit nouveau. Anciennement le mari ne devait pas de récompense pour les amendes prononcées contre lui. Le motif du changement est le principe nouveau de la *personnalité des peines*, auquel on ne donne ainsi qu'une demi-satisfaction, car l'équité voudrait que la peine ne fût infligée qu'au mari et que la part de la femme restât indemne.

1289. Controverse pour les réparations civiles. — L'art. 1424 n'a parlé que des amendes. Sa règle s'applique-t-elle également aux réparations civiles, c'est-à-dire aux indemnités allouées aux victimes du crime ou du délit commis par le mari? Si l'on s'en tenait à des considérations d'équité, on serait tenté de compléter la disposition de la loi, car il semble dur que la femme soit responsable pour moitié des délits de son mari. Mais les textes et les principes conduisent à une solution contraire : l'art. 1424 est un texte exceptionnel, que l'on ne peut pas étendre ; d'ailleurs son motif fait défaut pour les réparations civiles, qui *ne sont pas des peines* ; aucun principe du droit pénal moderne ne nous oblige à déroger pour elles au droit ancien (Cass., 9 déc. 1874, D. 75. 1. 118, S. 75. 1. 113; Paris, 26 mars 1885, DALLOZ, *Suppl.*, t. IV, p. 62, note 1, S. 86. 2. 53).

5° Établissement d'un enfant d'un premier lit.

1290. Constitution d'une dot. — Il y a lieu à récompense lorsqu'un enfant d'un premier lit a été doté avec des valeurs tirées de la communauté (art. 1469). Un père n'est pas légalement tenu de constituer une dot à ses enfants ; par conséquent on ne peut pas dire que la communauté ait acquitté une dette personnelle à l'époux. Néanmoins il y a là pour lui un devoir moral, et lorsque le père est remarié lui seul est tenu de ce devoir envers ses enfants du premier lit et non son nouveau conjoint. Il en résulte que s'il a doté son enfant avec des valeurs communes, il en doit récompense : « propriæ pecuniæ pepercit. »

Il en est de même dans les cas, très rares en pratique, où l'un des époux aurait voulu *doter personnellement* un enfant commun ; il y a lieu à récompense si la dot est prise, non sur les biens personnels du constituant, mais sur la communauté.

Mais si la constitution de dot a été faite au profit d'une personne autre qu'un des enfants, une sœur du mari, par exemple, la communauté n'a pas droit à récompense (Cass., 30 avril 1862, D. 62. 1. 523, S. 62. 1. 1036).

1291. Interprétation extensive de la loi. — Y aurait-il lieu à récompense si la somme fournie à l'enfant d'un premier lit ne lui avait pas été versée à titre de dot? Un arrêt, interprétant limitativement l'art. 1469, qui ne parle que de la dot, avait refusé de l'étendre à d'autres libéralités (Cass., 23 juin 1869, D. 70. 1. 5, S. 69. 1. 358); mais sa décision a été très critiquée (voyez la note de M. Beudant dans *Dalloz*) et la cour paraît revenue sur sa première décision, car elle a décidé depuis que la récompense était due pour toute espèce d'établissements, soit pour l'achat d'un *fonds de commerce*, soit pour la *prime du volontariat* (Cass., 14 avril 1886, D. 87. 1. 169, S. 86. 1. 289).

6° Coupes de bois.

1292. Hypothèse prévue. — S'il existe sur le propre de l'un des époux une coupe de bois qui aurait dû être faite pendant la communauté et qui ne l'a point été, il en sera dû récompense à l'autre époux ou à ses héritiers (art. 1403, al. 2).

7° Récoltes sur pied.

1293. Motif de la récompense. — Même règle pour les récoltes qui se trouvent sur pied au moment de la dissolution de la communauté, sur le propre de l'un des époux : les frais en ont été faits à l'aide des deniers communs et c'est l'époux propriétaire du fonds qui va en recueillir le profit exclusif. Il devra indemniser la communauté de ses déboursés.

8° Cas controversé.

1294. Analyse de l'hypothèse. — On a vu que l'époux qui a aliéné un propre viager, moyennant une somme en capital versée à la communauté, a le droit de retirer de la communauté le prix qu'il avait stipulé. Je crois que ce droit devrait lui appartenir en toute hypothèse (ci-dessus n° 1260-2°); la jurisprudence le lui reconnaît seulement quand il survit à la dissolution de la communauté, mais cela suffit pour que la question que nous allons étudier se pose.

Supposons donc acquis le droit à récompense : l'époux vendeur du propre viager peut-il reprendre *le prix total* ou bien doit-il *indemniser la communauté de la diminution de revenus que la vente lui a fait subir*? L'usufruit aliéné rapportait 1 000 francs; on l'a vendu 12 000 francs. Désormais, à 5 pour 100, la communauté ne touche plus que 600 francs, moins encore peut-être, si elle n'a trouvé de placement qu'à un taux inférieur. Elle perd donc, au bas mot, 400 ou 500 francs par an; si elle dure encore dix ans, c'est pour elle une perte de quatre ou cinq mille francs. A-t-elle le droit de demander qu'on lui en tienne compte? Pothier admettait l'affirmative (*Communauté*, n° 592) et pour lui emprunter ses chiffres, au bout de dix ans, l'époux qui avait vendu son usufruit pour 12 000 francs ne pouvait plus en réclamer que 8 000 à la communauté. C'est aussi la solution qui a prévalu sous l'empire du Code en jurisprudence (Cass., 10 avril 1855, D. 55. 1. 177, S. 55. 1. 241. Comp. Cass., 13 juill. 1863, D. 63. 1. 393, S. 63. 1. 329) et dans la doctrine (Aubry et Rau, t. V, § 511, note 12; Laurent, t. XXII, n° 470; Colmet de Santerre, t. VI, n° 78 *bis*-viii et ix). On dit que l'époux s'est enrichi aux dépens de la communauté, puisque le sacrifice subi sur les revenus, qui étaient communs, a eu pour résultat l'augmentation de son patrimoine propre.

Cependant cette décision est une suite de l'idée déjà combattue que les époux doivent en quelque sorte garantir la communauté contre les fluctuations de leurs revenus et qu'ils perdent leur liberté d'action quand il s'agit de modifier la composition de leur patrimoine (voyez ci-dessus n° 1260-1°). En l'espèce, un propre a été aliéné; le prix, qui aurait dû rester propre à l'époux comme subrogé à la chose vendue, a été versé en fait à la communauté. Récompense est due. De quoi, sinon de ce prix entier, comme le dit l'art. 1433? Comp. Rodière et Pont, t. II, n° 945.

B. — Détermination du montant de la récompense.

*** 1295. Limitation de la récompense.** — Le calcul de la récompense ne se fait pas d'une façon aussi simple que pour celles qui sont dues aux époux : la communauté est toujours débitrice de tout ce qu'elle a encaissé, mais elle n'est pas toujours créancière de tout ce qu'elle a déboursé. Il existe ici une vieille règle qui veut que *la récompense n'excède jamais le profit réalisé par l'époux*. C'était ce que disait POTHIER dans son « second principe » des récompenses (*Communauté*, n° 613) et c'est encore ce que dit le Code civil, car l'art. 1437 ne donne la récompense que pour le « profit personnel » que l'époux a tiré des biens de la communauté. La récompense pourra donc être de beaucoup inférieure à la valeur fournie par la communauté.

* **1296. Applications du principe.** — Souvent les deux sommes seront *égales* : ainsi quand la communauté paie la *dette personnelle* de l'un des époux, l'enrichissement qui lui est procuré est justement égal à la somme déboursée, mais cela n'arrive pas toujours ; notamment il se produit de fortes différences, quand il s'agit d'*impenses* faites sur un propre.

Traditionnellement, la jurisprudence applique ici la vieille distinction romaine, formulée par Ulpien dans ses *Regulæ* à propos de la restitution de la dot. On divise les impenses en *nécessaires, utiles* et *voluptuaires*. Pour les impenses nécessaires, le remboursement de la somme dépensée est dû en totalité, alors même que le profit actuel serait nul, par exemple si l'immeuble réparé a été depuis détruit par un incendie : on admet que l'époux se trouverait plus pauvre de toute la somme employée parce qu'il l'aurait dépensée lui-même, s'il ne l'avait pas prise dans la communauté. Pour les impenses utiles, il y a lieu simplement de rembourser la *plus-value* actuelle. C'est en ce sens que se prononcent l'opinion dominante et la jurisprudence (Cass., 14 mars 1877, D. 77. 1. 353, S. 78. 1. 5). Cet arrêt paraît avoir fixé définitivement la jurisprudence (Bordeaux, 22 janvier et 29 nov. 1880, DALLOZ, *Suppl.*, t. IV, p. 106, note 1, et p. 107, note 1, S. 81. 2. 76 ; Caen, 29 nov. 1881, S. 84. 2. 145 ; Douai, 28 nov. 1885, DALLOZ, *Suppl.*, t. IV. p. 123, note 1), qui était jusque-là hésitante (Paris 6 août 1872, D. 72. 5. 94, S. 72. 2. 175 ; Limoges, 30 avril 1877, D. 77. 2. 239, S. 78. 2. 20). Comp., LAURENT, t. XXII, n°s 412 et 483.

Quant aux impenses voluptuaires elles ne donnent lieu à aucune indemnité, parce qu'elles ne produisent aucune augmentation de valeur.

C. — Mode de règlement.

* **1297. Rapport à la masse.** — Les récompenses dues à la communauté se règlent *par voie de rapport* (art. 1468). Cela veut dire que chaque époux doit restituer à la masse les sommes dont il est débiteur. C'est là pour lui une *obligation stricte*, et la femme ne peut pas s'en affranchir en renonçant à la communauté.

* **1298. Cours des intérêts.** — Ces récompenses portent intérêt de plein droit, du jour de la dissolution de la communauté, comme celles qui sont dues aux époux (art. 1473). Comp. ci-dessus n° 1265.

1299. Procédés pratiques. — En principe, le rapport dû à la masse doit se faire d'une manière réelle, par des *versements effectifs*. C'est le seul procédé qu'ait prévu la loi, mais dans la pratique l'opération se fait souvent d'une autre manière, au moyen de simples *rapports fictifs*. Il y a pour cela plusieurs moyens.

1° On commence par calculer l'actif commun en y joignant sur le papier le montant de la récompense; puis *on précompte cette somme sur la part de l'époux qui en est débiteur*. Tout se réduit alors à un jeu d'écritures.

2° *On verse à l'autre époux une somme égale*, en lui attribuant par voie de prélèvement des valeurs communes jusqu'à due concurrence; on partage ensuite le reste de la communauté par moitié. Ici le rapport réel est remplacé par un prélèvement au profit de l'autre époux.

3° On partage la communauté comme si rien ne lui était dû; puis l'époux débiteur fait confusion sur lui-même pour la moitié de sa dette et en paie l'autre moitié à son conjoint. C'était ce qu'on appelait jadis *l'opération du mi-denier*. C'est évidemment le procédé le moins commode des trois, mais il peut devenir nécessaire quand la communauté n'est pas riche ou ne comprend qu'un petit nombre de biens malaisément partageables.

De toute façon on arrive au même résultat qu'avec un rapport réel et cela suffit pour respecter la loi.

§ 4. — *Autres additions à la masse commune.*

1300. Énumération. — La communauté ne se compose pas seulement des biens extants et du montant des récompenses. Il faut encore ajouter :

1° *Les fruits échus ou perçus depuis la dissolution*, qui viennent grossir la masse à partager.

2° Les *immeubles aliénés par le mari depuis la dissolution*, car il avait perdu ses pouvoirs et n'a pu en transmettre la propriété à des tiers. Mais les acquéreurs d'objets mobiliers corporels seraient protégés par l'art. 2279, hors le cas de mauvaise foi.

3° Les immeubles dont le mari aurait *disposé d'une façon irrégulière au cours de la communauté*, soit en faisant des donations qui ne lui étaient pas permises, soit en disposant des biens communs en fraude des droits de la femme.

Toutefois, ces divers biens ne seront provisoirement réunis à la masse que d'une manière fictive, car les aliénations resteront valables s'ils sont mis au lot du mari (Comp. Cass., 28 avril 1851, D. 51. 1. 145, S. 51. 1. 442).

SECTION II. — **Partage de l'actif.**

* **1301. Division.** — Après que la reprise des propres a été effectuée et que toutes les récompenses ont été réglées par voie de prélèvement ou de rapport, il n'y a plus qu'à partager l'actif. Ordinairement *cet actif se partage par moitiés* entre les époux (art. 1474); on doit donc en faire deux parts égales. Mais cette règle souffre des *exceptions* de deux sortes : les unes sont prévues et réglées par le contrat de mariage, les autres ont des causes postérieures au mariage.

§ 1. — *Inégalité résultant des conventions matrimoniales.*

A. — Préciput.

* **1302. Définition.** — On appelle « préciput » la clause par laquelle l'un des époux, ordinairement le survivant, a le droit de prélever avant tout partage certains objets de communauté ou une somme déterminée (art. 1515). « Préciput » vient de *præcipere*.

La loi l'appelle le préciput « conventionnel » parce qu'il y avait autrefois un préciput légal au profit du survivant des époux nobles (Cout. de Paris, art. 238). Ce préciput n'existe plus, de sorte que l'épithète conservée dans la loi est devenue inutile et même dangereuse, car elle pourrait faire croire à l'existence d'une seconde espèce de préciput.

* **1303. Au profit de qui le préciput est stipulé.** — En général la clause est *réciproque* et profite au survivant des époux, quel qu'il soit, au mari aussi bien qu'à la femme; mais on peut en faire une clause *unilatérale,* au profit d'un seul des deux époux, soit du mari, soit de la femme.

* **1304. Pour quels cas il est stipulé.** — En général c'est seulement *pour le cas de survie* que le préciput est stipulé, et c'est ce que suppose la loi, mais il n'y a rien là d'obligatoire, et on pourrait tout aussi bien l'attribuer à l'un des époux, quel que soit le mode de dissolution de la communauté.

Quand le préciput appartient à la femme, elle n'y a droit en principe qu'autant qu'elle accepte : *le préciput suppose le partage*; si elle renonce, elle perd son droit. Toutefois elle peut, par une clause spéciale, se réserver le droit de réclamer son préciput *même en renonçant* (art. 1515, al. 1). Ces sortes de clauses sont très fréquentes dans la pratique et presque de style.

* **1305. Objet du préciput.** — Ordinairement le préciput s'applique à certains objets que l'époux désire conserver pour lui à tout événement. Ainsi la femme se réserve le droit de reprendre ses bijoux et effets personnels; en ce cas on en fixe la valeur en argent, et la femme choisit les objets qu'elle préfère dans la limite du chiffre convenu. Souvent encore le préciput s'applique à tout le mobilier en nature, ameublement, argenterie, linge, etc., de façon à permettre au survivant de continuer à vivre au milieu des objets qui lui sont familiers sans l'obliger à les partager avec des collatéraux.

* **1306. Sur quels biens le préciput s'exerce.** — En principe les biens qui font l'objet du préciput ne peuvent être pris que dans la communauté, puisqu'il s'agit d'avantager l'un des copartageants. Cependant lorsque la femme s'est réservé son droit au préciput même au cas de renonciation, le préciput change de nature si elle renonce, puisqu'il n'y a plus de communauté; il devient une dette du mari et peut être exercé même sur ses biens personnels.

* **1307. Nature du préciput.** — Le préciput constitue certainement un avantage pour l'époux au profit duquel il est stipulé. Est-il une véritable libéralité? La loi a prévu la question et y a répondu dans l'art. 1516, mais d'une manière incomplète. Elle se borne à déclarer que le préciput est *dispensé des formalités des donations.*

Remarquons tout d'abord que cette dispense des formes accordée au préciput est complètement inutile. A quelles formalités pourrait-elle bien s'appliquer? Ce n'est pas à l'*authenticité,* qui existe nécessairement puisque le préciput est contenu dans un contrat de mariage (art. 1394). Ce n'est pas l'*acceptation expresse,* car toutes les donations faites par contrat de mariage en sont dispensées (art. 1087). Ce n'est pas la *présence réelle du second notaire*, car cette formalité n'est pas exigée pour les donations contenues dans les contrats de mariage (L. 21 juin 1843). Ce n'est pas la *transcription*, parce que le préciput porte ordinairement sur des meubles, ni l'*état estimatif*, parce que cette formalité, comme la précédente, n'est pas nécessaire pour les donations de biens à venir. La dispense des formes accordée au préciput se trouve ainsi sans objet et l'art. 1516 serait inutile, si on ne lui trouvait une autre signification : il a pour but de décider que le préciput *n'est pas une libéralité*, mais une *convention de mariage*, c'est-à-dire un acte à titre onéreux, de telle sorte qu'il n'y a pas lieu de lui appliquer les règles des donations, *ni dans le fonds ni dans la forme*. Ce texte a été maladroitement copié dans Pothier qui disait : « la convention de préciput renferme un avantage... Néanmoins elle est regardée plutôt comme convention de mariage que comme donation, et en conséquence elle n'est point sujette à la formalité de l'insinuation » (POTHIER, *Communauté*, n° 442). Cela était clair et utile à dire du temps de Pothier; on a eu le tort d'énoncer la conséquence sans rappeler le principe.

La question a été controversée parmi les auteurs modernes. Les uns (DELVINCOURT, BUGNET sur Pothier, COLMET DE SANTERRE) ont établi une antithèse entre l'art. 1516 et l'art. 1525, ce dernier parlant d'avantages qui ne sont point sujets aux règles des donations « soit quant au fonds, soit quant à la forme »; et ils ont décidé par suite que la dispense n'étant accordée que pour les formes, le préciput restait soumis pour le fonds aux règles des donations. Mais l'opinion commune est aujourd'hui bien fixée en sens contraire et le préciput est regardé à tous égards comme une convention de mariage. C'est la tradition de notre droit et l'art. 1525 fournit un argument a fortiori, puisqu'il en décide ainsi pour une clause beaucoup plus avantageuse que le préciput.

1308. Conséquences. — Les principales conséquences sont les suivantes :

1° RAPPORT. — Si l'époux préciputaire était parent de son conjoint et vient à sa succession avec d'autres héritiers, il n'est pas obligé de rapporter le montant de son préciput.

2° RÉDUCTION. — Si les enfants nés du mariage ne trouvent pas leur réserve intacte ils ne peuvent pas s'en prendre à l'époux préciputaire : celui-ci n'a pas reçu une libéralité qu'on puisse faire réduire. Il y aurait seulement lieu à l'*action en retranchement* dans l'hypothèse prévue par l'art. 1527, al. 3.

3° RÉVOCATION POUR INGRATITUDE. — Le préciput n'est pas révocable pour ingratitude dans les conditions ordinaires. Cependant, en cas de séparation de corps ou de divorce, l'époux coupable perd son droit au préciput (art. 299 et 1518 cbnés). L'art. 299 fait perdre à l'époux aux torts duquel le divorce est prononcé « tous les avantages » que l'autre époux lui avait faits, et il résulte des termes de l'art. 1518 que cette déchéance s'applique au préciput, puisque l'époux qui a obtenu le divorce ou la séparation en conserve le bénéfice pour le cas où il survivrait à l'autre.

Sur la controverse à laquelle a donné lieu l'application à la séparation de corps de l'art. 299, qui vise uniquement le cas de divorce, voyez ci-dessus n° 728.

1309. Effet de la clause de préciput. — Cette convention ne rend pas l'époux préciputaire immédiatement propriétaire des biens qu'il prélèvera, il n'en a pas même la propriété sous condition. Les biens compris dans le préciput ne lui sont pas propres; ils restent dans la communauté, de sorte que le mari peut les aliéner et que les créanciers de la communauté peuvent les saisir (art. 1519). L'époux a seulement le droit de les prélever, et ce prélèvement se fait sur l'actif net.

***1310. Ouverture du préciput.** — Presque toujours le préciput est stipulé pour le cas de survie, et c'est ce que prévoit l'art. 1515. Il peut alors se présenter une difficulté : si la communauté se dissout du vivant des deux époux par l'effet d'un divorce, d'une séparation de corps ou d'une séparation de biens, l'époux préciputaire, au cas où il n'est pas déchu de son droit par application de l'art. 299, ne peut pas néanmoins exiger immédiatement la délivrance de son préciput, car on ne sait pas encore s'il survivra à son conjoint et si la condition d'où dépend son droit sera remplie (art. 1452). Provisoirement, le partage devra donc avoir lieu par parts égales, ce qui fait que l'époux préciputaire ne se trouve nanti que de la moitié de son préciput; les objets qui devaient le composer ont été partagés comme le reste, et l'autre moitié se trouve aux mains de l'autre conjoint. Il peut même arriver, si c'est la femme qui a droit au préciput, qu'elle n'en ait pas même la moitié, car tout reste aux mains du mari si elle renonce à la communauté.

En pareil cas, l'époux préciputaire ne peut pas exiger que son conjoint, possesseur de tout ou partie des objets compris dans le préciput, lui fournisse une garantie de leur restitution, telle qu'une caution ou une hypothèque. Un créancier n'a pas le droit d'exiger de son débiteur des sûretés particulières si celui-ci n'y consent pas. Mais la loi déroge à cette règle pour le cas où la femme renonce à la communauté. Le mari qui garde provisoirement les biens soumis au préciput doit fournir une caution à sa femme (art. 1518, *in fine*). Pour expliquer cette dérogation au droit commun, on fait remarquer que la renonciation de la femme élève une présomption d'insolvabilité contre le mari et la communauté et justifie cette mesure de protection pour la femme. — Cette décision de l'art. 1518 est une disposition exceptionnelle, qui ne doit pas être étendue à d'autres cas, même au profit de la femme. Cependant il y a eu à cet égard des opinions contraires (Voyez ODIER, t. II, n° 881; TROPLONG, t. III, n° 2135).

B. — Fixation de parts inégales.

1311. Utilité de cette clause. — Il est permis aux futurs époux de convenir que leur communauté se partagera inégalement entre eux, que l'un aura seulement le tiers, le quart, ou toute autre partie, et que l'autre prendra le surplus (art. 1520).

Le plus souvent ces clauses ont pour but de *favoriser le survivant*, en lui donnant une part plus forte que celle qui reviendra aux héritiers du prédécédé. Souvent aussi on subordonne cette convention à la condition *qu'il n'y ait pas d'enfants du mariage*.

La clause peut avoir aussi un autre but : elle sert à rétablir entre les époux l'égalité rompue par la différence de leurs apports en communauté, surtout quand l'un d'eux a un talent ou une profession lucrative qui enrichit cette communauté, alors que rien n'y entre, ou peu de chose, du chef de l'autre conjoint.

Cette clause a sa répercussion sur le passif (ci-dessous n° 1346)

C. — Forfait de communauté.

1312. Analyse sommaire. — On appelle ainsi la clause par laquelle l'un des époux *vend à l'autre sa part de communauté pour une somme fixe*, de sorte que l'un d'eux gardera tous les biens communs à la condition de payer à l'autre la somme convenue. Cette clause est prévue, en même temps que d'autres, dans l'art. 1520. Comp. art. 1522. Elle mérite son nom de *forfait*, puisque l'un des époux se soustrait d'avance aux chances bonnes ou mauvaises de la vie, en fixant par un chiffre sa part dans la masse commune. C'est une *convention aléatoire* : chacun d'eux peut y perdre ou y gagner. Elle aussi a sa répercussion sur le passif (ci-dessous n° 1347).

D. — Attribution de la communauté entière à l'un des époux.

1313. Caractère exceptionnel de la clause. — Il est encore permis aux époux d'attribuer la communauté entière à l'un d'eux, soit au survivant, quel qu'il puisse être, soit à l'un d'eux, le mari ou la femme, pour le cas où il survivrait (art. 1525, al. 1). Cette faculté déroge gravement aux règles des sociétés ordinaires. Voyez l'art. 1855 et ci-dessus n° 796. Elle est du reste soumise à diverses règles qui en corrigent l'effet. Voyez les n°s suivants.

1° Reprise des apports de l'autre époux.

1314. Objet de la reprise. — L'effet de cette clause serait exorbitant, s'il n'était tempéré par la loi, qui autorise l'autre époux ou ses héritiers à retirer les biens tombés de son chef dans la communauté. Cette reprise porte non seulement sur les biens présents, ceux qu'avait l'époux au jour du mariage, mais même sur les biens qu'il a recueillis au jour du mariage, par exemple par succession. Les mots « et capitaux » ont été insérés dans le texte à la demande du Tribunal afin de bien marquer que la reprise ne se bornait pas aux apports primitifs.

Du reste, il y a lieu de déduire du montant de la reprise les *dettes* dont ces apports ou successions étaient grevés et qui auraient pu être acquittées par la communauté.

En somme la convention consiste à attribuer à l'un des époux la totalité des *acquêts*, c'est le profit net qu'il en retire.

1315. Convention contraire. — La reprise des apports est *de droit*; elle est accordée par la loi et il n'est pas besoin pour cela de stipulation particulière, mais la loi ne l'impose pas et une convention contraire pourrait la supprimer.

1316. Droits de l'époux sur ses reprises. — L'époux qui est exclu du partage de la communauté en retire ses apports *à titre de propriétaire*, et par suite les créanciers personnels de son conjoint ne peuvent pas saisir les valeurs ou capitaux qui lui sont attribués pour ses reprises (Bordeaux, 5 mai 1887, D. 89. 2. 7, S. 90. 2. 124).

1317. Faculté de renonciation de la femme. — Quand la clause profite à la femme, celle-ci conserve naturellement son droit d'option ; elle a le droit de prendre la communauté entière, *si elle accepte*, mais elle n'est pas obligée d'accepter.

2° Caractère variable de la clause.

1318. Cas où elle a un caractère onéreux. — D'après la disposition formelle de l'art. 1525, al. 2, la loi *ne considère pas cette clause comme une donation* ; elle n'y voit qu'une convention de mariage et entre associés, toutes les solutions déjà indiquées à propos du préciput s'appliqueront donc ici (ci dessus n° 1308). Mais il faut aller plus loin : l'attribution entière de la communauté à l'un des époux n'a pas le caractère d'une cession à titre onéreux, c'est une *convention matrimoniale* ; par conséquent elle est soumise à un droit fixe et non au droit proportionnel de mutation (Cass., 7 avril 1856, D. 56. 1. 207, S. 56. 1. 538), alors même que certaines énonciations ou qualifications du contrat paraîtraient se rapporter à une donation entre époux. Comp. Trib. Seine, 24 avril 1869, *Gaz. des Trib.*, 14 mai 1869. Voyez aussi Cass., 20 avril 1880, D. 80. 1. 428, S. 81. 1. 70.

1319. Cas où elle constitue une donation. — La jurisprudence décidait autrefois que, si les époux avaient retiré aux héritiers du prédécédé la faculté de reprendre ses apports, la convention ne pourrait pas garder le caractère onéreux que lui prête l'art. 1525 : c'est une *fiction*, et du moment où les époux sont sortis des termes précis de la loi pour faire autre chose, ils ne sont plus admis à en bénéficier (Cass., 29 avril 1863, D. 63. 1. 198, S. 63. 1. 361 ; Cass., 15 janv. 1872, D. 72. 1. 102, S. 72. 1. 35 ; Cass., 9 août 1881, D. 82. 1. 82, S. 82. 1. 382). Il fallait alors leur appliquer toutes les règles des donations, tant au point de vue de l'enregistrement que du rapport ou de la réduction. Mais la Cour de cassation a abandonné ce système ; elle a jugé que l'attribution totale de la communauté à l'un des époux ne cesse pas d'être une convention de mariage, même lorsque le contrat refuse expressément aux héritiers du prédécédé de faire la reprise de ses apports, et notamment qu'elle échappe à l'art. 1094 et à la réduction qui atteint les libéralités excessives (Cass., 2 août 1899, D. 1901. 1. 433, et la note contraire de M. AMBROISE COLIN).

1320. Clauses attributives d'usufruit. — Les solutions qui précèdent s'appliquent-elles également au cas où le contrat de mariage, au lieu d'attribuer au survivant la totalité de la communauté *en propriété*, lui donnerait seulement *l'usufruit* de ce qui excède sa part ? La Cour de cassation a longtemps répondu affirmativement (Cass., 7 déc. 1886, D. 87. 1. 343, S. 88. 1. 181 ; Cass., 18 janv. 1888, D. 88. 1. 174, S. 90. 1. 179) ; mais un arrêt des Chambres réunies a modifié sur ce point sa jurisprudence en décidant que la nécessité de laisser l'autre conjoint ou ses héritiers reprendre ses apports était une *règle spéciale*, établie par l'art. 1525 uniquement pour le cas où la communauté est attribuée tout entière et en pleine propriété à l'un des époux : dans tous les cas où la convention porte seulement *sur une partie de la communauté*, elle ne revêt jamais le caractère d'une donation ; or les clauses attributives d'usufruit n'aboutissent qu'à *un partage inégal*, puisque les héritiers de l'époux prédécédé recueillent *la nue propriété de sa part* (Cass., 19 déc. 1890, D. 91. 1. 417, S. 91. 1. 129).

La thèse soutenue depuis de longues années par l'administration de l'enregistrement s'est trouvée ainsi condamnée : d'après elle, toute convention qui déroge à la règle du partage égal établie par l'art. 1474 ne devrait conserver son caractère de convention de mariage qu'à la condition de porter *exclusivement sur les acquêts* : dès qu'elle atteint en même temps les apports de l'autre époux dans la communauté, elle devient une libéralité : telle est la pensée du législateur qui ressort de l'art. 1525 et cette idée est commune à toutes les conventions visées par les art. 1520 à 1525. C'est cette thèse que les Chambres réunies ont rejetée.

§ 2. — *Inégalités résultant de faits postérieurs au mariage.*

A. — Stipulation d'une rente viagère réversible.

1321. Analyse de l'hypothèse. — On suppose que les deux époux acquièrent ensemble une rente viagère pendant leur mariage, dans des conditions telles que cette rente soit un *conquêt*, et non un propre. Par exemple, ils vendent un conquêt de communauté pour une rente viagère, et ils stipulent que cette rente reposera *sur la tête du dernier mourant*. A la dissolution de la communauté, cette rente, qui subsiste encore en entier, se trouve *parmi les créances communes* et doit être *partagée* ; par suite les arrérages à échoir se diviseront entre l'époux survivant et les héritiers de l'autre. Ce résultat est presque toujours contraire à l'intention des époux qui voudraient faire profiter le survivant de la totalité des arrérages. Dans ce but ils conviennent que la rente viagère sera *réversible au profit du survivant*, qui la touchera seul.

1322. Jurisprudence. — Cette clause est-elle valable ? Tout le monde l'admet aujourd'hui. L'opinion contraire, proposée par MM. Aubry et Rau, parce qu'il ne peut pas dépendre d'un époux de se créer des propres à volonté, n'est plus défendue ; mais on n'est pas d'accord sur les motifs et sur la façon de raisonner. Deux systèmes différents se sont fait jour dans la jurisprudence. D'après le premier, la convention aurait un *caractère aléatoire* et l'époux survivant recueillerait la totalité de la rente, *sans être astreint à aucune récompense*. Il n'y aurait pas d'avantage à son profit, parce que la clause était réciproque et aurait pu procurer le même avantage à son conjoint (Rennes, 3 janv. 1861, S. 61. 2. 591 ; Besançon, 23 mai 1871, D. 72. 2. 215, S. 74. 2. 310). Mais la Cour de cassation n'a pas admis cette interprétation ; elle oblige l'époux survivant, qui recueille seul toute la rente et en perçoit tous les arrérages, à *payer à la communauté une récompense*, et cette récompense est calculée d'après la valeur qu'a la rente viagère au jour de la dissolution de la communauté ; les héritiers de l'autre époux ont droit à *la moitié de cette valeur* (Cass., 29 avril 1851, D. 52. 1. 25, S. 51. 1. 329 ; Cass., 16 déc. 1867, D. 68. 1. 270, S. 68. 1. 118 ; Cass., 20 mai 1873, D. 74. 1. 72) et les Cours d'appel jugent aujourd'hui dans le même sens (Paris, 26 juin 1880, D. 81. 2. 207 ; Lyon, 6 janv. 1881, D. 82. 2. 169, S. 84. 2. 146)[1].

1323. Observations critiques. — On peut faire à cette jurisprudence un double reproche :

1° Elle ne permet pas de dire à quel titre l'époux survivant prend pour lui la totalité de la rente. Est-ce comme propre ? Est-ce comme conquêt ? Des deux côtés il y a une égale impossibilité, ou tout au moins un résultat non expliqué.

2° On ne réalise pas l'intention des époux, car si le survivant paie à beaux deniers comptants la moitié de la rente qui ne lui appartient pas, tout l'avantage de la combinaison est perdu pour lui, car il obtiendrait la même moitié de rente en traitant avec

[1] Comparez la jurisprudence suivie en matière de partages d'ascendants, qui applique l'art. 1097 et déclare nulle la double donation comme contenue dans un seul et même acte (Cass., 26 mars 1855, D. 55. 1. 63, S. 55. 1. 355 ; Cass., 19 janvier 1881, D. 81. 1. 181, S. 81. 1. 108 ; Paris, 23 juillet 1900, D. 1900. 2. 492).

n'importe quelle compagnie d'assurances, et il est clair que les époux ont entendu lui en assurer la jouissance, par le seul effet de leur convention.

Il est possible de valider la clause de réversibilité en lui attribuant un autre caractère et d'autres effets. On peut la considérer comme contenant une *donation réciproque* par chaque époux à l'autre, de sa part dans la rente pour le cas de survie. Avec cette interprétation le survivant recueille la rente entière à deux titres distincts : 1° pour sa moitié comme commun en biens, 2° pour l'autre moitié comme donataire de son conjoint. Il est de plus dispensé de toute récompense envers la communauté puisqu'il bénéficie d'une libéralité. L'intention des parties se trouve ainsi remplie. Cette donation est valable, quoiqu'elle soit contenue dans un *acte sous seing privé* et faite double par le *même acte*, puisqu'elle résulte d'une simple clause insérée dans un contrat de vente, la stipulation d'une rente comme prix. Les art. 931 et 1097 ne sont pas applicables ici grâce à l'art. 1973 : on sait que ce texte dispense la constitution de rente viagère, même quand elle a le caractère d'une libéralité, des formes prescrites pour les donations, lorsqu'elle est contenue comme accessoire dans une convention à titre onéreux (LABBÉ, note dans *Sirey*, 65. 2. 4). Malheureusement ce système ingénieux, qui atteint pleinement le but à l'aide d'une donation sous-entendue, n'est pas suivi dans la pratique, mais il dépendrait des parties, je crois, de l'adopter expressément dans la rédaction de leur convention en déclarant se donner mutuellement la moitié de la rente.

B. — Assurances sur la vie.

1324. Jurisprudence. — La question qui se présente pour les assurances sur la vie est la même que celle qui vient d'être examinée pour la réversibilité des rentes viagères. L'époux qui s'est assuré sur la vie est créancier d'un capital promis par la compagnie d'assurances. Cette créance, qui est *mobilière*, figure dans la communauté ; mais l'assuré peut stipuler que le capital promis sera payé à son conjoint survivant et lui appartiendra en totalité. Cette clause est valable comme contenant une stipulation pour autrui faite à titre de donation conformément à l'art. 1121, et elle est dispensée des formes des donations, par application du principe formulé dans l'art. 1973 (Cass., 28 mars 1877, D. 77. 1. 241, S. 77. 1. 393, note de M. LABBÉ ; Cass., 2 mars 1881, D. 81. 1. 401, S. 81. 1. 145, note de M. LABBÉ).

La jurisprudence a donc admis ici le raisonnement qu'elle omet d'appliquer à la réversibilité des rentes viagères. Il n'y a aucune raison logique ou pratique pour faire une telle différence entre les deux hypothèses. La seule explication est que la question s'est présentée trop tôt pour les rentes viagères réversibles, et que M. Labbé, qui en est le principal auteur, n'avait pas encore écrit ses notes du *Sirey* (S. 65. 2. 4 et 74. 2. 310).

C. — Recel.

1325. Effet du recel. — Nous avons déjà rencontré le recel comme emportant acceptation tacite de la communauté, effet qui ne peut s'appliquer qu'à la femme qui seule a le droit de renoncer. Mais le recel produit une autre conséquence, qui atteint le mari aussi bien que la femme : l'époux recéleur est privé de sa part dans les objets qu'il a voulu s'approprier. Ces objets sont attribués en totalité et hors part à l'autre époux, qui se trouve avoir ainsi plus de la moitié des biens communs (art. 1477).

1326. Caractère civil de l'action. — Le recel n'est pas considéré par la loi comme un délit de droit pénal, mais simplement comme un *délit civil*. En conséquence l'action en restitution des objets détournés peut être exercée même contre les héritiers de l'époux coupable ; il s'agit d'une simple réparation pécuniaire, et c'est le droit commun en matière de faits dommageables (Cass., 4 déc. 1844, S. 45. 1. 191).

1327. Action contre les tiers. — Bien que les tiers ne soient pas à proprement parler complices d'un délit, ils sont solidairement responsables du dommage causé à l'autre époux par le détournement auquel ils ont concouru (Cass , 24 avril 1865, D. 65. 1. 291, S. 65. 1. 220). Toutefois il semble que la responsabilité des tiers ne doive pas s'étendre au delà de la valeur des objets détournés, tandis que le recel constitue pour la femme un acte d'immixtion qui l'oblige au delà de cette valeur pour tout le montant ou pour la moitié de la dette.

1328. Prescription. — La seule prescription possible est la prescription trentenaire (art. 2162); l'art. 2 C. inst. crim., qui réduit à trois ans la prescription des actions nées d'un délit, n'est pas applicable au délit civil appelé recel (Cass., 17 avril 1864, S. 67. 1. 205).

1329. Recel commis par un mineur. — Le mineur lui-même subit la peine civile édictée par l'art. 1477, quand il est capable de discernement, car il est tenu de réparer le tort qu'il cause et s'oblige valablement par son délit (art. 1310).

1330. Combinaison du recel et des récompenses. — Bien que les choses ou valeurs qui ont fait l'objet d'un recel ne soient pas comprises dans le partage, on doit néanmoins les faire figurer dans la masse commune pour l'exercice des actions en reprise que l'époux coupable peut posséder. C'est une solution conforme à l'ancienne jurisprudence (Bourjon, t. I, p. 599; Lebrun, *Communauté*, p. 413, n° 35; Renusson, *Communauté*, chap. xi, *Suppl.*, p. 125). Refuser à l'époux auteur du recel toute action pour ses reprises sur les valeurs qu'il avait détournées, comme on lui refuse l'action en partage, serait le priver de sa créance d'indemnité, et par suite l'atteindre même dans ses biens propres et non pas seulement dans sa part de communauté. Ce serait donc aller au delà des termes de l'art. 1477 (Cass., 10 janv. 1865, D. 65. 1. 5, S. 65. 1. 40; Paris, 19 juill. 1872, D. 72. 2. 220).

D. — Effet de l'option des héritiers de la femme.

1331. Accroissement au profit du mari. — Quand la femme meurt la première, son droit d'option se divise entre ses héritiers (art. 1475). Grâce à la liberté du choix laissé à chacun d'eux individuellement, on peut arriver à des partages de communauté en lots tout à fait inégaux, si les uns acceptent alors que les autres renoncent. Les parts des renonçants restent au mari qui se trouve ainsi garder beaucoup plus de la moitié de la communauté puisqu'il joint d'autres parts à la sienne (art. 1475, al. 2). L'accroissement se faisant ainsi au profit du mari on applique ici une règle toute différente de celle qui gouverne l'accroissement entre héritiers : quand un ayant droit, qui concourt avec d'autres représentants de la même branche dans le partage par souche, vient à renoncer, sa renonciation profite exclusivement aux autres héritiers de la même souche; cette espèce d'accroissement n'a pas lieu au profit des représentants de la femme.

§ 3. — *Mode et effets du partage.*

1332. Assimilation avec le partage des successions. — En principe le partage d'une communauté se fait *comme le partage d'une succession*. Cette assimilation est écrite dans l'art. 1476, qui renvoie aux règles des successions pour tout ce qui concerne les *formes* du partage, la *licitation* des immeubles, quand elle a lieu, les *effets* du partage, la *garantie* et les *soultes*. Il a déjà été dit (t. II, n° 2302) que le partage est une opération qui se présente dans toutes les indivisions non perpétuelles et que le Code avait eu tort de s'en occuper uniquement à propos des successions.

Malgré cette assimilation générale, il y a cependant quelques différences.

A. — Formes du partage.

*** 1333. Composition des lots.** — Plusieurs restrictions sont apportées au principe qui veut que les lots de tous les copartageants soient composés de biens de même nature (art. 832). Il arrive en effet assez souvent que l'un des époux a le droit de reprendre un ou plusieurs biens qui font partie de l'actif commun.

1° Immeubles ameublis. — L'art. 1509 accorde à l'époux qui a ameubli un immeuble le droit de le reprendre en nature, s'il existe encore au jour de la dissolution de la communauté, à la charge de le précompter sur sa part.

2° Offices. — Si le mari possède un office acheté par lui pendant le mariage, cet office est un conquêt, et le mari n'en est propriétaire que pour la moitié. Mais ceci n'est vrai que de *la valeur vénale de l'office*; quant au *titre*, il est inséparable de la personne du mari. Par conséquent, si le mari survit à la dissolution de la communauté, il conserve nécessairement son office et il l'impute sur sa part, sauf à tenir compte de l'excédent de ses copartageants, si la valeur de l'office dépasse la moitié de la communauté (Cass., 6 janv. 1880, D. 80. 1. 361, S. 81. 1. 49, note de M. Labbé).

3° Fonds de commerce. — Une *clause très fréquente* dans les contrats de mariage permet au survivant des époux de *conserver pour lui seul le fonds de commerce* exploité par eux en commun. Cette convention s'applique également au *droit au bail d'une exploitation rurale*, pour lequel elle offre des avantages tout pareils. Ces clauses n'augmentent pas l'étendue des droits du conjoint dans la communauté ; elles l'obligent à précompter sur sa part la valeur du fonds qu'il conserve, y compris le matériel et ses marchandises, avec charge d'une soulte pour l'excédent si leur valeur totale dépasse celle de la part qui lui doit revenir (Cass., 7 avril 1856, D. 56. 1. 207, S. 56. 1. 538). — Elles offrent une utilité considérable en permettant d'éviter des liquidations désastreuses : d'après le droit commun, l'époux survivant serait obligé de partager le fonds de commerce ou de le liciter, et cela souvent au profit de collatéraux éloignés qui n'en tireront pas le même parti que lui. En laissant ce fonds au survivant, on fait disparaître un des griefs les plus sérieux qu'adressent à la communauté ses adversaires. Pour se faire une idée pratique de ces clauses, il faut lire les formules usuelles données par Rodière et Pont, à la fin de leur t. III.

1334. Partages en usufruit. — Une pratique assez peu connue, mais dont on voit cependant des exemples, rend d'utiles services. On procède au partage entre le conjoint survivant et les enfants en donnant au premier l'usufruit de la communauté, aux derniers la nue propriété. Une telle convention est valable, si tous sont majeurs, et que personne ne subisse une lésion de plus du quart. — Sur les questions que soulèvent ces partages au point de vue fiscal, voyez Cass., 5 mars 1883, D. 83. 1. 396, S. 84. 1. 133; Cass., 19 juill. 1887, D. 88. 1. 121, S. 88. 1. 387.

1335. Autres différences. — Ce n'est pas seulement l'art. 832 qui devient inapplicable aux partages de communauté. Il en est de même : 1° de l'art. 841, qui établit le *retrait successoral* : si l'un des époux a vendu sa part de communauté, l'acquéreur ne peut pas être écarté par l'exercice du retrait ; 2° de l'art. 826, d'après lequel les meubles doivent être vendus pour payer les dettes, si la majorité des héritiers le désire : une pareille majorité ne peut pas se former dans une indivision qui ne comprend que deux têtes.

B. — Effets du partage.

***1336. Effet déclaratif.** — Comme le partage des successions, le partage d'une communauté est *déclaratif* : ce caractère du partage tient à sa nature même et non à l'origine de l'indivision des biens partagés. Mais en ce qui concerne la communauté, la rétroactivité du partage demande quelques explications.

L'effet déclaratif *remonte au jour où l'indivision a commencé.* Quel est ce jour ? Si la communauté était considérée comme une personne morale, l'indivision ne commencerait entre les époux que le jour de sa dissolution ; là s'arrêterait par suite l'effet déclaratif du partage. Mais la communauté n'a aucune personnalité; elle n'est qu'une simple masse indivise entre les deux époux. Il résulte de là que l'effet rétroactif remonte *pour chaque bien* attribué à l'un des époux *jusqu'au jour où il est entré dans la communauté*: pour ceux qui y sont entrés le jour du mariage, en qualité de « biens présents », l'époux qui en est attributaire en est donc réputé propriétaire exclusif dès ce jour.

Cela paraît un résultat considérable, et cependant il n'y a pas grand intérêt à le constater. D'une part, les *pouvoirs* que le mari possédait sur la communauté lui ont permis d'aliéner ou de grever d'hypothèques et de servitudes les biens attribués à sa femme tout aussi bien que ceux qui sont mis dans son lot : d'autre part, la femme, en sa qualité d'*incapable,* n'a pu rien faire qui soit valable sur les biens de la communauté, tant que celle-ci a duré. Or *le partage n'efface ni les pouvoirs du mari, ni l'incapacité de la femme.* De telle sorte que le sort de leurs actes ne dépend du résultat du partage qu'à partir du jour où la communauté s'est dissoute, comme si l'indivision n'avait réellement commencé entre eux que ce jour-là.

En outre le caractère déclaratif et non translatif du partage dispense les époux de payer les droits de mutation qui seraient dus si on le traitait comme les cessions à titre onéreux.

1337. Frais. — Les frais comprennent non seulement ceux du partage, mais aussi ceux de l'inventaire et de la liquidation notariée quand il en est fait une. Ces derniers sont fort élevés. Ces frais sont dettes communes et se partagent par moitié (art. 1482). Ils sont faits à un moment où la communauté est déjà dissoute, et par conséquent ils n'ont jamais fait partie du passif de communauté proprement dit ; cependant on les partage par moitié entre les époux parce qu'ils sont faits dans leur intérêt commun.

SECTION III. — Règlement du passif.

1338. Observations préliminaires. — Chaque époux peut être débiteur *soit d'un tiers, soit de son conjoint*; les dettes des époux envers les tiers sont de beaucoup les plus intéressantes à étudier.

Tout ce que nous dirons pour les *époux* est également vrai pour leurs *héritiers* (art 1491).

§ 1. — *Droit de poursuite des créanciers.*

A. — Étendue du droit des créanciers communs.

** **1339. Division.** — A l'égard des créanciers chaque époux possède une double qualité : il est tenu tantôt *comme débiteur personnel* et tantôt *comme commun en biens avec son conjoint*, et sa situation est fort différente dans les deux cas.

1° Dettes nées en la personne de l'époux.

** **1340. Poursuite pour le total.** — Pour toutes les obligations contractées par lui ou nées en sa personne d'une façon quelconque (dettes provenant de délits ou de quasi-contrats, dettes d'une succession recueillie par l'époux), chaque époux est *personnellement débiteur* du créancier; il peut donc être *poursuivi pour le tout*, sans distinction entre le mari et la femme (art. 1484 et 1486). Comp. Besançon, 6 juillet 1863, D. 64. 2. 80.

Il importe peu que la dette soit tombée en communauté ; cette circonstance n'intéresse que l'autre époux, et ne modifie en rien les rapports du débiteur avec ses créanciers.

1341. Cas particulier pour la femme. — Il est un cas où la règle ne s'applique pas et où une obligation personnellement contractée par la femme pendant le mariage ne l'oblige que *pour moitié envers le créancier* : c'est le cas prévu par l'art. 1487 (ci-dessus n° 1097). On suppose que la femme s'oblige conjointement avec le mari ; la loi lui fait l'application du principe général de l'art. 1220 : en l'absence de toute clause établissant la solidarité, la femme n'est tenue que de la moitié de la dette. Mais le mari est tenu pour le tout envers le créancier, ainsi que cela a déjà été expliqué.

1342. Cas particulier pour le mari. — Rappelons que, selon l'opinion qui domine aujourd'hui, le mari qui autorise sa femme à contracter s'oblige lui-même personnellement par le seul effet de cette autorisation, bien qu'il n'ait contracté d'une manière positive aucun engagement (ci-dessus n° 1092-2°). Par suite il peut encore être poursuivi pour le tout par le créancier après la dissolution de la communauté.

2° Dettes provenant de l'autre conjoint.

1343. Poursuite pour moitié. — L'époux non débiteur, qui ne serait pas tenu du tout de la dette, si cette dette n'était pas tombée en communauté, en est tenu comme *commun en biens*, c'est-à-dire en qualité d'associé du débiteur, et par suite pour moitié seulement (art. 1485). Ce texte ne statue expressément que pour le mari, parce que l'application de ce principe à la femme se trouve fréquemment modifiée par une autre règle (ci-dessous n° 1345).

Les dettes « personnelles à la femme » et dont le mari est tenu pour moitié, conformément à l'art. 1485, parce qu'elles sont tombées à la charge de la communauté, ne peuvent être que celles qui existaient à la charge de la femme avant le mariage, ou celles qui grevaient les successions qui lui sont échues, ou encore, mais ceci sera rare, celles qu'elle aura contractées avec l'autorisation de justice dans les cas prévus par l'art. 1427.

1344. Conséquence relative au mari. — Il en résulte que *la situation du mari change après la dissolution de la communauté*. Tant que celle-ci a duré, il a pu être poursuivi pour le tout par les créanciers de sa femme, en même temps que la communauté, parce qu'il y avait confusion de ses propres biens avec les biens communs (art. 1419 et ci-dessus nos 1072-1073). Maintenant que la communauté est dissoute et l'actif partagé, il n'est plus tenu que pour moitié.

1345. Restriction en faveur de la femme. — La règle qui veut que chaque époux soit tenu pour moitié des obligations nées en la personne de son conjoint commun en biens avec lui, ne s'applique dans toute sa rigueur qu'au mari. Pour la femme, elle est *subordonnée à la condition que la communauté sera solvable*. Quand la communauté est surchargée de passif, la femme qui l'a acceptée n'est pas tenue de la moitié du passif : son obligation envers les créanciers du mari est *limitée au motant de son émolument* (art. 1483). Voyez ci-dessous nos 1359 et suiv. l'explication détaillée de cette règle spéciale à la femme.

1346. Clauses de partage inégal. — En disant que l'époux commun en biens est tenu pour moitié des dettes de son conjoint, la loi suppose une communauté se partageant par moitiés, comme c'est le cas normal. Mais les époux ont pu établir entre eux une communauté à base inégale et la partager des deux tiers au tiers, des trois quarts au quart, etc. (art. 1521). Cette convention amène pour le passif une autre répartition : l'époux qui ne sera tenu envers les créanciers que comme communs en biens se trouvera obligé pour une part égale à celle qu'il prend dans l'actif ; ce pourra donc être, suivant le cas, plus ou moins de moitié.

La loi défend seulement d'établir pour le passif *une proportion différente* de celle qui a été adoptée pour l'actif (art. 1521, al. 2). Cette clause serait permise par le droit commun dans les sociétés ordinaires, car l'art. 1855 interdit seulement d'affranchir l'un des associés de toute contribution aux pertes. Pourquoi n'est-elle pas permise aux époux ? Anciennement Pothier en donnait pour raison qu'il fallait empêcher les époux de se faire des libéralités indirectes (*Communauté*, n° 449). C'était au temps où les donations étaient interdites entre époux ; à présent elles sont permises. Cependant l'interdiction subsiste en partie : la libéralité doit être directe ; toute donation *déguisée* est *nulle*. On voit ici une application particulière de cette idée : aucun avantage indirect ne peut être fait à l'un des époux au moyen d'une répartition inégale du passif et de l'actif.

1347. Effet du forfait de communauté sur la répartition des dettes. — En vertu de cette clause l'un des époux garde toute la communauté, moyennant la somme fixée par le forfait (ci-dessus n° 1312). Quel effet cette convention produit-elle à l'égard du passif ? La situation est assez compliquée.

1° Attribution de la communauté au mari. — Le mari ou ses héritiers sont alors tenus d'acquitter toutes les dettes (art. 1524, al. 1), ce qui signifie qu'ils sont tenus même *pour le total* des dettes provenant de la femme, dont ils ne seraient tenus en d'autres circonstances que pour moitié. — La loi ajoute que « les créanciers n'ont en ce cas aucune action contre la femme ni ses héritiers » (art. 1524, al. 2), ce qui doit s'entendre seulement des dettes provenant du mari, et dont la femme ne serait tenue que comme commune. Quant aux dettes nées en la personne de la femme et tombées en communauté, il ne paraît pas que cette convention puisse avoir pour effet de l'en affranchir à l'égard des créanciers.

2° Attribution de la communauté a la femme. — Sa situation est en principe la même que celle du mari : elle se trouve « obligée à toutes les dettes » (art. 1523, al. 3), quand elle se décide à retenir la communauté entière ; mais en outre la loi lui réserve la faculté de *renoncer*, auquel cas sa renonciation produit son effet ordinaire en ce qui concerne les charges de la communauté.

*** 1348. Preuve de la date des obligations du mari.** — Quand la femme est poursuivie pour moitié, comme commune en biens, à raison d'une dette tombée en communauté du chef du mari, peut-elle refuser de payer le créancier en alléguant que l'acte qu'on lui présente *n'a pas une date certaine* antérieure à la dissolution de la communauté ? Depuis cette dissolution, le mari a perdu le droit de l'obliger par ses actes et conventions, et si l'obligation est postérieure en date elle est sans effet contre la femme. La question a été vivement discutée en Belgique, où il a fallu une loi interprétative du 28 avril 1850 pour la trancher ; cette loi n'exige pas que la date soit certaine pour être opposable à la femme. C'est aussi la solution qui a prévalu en France, et à juste raison, car la femme n'est pas un *tiers* : étant associée au mari, elle a été *représentée* par lui ; elle est même plus qu'un ayant cause, elle est *partie à l'acte,* et c'est seulement à l'égard des tiers que les actes sous seings privés ne font pas foi de leur date par eux-mêmes. L'art. 1328 n'est donc pas applicable.

B. — Des cas où l'époux a payé au delà de sa part.

1349. Répétition de l'indu. — D'après les règles sus-indiquées, il arrive fréquemment qu'un époux ne doive payer un créancier que jusqu'à concurrence d'un certain chiffre. S'il a payé au delà, on lui accorde, sous diverses conditions, l'action en répétition. Mais le texte n'a prévu qu'une seule hypothèse, ce qui a fait naître des difficultés.

1350. Cas prévu par la loi. — Il s'agit de la femme qui, n'étant tenue que pour moitié d'une dette commune, a été poursuivie pour le tout et a payé au delà de sa part. *D'après le droit commun,* elle aurait l'action en répétition contre le créancier sous la seule condition de prouver son *erreur* ; mais ici nous rencontrons *une règle spéciale* : la loi exige une condition de plus ; il faut que la quittance délivrée à la femme par le créancier porte que *ce qu'elle a payé était pour sa part* (art. 1488). A défaut de cette mention dans la quittance, la femme ne serait pas admise à prouver son erreur ; elle n'aurait pas d'action contre le créancier et serait réduite à son recours contre le mari.

C'est là une grave dérogation au droit commun. Son motif est que le créancier a pu croire que la femme a payé le tout pour faire honneur à la signature de son mari et sauf à se faire rembourser par lui ou par ses héritiers. Quand la quittance porte elle-même la preuve de l'erreur, cette présomption n'est plus possible.

1351. Cas non prévus. — Deux autres hypothèses peuvent se présenter. D'abord ce peut être *le mari* qui, dans les mêmes circonstances, paie au delà de sa part ; ensuite la femme elle-même peut, tout en payant seulement la moitié de la dette, payer au delà de ce qu'elle doit, si cette moitié *dépasse son émolument.* Dans ces deux cas, appliquera-t-on par analogie l'art. 1488 ou bien le droit commun ? Faudra-t-il que la quittance porte spécialement que l'époux a entendu payer uniquement ce qu'il devait ou bien suffira-t-il de prouver l'erreur ?

Rationnellement, les motifs de décider sont les mêmes : on peut croire, si la quittance ne dit rien, que l'époux a entendu payer au delà de ce qu'il devait pour ne pas laisser en souffrance un engagement de son conjoint. Aussi incline-t-on généralement à appliquer l'art. 1488 par analogie aux deux hypothèses qu'il ne prévoit pas. Pour ma part je croirais plus sûre une interprétation restrictive : l'art. 1488 est un texte exceptionnel qui a pour base une présomption sous-entendue et que nous ne pouvons pas étendre ; or il ne parle que de la *femme* qui a payé *plus de sa moitié*. Comp. LAURENT, t. XXIII, nos 82 et 83.

C. — Droits des créanciers personnels.

*1352. **Conflit avec les créanciers communs.** — On a déjà vu ci-dessus (n° 905), à propos du défaut de personnalité de la communauté, que les créanciers communs n'ont en aucune manière le droit d'être payés sur les biens de communauté avant les créanciers personnels des époux. Par suite, si l'un des époux contracte de nouvelles dettes après la dissolution de la communauté, ses nouveaux créanciers pourront concourir avec les anciens et même les primer, s'ils ont acquis des privilèges ou hypothèques qui leur soient opposables (Cass., 18 avril 1860, D. 60. 1. 185, S. 60. 1. 305).

*** 1353. Limitation de leur gage.** — Toutefois si les créanciers personnels de chaque époux peuvent concourir avec tous ses autres créanciers sur la part de communauté qui lui est attribuée, ils n'ont du moins de droits que sur cette part, et non sur la portion de communauté attribuée à l'autre conjoint, même pour le remplir de ses reprises. Il en est ainsi même dans l'opinion qui considère l'action en reprise comme une simple créance : on forme au profit de l'époux qui en est créancier une part plus forte dans la masse commune, et cette part devient sa propriété, à l'exclusion de l'autre époux et des créanciers de celui-ci. Comp. Nancy, 2 février 1865, D. 70. 2. 65, S. 66. 2. 30.

§ 2. — *Contribution entre époux.*

**** 1354. Le principe.** — Pour la répartition définitive du passif entre les époux, on se règle sur des idées toutes différentes. Le principe est que les obligations qui entrent en communauté *y tombent sans récompense,* c'est-à-dire qu'elles restent définitivement à la charge de la communauté. Elles doivent donc *se partager par moitiés* entre les deux époux ; c'est ce que dit l'art. 1482 qui met les dettes de la communauté « pour moitié à la charge de chacun des époux ou de leurs héritiers ».

Dès lors de deux choses l'une :

1° Ou bien cette dette aura été acquittée avec des valeurs communes, auquel cas *tout est fini,* puisque chaque époux en supporte par là même la moitié ;

2° Ou bien c'est l'époux, auteur de la dette, qui l'a payée en entier de son argent, auquel cas il aura un *recours pour moitié* contre son conjoint[1].

1355. Exceptions. — On sait déjà que certaines dettes, celles qui sont *relatives à des propres,* n'entrent en communauté *qu'à charge de récompense* (ci-dessus nos 1282 et 1283). Ces sortes de dettes doivent être supportées *en totalité* par l'époux qui est propriétaire du bien auquel elles se rattachent ; l'autre conjoint ne doit pas y contribuer. Par suite, lorsque la

[1] On peut supposer une troisième hypothèse, évidemment exceptionnelle : une dette provenant de la femme et tombée en communauté, mais dont le mari n'est pas personnellement tenu, peut être acquittée avec des valeurs propres au mari ; en ce cas celui-ci a un *recours pour le total* contre la communauté.

dette a été payée par la communauté avant sa dissolution, il y a lieu à récompense à son profit; lorsque c'est l'époux débiteur qui l'a acquittée de ses deniers, celui-ci n'a aucun recours.

1356. Question relative au recel. — Privé de sa part dans les objets qu'il a voulu détourner, l'époux coupable de recel ne prend pas la moitié de la communauté et la différence peut être forte. Supporte-t-il néanmoins la moitié du passif ou bien est-il déchargé d'une part des dettes proportionnelle à la portion d'actif qui lui est enlevée? La solution résulte du texte autant que de l'esprit de la loi. C'est seulement pour l'actif que l'art. 1477, qui s'occupe du recel, déroge à la règle du partage par moitiés, et l'art. 1482, qui régit la division du passif, n'apporte au principe du partage égal aucune dérogation pour le cas de recel. Si l'on décidait que la privation d'une partie de l'actif entraîne comme conséquence une limitation proportionnelle dans la charge du passif, il pourrait arriver que l'époux recéleur ne subît aucune perte; il suffit de supposer pour cela que le passif de la communauté est égal à son actif; dans tous les cas, dès qu'il y a un passif (et il y en a presque toujours) la privation subie serait moindre que l'objet du recel, ce qui serait contraire à l'intention évidente du législateur. Aussi la jurisprudence décide-t-elle que l'époux reste tenu de contribuer aux dettes pour une moitié, comme s'il conservait intacte sa moitié dans l'actif (Cass., 10 janv. 1865, D. 65. 1. 5, S. 65. 1. 40).

1357. Effet des clauses modificatives de la communauté. — Il est possible que l'un des époux doive, d'après les stipulations du contrat de mariage, être totalement exempt de certaines dettes ou du moins n'en payer qu'une partie et que, malgré la convention des époux, il soit resté tenu envers les créanciers pour le total de ces dettes. On en voit un exemple dans les clauses de *forfait* (ci-dessus nos 1312 et 1347). En pareil cas, c'est au moyen d'un *recours* contre l'autre époux qu'on arrivera à respecter la convention : la contribution aux dettes corrigera ce que les époux n'ont pas pu réaliser directement au point de vue du droit de poursuite.

1357 *bis*. Effet de l'hypothèque. — Si l'un des époux a reçu dans son lot un bien grevé d'hypothèque au profit d'un créancier de la communauté, il sera naturellement obligé, par l'effet de l'hypothèque, de payer ce créancier en totalité, bien qu'il ne soit peut-être pas son débiteur personnel; mais naturellement aussi il aura son recours contre son conjoint pour tout ce qui excède sa part contributoire dans la dette (art. 1489).

1358. Modifications contenues dans le partage. — Il n'est pas permis aux époux de modifier, lors du partage, le droit de poursuite des créanciers, au moyen de conventions intervenues entre eux ; mais ils peuvent modifier les règles de la contribution aux dettes, qui n'intéressent qu'eux-mêmes, et en répartir autrement la charge (art. 1490, al. 1). C'est même un arrangement très fréquent dans les partages ; on s'en sert surtout pour compenser l'inégalité des lots, en imposant à l'époux qui reçoit un lot trop fort, l'obligation de payer une plus forte part des dettes. Si, en fait, les paiements aux créanciers sont effectués sur d'autres bases que celles qui ont été ainsi convenues, il y a lieu à un recours au profit de celui qui a payé outre sa part (art. 1490, al. 2).

§ 3. — *Limitation des obligations de la femme.*

** **1359. Existence d'une règle spéciale.** — Les règles ci-dessus exposées ne s'appliquent à la femme que sous une condition : elles supposent *que la communauté était solvable.* Quand la communauté est mauvaise, les obligations de la femme sont restreintes; la femme acceptante est protégée contre l'insolvabilité de la communauté par certaines règles spéciales qui forment ce qu'on est convenu d'appeler son *bénéfice d'émolument*. On verra que l'expression « bénéfice » n'est pas tout à fait exacte.

A. — Généralités.

* **1360. Origine.** — Ce système protecteur des intérêts de la femme a été introduit par la jurisprudence des anciens Parlements ; les coutumes n'en faisaient pas mention. Il fut admis pour la première fois par un arrêt solennel, prononcé le 14 août 1567 par le président Séguier. Coquille, qui rapporte cet arrêt, dit à ce propos : « La raison est que s'il en estoit autrement, *le mari aurait par voie oblique puissance sur les propres de sa femme*, dont la coutume lui défend l'aliénation » (*Coutume de Nivernois*, chap. XXIII, art. 17). En effet, si la femme était poursuivie au delà de ce qu'elle recueille dans la communauté, sa fortune propre serait entamée et servirait à payer les dettes de la communauté, c'est-à-dire du mari. C'est l'idée que Dumoulin avait condensée en quelques mots : « Marito non licet onerare propria uxoris. »

1361. Faveur de cette jurisprudence. — Ce principe était si bien en harmonie avec l'esprit du régime de communauté qu'il fut consacré par la seconde rédaction de la coutume de Paris en 1580 (art. 228). Il a été maintenu par le Code civil sans discussion (art. 1483). Malheureusement ce texte est trop sommaire pour un système qui aurait demandé à être énoncé à l'aide de plusieurs dispositions détaillées. On le complète facilement à l'aide des traditions et du raisonnement.

** **1362. Caractère normal du prétendu bénéfice.** — De ces courtes explications sur l'origine de la règle, il résulte jusqu'à l'évidence que ce prétendu bénéfice n'en est pas un. Un bénéfice est une *faveur*, une *dérogation* aux règles générales ; ici que trouvons-nous ? La pure et simple application des principes essentiels du régime. L'insolvabilité de la communauté est l'œuvre du mari ; or le mari n'a pas de pouvoirs sur les propres de sa femme. Si la femme n'est pas tenue au delà de son émolument, ce n'est pas qu'on limite son obligation, en lui faisant une faveur ; c'est que le pouvoir du mari sur sa fortune n'est pas absolu. Cette limitation est donc pour elle la condition normale et non pas un bénéfice. L'art. 228 de la coutume de Paris le faisait clairement comprendre en disant : « Le mari ne peut par contrat... obliger sa femme sans son consentement, plus avant que jusqu'à la concurrence de ce qu'elle ou ses héritiers amendent de la communauté. »

* **1363. Nullité des clauses contraires.** — Aucune convention ne pourrait porter atteinte à la situation de la femme. Sans doute l'art. 1483 ne dit pas que les conventions contraires à sa décision sont nulles, comme le fait l'art. 1453 qui établit pour la femme le droit de renoncer ; mais l'art. 1388 suffit : les pouvoirs du mari comme chef sont déterminés par la loi ; on ne peut pas y toucher, ni pour les amoindrir ni pour les augmenter.

1364. Résultat indirect du forfait de communauté. — Néanmoins, il y a une clause qui a pour effet indirect de priver la femme de son bénéfice d'émolument : c'est le forfait de communauté lorsqu'il est stipulé à son profit. Comme la femme prend alors toute la communauté, elle est seule tenue des dettes et doit les supporter, à quelque chiffre qu'elles puissent s'élever ; sans cela le forfait ne s'exécuterait pas, puisque le mari ou ses héritiers ne conserveraient pas intégralement la somme fixe qui doit leur être versée comme forfait. C'est donc un cas où la femme se trouve réellement tenue à l'infini du passif et c'est le seul. Mais la dérogation est plus apparente que réelle puisque la femme a le droit de renoncer (art. 1524 et ci-dessus n° 1347-2°), dont elle usera évidemment si la communauté lui semble mauvaise.

B. — Effets du bénéfice.

** **1365. Effet contre les créanciers.** — Dans ses rapports avec les créanciers, la femme est protégée contre les conséquences de la mauvaise administration du mari, mais seulement *pour les dettes provenant du mari*. et dont la femme n'est tenue qu'en sa qualité de *commune*. Pour celles-là, elle ne pourra être contrainte de payer que jusqu'à concurrence de son émolument.

Mais il en est autrement pour celles qui proviennent de son chef : pour celles-ci, elle est *débitrice personnelle,* et son bénéfice ne la protège pas, elle reste tenue pour le tout envers le créancier.

** **1366. Effet contre le mari.** — A l'égard du mari, la femme est protégée d'*une manière bien plus complète* : elle n'est tenue de supporter le passif que jusqu'à concurrence de son émolument, *sans distinguer si la dette était la sienne ou celle du mari.* Si elle a été forcée de payer un créancier quelconque, après avoir épuisé tout ce qu'elle a reçu d'actif par le partage, elle a un recours contre son mari pour tout l'excédent de ses déboursés.

Il n'y a d'exception que pour les dettes qui étaient tombées en communauté du chef de la femme *à charge de récompense* : comme c'est la femme elle-même qui doit supporter ces dettes en totalité, et que le mari ou la communauté auraient un recours contre elle au cas où ils auraient payé à sa place, on lui refuse toute action quand c'est elle qui a payé.

* **1367. Explication et critique du texte.** — On voit que les effets du bénéfice d'émolument ne sont pas toujours les mêmes ; ils varient selon que la femme l'oppose à son mari ou aux créanciers. Cette différence s'explique parce que la femme est *débitrice personnelle* de certaines dettes et que ses conventions matrimoniales ne peuvent pas modifier les conséquences que doit avoir pour elle cette qualité, tandis que dans ses rapports avec son mari la femme doit être traitée en tout *comme associée*. Or c'est précisément ce rôle d'associée nécessairement subordonnée et dépendante, qui a fait restreindre aux biens communs les pouvoirs de disposition du mari ; elle doit donc posséder d'une manière pleine et entière les avantages attachés comme contre-partie à sa situation et opposer son bénéfice à son mari, pour toutes les dettes de communauté, même pour celles qui viennent de son chef.

Une distinction s'impose, également conforme aux traditions et aux principes ; elle est universellement admise (Aubry et Rau, t. V, § 520, note 34), bien que le texte, dans sa concision, ne l'énonce pas.

C. — Condition du bénéfice.

** **1368. Condition unique.** — Il n'est pas nécessaire que la femme fasse une déclaration au greffe, comme celle qu'on impose à l'héritier qui veut accepter sous bénéfice d'inventaire. La seule condition que la femme ait à remplir c'est de *faire inventaire* (art. 1483).

1369. Délais et formes de l'inventaire. — La loi n'a rien dit, ni sur la façon dont l'inventaire evait être fait, ni sur l'époque où il doit y être procédé. On applique par analogie l'art. 1456 qui vise le cas de renonciation de la femme (Doctrine unanime et jurisprudence constante).

Par suite l'inventaire doit être fait dans les délais de *trois mois et quarante jours* qui sont donnés à la femme. Fait plus tard, il n'offrirait pas assez de garanties pour les créanciers (Angers, 20 mai 1863, D. 64. 2. 186, S. 64. 2. 110 ; Nancy, 4 août 1875, D. 77. 2. 184, S. 76. 2. 1).

Cependant la femme pourrait parfois se dispenser de faire l'inventaire ; par exemple quand son mari est tombé en faillite et que l'inventaire du mobilier a été dressé par le syndic ; il est inutile d'en entreprendre un second ; ce seraient des frais frustratoires (Paris, 21 mars 1867, D. 68. 2. 149).

1370. Moyens de remplacer l'inventaire. — A défaut d'inventaire, la femme est-elle recevable à établir la consistance réelle de la communauté et par suite de son émolument, au moyen d'autres preuves ? A l'égard des créanciers, *non très certainement*[1]. Mais à l'égard du mari, *la question est discutée*. La loi exige une preuve écrite ; on ne saurait autoriser une preuve testimoniale (Besançon, 22 déc. 1855, D. 56. 2. 237, S. 56. 2. 615). Mais ne pourrait-on pas se contenter d'un partage ou d'une liquidation faite sans fraude entre le mari et la femme ? Un arrêt a répondu négativement (Besançon, 17 janv. 1883, D. 83. 2. 163, S. 84. 2. 45). Cette solution approuvée par quelques auteurs (Laurent, t. XXIII, n° 94) est critiquée par la plupart comme excessive et inacceptable (Guillouard, t. III, n° 1414 ; Dalloz, *Suppl.*, v° Contrat de mariage, n° 892). L'ancien droit accordait cette facilité à la femme (Pothier, *Communauté*, n° 745). On objecte que l'art. 1483 ne fait pas de distinction entre le mari et les créanciers ; mais comme il est certainement incomplet sur les *effets* du bénéfice, il n'y a rien d'étonnant à ce qu'il le soit aussi sur ses conditions.

1371. Compte à rendre aux créanciers. — Quand la femme veut opposer son bénéfice à un créancier, elle est obligée de lui *rendre compte*, c'est-à-dire de lui démontrer qu'elle a déjà versé à d'autres créanciers ou à lui-même toutes les valeurs qu'elle a reçues comme composant son *émolument* ; elle est quitte envers tous quand il ne lui en reste plus rien.

La loi a parlé de cette obligation de rendre compte dans l'art. 1483, mais en termes un peu obscurs : la femme doit justifier « tant du contenu de l'inventaire que de ce qui peut lui être échu par le partage ». Cette double formule s'explique de la manière suivante : il peut arriver que l'inventaire mentionne des objets qui n'ont pas encore été partagés, et la femme en doit compte aux créanciers, puisqu'elle y a toujours droit pour sa part ; en sens inverse, il se peut que le partage comprenne des valeurs qui ne figurent pas dans l'inventaire, par exemple des immeubles qui ne sont pas inventoriés ou des créances récemment découvertes. La femme est comptable de tout cela.

1372. Difficulté relative aux reprises du mari. — Le mari qui a des reprises à exercer contre la communauté se présente comme un créancier ; faut-il le traiter comme les autres : pour que la femme puisse limiter sa poursuite, est-il nécessaire qu'elle ait fait inventaire ? La jurisprudence avait d'abord admis qu'à défaut d'inventaire le mari pouvait poursuivre ses reprises contre sa femme sans tenir compte du chiffre de l'émolument (Cass., 24 mars 1828, S. 28. 1. 377 ; Douai, 12 déc. 1861, D. 62. 5. 64) ; mais depuis la Cour de cassation s'est déjugée. Elle décide que les reprises ne sont pas des créances ordinaires, mais un simple prélèvement qui ne peut se faire que sur les biens communs (Cass., 18 févr. 1867, D. 67. 1. 61, S. 67. 1. 222 ; Cass., 16 nov. 1868, D. 68. 1. 476, S. 69. 1. 14). Sans doute le mari ou ses héritiers peuvent prétendre qu'on fait la femme a retiré de la communauté des valeurs suffisantes et la femme pourra être condamnée à payer, mais ce ne sera pas pour n'avoir pas fait inventaire ; ce sera pour avoir retiré de la communauté un émolument déterminé (Aubry et Rau, t. V, § 520, note 30).

[1] Il en est ainsi alors même que tous les biens seraient restés aux mains du mari (Lyon, 16 févr. 1854, D. 54. 2. 138, S. 56. 2. 423).

D. — Détermination de l'émolument.

* **1373. Biens dont il se compose.** — Quand l'inventaire a été fait dans les délais la femme n'est tenue que jusqu'à concurrence de son émolument. Que faut-il entendre par là ? L'émolument de la femme est ce qu'elle prend dans la communauté *à titre de copartageante*, savoir :

1° Tous les *biens de communauté* qui lui sont attribués, y compris ceux qu'elle prend à titre de préciput ;

2° Les *fruits* perçus par elle sur ces biens ;

3° Les *récompenses* qu'elle devait à la communauté et qui lui ont été précomptées sur sa part : étant dispensée de les payer, elle se trouve plus riche d'autant. — Comp. POTHIER, *Communauté*, n° 747.

Mais il ne faut pas comprendre dans l'émolument de la femme les biens ou valeurs qui lui ont été attribués *à titre de prélèvements en nature* pour la remplir de ses reprises, car ces biens ou valeurs font partie de son patrimoine propre. Ils sont donc en dehors de son émolument.

* **1374. Évaluation de l'émolument.** — A quel moment faut-il se placer pour estimer les biens recueillis par la femme et déterminer le montant de son émolument ? On pouvait hésiter entre trois époques : celle du décès, celle de l'inventaire, celle du partage. La doctrine et la jurisprudence admettent que c'est *le moment du partage* qui doit être choisi (Paris, 24 avril 1858, D. 58. 2. 477, S. 58. 2. 159). En effet la femme s'enrichit de ce qu'elle reçoit, de ce qui est mis dans son lot ; les variations survenues avant le partage et depuis la dissolution sont au compte de la masse ; celles qui surviennent après sont aux risques de la femme ; son émolument est fixé par ce qu'elle a reçu.

E. — Comparaison avec le bénéfice d'inventaire.

* **1375. Énumération des différences.** — L'analogie qui existe entre la femme commune en biens et un héritier bénéficiaire a été souvent constatée (RENUSSON, *de la Communauté*, partie II, chap. I, n° 43), et Merlin a établi le parallèle d'une manière complète (*Répertoire*, v° Bénéfice d'inventaire, n° 25 ; addit., p. 101). Il y a néanmoins certaines différences à signaler.

1° L'héritier doit faire une *déclaration au greffe* (art. 793), la femme possède son bénéfice sans déclaration, par cela seul qu'elle a fait inventaire. Toutefois la créance qui existe contre la femme n'est pas réduite de plein droit ; il faut qu'elle oppose au tiers son inventaire et son compte. Ceci n'est qu'une différence de pure forme.

2° La part de communauté qui revient à la femme n'est pas distincte de ses propres biens, elle se confond entre ses mains avec le reste de sa fortune, tandis que le bénéfice d'inventaire établit une *séparation des patrimoines* entre les biens personnels de l'héritier et les biens héréditaires. C'est une *différence de fond*, et qui est *capitale* ; celles qui suivent en dérivent.

3° L'héritier bénéficiaire *n'est pas tenu sur ses biens personnels* : il peut renvoyer les créanciers à se pourvoir sur la succession et soustraire ses biens à toute poursuite. La femme ne le peut pas : le montant de son obligation est bien limité par la valeur de son émolument, mais, dans la mesure où elle existe, son obligation porte indistinctement *sur tout son patrimoine* ; les biens qui lui viennent de la communauté ne forment pas une masse à part.

4° La femme ne peut pas se décharger du paiement des dettes communes en faisant abandon aux créanciers des biens qu'elle a pris comme associée, tandis que l'art. 802

accorde cette faculté d'abandon à l'héritier bénéficiaire, qui n'est considéré, à l'égard des créanciers que comme un administrateur de la succession. Cependant Pothier ne faisait pas cette distinction entre la femme et l'héritier, et il accordait la même faculté à l'un et à l'autre (*Communauté*, n° 737), et son avis a été suivi par quelques auteurs modernes ; mais l'opinion générale est maintenant contraire, parce que la femme acceptante est considérée comme personnellement débitrice envers les créanciers de la communauté.

5° La femme peut disposer à son gré des biens qu'elle a reçus dans son lot ; elle en est propriétaire comme du reste de son patrimoine et ne s'expose à aucune réclamation de la part des créanciers si elle vend ces biens à l'amiable ou si elle les donne, sous la seule condition d'agir de bonne foi. Au contraire les créanciers d'une succession acceptée bénéficiairement, qui voient leur gage restreint aux seuls biens échus à l'héritier, sont garantis par la *responsabilité personnelle* de cet héritier qui ne peut pas disposer à sa volonté des biens du défunt et doit *vendre les immeubles aux enchères*, sous peine de se voir déchu de son bénéfice. Il n'était pas nécessaire de prendre les mêmes précautions contre la femme, puisque les créanciers de la communauté ont pour gage son patrimoine entier dans la mesure où leur action existe contre elle.

§ 4. — *Créances personnelles de l'un des époux contre l'autre.*

1376. Exemple. — Il peut arriver que l'un des époux devienne *créancier personnel* de l'autre. L'art. 1478 en cite un exemple : une valeur personnelle à l'un d'eux, telle que le prix d'un propre aliéné non encore payé, sert à éteindre la dette personnelle de l'autre. D'autres hypothèses que la loi ne définit pas pourraient se présenter, mais elles ne sont pas très nombreuses. Voyez DALLOZ, *Répert.*, v° Contrat de mariage, n° 2439.

1377. Caractères particuliers. — On emploie quelquefois pour désigner ces sortes d'indemnités dues par l'un des époux à l'autre le nom de « récompense » ; on parle volontiers des récompenses qu'ils se doivent mutuellement. Cependant la loi a évité d'employer ce mot dans les art. 1478 et 1479, où elle parle simplement de « créance personnelle ». Voulu ou non, ce langage est justifié. Il y a en effet d'importantes différences entre ces créances personnelles des époux et les véritables récompenses :

1° ABSENCE DE PRÉLÈVEMENTS EN NATURE. — La créance s'exerce non pas sur une masse commune, mais sur les biens personnels de l'époux débiteur, ce qui empêche tout prélèvement.

2° COURS DES INTÉRÊTS. — La loi ne les fait pas courir de plein droit ; une demande est nécessaire (art. 1479). Il fallait jadis une *demande en justice* ; une *sommation* suffit maintenant (L. 7 avril 1900).

1378. Époque du règlement. — A quel moment l'époux créancier peut-il agir ? L'art. 1478 le dit : « après le partage consommé », quand les parts sont faites. On conclut de là en général que l'époux créancier ne peut pas réclamer son paiement auparavant. Cependant il peut y avoir un doute : on comprend que l'action de l'époux créancier soit retardée jusqu'au partage lorsqu'il veut exercer des poursuites sur les biens communs, car il n'a pas pour débiteur la communauté, mais seulement son conjoint. Mais rien ne l'empêche de demander son paiement auparavant sur les biens personnels de l'époux débiteur, et la preuve que son droit d'action existe c'est que l'art. 2256 en suspend la prescription et que l'art. 1595 permet au mari de se libérer par voie de dation en paiement quand il est débiteur de sa femme (t. II, n° 1443).

Néanmoins l'opinion de Laurent qui s'est prononcée en ce sens (t. XXII, n° 545) est restée isolée. Voyez les citations dans DALLOZ, *Suppl.*, v° Contrat de mariage, n° 880. On invoque l'autorité de Pothier (*Communauté*, n° 676), mais il ne dit rien de tel : il suppose que la créance existe « lors de la dissolution de la communauté » ; il ne nie pas du tout qu'elle puisse produire des effets auparavant.

CHAPITRE IX

EFFETS DE LA RENONCIATION

*** 1379. Indication sommaire.** — La femme qui renonce à la communauté est censée n'avoir jamais été commune : tout ce qui compose la communauté, actif et passif, reste au mari. La femme se dépouille par sa renonciation de tous ses droits sur l'actif ; mais en revanche, elle n'a rien à payer aux créanciers, elle est exonérée des dettes et c'est son mari qui les supporte toutes.

Ce double effet se produit *rétroactivement*. Mais la renonciation rétroactive n'équivaut pas à une *résolution* de la communauté : s'il y avait résolution, chacun des époux reprendrait sa *mise*, ses apports dans le fonds commun, et le mari serait censé n'avoir jamais eu de pouvoir sur la communauté : tandis que la renonciation, même rétroactive, laisse subsister la communauté avec sa composition active et ses dettes, seulement la masse entière reste au mari avec ses charges.

§ 1. — *Effets de la renonciation sur l'actif.*

**** 1380. Principe.** — Aux termes de l'art. 1462, « la femme qui renonce perd toute espèce de droit sur les biens de la communauté, et même sur le mobilier qui y est entré de son chef ». La loi parle du *mobilier*, parce qu'il n'entre ordinairement en communauté, du chef de l'un des époux, que des meubles. Cependant il pourrait y entrer aussi des *immeubles* soit en vertu d'une clause d'*ameublissement*, soit en vertu d'une clause particulière contenue dans une donation faite à l'un d'eux ; la loi n'a prévu que le cas ordinaire. Ainsi tout ce qui est entré en communauté du chef de la femme est perdu pour elle ; par l'effet de sa renonciation, la communauté entière devient la propriété exclusive du mari.

Remarquez l'expression « perd » dans l'art. 1492 qui prouve que la femme est bien réellement, au cours de la communauté, l'associée et la copropriétaire du mari.

1381. Exceptions. — Il n'est pas absolument vrai de dire que la femme renonçante perd d'une manière complète sa part de communauté. La loi elle-même l'autorise à en retirer certaines choses. D'autre part, son contrat de mariage ou des conventions postérieures peuvent lui permettre de reprendre ses apports ou de bénéficier, malgré sa renonciation, de valeurs provenant de la communauté. Il y a donc diverses exceptions à la règle de l'art. 1492 ; l'une est *légale* ; les autres sont *conventionnelles*.

1° Reprise des linges et hardes. — D'après l'art. 1492, al. 2, la femme renonçante retire les « linges et hardes à son usage ». C'est une extension de l'ancienne règle qui autorisait seulement la femme à emporter un habillement complet ; « non debet abire nuda », disait-on. Toutefois la formule actuelle ne comprend pas les *bijoux et joyaux*, même à l'usage personnel de la femme, quand ils appartiennent à la communauté comme c'est le cas ordinaire (Caen, 13 avril 1864, Dalloz, *Suppl.*, t. IV, p. 136, note 1).

Le droit ainsi accordé à la femme lui est personnel et ne passe pas à ses héritiers.

2° Reprise des apports. — Cette reprise qui ne peut se faire qu'en vertu d'une clause expresse du contrat de mariage, est beaucoup plus importante que la précédente. Elle est mentionnée ici pour mémoire et fait plus loin l'objet d'un paragraphe spécial (ci-dessous nos 1385 et suiv.).

3° Bénéfice de l'assurance sur la vie. — On a déjà vu (t. II, n° 2202) que le bénéfice d'une assurance sur la vie contractée au profit du survivant appartient en totalité à celui-ci, au cas d'acceptation de la communauté, et ne se partage pas avec les héritiers du prédécédé. La solution est la même au profit de la femme qui renonce à la communauté. Le but de l'assurance serait manqué et l'intention du souscripteur de la police déçue, si la femme devait en perdre le bénéfice quand elle renonce à une communauté obérée (Cass., 28 mars 1877, D. 77. 1. 241, S. 77. 1. 393 ; Trib. Clermont (Oise), 16 mai 1879, Dalloz, *Suppl.*, t. IV, p. 667, note 1).

§ 2. — *Effets de la renonciation sur le passif.*

*** 1382. Division.** — L'effet de la renonciation à cet égard est réglé par l'art. 1494 : on peut dire d'une manière générale que la femme se trouve *affranchie de tout ce qui forme le passif définitif de la communauté,* mais pour le développement de cette formule il faut examiner séparément les dettes nées en la personne de la femme et les dettes nées en la personne du mari.

**** 1383. Dettes de la femme.** — Pour celles-ci, dont elle est débitrice personnelle, la femme ne peut s'affranchir de la poursuite de ses créanciers en renonçant à la communauté ; elle reste donc *obligée de les payer en totalité.* Elle en est néanmoins déchargée au point de vue de la contribution, parce que sa renonciation a justement pour but de lui permettre d'échapper au passif commun. Par suite, en supposant que sa dette était *tombée en communauté sans récompense* et a été payée par elle, la loi lui ouvre un *recours pour le tout* contre le mari. Mais si cette dette n'était devenue commune qu'*à charge de récompense,* aucun recours ne serait ouvert à la femme parce que ce serait elle qui devrait indemniser la communauté du total de la dette, si le créancier avait été payé avec des deniers communs.

**** 1384. Dettes du mari.** — A l'égard des dettes provenant du mari, la situation est beaucoup plus simple : la femme n'en est tenue en aucune manière et pour aucune portion ; elle n'est pas même exposée aux poursuites des créanciers. Et ceci s'explique par les principes généraux du régime : la femme ne pouvait être poursuivie par les créanciers du mari qu'en qualité de commune et elle ne l'est plus.

§ 3. — *Reprise des apports.*

A. — Motifs et caractères de la clause de reprise.

*** 1385. Son utilité et sa fréquence.** — Sous le régime établi par la loi, la femme est dans une alternative périlleuse ; si elle veut conserver ses meubles entrés en communauté, elle doit accepter cette communauté, et alors elle est tenue des dettes au moins jusqu'à concurrence de ce qu'elle en retire; si elle veut se dispenser de payer les dettes, il faut qu'elle renonce, et alors elle perd tous ses apports mobiliers. Mais il lui est permis d'améliorer beaucoup sa situation au moyen d'une clause de son contrat de mariage : elle peut stipuler la faculté de reprendre ses apports *même en renonçant* (art. 1514), et c'est une stipulation fréquente.

Elle est en effet très avantageuse pour la femme, qui n'aura pas à supporter les chances de perte ; cela revient à déclarer que les époux s'associent seulement en vue de la bonne fortune, et que la femme ne veut plus subir les effets de l'association si elle devient mauvaise.

1386. Interprétation restrictive. — Cette clause est tout à fait exorbitante du droit commun ; elle est directement contraire à l'art. 1855, qui déclare nulle la convention par laquelle on affranchit de toute contribution aux pertes la mise de l'un des associés dans le fonds social. Aussi l'art. 1514 veut-il qu'on l'interprète d'une façon aussi restrictive que possible.

1° Restriction quant aux biens. — Lorsque la femme a stipulé la reprise « de ses apports » ou « de son mobilier », on n'entend ces mots que du *mobilier présent*, et non du *mobilier futur*, et la femme n'est admise à reprendre que les meubles qu'elle possédait au jour de la célébration du mariage. — Lorsqu'elle a parlé seulement du mobilier présent, le mobilier futur ne peut pas être repris par elle.

2° Restriction quant aux personnes. — Stipulée en faveur *de la femme*, la clause de reprise ne profite pas à ses enfants ; si elle l'a été en faveur *de la femme et des enfants*, elle ne s'étend pas à ses autres parents, collatéraux ou ascendants, mais le mot « enfants » comprend ici les descendants de tous les degrés, tant naturels que légitimes. Enfin la clause profitant aux « héritiers » ne devrait pas être étendue aux successeurs testamentaires.

1387. Transmission du droit de la femme. — Une fois ouvert, soit en la personne de la femme, soit en faveur d'un de ses héritiers, le droit d'effectuer la reprise se transmet comme tout autre droit. Ainsi, lorsque la femme s'est réservé à elle seule le droit de reprendre ses apports, si elle a survécu, même sans avoir eu le temps de l'exercer, son droit passe à ses héritiers ou successeurs, quels qu'ils soient ; ceux-ci le possèdent alors *par transmission*.

B. — Effets de la clause.

*** 1388. Mode d'exécution de la reprise.** — La clause de reprise n'est pas une clause de réalisation ; elle n'a pas pour effet de réserver à la femme la propriété de ses apports mobiliers. Par conséquent ses meubles sujets à reprise *entrent en communauté* ; le mari peut les aliéner ; les créanciers peuvent les saisir (Cass., 2 déc. 1872, D. 72. 1. 398, S. 71. 1. 437). La femme est donc *réduite au rôle de créancière*. Elle est même créancière *sans aucun privilège* contre les autres créanciers, sauf l'effet de son hypothèque légale (Agen, 23 févr. 1881, Dalloz, *Suppl.*, t. IV, p. 150, note 1, S. 81. 2. 149).

*** 1389. Effet de la clause à l'égard des créanciers.** — En principe la clause ne produit pas d'effets contre les créanciers ; tout se borne aux rapports des époux entre eux : on oblige le mari à tenir compte à sa femme des dettes que celle-ci aura été obligée de supporter, mais on n'empêche pas les créanciers de la communauté de saisir les biens sujets à reprise [1]. *La clause n'est donc pas opposable aux créanciers.*

Telle est du moins la jurisprudence actuelle, qui réduit la femme à un simple recours contre son mari (Cass., 14 déc. 1858, D. 59. 1. 49, S. 59. 1. 229; Cass., 29 janv. 1866, D. 66. 1. 276, S. 66. 1. 141 ; Riom, 24 juill. 1886, D. 87. 2. 252 ; Bordeaux, 28 juill. 1898, D. 1900. 2. 345). Mais dans les cinq années 1853-1858, pendant lesquelles la Cour de cassation a considéré la femme comme propriétaire de ses reprises (ci-dessus n° 1276), plusieurs arrêts l'ont admise à reprendre ses apports par préférence à tous les créanciers de la communauté ou du mari (Cass., 7 févr. 1855, D. 55. 1. 114, S. 55. 1. 580; Cass., 16 avril 1856, D. 56. 1. 198, S. 56. 1. 411). Cette jurisprudence passagère fut abandonnée à la suite de l'arrêt solennel du 16 janvier 1858, signalé ci-dessus n° 1276 *in fine*.

1390. Possibilité d'une modification conventionnelle. — Les époux ne pourraient-ils pas rendre la clause plus énergique et convenir que la femme aura le droit de reprendre ses apports même à l'encontre des créanciers et sans avoir à redouter leur concours? Tous les arrêts leur en réservent la possibilité, à la condition toutefois que les termes de leur convention soient *assez clairs et assez précis pour que les tiers ne puissent pas s'y tromper* et voient facilement que la reprise se fera contre eux. Voyez les arrêts postérieurs à 1858, cités au n° précédent, ainsi que Cass., 2 déc. 1872, D. 72. 1. 398, S. 72. 1. 437 et Caen, 12 juin 1878, D. 80. 2. 92, S. 78. 2. 251. Toutefois, jusqu'à présent, on ne cite aucun arrêt qui ait reconnu une de ces clauses comme suffisante pour produire son effet contre les créanciers; et en vérité on ne voit pas ce que les parties pourraient dire de plus clair que ce qu'elles disent dans la formule la plus usitée de cette clause, qui est ainsi conçue : « La femme reprendra ses apports... quittes de toutes dettes de la communauté, quand bien même elle s'y serait obligée ou y aurait été condamnée. » Comp. Cass., 14 juin 1879, S. 80. 1. 448 [2].

C. — Étendue de la reprise.

*** 1391. Franchise des apports.** — Lorsque la femme reprend ses apports en renonçant, les biens qui lui reviennent doivent être tenus quittes de toutes les dettes de communauté, puisqu'on suppose qu'elle a fait sa renonciation, ce qui l'a déchargée de tout le passif. Aussi dit-on communément que la reprise porte sur l'*apport franc et quitte*. Sans cela, si elle

[1] « La clause de reprise d'apport, dit très bien M. de Loynes, n'est pas une clause de réalisation, et ne saurait en produire les effets ; elle est au contraire exclusive de toute idée de réalisation, même conditionnelle, puisqu'elle implique la mise des biens de la femme en communauté. » (Note dans *Dalloz*, 1900. 2. 345). Comp. Prénat, *De la faculté accordée à la femme de reprendre son apport franc et quitte*, thèse, Paris, 1884, p. 185 et suiv.

[2] Sur le fond de l'idée, je crois qu'il faut faire les plus expresses réserves : une pareille clause qui rend indisponibles entre les mains du mari les apports de la femme équivaudrait à une *stipulation partielle de dotalité atteignant la communauté*. Or si l'on peut admettre, grâce à la possibilité de mélanger entre eux les divers régimes, que la femme frappe d'une inaliénabilité plus ou moins complète les biens qui lui restent propres, il est inadmissible que la dotalité s'étende à une portion de la communauté de façon à diminuer et même à supprimer les pouvoirs qui appartiennent au mari comme chef. En attendant, constatons du moins que la possibilité admise par la jurisprudence est restée théorique et n'a jamais été appliquée. Si on voulait lui donner effet dans la pratique il faudrait l'interpréter comme contenant une clause de *réalisation implicite* et excluant en réalité de la communauté les prétendus apports de la femme.

était obligée de supporter les dettes de la communauté sur son apport, le plus souvent elle ne reprendrait rien du tout, puisqu'elle a renoncé et que la communauté était insolvable.

1392. Déduction du passif des apports. — Pourtant cela ne veut pas dire que la femme puisse reprendre ses apports sans avoir absolument rien à payer. Il y a lieu de lui faire supporter certaines dettes en déduction de ses apports.

1° DETTES GREVANT SPÉCIALEMENT L'APPORT DE LA FEMME. — Il est clair que la femme n'a le droit de reprendre que l'actif net qu'elle a mis dans la communauté. Il faudra donc qu'elle tienne compte à la masse soit des dettes qui grevaient son mobilier présent au jour du mariage, soit de celles qui grevaient les donations, successions ou legs à elle échus pendant le mariage, en supposant que ces dettes ont déjà été acquittées par la communauté. Si on ne lui faisait pas subir cette déduction, elle reprendrait en réalité plus qu'elle n'a apporté.

2° DETTES CONTRACTÉES PAR LA FEMME DANS SON INTÉRÊT PERSONNEL. — La femme doit de même tenir compte à la communauté des obligations contractées dans son intérêt exclusif. Ce sont les dettes relatives à un propre dont la femme doit en toute hypothèse récompense à la communauté; elle doit les supporter malgré sa renonciation et la reprise de ses apports.

§ 4. — *Reprise des propres.*

** **1393. Objet de la reprise.** — La renonciation ne doit pas dépouiller la femme de son patrimoine propre. Elle a donc le droit de reprendre, sans stipulation particulière, tous les biens qui lui appartiennent, ce qui comprend d'abord ceux de ses propres qui existent encore *en nature* et les biens acquis en remploi de ses propres aliénés; cela comprend en outre ses *reprises* ou créances d'indemnité, principalement pour le prix d'immeubles aliénés dont il n'aurait pas été fait remploi. L'art. 1493 est en tous points semblable à l'art. 1470.

* **1394. Absence de prélèvements en nature.** — Quand la femme renonce à la communauté, elle ne peut exercer ses reprises que sur les biens du mari, puisqu'il n'y a plus de communauté existant à l'état de masse distincte. De là résulte une conséquence importante : la femme ne peut pas prélever des biens en nature pour se remplir de ses reprises; ces prélèvements ne sont possibles que quand elle est *copartageante,* c'est-à-dire acceptante.

L'art. 1495 dit bien que la femme renonçante exerce ses reprises « tant sur les biens de la communauté que sur les biens personnels du mari », mais elle entend par là lui donner les uns et les autres comme garantie, et non pas déterminer le mode de règlement des reprises.

Si donc le mari donne des biens en nature à sa femme pour se libérer, ce sera une *dation en paiement,* translative de propriété et sujette à transcription. Cela ne fait pas l'ombre d'un doute s'il s'agit d'un bien personnel au mari; il en est encore de même, si c'est un bien de communauté qui est livré à la femme, puisque les biens communs ne se distinguent plus des biens personnels du mari quand la femme renonce.

1395. Cours des intérêts. — Au cas de renonciation de la femme, les intérêts des reprises qui lui sont dues par la communauté courent-ils de plein droit? L'art. 1473 les fait courir à son profit *quand elle accepte* ; mais il n'existe aucun texte semblable pour la femme renonçante. On en a quelquefois conclu qu'il fallait lui appliquer la règle générale de l'art. 1153 et les faire courir seulement à compter de la sommation (COLMET DE SANTERRE, t. VI, n° 154 *bis*-IV) Cependant la Cour de cassation a décidé le contraire (Cass., 9 févr. 1870, D. 70. 1. 119, S. 70. 1. 299), et c'est l'opinion commune. Bien que placé dans la section de l'acceptation, l'art. 1473 contient une règle générale applicable en toute hypothèse aux reprises de la femme. Ainsi on ne comprendrait pas que par l'effet de la renonciation de la femme, les intérêts cessassent de courir de plein droit au profit de la communauté ; la femme ne peut pas s'en affranchir en renonçant. Or il y a une réciprocité nécessaire dans la disposition de l'art. 1473. Comp. AUBRY et RAU, t. V, § 511, note 14.

CHAPITRE X

PROTECTION DES ENFANTS DU PREMIER LIT

§ 1. — *Considérations générales.*

A. — Idée sommaire de la question.

*** 1396. Antithèse du droit romain et du droit français.** — Il y a une différence profonde entre notre législation et le droit romain, en ce qui concerne les *secondes noces*. Effrayé de la diminution de la population romaine, Auguste avait fait de grands efforts pour encourager les veufs et les veuves à se remarier. La partie la plus importante de sa législation, la loi Julia et les lois caducaires, tendait à ce but.

Au contraire le droit français a toujours vu les seconds mariages avec défaveur, et le Code civil est encore animé du même esprit : il craint que le second époux d'une personne qui a déjà des enfants d'un premier mariage ne soit pas rempli pour eux d'une grande affection et ne se fasse avantager à leurs dépens.

*** 1397. Mesures prises par la loi.** — Dans l'intérêt des enfants du premier lit, le Code a organisé une triple protection :

1° RÉDUCTION DE LA QUOTITÉ DISPONIBLE. — On craint surtout que le second conjoint ne se fasse avantager par donation ou par legs. Afin de l'éviter, on réduit la quotité de biens *disponible à son profit*. De droit commun une personne qui a des enfants peut donner à son conjoint un quart en pleine propriété et un autre quart en usufruit (art. 1094) ; mais quand il y a des enfants d'un premier lit, cette quotité est considérablement réduite : elle est égale à *la part de l'enfant le moins prenant*, et en outre elle ne peut jamais dépasser le quart (art. 1098).

2° RÉDUCTION DES AVANTAGES MATRIMONIAUX. — Le conjoint pourrait être avantagé autrement que par des donations ou des legs : diverses clauses du contrat de mariage peuvent lui procurer des avantages considérables. Ces avantages matrimoniaux peuvent être réduits au profit des enfants du premier lit, *comme s'ils constituaient des libéralités* (art. 1496 et 1527).

3° Réduction de la part héréditaire du conjoint survivant. — Enfin le second conjoint profite d'une troisième espèce d'avantage, qui est *légale et* ne dépend plus comme les deux premières d'une volonté libérale de l'autre époux : c'est le droit de succession accordé au conjoint survivant par la loi du 9 mars 1891. En établissant ce droit nouveau de succession, le législateur a pensé à ménager lui-même les intérêts des enfants du premier lit, et quand il en existe il réduit la part héréditaire du second conjoint.

C'est l'explication des deux art. 1496 et 1527 qui va seule faire l'objet de ce chapitre ; les dispositions indiquées sous les nos 1 et 3 seront expliquées à propos des successions et des donations.

***1398. Dualisme des dispositions de la loi.** — Le système établi pour protéger les enfants du premier lit se trouve énoncé dans deux endroits du Code : une première fois dans l'art. 1496 pour les avantages résultant du *régime légal* de la communauté ; une seconde fois dans l'art. 1527 pour ceux qui résultent des *clauses modificatives* connues sous le nom de « communauté conventionnelle ». Ce dualisme est au fond inutile : il n'a d'autre raison d'être que le plan du Code qui expose séparément le régime entier de la communauté pour le cas où il n'y a pas de contrat et les diverses modifications dont ce régime est susceptible. Une disposition unique pouvait suffire puisque les enfants du premier lit sont toujours protégés de la même manière, quelle que soit l'origine conventionnelle ou légale des avantages faits au second conjoint.

B. — Origine des dispositions de la loi.

***1399. L'édit des secondes noces.** — Nos textes actuels se rattachent à un édit rendu en juillet 1560 par François II et qui est l'œuvre du chancelier de l'Hospital ; on l'appelle « l'édit des secondes noces ». Cet édit eut pour occasion un événement qui fit scandale : une femme portant un grand nom, la dame Anne d'Aligre, étant déjà vieille et veuve avec sept enfants, se remaria avec un jeune homme, Georges de Clermont, qui se fit faire par elle une donation considérable (Brodeau, sur Louet, lettre n, sommaire 1, no 4 ; Lebrun, *Successions*, liv. II, chap. vi). Le chancelier s'en émut et fit signer par le roi un édit destiné à empêcher ces folles libéralités aux dépens des enfants[1]. Comp. Pothier, *Contrat de mariage*, nos 532 et suiv.

Les dispositions de l'édit passèrent en 1580 dans la seconde rédaction de la coutume de Paris (art. 279).

1400. Analyse de l'édit. — L'édit des secondes noces contenait deux dispositions différentes, qu'on appelle ses *deux chefs*.

Le premier chef, qui seul a été conservé, correspondait à la fois à toutes les dispositions du Code civil (art. 1098, 1496 et 1527) et tendait à réduire les avantages de toute

[1] Le préambule de l'édit encore empreint de l'émotion qu'avait causée ce scandale mérite d'être rapporté : « Comme les femmes veufves ayans enfans sont souvent invitées à nouvelles nopces, et non cognoissans estre recherchées plus pour leurs biens que pour leurs personnes, elles abandonnent leurs biens à leurs nouveaux maris, et... leur font des donations immenses, mettans en oubly le debvoir de nature envers leurs enfans, de l'amour desquelx tant s'en faut qu'elles se deussent esloigner par la mort des pères, que les voyans destituez du secours et ayde de leurs pères, elles devroient par tous moyens s'évertuer à leur faire double office de père et de mère ; desquelles donations, oultre les querelles et divisions d'entre les mères et les enfans s'ensuit la desolation des bonnes familles et consequemment diminution de la force de l'estat publique... »

nature accordés au second conjoint. Lui-même avait été emprunté à la disposition d'une loi romaine, la loi *Hac edictali* (Code, *De secundis nuptiis*, liv. V, tit. 9, loi 6). Voyez-en le texte dans Pothier, *Contrat de mariage*, n° 533, et dans Isambert à sa date.

Le second chef établissait ce qu'on appelait *le droit de dévolution*. Les personnes veuves qui se remariaient étaient obligées de conserver pour leurs enfants du premier lit les biens qu'elles avaient reçus de leur premier conjoint (Pothier, *Contrat de mariage*, n° 604). Ceci a été supprimé comme entaché de substitution. Voyez ci-dessous n° 3208.

1401. Observations critiques. — On commence à se demander si la législation restrictive établie au XVIe siècle, sous l'influence d'une émotion passagère, causée par un fait particulier, mérite bien réellement d'être conservée. Elle déroge à divers principes fondamentaux, restreint gravement la liberté de disposer pour les personnes remariées, et complique outre mesure les règlements de successions par la coexistence de deux quotités disponibles qui ne concordent pas (voyez ci-dessous n°s 3260 et suiv.). Enfin on peut se demander si les restrictions organisées par la loi atteignent réellement leur but et s'il n'est pas extrêmement aisé, avec la composition actuelle des fortunes, de tourner ses dispositions, de sorte qu'on a la gêne du système sans en avoir le profit. Voyez à cet égard la thèse de M. Rafin, *Protection des enfants du premier lit*, Paris, 1899.

Quelques-unes des législations étrangères les plus importantes (Angleterre, Allemagne, Autriche, Russie) n'ont établi aucune protection extraordinaire contre les libéralités faites au second conjoint (Rafin, p. 142 et suiv.).

Pour ma part, je ferais volontiers une distinction dans le système de la loi. La réduction exceptionnelle de la quotité disponible ne me paraît pas justifiée; la réserve du droit commun devrait suffire. Pour les avantages matrimoniaux la question se présente sous un autre aspect. On comprend qu'on ne se préoccupe pas de ce que le régime matrimonial peut procurer de profit personnel à l'un des conjoints tant qu'il s'agit uniquement des intérêts des enfants nés du mariage : étant également héritiers de leurs deux parents, ils n'ont rien à craindre de l'effet de ces libéralités indirectes dont le profit finira toujours par leur arriver; mais il en est autrement quand il s'agit d'un second conjoint, auquel les enfants du premier lit ne succéderont pas : tout ce qu'il obtient en fait d'avantages matrimoniaux est perdu pour eux, et contre ces avantages la réserve ordinaire ne les protège pas; il n'y aurait pas lieu à réduction si la loi ne leur ouvrait pas une action exceptionnelle.

§ 2. — *Réduction des avantages matrimoniaux.*

A. — Avantages sujets à réduction.

* **1402. Analyse de ces avantages.** — La *simple adoption du régime de communauté* peut avoir pour effet de procurer un avantage considérable à l'un des conjoints aux dépens de l'autre. Il suffit pour cela qu'il y ait *inégalité entre leurs apports actifs ou passifs* ; ainsi l'entrée en communauté d'un mobilier important appartenant à l'un des époux en fait acquérir la moitié à son conjoint, et cette acquisition est pour celui-ci un pur gain, en totalité, s'il n'a rien à mettre dans la communauté, en partie s'il y met un mobilier de valeur moindre. Le même effet se produit en sens inverse si l'un des époux a des dettes nombreuses, qui tombent en communauté d'une manière définitive, comme n'étant pas relatives à des propres; il se trouve libéré aux dépens de l'autre de la moitié de son passif.

A plus forte raison y a-t-il avantage pour le conjoint lorsque les effets naturels de la communauté sont augmentés par des clauses exceptionnelles, comme une convention d'*ameublissement* ou l'établissement de la *communauté universelle*.

*** 1403. Règle ordinaire.** — En principe, ces avantages pécuniaires, quelque considérables qu'ils soient, autres toutefois que les donations proprement dites qui se rencontrent assez souvent dans les contrats de mariage, ne sont pas considérés comme des libéralités. La loi les appelle des *conventions de mariage* (art. 1516 et 1525), c'est-à-dire qu'elle y voit des conventions à titre onéreux.

C'est une vieille tradition dont les motifs ne sont pas bien déterminés. Le mariage n'est pas une société ordinaire dans laquelle les associés ne recherchent que des avantages pécuniaires et où la proportionnalité des mises et des bénéfices soit de rigueur. D'autres considérations entrent en ligne de compte : l'époux le moins riche a quelquefois d'autres avantages qui contrebalancent la différence des fortunes, tantôt son intelligence et son talent, tantôt son nom et sa situation dans le monde ou dans l'industrie. D'ailleurs qui se plaindrait de ces avantages faits par l'un des époux à l'autre ? Les enfants nés du mariage n'en souffrent pas : ce qu'ils ne trouveront pas dans la succession de l'un de leurs parents, ils l'auront dans celle de l'autre ; il en résulte au plus un avantage viager pour le conjoint, et qui peut même tourner au profit des enfants si c'est le conjoint avantagé qui meurt le premier. Il n'existe donc pas de péril particulier qui rende nécessaire, dans les cas ordinaires, une mesure restrictive contre ces avantages matrimoniaux.

*** 1404. Danger des seconds mariages.** — Les choses changent d'aspect quand il y a des enfants d'un premier mariage. Quand un père ou une mère qui a déjà des enfants se remarie en secondes noces, ceux-ci sont souvent sacrifiés, et le second conjoint avantagé à leurs dépens. Or tout ce que gagne ce nouveau conjoint est perdu pour les enfants du premier lit, car il n'est pas leur parent, et ils ne lui succéderont pas. Il y a donc lieu de les protéger, et c'est pourquoi la loi leur accorde une *action en retranchement* contre ces avantages, qui sont réductibles en leur faveur, comme s'il s'agissait de véritables libéralités. C'est ce que font les deux art. 1496 et 1527, et ces avantages sont soumis au rapport fictif ordonné par l'art. 922 (Bourges, 28 déc. 1891, D. 93. 2. 169, S. 92. 2. 69).

*** 1405. Énumération des avantages réductibles.** — Donneront lieu à réduction, sous les conditions indiquées plus loin, les avantages suivants :

1° Ceux qui résultent de la *confusion du mobilier* dans la communauté légale, si l'époux qui a des enfants d'un premier lit est plus riche que l'autre en valeurs mobilières *au moment du mariage,* ou s'il recueille plus tard des *successions mobilières*. Ce dernier point, aujourd'hui certain, avait fait doute dans l'ancien droit (voyez ci-dessous n° 1407).

2° Ceux qui résultent de la même manière de la *confusion des dettes;*

3° L'*ameublissement*;

4° Le *préciput* au profit du second conjoint;

5° La clause de *partage inégal,* quand elle attribue au second conjoint une part plus forte que la moitié;

6° La *communauté universelle* lorsqu'elle lui fait acquérir une partie des immeubles de son conjoint.

1406. Exception. — La loi elle-même apporte une exception à la règle (art. 1527). Sont seuls réductibles les avantages qui résultent d'*apports en capitaux*, tombés en communauté pour la propriété même. Mais les avantages provenant des *revenus* que le conjoint remarié peut verser dans la communauté en plus grande abondance que l'autre, ne sont pas sujets à réduction ; si les époux font des économies sur leurs revenus, et en partagent également le profit entre eux, cet avantage ne donnera pas lieu à l'action en retranchement. Cette solution est donnée en termes formels dans l'art. 1527, elle se justifie parce que les revenus étaient affectés à l'entretien du ménage, et que les époux avaient le droit de les dépenser entièrement ; l'avantage que le second conjoint a pu en retirer n'est donc pas obtenu aux dépens des enfants du premier lit.

L'application pratique de cette exception se rencontre dans les cas de réduction de la communauté aux acquêts : un contrat de mariage qui l'adopte, sans y mêler d'autres clauses avantageuses, ne donnera donc pas lieu à l'action en réduction, puisque la communauté se composera uniquement des économies faites sur les revenus ou sur les produits de l'industrie des époux.

* **1407. Inutilité de l'intention libérale.** — Quand une clause est avantageuse par sa nature pour le second conjoint il importe peu que l'époux remarié ait eu ou non l'intention de lui faire une libéralité ; la loi ne s'attache qu'aux effets. Voyez l'art. 1527 : « Toute convention *qui tendrait dans ses effets...* » Ceci nous conduit à décider que les successions mobilières échues à l'époux remarié pourront être considérées comme un avantage réductible tout aussi bien que la confusion du mobilier existant au jour du mariage (Bourges, 28 déc. 1891 et Rouen, 11 févr. 1892, D. 93. 2. 169, S. 92. 2. 69 et 164). La question avait fait doute dans l'ancien droit et Pothier s'était même prononcé pour la négative (POTHIER, *Contrat de mariage*, n° 553).

1408. Appréciation de l'existence d'un avantage. — Pour juger s'il y a quelque avantage au profit du nouvel époux, on doit attendre la liquidation de la communauté. C'est alors seulement en faisant les parts, et en tenant compte de tout ce que la communauté a pu recevoir du chef de chacun des époux, qu'on pourra voir s'il y a eu un gain pour le nouvel époux : l'inégalité qui existait primitivement a pu disparaître dans la suite.

En outre, il faut balancer les différentes clauses du contrat de mariage, pour rechercher si les avantages que se sont faits les conjoints ne sont pas réciproques ou s'ils ne sont pas rachetés par d'autres clauses ; ainsi un préciput même considérable, stipulé au profit du nouveau conjoint peut très bien n'être pas un avantage pour lui, par exemple s'il lui a été accordé en compensation d'un apport plus fort dans la communauté.

B. — Exercice de l'action en retranchement.

** **1409. Cas où il y a lieu à réduction.** — C'est seulement lorsque l'avantage procuré au second conjoint dépasse la quotité disponible à son profit, telle qu'elle est fixée par l'art. 1098, qu'il y a lieu d'exercer contre lui une action en réduction. Dans l'art. 1496 la loi se sert de l'expression « action en retranchement » ; il ne faut point voir là l'indice d'une action spéciale à notre hypothèse, c'est l'action en réduction ordinaire que la loi désigne ici d'un nom accidentel emprunté au langage des anciens auteurs : en commentant l'édit des secondes noces, Pothier employait indifféremment les termes « réduction » et « retranchement » (POTHIER, *Contrat de mariage*, nos 567, 568, 572, etc.). Dans la pratique moderne on ne se sert plus guère du mot « retranchement ».

1410. Nullité des avantages cachés. — La simple réduction suppose que tout s'est passé au grand jour : il y a un avantage résultant des conventions matrimoniales, mais il provient de stipulations directes et apparentes. S'il y avait eu *déguisement* ou *interposition de personnes,* la libéralité serait nulle pour le tout, du moins avec l'interprétation qu'a reçue l'art. 1099 (Pau, 24 juillet 1872, D. 76. 5. 334, S. 72. 2. 150 ; Rennes, 7 avril 1892, D. 92. 2. 245). Voyez ce qui sera dit sur cet article, à propos des donations.

*** 1411. Qui peut agir en retranchement.** — Sur ce point la loi a statué d'une manière expresse : dans les deux art. 1496 et 1527 elle attribue l'action limitativement aux *enfants du premier lit,* et comme il s'agit d'une action en réduction, ceux-ci ne peuvent agir qu'en qualité d'*héritiers,* ce qui suppose qu'ils ne sont *ni renonçants ni indignes.* Il n'y a d'action en réduction qu'au profit des *réservataires,* et il n'y a de réserve qu'au profit des successibles qui ont *utilement accepté la succession.*

*** 1412. Droit des enfants du second mariage.** — Il faut bien entendre la loi : quand elle a nommé uniquement les enfants du premier lit, elle a voulu dire simplement qu'il n'y aurait lieu à réduction qu'autant qu'il en existerait. Par conséquent si tous ces enfants sont déjà morts, ou si aucun d'eux n'accepte la succession, l'action en retranchement ne peut pas *naître en la personne des enfants du second mariage.* Ceux-ci n'y auront donc jamais droit de leur chef puisque la loi ne la leur accorde pas, mais cela ne veut pas dire qu'ils n'en doivent pas profiter. Supposons-la ouverte au profit des enfants du premier lit et exercée par eux, après leur acceptation : le bénéfice qu'ils vont en retirer se partagera également entre eux et leurs frères consanguins ou utérins nés du second mariage de leur père ou mère. Il y a en effet une règle essentielle pour les successions dévolues aux enfants de la même personne : c'est la règle du partage égal entre frères (art. 745). Il ne peut donc y avoir aucune différence entre les parts d'enfants par l'effet d'une action ouverte à quelques-uns d'entre eux. Nous trouvons là un de ces cas où une personne obtient par l'intermédiaire d'autrui un bénéfice qu'elle ne pourrait pas réclamer en son propre nom.

Il faut même aller plus loin : l'action ouverte au profit des enfants du premier lit pourrait être exercée par les enfants nés du mariage, parce que ceux-ci, appelés à participer au bénéfice de la réduction, ne doivent pas souffrir de la négligence de leurs frères ou sœurs. Telle est l'opinion générale (AUBRY et RAU, t. VII, § 690, note 43; DEMOLOMBE, t. XXII, n° 602; COLMET DE SANTERRE, t. IV, n° 278 *bis*-x).

1413. Refus de l'action à l'époux remarié. — En tout cas, le conjoint qui se marie, ayant déjà des enfants, ne serait pas admis à exercer lui-même l'action en retranchement contre son nouvel époux (Colmar, 19 févr. 1845, D. 46. 2. 197).

1414. Ouverture de l'action. — C'est en qualité de *réservataires* que les enfants attaquent les avantages faits au nouvel époux. Il faut donc que la succession de leur père ou mère soit déjà ouverte. Par conséquent il n'y aura pas lieu à l'action en retranchement si la communauté se dissout du vivant des deux époux par le divorce ou par la séparation de corps ou de biens, et provisoirement la liquidation s'en fera conformément au contrat de mariage. C'est plus tard, après le décès de l'époux marié en secondes noces, qu'on pourra voir si l'action en retranchement est possible.

1415. Marche à suivre pour opérer le retranchement. — Nos anciens auteurs indiquaient un procédé qui peut encore être suivi en pratique (RENUSSON, *Communauté*, IVe partie, chap. III, nos 21 et 22). Après que la masse commune est liquidée, chaque époux commence par en retirer tout ce qui y est entré de son chef, tout ce qui constitue ses apports en communauté, déduction faite de leurs dettes respectives qui auraient pu être payées sur les biens communs. Ces reprises une fois opérées, on fait deux parts de ce qui reste de la communauté et chaque époux en prend une. La succession de l'époux prédécédé se trouve donc ainsi composée : 1° ses biens propres ; 2° ses apports retirés de communauté ; 3° la moitié du surplus de la communauté. Le tout se partage par parts égales entre les enfants du premier lit, ceux qui sont nés du second mariage et le second conjoint, qui ne prend ainsi qu'une part d'enfant, quotité disponible déterminée par la loi.

LE RÉGIME SANS COMMUNAUTÉ

CHAPITRE UNIQUE

1416. Sa rareté pratique. — D'après des documents récemment publiés, ce régime est assez rare ; beaucoup moins toutefois qu'on ne le disait. On en voyait jadis des exemples en Normandie, où les notaires cherchaient à construire sous l'empire du Code civil un régime qui se rapprochât autant que possible du régime ancien de la province. Or, « la sage coutume », comme on appelait la coutume normande, prohibait la communauté (art. 389). L'habitude de l'écarter avait donc survécu dans les familles et dans les études de notaires ; mais elle est en train de se perdre, car on signale seulement 11 contrats de ce genre en 1898 sur plus de 6 000 signés cette année-là dans les ressorts de Caen et de Rouen réunis.

D'un autre côté, le régime sans communauté est adopté assez souvent dans une région limitée, aux environs de Lyon et de Saint-Étienne, où il est volontiers choisi dans des familles de grands industriels (212 cas en 1898).

Quant aux 1 287 cas relevés en 1898 pour les ressorts de Toulouse, Montpellier, Nîmes, Lyon et Grenoble, on peut se demander si ce ne sont pas tout simplement des stipulations tendant à la constitution du régime dotal. Si rare chez nous, le régime sans communauté est devenu le droit commun en Allemagne depuis la mise en vigueur du nouveau Code (ci-dessus n° 900).

1417. Ses avantages. — Le régime sans communauté présente des avantages analogues à ceux de la séparation de biens : la femme est à l'abri des spéculations du mari ; elle n'est pas associée à ses risques et à son passif. De son côté le mari n'a pas à partager avec sa femme ou avec les héritiers de sa femme les bénéfices qu'il a pu réaliser, et il n'est pas obligé par une liquidation à leur dévoiler l'état de ses affaires et des secrets d'intérêts qu'il peut avoir besoin de tenir cachés.

De plus, le mari obtient l'administration des biens de sa femme et la jouissance de ses revenus ; et c'est là un avantage que ne lui donnerait pas la séparation de biens proprement dite.

1418. Cas particulier. — Si deux époux avaient adopté le régime de la communauté sous une condition suspensive, ils se trouveraient provisoirement mariés sous le régime sans communauté, s'ils n'en avaient pas adopté un autre à la place. Il faut en effet leur faire l'application des art. 1530 et 1536, qui établissent ce régime toutes les fois que les époux ont simplement écarté la communauté sans stipuler expressément la séparation de biens.

* **1419. Idée générale du régime.** — La loi n'en a pas donné de définition, et il est assez difficile d'en formuler une. Voici ce qu'en disent MM. Aubry et Rau, et leur procédé me paraît la meilleure manière de faire comprendre la situation : chaque époux conserve pour lui la propriété de tout son patrimoine et il ne s'établit entre eux *aucune société de biens* ; leurs *dettes* restent *séparées*, et les *acquisitions* que chacun d'eux fait pendant le mariage, à un titre quelconque, lui demeurent *propres*. — Tout ceci résulte de ce que les époux ont exclu la communauté.

A tous autres égards, les époux sont soumis à toutes les règles coutumières du régime de la communauté. Le mari a l'*administration* de tous les biens de la femme (art. 1530 et 1531) : et il en a *la jouissance en son nom personnel* (art. 1530).

Cette analyse sommaire du régime dispense de bien des longues explications. On peut dire qu'en somme c'est le régime de la communauté, moins cette communauté elle-même. Il faut traiter tous les biens des époux, mobiliers ou immobiliers, comme des propres de communauté; toutes leurs dettes comme des dettes personnelles exclues de la communauté; et laisser au mari son droit de gestion et de jouissance sur le patrimoine de la femme.

1420. Gestion des biens de la femme. — D'après l'art 1530, cette gestion appartient au mari ; c'est lui qui reçoit le mobilier qu'elle apporte en dot ou qui lui échoit pendant le mariage (art. 1531) et il devient même propriétaire, conformément aux règles du quasi-usufruit, des choses consomptibles par le premier usage, sauf à en restituer plus tard la valeur (art. 1532). Le mari est chargé par le même article d'en faire dresser un inventaire ou un état estimatif.

1421. Séparation des dettes. — Les créanciers de chaque époux ne peuvent saisir que ses biens, et non ceux de son conjoint ; et encore faut-il pour les dettes de la femme antérieures au mariage, que l'acte qui les constate ait date certaine, sinon le créancier serait réduit à saisir la nue propriété de ses biens pour respecter l'usufruit du mari.

Toutefois, s'il y avait eu confusion des mobiliers respectifs des deux époux, les créanciers de l'un et de l'autre seraient autorisés à exercer des poursuites sur tous leurs meubles.

1422. Usufruit du mari. — L'art. 1530 donne au mari le droit de percevoir tous les fruits des biens de sa femme et l'art. 1533 lui impose toutes les *charges de l'usufruit* (réparations d'entretien, contributions) ; mais il n'est pas obligé de fournir caution.

Par dérogation à la règle, la femme peut se réserver par son contrat de mariage, le droit de percevoir, sur ses seules quittances, certaines portions de ses revenus pour son entretien et ses besoins personnels (art. 1534). Quand une pareille réserve a été faite, la femme a la libre disposition de cette portion de ses revenus, et si elle fait des économies, les sommes économisées ou les biens qu'elle a pu acheter avec elles, lui appartiennent personnellement et échappent à la disposition du mari, alors même qu'en fait la femme aurait laissé cet argent entre ses mains (Cass., 18 mai 1897, D. 97. 1. 407, S. 1901. 1. 491).

1423. Analogie avec le régime dotal. — Un pareil régime présente une analogie frappante avec le régime dotal lorsque la constitution de dot est universelle ; dans les deux cas tous les biens de la femme sont *dotaux pour la jouissance*. Aussi Rodière et Pont (t. III, n° 2067) ont pensé que, dans le silence de la loi, il convenait d'appliquer au régime sans communauté les règles du régime dotal. C'est certainement une erreur, et tous les auteurs se prononcent en sens contraire : le régime sans communauté est un régime *d'origine coutumière*, qui s'est formé par voie de simple modification de la communauté : de même que sous le régime dotal, il peut n'y avoir pas de dot, auquel cas on obtient un simple régime de séparation de biens ; de même sous le régime de la communauté, on peut réduire à néant la masse commune, auquel cas on obtient le régime sans communauté. Dans le premier cas, c'est l'esprit romain qui subsiste ; dans le second, c'est l'esprit coutumier. Comp. Aubry et Rau, t. V, § 499, texte n° 2 et note 2 et les auteurs qu'ils citent. Il n'y a pas à douter de la justesse de cette solution, étant donnée la place que le régime sans communauté occupe dans le Code civil, dans le chapitre de la communauté et non dans celui du régime dotal.

L'intérêt de cette question se rencontre pour l'exercice des *actions immobilières péti-*

toires appartenant à la femme : si on appliquait au régime sans communauté les règles du régime dotal, on en donnerait l'exercice au mari, conformément à l'art. 1549 ; comme on suit au contraire les règles de la communauté, on refuse au mari l'exercice de ces actions, conformément à l'art. 1428 (Aubry et Rau, t. V, § 531, texte et note 13).

1424. Aliénabilité des immeubles de la femme. — Notons l'art. 1535, qui, prévoyant le rapprochement tout indiqué avec le régime dotal, dit que les immeubles constitués en dot sous le régime sans communauté *ne sont point inaliénables*, quoique la femme, en sa qualité d'incapable, n'en puisse pas disposer sans l'autorisation de son mari ou de justice.

1425. Suppression de la loi Quintus Mucius. — Une loi romaine, dont il sera parlé à propos du régime dotal (ci-dessous n° 1659), présumait que le mari, qui a la jouissance de tous les revenus de sa femme, avait payé les acquisitions faites par celle-ci, et pour échapper à cette présomption, la femme devait démontrer qu'elle avait acquitté elle-même le prix, avec ses propres deniers. Ce texte est connu sous le nom de *loi Quintus Mucius* (*Dig.*, liv. XXIV, tit. 1, fr. 51).

La Cour de cassation a jugé récemment que cette loi, qui n'a été reproduite par aucun article de nos lois, a cessé d'exister et qu'elle est inapplicable à tous les contrats passés depuis la promulgation du Code civil (Cass., 18 mai 1897, D. 97. 1. 407, S. 1901. 1. 491). En conséquence les biens acquis par une femme mariée sous le régime exclusif de communauté deviennent sa propriété personnelle, alors même que l'origine des deniers ayant servi à l'acquisition ne serait pas indiquée, sauf aux héritiers du mari à prouver que c'est lui qui a fourni l'argent, quand ils veulent s'en faire tenir compte. Dans notre droit c'est la personne au nom de laquelle l'acquisition est faite qui devient propriétaire, et non pas le bailleur de fonds qui lui avance l'argent destiné à acquitter le prix.

RÉGIME DE SÉPARATION DE BIENS

CHAPITRE UNIQUE

§ 1. — *Généralités.*

** **1426. Définition.** — Le régime de séparation de biens est un régime qui non seulement exclut l'existence de toute communauté entre les époux, mais qui en outre enlève au mari tout droit d'administration et de jouissance sur les biens de sa femme ; celle-ci administre seule sa fortune et en perçoit tous les revenus.

** **1427. Sa double source.** — Le régime de la séparation de biens peut exister dans deux cas différents :

1° Lorsqu'il est *organisé par le contrat de mariage* parce que les époux l'ont choisi pour leur régime matrimonial[1] ;

2° Lorsque des époux qui s'étaient mariés d'abord sous un autre régime ont été ensuite *séparés de biens par jugement.*

Son origine est donc tantôt *judiciaire* et tantôt *conventionnelle.* Cela ne fait pas deux régimes de séparation de biens, car il n'y a pour lui qu'une seule réglementation, sauf sur un point qui sera indiqué plus loin (ci-dessous n° 1432). Quand on parle de séparation judiciaire ou de séparation conventionnelle, on fait donc allusion *à la cause qui a établi ce régime.*

1428. Différence principale des deux séparations. — Il y a cependant entre les deux hypothèses une différence importante : la séparation de biens judiciaire est un *régime provisoire et fragile,* qui peut parfois durer aussi longtemps que le mariage, mais qui peut aussi prendre fin bien auparavant ainsi que cela a été expliqué ci-dessus n°s 1199 et suiv. Au contraire la séparation de biens conventionnelle est un *régime matrimonial immuable,* comme tous ceux qui dérivent du contrat de mariage (art. 1395). Cette différence était déjà admise avant le Code civil, elle remonte à d'anciens arrêts rapportés par Louet, lettre M, sommaire 4.

[1] D'après la statistique des contrats de mariage de l'année 1898, dressée par l'Administration de l'Enregistrement, cette stipulation est très rare : 2 128 seulement sur 82 346 contrats (*Bulletin de statistique,* 1899 ; *Bulletin de la Société de législation comparée,* juin 1900, n° 565). Le régime de séparation est en effet contraire à l'essence du mariage qui est d'établir la communauté d'existence entre les époux. Il répond seulement à certaines situations exceptionnelles, quand le mari et la femme ont des intérêts compliqués et distincts. Dans le même sens, Turgeon, *Le féminisme français,* t. II, p. 125 et 142.

1429. Adoption du régime. — Quand deux personnes veulent adopter la séparation de biens comme régime, il faut qu'elles s'en expliquent clairement. Si elles se bornent à exclure la communauté, elles se trouvent placées sous le régime sans communauté (art. 1530), qui produit des effets fort différents, puisqu'il donne au mari l'administration et la jouissance des biens de la femme. Comp. art. 1536.

Cette disposition du Code vient de l'ancien droit. Dans les pays de coutume, comme le régime normal était la communauté, les conventions matrimoniales qui s'en écartaient étaient toujours interprétées d'une manière restrictive, de façon à ramener autant que possible tous les contrats au régime usuel (POTHIER, *Communauté*, nos 461 et 464).

1430. Inventaire du mobilier. — Malgré la séparation de leurs intérêts, le mobilier des époux peut se trouver confondu en fait, même le mobilier incorporel, si ce sont des titres au porteur. Les créanciers de l'un d'eux seraient donc autorisés à saisir tout le mobilier que les époux possèdent en commun, sauf à l'époux non débiteur à demander la distraction des meubles qu'il justifierait lui appartenir, conformément à l'art. 608 C. proc. civ. De là l'intérêt que chacun d'eux peut avoir à ce que son mobilier soit inventorié. Comp. ci-dessus no 1421.

§ 2. — *Contribution de la femme aux charges du ménage.*

* **1431. Nécessité de cette contribution.** — Il y a entre les fortunes des deux époux une séparation absolue, qui porte aussi bien sur la jouissance des revenus que sur les capitaux. Cependant puisque leur vie est commune, comme celle de tout autre ménage, il faut bien subvenir aux dépenses annuelles, et il est juste que la femme y contribue pour une part. Or le régime de séparation ne comporte pas de *dot*; aucun bien de la femme n'est spécialement affecté à aider le mari à supporter ces charges. Il ne reste donc qu'une seule solution possible : c'est que *la femme prélève elle-même sur ses revenus* la somme qui représente sa part contributoire dans les charges communes et qu'*elle verse cette somme au mari*. C'est ainsi du moins que les choses doivent se passer, quand il n'est porté aucune atteinte au régime de la séparation.

* **1432. Sa quotité.** — Quelle sera cette part contributoire de la femme? Sur ce point nous trouvons dans le Code deux articles différents : l'un, pour le cas de *séparation judiciaire*, décide que la femme contribue aux charges *proportionnellement à ses facultés* (art. 1448); l'autre, pour le cas de *séparation contractuelle*, fixe la part contributoire de la femme *au tiers de ses revenus* (art. 1537 et 1575).

Cette différence n'existait pas dans l'ancien droit (POTHIER, *Communauté*, no 464). Elle n'a d'ailleurs pas de raison d'être; s'il a paru utile au législateur d'adopter une quote fixe pour la contribution de la femme quand la séparation résulte des conventions matrimoniales, pourquoi ne pas appliquer la même mesure à la séparation judiciaire? En réalité, ce chiffre du tiers, qui est tout à fait arbitraire, ne vaut pas à beaucoup près le principe de proportionnalité qu'on suivait jadis. Il est vrai que ses inconvénients auront rarement l'occasion de se produire, parce qu'il est établi pour la séparation conventionnelle, qui suppose toujours la rédaction d'un contrat de mariage, et comme il ne convient presque jamais aux parties, celles-ci *adoptent une autre base de répartition*, comme l'art. 1537 leur en laisse la liberté. Ils peuvent même convenir que l'un d'eux en sera seul chargé, par exemple le mari, et que la femme n'y contribuera en rien (Metz, 17 août 1858, D. 59. 2. 130, S. 59. 2. 49).

1433. Cas où le mari est sans ressources. — Il arrive de même assez souvent, en cas de séparation judiciaire, lorsque le mari est sans ressources, que la femme est obligée de supporter *en totalité* les charges du ménage. L'art. 1448 a lui-même prévu ce cas.

1434. Période antérieure au jugement de séparation. — Quand la séparation est judiciaire, la femme se trouve-t-elle *rétroactivement tenue* des frais faits avant le jugement et que le mari est hors d'état de payer? Une distinction semble nécessaire : s'il s'agit de l'*entretien du ménage*, c'est une dette de communauté dont la femme se trouve dispensée par l'effet de sa renonciation (Paris, 21 avril 1830, S. chr. 9. 2. 430); s'il s'agit de l'*éducation des enfants*, c'est une dette personnelle aux deux époux, dont la femme se trouve tenue autant que le mari et elle doit s'en acquitter aussi bien pour le passé que dans l'avenir (Agen, 18 juin 1851, D. 51. 2. 228, S. 52. 2. 18).

1435. Obligation du mari. — Moyennant le versement de sa part dans les charges communes, la femme doit être défrayée de tout par son mari; elle est en quelque sorte *en pension chez lui*[1]. Aussi comprend-on assez mal la décision de la loi qui laisse en principe à la femme séparée contractuellement la libre disposition des deux tiers de son revenu.

1436. Droit du mari. — Le mari n'est pas comptable envers sa femme de la somme qu'il reçoit; il règle comme il lui plaît les dépenses du ménage. Les juges ne peuvent pas décider que la femme les acquittera elle-même; ce serait placer le mari dans une situation inférieure et subordonnée, contraire à son rôle de chef de la famille (Riom, 16 févr. 1853, D. 54. 5. 605; Douai, 19 janv. 1897, D. 97. 2. 191).

1437. Tempérament admis en jurisprudence. — Cependant, s'il était prouvé que le mari détourne de leur destination naturelle, qui est l'entretien du ménage et des enfants, les sommes qui lui sont ainsi versées par sa femme, celle-ci pourrait se faire autoriser à employer elle-même l'argent. Cette autorisation lui est assez souvent donnée, à la suite d'une séparation judiciaire, lorsque la conduite du mari donne à craindre qu'il n'emploie les ressources de sa femme à ses dépenses personnelles (Cass., 6 mai 1835, S. 35. 1. 415; Caen, 8 avril 1851, D. 52. 1. 127, S. 51. 2. 720). Cette jurisprudence, critiquée par quelques auteurs parce qu'elle ne peut s'appuyer sur aucun texte, est cependant conforme à l'espèce de surveillance que l'autorité judiciaire exerce sur la façon d'agir du mari; elle est le complément indispensable de la séparation de biens. Comp. Guillouard, t. III, n° 1223.

1438. Action des tiers contre les époux. — Les fournisseurs, créanciers des époux, ont certainement action contre le mari. Peuvent-ils également atteindre la femme et dans quelle mesure? La jurisprudence est assez pauvre sur cette question, sauf pour les frais d'éducation des enfants. Pour ceux-ci, il n'est pas douteux qu'il y a une obligation personnelle de la femme, qui est tenue d'y pourvoir de ses deniers, et au besoin pour le tout (Agen, 13 juill. 1849, D. 49. 2. 168; Paris, 20 mars 1850, D. 50. 2. 137, S. 50. 2. 387). Mais pour les dépenses de ménage on ne trouve guère qu'une décision qui a déclaré *le mari personnellement tenu* d'une fourniture faite à sa femme (Cass., 27 janvier 1857, D. 57. 1. 142). Dans l'hypothèse inverse, la question est discutée en doctrine : M. Guillouard croit à l'existence d'une obligation personnelle de la femme envers les tiers qui ont traité avec son mari (t. III, n° 1222)[2]; je préfère dire avec Laurent (t. XXII, n° 284) qu'à moins d'un engagement formel de la femme, les tiers n'ont pas d'action contre elle : quand l'art. 1448 dit que la femme « contribue » aux

[1] Cette expression est déjà dans Pothier (*Communauté*, n° 464).

[2] L'opinion de M. Guillouard repose sur une confusion entre l'éducation des enfants, dont la femme est tenue comme son mari, et l'entretien de la femme dont le mari est seul tenu (art. 214).

charges du ménage, il suppose le mari agissant seul et contractant seul, et se faisant simplement verser par sa femme une part contributoire. Il ne faut pas oublier que, d'après l'art. 214, l'entretien de la femme est à la charge du mari.

1439. Modification de la contribution de la femme. — Le règlement établi par le contrat de mariage ou par la loi doit être considéré en principe comme définitif. Cependant la part contributoire de la femme pourrait être modifiée si les revenus du mari devenaient tout à fait insuffisants (Cass., 2 juill. 1851, D. 51. 1. 272, S. 51. 1. 509).

§ 3. — *Capacité de la femme séparée.*

***1440. Ancien effet de la séparation.** — Primitivement la séparation avait pour effet de faire sortir entièrement la femme de la puissance du mari et de lui rendre toute sa capacité : « Facta separatione, mulier non est amplius in potestate mariti » (DUMOULIN, note sur coutume de Bourbonnais, art. 170) ; « Exit extra potestatem viri, sui juris et legitima persona efficitur æque ac si vir naturaliter moreretur » (GOUSSET, sur la coutume de Chaumont, art. 170. Comp. *Coutume de Sedan*, art. 97 et de *Lorris*, chap. VIII, art. 6). Ce système est même resté écrit en toutes lettres dans la coutume de Paris (art. 106 A. C. ; art. 224 et 234 N. C.), où l'on voit que la femme n'a plus besoin de l'autorisation de son mari quand elle est séparée, et nous savons par TIRAQUEAU que cette liberté était entière au XVIe siècle (*De legibus connubialibus*, XVI, gl. 6, n°s 38 et 39). Mais la jurisprudence changea, sans que nous sachions au juste à quelle époque[1], et du temps de Lebrun (mort en 1708), on ne permettait plus à la femme de *disposer de ses immeubles* sans l'autorisation de son mari, bien qu'on lui permît encore de *plaider seule* en matière immobilière. Lebrun explique cette différence en disant que la femme qui contracte n'est plus, comme quand elle plaide, « sous l'inspection des juges » (*Communauté*, livre II, chap. II, sect. 1, n° 8). Laurière attribue cette jurisprudence nouvelle à l'influence des jurisconsultes espagnols et il cite à cette occasion Gutierez (LAURIÈRE, *Coutume de Paris*, sur l'art. 234). On arriva ainsi à établir comme maxime que *la séparation a pour la femme le même effet que l'émancipation pour les mineurs* (LEBRUN et LAURIÈRE, *loc. cit.*).

** **1441. État actuel du droit.** — Le Code a conservé ce principe, et il l'a même développé en poussant plus loin l'assimilation de la femme et du mineur émancipé. Les art. 1449 et 1536 lèvent en partie, mais non complètement, les incapacités établies part les art. 215 et 217 ; la femme séparée est *capable d'administrer seule, incapable d'aliéner ou de plaider sans autorisation*. Telle est du moins la formule générale qui résume le système de la loi. Il y a lieu d'examiner séparément : 1° les *actes d'administration* ; 2° les *aliénations* ; 3° les *obligations* ; 4° les *actions en justice*.

***1442. Explication théorique.** — Actuellement on considère la femme séparée de biens comme se réservant par son contrat de mariage ou obtenant par le jugement de séparation une *capacité partielle* qui lui permet d'*agir sans avoir besoin d'autorisation*. Tel n'était pas le point de vue des auteurs du XVIIIe siècle : ils disaient que les contrats de mariage, qui adoptaient le régime de séparation de biens portaient *une clause générale d'autorisation pour agir et administrer*, et que la sentence portait la même chose, quand la séparation était judiciaire (LEBRUN, *Communauté*, liv. II, chap. I, sect. 1, n° 12). On comprend dès lors comment la restriction a pu se faire ; les juges ont cessé d'autoriser la femme d'une manière aussi large dans les sentences de séparation.

[1] Laurière dit seulement que « la Cour (le Parlement de Paris) a établi cette jurisprudence par plusieurs de ses Arrêts » (*Coutume de Paris*, sur l'art. 234. Edit. de 1777, t. II, p. 222).

1443. Projets de réforme. — Un projet déposé au Sénat, le 12 juin 1884 par MM. Allou, J. Simon et autres, rendait à la femme séparée de biens la pleine capacité qui n'a été finalement accordée qu'à la femme séparée de corps (*J. off.*, Sénat, Documents, 1884, p. 259 et 567). Sa disposition relative à la femme séparée de biens fut écartée sur les observations du Conseil d'État. Cependant, l'opinion s'accoutume de plus en plus à l'idée que la simple séparation de biens doit rendre à la femme sa pleine capacité civile ; on estime qu'il y a contradiction à « maintenir la haute direction des affaires de la femme au mari qui s'est montré incapable dans le gouvernement de ses propres affaires et des affaires communes » (Bufnoir, *Ann. franc.*, 1894, p. 57. Comp. Lyon-Caen, *Bulletin du comité des travaux historiques*, section des sciences économiques, 1884, p. 53).

1444. Observation. — Jusqu'en 1893 le régime que nous allons décrire s'appliquait à la femme séparée de corps en même temps qu'à la femme séparée de biens seulement, et cette double application est encore écrite dans la loi (art. 1449, al. 1er). Cependant depuis la loi du 6 février 1893, la femme séparée de corps n'est plus soumise à ces dispositions et elle possède une pleine capacité, mais cette réforme se trouve indiquée seulement dans l'art. 311 et l'ancienne rédaction de l'art. 1449 a subsisté, bien qu'il soit partiellement abrogé.

A. — Actes d'administration.

** **1445. Disposition de la loi.** — Les textes disent que la femme séparée « reprend la *libre administration* de ses biens » (art. 1449) ou « l'*entière administration* » (art. 1536). En général on interprète ces textes dans la doctrine, comme s'ils donnaient à la femme une capacité plus étendue que celle du mineur émancipé, auquel la loi permet seulement les actes de *pure administration* (art. 481). Les actes de pure administration seraient ceux qui concernent exclusivement les revenus, soit pour les *faire naître*, en donnant des biens à bail, soit pour les *percevoir* et en donner quittance, soit pour les *dépenser* en les employant à l'entretien annuel des biens et des personnes, soit pour en *placer le reliquat* sous la forme d'économies.

La libre administration comprendrait en plus certains actes concernant les capitaux, savoir : 1° la *réception d'un capital exigible* quand le débiteur veut se libérer ; 2° le *placement* du capital en achat de biens fonds ou de valeurs mobilières. Ainsi le mineur émancipé ne peut ni recevoir un capital mobilier ni en donner décharge (art. 482). Comp. Guillouard, t. III, n° 1177 ; Laurent, t. XXII, n° 293.

J'estime que la différence ainsi établie entre l'administration de la femme séparée et celle du mineur émancipé repose sur une méprise. C'est exagérer le sens du mot « libre » dans l'art. 1449, qui signifie seulement que la femme administre librement sans avoir besoin de l'autorisation de son mari et sans pouvoir être gênée par lui dans les décisions qu'elle a à prendre. Il en est de même du mot « entière » de l'art. 1536 qui veut dire simplement que la femme reprend l'administration de sa fortune entière, de tous ses biens sans exception. Voyez dans ce sens l'emploi qui est fait du mot « libre » dans l'art. 1536, à propos de la jouissance des revenus.

* **1446. Baux.** — La femme séparée peut donner ses immeubles à bail dans la mesure où le bail est un acte d'administration, c'est-à-dire pour neuf ans au plus (t. 1er, n° 2412). Les baux de plus de neuf ans seraient ré-

ductibles sur la demande de la femme ou du mari (Paris, 24 déc. 1859, D. 60. 5. 350). Le mari ne peut entraver les locations projetées par sa femme, même sous prétexte d'utiliser l'immeuble pour y établir le domicile conjugal (Caen, 8 avril 1851, D. 52. 2. 127, S. 51. 2. 720; Bordeaux, 28 juill. 1881, Dalloz, *Suppl.*, t. IV, p. 126, note 1, S. 82. 2. 68). Voyez cependant, pour le cas de fraude de la femme, Douai, 24 juill. 1865, D. 66. 2. 29.

Il a même été jugé que la femme séparée peut prendre sans l'autorisation de son mari un immeuble à bail, pour une durée qui n'excède pas neuf ans, afin de l'exploiter et de vivre du produit de son travail (Bordeaux, 22 févr. 1878, Dalloz, *Suppl.*, t. IV, p. 126, note 2). Toutefois les baux dans lesquels la femme joue ainsi le rôle de preneur ne peuvent être faits par elle sans autorisation qu'autant qu'ils n'ont pour effet ni de changer sa résidence ni de lui faire acquérir une profession nouvelle.

1447. Conversion de titres nominatifs. — La jurisprudence considère la conversion de titres nominatifs en titres au porteur comme étant un acte d'administration et elle autorise la femme à y procéder sans l'intervention de son mari (Cass., 8 févr. 1870, D. 70. 1. 336, S. 70. 1. 189; Cass., 13 juin 1876, D. 78. 1. 181). La question est discutée en doctrine; voyez dans le sens de la jurisprudence Guillouard, t. III, n° 1197, et en sens contraire Lyon-Caen, note dans le *Sirey*, 69. 2. 321. Il est certain que cette facilité donne à la femme le moyen de disposer en fait de ses valeurs mobilières qui pourront être ensuite aliénées par elle de la main à la main. Rappelons que la loi du 27 février 1880, sur les valeurs mobilières des mineurs et interdits, dont l'art. 10 soumet la conversion des titres nominatifs aux mêmes conditions et formalités que l'aliénation de ces titres, ne peut pas être étendue aux femmes séparées de biens.

1448. Partage des successions mobilières. — Il est généralement admis dans la doctrine que la femme séparée a qualité pour procéder seule au partage des successions purement mobilières à elle échues, tout au moins lorsque le partage se fait à l'amiable. On argumente en ce sens de diverses dispositions de loi qui semblent considérer le partage comme un acte d'administration (art. 817). Voyez en ce sens Aubry et Rau, t. V, § 516, note 58; Laurent, t. XXII, n° 314; Guillouard, t. III, n° 1198. Cependant on peut remarquer que l'art. 817 soumet en toute hypothèse le tuteur d'un mineur ou d'un interdit à la nécessité d'obtenir l'autorisation du conseil de famille; or le Code civil laissait au tuteur un pouvoir de gestion extrêmement étendu. Voyez du reste les observations de M. Labbé, rapportées par Guillouard, *loc. cit.*, ainsi que Dutruc, *Séparation de biens*, n° 340.

B. — Actes d'aliénation.

1° Aliénation des immeubles.

1449. Ancien droit. — Une clause autrefois très usitée dans les contrats de mariage établissant la séparation conventionnelle donnait à la femme l'autorisation générale d'aliéner ses immeubles. Elle était admise notamment dans le Berry (*Coutume de Berry*, tit. Ier, art. 21. — Comp. Guyot, *Répert.*, t. I, p. 828-832) et dans le ressort du Parlement de Flandre; mais très combattue par Lebrun (*Communauté*, liv. II, chap. I, sect. 4, n°s 1 à 8). En Bourgogne le pouvoir d'aliéner était en général accordé à la femme par le tribunal qui prononçait la séparation. — Voyez aussi Lebrun, *ibid.*, sect. 1, n° 16, et Louet, lettre F, sommaire 30. Notre droit moderne n'admet plus ces autorisations générales (art. 1538, al. 2, et ci-dessus n°s 305 et suiv.).

** **1450. Prohibition actuelle.** — D'après le Code civil la femme séparée de biens ne peut, *dans aucun cas ni à la faveur d'aucune stipulation*, aliéner ses immeubles sans l'autorisation spéciale du mari ou de justice,

Voyez l'art. 1449, al. 3, pour la séparation judiciaire, et l'art. 1538, al. 1, pour la séparation conventionnelle.

2° Aliénation des meubles.

* **1451. Disposition de la loi.** — Le Code n'a parlé du mobilier qu'à propos de la femme séparée de biens judiciairement, mais sa disposition est évidemment commune à la femme séparée de biens par contrat, malgré le silence des art. 1536 à 1539. On lit à ce sujet dans l'art. 1449 : la femme « peut disposer de son mobilier et l'aliéner ».

* **1452. Interprétation doctrinale.** — L'avis à peu près unanime des auteurs est que la loi a entendu accorder par là à la femme séparée, la pleine disposition de ses meubles corporels et incorporels, tout au moins lorsqu'il ne s'agit pas d'aliénations à titre gratuit. Pour ces dernières voyez ci-dessous n° 1454.

La solution qui prévaut en doctrine a pour elle, d'une part, le sens apparent du texte qui accorde à la femme le droit de disposer de son mobilier sans condition ni restriction ; d'autre part, l'autorité de l'ancien droit : il n'est pas douteux qu'on permettait jadis à la femme séparée d'aliéner son mobilier, puisque sa liberté de contracter, primitivement entière, n'avait été restreinte que pour les immeubles (ci-dessus n° 1440). De plus cette solution serait beaucoup plus simple à appliquer que celle qui triomphe en jurisprudence. Il n'est pas impossible qu'elle finisse par y pénétrer un jour. Voyez Trib. Seine, 9 juill. 1872, D. 72. 3. 96.

** **1453. Jurisprudence.** — La jurisprudence interprète autrement l'art. 1449 : au lieu de rapprocher l'al. 2 de l'al. 3, de façon à établir une antithèse absolue entre le mobilier et les immeubles (liberté d'aliénation pour le premier, nécessité d'une autorisation pour les seconds), elle rapproche l'al. 2 de l'al. 1er, de façon à faire de la possibilité d'aliéner le mobilier une conséquence et une dépendance de l'administration confiée à la femme. Il en résulte que *la vente d'un meuble n'est valable qu'autant qu'elle est nécessitée par les besoins de l'administration,* et que la femme est, en principe, incapable d'aliéner sans autorisation ses valeurs mobilières (Nancy, 24 juin 1854, D. 55. 5. 407, S. 54. 2. 550; Paris, 12 mai 1859, S. 59. 2. 561, et la note indiquant les arrêts et les auteurs ; Aix, 29 avril 1890, S. 90. 2. 130 et la note).

Le raisonnement se trouve développé dans des arrêts de la Cour de cassation déjà anciens, de 1830 et de 1831, qui sont cités plus loin (n° 1456).

Cette jurisprudence a l'inconvénient de faire dépendre la validité de l'aliénation d'une question de fait dont les tiers sont difficilement juges. Elle est cependant approuvée par quelques auteurs (Demolombe, t. IV, n° 155 ; Guillouard, t. III, n° 1193) ; mais elle est presque détruite au point de vue pratique par la solution admise relativement à la conversion des titres nominatifs (ci-dessus n° 1447),

3° Autres actes de disposition.

1454. Donations. — La femme séparée reste incapable de faire des donations, même mobilières (art. 217 et 905). Il en est ainsi même pour des sommes qui proviennent d'économies faites sur ses revenus, et capitalisées par elle (Paris, 28 juin 1851, D. 52. 2. 22, S. 51. 2. 337). Il lui est seulement permis de faire des cadeaux ou présents d'usage.

1455. Transaction. — La transaction suppose la capacité de disposer. La femme ne peut donc pas transiger, à moins qu'il ne s'agisse d'une question relative à ses actes d'administration.

C. — Obligations.

* **1456. Analyse de la jurisprudence.** — En principe, la femme mariée est *incapable de s'obliger*. Il est vrai que l'art. 217 n'établit pas cette incapacité d'une manière expresse, mais on le complète à l'aide des art. 220 à 224. Y a-t-il exception pour la femme séparée de biens ? La loi est muette, mais la jurisprudence est arrivée à une solution très juste.

En permettant à la femme d'administrer librement sa fortune, la loi l'autorise implicitement à contracter *un grand nombre d'obligations, nécessaires pour cette administration*. Dans les premiers temps la Cour de cassation était allée beaucoup plus loin : elle avait permis à la femme de s'obliger, *à un titre quelconque, jusqu'à concurrence de son mobilier* (Cass., 18 mai 1819, S. 19. 1. 339). Il semble logique, au premier abord, puisque la femme peut disposer de son mobilier *directement* en l'aliénant (art. 1449, al. 2), qu'elle puisse en disposer *indirectement* en s'obligeant ; et cependant il n'en est rien. Cette espèce d'aliénation indirecte qui résulte d'engagements pris envers des créanciers est plus dangereuse que l'autre, parce que le débiteur ne se rend pas compte immédiatement de ce qu'il perd. Il importait donc de protéger la femme en décidant que le droit d'aliéner n'entraîne pas celui de s'obliger.

La Cour de cassation est revenue sur sa jurisprudence, et a restreint pour la femme, dans les limites de l'administration, le droit qu'elle lui reconnait de s'obliger (Cass., 5 mai 1829, D. 29. 1. 237, S. 29. 1. 181 ; Cass., 7 déc. 1830, D. 31. 1. 13, S. chr. 9. 1. 600; Cass., 3 janv. 1831, Dalloz, *Répert.*, v° Contrat de mariage, n° 1971). Malheureusement dans cette jurisprudence on a confondu la capacité de s'obliger et la capacité de disposer, alors qu'il y avait lieu de leur appliquer des règles séparées. Voyez cependant Lyon, 18 juin 1847, D. 48. 1. 118, S. 48. 2. 98.

** **1457. Effet des obligations valables.** — Lorsque la femme a contracté valablement, parce que son obligation est l'effet de son administration, elle se trouve *obligée sur tous ses biens,* comme un débiteur ordinaire, et non pas seulement sur son mobilier : son créancier a pour gage tout son patrimoine, *y compris les immeubles,* dont la femme ne peut cependant pas disposer. C'est l'effet de l'art. 2092. Autre chose est le fait de s'obliger, autre chose celui de disposer.

*** 1458. Exemple d'obligations annulables.** — La femme ne peut ni *cautionner un tiers,* ce qui est acte plein d'imprudence, même de la part des majeurs maîtres de leurs droits (Poitiers, 3 févr. 1858, D. 58. 2. 72, S. 58. 2. 620 ; ni *compromettre,* parce que le compromis est impossible sur les causes qui sont sujettes à communication au ministère public, comme le sont celles qui intéressent des femmes mariées non autorisées (art. 83 et 1004 C. proc. civ.) Elle ne peut pas non plus *faire d'emprunts,* à moins que ce ne soit nécessité par les besoins de son administration (Paris, 27 nov. 1857, D. 57. 2. 209). Elle ne peut pas *jouer à la Bourse,* car ce n'est même pas aliéner un titre, c'est spéculer et s'engager (Cass., 30 déc. 1862, D. 63. 1. 40, S. 63. 1. 257).

D. — Placement des capitaux.

1459. État incertain de la question. — Le droit pour la femme de placer librement le fruit de ses *économies* ne peut être contesté. Il y a au contraire controverse pour les placements de capitaux. Beaucoup d'auteurs, s'appuyant sur le droit qu'ils reconnaissent à la femme de disposer de son mobilier, lui permettent de convertir en immeubles les capitaux liquides qu'elle possède (Demolombe, t. IV, n° 157 ; Aubry et Rau, t. V, § 516, note 59 ; Laurent, t. XXII, n° 297). Mais la Cour de cassation s'est prononcée contre leur opinion (Cass., 2 déc. 1885, D. 86. 1. 294, S. 86. 1. 97, avec une note de M. Labbé, contraire à l'arrêt). Son argument est que l'art. 217 interdit en termes généraux à la femme mariée d'*acquérir à titre gratuit ou onéreux*, et que l'art. 1449 n'a pas levé cette prohibition. Comp. Lyon, 7 févr. 1883, D. 85. 2. 74.

La jurisprudence n'est cependant pas fixée, car on a vu en 1893 la Cour de Paris admettre qu'une femme séparée avait pu, sans autorisation, *placer ses capitaux en rentes viagères*, et que cet acte, fait dans des conditions satisfaisantes, pouvait répondre aux besoins d'une sage administration (Paris, 8 mars 1893, D. 93. 2. 256)[1]. Et pourtant le placement à rentes viagères est le plus dangereux de tous, puisqu'il se fait *à fonds perdus*, et bien des auteurs qui reconnaissent à la femme le droit de placer librement ses capitaux, lui refusent cependant le droit d'acheter des rentes viagères (Demolombe, t. IV, n° 158).

Pour moi j'estime que la jurisprudence, laissée libre en cette matière par l'absence de tout texte précis, ferait sagement de trancher cette question dans un sens favorable à la capacité de la femme.

E. — Actions en justice.

*** 1460. Nécessité de l'autorisation.** — Les art. 1449 et 1536 n'ont pas modifié le principe écrit dans les art. 215 et 216 qui interdisent à la femme de plaider sans autorisation du mari ou de justice. Voyez ci-dessus n°s 265 et 272.

[1] La Cour suivait ici une solution qui est de vieille date chez elle (Paris, 17 mai 1834, D. 34. 2. 153).

§ 4. — *Intervention du mari dans la gestion des biens de la femme.*

A. — Actes de jouissance.

1461. Triple hypothèse à examiner. — En principe, sous le régime de séparation, c'est la femme elle-même qui doit administrer ses biens. Cependant il peut arriver que le mari se soit chargé de cette administration, et il y a lieu en ce cas de déterminer sa responsabilité. L'immixtion du mari dans les affaires de la femme peut se produire de trois façons différentes : 1° avec mandat de la femme ; 2° sans mandat, mais sans opposition de la part de la femme ; 3° malgré l'opposition de la femme.

Premier cas. — L'art. 1577 a prévu le cas où le mari a administré les biens de sa femme en vertu d'un mandat formel ; cette disposition est applicable à la séparation de biens, quoiqu'elle soit écrite à propos du régime dotal. Le mari est alors tenu comme tout mandataire, et comptable des revenus de sa femme, déduction faite de la part contributoire de celle-ci. En présence d'un mandat exprès, on devra s'y référer pour connaître les pouvoirs qui ont été attribués au mari.

Deuxième cas. — D'après les art. 1539 et 1578, quand la femme a laissé en fait la gestion de ses biens à son mari, elle ne peut lui réclamer que les fruits existants [1] ; elle est censée lui avoir abandonné les autres, au fur et à mesure de leur perception, pour l'entretien du ménage. Cette situation est assez fréquente : la femme qui s'était réservé par son contrat l'administration de ses biens finit par s'en fatiguer ; elle a d'autres soins et d'autres devoirs à remplir et elle est souvent très heureuse de voir son mari prendre en mains cette charge.

Troisième cas. — Si le mari avait joui des revenus de sa femme malgré l'opposition de celle-ci, il est comptable de tous les fruits qu'il a perçus, tant existants que consommés (art. 1579). — Il n'est pas nécessaire que l'opposition de la femme soit constatée par un acte extrajudiciaire signifié au mari ; une preuve écrite suffit (Cass., 13 nov. 1861, D. 62. 1. 367, S. 62. 1. 741).

B. — Actes d'aliénation.

1462. Responsabilité exceptionnelle du mari. — Sous le régime de séparation, comme le mari n'a aucun pouvoir propre sur les biens de sa femme, il ne peut être question d'aucune responsabilité pour les actes de disposition faits ou omis par celle-ci. Cependant *la vente d'un bien* donne parfois l'occasion au mari de se mêler des affaires de sa femme, et il peut être rendu *responsable du défaut de remploi*. Pour déterminer la nature et les conditions de cette responsabilité il faut distinguer deux hypothèses, prévues toutes deux dans l'art. 1450.

1° Vente avec autorisation de justice. — Étranger à la vente, qui s'est faite sans lui et même peut-être malgré lui, le mari ne peut être rendu responsable si la femme n'a pas utilisé les fonds, sauf dans les *trois cas exceptionnels* suivants :

a) Le mari est intervenu dans l'acte, pour concourir à la vente faite par sa femme ;

b) Il a touché les deniers provenant de la vente ; c'était la femme seule qui avait le droit de les recevoir, le mari qui les a pris sans titre en est comptable et responsable ;

c) En fait, le prix a tourné au profit du mari ; par exemple il a servi à payer ses créanciers.

2° Vente avec autorisation du mari. — Si l'immeuble a été vendu du consentement du mari, celui-ci est responsable du défaut d'emploi du prix, à la condition toutefois que l'acte ait été *passé en sa présence*. Cette seconde condition est nécessaire puisque le texte les énonce toutes deux d'une manière cumulative : « si la vente a été faite en sa présence et de son consentement. » Par conséquent le mari ne serait pas garant envers sa femme, si la vente avait eu lieu sans sa participation, après avoir été autorisée par lui (Cass., 8 juill. 1891, D. 93. 1. 388, S. 92. 1. 490). En ce sens Laurent, t. XXII, n° 328. — La plupart des auteurs se prononçaient en sens contraire (Aubry et Rau, t. V, § 516, note 72 et les renvois).

[1] On ne considère pas comme existantes les sommes que le mari a pu économiser sur les revenus de la femme pour les placer à son profit (Cass., 17 janv. 1860, D. 60. 1. 66).

LE RÉGIME DOTAL

** **1463. Définition.** — Ce régime est *une séparation de biens*, accompagnée ordinairement d'une constitution de dot, et entraînant sauf convention contraire, l'inaliénabilité des biens dotaux.

La constitution d'une dot n'est pas nécessaire; elle peut faire défaut (voy. Fuzier-Herman, dans *Revue pratique*, 1874, t. XXXVIII, p. 530-535). Par suite, si le régime dotal est ainsi appelé, ce n'est pas parce qu'il implique plus qu'un autre l'existence de la dot; c'est une vieille dénomination qui tient à ce que toute son originalité réside dans les règles exceptionnelles auxquelles les biens dotaux se trouvent alors soumis (Comp. Berlier, dans Locré, t. VI, p. 396).

CHAPITRE PREMIER

NOTIONS HISTORIQUE ET CRITIQUES

§ 1. — *Histoire du régime dotal.*

1464. Bibliographie. — Roussilhe, *Traité de la dot*, 1785, 2 vol. in-12, nouv. édit. par Sacaze, Paris, 1856. — Tessier, *Traité de la dot*, 1836, 2 vol. in-8. — Bellot des Minières, *Régime dotal et communauté d'acquêts*, 1843, 4 vol. in-8. — Bressolles, *Des régimes matrimoniaux actuellement pratiqués dans le pays toulousain*. — Et. Bartin, *Études sur le régime dotal*, dans les *Travaux et mémoires des Facultés de Lille*, 1891, t. II, n° 7. — P. Regnault, *Étude critique de la jurisprudence relative à la représentation de la dot par des paraphernaux*, thèse, Paris, 1894. — Ch. Ginoulhac, *Histoire du régime dotal... en France*, 1842.

* **1465. Opposition du Midi et du Nord de la France.** — Aucune partie du droit ne montre mieux que le régime matrimonial l'opposition qui existait jadis entre le Nord et le Midi de la France, entre les pays de coutume et les pays de droit écrit. C'est là surtout que s'accuse la différence de race et de culture.

Dans le Midi, un seul régime était en vigueur, le régime dotal, c'est-à-dire *une séparation de biens absolue, accompagnée habituellement d'une constitution de dot*; ce régime était caractérisé *par l'inaliénabilité des biens dotaux*.

A. — Règles d'origine romaine.

1466. Extension de l'inaliénabilité dotale. — Établie sous Auguste, l'inaliénabilité de la dot avait fait des progrès considérables au VIe siècle, pendant le règne de Justinien. Ce prince chercha à assurer la conservation des dots d'une manière beaucoup plus complète et plus sévère que ne l'avait fait Auguste. D'une part, il supprima la faculté qu'avait la femme de consentir à l'aliénation faite par son mari pour la rendre valable : au lieu d'une simple défense d'aliéner adressée au mari, on eut ainsi une véritable inaliénabilité du bien dotal qui ne pouvait plus être cédé à un tiers, même par le consentement des deux époux ; d'autre part, il étendit à tout l'empire le système de la loi Julia, qui jusqu'à lui ne s'appliquait qu'à l'Italie[1].

1467. Augment de dot. — L'augment de dot n'était que la *donatio propter nuptias* de l'époque romaine[2], transformée par la jurisprudence des Parlements du Midi. On l'appelait « augment de dot » parce que la femme en réclamait le montant quand elle survivait, c'est-à-dire à un moment où elle avait droit à la restitution de la dot : les héritiers du mari lui devaient donc, *outre sa dot*, les objets compris dans la donation ; de là le nom d'augment. A l'inverse, le mari survivant avait le droit de retenir une partie de la dot, à titre de *contre-augment*. — Ces gains de survie réciproques ont disparu sous le Code civil. L'*augment légal* n'existe plus ; « la loi, disait Berlier, permet les libéralités ; elle ne les fait pas » (FENET, t. VIII, p. 686). Quant à l'*augment conventionnel*, il peut encore être stipulé, mais il se trouve soumis aux règles ordinaires des donations entre époux.

L'augment et le contre-augment n'étaient en principe que des *gains de survie en usufruit* et la plupart des règles qui leur étaient applicables venaient du droit de Justinien et se trouvent déjà dans les « Exceptiones Petri », qui sont du XIe siècle. Cependant il existait une différence considérable, qui a souvent fait douter de l'origine romaine de l'augment : tandis qu'en droit romain la donation devait être égale à la dot, l'augment français lui était toujours inférieur ou supérieur et jamais égal. Il était du double de la dot, d'après la coutume de Bordeaux (chap. IV, art. 42), mais seulement pour le premier mariage ; il était de moitié de la dot à Toulouse et dans la région lyonnaise ; du tiers pour les veuves à Bordeaux et dans quelques coutumes locales de l'Auvergne, etc. Sur ces difficultés, voyez GINOUILHAC, *Histoire du régime dotal*, p. 149 et suiv. Voyez aussi LAURIÈRE et RAGUEAU, *Glossaire*, vo Augment ; BRETONNIER, *Quest. alphab.*, vo Augment ; ROUSSILHE, nos 581 et 582). Ces différences s'expliquent par une observation historique : la donation *propter nuptias* n'a jamais été pratiquée en Gaule telle que l'avaient faite Justinien, Léon et Anthemius. On en était resté au droit du Ve siècle, à l'époque où l'on s'était trouvé séparé de l'empire et où cette donation conservait encore son caractère primitif.

L'augment de dot n'était pas en usage dans tous les pays de droit écrit ; mais, à son défaut, la femme avait d'autres gains de survie, tels que les *bagues et joyaux* (BRETONNIER, *Quest. alphab.*, vo Bagues et joyaux).

B. — Modifications introduites par les Parlements.

1468. Parlement de Bordeaux. — Diverses singularités très remarquables distinguaient ce ressort entre tous les autres.

1° INALIÉNABILITÉ DE LA DOT MOBILIÈRE. — Cette inaliénabilité, admise de nos jours par la jurisprudence, a ses premières racines dans notre ancien droit. Un arrêt de Bordeaux, du 2 août 1813, affirme qu'il était de jurisprudence certaine dans ce ressort que la dot, même mobilière, était inaliénable pendant le mariage (S. 15. 2. 106, S. chr. 4. 2. 349). En effet, nous avons conservé des *attestations* (espèces d'*actes de notoriété*) des avocats au Parlement de Bordeaux, qui constatent cet usage dès 1672, 1696 et 1713

[1] Il faut se rappeler qu'à l'époque de Justinien la Gaule n'appartenait plus à l'Empire : les réformes faites par ce prince byzantin ne pénétrèrent pas dans notre pays où le droit romain continua à être représenté par les écrits de Paul et de quelques jurisconsultes, conservés dans la *loi des Wisigoths*, et par la *lex Theodosiana* (Code de Théodose), antérieur de plus d'un siècle à la législation de Justinien. Ce n'est donc pas à cette époque que l'inaliénabilité dotale s'est développée en Gaule ; le mouvement s'est fait du XIe au XIIIe siècle, lors de la renaissance des études juridiques, par voie d'imitation et sous l'autorité purement doctrinale des textes.

[2] Cette donation était primitivement une libéralité que le mari faisait à sa femme. Elle avait fini par devenir obligatoire, et même, d'après certains textes, elle devait être égale à la dot (nov. 97, chap. I, 2). La donation propter nuptias appartenait à la femme survivante, et pour lui en assurer la restitution on donnait à la femme une hypothèque légale. De plus les immeubles compris dans la donation étaient inaliénables comme les biens dotaux (nov. 61).

(SALVIAT, *Jurisprudence du Parlement de Bordeaux*, Dot, nos 7 et 9). Toutefois, cela semble n'avoir été qu'un usage local et dans les ressorts de Toulouse, d'Aix et de Grenoble, le mari avait au contraire la libre disposition des meubles dotaux (Voyez pour Toulouse, CATELLAN, *Arrests remarquables*, t. II, p. 123 ; VEDEL, *Observations*, IV, 47 et pour Grenoble, CHORIER, *Jurisprudence de Gui Pape*, p. 206).

2° ADJONCTION D'UNE SOCIÉTÉ D'ACQUÊTS. — Le régime dotal a l'inconvénient de séparer complètement les intérêts de la femme de ceux du mari. On y remédiait en créant une sorte de caisse commune où les époux faisaient entrer le produit de leurs économies. Cet usage, qui a également pris naissance dans le ressort de Bordeaux, a reçu de nos jours un grand développement (voyez ci-dessous nos 1681 et suiv.).

3° ADMINISTRATION DES PARAPHERNAUX. — Dans la coutume de Bordeaux cette administration est confiée au mari (art. 42). Voyez TESSIER, *Société d'acquêts*, p. 7 et 8.

1469. Parlement de Toulouse. — Le droit antérieur à Justinien se conserva très longtemps dans ce ressort. La coutume de Toulouse (art. 109) permet encore au mari d'aliéner avec le consentement de sa femme (édit. Tardif, p. 48). Toutefois, au XVIIe siècle, les arrêts s'écartent de cette disposition (CATELLAN, *Arrests remarquables*, IV, 49, édit. de 1723, t. II, p. 133).

1470. Parlement de Paris. — Dans le ressort du Parlement de Paris se trouvaient englobés quatre petits territoires qui faisaient partie des pays de droit écrit : le *Forez*, le *Lyonnais*, le *Beaujolais* et le *Mâconnais*. Subissant directement l'influence coutumière, cette région se distinguait de toutes les autres par *deux particularités*.

1° SUPPRESSION DE L'INALIÉNABILITÉ DOTALE. — Un édit d'avril 1664 avait abrogé la loi Julia dans ces quatre provinces. Par suite les femmes mariées pouvaient être poursuivies par leurs créanciers sur leurs biens dotaux aussi bien que sur leurs paraphernaux. Bretonnier prétend que cet édit fut rendu à la demande d'un receveur général de Lyon, le sieur Perachon de Saint-Maurice, qui voulait avoir pour garantie la fortune des femmes de ses sous-traitants (*Questions*, v° Dot, 5e édit., p. 117).

2° INTRODUCTION DE L'INCAPACITÉ DE LA FEMME. — Dans les pays où l'on suivait le droit romain, on ne connaissait pas la puissance maritale : la femme mariée, pourvu qu'elle fût majeure, restait maîtresse d'elle-même et libre d'administrer les biens dont elle gardait la propriété ; elle était donc *capable d'agir sans autorisation*. Par dérogation à ces principes, le Parlement de Paris exigeait l'autorisation du mari ou de justice pour habiliter la femme à contracter. Il se faisait donc dans cette petite région une assimilation progressive : on y supprimait les règles romaines et on lui étendait les règles coutumières.

§ 2. — *Appréciation critique du régime dotal.*

*** 1471. Ses avantages.** — Le régime dotal a principalement pour but de protéger la femme contre les dangers venant du gaspillage ou de l'insolvabilité du mari. Il représente le système le plus perfectionné des précautions que des parents prévoyants peuvent prendre contre leur gendre. C'est le régime favori des civilisations avancées ; il gagne du terrain dans les classes aisées, où le spectacle de spéculations hasardeuses a rendu circonspects les pères de famille ; l'expérience a prouvé que toutes les fois que la femme n'est pas rendue par son contrat incapable de s'obliger, elle se trouve ruinée quand le mari l'est lui-même. Voyez la préface du traité de Roussilhe.

*** 1472. Ses adversaires.** — Cependant tous les avantages se paient et le régime dotal a divers inconvénients qui ont soulevé contre lui depuis le Code civil de nombreuses critiques (LABBÉ, *Revue critique*, 1887, p. 442[1] ; HOMBERG, *Abus du régime dotal*, Rouen et Paris, 1849[2] ; MARCEL, *Du régime dotal et de la nécessité d'une réforme...*,

[1] « Le régime dotal a, dans ces derniers temps surtout, abouti à des conséquences funestes et iniques ; il serait bon législativement de le restreindre. »

[2] « Depuis seize ans que je suis mêlé aux affaires judiciaires de la Normandie, j'ai appris à connaître le régime dotal. Je l'ai vu servir d'instrument à tant de fraudes et devenir la source de si amères déceptions que j'ai cru faire acte de bon citoyen en lui déclarant la guerre. » L'auteur était premier avocat général à Rouen.

Paris, 1842). Marcadé surtout s'est montré violent : « C'est Justinien, si justement paré du surnom d'« Uxorius », qui est le grand coupable : il faut que la dot soit sauve à tout prix, au prix de l'honneur de la famille, au prix de la sécurité des tiers, du crédit et des transactions, de la morale publique, au prix de tout : la raison d'État l'exige » (MARCADÉ, t. VI, 7e édit., p. 15-16. Comp. *ibid.*, sous l'art. 1554). Voyez aussi une préface, jadis célèbre, mise par M. TROPLONG en tête de son commentaire sur le contrat de mariage, 1851, p. cli et suiv.

Mais on va voir que presque tous les griefs qu'on lui a adressés peuvent être fortement atténués par des combinaisons de clauses mieux comprises dans le contrat, ou se trouvent supprimés par des réformes déjà faites. Comparer la préface mise par M. SACAZE en tête de son édition du traité de Roussilhe, 1856.

1473. Absence de communauté d'intérêts. — Le régime dotal qui a pour base la séparation de biens n'associe pas la femme aux chances bonnes et mauvaises de son mari. Cet inconvénient est surtout sensible dans la classe moyenne, chez les marchands et commerçants en détail, où la femme aide son mari dans son commerce, comme le ferait un associé, car la femme a souvent une aptitude spéciale pour le commerce et il est souverainement injuste de la voir évincer par les héritiers du mari d'un établissement qu'elle a contribué à fonder et qui n'a peut-être prospéré que grâce à elle. — Sur ce point le régime dotal est susceptible d'être directement amélioré par une clause très simple : il suffit de lui adjoindre une société d'acquêts et c'est une clause qui devient de plus en plus fréquente.

1474. Fraudes contre les tiers. — Là était le vice capital du régime : acquéreurs et créanciers avaient également à craindre des fraudes et des surprises. En cachant sa qualité de femme dotale et en se présentant comme mariée sans contrat, la femme pouvait tromper le plus aisément du monde et de la manière la plus complète les tiers qui traitaient avec elle : au moment voulu, elle leur opposait son contrat de mariage, et aliénations, hypothèques, obligations, tout s'écroulait. On a vu comment la loi du 10 juillet 1850, en organisant la publicité des contrats de mariage sous une forme commode et sûre, avait coupé court à ces fraudes : les tiers sont prévenus de l'existence de la dotalité et ne peuvent plus être trompés que par leur négligence (ci-dessus nos 810 à 812).

***1475. Entraves pour les époux.** — Bien protégée par l'inaliénabilité de ses biens, la femme est en même temps prisonnière de son contrat de mariage : qu'une aliénation devienne nécessaire pour changer de résidence ou pour toute autre cause sérieuse, elle sera impossible, à moins qu'on ne se trouve dans l'un des rares cas prévus par la loi, où le bien dotal peut être aliéné avec l'autorisation de justice. Et ce n'est pas seulement la femme qui se voit paralysée dans ses projets : le mari lui aussi, grâce à l'hypothèque légale qui grève ses biens, est immobilisé par contre-coup et sans que le législateur l'ait voulu ; et cette hypothèque est indélébile : la femme ne peut pas y renoncer pour en débarrasser son mari.

Cet inconvénient est grave et il existe encore en France dans toute son étendue. La loi n'a pas donné assez de pouvoirs aux juges et a trop limité les cas dans lesquels l'autorisation d'aliéner peut être donnée. Il y aurait grand avantage à adopter le système italien, d'après lequel le juge peut *toujours* autoriser l'aliénation avec remploi, pour utilité évidente ; plus d'énumération limitative comme chez nous (C. civ. italien, art. 1405). M. Gide recommandait déjà cette réforme (*Condition de la femme*, 2e édit., p. 494).

En attendant qu'elle se fasse, il dépend des parties, et surtout des notaires qui les conseillent, d'assouplir le régime par une simple clause de leur contrat. Ils peuvent stipuler que la dot sera *aliénable sous condition de remploi*. C'est ce que permet le Code italien (art. 1404) ; pareille clause est certainement possible chez nous et sa généralisation dans la pratique, où elle commence à être volontiers employée, nous dispenserait peut-être d'une réforme.

C'est le procédé le plus pratique. D'autres cependant sont aussi en usage. On voit des époux convenir que les immeubles provenant de la succession des père et mère de la future seront seuls dotaux, et alors les parents, en changeant la composition de leur fortune pour acheter des valeurs mobilières, peuvent affranchir leurs enfants des entraves du régime dotal. D'autres fois on réserve tout simplement aux parents la faculté de déclarer par testament que leur succession sera paraphernale. Comp. *Revue critique*, 1886, p. 307.

* **1476. Insuffisance de protection.** — Avec tout son cortège de prohibitions, le régime dotal n'assure pas à la femme la protection absolue qu'elle espère y trouver. Tout d'abord, si sa dot est mobilière, ce qui est vraisemblablement le cas le plus fréquent, elle peut être aliénée par le mari et saisie par les créanciers de celui-ci, tant que la séparation n'est pas prononcée (ci-dessous nos 1579 et 1615). Beaucoup de contrats de mariage y remédient en enlevant au mari la faculté d'aliéner les valeurs mobilières comprises dans la dot, pour lui permettre seulement de les vendre à charge de remploi.

Lorsque la dot est immobilière, la faculté d'aliéner avec condition de remploi, soit en vertu de la loi, soit en vertu du contrat de mariage, permet encore aux époux d'anéantir ou d'amoindrir les dots les plus solides : on achète en remploi un bien de valeur moindre, en déclarant dans l'acte un prix plus fort que son prix vrai ; on a l'air d'avoir employé tout le prix provenant de la vente et on garde la différence sous forme d'argent liquide et disponible. D'autres moyens de fraude s'offrent encore aux époux et il ne manque pas d'hommes d'affaires experts en ces questions pour les renseigner.

1477. La séparation de biens dans le Midi. — Un phénomène remarquable est la disproportion du chiffre des séparations de biens entre le Midi et le Nord de la France. D'après une statistique publiée en 1857 dans la *Revue critique*, les tribunaux prononçaient en moyenne 3 220 séparations pour les départements où se pratique le régime dotal et 1 516 seulement pour les départements de communauté. C'est *plus du double*, et cela fait *plus du triple*, si on tient compte du chiffre de la population, bien plus dense dans le Nord que dans le Midi. Ce rapport est constant et se reproduit tous les ans avec une régularité remarquable. Et il faut de plus tenir compte de ce fait que la région du Nord comprend Paris, où éclatent des faillites en très grand nombre.

Cette différence ne peut s'expliquer que par l'état d'esprit des populations du Midi, pénétrées de l'idée de sauver la dot, toujours et quand même : au moindre péril, la femme demande la séparation et les tribunaux s'empressent de la lui accorder.

1478. Déclin du régime dotal. — Le recul progressif du régime dotal en France a déjà été signalé d'après des documents publiés en 1899 et en 1900 (ci-dessus no 772).

A l'étranger, il se maintient mieux. Le Code civil italien en fait le régime légal. En Roumanie, il est encore le régime usuel, et il était jadis le seul (art. 1233-1282 C. civ. roumain). Toutefois le Code roumain suit de très près le régime dotal français. Ainsi la dot ne peut être constituée ni même augmentée pendant le mariage (art. 1236 *ibid.*).

CHAPITRE II

DE LA SOUMISSION AU RÉGIME DOTAL

** **1479. Nécessité d'une stipulation expresse.** — Avant le Code civil aucune difficulté ne pouvait se présenter : le système de l'inaliénabilité dotale n'était pas permis dans les pays coutumiers ; et dans les régions où il se pratiquait, il était le seul régime possible pour les biens dotaux. Il en résultait qu'aucune confusion n'était possible : en pays de régime dotal, les biens formant la dot devenaient de plein droit inaliénables et insaisissables.

Mais avec le Code civil, qui donne le choix aux particuliers entre tous les régimes sur toute l'étendue du territoire, on ne saurait pas sous quel régime les époux ont entendu se placer, s'ils ne le disaient pas expressément.

De plus, le régime dotal n'a été admis que par faveur pour d'anciennes habitudes et comme une dérogation au droit commun, désormais représenté par le régime de communauté. Il porte atteinte à des principes que nos lois modernes considèrent comme fondamentaux, sur la liberté naturelle de la propriété, et le législateur en redoutait les conséquences, surtout à une époque où aucune publicité n'en avertissait les tiers.

Pour toutes ces raisons, l'art. 1392 exige *une déclaration expresse* dans le contrat ; il ne suffirait pas que la femme se constituât, ou qu'il lui fût constitué par des tiers des biens en dot, pour soumettre ces biens au régime dotal.

Il ne suffit pas non plus d'exclure la communauté ou d'adopter la séparation de biens (art. 1392, al. 2). Il faut que le contrat de mariage ne laisse aucun doute aux tiers qui le consulteront sur la volonté des époux de rendre inaliénables les biens de la femme.

La clause qui autorise la femme à reprendre ses apports francs et quittes de toute dette quand bien même elle s'y trouverait personnellement obligée, s'interprète comme une simple application de l'art. 1494 (ci-dessus nos 1389-1390), et ne frappe pas les immeubles de la femme de l'inaliénabilité dotale à l'égard des tiers (Bordeaux, 19 févr. 1857, D. 58. 2. 68, S. 57. 2. 673 ; Riom, 31 mai 1858, S. 58. 2. 579).

1480. Applications. — Toutefois, il ne faut pas s'exagérer la rigueur de la loi. Elle n'exige pas de formule sacramentelle, de termes consacrés. Ainsi il n'est pas nécessaire de dire expressément que le régime des époux sera le régime dotal : s'il a été convenu par exemple que les biens de la femme seront *inaliénables* et que le mari en aura la jouissance, cela suffira (Bordeaux, 8 janvier 1851, D. 51. 2. 50, S. 52. 2. 401).

Il n'est sans doute pas difficile, quand on veut le régime dotal, de le dire dans le contrat de mariage ; mais le notariat est traditionnel par sa nature et il a conservé pendant longtemps d'anciennes clauses qui étaient considérées sous l'ancien régime comme suffisantes pour établir la dotalité et qui ne le sont plus aujourd'hui. Ainsi, dans l'ancien Parlement de Grenoble, on reconnaissait cet effet à la clause suivante : « La femme donne mandat au mari d'administrer ses biens comme son *procureur général et irrévocable* ». Cela donnait aux biens de la femme le caractère dotal et leur inaliénabilité s'ensuivait de plein droit. La Cour de Grenoble a dû rendre plusieurs arrêts pour faire abandonner en pratique cette clause qui n'équivaut pas à une franche adoption du régime dotal, puisque sous les régimes de communauté et sans communauté le mari possède également cette qualité d'administrateur (Grenoble, 11 janv. 1840, S. 44. 2. 328 ; 8 déc. 1845, D. 49. 5. 125, S. 46. 2. 463; 27 déc. 1860, D. 61. 2. 171. — Comp. Cass., 10 mars 1858, D. 58. 1. 347, S. 58. 1. 449).

De même, il y avait autrefois une indication suffisante de la volonté des époux, quand la femme imposait à son mari l'obligation de *faire emploi ou remploi des sommes liquides*, apportées par elle ou provenant de l'aliénation de ses biens. Pendant un demi-siècle les Cours du Midi, dominées par la tradition, ont jugé que cette clause valait soumission au régime dotal, et il a fallu plusieurs arrêts de la Cour de cassation, entre autres l'arrêt des Chambres réunies du 8 juin 1858 (D. 58. 1. 233, S. 58. 1. 417) pour mettre fin à cette jurisprudence. Toutefois si la clause d'emploi était rédigée de telle sorte qu'il en résultât clairement pour les tiers l'obligation de surveiller le remploi et pour les époux la faculté de demander, à son défaut, un nouveau paiement, il semble que le caractère de dotalité serait suffisamment établi (Paris, 8 janvier 1890, D. 90. 2. 74, S. sous Cass., 95. 1. 393 ; Cass., 21 févr. 1894, D. 94. 1. 294, S. 95. 1. 393).

1481. Incertitude de la jurisprudence. — Malgré un assez grand nombre de décisions très nettes et très solides, il règne toujours un peu de contradiction dans les arrêts. Ainsi il a été jugé, d'une part, que la clause aux termes de laquelle « tous les biens de la future épouse, autres que ceux de la communauté d'acquêts, *lui seront dotaux* », vaut adoption du régime dotal (Cass., 21 janv. 1856, D. 56. 1. 354, S. 56. 1. 329). D'autre part plusieurs arrêts ont rejeté comme insuffisantes des expressions tout à fait analogues, telles que celle-ci ; « le futur époux prend la future épouse avec tous ses biens et droits *comme dotaux* » (Bordeaux, 1er févr. 1865, D. 65. 2. 200). Comp. Nîmes, 22 juillet 1851, D. 52. 2. 182, S. 51. 2. 630.

1482. Soumission partielle au régime dotal. — Il est depuis longtemps reconnu que l'adoption du régime dotal peut n'être que partielle, et qu'en se soumettant au régime de la communauté, les époux peuvent convenir que les biens de la femme, ou même seulement une partie de ses biens mobiliers ou immobiliers, seront inaliénables (Cass., 15 mars 1853, D. 53. 1. 81, S. 53. 1. 465 ; Cass., 7 févr. 1855, D. 55. 1. 114, S. 55. 1. 580). C'est l'effet de la liberté accordé par le Code qui entraîne ce mélange des régimes. Voyez ci-dessus n° 803.

Seulement cette stipulation d'inaliénabilité doit être conçue en termes suffisamment clairs pour que les tiers ne puissent pas s'y tromper. On lui applique par analogie l'art. 1392.

1483. Extension géographique du régime dotal. — Sur la pénétration du régime dotal, avec inaliénabilité des biens de la femme, dans les pays de communauté, voyez ci-dessus n° 772 *in fine*.

CHAPITRE III

DES BIENS DOTAUX

§ 1. — *Détermination des biens dotaux.*

** **1484. Énumération.** — En principe les biens de la femme mariée sous ce régime sont paraphernaux : *la dotalité est l'exception*. Il n'y a de dotaux que les biens compris dans les trois catégories suivantes :

1° Ceux que la femme *se constitue expressément en dot* ;

2° Ceux qui lui sont *donnés par contrat de mariage* ;

3° Ceux qui sont *subrogés à des biens dotaux* au cours du mariage.

En cas de doute, la fortune de la femme doit donc être considérée comme paraphernale, et les conséquences spéciales de la dotalité ne lui sont pas applicables (Cass., 27 févr. 1856, D. 56. 1. 99 ; Cass., 7 févr. 1881, D. 81. 1. 309, S. 82. 1. 22).

A. — Biens faisant l'objet d'une constitution de dot expresse.

***1485. Forme de la constitution de dot.** — Ordinairement elle se fait à l'aide des expressions « se constituer » ou « se constituer en dot », mais ces termes n'ont rien de sacramentel. Ainsi il y constitution de dot lorsque la femme, après avoir adopté le régime dotal, déclare *apporter à son mari* tel ou tel bien.

1486. Étendue de la constitution de dot. — La femme peut se constituer en dot tous ses biens présents et à venir (*constitution dotale universelle*)[1], ou bien seulement une de ces deux catégories, ou une quotité des uns et des autres, ou seulement un immeuble déterminé ou un groupe de valeurs mobilières. Voyez l'art. 1542, al. 1.

Même avec une constitution de dot universelle, le caractère dotal peut être refusé à certains biens de la femme (Caen, 2 juillet 1859 et Cass., 13 nov. 1860, D. 61. 1. 172, S. 61. 1. 174).

1487. Interprétation restrictive. — La constitution de dot s'interprète toujours restrictivement. Ainsi, quand elle est conçue *en termes généraux* et que la femme déclare dotaux tous ses biens, il n'y a de dotaux que *les biens présents,* et non les biens à venir (art. 1542, al. 2). Voyez cependant Cass., 14 févr. 1866, D. 66. 1. 348, S. 66. 1. 203.

1488. Produits du travail de la femme. — Quand la constitution de dot comprend les biens à venir, on doit considérer comme dotal le produit de l'industrie ou du travail de la femme, salaire, traitement, etc., pour toute la période comprise entre la célébration du mariage et sa dissolution (Riom, 23 mars 1881, D. 83. 2. 17, S. 86. 1. 25; Cass., 13 févr. 1884, D. 84. 1. 325, S. 86. 1. 25). Voyez en sens contraire DEMOLOMBE, t. IV, n° 315. — Au contraire, lorsque la femme ne s'est constitué en dot que ses biens présents, les produits de son industrie personnelle ne peuvent être que paraphernaux (Montpellier, 27 mai 1879, D. 80. 2. 117).

B. — Biens donnés à la femme par contrat de mariage.

1489. Inutilité d'une constitution expresse. — D'après ce qui précède, un bien ne peut devenir dotal que lorsqu'il a fait l'objet d'une constitution expresse, et cette constitution émane de la femme ; c'est elle qui déclare dotal tel ou tel bien. Par exception, quand il s'agit d'une donation faite à la femme par un tiers *dans son contrat de mariage,* la loi n'exige plus de constitution de dot formelle (art. 1541). Le bien devient dotal par cela seul qu'il est donné à la femme dans son contrat, sauf l'effet d'une stipulation contraire ; le donateur aurait le droit de décider que le bien qu'il donne sera paraphernal.

C'est que l'intention des parties est si évidente qu'il est inutile de l'énoncer : la donation a lieu *en vue du mariage* et pour le faciliter ; il faut donc que le mari acquière *un droit de jouissance* sur les biens donnés à sa femme, ce qui fait qu'ils deviennent *dotaux*. Une donation faite à la femme, même en vue de mariage, mais par acte séparé, n'aurait pas le même effet.

1490. Difficulté pour les biens donnés par le mari. — Un mari fait à sa femme une donation par contrat de mariage : les biens qu'il donne sont-ils dotaux ou paraphernaux ? Aucun doute ne s'élève quand il s'agit d'une donation de *biens à venir* que la femme recueillera seulement après la dissolution du mariage ; ces biens futurs n'auront jamais été dotaux. Mais il y a doute quand il s'agit de *biens présents* : la

[1] La constitution dotale universelle est relativement rare. En 1898, sa part a été à peine du quart des contrats : 2 703 sur 10 112.

plupart des auteurs refusent d'appliquer à cette hypothèse la disposition de l'art. 1541 (GUILLOUARD, t. IV, n° 1714); mais, la loi ne faisant pas de distinction, il est difficile de voir des paraphernaux dans les biens ainsi reçus par la femme. En ce sens Bordeaux, 30 avril 1850, D. 52. 2. 238, S. 51. 2. 65. Voyez cependant Aix, 19 janvier 1844, S. 44. 2. 247.

C. — Biens subrogés à des biens dotaux.

***1491. Cas de subrogation.** — Aucun bien ne peut être dotal qu'à la condition d'être compris dans une constitution de dot expresse ou tacite, c'est-à-dire de rentrer dans l'une ou l'autre des deux catégories visées par l'art. 1541. Mais le caractère dotal une fois acquis se transmet, dans certains cas et sous certaines conditions, aux biens nouveaux qui viennent remplacer dans le patrimoine de la femme une partie de sa dot aliénée : il y a alors *subrogation* d'un bien à un autre, subrogation *réelle* (ci-dessus n° 922), qui fait acquérir au bien nouveau la qualité qu'avait l'ancien.

Cette subrogation a lieu dans les deux cas d'*échange* et de *remploi*.

1° Échange.

***1492. Échange proprement dit.** — L'immeuble acquis en échange d'un immeuble dotal est *de plein droit dotal* jusqu'à concurrence de la valeur de celui qui est aliéné (art. 1559, al. 2).

La *soulte* payée aux époux, s'il y en a une, est également dotale (*ibid.*).

1493. Cas assimilé. — On assimile à l'échange le cas où la femme, obligée de *rapporter* l'immeuble dotal à la succession du donateur, reçoit *dans son lot un autre immeuble* par l'effet du partage : celui-ci est dotal, jusqu'à concurrence de la valeur du premier. On considère que la femme subit un *échange forcé* (Montpellier, 11 nov. 1854, S. 54. 2. 687).

2° Remploi.

***1494. Portée étroite du principe moderne.** — Selon le droit romain les choses *achetées avec les derniers dotaux* étaient dotales : «Res quæ ex pecunia dotali comparatæ sunt, dotales esse videntur » (GAIUS, *Dig.*, liv. XXIII, tit. 3, fr. 54).

Le droit français part d'un principe tout à fait différent : il ne suffit pas que les choses aient été acquises avec l'argent de la dot ; il faut encore *que cet emploi ait été obligatoire pour le mari*. Si l'argent représentant la dot était à la disposition du mari, il a pu en faire ce qu'il a voulu et l'immeuble acheté par lui n'est pas dotal, même quand il a été acquis au nom de la femme. Tel est le principe qui ressort de la double décision donnée par l'art. 1553 et analysée ci-dessous n°s 1495-1496.

Cette décision de la loi, qu'on peut à beaucoup d'égards considérer comme fâcheuse, paraît avoir été inspirée par un passage de d'Aguesseau (*Œuvres*, 27e plaidoyer, édit. de 1761, t. II, p. 642). Comp. le rapport de M. le conseiller Denis (D. 91. 1. 487).

***1495. Cas où la subrogation s'opère.** — Dans le système actuel, pour que l'immeuble acquis des deniers dotaux devienne dotal, il faut que la condition d'emploi soit *imposée au mari par le contrat de mariage ou par la loi*. Cette condition se trouve remplie dans les cas suivants :

1° DENIERS DONNÉS EN DOT AVEC CLAUSE D'EMPLOI. — Si la dot consiste en argent, et qu'il soit convenu dans le contrat que le mari en devra faire emploi au profit de sa femme, l'immeuble (ou les valeurs) acquis en remploi est dotal. C'est l'hypothèse réglée par l'art. 1553, al. 1.

2° PRIX PROVENANT DE L'ALIÉNATION D'UN IMMEUBLE DOTAL. — Lorsque l'immeuble dotal est vendu au cours du mariage, avec autorisation de justice, dans les cas où la loi en permet l'aliénation, le prix en doit être *affecté à l'opération qui a rendu l'aliénation nécessaire*, par exemple à doter un enfant ou à payer des réparations. Mais, s'il reste quelque chose après que cette destination de l'argent a été remplie, l'*excédent du prix est dotal* et la loi veut qu'il en soit fait emploi comme tel (art. 1558, al. 7).

Il en est de même dans les cas où l'aliénation de l'immeuble est *permise par le contrat de mariage* à charge de remploi, avec cette différence toutefois que, dans ce dernier cas, on a ordinairement à remployer *la totalité du prix*, parce que les époux vendent souvent leur immeuble pour changer simplement le placement de leurs capitaux, selon leurs commodités et leurs besoins. L'immeuble nouveau devient dotal comme l'ancien, bien que la loi n'ait pas prévu expressément ce cas particulier (arg. art. 1553, al 1, et 1558, al. 7, cbnés).

Dans tous les cas, l'immeuble acquis en remploi ne devient dotal qu'autant que les déclarations prescrites par les art. 1434 et 1435, pour le remploi des propres de communauté, ont été faites ; le remploi ne produit son effet qu'à la condition d'être régulier dans la forme et d'établir d'une manière certaine l'origine du bien et son caractère dotal. De plus, si sa valeur est supérieure à celle de l'ancien, il ne devient dotal que pour partie et jusqu'à concurrence de la valeur du précédent (Montpellier, 24 janvier 1895, D. 95. 2. 434).

3° SOULTES PROVENANT D'ÉCHANGES. — Si la femme qui aliène par voie d'échange un immeuble dotal, devient créancière d'une soulte pour l'excédent de valeur, cette soulte est dotale et *il doit en être fait emploi comme tel à son profit* (art. 1559, al. 2). Les valeurs achetées en placement de cette soulte seront donc dotales.

4° INDEMNITÉS D'EXPROPRIATION. — Lorsque l'immeuble dotal est exproprié pour cause d'utilité publique, l'indemnité que la femme reçoit est assimilée à un prix de vente, et l'emploi qui en est fait lui fait acquérir un nouveau bien dotal (Cass., 10 déc. 1845, D. 46. 1. 225, S. 46. 1. 161). Cet arrêt décide en outre que le remploi ainsi fait, étant un acte nécessité par l'expropriation, bénéficie de la dispense des droits d'enregistrement accordée par l'art. 58 de la loi du 3 mai 1841.

5° INDEMNITÉS PAYÉES EN RÉPARATION D'UN DÉLIT. — Si un tiers a par sa faute causé la perte de la dot, l'indemnité qu'il paye à la femme pour réparer le dommage subi par elle devient dotale et donne lieu à un remploi comme telle, *tout au moins lorsque la condition d'emploi a été stipulée par le contrat de mariage*. Ainsi jugé à propos d'un notaire qui avait fait périr en partie la dot mobilière de la femme par suite d'un mauvais placement dont il fut déclaré responsable (Agen, 6 janv. 1890 et Cass., 5 janv. 1891, D. 90. 1. 486, S. 90. 2. 89 et 91).

***1496. Cas où la subrogation ne s'opère pas.** — La subrogation n'a pas lieu dans les cas suivants, pour lesquels en général le remploi des deniers dotaux était facultatif. Voyez toutefois ce qui est dit au 3° ci-dessous.

1° Biens cédés au mari en paiement de la dot. — S'il arrive que le mari reçoit, à la place d'une dot promise en argent, un ou plusieurs immeubles ou d'autres biens en nature, ces biens ne deviennent pas dotaux (art. 1553, al. 2). Par suite ils sont aliénables et saisissables lorsque les époux s'étaient réservé par leur contrat de mariage la libre disposition de la dot mobilière, sans condition d'emploi (Cass., 18 juin 1895, D. 96. 1. 169).

2° Biens recueillis par la femme dans la succession du constituant. — Assez souvent la dot promise en argent n'est pas payée immédiatement ; le temps passe, et le constituant, qui est ordinairement le père de la femme, meurt sans s'être libéré. La femme accepte sa succession ; sa créance s'éteint par l'effet du rapport et elle reçoit en nature sa part héréditaire. Le fait est assez fréquent parce que l'on stipule souvent que le capital de la dot sera payable seulement au décès des constituants. Les biens qui arrivent de cette façon à la femme ne sont pas dotaux (Cass., 1er déc. 1857, D. 58. 1. 71, S. 57. 1. 257 ; Cass., 3 juin 1891, D. 92. 1. 13, S. 93. 1. 5 ; Cass., 26 nov. 1895, S. 96. 1. 73 ; Pau, 2 juin 1896, D. 96. 2. 356, S. 96. 2. 216).

3° Biens achetés avec les deniers dotaux non soumis a emploi. — C'est l'hypothèse inverse de celle qui a été indiquée au 1° du numéro précédent : les deniers donnés en dot n'étant pas sujets à remploi, l'immeuble acquis avec eux n'est pas dotal, conformément à l'art. 1553, al. 1 (Cass., 21 nov. 1871, D. 71. 1. 291, S. 71. 1. 175).

Il se peut même que le bien acheté avec des deniers provenant de la vente d'un bien dotal ne devienne pas dotal, quoique le remploi en soit obligatoire. Il suffit de supposer pour cela soit que les formes du remploi n'ont pas été observées et que l'opération a manqué son effet, soit que l'aliénation a eu lieu d'une manière irrégulière et en dehors des cas où elle était permise. Dans un cas comme dans l'autre, *ce qui reste dotal c'est le bien aliéné*, qui a été indûment vendu ou non remplacé, et on ne peut pas transporter la dotalité à l'immeuble nouvellement acquis par la femme : l'aliénation du bien dotal est nulle et ne modifie pas la composition du patrimoine de la femme (Cass., 16 mars 1897, D. 98. 1. 81, S. 97. 1. 265 ; Grenoble, 1er juin 1897, D. 98. 2. 430).

4° Biens cédés par le mari a la femme en paiement des reprises. — Quand la séparation de biens est prononcée, le mari doit restituer la dot et se trouve souvent de ce chef débiteur de sommes d'argent envers sa femme ; pour se libérer, il lui cède un ou plusieurs immeubles ; ces immeubles ne deviennent pas dotaux parce qu'ils sont donnés « en paiement de la dot », comme le dit l'art. 1553 (Cass., 12 avril 1870, D. 70. 1. 264, S. 70. 1. 185).

5° Indemnités d'assurance. — Au cas où l'immeuble dotal vient à brûler, l'indemnité payée à la femme par une compagnie d'assurance *n'est pas dotale*. C'est une créance qui a sa source dans un contrat indépendant de la dot et du contrat de mariage, et s'il en est fait emploi au profit de la femme, cet emploi ne donne pas au bien nouveau le caractère dotal (En ce sens, Nîmes, 20 juin 1860, Pau, 31 mai 1893, D. 95. 1. 10).

Cette solution ne peut être attribuée qu'à une véritable lacune de nos lois. Il est certain que la pratique des assurances a pour but de combler les vides faits par les sinistres dans les patrimoines des particuliers. Déclarer que le résultat obtenu par elles ne sera pas identique à l'état de choses ancien, c'est ne pas remplir complètement leur intention. Le droit moderne s'est déjà écarté de cette vue primitive et trop étroite, pour admettre l'idée nouvelle sur un point important : en matière hypothécaire, l'indemnité d'assurance est considérée comme subrogée à la chose détruite, pour permettre aux créanciers d'exercer sur elle leur droit de préférence (L. 19 févr. 1889). Mais ce texte nouveau ne peut être étendu à la matière de l'inaliénabilité dotale[1].

1497. État de la dot en l'absence de subrogation réelle. — Que devient donc la dot quand il est fait emploi de deniers dotaux dans des conditions telles que les biens ou valeurs achetés ne soient pas réputés dotaux ? Ce qui est *dotal,* c'est *une somme d'argent* que le mari a touchée comme administrateur des biens de la femme, et dont il est *débiteur* envers celle-ci. Il semble donc que la dot devrait se réduire à *une créance de la femme contre le mari.*

Tel n'est pas le point de vue de la jurisprudence. En fait, le mari n'a pas gardé cet argent entre ses mains ; il l'a placé au moyen d'une *acquisition faite au nom de sa femme,* de sorte que le mari *n'est plus débiteur de la dot* : c'est la femme qui la possède ; seulement, par une véritable bizarrerie du droit, elle la possède *sous la forme d'un bien paraphernal.* L'immeuble, qui lui sert de placement, n'a pas pu devenir dotal, par suite de la rédaction trop étroite de nos textes. Il est donc paraphernal ; mais c'est un bien paraphernal qui contient en lui, *à l'état latent,* pour ainsi dire, une valeur dotale inaliénable qui devra toujours se retrouver.

Nous aurons plus loin à nous occuper de la situation singulière de ces paraphernaux qui *représentent la dot,* après l'avoir en quelque sorte *absorbée.* Voyez ci-dessous n°s 1670 et suiv.

§ 2. — *De la défense de constituer ou d'augmenter la dot pendant le mariage.*

** **1498. Motif de la prohibition.** — Le Code civil voit avec une véritable défaveur l'inaliénabilité de la dot. Il s'est résigné à l'admettre pour ne pas heurter d'antiques habitudes, et pour favoriser les mariages. Mais une fois le mariage conclu, il n'y a plus de raison pour autoriser à nouveau une dérogation aussi grave aux principes fondamentaux de la propriété et de la capacité des personnes. Aussi est-il défendu d'accroître la dot pendant le mariage : elle ne peut être ni *constituée* ni *augmentée* après la célébration

[1] Cependant la jurisprudence n'est pas très éloignée de cette vue, puisqu'elle admet que l'indemnité payée en réparation d'un délit *représente* la dot et est dotale. Voyez le n° 1495, 5°.

(art. 1543). On ne peut donc pas, quand la constitution de dot porte seulement sur les biens présents, convenir plus tard qu'un bien acquis pendant le mariage sera dotal.

*** 1499. Son caractère spécial.** — La disposition prohibitive de l'art. 1543 n'est pas une application du principe général formulé dans l'art. 1395, qui rend les conventions matrimoniales irrévocables à partir du mariage. Si c'était un simple effet de l'immutabilité de ces conventions, *les époux seuls seraient atteints par la prohibition*, et les tiers resteraient libres de leur donner ou de leur léguer un bien, à la condition qu'il sera dotal (ci-dessus n° 818).

Or la prohibition de l'art. 1543 est *générale* ; elle lie *les tiers eux-mêmes*. La loi ajoute ici quelque chose à sa prohibition ordinaire : elle ne veut plus autoriser l'extension de l'inaliénabilité après la célébration du mariage.

*** 1500. Sanction de la prohibition.** — Si un tiers fait une donation à la femme, sous la condition que le bien donné sera dotal, alors qu'il devrait être paraphernal d'après le contrat de mariage, *la donation n'est pas nulle*. La clause qui tendait à le rendre inaliénable est seule *illicite* ; elle est donc *réputée non écrite*, comme le veut l'art. 900, et la donation reçoit son effet comme si elle avait été pure et simple (Paris, 20 oct. 1890, D. 91. 2. 359). Quel sera alors le sort du bien donné ? Il semble qu'on devrait le déclarer *paraphernal*, puisque la loi ne permet pas qu'il devienne dotal. Cependant il faut remarquer que le tiers aurait pu faire sa donation en la décomposant, et donner la propriété à la femme et la jouissance temporaire au mari pour la durée du mariage. Une pareille clause serait valable : comme il convient de s'écarter le moins possible de l'intention des parties, on devrait donc interpréter en ce sens la donation faite à la femme : le mari en aura la jouissance, comme s'il s'agissait d'un bien dotal, et le bien sera aliénable, comme les paraphernaux.

1501. Limites de la prohibition. — La défense d'augmenter la dot ne s'applique qu'aux accroissements qui sont le fait d'un acte volontaire et spécial des époux, et non à ceux qui seraient l'effet *naturel* d'une autre cause. Ainsi l'augmentation résultant de l'*alluvion* ou de l'*accession* serait dotale, comme le fonds auquel elle vient s'ajouter. L'art. 1543 ne s'oppose pas davantage à ce que l'on considère comme dotal l'*usufruit* qui vient se joindre, lors de la mort de l'usufruitier, à la *nue propriété* comprise dans la constitution de dot (Bordeaux, 20 janv. 1893, D. 93. 2. 517, S. 94. 2. 32). Mais il y a plus : l'effet de l'art. 1543 se trouve parfois empêché par l'application d'un autre principe, qui aboutit à *une augmentation de la dot au cours du mariage par le fait volontaire des époux*.

En voici deux exemples remarquables :

1° Constructions. — Les bâtiments élevés par la femme ou le mari, sur un terrain dotal, sont dotaux par l'effet de l'accession, quand bien même ils seraient faits *avec des deniers paraphernaux* ou *avec l'argent du mari* (Cass., 29 août 1860, D. 60. 1. 393, S. 61. 1. 9; Lyon, 11 mars 1886, D. 87. 2. 129, S. 88. 2. 7). Il en résulte seulement que le mari a droit à *récompense*, lorsque c'est lui qui a payé les travaux (Cass., 10 juin 1885, S. 85. 1. 345).

2° Acquisition de parts indivises. — Lorsqu'une part indivise dans la propriété d'un immeuble, dont la femme ne possède qu'une partie, se trouve comprise dans la constitution de dot, il arrive fréquemment que la femme acquière au cours du mariage, soit par un partage, soit par une licitation, les parts qui lui manquaient : ces parts nouvellement acquises deviennent-elles dotales? MM. Aubry et Rau ont soutenu que la part primitive de la femme était seule comprise dans sa dot, et que le surplus de l'immeuble ne peut être que paraphernal, même dans le cas où la dotalité frappe les biens à venir (T. V, § 534, notes 42 et 43). Mais la jurisprudence, approuvée par la majorité des auteurs, décide que le tout est dotal, en vertu de l'art. 883, parce que la femme est réputée avoir toujours été propriétaire de la totalité de l'immeuble. La rétroactivité du partage l'emporte donc ici sur la prohibition de l'art. 1543 (Cass., 21 mars 1860, D. 60. 1. 297, S. 60. 1. 874; Limoges, 14 nov. 1876, D. 77. 2. 35, S. 77. 2. 137). Ces arrêts ont statué dans des cas où la constitution comprenait tous les biens présents et à venir. On peut prévoir qu'on donnerait la même solution pour le cas où les biens à venir ne seraient pas dotaux : l'effet rétroactif du partage ferait considérer l'immeuble entier comme ayant toujours appartenu à la femme.

****1502. Possibilité de diminuer la dot pendant le mariage.** — On remarque que l'art. 1543 défend seulement d'*augmenter* la dot, parce qu'on veut seulement éviter l'accroissement des biens inaliénables ; il ne défend pas de la *diminuer*. Cela ne veut pas dire que les époux soient libres de diminuer à leur gré l'étendue de la constitution dotale, car, même à défaut de l'art. 1543, ils restent toujours liés par l'art. 1395 qui leur défend de rien changer à leur contrat de mariage ; ils ne pourront donc pas, par une convention faite entre eux, enlever le caractère dotal à un bien qui doit l'avoir d'après le contrat de mariage. Mais les tiers, qui ne sont pas liés par le principe de l'immutabilité des conventions matrimoniales, peuvent leur faire des libéralités en stipulant que les biens qu'ils donnent seront paraphernaux au lieu d'être dotaux, alors même que la femme se serait constitué en dot tous ses biens à venir (Cass., 16 mars 1846, D. 46. 1. 368, S. 47. 1. 157; Nîmes, 10 déc. 1856, D. 58. 2. 8, S. 57. 2. 134).

Cependant si cette donation émanait d'un ascendant de la femme, la clause de paraphernalité ne vaudrait que dans la limite de la quotité disponible (Guillouard, t. IV, n° 1737).

§ 3. — *Droits du mari sur les biens dotaux.*

***1503. Comment le mari a cessé d'être propriétaire de la dot.** — Selon le droit romain le mari était *propriétaire* de la dot ; aujourd'hui il n'est plus qu'*usufruitier*. Cette transformation s'est faite par voie d'*interprétation doctrinale* plutôt que par les réformes législatives, dont elle n'est qu'une conséquence indirecte : quand il fut bien établi que la femme avait droit en toute hypothèse à la restitution de sa dot, et quand, d'autre part, le mari eut complètement perdu son droit de disposition, on s'aperçut que le « dominium civile », que les textes lui reconnaissaient encore sur la dot, n'était plus qu'un vain mot et que tout son pouvoir se réduisait à l'administration et à la jouissance. Propriétaire temporaire, incapable d'aliéner et obligé de restituer, que gardait-il du droit de propriété, sinon l'usufruit ?

Dès le xve siècle, Masuer disait : « Vir habet jus usufructuarium, et uxor proprietatem » (*Practica forensis,* De dote et matrimonio, n° 10). Au xviie siècle, Charondas (L. Le Caron), Perez et d'autres disent que si le mari est appelé propriétaire de la dot, c'est seulement par fiction, c'est une *subtilitas juris*. Domat explique cette situation ambiguë, en disant que le mari « exerce de son chef les droits et actions qui dépendent de la dot d'une manière qui le fait considérer comme s'il en était le maître, mais qui n'empêche pas que la femme en conserve la propriété (*Loix civiles,* Liv. I, tit. 10, sect. 1. n° 4). Tout le monde considérait le mari comme un simple usufruitier (Dupérier, *Questions notables*, I, 3 ; Julien, *Éléments de jurisprudence,* I, 4, n° 16).

***1504. Système du Code.** — Le Code civil n'a donc fait que maintenir une solution déjà acquise, en traitant le mari comme un *administrateur* de la dot (art. 1549), qui n'en acquiert la *propriété* que dans des cas exceptionnels (art. 1551 et 1552)[1]. Ainsi la propriété des biens dotaux reste à la femme en principe ; le mari n'en a que l'usufruit. Dans certains cas seulement le mari devient propriétaire.

Pour étudier les pouvoirs du mari, il importe donc de distinguer ces deux classes de biens dotaux.

A. — Biens dont le mari devient propriétaire.

***1505. Causes de translation de la propriété.** — C'est tantôt *en vertu de la loi* et tantôt *en vertu d'une convention spéciale* que le mari devient propriétaire de certains biens dotaux.

1° Acquisition légale. — Deux sortes de choses sont acquises au mari : *a*) celles qui sont *consomptibles par le premier usage* et dont le mari acquiert la propriété par application des règles du quasi-usufruit (art. 587) ; *b*) celles qui sont destinées à être vendues. Voyez sur le premier cas, Cass., 22 mars 1882, D. 82. 1. 337, S. 82. 1. 241 ; Orléans, 11 janv. 1883, S. 84. 2. 188.

2° Acquisition conventionnelle. — La propriété est transférée au mari, quand il s'agit de biens dotaux qui ont été *livrés au mari sur estimation, dans les cas où l'estimation vaut vente.* Ces cas varient : s'il s'agit de *meubles,* l'estimation vaut vente par elle-même, et il faut une convention contraire pour l'empêcher d'avoir cet effet (art. 1551) ; s'il s'agit

[1] M. Troplong crut pouvoir soutenir dans son *Traité du contrat de mariage* que la dot, tant immobilière que mobilière, est en principe la propriété du mari comme en droit romain (n°s 3097 à 3104). Tessier lui répondit dans ses *Questions sur la dot,* 1852, n°s 2 et suiv. et spécialement n°s 26 à 33, en prouvant, textes en mains, que le mari n'avait pas la propriété de la dot.

d'*immeubles,* l'estimation ne vaut vente qu'autant que les parties l'ont spécialement déclaré (art. 1552). — Quand l'estimation ne vaut pas vente, elle sert de base pour fixer les dommages-intérêts qui seront dus au cas de détérioration ou de destruction de la chose par le mari.

Du reste, la formule dont on se sert en disant que « l'estimation vaut vente » n'est pas absolument exacte : si la femme était réellement venderesse, sa créance serait *garantie par le privilège du vendeur,* tandis qu'elle est une simple *créance dotale,* garantie par l'*hypothèque légale.*

***1506. Pouvoirs du mari.** — Devenu propriétaire du bien dotal, le mari peut l'aliéner et en disposer comme de son bien propre. A vrai dire ce n'est plus un bien *dotal,* puisqu'il n'appartient plus à la femme ; c'est *un bien du mari,* libre entre ses mains et que ses créanciers peuvent saisir.

Pour cette partie, la dot de la femme ne consiste qu'en une *créance* qu'elle a contre son mari, et qui a pour objet le montant de l'estimation, s'il y en a eu une ; sinon la valeur du bien. C'est cette créance seule qui est *dotale.*

B. — Biens dont la femme reste propriétaire.

****1507. Double droit du mari.** — Quand la propriété du bien dotal reste à la femme, comme c'est la règle, le mari acquiert : 1° *un droit d'administration* ; 2° *un droit de jouissance.* Nous aurons ensuite à dire quelques mots des clauses réservant à la femme l'administration et la jouissance de sa dot.

1° Pouvoir du mari comme administrateur.

***1508. Notion générale.** — Sous le régime dotal les pouvoirs du mari comme administrateur des biens de sa femme sont plus étendus que ceux qui lui appartiennent sur les propres sous le régime de communauté. Il a gardé quelque chose de son ancienne qualité de propriétaire. Ainsi il peut non seulement faire tous les *actes d'administration,* passer des *baux,* toucher les *revenus* et même les *capitaux* et en donner quittance (art. 1549); mais il peut de plus : 1° *aliéner le mobilier dotal* ; 2° *exercer seul les actions immobilières pétitoires.* Ces deux points demandent quelques explications.

a. — *Aliénation des meubles dotaux.*

***1509. Pouvoirs du mari d'après la jurisprudence.** — Cette matière offre un exemple extrêmement remarquable de la conservation des règles juridiques malgré le silence des textes. Une jurisprudence, dont l'origine remonte à l'époque romaine, décide que le mari est le maître de la dot mobilière dont il peut disposer à son gré, comme au temps où il en avait le domaine véritable. Voyez à ce sujet un arrêt très intéressant de 1819 (Cass., 1er févr. 1819, D. 10. 341. n° 2, S. 19. 1. 146, S. chr. 6. 1. 16), qui a servi de point de départ à toute la jurisprudence moderne. Quant à l'ancienne jurisprudence sur laquelle l'arrêt s'appuie, voyez Troplong, t. IV, n° 3166 et suiv., et 3226 et suiv. Cette jurisprudence ne s'est jamais démentie et le droit de disposition du mari est aujourd'hui bien établi, non seulement pour les meubles corporels, à l'égard desquels les acquéreurs se trouveraient protégés par la règle du droit commun : « En fait de meubles possession vaut titre », mais même pour les meubles incorporels, comme les créances et les valeurs mobilières : il est admis que le mari peut, sans le concours de sa femme, céder les créances dotales et faire opérer le transfert des titres de rentes, d'actions ou d'obligations (Cass., 18 févr. 1851, D. 51. 1. 81, S. 53. 1. 729 ; Cass., 26 août 1851, D. 51. 1. 283, S. 51. 1. 805 ; Cass., 6 déc. 1859, D. 59. 1. 501, S. 60. 1. 644 ; Cass., 1er août 1866, D. 66. 1. 446, S. 66. 1. 363). Voyez cependant Poitiers, 17 juill. 1860, D. 63. 2. 28. Cet arrêt est resté isolé.

Quelques rares auteurs protestent en vain contre cette jurisprudence (Tessier, *Dot,* t. I, p. 330, *Questions,* nos 68 à 78 ; Rodière et Pont, t. III, n° 1772 ; Sincholle, *De l'inaliénabilité de la dot,* nos 89 et suiv.). Ils oublient que le régime dotal a été conservé avec toutes ses traditions, sauf les modifications résultant des textes.

1510. Exception au cas de fraude. — Une seule exception est admise en jurisprudence : lorsqu'il y a eu concert frauduleux entre le mari et l'acquéreur pour dépouiller la femme de sa fortune mobilière, l'aliénation doit être déclarée nulle sur la demande de la femme, si le mari est insolvable (Cass , 26 mars 1855, D. 55. 1. 326, S. 55. 1. 481). C'est une application de l'*action Paulienne* et de la maxime « Fraus omnia corrumpit ».

***1511. Clause modificative.** — La conservation des anciens pouvoirs du mari sur les meubles dotaux est certainement contraire à la tendance du régime dotal : ils mettent la dot mobilière à la merci du mari, et la femme n'a d'autre moyen de se protéger elle-même que de demander la séparation de biens. Toutefois il lui est facile d'apporter un remède à cette situation, puisque le régime dotal suppose toujours la rédaction d'un contrat de mariage. C'est de stipuler dans son contrat de mariage que ses valeurs dotales ne pourront être aliénées qu'*à charge de remploi,* comme ses immeubles, en exprimant bien clairement que les tiers seront responsables du défaut de remploi. Cette clause est admise dans la pratique, bien qu'elle *ajoute quelque chose aux effets du régime dotal, en aggravant les conséquences* de l'inaliénabilité au delà de ce qui est établi par les textes. Elle protège suffisamment la femme parce qu'elle est opposable aux tiers et principalement à l'*agent de change* auquel s'adressera le mari pour vendre les valeurs mobilières de sa femme. Sur la responsabilité des agents de change au cas où ils omettent les précautions nécessaires pour que les fonds provenant de la négociation d'une valeur dotale reçoivent l'emploi auquel ils sont destinés, voyez Cass., 7 juill. 1891, D. 92. 1. 185, S. 94. 1. 458 ; Cass., 20 mars 1894, D. 95. 1. 45, S. 94. 1. 489.

b. — *Exercice des actions.*

*** 1512. Caractère exceptionnel du pouvoir du mari.** — L'art. 1549 dit que le mari « a seul le droit de poursuivre les débiteurs et les détenteurs des biens dotaux ». Ici encore nous trouvons dans le texte même de la loi la trace de l'état de choses primitif dans lequel la femme n'était pas réputée propriétaire de sa dot, et où par suite l'exercice de ses actions dotales appartenait à son mari, et non à elle-même. A ce point de vue la loi ne s'exprime pas pour le régime dotal comme elle le fait pour le régime de communauté, en disant dans l'art. 1428 que le mari peut exercer seul les actions appartenant à sa femme. Il en résulte que sous la communauté la femme a qualité pour figurer dans les instances qui l'intéressent, tandis qu'elle en est exclue sous le régime dotal.

*** 1513. Généralité du pouvoir du mari.** — La loi suppose que le mari joue le rôle de demandeur, car elle parle du droit de *poursuivre* les débiteurs et détenteurs; cependant l'attribution exclusive de l'action au mari a lieu même lorsqu'il s'agit d'un procès dirigé par un tiers contre la femme. Le contraire a été jugé une fois (Riom, 28 janv. 1844, S. 46. 2. 17); mais cet arrêt a été désapprouvé : le pouvoir d'agir entraîne le pouvoir de défendre; telle était la tradition, et, loin d'y déroger, le Code n'a fait que reproduire les expressions de Domat (AUBRY et RAU, t. V, § 535, note 7).

Il est à remarquer d'ailleurs que l'art. 1549, en donnant l'action au mari contre les *détenteurs* de biens dotaux, lui confère l'exercice des *actions immobilières pétitoires,* qui ne lui appartient pas sous le régime de communauté.

1514. Prétendues exceptions. — On présente en général comme des exceptions à la règle de l'art. 1549, trois cas dans lesquels le concours de la femme est nécessaire au mari pour la régularité de la procédure; mais on va voir qu'il ne s'agit pas à proprement parler d'*actions en justice* au sens véritable du mot.

1° DEMANDE EN PARTAGE. — Lorsque les biens dotaux sont indivis entre la femme et des tiers, par exemple à la suite de l'ouverture d'une succession au profit d'une femme qui s'est constitué en dot ses biens à venir, le mari ne peut procéder au partage qu'avec le concours de sa femme (art. 818). On a quelquefois contesté l'application de cet article au régime dotal dont il ne parle pas; mais l'opinion contraire a triomphé aussi bien en doctrine (AUBRY et RAU, t. V, § 535, note 12; GUILLOUARD, t. IV, n° 1787) qu'en jurisprudence (*Cass., 21 janv. 1846, D. 46. 1. 10, S. 46. 1. 263; Bordeaux, 30 mai 1871, D. 74. 2.* 15, S. 71. 2. 147). Telle est d'ailleurs la tradition française.

2° SAISIE IMMOBILIÈRE. — *La procédure de la saisie doit être dirigée conjointement* contre le mari et la femme (arg. art. 2208, al. 2).

3° EXPROPRIATION POUR CAUSE D'UTILITÉ PUBLIQUE. — Si la femme n'accepte pas l'indemnité proposée par l'administration, l'instance tendant à faire fixer le chiffre de l'indemnité par le jury doit être poursuivie en même temps contre les deux époux (L. 3 mai 1841, art. 13, 25 et 28).

On voit que dans ces trois cas il s'agit plutôt d'*aliéner* plus ou moins librement des biens dotaux que de *plaider* sur l'existence d'un droit de propriété au profit de la femme.

1515. Responsabilité du mari. — En sa qualité d'administrateur des biens dotaux, le mari est responsable de tous les dommages qu'il peut causer à sa femme par sa négligence (art. 1562, al. 2). Ainsi il répond des prescriptions qu'il a laissé s'accomplir et des détériorations dues à sa faute. Il n'y a du reste pour cette responsabilité aucune règle particulière. Les juges apprécieront en fait l'existence de la faute du mari, par exemple s'il a tardé à réclamer le paiement de la dot promise et que le constituant soit devenu insolvable : le retard du mari pourra être excusé, s'il s'agissait d'un ascendant de la femme envers lequel les époux étaient obligés à quelque ménagement.

2° Droit de jouissance du mari.

**** 1516. Ressemblance avec l'usufruit.** — L'art. 1549, al. 2, donne au mari le droit de « percevoir les fruits et les intérêts » des biens dotaux.

Ce droit de jouissance du mari qui s'expliquait autrefois par sa qualité de *propriétaire* ne lui appartient plus que comme *usufruitier,* et la loi le soumet en principe à toutes les obligations de l'usufruitier (art. 1562, al. 1). En conséquence le mari est tenu de *faire inventaire du mobilier* apporté en dot par sa femme ou à elle échu pendant le mariage, et de faire dresser un état des immeubles (art. 600); faute de quoi la femme serait admise à prouver par tous les moyens possibles, et même par commune renommée, la consistance où la valeur du mobilier reçu par son mari.

De même le mari est soumis à toutes les charges qui pèsent sur les usufruitiers : réparations d'entretien (art. 605); contributions et autres charges annuelles (art. 608); intérêts des dettes, au cas de constitution de dot universelle (art. 612).

1517. Dispense de donner caution. — La loi, considérant sans doute comme suffisante la garantie de l'hypothèque légale, dispense le mari de donner caution pour la restitution de la dot, s'il n'y est pas assujetti par le contrat (art. 1550).

1518. Caractères exceptionnels de l'usufruit du mari. — D'autres différences plus profondes tiennent à ce que le droit du mari n'est pas un véritable usufruit (Montpellier, 6 mars 1844, D. 45. 2. 38, S. 45. 2. 11), et lui est donné pour l'aider à supporter les charges du mariage. De là résultent des règles particulières sur les points suivants :

Mode d'acquisition des fruits. — Le mari doit avoir la jouissance de la dot pendant tout le temps que dure le mariage, et seulement pendant le temps de sa durée. Aussi la loi établit-elle pour lui un mode spécial d'acquisition des fruits, qui ne lui appartiennent que *proportionnellement à la durée du mariage*, sans distinction entre les fruits en nature et les fruits en argent (art. 1571). Pour l'usufruitier ordinaire la règle est que les fruits civils s'acquièrent *jour par jour* et les fruits naturels *par la perception* (art. 585 et 586).

Améliorations a raison d'impenses. — Un usufruitier ne peut pas réclamer une indemnité à raison des améliorations qu'il prétend avoir faites. Il n'en est pas de même du mari qui n'obtient pas la jouissance de la dot pour son profit personnel, mais dans l'intérêt du ménage et qui est chargé de l'administrer. On reconnaît donc que les dépenses qu'il fait pour améliorer les biens dotaux sont faites dans l'intérêt de la femme autant que dans le sien et donnent lieu à récompense à son profit, *dans la mesure de la plus-value procurée au fonds* (Cass., 10 juin 1885, D. 86. 1. 205, S. 85. 1. 345). Comp. Guillouard, t IV, n° 2151.

Incessibilité du droit. — Le droit de jouissance du mari est inséparable de sa personne : il ne peut être ni *cédé* ni *hypothéqué* par lui, ni *saisi* par ses créanciers. Autant de différences avec l'usufruit ordinaire qui est cessible et saisissable.

*** 1519. Insaisissabilité des revenus entre les mains du mari.** — Les créanciers du mari peuvent-ils saisir les revenus de la dot ? Ils devraient avoir le droit de saisir *la totalité de ces revenus*; l'inaliénabilité n'affecte que le capital de la dot, et non la jouissance qui appartient au mari et dont la libre disposition lui est abandonnée. On peut alléguer en ce sens la vérité historique, et il existe aussi quelques décisions judiciaires (Cass., 9 avril 1823, D. 10. 353, S. 23. 1. 331, S. chr. 7. 1. 124; Bordeaux, 6 juillet 1841, D. 41. 2. 230; Cass. Sarde, 10 janv. 1854, D. 55. 2. 137). Troplong défendit cette solution avec beaucoup d'énergie (*Contrat de mariage*, t. IV, n°s 3288 et suiv. — Comp. LAURENT, t. XXIII, n° 483).

Néanmoins cette opinion est *complètement abandonnée en France*. Une jurisprudence aujourd'hui bien fixée admet que l'inaliénabilité protège *même les revenus de la dot dans la mesure où ils sont nécessaires aux besoins de la famille* (Aix, 6 janv. 1890, D. 91. 1. 486, S. 90. 2. 89), et en conséquence elle décide que les créanciers du mari ne peuvent saisir que *l'excédent de ces revenus* au delà de ce qui est indispensable à l'entretien du ménage (Aix, 17 mars 1857, D. 58. 2. 15. — Comp. Caen, 17 mai 1854, D. 55. 5. 160. Voyez aussi les motifs de Cass., 14 août 1883, D. 84. 1. 334, S. 86. 1. 37)[1]. Cette jurisprudence a le double inconvénient d'étendre sans grande utilité l'inaliénabilité au delà de son domaine naturel, alors que la séparation de biens suffirait à protéger la femme, et de créer des difficultés pour déterminer la portion des revenus dotaux qui est saisissable par les créanciers.

3° Clauses modifiant les pouvoirs du mari.

1520. Clause prévue par la loi. — L'art. 1549, al. 3, dit qu'il peut être convenu, par le contrat de mariage, que la femme touchera annuellement, *sur ses seules quittances*, une partie de ses revenus pour son entretien et ses besoins personnels. On le voit : la loi ne pense qu'à une modification partielle des pouvoirs du mari, lui laissant la disposition de la plus grande partie des revenus dotaux et ne touchant pas à son rôle d'administrateur.

1521. Clause permise par la jurisprudence. — La jurisprudence est allée beaucoup plus loin : elle autorise la femme à se réserver *d'une manière complète* non seulement la *jouissance* de ses revenus, mais même *l'administration* de ses biens dotaux (Cass., 17 février 1886, D. 86. 2. 249, S. 86. 1. 161). C'est un changement considérable dans le fonctionnement du régime dotal : cela revient à dire que la femme est entièrement *séparée de biens* et qu'il n'y a *pas de biens dotaux*, mais que les biens de la femme sont néanmoins *inaliénables comme s'ils étaient dotaux*. On peut approuver cette jurisprudence qui a pour elle le principe de la liberté des conventions matrimoniales. Le régime dotal tend ainsi à s'écarter de son type primitif par le libre jeu des conven-

[1] Parallèlement à cette jurisprudence, il en existe une autre, qui ne se confond pas avec elle, quoique leurs motifs soient souvent identiques, et d'après laquelle les revenus de la dot sont également insaisissables *pour les créanciers de la femme*. Cette seconde série d'arrêts sera indiquée et analysée à propos de la séparation de biens (ci-dessous n° 1630). Remarquons que le système d'insaisissabilité appliquée aux créanciers du mari paraît n'avoir été que la suite et la conséquence de l'insaisissabilité opposée aux créanciers de la femme. C'est du moins ce qui ressort de la date respective des deux séries d'arrêts.

tions. Certains auteurs, déroutés par la nouveauté de ces combinaisons, en ont inutilement contesté la validité (Aubry et Rau, t. V, § 535, note 16 ; Labbé, *Revue critique*, 1887, p. 442 et suiv.).

§ 4. — *De l'inaliénabilité des immeubles dotaux.*

** **1522. Principe de l'inaliénabilité.** — Le principe est établi dans l'art. 1554, où il est dit que « les immeubles constitués en dot ne peuvent être aliénés pendant le mariage ni par le mari, ni par la femme, ni par les deux conjointement ». C'est le système de la loi Julia tel qu'il existait après la réforme de Justinien, qui l'avait aggravé et complété (ci-dessus n° 1466).

* **1523. Son maintien en 1804.** — Le projet de l'an VIII avait conservé la faculté de déclarer inaliénables les biens dotaux (Fenet, t. II, p. 326, art. 123) : la section de la législation le modifia déclarer nulle toute convention qui tendrait à rendre la dot inaliénable (Fenet, t. XIII, p. 521, art. 138). Ce projet souleva les réclamations unanimes des pays du Midi ; on les atteignait dans leurs habitudes les plus chères, en les forçant à modifier aussi profondément le régime de la dot : supprimer l'inaliénabilité dotale, c'était presque supprimer ce régime lui-même. Par leur insistance les départements du Midi obtinrent l'insertion dans le Code d'un chapitre complet sur le régime dotal, et dans ce chapitre, le maintien du principe de l'inaliénabilité.

A. — Notion de l'inaliénabilité.

* **1524. Nature de l'inaliénabilité.** — Faut il considérer l'inaliénabilité dotale comme une pure *indisponibilité réelle* ou bien comme *une aggravation de l'incapacité de la femme mariée*? Est-ce le bien en lui-même qui est retiré du commerce? Ou est-ce la femme dotale qui est déclarée incapable d'en disposer sans que l'autorisation de son mari ni celle de la justice puisse la relever de cette incapacité? La question est oiseuse, car l'indisponibilité d'un bien ne peut jamais s'expliquer que par l'interdiction faite à son propriétaire de l'aliéner, c'est *une incapacité frappant une personne*. Dire : « Le bien dotal ne peut pas être aliéné », c'est dire que son propriétaire a perdu le droit d'en disposer ; cela ne peut pas signifier autre chose, et ceux qui croient y voir une autre idée sont dupes d'une simple transposition de mots dans la phrase : seules les *personnes* peuvent ou ne peuvent pas agir ; leurs biens sont toujours le sujet *passif* de leurs actes ; quand un *bien* ne *peut* pas être aliéné, c'est que son *propriétaire* ne *peut* pas en disposer.

L'idée d'une inaliénabilité réelle, encore défendue dans la doctrine (Mongin, *Revue critique*, 1886, p. 92 et 170), n'a pas été admise par la jurisprudence (Cass., 13 févr. 1884, D. 84. 1. 325, S. 86. 1. 25). Sur la façon dont la jurisprudence considère l'inaliénabilité de la dot et son affectation aux besoins de la famille, voyez la note de M. Bartin, D. 1901. 1. 149, col. 2.

** **1525. Conséquences de l'inaliénabilité.** — En vertu de l'inaliénabilité, il y a quatre choses qui deviennent impossibles :

1° L'*aliénation par les époux* du fonds dotal ;

2° La *prescription de la propriété* par un tiers ;

3° La *saisie par les créanciers* ;

4° Les *conventions sur l'hypothèque légale de la femme* (Cass., 3 déc. 1883, D. 84. 1. 334, S. 84. 1. 232).

Cette dernière conséquence a déjà été signalée dans le t. II (n° 3469); la seconde et la troisième seront étudiées plus loin sous la forme de paragraphes distincts; la première seule va faire l'objet du présent paragraphe, dans lequel le mot « inaliénabilité » prend par conséquent un sens précis et étroit.

* **1526. Point de départ de l'inaliénabilité.** — La jurisprudence a parfois attribué au contrat de mariage une rétroactivité, qui en reporte certains effets partiels au jour de sa date, après qu'il est devenu efficace par la célébration du mariage. Cependant elle a toujours considéré les biens dotaux comme devenant inaliénables, non pas dès le jour de la signature du contrat, mais seulement à dater du mariage. Voyez ci-dessus n° 833 et ci-dessous n° 1599.

** **1527. Actes empêchés par l'inaliénabilité.** — La garantie donnée à la femme par le régime dotal est à ce point de vue très énergique ; la loi l'empêche de faire valablement aucun acte d'aliénation totale ou partielle, directe ou indirecte.

Aliénations totales. — Il n'en est aucune qui soit permise à la femme *de son vivant :* la *vente,* l'*échange,* la *donation,* et par voie de conséquence la *transaction* (art. 2045) et le *compromis* (art. 1004 C. proc. civ. et 83-6° *ibid.* cbnés), sont également impossibles. Il en est de même du *partage d'ascendant* (Riom, 17 déc. 1888, D. 90. 2. 327), et de la *donation de biens à venir* (Cass., 8 mai 1877, D. 78. 1. 32, S. 77. 1. 252; Cass., 25 avril 1887, D. 88. 1. 169, S. 87. 1. 320) : cette dernière équivaut à une aliénation puisqu'elle empêche le donataire de disposer ultérieurement à titre gratuit.

Aliénations partielles. — L'art. 1554 ne mentionne aucun des démembrements de la propriété, tels que les servitudes, l'usufruit, l'emphytéose. Il n'est cependant pas douteux que ces constitutions de droits réels soient empêchés par la dotalité : ce sont des *aliénations partielles* qui tombent sous le coup de sa prohibition.

Hypothèques. — La loi annule formellement l'hypothèque du fonds dotal (art. 1554). Mais il ne s'agit là que des hypothèques qui prennent naissance par la volonté de la femme. La dotalité n'empêche nullement la constitution des *privilèges* qui sont créés d'office par la loi pour garantir certains créanciers, dont l'action peut atteindre le fonds dotal. Ainsi jugé pour le *privilège du constructeur,* au profit de celui qui a élevé des constructions sur l'immeuble, en ayant soin de conserver son privilège par les procès-verbaux et inscriptions nécessaires (Aix, 10 juill. 1899, D. 1900. 2. 241).

* **1528. Actes restant permis à la femme.** — Malgré l'inaliénabi-

lité dotale, le droit de propriété de la femme trouve encore à s'exercer sous deux formes différentes :

1° Testament. — La femme peut léguer ses biens dotaux tout aussi bien que ses paraphernaux, parce que l'inaliénabilité n'a lieu que *pendant le mariage* et que le legs est une manière de disposer qui ne produit d'effet qu'à la mort.

2° Partage. — Quand la femme possède comme bien dotal une part indivise avec des tiers, elle peut procéder au partage quoique cet acte ait souvent pour résultat de lui enlever la part qu'elle possédait d'abord : elle a même qualité pour y procéder sous la forme du partage amiable. On peut justifier cette solution soit en disant que le partage est une *aliénation nécessaire*, soit plutôt en invoquant le principe de l'*effet déclaratif du partage* (art. 883). La femme n'est pas réputée avoir aliéné sa part, puisque cette part est réputée ne lui avoir jamais appartenu (Montpellier, 7 juill. 1854, D. 55. 2. 166).

La possibilité de procéder au partage produit encore un autre effet remarquable : la part attribuée à la femme se trouve grevée du *privilège du copartageant* (Cass., 18 nov. 1895, D. 96. 1. 16, S. 97. 1. 65).

B. — Sanction de l'inaliénabilité.

1° De l'action en nullité.

** **1529. Caractère de la nullité.** — En droit romain, la vente du fonds dotal était *absolument nulle* : le mari restait propriétaire du fonds qu'il avait en fait aliéné et pouvait le revendiquer.

En droit français, *la nullité a changé de nature* : l'aliénation est *simplement annulable* et la loi se borne à ouvrir à la femme une action pour la faire tomber. L'inaliénabilité est considérée comme une simple aggravation de l'incapacité ordinaire des femmes mariées. Par suite la nullité est *relative*; elle ne peut être demandée que par la femme (art. 1125 et 1560, al. 1); elle peut se couvrir par une *confirmation* (art. 1338) et *se prescrire par dix ans* (art. 1304).

La femme et ses héritiers ayant seuls qualité pour faire révoquer l'aliénation, les tiers auxquels cet acte porterait préjudice ne sont pas admis à l'attaquer (Cass., 13 avril 1893, D. 94. 1. 407, S. 95. 1. 218. — Comp. Pau, 16 janv. 1888, D. 89. 2. 212). Cette jurisprudence n'est que l'application du droit commun.

L'acquéreur du fonds dotal, qui s'aperçoit de la nullité de l'acquisition qu'il a faite, et qui n'a pas le droit de la critiquer, a seulement le droit de *retenir son prix*, s'il ne l'a pas encore payé (art. 1653).

1530. Existence d'autres causes de nullité. — Ce qui vient d'être dit suppose que l'inaliénabilité dotale est la seule cause de nullité qui menace la vente, c'est-à-dire que l'immeuble a été vendu *par la femme régulièrement autorisée*. En pareil cas, si la vente est nulle, c'est uniquement parce que le bien vendu est dotal ; elle serait valable, s'il s'agissait d'un paraphernal. Or il peut arriver qu'une autre cause de nullité vienne se joindre à celle-là, et il y a lieu d'expliquer en quelques mots ce qui se passerait alors.

DÉFAUT D'AUTORISATION. — Si la femme a vendu son bien dotal sans aucune autorisation, il y a deux causes de nullité au lieu d'une, mais toutes les deux ne produisent qu'une *nullité relative*. La nature de la nullité n'est donc pas changée. Il y a toutefois cette différence que la venderesse est alors non seulement *incapable d'aliéner*, mais aussi *incapable de s'obliger* ; par conséquent l'acte est nul non seulement comme *translatif de propriété*, mais aussi comme *productif d'obligations* : les engagements personnels pris par la femme dans cette vente sont annulables sur sa demande, effet qui ne se produirait pas si elle avait été régulièrement autorisée.

VENTE FAITE PAR LE MARI. — Ce second cas de nullité est bien différent du précédent. Lorsque l'immeuble a été vendu par le mari agissant seul, le défaut de propriété en la personne du vendeur a un effet beaucoup plus grave : à l'égard de la femme la vente est frappée d'une *nullité radicale*, et au lieu d'être réduite à une action personnelle en nullité, la femme possède *l'action en revendication*. En effet il s'est passé de deux choses l'une :

1° *Le mari a vendu l'immeuble comme lui appartenant.* Cette hypothèse paraît peu pratique, à cause des titres qui établissent l'origine de la propriété ; cependant le fait s'est vu (Grenoble, 10 mai 1892, D. 92. 2. 518). En ce cas l'art. 1599 s'applique : la vente pourra être annulée sur la demande de l'acheteur, et l'acte n'est pas opposable à la femme, qui est libre de revendiquer.

2° *Le mari a présenté l'immeuble comme appartenant à sa femme.* En ce cas c'est un mandataire qui a dépassé ses pouvoirs : il pouvait administrer et non aliéner. La femme n'est donc pas tenue de respecter l'aliénation, mais le tiers qui a acheté n'a pas d'action en nullité, car il a accepté la situation en consentant à traiter avec le mari.

En résumé, quand la vente est faite par le mari la nullité purement relative qui résulte de l'inaliénabilité disparaît comme absorbée dans un vice plus radical.

Pour étudier les effets de l'inaliénabilité dotale, on doit donc raisonner sur l'hypothèse *pure* et écarter tout alliage avec des causes de nullité étrangères au régime de la dot. Nous supposerons donc que la femme a vendu elle-même avec l'autorisation de son mari ou de justice.

*** 1531. Option de la femme.** — La femme n'est presque jamais réduite à l'*action dirigée contre le tiers* ; ordinairement elle a vendu avec l'autorisation du mari, ou bien celui-ci a touché le prix, quand c'est le tribunal qui a autorisé la vente : elle possède donc en outre une *action contre son mari*, tendant à la restitution du prix et cette action est garantie par l'hypothèque légale. Elle a ainsi une option : elle peut faire révoquer la vente et reprendre son bien, ou réclamer le prix à son mari en laissant l'acquéreur tranquille.

Cette option a jadis été contestée, parce que l'art. 1560 n'en parle pas ; mais l'action contre le mari résulte du droit commun et le silence des textes ne peut avoir pour effet d'en priver la femme (Cass., 21 déc. 1853, D. 54. 1. 5 ; S. 54. 1. 11 ; Cass., 2 mai 1855, D. 55. 1. 231, S. 55. 1. 420).

*** 1532. Exercice de l'action en nullité par le mari.** — Tant que le mari conserve l'administration de la dot, c'est-à-dire jusqu'à la dissolution du mariage ou à la séparation de biens, c'est à lui seul qu'appartient l'exercice de l'action en nullité (art. 1560, al. 1 et 2 cbnés). La femme ne peut l'avoir que quand le mariage est dissous ou la séparation prononcée.

Mais le mari n'est qu'un mandataire de la femme ; il agit pour le compte de celle-ci et ce n'est pas lui qui profite du jugement. Aussi l'action ne peut-elle pas être exercée de son chef par ses créanciers, ni après sa mort par ses héritiers.

1533. Exercice de l'action par les créanciers de la femme. — Y a-t-il lieu d'autoriser les créanciers de la femme à agir de son chef en vertu de l'art. 1166 ? Nous devons supposer que la femme a des créanciers qui auraient le droit de saisir son immeuble dotal, s'il n'avait pas été aliéné par elle ; cela peut arriver, par exemple si la dette de la femme est antérieure au mariage ou si elle est née d'un délit. Pendant longtemps la jurisprudence a refusé aux créanciers de la femme le droit de demander la nullité du chef de leur débitrice : elle considérait l'action comme exclusivement attachée à la personne de la femme, à raison de la question de conscience que l'action en nullité soulève (Cass., 18 juill. 1859, D. 59. 1. 398, S. 60. 1. 432)[1]. Les auteurs admettaient au contraire l'application de l'art. 1166, en remarquant que l'affaire n'avait pour la femme qu'un pur intérêt pécuniaire (Demolombe, t. XXV, n° 87 ; Larombière, sur l'art. 1166, n° 12). Depuis, un arrêt a autorisé les créanciers à agir (Bordeaux, 26 nov. 1889, S. 91. 2. 233).

Il est assez curieux de voir les créanciers agir en nullité de son chef, alors qu'elle ne le peut pas elle-même ; mais il faut remarquer que l'action figure réellement dans son patrimoine bien que l'exercice en soit réservé au mari.

2° Situation de l'acquéreur.

***1534. Impossibilité d'opposer l'exception de garantie.** — En général, l'acquéreur poursuivi par la femme ou en son nom ne peut pas se défendre en opposant à l'action dirigée contre lui la maxime : « *Quem de evictione tenet actio, eumdem agentem repellit exceptio.* » Il ne lui est pas possible d'opposer cette exception à la femme, quand bien même elle se serait portée formellement garante de la vente, parce que la femme, protégée par la dotalité, n'a pu en aucune manière se priver de la protection que lui accordait la loi. Il ne peut pas davantage opposer cette exception au mari exerçant l'action, parce que le mari n'agit pas alors en son propre nom et que c'est toujours la femme qui est réputée poursuivre le tiers (Pau, 5 mars 1859, D. 59. 2. 404).

Cependant, par dérogation à cette règle, le tiers repousserait victorieusement l'action, au cas où le mari se trouverait personnellement garant de la vente, et où la femme aurait plus tard accepté purement et simplement sa succession.

1535. Absence de droit de rétention. — Quand il est condamné, l'acquéreur est tenu de restituer l'immeuble immédiatement ; il ne peut op-

[1] Cet arrêt est relatif à des créanciers chirographaires qui n'avaient pas d'action sur les biens dotaux ; il est donc justifié pour une autre raison : ces créanciers étaient dépourvus d'intérêt. Comp. pour les créanciers hypothécaires, qui ont un droit propre leur permettant d'agir, Cass., 18 juillet 1859, S. 60. 1. 432 et les arrêts antérieurs.

poser à la femme ou à ses représentants aucun droit de rétention, ni pour la restitution du prix, ni pour le remboursement de ses impenses (Cass., 4 juill. 1849, D. 49. 1. 330, S. 50. 1. 283).

*** 1536. Recours en garantie.** — S'il ne lui est pas permis d'empêcher l'action d'aboutir, l'acquéreur est tout au moins autorisé, une fois évincé, à exercer un recours en garantie contre les époux.

Recours contre le mari. — Si c'est lui qui a autorisé la vente, le mari s'en trouve *garant*. Il a bien pu évincer l'acquéreur en agissant *au nom de sa femme,* mais il est *en son propre nom* tenu de payer une *indemnité* s'il n'a pas déclaré dans le contrat que le bien vendu était dotal (art. 1560, al. 2). Au cas où une déclaration expresse de dotalité le déchargerait de toute espèce de responsabilité personnelle, il resterait encore tenu de *restituer le prix,* parce qu'il le détient sans cause.

Recours contre la femme. — Il ne peut être question de poursuivre la femme sur ses biens dotaux, qui sont inaliénables et comme tels soustraits à l'action des créanciers ; mais la femme peut avoir des paraphernaux sur lesquels un recours utile est concevable. *La femme dotale n'est pas plus incapable qu'une autre de s'obliger* ; seulement les obligations qu'elle contracte pendant le mariage ne peuvent pas *s'exécuter sur sa dot* : mais ses biens paraphernaux, les biens qu'elle acquerra après la dissolution du mariage, ainsi que les biens de ses héritiers purs et simples, serviront de gage à ses créanciers. On doit donc se demander si le tiers acquéreur évincé ne possède pas un recours en garantie contre la femme, sauf à se contenter de ses paraphernaux. A première vue on peut en douter, puisque la femme a fait annuler la vente par application de l'art. 1554; il semble bien qu'aucune obligation ne puisse plus subsister à sa charge. Cependant il faut remarquer que l'annulation de la vente est prononcée pour permettre à la femme de reprendre *son bien dotal* et non pour lui permettre de se dégager de toutes sortes d'obligations; la dotalité ne doit pas avoir pour conséquence indirecte de protéger *la fortune paraphernale de la femme.*

La jurisprudence admet bien cette idée, mais seulement d'une manière incomplète : pour que la femme puisse être obligée comme garante et tenue de dommages-intérêts sur ses paraphernaux, malgré la nullité de la vente, il faut qu'elle se soit formellement engagée à la garantie, par une clause spéciale du contrat (Cass., 23 juin 1846, D. 46. 1. 332, S. 46. 1. 865; Cass., 4 juin 1851, D. 51. 1. 193, S. 51. 1. 465).

Cependant, si l'acquéreur pouvait prouver que le prix payé par lui a tourné au profit de la femme, il pourrait le répéter, alors même que le contrat n'aurait pas fait naître l'obligation de garantie.

En somme on voit que l'inaliénabilité est assez loin de signifier l'irresponsabilité absolue de la femme.

3° Extinction de l'action en nullité.

a. — *Confirmation.*

*** 1537. Application du droit commun.** — La nullité de l'aliénation est susceptible de se couvrir par une confirmation consentie par la femme, mais cette confirmation n'est possible qu'après que le vice a cessé, conformément aux principes généraux. Or l'inaliénabilité ne prend fin qu'à la dissolution du mariage ; la séparation de biens ne la fait pas disparaître. C'est donc seulement *quand le mariage sera dissous* que l'aliénation pourra être confirmée (Limoges, 29 janv. 1879, D. 80. 2. 255, S. 79. 2. 232).

La ratification produit son effet ordinaire : elle consolide le droit de propriété de l'acquéreur, dont le titre devient inattaquable, *avec effet rétroactif*, et elle donne à la femme le droit de réclamer le prix à l'acquéreur, s'il ne l'a pas encore payé, ou à son mari, si celui-ci l'a touché sans en avoir fait emploi. Dans ce dernier cas la femme a son hypothèque légale sur les biens de son mari, à la date de l'aliénation (art. 2135).

b. — *Prescription.*

*** 1538. Question relative à la prescription.** — Comme toutes les actions en nullité, l'action qui appartient à la femme se prescrit par dix ans, en vertu de l'art. 1304. Une grave difficulté s'est élevée pour fixer le point de départ de la prescription. On sait que la prescription contre les femmes mariées court d'une manière générale à partir de la dissolution du mariage (art. 1304) ; l'art. 1560 fait ici l'application de cette règle, en disant que la femme ou ses héritiers peuvent faire révoquer l'aliénation « sans qu'on puisse leur opposer aucune prescription *pendant le mariage* ». D'après ce texte la solution n'est pas douteuse : l'action ne commence à se prescrire qu'à la dissolution du mariage. Mais tout aussitôt vient l'art. 1561 qui déclare les immeubles dotaux *prescriptibles à partir de la séparation de biens*, ce qui fait que la prescription peut courir même pendant le mariage, dès que les époux sont séparés. Auquel de ces deux textes faut-il donner la préférence ? Le point de départ de la prescription sera-t-il le jour de la séparation de biens, ou seulement le jour de la dissolution du mariage ? C'est une question qui sera examinée à propos de la séparation de biens (ci-dessous n° 1633).

§ 5. — *De l'imprescriptibilité des immeubles dotaux.*

*** 1539. Sa raison d'être.** — L'immeuble dotal étant inaliénable, on devait par voie de conséquence le considérer comme imprescriptible. Le laisser sujet à la prescription, c'était ouvrir à la femme un moyen indirect de se dépouiller avec le temps de sa propriété. On a donc déclaré le fonds dotal *imprescriptible* (art. 1561), de façon que la propriété n'en peut pas être enlevée à la femme par une *usucapion* accomplie au profit d'un tiers, pas plus que par une *aliénation*.

1540. Observation. — Il ne sera question ici que de la *prescription acquisitive*, la difficulté annoncée ci-dessus (n° 1538), qui concerne la prescription extinctive de l'action en nullité, devant être étudiée à part (ci-dessous n°s 1633 et suiv.).

1541. Prescriptions suspendues par la loi. — L'art. 1561 suspend au profit de la femme les prescriptions suivantes :

1° Usucapion de la propriété. — Les tiers détenteurs des biens dotaux n'en peuvent pas acquérir la propriété ni par la prescription abrégée de dix à vingt ans, au cas où ils ont un titre émanant d'un non-propriétaire, ni par la prescription de trente ans au cas où ils se sont mis en possession sans titre, ou lorsqu'ils sont de mauvaise foi.

2° Acquisition de servitudes. — Aucune servitude ne peut être acquise au profit d'un tiers par prescription, leur établissement par ce moyen supposant toujours la prescriptibilité du fonds.

3° Perte de servitudes par non-usage. — Si le bien dotal possède des servitudes actives sur le fonds voisin ces servitudes sont également imprescriptibles en ce sens que la dotalité en empêche l'extinction par le non-usage.

1542. Exceptions. — Il y a cependant des cas où la prescription est possible au sujet d'un fonds dotal.

1° Immeubles déclarés aliénables par le contrat de mariage. — Quand l'immeuble peut être aliéné, le fondement de son imprescriptibilité disparaît : il rentre dans le droit commun. Aussi l'art. 1561 a-t-il soin de dire : « les immeubles dotaux *non déclarés aliénables par le contrat de mariage* sont imprescriptibles... » Toutefois cette première exception suppose que l'aliénation de l'immeuble a été permise purement et simplement. S'il y avait quelque restriction à la liberté d'en disposer, par exemple s'il n'était aliénable qu'à charge de remploi, il resterait imprescriptible, car la condition d'emploi ne serait évidemment par réalisée dans l'hypothèse d'une prescription (Montpellier, 27 déc. 1855, S. 57. 1. 779).

2° Prescriptions commencées avant le mariage. — A leur égard le texte est formel : l'immeuble est prescriptible quand la prescription a commencé avant le mariage (art. 1561, al. 1). En d'autres termes, quand la prise de possession est antérieure au mariage la prescription continue à courir malgré la dotalité qui vient frapper l'immeuble.

On s'est demandé ce qui arriverait si une possession avait commencé avant le mariage dans des conditions telles que la prescription se soit trouvée suspendue dès le premier jour par la minorité de la femme. La prescription sera-t-elle réputée « commencée avant le mariage », de façon à courir lorsque la femme aura atteint sa majorité ? Duranton et Odier l'ont jadis contesté, mais ils s'exagéraient l'effet de la suspension de prescription, qui n'en recule pas le point de départ et empêche seulement de tenir compte du temps couru en fait. En ce sens Grenoble, 6 déc. 1842, S. 43. 2. 290 ; Aubry et Rau, t. V, § 537, note 56.

3° Effet de la séparation de biens. — La séparation de biens a pour effet de rendre la dot *prescriptible entre les mains de la femme*. La portée et les motifs de cette dernière exception seront indiqués plus loin à propos de la séparation de biens.

1543. Observation. — Dans les trois cas exceptionnels où la prescription court à compter de la séparation, cet effet ne se produit qu'autant qu'il n'existe pour elle aucune autre cause de suspension.

§ 6. — *Exceptions au principe d'inaliénabilité.*

***1544. Division.** — Les cas dans lesquels l'immeuble dotal peut être aliéné sont assez nombreux. Tantôt ce sont les parties elles-mêmes qui, dans leur contrat de mariage, se réservent la faculté d'en disposer plus ou moins librement, tantôt c'est la loi qui autorise l'aliénation dans des cas qu'elle détermine. Les exceptions à la règle d'inaliénabilité sont donc *conventionnelles* ou *légales*.

A. — Cas où l'aliénation est autorisée par le contrat de mariage.

1° Clauses dérogatoires à la règle.

*** 1545. Leur fréquence.** — Ces conventions sont très fréquentes, et leur vogue s'explique par leur très grande utilité : elles apportent un tempérament extrêmement précieux au régime dotal en l'assouplissant.

**** 1546. Liberté des conventions.** — L'inaliénabilité de la dot n'est pas de l'essence du régime dotal. La loi permet donc de l'écarter (art. 1557).

Cet article ne parle que de l'*aliénation*. Les époux peuvent-ils également se réserver la faculté d'*hypothéquer* les biens dotaux ? On leur a jadis contesté ce droit en rapprochant l'art. 1554, qui formule une interdiction expresse pour l'hypothèque, et l'art. 1557 qui n'y déroge pas (voyez la note sous Cass., 16 août 1837, D. 37. 1. 401, S. 37. 1. 800). Mais le principe de la liberté des conventions matrimoniales a fait passer outre à l'objection ; on ne peut qu'être favorable à des clauses qui diminuent le caractère exorbitant du régime dotal et les dangers qui en dérivent (Cass., 7 juill. 1840, D. 40. 1. 223, S. 40. 1. 796 ; Cass., 13 déc. 1853, D. 54. 1. 329, S. 54. 1. 17 ; Cass., 18 nov. 1862, D. 62. 1. 476, S. 63. 1. 5).

***1547. Interprétation restrictive.** — Toute clause du contrat de mariage qui établit l'aliénabilité des biens dotaux constitue une dérogation au principe de l'art. 1554 et doit s'interpréter restrictivement. La jurisprudence a eu l'occasion de rendre toute une série d'arrêts relatifs à l'interprétation de ces clauses.

Réserve du droit d'aliéner. — Quand les époux se sont réservé la faculté d'aliéner les immeubles dotaux, cette réserve s'entend seulement de l'*aliénation* proprement dite ; il ne leur est pas permis de les *hypothéquer* (Cass., 25 janv. 1830, D. 30. 1. 32, S. 30. 1. 68, S. chr. 9. 1. 436 ; Cass., Chambres réunies, 29 mai 1839, D. 39. 1. 219, S. 39. 1. 449 ; Cass., 1er déc. 1868, Dalloz, *Suppl.*, t. IV, p. 225, note 1, S. 69. 1. 59) ; ni même de les engager par voie de *vente à réméré* (Cass., 31 janv. 1837, D. 37. 1. 106, S. 37. 1.

190). Voyez cependant Cass., 19 mars 1861, D. 61. 1. 429, S. 62. 1. 198. Mais la jurisprudence est restée incertaine sur la question de savoir si la femme peut alors *compromettre* sur les causes relatives à ses biens dotaux : voyez dans le sens de l'affirmative Grenoble, 12 févr. 1846, D. 46. 2. 237, S. 46. 2. 519, et dans le sens de la négative Lyon, 20 août 1828, D. 28. 2. 212, S. 29. 2. 68, S. chr. 9. 2. 140.

Même restriction pour la clause qui permet à la femme de *vendre* : on n'autorise pas la femme à *échanger* son immeuble (Toulouse, 7 févr. 1832, D. 33. 2. 36, S. 33. 2. 464; Lyon, 9 juill. 1861, S. 62. 2. 15). Mais la faculté générale d'aliéner s'entend de l'échange aussi bien que de la vente (Cass., 25 avril 1831, D. 32. 1. 54, S. 32. 1. 623).

Réserve du droit d'hypothéquer. — Le contrat qui autorise la femme à hypothéquer ses biens dotaux ne lui permet pas de renoncer à l'hypothèque qui garantit ses reprises dotales ou d'y subroger un tiers (Riom, 22 déc. 1846, D. 47. 2. 105, S. 47. 2. 195; Cass., 16 déc. 1856, D. 56. 1. 433, S. 57. 1. 582; Cass., 17 déc. 1866, D. 67. 1. 24, S. 67. 1. 114).

De plus, la possibilité d'hypothéquer ne produit pas d'effet à l'égard des créanciers ; elle ne détruit pas pour eux les effets de l'inaliénabilité, et tous ceux au profit desquels la femme ne constitue pas une hypothèque, ne peuvent pas saisir (Cass., 3 avril 1849, D. 49. 1. 124, S. 49. 1. 385; Bordeaux, 22 déc. 1857, S. 58. 2. 529).

— Il semble que le notariat, éclairé par ces nombreux arrêts, ait adopté des formules plus explicites, qui réservent aux époux toute la liberté d'action qu'ils s'attendent naturellement à trouver dans de pareilles clauses, car il y a peu de décisions récentes sur ces questions. Voyez Cass., 13 déc. 1853, D. 54. 1. 32?, S. 54. 1. 17; Cass., 1er août 1866, D. 66. 1. 446, S. 66. 1. 363. Le principe une fois établi par la jurisprudence, il ne peut plus se présenter que des difficultés d'interprétation. Voyez par exemple Caen, 1er avril 1876, Dalloz, *Suppl.*, t. IV, p. 226, note 1, S. 76. 2. 291.

2° Conditions de validité de l'aliénation.

***1548. Possibilité d'autoriser l'acte sans condition.** — Quand ils se réservent la faculté d'aliéner ou la faculté d'hypothéquer, les époux peuvent s'assurer une entière liberté d'action et ne subordonner la validité de leurs opérations à l'accomplissement d'aucune formalité. Cette possibilité est surtout intéressante à constater en ce qui concerne les constitutions d'hypothèques. Ordinairement les époux conviennent que *l'aliénation de l'immeuble* ne pourra se faire qu'à charge de remploi, tandis qu'ils se réservent la faculté d'hypothéquer sans aucune condition. L'hypothèque est alors valablement constituée sans que les fonds empruntés reçoivent aucune destination déterminée ; cela diminue les garanties du régime dotal, presque jusqu'à les anéantir, mais la jurisprudence l'admet (Cass., 3 févr. 1891, D. 92. 1. 28, S. 91. 1. 247).

1549. Possibilité de conférer au mari le pouvoir d'aliéner. — On rencontre des contrats de mariage dans lesquels le pouvoir d'aliéner, avec pleine liberté, est donné au mari : il y a alors non seulement *dérogation au principe d'inaliénabilité*, mais *mandat conféré au mari* : la fortune entière de la femme se trouve à la disposition du mari, à peu près comme au cas de communauté universelle ou d'ameublissement général. Une telle clause est valable ; elle ressuscite le régime de la dot antérieur à Auguste (Cass., 14 févr. 1893, D. 93. 1. 261, S. 93. 1. 350).

* **1550. De la condition de remploi.** — La plupart des contrats de mariage, en autorisant l'aliénation du fonds dotal, y mettent comme condition qu'il sera fait *remploi du prix*. C'est la forme usuelle de ces clauses. En ce cas l'aliénation n'est valable qu'à la condition d'avoir été suivie de remploi et d'un remploi régulier. Les frais sont payés par la femme sur ses paraphernaux ou prélevés sur la somme à remployer (Cass., 16 nov. 1859, D. 59. 1. 490, S. 60. 1. 241).

Sous le régime dotal le remploi est soumis en principe aux mêmes règles que sous la communauté, notamment à la nécessité de la double déclaration exigée par les art. 1434 et 1435 (ci-dessus n°s 951 et suiv.). Il doit être fait en immeubles, afin de donner à la femme un bien de même nature que celui qu'elle aliène, sauf l'effet des lois du 2 juillet 1862 (art. 46) et du 16 septembre 1871 (art. 29) qui autorisent les remplois en rentes sur l'État, et sauf aussi l'effet des clauses du contrat de mariage, qui prévoit presque toujours le cas de remploi et dit en quels biens ou valeurs il devra et pourra être fait [1].

Néanmoins, à cause du caractère spécial de la dot, le remploi du régime dotal suit quelques règles qui lui sont propres. Voyez les n[os] suivants.

* **1551. Époque du remploi.** — Le remploi ne peut plus être fait après la dissolution du mariage, parce qu'il ne pourrait plus à cette époque faire acquérir à un bien nouveau le caractère dotal et inaliénable (Cass., 17 déc. 1855, D. 56. 1. 174, S. 56. 1. 201 ; Cass., 2 mai 1859, D. 59. 1. 275, S. 59. 1. 293). Mais il serait encore temps d'y procéder après la séparation de biens, car la dot subsiste, bien que restituée à la femme, et de nouveaux biens peuvent y entrer (Bordeaux, 21 août 1848, D. 49. 2. 40, S. 48. 2. 721 ; Caen, 30 avril 1849, D. 52. 2. 194, S. 52. 2. 177. — Voyez cependant Toulouse, 14 juill. 1852, D. 53. 2. 11, S. 52. 2. 636).

** **1552. Effet du remploi.** — L'immeuble acquis en remploi est dotal comme le premier, et comme lui aliénable sous condition de remploi (Cass., 9 mars 1870, D. 72. 1. 85, D. 70. 1. 285). S'il vaut plus que l'ancien,

[1] Le remploi suppose l'*acquisition d'un bien nouveau* en échange de celui qui a été aliéné. Par conséquent la femme dotale, en sa qualité d'incapable, ne serait pas libre d'accepter un placement quelconque. Ainsi ne constitue pas un remploi utile *l'extinction des dettes de la femme* au moyen du prix (Pau, 5 mars 1859, S. 59. 2. 404. — Voyez cependant Caen, 2 février 1851, D. 52. 2. 234, S. 52. 2. 440), ni même un *placement sur hypothèque* (Caen, 2 août 1851, D. 52. 2. 226, S. 52. 2. 177 et 182), ni enfin l'*acquisition d'une rente viagère*, qui ne fait acquérir à la femme aucun fonds (Cass., 23 juin 1846, D. 46. 1. 332, S. 46. 1. 865. — Voyez cependant Caen, 17 juillet 1845, S. 48. 2. 134).

il ne devient dotal que jusqu'à concurrence du prix à remployer; sinon les époux pourraient augmenter indéfiniment la dot aux dépens des paraphernaux, par des remplois successifs (Montpellier, 24 janv. 1895, D. 95. 2. 434; Trib. Grenoble, 7 mars 1895, D. 96. 2. 348).

En tout cas, si le prix d'acquisition du nouvel immeuble n'est pas intégralement payé, son caractère dotal ne l'empêche pas d'être grevé du privilège du vendeur ou, à l'occasion du privilège du copartageant, s'il a été acheté par la femme sur licitation, et le créancier du prix a le droit de le saisir et de se faire payer par préférence à la femme par le tiers adjudicataire pour tout ce qui lui reste dû (Aix, 20 janv. 1894, D. 94. 2. 286, S. 94. 2. 72; Montpellier, 24 janv. 1895, D. 95. 2. 434).

3° Conséquences du défaut de remploi.

** **1553. Nullité de l'aliénation.** — A défaut de remploi, l'aliénation peut être annulée sur la demande de la femme : la condition de laquelle dépendait sa validité n'a pas été accomplie et l'action en nullité est ouverte. Ici se remarque une des différences du régime dotal et de la communauté : le remploi est, *de plein droit, obligatoire pour les tiers,* qui sont tenus d'en surveiller l'accomplissement, s'ils ne veulent pas s'exposer au recours de la femme.

Au défaut de remploi il faut assimiler le cas d'un remploi irrégulier ou soumis à éviction à cause de l'existence d'hypothèques sur l'immeuble acheté (Limoges, 14 janv. 1862, D. 62. 2. 27, S. 62. 2. 344; Cass., 3 avril 1883, D. 84. 1. 23, S. 84. 1. 285).

* **1554. Action de la femme contre le tiers.** — La Cour de Grenoble a jugé que l'action en nullité ne pouvait pas être intentée par le mari pendant le mariage (Grenoble, 28 juill. 1865, D. 65. 2. 205, S. 66. 2. 137). Elle en donne pour raison que le mari, qui est chargé de faire le remploi, est en faute de n'y avoir pas procédé et ne peut se prévaloir de sa négligence pour forcer le tiers à payer une seconde fois ou à restituer l'immeuble. Mais la Cour oublie que le mari agit en nullité *comme représentant de sa femme,* et que celle-ci a intérêt à agir; son mari doit donc pouvoir le faire en son nom (Comp. les observations de M. Labbé, dans le *Sirey*).

En tout cas l'action en nullité est très certainement ouverte à la femme après la séparation de biens, et à plus forte raison après la dissolution du mariage.

Au lieu de demander la nullité, il semble que la femme pourrait aussi demander *un second paiement du prix,* car l'acquéreur a mal payé et ne s'est pas libéré en versant l'argent sans s'assurer du remploi (Cass., 3 déc. 1888, D. 90. 1. 71, S. 89. 1. 121).

* **1555. Action de la femme contre le mari.** — La femme n'est pas obligée d'agir en nullité contre le tiers acquéreur. De même qu'au cas d'aliénation nulle à raison de l'inaliénabilité du bien, elle peut aussi exercer

un recours contre son mari (Comp. ci-dessus n° 1531). Et même ce recours peut avoir un double objet : 1° elle peut exiger du mari, après la dissolution du mariage, le *remboursement du prix,* auquel cas elle ratifie l'aliénation ; 2° elle peut, pendant le mariage, demander que le remploi soit fait (Cass., 20 déc. 1853, D. 53. 1. 120, S. 53. 1. 151).

1556. Droits de l'acquéreur. — En présence du danger qui le menace, si le remploi n'est pas fait, l'acquéreur est nécessairement autorisé à en surveiller l'accomplissement. Pour cela il a le droit de *retenir son prix,* tant qu'on ne lui justifie pas d'un remploi utile et à l'abri de toute chance d'éviction (Bordeaux, 1er déc. 1847, D. 49. 5. 340, S. 48. 2. 384). Mais il n'a pas à s'inquiéter de l'avenir ni des fautes que le mari commettra plus tard et qui pourront faire perdre à la femme le bénéfice du remploi, si ce remploi était bon et valable à l'origine (Cass., 2 août 1853, D. 54. 1. 353, S. 55. 1. 209).

Dans beaucoup de contrats de mariage, il est dit que les acquéreurs des biens dotaux ne seront valablement libérés de leur prix qu'en versant directement les fonds entre les mains des vendeurs des biens ou valeurs achetés en remploi. De la sorte les fonds ne passent pas par les mains du mari, l'opération est simplifiée et la sécurité de la femme à peu près complète.

Une déclaration mensongère, émanée des époux et constatant que le remploi a été fait, alors qu'il n'a pas eu lieu, ne suffit pas à couvrir la responsabilité du tiers : il n'est à l'abri que par l'existence d'un remploi effectif (Riom, 19 mai 1891, D. 92. 2. 537).

1557. Clauses modifiant la responsabilité des tiers. — Grâce à la liberté des conventions, on trouve très souvent dans les contrats de mariage des clauses qui modifient la situation des tiers en matière de remploi. On stipule souvent que les acquéreurs n'auront pas à s'en préoccuper et ne pourront encourir de ce chef *aucune responsabilité.* Cette clause est valable (Bordeaux, 21 avril 1888, D. 90. 2. 24, S. 90. 2. 154; Paris, 11 mars 1892, D. 92. 2. 392). Le remploi devient alors une pure question d'ordre intérieur entre les époux et l'aliénation reste valable malgré l'absence complète de remploi. On peut aussi se borner à *alléger* la responsabilité des tiers *sans la supprimer,* convenir par exemple que l'acquéreur sera tenu de vérifier *l'existence* du remploi, sans être garant de sa *valeur* ou de son *utilité* (Cass., 29 janv. 1890, D. 90. 1. 97, S. 93. 1. 471).

1558. Recours de l'acquéreur évincé. — Quand il est évincé ou obligé de payer une seconde fois son prix, l'acquéreur a un recours contre le mari, dont la négligence a rendu l'éviction possible. Ce recours est fondé sur les principes généraux, le mari étant tenu de faire le remploi. Tout ceci est très naturel ; voici qui est un peu inattendu : l'acquéreur et le mari, tous deux obligés d'indemniser la femme, sont tenus l'un pour l'autre, et comme c'est le mari qui est le vrai coupable, l'acquéreur n'est en quelque sorte que sa caution. Il en résulte que s'il désintéresse la femme, il est *subrogé dans l'hypothèque légale* que la femme possède sur les biens du mari (Cass., 3 déc. 1888, D. 90. 1. 71, S. 89. 1. 121).

B. — Cas où l'aliénation est permise par la loi.

** **1559. Actes autorisés par la loi.** — Dans les art. 1555 à 1558, la loi autorise l'*aliénation* du fonds dotal, dans certaines hypothèses qu'elle détermine. Ces textes dérogent à l'art. 1554, qui contient le principe de l'inaliénabilité dotale ; ils sont donc *des exceptions à une règle*. Néanmoins il est admis sans contestation que la justice peut autoriser la femme *à emprunter en hypothéquant le fonds dotal,* au lieu de le vendre. On y trouve l'avantage de permettre à la femme de conserver un immeuble auquel elle tient, et cela lui est surtout avantageux quand elle a besoin d'une somme moindre que celle qu'elle obtiendrait en le vendant (Cass., 7 juillet 1857, D. 58. 1. 405, S. 57. 1. 734 ; Limoges, 21 mars 1888, D. 89. 2. 111, S. 89. 2. 166 ; Cass., 20 oct. 1891, D. 91. 1. 264, S. 91. 1. 62). Jurisprudence constante.

Pour la commodité du lecteur il ne sera parlé plus loin que de la vente, sauf indication contraire pour les renseignements qui concernent spécialement la constitution d'une hypothèque.

1560. Distinction. — Dans certains cas la vente peut se faire *avec l'autorisation du mari*, s'il y consent ; dans les autres il est nécessaire qu'elle soit *autorisée par le tribunal*.

1° Aliénations possibles avec l'autorisation du mari.

* **1561. Établissement d'un enfant du premier lit.** — Ce cas est prévu par l'art. 1555. La femme qui a des enfants d'un précédent mariage peut les doter ou les établir en disposant de ses biens dotaux, avec l'autorisation du mari, ou, à son défaut, avec l'autorisation de justice. Mais, si elle se fait autoriser par le tribunal, elle ne peut disposer que de la nue propriété, afin de réserver la jouissance à son mari.

* **1562. Établissement d'un enfant commun.** — Lorsqu'il s'agit d'un enfant commun, l'autorisation du mari, s'il refuse de la donner, ne peut être remplacée par celle de la justice (art. 1556). C'est ce qui résulte du silence du texte, qui ne parle que de l'autorisation du mari, et cette différence entre les deux hypothèses était nécessaire, parce que le père exerce alors son droit de puissance paternelle sur ses propres enfants, tandis que dans le cas visé par l'art. 1555, il s'agit d'enfants qui n'appartiennent qu'à la femme, et le refus de son second mari pourrait être injuste.

On admet d'ailleurs que la femme pourrait donner la nue propriété de sa dot avec l'autorisation de la justice, si le mari était *interdit* ou *absent* ; ce n'est qu'en cas de refus qu'il y a impossibilité de s'adresser au tribunal.

1563. Portée de l'exception. — Le mot « établissement » doit s'entendre ici non seulement de la dot et de l'*établissement par mariage*, mais de tout *établissement professionnel* par lequel l'enfant peut se créer une place dans la société, par exemple de l'achat d'une étude de notaire (Cass., 24 oct. 1892, D. 92. 1. 620, S. 92. 1. 574). Mais la femme ne serait pas autorisée à aliéner sa dot pour faire une donation à des enfants déjà dotés et mariés (Toulouse, 31 déc. 1883, D. 84. 2. 81, S. 84. 2. 113), non plus que pour les aider à sauver un établissement déjà fondé et qui périclite (Rouen, 23 janv. 1897, D. 99. 2. 139, S. 99. 2. 157). Il faut qu'il s'agisse d'un établissement *nouveau*. La femme est autorisée non seulement à *aliéner* sa dot, mais même à *contracter des engagements* exécutoires sur ses biens dotaux (Cass., 23 juin 1880, D. 80. 1. 442, S. 81. 1. 78 ; Limoges, 9 déc. 1889, D. 91. 2. 126). Ce point est cependant contesté par M. Colmet de Santerre, t. VI, nº 228 *bis*-IV. Comp. S. 57. 2. 657.

2º Cas où l'aliénation doit être autorisée par la justice.

***1564. Énumération de la loi.** — L'art. 1558 énumère cinq cas (dont l'un est double) dans lesquels l'aliénation peut être autorisée par la justice même en dehors de toute convention dans le contrat de mariage, et l'art. 1559 en ajoute un septième. — Bien que cette énumération soit *limitative*, à raison du principe d'inaliénabilité auquel elle déroge, la jurisprudence se montre assez large dans l'interprétation du texte et l'étend plutôt qu'elle ne le restreint. Voyez ce qui est dit à propos des deuxième, troisième, quatrième et cinquième cas.

1º Prison pour dettes. — En parlant de « tirer de prison le mari ou la femme », la loi fait allusion à la *contrainte par corps*. Cet article ne peut donc plus recevoir son application que dans des cas très rares, depuis la loi du 22 juillet 1867. Voyez t. II, nº 190. Il ne servirait pas à acquitter les dettes du mari, s'il s'agissait de le faire échapper à des peines prononcées par le Code pénal, par exemple celles qui atteignent les notaires poursuivis pour faits de charge (Caen, 28 mars 1881, Dalloz, *Suppl.*, t. IV, p. 233, note 1, S. 82. 2. 81).

2º Aliments de la famille. — Le texte (art. 1558, al. 3) renvoie aux art. 203, 205 et 206 qui établissent l'obligation alimentaire entre parents et alliés. On est d'accord pour décider que la même faculté existe quand il s'agit de fournir des aliments aux époux eux-mêmes. Pour le cas où il s'agit d'un enfant naturel, voyez Pau, 18 mai 1863, D. 63. 2. 129, S. 64. 2. 139.

En principe l'autorisation ne doit être accordée que pour faciliter *à l'avenir* l'existence de la famille, et non pour régler des *dettes déjà nées* ; cependant la jurisprudence admet la validité d'autorisations données après coup (Bordeaux, 20 déc. 1889, D. 91. 1. 264). Voyez cependant Rouen, 7 août 1869, D. 71. 2. 47, S. 70. 2. 172. Mais la faculté accordée par l'art. 1558 est personnelle à la femme, et le *fournisseur non payé* ne peut pas obtenir de la justice l'autorisation de vendre le bien dotal (Cass., 10 nov. 1897, D. 98. 1. 296, S. 98. 1. 353).

La jurisprudence interprète la loi d'une manière large. Elle autorise des aliénations ou des emprunts, non seulement pour *achats d'aliments*, comme semble le supposer le texte, mais même pour toutes autres opérations qui sont destinées à faire vivre la famille et à lui procurer des ressources, en conservant au mari un *établissement industriel* (Cass., 13 mai 1889, S. 89. 1. 429 ; Cass., 3 mars 1896, D. 97. 1. 231) ou un *office* (Montpellier, 2 mars 1858, D. 58. 2. 207, S. 59. 2. 30 ; Rouen, 3 févr. 1886, Dalloz, *Suppl.*, t. IV, p. 234, note 2) ou en permettant la transformation et la mise en culture d'un *domaine rural* (Cass., 2 mai 1898, D. 98. 1. 367, S. 99. 1. 173).

3º Paiement des dettes de la femme. — L'art. 1558 permet à la femme, dûment autorisée par justice, de vendre son bien dotal pour payer ses créanciers lorsque la dette est *antérieure au contrat de mariage*. Sur cette disposition, il y a deux observations à faire :

a) *La loi exige que la date du titre du créancier soit certaine*, mais on admet qu'il n'est pas nécessaire que cette certitude soit établie conformément à l'art. 1328 (Aix, 27 avril 1865, Dalloz, *Suppl.*, t. IV, p. 236, note 2, S. 66. 2. 63). Voyez cependant

Pau, 18 mai 1863, D. 63. 2. 129 ; Guillouard, t. IV, n° 2034. Voyez aussi les observations de Cambacérès (Fenet, t. XIII, p. 596), à la suite desquelles le texte a reçu sa rédaction actuelle (*Ibid.*, p. 590 et 602).

b) Il faut que la dette soit *antérieure au contrat de mariage* ; il n'y aurait pas lieu d'accorder la même facilité pour des dettes contractées dans l'intervalle entre le contrat de mariage et la célébration du mariage (Guillouard, t. IV, n° 2032). Cette opinion est à peu près unanime en doctrine ; elle se trouve cependant rejetée par les arrêts (Caen, 9 juill. 1889, D. 90. 2. 137). Voyez ci-dessous n° 1599.

4° Paiement des dettes du constituant. — La même facilité est accordée quand la femme veut payer les dettes du constituant *antérieures au contrat de mariage*. Ici le sens des mots n'est pas douteux : il ne saurait être question de payer les créanciers du donateur quand leur titre est postérieur à la donation.

Pour ces créanciers, la possibilité de vendre la dot est beaucoup plus intéressante que pour les créanciers de la femme, car les biens donnés à la femme sont sortis du patrimoine de leur débiteur et ils ne peuvent plus les saisir : si la femme ne vend pas volontairement, ils ne seront pas payés, tandis que la jurisprudence réserve aux créanciers de la femme antérieurs au mariage leur action sur les biens dotaux. — Le texte ne faisant pas de distinction, on décide que la dot peut être vendue même pour désintéresser des créanciers qui auraient perdu toute action sur les biens donnés à la femme, par exemple parce qu'ils n'ont pas d'hypothèque et que la dot n'est pas constituée en fraude de leurs droits.

La jurisprudence étend la disposition de la loi, qui ne parle que des dettes du constituant, pour l'appliquer également aux dettes qui grèvent les successions échues à la femme et comprises dans sa constitution de dot (Limoges, 21 mars 1888, D. 89. 2. 111, S. 89. 2. 166).

5° Conservation du fonds dotal. — L'art. 1558, al. 5, permet d'aliéner l'immeuble dotal avec permission de justice « pour faire de *grosses réparations* indispensables à sa conservation », ce qui doit s'entendre quand la femme possède d'autres biens que celui qu'on aliène, ou quand on en vend seulement une partie pour réparer le reste. — La loi n'autorise l'aliénation qu'autant qu'il y a *nécessité* et qu'il s'agit de la *conservation* de l'immeuble ; la justice devrait donc rejeter la demande quand il s'agit de vendre pour faire des *améliorations*, quelque utiles qu'elles soient (Agen, 29 mars 1892, D. 92. 2. 253, S. 93. 2. 81). Cependant on voit assez souvent des autorisations de ce genre accordées pour des améliorations, quand celles-ci sont nécessaires pour procurer des *ressources à la famille* : on applique alors, non plus l'al. 5, mais l'al. 3 de l'art. 1558 (Cass., 2 mai 1898, D. 98. 1. 367). Voyez aussi Rouen, 9 avril 1845, D. 53. 2. 48, et Cass., 20 oct. 1890, D. 90. 1. 264. La reconstitution d'un vignoble détruit est assimilé à une grosse réparation (Cass., 23 nov. 1898, D. 99. 1. 39).

La jurisprudence se montre également assez large en interprétant la loi à un autre point de vue. Tandis que le texte ne prévoit que le cas de « réparations », c'est-à-dire de travaux matériels exécutés sur un bien-fonds, elle autorise encore la vente pour payer des frais faits pour la *conservation de l'immeuble* d'une autre façon, ceux qui résultent d'une *instance en séparation de biens*, quand la femme a cherché à sauver sa dot (Cass., 19 juill. 1887, D. 88. 1. 49, S. 88. 1. 289). Mais cette décision ne s'étend pas aux frais d'une demande en séparation de corps, qui n'a pas pour but de conserver la dot (Pau, 1er août 1887, D. 89. 2. 110, S. 89. 2. 164).

6° Vente sur licitation. — L'immeuble dotal peut encore être aliéné, d'après l'art. 1558, lorsque la femme n'en possède qu'une partie *par indivis avec des tiers* et que le bien est reconnu *impartageable*. Pour l'application de cette disposition, il suffit que l'immeuble ne soit pas *commodément partageable*, et que sa division doive le déprécier. L'aliénation devient alors nécessaire parce que les copropriétaires de la femme ont le droit de sortir d'indivision, et qu'on ne peut les en tirer qu'en vendant.

7° Echange. — Dans l'art. 1559, la loi permet l'échange du fonds dotal avec autorisation de justice, parce que cette opération a pour effet de remplacer le fonds primitif par un autre, ce qui fait que la dot n'est pas diminuée et ne court aucun danger, du moins quand les époux agissent de bonne foi.

Deux conditions sont exigées pour que l'échange ait lieu :

a) Il faut que la valeur du nouvel immeuble soit au moins *les quatre cinquièmes de la valeur de l'ancien*. Sans cela la consistance de la dot pourrait se trouver trop fortement diminuée. Cette valeur est appréciée par des experts nommés d'office par le tribunal (art. 1559). D'après l'art. 303 C. proc. civ. il en faut trois.

b) *L'utilité de l'échange* doit être démontrée aux juges. La loi n'exige pas que l'opération soit *nécessaire* ; il suffit qu'elle soit avantageuse à la femme.

*** 1565. Caractère limitatif de l'énumération légale.** — Quoique la jurisprudence ait dans quelques arrêts étendu sensiblement l'application du texte, l'énumération contenue dans les art. 1558 et 1559 n'en est pas moins limitative : quel que soit l'intérêt des époux, l'aliénation du fonds dotal ne peut pas être autorisée, si l'on ne peut la rattacher à aucune des hypothèses prévues par le texte. C'est une des grandes gênes que le régime dotal impose sans utilité bien démontrée à ceux qui l'ont choisi. La disposition du *Code italien* est bien préférable : la justice peut autoriser la vente *toutes les fois qu'elle le juge utile* (art. 1405 C. civ. ital.), comme elle fait chez nous pour les biens des mineurs. On peut prévoir que pareille réforme sera faite un jour en France ; on a déjà vu comment les contrats de mariage la rendent même inutile en décidant que le fonds dotal pourra toujours être aliéné sans autorisation de justice, sous la seule condition du remploi du prix.

1566. Exception apparente au cas d'expropriation. — Nos lois sur l'expropriation pour cause d'utilité publique ont ajouté à la liste donnée par le Code civil un cas supplémentaire : lorsqu'un immeuble dotal se trouve compris parmi les propriétés dont l'expropriation est ordonnée, la femme peut valablement en consentir la *cession amiable*, conformément à l'art. 13 de la loi du 3 mai 1841. Ce n'est guère là qu'une formalité, puisque si la cession amiable n'est pas consentie par elle, l'expropriation est prononcée par le tribunal (art. 14). La vérité est qu'on lui laisse plutôt la liberté de *fixer le prix à l'amiable*, par une entente directe avec l'administration, au lieu de le faire fixer par le jury (art. 25), mais sa volonté d'aliéner est purement formelle, puisque son refus n'empêcherait pas l'expropriation de s'accomplir.

1566 *bis*. Consentement des époux. — Comme il s'agit d'immeubles dont la femme a gardé la propriété, et que les pouvoirs du mari ne comportent pas le droit d'aliéner, il faut en principe, dans toutes les hypothèses que nous passons en revue, que la femme consente à aliéner son fonds dotal et la loi le dit expressément dans l'art. 1559, à propos de l'échange ; il n'y a d'exception que dans le cas delicitation où la vente peut être imposée à la femme par ses cohéritiers et dans les cas où l'aliénation est *nécessaire* soit pour la conservation de sa dot, soit pour le paiement de ses dettes, auxquels cas le mari peut se faire autoriser par justice à vendre, malgré son opposition (Riom, 16 janv. 1886, D. 88. 1. 49).

Le consentement du mari est également nécessaire puisqu'il a l'usufruit des biens dotaux ; sans lui, la femme ne peut aliéner que la nue propriété.

1567. Procédure de l'autorisation. — Dans tous les cas où l'aliénation d'un fonds dotal est possible en vertu de la loi, cette aliénation doit être précédée d'une *autorisation spéciale*, préalablement donnée par le tribunal. Le contrôle de la justice est nécessaire, puisque les époux ne sont pas libres d'aliéner hors des cas prévus. Selon l'opinion générale, le tribunal compétent est *celui du domicile des époux* (art. 59 C. proc. civ.), et non celui de la situation de l'immeuble. Voyez cependant Cass., 23 nov. 1898, D. 99. 1. 39.

La demande est formée par requête d'avoué. Si le mari agit seul, elle est communiquée à la femme ; elle donne lieu à communication au ministère public (art. 83 C. proc. civ.) et le jugement est rendu en audience publique.

1568. Portée de l'autorisation. — L'autorisation donnée par justice est *nécessairement spéciale*, et ne peut être utilisée pour d'autres conventions que celles qui ont été prévues et permises par le jugement (Nîmes, 1er août 1891, D. 92. 2. 146).

1569. Forme de la vente. — En général l'aliénation autorisée par le tribunal a lieu à titre de vente, et *cette vente se fait aux enchères*. Les formes ont été réglées par l'art. 1558 et par l'art. 997 C. proc. civ. revisé par la loi du 2 juin 1841 : ce sont les formes des *ventes de biens de mineurs*. Elles passent (peut-être à tort) pour être plus simples et moins coûteuses que celles de la saisie. Les enchères sont reçues soit *par le tribunal*, à l'audience des criées, soit *par un notaire* commis par jugement ; elles sont annoncées par des *affiches* et par des *insertions dans les journaux* (art. 1558 C. civ., art. 960 et 997 C. proc. civ.).

Par exception, si la vente a pour cause l'indivision d'un fonds impartageable, elle se fera *dans la forme prescrite pour les partages*; et si c'est un échange, il n'y aura pas d'enchères, on se conformera à l'art. 1559.

***1570. Responsabilité des tiers.** — Si l'immeuble a été *vendu*, le tiers acquéreur ne peut payer son prix qu'entre les mains des personnes désignées par le jugement, s'il y a lieu ; il en est de même du cas où c'est un *emprunt* qui a été autorisé par la justice. Très souvent, les personnes désignées pour recevoir les fonds seront *des créanciers des époux*. Souvent aussi l'argent devra être remis *aux époux eux-mêmes*, qui en ont besoin pour subvenir à leurs dépenses personnelles. En principe le tiers qui verse les fonds est tenu d'en surveiller l'emploi, et de s'assurer qu'ils reçoivent bien la destination en vue de laquelle l'emprunt ou la vente a été autorisé (Cass., 13 déc. 1897, D. 98. 1. 56 ; Cass., 6 févr. 1899, D. 99. 1. 271, S. 1900. 1. 197). Toutefois il est déchargé de toute responsabilité lorsqu'il y a impossibilité pour lui de surveiller l'emploi (Cass., 5 nov. 1855, D. 55. 1. 435, S. 56. 1. 204 ; Cass., 13 déc. 1897 précité).

1571. Remploi de l'excédent disponible. — Quand c'est une vente qui a été autorisée, il arrive souvent que le prix est supérieur aux besoins qui l'ont rendue nécessaire. Cet excédent est dotal et il doit en être fait remploi comme tel (art. 1558, al. final). Le tiers acquéreur serait responsable du défaut de remploi, mais son omission ou sa nullité n'entraînerait pas l'annulation de la vente : le remploi n'est plus ici une condition de l'aliénation, qui a un autre but et une cause propre ; il est simplement une obligation pour le mari ou pour le tiers acquéreur ou prêteur (AUBRY et RAU, t. V, § 537, note 133. — En sens contraire, TESSIER, *Traité de la dot*, t. I, p. 237).

1572. Nullité de la vente. — Les cas de nullité qui peuvent se présenter sont les suivants :

1° DÉFAUT D'AUTORISATION. — Il est clair qu'il y aurait nullité si on avait vendu ou échangé ou hypothéqué sans la permission de justice qu'exigent les art. 1558 et 1559.

2° INOBSERVATION DES FORMES. — La vente serait encore nulle si l'on avait omis de la faire aux enchères ou de l'annoncer au public (art. 1558). Il en serait de même en cas d'omission des formes spéciales requises pour l'échange par l'art. 1559.

3° AUTORISATION DONNÉE HORS DES CAS PRÉVUS. — Les jugements sur requête qui autorisent l'aliénation d'un bien dotal ne sont pas des actes de juridiction contentieuse, possédant l'autorité de la chose jugée ; ce sont des actes de juridiction volontaire, qui se trouvent nuls s'ils sont accomplis en dehors des cas prévus par la loi et qui n'engendrent aucune exception contre l'action en nullité par laquelle la femme chercherait à faire tomber l'aliénation ou l'hypothèque consentie par elle (Cass., 27 nov. 1883, D. 85. 1. 39, S. 84. 1. 161 ; Cass., 25 janv. 1887, D. 87. 1. 473, S. 90. 1. 434 ; Cass., 11 déc. 1891, S. 97. 1. 227). Toutefois, l'annulation n'est possible qu'autant que le tribunal a méconnu les règles du régime dotal et étendu arbitrairement les dispositions de la loi, en accordant son autorisation dans des cas non spécifiés par le Code. L'acquéreur ou le prêteur serait au contraire entièrement à l'abri et l'autorisation d'aliéner ou d'hypothéquer, donnée par justice, serait inattaquable, s'il y avait eu simple erreur de fait, c'est-à-dire si les juges s'étaient fortuitement trompés ou avaient été trompés par les époux sur la nature des faits allégués comme motifs de l'opération (Cass., 20 juin 1877, D. 79. 1. 421, S. 80. 1. 19; Agen, 29 mars 1892, D. 92. 2. 253, S. 93. 2. 81).

§ 7. — *De l'inaliénabilité de la dot mobilière.*

1573. Bibliographie. — Lescœur, *Des origines de la jurisprudence sur l'inaliénabilité de la dot mobilière. Revue critique*, 1875, p. 380. — Voir aussi Tessier, *Traité de la dot*, note 499. — Fouchard, thèse, Paris, 1899.

A. — Origines du système actuel.

1574. Droit romain. — Il est bien certain que le droit romain n'avait pas rendu la dot mobilière inaliénable. La loi Julia avait statué seulement *de fundo dotali* et tous les textes qui parlent de l'inaliénabilité sont relatifs aux immeubles; d'autres donnent au mari le droit d'affranchir les esclaves compris dans la dot. Sous Justinien encore, Théophile explique tout au long que la défense d'aliéner n'est faite que pour les *prædia* et que le mari transmet valablement aux tiers la propriété des autres choses dotales (*Paraphrase* de Théophile, sur le *prœmium* du liv. II, tit. 8, des Institutes).

C'est Bartole qui paraît avoir le premier enseigné que l'inaliénabilité s'étendait à la dot mobilière, par interprétation de la loi 30 au *Code, De jure dotium*, liv. V, tit. 12 (Sur la loi unique *De rei uxoriae actione, Code*, liv. V, tit. 13). Son interprétation a été réfutée par Cujas (sur le titre *De jure dotium*, § *et cum lex*).

1575. Ancien droit français. — Les Parlements du Midi avaient conservé au mari son droit de disposer librement de la dot. Voyez:

1° Pour Toulouse, Catelan, *Arrêts remarquables*, liv. IV, chap. 47, t. II, p. 123; Vedel, *Observations sur les arrêts de Catelan*, liv. IV, chap. 47; De Juin, *Journal du Palais*, t. VI, p. 46; Claude Serres, *Institutes*, liv. II, chap. 8.

2° Pour Aix, Julien, *Éléments de jurisprudence*, I, 4, 17.

3° Pour Grenoble, « Maritus dotem alienare potest, si mobilis sit, etiam sine consensu uxoris... » (*Petri Exceptiones*, XIe siècle, I, chap. 34); Chorier, *Remarques sur la jurisprudence de Gui-pape*, p. 206; Duport-Lavilette, *Questions*, I, p. 27.

Mais, depuis le XVIe siècle au moins, on considérait la dot mobilière comme inaliénable de la part de la femme[1]. Voyez les *attestations* du barreau de Bordeaux de 1672, 1686, 1696, rapportées par Salviat, p. 199 (Tessier, *De la dot*, t. I, p. 292, en note). On y décidait que la femme ne pouvait pas aliéner sa dot mobilière pendant le mariage en renonçant à l'hypothèque légale qui lui en garantit la restitution, ni se trouver tenue sur sa dot mobilière de l'exécution des obligations qu'elle contracte. — Tessier rapporte même un passage de Julien qui prouve que cette incapacité de la femme était également reçue en Provence : « La femme ne peut, pendant le mariage, aliéner ni engager sa dot, soit que la dot consiste en argent, en meubles ou en immeubles » (*Éléments de jurisprudence*, p. 57, n° 28). Et il en était de même à Toulouse (Simon d'Olive, *Questions notables*, liv. III, chap. 23). Toutefois l'ensemble de cette jurisprudence ne paraît pas avoir été nettement exposée par personne, si ce n'est peut-être par Roussilhe (*De la dot*, nos 256, 263, 264).

***1576. Le Code civil.** — Il y a de fortes raisons de croire que l'intention des auteurs du Code a été de revenir aux véritables principes du droit romain, d'après lequel la femme n'était protégée par l'inaliénabilité que pour ses immeubles dotaux. Duveyrier disait: « Si quelquefois notre projet s'écarte de l'usage, c'est pour s'attacher plus fortement à la législation romaine dont l'usage s'était écarté » (Rapport au Tribunat, Fenet, t. XIII,

[1] Cette distinction entre les pouvoirs du mari et l'incapacité de la femme a pour origine une distinction faite par Cujas : « Uxor domina est rerum dotalium naturaliter, maritus civiliter ».

p. 750), et Albisson : « Le régime dotal n'avait pu éviter le sort de toutes les législations humaines qui se déforment et se compliquent... Le projet de loi le ramène à sa simplicité et à sa pureté originelles; il en élague tout ce qui pouvait l'altérer ou en embarrasser l'application » (Séance du 19 pluviôse an XII, FENET, t. XIII, p. 802). De plus, le Code a reproduit pour le régime dotal, en grande partie au moins, l'ouvrage de Domat. Or Domat ne considérait pas l'inaliénabilité de la dot mobilière comme un usage général, ayant la valeur d'une règle nouvelle du régime; il se borne à dire : « Il faut remarquer qu'*en quelques provinces* la femme ne peut pas même s'obliger avec l'autorisation de son mari, ce qui lui conserve sa dot entière, soit mobilière, soit immobilière » (*Loix civiles*, liv. I, tit. 9, sect. 1, art. 30). Comp. REGNAULT, thèse, Paris, 1894, p. 66.

Que devait-on en conclure, sinon que la jurisprudence suivie en quelques endroits était abandonnée? C'est ce qu'a fait une grande partie de la doctrine, qui pensait que le principe d'inaliénabilité, étant de droit exceptionnel, ne pouvait se suppléer et que le Code ne l'avait établie dans l'art. 1554 que pour les immeubles (TOULLIER, t. XIV, n° 176; AUBRY et RAU, t. V, § 537 *bis*, note 5 et les auteurs cités par eux). On serait revenu ainsi au système primitif; mais on va voir que la jurisprudence en a décidé autrement.

* **1577. Jurisprudence moderne.** — De tout temps certains arrêts se sont prononcés pour l'inaliénabilité des meubles dotaux (Limoges, 5 juill. 1816, S. 17. 2. 264; Cass., 1er févr. 1819, D. 10. 349, S. 19. 1. 146, S. chr. 6. 1. 16). La jurisprudence a surtout été fixée par deux arrêts de 1837 et 1846 (Cass., 2 janv. 1837, arrêt *Castel*, D. 37. 2. 135, S. 37. 2. 397; Cass., Chambres réunies, 14 nov. 1846, D. 47. 1. 27, S. 46. 1. 824). Depuis 1846 la jurisprudence n'a pas varié (Cass., 27 avril 1880, D. 80. 1. 431, S. 80. 1. 360) et la question ne se plaide plus.

Les considérations qu'on a fait valoir pour justifier cette solution peuvent se ramener à trois :

1° Certains textes (art. 1541, 1555, 1556, art. 83 C. proc. civ.) parlent en termes généraux de *la dot* ou des *biens dotaux*, expressions qui peuvent convenir aussi bien aux meubles qu'aux immeubles. — Cet argument n'a aucune valeur : ces différents textes doivent être interprétés par référence avec l'art. 1554, qui est le texte de principe et qui ne parle que des *immeubles* dotaux.

2° Une *raison historique*, aussi faible que la précédente : le Code a maintenu le régime dotal tel qu'il l'a trouvé dans les pays de droit écrit ; s'il avait voulu le modifier, il l'aurait dit. — On a vu par l'exposé historique qui précède ce qu'il faut penser de cet argument.

3° La nécessité de *compléter la protection que le régime dotal assure à la femme*. Si on restreint l'inaliénabilité aux immeubles, le bénéfice en est incomplet, surtout avec l'énorme développement de la richesse mobilière : actuellement la plupart des dots sont constituées en argent. L'abrogation du S. C. Velléien aggrave encore le danger pour la femme. — La raison est excellente, mais *en législation* seulement. Que peut-elle contre l'état actuel des textes? En réalité la jurisprudence s'est substituée ici au législateur et a ajouté quelque chose à nos lois. L'inaliénabilité de la dot mobilière est un des exemples les plus remarquables de ses hardiesses.

1578. Disposition du Code roumain. — En Roumanie, la dot mobilière peut être aliénée avec l'autorisation du mari, quand la propriété en reste à la femme (art. 1249 C. civ. roumain). Cet article a été écrit pour trancher la controverse qui se poursuivait alors en France.

B. — Système de la jurisprudence.

** **1579. Résumé.** — Toute la jurisprudence en cette matière peut se résumer par une double proposition :

1° *Entre les mains du mari*, qui a le droit de disposer des meubles dotaux, *la dot mobilière est aliénable* ;

2° *A l'égard de la femme*, la dot mobilière est *frappée d'inaliénabilité*, en ce sens qu'elle ne peut se trouver compromise par aucun acte de la femme.

Pour qualifier ce système, on dit parfois que l'inaliénabilité dotale est *relative* en ce qui concerne le mobilier : la femme est protégée contre elle-même et non contre son mari.

1° Droit de disposition du mari.

*** 1580. Son étendue.** — La jurisprudence admet que le mari peut disposer des meubles dotaux, *même de ceux dont il n'est pas propriétaire.* Elle considère cette faculté comme rentrant dans les pouvoirs d'administration que lui donne l'art. 1549. Ce pouvoir du mari a déjà été étudié (ci-dessus n° 1509). Rappelons seulement qu'il est *général* et ne s'applique pas seulement aux *meubles corporels,* pour lesquels les tiers acquéreurs seraient déjà protégés par le droit commun ; il existe également pour les *meubles incorporels,* qui fréquemment composent toute la dot. Ainsi le régime d'inaliénabilité n'empêche pas la dot entière de se trouver, à l'occasion, à la libre disposition du mari, quand elle est mobilière.

2° Impossibilité pour la femme de compromettre sa dot.

*** 1581. Insaisissabilité des meubles dotaux.** — Les créanciers qui traitent avec la femme, tant que dure le mariage, n'ont aucune action sur ses meubles dotaux, qui sont inaliénables à l'égard de la femme. La dot mobilière est donc insaisissable pour ses créanciers (Besançon, 30 juin 1891, D. 92. 2. 342). Voyez ci-dessous nos 1588 et suiv.

*** 1582. Incessibilité de l'hypothèque légale.** — Il est impossible que la femme se prive de son hypothèque légale en tant qu'elle garantit ses reprises mobilières. Ainsi elle ne peut céder son hypothèque, ni y renoncer ou y subroger un tiers ; une telle convention ne peut avoir d'effet que pour la partie des reprises de la femme qui sont paraphernales (Cass., 3 déc. 1883, D. 84. 1. 334, S. 84. 1. 232; Cass., 13 avril 1893, D. 94. 1. 407. Arrêts plus anciens et nombreux). La femme ne pourrait même pas compromettre son hypothèque d'une manière indirecte et sans convention spéciale ; voyez-en un exemple dans Cass., 6 déc. 1882, D. 83. 1. 219, S. 84. 1. 27.

A plus forte raison la femme ne pourrait-elle pas renoncer envers son mari à son action en reprise elle-même.

1583. Conséquences au cas de placement nouveau. — Cette indisponibilité de la dot mobilière à l'égard de la femme a conduit la jurisprudence à d'autres solutions très remarquables, au cas où la dot mobilière consiste *en argent* et où il en a été fait un *placement au nom de la femme* dans des conditions telles que le bien ainsi acquis soit *paraphernal.* Voyez ce qui est dit ci-dessous nos 1670 à 1680.

1584. Combinaison avec le pouvoir du mari. — La double proposition qui résume le système de la jurisprudence produit un autre résultat singulier : c'est que la femme, incapable de disposer de sa dot mobilière, peut cependant *s'associer à des actes de disposition faits par son mari* ; ainsi elle peut, de concert avec lui, *donner en nantissement* les titres des valeurs qui représentent sa dot ; cette convention est valable, parce qu'elle laisse intacts tous ses droits contre son mari (Cass., 13 janv. 1874, D. 74. 1.154. S. 74. 1. 160). Le mari aurait même pouvoir pour la consentir à lui tout seul ; c'est ainsi que, quand il prend un appartement à bail, le mobilier dotal qu'on y apporte est grevé du privilège du bailleur, qui n'est qu'une espèce de nantissement (Cass., 4 août 1856, D. 56. 1. 335, S. 57. 1. 216).

§ 8. — *Droits des créanciers de la femme.*

* **1585. Silence de la loi.** — Les effets que la dotalité produit relativement aux créanciers de la femme n'ont pas été déterminés par le Code. Nulle part la loi ne s'est occupée des engagements contractés par une femme mariée sous le régime dotal, si ce n'est incidemment, pour une convention particulière, la subrogation à l'hypothèque légale, et cela dans un texte bien postérieur au Code, l'art. 9 de la loi du 23 mars 1855.

Il semble d'ailleurs que nos anciens auteurs n'aient pas attaché grande importance à ce côté du régime dotal ; ils traitent longuement de l'inaliénabilité et de l'imprescriptibilité, et sont brefs sur l'insaisissabilité. Cependant la situation des créanciers d'une femme dotale a soulevé depuis le Code civil de très nombreuses questions, et presque toutes fort difficiles à résoudre. Dans nos recueils d'arrêts, les décisions relatives à ces difficultés sont présentées pêle-mêle avec celles qui concernent les cas d'aliénation des biens dotaux. Il y a cependant un avantage évident à les en séparer, bien que l'insaisissabilité soit la conséquence de l'inaliénabilité.

* **1586. Principe général sur la capacité de la femme.** — Il ne faut pas s'exagérer l'étendue de son incapacité, c'est-à-dire la portée des effets de l'inaliénabilité dotale sur la capacité personnelle de la femme : celle-ci n'est pas déclarée directement par la loi *incapable de s'obliger d'une manière générale* ; elle est seulement *incapable de perdre sa dot,* et ceci est bien différent. L'engagement contracté par une femme dotale n'est pas *nul* (annulable), comme le serait l'engagement d'un *incapable* (d'une femme mariée non autorisée) : il est seulement *sans effet sur ses biens dotaux* (Cass., 14 nov. 1855, D. 55. 1. 437, S. 56. 1. 455 ; Cass., 18 août 1869, D. 69. 1. 461, S. 70. 1. 69 ; Cass., 24 mars 1885, D. 85. 1. 254, S. 85. 1. 220).

Nous avons donc deux points de vue à examiner : 1° l'effet des obligations de la femme, c'est-à-dire les droits de ses créanciers, *en dehors de ses biens dotaux* ; 2° l'effet de ses obligations *sur ses biens dotaux*. — Le second seul exige de longues explications.

** **1587. Droits des créanciers de la femme hors des biens dotaux.** — La femme dotale s'oblige valablement, dans les termes du droit commun, en tant qu'il ne s'agit pas de donner action à ses créanciers sur ses biens dotaux. Sur quels biens ceux-ci auront-ils dont le droit de compter ?

D'abord il est possible que la femme ait une partie de sa fortune sous la forme de *paraphernaux* : si les biens de cette sorte sont considérables, le paiement des créanciers est assuré, puisqu'ils sont saisissables.

Si la femme n'a pas de paraphernaux, ou si elle n'en a pas assez pour faire face à son passif, l'engagement de la femme n'est cependant pas dénué d'effets : les créanciers doivent *attendre la dissolution du mariage*. Ce moment venu, ils auront action :

1° Sur *les biens nouveaux de la femme,* quand c'est elle qui survit, c'est-à dire ceux qu'elle acquerra une fois veuve ou divorcée : ces biens sont libres entre ses mains ; ils n'ont jamais été dotaux (Grenoble, 16 déc. 1882, D. 83. 2. 242, S. 84. 2. 65) ;

2° Sur *les biens des héritiers de la femme,* à moins qu'ils n'aient accepté sa succession *sous bénéfice d'inventaire,* auquel cas leur patrimoine personnel est hors d'atteinte pour les créanciers de la femme.

A. — Insaisissabilité des biens dotaux.

** **1588. Dérogation au droit commun.** — En leur qualité de biens inaliénables, les biens dotaux sont également insaisissables par les créanciers, de façon que *la femme, en s'obligeant, n'engage pas ses biens dotaux.* La dotalité déroge donc au principe de l'art. 2092, aux termes duquel quiconque s'oblige personnellement est tenu sur tous ses biens ; la femme dotale est un débiteur qui ne s'oblige pas indistinctement sur tout son patrimoine ; il y en a une partie à laquelle ses créanciers ne peuvent pas toucher. C'est pour cela que l'incapacité propre à la femme dotale, étant restreinte à certains biens, mérite dans une certaine mesure le nom d'indisponibilité ; sur les biens qui sont protégés par leur caractère inaliénable, l'action des créanciers est comme paralysée. La doctrine est unanime et la jurisprudence constante (Cass., 16 nov. 1824, D. 10. 208, S. chr. 7. 1. 562 ; Lyon, 19 mai 1886, S. 88. 2. 134).

* **1589. Effet des clauses contraires.** — Les biens dotaux restent insaisissables même lorsque la femme s'est réservé par son contrat de mariage le droit de les aliéner et de les hypothéquer : elle n'a écarté par là qu'une seule des conséquences de la dotalité, et celle-ci subsiste pour le surplus. On sait déjà que ces clauses s'interprètent restrictivement. Voyez ci-dessus n° 1547. Les créanciers se trouvent donc encore empêchés de saisir les biens dotaux, à moins que la femme, usant de la liberté qu'elle s'est réservée par son contrat, ne leur ait consenti une hypothèque. Mais il n'est pas interdit aux époux, si telle est leur volonté, de faire plus encore et de

réserver à la femme la capacité de s'obliger même sur ses biens dotaux, à la condition de s'en expliquer clairement. Comp. Cass., 12 mars 1861, D. 61. 1. 156, S. 61. 1. 529.

** **1590. Durée de l'insaisissabilité.** — L'insaisissabilité des biens dotaux est douée d'une énergie toute particulière : *elle protège la femme indéfiniment.* Jamais les créanciers ne pourront saisir la dot mobilière ou immobilière, ni après la séparation de biens, ni même après la dissolution du mariage, soit entre les mains de la femme, soit entre les mains de ses héritiers. Et cependant l'inaliénabilité n'existe plus quand le mariage est dissous : les biens ont été dotaux, mais ils ne le sont plus ; ils sont redevenus aliénables pour la femme ou ceux qui lui ont succédé. Pourquoi donc les créanciers ne peuvent-ils les saisir même alors ? C'est que l'inaliénabilité a été établie pour protéger la femme contre les conséquences des actes qu'elle fait pendant le mariage, pour mettre sa dot à l'abri, même malgré elle, des opérations que son mari lui ferait consentir. Si la dotalité aboutissait à un simple ajournement temporaire de l'action des créanciers, le but de son institution ne serait pas atteint; il faut que la femme soit garantie contre eux indéfiniment, même après la dissolution du mariage. Ceux qui croient à une indisponibilité purement réelle et temporaire ne peuvent expliquer cet effet de la dotalité.

1591. L'insaisissabilité après la restitution de la dot. — Cette persistance indéfinie de l'insaisissabilité est surtout intéressante à constater quand la dot a subi une transformation lors de sa restitution : par exemple, un mari qui avait reçu une dot mobilière en argent cède à sa femme, à titre de dation en paiement, un de ses propres immeubles. Cet immeuble n'a jamais été dotal, mais il contient en lui la valeur de la dot inaliénable à laquelle le créancier ne peut pas toucher. Par suite, si l'immeuble est saisi, on ne pourra distribuer aux créanciers que l'excédent du prix de vente, prélèvement fait du montant de la dot (Grenoble, 4 mars 1868, D. 69. 2. 1, S. 68. 2. 207). Ainsi les créanciers n'ont intérêt à le saisir qu'autant qu'il dépassait de beaucoup l'importance de la dot, ou si une plus-value s'est produite depuis que la femme l'a reçu.

* **1592. Sanction de l'insaisissabilité.** — Cette sanction est la *nullité.* Lorsque la saisie a été opérée indûment par des créanciers postérieurs au mariage, la femme peut en demander la nullité et elle doit le faire, comme le veut l'art. 728 C. proc. civ., *trois jours au plus tard* avant la publication du cahier des charges. L'art. 728 prononce en effet la déchéance pour toutes les actions en nullité, *soit de fonds, soit de forme,* qui ne sont pas exercées avant ce moment, et cette déchéance s'applique à la femme comme à toute autre personne. Malgré quelques arrêts contraires (Pau, 5 mars 1833, D. 33. 2. 208, S. 33. 2. 423), la jurisprudence est maintenant fixée en ce sens (Cass., 9 mars 1870, D. 72. 1. 85, S. 70. 1. 285). Voyez la note sous Cass., 30 avril 1850, D. 50. 1. 273.

1593. Droit de la femme après le délai. — Si la femme ne peut plus demander la nullité de l'adjudication qui a été la suite de la saisie, lorsqu'elle a omis de le faire dans le délai de trois jours, elle peut du moins demander que le prix payé par l'adjudicataire lui soit attribué exclusivement, comme provenant de biens qui n'étaient pas affectés à l'exécution de ses obligations (Cass., 21 janv. 1856, D. 56. 1. 354, S. 56. 1. 329). Cette solution concilie les deux intérêts en présence : pour protéger l'acquéreur que le Code de procédure met à l'abri de toute action en nullité, il n'est pas nécessaire de permettre aux créanciers de toucher le prix d'adjudication au détriment de la femme.

1594. Conséquence curieuse. — Grâce à l'art. 728 C. proc. civ. il est aujourd'hui possible de ressusciter les anciens *décrets volontaires*, dans le but de purger la dotalité d'un immeuble : la femme n'a que se laisser poursuivre sans protestation par un créancier complaisant, pour trouver dans les formes de la saisie immobilière, un moyen sûr d'aliéner valablement ses immeubles dotaux, car l'adjudicataire aura une situation inattaquable (Cass., 21 mai 1883, D. 84. 1. 85, S. 85. 1. 493 — Comp. AUBRY et RAU, t. V, § 538, note 19)[1]. Notre pratique moderne réaliserait ainsi un résultat comparable à celui que signalait Loisel : « Décret forcé nettoie toutes hypothèques et droits », surtout si l'on tient compte de l'effet de purge attaché à la saisie par l'art. 717 C. proc. civ. (L. 21 mai 1858), concernant l'action en résolution de vendeur non payé : les principales causes d'éviction disparaissent.

1595. Situation de la femme veuve ou divorcée. — A la dissolution du mariage, l'insaisissabilité cesse, comme l'inaliénabilité tout entière, en ce sens que les biens qui ont fait partie de la dot sont redevenus libres et que la femme peut en disposer *par des actes nouveaux*. Alors la femme peut renoncer au bénéfice de l'insaisissabilité et elle peut le faire *expressément* ou *tacitement*, par exemple en se laissant condamner et poursuivre, soit par défaut, soit contradictoirement, sans opposer au créancier la dotalité qui rendrait nulle la poursuite (Limoges, 30 déc. 1892, D. 94. 2. 122).

B. — Créanciers auxquels l'insaisissabilité est opposable.

1° Créanciers antérieurs au mariage.

a. — *Biens appartenant à la femme avant le mariage.*

1596. Conservation de l'action des créanciers. — Les biens que la femme possède avant de se marier sont le gage de ses créanciers. Quand elle se les constitue en dot, la femme fait-elle perdre à ceux-ci le droit qu'ils ont de les saisir ? Il y a d'abord deux cas où l'action des créanciers est très certainement conservée :

1° CRÉANCIERS HYPOTHÉCAIRES. — Le créancier qui a une hypothèque a un droit indépendant, un droit réel, qui lui donne le droit de poursuivre le bien et que la femme ne peut pas lui enlever. Voyez t. II, 2311-2° et 2312-3°.

2° CONSTITUTION DE DOT A TITRE UNIVERSEL. — Quand la femme se constitue en dot tous ses biens présents, la dotalité atteint une masse de biens en l'état où elle se trouve, avec le passif qui y est afférent, *cum sua causa* (ROUSSILHE, *De la dot*, édit. Sacaze, n° 359).

*** 1597. Cas controversé.** — Il y a eu quelque doute pour les *créanciers chirographaires*, en présence d'une *constitution de dot faite à titre particulier*. Quelques auteurs avaient pensé que le droit de saisir devait être

[1] Il a été décidé de même, au cas où une *saisie-arrêt* a été pratiquée sur une *créance dotale*, que la femme cesse d'être recevable à en opposer la nullité lorsque le jugement qui l'a validée a acquis l'autorité de la chose jugée (Cass., 5 juill. 1900, D. 1901. 1. 199).

perdu pour eux, parce qu'ils sont de simples ayants cause de leur débiteur et qu'ils subissent l'effet de toutes les fluctuations qui atteignent le patrimoine de celui-ci. Mais l'opinion contraire a prévalu avec juste raison : l'inaliénabilité qui frappe les biens constitués en dot *n'a d'effet que pour l'avenir*; il en est d'elle comme d'une incapacité qui atteindrait un débiteur, et au fond ce n'est pas autre chose. Le débiteur a beau perdre la capacité nécessaire pour contracter de nouvelles obligations, son patrimoine n'est pas affranchi pour cela de celles qui existaient précédemment. La femme est bien devenue *incapable de contracter de nouvelles dettes sur ses biens dotaux*, mais ce serait dépasser le but que d'opposer l'inaliénabilité dotale à des créanciers avec lesquels la femme a traité dans la plénitude de sa liberté. Ainsi donc *le droit de tous les créanciers antérieurs au mariage reste intact* (Montpellier, 13 nov. 1878, D. 79. 2. 217, S. 79. 2. 65. Comp. LECOURTOIS et SURVILLE, t. III, n° 1673).

1598. Condition de date. — Lorsqu'il s'agit de vendre le bien pour payer le créancier, la loi veut que l'antériorité de la créance soit *certaine*[1]. Une observation de Cambacérès, qui demandait que le créancier eût un titre authentique (FENET, t. XIII, p. 596), prouve qu'il s'agit ici d'une date devenue certaine conformément à l'art. 1328. Néanmoins la jurisprudence interprète la loi moins strictement (Montpellier, 20 février 1865, S. 65. 2. 95). Voyez ci-dessus n° 1564-3°.

1599. Moment où commence l'insaisissabilité. — Un créancier dont le droit serait né *dans l'intervalle entre le contrat de mariage et le mariage* aurait-il le droit de saisir les biens dotaux ? La jurisprudence admet que l'inaliénabilité ne commence qu'avec le mariage, et que les créances nées dans l'intervalle entre les deux contrats sont exécutoires sur les biens dotaux (Rouen, 10 janv. 1867, DALLOZ, *Suppl.*, t. IV, p. 237, note 1, S. 67. 2. 109; Caen, 9 juill. 1889, D. 90. 2. 137)[2]. Les textes laissent ce point indécis : l'art. 1558 parle des dettes antérieures au *contrat de mariage*, mais dans les discussions on a tout le temps parlé du *mariage* lui-même comme point d'arrêt de la faculté de s'obliger sur la dot (Observations de Cambacérès, et Exposé des Motifs par Berlier dans FENET, t. XIII, p. 596 et 683). Comp. LYON-CAEN, note dans *Sirey*, 79. 2. 66.

La généralité de la doctrine juge trop dangereux pour la femme le pouvoir de contracter des obligations exécutoires sur ses biens dotaux et se prononce à peu près unanimement en sens contraire. Voyez les citations dans DALLOZ, *Répert.*, v° Contrat de mariage, n° 3668; *Suppl.*, eod. v°, n° 1320. Il est certain qu'avec le système de la jurisprudence l'effet de la constitution de dot peut se trouver anéanti par des obligations contractées après le contrat et ayant acquis date certaine avant le mariage. Voyez dans le sens de la doctrine Montpellier, 6 mars 1844, D. 45. 2. 38, S. 45. 2. 11.

*** 1600. Ce que peut saisir le créancier.** — Quand la constitution de dot est universelle, le créancier peut saisir *la pleine propriété du bien*

[1] Le créancier dont le titre n'a pas date certaine recouvre le droit de saisir après la dissolution du mariage (Cass., 28 janv. 1891, D. 92. 1. 53, S. 93. 1. 294).

[2] Ces arrêts statuent spécialement sur la question de savoir si la femme peut *vendre volontairement* son bien dotal pour payer le créancier, mais les deux questions sont connexes.

dotal ; il en est de même encore, au cas de constitution d'un bien particulier, si le créancier a une hypothèque ; mais il y a doute pour le créancier chirographaire : l'opinion la plus générale voudrait obliger ce créancier à respecter *l'usufruit concédé au mari* (Aubry et Rau, t. V, § 538, p. 607 ; Guillouard, t. IV. n° 2077) ; mais la jurisprudence tend à autoriser son action sans réserve (Bordeaux, 29 août 1855, D. 57, 2. 52, S. 56. 2. 679). Cette solution est approuvée par MM. Huc (t. IX, n°s 474-475) et Lecourtois et Surville (t. III, n° 1673), parce que le droit de jouissance du mari n'est pas un véritable droit d'usufruit et ne constitue pas un droit réel distinct de la propriété.

b. — *Biens donnés à la femme par un tiers.*

*** 1601. Doctrine.** — Tous les auteurs enseignent que les biens que la femme possède en vertu d'une constitution de dot à elle faite par un tiers échappent à la poursuite de ses créanciers ; ces biens lui arrivent déjà frappés d'inaliénabilité et sous la condition qu'ils seront dotaux ; ils n'ont jamais pu devenir le gage de ses créanciers (Aubry et Rau, t. V, § 538, note 2 ; Laurent, t. XXIII, n° 549 ; Guillouard, t. IV, n° 2079 ; Lecourtois et Surville, t. III, n° 1674).

*** 1602. Jurisprudence.** — La seule fois que la question se soit présentée devant elle, la jurisprudence s'est prononcée en sens contraire (Bordeaux, 29 août 1855, D. 57. 2. 52, S. 56. 2. 679). Il est bien certain que la donation faite à la femme lui fait acquérir la propriété dès le jour du contrat et que l'inaliénabilité ne commence qu'un peu plus tard, au jour du mariage. De plus l'esprit du régime dotal est de protéger la femme seulement contre les abus d'influence du mari, et non de modifier rétroactivement la situation de ses créanciers.

2° Créanciers postérieurs au mariage.

**** 1603. Règle générale.** — C'est contre ces créanciers que l'insaisissabilité est faite ; c'est contre eux que la femme va se voir protégée. Et pour eux, il n'y a plus à distinguer si le bien appartenait déjà à la femme avant le mariage ou s'il lui vient d'un tiers : *toute la dot leur échappe*. La règle générale est donc que les créanciers postérieurs au mariage ne peuvent pas saisir les biens dotaux ; mais à cette règle il y a des *exceptions*, qui sont examinées dans les n°s 1604 et suivants.

Avant d'entrer dans l'étude de ces exceptions disons d'une manière générale que le système de la jurisprudence consiste à protéger la femme en lui maintenant le bénéfice de la dotalité, toutes les fois que l'obligation a une provenance contractuelle et que la femme pourrait la faire naître à volonté par le seul désir de s'obliger. Au contraire, la femme est privée de ce bénéfice toutes les fois que son obligation n'a pas une cause contractuelle.

a. — *Dettes nées des délits ou quasi-délits de la femme.*

** **1604. Principe admis en jurisprudence.** — Une raison d'ordre supérieur veut que la femme mariée sous le régime dotal ne puisse pas commettre impunément des actes délictueux ; l'inaliénabilité de la dot n'a pas été inventée pour cela. Celui qui est devenu son créancier à raison d'un fait illicite peut donc saisir les biens dotaux. C'est une *solution traditionnelle*; elle a été *maintenue sans texte,* par une jurisprudence imposante, qui n'est plus contestée aujourd'hui (arrêts anciens cités dans SIREY, *Table générale,* v° Dot, n° 618. — Cass., 4 mars 1845, deux arrêts, D. 45. 1. 185 et 186, S. 45. 1. 513; Cass., 20 juill. 1870, D. 70. 1. 133, S. 71. 1. 69; Cass., 29 mars 1893, D. 93. 1. 285, S. 93. 1. 288; Paris, 21 avril. 1896, D. 98. 1. 305). Longue liste d'arrêts et d'auteurs dans LECOURTOIS et SURVILLE, t. III, p. 349, note 2.

Il est à remarquer que la possibilité pour la femme d'engager sa dot par ses actes délictueux ne reçoit son application qu'*à l'égard des tiers qui sont ses victimes,* et non pas à l'égard des personnes qui ont pu lui servir de *complices.* Ainsi le complice du délit commis par la femme n'a pas de recours contre elle sur ses biens dotaux, lorsqu'il a été obligé, en qualité de codébiteur solidaire, de payer une indemnité entière au tiers qui en a été la victime (Cass., 11 févr. 1863, D. 63. 1. 334, S. 63. 1. 267). Cette solution est remarquable parce que le complice est subrogé dans les droits du tiers.

1605. Difficultés pratiques. — De nombreuses contestations se présentent devant les tribunaux, parce qu'on ne sait pas jusqu'où s'étend au juste l'exception ainsi admise. Quels faits seront réputés suffisamment délictueux pour engager les biens dotaux ?

1° Il n'est pas nécessaire qu'il s'agisse d'un fait *réprimé par les lois pénales* : un simple *délit civil* suffit (Lyon, 19 mai 1886, S. 88. 2. 134).

2° Il suffit même d'un *quasi-délit.* Tous les arrêts le répètent à l'envi depuis le double arrêt de 1845, et quelques-uns en ont fait l'application à des hypothèses curieuses, comme l'affaire de la princesse de Beauffremont (Orléans, 26 déc. 1878, D. 78. 2. 49, S. 79. 2. 97; Cass., 10 juin 1879, D. 80. 1. 418, S. 79. 1. 420). Mais l'incertitude vient de ce que la jurisprudence ne sait pas bien au juste ce que c'est qu'un quasi-délit (voyez t. II, n° 855). En classant avec soin ses décisions, on arrive cependant à y mettre de l'ordre et de la clarté, principalement en séparant les *actes relatifs aux contrats* et ceux que la femme accomplit *en dehors de tout contrat.* Prenons d'abord ces derniers, qui sont les plus simples.

* **1606. Fautes et fraudes en dehors des contrats.** — Lorsque l'acte illicite commis par la femme ne se rattache à aucun contrat déterminé, mais résulte d'une simple contravention à la loi, il n'est pas douteux que la réparation peut être poursuivie sur ses biens dotaux. La jurisprudence de la Cour de cassation est très ferme sur ce point, et ses arrêts relèvent même en termes formels que l'*absence d'intention de nuire* n'empêche pas la dot de se trouver engagée par le quasi-délit de la femme. Mais en fait, jusqu'à présent, elle n'a eu l'occasion d'appliquer cette solution qu'à une hypothèse unique[1] : celle où une femme mariée sous le régime dotal,

[1] Voyez cependant les arrêts relatifs à l'affaire de Bauffremont, cités ci-dessus n° 1605, qui peuvent fournir un autre exemple de quasi-délit.

et devenue commerçante depuis son mariage, néglige de faire publier son contrat de mariage comme l'art. 69 C. com. lui en impose l'obligation (Cass., 24 déc. 1860, D. 61. 1. 373, S. 61. 1. 983; 29 juillet 1869, D. 71. 1. 237, S. 70. 1. 11; 27 févr. 1883, D. 84. 1. 29, S. 84. 1. 185; 29 mars 1893, D. 93. 1. 285, S. 93. 1. 288).

*** 1607. Fautes et fraudes dans les contrats.** — Il est tout naturel que la jurisprudence se montre plus protectrice pour la femme lorsque les faits qu'on lui reproche se rattachent à une convention, puisque la dotalité a été organisée précisément pour soustraire la femme mariée aux conséquences des contrats qu'elle peut conclure.

La mesure dans laquelle la femme dotale se trouve alors protégée par son régime matrimonial varie selon que l'acte illicite a été commis par elle dans la *conclusion* ou dans l'*exécution* du contrat.

1° Faits commis lors de la conclusion du contrat. — Les arrêts sont très nombreux, car c'est surtout sur des affaires de ce genre que la jurisprudence est appelée à statuer. Il arrive fréquemment que les tiers qui traitent avec la femme sont trompés, soit sur sa capacité personnelle et sur la nature des clauses de son contrat de mariage qui rendent ses biens inaliénables, soit sur la nature des biens qu'on offre de leur vendre ou de leur hypothéquer et qu'on leur présente comme paraphernaux, alors qu'ils sont dotaux; on a même vu une femme hypothéquer avec l'autorisation de la justice un immeuble de son mari qu'elle prétendait lui appartenir en qualité de bien dotal (Cass., 16 févr. 1880 cité ci-dessous). En pareil cas la jurisprudence distingue : elle exempte la femme de toute responsabilité si elle a commis *une simple erreur*, même quand elle a affirmé catégoriquement sa capacité personnelle ou la paraphernalité de ses biens (Lyon, 24 mars 1882 et 3 févr. 1883, D. 83. 2. 142, S. 85. 2. 154; Limoges, 5 déc. 1883, D. 84. 2. 179, S. 85. 2. 110; Bordeaux, 20 janv. 1893, D. 93. 2. 517, S. 94. 2. 32; Grenoble, 19 févr. 1901, D. 1901. 2. 367). Mais lorsque la déclaration faite par la femme, au lieu de s'expliquer par une fausse interprétation de son contrat, a été faite par elle *en pleine connaissance de cause*, et à plus forte raison lorsqu'elle a été *accompagnée de manœuvres dolosives* destinées à tromper le tiers, la jurisprudence considère la femme comme responsable de son dol sur ses biens dotaux (Cass., 23 nov. 1852, S. 52. 1. 769; Cass., 4 juill. 1877, D. 78. 1. 55, S. 77. 1. 455; Cass., 16 févr. 1880, D. 81. 1. 296, S. 81. 1. 351; Cass., 5 févr. 1894, D. 94. 1. 416, S. 95. 1. 21).

Dans tous les cas, c'est l'adversaire de la femme qui doit faire la preuve de sa mauvaise foi, s'il veut lui enlever la protection que lui assure la dotalité (Lyon, 3 févr. 1883, D. 83. 2. 142, S. 85. 2. 154).

Une autre série d'hypothèses analogues à la précédente se rencontre lorsque la femme se porte adjudicataire d'un immeuble alors qu'elle est hors d'état d'en payer le prix : en principe elle n'est pas responsable sur ses biens dotaux du dommage qu'elle cause par sa folle enchère aux créanciers ayant hypothèque sur l'immeuble (Cass., 15 juin 1864, D. 64. 1. 379, S. 64. 1. 363; Riom, 16 mars 1892, D. 92. 2. 200, S. 93. 2. 146). Mais cela n'est vrai qu'autant qu'elle a agi par imprudence et sans intention de nuire, et ses biens dotaux deviennent saisissables lorsqu'elle a surenchéri de mauvaise foi (Chambéry, 11 août 1868, D. 69. 2. 13).

Voyez encore pour le cas où la femme a cédé à un tiers des reprises qui n'existaient pas, Cass., 26 novembre 1901, D. 1902. 1. 44.

2° Faits postérieurs a la conclusion du contrat. — Déjà indemne des conséquences des fautes commises par elle en s'engageant envers les tiers, sous la seule condition d'agir de bonne foi, la femme est protégée plus énergiquement encore quand il s'agit de l'exécution d'une obligation antérieurement contractée : ce n'est plus de sa *simple faute* qu'elle cesse alors d'être responsable, c'est de sa *mauvaise foi* elle-même. La jurisprudence admet en effet que le simple refus d'exécuter un engagement contractuel, même opposé par caprice et sans aucune raison sérieuse, ne peut pas donner lieu à une condamnation à des dommages-intérêts exécutoire sur les biens dotaux. La résistance frauduleuse de la femme ne saurait équivaloir à un quasi-délit et engager sa dot, sans quoi l'insaisissabilité dotale se trouverait indirectement détruite : la femme pourrait contracter n'importe quel engagement, et donner ensuite action à son créancier sur ses biens dotaux, en s'abstenant sans motif d'exécuter le contrat[1] (Cass., 23 nov. 1885, D. 86. 1. 11, S. 86. 1. 5; Toulouse, 13 mars 1890, D. 90. 2. 343).

1608. Étendue de l'action des créanciers. — Les dettes nées des délits et quasi-délits de la femme peuvent être poursuivies sur la nue propriété des biens dotaux pendant le mariage, et sur la pleine propriété de ces mêmes biens, dès que cesse le droit de jouissance du mari. Le mari n'est pas civilement responsable des actes de sa femme ; on avait jugé en ce sens dès 1783 (Roussilhe, n° 426).

b. — *Dettes grevant les successions recueillies par la femme.*

1609. Poursuites sur les biens dotaux. — Quand la femme s'est constitué en dot ses biens à venir, les successions qui lui arrivent pendant le mariage sont dotales. Néanmoins les créanciers héréditaires conservent leur action sur les biens provenant du défunt, et ils peuvent les saisir en pleine propriété, parce que la succession n'arrive à la femme qu'avec la charge d'en acquitter les dettes (Pau, 20 janv. 1861, D. 61. 5. 166; Nîmes, 6 mai 1861, S. 61. 2. 369). Mais s'ils négligent de se faire payer sur les biens de la succession, ils n'ont pas d'action sur les autres biens dotaux de la femme (Toulouse, 17 mars 1851, D. 52. 2. 86, S. 51. 2. 411).

c. — *Quasi-contrats.*

1610. Refus du droit de saisir. — Par assimilation du quasi-contrat au contrat, la Cour de cassation a récemment jugé que « les motifs qui ont fait admettre une exception au principe d'inaliénabilité de la dot pendant le mariage sont inapplicables aux obligations quasi-contractuelles » (Cass., 3 mai 1893, D. 93. 1. 349, S. 93. 1. 365). Peut-être aussi a-t-on craint que la facilité de s'obliger sur la dot par des quasi-contrats ne donnât à la femme un moyen d'en disposer à son gré, par connivence avec des tiers. Ce qu'il y a surtout de remarquable, c'est que l'arrêt ne distingue pas si le quasi-contrat (en l'espèce une *gestion d'affaires*) est l'œuvre de la femme ou celle d'un tiers. Comp. Guillouard, t. IV, n° 1860). Il y a cependant un doute sérieux pour le cas d'*enrichissement sans cause*, qui a presque autant le caractère d'un fait illicite que d'un quasi-contrat (voyez t. II, n° 976). Comp. Jouitou, n° 150. Voyez aussi Agen, 26 janv. 1833, S. 33. 2. 159.

d. — *Emprunts autorisés par justice.*

1611. Renvoi. — On a déjà vu (ci-dessus n° 1559) que le tribunal, au lieu d'autoriser la femme à aliéner son bien dotal, peut lui permettre de se procurer des fonds en empruntant de l'argent et en hypothéquant sa dot dans toutes les hypothèses prévues par l'art. 1558. Ces obligations sont évidemment valables et exécutoires sur ses biens dotaux.

e. — *Obligations légales.*

1612. Application aux impôts. — Certaines obligations légales, qui existent de

[1] Les arrêts cités au texte disent qu'il y a en ce cas *inexécution dolosive* d'un contrat. L'expression n'est pas exacte. Le dol consiste à tromper une personne pour la déterminer à contracter, mais l'inexécution d'une obligation antérieurement contractée n'est pas un dol alors même que rien ne la justifie et que le débiteur s'abstient pour nuire à son créancier. Il y a alors un fait illicite, mais qui n'a pas les caractères du dol proprement dit, lequel est une tromperie servant à surprendre un consentement.

plein droit, grèvent les biens dotaux comme les autres. La jurisprudence en a fait l'application aux droits de mutation dus par la femme sur une succession à elle échue (Caen, 18 juin 1880, Dalloz, *Suppl.*, t. IV, p. 239, note 1, S. 81. 2. 1).

f. — *Frais de la séparation de biens.*

1613. Motif et portée de l'exception. — Enfin la jurisprudence a admis une dernière exception en faveur des avoués. L'avoué qui a occupé pour la femme *plaidant en séparation de biens* peut poursuivre son paiement sur les biens dotaux. On considère que ces frais ont eu pour but *la conservation de la dot*, et on ne distingue même pas si la femme a eu gain de cause ou non (Cass., 8 avril 1862, S. 62. 1. 1045; Cass., 5 févr. 1868, D. 68. 1. 58, S. 68. 1. 173). Mais cette exception n'est pas applicable aux séparations de corps, qui ont une autre cause et une autre utilité (Cass., 5 juill. 1865, D. 65. 1. 312, S. 65. 1. 340).

§ 9. — *De la séparation de biens judiciaire sous le régime dotal.*

1614. Sa forme ancienne. — En droit romain, la femme pouvait demander la restitution anticipée de la dot, quand le mari devenait insolvable, et c'est de là que dérive notre séparation de biens judiciaire (ci-dessus n° 1161). Il n'est donc pas étonnant qu'elle se retrouve sous le régime dotal, comme sous le régime de communauté. L'art. 1563, qui l'établit, renvoie purement et simplement aux art. 1443 et suiv.

*** 1615. Observation.** — Comment la dot peut-elle être mise en péril sous un régime qui l'entoure de tant de garanties ? Ce péril peut pourtant se réaliser de plus d'une manière. On peut d'abord supposer que la dot consistait *en argent* et que le mari l'a encaissée sans en faire emploi au profit de sa femme ; il en est *débiteur*, et la femme court le risque de son insolvabilité. La même situation se présente encore quand les biens dotaux ont été estimés et que la propriété en a été transférée au mari; celui-ci est encore *débiteur de leur valeur*.

Même quand la dot se compose de biens en nature, dont la femme conserve la propriété, il se peut que le mari la gaspille, si elle est *mobilière*, car il a le droit d'en disposer. Enfin les immeubles eux-mêmes, dont il a l'administration, peuvent subir par sa faute des *détériorations matérielles*. Comp. ci-dessus n° 1477.

1616. Le point à examiner. — Grâce au renvoi contenu dans l'art. 1563, tout ce qui a été dit ci-dessus de la séparation de biens, pour ses causes, sa procédure, etc., devient applicable au régime dotal. Il suffit de s'y référer. Un seul point est à étudier ici : *quels effets la séparation produit-elle sur les biens dotaux*? Tous ces effets, dont l'analyse suit, peuvent se résumer par cette double formule : *la femme est désormais séparée*, ce qui lui rend l'administration de sa dot, *mais elle reste femme dotale*, ce qui laisse subsister l'inaliénabilité de ses biens.

A. — Administration de la dot par la femme.

1617. Restitution de la dot. — La dot est restituée à la femme, comme elle devrait l'être si le mariage était dissous (Voyez ci-dessous nos 1642 et suiv.). Le mari perd donc tous les droits d'administration et de disposition qu'il possédait sur la dot. Remise en possession de sa dot, la femme l'administre désormais à la place du mari, et c'est elle qui en touche les fruits et revenus.

* **1618. Capacité de la femme.** — Pour cette administration, sa capacité personnelle est la même que celle qui appartient à une femme séparée de biens dans les cas ordinaires, c'est-à-dire celle qui lui appartient à elle-même sur ses paraphernaux. Elle peut passer des *baux,* toucher ses *loyers* et autres *revenus* et en donner quittance, etc. Elle peut même recevoir un *capital dotal* et donner mainlevée de l'inscription hypothécaire qui en garantissait le paiement (Rouen, 13 janv. 1845, D. 45. 4. 107). Voyez toutefois les arrêts de 1869 et de 1884 cités à la fin du n° suivant.

1619. Placement des capitaux dotaux. — Quand le mari restitue la dot à sa femme après la séparation, celle-ci reçoit souvent des sommes d'argent considérables, représentant soit une dot mobilière, qui lui avait été constituée en argent, soit d'autres sommes ayant le caractère dotal, telles que le prix d'un immeuble non remployé ou le montant d'une indemnité. La femme est-elle alors obligée de placer les sommes qui lui sont ainsi versées pour le règlement de ses reprises dotales? Dans l'ancien droit, on l'obligeait à en faire emploi (Salviat, *Jurisprudence du Parlement de Bordeaux*, v° Dot, n° 14 ; Catelan, *Arrêts remarquables du Parlement de Toulouse*, t. II, liv. IV, chap. 26 ; Julien, *Éléments de jurisprudence*, liv. I, tit. IV, §§ 36-37). On considérait comme trop dangereuse pour la femme la liberté de conserver entre ses mains des sommes formant peut-être toute sa dot, à un moment où elle n'est plus garantie par l'hypothèque légale. Cependant la jurisprudence moderne, après beaucoup d'hésitations, a fini par *dispenser la femme de faire emploi, quand son contrat de mariage ne l'y oblige pas* (Cass., 21 mai 1867, D. 67. 1. 207, S. 68. 1. 452; Agen, 7 mars 1870, D. 70. 2. 130, S. 70. 2. 233). L'idée de la jurisprudence est que la séparation de biens a pour effet de substituer la femme à son mari pour l'administration de sa dot et que toutes les clauses relatives à l'emploi des deniers dotaux lui deviennent applicables comme elles l'étaient auparavant à son mari. En conséquence, quand le mari était tenu de faire emploi, la séparation de biens n'affranchit pas la femme de cette obligation (Cass., 13 déc. 1865, D. 66. 1. 19, S. 66. 1. 119) ; quand le mari ne pouvait recevoir les deniers « qu'à la condition de justifier de la suffisance de ses immeubles personnels[1] », la femme ne peut de même les toucher qu'à la condition de fournir elle-même une garantie hypothécaire suffisante pour la libération de son débiteur (Cass., 18 déc. 1888, D. 90. 1. 350, S. 89. 1. 161. — Comp. Cass., 8 janv. 1877, D. 68. 1. 463, S. 77. 1. 104). Lorsque le mari avait la libre gestion des deniers, la femme a la même liberté ; cependant on a vu des tribunaux, en prononçant la séparation de biens, ordonner à la femme de faire emploi des sommes dotales qu'elle recevra ; mais la Cour de cassation a jugé que cette clause ne pouvait être opposée aux tiers ni engager leur responsabilité envers la femme (Cass., 26 juill. 1869, D. 71. 1. 169, S. 70. 1. 17). D'autre part la condition d'emploi ordonnée par le tribunal n'est pas considérée comme contraire aux conventions matrimoniales (Cass., 14 mai 1884, D. 84. 1. 412, S. 85. 1. 61).

1620. Caractère des biens achetés en remploi. — La séparation de biens ne modifie pas davantage le résultat du remploi : l'immeuble ou le bien acheté par la femme

[1] Cette clause est utile dans la pratique parce que, lorsque le mari possède des immeubles *libres d'hypothèques* en valeur suffisante au jour où il reçoit d'un tiers des deniers dotaux, la femme se trouve immédiatement garantie par la naissance d'une hypothèque légale à cette date à son profit.

est *paraphernal ou dotal de la même façon qu'il le serait, si le remploi était fait par le mari avant toute séparation*. On admet en effet que l'art. 1553, al. 1er, aux termes duquel l'immeuble acheté en remploi n'est pas dotal quand le remploi n'est pas ordonné par le contrat de mariage, s'applique aux deux époux sans distinction, parce que ses termes sont absolus (Cass., 12 avril 1870, D. 70. 1. 264, S. 70. 1. 185 ; Montpellier, 21 juin 1871, D. 71. 2. 175, S. 71. 2. 88).

1621. Économies faites par la femme. — Si la femme fait des économies sur les revenus de ses biens dotaux, quand ceux-ci dépassent les besoins du ménage et si elle en place le produit, les biens ainsi achetés par elle sont *paraphernaux* ; elle en dispose librement et ses créanciers peuvent les saisir (Cass., 24 nov. 1890, D. 91. 1. 425, S. 93. 1. 313).

1622. Exercice des actions. — Le mari ayant perdu le droit d'exercer les actions dotales du chef de sa femme, c'est nécessairement celle-ci qui agit, tant comme demanderesse que comme défenderesse, et sa capacité à cet égard est celle du droit commun.

B. — Effets de la persistance de la dotalité.

***1623. Nature véritable de la séparation.** — La séparation de biens ne détruit pas le régime dotal ; elle n'entraîne pas, comme pour la communauté, le remplacement d'un régime par un autre, car le régime dotal n'est lui-même qu'un régime de séparation de biens. A vrai dire, ce que nous appelons « séparation judiciaire » est sous ce régime *une simple restitution anticipée de la dot* ; sa fonction n'a pas changé depuis le droit romain, tandis que sur un autre terrain, pour des époux communs en biens, on a pu lui faire produire d'autres effets et étendre son rôle. Le jugement a donc uniquement pour but d'*enlever au mari les pouvoirs qu'il avait sur la dot* et qui étaient un danger pour sa femme ; mais il ne doit pas avoir pour but de priver celle-ci des garanties qu'elle avait cherchées dans la dotalité.

***1624. Existence des biens dotaux malgré la séparation.** — Ainsi l'inaliénabilité subsiste, comme le dit l'art. 1554, qui l'établit « pendant la durée du mariage ». Il y a donc lieu de distinguer encore, parmi les biens de la femme, ceux qui sont *dotaux* et ceux qui sont *paraphernaux*, quoiqu'ils soient désormais réunis entre ses mains et administrés tous ensemble par elle-même. Bien plus : la dotalité peut encore *frapper de nouveaux biens*, sa dot peut grossir ; par exemple les successions et donations reçues par la femme seront dotales et inaliénables, si elle s'est constitué en dot ses biens à venir.

1° Inaliénabilité.

***1625. Distinction.** — L'inaliénabilité dotale subsiste, mais *modifiée*, en sens divers : elle se trouve *amoindrie* par la suppression d'une de ses conséquences pour les immeubles, et *aggravée* pour le régime appliqué à la dot mobilière.

****1626. Immeubles.** — L'impossibilité d'aliéner ou d'hypothéquer n'est pas supprimée ; la femme ne peut encore le faire que dans les cas et sous les conditions réglées par la loi ou par le contrat de mariage. Par conséquent elle ne pourrait pas encore *ratifier une aliénation antérieure*, tant que le mariage durera.

Mais, comme la femme a repris l'exercice de ses actions, c'est à elle qu'il appartient désormais d'agir en nullité, et la prescription court contre elle (art. 1561). Toutefois on a vu que la jurisprudence décide que la seule prescription que la loi fasse courir contre la femme après la séparation de biens, est la *prescription des droits réels*, et que l'art. 1561 ne s'applique pas à la *prescription extinctive* d'une action en nullité ouverte contre l'aliénation irrégulière d'un fonds dotal (ci-dessus n° 1538 et ci-dessous n° 1633). Malgré cette interprétation restrictive de l'art. 1561, il y a au moins une des deux prescriptions qui court contre la femme; par suite les conséquences de l'inaliénabilité sont moins nombreuses, et on peut dire que cette inaliénabilité même est atténuée par l'effet de la séparation.

** **1627. Meubles.** — Pour les meubles, un effet inverse se produit : aliénables entre les mains du mari, ils cessent de l'être entre les mains de la femme, parce que la jurisprudence ne reconnaît pas à celle-ci le même pouvoir qu'à son mari. Elle décide que la femme qui reprend l'administration de sa dot après la séparation de biens, n'est pas comme lui libre d'aliéner son mobilier dotal ; elle se trouve absolument liée par le principe d'inaliénabilité et *incapable de disposer de sa dot mobilière par des actes quelconques*. La différence entre le mari et la femme a été indiquée dès 1846, par le procureur général Delangle, dans une affaire où il s'agissait du droit qu'a le mari d'aliéner les meubles dotaux (Cass., 12 août 1846, D. 46. 1. 296, S. 46. 1. 602. — Voyez la citation dans D. 79. 1. p. 248, col. 1) ; mais la jurisprudence n'a eu que longtemps après [1] l'occasion d'appliquer cette règle à des aliénations de créances dotales consenties par des femmes séparées (Cass., 3 févr. 1879, D. 79. 1. 246, S. 79. 1. 353 ; Cass., 4 juill. 1881, D. 82. 1. 194, S. 82. 1. 212) [2].

Cette jurisprudence est fondée sur l'idée que la séparation de biens ne fait pas cesser l'inaliénabilité, mais opère simplement *un changement d'administrateur* (voyez les motifs d'un arrêt de Grenoble du 24 mars 1821, S. chr. 6. 2. 391) et que par conséquent la dot mobilière doit rester tout aussi inaliénable pour la femme après la séparation qu'auparavant. Sous cette forme on trouve déjà la solution actuelle (nullité des aliénations mobilières consenties par la femme) admise dans un ancien arrêt de la Cour de Nîmes, du 21 juin 1821 (S. chr. 6. 2. 437, *Journal du Palais*, t. XXIII, p. 441).

Toutefois elle est difficilement conciliable avec une autre jurisprudence déjà indiquée d'après laquelle la femme séparée se trouve *substituée au mari* pour l'administration de sa dot (ci-dessus n° 1617). On peut dire seulement qu'il y aurait danger pour elle à con-

[1] Voyez toutefois l'arrêt de Nîmes, du 21 juin 1821 signalé plus loin dans le texte.
[2] Signalons, comme un tempérament à cette jurisprudence, que la *remise* consentie par la femme dans un *concordat* est considérée comme rentrant dans les actes d'administration qui lui sont permis, et non comme un acte de disposition prohibé par la règle de l'inaliénabilité (Cass., 11 nov. 1867, D. 67. 1. 406, S. 68. 1. 17). Il est vrai que la Cour décide en même temps que, malgré le concordat, la femme conserve pour le surplus son action dotale inaliénable, au cas où le failli acquerrait dans la suite de nouveaux biens.

server la liberté de disposer de sa dot mobilière, alors qu'elle n'aurait de recours contre personne après l'avoir gaspillée, tandis que cette même liberté laissée au mari est moins dangereuse pour elle, puisqu'elle aurait un recours contre lui, garanti par l'hypothèque légale en cas de détournement ou de dissipation. De plus il y aurait inconséquence à autoriser *une femme dotale* à disposer librement de son mobilier, alors qu'on ne le permet pas à *la femme commune en biens* qui a obtenu la séparation de biens (ci-dessus n° 1453). — Aubry et Rau ont varié d'opinion sur la question : après avoir admis d'abord que la femme séparée peut céder ses créances dotales, comme son mari aurait pu le faire (3e édit., t. IV, § 539, p. 518-519), ils se sont ralliés au système de la jurisprudence (4e édit., t. V, § 539, note 14).

1628. Tiers de bonne foi. — Malgré l'inaliénabilité dotale les tiers acquéreurs de meubles dotaux seront protégés contre la revendication de la femme toutes les fois qu'il s'agira de *meubles corporels*, par application de la maxime « En fait de meubles, possession vaut titre » (art. 2279).

2° Incapacité de s'obliger.

***1629. Maintien de la situation antérieure.** — La femme dotale séparée de biens reste *incapable de s'obliger, sur sa dot*, tant mobilière qu'immobilière (Cass., 12 mars 1866, D. 66. 1. 178, S. 66. 1. 159). — Elle ne peut pas davantage employer ses deniers dotaux à payer ses créanciers ; les *paiements* qu'elle ferait ainsi seraient nuls (Cass., 11 mai 1859, D. 59. 1. 226, S. 59. 1. 481).

Elle ne peut pas *céder son hypothèque légale ou y renoncer*, en tant qu'elle garantit ses reprises dotales de toute espèce (Cas., 27 avril 1880, D. 80. 1. 431, S. 80. 1. 360).

1630. Saisissabilité d'une portion des revenus. — Comme la femme recouvre par l'effet de la séparation la libre disposition de ses revenus dotaux, on s'est demandé si ses créanciers ne pouvaient pas les saisir entre ses mains.

La jurisprudence a subi en cette matière des oscillations remarquables.

Période de saisissabilité absolue. — La Cour de cassation a commencé par juger que l'inaliénabilité dotale ne concernait que le fonds ou les capitaux, et non les revenus et intérêts, et que ceux-ci étaient aliénables et saisissables, aussi bien entre les mains de la femme après la séparation de biens, qu'auparavant entre les mains du mari (Cass., 9 avril 1823, D. 10. 353, S. 23. 1. 331, S. chr. 7. 1. 224 ; Cass., 28 mars 1827, D. 27. 1. 299, S. chr. 8. 1. 557). La Cour ne faisant point de distinction, ces revenus pouvaient être saisis *pour la totalité*.

Refus d'action aux créanciers antérieurs a la séparation. — La réaction contre cette doctrine absolue commença par se faire pour une catégorie particulière de créanciers. On jugea que les créanciers qui avaient traité avec la femme avant la séparation ne pouvaient pas saisir ses revenus dotaux, quand elle en reprenait la jouissance en qualité de femme séparée (Cass., 11 janv. 1831, D. 31. 1. 51, S. 31. 1. 3). Ce refus d'action était complet.

Limitation de l'action des créanciers postérieurs a la séparation. — Presque aussitôt après on se décida à *réduire*, même pour les créanciers qui traitaient avec la femme déjà séparée, la faculté de saisir les revenus dotaux. Toutefois on n'alla pas jusqu'à leur interdire entièrement la saisie : on se contenta de soustraire à leur action la portion de ces revenus qui est *nécessaire aux besoins du ménage*. L'*excédent* seul est *disponible* entre les mains de la femme et *saisissable* par ses créanciers. A vrai dire cette solution empêche la saisie dans beaucoup de cas, l'excédent saisissable est souvent nul et presque toujours faible. Les premiers arrêts qui ont statué en ce sens remontent à 1834 (Cass., 26 févr. et 1er déc. 1834, D. 35. 1. 122 et 177, S. 34. 1. 176; Cass., 6 janv.

1839, D. 40. 1. 69, S. 40. 1. 133. — Voyez aussi les considérants de deux autres arrêts Cass., 4 nov. 1846, D. 47. 1. 174, S. 47. 1. 201; Cass., 28 juin 1859, D. 59. 1. 257, S. 59. 1. 666).

Tentative en faveur des créanciers antérieurs. — La question paraissait définitivement tranchée contre eux par l'arrêt de 1831 précité; cette décision avait été suivie d'un certain nombre d'autres (Voyez la jurisprudence indiquée dans Dalloz, *Tables*, 1845-1867, v° Dot, n° 230), lorsque quelques Cours d'appel essayèrent de les assimiler aux créanciers postérieurs à la séparation et de les autoriser à *saisir l'excédent des revenus* sur les besoins du ménage (Paris, 7 mars 1851, D. 51. 2. 195, S. 51. 2. 289; Paris, 15 juill. 1856, D. 57. 2. 121, S. 56. 2. 433; Aix, 20 juill. 1857, D. 58. 2. 1; Montpellier, 10 juill. 1860, D. 61. 5. 167, S. 61. 2. 156). Mais la Cour de cassation maintint la décision contraire (Cass., 28 juin 1859, D. 59. 1. 257, S. 59. 1. 666; Chambres réunies, 7 juin 1864, D. 64. 1. 201, S. 64. 1. 201). Cette dernière décision a fixé la jurisprudence; il est désormais acquis que les créanciers antérieurs à la séparation de biens ne peuvent saisir *aucune portion des revenus dotaux, à aucune époque* (Paris, 11 juin 1896, D. 97. 2. 14, S. 96. 2. 261). — La solution qui a triomphé est pourtant regrettable : il n'est jamais bon d'autoriser un débiteur à ne pas payer ses dettes quand il en a le moyen; de plus on fait ainsi produire à la dotalité un effet plus étendu que son principe, car elle est faite pour assurer au ménage les revenus dont il a besoin et elle sert ici à lui conserver un excédent reconnu inutile.

C. — Prescriptibilité de la dot après la séparation.

1° Histoire de la législation.

1631. Ancien droit. — Dans nos pays de droit écrit, on suivait la règle romaine, d'après laquelle toutes les prescriptions couraient contre la femme mariée qui avait obtenu la restitution de sa dot « propter inopiam mariti »; on les faisait courir parce que la femme recouvrait alors l'exercice de ses actions, et il n'y avait plus de raison d'en suspendre le cours à compter du moment « ex quo actiones movere possit » (Code, *De jure dotium*, liv. V, tit. 12, loi 30). Comp. Roussilhe, *Traité de la dot*, n° 433.

1632. Incident de la rédaction du Code. — Lorsqu'on discuta le Code civil, comme le titre « Du régime dotal » y fut ajouté au dernier moment et rédigé hâtivement, on oublia d'y parler de cet effet traditionnel de la séparation. Le Tribunat s'en aperçut et demanda qu'on fît mention du cas de séparation de biens pour faire courir la prescription contre la femme. La rectification fut immédiatement accordée (Fenet, t. XIII, p. 619-620). Malheureusement cette retouche a été faite d'une manière incomplète et il est resté quelque chose de la rédaction primitive des textes qui suspendaient *d'une manière absolue pendant le mariage* la prescription en ce qui concerne les biens dotaux. Leur rédaction actuelle a fait naître une difficulté sérieuse, pour l'étude de laquelle il faut distinguer deux hypothèses : 1° la *prescription extinctive de l'action en nullité* ouverte contre l'aliénation irrégulière d'un bien dotal; 2° la *prescription acquisitive de droits réels* au profit des tiers.

2° Prescription de l'action en nullité.

1633. Position de la question. — Supposons que la femme ait aliéné un immeuble dotal pendant le mariage, dans un cas où l'aliénation n'était permise ni par la loi ni par son contrat de mariage. Elle possède une *action en nullité* pour faire tomber cette aliénation (ci-dessus n° 1529).

Très certainement cette action ne se prescrit pas, *entre les mains du mari* tant que rien n'est venu changer la situation normale du ménage. Mais ne commence-t-elle pas à se prescrire lorsque la séparation en a rendu l'exercice à la femme ? Ici nous rencontrons l'antinomie déjà signalée (ci-dessus n° 1538) entre les deux art. 1560 et 1561 : l'art. 1560 dit qu'on ne peut opposer aux époux « aucune prescription *pendant le mariage* »; l'art. 1561, rappelant l'ancienne règle, dit que les biens dotaux deviennent *prescriptibles après la séparation de biens*. Il faut ou choisir entre ces deux textes, ou trouver un moyen de les concilier.

* **1634. Jurisprudence.** — D'après les arrêts, la séparation de biens reste sans influence sur la prescription de l'action en nullité (Cass., 1er mars 1847, D. 47. 1. 209, S. 47. 1. 180; Cass., 4 juill. 1849, D. 49. 1. 330, S. 49. 1. 283; Caen, 27 janv. 1851, D. 52. 2. 27, S. 51. 2. 428). La jurisprudence dit, comme argument principal, que la prescription décennale de l'art, 1304 repose sur une confirmation présumée, ainsi que l'indique l'art. 1115; or aucune confirmation ne peut intervenir avant la dissolution du mariage, et il doit en être ainsi même de cette sorte de confirmation tacite qui résulte de la prescription. Quant à l'art. 1561, qui fait courir la prescription après la séparation de biens alors que l'art. 1560 la suspend d'une façon absolue pendant le mariage, la jurisprudence l'écarte en disant qu'on ne peut admettre une contradiction entre deux articles aussi proches. Il faut donner à la loi une autre interprétation en appliquant chacun de ces deux articles à une espèce particulière de prescription, et voici le départ qu'elle fait entre eux : l'art. 1560 s'occupe de la *prescription extinctive* de l'action en nullité ouverte contre une aliénation; l'art. 1561 parle de la *prescription acquisitive* ou usucapion, c'est-à-dire qu'il vise le cas où celui qui possède l'immeuble dotal le tient d'une tierce personne ou s'en est emparé sans aucun titre. Ainsi entendu, l'art. 1561 ne modifie pas l'art. 1560.

1635. Réfutation. — Cette interprétation très ingénieuse n'a certainement pas été dans la pensée de la loi. La véritable explication a été donnée en 1840 par M. VALETTE (*Revue étrangère et française de législation*, t. VII, p. 241, *Mélanges*, t. I, p. 19). C'est l'effet d'une rectification incomplète des textes, lorsqu'on les remania, comme on l'a vu ci-dessus n° 1632, sur la demande du Tribunat; on a voulu conserver dans le droit nouveau la règle traditionnelle, qui nous venait de la loi 30, *De jure dotium*, et qui faisait courir la prescription contre la femme du jour où elle reprenait l'exercice de ses actions. L'art. 170 du projet (art. 1561 actuel) disait simplement : « Le fonds dotal est imprescriptible pendant le mariage, à moins que la prescription n'ait commencé auparavant » et l'art. 169 (art. 1560 actuel) ne parlait pas plus que lui de la séparation de biens. C'était un oubli évident, l'hypothèse d'une femme séparée n'avait pas été prévue; et le remaniement du texte, fait sans discussion, ne peut avoir qu'un sens : on confirma purement et simplement la tradition des pays de droit écrit. Seulement, la correction matérielle n'a pas été complète, on ne s'est pas aperçu qu'il y avait lieu de modifier le membre de phrase de l'art. 1560 où il est dit qu'aucune prescription ne court pendant la durée du mariage. L'antinomie apparente des art. 1560 et 1561 est donc le résultat d'une erreur de rédaction.

Cette explication, qui donne la prépondérance à l'art. 1561, est confirmée par un renvoi qui se trouve dans l'art. 2255. Ce dernier texte prévoyant spécialement l'aliénation irrégulière d'un fonds dotal décide que la prescription ne court point pendant le mariage « conformément à l'art. 1561 », c'est-à-dire que l'action en nullité commence à se prescrire dès qu'il y a séparation de biens. L'argument tiré de l'art. 2255 a été contesté et on a prétendu qu'il contenait une erreur de numéro : on lit en effet dans la publication de

Fenet (t. XV, p. 568) que l'art 37 du projet (art. 2255 actuel) renvoyait à l'art. 174 du titre du « contrat de mariage » (art. 1560 actuel). Nos éditions du Code devraient donc porter 1560 au lieu de 1561 dans le renvoi que l'art. 2255 fait au titre du « contrat de mariage ». Mais il est démontré aujourd'hui que le texte de Fenet n'est pas correct. Dans le projet présenté au Corps législatif (*Moniteur universel*, 17 ventôse an XII, p. 779) ainsi que dans le texte définitif promulgué au *Bulletin des Lois* (IIIe série, t. IX, p. 635), l'art. 37 renvoie à l'art. 175 du projet, qui est l'art. 1561 actuel. C'est donc Fenet qui a commis une erreur matérielle (MONGIN, *Revue critique*, 1886, t. XV, p. 110).

1636. Défaut d'intérêt pratique de la question. — Très vivement débattue dans la doctrine, cette question n'offre que bien peu d'intérêt réel, car si l'on admet que la séparation de biens rend la prescription possible, celle-ci se trouvera néanmoins suspendue pour d'autres causes dans la plupart des cas. En effet la prescription ne court pas contre la femme mariée toutes les fois que son action est de nature à réfléchir contre le mari; ceci écarte tous les cas dans lesquels le mari a pris part à la vente, car l'action intentée par sa femme ouvrirait au tiers évincé un recours contre lui; malgré la séparation de biens, l'action de la femme restera donc imprescriptible.

Il faut écarter de même les cas où la femme a vendu seule sans aucune autorisation, car il y a alors une double cause de nullité, l'inaliénabilité dotale et le défaut d'autorisation. Or l'action en nullité, qui résulte de cette seconde cause, ne commence à se prescrire qu'à la dissolution du mariage (art. 1304).

Il faut donc supposer des cas dans lesquels n'existe aucune cause de nullité étrangère à l'inaliénabilité et où d'autre part le tiers acquéreur n'ait aucun recours à exercer contre le mari. Aucune espèce de ce genre ne s'est encore présentée, et tous les arrêts que l'on cite statuent sur des cas où la prescription ne devait certainement pas courir pendant le mariage, soit parce que l'action de la femme aurait réfléchi contre le mari, soit parce que la femme avait vendu sans y être autorisée.

3° Prescriptions acquisitives ou extinctives de droits réels.

1637. Énumération. — Supposons maintenant qu'il s'agit d'une *prescription de droits réels*. Ce peut-être une prescription *acquisitive au profit d'un tiers* qui possède un immeuble dotal et prétend en devenir propriétaire; ou qui exerce simplement sur lui une servitude susceptible de s'acquérir par prescription. Ce peut être une prescription *extinctive* menaçant de s'accomplir au détriment de la femme, en lui faisant perdre un droit réel *par non-usage*.

*** 1638. Effet de la séparation.** — En principe, toutes ces prescriptions sont déclarées impossibles pendant le mariage, à moins qu'elles n'aient commencé auparavant (art. 1561, al. 1er et ci-dessus n° 1541). Elles commencent à courir aussitôt que la séparation est prononcée (art. 1561, al. 2). C'est la règle empruntée à la loi 30, *De Jure dotium*.

Il est à remarquer que l'*inaliénabilité* subsiste toujours, et qu'ainsi l'imprescriptibilité, qui en est la suite ordinaire, s'en trouve alors *séparée*.

1639. Motif. — Pourquoi cesse-t-on de protéger la femme séparée contre la prescription, alors que l'on continue à considérer sa dot comme inaliénable? Il n'y en a pas de bien bonne raison; c'est une règle traditionnelle, qui remonte au droit romain, à l'époque où l'inaliénabilité était établie *contre le mari*, propriétaire de la dot, et contre les abus de l'influence qu'il pouvait exercer sur la volonté de sa femme. Tout ce qu'on peut dire pour justifier le maintien de la règle à l'époque actuelle, depuis que la dotalité *protège la femme contre elle-même*, c'est que la prescription, qui demande de longues années pour s'accomplir et qui laisse ainsi le temps de réfléchir et d'agir, est moins dangereuse pour la femme qu'une aliénation qui se consomme en un moment.

1640. Observation. — Les prescriptions qui se trouvaient suspendues, comme ayant commencé depuis le mariage, courent à partir de la séparation de biens, mais elles le font *sans effet rétroactif*.

D. — Effet de la séparation de corps.

1641. Suppression de l'autorisation maritale. — Une loi du 6 février 1893 a rendu à la femme séparée de corps la pleine capacité civile, en suspendant complètement la puissance maritale pendant la durée de la séparation. Cette loi a nécessairement sa répercussion sur le régime dotal. Quelle est la situation d'une femme séparée de corps pour l'aliénation de ses biens dotaux? A-t-elle encore besoin d'autorisation, et quelle est cette autorisation, celle du mari ou celle de la justice? Il faut répondre par une distinction. La femme séparée de corps n'est pas privée du bénéfice de la dotalité : elle reste donc incapable de disposer de ses biens dotaux, mais l'autorisation du mari devient inutile, parce qu'elle aurait le caractère d'un acte de puissance maritale sur la personne de la femme. Dès lors deux cas sont à distinguer :

1° Si l'aliénation était permise par le contrat de mariage, la femme, désormais capable, aliénera aussi librement qu'elle aurait pu le faire avec l'autorisation de son mari ;

2° En toute autre hypothèse, c'est-à-dire dans les cas prévus par les art. 1555, 1556, 1557 et 1558, l'autorisation de justice suffit, mais elle doit toujours être sollicitée.

§ 10. — *De la restitution de la dot.*

1642. Événements donnant lieu à la restitution. — Ces événements sont : 1° La mort de l'un des époux (art. 1564 et suiv.); 2° le divorce; 3° la séparation de corps; 4° la séparation de biens (art. 1563); 5° l'absence déclarée de l'un des époux (art. 123).

Toute restitution anticipée est nulle, et n'empêche pas la femme de réclamer sa dot une seconde fois, déduction faite de ce qui a pu tourner à son profit, par suite de ce qu'elle a déjà reçu.

A. — Preuve à fournir.

1643. Faits à prouver. — La femme ou ses ayants cause qui demandent la restitution de la dot doivent prouver deux choses : 1° la *réception de la dot par le mari* ; 2° la *consistance de la dot*.

1644. Preuve de la réception de la dot. — Cette preuve se fait différemment, selon qu'il s'agit d'une dot fournie par la femme elle-même ou d'une dot que le mari a reçue d'un tiers.

Dot fournie par la femme. — C'est le droit commun qui s'applique alors : *la femme doit produire un écrit*, c'est-à-dire une quittance donnée par le mari, et elle n'est admise à faire entendre des témoins qu'autant qu'il existe un commencement de preuve par écrit ou que l'écrit dont elle s'était munie a été perdu par cas fortuit (art. 1341 et 1502, al. 2).

Sur la clause du contrat de mariage portant que la célébration du mariage vaudra quittance de la dot, voyez ci-dessus n° 863.

Dot reçue d'un tiers. — On est alors plus facile pour la preuve à fournir par la femme, parce qu'il lui a été impossible de retirer une quittance, puisque ce n'est pas elle qui a remis la dot au mari. Elle est donc autorisée à établir que le mari a reçu la dot *soit par témoins, soit par simples présomptions* (Caen, 10 janv. 1855, D. 55. 2. 152, S. 55. 2. 273. — Comp. Cass., 3 mars 1868, D. 68. 1. 155).

Cette dernière règle s'applique même aux successions dotales recueillies par la femme : bien qu'ici la dot ait été constituée par la femme, ce n'est pas elle qui la livre au mari, et elle n'en peut pas retirer quittance (Cass., 2 mars 1886, D. 87. 1. 75, S. 89. 1. 319).

1645. Présomption légale. — Lorsque le mariage a duré *dix ans*, la femme se trouve même dispensée de toute espèce de preuve ; la loi présume que le mari a reçu la dot (art. 1569). Les dix ans courent non pas du jour de la célébration du mariage, mais *de l'échéance des termes pris pour le paiement de la dot* (même art.). L'art. 1569 ne distinguant pas, la présomption est applicable à la dot dont la femme était elle-même débitrice, aussi bien qu'à celle qui a pu lui être constituée par un tiers (Caen, 3 mars 1875, D. 77. 2. 133, S. 75. 2. 201).

Toutefois cette présomption n'est pas absolue : si la femme peut réclamer sa dot sans avoir rien à prouver, la loi réserve au mari ou à ses héritiers la *preuve contraire*. Il leur est permis de prouver qu'ils n'ont rien touché en fait et qu'il n'y a aucune faute de la part du mari, parce qu'il a fait *les diligences nécessaires pour obtenir la dot*, et que ses démarches sont restées inutiles (art. 1569). Les tribunaux apprécient la nature des faits ; il n'est pas indispensable que le mari ait engagé inutilement une poursuite judiciaire ; des tentatives faites sous une autre forme peuvent être jugées suffisantes. On devrait même exempter le mari de toute restitution, bien qu'il n'eût fait aucune diligence, s'il pouvait prouver que le constituant était dès le temps du mariage dans un état notoire d'insolvabilité.

Cette présomption ne profite qu'à la femme ou à ses ayants cause. Le tiers constituant ne peut pas s'en servir pour établir qu'il a versé la dot ; il doit faire la preuve de sa libération selon le droit commun.

1646. Preuve de la consistance de la dot. — Comme le mari est tenu de faire inventaire, la femme peut prouver par toute espèce de moyens la nature et la quantité des biens recueillis par lui, s'il n'a pas eu la précaution d'inventorier le mobilier (art. 1562 et 600 cbn.).

B. — Mode et objet de la restitution.

1647. Biens dont le mari est devenu propriétaire. — Quand le mari devient propriétaire des biens constitués en dot, il ne doit pas restituer ces biens en nature, mais seulement leur valeur, ou leur estimation, quand ils ont été estimés. Ils sont donc à ses risques, et il n'est pas libéré s'ils viennent à périr par cas fortuit.

1648. Biens dont la propriété reste à la femme. — Quand la propriété du bien reste à la femme, le mari le lui restitue en nature, dans l'état où il se trouve au jour de la restitution. Mais si ce bien a souffert une *détérioration* par la faute ou la négligence du mari, il en est responsable ; et réciproquement, s'il a reçu une *amélioration* par son fait, la femme lui doit une indemnité réglée selon les principes traditionnels : le montant total des déboursés, s'il s'agit de *dépenses nécessaires* ; la plus-value produite, si c'est une simple *dépense utile*. Il y a lieu de compenser les sommes dont le mari peut se trouver de ce chef simultanément créancier et débiteur. Mais le mari n'est pas responsable des pertes ou détériorations fortuites.

Sur le droit de rétention existant à son profit, voir t. II, n° 2524-4°.

Voyez les art. 1566, 1567 et 1568, qui font l'application de ces différents principes. L'art. 1567 parlant de créances qui ont « péri » sans la faute du mari, doit s'entendre principalement du cas d'insolvabilité du débiteur, et peut-être aussi de l'annulation du titre. Le texte dit que le mari est quitte « en restituant *les contrats* ». C'est le langage de la pratique ; il s'agit des actes écrits qui constatent les contrats.

1649. Règle spéciale relative aux linges et hardes. — Par dérogation aux règles ci-dessus, l'art. 1566, al. 2, décide : 1° que la femme reprend non pas les effets qu'elle avait apportés en se mariant, mais ceux qui sont à son usage au jour où la restitution lui en est due ; 2° que le mari doit combler de ses deniers le déficit, quand il y en a un, et cela sans qu'il y ait faute de sa part. — Réciproquement le mari n'a pas le droit de retenir l'excédent de valeur, quand les linges et hardes à l'usage de sa femme valent plus que ceux qu'elle avait apportés.

C. — Intérêts et fruits.

1650. Partage proportionnel de la dernière année. — Si les biens dotaux produisent des fruits, soit en nature, soit en argent, le mari en est comptable. Il peut garder tous ceux qui correspondent à la partie de l'année pendant laquelle le mariage durait encore ; il doit rendre tous ceux qui correspondent à une époque postérieure à sa dissolution ou au fait qui a rendu nécessaire la restitution de la dot (art. 1571).

En statuant ainsi, l'art. 1571 établit une règle spéciale au régime dotal, car d'après les principes de l'usufruit ordinaire, les *fruits civils* (loyers, intérêts, etc.) devraient seuls être acquis au mari jour par jour. En vertu de cet article, les fruits en nature eux-mêmes se distribuent de la même façon, sans qu'on ait à rechercher si leur perception a eu lieu avant ou après la dissolution.

Cette règle s'applique même aux fruits qui ne se perçoivent pas tous les ans, comme les coupes de bois. On en répartit la valeur par années, selon les intervalles des coupes, et c'est le chiffre afférent à l'année de la restitution qui se partage selon le principe de l'art. 1571.

Les années se comptent à partir du jour du mariage ; le texte le dit (art. 1571, al. 2).

1651. Intérêts des sommes d'argent. — Pour savoir de quelle façon les intérêts courent au profit de la femme, il faut distinguer plusieurs hypothèses :

1° Mort de la femme. — Si le mariage se dissout par la mort de la femme, les intérêts courent *de plein droit* au profit de ses héritiers (art. 1570, al. 1).

2° Mort du mari. — Il en est de même au cas de mort du mari. La femme a droit immédiatement aux intérêts de sa dot, sauf au cas où elle préfère se faire nourrir aux frais de la succession du mari pendant l'an du deuil ; la loi lui en donne le choix (art. 1570, al. 2).

3° Divorce. — La solution donnée par la loi pour le cas de mort du mari doit être étendue au cas de divorce : du moment où la femme survit, elle n'a pas besoin d'agir pour faire courir les intérêts de sa dot.

4° Séparation de corps ou de biens. — Pour ce cas une difficulté s'est présentée pour fixer le jour servant de point de départ aux intérêts. Quelques arrêts les font courir *du jour du jugement* (Cass., 28 mars 1848, D. 48. 1. 170, S. 48. 1. 354 ; Trib. Lyon, 16 janv. 1869, D. 69. 3. 29). Mais la doctrine qui les fait courir *dès le jour de la demande* paraît préférable à cause de l'art. 1445 auquel renvoie l'art. 1563. En ce sens Agen, 29 avril 1868, Dalloz, *Suppl.*, t. IV, p. 263, note 1, S. 68. 2. 129 ; Dijon, 3 déc. 1869, D. 70. 2. 161, S. 70. 2. 17. Voyez aussi ci-dessus n° 1188-2°.

D. — Délai de la restitution.

1652. Biens dont la femme est restée propriétaire. — La restitution doit se faire *immédiatement*, lorsqu'il s'agit de biens dont la femme avait gardé la propriété (art. 1564). Il n'y a aucune raison pour que le mari les retienne après la dissolution du mariage, ne serait-ce que peu de temps ; et il n'y a pour lui aucune difficulté à restituer des biens qu'il possède.

1653. Cas où le mari est débiteur d'une somme d'argent. — Dans toutes les hypothèses où la restitution doit avoir pour objet de l'argent, la loi accorde au mari *un délai d'un an* (art. 1565). On doit prévoir en effet le cas où le mari n'aurait pas le moyen de se procurer rapidement les sommes élevées qu'il a à payer ; les particuliers ne conservent pas leurs capitaux chez eux sous la forme improductive du numéraire, et les biens en nature ne sont pas tous aussi facilement réalisables que des valeurs de bourse.

Le délai d'un an donné par la loi peut être allongé ou abrégé par des conventions particulières.

Le texte, au lieu de donner une formule générale, a procédé par voie d'énumération et indiqué les principaux cas où le mari doit se libérer en argent. Son énumération n'est pas complète, mais personne ne doute que la pensée de la loi ait été d'établir une règle en ce sens, applicable à tous les cas analogues. Voyez toutefois le numéro suivant, 1°.

1654. Exceptions à la règle. — Néanmoins le mari ne jouit pas toujours du délai d'un an établi par l'art. 1565. Il en est privé dans les deux cas suivants :

1° Indemnités dues pour perte ou détérioration des biens dotaux. — C'est *par sa faute* que le mari se trouve alors débiteur d'une somme d'argent, à la place d'un bien en nature, et il n'y a pas lieu par suite de lui accorder le bénéfice de l'art. 1565, qui suppose une dot consistant en argent dès l'origine ou transformée en argent par des faits réguliers.

2° Séparation de biens ou de corps. — L'art. 1565 est un texte exceptionnel, qui a été écrit seulement *en vue du cas où le mariage est dissous* (voyez la fin de l'article). Il ne s'applique donc pas au cas de séparation de biens, le délai d'un an est inadmissible, puisqu'il y a urgence à enlever la dot au mari. On peut dire du reste que dans les deux cas le mari s'est mis *par sa faute* dans l'obligation de restituer la dot, et la combinaison des art. 1443 et 1188 conduit à lui retirer le bénéfice du terme dont il jouit dans le cas normal.

1655. Explication de l'art. 1572. — Le Code civil a supprimé l'*hypothèque privilégiée* que l'ancien droit accordait à la femme pour la restitution de la dot. Ainsi se trouve abolie, par l'art. 1572, la loi *Assiduis* (Code, liv. VIII, tit. 18, loi 12), en vertu de laquelle la femme primait les créanciers antérieurs à elle en hypothèque. Elle n'a plus actuellement qu'une hypothèque légale ordinaire, qui prend rang à sa date, sous le régime dotal comme sous les autres régimes (voyez t. II, n° 2814 et la note).

E. — Droits de viduité de la femme survivante.

1656. Énumération. — La loi lui accorde une double faveur :

1° Option relative aux aliments. — *Quand elle a reçu une dot,* elle a le choix *ou de se faire payer les intérêts* de sa dot, comme il a été dit ci-dessus ou de *se faire fournir des aliments* pendant l'année du deuil, aux dépens de la succession de son mari (art. 1570, al. 2). Cette option lui crée un certain avantage, car les intérêts de sa dot peuvent être inférieurs à sa dépense annuelle.

La femme commune en biens n'a droit aux aliments que pendant trois mois et quarante jours, mais elle les obtient gratuitement, tandis que la femme dotale les paye en quelque sorte par l'abandon des intérêts auxquels elle a droit.

2° Deuil et habitation — Quelque parti qu'elle prenne pour les aliments, elle peut aussi se faire payer son deuil par la succession de son mari et se faire loger aux frais des héritiers pendant l'année qui suit (art. 1570, al. 2). A ce point de vue, elle est mieux traitée que la femme commune en biens qui n'a droit à l'habitation que pendant trois mois et quarante jours. — La loi suppose que la femme continue à habiter la maison où elle vivait avec son mari; si cela lui est impossible, elle a droit à une indemnité pour son logement (Cass., 8 janv. 1890, D. 91. 1. 225, S. 92. 1. 380).

CHAPITRE IV

DES BIENS PARAPHERNAUX

§ 1. — *Détermination des paraphernaux.*

** **1657. Caractère de la paraphernalité.** — Tous les biens qui ne sont ni compris dans la constitution de dot, expresse ou tacite, ni subrogés par emploi ou par échange à des biens dotaux, sont paraphernaux ; en d'autres termes, la paraphernalité est la règle (art. 1574).

« Paraphernal » veut dire *hors de la dot* (παρά, à côté, et φερνή, dot).

*** 1658. Les paraphernaux au cas de constitution dotale universelle. —** Quand la constitution de dot comprend tous les biens de la femme, présents et à venir, la femme peut encore avoir des paraphernaux, et cela pour deux causes différentes dont la seconde est sujette à controverse.

1° Dons ou legs. — Si un tiers fait une libéralité à la femme par don ou par legs, à la condition que le bien qu'il donne passera en dotal, cette clause est licite et efficace, car l'art. 1543 défend seulement d'*augmenter* la dot ; il ne défend pas de la *diminuer*. Comp. ci-dessus n° 1502.

2° Placements après la séparation. — Si la femme, après avoir obtenu la séparation de biens, fait ensuite un placement de deniers dotaux non sujets à emploi, le bien acquis par elle sera-t-il dotal ? En principe, les immeubles achetés par la femme dans les cas où l'emploi n'était pas nécessaire, ne sont pas dotaux à cause de la disposition de l'art. 1553. Voyez ci-dessus n° 1496-3°. Mais ne faut-il pas faire exception à cette règle pour le cas où la constitution dotale est universelle ? Je croirais volontiers qu'en pareil cas l'immeuble acheté par la femme est dotal. Voyez en ce sens Dutruc, *Traité de la séparation de biens,* n° 464. En sens contraire, Brésillon, D. 69. 2. 1 ; Regnault, thèse, p. 163-164.

1659. La présomption « Quintus Mucius » dans le droit actuel. — La présomption de la loi « Quintus Mucius », dont il a déjà été parlé au n° 1425 ci-dessus, existe-t-elle encore sous l'empire du Code civil ? Prévoyant le cas où une femme qui n'a pas de biens personnels a fait une acquisition à titre onéreux pendant le mariage, Pomponius décide qu'on doit présumer que les moyens de faire cette acquisition lui ont été fournis par le mari ; autrement, il faudrait supposer que la femme a réalisé des gains honteux ; et il attribue l'origine première de cette décision à un jurisconsulte nommé Quintus Mucius[1]. Pomponius réglait au moyen de cette présomption une question de propriété entre les époux : le mari était présumé avoir fait une donation à sa femme, et comme cette donation était nulle de plein droit, le résultat était que les choses ainsi acquises par la femme *appartenaient au mari*. Cet effet ne pourrait plus se produire, puisque les donations entre époux sont permises par notre droit ; mais la présomption servirait encore à trancher une question de récompense : le mari serait présumé avoir fourni l'argent à sa femme, et il pourrait le lui réclamer, sauf à la femme à prouver que l'argent lui est venu d'une autre source. La loi « Quintus Mucius » était en vigueur dans notre ancien droit pour les pays soumis au régime dotal (ci-dessus n° 1425) ; elle l'était également dans l'ancien Code sarde, ce qui lui a donné un regain d'actualité après l'annexion de la Savoie et du comté de Nice, car le statut matrimonial une fois fixé dure autant que le mariage et nos tribunaux en ont fait l'application à des gens mariés sous l'empire des lois sardes (Cass., 29 déc. 1863, D. 64. 1. 120, S. 63. 1. 11).

Mais sous l'empire du Code civil faut-il en tenir compte ? Quelques arrêts l'avaient écartée d'une façon absolue, parce qu'il n'existe pas de présomptions légales sans texte (Pau, 10 déc. 1832, S. 33. 2. 240 ; Agen, 30 janv. 1882, D. 83. 2. 41, S. 83. 2. 223). Mais la doctrine contraire prévalait généralement dans les Cours du Midi, entraînées par la force des traditions (Aix, 10 juill. 1862, D. 63. 2. 136, S. 63. 2. 9, et les renvois). La Cour

[1] Voici le texte complet : « Quintus Mucius ait : cum in controversiam venit, unde ad mulierem quid pervenerit, et verius et honestius est, quod non demonstratur unde habeat, existimari a viro... ad eam pervenisse. Evitandi autem turpis quœstus gracia circa uxorem hoc videtur Q. Mucius comprobasse » (Digeste, *De donationibus inter virum et uxorem,* liv. XXIV, tit. 1, fr. 51).

de cassation avait d'abord concilié les deux solutions en admettant que la présomption de Quintus Mucius survit encore, mais à l'état de *simple présomption de fait* (Cass., 6 mars 1866, D. 66. 1. 126, S. 66. 1. 253; Cass., 22 janv. 1877, D. 77. 1. 214, S. 77. 1. 148). Plus récemment elle a rejeté en termes absolus toute idée de présomption (Cass., 18 mai 1897, D. 97. 1. 407, S. 1901. 1. 491).

Sur l'état du droit allemand, voyez MEULENAERE, *Code civil allemand*, p. 369, art. 1362.

§ 2. — *Gestion des biens paraphernaux.*

A. — Actes d'administration.

** **1660. Droit de la femme.** — Sauf stipulation contraire, cette administration appartient à la femme, qui pour ses paraphernaux est réellement dans la situation d'une femme *séparée de biens* (art. 1576, al. 1er).

Il faut lui appliquer tout ce qui a été dit ci-dessus pour la femme séparée (nos 1440 et suiv.).

1661. Gestion du mari. — Il est possible que la gestion des paraphernaux ait été abandonnée au mari, et en fait la chose est assez fréquente. Le cas est prévu par les art. 1577 et suiv., déjà expliqués à propos de la séparation de biens. Voyez ce qui est dit ci-dessus, aux nos 1461 et suiv. Les règles sont les mêmes sous les deux régimes qui, au fond, n'en font qu'un à ce point de vue.

B. — Perception des revenus.

** **1662. Droit de la femme.** — En principe encore c'est la femme qui touche les revenus de ses paraphernaux, à moins qu'elle n'en ait abandonné la jouissance à son mari expressément ou tacitement.

L'art. 1580 ajoute que le mari qui jouit des biens paraphernaux est tenu de toutes les obligations de l'usufruitier. Cet article ne peut s'appliquer qu'aux obligations de l'usufruitier après son entrée en jouissance, car on ne demande au mari ni de donner caution ni de faire inventaire.

1663. Contribution aux charges du ménage. — La femme dispose librement des revenus de ses paraphernaux. Cependant elle peut être contrainte d'en abandonner une partie à son mari. Ceci arrive lorsqu'elle ne s'est rien constitué en dot : comme tous ses biens sont alors paraphernaux, le mari supporterait seul les charges du ménage. L'art. 1575, al. 2, veut alors que la femme y prenne part *jusqu'à concurrence du tiers de ses revenus*. Comp. art. 1537 et ci-dessus n° 1432.

Il pourrait même arriver, si le mari n'avait rien ou si la dot était insuffisante, que la femme fût obligée de subvenir à ces charges en totalité, par application des art. 203 et 212 (Cass., 2 juill. 1851, D. 51. 1. 272, S. 51. 1. 509).

C. — Aliénation des paraphernaux.

1° Immeubles.

** **1664. Nécessité de l'autorisation maritale.** — En l'absence de puissance maritale en droit romain, la femme pouvait aliéner librement ses biens paraphernaux, et cette règle s'était conservée dans nos pays de droit écrit, sauf dans les quatre petites provinces qui ressortissaient au Parlement de Paris (Lyonnais, Forez, Beaujolais et Mâconnais). Voyez ci-dessus n° 1470-2°.

Ce qui était jadis une exception est devenu la règle : l'art. 1576, al. 2, exige absolument l'autorisation du mari, ou, à son refus, celle de la justice.

1665. Clause d'inaliénabilité. — Les paraphernaux ne sont pas pour cela devenus inaliénables, puisque la femme peut être relevée de son incapacité par une autorisation. Serait-il possible de les rendre inaliénables par une clause insérée dans le contrat de mariage? La question a été très controversée, et je crois l'affirmative au moins douteuse : l'inaliénabilité n'a été créée que pour la *dot*, c'est-à-dire pour les biens dont le mari a tout au moins l'administration et la jouissance. Elle a pour but de protéger la femme contre le mari, et non pas de restreindre la part d'indépendance que la femme peut se réserver (Comp. Challamel, *Revue critique*, 1880, p. 1). Néanmoins la tendance moderne est d'étendre indéfiniment l'inaliénabilité et on peut prévoir que les paraphernaux en seront un jour susceptibles comme on l'a admis récemment pour les propres de la femme commune en biens. Voyez ci-dessus n° 804.

1666. Responsabilité du mari. — Il est aujourd'hui admis que le mari est responsable envers sa femme du remploi du prix de ses paraphernaux quand c'est lui qui en a autorisé la vente (Cass., 13 nov. 1861, D. 62. 1. 367, S. 62. 1. 741). C'est l'application au régime dotal de l'art. 1450 qui donne cette solution pour le cas de séparation conventionnelle.

2° Meubles.

*** 1667. Examen de la difficulté.** — Il semble que la femme ne puisse aliéner seule aucun bien paraphernal, pas plus mobilier qu'immobilier, car la disposition de l'art. 1576, qui exige l'autorisation du mari, parle en termes généraux des « biens paraphernaux ». Une restriction doit cependant y être apportée : l'aliénation du mobilier est nécessairement permise à la femme quand elle rentre dans les limites de son administration. Faut-il aller plus loin et permettre sans distinction l'aliénation du mobilier paraphernal ? C'est une question qui a déjà été examinée à propos des art. 1449 et 1536-1538, car elle se présente également pour la femme séparée de biens par contrat et par jugement. Voyez ce qui a été dit à ce sujet ci-dessus n°s 1451 et suiv.

L'opinion commune dans la doctrine admet que l'art. 1576 ne s'applique qu'aux biens immobiliers (Aubry et Rau, t. V, § 541, note 10). Signalons cependant l'opinion dissidente de Rodière et Pont, t. III, n° 2004, qui citent quelques passages peu concluants des travaux préparatoires. On sait que la jurisprudence ne reconnaît pas aux femmes séparées de biens la capacité nécessaire pour disposer seules de leur mobilier.

D. — Droits des créanciers.

*** 1668. Effet de l'incapacité de la femme.** — A partir du mariage, la femme est incapable de s'obliger sans autorisation et les contrats qu'elle ferait ainsi seraient annulables (art. 217). Au contraire les obligations qu'elle a contractées avant le mariage sont valables et l'exécution en peut être poursuivie sur ses paraphernaux.

On demande s'il est nécessaire pour cela que le créancier soit porteur d'un titre ayant date certaine. Cette condition est nécessaire pour la saisie des biens communs ou des biens dotaux parce qu'il s'agit alors d'opposer la dette de la femme à son mari, qui est un tiers pour le créancier. Mais sur les paraphernaux, le mari n'a aucun droit, ni la jouissance, ni l'administration, et il s'agit simplement d'exécuter l'obligation entre les parties; or l'acte sous seing privé fait foi de sa date par lui-même contre son signataire (art. 1322). Le créancier n'a donc pas besoin d'un titre à date certaine pour saisir les paraphernaux. En cas de fraude, il reste seulement à la femme le droit de prouver l'antidate pour invoquer son incapacité de femme mariée.

E. — Actions en justice.

1669. Incapacité de la femme. — Rappelons en passant que la femme est incapable d'ester en justice, même quand elle est séparée de biens (art 215). Elle ne peut donc exercer aucune action relative à ses paraphernaux sans l'autorisation de son mari et l'art. 1576, al. 2, lui défend en effet de « paraître en jugement à raison desdits biens ».

§ 3. — *Représentation de la dot par les paraphernaux.*

***1670. Idée générale.** — Voici une théorie singulière qui a été créée par la jurisprudence depuis 1840 et surtout depuis 1867. D'après les arrêts, il existe une classe particulière de biens *intermédiaire entre les paraphernaux purs et les biens dotaux* : ce sont des paraphernaux, mais *qui contiennent en eux la valeur d'une dot mobilière*, laquelle est inaliénable et doit toujours se retrouver parce qu'elle conserve son caractère dotal. Il y a en quelque sorte inclusion de la dot mobilière dans un bien paraphernal, ce qui crée pour cette catégorie de biens une situation hybride tout à fait extraordinaire.

1671. Origine de la théorie. — Comment la jurisprudence a-t-elle été amenée à admettre une pareille combinaison? C'est l'effet des dispositions trop étroites de la loi, qui refuse le caractère dotal à un certain nombre de biens achetés par la femme avec les deniers dotaux ou à elle advenus aux lieu et place de ceux qu'on lui avait promis en dot. On a cherché à assurer la protection de la dot dans la mesure du possible, en la suivant dans ses diverses transformations, même quand le caractère dotal n'est pas actuellement reconnu aux biens qui lui servent de placement.

Au reste, l'idée n'est pas nouvelle et notre ancien droit en faisait déjà l'application à certains paraphernaux, qui étaient affectés d'une dotalité dite *subsidiaire*. Sur cette dotalité subsidiaire voyez les auteurs anciens cités en note dans Tessier, *Traité de la dot*, t. I, p. 219-220. La jurisprudence moderne a eu assez souvent l'occasion de s'en occuper encore jusqu'au milieu du XIXe siècle (Voyez les arrêts cités dans Dalloz, 54. 2. 203, note 6). Il était généralement admis que la dotalité subsidiaire avait été abolie implicitement par le Code civil, sous lequel la liberté de la propriété ne peut être entravée qu'en vertu d'une disposition expresse de la loi (Merlin, *Répertoire*, v° Dot, § 10; Toullier, t. XIV, n° 128; Dalloz, note précitée). C'est cependant quelque chose d'analogue que la jurisprudence moderne a organisé.

A. — Série chronologique des cas d'application.

1672. Biens livrés par le mari en restitution de la dot. — La première hypothèse qui paraît avoir donné à la jurisprudence l'occasion d'appliquer son idée est celle où le mari, obligé de restituer la dot après la séparation de biens, livre à sa femme un de ses immeubles en paiement de sa dot mobilière (Cass., 31 janv. 1842, D. 42. 1. 61, S. 42. 1. 110; Riom, 8 août 1843, D. 45. 2. 148, S. 44. 2. 590).

A cette première hypothèse on a plus tard assimilé le cas où la femme, créancière de son mari pour la restitution de sa dot, se rend adjudicataire d'un immeuble dont elle compense le prix avec ses reprises; la situation est la même que si elle l'avait reçu en paiement (Cass., 12 avril 1870, D. 70. 1. 264, S. 70. 1. 185; Montpellier, 21 juin 1871, D. 71. 2. 175, S. 71. 2. 88).

1673. Biens recueillis par la femme dans la succession du constituant. — La première affaire de ce genre s'est présentée en 1855, devant la Cour de Toulouse; une dot de 4 000 fr. constituée par un père à sa fille n'avait pas été payée et la fille dotée succédant en concours avec ses frères et sœurs reçut un immeuble « pour la remplir, disait l'acte de partage, tant de sa dot que de ses droits héréditaires ». Cet immeuble ayant plus tard été vendu, la femme demanda à prélever sur le prix le montant de sa dot par préférence à tous créanciers. La Cour de Toulouse le lui refusa (21 juill. 1855). Mais l'arrêt fut cassé et il fut jugé que l'immeuble ayant été donné à la femme en paiement de sa dot devait la contenir et qu'elle pouvait l'y reprendre (Cass., 1er déc. 1857, D. 58. 1. 71, S. 58. 1. 257; Agen, 4 mai 1858, D. 58. 2. 152, S. 58. 2. 373. — Comp. Cass., 3 juin 1891, D. 92. 1. 13, S. 94. 1. 4; Cass., 26 nov. 1895, D. 96. 1. 313, S. 96. 1. 73).

1674. Biens livrés par le constituant en paiement d'une dot mobilière. — Cette hypothèse est analogue aux précédentes. Les biens reçus par la femme ne sont pas dotaux, mais ils représentent sa dot mobilière (Pau, 8 juin 1892, D. 94. 2. 315).

1675. Acquisitions faites au nom de la femme par le mari. — Des deniers dotaux, non sujets à emploi, sont placés par le mari au nom de sa femme; il importe peu que la femme achète elle-même ou que le mari achète pour elle. Je crois qu'en pareil cas on devrait décider que le bien appartient au mari. La convention tacite, que cet achat implique, est nulle. En effet, elle équivaut à une restitution anticipée de la dot, faite à l'amiable : c'est comme si le mari avait rendu à sa femme l'argent représentant sa dot mobilière et si la femme avait placé les fonds à sa guise et à son profit. En réalité les époux ont fait une chose qu'ils n'avaient pas le droit de faire. La Cour de cassation n'a pas aperçu cette objection, et elle a décidé que le bien ainsi acheté appartenait à la femme (Cass., 19 déc. 1871, D. 72. 1. 77, S. 71. 1. 192; Caen, 29 nov. 1872, D. 74. 2. 107, S. 73. 2. 134). Ses motifs sont : 1° que l'art. 1553 tranche seulement la question de DOTALITÉ et non la question de PROPRIÉTÉ; 2° que l'art. 1574 permet à tout le monde d'acheter, en dehors des cas où la loi interdit la vente, et que la vente fait acquérir la propriété à celui qui achète ou qui est désigné comme acheteur.

1676. Acquisitions faites par la femme après la séparation de biens. — Les biens achetés par la femme séparée, avec ses deniers dotaux, ne sont pas dotaux quand elle n'était pas obligée d'en faire le remploi. On admet en effet que l'art. 1553 s'applique même à la femme, après la séparation de biens (Grenoble, 11 juill. 1857, D. 57. 2. 210, S. 57. 2. 549). Il était tout naturel que l'immeuble ainsi acheté par la femme fût considéré lui aussi comme représentant sa dot mobilière (Cass., 12 avril 1870, D. 70. 1. 264, S. 70. 1. 185)[1].

B. — Conséquences pratiques de l'idée de représentation.

1677. Droit de jouissance du mari. — Quand la dot est représentée par un paraphernal, elle ne se trouve pas où elle devrait être : le mari devrait l'avoir entre ses mains et à sa disposition, et elle est dans la fortune paraphernale de la femme. On ne peut pas attribuer d'une manière directe au mari la jouissance d'un bien paraphernal; ce serait contraire à l'art. 1576. Du moins faut-il que la femme lui cède les revenus de son bien paraphernal jusqu'à concurrence de la valeur de la dot qui s'y trouve contenue.

1678. Aliénation volontaire de l'immeuble. — En sa qualité de bien paraphernal, l'immeuble que possède la femme est aliénable. On doit donc admettre que la

[1] Sur le cas particulier où les biens représentant la dot sont des meubles meublants, voyez Cass., 1er août 1900, D. 1901. 1. 145, et la note de M. BARTIN, S. 1901. 1. 5, et la note de M. LYON-CAEN.

femme a le droit de vendre à l'amiable et même qu'elle peut le vendre pour un prix inférieur à sa dot mobilière. On ne peut pas rendre ce bien indisponible, puisqu'il est paraphernal ; de là, la liberté laissée à la femme et qui crée un véritable danger pour elle. Il a même été jugé que la femme, dûment autorisée, pouvait *l'aliéner à titre gratuit*, et il fallait bien aller jusque-là, étant donné le caractère du bien (Cass., 12 avril 1870, précité ; Montpellier, 21 juin 1871 précité).

Cependant la jurisprudence, toujours soucieuse de protéger la dot, décide en même temps que la femme ne peut aliéner que sous réserve de la valeur dotale contenue dans l'immeuble, de sorte que, quand elle le donne, le donataire se trouve tenu envers elle du montant de sa dot.

1679. Saisie par les créanciers. — Un bien paraphernal est toujours saisissable, mais quand il représente la dot mobilière, il ne peut être saisi que sous réserve de la valeur de cette dot. En conséquence, la femme est autorisée à reprendre sa dot sur le prix par priorité à tous créanciers (Cass., 27 février 1883, D. 84. 1. 29, S. 84. 1. 185 ; Paris, 7 mai 1895, D. 96. 2. 204)[1]. Pratiquement, l'excédent de valeur de l'immeuble sur la dot est seul exposé à la poursuite des tiers.

Dans le but de protéger la femme, la jurisprudence oblige ordinairement le créancier qui veut saisir à prendre préalablement un engagement personnel : il doit s'engager à faire porter le prix d'adjudication à une somme suffisante pour garantir le recouvrement des valeurs dotales (Grenoble, 11 juill. 1857, D. 57. 2. 210, S. 57. 2. 549 ; Agen, 13 août 1891, D. 92. 2. 569, S. 93. 2. 97). Il y a bien eu quelques arrêts dissidents (Montpellier, 21 févr. 1851, D. 54. 2. 203, S. 53. 2. 673 ; Toulouse, 24 févr. 1860, D. 60. 2. 64, S. 60. 2. 305), mais d'autres arrêts sont allés plus loin encore et ont exigé la consignation des fonds par le créancier saisissant (Montpellier, 18 févr. 1853, D. 54. 2, 205, S. 53. 2. 673 ; Bordeaux, 14 mai 1857, D. 57. 2. 211, S. 57. 2. 547). Jamais la Cour de cassation n'a eu l'occasion de confirmer ou de condamner cette jurisprudence.

En tout cas, il ne faut pas considérer le droit de la femme comme constituant une sorte de privilège (voyez cependant Regnault, thèse, 1894, p. 111) ; c'est plutôt une demande en distraction ayant pour objet une valeur que la saisie ne peut pas atteindre.

C. — Condition de publicité.

1680. Jurisprudence rectifiée en 1891. — Faut-il admettre que cette espèce de dotalité particulière, étendue aux paraphernaux, sera opposable aux tiers, *même quand elle restera occulte*? Certaines Cours du Midi, pleines de cette idée que la conservation de la dot est une nécessité supérieure à tout, ont autorisé la femme à se prévaloir du caractère mixte de son bien, alors que son titre de propriété ne contenait aucune mention révélant aux tiers le danger (Bordeaux, 14 mai 1857, D. 57. 2. 211, S. 57. 2. 547 ; Toulouse, 13 mars 1890, D. 90. 2. 343 ; Toulouse, 27 juin 1892, D. 93. 2. 188.

C'était *enlever aux tiers toute sécurité*. La Cour de cassation a pris plus de souci de l'intérêt public et par deux décisions de 1891 et de 1895, elle a établi que la dotalité cachée sous la paraphernalité ne peut pas être opposée aux tiers si le titre ne les en avertit pas : il faut que l'immeuble passe dans le patrimoine de la femme en qualité de bien substitué à la dot mobilière ; sinon il est paraphernal purement et simplement (Cass., 5 juin 1891, D. 92. 1. 13 ; Cass., 26 nov. 1895, D. 96. 1. 313, S. 96. 1. 73).

C'est un recul considérable sur les décisions de la jurisprudence antérieure. Actuellement, la *quasi-dotalité* des paraphernaux représentant la dot mobilière est soumise à *une condition de publicité analogue à celle qui régit le remploi des véritables biens dotaux* : il faut que les tiers soient avertis, par des déclarations contenues dans l'acte, de l'origine des deniers et de l'affectation spéciale qui en résulte pour le bien ainsi acquis, afin qu'ils puissent suivre la dot à travers ses transformations successives. On peut presque dire que c'est un *simili-remploi*.

[1] Ce prélèvement n'est autorisé qu'à la condition que la femme soit en état de prouver l'origine dotale des deniers qu'elle a employés à l'acquisition de cet immeuble (Cass., 29 déc. 1875, D. 76. 1. 444, S. 77. 1. 58).

CHAPITRE V

DE LA SOCIÉTÉ D'ACQUÊTS

1681. Bibliographie. — H. TESSIER, *De la société d'acquêts suivant les principes de l'ancienne jurisprudence du Parlement de Bordeaux*, 1829 ; 2e édit. par P. de LOYNES, 1881.

** **1682. Disposition du Code.** — A la fin du titre « Du contrat de mariage », on trouve l'art. 1581, qui permet aux époux, tout en se soumettant au régime dotal, d'établir entre eux une société d'acquêts. — C'est une application du principe de la liberté des conventions matrimoniales, écrit dans l'art. 1387 ; il y a alors combinaison des deux régimes. Cet article était utile pour lever des doutes qui auraient pu naître sur ce point.

* **1683. Nécessité d'une stipulation expresse.** — La société d'acquêts est possible, mais elle n'est pas l'accessoire naturel du régime dotal. Il faut une convention spéciale pour l'établir. Jadis elle avait lieu de plein droit dans les coutumes de Bayonne, de Saintes, de Saint-Jean d'Angély et quelques autres (TESSIER, n° 2). Mais presque partout il fallait la stipuler expressément (Attestations des avocats de Bordeaux de 1715 et de 1746, citées *ibid.*, n° 3).

1684. Origine. — Le Code n'a fait que conserver un ancien usage, qui paraît avoir pris naissance dans le ressort du Parlement de Bordeaux, mais qui s'était propagé dans presque tout le Midi et jusqu'en Provence. Cette habitude est très ancienne ; elle remonte peut-être jusqu'aux Wisigoths qui pratiquaient une sorte de société entre époux, composée des économies (Lex Wisigothorum, IV, n° 16 ; comp. *Ibid.*, III, 1).

* **1685. Utilité.** — L'habitude de « s'associer aux acquêts », comme on disait jadis [1], corrigeait très heureusement un des vices principaux du régime dotal qui repose sur le principe de la séparation des patrimoines des époux et qui empêche la femme de participer aux économies et aux bénéfices qu'ils réalisent en commun.

1686. Fréquence. — On trouve la société d'acquêts dans près de la moitié des contrats qui adoptent le régime dotal : 4 560 cas sur 10 112 contrats en 1898 ; et plus peut-être, si ces chiffres sont faux (ci-dessus n° 772).

** **1687. Nature de la société d'acquêts.** — Autrefois cette société avait un caractère mixte : elle était gouvernée, en principe, par les règles des sociétés ordinaires, mais à certains égards, et principalement pour sa composition, elle ressemblait aux communautés coutumières. Le Code civil en a fait une véritable communauté à tous points de vue, car l'art. 1581 renvoie aux art. 1498 et 1499 qui réglementent la communauté d'acquêts, quand elle est choisie à titre principal, comme régime des époux.

[1] L'expression s'est conservée dans les contrats de mariage passés dans le Midi. Voyez D. 97. 2. 139, col. 2, art. 7.

***1688. Son caractère accessoire.** — Dans cette combinaison de deux régimes d'esprit si divers, des conflits naissent incessamment entre des règles opposées. Quel principe suivre pour les résoudre ? Il faut tenir compte des anciens usages, que la loi moderne a voulu conserver, et se guider aussi d'après cette remarque que la société d'acquêts jointe au régime dotal n'est qu'un accessoire, un correctif; ce n'est pas elle qui représente la partie principale du régime des époux. Donc, en cas de conflit, ce sont les règles du régime dotal qui doivent l'emporter.

Une première observation se dégage de là : c'est que les biens de la femme conservent le caractère particulier qu'ils auraient, si la société d'acquêts n'existait pas : les uns sont *dotaux*, les autres sont *paraphernaux*. Chacune de ces deux catégories continue à suivre toutes les règles qui lui sont propres : les biens dotaux sont inaliénables, imprescriptibles et insaisissables, d'après les règles ci-dessus expliquées ; l'aliénation des biens paraphernaux reste libre.

A. — Composition de la société d'acquêts.

***1689. Administration et jouissance des biens dotaux.** — Cette administration et cette jouissance appartiennent au mari, cela n'est pas douteux ; mais à quel titre ? Est-ce comme chef de la communauté ? Est-ce en vertu de la constitution de dot ? La question a de l'intérêt, car ses pouvoirs ne sont pas les mêmes d'après l'art. 1549 et d'après l'art. 1428 : les règles du régime dotal lui donnent l'exercice des actions immobilières pétitoires et l'aliénation des meubles dotaux, qui ne lui appartiennent pas sous la communauté.

Comme ce n'est pas la société d'acquêts qui est l'objet principal du contrat, il est admis que le mari jouit des biens dotaux conformément au régime dotal.

1690. Administration et jouissance des paraphernaux. — Même question, et plus grave encore pour les paraphernaux : si on se décide à suivre les règles du régime dotal, la femme continuera à administrer seule ses paraphernaux et à en percevoir les revenus. Si on décide au contraire que la société d'acquêts doit avoir, comme la communauté d'acquêts stipulée à titre principal, la jouissance universelle des propres des époux, on fait passer les revenus et l'administration *des mains de la femme dans celles du mari.*

La solution est la même que pour la question précédente : on fait prévaloir le système du régime dotal que les époux ont préféré à la communauté ; la femme garde donc l'administration et la jouissance de ses paraphernaux (Riom, 31 janv. 1866, D. 66. 2. 219, S. 67. 2. 87). Il a même été jugé que l'administration de cette sorte de biens reste à la femme, quoiqu'il ait été convenu que les fruits et intérêts tomberaient en communauté (Cass., 14 nov. 1864, D. 65. 1. 137, S. 65. 1. 31). Cette jurisprudence est presque unanimement approuvée par les auteurs modernes. Voyez en sens contraire COLMET DE SANTERRE, t. VI, n° 252 *bis* ; LAURENT, t. XXIII, n° 591.

***1691. Actif de la communauté.** — Que reste-t-il dès lors pour former l'actif commun ? Uniquement les *économies* que chacun des époux fait sur les revenus des biens dont il a la jouissance. La différence n'est pas bien grande avec la communauté d'acquêts ordinaire, car dans un cas comme dans l'autre la communauté s'enrichit annuellement de toute la portion des revenus qui n'est pas consommée. Qu'importe après cela que les sommes employées aux dépenses annuelles soient réputées appartenir à la communauté ou au patrimoine propre des époux ? Ni elle ni eux n'en sont plus riches ou plus pauvres.

La clause qui attribue à la femme la libre disposition de tous ses biens non dotaux a-t-elle pour effet d'exclure entièrement le droit de la communauté sur les revenus des paraphernaux, de façon à laisser à la femme la propriété des économies qu'elle pourra faire et des biens qu'elle pourra acheter avec ces économies ? Il y a sur cette question deux arrêts en sens contraire, rendus à propos du même contrat de mariage (Cass., 17 nov. 1890, D. 91. 1. 477, S. 91. 1. 275 ; Bordeaux, 17 juill. 1895, D. 97. 2. 137, S. sous Cass., 97. 1. 165).

1692. Acquisitions à titre onéreux. — Des difficultés s'élèvent parfois sur le caractère des immeubles achetés par la femme au cours du mariage quand il y a lieu de remployer des deniers lui appartenant. Si l'immeuble vaut plus que la somme à placer, il ne devient propre à la femme que jusqu'à concurrence de cette somme ; pour le surplus, il est conquêt (Cass., 24 nov. 1852, D. 52. 1. 325, S. 52. 1. 798 ; Bordeaux, 13 mai 1872, S. 73. 2. 39). En tout cas, et dans cette mesure, il devient la propriété exclusive de la femme, alors même que d'après les stipulations du contrat de mariage il ne doit pas être dotal (Cass., 1er déc. 1886, D. 87. 1. 81, S. 88. 1. 145). Voyez toutefois la note de M. Labbé dans le *Sirey* sous ce dernier arrêt. Voyez aussi Cass., 21 mai 1873, D. 74. 1. 69, S. 74. 1. 121.

*** 1693. Passif de la communauté.** — Son passif est assez restreint. N'ayant pas l'usufruit des propres des époux, elle n'est pas tenue des dettes qui y correspondent, des dettes qui sont *charges des fruits* : ces dettes sont supportées respectivement par chacun des deux époux pour les biens dont il a la jouissance, par le mari pour ses propres et pour les biens dotaux, par la femme pour ses paraphernaux.

La communauté n'a donc à supporter, comme passif définitif, que les dettes correspondant aux biens qu'elle gagne, notamment celles qui ont pour objet l'acquisition ou la conservation des conquêts et des valeurs communes.

Soumise à l'administration du mari, la communauté est exposée à la poursuite de ses créanciers, qui acquièrent action sur les biens communs conformément aux principes ordinaires. Mais ces créanciers n'ont pas d'action contre la femme, quand elle ne s'est pas personnellement obligée envers eux, même quand il s'agit de dépenses faites dans l'intérêt du ménage, le mari seul étant chargé de pourvoir à ces dépenses à l'aide des biens dotaux (Trib. Seine, 3 août 1887, D. 88. 2. 263.

B. — Dissolution de la société d'acquêts.

*1694. **Application des règles du droit commun.** — La société d'acquêts du régime dotal est soumise aux règles de la communauté pour tout ce qui concerne ses causes de dissolution, sa liquidation, l'option de la femme [1], le règlement des récompenses, le partage, le règlement du passif.

1695. **Règles spéciales.** — Toutefois certaines règles du régime dotal reparaissent ici.

Droits de viduité. — Les droits de viduité de la femme, qui doit être traitée comme une femme dotale, sont réglés d'après l'art. 1570 et non d'après l'art. 1465.

Récoltes des biens dotaux. — Si une récolte se trouve sur pied sur un bien dotal au moment de la dissolution du mariage, on appliquera la règle du *partage jour par jour*, établie par l'art. 1571 et non pas le principe ordinaire de l'usufruit (art. 585). Voyez ci-dessus n° 1518.

1696. **Droits de la femme pour ses reprises contre les tiers.** — Les auteurs s'embarrassent beaucoup d'une question particulière, qui ne paraît pas soulever de difficultés dans la pratique, car je ne connais pas d'arrêts qui y soient relatifs. La femme possède une hypothèque légale inaliénable sur les biens de son mari et sur les conquêts; on se demande si elle peut l'opposer aux tiers acquéreurs, en cas de vente de l'immeuble, et aux créanciers hypothécaires envers lesquels elle s'est obligée, au cas où l'immeuble n'a pas été vendu par le mari.

Il n'y a guère de doute pour la femme *renonçante* : elle conserve son hypothèque et peut l'opposer aux tiers, car elle n'a pu la compromettre par ses actes et elle est désormais étrangère aux obligations qui grèvent la communauté (Cass., 10 nov. 1847, D. 48. 1. 46, S. 48. 1. 25). Mais il en est autrement de la femme *acceptante* : beaucoup d'auteurs admettent que son acceptation emporte renonciation à son hypothèque légale, lorsqu'elle se produit après la dissolution du mariage. D'autres sont d'avis contraire ; d'autres veulent qu'on tienne compte des circonstances. Voyez sur ces difficultés Tessier, *Société d'acquêts*, n° 192, note 1 ; n° 226, note 2.

1697. **Ancienne réserve des acquêts aux enfants.** — Une clause jadis très usitée attribuait *en propriété* aux enfants à naître du mariage *la totalité des acquêts*, dont le survivant avait seulement l'usufruit. Les acquêts se trouvaient ainsi hors des atteintes du père ou de la mère survivante ; l'esprit du régime dotal, qui est l'inaliénabilité des biens, dominait cette espèce de communauté. Pendant quelque temps une jurisprudence assez considérable admit la validité de cette clause qui est aujourd'hui condamnée comme constituant un pacte sur succession future. Sur cette clause, qui était connue sous le nom de *réserve contractuelle des acquêts*, voyez Tessier, nos 302 et suiv. Sur sa nullité actuelle, voyez Bordeaux, 18 août 1864, D. 66. 2. 219, S. 65. 2. 15 ; Bordeaux, 23 août 1865, D. 66. 2. 218, S. 66. 2. 81 et Tessier, *ibid.*, n° 417.

[1] A ce point de vue, il y a quelques différences entre l'ancien droit et le nouveau. Ainsi dans le ressort du Parlement de Bordeaux la séparation de biens faisait considérer la femme comme renonçante (Tessier, *Société d'acquêts*, n° 173). Il n'en est plus ainsi aujourd'hui.

TROISIÈME PARTIE

LES SUCCESSIONS

NOTIONS PRÉLIMINAIRES

** **1698. Définition.** — On appelle « succession » *la transmission du patrimoine entier d'une personne décédée à une ou plusieurs autres personnes vivantes.* La succession est donc un mode d'acquérir *par décès* et *à titre universel*[1].

Les personnes qui recueillent les biens du mort s'appellent « héritiers », en prenant ce mot dans son sens large ; on verra plus loin qu'il a un autre sens plus étroit.

Dans la pratique judiciaire, on appelle *de cujus* la personne décédée, en sous-entendant les mots « [de cujus] *successione agitur* ». Cette expression est tellement usuelle qu'elle a fini par passer dans la loi (art. 767 nouveau, texte de 1891).

Par une application dérivée de son emploi primitif, le mot « succession » désigne aussi l'ensemble des biens recueillis par les héritiers. Ainsi on dira « une riche succession, une succession mobilière ». — Le mot s'applique donc tour à tour à la chose transmise et au fait de la transmission.

1699. Distinction. — Il y a deux sortes de successions : les unes sont *dévolues par la loi* et s'appellent « successions ab intestat » ; les autres sont *dévolues par la volonté du défunt* et s'appellent « successions testamentaires ». Elles ont beaucoup de règles communes. Néanmoins il est d'usage en France de réunir les testaments à la matière des donations et de les séparer ainsi complètement de la matière des successions, avec laquelle ils étaient liés en droit romain : voyez la distribution de ces matières entre les titres I et II du livre III du Code civil. Nous ferons comme le Code et nous ne nous occuperons ici que des *successions ab intestat.*

[1] Tous les auteurs disent que le mot « succession » a un second sens, dans lequel il désigne toute transmission de biens ou de droits, même entre vifs et à titre particulier. Il est certain qu'on ne commettrait pas une faute de français en disant qu'il s'opère une « succession » entre vendeur et acheteur, entre donateur et donataire ; mais le mot « succession » ne s'emploie *jamais* dans de pareilles occasions ; on se sert des mots « cession » ou « transmission ».

* **1700. Fondement du droit de succession.** — Le droit français règle la succession ab intestat d'après l'ordre présumé des préférences du défunt et de ses affections naturelles ; comme le disait Treilhard, dans son « Exposé des motifs », quand la loi trace un ordre de succession, elle « dispose pour ceux qui meurent sans avoir disposé » (FENET, t. XII, p. 137). Comparez ce que disait Bigot du Préameneu (*Ibid.*, p. 14). On a donc pu dire, sans rien exagérer, que la succession ab intestat française est le *testament tacite* ou le *testament présumé du défunt*.

Mais cette idée philosophique est moderne[1] ; elle est fausse historiquement. La succession d'une personne à une autre a été organisée bien avant que le testament ne fût connu et pratiqué. Comme le dit M. Viollet, le droit successoral ab intestat est le fait primitif (*Histoire du droit français*, 2e édit., p. 817 et suiv.), et il paraît bien se rattacher à la communauté de famille dont il n'est que le prolongement.

D'autre part, même pour l'époque actuelle, l'affection présumée du défunt n'offre au droit successoral qu'une base insuffisante : entre parents en ligne directe, l'existence des *réserves* héréditaires, dont le défunt n'a pas pu disposer à son gré, prouve que la dévolution des biens d'une personne décédée est fondée en partie sur l'idée d'un devoir de famille qui empêche de dépouiller entièrement les enfants et descendants, et qui, en l'absence de ceux-ci, fait revenir en partie les biens du défunt à ses ascendants.

1701. Preuve de la parenté à l'effet de succéder. — Une personne ne peut recueillir la succession d'une autre qu'autant qu'elle prouve qu'elle est unie au défunt par une parenté légitime ou naturelle à un degré lui permettant de succéder. Elle doit établir sa généalogie et celle du défunt, et dans ce but prouver un certain nombre de naissances et de mariages. Régulièrement elle devrait faire cette preuve en produisant des actes de l'état civil. Néanmoins une tradition bien établie dans la jurisprudence autorise l'emploi d'autres moyens de preuve (Cass., 28 juill. 1885, S. 87. 1. 261 ; Cass., 9 avril 1894, D. 94. 1. 401, S. 94. 1. 288 ; Bordeaux, 21 nov. 1894, D. 95. 2. 493)[2]. On fonde en général cette solution en disant qu'il s'agit de prouver des naissances et des mariages relativement anciens et qui peuvent remonter à une époque antérieure à l'établissement des registres de l'état civil, ou tout au moins être inconnus du réclamant, qui ne saurait où trouver ces actes, ce qui lui rend applicable la disposition de l'art. 1348. Mais la jurisprudence ne paraît pas exiger ces conditions d'une manière rigoureuse, et la tolérance admise en pratique résulte bien plutôt d'une ancienne distinction faite de tout temps entre les *questions de généalogie* et les *réclamations d'état*. Pothier admettait que le demandeur dans la pétition d'hérédité pouvait établir sa généalogie par de simples « prémisses » de contrat de mariage ou d'actes de partage (*Propriété*, n° 382). Comp. LEBRUN, *Successions*, liv. I, tit. 6, n° 19 ; BASNAGE, *Coutume de Normandie*, art. 146.

** **1702. De l'ouverture des successions.** — On appelle « ouverture » d'une succession le fait qui autorise les héritiers à prendre possession des biens de la personne décédée et qui leur en transmet la propriété. Actuellement, il n'y a plus qu'un seul fait qui donne ouverture à la succession, c'est la *mort naturelle* de la personne. Au temps du Code civil, il y en avait un autre, la *mort civile*, mentionnée dans l'art. 718. Mais la mort civile a été abolie par la loi du 31 mai 1854, ce qui a rendu sans objet l'art.

[1] Elle a été exprimée par GROTIUS, *De jure belli et pacis*, liv. II, chap. 7, n. 3. Comp. JULIEN, *Nouveau commentaire sur les statuts de Provence*, 1778, t. I, p. 437. — Sur les controverses modernes relatives au fondement de l'hérédité ab intestat, voyez CAUWÈS, *Cours*, t. III, nos 995 et 996 et les publications signalées plus loin à propos du droit de tester.

[2] En somme, on peut dire que la loi française n'a ni prévu ni réglé ce point. Le Code allemand a réglé au contraire avec détail (art. 2353 et 2357) le *certificat d'héritier* (Erbschein) délivré par les tribunaux. Voyez BARRE, § 183.

719 qui s'occupait de cette cause d'ouverture[1]. Quant aux effets de l'absence, voyez ce qui en est dit ci-dessous en appendice, à la suite des successions.

Sur la manière dont se prouve le moment précis du décès d'une personne, voyez t. I, nos 539 et 556.

La détermination du moment exact de l'ouverture d'une succession est importante à un double point de vue :

1° *C'est à ce moment qu'il faut se placer pour déterminer les personnes habiles à succéder au défunt.* Un peu plus tôt ou un peu plus tard peut survenir un décès ou une incapacité qui exclut une personne, ou une naissance qui introduit un nouveau membre dans la famille, et dans un cas comme dans l'autre, c'est un ayant droit de plus ou de moins, qui diminue la part des autres ou qui les prime peut-être entièrement.

2° *C'est à ce moment que commence l'indivision entre les héritiers et que remontera plus tard l'effet déclaratif du partage.* Un acte fait par l'un des ayants droit entre l'ouverture de la succession et le partage se trouvera validé si la chose qui en a été l'objet est plus tard mise dans son lot.

** **1703. Lieu d'ouverture des successions.** — La succession s'ouvre *au dernier domicile du défunt* (art. 110). Comp. t. I, n° 623.

Ce point est très important, car c'est le lieu d'ouverture qui fixe la *compétence du tribunal* pour toutes les questions relatives à la succession, soit entre les cohéritiers, soit entre eux et les légataires ou créanciers (art. 822 C. civ. ; art. 59, al. 6, C. proc. civ.).

Il y a toutefois deux exceptions :

1° Les *demandes en matière réelle immobilière*, telles que les procédures de *saisie* et d'*ordre* et les *actions en revendication* sont portées devant le tribunal de la situation de l'immeuble ;

2° Les *demandes formées par les créanciers après le partage* suivent la règle « Actor sequitur forum rei » et sont soumises au tribunal du domicile de chaque héritier. Il en est de même des demandes formées à une époque quelconque quand il n'y a qu'un seul héritier : celui-ci se trouve dès le début dans la même situation que les autres après le partage.

1704. Extinction des personnes morales. — On a déjà vu que les personnes morales ne *meurent* pas, ce mot ne pouvant s'appliquer à elles que par métaphore, et par conséquent la nouvelle attribution des biens qui s'opère alors n'est pas une succession (T. I, 1re édit., n° 732 ; 2e édit., n° 2024). Voyez cependant ci-dessous ce qui est dit à propos des *substitutions* (n° 3285).

1704 *bis*. Importance des transmissions héréditaires. — Quelques chiffres donneront une idée de l'importance économique des successions. Sur 816 233 décès, il faut déduire ceux qui meurent sans laisser de fortune personnelle, tels que les mineurs et les indigents ; 418 382 déclarations seulement ont été faites, et les valeurs déclarées se sont élevées à 6 milliards 766 millions (*Annuaire de statistique*, 1900, p. 288-290). Comp. P. Leroy-Beaulieu, dans l'*Économiste français* du 6 octobre 1900, qui estime (d'après ces chiffres) la fortune totale de la France à 200 milliards.

[1] Dans l'ancien droit, on connaissait encore une autre cause d'ouverture des successions, la *profession religieuse*. Elle a disparu pendant la Révolution, quand l'Assemblée constituante a déclaré ne plus reconnaître les vœux perpétuels.

CONDITIONS REQUISES POUR SUCCÉDER

1705. Énumération. — Les art. 725 à 730 exigent de toute personne appelée à recueillir une succession ab intestat trois « qualités » différentes, formant autant de *conditions*[1] qui doivent se trouver réunies *au jour de l'ouverture de la succession*. Le successible doit : 1° *être vivant*; 2° *être capable*; 3° *n'être pas indigne*.

Enfin on peut ajouter qu'il faut 4° *n'être pas primé par un successible préférable*. Sur cette dernière condition, que la loi n'énonce pas, il n'y a rien à dire car elle résulte suffisamment de l'ordre établi pour la dévolution héréditaire des biens ; mais c'est à elle que se rattache l'importante théorie de la *représentation*.

CHAPITRE PREMIER

DE L'EXISTENCE DU SUCCESSIBLE

** **1706. Nécessité de l'existence.** — L'existence d'une personne au profit de laquelle le droit puisse se fixer au moment où il s'ouvre est la première condition requise en matière de succession. Trois catégories de personnes se trouvent par là exclues : 1° *celles qui n'existent pas encore*; 2° *celles qui sont déjà mortes*; 3° *celles dont l'existence est devenue incertaine par l'effet de l'absence*.

§ 1. — *Des personnes non encore nées.*

A. — Enfant conçu.

** **1707. Rappel de la règle.** — On considère comme déjà vivant l'enfant qui n'est encore que conçu et qui n'est pas encore né, toutes les fois qu'il y va de son intérêt (T. I. n° 379). De là la règle de l'art. 725-1° : pour pouvoir succéder, *il suffit d'être conçu* au moment du décès du *de cujus*.

1708. Preuve de la date de la conception. — Comment pourra-t-on savoir si l'enfant était déjà conçu au jour de l'ouverture de la succession ? On a vu (T. I, n° 2745) que les art. 312, 314 et 315 établissent des présomptions légales qui fixent la durée de la grossesse à 179 jours au moins et 300 jours au plus. Ces présomptions sont faites pour déterminer la *légitimité* de l'enfant, qui dépend de la question de savoir si l'époque

[1] J'aime mieux dire « condition » que « qualité » ; peut-on appeler la *vie* une *qualité* ?

de sa conception peut se placer pendant le mariage de ses père et mère. Sont-elles également applicables *en matière de succession* ? Si on admet l'affirmative, comme une grossesse peut durer 300 jours d'après la loi, tout enfant né avant le 301e jour qui suit celui du décès du *de cujus* pourra succéder, car il peut se prétendre conçu avant l'ouverture de la succession.

Cas certain. — Il y a un premier cas où l'application de ces présomptions légales n'est pas douteuse : c'est *lorsque la légitimité de l'enfant est en jeu en même temps que la question de succession*. Ainsi un enfant est né dans les 300 jours qui ont suivi la mort de son père et vers la fin de ce délai : il est nécessaire d'appliquer la présomption de la loi pour le déclarer légitime ; mais en même temps la question de succession se trouve tranchée, car s'il est enfant légitime, il a succédé à son père. Les deux questions se confondent : « On ne peut contester la vocation héréditaire de l'enfant, sans contester en même temps sa légitimité » (Demolombe, t. XIII, no 184).

Cas douteux. — Lorsque la légitimité de l'enfant n'est pas en jeu et qu'il s'agit d'une pure question de succession, la solution devient très discutable. Un enfant naît pendant le mariage de ses père et mère ; un frère aîné meurt dans les 300 jours qui précèdent sa naissance ; cet enfant sera-t-il appelé à succéder pour sa part à son frère décédé ? Trois solutions sont en présence :

1° Si la loi n'a rien dit pour déterminer le moment de la conception, c'est qu'elle s'est référée aux art. 312 et suiv. Ces présomptions serviront donc en matière de successions et la preuve contraire ne sera pas possible, ces présomptions étant d'ordre public. C'est le système suivi en jurisprudence (Poitiers, 24 juill. 1865, D. 65. 2. 129, S. 65. 2. 275). Comp. Aubry et Rau, t. VI, § 592, note 3.

2° Divers auteurs, jugeant que les présomptions légales sont de droit étroit, pensent qu'elles ne sont pas applicables en l'hypothèse, mais ils décident en même temps que l'enfant pourrait se servir des chiffres donnés par le Code à titre de *simples probabilités* (présomptions de l'homme). On sait en effet que ces chiffres ont été établis après une étude scientifique de la question (t. I, no 2744). Néanmoins il n'en résulterait qu'une preuve provisoire qui pourrait toujours tomber devant la preuve contraire (Demolombe, t. XIII, no 183).

3° Enfin une interprétation plus rigoureuse écarte absolument, même comme simple présomption de fait, la durée assignée par la loi aux grossesses en vue des questions de légitimité. Ce serait alors à l'enfant, qui voudrait prouver que sa conception est antérieure à l'ouverture de la succession, à le prouver d'une manière directe et conformément au droit commun (Mimerel, *Revue critique*, 1854, p. 512 ; Laurent, t. VIII, p. 540)[1].

B. — Enfant non encore conçu.

*** 1709. Histoire de son exclusion.** — Une vieille règle, qui remonte au droit romain, veut que les successions s'ouvrent seulement *au profit des personnes qui ont déjà l'existence*, au moins à l'état d'enfants conçus, *au moment du décès du « de cujus »*. Cette règle n'est que l'expression d'un

[1] Cette opinion serait peut-être la meilleure. En effet, les art. 312-315 ne disent pas que la grossesse dure 300 jours : ils admettent tout aussi bien qu'elle a pu ne durer que 179 jours pleins. Ils laissent donc indécise la question de savoir quelle a été en fait la durée de la grossesse, car ils admettent un maximum et un minimum, entre lesquels on peut choisir. Pourquoi appliquer à l'enfant l'un des deux chiffres plutôt que l'autre ? Aussi ces articles me paraissent absolument sans rapport avec la question de succession : ils fixent un *intervalle de temps* pendant lequel la conception a été possible, parce qu'en matière de légitimité, il suffit que la conception puisse se placer pendant le mariage pour que l'enfant soit réputé légitime. Mais en matière de succession, il ne suffit pas de savoir quand la conception a été *possible*, mais *quand elle a eu lieu*. Or c'est un point que les art. 312-315 ne résolvent pas, puisqu'ils n'assignent à la conception aucun moment précis.

fait historique : les biens d'un mort sont recueillis par ceux qui vivent au moment de son décès.

Les auteurs modernes la considèrent comme une règle logique qui « va de soi » (MAYNZ, § 375, texte et note 16). Nos anciens auteurs, voulant lui trouver une explication, la rattachaient à la maxime « Le mort saisit le vif » (AUROUX DES POMMIERS, sur l'art. 299 cout. de Bourbonnais; FERRIÈRE, *Compilation*, t. IV, art. 318, glose 1, § 2; POTHIER, *Successions*, art. prélim., chap. I, sect. 2, n° 1), ce qui était une erreur manifeste, puisque la conséquence serait bien antérieure à sa cause. Cependant un certain nombre d'arrêts anciens ont admis des enfants non-conçus à succéder à leurs ascendants, et le Parlement de Normandie s'est montré entre tous favorable à cette tendance[1]. A Paris même, en 1692, il a fallu toute l'influence de d'Aguesseau pour faire écarter de la succession un petit-enfant né 32 ans après le décès de son aïeul (D'AGUESSEAU, *Œuvres*, 1761, t. II, p. 311). Cet arrêt fixa définitivement la jurisprudence parisienne, et l'art. 725-1° n'en est que la consécration.

§ 2. — *Des personnes déjà mortes.*

Théorie des comourants.

1710. Existence de règles spéciales. — Sur les personnes déjà décédées avant l'ouverture de la succession, on ne devrait rien avoir à dire, sinon qu'étant déjà mortes, elles ne peuvent succéder (art. 725, al. 1). Quant à la date précise des deux décès, lorsqu'ils ont eu lieu à un intervalle rapproché, on en ferait la preuve par titres ou par témoins, comme on pourrait (ci-dessus n° 1702) ; car il importe de savoir *lequel des deux parents est mort le premier,* afin qu'on sache lequel a succédé à l'autre. Tout ceci aurait pu rester sans inconvénient sous l'empire du droit commun, mais il a plu au législateur d'édifier sur un cas particulier toute une série de présomptions légales, connues sous le nom de *théorie des comourants,* que nous sommes obligés d'étudier.

1711. Hypothèse prévue. — Plusieurs personnes, respectivement appelées à la succession l'une de l'autre, périssent dans un même événement (incendie, accident de chemin de fer, naufrage, tremblement de terre, etc.), sans qu'on puisse savoir laquelle est morte la dernière après avoir succédé aux autres. Selon que l'une ou l'autre aura survécu, la dévolution des biens peut se trouver complètement modifiée : par exemple, ce sont deux frères, qui n'avaient aucun parent au degré successible, mais tous deux étaient mariés; celui qui sera mort le dernier aura transmis à sa femme la succession de son frère en même temps que la sienne propre, tandis que la femme de l'autre ne recueillera rien que son droit d'usufruit et ses avantages matrimoniaux.

1712. Inutilité des présomptions de la loi. — Pour tout simplifier, la loi n'avait qu'à ne rien dire : alors, si la preuve de l'ordre des décès pouvait être rapportée, les successions auraient été réglées conformément au droit commun ; si cette preuve ne pouvait être fournie, la succession des deux comourants aurait été réglée *comme si aucun d'eux n'avait survécu à l'autre,* et chacune d'elles aurait été déférée séparément aux différents héritiers, abstraction faite de l'autre comourant dont la survie n'était pas démontrée. En effet toute personne doit fournir la preuve du droit qu'elle réclame : le conjoint du frère aîné ne pouvant pas prouver qu'il avait survécu à son frère le plus jeune, ne pourrait

[1] Sur tous ces points, voyez la thèse de M. Ed. LAMBERT, sur la *stipulation pour autrui,* p. 166 à 181.

recueillir que les biens de l'aîné; et le même raisonnement s'appliquerait au conjoint du plus jeune frère.

Cette application du droit commun, à la fois simple et logique, se trouve écartée par le système de présomptions légales, qui forme la théorie des comourants.

1° Présomptions établies par la loi.

1713. Principe général. — La loi présume toujours que *c'est le plus fort qui a survécu*. Pour savoir qui était le plus fort, elle se règle à la fois sur l'*âge* et sur le *sexe* (art. 720).

1714. Division de la vie en trois périodes. — Les art. 721 et 722 partagent la vie en trois périodes :

1° Au-dessous de 15 ans. — Si ceux qui ont péri ensemble avaient moins de quinze ans, *le plus âgé* est présumé avoir survécu, car dans cette période les forces vont croissant.

2° De 15 a 60 ans. — C'est alors *le plus jeune* qui est présumé avoir survécu. Toutefois quand l'âge est le même ou que la différence n'excède pas une année, *l'homme* est présumé avoir survécu à la femme. C'est donc seulement entre personnes *du même sexe* ou *d'âge différent* (avec plus d'une année d'écart) que le plus âgé est considéré comme mort le premier.

3° Au-dessus de 60 ans. — Dans cette période les forces vont en décroissant, et la loi présume toujours que c'est *le plus jeune* qui a survécu, sans distinction de sexe, parce qu'il était le moins affaibli.

1715. Comourants appartenant à des périodes différentes. — La loi a prévu un cas: l'un d'eux avait moins de 15 ans et l'autre plus de 60. Le plus jeune sera censé avoir survécu au plus âgé, ce qui peut paraître bizarre, car un homme de 61 ans se défendra mieux contre l'incendie ou l'asphyxie qu'un tout jeune enfant, qui peut-être ne marche pas encore. On a sans doute voulu respecter l'*ordre normal des successions*.

Il reste deux autres combinaisons non prévues: l'un des comourants était dans la période intermédiaire et l'autre dans une des deux périodes extrêmes. L'opinion générale est que celui qui est dans la période intermédiaire est réputé avoir survécu parce que c'est l'âge de la force (Demolombe, t. XIII, n° 102. — Cass., 6 nov. 1895, D. 96. 1. 285, S. 97. 1. 9).

1716. Comourants jumeaux. — On tiendra compte de la différence de sexe, quand ils auront de 15 à 60 ans (art. 722). Mais s'ils ont le même sexe, ou s'ils se trouvent dans une des périodes extrêmes, ce sera le *premier né*, celui qui est venu au monde le premier, qui sera considéré comme le plus âgé : on se fixe sur le moment de la naissance, quand il est connu. — Si l'acte de naissance n'indique pas lequel est l'aîné, les présomptions de la loi deviennent inapplicables puisqu'elles sont fondées sur une priorité d'âge qu'il est alors impossible de déterminer.

1717. Loi du 20 prairial an IV. — Cette loi, qui est rapportée en note dans les Codes Tripier sous l'art. 720, prévoyait le cas où plusieurs parents auraient été exécutés ensemble, sans qu'on puisse constater l'ordre des exécutions.

2° Application des présomptions de la loi.

1718. Conditions d'applicabilité. — En leur qualité de *présomptions légales*, les règles établies par les art. 721 et 722 sont d'*interprétation stricte*; elles ne peuvent donc pas être appliquées si une seule des conditions énoncées par le texte fait défaut. Or, ces conditions sont au nombre de *trois* :

1° Vocation héréditaire réciproque. — L'art. 720 suppose qu'il s'agit de *personnes respectivement appelées à la succession l'une de l'autre*. Ainsi, pour reprendre l'hypothèse déjà indiquée, si l'un des deux frères a des enfants, il sera bien appelé à recueillir la succession de son frère mort en même temps que lui, mais ce sont ses enfants qui recueilleront sa propre succession; son frère ne lui succéderait pas. — En pareil cas, les présomptions relatives aux comourants deviennent inapplicables.

2° SUCCESSION AB INTESTAT. — Par la place qu'ils occupent et par leur rédaction même, les art. 720-722 ne concernent que la succession ab intestat et non les testaments. Ils ne s'appliqueraient donc pas s'il s'agissait de recueillir un *legs* ou une *donation entre époux*.

3° CAUSE UNIQUE DE MORT. — Il faut que les comourants soient morts « dans un même événement », tel qu'un naufrage, un incendie, etc. Il faut donc que la cause de la mort soit *la même*; il ne suffirait pas que les deux parents soient morts *en même temps de causes différentes*. — On considère un double assassinat commis sur les deux comourants comme un même événement au sens de l'art. 720 (Cass., 6 nov. 1895, D. 96. 1. 285, S. 97. 1. 9). Voyez toutefois Paris, 11 juin 1891, D. 92. 2. 533, S. 92. 2. 213.

L'une de ces conditions manquant, *on rentre dans le droit commun* : si l'on ne peut pas prouver lequel des deux est mort le premier, la succession de chacun d'eux est réglée comme si l'autre n'avait pas existé.

1719. Caractère subsidiaire des présomptions légales. — Même dans les cas prévus par les textes, les règles établies par la loi ne sont suivies qu'*à défaut de tout autre moyen de résoudre la question*. Elles ont été formulées comme dernière ressource, pour servir seulement en désespoir de cause. Toutes les *circonstances du fait* peuvent être invoquées, d'après l'art. 720, pour établir lequel est mort le premier : peut-être y a-t-il eu des témoins qui ont vu l'un d'eux surnager ou qui l'ont entendu appeler au secours plus longtemps ; l'état des lieux et l'examen des corps pourront aussi fournir d'utiles indications. On se servira de toutes celles qui seront relevées.

Pour désigner ces moyens d'appréciation, la loi s'exprime en termes aussi généraux que possible et les juges du fait exercent ici un pouvoir souverain (Cass., 21 avril 1874, D. 74. 1. 356, S. 74. 1. 349).

§ 3. — *Des absents.*

1720. Exclusion de l'absent. — Une personne qui est en état d'absence, déclarée ou même simplement présumée, au moment où une succession s'ouvre à son profit n'est pas appelée à la recueillir, ou, plus exactement son mandataire ou ses envoyés en possession ne sont pas autorisés à la réclamer de son chef : « Quiconque réclamera *un droit*[1] *échu à un individu dont l'existence n'est pas reconnue,* devra prouver que ledit individu existait quand le droit a été ouvert ; jusqu'à cette preuve il sera déclaré non recevable dans sa demande » (art. 135).

1721. Dévolution des biens à son défaut. — Si l'absent était seul appelé à la succession, les biens passent à ceux qui devaient venir à son défaut ; s'il était en concours avec d'autres, les parts de ceux-ci s'augmentent d'autant (art. 136).

Ceux qui recueillent ainsi la succession à la place de l'absent y viennent *de leur chef*, en vertu de leur propre vocation héréditaire et non pas en qualité d'envoyés en possession, ce qui produit plusieurs conséquences :

1° Ils ne sont pas obligés d'attendre l'expiration des délais de cinq ou de onze ans, avant lesquels l'envoi en possession ne peut pas être demandé (t. I, nos 682 et 687), et alors même que la succession dont il s'agit viendrait à s'ouvrir *pendant la période de pré-*

[1] Ce que dit la loi, en termes aussi généraux, s'applique non seulement aux successions ab intestat, mais aussi aux legs et donations subordonnés à la condition de survie. — On en tire en outre cette conséquence indirecte que l'absent ne doit pas être compté pour le calcul de la réserve.

somption d'absence, rien ne les empêche de recueillir *immédiatement* la part qui devait appartenir à l'absent.

2° *Aucune mesure de précaution ne leur est imposée*, tandis que les envoyés en possession sont obligés de donner caution et de faire inventaire. Controversée autrefois, cette question ne l'est plus aujourd'hui (Bourges, 17 janv. 1872, D. 72. 2. 31, S. 72. 2. 131; Dijon, 23 mars 1888, S. 88. 2. 240).

3° Ceux qui ont recueilli la succession à défaut de l'absent gagnent *tous les fruits perçus par eux de bonne foi* (art. 138), c'est-à-dire jusqu'au moment où ils apprennent l'existence de l'absent. S'ils étaient des envoyés en possession provisoire, ils seraient obligés de lui en restituer une partie.

4° Enfin l'action qui reste ouverte à l'absent, au cas où il reviendrait, et qui est la pétition d'hérédité, est *prescriptible* et l'art. 137 réserve formellement l'effet de la prescription au profit des héritiers présents qui ont recueilli les biens, tandis que la prescription ne court pas au profit des envoyés en possession provisoire, qui sont réputés simples *dépositaires* de la succession.

1722. Appréciation de l'état d'absence. — Des difficultés de fait peuvent s'élever sur le point de savoir si une personne, qui n'est pas présente au jour de l'ouverture de la succession, est réellement en état d'absence, si on suppose que son absence n'est pas encore déclarée. Pour que les art. 135 et 136 s'appliquent, il faut que l'existence de cette personne soit réellement *incertaine*; s'il y a simple non-présence, ses droits seront réservés, et il y aura lieu de prendre pour elle les mesures conservatoires prescrites par la loi, savoir l'apposition des scellés et l'inventaire (art. 909-3°, 928, 931 et 942 C. proc. civ.). Si une contestation s'élève sur ce point entre les intéressés, le tribunal apprécie la question en fait, et sa décision est souveraine, sauf l'effet de l'appel; la Cour de cassation n'a aucun contrôle à exercer ici (Cass., 21 nov. 1887, D. 88. 1. 165, S. 88. 1. 324). Observons seulement qu'il ne suffit pas que l'existence du prétendu absent soit *contestée* par quelques-uns des intéressés, dont les affirmations sur ce point sont nécessairement suspectes; il faut qu'elle soit devenue *réellement douteuse*. Les magistrats devront donc se montrer prudents, pour ne pas compromettre les droits d'un héritier qui réside au loin, en attribuant sa part à ses cohéritiers présents, qui sont peut-être insolvables.

1723. Cas particulier. — Il est possible que la part de succession ainsi réservée à un héritier absent, dont l'existence ne paraissait pas encore incertaine au jour où la succession s'est ouverte, reste définitivement vacante et que le doute survienne sur son existence. En ce cas, la part qui lui avait été provisoirement attribuée ne doit pas être comprise dans l'envoi en possession qui sera plus tard prononcé par le tribunal au profit des héritiers présomptifs de l'absent au jour de sa disparition; elle doit faire retour à ceux qui l'auraient recueillie à son défaut, comme héritiers du défunt, si l'état d'absence avait été reconnu dès le début. L'envoi en possession n'a pour objet que les biens possédés par l'absent au jour de sa disparition, ou déjà ouverts à son profit à ce moment.

CHAPITRE II

DE LA CAPACITÉ DE SUCCÉDER

A — Incapacité actuelle.

1724. Cas unique. — Il ne suffit pas d'être *vivant*, il faut encore être *capable* de succéder. Il n'y a plus qu'une seule cause d'incapacité dans notre droit actuel : elle concerne les *enfants simplement conçus* au moment de l'ouverture de la succession *qui naissent ensuite morts ou non viables* (art. 725-2°). Lorsque l'enfant naît mort ou non viable, il est considéré comme n'ayant jamais eu d'existence ; on n'en tient pas compte. Sur la *viabilité* et ses preuves, voyez t. I, nos 380-381.

Ceux qui réclament une succession échue à un enfant auquel ils ont eux-mêmes succédé, ont à prouver deux choses : 1° que l'enfant était déjà conçu au moment où cette succession s'est ouverte ; 2° qu'il est né ensuite vivant. — Ils n'ont pas à prouver qu'il était viable : la viabilité, qui est l'état ordinaire, est présumée ; c'est à l'adversaire de prouver que l'enfant n'était pas viable.

B. — Anciennes causes d'incapacité.

1725. Énumération. — Il y avait autrefois des causes d'incapacité plus nombreuses, notamment celles qui frappaient les *morts civils* et les *étrangers*.

1° Morts civils.

1726. Système du Code. — D'après l'art. 725-3°, le condamné mort civilement (t. I, n° 385) ne pouvait plus succéder, et c'était là un des griefs les plus graves qu'on faisait contre cette pénalité : elle frappait des innocents, elle empêchait les enfants du condamné de recueillir une succession qui leur serait arrivée par son intermédiaire, elle en privait sa famille.

1727. État actuel. — Quand la mort civile fut abolie (L. 8 juin 1850, pour les déportés ; L. 31 mai 1854 pour les condamnés de droit commun), on frappa les condamnés aux peines perpétuelles de l'incapacité de recevoir *par testament*, mais *on laissa intacte leur aptitude à succéder ab intestat*.

2° Étrangers.

1728. Ancien droit. — Jadis les étrangers ou *aubains* [1] étaient incapables de succéder en France ; les biens qui auraient pu leur arriver par succession, venant par exemple d'un parent français [2], étaient attribués au roi par *droit d'aubaine*.

Cette rigueur avait été adoucie en faveur de certaines nations par des traités particuliers : les étrangers appartenant à ces nations pouvaient succéder sous réserve d'un *dixième* que le roi s'était réservé ; ce vestige du droit

[1] D'où vient le mot *aubain* ? On ne le sait pas, et on s'est livré à son sujet aux conjectures les plus hasardées. On a prétendu qu'il dérivait des mots *alibi natus*, ce qui est une mauvaise plaisanterie. Sa forme latine la plus ancienne est *albanus* ; Ducange en rapporte des exemples qui remontent au XIe siècle. Mais d'où vient *albanus* ? On a supposé que c'était le nom des Scots ou Ecossais, qui s'appelaient en effet *Albani*, et dont le nom se serait généralisé pour devenir synonyme d'étranger. C'est une hypothèse en l'air. Je crois cependant avoir trouvé la forme primitive du mot « aubain » dans le *Polyptyque d'Irminon*, qui est du VIe siècle. Dans ce livre, les femmes mariées à un habitant sont souvent appelées « N..., uxor ejus, advena ». Le mot « advena » remplace là les qualifications ordinaires de *lida, ancilla, colona*, qui figurent à chaque page du polyptyque. Voyez la 2e édition du *Polyptyque*, t. I, p. 288, nos 54, 64, 66. C'est évidemment une femme venue du dehors qui est ainsi qualifiée, donc un cas *d'aubenage*. Maintenant comment *advena* a-t-il pu donner « aubain » ? De la façon la plus simple et conformément aux règles les plus certaines de l'étymologie. A l'intérieur des mots, le *d* disparaît fréquemment : créance, cruel, juif, jouir, fouir, louer, moelle, avaient tous un *d* en latin entre la première et la seconde syllabes. Quant à *v*, il se change souvent en *b* : brebis (vervex), corbeau (corvus), courbe (curvus). Au VIe siècle, on trouve encore Silbani, pribati, conserbando (Brachet, *Dictionnaire étymologique*). On peut donc tenir pour certain que la forme *albanus* du XIe siècle est une simple transcription latine du mot *aubain* déjà formé avec sa prononciation actuelle dans la langue courante.

[2] Si les biens provenaient d'un autre parent *étranger*, ils étaient attribués au Roi, en vertu d'une autre incapacité qui empêchait les étrangers de *laisser* une succession ab intestat, que leurs héritiers fussent étrangers ou Français.

d'aubaine s'appelait « droit de détraction ». Droit d'aubaine et droit de détraction furent également abolis par la Révolution.

1729. Système du Code. — Le Code civil (art. 726) rétablit l'ancienne incapacité des étrangers, mais avec un double tempérament : 1° on laissait subsister tous les traités existants, et on permettait au gouvernement d'en conclure de nouveaux ; 2° l'étranger appartenant à un pays qui n'avait pas de traité avec la France pouvait toujours y acquérir le droit de succéder en se faisant autoriser à y établir son domicile (art. 13).

1730. Loi de 1819. — Outre ces facilités accordées aux étrangers, la Restauration crut devoir, dans un intérêt commercial, favoriser l'afflux et le séjour des étrangers en France et dans ce but elle fit voter une loi (14 juillet 1819) qui leur rendait à tous et sans condition le droit de recueillir en France des successions ab intestat.

Toutefois l'art. 2 de cette loi contient une disposition importante destinée à protéger nos nationaux, au cas où le défunt laisse des héritiers les uns Français, les autres étrangers, et où ses biens sont situés partie à l'étranger et partie en France : il était à craindre que la loi étrangère n'autorisât pas les héritiers français à recueillir les biens situés à l'étranger, de sorte que les héritiers étrangers concourraient en France avec les héritiers français et les excluraient du reste de la succession. Mais les mesures prises pour éviter ce résultat appartiennent au droit international et ne peuvent être expliquées ici (Voyez Weiss, *Traité de droit international privé*).

CHAPITRE III

DE L'INDIGNITÉ

** **1731. Définition.** — L'*indignité* doit être soigneusement distinguée de l'*incapacité*. L'incapacité est établie pour des raisons générales, indépendantes du mérite ou du démérite de la personne ; l'indignité est *prononcée à titre de peine,* à raison de *torts graves envers le défunt et sa mémoire*. L'indignité suppose donc la capacité et est fondée sur des motifs *personnels à l'indigne*.

D'après cette définition, l'indignité ne s'applique qu'aux *successeurs ab intestat*. C'est pour eux seuls qu'elle est faite. Quant aux *successeurs testamentaires*, ils ne peuvent être privés de leurs legs que par application des règles sur l'*ingratitude* (art. 955 et 1046 cbnés). Un arrêt a cependant jugé le contraire (Lyon, 12 janv. 1864, D. 64. 2. 66, S. 64. 2. 28), mais sa décision est universellement condamnée.

1732. Absence d'intérêt pratique. — Comme l'indignité est d'une extrême rareté, nous serons très brefs sur son sujet, bien qu'elle soulève quelques grosses questions théoriques.

§ 1. — *Historique.*

1733. Origines romaines. — L'indignité dérive de deux institutions romaines : 1° L'*exheredatio*, qui était la possibilité pour le père d'enlever sa succession à ses enfants ; primitivement libres, les causes d'exhérédation avaient été énumérées d'une manière limitative par la Novelle 115.

2° L'*ereptorium*. Dans le silence du défunt, la loi écartait certains héritiers, quand ils étaient indignes de succéder : *De his quæ ut indignis auferuntur* (*Dig.*, liv. XXXIV, tit. 9).

1734. Ancien droit. — Ces deux institutions se retrouvaient dans notre ancien droit et se fondaient sur les mêmes causes : les faits qui autorisaient le défunt à exhéréder entraînaient l'indignité de l'héritier, de sorte que l'indignité n'était qu'une exhérédation tacite, prononcée d'office par la loi. On en concluait que, si le défunt avait pardonné à son héritier, la loi ne pouvait plus l'écarter comme indigne, puisque son parent n'avait pas eu l'intention de l'exhéréder (Pothier, *Successions*, chap. Ier).

1735. Suppression de l'exhérédation. — L'exhérédation a été supprimée, parce qu'elle donnait lieu à des procès fréquents et scandaleux (Labruyère, *De quelques usages*, n° 58). Le testateur ne peut plus exhéréder à proprement parler ; il peut seulement donner ses biens à d'autres, quand il n'y a pas de réserve établie au profit de l'héritier : contre celui qui n'est pas réservataire, l'exhérédation est inutile ; contre le réservataire, elle est impossible.

1736. Modification subie par l'indignité. — L'indignité a seule subsisté, et encore elle a subi indirectement une modification : elle ne peut plus être considérée comme une exhérédation tacite ; ce n'est plus par interprétation de la volonté du défunt que la loi écarte les successeurs indignes ; par conséquent, il n'y a *plus de pardon possible* : l'autorité souveraine prononce une exclusion définitive au nom de la morale.

§ 2. — *Causes d'indignité.*

1737. Énumération limitative. — Trois faits seulement, énumérés dans l'art. 727, peuvent entraîner l'indignité. Ceci est une innovation du Code : dans l'ancien droit les juges étaient libres de prononcer l'indignité toutes les fois que bon leur semblait. Domat disait que les causes qui pouvaient rendre indignes étaient *indéfinies* (*Loix civiles*, 2e partie, liv. I, tit. 1, sect. 3, n° 2).

1° Attentat à la vie.

1738. Meurtre. — L'art. 727-1° déclare indigne « celui qui sera *condamné* pour avoir *donné* ou *tenté de donner* la mort au défunt ». Il faut une *condamnation*. Par suite, si le coupable meurt avant d'avoir été condamné, il n'y a plus d'indignité possible : la condition de la loi manque. Il en est de même quand l'action publique est *prescrite*.

La simple tentative est assimilée au meurtre accompli.

Le meurtrier qui bénéficie d'une excuse légale atténuante n'en est pas moins indigne, car il est condamné comme meurtrier volontaire.

1739. Homicide par imprudence. — C'est l'intention homicide qui est punie. Aussi n'y aurait-il aucune indignité encourue pour l'héritier qui aurait *involontairement* donné la mort au défunt, alors même qu'il aurait été condamné à raison de ce fait pour homicide par imprudence.

1740. Coups et blessures. — Il en serait de même du fait qualifié « coups et blessures ayant entraîné la mort sans intention de la donner » (art. 309 C. pén. ; L. 13 mai 1863). Ce fait est cependant puni de *peines criminelles*, quand il y a eu guet-apens (art. 310 C. pén.). Cependant comme il exclut l'intention de donner la mort, il ne constitue pas la cause d'indignité prévue par l'art. 727.

1741. Mort donnée en duel. — Celui qui tue son adversaire a envisagé ce résultat comme possible ; il a donc donné *volontairement* la mort. Si une condamnation est prononcée contre lui, l'indignité en sera la conséquence civile.

2° Accusation calomnieuse.

1742. Définition et conditions. — L'art. 727-2° déclare indigne « celui qui a porté contre le défunt une *accusation capitale* jugée calomnieuse ». Le terme « accusation » est impropre : ce ne sont pas les particuliers, c'est le ministère public qui intente les accusations criminelles ; il fallait parler de « plainte » ou de « dénonciation », qui sont les actes par lesquels les particuliers s'adressent au ministère public pour l'inviter à poursuivre.

Le *faux témoignage* pourrait être assimilé à une accusation, dans le sens de l'art. 727.

Pour que l'indignité soit encourue, il faut que l'accusation soit : 1° *capitale*, c'est-à-dire de nature à entraîner la peine de mort ; 2° *jugée calomnieuse*, c'est-à-dire que l'héritier ait été condamné par la justice comme calomniateur.

3° Non dénonciation du meurtre.

1743. Le texte. — La troisième cause d'indignité frappe « l'héritier majeur qui, instruit du meurtre du défunt, ne l'aura pas dénoncé à la justice » (art. 727-3°). Passons rapidement sur cette cause dont la jurisprudence n'offre pas d'exemple, non plus que de la précédente.

1744. Commentaire sommaire. — La loi ne vise que l'héritier *majeur* ; le *mineur* est donc dispensé du soin de dénoncer le meurtre et il en sera de même de l'*interdit*. — La loi veut qu'on dénonce le fait du meurtre, et non le meurtrier qui peut être inconnu. — Aucun *délai* n'est fixé ; ce sera donc une *question de fait* que de savoir s'il y a eu négligence coupable. — Enfin la loi *dispense de cette obligation*, et par suite de l'indignité qui la sanctionne, certaines personnes qui touchent de près au meurtrier. Voyez l'art. 728.

1745. Loi italienne. — En *Italie*, cette cause d'indignité a été supprimée et remplacée par une autre : est indigne l'héritier qui a forcé le défunt à faire un testament en sa faveur ou qui l'a empêché d'en faire un en faveur d'autrui (art. 727-3° et 4°).

§ 3. — *Comment se produit l'indignité.*

1746. Jurisprudence. — Il est admis en pratique que l'indignité se produit *de plein droit* et qu'il n'est pas besoin de la faire prononcer par jugement. Il en est ainsi tout au moins dans les deux premiers cas ; le troisième ne s'étant jamais présenté (Bordeaux, 1er déc. 1853, D. 54. 2. 157, S. 54. 2. 225 ; Poitiers, 25 juin 1856, D. 56. 2. 195). Elle est la conséquence légale des faits prévus par la loi, qui dit en termes impératifs : « *Sont indignes* de succéder... » (art. 727). Cette solution n'est guère admise en doctrine que par Laurent (t. IX, nos 12 et suiv.). Comp. Dalloz, *Répert.*, v° Successions, n° 145. Elle a le grand avantage de supprimer presque toutes les difficultés du sujet.

1747. Doctrine. — Presque tous les auteurs condamnent cette jurisprudence et soutiennent que l'indignité ne peut produire effet que si elle a été spécialement prononcée par une sentence du juge. Voyez les citations dans Dalloz, *Suppl.*, v° Successions, n° 106. Ils donnent deux arguments.

1° *La tradition*. En effet Lebrun, Pothier et bien d'autres admettaient la nécessité d'un jugement. Mais pourquoi ? C'est que de leur temps les *causes d'indignité n'étaient pas déterminées*. Il était donc nécessaire de faire apprécier la gravité des faits par un tribunal, qui « prononçait » l'indignité. Aujourd'hui que les causes sont énumérées et précisées par la loi, on ne voit pas ce que viendrait faire une sentence du juge. L'argument tiré de la tradition ne porte donc pas. Voyez cependant Trib. de Marmande, 25 juin 1879, D. 81. 3. 85.

2° *La nécessité de faire intervenir le juge dans le troisième cas d'indignité*. Il s'agit de décider si l'héritier est réellement coupable de n'avoir pas dénoncé le meurtre de son parent : une pareille faute comporte une appréciation que la justice seule peut faire. — En admettant même que cela soit nécessaire, il n'y a aucune raison pour qu'il en soit de même dans les deux premiers cas (les seuls pratiques) dans lesquels il existe déjà contre l'héritier indigne une sentence le condamnant pour meurtre ou pour dénonciation calomnieuse.

1748. Conséquences du système de la doctrine. — Le système préconisé par les auteurs soulève diverses difficultés. Nous n'examinerons que les deux principales, et brièvement, puisque la jurisprudence les écarte dans la pratique.

1° *Quel sera le tribunal compétent ?* Ce ne peut être qu'un *tribunal civil*, soit celui du domicile du défendeur, soit celui du lieu d'ouverture de la succession, si la question se présente incidemment à une demande en partage. On ne peut pas donner compétence à cet effet au tribunal répressif qui condamnera l'héritier pour meurtre ou pour dénonciation calomnieuse, parce que les tribunaux de répression ne peuvent statuer que sur l'*action civile*, action en dommages-intérêts accordée à la victime du délit, et que la demande en déclaration d'indignité est toute différente.

2° *Peut-on prononcer l'indignité après le décès de l'indigne ?* Quelques-uns pensent que non, à cause du principe de la personnalité des peines (art. 2 C. instr. crim.); ils invoquent aussi l'art. 957, qui interdit de demander la révocation d'une donation pour ingratitude après la mort du donataire. Cependant la grande majorité des auteurs donne un avis contraire : la personnalité des peines est une règle de droit pénal, qui ne s'applique qu'aux peines proprement dites et non aux déchéances civiles ; quant à l'art. 957, il est contraire au droit commun, d'après lequel une personne ne transmet ses droits à ses héritiers que sous la réserve des causes d'extinction qui les menaçaient (Aubry et Rau, t. IV, § 593, texte et note 28 ; Demolombe, t. XIII, n° 279).

§ 4. — *Effets de l'indignité.*

A. — Sa portée limitée.

1° Situation de l'indigne.

1749. Conservation des libéralités reçues du défunt. — C'est seulement la succession ab intestat que la loi enlève à l'indigne, qui perd tous ses droits héréditaires, mais eux seuls. S'il avait reçu quelque libéralité, elle ne pourrait être attaquée que conformément aux art. 955 et suiv. et 1046, et sous les conditions déterminées par ces textes.

1750. Droit de représenter le défunt. — Exclu comme indigne de la succession de son père, le coupable ne perd pas le droit de représenter son père, *pour succéder à un ascendant plus éloigné* (ou à un oncle) : il a été exclu d'une succession, mais non des autres.

1751. Autre conséquence. — L'indigne pourrait plus tard recueillir dans la succession d'un autre parent les biens dont son indignité l'a privé, car alors il les prendrait en qualité d'héritier *dans une succession dont il n'a pas été exclu.*

2° Enfants de l'indigne.

1752. Ancien droit. — Jadis les enfants de l'indigne étaient exclus pour la faute de leur père : des arrêts de 1604 et de 1665 l'avaient ainsi jugé (Lebrun, *Successions*, liv. III, chap. IX, n° 10). Toutefois Pothier disait : « Ceci me paraît souffrir quelque difficulté, les enfants ne devant pas être punis pour la faute de leur père » (*Successions*, chap. I, sect. 2, art. 4, § 2).

1753. Texte du Code. — En cet état du droit, les auteurs du Code y ont inséré un article ainsi conçu : « Les enfants de l'indigne venant à la succession *de leur chef et sans le secours de la représentation* ne sont pas exclus pour la faute de leur père » (art. 730). Rien n'est plus clair que cette disposition quand on sait qu'il y a deux manières de succéder. L'héritier succède « de son chef », quand il est lui-même le plus proche en degré ; il succède « par représentation » quand on lui permet de prendre la place d'un parent plus proche et prédécédé, pour concourir avec des héritiers plus proches que lui-même. Ainsi un petit-fils succède *de son chef*, quand il est seul appelé à la succession de son grand-père, parce que celui-ci n'a pas laissé d'autres enfants ou petits-enfants ; il succède *par représentation de son père prédécédé*, quand il doit concourir avec ses oncles ou tantes, plus proches que lui d'un degré en leur qualité de fils ou filles du défunt.

Ceci étant connu on comprend aisément le système du Code : les enfants de l'indigne pourront succéder de leur chef quand il n'y aura pas d'héritiers plus proches qu'eux-mêmes ; au cas contraire, ils n'auront pas droit au bénéfice de la représentation, qui leur permettrait de concourir avec des héritiers plus rapprochés. Comme le disait Siméon au Corps législatif, on n'a pas voulu leur permettre de représenter dans la succession l' « odieuse tête » de l'indigne (Fenet, t. XII, p. 222). Cette interprétation s'appuie en outre sur ce principe que le représentant ne peut pas avoir plus de droits que n'en aurait eu le représenté en le supposant encore vivant : or ici le représenté n'en aurait eu aucun. Voyez cependant l'opinion contraire défendue par M. Demolombe, t. XIII, n° 292.

1754. Suppression de l'usufruit légal. — Prévoyant le cas où les enfants de l'indigne succéderaient de leur chef et où ils seraient encore mineurs de 18 ans, l'art. 730 enlève à leur père le droit d'usufruit légal sur les biens par eux recueillis : il fallait éviter que la succession ouverte peut-être par un assassinat ne profitât indirectement au coupable.

B. — Rétroactivité de l'indignité.

1° Relations de l'indigne avec les autres héritiers.

1755. Rétroactivité de l'indignité. — La succession est enlevée à l'indigne pour le total ou pour la part qui lui revenait, selon les cas, et elle est attribuée à ceux qui étaient appelés en concours avec lui ou à son défaut. Cette restitution s'opère en vertu d'une *résolution rétroactive de son titre d'héritier*.

1756. Conséquences. — Parmi les conséquences de cette rétroactivité, il faut en signaler deux :

1° Restitution des fruits. — L'art. 729 oblige l'indigne à rendre tous les fruits et revenus qu'il a perçus depuis l'ouverture de la succession (art. 729). Cette disposition s'applique même au cas où la cause d'indignité serait postérieure à ce moment, comme dans la troisième hypothèse de l'art. 727 (non-dénonciation du meurtre). — Traité comme possesseur de mauvaise foi, l'héritier indigne subit l'application de l'art. 1378 et doit de plein droit les intérêts des sommes par lui touchées, à compter du jour du paiement.

2° Réapparition des droits éteints par confusion. — Tous les droits personnels ou réels qui existaient au profit de l'indigne contre le défunt ou inversement, et qui s'étaient éteints par confusion, reparaissent, la succession étant réputée n'avoir jamais été acquise par l'indigne.

1757. Remboursement des dettes payées. — Par un retour équitable et nécessaire, l'héritier a le droit de retenir ou de se faire rembourser tout ce qu'il a pu payer en qualité d'héritier, avec des deniers ne provenant pas de la succession.

1758. Détermination des biens à restituer. — Quand la réclamation des intéressés tarde à se produire, la composition de la masse héréditaire a pu subir des changements qui en rendent la reconnaissance difficile. Ainsi des biens ou valeurs ont été vendus par l'indigne et leur prix placé en acquisitions nouvelles : ces biens nouveaux lui sont personnels et ne sont pas sujets à restitution ; c'est seulement la valeur des autres qui est due (Lyon, 12 janv. 1864, D. 64. 2. 66, S. 64. 2. 28). Toutefois la conversion d'un titre de rente opérée par l'État (L. 12 février 1862) n'a pas pour effet d'enlever au titre nouveau, délivré au rentier, le caractère de valeur héréditaire ; ce titre doit donc être restitué en nature (même arrêt).

2° Relations des héritiers avec les tiers.

1759. Controverse doctrinale. — En l'absence de toute jurisprudence sur la question, les auteurs discutent l'effet de l'indignité contre les tiers qui ont pu traiter avec l'indigne (par exemple pour acheter des biens héréditaires) dans l'intervalle entre sa prise de possession et la restitution de l'hérédité. Une opinion, naguère encore presque unanime, décide qu'à l'égard des tiers *la restitution s'opère sans rétroactivité* : l'indigne a été réellement investi de l'hérédité, jusqu'au jour où une sentence judiciaire l'en a exclu. On doit donc maintenir les droits qu'il a créés au profit des tiers. Cette opinion, qui repose sur la nécessité d'une déclaration judiciaire de l'indignité, commence à être abandonnée, et les auteurs les plus récents estiment que les rapports des héritiers avec les tiers sont régis par les mêmes principes que leurs rapports avec l'indigne, c'est-à-dire que *même à l'égard des tiers la résolution s'opère rétroactivement* (DEMOLOMBE, t. XIII, nos 310 et 311 ; LAURENT, t. IX, n° 29 ; HUC, t. V, n° 50).

Cette rétroactivité absolue s'impose dans le système de la jurisprudence d'après laquelle la déclaration judiciaire de l'indignité n'est pas nécessaire ; ses effets se produisent de plein droit, immédiatement et à l'égard de tous.

CHAPITRE IV

DE LA REPRÉSENTATION SUCCESSORALE

§ 1. — *Notions générales et historiques.*

A. — Utilité et définition de la représentation.

** **1760. Son utilité.** — Il y a deux manières de succéder. On succède *de son chef* ou *par représentation*. Le premier mode est la règle : sont admis à recueillir la succession ceux qui se trouvent les plus proches en degré dans la classe d'héritiers appelée la première. Ceux-là, étant eux-mêmes et personnellement appelés, succèdent de leur chef. Ainsi quand le défunt avait un fils unique qui est prédécédé ou indigne ou renonçant, le petit-fils succède de son propre chef.

Mais si le fils prédécédé avait des frères ou sœurs survivants, ses propres enfants ne peuvent pas venir de leur chef à la succession de leur grand-père, car il y a des descendants du premier degré, leurs oncles ou tantes, alors qu'eux-mêmes ne sont qu'au second, et la règle ordinaire fait dépendre la succession de la priorité du degré. Les petits-fils vont donc se trouver exclus d'une succession, dont une part leur serait arrivée *par voie de transmission*, si leur père avait survécu à leur grand-père : leur père leur aurait transmis sa part héréditaire confondue avec ses autres biens.

La représentation évite cette conséquence fâcheuse du prédécès du fils, *en permettant aux petits-enfants de venir prendre la part de leur père, en ses lieu et place* : ils le *représentent* dans la succession de leur aïeul ; ils *montent à son degré pour exercer ses droits*. Là est l'utilité de la représentation. Comp. art. 739.

****1761. Définition.** — L'art. 739 donne de la représentation une définition qui a été très critiquée : « La représentation est *une fiction de la* *loi...* », dit le texte. Toullier a fait remarquer que le législateur n'a pas besoin en pareil cas d'établir une « fiction » ; c'était le Préteur romain qui, n'ayant pas le pouvoir de modifier le droit civil, le tournait à l'aide de fictions, en supposant réalisées des conditions qui n'étaient pas remplies ; mais la loi elle-même doit se dispenser de ce procédé : elle n'a qu'à décider ouvertement que les enfants ont le droit de recueillir la part de leur père ou mère en ses lieu et place.

D'après ce même texte, l'effet de la représentation est de faire entrer le représentant « *dans la place, dans le degré et dans les droits du représenté* ». Cette accumulation de mots est inutile, et de plus elle ne donne pas clairement la notion vraie, car elle fait entrer dans la définition le terme à définir.

Voici comme on peut rectifier la définition légale : la représentation est un bénéfice de la loi en vertu duquel un héritier d'un degré plus éloigné est admis à recueillir la part qu'aurait obtenue son père ou sa mère prédécédés en concours avec des héritiers plus proches que lui.

B. — Histoire de la représentation.

1762. Système romain. — La représentation existait déjà en droit romain, quoique le nom y fût ignoré. Dans les *Institutes* de Justinien, il est dit que les enfants peuvent « in patris sui locum succedere » (Liv. III, tit. 1, n° 6). Primitivement restreinte aux descendants, la représentation fut étendue sous Justinien aux enfants de frères ou de sœurs. Nos pays de droit écrit suivaient les mêmes règles.

1763. Absence de représentation dans les pays coutumiers. — Pendant longtemps la représentation y fut inconnue, et Lebrun remarque que « tant plus les coutumes tirent au Nord, tant plus elles sont opposées au droit de représentation » (*Successions*, liv. III, chap. v, sect. 2, n° 2).

A la place de la représentation, on avait imaginé le *rappel à succession* : c'était l'acte par lequel une personne ordonnait qu'en cas de prédécès de quelqu'un de ses héritiers présomptifs, les enfants de cet héritier le représenteraient dans sa succession (POTHIER, *Successions*, chap. II, sect. 3, art. 2, § 3 ; LEBRUN, *Successions*, liv. III, chap. VII, sect. 1, n°s 48 et suiv.)[1]. Dans ce système, la coutume n'établissait pas de plein droit la représentation, mais elle laissait à chacun le droit et le soin de l'organiser dans sa succession.

1764. Introduction de la représentation. — La représentation véritable s'introduisit cependant dans notre droit coutumier, probablement sous l'influence du droit écrit, et aussi afin de ne pas laisser le droit des petits-fils à la merci des grands-parents[2]. La représentation admise en ligne directe dans la coutume d'Orléans dès 1509, dans la coutume de Paris dès 1510 (art. 123), n'y fut reçue pour la ligne collatérale que dans la seconde rédaction en 1580 (Cout. de Paris, art. 320) et en 1583 (Cout. d'Orléans, art.

[1] On distinguait le rappel *intra terminos juris* et le rappel *extra terminos juris* : le premier, qui était fait dans les cas où le droit romain admettait la représentation, c'est-à-dire au profit des petits-enfants et des neveux ou nièces, conférait le titre d'héritier ab intestat ; le second, qui était fait au profit des autres parents (petits-neveux, cousins, etc.) ne donnait que la qualité de légataire.

[2] On raconte qu'en 938 ou 941, Othon Ier, pour trancher le débat entre partisans et adversaires de la représentation, fit combattre des champions comme pour décider un procès par le duel judiciaire. Ce fut le champion de la représentation qui triompha. (Voyez les textes dans LAURIÈRE, *Coutume de Paris*, sous l'art. 319. — Comp. VIOLLET, *Précis*, 2e édit., p. 834 ; MICHELET, *Origine du droit français*, p. 64.)

318) ; même certaines coutumes, comme celle de Senlis, ne l'admirent jamais qu'en ligne directe et non en collatérale ; à l'inverse, d'autres la permettaient en collatérale à l'infini (Tours, Maine, Anjou, etc.).

§ 2. — *Conditions de la représentation.*

1765. Leur nombre. — Ces conditions sont au nombre de *quatre* : il faut 1° que le représenté soit mort ; 2° qu'il ait eu de son vivant la capacité de succéder au *de cujus* ; 3° que le représentant soit son descendant légitime ; 4° que le représentant ait une vocation personnelle à la succession du *de cujus*. Nous allons les passer en revue sommairement dans les numéros suivants.

*** 1766. Prédécès du représenté.** — Il faut que la personne qu'il s'agit de représenter soit morte : *on ne représente pas les personnes vivantes* (art. 744, al. 1er). Ainsi lorsque l'héritier du degré le plus proche est encore vivant, mais écarté de la succession comme *renonçant* ou comme *indigne*, ses enfants ne peuvent pas succéder à sa place en le représentant (art. 787, pour le cas de renonciation ; art. 730 pour le cas d'indignité).

Telle était déjà la solution admise le plus généralement dans notre droit coutumier. Voyez cependant les observations de Basnage, sur l'art. 304 de la coutume de Normandie.

La raison qu'on donne d'ordinaire pour justifier le maintien de cette règle est que la place du représenté n'est pas *vacante* puisqu'il l'occupe encore, et que par suite les représentants ne peuvent y *entrer* pour l'*occuper*. C'est là une pure raison de mots qui est loin d'être convaincante. On a dit aussi que les représentants peuvent seulement exercer les droits du représenté ; or quand celui-ci a renoncé ou qu'il est indigne, il n'en a aucun, ou plutôt il les a exercés pour s'en dépouiller, tandis que quand il est mort, ses représentants peuvent exercer ses droits à sa place. Mais l'argument se retourne contre le système qu'il est destiné à défendre : car si les représentants ne peuvent qu'exercer les droits du mort, il faut reconnaître que celui-ci n'en a aucun à leur transmettre.

1767. Représentation d'un absent. — Si la personne qu'il s'agit de représenter était en état d'absence au moment où la succession s'est ouverte sa représentation par ses descendants est néanmoins possible, quoiqu'on ne soit pas sûr de son décès, puisque l'absence est l'incertitude sur la vie ou la mort d'une personne. La représentation est ici admise, malgré le silence de la loi, parce qu'il serait déraisonnable que les cohéritiers de l'absent prétendissent tout à la fois écarter l'absent, sous prétexte que son existence n'est pas certaine, et ses descendants, sous prétexte que son décès n'est pas prouvé. La doctrine et la pratique sont depuis longtemps fixées en ce sens (Cass., 10 nov. 1824, S. 25. 1. 167). Il n'y a rien là de contraire à l'art. 136, car les enfants de l'absent ne réclament pas le droit *échu* à leur père ; ils agissent en se plaçant à la fois dans les deux hypothèses possibles : leur père a succédé au défunt, s'il est encore vivant, et s'il est mort, ils ont succédé à sa place.

1768. Capacité du représenté. — Il faut que le représenté, en supposant qu'il eût survécu au défunt, eût pu recueillir lui-même la succession. Ceci suppose qu'il était capable et digne de succéder. Par conséquent, au temps où les *étrangers* étaient incapables de succéder en France, leurs descendants même *régnicoles* (français) ne pouvaient pas les représenter. Même impossibilité pour les enfants de l'*indigne* (art. 730 et ci-dessus, n° 1753). Tout ceci résulte de l'art. 739 qui accorde aux représentants « les droits du représenté » : incapables et indignes n'en ont point.

1769. Lien de parenté du représenté et du représentant. — Il faut que le représentant soit le fils, ou le petit-fils ou l'arrière-petit-fils, en un mot un *descendant légitime* du représenté. Une personne ne peut être représentée que par ses descendants (arg. art. 740 et 742 — Comp. LEBRUN, *Successions*, Liv. III, ch. v, sect. 1, n° 1).

1770. Aptitude personnelle du représentant. — Il faut enfin que le représentant ait lui-même une vocation personnelle à la succession du défunt et qu'il réalise en sa personne toutes les conditions nécessaires pour succéder : qu'il ait été vivant ou tout au moins conçu au jour de l'ouverture de la succession, qu'il soit né viable et qu'il ne soit pas indigne. — C'est cette condition qui écarte les *enfants naturels* du successible prédécédé : ils n'ont personnellement aucune vocation à la succession de leur oncle ou de leur aïeul.

1771. Conditions inutiles. — Ces conditions sont les seules. Il n'est pas nécessaire que le représentant ait accepté la succession du représenté : un enfant peut donc représenter son père dans la succession de son grand-père, après avoir répudié la succession de son père (art. 744, al. 2). Pour la même raison, il pourrait succéder à son grand-père par représentation de son père quoiqu'il eût été écarté comme indigne de la succession paternelle.

§ 3. — *Personnes pouvant être représentées.*

**** 1772. Cas où la représentation est admise.** — Il n'y a que deux catégories de personnes qui peuvent être représentées par leurs descendants, savoir : 1° *les enfants du défunt*; 2° *ses frères ou sœurs.*

**** 1773. Représentation des enfants.** — En ligne directe descendante [1] la représentation est admise *dans tous les cas et à l'infini* (art. 740). « Dans tous les cas... », cela signifie que les petits-enfants viennent toujours par représentation de leurs père ou mère prédécédés, soit qu'il reste un ou plusieurs enfants du premier degré, soit qu'il n'en reste plus : dans ce dernier cas, les petits-enfants étant seuls appelés se trouvent tous égaux en degré ;

[1] La représentation n'a pas lieu en ligne directe ascendante : le plus proche, dans chacune des deux lignes, exclut toujours le plus éloigné (art. 741). Ainsi l'arrière grand-père paternel (aïeul du 3e degré) est primé par un autre ascendant de la même ligne, si celui-ci est au 2e degré ; l'ascendant plus éloigné n'est pas admis à représenter son fils ou sa fille pour concourir avec l'ascendant plus proche.

la représentation ne leur est donc plus utile pour succéder; elle a lieu cependant afin de maintenir l'égalité des parts primitives et elle aboutit alors au *partage par souches* (ci-dessous n° 1778).

« A l'infini. » Cela veut dire que les descendants du 3e degré et à l'occasion ceux du 4e peuvent concourir avec les enfants, successibles du 1er degré.

** **1774. Représentation des frères et sœurs.** — D'après l'art. 742, la représentation est admise au profit des *enfants et descendants* des frères ou sœurs prédécédés. Elle a donc lieu à l'*infini*, comme pour celle des enfants du défunt. Elle est également admise *dans tous les cas* ; c'est-à-dire soit que les enfants ou descendants d'un frère ou d'une sœur prédécédés concourent avec des oncles ou tantes, soit que tous les frères et sœurs étant prédécédés, leurs enfants et descendants se trouvent entre eux à des degrés égaux ou inégaux (art. 742).

Jadis le droit français était moins large, et n'admettait la représentation que pour les enfants (descendants du 1er degré) des frères et sœurs et encore sous certaines conditions, sur la détermination desquelles l'uniformité était loin de régner.

1775. Suppression de la représentation indéfinie en collatérale. — Parmi les collatéraux, les frères ou sœurs du défunt sont les seuls qui puissent être représentés dans sa succession. Pour les collatéraux autres que frères et sœurs, il n'y a donc jamais de représentation possible. En cela le Code diffère de la loi de nivôse, dont l'art. 77 admettait la représentation collatérale à l'infini. Ce système avait l'inconvénient de compliquer les partages et de morceler les successions d'une manière excessive ; de plus, il n'était pas nécessaire, car l'affection ne s'étend pas si loin dans la famille collatérale, et les collatéraux plus éloignés ne remplacent pas ceux qui les ont précédés [1].

§ 4. — *Effets de la représentation.*

** **1776. Énumération.** — D'après l'art. 739, l'effet de la représentation est de faire entrer le représentant « dans le degré, dans la place et dans les droits du représenté ». Les mots *place* et *degré* sont synonymes et ce pléonasme n'ajoute rien à l'idée. La représentation se borne donc à un double effet : le représentant *monte au degré du représenté* et *exerce ses droits*.

A. — Arrivée au degré du représenté.

* **1777. Condition particulière.** — Il n'y a rien à en dire lorsqu'il n'y a qu'une génération d'intervalle, mais quand il y a plusieurs degrés à franchir, la représentation ne peut produire son effet que *si tous les degrés intermédiaires sont vacants*. Alors le représentant montera de degré en degré jusqu'au rang utile pour succéder. Mais s'il rencontre, à un degré intermédiaire, un successible vivant, indigne ou renonçant, il est arrêté et ne peut prendre cette place encore occupée par un autre (art. 744, al. 1 ; art. 787).

[1] Cependant ces idées ne sont pas acceptées par tous. Le défaut de représentation en ligne collatérale produit souvent des résultats choquants (G. d'Espinay, *La liberté de tester*). Le président de Lamoignon demandait la représentation à l'infini en collatérale et la loi du 8 avril 1791 l'avait établie.

On exprime cette règle en disant que la représentation n'a pas lieu *per saltum* ou *omisso medio*.

B. — Exercice des droits du représenté.

** **1778. Étendue du bénéfice de la représentation.** — Le représentant possède tous les droits qu'aurait eus le représenté, s'il eût été vivant, rien de moins et rien de plus.

Rien de moins. — Cela n'a plus d'intérêt aujourd'hui, mais autrefois cela produisait une conséquence importante : une petite-fille, quand elle était la fille d'un fils aîné, pouvait, en représentant son père dans la succession de son grand-père, recueillir le *préciput d'aînesse,* qui n'était accordé qu'aux héritiers mâles, et qui profitait ainsi indirectement à une femme.

Rien de plus. — Cette autre partie de la formule traditionnelle qui sert à exprimer les effets de la représentation est encore exacte. Elle signifie que *plusieurs enfants, représentant leur père, ne prendront à eux tous que la part de celui-ci* : quel que soit leur nombre, ils ne seront comptés que pour une tête, celle du représenté. C'est le *partage par souches* (art. 743).

Ce genre de partage est nécessaire pour éviter une iniquité. En principe le partage s'opère *par têtes,* c'est-à-dire que tous les héritiers prennent des parts égales. Si on appliquait ce principe au cas où des petits-enfants viennent par représentation à la succession de leur grand-père, la part des autres enfants survivants se trouverait injustement amoindrie : au lieu d'un ayant droit, ils auraient à compter avec trois, quatre, cinq, etc. Le but de la représentation étant seulement de faire parvenir aux petits-enfants la part que leur père aurait pu recueillir, s'il avait vécu plus longtemps, il suffit de leur attribuer cette part qu'ils se partagent entre eux. Les petits-enfants de chaque enfant prédécédé forment donc à eux tous une *souche* qui n'a droit qu'à une part, *subdivisée ensuite entre eux.*

1779. Suppression de la représentation à fin de partager. — Supposons que le défunt laisse deux fils encore vivants, mais tous deux renonçants ou indignes, et ayant tous deux des enfants. Ceux-ci ne peuvent pas succéder par représentation, puisque le premier degré n'est pas vacant ; étant tous au même degré, ils succèdent *de leur chef.* Mais s'il arrive que les enfants de chaque fils soient *en nombre inégal,* par exemple trois d'un côté et un seul de l'autre, l'effet normal de la dévolution héréditaire se trouve dérangé : les héritiers qui succèdent de leur chef ayant tous droit à des parts égales (ci-dessus n° 1778), l'enfant unique de l'un des fils n'aura qu'un quart de la succession puisqu'il a trois cousins germains concourant avec lui : un quart, au lieu de la moitié qu'il aurait eue si tous venaient à la succession par représentation de leurs pères.

Pour corriger cet effet fâcheux notre ancien droit admettait une représentation spéciale, non plus *à fin de succéder,* puisqu'ici les héritiers viennent de leur chef, mais *à fin de partager* (Pothier, *Successions,* chap. ii, sect. 1, art. 1, § 4). Le Code civil (art. 787 *in fine*) a supprimé cette espèce particulière de représentation : quand tous les cohéritiers du premier degré renoncent, leurs enfants viennent de leur chef et succèdent par têtes. On ne voit pas pour quelle raison les parts de chacun peuvent ainsi dépendre de l'option qu'a faite le degré précédent.

LES DIVERSES ESPÈCES D'HÉRITIERS

NOTIONS GÉNÉRALES

1780. Bibliographie. — GUSTAVE ARON, *Étude sur les lois successorales de la Révolution*, *Nouvelle revue historique de droit*, 1901, p. 444 et 585. — ALEXANDRE DE BRANDT, *Droit et coutumes des populations rurales de la France en matière successorale*, traduit de l'allemand par Eug. Régnier, avec une préface de Georges Blondel, Paris, 1901. — ANT. ERNST, *Le régime successoral des petits héritages* (L. belge 16 mai 1900), Bruxelles, 1900. Comp. *Pasicrisie belge*, 1900, 2e livraison. — GEORGES BLONDEL, *Réforme sociale*, 1er juin 1898 et 1er avril 1901.

****1780 *bis*. Division principale.** — Les successeurs ab intestat sont de deux sortes, les *héritiers légitimes* et les *successeurs irréguliers* (art. 723).

1° HÉRITIERS LÉGITIMES. — Ceux-là sont les *héritiers proprement dits*. La doctrine les considère comme *continuant la personne du défunt*, ce qui signifie qu'ils succèdent personnellement à ses obligations et en sont tenus de la même manière que lui-même. C'est à eux seuls que la loi accorde la *saisine*. Sur la saisine, voyez ci-dessous nos 1928 et suiv.

2° SUCCESSEURS IRRÉGULIERS. — Ceux-ci sont dans une situation inférieure. On les considère généralement comme de *simples successeurs aux biens*; ils ne sont pas des continuateurs de la personne, et la loi leur refuse la saisine.

**** 1781. Subdivision.** — Dans chacune de ces deux catégories, il y a lieu de distinguer la *succession de droit commun*, qui s'opère en vertu des règles générales que nous exposerons tout d'abord, et les *successions anomales*, qui sont dévolues en vertu de règles particulières, tantôt à des héritiers légitimes, tantôt à des successeurs irréguliers. Nous nous en occuperons dans un dernier chapitre.

1782. Origine de la distinction principale. — Cette distinction des successeurs ab intestat en deux catégories est toute récente : *elle est l'œuvre du Code*. Sans doute les mots existaient déjà dans l'ancien droit, mais la distinction qu'ils énonçaient alors ne ressemblait que de nom avec celle du droit moderne.

Pour Pothier, Lebrun et autres, tous les particuliers appelés à succéder à une personne décédée recueillaient ses biens à titre d'*héritiers légitimes*, saisis de plein droit et tenus de toutes ses obligations (LEBRUN, *Successions*, chap. VII, n° 39; POTHIER, *Cout. d'Orléans*, introd. au tit. XVII, n° 35). En fait de successeurs irréguliers, l'ancien droit ne connaissait que le roi et les seigneurs justiciers succédant par droit de déshérence ou d'aubaine (POTHIER, *Successions*, chap. VI). Ceux-là n'étaient pas des « héritiers », des personnes succédant à une autre personne ; c'était plutôt l'absence d'héritiers qui faisait revenir au fisc une succession sans maître.

Nous avons encore des successeurs irréguliers de ce genre : l'État a remplacé le roi et les seigneurs, et des textes spéciaux ont attribué un droit analogue aux hospices ; mais le Code civil a introduit entre les vrais héritiers et le fisc une catégorie intermédiaire, composée de membres de la famille succédant avec un titre inférieur, sans avoir la qualité honorifique et avantageuse d'héritier légitime. Cette catégorie, naguère assez nombreuse, comprenait *le conjoint* et *tous les parents naturels*. Le conjoint se trouve ainsi descendu du rang qui lui appartenait autrefois ; quant aux enfants naturels et autres membres de la famille illégitime, l'ancien droit ne leur accordait aucun droit successoral. Il y avait donc progrès pour les uns, recul pour l'autre.

1783. Changements survenus depuis le Code. — Des deux grandes différences, qui séparent les héritiers légitimes des successeurs irréguliers, savoir la saisine et l'obligation indéfinie aux dettes, il en est une (la saisine) qu'il ne dépendait pas de la jurisprudence d'effacer : la loi oblige les successeurs irréguliers à demander l'*envoi en possession* (art. 724) : ils sont encore soumis à cette formalité (ci-dessous n°s 1944 et suiv.).

Au contraire, *l'étendue de l'obligation aux dettes* n'a pas été réglée en termes formels par des dispositions spéciales de la loi ; la jurisprudence avait donc les mains libres. Elle en a profité pour assimiler aux véritables héritiers les successeurs irréguliers, tout au moins ceux qui sont de simples particuliers succédant à un parent décédé ou à leur conjoint. En dépit des apparences, sa décision sur ce point est plutôt conforme que contraire à nos traditions juridiques. Voyez ci-dessous n°s 2090 à 2092.

Enfin la loi du 25 mars 1896 est venue modifier profondément notre système successoral en accordant aux enfants naturels les mêmes faveurs (sauf la quotité de leur part) qu'aux membres de la famille légitime : elle les a fait passer de la classe des successeurs irréguliers dans celle des héritiers légitimes, diminuant ainsi la première de ses principaux représentants. Notamment elle leur a donné la saisine (ci-dessous n° 1824).

1784. Terminologie variable de la loi. — Ordinairement le Code emploie l'expression « héritiers légitimes » pour désigner les parents légitimes à l'exclusion des successeurs irréguliers. C'est dans ce sens que l'art. 756 ancien disait que les enfants naturels ne sont pas « héritiers », et que l'art. 756 actuel leur reconnaît au contraire la qualité d'héritiers. Mais parfois aussi cette expression est prise dans un sens plus large et elle comprend tous les successeurs ab intestat par opposition aux successeurs testamentaires : les premiers sont dits « légitimes » parce qu'ils succèdent en vertu de la loi.

CHAPITRE PREMIER

DROITS DES PARENTS LÉGITIMES

§ 1. — *Notions historiques.*

A. — Système des pays de droit écrit.

1785. Introduction du droit de Justinien. — On y avait adopté, à une époque qui nous est inconnue, le système successoral établi par la novelle 118 en 543, c'est-à-dire longtemps après que les Gaules s'étaient séparées de l'Empire. La succession ab intestat ne s'ouvrait qu'à défaut d'héritier testamentaire, et elle était régie par des principes très simples : les parents étaient divisés en classes ou ordres : descendants, ascendants, collatéraux. A défaut de descendants, les ascendants étaient appelés en concours avec les collatéraux privilégiés (frères, sœurs, neveux et nièces). Entre collatéraux ordinaires, la succession était attribuée au plus proche, de quelque côté qu'il fût, parent paternel ou parent maternel. On n'y suivait donc pas la règle coutumière « *Paterna paternis* », qui faisait revenir à chaque branche de la famille les biens qui lui appartenaient. Sur la façon dont la novelle 118 s'introduisit dans nos provinces méridionales et sur l'interprétation variable qu'elle y reçut, voyez Jarriand, *Histoire de la novelle* 118 *dans les pays de droit écrit*, thèse, Paris, 1889.

1786. L'édit des mères. — En 1567, un édit fut publié pour écarter la règle romaine qui appelait la mère à succéder à son enfant prédécédé. On voulait empêcher les biens que l'enfant avait recueillis de son père de passer à la famille de la mère. Cet édit, très mal reçu dans les pays de droit écrit, devint célèbre sous le nom d'*édit des mères*. Cujas le combattit vivement, et prétendit qu'il avait été rendu dans l'intérêt particulier du maréchal de Montluc. Les Parlements de Toulouse, de Bordeaux et de Grenoble refusèrent de l'enregistrer et il ne fut jamais observé dans leurs ressorts ; seuls les Parlements de Paris, de Dijon et de Provence l'acceptèrent. Il fut abrogé en 1729. On n'avait donc pas réussi à étendre à toute la France la règle coutumière : « Propres ne remontent pas. » Voyez Viollet, *Histoire du droit civil français*, 2e édit., p. 847.

B. — Système des pays de coutume.

1787. Extrême complication du droit coutumier. — Dans aucune autre matière notre ancien droit coutumier n'offrait de complications pareilles à celles de son régime successoral. Il serait inutile et beaucoup trop long d'exposer ici les règles suivies, même sommairement ; je me bornerai à l'indication de quelques principes.

1° Distinctions selon la nature des biens.

1788. Biens nobles et biens roturiers. — Le droit commun coutumier ne s'appliquait qu'aux biens roturiers. Quand il y avait dans une succession des biens nobles, on suivait pour eux des règles spéciales qui variaient beaucoup d'une coutume à l'autre : les plus remarquables étaient l'*indivisibilité du fief*, qui fut vite abandonnée, l'*exclusion des filles* au profit des héritiers mâles (privilège de masculinité) et le *droit d'aînesse*, privilège qui permettait à l'aîné de prendre le principal manoir avec une certaine quantité de terre par préciput (portion avantageuse) s'élevant à la moitié ou même aux deux tiers de la succession. Toutes ces règles avaient pris naissance au moyen âge, à l'époque où le régime féodal était la base du service militaire en France.

1789. Propres et acquêts. — On distinguait encore selon la *nature* et l'*origine* des biens pour diviser les immeubles en deux catégories : les propres et les acquêts. Les propres étaient les biens qui étaient arrivés au défunt *par succession ou par un titre équivalent* comme la donation ; c'étaient des *biens de famille*. On les appelait aussi

« biens avitins » ou « biens patrimoniaux ». Les acquêts étaient les biens que le défunt avait fait entrer dans la famille pour la première fois, par exemple *ceux qu'il avait achetés*. Quand un acquêt avait été transmis une première fois aux héritiers de son acquéreur, on l'appelait « propre naissant ».

Dans les successions *les acquêts étaient dévolus de la même façon que les meubles* : c'étaient les mêmes héritiers qui recueillaient à la fois les meubles et les acquêts. Quant aux propres, ils suivaient pour leur dévolution des règles toutes différentes.

1790. Succession aux meubles et acquêts. — Quoiqu'il y eût une grande variété entre les coutumes, ces biens étaient déférés selon des règles simples. On suivait en général l'ordre présumé des affections du défunt, ce qui rapprochait le droit coutumier du système romain. Toutefois le principe de la *fente* y apportait une modification considérable : on partageait la succession en deux parts égales, une pour les parents paternels, l'autre pour les parents maternels; et même beaucoup de coutumes, après avoir ainsi fendu une première fois la succession, la refendaient indéfiniment entre les branches successives de chaque ligne.

1791. Succession aux propres. — La succession aux propres reposait sur le principe de la *conservation des biens dans les familles*. On voulait faire revenir autant que possible les biens du défunt à la branche d'où il les avait reçus. De là la maxime *Paterna paternis, materna maternis*. Mais s'il est tout simple de décider en principe que les biens venus du père ou des parents paternels retourneront à la ligne paternelle, l'application de la règle avait lancé notre ancien droit successoral dans un véritable fouillis de difficultés. Il y avait presque autant de systèmes que de coutumes. On les classait en trois groupes principaux :

1° Coutumes souchères. — Celles-ci appliquaient le principe à la rigueur : il fallait être *descendu du premier auteur* qui avait mis le bien dans la famille pour le recueillir comme propre. Ce premier acquéreur du propre s'appelait *tronc commun*, c'est-à-dire auteur commun du défunt et de l'héritier (Bourgogne, art. 17; Sens, art. 83; Auxerre, art. 240; Mantes, art. 167).

2° Coutumes de côté et ligne. — C'était la majorité des coutumes, entre autres celles de Paris (art. 326), d'Orléans (art. 325), d'Anjou (art. 268-270), d'Amiens (art. 87), d'Artois (art. 105). Dans leur système, il n'était pas nécessaire de descendre du premier acquéreur, il suffisait de se rattacher à lui *par un lien de parenté collatérale*.

3° Coutumes de simple côté. — Celles-ci suivaient un système encore plus simplifié : il n'était pas nécessaire d'être parent d'une façon quelconque de celui qui avait mis le premier l'héritage dans la famille; il suffisait d'être *parent du défunt du côté paternel* pour recueillir les propres qui lui venaient de son père; et de même, d'être parent du côté maternel pour recueillir les propres maternels (Coutume de Normandie, art. 244).

Lebrun considérait le système des coutumes de simple côté comme étant le droit commun, puisqu'il l'appliquait aux coutumes muettes (*Successions*, liv. I, chap. II, sect. 2, n° 9).

2° Droit des divers ordres d'héritiers.

1792. Droits des descendants. — Quand le défunt laissait des enfants ou descendants, tous ses biens confondus en une seule masse, sans distinction de nature ni d'origine, leur passaient à l'exclusion de tous autres; et ils se les partageaient par tête, ou par souches au cas de représentation, et sauf l'effet des privilèges d'aînesse et de masculinité.

1793. Droits des ascendants. — Les ascendants ne pouvaient succéder qu'à défaut de descendants. Généralement ils excluaient tous les collatéraux, même les frères et sœurs du défunt. Mais ils ne pouvaient recueillir les propres provenant de la ligne à laquelle ils n'appartenaient pas. Aussi l'héritage venant du père passait aux collatéraux de la branche paternelle et non à la mère survivante. Cet effet de la règle « Paterna paternis » s'exprimait par la maxime : *Propres ne remontent pas* (*Coutume de Paris*, art. 312). Sur le sens ancien et différent qu'avait eu cette maxime, voyez Laurière, sous l'art. précité.

1794. Droits des collatéraux. — C'était surtout pour eux qu'était fait le système successoral compliqué qui reposait sur la distinction des propres et des meubles et acquêts. En outre dans beaucoup de coutumes le *privilège du double lien* dérangeait l'ordre naturel pour la succession aux meubles et acquêts : à égalité de degré, le parent germain était préféré au parent simplement utérin ou consanguin.

C. — Législation révolutionnaire.

1795. Lois principales. — L'Assemblée constituante commença par établir le principe du *partage égal entre héritiers du même degré*, en faisant disparaître les privilèges de masculinité et d'aînesse (LL. 15 mars 1790 et 8 avril 1791). Cette dernière donna lieu à un discours célèbre qu'avait préparé Mirabeau et qui fut lu à la tribune le 2 avril 1791, une heure après sa mort.

La loi du 17 nivôse an II-6 janvier 1794 (Voyez t. I, n° 250) supprima à son tour toutes les distinctions fondées sur l'origine et la nature des biens et abolit en même temps le privilège du double lien. Son art. 62 a été reproduit par l'art. 732 C. civ. Son système successoral est passé en grande partie dans le Code civil, légèrement atténué dans ce qu'il pouvait avoir d'excessif[1].

On trouvera dans Sirey, *Lois annotées*, t. I, p. 281, note, col. 2 et 3, un relevé complet des lois rendues pendant la Révolution en matière successorale.

§ 2. — *Répartition des parents en classes et en lignes.*

** **1796. Les trois ordres d'héritiers.** — Le système successoral français repose sur la répartition des parents légitimes en trois classes appelées *ordres* : l'ordre des descendants, l'ordre des ascendants, l'ordre des collatéraux (art. 731). C'est le retour aux principes romains.

** **1797. Hiérarchie des ordres.** — Chaque ordre est appelé à son rang : on ne passe au second qu'à défaut de tout représentant du premier ; au troisième, qu'à défaut de tout représentant du second.

Entre parents de même ordre, c'est le plus proche en degré qui succède, sauf l'effet de la représentation quand elle est admise ; entre parents d'ordres différents, la priorité de degré est sans importance : un descendant du second degré passe avant un ascendant du premier degré ; c'est la qualité de l'ordre auquel les divers parents appartiennent qui décide.

Toutefois l'application régulière de ce principe se trouve dérangée par deux autres : le *privilège* accordé à certains ascendants et à certains collatéraux et le système de la *fente entre les deux lignes*.

[1] La loi de nivôse se composait de deux parties. La première, contenant 61 articles, anéantissait rétroactivement toutes les libéralités par lesquelles les particuliers cherchaient, depuis le commencement de la Révolution, à maintenir quelques-uns des privilèges anciens. Voyez-en le texte dans Sirey, *Lois annotées*, t. I, p. 280. C'est cette partie qui fut désastreuse et qui amena rapidement la suspension de la loi. Sur les résultats déplorables de cette rétroactivité, voyez Glasson, *Réforme sociale*, 1889, t. II, p. 217 et suiv. Voyez aussi Lambert, *De l'exhérédation*, § 21, et Jauneau, *Thèse*, Paris, 1896. Mais la seconde partie de la loi, qui contient son régime successoral, ne mérite pas d'être jugée avec la même sévérité. Voyez l'appréciation qu'en donnait M. Laferrière, *Histoire du droit français*, t. II, p. 354, reproduite dans Sirey, *loc. cit*, p. 281 en note. Voyez aussi Vermeil, *Code des successions*, paru en l'an III (cité dans Sirey, 41. 1. 305). L'auteur avait assisté à la préparation de la loi et fut plus tard membre du tribunal de cassation.

A. — Collatéraux et ascendants privilégiés.

** **1798. Création d'un ordre mixte.** — Le système de la division en trois ordres n'a jamais été suivi d'une manière absolue, ni en droit romain, ni dans la loi de nivôse, ni dans le Code civil : chacune de ces législations a fait à sa manière une place à part aux *frères et sœurs* du défunt ainsi qu'à leurs enfants ou descendants. La comparaison de ces différents systèmes serait compliquée et peu utile. Rappelons seulement que la loi de nivôse, dans le but de faire arriver les successions aux membres les plus jeunes de la famille, faisait passer avant les ascendants les collatéraux du défunt qui descendaient d'eux ou d'autres ascendants au même degré : ainsi un frère excluait le père et la mère (art. 72 et 76).

Le Code civil a abandonné ce système rigoureux pour lui en substituer un autre : il a pris d'une part, dans la classe des ascendants, les parents du 1er degré (père et mère du défunt), et de l'autre, dans la classe des collatéraux, les plus proches parents du défunt, savoir ses frères ou sœurs et leurs descendants, et il a fait de leur réunion un ordre spécial, qui a sa place à part. On appelle ces deux catégories de parents *ascendants privilégiés* et *collatéraux privilégiés*, par opposition aux *ascendants ordinaires* et aux *collatéraux ordinaires*, lesquels ne passent qu'après eux.

B. — Fente entre les deux lignes.

** **1799. Le principe.** — En ligne descendante, la succession est de nos jours, comme de tout temps, dévolue en une seule masse. Mais en ligne ascendante et en ligne collatérale, la loi la divise en *deux parts égales*, une pour les parents paternels, une pour les parents maternels. C'est ce qu'on appelle la *fente entre les deux lignes* (art. 733). Le mot « ligne » est pris ici dans un sens particulier : la *ligne paternelle* comprend tous les *parents consanguins*, qui se rattachent au défunt par son père, tant ascendants que collatéraux ; la *ligne maternelle* comprend de même tous les *parents utérins*, qui se rattachent au défunt par sa mère. On appelle *parents germains* ceux qui figurent à la fois dans les deux lignes, étant nés d'un mariage entre un parent paternel et un parent maternel.

Le système de la fente est inapplicable aux descendants, parce que, comme le défunt lui-même, ils se rattachent à la fois à la ligne paternelle et à la ligne maternelle.

1800. Origine de la règle. — L'habitude de faire revenir les biens à la ligne d'où le défunt les avait reçus était si forte dans l'ancienne France qu'on chercha tout naturellement à suivre une règle analogue pour les biens qui n'avaient pas de ligne, c'est-à-dire pour les meubles et les acquêts : ne pouvant les attribuer de préférence à une ligne plutôt qu'à l'autre, on les partageait également entre les deux lignes.

C'est ce système de la *fente* que la loi de nivôse généralisa pour l'appliquer même aux propres et supprimer d'un seul coup toutes les difficultés que faisait naître le mode de succession suivi anciennement pour ces biens ; son art. 62 porte que la loi « ne reconnaît aucune différence dans la nature des biens ou dans leur origine pour en régler la transmission », et son art. 83 : « Une moitié de la succession sera attribuée aux parents paternels, l'autre moitié aux parents maternels. » Ces principes ont été conservés par les art. 732 et 733. Par suite il n'y a plus de distinction entre les propres et les acquêts, ni entre les biens venant du père et ceux venant de la mère : tous sont confondus en une seule masse, qui se partage en deux.

1801. Motifs. — Il a paru que la suppression pure et simple de la règle « Paterna paternis » aurait eu des conséquences choquantes. Si on suppose qu'un fils a reçu de son père une riche succession tandis que sa mère n'avait rien, et qu'il meure en laissant du côté de sa mère un proche parent, sa grand'mère par exemple, et du côté de son père des collatéraux éloignés, l'abandon de la règle ancienne aurait eu pour effet de faire passer à la famille de la mère toute une fortune qui venait du père : pour les parents paternels, c'était l'équivalent d'une confiscation. Pour éviter ce résultat, on jugea nécessaire de partager la succession entre les deux branches de la famille.

Critique. — On doit reconnaître qu'avec ce système l'équité ne reçoit qu'une demi-satisfaction : dans l'espèce ci-dessus indiquée, les parents paternels reprennent sans doute une moitié de la fortune qui venait de leur côté, mais ils n'en reprennent que la moitié[1]. Si le motif de la fente est juste, et il paraît bien l'être, il faudrait en revenir au moins en partie à l'ancien système : on a déjà fait remarquer qu'une application de la règle « Paterna paternis » serait encore facilement réalisable, en la restreignant aux biens recueillis par le défunt dans la succession de ses ascendants du premier degré (G. d'Espinay, *La liberté de tester*, p. 47-48).

***1802. Exception à la règle.** — Par dérogation au principe, il ne se fait pas de partage entre les deux lignes *lorsqu'il existe un frère* (ou une sœur), *utérin ou consanguin*. Ce frère n'appartient qu'à une seule ligne ; néanmoins, à raison de la proximité du degré, la loi lui attribue toute la succession, à l'exclusion de tous autres collatéraux ou ascendants autres que le père et la mère (art. 752). En ce cas, la règle de la fente est entièrement mise de côté : une des lignes prend tout et l'autre n'a rien.

****1803. Effet de la division entre les deux lignes.** — Cette division n'a pour but que de respecter les droits de chaque ligne. Par conséquent la moitié attribuée à chaque ligne lui reste *tant qu'il y a des héritiers pour la représenter*. Ainsi il peut se faire qu'une des deux lignes soit représentée par l'ascendant le plus proche, le père, et l'autre seulement par des collatéraux du dernier rang ; la division entre les lignes détruit donc la règle de la priorité des ordres d'héritiers, ou plutôt cette priorité est une règle secondaire et ne s'applique qu'à l'intérieur de chaque ligne.

Lorsque l'une des deux lignes n'est plus représentée par aucun parent au degré successible, il s'opère une *dévolution au profit de l'autre*, qui recueille alors toute la succession (art. 733, al. 3). Ceci montre que malgré la fente, il y a non pas deux successions différentes, mais une seule succession répartie entre deux catégories d'héritiers.

[1] Il est à noter que le Code roumain n'a pas admis la division française entre les deux lignes (art. 675), bien que sur beaucoup de points il ait réglé les droits successoraux des ascendants et des frères et sœurs, conformément aux dispositions du Code Napoléon. Comparez le Code civil italien dont l'art. 742 donne la succession au collatéral le plus proche, « senza distinzione della linea paterna o materna ».

1804. Abolition du privilège du double lien. — Ce privilège ne s'exerçait qu'entre parents d'égal degré et seulement dans la succession aux meubles et acquêts (Cout. d'Orléans, art. 330). La loi de nivôse (art. 89), l'avait déjà supprimé, et cette suppression a été maintenue par l'art. 733, al 2, aux termes duquel « les parents utérins ou consanguins ne sont pas exclus par les germains, mais ils ne prennent part que dans leur ligne... ; les germains prennent part dans les deux lignes ».

On a vu par application de cette dernière règle la succession entière recueillie par un héritier unique : un cousin épouse sa cousine germaine, un enfant naît de leur mariage, puis le père meurt et l'enfant lui succède ; cet enfant meurt à son tour, laissant les biens qui composaient la succession paternelle. Sa mère prend en cette qualité la moitié attribuée à la ligne maternelle ; mais, comme cousine germaine du père, elle représente la ligne paternelle, elle est la tante à la mode de Bretagne de son enfant et elle exclut les collatéraux plus éloignés : s'il n'y a ni ascendants ni autres collatéraux plus proches, c'est donc elle encore qui recueillera la moitié revenant à la ligne paternelle.

***1805. Abolition de la refente.** — Une fois la fente opérée, il ne se fait ensuite aucune division nouvelle de la succession. Et cependant les parents du père se subdivisent à leur tour, par rapport à lui, en parents paternels et parents maternels, et ainsi de suite à chaque génération en remontant. Mais l'art. 734 a supprimé ce système de *refentes successives* qui se pratiquait autrefois (ci-dessus n° 1790): l'héritier le plus proche, soit par son ordre, soit par son degré, dans la ligne paternelle prend tout ce qui revient à cette ligne.

§ 3. — *Ordre des descendants.*

***1806. Composition.** — Cet ordre, appelé le premier à l'exclusion de tous les autres, se compose des *enfants et descendants légitimes* ou *légitimés* et des *enfants adoptifs*.

A. — Partage de la succession entre les enfants.

****1807. Égalité des parts.** — Les enfants du premier degré sont tous appelés concurremment et également. C'est le principe du *partage égal*, dont il a déjà été parlé (ci-dessus n° 1795). L'art. 745 rappelle expressément la suppression des privilèges de masculinité et de primogéniture, déjà prononcée par les lois de la Révolution. La loi ne fait non plus aucune différence entre les enfants de différents mariages : tous succèdent également au père ou à la mère dont ils sont également issus (même art.).

Le principe du partage égal est conforme à la nature ; il n'avait pu être sacrifié, au moyen âge, que sous l'influence de nécessités politiques. « Dieu a établi l'égalité d'homme à homme, disait Mirabeau dans son discours mentionné au n° 1795, à plus forte raison de frère à frère. » Du reste le partage égal est si bien entré dans nos mœurs que toute tentative pour l'altérer est d'avance condamnée à échouer. Quand la Restauration a voulu rétablir le droit d'aînesse en 1826, elle n'a réussi qu'à augmenter son impopularité. Sur cette tentative de réaction, voyez les intéressants détails que donne M. Verdelot, dans sa thèse sur *le bien de famille en Allemagne*, p. 614-634, Paris, 1899.

***1808. Partage par souches.** — On sait déjà que la représentation a pour effet d'attribuer la part d'un enfant prédécédé à ses propres enfants : ceux-ci ne sont donc comptés que pour une tête, à moins qu'ils ne viennent de leur chef. Voyez ci-dessus n° 1778. On partage ensuite entre eux par parts égales le lot qui leur est attribué.

B. — Droits successoraux dérivés de l'adoption.

1809. Droits de l'adopté. — L'adopté acquiert *tous les droits successifs d'un enfant légitime* (art. 350) et comme il est le seul enfant dans les cas ordinaires, il prendra toute la succession.

Mais l'adoption, qui est un contrat, n'étend pas ses effets au delà et ne confère à l'adopté aucun droit sur la succession *des parents de l'adoptant* (même art.).

1810. Droits des enfants de l'adopté. — Les enfants de l'adopté, même ses enfants légitimes, ne sont pas appelés expressément par la loi à lui succéder. De là une grande partie de la doctrine conclut que l'adoption ne leur confère aucun droit successoral, et elle appuie sa conclusion en disant que l'adoption est un contrat dont les effets sont limités par les textes (Demolombe, t. VI, n° 141 ; Aubry et Rau, t. VI, § 560, texte et note 6 ; Laurent, t. IV, n° 250). Mais la jurisprudence se prononce depuis bien longtemps en sens contraire (Cass., 10 nov. 1869, D. 70. 1. 209, S. 70. 1. 18 ; Agen, 1er juin 1885, Dalloz, *Suppl.*, t. I, p. 304, note 1, S. 86. 2. 63). Elle a été fixée par un arrêt qui remonte au 2 déc. 1822 (Dalloz, *Répert.*, v° Adoption, n° 186, note 1 ; S. 23. 1. 74 ; S. chr. 7. 1. 164). Cette jurisprudence est certainement plus conforme que la solution doctrinale aux intentions de l'adoptant qui a cherché à se créer une famille ; elle ne fait que suivre les indications de la loi qui transmet le nom de l'adoptant aux enfants de l'adopté et les principes généraux qui font passer aux enfants d'un enfant légitime tous ses droits successoraux : l'adopté n'acquerrait pas sur la succession de l'adoptant tous les droits d'un enfant légitime, s'il ne pouvait pas les transmettre à ses enfants.

§ 4. — *Ordre des collatéraux privilégiés.*

A. — Droits des frères et sœurs.

**** 1811. Leur priorité.** — Après les descendants du défunt, la loi appelle les frères et sœurs du défunt et leurs descendants, pour les faire passer avant tous autres, même avant les ascendants [1] (art. 750), et c'est pour cette raison qu'on les appelle *collatéraux privilégiés*.

**** 1812. Partage entre eux.** — S'ils ont tous du même lit, la succession se partage entre eux *par égales portions* (art. 752) ; s'ils sont de lits différents, la division se fait par moitié entre les deux lignes paternelle et maternelle du défunt : les germains prennent part dans les deux lignes ; les utérins ou les consanguins seulement dans la ligne à laquelle ils appartiennent ; s'il n'y a que des frères et sœurs consanguins ou que des frères et sœurs utérins, ils succèdent néanmoins à la totalité de la succession, à l'exclusion de tous autres parents de l'autre ligne (art. 752).

[1] Sauf ce qui est dit plus loin du droit qu'ont les père et mère de concourir avec eux.

***1813. Droit des descendants de frères ou de sœurs.** — Rappelons que la représentation est admise au profit des enfants et des descendants des frères et sœurs (ci-dessus n° 1774). Les art. 750, 751 et 753 ont soin de mentionner à côté des frères et sœurs leurs « descendants » ou leurs « représentants ».

B. — Droits des père et mère.

****1814. Leur concours avec les frères et sœurs.** — Quand il n'y a ni père ni mère, les frères et sœurs prennent *la totalité de la succession.* Quand le père ou la mère survivent, ou tous deux, chacun d'eux a le droit de concourir avec les frères et sœurs et de prendre *un quart de la succession.* De la sorte, quand le père et la mère sont tous deux vivants, les frères et sœurs sont réduits à *la moitié de la succession* ; quand il ne reste que l'un d'eux, les frères et sœurs ont *les trois quarts* (art. 748, 749 et 751). L'ascendant qui survit ne recueille donc pas la part de l'autre : elle accroît aux frères et sœurs.

Ce concours possible des père et mère avec les frères et sœurs fait véritablement de cette classe d'héritiers un ordre *mixte.*

§ 5. — *Ordre des ascendants.*

****1815. Règles de la dévolution.** — Quand le défunt n'a laissé ni descendants ni collatéraux privilégiés, la succession est dévolue aux ascendants. Pour eux les règles sont très simples. S'il y a des ascendants dans les deux lignes, *la succession se partage par moitié,* conformément au principe de la fente. Dans chaque ligne, *l'ascendant le plus proche exclut les plus éloignés* [1]. Entre ascendants du même degré et de la même ligne, *le partage se fait toujours par tête,* aucune représentation n'étant possible (art. 746).

La loi suppose qu'il existe des ascendants dans les deux lignes ; s'il n'y en a que dans une seule, la moitié qui revenait à la ligne vacante n'accroît pas aux ascendants de l'autre ligne ; elle est dévolue aux collatéraux.

§ 6. — *Ordre des collatéraux ordinaires.*

***1816. Mode de la dévolution.** — Les collatéraux ordinaires sont appelés dans chaque ligne à défaut d'ascendants ; peu importe qu'il y ait des ascendants même du premier degré, dans l'autre ligne. Dans chaque ligne, le collatéral le plus proche exclut le plus éloigné ; à degré égal, ils succèdent par tête (art. 753).

Les collatéraux germains prennent part dans les deux lignes.

[1] Au premier rang se trouvent nécessairement les père et mère que leur qualité d'ascendants privilégiés, concourant au besoin avec les frères et sœurs, n'exclut nullement de l'ordre des ascendants.

* **1817. Privilège des père et mère.** — Quand l'une des lignes n'est plus représentée que par des collatéraux ordinaires, tandis que dans l'autre il y a encore l'ascendant du premier degré (père ou mère), la loi fait à ce dernier un petit avantage. Elle a pensé que le partage égal de la succession ne répondrait sûrement pas au vœu du défunt, qui devait préférer son père ou sa mère à des cousins peut-être fort éloignés : l'art. 754 donne alors à l'ascendant l'*usufruit du tiers de la moitié* dévolue aux collatéraux, ce qui correspond à un sixième de la succession. Comme l'ascendant a déjà sa moitié, soit trois sixièmes, cela lui fait la jouissance de *quatre sixièmes,* c'est-à-dire les deux tiers de la succession. Nous rencontrons ici un cas tout à fait remarquable d'*usufruit légal.*

Cet usufruit est soumis aux règles ordinaires ; le père ou la mère qui le réclame n'est pas dispensé de fournir caution.

* **1818. Limite du degré successible.** — Au delà du 12ᵉ degré les parents ne succèdent plus (art. 755, al. 1).

Dans l'ancien droit il n'y avait aucune limite de ce genre ; quelque éloignée que fût la parenté, tant qu'elle était reconnaissable, elle donnait le droit de succéder. On a jugé que ces recherches de parenté lointaine étaient une source de difficultés : c'est prendre beaucoup de souci de la tranquillité des gens et leur enlever leur bien pour les empêcher d'avoir des procès. Cependant certains Codes modernes ont adopté une limite encore plus courte : le Code espagnol s'arrête au 6ᵉ degré. Une réforme analogue a été souvent demandée en France, avec le secret désir d'alimenter les caisses de l'État en y faisant tomber le plus grand nombre possible de successions privées[1]. La statistique prouve que c'est un vain espoir ; les successions qui tombent en déshérence sont bien rares, et ordinairement elles ne valent pas grand'chose. Limitez le droit successoral, et vous développerez, non les ressources de l'État, mais l'usage du testament.

** **1819. Dévolution d'une ligne à l'autre.** — Quand l'une des lignes fait entièrement défaut, la moitié qui lui était attribuée fait retour à l'autre ligne (art. 755, al. 2).

CHAPITRE II

DROITS DES PARENTS NATURELS

* **1820. Division.** — Les parents naturels admis à se succéder les uns aux autres sont : 1° les *enfants naturels,* qui peuvent recueillir la succession de leurs père et mère ; 2° les *père et mère naturels,* qui succèdent à l'enfant décédé sans postérité ; 3° les *frères et sœurs naturels,* enfants naturels d'un même père ou d'une même mère, qui se succèdent entre eux, à défaut d'enfants ou d'ascendants.

[1] Chambre, session 1891, annexes, *Journal officiel,* p. 274 et suiv., session 1892, p. 994 et suiv.

Ces différents droits ne sont accordés qu'à la *parenté naturelle simple.* Quand cette parenté est *adultérine* ou *incestueuse,* le droit de succession disparaît ; la loi n'accorde plus que des *aliments.* Voyez ci-dessous nos 1844 et suiv.

§ 1. — *Droits successifs des enfants naturels simples.*

A. — Notions historiques.

* **1821. Ancien droit.** — Les *bâtards* (expression comprenant tous les enfants qui n'étaient pas nés d'un mariage légitime) étaient considérés comme n'appartenant à aucune famille, d'où l'on tirait cette conséquence qu'ils n'avaient le droit de succéder à personne, si ce n'est à leurs propres enfants légitimes (POTHIER, *Des personnes et des choses,* nos 116 et 118). La maxime « Bâtards ne succèdent point » était constante, aussi bien en pays de droit écrit qu'en pays de coutume[1].

* **1822. Législation révolutionnaire.** — Par un esprit outré de réaction, dû surtout à l'influence sentimentale de J.-J. Rousseau, on se jeta dans l'excès contraire. La loi du 12 brumaire an II (2 nov. 1793) leur donna *les mêmes droits de successibilité qu'aux enfants légitimes,* soit en ligne directe, soit en ligne collatérale (art. 2 et 9) et fit même rétroagir en partie ses dispositions jusqu'au 14 juillet 1789. Cette même loi donnait aux enfants adultérins des droits héréditaires, égaux au tiers de la portion à laquelle ils auraient eu droit, s'ils étaient nés dans le mariage. Si désastreuses furent les applications de cette loi qu'il fallut les arrêter (L. 15 thermidor an IV) : l'effet rétroactif fut supprimé. Malgré ce tempérament, un danger plus grand encore subsistait : on amoindrissait le mariage en ne faisant plus de différence entre les diverses catégories d'enfants.

* **1823. Code civil.** — Le Conseil d'État s'arrêta à un parti intermédiaire : on n'enleva pas aux enfants naturels tout droit de succession ; on réduisit seulement leur part, de façon à faire une différence marquée entre eux et les enfants légitimes, et le chiffre qu'on adopta fut, en principe, celui qui avait été appliqué par la loi de l'an II aux enfants adultérins : en concours avec des enfants légitimes, l'enfant naturel n'avait plus que le tiers d'une part d'enfant (anc. art. 757).

En outre le Code avait refusé aux enfants naturels la qualité d'héritiers : « Les enfants naturels ne sont point héritiers », disait l'ancien art. 756. Ils se trouvaient ainsi classés dans la catégorie des *successeurs irréguliers,* c'est-à-dire *privés de la saisine,* et obligés de demander l'envoi en possession.

[1] Dans les pays qui ne rattachent pas l'enfant naturel à son père, le droit de succession n'existe pas au profit de l'enfant sur les biens paternels. Il en est ainsi en Roumanie (ALEXANDRESCO, p. 168).

*** 1824. Réforme de 1896.** — Les anciennes idées d'égalité entre tous les enfants, qu'avait semées la philosophie du XVIIIe siècle et qui avaient triomphé un moment pendant la Révolution, n'ont jamais désarmé. On a demandé avec persistance le relèvement des droits successoraux de l'enfant naturel, et même quelques intransigeants voulaient en revenir à l'assimilation complète. En fait, les mœurs se montraient moins rigoureuses que la loi, et les parents naturels cherchaient souvent à faire parvenir leur fortune, par des moyens détournés, à un enfant qu'ils préféraient à des collatéraux et même parfois à leurs ascendants. Il y avait là une indication. La loi du 25 mars 1896 a opéré une réforme considérable qui a donné satisfaction dans une large mesure à ces tendances. *La part héréditaire de l'enfant naturel a été augmentée*; on a fait de lui un *héritier légitime,* ce qui lui a donné la *saisine*; en même temps on a élevé le chiffre de la *réserve* que la jurisprudence lui reconnaissait déjà sous l'empire des textes primitifs. Nous reviendrons sur ces deux derniers points, quand nous nous occuperons de la saisine et de la réserve en général. Pour l'instant nous n'avons à étudier que la part héréditaire de l'enfant naturel.

B. — Cas où l'enfant naturel a un droit de succession.

*** 1825. Établissement de la filiation.** — Un enfant naturel ne peut avoir de droits héréditaires qu'à une condition : il faut qu'il soit *légalement reconnu* (art. 756); c'est-à-dire que sa filiation doit être non seulement certaine en fait, mais constatée dans l'une des formes déterminées par la loi.

Sur ce point la législation moderne n'a jamais varié. Dans l'ancien droit, on accordait des aliments au bâtard qui avait été « avoué » par son père ou sa mère, mais on n'avait pas établi de forme particulière pour cet aveu. La loi du 12 brumaire an II obligeait l'enfant naturel qui voulait succéder à « prouver sa possession d'état » (art. 8). Le Code civil, qui a écarté la possession d'état comme preuve de la filiation naturelle, a exigé une reconnaissance régulière.

On a prétendu qu'il ne s'agissait ici que de la reconnaissance volontaire, et non de cette espèce de reconnaissance forcée qui résulte d'un jugement, à la suite d'une action en recherche de paternité ou de maternité. Mais les deux procédés sont toujours mis sur la même ligne par la loi : le droit de succéder est attaché à la filiation ; peu importe le moyen dont on s'est servi pour l'établir.

1826. Exception à la règle. — Rappelons pour mémoire l'exception qui dérive de l'art. 337 et qui concerne l'enfant naturel reconnu pendant le mariage (t. I, n° 2882) ; elle consiste en ce que l'enfant est privé de ses droits successoraux, bien qu'il soit porteur d'une preuve régulière de sa filiation.

*** 1827. Successions dévolues à l'enfant naturel.** — Nos lois modernes ont répudié le système de la Convention qui avait fait entrer l'enfant naturel dans la famille de ses père et mère et lui permettait de succéder à leurs ascendants et à leurs collatéraux : l'enfant naturel n'a *aucun droit sur les successions des parents de ses père et mère* (art. 756 anc. ; art. 757 nouv.). Les *seules successions* qu'il soit appelé à recueillir sont donc *celle de son père* et *celle de sa mère* (mêmes articles). La reconnaissance ne rattache l'enfant qu'à ses parents immédiats. Comparez les effets de l'adoption (ci-dessus n° 1809).

1828. Nature du droit de l'enfant naturel. — Actuellement l'enfant naturel est *héritier* au même titre que les enfants légitimes; il n'y a de différence entre les deux catégories d'enfants que dans la quotité de leurs parts. Cependant la formule employée primitivement par le Code, formule que la loi de 1896 a conservée, avait fait naître des doutes sur la nature du droit de l'enfant naturel. Après avoir dit « les enfants naturels ne sont point héritiers », le texte ajoutait : « La loi ne leur accorde de droit sur les biens de leur père ou mère décédés... », sans dire quel était ce droit. On avait proposé d'en conclure que l'enfant, n'étant point héritier, n'était pas *copropriétaire* avec les autres, mais seulement *créancier* de la succession. Mais cette idée n'avait eu aucun succès dans la jurisprudence, et l'enfant naturel était depuis le Code civil traité comme ayant un droit de propriété dans la succession, à titre de successeur irrégulier; par conséquent on l'autorisait à réclamer sa part en nature au moyen de l'action en partage. A plus forte raison en est-il de même à présent.

C. — Quotité accordée à l'enfant naturel.

1829. Variabilité de ses droits. — Seul parmi tous les parents naturels, l'enfant naturel concourt avec les parents légitimes, même les plus favorables, les enfants légitimes. Il n'est exclu par aucun d'eux, sauf l'application de l'art. 337 (t. I. n° 2881). Mais sa part varie *selon la qualité des parents légitimes qu'a laissés son père ou sa mère*. La loi a distingué trois hypothèses, selon que ces héritiers sont : 1° des enfants légitimes; 2° des ascendants ou des collatéraux privilégiés; 3° des collatéraux ordinaires.

1830. Observation. — Pour fixer les droits de l'enfant naturel dans ces différentes hypothèses, la loi emploie la formule « si les père ou mère *laissent* des descendants..., des ascendants..., des frères ou sœurs... ». L'expression « laisse » doit s'entendre non pas de la simple existence au jour du décès, mais bien de l'*arrivée à la succession*; on ne tient pas compte des parents renonçants ou indignes. La loi doit donc être lue ainsi : « Si les père et mère laissent *pour héritiers* des descendants, etc... » (Aubry et Rau, t. VI, § 605, texte et note 15 ; Huc, t. V, n° 94).

Cependant il a été jugé par plusieurs arrêts que les droits de l'enfant naturel se déterminent suivant l'état de la famille au jour de l'ouverture de la succession (Lyon, 23 mars 1855, D. 56. 2. 2 ; Paris, 6 août 1872, D. 74. 2. 94, S. 73. 2. 197 ; Cass., 20 avril 1875, D. 75. 1. 487; Trib. de la Seine, 27 mai 1898, D. 99. 2. 306). Mais la portée de cette jurisprudence est limitée par cette circonstance que dans toutes ces affaires les parents légitimes se trouvaient exclus par la présence d'un légataire universel et n'avaient ni à accepter ni à répudier.

1° Concours de l'enfant naturel avec des enfants légitimes.

****1831. Fixation de sa part.** — C'est en ce cas que le droit héréditaire de l'enfant naturel se trouve réduit à son minimum : la loi veut protéger la famille légitime, encourager le mariage en relevant la situation des enfants qui en sont issus. Actuellement (depuis 1896), sa part est *la moitié de celle qu'il aurait eue s'il eût été légitime* (art. 758 nouv.); le Code Napoléon (art. 757 anc.) ne lui en donnait que *le tiers*.

1832. Applications pratiques. — Deux cas sont à distinguer :

1° Existence d'un seul enfant naturel. — Alors le procédé à suivre est certain : on compte provisoirement l'enfant naturel comme s'il était légitime; puis *on lui enlève la moitié de sa part* et cette moitié se répartit entre les enfants légitimes par parts égales de façon à grossir la leur. En calculant les diverses hypothèses possibles on trouve que l'enfant naturel obtient :

Un quart de la succession (moitié d'une moitié), quand il existe *un seul* enfant légitime (avant 1896 c'était un sixième);

Un sixième (moitié d'un tiers), quand il y a *deux* enfants légitimes (avant 1896 c'était un neuvième);

Un huitième (moitié d'un quart), quand il y a *trois* enfants légitimes (avant 1896 c'était un douzième);

Un dixième (moitié d'un cinquième), quand il y a *quatre* enfants légitimes (avant 1896 c'était un quinzième);

Un douzième (moitié d'un sixième), quand il y a *cinq* enfants légitimes (avant 1896 c'était un dix-huitième);

Un quatorzième (moitié d'un septième), quand il y a *six* enfants légitimes (avant 1896 c'était un vingt et unième);

Un seizième (moitié d'un huitième), quand il y a *sept* enfants légitimes (avant 1896 c'était un vingt-quatrième);

Et ainsi de suite.

2° Existence de plusieurs enfants naturels. — D'une application facile au cas où il n'y a qu'un enfant naturel, le procédé de la loi se complique singulièrement quand il y en a plusieurs. De nombreux systèmes ont été proposés pour résoudre ces difficultés. Celui qui a toujours prévalu devant la jurisprudence est le plus simple de tous et c'est cette simplicité même qui a fait son succès : on procède *de la même façon que s'il n'y avait qu'un seul enfant naturel*; on les suppose tous légitimes, puis on enlève à chacun la moitié de sa part (avant 1896 c'étaient les deux tiers qu'on lui enlevait). Les portions ainsi retranchées aux enfants naturels sont alors reversées dans la masse réservée aux enfants légitimes et accroissent la part de ceux-ci (Cass., 26 juin 1809, Dalloz, *Répert.*, v° Successions, n° 312, S. 9. 1. 337, S. chr. 3. 1. 77; Cass., 28 juin 1831, Dalloz, *Ibid.*, n° 284, S. 31. 1. 279).

Dans les discussions de la loi de 1896, il a été formellement entendu qu'on maintenait le système suivi en jurisprudence.

1833. Critiques doctrinales. — Cette façon de régler les droits des enfants naturels est vivement discutée, encore aujourd'hui, dans la doctrine. D'abord elle a l'inconvénient de *ne pas maintenir un rapport constant* entre la part de l'enfant naturel et celle de l'enfant légitime. Ainsi en supposant un seul enfant naturel, ce rapport est de 1 à 3, quand il y a un seul enfant légitime ; il passe de 2 à 5, quand il y a deux enfants légitimes, l'enfant naturel prenant deux douzièmes et chacun de ses frères cinq douzièmes ; il devient 3 à 7, quand il y a trois enfants légitimes (un huitième ou trois vingt-quatrièmes à l'enfant naturel, sept vingt-quatrièmes à chacun de ses frères), etc.

En outre, et ceci est plus grave, quand il y a plusieurs enfants naturels, on ne donne pas à chacun d'eux la moitié de ce qu'il aurait eu s'il eût été légitime, car on ne le fait pas bénéficier des retranchements subis par ses frères ou sœurs naturels ; on le traite aussi rigoureusement que si tous, excepté lui, étaient légitimes. On n'applique donc pas exactement la lettre de la loi, dont le système suivi en pratique est une violation certaine[1].

Il est regrettable que les Chambres de 1896 n'aient pas profité de l'occasion pour adopter un système plus clair et plus simple, en décidant que la part des enfants naturels serait toujours la moitié de celle d'un enfant légitime. On a voulu consacrer le mode de calcul suivi en jurisprudence : nos législateurs ignoraient-ils donc les critiques irréfutables que cette jurisprudence soulève?

2° Concours de l'enfant naturel avec des ascendants ou des collatéraux privilégiés.

***1834. Fixation invariable de la part des enfants naturels.** — Lorsque le père ou la mère de l'enfant naturel ne laisse pas de descendants, mais seulement des ascendants ou des frères et sœurs, le Code primitif accordait à l'enfant *la moitié* de la succession (art. 757 anc.); la loi de 1896 lui en donne *les trois quarts* (art. 759 nouv.).

Bien que le texte nouveau parle encore au singulier comme l'ancien, il est certain que

[1] Les systèmes qui avaient été proposés autrefois pour l'application de l'ancien art. 757 n'ont plus qu'un intérêt historique. Aussi nous dispenserons-nous de les exposer. Tous se heurtaient à une difficulté : pour déterminer la part de chaque enfant naturel il fallait supposer connue celle des autres, qui n'était pas fixée, de sorte qu'on ne savait par lequel commencer. De plus, on aboutissait toujours à donner plus de la moitié de la succession aux enfants naturels dès qu'ils étaient plus de trois, et ce résultat paraissait contraire au système de la loi qui n'accordait la moitié de la succession aux enfants naturels qu'autant que le défunt n'avait pas laissé de descendants légitimes (art. 757 anc.). J'avoue que cette dernière objection me paraît sans valeur, car ce résultat est voulu par la loi elle-même qui n'a pas appliqué le même principe de détermination des parts aux diverses hypothèses prévues par elle : du moment où dans le premier cas elle fait varier la part des enfants naturels d'après leur nombre, il est évident que cette part peut devenir plus forte que celle des enfants légitimes, au cas où les enfants naturels sont nombreux et où les autres ne le sont pas. — La difficulté devant laquelle s'étaient arrêtés tous les systèmes n'était cependant pas insurmontable ; elle a été résolue mathématiquement par M. Chénon, dans deux opuscules sur *Les droits successifs des enfants naturels en concours avec des enfants légitimes*, publiés en 1898 par la maison Larose. L'auteur a joint au second deux tableaux exprimant, l'un en fractions ordinaires, l'autre en fractions décimales, la part de l'enfant naturel dans toutes les hypothèses possibles en faisant varier le nombre des deux catégories d'enfants de 1 à 10, ce qui est amplement suffisant. Dans une note, on trouve la différence entre les résultats auxquels on arrive ainsi et ceux que donne la jurisprudence : en supposant une succession de 140 000 francs, à répartir entre 4 enfants légitimes et 3 enfants naturels, le système de M. Chénon donne à chaque enfant naturel 11 760 francs ; la jurisprudence ne lui donne que 10 000 francs. La différence (1 760 francs) représente la somme dont on le prive en l'empêchant de prendre part au retranchement que subissent ses deux autres frères naturels. — Signalons enfin pour mémoire l'ingénieux système de M. Gros, avocat à Lyon, dit *système de la répartition*. L'auteur partait de l'idée qu'en parlant de l'enfant naturel au singulier, l'art. 757 n'avait pas prévu le cas où il y en aurait plusieurs ; c'était donc à l'interprète de le déterminer. Le procédé le plus naturel lui paraissait être de calculer d'abord la part qu'aurait un enfant naturel unique, supposé en concours successivement avec 1, 2, 3, 4, ... enfants naturels : dans chaque hypothèse, il existe une *proportion* particulière ou *rapport* entre la part de l'enfant naturel et celle des enfants légitimes. On maintient ensuite cette proportion quel que soit le nombre des enfants naturels. Ainsi, selon le Code primitif, un seul enfant naturel en concours avec un seul enfant légitime avait un sixième de la succession ; le rapport était de 1 à 5. Par suite, toutes les fois qu'il y avait un seul enfant légitime, chaque enfant naturel, quel qu'en fût le nombre, avait toujours une part égale au cinquième de la part de l'enfant légitime. On y arrivait aisément en comptant l'enfant légitime comme valant à lui seul cinq enfants naturels (*Revue de droit français et étranger*, dite *Revue Fœlix*, 1844, II, p. 507 et 594).

les enfants naturels, quel que soit leur nombre, n'ont jamais droit *à eux tous* qu'à la portion assignée par la loi à l'enfant naturel, quand il n'y en a qu'un seul.

1835. Partage de la succession. — Ce premier partage opéré des trois quarts au quart, les enfants naturels se partagent entre eux et par tête ce qui leur revient ; le dernier quart est dévolu entre les parents légitimes, qui se le partagent dans la même proportion que si c'était la succession totale.

1836. Descendants des frères et sœurs. — Le texte ancien ne faisait pas mention des descendants des frères et sœurs. Une controverse s'était élevée pour savoir s'ils pouvaient représenter leurs parents et réduire l'enfant naturel à la portion qui lui est attribuée quand il est en présence de frères ou de sœurs de son père ou de sa mère. La jurisprudence avait résolu la question négativement et rejetait les descendants de frères ou de sœurs dans la classe des collatéraux ordinaires, ce qui avait pour résultat de grossir à leurs dépens la part de l'enfant naturel (Cass., 4 janv. 1875, D. 75. 1. 487, S. 75. 1. 53). Les Chambres ont donné tort sur ce point à la jurisprudence, en assimilant formellement les neveux et nièces du défunt à ses frères et sœurs (art. 759 nouv. *in fine*).

3° Concours de l'enfant naturel avec des collatéraux ordinaires.

***1837. Priorité de l'enfant naturel.** — En pareil cas le Code civil donnait à l'enfant naturel les trois quarts de la succession (art. 757 anc.) ; la loi de 1896, faisant un pas de plus, lui donne *toute la succession* (art. 760 nouv.).

1838. Combinaison à prévoir. — Il est possible qu'il y ait *un ou plusieurs ascendants dans une ligne* et *des collatéraux ordinaires dans l'autre*. Faut-il appliquer alors distributivement aux deux lignes les deux art. 759 et 760, c'est-à-dire commencer par procéder à la fente et donner à l'enfant naturel : 1° les trois quarts de la moitié attribuée à la ligne représentée par des ascendants ; 2° la totalité de la moitié revenant à la ligne qui n'est plus représentée que par des collatéraux ? Non : dans l'esprit de la loi, il faut procéder d'abord à la séparation entre ce qui revient aux parents légitimes et ce qui est attribué aux enfants naturels[1] ; la fente est une opération d'ordre secondaire qui n'intéresse que la famille légitime. D'ailleurs on faisait, même avant 1896, un argument topique : s'il n'y avait pas de collatéraux du tout dans l'une des lignes, la succession entière reviendrait à l'ascendant (ci-dessus n° 1819) et l'enfant naturel, en concours avec lui seul, ne prendrait en tout que les trois quarts (ou six huitièmes) de la succession ; sa situation ne peut pas être améliorée par cette circonstance que la famille légitime est encore représentée dans ses deux branches ; or le système de la fente préalable entre les deux lignes lui donne sept huitièmes au lieu de six.

D. — Droits des enfants de l'enfant naturel.

1839. Enfants légitimes venant par représentation. — Lorsque l'enfant naturel est prédécédé, laissant des enfants ou autres descendants légitimes, ceux-ci peuvent le représenter dans la succession de son père ou de sa mère pour concourir soit avec d'autres enfants naturels, soit avec des enfants légitimes ou d'autres parents. Sur ce point nous avons un texte

[1] Cet argument était plus fort avant la loi de 1896, parce qu'il y avait d'un côté une succession légitime et de l'autre une succession irrégulière ; aujourd'hui, il y a succession légitime des deux côtés, et cette séparation préalable des deux successions apparaît comme moins nécessaire.

formel, l'art. 761 nouv., aux termes duquel les descendants de l'enfant naturel « peuvent réclamer les droits fixés par les articles précédents ».

1840. Enfants légitimes venant de leur chef. — La vocation à une succession par représentation suppose l'aptitude personnelle du représentant à la recueillir de son chef (ci-dessus n° 1770). Il résulte donc de l'art. 761 que les descendants de l'enfant naturel sont personnellement aptes à succéder à ses parents, et qu'ils pourraient venir de leur chef, d'après le droit commun, en cas d'indignité ou de renonciation de sa part.

1841. Enfants naturels. — La disposition de l'art. 761 ne peut profiter qu'aux enfants ou descendants *légitimes* de l'enfant naturel ; quoique ce texte ne s'explique pas à cet égard et parle d'une manière vague, il est inapplicable aux enfants naturels de l'enfant naturel. Ceux-ci sont écartés par l'art. 757, aux termes duquel : « La loi n'accorde aucun droit aux enfants naturels sur les biens des parents de leur père et de leur mère. » N'étant pas appelés de leur chef à ces successions, ils ne peuvent pas non plus y représenter leur père naturel ou leur mère naturelle.

E. — Dispositions transitoires.

1842. Ancienne disposition du Code. — Le Code civil ne s'était pas contenté de réduire les droits de l'enfant naturel ; il avait prévu que ces droits pourraient parfois paraître excessifs aux parents eux-mêmes et il avait voulu laisser à ceux-ci *un moyen d'écarter l'enfant naturel de leur succession*, pour éviter tout contact entre lui et la famille légitime. Le père ou la mère devait donner entre vifs à son enfant *la moitié au moins de sa part ab intestat*, avec *déclaration expresse* que son intention était de réduire l'enfant à ce qui lui était ainsi donné. L'enfant n'avait plus rien à réclamer dans la succession de son père ou de sa mère, à moins toutefois que ce qu'il avait reçu ne fût inférieur à la moitié de sa part, auquel cas il pouvait réclamer le supplément nécessaire pour parfaire cette moitié (art. 761). L'enfant était dédommagé de cette diminution de sa part par l'avance qui lui en était faite du vivant de son père.

Cette espèce de *pacte sur succession future*[1], autorisé par la loi, manquait le plus souvent son but parce que l'enfant, qu'on avait voulu écarter de la succession, intervenait au partage pour vérifier s'il avait bien réellement reçu tout ce qui devait lui revenir.

1843. Disposition de la loi actuelle. — En 1896 on a supprimé cet arrangement, qui n'avait pas donné dans la pratique les résultats avantageux qu'on en avait espérés. On a donc fait disparaître l'ancien art. 761. Mais, comme on n'a pas voulu faire une loi rétroactive, on a respecté les contrats qui avaient pu se faire sur la foi de la loi ancienne (L. 25 mars 1896, art. 9, al. 1er). On pourra donc voir encore pendant assez longtemps peut-être, s'appliquer l'art. 761, aujourd'hui abrogé, et cependant la loi nouvelle a porté à ces contrats une atteinte qui est bien réellement un *effet rétroactif* : l'enfant naturel ne sera privé de toute réclamation qu'autant qu'il aura reçu *avant la promulgation de la loi nouvelle* la moitié de ce qui lui est *actuellement accordé par les art. 758, 759 et 760 nouveaux*.

[1] Ce n'était pas nécessairement un *pacte*, car la jurisprudence décidait, contrairement à l'avis général de la doctrine, que le père ou la mère pouvait *imposer* cette donation à son enfant, même quand celui-ci refusait de l'accepter. La question n'a plus d'intérêt aujourd'hui.

§ 2. — *Droits des enfants adultérins ou incestueux.*

**** 1844. Privation de tout droit successoral.** — Alors que la Convention avait accordé à ces enfants le tiers de ce qu'ils auraient eu, s'ils avaient été légitimes, le Code civil les a privés de tout droit héréditaire (art. 762), et la loi de 1896 n'a rien changé à cet état de choses.

Sous l'ancien régime, on leur refusait même le droit d'obtenir une pension alimentaire, ce qui était vraiment inhumain.

**** 1845. Droit à des aliments.** — Le droit moderne leur accorde des aliments (art. 762, al. 2). Ceci suppose qu'il peut y avoir une filiation adultérine ou incestueuse légalement prouvée, malgré les art. 335 et 342, dont le premier annule la reconnaissance volontaire et le second prohibe la recherche en justice. Sur les cas où la preuve s'en trouve légalement établie, voyez t. I, n° 2927.

1846. Règlement de la pension. — D'après l'art. 763, « ces aliments sont réglés eu égard aux *facultés* du père et de la mère, au *nombre* et à la *qualité* des héritiers[1] ». Ce que dit la loi des « facultés » de la succession n'est que l'application du droit commun : les aliments sont proportionnels aux ressources de celui qui les doit. Ce qu'elle dit du nombre et de la qualité des héritiers semble au contraire une règle spéciale : elle veut dire probablement que plus la parenté de ceux qui succèdent au défunt est éloignée, plus on pourra faire la part belle à l'enfant incestueux ou adultérin.

1847. Remplacement de la pension par un versement en capital. — Comme le texte parle d' « aliments » et non de « pension alimentaire », la plupart des auteurs pensent que la succession pourrait se libérer pour l'avenir en versant à l'enfant un capital suffisant pour le faire vivre. Ceci ne semble guère conforme au vœu de la loi, car c'est transformer un *créancier d'aliments* en une sorte de successeur prenant une partie de l'hérédité.

1848. Invariabilité de la pension. — Ce ne sont pas les héritiers du défunt qui doivent *personnellement* des aliments à l'enfant ; c'est *la succession*. Il en résulte que le chiffre en est fixé une fois pour toutes et ne peut pas être relevé si la situation de fortune des héritiers s'améliore par la suite. En revanche, comme il s'agit d'*aliments*, il semble bien que la rente cesse d'être due si l'enfant se trouve plus tard à l'abri du besoin.

1849. Cas où la pension n'est pas due. — La succession est quitte envers l'enfant lorsque l'un de ses parents a pris soin de lui faire apprendre *un art mécanique* (art. 764). Il a désormais un *gagne-pain* ; il n'a pas besoin d' « aliments ». Cependant une pension lui serait due s'il se trouvait sans sa faute hors d'état de gagner sa vie au jour de l'ouverture de la succession ; mais celle-ci paraît bien n'être pas responsable si l'enfant, qui vivait de son métier au jour du décès de son père, devenait ensuite incapable de l'exercer : elle n'est pas garante de l'avenir, et le droit à la pension se fixe en la personne de l'enfant à l'ouverture de la succession, comme l'aurait fait le droit héréditaire, si on lui en avait donné un.

§ 3. — *Succession de l'enfant naturel.*

*** 1850. Tableau d'ensemble.** — Nous avons supposé jusqu'à présent

[1] La loi ajoute « légitimes ». Le mot est de trop : il faut évidemment tenir compte de tous les successeurs, quelle que soit leur qualité, même des successeurs irréguliers et des légataires universels.

que c'était l'enfant naturel qui succédait ; il s'agissait de *ses droits successifs*. Renversons l'hypothèse : quand un enfant naturel meurt, qui peut-il avoir comme héritiers ? Si c'est un enfant naturel simple, les successeurs possibles sont : 1° ses enfants légitimes et leurs descendants ; 2° ses enfants naturels, s'il en a, et leurs enfants légitimes ; 3° ses père et mère, en supposant qu'ils l'aient reconnu ; 4° ses frères et sœurs naturels ; 5° son conjoint, s'il est marié et qu'il vienne à mourir le premier ; 6° à défaut de tout parent et de conjoint, l'État. Voyez aussi n° 1894-3° ci-dessous.

Si l'enfant est adultérin ou incestueux, la liste est plus courte : il ne peut être question ni de ses père et mère, ni de ses frères et sœurs. Ceci ne tient pas, comme on le dit, à ce que la loi prohibe la reconnaissance d'une pareille filiation, car la preuve en peut dans certains cas se trouver légalement établie ; mais bien à ce que la loi n'a accordé à ces parents aucun droit successif. Dans les art. 756 à 766, l'expression « enfant naturel » désigne uniquement l'enfant naturel simple.

Dans ces sortes de successions, les enfants légitimes ou naturels, le conjoint survivant et l'État exercent leurs droits d'après le droit commun, parce que le lien qui les rattache au défunt est le même que si celui-ci avait été enfant légitime. Nous n'avons donc rien à en dire. — Au contraire les père et mère naturels et les frères et sœurs naturels viennent à la succession en vertu de règles particulières, qui ont besoin d'être expliquées ici.

A. — Droits successifs des père et mère naturels.

***1851. Leur rang héréditaire.** — Les père et mère naturels ne sont appelés à la succession de leur enfant qu'autant que celui-ci est mort sans laisser aucune postérité, ni légitime, ni naturelle. Elle est du reste subordonnée à l'existence d'une reconnaissance en la forme légale, volontaire ou judiciaire ; et on a vu (T. I, n° 2864) que la reconnaissance de l'enfant intervient parfois après sa mort, précisément pour permettre à son père ou à sa mère de lui succéder.

***1852. Leurs parts.** — Si les deux parents ont reconnu l'enfant, ils lui succèdent par moitié ; si l'un d'eux seulement l'a reconnu, il prend toute la succession (art. 765).

***1853. Leur qualité.** — Avant 1896, les père et mère naturels étaient classés parmi les *successeurs irréguliers* : le chapitre IV, consacré aux « successions irrégulières », commençait à l'art. 756. En 1896, quand on a donné aux enfants naturels la qualité d'héritiers légitimes, en faisant passer les textes qui les concernent du chapitre IV dans le chapitre III, on a par réciprocité fait de même pour les père et mère naturels : les art. 756 à 764 ont entraîné à leur suite l'art. 765. Depuis ce temps les père et mère sont donc devenus, eux aussi, des *héritiers légitimes*, et comme tels ils ont la saisine.

***1854. Successions auxquelles ils sont appelés.** — Dans le texte nouveau comme dans l'ancien, les père et mère naturels ne sont appelés à recueillir que la succession de leur « enfant décédé sans postérité ». Par suite ils n'ont aucun droit sur les *successions laissées par les enfants ou descendants légitimes de leur enfant naturel,* bien que ceux-ci leur succèdent. C'est une *lacune évidente* de la loi, car les droits de succession sont ordinairement réciproques, et il est fâcheux que les Chambres de 1896 ne l'aient pas comblée ; mais l'interprète ne peut pas créer de droits de succession fondés sur un simple argument d'analogie, ou par raison d'équité : il faudrait un texte. Voyez cependant ci-dessus n° 1810.

B. — Droits des frères et sœurs naturels.

1855. Motifs de leur vocation. — Lorsque l'enfant naturel n'a laissé ni postérité, ni père ni mère, avant d'appeler son conjoint ou l'État, la loi appelle encore ses frères et sœurs naturels, c'est-à-dire les autres enfants naturels du même père ou de la même mère (art. 766 *in fine*). Dérogation remarquable aux règles ordinaires, car pour les enfants naturels il n'existe pas de lien de parenté avec les parents de leur père ou de leur mère. On s'en écarte en faveur des frères et sœurs naturels, à qui on permet de se succéder réciproquement, par égard pour leur position malheureuse, commune à tous : ils n'ont point de parents en dehors de leurs père et mère ; ils n'ont donc point d'espoir de recueillir des successions ab intestat, et ils sont ordinairement sans fortune personnelle. C'est bien le moins, quand l'un d'eux a réussi dans la vie et laisse un actif plus ou moins important, qu'on permette aux autres de lui succéder.

1856. Leurs parts. — Entre frères et sœurs naturels, la succession se partage *par têtes*. Cependant il peut y avoir des inégalités. D'abord il est possible que quelques-uns n'aient pas été reconnus, ou ne l'aient été que par un seul des deux parents : faute de preuve de leur filiation ils seront écartés.

Faut-il procéder entre eux au partage entre les deux lignes quand il y a parmi eux des frères et sœurs germains, et d'autres simplement utérins ou consanguins? La question est controversée parmi les auteurs et la jurisprudence fait défaut. La nécessité de la fente paraît cependant s'imposer ici comme dans les successions légitimes afin de tenir compte des degrés possibles dans l'affection du défunt (Aubry et Rau, t. VI, § 607, texte et note 8).

1857. Droits des descendants des frères et sœurs naturels. — Si les frères et sœurs naturels sont prédécédés, leurs descendants *légitimes*[1] sont appelés à les remplacer (art. 766). Ils peuvent succéder soit de leur chef, soit par représentation. Par exemple, si un seul d'entre eux est mort, laissant des enfants, ceux-ci concourront avec leurs oncles ou tantes naturels.

[1] La loi ne précise pas, mais l'art. 757 impose cette solution. Comp. ci-dessus, n° 1841. En ce sens, Paris, 26 mars 1891, D. 91. 2. 172, S. 91. 2. 204.

1858. Droits des frères et sœurs légitimes de l'enfant naturel. — On pourrait s'attendre à voir les frères et sœurs légitimes[1] de l'enfant naturel concourir dans sa succession avec ses frères et sœurs naturels. Cependant il n'en est rien. Voici donc un cas où, par considération d'équité, des parents naturels sont mieux traités que des parents légitimes[2].

Toutefois ceux-ci ont un droit spécial : si la loi ne les appelle pas à recueillir la succession d'une manière générale, elle les autorise à reprendre les biens qui avaient été donnés à l'enfant naturel décédé par leur auteur commun, lorsque ces biens se retrouvent encore en nature (art. 766). C'est un cas de *succession anomale*, qui sera étudié à sa place dans le chapitre IV ci-dessous (n°s 1889 et suiv.).

CHAPITRE III

DROITS DU CONJOINT SURVIVANT

1859. Bibliographie. — BOISSONADE, *Histoire des droits de l'époux survivant*, Paris, 1873. — De nombreux commentaires ont été publiés sur la loi de 1891 qui a augmenté les droits successoraux du conjoint. Citons ceux de MM. BRESSOLLES, DEFRÉNOIS, DELPECH, FLOQUET, FLOUCAUD-PEṆARDILLE, GERBAULT ET DUBOURG, ROUARD DE CARD, THOMAS, ZÉGLICKI. Ce dernier a paru dans la *Revue critique* en 1891.

1860. Division. — Les droits du conjoint sont réglés différemment *selon qu'il se trouve ou non en concours avec des parents.*

§ 1. — *Droits du conjoint en l'absence de parents.*

****1861. Disposition du Code.** — Aux termes de l'art. 767, le conjoint est appelé à recueillir la succession « lorsque le défunt ne laisse ni parents au degré successible, ni enfants naturels ». Le conjoint, étant alors seul héritier, prend la succession tout entière et il la prend en pleine propriété.

1862. Origine historique. — Cette disposition se rattache directement à l'Édit du Préteur, qui avait établi la succession *Unde vir et uxor* (*Digeste*, liv. XXXVIII, tit. 11). Elle en est la résurrection, faite après un long intervalle, par la jurisprudence fran-

[1] Qu'on ne se méprenne pas sur le sens de cette expression : elle ne signifie pas que ces enfants sont des *frères légitimes* pour l'enfant naturel : entre eux et lui il ne peut y avoir qu'un lien de parenté naturelle ; elle signifie simplement qu'ils sont *enfants légitimes* de la personne dont l'autre est *enfant naturel*. Mais il n'y a pas de moyen de les désigner autrement, et l'expression est reçue avec ce sens particulier.

[2] Cette priorité donnée aux enfants naturels sur les enfants légitimes est le résultat d'une observation faite au Conseil d'État. On fit remarquer que les enfants naturels ne peuvent jamais succéder aux enfants légitimes qui sont leurs frères ou sœurs : il serait donc contraire au principe de réciprocité que les enfants légitimes vinssent à la succession de leurs frères et sœurs naturels. En conséquence, on modifia le texte du projet qui les appelait tous concurremment.

çaise. Peut-être les pays de droit écrit l'ont-ils conservée de tout temps, mais en pays de coutume, le conjoint survivant en était réduit aux divers *gains de survie*, que lui assurait son régime matrimonial ou l'usage du lieu, ainsi qu'à sa part dans la communauté, quand il en existait une.

Au XVIe siècle il se fit un mouvement très vif en faveur du droit héréditaire du conjoint, par application des lois romaines. Ce droit nouveau fut établi pour la première fois dans la coutume de Berry, en 1539 (tit. XIX, art. 8) et en 1559, dans celle du Poitou (art. 299). Il fut ensuite étendu aux coutumes muettes par deux arrêts du Parlement de Paris, du 22 août 1582 et du 7 septembre 1600, rapportés par Louet (lettre F, n° 22)[1]. A partir de ce moment la jurisprudence française ne bougea plus (Pothier, *Cout. d'Orléans*, introd. au tit. XVII, n° 35) et le Code civil s'est borné à reproduire la solution traditionnelle.

***1863. Conditions de la vocation héréditaire du conjoint.** — Le droit successoral n'est pas fondé ici sur une qualité indélébile comme la parenté, mais bien sur une qualité qui peut se perdre : celle de conjoint. Aussi la loi n'accorde-t-elle le droit de succéder à ce titre qu'aux *époux non divorcés* (art. 767) ; la succession n'est dévolue au survivant, qu'autant que celui-ci avait encore le titre de conjoint du défunt au jour du décès. Quand le mariage est déjà dissous, la qualité qui servait de cause au droit héréditaire a disparu.

De plus, même pendant le mariage, le droit de succéder au prémourant est perdu pour l'époux *contre lequel il existe un jugement de séparation de corps passé en force de chose jugée* (art. 767). C'est une des déchéances qui résultent de la séparation de corps; mais le droit de succéder survit au profit de l'époux non coupable ; il a donc cessé d'être réciproque. Cette déchéance n'était pas prononcée par le texte primitif du Code ; le membre de phrase qui la contient a été ajouté en 1891[2]. Sur le système primitif du Code, voyez Dalloz, *Suppl.*, v° Succession, n° 336.

***1864. Qualité héréditaire du conjoint.** — Le conjoint n'est pas héritier; il n'est qu'un *successeur irrégulier*. C'est ce qui résulte de la place qu'on a donnée dans le Code à l'art. 767, sous la rubrique « Des successions irrégulières ». Il n'a donc pas la saisine et doit demander l'envoi en possession (art. 724).

Ceci est d'autant plus remarquable qu'il en était autrement dans l'ancien droit et que l'on voyait alors dans le conjoint un « vrai héritier », ayant la saisine comme les autres (Pothier, *loc. cit.*).

1865. Garantie exceptionnelle donnée aux héritiers. — Quand un conjoint se présente pour recueillir la succession du prédécédé, en l'absence d'héritiers, la loi lui impose une formalité particulière, qui est destinée à garantir le droit des héritiers inconnus qui pourraient se présenter un jour et qui n'est imposée à aucun autre successeur : le conjoint doit *faire emploi du mobilier* ou à défaut d'emploi *donner caution* de le restituer (art. 771). Voyez ci-dessous n° 1918. La sanction de cette obligation paraît illu-

[1] Les coutumes qui excluaient formellement la succession *Unde vir et uxor* étaient fort rares. On cite celles de Normandie (art. 245), du Maine (art. 286) et d'Anjou (art. 268).

[2] Une disposition semblable avait déjà été insérée dans la loi du 14 juillet 1866, sur les droits d'auteur, signalée ci-dessous au n° 1869.

soire : elle consiste simplement dans le paiement de dommages-intérêts aux héritiers (art. 772). Comment l'époux paiera-t-il cette indemnité s'il est hors d'état de restituer les capitaux qu'il a gaspillés ?

§ 2. — *Concours du conjoint avec les parents.*

A. — Histoire de la législation.

1866. Système du Code. — Conforme à nos traditions historiques, le Code n'avait donné au conjoint qu'un rang très éloigné : il venait le dernier de tous les membres de la famille, après les enfants naturels ; après lui, il n'y avait plus que l'État, recueillant les biens par droit de déshérence.

Cette situation n'avait pas paru choquante sous l'ancien régime pour une double raison : 1° le système successoral était fondé principalement sur les liens du sang, sur la parenté, et le conjoint n'est pas un parent ; 2° de nombreux avantages tempéraient pour le conjoint survivant l'absence de droit héréditaire : outre sa part dans la communauté, les coutumes lui accordaient divers *gains de survie*, dont le principal était le *douaire* [1] qui toutefois ne profitait qu'à la femme ; enfin, dans les pays de droit écrit, on avait conservé la *quarte du conjoint pauvre* instituée par Justinien au profit de l'époux survivant qui n'avait pas de biens personnels (nov. 53, chap. VI) : le cas échéant, cette quarte permettait au conjoint de concourir même avec les héritiers les plus proches, sauf à se réduire à un simple droit d'usufruit quand il y avait des enfants [2].

1867. Critiques. — Au XIXe siècle, la condition du conjoint survivant a fait l'objet de réclamations de plus en plus vives. Le rang qui lui était assigné paraissait en désaccord avec le principe du droit héréditaire moderne qui fait reposer la succession ab intestat sur l'affection présumée du défunt : il est évident que le conjoint passe, à ce point de vue, avant les collatéraux. Ceci était d'autant plus grave que la plupart des gains de survie qui existaient dans l'ancien droit avaient disparu ; nous n'avons plus ni le douaire ni la quarte du conjoint pauvre, ni rien de semblable. En cas de décès imprévu du conjoint riche, le survivant, qui n'avait pas de fortune personnelle, passait tout à coup de l'opulence à la misère, et cette situation était d'autant plus dure qu'il n'avait même pas droit à des aliments.

1868. Incident de la rédaction du Code. — Cette lacune de la loi n'avait pas passé inaperçue : au Conseil d'État, Malleville demanda qu'on accordât une pension à l'époux survivant et pauvre. Treilhard fit écarter cette demande en disant que l'un des articles du projet (l'art. 55) lui donnait l'usufruit du tiers des biens laissés par son conjoint (FENET, t. XII, p. 38). C'était une erreur matérielle : cet usufruit est accordé aux ascendants, et non au conjoint. Aucun des membres présents ne s'aperçut de l'erreur, et la demande de Malleville fut rejetée sans examen.

1869. Réformes successives. — Depuis lors on a souvent demandé que l'erreur de Treilhard fût réparée d'une façon ou d'une autre. La réforme commença par se faire pour des cas particuliers par des lois spéciales :

[1] Le douaire était un droit que la coutume accordait à la femme survivante *sur les biens propres* de son mari décédé. En général ce droit était *un simple usufruit* ; la *douairière* était une usufruitière. La coutume de Paris (art. 248) fixait l'étendue du douaire à la moitié des propres ; mais la variété des coutumes était très grande en cette matière et les particuliers y dérogeaient souvent pour établir un *douaire conventionnel*.

[2] Sur les droits de la *veuve pauvre* en Roumanie, voyez l'art. 684 C. civ. roumain. Le mari, même dans l'indigence, ne succède jamais qu'à défaut d'héritiers. Voyez à ce sujet ALEXANDRESCO, p. 161-167, qui fait remarquer que les Codes antérieurs étaient plus complets et plus équitables envers le conjoint. — En *Belgique*, une loi du 20 novembre 1876 a établi un système analogue au nôtre, en accordant à la veuve un usufruit de quotité variable, convertible en rente viagère ; toutefois, quand les héritiers sont au delà du 6e degré, le conjoint a l'usufruit de la totalité (*Annuaire étranger*, t. XXVI, p. 498).

1° Loi du 14 juillet 1866. — Cette loi concerne les *droits d'auteurs* d'œuvres littéraires ou artistiques. Son article 1er accorde au conjoint survivant la jouissance des œuvres du prédécédé[1]. C'est un *simple droit d'usufruit*, mais *le conjoint prime tous les héritiers*. Cet usufruit lui est refusé, lorsqu'il existe une séparation de corps prononcée contre lui ; en outre, il le perd quand il se remarie.

2° Loi du 25 mars 1873. — Cette loi, relative *aux déportés à la Nouvelle-Calédonie*, permettait à la veuve survivante de succéder à son mari, en concours avec les héritiers, même avec les enfants, tant pour la concession faite au condamné que pour les autres biens qu'il avait pu acquérir dans la colonie : elle lui donnait *un tiers en usufruit*, quand il y a des descendants légitimes ; la *moitié en propriété*, quand il n'y en a pas (art. 13 et 14).

3° Décret du 31 aout 1878. — Un système semblable avait été appliqué par ce décret aux condamnés à la transportation. Mais ses dispositions ont été modifiées par le décret du 18 janvier 1895, qui donne à la veuve la moitié de la concession en usufruit quand il y a des enfants et le total en propriété quand il n'y en a pas. Le droit de la veuve est subordonné à la condition qu'elle habite avec son mari au moment du décès.

Enfin une *loi générale* a été votée :

4° Loi du 9 mars 1891. — Cette loi, qui a modifié les art. 205 et 767 C. civ., a pour origine un projet déposé par M. Delsol en 1872. Elle a été précédée d'une enquête dans laquelle on consulta la Cour de cassation, les Cours d'appel et les Facultés de droit, et l'on remarqua que presque seules en France, la Cour de cassation et la Cour de Paris se montrèrent hostiles au projet de réforme.

Cette loi, qui forme le droit commun, a laissé subsister les lois précédentes.

B. — Législation actuelle.

1° Droit d'usufruit accordé au conjoint.

****1870. Nature du droit du conjoint.** — Quand il concourt avec des parents légitimes ou naturels, quels qu'ils soient, le conjoint n'a jamais droit qu'à un *usufruit* (art. 767).

C'était déjà le principe admis dans l'ancien droit pour le douaire. Le droit d'usufruit est en effet celui qui concilie le mieux les divers intérêts des personnes en présence : le conjoint, qui a besoin de conserver en partie au moins les revenus dont il avait la jouissance en commun avec le défunt ; les membres de la famille, qu'il serait inique de dépouiller au profit d'une autre famille. Avec ce système ceux-ci sont sûrs de voir les biens de leur parent leur revenir un jour, et on respecte suffisamment l'affection naturelle du défunt pour son conjoint.

L'usufruit du conjoint est un *usufruit à titre universel,* qui l'oblige à contribuer aux dettes conformément à l'art. 612.

Il est en outre soumis aux règles ordinaires de l'usufruit, et notamment à l'obligation de fournir caution, faute d'un texte qui l'en dispense.

1871. Cas où l'usufruit est accordé. — C'est à titre héréditaire que cet usufruit est créé ; il remplace pour le conjoint la portion de succession qu'on aurait pu lui attribuer. Il est donc tout naturellement soumis, pour son ouverture, aux mêmes conditions que le

[1] L'usufruit du conjoint porte sur la totalité des œuvres du défunt. Sur la singularité qui en résulte par combinaison avec les règles de la communauté légale, voyez ci-dessus, 917-5°.

droit plus complet qui lui est accordé en l'absence d'héritiers : il faut que les conjoints ne soient pas *divorcés* et qu'il n'existe pas contre le survivant un *jugement de séparation de corps* passé en force de chose jugée.

** **1872. Étendue de l'usufruit.** — La part du conjoint varie *selon la qualité des héritiers* qui concourent avec lui, mais le système adopté ici par la loi est très simple : il consiste uniquement à distinguer *s'il y a ou non des enfants.*

Le droit du conjoint porte sur *la moitié des biens*, quand il n'y a pas d'enfants, quels que soient alors le nombre et la qualité des héritiers.

Son droit se réduit de moitié et ne porte plus que *sur le quart des biens*, quand il y a des enfants, et encore, lorsqu'il existe des enfants issus d'un précédent mariage, la législation défavorable aux secondes noces limite le droit du conjoint par l'établissement d'un second maximum : il ne peut prendre plus d'*une part d'enfant légitime le moins prenant*, si cette part est inférieure au quart (art. 767). Comp. art. 1098.

En somme, on voit que dans chacune des deux hypothèses prévues par la loi, le droit du conjoint est *invariable*; il est du quart ou de moitié; il n'y a qu'une seule hypothèse où sa quotité dépend du nombre des héritiers en concours avec lui, c'est lorsqu'il reste un ou plusieurs enfants nés d'une union précédente.

1873. Calcul de la masse des biens. — Le droit d'usufruit accordé au conjoint est calculé d'après la masse des biens formant la *succession* du défunt. Cette masse comprend *deux sortes de biens* :

1° *Ceux dont le défunt était encore propriétaire au moment de sa mort.* Ce sont ceux que la loi appelle les biens « existants ».

2° *Ceux qui sont réunis à cette masse par l'effet du rapport.* Ce sont ceux qui ont été donnés entre vifs à l'un des successibles sans dispense de rapport, ou ceux qui lui ont été légués avec obligation de les rapporter en moins prenant[1].

Doit-on considérer comme existant dans la succession les biens qui font l'objet d'un *retour légal*, par exemple ceux que le défunt avait reçus par donation d'un ascendant qui lui survit? La jurisprudence est divisée sur la question. Voyez, dans le sens de l'affirmative, Nancy, 20 juillet 1895, D. 97. 2. 162, S. 95. 2. 293 ; et dans le sens de la négative, Poitiers, 15 mai 1899, D. 1901. 2. 205, S. 99. 2. 160, P. 1901. 2. 337 et la note de M. Charmont.

D'autre part, le conjoint lui-même, lorsqu'il a été gratifié d'un don ou d'un legs par le défunt, doit être considéré comme successible au sens de cette loi ; son usufruit est en effet un droit de succession.

1874. Biens soumis à l'usufruit. — Il n'est pas permis au conjoint d'exercer son droit d'usufruit indistinctement sur tous les biens qui rentrent dans la masse ainsi formée. La loi en soustrait diverses catégories, qu'elle dispense de cette charge. Il en résulte qu'il y a lieu de distinguer *deux masses différentes* : 1° celle qui sert à *calculer* le chiffre de l'usufruit auquel a droit le conjoint; 2° celle qui se trouvera *effectivement*

[1] Le texte de l'art. 767, voté en 1891, porte qu'on doit réunir à la masse les biens dont le défunt a disposé « par acte entre vifs ou par acte testamentaire au profit de successibles sans dispense de rapport ». A cette époque, les legs étaient assimilés aux donations au point de vue du rapport. Mais une loi du 24 mars 1898, modifiant l'art. 843, a décidé que les legs faits à un successible seraient considérés de plein droit comme préciputaires, sauf manifestation d'une volonté contraire de la part du testateur.

soumise au droit ainsi déterminé. Les biens compris dans la première masse, mais non dans la seconde, et qui ne peuvent être grevés de l'usufruit du conjoint sont les suivants :

1° Réserve des descendants ou ascendants. — S'il y a des héritiers réservataires, le conjoint ne peut pas exercer son usufruit sur les biens qui représentent leur réserve (art. 767).

2° Biens sujets au rapport. — Le conjoint ne peut pas davantage exercer son droit sur les biens rapportés par les autres successibles. Aussi l'art. 767 dit-il que ces biens doivent être réunis « fictivement » à la masse. On en tient compte pour le calcul de l'usufruit, mais c'est tout.

3° Biens légués a des étrangers. — Il en est de même des biens qui existent en fait dans la succession du défunt, mais qui sont légués à d'autres que des successibles : le conjoint est obligé de respecter le droit des légataires, n'ayant lui-même aucune *réserve* à faire valoir.

4° Biens compris dans les successions anomales. — Enfin la loi soustrait encore à l'action du conjoint les biens soumis à un « droit de retour » (art. 767), c'est-à-dire ceux qui font l'objet d'une *succession anomale* (ci-dessous nos 1889 et suiv.). Cette disposition prouve que ces biens doivent être compris dans la masse pour le calcul de l'usufruit, sans quoi il eût été inutile de les en déclarer exempts.

1875. Conséquence. — Par l'effet de toutes ces dispenses et réserves, il arrive fréquemment qu'il ne reste plus dans la succession assez de biens pour suffire à l'usufruit du conjoint calculé sur une masse beaucoup plus considérable : le conjoint a alors un *droit théorique*, qui ne reçoit en fait qu'une application partielle. Il peut même se faire qu'il ne reste *absolument aucun bien soumis à son usufruit*. Le conjoint est alors réduit à demander des aliments comme le lui permet l'art. 205 (ci-dessus nos 230 et suiv.).

1876. Concours de deux usufruits successoraux. — L'usufruit du conjoint n'est pas le seul qu'on rencontre dans la matière des successions : il y en a un autre qui est établi au profit du père ou de la mère en concours avec des collatéraux de l'autre ligne (art. 754). Cet usufruit est du tiers des biens auxquels l'ascendant ne succède pas en propriété (ci-dessus n° 1817). Il se cumule avec l'usufruit du conjoint, et comme celui-ci a la jouissance de la moitié de la succession, à répartir également entre les deux lignes, il ne reste plus aux collatéraux qu'*un sixième de leur part* dont ils aient la *jouissance immédiate* : le conjoint leur en prend la moitié et l'ascendant le tiers, ce qui fait cinq sixièmes dont la jouissance leur échappe.

2° Effet des libéralités reçues par le conjoint.

1877. Imputation sur la part du conjoint. — Les auteurs de la loi de 1891 ont voulu que le conjoint imputât sur ses droits ce qu'il a pu recevoir à titre gratuit du défunt : la loi n'avait pas à pourvoir à son existence lorsque son conjoint y avait lui-même songé.

Par conséquent, le survivant *ne peut rien réclamer* lorsqu'il a reçu, même par préciput et hors part, des libéralités dont le montant atteint ou dépasse celui des droits que la loi lui attribue. Si leur montant est inférieur, on lui permet seulement de réclamer le *supplément de son usufruit*.

1878. Imputation des libéralités en pleine propriété. — L'imputation voulue par la loi se fera sans difficulté, si le défunt a fait au survivant des libéralités en usufruit. Mais comment devra-t-on procéder pour l'imputation des dons et legs faits en pleine propriété ? Faut-il tenir compte seulement du revenu qui en résulte, ou bien évaluer la libéralité en usufruit, en calculant le chiffre de la rente viagère que l'époux survivant pourrait se procurer, d'après son âge actuel, en abandonnant le capital qu'il a reçu ? C'est ce dernier procédé qui l'emporte dans l'opinion doctrinale, et vers lequel paraît pencher la jurisprudence (Trib. de la Seine, 11 juill. 1893, D. 94. 2. 105). Il n'a pour lui aucune considération décisive, et il crée des difficultés d'évaluation que l'autre système supprime par sa simplicité.

1879. Avantages dispensés d'imputation. — C'est seulement pour les *libé-*

ralités proprement dites que l'imputation est exigée (art. 767). Il en résulte qu'il y a deux sortes d'*avantages* que l'époux survivant pourra cumuler avec son usufruit. Ces avantages sont les suivants :

1° Avantages matrimoniaux. — Si les conventions matrimoniales lui procurent des avantages, ceux-ci ne sont pas, en principe tout au moins, considérés comme des libéralités (art. 1516 et 1525). Voyez cependant l'art. 1527, aux termes duquel les avantages matrimoniaux sont traités comme des libéralités quand ils profitent à un second conjoint (ci-dessus nos 1402 et suiv.).

2° Avantages légaux. — Lorsqu'il y a des *droits d'auteurs* dans la succession du prédécédé, le survivant possède sur eux un droit complet d'usufruit (ci-dessus n° 1869-1°), qui ne se confond pas avec celui que la loi de 1891 lui a accordé. Il en est de même des *pensions de retraite* allouées aux veuves de militaires ou de fonctionnaires. Il y a là un cumul qui peut conférer à l'époux survivant une situation privilégiée et qu'il eût été peut-être préférable d'éviter.

3° Conversion de l'usufruit en rente viagère.

***1880. Sa raison d'être.** — Lorsqu'il était question d'accorder au conjoint un usufruit considérable, tantôt du quart et tantôt de moitié, sur la succession du prédécédé, les adversaires du projet signalaient les dangers d'un pareil système : un nombre immense d'usufruits allait être créé. Or l'usufruit produit souvent des effets fâcheux, parce que l'usufruitier, qui jouit du bien d'autrui, se soucie peu de l'avenir et exploite volontiers d'une manière abusive. Cette crainte n'avait du reste de fondement que pour la propriété foncière, et on aurait pu répondre que dans la pratique, tout au moins dans les familles aisées, le conjoint survivant avait presque toujours un usufruit provenant d'une donation mutuelle. Néanmoins les auteurs de la loi ont voulu éviter toute critique sur ce point, et ils ont accordé aux familles un moyen de *supprimer l'usufruit du conjoint*, quand elles le jugeraient utile, *en le convertissant en une rente viagère.*

1881. Quand existe le droit de conversion. — C'est seulement pour l'usufruit institué par elle que la loi de 1891 a organisé la conversion ; celle-ci est sans application à l'usufruit que le conjoint tient d'une disposition expresse du défunt, entre vifs ou par testament, disposition qui doit être exécutée selon sa teneur.

1882. Par qui la conversion peut être demandée. — Cette conversion n'est possible que sur la demande des héritiers ; le conjoint survivant n'a pas le droit de la réclamer (Lyon, 16 juill. 1896, S. 97. 2. 36). Quand tous les héritiers sont d'accord, la conversion est de droit. S'ils ne s'entendent pas, le tribunal est appelé à statuer ; la conversion est « facultative » pour lui, dit l'art. 767, ce qui signifie qu'il peut l'accorder ou la refuser, mais il ne lui est pas permis de scinder sa décision.

On se pose à ce sujet diverses questions de *capacité* et de *pouvoir* qu'il serait trop long d'examiner ici (Voyez Dalloz, *Suppl.*, v° Conversion, n° 319).

1883. A quel moment elle a lieu. — Le droit de convertir l'usufruit en rente dure, d'après l'art. 767, « jusqu'au partage définitif ». On avait songé à donner aux héritiers un délai fixe, d'une année à compter du décès, pour opérer la conversion, afin de ne pas laisser trop longtemps l'époux survivant dans l'incertitude sur la nature de son droit. On y a renoncé sur cette observation décisive que cet époux a un moyen bien simple de sortir d'incertitude, c'est de *former lui-même une demande en partage*, puisqu'il est dans l'indivision pour la jouissance avec les héritiers du sang. Cette demande est possible de sa part, même au cas où il n'y a qu'un seul héritier, de sorte que jamais l'époux ne sera sans moyen de faire fixer sa situation.

1884. Conditions de la conversion. — La loi n'autorise la conversion que sous deux conditions : il faut 1° que la rente soit *équivalente à l'usufruit* ; 2° que sa constitution soit accompagnée de *sûretés suffisantes* (art. 767).

Équivalence de la rente. — Cette équivalence s'apprécie, non pas d'après l'importance en capital des biens soumis à l'usufruit, mais *d'après le chiffre de leur revenu net*. On ne pourrait prendre un autre terme de comparaison pour des droits viagers qui ne comportent qu'une simple jouissance ; du reste ce que la loi a voulu assurer au conjoint, c'est un revenu annuel (Trib. de la Seine, 11 juill. 1893, D. 94. 2. 105).

Cette équivalence s'apprécie au moment de la conversion et la rente, une fois fixée, reste invariable pendant toute sa durée.

Suretés. — La nature de ces sûretés n'est pas précisée par la loi. Toutes pourront donc être offertes au conjoint, hypothèques, nantissement, cautions, sous la seule condition qu'elles soient « suffisantes »[1]. Un autre procédé aussi pourra être employé, qui donne pleine sécurité à l'époux sans exiger la constitution d'aucune sûreté spéciale : c'est le placement d'un capital en rentes nominatives sur l'État, inscrites au nom du conjoint survivant pour la jouissance, au nom des héritiers pour le capital. Mais aucun de ces procédés n'est obligatoire ; les parties doivent s'entendre et, si elles n'y arrivent pas, le tribunal statue.

1885. Effet rétroactif de la conversion. — Quand la rente viagère est substituée à l'usufruit, cette substitution s'opère *rétroactivement*, c'est-à-dire que l'époux est censé avoir été réduit à une rente dès le jour du décès et n'avoir jamais recueilli un droit réel d'usufruit sur la succession. Ce point est encore un de ceux que la loi n'a pas réglés ; il a été résolu en ce sens par la doctrine et par la jurisprudence, contrairement aux prétentions de l'Enregistrement. Outre les avantages pratiques qu'elle procure, cette solution se fonde sur la nature ordinaire des options en matière de successions et de communauté, qui sont toutes rétroactives, et sur le principe de l'effet déclaratif du partage qui fait que chaque copartageant est censé avoir recueilli directement ce qui est mis dans son lot.

Les conséquences de la rétroactivité se rencontrent en *droit civil* et en *droit fiscal*.

1° Disparition des hypothèques. — Si l'usufruit accordé par la loi au conjoint se trouvait éteint sans rétroactivité, les héritiers le recueilleraient de son chef : ils seraient censés l'acquérir de lui en échange de la rente viagère. Par conséquent il leur arriverait grevé de toutes les hypothèques et charges réelles nées de son chef. On évite ce résultat par la résolution rétroactive de l'usufruit.

2° Dispense du droit de mutation. — L'administration de l'enregistrement prétendait faire payer au conjoint un droit de mutation sur son usufruit en nature et percevoir ensuite un second droit sur la constitution de la rente (Instruction du 6 juin 1891, Dalloz, *Suppl.*, V° Succession, n° 324). Sa prétention a été repoussée par le tribunal civil de Mayenne (5 déc. 1894, *Revue du Notariat*, 1895, p. 123) et elle-même a fini par donner pour instructions à ses agents de percevoir le droit seulement sur le capital au denier 10 de la rente viagère, toutes les fois que la conversion serait antérieure à la déclaration de succession (Instruction n° 2886, 2 juill. 1895, *Journal des Notaires*, 1895, p. 637).

4° Extinction de l'usufruit.

1886. Causes ordinaires. — Toutes les causes qui mettent fin aux usufruits ordinaires s'appliquent également à l'usufruit du conjoint : mort de l'usufruitier, abus de jouissance, etc.

1887. Cause spéciale. — En outre, la loi du 9 mars 1891 (art. 767 nouv.) enlève au conjoint son usufruit *lorsqu'il se remarie*, mais seulement *s'il existe encore des descendants du défunt*. On ne voit pas nettement le motif de cette disposition : est-ce parce que son nouveau mariage va procurer de nouvelles ressources à l'époux survivant ? Mais alors il devrait perdre son usufruit dans tous les cas, qu'il y ait ou non des enfants. Est-ce parce que l'on veut protéger les enfants du premier mariage ? Mais ils le sont suffisamment par la réduction de l'usufruit, que leur présence a ramené de moitié au quart, et par les règles ordinaires de l'usufruit. Il y a là une combinaison de ces deux motifs qui donne à la loi une nature hétéroclite.

1888. Effet de l'extinction. — Lorsqu'il se produit une cause d'extinction, elle met fin soit au droit d'usufruit, soit à la rente qui lui a été substituée.

[1] On ne peut pas considérer comme suffisante, au sens de la loi, la *simple caution juratoire* des héritiers : c'est une promesse, avec serment, c'est-à-dire une forme d'engagement, et non une sûreté.

CHAPITRE IV

SUCCESSIONS ANOMALES

***1889. Définition.** — On appelle « succession anomale » la dévolution de certains biens qui sont *attribués à un héritier déterminé, de préférence aux autres, à raison de leur provenance.*

Cette sorte de successions déroge à la règle générale d'après laquelle la loi ne considère pas l'*origine* des biens pour en régler la dévolution (art. 732). C'est pour cette raison qu'on leur applique l'épithète « anomales » ; elles sont hors du droit commun.

§ 1. — *Renseignements historiques.*

1890. Origine romaine. — L'origine première de nos successions anomales remonte au droit romain ; elle se trouve dans le système appliqué à la *dot profectice* : quand la fille dotée mourait pendant le mariage, son père vivant encore, celui-ci reprenait la dot. Ce droit de retour ou de réversion s'ouvrait sans stipulation particulière, « ne et filiæ amissæ et pecuniæ damnum sentiret » (Pomponius, *Dig.*, Liv. XXIII, tit. III, fr. 6). Une constitution de Théodose et de Valentinien avait plus tard accordé le même droit de retour pour la *donatio propter nuptias* (biens donnés par le père à son fils au moment du mariage). Enfin Léon (Nov. 25) étendit ce droit à toutes les donations. Mais le père était toujours seul à en jouir ; la mère ne l'avait jamais.

1891. Pays de droit écrit. — Les Parlements du Midi conservèrent le droit de réversion qui appartenait au père, c'est-à-dire à l'ascendant investi de la puissance paternelle ; et en outre ils l'accordèrent à la mère et aux autres ascendants maternels.

Dans leur jurisprudence, conforme en cela au droit romain, ce droit avait pour effet de *résoudre rétroactivement* la donation : c'était une *condition résolutoire* qui se réalisait, par l'effet du prédécès de l'enfant gratifié. On l'appelait « retour légal ». Le droit de retour pouvait aussi être stipulé par un donateur quelconque, en dehors des cas où la loi l'accorde de plein droit ; mais, conventionnel ou légal, le droit de retour produisait toujours le même effet rétroactif.

1892. Pays de coutume. — Là aussi on connaissait le retour légal : les ascendants qui avaient fait des libéralités à leurs enfants ou descendants reprenaient aussi les biens donnés par eux, mais ce droit avait un tout autre caractère et de tout autres effets. Au lieu d'une condition résolutoire, c'était un *droit de succession* qui s'ouvrait : « Toutefois SUCCÈDENT es choses par eux données à leurs enfans ou descendans... » (*Cout. de Paris*, art. 313).

De là résultaient les conséquences suivantes, qui créaient autant de différences entre les deux systèmes :

1° L'ascendant reprenait le bien *comme héritier*, c'est-à-dire en vertu d'un titre nouveau ; la propriété intérimaire du donataire subsistait, ainsi que les charges qui avaient pu être établies par lui sur le bien donné. — Dans le Midi, l'ascendant reprenait son bien *libre de toutes servitudes ou hypothèques* constituées par son descendant, qui était réputé n'avoir jamais été propriétaire.

2° Si le bien donné avait été *aliéné* par le donataire, le droit de retour n'avait pas lieu d'après les coutumes. Il s'ouvrait, au contraire, dans le Midi, la sous-aliénation étant résolue par suite de la résolution de la donation.

3° En pays de coutume, l'ascendant était obligé aux dettes, comme tout héritier ; il n'en était pas tenu dans le Midi.

***1893. Système du Code.** — Supprimé par la loi de nivôse, le droit de retour légal ou successoral a été rétabli par le Code, qui l'a même étendu à des cas nouveaux. Nous verrons que le droit actuel a conservé le système coutumier et abandonné les principes romains : c'est un *droit de succession*. Aussi faut-il écarter l'expression « retour légal », qui ne peut que créer une confusion dangereuse avec le *retour conventionnel* également conservé par les art. 951 et 952, qui a gardé la nature des conditions résolutoires. Il faut se servir de l'expression « retour *successoral* », qui en rappelle la nature, ou dire mieux encore « succession anomale ».

***1894. Énumération.** — Les successions anomales sont au nombre de trois, qui ont lieu :

1° Au profit de l'*adoptant* ou de ses enfants (art. 351-352);

2° Au profit de l'*ascendant donateur* (art. 747) ;

3° Au profit des *frères et sœurs légitimes de l'enfant naturel* (art. 766).

Sur la plupart des points, les règles sont les mêmes pour les trois cas. En général, on prend pour type le cas de l'ascendant donateur, qui est le plus ancien des trois et le plus pratique. Les deux autres, qui n'en sont que des imitations, ont été créés par le Code.

§ 2. — *Personnes appelées aux successions anomales.*

A. — Cas de l'ascendant donateur.

1895. Ascendants légitimes. — Le droit de retour n'est accordé qu'aux ascendants : un collatéral, même le frère ou la sœur qui fait une donation, n'y a jamais droit. Mais tout ascendant légitime en profite, *quel que soit son rang*, quand c'est lui qui a donné [1]. Ainsi un grand-père, qui se trouve primé par le père pour la succession ordinaire, passe avant quand il s'agit de recueillir des biens donnés par lui : il succède « à l'exclusion de tous autres », dit l'art. 747.

1896. Controverse pour les père et mère naturels. — La question de savoir si le droit de retour leur appartient n'a d'intérêt que si tous les deux ont reconnu l'enfant : car s'il n'y en a qu'un des deux de connu, celui-là succédera seul à toute la succession ; au contraire, si les deux parents sont légalement connus, celui qui a fait une donation a intérêt à reprendre seul les biens donnés au lieu de les partager avec l'autre. — Les motifs de l'art. 747 se rencontrent ici tout aussi forts que pour les parents légitimes. Le texte ne fait aucune distinction et dit « les ascendants », ce qui peut s'appliquer même à des parents naturels. Enfin, l'art. 766, qui accorde un droit de retour aux frères et sœurs de l'enfant naturel, fournit un argument « a fortiori » en faveur de ses père et mère. Cependant cette opinion est généralement rejetée parce que l'art. 747 est un texte exceptionnel qui ne peut pas s'étendre par analogie et qui est écrit seulement à propos des parents légitimes (Paris, 27 nov. 1845, D. 45. 2. 180, S. 46. 2. 196).

B. — Cas de l'adoption.

1897. Droit de l'adoptant. — L'adoptant est appelé comme successeur anomal à reprendre les biens donnés par lui à l'adopté, quand celui-ci prédécède sans laisser de postérité (art. 351).

A la différence de l'ascendant ordinaire, qui n'a de droits que dans la succession du descendant gratifié par lui, l'adoptant reprend ce qu'il a donné, non seulement dans la succession de l'adopté, mais même dans celle des enfants de ce dernier, si ceux-ci meurent à leur tour sans postérité, l'adoptant vivant encore (art. 352). Ce cas de succession anomale peut donc s'ouvrir à *deux degrés différents*, soit après la mort de l'adopté, soit après la mort de ses enfants.

1898. Droit des enfants de l'adoptant. — Quand l'adoptant meurt avant l'adopté, ses enfants jouissent du même droit que lui. Seconde différence avec le droit de

[1] Le retour légal établi par notre art. 747 au profit de l'ascendant donateur n'existe pas en Roumanie ; l'ascendant peut seulement stipuler le retour conventionnel (ALEXANDRESCO, p. 161).

l'ascendant ordinaire (ascendant donateur), qui lui est personnel et ne passe pas après lui à ses enfants.

Toutefois, les enfants de l'adoptant ont un droit moindre que le sien. Ils peuvent bien succéder, comme successeurs anomaux, *à l'adopté lui-même*, pour reprendre les biens qu'il tient de l'adoptant (art. 351) ; mais ils ne peuvent pas, comme l'aurait fait l'adoptant lui-même, s'il avait survécu, recueillir ces mêmes biens *dans la succession des enfants de l'adopté* (art. 352). Ce dernier droit constitue donc un bénéfice personnel à l'adoptant ; pour ses enfants, la succession anomale n'a qu'un degré au lieu de deux.

A un autre point de vue le droit des enfants de l'adoptant est plus large que le sien : ils peuvent recueillir non seulement les biens donnés entre vifs à l'adopté, mais aussi ceux qu'il a pris dans la succession de l'adoptant, soit comme légataire, soit comme héritier (art. 351).

Seuls les enfants légitimes ou légitimés de l'adoptant peuvent exercer ce droit. La Cour de cassation a jugé avec raison que les autres enfants adoptifs n'en jouissaient pas (Cass., 14 févr. 1855, D. 55. 1. 225, S. 55. 1. 185). L'art. 350 leur confère bien les mêmes droits héréditaires qu'aux enfants légitimes, mais cela n'est vrai que sur « la succession de l'adoptant » ; la loi leur refuse tout droit sur les biens des « parents de l'adoptant ».

C. — Cas de l'enfant naturel.

1899. Parents appelés. — L'art. 766 appelle les frères et sœurs légitimes de l'enfant naturel (enfants légitimes du même père ou de la même mère) à recueillir les biens que l'enfant naturel a reçus de leur auteur commun. « Reçus » : ce mot comprend à la fois les libéralités et la succession ab intestat.

Le texte ne parle que des *frères* et *sœurs*. Faut-il accorder le même droit à leurs descendants ? C'est un point délicat et très débattu. D'excellents auteurs (Aubry et Rau, Demolombe) sous-entendent ici, par application des règles du droit commun, le bénéfice de la représentation au profit des descendants de frères ou de sœurs. Mais une solution plus rigoureuse a prévalu devant la Cour de cassation : nous sommes en matière exceptionnelle et il faut s'en tenir au texte, qui n'accorde le droit de retour qu'aux frères et sœurs personnellement (Cass., 1er juin 1853, D. 53. 1. 177, S. 53. 1. 481).

§ 3. — *Condition d'ouverture de la succession anomale.*

1900. Le principe. — Pour que cette succession s'ouvre, il faut que la personne dont le successeur anomal est appelé à recueillir les biens soit *morte sans postérité* : cette condition est écrite dans tous les textes : pour l'enfant donataire (art. 747), pour l'enfant adoptif et ses descendants (art. 351-352), pour l'enfant naturel (art. 766).

1901. Motif. — On a tout lieu de penser que l'ascendant donateur, l'adoptant ou les parents naturels ont voulu donner à l'enfant et à sa postérité, qu'ils ont reporté leur tendresse sur leurs petits-enfants, mais qu'ils se préféraient eux-mêmes à tous autres successeurs. Cette interprétation de volonté, admise d'abord pour le cas où il y a eu donation, s'est étendue aux quelques cas exceptionnels où les biens à recueillir sont arrivés au défunt par succession.

1902. Descendants faisant obstacle au droit de retour. — La loi s'exprime toujours en termes vagues : « décédé sans postérité ». Quels descendants peut-on comprendre sous ce nom ? Passons en revue les diverses catégories possibles.

Descendants légitimes ou légitimés. — Pour eux, il ne saurait y avoir aucun doute : tous empêchent le droit de retour de s'ouvrir.

Enfant adoptif. — Il y a d'abord un cas non douteux, c'est celui où il s'agit d'un enfant adopté par l'enfant naturel décédé : cet enfant adoptif écarte certainement les frères et sœurs légitimes de son père ou de sa mère, venant en vertu de l'art. 766, et la raison en est qu'il écarterait entièrement les père et mère naturels eux-mêmes, qui passent avant les frères et sœurs légitimes : ceux-ci ne peuvent hériter qu'autant que l'enfant naturel décédé ne laisse aucun héritier en ligne directe.

Mais la question est controversée dans les deux autres cas (hypothèses des art. 351 et 747). On prétend que l'enfant adoptif ne fait pas obstacle au retour légal, parce qu'il n'est ni un *descendant* (expression de l'art. 351), ni une *postérité* (expression de l'art. 747) et c'est en ce sens que la pratique s'est fixée. Je considère cette solution comme inexacte. L'enfant adoptif a sur la succession de l'adoptant les mêmes droits que s'il était enfant légitime. On dit bien que la loi est satisfaite parce qu'il les possède sur la succession ordinaire de l'adoptant et que le texte n'a pas entendu parler de la succession anomale. Mais devons-nous distinguer dans un cas où la loi ne distingue pas? C'est réduire arbitrairement la portée de l'assimilation établie entre l'enfant adoptif et l'enfant légitime.

ENFANTS NATURELS. — La postérité naturelle fait obstacle au droit de retour dans l'hypothèse de l'art. 766, pour la même raison que la postérité adoptive : l'enfant naturel primerait les père et mère naturels du défunt, qui eux-mêmes font obstacle à la succession anomale.

Au contraire, l'enfant naturel de l'adopté n'empêche pas l'adoptant ou ses descendants d'exercer leurs droits : ici le texte est formel ; la succession anomale s'ouvre quand l'adopté meurt « sans descendants légitimes ». La condition est réalisée quand il laisse seulement un ou plusieurs enfants naturels.

Enfin dans le cas de l'art. 747 (ascendant donateur), la question est douteuse. Il a été jugé que l'ascendant avait bien dû étendre sa libéralité à des descendants légitimes, mais qu'on ne saurait le considérer comme ayant compris dans son intention bienfaisante des enfants naturels qui ne se rattachent à lui par aucun lien légal (Cass., 9 août 1854, D. 54. 1. 265, S. 54. 1. 563). Cette solution est très contestable. Il y a un texte de principe, l'art. 758 actuel (anc. art. 757), qui donne à l'enfant naturel une part moindre, mais de même nature que s'il était enfant légitime. Il est dangereux d'écarter une pareille disposition par une simple induction tirée de l'esprit de la loi, qui nous paraît fort douteux, les auteurs du Code n'ayant certainement pas prévu la question.

La conclusion devrait donc être que l'enfant naturel ferait obstacle au droit de retour pour les trois quarts (art. 759 ; L. 25 mars 1896).

1903. Descendants indignes ou renonçants. — Quel qu'il soit, le descendant qui aurait empêché la succession anomale de s'ouvrir, s'il était arrivé effectivement à la succession ordinaire, sera considéré comme n'existant pas, s'il est exclu comme indigne ou s'il renonce.

1904. Condition spéciale à l'hypothèse de l'art. 766. — Il ne suffit pas que l'enfant naturel soit décédé *sans postérité* : il faut encore qu'il ne laisse ni son père ni sa mère. Ceci tient à ce qu'alors le droit de retour est institué non plus au profit d'un ascendant, mais au profit de simples collatéraux.

1904 *bis*. Réserve d'usufruit au profit du conjoint du donataire. — Une pratique qui tend à se généraliser, introduit dans les contrats de mariage une clause d'après laquelle le conjoint du donataire doit avoir l'usufruit de tout ou partie des biens donnés, en cas de prédécès de son conjoint sans enfant. Un arrêt a annulé cette clause comme constituant *un pacte sur succession future*, parce qu'elle équivaut pour l'ascendant qui fait la donation à une renonciation anticipée à son droit de retour légal (Cass., 24 juill. 1901, D. 1901, 1. 537, note de M. SARRUT ; P. 1901. 1. 521 ; S. 1901. 1. 433, note de M. LYON-CAEN). Cette décision, si elle devait être maintenue, serait profondément regrettable parce qu'elle mettrait fin à une pratique utile, qui tend à faciliter les mariages ; elle est d'ailleurs fausse en son principe, car le conjoint, recueillant seulement un usufruit, ne met pas réellement obstacle au droit de retour qui s'ouvre pour la nue propriété en la personne de l'ascendant survivant ; et celui-ci aurait pu attribuer directement à son gendre ou à sa bru un usufruit subordonné à la condition de survie sans enfants.

§ 4. — *Biens faisant l'objet des successions anomales.*

***1905. Règle générale.** — Le successeur anomal a droit uniquement *aux biens que le défunt avait reçus soit de lui-même, soit de leur auteur commun*, selon le cas. Ainsi l'adoptant et l'ascendant donateur succèdent aux choses par eux données; les enfants de l'adoptant et les enfants légitimes succèdent aux biens donnés par l'adoptant ou le père naturel, ou recueillis dans leur succession.

1906. Caractère de la succession. — Ce n'est donc pas sur la succession prise en masse que porte le droit de succession anomale, mais seulement *sur certains biens déterminés par leur provenance*. Cette succession a donc lieu à titre particulier; de plus elle ne suit par l'ordre habituel de la dévolution entre héritiers.

1907. Extension aux meubles. — Tout aussi bien que les immeubles, les meubles peuvent faire l'objet d'une succession anomale. Il est vrai que dans l'ancien droit l'ascendant donateur ne reprenait que les immeubles, mais c'est qu'il s'agissait pour lui d'une *succession aux propres* : or le caractère de propre n'appartenait qu'aux biens immobiliers.

***1908. Règle commune à tous les cas.** — Pour que le bien donné ou transmis au défunt puisse être repris par un successeur anomal, il faut toujours *qu'il se retrouve en nature dans la succession*. C'est le point capital de toute la théorie et il donne lieu à de nombreuses difficultés, qui sont d'ailleurs les mêmes dans toutes les hypothèses. Nous prendrons le cas de l'ascendant donateur comme exemple.

L'expression « en nature » signifie que c'est *le même bien*, considéré *in specie*, qui avait fait l'objet de la donation ou de la succession, qui doit se retrouver dans la succession.

A. — Reprise du bien lui-même.

1909. Effet de l'aliénation. — Si le donataire a aliéné le bien qui lui avait été donné, il n'y a pas de succession anomale; le bien ne se retrouve pas dans sa succession. S'il l'a simplement grevé d'une servitude, l'ascendant le reprend amoindri et diminué. L'aliénation fait donc tomber le droit de l'ascendant pour le tout ou pour partie, selon qu'elle est totale ou partielle.

Il n'y a pas à distinguer entre les différentes espèces d'aliénations, à titre gratuit ou à titre onéreux, entre vifs ou testamentaires. Quand le bien a été simplement légué, on pourrait être tenté de l'attribuer à l'ascendant, puisque le défunt l'a gardé jusqu'à sa mort et qu'il est encore là en nature; mais il n'est pas dans la succession ab intestat: du jour du décès la propriété en a été acquise au légataire. Cela ne fait plus de doute aujourd'hui.

1910. Effet de la résolution de l'aliénation. — Si l'aliénation consentie par le donataire vient à être anéantie rétroactivement, comme par l'effet d'une action en nullité ou en résolution, le bien donné est repris par le donataire en vertu de son titre primitif, *ex causa antiqua*, et le droit de retour peut s'ouvrir au profit du donateur. — Il en serait autrement si, après une aliénation restée valable, le donateur acquérait à nouveau ce même bien, par exemple s'il l'achetait: il se retrouverait bien en nature dans la succession, mais il n'y figurerait pas *comme chose donnée*.

1911. Clause d'inaliénabilité. — Pour se prémunir contre les dangers d'une aliénation, qui leur ferait perdre leur droit de retour, certains donateurs interdisent au donataire d'aliéner sans leur consentement. La jurisprudence valide ces sortes de clauses (Voyez t. I, nos 973 et suiv.). Elles sont pourtant inutiles : si le donateur tient à s'assurer contre ce danger, il n'a qu'à stipuler le retour conventionnel.

B. — Reprise d'objets subrogés au bien donné.

1912. Reprise du prix. — Lorsque le bien donné ne se retrouve plus en nature, il est possible que le droit de retour s'exerce sur diverses choses qui lui sont subrogées. La première de toutes est le prix du bien aliéné, *lorsqu'il est encore dû*. Ceci veut dire que l'ascendant reprend la créance du prix à la place de la chose elle-même. Si ce prix est déjà payé, le droit de l'ascendant s'évanouit. En cas de paiement partiel, il n'aura droit qu'au reliquat.

1913. Actions en reprise. — De même que le prix, la loi autorise l'ascendant à recueillir « l'action en reprise que pouvait avoir le donataire » (art. 747). Que faut-il entendre par là?

Les actions qui peuvent porter ce nom sont de deux sortes :

Les unes tendent à faire recouvrer au donataire la chose aliénée par lui. De ce genre sont les *actions en nullité* pour incapacité ou pour vice du consentement, les *actions en résolution*, par exemple pour défaut de paiement du prix ; les *actions en révocation d'une donation pour ingratitude*, ou *en rescision d'une vente pour lésion*, etc.

Les autres, qui portent plus spécialement dans la langue du droit le nom d'actions en reprise, sont celles qui naissent *entre époux*, et ordinairement *au profit de la femme*. *Exemple* : la reprise du prix d'un propre aliéné par la femme, sous le régime de communauté, quand ce prix a été touché par le mari, sans qu'il en ait été fait remploi. Cette seconde espèce d'actions tend seulement à procurer *la valeur en argent* du bien aliéné, et non ce bien lui-même.

1914. Extension par la jurisprudence de l'idée de subrogation. — Pourquoi la loi autorise-t-elle le donateur à reprendre, en cas d'aliénation du bien qu'il avait donné, soit le prix encore dû, soit l'action en reprise? C'est qu'à ses yeux *ces actions en paiement ou en reprise tiennent lieu de la chose*, qu'elles remplacent d'une manière exacte, et qu'on est sûr de leur provenance. C'est donc un cas de *subrogation réelle*. En partant de là et en donnant à la loi une interprétation extensive, la jurisprudence a autorisé l'ascendant donateur, et avec lui tous les autres successeurs anomaux, à reprendre un nombre toujours croissant de choses qu'elle considère comme subrogées au bien donné. On se contente d'exiger que la chose soit la représentation certaine de celle qui faisait l'objet primitif du droit de retour. De la sorte l'ascendant retire autant que possible de la succession du donataire toute la valeur dont il l'avait enrichi.

1915. Applications principales. — Voici quelques-unes des conséquences les plus remarquables auxquelles on est arrivé dans la pratique.

Échange. — Le donateur peut reprendre la chose acquise par voie d'échange à la place de celle qu'il avait donnée (Lyon, 24 avril 1871, S. 72. 2. 121).

Emploi du prix. — Il reprend de même le bien acheté à titre de placement du prix, quand le donataire a aliéné le bien primitif à titre de vente.

Argent monnayé. — Si l'ascendant a donné des choses fongibles, comme de l'argent ou des billets de banque, le retour aura lieu par cela seul qu'on trouvera des choses de même nature, alors même qu'on a la certitude que ce ne sont pas celles qui ont été données (Système admis par d'anciens arrêts de 1816 et de 1817).

1916. Critique. — Toute cette interprétation extensive fondée sur l'idée de subrogation et préconisée par MM. Aubry et Rau est fortement combattue par la doctrine récente (Dalloz, *Suppl.*, v° Succession, n° 150), et comme les arrêts qui l'ont admise sont anciens et rares, et ne contiennent pas une solution de principe, on peut s'attendre à un revirement, si l'occasion se présentait. Le système de la loi est très net : elle permet à l'ascendant de succéder « aux choses *par lui données* », à celles-là et non à d'autres, et le texte précise encore : « lorsqu'elles se retrouveront en nature ». On ne saurait limiter plus clairement le droit de l'ascendant. Il est bien vrai qu'ensuite la loi subroge deux sortes d'actions à la chose donnée, mais il convient de s'en tenir là, car cette disposition secondaire est évidemment une dérogation à la disposition principale, et elle doit recevoir une interprétation restrictive. — Quand le Code veut subroger un bien nouveau à celui qui n'existe plus en nature, il le dit formellement. Qu'on lise l'art. 132 et qu'on juge de la différence entre son langage et celui de l'art. 747.

§ 5. — *Effets du retour.*

1917. Caractère successoral du retour. — On a vu (ci-dessus nos 1891-1892) que les deux législations qui se partageaient l'ancienne France étaient divisées sur ce point ; il s'agit de savoir lequel des deux systèmes le Code a choisi. Aucun doute ne peut subsister: c'est le système coutumier, et le retour du bien se fait à titre de succession. L'art. 747 tranche la question, et par la place qu'il occupe au titre « des successions » et par les termes qu'il emploie : « Les ascendants *succèdent*... » L'art. 766 ne parle pas de succession ; il se sert des mots « passent... retournent », qui peuvent convenir aux deux systèmes, mais le sens en est précisé par la place de l'article et par ce fait que le mot « passent » y est également employé pour désigner le droit successoral des frères et sœurs naturels de l'enfant décédé. Les art. 351 et 352 sont, il est vrai, hors du titre des successions, mais il est visible que c'est encore d'un droit de succession que la loi entend ici s'occuper puisque l'art. 351 soumet l'adoptant et ses descendants à l'obligation de contribuer aux dettes, et que l'art. 352 dit que l'adoptant « *succédera* aux choses par lui données ». Ainsi la réversion s'opère *à titre successif*, sans aucun effet résolutoire.

1918. Qualité variable de l'héritier anomal. — Les trois successions anomales admises par le Code ne s'opèrent pas dans des conditions identiques. L'ascendant donateur et l'adoptant ou ses enfants ont la qualité d'*héritiers légitimes*, à raison de la nature du lien de parenté qui les unissait au défunt ; ils ont la *saisine*. Les frères et sœurs légitimes de l'enfant naturel, qui ne sont liés à lui que par une parenté illégitime, sont des *successeurs irréguliers* ; ils sont obligés de demander l'*envoi en possession* : ceci résulte de la place qu'occupe l'art. 766, sous la rubrique : « Des successions irrégulières ».

1919. Application du droit commun. — La succession anomale est soumise en principe aux règles générales des successions. Ainsi l'indignité, l'acceptation, la renonciation, le bénéfice d'inventaire, l'obligation aux dettes, le partage, etc., tous ces points sont réglés de la même manière que dans le droit commun. Il n'y a de différence que dans le principe du droit héréditaire : le successeur anomal ne vient pas à son rang ; il prime les autres héritiers, à raison de l'origine des biens qui lui sont attribués.

1920. Séparation des deux successions. — Quand la succession anomale s'ouvre, elle ne se confond pas avec la succession ordinaire. Il y a alors *deux successions distinctes*, dont chacune est indépendante de l'autre.

Si l'ascendant n'est appelé qu'à la succession anomale, parce qu'il y a dans sa ligne des ascendants plus proches qui l'excluent, il peut y renoncer, et les biens qui en faisaient l'objet se réunissent alors à la masse de la succession ordinaire.

S'il est appelé en même temps à toutes les deux, il peut accepter la succession anomale et refuser la succession ordinaire ; ce qu'il fera, par exemple, si le défunt est mort insolvable et s'il tient à conserver le bien qu'il lui avait donné.

Peut-il, en sens inverse, refuser la succession anomale et s'en tenir à la succession ordinaire? Non, ou du moins cela ne l'avancerait à rien, car les biens sujets au droit de retour, répudiés par lui, se réuniraient à la succession ordinaire et lui arriveraient à un autre titre. Toutefois sa renonciation comme successeur anomal produirait un certain effet : elle ferait rentrer dans la masse les biens de la succession anomale, qui, au lieu d'être pris exclusivement par lui, se partageraient entre lui et ses cohéritiers.

1921. Changements matériels opérés sur le bien donné. — Lorsque le droit de retour s'ouvre, le successeur anomal reprend la chose dans l'état où elle se trouve. Il peut arriver qu'elle ait été considérablement augmentée par le donataire ; sur le terrain nu qui avait été donné, une construction a été élevée. On pourrait croire que l'ascendant, qui n'a fourni qu'une partie de la chose actuelle, et la moindre peut-être, sera obligé de tenir compte à la succession de la valeur des bâtiments. Mais il n'en est rien ; il reprend la chose telle qu'elle est, à titre d'héritier ; elle est à lui, et personne autre n'a de droits sur elle.

A l'inverse il supporterait l'effet de dépréciations subies par la chose donnée : si le bien était jadis une maison, qui a été démolie par le donataire, il ne pourrait reprendre que le terrain, sans avoir de réclamation à formuler contre la succession ordinaire.

CHAPITRE V

DE LA DESHÉRENCE

1922. Nature du droit de l'État. — Lorsqu'il n'existe pas d'héritiers, la succession est attribuée à l'État, à titre de bien vacant et sans maître (art. 768). L'État n'est pas un *héritier* ; il ne *succède* pas au défunt en vertu d'une vocation héréditaire : c'est son droit de *souveraineté* qu'il exerce.

La succession recueillie par l'État est dite *en déshérence* (*de* privatif, et *heres*). C'est l'*Administration des domaines* (aujourd'hui réunie à l'Enregistrement) qui est appelée à exercer les droits de l'État (art. 769 et 772)[1]. Elle est obligée de demander l'*envoi en possession* et de remplir les mêmes formalités qui sont exigées des successeurs irréguliers. C'est même le fisc qui a été dans notre droit le premier modèle de ce genre de successeurs.

1923. Ressemblances avec les successeurs ordinaires. — Cependant l'État, recueillant une succession par déshérence, ressemble en plusieurs points à un héritier.

D'abord il recueille l'actif entier de la succession, les biens et droits de toute nature qui la composent, sauf une exception : les *droits d'auteur*, qui s'éteignent d'après la loi du 14 juillet 1866, faute de successeurs ordinaires.

En second lieu, le passif est à sa charge : il est tenu des mêmes obligations que le défunt, sauf les modifications résultant des règles administratives sur la liquidation des biens de l'État. Toutefois le passif héréditaire ne peut jamais être exigé de l'État après l'épuisement de l'actif : l'État est nécessairement tenu *intra vires successionis*.

1924. Étrangers décédés en France. — L'État français succède même aux étrangers qui meurent sans héritiers sur son territoire. Pour les immeubles, il ne peut pas y avoir de difficultés. Pour les meubles on pourrait être tenté d'appliquer la règle « Mobilia personam sequuntur », quand le défunt a son domicile à l'étranger, mais l'art. 768 est une disposition particulière qui attribue à l'État « la succession » tout entière, sans aucune distinction. Par conséquent le droit de déshérence s'applique aux meubles qui se trouvent en France au décès de l'étranger.

1925. Droits des Hospices. — Dans des cas particuliers, les biens en déshérence, au lieu d'être dévolus à l'État représentés par l'Administration des domaines, sont attribués aux Hospices[2].

1° Les Hospices succèdent aux enfants élevés par eux, quand ceux-ci décèdent encore mineurs et avant leur sortie de l'établissement, sans laisser d'héritiers. L'hospice est appelé à recueillir toute la succession. Si un héritier se présente, la restitution des biens ne lui est due que sous déduction des frais d'entretien et de nourriture de l'enfant (L. 15 pluviose an XIII, art. 8 et 9).

2° Un avis du Conseil d'État du 3 novembre 1809 a donné aux hospices le droit de conserver les effets apportés par les malades décédés, quand ils sont traités gratuitement. En ce cas l'hospice prime même les héritiers.

[1] Sur le projet de M. Roussel qui attribuait les successions en déshérence à une caisse spéciale instituée au profit des enfants abandonnés, voyez *Journal officiel*, Documents parlementaires, Chambre, 1884, annexes, p. 678, 861 et 1873.

[2] Sur l'origine du droit de succession des hospices, voir VIOLLET, *Précis*, 2e édit., p. 487. La *Charité*, de Lyon, *adoptait* ses orphelins, et d'autres hospices faisaient de même.

LA TRANSMISSION DE LA SUCCESSION

****1926. Acquisition immédiate de la propriété.** — De quelle manière se fait la transmission aux héritiers des biens laissés par le défunt? Cette transmission est *immédiate* et elle a lieu *de plein droit.* Le patrimoine du défunt est donc acquis à ses héritiers sans qu'il se produise une solution de continuité dans la propriété. Nous n'avons plus en droit français de *jacence de l'hérédité,* comme il s'en produisait en droit romain; les biens d'une succession ouverte ne sont jamais *res nullius,* en supposant bien entendu qu'il y ait des héritiers disposés à l'acquérir.

Cette règle s'applique sans distinction aux sucesseurs irréguliers aussi bien qu'aux héritiers légitimes : les uns comme les autres sont, aussitôt après la mort du défunt, propriétaires, créanciers, débiteurs à sa place.

*** 1927. Règles différentes pour les deux espèces de successions.** — Malgré cette ressemblance *sur le fond du droit,* il existe cependant une différence grave entre les successeurs légitimes et les successeurs irréguliers *sur la manière de prendre possession de l'hérédité,* ce qui n'est, à vrai dire, qu'une question de forme, mais à laquelle on a donné dans notre droit une importance véritablement excessive : les uns ont la *saisine*; les autres ne l'ont pas et sont obligés de demander l'*envoi en possession.* Qu'est-ce que la saisine? qu'est-ce que l'envoi en possession? Les deux chapitres qui suivent répondent à cette double question.

CHAPITRE PREMIER

DE LA SAISINE DES HÉRITIERS LÉGITIMES

1928. Bibliographie. — Simonet, *Histoire et théorie de la saisine héréditaire,* 1852, in-8. — Thiercelin, *De la saisine héréditaire dans l'ancien droit français* (Revue critique, t. XXXVII, p. 80 et suiv.; et nouvelle série, t. I, p. 779 et suiv.). — Dubois, *La saisine héréditaire en droit romain* (*Nouvelle Revue historique,* t. IV). — Brissaud, *Origines de la saisine héréditaire* (*Revue générale,* t. X, p. 252 et suiv. — Lefort, *Nouvelles recherches sur la saisine,* 1878. — Klimrath, *Revue de législation,* t. II, p. 356 et t. XXX, p. 55. — Thèses de Doctorat : MM. Dufourmantelle, Paris, 1890; H. Patte, Paris, 1899, etc.

§ 1. — *Notions historiques.*

***1929. Idée générale de la saisine.** — Le mot « saisine » est un vieux mot français d'origine germanique [1], qui veut dire tout simplement « possession ». Jamais les textes d'ancien français ne parlent de *possession*, qui est un mot de formation savante, réintroduit dans la langue au xve ou au xvie siècle. Du jour où le mot « possession » a été employé, la notion de la saisine a paru être une chose différente et s'est obscurcie, et actuellement on ne trouverait pas dans le droit français d'institution dont on parle plus et que l'on comprenne moins.

1930. Saisine de droit et saisine de fait. — La saisine a cependant un caractère particulier, qui n'appartient pas au simple fait de la possession, tel que nous le comprenons aujourd'hui. Pour s'en rendre compte il faut lire les textes anciens, en respectant leur ordre chronologique. A côté de textes qui emploient le mot « saisine » pour désigner la simple possession de fait [2], on en trouve d'autres qui présentent la saisine comme une *possession garantie par le droit*, pouvant appartenir à quelqu'un qui n'a pas encore ou qui n'a plus la possession de fait. Le texte le plus net et le plus ancien qui nous montre cette séparation est de Beaumanoir : « Usage d'an et jour suffit à acquérir saisine » (XXIV, 4). Il est bien clair que pendant un an et un jour on a affaire à quelqu'un qui a la possession sans avoir la saisine. Cette séparation du droit et du fait est donc très ancienne, et dès le xiiie siècle la saisine était comprise, au moins dans certains cas, comme étant simplement le *droit de posséder*, « jus possidendi ».

***1931. La saisine héréditaire.** — Si nous nous occupons uniquement de la saisine en matière de succession, nous voyons que de tout temps les parents d'une personne décédée avaient le droit de prendre possession de ses biens sans avoir à remplir aucune formalité et que le droit venait à leur secours en leur donnant dans ce but et immédiatement l'action possessoire [3]. De très bonne heure, on exprima cette situation par la maxime « le mort saisit le vif », qu'on trouve déjà dans les textes du xiiie siècle, les plus anciens que nous possédions sur ces matières [4].

A l'origine, cette maxime n'intéressait que le droit civil : on voulait simplement exprimer par là que l'héritier devait être mis en possession des biens du défunt à l'exclusion de tout détenteur. C'est justement ce que décidait l'arrêt de 1259, cité aux notes, et c'est encore ce que disent très clairement quelques textes jusqu'au commencement du xvie siècle [5]. Mais au xvie siècle on se servit du brocard *Le mort saisit le vif* comme d'une arme pour lutter contre les prétentions fiscales des seigneurs. Ce fut une seconde phase dans l'histoire de la saisine, qui devint alors agressive contre la féodalité et qui sortit ainsi de son domaine primitif, qui était le droit civil pur.

1932. Controverses sur les origines de la saisine. — Au xviiie siècle,

[1] De l'ancien haut-allemand *sazjan*, placer, établir.

[2] « Domino regi remanere debebat molendinus predictus, qui erat in saisina ejus » (*Olim*, t. I, p. 389, XI). — « On doit demander la saisine de l'héritage sans plaider sur la propriété » (BEAUMANOIR, VI, 4, p. 100). Comp. *ibid.*, p. 338, XXIV, 4 ; p. 468.

[3] « Sire, je demant à avoir le saizine de tel heritage ... et à moi en apartient le saizine par tele reson. Et doit le reson dire, si comme s'ele li est descendue ou esqueue, ou il le demande comme executeres, par le reson du testament, car en tex cas viennent saisines d'eritages » (BEAUMANOIR, VI, 4). L'auteur ajoute que si on ne lui « empêche saisine », il peut entrer en la chose dont droit ou coustume lui donne saisine, sans parler au seigneur, si ce n'est en fief.

[4] Jugement de 1259 : « Per consuetudinem terre mortuus debebat vivum saisire » (*Olim*, t. I, p. 452, n° xvi). — *Usage d'Orlenois*, du milieu du xiiie siècle : « Li mort saisist le vif » (II, 4, dans VIOLLET, *Etabl. de Saint-Louis*, t. II, p. 337).

[5] « En pays coustumier apprehension de fait ne fait rien que le prochain hoir ne soit saisi et vestu de l'heritage du deffunct, par la coustume que le mort saisit le vif » (JEAN DESMARETS, † 1383, Décision 52). — « L'hoir se peut dire incontinent après la mort... en possession et saisine des biens du trépassé dont il se dit hoir » (*Grand coutumier*, II, 21). — « Et est saisi chacun (héritier) de son droit et portion... sans apprehension de fait » (*Coutume d'Anjou*, de 1508, art. 272).

d'hui, donna de la saisine une explication purement imaginaire (sous le n° 317 des *Institutes coutumières* de Loysel). Il prétend que cette maxime a été *inventée* pour dispenser l'héritier de payer les profits féodaux en s'abstenant de demander l'ensaisinement à son seigneur. Les textes cités plus haut suffisent à lui répondre.

Quant aux auteurs modernes qui écrivent sur le droit civil, leurs opinions à cet égard n'ont pas grand poids, parce qu'ils mêlent sans discernement les textes de toutes les époques.

L'idée primitive de la saisine, considérée comme quelque chose de distinct de la possession de fait, nous vient-elle du droit germanique ou du droit romain ? La plupart des auteurs penchent pour les origines germaniques, à cause de la *rechte Gewehre* qu'on trouve dans les vieux textes allemands. J'ai jadis essayé de montrer que l'influence romaine n'était peut-être pas étrangère à la formation de cette notion (*Revue critique*, 1885, t. XIV, p. 337) et je persiste dans cette idée. M. Viollet n'est pas éloigné de l'accueillir (*Histoire du droit civil français*, 2e édit., p. 830-832). On ne se doute pas en général de la part qu'ont prise les textes romains dans la formation de nos idées juridiques dès qu'ils ont été étudiés, c'est-à-dire à partir du XIe siècle.

§ 2. — *La saisine héréditaire dans le Code civil.*

A. — Héritiers saisis.

****1933. Disposition primitive de l'art. 724.** — Le Code Napoléon portait : « Les *héritiers légitimes* sont saisis de plein droit des biens, droits et actions du défunt. » C'était l'équivalent de l'art. 318 de la coutume de Paris, qui disait : « Le mort saisit le vif, son hoir le plus proche, habile à lui succéder », avec cette différence toutefois que la saisine appartenait jadis à tous les membres de la famille appelés à succéder ab intestat [1], tandis que le droit moderne a créé une catégorie de successeurs irréguliers privés de la saisine, et qui comprenait d'abord (de 1804 à 1896) tous les parents naturels et le conjoint.

****1934. Modification de 1896.** — Aux héritiers légitimes, qui ont conservé la saisine, qu'ils ont eue de tout temps, la loi du 25 mars 1896 a ajouté ceux qu'elle appelle les « héritiers naturels ». Entendez par là les *enfants naturels* et les *père et mère naturels*, qui sont transformés par cette loi en *héritiers légitimes*, pourvus de la saisine.

1935. Théorie de la saisine collective. — Mentionnons pour mémoire une idée développée en Allemagne par ZACHARIÆ et adoptée en France par BLONDEAU (*Séparation des patrimoines*, p. 652 et suiv.), d'après laquelle la saisine appartiendrait non seulement aux héritiers qui se trouvent en rang utile pour succéder, mais à toute la parenté légitime, à tous les degrés. Cette doctrine qui se rattachait aux traditions sur la *copropriété de famille*, est universellement abandonnée. La saisine n'est donnée qu'aux seuls héritiers *appelés*, et non collectivement à tous les parents. Elle est *individuelle* et n'est donnée à chacun que pour sa part.

***1936. Dévolution de la saisine.** — Mais si la saisine n'est pas

[1] La loi roumaine n'accorde la saisine qu'aux descendants et ascendants. Tous les autres héritiers doivent se faire envoyer en possession (art. 653 C. civ. roumain. Comparez art. 652, 677, 678, *ibid.*). Mais dans le Code roumain la saisine n'a aucun rapport avec le paiement des dettes, que tous les successeurs supportent *ultra vires*.

collective, elle est tout au moins *successive*, c'est-à-dire qu'elle passe aux héritiers du second degré par l'effet de la renonciation du premier, et ainsi de suite : chaque catégorie appelée à défaut des précédentes arrive à la succession avec la saisine, en supposant qu'elle y ait droit par son titre, c'est-à-dire qu'il s'agisse d'héritiers légitimes, et non d'un successeur irrégulier, comme le conjoint. Cette saisine leur est dévolue rétroactivement, par l'effet de la renonciation du rang précédent, qui est censé n'avoir jamais été héritier (arg. art. 785).

1937. Objections. — Deux textes jettent quelques doutes sur la question, et ont fait croire à divers auteurs que la saisine n'était pas successive. Ce sont les art. 790 et 811.

Argument tiré de l'art. 790. — Cet article permet à l'héritier qui a renoncé de revenir sur sa renonciation pour reprendre la succession qu'il avait d'abord dédaignée, tant que l'héritier subséquent n'a pas accepté. Comment ce retour du renonçant serait-il possible, si l'héritier qui le suit était saisi ?

Argument tiré de l'art. 811. — Dès que les héritiers connus ont renoncé, la succession est *réputée vacante*, et il peut lui être nommé un curateur. Si la saisine était successive, ne faudrait-il pas dire que la succession n'est vacante qu'après que tous les degrés successibles ont renoncé ?

Réponse. — L'argument pris de l'art. 811 se retourne contre ceux qui s'en servent, car cet article ne dit nullement qu'un curateur peut être nommé dès que le premier degré a renoncé et encore qu'il existe d'autres héritiers connus : au contraire, il suppose que *tous les héritiers connus* ont renoncé, ce qui implique qu'ils ont été saisis les uns après les autres. Quant aux héritiers inconnus, dont l'existence est problématique, on ne doit pas en tenir compte, car, en attendant qu'ils se révèlent, il faut bien que la succession soit représentée par quelqu'un.

L'argument que fournit l'art. 790 est plus sérieux, mais tout ce qu'on en peut conclure, c'est que la saisine des degrés ultérieurs a moins de force que celle du premier rang. Une faveur faite à l'héritier préférable par son rang constitue une simple dérogation à la règle, et n'autorise pas à nier la dévolution naturelle de la saisine.

Enfin si la saisine n'était pas successive, il faudrait soumettre les héritiers appelés à défaut des renonçants à la nécessité de demander l'envoi en possession, ou bien décider qu'ils ne sont ni soumis à cette formalité ni saisis, toutes solutions qui seraient également contraires à l'art. 724, qui ne connaît que deux classes de successibles : ceux qui sont obligés de se faire envoyer en possession et ceux qui en sont dispensés comme ayant la saisine.

B. — Effets de la saisine.

1° Leur nature.

****1938. A quoi ils se réduisent.** — La saisine n'a aucun rapport avec la transmission de la propriété, qui s'accomplit immédiatement, aussi bien au profit des héritiers qui en sont privés que de ceux qui la possèdent[1].

[1] Cependant Pothier attribue certainement à la saisine l'acquisition immédiate de la propriété, qui résulte de l'ouverture de la succession. Après avoir rappelé la règle romaine, d'après laquelle la succession n'était pas acquise à l'héritier avant qu'il ne l'eût acceptée, il s'exprime ainsi : « Au contraire, suivant notre droit français, une succession est acquise à l'héritier que la loi y appelle, dès l'instant même qu'elle lui est déférée, et avant qu'il en ait encore la moindre connaissance... *C'est ce que signifie cette règle* de notre droit français : « Le mort saisit le vif, etc. » (*Successions*, chap. III, sect. 2.) M. Bugnet met en note : « Il n'est pas bien sûr que tel soit le sens de la règle... » Non seulement cela n'est pas sûr, mais c'est le contraire qui l'est-

Ses effets concernent uniquement *la prise de possession de l'hérédité*, et ils se produisent sous deux formes différentes l'une pour les *choses en nature* et l'autre pour l'*exercice des actions*.

1° PRISE DE POSSESSION DES BIENS HÉRÉDITAIRES. — L'héritier saisi a le droit de se mettre en possession des biens du défunt, mobiliers et immobiliers, *sans avoir à remplir aucune formalité*. C'est son bien et l'accès lui en est libre. Il peut donc se mettre immédiatement à la tête de l'administration de la succession et percevoir les fruits et revenus des biens de la composent.

2° EXERCICE DES ACTIONS. — L'héritier saisi a qualité pour exercer les *actions de toute nature* appartenant au défunt et pour *défendre* à celles qui appartenaient à des tiers contre lui. Cette aptitude à exercer activement et passivement les actions du défunt est surtout remarquable pour les *actions possessoires* : l'héritier en est investi de plein droit, même s'il s'agit d'un bien possédé par un tiers et dont lui-même n'a jamais eu personnellement la possession de fait.

Pour exprimer ce double effet de la saisine, on dit communément que les héritiers saisis ont la *possession de droit* (parce qu'ils sont virtuellement investis de toutes les actions du défunt) et qu'il dépend d'eux d'y joindre, de leur autorité privée, la *possession de fait*, en s'emparant des biens.

2° Rapport de la saisine avec l'obligation aux dettes.

***1939. Origine de cette idée.** — Par la façon dont il est rédigé, l'art. 724 établit un lien entre la saisine et l'obligation de payer les dettes du défunt. On y lit en effet que les héritiers sont « saisis de plein droit... *sous l'obligation d'acquitter toutes les charges de la succession* ». C'est encore une idée relativement nouvelle, qui ne paraît pas remonter au delà du XVIIIe siècle : Pothier, qui ne connaissait pas les origines historiques de la saisine et ne s'en mettait même pas en peine, lui attribuait comme effets propres toutes les règles qu'il voyait applicables aux héritiers légitimes. On l'a déjà vu (ci-dessus p. 578, note 1) pour la transmission immédiate de la propriété, que Lebrun et lui faisaient dériver de la saisine ; il en était de même des obligations du défunt, desquelles l'héritier se trouve devenu débiteur personnel par l'effet de la saisine. En d'autres termes, il applique au passif la même idée qu'à l'actif.

***1940. Réfutation.** — Cette conception est certainement fausse et Pothier lui-même nous en fournit la réfutation. L'obligation indéfinie aux dettes vient d'une autre idée, infiniment plus ancienne, d'après laquelle l'*héritier continue la personne du défunt*. Il prend la place de celui à qui il

Pothier commet ici une confusion, facile à comprendre, parce que de son temps tous les héritiers avaient la saisine, mais son explication est un contresens historique. Avant lui LEBRUN tenait déjà le même langage (*Successions*, liv. III, chap. I, n° 34).

succède, et est tenu de ses obligations de la même manière que lui. A ces héritiers, continuateurs de la personne, le droit français oppose ceux qui recueillent les biens du défunt à titre universel et qui sont tenus de ses dettes uniquement en qualité de *successeurs aux biens,* et parce que les dettes sont la charge de l'universalité du patrimoine[1]. Dans notre ancien droit coutumier, le principal représentant de cette catégorie était le légataire universel.

L'idée de la continuation de la personne du défunt par l'héritier n'est pas spéciale au droit français ; c'est une tradition juridique qui remonte au droit romain, d'après lequel l'héritier était tenu des dettes de la même manière que le défunt, sauf l'effet du bénéfice d'inventaire créé par Justinien. Quant à la formule, elle est récente; on ne la trouve pas encore dans Domat, bien qu'il analyse tout au long l'idée qu'elle exprime[2].

1941. Explication du texte. — Du reste, il ne faut pas se méprendre sur la nature du lien établi par le Code entre la saisine et l'obligation aux dettes. L'art. 724 ne s'exprime pas comme le faisait Pothier ; il n'explique pas l'obligation de l'héritier par l'existence de la saisine, de façon à en faire un de ses effets ; il la présente comme une simple *condition* : l'héritier est saisi « sous l'obligation... », c'est-à-dire à la condition de payer tout ce que devait le défunt. De la sorte, nous restons libres d'expliquer l'existence de cette obligation par l'antique idée de la continuation de la personne : il y a *concordance* entre les deux choses, plutôt que *rapport de cause à effet.*

C. — Étendue de la saisine des héritiers.

*** 1942. Biens dont l'héritier est saisi.** — Un héritier légitime peut être saisi de biens dont la propriété ne lui appartient pas. Ce fait ne peut plus se présenter que pour une seule cause, le concours de l'héritier du sang avec des légataires non saisis, par exemple quand le défunt a *légué* divers biens à titre particulier, ou même par un legs universel, si l'héritier est réservataire ; dans cette hypothèse, le légataire universel n'a pas la saisine, non plus que les légataires particuliers qui ne l'ont jamais. Les uns et les autres sont obligés de *demander la délivrance* à l'héritier, qui est saisi de de toute la succession.

On peut donc avoir la saisine d'un bien dont on n'a pas la propriété et réciproquement avoir la propriété d'un bien dont on n'a pas la saisine.

Avant la loi du 25 mars 1896, la même situation se présentait pour les enfants naturels en concours avec des héritiers légitimes : eux aussi étaient des successeurs irréguliers non saisis. Actuellement ils sont héritiers et ils ont la saisine de leur part.

[1] Voici en quels termes Pothier exprime cette idée : « L'héritier est celui qui succède à tous les droits actifs et passifs du défunt, par conséquent à toutes ses obligations, à toutes ses dettes ; il n'est pas tenu des dettes comme d'une charge des biens auxquels il succède, mais il en est tenu comme successeur, non pas seulement des biens, mais de la personne même du défunt, c'est-à-dire de tous ses droits personnels actifs et passifs, et par conséquent de toutes ses dettes, même au delà de la valeur de ses biens » (*Successions*, chap. v, art. 3, § 1).

[2] Les jurisconsultes romains employaient la même formule (personam defuncti sustinet) dans un autre sens, à propos de l'*hérédité jacente,* « nondum adita » (*Institutes,* liv. II, tit. 14, § 2. Comp. *Digeste,* liv. XLI, tit. 1, § 34).

Il ne dépendrait pas du testateur d'enlever la saisine à ses héritiers pour la donner à ses légataires.

1943. Biens dont l'héritier n'est pas saisi. — Cependant l'héritier légitime n'a pas toujours la saisine de l'universalité de la succession. Elle lui manque : 1° pour les biens soumis à un *droit de retour* ; 2° pour ceux qui ont fait l'objet d'une *institution contractuelle.*

CHAPITRE II

ENVOI EN POSSESSION DES SUCCESSEURS IRRÉGULIERS

** **1944. Situation générale des successeurs irréguliers.** — Comme les héritiers légitimes, les successeurs irréguliers sont propriétaires des biens de la succession ou de leur part dans ces biens dès le jour du décès, mais *ils n'ont pas la saisine* (art. 724).

Rappelons que dans notre ancien droit on ne faisait aucune distinction de ce genre et que tous les particuliers appelés à recueillir une hérédité ab intestat étaient saisis (voyez ci-dessus n° 1933). La privation de la saisine est donc une innovation du Code, d'autant plus grave que, dans son système, les successeurs irréguliers étaient nombreux et comprenaient tous les parents naturels. Depuis la loi de 1896 qui a étendu le bénéfice de la saisine aux enfants naturels et à leurs père et mère, il n'y a plus que le *conjoint* et l'*État* qui soient soumis à la nécessité de demander l'envoi en possession, auxquels il faut, je crois, adjoindre les *frères et sœurs de l'enfant naturel,* tant légitimes que naturels, mais dont l'arrivée à la succession est fort rare ; il y a du reste à leur sujet une controverse qui sera indiquée plus loin (ci-dessous n° 1950).

§ 1. — *Conditions et formes de l'envoi en possession.*

1945. Scellés et inventaire. — Le successeur irrégulier doit : 1° faire apposer les scellés; 2° faire inventaire (art. 769). Ces formalités sont nécessaires surtout pour protéger les héritiers du sang, qui pourraient se présenter un jour et enlever la succession à celui qui l'avait recueillie en fait. Elles servent aussi à déterminer la limite dans laquelle le successeur irrégulier sera tenu du passif envers les créanciers, si l'on admet qu'il n'est obligé que jusqu'à concurrence de l'actif, situation qui est certainement celle de l'État succédant par déshérence, mais qui est controversée pour les autres successeurs irréguliers.

1946. Demande en justice. — L'envoi en possession doit être demandé au tribunal dans le ressort duquel la succession est ouverte (art. 770). Cette demande s'introduit par une *requête* (arg. art. 859 et 860 C. proc. civ.). Elle doit être rendue *publique* au moyen d'affiches ; la loi exige « trois publications et affiches dans les formes usitées » (art. 770)[1]. Toutefois cette publicité n'est nécessaire que pour l'admission de la demande

[1] La loi n'ayant pas déterminé les formes de cette publicité, il y a une grande diversité en fait. En général des insertions sont faites dans les journaux chargés des annonces judiciaires et se succèdent de quinzaine en quinzaine.

qui pourrait être rejetée sans aucune de ces formalités, si l'existence d'héritiers non renonçants était certaine.

Le tribunal rend un premier jugement ordonnant la publication de la demande ; quand cette publication est terminée, l'affaire revient devant lui, et il statue définitivement, le ministère public entendu (art. 770).

1947. Preuve à fournir. — Deux conditions également nécessaires pour le succès de la demande doivent être prouvées :

1° Que le réclamant a lui-même la qualité de conjoint ou de frère naturel du défunt ;

2° Qu'il n'existe pas de successeur préférable, ou du moins qu'aucun ne s'est présenté.

Le premier point est facile à établir. Il n'en est pas de même du second. Comment prouver qu'il n'existe aucun parent collatéral du défunt jusqu'au 12e degré ? En pratique, on se contente d'un *acte de notoriété*, constatant les déclarations des témoins qu'à leur connaissance il n'existe pas de parents plus proches.

1948. Garantie spéciale à fournir par le conjoint. — Une condition particulière est en outre imposée au conjoint survivant : il doit, *à son choix*, faire *emploi du mobilier* ou *donner caution*. Cette mesure est destinée à garantir le droit des héritiers légitimes encore inconnus, qui pourraient se présenter un jour et réclamer la restitution de la succession.

L'emploi suppose que les meubles existant en nature sont vendus ; cette vente est obligatoire pour le conjoint, s'il ne veut pas donner caution, mais il a le choix du mode de placement, si le tribunal ne l'a pas spécifié ; la loi ne lui en impose aucun.

La caution n'est liée que pour *trois années* : après ce temps elle est déchargée (art. 771). La pétition d'hérédité reste ouverte aux héritiers contre le conjoint, car elle dure 30 ans, mais elle est alors dépourvue de toute sûreté particulière. Du reste, la caution n'est exigée que dans l'intérêt des héritiers ; elle n'est donc pas responsable envers les créanciers.

1949. Pourquoi l'État est dispensé de l'emploi et de la caution. — Cette précaution exceptionnelle n'est prise que contre le conjoint, car l'art. 771 ne l'établit que pour lui. L'*État* en est donc dispensé, conformément à l'adage « Fiscus semper solvendo censetur ».

1950. Controverse. — Quant aux *frères et sœurs naturels ou légitimes de l'enfant naturel*, appelés en vertu de l'art. 766, leur situation donne lieu à une difficulté. Sous l'empire des textes primitifs du Code, il n'est pas douteux qu'ils avaient la qualité de successeurs irréguliers, mais on se demandait s'ils étaient soumis à la nécessité de demander l'envoi en possession. Les textes ne le leur imposaient pas expressément, car les art. 769 et 770 ne parlaient que du conjoint et de l'État, et l'art. 773 déclarait ces deux textes applicables « aux enfants naturels appelés à défaut de parents », sans nommer les frères et sœurs de l'enfant naturel. Leur obligation ne pouvait donc provenir que de l'ensemble des dispositions de la loi et de l'opposition faite entre les successeurs irréguliers et les héritiers légitimes, ces derniers étant seuls investis de la saisine. Toutefois ces formalités sont pour eux moins utiles que pour le conjoint, car la famille légitime s'étend au loin, alors que la famille naturelle est très peu nombreuse et la plupart du temps on est certain que l'enfant naturel décédé ne laisse pas d'autres successibles que ses frères et sœurs. — Depuis la loi du 25 mars 1896, qui a élargi le cercle des héritiers saisis, la question a changé de face et on peut soutenir que le nouvel art. 724, en donnant la saisine aux « héritiers naturels », comprend sous ce nom même les successibles de l'art. 766 (En ce sens Trib. de Versailles, 25 nov. 1897, D. 98. 2. 417). Voyez cependant les observations du *Dalloz* sur ce jugement.

§ 2. — *Effets de l'envoi en possession.*

* **1951. Effet des formalités accomplies.** — Quand l'envoi en possession a été prononcé, le successeur irrégulier se trouve *dans la même si-*

tuation que s'il était héritier légitime. La saisine lui était refusée par la loi, mais l'envoi en possession la remplace exactement. On peut dire qu'il donne au successeur irrégulier une *saisine judiciaire,* et cette saisine *rétroagit* au jour de l'ouverture de la succession. Le successeur a dès lors tous les bénéfices de la possession, pour laquelle il est réputé avoir succédé au défunt à partir du décès, et il a l'exercice actif et passif des actions dépendant de l'hérédité.

1952. Effet d'une prise de possession irrégulière. — Si le successeur se place de son autorité privée à la tête de la succession, son acceptation, quoique irrégulière, produit cependant certains résultats. Il peut être poursuivi par les créanciers, dont sa négligence ne doit pas paralyser l'action. Mais sa possession de fait n'empêche pas les héritiers qui lui étaient préférables et qui avaient d'abord renoncé de revenir sur leur renonciation : son acceptation, n'étant pas régulière, ne leur est pas opposable. En sens inverse, cette simple acceptation de fait suffit à empêcher la déshérence de la succession et à écarter l'État.

OPTION DE L'HÉRITIER

** **1953. Les trois partis à prendre.** — Celui auquel une succession est déférée peut choisir entre trois partis différents :

1° *Accepter purement et simplement*, ce qui est ordinairement le meilleur parti quand on est sûr que la succession est bonne ;

2° *Accepter sous bénéfice d'inventaire*. C'est ce qu'il faut faire, si l'on a des doutes sur la solvabilité de la succession, l'héritier étant couvert par son bénéfice contre l'action des créanciers et conservant l'espoir de réaliser un gain, s'il reste un reliquat d'actif net.

3° *Renoncer*. La *renonciation* ou *répudiation* fait perdre à l'héritier tout droit sur la succession ; mais c'est une décision qui s'impose si la succession est évidemment mauvaise et que l'héritier n'ait pas de raisons personnelles de l'accepter quand même, pour acquitter de ses deniers les dettes du défunt. Ce sera encore un parti utile à prendre, si l'héritier a reçu du défunt une donation considérable, qui serait résolue et perdue pour lui par l'effet du rapport, s'il acceptait la succession d'une manière quelconque : il renonce alors *pour s'en tenir à son don*.

1954. Plan. — Afin de simplifier l'exposition des règles relatives à l'option de l'héritier, nous examinerons d'abord les règles communes aux trois hypothèses possibles, pour voir ensuite les règles spéciales à chacune d'elles.

CHAPITRE PREMIER

RÈGLES GÉNÉRALES

§ 1. — *A qui l'option appartient.*

A. — Liberté du choix.

* **1955. Règle et exceptions.** — En principe, la triple option déterminée par les art. 774 et 775 est ouverte à tous les successeurs venant ab intestat. Il existe toutefois deux cas exceptionnels où la liberté d'opter est réduite. Voyez ci-dessous n°s 1957 et 1958.

** **1956. Liberté de renoncer.** — Le droit français ne connaît plus d'*héritiers nécessaires*. Aux termes de l'art. 775 : « Nul n'est tenu d'accepter une succession qui lui est échue. » C'est la reproduction de l'art. 316 de la coutume de Paris : « Il ne se porte héritier qui ne veut. » (Comp. coutume d'Orléans, art. 325; de Bretagne, art. 571, etc. — et LOYSEL, n° 318).

A raison de cette faculté de renonciation on a pris l'habitude, dans la doctrine, d'appeler « successible » l'héritier qui n'a pas encore pris parti, parce qu'il n'a pas encore acquis définitivement la qualité d'héritier.

1° Héritier mineur ou interdit.

*** 1957. Suppression de l'acceptation pure et simple.** — La loi défend d'accepter purement et simplement une succession échue à un héritier mineur ou interdit (art. 461 et 509). On peut y renoncer, si on la juge mauvaise ; mais si on veut l'accepter, on ne peut le faire que *sous bénéfice d'inventaire*. L'acceptation pure et simple a paru dangereuse pour l'incapable, à cause de l'obligation qu'elle entraîne de payer indéfiniment toutes les dettes encore inconnues et qui peuvent se révéler dans la suite. Avec le bénéfice d'inventaire, on échappe à ce danger.

La décision de la loi n'est cependant pas sans inconvénients. Elle oblige l'héritier à remplir des formalités et à faire des frais, qui sont inutiles quand la succession est bonne[1] ; de plus, s'il se rend adjudicataire d'un bien de la succession mis aux enchères, il se trouve tenu, en sa qualité d'héritier bénéficiaire, d'acquitter le *droit de transcription* (1,50 pour 100), dont il serait dispensé s'il était héritier pur et simple (Cass. Ch. réunies, 12 janv. 1876, D. 76. 1. 52, S. 76. 1. 81).

2° Désaccord entre les ayants droits

*** 1958. Hypothèse.** — Cette seconde exception résulte de l'art. 782. L'hypothèse, prévue est celle où *une personne meurt après avoir été appelée à une hérédité sur laquelle elle n'a pas encore pris parti*. Son droit de la recueillir, avec l'option qu'il comporte, passe à ses propres héritiers (art. 781) : c'est la conséquence du principe moderne qui fait acquérir la succession de plein droit à l'héritier sauf l'effet de son option, s'il veut y renoncer. Si cette personne laisse plusieurs héritiers, il est possible que ceux-ci se mettent d'accord sur le parti à prendre. Mais, s'ils ne s'entendent pas, qu'arrive-t-il ? C'est alors que l'art. 782 intervient. Le plus sage aurait été de laisser chacun libre de son choix, comme on l'a fait dans l'art. 1475 pour les héritiers de la femme appelés de son chef à accepter ou à répudier la communauté ayant existé entre elle et son mari. Mais on a de tout temps considéré l'option des héritiers comme *indivisible* : à eux tous, ils doivent avoir une décision unique, comme celle qu'aurait prise leur auteur.

1959. Solution. — Autrefois c'était le juge qui décidait *quid melius*, comme on disait (POTHIER, *Successions*, chap. III, sect. 3, art. 2, § 2). Aujourd'hui l'art. 782 veut que la succession soit *acceptée sous bénéfice d'inventaire*. Voilà donc un cas où des héritiers vont être obligés d'accepter malgré eux, contrairement à la règle « N'est héritier qui ne veut », par suite de leur dissentiment avec leurs consorts.

Cette solution appelle les mêmes critiques que celle qui est appliquée au mineur. Elle a de plus un grave danger : l'un des ayants droit a le moyen d'obliger les autres à subir l'effet du *rapport*, auquel une renonciation aurait pu les soustraire, et il y a là une fraude

[1] On le dit du moins; mais les formalités du bénéfice d'inventaire sont à peu près les mêmes que celles de la tutelle : le tuteur devrait les remplir en cette qualité, quand bien même il serait autorisé à accepter purement et simplement.

possible par la collusion de l'un d'eux avec les successibles appelés à la succession en même temps que leur auteur commun.

B. — Capacité.

1960. Renvoi. — Les incapables ne peuvent pas prendre parti eux-mêmes sur les successions qui leur sont échues. L'art. 776 veut que la femme se fasse autoriser par son mari pour accepter et ce même texte renvoie au titre « De la Tutelle » pour les successions échues aux mineurs et aux interdits. C'est en effet à propos des différentes classes d'incapables qu'il convient d'indiquer les règles à suivre ; aussi nous n'en dirons rien ici.

§ 2. — *Délais accordés à l'héritier pour délibérer.*

**** 1961. Notion générale.** — Pour permettre à l'héritier de délibérer, c'est-à-dire de se renseigner sur les forces de la succession et de réfléchir avant de prendre parti, des *délais spéciaux* lui sont donnés par la loi, pendant lesquels nul ne peut le forcer à se décider, s'il n'y est pas prêt, et on lui donne à cet effet une *exception dilatoire,* qui lui sert à repousser toutes les demandes dirigées contre lui.

A. — Durée des délais.

*** 1962. Délais légaux.** — Il existe un double délai : le premier est de *trois mois,* il est donné à l'héritier *pour faire inventaire* ; le second est de *quarante jours* et il est donné à l'héritier pour *délibérer* (art. 795). Le second délai commence après l'expiration du premier, ou même plus tôt, après la confection de l'inventaire quand il est terminé avant les trois mois. — L'inventaire peut encore utilement être fait après l'expiration des trois premiers mois, pendant la durée du second délai.

1963. Prolongation judiciaire des délais. — Ces délais peuvent être prolongés par le juge. L'art. 798 parle au singulier en disant que l'héritier peut demander « un nouveau délai ». Mais il est admis que le tribunal a le droit de lui en accorder successivement plusieurs, s'il y a lieu. On s'en rapporte à la prudence des juges.

1964. Point de départ. — Le délai court *du jour de l'ouverture de la succession* (art. 795) Cela s'applique sans difficulté aux héritiers appelés en première ligne. Mais si ceux-ci renoncent, les délais déterminés par la loi ne peuvent courir qu'à compter de cette renonciation contre ceux qui sont appelés à leur défaut. Sans cela les héritiers du second rang n'auraient souvent aucun délai utile pour prendre parti.

Si l'héritier est mort avant d'avoir accepté ou répudié, ses propres héritiers, appelés à exercer son droit d'option, auront également un nouveau délai qui courra pour eux du jour où il est décédé.

En d'autres termes, chaque héritier appelé à opter jouit du délai légal *à compter du jour où le droit d'option s'est ouvert à son profit.*

B. — Situation de l'héritier pendant les délais.

*** 1965. Effet de l'exception dilatoire.** — Aux termes de l'art. 797, tant que dure le délai, l'*héritier ne peut être contraint à prendre qualité et il ne peut être obtenu contre lui de condamnation.* Ainsi ni les créanciers qui désirent se faire payer, ni les autres intéressés ne peuvent le forcer à prendre parti : il repoussera toutes leurs demandes par une *exception dilatoire* (art. 174 C. proc. civ.). La procédure sera retardée jusqu'à l'expiration du délai ou jusqu'à ce que la décision de l'héritier soit prise.

Par l'effet de l'exception, la procédure seule est suspendue ; la demande n'en est pas moins *valablement introduite*, et il ne sera pas nécessaire de la renouveler, si le successible accepte. Par suite, les créanciers ont intérêt à former immédiatement leur demande, bien qu'ils sachent d'avance qu'elle sera arrêtée par l'exception dilatoire : ils y trouvent le double avantage d'interrompre la prescription et de faire courir les intérêts à leur profit.

1966. Frais de poursuite. — Les frais faits sur l'exception dilatoire restent toujours à la charge de la succession, lorsqu'ils ont été faits pendant les délais légaux ; mais quand ils sont faits pendant les délais judiciaires, la loi les met à la charge de l'héritier, à moins qu'il ne justifie qu'il n'avait pas eu connaissance du décès ou que le délai légal a été insuffisant soit à raison de la situation des biens, soit à raison de contestations survenues (art. 799).

C. — Situation de l'héritier après les délais.

* **1967. Perte de l'exception dilatoire.** — Quand les délais légaux et judiciaires sont écoulés, l'héritier est privé de l'exception dilatoire, et si on suppose qu'il est poursuivi par un créancier, il se trouve obligé de prendre parti immédiatement ; il n'a plus le moyen de retarder la demande.

* **1968. Conservation du droit d'option.** — Mais il ne faut pas s'y tromper : l'héritier qui tarde à se décider n'est nullement déchu de l'option que la loi lui laisse. Il peut encore choisir entre les trois partis qui lui étaient ouverts, à moins qu'il n'y ait quelque raison spéciale qui lui ait fait perdre l'un ou l'autre, ce qui sera expliqué à propos de chacun d'eux.

§ 3. — *Temps donné pour opter.*

A. — Ouverture du droit d'option.

* **1969. Nullité des options anticipées.** — Quelle qu'elle soit, l'option du successible doit être faite *après l'ouverture de la succession*, et pas avant. Toute décision prise sur une succession non encore ouverte, c'est-à-dire sur la succession d'une personne encore vivante, est nulle. La loi le dit d'une manière spéciale pour la *renonciation* dans l'art. 791[1]. Mais la règle est vraie pour l'*acceptation* ; cela résulte à la fois de l'art. 1130 qui défend d'une manière générale les *pactes sur succession future*, et de l'art. 1600, qui interdit de *vendre* la succession d'une personne vivante ; car la vente implique acceptation : pour céder ses droits à autrui, il faut que le successible commence par les fixer en sa personne par une acceptation.

[1] Cet article a été écrit spécialement pour proscrire l'usage des *renonciations à succession future*, très répandu dans l'ancien droit et qui remonte au moins au XIIe siècle. (*Cout. d'Arles*, de 1142, de Montpellier, de 1204, dans Ch. Giraud, *Le droit français au moyen âge*, t. II, p. 2 ; t. I, preuves, p. 66). On faisait renoncer les filles, et souvent aussi les puînés, pour empêcher l'amoindrissement de la fortune par les partages. Sur cet usage, inspiré par les nécessités de l'organisation féodale et conservé ensuite par l'esprit nobiliaire, voyez Viollet, *Précis*, p. 826 et suiv. ; Loysel, n° 341. Ordinairement la fille renonçait à la succession de ses parents, au moment où on la mariait en la dotant : sa renonciation se trouvait donc contenue dans son contrat de mariage. De là la formule de l'art. 791 : « On ne peut, *même par contrat de mariage*, renoncer... » Cette prohibition se trouve ainsi une des règles par lesquelles le Code civil maintient dans le droit privé l'esprit égalitaire de la Révolution.

1970. Option des successibles des rangs ultérieurs. — Quand la succession est ouverte, il n'est pas nécessaire que les successibles appelés en seconde ligne attendent pour opter que ceux qui les précèdent aient pris parti : leur option vaudra par l'effet de la renonciation des successibles du rang précédent ; si ceux-ci acceptent, elle restera inutile. Sur une application pratique de ce droit, voyez Cass., 20 juin 1898, D. 99. 1. 441.

B. — Prescription du droit d'option.

****1971. Texte de la loi.** — « La faculté d'accepter ou de répudier une succession se prescrit par *le laps de temps requis pour la prescription la plus longue des droits immobiliers* » (art. 789). Ce temps est de *trente ans* (art. 2262). — Ce texte a été écrit pour supprimer une règle ancienne qui considérait la faculté d'accepter ou de répudier comme imprescriptible (Pothier, *Successions,* chap. III, sect. 4, § 2 *in fine*). Il se trouve déjà avec sa rédaction actuelle dans le projet de l'an VIII (Fenet, t. II, p. 140, art. 94).

1972. Son obscurité. — Malgré sa clarté apparente, l'art. 789 est un des plus difficiles à expliquer de tout le Code civil. Je suis même convaincu qu'il est inexplicable et que ses rédacteurs ne se sont pas rendu compte de la question insoluble qu'ils nous donnaient à examiner.

Au bout de trente ans d'inaction, la loi déclare que le successible a perdu la « faculté d'accepter ou de répudier ». Mais quelle est alors sa situation? La loi ne le dit pas. Est-il définitivement investi de la succession ou en est-il définitivement exclu ? On le saurait, si la loi déclarait prescrite seulement la faculté d'accepter ou seulement la faculté de répudier : l'héritier serait considéré comme ayant pris le parti inverse de celui que la loi lui interdit de choisir ; mais comme elle déclare à la fois prescrite l'une et l'autre option, on ne sait à quelle décision s'arrêter.

1973. Systèmes doctrinaux. — Différents systèmes doctrinaux, aujourd'hui sans intérêt, ont été présentés pour résoudre cette énigme. Voyez leur exposé dans Dalloz, *Répert.*, V° Succession, n°s 591 et suiv. ; *Suppl.*, *ibid.*, n°s 490 et suiv. Nous n'en signalerons qu'un, pour mémoire : on proposait de distinguer entre les héritiers saisis et ceux qui ne le sont pas ; les premiers se seraient trouvés définitivement propriétaires de la succession, par l'effet de la prescription qui leur enlève le droit de répudier ; les seconds en auraient été définitivement privés par la perte du droit de renoncer. Il semble en effet assez naturel de faire fonctionner la prescription de façon à consolider la situation de fait de l'héritier. Voyez le raisonnement de Demolombe, t. XIV, n° 315.

Mais cette manière de voir, qui est encore développée dans quelques ouvrages récents, accorde *une importance exagérée à la saisine*, qui ne concerne que l'*exercice* du droit, et non son *attribution*. Le successeur non saisi est propriétaire des biens du défunt tout aussi bien que celui qui a la saisine ; il ne lui manque que la liberté d'agir en justice, mais le droit s'est déjà fixé en sa personne de façon à être transmissible à ses propres héritiers. De plus, dans son application aux héritiers saisis, ce système est contraire à la règle traditionnelle du droit français : « N'est héritier qui ne veut », car il fait d'eux des héritiers purs et simples, sans qu'ils l'aient voulu et même sans qu'ils aient connu l'ouverture de la succession.

On a encore reproché à ce système de n'être pas conséquent avec son principe : il prétend que la prescription rend définitive la situation où se trouvait l'héritier et qui n'était jusque-là que provisoire. Or quelle est cette situation ? C'est *la liberté du choix*, le droit d'accepter ou de répudier à volonté, puisqu'on suppose un héritier qui n'a pas encore pris parti. L'idée d'un maintien définitif de la situation antérieure est donc incompatible avec le texte qui manifestement enlève quelque chose à l'héritier. Comp. Huc, t. V, n° 196. — Du reste, l'effet de consolidation que M. Demolombe attribue ici à la prescription est vrai des prescriptions *acquisitives*, mais non des prescriptions *extinctives* : or c'est à cette dernière espèce qu'appartient celle de l'art. 789 (voyez ci-dessous n° 1975).

** **1974. Jurisprudence.** — Dans la pratique, toutes les distinctions proposées par la doctrine ont été écartées, et le système qui prévaut est simple : après trente ans, *l'héritier qui n'a pas pris parti est considéré comme étranger à la succession* (Cass., 29 janv. 1862, D. 62. 1. 273, S. 62. 1. 337; Cass., 28 févr. 1881, D. 81. 1. 195, S. 81. 1. 343. — La même solution a triomphé en Belgique : Cass. belge, 20 nov. 1891, *Pasicrisie*, 91. 1. 14). Elle tend à prévaloir en Roumanie pour l'interprétation de l'art. 700. C. civ. roumain (Cour de Bucarest, *Dreptul*, 1886, n° 65 ; Alexandresco, p. 175). Tous les systèmes doctrinaux ont le tort d'appliquer l'art. 789 distributivement à deux facultés différentes, celle d'accepter et celle de répudier, alors que le texte n'établit la prescription que pour *une faculté unique*, celle d'accepter ou de répudier. Or cette faculté indécomposable ne peut être que *le droit héréditaire* lui-même, la vocation du successible : c'est ce droit qui se trouve perdu et qui s'éteint comme tous les autres au bout de trente ans. Dans le même sens Laurent, t. IX, n° 481 ; Huc, t. V, n° 195. Si cette décision n'est pas l'interprétation vraie d'un texte qui n'en comporte aucune d'une manière certaine, elle a tout au moins l'avantage de résoudre la difficulté par le procédé le plus simple et le plus conforme aux principes généraux et au bon sens : la loi défère la succession à une personne ; si celle-ci n'use pas du droit qui lui est ouvert, elle le perd, et ce droit c'est la qualité de successible : le résultat doit donc être le même que si cette personne n'avait pas été appelée à la succession.

* **1975. Nature de la prescription.** — D'après ce qui vient d'être dit, la prescription qui court contre l'héritier est une prescription *extinctive*. Ce caractère est aujourd'hui universellement reconnu. Cependant quelques arrêts déjà anciens sont partis de l'idée que la prescription opposée au successible dont le droit est perdu, par ceux qui ont recueilli l'hérédité à son défaut, était une *prescription acquisitive*, fondée sur leur propre possession. Dès lors, pour écarter la pétition d'hérédité dirigée contre eux par le successible qui leur était préférable, les arrêts ont été conduits à admettre une fiction, en vertu de laquelle leur possession, bien qu'ayant moins de trente années de date, était censée remonter au jour de l'ouverture de la succession (Voyez notamment Cass., 29 janv. 1862 précité). — Cette fiction est inutile : l'action échoue, parce qu'elle est éteinte ; peu importe la durée de la possession du défendeur.

1976. Point de départ. — Il est généralement reconnu que les trente ans courent *du jour de l'ouverture de la succession* pour les successibles appelés en première ligne, et pour les autres, *du jour où le degré précédent a renoncé*.

Toutefois, beaucoup d'auteurs admettent que la prescription ne court pas contre l'héritier qui ignore la dévolution de la succession à son profit (Aubry et Rau, t. VI, § 610, texte et note 18). Cette décision constitue un tempérament important qui rendrait acceptable dans la pratique le système le plus communément admis en doctrine et qui a été développé ci-dessus n° 1973 : l'héritier saisi ne se trouverait pas *malgré lui* investi de la succession d'une manière définitive, puisqu'il aurait eu trente ans pour la répudier à partir du moment où il en aurait connu l'ouverture ; il serait donc tout à fait raisonnable d'interpréter un silence aussi prolongé comme une acceptation tacite.

Il n'y a pas encore de jurisprudence sur la question, mais il est probable que les tribunaux appliqueraient ici leur système habituel sur l'existence d'une cause de suspension au profit des personnes qui ont une juste raison d'ignorer la naissance de leur droit (t. I, nos 1479 et 1488).

§ 4. — *Caractères de l'option.*

1977. Énumération. — L'option de l'héritier présente quelques caractères importants. Elle est nécessairement :

1° Pure et simple. — Aucune modalité n'y peut être apposée. On ne peut pas accepter une succession à terme ou conditionnellement. Celui qui consent à être héritier pour un temps l'est pour toujours : « Semel heres, semper heres. » Une acceptation conditionnelle serait non avenue, le successible n'ayant pas manifesté d'une manière ferme la volonté d'accepter.

2° Totale. — Une acceptation faite pour partie seulement vaut pour le tout, à cause de l'indivisibilité du patrimoine qui est transmis à l'héritier d'une manière universelle.

3° Indivisible. — Elle produit ses effets à l'égard de tout le monde.

4° Irrévocable. — L'irrévocabilité de l'acceptation est absolue[1] ; celle des renonciations ne l'est plus à cause de l'art. 790 qui permet au renonçant, dans un cas déterminé, d'accepter la succession.

§ 5. — *Annulation de l'option.*

A. — Causes de rescision.

1° Notions générales.

1978. Causes diverses de nullité. — L'option de l'héritier peut quelquefois être frappée de *nullité absolue*, par exemple si elle a été faite avant l'ouverture de la succession (art. 791). Mais en général les causes de nullité, dont on s'occupe à ce propos, sont celles qui entraînent une simple nullité relative et qui sont fondées sur l'*incapacité* de l'optant ou sur un *vice du consentement*. Il n'y a rien de particulier à dire pour les nullités dérivant de l'incapacité : le droit commun s'applique. Il n'en est pas de même pour les vices du consentement.

Avant d'examiner les règles spéciales qui leur sont applicables, remarquons que l'art. 783 n'a statué que pour le cas d'*acceptation*. Nous devons généraliser la question et nous occuper même de la renonciation.

***1979. Dol.** — D'après le droit commun, le dol n'est admis comme cause de nullité d'un contrat qu'autant qu'il a été *commis par l'une des parties contre l'autre* (art. 1116). Venant d'un tiers, il est indifférent ; le contrat reste valable et la partie trompée est réduite à une action en nullité contre l'auteur du dol (t. II, n° 1063-2°). *Cette distinction est inapplicable aux acceptations ou répudiations de successions* : quelle que soit la personne qui a trompé le successible pour le décider à prendre un parti contraire à ses intérêts, l'action en nullité pourra être exercée. Ceci tient à ce qu'il s'agit ici d'un

[1] A Bordeaux, on permettait jadis de renoncer pendant 30 ans après avoir accepté.

acte unilatéral pour lequel il n'y a pas à proprement parler de « parties » en dehors de son auteur. En fait, le dol viendra soit d'un cohéritier qui a voulu décider le successible à renoncer pour hériter de sa part ou à accepter pour bénéficier du rapport d'une donation, soit d'un créancier qui l'a décidé à accepter purement et simplement pour l'avoir comme débiteur personnel.

La différence qui existe à ce point de vue entre les contrats et les options de successibles est visible dans les textes de la loi : l'art. 783 ne recherche pas par qui le dol a été commis, comme le fait l'art. 1116.

1980. Violence. — Le Code n'a pas mentionné la violence comme cause de nullité à propos des successions. Cependant il est certain qu'elle a lieu comme partout ailleurs. Puisque la loi décide que le dol entraîne nullité, on doit l'admettre à plus forte raison pour la violence, qui est une atteinte plus grave à la liberté.

1981. Erreur. — En matière de successions, l'erreur n'est *jamais*, à ce titre, une cause de *nullité relative*. De deux choses l'une : ou bien l'erreur porte sur l'*identité* même de la succession, et alors elle détruit entièrement la volonté, et la succession véritablement déférée n'a été ni acceptée ni répudiée ; ou bien elle porte sur les *forces de la succession*, et alors elle se confond avec la lésion pour laquelle il y a des règles spéciales. Voyez le n° suivant.

***1982. Lésion.** — Pour elle, nous devons distinguer entre la renonciation et l'acceptation.

1° Renonciation. — Jamais l'action en rescision ne sera ouverte, par cela seul que la loi n'a rien dit. C'est en effet un principe du droit français que la lésion n'entraîne la nullité que *pour certaines personnes*, qui sont les mineurs (art. 1118 et 1305), ou *pour certains contrats*, qui sont la *vente* et le *partage* (art. 887 et 1674). Faute de texte, nous ne pouvons qu'écarter l'action.

2° Acceptation. — Ici nous avons un texte, l'art. 783, qui établit un cas de rescision, *un cas unique*, dont il détermine la nature et les conditions et qui sera expliqué tout au long plus loin (n°s 1983 à 1987). Hors ce cas, l'héritier majeur[1] ne peut *jamais* se plaindre d'avoir été lésé par le parti qu'il a pris et intenter pour cette cause l'action en nullité. Ainsi la loi laisse sans secours un héritier qui a accepté une succession purement et simplement et qui éprouve ensuite une perte énorme parce qu'il découvre des dettes inconnues ou parce qu'il s'aperçoit que le défunt n'était pas propriétaire de certains biens qu'on croyait lui appartenir. Cette augmentation du passif ou cette diminution de l'actif resteront pour compte à l'héritier parce qu'il avait à sa disposition un moyen spécial de se garantir contre ce danger : c'était d'accepter sous bénéfice d'inventaire.

2° Spécialités sur la rescision de l'acceptation pour lésion.

1983. Cause de rescision. — Le cas prévu par l'art. 783 est celui où *la succession se trouve absorbée ou diminuée de plus de moitié par la découverte d'un testament inconnu au moment de l'acceptation.* — Cette exception admise par la loi est-elle bien justifiée ? On a dit que s'il est possible aux héritiers de se renseigner sur l'état de fortune du défunt, il leur est beaucoup plus difficile de connaître les testaments qu'il a pu faire et qui ne sont plus en sa possession, tandis que les obligations qu'il a contractées et les aliénations qu'il a consenties laissent presque toujours des traces dans ses papiers. Cette raison n'est peut-être pas décisive, car bien d'autres actes que les testaments peuvent rester inconnus des héritiers et modifier considérablement la composition de la succession.

1984. Conditions de la rescision. — Ces conditions sont au nombre de quatre, savoir :

1° *La découverte d'un testament inconnu.* — Aucun recours ne serait donc ouvert à l'héritier qui découvrirait l'existence d'une donation ignorée de lui.

[1] Le texte dit « l'héritier *majeur* », afin de réserver, conformément au droit commun, l'action du mineur qui peut se faire restituer quand il a été lésé et que les formes destinées à le protéger n'ont pas été observées.

2° *Des dispositions faites à titre particulier.* — En effet, si le legs contenu dans le testament est un legs universel, l'héritier est entièrement dépouillé, mais son acceptation se trouve anéantie, puisqu'elle a été faite par quelqu'un qui n'avait aucun droit sur la succession : c'est le légataire universel qui succède à sa place ; il n'y a donc pas lieu de faire rescinder une acceptation qui est non avenue. Le même raisonnement s'applique dans la mesure où la libéralité testamentaire reçoit son exécution, lorsque l'héritier est réservataire ou lorsque le legs est à titre universel : il y a partage de la succession entre l'héritier et le légataire. Au contraire, si ce sont des legs particuliers, ils laissent à l'héritier son titre de successeur universel et lui en enlèvent seulement l'émolument.

3° *Une disposition enlevant à l'héritier la moitié au moins de la succession.* La loi entend parler ici de l'actif *net*, car elle suppose une libéralité qui ne s'acquitte qu'après le paiement du passif (Huc, t. V, n° 172. — Voyez toutefois Demolombe, t. XIV, n° 551).

4° *Une lésion résultant de cette découverte.* C'est ici qu'on cesse de comprendre la pensée de la loi : on n'aperçoit pas comment cette lésion peut se produire.

1985. La difficulté et ses différentes explications. — Il faut partir de l'idée admise traditionnellement que les héritiers ne sont jamais tenus de payer les legs « ultra vires hereditatis », même quand ils ont accepté purement et simplement (Pothier, édit. Bugnet, t. VIII, p. 138), idée qui s'est conservée jusqu'à nous (Orléans, 14 mai 1891, D. 91. 2. 313, S. 93. 2. 1). Si donc l'héritier se voit dépouillé en tout ou en partie par un testament, le bénéfice de son acceptation sera moindre ou nul, mais il ne sera pas *lésé*, il ne subira pas une perte sur sa fortune personnelle, et il n'aura aucun intérêt à demander l'annulation de son acceptation.

Les interprètes se sont alors mis en campagne pour découvrir la possibilité d'une lésion, et voici ce qu'ils ont trouvé de mieux.

Danger d'insolvabilité. — Une succession comprend 100 000 francs d'actif et 50 000 francs de passif. Il reste 50 000 francs nets à l'héritier. On découvre un testament contenant pour 60 000 francs de legs : l'héritier les paiera jusqu'à concurrence de 50 000 francs et restera les mains vides. Il n'est pas lésé, mais si de nouveaux créanciers se présentent, l'héritier sera obligé de les payer. On lui donnera bien un recours contre les légataires, qui auront touché des legs qui ne leur étaient pas dus, mais ceux-ci peuvent être insolvables (Villequez, *Revue de droit français et étranger*, t. VII, p. 234). — Cette hypothèse, outre qu'elle est trop compliquée pour avoir pu entrer dans les prévisions du législateur, ne répond pas à la définition du texte : ce n'est pas la découverte du testament, c'est la découverte de nouvelles dettes qui cause la lésion.

Danger du rapport. — On suppose une succession de 100 000 francs se partageant entre deux héritiers. L'un d'eux a reçu, sans dispense de rapport, une libéralité de 50 000 francs. S'il accepte, il y aura 150 000 francs à partager ; sa part sera de 75 000 francs. Il a donc intérêt à accepter ; il y gagne 25 000 francs. Voici qu'un testament se découvre qui lègue 70 000 francs à diverses personnes. Il ne reste plus que 150 000 — 70 000 = 80 000 francs. Sa moitié dans l'actif n'est plus que de 40 000 francs. Comme il en a rapporté 50 000, il est en perte de 10 000 francs (Villequez, *ibid.*, p. 236). — On ne peut faire à cette hypothèse le même reproche qu'à la précédente : c'est bien la découverte du testament qui cause la lésion. Mais est-ce là ce que les rédacteurs de la loi ont prévu ? Le texte ne s'occupe pas du rapport, qui suppose l'existence de plusieurs héritiers ; il est général et doit pouvoir s'appliquer même à un héritier unique. Dans la pensée de la loi, le danger est inhérent au seul fait d'une acceptation pure et simple.

Obligation de payer les legs « ultra vires ». — Toutes ces explications étant écartées, beaucoup d'auteurs ont été conduits à croire que l'art. 783 devait s'expliquer par la nécessité pour l'héritier d'acquitter les legs même « ultra vires hereditatis ». Alors la possibilité d'une lésion se comprendrait le plus facilement du monde. Cependant cette interprétation paraît tout aussi inacceptable que les précédentes. En effet on verra que dans notre droit, comme autrefois, l'héritier n'est pas tenu des legs au delà des forces de la succession. D'autre part, si c'était à cela que les rédacteurs du Code avaient pensé en rédigeant l'art. 783, ils se seraient exprimés autrement, ils auraient parlé de libéralité supérieures à l'actif et n'auraient pas exigé cette proportion de plus de moitié qui suppose qu'il reste encore à l'héritier une part considérable de la succession.

1986. Conclusion. — La vérité est donc qu'on ne sait pas ce que les auteurs de la loi ont voulu dire : l'art. 783 doit être considéré comme une *inadvertance législative*, en tant qu'il parle de la possibilité d'une lésion par l'effet de la découverte d'un testament. Juges et interprètes sont bien forcés d'appliquer la loi quand il se présente des hypothèses prévues par le législateur et réglées par un texte ; mais ils ne sont point chargés de découvrir les combinaisons de circonstances irréalisables auxquelles le législateur a songé dans un moment de distraction [1]. En fait *jamais l'espèce visée par l'art.* 783 *ne s'est présentée dans la pratique*, et voilà près de cent ans que ce texte existe.

1987. Espèce pratique. — En revanche, il se présente parfois une hypothèse où la rescision semblerait assez conforme à l'équité naturelle, et où cependant elle est impossible à cause du texte prohibitif de l'art. 783 : un héritier accepte une succession à laquelle il est appelé pour une faible part, puis on découvre un testament qui lui fait un legs beaucoup plus considérable. Il aurait eu intérêt à renoncer pour s'en tenir à son legs, au lieu de le perdre par l'effet du rapport. Les tribunaux ont toujours refusé de le restituer contre son acceptation et cela par une interprétation très exacte de la loi (Cass., 3 mai 1865, D. 65. 1. 153, S. 65. 1. 311. — Comp. Cass., 19 déc. 1888, D. 90. 1. 341, S. 90. 1. 102). Mais la loi du 24 mars 1898, qui a dispensé du rapport les legs pour lesquels le testateur n'a pas manifesté d'intention contraire, a fait disparaître cet inconvénient d'une autre façon : l'héritier qui a accepté, dans l'ignorance du legs qui lui était fait, a le droit de le prendre en sus de sa part ab intestat, dans les limites de la quotité disponible.

B. — De l'action en rescision et de ses effets.

1988. Durée de l'action. — L'opinion n'est pas encore bien fixée sur ce point. Faut-il appliquer ici l'art. 1304, qui limite à *dix ans* la durée de l'action en rescision ? Quelques bons auteurs l'admettent (Demolombe, t. XIV, n° 555 ; Aubry et Rau, t. VI, § 611, p. 385), et il y a évidemment même raison pour l'appliquer aux testaments qu'aux contrats. Mais la plupart des auteurs récents inclinent vers une interprétation restrictive : l'art. 1304 est écrit à propos des contrats et ne vise que « l'action en nullité ou en rescision *d'une convention* », ce qui le rend inapplicable aux *testaments* ; pour ceux-ci le droit commun subsiste et la prescription est de *trente ans* (Laurent, t. IX, n° 362 : Huc, t. V, n° 176). C'est aussi l'avis de Dalloz (*Répert.*, v° Successions, n° 527 ; *Suppl.*, n° 454). Il n'y a pas de jurisprudence sur la question. Comp. t. II, n° 1288.

1989. Effets de la rescision ou de l'annulation. — L'acceptation ou la renonciation disparaît, et le successible se retrouve dans la même situation que s'il n'avait pas pris parti : il peut opter à nouveau, dans le sens qu'il voudra, et cela alors même que plus de trente ans seraient déjà écoulés depuis l'ouverture de la succession ; le droit d'option vient de se rouvrir pour lui.

[1] L'origine historique de cette disposition est généralement ignorée; elle est cependant bien facile à découvrir. Le projet de l'an VIII portait que « l'acceptation du majeur ne peut *jamais* être révoquée sous le prétexte de lésion » (Fenet, t. II, p. 139, art. 88). Le Tribunal de cassation demanda que la rescision fût possible « si, postérieurement à l'acceptation, l'actif de la succession se trouvait absorbé ou diminué de plus de moitié, soit par la production d'un testament jusqu'alors inconnu, soit par l'annulation d'actes non attaqués au moment de l'acceptation » (Fenet, *ibid.*, p. 569). Comme motif, le tribunal ajoutait que « la jurisprudence a jusqu'à ce jour été constante à l'appui de ce que propose la commission ». Il y avait donc des *arrêts* en ce sens, et il doit être possible de les retrouver. Or Pothier y fait allusion en ces termes : « Il y a même des arrêts qui, *sur des circonstances extraordinaires*, quoi qu'il ne fût point intervenu de dol, ont relevé des majeurs de leur acceptation, *mais ces arrêts ne doivent point être tirés à conséquence* » (*Successions*, chap. III, sect. 1, art. 1, § 4). Quels sont ces arrêts ? Remontons plus haut. Lebrun en parle plus explicitement que Pothier (*Successions*, liv. III, chap. I, n° 44), et il renvoie aux recueils de Henrys et de Boniface : quand on se reporte à ces arrêts, qui sont du XVIIe siècle, on voit qu'aucun d'eux ne concerne l'hypothèse prévue par l'art. 783.

L'héritier acceptant qui se fait restituer doit rendre tout ce qu'il a touché en capitaux et revenus ; de même qu'il a droit au remboursement de tout ce qu'il a payé de ses deniers personnels, soit aux créanciers de la succession, soit aux légataires, soit à ses cohéritiers par l'effet du rapport.

Ses cohéritiers peuvent se trouver en perte à la suite du jugement qui annule son acceptation : ils vont être moins nombreux pour supporter une succession insolvable. Néanmoins, comme on suppose que la même cause de restitution n'existe pas en leur personne, ils ne peuvent ni se faire restituer eux-mêmes, ni se soustraire aux effets de l'*accroissement*, par suite duquel la part devenue vacante se réunit aux leurs (art. 786).

§ 6. — *De l'action Paulienne en matière de successions.*

***1990. Existence de l'action.** — L'art. 1167, qui accorde une action aux créanciers contre les actes frauduleux faits par leur débiteur, est général dans ses termes : il s'applique donc à l'option faite par le successible, quand il y a fraude contre les créanciers [1]. Ceux-ci pourront, par exemple, faire annuler l'acceptation d'une succession insolvable [2]. Ce point a toujours été admis.

En outre, l'art. 788 ouvre formellement l'action Paulienne contre les renonciations à succession, en cas de fraude. Cet article a été écrit pour consacrer une différence entre le droit romain et le droit français. Les anciens n'accordaient pas l'action contre les actes par lesquels le débiteur avait simplement *négligé d'acquérir* ; or tel était le cas pour le refus de faire adition, parce qu'à cette époque la propriété de la succession n'était pas transmise de plein droit à l'héritier; elle ne lui passait que par l'effet de l'adition. En droit français, l'héritier est déjà propriétaire avant d'avoir pris parti, sauf l'effet de son droit de répudier. Par suite, quand il renonce à la succession, il se dépouille d'un droit *déjà acquis*, qu'il dépendait de lui de conserver. L'action Paulienne est donc recevable : il a réellement *diminué* son patrimoine. Ainsi, si nous avons en droit français une solution différente de la solution romaine, ce n'est pas la théorie de l'action Paulienne qui a changé, c'est celle des successions.

1991. Controverse. — L'art. 788 a soulevé quelques doutes, pour savoir si les créanciers devront prouver la *fraude* du renonçant, c'est-à-dire l'intention de leur nuire, ou s'il suffira qu'ils prouvent le *préjudice* que leur cause sa renonciation. Le texte parle de « préjudice », tandis que le principe général de l'art. 1167 exige la « fraude ». C'est une question qui se pose pour toutes les renonciations à un droit quelconque. Voyez les art. 622, 1053, 1464 et 2225. On reconnaît aujourd'hui que *la preuve de la fraude est nécessaire*. Voyez t. II, n° 313. Les art. 622 et 788 sont des articles d'attente, qui ont été rédigés avant qu'on n'eût abordé l'art. 1167, car l'art. 1464, rédigé ensuite pour un cas tout semblable à ceux des art. 622 et 788, parle de fraude et non plus de préjudice.

[1] Il y a bien dans l'art. 1167 l'annonce de règles restrictives relatives aux successions, mais tout le monde reconnaît qu'il s'agit des règles spéciales aux *partages* établies par l'art. 882. Nous n'avons donc pas à nous en préoccuper ici.

[2] L'acceptation d'une succession insolvable peut n'être pas frauduleuse, par exemple si c'est un fils qui se propose de payer les dettes de son père par son travail. En ce cas l'action Paulienne ne sera pas donnée.

CHAPITRE II

RÈGLES SPÉCIALES A L'ACCEPTATION PURE ET SIMPLE

§ 1. — *Comment elle se fait.*

*1992. **Distinction.** — Aux termes de l'art. 778, l'acceptation d'une succession peut être *expresse* ou *tacite*.

Il faut y joindre, comme variété d'acceptation tacite, l'acceptation *forcée* qui résulte du *recel*.

A. — Acceptation expresse.

1993. **Sa forme. — Il y a acceptation expresse quand le successible prend le titre d'héritier *dans un acte écrit* (art. 778). Ainsi une acceptation verbale ne suffirait pas : elle serait trop difficile à prouver, et elle peut d'ailleurs n'être qu'une parole prononcée à la légère ; l'écrit suppose plus de réflexion.

Cet écrit peut être un acte quelconque, *authentique* ou *privé* (art. 778). Une *lettre missive* suffirait-elle? Dans l'opinion qui prévaut on distingue : non, si c'est une *lettre confidentielle* écrite à un ami ; oui, si c'est une *lettre d'affaires*, écrite à un créancier ou à quelque autre intéressé. Cette dernière, seule, est un « acte » susceptible de faire preuve d'un fait juridique comme l'acceptation.

Il n'est pas nécessaire que cet écrit ait été dressé spécialement pour constater l'acceptation ; il peut avoir un autre but et il suffit que la volonté d'accepter s'y trouve consignée incidemment, quand l'occasion s'en présente. — Mais il faut que la qualité d'héritier y soit prise avec le sens d'*héritier acceptant* et non pas seulement avec celui d'*héritier appelé à succéder*, c'est-à-dire de successible, sens que ce mot a quelquefois (par exemple dans l'art. 724). Dans ce dernier sens il réserverait à celui qui l'a pris toute sa liberté d'opter.

B. — Acceptation tacite.

1° Notion générale.

1994. **Définition. — Il y a acceptation tacite *quand l'héritier fait un acte qui suppose nécessairement son intention d'accepter et qu'il n'aurait le droit de faire qu'en sa qualité d'héritier* (art. 778). Les Romains admettaient cette forme d'acceptation qu'ils appelaient la « gestio pro herede ».

« Acte » signifie ici acte juridique et non pas acte écrit. L'art. 778 prend donc successivement ce mot dans ces deux sens (Comp. t. I, n° 264).

1995. **Comparaison avec l'ancien droit.** — La formule employée par la loi ne contient pas l'énoncé de deux conditions distinctes ; c'est la même idée répétée sous deux formes différentes. Le Code a voulu bien préciser sa pensée parce qu'il y avait eu des incertitudes dans l'ancien droit. Autrefois, on laissait aux juges toute liberté pour décider si le successible avait réellement entendu accepter. Il n'en est plus ainsi : l'héritier ne peut être considéré comme acceptant que si l'acte fait par lui en suppose *nécessairement* l'intention, c'est-à-dire qu'il faut que cet acte soit tel qu'il n'ait pas pu être fait par lui en une autre qualité. Ainsi les actes qui peuvent avoir été faits aussi bien à un autre titre qu'au titre d'héritier, ne valent pas acceptation tacite, alors même que les circonstances montreraient que l'héritier avait réellement l'intention d'accepter. Exemples : il possédait un bien par indivis avec le défunt, et il a continué à en jouir après le décès ; il avait formé avec lui une société et il a terminé les opérations commencées ; dans ces deux cas, sa conduite s'explique aussi bien par la qualité de copropriétaire ou de coassocié, que par la qualité d'héritier. — Jugé en ce sens que l'héritier conserve le droit de renoncer à la succession quoiqu'il ait pris possession d'un bien donné par lui au défunt et qui lui revient par l'effet d'un droit de retour (Cass., 18 août 1869, D. 69. 1. 461, S. 70. 1. 69).

2° Actes entraînant acceptation tacite.

1996. Actes de disposition sur la part héréditaire. — Trois cas peuvent se présenter, tous trois prévus par l'art. 780.

1° Cession de droits successifs. — Si l'héritier cède ses droits successifs à une personne quelconque, à titre gratuit ou à titre onéreux, il est réputé accepter. En effet, s'il les cède à titre onéreux, il les *vend*, et pour les vendre il faut qu'il commence par les acquérir ; il accepte donc implicitement. La cession gratuite ressemble davantage à une renonciation, puisque l'héritier ne reçoit rien. Néanmoins il *donne* sa part, il la *transmet*, et le donataire est son ayant cause ; il doit donc l'avoir acquise d'abord avant de la céder[1].

En d'autres termes, ce qui est cédé n'est pas la *qualité de successible*, avec la faculté d'option qu'elle comporte, car cette qualité est intransmissible : c'est l'*émolument* attaché au titre d'héritier, émolument qui ne peut appartenir au disposant qu'autant qu'il a fait usage de son droit en acceptant.

2° Renonciation gratuite au profit de cohéritiers déterminés. — Ceci n'est une renonciation que de nom, puisque le renonçant désigne lui-même les bénéficiaires de sa part : ceux qu'il choisit la tiennent de lui, et non de la loi, d'après laquelle la part du renonçant aurait profité à tous. Il la leur a donc transmise, et c'est avec raison que l'art. 780 le considère comme acceptant.

Nous tirerons de là une autre conclusion : cette prétendue renonciation, étant au fond une véritable acceptation, n'est pas soumise à la forme spéciale d'une déclaration au greffe instituée pour les renonciations par l'art. 784 : elle se fait valablement sous la forme d'une convention (Cass., 15 novembre 1858, D. 58. 1. 433).

3° Renonciation payée au profit de tous. — Cette dernière décision se comprend moins bien que les précédentes. Les cohéritiers peuvent désirer écarter l'un d'eux de la succession ; ils lui donnent une somme pour le décider à renoncer, il renonce dans la forme légale des renonciations, et la loi le déclare acceptant. D'où il suit que c'est lui qui est héritier ; les autres sont cessionnaires de sa part à titre particulier, et ne peuvent ensuite ni la répudier, ni l'accepter bénéficiairement. C'est une innovation du Code[2] : autrefois on admettait que la renonciation pouvait se faire « aliquo dato », et alors le renonçant était véritablement étranger à la succession, et les autres héritiers restaient libres d'accepter ou de répudier ; il y avait simplement un participant de moins.

[1] Dans l'ancien droit, on considérait comme une renonciation la *donation* qui était faite *au profit de tous les cohéritiers indistinctement*, parce qu'elle ne modifiait pas l'effet d'une renonciation véritable. Le Code a changé sur ce point la solution : il décide que le successible accepte quand il fait donation de sa part, « *soit à tous ses cohéritiers*, soit à quelques-uns d'entre eux » (art. 780).

[2] Le Code civil a malencontreusement repris une décision de Domat, qui n'était qu'une erreur d'interprétation de deux lois romaines (Digeste, liv. XXIX, tit. 2, fr. 24, et tit. 4, fr. 2, princ.). Domat a cru que ces textes établissaient une règle générale, alors qu'il s'agissait d'une règle exceptionnelle prise par le préteur pour un cas particulier (*Loix civiles*, liv. I, tit. 1, sect. 2, n° 18). La règle était, au contraire, que la renonciation faite à prix d'argent n'était pas traitée comme un acte d'acceptation : « Pro herede non gerere, qui ideo accepit ne heres sit » (Ulpien, fr. 24 précité).

On voit que le droit moderne est, en cette matière, plus rigoureux que l'ancien.

1997. Actes de disposition sur des biens particuliers. — Quand l'héritier aliène un bien dépendant de la succession, quand il hypothèque un immeuble ou le grève de servitudes, il est encore réputé acceptant, car ce sont des actes de maître qu'il n'aurait aucunement le pouvoir d'accomplir, s'il avait renoncé[1].

Il n'est pas nécessaire que ces actes soient valables; il suffit que leur nature implique l'intention d'accepter : on ne se préoccupe pas du sort de l'acte, mais de la volonté qu'il révèle. Ainsi quand l'héritier vend une chose déposée par un tiers chez le défunt, la croyant comprise dans la succession, il sera néanmoins héritier, malgré la nullité de la vente, parce que l'acte n'a pu être fait par lui qu'après que la résolution d'accepter a été bien prise dans son esprit. Ainsi encore quand un enfant appelé à succéder à la fois à son père et à sa mère, vend un bien paternel qu'il croit dépendre de la succession maternelle, on le considère comme ayant accepté la succession de sa mère et non celle de son père.

En sens inverse, s'il a vendu un bien qu'il croyait lui appartenir pour une cause antérieure, alors qu'en réalité il dépendait de la succession, il ne sera pas réputé avoir accepté, parce que l'acte n'en implique pas l'intention; mais c'est à lui de prouver son erreur (Comp. Cass., 14 janvier 1868, D. 68. 1. 130, S. 68. 1. 179). Cet arrêt a décidé que le successible qui prend possession d'un bien qui lui a été donné par le défunt, agit comme donataire et non comme héritier, malgré l'irrégularité qui peut rendre nul son titre de donataire.

1998. Actes d'administration et de jouissance. — Ces actes constituent eux aussi l'acceptation tacite. Cependant on doit faire exception pour certains actes que la loi permet à l'héritier de faire sans avoir à craindre qu'ils soient interprétés comme valant acceptation : ce sont des *actes conservatoires*, qui ont un caractère d'urgence, et qui représentent une administration purement provisoire ou une simple *surveillance* de la succession, comme le dit l'art. 779. Ces mesures conservatoires peuvent être prises par le successible, en sa qualité de propriétaire conditionnel, et elles le sont dans l'intérêt de tous.

Dans l'impossibilité de tout passer en revue, nous nous bornerons à quelques exemples.

L'héritier a *ordonné les obsèques* du défunt : c'est l'accomplissement d'un acte de piété et d'un devoir de famille; de plus il est nécessaire d'y procéder rapidement. — L'héritier a *pris les clefs*; il s'est *saisi des titres et papiers* du défunt : ce peut être une mesure de précaution pour empêcher des détournements par les tiers ou par les domestiques; il en a de plus besoin pour s'éclairer sur la valeur de la succession et pour délibérer. — L'héritier a pris des *mesures urgentes*, soit sous la forme d'*actes juridiques* (inscriptions d'hypothèques, saisies-arrêts, protêts, etc.), pour éviter des présomptions ou des déchéances; soit sous la forme d'*actes matériels*, comme des réparations immédiatement nécessaires. — Il a *pris de l'argent* dans la succession pour *payer des dettes liquides et pressantes*, comme les frais funéraires et les salaires des domestiques. Aucun de ces actes ne vaut acceptation.

1999. Actes faits avec autorisation de justice. — La loi va même plus loin, et permet au successible de vendre certains meubles, susceptibles de dépérir ou dispendieux à conserver (art. 796), *tout en lui réservant sa liberté d'option*; mais elle veut que le successible se fasse autoriser à cet effet par le tribunal.

En se fondant par analogie sur cet article, on permet au successible de passer des baux suivant l'usage des lieux quand il y a nécessité pour éviter une vacance et en s'y faisant autoriser par la justice. Le même procédé devrait être employé toutes les fois que l'acte qu'il s'agit de faire présente une certaine gravité et pourrait être interprété comme valant acceptation. Faute d'avoir pris cette précaution, l'héritier aurait beau insérer dans l'acte fait par lui toutes ses réserves et protester qu'il n'a pas l'intention d'accepter, ses dires resteraient sans effet : « Protestatio non valet contra actum ».

[1] La jurisprudence se montre très rigoureuse sur ce point. Ainsi il a été jugé que le simple fait d'emporter chez lui quelques effets appartenant au défunt privait l'héritier du droit de renoncer (Cass., 8 nov. 1887, S. 90. 1. 503).

2000. Demande en partage. — Le fait de demander sa part dans l'hérédité, bien qu'il ne soit pas un acte de disposition, implique l'intention d'accepter. C'est un cas d'acceptation tacite non prévu par les textes (Besançon, 18 mai 1892, D. 92. 2. 516).

C. — Acceptation forcée résultant du recel.

1° Analyse du recel.

2001. Définition. — On appelle « divertissement » ou « recel » l'acte d'un héritier qui cache certains effets de la succession avec l'intention de se les approprier et de frustrer ses cohéritiers de leur part dans les choses diverties ou recélées. — Le mot *divertir* semble convenir spécialement au cas où l'héritier s'empare d'une chose qu'il trouve chez le défunt à l'insu des autres, et le mot *recel* au cas où il en est déjà nanti et omet d'en révéler l'existence. Mais les deux expressions peuvent sans inconvénient fonctionner l'une pour l'autre.

2002. Faits constitutifs du recel. — Dans la pratique, le recel prend les formes les plus variées, et les tribunaux se montrent très larges pour en reconnaître l'existence. La Cour de cassation admet comme telle « toute fraude commise sciemment, qui a pour but de rompre l'égalité du partage, quels que soient les moyens employés pour y parvenir » (Cass., 23 août 1869, D. 69. 1. 456 ; Cass., 5 févr. 1895, D. 95. 1. 200). On en trouve de nombreux exemples dans les recueils. En voici deux seulement :

1° L'héritier dissimule une donation qu'il a reçue pour se soustraire à l'obligation du rapport (Bordeaux, 20 déc. 1893, S. 95. 2. 157. Comp. Cass., 11 juill. 1893, D. 93. 1. 561, S. 94. 1. 219), ou il en dissimule l'importance quand il s'agit d'un don manuel (Cass., 22 mai 1901, D. 1901. 1. 351).

2° L'héritier se sert d'un faux testament pour s'approprier une partie de la succession plus considérable que sa part (Cass., 15 avril 1890, D. 90. 1. 437, S. 90. 1. 248 ; Cass., 5 févr. 1895, *précité*). Sur ce dernier point j'estime que la Cour de cassation ajoute à la loi : l'héritier n'a rien diverti ni recélé : il a exagéré sa prétention, en revendiquant une partie des biens héréditaires qui n'étaient nullement en sa possession ; il a commis un acte frauduleux et illicite, et peut-être un faux en écriture, mais non un recel. La définition du recel admise en jurisprudence est trop large. Comp. BERTAULD, *Revue critique*, 1870, t. XXXVII, p. 193 et suiv. et Caen, 6 août 1870, D. 72. 2. 44.

Les faits de recel peuvent porter indifféremment sur des immeubles ou sur des meubles ; ils peuvent avoir été commis avant l'ouverture de la succession (Paris, 28 nov. 1898, D. 99. 2. 481, avec une note de M. BARTIN.

2003. Caractère délictueux du récel. — Tout fait constitutif de divertissement ou de recel est un *délit civil*, puisqu'il est tout à la fois illicite et commis avec intention de nuire. Il peut en outre constituer un *délit de droit pénal*, soit à titre de *vol*, s'il y a eu soustraction de la chose par le successible, soit à titre *d'abus de confiance*, si l'on peut établir que cette chose lui avait été confiée ou prêtée par le défunt.

Lorsque le recel présente les caractères d'un délit correctionnel, cette circonstance en modifie sensiblement les règles, notamment au point de vue de la *prescription*, qui s'accomplit alors en *trois ans* au lieu de trente, par application des art. 2 et 638 C. inst. crim. (Comp. Cass., 17 avril 1867, D. 67. 1. 267, S. 67. 1. 205 ; Amiens, 5 mars 1884, D. 85. 2. 111).

2004. Conditions du délit. — En tout cas, le recel suppose l'intention frauduleuse; le simple fait d'une possession clandestine ne suffit pas, s'il n'est prouvé que le successible voulait s'approprier exclusivement la chose détenue. Les juges du fait apprécient souverainement l'existence de cette intention. La preuve en peut être fournie par tous moyens, même par simples présomptions (Cass., 10 mai 1892, D. 93. 1. 439, S. 94. 1. 79).

Il n'est pas nécessaire que le coupable ait réussi à nuire à ses cohéritiers : le fait d'une appropriation indue n'a pas besoin d'être consommé. Ainsi il a été jugé que celui qui produit un faux testament commettrait un recel, même quand il n'aurait pas réussi à se faire envoyer en possession (Cass., 15 avril 1890, D. 90. 1. 437, S. 90. 1. 248).

Mais il est reconnu que le délit se trouve effacé si le recéleur restitue spontanément les objets divertis ou recélés par lui, avant d'avoir été poursuivi.

2° Effets du recel.

2005. Double pénalité contre le recel. — Lorsque le fait est prouvé, la loi (art. 792) inflige au coupable une double peine :

1° *Il est réputé avoir accepté la succession purement et simplement.* Ceci est une innovation du Code ; l'ancien droit ne décidait rien de pareil.

2° *Le recéleur est privé de sa part dans les objets qu'il a voulu s'approprier.* Solution traditionnelle.

2006. Qualité d'héritier pur et simple. — Ce n'est pas seulement, comme semble le dire la première partie de l'art. 792, une *déchéance de la faculté de renoncer* : il y a aussi *déchéance du bénéfice d'inventaire*, quand le successible avait déjà accepté bénéficiairement.

Cette première sanction du recel n'a lieu qu'autant que le successible avait encore la faculté de se porter héritier pur et simple, ce qui peut arriver dans trois cas : 1° il n'avait pas encore pris parti ; 2° il avait accepté bénéficiairement, et il dépendait de lui de renoncer à son bénéfice ; 3° il avait renoncé, mais personne n'avait encore accepté à sa place et il dépendait de lui de revenir sur sa renonciation par application de l'art. 790. — Mais si on suppose que le recel est commis *après une renonciation définitive*, c'est-à-dire quand le renonçant ne pouvait plus accepter la succession, la loi ne peut plus s'appliquer, et il y a lieu seulement à une demande en restitution des biens et valeurs recélés et peut-être aussi à l'application des peines du vol ou de l'abus de confiance.

2007. Controverse pour les incapables. — La qualité d'héritier pur et simple imposée au recéleur ne fait aucune difficulté pour les successibles majeurs et maîtres de leurs droits, mais il y a controverse pour le cas où le coupable est un incapable, par exemple un *mineur*. Pendant longtemps les auteurs décidaient que cette partie de l'art. 792 était sans application possible au mineur, auquel la loi défend de se porter héritier pur et simple (art. 461). Voyez en ce sens Dalloz, *Répert.*, V° Succession, n°s 642 et 644 ; Demolombe, t. XIV, n°s 333 et 336 ; Aubry et Rau, t. VI, § 613, notes 53 et 54. Mais l'opinion plus récente, dont le point de départ est une observation de Demante (t. III, n° 96 *bis*-V), décide au contraire que l'effet attribué au recel doit être considéré non comme une *acceptation tacite*, mais comme une *pénalité* attachée à un *délit*. Or les incapables et les mineurs eux-mêmes s'obligent valablement par leurs délits et en supportent toutes les conséquences civiles. La jurisprudence paraît disposée à entrer dans cette voie. Du moins un arrêt a déjà décidé que la *femme mariée*, qui se rend coupable de recélé même à l'insu de son mari, se trouve héritière pure et simple parce qu'il s'agit d'un délit (Cass., 10 avril 1877, D. 77. 1. 347, S. 77. 1. 248).

2008. Perte des objets recélés. — On punit le recéleur par où il a péché : il a voulu garder la chose pour lui seul ; il y perdra même sa part. Cette seconde peine du recel s'applique sans difficulté aux incapables, mais elle n'est possible qu'au cas où le successible se trouve en concours avec d'autres. S'il est seul et qu'il ait agi pour frustrer les créanciers, la disposition de la loi devient sans objet. — Sur les origines de cette peine civile du recel, voyez la note D. 94. 1. 145.

§ 2. — *Effets de l'acceptation.*

* **2009. Effet général de l'acceptation.** — L'acceptation ne produit

qu'un seul effet qui lui soit propre : elle entraîne *déchéance de la faculté de renoncer ou d'accepter bénéficiairement*. L'héritier a usé de son droit et épuisé son option. Comme conséquence, elle consolide sur la tête de l'héritier la propriété de la succession avec ses avantages et ses charges ; elle rend *définitif* l'effet provisoire de l'ouverture de la succession à son profit.

Analyser la situation de l'héritier acceptant, ses droits et ses obligations, envers ses cohéritiers, envers les légataires, envers les créanciers, c'est étudier tous les effets de la succession et ce sera l'objet de toute une série de chapitres (ci-dessous n°s 2045 et suiv.).

***2010. Rétroactivité de l'acceptation.** — Aux termes de l'art. 777, l'effet de l'acceptation se produit rétroactivement et *remonte au jour du décès*. Cet effet est très simple à comprendre : les choses se passent comme si l'héritier avait pris parti immédiatement. Dans les cas ordinaires, la rétroactivité ne fait que confirmer une situation qui résultait déjà de la loi et de la transmission de plein droit de l'hérédité ; dans l'hypothèse spéciale de l'art. 790, où l'héritier accepte après avoir d'abord renoncé, la rétroactivité est plus importante à signaler parce qu'elle rétablit une situation qui avait cessé d'exister.

CHAPITRE III

RÈGLES SPÉCIALES A L'ACCEPTATION SOUS BÉNÉFICE D'INVENTAIRE

§ 1. — *Origines historiques.*

***2011. Idée générale.** — L'acceptation sous bénéfice d'inventaire est un parti intermédiaire entre l'acceptation pure et simple et la renonciation. Elle présente deux avantages principaux : 1° l'héritier n'est tenu des dettes et charges que jusqu'à concurrence de l'actif qu'il recueille ; 2° il ne confond pas ses biens avec ceux du défunt. Mais ces avantages sont contrebalancés par tout un système de précautions destinées à sauvegarder les droits des créanciers et des légataires et à leur assurer pour le moins comme gage toute la valeur de la succession.

2012. Création du bénéfice par Justinien. — Malgré tant d'avantages, le bénéfice d'inventaire est apparu tard. C'est Justinien seulement qui l'a établi par la loi *Scimus* (*Code*, liv. VI, tit. 30, loi 22). Jusque-là on avait été réduit à des expédients qui prouvent la fertilité d'invention des jurisconsultes romains : l'héritier réunissait les créanciers et obtenait d'eux une sorte de concordat qui limitait ses obligations, ou bien il se faisait donner par eux *mandat* d'accepter la succession, ce qui les obligeait à lui restituer tout ce qu'il serait amené à payer à d'autres au delà de l'actif tout en les empêchant eux-mêmes de lui réclamer davantage.

2013. Pays de droit écrit. — On y avait conservé intacte la législation de Justinien, et par suite le bénéfice d'inventaire n'était accordé qu'à ceux qui acceptaient immédiatement l'hérédité, sans recourir au *jus deliberandi*. L'un des deux bénéfices excluait l'autre, l'héritier avait seulement le choix : « Electionem ei dedimus », disait la loi *Scimus*.

2014. Pays de coutume. — Le bénéfice fut long à y pénétrer. Il ne fut reçu que dans la seconde rédaction de la coutume de Paris, et sous certaines réserves. Comme il venait du droit romain, on obligeait l'héritier à se le faire accorder par une concession spéciale du roi, au moyen de *lettres royaux* qui se délivraient dans les chancelleries des Parlements, simple formalité qui n'était guère qu'une mesure fiscale et qui fut abolie par la loi des 7-11 sept. 1790.

De plus, l'héritier bénéficiaire pouvait être *exclu par un parent plus éloigné* qui consentait à se porter héritier pur et simple. Cela fut plus tard restreint à la ligne collatérale (Loysel, n° 320)[1].

§ 2. — *Formes et conditions de l'acceptation bénéficiaire*[2].

A. — Déclaration au greffe.

***2015. Ses formes.** — A la différence de l'acceptation pure et simple qui peut être tacite, l'acceptation bénéficiaire est *toujours expresse*, et même elle ne se peut faire que sous une forme déterminée par la loi : elle suppose *une déclaration au greffe du tribunal de première instance dans l'arrondissement duquel la succession s'est ouverte* (art. 793). Cette déclaration est inscrite sur un registre spécial, qui sert aussi à recevoir les renonciations à succession. — Le déclarant peut se faire accompagner d'un avoué pour certifier son identité (*Tarif civil*, art. 90, § 18), mais cette formalité n'est pas nécessaire.

2016. Situation de l'héritier mineur ou interdit. — Rien ne peut remplacer pour un majeur la déclaration au greffe ; mais si l'héritier est mineur, on est bien obligé de décider qu'une acceptation pure et simple, faite par son tuteur, vaudra comme acceptation bénéficiaire, malgré l'absence de toute déclaration en forme (art. 461). Cette situation semblerait devoir être définitive. Mais la jurisprudence décide qu'il y a là un *privilège* qui ne dure qu'autant que la minorité elle-même et que l'héritier devenu majeur ne peut plus se prévaloir contre les créanciers de la succession de la qualité de bénéficiaire, s'il n'a pas rempli les formalités prescrites par la loi, tout au moins dans un délai nouveau qu'il peut demander au juge (Cass., 27 mars 1888, D. 88. 1. 345, S. 88. 1. 366).

Le même raisonnement est applicable à l'héritier interdit relevé de l'interdiction ou à ses héritiers.

B. — De l'inventaire.

***2017. Sa nécessité.** — Une déclaration au greffe ne suffit pas : il faut en outre que l'héritier fasse dresser inventaire (art. 794). Cet inventaire est nécessaire pour le fonctionnement du bénéfice, qui consiste essentiellement dans la limitation des obligations de l'héritier au montant de l'actif : il est donc indispensable de connaître cet actif d'une manière exacte et sûre.

Quand il n'y a pas de mobilier, on remplace l'inventaire par un *procès-verbal de carence* (art. 942 C. proc. civ.).

[1] Tout ceci montre que le bénéfice d'inventaire était mal vu en pays coutumier, et il est vrai de dire qu'il avait donné lieu à des fraudes nombreuses. Voici comment en parle Bretonnier : « La malice des hommes renverse l'intention de la loi et tire le mal d'où le bien devrait procéder. L'héritier n'est qu'un homme de paille, qui n'a point d'intérêt à la conservation de l'hérédité, qui au contraire pêche en eau trouble et se prévaut du désordre, et les pauvres créanciers, à qui on fait perdre haleine en d'extrêmes longueurs, et qui se voient accablés de frais, trouvent leur ruine où ils devraient rencontrer du soulagement » (Sur Henrys, liv. VI, chap. iv, quest. 2). Même de nos jours l'organisation du bénéfice d'inventaire est fort défectueuse.

[2] On ne trouvera pas ici la théorie complète du bénéfice d'inventaire. Il y a avantage à la scinder pour s'occuper d'abord de l'acceptation bénéficiaire en elle-même, de ses *formes* et de ses *conditions*, et à renvoyer tout ce qui concerne ses *effets* au moment où l'on s'occupera de la situation faite à l'héritier acceptant, de ses droits et de ses obligations.

2018. Ses formes. — L'inventaire doit être fait « dans les formes réglées par les lois sur la procédure » (art. 794). C'est un *acte notarié* (art. 942 et 943 C. proc. civ.). Un inventaire sous seings privés serait *irrégulier* et insuffisant. En outre l'inventaire doit être *fidèle* et *exact* : il serait infidèle si l'héritier commettait une *omission volontaire*, ce qui vaudrait recel ou divertissement et le constituerait héritier pur et simple (art. 792 et 810); il serait inexact s'il y avait une *omission fortuite* : en ce dernier cas, l'omission pourrait être réparée par un supplément d'inventaire ou *récolement*, et le bénéfice n'en serait pas moins acquis.

***2019. Délai de rédaction.** — Faut-il que l'inventaire soit fait dans les délais de trois mois et quarante jours donnés à l'héritier pour délibérer? L'art. 794 semble bien l'exiger : « Cette déclaration *n'a d'effet qu'autant qu'elle est précédée ou suivie d'un inventaire... dans les délais ci-après déterminés.* » Mais voyez l'art. 800, qui est formel en sens contraire : « L'héritier conserve néanmoins *après l'expiration des délais*... la faculté de faire encore inventaire et de se porter héritier bénéficiaire... »

Cette contradiction s'explique historiquement : dans le projet, l'art. 800 contenait une disposition finale qui a disparu et qui limitait à un an, après l'expiration des délais donnés pour délibérer, la faculté d'accepter sous bénéfice d'inventaire. Après ce délai d'un an, dont le point de départ était variable, l'acceptation ne pouvait plus être faite que purement et simplement. C'est à ce délai spécial que faisait allusion l'art. 794. C'était d'ailleurs une disposition traditionnelle, qui existait déjà dans l'ancien droit, mais on se faisait aisément relever de cette déchéance par des lettres royaux, qui accordaient à la fois le bénéfice d'inventaire et la restitution contre la déchéance encourue. On se mit donc d'accord pour effacer ce délai d'un an qui n'avait pas d'importance pratique; mais on oublia de modifier l'art. 794 qui y faisait allusion.

2020. Droit des créanciers. — On controversait dans l'ancien droit pour savoir si les créanciers devaient être appelés à la confection de l'inventaire. L'art. 942 C. proc. civ. ne les énumère pas parmi les personnes dont la présence est nécessaire; d'où il faut conclure qu'il n'y a pas besoin de les y appeler. Mais les art. 820 et 821 C. civ. leur donnent le droit de faire apposer les scellés et de s'opposer à ce qu'ils soient levés hors de leur présence. Or les créanciers opposants doivent assister à la levée des scellés qui se fait au fur et à mesure que l'inventaire se dresse (art. 931 C. proc. civ.). Quant aux non-opposants, on peut se passer d'eux.

C. — Apposition des scellés.

2021. Leur inutilité. — Telles sont les deux seules formalités requises pour l'acquisition du bénéfice : la confection d'un inventaire et la déclaration au greffe. Il n'est donc pas nécessaire de faire poser les scellés (arg. art. 800). Si l'héritier juge à propos de le faire, ce ne peut être que pour éviter des détournements, ou pour échapper lui-même à tout soupçon de fraude.

Mais les scellés deviennent obligatoires, d'après le droit commun, quand il y a des héritiers mineurs ou absents. Ci-dessous, n° 2355.

§ 3. — *Déchéance de la faculté d'accepter sous bénéfice d'inventaire.*

2022. Distinction. — On verra plus loin (n°s 2166-2167) que le bénéfice d'inventaire, *une fois acquis*, peut se perdre et que l'héritier, d'héritier bénéficiaire qu'il était, peut se transformer en héritier pur et simple. Il s'agit ici d'une autre déchéance : celle de la faculté d'accepter sous bénéfice d'inventaire, qui se produit à un moment où le bénéfice n'est *pas encore acquis à l'héritier*.

2023. Causes de déchéance. — La faculté d'accepter bénéficiairement se perd :

1° Lorsque le successible *accepte purement et simplement*, d'une manière expresse ou tacite;

2° Lorsqu'il laisse s'écouler le temps de la *prescription* sans opter[1];

3° Lorsqu'il existe contre lui un *jugement passé en force de chose jugée* qui le condamne en qualité d'héritier pur et simple (art. 800).

2024. Difficulté spéciale au dernier cas. — Voilà encore une disposition qui a fait autant discuter, et d'une manière aussi peu utile, que celles des art. 783 et 789. Le débat est maintenant tranché, mais il restera un des épisodes les plus remarquables de notre histoire juridique au XIXe siècle. On se demandait si cette dernière cause de déchéance opère comme les autres d'une façon générale, de telle sorte que l'héritier soit déchu à l'égard de tous du droit d'accepter sous bénéfice d'inventaire, ou si au contraire elle n'avait qu'un *effet relatif* par application des règles sur la chose jugée. L'avis unanime de la doctrine est aujourd'hui qu'il n'y a aucune raison de déroger ici au principe de l'art. 1351 et de faire produire au jugement un effet absolu : l'héritier condamné sur la poursuite d'un créancier conserve donc le droit d'accepter bénéficiairement à l'égard des autres (Voyez les citations dans DALLOZ, *Suppl.*, v° Succession, n° 714)[2]. Cette solution a également prévalu dans la jurisprudence (Cass., 19 avril 1865, D. 65. 1. 433, S. 65. 1. 270; Cass., 30 avril 1884, D. 85. 1. 283, S. 86. 1. 173). Elle est conforme à la tradition (POTHIER, *Successions*, chap. III, sect. 5).

Il est du reste difficile de concevoir comment un successible peut être condamné en qualité d'héritier pur et simple sans qu'on puisse relever contre lui un acte spécial d'acceptation pure et simple, auquel cas sa qualité résulte de l'option qu'il a faite et non du jugement. Dans l'espèce jugée en 1884, c'était une saisie qui avait été pratiquée à un moment où le successible était sous les drapeaux et ignorait la poursuite dirigée contre lui, bien que régulière en la forme.

Du reste, il est unanimement reconnu que la condamnation prononcée contre un héritier, sous cette seule dénomination, se réfère à la qualité qu'il a prise et ne le rend point héritier pur et simple, quand il est héritier bénéficiaire (Alger, 16 déc. 1889, D. 90. 2. 106, S. 92. 2. 13).

CHAPITRE IV

RÈGLES SPÉCIALES A LA RENONCIATION

§ 1. — *Formes.*

** **2025. Déclaration au greffe.** — La renonciation ne peut résulter que d'une déclaration faite au greffe du tribunal dans le ressort duquel la succession s'est ouverte; elle est inscrite sur le même registre que les acceptations bénéficiaires (art. 784).

[1] Signalons toutefois un arrêt déjà ancien de la Cour de Douai qui a admis une acceptation bénéficiaire cinquante ans après l'ouverture de la succession (Douai, 30 nov. 1854, S. 55. 2. 265).

[2] Tous les auteurs qui se sont fourvoyés sur cette question partaient de l'idée que la loi, dans l'art. 800, mettait sur la même ligne les deux causes de déchéance qu'elle indique. Les uns voulaient expliquer l'effet absolu attribué au jugement par l'idée d'*indivisibilité* de la qualité d'héritier, idée fausse, car cette qualité peut exister envers certaines personnes seulement. Les autres prétendaient que les mots « passé en force de chose jugée » signifiaient que le successible condamné, en laissant expirer les délais des voies de recours qui lui étaient ouvertes, avait donné son adhésion au jugement, et par là accepté la succession purement et simplement. Voyez notamment MARCADÉ (sur l'art. 800), relevant une opinion exposée par Muraire au Conseil d'Etat. Comp. MERLIN, *Questions de droit*, v° Héritier, n° 8 ; *Répertoire*, v° Succession, sect. I, § 5, n° 4.

Le Code dit : « ne peut PLUS être faite... » ; parce que l'ancien droit permettait de faire la renonciation devant notaires ; quelques auteurs admettaient même des renonciations tacites.

2026. Exclusion des renonciations tacites. — La renonciation est un *acte solennel* qui ne peut se faire que dans la forme déterminée par la loi. Elle ne peut donc jamais être tacite. C'est ce qu'indique l'art. 784 en disant que « la renonciation *ne se présume pas* ». Cela ne veut pas dire seulement que la loi n'a pas établi de présomption tendant à considérer l'héritier comme renonçant : en ce sens, il serait également vrai de dire que l'acceptation aussi ne se présume pas, car elle doit toujours être prouvée. Mais l'acceptation peut *s'induire de certains faits qui en supposent l'existence*, c'est-à-dire se démontrer au moyen de présomptions de l'homme, tandis que ce genre de preuve n'est jamais possible pour la renonciation, et tel est le sens de l'art. 784.

§ 2. — *Effets de la renonciation.*

** **2027. Idée générale.** — Tous sont contenus dans la formule générale donnée par l'art. 785 : *Le renonçant est censé n'avoir jamais été héritier.* Sa vocation héréditaire, sa saisine, quand il l'avait, se trouvent rétroactivement anéanties. C'est comme s'il n'existait pas, comme s'il était décédé avant l'ouverture de la succession. Et cependant il tient sa place, il occupe son degré, car nous savons déjà qu'il ne peut pas être représenté (art. 787).

A. — Effets à l'égard du renonçant.

* **2028. Énumération.** — *Le successible qui a renoncé ne peut rien prendre ou retenir des biens de la succession* ; *mais il doit conserver intact son patrimoine personnel.* Par conséquent l'effet de la *confusion* ou de la *consolidation* qui avait éteint des droits personnels ou réels, existant auparavant à son profit ou à sa charge, se trouve effacé : les créances revivent, les droits réels reparaissent.

Aucun droit réel ne peut grever la succession du chef du renonçant ; par exemple les *hypothèques légales* qui frappent ses biens ne s'étendent pas aux immeubles héréditaires. — Toutefois on maintient les *actes conservatoires ou d'administration provisoire* faits par lui pendant qu'il délibérait (ci-dessus n° 1998).

Enfin l'héritier qui renonce s'affranchit du *rapport* auquel il aurait été soumis en acceptant.

Il va de soi qu'il ne doit aucun droit de mutation.

B. — Effets à l'égard des autres héritiers.

* **2029. A qui profite la part du renonçant.** — D'après l'art. 786, la part du renonçant accroît à ses cohéritiers, quand il en a. Cela n'est pas toujours exact, ou tout au moins il faut se garder de croire que tous les cohéritiers en profitent indistinctement. Ainsi, dans le partage par souches, entre enfants d'un ayant droit décédé, la part du renonçant profite seulement

à ceux qui descendent de la même souche que lui ; il faut que tous les représentants d'une même souche renoncent pour que la part du représenté accroisse aux héritiers des autres branches. Ainsi encore, quand il y a partage entre les deux lignes, la renonciation d'un héritier ne profite qu'à ceux qui sont parents du même côté : l'autre ligne ne peut en bénéficier qu'autant qu'il était seul à représenter sa ligne. Enfin dans un partage entre les père et mère et les frères ou sœurs, si l'un des parents renonce, le quart qui lui était attribué retourne aux collatéraux, l'autre ascendant n'en profite pas (art. 751).

Si le renonçant était seul appelé, la succession est dévolue au degré suivant (art. 786).

*2030. **Comment est recueillie la part du renonçant.** — Ceux qui recueillent les biens du défunt à la place du renonçant ne sont pas les ayants cause de ce dernier : ils ne les tiennent pas de lui, mais de la loi ; ils succèdent comme ils auraient succédé en cas de prédécès de celui qui a renoncé.

Il en résulte que :

1° La part vacante est acquise non seulement aux cohéritiers qui vivent encore au jour de la renonciation, mais *même à ceux qui sont morts depuis l'ouverture de la succession* : tous sont censés l'avoir recueillie immédiatement, dans la mesure où ils en profitent, par l'*effet rétroactif* de la renonciation. « Portio accrescit portioni, non personæ », ce qui signifie qu'elle va grossir les parts acquises aux successeurs des cohéritiers du renonçant, quand ces cohéritiers sont décédés au jour de la renonciation.

2° *L'accroissement est forcé.* — Ceux qui ont déjà accepté la succession pour leur part ne peuvent répudier le supplément qui leur arrive. C'est l'effet de l'indivisibilité de l'acceptation.

§ 3. — *Rétractation de la renonciation.*

*2031. **Faculté de rétractation.** — Tandis que l'acceptation est toujours irrévocable, la renonciation ne l'est pas. La loi permet au renonçant, sous certaines conditions, de revenir sur sa décision. C'est une innovation du Code[1], qui crée une situation bizarre : la succession est offerte à deux personnes qui ont en même temps le droit de l'accepter, l'une à l'exclusion de l'autre.

On l'explique simplement par le désir d'éviter la vacance de la succession ; on n'en doit pas conclure que la saisine soit refusée aux héritiers du degré suivant. Admise d'abord dans l'art. 462 au profit des mineurs, cette faveur a été généralisée par l'art. 790 au profit d'un héritier quelconque.

2032. Conditions. — Pour que le renonçant puisse ainsi reprendre la succession il faut : 1° *que son droit ne soit pas éteint par prescription* ; 2° *que la succession n'ait encore été acceptée par personne à son défaut* (art. 790).

La première condition est d'évidence. La seconde s'explique parce que le motif de la loi fait alors défaut : on n'a plus à craindre l'abandon définitif de la succession. En parlant du cas où « d'autres HÉRITIERS ont déjà accepté », la loi prévoit aussi bien l'acceptation d'un successeur irrégulier que celle d'un héritier légitime ; toutefois il faudra que ce successeur ait obtenu régulièrement l'envoi en possession. S'il n'y a de sa part qu'une simple

[1] Lebrun croyait que le droit romain permettait à l'héritier renonçant d'accepter encore (*Successions*, liv. III, chap. VIII, sect. 2, nos 61 à 63). Il se trompait en interprétant mal des textes qui concernaient le *suus heres*. Voyez la réfutation donnée par POTHIER, *Successions*, chap. III, sect. 1, § 3).

prise de possession de fait, elle ne fait pas obstacle au retour de volonté du renonçant (Bordeaux, 10 nov. 1886, D. 88. 2. 68). Cependant cette expression « héritiers » ne semble pas pouvoir s'appliquer à l'État, au cas où il aurait recueilli la succession comme tombée en déshérence.

2033. Effets. — Quand le successible qui avait d'abord renoncé se décide à accepter, son acceptation est *rétroactive* (art. 777). Toutefois l'art. 790 apporte une restriction à cette rétroactivité : l'héritier est *obligé de respecter les droits valablement acquis à des tiers*, soit par prescription, soit en vertu d'actes passés avec le curateur qui a pu être nommé à la succession pendant sa vacance.

La prescription court en effet même contre une succession vacante (art. 2258). Si elle a un curateur, il y a quelqu'un qui peut la représenter et interrompre la prescription ; si elle n'en a pas, les tiers ne peuvent pas souffrir de l'abandon dans lequel les successibles l'ont laissée. Cependant on remarque à ce point de vue une différence entre les art. 462 et 790 : le premier ne réserve pas l'effet de la prescription parce qu'il prévoit uniquement le cas où la succession était échue à un *mineur*, au profit duquel la prescription se trouve suspendue par l'art. 2252. Aucune prescription n'a donc pu courir contre lui.

2034. Critique d'un arrêt. — En réservant au successible la faculté d'accepter sous réserve des droits acquis à des tiers, la loi a limité elle-même l'étendue de cette réserve. Mais la jurisprudence ne s'en est pas tenue à ses termes stricts. Ainsi la Cour de cassation a jugé que le renonçant, qui était héritier réservataire, ne peut plus demander la réduction des libéralités faites par le défunt : donataires et légataires auraient acquis le droit de les conserver intactes par suite de sa renonciation (Cass., 5 juin 1878, D. 78. 1. 344, S. 78. 1. 457). Cette décision est discutable, car la qualité de réservataire est inséparable de la qualité de parent appelé à la succession ab intestat, en vertu de laquelle le renonçant prend l'hérédité. De plus, si on suppose un legs universel, l'art. 790 se trouve supprimé pour les héritiers réservataires, car il ne reste rien pour eux dans la succession.

§ 4. — *Des successions vacantes.*

A. — Ce que c'est que la vacance d'une succession.

***2035. Définition.** — La vacance est l'état d'une succession abandonnée en fait, que personne ne réclame et que personne n'administre, pas même l'État.

2036. Comparaison avec la déshérence. — La vacance ne doit pas être confondue avec la déshérence. Une succession est en déshérence quand elle est *attribuée à l'État à défaut d'héritiers*, parce qu'il n'en existe pas ou que ceux qui existent ont renoncé. C'est donc un *état de droit*, et qui est *définitif*. La vacance est un *état de fait* et *provisoire*, qui résulte soit de l'éloignement des héritiers appelés, soit de l'incertitude où on se trouve sur leur résidence, soit de la renonciation des héritiers de la première ligne.

2037. Conditions de la vacance. — D'après l'art. 811, trois conditions sont nécessaires pour qu'il y ait vacance :

1° *Les délais pour faire inventaire et délibérer doivent être expirés*. Jusque-là les créanciers ne peuvent pas agir contre les héritiers ; tout est suspendu (art. 174 C. proc. civ.). Si des mesures urgentes deviennent nécessaires, les intéressés peuvent les obtenir des héritiers ; s'il s'agit d'une action à exercer, on a déjà vu que l'assignation peut être lancée. Au cas où il n'y aurait pas d'héritiers connus, on adressera la demande au domicile du défunt contre ses héritiers collectivement, sans désigner leurs noms et qualités (arg. art. 447 C. proc. civ. et 2149 C. civ.).

2° *Personne ne se présente pour réclamer la succession*. Un ayant droit quelconque, héritier ab intestat, légataire, donataire de biens à venir, l'État lui-même, empêche la vacance quand il exerce son droit : la succession est alors *recueillie*, elle n'est pas *vacante*. Il est bien vrai que l'envoi en possession demandé par le successeur irrégulier ne pourra se faire qu'au bout d'un certain temps ; mais, en attendant, la succession ne sera pas vacante : les créanciers peuvent veiller à leurs droits et intenter leur action contre lui. En sens contraire, TOULLIER, t. II, n° 292.

3° *Il n'existe point d'héritiers connus* ou, ce qui revient au même, *les héritiers connus ont renoncé*. Généralement on décide que le mot « héritier » se trouve pris ici, dans l'art. 811, avec le sens étroit d'*héritier saisi*. Par suite, l'existence d'un successeur irrégulier n'ayant pas la saisine, tel que le conjoint survivant, ou des légataires à titre universel, ou des donataires de biens à venir, n'empêche pas la vacance, tant qu'ils ne se décident pas à accepter la succession.

2038. Règle suivie en pratique. — On est d'accord en pratique pour admettre que la vacance se produit *dès que les héritiers du premier degré ont renoncé*. On n'attend pas que tous les héritiers jusqu'au douzième degré aient pris successivement le même parti, ce qui pourrait être fort long. L'expérience prouve que dès qu'il y a quelque espoir de retirer quelque chose de la succession, le premier degré accepte, au moins sous bénéfice d'inventaire. Cette solution n'est peut-être pas conforme à la lettre de l'art. 811, mais elle est traditionnelle (arrêts du Parlement de Paris, du 21 janvier 1625, du 28 mars 1702, du 27 avril 1735. — Comp. POTHIER, *Cout. d'Orléans*, introd. au tit. XVII, n° 67) et elle est d'ailleurs une nécessité pratique. Quelques auteurs protestent vainement, sans qu'on voie bien dans quel intérêt ils le font (AUBRY et RAU, t. VI, § 641, note 3).

2039. Abstention de l'État. — Une circulaire du ministre des finances, du 8 juillet 1806, avait prescrit à l'Administration des domaines de réclamer toujours toutes les successions qui s'ouvriraient sans héritiers, même quand elles seraient insolvables, ce qui avait pour effet de rendre les cas de vacance infiniment rares. Mais une nouvelle circulaire, du 13 août 1832, a rendu au Domaine toute liberté à cet égard (GABRIEL DEMANTE, *Principes de l'enregistrement*, n° 677).

2040. Vacance partielle. — Une succession peut se trouver vacante pour partie seulement s'il existe un donataire de biens à venir ou un légataire à titre universel, n'ayant droit qu'à une fraction de la succession ; il y a vacance pour le surplus.

B. — Régime des successions vacantes.

2041. Nomination d'un curateur. — Un curateur est chargé de représenter la succession, pour que le droit des tiers ne se trouve pas compromis. Ce curateur ne peut être nommé que par le tribunal du lieu de l'ouverture de la succession (art. 812). En cas de concurrence entre plusieurs curateurs nommés par erreur à la même succession, le premier nommé est préféré sans jugement (art. 999 C. proc. civ.). La nomination peut être demandée par toutes les personnes qui ont des droits à faire valoir contre la succession ou par le ministère public.

2042. Fonctions du curateur. — Le curateur désigné n'est pas obligé d'accepter, et s'il accepte, il n'a ni serment à prêter ni caution à fournir. Son premier devoir est de faire constater l'actif par un *inventaire* (art. 813 et 814).

Cela fait, sa mission est d'*administrer* et de *liquider* la succession. L'art. 814 lui applique *les mêmes règles qu'à l'héritier bénéficiaire*. Il y a toutefois des différences. Comme l'héritier bénéficiaire, le curateur poursuit les débiteurs et fait rentrer les fonds ; comme lui, il représente la succession en justice, il plaide en son nom ; comme lui encore, il ne peut vendre qu'en observant certaines formalités. Mais voici les *différences* :

1° Il n'a pas le droit de conserver les fonds : l'art. 813 l'oblige à verser le numéraire « à la régie royale », c'est-à-dire « à la Caisse des dépôts et consignations ». Un paiement reçu par lui ne serait donc libératoire qu'à la condition d'avoir tourné à l'avantage de la succession. Toutefois, dans la pratique, cette disposition ne semble applicable qu'au cas où il ne se présente pas actuellement de créanciers dont les droits sont certains. En effet, un arrêt de la Cour de cassation du 4 mai 1892 (D. 94. 1. 84, S. 92. 1. 575) suppose que le curateur paie les créanciers à mesure qu'ils se présentent, tant qu'il a des fonds en mains. Il est inutile en effet d'en opérer le dépôt immédiat, pour compliquer tout le règlement du passif. La responsabilité du curateur, qui est comptable, suffit à couvrir les intérêts des tiers.

2° *Si le curateur vend un bien à l'amiable, la vente est nulle,* comme faite par un mandataire qui a excédé ses pouvoirs. Faite par un héritier bénéficiaire, elle serait valable, mais entraînerait pour lui la déchéance de son bénéfice.

3° Il est évident que le curateur, qui n'est pas héritier, ne peut pas garder pour lui le reliquat d'actif net, quand il en reste ; il doit le déposer à la Caisse des consignations, mais il a droit à un *salaire*, même quand le tribunal a oublié de le fixer.

4° Sa qualité de *mandataire salarié* l'oblige d'une manière plus rigoureuse que l'héritier bénéficiaire : il doit tous ses soins à la liquidation dont il est chargé et il est *responsable de toute faute* (art. 1992) ; un héritier bénéficiaire n'est tenu que de ses fautes graves (art. 804).

2043. Cessation de ses fonctions. — La mission d'un curateur à succession vacante cesse de plein droit dès qu'un ayant droit se présente, et il est alors tenu de rendre ses comptes à ce dernier.

2044. Successions vacantes en Algérie et aux Colonies. — Pour les vacances qui se produisent hors du territoire de la métropole, il y a des règles spéciales (Ord. 26 déc. 1842 ; Décr. 14 mars 1890).

RELATIONS DE L'HÉRITIER AVEC LES TIERS

CHAPITRE PREMIER

DE LA PÉTITION D'HÉRÉDITÉ[1]

§ 1. — *Généralités.*

***2045. Sa nécessité.** — Devenu propriétaire et créancier à la place du défunt, dès le jour où la succession s'est ouverte, l'héritier acceptant a droit à tous les fruits et produits provenant des biens héréditaires et il a pu faire sur eux tous les actes de maître et d'administrateur. Seuls lui échappent les biens sur lesquels le défunt n'avait qu'un droit viager et ceux qui étaient soumis à un droit de retour, qui les a distraits de son patrimoine au moment de sa mort.

Pour faire valoir ses droits, l'héritier peut exercer les mêmes actions qu'avait le défunt, actions personnelles ou réelles, possessoires ou pétitoires : il peut revendiquer les biens contre les tiers qui les possèdent, poursuivre les débiteurs, etc. Mais *ces actions ne lui suffiraient pas.* En effet, ces droits ne sont à lui qu'*à la condition qu'il établisse sa qualité d'héritier* : c'est ce titre qui les lui donne. Or il peut être contesté. Celui qui détient les biens héréditaires prétend parfois que le réclamant n'est pas héritier. Il faut bien alors que l'héritier prouve son titre et la loi lui donne à cet effet une *action spéciale née en sa personne,* fondée sur sa qualité d'héritier et qui est la pétition d'hérédité.

***2046. Définition.** — La pétition d'hérédité est *l'action réelle donnée à l'héritier contre ceux qui, prétendant avoir droit à la succession, en détiennent en fait la totalité ou une partie.*

2047. Comparaison avec la revendication. — Il y aura pétition d'hérédité, si le défendeur se prétend héritier et conteste le titre du réclamant ; il y aura revendication, quand le défendeur prétendra avoir acquis la chose par donation, par achat, par échange, etc., du défunt ou d'un tiers.

Au premier cas, l'héritier triomphera *sous la seule condition d'établir sa qualité d'héritier* : il devra obtenir la remise de tous les objets héréditaires. Au second cas, il devra prouver en outre soit que la chose appartenait au défunt, quand le défendeur l'a

[1] Sur cette matière importante, le Code ne contient que quelques dispositions spéciales au titre « De l'Absence ». C'est toute une théorie que la doctrine a eu à élaborer.

acquise d'une autre personne, soit que l'aliénation est nulle, quand le défendeur tient la chose du défunt. *La preuve est donc plus facile dans la pétition d'hérédité que dans la revendication.*

Peu importe le nombre des objets réclamés : la pétition d'hérédité est ouverte contre celui qui ne possède qu'un seul bien héréditaire, et à l'inverse la revendication peut servir à réclamer un nombre considérable d'objets. La différence entre les deux actions vient *du titre du défendeur*, qui est possesseur à titre d'héritier dans un cas, à titre d'acquéreur particulier dans l'autre.

2048. Comparaison avec l'action en partage. — L'action en partage a lieu quand l'un des héritiers demande sa part, et que son titre d'héritier et le montant de sa part ne sont pas contestés par les autres. Il y aurait pétition d'hérédité si les autres héritiers lui contestaient le droit de prendre part au partage ou d'y prendre une part aussi forte que celle qu'il réclame. Une question préjudicielle au partage doit alors être vidée : le demandeur est-il héritier et pour quelle part ? C'est l'objet de la pétition d'hérédité.

Une grande différence existe entre ces deux actions, au point de vue de la prescription, le droit de demander le partage est imprescriptible ; la pétition d'hérédité se prescrit par 30 ans (art. 2262).

2049. Preuve de la qualité d'héritier. — Les héritiers succèdent à tous les droits de leur auteur ; ils peuvent vendre les immeubles, les titres nominatifs, etc.; mais il leur faut pour cela prouver qu'ils ont succédé au défunt, qu'ils sont ses vrais héritiers, les plus proches et qu'il n'y en a pas d'autres. Comment feront-ils cette preuve ? Auprès de ceux qui les connaissent personnellement et qui ont connu le défunt, ils n'éprouveront pas de difficulté ; mais s'ils veulent vendre des titres à la Bourse, l'agent de change chargé du transfert leur demandera une justification en règle ; le Crédit foncier fera de même, s'ils veulent contracter un emprunt sur hypothèque, etc. En pratique on dresse un *acte de notoriété* : des gens qui ont connu les parties viennent certifier devant notaires que la qualité d'héritiers du défunt appartient à telle et telle personne. On voit qu'en somme c'est la *preuve testimoniale* qu'on emploie, et que ce mode de preuve que la loi exclut *en matière de contrats* dès qu'il s'agit de plus de 150 francs, sert pour des fortunes entières en matière de successions.

2050. Points à examiner. — La pétition d'hérédité est soumise au droit commun. Il n'y a lieu d'étudier que les deux points suivants : 1° La *restitution des fruits* par le possesseur de l'hérédité ; 2° la *validité des ventes faites par l'héritier apparent.*

§ 2. — *Restitution des fruits.*

2051. Application du droit commun. — On applique en principe les mêmes règles que s'il s'agissait d'une chose particulière réclamée par voie de revendication (art. 138. — Comp. art. 549 et 550).

2052. Suppression du Juventien. — Il existait autrefois une différence considérable entre la pétition d'hérédité et la revendication. Dans la revendication le défendeur de bonne foi restituait seulement les fruits qu'il avait perçus depuis l'exercice de l'action. Dans la pétition d'hérédité, le défendeur restituait même ceux qu'il avait perçus de bonne foi auparavant *quand ils l'avaient enrichi* ; seule la *consommation* des fruits le dispensait de les restituer. Cette règle spéciale à la pétition d'hérédité venait du S. C. Juventien, rendu sous Adrien (*Dig.*, liv. V, tit. 3, fr. 20, § 6).

Le Code l'a rejetée, car son art. 138 assimile la pétition d'hérédité à l'action en revendication pour la restitution des fruits. On a supprimé par là une foule de difficultés qui naissaient dans la pratique pour savoir si la *valeur* des fruits matériellement conservés par le possesseur n'était pas déjà consommée par lui.

2053. Maintien partiel de l'ancienne règle. — Il ne faut cependant pas s'exagérer la portée de la réforme. L'ancienne règle « Fructus augent hereditatem » avait une portée plus large que la pétition d'hérédité et elle s'applique encore dans les cas suivants :

1° Pour déterminer la consistance de l'hérédité quand les créanciers demandent la séparation des patrimoines ;

2° Pour évaluer les droits de chaque héritier dans l'action en partage ;

3° En faveur du légataire universel ou à titre universel qui demande la délivrance de sa part.

§ 3. — *Ventes faites par l'héritier apparent.*

****2054. Définition.** — On appelle « héritier apparent » la personne qui est en possession d'une succession et qui passe aux yeux de tous pour en être véritablement le maître.

***2055. Position de la question.** — Cette personne administre la succession ; elle dispose des biens héréditaires ; elle les *vend,* par exemple, comme lui appartenant. Puis elle est évincée par le véritable héritier, un parent plus proche qui se présente. Ses rapports avec le réclamant sont réglés par la pétition d'hérédité ; mais il reste à déterminer le sort des actes de toute nature faits par elle pendant sa possession, et surtout celui des aliénations qu'elle a consenties : un acheteur, par exemple, gardera-t-il le bien à lui vendu ou sera-t-il évincé par le véritable héritier ? Grave question que la loi aurait dû résoudre avec précision, et qu'elle a omise, au moins d'une façon générale.

2056. Cas où la difficulté ne se présente pas. — La question qui vient d'être indiquée ne se pose qu'au profit de *l'acquéreur de bonne foi d'une chose particulière.* Il n'y a pas lieu d'hésiter pour déclarer nuls les actes faits par l'héritier apparent *avec un tiers de mauvaise foi,* qui connaissait l'existence du véritable héritier : celui-là savait à quoi il s'exposait. D'autre part, celui qui a acquis toute l'hérédité, *l'acheteur de droits successifs,* ne peut pas échapper à l'action du véritable ayant droit, parce qu'il a pris la place de l'héritier apparent (Cass., 26 août 1833, D. 33. 1. 307, S. 33. 1. 737).

Trois cas doivent être distingués relativement à l'acquéreur particulier et de bonne foi.

2057. Cas de l'héritier absent. — Lorsque le véritable héritier est *en état d'absence,* au sens technique du mot, on a trouvé un texte sur lequel la validité de la vente peut indirectement s'appuyer. C'est l'art. 136 : « La succession est dévolue à ceux avec qui il aurait eu le droit de concourir ou qui l'auraient recueillie à son défaut. » Toutefois la succession ne leur appartient pas définitivement, puisque si l'absent revient il peut la leur réclamer (art. 137). Dans ces conditions, on peut dire que les personnes appelées à recueillir la succession à la place de l'absent sont investies d'un *mandat légal* à l'effet de l'administrer, et c'est en effet l'expression dont se servait M. Demolombe. Ce mandat donné sans réserves leur permet de faire des actes opposables à l'absent de retour, *même des actes de disposition,* pourvu qu'il s'agisse d'aliénations à titre onéreux, car aucun mandat donné en termes généraux ne comporte le pouvoir de faire des libéralités.

2058. Cas de l'héritier restitué contre sa renonciation. — On suppose que l'héritier du premier degré avait d'abord renoncé, puisqu'il fait annuler sa renonciation. Il enlève la succession à ceux qui l'avaient acceptée à sa place, et il la reprend *rétroactivement* : il est réputé avoir toujours été héritier, et les aliénations consenties par d'autres dans l'intervalle vont tomber. La question est à peu près la même que pour l'héritier absent, car l'art. 786 s'exprime exactement comme l'art. 136 et dit que la succession est « dévolue » à d'autres, d'où l'on peut faire sortir la même idée de mandat légal. En outre il est de tradition, comme le disait Lebrun, que dans les restitutions on doit entretenir tout ce qui s'est fait de bonne foi.

2059. Autres hypothèses. — Restent toutes les autres hypothèses dans lesquelles l'héritier ou le légataire universel ignore l'ouverture de la succession à son profit [1] : il ne bouge pas, et un autre recueille en fait les biens à sa place. Aucun texte n'a statué d'une manière générale. Un seul point, très particulier, a été réglé : les *paiements* faits par les débiteurs entre les mains du *possesseur de la créance* (possesseur de l'hérédité) sont valables et libératoires (art. 1240). La raison en est que c'était un acte nécessaire, dont les débiteurs ne pouvaient se dispenser. D'autre part, l'art. 2279 protège les acquéreurs de *meubles corporels* qui en ont reçu la tradition de bonne foi. Hors de là, on ne trouve rien, et de graves questions se sont présentées en pratique.

****2060. Controverse et jurisprudence.** — C'est pour ce dernier genre d'hypothèses que la jurisprudence a eu à statuer. Deux opinions principales se sont trouvées en présence.

La première annulait tous les actes faits par l'héritier apparent, en se fondant sur le syllogisme suivant : Nul ne peut conférer à autrui un droit qu'il n'a pas ; le succès de la pétition d'hérédité prouve que l'héritier apparent était sans droit ; donc tous les actes qu'il a faits doivent disparaître (art. 1599 et 2182, al. 2). C'est la seule doctrine qui soit *strictement juridique*, c'est-à-dire *conforme aux principes établis par les textes actuels* (Huc, t. I, n° 452).

Mais une nécessité pratique absolue imposait le maintien des actes faits par l'héritier apparent. Voyez ce que rapporte M. Demolombe sur l'unanimité d'opinion de tous les hommes mêlés au mouvement des affaires (t. II, n° 249). Il a cherché par tous les moyens à rattacher cette solution à des textes existants, mais vainement. Il n'y en a pas ; il faut déclarer hardiment que la loi doit fléchir devant un principe supérieur d'équité et de justice : la bonne foi des acquéreurs, l'erreur invincible dans laquelle ils sont tombés, doit les protéger contre toute action. C'est sur cette raison que s'est appuyée ouvertement la Cour de cassation dans ses derniers arrêts (Cass. 3 juill. 1877, D. 77. 1. 429, S. 78. 1. 38 ; Cass., 13 mai 1879, D. 79. 1. 417, S. 80. 1. 26). Précédemment elle s'était fondée sur l'idée aujourd'hui abandonnée, de la saisine collective (Voyez trois arrêts de la Chambre civile, du 16 janv. 1843, D. 43. 1. 49 et 52, S. 43. 1. 97 et 107). Si l'on veut trouver un fondement juridique à cette jurisprudence ce ne peut être que l'ancienne maxime : *Error communis facit jus* [2]. Comp. Dalloz, *Suppl.*, v° succession, n° 472 ; Huc, t. V, n° 271.

[1] On peut aussi supposer que la succession est possédée par un légataire universel en vertu d'un testament nul ou révoqué, dont les héritiers et lui-même ignorent la nullité ou la révocation.

[2] Dans un double arrêt récent, sur l'affaire de la Boussinière, la Cour de cassation a consacré une fois de plus sa doctrine définitive : l'erreur commune et invincible, avec la bonne foi des tiers, suffit ; il importe peu de savoir dans quelles conditions

D'ailleurs il est nécessaire que l'héritier apparent possède un titre sérieux et que l'erreur des tiers qui ont traité avec lui soit complètement justifiée (Cass., 26 févr. 1867, D. 67. 1. 75, S. 67. 1. 161 ; Cass., 4 août 1885, D. 86. 1. 310, S. 86. 1. 120). La jurisprudence se réserve le droit d'apprécier les circonstances et de « mesurer en quelque sorte l'erreur ».

CHAPITRE II

OBLIGATION DE L'HÉRITIER AUX DETTES ET CHARGES

****2061. Les textes.** — Comme il acquiert tout l'actif, l'héritier est tenu de tout le passif : le Code lui attribue « les biens, droits et actions du défunt, *sous l'obligation d'acquitter toutes les charges de la succession* » (art. 724). Les art. 870 et 873 règlent la façon dont doit se faire le paiement du passif au cas où il y a *plusieurs héritiers*.

§ 1. — *De quelles obligations l'héritier est tenu.*

* **2062. Définition des dettes et charges.** — L'art. 724 déclare les héritiers tenus des *charges* ; au premier rang de ces « charges » figurent les *dettes* laissées par le défunt, qui forment la grosse part du passif et qui sont mentionnées spécialement à côté des charges dans les art. 870 et 873.

Les charges, quand on les distingue des dettes proprement dites, comprennent :

1° Les *legs,* qui n'ont jamais été dus par le défunt, mais qui le sont par ses héritiers ;

2° Certaines dettes étrangères au défunt, parce qu'elles prennent naissance après sa mort, mais qui grèvent son héritier en cette qualité, par exemple les frais funéraires et les frais d'inventaire ou de liquidation.

Mais on verra plus loin qu'il y a controverse pour savoir dans quel sens les art. 724, 870 et 873 ont employé le mot « charges ».

2063. Généralité du principe. — Le principe est absolu et s'étend à toutes les dettes du défunt, même à celles qui ont une origine délictuelle, même à celles qui ont le caractère d'une peine. Ainsi l'*amende,* une fois prononcée contre une personne, peut être poursuivie après sa mort contre ses héritiers ; le principe de la personnalité des peines empêche seulement de *prononcer la condamnation* après la mort du coupable.

l'héritier apparent avait appréhendé la succession (Cass., 26 janv. 1897, D. 1900. 1. 33, avec une note de M. Sarrut). Voyez un bon résumé de la question dans la note de M. Charmont, P. 1901. 1. 209.

2064. Obligations éteintes au décès. — Il y a cependant certaines obligations du défunt qui ne passent pas à ses héritiers. Ce sont celles qui dérivent de *contrats à exécution successive,* qui obligent le débiteur à faire certaines choses pendant plus ou moins longtemps. Ces contrats sont dissous par la mort, toutes les fois qu'ils ont été contractés *en considération de la personne.* Tels sont le *louage d'ouvrage* (art. 1795), la *société* (art. 1865), le *mandat* (art. 2003). Ces contrats cessent et les héritiers ne sont pas obligés d'en continuer l'exécution, mais leurs effets *déjà réalisés* en la personne du défunt subsistent, et les héritiers sont tenus des obligations qui en étaient résultées pour lui, par exemple pour exécution incomplète ou pour mauvaise exécution. Il y a donc plutôt *dissolution d'un contrat qu'extinction d'une obligation.*

Au contraire, un contrat du même genre, mais dans lequel la considération de la personne n'est pas dominante, par exemple le *louage d'une maison ou d'une terre,* subsiste à la charge des héritiers, qui sont obligés d'entretenir le bail jusqu'au bout.

2065. Effet des titres exécutoires. — Anciennement ceux qui avaient des titres exécutoires contre le défunt ne pouvaient pas s'en servir contre les héritiers. Cette règle avait été établie, sur les remontrances des Parlements, par une déclaration du 4 mars 1549. On obligeait les créanciers à faire déclarer par jugement leurs titres exécutoires contre les héritiers à moins que les héritiers ne leur consentissent à l'amiable un titre nouveau (POTHIER, *Procédure civile,* n° 443).

Le projet de Code conservait ce système (FENET, t. II, p. 155, art. 194), mais le Tribunat fit observer que ce procédé ne servait qu'à imposer des frais inutiles aux parties. Son observation parut juste, et l'art. 194 du projet fut remplacé par la disposition qui forme actuellement l'art. 877 : le titre exécutoire contre le défunt conserve sa vigueur contre l'héritier ; toutefois, pour que celui-ci ne soit pas pris à l'improviste par l'exécution d'une obligation dont il a pu ignorer l'existence, la loi veut que le créancier qui en est pourvu lui notifie ce titre huit jours au moins avant d'en poursuivre l'exécution. Il n'y a là qu'un léger retard et une petite formalité, qui ne peut pas nuire au créancier et qui protège l'héritier contre un péril possible.

C'est seulement l'exécution que la loi interdit ; par conséquent un *commandement* peut être fait à l'héritier même avant l'expiration de ce délai de huitaine (Agen, 28 oct. 1891, D. 93. 2. 540), de même que la *sommation de payer ou de délaisser* par laquelle commence la purge (art. 2169) (Bourges, 1er mars 1893, D. 93. 2. 520) : ces deux actes ne sont pas des actes d'exécution.

2066. Effet des hypothèques générales. — Quand l'obligation du défunt était garantie par une hypothèque générale, comme l'hypothèque judiciaire, son effet s'arrête par la mort : elle ne s'étend pas aux immeubles personnels de l'héritier. « Générale hypothèque de tous biens comprend les présents et à venir, mais non ceux des hoirs » (LOYSEL, n° 503) Comp. t. II, n° 2749.

2066 *bis*. Des droits de mutation. — Outre les dettes et charges ci-dessus énumérées, l'héritier supporte encore une espèce de charges dont le droit civil n'a pas à s'occuper : c'est le *paiement des droits de mutation.* D'après la loi du 22 frimaire an VII, art. 14-8° et 15-7°, les droits de mutation étaient : 1° *proportionnels* aux valeurs recueillies ; 2° perçus *sans déduction des charges* qui viennent grever et diminuer l'actif. La loi du budget de 1901 (L. 29 janvier-25 février 1901) a modifié l'état du droit sur ces deux points. Elle a autorisé la déduction des dettes pour le calcul de l'actif net sur lequel les droits doivent être calculés, tout en prenant de nombreuses précautions pour éviter des fraudes (art. 3 et suiv.). En même temps elle a établi un *tarif progressif*, croissant rapidement soit avec le chiffre des valeurs héréditaires, soit avec l'éloignement de la parenté (art. 2). La première réforme est d'une équité indiscutable ; il y a seulement lieu de s'étonner qu'il ait fallu plus d'un siècle pour le comprendre et la réaliser. Il n'en est pas de même de la seconde : dès le 3e degré (oncle et neveu) le tarif atteint 10 pour 100 et il est de 15 à 18,50 pour 100 pour les parents au delà du 6e degré. C'est-à-dire que sauf pour les héritiers les plus proches, l'État s'empare de près du cinquième des fortunes privées à chaque mutation. N'est-ce pas excessif ? N'est-ce pas encourager par une prime énorme, soit la fraude contre le fisc, soit l'exode des capitaux ? Pourtant cela ne suffisait pas à la Chambre des députés, et dans la séance du 22 février 1901, par 433 voix contre 60, elle adopta un tarif beaucoup plus élevé, proposé par M. Klotz, et qui, pour les grosses successions, allait jusqu'à 64 pour 100 (*Journal officiel*, Chambre, Débats parlementaires, 1901, p. 495 à 497). M. Rouvier protesta vainement, avec quelques autres députés, contre un pareil impôt qu'il appelait avec raison une *confiscation*. Voyez les *Lois annotées*, D. 1901. 4. 33 et suiv., S. 1901. 140 et suiv.

§ 2. — *Répartition du passif entre les héritiers.*

A. — Le principe.

** **2067. Principe régissant la division des dettes.** — Lorsqu'il y a plusieurs héritiers, il faut déterminer la part pour laquelle chacun d'eux sera tenu du passif. A cet égard on trouve au titre « Des obligations » une disposition de principe très importante, celle de l'art. 1220, aux termes duquel les héritiers sont *tenus du passif pour des parts proportionnelles à leurs parts héréditaires*.

L'art. 870 fait l'application de ce principe, mais en des termes légèrement inexacts : « en proportion de ce qu'il y prend. » Or l'héritier peut *prendre* dans la succession, à un autre titre, comme légataire par exemple, des biens considérables à raison desquels il ne doit pas contribuer aux dettes. L'art. 1220 emploie une formule meilleure en disant : « pour les parts dont ils sont tenus *comme représentant le débiteur*. »

* **2068. Division immédiate du passif.** — Cette division du passif dans la proportion des parts héréditaires s'opère *immédiatement et de plein droit*. Par le seul fait du décès, le créancier a désormais plusieurs débiteurs à la place de son débiteur unique décédé, son droit est fractionné.

Cette division est-elle définitive ? Les héritiers ne peuvent-ils pas en modifier l'effet ? C'est un point que nous examinerons en étudiant le partage, à propos des art. 832 et 883.

2069. Ancienne solidarité des héritiers. — Du principe de la division immédiate des dettes, il résulte qu'il n'y a de solidarité entre les héritiers à aucun moment. Anciennement il y avait des coutumes qui rendaient les héritiers solidaires, d'une manière plus ou moins complète, envers les créanciers (LEBRUN, *Successions*, liv. IV, chap. II, sect. 1, n° 7 ; POULLAIN DU PARC, *Principes*, t. IV, n° 74). Mais Pothier jugeait que ces coutumes étaient tout à fait « déraisonnables ».

2070. Limitation des effets de la confusion. — Une autre conséquence dérive du même principe : quand l'un des héritiers était créancier du défunt, sa créance ne s'éteint par confusion que pour la part pour laquelle il succède ; elle subsiste pour le surplus et les autres héritiers en sont débiteurs.

*** 2071. Personnes entre lesquelles s'opère la division.** — Conformément au principe déjà connu (T. I, nos 303 et 1236), les *successeurs universels* d'une personne sont seuls tenus de ses obligations. Mais ces successeurs peuvent être de plusieurs sortes. Il y a d'abord :

1° Les *héritiers ab intestat,* les seuls qui nous occupent ici, et qui sont les principaux ;

2° Les *légataires universels ou à titre universel*, qui sont « *loco heredum* » et dont nous traiterons plus loin (ci-dessous nos 2750 et suiv. et nos 2780 et suiv.).

3° Les *donataires de biens à venir,* succédant soit en vertu d'une *institution contractuelle* (ci-dessous nos 3157 et suiv.), soit en vertu d'une *donation entre époux* (ci-dessous nos 3208 et suiv.).

A leur tour les successeurs ab intestat se subdivisent en *héritiers légitimes, successeurs irréguliers* et *héritiers anomaux.*

Il faut tenir compte de toutes ces catégories de personnes qui peuvent se trouver réunies dans une même succession, au moins former des groupements variés. — Ce que nous dirons des héritiers ab intestat s'applique en principe à tous les autres ; les règles particulières à chaque catégorie sont expliquées dans la partie du *Traité* qui la concerne.

Observons en passant que l'héritier anomal, qui ne succède ordinairement qu'à un seul bien, celui qu'il a donné, ressemble beaucoup à un successeur particulier : il est néanmoins tenu des dettes ; son titre d'héritier le range dans la classe des successeurs universels. C'est le dernier représentant du système successoral ancien qui distribuait les biens entre les héritiers d'après leur provenance.

2072. Difficulté pour déterminer les parts héréditaires. — Puisque le partage du passif se fait entre les cohéritiers dans la même proportion que le partage de l'actif, il est important de déterminer la part héréditaire de chacun pour savoir dans quelle mesure le créancier pourra poursuivre. Le plus souvent on n'éprouvera aucune difficulté. Les biens du défunt ne forment qu'une seule masse et chaque héritier en prend une *quote-part,* exprimée par *une fraction numérique* facile à déterminer, comme le quart, le seizième, etc.

Mais il y a deux cas où un calcul aussi simple ne suffit pas pour déterminer la part contributoire de l'héritier, savoir : 1° le cas où il y a un *successeur anomal* ; 2° le cas où il y a un *légataire à titre universel des meubles ou des immeubles.* Dans ces deux cas la division de la succession ne se fait plus selon des fractions exprimées par des chiffres : il y a une division qui s'opère soit pour un bien déterminé, soit par catégories de biens. Il devient donc nécessaire d'*estimer la valeur relative des biens* qui reviennent à chaque successeur universel du défunt pour connaître la part qu'il doit supporter dans le passif. C'est alors seulement que leurs parts respectives pourront être exprimées par des chiffres.

2073. Division provisoire par parts viriles. — Une opinion reçue à la fin du XVIIIe siècle et qui était l'*opinion commune,* à ce que nous affirme Pothier (*Successions,* chap. V, art. 3, § 1), avait trouvé la solution de cette difficulté : en attendant que les portions exactes à la charge des divers héritiers eussent été *ventilées* par l'estimation des biens de la succession, les créanciers pouvaient poursuivre chacun d'eux *pour une part virile*[1], sauf aux héritiers à se faire ensuite raison entre eux du plus ou du moins[2]. C'était une grande simplification, et elle était si utile et si connue que les auteurs du Code en ont reproduit le principe dans l'art. 873 : « Les héritiers sont tenus... personnellement pour leur part et portion virile... » On prétend bien que cette disposition est un simple « lapsus » du législateur qui a confondu ici « part virile » et « part héréditaire », et pris un mot pour l'autre ; mais pour soutenir cela, il faut ignorer l'histoire et n'avoir lu ni Pothier ni Lebrun.

L'art. 873 n'est donc que le maintien d'une solution ancienne, parfaitement connue et très sensée. Toutefois les transformations accomplies sur d'autres points du régime successoral lui ont enlevé une grande partie de son utilité. Jadis elle était d'une application constante, à cause de la division des biens en propres et acquêts et de la subdivision des propres en propres paternels et propres maternels. De nos jours, elle ne peut plus rendre de services que dans les hypothèses relativement rares, prévues au n° précédent. Comp. Demolombe, t. XVII, n°s 43 et 44.

2074. Effet des legs particuliers. — Il résulte du principe rappelé au n° 2071 ci-dessus que les *legs particuliers* faits à des successibles ou à des tiers n'entrent pas en ligne de compte pour la répartition du passif. Ceci va se comprendre par un double exemple.

Legs faits a des tiers. — Le défunt a légué tous ses meubles à titre universel ; il a fait en outre différents legs particuliers portant sur des immeubles. L'héritier du sang ne succède donc qu'aux immeubles, et il est possible qu'il lui en reste fort peu, déduction faite de ceux qui ont été légués à d'autres : il contribuera néanmoins au passif *en proportion de la valeur totale des immeubles*, y compris ceux qu'il ne recueille pas. Il est en effet impossible de surcharger le légataire à titre universel du mobilier, ou de faire supporter une partie du passif aux légataires particuliers (Cass., 30 avril 1884, D. 85. 1. 373, S. 84. 1. 281).

Legs faits a un successible. — L'héritier qui bénéficie d'un legs recueille les biens du défunt à un double titre, en partie comme successeur ab intestat, en partie comme légataire particulier. Le premier seul l'oblige aux dettes. Ainsi quand il y a deux fils appelés à succéder par moitié et que la quotité disponible, qui est d'un tiers, est léguée à l'un d'eux à titre particulier, par exemple sous la forme d'une somme d'argent ou d'un immeuble, le fils avantagé prendra les deux tiers de l'actif et ne supportera que la moitié du passif.

B. — Dérogations conventionnelles.

***2075. Dérogations voulues par le défunt.** — La loi a prévu le cas où le défunt aurait voulu faire acquitter la totalité d'une dette par l'un de ses héritiers. Elle dit, dans l'art. 1221, que l'héritier, seul chargé par le titre de l'exécution de l'obligation, a son recours contre ses cohéritiers pour leur part (art. 1221-4° et al. final). Cette disposition est impérative. Le défunt ne pourrait pas priver l'héritier de son recours, par une clause de la

[1] La part virile est celle qui est comptée en divisant le total par le nombre des ayants droit ; la part héréditaire est celle pour laquelle l'héritier est appelé à succéder. Les parts héréditaires offrent souvent entre elles les plus grandes inégalités, qui ont principalement pour causes le partage par souches et la division entre les deux lignes, chaque souche ou chaque ligne pouvant être représentée par des héritiers en nombre variable.

[2] La situation faite aux créanciers est si clairement expliquée par Pothier, qu'il est impossible de s'y méprendre. Elle semble d'ailleurs n'être qu'une atténuation d'une opinion antérieure qui aurait ouvert indéfiniment aux créanciers le droit de poursuite par parts viriles, sans jamais tenir compte du chiffre de l'émolument réel de l'héritier. Voyez en ce sens Lebrun, *Successions*, liv. IV, chap. II, sect. 1, n° 5.

convention faite de son vivant avec un tiers, parce que les pactes sur succession future sont nuls. Il ne pourrait le faire que par testament et seulement dans les limites de la quotité disponible.

Une autre conséquence que la loi n'indique pas, c'est qu'en chargeant l'un de ses héritiers d'exécuter seul la convention, il a bien pu donner à son créancier une action pour le tout contre celui-là, mais il n'a pas pu le priver de l'action que le droit commun lui ouvre contre les autres pour leur part héréditaire.

Réduite à ces limites, la clause prévue par la loi n'a point d'intérêt pratique : une clause d'indivisibilité serait bien plus simple et plus avantageuse pour le créancier ; aussi n'en voit-on jamais d'exemple. Comp. H. DE BRANDTS, *A propos d'une erreur de copie dans l'art.* 1221, Extrait de la *Flandre judicaire*, Gand, 1902, p. 54.

2076. Observation. — Les règles ci-dessus indiquées ne concernent que les *dettes* : un *legs* peut être mis à la charge d'un seul héritier. Ici la volonté du défunt est souveraine.

***2077. Dérogations convenues entre héritiers.** — Lors du partage les héritiers conviennent souvent que l'un d'eux paiera seul toutes les dettes ou certaines dettes. Ces conventions sont obligatoires pour eux, et elles ne nuisent pas aux créanciers : ceux-ci, qu'on suppose n'y avoir pas participé, conservent leur action partielle contre les héritiers non chargés par le partage du paiement des dettes, sauf recours ouvert à ceux-ci contre les autres. Mais, si la convention ne nuit pas aux créanciers par application de l'art. 1165, elle leur profite et les autorise à poursuivre pour le total l'héritier chargé de les payer : ils agissent contre lui du chef des autres, en vertu de l'art. 1166.

C. — Exceptions dérivant de la loi.

1° Cas à admettre.

***2078. Dettes indivisibles.** — L'indivisibilité naturelle ou conventionnelle d'une obligation s'oppose à sa division entre les héritiers du débiteur. Alors il y a vraiment exception au principe de l'art. 1220 (T. II, n° 785).

Rappelons que la solidarité n'a pas le même effet et que les héritiers d'un codébiteur solidaire ne le représentent que chacun pour sa part (T. II, n° 743).

***2079. Dettes hypothécaires.** — Un créancier hypothécaire a deux actions très différentes : 1° son action *personnelle,* qui appartient à tout créancier ; 2° l'action *hypothécaire,* qui est une action *réelle*. Cette dernière est indivisible (T. II, n° 2653).

Il suit de là que les créanciers hypothécaires peuvent poursuivre chaque héritier *pour sa part seulement* au moyen de leur action personnelle, mais qu'ils peuvent poursuivre *pour le tout* au moyen de leur action hypothécaire celui ou ceux d'entre eux qui auront dans leur lot un immeuble hypothéqué à leur créance. Cet effet de la double action du créancier hypothécaire est très nettement formulé dans l'art. 1221-2° et surtout dans l'art. 873, dont il faut rapprocher les art. 1009 et 1012 relatifs aux légataires universels et à titre universel : dans ces trois derniers textes il est dit que les successeurs du défunt sont tenus de ses dettes « personnellement pour leur part et portion et hypothécairement pour le tout ». Comp. *coutume de Paris*, art. 333, en note dans les Codes Tripier, sous l'art. 873.

Tous ces textes supposent une *hypothèque préexistante à l'ouverture du décès*; ils parlent de quelqu'un qui était déjà créancier hypothécaire du vivant du défunt, et n'ont pas pour but d'accorder une hypothèque aux créanciers de la succession qui n'en ont pas. L'observation est importante, parce qu'on verra dans l'art. 1017 une formule toute semblable qui a pour résultat de créer une hypothèque légale au profit des légataires (ci-dessous n° 2793).

2° Ancien cas à rejeter.

2080. Concours d'héritiers ab intestat avec des successeurs testamentaires. — Des héritiers légitimes sont en concours avec un légataire universel ou à titre universel ; ils ont la saisine ; le légataire ne l'a pas. On se demande si les créanciers n'ont pas le droit de poursuivre pour le tout les héritiers légitimes, sans se préoccuper de l'existence d'un légataire universel, sauf aux héritiers à recourir contre celui-ci.

La même question se posait naguère encore pour les enfants naturels en concours avec des héritiers légitimes. Elle a disparu pour eux depuis que la loi du 25 mars 1896 leur a donné la saisine et les a assimilés aux héritiers légitimes.

2081. Opinion de la doctrine. — Presque tous les auteurs pensent que les créanciers ne sont pas obligés de diviser leur action entre les héritiers du sang et les légataires. Ils peuvent poursuivre les premiers comme s'ils étaient seuls ; toutefois, après que la délivrance des legs a été consentie, les créanciers acquièrent en outre contre les légataires une action personnelle pour leur part contributoire dans le passif, mais tout en conservant leur action comme auparavant contre les héritiers (Aubry et Rau, t. VI, § 636, texte et notes 8 et 9 ; Laurent, t. XI, nos 65 et 66 ; Huc, t. V, n° 397).

Seul M. Demolombe fait une concession : il estime que les règles ordinaires doivent s'appliquer à partir du jour où les légataires ont été mis en possession de leurs legs, parce qu'ils jouissent alors des mêmes avantages que la saisine légale procure aux héritiers du sang (t. XVII, n° 38).

2082. Ancien état du droit. — Cette opinion doctrinale n'est qu'une survivance injustifiée d'une solution antérieure. Jusque dans son dernier état l'ancien droit a hésité à considérer les légataires comme véritablement et personnellement tenus envers les créanciers. Pothier enseignait encore qu'ils n'étaient pas « débiteurs personnels » du passif du défunt (*Successions*, chap. v, art. 3, § 1), et d'après Lebrun l'obligation dont ils étaient tenus n'était qu'une obligation imparfaite (*Successions*, liv. IV, chap. ii, sect. 1, n° 3). Rien d'étonnant dès lors à ce que l'on considérât les héritiers comme tenus envers les créanciers, même après la délivrance des legs, de la même manière que s'ils n'avaient pas à partager la succession avec des légataires à titre universel, et c'est ce qu'explique très clairement Pothier[1].

[1] « Je dis *pour la part dont il est héritier* et non pour la part qu'il aura dans le partage des biens, car si une personne a laissé deux héritiers et a fait un étranger légataire d'un tiers de ses biens, ses deux héritiers seront tenus des dettes de la succession pour moitié, sauf leur recours contre le légataire universel qui en doit porter un tiers... La délivrance qu'ils font au légataire du tiers des biens oblige bien ce légataire à porter à leur décharge le tiers des dettes, ... mais ne les désoblige pas envers les créanciers de la succession » (*Successions*, chap. v, art. 3, § 2).

2083. Abandon de l'ancien système. — Il y a cependant un motif décisif pour abandonner sur ce point la solution traditionnelle et il est étonnant que presque personne ne se soit laissé toucher par lui. Le Code parle un langage tout différent de celui de Pothier. Il déclare les légataires débiteurs *personnels* du passif (art. 1009 et 1012). Son esprit en matière de legs universels est sensiblement plus large que celui des coutumes : il est tout près de voir en eux de véritables héritiers institués par le testateur. Nous n'avons plus aucune raison de distinguer entre les divers successeurs universels du défunt pour leur appliquer des règles diverses en matière de passif.

2084. Jurisprudence. — Tandis que la doctrine s'attardait à contre-temps à maintenir une solution qui se trouve en désaccord avec les principes modernes, la jurisprudence se montrait novatrice. Elle place sur la même ligne tous ceux qui ont succédé au défunt, sans rechercher s'ils viennent par sa volonté ou en vertu de la loi, et sans distinguer s'ils ont ou non la saisine, ni s'ils ont déjà obtenu ou non la délivrance de leur part (Cass., 13 août 1851, D. 51. 1. 281, S. 51. 1. 657 ; Angers, 1er mai 1867, D. 67. 1. 85, S. 67. 2. 305 ; Bordeaux, 12 juill. 1867, D. 68. 2. 167, S. 67. 2. 340). La division des dettes s'opère donc pour tous pareillement et de plein droit à l'ouverture de la succession.

§ 3. — *Étendue de l'obligation des héritiers.*

***2085. Question.** — Quand la part d'un successeur dans le passif est connue, ou quand il est seul à succéder, une autre question se pose encore : *au cas où l'actif héréditaire ne suffit pas à payer les créanciers, l'héritier est-il obligé de supporter les dettes sur sa fortune personnelle?* C'est la question de savoir si l'obligation aux dettes existe *ultra* ou seulement *intra vires successionis.*

***2085. Renvoi partiel.** — La question se pose dans des termes différents pour l'*obligation aux dettes* et pour l'*obligation aux legs.* Nous ne nous occupons ici que des dettes. La question relative aux legs sera examinée à propos des droits des légataires et de l'art. 1017 (ci-dessous n° 2791). Quant aux dettes, la question doit être examinée séparément *pour chaque catégorie de successeurs.*

A. — Héritiers légitimes.

****2087. Étendue indéfinie de leur obligation.** — Pour ceux-ci, il n'y a point de doute : il est incontestable qu'ils sont tenus des dettes indéfiniment, même *ultra vires successionis.* C'est la suite nécessaire de leur qualité de successeurs à la personne, et c'est la décision constamment suivie depuis l'antiquité. L'héritier devient débiteur personnel à la place du défunt et il est tenu, comme l'était celui-ci, sur tous ses biens présents et à venir.

Ce principe se trouve maintenu par l'art. 724 et par l'art. 873. Il a pour tempérament l'institution du bénéfice d'inventaire, qui permet à l'héritier de limiter ses obligations.

***2088. Successeurs compris dans cette catégorie.** — Rappelons que depuis 1896 les *parents légitimes* ne sont pas seuls dans cette classe :

on leur a adjoint les *enfants naturels* et même les *père et mère naturels,* qui ont comme eux la saisine et la qualité d'héritiers légitimes, quoique les rédacteurs de cette loi aient forgé pour eux la qualification inutile d' « héritiers naturels ».

B. — Successeurs irréguliers.

2089. Situation exceptionnelle de l'État. — Avant d'étudier la question pour les successeurs irréguliers ordinaires, il faut mettre à part l'État recueillant les successions en déshérence. Ce n'est pas un successeur comme les autres, et, s'il recueille les biens sans maître en vertu de son droit de souveraineté, tout le monde admet sans difficulté qu'il ne peut être obligé d'acquitter les dettes des particuliers au delà des forces de leur succession : ce qui reviendrait à faire supporter aux contribuables, au moyen de l'impôt, toutes les dettes de leurs contemporains.

***2090. Controverse doctrinale pour les successeurs autres que l'État.** — Quant aux autres successeurs, la question est entière et elle est neuve, en ce sens qu'elle se pose seulement depuis le Code civil, puisque dans l'ancien droit les bâtards ne succédaient pas et que le conjoint était un vrai héritier (ci-dessus n° 1864). Elle a d'ailleurs beaucoup perdu de son intérêt depuis 1896 par la transformation du titre successoral des enfants naturels et ne se pose plus que pour le conjoint et les successeurs de l'art. 766.

L'opinion la plus répandue dans la doctrine ne voit dans les successeurs irréguliers que de *simples successeurs aux biens*, et non des *représentants de la personne*. En conséquence, on ne les déclare tenus des dettes que jusqu'à concurrence seulement de l'actif qu'ils recueillent, et en vertu de la maxime : « Bona non intelliguntur nisi deducto ære alieno. » Sous la seule condition d'avoir fait inventaire pour établir la consistance du mobilier, ils sont donc à l'abri d'une poursuite illimitée de la part des créanciers. En l'absence d'inventaire, on présume qu'ils ont trouvé dans la succession de quoi payer les dettes (Aubry et Rau, t. VI, § 639, note 23).

***2091. Réfutation.** — Toute répandue qu'elle est, cette conception ne semble pas conforme à l'esprit du droit français moderne. On commet une sorte de contresens historique en transposant, pour l'appliquer à des successeurs qui remplacent véritablement le défunt, une règle qui était faite pour les successeurs irréguliers de l'ancien droit, savoir le roi et les seigneurs succédant par droit d'aubaine ou de déshérence. De même que les héritiers légitimes, nos successeurs irréguliers actuels sont des successeurs universels, qui recueillent tout le patrimoine ; ils sont héritiers au sens large du mot.

Outre cet argument de logique, en voici un autre tiré des textes. On doit admettre que les art. 870 et suiv., qui règlent le paiement des dettes, s'appliquent aux successeurs irréguliers aussi bien qu'aux héritiers légitimes ; sinon, la loi n'aurait prévu nulle part la charge du passif imposée à cette catégorie de successeurs. Or ces articles n'établissent qu'un seul régime, applicable aux uns comme aux autres, et ce régime est celui de l'*obligation personnelle*, existant « in infinitum » à la charge de l'héritier, conformément à l'art. 2092. Comp. Demolombe, t. XIII, n° 160.

***2092. Système suivi en pratique.** — Malgré l'autorité qui s'attache aux grands noms de la doctrine, leur opinion n'a trouvé aucun écho dans la pratique. On admet sans discussion que les successeurs irréguliers sont tenus du passif de la même façon que les héritiers légitimes, s'ils n'ont pas pris la précaution d'accepter sous bénéfice d'inventaire (Dalloz, *Suppl.*, v° Succession, n° 917). Il n'y a pas de jurisprudence sur la question ; mais l'arrêt Toussaint, du 13 août 1851, relatif aux légataires à titre universel, est considéré comme tranchant a fortiori la question pour les successeurs ab intestat. Sur cet arrêt voyez ci-dessous n° 2766. Notons aussi qu'en Roumanie les successeurs irréguliers sont considérés comme tenus *ultra vires* (ALEXANDRESCO, p. 199-200.)

§ 4. — *Règlement définitif du passif.*

A. — Distinction du droit de poursuite et de la contribution aux dettes.

****2093. Causes de cette distinction.** — Régulièrement, chaque successeur du défunt ne devrait être obligé de payer à ses créanciers que la part pour laquelle il est réellement tenu du passif. Cependant on a vu que dans certains cas, soit en vertu d'une convention spéciale d'indivisibilité, soit par l'effet d'une hypothèque, un héritier peut être obligé de payer à un créancier *une somme supérieure à sa part contributoire.* Ce fait lui ouvre un recours contre les autres pour tout l'excédent, de façon à ne lui faire supporter en définitive que sa part.

On arrive par là à distinguer deux choses pour le passif des successions : 1° le *droit de poursuite* des créanciers, c'est-à-dire la part pour laquelle chaque successeur du défunt peut être poursuivi par eux, et qu'on appelle aussi quelquefois l'*obligation aux dettes* ; 2° la *contribution aux dettes,* qui est le règlement définitif du passif entre les cohéritiers. Le droit de poursuite se règle habituellement, mais non toujours, sur l'étendue de la contribution ; il lui est parfois supérieur, mais jamais il n'y a de raison pour qu'il soit inférieur.

B. — Recours du successeur qui a payé au-delà de sa part.

***2094. Actions ouvertes au successeur.** — Deux actions naissent à son profit ; l'une, qu'il a de son chef, est une *action en garantie* ; l'autre, qui lui vient du créancier payé par lui, lui arrive par l'effet d'une *subrogation*[1].

2095. Action en garantie. — Cette action lui appartient parce qu'il a été *troublé,* ayant été obligé de faire un sacrifice au delà de sa part dans le passif pour conserver sa part d'actif. L'action est garantie par le *privilège du copartageant* (art. 2103-3°), qui porte sur les immeubles des autres lots. Elle se divise entre tous les héritiers, proportionnellement à leurs parts.

***2096. Subrogation légale.** — Le cohéritier qui paie au-delà de sa part bénéficie de la disposition générale de l'art. 1251-3°; il a payé étant

[1] Je suppose que l'héritier qui paie au-delà de sa part y était légalement obligé envers le créancier. S'il l'a fait volontairement et sans y être tenu, il a bien encore un recours fondé sur une idée de *gestion d'affaire,* mais ce recours est purement chirographaire et n'est pas pourvu d'un privilège comme l'est l'action en garantie. De plus il n'y a pas lieu en ce cas à subrogation légale.

« tenu *avec d'autres* [1] ». Il acquiert donc, comme subrogé à ce créancier, tous les droits et actions qui lui appartenaient, y compris ses privilèges et hypothèques qui peuvent être meilleurs que le sien propre.

Toutefois il ne se trouve pas exactement dans la même position que le créancier pour l'exercice de ces actions. Le tiers créancier aurait pu poursuivre chaque héritier pour le tout au moyen de son hypothèque ou de son privilège; l'art. 875 empêche l'héritier de le faire : il faut qu'en exerçant contre les autres les actions qui lui viennent du créancier désintéressé par lui, le cohéritier subrogé *divise son recours.*

* **2097. Étendue du recours.** — En obligeant ainsi l'héritier à diviser son action, on veut éviter des *recours successifs* : sur cinq héritiers, si celui qui paie pouvait recourir contre un seul des autres pour les quatre cinquièmes, sa part déduite, celui-ci aurait à son tour un recours contre un autre pour trois cinquièmes, et ainsi de suite : mieux vaut arriver du premier coup à la répartition exacte qui serait le résultat final de cette série de recours [2]. — De plus, on peut dire que la *garantie réciproque* que se doivent les cohéritiers les empêche de se troubler l'un l'autre par des paiements dépassant leurs parts contributoires. Cette obligation d'agir par recours divisés n'a aucun danger pour celui des héritiers qui a payé le créancier, grâce à la disposition de l'art. 876, expliquée au n° suivant.

2098. Parts des insolvables. — En principe, le recours se divise entre tous et en proportion des parts héréditaires. Cependant si l'un des héritiers est insolvable, la perte résultant de son insolvabilité se répartit entre les autres *au marc le franc*, c'est-à-dire proportionnellement à leurs propres parts (art. 876).

2099. Exception faite au profit de l'héritier bénéficiaire. — A la fin de l'art. 875, qui oblige l'héritier à diviser son action contre les autres, on lit ceci : « Sans préjudice néanmoins des droits d'un cohéritier qui, par l'effet du bénéfice d'inventaire, aurait conservé la faculté de réclamer le paiement de sa créance personnelle, comme tout autre créancier. » Cette disposition a paru obscure. Elle est cependant bien simple : la loi suppose que l'un des héritiers avait *contre le défunt* une créance « personnelle », c'est-à-dire antérieure à l'ouverture de la succession. Son bénéfice a pour effet de lui réserver intacts tous ses droits propres : la loi lui permet donc d'agir, en vertu de cette créance « personnelle », comme le ferait un créancier ordinaire, c'est-à-dire sans être obligé de diviser sa poursuite.

Cette disposition implique qu'une règle contraire serait suivie au cas où le successible qui se trouvait créancier personnel du défunt aurait accepté la succession purement et simplement : cette action se diviserait comme si elle avait pris naissance depuis l'ouverture de la succession, et chaque codébiteur ne pourrait plus être poursuivi que pour sa part contributoire dans la dette.

C. — Règles spéciales au service des rentes.

2100. Inconvénients de la situation. — Les actions récursoires ouvertes entre

[1] La loi prévoit le cas où le cohéritier qui a payé au-delà de sa part de la dette commune « se serait *fait subroger* aux droits du créancier ». C'est un souvenir inopportun de l'ancien droit, du temps où la subrogation devait être *demandée* ; aujourd'hui elle a lieu *de plein droit*. Le cohéritier qui paie peut se faire subroger expressément ; il n'en aura pas plus de droits pour cela.

[2] Cette règle ne s'applique qu'aux cohéritiers ou autres successeurs *universels* qui sont personnellement tenus de supporter les dettes du défunt. Le texte de l'art. 875 est formel sur ce point. Par suite, lorsque c'est un légataire particulier qui a été obligé de payer le créancier par l'effet d'une hypothèque existant sur l'immeuble qui lui a été légué, la subrogation se produit à son profit dans les conditions ordinaires et lui ouvre un recours pour le total.

cohéritiers à la suite de paiements faits aux créanciers sont toujours fâcheuses, et donnent lieu à bien des difficultés. Leurs inconvénients sont surtout graves, lorsque la dette hypothécaire, au lieu d'avoir pour objet une somme exigible en capital, consiste en une rente à servir à un tiers. Alors, à chaque trimestre ou à chaque semestre d'arrérages, un recours pourrait être exercé contre les autres par celui qui est obligé de payer la rente comme détenteur de l'immeuble hypothéqué.

Cette situation se présentait souvent dans l'ancien droit, où les rentes garanties par hypothèque étaient nombreuses; elle est beaucoup moins fréquente actuellement, ce qui enlève une grande partie de leur intérêt aux dispositions prises par la loi.

2101. Procédés admis par la loi. — Deux moyens sont offerts aux héritiers par l'art. 872.

1° Remboursement de la rente. — Chaque cohéritier peut demander que la rente soit remboursée : les immeubles devenant libres et la rente cessant d'être servie, il n'y a plus de recours périodiques à exercer. Ce premier procédé n'est possible que si la rente est *rachetable*, ce qui n'arrive pas toujours. Ainsi le rachat n'a pas lieu pour les rentes viagères, et il peut être supprimé pendant 10 ou 30 ans pour les rentes constituées ou foncières[1].

2° Déduction de la valeur de la rente. — Quand le premier moyen ne peut pas être employé, pour une raison ou pour une autre, on met l'immeuble hypothéqué dans un seul lot, en l'estimant déduction faite de la valeur de la rente. Celui qui le reçoit doit donc servir la rente sans recours possible, puisqu'il a reçu une valeur suffisante pour y faire face. De plus, l'héritier ainsi nanti d'avance des fonds qui sont destinés au service de la rente, doit garantir les autres contre l'action possible du crédirentier, au cas où celui-ci userait du droit qu'il a de les poursuivre pour leurs parts (art. 872).

Ce second moyen n'est utilisable que si l'hypothèque est spéciale et grève seulement un immeuble déterminé : quand elle est générale et que tous les cohéritiers, ou seulement plusieurs, ont dans leurs lots des immeubles hypothéqués au crédirentier, tous peuvent être également poursuivis et il est impossible de prévoir lequel le sera.

CHAPITRE III

OBLIGATIONS DE L'HÉRITIER BÉNÉFICIAIRE

2102. Transition. — La situation de l'héritier pur et simple, dans ses rapports avec les créanciers, est pleine de dangers; le remède se trouve dans le *bénéfice d'inventaire*. Nous en connaissons déjà les *conditions*, c'est-à-dire la manière dont s'acquiert ce bénéfice, qui ont été expliquées à propos de l'*acceptation bénéficiaire*. Il reste à en voir les *effets*.

****2103. Idée fondamentale du bénéfice.** — Le *but* est de protéger l'héritier contre l'obligation illimitée qui pèse sur lui de payer les dettes du défunt, et de l'empêcher par là de souffrir une perte dans son patrimoine personnel.

Le *moyen* est d'établir entre ses mains une *séparation des deux patrimoines*, le sien et celui du défunt. C'est à cet effet capital du bénéfice que

[1] La loi semble exiger en outre que l'hypothèque soit *spéciale*. Cela n'est nécessaire que pour l'emploi du second moyen qui était primitivement seul prévu dans le texte ; le premier a été ajouté pendant la discussion.

peuvent se ramener tous les autres; ils découlent tous de là[1]. Grâce à cette séparation, son patrimoine personnel est à l'abri des poursuites des créanciers héréditaires qui voient leur gage réduit aux biens laissés par le défunt : l'héritier est quitte envers eux quand cet actif a été entièrement employé à les payer.

****2104. Énumération des avantages accordés à l'héritier.** — Le bénéfice d'inventaire se compose pour l'héritier des avantages suivants :

1° Mise de ses biens personnels à l'abri de toute poursuite ;

2° Obstacle à l'extinction de ses droits par confusion ;

3° Possibilité d'acquérir de nouveaux droits contre la succession ;

4° Impossibilité d'opposer à l'héritier des exceptions existant contre le défunt ;

5° Applicabilité de l'art. 1328.

***2105. Leur contre-partie.** — Des avantages considérables attachés au bénéfice d'inventaire, il en est un, la réduction de l'obligation aux dettes, qui crée un grave danger pour les créanciers de la succession : l'héritier peut faire disparaître l'actif et ne pas les payer. Pour y apporter un remède, la loi a pris des mesures graves, qui constituent autant d'atteintes aux droits naturels de l'héritier.

Ces mesures concernent les points suivants : 1° la vente des immeubles ; 2° la vente des meubles ; 3° la caution à fournir aux créanciers ; 4° le compte à leur rendre avec responsabilité personnelle de l'héritier. Les trois premiers points sont étudiés dans le paragraphe 2 (n°s 2121 et suiv., et n° 2133) et le dernier dans le paragraphe 4 (n°s 2159 et suiv.).

A. — Protection des biens de l'héritier contre l'action des créanciers et légataires.

***2106. Limitation de l'action des créanciers.** — Par la fiction qui sépare ses deux patrimoines, l'héritier bénéficiaire se trouve complète-

[1] FORMULE A ÉVITER. — Pour faire comprendre la situation de l'héritier bénéficiaire, on emploie quelquefois une formule différente. On dit qu'il doit être considéré comme un *détenteur et administrateur* de la succession plutôt que comme un vrai héritier (MOURLON, *Examen critique du commentaire de M. Troplong*, n° 317). Anciennement Pothier le comparait à un tuteur (*Coutume d'Orléans*, introd. au tit. XVII, n° 49). Cette formule est *inexacte* au fond. Elle est de plus *inutile* : on peut parfaitement tout expliquer dans le bénéfice d'inventaire tout en considérant l'héritier comme vraiment propriétaire de la succession ; il suffit pour cela d'admettre une exception à la règle de l'*unité du patrimoine* (T. 1, n° 712-3°). Elle est enfin *dangereuse*, car elle conduit à cette idée que les choses se passent à l'égard du créancier comme si le défunt vivait encore. Or si le défunt était encore vivant, chaque créancier pourrait agir contre lui pour le tout ; il le pourra donc encore contre ses héritiers bénéficiaires. De là cette conséquence que *le bénéfice d'inventaire fait obstacle à la division des dettes*. Lebrun enseignait cette doctrine autrefois ; quelques auteurs l'ont reprise de nos jours et elle a été acceptée par un ou deux arrêts. Mais elle est actuellement rejetée par tout le monde. Le bénéfice d'inventaire est une *faveur* accordée à l'héritier, qui ne peut pas se rétorquer contre lui pour le priver du droit commun, alors que les art. 873 et 1220 formulent le principe de la division des dettes dans les termes les plus absolus.

ment à l'abri de toute poursuite sur ses biens personnels : *les biens héréditaires répondent seuls désormais des dettes que le défunt a pu contracter et des legs qu'il a pu faire*. C'est sur eux seuls, et jusqu'à concurrence de leur valeur seulement, que l'héritier peut être poursuivi. Là est *l'avantage essentiel*, celui qui a été la raison déterminante de l'institution du bénéfice. Les autres sont venus par surcroît, ils sont résultés du développement naturel d'une idée juridique une fois admise.

2107. Observation importante. — Cette limitation de l'action des créanciers est obtenue de la manière la plus simple : ils ne peuvent saisir que les biens héréditaires et non les biens personnels de l'héritier. Il ne suffit donc pas de dire, comme le fait l'art. 802-1°, que l'héritier est tenu « jusqu'à concurrence des biens héréditaires », car cette formule pourrait signifier que, *dans cette mesure*, l'héritier peut être contraint *sur ses biens personnels*, ce qui serait inexact. La vérité est que les biens propres de l'héritier sont *absolument à l'abri de toute poursuite*[1]. Cette proposition ressort de la combinaison de l'art. 802-2° avec l'al. 2 de l'art. 803 : puisqu'il y a des cas où, par exception, l'héritier peut être contraint sur ses biens personnels, c'est qu'en principe il ne peut pas l'être.

***2108. Cas où les biens de l'héritier peuvent être saisis.** — Dans trois cas cependant les créanciers ont action sur les biens personnels de l'héritier :

1° *S'il a été mis en demeure de présenter son compte*, et s'il ne satisfait pas à cette obligation (art. 803, al. 2) ;

2° *Si le compte l'a constitué débiteur d'un reliquat envers les créanciers*, il peut être poursuivi jusqu'à concurrence de ce reliquat (art. 803, al. 3) ;

3° *S'il a commis une faute grave dans l'administration dont il est chargé* (art. 804). Dans ce dernier cas il se trouve personnellement responsable envers les créanciers et tenu sur ses biens propres, non comme héritier, mais *comme administrateur négligent ou infidèle*.

Enfin on peut ajouter que le *droit de mutation* est dû personnellement par l'héritier, sauf son recours contre la succession (Amiens, 9 mai 1888, D. 89. 2. 176, S. 91. 2. 15).

B. — Obstacle à l'extinction des droits par confusion.

2109. Étendue et motif de la règle. — Les droits personnels ou réels qui appartenaient à l'héritier contre le défunt ne s'éteignent pas par confusion ; il en est de même de ceux qui appartenaient au défunt contre l'héritier (art. 802-2°). — La loi ne parle que des *créances* ; il y a lieu de généraliser sa disposition.

C'est toujours la conséquence de la même idée : les deux patrimoines restant distincts, les relations qui existaient entre le défunt et l'héritier se maintiennent entre la succession et le patrimoine personnel de l'héritier. Pour son patrimoine personnel, l'héritier est considéré *comme un tiers* : s'il était propriétaire d'un fonds dominant, il conserve sa servitude ; s'il était créancier, il conserve son action et son hypothèque, quand il en a une. Il demandera son paiement aux autres héritiers, quand il en a, tout en se payant à lui-même sa part ; s'il est seul héritier, il se paie lui-même pour le total.

2110. Créances litigieuses. — Comme l'héritier ne peut pas discuter ses propres droits avec lui-même, il sera obligé de poursuivre ses cohéritiers, qui sont ses contradicteurs naturels quand son titre de créancier n'est pas reconnu. S'il n'y en a pas, ou

[1] On a dit qu'il y avait, sur ce point, divergence entre le droit écrit et le droit coutumier, et que le Code avait suivi les traditions coutumières. Cette divergence n'est pas démontrée. Le droit romain admettait, comme le Code civil, l'effet absolu de la fiction qui sépare les deux patrimoines de l'héritier (ACCARIAS, t. I, n° 351, p. 945, note 2) et il paraît bien qu'il en était de même dans le Midi (JULIEN, *Eléments de jurisprudence*, liv. II, tit. 6, n° 12).

si la demande est formée par eux tous, il faudra nommer un *curateur* spécial (art. 996 C. proc. civ.). Cependant si la faillite du défunt avait été déclarée, il serait représenté par son syndic.

2111. Voies d'exécution. — Tout le monde reconnaît que l'héritier bénéficiaire, créancier de la succession, ne peut pas recourir aux voies ordinaires et *saisir* les biens qui la composent. La loi met à sa disposition une procédure plus simple pour vendre les biens; elle lui interdit virtuellement d'en employer une autre. S'il le faisait, il engagerait des frais inutiles dont il serait responsable envers les créanciers.

2112. Suspension de la prescription. — Puisqu'on laisse à l'héritier la faculté de poursuivre la succession, rien n'empêchait de déclarer que la prescription courait contre lui au profit de la succession. Cependant l'art. 2258-1° décide que la prescription est suspendue.

Il y en a une raison, que voici : l'héritier a entre les mains les valeurs qui forment son gage ; il n'a pas à prendre de mesures de précaution spéciales ; il est *nanti* : son inaction s'explique donc autrement que par un abandon de son droit. En d'autres termes, le motif ordinaire de la prescription fait ici défaut.

Si l'héritier est seul, la disposition de l'art. 2258 lui profite pour la totalité de la créance ; s'il succède avec d'autres, la prescription n'est suspendue que pour sa part héréditaire, celle qui se serait éteinte par confusion sans l'effet du bénéfice. Elle court au profit des autres héritiers pour leurs parts dans la dette ; l'art. 2258 n'a plus de raison d'être à leur égard.

2113. Héritier débiteur du défunt. — Si l'héritier devait personnellement quelque chose au défunt, il pourra être poursuivi par les autres héritiers. S'il est seul, les créanciers héréditaires pourront lui demander de faire figurer dans son compte, au chapitre des recettes, la somme dont il était débiteur. Il n'est point besoin en pareil cas de faire nommer un curateur au bénéfice d'inventaire.

La prescription court-elle à son profit ? Aucune disposition, analogue à l'art. 2258, ne la suspend dans l'intérêt de la succession. Elle continue donc à courir, mais il n'en résulte point de conséquence pratique : étant comptable comme administrateur de la succession, l'héritier sera réputé avoir payé en temps utile ; sinon, il serait responsable envers les créanciers héréditaires pour avoir laissé se perdre par prescription une valeur comprise dans la succession. Si la prescription s'accomplit à son profit, il est empêché de s'en prévaloir, ce qui équivaut à une suspension.

C. — Acquisition de nouveaux droits.

1° Acquisitions de créances.

***2114. Cas où elles ont lieu.** — Quand l'héritier paie de ses deniers les dettes de la succession, la loi le *subroge* aux droits des créanciers (art. 1251-4°), et le bénéfice de cette subrogation profite à son patrimoine personnel.

Il peut se rendre *cessionnaire de créances* appartenant à des tiers contre le défunt et les acquérir pour son compte.

2° Acquisitions de propriétés.

***2115. Comment elles sont possibles.** — Quand un immeuble dépendant de la succession est mis en vente aux enchères publiques, l'*héritier peut se porter adjudicataire*, sans distinguer si la vente a été poursuivie sur ses propres diligences ou si elle est le résultat d'une saisie pratiquée par un créancier. On ne peut lui opposer ni l'art. 1596, qui défend au mandataire d'acheter lui-même les biens qu'il est chargé de vendre, ni l'art. 811 C. proc. civ., qui écarte le saisi de l'adjudication de ses biens, car il faut toujours distinguer en lui une double personne, ou, si l'on préfère, la possibilité de jouer un double rôle, parce qu'il a double patrimoine. Le bénéfice d'inventaire ménage tous les droits qui lui appartiennent personnellement ; il a donc, aussi bien que les tiers, le droit d'enchérir.

2116. Droit de mutation. — Les adjudications prononcées au profit de l'héritier bénéficiaire sont-elles soumises au droit de mutation ? D'anciens arrêts du Parlement de Paris, de 1662 et 1696, avaient soumis l'héritier à l'impôt des *lods et ventes*, qui correspondait à notre droit de mutation. Mais en 1782 la jurisprudence avait changé, et cette solution nouvelle qui dispensait l'héritier du paiement du droit, doit être encore admise, car le droit de mutation suppose une *aliénation de propriété d'une personne à une autre*. Or l'héritier était déjà *propriétaire* : il avait acquis le bien *par décès*, et il avait payé alors un droit de mutation ; il n'a pas à en payer un second. Comp. POTHIER, *Successions*, chap. III, sect. 1, art. 2, § 1. Voyez cependant Toulouse, 5 janv. 1887, *Gaz. des trib. du Midi*, 27 févr. 1887.

2117. Question relative à la purge. — L'héritier bénéficiaire ne doit-il pas tout au moins payer le *droit de transcription* ? C'est une question qui s'est posée dans la pratique sous cette forme : l'héritier qui s'est porté adjudicataire de l'immeuble peut-il purger ? Si on admet l'affirmative, on se trouve conduit à dire que le droit de transcription est dû, la transcription étant la formalité préliminaire de la purge. Voyez la question examinée dans le t. II, n° 3297.

D. — Exceptions non opposables à l'héritier.

***2118. Exemple tiré de la garantie.** — Quand l'héritier exerce une action en son propre nom, il ne peut se voir opposer aucune exception du chef du défunt. Ainsi, s'il était créancier hypothécaire du défunt, et si celui-ci avait vendu à un tiers l'immeuble hypothéqué, il est permis à l'héritier de poursuivre le tiers détenteur sans que ce tiers puisse l'arrêter par l'exception de garantie en sa qualité d'héritier du vendeur.

La poursuite ainsi intentée par l'héritier, en vertu d'un droit qui figure dans son patrimoine personnel, a pour effet d'ouvrir au tiers acquéreur une *action en garantie contre la succession*, c'est-à-dire contre l'héritier lui-même, mais dont il ne sera tenu que sur les biens héréditaires.

2119. Exemple tiré de la compensation. — Si l'héritier est, en son nom personnel, créancier d'un tiers qui se trouve de son côté créancier du défunt, l'exception tirée de la compensation n'est pas possible. La compensation suppose l'existence de deux personnes qui sont respectivement créancières et débitrices l'une de l'autre. Le tiers est bien tout à la fois créancier et débiteur, mais il n'a pas devant lui une personne unique : c'est le défunt qui était son débiteur et l'héritier qui est son créancier ; la confusion de leurs patrimoines ne s'étant pas produite, la condition essentielle de la compensation manque.

E. — Date des actes sous seings privés.

2120. A quel moment leur date devient certaine pour l'héritier. — L'héritier étant considéré comme un tiers pour son patrimoine personnel, on doit lui appliquer le droit commun : les actes sous seings privés souscrits par le défunt ne font pas foi de leur date à son égard ; ils ne prennent date certaine que du jour de l'ouverture de la succession, par le décès de leur signataire (art. 1328). Comp. t. II, n°s 74 et suiv.

§ 2. — *Liquidation de la succession.*

A. — Généralités.

***2121. Absence d'obligation pour l'héritier.** — Une succession bénéficiaire est, par hypothèse, une succession obérée. Il importe donc de la *liquider*, c'est-à-dire de transformer en argent les biens qui la composent, pour régler les créanciers, et voir si réellement le défunt est mort insolvable ou s'il reste quelque chose, ses dettes payées. Il y a quelqu'un qui doit être naturellement chargé de ce soin : c'est l'héritier. On ne comprendrait pas que la loi instituât à côté de lui une sorte de syndic ou de curateur pour lui confier cet office. Cependant cette mission n'est pas expressément attribuée à l'héritier par les textes ; il n'est donc pas forcé de procéder à la vente des biens ; il peut s'abstenir et laisser les créanciers pratiquer des saisies, s'ils ont hâte d'être payés. La loi le charge seulement d'*administrer* la succession, et comme cet article est emprunté à POTHIER (*Successions*, chap. III, sect. 3, art. 2, § 4), nous voyons dans ce passage à quels actes d'administration les auteurs du Code ont songé : il s'agit du recouvrement des créances, de l'interruption des prescriptions, des baux à passer, des réparations à faire, des procès à soutenir : toutes choses qui supposent que l'héritier ne vend pas les biens et en conserve indéfiniment la possession. La *liquidation* proprement dite est donc pour lui purement *facultative*. Voyez cependant ce qui est dit au n° 2127.

****2122. Étendue de ses pouvoirs.** — En fait néanmoins, l'héritier bénéficiaire procède à la liquidation de la succession : il a autant hâte que les créanciers de savoir s'il restera quelque chose. Quels sont ses pouvoirs à cet égard ? La loi n'a rien spécifié et la tradition ne nous éclaire pas. Nous n'avons pour nous guider qu'un principe général, c'est que l'héritier est *propriétaire de la succession*, et que l'acceptation sous bénéfice d'inventaire est une *acceptation* : elle en produit tous les effets, sauf les modifications favorables ou défavorables à l'héritier qui résultent des textes. Ce principe est certain ; il est aussi ancien que l'institution du bénéfice, et le langage de Pothier sur ce point est particulièrement ferme (*Successions*, chap. III, sect. 1, art. 2, § 1).

Il faut donc se garder de comparer la situation de l'héritier à celle d'un tuteur, d'un envoyé en possession des biens d'un absent, d'un syndic de faillite ou de tout autre administrateur du bien d'autrui. Il gère la succession en qualité de propriétaire, et ses droits ne subissent de restrictions que par l'effet des *conditions de son bénéfice*, exprimées par la loi. Ce n'est pas un *administrateur* qui n'a de pouvoirs que ceux qui lui sont expressément ou implicitement conférés ; c'est un *propriétaire* qui ne subit d'entraves qu'en vertu d'un texte exprès.

* **2123. Sanction des formes qui lui sont imposées.** — De l'idée que l'héritier est propriétaire résulte une conséquence importante : c'est que, s'il vend les biens sans observer les formes qui lui sont prescrites (ci-dessous n°s 2129 et 2132), *la vente n'est pas nulle*, car elle a été faite par quelqu'un qui pouvait vendre. La seule sanction de cette irrégularité est la *déchéance du bénéfice* qu'encourt l'héritier (ci-dessous, n° 2166). Beaucoup de candidats s'y trompent à l'examen. Ce qui cause leur erreur c'est que cette sanction se trouve écrite, non dans le Code civil, mais dans le Code de procédure, aux art. 988 et 989.

2124. Conservation du droit de poursuite individuelle. — L'héritier ne ressemble pas à un syndic de faillite ; il n'est pas obligé de liquider, et a le droit de *conserver les biens en nature*, comme le suppose l'art. 805, qui le déclare seulement responsable des détériorations causées par sa négligence. On en conclut que les créanciers, qui ne sont point *représentés* par lui, conservent le droit d'exercer contre lui des poursuites individuelles (Pau, 21 févr. 1887, D. 88. 2. 181 ; Grenoble, 25 janv. 1889, *Recueil de Grenoble*, 1889, p. 62 ; Orléans, 28 juill. 1891, D. 93. 2. 36).

Toutefois il a été jugé que les créanciers d'une succession bénéficiaire n'ont pas, en principe, le droit d'intervenir dans les instances engagées par l'héritier, parce qu'ils sont *représentés* par lui (Cass., 2 mars 1874, D. 74. 1. 359).

2125. Conséquence. — Si des poursuites sont exercées par un créancier au moyen d'une saisie-arrêt pratiquée entre les mains d'un débiteur du défunt, les autres créanciers doivent se joindre à lui, s'ils veulent se faire payer en concours avec lui sur les sommes saisies-arrêtées. Sinon, le saisissant obtiendra un jugement validant la saisie-arrêt à son profit exclusif, et touchera seul la somme due par le tiers saisi (Orléans, 28 juill. 1891, D. 93. 2. 36). L'opposition faite par certains créanciers entre les mains de l'héritier peut bien lier celui-ci, mais ne modifie en rien le droit de poursuite individuelle qui appartient aux autres.

***2126. Responsabilité de l'héritier.** — En sa qualité de gérant de la succession, l'héritier est responsable des *fautes graves* commises par lui dans l'administration dont il est chargé (art. 803 et 804). Cette disposition a été empruntée à Pothier (*Successions*, chap. III, sect. 3, art. 2, § 4), qui l'expliquait en disant que l'héritier n'est point administrateur du bien d'autrui, mais du sien propre, et qu'on ne doit point exiger de lui d'autre diligence que celle dont il est capable. Comme exemple de faute lourde commise par un héritier bénéficiaire, voyez Cass., 29 nov. 1887, D. 88. 1. 437, S. 88. 1. 249 et Cass., 26 nov. 1890, D. 91. 1. 345.

2127. Remplacement de l'héritier par un curateur. — Si la loi n'a pas établi pour l'héritier l'obligation de *liquider* la succession, la jurisprudence est arrivée indirectement à la lui imposer. Elle admet en effet que si l'héritier se montre négligent dans l'administration dont il est chargé ou s'il tarde à réaliser l'actif, les créanciers peuvent obtenir des tribunaux la nomination d'un administrateur qui le remplacera (Paris, 9 févr. 1892, D. 92. 2. 229, S. 93. 2. 113). Cette jurisprudence est déjà assez ancienne (Douai, 13 août 1855, D. 56. 2. 92, S. 56. 2. 342). Ce dernier arrêt n'exige même pas qu'il y ait faute de l'héritier : une circonstance quelconque, dont les tribunaux sont juges souverains, peut les autoriser à confier la liquidation de la succession à un tiers[1].

La plupart des auteurs protestent contre cette jurisprudence, qui leur paraît fausse. Voyez surtout Laurent, t. X, n° 124. Les auteurs français admettent volontiers un tempérament : la nomination d'un administrateur judiciaire leur paraît fondée quand les intérêts des créanciers sont compromis par des fautes graves de l'héritier dans sa gestion (Demolombe, t. XV, n° 226 ; Aubry et Rau, t. VI, § 618, p. 450, texte et note 22). — Qu'il y ait *en fait* des motifs sérieux, *d'ordre pratique*, d'approuver cette jurisprudence, cela n'est pas douteux ; mais il n'y a aucun texte ni même aucun principe sur lequel on puisse l'appuyer : l'idée d'un rapport synallagmatique entre les créanciers et l'héritier est vraie, quand il s'agit de l'*administration* de la succession dont l'héritier est « chargé » par la loi ; elle est fausse, quand il s'agit de la *liquidation*, qu'aucun texte ne lui impose et qui ne nous vient pas de la tradition. Sur ce point encore nous rencontrons une jurisprudence d'origine moderne, novatrice et créatrice du droit.

2128. Pouvoirs de l'administrateur judiciaire. — L'étendue des pouvoirs conférés à cet administrateur donne lieu à diverses difficultés. Comme on est ici en dehors des textes, tout doit être réglé par la jurisprudence. On peut seulement poser un double

[1] Un arrêt (Paris, 5 juin 1891, D. 94. 2. 81, S. 93. 2. 113) a été plus loin encore : il a décidé que, lorsqu'une succession est échue à plusieurs héritiers, dont les uns acceptent purement et simplement et les autres bénéficiairement, la gestion de l'administrateur judiciaire s'étend à la totalité des biens indivis. Cette conséquence est évidemment contraire à la loi : rien n'autorise à enlever à un héritier pur et simple la gestion de son bien.

principe : 1° l'étendue de ses pouvoirs dépend du tribunal qui le nomme et qui peut les restreindre aux actes urgents de l'administration proprement dite ; 2° le tribunal ne peut pas lui conférer sur la succession des pouvoirs plus étendus que ceux qui appartiendraient à l'héritier bénéficiaire lui-même. Comp. en sens divers Metz, 13 juillet 1865, D. 65. 2. 126, S. 66. 2. 29 ; Paris, 30 juillet 1886, D. 87. 2. 37 ; Orléans, 19 mai 1888, D. 89. 2. 205, S. 89. 2. 123.

B. — Règles spéciales aux différents actes.

1° Ventes d'immeubles.

****2129. Leur forme.** — Un héritier pur et simple vend les biens comme il veut, de gré à gré, s'il en trouve l'occasion. Cela est défendu à l'héritier bénéficiaire : il ne peut vendre les immeubles qu'*avec l'autorisation du tribunal et dans la forme des ventes de biens de mineurs* [1] (art. 806 C. civ. ; art. 953-965 et 987-988 C. proc. civ.).

2° Ventes de meubles corporels.

***2130. Formes de la vente.** — D'après l'art. 805, l'héritier bénéficiaire ne peut vendre les meubles dépendant de la succession que *par le ministère d'un officier public, aux enchères,* et après les affiches et les publications accoutumées. Comp. art. 945 et suiv. C. proc. civ. L'autorisation de justice n'est pas nécessaire ; les formalités prescrites par le texte suffisent.

Le mot « meubles » comprend ici tous les meubles corporels, à l'exception toutefois des fruits et denrées, que l'héritier peut vendre comme le pourrait un successible n'ayant pas encore pris parti. Il faut bien se garder d'appliquer ici la définition des « meubles » donnée par l'art. 533.

3° Ventes de meubles incorporels.

2131. État des textes. — Les meubles incorporels ne sont pas compris dans la disposition de l'art. 805. L'art. 989 C. proc. civ. l'étendit aux *rentes*, mais ce texte fut interprété comme applicable uniquement aux rentes constituées sur particuliers. Quant aux *rentes sur l'État*, un avis du Conseil d'État du 17 novembre 1807, approuvé le 11 janvier 1808, déclara applicables à l'héritier bénéficiaire les dispositions de la loi du 24 mars 1806, relative aux rentes sur l'État appartenant à des mineurs. Il résultait de cette assimilation que l'héritier bénéficiaire était obligé de demander l'autorisation de justice pour vendre ces rentes lorsque leur total dépassait 50 francs de rente. Mais la loi du 24 mars 1806 a été abrogée par la loi du 27 février 1880, sur les valeurs mobilières appartenant aux mineurs, et la jurisprudence en a conclu que l'avis du Conseil d'État, qui en avait fait l'application à l'héritier bénéficiaire, disparaissait en même temps.

Pour les valeurs mobilières autres que les rentes, il n'y a jamais eu de textes spéciaux concernant l'héritier.

***2132. Jurisprudence actuelle.** — En admettant l'abrogation de l'avis du Con-

[1] Ces formes sont les suivantes : l'héritier présente une requête dans laquelle les immeubles à vendre sont désignés sommairement. Après conclusions du ministère public et rapport d'un juge délégué, un jugement autorise la vente. S'il y a lieu, une estimation est faite par experts pour fixer la mise à prix. Avant la loi du 2 juin 1841, cette estimation devait toujours avoir lieu. La vente a lieu aux enchères, à l'audience des criées ou devant un notaire commis par le tribunal, des affiches sont posées 15 jours au moins d'avance et des insertions sont faites dans les journaux. Si la mise à prix n'est pas couverte, le tribunal peut la baisser.

seil d'État de 1808 cité au n° précédent, on aurait dû conclure que l'héritier bénéficiaire peut vendre librement, sans autorisation ni formalités aucunes, toutes les valeurs mobilières autres que les rentes sur particuliers régies par l'art. 989 C. proc. civ. Il est propriétaire de la succession, et il n'y a d'entraves à ses pouvoirs que dans la mesure où la loi en a établi. Mais la Cour de cassation a introduit une jurisprudence différente : elle considère comme un principe, indépendant de la loi de 1806 et de l'Avis de 1808, l'impossibilité pour l'héritier bénéficiaire, simple administrateur de la succession, d'aliéner les biens de toute nature qui en dépendent. L'art. 805 a été interprété en 1808 comme dérogeant à cette règle pour donner à l'héritier la facilité de vendre certains meubles sans autorisation de justice, sous la seule condition d'employer pour la vente une forme déterminée. La loi de 1806, étendue à l'héritier bénéficiaire par l'avis de 1808, constituait une seconde facilité du même genre pour les rentes sur l'État inférieures à 50 francs. Il suit de là qu'en abrogeant cette loi en 1880, on a rendu à nouveau nécessaire la formalité d'une autorisation de justice, *quelle que soit la valeur de la rente à transférer* (Cass., 4 avril 1881, D. 81. 1. 241, S. 81. 1. 206). Cette jurisprudence consacre un principe contraire à celui que nous avons admis ; elle réduit l'héritier au rôle de simple administrateur sans pouvoir propre sur la succession. Ses inconvénients pratiques ont été tout de suite signalés : l'héritier est obligé de faire des frais pour la vente des titres de la plus minime valeur, et cette gêne n'est pas spéciale aux rentes : elle s'étend à *toutes les valeurs mobilières, quelle qu'en soit la nature*. Sur les critiques adressées à cette jurisprudence voyez Dalloz, *Suppl.*, v° Succession, n° 641, et les auteurs cités.

Dans la pratique il est donc de règle de solliciter l'autorisation du tribunal en toute hypothèse, ce qui entraîne des frais hors de proportion avec le produit de la vente. La Cour de cassation s'est rendu compte elle-même des inconvénients de son système et elle a cherché à l'atténuer en facilitant la vente, quand l'héritier bénéficiaire est un mineur émancipé par le mariage et déclaré capable d'aliéner ses valeurs mobilières avec la seule assistance de son curateur par la loi du 27 février 1880, art. 4, § 2 (Cass., 13 août 1884, D. 84. 1. 103, S. 84. 1. 177). Mais voyez sur cet arrêt la note de M. Lyon-Caen dans *Sirey*, et Dalloz, *loc. cit.*, n° 642.

4° Maniement des fonds.

*** 2133. Caution à fournir par l'héritier.** — Tous les deniers liquides trouvés dans la succession et le montant des créances recouvrées depuis son ouverture restent à la disposition de l'héritier : il peut les gaspiller et devenir insolvable. Afin de protéger les créanciers contre ce péril, l'ancien droit leur donnait une hypothèque légale sur les biens de l'héritier. Cette hypothèque n'existe plus, mais l'art. 807 permet aux créanciers et autres intéressés d'exiger de lui *une caution bonne et solvable*. Ils sont seuls juges de l'opportunité de ce cautionnement, qui leur est dû dès qu'ils l'exigent (voyez le texte), et le droit de le demander appartient individuellement à chacun d'eux (art. 992 C. proc. civ.).

La caution ainsi fournie est une caution légale qui doit réunir les qualités requises par les art. 2018 et 2019.

2134. Étendue de l'engagement de la caution. — L'engagement de la caution ne garantit pas toutes les obligations de l'héritier, mais seulement sa responsabilité à raison des meubles et des deniers qui lui restent entre les mains, c'est-à-dire *la valeur du mobilier compris dans l'inventaire et la portion du prix des immeubles non déléguée aux créanciers* (art. 807). Elle ne répond donc pas des indemnités dues à raison des fautes de gestion commises par l'héritier.

2135. Sanction de l'obligation de l'héritier. — Si l'héritier ne peut ou ne veut fournir une caution, il n'encourt pas pour cela la déchéance de son bénéfice : il est seulement privé du maniement des fonds et de la garde des objets mobiliers. Toute partie intéressée peut alors provoquer la vente du mobilier et faire ordonner que le numéraire dépendant de la succession soit versé à la Caisse des dépôts et consignations (art. 807, al. 2).

5° Actes non prévus par la loi.

2136. Controverse doctrinale. — La vente des biens n'est pas le seul acte qu'un héritier bénéficiaire puisse être appelé à passer dans l'intérêt de la succession ; il s'en présente dans la pratique un certain nombre d'autres pour lesquels la loi n'a pas statué. L'héritier peut-il les faire ? La doctrine est hésitante. Les uns veulent que l'héritier obtienne le consentement des créanciers et des légataires (AUBRY et RAU, t. VI, § 618, p. 451, texte et note 26), procédé qui semble impossible à suivre en pratique. Les autres conseillent à l'héritier de demander l'autorisation de justice (DEMOLOMBE, t. XV, nos 263 à 265), mais on se heurte alors à un obstacle de fait, le refus constant du pouvoir judiciaire d'accepter la mission qu'on lui attribue : en l'absence d'une disposition spéciale, les tribunaux ne se croient pas appelés à statuer sur les demandes d'autorisation qui leur sont soumises (Paris, 30 juill. 1850, D. 51. 2. 116). Il semble en conséquence que les actes *faits de bonne foi* par l'héritier doivent être respectés, sans qu'il soit besoin de remplir pour eux aucune formalité ; il ne reste aux créanciers que la ressource de l'action Paulienne en cas de fraude.

La jurisprudence paraît incliner en ce sens (Cass., 25 juill. 1867, S. 68. 1. 12, DALLOZ, *Suppl.*, t. XVII, p. 133, note 1). Voyez cependant les arrêts anciens cités par MM. Aubry et Rau, *loc. cit.*, note 26.

C. — Abandon de la succession par l'héritier.

***2137. Faculté d'abandonner les biens.** — L'héritier peut se décharger du soin de gérer et de liquider la succession, en abandonnant aux créanciers et aux légataires tous les biens du défunt (art. 802-1°). Cette faculté, qui est traditionnelle chez nous (POTHIER, *Cout. d'Orléans*, introd. au tit. XVII, n° 53), paraît se rattacher à d'anciennes idées sur la possibilité de renoncer définitivement à la succession. On la considère comme un avantage accessoire attaché à l'acceptation bénéficiaire, qui débarrasse l'héritier de tout souci, quand il croit n'avoir rien à gagner en conservant la succession.

2138. Formes de l'abandon. — Elles n'ont pas été réglées par la loi. La jurisprudence exige des *notifications individuelles* faites aux créanciers pour les mettre en demeure d'aviser; une simple déclaration au greffe serait insuffisante. — D'accord avec la doctrine, la jurisprudence exige en outre que l'abandon soit fait à tous les créanciers et légataires indistinctement.

En pratique l'héritier ne se décide à faire l'abandon qu'après que des poursuites multipliées lui créent des embarras et lui enlèvent tout espoir de conserver un peu d'actif : il signifie à tous son intention, et délivre les biens aux premiers qui se présentent.

2139. Objet de l'abandon. — L'abandon doit comprendre tous les biens dont l'héritier est *comptable* envers les créanciers (ci-dessous n° 2162), mais ceux-là seulement. Il ne doit donc pas porter sur les biens que l'héritier a obtenus par l'effet du rapport ou de la réduction.

***2140. Effet de l'abandon pour l'héritier.** — Ce n'est point une renonciation ; il n'enlève pas à l'héritier son droit de propriété et n'entraîne pas de droit de mutation. L'héritier conserve ses droits et ses charges en vertu de la maxime : « semel heres, semper heres » ; il y a simple *abandon de possession*. Par suite l'héritier reste tenu envers ses cohéritiers du rapport et de la réduction, comme aussi il a droit d'attaquer les donations ou legs qui entament sa réserve.

L'héritier conserve le droit de reprendre les biens abandonnés, tant qu'ils ne sont pas encore vendus; mais on lui impose alors l'obligation d'acquitter toutes les charges (AUBRY et RAU, t. VI, § 618, 2°; DEMOLOMBE, t. XV, n° 224). Sur quoi Laurent observe que la loi seule pourrait établir cette obligation (t. X, n° 110).

2141. Effet pour les créanciers. — Une fois en possession des biens, les créanciers avisent au moyen de les vendre. Le mieux est alors de nommer un *curateur* ou *syndic*, qui serait le mandataire de tous; mais le texte ne l'ordonne pas.

Les ventes doivent être faites dans la même forme que si l'héritier y avait lui-même procédé (art. 1269 C. civ. et 904 C. proc. civ.), mais il n'est pas nécessaire de mettre l'héritier en cause (Bourges, 10 nov. 1891, D. 92. 2. 416). Faute d'avoir été faite dans la forme légale, la vente serait nulle.

§ 3. — *Paiement des créanciers et des légataires.*

2142. Insuffisance des dispositions de la loi. — C'est ici surtout que l'organisation du bénéfice d'inventaire est défectueuse. A vrai dire, c'est l'absence d'organisation. Pas plus pour les morts que pour les vivants, la loi n'a réglementé la déconfiture[1]. Tout n'est pas abandonné au hasard, mais il n'existe que des règles partielles et des mesures accidentelles. Le mode de paiement des créanciers et légataires varie avec la nature des valeurs ou la provenance des deniers employés à cet objet. Il faut distinguer selon qu'il s'agit d'immeubles grevés de privilèges ou d'hypothèques, ou de deniers provenant d'une autre source. En d'autres termes, cela revient à examiner séparément le paiement des *créanciers hypothécaires* et celui des *autres créanciers*.

A. — Paiement des créanciers hypothécaires.

***2143. Délégation du prix aux créanciers.** — Selon la formule de l'art. 806, l'héritier est « tenu de *déléguer le prix* des immeubles *aux créanciers hypothécaires qui se font connaître* ». Avec le système d'hypothèques occultes qui existait dans l'ancien droit, ces mots se seraient expliqués très simplement : l'existence des hypothèques étant ignorée, les créanciers devaient se faire connaître en faisant des *oppositions au greffe*, dans les deux mois de la publication de la vente (édit de 1771). S'ils étaient connus, on évitait cette formalité en leur déléguant l'acheteur. Dans le Code actuel, qui soumet les hypothèques au régime de la publicité, la nécessité d'une opposition n'est qu'un accident de rédaction : le projet de l'an VIII revenait au système de l'ancien droit en abandonnant les principes de la loi de brumaire et en restaurant les hypothèques occultes et les *lettres de ratification* (Fenet, t. II, p. 225 et 227). Dans le projet définitif soumis aux Tribunaux et au Conseil d'État, le régime de la publicité était au contraire conservé, mais on oublia de faire subir à l'art. 806 la correction correspondante à ce changement: les créanciers hypothécaires n'ont plus à faire d'opposition; ils sont inscrits ou dispensés de s'inscrire.

Il reste, néanmoins, quelque chose de l'art. 806 qui n'a pas été touché par le changement opéré dans le régime des hypothèques : c'est l'obligation imposée à l'héritier de *déléguer* le prix aux créanciers. On n'a pas voulu que des sommes aussi considérables restassent aux mains de l'héritier; il

[1] Une des conséquences les plus remarquables de ce défaut d'organisation est le *maintien du bénéfice du terme*: quand il y a des créanciers dont le droit n'est pas encore échu, l'acceptation bénéficiaire ne le rend pas immédiatement exigible. Le règlement définitif de la succession se trouverait retardé pour longtemps, si l'on n'admettait pas en pratique que la *déconfiture* entraîne déchéance du terme comme la faillite, malgré le silence de l'art. 1188 (T. II, n° 365).

ne lui est pas permis de les toucher, et les paiements faits entre ses mains par les adjudicataires des immeubles vendus ne seraient pas opposables aux créanciers hypothécaires. *L'argent doit donc être versé directement aux créanciers par les tiers acquéreurs.*

2144. Ordre à suivre dans les paiements. — Sur ce point rien n'est changé au droit commun : il s'agit de créanciers hypothécaires; on doit les payer dans l'ordre de préférence établi entre eux par leurs inscriptions ou par la loi. S'il y a contestation sur cet ordre, ou si les créanciers non colloqués refusent de donner mainlevée de leurs inscriptions, il faudra recourir à la procédure de l'*ordre judiciaire* (T. II, nos 3093 et suiv.) — L'art. 991 C. proc. civ., en disant simplement que « le prix de la vente des immeubles sera distribué sur l'ordre des privilèges et hypothèques » n'a pas eu pour but de dispenser l'héritier de la délégation de ce prix que lui impose le Code civil (LOCRÉ, t. XXIII, p. 323 et 365).

B. — Distribution des sommes libres d'hypothèques.

2145. Sommes à distribuer. — Toutes les fois qu'il ne s'agit pas de payer des créanciers exerçant leurs droits hypothécaires, les choses se passent autrement. Les règles qui vont être exposées s'appliquent aux sommes provenant des sources suivantes :

1° Deniers liquides trouvés chez le défunt au jour de son décès ;
2° Montant des créances recouvrées depuis ce jour;
3° Prix des meubles vendus par l'héritier;
4° Prix des immeubles libres d'hypothèques;
5° Portion du prix des immeubles hypothéqués, non absorbée par les créanciers privilégiés ou hypothécaires.

2146. Distinction. — Deux cas doivent être distingués selon qu'il existe ou non des *oppositions* (art. 808 et 809).

1° Il y a des créanciers opposants.

2147. Ce que c'est qu'une opposition. — D'ordinaire, on appelle « opposition » une saisie-arrêt pratiquée par un créancier; mais ici ce mot prend un sens plus large : Pothier parlait de créanciers qui ont « fait leurs *diligences* », qui se sont « *par exemple* opposés au scellé, à la vente des meubles ou qui ont fait des saisies-arrêts » (*Successions*, chap. III, sect. 3, art. 2, § 6). La jurisprudence moderne a conservé cette tradition : elle voit une « opposition » suffisante, au sens de l'art. 808, dans *tout acte qui fait connaître à l'héritier l'existence d'une créance.* On admet comme tels la signification du titre du créancier, une mesure d'exécution quelconque dirigée par le créancier contre l'héritier (Cass., 13 mars 1866, D. 66. 1. 257, S. 66. 1. 121), la nomination d'administrateurs ou de liquidateurs des biens de la succession (Cass., 17 déc. 1894, D. 95. 1. 193, S. 97. 1. 329), ou même le simple fait que l'héritier a versé un acompte au créancier (Cass., 19 déc. 1871, D. 73. 1. 256, S. 72. 1. 227. Comp. Cass., 4 juill. 1892, D. 92. 1. 481).

Laurent est seul à soutenir que le mot « opposition » a ici son sens précis de saisie-arrêt (LAURENT, t. X, n° 157).

Cette jurisprudence favorable peut être considérée comme un moyen pratique d'améliorer très sérieusement le régime des successions bénéficiaires, en rendant nécessaire le plus souvent possible une procédure régulière.

2148. Observation. — Le droit de faire opposition appartient aux légataires aussi bien qu'aux créanciers.

2149. Effet de l'opposition. — Quand il y a des créanciers ou légataires opposants, l'héritier ne peut plus payer que *dans l'ordre et de la manière réglés par le juge* (art. 808 C. civ. ; art. 990 C. proc. civ.). Sur la procédure de *distribution par contribution*, qui devient alors nécessaire, voyez t. II, nos 191 et 2310. Ceux des créanciers qui ont un privilège sont alors payés *par rang de préférence* ; les autres le sont *au marc le franc* (art. 656 et suiv. C. proc. civ.). Les légataires reçoivent ce qui reste après le paiement des créanciers.

Toutefois l'emploi de cette procédure n'est nécessaire qu'en cas de désaccord entre les intéressés: si tous sont présents et capables, et s'ils s'entendent, rien ne les empêche de s'arranger à l'amiable.

2150. Responsabilité de l'héritier. — Sa responsabilité personnelle se trouve engagée, s'il a passé outre et payé certains créanciers de préférence à d'autres : il est tenu de réparer le préjudice causé à ceux qui s'étaient fait connaître et qu'il a omis de payer. Cette réparation consiste dans le paiement d'une somme égale au dividende que l'opposant aurait obtenue dans une distribution régulière. L'héritier en est tenu sur sa propre fortune, sans encourir pour cela la déchéance de son bénéfice.

***2151. Recours des opposants.** — La responsabilité de l'héritier n'est pas la seule sanction de la défense qui lui est faite de payer en présence d'une opposition : la loi réserve au créancier ou légataire opposant un *recours contre ceux qui ont été payés à son préjudice*, ce qui est pour eux une ressource précieuse, si l'héritier est insolvable.

Ce recours appartient certainement à un *créancier* contre un *légataire*; lui serait-il également accordé *contre un autre créancier*? On l'a parfois contesté, cependant il est aujourd'hui reconnu : l'art. 809 n'accorde de recours aux créanciers *non opposants* que contre les légataires, ce qui suppose que s'ils avaient eu soin de faire opposition, ils en auraient eu un même contre les créanciers. C'est d'ailleurs la sanction nécessaire de l'art. 808.

Les légataires opposants jouissent du même recours que les créanciers, mais seulement contre des légataires comme eux, car ils ne sont payés qu'après les créanciers.

2152. Nature du recours. — Par quelle action les créanciers ou légataires opposants exercent-ils leur recours? On en a proposé plusieurs explications. Selon les uns, ils agiraient du chef de l'héritier, qui serait considéré comme ayant payé l'indu en faisant à certains créanciers des versements excessifs ; mais il est plus que douteux que le bénéfice d'inventaire ait pour effet de supprimer la créance pour toute la portion qui reste impayée; il est donc faux de dire qu'il y a eu paiement de l'indu. De plus, le recours ouvert aux créanciers leur appartient de leur propre chef.

D'autres ont songé à l'action Paulienne : il est bien certain que cette action compéterait aux créanciers si les conditions en étaient réunies, mais cela n'est pas nécessaire ; la loi ne suppose pas qu'il y a eu *fraude*.

Il faut donc accepter l'idée d'une action spéciale donnée aux opposants et fondée sur la nullité d'un paiement fait malgré la défense de la loi et au mépris d'une opposition.

2153. Durée du recours. — Aucune durée spéciale n'a été fixée ; le droit commun devra donc s'appliquer et le recours durera trente ans (art. 2262). Il serait utile de fixer un délai plus bref, et de donner trois ans seulement aux créanciers, comme la loi le fait pour le cas où il n'y a pas eu d'opposition.

2° Il n'y a pas d'opposition.

***2154. Liberté des paiements.** — S'il n'y a pas de créanciers opposants, l'héritier paie les créanciers et légataires à mesure qu'ils se présentent (art. 808, al. 2). Tout est laissé au hasard ; les premiers arrivés prennent ce qu'il y a et les derniers venus n'ont rien. Cela est vrai pour les légataires et pour les créanciers indistinctement. Un légataire peut donc être payé avant un créancier. Cependant s'il est déjà établi que l'actif est absorbé par les frais et les dettes, les légataires ne peuvent pas demander la délivrance de leurs legs, qui seraient sujets à répétition : « Melius est non solvere, quam solutum repetere » (Cass., 25 nov. 1861, D. 61. 1. 457). Cette solution est très pratique et très équitable, mais elle déroge en quelque mesure au texte formel de l'art. 808.

2155. Cas où l'héritier est créancier. — S'il a lui-même quelque créance à faire valoir contre le défunt, l'héritier jouit par sa position d'un véritable droit de préférence : il est sûr d'être payé le premier, ou tout au moins de l'être avant beaucoup d'autres qui ignorent même quel parti il a pris.

*2156. **Recours des créanciers retardataires.** — Tant que l'actif n'est pas épuisé, les créanciers qui se présentent peuvent demander des comptes à l'héritier et se faire payer sur le reliquat. Mais les retardataires, qui arrivent après l'épuisement de l'actif, ne peuvent plus rien demander à l'héritier (art. 802) : celui-ci est quitte en leur présentant *un compte apuré*, dont les deux colonnes se balancent.

Ces retardataires ont-ils du moins un *recours contre ceux qui ont été payés avant eux*? Il faut distinguer selon que les paiements critiqués par eux ont été faits à un autre créancier ou à un légataire.

1° Recours contre les légataires. — Ici le texte est formel : les créanciers qui se présentent après l'apurement du compte et le paiement du reliquat ont un recours contre les légataires payés avant eux (art. 809, al. 1er). Ce recours leur est ouvert pendant 3 ans à compter du paiement du reliquat (même art., al. 2). — La loi fait courir ce délai « du jour de l'apurement du compte et du paiement du reliquat ». Elle suppose donc que les deux opérations se font le même jour. Si l'établissement définitif du compte, qui n'est qu'une opération d'écriture, se faisait après le dernier paiement, ce serait néanmoins du jour de ce paiement que courrait le délai, car c'est lui qui clôt le règlement au détriment des créanciers non payés.

2° Recours contre les créanciers. — Existe-t-il également un recours contre les créanciers qui ont été intégralement payés, tant que l'héritier a eu des fonds disponibles? Ceux-là ont reçu trop, puisqu'ils n'auraient dû toucher qu'un dividende, leur débiteur étant insolvable. Cependant la loi refuse aux autres tout recours contre eux : la chose est certaine si le créancier retardataire se présente après l'apurement du compte et le paiement du reliquat. Il y a eu controverse pour le cas où des créanciers se présenteraient à un moment où l'héritier a encore un reliquat en mains. Quelques auteurs, notamment Toullier, raisonnant « a contrario » sur le texte de l'art. 809, disaient : « S'ils s'étaient présentés après le paiement du reliquat, ils n'auraient eu de recours que contre les légataires; se présentant plus tôt, ils doivent en avoir un même contre les créanciers. » Et de fait, il y avait dans le projet un alinéa spécial ouvrant ce recours aux créanciers qui se présentaient avant l'apurement[1]. Mais omis ou retranché, ce texte n'existe plus, et il faudrait un texte pour autoriser une action contre des créanciers qui n'ont touché que ce qui leur était dû ; l'acceptation bénéficiaire n'a pas pour effet de réduire de plein droit les créances à un dividende. Du reste, on applique, en pareil cas, l'art. 503 C. com. d'après lequel les créanciers qui n'ont pas pris part aux premières répartitions reçoivent un dividende plus fort dans les dernières.

En résumé les créanciers non opposants ont *toujours* un recours contre les légataires et *jamais* contre d'autres créanciers. Un créancier privilégié, s'il est négligent, peut donc ne rien recevoir, tandis que des créanciers chirographaires seront entièrement payés.

2157. **Système italien.** — En Italie, on n'a pas imité cette imprévoyance du Code français : on a fixé un délai d'un mois pendant lequel l'héritier ne peut faire aucun paiement, même en l'absence d'opposition, et encore on réserve l'effet des droits de préférence (art. 976, al. 2).

2158. **Situation des légataires.** — Un légataire n'a jamais de recours contre les créanciers. De plus, quand il a omis de faire opposition, il n'en a même pas contre les autres légataires payés avant lui (art. 808 et 809 combinés). Les art. 926 et 927, qui établissent une réduction proportionnelle des legs supposent les légataires en concours avec des réservataires.

[1] C'est l'existence de cet alinéa spécial, disparu de la rédaction définitive, qui explique la tournure de l'al. 2 actuel de l'art. 809 : « Dans *l'un et l'autre* cas... » Le texte primitif prévoyait en effet deux cas de recours; il n'y en a qu'un aujourd'hui. On aurait donc dû modifier ce commencement de phrase quand on abandonna l'alinéa intermédiaire.

Comme conséquence, on doit décider que le recours des créanciers impayés doit être dirigé d'abord contre les légataires qui se sont présentés les derniers. Le répartir proportionnellement entre eux tous serait donner indirectement un recours aux uns contre les autres.

§ 4. — *Du compte à rendre par l'héritier.*

2159. Principe. — L'héritier a un compte à rendre, en sa qualité d'administrateur dans l'intérêt d'autrui, bien que sa prétendue obligation de gérer se ramène pour lui à une pure faculté. Il y a encore un autre motif de le traiter comme un comptable, c'est qu'il ne peut rien retenir de la succession tant qu'il reste des dettes ou des legs non acquittés. Il faut qu'il établisse d'une façon régulière l'insuffisance des valeurs héréditaires et qu'il justifie n'en avoir tiré aucun profit personnel ; sinon l'action en paiement reste ouverte contre lui.

Ce compte peut lui être réclamé par toute personne qui a des droits non prescrits à faire valoir contre la succession.

2160. Formes. — Le compte peut être rendu à l'amiable, si tous les intéressés sont capables ; sinon il se fait en justice (art. 995 C. proc. civ.), dans les formes déterminées par les art. 527 et suiv. C. proc. civ.

2161. Sanction. — Si l'héritier refusait de rendre son compte, il serait contraignable sur ses biens personnels (art. 803, al. 2). Toutefois il n'est réputé *en demeure*, qu'après expiration du délai à lui fixé par le juge pour présenter son compte (art. 995 et 530 C. proc. civ.).

2162. Chapitre des recettes. — L'héritier doit tenir compte de toutes les valeurs provenant du défunt, même de celles qu'il a pu recouvrer par une action en nullité, en rescision, en résolution ou en retrait. Mais il n'en est pas de même des biens et valeurs obtenus par l'effet du *rapport* ou de la *réduction* : jamais les créanciers n'y ont droit (art. 857 et 921). Il est donc possible que la réduction ou le rapport permette à l'héritier d'un insolvable de conserver quelque chose sans payer les créanciers.

L'héritier n'est pas comptable des *intérêts* des sommes qu'il n'a pas placées, ni de la valeur des locaux qu'il a habités, à moins que le retard dans le placement ou dans la location ne soit excessif et ne lui soit imputable à faute.

2163. Chapitre des dépenses. — Ce chapitre comprend tout ce que l'héritier a acquitté au nom du défunt, même ce qu'il s'est payé à lui-même ; mais la jurisprudence exige qu'il ait effectivement retiré les sommes ou effets à lui dus. Y figurent également les frais de scellé, d'inventaire, de compte, etc. (art. 810), ainsi que les droits de mutation.

2164. Effet de l'apurement du compte. — Quand le compte est apuré, l'héritier peut être poursuivi même sur ses biens personnels pour le paiement du reliquat (art. 803, al. 3). Il en est constitué débiteur, et il n'y a plus alors d'intérêt à maintenir la séparation des deux patrimoines.

§ 5. — *De la cessation du bénéfice d'inventaire.*

A. — Cas où le bénéfice peut cesser.

1° Renonciation de l'héritier.

2165. Sa possibilité. — S'il est majeur et maître de son droit, l'héritier peut renoncer à un bénéfice établi dans son intérêt exclusif. Cela n'est pas douteux, bien que la loi n'en parle pas. Sa renonciation peut être *expresse* ou *tacite*. Aucune forme n'est nécessaire. C'est une pure question de fait à vérifier.

2° Déchéance de l'héritier.

***2166. Causes.** — L'héritier peut perdre son bénéfice contre sa volonté dans deux cas : 1° s'il a commis une *fraude dans l'inventaire* des effets de la succession (art 801) ;

2° s'il a *vendu un meuble ou un immeuble sans observer les formalités prescrites* (art. 805 et 806).

Dans ces deux cas la déchéance est prononcée contre l'héritier *à titre de peine*, dans l'intérêt des créanciers. D'où il faut conclure que ces textes sont d'*interprétation stricte* et qu'il n'existe pas d'autres causes de déchéance que celles-là. Toute autre irrégularité, quelle qu'elle soit, laisse à l'héritier son bénéfice et constitue une simple *faute*, engageant sa responsabilité personnelle *dans la mesure du préjudice* qu'elle a causé aux créanciers, et non pas pour l'acquittement total du passif.

***2167. Conditions.** — D'après les art. 988 et 989 C. pr. civ., la déchéance est encourue par le seul fait que la vente a eu lieu sans formalités. Il n'y a pas lieu de chercher si l'omission a causé ou non un préjudice aux créanciers. Cependant d'anciens arrêts de 1820 et de 1828 veulent qu'on examine si la vente a été préjudiciable, et que, si elle ne l'a pas été, l'héritier ne soit pas déclaré déchu.

D'autre part, les causes de déchéance ne sont pas opposables à un héritier mineur. Voyez cependant ci-dessus n° 1224.

B. — Effets de la cessation.

***2168. Idée générale.** — Qu'il s'agisse de renonciation ou de déchéance, le résultat est identique: l'héritier bénéficiaire devient héritier pur et simple, et tous les effets que son bénéfice avait empêchés ou atténués se réalisent alors dans toute leur plénitude et sont réputés s'être produits dès le jour du décès.

2169. Maintien de la séparation des patrimoines au profit des créanciers. — A ce principe certain, la jurisprudence a cependant apporté une dérogation considérable. Tant que le régime bénéficiaire durait, les créanciers héréditaires avaient pour gage exclusif les biens laissés par leur débiteur décédé, auxquels les créanciers personnels de l'héritier ne pouvaient pas toucher avant leur complet désintéressement. Ils n'avaient donc pas intérêt à demander à leur profit la *séparation des patrimoines*, comme la loi les y autorise (art. 878 et suiv.), quand ils estiment que l'héritier est lui-même insolvable. Ils s'en sont donc abstenus, parce que l'acceptation bénéficiaire leur procurait en fait le même avantage. Et voici que l'héritier est déchu de son bénéfice et réputé héritier pur et simple! La confusion des patrimoines, qui va se produire, peut être désastreuse pour eux.

La doctrine, toujours portée à résoudre les questions par le raisonnement abstrait, dit: « Il y a deux dangers différents, l'un qui menace l'héritier, l'autre qui menace les créanciers du défunt; à chacun d'eux il y a un remède, le bénéfice d'inventaire pour l'héritier, la séparation des patrimoines pour les créanciers. L'espèce particulière de séparation qui résulte indirectement pour les créanciers du bénéfice d'inventaire n'est pas établie en leur faveur; elle n'est pas pour eux un *droit acquis*; elle doit donc disparaître avec sa cause. »

Mais la jurisprudence n'a pas suivi cette opinion: elle juge d'une manière constante qu'il y a là un droit acquis pour les créanciers héréditaires, dont ils ne peuvent être privés par le fait de l'héritier. La séparation ne peut pas être *demandée* par les créanciers, puisqu'elle est déjà *opérée* par le bénéfice; les deux patrimoines ne sont pas confondus. Cass., 8 juin 1863, D. 63. 1. 273. Jurisprudence constante: voyez DALLOZ, *Suppl.*, v° Successions, n° 612-614.

[1] Cependant il pourrait être utile aux créanciers d'une succession de demander la séparation des patrimoines, quoique l'héritier ait accepté sous bénéfice d'inventaire; ils y trouveraient le double avantage suivant: 1° s'il y a des cohéritiers qui aient accepté purement et simplement, le bénéfice de la séparation sera maintenu aux créanciers même après le partage (Bordeaux, 4 janv. 1898, D. 99. 2. 473); 2° s'ils demandent la séparation et prennent inscription conformément à l'art. 2111, ils auront le droit de suite; s'ils s'en tiennent à la séparation résultant du bénéfice d'inventaire, ils n'auront qu'un droit de préférence (CÉZARD-BRU, dans le DALLOZ, *loc. cit.*).

CHAPITRE IV

DE LA SÉPARATION DES PATRIMOINES

§ 1. — *Notion générale.*

**** 2170. Son utilité.** — Par l'effet de la transmission héréditaire, le patrimoine du défunt se confond avec le patrimoine de l'héritier et tous deux n'en font plus qu'un.

Cette confusion a ses dangers : si le défunt était solvable, tandis que son héritier est ruiné, les créanciers du défunt qui étaient sûrs d'être payés intégralement, vont se trouver en perte par le concours des créanciers personnels de l'héritier, avec lesquels ils vont avoir à partager leur gage. On remédie à cet inconvénient en permettant aux créanciers héréditaires de demander la *séparation des patrimoines,* c'est-à-dire de distinguer entre les mains de l'héritier deux masses de biens, avec le passif correspondant, pour se faire payer sur les biens laissés par leur débiteur décédé, à l'exclusion de tous autres.

2171. Origine romaine. — Ce bénéfice est d'origine ancienne. Institué par le Préteur, il a toujours été conservé depuis (art. 878 et 881, modifié par l'art. 2111. — Comp. L. 11 brumaire an VII, art. 14). Toutefois plus d'un changement remarquable s'est produit : la séparation a cessé d'être une mesure collective, pour devenir un bénéfice individuel, dont chacun use à sa guise. Ses effets aussi sont gravement modifiés.

§ 2. — *Cas d'application.*

*** 2172. Par qui la séparation peut être demandée.** — Le bénéfice est institué au profit des *créanciers de la succession* et des *légataires,* et d'eux seuls.

1° Créanciers. — Tout créancier, chirographaire ou privilégié ou hypothécaire, peut demander la séparation, même s'il n'a pas de titre écrit, même si son droit est à terme ou conditionnel.

2° Légataires. — Il ne s'agit pas ici des légataires universels ou à titre universel, qui sont « loco heredum » ; c'est contre eux, au besoin, que la séparation fonctionnerait. Le bénéfice ne peut servir qu'aux *légataires particuliers,* et encore parmi eux les légataires de corps certains, qui sont propriétaires, dès le décès, des objets à eux légués, n'en ont pas besoin ; ils n'ont pas à redouter le concours des créanciers de l'héritier. Restent donc uniquement les *légataires de sommes d'argent.* De ceux-là, il n'est pas fait mention dans les art. 878 et suiv., qui règlent la séparation des patrimoines, mais la tradition leur accorde le même droit qu'aux créanciers, et l'art. 2111 les nomme expressément. Comp. Lyon, 6 juillet 1892, D. 93. 2. 96, S. 92. 2. 280.

Le droit de demander la séparation appartient individuellement à chacun des créanciers ou légataires; l'inaction des uns n'empêche pas les autres d'agir.

***2173. Droits des créanciers de l'héritier.** — La confusion des deux patrimoines peut causer un préjudice tout aussi considérable aux créanciers de l'héritier, si on suppose que cet héritier avait à peu près de quoi les payer, tandis que le passif héréditaire est de beaucoup supérieur à l'actif; cependant l'art. 881 leur refuse formellement le droit de demander la séparation. Cette décision est logique : pour les créanciers de l'héritier, rien n'est changé; ils ont toujours le même débiteur. Il est vrai qu'il se trouve maintenant tenu de nouvelles dettes, mais rien n'empêche un débiteur déjà insolvable de contracter d'autres obligations : « Licet alicui, adjiciendo sibi creditorem, creditoris sui deteriorem facere conditionem » (ULPIEN, *au Digeste*, liv. XLII, tit. 6, fr. 1, § 2). Notre droit actuel est sur ce point conforme au droit romain. Mais aux XVIIe et XVIIIe siècles la pratique permettait, par réciprocité, aux créanciers de l'héritier de demander la séparation des patrimoines. C'est cette pratique, combattue par LEBRUN (*Successions*, liv. IV, chap. II, sect. 1, n° 16) et par POTHIER (*Successions*, chap. V, art. 4), que les auteurs du Code ont entendu condamner en écrivant l'art. 881.

Il ne reste plus aux créanciers de l'héritier que la ressource de l'action Paulienne, si la succession insolvable a été frauduleusement acceptée par leur débiteur.

2174. Contre qui la séparation est demandée. — La demande est dirigée, non contre l'héritier, mais *contre ses créanciers*.

Elle peut l'être, soit contre eux tous, soit contre un seul ou plusieurs selon l'occasion.

Au cas où les créanciers de l'héritier sont inconnus, la jurisprudence autorise la demande formée contre l'héritier lui-même (Paris, 2 nov. 1889, D. 90. 2. 285, S. 90. 2. 215).

2175. Pour quels biens la séparation est possible. — Tous les biens qui composaient *le patrimoine du défunt*, et qui servaient de gage à ses créanciers, sont affectés à leur paiement exclusif, ainsi que les *fruits* produits par ces biens depuis le décès et qui sont également compris dans l'effet du bénéfice, par application de la règle « Fructus augent hereditatem ». — Les rentes sur l'État, que la jurisprudence actuelle ne considère plus comme absolument insaisissables, n'échappent pas à l'effet de la séparation. Sur l'insaisissabilité des rentes, voyez t. II, n°s 184-185.

La séparation a donc un certain caractère d'*universalité*. Il en résulte que le droit des créanciers ou légataires séparatistes porte non seulement sur les choses mêmes qui ont appartenu au défunt, mais *sur le prix en provenant*[1], quand ils ont été vendus par l'héritier. On fait ici l'application de l'adage : « In judiciis universalibus, pretium succedit loco rei » (Caen, 9 févr. 1860, D. 60. 2. 193).

Néanmoins il n'est pas nécessaire que les créanciers agissent par voie de mesure générale pour l'ensemble des biens : ils ont le droit de demander la séparation seulement pour certains biens pris à part, par exemple sur un immeuble qui leur paraît suffisant pour assurer leur paiement.

[1] Il faut supposer que le prix n'a pas encore été versé à l'héritier, car si l'acheteur l'avait déjà payé, il se serait confondu avec les biens personnels de l'héritier et la séparation ne serait plus possible pour lui.

§ 3. — *Formes du bénéfice.*

***2176. Son mode d'exercice.** — En droit romain la *separatio bonorum* se présentait sous la forme d'un incident de la *bonorum venditio* : les biens étant vendus en bloc, ceux de la succession en même temps que ceux de l'héritier, les créanciers du défunt demandaient qu'on fît deux parts dans le prix, pour leur attribuer exclusivement celle qui représentait la valeur de la succession. Aucune modification n'a été directement apportée à ce procédé ; seul le système de la vente en masse a été abandonné et remplacé par des poursuites individuelles, en dehors du cas de faillite d'un commerçant. C'est donc toujours sous cette forme que les créanciers exerceront leur droit : quand un bien provenant de la succession sera vendu, ils demanderont à être payés sur le prix par préférence aux créanciers personnels de l'héritier.

****2177. Nécessité d'une inscription sur les immeubles.** — Aucune formalité n'était requise dans l'ancien droit, et il en est encore ainsi pour les meubles, mais le Code civil a établi une *formalité particulière pour les immeubles* : il veut que les créanciers *prennent inscription pour conserver leur droit.*

Cette inscription doit être prise *dans les six mois qui suivent le décès* (art. 2111), auquel cas le privilège des créanciers et légataires est conservé avec toute son efficacité. Après les six mois, l'inscription peut encore être prise, mais les créanciers risquent de se trouver primés par des créanciers hypothécaires inscrits sur les mêmes biens du chef de l'héritier : au lieu d'être privilégiés, ils ne sont plus que des créanciers hypothécaires ordinaires (art. 2113). Sur l'effet de l'expiration du délai, comparez t. II, n°s 3149 et suiv.

2178. Cas où l'inscription est inutile. — On a déjà vu (ci-dessus n° 2169) que les créanciers héréditaires et les légataires n'ont pas besoin de demander la séparation des patrimoines, quand l'héritier a accepté sous bénéfice d'inventaire. Ils profitent alors de la séparation qui résulte du bénéfice. Par suite, ils n'ont pas besoin de prendre l'inscription de l'art. 2111, et ils conservent leur situation privilégiée même après que l'héritier a renoncé à son bénéfice ou en a été déclaré déchu. La publicité de la déclaration faite au greffe par l'héritier a paru suffisante pour avertir les tiers du droit qui en résultait pour les créanciers du défunt. C'est donc un cas où le bénéfice de la séparation est acquis de plein droit aux créanciers sans qu'ils aient à remplir aucune des conditions ou formalités prescrites par les art. 878 et 2111.

***2179. Inutilité d'une demande en justice.** — Ordinairement le droit des créanciers et légataires est reconnu sans contestation, la preuve à fournir n'étant pas difficile. S'il est contesté, il faudra plaider, mais il est inexact de dire qu'alors la séparation est « demandée » à la justice : les juges n'ont ni à accorder ni à refuser un bénéfice qui est écrit dans la loi, tout autant que le bénéfice d'inventaire de l'héritier ou le bénéfice de division de la caution. En disant que les créanciers peuvent « demander » la séparation, l'art. 878 n'a donc pas en vue une demande introduite sous la forme d'une requête au Tribunal ; on s'est servi de ce mot parce que le prix étant mis en distribution au moyen d'une procédure réglée par le juge, il faut bien que les créanciers lui « demandent » d'opérer la séparation, laquelle est de droit quand elle est demandée [1].

2180. Comment une instance devient nécessaire. — Néanmoins on voit parfois dans la pratique la séparation donner lieu à une instance en justice. C'est que le bénéfice de la séparation n'est pas resté un *simple droit de préférence*, s'exerçant sous la forme d'une distribution d'argent entre deux masses distinctes de créanciers. Il se bornait à cela en droit romain, parce qu'il supposait toujours la vente faite, et une vente générale des biens. Mais en France cette vente n'a pas toujours lieu tout de suite ; on ne sait même pas quand elle pourra se faire ; les créanciers personnels de l'héritier, auxquels le bénéfice sera opposable, n'agissent pas encore, et ne sont peut-être même pas connus : la jurisprudence va jusqu'à admettre que la séparation peut être demandée sans que l'héritier ait des créanciers : les créanciers agissent alors *à titre conservatoire* pour se réserver éventuellement le bénéfice que la loi leur accorde, contre une confusion de patrimoines qui pourrait, *dans l'avenir*, leur devenir fatale. Dans ces conditions, il est clair que *deux effets nouveaux*, inconnus du droit romain, se produisent :

1° Les créanciers font prendre diverses mesures destinées à empêcher la confusion de la succession avec les biens de l'héritier (ci-dessous n° 2190) ;

2° Ils agissent *contre lui* et non plus contre ses créanciers. Le droit de ceux-ci est suffisamment protégé par la faculté qu'ils ont d'intervenir dans l'instance pour s'opposer aux décisions que les créanciers et légataires séparatistes sollicitent de la justice (Paris, 15 nov. 1856, D. 57. 2. 195, S. 57. 2. 8 ; Paris, 2 nov. 1889, D. 90. 2. 285, S. 90. 2. 215 ; Lyon, 6 juill. 1892, D. 93. 2. 96).

§ 4. — *Effets du bénéfice.*

A. — Fiction servant à le réaliser.

***2181. Conception romaine.** — Dans son institution primitive, la séparation était une sorte de *rescision fictive de l'acceptation* ; les créanciers étaient réputés avoir toujours le défunt pour débiteur, et non l'héritier, qu'ils avaient refusé d'accepter comme tel. Quelques auteurs modernes tiennent encore le même langage, mais ce n'est plus qu'un anachronisme.

****2182. Système français.** — La séparation ne résout pas l'acceptation ; l'héritier reste héritier et il est vraiment le débiteur des créanciers du défunt et des légataires. Le bénéfice se résout en un simple *droit de préférence* ou *privilège* accordé aux créanciers qui tiennent leur titre du défunt, et ce droit de préférence s'obtient à l'aide d'une séparation de deux masses de biens entre les mains de l'héritier, qui se trouve ainsi avoir *deux pa-*

[1] L'opinion qui croit à la nécessité d'une demande en justice est cependant assez répandue, et s'appuie sur le mot « demande » de l'art. 878 et sur le mot « action » de l'art. 880. Nulle part les lois nouvelles, entre autres le Code de procédure, n'ont établi la nécessité de cette procédure, et il serait bien étrange qu'elle eût été ainsi instituée par prétérition, alors qu'elle n'était pas nécessaire dans l'ancien droit. Le langage du Code s'explique : il était déjà celui de nos anciens auteurs (LEBRUN, *Successions*, liv. IV, chap. II, sect. 1, n°s 11 et suiv.) et semble remonter au temps où il était d'usage de demander des lettres-royaux comme pour le bénéfice d'inventaire (LEBRUN, *ibid.*, n° 25). Cet usage disparut et le langage resta. — En droit romain, la séparation devait être demandée au préteur et prononcée par lui : « An admittenda separatio sit nec ne, prætoris erit vel præsidis notio, ... hoc est ejus qui separationem indulturus est » (ULPIEN, au *Digeste*, liv. XLII, tit. 6, fr. 1, § 14). Ceci tenait à ce que le préteur, qui avait organisé lui-même la séparation, en appréciait les *conditions* ; aujourd'hui ces conditions sont *déterminées par la loi* ; on n'a donc rien à solliciter du juge, qui commettrait un déni de justice, s'il refusait le bénéfice quand les conditions sont remplies.

trimoines au lieu d'un, par dérogation aux règles ordinaires. *La fiction a donc changé d'objet* : on ne suppose plus que le défunt vit encore ; on suppose que l'héritier a double patrimoine.

B. — Règle à suivre pour le paiement des créanciers séparatistes.

* **2183. Question du droit de suite.** — Les créanciers et légataires séparatistes ont un droit de préférence contre les créanciers personnels de l'héritier : ce droit est le but même de l'institution du bénéfice ; la loi le suppose dans l'art. 878 en disant que la séparation est demandée « contre tout créancier ». Mais la nécessité de l'inscription ordonnée par le Code civil (art. 2111) et la façon dont la loi en parle ont fait croire à la jurisprudence que ce droit de préférence était devenu, sur les immeubles tout au moins, *une véritable hypothèque*, donnant aux créanciers et légataires inscrits *le droit de suite contre les tiers acquéreurs*. La question a été examinée à propos des hypothèques (t. II, n°s 2928 à 2930 et 3165), nous n'y reviendrons pas.

2184. Division des dettes entre les héritiers. — On a soutenu que la séparation des patrimoines mettait obstacle à la division des dettes entre les héritiers du défunt. C'est une idée fausse, qui se rattache à l'ancienne conception romaine de la rescision de l'acceptation par l'effet du bénéfice. Elle est actuellement abandonnée : la séparation est demandée *contre chaque héritier individuellement* et elle se fait tout aussi bien après que la succession a été partagée entre eux. Les art. 873 et 1220 formulent le principe de la division des dettes ; l'art. 1221 énumère les exceptions, et la séparation n'y figure pas. Comp. ci-dessus p. 625, note 1.

2185. Relations des créanciers entre eux. — Depuis que la séparation est devenue un bénéfice individuel, une question nouvelle s'est posée : au cas où les uns font usage de leur droit tandis que les autres s'abstiennent, la séparation modifie-t-elle la situation respective des créanciers du défunt dans leurs rapports entre eux ? La diligence des uns ne profite pas aux autres, mais ne peut pas leur nuire. Ceux qui demandent la séparation doivent donc obtenir *tout ce qu'ils auraient eu si tout le monde avait fait comme eux*, sans rien de plus. C'est un calcul à faire, d'après les chiffres qui varient avec chaque espèce. Ce qui n'est pas attribué de la sorte aux créanciers diligents reste dans le patrimoine de l'héritier et se partage entre ses propres créanciers et ceux des créanciers du défunt qui sont devenus ses créanciers personnels faute d'avoir demandé la séparation (Douai, 27 mars 1889, sous Cass., D. 93. 1. 465).

2186. Relations entre créanciers et légataires. — On suit ici une vieille règle romaine : « Nemo liberalis nisi liberatus », qui s'applique toutes les fois que les créanciers et les légataires d'une personne décédée sont réduits à se payer sur les biens qu'elle a laissés. On paie d'abord les créanciers, et les légataires prennent ce qui reste, s'il reste quelque chose. Un légataire qui demanderait la séparation n'est donc pas sûr d'obtenir ce qui lui est dû : il n'aura rien si le défunt est mort insolvable.

2187. Droits des créanciers du défunt sur les biens de l'héritier. — Sur ce point le droit français se sépare notablement des solutions romaines.

En droit romain, la *separatio bonorum* produisait *un effet bilatéral* : elle empêchait les créanciers de l'héritier de concourir avec ceux du défunt sur les biens de la succession; en retour elle empêchait également les créanciers du défunt de se faire payer par l'héritier : ils n'avaient pas voulu de lui pour débiteur. De la sorte, chaque masse de créanciers était payée séparément sur la masse de biens correspondante.

En droit français, il n'en est plus de même : malgré la séparation, *les créanciers et les légataires du défunt concourent sur les biens de l'héritier avec ses propres créanciers.* La séparation, introduite en leur faveur, ne peut se rétorquer contre eux. Telle est, du moins, l'opinion qui a prévalu (Aubry et Rau, t. VI, § 619, note 64; Demolombe, t. XVII, n° 220). Son principal argument est qu'il y a bien un privilège établi par la loi en faveur des créanciers de la succession, mais qu'il n'y en a aucun en faveur des créanciers de l'héritier. L'acceptation n'est pas rescindée, et les créanciers personnels de l'héritier qui a accepté doivent subir le concours des créanciers nouveaux qui ont acquis des droits contre leur débiteur.

On admet même que les créanciers du défunt n'ont pas besoin d'attendre la liquidation de la succession pour exercer les droits qu'ils possèdent sur le patrimoine propre de l'héritier (Dalloz, *Suppl.*, v° Succession, n° 958).

2188. Solution contraire dans l'ancien droit. — Cette opinion moderne est très remarquable parce qu'elle est contraire à la tradition. Pothier n'autorisait les créanciers du défunt à se faire payer sur les biens de l'héritier qu'après que les créanciers personnels de celui-ci avaient été désintéressés : cela lui semblait équitable comme conséquence du privilège qu'on leur reconnaissait sur les biens de la succession (édit. Bugnet, t. VIII, p. 221). Il suivait en cela une opinion particulière à Papinien [1], mais qui n'a pas été approuvée après lui (Voyez les observations de M. Bugnet, *ibid.*, note 1).

C. — Mesures possibles dans l'intérêt des créanciers.

2189. Leur raison d'être. — On a déjà vu que la nécessité de ces mesures résulte de l'abandon du système romain qui employait une procédure générale pour la vente en masse des biens du débiteur (ci-dessus n° 2180). En attendant l'emploi des voies d'exécution, les créanciers sont autorisés à prendre diverses mesures conservatoires.

2190. Leur nature. — Les créanciers peuvent d'abord faire poser les scellés, faire dresser un inventaire et mettre ensuite les meubles sous séquestre pour empêcher la confusion de fait avec ceux de l'héritier, ce qui leur ferait perdre le droit de demander plus tard la séparation.

Ils peuvent même notifier à l'héritier leur intention d'exercer leur privilège en temps et lieu, ou, s'ils rencontrent quelque résistance de sa part, exercer contre lui une action en justice.

La plupart des auteurs s'arrêtent là et n'admettent pas que les créanciers fassent restreindre le droit d'administration de l'héritier, par exemple en frappant de saisie-arrêt les créances héréditaires (Aubry et Rau, t. VI, § 619, texte et notes 60 et 61; Huc, t. V, n° 422). D'autres vont plus loin et pensent que les tribunaux peuvent ordonner toutes les

[1] La décision était d'ailleurs elle-même un progrès sur la tradition romaine, car dans le système qui prévalait on refusait aux créanciers séparatistes tout droit sur les biens de l'héritier, *même après le complet désintéressement de ses créanciers.* « Recesserunt a persona heredis », disaient Paul et Ulpien, qui condamnaient l'avis de Papinien. Il en résulte que le droit a franchi sur ce point trois étapes successives : 1° refus absolu d'action contre l'héritier (système romain) ; 2° paiement des créanciers séparatistes après ceux de l'héritier (opinion personnelle de Papinien, adoptée par Pothier) ; 3° concours de ces créanciers avec ceux de l'héritier (opinion actuelle).

mesures qu'ils jugeront utiles, par exemple obliger l'héritier à fournir caution ou à vendre le mobilier et à en déposer le prix dans une caisse publique (DEMOLOMBE, t. XVII, nº 146; GARSONNET, t. III, § 589).

La jurisprudence paraît disposée à adopter la seconde opinion (Cass., 16 août 1869, D. 69. 1. 463, S. 69. 1. 417; Amiens, 22 mai 1889, S. 91. 2. 131).

§ 5. — *Causes d'extinction.*

2191. Énumération. — Le droit de demander la séparation des patrimoines est perdu :

1º D'une façon générale et complète, *quand les créanciers ont accepté l'héritier pour débiteur* ;

2º D'une façon relative, *pour les biens meubles ou immeubles aliénés par l'héritier* ;

3º Pour les meubles, *au bout de trois ans* à compter du décès ;

4º Pour les meubles encore et avant les trois ans, quand ils ont été *confondus avec ceux de l'héritier*.

Voilà quatre causes d'extinction, d'où dérivent autant de conditions diverses à l'exercice du droit.

A. — Acceptation de l'héritier pour débiteur.

2192. Formule du Code. — Aux termes de l'art. 879, la séparation ne peut plus être demandée « lorsqu'il y a novation dans la créance contre le défunt par l'acceptation de l'héritier pour débiteur ». Cet article est un de ceux qui montrent le mieux comment les idées juridiques se transforment d'une manière latente et à quel point leurs changements échappent au législateur.

2193. Origine de cette disposition. — Dans la théorie romaine, on supposait que les créanciers avaient encore le défunt pour débiteur, mais la fiction cessait naturellement lorsqu'ils avaient remplacé leur créance contre le défunt par une créance nouvelle contre l'héritier : « Illud sciendum est eos demum creditores posse impetrare separationem, qui non novandi animo ab herede stipulati sunt » (*Digeste*, liv. XLII, tit. 6, fr. 1, § 10). En parlant ici de novation le jurisconsulte romain prenait ce mot dans son sens technique, parce que les novations étaient d'un usage fréquent chez les anciens.

Nos anciens auteurs traduisaient de leur mieux ce passage, sans s'apercevoir qu'il n'avait plus grande raison d'être, les novations étant fort rares chez nous. Pothier refusait aux créanciers le droit de demander la séparation, « lorsqu'ils ont fait novation de la créance qu'ils avaient contre le défunt en une créance contre son héritier en le prenant pour leur propre débiteur à la place du défunt, car par là ils cessent d'être créanciers du défunt et deviennent plutôt créanciers de l'héritier » (*Successions*, chap. X, append.). C'est de là que l'art. 879 a été tiré.

2194. Sens actuel de cette règle. — Les auteurs du Code ont renversé l'ordre logique des idées : ils font résulter la novation de l'acceptation de l'héritier pour débiteur, alors que pour Pothier et pour les anciens c'était l'inverse : la novation était la cause, et la substitution de l'héritier au débiteur défunt n'en était que l'effet. De plus, dans le droit moderne, il ne peut plus y avoir en pareil cas de novation par changement de débiteur : l'acceptation n'étant pas fictivement rescindée par la séparation, les créanciers séparatistes ont réellement l'héritier pour débiteur, et comme celui-ci est réputé continuer la personne du défunt, la novation par changement de personne est impossible.

Il suit de là que le mot « novation » ne doit pas être pris ici dans son sens technique et c'est un point que tout le monde admet. Cette partie de l'article est pour ainsi dire une formule morte. Il ne reste plus, comme étant encore applicable, que la décision principale qui déclare les créanciers déchus de leur droit quand ils ont accepté l'héritier comme débiteur. On peut la traduire ainsi : la loi leur donne un bénéfice ; ils peuvent le perdre en y renonçant, en montrant par leurs actes qu'ils estiment n'en avoir pas besoin. Et c'est bien en effet à ce résultat qu'arrive la jurisprudence.

2195. Jurisprudence. — Du reste, la jurisprudence interprète la loi d'une manière large, qui évite tous les inconvénients que cette disposition pourrait avoir. Si l'on suivait les opinions émises dans la doctrine, on considérerait les créanciers comme ayant accepté l'héritier pour débiteur toutes les fois qu'ils ont obtenu de lui une garantie (caution, gage ou hypothèque), ou même lorsqu'ils ont exercé des voies d'exécution sur ses biens ; mais leur avis n'est pas observé en pratique. Il a été jugé que les créanciers peuvent passer un traité nouveau avec l'héritier pour proroger l'exigibilité de sa dette, même en obtenant de lui des sûretés sur ses biens personnels, tout en conservant leur privilège, pourvu qu'ils expriment clairement leur intention à cet égard (Grenoble, 9 janv. 1891, D. 91. 2. 193, S. 92. 2. 81). Autre solution analogue, Cass., 12 juillet 1900, S. 1901. 1. 441 et la note de M. Naquet. Voyez cependant pour le cas où les créanciers se sont fait donner une caution, Paris, 2 nov. 1889, D. 90, 2. 285, S. 90. 2. 215.

Il a été jugé dans le même sens que les créanciers ne sont pas considérés comme ayant nové leur créance en dirigeant une demande contre l'héritier personnellement et en demandant par le même exploit la séparation des patrimoines (Aix, 4 déc. 1893, D. 95. 2. 273, S. 96. 2. 17). Comme le dit M. de Loynes en note dans le Dalloz sous ce dernier arrêt, il ne suffit pas que les créanciers se gèrent comme créanciers de l'héritier (c'est un droit qui ne leur est plus contesté aujourd'hui); il faut *qu'ils l'acceptent pour unique débiteur*. Cela revient à dire que la séparation n'est plus aujourd'hui qu'un privilège comme les autres, que les créanciers conservent tant qu'ils n'y ont pas renoncé.

B. — Aliénation des biens par l'héritier.

2196. Observations générales. — L'aliénation fait perdre aux créanciers le droit de demander la séparation *aussi bien pour les immeubles que pour les meubles*, mais elle ne le leur enlève que *relativement aux biens aliénés*.

Si les créanciers perdent alors leur droit, c'est que le bien n'est plus dans le patrimoine du débiteur; il n'est plus dans leur gage, et le conflit entre les deux masses de créanciers n'est plus possible. La séparation serait sans objet.

Cette cause de déchéance doit être étudiée séparément pour les meubles et pour les immeubles.

2197. Aliénation des meubles. — Il n'est dit nulle part que l'aliénation des meubles éteigne le droit des créanciers, mais cela est sous-entendu ; puisque la loi le dit pour les immeubles, la même chose doit arriver à plus forte raison pour les meubles; c'est d'ailleurs une solution traditionnelle.

Il n'y a pas lieu de distinguer entre les meubles corporels et les meubles incorporels. Le droit des créanciers s'éteint quelle que soit la nature du meuble aliéné.

2198. Aliénation des immeubles. — Pour eux nous avons un texte formel : l'al. 2 de l'art. 880, d'après lequel « l'action peut être exercée *tant qu'ils existent dans la main de l'héritier* ». Mais sa disposition a été profondément modifiée par l'interprétation que la jurisprudence a donnée des art. 2111 et 2113 : sous la seule condition d'avoir pris une inscription avant l'aliénation, les créanciers conservent leur droit sur les immeubles héréditaires; ils ont le droit de les *suivre*, même après qu'ils sont sortis des mains de l'héritier. Tout ce qui reste de la disposition de l'art. 880, c'est que l'*inscription* ne peut plus être prise quand les immeubles ont été aliénés; mais quand elle l'a été en temps utile, le *bénéfice* peut encore être exercé sur eux malgré l'aliénation.

2199. Survie du droit de préférence sur le prix. — Quand un meuble a été vendu et que l'acheteur a déjà payé son prix, tout est consommé. Mais si le prix est encore dû, la séparation peut être demandée et la somme versée par l'acquéreur sera attribuée exclusivement aux créanciers du défunt et à ses légataires (Cass., 7 août 1860, D. 60. 1. 506, S. 61. 1. 257). Cette solution est conforme aux traditions et aux principes généraux:

le droit de préférence qu'un créancier a sur une chose se reporte sur le prix, et même ne peut s'exercer que sur ce prix.

La même solution devrait s'appliquer au prix provenant de la vente d'un immeuble sur lequel les créanciers et légataires auraient omis de s'inscrire.

C. — Délai de trois ans.

2200. Comparaison avec les systèmes antérieurs. — A l'égard des immeubles, le droit de demander la séparation est *imprescriptible*, tant que l'héritier en conserve la propriété (art. 880, al. 2). Il en était ainsi dans l'ancien droit même pour les meubles : aucun délai n'avait été fixé, alors qu'en droit romain on considérait les créanciers comme ayant renoncé à la « separatio bonorum » quand ils laissaient s'écouler cinq ans à partir de l'adition sans la réclamer (*Dig.*, liv. XLII, tit. 6, fr. 1, § 13).

Entre ces deux systèmes, les auteurs du Code ont opéré un mélange : ils ont établi un délai de trois ans pour les meubles (art. 880, al. 1er), tout en conservant le système antérieur pour les immeubles. Leur pensée est sans doute que les meubles se confondent facilement avec ceux de l'héritier et qu'au bout de trois ans ils seraient trop difficiles à distinguer pour opérer la séparation. Toutefois ce motif n'a de valeur que pour les meubles corporels, et la règle qu'ils ont établie est générale et s'applique même aux créances et autres meubles incorporels.

2201. Difficulté pour le prix de vente des immeubles. — Pendant combien de temps la séparation pourra-t-elle être demandée pour le prix de vente d'un immeuble aliéné par l'héritier? On a soutenu que la séparation serait impossible au bout de trois ans parce que la créance du prix est une chose mobilière ; mais comme le prix est subrogé à l'immeuble, le bénéfice des créanciers doit subsister à son égard dans les mêmes conditions qu'auparavant, d'autant plus que la loi fait courir les trois années *du jour de l'ouverture*, ce qui montre qu'elle entend appliquer ce délai uniquement aux meubles venant du défunt. Autrement le délai pourrait se trouver fini même avant la vente de l'immeuble, ce qui serait absurde.

D. — Confusion du mobilier.

2202. Ses effets. — Même avant l'expiration du délai de trois ans, le droit des créanciers est perdu quand les meubles du défunt ont été confondus avec ceux de l'héritier. — La loi est muette sur ce point, mais l'extinction du bénéfice est inévitable, puisqu'il y a alors un *obstacle de fait* qui rend la séparation impossible ; on est bien obligé d'en tenir compte.

Pour éviter ce danger qui les menace les créanciers sont autorisés à prendre diverses mesures conservatoires (ci-dessus nos 2189-2190).

Par sa nature, cette cause d'extinction est partielle ; elle a lieu dans la mesure où la confusion s'est produite, et ne se conçoit guère que pour les meubles.

RELATIONS DES HÉRITIERS ENTRE EUX

CHAPITRE PREMIER

DES RAPPORTS

2203. Définition. — On appelle « rapport » *l'acte par lequel un héritier, appelé avec d'autres à recueillir une succession, joint à la masse à partager certains biens ou valeurs provenant du défunt* et dont il est seul détenteur à un autre titre.

Le rapport suppose donc la *pluralité d'héritiers*. Il a un *caractère obligatoire* pour celui qui y est soumis.

2204. Plan. — L'objet naturel et principal du rapport est une *libéralité* (don ou legs) reçue du défunt par l'héritier. Toutefois la loi française oblige également l'héritier à rapporter « les sommes dont il est débiteur » (art. 829). Ce *rapport des dettes* soulève des difficultés spéciales dont nous traiterons à part, après avoir étudié uniquement tout d'abord le *rapport des dons et des legs*.

§ 1. — *Notions historiques et critiques.*

2205. Origines romaines. — Le rapport n'existait pas dans le droit primitif. Il fut introduit par le préteur quand il permit aux enfants émancipés de succéder à leurs parents : on les obligea à rapporter les biens qu'ils avaient acquis pour leur compte depuis leur émancipation, et qui seraient devenus la propriété de leur *pater*, s'ils étaient restés sous sa puissance. Cette première application de la *collatio bonorum* n'avait aucune ressemblance avec notre rapport actuel. Mais quand les enfants restés en puissance eurent eux-mêmes acquis le droit de posséder en propre des biens distincts du patrimoine paternel, la *collatio* changea d'objet : au lieu de s'appliquer à tout ce que l'enfant émancipé avait acquis d'une manière quelconque, elle ne fut plus exigée que pour ce qu'il avait reçu du père, et les enfants en puissance y furent eux-mêmes soumis.

2206. Pays de droit écrit. — On y suivait sur ce point les maximes romaines. Le rapport n'y avait jamais lieu que dans les *successions déférées aux descendants* (inter fratres) ; il ne s'appliquait qu'aux *donations* reçues entre vifs et jamais aux legs ; on pouvait toujours *s'en affranchir en renonçant*.

2207. Pays coutumiers. — En cette matière les coutumes varient beaucoup. Voici quel était le droit commun.

A. — On admettait la règle romaine pour les *donations* : le rapport n'en était dû que par les *descendants*. L'extension aux ascendants du rapport des dons était une exception.

B. — On avait introduit une *règle nouvelle pour les legs* : le rapport en était dû *même en ligne collatérale* ; nul ne pouvait être en même temps héritier et légataire (*Coutume de Paris*, art. 300) ; il y avait *incompatibilité* entre ces deux qualités.

C. — Sur le caractère *obligatoire* ou *facultatif* du rapport les coutumes se partageaient en trois groupes :

1° Coutumes d'égalité parfaite. — Elles ne laissaient à l'héritier aucun moyen d'échapper au rapport : le défunt ne pouvait pas l'en dispenser, et lui-même ne pouvait pas s'y soustraire en renonçant. Ces coutumes, qui représentaient nos plus vieilles traditions, étaient peu nombreuses et groupées dans le bassin de la Loire (Anjou, Maine, Touraine).

2° Coutumes de simple égalité. — Le défunt ne pouvait pas accorder de dispense, mais l'héritier pouvait se dispenser lui-même du rapport en renonçant : il avait donc l'*option* entre son don ou legs et sa qualité d'héritier. Aussi appelait-on souvent ces coutumes « coutumes d'option ». C'étaient les plus nombreuses ; celle de Paris étant du nombre (art. 303-307), elles représentaient le droit commun.

3° Coutumes de préciput. — Celles-ci permettaient au disposant d'accorder une *dispense de rapport*, ce qui permettait au successible gratifié de recueillir son don tout en prenant sa part dans la succession et en sus de cette part, *par préciput*. Elles n'étaient pas très nombreuses (Berry, Bourbonnais, Nivernais, etc.).

2208. Législation intermédiaire. — Avec son esprit exagéré d'égalité, la loi du 17 nivôse an II consacra le système des coutumes d'égalité parfaite : le rapport était toujours obligatoire (art. 16 et suiv.). Mais cette loi dura peu et une autre loi du 4 germinal an VIII la remplaça par le système des coutumes de préciput, qui fut définitivement adopté par le Code civil.

2209. Réforme moderne. — L'esprit libéral de notre législation a été encore élargi en cette matière par la réforme du 24 mars 1898 (ci-dessous n° 2213).

2210. Appréciation critique. — Les coutumes d'égalité parfaite, et même les coutumes d'égalité simple, avaient l'inconvénient d'enlever au père tout moyen d'avantager un de ses enfants, et cet inconvénient se faisait sentir dans deux ordres d'hypothèses : 1° quand le père voulait punir ou récompenser un de ses enfants, sa puissance paternelle se trouvait désarmée et il n'avait pas le moyen de tenir ses enfants dans le devoir ; 2° quand l'un des enfants avait subi des revers de fortune ou que son état de santé ne lui permettait pas de se créer une position lucrative, le père ne pouvait pas rétablir l'égalité entre eux et compenser l'injustice du sort ou de la nature [1].

2211. Motif du rapport. — En droit moderne, l'obligation du rapport repose sur l'intention présumée du défunt, qui est censé n'avoir pas voulu rompre l'égalité entre ses héritiers ; mais ce n'est qu'une simple présomption et la loi ne lui impose pas cette égalité : il peut faire des libéralités *par préciput*, c'est à-dire *dispensées du rapport*.

2212. Critique du Code. — Dans ce système on comprend très bien le principe du rapport *appliqué aux donations* : le donateur, en faisant à l'un de ses successibles une libéralité rapportable, fait néanmoins un acte utile et sensé ; il lui procure la jouissance des biens donnés pendant tout l'intervalle qui courra entre la donation et son propre décès. Il y a donc *avancement d'hoirie*, et cette jouissance anticipée est un avantage assez considérable pour expliquer la donation sans y adjoindre nécessairement l'intention d'avantager l'héritier dans le partage par une clause de préciput sous-entendue.

Mais le même système, *appliqué aux legs*, se comprenait beaucoup moins. A quoi peut bien servir une libéralité *testamentaire* faite à un *héritier*, si elle n'est pas un avantage *préciputaire* ? Obligé au rapport, l'héritier ne profite pas de la libéralité qui lui est faite puisqu'elle s'exécute seulement au moment où le rapport la détruit. Il faut

[1] Gui Coquille faisait déjà ressortir l'excellence des coutumes de préciput. « On dit que les coutumes qui défendent les avantages sont pour éviter les mécontentements et les envies entre les enfans, dont bien souvent adviennent les discordes; mais aussi c'est une grande servitude et misère aux père et mère de n'avoir pas la liberté de leurs biens, et de n'avoir aucun moyen de récompenser les services et officiosités de eurs enfans, et tenir en subjetion et crainte ceux qui ne leur sont pas obsequieux. » (*Institution au droit françois*, Donations. Comp. *Coustumes de Nivernois*, sous l'art. 7 du chapitre XXVII, Des donations).

donc présumer qu'une libéralité testamentaire est *faite avec dispense de rapport.* Cependant le Code ne l'avait pas fait : par une réminiscence fâcheuse de l'ancienne incompatibilité des deux qualités d'héritier et de légataire, il avait établi le principe du rapport pour les legs comme pour les donations, tout en permettant de faire les uns et les autres par préciput. Il en résultait que les legs aux successibles n'offraient d'avantage sérieux qu'autant qu'ils étaient plus forts que leurs parts héréditaires : ils leur conféraient alors une *option*, l'héritier pouvant renoncer pour s'en tenir à son legs.

2213. Correction du Code. — Ce vice de nos lois a été corrigé par la loi du 24 mars 1898, signalée ci-dessus au n° 2209, qui a décidé que les legs seraient de plein droit des *libéralités préciputaires*, sauf dans le cas où le testateur aurait manifesté l'intention de les soumettre au rapport (nouvel art. 843, al. 2). La présomption de la loi, au lieu d'être *identique*, se trouve maintenant *inverse* pour les deux ordres de libéralités.

§ 2. — *Personnes soumises au rapport.*

** **2214. Conditions du rapport.** — Le rapport est dû par tout héritier ab intestat qui a reçu du défunt une libéralité soumise au rapport et qui accepte la succession (art. 843).

On peut tirer de cette formule *quatre conditions* différentes pour que le rapport puisse être exigé. Il faut : 1° être *appelé par la loi* à la succession ab intestat ; 2° *accepter* cette succession ; 3° être *donataire ou légataire* du défunt ; 4° n'être pas *dispensé du rapport.*

A. — Limitation du rapport aux successions ab intestat.

2215. Comparaison avec le droit romain. — Dans le droit français moderne, comme dans notre ancien droit, le rapport n'est dû que *dans les successions ab intestat* ; il n'a jamais lieu dans les successions déférées par la volonté du défunt. Nous ne suivons pas le système introduit par la Novelle 18, chap. VI, de Justinien, qui exigeait le rapport même des héritiers institués.

En conséquence, un légataire universel n'est pas soumis au rapport (Caen, 22 janv. 1874, DALLOZ, *Suppl.*, t. XVII, p. 139, note 1, S. 75. 2. 80), même quand il est héritier présomptif et qu'à défaut de testament il aurait été appelé à recueillir la succession ab intestat (Cass., 28 mai 1894, D. 95. 1. 86, S. 98. 1. 445).

***2216. Portée absolue du texte.** — En revanche, le rapport est dû par *tout successeur ab intestat* : il est toujours dû, d'après l'art. 843, qui est le texte capital en cette matière. Ainsi :

1° Le rapport est dû en *ligne collatérale aussi bien qu'en ligne directe.* Ce qui est une innovation du Code et une aggravation du système du rapport, car dans l'ancien droit les collatéraux ne devaient rapporter que les legs, et non les donations, qui n'étaient rapportables qu'en ligne directe (*Coutume de Paris*, art. 300 et 301).

2° Les *successeurs irréguliers* sont soumis au rapport, aussi bien que les *héritiers légitimes.* « Tout héritier... », dit l'art. 843, et le mot héritier est pris ici dans son sens large, pour désigner tous les successeurs ab intestat quel que soit leur titre.

3° L'héritier doit le rapport, *sans distinguer s'il a accepté purement et simplement ou sous bénéfice d'inventaire* ». L'art. 843 le dit expressément :

« Tout héritier, *même bénéficiaire.* » Et cela est fort juste, car l'acceptation bénéficiaire est une acceptation, l'héritier qui l'a faite est un *héritier,* et son bénéfice ne produit d'effet que contre les créanciers.

B. — Condition d'acceptation.

*** 2217. Suppression du rapport pour le renonçant.** — Est seul tenu du rapport l'héritier qui accepte : « Tout héritier *venant à une succession...* », dit l'art. 843. C'est la conséquence du droit de s'affranchir du rapport en renonçant, droit reconnu par l'art. 845. L'héritier qui renonce devient étranger à la succession ; il est réputé n'y avoir jamais eu de droits ; il peut donc conserver le don ou réclamer le legs à lui fait comme le ferait un étranger.

2218. Inconvénient du système de la loi. — Ce principe, fort bon en lui-même, peut avoir des conséquences quelquefois fâcheuses. Il peut déjouer les prévisions du défunt. Un père dote un de ses fils, sans dispense de rapport, puis fait des libéralités à diverses personnes et meurt. Si l'enfant renonce, sa dot absorbera peut-être toute la quotité disponible de sorte que les libéralités postérieures tomberont comme entamant la réserve, tandis que le père avait compté que son fils accepterait la succession, que sa dot lui serait imputée sur sa part de réserve et que la quotité disponible resterait aux autres personnes auxquelles il l'avait donnée. — Il n'y a qu'un moyen d'éviter ce résultat : c'est de convenir que l'enfant gratifié devra restituer la donation, même s'il renonce. Tous les auteurs reconnaissent la validité de cette clause, voyez les citations dans Dalloz, *Suppl.*, v° Succession, n° 748. Mais on ne réfléchit pas qu'elle serait tout aussi contraire à la volonté du père, qui n'a pas entendu doter son enfant pour quelques années seulement, mais pour toujours.

En tout cas, la simple indication que la donation est faite « en avancement d'hoirie » n'a pas à elle seule l'effet d'obliger l'héritier à faire ce rapport même en renonçant. Lebrun s'en expliquait fort clairement (*Successions*, liv. III, chap. vi, § 2, n° 3).

C. — Qualité de donataire ou de légataire.

2219. Questions à examiner. — En même temps qu'héritier, il faut être donataire ou légataire du défunt. Cette troisième condition, très simple en elle-même et qui se comprend aisément, donne lieu à deux difficultés. L'une est relative à l'*époque de la libéralité*, l'autre à la *personne gratifiée*.

1° Époque de la libéralité.

2220. Indifférence de la date de la libéralité. — Faut-il que la donation ou le testament ait été fait à une époque où la personne gratifiée était déjà héritier présomptif du disposant ? L'art. 846 tranche la question négativement pour les donations : le rapport est dû alors même que le donataire se trouvait séparé du défunt par des parents plus proches, qui sont prédécédés, indignes ou renonçants ; il suffit qu'il se trouve appelé à succéder.

Quant aux legs, dont le texte ne parle pas, on suit la même règle à plus forte raison, les legs ne produisant d'effets que le jour du décès, au moment où le légataire devient héritier.

2° Personne gratifiée.

2221. Système de l'ancien droit. — Faut-il que l'héritier qui succède soit *personnellement* donataire ou légataire pour être astreint au rapport ? Cette seconde question soulève beaucoup plus de difficultés que la précédente. Elle se pose pour les donations faites *au père, au fils ou au conjoint* de l'héritier. Est-il tenu de rapporter les donations faites à des personnes qui le touchent de si près? Dans l'ancien droit, comme la grande majorité des coutumes défendait au donateur de dispenser son héritier du rapport, on avait dû prévoir le cas où, pour tourner cette prohibition, la libéralité serait ostensiblement adressée à l'un des proches du successible, pris comme personne interposée, chargée de faire parvenir le don à son véritable destinataire. Les coutumes décidaient donc que l'héritier devait le rapport de ce qui avait été donné à ses père ou mère, à ses enfants ou à son conjoint (Paris, art. 306 ; Orléans, art. 308). Pour déjouer la fraude, on présumait l'interposition de personne, et on obligeait l'héritier au rapport comme s'il avait reçu lui-même la donation. C'était ce qu'on appelait le *rapport pour autrui*.

***2222. Système du Code.** — Avec le Code, cette rigueur n'avait plus de raison d'être puisque l'héritier peut bénéficier ouvertement d'une dispense de rapport. Aussi les trois art. 847, 848 et 849 dispensent-ils du rapport les donations faites au fils, au père ou au conjoint du successible. L'héritier n'est plus tenu de rapporter que ce qui lui a été donné à lui-même.

On remarquera la façon dont s'exprime la loi pour abroger l'ancien droit : « sont *présumées faites avec dispense de rapport...* » Ces mots font croire qu'aux yeux de la loi il y a toujours interposition de personne, comme autrefois, et que le vrai donataire est encore le successible. Ce serait mal comprendre le texte ; actuellement l'interposition de personne n'est plus présumée parce qu'elle n'a plus de raison d'être, et le donataire apparent est considéré comme l'étant réellement. Toutefois la formule employée par les art. 847 et 849 conduit à admettre que, s'il est établi en fait qu'il y a eu interposition de personne et que la libéralité profite réellement au successible, le détour employé pour la lui faire parvenir *équivaut à une dispense de rapport*.

2223. Libéralité faite au fils du successible. — Le père n'en doit pas le rapport (art. 847, al. 2), alors même qu'il en aurait profité indirectement, par exemple en recueillant la succession de son fils décédé avant lui.

2224. Libéralité faite au père du successible. — Le fils n'en doit pas le rapport (art. 848), alors même qu'il aurait déjà recueilli la succession de son père, y compris le bien donné. Cela est vrai *lorsque le fils succède de son chef* (art. 848).

Mais s'il succède *par représentation*, c'est le père, c'est-à-dire le représenté, qui est censé succéder lui-même. D'après les règles particulières de la représentation, le fils ne peut avoir plus de droits que le père n'en aurait eu, s'il avait succédé en personne. Le fils devra donc le rapport des biens donnés à son père, représenté par lui (même art.). Et, qu'on le remarque bien, ce rapport lui sera imposé, même s'il n'a pas profité des biens qu'avait reçus son père, par exemple s'il a renoncé à la succession de ce dernier.

2225. Question subsidiaire. — En succédant par représentation de son père, le fils doit-il en outre *le rapport de ce qu'il a reçu lui-même*? On pourrait en douter, grâce à l'idée de représentation : il semble que ce soit le représenté qui succède ; or si le père avait réellement succédé, il n'aurait par rapporté ce qui a pu être donné à son fils ; celui-ci ne doit donc pas le faire davantage. De plus l'art. 848 ne l'y oblige pas : ce texte l'astreint seulement au rapport des donations faites à son père.

Réfutation. — S'il est vrai que le représenté est *fictivement* héritier, c'est le représentant qui l'est *réellement*. Puisque c'est lui qui succède, il doit le rapport, comme tout héritier, de tout ce dont il a été personnellement gratifié. L'art. 848 n'avait pas à s'expliquer sur ce point ; l'art. 843 suffisait. L'objet de l'art. 848 est différent : il a été écrit pour imposer à l'enfant un *rapport supplémentaire*.

Conséquence. — Si un arrière-petit-fils succède par représentation, il devra le rapport de toutes les libéralités adressées aux deux degrés intermédiaires, qu'il est obligé de représenter pour succéder.

2226. Libéralité faite au conjoint du successible. — Le rapport n'en est jamais dû (art. 849). Cependant il est possible, par l'effet du régime matrimonial, que le successible ait profité personnellement de cette libéralité. Ainsi quand il est marié sous le régime de la communauté légale, et que la donation faite à son conjoint est mobilière, le conjoint donataire n'en garde qu'une moitié et l'autre devient la propriété du successible. Mais ce résultat n'est pas l'effet de la donation ; il dépend du contrat de mariage.

A l'inverse, lorsque la donation est faite à l'époux successible, il est obligé de la rapporter *pour le tout*, quoique son régime matrimonial ait pour effet d'en faire acquérir la moitié à son conjoint : ce n'est pas son conjoint, mais lui seul, qui a été donataire.

Toutefois, au cas où la donation aurait été faite *conjointement aux deux époux*, celui qui était héritier présomptif du donateur, n'ayant été gratifié que pour moitié, ne devrait le rapport que de cette moitié.

D. — De la dispense de rapport.

1° Système appliqué aux donations.

***2227. Possibilité de la dispense.** — Le Code ayant adopté le système des *coutumes de préciput* (ci-dessus n° 2208), il est permis au donateur de dispenser son héritier du rapport (art. 843 et 919).

La dispense de rapport ne produit d'effet que *dans la limite de la quotité disponible* (art. 844). Il est tout naturel qu'un héritier ne puisse pas entamer la réserve des autres, pas plus que ne le ferait un étranger. La loi ajoute que « l'excédent est *sujet à rapport* ». Ces mots appellent une observation, car il semble qu'il eût fallu dire « l'excédent est *sujet à réduction* ». Le sens qu'on peut leur donner sera indiqué à propos de l'action en réduction (ci-dessous, nos 3102 et 3114).

***2228. Dispense postérieure à la libéralité.** — Ordinairement la dispense de rapport est accordée dans l'acte même qui contient la donation, mais il n'y a à cela aucune nécessité. Une simple *donation en avancement d'hoirie*, c'est-à-dire non dispensée originairement du rapport, peut être transformée en *donation préciputaire*, par une dispense de rapport accordée après coup.

Seulement cette dispense doit être faite *dans la forme des libéralités*, c'est-à-dire par acte notarié ou par testament, car elle est elle-même une libéralité supplémentaire, qui ajoute quelque chose à la première et peut en doubler le prix (art. 919, al. 2).

2229. Forme de la dispense. — D'après les art. 843 et 919, la dispense de rapport doit toujours être *expresse*; la loi suppose que la libéralité a été faite « expressément à titre de préciput et hors part ». On devait conclure de ce texte que la dispense doit résulter *d'un acte écrit*, d'une déclaration expresse, sauf à interpréter plus ou moins largement les expressions dont le défunt a pu se servir pour traduire sa pensée, notre droit n'admettant plus de formules sacramentelles. Comp. Cass., 28 juin 1882, D. 85. 1. 27, S. 83. 1. 123.

Cependant la jurisprudence a interprété autrement ce texte. D'après les arrêts le mot « expressément » n'a pas ici son sens ordinaire ; il signifie simplement que la volonté du défunt doit être *certaine* et *manifeste* (Cass., 5 avril 1854, S. 54. 1. 541 ; Paris, 13 nov. 1893, D. 94. 2. 71, S. 94. 2. 104 ; Cass., 11 janv. 1897, D. 97. 1. 473 ; Douai, 8 juill. 1897, D. 99. 2. 73). Le mot employé par le Code français est la traduction du mot « expressim » qui se trouvait dans le texte de la Novelle 18 (chap. VI), et qu'on entendait déjà de cette façon dans l'ancien droit. Ainsi, en dépit du texte, la dispense de rapport peut être *tacite* et résulter, par exemple, des circonstances particulières dans lesquelles la disposition a été faite (arrêt de Paris précité).

Cette jurisprudence a, du reste, beaucoup perdu de son intérêt depuis que les legs ont été dispensés de plein droit du rapport, car elle avait pour utilité principale d'y soustraire un grand nombre de libéralités testamentaires. La possibilité des dispenses tacites sert cependant encore même pour les donations, principalement pour les *dons manuels*, qui se font sans écrit, et dans lesquels la dispense ne peut pas être expresse (Cass., 8 février 1898, D. 99. 1. 153 et les renvois).

2230. Difficulté relative aux donations déguisées. — Doit-on considérer le déguisement d'une donation comme contenant une dispense implicite de rapport? Pas nécessairement, car l'emploi d'une forme déguisée n'indique pas toujours l'idée de faire une libéralité préciputaire; le défunt a pu avoir des intentions diverses: peut-être voulait-il cacher sa libéralité à des parents jaloux, pour éviter les inimitiés qu'aurait soulevées une libéralité ouverte; peut-être a-t-il voulu simplement éviter des frais, soit en se passant de notaire, soit en esquivant les droits de mutation élevés qui frappent les donations entre vifs[1]. On ne saurait donc tirer du déguisement qu'une présomption incertaine, insuffisante pour satisfaire la loi qui veut une volonté évidente, dont la manifestation s'impose.

C'est en ce sens que la jurisprudence s'est fixée. La Cour de cassation décide que le déguisement de la donation ne vaut pas par lui-même dispense de rapport; mais que l'intention du donateur d'affranchir son donataire de cette obligation peut résulter de circonstances ayant accompagné la donation et dont les juges du fait sont appréciateurs souverains. Parmi ces circonstances, ils peuvent faire entrer le déguisement lui-même, à la condition de n'en point faire le motif unique de leur décision (Cass., 6 nov. 1855, D. 55. 1. 433; Cass., 18 août 1862, D. 63. 1. 144, S. 63. 1. 265; Cass., 4 nov. 1885, S. 88. 1. 455).

Quant à la doctrine, elle continue, avec un rare ensemble, à enseigner et à soutenir que les donations déguisées ne peuvent être dispensées du rapport que par une déclaration expresse du donateur (Demolombe, t. XVI, nos 250 et suiv.; Laurent, t. X, nos 581 et suiv.; Huc, t. V, no 341; Baudry-Lacantinerie et Wahl, t. III, nos 3512 et 3605). Son obstination à ne point voir la formation d'un nouveau droit coutumier se comprend d'autant moins ici qu'elle crée au donateur une situation contradictoire: elle l'oblige à *déclarer* « expressément » qu'il fait une donation dans un acte qui a pour but de la *déguiser*. On a bien dit que le donateur se tirerait d'affaire en insérant la dispense de rapport dans son testament, mais le résultat ne serait pas le même pour le donataire, car le testament est essentiellement *révocable*, tandis que le donateur serait lié d'une manière définitive par une dispense *contractuelle*, faisant corps avec la donation.

2231. Solution semblable pour les donations par personne interposée. — La question de dispense se présente pour ces donations dans les mêmes termes que pour les précédentes. L'interposition de personne, comme le déguisement, est une manière de cacher la libéralité. Elle peut comporter ou non, selon les cas, l'intention de dispenser de rapport. Du moment où il est admis que les dispenses tacites sont valables, il n'y a plus qu'à rechercher, dans chaque espèce, si réellement le donateur en a eu la pensée. Cela devient ainsi une question de fait.

2e Système appliqué aux legs.

***2232. Changement dans la présomption légale.** — Jusqu'en 1898, les legs ont été traités comme les donations: ils n'étaient dispensés du rapport que par une volonté spéciale du défunt à cet égard, sauf à bénéficier de la jurisprudence favorable signalée au no 2229. Ce système ancien était contraire à l'intention très générale des testateurs (voyez ci-dessus no 2212).

La loi du 24 mars 1898 a changé le système de la loi sur ce point: tout legs particulier fait à un successible est *présumé fait par préciput et hors*

[1] A peu près seuls MM. Aubry et Rau ont considéré le déguisement comme entraînant par lui-même dispense de rapport (T. VI, § 632, p. 641, texte et note 17). Comp. Le Sellyer, t. III, no 1407.

part. Le légataire est donc autorisé à prélever son legs en sus de sa part héréditaire (art. 843 et 919 nouveaux).

Toutefois, la loi réserve au testateur la faculté d'indiquer que le legs n'est pas fait par préciput, auquel cas le légataire se trouve soumis au rapport, comme avant 1898. Il y a lieu de penser que les testateurs useront fort peu de cette facilité.

§ 3. — *A qui le rapport est dû.*

A. — Succession à laquelle doit se faire le rapport.

2233. Cas où il y a difficulté. — En général, cette question n'est pas difficile à résoudre : c'est *à la succession du donateur* que le rapport est dû (art. 850). Mais, dans certains cas, il peut y avoir des doutes pour déterminer *qui est donateur*.

La loi a prévu le cas pour les *constitutions de dot* et elle a établi à cet égard des règles spéciales (voyez ci-dessus n°s 875 à 882).

Une difficulté analogue s'est présentée dans la pratique pour une donation faite à un fils par son père, marié sous le régime de la communauté et avec une valeur prise parmi les biens communs. La Cour de cassation a décidé que la donation était rapportable *pour le tout à la succession du père* (7 déc. 1898, D. 99. 1. 97). Voyez sous cet arrêt en note dans Dalloz, les raisons qui peuvent faire admettre que la donation, étant prélevée sur les biens communs, vient pour moitié du patrimoine de la mère, qui doit être considérée comme donatrice pour sa part, son mari ayant agi comme *gérant* d'une communauté qui ne lui appartenait qu'en partie ; d'où il suit, qu'en supposant que la femme a accepté la communauté, si la donation est rapportée pour le tout à la succession du père, on méconnaît l'art. 850 : le père n'est pas le seul donateur. Cette vérité élémentaire semblait hors de contestation dans notre ancien droit. Voyez ce qu'en disait Pothier (*Successions*, chap. IV, art. 2, § 5 ; édit. Bugnet, t. VIII, p. 168).

B. — Personnes appelées à bénéficier du rapport.

2234. Distinction. — Il nous faut examiner séparément trois sortes d'intéressés : 1° les *cohéritiers* du successible gratifié ; 2° les *légataires* ; 3° les *créanciers*. Le rapport est dû aux cohéritiers, mais non aux légataires ni aux créanciers du défunt (art. 857), ce qui demande quelque explication.

1° Cohéritiers.

*** 2235. Caractère réciproque du rapport.** — Le rapport est dû aux cohéritiers du successible gratifié. C'est l'effet du principe même qui l'a fait instituer : il en découle une *obligation mutuelle* entre héritiers appelés à une même succession. Ceux qui ont droit au rapport sont ceux qui y seraient astreints s'ils étaient eux-mêmes donataires ou légataires.

**** 2236. Qui peut agir.** — Le droit de demander le rapport appartient aux *héritiers légitimes* et aux *successeurs irréguliers*, sous la condition de venir eux-mêmes à la succession.

C'est un droit *individuel* pour chacun d'eux, et qui peut être exercé en leur nom par leurs créanciers personnels, conformément à l'art. 1166.

2° Légataires.

***2237. Absence de droits sur les biens donnés entre vifs.** — Non seulement les légataires ne peuvent pas *demander* le rapport, mais même ils n'ont pas le droit d'en *profiter*, quand il a été effectué sur la demande des héritiers. Cela signifie que les legs ne peuvent être exécutés que sur le montant des biens appartenant au testateur au jour de son décès, et non sur le montant de ceux qu'il aurait donnés entre vifs à l'un de ses successibles et qui seraient rapportés par ce dernier : les biens ainsi rapportés se partageront entre les héritiers sans que les légataires y aient aucun droit; la donation les avait fait sortir du patrimoine du défunt, qui n'a pas pu en disposer une seconde fois en les léguant à des tiers.

***2238. Droit sur les biens légués.** — Mais l'art. 857, en tant qu'il empêche les légataires de profiter du rapport, ne s'applique réellement qu'aux *donations entre vifs*. Si l'un des héritiers a reçu un legs, il n'en obtiendra pas le paiement par préférence aux légataires étrangers. En sa qualité de légataire, il est dans la même situation que les autres : s'il n'y a pas de quoi les satisfaire tous, tous doivent être payés, successibles ou non, au moyen d'une répartition proportionnelle des valeurs libres laissées par le défunt. En concourant ainsi avec les successibles qui sont en même temps légataires, les légataires étrangers ne profitent pas d'un « rapport » : ils exercent un droit égal et semblable à celui des successibles gratifiés de legs, et ce qui prouve bien qu'il n'y a ici aucune question de rapport, c'est que ce concours et cette distribution auraient lieu *même pour un legs adressé à un successible et dispensé du rapport*. La dispense de rapport ne sert qu'à établir l'inégalité des parts entre successibles, et nullement à créer une préférence entre légataires.

2239. Réunion fictive des biens donnés à la masse. — Du reste, même pour les biens donnés entre vifs, il ne faut pas s'exagérer la portée de la prohibition écrite dans l'art. 857. Dans certains cas, les légataires profiteront indirectement de l'opération du rapport; ils verront leurs droits grossir, sans pouvoir toucher aux biens rapportés.

Toutes les fois qu'il y a des héritiers à réserve, il faut *calculer la quotité disponible*, et pour faire ce calcul on doit réunir à la masse des biens conservés par le défunt jusqu'à sa mort la valeur de ceux qu'il avait donnés entre vifs. Par exemple, un père, possédant 100 000 francs, et ayant trois fils, leur fait des donations s'élevant à 80 000 francs. Il meurt, ne laissant plus que 20 000 francs de fortune et léguant 25 000 francs à des étrangers. La quotité disponible est d'un quart. Les héritiers ne pourront pas dire aux légataires : « Il n'y a que 20 000 francs dans la succession ; le rapport des biens donnés entre vifs ne vous est pas dû ; donc les legs ne s'exécuteront que jusqu'à concurrence du quart de cette somme », ce qui ferait subir aux légataires une perte de 20 000 francs. L'art. 922 veut que la quotité disponible soit calculée en réunissant les biens donnés aux biens laissés par le défunt. Elle sera donc, en l'espèce, de 25 000 francs. Mais cela ne veut pas dire que les légataires seront payés intégralement : comme il ne reste que 20 000 francs d'actif, et que le reste de la masse se compose de biens rapportés, sur lesquels les légataires n'ont aucun droit, ceux-ci subiront donc en définitive une perte de 5 000 francs.

Ainsi il y a deux opérations distinctes : 1° le *rapport effectif* des biens donnés entre vifs, qui n'est dû qu'aux héritiers; 2° leur *réunion fictive à la masse*, pour le calcul de la quotité disponible, qui est due même aux légataires. Après avoir calculé la quotité disponible sur le total des biens donnés et des biens existants, on ne paiera néanmoins les légataires que sur ces derniers. Cette distinction avait été méconnue par la jurisprudence dans les premières années qui suivirent la publication du Code; on décidait que les légataires, n'ayant pas droit au rapport, ne devaient calculer la quotité disponible à leur profit que sur les biens existants. Mais un arrêt célèbre, l'arrêt *Saint Arroman*, rendu par les Chambres réunies, vint établir la règle actuelle (8 juill. 1826, D. 26. 1. 314, S. 26. 1. 313). Voyez la note sous cet arrêt dans le *Sirey chronologique*, VIII, 1. 383 et les renvois.

3° Créanciers.

**** 2240. Rapport des dons.** — Sur ce point, l'art. 857 s'applique d'une façon absolue. Les créanciers ne peuvent ni demander le rapport des biens donnés de son vivant par leur débiteur, ni se faire payer sur ces biens quand les héritiers les ont rapportés. A leur égard, ces biens sont définitivement sortis du patrimoine de leur débiteur qui, malgré toutes ses obligations, avait conservé le droit d'en disposer, sous réserve de l'action Paulienne en cas de fraude. Ils ne peuvent donc compter pour se faire payer que sur les biens réellement compris dans la succession et possédés par leur débiteur au jour de sa mort.

**** 2241. Rapport des legs.** — Vrai pour les donations, l'art. 857 ne l'est pas pour les legs. Toutes les fois que les biens héréditaires ne suffiront pas pour acquitter à la fois les dettes et les legs, les créanciers passeront avant les légataires, conformément à la maxime « Nemo liberalis nisi liberatus ». Voyez ce qui est dit de la liquidation des successions bénéficiaires. Les créanciers n'ont pas, à proprement parler, à demander le *rapport* des legs ; ce sont les légataires qui ne peuvent pas exiger leur paiement avant les créanciers, même quand ils sont dispensés du rapport.

L'art. 857 est donc trop absolu dans ses termes ; la règle qu'il établit en disant que le rapport n'est pas dû aux créanciers, sans distinguer entre les legs et les donations, n'est vraie que pour ces dernières.

*** 2242. Effet de l'acceptation pure et simple.** — Après l'acceptation de la succession, les créanciers du défunt sont devenus *créanciers personnels des héritiers* ; ils ont dès lors le droit de se faire payer sur les biens qui ont été acquis à leurs débiteurs par l'effet de rapports effectués par des cohéritiers donataires, puisqu'ils ont pour gage désormais tous les biens des héritiers (art. 2092-2093). On voit que la loi accorde d'un côté aux créanciers de la succession ce qu'elle leur refuse de l'autre. Voici qui est plus encore : étant créanciers personnels d'un héritier qui a droit à des rapports de la part des autres, ils pourront les demander de son chef (art. 1166). Ainsi la règle est renversée : non seulement ils *profitent* du rapport, quand il est effectué, mais ils *agissent* pour le réclamer.

Que reste-t-il alors du texte de l'art. 857, qui dit que le rapport n'est pas dû aux créanciers? Uniquement ceci : *lorsque l'héritier aura accepté sous bénéfice d'inventaire*, les créanciers du défunt n'auront aucun droit sur ses biens personnels; or les biens que l'héritier recueille par l'effet du rapport ne figurent pas dans la succession ; ils entrent *dans le patrimoine de l'héritier*, parce qu'ils lui sont dus en vertu d'un droit qui lui est propre, qu'il ne tient pas du défunt. Dans ce cas-là, mais dans ce cas seulement, l'art. 857 sera vrai pour les créanciers et les empêchera d'avoir droit au rapport des dons.

C. — Preuve à fournir.

***2243. Difficulté pour les donations.** — C'est celui qui réclame le rapport d'une libéralité qui doit en prouver l'existence. Cette preuve lui sera facile à fournir pour les legs, car le testament du défunt sera infailliblement produit par les légataires qui voudront faire valoir leurs droits. Mais il n'en va pas de même pour les donations : ceux qui les ont reçues sont nantis et n'ont qu'à garder le silence, et leurs cohéritiers sont souvent fort embarrassés pour en fournir la preuve. De la part de ceux-ci tous moyens sont admissibles, puisqu'il s'agit de la preuve d'un acte à fournir par un tiers et non par une partie (T. II, n° 1207 et la note). Ainsi ils se servent souvent des écritures laissées par le défunt (Orléans, 2 mai 1890, D. 91. 2. 209; Bruxelles, 28 févr. 1891, D. 91. 2. 362).

§ 4. — *De quelles choses le rapport est dû.*

***2244. Simplicité de la règle applicable aux legs.** — Quand un legs est sujet au rapport (et l'on sait qu'aujourd'hui il ne l'est qu'en vertu d'une manifestation de volonté spéciale du défunt), l'objet du rapport est très simple à déterminer : c'est *ce que le légataire aurait le droit de réclamer* en exécution de son legs, s'il n'était pas sujet à rapport.

***2245. Cause des difficultés relatives aux donations.** — Pour les donations il y a des difficultés spéciales provenant de la nécessité de faire parmi elles une distinction : il y en a qui sont soumises au rapport, et d'autres qui, par leur nature, n'y sont pas soumises, et c'est ce classement des donations en deux sortes qui est difficile à opérer.

Remarquons d'abord que *l'obligation de rapporter est la règle,* et que *l'exemption du rapport est exceptionnelle,* observation qui peut servir de guide dans les cas douteux.

A. — Donations soumises au rapport.

1° Donations proprement dites.

2246. Généralité de la règle. — Quand une donation est faite dans la forme ordinaire, c'est-à-dire *directement* et *par acte authentique,* elle est toujours soumise au rapport en vertu de l'art. 843, alors même qu'elle aurait été faite *par contrat de mariage* ou autrement pour *l'établissement d'un enfant,* alors même qu'elle offrirait un caractère particulier, comme celui des donations *rémunératoires, mutuelles* ou *onéreuses.* Il en est de même quand la donation revêt une forme exceptionnelle, comme les *donations déguisées,* les *donations à personne interposée,* et les *dons manuels.*

2247. Établissement d'un enfant. — L'art. 851 soumet au rapport les donations faites pour l'*établissement* d'un successible, d'un enfant, par exemple. Cela doit s'entendre de l'établissement par le mariage, c'est-à-dire des constitutions de dot, et aussi de tout autre genre d'établissement, de l'achat d'une étude, d'une bibliothèque d'avocat ou de médecin, d'un fonds de commerce, etc. Il en serait de même des dons faits pour consolider ou étendre un établissement déjà acquis.

2248. Donations rémunératoires ou onéreuses[1]. — Ces donations sont soumises comme les autres au rapport. Toutefois est seul rapportable l'excédent net de la valeur des biens donnés au-dessus du prix du service rémunéré ou de la charge imposée au donataire, car il n'y a libéralité véritable que pour cet excédent.

***2249. Donations mutuelles.** — Ce sont des donations comme les autres quand elles sont inspirées par un véritable sentiment de libéralité. Mais quand les deux donations doivent s'exécuter simultanément et rester définitives toutes les deux, il est possible qu'on ait affaire à un simple *échange* mal qualifié, auquel cas il n'y a pas lieu à rapport.

***2250. Donations déguisées et donations à personne interposée.** — Ces deux espèces de donations ne sont pas, *par leur nature propre*, exemptes du rapport : elles y sont soumises, en vertu du principe général de l'art. 843, *en leur qualité de donations*. Mais on a déjà vu que le système de la jurisprudence sur la validité des *dispenses tacites* aboutit dans beaucoup de cas au même résultat : les juges peuvent reconnaître qu'*en fait* l'intention du donateur a été d'accorder la dispense (ci-dessus nos 2230 et 2231). De la sorte, s'il n'y a pas *exemption légale* du rapport, il y a souvent *dispense* par la volonté du disposant.

2251. Dons manuels. — Une solution semblable s'applique aux dons manuels. Ce genre de dons est, par sa nature, *sujet à rapport* (Aix, 21 janv. 1880, D. 80. 2. 253, S. 81. 2. 68). Mais l'intention d'accorder la dispense peut s'induire des circonstances (Cass., 3 mai 1864, D. 64. 1. 173, S. 64. 1. 273). Sur le pouvoir d'appréciation des juges du fait, et le contrôle possible de la Cour de cassation, voyez Cass., 12 mars 1873, D. 73. 1. 194, S. 73. 1. 208.

De même que pour les donations déguisées ou à personne interposée, la plupart des auteurs soutiennent encore que le don manuel ne peut être dispensé du rapport que par une déclaration expresse. Ils font valoir cette raison particulière que la loi exempte du rapport les « présents d'usage » (art. 852), ce qui en confirme la nécessité pour les autres donations manuelles. Mais c'est confondre deux questions différentes : il ne s'agit pas de savoir si un don manuel est *exempt* du rapport en vertu de la loi (cette exemption n'existe que pour ceux qui sont visés dans l'art. 852) ; mais bien sous quelle forme peut se produire la *dispense* accordée par le disposant dans un don sujet à rapport.

2° Avantages indirects[2].

2252. Distinction. — Un avantage gratuit peut être procuré à quelqu'un sans qu'il intervienne entre les parties une donation proprement dite, si l'avantage résulte indirectement d'un autre acte.

La loi a prévu ceux qui sont contenus *accessoirement* dans une convention à titre onéreux ; elle n'a rien dit de ceux qui font l'objet *total* de l'acte accompli.

2253. Avantages accessoires contenus dans une convention onéreuse. — Les contrats à titre onéreux passés entre un fils et son père, et plus généralement entre le défunt et l'un de ses héritiers, étaient autrefois fort suspects, à cause des avantages occultes qu'ils peuvent contenir ; ils faisaient souvent « de la *brouillerie* dans les familles », comme disait Basnage, sur l'art. 434 de la coutume de Normandie. C'était un moyen de dispenser une libéralité du rapport, malgré la prohibition des coutumes. Aujourd'hui nous n'avons plus les mêmes raisons de les critiquer, puisque le défunt qui a employé ce procédé aurait pu avantager ouvertement son successible, et par préciput. Mais la loi soumet ces avantages au rapport, comme les autres (art. 853).

D'après ce texte, il faut distinguer : l'héritier doit le rapport des avantages indirects

[1] Sur ces donations, voyez ci-dessous nos 2505-2506 et nos 3009 et suiv.
[2] Sur ces donations, voir ci-dessous, nos 2544 et suiv.

que la convention présentait pour lui *au moment où elle a été faite*; il ne doit pas le rapport des *profits* qu'il a pu en retirer par la suite. Et cette distinction est très raisonnable. Si un père vend pour 25 000 francs, à son fils, une maison qui en vaut 50 000, il lui en donne la moitié; mais si la maison a été vendue à son prix vrai et qu'elle augmente ensuite de valeur, le contrat devient avantageux par l'effet de circonstances *postérieures*, et la plus-value n'est pas *rapportable*, n'ayant pas été *donnée*.

2254. Règle spéciale aux sociétés. — A côté de l'art. 853 qui est général et s'applique à tous les contrats onéreux, se trouve l'art. 854 qui reprend la même règle pour les actes de société, en y ajoutant quelque chose. Le contrat de société est un de ceux qui se prêtent le mieux à ces avantages indirects, et où ils sont très difficiles à découvrir, soit dans l'évaluation des apports, soit dans la répartition des bénéfices.

Aussi la loi s'en méfie-t-elle, et elle astreint l'héritier à rapporter tous les bénéfices qu'il a pu réaliser dans une société avec le défunt, à moins que les conditions de la société n'aient été *réglées par acte authentique*. De droit commun l'acte qui constate la formation d'une société peut être rédigé sous seings privés. Ici la loi ne veut pas de cette forme, parce qu'elle met les autres héritiers à la merci de celui qui s'était associé avec le défunt : il lui suffirait de faire disparaître l'acte constitutif de la société, pour mettre ses cohéritiers dans l'impossibilité de reconnaître l'étendue des avantages qui lui ont été faits; il se dispenserait ainsi lui-même du rapport, et contrairement peut-être à la volonté du défunt.

Il résulte de la nature de ce motif que rien ne peut remplacer l'authenticité de l'acte, ni son enregistrement, ni la publication et l'affiche d'un extrait, parce que ces formalités permettent seulement d'en constater l'existence, mais n'en font pas connaître la teneur.

Quand la condition voulue par la loi a été remplie et qu'un acte authentique a été rédigé, la loi dispense l'héritier du rapport pour « l'association faite *sans fraude* » entre le défunt et lui. Ces mots signifient que l'héritier ne devra pas le rapport des bénéfices réalisés par suite de la prospérité de la société, mais que s'il y a eu « fraude », c'est-à-dire *avantage indirect*, le rapport en sera dû. La fraude dont parle ici le Code n'est pas une fraude à la loi, mais seulement une atteinte aux droits des autres héritiers, et son langage retarde : ce qui était une fraude dans notre ancien droit n'en est plus une aujourd'hui.

2255. Autres donations indirectes. — Pour tous les autres cas où il y a donation indirecte, nous n'avons pas de texte spécial; il n'y a que la formule générale de l'art. 843, qui oblige l'héritier à rapporter tout ce que le défunt lui a donné, directement ou *indirectement*. Ainsi sont rapportables les avantages résultant d'une *remise de dette* faite par le défunt à son successible, de la *démission d'un officier ministériel* faite gratuitement en faveur d'un successible, de la *renonciation à une succession*, faite avec l'intention d'avantager la personne appelée à défaut du renonçant (Cass., 8 mars 1858, D. 58. 1. 97, S. 58. 1. 545. Comp. Cass., 15 mai 1866, D. 66. 1. 249, S. 66. 1. 276); de la *renonciation à un usufruit* (Cass., 27 oct. 1886, D. 87. 1. 129, S. 87. 1. 193), etc.[1].

Un autre cas, très pratique, et qui a donné lieu à diverses difficultés est celui où le défunt a *payé les dettes de son héritier* (art. 851). Voyez les n^{os} suivants.

2256. Paiement des dettes de l'héritier. — S'il s'agit d'un héritier *majeur* et d'obligations *civilement valables* acquittées à sa décharge, le rapport des sommes payées pour lui sera toujours dû, parce que le versement fait par le défunt équivaut à une véritable libéralité.

Mais si la dette était *naturelle* ou pouvait être anéantie par une action en *nullité* ou

[1] En présence d'une renonciation ou d'un autre acte dévestitif analogue, doit-on présumer qu'il contient une libéralité? La plupart des auteurs admettent cette présomption, qui est combattue par M. Huc (t. V, n° 352). En pratique la question ne paraît pas faire de difficulté, et la présomption est admise au moins comme présomption de l'homme, la preuve contraire restant à la charge du successible qui a profité de la renonciation.

en *rescision*, le rapport ne serait pas dû en principe, parce que le débiteur pouvait se dispenser de payer et qu'on ne lui a vraiment procuré aucun avantage; il n'y aurait lieu à rapport que si le paiement avait été fait à la requête du successible, qui aurait ainsi reconnu ou validé son obligation en la faisant payer par autrui.

Pour les dettes du *mineur* acquittées par son père, il y a quelque difficulté. Berthier disait que si on l'obligeait à rapporter les sommes versées en son nom à des tiers, toutes les précautions prises pour qu'un mineur ne puisse pas s'obliger valablement deviendront inutiles, s'il plaît à son père de payer ses dettes. Cependant on décide en général que le paiement fait par le père donne lieu à rapport lorsqu'il est intervenu dans l'intérêt bien entendu du mineur. C'est une opinion très raisonnable, qui a seulement le tort de donner lieu à des difficultés pratiques d'appréciation.

2256 *bis*. Assurance sur la vie au profit d'un tiers. — L'héritier qui bénéficie d'une assurance sur la vie à son profit par le défunt en doit-il le rapport, et que doit-il rapporter, le capital ou les primes? Question déjà signalée (t. II, n° 1266, en note). Il est désormais acquis en jurisprudence que le *capital de l'assurance* n'est pas rapportable, parce qu'il y a formation d'un capital nouveau et non pas translation d'un capital préexistant pouvant revêtir le caractère d'une libéralité (Cass., 29 juin 1896, D. 97. 1. 73; Paris, 10 janv. 1900, D. 1900. 2. 489). La libéralité n'existe que dans *le versement des primes*, qui sont seules sorties du patrimoine du défunt, et encore la possibilité du rapport serait-elle écartée, si ces primes étaient modiques et prises uniquement sur les revenus annuels. Voyez la note de M. Dupuich, D. 1900. 2. 489 et les renvois.

2257. Prime de remplacement. — Sous l'empire de notre législation militaire antérieure à 1872, un grand nombre de jeunes gens se faisaient exempter du *service militaire* en fournissant un remplaçant, à qui on payait une *prime*. Quand les parents la payaient pour un de leurs enfants, le rapport en était dû (Grenoble, 15 févr. 1850, D. 52. 2. 84, S. 51. 2. 324). En effet le service militaire était une *obligation personnelle* à l'enfant, et son exonération à prix d'argent, aux frais de ses parents, constituait le paiement d'une dette sujet au rapport en vertu de l'art. 851.

2258. Taxe militaire. — Même solution pour la taxe militaire établie par la loi du 15 juillet 1889, art. 35. Elle aussi est une dette personnelle à l'assujetti, et son acquittement par un ascendant donnerait lieu au rapport conformément à l'art. 851. Sur le paiement de la taxe par l'ascendant, voyez le § 6 de l'art. 35 de la loi précitée, modifié par la loi du 26 juillet 1893.

3° Règle applicable aux fruits.

2259. Dispense de rapport pour la période antérieure au décès. — Le donataire n'est tenu de rapporter que le bien qu'il a reçu, et non les fruits qu'il en a tirés. S'il lui fallait rapporter les fruits en même temps que le fonds, ce serait souvent sa ruine, et la libéralité qui lui a été faite deviendrait une calamité pour lui. Jamais le rapport n'a été considéré comme privant rétroactivement l'héritier de la jouissance du bien, et c'est encore ce que dit l'art. 856. La donation en avancement d'hoirie, quoique rapportable, confère donc tout au moins au successible la jouissance intérimaire du bien.

2260. Donations de fruits. — Il se peut que la donation ait eu pour objet unique des fruits et revenus que le successible gratifié a consommés au jour le jour, sans aucun fonds ni capital. La règle qu'on ne rapporte pas les fruits s'applique-t-elle encore? La Cour de cassation a rendu sur ce point, à moins de trois années de distance, deux arrêts contradictoires. Par l'un elle a décidé que l'art. 856 supposait le rapport réellement effectué d'un bien frugifère, et ne dispensait nullement l'héritier de rapporter les revenus dont il avait bénéficié par la renonciation du défunt à un usufruit grevant ses propres biens (Cass., 27 oct. 1886, D. 87. 1. 129, S. 87. 1. 193). Par l'autre elle a dispensé un héritier de rapporter les revenus d'un usufruit qui lui avaient été donnés par le défunt (Cass., 12 mars 1889, D. 90. 1. 30). Cette dernière solution semble la meilleure: qu'importe la manière dont le défunt a procuré ce revenu annuel à son successible?

2261. Fruits échus ou perçus depuis le décès. — A partir du moment où le rapport doit se faire, c'est-à-dire du jour où la succession s'ouvre, l'héritier est comptable des fruits (art. 856). La règle est exprimée en termes absolus, et réellement elle est générale, s'appliquant au rapport en moins prenant aussi bien qu'au rapport en nature : l'héritier doit de plein droit ou les fruits du bien ou l'intérêt de l'argent, selon les cas. Il n'y a pas ici, à proprement parler, une dérogation à la règle de l'art. 1153, qui ne fait courir les intérêts moratoires dans les obligations de sommes d'argent, que du jour de la sommation : c'est la jouissance du bien qui fait retour à la masse, comme après l'extinction d'un usufruit; c'est plutôt une question de *propriété* qu'une question d'*obligation*. La succession est réputée comprendre les biens sujets au rapport.

Pour les fruits antérieurs au décès, on applique en général à l'héritier les mêmes règles qu'à un usufruitier : il est réputé avoir acquis les fruits civils jour par jour; il ne fait siens les fruits en nature que par leur perception.

B. — Donations exemptes du rapport.

1° Observations générales.

2262. Ancien motif de l'exemption. — L'art. 852, qui énumère les donations exemptées du rapport, est le résumé d'un passage de Pothier (*Successions*, chap. IV, art. 2, § 3), mais sa rédaction en a profondément altéré l'esprit. La loi moderne a généralisé des décisions qui n'avaient qu'une portée relative. Pothier admettait la dispense du rapport pour *certaines dépenses faites par les parents dans l'intérêt de leurs enfants*; il ne s'occupait que des successions en ligne directe, les seules dans lesquelles les dons entre vifs fussent alors rapportables. En lui empruntant sa disposition pour la faire passer dans la loi, on lui a donné une portée absolue, puisque le principe du rapport des dons s'applique aujourd'hui même aux successions collatérales. Et, de fait, la dispense profite aujourd'hui à tout successible qui a reçu ces mêmes avantages d'un parent quelconque.

Il est résulté de là une insuffisance dans le motif de la disposition que les auteurs de la loi n'ont probablement pas aperçue. Venant des parents, ces dépenses pouvaient être considérées moins comme des *libéralités* que comme l'*accomplissement d'un devoir*, les parents ayant l'obligation d'entretenir et d'élever leurs enfants. Faites au profit d'un parent collatéral, ces mêmes dépenses ne sont plus obligatoires, et on ne voit plus pourquoi le Code les exempte du rapport. — Cette inconséquence entre la cause et l'effet n'a pas de résultats fâcheux, car autant ces dépenses sont fréquentes au profit des enfants, autant elles sont rares au profit de collatéraux.

2263. Justification moderne. — Par un phénomène bien fréquent dans l'histoire des législations, en changeant d'application, la loi s'est trouvée avoir aussi changé *de motif*. L'ancien ne pouvant plus suffire, on lui en a cherché un autre. On a proposé de dire que si ces dépenses ne sont pas rapportables c'est qu'elles sont *prises sur les revenus*. Il y a là en effet un motif assez sérieux d'écarter l'idée du rapport : le rapport est destiné à rétablir l'égalité entre les héritiers dans le partage de la fortune du défunt, mais les sommes prélevées sur les revenus au profit de l'un des successibles ne diminuent pas la part des autres ; elles ne doivent donc pas être déclarées rapportables.

Cependant ce motif, qui est une nouveauté dans notre droit, est encore fort loin d'être accepté par la doctrine. La plupart des auteurs s'attachent à démontrer que, pour savoir si une donation est dispensée du rapport, il faut considérer son *objet*, et non pas la *nature des ressources* à l'aide desquelles le donateur a pu la faire.

2264. Jurisprudence. — Pendant quelque temps la jurisprudence des cours d'appel a paru pencher vers l'idée que les donations non rapportables sont celles qui sont faites avec les revenus et que l'obligation du rapport apparaît dès que le donateur a entamé son capital. Voyez en ce sens : Caen, 13 déc. 1872, S. 73. 2. 251 ; Bourges, 10 décembre 1879, D. 81. 2. 22; Orléans, 2 août 1890, D. 91. 2. 209. Elle y mettait toutefois ce correctif que, pour être exemptes du rapport, ces libéralités doivent être *modiques* et ne peuvent consister, par exemple, en sommes importantes par l'accumulation de plusieurs années de revenus (Lyon, 24 juin 1859, et autres décisions citées dans Dalloz, *Suppl.*, v° Successions, n° 828).

A l'inverse, mais toujours par application de la même idée, la jurisprudence faisait cesser l'exemption du rapport accordée par l'art. 851 pour les dépenses d'éducation d'un enfant, lorsque ces dépenses ont été *excessives*, eu égard à la fortune du père et à celles qui ont été faites pour les autres enfants (Nancy, 7 juill. 1873, sous Cass., D. 74. 1. 107).

Enfin la Cour de cassation a introduit un principe rigide, qui mettra fin sans doute à tout développement ultérieur de la jurisprudence : *Est sujette à rapport toute libéralité, même faite sur les revenus, si elle ne rentre pas dans les termes de l'art.* 852. C'est la *cause* et la *nature* de la dépense et non l'origine des fonds, qu'il faut considérer pour savoir si elle est rapportable (Cass., 13 avril 1899, D. 1901. 1. 233, avec une note conforme de M. Boistel). Voyez aussi la note de M. Dupuich, D. 1900. 2. 489 et les renvois. Il résulte de cette jurisprudence une contradiction frappante : un père, qui a plusieurs enfants, possède un bien qui lui rapporte annuellement 1 000 francs ; s'il en fait *donation entre vifs* à l'un de ses enfants et meurt 20 ans après ; le donataire rapportera le capital et conservera les *fruits* perçus par lui pendant 20 ans, soit 20 000 francs ; si le père conserve son bien et en donne annuellement le *revenu* à son fils, celui-ci aura à rapporter 20 000 francs et n'aura en définitive rien reçu. C'est un résultat injustifiable : le prétendu donataire fait l'office d'une caisse d'épargne, tenu de capitaliser au profit de ses futurs cohéritiers, les fonds qu'il est censé recevoir pour sa dépense annuelle.

2° Énumération.

2265. Frais d'entretien et d'éducation. — L'art. 852 énumère comme ne devant pas être rapportés :

1° *Les frais de nourriture et d'entretien.* — La disposition de la loi est surtout intéressante à noter quand ces frais ont été acquittés en argent pour un enfant mis en pension.

2° *Les frais d'éducation et d'apprentissage.* — Ces frais doivent être soigneusement distingués des *frais d'établissement*, qui sont soumis au rapport d'une manière expresse par l'art. 851, et la distinction est souvent arbitraire. Les auteurs modernes considèrent les *frais de doctorat* comme frais d'éducation, alors que Pothier les rangeait avec les frais de *maîtrise* dans les arts mécaniques (sous le régime des jurandes et des corporations) parmi les frais d'établissement (édit. Bugnet, t. VIII, p. 162)[1]. Pour les *achats de livres*, il faut distinguer : les *livres d'étude* font partie des frais d'éducation ; le don d'une *bibliothèque* sert à l'établissement et est rapportable.

3° *Les frais ordinaires d'équipement.* — Disposition empruntée aux anciennes coutumes, qui remonte aux usages de la chevalerie, mais qui reçoit encore son application aux jeunes gens qui entrent dans l'armée comme officiers. Il est cependant remarquable qu'en ce cas il s'agit véritablement de l'établissement de l'enfant.

Les 1 500 francs du volontariat, que payaient les *engagés conditionnels d'un an*, en vertu de la loi du 27 juillet 1872, abrogée en 1889, sont également dispensés du rapport, en partie comme frais d'équipement, en partie comme frais de nourriture. D'après l'art. 55 de cette loi le volontaire était « habillé, monté, équipé et entretenu à ses frais » et la somme versée par lui était censée représenter les frais occasionnés par l'entretien du volontaire pendant sa présence sous les drapeaux (Voyez les décisions diverses citées dans Dalloz, *Suppl.*, v° Succession, n° 822, et notamment Grenoble, 10 juill. 1885, *Recueil de Grenoble*, 1886, p. 160).

2266. Frais de noces. — En dispensant du rapport les frais de noces, le Code met fin à beaucoup d'incertitudes qui s'étaient prolongées jusqu'à la fin de notre ancien droit (Voyez Ferrière, *loc. cit.*, n° 15). Ferrière donnait une raison décisive pour l'exemption du rapport : c'est que ces frais sont faits, non pour l'avantage des mariés qui n'en profitent guère, mais pour l'honneur personnel des père et mère et pour l'avantage de toute

[1] Comparez ce qu'en dit Ferrière, *Compilation*, sur l'art. 304, § 5, n° 7 à 9. Il y avait eu un arrêt en 1651 qui avait dispensé du rapport les frais du doctorat.

la famille. Pothier, moins clairvoyant, les faisait rentrer dans les « frais de nourriture », ce qui est évidemment une méprise.

2267. Présents d'usage. — Quand l'art. 852 parle des « frais de noce et présents d'usage », il est visible qu'il s'occupe uniquement des *cadeaux de noces*. On en acquiert la certitude quand on voit que cet article est emprunté aux anciens auteurs qui, comme Pothier et Ferrière, s'occupaient uniquement des habits de noces, bagues et joyaux donnés aux mariés et des cadeaux et gratifications accordés à cette occasion à toutes sortes de gens.

Mais dans la pratique moderne on donne au texte une portée générale en dissociant ces deux choses que le texte a réunies dans un même membre de phrase, et on considère comme exempts du rapport les *cadeaux* faits au successible à n'importe quelle occasion, étrennes, anniversaires, baptêmes, etc.

Cas douteux. — On peut hésiter parfois pour savoir si un cadeau rentre dans les « présents d'usage » ou s'il constitue un don manuel ordinaire dont le rapport peut être demandé. La difficulté se présente principalement pour le *trousseau* donné à l'enfant à l'occasion de son mariage. Elle reçoit en pratique des solutions variables. Le trousseau est rapportable : 1° lorsqu'il est compris dans la constitution de dot, dont il forme ainsi un accessoire ; 2° même lorsqu'il n'y est pas compris, si sa valeur est considérable. Comp. Paris, 15 janv. 1853, D. 53. 5. 392, S. 53. 2. 633.

§ 5. — *Modes et effets du rapport.*

****2268. Les deux formes de rapport.** — Le rapport peut se faire de deux façons ; *en nature* ou *en moins prenant* (art. 858). Le rapport en nature consiste dans la remise réelle des choses données, qui sont réunies à la masse et partagées avec le reste (art. 829) ; le rapport en moins prenant suppose que le successible gratifié conserve en nature les biens qui lui ont été donnés ou légués, et que l'égalité est rétablie au profit de ses cohéritiers, soit par des prélèvements en leur faveur pour une valeur égale, soit par une imputation des choses sujettes à rapport sur la part de celui qui les a reçues (art. 830)[1] : il prend alors *en moins* la valeur dont il est déjà nanti ; d'où le nom donné à cette forme de rapport.

Du reste, il est bien évident que le rapport en moins prenant n'est possible qu'autant que l'objet à rapporter est inférieur en valeur à la part héréditaire de celui qui le possède. S'il est supérieur à cette part, l'héritier doit rapporter en nature tout l'excédent, de sorte que son acceptation l'appauvrit. Aussi cela se voit-il rarement, car l'héritier qui a reçu entre vifs plus que sa part renonce pour conserver son don.

2269. Application. — En général l'héritier soumis au rapport n'a pas le choix entre les deux procédés. C'est tantôt l'un et tantôt l'autre qui doit être employé selon la nature de la libéralité et selon la nature des biens à rapporter.

Le *rapport des legs* se fait *toujours en moins prenant*. C'est du moins ce

[1] Ce dernier procédé suppose qu'on ne tire pas au sort les lots une fois composés et qu'on attribue chacun d'eux directement et nominativement à chaque héritier. Il est donc impossible toutes les fois que la loi ordonne le tirage au sort des lots (ci-dessous n° 2350). Dans ces cas-là, on n'a pas le choix : il faut recourir au système des prélèvements, à la suite desquels on compose des lots égaux qui peuvent être tirés au sort.

qui résulte du nouvel al. 2. de l'art. 843, ajouté par la loi du 24 mars 1898. Aux termes de ce texte, quand le legs est rapportable, le légataire ne peut « le réclamer qu'en moins prenant ». Donc il a toujours le droit d'obtenir en nature la chose léguée, sauf à la précompter sur sa part[1]. C'est aussi la solution qui paraît la plus naturelle : astreindre le légataire à effectuer un rapport en nature, c'est enlever toute utilité à la disposition testamentaire qui le gratifie[2].

Pour les choses données, le rapport se fait *tantôt en nature* et *tantôt en moins prenant*, selon certaines distinctions indiquées aux n^{os} suivants.

Pour les cas exceptionnels où le successible a le choix entre les deux formes de rapport, voyez ci-dessous n° 2285.

A. — Rapport des meubles.

1° Mobilier corporel.

****2270. Le principe et son motif.** — Le rapport du mobilier n'a jamais lieu qu'en moins prenant (art. 868). L'héritier ne peut pas offrir un rapport en nature à ses cohéritiers et ceux-ci ne peuvent pas le lui demander, à moins que le défunt n'y ait astreint expressément son donataire.

L'art. 868 ne concerne que les dons de *meubles en nature*, car on voit réglé à part, dans l'art. suivant, le rapport des dons faits en argent.

Si on n'oblige pas l'héritier à rapporter effectivement les biens qu'il a reçus, c'est qu'on suppose que les autres héritiers trouveront dans la succession d'autres objets mobiliers qu'ils pourront prélever pour rétablir l'égalité entre eux. Un rapport en nature ne leur ferait souvent obtenir que des objets détériorés par l'usage qu'en a fait le donataire.

***2271. Conséquences.** — Il résulte du principe appliqué au rapport du mobilier : 1° que le donataire en devient *propriétaire définitif* et n'a à craindre aucune résolution de son droit ; 2° que *les risques sont pour lui* et que si la chose qu'il a reçue périt ou se détériore, il n'en est pas moins obligé d'en rapporter la valeur.

2272. Valeur rapportable. — Quelle sera la valeur du prélèvement à effectuer au profit des autres héritiers ? Cette valeur est *celle qu'avait l'objet donné au moment de la donation* (art. 868).

En général cette valeur sera connue par l'*état estimatif*, qui a dû être annexé à la donation à peine de nullité. Au cas où cet état ne se retrouve pas, ou bien s'il s'agit d'une donation déguisée ou d'un don manuel, qui a pu se faire sans cette formalité, on fait déterminer par experts la valeur des objets donnés (art. 868). L'estimation doit être faite à juste prix et « sans crue ». Sur le sens de ces mots, voyez ci-dessous n° 2360 à la note.

2° Numéraire.

2273. Mode des prélèvements. — Au cas très fréquent où ce qui a été donné

[1] Avant 1898, la question était controversée. La jurisprudence tendait à appliquer au rapport des legs les mêmes règles qu'aux rapports des dons (Cass., 11 févr. 1879, D. 79. 1. 297, S. 80. 1. 201).

[2] Ce reproche pouvait être fait au système de la jurisprudence antérieur à 1898. Ainsi l'arrêt de 1879 cité à la note précédente aboutit à exiger le rapport en nature dans certains cas. On a même vu un arrêt (Caen, 23 déc. 1879, D. 81. 2. 209, S. 80. 2. 329) qui imposait *toujours* au légataire le rapport en nature.

était de l'argent comptant, l'art. 869 règle la façon dont se feront les prélèvements au profit des autres héritiers : ils prendront d'abord le numéraire qui se trouve dans la succession, et s'il n'y en a pas assez, ils prendront des meubles en nature, et à défaut de meubles des immeubles; ils ne peuvent pas obliger leur cohéritier donataire ou légataire à rapporter du numéraire à la masse. Pour éviter un déboursé d'argent qui pourrait être fâcheux pour le successible, la loi déroge ainsi à la règle générale formulée par l'art. 830.

3° Meubles incorporels.

2274. Controverse. — Un doute est né sur la règle applicable aux créances, rentes, valeurs mobilières et autres meubles incorporels qui peuvent être sujets au rapport. Sont-ils compris dans la disposition de l'art. 868 qui parle du « mobilier » sans préciser ? Comme ce texte fait allusion à l'existence d'un état estimatif, il semble se référer uniquement aux donations de meubles corporels. Néanmoins on admet d'ordinaire que ce texte règle d'une manière générale le rapport de tout le mobilier sans distinction ; les art. 859 à 867 s'occupent en détail du rapport des immeubles ; les art. 868 et 869, qui les suivent, doivent régir tout ce qui n'est pas immeuble. Le rapport de ces valeurs se fera donc en moins prenant.

B. — Rapport des immeubles.

**** 2275. Le principe et son motif.** — En principe le rapport des immeubles se fait *en nature*; ce n'est que *par exception* qu'il se fait en moins prenant dans certains cas. L'obligation de rapporter en nature est le système primitif, celui de la *collatio* romaine[1]. On l'avait conservé dans notre ancien droit, parce que l'on tenait à « maintenir entre les enfants une égalité parfaite qui ne le serait pas si l'un pouvait conserver de bons héritages pendant que les autres n'auraient que de l'argent, dont ils auraient souvent de la peine à faire un bon emploi » (POTHIER, *Successions*, chap. IV, art. 2, § 7).

Cette raison a beaucoup perdu de son importance depuis que la richesse mobilière s'est accrue et partage avec les immeubles la faveur du public. De nos jours, le rapport en nature est inutile en lui-même, et par les conséquences redoutables qu'il entraîne, il a des résultats fâcheux qui rendent désirable l'établissement d'un système contraire à l'ancien, et qui serait la pratique du rapport en moins prenant, quelle que soit la nature du bien donné. Nous n'avons pas besoin de réforme législative pour cela : la forme du rapport n'étant pas d'ordre public, le donateur pourrait permettre au donataire d'effectuer son rapport en moins prenant, puisqu'il pourrait l'en dispenser totalement. Que cette clause devienne de style dans les donations notariées, et le changement sera fait.

1° Rapport en nature des immeubles.

*** 2276. Réunion à la masse.** — Quand le rapport d'un immeuble se fait en nature, la propriété exclusive qu'en avait le donataire se trouve résolue et remplacée par la copropriété de tous les ayants droit : le bien *rentre dans l'indivision* : il se « réunit à la masse », comme dit l'art. 865, et il est compris dans le partage. Il est donc possible qu'il soit finalement attribué à un autre que celui qui l'avait reçu.

**** 2277. Résolution des droits réels.** — Cette résolution du droit

[1] « Conferre cogitur », disent les textes en parlant de l'héritier soumis à la *collatio*, et ce qui prouve bien qu'il y avait *remise effective*, c'est qu'on parle d'une *demeure* possible : « Quæ moram collationi fecit » (*Dig.*, liv. XXXVII, tit. 7, fr. 5, § 1).

du donataire se produit *avec effet rétroactif*. La loi fait disparaître tous les droits réels nés de son chef sur l'immeuble, par sa volonté ou en vertu de la loi, servitudes, usufruits, hypothèques, etc. L'art. 865 dit que les biens rapportés se réunissent à la masse « francs et quittes de toutes charges créées par le donataire ». Cela est tout simple : ce que le donataire doit rapporter, c'est ce qu'il a reçu et non ce qui lui reste ; s'il a amoindri la valeur de l'immeuble en établissant sur lui des charges, ces charges disparaissent pour qu'il puisse rendre toute la valeur dont il avait profité par l'effet de la donation[1].

2278. Intervention des tiers. — Cet effet résolutoire du rapport en nature est extrêmement fâcheux, parce qu'*il réfléchit contre les tiers*. Afin de l'atténuer, la loi permet aux intéressés d'intervenir au partage « pour s'opposer à ce que le rapport se fasse en fraude de leurs droits » (art. 865), c'est-à-dire pour obtenir autant que possible que l'immeuble soit remis dans le lot du donataire, de façon que la propriété de celui-ci, résolue provisoirement par l'effet du rapport, se trouve en quelque sorte restaurée par l'effet déclaratif du partage, ce qui aura pour résultat de maintenir définitivement leurs droits[2]. La situation des tiers, ayants cause du donataire, dépend donc de la façon dont le partage se fera ; leur intervention empêchera une collusion dirigée contre eux. Peut-être même pourront-ils éviter que le rapport se fasse en nature, quand il est possible de le faire en moins prenant, conformément à l'art. 859 (ci-dessous n° 2287).

2279. Risques. — Le successible tenu d'un rapport en nature est débiteur d'un *corps certain* envers la succession du donateur, car il est obligé de lui restituer un immeuble déterminé, celui qu'il a reçu. Par suite, si cet immeuble périt par cas fortuit avant l'ouverture de la succession, l'obligation de le rapporter disparaît. Comme le dit l'art. 855, il n'est plus « sujet à rapport ».

Telle est la façon commune d'expliquer cette règle. Mais au lieu de rattacher l'art. 855 à l'art. 1302 et au principe de la libération des débiteurs de corps certains par la perte de la chose, ne pourrait-on pas dire, ce qui serait plus simple, que la *propriété* du donataire est *résoluble*, et que le droit éventuel de ses cohéritiers, qui devaient rentrer en possession de l'immeuble par le seul fait de l'ouverture de la succession, s'évanouit *faute d'objet* ? Au lieu de voir là une question d'*obligation*, on y verrait une simple cause d'*extinction d'un droit éventuel de propriété*.

De toute façon, il est bien évident que l'art. 855 vise seulement la perte *fortuite*, et que, si l'immeuble périssait par la faute du débiteur, il en serait responsable. D'ailleurs la perte totale est difficilement réalisable pour les immeubles corporels : s'il y a eu démolition d'un bâtiment ou incendie, il restera toujours au moins le sol, qui sera rapportable.

2280. Question relative à l'indemnité d'assurance. — Au cas où des bâtiments existant sur l'immeuble donné ont été détruits ou endommagés par un incendie,

[1] Notons que le Code roumain (art. 765) et le Code Italien (art. 1016) maintiennent l'hypothèque établie sur l'immeuble sujet à rapport.

[2] L'art. 865 n'accorde expressément cette faculté d'intervention qu'aux créanciers hypothécaires, mais il n'est pas douteux qu'elle existe également au profit des autres intéressés, par exemple d'un voisin ayant obtenu une servitude. La loi a parlé des créanciers parce que les « charges » créées par le donataire sont ordinairement des hypothèques.

dont la cause est fortuite ou inconnue, l'héritier n'est pas tenu de rapporter l'indemnité qu'il a touchée d'une compagnie d'assurances. Telle est du moins la solution que donnent tous les auteurs, et elle est fondée sur la notion même du contrat d'assurance : l'indemnité est considérée comme la représentation des primes payées par le donataire ; il aurait pu se dispenser de les payer et laisser le risque au compte de la succession : seul il a supporté cette charge, seul il doit bénéficier du contrat passé avec la Compagnie. C'est une conception un peu étroite ; l'assurance contre l'incendie est tellement entrée dans nos habitudes que le service des primes est considéré comme une charge normale de la propriété. C'est avec les revenus de l'immeuble qu'on lui a donné que le donataire a fait face à l'exécution du contrat, et l'indemnité d'assurance n'a aucun rapport avec son patrimoine personnel ; si on la lui laisse, elle y restera sans aucun motif raisonnable. D'autre part, notre droit s'achemine rapidement vers l'idée d'une *subrogation réelle*, qui substituera entièrement l'indemnité à la chose assurée (L. 19 février 1889, relative aux créanciers hypothécaires), mais son évolution sur ce point n'est pas encore assez avancée pour que nous puissions donner la même solution en matière de rapport.

2281. Indemnité au cas de détériorations. — Lorsque l'héritier rapporte l'immeuble en nature, mais détérioré *par sa faute*, il est obligé de tenir compte à ses cohéritiers de la perte qu'il leur cause (art. 863). Il savait qu'il n'était pas propriétaire définitif de l'immeuble : il devait donc respecter en lui la chose d'autrui.

Toutefois la somme qu'il pourrait devoir de ce chef à ses cohéritiers se compenserait avec celle qui lui serait due à raison d'améliorations faites par lui. Voyez le n° suivant.

*** 2282. Restitution des impenses.** — Si l'héritier est responsable des détériorations causées par lui, il a droit en revanche au remboursement au moins partiel des sommes qu'il a dépensées dans l'intérêt de l'immeuble.

L'art. 861 lui donne droit à indemnité pour ses dépenses utiles *jusqu'à concurrence de la plus-value existant au jour du partage*.

Au cas (assez difficile à réaliser) où la plus-value produite par des impenses utiles serait supérieure à la dépense, l'héritier n'aurait néanmoins droit qu'à la somme déboursée par lui. En effet l'art. 861 veut seulement qu'il lui soit « tenu compte de ses impenses » ; il ne peut donc rien réclamer au delà de ce qu'il a payé.

La plus-value étant la condition de tout remboursement à l'héritier, il s'ensuit qu'il n'a aucune réclamation à faire valoir à raison d'impenses *voluptuaires*, lesquelles n'augmentent point la valeur de la chose. Il reprend seulement ce qui peut être enlevé sans détérioration (arg. art. 599).

Quant aux dépenses *nécessaires*, l'art. 862, appliquant une règle très générale en droit, lui permet de les réclamer *en totalité*, pour la raison que le défunt aurait été lui-même obligé de les supporter, s'il avait gardé son bien jusqu'à sa mort.

Ne sont pas comprises dans les impenses nécessaires, les simples dépenses d'entretien qui ont cependant un caractère de nécessité, mais qui sont considérées comme une charge des fruits, lesquels restent acquis au donataire.

*** 2283. Droit de rétention.** — Le remboursement des sommes dues à l'héritier pour impenses est assuré par le droit de rétention. L'art. 867 lui permet de retenir l'immeuble *jusqu'au paiement effectif*. Voyez t. II, n° 2524-1°.

2284. Moment du règlement de comptes. — Pour apprécier la plus-value ou moins-value subie par l'immeuble, l'art. 861 veut qu'on se place *au temps du partage*. Quelques auteurs ont soutenu qu'il y avait là une erreur de rédaction, et que l'on devait considérer la valeur de l'immeuble au jour du décès. Il est bien vrai que l'art. 860 indique l'ouverture de la succession pour apprécier la somme due dans le rapport en moins prenant ; mais il n'y a nulle raison de donner une règle identique pour les deux sortes de rapports : c'est au moment où se fait le partage que les cohéritiers souffrent ou profitent de la différence de valeur causée par le donataire ; c'est donc à ce moment qu'il faut l'estimer.

2° Cas où le rapport des immeubles se fait en moins prenant.

2285. Distinction. — Le rapport en nature est la règle pour les immeubles ; mais ce n'est pas une règle absolue : leur rapport se fait même assez fréquemment en moins prenant. Dans les deux premiers cas indiqués ci-dessous, le rapport en moins prenant est *facultatif* pour le donataire qui pourrait, s'il le préférait, effectuer son rapport en nature ; dans les trois suivants, il n'a pas ce choix, le rapport en nature étant impossible en fait ou en droit.

La loi ajoute un sixième cas (art. 866), dans lequel il s'agit plutôt d'une question de réduction que d'une question de rapport. Nous nous en occuperons à propos de la réduction des libéralités.

a. — *Dispense accordée par le défunt.*

** **2286. Possibilité de cette dispense.** — Sachant combien les rapports en nature, avec l'effet résolutoire qu'ils entraînent, sont fâcheux pour le donataire, le donateur peut l'autoriser à effectuer son rapport en moins prenant. Comp. ci-dessus n° 2275. Cette dispense est valable (Cass., 11 févr. 1879, D. 79. 1. 297 ; Riom, 7 janv. 1891, D. 92. 2. 241).

b. — *Existence d'autres immeubles dans la succession.*

* **2287. Motif de la dispense.** — Même quand la volonté du disposant ne l'y a pas autorisé, le donataire peut faire son rapport en moins prenant, quand il existe dans la succession « des immeubles *de même nature, valeur et bonté,* dont on puisse former des lots à peu près égaux pour les autres cohéritiers » (art. 859). Un rapport en nature n'est plus nécessaire en pareil cas pour assurer l'égalité de situation entre les héritiers : chacun d'eux pourra obtenir de « bons héritages », comme on y tenait tant à l'époque du Code, et le principe de l'*identité de composition* des lots sera respecté. Comp. coutume de Paris, art. 305 ; coutume d'Orléans, art. 306, etc.

2288. Sa condition. — Il n'est pas nécessaire que les immeubles restants soient *exactement* semblables et de même valeur : la loi se contente qu'on en puisse former des *lots à peu près égaux*. S'il y a quelque différence, elle se balance au moyen d'une *soulte*.

c. — *Perte totale de l'immeuble.*

2289. Sa rareté. — On doit supposer une perte totale *imputable à faute* au donataire, dans un cas où il y aurait eu lieu à rapport en nature. Comme il a privé la succession de la valeur de ce bien, qui lui serait revenu de plein droit par l'effet du rapport, le donataire doit lui en payer la valeur. Alors il y a plutôt *indemnisation d'un dommage* que *rapport d'un immeuble*. C'est la représentation d'un rapport en nature sous la forme de dommages-intérêts. Du reste l'hypothèse n'est pas prévue par la loi, et elle est difficilement réalisable en fait.

d. — *Aliénation antérieure de l'immeuble.*

** **2290. Caractère traditionnel de la règle.** — De tout temps on a considéré l'héritier débiteur d'un rapport en nature comme *s'étant mis par son fait dans l'impossibilité de remplir cette obligation,* lorsqu'il avait aliéné l'immeuble (Pothier, *Cout. d'Orléans,* introd. au tit. XVII, n° 92 ; *Successions,* chap. IV, art. 2, § 7, 5°). On l'obligeait alors à en rapporter la valeur en argent, en disant qu'il n'avait pas pu par son fait changer son obligation. Le Code n'a donc fait que reproduire une solution traditionnelle, et il n'en faut point chercher de raison *économique* ou *utilitaire*. L'héritier n'est pas alors « dispensé » d'opérer son rapport en nature; on juge ce rapport *impossible*, et on fait payer à l'héritier l'*équivalent en argent* du bénéfice qu'il aurait procuré aux autres, comme on le fait pour tout débiteur tenu d'une *obligation de faire* et qui se met dans l'impossibilité d'exécuter.

2291. Fausse interprétation. — Les auteurs qui ignorent l'origine de la règle se sont mis en quête des motifs rationnels qui avaient pu la faire introduire et ils ont jugé que ce devait être *le désir de favoriser la circulation des biens*. Mais alors pourquoi ce même Code a-t-il si peu de souci du *crédit* et fait-il disparaître les *hypothèques*? Voilà en quelles erreurs on tombe quand on néglige d'expliquer le droit par l'histoire.

2292. Conséquence économique. — Quoi qu'il en soit de son motif, la règle a aujourd'hui une conséquence économique heureuse: elle met l'acquéreur à l'abri de l'effet résolutoire du rapport. On ne peut pas l'atteindre, même si l'héritier, débiteur d'une somme d'argent, est insolvable et hors d'état de la payer. C'est là une différence remarquable entre le rapport et la réduction.

2293. Cas d'application. — Le Code suppose que l'aliénation a été faite « avant l'ouverture de la succession » (art. 860). On en conclut qu'une aliénation faite *depuis le décès* du donateur ne serait *pas opposable aux autres cohéritiers* : dès le jour où la succession s'ouvre, l'immeuble est réputé réuni à la masse et ne peut plus être aliéné par le donataire.

2294. Somme due par l'héritier. — Le donataire doit à la succession ce que valait l'immeuble *au jour où elle s'est ouverte* (art. 860). Je ne sais si les auteurs de la loi ont eu ici l'intention de changer la règle admise : Pothier disait qu'on appréciait la valeur de l'immeuble *au jour du partage*. Ordinairement les deux époques sont peu éloignées l'une de l'autre, et il ne survient aucun changement dans l'intervalle ; s'il s'en était produit, on devrait n'en pas tenir compte, pour se conformer au texte [1].

Pour déterminer la somme due, on devra faire abstraction des *augmentations de valeur* dues à des *impenses* faites par l'héritier ou par le tiers acquéreur, car la plus-value qui en est résultée n'est pas un bien qui provienne du défunt. S'il faisait le rapport en nature, il faudrait lui tenir compte de ces impenses jusqu'à concurrence de la plus-value.

A l'inverse on doit rechercher les détériorations causées par l'héritier, car si l'immeuble était rapporté réellement il serait redevable d'une indemnité envers la succession ; on devra donc ajouter à la valeur actuelle de l'immeuble la somme qui représente la dépréciation imputable à l'héritier et la lui faire payer.

Les augmentations ou diminutions provenant du fait de l'acquéreur sont traitées comme celles qui ont l'héritier pour auteur (art. 864).

Quant aux variations de valeur dont la cause est fortuite, elles profitent ou nuisent à la succession, comme si l'immeuble n'était pas sorti du patrimoine du défunt.

2295. Effet de la perte totale. — Si au lieu de se déprécier, l'immeuble avait totalement péri par cas fortuit, le donataire serait libéré, en supposant la perte antérieure au décès. En effet il ne doit que la valeur qu'avait l'immeuble à cette époque (art. 860).

[1] Je serais porté à croire que la formule employée par l'art. 860 n'a pas été écrite avec l'intention d'introduire une différence qui complique inutilement cette théorie, car l'art. 861 veut que la plus-value résultant d'impenses soit appréciée « au temps du partage », et cela « dans tous les cas », c'est-à-dire que le rapport se fasse en nature ou en moins prenant. Comment appréciera-t-on la *valeur* de l'immeuble au jour du décès, s'il faut apprécier sa *plus-value* au jour du partage?

Au cas où la perte surviendrait après la vente de l'immeuble, l'héritier en conserverait le prix ; il réalise alors un profit, mais non aux dépens de la succession.

A partir du décès, la perte serait pour l'héritier tenu du rapport ; il s'opère à ce moment une sorte de novation dans son obligation : au lieu de devoir un immeuble, qui est un corps certain, il doit une somme d'argent, ce qui est une *dette de genre*.

2296. Règle spéciale aux aliénations forcées. — Du reste, les règles légales reçoivent une dérogation traditionnelle au cas où l'aliénation, au lieu d'être volontaire de la part de l'héritier, lui a été imposée, par exemple par une *expropriation pour cause d'utilité publique* ou par une *licitation* demandée par les personnes avec lesquelles il se trouvait dans l'indivision, s'il n'a reçu qu'une part indivise. On le tient quitte alors en rapportant *le prix qu'il a reçu*. Pothier distinguait soigneusement les deux hypothèses ; le Code a oublié de rappeler cette distinction, mais la jurisprudence l'a maintenue (Cass., 17 mai 1876, D. 76. 1. 498, S. 76. 1. 292).

Bien entendu le donataire ne bénéficierait pas de cette exception si la vente forcée qu'il a subie était arrivée par sa faute, s'il s'agissait par exemple d'une saisie pratiquée par des créanciers, car cette aliénation, toute forcée qu'elle est, vient encore de son fait.

c. — *Rapport en moins prenant imposé par le défunt.*

* **2297. Validité de la clause.** — Au lieu de dispenser son donataire de l'obligation de rapporter en nature, ce qui lui laisserait l'option entre les deux procédés, le défunt a pu lui imposer l'obligation de rapporter en moins prenant. Il a même été jugé que le défunt peut fixer *à forfait* la somme à rapporter et que le donataire ne peut offrir à ses cohéritiers une somme moindre, en alléguant que la valeur de l'immeuble a diminué depuis la donation (Riom, 9 déc. 1890, D. 92. 2. 237). Cette décision est bien douteuse. Comment peut-il dépendre du défunt d'augmenter l'étendue du rapport, alors que celui-ci est imposé uniquement pour maintenir l'égalité entre cohéritiers ? Un rapport peut être dû *en deçà* des règles générales fixées par la loi, auquel cas il y aura *dispense partielle* ; il ne peut pas être dû *au delà*, auquel cas il n'y aurait plus *rapport* mais *avantage* procuré par l'un des héritiers aux autres.

§ 6. — *Rapport des dettes.*

2298. Bibliographie. — Deschamps, *Du rapport des dettes*, 1888. — Edm. Meynial, *Du rapport des dettes*, Thèse, Paris, 1886.

A. — Notion générale.

2299. Histoire. — Inconnu en droit romain, le rapport des dettes s'est introduit dans notre ancien droit au XVIe siècle (Arrêt dit *des Tavereaux*, dans Louet, lettre R. sommaire XIII). Pothier en parle fort peu (édit. Bugnet, t. VIII, p. 159), le Code fait de même et ne lui consacre qu'un seul article (art. 829)[1]. Aussi pendant longtemps les auteurs qui commentaient le Code civil ne s'y attachèrent pas. C'est seulement vers 1880, que l'on commença à s'en occuper sérieusement, et l'on peut dire qu'aujourd'hui les principaux points qui ont fait difficulté sont complètement élucidés.

2300. Législations étrangères. — Le Code roumain (art. 738-739) et le Code italien (art. 901), qui sont presque contemporains, ont reproduit la disposition de notre art. 829. Mais le Code néerlandais a supprimé le rapport des dettes (art. 1032) et le Code allemand l'ignore.

** **2301. Principe.** — Il est absolument certain, par toute l'histoire de notre jurisprudence en cette matière, que l'obligation de rapporter les dettes

[1] On remarquera que cet article est le seul qui mentionne le rapport des dettes et qu'il est placé hors du chapitre spécial consacré à la réglementation des rapports dont il énonce seulement le principe.

n'est qu'*une suite et une application du rapport des dons et des avantages indirects faits par le défunt*. On a considéré que le père qui prête de l'argent à son fils et n'en exige pas le remboursement pendant sa vie lui fait une donation en avancement d'hoirie, et que le prêt qu'il fait ainsi ne peut pas être assimilé à un prêt fait à un étranger. Ce serait d'ailleurs rompre l'égalité entre les enfants, que de laisser à l'un l'argent comptant tandis que les autres seraient réduits à une créance contre lui (LEBRUN, *Successions*, liv. III, chap. VI, sect. 2, nos 2 et suiv.; POTHIER, *Successions*, chap. IV, art. 2, § 2).

C'est ce principe originaire du rapport des dettes qu'il ne faut jamais perdre de vue, si l'on veut se rendre compte des difficultés qui surgissent à son occasion. Il est admis en jurisprudence d'une façon indiscutable. Voyez les citations dans DALLOZ, *Suppl.*, v° Succession, n° 831. *Adde* Bourges, 29 juill. 1896, D. 99. 2. 105, S. 99. 2. 289, note de M. WAHL.

***2302. Extension moderne.** — Nos anciens auteurs ne parlaient que du rapport des *sommes prêtées*; le Code s'exprime en termes bien plus généraux : « Chaque héritier fait rapport à la masse *des sommes dont il est débiteur*. » Cela convient donc à toute espèce de dette. Il y a là une extension considérable, toute naturelle, étant donné le principe, mais qui n'en dépasse pas moins le motif premier qui était l'idée d'une *avance* d'hoirie. Voyez cependant, pour les dettes n'ayant pas le caractère d'une libéralité, un arrêt qui les dispense du rapport (Cass., 29 déc. 1858, D. 59. 1. 162, S. 59. 1. 209).

De plus, comme le rapport des dons, le rapport des dettes s'est trouvé étendu par le Code aux lignes collatérales ; mais il est tout à fait remarquable que cette extension était déjà proposée dans l'ancien droit, tant l'on trouvait « naturelle » cette imputation sur la part de chaque héritier des sommes dont il était débiteur, et on en donnait une raison spéciale tirée de la garantie que se doivent mutuellement les copartageants (LEBRUN, *op. cit.*, n° 7).

B. — Dettes sujettes à rapport.

***2303. Controverse pour les dettes à terme.** — L'héritier peut être débiteur de plusieurs manières envers le défunt. On peut classer comme suit les sources diverses de ses dettes ;

1° Sommes reçues à titre de *prêt gratuit* ;

2° Sommes dues en vertu de *contrats à titre onéreux* ;

3° Sommes dues à titre de *dommages-intérêts* pour préjudice causé par des délits ou quasi-délits.

L'obligation du rapport s'applique-t-elle à toutes ces dettes indistinctement ? Il n'y a pas de difficulté pour la première catégorie, qui a servi d'*occasion* pour établir le principe du rapport des dettes ; il n'y en a pas non plus pour la troisième, qui se compose de dettes *immédiatement exigibles*.

Il y a au contraire de très sérieuses raisons pour exclure l'idée du rapport, quand il s'agit de *contrats onéreux*, passés entre le défunt et l'un de ses successibles, et d'*obligations non échues* nées de ces contrats. On porte atteinte à la loi des conventions en obligeant l'héritier à s'acquitter immédiatement. Cependant, comme le texte de l'art. 829 est absolu, plusieurs auteurs pensent que son application ne comporte aucune distinction

(Voyez les citations dans Dalloz, *Suppl.*, v° Succession, n° 846). J'estime que c'est dépasser sans utilité les limites que la nature de son motif assigne au rapport des dettes : que l'héritier soit soumis à rapporter ce qu'il a reçu du défunt, à raison du lien de parenté, à titre plus ou moins gracieux, sous la forme d'un acte avantageux, destiné à lui venir en aide, cela se conçoit ; mais qu'une obligation, peut-être fort lourde, née d'un contrat dont le successible a fourni la contre-partie, devienne immédiatement exigible, contrairement au droit commun et à la volonté commune des parties, voilà qui manque totalement de raison. Jugé en ce sens que l'héritier, débiteur à terme, n'est pas déchu du bénéfice du terme par l'effet du rapport des dettes (Trib. de Vendôme, 10 août 1889, Dalloz, *Suppl.*, t. XVII, p. 160, note 1, S. 90. 2. 47). D'ailleurs ne peut-on pas soutenir qu'en lui accordant un terme le défunt l'a dispensé de l'obligation du rapport, et que cette espèce de libéralité implicite est valable comme contenue dans un acte onéreux ?

2304. Effet de la remise d'une dette. — Quand le successible a été libéré de sa dette grâce à une remise à lui consentie par le défunt, il n'est pas affranchi pour cela du rapport : s'il n'est plus *débiteur*, il est *donataire*, et doit rapporter à ce titre la somme dont le défunt lui a fait cadeau.

2305. Difficulté pour le cas de concordat. — Si cette remise est l'effet d'un concordat accordé après faillite la solution change. La remise concordataire n'est pas une *libéralité* que font les créanciers au failli ; ils la consentent dans leur propre intérêt pour tâcher de sauver la plus forte partie possible de leur créance. Il en résulte que le successible, qui a bénéficié d'un concordat, *ne doit le rapport que de la portion de sa dette qu'il a promis d'acquitter* : il n'est plus *débiteur* du surplus, ou du moins il n'en est plus tenu qu'à titre d'obligation naturelle, dont l'acquittement ne peut pas lui être imposé.

Toutefois cette conséquence de la nature du concordat ne peut être acceptée qu'autant que le successible aurait été tenu du rapport comme *débiteur* ; s'il s'agit d'un *prêt gratuit*, consenti dans son intérêt exclusif, l'acte prend le caractère d'un pur *contrat de bienfaisance*, analogue à une donation, et le successible en doit le rapport, non pas seulement parce qu'il est débiteur, mais aussi parce qu'il a reçu une donation ; il en résulte que la remise portée au concordat ne le libère pas (Cass., 4 nov. 1889, D. 90. 1. 435, S. 90. 1. 206).

L'opinion ancienne qui obligeait l'héritier concordataire à rapporter dans tous les cas l'intégralité de sa dette n'est plus guère soutenue aujourd'hui (Voyez cependant Bordeaux, 16 août 1870, D. 71. 2. 235 et les auteurs cités dans Dalloz, *Suppl.*, v° Succession, n° 855). Une opinion moderne, en faveur surtout chez les auteurs de droit commercial, voudrait au contraire que l'héritier fût dispensé du rapport dans tous les cas. C'est méconnaître la combinaison nécessaire des règles du droit commercial avec celles du droit civil.

C. — Conditions et formes du rapport des dettes.

*** 2306. Effet de la renonciation.** — Le rapport des dettes n'est imposé à l'héritier qu'*autant qu'il accepte la succession*. S'il renonce, il reste bien *débiteur* de ce qu'il devait au défunt, mais les effets spéciaux du rapport des dettes ne se produisent pas. La renonciation produit donc son effet aussi bien pour les dettes que pour les donations : elle affranchit le successible du rapport. Mais, une fois la renonciation faite, il faut tenir compte de la différence qui existe entre un *débiteur* et un *donataire* ; le successible qui a reçu un don peut le garder, car son titre ne l'oblige pas à rendre ; celui qui a reçu un prêt reste tenu de se libérer, car son titre l'oblige à rembourser la somme reçue. — Après sa renonciation, ceux qui auraient été ses cohéritiers, s'il avait accepté, lui demanderont non pas le rapport, mais le paiement de ce qu'il leur doit.

2307. Forme. — Le rapport des dettes, ayant pour objet de l'argent, se fait en moins prenant (art. 869). L'art. 829 dit en effet qu'il est régi par « les règles ci-après établies ».

Il résulte de là qu'aucune allocation ne peut être faite dans le partage à l'héritier débiteur d'une somme plus forte que sa propre part (Cass., 29 mars 1892, D. 93. 1. 168). Il reste tenu de payer le surplus de sa dette.

Le prélèvement ne peut être exercé que dans la mesure où la dette aurait dû être rapportée ; il suppose donc que le montant de cette dette est liquide (Cass., 17 nov. 1885, S. 87. 1. 14).

D. — Effets du rapport des dettes.

*** 2308. Leur principe.** — Comme la loi n'a pas établi de règles spéciales pour lui, le rapport des dettes est entièrement gouverné par les règles du rapport ordinaire (art. 829). Pour comprendre l'effet de cette assimilation, il faut se rendre compte que l'héritier est désormais tenu à un *double titre* envers ses cohéritiers : aux obligations qui résultaient pour lui de sa qualité de débiteur se joignent désormais celles d'un héritier tenu au rapport. Pour les conséquences principales qui résultent de là, voyez les nos suivants.

2309. Cours des intérêts. — Si la dette ne produisait pas d'intérêts du vivant du défunt, elle en devient productive à compter du jour du décès, parce que les intérêts des sommes soumises à rapport courent de plein droit (art. 856).

2310. Préférence des cohéritiers sur les autres créanciers. — Ceci est l'effet le plus remarquable du rapport des dettes : quand ils ont droit au rapport d'une dette de la part de l'un d'eux, les cohéritiers du débiteur jouissent d'un droit de préférence contre les autres créanciers de celui-ci. Voici comment : ils se remplissent de leur droit au moyen d'un *prélèvement* fait lors du partage, en prenant sur les biens héréditaires une valeur égale à celle qui leur reviendrait, si leur cohéritier débiteur payait à chacun d'eux sa part. Puis tous se partageront le surplus, et les créanciers de celui qui devait le rapport n'auront de droits que sur la part de celui-là. Les cohéritiers, qui étaient devenus eux-mêmes ses créanciers, comme ayant recueilli la créance du défunt contre lui, se trouvent ainsi jouir d'un véritable privilège : ils sont payés avant les autres.

On a fait à cette solution une grave objection : elle crée *un privilège sans texte*. De son vivant, le défunt, créancier de son successible, n'avait pas de privilège ; il aurait concouru avec les autres créanciers. Pourquoi ses héritiers sont-ils traités comme privilégiés ? La réponse est que ce n'est point la création d'un *privilège* au profit d'un *créancier*, mais l'effet des règles du *rapport* appliquées à des *copartageants*. Lebrun avait déjà très bien montré comment le privilège des copartageants, attaché à l'*action en garantie* que chacun d'eux possède contre les autres, conduisait à cette solution (*Successions*, liv. III, chap. VI, sect. 2, no 7). Enfin ce résultat a été voulu et cherché ; c'est pour l'obtenir que le rapport des dettes a été admis, car lui seul peut protéger les cohéritiers contre l'insolvabilité de celui qui doit quelque chose à la succession. Comp. BOURJON, *Droit commun de la France*, t. II, 2e part., chap. VI, sect. 4, no 49.

La jurisprudence est fixée en ce sens depuis longtemps (Rennes, 25 août 1862, D. 64. 2. 209, S. 63. 2. 153 ; Cass., 28 juin 1869, D. 71. 1. 48, S. 70. 1. 76).

2311. Perte du bénéfice du terme. — A ces conséquences certaines, on veut parfois en ajouter d'autres, qui ne le sont pas. Ainsi beaucoup d'auteurs considèrent la dette comme devenant immédiatement exigible par l'effet du rapport ; je me suis déjà expliqué sur ce point (ci-dessus no 2303).

2312. Droits des créanciers et légataires. — Les créanciers et légataires n'ont pas le droit de demander le rapport à l'un des cohéritiers ; mais ils ont le droit d'exiger que ce qui est dû à la succession soit payé, afin de réaliser tout l'actif héréditaire sur lequel ils ont des droits à faire valoir. Ils n'exerceront pas l'action en rapport, que l'art. 857 leur refuse, mais ils agiront contre un débiteur de la succession, en vertu de l'art. 1166.

Ce n'est pas encore là une différence entre le rapport des dettes et le rapport des dons, et on ne l'a signalée comme telle que par erreur ; c'est une différence entre celui qui est donataire et celui qui est débiteur. Comp. ci-dessus no 2306.

E. — Personnes tenues du rapport des dettes.

2313. Étendue d'application du principe. — Ici se rencontre la différence la plus saillante qui sépare le rapport des dettes du rapport des dons, tout au moins d'après la jurisprudence. Le rapport d'une donation est imposé à raison de la qualité d'*héritier* que possède le donataire ; il ne peut donc pas être exigé d'un *copartageant* quelconque, mais seulement de celui qui est *cohéritier appelé ab intestat* (art. 857 et ci-dessus n° 2214). Ainsi, lorsqu'il y a un donataire de biens à venir appelé à prendre part au partage avec les héritiers légaux, ceux-ci ne peuvent pas lui demander le rapport d'une donation antérieure qu'il a reçue du défunt.

Il en est autrement du rapport des dettes. On a commencé par rattacher le rapport des dettes à la théorie du partage, en perdant de vue que le *partage* peut se faire sans *rapports*, et que l'obligation du rapport ne concerne que les successions. Ainsi la règle du rapport est devenue, pour la Cour de cassation, une règle *commune à tous les partages*, comme étant la suite du « principe essentiel de l'égalité entre copartageants ». Dès lors on a déclaré le rapport des dettes obligatoire pour des *associés* procédant au partage de l'actif social (Cass., 8 févr. 1882, D. 82. 1. 317, S. 82. 1. 224 ; Orléans, 14 mars 1883, D. 85. 2. 25, S. 83. 2. 159. — Comp. Cass., 29 mars 1836, D. 38. 1. 62, S. 36. 1. 492). C'était une première erreur : l'art. 1872 déclare bien applicables au partage des sociétés les règles relatives au *partage* des successions, mais il y avait lieu de faire exception pour le *rapport*, qui suppose que les copartageants sont des héritiers.

Cette erreur en a entraîné une seconde : du moment où l'art. 829 s'applique à des partages autres que ceux d'une *succession*, il va de soi que dans le partage d'une succession il peut s'appliquer à d'autres qu'à ceux qui sont *héritiers*, et par suite qu'on peut demander au conjoint venant comme donataire de payer ce qu'il doit ou d'en imputer le montant sur ce qui lui revient (Cass., 9 févr. 1887, D. 87. 1. 193, S. 88. 1. 1).

2314. Critique de la jurisprudence. — Pour la réfutation de cette jurisprudence, voyez Huc, t. V, n° 373. J'ajoute que le rapport des dettes, mentionné dans l'art. 829, n'est qu'une suite du rapport des dons : peuvent seuls être tenus de rapporter ce qu'ils *doivent*, ceux qui seraient tenus de rapporter ce qui leur a été *donné*. L'art. 829 n'ajoute rien à ce qui est contenu dans la section II du même chapitre consacrée aux rapports ; il en rappelle seulement une conséquence naturelle. On perd donc son temps à vouloir démontrer que le mot « héritier » a pris dans l'art. 829 un sens plus large que celui qui lui appartient dans les art. 843 et suiv. Si l'on ne peut pas dire que la jurisprudence a fait fausse route, on doit du moins reconnaître qu'elle a ajouté quelque chose à la loi et fait produire à la qualité de *copartageant* un effet qui dépendait jadis de la qualité d'*héritier*. Elle y était d'ailleurs invitée par la conception déjà ancienne de Lebrun qui rattachait le rapport des dettes aux principes du partage, pour l'étendre même aux collatéraux, qui de son temps n'étaient pas astreints au rapport des dons (ci-dessus n° 2207).

CHAPITRE II

DU PARTAGE

**** 2315. Effets de l'ouverture d'une succession au profit de plusieurs personnes.** — Quand il y a plusieurs héritiers, un double phénomène se produit :

1° *Les créances et les dettes se partagent de plein droit entre eux*, en vertu des art. 870, 873 et 1220, conformément aux règles qui ont été exposées ci-dessus n°s 2067 et suiv.

2° *Les biens en nature se trouvent dans l'indivision*. Cette dernière règle s'applique à tout ce qui peut faire l'objet d'un droit de propriété ou d'un démembrement de la propriété et donner lieu à des actes de possession. Ainsi sont indivis non seulement les *meubles matériels* et les *biens immobiliers*, mais les *titres* représentant les valeurs de Bourse.

****2316. Définition du partage.** — L'état d'indivision peut prendre fin pour différentes causes accidentelles (T. I, n° 1149), mais sa fin naturelle est le *partage*. On appelle ainsi l'acte par lequel les copropriétaires substituent des *parts matériellement distinctes*, appelées « parts divises », aux parts indistinctes, appelées « parts indivises », qu'ils avaient jusque-là. Pendant l'indivision, le droit de propriété est partagé ; la chose ne l'est pas. Après le partage, la chose est répartie elle-même entre les ayants droit, en proportion de leurs parts de droits. Une propriété indivise est donc la division d'un droit qui n'a pas encore reçu son exécution par la division de la chose. Comp. t. I, n° 1148.

2317. Observation. — Le partage est un *acte relatif à la propriété*, une opération d'un genre particulier à laquelle donne lieu l'état d'indivision ; il devrait trouver place *dans la théorie de la propriété*, à côté de l'aliénation et de la création des droits réels. C'est mal à propos que la loi en parle à l'occasion des successions, car il y a bien d'autres sources d'indivision que celle-là, et tout le monde reconnaît que beaucoup des règles établies au Titre « Des Successions » sont générales et s'appliquent au partage des communautés entre époux, des sociétés civiles et commerciales, et d'une indivision ayant une cause quelconque. Les seules règles qui auraient dû y prendre place sont celles qui tiennent à ce que l'indivision a pour origine une dévolution héréditaire.

2318. Importance sociale des règles du partage successoral. — La façon dont la loi réglemente le partage des successions a presque autant d'importance, au point de vue économique, que les règles sur la dévolution héréditaire et le choix à faire entre les principes du droit d'aînesse ou de l'égalité entre les enfants. La loi française ne veut pas seulement que les enfants aient des droits égaux, elle veut que *chaque enfant*, et même, d'une façon plus générale, *chaque héritier* ait sa part en nature dans les biens du défunt et que chaque lot se compose d'objets semblables (art. 826 et 832). *C'est le morcellement obligatoire*[1]. Il en résulte ceci : dans la plupart des familles, où il existe une exploitation agricole créée par le père, cette exploitation se divise nécessairement entre ses enfants et dans bien des cas les différents lots ainsi formés sont insuffisants à faire vivre une famille. La propriété rurale tend donc, par l'effet de nos lois civiles, à *multiplier indéfiniment les petites cultures*[2].

Beaucoup d'économistes et de publicistes se préoccupent de cet état de choses. Les dangers qui en résultent les inquiètent, et on a signalé des dispositions contraires dans un certain nombre de législations. Les principales sont celles de l'Allemagne et de l'Autriche, auxquelles il faut à présent joindre l'Espagne.

2319. Le bien de famille en Allemagne. — Nos idées françaises sur la nécessité d'un partage réel entre frères sont considérées en Allemagne, par la majorité des

[1] Dès 1850, Le Play dénonçait notre régime successoral comme un péril mortel. Voyez aussi les réflexions de M. Georges Blondel, sur la façon dont la loi française favorise et provoque la stérilité des mariages, qu'elle rend pour ainsi dire obligatoire, en établissant « l'égalité de la misère » (Préface du livre de M. de Brandt, signalé au n° 1780). C'est d'ailleurs la petite propriété qui souffre le plus du régime français ; la grande a mieux résisté.

[2] Les théoriciens de l'économie politique l'affirment d'une façon absolue ; mais rien n'est absolu en ce monde et les faits déroutent souvent les prévisions les mieux établies et les raisonnements les mieux construits. L'existence de petites parcelles devenues trop étroites pour être exploitées séparément favorise indirectement la constitution de propriétés plus grandes, parce qu'elles sont ensuite revendues par ceux qui les possèdent.

jurisconsultes, comme une suite fâcheuse des tendances révolutionnaires, en grande partie acceptées par le Code. Diverses institutions, rendant indivisibles les exploitations rurales, se rencontrent sur une grande partie du territoire et paraissent actuellement vues avec faveur. Leurs partisans n'ont pas réussi à les faire accepter dans le Code civil comme institutions générales de l'Empire, mais ils en ont obtenu le maintien et on a reconnu aux divers États le droit de légiférer sur la matière (Loi d'introduction, art. 59 et 64. Voyez aussi art. 137). Le spécimen actuel le plus intéressant de cette législation spéciale aux paysans propriétaires est l'*Anerbenrecht*. Dans toute une zone très étendue qui va du Nord au Sud, de la mer du Nord au Tyrol autrichien, le paysan aime à transmettre son bien, avec tous les moyens de le faire valoir, à un seul successeur, l'*Anerbe*, qui indemnise les autres au moyen de soultes. Exclus de l'exploitation paternelle, ceux-ci sont dès lors obligés de se chercher ailleurs des débouchés; ils se tournent vers le commerce ou l'industrie, ou bien ils émigrent, ce qui favorise la colonisation. Ce mode de transmission a donc des répercussions considérables sur la vie de la nation; de plus, il permet la constitution d'une forte classe de paysans-propriétaires, au développement de laquelle on attache le plus grand prix. Cette coutume héréditaire tend de plus en plus à se transformer en loi. On a remarqué que la zone où elle prospère se trouve à l'Est de l'ancienne frontière de l'Empire romain, ce qui semble lui assigner une origine purement germanique et très lointaine. A lire sur ce sujet la remarquable thèse de M. VERDELOT, *Du bien de famille en Allemagne*, Paris, 1899. Voyez aussi, sur la loi prussienne du 8 juin 1896, JOBBÉ-DUVAL, Notice dans l'*Annuaire étranger*, t. XXVI, p. 176, et sur celle du 2 juillet 1898 pour la Westphalie, BOURCART, Notice dans l'*Annuaire étranger*, t. XXVIII, p. 251. Comp. SOUCHON, *La propriété paysanne*, p. 195 et suiv.

Une tentative s'est produite dans divers pays (Bavière, Hesse-Darmstadt, Mecklembourg-Schwerin) pour constituer une sorte de fidéicommis au profit de la classe rurale. L'*Erbgut* devait être frappé d'inaliénabilité, et cette restriction à son droit de disposer a effrayé le paysan, qui s'est abstenu d'user de la faculté qu'on lui offrait. Les trois ou quatre cas, dans lesquels il en a été fait usage, montrent par leur importance que ceux qui s'en sont servis n'étaient pas des paysans (VERDELOT, p. 325).

Sur la loi prussienne du 2 juin 1874, relative au *Höferecht*[1] et spéciale à l'ancien royaume de Hanovre, voyez l'*Annuaire* de la Société de législation comparée, t. IV, p. 156-157.

2320. Loi autrichienne. — L'Autriche a suivi l'exemple de l'Allemagne. Une « patente » de Joseph II, du 9 octobre 1795, avait introduit l'indivisibilité du domaine rural, qu'il empruntait à l'Allemagne. En 1868, cette patente fut abrogée et remplacée par le système du partage forcé entre héritiers. Les réclamations furent si vives qu'il fallut restaurer le principe de l'indivisibilité (L. 1er avril 1889, *Annuaire étranger*, t. XIX, p. 331). Dans la loi autrichienne l'indivisibilité s'applique de plein droit, sauf déclaration contraire du propriétaire, inscrite au rôle. C'est l'inverse du système hanovrien décrit en note. Voyez SOUCHON, *La propriété paysanne*, p. 200 et suiv.

2321. Législation espagnole. — En Espagne, afin de prévenir une excessive division de la propriété, on autorise le père qui désire conserver une exploitation agricole, industrielle ou commerciale, à la laisser entière à l'un de ses enfants, sous la condition de payer aux autres leur réserve en argent (art. 1056). Comp. *Réforme sociale*, 1889, t. II, p. 356.

§ 1. — *De l'action en partage.*

***2322. Définition.** — On appelle « action en partage » *le droit de demander le partage,* afin de sortir d'indivision. Le mot « action » n'est donc pas pris ici dans son sens ordinaire : on ne soumet pas au juge un

[1] On appelle *Hof* le domaine de la famille rurale, qui est traditionnellement considéré comme impartageable dans les successions. D'après la loi de 1874, sont seuls soumis à cette règle exceptionnelle les domaines qui ont été inscrits au *Höferolle*.

litige, pour qu'il reconnaisse et définisse le droit de chacun, comme quand on plaide pour savoir qui est propriétaire d'un bien, ou si un débiteur a réellement payé sa dette comme il le prétend ; on demande au juge de *modifier* l'état de la propriété, en opérant le partage d'une chose indivise.

Si l'on parle d'« action » à ce propos, c'est parce que chacun des indivisaires a le droit de *contraindre* les autres au partage, et que, si ceux-ci ne s'y prêtent pas de bonne grâce, le partage se fera néanmoins, *malgré eux et par autorité de justice*. Mais là le juge ne *juge* pas ; il substitue sa volonté à celle des parties ou de quelques-unes d'entre elles pour la réalisation d'un acte juridique que la loi estime nécessaire.

A. — Suppression temporaire de l'action en partage.

** **2323. Le principe.** — A raison des inconvénients inhérents à l'état d'indivision, inconvénients déjà signalés (T. I, n° 1156), la loi tient beaucoup à ce que les cohéritiers, placés brusquement dans l'état d'indivision par l'ouverture de la succession, en sortent le plus tôt possible. En même temps elle prohibe toutes les clauses et conventions qui obligeraient les cohéritiers à rester indéfiniment dans l'indivision, en les privant du droit de demander le partage.

De là cette règle formulée dans l'art. 815 : « *Nul ne peut être contraint à demeurer dans l'indivision, et le partage peut toujours être provoqué nonobstant toutes prohibitions et conventions contraires* », règle fondamentale, et s'appliquant en principe à toutes les indivisions. Voyez cependant ce qui est dit au t. I, n°s 1152 et suiv., des indivisions à durée fixe et des indivisions perpétuelles.

* **2324. Dérogations au principe.** — Néanmoins, il peut y avoir *avantage à retarder le partage*, de sorte qu'une prolongation provisoire de l'indivision est désirable non pour elle-même, mais pour empêcher un partage immédiat. Ceci peut se comprendre d'abord quand il existe parmi les héritiers *un ou plusieurs mineurs* : les mineurs étant incapables de procéder à un partage amiable, on devra employer les *formes judiciaires* du partage, qui coûtent fort cher et qui amènent un *tirage au sort* des lots, ce qui empêche les héritiers de choisir des biens à leur convenance. Si on recule le partage de quelques années ou même de quelques mois, les mineurs intéressés seront devenus majeurs et le partage pourra se faire par une simple convention. De plus, il est possible qu'il y ait *un bien impartageable*, qu'il faudrait vendre et pour lequel on espère voir se produire une plus-value, soit par la survenance prochaine de circonstances favorables, tels que des travaux de voirie ou de chemin de fer, soit par la cessation également prochaine d'une crise quelconque, politique ou industrielle, ou d'une guerre. Pour ne pas vendre dans un mauvais moment, on peut convenir qu'on restera provisoirement dans l'indivision.

2325. Distinction. — Nous devons prévoir trois choses : 1° la *convention d'indivision*, intervenue entre les divers intéressés ; 2° l'indivision à eux imposée par une *clause du testament du défunt* ; 3° un cas spécial introduit en 1894.

1° Convention d'indivision.

** **2326. Durée de la convention.** — D'après l'art. 815, al. 2, il n'est permis de suspendre le partage que *pendant un temps limité*, et cette convention ne peut être obligatoire au delà de *cinq ans*. Si elle a été faite pour une durée plus longue, elle n'est pas *nulle*, elle est seulement *réductible à la durée légale* (Lyon, 25 août 1875, S. 76. 2. 68). Il en serait de même si elle était faite pour durer indéfiniment (arg. art. 1660). Voyez cependant Trib. de Beaune, 9 déc. 1858, D. 59. 3. 69 ; Trib. de Périgueux, 18 mars 1886, *Le Droit*, 20 avril 1886, qui déclarent la convention perpétuelle nulle pour le tout.

La loi du 30 novembre 1894, sur les habitations à bon marché, permet de faire des conventions valables pour *dix ans* et même plus, en cas d'unanimité (art. 8-1°).

Renouvellement. — La convention peut être renouvelée, dit l'art. 815. Cela doit s'entendre d'un renouvellement *à l'expiration de la convention précédente*, car on ne saurait permettre aux cohéritiers de se lier pour plus de cinq ans par une *seconde* convention faite avant que la première ait produit tout son effet. S'ils le faisaient, on devrait décider que la durée fixée par la nouvelle convention commence immédiatement à courir : elle aurait en quelque sorte *nové* la première.

2327. Effet à l'égard des créanciers. — On discute beaucoup en doctrine pour savoir ce que devient le droit des créanciers après une convention d'indivision. On sait qu'un créancier ne peut pas saisir *une part indivise* ; il faut qu'il commence par provoquer le partage, et la loi lui en donne le droit (art. 2205). Sont-ils liés par la convention d'indivision et obligés d'attendre qu'elle soit expirée ? Les uns pensent que le droit de demander le partage, établi par l'art. 2205, est un droit propre aux créanciers, qui est pour eux l'accessoire et la conséquence de leur droit de saisir et qui par suite ne peut leur être enlevé par la convention que le débiteur a faite avec ses cohéritiers ; autrement des conventions de ce genre, successivement renouvelées, pourraient rendre un patrimoine indéfiniment insaisissable (Laurent, t. X, n° 242 ; Huc, t. V, n° 285). D'autres voudraient qu'on distinguât entre les créanciers antérieurs et les créanciers postérieurs à la convention. D'autres enfin considèrent la convention comme *toujours opposable aux créanciers*, quelle que soit la date de leur titre (Demolombe, t. XV, n° 509 ; Aubry et Rau, t. VI, § 622, p. 533, texte et note 5). Ils font remarquer qu'un débiteur peut soustraire son bien à ses créanciers en le donnant en gage ou en le grevant d'hypothèques ; pourquoi ne le pourrait-il pas en convenant qu'il restera dans l'indivision ? La réponse est facile : ceux qui reçoivent un gage ou une hypothèque obtiennent un droit réel, tandis que la convention d'indivision n'en fait naître aucun. La première opinion paraît donc être la meilleure des trois ; néanmoins c'est vers la troisième que paraît pencher la jurisprudence (Toulouse, 26 juin 1889, D. 91. 2. 65).

2° Indivision imposée par le testateur.

2328. Controverse. — Le testateur peut-il imposer à ses héritiers, par une clause de son testament, l'obligation de rester dans l'indivision ? Bien évidemment, si cette clause est valable, elle sera soumise aux mêmes règles que l'établissement de l'indivision par convention, soit pour sa durée, soit pour son effet à l'égard des créanciers ; mais sa possibilité, est discutée. Quelques auteurs estiment que l'art. 815 contient deux dispositions différentes d'étendue : la première réserve aux cohéritiers le droit de demander le partage, « nonobstant toutes *prohibitions* et *conventions* contraires ». Le mot « prohibitions » s'adresse au testateur ; le mot « conventions » aux héritiers eux-mêmes. Dans son second alinéa, le texte déroge à cette disposition générale, mais seulement pour permettre aux héritiers eux-mêmes d'ajourner le partage par une convention ; donc, en ce qui concerne les prohibitions de partager contenues dans le testament du défunt, la disposition première de la loi reste entière. Cette différence, disent ces auteurs, se justifie parce que les cohéritiers se connaissent et savent ce qu'ils font quand ils s'engagent à laisser leurs intérêts confondus pendant plusieurs années ; le testateur leur imposerait cette situation un peu à l'aveugle. C'est l'opinion de la plupart des auteurs récents (Huc, t. V, n° 284) et il y a en ce sens un arrêt de la Cour de Metz (3 juill. 1855, D. 56. 2. 204).

Auparavant il était très généralement admis que le Code n'a entendu prohiber les indivisions qu'autant qu'elles doivent durer plus de cinq années. Au-dessous de ce chiffre, elles ne lui ont pas paru dangereuses. Telle était la tradition ; Pothier mettait les deux choses sur la même ligne (Aubry et Rau, t. VI, § 622, p. 533 ; Demolombe, t. XV, n° 511). En ce sens, Cass., 20 janv. 1836. S. 36. 1. 83.

3° Indivision sur la demande d'un seul.

2329. Système spécial aux habitations à bon marché. — La loi du 30 novembre 1894, art. 8-1°, contient à cet égard encore des dérogations au droit commun : elle permet le maintien de l'indivision de la maison *sur la demande d'un seul enfant* ou *même sur la demande du conjoint*. La décision est prise par le juge de paix après avis du conseil de famille.

B. — Capacité nécessaire pour procéder au partage.

2330. Existence de règles spéciales. — On a déjà dit que l'*action en partage* n'est pas une véritable « action en justice » ; il ne faut donc pas se reporter aux règles établies pour exercer les actions ordinaires ou pour y défendre. Le partage est un acte spécial intéressant la propriété et c'est la capacité nécessaire pour accomplir cet acte qui doit être précisée ; elle est régie par des principes qui lui sont propres.

2331. Interdits et mineurs non émancipés. — Ces incapables sont représentés par leur tuteur. Si le partage est *demandé par un des cohéritiers de l'incapable*, le tuteur de celui-ci a qualité pour y procéder *sans aucune autorisation*, puisque le partage est de droit quand il est demandé. Mais si le tuteur veut *demander* lui-même le partage, il doit s'y faire autoriser par le conseil de famille, parce qu'il ne faut pas le provoquer à contre-temps et qu'avec un peu de patience, en attendant la majorité du pupille ou le décès prévu de l'aliéné, on éviterait peut-être les frais d'un partage judiciaire (art. 817, al. 1). L'homologation de justice n'est pas exigée.

S'il y a plusieurs mineurs soumis à la même tutelle, il doit leur être donné des tuteurs spéciaux, à raison de l'opposition d'intérêts que crée presque toujours le partage (art. 838 *in fine*).

2332. Mineurs émancipés. — Ils n'ont pas besoin de l'autorisation du conseil de famille ; l'assistance de leur curateur suffit ; mais elle leur est nécessaire pour procéder au partage, même quand il est demandé par d'autres et même quand la succession est purement mobilière (art. 840).

2333. Personnes pourvues d'un conseil judiciaire. — L'assistance de leur conseil leur est toujours nécessaire parce qu'au fond le partage suppose une renonciation à leurs droits indivis sur les lots des autres copartageants. Toutefois la règle n'est pas exprimée dans la loi. Le partage ne figure pas parmi les actes qui leur sont interdits par les art. 499 et 513.

2334. Aliénés non interdits. — Les partages dans lesquels ils sont intéressés sont faits en leur nom par leur administrateur provisoire ; s'il ne leur en a point été nommé, le tribunal commet un notaire pour les représenter (L. 30 juin 1838, art. 36).

Toutefois on admet que pour *demander* le partage au nom de l'aliéné, le tribunal doit nommer un mandataire « ad litem », en vertu de l'art. 33 (Paris, 26 janv. 1892, D. 92. 2. 87). Cela est nécessaire, s'il y a réellement *litige*, mais au cas contraire, cette solution ne peut être que l'effet de la confusion commise entre le droit de demander le partage et les actions en justice, confusion signalée au n° 2322.

2335. Femmes mariées. — Quand une succession échoit à une femme mariée, le droit de procéder au partage appartient tantôt à la femme et tantôt au mari, parfois à tous les deux en même temps. Cela dépend de leur régime matrimonial.

S'il y a *régime dotal*, la succession peut être *dotale*, au cas de constitution en dot des biens à venir, ou *paraphernale*. Quand elle est dotale, le mari peut procéder seul au partage, parce que la loi lui donne l'exercice de toutes les actions dotales, même immobilières (art. 1549). Quand elle est paraphernale, le partage doit être fait par la femme, dûment autorisée, à moins que l'administration des paraphernaux n'ait été confiée au mari.

S'il y a *communauté légale*, le mari a le droit de partager les successions purement mobilières échues à sa femme, parce qu'elles tombent en communauté et qu'il a pleins pouvoirs sur les biens communs. Mais s'il y a des immeubles dans la succession, le droit de les partager n'appartient qu'à la femme, son mari n'ayant pas le pouvoir d'en disposer parce qu'ils restent propres à sa femme. Il en est de même pour les meubles recueillis par succession sous un régime de communauté réduite aux acquêts qui les empêche de devenir communs ; le droit du mari dépend toujours de l'entrée des biens dans la communauté (art. 818).

Cependant comme le mari a toujours *la jouissance des revenus*, la loi lui permet de demander un *partage provisionnel* même pour les biens qui restent propres à sa femme (art. 818). Sur les partages provisionnels, voir ci-dessous nos 2344 à 2348.

Les mêmes règles s'appliquent aux *cohéritiers de la femme* quand ils veulent demander le partage. Hors le cas où il s'agit d'une *succession purement mobilière* entrée en communauté, ils doivent avoir soin de mettre en cause *le mari* et *la femme* en même temps. En parlant de « mise en cause », le texte fait évidemment allusion à un partage fait en justice, mais la règle serait la même pour un partage amiable ; il faut que les deux époux y prennent part. Sinon l'acte sera annulable, si la femme seule y a paru, et il ne vaudra que comme partage provisionnel, si c'est le mari.

Enfin, sous le régime de *séparation de biens*, le mari, qui n'a pas la jouissance des biens de sa femme, ne peut même pas demander un partage provisionnel.

2336. Non-présents. — S'il y a lieu de faire un partage pendant que l'un des intéressés est au loin, sans qu'on doute de son existence, il sera représenté par un *notaire* commis par le tribunal (art. 840).

2337. Absents. — Pendant la période de *présomption d'absence*, on procède conformément à l'art. 113 : le tribunal commet un *notaire* pour représenter l'absent, à moins que celui-ci n'ait laissé un mandataire muni de pouvoirs suffisants pour procéder au partage.

Après l'envoi en possession provisoire, l'action appartient aux *envoyés en possession* (art. 817, al. 2), sauf le cas où c'est le mari qui est présent, et où son option en faveur de la continuation provisoire de la communauté lui a conservé son droit sur les successions échues à sa femme.

C. — Extinction de l'action en partage.

****2338. Son imprescriptibilité.** — L'action en partage est *imprescriptible* tant que dure l'indivision. Aux termes de l'art. 815, le partage peut *toujours* être provoqué. Par conséquent aucune possession indivise, si prolongée qu'elle soit, ne peut empêcher les copropriétaires de demander le partage. Leur droit de sortir d'indivision ne se perd pas par le non-usage ; c'est *une pure faculté* pour eux, que chaque jour renouvelle et qui dure autant que sa cause. Comp. art. 2232 et t. I, nos 736 et 1874.

***2339. Comment elle peut se perdre.** — Néanmoins l'action en partage peut se perdre ou, plus exactement, elle cesse d'avoir un objet *quand l'indivision a pris fin*. Or cet état peut finir, sans qu'il y ait eu partage, par *la consolidation de la propriété sur une seule tête* : le partage est devenu inutile, puisqu'il n'y a plus qu'un propriétaire unique.

Ce résultat peut être atteint de deux façons :

1° *Par la vente en bloc de toutes les parts indivises au profit d'un étranger*. Fait très fréquent : lorsque les co-indivisaires ne veulent ou ne peuvent partager en nature, et qu'aucun d'eux ne désire acquérir la chose pour lui seul, ils la vendent conjointement à une autre personne, ce qui se fait ordinairement au moyen d'une *licitation* (vente aux enchères).

2° *Par l'acquisition que l'un des indivisaires fait de toutes les autres parts indivises*. Peu importe à quel titre il les acquiert : elles peuvent être *achetées* par lui ; lui être *données* ; il peut les recueillir *par succession* ; il peut enfin devenir propriétaire exclusif de la chose *par usucapion*. Il peut même avoir acquis ces diverses parts par des modes divers : du jour où elles sont toutes réunies entre ses mains, il n'y a plus lieu à partage parce qu'il n'y a plus indivision.

Le cas d'achat ou de donation constitue ce qu'on appelle la *cession de droits successifs* déjà étudiée dans le t. II (nos 1639 et suiv.) ; il n'y a rien à dire du cas où l'un des héritiers succède à l'autre avant le partage ; mais l'hypothèse d'une usucapion demande à être expliquée.

* **2340. Nature de la prescription.** — Il ne s'agit pas d'une *prescription extinctive*, mettant fin à l'action en partage, puisque nous avons vu que cette action est *imprescriptible*. En disant que le partage ne peut plus être demandé, quand il y a « *possession* suffisante pour fonder la prescription », l'art. 816 suppose que l'un des indivisaires a acquis à lui seul la propriété de tout ou partie de la succession par une *possession exclusive*. Il vise donc un cas de *prescription acquisitive*. Quand la prescription lui est acquise, les autres, qui ne sont plus propriétaires, ne peuvent plus demander le partage.

* **2341. Durée de la prescription.** — Pour que le partage ne puisse plus être demandé, il faut qu'il y ait eu possession *suffisante* pour fonder la prescription. Ce mot fait allusion à la *durée* de la prescription et il ne peut viser que la *prescription trentenaire*, qui forme le droit commun. Il ne saurait être question de l'usucapion abrégée de 10 à 20 ans, qui suppose un juste titre ; ce juste titre ne pourrait être ici qu'un partage, et par hypothèse les héritiers n'en ont pas fait. Quant aux meubles, il est tout aussi impossible de leur appliquer l'art. 2279, qui n'est fait que pour les meubles isolés et non pour les universalités mobilières.

2342. Qualités de la possession. — Une difficulté s'élève à ce point de vue. La possession des co-indivisaires a commencé par être *promiscue* ; chacun d'eux a possédé à la fois pour lui et pour autrui ; comme le disait Pothier, les cohéritiers possèdent les uns pour les autres. A cette possession *équivoque*, il faut substituer une possession *à titre de propriétaire*. Mais on n'exige pas ici l'*interversion de titre* qui serait nécessaire s'il s'agissait d'un véritable détenteur précaire, n'ayant aucun droit propre dans la chose possédée. Il suffit de trente années de possession exclusive bien nette, n'étant point entachée d'équivoque, comme elle le serait si l'héritier possesseur avait remis aux autres leur part de fruits ou de revenus chaque année.

2343. Effet de la prescription. — Le plus souvent, chaque héritier aura joui en fait de sa part, ou d'une part approximative, et l'usucapion s'accomplira partiellement au profit de chacun d'eux. Son résultat sera alors de suppléer à un acte de partage qui n'a jamais été fait en bonne forme, ou de remplacer l'acte qui a pu être dressé et qui ne se retrouve pas[1]. Mais il est possible aussi que l'un des cohéritiers ait possédé seul toute la succession, ou une partie beaucoup plus considérable que le lot qui devait lui revenir, et celui-là conservera pour lui seul le bénéfice de sa possession exclusive et de l'usucapion accompli.

§ 2. — *Des diverses espèces de partage.*

** **2344. Partage définitif et partage provisionnel.** — On appelle « partage définitif » *celui qui fait cesser l'indivision complètement et pour le fond même du droit*. Le « partage provisionnel » est *celui qui porte seu-*

[1] Pothier, à qui toutes ces règles ont été empruntées, dit que l'action en partage peut toujours être intentée, même lorsque les héritiers jouissent séparément de différents héritages de la succession, mais que si cette jouissance et possession séparée durait depuis trente ans ou plus, l'action en partage n'est plus recevable, parce que « le laps de temps fait présumer qu'il y a eu un partage et que l'acte a pu s'égarer » (*Successions*, chap. IV, art. 1er, § 1). Il semble donc considérer l'action en partage comme éteinte par l'effet d'une prescription extinctive, ce qui semble une idée contraire à celle du Code.

lement sur la possession et la jouissance; chaque cohéritier a le droit de percevoir les fruits et revenus des biens qui lui sont attribués, mais il reste dans l'indivision avec les autres, quant à la propriété, et n'en sortira que par l'effet d'un partage définitif ou d'une réunion des parts qui rendra tout partage inutile.

***2345. Cas où il y a partage provisionnel.** — Les partages de ce genre se rencontrent dans trois cas différents :

1° CONVENTION PARTICULIÈRE. — Il est bien clair que le partage sera provisionnel quand, de propos délibéré, les copropriétaires n'auront voulu partager entre eux que la jouissance, et ce cas se présente assez souvent. Un partage provisionnel accompagne ordinairement les *pactes d'indivision*, quand on veut attendre la majorité d'un mineur, la main levée d'une interdiction ou le retour d'un absent pour éviter les frais d'un partage judiciaire.

2° ANNULATION D'UN PARTAGE DÉFINITIF. — Lorsqu'un *incapable* ou un *absent* est intéressé dans une indivision et qu'on a procédé à un partage amiable, ce partage peut être annulé à la requête de l'incapable ou de l'absent, mais *il vaudra comme partage provisionnel jusqu'au partage définitif* (art. 466 *in fine* et 840). Par suite, les héritiers n'auront pas à se tenir compte mutuellement des fruits perçus par chacun d'eux.

3° PARTAGE FAIT PAR LE MARI. — On suppose qu'une succession échoit à une femme mariée sous le régime de la communauté, et qu'elle lui reste propre, soit parce qu'elle se compose d'immeubles, si les époux sont mariés sous le régime légal, soit parce qu'ils sont mariés sous le régime de la communauté réduite aux acquêts, si cette succession est mobilière. Dans ce cas, le partage de la succession ne peut avoir lieu qu'avec le concours de la femme; mais, comme le mari a sous ce régime la jouissance des propres de sa femme, il lui est permis de procéder, sans sa participation, à un partage provisionnel (art. 818).

***2346. Effet du partage provisionnel.** — L'existence d'un partage provisionnel n'empêche pas de demander un partage définitif pour sortir d'indivision quant à la propriété, à moins que les copropriétaires ne se soient liés par un pacte d'indivision, comme le leur permet l'art. 815, al. 2.

Par lui-même, le partage provisionnel n'a qu'un effet : il rend chaque héritier *propriétaire définitif des fruits* qu'il tire de son lot.

2347. Ses caractères spéciaux. — Comme il ne porte que sur la jouissance, le partage provisionnel n'a pas les mêmes caractères que le partage définitif. Ainsi :

1° *Il n'est pas rétroactif*. L'effet rétroactif se comprend pour une attribution de propriété ; il ne se comprend pas pour des perceptions de fruits, des actes de possession exclusive et de jouissance qui ne peuvent se faire qu'après le partage opéré ;

2° *Il n'est pas rescindable pour cause de lésion*. La rescision pour lésion de plus du quart suppose une perte subie sur la propriété, ce qui ne peut arriver que dans un partage définitif.

2348. Questions de capacité et de pouvoir. — Un partage provisionnel n'exige ni la même capacité ni le même pouvoir qu'un partage définitif, et cela se comprend : pour y procéder il suffit de pouvoir administrer les biens et disposer des fruits. Ainsi le partage provisionnel est possible de la part d'un *tuteur* sans autorisation du conseil de famille, de la part d'un *mineur émancipé* sans l'assistance de son curateur, d'une *femme séparée de biens*, sans autorisation du mari ni de justice, d'un *envoyé en possession provisoire* sur les biens d'un absent. Ces personnes ne pourraient pas faire valablement un partage définitif, pour lequel la capacité ou le pouvoir d'aliéner est nécessaire.

§ 3. — *Formes du partage.*

****2349. Distinction.** — Le partage se fait tantôt *à l'amiable* et tantôt *en justice.*

En principe, le partage peut et doit se faire à l'amiable ; ce n'est que par exception qu'il doit être fait en justice.

****2350. Énumération.** — Les cas dans lesquels le partage doit être judiciaire sont les suivants :

1° Héritiers incapables (art. 838). — Les personnes incapables d'employer les formes du partage amiable sont les *mineurs* et les *interdits.* Pour les mineurs il n'y a pas à distinguer s'ils sont émancipés ou non ; le texte est formel : « des mineurs, *même émancipés.* » Aux interdits il faut assimiler les aliénés internés en vertu de la loi du 30 juin 1838 (art. 36).

2° Héritiers absents. — L'art. 838 exige le partage judiciaire « si tous les héritiers ne sont pas présents » ; ajoutez : « ou dûment représentés » (art. 985 C. proc. civ.). Théoriquement ce texte s'applique même au cas de simple *non-présence* [1], mais alors il est beaucoup plus simple de prier le cohéritier éloigné d'envoyer une procuration plutôt que de s'adresser à la justice. C'est donc seulement au cas de véritable *absence* que le texte recevra son application, sans distinction d'ailleurs entre l'absence *déclarée* et l'absence simplement *présumée.*

3° Désaccord entre les héritiers (art. 823). — Le désaccord peut venir soit du refus d'un cohéritier qui s'oppose au partage immédiat, soit d'un défaut d'entente entre les héritiers sur la composition des lots ou sur leur attribution.

Si le désaccord qui existait au début vient à s'effacer, ils peuvent, en tout état de cause, abandonner l'emploi des formes judiciaires déjà commencées et procéder à l'amiable au partage (art. 985 C. proc. civ.).

2351. Sanction de la loi. — Qu'arriverait-il si un partage dans lequel est intéressé un incapable ou un absent était fait à l'amiable contrairement à l'art. 838 ? L'incapable ou l'absent n'est pas lié par le partage, et peut en demander un nouveau. Toutefois celui qui a été fait *vaut comme partage provisionnel* (art. 466 et 840); par suite l'incapable n'est pas reçu à se plaindre du préjudice qu'il a pu lui causer pour les perceptions de

[1] Les *non-présents* sont nommés à côté des *absents* dans l'art. 840.

fruits et de revenus : à cet égard l'acte est valable (Cass., 5 juillet 1892, D. 92. 1. 503).

Quant aux copartageants capables, la jurisprudence les considère comme définitivement liés, tant que la partie qui a l'action en nullité n'en use pas (Cass., 12 janv. 1875, D. 76. 1. 217, S. 75. 1. 117 ; Poitiers, 9 mars 1893, D. 95. 2. 121, S. 94. 2. 153). C'est l'application de l'art. 1125 ; les actes annulables pour cause d'incapacité de l'une des parties ne peuvent pas être attaqués par la partie capable. Il en résulte sans doute une situation fâcheuse pour celle-ci, par l'incertitude qu'elle entraîne et dont elle n'a aucun moyen de sortir, tant qu'il n'y a ni prescription accomplie ni ratification consentie par l'incapable ; mais c'est l'effet ordinaire des nullités relatives.

2352. Moyens d'éviter le partage judiciaire. — Les formes du partage judiciaire sont extrêmement onéreuses[1]. Aucune ressource n'est ouverte aux parties quand il y a désaccord entre elles ; mais dans les deux premiers cas, quand il y a des incapables ou des absents, on réussit souvent à éviter les formes judiciaires, qui sont très coûteuses et dont le résultat est presque toujours détestable, au moyen d'une combinaison très simple : les héritiers se constituent *mutuellement garants* les uns envers les autres pour le cas où l'intéressé mineur ou absent ne ratifierait pas plus tard le partage fait sans lui. Il suffirait même que l'un des copartageants se portât fort pour lui envers les autres et promît sa ratification.

Ce procédé a un inconvénient : l'absent ou l'incapable n'est pas lié et peut faire tomber le partage. Pour les mineurs il existe un autre moyen qui a l'avantage de rendre la convention obligatoire à leur égard : on emploie les formes beaucoup plus simples de la *transaction* (art. 467), ce qui permet une répartition conventionnelle des lots. Si cette transaction met fin à l'indivision, l'emploi des formes judiciaires devient inutile (Cass., 5 déc. 1887, D. 88. 1. 241, S. 88. 1. 425) ; mais il faut pour cela que les difficultés terminées par la transaction soient réelles et non simulées. Comp. Testoud, *Revue critique*, 1881, p. 715, sur un partage fait sous forme de cession.

Enfin, quand la majorité du mineur n'est pas trop éloignée, on a la ressource de l'attendre au moyen d'une *convention d'indivision* (ci-dessus nos 2326 et suiv.), accompagnée d'un *partage provisionnel* (ci-dessus nos 2344 et suiv.).

A. — Formes du partage amiable.

***2353. Liberté des parties.** — Aucune forme n'a été établie par la loi pour le partage amiable ; les parties le font « dans la forme et par tel acte qu'elles jugent convenable » (art. 819). *Dans la forme...*, ces mots font allusion à la manière de procéder au partage, soit par l'estimation des biens, soit pour la composition des lots, soit pour leur tirage au sort ou leur distribution. *Par tel acte...*, cela signifie par acte sous seings privés ou par acte notarié[2].

2354. Partage fait sans écrit. — Un partage est valable quoiqu'il n'ait point été rédigé d'écrit pour le constater ; la division matérielle des choses suffit, quand elle est

[1] Le Play cite l'exemple d'un paysan de la Nièvre qui mourut en laissant quatre enfants et un petit bien. Comme il y avait des mineurs, son bien fut vendu en justice et produisit 725 francs. Le partage fait, chaque enfant toucha 30 fr. 25 pour sa part.

[2] Je ne crois pas qu'il faille entendre ici le mot « acte » dans le sens d'*acte juridique*, et dire que les parties peuvent faire leur partage au moyen d'un échange ou d'une vente : une *vente* peut *équivaloir au partage*, en faisant cesser l'indivision ; elle n'est pas un *partage*. La loi n'a songé qu'au cas du partage fait sous sa forme habituelle. Comparez Pothier : « Les partages se font à l'amiable *par acte* pardevant notaire ou même souvent *par acte* sous seing privé » (*Successions*, chap. IV, art. 4).

faite dans une intention définitive (Paris, 23 mars 1878, D. 79. 5. 300, S. 78. 2. 256; Poitiers, 9 mars 1893, D. 95. 2. 121, S. 94. 2. 153). Seulement les parties risquent d'éprouver des difficultés pour le prouver, à raison des règles restrictives du droit français sur la preuve des contrats ; mais il pourra être établi par l'*aveu* des parties.

Si on a quelquefois douté de sa validité, c'est que l'art. 816 déclare l'action en partage recevable toutes les fois qu'il n'y a pas eu « un *acte de partage* ». Mais ces mots ne s'entendent pas à la rigueur ; la loi prévoit ici le cas ordinaire, celui où les parties dressent un écrit pour constater leurs conventions ; si elles n'en font pas, il n'y a aucune raison pour déroger aux règles de la preuve et méconnaître un *partage réellement effectué*, avoué par les parties, ce qui reviendrait à faire du partage un acte solennel, dont l'écriture serait une condition essentielle d'existence, contrairement à toutes les habitudes de notre droit moderne et contrairement aussi à la formule très libérale de l'art. 819[1].

B. — Formes du partage judiciaire.

1° Formalités préalables.

2355. Scellés. — S'il y a des *mineurs* ou *interdits* qui ne soient pas encore pourvus d'un tuteur, l'apposition des scellés est nécessaire (art. 911 C. proc. civ. modifiant l'art. 819). Il en est de même s'il y a des *non-présents* (art. 819). Leur apposition a lieu sur la requête du ministère public, ou d'office par le juge de paix, ou à la demande du plus diligent des intéressés.

Les *créanciers* peuvent aussi requérir l'apposition des scellés, en vertu d'un titre exécutoire ou d'une permission du juge (art. 820). Lorsque les scellés ont été apposés, tous les créanciers peuvent y former *opposition*, même sans titre exécutoire ou sans permission du juge, pour empêcher qu'ils soient levés hors de leur présence (art. 821).

2356. Inventaire. — Pour la levée des scellés et la confection de l'inventaire, l'art. 821 renvoie aux lois sur la procédure. Comp. ci-dessus n° 2018.

2° Compétence.

2357. Détermination du tribunal. — Le tribunal compétent pour procéder au partage et pour connaître de toutes les contestations qui s'élèvent au cours des opérations est *le tribunal du lieu de l'ouverture de la succession* (art. 822, al. 1). Comp. art. 50-3° et 59 C. proc. civ.

2358. Durée de sa compétence. — Sa compétence s'étend même à certaines *actions postérieures au partage*, pour les questions de *garantie* et de *rescision* (art. 822, al. 2). Sur ce point toutefois il y a eu doute, parce que l'art. 59 C. proc. civ. dit que le tribunal est compétent « jusqu'au partage *inclusivement* ». De là quelques auteurs ont conclu que l'art. 822, al. 2, avait été implicitement modifié par le Code de procédure ; mais il a été reconnu que les principes établis par le Code civil n'étaient pas atteints par une rédaction insuffisante, qui n'est qu'une inadvertance législative. On dit de plus que le recours en garantie est une suite nécessaire du partage, qui doit suivre les mêmes règles, et quant à la demande en rescision, elle remet tout en question et restitue au tribunal sa compétence initiale, puisque le partage est à recommencer.

3° Procédure et opérations du partage.

2359. Indications générales. — L'art. 823 dit que le tribunal prononce *comme*

[1] La plupart des auteurs modernes se tirent d'affaire d'une autre manière en disant que, dans l'art. 816, le mot « acte » a le sens d'*acte juridique*, et non pas d'*acte écrit*. C'est escamoter le sens de la loi ; une affirmation n'est pas une preuve, et la preuve qu'on se trompe résulte de la simple lecture du passage de Pothier qui a fourni la matière de l'art. 816 : Pothier dit qu'il y a lieu à l'action en partage, malgré la possession séparée en fait, « tant qu'on ne *rapporte* pas *aucun acte prescrit* (pré-écrit) par lequel ils aient partagé « (édit. Bugnet, t. VIII, p. 151). Il suppose plus loin que l' « acte » s'est *égaré*. Tout ceci ne convient qu'à un acte écrit, et il faudrait ignorer la façon dont le Code a été élaboré pour douter de l'identité de sens dans l'emploi qu'il a fait du même mot et presque des mêmes tournures de phrase.

en matière sommaire (voyez art. 404 et suiv. C. proc. civ.). Toutefois ceci n'a lieu que si la contestation porte sur la forme ou sur les opérations du partage. S'il y a contestation au fond sur le droit des copartageants, la procédure ordinaire doit être suivie.

Le jugement commet un notaire chargé de procéder aux opérations, et nomme un juge commissaire, sur le rapport duquel le tribunal statuera. Il y a désaccord dans la jurisprudence sur le point de savoir si le renvoi devant notaire est obligatoire pour le tribunal. Voyez en sens opposés, Lyon, 12 févr. 1886, *Moniteur judiciaire de Lyon*, 24 août 1886, et Cass., 2 déc. 1872, S. 74. 1. 62.

2360. Estimation des biens. — Cette estimation est nécessaire pour les meubles; elle est devenue *facultative pour les immeubles* depuis 1841 (art. 970, al. 2, C. proc. civ.).

Elle est faite *par experts*. Les experts peuvent être choisis par les parties elles-mêmes (experts convenus), même lorsqu'il y a des mineurs (art. 824). Les termes généraux de cet article sont considérés comme ayant modifié implicitement l'art. 426, qui lui est antérieur et qui exigeait que les experts fussent nommés d'office, au cas où il y avait des mineurs. — Quand il y a désaccord entre les parties, les experts sont nommés d'office par le tribunal.

Les textes primitifs voulaient que les experts fussent toujours au nombre de trois. Depuis 1841, on peut se contenter d'un seul, si le tribunal le juge à propos (art 971 C. proc. civ.).

L'estimation doit être faite à juste prix et *sans crue*[1].

2361. Vente des biens. — En principe les biens héréditaires ne doivent pas être vendus; ils doivent être partagés en nature, aussi bien les meubles que les immeubles; chacun des cohéritiers peut en demander sa part (art. 826 et 832).

Exceptionnellement la vente des biens peut devenir nécessaire.

1° Meubles. — Les meubles peuvent être vendus *pour payer les dettes et charges* de la succession, et c'est la majorité des héritiers qui décide si la vente doit avoir lieu (art. 826). La majorité se compte par têtes; on ne tient pas compte de la différence des parts; toutefois, dans le partage par souches, les représentants ne comptent tous ensemble que pour une tête, celle du représenté.

La vente est faite dans les formes prescrites par les art. 945 et suiv. C. proc. civ., qui renvoient aux formes des saisies-exécutions.

— L'art. 826 dit encore que les meubles sont vendus quand il y a des créanciers saisissants. Cela est vrai, mais cela n'est plus alors une opération du partage; c'est un créancier qui exerce son droit de poursuite.

2° Immeubles. — Les biens immobiliers ne doivent être vendus que dans un seul cas, quand ils sont *impartageables*. Si quelques-uns seulement ne peuvent pas être partagés, ceux-là seuls doivent être vendus (art. 827). La vente des immeubles se fait *aux enchères*, soit à l'*audience des criées* devant un des juges du tribunal, soit *devant un notaire*, commis par justice, au choix du tribunal (art. 970 C. proc. civ. modifiant l'art. 827).

Cette vente est seule à porter dans la pratique le nom de *licitation*, comme si le sens naturel de ce mot, qui veut dire tout simplement « vente aux enchères », avait quelque rapport spécial avec l'idée d'indivision ou de succession.

Les *étrangers* (personnes autres que les indivisaires) y sont *nécessairement admis*

[1] La *crue* était une sorte de complément qu'on ajoutait autrefois aux prisées faites dans les inventaires pour la raison suivante. Les huissiers ou jurés priseurs ayant jadis l'habitude d'estimer à trop haut prix les meubles inventoriés, pour enfler leur salaire, un édit de Henri II, de février 1566, les déclara responsables du montant de leur estimation quand la vente se ferait à un prix inférieur à leur prisée. Pour ne pas se trouver en perte, les jurés prirent l'habitude de donner des chiffres plus bas que la valeur réelle; quand on voulait obtenir celle-ci, il fallait donc ajouter quelque chose au chiffre donné dans l'inventaire; c'était ce qu'on appelait la « crue ». Cette habitude a disparu avec la responsabilité des officiers publics chargés des inventaires; ils font maintenant leurs estimations à juste prix.

quand il y a parmi les héritiers un incapable ou un absent (art. 839); ils *peuvent* aussi y être admis, si tous les intéressés sont présents et capables : il suffit pour cela que l'un des héritiers le demande.

2362. Formation de la masse. — Après l'estimation des biens et la vente de ceux qui doivent être vendus, on procède à la formation de la masse partageable. C'est le notaire commis qui en est chargé, et on l'appelle pour cela « notaire liquidateur ». Son rôle n'est plus ici ce qu'il est d'ordinaire ; il n'est pas simple *rédacteur* d'un acte contenant l'expression de la volonté des parties ; il agit seul pour régler leurs droits, et il n'est pas assisté par la présence d'un notaire en second ou de témoins instrumentaires (art. 976 et 977 C. proc. civ.). S'il s'élève des difficultés, il en dresse un procès-verbal qu'il dépose au greffe (art. 837).

La masse se compose de tous les *biens laissés par le défunt*, et des *biens et sommes rapportés*, d'après les règles susindiquées, comme ayant fait l'objet de dons, de legs ou de dettes. En outre, le notaire doit tenir compte des sommes que chaque héritier peut devoir à la masse à raison des *perceptions de fruits* opérées par lui depuis l'ouverture de la succession, ainsi que des sommes qui lui seraient dues pour *réparations ou paiements effectués dans l'intérêt de la masse* (art. 828-830).

2363. Composition des lots. — Qui les fait. — Les lots sont faits par un *expert nommé par le juge commissaire* (art. 978 C. proc. civ.). Lorsque la demande en partage n'a pour objet que la division d'un ou plusieurs immeubles sur lesquels les droits des intéressés sont déjà liquidés, les lots sont faits par les experts chargés de l'estimation, lesquels sont *nommés par le tribunal* (art. 975 C. proc. civ.). Ce dernier article, qui a été remanié par la loi du 2 juin 1841, a modifié implicitement la décision des art. 466 et 834 C. civ. entre lesquels il y avait antinomie.

Manière de les composer. — Pour la façon de composer les lots, l'art. 832 établit une règle remarquable : il veut que chaque lot contienne autant que possible *la même quantité de biens de même nature*, meubles, immeubles, créances, etc. Cependant la loi recommande en même temps de ne pas morceler les héritages et de ne pas diviser les exploitations. Il y aurait en effet un danger, au point de vue économique, à trop multiplier les petites entreprises et à diviser la propriété en lots minuscules. Le vœu que la loi émet est donc incompatible avec l'obligation précise qu'elle établit et avec le droit absolu que donne l'art. 826 à chaque héritier d'exiger sa part d'immeubles en nature. Comp. ci-dessus nos 2318-2321.

Signalons à ce point de vue un système particulier et dérogatoire au droit commun, établi par la loi du 30 novembre 1894, sur les *habitations à bon marché*, art. 8-2°. D'après ce texte, chacun des héritiers, ainsi que le conjoint survivant, a la faculté de reprendre la maison sur estimation ; la préférence est accordée à celui des héritiers que le défunt a désigné ; puis à l'époux, s'il est propriétaire pour moitié au moins. Hors ces cas, la majorité des intéressés décide ; à défaut de majorité la maison est tirée au sort. Elle n'est donc ni partagée ni licitée.

Soultes. — En principe, les lots doivent être égaux aux parts des héritiers ; mais comme on ne peut que rarement obtenir une égalité absolue, on compense l'inégalité au moyen de *soultes* ou *retours de lots* en argent : celui qui reçoit plus que sa part paie aux autres la différence (art. 833).

Nombre des lots. — Il doit être formé *autant de lots qu'il y a de cohéritiers* à prendre part au partage, puisqu'ils doivent être tirés au sort. Cependant, si certains héritiers viennent par représentation et forment une *souche*, on ne fait pour eux tous qu'un lot unique, celui du représenté ; puis ils partagent entre eux celui qui leur est attribué par le sort (art. 836).

Successions divisées en parts inégales. — Quand les parts qui reviennent aux différents héritiers ne sont pas égales, on représente la part de chacun par une fraction, et on réduit toutes ces fractions au même dénominateur. On partage la succession en autant de petits lots qu'il y a d'unités dans leur dénominateur commun, et chacun prend autant de ces lots qu'il lui en faut pour le remplir de sa part. L'exemple le plus simple est le partage d'une succession entre le frère et le père du défunt : le frère a droit aux trois quarts, le père à un quart. On fait quatre lots et le frère en prend trois. Quand il y a le père, la mère et trois frères, on réduit tout en douzièmes, le père et la mère en prennent chacun trois (un quart du total) et chacun des frères en a deux. Mais on arrive souvent à des calculs beaucoup plus compliqués : on voit des collatéraux obtenir quinze 124es d'une succession ou autres chiffres analogues.

Répartition de la succession entre les deux lignes. — Dans les cas très nombreux où la succession se partage entre les deux lignes, il serait évidemment avantageux de commencer par faire deux parts égales, une pour chaque ligne, qu'on partagerait ensuite selon le nombre des héritiers qui représentent chacune d'elles. Mais la Cour de cassation considère ce procédé comme contraire à la loi (Cass., 28 nov. 1883, D. 84. 1. 153, S. 85. 1. 65). Elle n'admet la formation de lots collectifs que dans le cas de partage par souches. C'est une interprétation un peu étroite des textes, qui ne prohibent pas formellement ce genre de partage ; leur silence ne peut équivaloir à une interdiction (Comp. Demante, t. III, n° 136 *bis* et n° 163 *bis* ; Demolombe, t. X, n° 684). Le système imposé par la Cour de cassation rend la licitation presque toujours nécessaire, car il est impossible de former la multitude de petits lots qu'exige l'inégalité des parts dans les successions collatérales.

2364. Homologation. — Une fois les lots composés par l'expert, le notaire rédige un rapport, contenant le résultat des opérations ; il en délivre une expédition à la partie la plus diligente qui poursuit l'homologation. Le tribunal statue sur rapport du juge-commissaire et, s'il y a lieu, sur les conclusions du ministère public. Chaque copartageant est admis à proposer ses réclamations (art. 835 C. civ. ; art. 980 et 981 C. proc. civ.).

2365. Tirage au sort des lots. — Il se fait devant le juge-commissaire ou devant le notaire, selon ce qu'a décidé le jugement d'homologation.

C'est dans ce tirage forcé que réside l'inconvénient majeur du partage en justice. Quand les lots sont de nature différente, et que les héritiers ont des préférences opposées, ils sont à peu près sûrs d'avoir tous à se plaindre du lot qui leur arrive. Pourtant rien n'autorise une dérogation à une règle aussi formelle, et la jurisprudence repousse avec raison toutes les tentatives qui sont faites pour procéder par voie d'attribution[1]. Le tirage au sort a été considéré comme une mesure de protection et de garantie pour les incapables et les absents.

En 1841, lors du vote de la loi du 2 juin, un amendement fut proposé autorisant le tribunal à procéder par voie d'attribution, tout au moins dans les cas où les lots sont inégaux. Ce fut rejeté parce qu'on ne voulut pas modifier le Code civil dans une loi de procédure, scrupule de pure forme qu'on n'aurait sans doute plus aujourd'hui.

2366. Remise des titres. — Quand tout est terminé, on remet les titres aux héritiers. Voyez sur ce point l'art. 842.

2366 *bis*. Choses impartageables. — On trouve souvent dans les successions un certain nombre d'objets et de biens qui ne peuvent être ni partagés entre les héritiers, ni vendus à des étrangers. Tels sont :

1° Les titres de noblesse. — Les héritiers doivent s'entendre pour les confier à l'un d'eux qui les conservera dans l'intérêt commun ; à défaut d'entente, le tribunal désigne celui qui en recevra le dépôt (Angers, 12 févr. 1885, S. 86. 2. 186).

2° Les tombeaux de famille. — Considéré comme objet de propriété d'une nature spéciale (voyez t. I, n° 2083), le tombeau doit rester dans l'indivision entre les héritiers du concessionnaire : en effet il leur est interdit de céder leur droit à des étrangers[2]. Par suite chaque cohéritier a le droit d'y faire inhumer les siens, à la charge de respecter le

[1] M. Alexandresco (p. 187) pense que les tribunaux roumains peuvent procéder au partage par attribution, sans tirage au sort, en vertu de l'art. 743, § 2, C. civ. roumain, conforme à l'art. 966, § 2, C. civ. italien.

[2] Voyez cependant Lyon, 17 août 1880, D. 81. 2. 16, S. 82. 2. 78, qui autorise la rétrocession quand l'usage local le permet et que le contrat de concession ne l'interdit pas.

droit des autres (Nancy, 24 mai 1889, S. 89. 2. 188. — Comp. Bordeaux, 27 févr. 1882, D. 83. 2. 158, S. 83. 2. 109 et les arrêts cités t. I, au n° 2083).

Mais la même indivisibilité ne s'étend pas aux *portraits* et *souvenirs de famille*, qui sont des biens partageables comme les autres (Paris, 3 mars 1896, D. 97. 2. 54).

§ 4. — *Effet déclaratif du partage.*

A. — Différence entre le droit français et le droit romain.

***2367. Conception antique du partage.** — D'après le droit romain, le partage est *attributif de propriété*. Pendant l'indivision chaque objet est à la fois la propriété de tous les cohéritiers ; chacun d'eux a une part de propriété dans chaque chose. Une fois le partage opéré, chacun d'eux est propriétaire exclusif des objets mis dans son lot ; les autres n'y ont plus aucun droit, et par réciproque, lui-même n'a plus de droit sur les choses mises au lot des autres, dont il était avant le partage propriétaire par indivis. Que s'est-il donc passé ? Il y a eu entre les cohéritiers un *échange de parts indivises* : chacun d'eux a cédé aux autres la part qu'il avait dans leur lot, et a reçu à la place celles que les autres possédaient dans le sien. De la sorte, chaque cohéritier est *en partie seulement l'ayant cause direct* du défunt, pour la part qui lui appartenait primitivement dans son lot ; pour le surplus, il est l'ayant cause des autres copartageants. Cette analyse du partage fait de lui un acte *translatif* ou *attributif* de propriété.

Ce transfert réciproque de parts indivises était obtenu au moyen de l'*adjudicatio*, partie spéciale de la *formula*, qui se trouvait dans les deux actions en partage (familiæ erciscundæ et communi dividundo) et qui donnait au juge le pouvoir de transférer la propriété.

***2368. Conséquence.** — Si une hypothèque avait été constituée pendant l'indivision par l'un des copropriétaires sur sa part, elle continuait à grever chaque objet héréditaire pour cette part, même après que le partage en avait attribué la propriété aux autres cohéritiers. Chacun d'eux se trouvait ainsi grevé des hypothèques constituées par les autres pendant le partage, et comme les hypothèques sont indivisibles, il ne pouvait libérer sa part qu'à la condition de payer la dette en totalité (*Dig.*, liv. XX, tit. 6, fr. 7, § 4). Comp. *Dig.*, liv. X, tit. 3, fr. 6, § 8 et 9.

****2369. Conception française du partage.** — Dans notre droit moderne, le partage n'est plus attributif ou translatif de propriété ; il est *déclaratif* ou *rétroactif*, ce qui veut dire, ainsi que l'explique très clairement l'art. 883, que *chaque cohéritier est censé avoir toujours été seul propriétaire des biens mis dans son lot et n'avoir jamais eu la propriété des autres effets de la succession*. La période de l'indivision est pour ainsi dire effacée, et chaque cohéritier est censé avoir reçu son lot tout fait dès le jour du décès. C'est ce qui justifie l'épithète « rétroactif » ou « déclaratif », appliquée au partage.

La conséquence s'entrevoit tout de suite : les actes de disposition faits par les cohéritiers pendant l'indivision sont valables s'ils ont porté sur les biens qui leur sont plus tard attribués par le partage : ils sont nuls, s'ils ont eu pour objet des biens mis dans le lot d'un autre, parce qu'ils sont réputés avoir été faits par un non-propriétaire. Nous reviendrons plus loin en détail sur cet effet du principe écrit dans l'art. 883.

2370. Législations étrangères. — Le principe français du partage déclaratif a été admis en *Hollande* (art. 1129 C. civ.), en *Roumanie* (art. 787 C. civ.), en *Italie* (art. 1034 C. civ.). Mais le *Code civil allemand* l'a abandonné, et il résout les questions pratiques qui naissent de l'indivision en exigeant pour chaque acte le consentement de tous les héritiers agissant ensemble (art. 2032 et suiv.). Comp. De Loynes, D. 1900. 2. 52.

B. — Histoire du changement.

2371. Observation. — La façon dont le principe du partage déclaratif s'est introduit dans notre droit est généralement présentée d'une manière fort inexacte. On semble croire que le principe a été formulé dès le début, avec l'intention d'en obtenir les résultats qu'il a produits, comme si on avait pu dès lors les prévoir. De plus, on se trompe souvent en disant que la règle, admise d'abord en droit fiscal, s'est étendue de là au droit civil. En France tout au moins, c'est l'inverse qui est vrai [1].

1° Apparition du principe en matière civile.

2372. Tentative de 1538. — Quatre frères possédaient par indivis un fief situé à Paris. Pendant l'indivision le seigneur de ce fief en saisit une partie (un sixième) appartenant à l'un des puînés. Le partage étant intervenu, ce fief fut attribué en entier à l'aîné, et les puînés reçurent pour lots d'autres terres ne relevant pas du même seigneur. Il s'agissait de savoir si la saisie se trouvait annulée par l'effet du partage, comme ayant porté sur un bien qui appartenait à une autre personne que le débiteur. La question fut soumise à un conseil d'avocats, dont faisait partie Dumoulin, mais il ne put assister à la séance « quartana et autumnali febre laborans », et il expose longuement les arguments des praticiens, qui penchèrent pour la nullité de la saisie, et les raisons qui lui faisaient préférer l'opinion contraire (*Coutume de Paris*, De fiefs, § 1, glose 9, n°s 43 à 47). Il n'y eut pas alors d'arrêt sur la question.

2373. Arrêts de 1569 et 1581. — Ce fut seulement après la mort de Dumoulin que le principe nouveau fit son apparition dans la jurisprudence, et on l'appliqua d'abord aux hypothèques. Une hypothèque est constituée pendant l'indivision par l'un des copropriétaires sur sa part indivise; après le partage, continue-t-elle à porter sur cette part indivise, de façon à grever tous les lots, ou bien peut-on forcer le créancier hypothécaire à exercer son hypothèque seulement sur le lot de son débiteur mais en l'étendant alors à la totalité de ce lot ? Un arrêt du 8 janvier 1569 décida que les parts des autres cohéritiers étaient affranchies de l'hypothèque par le partage (Louet, lettre H, somm. 11, nos 2 et 3)[2]. D'autres arrêts furent rendus en 1581 et en 1595 (*Ibid.*).

A partir de ce moment le droit français n'a jamais abandonné cette solution, qui triompha pour des raisons d'utilité pratique, à cause de la grande simplification qu'elle apportait à une situation très compliquée [3].

2° Application fiscale du principe nouveau.

2374. État primitif du droit. — Le seigneur percevait sous différents noms, et principalement sous celui de *laudemium* (lods et ventes), un droit assez élevé sur toute aliénation du fief ou de la tenure faite par son vassal ; mais il semble avoir été admis de tout temps que *ces droits n'étaient pas dus à raison d'un partage en nature*, quand des cohéritiers se bornaient à partager entre eux un fief indivis. Gui Pape (mort vers

[1] Ces observations ne s'appliquent qu'aux idées émises dans les livres courants ; elles ne concernent pas certains travaux faits d'après les textes originaux, comme l'étude de M. Aubépin sur l'influence de Dumoulin (*Revue critique*, 1860, p. 536 ; 1861, p. 515).

[2] Cet arrêt semble se référer à une jurisprudence antérieure, qui ne nous est pas parvenue, car d'après Louët, il avait décidé que « le § final de la loy *si consensit* ne se gardoit point au Palais » (*loc. cit.*, § 3 *in fine*).

[3] Déjà en droit romain Trebatius avait donné une solution analogue pour une constitution d'usufruit faite pendant l'indivision ; mais son opinion avait été condamnée (*Dig.*, liv. XXXIII, tit. 2, fr. 31). Comp. Gui Coquille, *Questions et réponses*, XXVII.

1476) en donne la raison : « Non enim ex tali divisione mutatur dominium, sed suum quisque recipit » (Quæst. 48 *in fine* et consil. 46).

Mais lorsque l'un des cohéritiers recevait plus que sa part, soit parce qu'on était obligé de former des lots inégaux, que l'on compensait au moyen de *soultes*, soit parce qu'on *licitait* un bien impartageable et que l'un d'eux le prenait tout entier en payant aux autres leurs parts, on le considérait comme ayant acquis d'eux tout ce qui dépassait sa part primitive et on lui faisait payer les droits sur cet excédent. Telle fut la jurisprudence pendant presque toute la première moitié du XVIe siècle [1].

2375. Opinion de Dumoulin. — Dumoulin, qui paraît avoir eu une grande influence sur cette partie de la théorie, enseigna que l'intention des parties devait tout dominer et que les droits n'étaient pas dus, même pour les parts acquises au delà de la part primitive, toutes les fois que les cohéritiers avaient eu principalement l'intention de partager. En conséquence il décidait : 1° que le profit n'était pas dû pour *le partage avec soulte*, quand l'un des ayants droit recevait plus que sa part, et sans qu'il y eût à rechercher s'il compensait la différence de ses deniers ou à l'aide de valeurs héréditaires ; 2° qu'il n'était pas dû davantage pour le cas de *licitation* quand l'un des cohéritiers devenait seul adjudicataire, mais à la condition que les étrangers n'eussent pas été admis à enchérir ; leur présence devant avoir pour effet de faire de la licitation une véritable vente (*Coutume de Paris*, § 33 [*alias*, § 22], quest. 22, n°s 69 et 73). Comp. D'ARGENTRÉ, *De laudimiis*, n°s 24 et 53, et sur l'art. 73 A. C., note 4, n° 3 [2].

2376. Réforme de 1580. — Le droit changea en 1580 ; on introduisit dans la nouvelle rédaction de la coutume de Paris, une disposition qui dispensait l'héritier adjudicataire sur licitation de payer les lods et ventes sur les parts acquises par lui de ses cohéritiers (art. 80). Les procès-verbaux ne contiennent aucune explication, si ce n'est que ce texte fut admis « pour coutume nouvelle ». Elle était contraire à l'opinion de beaucoup d'auteurs du XVIe siècle, Bacquet, Tiraqueau, Fabre. Voyez les citations dans BRODEAU, *Coutume de Paris*, art. 80, n° 6.

2377. Jurisprudence postérieure. — La jurisprudence développa l'idée nouvelle. Elle commença par décider que l'existence d'une soulte n'entraînait pas le paiement des « ventes », bien que la coutume n'en eût rien dit expressément (arrêt de juillet 1586, cité par LOUET, lettre L, somm. 9, n° 1) [3]. Puis, par arrêt du 3 mars 1587, il fut jugé qu'il n'était dû aucuns droits de lods et ventes ou autres profits seigneuriaux, quand l'un des cohéritiers se portait adjudicataire, *bien que les étrangers eussent été admis à la licitation* (*Ibid.*, n° 2).

C. — Explications théoriques modernes.

***2378. Explication par une fiction.** — A ces solutions, qui ont été admises

[1] Dumoulin rapporte même une affaire dans laquelle le fisc montra des prétentions plus fortes encore. Une maison sise à Paris sous la censive du roi et indivise entre trois héritiers ayant été licitée et adjugée à l'un d'eux, Agnès Buquet ou Bequet, le receveur du roi prétendit lui faire payer les lods et ventes *même sur le tiers* qui lui appartenait à titre héréditaire, parce que *la totalité de la maison avait été mise en vente* et que *les étrangers avaient été admis à enchérir*. Dumoulin se mêla de l'affaire et démontra que cette prétention n'était pas fondée : « Cum ipsa nunquam vendiderit partem suam nec alius eam emerit, ergo illa pars remansit in statu suo antiquo, nec potuit dici empta a domina et possidente » (*Coutume de Paris*, De censive, § 78, n°s 170 à 179). Dans les ouvrages de Brodeau et de Louët, ce passage est cité comme se trouvant au § 55 des commentaires de Dumoulin sur la coutume de Paris.

[2] D'Argentré eut en cette matière un système plus logique et plus suivi que Dumoulin. Ce dernier, après avoir combattu de son vivant l'effet déclaratif du partage en matière d'hypothèques, fournit des armes au système qui triompha après sa mort pour exonérer les copartageants du paiement des lods et ventes sur les soultes et sur les prix de licitation. D'Argentré s'appuya exclusivement sur la vieille idée des Bartolistes, que le partage, avec toutes les opérations accessoires qu'il entraîne, est une « alienatio necessaria », qui est exempte à ce titre des profits féodaux.

[3] Charondas cite même un ancien arrêt de 1559 qui l'avait déjà jugé ainsi (sur l'art. 80 de la coutume de Paris). Comp. BRODEAU, *Coutume de Paris*, art. 80, n° 13.

jadis pour de simples motifs d'intérêt et de pratique, les auteurs modernes ont cherché des explications rationnelles, dont les jurisconsultes anciens ne se sont pas mis en peine. Ceux-ci, envisageant le partage dans ses résultats, pensaient qu'il ne contenait en lui aucune aliénation ou transmission de parts, mais qu'il *déterminait* seulement celles-ci. Cette manière toute simple de comprendre les choses est très visible dans Pothier[1].

La plupart des auteurs modernes expliquent le système de la loi par l'idée d'une *fiction* : une fois le partage opéré on suppose que chaque propriétaire a reçu son lot tout fait et qu'il le tient immédiatement du défunt, sans avoir rien acquis de ses cohéritiers. L'expression « est *censé* avoir succédé seul et immédiatement à tous les effets compris dans son lot », dont se servait déjà Pothier et que le Code a conservée, autorise en effet cette explication. Il faut en outre se rappeler que le principe a été formulé après coup pour expliquer théoriquement des décisions dont chacune a été admise isolément pour des raisons diverses, principalement d'ordre pratique.

***2379. Explication par l'idée d'une condition résolutoire.** — Avec l'idée de fiction on donne à l'art. 883 une portée limitée ; on en fait une disposition exceptionnelle qui doit être interprétée restrictivement. Quelques auteurs, désireux d'en étendre les effets, ont cherché à écarter l'idée de fiction en supposant que chaque héritier a un *droit conditionnel* portant sur tous les biens de la succession : la condition est *qu'ils soient mis dans son lot*. Sur ceux qu'il obtient, cette condition est réalisée et il en est réputé *propriétaire unique*, à l'exclusion de tous les autres ; sur ceux qui tombent au lot des autres, son droit disparaît, la condition étant défaillie ; et ce double effet remonte au jour du décès par la rétroactivité de la condition (Demolombe, t. XVII, n° 264). L'idée d'une condition suspensive paraît bien être l'achèvement véritable de toute cette construction juridique, le terme final auquel on doit aboutir. La simple fiction n'est qu'une demi-explication, qui qualifie le résultat obtenu, à savoir la formation de lots exclusifs et indépendants les uns des autres, sans faire comprendre par quel procédé il est réalisé.

D. — Actes régis par l'art. 883.

2380. État chaotique de la jurisprudence. — Quels sont les actes auxquels s'applique l'art. 883 ? Sur ce point, qui est capital, la jurisprudence offre le spectacle de contradictions incessantes, parce qu'elle n'a aucun principe fixe.

Pour simplifier l'examen de ses décisions, nous supposerons d'abord que les différents actes dont nous parlerons font entièrement cesser l'indivision à l'égard de tous les copropriétaires.

1° Partage en nature.

***2381. Partage pur et simple.** — Si l'on suppose que chacun des indivisaires reçoit exactement sa part en nature, on a le partage simple, c'est-à-dire l'acte auquel s'applique en première ligne l'effet déclaratif.

Si une partie seulement des biens compris dans l'indivision a été partagée, l'effet déclaratif s'appliquera dans la mesure où il y a eu partage, et pour le surplus, qui reste dans l'indivision, il résultera des actes ultérieurs.

***2382. Partage avec soulte.** — L'effet déclaratif appartient encore au partage, quand l'un des cohéritiers reçoit plus que sa part, en payant une soulte aux autres. Il n'est pas réputé avoir acheté ce qui excède sa

[1] « Le partage n'est donc pas considéré comme un *titre d'acquisition* ; c'est seulement un *acte déterminatif* des choses auxquelles chacun des cohéritiers a succédé au défunt, chacun des cohéritiers qui n'était qu'héritier en partie n'ayant pu succéder à toutes, mais seulement à celles que lui assignerait un jour le partage... » (*Successions*, chap. IV, art. 5, § 1).

part[1]; son lot tout entier est exempt des effets de l'indivision et est traité comme ayant toujours appartenu à lui seul.

L'art. 883 ne fait pas mention spéciale du partage avec soulte; mais il le comprend implicitement, en attribuant à chaque cohéritier « les effets *mis dans son lot* », ce qui suffit pour maintenir une solution traditionnelle aussi certaine que celle-là.

2° Licitation.

***2383. Licitation au profit d'un cohéritier.** — Quand le bien indivis mis aux enchères est adjugé à l'un de ceux qui en étaient primitivement propriétaires, on dit que la licitation *vaut partage*. L'art. 883, consacrant la solution déjà admise dans l'ancien droit, est formel sur ce point : le cohéritier adjudicataire est censé avoir toujours été seul propriétaire des biens « *à lui échus sur licitation* ».

La loi n'ayant pas distingué, la licitation vaut partage dans tous les cas, qu'elle soit faite en justice ou devant un notaire, et quelle que soit la raison qui a fait liciter, que le bien soit ou non partageable en nature.

Depuis le XVIe siècle, on ne distingue plus si les étrangers ont été ou non admis à enchérir (ci-dessus n° 2377).

***2384. Licitation au profit d'un étranger.** — Lorsqu'un étranger se rend adjudicataire, la *licitation vaut vente*. Autre solution traditionnelle, maintenue implicitement par le Code. En effet la nature propre de l'acte est d'être une vente; si on l'assimile au partage, c'est par faveur pour les copartageants. A l'égard d'un tiers, le principe naturel conserve sa force et l'acte est une vente translative de propriété.

Dans cette vente, qui est vendeur ? Ce sont tous les héritiers en bloc ; ils ont tous transmis leurs parts indivises à l'acquéreur qui se trouve les avoir tous pour auteurs. Toutefois une question s'élève que nous rencontrerons plus loin, de savoir si l'attribution exclusive du prix à l'un des copartageants, attribution à lui faite dans le partage général de la masse indivise dont le bien licité faisait partie, n'a pas pour effet de faire de lui l'unique vendeur. Voyez ci-dessous n° 2401.

***2385. Conséquences de la distinction.** — De la distinction qui vient d'être faite pour la licitation, il résulte que *ses effets varient beaucoup selon l'issue des enchères*, comme on va le voir par le tableau suivant :

1° ACTION EN RÉSOLUTION. — Si l'adjudication vaut vente comme ayant été faite à un étranger, l'acquéreur est soumis à l'*action résolutoire pour défaut de paiement du prix*, conformément à l'art. 1654. Si elle vaut partage, cette action n'existe pas contre le cohéritier qui s'est rendu adjudicataire, l'art. 1654 n'étant écrit que pour la vente; mais il peut y avoir lieu à *rescision pour lésion de plus du quart*, en vertu de l'art. 887.

[1] Cependant, comme pour prouver qu'en cette matière tout peut se plaider et que les solutions les plus visiblement contraires à la loi ont des chances d'être admises par les arrêts, la Cour de Caen a décidé qu'il faillait considérer l'héritier créancier de la soulte comme ayant *vendu* à son copartageant tout ce qui excédait son lot strict (Caen, 2 mai 1865, DALLOZ, *Suppl.*, t. XVII, p. 246, note 1; S. 65. 2. 261). En conséquence, elle a autorisé le créancier de la soulte, non payé, à reprendre le bien soi-disant aliéné par lui. Il est vrai qu'il s'agissait d'une femme mariée sous le régime dotal, qui voulait sauver sa dot, et que le procès se plaidait en Normandie, dans la province de la « sage coutume » qui ne voulait pas que le bien d'une femme pût jamais se perdre. Le salut de la dot est la loi suprême devant laquelle tous les principes du droit doivent fléchir. Ainsi doit s'expliquer l'admission de cette action en résolution d'un partage, action que le Code civil ne connaît pas (ci-dessous n° 2406).

2° Privilège. — Le paiement du prix d'adjudication sera dans les deux cas garanti par un privilège, mais ce ne sera pas le même : contre l'adjudicataire étranger, ce sera le *privilège du vendeur*; contre l'héritier adjudicataire, ce sera le *privilège des copartageants*, et les règles de ces deux privilèges, pour leur mode de publicité et leur conservation, ne sont pas les mêmes.

3° Garantie. — Il y aura également garantie dans les deux cas, mais d'après des règles différentes ; dans un cas on appliquera les règles de la vente (art. 1625 et suiv.); dans l'autre, les règles du partage (art. 884-885).

3° Vente amiable.

***2386. Assimilation admise.** — Lorsqu'il n'y a pas licitation, c'est-à-dire mise aux enchères, et que l'un des cohéritiers achète aux autres leurs parts indivises, à l'amiable, cette vente produit le même effet que la licitation et doit être comme elle assimilée au partage (Metz, 20 déc. 1865, D. 66. 2. 10, S. 66. 2. 281 ; Grenoble, 20 janv. 1893, D. 93. 2. 127, S. 93. 2. 265).

4° Cession de droits successifs.

***2387. Assimilation avec le partage.** — Dans l'opinion générale l'effet déclaratif s'attache à la cession de droits successifs aussi bien qu'à la licitation (Demolombe, t. XVII, nos 279 et 280 ; Aubry et Rau, t. VI, § 625, p. 557 et 558, texte et note 7 ; Laurent, t. X, nos 423 et 424 ; Huc, t. V, n° 444). Voyez toutefois les arrêts cités ci-dessous au n° 2392-2°, qui restreignent considérablement la portée de cette décision.

2388. Objections à l'assimilation. — Il y aurait eu cependant d'excellentes raisons pour décider que la *cession de droits successifs* n'équivaut pas à un partage, encore qu'elle puisse faire cesser l'indivision. De même que les créances peuvent s'éteindre par différentes causes qui n'équivalent pas au paiement, de même l'indivision peut cesser par des faits qui n'ont rien de commun avec le partage. Le partage implique une idée de lotissement ; il est forcément inutile quand le nombre des copropriétaires se réduit à un. D'autre part la cession de droits successifs est l'aliénation de la part entière *à l'état indivis* : celui qui en bénéficie demandera dans le partage *deux parts au lieu d'une*, la sienne et celle du cédant ; pour cette dernière il est visible qu'il est l'ayant cause de son cédant, n'ayant de droit par lui-même et en vertu de la loi que sur une part. En ce sens Planiol, *Revue critique*, 1883, p. 588 ; Grenoble, 4 janv. 1853, D. 55. 2. 355, S. 53. 2. 580. Comp. Toulouse, 14 déc. 1850, D. 51. 2. 85, S. 51. 2. 102.

5° Donation de parts.

2389. Impossibilité de l'assimiler au partage. — Tout le monde admet qu'un acte *gratuit*, par lequel l'un des cohéritiers cède aux autres sa part sans rien recevoir en échange ne peut pas être assimilé au partage. Pour qu'on puisse faire un pareil rapprochement, il faut que chacun des ayants droit reçoive sa part *en nature ou par équivalent* : le partage est, par essence, *un acte à titre onéreux*.

6° Rôle de l'intention des parties.

2390. Cas où elle est prépondérante. — Les particuliers ne peuvent pas donner à un acte l'effet et la valeur d'un partage quand cet acte ne s'y prête pas par sa nature et que la loi ne l'assimile pas au partage. La force des choses et la décision de la loi sont supérieures à leur volonté. Mais ils peuvent très bien, *dans les cas où la loi admet l'assimilation*, l'écarter par une manifestation de volonté contraire. Il a été jugé, à mainte reprise, qu'un acte de vente ou de cession, susceptible de produire l'effet déclaratif du partage, peut se présenter *avec les caractères et les effets d'une vente*, si les parties l'ont voulu (Cass., 12 août 1856, D. 57. 1. 8 ; Trib. d'Orange, 30 déc. 1885, S. 86. 2. 144 ; Cass., 6 avril 1886, D. 87. 1. 68, S. 87. 1. 149). On cite comme contraire un arrêt de la Cour de Grenoble (20 janv. 1893, D. 93. 2, 127, S. 93. 2. 265), mais cet arrêt suppose simplement que les parties s'étaient bornées à *qualifier* « vente » l'acte par lequel elles avaient fait cesser l'indivision ; elles n'avaient pas manifesté spécialement l'intention de lui faire produire les effets d'une vente, en excluant l'application de l'art. 883.

Il résulte de cette jurisprudence que pour tous les actes autres que le partage en nature, c'est-à-dire pour la licitation, la vente amiable et la cession de droits successifs, l'effet déclaratif est *purement facultatif* et peut être écarté par une convention contraire.

E. — Conditions d'application de l'art. 883.

****2391. Incertitude de la jurisprudence.** — Quand il s'agit de savoir à quelles conditions un acte tendant à faire cesser l'indivision produira l'effet déclaratif du partage, la jurisprudence se montre très hésitante.

Deux conditions ont été proposées : selon les uns, il faudrait que l'acte eût pour résultat de *faire cesser complètement l'indivision*; selon les autres, il suffirait qu'il fût *fait avec le concours de tous les intéressés.*

1° Cessation totale de l'indivision.

***2392. Arrêts exigeant cette condition.** — Beaucoup d'arrêts posent en principe que l'art. 883 est applicable seulement *aux actes qui font entièrement cesser l'indivision entre tous les ayants droit* (Cass., 23 avril 1884, D. 85. 1. 19, S. 84. 1. 209). Par conséquent, lorsque l'un ou quelques-uns seulement des copropriétaires sortent d'indivision pendant que d'autres y restent, cet acte (vente, licitation ou cession), n'ayant pas fait cesser l'indivision, n'équivaut pas à partage et est considéré comme translatif.

Ainsi jugé :

1° Pour l'acte qui attribue à certains copropriétaires *une somme d'argent pour tous droits*, pendant que les autres conservent les biens à l'état indivis (Aix, 30 avril 1885, S. sous Cass., 88. 1. 257 ; Cass., 23 avril 1884 précité).

2° Pour la *cession de droits successifs* faite *au profit de plusieurs héritiers conjointement* (Cass., 19 mai 1886, D. 87. 1. 13, S. 87. 1. 113). Comp. Cass., 10 nov. 1862, D. 62. 1. 470, S. 63. 1. 127, qui attribue l'effet déclaratif à une cession, parce qu'elle avait fait cesser l'indivision à l'égard de tous.

3° Pour la *licitation prononcée au profit de plusieurs conjointement*, l'indivision continuant entre eux (Poitiers, 10 juill. 1889, D. 90. 2. 183 ; Alger, 10 avril 1894, D. 94. 2. 462).

2393. Arrêts contraires. — En opposition complète avec les précédents, d'autres arrêts ont décidé :

1° Que l'acte qui attribue à l'un des indivisaires *certaines valeurs mobilières* pour lui tenir lieu de sa part, pendant que les autres conservent *les immeubles à l'état indivis*, constitue un partage et non une vente (Bourges, 16 janv. 1878, D. 79. 2. 85). Comp. Metz, 20 déc. 1865, D. 66. 2. 10, S. 66. 2. 281 ;

2° Que la *licitation prononcée au profit de deux ou plusieurs cohéritiers* produit l'effet d'un partage, parce qu'elle met fin à l'indivision pour tous ceux qui ne se sont pas portés adjudicataires (Bordeaux, 24 déc. 1889, D. 90. 2. 182, S. 91. 1. 210; Besançon, 23 déc. 1891, D. 92. 2. 289, S. 92. 2. 258; Cass., 21 mai 1895, D. 96. 1. 9; Cass., 26 juin 1895, S. 96. 1. 481; Nancy, 7 juill. 1896, D. 97. 2. 283, S. 97. 2. 123)[1 et 2].

[1] Toutefois, ceci n'est vrai qu'autant que ceux qui se portent adjudicataires sont tous des copropriétaires compris dans l'indivision. L'adjudication prononcée au profit d'un cohéritier et d'un tiers échappe à l'art. 883 (Cass., 8 mars 1875, D. 76. 1. 369, S. 75. 1. 449; Cass., 17 nov. 1890, D. 91. 1. 25). Comp. pour la cession des droits successifs faite à un héritier qui reste dans l'indivision avec un tiers, Cass., 3 déc. 1890, S. 91. 1. 417.

[2] Question subsidiaire. — Une autre question se pose quand il y a acquisition conjointe faite par plusieurs cohéritiers à la suite d'une licitation : cette indivision par-

Cette dernière décision, aujourd'hui acquise en matière civile, a amené la Cour de cassation à modifier sa jurisprudence en matière fiscale : elle a décidé que le droit proportionnel de transcription n'était pas dû sur la licitation d'un immeuble héréditaire adjugé à plusieurs des cohéritiers, lorsque l'acte de partage est présenté en même temps qu'elle à l'enregistrement et attribue à chaque cohéritier sa part définitive; ces deux actes forment par leur réunion une convention unique, purement déclarative et qui n'est pas de nature à être transcrite (Cass., 12 mars 1900, D. 1901. 1. 521). La note de Dalloz, signée Em. B., donne un bon résumé de la marche de la jurisprudence sur cette question délicate de droit fiscal. L'administration de l'enregistrement a accepté cette nouvelle règle de perception (Instruction du 6 juillet 1900, n° 3015, § 5, p. 52).

***2394. Examen théorique de la question.** — Au point de vue théorique, on doit considérer comme fausse la condition de cessation totale de l'indivision, exigée pour faire produire à un acte l'effet déclaratif du partage. Ainsi, quand il y a lieu au partage par souches, on commence par former des *lots collectifs* que les cohéritiers de chaque souche se partagent ensuite entre eux. Il n'est pas douteux que chaque opération a pour effet de séparer les intérêts des divers ayant droit dans la mesure où elle intervient : après la formation des lots attribués à chaque souche, chacune d'elles ne doit plus rien aux autres et est affranchie des effets de tous les actes que les représentants de ces dernières ont pu accomplir pendant l'indivision.

De même, quand il y a licitation au profit de plusieurs, il se produit une première séparation qui est un acheminement vers le partage total : dans cette mesure, il est donc rationnel autant que nécessaire que l'effet déclaratif se produise, et c'est ce qu'a admis la Cour de cassation dans son arrêt précité du 21 mai 1895. Déjà, dans un arrêt du 9 déc. 1878 (D. 79. 1. 299, S. 79. 1. 404), elle avait admis que, lorsqu'il y a *lotissement* d'un seul indivisaire, qui reçoit des biens distincts pour le remplir de ses droits, l'effet déclaratif se produit parce que « en ce qui concerne les biens dont il est privativement approprié, *l'indivision cesse complètement entre lui et ses cointéressés* ». Oui, elle a cessé complètement *pour le copartageant alloti*, mais *non pour les autres*. On peut donc dire que la Cour de cassation n'exige plus la cessation *totale* de l'indivision pour attacher à un acte l'effet déclaratif.

2° Concours de tous les intéressés.

***2395. Nature de cette condition.** — Une autre condition paraît ressortir de quelques arrêts : il faut que l'acte qui a commencé la séparation des parts en diminuant le nombre des co-indivisaires soit l'œuvre de tous les intéressés ; s'il est intervenu seulement entre quelques-uns d'entre eux, il se produit avec ses caractères propres et n'est pas assimilé au partage.

2396. Distinction entre la licitation et la cession de droits successifs. — Cette condition se trouve remplie dans la *licitation* : quand le bien est mis en vente, il est offert par tous les indivisaires à celui ou à ceux qui voudront l'acheter. On comprend donc que l'adjudication, même prononcée au profit de deux ou de plusieurs, soit déclarative dans les rapports des adjudicataires avec leurs anciens co-indivisaires.

Au contraire, elle fait souvent défaut dans la *cession de droits successifs* : ordinaire-

tielle qui existe entre les co-adjudicataires *a-t-elle son origine dans la dévolution héréditaire?* Ou bien est-ce une nouvelle indivision qui se substitue à l'ancienne et qui a une *source contractuelle*, l'achat fait en commun? La Cour de cassation lui a attribué une origine contractuelle, et elle a tiré de là diverses conséquences (Cass., 17 nov. 1890, D. 91. 1. 25; Cass., 21 mai 1895, D. 96. 1. 9). Cette idée semble incompatible avec le principe admis actuellement en jurisprudence, qui assimile même alors la licitation au partage. En effet, si l'adjudication produit un effet déclaratif dans les rapports des co-adjudicataires avec les autres indivisaires, c'est nécessairement parce qu'elle n'opère *aucune novation* dans le titre en vertu duquel ils possèdent. Il faut choisir entre les deux principes, et la reconnaissance d'une indivision nouvelle ayant son origine dans un acte conventionnel intervenu entre les ayants droit n'est qu'une survivance de la jurisprudence de la Cour de cassation antérieure à 1895. Comp. la note dans Dalloz, 96. 1. 9.

ment l'un des héritiers cède sa part à un seul des autres qui la lui achète. On comprend donc que cet acte soit sans effet à l'égard des autres qui n'y ont point été parties et qu'il se réduise à une cession de part qui permet au cessionnaire de réclamer deux lots au lieu d'un dans le partage futur. L'acte est translatif et l'acquéreur reste l'ayant cause de son cédant. Voyez spécialement la note du *Sirey*, sous Bourges, 28 nov. 1898, S. 1901. 2. 249. — Cette observation permet de concilier entre eux les arrêts rendus en sens opposés relativement à des cessions de droits successifs.

F. — A quels biens s'applique l'art. 883.

1° Biens corporels.

** **2397. Domaine naturel de l'article.** — Comme les biens corporels sont dans l'indivision, et que c'est cet état, à eux propre, qui rend le partage nécessaire, c'est naturellement à eux que s'applique l'effet déclaratif de cet acte : il les régit tous, tant meubles qu'immeubles.

Toutefois il faut faire une réserve pour les meubles : si l'un des cohéritiers avait transmis à un tiers un objet mobilier pendant l'indivision, l'acquéreur resterait couvert par la maxime « En fait de meubles possession vaut titre », même si cet objet n'était pas attribué à celui des cohéritiers duquel il le tient.

2° Biens incorporels.

* **2398. Position de la question.** — Le principe d'après lequel le partage produit un effet déclaratif est formulé par la loi dans les termes les plus absolus : il semblerait donc s'appliquer à tous les biens qui y ont été compris, corporels ou incorporels. D'autre part, l'art. 832 veut qu'on donne à chacun une part égale de *créances* ; il permet donc de faire figurer dans le partage cette sorte de biens. Or l'art. 1220 établit la *division de plein droit* des créances actives de la succession, de sorte que ces biens ne sont pas dans l'indivision ; il n'y a pas lieu de les *partager*, et on ne comprend plus dès lors que les créances puissent faire l'objet dans le partage d'attributions rétroactives.

2399. Opinions intransigeantes. — Il suffira de mentionner pour mémoire un système aujourd'hui entièrement abandonné, qui appliquait *même rétroactivement* aux créances l'effet déclaratif du partage quand elles y avaient été comprises. Ce système avait l'inconvénient pratique de remettre en question les paiements et compensations régulièrement intervenus entre les héritiers et leurs débiteurs avant le partage.

En sens inverse, un autre système, qui a longtemps été enseigné à la Faculté de Paris, notamment par M. Beudant, faisait entièrement prévaloir l'art. 1220 sur l'art. 883. A l'égard des créances *le partage est sans effet*, puisqu'elles sont toutes divisées d'avance par la loi. Si on les fait figurer dans le partage, ce n'est qu'un expédient pour remédier aux difficultés du partage en nature, en égalisant les lots à l'aide de biens divisibles à volonté. Mais cette opération, ajoutée au partage, n'en fait pas partie et elle ne peut produire effet qu'*à titre de cession de créance*. Par suite, l'emploi des formes de la cession (art. 1690) devient nécessaire et les paiements ou compensations régulièrement accomplis avant la signification du transport ou son acceptation par le débiteur sont opposables au cessionnaire. En ce sens Huc, t. V, n° 448, et aussi, mais avec une nuance, Demante, t. III, n° 225 *bis*-vii.

***2400. Système transactionnel de la jurisprudence.** — Une combinaison entre les deux articles en conflit a été proposée en doctrine par MM. Aubry et Rau (t. VI, § 635, 661-662, texte et notes 6-7) et par M. Demolombe (t. XVII, nos 290-294), et c'est cette solution qui a été acceptée par la jurisprudence. Elle consiste à faire *à chacun des deux articles sa part d'application*:

L'art. 1220 régit la *période comprise entre le décès et le partage*; l'art. 883 s'applique *à compter du partage,* sans effet rétroactif.

Par suite, les causes d'extinction, les actes de disposition, les saisies antérieures au partage, restent opposables à l'héritier qui reçoit une créance dans son lot, bien qu'elles proviennent du chef d'un autre (Cass., 23 févr. 1864, D. 1. 477, S. 64. 1. 398; Cass., 4 déc. 1866, D. 66. 1. 470. S. 67. 1. 5). Mais l'héritier attributaire d'une créance en devient *propriétaire par l'effet du partage* (Toulouse, 30 juillet 1888, D. 89. 2. 25, S. 89. 2. 99; Cass., 30 mai 1877, D. 78. 1. 109, S. 78. 1. 102). On en conclut qu'il n'y a pas lieu de remplir les formalités de l'art. 1690.

2401. Effet de l'attribution d'un prix d'adjudication. — Il arrive assez souvent que les cohéritiers, après avoir vendu à un tiers sur licitation un ou quelques-uns des biens compris dans la masse, attribuent à l'un d'eux le prix d'adjudication dû par le tiers acquéreur. Quel est l'effet de cette attribution? Un certain nombre d'arrêts avaient admis que *celui-là seul des cohéritiers doit être réputé vendeur dans le lot duquel est placée la créance du prix.* Il en résultait que les *hypothèques* constituées par les autres indivisaires sur le bien licité se trouvaient résolues comme émanant de non-propriétaires (Toulouse, 30 juill. 1888 précité; Orléans, 25 juill. 1890, D. 91. 2. 238, S. 91. 2. 167), et cette doctrine avait même été accueillie par la Chambre des requêtes (Cass., 22 févr. 1881, D. 81. 1. 409, S. 84. 1. 417)[1], lorsque deux arrêts rendus en sens contraire par la Chambre civile sont venus la détruire (Cass., 14 déc. 1887, D. 88. 1. 385, S. 89. 1. 193, note de M. Labbé; Cass., 17 févr. 1892, D. 92. 1. 191, S. 94. 1. 417, note de M. Wahl). D'après ces arrêts, l'effet déclaratif ne peut se produire que sur les biens que les co-indivisaires possèdent en commun au moment où ils procèdent au partage; il est inapplicable à ceux qui ont été antérieurement cédés à des tiers. L'attribution ultérieure de la créance du prix à un seul d'entre eux reste sans effet sur la situation de l'acquéreur, qui est l'ayant cause de tous les copropriétaires et tenu des hypothèques constituées par chacun d'eux. On peut ajouter qu'il était contradictoire de faire produire à l'attribution d'une *créance* un *effet rétroactif* sur la *propriété* d'un bien n'appartenant plus aux copartageants. On peut actuellement considérer la question comme définitivement tranchée en ce sens.

G. — Conséquences pratiques de la rétroactivité du partage.

1° Droit civil.

****2402. Résolution des hypothèques.** — La première conséquence à signaler est la disparition des hypothèques établies pendant l'indivision par les héritiers qui ne reçoivent pas l'immeuble hypothéqué dans leur lot[2].

[1] Toute cette jurisprudence avait pour point de départ un arrêt de la Chambre civile du 18 juin 1834 (D. 34. 1. 276, S. 34. 1. 733).

[2] Voyez cependant Alger, 28 déc. 1896, D. 98. 2. 81, qui maintient ces hypothèques dans une certaine mesure, décision tout à fait inadmissible et justement critiquée par l'annotateur du *Dalloz*.

C'est par elle qu'il faut commencer parce que c'est la suppression de ces hypothèques qui a été au XVIe siècle (en 1569) la première décision donnée dans le sens de la théorie nouvelle (ci-dessus n° 2373). Il ne faut pas dire que la maxime du partage déclaratif a été introduite pour obtenir ce résultat; cette maxime n'est qu'une formule, construite après coup, pour expliquer et pour désigner un ensemble de solutions positives déjà acquises.

Ce qui est dit ici s'applique à toutes les hypothèques, conventionnelles, légales et judiciaires : toutes celles qui proviennent d'un héritier déterminé ne peuvent frapper que les immeubles mis dans son lot. Comp. art. 2125.

2403. Dérogation en matière d'hypothèque maritime. — La loi du 10 décembre 1874, art. 18, suivie en cela par la loi du 10 juillet 1885, art. 17, déroge au principe de l'art. 883 en décidant que les hypothèques consenties pendant l'indivision sur une portion du navire, continuent à subsister après le partage et la licitation. L'existence de plusieurs copropriétaires est extrêmement fréquente pour les navires et l'application du droit commun aurait été la ruine du crédit maritime, car les hypothèques auraient été destinées à disparaître presque toujours.

****2404. Aliénations et créations de droits réels.** — Les aliénations et les constitutions de droits réels suivent la même règle que les hypothèques : leur sort dépend de l'issue du partage ; elles sont maintenues si l'immeuble est attribué à leur auteur et anéanties s'il est mis au lot d'un autre.

Par là s'explique l'art. 2205 qui défend de saisir un immeuble indivis : le propriétaire lui-même ne pouvant pas faire de vente définitive avant le partage, ses créanciers ne le peuvent pas plus que lui.

***2405. Dispense de transcription.** — C'est parce que les partages sont purement déclaratifs que la loi du 23 mars 1855 ne les a pas soumis à la transcription. On doit peut-être regretter cette conséquence extrême d'un système bienfaisant dans son principe : s'il n'y a pas *aliénation*, il y a du moins *attribution*, et la dispense accordée au partage crée une lacune fâcheuse dans le régime de publicité organisé pour la propriété foncière [1].

2406. Absence d'action en résolution. — Un partage ne peut pas être résolu pour défaut de paiement d'une soulte ou d'un prix de licitation. Les cohéritiers ne sont pas les ayants cause les uns des autres ; ils tiennent leurs droits du défunt ; l'action en résolution, qui se comprend en matière de vente, manque donc de base en matière de partage. De plus, l'existence de cette action pourrait donner lieu à des fraudes : deux copartageants, mécontents du partage, s'entendraient l'un pour ne pas payer la soulte, l'autre pour demander la résolution. Ces raisons ne sont pas très fortes. D'ailleurs, les cohéritiers peuvent se réserver, par une convention expresse, le droit de demander la résolution qui ne leur appartient pas d'après le droit commun.

2° Droit fiscal.

2407. Comparaison avec l'ancien droit. — Le fisc moderne se montre, ici comme sur beaucoup de points, beaucoup plus âpre et moins libéral que l'ancien régime. Son système se compose de deux parties.

1° PARTAGES EN NATURE. — Le partage pur et simple est traité comme purement

[1] En Belgique, le partage doit être transcrit : la loi hypothécaire du 16 décembre 1851 soumet à la transcription les *actes déclaratifs* aussi bien que les actes translatifs (art. 18). Voyez BELTJENS, *Encyclopédie*, Code civil, t. V, p. 313, n°s 57 à 63.

déclaratif, et à ce titre, il est *exempt du droit de mutation* qui frappe toutes les transmissions de biens. La loi du 22 frimaire an VII l'avait soumis à un simple *droit fixe* de 3 francs (art. 68, § 3, 1°) porté à 5 francs en 1816. En 1872, on avait établi un *droit gradué*, qui a été remplacé en 1893 par un *droit proportionnel*, dont le tarif est relativement faible (voyez t. II, n° 124).

2° Partages avec soultes et licitations. — A leur égard, les droits actuels sont perçus avec plus de rigueur que les anciens profits féodaux : l'héritier est traité comme acheteur pour tout ce qui excède sa part primitive ; il paie le droit proportionnel de mutation sur tout ce qu'on appelle les *parts acquises* (Comp. ci-dessus n° 2376). Le principe, d'après lequel le partage est déclaratif, et non translatif, reçoit donc une application bien moins large en droit fiscal qu'en droit civil.

2408. Difficultés pratiques. — De nombreuses difficultés, dans l'examen desquelles nous ne pouvons entrer ici, s'élèvent dans la pratique pour la détermination des *parts acquises*. En voici la cause : quand la succession comprend plusieurs biens, il arrive souvent qu'un seul est licite. Régulièrement, l'héritier adjudicataire ne doit payer que sur ce qui excède sa part totale dans l'ensemble de la succession. Cet excédent sera facile à établir, si le partage a eu lieu en même temps que la licitation : les deux actes seront présentés ensemble à l'enregistrement et traités comme formant un seul tout. Mais le jugement d'adjudication doit être enregistré dans les 20 jours, et presque jamais le partage n'est alors terminé. L'administration perçoit alors le droit sur tout ce qui excède la part de l'héritier dans le bien licité, alors même que ce bien entier ne dépasserait pas la valeur de son lot. C'est un procédé abusif contre lequel la doctrine continue vainement à protester (Dalloz, *Suppl.*, v° Enregistrement, n° 1334), mais qui a été autorisé par la Cour de cassation (6 nov. 1851, D. 51. 1. 314, S. 51. 1. 778 ; 5 mars 1855, D. 55. 1. 95, S. 55. 1. 376).

Voyez aussi ce qui a été dit ci-dessus, n° 2393, pour la perception du droit proportionnel de transcription sur les licitations faites au profit de plusieurs indivisaires.

H. — Personnes à l'égard desquelles se produit l'effet déclaratif.

2409. Opinion restrictive. — On enseigne souvent que le partage déclaratif est une fiction, qui ne doit pas être étendue au delà des rapports des copartageants entre eux, et que ses effets, au lieu d'être *absolus*, sont *relatifs*. Cette fiction, dit-on, n'a eu d'autre but que d'éviter des actions récursoires entre cohéritiers, pour raison des hypothèques qui grèveraient mutuellement leurs lots ; il ne faut pas l'étendre à d'autres personnes qu'eux (Aubry et Rau, t. VI, § 625, note 29).

Voici la conséquence la plus intéressante qu'on a tirée de cette idée. Sous la communauté légale, les meubles échus à l'un des époux par succession deviennent communs ; les immeubles lui restent propres. Quand la succession est composée de biens des deux sortes, faut-il calculer ce que la communauté gagne d'après la consistance primitive de la succession ou attendre l'achèvement du partage ? Le résultat peut être très différent. Ainsi en supposant qu'il y ait autant de meubles que d'immeubles, la communauté peut finalement recevoir un lot composé entièrement de meubles, ou ne rien recevoir du tout, si le lot entier de l'époux est composé d'immeubles. Si l'on écarte l'art. 883, la communauté n'aura ni à souffrir ni à gagner par le partage, parce que le droit de l'époux était mobilier pour moitié pendant l'indivision ; la part de la communauté restera fixe. Si on applique cet article, le droit de la communauté sera déterminé par le partage.

2410. Solution pratique. — En pratique on applique purement et simplement l'art. 883. C'est ce qu'a décidé en 1811 la Cour de Rennes, et c'est la vérité, la loi est absolue. D'ailleurs l'art. 883 régit les ayants cause des cohéritiers comme les cohéritiers eux-mêmes et la communauté est ici un ayant cause de l'époux qui a recueilli la succession. — Comp. Demolombe (t. XVII, n° 317), qui soutient une opinion intermédiaire.

§ 5. — *De la garantie en matière de partage.*

***2411. Sa cause.** — Les cohéritiers sont garants les uns envers les autres des troubles et évictions que chacun d'eux peut subir. Si l'un d'eux est évincé ou troublé, il a une action en garantie contre les autres (art. 884).

Cette obligation de garantie s'expliquait très simplement en droit romain, alors que le partage était translatif ; la garantie en résultait comme de toute transmission à titre onéreux. En droit français on peut encore l'expliquer, autrement que par un simple phénomène de survivance : les copartageants traitent entre eux dans l'intention de s'accorder mutuellement leurs parts exactes ; si l'un d'eux subit une éviction l'égalité n'existait qu'en apparence ; il faut qu'il soit indemnisé afin de n'être pas seul à supporter la perte. Telle était déjà l'explication que donnait Pothier : « L'égalité, qui doit régner dans les partages, serait blessée » (*Successions*, chap. IV, art. 5, § 3).

2412. Eviction et trouble. — L'héritier a droit à garantie quand on a mis dans son lot un objet qui n'appartenait pas au défunt et qui lui est enlevé par son propriétaire, auquel cas il y a *éviction*. Le *trouble* est assimilé à l'éviction, et il ouvre le recours, parce que ce trouble n'est autre chose que la revendication exercée par le tiers qui se prétend propriétaire ; il annonce une éviction prochaine, tout au moins à craindre.

Il n'y a pas lieu à l'action en garantie à raison des *vices* de la chose : on ne s'est pas trompé sur la question de propriété ; on a seulement estimé la chose à une valeur trop haute ; il y a *lésion* et non *éviction* : c'est l'action en rescision seule qui peut être donnée et non le recours en garantie. Toutefois ce point est controversé.

2413. Condition du recours. — Il faut que l'éviction ou le trouble ait une *cause antérieure au partage*. Si la propriété appartenait à la masse le jour où elle a été partagée, les copartageants ne sont pas garants envers celui qui a été évincé. Serait une cause d'éviction postérieure au partage la prescription acquise à un tiers et non encore accomplie à cette époque : le copartageant aurait dû l'interrompre lui-même (art. 884, al. 1).

2414. Cas où la garantie n'est pas due. — Le recours en garantie cesse :

1° *Si une clause particulière expresse du partage a excepté l'espèce d'éviction soufferte*. Il ne suffirait pas que le copartageant évincé ait eu connaissance du danger qui le menaçait (art. 884, al. 2). La loi ne veut pas non plus d'une clause générale de non-garantie, qui serait vite devenue de style.

2° *Si l'éviction est imputable à faute au cohéritier qui l'a subie* (*ibid.*). Par exemple, il a pu négliger d'appeler en cause ses cohéritiers alors que ceux-ci avaient un moyen d'éviter l'éviction, ou bien il s'est mal défendu et n'a pas opposé la prescription acquise. Comp. art. 1640.

2415. Son objet. — L'indemnité est payée en argent. Comment calculer la somme due ? Il a été jugé qu'il fallait estimer la valeur qu'avait le bien évincé au moment du partage, parce que l'action en garantie a pour but de rétablir l'égalité qui aurait dû exister entre les lots (Bordeaux, 12 juill. 1892, D. 94. 2. 51, S. 93. 2. 100). Cette solution est contestable. L'art. 885 dit que les héritiers sont obligés d'indemniser celui qui a été évincé « de la perte que lui a causée l'éviction ». Or cette perte est la valeur du bien au jour de l'éviction.

2416. Division du recours. — Ce recours se divise entre les héritiers en proportion de leurs parts dans la succession (art. 885). L'héritier évincé en supporte lui-même sa part. Si l'un d'eux est *insolvable*, la portion dont il était tenu se répartit également entre tous les autres (*ibid.*).

Cette action est garantie par le *privilège des copartageants* (art. 2103-3°).

2417. Prescription. — En principe le recours dure *trente ans* (art. 2262). Toutefois l'art. 886 le réduit à *cinq ans* dans un cas particulier, qui est aujourd'hui d'une réalisation fort rare, car il s'agit d'une *rente perpétuelle*. La loi prévoit le cas où un tiers devait une rente de ce genre au défunt ; elle est mise dans le lot de l'un des héritiers. La loi décide d'abord que les copartageants ne sont pas garants de l'insolvabilité *future* du débiteur de la rente. C'est le droit commun. Quant à l'insolvabilité *actuelle*, les cohéritiers en répondent, mais seulement pendant cinq ans. Cette disposition avait pour but de supprimer une solution ancienne qui faisait courir la prescription seulement du jour où le service des arrérages avait cessé. Mais combien y a-t-il aujourd'hui en France de gens qui doivent des rentes perpétuelles ? Peut-être pas un seul.

Ce texte, étant exceptionnel, ne peut pas s'appliquer à d'autres créances qu'aux rentes, et pour les rentes mêmes, il ne concerne que le cas d'insolvabilité, et non le cas d'inexistence de la créance.

§ 6. — *Annulation et rescision du partage.*

2418. Division. — Un partage peut être attaqué par trois espèces d'actions : 1° une action en nullité ; 2° une action en rescision ; 3° une action Paulienne. Les deux premières appartiennent aux copartageants ; la dernière à leurs créanciers.

A. — Actions en nullité.

2419. Causes de nullité. — Les causes de nullité sont : 1° l'*incapacité* de l'un des copartageants ; 2° le *défaut de formes*, quand le partage aurait dû être fait en justice ; 3° la *violence* ; 4° le *dol* (art. 887).

La loi ne parle pas de l'*erreur*, qui est un vice du consentement entraînant nullité d'après le droit commun, mais il n'y a là aucune lacune. En effet, si l'on s'est trompé sur la valeur des biens, il en sera résulté une *lésion* pour l'un ou quelques-uns des cohéritiers, et le partage pourra être attaqué par l'action en rescision dans les conditions indiquées par la loi. Dans tous les autres cas l'erreur sera réparée sans qu'il y ait lieu à l'annulation du partage. Si on a oublié de comprendre certains biens dans le partage, on fera un partage supplémentaire. Si au contraire on y a compris des biens appartenant à un tiers, celui qui les a reçus agira par l'action en garantie. Si on a admis au partage quelqu'un qui n'y avait aucun droit, les biens qui lui ont été attribués, doivent être considérés comme restés dans l'indivision. Si on a mal déterminé la quote-part revenant à chacun dans l'ensemble, ou s'il y a eu quelque autre erreur de calcul, elle devra être rectifiée. On applique par analogie l'art. 2058, d'après lequel l'erreur de calcul commise dans une transaction doit être réparée, bien que la transaction ne soit pas attaquable pour cause de lésion (art. 2050).

2420. Ratification. — L'action en nullité suit le droit commun et s'éteint par *dix ans* (art. 1304). Sa seule particularité résulte de l'art. 892, qui établit une cause d'extinction spéciale au dol et à la violence : l'héritier qui aliène volontairement un objet compris dans son lot, après avoir découvert le dol dont il a été victime ou après que la violence a cessé, est censé renoncer à son action. Cette présomption légale ne souffre pas la preuve contraire (art. 1352), et ne peut pas être étendue à d'autres causes de nullité que le dol et la violence.

B. — Rescision pour lésion.

1° Généralités sur l'action.

*** 2421. Son caractère exceptionnel.** — On sait déjà (t. I, n° 284, t. II, n° 1586) que la lésion n'est pas une cause de rescision pour les actes faits par les majeurs, si ce n'est dans un petit nombre de cas (acceptation de succession, art. 783 ; vente d'immeuble, art. 1674 ; partage, art. 887).

2422. Ses motifs. — L'exception admise en matière de partage est traditionnelle. Chacun des copartageants ne cherche qu'à obtenir ce qui lui revient ; le partage n'est pas un *acte de spéculation*, dans lequel chacun puisse s'attendre à éprouver un mécompte ou à réaliser un gain. Ce n'est qu'un *règlement*, qui doit être aussi exact que possible, ce qui faisait dire à nos anciens que *l'égalité est l'âme des partages*.

*** 2423. Chiffre de la lésion.** — Autrefois la lésion qui donnait ouverture à l'action n'était pas déterminée ; on exigeait seulement qu'elle fût « notable ». Pothier précisait et voulait une lésion du quart au moins. C'est le chiffre adopté par le Code : il faut une *lésion de plus du quart* (art. 887). Il faut donc que l'un des cohéritiers ait reçu *moins des trois quarts de sa part*.

Il résulte de là qu'un partage peut contenir des inégalités assez grandes sans être rescindable. Ainsi si presque tous les héritiers ont reçu des lots trop faibles, sans qu'aucun d'eux soit lésé du quart, ces différences en moins accumulées au profit d'un seul ou de deux ou trois constitueront pour ceux-ci un avantage considérable qui leur restera acquis.

2424. Appréciation de la lésion. — Pour juger s'il y a eu lésion, il faut se reporter au moment du partage et estimer la valeur que les objets avaient alors (art. 890). Il était à peu près inutile d'écrire cet article, car il n'y avait aucune raison de se placer à une autre époque.

2° Actes sujets à rescision.

2425. Interprétation donnée à la loi. — Aux termes de l'art. 888, « l'action en rescision est admise contre tout acte qui a pour objet de faire cesser l'indivision entre cohéritiers, encore qu'il fût qualifié de vente, d'échange, de transaction, ou de toute autre manière ».

Il y avait deux façons d'entendre cet article. On pouvait l'appliquer uniquement au *partage*, en supposant que la loi avait prévu le cas où les parties, pour éviter l'action en rescision, auraient donné à leur convention le nom d'un autre contrat. Ainsi entendu l'art. 888 ne serait que l'application d'une règle générale d'après laquelle pour déterminer les effets et la validité d'un acte, il faut en rechercher la nature véritable, et ne pas s'en tenir aux qualifications erronées ou fantaisistes que les parties lui ont données.

Mais ce n'est pas ainsi que l'art. 888 est interprété. On y a vu une disposition d'une portée plus large, décidant que les actes, *même autres que le partage*, seraient rescindables quand ils ont eu pour objet de mettre fin à l'indivision. Ainsi une vente véritable, une transaction sérieuse donnera lieu à l'action en rescision, bien que différente du partage par sa nature. En d'autres termes, le cercle d'application de l'art. 888 est plus grand que celui de l'art. 883 : *la rescision pour lésion est possible même pour des actes qui ne sont pas assimilés au partage et n'en produisent pas l'effet déclaratif.* Comme le dit l'art. 888 al. 2, l'acte est rescindable, quand il « tient lieu de partage », bien qu'il n'en soit pas un.

C'est surtout pour la *cession de droits successifs* et pour la *transaction* que l'application de l'art. 888 a donné lieu à des difficultés.

2426. Cession de droits successifs sujette à rescision. — Cette cession peut être rescindée en principe, toutes les fois qu'elle a été faite pour un prix inférieur aux trois quarts de la valeur réelle de la part cédée. Celui qui vend ses droits veut avoir, sinon sa part en nature, du moins sa valeur en argent, d'où la possibilité d'une rescision.

Il n'est pas nécessaire pour cela que la cession de droits successifs ait mis fin à l'indivision et qu'elle soit intervenue entre tous les cohéritiers ; la rescision est possible même quand la cession est faite au profit d'un seul et que l'indivision continue entre le cessionnaire et les autres (Cass., 28 juin 1859, D. 59. 1. 299, S. 59. 1. 753 ; Alger, 4 avril 1877, D. 79. 2. 86).

2427. Cessions non rescindables. — La cession n'est plus sujette à rescision dans deux cas ; l'un résulte de la loi, l'autre de la jurisprudence.

1° Cession aléatoire. — L'action n'est pas admise contre la vente faite *aux risques et périls du cessionnaire* (art. 889). L'opération prend alors un caractère aléatoire, ce qui exclut la possibilité d'une rescision, car la chance de gain ou de perte est inhérente à ce genre de contrats. La question de savoir si la vente a été faite aux risques et périls du cessionnaire est une question de fait (Cass., 11 janv. 1892, D. 93. 1. 65, S. 94. 1. 321), et elle donne lieu à des difficultés d'appréciation. Voyez par exemple Cass., 16 juill. 1856, D. 57. 1. 283 ; Cass., 30 janv. 1866, D. 66. 1. 172. S. 68. 1. 209.

Mais pour que la cession ne soit pas soumise à la rescision, il faut qu'elle ait été faite *sans fraude* (art. 889). Il y aurait fraude si les parties ou l'une d'elles était exactement renseignées sur les forces de la succession. Alors la vente perdrait son caractère aléatoire, et l'apparence qu'on lui aurait donnée ne servirait qu'à éviter l'action en rescision. Il faut donc que la clause qui en met les chances aux risques du cessionnaire soit *sincère*.

2° Cession ayant un autre but que la cessation de l'indivision. — Tous les auteurs reconnaissent que la *donation* de droits successifs n'est pas rescindable pour lésion (Demante, t. III, n° 232 *bis*); ce qui est évident, puisqu'elle exclut l'idée d'une prestation quelconque en faveur du cédant. Exagérant cette idée, la Cour de cassation a refusé l'action en rescision contre une cession qui avait eu pour but, en même temps que la fin de l'indivision, la libération du cédant au moyen d'une dation en paiement ou d'une compensation (Cass., 6 avril 1886, D. 87. 1. 68, S. 87. 1. 149). Cette solution est fort contestable : qu'importe qu'il y ait eu un autre but à l'acte, si la cessation de l'indivision a été son premier objet?

2428. Transactions. — Contrairement à l'art. 2052, qui exclut pour elle l'action en rescision, une transaction est rescindable pour cause de lésion lorsque c'est elle qui *tient lieu de partage* (art. 888, al. 1er). Par exemple, lorsque les cohéritiers, ne pouvant s'entendre sur la formation des lots ou leur attribution, terminent la difficulté par une transaction (Cass., 8 févr. 1869, Dalloz, *Suppl.*, t. XVII, p. 259, note 1, S. 69. 1. 361; Cass., 3 déc. 1878, D. 79. 1. 419).

Mais une transaction peut intervenir entre eux à *deux autres moments* et elle *cesse alors d'être rescindable pour lésion*, parce qu'elle ne tient plus lieu de partage. Telles sont les transactions portant :

1° Sur des difficultés antérieures au partage. — Par exemple on a transigé sur la quotité des droits héréditaires de l'un des ayants droit ou sur la validité d'une donation ou d'un legs à lui fait. Alors la donation ne remplace pas le partage; quand elle est faite, il reste à faire; elle l'a seulement *rendu possible*.

2° Sur des difficultés postérieures au partage. — (Art. 888, al. 2.) Ce texte suppose que le partage est déjà terminé et que des difficultés s'élèvent sur son exécution ou son interprétation. Cette transaction est *distincte du partage*; et c'est pourquoi la loi n'admet pas qu'elle soit rescindée.

3° Rescision du partage.

2429. Effet de la rescision. — On rentre dans l'indivision, le partage étant mis à néant. Les *fruits* perçus sont restitués intégralement par les héritiers de mauvaise foi; ceux qui ont été de bonne foi les restituent seulement du jour de la demande.

L'effet de la rescision se produit *même contre les tiers* : les hypothèques, les servitudes, les aliénations qui leur ont été consenties, disparaissent

***2430. Moyen d'empêcher la rescision.** — Quand il y a rescision du partage, de graves conséquences se produisent; tous les héritiers sont exposés à des recours en garantie de la part des tiers auxquels ils ont déjà concédé des droits. Même sans cela ils peuvent avoir intérêt à conserver le lot qui leur a été attribué. La loi leur donne un moyen de maintenir le partage : ils n'ont qu'à *fournir au réclamant le supplément de sa portion héréditaire, soit en nature, soit en argent* (art. 891). Le choix appartient aux héritiers défendeurs; les biens en nature qu'ils livrent, quand ils prennent ce parti, doivent être des biens héréditaires et on les estime d'après leur valeur au jour de l'arrangement, puisqu'ils tiennent lieu de la somme liquide qui serait due.

L'art. 891 doit être rapproché de l'art. 1681, qui établit un moyen semblable d'empêcher la rescision d'une vente pour lésion. Toutefois l'art. 891 exige la réparation complète de la lésion, tandis que l'art. 1681 permet à l'acheteur de ne payer que les neuf dixièmes du juste prix; on lui laisse un dixième pour ne pas lui enlever tout le bénéfice de la spéculation qu'il a faite. Le partage, excluant toute idée de spéculation, comporte nécessairement une égalité parfaite.

On admet que le supplément de part peut être fourni pendant tout le cours de l'instance et même après le jugement qui prononce la rescision du partage, tant que ce jugement n'a pas acquis l'autorité de la chose jugée : l'instance pouvant être rouverte par l'exercice d'une voie de recours, il est encore temps, comme le dit le texte, « d'en arrêter le cours et d'empêcher un nouveau partage ».

4° Confirmation du partage.

2431. Ses formes. — L'action en rescision se prescrit par dix ans (art. 1304). Elle peut se perdre avant ce temps par une confirmation *expresse* ou *tacite* du partage, et cette dernière résultera, conformément au droit commun, de tout acte d'exécution du contrat.

2432. Controverse. — On s'est demandé si l'on devait considérer comme une confirmation tacite l'aliénation par l'un des héritiers d'un bien reçu par lui dans son lot. L'art. 892 enlève alors à l'héritier le droit d'attaquer le partage pour *dol* ou pour *violence* : il est en effet assez naturel de croire qu'il a entendu se considérer comme définitivement pourvu. Il serait donc très raisonnable d'étendre sa décision même au cas de partage rescindable pour *lésion*. Mais l'opinion la plus commune est en sens contraire : l'art. 892 est un texte exceptionnel et on refuse de l'étendre à un cas qu'il ne prévoit pas. En effet, d'après le droit commun, valent seuls confirmation tacite les actes qui sont l'exécution du contrat annulable (art. 1338), et l'aliénation d'un bien n'est pas l'exécution du partage.

C. — Action Paulienne.

***2433. Existence de règles exceptionnelles.** — En matière de partage, l'action Paulienne est soumise à des règles particulières, annoncées dans l'art. 1167 et formulées dans l'art. 882. Ces règles sont nécessaires parce que les partages sont au nombre des actes les plus dangereux pour les créanciers[1] et qu'en même temps il est désirable de les maintenir le plus possible à raison des suites fâcheuses qu'entraîne leur annulation. Tout le système de la loi à cet égard repose sur la *nécessité d'une opposition faite par les créanciers*, qui défendent aux héritiers de procéder au partage hors de leur présence (art. 882).

2434. Personnes régies par l'art. 882. — Le texte parle des *créanciers* ; mais il est également applicable aux *tiers acquéreurs de droits réels*, qui sont intéressés à ce que le partage ne soit pas fait en fraude de leurs droits. On les traite, à ce point de vue, comme des créanciers, à raison du recours qui leur serait ouvert, le cas échéant.

2435. Formes de l'opposition. — Régulièrement, l'opposition devrait consister en une notification faite à tous les cohéritiers *par exploit d'huissier*. Mais la loi n'ayant déterminé aucune forme, la jurisprudence admet qu'elle peut être remplacée par un autre acte, tel que la *demande en partage* formée par le créancier (Orléans, 8 déc. 1881, D. 84. 2. 43, S. 83. 2. 113) ou la *saisie des immeubles héréditaires* (Pau, 3 févr. 1855, D. 56. 2. 12, S. 55. 2. 56). Elle peut même être adressée simplement au notaire chargé de la liquidation de la succession (Paris, 23 déc. 1897, D. 98. 2. 488. Comp. Cass., 28 mars 1892, D. 92. 1. 265).

Cette opposition est recevable tant que le partage n'est pas consommé, c'est-à-dire tant que les lots n'ont pas été répartis ou tirés au sort (Cass., 5 févr. 1883, D. 84. 1. 110, S. 84. 1. 312).

1° Effet de l'opposition.

2436. Nécessité de convoquer le créancier. — Le créancier qui a fait opposition doit être appelé aux opérations du partage ; on dit qu'il devient *partie nécessaire*. Si les cohéritiers y procédaient sans le convoquer, le partage pourrait être attaqué par lui par cela seul qu'il lui porterait préjudice ; il n'est pas nécessaire que le créancier démontre la fraude : le seul fait que le partage a eu lieu au mépris de son opposition le rend suspect.

[1] Voici quelques exemples des fraudes les plus fréquentes qui s'y commettent : 1° on évite d'attribuer à l'un des héritiers les biens sur lesquels il a déjà concédé des droits à des tiers, par exemple des hypothèques ; 2° on attribue à un héritier insolvable des biens insaisissables, comme les rentes sur l'État, ou faciles à cacher, comme les titres au porteur ; 3° on lui compose un lot de biens inférieurs à la valeur de sa part et on compense la différence par des remises secrètes de valeurs ou d'argent.

La Cour de Douai a même jugé que le créancier n'avait pas à démontrer le préjudice : il suffirait qu'il n'eût pas été appelé. La Cour de cassation, avec plus de raison, exige que le créancier se plaigne d'un dommage ; s'il n'a pas d'intérêt, il n'a pas d'action (Cass., 22 déc. 1869, D. 70. 1. 253, S. 70. 1. 347).

Il suffit que les cohéritiers appellent le créancier opposant au début de la procédure pour le mettre en demeure de surveiller ses droits ; il n'est pas nécessaire qu'on lui dénonce chaque acte de la procédure, quand cette mise en demeure initiale est demeurée sans effet (Cass., 1er mars 1898, D. 98. 1. 295, S. 98. 1. 401).

2437. Droits du créancier opposant. — Le droit du créancier, quand il est appelé au partage, se borne à en surveiller les opérations, pour s'assurer qu'il est fait loyalement. Il peut, par exemple, demander que les lots soient composés conformément à l'art. 832 ; on lui reconnaît aussi, mais cela pourrait être discuté, le droit d'exiger le tirage au sort des lots. En tout cas, il ne peut pas demander que le partage ait lieu en justice, si tous les héritiers sont capables et s'ils sont d'accord pour partager à l'amiable (Cass., 10 janv. 1887, D. 89. 1. 75, S. 87. 1. 377). Il ne peut pas davantage imposer ses volontés aux parties copartageantes (Nancy, 19 juin 1893, D. 94. 2. 572). Si le créancier a été convoqué et s'il ne s'est pas présenté, le partage est définitif à son égard et il a perdu le droit de l'attaquer par l'action Paulienne.

2438. Indisponibilité des parts héréditaires. — L'opposition a-t-elle pour effet d'empêcher les cohéritiers de disposer librement de leurs parts par voie de cession ? L'affirmative a été enseignée par de bons auteurs (Demolombe, t. XVII, n° 238 ; Aubry et Rau, t. VI, § 626, p. 599) et admise jadis par la Cour de cassation (Cass., 18 févr. 1862, D. 62. 1. 224 ; Trib. Toulouse, 4 juin 1890, *Gaz. des trib. du Midi*, 23 juin 1890, Cass., 30 juill. 1895, D. 96. 1. 369, S. 97. 1. 29). Mais c'est ajouter à la loi, qui interdit seulement aux cohéritiers de *partager* en cas d'opposition de leurs créanciers et qui ne déclare pas leurs parts indisponibles (Huc, t. V, n° 433), et plusieurs Cours d'appel ont admis que l'opposition à partage n'empêchait pas les héritiers de céder leurs droits successifs (Bordeaux, 4 déc. 1872, D. 73. 2. 107, S. 73. 2. 78 ; Douai, 20 déc. 1890, D. 92. 2. 27).

Toutefois cette indisponibilité n'a pas pour effet de conférer au créancier opposant un droit de préférence contre les autres : s'il a seul le droit d'intervenir au partage pour le critiquer, les biens qu'il fait rentrer dans le lot du copartageant qui est son débiteur deviennent le gage commun de tous les créanciers de celui-ci (Paris, 23 déc. 1897, D. 98. 2. 488).

2° Effet du défaut d'opposition.

2439. Suppression de l'action Paulienne. — Quand les créanciers n'ont pas fait opposition, le partage, même accompli hors de leur présence, est à l'abri de toute attaque ; l'action Paulienne n'est pas donnée contre lui, fût-il fait en fraude des droits des créanciers et ceux-ci eussent-ils le moyen d'en faire la preuve. C'est une dérogation remarquable aux règles du droit commun et la jurisprudence a longtemps hésité à admettre cette conséquence extrême de l'art. 882 (Amiens, 17 mars 1869, D. 74. 5. 364, S. 69. 2. 196) ; mais elle a fini par l'accepter, sous l'influence de la Cour de cassation (Cass., 9 juill. 1866, D. 66. 1. 369, S. 66. 1. 361 ; Cass., 17 févr. 1874, D. 74. 1. 281, S. 75. 1. 399 ; Cass., 17 nov. 1890, D. 91. 1. 25). L'art. 882 porte en effet qu'« ils ne peuvent attaquer un partage consommé » qu'autant qu'il y a été « procédé sans eux et au préjudice d'une opposition qu'ils auraient formée ». Cette disposition apparaît ainsi comme une restriction considérable du droit des créanciers, fondée sur des raisons d'ordre économique et sur le désir de protéger les familles contre les dangers d'une rescision. Les créanciers qui veulent se réserver l'action Paulienne doivent donc avoir soin de former opposition.

2440. Nécessité de l'enregistrement. — Pour être opposable au créancier, le partage antérieur à son intervention doit avoir *date certaine*. Un simple acte sous seings privés ne suffirait pas pour l'arrêter. En effet, quand il fait opposition au partage, le créancier use d'un droit qui lui est propre ; il est *un tiers*, et l'art. 1328 lui devient applicable. Sans cela, les créanciers n'auraient aucune garantie sérieuse : aussitôt qu'ils seraient touchés par une opposition les cohéritiers s'empresseraient de rédiger un acte de partage qu'ils antidateraient, et lui répondraient que son opposition arrive trop tard.

2441. Actions exceptionnelles laissées aux créanciers. — La rigueur de l'art. 882 se tempère par une double restriction.

1° Cas de partage simulé. — On empêche les créanciers d'attaquer un partage sérieux ; mais leur action est recevable si l'acte qu'on présente est purement fictif et si l'indivision continue dans la réalité. Le désir de la loi de maintenir le partage, malgré le préjudice subi par les créanciers, n'a plus alors de raison d'être. Arrêts nombreux en ce sens ; voyez Bourges, 18 juill. 1892, D. 92. 2. 609, S. 93. 2. 210.

2° Cas de partage hatif. — Il est possible que les cohéritiers, prévoyant l'intervention des créanciers de l'un d'eux, se hâtent de faire le partage, de façon à éviter l'opposition. Cette hâte est une fraude qui tend à priver les créanciers du droit que la loi leur donne, de sorte que l'on ne peut plus reprocher à ceux-ci de n'en avoir point usé ; ils conserveraient donc le droit d'attaquer le partage, conformément au droit commun (Bourges, 18 juill. 1892, précité, et Cass., 17 nov. 1890, D. 91. 1. 25).

2442. Actes régis par l'art. 882. — On trouve dans les arrêts une tendance à interpréter la loi restrictivement d'une autre façon encore. C'est seulement pour le *partage* que la nécessité d'une opposition est imposée aux créanciers ; par suite l'absence d'opposition ne les empêche pas d'attaquer pour cause de fraude une *cession de droits successifs*, qui a les caractères d'une vente plutôt que d'un partage (Poitiers, 18 mai 1881, D. 82. 2. 103 ; Poitiers, 9 mars 1893, D. 95. 2. 121, S. 94. 2. 153).

LE RETRAIT SUCCESSORAL [1]

CHAPITRE UNIQUE

§ 1. — *Préliminaires.*

* **2443. Son but.** — Le retrait successoral, établi par l'art. 841 [2], suppose que l'un des héritiers a *vendu* sa part à un *étranger*, c'est-à-dire à une personne qui n'était pas appelée par la loi à succéder, et le retrait a pour but d'*empêcher l'acquéreur de prendre part au partage, en lui enlevant la part qu'il avait achetée.* Le motif qui l'a fait admettre jadis et maintenir dans notre droit actuel est le désir d'écarter un étranger, qui poursuit une spéculation et qui s'introduit dans les secrets de la famille.

2444. Critique. — Il peut y avoir là un intérêt sérieux à protéger, mais on n'y réussit qu'en causant un préjudice considérable aux héritiers quand ils ont besoin de réaliser leurs parts en les vendant, car ils ne trouvent à le faire qu'à des conditions désavantageuses, à cause de la menace du retrait, qui enlève aux acquéreurs l'espoir de faire une bonne affaire.

D'ailleurs la loi n'atteint même pas son but : rien n'est plus facile que de la tourner en cachant la vente soit sous la forme d'une *donation*, soit sous celle d'un *mandat*. Comme le retrait est une véritable expropriation pour cause d'utilité privée, on voit que le Code aurait bien fait de ne pas le conserver.

2445. Origine du retrait successoral. — Notre ancienne jurisprudence l'a tiré des lois « Per diversas » et « Ab Anastasio » (*Code*, liv. IV, tit. 35, lois 22 et 23), qui étaient relatives aux cessions de *droits litigieux* et qui ont été étendues à la matière des successions, à une époque où les retraits étaient fort en faveur.

§ 2. — *Conditions du retrait.*

* **2446. Énumération.** — Pour que le retrait puisse être exercé, il faut :

1° Qu'il s'agisse d'une *cession de droits successifs* ;

2° Qu'elle soit *faite à titre onéreux* ;

3° Qu'elle ait eu lieu *au profit d'un étranger*.

2447. Cas où il y a cession de droits successifs. — On suppose une cession faite par un *successeur universel d'une personne décédée*. L'art. 841 dit un « cohéritier », mais il faut donner à ce mot un sens large, comprenant à la fois les *héritiers légitimes*, les *successeurs irréguliers*, et même les *légataires universels ou à titre universel*, qui sont « loco heredum ». Mais l'art. 841 serait sans application possible à la cession faite par un légataire particulier et, à plus forte raison, par un ayant droit dans une communauté conjugale (Cass., 12 déc. 1894, D. 95. 1. 286, S. 95. 1. 257) ou dans une société quelconque.

Il faut de plus que ce successeur ait cédé « son droit à la succession » (art. 841), ce qui suppose qu'il a cédé soit sa *part entière*, soit une *quote-part* de cette part, et que le cessionnaire ne se présente pas pour réclamer simplement un objet particulier (Cass., 23 mars 1870, D. 70. 1. 422, S. 71. 1. 78 ; Pau, 12 déc. 1892, D. 94. 2. 167). Cependant il y aurait lieu à retrait si, pour éluder la loi, le cohéritier avait cédé à titre particulier

[1] Sur les retraits en général, voyez t. II, nos 1647-1648.
[2] Cet article est le seul qui soit relatif à la matière.

ses droits dans tous les biens héréditaires individuellement désignés (Rennes, 15 janv. 1880, D. 81. 2. 114, S. 81. 2. 185). Mais cette question d'appréciation soulève des difficultés sérieuses dans la pratique.

2448. Cas où il y a donation. — Une donation n'est jamais sujette à retrait, puisque le retrait ne peut se faire que moyennant le remboursement du prix. Cependant si la donation apparente cachait une vente réelle, le retrait pourrait être exercé, sous la seule condition de prouver la véritable nature de l'acte.

2449. Qualité du cessionnaire. — Le retrait n'est possible que contre un *étranger*. C'est une condition qui est rendue nécessaire par le but même de ce retrait : exercé contre un successible, le retrait ne l'empêcherait pas de venir au partage pour sa propre part. On considère comme étrangers à ce point de vue tous *ceux qui ne sont pas appelés au partage en qualité de successeurs universels*. Ainsi le retrait pourrait être exercé contre les personnes suivantes :

1° Les légataires particuliers. — La différence ainsi faite entre les légataires universels ou à titre universel et les légataires particuliers crée une difficulté quand le cessionnaire contre lequel le retrait est exercé est un légataire d'usufruit. Deux arrêts, abandonnant ici la solution qui prévaut sur d'autres points en jurisprudence, ont décidé que le retrait était toujours possible parce que le legs d'usufruit n'est jamais qu'un legs particulier (Besançon, 6 févr. 1872, D. 72. 2. 140 ; Rennes, 15 janv. 1880, D. 81. 2. 114, S. 81. 2. 185). Comp. ci-dessous nos 2809-2811.

2° Les parents non successibles. — Tel serait un parent, qui se trouverait écarté de la succession par le testament ou par un parent plus proche (cas prévu par l'art. 841) ; ou encore un successible qui aurait renoncé pour s'en tenir à son don ou pour tout autre cause.

3° Les conjoints des héritiers. — Le retrait serait possible même contre le mari d'une femme appelée à la succession bien que le mari ait le droit d'assister au partage comme administrateur des biens de sa femme (Bordeaux, 25 mars 1857, D. 57. 2. 116, S. 58. 2. 289).

4° Le conjoint du défunt. — Il sera écarté par le retrait bien que sa qualité de commun en biens avec le défunt lui donne personnellement le droit d'assister au partage (Agen, 27 janv. 1880, D. 80. 2. 187, S. 81. 2. 9).

Toutes ces solutions témoignent que la jurisprudence ne tient nullement à restreindre l'application du retrait. Quelques auteurs vont plus loin encore. Ainsi M. Demolombe pensait que l'ascendant donateur, cessionnaire d'une part d'un autre héritier, devait subir le retrait à raison de la séparation qui existe entre la succession anomale et la succession ordinaire (T. XVI, n° 44).

§ 3. — *Par qui le retrait peut être exercé.*

2450. Formule générale. — Peuvent exercer le retrait les *cohéritiers* du cédant, c'est-à-dire ceux qui n'auraient pas à le subir, s'ils étaient eux-mêmes cessionnaires ; ce sont les héritiers légitimes, successeurs irréguliers, légataires universels ou à titre universel, sans distinguer s'ils ont accepté la succession purement et simplement ou sous bénéfice d'inventaire.

Le retrait est considéré comme un droit *personnel*, que les créanciers ne peuvent pas exercer du chef de leur débiteur.

2451. Corollaire. — Par suite ne peuvent exercer le retrait, ni les cessionnaires de droits successifs, ni les héritiers renonçants, ni ceux qui sont exclus de la succession par des dispositions à titre universel. Il en serait de même de l'héritier qui a cédé sa part, et qui a ainsi perdu tout droit à intervenir dans le partage de la succession.

2452. Bénéfice du retrait. — Chaque cohéritier possède *individuellement* le droit d'exercer le retrait, et celui qui l'exerce seul en conserve pour lui seul tout le profit : il prend, outre sa part, la part soumise au retrait et qu'il a rachetée, exactement comme s'il en avait été lui-même le cessionnaire primitif[1].

[1] Voyez cependant Toulouse, 11 févr. 1888 (Dalloz, *Suppl.*, t. XVII, p. 218, note 1 ;

Cependant, si les autres ou quelques-uns des autres intervenaient avant que le cessionnaire eût accepté le retrait ou que le tribunal l'eût prononcé par jugement, tous seraient admis à en profiter en proportion de leurs parts héréditaires. En d'autres termes, le droit étant ouvert à tous, il ne suffit pas que la demande soit *formée* par l'un d'eux pour que les autres en soient privés; il faut que le retrait soit *consommé*, pour qu'il y ait un droit exclusif acquis au retrayant.

§ 4. — *Exercice du retrait.*

2453. Absence de délai. — Il n'y a pas de prescription spéciale; aucun délai n'est fixé. L'action en retrait, comme l'action en rapport, est un accessoire de l'action en partage, le retrait est lui-même un incident du partage. Elle reste donc imprescriptible tant que dure l'indivision.

2454. Effet du partage consommé. — Si les héritiers avaient admis le cessionnaire aux premières opérations du partage, il n'en résulterait aucune déchéance, car ils peuvent découvrir, au cours de ces opérations, des motifs qui les décident à opérer le retrait. Toutefois il faut pour cela que le partage ne soit pas encore terminé; sinon, tout serait consommé et le retrait n'aurait plus de raison d'être. En d'autres termes le retrait, qui est possible tant que dure l'indivision, ne l'est plus quand elle a cessé.

2455. Remboursement du cessionnaire. — Celui qui veut exercer le retrait doit rembourser au retrayé « le prix de la cession » (art. 841). Ce remboursement a pour objet le *prix réel*, payé par le cessionnaire, et non la valeur de la part acquise par lui, au cas où elle serait supérieure au prix. Souvent l'acte de cession porte un *prix exagéré* destiné à empêcher le retrait; si la preuve de cette fraude est fournie, le retrait aura lieu moyennant le simple remboursement du prix vrai.

Si un terme a été stipulé pour le paiement du prix, le retrayant en jouira aux lieu et place du cessionnaire, sans que celui-ci puisse exiger une caution en attendant.

2456. Accessoires du prix. — Ce n'est pas seulement le prix qui doit être remboursé, mais avec lui les *frais et loyaux coûts du contrat* et les *intérêts* depuis le jour où le prix a été payé. Ceci n'est pas dit dans l'art. 841 à propos du retrait successoral, mais dans l'art. 1699, pour le retrait litigieux, dont on applique ici les règles par analogie. La règle traditionnelle veut qu'on rende le cessionnaire complètement indemne.

On lui doit les intérêts de son prix; mais s'il avait déjà perçu des fruits et revenus de la succession, il en doit compte, ce qui fait qu'on en déduirait le montant des sommes qui lui sont dues.

2457. Cas particuliers. — Des hypothèses spéciales se présentent :

1° Prix fixé autrement qu'en argent. — Si le prix de la cession a consisté en objets en nature ou en prestations et services, comme on ne peut ni obliger le retrayant à en fournir de semblables, ni l'empêcher pour cette raison d'exercer le retrait, on estimera en argent la valeur fournie par le retrayé et ce sera cette somme qui lui sera versée.

2° Prix fixé sous forme de rente viagère. — Quand le cédant est déjà mort au moment du retrait la rente est éteinte et le retrayant n'a à rembourser que le total des arrérages effectivement payés par le cessionnaire (Chambéry, 12 févr. 1878, D. 79. 2. 201, S. 79. 2. 332). Si le cessionnaire vit encore, le retrayant devra, outre le remboursement des termes de rente déjà courus, s'engager à la servir à l'avenir à la place du retrayé, de façon que celui-ci ne soit pas inquiété pour cette raison.

3° Existence de plusieurs cessions successives. — Lorsque la part vendue a fait l'objet de plusieurs cessions successives pour des prix différents, c'est *le prix de la der-*

S. 90. 2. 222) décidant que, lorsque la faculté de retrait se trouve transmise aux héritiers d'un successible, celui d'entre eux qui l'exerce est obligé d'en communiquer le profit aux autres. Ceci tient à ce que chacun des héritiers du successible décédé sans avoir exercé le retrait ne possède lui-même cette faculté que pour sa part. C'est l'effet de la division des droits d'un défunt entre ses héritiers, qui ne contrarie en rien la solution donnée au texte.

nière cession, qui doit être remboursée par le retrayant (Besançon, 5 juin 1857, D. 58. 2. 111). Cette solution est combattue par une partie de la doctrine, parce qu'il était de tradition, en matière de *retrait lignager*, que le retrayant remboursât le prix de la première cession (POTHIER, *Retraits*, n° 341); cette tradition semble contraire au texte actuel.

§ 5. — *Effets du retrait.*

*2458. **Sa nature.** — Un retrait est une opération « sui generis », qu'il ne faut pas confondre ni avec une *résolution* ni avec une *annulation* de la cession. Ce n'est pas davantage une *revente* ou une *rétrocession* consentie par le cessionnaire au retrayant. L'ancienne cession subsiste ; il y a seulement *substitution d'un nouvel acquéreur à l'acquéreur primitif*. Le retrayant prend le marché pour lui ; il n'est pas l'ayant cause du cessionnaire, dont la personne disparaît, mais bien du cédant avec qui il se trouve en rapport direct. On qualifiait jadis de « subrogation » ce changement de personne.

2459. **Conséquences.** — On en tire cette conséquence qu'il n'est dû aucun nouveau *droit de mutation*, mais seulement un *droit de libération*, pour les sommes remboursées, ou un *droit d'obligation*, pour celles que le retrayant s'oblige à payer en l'acquit du retrayé. Il n'y a pas lieu non plus à *transcription*, quand la succession comprend des immeubles.

2460. **Survie des obligations du retrayé.** — Malgré le retrait, le cessionnaire reste obligé en vertu de la cession envers le cédant. Le retrait, qui est « res inter alios acta » pour le cédant, n'a pas pour effet d'enlever à celui-ci sa créance comme le ferait une novation.

*2461. **Rétroactivité du retrait.** — Relativement à la propriété, le retrait opère substitution complète d'une personne à l'autre. Le retrayant devient rétroactivement propriétaire comme s'il avait acquis lui-même cette part du premier coup ; et tous les effets de l'acquisition sont anéantis à l'égard du retrayé : ceux de ses droits ou charges qui s'étaient éteints par confusion ou par consolidation reparaissent, et les droits réels nés de son chef se trouvent résolus.

2462. **Garantie de la cession.** — Aucune garantie n'est due par le cessionnaire au retrayant, de sorte que celui-ci ne pourrait pas refuser de rembourser le prix de la cession sous prétexte qu'il est menacé d'éviction par un tiers qui intente une pétition d'hérédité (Cass., 27 janv. 1892, D. 92. 1. 113, S. 93. 1. 17). Mais le retrayant a droit à la garantie de la part du cédant, dans les termes du droit commun.

APPENDICE

A LA MATIÈRE DES SUCCESSIONS

DÉVOLUTION DU PATRIMOINE D'UN ABSENT

2463. Motif de cette dévolution. — L'absence n'ouvre pas la succession ; l'art. 130 dit formellement que la succession de l'absent est ouverte seulement « du jour de son décès *prouvé* ». Cependant la loi organise en cas d'absence une dévolution spéciale des biens délaissés par l'absent, qui ressemble à l'ouverture de sa succession : cette dévolution a lieu au profit de ses héritiers présomptifs et des autres personnes ayant des droits subordonnés au décès de l'absent. C'est ce qui fait dire à beaucoup de personnes que l'absent est « réputé mort » et que sa succession est « provisoirement ouverte », formule fausse comme on va le voir : les effets qui se produisent alors sont fort éloignés de ceux qui résultent de l'ouverture d'une succession.

Mais, quand l'absence se prolonge, il faut bien arriver à confier à quelqu'un ce patrimoine délaissé, et on ne pouvait le remettre aux mains d'un administrateur salarié, qui n'aurait eu aucun intérêt personnel à le bien gérer ; au contraire, ceux qui sont appelés à le recueillir au cas où l'absent serait réellement mort et ne reparaîtrait jamais sont les premiers intéressés à sa conservation. On le leur remet donc au moyen d'une formalité spéciale, l'*envoi en possession*. A partir de ce moment, le patrimoine de l'absent est géré par des administrateurs qu'on a tout lieu de croire diligents, tandis que jusque-là, pendant toute la première période, dite *présomption d'absence* (t. I, n° 693-1°), ce patrimoine est véritablement laissé à l'abandon ; les mesures que le tribunal peut ordonner en vertu de l'art. 112, et qui ne lui sont permises qu'en cas de *nécessité*, ne remplissent leur but que très imparfaitement.

2464. Au profit de qui elle s'opère. — Les biens laissés par l'absent sont attribués à ceux qui lui auraient succédé comme héritiers ab intestat ou comme légataires, s'il était réellement mort au jour de sa disparition ou de ses dernières nouvelles et si la preuve de son décès pouvait être rapportée. Il était impossible de se placer à une autre époque pour déterminer les ayants droit, puisque depuis lors on est dans l'incertitude complète sur la vie ou la mort de l'absent, mais il est clair que dans beaucoup de cas ce moment ne coïncidera pas avec l'époque véritable de la mort et que la dévolution des biens profitera à des personnes qui n'auraient pas succédé à l'absent, si le jour de sa mort avait été connu.

2465. Distinction des deux envois en possession. — Les héritiers présomptifs de l'absent et autres ayants droit ont à demander successivement un *double envoi en possession* : le premier est dit « envoi provisoire » ; le second est appelé « envoi définitif ». Comp. t. I, n° 693.

§ 1. — *De l'envoi en possession provisoire.*

A. — Qui peut le demander.

2466. Droits des héritiers présomptifs et du conjoint. — D'après l'art. 120, le droit de demander l'envoi en possession appartient à ceux qui étaient les *héritiers présomptifs de l'absent* au jour de sa disparition ou de ses dernières nouvelles. Il faut reconnaître le même droit aux *légataires universels ou à titre universel* qui se présenteraient porteurs d'un testament fait à leur profit.

S'il n'y a aucun parent habile à succéder, l'époux présent peut demander l'envoi en possession provisoire (art. 140).

2467. Droit des légataires et autres intéressés. — Quand les héritiers ou autres successeurs universels se sont ainsi fait envoyer en possession, les autres intéressés, c'est-à-dire les *légataires particuliers*, les *donataires* et autres personnes ayant sur les biens de l'absent des *droits subordonnés à son décès* [1], sont admis à les exercer provisoirement (art. 123). C'est en effet l'ordre naturel : les héritiers, étant les plus forts intéressés, agissent promptement et les autres ayants droit leur demandent la délivrance des sommes ou objets qui leur reviennent, absolument comme s'ils étaient en face d'héritiers ayant succédé à une personne décédée. Telle est la situation prévue par l'art. 123. Mais il peut arriver que les héritiers du sang s'abstiennent d'agir, se sachant dépouillés par le testament du défunt. Alors ce testament ne sera pas ouvert et les légataires se verront dans l'impossibilité d'exercer leurs droits. Mais tout le monde admet que les légataires et autres intéressés pourraient en ce cas faire *sommation* aux héritiers d'avoir à demander l'envoi en possession et, sur leur refus, se faire autoriser par justice à exercer les droits qui leur appartiennent. Le testament sera alors ouvert sur les réquisitions du ministère public (art. 123).

2468. Transmissibilité du droit. — Quand ceux qui avaient des droits sur les biens de l'absent au jour de sa disparition ou de ses dernières nouvelles, décèdent avant le jour où l'envoi en possession peut être prononcé, leur droit passe à leurs propres héritiers ou autres successeurs. Une fois fixé en leur personne, il ne peut plus s'éteindre, et devient transmissible.

B. — Époque et conditions de l'envoi provisoire.

2469. Quand il peut être demandé. — L'art. 120 dit que l'envoi en possession est demandé « en vertu du jugement définitif qui déclare l'absence ». Ce texte suppose donc qu'il y a une seconde demande formée dans ce but après la première qui tend seulement à la déclaration de l'absence. Mais dans la pratique, pour économiser du temps et des frais, on forme *les deux demandes en même temps* et c'est *un seul et même jugement qui déclare l'absence et qui accorde l'envoi en possession.*

En tout cas, il résulte de là que les délais établis par la loi pour la déclaration d'absence (cinq ans ou onze ans selon que l'absent aura laissé ou non un procureur fondé) sont en même temps ceux de l'envoi en possession. Voyez les art. 115, 119, 121 et 122, et t. I, nos 682 et 687.

2470. Caution à fournir. — Tout envoyé en possession des biens d'un absent doit fournir caution *pour la sûreté de son administration* (art. 120 *in fine*. — Comp. art. 123 *in fine*). Cette caution n'est cependant pas exigée de l'État, quand il demande l'envoi en possession.

C'est une *caution légale* qui est ici exigée ; elle doit donc remplir les conditions indiquées dans les art. 2018 et 2019 ; mais elle peut être remplacée par un nantissement ou une hypothèque (art. 2041). Au cas où celui qui demande l'envoi en possession ne trouve pas de caution et ne peut offrir une autre sûreté équivalente, on applique par analogie les dispositions des art. 602 et 603 relatifs à l'usufruitier.

2471. Inventaire. — Sur l'obligation de faire dresser un inventaire, voyez l'art. 126, al. 1.

2472. Vente du mobilier. — D'après l'art. 126, le tribunal ordonne, *s'il y a lieu*, la vente du mobilier. Les magistrats ont donc un pouvoir discrétionnaire pour décider la vente et pour désigner les meubles à vendre. Rien n'est réglé pour les formes à suivre ; ils pourraient donc autoriser une vente à l'amiable.

2473. Placement du prix et des fruits. — Ce placement est ordonné par l'art.

[1] Voyez la liste de ces personnes, t. I, n° 685.

126, al. 2, seulement pour le cas de vente. Aucune règle n'est établie par la loi ni pour le délai ni pour le mode d'emploi.

2474. État des immeubles. — Si les envoyés en possession prennent les biens en mauvais état, ils peuvent demander qu'un état des immeubles soit dressé dans les formes prescrites par l'art. 126, al. 3. C'est une mesure *facultative* qui est prise « pour leur sûreté », afin d'éviter que l'absent de retour ne veuille les rendre responsables du mauvais état de ses biens. Au cas où cette précaution n'aurait pas été prise, les envoyés en possession ne seraient pas présumés avoir reçu les biens en bon état. La présomption légale, écrite dans l'art. 1731, pour régler les rapports entre preneur et bailleur est ici hors de mise.

C. — Effets de l'envoi provisoire.

2475. Énumération. — Les conséquences de l'envoi provisoire sont les suivantes : 1° l'ouverture du *droit de mutation* ; 2° l'ouverture du droit de demander le *rapport* ; 3° le *partage provisoire* de la succession ; 4° la concession aux envoyés en possession d'un *pouvoir d'administrer* ; 5° l'allocation aux envoyés d'une *partie des fruits*.

1° Droit de mutation.

2476. Caractère fiscal de la règle. — Comme la succession de l'absent n'est pas ouverte et qu'elle ne sera peut-être jamais au profit de ceux qui obtiennent l'envoi en possession, l'État ne devrait pas exiger d'eux le droit de mutation. Telle était d'ailleurs la règle primitive ; mais en 1816, comme le Trésor avait besoin d'argent, on imagina de le leur faire payer (L. 28 avril 1816, art. 40). C'est une des nombreuses mesures qui furent prises alors pour parer au déficit creusé par les guerres de Napoléon. Elle se justifie d'ailleurs par cette considération pratique que, dans la plupart des cas, l'absent ne revient pas et que l'envoi en possession équivaut à l'ouverture de sa succession au profit de ses héritiers présomptifs.

En cas de retour de l'absent, la loi de 1816 ordonne la restitution du droit perçu, sous déduction de celui auquel aura donné lieu la jouissance temporaire ainsi procurée aux envoyés en possession.

2° Droit au rapport.

2477. Solution doctrinale. — Rien n'est dit à ce sujet dans la loi. Mais la doctrine admet en général que les cohéritiers appelés à bénéficier de l'envoi en possession provisoire, se doivent réciproquement le rapport des libéralités qu'ils ont pu recevoir de l'absent (Demolombe, t. II, n° 132 ; Aubry et Rau, t. I, § 153, 4e édit., p. 609, note 20 ; 5e édit., p. 927 ; Dalloz, *Répert.*, v° Absence, n° 33). On ne signale guère d'autre dissentiment que celui de Laurent (t. II, n° 129), qui ne veut voir dans les envoyés en possession que des administrateurs. On peut cependant justifier, par un raisonnement en règle, la solution qui a triomphé : les envoyés en possession sont admis à exercer sur les biens de l'absent les droits qui devaient s'ouvrir pour eux à son décès ; ils ne peuvent naturellement les exercer que sous les conditions qui les auraient alors suspendus ou amoindris et parmi ces conditions figure l'obligation réciproque du rapport.

2478. Solution contraire pour la réduction. — Il en est tout autrement de l'action en réduction que les héritiers pourraient être admis à exercer *contre les tiers donataires* : les donations faites par l'absent ne deviennent réductibles que par l'effet de son décès *prouvé* et au profit de ses *héritiers* ; les envoyés en possession, ne pouvant pas prouver le décès, ne sont pas recevables dans leur action (Caen, 24 févr. 1872, D. 73. 2. 81, S. 72. 2. 241). L'opinion contraire a cependant de bonnes raisons à faire valoir. Voyez la note de M. Garsonnet, dans le *Dalloz* sous l'arrêt précité et Demante, t. I, nos 152 *bis* IV-VI.

3° Partage provisoire des biens.

2479. Nécessité d'un partage. — Le plus souvent, la personne disparue laisse plusieurs héritiers présomptifs. Il est impossible de leur laisser la possession indivise de tous les biens. Rationnellement, ils doivent procéder à un partage. C'est la solution la plus communément admise (DALLOZ, *Suppl.*, v° Absence, n° 35). Mais naturellement ils ne peuvent pas liciter les immeubles impartageables, à moins de procéder à cette opération entre eux et en excluant les étrangers (Orléans, 1er déc. 1859, D. 60. 2. 159).

2480. Son effet. — Ce partage semblerait devoir être purement provisoire et pouvoir être suivi d'un partage nouveau après l'envoi en possession définitif. En ce sens, LAURENT, t. II, n° 226. Mais il est plus généralement admis que les envoyés en possession peuvent dès le premier jour procéder à un partage définitif entre eux et même que leur intention à cet égard doit être présumée telle (DEMOLOMBE, t. II, n° 153).

4° Administration de la succession.

2481. Caractère du droit des envoyés en possession. — Pour qualifier leur droit, l'art. 125 dit que l'envoi en possession n'est qu'un *dépôt*. Expression peu exacte, car il y a de fortes différences entre leur situation et celle d'un dépositaire véritable. Il ne faut voir là qu'une comparaison à l'aide de laquelle la loi a voulu marquer le *caractère précaire* de leur possession et l'obligation qu'ils ont de respecter les droits de l'absent, qui n'est peut-être pas mort et envers lequel ils seront un jour responsables et comptables. On doit conclure de là :

1° Que les biens leur sont confiés *dans l'intérêt de l'absent*, au moins autant que dans le leur ;

2° Que tout espoir de *prescrire contre lui* leur est interdit.

2482. Actes d'administration. — Tous les actes d'administration sont permis aux envoyés en possession des biens d'un absent (art. 123), mais le texte s'exprime en termes vagues et ne précise rien. Il aurait dû s'expliquer sur la *durée des baux* qu'ils peuvent consentir. En général, on leur applique par analogie les art. 1429 et 1430.

Il semble bien que tous ces actes, qui tendent à conserver la fortune de l'absent, ne leur sont pas seulement *permis*, mais sont *obligatoires* pour eux et qu'ils seraient responsables de ne les avoir pas faits.

2483. Actes d'aliénation. — En revanche l'art. 128 leur interdit d'*aliéner* ou d'*hypothéquer* les *immeubles* de l'absent. Il y a controverse pour les *meubles*, dont la loi n'a pas parlé, mais sa disposition spéciale aux immeubles ne paraît pas pouvoir être étendue au delà de ses termes. L'inventaire et la caution, avec la responsabilité personnelle de l'envoyé, ont pu paraître des garanties suffisantes aux rédacteurs de la loi ; mais il est certain qu'il y a là une lacune.

En cas de nécessité, par exemple quand il y a lieu de faire de grosses réparations, les immeubles de l'absent peuvent être hypothéqués *avec l'autorisation de la justice* (art. 2126). On admet que le tribunal pourrait également autoriser une *vente*.

2484. Exercice des actions de l'absent. — Comme on ne peut pas empêcher les tiers d'agir quand ils ont des droits à faire valoir contre l'absent, la loi donne qualité aux envoyés en possession pour *défendre* à toutes les actions intentées par des tiers (art. 134).

Quant à l'*exercice actif* des actions appartenant à l'absent, la loi n'en a rien dit. On admet généralement que les envoyés en possession peuvent intenter *toutes les actions* de l'absent. Il n'y a pas de difficultés pour les *actions mobilières* et pour les *actions possessoires*, qui rentrent ordinairement dans les pouvoirs des administrateurs du bien d'autrui (art. 1428). Il y a plus de doute pour les *actions immobilières pétitoires* ; toutefois l'opinion générale les leur donne également (Douai, 28 janv. 1853, D. 56. 2. 192).

Les jugements rendus pour ou contre les envoyés en possession provisoire sont opposables à l'absent de retour : il a été représenté par eux.

2485. Transaction et compromis. — L'autorisation du juge est certainement nécessaire, si l'envoyé en possession veut transiger ou compromettre sur un droit *immobilier*, puisqu'il n'en a pas la libre disposition (art. 1989 et 2045 combinés avec l'art. 128). Il y a controverse dans la doctrine relativement aux droits mobiliers ; il semble que cela dépend du parti que l'on prend sur la question de savoir si l'envoyé en possession peut aliéner les meubles. Voyez en sens divers DEMOLOMBE, t. II, n° 115; AUBRY et RAU, t. I, § 153, texte et note 9.

2486. Placement des capitaux. — Les envoyés en possession provisoire ont évidemment qualité pour recevoir le remboursement des capitaux dus à l'absent, quand ils arrivent à échéance. La loi n'en a rien dit. Dans la pratique on considère généralement que l'obligation de faire emploi, établie par l'art. 126, al. 2, pour le prix du mobilier dont le tribunal a ordonné la vente, s'étend aux capitaux ainsi remboursés (Orléans, 22 nov. 1850, D. 51. 2. 70, S. 51. 2. 553).

2487. Paiement des dettes. — Les envoyés en possession provisoire sont certainement obligés de payer les dettes de l'absent à l'aide des biens qu'il a laissés : ils ne recueillent son patrimoine qu'avec les charges qui le grèvent. Mais comme ils n'ont pas la qualité d'héritiers, ils ne peuvent pas être poursuivis sur leurs biens personnels. On n'a nul besoin pour cela de les assimiler à des héritiers bénéficiaires : la succession de l'absent n'est pas ouverte; ils gèrent son patrimoine à titre provisoire; ils paient en son nom, de même qu'ils plaident en son nom.

2488. Conservation de leurs droits personnels. — De la même idée découle une autre conséquence : tous les droits qui leur appartiennent en propre, et qui se trouveraient paralysés ou éteints s'il y avait confusion des deux patrimoines par l'effet d'une dévolution héréditaire, subsistent à leur profit. Par exemple, s'ils ont des actions en revendication ou autres à faire valoir contre les tiers, ceux-ci ne peuvent leur opposer aucune exception du chef de l'absent.

5° Attribution des fruits.

2489. Jouissance accordée aux envoyés en possession. — Ceux qui obtiennent l'envoi en possession provisoire ont *la jouissance des revenus de l'absent* (art. 127); la loi les leur attribue et leur permet de les garder, même au cas où l'absent de retour leur réclamerait ses biens, sauf la portion ci-dessous indiquée qui doit lui être restituée.

2490. Portion des fruits réservée à l'absent. — Pour que l'absent ait droit à la restitution d'une partie des fruits, il faut qu'il reparaisse *moins de trente ans* après sa disparition ou ses dernières nouvelles : « après trente ans d'absence, la totalité des revenus leur appartiendra » (art. 127). Les trente années dont il est ici question se comptent à partir du commencement réel de l'absence, et non à partir de sa déclaration par jugement; c'est ce qui résulte du premier alinéa de l'art. 127. Si l'on attendait que trente ans soient écoulés depuis la déclaration d'absence, l'attribution totale des fruits ne profiterait jamais aux envoyés en possession provisoire, puisqu'on entrerait alors dans la période de l'envoi définitif.

Quand l'absent reparaît avant trente ans, la quotité de fruits à laquelle il a droit varie : elle est du *cinquième*, si l'on est encore dans les quinze premières années, du *dixième* seulement, s'il y a plus de quinze ans écoulés (art. 127).

Malgré la généralité des termes dont s'est servie la loi, il faut décider que les revenus ainsi attribués aux envoyés en possession provisoire sont seulement ceux qui ont couru depuis le jugement d'envoi en possession; les fruits et revenus antérieurs leur sont attribués en même temps que le capital et sont restituables comme lui. L'art. 126 en ordonne même le placement.

La portion de fruits restituable s'évalue sur le revenu net, car l'absent doit supporter une partie des réparations et des charges annuelles proportionnelle à la quotité du revenu qu'on lui rend.

§ 2. — *De l'envoi en possession définitif.*

A. — Conditions et formes.

2491. Moment où il devient possible. — Le régime de l'envoi en possession est temporaire; il ne peut durer que trente ans au plus. Il est remplacé par l'envoi en possession définitif. Celui-ci est possible dans deux cas :

1° *Quand il y a trente ans que l'absence a été déclarée* (art. 129). La loi a mal déterminé le point de départ de ce délai de trente ans : elle le fait courir *du jour de l'envoi provisoire*. Cela n'a pas d'inconvénient, parce que la plupart du temps la déclaration d'absence et l'envoi provisoire sont prononcés par le même jugement (ci-dessus n° 2469); mais il est possible que l'envoi provisoire n'ait été demandé que plus tard ou même n'ait pas été demandé du tout : l'envoi définitif n'en sera pas moins possible au bout de trente ans. C'est l'avis général (DALLOZ, *Répert.*, v° Absence, n° 432, *Suppl.*, n° 56), combattu seulement par LAURENT (t. II, n° 222), qui tient toujours à son système d'interprétation stricte au risque de donner aux lois un sens déraisonnable.

En outre l'envoi définitif peut n'être pas précédé d'un envoi provisoire, lorsque le conjoint présent a empêché cet envoi en optant pour la continuation provisoire de la communauté.

2° *Quand il y a cent ans que l'absent est né* (art. 129). Son décès devient alors presque une certitude et la prolongation de l'envoi provisoire n'a plus de raison d'être. Il serait même possible que la demande d'envoi en possession définitive fût recevable dès le jour où l'absence est déclarée, si l'absent a disparu étant déjà près de sa centième année.

2492. Compétence et procédure. — L'envoi définitif ne se substitue pas de plein droit à l'envoi provisoire; lui aussi a besoin d'être *prononcé par jugement* (art. 129 *in fine*). Le tribunal compétent est celui qui a déclaré l'absence (t. I, n° 686). Aucune règle de procédure n'a été établie par le Code; dans l'opinion générale le tribunal n'est pas obligé de procéder à une nouvelle enquête. Voyez cependant AUBRY et RAU, t. I, § 156, 4e édit., p. 622, 5e édit., p. 942.

B. — Effets de l'envoi définitif.

2493. Fin du régime de l'envoi provisoire. — Après l'envoi en possession définitive, toutes les mesures qui avaient été prises pendant l'envoi provisoire prennent fin : les *cautions* sont déchargées et le *partage* définitif des biens peut être demandé (art. 129). On doit généraliser cette indication donnée par le texte; *aucune mesure n'est maintenue dans l'intérêt de l'absent*. Ainsi les envoyés en possession ne sont plus astreints à faire *emploi des capitaux*.

2494. Condition des envoyés en possession. — A partir de ce moment, les envoyés en possession sont, en principe, traités comme de véritables héritiers; ils en ont tous les pouvoirs et toutes les charges.

Ainsi on leur reconnaît le droit d'*agir en réduction contre les donataires* de l'absent, droit qui leur est refusé pendant la période de l'envoi provisoire. Cela est admis, malgré le silence des textes, parce que cela paraît conforme à l'esprit de la loi qui est d'assimiler les effets de l'envoi définitif à ceux de l'ouverture d'une succession. D'ailleurs, si l'action en réduction ne s'ouvrait pas à ce moment, elle ne s'ouvrirait jamais, ce qui serait injuste pour les héritiers réservataires.

Cependant on écarte cette assimilation à un autre point de vue : *on ne considère pas les envoyés en possession comme obligés au paiement des dettes « ultra vires »*. C'est illogique, mais c'est l'effet d'une opinion très répandue qui rattache à la saisine l'obligation aux dettes (ci-dessus n° 1939). Les envoyés en possession, qui sont obligés d'obtenir un jugement, n'ont pas la saisine légale; donc, dit-on, on ne peut les obliger à payer les dettes indéfiniment. On a déjà vu que l'opinion qui sert de point de départ à cette théorie repose sur une confusion et n'est qu'une erreur (ci-dessus n° 1940). Sa conséquence doit être rejetée en même temps qu'elle. N'est-il pas étrange que des enfants ou des collatéraux, qui seraient tenus du passif indéfiniment, s'ils avaient le moyen de prouver la date précise du décès de leur parent, soient investis de plein droit de la qualité d'héritiers bénéficiaires, sans aucune garantie pour les créanciers, uniquement parce qu'ils ne peuvent pas se procurer cette preuve? Quelle raison y a-t-il à cela? Aucune. Mais la question paraît ignorée dans la pratique, parce que quand l'envoi en possession définitif est prononcé il y a plus de trente-cinq ans ou plus de quarante et un ans que l'absent a disparu, et que ses dettes sont depuis longtemps réglées, éteintes ou prescrites.

2495. Droits de l'absent de retour. — La loi a dû prévoir le cas où l'absent reviendrait ou donnerait de ses nouvelles après l'envoi en possession définitif. Elle lui ouvre alors le droit de reprendre ses biens, mais en lui donnant action *seulement contre ceux qui ont obtenu l'envoi en possession* (art. 132). De là résultent les deux conséquences suivantes dont la portée n'est qu'imparfaitement exprimée dans la loi :

1° *Les actes de disposition faits par les envoyés en possession sont maintenus.* La loi dit que l'absent recouvre seulement « le prix de ceux [de ses biens] qui auraient été aliénés ou les biens provenant de l'emploi qui aurait été fait du prix de ses biens vendus » (art. 132). Les *tiers acquéreurs* sont donc à l'abri ; les envoyés en possession restituent seulement ce dont ils se trouvent enrichis. Cette règle s'appliquerait même aux simples constitutions de droits réels, comme les *servitudes* et les *hypothèques*. Il n'y a pas lieu non plus de distinguer entre les aliénations gratuites et les ventes ou échanges.

2° *Les biens existants sont restitués dans l'état où ils se trouvent* (art. 132). Ceci veut dire que l'absent n'a le droit de réclamer aucune indemnité à raison des démolitions, transformations ou dégradations qui ont pu en diminuer la valeur. Les envoyés en possession ont pu se croire propriétaires définitifs et ne sont pas responsables envers lui.

En résulte-t-il, en sens inverse, s'il y a eu *amélioration*, que l'absent puisse reprendre ses biens sans indemniser les envoyés en possession de leurs dépenses ? On décide généralement que l'art. 132 est écrit en faveur des envoyés en possession, pour les décharger de toute responsabilité, mais que la loi n'a pas voulu les priver des droits qu'ils tiennent du droit commun (art. 555) et qu'il n'est pas permis à l'absent de retour de s'enrichir à leurs dépens.

On peut ajouter encore que l'absent devrait tenir compte aux envoyés en possession de tout ce qu'ils ont payé à son acquit.

Du reste, les retours d'absents après quarante ans de silence sont infiniment rares et on ne signale pas de jurisprudence sur toutes ces questions.

QUATRIÈME PARTIE

DONATIONS ET TESTAMENTS

2496. Division. — Il convient d'étudier d'abord la *théorie générale* qui représente *le droit commun* des donations et des testaments, quand ces actes interviennent dans les conditions ordinaires et avec leurs caractères normaux. On verra ensuite les règles spéciales à *diverses variétés de libéralités*, faites dans des circonstances particulières et avec des caractères exceptionnels.

L'étude des règles du droit commun se subdivise de la manière suivante :

1° Notions générales sur les modes de disposition à titre gratuit ;

2° Règles propres aux donations ;

3° Règles propres aux testaments ;

4° Règles communes à ces deux espèces de libéralités.

Il y a avantage à rejeter ces dernières à la fin, bien que le Code les ait placées en tête (art. 896 à 930), parce qu'elles renferment plusieurs difficultés qui se comprennent plus aisément quand on connaît déjà les règles particulières des donations (art. 931 à 966) et celles des testaments (art. 967 à 1047).

2497. Principaux textes antérieurs au Code. — Sur cette matière, il existait déjà en France, avant la confection du Code et en dehors du droit romain et des coutumes, une législation assez abondante. Ses principaux textes étaient :

1° ANCIEN DROIT. — 1° Ordonnance de février 1731, sur les *donations entre vifs*. — 2° Ordonnance d'août 1735 sur les *testaments*. — 3° Ordonnance d'août 1747 sur les *substitutions*. — 4° Lettres patentes du 3 juillet 1749 sur l'*insinuation*.

Les trois premiers de ces textes, dus au chancelier d'Aguesseau, ont été souvent reproduits par le Code.

2° PÉRIODE INTERMÉDIAIRE. — 1° L. 14 novembre 1792 *prohibant les substitutions*. — 2° L. 17 nivôse an II, réunissant dans un même décret les *donations* et les *testaments* et les régissant avec une rigueur excessive. — 3° L. 4 germinal an VIII, abrogeant la précédente et la remplaçant par des dispositions plus douces.

THÉORIE GÉNÉRALE

CHAPITRE PREMIER

NOTIONS PRÉLIMINAIRES

2498. Bibliographie. — I. ANCIEN DROIT. — RICARD, *Traité des donations*, 1652, réédité dans ses *Œuvres complètes* à plusieurs reprises, jusqu'en 1783. — POTHIER, *Donations testamentaires*, 1777 ; *Donations entre vifs*, 1778 (édit. Bugnet, t. VIII). — FURGOLE, *Observations sur l'ordonnance... concernant les donations*, Toulouse, 1733 ; nouv. édit., 1761, en 2 vol. et dans ses *Œuvres complètes*. — Autres ouvrages sur les ordonnances de 1731 et 1735 : GUY DU ROUSSEAU DE LA COMBE, 1733 ; BOUTARIC, 1744 ; SALLÉ, 1752, etc. — FURGOLE, *Traité des testaments*, 1779, 3 vol. in-4.

II. DROIT MODERNE. — GRENIER, *Traité des donations et des testaments*, 1826, 4e édit., augmentée par M. BAYLE-MOUILLARD, 1847, 4 vol. — COIN-DELISLE, *Commentaire analytique sur le titre des donations et testaments*, Paris, 1855, in-4. — BAUDRY-LACANTINERIE et M. COLIN, *Traité des donations entre vifs et des testaments*, 2e édit., 1899, 2 vol. in-8.

** **2499. Nombre actuel des dispositions à titre gratuit.** — Il n'y a plus, d'après le Code Napoléon, que deux manières de disposer de ses biens à titre gratuit : la *donation entre vifs* et le *testament* (art. 893). En réalité, cela en fait trois, car nous avons véritablement deux espèces de donations entre vifs : la *donation de biens présents*, qui est de droit commun, et la *donation de biens à venir*, qui n'est admise qu'en faveur du mariage ou entre époux.

FORMES ANCIENNES DISPARUES. — Anciennement on admettait encore le *codicille*, qui n'existe plus comme mode spécial, s'étant confondu avec le testament proprement dit, et la *donation à cause de mort*, qui a été supprimée.

Enfin on pratiquait la *démission de biens* et le *partage d'ascendant*, qui sont venus se fondre dans notre partage d'ascendant moderne, lequel est tantôt une donation entre vifs et tantôt un testament.

* **2500. Double mode d'emploi de la donation et du legs.** — Bien que réduites à ces deux ou trois formes, les dispositions à titre gratuit présentent encore une souplesse assez grande, qui leur permet de faire face à tous les besoins de la pratique. En effet, il y a deux moyens de les employer.

1° LIBÉRALITÉS DIRECTES. — Le disposant peut attribuer directement à la personne qu'il veut gratifier la qualité de donataire ou de légataire : alors l'accomplissement de la disposition ne met en jeu que deux personnes : le disposant et le gratifié.

2° LIBÉRALITÉS PAR INTERMÉDIAIRE. — Il existe un autre procédé extrêmement ancien, déjà très employé à l'époque romaine et dont la validité n'a jamais été discutée : c'est la *libéralité avec charge*. Le donataire ou légataire est bien encore *attributaire de la propriété des biens,* mais cette propriété n'est pour lui qu'une sorte de dépôt, il en a la garde, l'exploitation, la surveillance, la responsabilité ; il n'en a pas le *profit* : il est en effet obligé de remettre à des tiers, à des époques convenues, et sous des conditions déterminées par le disposant, les revenus qu'il tire des biens qu'on lui a donnés ou légués : les tiers qui les reçoivent sont les *bénéficiaires* de la charge ; c'est à eux vraiment qu'il faut reconnaître la qualité de *gratifiés.*

— Nous parlerons d'abord des libéralités directes ; les libéralités avec charges feront l'objet d'un chapitre spécial (ci-dessous n°s 3008 et suiv.).

§ 1. — *Notion générale de la donation entre vifs.*

** **2501. Définition.** — L'art. 894 définit ainsi la donation : « Un acte par lequel le donateur se dépouille actuellement et irrévocablement de la chose donnée, en faveur du donataire, qui l'accepte. »

Un *acte*... Le projet soumis au Conseil d'État disait : « un *contrat*. » Ce fut le Premier Consul qui demanda le changement, sous le prétexte qu'un contrat « impose des obligations mutuelles aux contractants » et qu'ainsi ce nom ne saurait convenir à la donation dans laquelle le donateur est seul à s'obliger ou à aliéner, sans rien recevoir en retour. Il oubliait qu'il existe des contrats unilatéraux et les conseillers d'État eurent la faiblesse de céder à cette observation maladroite du maître qui ne prouvait par là que son ignorance du droit. La donation est réellement un *contrat* puisqu'elle se forme par un accord de volontés, mais c'est un contrat *unilatéral*.

A. — Éléments intrinsèques de la donation.[1]

** **2502. Énumération.** — La donation suppose essentiellement un *appauvrissement* du donateur et cet appauvrissement est *gratuit* ; de plus il doit être *actuel et irrévocable.* Il est en outre nécessaire de dire quelques mots de la *cause* en matière de donations.

1° Appauvrissement du donateur.

** **2503. Nécessité d'une dation.** — Cet appauvrissement consiste dans le *transfert d'un droit réel* au donataire, qui s'enrichit exactement de tout ce dont le donateur s'appauvrit. Il n'est pas nécessaire que le droit transmis au donataire soit *la propriété d'une chose,* bien que ce soit le cas ordinaire ; on peut faire également une *donation de servitude* ou une *dona-*

[1] C'est par là que la libéralité par intermédiaire se distingue de la *donation par personne interposée*, dans laquelle le donataire direct n'est gratifié qu'en apparence au moyen d'une libéralité purement fictive en ce qui le concerne. Voyez t. II, n°s 1188-3° et 2269. Voyez cependant ci-dessous n° 3018.

tion d'usufruit. Aussi l'art. 894 emploie-t-il une expression vague en disant que le donateur « *se dépouille* ».

Une donation peut également avoir pour objet la *création d'une obligation* ; elle peut se faire *sous la forme d'une promesse*, le donateur s'engageant, par exemple, à payer une somme d'argent au donataire, à une époque déterminée ; mais cette promesse doit nécessairement *avoir pour objet une dation*. L'engagement d'exécuter un travail, un voyage, etc., peut être pris gratuitement; ce sera un *service gratuit*, ce ne sera pas une donation, et les règles des donations ne lui seront pas applicables, notamment pour la capacité de donner et pour le rapport et la réduction. *Donner*, c'est *dono dare* ; il n'y a donc de donation qu'autant que le donataire reçoit une *dation* ou *immédiate*, ou tout au moins *promise*. L'obligation de faire, non plus que le fait immédiatement exécuté, ne constitue pas une donation.

C'est pour cela que ni le *prêt à usage*, ni le *dépôt ordinaire* ne sont des donations, bien qu'ils supposent des prestations gratuites. C'est pour cela encore qu'une donation peut être réalisée par voie de *remise de dette*, car cette remise équivaut à deux traditions de l'objet dû, réalisées en sens inverse l'une de l'autre, la première *à titre de paiement* par le donataire, la seconde *à titre de don* par le donateur.

Comp. C. civ. allemand, art. 516 : « La disposition par laquelle une personne *enrichit une autre aux dépens de son patrimoine* est une donation, lorsque les deux parties sont d'accord que la disposition est à titre gratuit. »

2° Gratuité de la donation.

** **2504. En quoi consiste la gratuité.** — La donation est un *contrat de bienfaisance* (art. 1105), c'est-à-dire que celui qui fait ou promet la dation ne stipule et ne reçoit rien en retour. Il s'appauvrit gratuitement et procure un enrichissement gratuit au donatairer. C'est par là que la donation se distingue de la vente et de l'échange[1].

* **2505. Donations onéreuses.** — Une donation n'est pas toujours entièrement gratuite ; souvent des charges diverses sont imposées au donataire : on a alors une *donation avec charges* ou *donation onéreuse*, qu'on appelle aussi quelquefois *donation sub modo*[2]. L'existence de ces charges peut diminuer ou même détruire complètement le caractère gratuit de l'acte.

Voyez ce qui en est dit ci-dessous nos 3009 et suiv.

2506. Donations rémunératoires. — Une donation est dite « rémunératoire », lorsqu'elle est faite en récompense ou rémunération d'un service reçu. Cette donation

[1] Sur la distinction de l'acte gratuit et de l'acte à titre onéreux, voyez les notes sous Nîmes, 22 janv. 1890, D. 91. 2. 113, et sous Trib. de Langres, 15 mars 1900, D. 1900. 2. 422. — Comp. Trib. de Mamers, 2 févr. 1875, D. 75. 5. 188, S. 75. 2. 150 ; Cass., 19 juill. 1894, D. 95. 1. 125 et les renvois.

[2] Les commentateurs ont appelé « modus » la charge imposée au donataire, et cette locution a été tirée d'une rubrique du Code : « De donationibus quæ sub modo... conficiuntur » (Liv. VIII, tit. 54). Mais jamais les anciens n'ont employé ce mot dans ce sens : la charge s'appelle pour eux *lex* ou *conditio donationis*, et l'expression « donatio sub modo » signifie « donation faite d'une certaine manière, qui n'est pas pure et simple ».

ressemble donc à l'acquittement d'une dette. Elle garde cependant sa nature de libéralité, sauf quand les deux conditions suivantes sont réunies :

1° Quand le service rémunéré est appréciable en argent ;

2° Quand la valeur des choses données équivaut à peu près à celle du service.

En pareil cas, la donation présente tous les caractères du paiement. Il en résulte qu'on est dispensé d'observer pour elle les formes spéciales des donations (Cass., 7 janv. 1862, D. 62. 1. 188).

2507. Donations mutuelles. — Deux personnes peuvent se faire réciproquement une libéralité. L'acte ne perd pas pour cela son caractère gratuit. Cependant s'il résultait des circonstances que leur intention avait été d'établir une corrélation directe entre les deux transmissions, il y aurait alors un véritable *échange*, mal à propos qualifié de « donation mutuelle ».

C'est par la même distinction qu'on doit résoudre la question de savoir si les causes de résolution spéciales aux donations, la survenance d'enfant, par exemple, ou l'ingratitude du donataire, sont applicables à un pareil acte : ces causes supposent toutes la gratuité de l'acte.

Une autre question se posera : l'une des deux donations étant résolue, l'autre doit-elle tomber par voie de conséquence ? Je ne le crois pas : chaque libéralité a sa cause propre, qui est l'intention libérale de celui qui l'a faite ; à moins d'une volonté contraire nettement exprimée, elle doit donc survivre à celle qui se trouve résolue. Lier les deux donations l'une à l'autre, ce serait reconnaître le caractère onéreux des transmissions effectuées.

3° Irrévocabilité de la donation.

** **2508. Formule de la loi.** — La loi (art. 894) emploie deux adverbes (*actuellement* et *irrévocablement*) pour exprimer cette idée. Il faut bien se garder d'y voir l'indication de deux caractères distincts pour les donations : le mot « actuellement » est mis là simplement pour renforcer l'idée [1].

En effet on n'exige pas que le dessaisissement du donateur soit immédiat. Par exemple quand la dation a pour objet un corps certain, il n'est pas besoin que le donateur en *aliène la propriété* immédiatement et d'une façon pure et simple : la donation peut fort bien se faire *à terme* ou même *sous condition suspensive*, et cela se fait très souvent. Ce que la loi veut dire, c'est que l'acte doit être conclu *d'une manière définitive*, sans quoi il n'y aurait pas de donation.

On cite à ce sujet ce passage de Dumoulin : « In donatione duo sunt dispositio et executio : dispositio statim ligat nec suspenditur, licet executio habeat tractum ad mortem. » Si le mot « actuellement » doit avoir un sens, il fait donc allusion simplement à la *perfection de la donation comme engagement pris par le donateur* ; il ne signifie pas du tout que le donateur doive se dépouiller immédiatement de la *possession* de la chose, ni même du *droit de propriété* ou autre, qui fait l'objet de la donation, puisqu'il peut le donner conditionnellement.

[1] C'est ce qui se vérifie par l'étude de la jurisprudence où les deux caractères d'actualité et d'irrévocabilité ne se présentent jamais séparés. Cependant quelques auteurs les distinguent et disent que l'*actualité* du dessaisissement sépare la donation du testament, tandis que l'*irrévocabilité* sépare la donation entre vifs de la donation à cause de mort (Fuzier Hermann, *Code civil annoté*, t. II, p. 345, n° 1). Mais si la donation à cause de mort n'emportait pas le dessaisissement actuel du donateur, c'est justement parce qu'elle était révocable : l'un ne va pas sans l'autre.

Renvoi. — L'irrévocabilité des donations entre vifs est un de leurs caractères propres en droit français, et peut-être le plus remarquable ; il fera plus loin l'objet d'un chapitre spécial (n°s 2592 à 2627). Nous nous bornerons à dire ici que le donateur ne doit, en principe, se réserver aucun moyen de revenir sur la donation pour reprendre ce qu'il avait donné.

4° De la cause des donations.

* **2509. Jurisprudence.** — On sait déjà que la jurisprudence exige une *cause licite* pour toutes les obligations, et qu'en matière de donations cette cause ne peut être que le *motif* qui détermine la libéralité [1]. Voyez t. II, n° 1038-3°. D'après un arrêt, la preuve de la cause déshonnête ne pourrait être cherchée que dans l'acte même de donation (Rennes, 4 juin 1894, D. 97. 1. 449. S. sous Cass., 97. 1. 89). Cette solution ne me paraît pas exacte, la loi ne dit rien qui la justifie ; voyez la critique de l'arrêt par M. Sarrut, dans le *Dalloz*.

B. — Caractères extrinsèques de la donation.

** **2510. Solennité.** — Dans le système français, la donation est un contrat solennel, qui doit être fait *par-devant notaires* (art. 931), ce qui n'empêche pas qu'un grand nombre de donations peuvent se faire sous d'autres formes et sans notaires (ci-dessous n°s 2523 et suiv.). Sur les contrats solennels, voyez t. II, n°s 992-994.

** **2511. Acceptation du donataire.** — Une autre singularité de la donation est l'acceptation spéciale et expresse dont elle doit être l'objet de la part du donataire. Voyez ci-dessous n°s 2562 à 2570.

§ 2. — *Notion générale du testament.*

** **2512. Définition.** — D'après l'art. 895, le testament est un *acte révocable*, par lequel le testateur dispose, *pour le temps où il ne sera plus*, de tout ou partie de ses biens.

Comparez la définition de Modestin : « Testamentum est voluntatis nostræ justa sententia de eo quod quis post mortem suam fieri velit » (*Dig.*, liv. XXVIII, tit. 1, fr. 1). Cette définition est plus large que celle du Code Napoléon, qui n'envisage le testament que comme un moyen de transmettre ses biens, tandis qu'il peut contenir bien d'autres *dispositions de dernière volonté*, notamment sur le mode de sépulture, sur la tutelle des enfants, etc.

Il semble, d'après la définition légale, que l'acte qui ne contient aucune disposition relative aux biens ne soit pas un testament, et c'est aussi ce que soutiennent quelques auteurs. Mais alors qu'est-il ? Tout acte de dernière volonté qui contient une disposition que la loi permet de faire sous cette forme est un testament. L'opinion contraire confond, comme le fait trop souvent le vulgaire, *testament* et *legs*.

2513. Terminologie. — Celui qui fait le testament s'appelle *testateur* ; la disposition qu'il fait de ses biens s'appelle *legs* ; celui qui en bénéficie s'appelle *légataire*.

Le mot « legs » n'est pas, comme le dit Littré, un substantif dérivé de léguer et dans lequel l's du nominatif se serait conservé. La forme « legs » est toute moderne et ne

[1] Le Code allemand oblige de même à restitution celui qui a reçu une prestation dans de telles conditions qu'en l'acceptant il a contrevenu à une défense légale ou aux bonnes mœurs (art. 817 C. civ. allemand). C'est la *condictio ob turpem causam* des Romains qui permet de répéter un enrichissement procuré à autrui pour une cause illicite ou immorale.

remonte pas au delà du XVIe siècle. Dans tous les textes anciens les formes sont *lais* ou *lès* et leurs variantes, dérivées du verbe *laisser* ou *lessier* : un lais est ce que le défunt laisse en mourant à quelqu'un. Quant au mot dérivé du latin *legatum*, il existait aussi, et sa forme était *legat*, au pluriel *legaz*. Voyez ces différents mots dans le *Dictionnaire de l'ancienne langue*, de GODEFROY.

2513 *bis*. Transformations successives. — Le testament romain n'est pas venu jusqu'à nous ; il a disparu lentement au commencement du moyen âge, sous la double influence des coutumes germaniques et des doctrines canoniques. Au IXe siècle son rôle est entièrement fini. D'autres manières de disposer le remplacent, quelquefois qualifiées *testamentum*, bien qu'il s'agisse de dispositions entre vifs. Puis la renaissance des études juridiques amène avec elle une sorte de *restauration* du testament, qui reparaît dans l'usage au XIIIe siècle, avec la plupart de ses caractères anciens ; toutefois ce nouveau testament, tout emprunt de l'esprit coutumier, ne comporte pas l'*institution d'héritier* essentielle au testament romain. Sur cette « Évolution du testament en France des origines au XIIIe siècle », voyez la remarquable thèse de M. HENRI AUFFROY, Paris, 1899.

2514. Le droit de tester. — La possibilité pour l'homme de disposer de ses biens après sa mort a fait l'objet de nombreuses discussions dans les temps modernes, principalement parmi les économistes. Voyez l'article « Succession », de M. DE PARIEU, dans l'ancien *Dictionnaire d'économie politique*, de Coquelin et Guillaumin ; voyez aussi CAUWÈS, *Traité*, t. III, n° 993. L'organisation du testament n'est pas un fait primitif dans le développement des législations ; il s'y est introduit plus ou moins tôt, selon les différentes races ; il a pu depuis lors subir quelques reculs ; par exemple, dans la France coutumière, où il ne servait plus guère qu'à faire des legs pieux, et non à régler la dévolution de la fortune, mais il n'a jamais disparu entièrement et il est peu vraisemblable que cela lui arrive jamais. Le pouvoir de disposer de son bien par décès est une suite naturelle du pouvoir d'en disposer entre vifs ; c'est la disposition différée à l'extrême limite de la vie.

Il ne faut pas confondre les discussions qui portent sur le *droit* de tester avec celles qui ont pour objet la *liberté* de tester : ces dernières supposent admise l'existence du testament et portent seulement sur les *réserves héréditaires* accordées à certains parents, qui gênent la liberté du testateur. Sur la liberté de tester, voyez ci-dessous n° 3050.

** **2515. Forme du testament.** — Comme la donation, le testament est un *acte solennel*, qui doit être fait dans certaines formes déterminées par la loi. Mais le droit français se montre beaucoup plus large pour lui que pour la donation, en laissant aux particuliers le choix entre plusieurs formes et en leur permettant même de rédiger leurs dernières volontés par actes sous seing privé. On peut donc se demander en quoi un testament fait sous cette forme est un *acte solennel* : le *testament notarié* l'est au plus point, car il est entouré de toutes sortes de causes de nullité ; mais pour le *testament olographe*, les quelques règles que pose la loi sont des conditions et des preuves de sincérité, plutôt que des solennités de forme. Néanmoins il y a encore ici quelque chose qui constitue une solennité : c'est l'*écriture*, qui doit être tout entière de la main du testateur.

Par suite une *déclaration de volonté faite verbalement* n'aurait aucune force légale, pas même si elle était accompagnée d'une *promesse d'exécution*, faite par les héritiers présomptifs du défunt, pas même encore si ces déclarations de volonté étaient constatées par écrit comme pour un contrat : ce n'est pas là la forme spéciale qu'exige la loi.

*** 2516. Objet du testament.** — Il n'est pas nécessaire que celui qui fait son testament dispose *de la totalité de ses biens* ; il peut se borner à en léguer une partie, aussi minime qu'il voudra, et ce sera valable. La loi a pris la peine de le dire dans l'art. 895, parce qu'il existait en droit romain une règle contraire, d'après laquelle le testament devait nécessairement régir l'ensemble de l'hérédité : « Nemo partim testatus, partim intestatus, decedere potest. »

*** 2517. Comparaison avec la donation.** — Le testament diffère de la donation entre vifs sur deux points :

1° Il ne produit jamais d'effets qu'*après la mort du testateur,* tandis que la donation ordinaire doit recevoir son effet *du vivant même du disposant.* Celui qui donne se dépouille lui-même de son bien ; celui qui teste ne dépouille que ses héritiers.

Toutefois cette première différence n'est pas absolument caractéristique parce que la donation entre vifs ne porte pas nécessairement sur les *biens présents* ; dans certains cas exceptionnels la loi autorise des donations portant sur les *biens à venir*, c'est-à-dire sur les *biens que le disposant laissera à son décès* (art. 1082 et 1093) : on obtient ainsi, au moyen d'une donation, un effet comparable à celui du testament. La donation de biens à venir est donc un acte intermédiaire entre le testament et la donation ordinaire.

2° Le testament est *essentiellement révocable,* tandis que l'irrévocabilité est une des règles fondamentales des donations.

Toutefois ici encore le criterium se trouve en défaut, car il y a des donations qui sont, elles aussi, révocables comme les testaments : ce sont les donations entre époux (art. 1096). Pour de pareilles donations la distinction ne peut plus se faire que *par la forme de l'acte*, celle des donations n'étant pas la même que celle des testaments, et cette simple différence de forme entraîne à sa suite toutes les règles de fond qui diffèrent profondément entre elles.

C'est ce qui fait dire souvent que *le testament n'est qu'un projet* pendant toute la vie du testateur ; c'est l'expression de sa dernière volonté, qu'il a rédigée d'avance dans la crainte d'être surpris par la mort, mais qu'il est réputé émettre seulement en perdant la vie.

*** 2518. Extension de la cause aux libéralités testamentaires.** — Bien que les art. 1131 à 1133 ne parlent pas expressément des donations, il est certain qu'ils s'appliquent aux obligations contractées à titre gratuit aussi bien qu'aux autres ; ce sont des dispositions générales pour toutes les obligations conventionnelles. Mais s'il est nécessaire que la libéralité ait une cause licite, quand elle a lieu entre vifs, pourquoi se montrerait-on moins exigeant pour les libéralités *testamentaires* ? Et cependant le Code n'a établi cette règle que pour les obligations *conventionnelles*, comme le prouve la place occupée par nos articles. Mais la jurisprudence ne s'est pas arrêtée à cette distinction : pour elle les articles précités établissent une règle générale pour toute obligation dérivant de la volonté de l'homme, commune par conséquent aux libéralités testamentaires et aux libéralités entre vifs (Dalloz, *Jurisp. génér.*, v° Dispositions entre vifs, n°s 243 et suiv. ; Cass., 31 juill. 1860, D. 60. 1. 458).

§ 3. — *De la donation à cause de mort.*

*** 2519. Sa nature.** — La donation à cause de mort, usitée encore dans notre ancien droit, était une libéralité qui se faisait *par contrat*, comme la donation entre vifs, mais qui produisait *à peu près l'effet d'un testament*, avec lequel elle offrait les deux ressemblances suivantes :

1° Condition de survie du donataire. — L'effet de la donation à cause de mort était essentiellement subordonné au *prédécès du donateur* : le donataire survivant conservait le bénéfice de la donation, tandis que, s'il mourait le premier, la donation s'évanouissait.

2° Révocabilité. — La donation à cause de mort était révocable au gré du donateur, comme l'est encore le testament. Ce second caractère n'était pas *de l'essence* de la donation à cause de mort d'après le droit romain, mais seulement *de sa nature* : la faculté de révocation était sous-entendue dans la donation, mais une clause expresse pouvait l'enlever au donateur. Mais dans notre ancien droit il avait fini par prendre le pas sur le précédent : c'était cette révocabilité qui caractérisait la donation à cause de mort. Voici par exemple la formule à laquelle s'arrête Ferrière : « Les donations entre vifs *saisissent* et sont irrévocables ; les donations à cause de mort sont révocables et *ne saisissent point* » (*Dictionnaire de droit*, v° Donation).

2520. Son emploi. — Ce genre de libéralités était surtout usité dans les cas où le donateur se croyait en danger de mourir prochainement, et il donnait en prévision de cette mort. Du reste on ne les pratiquait guère que dans les pays de droit écrit ; en pays de coutume, ce genre de donations était généralement rejeté à cause de la règle « Donner et retenir ne vaut » ; elles soulevaient cependant de nombreuses difficultés pour savoir dans quels cas une donation pouvait être nulle comme étant faite à cause de mort. Voyez les exemples dans Pothier, *Donations*, n°s 11 et suiv.

2521. Sa disparition. — Dès le XVIIe siècle, Ricard combattait ceux qui distinguaient en la forme la donation à cause de mort du testament (*Donations*, chap. II, n°s 37 à 43). L'ordonnance de 1731, art. 3, décida qu'à l'avenir il n'y aurait plus que deux formes de disposer, la donation entre vifs et le testament, et que toutes les donations à cause de mort, sauf celles qui se feraient par contrat de mariage, devraient être faites *dans la forme testamentaire*. Voyez le texte en note dans Tripier, sous l'art. 893.

Depuis 1731 la donation à cause de mort a donc disparu, *comme forme particulière de disposition*.

2522. État actuel du droit. — La donation à cause de mort est impossible ; cependant nous sommes encore tout près de l'avoir conservée.

En effet, il faut considérer que cette espèce de donation ne fait pas l'objet d'une prohibition directe, qui la proscrive pour elle-même ; elle est seulement *interdite en tant qu'elle serait incompatible avec les principes établis par le Code pour les donations*. Or cette incompatibilité n'existe que pour *la faculté de révocation*, qui est absolument condamnée par nos lois ; mais du moment où la donation est faite d'une manière irrévocable et où le donateur satisfait par là aux exigences du Code, il lui est loisible de subordonner sa donation à la *condition de survie du donataire* : cette clause est permise et la donation ainsi faite sera valable (Cass., 8 nov. 1886, D. 87. 1. 487, S. 87. 1. 33 ; Lyon, 5 janv. 1891, D. 92. 2. 509). La jurisprudence moderne, de même que l'ancienne, considère donc que le trait caractéristique de la donation à cause de mort était sa révocabilité. Ainsi l'on peut aujourd'hui encore faire des donations caduques par le prédécès du donataire. Sur un cas de donation déclarée nulle comme étant faite à cause de mort, voyez Cass., 14 mai 1900, D. 1900. 1. 358.

Il existe encore quelques variétés de donations qui se rapprochent singulièrement de la donation à cause de mort : la *donation de biens à venir* et la *donation entre époux* ; cette dernière surtout, qui est révocable, rappelle de très près le type ancien. Ceci sera expliqué dans les chapitres consacrés à chacune d'elles.

2522 *bis*. Bibliographie. — Glasson, *Étude sur les donations à cause de mort*, 1870. — Barilleau, *Des donations à cause de mort*, thèse, Poitiers, 1878.

CHAPITRE II

RÈGLES PROPRES AUX DONATIONS

SECTION I. — Forme des donations.

** **2523. Solennité de la donation.** — La donation entre vifs est un *contrat solennel* (voyez ci-dessus n° 2510 et t. II, n°s 992-994), pour lequel le consentement des parties ne suffit pas ; si les solennités ou formalités requises par la loi n'ont pas été remplies, l'acte est atteint d'une *nullité radicale* qui le réduit à l'état d'*inexistence juridique* : il a beau avoir été accompli, la loi n'en tient aucun compte. Voyez t. I, n° 349.

Les *formalités requises par la loi* pour les donations sont au nombre de trois :

1° La rédaction d'un *acte notarié* ;

2° L'*acceptation expresse* du donataire ;

3° La rédaction d'un *état estimatif* pour les donations de meubles.

L'acceptation soulève diverses difficultés qui ne sont pas des questions de forme ; tout ce qui la concerne sera réuni dans une section à part (ci-dessous n°s 2562 et suiv.). Nous n'avons donc à nous occuper pour le moment que de la rédaction d'un acte notarié et d'un état estimatif.

2524. Division. — La loi exige en principe pour les donations la rédaction d'un acte notarié ; toutefois il y a plusieurs manières de faire des donations valables sans l'intervention des notaires. Il convient donc de considérer séparément 1° les donations qui se font selon la règle dans la forme notariée et 2° celles qui échappent à cette règle.

§ 1. — *Donations faites par acte notarié.*

A. — Formalité requise.

** **2525. Disposition de la loi.** — C'est l'art. 931 qui formule la règle en ces termes : « *Tous actes portant donation entre vifs seront passés devant notaire,* dans la forme ordinaire des contrats, et *il en restera minute, sous peine de nullité.* » Ce texte est le résumé des art. 1 et 2 de l'ordonnance de 1731.

2526. Origine et motifs de la règle. — Notre ancien droit n'exigeait pas l'authenticité ; il en fut ainsi au moins pendant longtemps. Sans aller aussi loin que le droit romain de Justinien, qui permettait de faire la donation « vel sine scriptis », on se contentait d'un écrit quelconque ; mais comme il y avait sur ce point beaucoup de controverses et d'incertitudes, le chancelier d'Aguesseau formula une règle précise, et par son ordonnance de 1731 établit l'*authenticité obligatoire* des donations.

Les motifs qui le poussèrent à cette innovation sont au nombre de deux :

1° LA PROTECTION DU DONATEUR. — Il voulut d'abord assurer la liberté du donateur : souvent la donation est *captée* plus ou moins frauduleusement ; celui qui donne et se dépouille au profit d'autrui agit sous une influence étrangère qui domine sa volonté. On a pensé que l'intervention obligatoire d'un notaire était de nature à écarter ou à diminuer ces influences, et lui donnerait tout au moins le temps de la réflexion.

2° La révocabilité de la donation. — Cette considération paraît avoir été la principale. Avec un acte sous seings privés, le donateur aurait eu en fait le moyen d'anéantir la libéralité en supprimant le titre. Afin d'assurer le caractère d'irrévocabilité, auquel on attachait tant d'importance dans l'ancien droit, d'Aguesseau voulut que la donation fût reçue par un notaire et *qu'il en restât minute* dans son étude ; cette précaution a été conservée par le Code. Un *acte en brevet* aurait offert les mêmes dangers qu'un acte sous seings privés, car l'original en brevet est remis aux parties et le notaire n'en conserve pas même la copie.

D'ailleurs, on aurait pu se dispenser de le dire expressément, car telle est la règle : les actes notariés sont des minutes qui restent chez le notaire ; la forme du brevet n'est possible que dans les cas spéciaux où la loi l'autorise (L. 25 ventôse an XI, art. 20).

2527. Présence du notaire en second. — On sait déjà qu'une loi du 21 juin 1843, régularisant une pratique devenue générale, a autorisé la réception des actes notariés par un seul notaire, en permettant que le second notaire les signât ensuite en l'absence des parties (t. II, n° 143). Toutefois cette loi a maintenu, pour un certain nombre d'actes, la nécessité de la *présence réelle* du second notaire ou des deux témoins qui le remplacent, dits *témoins instrumentaires*. La donation est du nombre de ces actes exceptionnels : il y aurait donc vice de forme et nullité radicale de l'acte, si la donation était reçue hors la présence du notaire en second ou des témoins instrumentaires (L. 21 juin 1843, art. 2 ; L. 25 ventôse an XI, art. 9).

2528. Donation par un sourd-muet. — Une difficulté s'est présentée quand le donateur est sourd, surtout quand il est illettré. On a prétendu qu'il ne pouvait manifester sa volonté d'une manière certaine, qu'il ne pouvait se rendre compte du contenu de l'acte, ne sachant pas lire, et enfin que la lecture à haute voix, qui est une formalité essentielle, ne pouvait pas lui être faite utilement. Les auteurs anciens sont très divisés (voyez les citations dans Sirey, *Table générale*, t. II, p. 210, n° 56) ; mais la jurisprudence a admis la validité des donations faites par les sourds-muets, ne sachant ni lire ni écrire, pourvu que le disposant ait manifesté son intention d'une manière certaine, et que les clauses du contrat lui aient été expliquées (Cass., 30 janv. 1844, D. 44. 1. 49. S. 44. 1. 102 ; Cass., 17 déc. 1878, D. 79. 1. 409).

2529. Forme des procurations. — Lorsque le donateur, au lieu de consentir lui-même la donation, donne mandat à quelqu'un pour la faire à sa place, le mandat doit être donné *dans la forme authentique*, et en la présence réelle du second notaire ou des témoins instrumentaires (L. 21 juin 1843, art. 2).

La question avait été auparavant très débattue. On soutenait qu'une procuration sous seing privé suffisait, à cause de la généralité des termes de l'art. 1985. Mais cet article ne formule qu'une règle générale, qui comporte des exceptions, et l'art. 931 en nécessite une, puisqu'il exige l'authenticité dans l'intérêt des parties elles-mêmes, et spécialement du donateur ; il est donc nécessaire que la volonté de donner soit émise par lui dans la forme authentique.

2530. Comparaison avec le Code allemand. — Le Code civil allemand exige comme le nôtre la forme authentique pour les *promesses de donation*, qui doivent être « constatées en justice ou par acte notarié » (art. 518). Toutefois cet article ajoute que « le défaut de forme est couvert par l'exécution de la prestation promise ».

B. — Sanction.

** **2531. Nullité radicale de la donation.** — En l'absence de la formalité exigée par la loi, la donation est *nulle*, de nullité radicale ou absolue (t. I, n° 349) ; d'autres disent qu'elle est *inexistante*, et les uns et les autres s'en font la même idée : c'est l'inefficacité complète au point de vue juridique. L'art. 1339 en tire une conséquence directe en disant que la *donation nulle en la forme ne peut pas être confirmée* : « Le donateur ne peut réparer par aucun acte confirmatif les vices d'une donation entre vifs ; nulle en la forme, il faut qu'elle soit *refaite en la forme légale.* » — La confirmation n'est possible que pour les actes qui sont simplement *annulables* (t. I, nos 339-3° et 343-3°).

Cette donation devra donc être recommencée, et naturellement ses effets ne dateront que du jour où elle aura été faite dans une forme régulière, puisque la première ne compte pas.

** **2532. Changement produit par la mort du donateur.** — A ce principe, qui est conforme aux règles ordinaires, l'art. 1340 apporte une grave dérogation ; lorsque le donateur est mort, la donation, nulle en la forme, inexistante si l'on veut, peut être *ratifiée par les héritiers du donateur,* comme si elle était simplement annulable.

Cette disposition est tout à fait remarquable. On a cherché à la justifier de plusieurs manières. On a dit que la nullité de la donation laissait subsister une obligation naturelle qui se transformait en obligation civile par la ratification des héritiers. Mais une simple obligation naturelle ne se transforme pas en une obligation civile par le seul effet d'une confirmation ; ce serait contraire à la règle : *confirmatio nil dat novi.* Ce n'est pas une *confirmation* qu'il faudrait alors, mais bien une *novation.* De plus, l'obligation naturelle existerait aussi bien pour le donateur que pour ses héritiers et on ne comprendrait pas la différence que la loi fait entre eux. — La vérité est donc que *la nullité change de nature à la mort du donateur* : d'absolue qu'elle était, elle devient relative. Cette décision exceptionnelle de la loi ne peut s'expliquer que par une considération particulière : l'authenticité de la donation était exigée pour assurer la liberté du donateur, pour éviter qu'il ne dépouillât sa famille sous l'influence d'une volonté étrangère : lui mort, ses héritiers sont mis à même d'agir pour défendre leurs droits ; s'ils y renoncent, c'est qu'ils reconnaissent que la donation était loyale et la volonté de leur auteur pleinement libre. La loi n'a pas à se montrer plus difficile qu'eux.

§ 2. — *Donations valables sans acte notarié.*

** **2533. Exceptions au principe.** — Malgré la généralité apparente des termes de l'art. 931, il y a des donations qui peuvent se faire valablement sans acte notarié. En effet la loi n'exige la forme authentique qu'autant qu'on dresse un acte spécial pour constater la donation : « *Tous actes* PORTANT *donation...* » Or il est assez souvent possible de réaliser une donation, c'est-à-dire de faire acquérir un profit gratuit à quelqu'un, sans dresser spécialement un acte de ce genre. Ceci arrive dans quatre cas :

1° Pour les *dons manuels* ;

2° Pour les *donations indirectes* ;

3° Pour les *libéralités accessoires d'un contrat onéreux* ;

4° Pour les *donations déguisées.*

La formule employée par la loi ne signifie donc pas : « Toutes donations devront être faites par-devant notaires. »

A. — Dons manuels.

2534. Bibliographie. — Paul Bressolles, *Théorie et pratique des dons manuels*, 1885. — Maurice Colin, *Étude de jurisprudence et de législation sur les dons manuels*, 1885.

** **2535. Définition.** — On appelle « don manuel » la *donation d'un meuble corporel réalisée par simple tradition*. De là le nom de ce genre de donations : « don manuel » signifie « donation faite de la main à la main. »

2536. Dispense de toutes formalités. — Les dons manuels sont valables, malgré l'absence de toute forme. La tradition de l'objet suffit pour en transférer la propriété à titre de don. C'est le seul cas où la tradition subsiste encore en droit français comme mode de transfert, distinct de la convention, puisqu'ici la simple promesse serait inefficace. Comp. t. I, n° 1557.

* **2537. Validité des dons manuels.** — Cette validité n'a jamais été sérieusement contestée ; en tout cas elle est aujourd'hui admise sans difficulté par la doctrine et la jurisprudence (voyez cependant Labbé, note sous Paris, 30 déc. 1881, S. 83. 2. 241). Notre droit a sur ce point une tradition constante. Voyez les anciens arrêts et les opinions des anciens jurisconsultes rapportés dans Bressolles, *op. cip.*, p. 51 à 79. D'Aguesseau lui-même, le rédacteur de l'ordonnance de 1731, admettait cette validité et le Code, qui reproduit le texte de l'ordonnance, doit être entendu dans le même sens. Enfin le don manuel a été implicitement reconnu par la loi budgétaire du 18 mai 1850, art. 6, qui a soumis au droit qui frappe les donations les actes et jugements contenant reconnaissance de don manuel.

Presque toutes les législations reconnaissent comme la nôtre la validité du don manuel. Cependant la jurisprudence roumaine le rejette, malgré la similitude des lois des deux pays ; cette jurisprudence est d'ailleurs combattue par M. Alexandresco, p. 150.

2538. Leur importance croissante. — Au temps de d'Aguesseau, les dons manuels étaient peu de chose. Que pouvait-on donner de la sorte ? Un peu d'argent, des objets mobiliers, un bijou, un brillant. Aujourd'hui, avec le développement des richesses mobilières qui peuvent être mises sous la forme du titre au porteur, c'est souvent *une fortune entière* qui se donne de la main à la main. Aussi a-t-on vu se produire des discussions sur l'opportunité d'une *limitation des dons manuels*. C'est l'opinion qui a été défendue notamment par M. Colin (*op. cit.*, p. 224) et cette solution a été quelquefois admise par les tribunaux italiens (arrêts cité par M. Colin, *ibid.*, p. 229). Ce système a de graves inconvénients pratiques ; le don manuel ne peut pas être empêché ni interdit et toute limitation serait arbitraire. Il faut donc se résigner à le permettre, quel que soit le chiffre de la valeur donnée.

Quelques législations étrangères ont cependant fixé une limite à la valeur des dons manuels : Canton de Vaud, 500 ducats ; Portugal, 36 000 reïs (1 080 fr.) ; Espagne, 500 maravédis d'or (environ 2 838 fr.). Mais ces législations sont fort peu nombreuses.

** **2539. Choses susceptibles de don manuel.** — C'est une règle traditionnelle que le don manuel ne s'applique qu'aux *objets mobiliers*, et encore faut-il que ces objets soient *corporels*[1]. Une *créance*, *chose incor-*

[1] Ce principe a donné lieu à des difficultés pour les *manuscrits d'ouvrages inédits* : la remise du manuscrit à titre de don en transfère bien la propriété quand on ne voit en lui qu'un meuble corporel ; mais le donataire du manuscrit acquiert-il en même temps la propriété littéraire de l'ouvrage ? D'anciennes décisions judiciaires ont confondu la propriété du manuscrit et la propriété de l'ouvrage (Dalloz, *Répert.*, v° Dis-

porelle, ne peut donc pas faire l'objet d'un don manuel, pas même lorsqu'elle est constatée par un titre transmissible par endossement, comme un *billet à ordre* ou une *lettre de change* : le procédé qu'il faut alors employer pour transférer la propriété de la créance est l'endossement du titre.

Par exception, toutefois, une créance constatée par un *titre au porteur* peut faire l'objet d'un don manuel ; on sait qu'en pareil cas la créance s'incorpore dans le titre et appartient au porteur.

***2540. Éléments du contrat.** — Le don manuel est donc un genre particulier de contrat, qui ne rentre pas dans la définition des donations ordinaires. Comme tout contrat, il suppose nécessairement *l'accord des volontés des deux parties,* consentant l'une à aliéner gratuitement, l'autre à acquérir. Mais cet accord de volontés ne constitue pas le contrat : par lui-même il est insuffisant, et la *promesse de donation,* même constatée par un écrit sous seings privés, n'engendre *aucune obligation de donner* (Trib. civ., Seine, 16 avril 1874, *Gazette des Tribunaux*, 6 mai 1874). Le contrat suppose un autre élément essentiel, qui est la *tradition* ; elle seule lui donne force et vigueur, et elle remplace pour lui la solennité des donations ordinaires. La tradition est ici, non l'exécution d'une convention antérieure, mais le fait constitutif du contrat, au même titre que le consentement.

On peut donc dire que le don manuel est un *contrat réel,* mais pas dans le sens où on emploie d'ordinaire cette expression. Un contrat réel *oblige* celui qui a reçu à rendre, parce que la dation qui lui était faite était conditionnelle ; et c'est pour cela qu'il y a *contrat,* c'est-à-dire création d'une obligation ; dans le don manuel il n'y a pas de contrat de ce genre puisque le donataire ne s'oblige à rien ; il y a simplement un transfert de propriété.

2541. Don par l'intermédiaire d'un tiers. — Il est possible de faire un don manuel par l'intermédiaire d'un mandataire ; toutefois l'emploi d'un tiers soulève plus d'une difficulté et parfois le don manuel manquera son effet.

Ainsi, quand c'est le *donateur* qui se sert d'un mandataire pour effectuer le don manuel, sa mort, survenant avant l'exécution du mandat, révoque celui-ci et la remise du don ne peut plus avoir lieu. Par suite, les héritiers du donateur sont autorisés à retirer des mains de l'intermédiaire, qui n'en est que le dépositaire, la chose qui devait être donnée (Cass., 22 mai 1867, D. 67. 1. 401, S. 67. 1. 280 ; Cass., 11 juin 1882, D. 82. 1. 313). Pour que le don manuel soit alors validé, il faut que le tiers puisse être considéré comme ayant été *mandataire du donataire* et comme ayant accepté le don en son nom du vivant du donateur, de sorte que la propriété soit acquise au donataire avant la mort du donateur. On traiterait alors l'intermédiaire comme possédant pour le compte du donataire, car il faut qu'il y ait non seulement *acceptation du don*, mais *tradition effectuée* du vivant du donateur.

2542. Pactes adjoints aux dons manuels. — Le don manuel consiste unique-

positions entre vifs, n° 1615). Mais une décision plus récente (Trib. de la Seine, 23 août 1883, *Gazette des tribunaux*, 24 août 1883) semble bien avoir considéré les deux choses comme distinctes, et telle est aussi l'opinion qui prévaut en doctrine (BRESSOLLES, p. 307).

ment dans une tradition faite et reçue avec la double intention d'aliéner et d'acquérir. Un pareil acte comporte-t-il l'adjonction de pactes ou de modalités?

Deux auteurs ont répondu par la négative, parce qu'ils considèrent le don manuel comme un acte exceptionnel, contraire aux théories fondamentales du Code et qui ne doit être toléré que dans la mesure où les textes et les traditions le permettent. Or toute notre ancienne jurisprudence et notre ancienne doctrine décidaient que le don manuel ne pouvait recevoir aucune des modalités et des réserves qui s'inséraient dans les donations en forme authentique; il était nécessairement pur et simple (Labbé, *Revue critique*, 1882, p. 338; Bressolles, *op. cit.*, p. 273)[1]. Mais la jurisprudence moderne a abandonné ces traditions et valide les pactes accessoires des dons manuels.

Le principal et le plus fréquent de ces pactes est la *réserve d'usufruit*. Il y a eu quelques hésitations parce que cette réserve a semblé incompatible avec la *tradition* qui constitue le don manuel et qui entraîne naturellement le dessaisissement du donateur; mais la Cour de cassation a reconnu que la tradition pouvait se faire seulement pour la nue propriété (Cass., 11 août 1880, D. 80. 1. 461, S. 81. 1. 15; Cass., 22 déc. 1891, D. 92. 1. 510, S. 92. 1. 246; Paris, 17 avril 1894, D. 95. 2. 278).

Ces pactes soulèvent des difficultés spéciales quand il s'agit de les *prouver*. Ils ne peuvent naturellement être prouvés par témoins au-dessus de 150 francs. Un *écrit* est donc nécessaire, mais cet écrit peut être rédigé sous seings privés. Cependant une décision du ministre de l'intérieur du 18 octobre 1862 veut un acte notarié lorsque les dons manuels faits aux personnes morales sont accompagnés de charges ou de conditions.

***2543. Preuve des dons manuels.** — C'est surtout pour la question de preuve que les dons manuels soulèvent des difficultés dans la pratique. Ces difficultés se présentent sous deux formes différentes, selon que la preuve est à faire *contre le donataire* pour obtenir de lui la restitution de la chose donnée, quand elle est soumise à révocation, à résolution, à rapport ou à réduction, ou *contre le donateur ou ses héritiers* par le donataire qui prétend rester ou se faire mettre en possession des choses données.

I. — Preuve contre le donataire. — La jurisprudence décide que le don manuel est soumis au droit commun des preuves établi par l'art. 1341 et que par suite ceux qui réclament la restitution des choses données doivent rapporter un écrit quand la valeur réclamée dépasse 150 francs; et qu'à défaut d'écrit ou de commencement de preuve par écrit, ils sont réduits, pour dernière ressource à l'aveu et au serment (Cass., 9 août 1887, D. 88. 1. 133, S. 87. 1. 313; Paris, 17 avril 1894, D. 95. 2. 278).

Cette jurisprudence donne à l'art. 1341 une portée absolue, l'étendant bien au delà des contrats proprement dits, dans le domaine des droits réels et de la possession (Comp. t. I, n° 1098; t. II, n° 1109). En tout cas, elle apporte un correctif que beaucoup de personnes trouveront fort utile à la liberté absolue des dons manuels, car elle rend indirectement nécessaire la confection d'un écrit pour un acte que sa nature propre en dispense: le donateur, qui voudra obtenir pleine sécurité, ne se contentera pas de faire remise de la chose au donataire; il retirera un *reçu* de celui-ci, qui servira de titre contre lui, le cas échéant. — Ce reçu étant destiné à servir de preuve *contre le donataire* ne tombe pas sous l'application de l'art. 931 qui n'exige l'authenticité que pour *l'engagement du donateur*: il peut donc être fait sous seing privé.

[1] Ces deux auteurs, d'accord sur le principe, diffèrent sur la conclusion: tandis que M. Labbé efface simplement les pactes accessoires du don manuel, M. Bressolles annule la convention entière, le don aussi bien que les pactes qui étaient incompatibles avec lui.

II. — Preuve contre le donateur. — Lorsque le donataire est en possession de la chose donnée, cette possession peut lui être disputée par le donateur ou ses héritiers, qui soutiennent que la donation n'a pas été faite, et qu'il y a eu vol ou détournement, etc. Voici par exemple un parent ou un domestique d'une personne décédée, qui est trouvé en possession d'objets ayant appartenu au défunt ; il prétend qu'ils lui ont été donnés ; comment fera-t-il cette preuve ? Après quelques hésitations, on a reconnu que le possesseur est admis à invoquer la maxime « En fait de meubles possession vaut titre » (art. 2279). C'est alors à son adversaire à prouver soit que la possession a pour origine un détournement, soit qu'elle lui a été remise à titre de dépôt ou autre titre précaire, de sorte qu'il n'ait pas droit au bénéfice de l'art. 2279 (Arrêts nombreux. Voyez notamment Paris, 17 avril 1894, D. 95. 2. 278 et Cass., 18 déc. 1894, D. 95. 1. 364, S. 95. 1. 136). Cette preuve contraire peut être faite par tous les moyens, si les adversaires du possesseur prétendent qu'il y a eu fraude ou détournement ; elle doit être fournie par écrit, au-dessus de 150 francs, s'ils soutiennent qu'il y a eu dépôt ou quelque autre contrat analogue (Pau, 12 janv. 1874, D. 75. 2. 114, S. 76. 2. 2 ; Toulouse, 15 mars 1881, D. 82. 2. 141, S. 83. 2. 213).

Une circonstance particulière empêchera souvent le donataire de profiter de cette jurisprudence. Pour invoquer l'art. 2279, il faut avoir une possession non équivoque et à titre de propriétaire. Or il arrive que celui qui prétend avoir reçu un don manuel vit dans la même maison que le donateur ; c'est par exemple le conjoint du défunt, ou un serviteur à gages : la communauté d'habitation rend facilement douteuse la nature de la possession, et les affaires qui se présentent ainsi sont des plus délicates à juger ; dès que le caractère exclusif de la possession devient incertain, celle-ci ne peut valoir titre (Besançon, 24 juin 1865, sous Cass., D. 66. 1. 347 ; Paris, 9 août 1875, D. 77. 2. 56 ; Toulouse, 10 mai 1881, D. 82. 1. 433).

B. — Donations indirectes.

*2544. **Définition.** — Les auteurs modernes appellent « donations indirectes » les libéralités *dont la réalisation résulte de l'accomplissement d'un acte juridique déterminé*, autre que la donation proprement dite[1].

[1] Je fais les plus expresses réserves sur l'exactitude du langage qui consiste à appeler « indirectes » de pareilles donations. Quand un créancier fait remise de la dette à son débiteur, avec l'intention de lui en faire cadeau, je demande ce qu'il y a d' « indirect » dans l'acte accompli ? Le résultat ne s'en réalise-t-il pas immédiatement et directement en la personne de son bénéficiaire ? Et n'est-ce pas là un acte unique et indécomposable ? La vérité est qu'on a perdu de vue que la donation est non pas un *contrat*, mais un *phénomène économique* : l'enrichissement gratuit procuré volontairement à autrui. Or ce phénomène peut se produire par différents moyens juridiques : le plus simple et le plus connu est la *dation gratuite*, opérée au moyen d'une tradition, comme dans le don manuel ; on peut aussi se contenter provisoirement d'une *simple promesse*, devant aboutir plus tard au transfert de la propriété ou d'un droit réel ; on peut enfin atteindre le même but en *affranchissant* une personne d'une *charge réelle ou personnelle* qui grève son patrimoine ; sa suppression est un véritable enrichissement. Le vieux système romain qui ne faisait point rentrer la donation dans le cadre des contrats et la considérait comme réalisable par différents moyens n'était donc pas si mauvais. C'est nous qui nous écartons de la vérité quand nous restreignons l'idée de donation à la simple promesse, à l'engagement du donateur, seule variété pour laquelle notre loi ait établi des formes spéciales. Je ne

Les donations indirectes sont dispensées de l'emploi des formes légales, parce que l'acte juridique qui vaut donation a ses formes propres et est valable par lui-même.

2545. Division. — On peut en distinguer deux catégories principales :
1° Les donations faites au moyen d'une *renonciation à un droit* ;
2° Les donations faites au moyen d'une *stipulation pour autrui*.

1° Donations par voie de renonciation.

* **2546. Explication.** — La renonciation à un droit peut prendre le caractère d'une donation lorsque celui qui la fait se prive d'une valeur active plus ou moins considérable qu'il dépendait de lui d'acquérir ou de conserver, et que son acte a précisément pour but d'en faire profiter une autre personne. C'est cette intention particulière ou *animus donandi* qui donne à l'acte sa nature, qui en fait une libéralité. Le résultat est le même que si le renonçant, après avoir pris ou obtenu la chose à laquelle il a renoncé, l'avait ensuite transmise à l'autre partie au moyen d'une donation.

2547. Exemples. — Ces donations indirectes peuvent se faire de bien des manières :
C'est, par exemple, un *créancier* qui fait *remise de sa dette* au débiteur ;
C'est le *propriétaire d'un fonds dominant* qui renonce à une *servitude* attachée à son fonds pour avantager le propriétaire du fonds servant ;
C'est un *successible*, appelé à recueillir une *succession*, qui y renonce pour la laisser arriver à des héritiers moins proches que lui en degré[1] ;
C'est un *légataire* qui renonce à son *legs*, pour gratifier l'héritier chargé de l'exécuter ;
C'est une *femme commune en biens avec son mari* qui renonce à la *communauté* pour avantager ses enfants ou les collatéraux qui succèdent au défunt.

* **2548. Formes.** — Les donations indirectes empruntent les formes d'un autre acte juridique, la renonciation à un droit ; elles sont valables sous cette forme d'emprunt, fort différente de la forme propre aux donations, parce qu'elles sont alors le *résultat d'un acte juridique* qui vaut par lui-même, en vertu de ses règles particulières dans la forme où il a été fait.

suis même pas bien sûr que ces formes particulières aient eu pour effet d'ériger en *acte juridique distinct* la variété de donation à laquelle elles s'appliquent : celle-ci reste une simple application de la promesse de donner, une espèce de stipulation unilatérale et solennelle, à peu près à la façon antique. Le *transfert immédiat de la propriété*, qui en est la conséquence quand la promesse de donner a pour objet un corps certain, n'en est que l'*exécution*. Ma conclusion est donc que nous devrions considérer comme *donations directes* toutes celles dans lesquelles l'enrichissement du donataire est l'*effet direct et ostensible* de l'acte accompli par le donateur, savoir : 1° Les *promesses de donation*, faites solennellement dans la forme notariée, conformément à l'art. 931 ; 2° les *dations gratuites*, comme le *don manuel* ; 3° les donations résultant d'une *renonciation gratuite* ; 4° les *offres à un tiers* contenues dans un contrat fait avec autrui. — Il n'y a de véritablement « indirectes » que les donations faites par personne interposée ou sous le voile d'un contrat onéreux. Et on verra ci-dessous à propos des donations entre époux que tel était le sens du mot « donation indirecte » pour les rédacteurs du Code civil.

[1] Il faut supposer une *renonciation pure et simple*, de façon que les successibles qui se trouvaient primés par le renonçant profitent de sa renonciation par le seul effet de la dévolution héréditaire qui s'accomplit en vertu de la loi. Si le renonçant prétendait lui-même désigner les bénéficiaires de sa renonciation en modifiant la dévolution légale (*renonciation « in favorem »*), il serait lui-même réputé acceptant (art. 780, 1°) et la libéralité deviendrait une donation directe.

Ainsi la remise de dette se fait par l'abandon du titre (art. 1282); la renonciation à succession par une déclaration au greffe (art. 784).

2° Donations par stipulation pour autrui.

***2549. Exemples.** — Voici l'exemple le plus simple: *dans la vente d'une maison, faite pour un prix déterminé, le vendeur impose à l'acheteur, à titre de charge accessoire, l'obligation de servir une rente viagère à une tierce personne.* La création de cette rente est, on le suppose, une libéralité pour le tiers qui en bénéficie; mais comme elle est contenue, à titre accessoire, dans un acte plus important, qui a sa forme propre et qui est valablement fait sous cette forme, elle se trouve elle-même dispensée des formalités spéciales imposées aux donations. Le cas est prévu dans l'art. 1973, al. 1er, et la dispense des formes est écrite expressément dans l'al. 3 du même article: « quoiqu'elle [la constitution de rente] ait les caractères d'une libéralité, elle n'est point assujettie aux formes requises ». Voyez t. II, n° 1266.

2550. Généralisation. — La règle, mentionnée à l'occasion d'un contrat spécial, dans l'art. 1973, est considérée comme générale et s'applique à tous les cas de *stipulation pour autrui* permis par l'art. 1121. L'application la plus intéressante que la jurisprudence en ait faite se rencontre dans la matière des *assurances sur la vie.* Voyez t. II, nos 2199 et 2202.

2551. Observation. — Il faut supposer que la donation accessoire faite au profit d'un tiers est insérée dans une convention à titre onéreux. Sans doute la stipulation pour autrui peut se faire « dans une *donation* que l'on fait à un autre » tout aussi bien que « dans une stipulation que l'on fait pour soi-même » (art. 1121), mais si l'acte principal est lui-même une donation, la donation accessoire qui y est ajoutée se trouve faite en réalité dans la forme solennelle.

C. — Donations contenues dans un contrat onéreux.

***2552. Leur validité.** — Il arrive parfois que dans une convention sérieuse, ayant le caractère onéreux, et faite sous seings privés, l'une des parties consent à l'autre un avantage accessoire qui s'analyse en une véritable libéralité, et équivaut à une donation entre vifs. A raison de son caractère de convention accessoire comprise dans une convention principale qui a ses formes propres et ses conditions de validité, la libéralité ainsi faite est valable quoi qu'elle ne soit pas revêtue des formes habituelles des donations. On en voit un exemple dans l'art. 1973 (t. II, n° 2202).

D. — Donations déguisées.

****2552 *bis*. Définition.** — On appelle « donation déguisée » celle *qui est faite sous l'apparence d'un contrat à titre onéreux au moyen d'une simulation contenue dans l'acte.*

Exemple : Je vous vends un bien pour une somme déterminée et je vous donne, par le même acte, quittance du prix sans l'avoir reçu. — L'acte n'est pas entièrement simulé, puisque le transfert de propriété est bien réellement voulu et accompli ; la simulation ne porte que sur le paiement du prix qui est déclaré et qui n'a pas eu lieu. Mais comme cet élément simulé est justement celui qui ferait du contrat une vente, il se trouve qu'on a ainsi une *donation déguisée sous la forme d'une vente.*

On pourrait concevoir une simulation moindre encore et portant sur une partie seulement du prix ; par exemple : je vous vends ma maison pour 100 000 francs et je vous donne immédiatement quittance de la moitié du prix sans l'avoir touchée. Il y a déguisement partiel, l'acte étant en partie une vente, mais la question est la même que pour le cas de déguisement total.

Autre exemple. — La donation d'un *effet à ordre*, tel qu'une lettre de change, peut être réalisée par un simple endossement indiquant que la valeur de l'effet a été payée à l'endosseur, alors que celui-ci n'a rien reçu : c'est l'équivalent d'une vente avec prix simulé. Pour le cas où l'endossement, au lieu d'être *régulier*, serait un *endossement en blanc*, qui vaut simplement procuration, voyez Cass., 29 déc. 1890, D. 91. 1. 321, S. 94. 1. 442.

***2553. État de la jurisprudence et de la doctrine.** — Depuis bien longtemps déjà la question ne se plaide plus et la validité des donations déguisées est aujourd'hui certaine en jurisprudence par une longue suite d'arrêts remontant à 1801 (Cass., 22 vendém. an 10 [12 oct. 1801] cité en note sous Cass., 31 mai 1813, S. 13. 1. 330, S. chr. I. 746) et qui ne s'est jamais interrompue (Cass., 11 févr. 1896, D. 96. 1. 153, S. 96. 1. 69)[1]. Elle a été acceptée de bonne heure par beaucoup de bons auteurs (Merlin, *Répert.*, v° Donation, sect. 2, § 6, et v° Simulation, § 5; Toullier, t. V, n° 85); elle l'est aujourd'hui encore par une grande partie de la doctrine (Aubry et Rau, t. VII, § 659, texte et note 24). Quelques auteurs cependant continuent à protester et à se déclarer pour l'application rigoureuse des principes et il semble même que leur nombre augmente (Laurent, t. XII, n° 305, Baudry et Colin, *Donations*, n° 1240, Huc, t. VI, n° 191), mais sans aucun espoir d'amener un changement de solution ; M. Huc estime même que si la jurisprudence est contraire à la loi, elle lui est cependant préférable.

***2554. Examen de la controverse.** — L'objection que l'on peut faire à la validité des donations déguisées était très simple : la loi veut que tout acte contenant donation soit passé dans la forme authentique (art. 931) ; s'il suffit de le qualifier « vente » ou « transaction » pour le faire valablement sous seings privés, l'art. 931 n'a plus aucune espèce de force ; son observation devient purement facultative. « Peut-on prêter au législateur un système aussi absurde ? » demande Laurent. Et M. Huc trouve l'absurdité « indéniable ». Pourquoi donc cette « absurdité » a-t-elle triomphé ? Ce fut une sorte de faiblesse de la jurisprudence qui céda à l'entraînement de la pratique et qui se laissa peut-être convaincre par un mauvais argument juridique.

La principale raison qu'on fit valoir à l'origine en faveur de la validité des donations déguisées est la suivante : la simulation est une cause de nullité lorsqu'elle a pour but de commettre une fraude, soit en faisant parvenir une donation à un incapable, soit en portant atteinte aux droits des héritiers à réserve ; mais lorsque le donateur et le donataire sont respectivement capables de donner et de recevoir et que les biens donnés sont disponibles, quelle raison y a-t-il d'annuler l'acte ? C'est sous cette forme que l'argument a été présenté devant la Cour de cassation en 1813 et pour le fortifier, on a cité de nombreux textes anciens, soit des jurisconsultes romains, soit des commentateurs, qui tous admettaient la validité des donations déguisées sous la forme d'une vente (Voyez les notes dans le Sirey, sous l'arrêt de 1813). — A cela on a fort bien répondu que *l'ordonnance de 1731 avait changé l'état du droit* : les solutions anciennes étaient bonnes au temps où la donation pouvait se faire ouvertement sans formalité particulière ; elles n'avaient plus de valeur depuis que la donation était devenue un contrat solennel. On devait donc considérer le déguisement de la donation, non pas comme frauduleux, mais comme illicite par cela seul qu'il tend à dispenser les parties d'une formalité exigée par la loi[2] et Pothier le

[1] Je parle ici de la jurisprudence de la Cour de cassation, car il y a eu des Cours d'appel hésitantes ou contraires pendant quelque temps. Voyez la première table générale du Sirey.

[2] F. Huc fait observer que le déguisement de la donation n'est pas toujours destiné à frauder la loi et à dispenser le donateur d'employer la forme notariée. Le plus souvent, il a tout simplement pour but de cacher aux tiers la véritable nature de l'acte,

reconnaissait déjà (*Contrat de vente*, n° 19). Comp. Chabot, *Questions transitoires*, v° Donation déguisée, § 1er.

D'autres raisons ont été présentées plus récemment :

1° Une considération assez sérieuse a été tirée de l'intérêt des tiers, sous-acquéreurs tenant leurs droits du donataire, qui souffriraient de l'annulation de la donation, sans avoir pu la prévoir, ayant eu affaire à quelqu'un qui semblait être un acheteur (Cass., 6 déc. 1854, D. 54. 1. 411, S. 54. 1. 801 ; Cass., 29 mai 1889, D. 89. 1. 369, S. 89. 1. 471). Mais c'est là un genre de considérations à faire valoir quand la question se pose en législation et qui ne peut pas faire écarter par la jurisprudence les solutions de la loi positive.

2° Les art. 911 et 1099 annulent une donation déguisée quand elle est faite à un incapable. N'est-ce pas dire qu'elle serait valable, si le donataire était capable de recevoir ? Ceci encore est loin d'être décisif. Il est bien possible qu'en écrivant ces articles les rédacteurs du Code aient eu cette pensée ; mais l'argument *a contrario* qu'on tire de ces deux textes ne peut prévaloir contre l'argument de principe que fournit directement l'art. 931.

3° La validité des donations indirectes faites par voie de remise de dette amène invinciblement à sa suite celle des donations déguisées. Quelle différence y a-t-il entre la vente qui porte quittance du prix sans qu'il ait été payé et la vente qui porte remise ostensible du prix ? N'est-ce pas le cas de dire que le vendeur peut faire indirectement au moyen d'un versement simulé ce qu'il peut faire directement au moyen d'une remise de sa créance ? — Cette dernière raison est, à mes yeux, la meilleure justification qu'on puisse fournir de la jurisprudence.

***2555. Observation.** — Toutes les donations non solennelles, quelle que soit leur forme, dons manuels, donations indirectes, donations déguisées, sont également soumises aux *règles de fond* qui gouvernent les donations ordinaires, notamment pour les questions de capacité, de rapport à succession, de réduction en cas d'atteinte à la réserve, etc. — Elles ne sont dispensées que des *formalités extérieures* imposées aux donations entre vifs.

§ 3. — *De l'état estimatif dans les donations de meubles.*

***2556. Motifs de cette formalité.** — Les donations mobilières sont assujetties à une formalité spéciale : il doit être dressé un *état estimatif des meubles donnés* (art. 948. — Comp. ord. févr. 1731, art. 15).

Quel motif a fait exiger la rédaction de cet état comme une *solennité*, c'est-à-dire comme une condition intrinsèque de la donation, de façon qu'à défaut d'état la donation est réputée inexistante ? C'est le désir d'*assurer l'irrévocabilité de la donation*. On veut que le donateur se dépouille irrévocablement et ne conserve aucun moyen de reprendre ce qu'il a donné. Or, quand la donation a pour objet des effets mobiliers, qui ne sont point livrés tout de suite au donataire, le donateur aurait la possibilité de revenir au

parce que les particuliers n'aiment pas à faire connaître leurs affaires au public. Il ajoute même que si l'on abrogeait l'art. 931 de façon à autoriser les donations par acte sous seings privés, le nombre des donations déguisées ne diminuerait pas sensiblement (t. VI, n° 191). Cela est bien possible, mais de ce que le déguisement peut avoir, dans la pensée des parties, un but licite, il n'en résulte pas qu'il soit *lui-même permis*, s'il existe *une autre raison* de le prohiber ; or, cette raison existe : c'est celle qui a fait établir en 1731 la forme solennelle des donations. Si on juge cette solennité mauvaise, qu'on la supprime ; mais en réalité la jurisprudence ne fait pas autre chose que dispenser les particuliers d'observer la loi.

moins en partie sur sa libéralité : il pourrait détourner quelques-uns des objets donnés ou les détériorer, et le donataire ne recevrait pas tout ce qui lui avait été promis ; la donation serait en partie révoquée. Voilà pourquoi on veut qu'un état soit dressé, qui serve de titre au donataire et lui permette d'établir la quantité et la nature des objets qui lui avaient été donnés. Tel est le motif primitif qui a fait introduire cette formalité ; mais on verra que depuis son institution on lui a trouvé d'autres utilités.

***2557. Forme de l'état.** — L'état peut être contenu *dans l'acte même de donation* ; auquel cas il a la forme authentique. Si on dresse un état séparé, il peut être fait *sous seings privés*, mais la loi veut alors qu'il soit *signé du donateur et du donataire* ou de ceux qui acceptent pour lui, et qu'il demeure annexé à la minute de la donation (art. 948).

2558. Ce qu'il doit contenir. — L'état doit d'abord contenir l'*énumération* de tous les objets donnés, ce qui peut être fort long s'il s'agit du don d'une collection.

L'ordonnance de 1731 se contentait d'un état énumératif ; le Code veut de plus qu'il soit *estimatif*. C'est une précaution de plus, car le donateur aurait pu substituer aux choses données des choses semblables, mais de moindre valeur. De cette façon, l'irrévocabilité de la donation est assurée d'une manière absolue.

2559. Cas où il est nécessaire. — La rédaction de l'état estimatif est requise *quelle que soit la nature des meubles donnés*. Par conséquent il est nécessaire même pour les donations de *meubles incorporels* (Pau, 13 mai 1890, D. 90. 2. 345, S. 91. 2. 228). Cependant il y a certains meubles de ce genre pour lesquels l'estimation n'est pas nécessaire : ce sont les *créances de sommes déterminées* ; il suffira d'en indiquer le montant. Une évaluation ne servirait à rien.

L'état estimatif est également exigé, *même quand la donation est accompagnée de la tradition réelle des meubles donnés*. L'ordonnance de 1731 donnait en termes formels une solution contraire : elle n'exigeait l'état qu'au cas où la donation « ne contenait pas une tradition réelle », et le projet de l'an VIII avait admis la même exception quand il y avait tradition réelle (FENET, t. II, p. 281, art. 41). Il semble en effet qu'il soit alors inutile de protéger le donataire contre un retour de volonté du donateur, puisqu'il a déjà en sa possession tout ce qui lui est donné. Cependant ce membre de phrase a été supprimé dans le texte définitif, et avec raison, parce que l'irrévocabilité de la donation n'est pas la seule utilité qu'on trouve à cette rédaction d'un état. Voyez le numéro suivant.

***2560. Utilités secondaires de l'état.** — L'état ne sert pas seulement à empêcher le donateur de revenir sur sa libéralité ; il a d'autres utilités. Toutes les fois que le donataire sera obligé de rendre ce qu'il avait reçu, soit par l'effet du *rapport*, soit par l'effet de la *réduction*, soit à la suite d'une *cause de révocation* de la donation, l'état sera utilisé pour fixer soit la nature et la quantité des choses qu'il doit rendre, soit la valeur de celles qu'il ne pourra restituer en nature.

2561. Sanction. — A défaut d'état estimatif, la donation est atteinte d'une *nullité absolue*, l'une des formes requises ayant été omise, et le donateur lui-même peut se prévaloir de la nullité. Un état rédigé après coup ne validerait pas rétroactivement la donation nulle, parce qu'il ne remplirait nullement le vœu de la loi.

Quel serait l'effet d'une tradition réelle des objets compris dans la donation ? Inopérante comme confirmation d'une donation nulle en la forme (voyez ci-dessus n° 2531), cette tradition pourrait *valoir comme don manuel*. Ce serait alors une libéralité nouvelle, dispensée des formes et valable par elle-même, mais ceci suppose que les choses données étaient des *meubles corporels* : l'exécution d'une donation portant sur des créances qui ne seraient pas constatées par des titres au porteur resterait dépourvue d'effet.

SECTION II. — De l'acceptation des donations.

§ 1. — *Formes de l'acceptation.*

****2562. Solennité de l'acceptation.** — La donation, étant un contrat, exige naturellement le consentement du donataire : il faut qu'il *accepte* ce qu'on lui offre. Mais il ne suffit pas qu'il y ait une acceptation sous une forme quelconque ; il faut que cette acceptation soit *revêtue de formes solennelles,* sans lesquelles la donation ne pourrait pas se parfaire. Ces solennités sont : 1° la *forme expresse* ; 2° la *forme authentique* de l'acceptation.

***2563. Forme expresse.** — L'art. 932 veut que la donation soit acceptée « en termes exprès ». Dans un contrat ordinaire, l'acceptation de la convention par l'une des parties peut être *tacite,* et s'induire de certaines circonstances, telles que sa présence à l'acte et sa signature. Pour les donations, la loi exige une *mention expresse d'acceptation.* Il n'y a cependant pas de termes sacramentels, et le mot « accepter » pourrait être remplacé par d'autres : mais le plus simple est encore de dire que la donation est « faite à telle personne, qui accepte ».

***2564. Forme authentique.** — L'acceptation étant un élément essentiel du contrat doit se faire dans la même forme que l'offre, c'est-à-dire *par acte notarié* et *en minute* (art. 931 et 932, al. 2). Il n'y a d'exception que pour les cas particuliers où la donation peut se faire sans acte notarié.

2565. Acceptation par acte séparé. — Dans le cas normal, l'acte est signé par les deux parties présentes en même temps devant les deux notaires. C'est ce que suppose l'art. 931. Mais il est possible que la donation soit d'abord *offerte* par le donateur et *acceptée* plus tard par le donataire. Elle se fait alors en deux actes séparés. C'est le cas que prévoit l'art. 932. Tous deux doivent alors se faire dans la forme authentique (art. 932, al. 2) et en la présence réelle du second notaire ou des témoins instrumentaires (L. 21 juin 1843).

***2566. Notification de l'acceptation.** — Quand l'acceptation intervient ainsi par acte postérieur, elle doit être *notifiée au donateur,* et la donation n'aura d'effet à l'égard de celui-ci qu'à compter du jour où cette notification lui aura été faite. Cette notification se fait par acte d'huissier. C'est une formalité supplémentaire imposée aux donations ; dans un contrat ordinaire il suffirait que la partie qui a fait l'offre eût connaissance, d'une manière quelconque, de l'acceptation de l'autre partie.

La nécessité d'une notification est une innovation du Code ; elle a été introduite sur la demande du Tribunat, qui a fait observer que le donateur pourrait ignorer une acceptation faite hors de sa présence et disposer de bonne foi des choses données. Elle a donc été établie dans l'intérêt du donateur.

§ 2. — *Époque de l'acceptation.*

2567. Mort du donateur. — La donation est un contrat entre vifs qui ne peut se former que *du vivant des deux parties.* L'acceptation doit donc intervenir avant la mort du donateur (art. 932). Si le donateur est déjà mort, son offre tombe par son décès, et ne peut plus être utilement acceptée ; les héritiers d'une personne décédée sont bien liés par ses *obligations,* mais ils ne succèdent pas à ses *pollicitations.*

D'ailleurs, tant que le donateur est vivant, aucun délai particulier n'est fixé au donataire pour accepter, sauf l'effet des événements indiqués aux deux numéros suivants.

2568. Survenance d'une incapacité de donner. — Si le donateur était frappé d'une peine criminelle perpétuelle, lui enlevant la capacité de disposer à titre gratuit, l'acceptation ne pourrait plus intervenir utilement.

2569. Révocation de l'offre de donation. — Il en serait de même si le donateur *retirait son offre* : l'offre non acceptée ne le lie pas, et l'acceptation d'une offre n'est plus possible quand elle a été retirée.

Cette révocation peut être *expresse*, et se faire même par acte sous seing privé, pourvu qu'il ait *date certaine* (art. 1328) ; elle peut aussi être *tacite* : elle résultera, par exemple, de l'aliénation ou de la destruction des biens qui avaient été offerts.

* **2570. Question relative à la notification.** — La notification de l'acceptation doit, elle aussi, se faire avant l'un ou l'autre des événements susindiqués (Cass., 16 ou 18 nov. 1861, D. 62. 1. 28, S. 62. 1. 89). La loi dit formellement que la donation *n'a d'effet à l'égard du donateur* que du jour où la notification de l'acceptation lui est parvenue (art. 932, al. 2). Cela a été fait dans l'intérêt du donateur et pour lui ménager sa liberté d'action jusqu'au jour où il est averti de l'acceptation du donataire. A son égard, la donation n'est donc réputée parfaite que du jour où la notification lui arrive. C'est ce qui fait que cette notification doit avoir lieu avant qu'il ne soit mort ou devenu incapable.

A l'égard du donataire, une difficulté s'élève : ne résulte-t-il pas des termes restrictifs employés par l'art. 932 que la notification est nécessaire pour parfaire la donation seulement à l'égard du donateur, et que pour le donataire la donation sera réputée parfaite dès le jour de son acceptation ? C'est ce que pensent la plupart des auteurs, qui décident que la notification de l'acceptation peut avoir lieu même après que le donataire est mort ou devenu incapable de recevoir à titre gratuit (AUBRY et RAU, t. VII, § 650, texte et note 4. — Voyez cependant LAURENT, t. XII, n° 264).

§ 3. — *Par qui doit être faite l'acceptation.*

2571. Majeurs non interdits. — Quand la donation est faite à une personne maîtresse de ses droits, elle doit être acceptée par elle-même ou par son *fondé de pouvoirs*. Si c'est un mandataire qui accepte, sa procuration doit remplir les conditions suivantes :

1° *Être authentique*. La présence réelle du notaire en second ou des témoins qui le remplacent est nécessaire (L. 21 juin 1843, art. 2) ;

2° *Porter pouvoir spécial d'accepter les donations.* Un pouvoir général d'administrer les biens d'une personne et de la représenter ne suffirait pas (art. 933, al. 1er) ;

3° *Rester annexée à l'acte d'acceptation* (art. 933, al. 2).

Faut-il en outre que la procuration soit *passée en minute* par le notaire qui la reçoit ? L'art. 933 semble le supposer puisqu'il dit qu' « une *expédition* sera annexée à la minute de la donation ». Or il n'y a d' « expéditions » que quand il y a une minute. Cependant cette forme paraît inutile puisqu'une *procuration en brevet*, annexée à la donation, offre les mêmes garanties d'authenticité.

2572. Incapables. — Les règles applicables aux personnes qui sont capables de recevoir des libéralités, mais qui ne peuvent les accepter librement à raison d'une incapacité générale dont elles sont frappées, seront expliquées plus loin, parmi les règles communes aux donations et aux testaments (ci-dessous n°s 2930 à 2942).

§ 4. — *Effet du défaut d'acceptation.*

A. — Refus d'accepter.

2573. Situation des incapables. — Si l'acceptation n'est point donnée, la donation ne se conclut pas ; l'offre tombe, et il n'y a rien de fait. Ce résultat très simple n'a d'intérêt qu'à l'égard des *incapables* : ils ne sont *pas restituables*, dit l'art. 942, *contre le défaut d'acceptation*. On peut bien restituer une personne contre un acte fait par elle ; mais comment accorder la restitution contre un acte qui n'a pas été fait ?

L'incapable en est alors réduit à exercer un recours contre la personne qui aurait dû accepter en son nom. L'énumération des personnes responsables que donne l'art. 942, qui ne nomme que les maris et tuteurs, n'est pas limitative. C'est l'application d'une règle générale, qui s'étend à tout administrateur responsable, comme le père, administrateur légal, ou comme les administrateurs des établissements publics et autres.

D'ailleurs un administrateur ne peut être déclaré responsable que s'il y a faute de sa part, « s'il y échet », dit l'art. 942.

B. — Annulation de l'acceptation.

2574. Question sur la nullité. — Quand l'acceptation est irrégulière, sa nullité entraîne celle de la donation. Quel est le caractère de cette nullité ? Y a-t-il alors simple *annulabilité*, ouvrant l'action en nullité à une personne déterminée ? Ou bien est-ce une *nullité de plein droit*, qui rende la donation *inexistante* selon la formule de certains auteurs, et qui ouvre à tous l'action en nullité ? Cette question ne peut pas recevoir de réponse unique.

1° Nullité pour vice de forme.

2575. Nullité absolue. — Si l'acceptation est nulle pour vice de forme, comme ayant été donnée verbalement ou sous seing privé, la donation est radicalement nulle, car l'acceptation est un des éléments constitutifs de la donation et elle doit être revêtue de la forme authentique, comme l'offre faite par le donateur. Ceci suppose, bien entendu, qu'on ne se trouve pas dans un des cas exceptionnels où la donation peut se faire sans acte notarié.

2° Nullité pour incapacité.

***2576. Jurisprudence.** — Supposons maintenant que l'acceptation ait été donnée *régulièrement en la forme*, mais qu'*elle émane d'un incapable* ; il semble que, la règle de la solennité ayant été observée, l'incapacité devrait produire ici son effet ordinaire qui est la *simple annulabilité de l'acte* (t. I, n°s 340 et 2098). Ce n'est pourtant pas ce que décide la jurisprudence. D'après les arrêts, la donation acceptée par un incapable non assisté ou autorisé est atteinte d'une *nullité absolue*, qui rend l'acte inexistant, de sorte que le donateur lui-même peut refuser d'exécuter sa promesse et se prévaloir de la nullité, comme tout autre intéressé (Cass., 11 juin 1816, S. chr., t. V, p. 202 ; Grenoble, 14 juill. 1836, D. 37. 2. 158, S. 39. 2. 259 ; Cass., 14 juill. 1856, D. 56. 1. 282, S. 56. 1. 641 ; Cass., 15 juill. 1889, D. 90. 1. 100, S. 89. 1. 412). Cependant il y a eu de tout temps quelques dissidences (Nancy, 4 févr. 1839, D. 39. 2. 128, S. 39. 2. 459 ; Alger, 31 juill. 1854, D. 56. 2. 168, S. 54. 2. 748 [arrêt cassé] ; Lyon, 23 mars 1877, D. 78. 2. 33, Note de M. Labbé, dans *Sirey*, 81. 2. 49).

La jurisprudence n'a jamais justifié sa solution. Elle se borne à dire que les art. 1125 et 225, qui instituent la nullité relative au cas d'incapacité de l'une des parties, « ne sont pas applicables aux donations » (arrêt précité du 15 juill. 1889). Le motif est donné d'une façon plus explicite par M. Bugnet : on considère la donation « comme un acte du droit civil, lequel n'est parfait que par l'accomplissement ponctuel des formalités rigoureuses exigées par la loi » (*Œuvres de Pothier*, t. I, p. 360, note 4). En développant cette idée, on a dit que les règles relatives à l'acceptation des donations sont placées sous la rubrique « De la forme des donations entre vifs », et que l'art. 938 ne considère comme parfaite que la donation « dûment acceptée ». Tant qu'elle n'est pas acceptée *dûment*, elle n'existe donc pas.

2577. Critique. — Un grand nombre d'auteurs ont accepté comme fondée la solution de la jurisprudence (Voyez les citations dans D. 87. 1. 443, note 4). Mais il en est toujours quelques-uns qui protestent hautement contre cette solution, et il faut bien avouer que leurs critiques sont absolument justes.

La jurisprudence confond deux choses : la nullité qui peut tenir au *défaut de solennité*, et celle qui provient du *défaut de capacité* du donataire. Quand la donation est régulière en la forme, et qu'il n'y a pas d'autre motif de nullité que l'incapacité de l'une des parties, il n'y a aucune raison pour que la nullité soit absolue[1]. Admettrait-on qu'une donation *faite* par un incapable est inexistante ? Certainement non ! Pourquoi veut-on être plus sévère pour l'incapable qui s'est borné à *accepter* seul une donation qu'on lui offrait ?

2578. Cas exceptionnel. — Le seul cas où la nullité absolue soit justifiée est celui de l'art. 937 (acceptation irrégulière au nom d'une personne morale), parce que la nécessité d'une autorisation administrative est fondée sur une considération d'intérêt général : ce n'est pas une mesure de protection pour l'incapable ; elle est bien plutôt prise contre lui.

SECTION III. — Effets des donations.

***2579. Division.** — La donation est un *contrat* ; elle fait *naître des obligations* ; en outre, quand elle a pour objet des choses déterminées, elle *transfère la propriété* ou *crée des droits réels*.

§ 1. — *Obligations réciproques des parties.*

A. — Obligations du donateur.

1° Délivrance.

***2580. Exécution de la donation.** — De même qu'un vendeur, le donateur doit *délivrer* les choses données et exécuter tout ce qu'il a promis. A cet égard, il n'y a rien de particulier à en dire ; la nature de ses obligations varie selon la nature des objets donnés et selon les termes de la convention.

2° Garantie.

***2581. Absence d'obligation.** — A la différence de la vente, la donation n'entraîne pas l'obligation de garantie, du moins en principe. Le donateur donne son bien ; il le donne tel qu'il l'a et n'entend point contracter d'obligation au delà. Si le donataire est évincé, le donateur n'est donc pas tenu de l'indemniser.

[1] A l'origine, c'est-à-dire entre l'ordonnance de 1731 et le Code civil, la question ne s'est pas posée tout à fait sur le même terrain qu'aujourd'hui. La plupart des auteurs permettaient aux incapables (spécialement au mineur) d'accepter les donations à eux offertes, sous la seule réserve de leur action en restitution s'il en résultait pour eux quelque préjudice à raison des charges dont la donation était accompagnée. Leur raison était qu'un mineur peut faire seul sa condition meilleure (POTHIER, *Introd. à la coutume d'Orléans*, tit. XV, n° 31 ; PRÉVOT DE LA JEANNÈS, *Principes*, t. II, n° 452 ; BOURJON, *Droit commun de la France*, Donations, 4e part., chap. IV, sect. 4, n° 26). Seuls Ricard et Furgole s'étaient prononcés pour la nullité absolue ; mais Pothier (*loc. cit.*) avait parfaitement montré en quoi chacun d'eux avait commis une erreur. — Ricard cite un arrêt de 1631 qui avait admis la nullité absolue, mais il s'agissait d'une donation faite à une *femme mariée*, et on sait que sous l'ancien droit l'autorisation maritale était considérée comme une formalité dont l'absence entraînait nullité absolue.

***2582. Garantie du fait personnel.** — Toutefois ceci n'est vrai que de l'éviction causée par un tiers, car le donateur est toujours garant de son fait personnel. Ainsi, si l'on suppose que le donataire a omis de transcrire, et que le donateur vende à un tiers l'immeuble donné ou le grève d'hypothèque, il s'exposerait à un recours en garantie conformément au droit commun.

2583. Actions diverses appartenant au donataire. — S'il n'a pas contre le donateur l'action ordinaire en garantie quand il est évincé par un tiers, le donataire peut néanmoins exercer selon les cas des recours divers qui pourront lui procurer une indemnité :

1° S'il y a eu *dol du donateur*, qui lui a cédé de mauvaise foi un immeuble dont il savait n'être pas propriétaire, l'action de dol, fondée sur l'art. 1382, s'ouvrirait à son profit.

2° Si c'est un *immeuble hypothéqué* qui lui a été transmis, et si le donataire paie les créanciers pour conserver son bien, il sera *subrogé* dans leurs droits, et pourra recourir, le cas échéant, contre le donateur lui-même, qui pouvait être personnellement tenu de ces dettes.

3° Enfin le donataire peut toujours exercer, *du chef du donateur*, le recours en garantie que celui-ci pouvait avoir *contre les précédents propriétaires* : le donateur est réputé le lui avoir cédé en même temps que l'immeuble.

*** 2584. Cas où la garantie a lieu.** — Exceptionnellement le donateur peut se trouver tenu à garantir le donataire contre l'éviction provenant du fait des tiers. Cela arrive dans deux cas :

1° *Quand la donation est faite à titre de dot* (art. 1440 et 1547 et ci-dessus nos 867 et suiv.).

2° *Quand la garantie a été spécialement promise au donataire par une clause expresse.*

Cette garantie exceptionnelle est donc tantôt conventionnelle et tantôt légale.

B. — Obligations du donataire.

***2585. Énumération.** — Bien que la donation soit un contrat gratuit, elle met cependant à la charge du donataire diverses obligations, qui concernent : 1° La *reconnaissance* due au donateur ; 2° l'*exécution des charges* ; 3° le *paiement des dettes* du donateur.

2586. Devoir de reconnaissance. — Le donataire doit se montrer reconnaissant de la libéralité qu'il a reçue, et ce devoir se traduit pour lui sous une double forme juridique :

1° Il peut être obligé de *fournir des aliments au donateur* (arg. art. 955-3°, et ci-dessous n° 2646).

2° Il s'expose à se voir retirer le bénéfice de la libéralité, au moyen de l'*action en révocation pour ingratitude* (art. 955 et ci-dessous nos 2637 et suiv.).

****2587. Exécution des charges.** — Si la donation est onéreuse et impose au donataire certaines charges ou prestations, le donataire est tenu de les accomplir comme il a été convenu : c'est l'effet classique du contrat *do ut des* ou *do ut facias*. Il ne pourrait même s'affranchir de cette obligation, s'il trouvait ces charges trop lourdes, en renonçant au bénéfice de la libéralité. Enfin l'inexécution des charges ouvre contre lui au donateur une *action en résolution*, analogue à celle qui appartient au vendeur pour défaut de paiement du prix (ci-dessous nos 2631 et suiv.).

2588. **Paiement des dettes. — Le donataire est-il obligé de payer les dettes du donateur? La question ne se pose pas pour le donataire d'un objet particulier ou d'une somme d'argent. De l'aveu général, *il n'est pas obligé au paiement des dettes, à moins qu'il ne s'y soit expressément soumis*. C'est l'effet de sa qualité d'ayant cause particulier.

Mais ne faut-il pas le déclarer tenu de plein droit, lorsque la donation porte sur la totalité des biens du donateur ou sur une fraction considérable de la masse? Grande et importante question, disait Ricard, et qui a été peu entendue. Cependant la solution en paraît acquise aujourd'hui, à l'aide de deux principes bien fermes : d'une part, les acquéreurs à titre particulier ne sont pas tenus de plein droit des dettes de leur auteur; d'autre part, il n'y a d'acquisitions à titre universel que dans les transmissions par décès. Celui qui acquiert *entre vifs* une portion considérable des biens d'une autre personne, ou même la totalité de ces biens, n'est donc qu'un *acquéreur à titre particulier* : il n'a droit qu'aux biens compris dans la convention ; il ne succède pas au *patrimoine*, qui est attaché à la personne et inaliénable. Seuls, ceux qui succèdent à une personne décédée (héritiers, légataires et donataires de biens à venir) sont donc tenus des dettes; le donataire entre vifs n'en est pas tenu. La jurisprudence est fixée en ce sens (Toulouse, 29 janv. 1872, D. 73. 2. 111, S. 73. 2. 200; Grenoble, 12 mai 1882, S. 82. 2. 246). Comp. Ferrière, *Compilation*, art. 334 ; Demante, *Cours*, t. IV, n° 87 *bis*.

Mais si le donataire de la totalité des biens n'est pas tenu de plein droit des dettes du donateur, il peut s'y obliger par une convention spéciale, et cette convention est facilement sous-entendue. Par exemple on la voit dans le fait d'avoir annexé à l'acte de donation un *état des dettes actuelles du donateur*: cette circonstance révèle une convention non exprimée, d'après laquelle le donataire a pris l'engagement de payer ces dettes, en limitant son obligation à celles qui sont énumérées dans l'état. Voyez les arrêts de 1872 et 1882 précités. — Quand le donataire s'est ainsi engagé à payer à la place du donateur, il se trouve *débiteur direct* des créanciers qui peuvent le poursuivre et il est tenu envers eux *personnellement*, c'est-à-dire même au delà de son émolument.

Enfin un autre tempérament doit être admis qui rapproche singulièrement le donataire entre vifs du donataire de biens à venir. Alors même que le donataire n'aurait pris aucun engagement ni exprès ni tacite, le donateur est autorisé à ne lui délivrer les biens donnés que *déduction faite de ses dettes*, si la donation a été faite « per modum universitatis », c'est-à-dire si elle porte sur la totalité ou sur une fraction aliquote de la totalité, comme la moitié ou le tiers. Il peut dire en effet qu'il a pris le mot « biens » dans son sens usuel, c'est-à-dire déduction faite du passif, conformément à l'antique adage : « Bona non intelliguntur nisi deducto ære alieno » ; d'autant plus que, sans cela, il pourrait être considéré comme ayant voulu faire fraude à ses créanciers (Toulouse, 29 janv. 1872 précité).

§ 2. — *Transfert de la propriété.*

*** 2589. Renvoi.** — Comme la vente, la donation sert à transférer la propriété et à créer des droits réels. Toutes les règles qui lui sont applicables à ce point de vue ont été expliquées dans le t. 1er, à propos du transfert de la propriété par convention. Elles font partie du programme de première année.

Quelques détails complémentaires restent seulement à donner, sur les titres à transcrire et sur les personnes chargées de faire opérer la transcription, quand il s'agit de donations immobilières.

2590. Titres à transcrire. — Tous les titres qui concourent à la formation de la donation doivent être transcrits. Ordinairement il n'y en a qu'un : l'acte de donation. Il peut y en avoir trois : l'offre du donateur, l'acceptation du donataire, et la notification de l'acceptation.

Aucun délai n'est fixé ; cette formalité peut être remplie même après la mort du donateur ou du donataire.

2591. Par qui la transcription est requise. — La loi énumère certaines personnes qui peuvent faire faire la transcription sans y être obligées, et certaines autres auxquelles elle en fait une obligation.

I. — Personnes ayant la faculté de faire transcrire. — De ce nombre sont :

1° *Le donataire*. Il peut faire procéder à cette formalité, même quand il est incapable, parce que la transcription n'est qu'une mesure conservatoire de son droit. L'art. 940 le dit formellement pour les femmes mariées non autorisées. On doit donner la même solution pour les autres incapables, tels que les mineurs.

2° *Les parents et amis du donataire mineur ou interdit*. La loi n'en parle pas, mais ils peuvent requérir l'inscription de son hypothèque légale (art. 2139 et 2194), d'où l'on tire un argument d'analogie.

II. — Personnes tenues de faire transcrire. — Aux termes de l'art. 940, ces personnes sont les *maris, tuteurs, curateurs* et *administrateurs*, selon que la donation est faite à une femme mariée, à un mineur ou à un interdit, à un établissement public ou d'utilité publique. Ce texte a soulevé diverses difficultés de détail.

Pour le mari d'abord, il faut faire une distinction. Son obligation de faire transcrire la donation se comprend très bien quand le régime matrimonial lui donne l'administration des biens de sa femme : alors il est tenu de faire opérer la transcription, qu'il ait ou non autorisé l'acceptation. Mais si le mari n'est point administrateur des biens de la femme, on ne saurait lui imposer cette charge ; c'est à la femme de faire procéder aux formalités voulues, et son mari ne saurait être responsable de la négligence commise par elle.

Pour le curateur, je pense qu'il n'est point responsable, parce qu'il n'a pas l'administration des biens du mineur émancipé. C'est par erreur que le Code le mentionne à côté du mari et du tuteur. Ses rédacteurs ont copié l'ordonnance de 1731, dans laquelle le mot « curateur » se référait aux *curateurs des interdits*, qui sont aujourd'hui remplacés par des tuteurs. D'ailleurs, s'il était tenu, il serait responsable ; et on peut noter que l'art. 942, qui parle du recours de l'incapable, ne nomme pas le curateur et dit seulement « les tuteurs et maris ».

Section IV. — De l'irrévocabilité des donations.

§ 1. — *Notions générales et historiques.*

****2592. La maxime « Donner et retenir ne vaut ».** — Il existait dans notre droit français une très ancienne règle coutumière qu'on exprime ainsi : *Donner et retenir ne vaut.* On en avait fait un article dans beaucoup de coutumes (Coutume de Paris, rédaction de 1580, art. 273 ; art. 160 anc. — Comp. Coutume d'Orléans, art. 283) et Loysel l'a mise au rang de ses maximes (n° 659).

***2593. Sens primitif de la maxime.** — Pour nos anciens auteurs cette règle signifiait que *le donateur devait faire tradition de la chose donnée*; s'il la *retenait* en sa possession jusqu'à sa mort, *la donation était nulle*, et son exécution ne pouvait être exigée de ses héritiers[1].

2594. Ses origines. — Depuis le XVIe siècle, la plupart des auteurs français ont cru avoir affaire à une règle d'origine coutumière, née en France, et ils lui ont cherché des explications théoriques diverses. Gui Coquille disait : « Elle procède du naturel des vrais françois, qui est de faire franchement et à cœur ouvert, sans retenir à couvert. » Mais quelques-uns ont bien vu qu'elle venait de plus loin, entre autres Ferrière et Laurière. Ce dernier surtout signale sa ressemblance avec une constitution de Constantin, de l'an 316, qui forme la loi 1re au *Code Théodosien, De Donationibus* (Liv. VIII, tit. 12)[2], et qui exige une tradition réelle (corporalis) pour la validité de la donation. Quand on sait quel rôle prépondérant la « Lex theodosiana » a joué dans la formation de notre droit national, alors que la législation de Justinien n'était pas encore connue dans les Gaules, on est frappé de cette similitude, d'autant plus que la transition entre le Code romain du Ve siècle et nos plus anciens textes coutumiers, qui remontent au XIIe siècle[3], est établie par les chartes de l'époque carolingienne, qui nous montrent conservées dans la pratique, à l'état vivant, pour ainsi dire, les prescriptions de la loi de Théodose[4]. Que le maintien de cette solution ait été favorisé par les idées primitives de notre droit sur la formation des contrats, cela est probable ; mais cela n'en change pas l'origine, qui est romaine. Comp. ESMEIN, *Les contrats dans le très ancien droit français*, p. 31 et suiv.

2595. Utilité pratique. — Cette règle si ancienne s'est toujours conservée parce qu'elle s'est trouvée d'accord avec les tendances constantes de notre droit. Les donations ont toujours été vues avec défaveur ; leur liberté encourage les manœuvres de captation et de fraude, et de tout temps les législateurs ont cherché soit à les restreindre, soit tout

[1] Que tel soit bien le sens primitif de la maxime, cela n'est pas douteux. Écoutez Laurière : « Quand le donateur est mort sans avoir fait la tradition de la chose donnée nous disons *qu'il l'a retenue*, et qu'ainsi il n'en a point disposé parce que ce n'est pas donner que de retenir ce que l'on donne » (Sur l'art. 273 de la coutume de Paris). Comparez Glanville, jurisconsulte anglais du XIIe siècle : « Ita quod si donationem illam seisina fuerit secuta, perpetuo remanebit illi cui donata fuerit terra illa ; ... si vero donationem talem nulla secuta fuerit seisina, nihil post mortem donatoris ex tali donatione contra voluntatem heredis efficaciter peti potest » (VII, 1 ; dans les *Coutumes anglo-normandes*, de HOUARD, t. I, p. 461-462).

[2] Ce texte est ainsi conçu : « Et corporalis traditio subsequatur, ad excludendam vim et irreptionem, advocata vicinitate omnibusque arbitris adhibitis, quorum postea fide probabitur donatam rem... »

[3] Le plus ancien est le texte de Glanville cité plus haut au n° 2593, note 1. Glanville est mort en 1190. On peut en rapprocher différents textes des *Assises de Jérusalem*, d'où il résulte que « le don qui est fait en dit ne sera valable ne estable parce que ce n'aura esté que proumece » (*Jean d'Ibelin*, chap. 144) ou encore que « don ne vaut sans saisine de la chose » (*Cour des Bourgeois*, chap. 214). Comp. *Assises de la Haute Cour*, § 194. — Voyez aussi Britton (XIIIe siècle : « Ne suffist nul doun sans le bail de la seisine » (*De Purchas, in fine*, dans HOUARD, t. IV, p. 147).

[4] Je ne puis entrer ici dans l'examen détaillé de cette question historique. Qu'on lise seulement, dans l'édition de Zeumer, les formules 3, 4 et 6 du livre II de Marculfe, et les chartes de donation du IXe siècle, contenues dans le cartulaire de Redon. On y verra la nécessité d'une tradition pour faire valoir la donation, la nullité du don quand le donataire est resté saisi jusqu'à sa mort et l'usage de convoquer tous les voisins pour assister à la tradition, comme le voulait Théodose.

au moins à les entourer de publicité pour forcer les deux parties à faire connaître la nature de leur opération[1]. Afin de rendre plus rares les donations, on jugea utile de conserver une règle qui obligeait le donateur à se dépouiller lui-même de son vivant et d'une manière irrévocable. La faculté de donner étant considérée comme de droit naturel, on n'y avait point porté atteinte; mais on cherchait à en restreindre l'usage, « afin que l'attache naturelle qu'on a à ce qu'on possède et l'éloignement qu'on a pour le dépouillement détournât les particuliers de donner », ainsi que l'explique très clairement Pothier (*Donations entre vifs*, n° 65). Comp. Argou, *Institution au droit français*, t. I, p. 253.

Cette sévérité paraissait d'autant plus nécessaire que les *réserves coutumières* (parts de la succession réservées aux parents) ne protégeaient les héritiers que contre les testaments et non contre les donations. On n'avait pas trouvé d'autre moyen de réduire les donations excessives et d'assurer la conservation des biens dans les familles.

***2596. Caractère spécial de l'irrévocabilité des donations.** — Sous l'influence de l'esprit coutumier, la maxime « Donner et retenir ne vaut » prit un sens qu'elle n'avait pas eu primitivement. Son origine est le principe romain qui refusait à la donation la force obligatoire des contrats[2]; son résultat final a été de créer pour les donations une *irrévocabilité plus rigoureuse que pour les autres contrats*, dans une législation qui reconnaît, contrairement au droit romain, que la donation est un contrat et que la promesse de donner est obligatoire[3].

Toute convention est irrévocable, en ce sens qu'une fois qu'elle est conclue, elle ne peut plus être détruite par la volonté de l'une des parties : elle fait loi pour tous ceux qui y ont pris part (art. 1134). Mais cette irrévocabilité a des limites ; elle est fondée sur la volonté présumée des parties. Celles-ci peuvent donc *réserver à l'une d'elles le moyen de rompre le contrat*, rien ne les empêche de stipuler une *clause de dédit*, avec ou sans fixation d'une somme à payer par celui qui se retire; rien ne les empêche non plus de subordonner l'effet de leur convention à *l'accomplissement d'une condition qui dépend de la volonté de l'une d'elles*. Les conventions ordinaires sont donc susceptibles d'une certaine faculté de révocation. Or *c'est justement ce qui est impossible dans les donations* : leur irrévocabilité spéciale et caractéristique exclut tout ce qui pourrait permettre au donateur un retour de volonté; il ne peut se réserver aucun moyen, direct ou indirect, de reprendre ce qu'il a donné. On voit combien

[1] Ce mouvement est bien ancien. Comme exemple de loi restrictive des donations, on peut citer la *loi Cincia*, qui remonte à 200 ans environ avant J.-C. (an de Rome 550). Ses dispositions furent remplacées par le système de l'*insinuation*.

[2] On sait qu'en droit romain la donation n'avait pas été classée parmi les contrats. La promesse de donner était donc un simple pacte, dépourvu de toute valeur obligatoire, et la donation ne produisait d'effets que lorsqu'elle avait été exécutée. Tel fut du moins le point de départ, et ce principe était encore admis à l'époque classique ; c'est seulement sous Justinien que la donation fut définitivement classée parmi les contrats.

[3] Laurière avait très bien vu la différence qui séparait sur ce point le droit français du droit romain, et il a cherché à expliquer par des raisons théoriques le maintien de la nécessité d'une tradition faite du vivant du donateur malgré la force obligatoire reconnue aux donations (*Coutume de Paris*, t. II, p. 328).

cette irrévocabilité est exorbitante du droit commun, et combien aussi s'est amplifiée à travers les âges la règle antique qui considérait simplement la donation comme non faite quand le donateur ne l'avait pas exécutée de son vivant.

2597. **Insuffisance des motifs actuels de la règle.** — Sur cette base, le droit français a établi pour les donations un ensemble de règles dont le maintien jusqu'à l'heure actuelle est difficile à expliquer. Elles se justifiaient dans l'ancien droit, alors que rien ne protégeait les familles contre les donations : on cherchait à rendre rares des libéralités qu'on jugeait dangereuses et qu'on n'osait ni prohiber ni restreindre ouvertement. Aujourd'hui que les héritiers à réserve sont protégés contre les donations aussi bien que contre les legs, toutes ces règles paraissent hors de raison. Peut-être pourrait-on les faire disparaître de nos lois. En tout cas, on ne peut plus leur trouver d'autre fondement que le désir de protéger le donateur lui-même contre ses propres entraînements, ce qui est toujours un motif sujet à discussion, car il semble qu'aucune protection n'est due au majeur sain d'esprit.

§ 2. — *Conventions prohibées par la loi.*

2598. **Énumération. — Les conventions prohibées actuellement comme contraires à l'irrévocabilité de la donation sont au nombre de quatre, prévues l'une après l'autre dans les quatre art. 943 à 946, savoir :

1° La *donation de biens à venir ;*

2° La *donation sous condition potestative ;*

3° La *charge de payer les dettes futures du donateur ;*

4° La *réserve du droit de disposer des choses données.*

Ces dispositions ont été empruntées à Pothier, qui en donnait déjà l'énumération dans le même ordre (*Donations entre vifs,* n° 80).

A. — Prohibitions des donations de biens à venir.

2599. **Formule de la loi. — L'art. 943 dit que « la donation entre vifs ne pourra comprendre que *les biens présents* du donateur ; si elle comprend *des biens à venir,* elle sera nulle à cet égard ». — Pothier nous en donne la raison qui est évidemment celle du Code : « Cette donation pèche et par le défaut de tradition, puisque le donateur ne peut pas se dessaisir de ce qu'il n'a pas encore, et par le défaut d'irrévocabilité, car étant en la liberté du donateur d'acquérir ou de ne pas acquérir des biens, il demeurerait en sa liberté de donner ou de ne pas donner d'effet à la donation » (*loc. cit.*).

*2600. **Ce que sont les biens présents.** — On entend par « biens présents », non seulement ceux dont le donateur est déjà propriétaire au jour de la donation, mais aussi ceux sur lesquels il n'a encore qu'un droit suspendu par une condition. En effet un droit conditionnel est déjà par lui-même un bien présent et peut faire l'objet d'une transmission par donation, comme à tout autre titre. Au contraire n'est pas un bien présent, un bien que le donateur se propose d'acquérir et sur lequel il n'a encore aucun droit ; ou un bien qui appartient à un de ses parents, dont il compte recueillir la succession. Mais de telles donations ne se font guère, et si c'était là tout ce que la loi avait voulu interdire en prohibant les donations de biens à venir, sa disposition serait bien inutile.

** **2601. Ce que c'est qu'une donation de biens à venir.** — Ce que la loi a voulu prohiber, c'est *la donation des biens que le donateur laissera à son décès*, c'est là surtout ce qui est défendu ; or parmi ces biens il en est beaucoup que le donateur possède déjà ; peut-être n'en acquerra-t-il plus aucun entre la donation et sa mort. Néanmoins une pareille donation est interdite parce qu'elle ne procure au donataire qu'un droit analogue à celui des héritiers, le droit de recueillir ce que le défunt possédait au jour de son décès, ce qui laisse à celui-ci *la faculté de retirer au donataire le bénéfice de la libéralité en disposant de son vivant des biens donnés*. Voilà pourquoi la donation des biens à venir est prohibée, et non pas, comme le disait Pothier, parce qu'il dépendrait du donateur « de ne pas acquérir ».

Prohibées en principe, comme contraires à la règle « donner et retenir ne vaut », les donations de biens à venir sont exceptionnellement permises dans le contrat de mariage et entre époux (ci-dessous n°s 3157 et suiv. et n°s 3208 et suiv).

** **2602. Sanction de la loi.** — La donation qui ne porte que sur les biens à venir est *entièrement nulle* ; la donation qui porte à la fois sur les biens présents et sur les biens à venir est *nulle pour les seconds*, mais *valable pour les premiers* (art. 943). L'ordonnance de 1731, art. 15, l'annulait pour le tout, même quand le donataire avait été mis en possession des biens présents.

2603. Donations de sommes payables au décès du donateur. — Beaucoup de donations ont pour objet une somme payable après le décès du donateur. On emploie pour le faire deux formules qui ne sont pas équivalentes ;

1° La somme est déclarée « payable sur les biens de la succession » ou « sur les plus clairs deniers que le donateur laissera ». Une pareille clause ne confère au donataire qu'un *simple droit éventuel* sur une succession future ; il est appelé à y prendre part jusqu'à concurrence du chiffre indiqué, mais il n'a aucun droit ferme ni contre le donateur, ni contre ses héritiers.

2° La somme est déclarée « payable après le décès du donateur ». Alors la donation a pour effet de créer d'une manière ferme un *droit de créance ordinaire*, dont l'exigibilité seule est retardée jusqu'au décès du débiteur. Le donataire acquiert contre le donateur tous les droits d'un créancier ; il peut se faire donner une hypothèque ; il peut prendre des mesures conservatoires ; il a droit aux effets de la déchéance du terme. Contre ses héritiers, il possède également une action qui lui permet d'obtenir son paiement, même au delà des forces de la succession, à moins que celle-ci n'ait été acceptée sous bénéfice d'inventaire.

Les auteurs ne sont pas d'accord sur la validité de ces deux sortes de clauses. Les uns annulent la première et valident la seconde (Demolombe, t. III, n°s 404 et 405). D'autres les annulent toutes deux (Laurent, t. XII, n° 419). Pour d'autres enfin c'est une question d'intention (Aubry et Rau, t. VII, § 675, p. 150-151). C'est dans ce dernier sens que la jurisprudence s'est prononcée : la donation sera valable, s'il est reconnu que le donateur a voulu constituer contre lui une créance actuelle et irrévocable, dont l'exigibilité seule était différée (Cass., 18 nov. 1861, D. 61. 1. 465, S. 62. 1. 33; Cass., 28 févr. 1865, D. 65. 1. 221, S. 65. 1. 124).

La donation a alors pour objet *une créance*, et le donataire devient un créancier comme les autres : il concourra avec les créanciers chirographaires, si le donateur meurt insolvable, et exercera même contre eux son droit de préférence, si la donation a été accompagnée d'une constitution d'hypothèque.

Au cas où plusieurs donations de ce genre ont été faites successivement, la règle de l'irrévocabilité amène un résultat remarquable; en faisant la seconde, le donateur n'a pas pu porter atteinte aux droits du premier donataire; de même la troisième n'a pas diminué l'effet de la seconde, et ainsi de suite. Il en résulte que si le donateur ne laisse pas des biens suffisants pour exécuter toutes ces donations, le premier donataire sera préféré au second, le second au troisième, et ainsi de suite. En d'autres termes on se trouve en présence de créances d'un genre spécial, qui ont par leur seule nature un rang de préférence entre elles. En ce sens Caen, 5 mars 1879, S. 80. 2. 68. Cette solution permet seule de respecter le principe de l'irrévocabilité; si on ne l'admet pas, le donateur pourra révoquer presque complètement l'effet d'une première libéralité rien qu'en en faisant d'autres. Elle s'autorise en outre de l'art. 1083, d'après lequel la donation de biens à venir véritable, permise dans les contrats de mariage, n'est pas diminuée par l'effet de donations ultérieures.

B. — Donations sous condition potestative.

2604. Différentes sortes de conditions potestatives. — On distingue plusieurs degrés de conditions de ce genre.

1° *Conditions purement potestatives.* — Ce sont celles qui dépendent d'une simple manifestation de volonté du donateur (condition *si voluero*).

2° *Conditions potestatives ordinaires.* — Ce sont celles qui supposent l'exécution d'un fait à accomplir par le donateur; par exemple, s'il fait tel voyage, s'il embrasse telle carrière.

3° *Conditions mixtes.* — Ces dernières sont celles qui dépendent à la fois de la volonté du donateur et de celle d'un tiers; par exemple, s'il se marie avec telle personne.

*****2605. Conditions prohibées dans les donations.** — Il n'y a pas de doute que les conditions de la première classe ou conditions purement potestatives soient prohibées dans les donations : insérées dans un contrat quelconque, elles l'annulent, parce qu'elles empêchent le lien de droit de se former en réservant à l'une des parties toute sa liberté (art. 1174).

En parlant des « conditions dont *l'exécution* dépend de la seule volonté du donateur », il est visible que l'art. 944 vise les *conditions potestatives ordinaires*, qui supposent un fait à accomplir, et dont l'insertion est permise dans les contrats ordinaires (art. 1170). Leur interdiction constitue donc une dérogation au droit commun; c'est l'effet de l'irrévocabilité spéciale aux donations, c'est la conséquence de la règle « Donner et retenir ne vaut ».

C'était ainsi qu'on interprétait l'art. 16 de l'ordonnance de 1731, qui a été exactement reproduit par le Code (POTHIER, *Donations*, n° 88), et d'ailleurs l'art. 1086, relatif aux donations faites par contrat de mariage, permet exceptionnellement d'y insérer des conditions potestatives ordinaires, ce qui prouve bien qu'elles sont défendues dans les autres donations.

Enfin en limitant sa prohibition aux conditions dont l'exécution dépend *de la seule volonté du testateur*, il est non moins certain que la loi a entendu permettre les donations faites sous une condition telle que leur exécution dépende de la volonté d'un tiers aussi bien que de la volonté du donateur, ou conditions mixtes.

***2606. Jurisprudence.** — Les tribunaux interprètent l'art. 944 dans un esprit favorable à la validité des donations. Ainsi il a été jugé qu'une donation pouvait être subordonnée à l'accomplissement d'un mariage projeté par le donateur (Douai, 25 mai 1881, Dalloz, *Suppl.*, t. V, p. 119, note 1, S. 83. 2. 215). Cependant si l'exécution de la condition supposait le concours d'une volonté autre que celle du donateur, il est clair que son futur époux ne pouvait pas la réaliser à lui seul et qu'il dépendait au contraire du donateur, *par sa seule volonté*, de rompre le mariage et de rendre la donation caduque.

Il a même été jugé qu'un donateur avait pu convenir avec le donataire que les biens donnés lui seraient restitués à la première réclamation dans certaine circonstance prévue, parce qu'il résultait de l'ensemble des dispositions de l'acte et des circonstances de la cause que le donataire n'avait pas entendu prendre à cet égard un engagement civilement obligatoire (Cass., 14 nov. 1883, D. 84. 1. 73, S. 85. 1. 111).

C. — Donations avec obligation de payer les dettes du donateur.

2607. Division. — Le donataire entre vifs qui, ainsi qu'on l'a vu (ci-dessus n° 2588), n'est pas obligé de payer les dettes du donateur, peut s'y soumettre par une clause spéciale. L'art. 945, qui prévoit cet engagement s'applique à deux hypothèses différentes qu'il ne distingue pas nettement, selon que le donataire s'est engagé à payer les *dettes présentes seulement* ou *même les dettes futures* du donateur.

2608. Dettes présentes. — L'engagement de payer les dettes actuelles du donateur est certainement valable, et il n'est même pas nécessaire pour la validité de la donation, comme semble le dire le texte, d'en dresser un état spécial (Toulouse, 29 janv. 1872, D. 73. 2. 111, S. 73. 2. 200; Grenoble, 12 mai 1882, S. 85. 2. 246). On n'a pas à craindre que le donateur ne se réserve par là un moyen indirect de révocation, puisque le donataire *ne prend d'engagement que pour le passé.* Et même les créanciers du donateur n'auraient d'action contre lui qu'à la condition d'avoir *un titre à date certaine* (art. 1328); sinon, le donataire serait en droit de refuser de les payer. L'état des dettes serait alors nécessaire non pas pour faire valoir la donation, mais pour donner action aux créanciers contre le donataire.

2609. Dettes futures. — Le donataire peut également s'engager à acquitter certaines dettes ou charges que le donateur contractera dans l'avenir, mais à la condition expresse que *ces dettes seront énumérées dans la donation ou dans un état qui y sera annexé* (art. 945). Dès lors deux hypothèses doivent être prévues :

I. Les dettes futures sont indéterminées. — En ce cas la donation est *nulle pour le tout*, car le donateur a *donné et retenu* : « ayant la liberté de contracter des dettes tant qu'il lui plaira, il conserve la liberté... de détruire entièrement l'effet de sa donation » (Pothier, n° 80). Comp. Lyon, 8 févr. 1867, D. 67. 2. 151, S. 67. 2. 143.

II. Les dettes futures sont constatées par état. — Il semble bien, à lire l'art. 945, que la donation soit alors valable pour le tout. Et cependant on admet qu'elle est nulle, dans la mesure où le donataire s'était réservé la possibilité de faire payer ses dettes par le donateur : jusqu'à concurrence de ces dettes, la donation pèche par défaut d'irrévocabilité, et par suite le donataire n'a pas le droit de conserver la valeur de la dette à laquelle il s'était d'avance obligé, alors même que le donateur ne serait abstenu de la contracter. Dans cette mesure la donation ne produit pas d'effet. Telle était déjà la solution de Pothier (n° 80 précité), et les auteurs modernes l'ont conservée (Dalloz, *Suppl.*, v° Dispositions entre vifs, n° 352). Il n'y a pas de jurisprudence sur la question.

D. — Donations avec réserve du droit de disposer.

****2610. Hypothèse prévue.** — On suppose qu'un donateur s'est réservé la faculté de disposer en tout ou en partie des choses données. Cette clause, qui paraît inconnue dans la pratique moderne, était sans doute usitée au XVIe siècle, car en 1580 on jugea bon d'en parler dans un article supplémentaire de la coutume de Paris : « C'est donner et retenir quand le donateur s'est réservé la jouissance de disposer librement de la chose par lui donnée » (art. 274).

***2611. Sanction.** — Si le donateur s'est réservé ce droit d'une façon illimitée, la donation est *nulle pour le tout*. Si la réserve porte seulement sur une certaine somme ou sur certains objets, la donation n'est nulle que jusqu'à concurrence de la somme convenue ou pour les objets désignés ; elle est valable pour le surplus (art. 946).

Mais la nullité est toujours encourue, *même si le donateur meurt sans avoir usé du droit qu'il s'était réservé*. Les biens ainsi enlevés au donataire font retour aux héritiers ab intestat du donateur, nonobstant toutes stipulations contraires (même art.).

§ 3. — *Conventions compatibles avec l'irrévocabilité des donations.*

A. — Réserve d'usufruit.

***2612. État primitif du droit.** — Très anciennement on exigeait du donateur le plein dessaisissement et on ne lui permettait pas de conserver la jouissance de sa chose : « Non valet donatio nisi subsequatur traditio... Vult potius quod res data apud eum remaneat quam transeat ad donatarium, et unum agit et alterum agere simulat » (BRACTON, liv. II, chap. 18, n° 1, édit. Travers Twiss, t. I, p. 310-312). Mais on finit par se départir de cette rigueur, et la seconde rédaction de la coutume de Paris, en 1580, s'en expliqua formellement : « Ce n'est donner et retenir, quand on donne la propriété d'aucun héritage, retenu à soy l'usufruit, à vie ou à tems... et vaut telle donation » (art. 275).

****2613. Texte actuel.** — L'art. 949 reproduit la disposition de la coutume de Paris, ce qui était peut-être peu utile à dire, car personne aujourd'hui n'aurait contesté la validité d'une pareille donation. De même qu'on peut donner *un simple usufruit*, de même on peut donner *une nue propriété*.

Toutefois il semble que le donateur ne puisse pas se réserver sur les biens qu'il donne un droit plus fort que l'usufruit, car s'il conservait le pouvoir de faire des actes de disposition, il tomberait sous le coup de l'art. 946. La loi ne l'autorise à garder que « *la jouissance ou l'usufruit* ». Cependant la Chambre des requêtes a validé une clause par laquelle un donateur s'était réservé le droit de faire dans l'immeuble donné « tels changements, démolitions et modifications qu'il lui plairait » (Cass., 1er avril 1895, D. 95. 1

335). Cette convention était bien évidemment contraire à l'art. 946 ; et une pareille décision montre bien à quel point la jurisprudence moderne attache peu d'importance à la règle « Donner et retenir ne vaut ». Comp. ci-dessus n° 2597.

2614. Usufruit du donateur. — Quand le donateur s'est ainsi réservé la jouissance des choses qu'il donne, son usufruit est régi en principe par les règles du droit commun. Toutefois il est *dispensé de fournir caution* (art. 601 et t. I, n° 1611).

Faut-il dresser un *inventaire* si la donation a pour objet des effets mobiliers ? Non ; *l'état estimatif* qui accompagne la donation, par application de l'art. 948, vaut inventaire et le remplace. Cet état servira de titre au donataire pour réclamer à la mort du donateur les choses qui lui avaient été données.

Sur la restitution à faire par le donateur à la fin de l'usufruit, voyez l'art. 950, qui n'est qu'un rappel des principes généraux (art. 589) et qui doit être complété et corrigé par eux. Ainsi le donataire est obligé de recevoir, dans l'état où ils sont, les meubles qui se détériorent par l'usage, et il n'a de recours à exercer de ce chef contre le donateur que s'il y a eu faute ou dol de sa part, ce dont l'art. 950 ne parle pas. Quant aux meubles qui n'existent plus en nature, l'art. 950 déclare le donateur responsable de leur valeur, sans faire de distinction ; cependant il faut bien admettre que si ces meubles avaient péri par cas fortuit le donateur serait admis à en faire la preuve et à dégager par là sa responsabilité : la loi n'a pu avoir l'intention de le rendre responsable des pertes fortuites.

B. — Retour conventionnel.

1° Généralités.

** **2615. Définition et terminologie.** — Le droit français interdit dans les donations l'emploi des conditions potestatives, mais d'elles seules. Il a toujours été permis d'y insérer toutes les *conditions casuelles* possibles, et celles-ci peuvent être, selon le gré des parties, *suspensives* ou *résolutoires*. Parmi elles, l'une des plus importantes et des plus pratiques est celle qui résout la donation *quand le donataire meurt avant le donateur,* et dont le Code s'est occupé dans les art. 951 et 952. Cette condition résolutoire casuelle porte le nom de « clause de retour », parce que les biens donnés reviennent au donateur qui est encore vivant, par hypothèse, au moment où la donation se trouve résolue : il les reprend alors et exerce sur eux son *droit de retour*.

Ce droit de retour, qui a son origine dans un pacte spécial entre donateur et donataire, prend le nom de *retour conventionnel,* par opposition à un autre droit analogue que la loi accorde d'office à l'ascendant donateur, et qu'on appelle pour cette raison *retour légal*[1].

2616. Utilité. — Cette clause est très ancienne ; elle était déjà usitée dans l'antiquité et elle a été tolérée par notre ancien droit, qui ne la considérait pas comme contraire à la maxime « Donner et retenir ne vaut ».

La clause de retour est assez fréquemment employée : elle répond en effet à la pensée de bien des gens qui veulent faire à quelqu'un une libéralité personnelle et qui tiennent à ce que les biens donnés par eux ne passent pas en des mains étrangères après la mort de la personne qu'ils gratifient. On a coutume d'exprimer la nature de leurs sentiments sur ce point en disant qu'ils préfèrent le donataire à eux-mêmes, mais qu'ils se préfèrent eux-mêmes aux héritiers du donataire.

[1] Il a été traité du retour légal de l'ascendant donateur à propos des *successions anomales*, dont il constitue le cas le plus important (ci-dessus n°s 1889 et suiv.).

2617. Interprétation. — La convention qui établit le droit de retour déroge aux règles ordinaires et elle est par suite *d'interprétation stricte*. Elle doit naturellement être *stipulée d'une manière spéciale*, sans qu'il faille pour cela employer absolument l'expression « droit de retour » ; une manifestation de volonté bien claire suffit ; aucun terme sacramentel n'est nécessaire (Orléans, 10 févr. 1892, D. 93. 2. 83). Mais il y a eu des doutes sur différentes clauses voisines dans lesquelles on a quelquefois cru voir l'équivalent d'un droit de retour. Voyez DALLOZ, *Répert.*, v° Dispositions entre vifs, n° 1750 ; Comp. Nancy, 24 déc. 1869, D. 72. 2. 57.

2° Au profit de quelles personnes le retour peut être stipulé.

** **2618. Limitation établie par la loi.** — « Ce droit ne pourra être stipulé qu'*au profit du donateur seul,* » dit l'art. 951, al. 2. Ainsi il n'est pas possible d'en faire profiter une autre personne que le donateur, pas même ses propres héritiers. C'est là une sévérité nouvelle, introduite par le Code et que n'avaient admise ni l'ancien droit ni le droit intermédiaire (Bastia, 8 juill. 1863, sous Cass., D. 68. 1. 123).

* **2619. Sanction.** — Si le retour a été stipulé au profit du donateur en même temps qu'au profit de ses héritiers ou d'un tiers, *la stipulation reste valable à l'égard du donateur*; elle est seulement nulle pour ses héritiers ou pour le tiers désigné par lui (Cass., 3 juin 1823, S. 23. 1. 309, S. chr. 7. 1. 257).

Si la stipulation n'a été faite qu'au profit des héritiers ou d'un tiers, la convention est tout entière frappée de nullité et *la libéralité tombe,* comme contenant une *substitution prohibée,* selon certains arrêts (Cass., 18 avril 1842, D. 42. 1. 187, S. 42. 1. 525) ; selon d'autres la clause est simplement réputée non écrite comme constituant une extension abusive du droit de retour (Cass., 8 juin 1836, D. 36. 1. 389, S. 36. 1. 463 ; Montpellier, 25 avril 1844, D. 45. 2. 36, S. 45. 2. 7 ; Rouen, 29 mai 1845, D. 46. 2. 148, S. 46. 2. 379).

3° Cas d'ouverture du retour.

* **2620. Variété possible des clauses.** — Le droit de retour peut être stipulé en vue de plusieurs hypothèses.

I. PRÉDÉCÈS DU DONATAIRE. — La donation est alors résolue par cela seul que le donataire meurt le premier, qu'il laisse ou non des enfants.

Le plus souvent, le donateur explique clairement sa volonté à cet égard ; mais si l'acte porte simplement que la donation sera résolue « au cas de prédécès du donataire », on l'interprète en ce sens que le droit de retour s'ouvre par le seul fait que le donataire prédécède, lors même qu'il laisserait des enfants (Cass., 10 nov. 1875, D. 76. 1. 480, S. 76. 1. 16).

II. PRÉDÉCÈS DU DONATAIRE SANS POSTÉRITÉ. — En pareil cas, quand le donataire meurt le premier, mais en laissant des enfants, le droit de retour est définitivement perdu pour le donateur, car *la condition est défaillie* : le donataire n'est pas mort « sans postérité ». Le donateur ne reprendrait donc pas les biens donnés alors même que les descendants du donataire mourraient à leur tour avant lui. — Cette clause est donc peu pratique ; elle répond mal aux intentions des parties et la loi ne la prévoit même pas.

III. PRÉDÉCÈS DU DONATAIRE ET DE SES DESCENDANTS. — Le donateur peut vouloir faire profiter de sa libéralité les enfants du donataire aussi bien que lui-même ; il stipule alors que les biens lui reviendront seulement si la postérité du donataire vient à s'éteindre de son vivant. Par suite, quand le donataire meurt avant le donateur, en laissant des enfants, le droit de retour ne s'ouvre pas encore ; on doit attendre pour savoir qui mourra d'abord, eux ou le donateur.

Il peut y avoir quelque difficulté pour savoir quels enfants feront obstacle par leur présence à l'ouverture du droit de retour. Les *enfants légitimes*, sans aucun doute, puis les *enfants légitimés*, qui leur sont assimilés, et sans distinguer si leur légitimation est antérieure ou postérieure à la donation. Quant aux *enfants naturels*, ce sera une question de fait à apprécier par les juges d'après l'intention des parties qui ont pu les comprendre ou non dans leurs prévisions.

4° Effets du retour.

** **2621. Notion générale.** — L'effet du retour est de résoudre la donation : c'est une *condition résolutoire* qui se réalise, avec son effet ordinaire qui est la *rétroactivité*.

Là se trouve la différence caractéristique qui sépare le retour conventionnel du retour légal, car ce dernier consiste seulement dans *un droit de succession*, qui s'ouvre sans détruire rétroactivement le droit du donataire. Aussi l'appelle-t-on souvent « retour successoral », pour en rappeler la nature et l'effet.

2622. Conséquences de la résolution. — L'anéantissement des droits du donataire se produit *immédiatement*, par la seule réalisation de la condition de son prédécès. La propriété fait retour au donateur, qui peut exercer non seulement une action personnelle, mais même l'*action en revendication*.

Cet effet résolutoire, étant rétroactif, se produit *même contre les tiers* : les sous-acquéreurs auxquels le donataire a pu transmettre la propriété des biens donnés ; les tiers auxquels il a pu concéder des droits réels, tels que des hypothèques, sont donc atteints par l'effet de la résolution. C'est le résultat ordinaire, qui se produit dans toute propriété résoluble (t. I, n°s 980 et suiv.). Les biens donnés reviennent ainsi au donateur *francs et quittes de toutes charges et hypothèques*, comme le dit l'art. 952.

2623. Exception. — Toutefois ce même art. 952 fait exception pour l'*hypothèque légale de la femme du donataire*, qu'il maintient sous certaines conditions et réserves. Ceci suppose que la donation avait pour objet un immeuble ; par l'effet de la donation, la propriété en avait été transmise au donataire et la femme de celui-ci avait acquis sur lui une hypothèque légale en vertu de l'art. 2121. Cette hypothèque survit à la résolution de la donation, mais seulement quand les conditions suivantes sont réunies :

1° *Quand l'immeuble a été donné au mari par contrat de mariage* ;

2° *Quand les autres biens du mari ne sont pas suffisants pour désintéresser la femme* (art. 952). C'est donc simplement une *hypothèque subsidiaire* que la loi lui accorde ainsi.

En outre, l'hypothèque légale n'est maintenue que pour garantir à la femme *le paiement de sa dot et l'exécution des conventions matrimoniales* contenues dans le même contrat que la donation (même art.). Elle ne peut pas lui servir pour des créances nées à son profit pendant le mariage.

Cette survie conditionnelle de l'hypothèque légale est fondée sur *une présomption de volonté* : on suppose que le bien donné au mari a été tacitement affecté à la garantie des créances de la femme. Les parties pourraient donc écarter cette disposition de la loi par une convention contraire ; elle n'a rien d'obligatoire. — S'il peut en détruire l'effet, en résolvant l'hypothèque de la femme comme les droits des autres tiers acquéreurs, le donateur pourrait aussi l'augmenter, en laissant à la femme son hypothèque d'une manière plus pleine et plus complète que ne le fait la loi.

2624. Gain des fruits et maintien des actes d'administration. — Si absolue que soit la résolution du titre du donataire, elle laisse cependant debout un certain nombre d'actes accomplis par lui.

D'abord il garde les fruits et revenus qu'il a perçus pendant sa vie. Point n'est besoin de fonder cette solution sur les art. 549 et 550, qui supposent un possesseur dont le titre est vicié. Ici l'acquisition des fruits résulte de la nature même de la convention et elle est conforme à l'*intention évidente des parties*, qui auraient fait un acte absurde si elles avaient entendu astreindre les héritiers du donataire à restituer les fruits accumulés de toutes les années écoulées entre la donation et sa résolution.

De même les *actes d'administration* faits par le donataire, et notamment les *baux*, sont maintenus. On doit les considérer comme faits en vertu d'un *mandat tacite* émané du donateur. Comp. t. 1, nos 988-989.

2625. Prescription au profit des héritiers du donataire. — Quand le droit de retour s'ouvre au profit du donateur, celui-ci possède, outre l'action en revendication qui lui revient de plein droit par l'effet de la résolution de la propriété, une *action personnelle en restitution* contre les héritiers du donataire. Cette action personnelle dure trente ans (art. 2262). Il est en effet impossible de lui appliquer la prescription décennale établie par l'art. 1304 pour les actions en nullité ou en rescision, car c'est une action contractuelle, contenue implicitement dans la convention et qui est la sanction directe de la clause de retour, cette clause étant l'équivalent d'une promesse de restitution.

2626. Situation des tiers détenteurs. — Les tiers acquéreurs du bien sujet à résolution subissent l'effet du retour. Tel est le principe, mais il souffre plus d'un tempérament.

D'abord s'il s'agit de *meubles corporels*, leur possession, quand elle sera de bonne foi, protègera les tiers contre la revendication du donateur (art. 2279).

S'il s'agit d'*immeubles*, ils peuvent être atteints par la revendication. Ils ont dû connaître la clause de retour par la transcription du titre de leur auteur, de sorte qu'ils seront rarement de bonne foi, et ne pourront se prévaloir que de la *prescription de trente ans*. Cette prescription commence-t-elle à courir à leur profit dès le jour de leur entrée en possession ? Beaucoup d'auteurs le disent. Mais ils oublient que le droit du donateur contre eux est *conditionnel*, car il dépend du prédécès du donataire, et que la jurisprudence applique même aux droits réels l'art. 2257 qui suspend la prescription au profit des personnes dont le droit « dépend d'une condition » (voyez t. 1, nos 1408-1412). En tout cas, ceux qui admettent le cours immédiat de la prescription autorisent le donateur à l'interrompre, car l'interruption n'est qu'un acte conservatoire de son droit. Voyez l'art. 1180.

2627. Comparaison avec le retour légal. — Le retour conventionnel diffère sur deux points principaux du droit de retour établi dans certains cas par la loi et connu sous le nom de *succession anomale* (ci-dessus nos 1889 et suiv.) :

1° Il vaut *condition résolutoire* et par conséquent il fait tomber les aliénations et charges réelles consenties par le donataire ou nées de son chef, tandis que le retour légal les laisse subsister et n'a lieu que pour ce qui reste *en nature* au donataire.

2° Il anéantit le titre d'acquisition du donataire, ce qui fait que le donateur reprend son bien *ex causa antiqua*, tandis que le retour légal, qui s'opère à titre de succession, fait de lui un *héritier* du donataire et l'oblige à ce titre au *paiement des dettes* ; le donateur qui a pris soin de stipuler le retour n'en est pas tenu.

Section V. — De la révocation des donations.

2628. Observation. — Le bénéfice d'une donation peut être retiré au donataire pour certaines causes prévues et déterminées par la loi. Dans l'intitulé de la section II (art. 953 et suiv.), le Code présente ces causes de révocation comme des « exceptions à la règle de l'irrévocabilité des donations entre vifs ». Historiquement, cette conception s'explique : deux de ces causes au moins ont pour origine une faculté de révocation accordée au donateur et elles se sont maintenues à travers les siècles, bien que l'irrévocabilité se soit développée et affermie. Néanmoins, en se plaçant au point de vue logique, il est difficile de considérer ces faits comme des exceptions à la règle de l'irrévocabilité, car ils ont bien plus le caractère de *résolutions* fondées sur des causes particulières que de révocations provenant d'un changement de volonté chez le donateur : leur présence dans la loi n'atténue donc en rien l'irrévocabilité, telle que l'entend le droit français ; elle n'y déroge pas, et il n'est pas permis au donateur de « révoquer » sa libéralité à volonté.

2629. Division. — Il y a pour les donations trois causes de révocation ou de résolution : 1° L'*inexécution des charges* ; 2° l'*ingratitude du donataire* ; 3° *la survenance d'enfants* (art. 953). Ces causes sont les seules possibles : l'art. 953 porte que la donation « ne pourra être révoquée que » pour l'une d'elles.

§ 1. — *De l'inexécution des charges.*

2630. Terminologie. — Les articles 953 et 954 appellent « conditions » ce que nous appelons *charges* : ce sont les prestations auxquelles le donataire s'était engagé en recevant la donation. Dans le langage usuel, ces charges reçoivent très souvent le nom de « conditions » que la loi leur donne [1]. Cette cause de révocation ne se conçoit donc que dans les donations *onéreuses*.

****2631. Principe de la révocation.** — Si le donataire n'exécute pas les charges ou conditions auxquelles il s'est soumis, la donation pourra être résolue. La loi fait ici l'application aux donations d'un principe beaucoup plus général, écrit dans l'art. 1184 pour toutes les *conventions synallagmatiques*, et la donation onéreuse n'est pas autre chose. La révocation des donations pour inexécution des charges n'est donc qu'un cas particulier d'une théorie déjà étudiée (t. II, n°s 1307 à 1324). Elle serait beaucoup plus exactement nommée « résolution » que « révocation », et c'est ce que confirmera encore l'étude de ses effets.

***2632. Option du donateur.** — Au cas où le donataire n'exécute

[1] Le mot « condition » a dans la langue ordinaire un sens beaucoup plus large que celui qu'on lui donne en droit. Il désigne toutes les clauses qui concourent à déterminer le détail d'un contrat. On dira, par exemple, qu'un vendeur « fait ses conditions », quand il exige que le prix lui soit payé dans un certain endroit ou sous une certaine forme, quand il se réserve quelques droits sur la chose vendue ou retarde l'entrée en jouissance de l'acheteur, etc. C'est ainsi que les charges d'une donation en sont des conditions.

pas les charges convenues, le donateur a le droit, à son choix, ou de le poursuivre pour le faire condamner à remplir ses engagements ou tout au moins à lui payer une indemnité, ou de demander la résolution de la donation. Cette option lui est laissée conformément au droit commun ; c'est l'application de l'art. 1184, al. 2.

Elle a été cependant contestée. On a soutenu que le donataire qui accepte une donation avec charges ne s'oblige pas à proprement parler, et qu'il peut se libérer en abandonnant les biens reçus. Dans cette manière de voir le donateur n'a pas le droit d'exiger l'accomplissement des charges ; il n'a plus d'option à exercer ; il n'a plus qu'un seul droit, celui de faire résoudre la donation. Il est parfaitement vrai que ce système prévalait au siècle dernier pour cette raison que la donation étant une libéralité, un acte de bienfaisance, ne devait jamais devenir une charge pour le donataire. Les auteurs qui ont adopté la même idée depuis le Code font remarquer que l'art. 954 ne parle pas de l'action en exécution des charges et mentionne seulement l'action en résolution, tandis que l'art. 1184, pour les contrats synallagmatiques, institue cette double action en termes exprès. — Néanmoins cette opinion ne compte plus guère de partisans. Les idées ont changé depuis la publication du Code et l'on considère aujourd'hui que le donataire prend un engagement spécial, ne serait-ce que tacitement, et qu'il y a véritablement, dans la donation onéreuse, un lien de droit synallagmatique : dans la mesure où les charges existent, le donataire est *débiteur* du donateur, il est son obligé, à tel point que si, par hasard, le montant des charges acceptées par lui devenait supérieur au profit qu'il retire de la donation, il en resterait néanmoins tenu sur tous ses biens. Avec une pareille conception de la donation onéreuse, le silence de l'art. 954 sur le droit d'exiger l'accomplissement des charges ne prouve plus rien : la nature synallagmatique de l'acte suffit pour donner ouverture à l'application du droit commun.

*2633. **Droit du tiers bénéficiaire des charges.** — Lorsque la charge a été imposée au donataire au profit d'un tiers, ce tiers n'a d'autre droit que d'en réclamer l'exécution. L'action en résolution est réservée au donateur, qui est seul appelé à en recueillir le bénéfice. Comp. t. II, n° 1262.

2634. **Forme de la résolution. — La résolution de la donation ne se produit pas de plein droit : elle doit être *demandée par le donateur* et *prononcée par la justice*. Les règles sont les mêmes que pour la résolution des contrats synallagmatiques.

Une mise en demeure préalable semble nécessaire, puisque la résolution se fonde sur le défaut d'exécution des charges et que le donataire n'est pas en demeure de plein droit (Aubry et Rau, t. VII, § 707 *bis*, p. 411). Il a cependant été jugé que la résolution peut être prononcée sans mise en demeure préalable (Poitiers, 16 févr. 1885, D. 86. 2. 38, S. 87. 2. 67. — Comp. Liège, 22 févr. 1871, *Pasicrisie*, 71. 2. 224).

Les juges pourraient accorder un délai au donataire pour remplir ses obligations, et tant que la résolution n'est pas prononcée, celui-ci pourrait y échapper en les exécutant spontanément.

Tout ceci n'est que l'application du droit commun. Conformément encore au droit commun, les parties pourraient convenir que la résolution aurait lieu de plein droit. Sur les effets de cette convention, voyez t. II, nos 1323-1324. Comp. Cass., 27 juill. 1886, D. 87. 1. 107, S. 89. 1. 295; Cass., 18 juin 1890, D. 90. 1. 304, S. 93. 1. 425.

** **2635. Effet de la résolution.** — Ce que la loi appelle « révocation » est une véritable *condition résolutoire* qui anéantit rétroactivement la donation. Tous les droits réels que le donataire avait pu conférer à des tiers tombent avec le sien, par application de l'adage : « Resoluto jure dantis, resolvitur jus accipientis. » La loi ne fait ici aucune réserve en faveur de l'hypothèque légale de la femme. comme dans l'art. 952 (ci-dessus n° 2623). Le donateur peut donc reprendre les biens donnés même dans les mains des tiers, sauf l'application de l'art. 2279 en cas de donation de meubles corporels.

Quant aux fruits, le donataire n'en doit la restitution que du jour de la demande ; il garde ceux qu'il avait antérieurement perçus (Paris, 3 juill. 1890, S. 91. 2. 74). La rétroactivité de la résolution n'est pas destinée à opérer une restitution des années de jouissance déjà passées, mais à assurer la liberté et la franchise du droit restitué au donateur.

* **2636. Prescription de l'action.** — L'action en restitution dure trente ans (art. 2262). La prescription décennale de l'art. 1304 est inapplicable aux actions en résolution.

Pour l'effet de la prescription acquisitive au profit des tiers détenteurs d'immeubles, voyez ce qui est dit ci-dessus (n° 2626) de la donation résolue par l'effet du retour conventionnel.

§ 2. — *De la révocation pour ingratitude.*

** **2637. Son caractère particulier.** — Cette cause de révocation présente un caractère à part : c'est une *peine*, et la conséquence essentielle de sa nature pénale est de paralyser l'effet rétroactif ordinaire des conditions résolutoires ; les biens donnés ne sont enlevés au donataire que pour l'avenir ; sa propriété n'est pas anéantie dans le passé, de peur que les effets de la révocation ne réfléchissent contre des tiers.

2638. Origine historique. — Son point de départ se trouve dans le droit romain, où on pratiqua d'abord cette cause de révocation pour les donations faites à des affranchis, à cause du devoir spécial de reconnaissance (*obsequiæ*) qui les liait à leur patron. La révocation pour ingratitude fut ensuite étendue à d'autres personnes et devint finalement sous Justinien applicable à une donation quelconque (*Code*, liv. VIII, tit. 56, lois 1 et 10).

L'ancien droit français accueillit ce système et multiplia les cas d'ingratitude que Justinien avait fixés à quatre seulement. On les confondit avec les causes d'exhérédation. — Sous l'empire du Code, le principe a été conservé, mais ses cas d'application sont réduits à trois (art. 955).

A. — Donations révocables pour ingratitude.

* **2639. Généralité d'application.** — La révocation pour ingratitude s'étend aux variétés les plus diverses de donations : donations mutuelles,

donations rémunératoires, donations onéreuses, donations déguisées. Ainsi on a pu l'appliquer à une libéralité qui avait été faite sous la forme d'un bail consenti intentionnellement pour un prix de beaucoup inférieur à la valeur réelle du loyer normal de l'immeuble affermé (Cass., 20 juill. 1893, D. 93. 1. 598, S. 93. 1. 424).

*2640. **Exception.** — Une seule espèce de donations y échappe et l'art. 959 y fait allusion en ces termes : « Les donations en faveur de mariage ne seront pas révocables pour ingratitude. » Les motifs de cette exception et sa portée seront expliqués quand nous nous occuperons de ce genre spécial de donations (ci-dessous n° 3149).

B. — Cas d'ingratitude.

*2641. **Énumération.** — Trois sortes de faits sont indiqués dans l'art. 955 comme constituant des actes d'ingratitude suffisants pour faire révoquer la donation, savoir :

1° *Si le donataire a attenté à la vie du donateur ;*

2° *S'il s'est rendu coupable envers lui de délits, sévices ou injures graves ;*

3° *S'il lui refuse des aliments.*

Cette énumération est limitative, car l'art. 955 dit formellement que la donation ne peut être révoquée « que dans les cas » qu'il indique.

2642. Appréciation. — Le cas d'ingratitude du donataire ressemblent beaucoup aux causes qui rendent un héritier *indigne* de succéder et qui sont énumérés dans l'art. 727. Mais un simple rapprochement entre les deux articles montre que la loi est plus sévère pour le donataire que pour l'héritier. Diverses considérations justifient cette différence. L'héritier tient sa vocation de la loi ; c'est un droit pour lui, dont on ne veut le dépouiller que pour des faits graves ; le donataire n'aurait rien reçu sans une bienveillance toute spéciale du donateur, dont il doit se montrer reconnaissant. D'autre part, si le défunt était mécontent de son héritier présomptif, il pouvait le priver, au moins en partie, de sa succèssion ; il pouvait le deshériter ; le donateur, qui s'est irrévocablement dépouillé, ne peut plus rien contre le donataire.

1° Attentat à la vie.

2643. Nature et conditions. — L'attentat à la vie est un acte accompli avec *l'intention de tuer*. Par conséquent, si le donataire avait causé la mort du donateur par un acte d'imprudence, sans aucune intention homicide, la donation ne serait pas révocable. De même si le donataire n'avait pas sa raison au moment de l'attentat (Dijon, 17 juill. 1872, Dalloz, *Suppl.*, t. V, p. 274, note 2).

Un simple défaut de soins et d'assistance ne constitue pas l'attentat prévu par l'art. 955 (Cass., 1er déc. 1885, D. 86. 1. 222, S. 86. 1. 100).

Il n'est pas nécessaire que le donateur ait été tué ou même blessé ; il suffit qu'il y ait eu *tentative* caractérisée contre sa vie. Il n'est pas nécessaire non plus que l'acte du donataire ait donné lieu à une poursuite et à une condamnation pénale.

Enfin l'état de *légitime défense* excuserait le donataire aussi bien au point de vue civil qu'au point de vue criminel.

2° Délits, sévices et injures graves.

2644. Définition. — Ici la formule de la loi manque absolument de précision. Les *sévices* sont des actes de cruauté corporelle, des mauvais traitements physiques infligés au donateur. L'*injure* comprend une variété indéterminée de faits que les juges apprécient souverainement. Quant aux *délits*, ce sont tous les actes punis par la loi pénale.

Du reste, injures, sévices et délits doivent également présenter un certain caractère de gravité pour être une cause de révocation des donations : l'épithète « graves » qui termine l'énumération s'applique aux trois mots qui la précèdent. La gravité du fait s'apprécie d'après la peine portée par la loi, d'après la perte subie par le donateur, et surtout d'après le degré de haine et de perversité que suppose la faute du donataire.

2645. Injure à la mémoire du donateur. — L'injure grave faite à la mémoire du donateur est-elle une cause de révocation de la donation ? Pothier enseignait formellement l'affirmative (*Introd. à la coutume d'Orléans*, tit. XV, n° 118), et il a été soutenu qu'elle devait être encore admise sous le Code civil, parce que l'art. 1047 admet cette cause de révocation en matière de testaments. — La grande majorité de la doctrine s'est cependant prononcée en sens contraire. D'après l'art. 957 l'action en révocation ne peut pas appartenir aux héritiers du donateur de leur propre chef ; ils ne peuvent l'avoir que par transmission, quand elle est née en la personne de leur auteur ; elle ne peut donc pas prendre naissance en leur personne, après la mort de celui-ci. Quant à l'art. 1047, il donne une solution spéciale, contraire au système que la loi applique aux donations.

3° Refus d'aliments.

2646. Lacune de la loi. — Le refus d'aliments constitue une forme spéciale de l'ingratitude, quand le donataire laisse le donateur dans l'indigence.

Le Code est absolument muet sur ce cas d'obligation alimentaire. Il est bien probable que le donataire n'est tenu qu'*à défaut de parents ou d'alliés* capables de fournir une pension et que son obligation n'est que *subsidiaire*. Cependant ce point est contesté.

En tout cas il est bien certain que le donataire ne peut être tenu de servir des aliments au delà de la valeur qu'il a reçue. Est-ce à dire que la pension ne doive jamais dépasser le revenu du capital ou du bien donné ? Je ne le crois pas : dans certains cas extrêmes les juges auraient la faculté de dépasser le chiffre du revenu annuel, sans que cet excédent puisse jamais obliger le donataire à restituer plus qu'il n'a reçu.

C. — Action en révocation.

2647. Personnes munies de l'action. — La révocation de la donation doit être prononcée par la justice (art. 956). L'action appartient au *donateur* d'abord, qui la transmet en mourant à ses *héritiers*. Le texte de l'art. 957 commence par refuser l'action aux héritiers du donateur, puis il leur permet de l'exercer dans deux cas : 1° quand le donateur est mort au cours de l'instance engagée par lui ; 2° quand il est mort avant d'avoir agi, mais étant encore dans le délai pour le faire. Beaucoup d'auteurs ont cru que la loi s'était contredite elle-même en accordant l'action aux héritiers aussi largement qu'au donateur lui-même, après la leur avoir refusée. Cependant le système de la loi se comprend : il signifie que les héritiers n'ont jamais l'action *de leur propre chef* : qu'elle ne peut leur appartenir que *par l'effet d'une transmission*. Comp. ci-dessus n° 2645.

Quant aux *créanciers* du donateur, ils ne sont pas admis à exercer cette action du chef de leur débiteur : l'action en révocation pour ingratitude est une de ces actions qui supposent l'appréciation d'un élément moral et que l'art. 1166 déclare « exclusivement attachées à la personne ».

2648. Défendeurs à l'action. — L'action ne peut être dirigée que contre *le donataire seul* ; elle ne peut pas l'être contre ses héritiers (art. 957). Ainsi si le donataire meurt avant que le donateur ait agi, l'action est éteinte ; elle ne peut pas être *commencée* contre les héritiers, cela résulte clairement du texte ; le motif est que cette révocation était une *peine*, destinée à atteindre un ingrat.

Pourrait-elle tout au moins être *continuée* contre les héritiers du donataire, si elle avait été engagée contre celui-ci de son vivant ? On l'a parfois soutenu, en citant la maxime romaine : « Actiones quæ morte vel tempore pereunt semel inclusæ judicio salvæ permanent » et en faisant remarquer que l'art. 957 défend seulement de « demander » la révocation contre les héritiers, ce qui paraît se référer à l'exercice initial de l'action. Mais la maxime romaine était en relation étroite avec les effets spéciaux de la *litis contestatio* et n'a plus rien à voir dans notre droit; quant à l'argument tiré du texte, il se retourne contre ceux qui s'en servent : n'est-il pas évident que celui qui continue l'instance « demande » la révocation, tout aussi bien que s'il avait lui-même engagé l'affaire ? Donc, quand la loi défend de demander la révocation, cela doit s'entendre même de la continuation de la demande.

* **2649. Durée de l'action.** — Il y avait eu dans notre ancien droit de grandes divergences sur le délai de la prescription. Le Code les a fait cesser en fixant ce délai à *un an* (art. 957).

Ce délai court *du jour du délit*, c'est-à-dire du jour de l'acte d'ingratitude commis par le donataire, ou *du jour où le donateur a pu en avoir connaissance* (art. 957).

Malgré la formule absolue du texte, on réserve en général au donateur le droit de prouver que le fait n'est pas arrivé à sa connaissance, et de reculer par là le cours du délai.

Quand l'action passe aux héritiers du donateur, elle a entre leurs mains la même durée que pour lui ; et s'il est mort sans avoir pu connaître le délit, la prescription ne courra contre eux que du jour où ils auront pu en avoir connaissance. — Si le donateur est mort dans le délai et que ces héritiers connaissent les faits d'ingratitude, il semble qu'ils n'ont plus pour agir que ce qui reste à courir du délai déjà commencé. Cependant il a été jugé qu'ils avaient dans tous les cas un délai d'un an (Paris, 20 févr. 1893, D. 93. 2. 517, S. 93. 2. 127).

2650. Caractère du délai. — Ce délai d'un an n'est pas une prescription véritable ; c'est un simple *délai préfix*, pour lequel il n'existe aucune cause de suspension au profit des incapables, et la perte de l'action ne peut être évitée que par son exercice avant l'expiration de l'année.

2651. Effet du pardon. — Le fondement de cette prescription si rapide est le *pardon présumé*, accordé par le donateur. Par suite, l'action s'éteindrait, même avant l'année écoulée, s'il y avait des faits prouvant que le donateur a pardonné.

D. — Effets de la révocation.

1° A l'égard des tiers.

* **2652. Absence de rétroactivité.** — En révoquant la donation, on veut seulement *punir* le donataire ingrat. Il suffit donc de lui enlever la chose *pour l'avenir,* sans faire rétroagir la résolution de son droit. De la sorte les droits des tiers sont respectés : les actes d'aliénation ou de disposition faits par le donataire sur les biens donnés sont maintenus, notamment les hypothèques nées de son chef sur l'immeuble donné. Sont seuls atteints ceux qu'il aurait constitués *après la demande dirigée contre lui* (art. 958). C'est donc la demande en révocation qui détermine le moment auquel est *réputée se produire la résolution du droit du donataire à l'égard des tiers.*

* **2653. Publicité.** — Au cas où la donation avait pour objet des immeubles susceptibles d'hypothèques, la loi veut que la demande en révocation soit rendue publique, afin que les tiers en soient prévenus. Cette publi-

cité se fait à l'aide d'une *mention en marge de la transcription* qui a dû être opérée au moment de la donation. C'est seulement du jour où cette mention a été opérée que les tiers sont avertis du danger qui les menace s'ils traitent avec le donataire et que la demande en révocation leur devient opposable (art. 958).

C'est là une mesure excellente tout à fait conforme aux tendances du droit moderne ; mais dans tous les cas où la donation avait pour objet des biens d'une autre nature, aucune publicité n'est nécessaire.

2° Entre les parties.

* **2654. Rétroactivité de la révocation.** — Si la loi refuse à la révocation tout effet rétroactif, c'est seulement pour ménager les intérêts des tiers ; mais quand les droits de ceux-ci sont hors de cause et assurés, rien n'empêche la révocation de *rétroagir* au jour même de la donation *dans les rapports des parties entre elles*. Tel est aussi le système de la loi : le donataire restitue *en nature* les biens donnés, quand il les possède encore. S'il les a aliénés, il en restitue *la valeur au jour de la demande* (art. 958, al. 2), c'est-à-dire que le donateur doit obtenir ce qu'il aurait eu si l'aliénation n'avait pas été faite. Par analogie, le donateur doit être indemnisé de toutes les charges réelles établies sur l'immeuble et qui lui sont opposables, telles que les servitudes et hypothèques provenant du fait du donataire, au cas où les biens lui sont restitués en nature, mais grevés de charges.

2655. Améliorations et détériorations. — Nous ne trouvons rien dans la loi sur les augmentations de valeur qui peuvent être dues à des travaux exécutés par le donataire ou sur les détériorations provenant de son fait ou de sa négligence : l'équité exige qu'il soit tenu compte des unes et des autres, pour que le donateur ne s'enrichisse pas aux dépens du donataire en lui reprenant plus qu'il n'avait donné, ou qu'il ne subisse pas de préjudice par la faute d'autrui.

2656. Restitution des fruits. — Sur ce point, la loi a statué : les fruits ne sont dus que du jour de la demande. Le donataire ingrat conserve donc les fruits et revenus antérieurs (art. 958). Si on l'avait obligé à les restituer tous, on aurait pu aboutir à un chiffre excessif par leur accumulation : le donataire serait ruiné peut-être et le donateur s'enrichirait injustement en recevant une masse d'intérêts capitalisés, car la révocation peut se produire de longues années après la donation.

§ 3. — *De la révocation pour survenance d'enfant.*

* **2657. Définition.** — Lorsqu'une donation est faite par une personne qui n'a pas encore d'enfant, cette donation se trouve révoquée *s'il survient un enfant au donateur*.

A l'exemple de l'ordonnance de 1731, le Code consacre un plus grand nombre d'articles à cette cause de résolution qu'aux deux précédentes.

2658. Origine historique. — Cette cause de révocation vient de la loi *Si unquam* (Code, liv. VIII, tit. 56, loi 8) qui était spéciale aux donations faites par les patrons à leurs affranchis. Elle fut plus tard généralisée. Notre ancienne pratique avait fini par l'admettre.

après quelques discussions ; Pothier disait qu'elle était de « jurisprudence française ». Cependant le projet de l'an VIII l'avait supprimée (FENET, t. II, p. 285, art. 68). Mais elle fut rétablie après une vive discussion au sein du Conseil d'État, principalement sur les instances de Cambacérès et le Conseil décida d'adopter le système de l'ordonnance de 1731. C'est pour cela que les art. 960 à 966 reproduisent presque dans les mêmes termes les art. 39 à 45 de l'ordonnance.

***2659. Motifs.** — La raison de cette cause de révocation a été fréquemment contestée. On présume que celui qui donne n'ayant pas d'enfants pensait n'en avoir jamais et qu'il se serait abstenu de faire cette donation s'il avait prévu en avoir un jour. C'est donc une clause de résolution sous-entendue dans l'acte, et fondée sur une interprétation de volonté. Mais ce qui est tout à fait remarquable, c'est que la révocation ne peut pas être écartée par une déclaration de volonté contraire ; il n'y a pas moyen de l'empêcher. On en donne pour motif qu'une renonciation de ce genre serait toujours faite à la légère : celui qui n'a pas d'enfants, dit-on, ne connaît pas encore la force du sentiment paternel. La renonciation au droit de demander la révocation pour survenance d'enfants serait ainsi devenue de style dans les donations.

Ces motifs sont-ils suffisants pour prévaloir sur le principe de l'irrévocabilité des conventions, et spécialement des donations entre vifs ? On en peut douter. La réserve accordée aux enfants suffit à les protéger contre des libéralités antérieures à leur naissance. D'ailleurs ce n'est pas à eux que la révocation profite ; les biens font retour à leur père, de sorte qu'on pourra le voir en disposer à nouveau au profit d'un tiers et cette fois d'une manière irrévocable ; « quo nihil absurdius dici potest », disait anciennement Vinnius.

A. — Donations sujettes à révocation.

***2660. La règle.** — En principe, *toutes les donations,* quel que soit *leur caractère* et quelle que soit *leur forme,* sont révocables par survenance d'enfants. La loi applique la règle quelle que soit aussi *la valeur des objets donnés.* On est d'accord pour entendre ces mots des *donations modiques* : leur peu d'importance n'est pas une raison pour les soustraire à la révocation, à moins cependant qu'il ne s'agisse de simples *cadeaux* ou *présents d'usage,* que la loi ne range pas au nombre des donations et qui sont notamment soustraits au rapport (art. 852).

***2661. Exception unique.** — Il n'y a d'exception que pour les donations faites *par l'un des époux à l'autre,* soit par contrat de mariage, soit pendant le mariage. Voyez ci-dessous n°s 3201 et 3217.

2662. Exception apparente. — Une seconde exception, purement apparente, se trouve indiquée dans l'art. 960. D'après ce texte, les donations faites par les ascendants des conjoints à l'un d'eux sont irrévocables, et ce serait là une exception au principe. Voyez le texte, qui porte : « Toutes donations... même celles qui auraient été faites en faveur du mariage *par autres que par les ascendants* aux conjoints... » Mais on a fait remarquer que l'ascendant qui fait cette donation a déjà au moins un enfant vivant, à savoir le donataire lui-même, et que l'irrévocabilité de sa donation se comprend sans qu'on ait besoin de recourir à l'idée d'une exception, puisque la règle ne lui est pas applicable.

Néanmoins le texte peut s'expliquer. Il est emprunté à l'ordonnance de 1731 et a pour but d'écarter une opinion ancienne, d'après laquelle le donateur devait être considéré comme étant sans enfants lorsqu'il n'en avait pas d'autre que le donataire : la donation faite à l'enfant unique se serait ainsi trouvée révoquée par la survenance d'un second enfant. C'est pour condamner cette ancienne idée que le texte a été écrit. S'il est donc incorrect dans la forme, il a néanmoins un sens et une utilité.

B. — Conditions de la révocation.

***2663. Double condition.** — Pour que la donation se trouve résolue, deux conditions sont nécessaires. Il faut :

1° *Que le donateur n'ait pas eu d'enfants au jour où s'est faite la donation*;

2° *Qu'il lui en survienne un plus tard* (art. 960).

1° Enfants dont la présence rend la donation irrévocable.

2664. Énumération. — De la première condition, il résulte que si le donateur avait *un enfant vivant* au moment où il a donné, la donation est *irrévocable*. Il est donc important de déterminer quels sont les enfants dont la présence au jour de la donation fait ou ne fait pas obstacle à la révocation.

1° Enfants légitimes. — A quelque degré qu'ils soient, fils ou filles et petits-enfants rendent la donation irrévocable. N'y en eût-il qu'un seul, ce résultat se produit, bien que la loi parle au pluriel des personnes qui « n'avaient point d'*enfants* ou de *descendants*... »

2° Enfants naturels. — La question de savoir s'ils font obstacle à la révocation de la donation, de la même manière que les enfants légitimes, est controversée. Cependant la négative prévaut de plus en plus dans la doctrine : en parlant de « descendants » à la suite des enfants du premier degré, la loi montre qu'elle avait en vue uniquement la descendance légitime, car la descendance naturelle n'a qu'un degré. D'ailleurs c'était déjà en ce sens qu'on interprétait l'ordonnance de 1731, et l'on sait que le Code a maintenu purement et simplement son système.

La donation faite par une personne qui avait déjà un enfant naturel sera donc révoquée par la survenance d'un enfant légitime. Il y aurait toutefois de sérieuses raisons pour faire exception à cette règle si la donation avait été faite à l'enfant naturel lui-même, et cette exception a été admise par la Cour de cassation, le 10 juillet 1844 (D. 44. 1. 257, S. 44. 1. 506).

Rappelons que l'enfant naturel légitimé est assimilé à un enfant légitime.

3° Enfants conçus non encore nés. — Quand il existe un enfant légitime simplement conçu au temps de la donation, on considère le donateur comme étant sans enfant. On ne peut pas appliquer ici la maxime : « Infans conceptus... » (t. I, n° 379), parce que cette application serait contraire aux intérêts de l'enfant. La conséquence est que la naissance de cet enfant après la donation la révoquera (art. 961).

4° Enfants en état d'absence. — S'il y a un seul enfant et qu'il soit en état d'absence, on discute pour savoir si la donation sera révocable. J'estime que non, car il est certain que le donateur a eu un enfant et on n'est pas sûr que cet enfant soit mort et que par suite le donateur soit « sans enfants ». Toutefois les auteurs anciens ne tenaient pas compte de l'enfant absent et admettaient la révocation quand il en survenait un autre.

5° Enfants adoptifs. — D'après l'opinion la plus générale l'existence d'un enfant adoptif au jour de la donation ne l'empêcherait pas d'être révocable par survenance d'enfant. L'adopté est moins un « enfant » qu'un « héritier » et on ne peut l'assimiler aux « descendants » dont parle l'art. 960.

2° Survenance d'un enfant.

*** 2665. Condition de légitimité.** — L'enfant dont la survenance révoque la donation doit être un *enfant légitime* ; ce n'est qu'en faveur de la famille légitime que cette cause de révocation a été admise.

2666. Enfants posthumes. — La naissance d'un posthume révoque la donation. L'art. 960 le dit expressément afin de supprimer des doutes qui s'étaient élevés dans l'ancien droit. Ceci montre que la loi a songé aux intérêts des enfants plus encore qu'à l'intérêt égoïste du donateur ; et cela a été dit et répété dans les discussions du Conseil d'État.

2667. Difficulté au cas de mariage putatif. — Si l'enfant qui survient est né d'un mariage annulé et qui vaut comme mariage putatif, il garde en principe la qualité de légitime, et par suite sa naissance opère révocation de la donation. Une difficulté s'élève toutefois lorsque l'un des époux était de mauvaise foi et que c'est précisément celui-là qui avait fait la donation. Beaucoup d'auteurs ne veulent pas le faire profiter de sa mauvaise foi et proposent de décider alors que la donation n'est pas résolue. Mais il ne faut pas oublier le motif de la révocation : elle est établie dans l'intérêt de l'enfant au moins autant que dans l'intérêt du donateur (voyez le n° précédent); il n'y a donc pas lieu de l'écarter sur le seul fondement de la mauvaise foi de celui-ci; la révocation doit se produire, pour que l'enfant puisse en profiter. D'ailleurs cette révocation est attachée au seul fait de la survenance d'un enfant légitime, condition qui se trouve réalisée ici, car l'enfant né d'un mariage putatif est enfant légitime, même pour celui de ses parents qui a été de mauvaise foi.

2668. Légitimation d'un enfant naturel. — La loi a prévu la question et a statué ainsi : « Toutes donations... demeureront révoquées... par la légitimation d'un enfant naturel par mariage subséquent, *s'il est né depuis la donation* » (art. 960 *in fine*). La légitimation d'un enfant né auparavant n'aurait donc pas le même effet. Cette distinction qui n'existait pas dans l'ordonnance a été introduite sur la demande du Tribunat, afin d'enlever au donateur un moyen de révoquer la donation par un acte volontaire, en épousant la mère de son enfant; il paraît qu'on en avait vu des exemples.

2669. Adoption d'un enfant. — Quoique l'enfant adoptif ait les mêmes droits qu'un enfant légitime, on ne peut considérer son adoption comme une cause de révocation, parce que ce serait un moyen pour le donateur de révoquer volontairement sa libéralité.

2670. Retour d'un enfant absent. — Ce fait encore ne saurait être assimilé à la survenance d'un enfant légitime; d'autant plus que l'événement prouve que le donateur n'était pas sans enfant au jour de la donation, et par conséquent sa libéralité n'est pas révocable.

C. — Comment s'opère la révocation.

***2671. Résolution de plein droit.** — On lit dans l'art. 960, qui reproduit littéralement le texte de l'ordonnance de 1731 que les donations « demeurent [1] *révoquées de plein droit* » par la survenance d'un enfant. La révocation n'a donc pas besoin d'être demandée en justice, et c'est là une différence considérable entre cette dernière cause de révocation et les deux précédentes.

***2672. Conséquences.** — De la formule employée par l'art. 960 nous tirerons les conséquences suivantes :

1° *Aucune action en justice n'est nécessaire pour résoudre la donation.* Le donateur n'a rien à demander au tribunal, à moins que le donataire ne conteste l'existence de la cause de révocation ou ne refuse de restituer les biens qu'il a reçus; mais alors on plaidera sur l'exactitude d'un fait ou sur l'interprétation de la loi, et le juge n'aura pas à *prononcer* une révocation qui résulte de la loi et qui s'est déjà opérée si elle est vraiment fondée.

2° *Toute personne intéressée pourra faire constater la résolution.* La réalisation d'une condition résolutoire est un fait qui s'accomplit nécessairement pour tout le monde.

[1] Les mots « *demeureront* révoquées », qui figurent dans l'ordonnance de 1731 s'expliquent sans doute parce que le rédacteur a voulu exprimer par là qu'il maintenait une cause de révocation déjà admise par la jurisprudence.

3° *Aucun acte confirmatif ne peut intervenir*. Le donateur, n'ayant pas d'action à exercer, ne peut pas y renoncer. La donation est mise à néant et ne peut pas être confirmée ; elle doit être *refaite à nouveau*, si on veut lui donner effet. Son exécution, même prolongée, ne lui rendrait pas la vie ; la mort même de l'enfant du donateur n'effacerait pas les effets de la révocation qui s'est produite [1]. Voyez les art. 962 et 964. Cette révocation, aussitôt qu'elle a lieu, est *un fait* qui demeure *acquis et ineffaçable*, quels que puissent être les événements ultérieurs.

D. — Effets de la révocation.

***2673. Résolution de la propriété.** — C'est une véritable condition résolutoire qui s'accomplit. La donation révoquée est réputée n'avoir jamais été faite ; les biens donnés font donc retour au donateur, qui les reprend francs et quittes de toutes dettes et charges imposées par le donataire.

La loi prend même soin de décider d'une façon spéciale que les biens ne seront pas affectés, fût-ce subsidiairement, à la garantie de la dot ni des reprises et actions matrimoniales de la femme du donataire, « quand même la donation aurait été faite en faveur du mariage du donataire et insérée dans le contrat, et que le donateur se serait obligé comme caution par la donation à l'exécution du contrat de mariage » (art. 963). Comp. ci-dessous n°s 2623 et 2635.

2674. Liberté de disposer du donateur. — Le donateur, en reprenant son bien, demeure libre d'en faire ce qu'il veut. Il peut en disposer au profit d'un tiers, ou au profit du premier donataire lui-même, et cette fois ce sera d'une manière définitive.

Ainsi cette révocation, introduite dans l'intérêt de l'enfant qui vient de naître, ne lui profite que d'une manière indirecte et éventuelle : il faut qu'il survive à son père, qu'il accepte sa succession, et que le père soit mort sans avoir disposé à nouveau de son bien. Tout ceci montre combien ce mode de protection des intérêts de l'enfant est mal adapté à la situation ; sa réserve le protège beaucoup plus efficacement.

2675. Restitution des fruits. — Sur ce point l'art. 962 formule une règle spéciale. Voici les solutions contenues dans cet article :

1° Jusqu'au moment de la survenance de l'enfant ou de sa légitimation, le donataire fait les fruits siens *en sa qualité de propriétaire de la chose*.

2° Depuis le jour où la résolution a eu lieu, il ne peut plus les acquérir à ce titre, puisqu'il n'est plus propriétaire, mais il peut encore *les faire siens comme possesseur par la perception* [2], à la condition qu'il soit de bonne foi. Or on le répute de bonne foi tant que la survenance de l'enfant ne lui a pas été « notifiée par exploit [d'huissier] ou autre acte en bonne forme » (art. 962). C'est là une disposition particulière de la loi, qui exclut l'application des règles ordinaires : le donataire continuera donc à gagner les fruits quoiqu'il ait eu par une autre voie connaissance du fait qui a révoqué la donation.

[1] Sur ce point la loi semble manquer de logique. Du moment où la révocation est introduite principalement dans l'intérêt de l'enfant, comment se fait-il que son décès n'ait pas pour effet de restituer à la donation révoquée la vigueur que sa naissance lui avait fait perdre ? — On peut cependant observer ceci : si l'enfant a vécu un certain temps, la révocation a produit l'effet utile que la loi en attendait : elle a profité à l'enfant. Or il serait tout à fait arbitraire de fixer un délai en deçà duquel la mort prématurée de l'enfant ferait considérer sa naissance comme non-avenue. On revient ainsi au système du Code : dès qu'un enfant naît, la donation est révoquée d'une manière définitive.

[2] Le texte porte, en termes très exacts : « les fruits par lui *perçus*. » La perception est en effet l'acte qui rend le possesseur d'un bien propriétaire des fruits. Voyez t. I, n° 913.

3° La restitution des fruits est due à partir du jour de la notification dont il vient d'être parlé, alors même que la demande en restitution ne serait formée que plus tard.

Les mêmes règles sont applicables aux sous-acquéreurs.

E. — Durée de l'action en restitution.

***2676. Règles exceptionnelles.** — On a vu qu'il n'y a pas d'*action en révocation*, puisque la résolution s'opère toute seule, par la volonté de la loi ; mais il y a une *action en restitution*, si le donataire ne restitue pas à l'amiable ; cette action peut se prescrire, et pour sa prescription la loi a établi des règles exceptionnelles dont il est impossible de donner une explication logique.

Si on avait appliqué les principes généraux, on aurait dit :

1° Après la résolution de la donation, le *donataire* ou ses *héritiers*, n'ayant plus aucun titre pour posséder les biens, n'en pourront prescrire la propriété que *par trente ans*, et ce sera à leur égard une prescription acquisitive qui s'accomplira ; ils seront propriétaires en vertu d'une *usucapion* et ne seront pas réputés tenir les biens du donateur et à titre de *donataires*.

2° La prescription courra pour eux du jour où leur titre s'est trouvé résolu, *c'est-à-dire du jour de la naissance du premier enfant du donateur*.

3° *Les tiers acquéreurs à titre particulier*, qui auront *juste titre et bonne foi* pourront arriver à la propriété par la prescription de dix à vingt ans.

Sur ces trois points les solutions qui découleraient du droit commun ont été mises de côté par des dispositions positives, écrites dans l'art. 966 et dont voici l'analyse :

1° *Pour tout le monde*, pour les tiers détenteurs avec ou sans titre aussi bien que pour le donataire lui-même, la prescription sera toujours de *trente ans*.

2° Cette prescription ne courra que *du jour de la naissance du dernier enfant*, même posthume, ce qui peut avoir pour effet de la retarder beaucoup. — Pothier, pour justifier cette solution de l'ordonnance, disait que chaque enfant qui naît donne une action nouvelle, qui vaut interruption de la prescription commencée.

3° *L'effet de la prescription accomplie est de faire valoir la donation révoquée.* Le donataire ou ses héritiers conserveront donc les biens donnés, non comme possesseurs ayant usucapé, mais comme ayants cause du donateur, en vertu d'un acte de disposition gratuite. Ceci est tout à fait inconciliable avec l'idée d'une révocation de plein droit.

Ainsi la prescription a en quelque sorte pour effet de restaurer la donation révoquée. Il en résulte que le donataire sera tenu au rapport et à la réduction, et pourrait, le cas échéant, se voir à nouveau enlever la donation pour ingratitude.

CHAPITRE III

RÈGLES PROPRES AUX TESTAMENTS

SECTION I. — De la forme des testaments.

2677. Distinction. — Au point de vue des formes, il y a deux sortes de testaments. Les uns sont faits *dans les circonstances normales* ; ce sont les *testaments ordinaires*. Les autres sont faits *dans des cas exceptionnels*, où l'emploi des formes ordinaires serait impossible ou tout au moins difficile, et pour cette raison la loi a établi pour eux des formes simplifiées : ce sont les *testaments privilégiés*.

§ 1. — *Formes des testaments ordinaires*[1].

2678. Classification. — Trois manières de tester sont permises par la loi : 1° la forme *olographe* ; 2° la forme *authentique* (notariée) ; 3° la forme *mystique* (art. 969).

A. — Règles communes aux trois formes.

1° Emploi de l'écriture.

***2679. Suppression du testament nuncupatif.** — Tout testament se fait *par écrit*. Notre droit ne connaît donc plus le testament *verbal* ou *nuncupatif*, qui se pratiquait autrefois et qui a été prohibé par l'ordonnance de 1735 (art. 1er). Par suite les déclarations verbales que le défunt a pu faire soit pour disposer de certains biens, soit pour modifier ou compléter un testament écrit, sont sans valeur ; les héritiers ne sont pas liés par elles ; l'aveu qu'ils en feraient ne les oblige pas, et la preuve n'en peut pas être offerte contre eux.

2680. Preuve d'un testament perdu. — Les dernières dispositions d'une personne décédée peuvent cependant être prouvées par témoins, lorsqu'il est certain que le testament a existé et qu'il a péri fortuitement. C'est l'application des règles habituelles sur la preuve, et cela ne contrarie en rien l'exigence de la loi relativement à l'emploi de l'écriture pour la confection du testament.

Au cas où le testament aurait été détruit par un tiers dans des conditions engageant sa responsabilité, c'est-à-dire *par dol ou par faute*, sa suppression serait un délit ou un quasi-délit, et la personne responsable pourrait être condamnée à des dommages-intérêts envers les légataires dont elle aurait détruit le titre (Cass., 12 juin 1882, D. 82. 1. 299, S. 83. 1. 127).

2° Solennité de l'acte.

***2681. Conséquences.** — On a déjà vu (ci-dessus n° 2515) que le testament est un acte *solennel* : s'il n'a pas été fait dans la forme légale, il n'a aucune valeur ; il n'existe pas. Son auteur doit donc *le refaire*.

Toutefois on admet que l'art. 1340, qui permet aux héritiers de confirmer par un acte volontaire une donation nulle en la forme, s'applique aussi aux testaments, bien qu'il ne parle que des donations (Cass., 10 déc. 1874, S. 75. 1. 313). Comp. ci-dessus n° 2532.

3° Prohibition des testaments conjoints.

***2682. Son but.** — Chaque testament doit être contenu dans un acte distinct. Deux personnes ne peuvent pas faire leur testament en même temps et par le même acte, soit qu'elles testent toutes deux au profit d'un tiers, soit qu'elles testent mutuellement en faveur l'une de l'autre ; les deux testaments contenus dans le même acte (testaments mutuels ou conjonctifs) sont *nuls* (art. 968).

Cette prohibition a pour but d'assurer la *révocabilité* des deux testaments : en faisant disparaître le sien, l'un des testateurs ne craindra plus d'anéantir l'autre en même temps.

2683. Sa portée. — Introduite par l'ordonnance de 1735 (art. 77), mais avec divers tempéraments, la prohibition est aujourd'hui absolue : l'art. 968 ne fait aucune réserve et ne comporte aucune distinction.

[1] Sur les formes du testament, voyez la thèse de M. Henri Auffroy, *L'évolution du testament en France, des origines au* XIIIe *siècle*, Paris, 1899.

4° Nullité des testaments.

***2684. Durée de l'action.** — Quand un testament est annulable, quelle sera la durée de l'action ? On admet généralement que la *prescription décennale,* établie par l'art. 1304 pour l'action en nullité, est *inapplicable aux testaments*. Ce texte est placé dans la matière des contrats, et il ne vise que les « conventions ». Par suite l'action en nullité dirigée contre un testament dure *trente ans* (DEMOLOMBE, t. XXIX, n° 79 *bis* ; LAURENT, t. XIX, n° 26 ; Bordeaux, 14 mars 1843, D. 43. 2. 177, S. 43. 2. 311).

2685. Ratification des testaments nuls. — Bien que l'art. 1340 ne parle que des *donations* nulles, il est admis que sa disposition s'applique même aux testaments. Par suite, les héritiers du testateur ne sont plus recevables à demander la nullité du testament de leur auteur lorsqu'ils l'ont confirmé en l'exécutant volontairement (Cass., 13 mars 1816, D. 5. 616, S. 16. 1. 425, S. chr. 5. 1. 168). Le principe n'est pas douteux, mais son application comporte bien des difficultés de fait. Ainsi, quand il s'agit d'un vice de forme, il ne peut y avoir ratification tacite par suite d'une exécution totale ou partielle, qu'autant que l'héritier qui avait le droit de quereller le testament, en a eu en mains l'original et a pu l'examiner (Cass., 9 nov. 1814, D. 10. 714, S. 15. 1. 1, S. chr. 4. 1. 629). Il n'y a en effet de confirmation possible que de la part de quelqu'un qui connaît la cause de nullité (Montpellier, 22 avril 1832, S. 32. 2. 620 ; Cass., 24 juillet 1839, D. 39. 1. 294, S. 39. 1. 653).

B. — Testament olographe.

1° Généralités.

2686. Origine. — Le testament olographe est d'origine romaine (*Novelles* de Valentinien III, tit. XX, 2, § 1). Cependant la plupart de nos pays de droit écrit ne le connaissaient pas ; il était au contraire très usité dans les pays de coutume. L'ordonnance de 1735 sur les testaments avait respecté cette variété d'usages (art. 19). C'est seulement le code civil qui a étendu la forme olographe à toute la France. — Une première tentative avait été faite par Michel de Marillac (Ord. de 1629, art. 126), mais avait échoué (t. I, n° 55). Les Parlements du Midi ou refusèrent d'enregistrer l'ordonnance, ou ne le firent que sous la réserve de l'observation de la Novelle 107, qui n'autorisait la forme olographe que pour les testaments faits par le père en faveur de ses enfants.

***2687. Avantages et inconvénients.** — La forme olographe n'est pas sans inconvénients : elle rend plus faciles la *suggestion* et la *captation* ; elle permet des *falsifications* dont les expertises sont loin de donner une démonstration sûre, car elles se contredisent souvent l'une l'autre[1]. Cependant elle est d'une grande commodité surtout pour les personnes malades, qui n'ont pas toujours le temps ni les moyens de faire appeler un notaire, et pour les personnes indécises ou timides, qui aiment à lire et relire leurs dispositions avant de les considérer comme définitives. Les préventions se sont peu à peu dissipées, et le testament olographe a fini par entrer tout à fait dans nos habitudes.

C'est la forme la plus simple pour tester ; il suffit de savoir écrire. Le testateur rédige son testament à sa guise, quand il le veut, et où il le veut, sans avoir besoin du concours de qui que ce soit. C'est donc le meilleur moyen de tenir secrètes les dispositions du testateur : lui seul les connaît. Enfin le testament olographe est celui qui a le moins de causes de nullité à craindre.

2° Formalités.

****2688. Rédaction.** — Le testament *olographe* est celui qui est écrit

[1] Voyez l'affaire du faux testament de M. de la Boussinière, racontée par M. Sarrut, D. 1900. 1. 34, et par M. Charmont, P. 1901. 1. 209.

tout entier de la main du testateur (art. 970). Ὀλόγραφος existait déjà en grec (ὅλος, entier, et γράφειν, écrire) [1].

N'y eût-il qu'un seul mot écrit d'une main étrangère, la nullité serait encourue (Pothier, *Donations testamentaires*, n° 10). Comp. art. 968 et ci-dessus n° 2682. Le mélange d'écritures pourrait faire croire que le testateur a subi une influence étrangère et que l'acte n'est pas son œuvre propre. — Ceci suppose que l'écriture étrangère mêlée à celle du testateur en est *contemporaine* et qu'on s'est mis à deux pour faire l'acte. S'il s'agissait d'additions *postérieures*, ne faisant pas corps avec le testament et mises à l'insu du testateur, il n'en pourrait résulter aucune nullité (Rouen, 13 juin 1893, D. 94. 2. 207, S. 94. 2. 229).

Il en serait de même d'écritures *antérieures* au testament; par exemple si le testateur avait écrit ses dernières volontés au dos d'une police d'assurance (Cass., 6 mai 1891, D. 93. 1. 177). Pour les additions et corrections marginales faites par le testateur ou même par un tiers, en vue d'un projet de modification du testament auquel il n'a pas été donné suite, voyez Cass., 16 juill. 1878, D. 79. 1. 129; et Poitiers, 1er févr. 1881, D. 81. 5. 149). Les mots en interligne sont présumés faire partie du corps de l'écriture (Lyon, 30 mars 1900, D. 1901. 2. 202). Quand leur addition est postérieure, ils doivent être spécialement signés et datés par le testateur (Nancy, 13 mai 1899, S. 1901. 2).

On a vu des testaments écrits en entier par le défunt, mais avec l'assistance d'un tiers qui lui dirigeait la main, parce que le testateur était hors d'état d'écrire seul, à raison de sa cécité ou de sa faiblesse. Le testament est validé quand il est constant en fait qu'il est bien l'œuvre spontanée et réfléchie de son signataire et que le tiers lui a prêté une simple assistance matérielle (Cass., 28 juin 1847, D. 47. 1. 341, S. 48. 1. 216; Rouen, 17 janv. 1900, D. 1900. 2. 247); il est annulé quand le testateur n'a été qu'un instrument passif incapable de comprendre la valeur des caractères qu'il traçait (Cass., 20 déc. 1858, D. 59. 1. 274, S. 59. 1. 389; Cass., 31 juill. 1888, D. 90. 1. 400).

** **2689. Signature.** — Le testament olographe doit être signé. La signature se met à la fin de l'acte. Elle se compose habituellement du nom et du prénom porté par le testateur; mais cela n'est pas nécessaire : il suffit que le testateur ait employé la signature dont il avait l'habitude de se servir et qui était la marque de sa personnalité.

Ainsi jugé pour l'emploi du surnom *Saint-Ange* à la place du nom véritable *Michallet* (Paris, 7 avril 1848, D. 48. 2. 90, S. 48. 2. 217). Un évêque peut signer de ses initiales et du nom de sa ville épiscopale. Le testament de Massillon, signé « J.-B., évêque de Clermont », donna lieu à un procès et fut validé en première instance; en appel les parties transigèrent.

Une erreur dans l'orthographe du nom, si elle ne le rend pas méconnaissable, ne vicie pas la signature.

** **2690. Date.** — Tout testament olographe doit être daté. La façon dont la date est mise par le testateur est une source de procès fréquents (Dalloz, *Suppl.*, v° Dispositions entre vifs, n°s 647 à 676). Importantes au point de vue pratique, toutes ces questions ne sont que broutilles. Je me bornerai à quelques indications.

[1] On devrait écrire « holographe », à cause de l'esprit rude; l'*h* a été maintenu dans holocauste, dans catholique, et dans un certain nombre de termes de science, comme holothurie.

La date est l'indication précise du jour, du mois et de l'année où l'acte est passé [1]. L'indication du jour et du mois peut être donnée par équivalent : ainsi un testament peut être daté « le jour de Noël » ou « le jour de Pâques ». Elle peut être écrite en chiffres, la loi n'exige pas qu'elle soit mise en toutes lettres.

Il n'est pas nécessaire que la date soit mise au commencement ou à la fin du testament ; elle peut être intercalée au milieu de ses dispositions pourvu qu'il soit bien certain qu'elle s'applique à un ensemble écrit d'un seul jet et sans désemparer (Cass., 7 juill. 1869, D. 70. 1. 76, S. 69. 1. 409). Il y a au contraire des difficultés, lorsque le testateur s'y est mis à plusieurs reprises, pour savoir à quelles parties du testament se réfère la date (Douai, 17 mai 1878, D. 78. 2. 229).

** **2691. Importance de la date.** — La date a une grande importance. C'est elle d'abord qui permet de savoir si le testament a été fait *en temps de capacité* : un testament fait pendant la minorité serait nul ou tout au moins réductible (ci-dessous nos 2892-2894). C'est elle encore qui permet de savoir *quel est de deux testaments celui qui révoque l'autre* : les dispositions les plus anciennes sont révoquées dans la mesure où elles sont incompatibles avec les nouvelles.

2692. Effet d'une date fausse ou incomplète. — Les erreurs de date et les fausses dates abondent dans les testaments. Fausse date et date incomplète sont équivalentes : elles entraînent également la nullité du testament. La jurisprudence française est constante sur ce point (Rouen, 15 nov. 1838, D. 39. 2. 4, S. 39. 2. 16 ; Cass., 20 juill. 1886, D. 87. 1. 83, S. 86. 1. 412 ; Cass., 16 juill. 1895, D. 96. 1. 196, S. 95. 1. 347). Cependant la jurisprudence belge admet que l'antidate ou la postdate ne rend pas le testament nul (Cass. belge, 2 avril 1857, D. 57. 2. 142 ; Bruxelles, 10 mars 1886, *Pasicrisie belge*, 86. 2. 265). La jurisprudence française a été critiquée en France d'une manière acerbe comme empreinte de l'esprit formaliste et légiste par ACOLLAS (*Manuel*, t. II, p. 17, note 2) ; la jurisprudence belge a été justement réfutée en Belgique même par LAURENT (t. XIII, n° 202) : quand la loi veut une date, c'est évidemment de la date vraie qu'il s'agit, et non pas d'une date fantaisiste. Comp. LABBÉ, note dans *Sirey*, 86. 1. 337.

La fausseté de la date apparaît souvent soit par les *énonciations mêmes du testament*. qui fait allusion à des événements plus récents [2], soit par le *filigrane* du papier timbré sur lequel il est écrit et qui porte la date de son émission ou permet de la retrouver. Ainsi on a annulé un testament daté du 1er janvier 1844, écrit sur une feuille qui portait le timbre de 1849 (Cass., 18 nov. 1856, D. 57. 1. 85, S. 57. 1. 272). Arrêts nombreux en ce sens, mais les difficultés d'appréciation sont souvent très grandes. Voyez par exemple Montpellier, 31 déc. 1872, D. 73. 2. 116, S. 73. 2. 173.

Sauf dans le cas où sa fausseté est volontaire, la date peut être *rectifiée* ou *complétée*. Toutefois les indications dont on fait usage dans ce but pour réparer les erreurs ou omissions involontaires doivent être puisées *dans le testament lui-même* (Cass., 8 mai 1855, D. 55. 1. 163, S. 55. 1. 327 ; Cass., 9 juill. 1885, D. 86. 1. 368, S. 88. 1. 479) [3]. On considère le millésime du papier timbré comme un élément intrinsèque, parce que la

[1] Le Code ne contient aucune règle précise ; l'art. 38 de l'ordonnance de 1735 exigeait formellement l'indication des « jour, mois et an ». Mais la jurisprudence a maintenu cette exigence (Cass., 3 mars 1846, D. 46. 1. 216, S. 46. 1. 565 ; Cass., 14 mai 1867, D. 67. 1. 201, S. 67. 1. 236).

[2] On a vu des testaments qui avaient été postdatés et qui se trouvaient porter une date postérieure au décès du testateur.

[3] Les arrêts dits *d'espèce* mettent le désarroi dans toute cette jurisprudence. En 1824 on annula un testament ainsi daté : « Le 1er novembre mil huit dix neuf » (Toulouse, 12 août 1824, D. 5. 641, S. 25. 2 381). Le mot « cent » qui manquait était pourtant évident. En 1851 on a validé un testament qui ne portait aucune espèce de date (Paris, 5 avril 1851, D. 52. 2. 128, S. 51. 2. 193).

feuille de papier fait corps avec l'acte (Cass., 1er mars 1832, D. 32. 1. 76, S. 32. 1. 265). Parfois même, pour s'éclairer dans des circonstances exceptionnelles, les tribunaux se sont référés à des actes distincts du testament, mais en relation avec lui (Cass., 13 mars 1883, D. 84. 1. 14, S. 83. 1. 317; Aix, 9 janv. 1884, D. 85. 2. 115). Voyez aussi Cass., 9 janv. 1900, S. 1901. 1. 407.

3° Conditions et formalités inutiles.

2693. Énumération. — L'écriture de la main du testateur, la date et la signature sont les seules règles de forme que la loi ait établies pour le testament olographe. Voici les conséquences :

1° Le testament peut être *écrit sur papier libre*. La seule conséquence est une *amende* qui sera perçue quand on fera enregistrer le testament.

2° Le testament peut être *fait sous la forme d'une lettre missive*. Jurisprudence constante (Cass., 10 févr. 1879, D. 79. 1. 298, S. 80. 1. 117; Rennes, 19 mai 1891, D. 92. 2. 438; Cass., 5 févr. 1900, D. 1900. 1. 557). Ceci suppose que la lettre est, dans la pensée de son auteur, son testament lui-même, et non pas un simple projet ou modèle.

Cette jurisprudence est tout à fait remarquable, parce que l'ordonnance de 1735 contenait une disposition formelle en sens contraire (art. 3).

3° Le testament peut être *écrit au crayon*, en tout ou en partie (Besançon, 6 juin 1882, D. 83. 2. 60, S. 83. 2. 147).

4° Le testament peut être *rédigé en plusieurs fois, à des intervalles quelconques* (Rennes, 8 févr. 1860, D. 61. 2. 3; Douai, 17 mai 1878, D. 78. 2. 229). Chaque partie n'a pas besoin d'être datée isolément; il suffit d'une date finale s'appliquant à l'ensemble.

5° Le testament peut être rédigé *sur plusieurs feuilles séparées*, pourvu qu'il soit certain que l'écriture qu'elles portent se fait suite (Cass., 28 mai 1894, D. 94. 1. 533, S. 96. 1. 277). Chaque feuillet n'a pas besoin d'être daté; si l'un d'eux contient une fausse date, l'erreur peut être rectifiée à l'aide des autres (Cass., 20 févr. 1889, Dalloz, *Suppl.*, t. V, p. 183, note 1, S. 89. 1. 265).

6° Le testament peut être *rédigé en une langue quelconque*.

7° Le testament peut *contenir des ratures, des surcharges et des additions* et celles-ci peuvent être faites en marge ou en interligne. Doivent-elles être *approuvées*? Non. On a reconnu que les dispositions de la loi du 25 ventôse an XI, qui a établi diverses règles pour ces corrections et additions sont spéciales aux actes notariés (Cass., 18 août 1862, D. 63. 1. 348, S. 63. 1. 268; Cass., 13 juill. 1875, D. 76. 5. 430). Ces arrêts s'appliquent à des additions *contemporaines de la rédaction de l'acte*. Quant aux additions marginales qui seraient faites plus tard, elles doivent être signées et datées *quand elles contiennent des dispositions nouvelles* (Caen, 16 avril 1885, D. 90. 2. 357. Nombreux arrêts antérieurs); non, quand elles portent simplement l'explication des clauses du testament sans les modifier (Cass., 22 nov. 1870, D. 72. 1. 272, S. 71. 1. 104. Comp. Cass., 16 août 1881, D. 82. 1. 247, S. 83. 1. 19).

8° L'indication du lieu où le testament est passé n'est pas nécessaire.

9° Du vivant du testateur, le testament *n'a pas besoin d'être enregistré*. L'art. 970 porte : « Il n'est assujetti à aucune autre forme. » Or l'enregistrement est certainement une formalité, et l'art. 970 serait violé si le testament y était sujet. Il en résulte qu'il *fait foi de sa date par lui-même*. Sur la force probante que le testament possède à ce point de vue, voyez ci-dessous n° 2697.

4° Ouverture du testament.

2694. Formalités à remplir. — Un testament olographe ne peut pas être exécuté aussitôt après la mort du testateur. Il y a une formalité particulière à remplir : le testament doit être *présenté au président du tribunal civil* de l'arrondissement où la succession s'est ouverte (art. 1007)[1]. Le président l'ouvre, s'il est cacheté, et dresse *procès-verbal* de la présentation et de l'ouverture du testament, dont il décrira l'état ; puis il ordonne *le dépôt du testament chez un notaire par lui commis.*

Cette obligation de présenter le testament au président du tribunal est imposée à toute personne qui en est *dépositaire*, même si cette personne est un notaire. La loi l'impose en outre au juge de paix qui trouve le testament en apposant les scellés (art. 916 à 918 C. proc. civ.).

Sur la possibilité de faire appel de l'ordonnance de dépôt, voyez Paris, 10 juillet 1886, S. 86. 2. 211. Comp. Bordeaux, 23 juin 1885, D. 86. 2. 197, S. 85. 2. 185.

2695. Leur utilité. — Ces formalités ne peuvent être considérées comme une vérification de l'authenticité du testament ; elles sont plutôt destinées à en assurer la conservation et à empêcher qu'il ne soit falsifié ou détruit, ou qu'on ne lui en substitue un autre.

Malheureusement elles ne sont sanctionnées par rien ; et aucune peine ou déchéance n'est encourue par la personne, légataire ou autre, qui ouvre elle-même le testament en l'absence de tout témoin, sauf le cas de fraude ou de faux prouvé.

5° Valeur probante.

2696. Contestations sur la sincérité de l'acte. — Les faux testaments ne sont pas rares, et plus souvent encore les héritiers suspectent comme faux un testament qui les dépouille. Le testament olographe est *un acte privé*. Rien ne serait donc plus naturel que de lui appliquer entièrement les règles ordinaires : celui à qui on l'oppose (l'héritier ab intestat) aurait toujours le droit d'en *méconnaître l'écriture* (t. II, n° 68), et sur cette simple déclaration, la preuve de la sincérité de l'acte tomberait à la charge des ayants droit (les légataires) qui devraient la fournir au moyen de la *vérification d'écriture* (t. II, n°s 68-69).

En pratique, cette conséquence est bien admise d'une manière générale, mais la jurisprudence y apporte *une exception en faveur du légataire universel*, lorsqu'il se trouve *saisi de plein droit* par l'absence d'héritiers à réserve (art. 1006) et à partir du moment où il a obtenu l'ordonnance d'envoi en possession prescrite par l'art. 1008. D'après la Cour de cassation, le légataire universel n'a rien à prouver, et c'est à l'héritier non réservataire qu'incombe la preuve de la fausseté du testament (Cass., 9 nov. 1847, D. 48. 1. 10, S. 48. 1. 228; Cass., 5 août 1872, D. 72. 1. 376, S. 72. 1. 319; Cass., 10 janv. 1877, D. 77. 1. 159, S. 77. 1. 303). Il y a dans cette jurisprudence un véritable oubli des principes : si l'héritier a quelque chose à prouver pour réclamer la succession, ce n'est que sa qualité; cela fait, la pétition d'hérédité lui est ouverte. Si le légataire universel veut alors établir son propre droit, il faut qu'il démontre la sincérité du testament qu'il exhibe; sur ce point, l'héritier n'a rien à prouver, parce qu'il est *défendeur à l'exception tirée du testament*. L'argument tiré de la saisine accordée au légataire universel est une pétition de principe, car cette saisine ne lui est accordée que *si son titre est prouvé*; quant à l'envoi en possession, accordé sur simple requête, sans vérification de l'écriture et hors la présence des autres intéressés, il ne peut avoir pour effet de donner au testament une sorte de consécration capable d'en faire présumer la sincérité. Aussi la jurisprudence est-elle unanimement combattue dans la doctrine; il y a eu pendant longtemps des arrêts dissidents, notamment de la Cour de Caen, qui a eu plusieurs décisions cassées (D. *Tables de vingt-deux ans*, v° Testament, n° 116). Comp. Douai, 7 juill. 1866 (arrêt cassé), D. 67. 1. 217). La Cour de cassation elle-même a admis un tempérament qui ruine son principe : la preuve retombe à la charge du légataire universel saisi, *lorsqu'il existe des circonstances qui rendent le testament suspect* (Cass., 6 mai 1856, D. 56. 1. 216, S. 56. 1. 481). Comp. DEMOLOMBE, t. XXI, n°s 146 à 159; AUBRY et RAU, t. VII, § 669, note 7.

[1] Ce texte écrit à propos du légataire universel, n'est pas à sa place: il est général et applicable même quand le testament ne contient pas de legs universel.

Le légataire n'étant dispensé de la preuve qu'après qu'il a obtenu l'envoi en possession, les héritiers peuvent la faire retomber sur lui en l'attaquant auparavant (Caen, 2 janv. 1893, D. 93. 2. 380).

2697. Contestations sur la date. — On lit dans quelques arrêts que le testament olographe « fait foi de sa date jusqu'à inscription de faux » (Cass., 22 févr. 1853, D. 53. 1. 131, S. 53. 1. 328; Cass., 21 août 1876, S. 78. 5. 445). C'est l'opinion commune, et l'art. 214 C. proc. civ. montre en effet que l'inscription de faux peut être dirigée même contre des actes privés.

Toutefois, il y a deux séries de cas où l'inscription de faux ne sera pas nécessaire, et ces deux séries comprennent en fait à peu près toutes les hypothèses où les tiers sont en état de prouver la fausseté de la date.

1° *La preuve du faux ressort du testament lui-même.* Le timbre ou le filigrane du papier est le moyen le plus fréquemment employé; les autres circonstances intrinsèques qui permettent d'établir la fausseté de la date apparente sont assez rares. Voyez comme exemples, Cass., 18 août 1859, D. 59. 1. 415, S. 60. 1. 139 (date apparente postérieure au décès du testateur); Lyon, 14 déc. 1875, D. 76. 2. 199 (testament contenant un legs à un enfant désigné par son nom et par son sexe, qui n'était pas né au jour indiqué comme date par le testateur). Voyez aussi Bordeaux, 28 févr. 1872, D. 72. 2. 204, S. 73. 2. 173. — La jurisprudence maintient fermement la nécessité de tirer du testament lui-même les moyens de preuve (Cass., 11 janv. 1886, D. 86. 1. 440, S. 86. 1. 337).

2° *Le testament tout entier est attaqué comme étant entaché de captation ou de fraude.* En pareil cas tous les moyens de preuve sont permis, même ceux qui sont tirés d'actes ou de circonstances étrangères. La fausseté de la date cesse alors d'être l'objet direct et principal de la contestation; de simples présomptions suffisent pour infirmer les dispositions principales et constitutives du testament; la date, qui n'a été qu'un moyen accessoire pour perpétrer la fraude, peut être attaquée de la même manière (Cass., 22 févr. 1853, D. 53. 1. 131, S. 53. 1. 328; Cass., 10 déc. 1883, D. 84. 1. 135, S. 84. 1. 264).

C. — Testament authentique.

1° Généralités.

****2698. Forme notariée.** — Le testament « par acte public », annoncé dans l'art. 969, est reçu par deux notaires (art. 971). Cet acte notarié est soumis en principe aux règles posées par la loi du 25 ventôse an XI, pour la rédaction notariée, mais le Code civil a établi pour lui quelques règles particulières. Les deux textes se complètent l'un l'autre : ainsi le Code civil ne parle ni de la signature ni de la date, qui sont exigées par la loi de ventôse.

Cette forme du testament public n'est pas universelle : en Roumanie, le testament public est rendu authentique par le tribunal de première instance (art. 860 et suiv. C. civ.; art. 33 des lois de 1886 et 1887 sur l'authenticité des actes) (ALEXANDRESCO, p. 141).

2699. Comparaison avec le testament olographe. — A beaucoup de points de vue, le testament notarié ne peut pas soutenir la comparaison avec le testament olographe. Il force le testateur à faire connaître ses dispositions non seulement au notaire, habitué à être discret par profession, mais aussi à quatre témoins, ce qui peut avoir plus d'inconvénients. Il a cependant quelques avantages. Il peut être fait par quelqu'un qui ne sait pas écrire ou qui ne peut plus le faire, un moribond, un blessé. De plus, il a la même force probante que tous les actes authentiques et par là il est supérieur au testament olographe.

2° Formalités spéciales.

***2700. Présence du second notaire et des témoins instru-**

mentaires. — Le testament est un de ces actes exceptionnels qui exigent la présence réelle du notaire et des témoins instrumentaires. La loi du 21 juin 1843 n'a pas eu à l'édicter ; le Code le disait déjà (art. 971) et était observé dans la pratique. Leur présence est nécessaire pendant tout le temps que durent la dictée, la confection et la signature du testament.

2701. Nombre des témoins instrumentaires. — En général, il suffit d'un notaire et de deux témoins remplaçant le second notaire. Pour le testament la loi veut la présence de *deux témoins, outre celle du notaire en second*, et s'il n'y a qu'*un seul notaire*, il faut *quatre témoins* (art. 971). C'est un surcroît de précautions pour assurer la liberté du testateur.

2702. Dictée du testament. — Le testament doit être « dicté » par le testateur au notaire qui l'écrit (art. 972). Cela signifie que le testament ne peut pas être écrit par le notaire hors la présence du testateur comme cela se fait pour les actes ordinaires que les parties viennent seulement signer après lecture.

La nécessité d'une *dictée*, qui est une formalité substantielle, entraîne les conséquences suivantes :

1° Un *muet* ne peut tester dans la forme authentique.

2° Le notaire ne peut pas se borner à *copier* un projet préparé d'avance (Caen, 17 nov. 1884, S. 85. 2. 171), à moins que le testateur n'ait lu lui-même ce projet au notaire (Cass., 6 nov. 1890, S. 90. 1. 72).

3° Le notaire ne doit pas *suggérer* au testateur le contenu du testament dont les dispositions doivent être spontanées ; il peut seulement lui poser des questions pour s'éclairer sur ses véritables intentions (Cass., 7 janv. 1890, D. 91. 1. 438, S. 90. 1. 120) ou lui adresser des avertissements sur les illégalités ou les contradictions que peut renfermer le testament (Pau, 18 juillet 1887, D. 88. 2. 214). Pour ces *testaments sur interrogat*, voyez un arrêt intéressant (Cass., 28 nov. 1898, D. 99. 1. 273).

2703. Écriture par le notaire. — C'est *le notaire lui-même* et non un clerc qui doit écrire l'acte.

Il doit l'écrire *tel qu'il est dicté* (art. 972). Cela ne signifie pas que le notaire doive reproduire les incorrections de langage et les impropriétés d'expression du testateur (Arrêt précité du 7 janv. 1890 ; Cass., 3 mars 1890, D. 90. 1. 354, S. 90. 1. 160). Le plus sage est cependant de reproduire aussi fidèlement que possible les paroles du testateur, car la moindre omission ou la moindre altération entraînerait la nullité du testament tout entier (Pau, 17 mars 1890, D. 91. 2. 124).

Il n'est pas nécessaire que l'acte soit écrit tout de suite sur timbre : il peut être rédigé d'abord sur papier libre, pourvu que sa transcription sur papier timbré soit faite immédiatement, en présence du testateur, du second notaire et des témoins (Cass., 17 juill. 1884, D. 86. 5. 414, S. 85. 1. 127).

D'autre part, le notaire peut apporter un acte commencé, contenant déjà l'intitulé et le préambule ; ce qui doit être écrit sous la dictée du testateur et en sa présence, c'est uniquement le *dispositif* de l'acte.

2704. Lecture du testament. — La lecture entière du testament, en présence du testateur et des témoins et avant sa signature, est aussi une formalité substantielle (art. 972). Il n'est pas nécessaire que ce soit le notaire lui-même qui donne lecture de l'acte ; ainsi, *quand le testateur est sourd*, il peut faire cette lecture lui-même ; c'est le seul moyen d'être sûr qu'elle a eu pour lui son utilité, puisqu'il est hors d'état d'entendre une lecture faite par un autre. Tout au moins il suffit que le sourd ait relu lui-même le testament, après la lecture faite par le notaire de façon à prouver qu'il l'a vérifié et compris (Cass., 14 févr. 1872, D. 72. 1. 457, S. 72. 1. 5 ; Paris, 21 févr. 1879, Dalloz, *Suppl.*, t. V, p. 198, note 1, S. 79. 2. 150). La Cour de Paris semblait précédemment incliner en sens contraire (Paris, 16 janv. 1874, D. 75. 2. 39, S. 74. 2. 137. Comp. Cass., 28 nov. 1898, D. 99. 1. 273).

2705. Mention de l'accomplissement des formalités légales. — L'art.

972 exige que le notaire fasse *mention expresse* dans l'acte de l'accomplissement de toutes les formalités requises par la loi et spécialement de la *lecture intégrale du testament*. Beaucoup de testaments sont annulés parce que cette mention a été omise ou est insuffisante et la jurisprudence se montre très sévère dans l'appréciation de cette formalité. Voyez par exemple Cass., 4 juill. 1900, S. 1901. 1. 230. Toutefois elle n'exige pas de termes sacramentels (Cass., 14 déc. 1886, D. 87. 1. 389, S. 87. 1. 166; Angers, 28 déc. 1891, D. 92. 2. 307, S. sous Cass., 93. 1. 404; Cass., 23 janv. 1893, D. 93. 1. 83, S. 93. 1. 401).

2706. Signature. — Le testament doit être signé par le notaire, les témoins et le testateur; c'est cette signature seule qui le rend parfait. — Si le testateur ne sait ou ne peut signer, il faut : 1° que le notaire l'interroge sur la cause qui l'en empêche; 2° que le testateur déclare cette clause; 3° que le notaire mentionne à la fois la demande qu'il a faite et la réponse qu'il a obtenue (art. 973). — Si la déclaration faite par le testateur est fausse, le testament est nul, à moins qu'il n'y ait eu une simple impropriété de termes (Cass., 13 août 1884, D. 84. 1. 118. S. 84. 1. 56). La déclaration *de ne savoir écrire*, que la plupart des auteurs considèrent comme n'étant pas assez précise, parce que beaucoup de personnes savent signer leur nom sans savoir écrire, est au contraire admise comme suffisante par la jurisprudence (Cass., 1er févr. 1859, D. 59. 1. 85, S. 59. 1 393). Plusieurs arrêts ont été rendus dans le même sens depuis lors.

Dans les campagnes, où la population est encore en partie illettrée (elle l'était bien davantage à l'époque où le Code a été rédigé), il peut être difficile de réunir des témoins sachant signer. Aussi l'art. 974 décide-t-il qu'*il suffit que la moitié des témoins signent* (un sur deux ou deux sur quatre, selon les cas). Quand l'acte sera-t-il reçu « à la campagne »? C'est une question de fait, la loi n'ayant rien dit. Le Tribunat avait proposé de considérer comme campagne toute commune au-dessous de 1 000 habitants; mais cette proposition n'a pas été adoptée.

Un testament authentique peut être valablement signé par un aveugle (Cass., 23 mai 187, D. 88. 1. 467, S. 87. 1. 221).

Mais le testament est nul si la mort survient ou si le testateur perd connaissance après la rédaction du testament, mais avant que le notaire et les témoins aient eu le temps de le signer (Poitiers, 30 déc. 1872, D. 73. 2. 123, S. 73. 2. 172).

2707. Mention du lieu. — Comme tout acte notarié, le testament doit indiquer le lieu où il est passé, parce que les notaires n'ont qu'une compétence territoriale (t. II, n° 141). Il serait nul s'il était reçu par un notaire hors de son ressort. Y aurait-il également nullité si la mention du lieu avait été omise et qu'il eût été réellement passé dans le ressort où le notaire pouvait instrumenter? On l'a contesté, mais la nullité résulte de la combinaison des art. 12 et 68 de la loi du 25 ventôse an XI.

2708. Emploi d'une langue étrangère. — C'est un cas que le Code n'a pas prévu. Mais il existe un arrêté consulaire, du 24 prairial an XI, qui ordonne d'écrire *en français* tous les actes publics, tout en permettant de faire en marge une *traduction* dans l'idiome des parties quand celles-ci le réclament. Cet arrêté a force de loi, et une circulaire du grand juge (ministre de la justice) du 4 thermidor an XII, en a fait l'application à la rédaction des testaments notariés. La jurisprudence s'y conforme (Cass. belge, 5 mai 1887, D. 88. 2. 120, S. 88. 4. 9; Cass., 3 août 1891, D. 93. 1. 31, S. 92. 1. 566). Cette manière de procéder offre un danger : quand le testament est dicté dans une langue étrangère, le texte authentique écrit en français par le notaire n'est qu'une traduction qui peut être inexacte; cependant c'est elle qui fera foi en cas de différence entre les deux rédactions, et le testateur à qui il est donné lecture ne s'apercevra pas toujours de son inexactitude.

Il semble nécessaire que le notaire comprenne l'idiome employé par le testateur. Voyez cependant Saint-Louis (Sénégal), 26 juill. 1876, Dalloz, *Suppl.*, t. V, p. 201, note 1.

3° Qualités requises chez les témoins.

2709. Texte du Code. — D'après l'ancien art. 980, les témoins appelés pour être présents à un testament authentique devaient être « mâles, majeurs, sujets du Roi, jouissant des droits civils ». La loi du 7 décembre 1897 a modifié ce texte. La condition du sexe masculin a disparu; les femmes peuvent être témoins dans les testaments aussi bien que les hommes. Toutefois le mari et la femme ne peuvent être témoins ensemble dans le même testament (Comp. t. I, nos 466 et 517, et t. II, no 145).

« Sujets du Roi » signifiait « Français », ainsi que le dit le texte actuel. L'ordonnance de 1735 disait « regnicoles ». Les étrangers sont donc exclus de la confection du testament, et leur exclusion est absolue, même s'ils ont été admis à établir leur domicile en France.

La *majorité* est toujours requise. Il en est de même de la jouissance des droits civils, bien que la loi n'en fasse plus mention. Sa nécessité résulte d'autres textes (art. 34-3° et 42-7° C. pén.).

2710. Comparaison avec la loi de ventôse. — Cette loi (art. 9) exige de plus que les témoins dans les actes notariés aient : 1° *la qualité de citoyen*, 2° *leur domicile dans la commune*. La première condition exclut les faillis et les domestiques à gages; la seconde risque d'exclure diverses personnes qu'on a peut-être sous la main et qui sont en elles-mêmes parfaitement capables. Nécessaires de droit commun, ces conditions ne le sont pas pour les testaments: la loi a voulu faciliter la rédaction d'un acte aussi important, dans un moment où on peut craindre la mort du malade.

2711. Exclusions spéciales. — Outre les conditions générales requises des témoins, il y a certaines raisons qui peuvent faire exclure une personne déterminée. Ainsi d'après l'art. 975 ne peuvent être témoins :

1° *Les légataires*, quelle que soit la valeur de leur legs et à quelque titre qu'il leur soit adressé (Montpellier, 10 déc. 1883, D. 85. 1. 406, S. 88. 1. 116). — Cette exclusion ne s'étend pas aux *exécuteurs testamentaires*.

2° *Les parents ou alliés des légataires* jusqu'au 4e degré inclusivement. On applique cette exclusion au *conjoint*, bien qu'il ne soit, à proprement parler, ni un allié ni un parent.

3° *Les clercs des notaires* qui reçoivent le testament.

L'art. 975 n'exclut ni les parents et serviteurs du testateur, ni les parents et serviteurs du notaire, qui d'ordinaire ne peuvent servir de témoins (L. 25 ventose an XI, art. 10).

2712. Conditions naturelles. — Enfin il y a d'autres conditions dont la loi n'a pas parlé, mais qui n'en sont pas moins nécessaires. Ainsi les aveugles, les sourds, les idiots ne peuvent être témoins dans un testament. Il faut de plus que le témoin comprenne la langue dans laquelle le testament est *dicté* par le testateur (Rennes, 8 janv. 1884, D. 85. 2. 96, S. 85. 1. 214). Voyez cependant AUBRY et RAU, t. VII, § 670, note 7 et les arrêts qu'ils indiquent.

2712 *bis*. Responsabilité du notaire. — Le notaire doit vérifier si les témoins remplissent les conditions voulues, et en particulier s'ils sont majeurs (Cass., 6 juin 1901, D. 1901. 1. 355).

D. — Testament mystique.

1° Notion générale.

*** 2713. Ses avantages.** — *Mystique* veut dire *secret*. Cette forme de tester a en effet pour avantage de permettre à quelqu'un qui sait lire, mais qui ne sait pas ou qui ne peut pas écrire, de faire son testament avec plus de secret que n'en comporte la forme authentique. Il n'a pas besoin de mettre autant de personnes au courant de ses dispositions de dernière volonté. Son inconvénient est d'exiger un assez grand nombre de formalités. C'est la forme la moins usitée des trois.

2° Formes.

2714. Rédaction. — Le testament mystique peut être écrit par une personne quelconque, le testateur lui-même, le notaire, un ami, même un légataire (art. 976), et cela hors la présence de tout témoin. Il n'y a de témoins que pour sa présentation au notaire et sa mise sous scellé.

2715. Signature. — Le testateur doit en principe signer lui-même ses dispositions; s'il ne sait ou ne peut signer, on appelle chez le notaire un témoin supplémentaire et on mentionne la cause pour laquelle ce témoin a été appelé (art. 977).

Il n'est pas nécessaire que le testament mystique soit daté.

2716. Clôture. — Le papier ou l'enveloppe qui le contient doit être *clos* et *scellé*, c'est-à-dire que la feuille ou l'enveloppe sera fermée avec de la *cire* et que cette cire portera l'empreinte d'un cachet. La loi n'exige pas que ce cachet soit celui du testateur (art. 976).

2717. Présentation au notaire. — Le testateur doit présenter à un notaire son testament ainsi clos et scellé, ou le faire clore et sceller en sa présence, et déclarer, comme le veut l'art. 976, que ce papier est son testament écrit et signé de lui ou écrit par un autre et signé par lui. — Cette présentation ne peut être faite que par le testateur lui-même ; un intermédiaire serait dangereux : il y a lieu de redouter surtout la substitution d'un papier à un autre.

2718. Procès-verbal de suscription. — Le notaire doit dresser un procès-verbal constatant la remise du papier clos et scellé, ou sa clôture en sa présence, ainsi que la déclaration faite par le testateur. Ce procès-verbal s'appelle « acte de suscription », parce qu'il est écrit sur le dos de l'acte fermé ou sur l'enveloppe. Il est écrit, signé et daté par le notaire ; puis signé par le testateur et les témoins qui doivent être au nombre de six (art. 976), plus un septième témoin appelé dans le cas indiqué au n° 2715. Mais si la cause qui empêche le testateur de signer est survenue seulement depuis la rédaction du testament, il est inutile d'appeler ce septième témoin.

2719. Condition de validité. — Toutes ces formalités doivent être remplies « de suite et sans divertir à d'autres actes » (art. 976). Cette condition est exigée pour éviter qu'il y ait quelque erreur matérielle ou quelque substitution de pièce au vrai testament.

Le tout est requis à peine de nullité. Cependant si le testament était écrit en entier, daté et signé de la main du testateur, il pourrait encore valoir comme testament olographe.

2720. Conservation du testament. — Il n'est pas dit que le notaire doive conserver le testament parmi ses minutes, et l'art. 1007 suppose qu'il n'est pas nécessairement entre ses mains, puisque le président du tribunal désigne le notaire qui sera chargé de sa conservation. Aussi admet-on que le pli scellé qui le contient peut être remis au testateur aussitôt après l'accomplissement des formalités prescrites ou plus tard à une époque quelconque (Paris, 10 juin 1848, D. 48. 2. 143, S. 48. 2. 356).

2721. Capacité requise. — Ceux qui ne savent pas ou qui ne peuvent pas lire ne peuvent pas tester en la forme mystique (art. 978). Ceci tient à ce que le testateur doit pouvoir vérifier par lui-même si l'écrit qu'il présente est réellement son testament, et si son contenu est bien l'expression de ses volontés.

Par suite, un aveugle ne peut pas faire de testament mystique : la seule façon de tester qui lui soit ouverte est la forme authentique.

Quant au *muet*, la loi lui permet de tester dans la forme mystique, à la condition qu'il sache écrire ; pour les formalités à observer dans ce cas, voyez l'art. 979. La loi exige que le testament soit ***entièrement écrit, daté et signé de la main du testateur***, ce qui paraît bien peu utile.

3° Témoins.

2722. Conditions requises. — Les témoins d'un testament mystique doivent en principe remplir les mêmes conditions que ceux du testament authentique. Toutefois, pour donner satisfaction à une observation de Treilhard, on a scindé en deux le texte primitif, de façon que les dispositions de l'art. 975 ne fussent pas applicables aux testaments mystiques. Sur les conditions exigées par ce texte voyez ci-dessus n° 2711. En effet le contenu du testament étant secret, le notaire ne saurait qui choisir : il aurait toujours à craindre de tomber sur un légataire, ou sur un parent ou allié d'un légataire.

4° Ouverture du testament.

2723. Formalités. — Le testament mystique est soumis pour son ouverture et son exécution aux mêmes formalités que le testament olographe : il doit être, comme celui-ci, présenté au président du tribunal. L'art. 1007 est commun aux deux formes de testament. Toutefois la loi renchérit encore sur la solennité de cette ouverture, si le testament est mystique : elle veut que la formalité se passe en présence des notaires (lisez : *du notaire*, car il n'y en a qu'un seul) et des témoins signataires de l'acte de suscription, qui se trouveront sur les lieux, ou eux dûment appelés (art. 1007).

Voyez la loi du 25 mars 1899, modifiant l'art. 1007 pour les Français décédés dans les colonies et ayant conservé leur domicile en France.

5° Force probante.

2724. Distinction. — Il y a dans le testament mystique deux actes : l'un, le testament lui-même, est un acte privé, dont l'écriture et la signature pourront être méconnues dans les termes du droit commun, et cette méconnaissance oblige les légataires à fournir la preuve de sa sincérité. L'autre, le procès-verbal de suscription, est seul un acte authentique et fait foi jusqu'à inscription de faux. Cette distinction, admise par la plupart des auteurs, semble en contradiction avec l'organisation même de ce mode de tester : à quoi sert-il de faire déclarer par le testateur, *en présence d'un notaire*, que l'acte est son testament, s'il suffit ensuite d'une dénégation pour faire tomber la forte présomption de vérité qui s'attache à l'emploi d'une pareille forme ?

§ 2. — *Formes exceptionnelles de testaments.*

A. — Testaments privilégiés.

2725. Énumération. — Ces testaments, dits *privilégiés*, parce que la loi les dispense des formes ordinaires, sont :

1° *Le testament militaire* (art. 981 à 984), qui ne peut être fait que par les militaires et marins, ou par les personnes employées à la suite des armées, et seulement *hors de France*, dans les conditions prévues par l'art. 93, ou en France en cas de mobilisation ou de siège. Les articles qui le concernent ont été remaniés par la loi du 8 juin 1893. — Le testament militaire n'est que *provisoire* : il devient nul six mois après que le testateur est venu dans un lieu où il a la liberté d'employer les formes ordinaires.

2° *Le testament fait en temps de peste* (art. 985 à 987).

3° *Le testament fait au cours d'un voyage maritime* (art. 988 à 996, remaniés également par la loi du 8 juin 1893).

B. — Testaments faits à l'étranger.

2726. Variétés de ses formes. — L'art. 999 permet au Français qui se trouve à l'étranger d'employer trois formes différentes pour faire son testament :

1° *La forme olographe.* — Elle est à sa disposition même quand le pays où il se trouve ne la connaît pas.

2° *La forme locale.* — Application de la règle « Locus regit actum ». La loi prévoit que cette forme sera « authentique ». Ce sera le cas le plus fréquent. Cependant il y a dans certains pays, en Angleterre notamment, des façons de tester qui ne sont pas authentiques, au sens que nous donnons à ce mot, et qui néanmoins ne répondent exactement ni à notre testament olographe, ni à notre testament mystique.

3° *La forme authentique française devant nos consuls ou nos agents diplomatiques.* — Le Code n'a pas donné à ces agents le pouvoir de recevoir le testament ; ils le tiennent de l'ordonnance de 1681 sur la marine, qui n'a pas été abrogée à cet égard, les lois modernes n'ayant pas réglé à nouveau les attributions de nos consuls. Il a fallu, au contraire, que le Code leur attribuât expressément qualité pour recevoir les actes de l'état civil, parce que, sous l'ancienne monarchie, cette attribution appartenait au clergé. La forme à employer est celle du Code civil (Weiss, *Traité théorique et pratique*, t. IV, p. 629 et suiv.).

Section II. — Des dispositions testamentaires.

§ 1. — *Notions historiques.*

***2727. Pays de droit écrit.** — On y avait conservé les principes romains; on y employait deux sortes de dispositions: l'*institution* d'*héritier* et le *legs*. L'héritier institué était un successeur universel, que l'on considérait comme continuant la personne du défunt et qui était tenu de payer indéfiniment toutes les dettes, s'il n'acceptait pas sous bénéfice d'inventaire. Le légataire était un ayant cause particulier, non grevé du passif.

Tout testament devait renfermer une institution d'héritier, cette disposition étant, comme en droit romain, « caput et fundamentum totius testamenti ».

***2728. Pays de coutume.** — L'institution d'héritier n'était pas admise, et même dans quelques coutumes son insertion dans le testament le rendait nul. Quand elle n'avait pas cet effet, elle ne valait qu'à titre de legs, et ne donnait pas à celui qui en bénéficiait la qualité d'héritier; on avait fait un adage de cette phrase de Glanville : « Solus Deus heredem facere potest, non homo » (Lib. VII, cap. 1). L'héritier était le parent, né du même sang que le défunt. Comp. Loysel : « Institution d'héritier n'a point de lieu » (*Institutes coutumières*, n° 309). L'idée était très vieille. On la trouve déjà dans une épître de Symmaque à Ausone : « Gignuntur, non scribuntur heredes » (Lib. I, epist. 15). Voyez les art. 299 de la coutume de Paris, et 272-273 de la coutume de Poitou, qui fixent le sens de cette règle en disant :

1° Que l'institution d'héritier n'est pas nécessaire pour la validité du testament;

2° Qu'elle vaut néanmoins jusqu'à concurrence de la quotité disponible (Paris):

3° Qu'on ne peut par aucun moyen donner la qualité d'héritier à un étranger au préjudice des vrais héritiers (Poitou).

En conséquence, l'héritier institué *par testament* n'était pas un *continuateur de la personne*; il n'était *tenu des dettes* que jusqu'à concurrence des forces de la succession; il n'avait jamais la *saisine* (on sait qu'il en était autrement de l'héritier institué par *contrat de mariage*, ci-dessous n° 3184).

***2729. Système du Code.** — En présence d'une opposition aussi tranchée entre le Nord et le Midi, quelle a été la doctrine adoptée par le Code? Il n'a pas respecté la division géographique antérieure ; il a établi l'unité de législation : nous voyons dans les art. 967 et 1002 que sous quelque nom que la disposition ait été faite, institution d'héritier ou legs, elle produira les mêmes effets, il y a donc *assimilation* de deux choses jusque-là distinctes, de l'institution et du legs. Que le testateur ait dit « j'institue Paul mon héritier » ou « je le fais mon légataire universel » ; qu'il ait dit « je le fais mon héritier pour tel bien » ou « je lui lègue tel bien », ce sera la même chose. Mais quels seront les effets de cette institution ou de ce legs ? Ni l'un ni l'autre de ces articles ne nous le dit, et ce n'était pas leur but. Aussi est-ce une erreur qu'on a souvent commise de vouloir chercher dans l'art. 1002 la solution de la question de savoir si le légataire universel est un héritier institué. Cette question sera examinée plus loin (ci-dessous n° 2766).

§ 2. — *Règles générales.*

A. — Classification des legs.

2730. Distinction des legs. — Les dispositions testamentaires sont de trois sortes : 1° les *legs universels* ; 2° les *legs à titre universel* ; 3° les *legs à titre particulier* (art. 1002).

La distinction des premiers et des seconds est une innovation du Code Napoléon : jusqu'à lui ils étaient confondus en une seule classe et on employait les deux dénominations comme synonymes. — Toute disposition de biens, faite par testament, rentre nécessairement dans l'une ou l'autre de ces catégories.

B. — Transmission de la propriété par l'effet des legs.

*2731. **Acceptation et répudiation.** — Le Code n'a établi aucune règle particulière ni sur la manière d'accepter les legs, ni sur la manière de les répudier. On a très exactement conclu de son silence que les règles relatives à l'acceptation et à la répudiation des successions ne s'appliquent pas aux legs, en ce qu'elles ont de contraire au droit commun.

Ainsi l'acceptation peut être expresse ou tacite (Cass., 28 mai 1894, D. 96. 1. 86 ; Cass., 17 déc. 1894, D. 95. 1. 228, S. 95. 1. 220). Si elle est *expresse*, elle n'a pas besoin d'être contenue « dans un acte authentique ou privé » comme celle de l'héritier (art. 778). D'autre part, la *renonciation* n'a pas besoin d'être faite au greffe comme le veut l'art. 784 pour les successions : elle peut être *tacite* et s'induire d'un acte quelconque (Nancy, 1er févr. 1884, D. 85. 2. 180, S. 86. 2. 136 ; Toulouse, 27 févr. 1893, D. 93. 2. 374, S. 94. 2. 89). Cependant la jurisprudence n'est pas fixe. Voyez en ce sens contraire Besançon, 25 mars 1891, D. 92. 2. 115, S. 91. 2. 99. Comp. Poitiers, 17 févr. 1890, D. 92. 2. 116. Ce dernier arrêt distingue et n'applique l'art. 784 qu'au légataire universel pourvu de la saisine. — La décision des juges du fond est souveraine pour reconnaître l'existence des faits qui valent acceptation tacite (Cass., 11 août 1874, D. 77. 5. 274, S. 74. 1. 473).

2732. Moment de l'acquisition du legs. — Tout legs *pur et simple* donne au légataire la propriété des biens légués *dès le jour du décès du testateur*. Cette règle est générale bien que le Code civil ne l'ait formulée que d'une manière incidente, à propos des legs particuliers (art. 1014) ; mais il n'y a aucun doute sur son application aux deux autres catégories de legs. Voyez les art. 1005 et 1006.

Il en est de même au cas où le legs est *suspendu par un terme,* ou s'il est *affecté d'une condition résolutoire.*

Mais s'il est subordonné à une *condition suspensive* le droit au legs n'est acquis au légataire que *du jour de la réalisation de la condition* (art. 1040). — Rappelons à ce sujet que dans les testaments le terme incertain est assimilé à la condition : « In testamento dies incertus conditionem facit » (*Dig.*, liv. XXXV, tit. 1, fr. 75).

2733. Conséquences. — Ces diverses règles conduisent aux conséquences suivantes :

1° En principe, le droit du légataire est *transmissible à ses héritiers*, par cela seul qu'il a survécu au testateur : son droit s'est *ouvert* en sa personne et passe à ses propres successeurs avec ses autres biens, alors même qu'il serait mort avant d'avoir accepté. Cette transmissibilité du droit du légataire est indiquée dans l'art. 1014.

2° Par exception, si le legs est suspendu par une condition ou par un terme incertain, *son droit ne devient transmissible qu'autant qu'il a vécu jusqu'au jour de la réalisation de la condition ou de l'arrivée du terme* : s'il est mort avant cette époque, son legs est devenu *caduc* (ci-dessous, n° 2847) ; s'il vit encore, la propriété lui est acquise et avec effet rétroactif à compter de l'ouverture de la succession.

2734. Effet du recel. — L'art. 792, qui punit l'héritier coupable de recel ou de divertissement, en le privant de sa part dans les objets recélés et en le déclarant héritier pur et simple, est spécial aux successeurs universels. En conséquence, il s'applique aux légataires universels, qui remplacent les héritiers, mais non aux légataires particuliers.

***2735. De la délivrance des legs.** — La délivrance d'un legs est la simple tradition des choses léguées ; elle peut se faire sous la forme d'une remise matérielle de ces choses, ou plus simplement au moyen d'une autorisation de se mettre en possession. Elle n'a aucun rôle à jouer dans la transmission de la propriété, qui se fait de plein droit, au jour du décès, en vertu du testament. Mais elle produit un double effet important :

1° *Elle confère la saisine au légataire* qui en est dépourvu et lui permet d'exercer les actions relatives aux choses comprises dans son legs et d'y défendre ;

2° *Elle implique ratification du legs* par celui qui était tenu de l'exécuter, et vaut renonciation tacite aux actions qui auraient pu servir à l'attaquer, à la condition que l'héritier saisi eût à ce moment connaissance de la cause de nullité, condition qui n'est que l'application du droit commun (art. 1338).

A défaut d'une délivrance *consentie à l'amiable* le légataire aurait le droit de *réclamer en justice* la délivrance de son legs. La compétence à cet égard est réglée d'après le lieu d'ouverture de la succession (art. 59, al. 6, 3°, C. proc. civ.).

2736. Frais de la demande en délivrance. — L'art. 1016 met ces frais à la charge de la succession, par application d'une règle générale qui veut que les frais du paiement soient à la charge du débiteur (art. 1248). Il y a cependant une limite : ces frais ne peuvent être supportés par les réservataires sur leur réserve légale, car ils sont la conséquence et l'accessoire de libéralités contre lesquelles la réserve est absolument protégée.

2737. Frais d'enregistrement. — Ces frais constituent une dette personnelle aux légataires ; c'est la condition de l'acquisition dont ils profitent ; c'est donc à eux de les payer (art. 1016). Pour plus de facilité, la loi permet aux légataires particuliers de faire enregistrer le testament uniquement pour le legs qui leur a été fait (même article) ; ils sont ainsi dispensés de faire l'avance des frais pour l'enregistrement du testament entier. La plupart des auteurs refusent cette faveur aux légataires universels ou à titre universel : ils acquittent tous les droits dus sur l'ensemble des libéralités, sauf leur recours contre les légataires particuliers (Huc, t. VI, n° 341). Cette opinion semble contraire aux solutions admises par l'administration de l'enregistrement (Dalloz, *Suppl.*, v° Enregistrement, n°s 2224 à 2226).

C. — De la désignation du légataire.

1° Des désignations douteuses.

2738. Désignation insuffisante. — Un grand nombre de difficultés s'élèvent dans la pratique parce que les testateurs ne prennent pas la peine d'indiquer clairement la personne qu'ils gratifient. Très souvent les légataires sont désignés par leur qualité, ou leur degré de parenté avec le testateur : celui-ci institue ses *enfants* ou ses *neveux*. Les juges sont alors chargés d'interpréter la volonté du défunt. Il y a cependant quelques règles à suivre :

1° Le mot « enfants » comprend même les *petits-enfants* d'un enfant prédécédé, ce qui introduit la représentation dans les successions testamentaires, comme dans les successions ab intestat (Poitiers, 10 août 1858, D. 59. 2. 108, S. 58. 2. 616).

2° Le mot « enfants » ne comprend pas les enfants naturels (Besançon, 7 févr. 1846, D. 47. 2. 106).

3° L'expression masculine « fils, neveux, cousins, etc. » comprend même les parents du même degré du sexe féminin ; mais l'expression féminine « filles, nièces, cousines, etc. » ne s'étend pas au sexe masculin ; le tout sauf manifestation de volonté contraire (Bordeaux, 14 juin 1859, D. 59. 2. 201, S. 60. 2. 321). Ces règles, qui ont été suivies de tout temps, sont empruntées au droit romain (*Dig.*, *De legatis*, III, fr. 62 ; *De legatis*, II, fr. 45).

Voyez aussi pour un autre exemple de désignation vague, dont le sens a été précisé à l'aide des circonstances, Grenoble, 23 févr. 1897, D. 98. 2. 365.

2739. Désignation indirecte. — Il n'est pas nécessaire que le testateur désigne nommément la personne qu'il institue. Il suffit qu'il donne un moyen précis de la reconnaître. Ainsi un legs fait « aux treize villes de France qui ont le plus d'ouvrières pauvres » a été reconnu valable parce que les statistiques administratives permettent de les trouver (Amiens, 26 févr. 1879, Dalloz, *Suppl.*, t. V, p. 217, note 1, S. 81. 2. 138).

2740. Désignation inexacte. — Il arrive parfois, quand le legs est adressé à des *établissements publics*, que le testateur se trompe et en désigne un qui est incompétent pour recueillir le legs et s'occuper de la libéralité qu'on a voulu lui confier. S'il n'apparaît pas que le choix de cet établissement a été la cause déterminante du legs, on rectifie la désignation inexacte faite par le testateur, et le legs est recueilli par l'établissement dans les attributions duquel il rentre le mieux (Amiens, 26 déc. 1894, D. 96. 2. 75, S. 97. 2. 197 et les renvois ; Cass., 6 août 1895, D. 96. 1. 322). Cette jurisprudence est approuvée par M. Béquet (*Revue générale d'administration*, 1882, I, p. 136) et combattue par M. Tissier, *Dons et legs*, n° 240.

2° De la faculté d'élire.

***2741. Définition.** — On appelle « faculté d'élire » le droit accordé par le testateur à un tiers de désigner le bénéficiaire du legs.

2742. Son ancienne fréquence. — Très usitée dans notre ancien droit, cette clause était généralement valable, tout au moins lorsque le légataire à élire devait être pris dans un groupe de personnes déterminées, lorsqu'il était, selon la formule romaine, *incertus ex certis personis*. On annulait ces libéralités, lorsque le genre de personnes désigné par le testateur se trouvait en comprendre un trop grand nombre (Arrêt du Parlement de Toulouse, du 27 mai 1663, dans Boniface, t. II, p. 37).

2743. Prohibition sous la Révolution. — Les lois du 17 nivôse an II (art. 23) et du 9 fructidor an II (art. 3) prohibèrent l'usage de cette clause, mais seulement dans le cas particulier où la faculté d'élire était conférée par le testateur à son conjoint survivant. On voulait retirer à celui-ci un pouvoir exceptionnel sur les enfants.

2744. Jurisprudence moderne. — Les tribunaux considèrent les lois de l'an II comme étant encore en vigueur, et même ils en généralisent la solution. Plusieurs arrêts ont déclaré nulles des dispositions testamentaires par lesquelles le testateur chargeait un tiers de désigner le bénéficiaire du legs au lieu de le désigner lui-même. Ainsi a été déclaré nul un legs universel fait à deux orphelins, un enfant et une fille, de 10 à 12 ans, enfants naturels, pris dans l'hospice du département, au choix de la supérieure de l'établissement (Cass., 12 août 1863, D. 63. 1. 357, S. 63. 1. 446). Même décision pour des sommes léguées au curé de la paroisse à la condition de les employer *en bonnes œuvres* (Dijon, 1er juin 1883, Dalloz, *Suppl.*, t. V, p. 220, note 1, S. 85 2. 175). Comp. Liège, 14 mai 1873, D. 74. 2. 36 ; Douai, 1er mai 1894, D. 95. 2. 249, avec une note de M. Beudant, S. 95. 2. 1.

La doctrine se prononce en général dans le même sens ; il lui semble que le legs est une façon de *disposer*, qui implique que l'attribution de la libéralité est faite *par le testateur lui-même* (arg. art. 895). Elle ajoute que la disposition avec faculté d'élire, qui donnait lieu à de nombreux procès sous l'ancien droit, a été proscrite par le Code par cela seul qu'il ne l'a pas autorisée (Demolombe, t. XVIII, n° 619 ; Aubry et Rau, t. VII, § 655 et 656, note 2, et les auteurs qu'ils citent). Voyez cependant Troplong, t. I, n° 154 ; t. II, n° 548.

2745. Critique. — La jurisprudence est ici en contradiction avec elle-même : il est unanimement admis qu'une *charge* peut être imposée à un legs ou à une donation, dans des conditions telles que les personnes appelées à en bénéficier seront choisies par le légataire ou donataire, dans des catégories déterminées par le disposant et sous des conditions précisées par lui. C'est là-dessus que repose tout le système des *fondations*, telles qu'elles fonctionnent en droit français. Il est également admis que cette charge peut être telle que son exécution absorbera les *revenus entiers* des biens donnés ou légués, sans que la personne qui en a la charge puisse en retirer aucun profit personnel (ci-dessous n° 3018-2°). D'autre part les legs aux pauvres, les distributions d'aumônes à faire par le légataire sont permis (ci-dessous n° 2992 et 2997).

Dès lors quel intérêt y a-t-il à annuler ce même choix lorsqu'il est accordé à un tiers pour la désignation du bénéficiaire de la libéralité ? On n'en voit aucun. C'est donner aux mots une importance qu'ils n'ont pas et qu'ils ne devraient pas avoir que d'annuler l'attribution d'un *legs* à un *légataire* désigné *par un tiers*, quand on valide la *charge* dont le bénéficiaire est désigné par un *pseudo-légataire* qui ne retire aucun profit personnel du prétendu *legs* qui lui est fait et n'a du *légataire* que *le nom*. Le testateur sera donc victime des expressions qu'il aura choisies ? C'est en revenir à l'antique système du formalisme, comme au temps des actions de la loi.

D'ailleurs la jurisprudence elle-même ne s'est pas toujours montrée si rigoureuse, et parfois elle a validé des legs faits ouvertement avec faculté d'élire (Metz, 13 mai 1864, D. 64. 2. 169, S. 64. 2. 132. — Comp. Caen, 9 juill. 1894, D. 95. 2. 236, S. 96. 2. 281).

La seule chose que l'on devrait admettre c'est que le legs serait nul comme fait à une personne indéterminée, lorsque le testateur n'aura même pas précisé la catégorie de personnes entre lesquelles devra s'exercer le choix qu'il laisse à l'intermédiaire choisi par lui[1]. La charge imposée au profit d'une personne quelconque, *cui heres voluerit*, serait donc nulle. Mais quand la catégorie dans laquelle le bénéficiaire devra être choisi est déterminée par le disposant, il semble qu'on devrait valider ces dispositions, comme le faisait notre ancienne jurisprudence pour les « personæ incertæ ex certis personis », et comme notre jurisprudence le fait elle-même en matière de fondations et de distributions d'aumônes.

Voyez aussi sur ces questions la note de M. Wahl, dans *Sirey*, 96. 2. 281.

D. — Des exhérédations[2].

*** 2746. Exhérédation partielle.** — La disposition testamentaire n'a

[1] En 1894, Jules Simon reçut d'une dame Cornil un legs de 100 000 francs, à la charge de le distribuer aux œuvres jugées par lui les plus utiles. Le legs fut exécuté sans délai et Jules Simon fit connaître l'emploi qu'il avait fait de l'argent (Journal *Le Temps*, 9 février 1894).

[2] Sur cette matière, voyez Ed. Lambert, *De l'exhérédation et des legs*, Paris, 1895.

pas toujours besoin d'être faite *sous une forme positive* par voie d'attribution de biens au profit d'une personne déterminée. Elle peut résulter indirectement de l'*exhérédation* de certains héritiers appelés en première ligne. Comme la jurisprudence moderne admet que la succession ab intestat est dévolue par la loi *suivant l'intention présumée du défunt,* il est logique que l'exclusion des uns vaut *institution implicite* pour ceux qui viennent à leur défaut. C'est ce qu'exprime la formule : « Exclure, c'est disposer », qu'on trouve dans beaucoup d'arrêts (Cass., 7 juin 1832, D. 32. 1. 278, S. 32. 1. 542 ; Cass., 10 févr. 1869, D. 69. 1. 175, S. 69. 1. 153).

***2747. Exhérédation générale.** — Quand le testateur a exhérédé d'une manière générale tous ses héritiers, deux hypothèses peuvent se présenter :

1° Il n'y a aucune disposition de la propriété des biens. — En ce cas les biens dépendant de la succession sont à considérer comme *biens vacants et sans maître* et doivent comme tels être *attribués à l'État* (art. 768) [1]. — Ceci suppose bien entendu que le défunt a entendu exclure d'une manière générale tous ceux qui étaient appelés à lui succéder *à un titre quelconque* : si l'exclusion pouvait s'interpréter comme frappant seulement les parents légitimes, elle profiterait aux enfants naturels, s'il y en a ; si elle frappe tous les parents en général, elle pourrait encore profiter au conjoint survivant, conformément à ce qui est dit au n° précédent.

2° Il y a eu institution d'un légataire universel — Ce legs étant devenu caduc, il s'agit de savoir à qui la succession doit revenir, aux héritiers du sang ou à l'État ? Une pareille affaire dépend avant tout de l'interprétation qu'on donne à la volonté du défunt : a-t-il voulu exclure en toute hypothèse ses héritiers naturels, a-t-il voulu seulement leur préférer son légataire universel ? Selon la réponse les biens reviendront aux héritiers du sang ou seront recueillis par l'État (Lyon, 29 juill. 1885, D. 86. 2. 229, S. 87. 2. 101).

E. — Interprétation des dispositions testamentaires.

2748. Règles à suivre. — On applique par analogie les règles établies par les art. 1156 et suiv. pour l'interprétation des contrats, la loi n'en ayant point formulé d'autres.

Une seule règle spéciale se lit dans l'art. 1023 : le legs fait à un *créancier* ne sera pas censé fait en compensation de sa créance, ni le legs fait au *domestique* en compensation

[1] Un testament de ce genre, dont la validité avait été admise par le Tribunal de Nantes (13 déc. 1858, D. 63. 1. 441), a cependant été annulé par la Cour de Rennes (27 févr. 1860, D. 60. 2. 160), et le pourvoi a été rejeté (Cass., 17 nov. 1863, D. 63. 1. 441, S. 64. 1. 5). Mais ce fut pour une autre raison : le testateur avait entendu exclure l'État lui-même et faire de sa succession une sorte de fondation permanente, profitant à divers établissements charitables, et gérée à perpétuité par un notaire de son choix et par ses successeurs, qui n'auraient jamais eu le pouvoir d'aliéner. C'est cette mise hors du commerce de biens dont personne ne devait avoir la propriété qui a paru contraire à l'ordre public et qui a fait annuler le testament. Voyez l'exposé détaillé de l'affaire dans Dalloz, *Suppl.*, v° Dispositions entre vifs, n°s 825 à 827.

de ses gages. Par conséquent le cumul a lieu ; le créancier ou le domestique, qui n'est qu'une sorte de créancier, peut réclamer à la fois l'exécution du legs et le paiement de ce qui lui est dû. — Bien entendu, une volonté contraire pourrait être exprimée par le testateur et faire que le legs soit attribué au créancier avec imputation de sa créance.

2749. Pouvoir des juges du fait. — Les juges du fait sont souverains pour interpréter les testaments. Toutefois leur décision pourrait tomber sous la censure de la Cour de cassation s'ils dénaturaient les clauses du testament; mais en fait leurs arrêts ne sont presque jamais cassés pour ce motif (Cass., 28 févr. 1893, D. 93. 1. 414; Cass., 5 déc. 1893, D. 94. 1. 350, S. 94. 1. 270; Cass., 5 juin 1896, D. 96. 1. 455, S. 96. 1. 308). Voyez cependant Cass., 15 mai 1889, D. 89. 1. 378, S. 90. 1. 308.

§ 3. — *Du legs universel.*

A. — Caractères et formes du legs.

****2750. Définition.** — Le legs universel est *celui qui donne au légataire une vocation éventuelle à la totalité des biens du testateur.* Comp. art. 1003. On lit dans ce texte que le testateur qui fait un legs universel « *donne* l'universalité des biens qu'il laissera à son décès ». Cela ne signifie pas que le légataire ne sera considéré comme légataire universel qu'autant qu'il *recueillera* la totalité des biens, car l'*émolument* du legs peut être *réduit par la présence d'autres ayants droit* : ainsi lorsqu'il y a plusieurs légataires universels, chacun d'eux ne recueille qu'une part ; s'il existe un ou plusieurs héritiers à réserve, le bénéfice du legs universel sera réduit au chiffre de la quotité disponible. Pour reconnaître le caractère universel du legs, il faut considérer non le *bénéfice* recueilli par le légataire, mais bien sa *vocation éventuelle à la totalité des biens*. Le testateur lui a donné le tout ; s'il n'obtient qu'une partie, c'est qu'il est en concours avec d'autres ; mais si ces concurrents faisaient défaut, il recueillerait à lui seul la totalité (Nancy, 9 déc. 1891, D. 92. 2. 270 ; Cass., 22 janv. 1894, D. 94. 1. 232. Comp. Cass., 12 juill. 1892, D. 92. 1. 451).

***2751. Legs universel sans émolument.** — Ainsi le légataire universel peut recueillir tous les biens, ou seulement une partie ; il peut même n'en avoir aucun, si tous ont été légués à d'autres à titre particulier. Chargé d'exécuter tous ces legs, le légataire universel ne gardera rien pour lui et se trouvera en fait, mais non en droit, dans la situation d'un exécuteur testamentaire. Un arrêt semble supposer que le legs n'est valable qu'autant que le légataire retire du testament un avantage sérieux (Cass., 18 févr. 1891, D. 91. 1. 305, S. 94. 1. 406). Cependant dans beaucoup de cas, des legs universels ont été validés sans que le légataire dût rien conserver entre ses mains (Angers, 22 juin 1887, D. 89. 2. 4, S. sous Cass., 90. 1. 241 ; Bordeaux, 13 mai 1895, D. 95. 2. 439).

****2752. Répartition de l'hérédité entre colégataires universels.** — Au cas où le testateur a institué plusieurs légataires universels, il a pu les nommer *sans assignation de parts,* en disant : « Je lègue tous mes biens à X... et à Z... » ; il a pu aussi opérer entre eux la distribution de ses biens. Cette espèce de partage n'enlève pas, en principe, à chacun des légataires sa vocation éventuelle au tout, et par conséquent son caractère de légataire universel, même quand les parts ne sont pas égales. — Cependant elle est dangereuse, car elle pourrait être interprétée comme étant une limitation du droit de chacun qui les transformerait en légataires à titre universel.

Si le testateur n'a fixé aucunes parts, les colégataires universels, qui ont tous des droits égaux, prennent des parts égales.

2753. Formules équivalentes à l'institution universelle. — Le testateur n'est pas obligé d'exprimer sa pensée en termes sacramentels ; il peut fort bien n'avoir employé aucune des expressions traditionnelles d'*héritier institué* ou de *légataire universel,* et avoir fait néanmoins une disposition universelle.

Ainsi sont considérés comme legs universels :

1° *Le legs de tous les meubles et de tous les immeubles* (Cass., 12 juill. 1892, D. 92. 1. 451, S. 92. 1. 573).

2° *Le legs de la nue propriété de tous les biens,* parce que le nu propriétaire est appelé, par son titre même, à recueillir un jour l'usufruit (Riom, 23 déc. 1889, D. 92. 1. 451, S. sous Cass., 92. 1. 573). D'après l'opinion générale il en est autrement du legs de l'usufruit de tous les biens. Voyez ci-dessous n°s 2810-2811.

3° *Le legs de tous les biens disponibles.* Ce legs contient une vocation éventuelle au tout, car il est possible que le testateur ne laisse pas d'héritiers à réserve ; ceux qui existent aujourd'hui peuvent mourir avant lui, auquel cas la quotité disponible est égale à la totalité des biens. — Toutefois il est possible qu'en léguant la quotité disponible, le testateur ait entendu fixer le montant du legs au chiffre qu'avait la quotité disponible au jour où il testait, auquel cas il n'a fait qu'un legs à titre universel. Il y a là une question d'intention que les juges ont à résoudre.

4° *Le legs du restant ou du surplus des biens.* Le résultat est le même que si le testateur, après avoir institué un légataire universel, l'avait chargé de différents legs : tout ce qui ne fait pas l'objet des legs particuliers se trouve nécessairement compris dans le legs général ainsi formulé, et aucun bien ne peut être réclamé par les héritiers ab intestat (Riom, 13 déc. 1889 et Cass., 12 juill. 1892, D. 92. 1. 451, S. 92. 1. 573).

B. — Droits du légataire universel.

1° Entrée en possession.

****2754. Saisine du légataire.** — La prise de possession de l'hérédité par le légataire universel se fait différemment, selon qu'il a ou qu'il n'a pas la saisine.

Cette saisine lui est *accordée lorsqu'il n'existe pas d'héritiers réservataires* (art. 1006) ; elle lui est au contraire *refusée lorsqu'il existe un ou plusieurs héritiers à réserve* (art. 1004).

Cette double disposition est le résultat d'une transaction entre les partisans des principes romains et les partisans des traditions coutumières. Le projet imposait l'obligation de demander l'envoi en possession à tous les légataires sans distinction. Malleville demanda que le légataire particulier fût seul assujetti à cette formalité, disant que l'héritier testamentaire n'avait besoin que de son titre pour se mettre en possession. La discussion se termina par l'adoption d'une distinction proposée par Cambacérès entre le cas où il y a des réserves et celui où il n'y en a pas (Fenet, t. XII, p. 387 à 397). Le motif qui décida le Conseil d'État à faire cette distinction est la situation privilégiée des héritiers réservataires. Il sembla tout naturel de les traiter mieux que les autres : comme ils sont sûrs d'avoir au moins une part de la succession, ils ont toujours à craindre les détournements et les fraudes que le légataire pourrait commettre contre eux, si on le laissait s'emparer le premier de la succession ; tandis que les héritiers ordinaires, entièrement écartés par le testament, n'ont de droits à faire valoir que dans l'hypothèse nécessairement rare où le testament serait annulé.

La saisine du légataire universel est la même que celle des héritiers du sang (ci-dessus n° 1938 et suiv.).

2755. Ancienne exception disparue. — Avant 1896, on admettait généralement que si les héritiers réservataires en concours avec le légataire universel étaient des *enfants naturels*, la saisine n'en appartenait pas moins au légataire parce que les enfants naturels ne l'avaient pas. Mais depuis que la loi du 25 mars 1896, modifiant l'art. 724, a attribué la saisine aux héritiers naturels, la solution contraire s'impose, puisque les enfants naturels sont *saisis comme les enfants légitimes*.

Premier cas : *le légataire universel est saisi.*

***2756. Formalité à remplir par le légataire.** — Lorsque le legs est contenu dans un testament *authentique*, aucune précaution n'est prise : le légataire ou héritier institué se met de lui-même en possession comme le ferait un héritier légitime. Le titre qui l'institue a paru offrir assez de garanties pour mériter cette confiance.

Mais si le légataire universel a été institué dans un testament *olographe* ou *mystique*, on lui impose une formalité particulière : il faut qu'il se fasse *envoyer en possession par le président du tribunal*, au moyen d'une ordonnance rendue sur requête (art. 1008). La compétence du président est déterminée par le lieu d'ouverture de la succession (*ibid.*).

On explique ordinairement cette exigence de la loi en disant que le titre authentique est exécutoire par lui-même, tandis qu'un écrit privé, comme un testament olographe ou mystique, ne l'est pas. Il faut donc que le légataire universel s'adresse à la justice pour obtenir le titre exécutoire qui lui manque et qui seul peut lui permettre d'appréhender les biens de la succession (Cass., 28 mai 1894, D. 95. 1. 86) ; cela ne l'empêche pas d'avoir la saisine, qui lui est acquise dès le décès. — J'avoue que cette combinaison d'idées est étrange : qu'est-ce que la saisine, sinon un bénéfice légal qui dispense de recourir à la justice pour se faire envoyer en possession ? Saisine et envoi en possession sont deux choses inconciliables. La vérité est que les héritiers non réservataires, que le testament a dépouillés, ne sont pas saisis ; et que le légataire ne l'est pas davantage, puisqu'il n'a pas le droit caractéristique de la saisine. Quant à expliquer la formalité légale par l'idée de la force exécutoire attachée à l'ordonnance, c'est commettre une confusion, car la prise de possession de l'hérédité est l'exercice d'un droit de *propriété*, qui s'accomplit sans l'intervention des héritiers écartés par le testament, et la force exécutoire ne s'attache qu'aux décisions judiciaires qui condamnent un *débiteur* à faire quelque chose pour un autre.

2757. Caractères de l'ordonnance d'envoi en possession. — L'ordonnance que rend le président en vertu de l'art. 1008 est un acte de *juridiction gracieuse* (t. II, n° 2860-5°). Il en résulte les conséquences suivantes :

1° Le président doit statuer lui-même ; il ne peut déléguer à personne le soin de le remplacer, ni renvoyer le légataire universel devant le tribunal, comme il le pourrait s'il s'agissait d'un référé.

2° Sa décision n'est que provisoire ; elle n'empêche nullement les héritiers d'agir en pétition d'hérédité contre le légataire universel ou d'exercer contre lui une action en nullité fondée sur un vice de forme du testament ou sur une incapacité du testateur ou du légataire; il n'y a aucun préjugé contre eux. Toutefois l'envoi en possession du légataire lui donne la qualité de défendeur dans le procès qui s'engage.

3° Malgré ce résultat qui leur est défavorable, aucune voie de recours n'est ouverte aux héritiers contre l'ordonnance. Ils n'ont ni l'opposition (Paris, 15 janv. 1894, D. 94. 2. 160, S. 94. 2. 168), ni l'appel (Paris, 25 mars 1892, D. 94. 2. 245, S. 92. 2. 188; Dijon, 1er juin 1894, D. 94. 2. 360. S. 94. 2. 280).

Cependant la nature vraie de l'ordonnance d'envoi en possession est encore contestée. Quelques arrêts la considèrent comme appartenant à la juridiction contentieuse et comme susceptible par suite d'être attaquée par les voies de recours. Voyez notamment Cass., 3 avril 1895, D. 96. 1. 5, S. 95. 1. 221. Mais voyez la réfutation du système de cet arrêt par M. Glasson, dans DALLOZ, *loc. cit.*

2758. Rôle du président. — Le rôle du président lors de la requête qui lui est adressée par le légataire n'a pas été déterminé par la loi. On admet qu'il doit se borner à vérifier les formes extérieures du testament et l'absence d'héritiers à réserve. Il est aussi dans une certaine mesure juge de la sincérité du testament et devrait refuser l'envoi en possession s'il apparaissait quelque raison grave et précise de croire à une irrégularité ou à une fraude. Il a donc un pouvoir discrétionnaire. Mais il ne doit pas s'arrêter devant des allégations vagues et dénuées de preuves, formulées par les héritiers (Nancy, 4 août et 19 déc. 1893, D. 94. 2. 117).

2759. Mesures conservatoires. — Il est admis que des mesures conservatoires (apposition des scellés, inventaire, mise sous séquestre) peuvent être prises dans l'intérêt de celle des deux parties qui n'est pas mise en possession (Nancy, 6 mars 1885, D. 86. 2. 47, S. 86. 2. 117).

Deuxième cas: *le légataire universel n'est pas saisi.*

** **2760. Nécessité d'une demande en délivrance.** — Lorsqu'il existe des héritiers réservataires, le légataire universel n'a pas la saisine. On suppose, bien entendu, que ces réservataires ont accepté la succession, sans quoi l'on n'en tiendrait pas compte (art. 785). La saisine appartient aux héritiers à réserve « pour tous les biens de la succession », dit l'art. 1004, c'est-à-dire que l'héritier légitime est *saisi à la fois de sa réserve et de la quotité disponible,* qui appartient au légataire. Celui-ci est tenu de lui demander la délivrance (même art.).

Cette obligation est fondée sur un motif d'ordre public : le respect des droits des parents auxquels la loi accorde une réserve. Par suite, le défunt ne pourrait pas leur enlever partiellement la saisine pour la conférer au légataire pour la part qui lui revient.

* **2761. Nécessité d'un partage.** — Par l'effet du concours d'un ou plusieurs réservataires avec l'héritier institué, la succession se trouve dans l'indivision entre eux, et une fois la délivrance du legs consentie, un partage sera nécessaire.

2762. Effet d'une prise de possession irrégulière. — Si le légataire non saisi se mettait en possession sans demander la délivrance, l'héritier saisi ne pourrait l'obliger à la lui demander que pendant trente ans; au bout de ce temps, le légataire est dispensé de l'obligation que la loi lui imposait, et l'irrégularité de sa situation se trouve couverte. Il n'encourt donc aucune déchéance pour avoir omis cette formalité (Cass., 8 mai 1895, D. 95. 1. 425, S. 96. 1. 385).

2° Droits aux fruits.

*** 2763. Point de départ.** — Lorsque le légataire universel a la saisine, il a droit à tous les fruits à compter *du jour du décès* : lui seul peut les percevoir.

Il en est encore de même lorsqu'il n'est pas saisi, à cause de la présence d'héritiers réservataires (art. 1004). Toutefois la loi y met une condition : il faut *qu'il forme sa demande en délivrance dans l'année du décès* (art. 1005). Si cette demande est formée *en retard,* c'est-à-dire plus d'un an après l'ouverture de la succession, le légataire n'a droit aux fruits que *du jour de sa demande (ibid.).* Les fruits perçus dans l'intervalle entre le décès et la demande restent à l'héritier, qu'il ait connu ou ignoré l'existence du legs ; s'il la connaissait il a pu penser que le légataire, qui gardait le silence pendant plus d'un an, renonçait à son droit.

3° Actions appartenant au légataire universel.

***2764. Énumération.** — Le légataire universel est *loco heredis.* Il possède donc : 1° *la pétition d'hérédité,* contre ceux qui détiennent la succession *pro herede* ; 2° *l'action en partage,* s'il y a indivision entre lui et d'autres ayants droit à titre universel.

Il possède en outre contre les tiers détenteurs ou débiteurs des choses comprises dans la succession, les actions de toute nature que le défunt aurait pu intenter contre eux.

C. — Obligations du légataire universel.

1° Paiement des dettes.

****2765. Portion à la charge du légataire.** — Quand il est seul, le légataire universel paie *toutes les dettes.* S'il y a plusieurs légataires universels, chacun supporte *une part du passif proportionnelle à la part qu'il prend dans l'actif.* Enfin s'il y a un légataire universel unique, en concours avec des héritiers à réserve (seul cas prévu par la loi), le légataire supporte *une part du passif proportionnelle à la quotité disponible,* qui détermine numériquement l'étendue de son droit (art. 1009).

Quand un légataire universel ne doit supporter qu'une part de chaque dette, il peut néanmoins être poursuivi *hypothécairement pour le tout* (art. 1009). C'est l'application du droit commun, et s'il paie la totalité, il a son recours contre qui de droit d'après les règles ordinaires (ci-dessus, n°s 2094 et suiv.).

**** 2766. Étendue de l'obligation aux dettes.** — Un légataire universel est-il tenu de payer les dettes ou sa part de dettes, à quelque somme qu'elles puissent monter et au delà même de l'actif qu'il recueille et qui constitue son émolument ? C'est la question de l'obligation *ultra vires.*

Cette question était bien simple dans le droit coutumier français : le légataire universel n'était tenu des dettes que jusqu'à concurrence des biens auxquels il succédait, « Ces personnes ne succèdent point à la personne du défunt, mais seulement à ses biens ; ils ne sont tenus des dettes que parce qu'elles sont une charge des biens ; ils n'en sont point débiteurs personnels » (POTHIER, *Successions*, chap. v, art. 3, § 1 *in fine*)[1]. Lebrun disait de même que le légataire universel n'était tenu des dettes qu'imparfaitement et jamais indéfiniment au delà des forces de son legs (*Successions*, liv. IV, chap. II, sect. 1, n° 3).

Sous l'empire du Code, la question est résolue par la jurisprudence, mais elle est encore controversée en doctrine. D'après la Cour de cassation, l'art. 1009 en déclarant que le légataire universel en concours avec un réservataire est tenu « personnellement » des dettes pour sa part et portion, a fait de lui un débiteur personnel tenu sans limitation aucune. Il y a similitude parfaite entre l'art. 1009, qui s'occupe du légataire universel, et l'art. 873 qui emploie exactement la même formule pour établir l'obligation des héritiers (Cass., 13 août 1851, D. 51. 1. 281, S. 51. 1. 657). Cet arrêt est connu sous le nom d'*arrêt Toussaint*. — Il résulte de cette jurisprudence qu'en pratique les légataires universels doivent avoir soin d'accepter sous bénéfice d'inventaire, si la solvabilité du défunt leur paraît douteuse. Voyez cependant Trib. de Lisieux, 3 janvier 1900, P. 1901. 2. 297 et la note.

Dans le sens de la jurisprudence, voyez DEMOLOMBE, t. XV, n°s 116 et 117, t. XVII, n° 38, et une dissertation de l'avocat général Nicias Gaillard, sur les conclusions duquel l'arrêt Toussaint a été rendu (*Revue critique*, 1852, t. II, p. 344). — Une autre opinion voudrait qu'on distinguât selon que le légataire a ou n'a pas la saisine : il serait tenu *ultra vires*, quand il est saisi, non au cas contraire (AUBRY et RAU, t. VII, § 723, notes 1, 5 et 6 ; LAURENT, t. XIV, n° 101). Sur ce système, qui fait dépendre l'obligation indéfinie aux dettes de l'attribution de la saisine, voyez ci-dessus n°s 1939 et 1940.

Les auteurs du Code n'avaient pas prévu la question[2]. L'intérêt de la controverse est assez mince, car de toute façon il faudra que le légataire universel ait soin de faire inventaire : même dans l'opinion de ceux qui ne veulent voir en lui qu'un simple successeur aux biens quand la saisine lui manque, cette précaution est nécessaire pour limiter l'action des créanciers. S'il se mettait sans cela en possession de la succession, il serait tenu indéfiniment des dettes, et tel était déjà l'avis de Pothier (*Successions*, chap. v, art. II, § 3, *in fine*). Où donc est la différence entre les deux systèmes? Uniquement dans la néces-

[1] Les coutumes ne s'étaient pas expliquées sur ce point. L'art. 334 de la coutume de Paris réglait seulement la part contributoire du légataire universel en concours avec d'autres, sans déterminer l'étendue de son obligation.

[2] L'art. 1009, comme l'art. 334 de la coutume de Paris détermine seulement la part contributoire du légataire, sans s'expliquer sur son obligation *ultra* ou *intra vires*. — D'après l'art. 897, § 2, du Code civil roumain, le légataire universel paie les dettes *ultra vires* (ALEXANDRESCO, p. 181).

sité d'une déclaration au greffe; la formalité est peu de chose; mais, si le légataire l'a négligée, l'effet est considérable : c'est l'obligation indéfinie aux dettes, dans le système de la jurisprudence[1].

***2767. Charges assimilées aux dettes.** — La loi n'oblige pas seulement le légataire universel à payer les *dettes* du défunt; elle lui impose de même les *charges* de la succession. Ces charges, qui sont distinctes des dettes, ne sont pas les legs, dont l'art. 1009 s'occupe à part dans sa seconde partie; ce sont des dettes qui grèvent l'hérédité sans avoir jamais grevé le défunt parce qu'elles sont *nées depuis son décès*. Tels sont les frais funéraires, les frais d'inventaire, de liquidation et de partage.

2° Paiement des legs.

****2768. Charge du légataire universel.** — Le légataire universel est tenu d'acquitter les legs particuliers que le testateur a pu faire. Deux cas sont à distinguer.

Le légataire universel est seul. — En ce cas il est naturellement chargé d'acquitter tous les legs, et s'il y a plusieurs légataires universels, chacun d'eux supporte les legs particuliers en proportion de sa propre part, à moins que le testateur n'en ait disposé autrement. — Le droit moderne ne connaît plus la *quarte Falcidie,* qui autorisait l'héritier institué à retenir un quart de l'hérédité en faisant subir une réduction correspondante aux légataires.

Le légataire universel concourt avec des héritiers a réserve. — En ce cas, *tous les legs sont à la charge du légataire universel,* car ils ne peuvent grever que la quotité disponible qui lui a été donnée, et non la réserve. Il y a donc une différence considérable entre les dettes et les legs pour leur répartition entre le légataire universel et le réservataire : tandis que les dettes se partagent entre eux, les legs retombent tous sur le légataire universel. C'est pour établir cette antithèse que l'art. 1009 a été écrit, et elle y est très clairement énoncée.

Cependant la loi ne traite pas avec rigueur le légataire universel. Il est à peu près sûr de conserver quelque chose, car la réduction qui devra être subie par les légataires pour constituer la réserve de l'héritier portera *proportionnellement sur tous les legs universels ou particuliers* (art. 926). Le légataire universel ne sera privé de tout émolument qu'au cas où les legs particuliers sont si considérables qu'en l'absence même d'héritiers à réserve ils eussent épuisé la succession, sans rien lui laisser; ou encore au cas où le testateur aurait exprimé la volonté de faire acquitter intégralement certains legs particuliers, comme l'art. 927 lui en donne le droit. Voyez ci-dessous nos 3107-3108.

****2769. Étendue de l'obligation aux legs.** — Le légataire universel est-il tenu de payer les legs *ultra vires,* quand le testateur s'est fait des

[1] D'autres intérêts se présentent à d'autres points de vue : si le légataire universel est un simple successeur aux biens tenu *intra vires* sous la seule condition d'avoir fait inventaire, on ne lui appliquera pas les règles qui gouvernent les successions bénéficiaires : il ne sera pas tenu de fournir caution ni de suivre certaines formes pour la vente des biens.

illusions sur le chiffre de sa fortune, ou que son patrimoine a diminué depuis l'époque où il a rédigé son testament? La question se pose pour lui exactement dans les mêmes termes que pour l'héritier ab intestat; le texte leur est commun : c'est l'art. 1017. Voyez ci-dessous n° 2791 ce qui est dit à ce sujet.

§ 4. — *Du legs à titre universel.*

A. — Notions générales.

****2770. Création de cette catégorie de legs.** — Jadis les legs à titre universel étaient confondus avec les legs universels : « Quelque petite que soit la quotité dont une personne est légataire, fût-ce de la vingtième ou trentième partie, dès que le don ou legs n'est point de choses particulières, mais d'une quotité, le légataire est *légataire universel* » (POTHIER, *Successions*, chap. V, art. 2, § 3). On disait donc indifféremment « légataire universel », ou « à titre universel », comme nous disons encore « légataire particulier » ou « à titre particulier ». Les deux dénominations étaient synonymes.

Ce sont les auteurs du Code qui ont créé une subdivision, sans grande utilité d'ailleurs, et réservé le nom de « légataire à titre universel » à ceux qui ne recueillent qu'une fraction de l'universalité, et cette distinction n'a été introduite dans la loi qu'au dernier moment quand on s'est décidé à accorder la saisine au légataire universel qui se trouverait seul appelé à recueillir toute la succession.

Aussi la synonymie primitive de ces deux dénominations se retrouve-t-elle encore dans quelques textes. Voyez notamment les art. 871 et 926 : dans le premier la loi emploie l'expression « légataire à titre universel » ; dans le second, celle de « legs universels », et cependant ces deux textes établissent des règles qui sont communes aux deux catégories de legs.

****2771. Caractères distinctifs du legs à titre universel.** — Les seules différences qui le séparent du legs universel sont les suivantes :

1° *Il ne donne jamais droit à la totalité de la succession.* — Ce caractère est secondaire, au point de vue de la classification, car il est bien clair que le legs d'une quote-part de l'universalité est une disposition du même genre que le legs de l'universalité entière, la fraction étant de même nature que le tout. D'ailleurs, en fait, un légataire à titre universel peut recueillir tous les biens du défunt : de la part de quelqu'un qui ne possède pas d'immeubles, léguer tous ses meubles ou léguer tous ses biens est évidemment équivalent. Or le legs de tous les meubles n'est qu'un legs à titre universel.

2° *Il ne donne jamais la saisine.* — Ce second caractère n'est pas spécifique, puisque le légataire universel lui-même n'est pas toujours saisi.

On a voulu trouver une troisième différence dans le point de départ *du droit aux fruits*, mais on verra qu'elle doit être rejetée (ci-dessous n° 2775).

En somme la distinction introduite par le Code n'était nullement nécessaire ; on a compliqué la théorie des legs sans profit apparent.

**** 2772. Diverses espèces de legs à titre universel.** — Le legs à titre universel est celui qui donne droit seulement à une partie des biens. D'après l'art. 1010, il peut se faire de cinq façons différentes selon que le testateur a légué :

1° *Une quote-part de l'universalité de ses biens* ;

2° *Tous ses immeubles* ;

3° *Tous ses meubles* ;

4° *Une quote-part de ses immeubles* ;

5° *Une quote-part de ses meubles.*

Pour déterminer la nature du legs, il faut considérer le *titre* du légataire plutôt que le *profit* plus ou moins considérable qu'il en retire. Ainsi le legs de tous les immeubles est à titre universel alors même que le testateur n'en posséderait qu'un seul, et le legs de trois ou quatre immeubles individuellement désignés serait un legs à titre particulier, alors même que ces biens composeraient toute la fortune du testateur.

*** 2773. Nature limitative de l'énumération légale.** — L'énumération contenue dans l'art. 1010 est certainement limitative, car le texte ajoute : « Tout autre legs est à titre particulier. »

Il en résulte que le legs de toute une catégorie de biens désignés par leur nature : « toutes mes maisons, toutes mes vignes », ou par leur situation : « tous mes biens situés dans tel département ou dans telle commune » n'est qu'un legs à titre particulier.

Critique. — Le système du Code n'est que la conservation des règles suivies dans l'ancien droit, sauf une modification nécessitée par des changements survenus sur d'autres points de la législation. Le point de départ historique a été un système qui ne considérait comme universelles que les dispositions portant sur la totalité des biens du testateur ou sur une fraction aliquote de ces biens. Mais on s'était habitué à considérer les successions comme divisées entre trois masses distinctes, les meubles, les acquêts et les propres, qui allaient à des héritiers différents, en sorte que ces trois sortes de biens purent faire l'objet de dispositions universelles (Lebrun, *Successions*, livre IV, chap. ii, sect. 2, n° 46 ; Pothier, *Successions*, chap. v, art. 2, § 3). Dans notre droit moderne, la sous-distinction des acquêts et des propres a disparu ; ils sont aujourd'hui réunis dans la classe des immeubles : on arrive ainsi tout naturellement au système de l'art. 1010 qui admet comme dispositions universelles le legs des meubles et celui des immeubles. — Ce maintien de la tradition n'a pas grande raison d'être : depuis que les meubles et les immeubles sont dévolus pêle-mêle dans les successions (art. 732), ils ont cessé de former des universalités distinctes. On ne voit pas pourquoi le legs de tous les immeubles est un legs à titre universel quand le legs de tous les biens ruraux n'en est pas un. Qu'importe que la catégorie léguée soit empruntée aux classifications juridiques ou soit indiquée d'après la nature économique et matérielle des biens ? L'important n'est-il pas que *les objets compris dans le legs ne soient pas limités en nombre par les termes du testament* ? Là où le droit du légataire n'est pas fixe, on ne devrait pas le considérer comme légataire particulier. Néanmoins le droit français a toujours décidé que le legs de toute une catégorie de biens (livres, meubles meublants, vignes, bois, maisons, etc.) ne forme qu'un legs particulier, et Lebrun cite un arrêt du 24 mars 1620 qui l'avait jugé ainsi pour le legs d'une bibliothèque (*Loc. cit.*, n° 54).

B. — Droits du légataire à titre universel.

***2774. Demande en délivrance.** — Le légataire à titre universel *n'a jamais la saisine*. Il est toujours tenu de demander la délivrance de son legs aux héritiers saisis (art. 1011).

S'il existe à la fois un légataire universel et un héritier à réserve, auquel des deux devra-t-il s'adresser ? A l'héritier à réserve, tant que le légataire universel n'aura pas obtenu la délivrance de son legs ; au légataire universel après la délivrance, car le legs à titre universel ne peut être acquitté que sur la quotité disponible (ci-dessous n° 2781).

S'il y a un légataire universel saisi, en l'absence de tout héritier réservataire, c'est à lui que la délivrance doit être demandée.

S'il n'existe pas d'héritiers saisis, parce que le défunt n'a laissé que des successeurs irréguliers, le légataire devra attendre qu'ils aient obtenu l'envoi en possession pour leur demander la délivrance ; si aucun d'eux ne se fait envoyer en possession, il devra faire nommer un curateur à la succession vacante pour agir contre lui.

2775. Controverse sur le droit aux fruits. — Deux textes déterminent le moment à partir duquel les légataires ont droit aux fruits, et ils le font différemment, l'un pour les légataires universels (art. 1005), l'autre pour les légataires particuliers (art. 1014) ; aucun texte n'a réglé la question pour les légataires à titre universel, et ceci tient à ce que les dispositions relatives à cette catégorie de legs ont été introduites au dernier moment, au cours de la discussion ; elles sont restées incomplètes. Dans le silence de la loi quel système suivre ?

Quelques auteurs voudraient appliquer l'art. 1014 au legs à titre universel, parce que dans l'ancien droit les légataires même universels n'avaient droit aux fruits que *du jour de la demande* ; l'art. 1005 n'a dérogé à cette tradition que pour les legs universels ; donc les legs à titre universel sont restés sous l'empire de la règle ancienne.

L'opinion contraire trouve un argument décisif dans les travaux préparatoires. Le projet assimilait le légataire à titre universel au légataire à titre particulier, et ne leur donnait de droit sur les fruits que du jour de la demande. Il disait : « Tout legs pur et simple, *soit à titre universel, soit à titre particulier*, donnera... — Néanmoins *le légataire*... ne pourra. » On a supprimé les mots « soit à titre universel, soit à titre particulier » pour éviter que le texte ne fût considéré comme commun à tous les légataires, et on a ajouté aux mots « le légataire » l'épithète *particulier* précisément pour bien marquer que la règle relative aux fruits ne s'appliquait pas à ceux qui avaient un titre universel. — Cette opinion est aussi plus logique, car le legs universel et le legs à titre universel sont des legs de même nature qui ne diffèrent que par leur degré d'étendue.

En conséquence le legs à titre universel donne droit aux fruits *à compter du jour du décès*, quand la demande en délivrance est formée dans l'année, par application de l'art. 1005 (Cass., 6 avril 1891, D. 92. 1. 279, S. 92. 1. 515).

2776. Actions ouvertes au légataire à titre universel. — Les actions qui lui sont données sont les mêmes que celles qui appartiennent au légataire universel. Voyez ce qui en est dit à propos de ce dernier, ci-dessus n° 2764.

Toutefois ces actions ne lui appartiennent qu'*en partie*, puisque son droit porte sur une part seulement. Ainsi il ne peut agir en revendication contre les tiers détenteurs ou exercer l'action personnelle contre les débiteurs du défunt qu'autant qu'il s'agit de biens ou de valeurs *mis dans son lot*.

C. — Obligations du légataire à titre universel.

1° Paiement des dettes.

****2777. Comparaison avec le légataire universel.** — Pourvu d'un titre qui ne lui donne jamais droit qu'à une partie de l'hérédité, le légataire à titre universel n'est tenu de payer qu'*une partie des dettes*. Il doit les supporter *proportionnellement* « pour sa part et portion et hypothécairement pour le tout » (art. 1012).

Dans cette mesure, il en est tenu *personnellement* (art. 1012). La question de savoir s'il doit les supporter *ultra vires* est la même que pour le légataire universel : l'art. 1012 reproduit la formule de l'art. 1009. Voyez ci-dessus n° 2766.

2778. Cas où une ventilation est nécessaire. — La quote-part du légataire à titre universel dans les dettes est déterminée d'avance, quand il lui a été légué une fraction numérique de la succession, un tiers, un quart; elle ne l'est pas quand le legs porte *sur la totalité ou sur une fraction des meubles ou des immeubles*. Il faut alors procéder à une ventilation pour exprimer en chiffres la part d'actif qui revient au légataire comparativement à l'ensemble de la succession.

2° Paiement des legs.

***2779. Texte de la loi.** — Le paiement des legs est réglé pour le légataire a titre universel par l'art. 1013; malheureusement ce texte est loin de trancher la question complètement. Plusieurs cas sont à distinguer, et le texte n'en a prévu qu'un seul, sur lequel même il ne s'est pas expliqué clairement.

***2780. Absence d'héritiers réservataires.** — Alors aucun doute ne s'élève : le principe de la répartition proportionnelle, établi d'une manière générale par l'art. 1012 pour les « dettes et charges » de la succession, s'applique aux legs comme aux dettes.

***2781. Existence d'héritiers réservataires.** — En ce cas, il faut faire une sous-distinction :

1° Le réservataire est réduit a sa réserve. — Quand la quotité disponible tout entière a été attribuée au légataire à titre universel, lui seul supporte tous les legs, puisque le réservataire n'en doit acquitter aucun. Mais il y aura lieu de procéder à une réduction générale et proportionnelle des legs conformément à l'art. 926 (ci-dessous n° 3107).

2° Le réservataire recueille une partie de la quotité disponible. — C'est l'hypothèse prévue par l'art. 1013 qui se borne à dire que le légataire universel « sera tenu d'acquitter les legs particuliers *par contribution avec les héritiers naturels* ».

Une vive controverse s'est élevée sur ce texte, parce qu'il ne dit pas sur quelle base doit se faire cette contribution. Soit un enfant unique, et 100 000 francs d'actif ; la quotité disponible est de moitié et vaut 50 000 francs. Le légataire à titre universel a droit à un quart, ou 25 000 francs. On se demande si l'héritier réservataire doit contribuer au paiement des legs particuliers pour trois quarts (sa part entière) ou seulement pour moitié, sa part dans la quotité disponible étant égale à celle du légataire à titre universel. Cette question est ancienne ; elle était déjà agitée par Lebrun, Pothier et Bourjon, et s'est renouvelée sous l'empire du Code. Dans une première opinion on soutient que le réservataire ne doit contribuer qu'en proportion de ce qu'il prend dans la quotité disponible, parce que, si les dettes grèvent l'ensemble de la succession, les legs ne sont dus que sur la quotité disponible. Dans une autre opinion, qui tend de plus en plus à prévaloir, on décide que l'héritier réservataire doit contribuer *en proportion de sa part totale*, pour les raisons suivantes : 1° Il ne recueille pas sa part à deux titres différents ; il n'en a qu'un : sa qualité d'héritier ; c'est à ce titre qu'il est tenu d'y contribuer. 2° Il ne peut pas se prévaloir de sa réserve, tant qu'elle n'est pas entamée, et c'est l'hypothèse dans laquelle nous nous plaçons : il s'agit seulement de *déterminer sa part contributoire* ; si cette part dépasse ce qui reste de la quotité disponible, il y aura lieu à la réduction générale des legs parce que l'héritier ne peut jamais être tenu de les acquitter sur sa réserve ; mais les deux questions (la répartition des legs particuliers et leur réduction éventuelle) sont distinctes (Demolombe, t. XXI, n° 606 ; Aubry et Rau, t. VII, § 723, p. 502 et 503).

2782. Choix des biens composant la quotité disponible. — Le disposant est libre de choisir les biens qu'il veut donner ou léguer ; il est donc libre de composer à son gré la quotité disponible, dont le chiffre seul est déterminé par la loi. Par exemple il peut léguer un immeuble, et ne laisser dans sa succession que des valeurs mobilières. La Cour de cassation en a conclu que le testateur pouvait *conférer au légataire lui-même le choix qui lui appartient*, pour lui permettre de prendre des biens à sa convenance (Cass., 29 juill. 1890, D. 91. 1. 28, S. 91. 1. 5) ; on ne peut élever aucune objection tirée des art. 826, 832 et 834, qui règlent la façon de composer les lots dans les successions ab intestat. Mais comme ces articles sont applicables à ceux qui sont héritiers en vertu de la loi, le testateur ne peut pas permettre à l'un des réservataires de composer sa part de réserve avec des biens de son choix (Orléans, 5 juillet 1889, D. 91. 1. 28, S. 91. 1. 5).

§ 5. — *Des legs particuliers.*

** **2783. Définition.** — Le legs particulier devrait se définir celui qui donne droit seulement à un ou plusieurs objets déterminés, mais ce n'est pas là le procédé qu'a employé la loi : elle commence par déterminer les caractères des legs universels et des legs à titre universel ; puis elle décide que tout legs qui ne rentre ni dans l'une ni dans l'autre de ces catégories « ne forme qu'une disposition à titre particulier » (art. 1010 *in fine*). On a déjà vu que beaucoup de catégories d'objets existant en nombre indéterminé dans le patrimoine du testateur ne sont pas susceptibles de faire l'objet d'un legs à titre universel (ci-dessus n° 2773).

A. — Droits du légataire particulier.

2784. Observation. — Nous raisonnerons sur l'hypothèse normale, celle où le legs est pur et simple. Quand il est conditionnel, le droit du légataire n'est *ouvert* qu'à la réalisation de la condition (art. 1040), et par suite ce qui est dit ci-dessous pour l'entrée en possession et pour les fruits ne lui devient applicable qu'après que la condition est réalisée.

Toutefois ce retard apporté à l'ouverture de son droit n'empêche pas la condition d'être *rétroactive* quand elle se réalise utilement, et par suite les actes de disposition faits par le légataire dans l'intervalle entre le décès et la réalisation de la condition seraient valables, tandis que ceux que l'héritier a pu faire dans le même temps seraient non avenus.

1° Entrée en possession.

****2785. Nécessité d'une demande en délivrance.** — N'ayant jamais la saisine, le légataire particulier ne peut se mettre de lui-même en possession ; il doit toujours demander la délivrance à ceux qui sont saisis des objets à lui légués (art. 1014).

2° Droit aux fruits.

***2786. Point de départ.** — D'après l'art. 1014, le légataire particulier n'a droit aux fruits que du jour où il a formé sa demande en délivrance, ou du jour où cette délivrance lui a été volontairement consentie. Jusqu'à ce moment les fruits restent à l'héritier ou au légataire universel, sans distinguer s'ils ont ou non connu l'existence du legs.

Toutefois les fruits lui sont dus à compter du jour du décès dans deux cas : 1° *si le testateur l'a expressément ordonné* ; 2° s'il s'agit d'une *rente viagère léguée à titre d'aliments,* parce qu'on suppose que telle a été l'intention du testateur (art. 1015).

3° Actions du légataire particulier.

****2787. Énumération.** — Un légataire particulier ne peut exercer ni la pétition d'hérédité ni l'action en partage : ces deux actions ne peuvent appartenir qu'aux successeurs universels du défunt, comme le sont les deux catégories précédentes de légataires. Il a les trois actions qu'il avait déjà en droit romain et que notre droit a conservées : 1° l'*action réelle* ; 2° l'*action personnelle* ; 3° l'*action hypothécaire.*

a. — *Action réelle.*

***2788. Sa nature et ses applications.** — Toutes les fois que l'objet du legs est *la propriété d'une chose déterminée* ou *un droit réel sur une chose,* la transmission de propriété ou la création du droit réel s'opère immédiatement et de plein droit au décès du testateur, sauf l'effet des conditions suspensives, quand il y en a, et sous réserve de l'acceptation du légataire. Le bénéficiaire du legs possède donc la *revendication* ou l'*action confessoire,* selon la nature de son droit.

b. — *Action personnelle.*

***2789. Sa nature et ses applications.** — Quand le legs n'a pas pour objet un droit réel sur un corps certain, l'action réelle ne peut pas appartenir au légataire ; il est alors réduit à une action personnelle contre les héritiers ou autres personnes débitrices du legs. C'est ce qui arrive principalement *quand l'objet du legs est de l'argent,* soit en capital, soit sous forme de rente, et c'est surtout à cette hypothèse que les rédacteurs de la loi ont songé en écrivant l'art. 1017, où il est question des « débiteurs » du legs, personnellement « tenus de l'acquitter ».

Cette action, que les anciens appelaient *actio ex testamento,* prend naissance en la personne de l'héritier par l'effet de son acceptation : il se trouve tenu envers les légataires en vertu du testament comme par un contrat ; la volonté du testateur jointe à celles de l'héritier et du légataire, acceptant l'un le legs, l'autre la succession, forme le lien de droit, et il y a là un *quasi-contrat.*

***2790. Personnes tenues de l'action.** — Le légataire a pour obligés :

1° Les *héritiers du sang,* quand le testament ne les a pas exhérédés. Parmi les « héritiers » du testateur, mentionnés dans l'art. 1017, il faut évidemment comprendre les successeurs irréguliers (Cass., 5 juin 1893, D. 93. 1. 383, S. 93. 1. 348).

2° Les *légataires universels ou à titre universel,* qui sont au lieu des héritiers.

Exceptionnellement, un legs particulier peut avoir été mis par le testament à la charge d'un légataire particulier (ci-dessous n° 2799).

En principe, il n'y a *pas de solidarité* entre les codébiteurs d'un même legs. Chacun d'eux est tenu de le payer en proportion de la part qu'il a prise dans l'universalité de la succession. C'est l'idée qu'exprime l'art. 1017 en disant qu'ils en sont tenus « *au prorata* de la part et portion dont ils profiteront... — De l'absence de solidarité, il résulte que si l'un des héritiers ou autres débiteurs du legs est insolvable, la perte est pour le légataire et les autres n'en sont pas responsables (Cass., 10 août 1885, D. 86. 1. 212, S. 88. 1. 470).

Il dépend du reste du testateur d'établir la solidarité entre les débiteurs du legs, au moyen d'une clause expresse.

***2791. Étendue de l'obligation.** — Les héritiers et légataires universels sont-ils tenus de payer les legs indéfiniment à quelque chiffre qu'ils puissent monter, et même au delà des forces de la succession? Il semble que cette question aurait dû recevoir depuis longtemps une solution définitive, et cependant elle est encore vivement controversée.

Ancien droit. — Il était de tradition qu'à la différence des dettes, dont l'héritier pur et simple est tenu *ultra vires,* les legs faits par le défunt n'étaient jamais dus qu'*intra vires,* c'est-à-dire seulement jusqu'à concurrence des biens (Pothier, *Successions,* chap. v, art. 3, § 1)[1]. Par suite lorsque les biens de la succession étaient épuisés et que le fait pouvait être prouvé par un inventaire en règle, l'héritier même pur et simple était affranchi de toute action de la part des légataires (Bourjon, v° Testament, 5e partie, chap. ii, sect. 2, n° 9).

[1] « Les coutumes ne donnent au testateur le pouvoir de faire des legs que jusqu'à concurrence des biens disponibles ; par conséquent, ils ne sont pas valables au delà. Mais il a été au pouvoir du défunt de contracter autant de dettes qu'il a voulu. »

TEXTES ACTUELS. — Les textes qui interviennent dans la question sont les suivants :

1° L'art. 724, qui déclare les héritiers saisis « sous l'obligation d'acquitter toutes les charges de la succession ».

2° Les art. 870 et suiv. et spécialement l'art. 873, qui déclare les héritiers « personnellement tenus des dettes et charges de la succession ».

3° Les art. 1009 et 1012, qui emploient les mêmes expressions à propos des légataires universels ou à titre universel.

4° L'art. 783, qui permet à l'héritier acceptant de faire rescinder son acceptation à la suite de la découverte d'un testament contenant de nouveaux legs, d'où il peut résulter pour lui une lésion.

5° L'art. 1017, qui ouvre au légataire une double action personnelle et hypothécaire contre les divers débiteurs de son legs.

CONTROVERSE DOCTRINALE. — Beaucoup d'auteurs se prononcent pour l'obligation indéfinie au paiement des legs, sauf l'effet du bénéfice d'inventaire (DEMOLOMBE, t. XIV, nos 522, 550, 551 ; AUBRY et RAU, t. VI, §§ 611 et 617, p. 381 et 442-444 ; LAURENT, t. XIV, n° 108). Ils prétendent que le mot « charges », dans les textes cités ci-dessus, comprend les legs en même temps que les dettes postérieures au décès. Il est bien certain que dans la langue des XVIIe et XVIIIe siècles le mot avait ce sens large et comprenait même les legs (Notes de LAURIÈRE sous le n° 313 des *Institutes coutumières*, de LOYSEL ; LEBRUN, *Successions*, liv. IV, chap. II, sect. 4, n° 3) ; mais il est non moins certain que le sens de ce mot est flottant et peut très bien s'entendre des charges autres que les dettes, à l'exclusion des legs, et c'est ce que prouve l'art. 1009 qui règle en deux alinéas séparés le paiement des dettes et charges d'une part, des legs d'autre part ; la même distinction se retrouve dans les art. 1012 et 1013. Il est donc acquis que, pour les rédacteurs du Code, le mot « charges » ne comprenait pas nécessairement les legs, de sorte qu'on ne peut tirer aucun argument probant des autres textes où ce mot figure.

Ces mêmes auteurs considèrent l'héritier comme tenu indéfiniment sur tous ses biens du paiement des legs parce que les art. 873, 1009, 1012 et 1017 le déclarent tenu « personnellement » et que le sens de ce mot est déterminé par l'art. 2092, qui rend l'obligation personnelle indéfinie. C'est commettre une véritable *pétition de principe*, puisqu'il s'agit de savoir dans quelle mesure existe cette obligation personnelle quant aux legs considérés comme charges de la succession. — Les auteurs du Code ont continué à employer le langage du XVIIIe siècle, d'après lequel les héritiers étaient personnellement tenus des charges y compris les legs, sans que pour cela leur obligation à cet égard fût illimitée (LEBRUN, *loc. cit.*).

Pour moi, j'estime qu'aucun des articles précités ne tranche expressément la question. Quand l'art. 724 dit que les héritiers sont saisis de plein droit « sous l'obligation d'acquitter *toutes les charges* », il entend par là les charges *de toute nature*, quelles qu'elles soient, et il ne dit pas du tout *dans quelle limite* ces charges existent pour l'héritier : « toutes les charges » n'est pas synonyme de « indéfiniment ». Il est sous-entendu que ces charges pèsent sur les héritiers dans la mesure où l'exigent les principes et les traditions (voyez ci-dessus nos 1939-1940). — Les art. 870 à 873, de même que les art. 1009 et 1012, ont été écrits pour régler la *contribution* aux dettes et aux charges, c'est-à-dire la part pour laquelle chacun des successeurs universels du défunt est tenu d'acquitter soit les dettes, soit les legs ; ils sont donc étrangers à notre question. — L'art. 783 s'explique aussi bien dans un système que dans l'autre. Voyez la note de M. Flurer citée plus bas. — L'art. 1017 seul détermine directement l'action personnelle accordée au légataire contre les débiteurs du legs. Mais en opposant dans ce texte l'action personnelle à l'action hypothécaire, les auteurs de la loi se sont préoccupés d'établir une antithèse entre ces deux actions, dont l'une est divisible tandis que l'autre ne l'est pas ; ils n'ont nullement songé à dire si les débiteurs du legs en étaient tenus *ultra vires*.

Du moment où la loi ne s'est nulle part expliquée d'une manière claire sur l'étendue de l'obligation des héritiers et autres successeurs universels envers les légataires particuliers, nous devons présumer qu'elle a voulu maintenir la règle traditionnelle : un texte spécial aurait été nécessaire pour introduire une innovation aussi considérable. Voyez un bon exposé de la controverse par M. Flurer (D. 91. 2. 313) qui conclut en faveur du maintien de la solution ancienne, c'est-à-dire l'obligation restreinte au montant de l'actif. Voyez aussi M. Wahl, S. 93. 2. 1.

Jurisprudence. — La jurisprudence tend à se fixer dans le sens de l'obligation restreinte, bien qu'il y ait encore peu d'arrêts sur la question et que la Cour de cassation ne se soit pas formellement prononcée. L'obligation *ultra vires* avait été admise par les Cours de Poitiers (16 mars 1864, D. 64. 2. 117, S. 65. 2. 63), de Caen (22 janvier 1866, *Recueil de Caen*, 1866, p. 41) et d'Angers (1er mai 1867, D. 67. 2. 85, S. 67. 2. 305). Mais plus récemment la Cour d'Orléans a consacré le système de l'obligation restreinte (14 mai 1891, D. 91. 2. 313, S. 93. 2. 1), et la Cour de Caen elle-même s'est déjugée (Caen, 31 janvier 1901, *Recueil de Caen*, 1901, p. 51, D. 1902. 2.). Quant à la Cour de cassation, elle a évité de trancher ce point, en se bornant à décider que le successible, qui a confondu ses biens personnels avec ceux de la succession, se rend non recevable à soutenir ensuite qu'il n'était tenu du paiement des legs particuliers que jusqu'à concurrence des forces de la succession (Cass., 29 mai 1894, D. 94. 1. 545). Voyez la note du Dalloz sous cet arrêt.

c. — *Action hypothécaire.*

2792. Origine historique. — Cette action avait été accordée aux légataires par Justinien (*Code*, liv. VI, tit. 43, loi 1). Elle avait été admise dans notre ancien droit; quelques auteurs seulement en contestaient l'existence, mais la pratique avait négligé leurs observations. Elle était réputée hypothèque légale, et par conséquent elle résultait de tout testament, même non notarié et purement olographe (Pothier, *Donations testamentaires*, nos 288 et 289).

*** 2793. Son existence actuelle.** — L'existence même de cette hypothèque légale sous l'empire du Code a été et est encore controversée. On ne peut la fonder que sur quelques mots de l'art. 1017, qui déclare les débiteurs du legs tenus « hypothécairement pour le tout ». Plus d'un auteur trouve que cette simple allusion à l'existence d'une hypothèque ne suffit pas pour la créer, d'autant plus que l'art. 2121, qui énumère les hypothèques légales, ne mentionne pas celle des légataires; le titre « Des donations et testaments » contient donc une référence inutile à une hypothèque qui n'a pas été établie par le titre « Des privilèges et hypothèques » (Aubry et Rau, t. VII, § 722, texte et note 24). — Ces raisons ne sont pas convaincantes. L'énumération de l'art. 2121 n'est ni complète ni limitative, et l'art. 1017 ne peut recevoir son application entière que si on suppose le maintien de l'hypothèque légale qui existait déjà dans l'ancien droit. La jurisprudence n'a jamais hésité à le reconnaître (Grenoble, 14 févr. 1817, S. chr. 5. 2. 239; Bordeaux, 5 mai 1887, D. 89. 2. 7, S. 90. 2. 124).

2794. Ses raisons pratiques. — Les légataires n'ont pas pu prendre leurs sûretés; ils ne sont pas comme les créanciers, qui ont pu débattre leurs intérêts avec le défunt. De plus, l'héritier est toujours tenté de se soustraire au paiement des legs et de commettre des fraudes et des détournements. C'est pour cela que la loi accorde une hypothèque aux légataires, alors qu'elle n'en donne point aux créanciers.

Sans doute les légataires ont, en outre, le droit de demander la séparation des patrimoines et de prendre une inscription en vertu de l'art. 2111, mais les deux sûretés n'ont pas les mêmes avantages.

La séparation des patrimoines est plus avantageuse que l'hypothèque légale de l'art. 1017, en ce qu'elle donne aux légataires un droit de préférence sur les meubles aussi bien que sur les immeubles. En outre même sur les immeubles, la séparation est avantageuse en ce que son inscription est *rétroactive*, quand elle est prise dans les six mois (art. 2111), tandis que l'inscription hypothécaire prise en vertu de l'art. 1017 ne prend jamais rang qu'à sa date. De son côté, l'hypothèque légale est préférable à la séparation des patrimoines en ce qu'elle est *indivisible* (ci-dessous n° 2796), tandis que la séparation ne l'est pas.

Elle devrait avoir en outre un second avantage, à savoir le droit de suite, la séparation étant un simple droit de préférence; mais on a déjà vu que la jurisprudence a effacé cette infériorité de la séparation, en faisant d'elle un véritable privilège muni du droit de suite (t. II, n° 3165).

2795. A qui appartient l'hypothèque. — Est-il besoin de dire que cette hypothèque légale n'appartient qu'aux légataires particuliers? Les légataires universels ou à titre universel n'en ont pas besoin : ils ne sont pas *créanciers* de leurs legs, et sont eux-mêmes *loco heredis*. D'ailleurs l'art. 1017 n'est écrit que pour les légataires particuliers.

***2796. Étendue de l'action.** — Une disposition expresse de la loi permet aux légataires de poursuivre pour le total chacun des héritiers ou autres débiteurs du legs, quand ils sont plusieurs : ils en sont tenus « hypothécairement pour le tout » (art. 1017).

Cette disposition est une fausse application du principe de l'indivisibilité de l'hypothèque. Bacquet et Renusson avaient déjà commis la même erreur avant le Code, sans appuyer leur sentiment d'aucune raison solide. Ricard avait rétabli la vérité : l'indivisibilité de l'hypothèque s'oppose à la division de l'action entre les héritiers, *quand l'hypothèque a existé du vivant même du défunt*; mais la part de chaque héritier n'a jamais été hypothéquée au total du legs : l'hypothèque a pris naissance en la personne des héritiers, elle est *née divisée* (*Donations*, 1re partie, ch. I, sect. 4). Comp. POTHIER, *Donations testamentaires*, n° 289 [1]. Il est donc tout à fait singulier de voir attribuer à un créancier une hypothèque plus étendue que sa créance n'a jamais été. Il y a là un surcroît de garantie pour les légataires, qui n'a peut-être pas été voulu par les auteurs du Code, et qui a pour effet de constituer les codébiteurs du legs *cautions réelles* les uns des autres en vertu de la loi, pour tout ce qui excède la part que chacun d'eux doit supporter dans le legs. C'est sans doute le seul cas où l'on trouve des cautions réelles *légales*.

Si par l'effet de l'hypothèque, l'un des débiteurs du legs a été forcé de le payer en totalité, il a son recours contre ses codébiteurs pour tout ce qui excède sa part.

***2797. Préférence des créanciers sur les légataires.** — L'hypothèque légale n'a d'ailleurs d'intérêt pour les légataires que pour les protéger *contre les créanciers personnels de l'héritier*, au cas où celui-ci serait insolvable. Elle ne leur donne *aucun droit de préférence contre les créanciers de la succession*; c'est au contraire ceux-ci qui seront payés avant eux. C'est en effet une vieille règle du droit que cette priorité des créanciers sur les légataires : les legs ne sont payés qu'après l'acquittement des dettes et sur l'actif net de la succession. Tel est le sens de l'adage « Nemo liberalis nisi liberatus ».

[1] La loi 1 au Code, *Communia de legatis*, le disait expressément : « In tantum hypothecaria unumquemque volumus conveniri, in quantum personalis actio adversus ipsum competit. » Toutefois, il résultait probablement des principes romains sur le caractère translatif du partage que cette proposition cessait d'être vraie après le partage : chaque lot se trouvait grevé de l'hypothèque pour le tout, par l'effet de l'échange des parts indivises. Cette conséquence n'aurait pas dû être admise par le droit français qui considère le partage comme purement déclaratif.

Toutefois il se pourrait qu'un légataire fût payé, grâce à son hypothèque, alors qu'un créancier ne le serait pas. Il suffit de supposer qu'un immeuble de la succession a été aliéné : si le créancier n'a pas d'hypothèque et si le débiteur est insolvable, le créancier ne pourra pas obtenir son paiement, tandis que le légataire pourra user de son droit de suite contre le tiers acquéreur.

B. — Obligations du légataire particulier.

***2798. Comment il peut être tenu des dettes.** — En sa qualité de successeur particulier, le légataire n'est pas obligé personnellement envers les créanciers du défunt (art. 1024).

Par exception il sera obligé de payer un créancier :

1° *Si le testateur a mis ce paiement à sa charge,* expressément ou tacitement ;

2° *Si le legs a pour objet un immeuble hypothéqué* : le droit de suite du créancier atteindra le légataire comme tout autre détenteur de l'immeuble (art. 1024). Mais le légataire, obligé de payer pour un autre, aura son recours tel que de droit et sera subrogé aux droits du créancier payé par lui.

De plus, quand le testateur a fait des legs qui dépassent son actif net, les legs subissent une réduction proportionnelle, par application de la maxime « Nemo liberalis nisi liberatus », et les légataires supportent ainsi indirectement la charge du passif. C'est à l'éventualité de cette réduction que l'art. 1024 fait allusion, mais le renvoi qu'il fait aux articles précédents est sans objet, aucun autre texte que lui n'en ayant parlé.

***2799. Comment il peut être tenu des legs.** — De même que les dettes, les legs sont à la charge des successeurs universels ; les légataires particuliers n'en sont donc point tenus. Néanmoins une clause expresse du testament peut mettre un legs à la charge d'un légataire particulier. Par exemple en léguant une propriété importante à quelqu'un, le testateur peut charger ce légataire de servir une rente viagère à une autre personne. C'est l'équivalent d'une stipulation pour autrui insérée dans une donation ; et ce procédé est fréquemment employé.

C. — Comment doivent être délivrées les choses léguées.

2800. Règles diverses. — La loi a établi à cet égard différentes règles, sur lesquelles nous passerons très rapidement à cause de leur peu d'intérêt.

1° *Les accessoires nécessaires de la chose léguée doivent être livrés en même temps qu'elle* (art. 1018). Simple en elle-même, cette disposition soulève de nombreuses difficultés de fait.

2° *La chose doit être remise dans l'état où elle se trouve au jour du décès du testateur* (art. 1018). Cela veut dire que le légataire profite des améliorations et souffre des détériorations survenues *avant le décès.* Mais il faut se garder de croire que la loi veuille mettre par là les risques de la chose léguée à la charge de l'héritier ou du légataire universel, et l'obliger à réparer ce dont elle se trouverait diminuée sans son fait depuis le décès : le légataire en est propriétaire et elle est à ses risques.

3° *Les acquisitions nouvelles, même contiguës au terrain légué, ne sont pas censées comprises dans le legs sans une nouvelle disposition* (art. 1019). Il importe donc de distinguer les acquisitions nouvelles des simples *améliorations* faites au fonds légué, par exemple au moyen d'embellissements ou de constructions. — Toutefois, les terrains nouvellement acquis seraient réputés faire partie du legs, s'il s'agissait d'*un enclos dont le testateur a lui-même augmenté l'enceinte*.

4° *Si la chose léguée a été hypothéquée, avant le testament ou depuis, ou si elle est grevée d'usufruit, le légataire n'a pas le droit d'en obtenir la libération* (art. 1020). Seule une disposition expresse du testateur pourrait charger le débiteur du legs de dégager ou de dégrever la chose.

2801. Observations supplémentaires. — A ces règles, qui sont formulées par le Code, il faut en ajouter deux autres :

1° Si la chose a péri avant le décès du testateur, le légataire n'a point droit à l'indemnité qui peut être due soit par une compagnie d'assurance, soit par l'auteur responsable de l'accident. Si la somme a été payée, elle s'est confondue avec les autres biens du testateur ; si elle est encore due, elle forme un objet distinct de la chose léguée, une créance qui n'est pas comprise dans le legs.

2° A l'inverse, si la chose léguée a été améliorée, par exemple si c'est un terrain sur lequel le testateur a élevé des constructions, le légataire n'est point obligé d'en payer le prix, alors même qu'il serait encore dû : c'est une dette qui grève les successeurs universels du défunt.

D. — Des choses qui peuvent être léguées.

2802. Généralités. — Tout ce qui est dans le commerce peut faire l'objet d'un legs. On n'exige même pas que la chose léguée soit déterminée individuellement. Pour les legs de *choses indéterminées*, voyez l'art. 1022, aux termes duquel l'héritier ne peut pas offrir une chose du genre indiqué par le testateur en la choisissant de la plus mauvaise qualité ; il ne peut pas non plus être obligé de l'offrir de la meilleure.

Il n'y a de difficultés sérieuses que pour le legs de la *chose d'autrui* et pour le legs d'une *chose indivise*.

1° Legs de la chose d'autrui.

* **2803. Ancienne solution.** — Selon le droit romain, le legs de la chose d'autrui était *valable*, quand le testateur avait su que ce qu'il léguait ne lui appartenait pas ; le legs était *nul* quand il l'avait ignoré. On présumait qu'il ne l'aurait pas léguée, s'il avait connu la vérité, parce qu'il n'aurait pas voulu imposer cette charge à son héritier. Cette distinction paraît assez conforme à la volonté probable du testateur. Aussi avait-elle été conservée dans notre ancien droit.

** **2804. Solution actuelle.** — Des difficultés incessantes s'élevaient sur le point de savoir si le testateur avait connu ou ignoré son défaut de droit sur la chose léguée. On a voulu y mettre un terme en étudiant la nullité du legs en toute hypothèse, « soit que le testateur ait connu ou non qu'elle [la chose léguée] ne lui appartenait pas » (art. 1021). Désormais le legs sera toujours nul même quand il ne resterait aucun doute sur l'état d'esprit du testateur, par exemple s'il avait dit « Je lègue à Z... le fonds de mon voisin Pierre ».

2805. Applications. — Pour que le legs soit nul il faut :

1° *Que le testateur n'ait eu absolument aucun droit sur la chose léguée.* S'il avait sur elle un droit quelconque, même *éventuel*, cela suffirait à valider le legs (Cass., 24 mars 1869, D. 69. 1. 351, S. 69. 1. 148. — Comp. Cass , 6 juin 1883, D. 84. 1. 33, S. 84. 1. 129).

2° *Que le legs ait pour objet une chose déterminée.* S'il a légué une certaine quantité de choses déterminées *in genere*, comme des barriques de vin ou des matériaux ou objets de consommation, le legs est valable alors même qu'il n'y aurait dans la succession aucun objet du genre désigné. Les genres n'appartiennent à personne et il n'y a pas là legs de la chose d'autrui.

3° *Que le legs ait eu pour but unique le transfert de la propriété.* Ainsi les auteurs reconnaissent en général que le testateur peut obliger son héritier à procurer au légataire la propriété d'une chose déterminée appartenant à un tiers. Il y a là non pas le legs d'une chose, mais une obligation de faire imposée à l'héritier et qui est licite. Seulement, si on admet que le défunt a pu ainsi charger son héritier d'acheter le bien d'autrui pour le compte du légataire, on arrive presque à éluder la loi, car le legs devient valable toutes les fois qu'il peut être interprété de la sorte.

Il y a eu effet une opinion, qui est loin d'être insoutenable, d'après laquelle l'art. 1021 ne déclare nul le legs de la chose d'autrui qu'autant qu'il peut y avoir des doutes sur l'intention du testateur et qu'il lui est permis de léguer la chose d'autrui sous la seule condition de le déclarer expressément. Cette opinion a pour elle la courte discussion qui s'engagea au Conseil d'État sur l'art. 1021 : on y voit que les rédacteurs du Code ont simplement voulu couper court aux « subtilités » de l'ancien droit en obligeant le testateur « à s'expliquer clairement » (Fenet, t. XII, p. 398).

2806. Legs de la chose de l'héritier. — Pour l'application de l'art. 1021, on doit considérer comme chose d'autrui *la chose de l'héritier*. Cette solution est contraire à la règle qu'on suivait en droit romain. Mais s'il n'est pas permis au testateur de léguer directement ce qui appartient à son héritier, il peut du moins imposer à celui-ci l'obligation de donner un bien lui appartenant à une personne désignée par le testament (Orléans, 31 mars 1849, D. 49. 2. 125). C'est à l'héritier, s'il trouve la condition trop onéreuse, de renoncer à la succession.

2° Legs d'une chose indivise.

2807. Chose isolée. — Si le testateur a légué *ses droits dans une chose indivise* entre lui et d'autres personnes, alors que l'indivision n'avait pas d'autre objet que cette chose, le légataire est mis en son lieu et place : c'est lui désormais qui se trouve dans l'indivision avec les consorts du testateur ; c'est avec lui que devra avoir lieu le partage. Cette hypothèse ne souffre aucune difficulté.

2808. Chose comprise dans une masse indivise. — Si la chose léguée faisait partie d'une masse de biens telle qu'une communauté ou une succession non encore partagée, il y a lieu de distinguer. Un cas particulier a été prévu par la loi : c'est celui où il s'agit d'une communauté dissoute et où le legs est fait par le mari. Alors l'art. 1423 veut que le legs s'exécute à tout événement, en nature ou en argent (ci-dessus n° 1035). M. Demolombe (t. XXI, n° 695), reprenant une opinion déjà professée par Delvincourt et Duranton, considère cet article comme exprimant le droit commun et l'applique à toutes les hypothèses analogues. Mais l'avis général est au contraire que l'art. 1423 est une disposition exceptionnelle et doit être restreint au cas prévu.

Il faut alors déterminer quel effet peut produire le legs dans toutes les autres hypothèses. La solution qui semble prévaloir fait dépendre le sort du legs du résultat du partage. Si la chose léguée est mise au lot du testateur, le legs sera valable ; il sera nul, si elle est mise au lot d'un autre indivisaire parce qu'il a légué la chose d'autrui (Paris, 6 mai 1861, D. 62. 2. 161, S. 61. 2. 321 ; Caen, 13 mai 1880, D. 84. 1. 33). La Cour de cassation, saisie du pourvoi contre l'arrêt de la Cour de Caen, s'est bornée à décider qu'on ne pouvait considérer comme nul, à titre de legs de la chose d'autrui, le legs d'une chose sur laquelle le testateur avait un droit indivis (Cass., 6 juin 1883, D. 84. 1. 33, S. 84. 1. 129).

Toutefois ce système, qui consiste à résoudre la question par l'application de l'art. 883 et du principe de l'effet déclaratif du partage, a été combattu par MM. Aubry et Rau (t. VII, §§ 675 et 676, p. 154). D'après eux l'art. 883 doit être borné aux relations des copartageants entre eux et ne peut régir leurs rapports avec les tiers. Dans ce système, le legs portant sur une chose indivise serait toujours valable, quelle que soit l'issue du partage, mais il ne vaudrait jamais que pour la quote-part que le testateur avait dans la chose indivise au jour où il testait. Comp. Caen, 4 juin 1825, Dalloz, *Répert.*, v° Dispositions entre vifs, n° 3772 ; Lyon, 4 juill. 1873, D. 74. 5. 526.

§ 6. — *Difficultés relatives aux dispositions en usufruit.*

***2809. Exposé théorique.** — De graves difficultés s'élèvent dans la pratique relativement aux legs en usufruit; les legs de cette sorte sont fréquents, et fréquemment aussi ils portent sur l'universalité des biens ou sur une quotepart de l'universalité. On se demande alors si on doit les considérer comme des legs universels ou à titre universel.

A mon sens, la répartition des legs en trois classes est faite par la loi d'*après l'étendue du legs,* c'est-à-dire d'après la quantité de choses sur lesquelles il porte, et *non d'après la nature du droit conféré au légataire.* Il en résulte que les legs devraient être classés sans distinguer s'ils sont faits en pleine propriété, en nue propriété, ou en usufruit. Tout le monde l'admet pour les legs en nue propriété (Cass., 3 déc. 1872, D. 73. 1. 233, S. 73. 1. 73). Quant aux legs en usufruit, la question semble résolue par la loi elle-même dans les art. 610 et 612, dont le vote est postérieur à celui des art. 1003 à 1013, qui avaient subdivisé en deux classes les legs universels [1]. Or, les art. 610 et 612, qui parlent en termes distincts et très exacts du legs universel et du legs à titre universel, appliquent formellement ces dénominations aux legs d'usufruit. Le même langage se remarque dans l'art. 942 C. proc. civ. Cela est d'autant plus probant que c'est la tradition certaine de notre droit [2]. Malheureusement, sur ce point comme sur bien d'autres, notre jurisprudence s'est établie sans tenir compte des origines historiques.

***2810. Doctrine.** — En grande majorité, les auteurs pensent qu'*un legs en usufruit ne peut jamais être qu'un legs particulier.* Ils admettent d'abord que l'usufruit de la *totalité* des biens ne peut jamais être un legs universel, parce qu'il manquera toujours quelque chose au légataire, à savoir le droit de propriété; si le legs de la nue propriété de tous les biens est un legs universel, c'est que le légataire a la certitude d'obtenir un jour l'usufruit [3].

Quant au legs de l'usufruit d'une *quotité* des biens, ils décident qu'il ne peut jamais être un legs à titre universel par la raison très simple qu'il ne figure pas dans l'énumération limitative de l'art. 1010, et ils expliquent les art. 610 et 612 en disant que c'est une simple application de la maxime « Bona non sunt nisi deducto ære alieno » [4]. Voyez DEMOLOMBE, t. XXI, n° 586 et les auteurs qu'il cite.

[1] Le titre « Des donations et testaments » a été voté en mai 1803; le titre « De l'usufruit » en janvier 1804.

[2] Voyez ce que dit Pothier de la douairière, dont il considère l'usufruit comme un titre universel qui l'oblige au paiement des dettes (*Coutume d'Orléans*, introd. au titre XII, n°s 46 et 47; *Traité du douaire,* n° 54). Comparez ce qu'il dit du don mutuel (*Donations entre mari et femme*, n°s 222 et suiv.).

[3] Ce raisonnement tombe à côté de la question : il ne s'agit pas de savoir si le légataire a *le droit* de propriété *entier*, mais si son droit, quel qu'il soit, est de nature à porter sur l'*universalité des choses* qui composeront le patrimoine du testateur au jour de son décès.

[4] Raisonnement sans valeur encore, car si l'énumération de l'art. 1010 est limitative,

***2811. Jurisprudence.** — La Cour de cassation a adopté un système mixte qui ne satisfait personne. Elle admet bien que les legs d'usufruit peuvent être autre chose que des dispositions à titre particulier, mais elle décide en même temps que l'usufruit de l'universalité des biens ne peut constituer un legs universel proprement dit, mais seulement un legs à titre universel. La jurisprudence de la Chambre civile est constante en ce sens depuis 1827 (7 août 1827, D. 27. 1. 461, S. 27. 1. 441 ; 19 juin 1895, D. 95. 1. 470, S. 95. 1. 336)[1].

Néanmoins un certain nombre de Cours d'appel jugent, conformément à l'opinion qui prévaut en doctrine que les legs d'usufruit sont tous des legs particuliers, quelle qu'en soit l'étendue (Amiens, 15 nov. 1892, D. 93. 2. 314. — Liste d'arrêts antérieurs dans D. 95. 1. 471, notes, col. 1).

Parmi les conséquences pratiques qu'amène le système de la jurisprudence, signalons celle-ci : le légataire d'un usufruit universel ou à titre universel a droit aux fruits et revenus à compter du jour du décès s'il forme sa demande dans l'année, contrairement à ce que décident presque tous les auteurs qui ne lui donnent les fruits qu'à compter de sa demande, comme à un légataire particulier.

§ 7. — *Des exécuteurs testamentaires.*

A. — Généralités.

***2812. Définition.** — On appelle « exécuteur testamentaire » *un mandataire choisi par le défunt pour assurer l'exécution de son testament.*

2813. Utilité. — Régulièrement ce sont les héritiers ou légataires universels qui sont chargés d'exécuter les dernières volontés du défunt, par exemple pour la construction de son tombeau, ou pour les legs pieux qu'il a pu faire, soit pour être distribués aux pauvres, soit pour faire dire des messes à son intention. Mais le testateur peut craindre que les héritiers n'y mettent quelque négligence ou même de la mauvaise volonté ; il en charge alors une autre personne, sur laquelle il compte pour une exécution plus exacte ou plus sûre.

Cette pratique s'est développée dans notre ancien droit ; elle était inconnue du droit romain. Sur la façon dont l'exécution testamentaire s'est peu à peu constituée, voyez la thèse de M. Auffroy, *L'évolution du testament en France*, Paris, 1899, pp. 412 et suiv., 502 et suiv., 569 et suiv.; Ch. Mantel, *Des exécuteurs testamentaires*, thèse, Paris, 1901.

c'est seulement en tant qu'elle détermine la liste des *quotités* ou *fractions* qui pourront être considérées comme des universalités, mais le texte ne précise nullement la nature du droit conféré au légataire. Il est sous-entendu que c'est la propriété, mais le démembrement de ce droit en nue propriété et en usufruit doit donner deux legs universels ou à titre universel comme le serait un legs unique du droit total ; les parties ont nécessairement la même nature que l'ensemble.

[1] La première décision a été rendue en 1827 pour refuser la saisine au légataire universel d'usufruit. On pouvait y arriver sans faire descendre son legs dans la classe inférieure des legs à titre universel ; il suffisait pour cela de remarquer que le système primitif des auteurs du Code avait été de refuser toujours la saisine aux légataires universels, et qu'ils ne s'étaient résignés à la lui accorder que dans le cas où il serait seul appelé à la succession à l'exclusion de tout héritier du sang (ci-dessus, n° 2754). Or le legs d'usufruit laisse toujours la nue propriété dans l'hérédité ; donc le légataire n'étant pas seul appelé, ne doit pas être saisi. Sur les autres intérêts que présente la controverse, voyez Dalloz, *Suppl.*, v° Dispositions entre vifs, n° 963.

***2814. Caractères spéciaux.** — Ce mandat posthume diffère sur plusieurs points du mandat ordinaire qui se donne entre vifs :

1° *La mort du mandant n'y met pas fin* : c'est elle au contraire qui lui donne ouverture.

2° *Il ne peut être conféré que par testament.* Ceci résulte des traditions et de l'ensemble des textes actuels, qui supposent toujours que le mandant est un « testateur ».

3° *Il ne peut être accepté par un incapable.* Voyez le n° suivant.

Mais il ressemble au mandat ordinaire en ce qu'il cesse par la mort du mandataire : les fonctions d'exécuteur testamentaire sont *intransmissibles* (art. 1032).

2815. Qui peut être exécuteur testamentaire. — Pour être exécuteur testamentaire, il faut être *capable de s'obliger* (art. 1028). Ceci déroge au droit commun, car le mandat ordinaire peut être donné à des femmes et à des mineurs émancipés (art. 1990). Le motif de cette décision exceptionnelle est tout simplement que l'exécution testamentaire impose des obligations assez rigoureuses à celui qui l'accepte. Les passages de Pothier, auxquels les articles actuels ont été empruntés, ne laissent aucun doute à cet égard (*Donations testamentaires*, nos 207 à 210).

Comme conséquence de l'art. 1028, l'art. 1030 décide que le mineur, fût-il émancipé, ne peut être exécuteur testamentaire, même avec l'autorisation de son tuteur ou curateur. Mais l'art. 1029 permet aux femmes mariées d'accepter l'exécution testamentaire avec l'autorisation de leurs maris, sans faire de distinction entre les femmes séparées de biens et les autres.

L'art. 311 nouveau, modifié par la loi du 8 juin 1893, qui a rendu à la femme séparée de corps la pleine capacité civile, lui permet indirectement d'accepter cette fonction sans l'autorisation de personne.

B. — Saisine de l'exécuteur testamentaire.

2816. Ancien droit. — Pour l'accomplissement de son mandat, les coutumes accordaient la saisine à l'exécuteur testamentaire. Dans la plupart des coutumes cette saisine ne portait que sur le mobilier (Paris, art. 297) ; quelques-unes (Orléans, art. 290) le saisissaient même des héritages de la succession. Partout cette saisine était temporaire et durait seulement l'an et jour (POTHIER, *Donations testamentaires*, nos 212 et 213).

***2817. Système du Code.** — D'après le Code civil, la saisine n'a jamais lieu de plein droit : l'art. 1026 autorise seulement le testateur à la conférer à son exécuteur testamentaire.

Pour le reste, le Code conserve les solutions du droit commun coutumier : la saisine ne peut se prolonger au delà de l'an et jour à compter du décès, et elle ne peut porter que sur les meubles. L'opinion de Delvincourt (édit. de 1824, t. II, p. 273 des notes), qui autorisait le testateur à donner à ses exécuteurs la saisine même pour les immeubles, est aujourd'hui abandonnée. — Même sur le mobilier, le testateur peut n'accorder la saisine que pour partie (art. 1026).

2818. Concession tacite de la saisine. — Bien que l'art. 1026 n'exige pas une clause spéciale et formelle contenant la concession de la saisine, il semble bien que cette clause est nécessaire, car le texte ajoute dans l'al. 2 : « S'il [le testateur] ne la leur a pas donnée, ils [les exécuteurs testamentaires] ne pourront l'exiger. » Cependant il est admis en pratique que la saisine peut être conférée tacitement à l'exécuteur : par exemple quand le testateur l'a chargé de délivrer certains meubles aux légataires qui doivent les recevoir (Pau, 13 janv. 1890, D. 91. 2. 151).

2819. Cas où le testateur laisse des héritiers à réserve. — On s'est demandé si le testateur pouvait alors conférer la saisine à ses exécuteurs. L'affirmative est généralement adoptée (Demolombe, t. XXII, n° 51 ; Laurent, t. XIV, n° 340. — Voyez cependant Aubry et Rau, t. VII, § 679, p. 165, et § 711, note 28). C'était déjà la solution admise dans l'ancien droit, et si les héritiers réservataires se jugent lésés, ils peuvent user du moyen que leur offre l'art. 1027 pour faire cesser la saisine des exécuteurs.

*** 2820. Effet de la saisine.** — La saisine des exécuteurs testamentaires est compatible avec celle que la loi accorde aux héritiers ou légataires universels. Nos anciens auteurs disaient que cette saisine n'était pas une vraie possession, et que l'exécuteur était simplement constitué séquestre pour posséder au nom de l'héritier, seul possesseur véritable de tous les biens de la succession (Pothier, *Donations testamentaires,* n° 212)[1].

La saisine ne donne donc qu'une *possession de fait,* à titre de mandataire ou de séquestre. Elle permet à l'exécuteur de *prendre possession des meubles* et l'autorise à *refuser de s'en dessaisir au profit des héritiers,* quand le testateur a ordonné leur remise à autrui ou leur destruction, par exemple pour ses papiers intimes (Cass., 11 juin 1890, D. 90. 1. 324, S. 90. 1. 472).

Elle ne peut d'ailleurs porter que sur les meubles ayant appartenu au défunt, et ne s'étend pas aux fruits et revenus produits après le décès par les immeubles de la succession.

***2821. Durée de la saisine.** — La saisine de l'exécuteur ne peut durer plus d'*un an et un jour* ; il ne dépend pas du testateur d'en prolonger la durée (Pau, 7 déc. 1861, D. 63. 5. 164, S. 62. 2. 257). — Ce délai a pour point de départ *le jour du décès* (art. 1026). Toutefois on admet, conformément à la tradition, qu'une circonstance exceptionnelle telle que la découverte tardive du testament, qui aurait empêché l'exécuteur de remplir sa mission aurait pour effet de retarder le cours du délai.

La saisine prend fin avant l'an et jour, qui est son terme légal, dans deux cas :

1° Si le testateur l'a bornée à un temps plus court.

2° Si les héritiers remettent[2] à l'exécuteur une somme suffisante pour le paiement des legs mobiliers ou s'ils justifient de ce paiement (art. 1027).

Elle cesse encore tout naturellement par l'*achèvement du mandat* ou par *la mort de l'exécuteur,* ses fonctions ne passant pas à ses héritiers (art. 1032).

[1] Comp. Dumoulin : « Hæc consuetudo non facit quin heres sit saisitus ut dominus, sed operatur quod executor potest manum ponere et apprehendere... et etiam executor non est verus possessor, nisi procurator tantum » (sur l'art. 59 cout. de Paris).

[2] Le texte porte : « offrent de remettre » ; il est évident qu'une simple offre verbale ne suffirait pas pour enlever la saisine à l'exécuteur testamentaire : il faut une *offre réelle,* mais il ne dépend pas de l'exécuteur de s'y refuser ; il est obligé d'accepter l'offre qui lui est faite.

C. — Fonctions des exécuteurs testamentaires.

1° Exécuteurs munis de la saisine.

2822. Apposition des scellés. — Cette formalité n'est requise par la loi qu'autant qu'il y a des héritiers mineurs, interdits ou absents (art. 1031). De droit commun l'apposition des scellés n'est pas nécessaire quand l'héritier mineur est pourvu d'un tuteur (art. 911 C. proc. civ). Ici le texte l'impose sans distinction.

2823. Inventaire. — L'inventaire est exigé dans tous les cas par l'art. 1031, quels que soient l'âge et la qualité des héritiers. L'inventaire doit être fait en présence de l'héritier présomptif ou lui dûment appelé (*ibid.*).

***2824. Vente des meubles.** — Si le numéraire existant dans la succession ne suffit pas pour acquitter les legs de sommes d'argent, l'exécuteur doit « provoquer » la vente du mobilier (art. 1031). Il ne lui est donc pas permis de vendre à l'amiable. On admet d'ailleurs que s'il suffit de vendre une partie du mobilier, l'héritier a le droit de désigner les meubles qui devront être vendus, afin de conserver ceux qu'il préfère.

***2825. Vente des immeubles.** — Il n'en est pas question dans l'art. 1031, qui ne parle que de la vente du mobilier, et comme toute la matière de l'exécution testamentaire est exceptionnelle, on devrait en conclure que le testateur ne peut conférer à son exécuteur le pouvoir de vendre ses immeubles : le droit de vendre n'appartient qu'au propriétaire, et à partir du décès, ce n'est plus le défunt, c'est l'héritier qui a la propriété. Cela est décisif. Cependant la jurisprudence admet cette extension des pouvoirs de l'exécuteur testamentaire (Cass., 8 août 1848, D. 48. 1. 188. S. 49. 1. 66; Cass., 17 avril 1855, D. 55. 1. 201, S. 56. 1. 253; Metz, 13 mai 1869, D. 69. 2. 192, S. 70. 2. 20). Cette solution est d'autant plus extraordinaire qu'elle est contraire à la jurisprudence ancienne (Ferrière, *Compilation*, sur l'art. 297, t. III, p. 340). Elle est néanmoins suivie par la grande majorité de la doctrine (Demolombe, t. XXII, nos 91 et suiv.; Aubry et Rau, t. VII, § 711, p. 450).

***2826. Paiement des legs mobiliers.** — C'est la mission principale de l'exécuteur testamentaire; c'est lui qui doit délivrer aux légataires les objets ou sommes qui leur ont été légués. Il semble donc que la demande en délivrance de ces legs doive être dirigée contre lui. Quelques auteurs prétendent cependant qu'une telle action serait irrégulièrement intentée et qu'elle doit être formée contre l'héritier à raison de la saisine légale qui lui reste : mais on ne voit pas ce que serait une demande en délivrance dirigée contre quelqu'un qui n'a pas qualité pour délivrer le legs.

N'ayant pas la saisine des immeubles, l'exécuteur testamentaire n'a pas à s'occuper de la délivrance des legs immobiliers.

2827. Exécution des autres clauses du testament. — L'art. 1031 charge l'exécuteur testamentaire, d'une manière générale, de « veiller à ce que le testament soit exécuté », ce qui implique le pouvoir d'exercer au besoin une *action en justice* pour contraindre celui qui est tenu par le testament à faire quelque chose. Cette disposition est très large. Elle reçoit son application notamment quand le défunt a exprimé sa volonté sur le lieu et le mode de sa sépulture, sur la construction d'un monument, etc. ; ou encore quand il a donné l'ordre de détruire des papiers ou des objets lui appartenant (Cass., 11 juin 1890, D. 90. 1. 324, S. 90. 1. 472). — Cette mission suffit pour justifier la nomination d'un exécuteur testamentaire, d'où l'on conclut qu'il n'est pas nécessaire que le testament qui le nomme contienne des legs.

2828. Pouvoirs additionnels. — Aux pouvoirs indiqués dans la loi, le testateur peut en ajouter d'autres. On a déjà vu qu'il peut conférer à ses exécuteurs le pouvoir de vendre ses immeubles (ci-dessus n° 2825). La jurisprudence ne met aucune limite aux pouvoirs spéciaux que le testateur peut juger utiles pour l'exécution de ses volontés. Il peut, par exemple, leur permettre de donner mainlevée de toutes inscriptions hypothécaires, même avant paiement et sans l'intervention des héritiers ou légataires universels (Trib. civ. de Lille, 19 mai 1892, D. 93. 2. 311).

***2829. Actions relatives à la validité du testament.** — En cas de contestation sur le testament, l'exécuteur peut intervenir pour en soutenir la validité (art. 1031). Sur ce droit d'intervention, voyez Cass., 15 avril 1867, D. 67. 1. 294, S. 67. 1. 207. Il se prolonge même après que son mandat est fini et le testament exécuté (Paris, 16 mars 1899, D. 1900. 2. 132).

Malgré la formule absolue de la loi, il a été jugé que l'exécuteur testamentaire n'avait pas qualité pour plaider sur la nullité d'une condition mise à un legs universel (Lyon, 15 mars 1854, Dalloz, *Suppl.*, t. V, p. 71, note 2, S. 55. 2. 424).

2° Exécuteurs dépourvus de la saisine.

***2830. Réduction de leur mission.** — En principe l'exécuteur testamentaire a toujours la même fonction à remplir. Toutefois quand la saisine ne lui est pas conférée, il ne peut être chargé de l'exécution des legs, non plus que de la vente des biens. Sa mission se borne alors à deux choses : 1° *la surveillance de l'exécution du testament* ; 2° *la défense en justice de sa validité,* si elle est contestée.

Toutefois on reconnaît que l'apposition des scellés, quand il y a lieu, et l'obligation de faire inventaire s'imposent à l'exécuteur testamentaire, qu'il ait ou non la saisine.

Quand la saisine lui manque, l'exécuteur testamentaire ne rend donc que des services amoindris : d'exécuteur qu'il doit être d'après son titre, il est réduit au rôle de surveillant, et cela fait regretter que le Code n'ait pas conservé l'ancien système qui considérait la saisine spéciale dont il était investi comme inhérente à ses fonctions.

3° Pluralité d'exécuteurs testamentaires.

2831. Distinction à faire. — Le testateur peut nommer plusieurs exécuteurs testamentaires (art. 1025). S'il a *divisé leurs fonctions*, chacun d'eux doit se renfermer dans celles qui lui sont attribuées (art. 1033). Chacun n'est responsable que de lui-même.

Si cette division n'a pas été faite, chacun d'eux peut agir seul ; il n'a point besoin du consentement ou de l'assistance des autres ; mais il y a *solidarité* entre eux (même art.). C'est un cas de solidarité légale établi pour mieux garantir les héritiers. Cette solidarité n'existe d'ailleurs que pour le *compte du mobilier* qui leur a été *confié*. Il résulte de cette formule que la solidarité n'a plus d'objet quand les exécuteurs testamentaires n'ont pas la saisine.

D. — Compte de l'exécuteur testamentaire.

2832. Restitution du mobilier et responsabilité de l'exécuteur. — A la fin de sa mission, l'exécuteur testamentaire doit rendre ses comptes (art. 1031 *in fine*). A ce moment la saisine cesse, si l'exécuteur en était investi ; le mobilier restant doit être restitué aux héritiers ou légataires universels. Si l'exécuteur a commis quelque faute pendant sa gestion, soit dans la garde des meubles qui lui étaient confiés, soit dans l'exécution des legs dont il était chargé, il en est responsable envers qui de droit, et pour apprécier l'étendue de sa responsabilité on lui applique les art. 1991 et 1992 relatifs au mandataire.

2833. Dispense de rendre compte. — Le testateur peut-il dispenser son exécuteur de l'obligation de rendre compte ? Non, très certainement quand il y a des héritiers à réserve ; mais au cas où il n'y a point de réservataires, la jurisprudence considère cette dispense comme valable (Nîmes, 23 mai 1865, Dalloz, *Suppl.*, t. V, p. 262, note 1, S. 65. 2. 285). Elle se fonde sur ce que le testateur serait libre d'allouer à son exécuteur le reliquat du mobilier à titre de rémunération. L'héritier est donc réduit à réclamer le reliquat avoué par l'exécuteur. Cette jurisprudence est combattue par quelques auteurs, parce qu'elle peut couvrir des actes de mauvaise foi, en permettant à l'exécuteur de s'approprier des valeurs qui ne lui ont point été léguées. Mais ne peut-on pas répondre qu'en accordant cette dispense, le testateur envisage nécessairement la possibilité d'un profit pour celui qu'il a choisi comme exécuteur de son testament ?

***2834. Gratuité de la fonction.** — En principe la mission d'exécuteur testamentaire est gratuite ; il ne lui est pas permis de réclamer un salaire. C'est du reste une fonction qui ne s'impose pas et qu'on est toujours libre de refuser. Il est même possible d'y renoncer après l'avoir acceptée, pourvu qu'on ne le fasse pas à contre-temps et de mauvaise foi (arg. art. 2007).

Il est d'usage cependant que le testateur fasse un legs particulier à l'exécuteur testamentaire, pour le récompenser de sa peine et de ses soins. Sauf interprétation de volonté contraire de la part du testateur, ce legs ne peut être réclamé par l'exécuteur qu'autant qu'il a accepté et rempli entièrement sa mission.

2835. Frais de l'exécution testamentaire. — Tous les frais que l'exécuteur a pu être obligé de faire (apposition de scellés, inventaire, ventes, comptes, etc.) sont à la charge de la succession (art. 1034). Par conséquent s'il en a fait l'avance, le remboursement lui en est dû.

§ 8. — *De la révocation et de la caducité des testaments.*

2836. Observation préliminaire. — Il ne faut pas confondre les cas de *révocation* ou de *caducité* avec les causes de *nullité*. Quand il y a nullité, le testament est privé de valeur *dès le jour où il est fait,* et à quelque époque que survienne la mort du testateur, il n'en produira aucun. La révocation et la caducité supposent au contraire un testament valable à l'origine et susceptible de produire tous ses effets, et qui tombe *par l'effet d'une cause postérieure.* Si cette cause vient de la volonté du testateur, il y a révocation : si c'est une cause étrangère, telle que le prédécès du légataire, il y a caducité.

A. — Révocation volontaire par le testateur.

** **2837. Définition.** — La révocation est *la suppression d'un legs valablement fait, par un retour de volonté du testateur.*

Cette révocation est toujours possible ; le testament est un acte *essentiellement révocable,* et le testateur ne peut pas se priver lui-même de la liberté que la loi lui laisse dans ce but. Les *clauses dérogatoires,* qu'on employait jadis pour rendre un testament irrévocable (POTHIER, *Donations testamentaires,* n° 304 ; DOMAT, *Loix civiles,* liv. III, tit. 1, sect. 5), ont été supprimées par l'ordonnance de 1735, art. 76, et la révocabilité perpétuelle du testament est aujourd'hui consacrée par l'art. 895.

1° Formes de la révocation.

* **2838. Distinction.** — La révocation peut être *expresse* ou *tacite.* La révocation expresse peut être contenue soit *dans un acte testamentaire,* soit *dans un acte notarié ordinaire.*

* **2839. Révocation expresse par acte testamentaire.** — La déclaration révoquant un testament antérieur peut être contenue dans *un acte revêtu des formes du testament* (art. 1035). Ce n'est pas tout à fait ce que dit le texte actuel, qui parle d'un « testament postérieur », mais il est reconnu que cet acte révocatoire n'a pas besoin d'être lui-même un testament et de contenir des legs ; il suffit qu'il soit fait dans la forme testamentaire. Le texte du projet de l'an VIII (FENET, p. 294, art. 124) le disait clairement et la rédaction actuelle n'a pu avoir pour but de rendre la révocation plus difficile ; il serait puéril d'obliger le testateur à faire un legs de vingt sous pour révoquer son testament (Bordeaux, 5 mai 1879, D. 81. 2. 144, S. 79. 2. 216). Mais il faut tout au moins que cet acte soit *valable en la forme,* et notamment qu'il soit *daté,* si le testateur a employé la forme olographe (Cass., 10 janv. 1865, D. 65. 1. 185, S. 65. 1. 118).

CONSÉQUENCE. — La révocation étant valable par un acte fait dans la forme des testaments, sans que cet acte ait besoin de contenir de nouvelles dispositions de dernière volonté, il en résulte que la révocation est opérée quand elle est contenue dans un testament proprement dit, quoique ce testament ne produise pas d'effets. Ainsi le nouveau légataire répudie le legs, ou bien il est incapable de le recevoir ; le second testament est comme non avenu, mais le testament antérieur n'en demeure pas moins révoqué (art. 1037)[1]. Aux cas d'incapacité ou de répudiation prévus par ce texte, il faut assimiler le cas de prédécès du légataire.

OBSERVATION. — Quelle que soit la forme du testament antérieur, on peut employer

[1] Il est permis de regretter que la loi, établissant une présomption absolue, ait tranché elle-même la question au lieu de la laisser résoudre par les juges du fait d'après les circonstances. N'est-il pas évident que le testateur a pu subordonner la révocation de ses premières dispositions à l'exécution de celles qu'il leur substitue ? Sa volonté, formellement exprimée sur ce point, devrait certainement être suivie ; pourquoi n'en pas tenir compte quand elle est implicite ? — Tout au moins faut-il considérer l'art. 1037 comme une disposition exceptionnelle et ne pas l'étendre au cas où le nouveau testament est entièrement nul comme entaché de substitution prohibée (Cass., 18 déc. 1894, D. 95. 1. 119, S. 95. 1. 125).

pour le révoquer l'une quelconque des formes dans lesquelles la loi permet de tester; il n'est pas besoin d'employer celle dont on s'est servi la première fois. Ainsi un testament authentique peut être révoqué par un acte fait dans la forme des testaments olographes.

2840. Révocation par acte notarié. — Pour donner plus de facilité au testateur qui veut révoquer ce qu'il a fait, la loi lui permet de faire dresser un acte notarié *dans la forme ordinaire* contenant la déclaration de son changement de volonté. On n'a pas besoin d'observer les formalités exceptionnelles des testaments authentiques (art. 1035). Toutefois la révocation d'un testament est un des rares actes pour lesquels la présence réelle du second notaire ou des témoins instrumentaires est exigée (L. 21 juin 1843, art. 2).

2841. Question. — La disposition de l'art. 1035 a fait naître une difficulté. Un testateur, en faisant dresser un testament authentique, déclare révoquer un testament antérieur. Il se trouve que le nouveau testament est nul, par exemple parce que les témoins n'ont pas assisté à la dictée du testateur. Que devient la révocation? Peut-on la considérer comme subsistante, parce qu'elle est contenue dans un acte notarié de forme ordinaire? La Chambre des requêtes a répondu négativement (Cass., 10 avril 1855, D. 55. 1. 145, S. 55. 1. 321). Quand le testateur a choisi la forme dans laquelle il veut opérer la révocation de son testament, il faut que l'acte qui la contient soit valable d'après sa nature particulière. Comp. Demolombe, t. XXII, nos 154 et 155.

2842. Interprétation des révocations expresses. — Malgré leurs formules absolues par lesquelles les testateurs déclarent révoquer toutes dispositions antérieures, les révocations expresses sont susceptibles d'être interprétées, et certaines dispositions de date plus ancienne peuvent parfois être maintenues. Voyez-en des exemples dans Cass., 5 juill. 1858, D. 58. 1. 385, S. 58. 1. 577; Cass., 10 juill. 1860, D. 60. 1. 454, S. 60. 1. 708; Cass., 17 nov. 1880, D. 81. 1. 180, S. 81. 1. 249.

***2843. Révocation tacite.** — Celle-ci résulte de tout acte qui implique un changement de volonté. Les cas où elle a lieu sont les suivants :

1° Rédaction d'un nouveau testament contraire. — En principe la rédaction d'un second testament ne révoque pas les libéralités contenues dans un testament antérieur. Notre droit n'admet plus la règle du droit romain, d'après lequel le premier testament se trouvait *ruptum* par cela seul qu'un second avait été rédigé[1]. Pour que les dispositions du premier testament se trouvent révoquées par celles du second, il faut qu'il y ait *incompatibilité entre elles* (art. 1036)[2]. Ainsi celui qui avait d'abord légué à un ami la *pleine propriété* d'un bien et qui lui en lègue ensuite l'*usufruit*, est réputé révoquer son premier legs en ce qui concerne la propriété.

Il y a des cas où la révocation tacite est douteuse. Ainsi après avoir légué un bien à Pierre, le testateur lègue tous ses biens à Paul: il est possible qu'il ait entendu révoquer le premier legs; il est possible aussi qu'il ait voulu le maintenir; c'est une question d'interprétation de volonté que les juges du fait apprécient souverainement (Cass., 3 avril 1889, D. 89. 1. 461, S. 89. 1. 312). Comme exemples particuliers, voyez Rouen, 16 nov. 1875, D. 76. 2. 154, S. 76. 2. 47; Trib. Versailles, 7 janv. 1870, D. 70. 3. 85, S. 71. 2. 77.

[1] En droit romain, le testament réglait nécessairement la succession entière du testateur. Il en résultait que la rédaction d'un second détruisait nécessairement le premier; mais en France on n'admet plus la maxime : « Nemo partim testatus, partim intestatus decedere potest » ; un testament peut porter sur une partie seulement des biens de celui qui le fait. Par suite, plusieurs testaments successifs peuvent s'exécuter simultanément.

[2] Le texte parle des dispositions du premier testament « incompatibles avec les nouvelles *ou qui y seront contraires* ». — Ce dernier membre de phrase est un pléonasme qui n'ajoute rien à l'idée.

Il est admis qu'il n'est pas besoin d'une incompatibilité matérielle et absolue, et qu'une incompatibilité purement morale et intentionnelle suffit (Longue jurisprudence; voyez Cass., 23 juill. 1868, D. 68. 1. 495, S. 69. 1. 115; Cass., 13 juin 1883, D. 84. 1. 159, S. 84. 1. 377). Voyez un exemple de révocation par simple prétérition du legs précédent dans le testament nouveau, dans Bourges, 19 janv. 1880, D. 80. 2. 183. Voyez cependant Cass., 4 juin 1867, D. 67. 1. 331, S. 67. 1. 235.

Beaucoup de difficultés naissent en pratique de la rédaction successive de plusieurs testaments instituant chacun un légataire universel différent. L'institution d'un nouveau légataire universel ou à titre universel ne détruit pas nécessairement la vocation du premier et peut établir seulement un concours entre eux (Cass., 7 juill. 1886, D. 87. 1. 75, S. 88. 1. 155). Toutefois, il y a là avant tout une question d'intention et il pourrait être admis que le second legs annule le premier (Besançon, 9 mars 1881, D. 81. 2. 185; Cass., 21 nov. 1888, D. 89. 1. 181, S. 89. 1. 55). Il y a moins de doute lorsque le premier testament ne contenait que des legs particuliers: l'institution d'un légataire universel par un testament postérieur laisse subsister les legs particuliers précédemment faits (Limoges, 13 mai 1867, D. 67. 2. 81, S. 67. 2. 314; Trib. Seine, 4 mars 1869, D. 69. 3. 66).

2° Aliénation des objets légués. — La révocation tacite peut encore résulter de l'aliénation entre vifs des choses qui faisaient l'objet du legs (art. 1038). Toute aliénation entraîne révocation, *même si elle n'est pas définitive*, si elle est faite par exemple avec faculté de *rachat* (réméré), et pourtant l'aliénateur pourra reprendre sa chose, et s'en trouver encore propriétaire au jour de son décès; le legs demeurera néanmoins révoqué. L'effet est le même si le bien aliéné rentre aux mains du testateur par suite d'une *annulation* (Cass., 25 avril 1887, D. 88. 1. 169, S. 87. 1. 320). L'art. 1038 s'explique formellement à cet égard pour trancher des controverses qui s'étaient élevées dans l'ancien droit. En d'autres termes, c'est la simple *volonté d'aliéner* qui vaut révocation; peu importe le sort ultérieur de l'aliénation, du moment où le testateur a manifesté l'intention de révoquer le legs.

Il résulte de là :

1° Que si l'aliénation a été faite *sous condition suspensive*, le legs n'est pas révoqué tant que la condition est pendante, parce que l'intention d'aliéner est encore *conditionnelle*; il le sera seulement quand la condition se réalisera;

2° Que la révocation n'a pas lieu lorsque l'aliénation se fait *sans la volonté du testateur*, par exemple quand il y a eu expropriation pour cause d'utilité publique ou que le testateur ayant été interdit l'aliénation a été faite par son tuteur; mais le légataire n'en est pas plus avancé pour cela, car le legs est devenu *caduc*.

Observations. Ce mode de révocation ne s'applique qu'aux legs particuliers. Les legs universels ne sont pas révoqués par des aliénations partielles; le bénéfice en est seulement diminué. Même si le testateur avait vendu tous ses biens à rente viagère, le légataire universel pourrait encore réclamer les biens et valeurs qu'il aurait acquis dans la suite.

Une aliénation partielle, comme le démembrement du domaine légué ou une constitution de servitude, n'entraîne qu'une révocation partielle.

La création d'une hypothèque, n'étant pas une aliénation de la chose, ne révoque pas le legs; elle expose seulement le légataire à une chance d'éviction, si la dette hypothécaire n'est pas éteinte du vivant du testateur.

3° Destruction matérielle de l'original. — C'est un mode très fréquent de révocation des testaments : quand l'acte a été fait sous la forme olographe et que le testateur en a conservé la possession, il le déchire ou il le brûle, et les légataires n'ont plus aucun droit.

Ceci suppose que la destruction de leur titre est l'œuvre du testateur lui-même; s'il y avait eu perte fortuite ou destruction par un tiers, leur droit resterait entier, sauf les difficultés de la preuve; il faudrait leur appliquer l'art. 1348, qui les autorise à faire la preuve de la destruction du testament et de son contenu par tous les moyens possibles. Malheureusement cette preuve ne peut presque jamais être fournie, et un très grand nombre de testaments olographes sont détruits par les héritiers, surtout dans les campagnes, sans qu'on ait pu jusqu'à ce jour trouver une combinaison qui protège suffisamment les légataires sans gêner la liberté des testateurs. Les formes solennelles dont le droit romain revêtait les testaments avaient du bon.

La révocation par lacération suppose en outre que la déchirure a été faite avec l'intention de détruire le testament. Ainsi on a vu un testateur déchirer une partie du papier contenant des dispositions particulières, alors que la partie conservée se suffisait à elle-même parce qu'elle présentait au recto la disposition principale, et au dos la signature et la date : il n'y avait pas révocation (Cass., 23 janvier 1888, D. 88. 1. 149, S. 88. 1. 78). Même situation si le testateur s'est borné à biffer ou raturer une partie du texte. Toutefois, s'il avait raturé un élément essentiel, comme la signature ou la date, l'acte entier serait nul (Comp. Nîmes, 8 janv. 1895, D. 95. 2. 357, S. 96. 2. 126).

2° Rétractation de la révocation.

* **2844. Ses formes.** — La révocation elle-même n'est qu'une disposition de dernière volonté : en retirant à ses premiers légataires ce qu'il leur avait donné, il en dispose au profit de ses héritiers naturels ou au profit d'autres légataires. A ce titre elle est *elle-même révocable*, et sa rétractation, que la loi n'a pas prévue, peut-être faite dans les formes prescrites par l'art. 1035. Ainsi le testateur pourra, à son choix, manifester son intention par un nouveau testament ou par un acte notarié ordinaire.

* **2845. Ses effets.** — Quand la révocation est rétractée, le testament antérieur revit comme s'il n'avait jamais été révoqué (Rennes, 1er juill. 1879, D. 79. 2. 15, S. 79. 2. 117). Ceci suppose bien entendu que la révocation a laissé subsister le testament dans sa teneur matérielle ; il ne revivrait pas s'il avait été déchiré ou brûlé.

Des doutes se présentent dans la pratique quand la révocation était contenue dans un second testament contenant lui-même des dispositions expresses : le testateur a-t-il voulu revenir au premier en supprimant le second? ou les maintenir tous les deux en tant qu'ils ne sont pas incompatibles? ou revenir purement et simplement à la succession légale en supprimant ses deux testaments? Il y a là une question d'intention qui ne peut être décidée que d'après les circonstances (Cass., 20 juin 1883, D. 84. 1. 159, S. 84. 1. 377).

D. — Caducité des legs.

** **2846. Définition.** — Un legs est dit *caduc* lorsqu'il reste sans effet, bien qu'il ait été valablement fait et qu'il n'ait pas été révoqué. Les cas de caducité ne dépendent donc pas de la volonté du testateur. Ils sont indiqués dans les numéros suivants.

* **2847. Prédécès du légataire.** — Le legs est caduc lorsque le légataire meurt avant le testateur (art. 1039). Les libéralités testamentaires

sont *personnelles*, c'est-à-dire faites en vue d'une personne déterminée, et elles ne peuvent pas être recueillies par d'autres. Il est donc nécessaire que le légataire soit encore vivant au jour du décès du testateur pour que son droit au legs *s'ouvre* en sa personne (art. 1014). Une fois ouvert, son droit devient transmissible à ses propres héritiers ou autres ayants cause.

CADUCITÉ DES LEGS CONDITIONNELS. — Si le legs a été fait *sous condition suspensive*, il devient encore caduc par la mort du légataire, quoique cette mort soit *postérieure à celle du testateur*, si elle arrive avant la réalisation de la condition qui suspendait le legs (art. 1040). Le droit conditionnel, qui résulte d'un legs dont la condition est encore pendante, n'est donc pas *transmissible aux héritiers*.

S'il s'agissait d'une *condition résolutoire*, le droit au legs serait ouvert dès le décès du testateur, sauf l'effet de la condition résolutoire si elle vient à se réaliser (Limoges, 28 juin 1892, D. 93. 2. 502 ; Cass., 10 avril 1894, D. 94. 1, 133).

Il y a parfois doute sur la nature de la modalité, qui se présente sous la formule d'une condition et qui n'est au fond qu'un simple *terme*, suspendant seulement l'*exécution du legs*. En ce cas on doit considérer le légataire comme ayant, dès le décès du testateur, un droit acquis et transmissible à ses héritiers (art. 1041). Comp. Paris, 24 févr. 1893, D. 93. 2. 353, S. 93. 2. 189).

2848. Incapacité du légataire. — Si cette incapacité était antérieure à la confection du testament, le legs serait *nul*; il est *caduc*, quand elle survient plus tard (art. 1043). Cette cause de caducité ne peut plus se présenter que dans un seul cas, la condamnation du légataire à une des *peines criminelles* qui emportaient autrefois la *mort civile*, et auxquelles la loi du 31 mai 1854 a attaché l'incapacité de recevoir à titre gratuit. Anciennement il fallait tenir compte également du cas où le légataire perdait la qualité de Français (art. 912).

***2849. Répudiation.** — La répudiation d'un legs le rend caduc (art. 1043). Elle peut être *tacite*, il n'est pas nécessaire de la faire au greffe, même quand il s'agit d'un legs universel ; l'art. 784 n'est écrit que pour les successions légitimes.

La répudiation des legs ne peut être valablement faite qu'après le décès du testateur (Cass., 13 mai 1884, D. 84. 1. 468, S. 84. 1. 337), mais il n'est pas nécessaire que la condition qui suspend le legs soit déjà réalisée.

***2850. Défaillance de la condition suspensive.** — Lorsque le legs était subordonné à une condition, il est caduc lorsqu'il est devenu certain que cette condition ne pourra pas se réaliser.

2851. Perte de la chose. — La perte totale d'une chose léguée, survenue avant le décès du testateur, rend le legs caduc ; le droit du légataire s'éteint faute d'objet. La perte d'une construction n'empêche pas le legs de valoir pour le terrain. Il faut d'ailleurs supposer que la perte est survenue avant l'ouverture du legs. C'est par erreur que l'art. 1042 signale comme une cause de caducité la perte survenue après le décès du testateur. Cette perte empêche le légataire de réclamer une indemnité, quand elle a une cause fortuite, mais la preuve que le legs n'est pas caduc, c'est qu'il a produit son effet et que le légataire peut réclamer ce qui reste de la chose, accessoires ou débris.

La perte des choses matérielles est rare ; mais voici un cas que la loi n'a pas prévu :

le legs avait pour objet *une créance*, et cette créance a été *remboursée* par le débiteur du vivant du testateur; la créance est éteinte; le legs n'a plus d'objet. Mais il peut être admis, par interprétation du testament, que le legs avait plutôt pour objet *le montant de la créance*, auquel cas il subsiste comme legs de somme d'argent (Cass., 6 janv. 1874, D. 76. 5. 395, S. 74. 1. 212).

C. — Révocation par justice.

* **2852. Causes de la révocation.** — Les testaments ne sont pas révocables pour *survenance d'enfant,* comme le sont les donations. Il était inutile d'établir cette cause de révocation dans la loi, puisque le testateur peut toujours révoquer lui-même les legs qu'il a faits.

En revanche, les testaments sont révocables : 1° pour *inexécution des conditions* ; 2° pour *ingratitude.* — Ces deux causes avaient besoin d'être déterminées par la loi, parce qu'elles se réalisent à un moment où le legs est devenu définitif par le décès du testateur.

1° Inexécution des conditions.

* **2853. Renvoi.** — Cette cause de révocation est prévue par l'article 1046, qui renvoie à l'art. 954, relatif aux donations. Les règles sont les mêmes. Il suffira donc de se reporter à ce qui a été dit ci-dessus aux n°s 2630 à 2636.

2° Ingratitude du légataire.

* **2854. Cas d'ingratitude.** — L'art. 1046 renvoie également à l'art. 955, qui détermine les causes de révocation des donations pour ingratitude, mais il le fait pour les deux premières causes seulement (attentat à la vie du disposant, et sévices, délits ou injures graves contre sa personne). Le *refus d'aliments* n'est donc pas une cause de révocation pour les legs, et cela se conçoit : tant que le testateur est vivant, le légataire n'étant pas encore *gratifié,* ne peut être astreint à aucune prestation.

Mais il existe pour les legs une forme spéciale d'ingratitude : l'*injure grave à la mémoire du testateur* (art. 1047).

* **2855. Règles de l'action.** — En principe, les choses se passent pour la révocation d'un legs comme pour celle d'une donation. Cependant on doit noter que la demande en révocation n'a pas besoin d'être publiée, comme cela serait nécessaire, d'après l'art. 958, s'il s'agissait d'une donation, parce que les libéralités testamentaires ne sont pas sujettes à transcription.

* **2856. Durée de l'action.** — Pour les testaments, comme pour les donations, l'action dure *un an.* Dans le cas spécial qu'il prévoit, l'art. 1047 fait courir ce délai *du jour même du délit.* Selon l'opinion générale, il y a lieu d'appliquer ici le correctif qui résulte de l'art. 957 et de décider que la prescription court seulement du jour où les héritiers ont *pu connaître le délit.*

§ 9. — *Théorie de l'accroissement.*

***2857. Effet de la caducité ou de la révocation.** — Qui profite de la révocation ou de la caducité d'un legs? En principe, *ceux qui étaient chargés de l'acquitter*, savoir les héritiers du sang, les légataires universels ou à titre universel, ou parfois un légataire particulier spécialement chargé de l'exécuter.

Mais il y a des exceptions à cette règle pour le cas de *substitution* et pour le cas d'*accroissement*.

A. — Substitution.

2858. Notion sommaire. — Il y a substitution, lorsque le testateur a désigné un second légataire pour recueillir le legs à défaut du premier. C'est ce qu'on appelle la *substitution vulgaire*, bien différente de la substitution fidéicommissaire, qui sera étudiée plus loin (nos 3264 et suiv.). La révocation ou la caducité de la disposition faite au profit du premier légataire laisse subsister la vocation de la personne appelée en seconde ligne, de sorte que les débiteurs du legs n'en sont pas déchargés.

B. — Accroissement.

2859. Principe du droit d'accroissement. — Le principe du droit d'accroissement est fort simple : on suppose *plusieurs légataires ayant tous le droit de recueillir en totalité la même chose*. S'ils viennent tous ensemble pour recueillir le legs, le bénéfice s'en partage entre eux : « concursu fiunt partes » ; ils se nuisent donc réciproquement. Si le legs de l'un d'eux est caduc, *sa part accroît aux autres* ; ce qui veut dire que chacun prendra un peu plus, parce qu'il y aura un ayant droit de moins.

En poussant les choses à l'extrême, s'il ne reste qu'un seul légataire pour recueillir le legs, celui-là prendra *tout à lui seul*, et on ne lui donnera cependant rien de plus que ce que le testateur lui avait donné, parce que chacun d'eux avait une *vocation éventuelle au tout*.

Les légataires ainsi appelés simultanément à recueillir un même legs s'appellent *légataires conjoints*.

1° Cas d'accroissement.

2860. Quand naît la difficulté. — L'idée de l'accroissement est donc fort simple ; il a lieu dans les legs qui sont faits « à plusieurs conjointement » (art. 1044, al. 1er) ; toute la difficulté est dans son application. Dans quels cas plusieurs légataires sont-ils *conjoints*, c'est-à-dire ont-ils tous *droit à la totalité* de la chose léguée?

2861. Système ancien. — Dans l'ancien droit, on distinguait trois espèces de conjonction :

1° Conjonction re et verbis. — Elle avait lieu lorsqu'une même chose était léguée à deux ou à plusieurs *par une seule phrase sans assignation de parts* : « Je lègue ma maison de tel endroit à Pierre et à Paul. »

2° Conjonction re tantum. — Celle-ci supposait que la chose avait été léguée à deux personnes différentes, mais *par deux phrases distinctes* : « Je lègue tel immeuble à Paul. Je lègue le même immeuble à Pierre. »

3° Conjonction verbis tantum. — Il y avait conjonction « verbis tantum » quand la même chose était léguée à deux personnes dans une même phrase, mais avec assignation de parts. En réalité, il y avait alors deux legs distincts, ayant des objets différents.

— L'accroissement s'opérait dans les deux premiers cas, et non dans le troisième, où il n'y avait pas réellement conjonction (Pothier, *Donations testamentaires*, nos 348 et 349).

2862. Système du Code. — Le Code civil a statué sur cette matière dans les art. 1044 et 1045. Voici l'analyse de ses décisions :

1° Conjonction re et verbis. — Il y a lieu à accroissement sans difficulté et sans distinction, même lorsque la chose léguée est essentiellement divisible comme de l'argent (Cass., 30 mars 1897, D. 98. 1. 153).

2° CONJONCTION RE TANTUM. — Ici la loi distingue, et l'accroissement n'a pas toujours lieu. La part des défaillants n'accroît aux autres que si la chose léguée est *indivisible*, ou tout au moins si elle n'est pas « susceptible d'être divisée sans détérioration » (art. 1045). Donc, si la chose est aisément divisible, il n'y aura pas d'accroissement.

Cette distinction introduite par le Code est très justement critiquée. Qu'importe que la chose soit divisible ou indivisible? Ce n'est pas l'indivisibilité de la chose qui rend l'accroissement possible, mais uniquement la volonté du testateur. Si cette considération était décisive, il faudrait en tenir compte même pour le cas de conjonction re et verbis, et à plus forte raison encore, parce que l'intention du testateur de donner le tout à chacun de ses légataires est moins évidente quand il les appelle à recueillir la chose par une seule et même phrase, que quand il la lègue à chacun séparément. La loi a donc été illogique, même en admettant que le fondement de sa distinction soit juste.

Du reste il est à remarquer que cette conjonction « re tantum » paraît inconnue dans la pratique : quand un testateur veut léguer la même chose à deux personnes, il les réunit tout naturellement dans sa phrase comme dans sa pensée.

3° CONJONCTION VERBIS TANTUM. — Elle résulte du legs fait à plusieurs par une même phrase, avec assignation de parts. En ce cas, c'est comme autrefois : l'accroissement n'a pas lieu. Ceci résulte implicitement de l'art. 1044 qui, pour autoriser l'accroissement quand le legs est fait par une seule et même phrase, suppose qu'il n'y a pas eu assignation de parts.

Toutefois pour que l'assignation des parts ait pour effet de supprimer le droit à accroissement, il faut qu'elle soit, comme on dit, *principale et dispositive*. Mais elle peut se faire aussi à titre *purement accessoire* et sans enlever aux légataires leur *solidarité de vocation* ; le testateur n'a peut-être fixé les parts que pour déterminer la façon dont devrait se faire le partage au cas où tous ses légataires concourraient. Les juges ont donc à apprécier si la division indiquée par le testateur porte sur la disposition testamentaire elle-même, ou seulement sur son exécution (Nancy, 8 juill. 1893, D. 94. 2. 78, S. 94. 2. 132).

2863. Prépondérance de la volonté du testateur. — La jurisprudence a une tendance manifeste à faire prévaloir la volonté du testateur, toutes les fois qu'elle peut être connue, sur les dispositions de la loi (Trib. Nevers, 22 juill. 1846, S. 46. 2. 103, et les autres décisions citées ci-dessus et ci-dessous).

2° Legs susceptibles d'accroissement.

2864. Legs particuliers. — Pour eux, il n'y a aucun doute : l'accroissement est entièrement régi par les dispositions des art. 1044 et 1045 (Cass., 30 mars 1897, précité).

2865. Legs universels et à titre universel. — Ces deux sortes de legs portent sur une chose essentiellement divisible : l'universalité. Il n'y aurait donc jamais lieu à accroissement entre légataires universels institués par des dispositions séparées, si on leur appliquait l'art. 1045. Cela est inadmissible, car le legs universel donne nécessairement vocation au tout (art. 1003) ; et le legs universel à une fraction de la totalité ou à une catégorie de biens (art. 1010). Cette seule observation suffit pour prouver que les rédacteurs de la loi n'ont pas réfléchi à la portée de la distinction qu'ils ont adoptée dans l'art. 1045, entre les choses divisibles et les choses indivisibles ; ils n'ont dû penser qu'aux legs particuliers. C'est ce qu'on peut inférer : 1° de ce qu'ils ont suivi Pothier, qui ne traitait de l'accroissement que pour cette sorte de legs ; 2° de ce qu'ils emploient dans les art. 1044 et 1045 l'expression « la *chose* léguée », qui serait impropre pour les dispositions universelles. — La jurisprudence considère ces deux articles comme s'appliquant exclusivement aux legs particuliers (Cass., 19 juill. 1894, D. 95. 1. 95, D. 95. 1. 351).

2866. Legs d'usufruit. — Supposons que deux personnes aient été appelées à recueillir l'usufruit d'un même bien. Les dispositions des art. 1044 et 1045 s'appliqueront, si l'une d'elles vient à mourir avant le testateur. Mais si toutes deux ont survécu et recueilli leur part, qu'arrivera-t-il au décès du premier mourant ? L'usufruit dont il jouissait doit-il revenir à la nue propriété, par consolidation, ou bien doit-il accroître à son colégataire ? Cette question, qui est très ardemment discutée, n'en est pas une à mes yeux : on ne peut plus parler d'*accroissement*, puisque l'accroissement suppose une libéralité *caduque* ; ici aucun des deux legs n'a été atteint de caducité ; chacun a produit son effet. Il ne peut donc être question d'accroissement et l'usufruit doit faire retour à la propriété [1].

Toutefois comme la volonté du testateur est souveraine, s'il résultait du testament que son intention a été de faire profiter un seul des légataires de l'usufruit total après la mort de l'autre, sa volonté devrait être suivie : chaque légataire serait réputé avoir reçu deux legs d'usufruit, l'un à ouverture immédiate, l'autre à terme, s'ouvrant seulement après la mort de son colégataire.

3° Comment s'opère l'accroissement.

2867. Question. — L'accroissement est-il *forcé* ou *volontaire* ? Le colégataire survivant peut-il répudier la part qui lui accroît ? Encore une question controversée. La plupart des auteurs enseignent qu'il doit être accepté par le légataire (Demolombe, t. XXI, n° 396 ; Aubry et Rau, t. VII, § 726, note 48), et c'était la solution suivie dans l'ancien droit. Cependant il y a une sérieuse raison d'en douter. Sur quoi est fondé l'accroissement ? Sur ce que le légataire est appelé à recueillir la totalité de la chose ; l'autre legs ayant disparu, c'est comme si le sien avait seul existé, et il ne peut le recueillir seulement pour moitié. — Tout le monde admet cette solution pour les dispositions universelles.

2868. Absence d'accroissement entre souches différentes. — Dans les successions testamentaires, comme dans les successions légales, il peut y avoir attribution des biens à deux souches différentes. En ce cas, si l'un des représentants d'une des deux souches prédécède ou répudie, sa part accroît aux autres représentants de la même branche, et non à l'autre souche (Cass., 5 déc. 1881, S. 82. 1. 173).

4° Effet de l'accroissement.

2869. Question relative aux charges du legs caduc. — Celui des colégataires qui profite de l'accroissement est-il tenu des charges spéciales qui pesaient sur le défaillant ? On formule en général cette question en demandant si l'accroissement s'opère *cum onere* ou *sine onere* ? En général aussi, on rattache cette question à la précédente : ceux qui croient que l'accroissement est forcé le considèrent comme se faisant « sine onere » ; ceux qui le considèrent comme volontaire admettent qu'il s'opère « cum onere ». Cette dernière solution est donc acceptée par l'opinion dominante ; et je la crois vraie pour cette raison : que l'un des deux légataires ne peut pas conserver à lui seul plus qu'ils ne l'auraient fait à eux deux.

2870. Cas exceptionnel. — Tel est le principe ; mais il faut évidemment faire exception pour les charges *personnelles au défaillant*, celles qui ne lui avaient été imposées qu'en considération de sa personne, et il peut y avoir là des questions de fait délicates à résoudre. Sur une distinction suivie par beaucoup d'auteurs, voyez Pothier, *Donations testamentaires*, n° 355; Aubry et Rau, t. VII, § 726, note 48.

---

[1] Il en serait toutefois autrement s'il y avait un *légataire universel d'usufruit* : l'extinction d'un usufruit particulier lui profiterait avant de profiter au nu propriétaire (Cass., 29 nov. 1899, S. 1901. 1. 317).

CHAPITRE IV

RÈGLES COMMUNES AUX DONATIONS ET AUX TESTAMENTS

Section I. — De la liberté d'esprit du disposant.

2871. Observation. — Ordinairement on fait rentrer dans la théorie des incapacités les questions que je traite sous ce titre. Il ne s'agit pourtant pas d'incapables ; la preuve en est qu'il n'y a qu'une différence de degré entre le cas où le disposant n'est pas sain d'esprit et celui où son consentement a été vicié, et cependant, dans ce dernier cas, il est visible qu'il n'est pas incapable. Voyez n° 2873 ci-dessous.

****2872. Esprit de la loi.** — L'existence d'une volonté intelligente et libre, maîtresse d'elle-même et sûre de ce qu'elle fait, est nécessaire pour tous les actes juridiques, pour le testament et la donation comme pour tous les autres ; mais pour ces deux actes, la loi s'est montrée particulièrement exigeante ; elle déroge au droit commun sur un point grave, en permettant d'attaquer pour cause de démence les actes d'une personne décédée. — Et cependant on remarque un certain recul du droit nouveau par rapport à l'ancien droit dans les facilités que la loi donne aux héritiers pour critiquer les actes de leur auteur ; on le verra principalement dans les questions de captation et à propos du testament « ab irato ».

§ 1. — *Insanité d'esprit.*

****2873. Son effet.** — Aux termes de l'art. 901 : « *Pour faire une donation entre vifs ou un testament, il faut être sain d'esprit.* » Cette disposition est très importante. A vrai dire, elle n'établit pas une incapacité ; elle constate seulement un fait, et la règle qu'elle formule n'est pas vraie seulement pour les donations et les testaments : c'est une règle générale applicable *à tous les actes juridiques. Tous exigent également la volonté,* et une volonté intelligente et libre, en la personne de leurs auteurs. Si l'une de ces personnes ne jouit pas de ses facultés intellectuelles, l'acte n'a pas été *voulu* par elle, *il* n'a pas été *fait*. Et ce n'est pas seulement d'un vice du consentement qu'il s'agit : l'insanité d'esprit supprime entièrement l'intelligence et la liberté, et par suite l'acte qui aurait dû être leur œuvre. Voyez t. 1er, nos 272 et suiv.

***2874. Généralité de la règle.** — Pour l'application de l'art. 901, il n'y a aucune distinction à faire selon la cause de l'insanité. L'absence d'intelligence peut être due à *une cause permanente,* comme la démence complète ; elle peut être simplement *habituelle,* comme un état de folie *entremêlé d'intervalles lucides,* ou même *purement accidentelle,* comme celle qui est l'effet de l'ivresse, d'une fièvre, ou d'un accident quelconque qui a amené un trouble passager de la raison ; peu importe. Il suffit qu'*au moment de la donation ou du testament* il y ait eu défaut de lucidité ou de volonté : l'acte est nul en vertu de l'art. 901.

L'imbécillité résultant de la débilité sénile est assimilée à la démence : le disposant n'ayant pas la possession de son intelligence, la nullité peut être prononcée quoique les clauses de l'acte soient parfaitement raisonnables (Cass., 7 mars 1864, D. 64. 1. 168, S. 64. 1. 163).

***2875. Utilité de l'art. 901.** — Jusqu'ici l'art. 901 ne nous apparaît que comme une application des règles du droit commun, et son rôle propre n'est pas encore indiqué. Il contient cependant une décision qui a son utilité particulière. Voici en quoi elle consiste.

Supposez *que le dément, auteur de la libéralité, soit décédé* : ses héritiers pourront-ils demander la nullité de la donation ou du testament, sous prétexte que leur auteur était fou ? D'après le droit commun, ils ne le pourraient pas, si ce n'est sous certaines conditions exceptionnelles. Rappelons l'art. 504, aux termes duquel les actes d'une personne décédée ne peuvent être attaqués pour cause de démence que dans deux cas : 1° quand son interdiction a été *obtenue* ou tout au moins *provoquée* de son vivant ; 2° quand l'acte attaqué porte *en lui-même la preuve de la folie*. Hors de là, aucune action n'est ouverte aux héritiers ; ils ont à se reprocher de n'avoir pas fait interdire leur parent. On veut protéger les actes des morts contre des héritiers, qui sont trop portés à les attaquer dès qu'ils se sentent lésés.

Mais l'art. 504 ne s'applique *qu'aux actes à titre onéreux* ; les *donations* et les testaments sont *régis uniquement par l'art.* 901. Or cet article ne *distingue pas, si bien que les libéralités faites par une personne décédée* peuvent être attaquées alors même que son interdiction n'aurait jamais été demandée et que la rédaction ou les clauses de l'acte seraient parfaitement raisonnables (Dijon, 22 déc. 1881, D. 83. 2. 8, S. 83. 2. 36 ; Nîmes, 29 janv. 1890, D. 91. 2. 97).

Voici maintenant la preuve de cette combinaison des deux textes. Dans le projet de Code, l'art. 901 contenait un alinéa 2 qui renvoyait à l'art. 504 en disant que les libéralités ne pourraient être attaquées pour cause de démence que dans les cas et de la manière prescrits par ce dernier article. L'art. 901 ne formait ainsi qu'une application particulière de l'art. 504. Mais cet alinéa fut supprimé, précisément pour écarter ici la règle ordinaire (LOCRÉ, t. XI, p. 132, n° 21, et p. 334, n° 84).

***2876. Preuve de l'insanité d'esprit.** — La preuve de l'insanité d'esprit est à la charge du demandeur en nullité. Il doit prouver qu'elle existait *au moment même* où l'acte a été fait. Comp. Cass., 21 février 1887, S. 87. 1. 296.

Cette preuve peut être *fournie par tous les moyens*, et les juges du fait apprécient souverainement les circonstances (Cass., 3 avril 1872, D. 72. 1. 415, S. 73. 1. 200 ; Cass., 4 avril 1874, D. 75. 1. 166). Des espèces très délicates se présentent parfois devant eux. Ils ne doivent évidemment prononcer la nullité qu'autant que l'acte ne leur paraît pas avoir été l'œuvre d'une volonté raisonnable et en fait ils se montrent très réservés (Cass., 12 févr. 1868, D. 68. 1. 389). A ce point de vue un simple dérangement d'esprit, portant sur le côté spéculatif de l'intelligence, peut laisser à l'homme toute l'aptitude nécessaire pour bien administrer sa fortune, et par suite toute sa capacité pour tester. Ainsi le testament d'un homme qui s'est adonné à l'étude des sciences occultes doit être validé si aucun trouble ne s'est manifesté dans l'ordre des faits de la vie pratique (Limoges, 6 févr. 1889, D. 90. 2. 73, S. 89. 2. 173. — Comp. Chambéry, 9 août 1876, D. sous Cass., 78. 1. 163). De même, le testament d'un monomane ne peut pas être annulé, s'il n'est pas prouvé qu'il a été rédigé sous l'empire des idées délirantes (Dijon, 3 juin 1885, D. 86. 2. 228).

La déclaration du notaire qui a reçu le testament, portant que le testateur était parfaitement sain d'esprit n'empêche pas la nullité d'être prononcée pour cause de démence (Bourges, 26 févr. 1855, D. 55. 2. 295, S. 55. 2. 498). Solution traditionnelle (Pothier, *Donations testamentaires*, n° 136).

* **2877. Validité des testaments « ab irato ».** — Dans notre ancien droit on admettait que le testament inspiré par une haine aveugle et injuste contre les parents légitimes pouvait être annulé. C'était une sorte de fiction ; on supposait que la colère avait altéré la lucidité de l'esprit : « hoc colore quasi non sanæ mentis fuerint. » Pothier en donnait une autre explication qui nous paraît aujourd'hui tout à fait insuffisante (*Donations testamentaires*, n°s 83-85). Le projet du Code civil portait une disposition supprimant ce cas de nullité : « La loi n'admet pas la preuve que la disposition n'a été faite que par *haine, colère*, etc... » (Fenet, t. II, p. 275). Quoique cette disposition ait été retranchée, l'ancienne action n'existe plus ; le silence de la loi suffit pour l'abolir (Paris, 3 floréal an XII, D. 5. 230, S. chr. 1. 2. 188 ; Limoges, 31 août 1810, D. 5. 231, S. 11. 2. 461, S. chr. 3. 2. 349). Comp. Merlin, *Répertoire*, V° Ab irato, Sect. 7. — Cependant si la colère avait été assez violente pour enlever absolument au disposant l'usage de ses facultés, elle se confondrait alors avec l'insanité d'esprit, et le testament pourrait être annulé, bien que l'action « ab irato » n'existe plus à l'état d'action distincte. Du moins les tribunaux ne feraient qu'user de leur pouvoir d'appréciation en décidant qu'un testateur était animé contre sa famille d'une haine « telle qu'elle ne peut s'expliquer que par une véritable insanité d'esprit » (Lyon, 25 juin 1816, D. 5. 231, S. 17. 2. 133, S. chr. 5. 2. 162 ; Cass., 29 févr. 1876, D. 76. 1. 367, S. 76. 1. 155). Mais voyez les observations qui accompagnent ce dernier arrêt. Sur l'action « ab irato » en général, voyez aussi Ed. Lambert, *De l'exhérédation*, n°s 280 à 296.

§ 2. — *Des vices du consentement.*

2878. Silence de la loi. — Il n'y a rien dans le Code sur les différents cas où la volonté du disposant, au lieu d'être entièrement supprimée, se trouve simplement viciée par une cause quelconque. L'absence de textes donne lieu à l'application des principes généraux, sous réserve des modifications qu'exige la nature particulière des actes de libéralité.

A. — Erreur.

* **2879. Rareté du fait.** — Les cas d'erreur en matière de donations ou de testament sont rares. Cependant on a vu annuler un testament par lequel le défunt avait légué tous ses biens aux pauvres, parce qu'il croyait n'avoir point d'héritiers, ainsi qu'il le déclarait expressément, alors que des héritiers inconnus de lui se présentaient après son décès pour recueillir ses biens (Paris, 9 févr. 1867, D. 67. 2. 195, S. 67. 2. 129). En tout cas, l'erreur ne peut entraîner la nullité, aussi bien pour une libéralité que pour tout autre acte, qu'autant qu'elle en a été la cause déterminante. Comp. Cass., 13 juin 1826, D. 26. 1. 307, S. 26. 1. 400, S. chr. 8. 1. 359.

B. — Dol.

* **2880. Ses formes spéciales en matière de libéralités.** —

Quand il s'agit de donations et de testaments les manœuvres dolosives prennent une forme spéciale, elles servent à déterminer l'auteur de la libéralité à la consentir, et pour l'y amener celui qui les pratique a le choix entre deux moyens : il peut 1° lui inspirer la haine de ses héritiers naturels ou développer chez lui une aversion antérieure ; 2° faire naître à son profit une affection fondée sur des causes factices. S'il y réussit on dit que la donation ou le legs dont il a bénéficié est entaché de *captation* ou de *suggestion*. La sévérité avec laquelle ces faits sont réprimés s'est beaucoup atténuée depuis le Code civil.

1° Ancienne jurisprudence.

2881. État obscur de la question. — On posait en principe que les dispositions testamentaires devaient être l'œuvre d'une volonté aussi libre que possible et dans le but d'assurer au testateur sa pleine indépendance, on annulait les libéralités qui avaient été captées ou suggérées. L'action en nullité pour captation ou suggestion était formellement visée par l'ordonnance d'août 1735 (art. 47). Mais on était loin de s'entendre sur le sens de ces deux termes.

1° CAPTATION. — Pothier entendait le vice de captation d'une manière étroite, qu'il empruntait aux textes romains : pour lui, une disposition était *captatoire* lorsqu'elle avait été écrite dans le but d'engager son bénéficiaire à tester lui-même au profit du disposant (POTHIER, *Donations testamentaires*, n° 96). Comp. DIGESTE, *De heredibus instituendis*, liv. XXVIII, tit. 5, fr. 71. Mais dans la langue actuelle, et déjà dans l'usage du XVIIIe siècle, ce mot était pris dans un sens différent pour désigner toutes les manœuvres plus ou moins suspectes, à l'aide desquelles une personne peut en décider une autre à faire des libéralités à son profit. Dans l'opinion de Pothier, c'était la disposition *captatoire* qui se trouvait nulle ; avec l'autre interprétation, c'est la disposition *captée*.

2° SUGGESTION. — Une disposition était *suggérée* lorsque le testateur l'avait faite pour se délivrer des importunités et des sollicitations de ceux qui l'entouraient (POTHIER, *op. cit.*, n° 98).

Comparez sur ces questions DOMAT, *Loix civiles*, liv. III, tit. I, sect. 5, n° 25 ; RICARD, *Donations*, 3e partie, chap. I.

***2882. Éclaircissements donnés par Furgole.** — De tous nos anciens auteurs, celui qui paraît avoir apporté le plus de méthode et de clarté dans cette étude est certainement Furgole (*Traité des testamens*, chap. V, sect. 3). Il montre que la plupart des auteurs sont allés trop loin lorsqu'ils se sont contentés de la simple persuasion comme fait constitutif de la suggestion ou lorsqu'ils ont déclaré suggérées les dispositions faites *sur l'interrogat d'autrui*. Sa conclusion est que les faits de captation ou de suggestion ne sont pas des moyens de nullité différents du dol et de la fraude. Voyez spécialement *loc. cit.*, nos 3 et 43-46.

2° Jurisprudence moderne.

*** 2883. Abandon de l'ancienne action.** — Le Code n'a pas reproduit la disposition de l'ordonnance de 1735. Il y avait dans le projet de l'an VIII un article portant que les testaments « ne pourraient plus être attaqués pour cause de captation ou de suggestion » (FENET, t. II, p. 275). Cette disposition a disparu, et elle était dangereuse, car elle semblait donner dans la loi elle-même un titre d'impunité à la fraude et aux passions. Sa disparition a été interprétée comme laissant pleine liberté aux juges en en cette matière. Comp. Bigot du Préameneu dans LOCRÉ, t. XI, p. 365, n° 10.

*2884. **Conditions de la nullité.** — Les idées de Furgole dominent la jurisprudence moderne. Il est admis aujourd'hui que la suggestion et la captation, entre lesquelles on ne fait plus de différence, ne sont une cause de nullité qu'autant qu'elles présentent les caractères du dol, c'est-à-dire qu'elles sont accompagnées de *manœuvres artificieuses* et d'*insinuations mensongères*. De tout temps la jurisprudence s'est prononcée en ce sens (Agen, 17 juin 1812, S. sous Cass., 14. 1. 217, S. chr. 4. 1. 502; Cass., 14 nov. 1831, D. 32. 1. 38, S. 31. 1. 427; Cass., 7 juin 1858, D. 58. 1. 451; Cass., 28 oct. 1895, D. 96. 1. 36, S. 97. 1. 326.)

Ainsi la demande en nullité est rejetée lorsqu'il n'y a eu aucun fait caractéristique de fraude et que le bénéficiaire s'est borné à s'assurer la bienveillance du disposant par des témoignages d'attachement, par des soins ou des services fournis ou rendus avec un empressement exagéré, alors même que sa complaisance intéressée aurait pu tromper le disposant sur l'existence d'une affection qui était simulée (Lyon, 29 mars 1871, D. 71. 3. 8; Poitiers, 18 mars 1885, D. sous Cass., 86. 1. 289; Cass., 2 juill. 1895, D. 96. 1. 120, S. 95. 1. 504). Au contraire, constituent des manœuvres dolosives caractérisées, l'interception de la correspondance, l'éloignement des anciens amis, le renvoi des domestiques fidèles, les calomnies contre la famille, l'ingérence incessante du légataire dans les affaires du testateur (Cass., 17 avril 1882, D. 82. 5. 163; Cass., 28 oct. 1895 précité). Des difficultés se présentent assez souvent pour les libéralités faites au profit d'une *concubine*. Le concubinage n'est pas par lui-même une cause d'annulation alors même que la libéralité serait due à l'influence que la concubine exerçait sur le disposant (Grenoble, 15 juin 1822, D. 5. 254, S. 25. 2. 136, S. chr. 7. 2. 84. Arrêts nombreux depuis lors; voyez Toulouse, 25 juin 1900, D. 1901. 2. 313).

Mais il y aurait nullité : 1° si la concubine avait employé le dol et le mensonge pour se faire gratifier (Nîmes, 30 juin 1869, D. 72. 1. 37); 2° si la libéralité était la condition du concubinage et le salaire du vice (Cass., 2 juill. 1866, D. 66. 1. 378, S. 66. 1. 356).

Les juges du fait apprécient souverainement la question de savoir si les manœuvres employées ont ou non le caractère dolosif et si elles ont été de nature à porter atteinte à la liberté morale du testateur (Limoges, 6 févr. 1889, D. 90. 2. 73, S. 89. 2. 173; Cass., 2 juill. 1895 précité).

*2885. **Dérogation au droit commun.** — En règle générale, le dol n'est une cause de nullité des contrats qu'autant qu'il a été commis par l'une des parties contre l'autre, et le contrat subsiste quand le dol est l'œuvre d'un tiers (t. II, n° 1063-2°). Cette distinction reste sans application aux libéralités, non seulement aux testaments qui sont des actes unilatéraux, mais même aux donations qui ont une forme contractuelle et supposent un accord de volonté : on ne recherche pas si l'auteur des manœuvres dolosives est le bénéficiaire de la libéralité ou une autre personne. La jurisprudence est fixée en ce sens depuis longtemps (Cass., 18 mai 1825, D. 25. 1. 321, S. 26. 1. 10, S. chr. 8. 1. 126; Cass., 2 janv. 1878, D. 78. 1. 136, S. 78. 1. 103; Cass., 27 juin 1887, D. 88. 1. 303, S. 87. 1. 419).

Il n'en faut pas conclure que le testament doive être annulé en entier, quand les manœuvres frauduleuses sont l'œuvre d'un seul des légataires qui y sont gratifiés, et que les autres legs tombent en même temps que le sien : il doit y avoir un rapport entre le dol pratiqué et la libéralité obtenue. Comp. Nîmes, 30 juin 1869, D. sous Cass., 72. 1. 37.

C. — Violence.

2886. Exemples pratiques. — De temps à autre on voit des libéralités arrachées par la violence. L'annulation en est prononcée sans difficulté quand les faits sont prouvés. Voyez-en comme exemples pour le testament Cass., 19 juin 1877, D. 78. 1, 160 ; Paris, 27 juillet 1900, D. 1900. 2. 493[1] ; et pour la donation Cass., 15 juill. 1878, D. 79. 1. 27.

Section II. — De la capacité de disposer et de recevoir.

** **2887. Division du sujet.** — On distingue des *causes d'incapacité absolue* et des *causes d'incapacité relative* :

1° Ceux qui sont frappés d'une incapacité absolue ne peuvent donner à quelque personne que ce soit, ni recevoir de quelque personne que ce soit ; leur incapacité est *absolue* en ce sens qu'elle existe *à l'égard de tout le monde*.

2° Ceux qui sont frappés d'une incapacité relative peuvent donner à tout le monde, sauf à certaines personnes déterminées, ou recevoir de tout le monde, sauf de certaines personnes déterminées. Leur incapacité est *relative* en ce sens qu'elle existe seulement *dans leurs rapports avec certaines personnes*.

Nota. — Cette distinction *d'après l'étendue de l'incapacité* n'a rien de commun avec la distinction des nullités en relatives et absolues, qui est faite *d'après les motifs de la prohibition*.

Subdivision des incapacités absolues. — Quand l'incapacité est absolue, il y a lieu de rechercher s'il s'agit d'une incapacité de *donner* ou d'une incapacité de *recevoir*. Ces deux espèces d'incapacités n'ont *aucune relation entre elles* : une personne peut être incapable de donner sans être incapable de recevoir, et réciproquement. Mais quand il s'agit d'incapacités relatives cette sous-distinction est inutile, parce qu'il y a toujours *corrélation entre l'incapacité de donner et l'incapacité de recevoir*. Si Pierre est incapable de faire une donation à Paul, Paul est incapable de la recevoir de lui, et inversement.

Libéralités faites aux pauvres. — Après avoir passé en revue les différentes classes d'incapables, il y aura lieu de s'occuper de l'*aptitude légale des pauvres* à recevoir des dons et des legs, et des questions diverses que soulèvent les libéralités qui leur sont faites et qui forment une catégorie à part des plus intéressantes. Voyez ci-dessous nos 2990 à 3005.

[1] Cet arrêt a annulé, comme faits sous la pression d'une volonté étrangère, trois testaments contradictoires rédigés en vingt-quatre heures.

§ 1. — *Des incapacités absolues de donner.*

** **2888. Énumération.** — Les personnes absolument incapables de faire des libéralités sont : 1° les *mineurs* ; 2° les *interdits* ; 3° les personnes pourvues d'un *conseil judiciaire* ; 4° les *femmes mariées* ; 5° les *condamnés à des peines criminelles.*

Anciennement il y a eu deux autres causes d'incapacité : la *qualité d'étranger* et la *profession religieuse*.

2889. Observation. — Ces incapables ne sont pas tous dans la même situation. Il en est dont l'incapacité est profonde, en ce sens qu'ils sont privés absolument du droit de faire une libéralité, si bien que nul ne peut les y autoriser ou la faire à leur place ; ils sont donc privés de la *jouissance* même du droit (sur la jouissance des droits, voyez t. I, n° 447). Tel est le cas en principe, pour les mineurs, les interdits et les condamnés à des peines criminelles. Il en est d'autres qui ont le droit de faire des libéralités, mais qui sont *incapables de les faire seuls* ; ceux-là sont donc privés seulement de l'exercice du droit. Tel est le cas pour les femmes mariées et les personnes pourvues d'un conseil judiciaire.

A. — Incapacité des mineurs.

** **2890. Généralité de la règle.** — Il n'y a pas à distinguer entre le mineur émancipé et le mineur non émancipé : à ce point de vue, l'émancipation ne modifie pas la situation du mineur et ne lui permet pas de faire des libéralités. Les textes les visent tous deux dans les mêmes termes : « *Le mineur...* », disent les art. 903 et 904.

** **2891. Exceptions à la règle.** — L'incapacité du mineur n'est pas toujours complète. Deux espèces de libéralités lui sont permises à partir d'un certain âge : le testament et les donations par contrat de mariage.

1° Testament.

** **2892. Age nécessaire pour tester.** — Quand le mineur est « parvenu à l'âge de seize ans », il peut faire son testament. Bien que le texte ne soit pas formel, cette faculté ne doit être reconnue qu'au mineur âgé de *seize ans révolus* ; tant que la seizième année n'est pas révolue, on ne peut pas dire que le mineur est « âgé de seize ans » ; il ne les a pas vécus.

La loi suppose que le mineur âgé de seize ans a déjà une maturité d'esprit suffisante pour lui permettre de faire un testament utile ; la présomption est peut-être dangereuse pour les héritiers naturels. L'idée de la loi est que l'incapacité ordinaire du mineur est établie dans son intérêt personnel, beaucoup plus que dans l'intérêt de sa famille ; on l'autorise donc de bonne heure à faire un testament, parce que cet acte ne peut pas lui nuire à lui-même.

** **2893. Quotité dont le mineur peut disposer.** — Le mineur âgé de seize ans n'a pas une capacité entière ; la loi lui permet seulement de léguer *la moitié de ce dont il pourrait disposer s'il était majeur* (art. 904).

On traduirait mal la pensée de la loi si on disait que le mineur peut tester pour « la moitié de sa fortune », car il faut tenir compte des *réserves héréditaires* accordées à certains parents et auxquelles le majeur lui-même ne peut pas toucher. C'est seulement la *moitié du disponible* que le mineur peut léguer, ce disponible pouvant être sa fortune entière s'il n'a pas d'héritiers à réserve. Ainsi quand le mineur a encore ses père et mère, réservataires chacun pour un quart, il ne pourra léguer que *le quart* de ses biens ; il en léguerait valablement *la moitié*, s'il était majeur.

***2894. Sanction.** — Si un mineur a fait un testament pour une portion plus forte que celle dont l'art. 904 lui donne la disposition, les legs faits par lui ne sont pas nuls, ils sont seulement *réductibles* à la quotité déterminée par la loi.

2° Donations par contrat de mariage.

***2895. En quoi consiste l'exception.** — Quand un mineur se marie, la loi lui permet de faire à son conjoint, par son contrat de mariage, les *mêmes donations qu'il pourrait lui faire s'il était majeur* (art. 1095 et 1398). Ces donations doivent naturellement être *autorisées*, puisque celui qui les fait est encore *incapable* et n'a pas la liberté d'agir seul ; cette autorisation lui est donnée par les mêmes personnes qui autorisent son mariage (mêmes art.), mais la chose importante est que ces donations sont *faisables*, bien que celui qui les fait soit encore mineur ; il y a donc bien exception au principe de l'art. 903, qui défend au mineur de faire des donations, et ce texte lui-même annonce l'exception par le renvoi qu'il fait au chapitre IX.

Cette exception est remarquable, car les donations faites par contrat de mariage sont considérables et portent souvent sur la fortune entière, à titre de donations de biens à venir. Notons en outre que le mineur obtient ici une *entière liberté*, et n'est pas réduit à une capacité *de moitié*, comme celle qu'on lui donne pour son testament.

***2896. Mineurs autorisés à donner.** — L'exception introduite par les art. 1095 et 1398 concerne ceux qui se marient. Or la femme peut se marier à quinze ans révolus et l'homme à dix-huit ans révolus, et encore l'un et l'autre peuvent obtenir des dispenses d'âge pour une année. Une jeune fille âgée de quinze ou même de quatorze ans peut donc faire des donations entre vifs, c'est-à-dire *donner* à une époque où il ne lui est pas encore permis de *tester*, puisqu'il faut avoir seize ans pour faire son testament.

L'exception relative aux donations profite surtout aux femmes, car il n'y a guère qu'elles qui se marient étant encore mineures.

***2897. Donations autorisées par la loi.** — C'est pour favoriser le mariage que la loi admet une exception à son principe. Par suite sont seules autorisées les donations faites *par contrat de mariage* (art. 1095 et 1398). Une fois le mariage célébré, l'époux mineur devra attendre sa majorité, s'il veut faire d'autres libéralités entre vifs à son conjoint.

B. — Incapacité des aliénés interdits ou internés.

2898. Effet de l'interdiction ou de l'internement. — On a déjà vu que la loi exige, d'une manière rigoureuse, l'intelligence et la liberté d'esprit chez le disposant ; quand cette liberté et cette intelligence ont fait défaut, l'annulation de la libéralité est plus facilement obtenue que s'il s'agissait d'un acte à titre onéreux.

Cependant l'internement ou l'interdiction des personnes en état de démence joue en cette matière son rôle habituel. Quand l'aliéné n'est ni interné ni interdit, on est obligé de démontrer que la libéralité consentie par lui a été faite dans un moment où il n'avait pas sa raison, et cette preuve sera peut-être difficile à fournir, si sa folie est entremêlée d'intervalles lucides. Son internement ou son interdiction auront pour effet d'établir une *présomption d'insanité,* qui rendra l'incapacité *continue* (t. Ier, n° 2633). Il en résulte que la preuve du défaut de raison devient inutile, quand l'acte se place par sa date dans la période d'incapacité.

2899. Question. — Pourrait-on obtenir la validation de la libéralité faite par un aliéné interné ou interdit, en prouvant que l'acte a été fait dans un intervalle lucide? Pour certains auteurs, l'art. 901 forme un système complet, qui se suffit à lui-même, et qui déroge à la règle générale de l'art. 502 (Demolombe, t. XVIII, n° 371; t. VIII, n°s 640 à 647). En conséquence une donation ou un testament fait dans un intervalle lucide est valable. — Ce système est inadmissible: l'art. 502 est général dans ses termes « *tous actes* passés par l'interdit sont nuls de droit », et aucune preuve contraire n'est recevable contre cette présomption, sur le fondement de laquelle la loi annule un acte (art. 1352). La nullité de la libéralité sera donc prononcée: elle est *de droit*, comme dit l'art. 502 (Nancy, 8 mai 1880, D. sous Cass., 83. 1. 113, S. sous Cass., 84. 1. 65. — Aubry et Rau, t. VII, § 648, note 6). Cette solution est juste: l'art. 901 ne dit pas que, pour faire une donation ou un testament, il *suffit* d'être sain d'esprit; il dit qu'il *faut* l'être. Par là, il ajoute quelque chose aux garanties du droit commun; il n'y retranche rien.

C. — Incapacité des personnes pourvues d'un conseil judiciaire.

* **2900. Donations.** — Les prodigues et les faibles d'esprit pourvus d'un conseil judiciaire ne peuvent faire seuls aucun des actes énumérés dans les art. 499 et 513. Parmi ces actes figure l'*aliénation,* et comme la loi ne distingue pas, ce mot doit s'entendre de toute aliénation gratuite ou onéreuse. Ils sont donc incapables de faire une donation sans l'assistance de leur conseil [1]; mais avec cette assistance il leur est permis de faire des donations valables. Leur état de faiblesse d'esprit ne peut pas être assimilé à l'insanité d'esprit, qui rend incapable de disposer à titre gratuit, aux termes de l'art. 901 [2].

* **2901. Testament.** — Le testament n'est pas un acte *d'aliénation*: c'est une disposition de dernière volonté, qui ne rentre pas dans les prévisions des art. 499 et 513. Il sera donc valablement fait un par prodigue ou un faible d'esprit, sauf aux héritiers à prouver, s'il y a lieu, que leur auteur n'était pas sain d'esprit au jour où il a testé.

D. — Incapacité des femmes mariées.

** **2902. Donations.** — La femme mariée est incapable de disposer par

[1] Faute de cette assistance, la donation serait nulle de droit; c'est à tort que le contraire a été soutenu.

[2] Il résulte de là que la personne pourvue d'un conseil judiciaire peut valablement révoquer une donation précédemment faite (Paris, 24 avril 1869, D. 70. 2. 221, S. 69. 2. 288).

donation entre vifs, sans autorisation du mari ou de justice (art. 905, al. 1er). Cette règle est générale et s'applique même aux *dons manuels* : ceux-ci sont dispensés des *formes*, mais non pas des règles relatives à la capacité du donateur.

Du reste l'autorisation de justice produit un effet moins complet que celle du mari, quand la femme est mariée sous le régime de la communauté : avec l'autorisation du tribunal, la femme ne peut disposer que de la nue propriété de ses biens. Comp. ci-dessus n° 1101.

Il n'y a pas à distinguer si la femme est séparée de biens ou non ; mais on sait que depuis 1893 la femme séparée de corps a la pleine capacité civile.

** **2903. Testament.** — La loi permet à la femme mariée de faire son testament sans l'autorisation de personne : c'est la manifestation d'une volonté essentiellement personnelle, et un des rares actes que la femme non séparée puisse faire seule pendant le mariage (art. 905, al. 2). La raison de cette différence entre le testament et la donation est que la donation produit un effet immédiat, qui porte atteinte à l'autorité maritale, tandis que l'effet du testament se réalise seulement quand le mariage est dissous et que les pouvoirs du mari ont pris fin.

E. — Incapacité des condamnés aux peines criminelles.

1° Condamnés à des peines perpétuelles.

2904. Incapacité spéciale dont ils sont frappés. — Jusqu'en 1854, les condamnés aux peines perpétuelles étaient en état de mort civile. Depuis l'abolition de la mort civile ces condamnés sont frappés d'une incapacité particulière ; ils ne peuvent aucunement disposer de leurs biens, *ni par donation entre vifs, ni par testament* (L. 31 mai 1854, art. 3, al. 1er). En outre, par une sévérité supplémentaire, le testament fait par eux en temps de capacité est annulé (même art., al. 2). — Cette incapacité est un débris de la mort civile, qui a été conservé pour maintenir une différence entre ces criminels et les condamnés à des peines moindres.

Elle atteint le condamné à mort, comme les condamnés aux travaux forcés ou à la déportation ; mais pour lui l'annulation du testament antérieur est le seul point qui offre de l'intérêt.

En cas de condamnation par contumace, la déchéance n'est encourue que cinq ans après l'exécution par effigie.

2905. Restitution de la capacité par mesure administrative. — Le gouvernement peut relever le condamné de tout ou partie des incapacités dont il est frappé (L. 31 mai 1854, art. 4). Cette disposition évite un des plus graves inconvénients de la mort civile : quand un condamné mort civilement avait des enfants en âge de se marier, il était impossible de leur constituer une dot : leur père était privé du droit de faire des donations et l'art. 511 C. civ., qui prévoit le mariage de l'enfant d'un interdit, était inapplicable. Quand le condamné a obtenu cette espèce de restitution administrative, il devient possible de doter ses enfants conformément à l'art. 511.

2° Condamnés à des peines criminelles non perpétuelles.

2906. Leur état d'interdiction. — Ces condamnés sont simplement en état d'*interdiction légale*, c'est-à-dire qu'ils ont perdu l'*exercice* de leurs droits, mais non la *jouissance*. Les actes à faire en leur nom sont accomplis par leur tuteur. En principe, celui-ci n'est pas autorisé à faire des *donations*, si ce n'est pour l'établissement des enfants du condamné, sous les conditions et dans les formes prescrites par l'art. 511 (t. Ier, n° 2664).

D'ailleurs l'incapacité de disposer n'existe que pour les *donations* : on laisse au condamné le *droit de tester*. En le déclarant incapable, on cherche surtout à lui retirer les moyens de s'évader et de se procurer des complices par des libéralités; le testament ne donne qu'une espérance trop lointaine et trop fragile pour déterminer des concours bien actifs en pareilles circonstances.

Rappelons que l'interdiction légale suppose une *condamnation contradictoire*; elle a lieu en effet « pendant la durée de la peine », et aucune peine n'est subie en vertu d'une condamnation par contumace.

F. — Anciennes incapacités abolies.

2907. Incapacité des étrangers. — Le *droit d'aubaine* (ci-dessus n° 1728) rendait les étrangers incapables de laisser des *successions testamentaires*, tout aussi bien que des successions ab intestat. On défendait donc aux étrangers de faire leur testament. On leur permettait au contraire de *disposer par acte entre vifs*, parce que la donation était considérée comme un mode d'aliéner appartenant au droit des gens : on pensait que les modes d'aliéner entre vifs étaient de droit naturel, tandis que tous les modes de transmission par décès étaient de pur droit civil, et comme tels, refusés aux étrangers (Ricard, *Des donations*, 1re partie, chap. III, sect. v, nos 202 et suiv.; Furgole, chap. IV, sect. 2, n° 50; Pothier, *Donations*, n° 4).

Cette incapacité des étrangers de disposer par testament a été définitivement abolie par la Révolution (L. 8-15 avril 1791, art. 3); elle n'a pas été rétablie par le Code Napoléon. En effet, son art. 912 déclarait les étrangers incapables de *recevoir* par donation ou testament, mais il leur laissait le droit de disposer par testament aussi bien que par donation entre vifs.

2908. Incapacité des religieux. — Les religieux profès étaient anciennement en état de mort civile (t. Ier, n° 384), et à ce titre incapables de tester; de plus comme ils ne possédaient rien en propre, ils ne pouvaient faire aucun don. La Révolution a aboli les ordres monastiques, et quand ils ont reparu, le droit civil avait cessé de reconnaître des effets juridiques aux vœux religieux. Cependant un décret du 18 février 1809 (art. 10) avait enlevé aux religieuses hospitalières le droit de disposer par testament. Il a été abrogé par la loi du 24 mai 1825, qui a réglementé les libéralités faites par les membres des congrégations religieuses de femmes.

§ 2. — *Des incapacités absolues de recevoir.*

**** 2909. Distinction.** — Certaines personnes sont absolument *incapables de recevoir* des libéralités, en ce sens qu'il n'y a aucun moyen de les gratifier. D'autres sont seulement *incapables d'accepter* les libéralités qui leur sont faites. Au premier cas l'incapacité existe pour le fond même du droit ; au second, pour son exercice seulement. Sur ce double sens du mot « incapacité », voyez t. I, n° 449.

Sont réellement incapables de recevoir : 1° *les personnes non encore conçues* ; 2° les *condamnés aux peines afflictives perpétuelles* ; 3° les *associations non reconnues d'utilité publique*. Enfin les établissements publics ou privés sont parfois doués d'une *capacité partielle* qui les rend incapables de recevoir au delà des limites fixées par la loi. Ensuite il y aura lieu de dire quelques mots de l'incapacité des *personnes incertaines*.

Sont seulement incapables d'accepter : 1° les *personnes morales autres que l'État* ; 2° les *incapables* proprement dits (femmes mariées, mineurs, etc.).

2910. Ancienne incapacité des étrangers. — Sous l'ancien droit les *étrangers* étaient incapables de recevoir *par testament* ; leur incapacité, qui avait été abolie quand on supprima le droit d'aubaine, fut rétablie et même aggravée par le Code civil, qui les déclarait incapables de recevoir *par donation et par testament* (art. 912). Mais cet article a été abrogé par la loi du 14 juillet 1819.

A. — Personnes réellement incapables de recevoir.

1° Personnes non encore conçues.

****2911. Disposition de la loi.** — Pour acquérir un droit, il faut exister. On considère comme déjà vivant l'enfant qui n'est encore que conçu (t. I, n° 379) ; on permet donc de lui faire des libéralités, sous la condition toutefois qu'il naîtra ensuite vivant et viable. Mais ni par donation ni par testament on ne peut gratifier une personne qui n'est pas encore conçue soit au jour de l'acte, s'il s'agit d'une donation ; soit au jour du décès du disposant, s'il s'agit d'un legs. Telle est la règle écrite dans l'art. 906, al. 1 et 2.

Cet article a une origine historique, qu'il faut connaître pour le comprendre. On trouvera sur ce sujet des détails plus complets que je n'en puis fournir ici dans la thèse de M. Ed. Lambert, sur la *Stipulation pour autrui*, Paris, 1893, 2e partie, §§ 165 à 184.

a. — *Précédents.*

2912. Donations. — Une pratique très ancienne permettait de faire, au moment d'un mariage, une donation au profit des enfants à naître des deux époux ; cette donation était valable parce que l'on considérait le notaire comme stipulant pour l'enfant et acceptant à sa place [1]. La validité de ces donations faites par contrat de mariage aux enfants à naître n'a jamais été contestée depuis, et le Code les autorise encore (art. 1082).

Mais la pratique ancienne ne s'était pas arrêtée là. Elle avait admis que, *même en dehors de tout mariage*, l'intervention d'un notaire permettait de faire des donations à des personnes futures. Jusqu'au xvie siècle, les docteurs étaient unanimes en ce sens (voyez les citations dans Lambert, § 177). Au xvie siècle il se fit une réaction contre cette pratique des *stipulations notariales*. L'art. 133 de l'ordonnance de Villers-Cotterets (août 1539) décida que la donation n'aurait d'effet qu'à partir du jour où elle aurait été réellement acceptée par le donataire, ce qui rendait vaine l'acceptation faite au nom de l'absent par le notaire (Comp. ord. de février 1731, art. 5)[2]. Spécialement pour les non-

[1] Donation faite par le sieur de Torètes, dans le contrat de mariage de son neveu, le sieur de Saint-Gonhard, « primo masculo ex dicto matrimonio... nascituro, notario pro eo stipulanti » (Boerius, *Decisiones supremi senatus Burdigalensis*, quest. 172). La donation est valable « quia notarius potest pro absentibus et his qui nondum nati sunt stipulari ». — Gui-Pape emploie sa question 67 à ce sujet : « De donatione nascituris filiis », et il cite un arrêt (sans date) du Parlement de Paris, ayant décidé en ces termes : « Sic in proposito valet stipulatio per notarium interposita ad opus filii nascituri. »

[2] Malgré les ordonnances, l'usage des donations à un enfant à naître a longtemps persisté, en se cachant sous la forme d'une stipulation pour autrui. Bien après l'ordonnance de 1539, les jurisconsultes s'en occupent encore, et leurs controverses montrent que le droit n'était nullement fixé sur la question de nullité (Brodeau sur Louet, lettre D, n° li ; Valin, sur l'art. 41 de la coutume de La Rochelle ; Basnage, sur l'art. 431 de la coutume de Normandie ; Furgole, *Questions remarquables*, quest. 27, n° 2).

conçus, François Hotman en donnait une raison théorique ; on ne comprend pas un contrat dans lequel l'un des contractants n'existe pas : « Deest persona, cum qua ulla conventio intercedat. » Cela équivalait en effet à faire une donation par acte unilatéral.

2913. Testaments. — Il était jadis admis que les libéralités testamentaires pouvaient être faites à des enfants à naître et qu'elles leur profitaient même quand ils n'étaient pas encore conçus au décès du disposant. Toutefois, à raison de l'incertitude que faisaient planer sur la dévolution des successions les institutions d'héritier faites au profit d'enfants à naître, le chancelier d'Aguesseau établit une règle qui en restreignit l'usage. Il décida que l'institution d'héritier serait nulle si celui qui en bénéficiait n'était pas encore conçu au décès du testateur (ord. août 1735, art. 49). Il restait d'ailleurs possible d'adresser par testament des dispositions, à titre particulier, à des personnes non encore conçues.

b. — *Législation actuelle.*

** **2914. Innovation du Code.** — Le Code a généralisé et complété le système établi par les ordonnances. Il est actuellement impossible de faire *aucune libéralité,* même à titre particulier, *soit par donation entre vifs, soit par testament,* à des personnes qui ne sont encore ni nées ni conçues au jour du décès ou de la donation.

Il serait impossible d'éluder la loi en insérant dans la donation ou dans le testament la condition « si nascatur ». Autrefois il a été fait grand usage de cette condition pour permettre aux personnes futures de bénéficier d'institutions conditionnelles (arrêt du 24 mars 1665 rapporté par Boniface, *Arrêts du Parlement de Provence*, t. II, liv. 1, tit. 8, chap. 2. — Comp. Favre, *De erroribus pragmaticorum*, déc. 33, liv. 8, n° 18). L'emploi de cette condition était déjà condamné par l'ordonnance de 1735, pour les institutions d'héritier, qui ne devaient valoir « en aucun cas » au profit des non-conçus ; la formule actuelle de l'art. 906 l'exclut d'une façon absolue : la loi exige la capacité actuelle du bénéficiaire à l'époque du décès ou de la donation, sans distinguer entre les libéralités conditionnelles et celles qui sont pures et simples.

***2915. Exceptions à la règle.** — L'art. 906 reçoit deux exceptions : 1° au cas de substitution permise ; 2° pour les donations faites par contrat de mariage aux enfants à naître des époux. Ces deux espèces de libéralités profitent à des personnes non encore conçues au jour où elles sont faites. Il en sera traité plus loin.

** **2916. Limite de la prohibition.** — Malgré la généralité des formules employées par le législateur, il ne faudrait pas croire qu'une personne soit incapable de profiter d'une libéralité faite à une époque où elle n'était pas encore conçue. Il faut à cet égard distinguer entre les personnes qui sont *attributaires directs de la libéralité,* et celles qui en recueillent *indirectement* le bénéfice *par l'intermédiaire d'autrui.* La prohibition n'est faite que pour les premières ; les secondes ne sont ni donataires, ni légataires, elles bénéficient seulement de *l'exécution d'une charge* apposée à la libéralité. Tous les jours, on voit des legs et des donations adressés à des villes ou à des établissements publics, à la condition de distribuer annuellement des secours ou des prix, de doter des ménages pauvres, etc. Quand ces fondations sont anciennes, elles profitent à des générations conçues depuis qu'elles ont été faites ; cela est possible parce que c'est la ville ou l'établissement qui en a la charge, que l'on considère comme en étant juridiquement le bénéficiaire, bien que cette ville ou cet établissement n'en retire qu'un profit indirect. Voyez ci-dessous n° 2919.

2° Condamnés aux peines afflictives perpétuelles.

2917. Leur incapacité. — Ces condamnés sont ceux dont il a déjà été parlé ci-dessus n° 2904. De même qu'ils sont incapables de disposer, ils sont également incapables de recevoir à titre gratuit (L. 31 mai 1854, art. 3). La loi permet cependant de leur faire des donations ou des legs, *à titre de pension alimentaire*. En outre, comme il a déjà été dit, le gouvernement peut les relever de leur incapacité en tout ou en partie.

3° Associations non reconnues.

2918. Bibliographie. — Marguerie, *Étude sur les libéralités faites aux établissements non reconnus*, *Revue critique*, 1878, t. XLIV. — Voyez aussi les ouvrages et articles indiqués aux nos 2936 et 3330 ci-dessous.

** **2918** *bis*. **Impossibilité de les gratifier directement.** — On sait que le législateur, qui redoute la formation et l'accroissement des propriétés collectives, ne permet pas aux associations de posséder des biens sous cette forme, avant d'avoir été approuvées par lui, et reconnues d'utilité publique (t. I, nos 1990 et suiv.). Un établissement non reconnu et considéré, selon le langage traditionnel, comme *dépourvu de personnalité*, est par suite absolument *incapable* de recevoir des libéralités ; il n'a pas d'existence légale, il est dans la même situation qu'un enfant non encore conçu [1]. La libéralité qui lui est adressée ne peut donc recevoir aucun effet ; elle est non avenue, et la nullité n'en est pas couverte par son exécution même et par la délivrance qui en a été consentie (Nîmes, 18 juill. 1892, D. 93. 2. 490, S. 93. 2. 45 ; Cass., 2 janv. 1894, D. 94. 1. 81, S. 94. 1. 129. Nombreux arrêts plus anciens). En fait, il arrive souvent que les biens donnés ou légués sont recueillis par les membres de l'association, auquel cas ils se trouvent dans l'indivision entre eux, à moins que l'un d'eux, jouant le rôle de prête-nom, ne tienne lieu de propriétaire apparent unique.

* **2919. Tempérament admis en jurisprudence.** — Toutefois on applique aux associations non reconnues le même système qu'aux enfants non encore conçus : si elles ne peuvent pas être attributaires directs d'une

[1] Disposition extraordinaire de la loi municipale. — On doit assimiler à une association non reconnue les circonscriptions administratives qui ne sont pas réputées personnes civiles, comme des *hameaux* et *quartiers* de communes, qui ne sont pas encore érigées en *sections* ayant la personnalité. Cependant l'art. 111 de la loi du 5 avril 1884, remanié par la loi du 4 février 1901, a prévu que des *donations* et des *legs* pourraient être faits à leur profit et que l'acceptation serait faite par une commission spéciale nommée par les habitants et autorisée par un décret. Voilà une décision *utilitaire*, qui rappelle celles du préteur romain, sauf qu'elle émane du législateur : elle revient à dire qu'une libéralité peut être faite à *une collectivité d'habitants*, en dehors de tous les cas où nos lois reconnaissent la personnalité fictive. Rien ne montre mieux le vide de cette fiction ; la personne naît du seul fait de l'existence des biens collectifs. C'est de la même façon que les choses se sont passées en 1811 quand Napoléon a constitué le premier noyau du domaine départemental : le département avait des biens; du coup, on a vu en lui une personne. Voyez t. I, n° 1976.

libéralité, elles peuvent *en bénéficier indirectement,* quand il s'agit d'une *charge* imposée à une personne ou à un établissement, gratifié en première ligne et ayant capacité pour recevoir. Bien entendu, l'établissement ne pourra profiter de l'exécution de la charge stipulée à son profit, qu'autant qu'il aura été régulièrement reconnu dans l'intervalle : la déclaration d'utilité publique sera pour lui l'équivalent de la naissance pour l'enfant bénéficiaire de la charge. La jurisprudence s'est même montrée assez large pour ces libéralités indirectement adressées à des établissements non encore reconnus : elle aurait pu, selon les observations de M. LABBÉ dans *Sirey* (74. 1. 258), se borner à autoriser l'exécution de la charge au profit de l'établissement; elle lui a, de plus, accordé une action pour exiger, de la personne gratifiée, l'exécution de la charge imposée à la libéralité (Cass., 21 juin 1870, D. 71. 1. 97, S. 70. 1. 367 ; Cass., 8 avril 1874, D. 76. 1. 225, S. 74. 1. 258).

Quant au Conseil d'État, il laisse arriver aux établissements non reconnus toutes les *charges d'hérédité* qui ne font pas d'eux des légataires directs : si un *legs* a été fait à un établissement non reconnu, il intervient un décret portant qu'il n'y a pas lieu de statuer, parce que l'établissement n'a pas d'existence légale ; s'il s'agit d'une *charge* imposée à un légataire ou à un héritier, l'autorité administrative n'intervient aucunement ; elle s'abstient purement et simplement, laissant entendre par son abstention que ces libéralités peuvent s'exécuter sans son assentiment (THÉOD. TISSIER, *Dons et legs,* n° 71). Comp. REYNAUD, *Notes de jurisprudence,* p. 229.

2920. Effet d'une reconnaissance ultérieure. — Si l'on ne veut pas employer le détour, d'ailleurs très simple, d'une charge imposée à un tiers, peut-on conférer utilement une libéralité directe à un établissement non reconnu, *en la subordonnant à la condition expresse qu'il se fera autoriser?* Cette condition est, pour les associations, l'équivalent de la condition « si nascatur » pour les enfants non encore conçus. Aussi la grande majorité des auteurs la déclare nulle (DEMOLOMBE, t. XVIII, n°s 586-589 ; AUBRY et RAU, t. VII, § 649, notes 5 et 6). Cependant sa validité, jadis soutenue par TROPLONG (*Donations et testaments,* t. II, n° 612), est défendue aujourd'hui par de bons esprits (JACQUIER, *Des congrégations religieuses,* p. 251 et suiv. ; THÉOD. TISSIER, *Dons et legs,* n° 85). Ce dernier est d'avis que les établissements qui fonctionnent en fait peuvent être assimilés à des enfants conçus, et par suite acquérir des droits sous la condition d'être ultérieurement reconnus. L'assimilation est d'autant plus exacte que cette période d'existence de fait est imposée à tout établissement qui sollicite sa reconnaissance d'utilité publique, cette faveur ne lui étant accordée qu'après qu'il a prouvé son aptitude à vivre et la nature des ressources qui assurent son avenir.

Quant à la jurisprudence, il y a divergence entre la Cour de cassation et le Conseil d'État. La jurisprudence civile a décidé jadis que la reconnaissance d'utilité publique survenant dans la suite, même accompagnée de l'autorisation d'accepter la libéralité, est inopérante ; *elle ne rétroagit pas* (Cass., 12 avril 1864, D. 64. 1. 218, S. 64. 1. 153 ; Cass., 14 août 1866, D. 67. 1. 110, S. 67. 1. 61). Anciennement le Conseil d'État jugeait dans le même sens ; mais depuis un décret du 16 août 1859 [1], il est admis d'une manière constante que le gouvernement peut par un seul et même acte reconnaître un établissement et l'autoriser à accepter une libéralité faite en sa faveur, même plusieurs années auparavant. Cela se pratique journellement (TISSIER, n° 86, et Avis de la section de l'intérieur du 17 janvier 1883, n° 42.447).

4° Établissements à capacité limitée.

***2921. Limitation pour les associations du droit de recevoir des immeubles.** — Les *syndicats professionnels* ne peuvent posséder, en fait d'immeubles, que ceux qui sont nécessaires à leur fonctionnement (L. 21 mars 1884, art. 6, al. 3). Si on leur donne un immeuble n'ayant pas ce caractère, la donation est nulle ; la nullité en peut être demandée par le procureur de la République ou par les intéressés, et l'immeuble fait retour au disposant ou à ses héritiers ou ayants cause (même loi, art. 8).

Un régime analogue a été institué pour toutes les associations en général par la loi du 1er juillet 1901, art. 6 et 11 ; il est donc devenu de droit commun et s'applique aux associations reconnues d'utilité publique (art. 11), aussi bien qu'à celles qui ont été simplement déclarées (art. 6). Toutefois cette loi est moins sévère que celle de 1884 : au lieu de prononcer la nullité de la donation et de faire revenir l'immeuble au disposant, elle décide simplement que les immeubles non nécessaires au fonctionnement de l'association sont vendus et que le prix en est versé à sa caisse. La loi nouvelle n'ayant pas dérogé aux lois sur les syndicats professionnels (art. 21), ceux-ci ne bénéficient pas de cette disposition favorable.

2922. Associations incapables de recevoir à titre universel. — Ce sont les *congrégations religieuses de femmes.* Elles ne peuvent recevoir *de qui que ce soit* une libéralité faite à titre universel ; il leur est seulement permis de recevoir à titre particulier (L. 24 mai 1825, art. 4-1°). Le motif qui a dicté une pareille disposition sous le gouvernement monarchique n'est pas une pensée d'hostilité contre les congrégations. On n'a pas voulu qu'elles se trouvassent mêlées à des contestations et à des procès à titre de successeurs universels. La qualité de successeurs particuliers ne les empêche pas de recevoir de fortes libéralités et les dispense de la charge des dettes et obligations du défunt.

2923. Effet de la spécialité des établissements publics. — La jurisprudence administrative a établi comme un principe que *chaque établissement a des attributions limitées*, qui sont *définies par son objet même*, et hors desquelles son

[1] Il est impossible de savoir si ce décret est le premier en date ou s'il n'a fait que continuer une jurisprudence déjà admise, à cause de la destruction des Archives du Conseil d'État en 1871 (MARGUERIE, *Revue critique*, 1878, p. 516).

activité ne peut pas s'étendre. Ce principe, dit *de la spécialité*, est une entrave destinée à contenir les établissements publics et privés en limitant leur action. Il est nécessaire d'entrer à ce sujet dans quelques détails, à cause de la répercussion que cette jurisprudence a sur le droit civil.

ORIGINE. — La règle de la spécialité n'existait pas dans notre ancien droit. Pothier, qui s'est occupé des *corps* ou communautés capables de posséder des biens à l'instar des personnes (*Des personnes*, nos 210-231), ne soupçonne pas qu'il puisse y avoir pour eux une restriction de ce genre ; et en fait, dans notre ancienne pratique, les fondations les plus variées étaient adressées indistinctement à tous les établissements, qui pouvaient toujours les accepter avec le bon plaisir du roi. Les rédacteurs du Code ont fait comme Pothier ; ils n'ont pas même entrevu l'utilité de cette spécialisation des différents établissements existants. C'est le Conseil d'État qui, dans le courant du XIXe siècle, a élaboré peu à peu la doctrine de la spécialité, au milieu de bien des incertitudes et non sans changer plusieurs fois de système.

BIBLIOGRAPHIE. — On peut lire sur ce sujet, TH. TISSIER, *Dons et legs*, t. I, nos 226 et suiv., p. 494 ; BÉQUET, article sur la *Capacité des fabriques*, dans la *Revue d'administration*, 1881 ; PLANIOL, note dans *Dalloz*, 95. 1. 217 ; BERTHÉLEMY, *Traité de droit administratif*, 2e édit., p. 50 et 252, note 4.

ÉTENDUE D'APPLICATION. — La règle de la spécialité ne peut pas s'appliquer indistinctement à toutes les personnes civiles. D'abord l'État a par lui-même une généralité d'attributions qui exclut toute idée de spécialisation. Il en est à peu près de même de ses subdivisions territoriales, comme le département et la commune. Les autorités qui les représentent ont reçu une mission générale : elles doivent posséder des pouvoirs suffisants pour donner satisfaction à tous les intérêts et à tous les besoins régionaux ou locaux, quelque variés qu'ils soient [1].

Le principe de spécialité ne concerne donc ni l'État, ni les départements, ni les communes. Il est fait *seulement pour les établissements détachés des administrations publiques et érigés en organes distincts*, doués de personnalité. Pour ceux-ci la règle admise par le Conseil d'État équivaut à une application du principe économique de la *division du travail* : les services de chaque établissement étant confinés dans un objet déterminé, on évite les doubles emplois qui seraient fréquents, et on diminue les chances de conflits.

Appliqué aux établissements d'ordre religieux, ce même principe perd une partie de ses raisons d'être. Les Églises étant distinctes de l'État, il n'y a pas de raison théorique pour empêcher que leurs services viennent sur certains points doubler ceux de l'État : c'est ainsi qu'il existe des ordres religieux voués à *l'enseignement* ou à *l'assistance*, qui rivalisent avec les écoles publiques et les services hospitaliers. Jusqu'à présent le principe admis par le Conseil d'État n'a guère servi qu'à empêcher les *fabriques paroissiales* de faire concurrence aux écoles communales et aux bureaux de bienfaisance. Sur ce terrain tout au moins, on peut dire que le principe de la spécialité n'a été qu'une arme de combat ou de résistance contre les établissements religieux.

Enfin les motifs de la spécialité ne concernent nullement les associations privées. Si la spécialisation des services est une règle d'ordre, nécessaire dans les administrations publiques, le régime des associations privées doit être tout différent. Ce qui leur convient c'est *la liberté d'initiative*, et par suite la *multiplicité des efforts* : la concurrence d'établissements semblables les uns aux autres, ayant le même but, les mêmes services, au lieu d'être un fait fâcheux, est un bien certain : c'est l'indice d'une grande activité dans la nation (Comp. note dans D. 95. 1. 217). L'objet d'une association dépend de ses statuts : ses fondateurs peuvent lui assigner plusieurs objets à la fois, s'ils ne jugent pas ce cumul au-dessus de leurs forces.

Cependant la liberté de formation laissée à diverses associations est subordonnée à une

[1] Dans le même sens TISSIER, *Dons et legs*, t. I, p. 680-681 : l'Etat, le département et la commune « personnifient tous les intérêts collectifs de leurs ressortissants ».

condition : les particuliers qui en profitent doivent en user exclusivement pour les œuvres prévues et permises par la loi. Ainsi les sociétés commerciales ont pour but la *spéculation* ; elles ne peuvent pas faire autre chose que du commerce. Les syndicats professionnels ont été autorisés pour *l'étude et la défense des intérêts économiques* communs à toutes les personnes exerçant la profession (L. 21 mars 1884, art. 3). Il leur est interdit de faire autre chose ; ils ne peuvent ni faire le commerce, ni se mêler de politique ou de questions religieuses. Il existe donc, pour ces associations, un *système de spécialisation obligatoire*, mais qui n'est pas fondé du tout sur les mêmes motifs que pour les établissements publics : il ne s'agit pas d'obtenir une bonne organisation des services par une répartition savamment calculée des attributions. Si l'État confine ces individus associés dans une fonction étroite, c'est qu'il se méfie des associations, qu'il redoute leur propagande et leur puissance. Le principe de spécialité est donc fondé ici sur *une idée de suspicion*, et non pas sur le principe de la *division du travail*.

Sanction. — Qu'arriverait-il si le Gouvernement avait autorisé un établissement à accepter une libéralité accompagnée de charges et de conditions étrangères à son objet naturel? On doit prévoir le fait, car l'appréciation de ces questions comporte une grande part d'arbitraire, et dépend beaucoup du courant politique qui domine le Gouvernement ; à de certaines époques, le Conseil d'État s'est montré très large sur ces questions, à d'autres très rigoriste. Le principe de spécialité n'est qu'une *pratique administrative*, qui peut avoir son utilité, et qui se justifie quand on n'en abuse pas ; ce n'est pas une *règle de droit*. On doit donc refuser absolument d'en faire une *condition de validité* de la libéralité ; ce serait contraire aux textes mêmes du Code civil, qui portent que les établissements publics et d'utilité publique sont *capables de recevoir* sous la seule condition d'être autorisés par le Gouvernement ; cette autorisation obtenue, la validité de l'acte ne peut pas être mise en doute. Comp. note dans *Dalloz*, 95. 1. 217, col. 2. Dans le même sens, Marques di Braga et C. Lyon, *Obligations et responsabilité des comptables publics*, v° Responsabilité de fait, n° 187. En sens contraire, Th. Tissier, *Dons et legs*, n° 263. Un arrêt a annulé pour *incapacité* une donation faite à une fabrique comme ne rentrant pas dans son *objet*[1] parce qu'il s'agissait d'entretenir une école (Dijon, 11 juin 1896, D. 98. 2. 279, S. 96. 1. 129). Mais il a été jugé qu'un hospice avait pu être autorisé à accepter une libéralité destinée à l'entretien et à la fondation d'une salle d'asile pour les enfants pauvres (Cass., 26 mai 1894, D. 95. 1. 217), parce que la salle d'asile a un caractère mixte, à la fois maison d'éducation et établissement de bienfaisance. Nous retrouverons cette question dans la théorie d'ensemble des fondations (ci-dessous n° 3337).

[1] Pour comprendre ces questions, il faut bien se rendre compte d'une distinction nécessaire entre l'*objet* d'un établissement et la *capacité* de la personne fictive qu'il forme. L'objet est *l'œuvre pour laquelle l'établissement a été fondé* : ainsi les hospices et les hôpitaux sont faits pour recevoir et soigner les malades, les aliénés, les infirmes, les vieillards ; les fabriques paroissiales sont instituées pour veiller à la conservation et à l'entretien des églises, et pour administrer les biens affectés à l'exercice du culte (Décr. 30 déc. 1809, art. 1er). C'est donc l'objet qui limite, au point de vue économique ou social, *l'activité* de la personne morale. Ainsi il serait contraire à l'objet très limité des fabriques de posséder et de faire fonctionner une école publique ou un établissement hospitalier ; elles ne peuvent donc être autorisées à accepter de libéralités à elles faites dans ce but. C'est l'application du principe de spécialité. L'idée exprimée par le mot de « capacité » est toute différente et *purement juridique*. Il faut entendre par là les *divers actes juridiques* que les représentants de la personne morale peuvent *accomplir valablement* au nom de la collectivité. La capacité est donc le *moyen* à l'aide duquel l'objet, c'est-à-dire *le but de la fondation*, sera rempli.

Les deux idées sont bien distinctes. Cependant on les confond presque toujours, et le législateur lui-même le fait. Ainsi la loi du 21 mars 1884, sur les syndicats professionnels, a traité pêle-mêle, dans l'art. 6, les questions d'objet et les questions de capacité. D'une part, ce texte défend aux syndicats de s'occuper d'autre chose que des *questions économiques* qu'ils sont chargés d'étudier (question d'objet) ; de l'autre, il leur permet d'ester en justice par leurs représentants et d'acquérir des biens sous certaines réserves (question de capacité).

5° Ancienne incapacité des personnes incertaines.

2924. Bibliographie. — E. Audouin, *Des dispositions en faveur de personnes incertaines.* Thèse, Paris, 1890.

**** 2925. Nécessité de déterminer la personne du bénéficiaire.** — Toute libéralité, qu'elle se fasse par donation ou par legs, établit un *rapport juridique* entre deux personnes, le disposant et le gratifié. Ce rapport peut commencer par être un simple *rapport d'obligation* ; dans les donations, par exemple, le donateur peut se constituer *débiteur* envers le donataire du montant de la donation. Mais, en fin de compte, il aboutit toujours à *une transmission de biens d'une personne à une autre.*

Il est clair, par suite, qu'une libéralité n'est possible qu'à la condition que son bénéficiaire soit *déterminé.* S'il y a indétermination absolue, l'établissement d'un rapport de droit est impossible ; la libéralité est irréalisable. Il est donc nécessaire que le disposant précise d'une manière suffisante les personnes qu'il entend gratifier, soit qu'il les indique lui-même d'une manière individuelle, soit qu'il donne tout au moins un moyen de les reconnaître, qu'il les rende, en un mot, *déterminables.*

*** 2926. Abandon des anciennes idées romaines.** — En toute cette matière le droit moderne s'est complètement affranchi des traditions romaines. Le droit romain a possédé une théorie des *personnes incertaines,* qui n'est plus de mise actuellement. On appelait « personæ incertæ » celles dont le testateur ne pouvait pas se faire une idée précise *au moment où il testait,* « quam incerta opinione animo suo testator subjiciebat » (*Institutes,* liv. II, tit. 20, § 25). Ces personnes étaient considérées comme incapables et le legs qui leur était fait restait nul alors même qu'au jour du décès on eût un moyen sûr de les reconnaître. Ainsi on annulait les libéralités adressées « à celui qui viendra le premier à mes funérailles », « à celui qui épousera ma fille », et principalement celles qui étaient faites aux posthumes et aux personnes civiles.

La législation a bien changé depuis ; Justinien lui-même, par une constitution dont nous connaissons l'existence et l'objet, bien que le texte en soit perdu, avait permis d'instituer des personnes réputées jusque-là incertaines. On devrait donc abandonner la vieille expression romaine de « personnes incertaines », dont on abuse dans les arrêts et dans les livres, pour se servir de l'expression « personnes indéterminées », qui n'a pas l'inconvénient de réveiller les souvenirs romains.

**** 2927. Définition moderne.** — La seule définition des personnes dites « incertaines » qu'on doive donner actuellement est celle-ci : ce sont les personnes qui, *à raison de leur indétermination,* ne peuvent figurer dans un rapport juridique dont la formation suppose *des sujets définis.* D'ailleurs, pour qu'une personne soit suffisamment déterminée, il n'est pas nécessaire qu'elle soit *individuellement désignée* ; il suffit qu'elle fasse *partie d'une catégorie déterminée de personnes.*

Remarquons qu'il n'existe dans nos lois aucune définition des personnes incertaines, ni rien qui puisse servir à construire cette définition ou à la contredire.

2928. Observation. — L'obstacle à la formation d'une libéralité, provenant de l'*indétermination du bénéficiaire,* se trouve souvent combiné avec un autre obstacle provenant de son *inexistence actuelle* : ainsi les personnes futures sont souvent tout à la fois indéterminées et incapables d'être gratifiées à raison de leur inexistence. Les deux choses sont cependant distinctes. Ainsi des personnes actuellement existantes peuvent très bien être insuffisamment déterminées pour recevoir une libéralité. Et à l'inverse, une personne future, le premier enfant qui va naître d'un mariage, peut très bien être suffisamment déterminée.

Nous ne nous occupons ici que de l'indétermination du bénéficiaire. Sur les personnes futures, voyez ci-dessus nos 2911 et suiv.

* **2929. L'indétermination n'est pas une incapacité.** — Dans la théorie romaine, les « personæ incertæ » pouvaient avoir été déterminées par le testateur avec une précision suffisante pour les reconnaître. Il en résultait que la personne gratifiée, qu'on empêchait de recueillir le legs, apparaissait véritablement comme un *incapable*. Actuellement il n'en est plus de même. L'obstacle qui empêche les personnes indéterminées de recueillir est un *simple obstacle de fait* : on ne sait pas qui elles sont [1].

Toutes les décisions judiciaires qui ont annulé, comme faites à des personnes incertaines, des libéralités adressées à des catégories de personnes déterminées, doivent être considérées comme de *véritables erreurs* de la justice, lorsqu'elles ne se justifient pas par quelque autre raison [2].

B. — Personnes incapables d'accepter sans autorisation.

1° Incapables proprement dits.

* **2930. Interdits.** — La libéralité offerte à un interdit doit être acceptée par son tuteur avec l'autorisation du conseil de famille.

* **2931. Personnes pourvues d'un conseil judiciaire.** — C'est l'incapable lui-même qui doit accepter, et il n'a pas besoin pour cela de l'assistance de son conseil, car l'acceptation des donations ou des legs ne figure pas dans l'énumération des actes qui lui sont interdits par les art. 499 et 513.

2932. Sourds-muets. — L'art. 936 formule la règle suivante : le sourd-muet qui sait écrire peut accepter une donation par lui-même ou par un fondé de pouvoirs. Pour celui qui ne sait pas écrire, l'acceptation doit être faite par un curateur spécial qui lui est nommé dans les mêmes formes que s'il s'agissait d'un mineur émancipé.

** **2933. Femmes mariées.** — La donation offerte à une femme mariée non séparée de corps ne peut être acceptée par elle qu'*avec l'autorisa-*

[1] Voyez un exemple de libéralité devenue sans objet comme faite à des personnes réellement incertaines, au sens moderne du mot, c'est-à-dire *indéterminées*, dans Reynaud, *Note de jurisprudence*, p. 267, à la date du 16 mars 1893.

[2] Je signalerai entre autres comme étant, à mon sens, des erreurs certaines, un arrêt de Bruxelles, du 16 avril 1883 (D. 85. 2. 27) et un arrêt de Riom, du 29 juin 1859 (D. 59. 2. 196). — D'autres décisions se justifient par des raisons diverses. Ainsi un testateur fait un legs *à sa dépouille mortelle* (Trib. Orange, 30 déc. 1887, D. 89. 3. 63) ; en réalité, il n'y a pas de légataire, le prétendu légataire n'est ici qu'une *chose* et non une personne. — De même, un testateur lègue la nue propriété d'un bien *à la succession* de la personne à laquelle il en lègue l'usufruit (Trib. Seine, 23 févr. 1858, D. 60. 1. 454) ; un pareil legs tend à créer un interrègne dans la propriété et il arriverait que jusqu'au décès du légataire d'usufruit les biens légués n'appartiendraient à personne ; la transmission de propriété qui résulte du legs doit s'accomplir au jour du décès.

tion de son mari (art. 934). Bien qu'il s'agisse d'acquérir à titre gratuit, il y a une raison de décence et de moralité qui veut que le mari connaisse et approuve les libéralités faites à sa femme. Cette disposition est également applicable aux legs, car l'art. 217 défend à la femme, en termes généraux, d'*acquérir à titre gratuit* sans autorisation.

Toutefois, *en cas de refus injuste du mari*, la femme pourrait être autorisée par justice conformément aux règles générales (même art.).

***2934. Mineurs non émancipés.** — Leur situation est réglée par les art. 463 et 935. L'acceptation doit être faite en leur nom : 1° par le tuteur ; 2° par les père et mère ou autres ascendants du mineur.

Pour le tuteur, quand il en existe un, l'acceptation est *obligatoire* ; il serait responsable au cas où l'offre aurait été retirée ou serait devenue caduque, grâce à son retard à l'accepter.

Pour les parents qui n'ont pas la tutelle, c'est une *simple faculté*. Tous ont également et concurremment le droit d'accepter au nom de leur descendant mineur ; le père n'exclut pas la mère ; les père et mère n'excluent pas les autres ascendants. Cela est ainsi établi afin que la donation soit plus sûrement acceptée et que le mineur n'en soit pas privé : les père et mère pourraient être froissés de voir le donateur leur préférer à eux-mêmes leur enfant et refuser d'accepter par dépit ou jalousie. La mère peut même accepter sans y être autorisée par son mari et malgré son opposition (Cass., 22 janv. 1896, D. 96. 1. 184, S. 96. 1. 344). Elle peut ainsi faire pour son enfant ce qu'elle ne pourrait pas faire pour elle-même.

Le tuteur doit se faire autoriser à accepter la donation par le conseil de famille (art. 463). Cette autorisation n'est pas exigée pour les ascendants par l'art. 935, al. 3 ; elle ne leur est pas nécessaire alors même qu'ils auraient la tutelle : l'obligation générale que l'art. 463 impose au tuteur ne peut pas les priver du droit spécial qu'ils tiennent de l'art. 935 en leur qualité d'ascendants.

La donation (ou le legs) ainsi acceptée aura « même effet qu'à l'égard d'un majeur », dit l'art. 463. Cela signifie que, si la donation est *onéreuse* et contient des charges, le mineur s'en trouvera régulièrement tenu. Toutefois cette conséquence de l'acceptation qui est écrite dans l'art. 463, ne paraît applicable qu'au cas où c'est le tuteur qui accepte avec l'autorisation du conseil de famille, seul cas prévu par cet article. Quant à l'acceptation faite spontanément par un ascendant en vertu de l'art. 935, elle paraît bien supposer que la donation est pure et simple ; s'il y a lieu de contracter des obligations au nom du mineur, il faut que l'acte soit régulièrement autorisé conformément aux règles ordinaires de la tutelle.

Quand c'est le tuteur lui-même qui fait la donation, il doit avoir soin de la faire accepter par le subrogé tuteur ou par un tuteur *ad hoc* (Rouen, 27 févr. 1852, D. 53. 2. 26 ; Cass., 27 juill. 1892, D. 92. 1. 457, S. 93. 1. 121), car il ne peut lui-même autoriser son pupille à traiter avec lui.

2935. Mineur émancipé. — L'acceptation doit être faite avec l'assistance du curateur (art. 935). Cette assistance suffit toujours ; l'autorisation du conseil de famille n'est pas nécessaire.

2° Personnes fictives.

2936. Bibliographie. — MARGUERIE, *Dictionnaire général d'administration*, v° Dons et legs. — THÉOD. TISSIER, *Traité théorique et pratique des dons et legs aux établissements publics et d'utilité publique*, 2 vol., 1896 (extrait du *Répertoire de droit administratif*, de BÉQUET et LAFERRIÈRE, t. XII) ; thèse sur le même sujet, Paris, 1890. — A. PITOIS, *Des legs aux personnes morales*, thèse, Paris, 1890. — Voyez aussi LOT, cité ci-dessous n° 2940 et la bibliographie des *Fondations*, ci-dessous n° 3330.

*2937. **Nécessité d'une autorisation.** — Les établissements publics ou d'utilité publique, les associations et sociétés douées de personnalité peuvent recevoir des libéralités; seulement ces libéralités doivent être autorisées par le gouvernement (art. 910 et 937. — Comp. t. I, nos 2003 et suiv.). L'établissement gratifié n'est pas incapable de recevoir ; il est seulement incapable d'accepter sans autorisation. Sur les motifs et les formes de cette autorisation, voyez t. I, nos 1990 et 2005.

2938. **Autorités compétentes pour donner l'autorisation.** — L'art. 910 se bornait à exiger, en termes vagues, *un arrêté du gouvernement*; le texte actuel, qui date de 1816, dit *une ordonnance royale*. Les formes en ont été réglées d'abord par arrêté du 4 pluviôse an XII, puis par un décret du 12 août 1807 et par l'ordonnance du 2 avril 1817, qui est restée longtemps en vigueur.

Beaucoup d'autres textes ont statué depuis lors sur des cas spéciaux. On en trouve l'énumération dans les *Codes Tripier*, en note sous l'art. 910. Voyez aussi Aubry et Rau, t. VII, § 649, lettre *h*. Finalement la loi du 4 février 1901 a statué en termes généraux sur la matière et établi un système d'ensemble. Voyez ses dispositions. On y remarque que les libéralités adressées à des *établissements d'utilité publique* sont autorisés en principe *par les préfets*; exceptionnellement, s'il s'agit d'*immeubles* valant plus de 3 000 francs, l'autorisation est donnée *par décret en Conseil d'État* (art. 6). A noter aussi l'art. 7 d'après lequel, toutes les fois qu'il y a une *réclamation de la part de la famille du disposant*, l'autorisation ne peut être donnée que par décret en Conseil d'État. Cette disposition est absolue et s'applique quelle que soit la personne morale gratifiée.

2939. **Acceptations anticipées.** — D'après l'art. 937, l'acceptation ne pouvait avoir lieu qu'après que l'autorisation d'accepter avait été accordée à l'établissement gratifié. Cette manière de procéder entraînait des retards : pendant qu'on attendait l'autorisation administrative, le donateur pouvait mourir ou retirer son offre et la libéralité était perdue. Trois lois postérieures au Code ont modifié sur ce point la procédure à suivre et permis de donner d'avance une acceptation provisoire faite à titre conservatoire, qui vaut pour conclure la donation et qui se trouve plus tard confirmée, si l'autorisation est accordée (L. 18 juillet 1837 pour les communes; L. 10 mai 1838 pour les départements; L. 8 avril 1851 pour les hospices et hôpitaux). Pour tous les autres établissements, l'art. 937 a subsisté avec tous ses inconvénients jusqu'à la loi du 4 février 1901 qui a généralisé ce système : aux termes de son art. 8 « tous les établissements peuvent, sans autorisation préalable, accepter provisoirement ou à titre conservatoire les dons ou legs qui leur sont faits ». Sur la possibilité de *consigner* la somme donnée ou léguée, en attendant l'acceptation définitive, voyez Cass., 5 mars 1900, P. 1901. 1. 257, avec une note de M. Charmont.

*2940. **Cas exceptionnels où l'autorisation n'est pas nécessaire.** — Pendant très longtemps on a considéré la règle de l'art. 910 comme absolue et ne comportant d'autre exception que celle qui profite à l'État français lui-même parce qu'il n'existe personne au-dessus de lui pour l'autoriser[1]. Cependant la loi du 21 mars 1884 a apporté à ce principe une exception tout à fait remarquable. Il résulte de l'ensemble des dispositions de cette loi que les syndicats professionnels n'ont pas besoin d'autorisation pour accepter les libéralités qui leur sont faites; à leur égard, la surveillance de l'État s'exerce *sous une forme répressive*, par l'annulation des acquisitions irrégulières, et non au moyen d'une *autorisation préalable* comme pour les établissements publics et les associations reconnues (voyez t. I, n° 2012 et spécialement la note 2, page 658). En ce sens, Trib.

[1] Notons cependant que la loi du 4 février 1901 dit que ces libéralités sont *autorisées* par un décret du Président de la République (art. 1er). Comment l'État peut-il *s'autoriser lui-même* à accepter ?

Seine, 16 juill. 1896, D. 98. 2. 138. En sens contraire Avis du Conseil, 30 juill. 1891, rendu sur le rapport de M. Béquet.

Quant à la capacité des sociétés civiles et commerciales de recevoir des libéralités, voyez t. I, nos 2009-2010. Voyez aussi André Lot, *Des libéralités aux sociétés civiles et commerciales*, thèse, Paris, 1895. Comp. A. Pitois, thèse, Paris, 1887, p. 151-171.

2941. Difficultés relatives au don manuel. — Les dons manuels adressés aux établissements publics ou d'utilité publique soulèvent un certain nombre de difficultés qui ne peuvent être examinées ici. Disons seulement qu'en principe ces libéralités sont soumises comme les autres à la nécessité de l'autorisation (Conseil d'État, Avis de la section de l'intérieur, 12 mai 1886 et autres, dans Reynaud, *Notes de jurisprudence*, p. 232; Circ. minist. de l'intérieur, 31 janvier 1887, *Bulletin du ministère de l'intérieur*, 1887, p. 16). Mais la jurisprudence administrative apporte à ce principe une dérogation qui le détruit presque entièrement: elle admet que les *dons modiques*, ayant le caractère d'*aumônes* ou d'*offrandes*, peuvent être reçus librement, sans autorisation (Dépêche du ministre de l'intérieur, 8 octobre 1891, *Journal des conseils de Fabriques*, 1893, p. 74). En général ces sommes sont données pour être distribuées immédiatement et ne constituent pas des fondations perpétuelles; cependant une offrande peut être destinée à un placement (solution de l'enregistrement, 13 août 1892).

Sur toutes ces questions, voir la thèse de M. Gaillard, *Des dons manuels faits aux personnes morales*, Paris, 1896.

Voyez aussi les dispositions, dites de *décentralisation*, qui ont accordé aux conseils municipaux et aux conseils généraux la faculté de statuer *définitivement* dans beaucoup de cas sur les dons et legs faits aux communes ou aux départements (L. 10 août 1871 sur les conseils généraux, art. 45-5°; Loi municipale du 5 avril 1884, art. 68-8°, art. 111 et 112). Ces textes ont été modifiés par la loi du 4 février 1901.

2942. Comparaison avec l'édit de 1749. — Le régime actuellement appliqué aux établissements publics et d'utilité publique n'est plus le même que celui qu'avait établi l'édit d'août 1749. Les différences principales sont les suivantes :

1° L'édit prohibait entièrement les libéralités testamentaires au profit des gens de mainmorte (art. 17); elles sont aujourd'hui permises.

2° Il était nécessaire d'obtenir des lettres-patentes même pour les acquisitions à titre onéreux (art. 16); l'autorisation n'est plus exigée que pour les acquisitions gratuites, sauf de rares exceptions.

3° Les lettres-patentes n'étaient nécessaires que pour l'acquisition de biens nouveaux et non pour les simples *fondations pieuses ou charitables* (messes ou obits, soulagement des pauvres et des malades, etc.) pour lesquelles il suffisait d'obtenir l'homologation du Parlement ou du Conseil supérieur du ressort.

Sur les acquisitions de biens par les établissements religieux sous l'ancien droit français, voyez la thèse de M. G. Coulondre, Paris, 1886.

§ 3. — *Incapacités relatives de disposer et de recevoir.*

2943. Énumération. — On a vu déjà que l'incapacité relative de recevoir est toujours *corrélative à l'incapacité de disposer* : une personne est incapable de recevoir d'une autre, laquelle est incapable de lui donner. Ces incapacités sont au nombre de six, qui sont celles :

1° des *enfants naturels,* incapables de recevoir de leurs parents au delà d'une certaine quotité ;

2° du *tuteur,* incapable de recevoir de son mineur ;

3° du *médecin,* incapable de recevoir de ses malades ;

4° du *ministre du culte,* incapable de recevoir des personnes qu'il assiste ;

5° des *officiers de marine*, incapables de recevoir des personnes qui sont à bord de leur navire ;

6° des *congrégations religieuses de femmes*, incapables de recevoir de leurs membres.

2943 *bis*. Ancienne incapacité des concubins. — Les personnes vivant en état de concubinage étaient jadis incapables de se faire des libéralités l'une à l'autre. Le Code Michaud, de janvier 1629, déclarait nulles « toutes donations faites à concubines » (art. 132). Quelques coutumes, comme celle de Tours, le disaient expressément, et la prohibition était généralement admise (POTHIER, *Donations entre vifs*, n° 31). Le Code Napoléon n'a pas conservé cette incapacité[1] ; on a voulu supprimer des débats scandaleux trop fréquents ; mais pour éviter un mal on est tombé dans un autre, et il se trouve que la loi favorise des spéculations éhontées. La jurisprudence, désireuse de maintenir le respect dû aux bonnes mœurs, a élaboré peu à peu un nouveau système de répression qui a tant bien que mal remplacé l'ancienne prohibition.

2943 *ter*. Système nouveau. — C'est Merlin qui dans son *Répertoire*, au mot « Concubinage », a posé les bases de ce système ; les arrêts et les auteurs venus après lui n'ont fait que développer ce qu'il avait dit. Ils admettent en principe que les concubins sont capables de se faire des libéralités l'un à l'autre (Cass., 2 juillet 1866, D. 66. 1. 378, S. 66. 1. 356 ; Cass., 10 août 1885, D. 86. 1. 212, S. 88. 1. 470 ; Paris, 14 novembre 1894, D. 95. 2. 125). Cependant la libéralité peut être annulée, si elle a eu pour but l'établissement ou la continuation des relations de concubinage. Elle cesse alors d'être une donation pour devenir une convention intéressée, une sorte de marché, dans lequel la somme promise est le prix d'une complaisance coupable (Dijon, 22 mars 1900, D. 1900. 2. 45).

La donation entre concubins doit donc recevoir son exécution, si elle a été faite dans une pensée désintéressée, par exemple par testament ou longtemps après que toutes relations ont cessé. Le donateur pourrait même avoir un motif absolument moral, s'il se proposait par exemple, comme le suppose Merlin, de « réparer le tort causé à la réputation de la personne gratifiée, ou de la mettre désormais à l'abri du besoin et de la tentation de recourir à d'aussi honteuses ressources ». Mais la lecture des arrêts montre que cette limite n'est pas toujours respectée, et que les libéralités faites après la cessation du concubinage sont annulées comme les autres. D'un autre côté, on remarque que la jurisprudence n'exige point, comme pour les donations faites à des enfants adultérins ou incestueux, que la preuve de la cause illicite résulte de l'acte lui-même ; elle a admis, par exemple, que le fait du concubinage pouvait être établi par la correspondance échangée entre les concubins, alors que les billets souscrits au profit de la concubine n'y faisaient aucune allusion (Cass., 23 juin 1887, D. 89. 1. 35, S. 87. 1. 361). Voyez aussi à différents points de vue, Agen, 7 juill. 1886, S. 86. 1. 189 ; Rouen, 21 nov. 1890, *Journal des notaires*, 1893, n° 25061 ; Paris, 15 févr. 1893, P. 94. 2. 10.

A. — Incapacité des enfants naturels.

1° Enfants naturels simples.

a. — *Système primitif du Code civil.*

***2944. Concordance entre l'aptitude à succéder et l'aptitude à rece-**

[1] Le projet de l'an VIII contenait un article prohibant les dons de concubin à concubine (FENET, t. II, p. 275, art. 11) ; il fut supprimé sur les observations du tribunal de Lyon.

voir. — Le Code civil avait établi contre les enfants naturels une incapacité rigoureuse : l'enfant ne pouvait prendre dans la succession de ses père et mère qu'une part très réduite (art. 757 ancien), et comme il était facile de prévoir que les parents chercheraient souvent à faire parvenir à leur enfant une part plus forte de leurs biens au moyen de libéralités, on avait décidé que l'enfant ne pourrait *rien recevoir, ni par donation entre vifs, ni par testament, au delà de sa part successorale* (art. 908 ancien).

Tout se tenait dans ce système : le législateur, qui désirait alors voir les particuliers contracter des unions légitimes, les y poussait en frappant l'homme dans son affection la plus chère, celle qu'il a pour ses enfants.

* **2945. Moyen de tourner la loi.** — Le système du Code avait cependant un point faible : il suffisait aux parents *de ne pas reconnaître leur enfant* pour pouvoir lui donner ou lui léguer aussi librement qu'à un étranger. Comme la recherche de la paternité est interdite, et que la jurisprudence n'autorise les recherches de maternité que *dans l'intérêt de l'enfant*, le moyen était infaillible. A vrai dire, il coûtait cher, car l'enfant n'étant pas reconnu, n'avait ni parents ni famille, ni nom à porter. De plus, le père ou la mère, qui usait de ce moyen, pouvait toujours craindre de se voir surpris par la mort avant d'avoir eu le temps de prendre les dispositions nécessaires, et de laisser son enfant sans ressources. Néanmoins, en fait, il était fort employé, et c'était la cause principale qui rendait si rares les reconnaissances d'enfants naturels.

En revanche la jurisprudence a admis qu'une reconnaissance de filiation, même irrégulière en la forme, suffit pour faire annuler la libéralité, quand il résulte des circonstances que la considération du lien de parenté illégitime en a été la cause déterminante, par exemple quand la personne gratifiée est indiquée dans le testament comme étant l'enfant naturel du testateur (Cass., 7 déc. 1840, D. 41. 1. 44, S. 41. 1. 140 ; Paris, 11 août 1866, D. 66. 2. 168, S. 67. 2. 137 ; Caen, 11 déc. 1876, D. 78. 5. 192, S. 77. 2. 8).

b. — *Système actuel.*

** **2946. Principe nouveau.** — En 1896, quand on a amélioré la situation de l'enfant naturel au point de vue successoral, en augmentant considérablement sa part héréditaire, on lui a en même temps accordé une capacité plus grande pour recevoir des libéralités, en permettant à ses père et mère de *dépasser, par des dispositions spéciales, la limite des droits successoraux de l'enfant*. Encouragé par une partie de l'opinion, le législateur moderne tend manifestement à traiter l'enfant naturel comme les enfants légitimes ; il n'a pas osé le faire lui-même, il a permis aux parents de le faire.

Tout le système de la loi nouvelle repose sur une *distinction entre les donations entre vifs et les testaments*. L'aptitude de l'enfant à recevoir, qui était jadis la même pour les deux espèces de libéralités, est aujourd'hui variable.

* **2947. Maintien de l'ancien système pour les donations.** — D'après l'art. 1er du nouvel art. 908, les enfants naturels « ne peuvent rien recevoir par donation entre vifs au delà de ce qui leur est accordé au titre des successions ». C'est donc la même règle qu'autrefois : le père ou la mère ne peut avantager son enfant par ce procédé ; la capacité de recevoir entre vifs est réglée sur la vocation héréditaire. Toutefois, comme celle-ci

se trouve augmentée par la loi du 25 mars 1896, l'enfant peut recevoir des donations beaucoup plus considérables qu'auparavant.

La prohibition d'avantager l'enfant par donation entre vifs s'applique à toutes les variétés de donations, même à celles qui lui sont faites par contrat de mariage ; l'exception qui avait été proposée en faveur de ces dernières n'a pas été admise (Séance du 22 mars 1895, D. 96. 4. 29, col. 3).

*2948. **Système nouveau pour les testaments.** — Ce qui n'est pas permis pour les donations est permis pour les legs : le père ou la mère peut *avantager l'enfant par testament* (art. 908, al. 2). Rappelons tout d'abord que cette faculté n'a d'intérêt qu'autant que le disposant a des héritiers légitimes en ligne directe, ou des frères et sœurs ou descendants de frères et sœurs ; à défaut de ces parents privilégiés, l'enfant naturel recueille seul toute la succession ab intestat (art. 760), et par conséquent sa capacité de recevoir tant entre vifs que par testament, est entière d'après le principe même du Code. Mais quand l'enfant est réduit à une part de la succession par la présence de proches parents appelés à succéder avec lui, son père ou sa mère peut l'avantager et lui laisser plus que sa part héréditaire, soit sous certaines restrictions indiquées plus loin, s'il y a des ascendants (art. 915), soit même la totalité de la succession, s'il n'y a que des collatéraux (art. 916).

2949. **Motifs et appréciation critique.** — Pourquoi le texte actuel fait-il une pareille différence entre la donation et le testament ? Il a été dit dans les discussions de la Chambre que la donation entre vifs était souvent un acte irréfléchi, et qu'elle n'offrait aucune garantie, tandis que le testament, qui ne produit d'effet qu'à la mort et que son auteur a pu modifier jusqu'au dernier moment, révèle une volonté sérieuse et persistante (Chambre des députés, Rapport de M. Julien). Cette considération est bien discutable : s'il y a un acte qui rend faciles toutes les surprises, et qui est souvent le fruit de la captation, c'est le testament, qui se fait seul et sans témoins, tandis que la donation est entourée de formes qui constituent des garanties très réelles d'indépendance pour le disposant. C'est un fait d'expérience constant, que la rareté des donations entre vifs ; on n'aime pas à donner par ce procédé, qui exige un dépouillement actuel et irrévocable ; presque toutes les libéralités se font par testament. Si le législateur craignait un excès de la part des parents naturels, il a donc ouvert justement la voie par laquelle le danger qu'il redoutait pouvait le plus aisément venir. Ne serait-ce pas plutôt parce qu'il souhaitait qu'on fît usage des facilités nouvelles qu'il donnait pour gratifier les enfants naturels ? Il est à prévoir que l'incapacité partielle, que la loi établit contre les enfants naturels en matière de succession ab intestat se trouvera effacée pratiquement par les dispositions testamentaires de leurs parents. Au fond, c'est ce que le législateur a voulu, sans oser le dire.

*2950. **Limite légale des libéralités testamentaires.** — Cependant la loi n'a pas permis de léguer en toute hypothèse à l'enfant naturel tout ce qui pourrait être légué à un étranger ou à l'un des héritiers légitimes. Cela n'est possible que *lorsqu'il n'existe pas de descendants légitimes.* Ainsi en concours avec des ascendants l'enfant naturel pourra recevoir *les sept huitièmes de la succession,* alors que l'art. 759 lui en donne seulement les trois quarts ; en d'autres termes les ascendants pourront être réduits strictement à leur réserve telle qu'elle est réglée par le nouvel art. 915. En concours avec des collatéraux (frères et sœurs ou descendants légitimes de frères et sœurs), l'enfant naturel qui aurait eu les trois quarts de la succession en vertu de l'art. 759, pourra recevoir le dernier quart par testament, puisque les collatéraux n'ont pas de réserve; il obtiendra donc en ce cas, même en présence de frères ou de sœurs, *la totalité de la succession.*

Mais, s'il y a un ou plusieurs descendants légitimes, l'enfant naturel ne peut recevoir au plus qu'*une part d'enfant légitime le moins prenant* (art. 908, al. 2). Ainsi, si l'un des enfants légitimes est appelé à prendre une part plus forte que les autres au moyen d'une libéralité préciputaire, l'enfant naturel ne pourra pas être gratifié autant que lui.

Bien que la différence faite ainsi entre l'enfant naturel et l'enfant légitime soit minime, on doit prévoir que certains parents se dispenseront encore de reconnaître leur enfant, pour conserver toute leur liberté de disposer à son profit : l'intérêt qu'ils ont à cacher sa filiation est devenu moindre; il n'a pas tout à fait disparu.

2951. Caractère relatif de l'incapacité. — De tout temps, c'est-à-dire avant comme après la loi du 25 mars 1896, l'incapacité de l'enfant naturel a été *relative,* c'est-à-dire qu'elle n'existe que dans ses rapports avec ses père et mère, seules personnes sur la succession desquelles il ait des droits. Il est donc pleinement capable de recevoir, soit par donation, soit par testament, de tous ses autres parents, et notamment de son grand-père et de sa grand'mère naturels.

2952. Combinaison de l'art. 908 avec l'art. 337. — Dans un cas particulier les droits successoraux de l'enfant naturel sont réduits à néant : c'est lorsqu'il a été reconnu pendant un mariage contracté par l'auteur de la reconnaissance avec une tierce personne (art. 337). En résulte-t-il que sa capacité de recueillir à titre gratuit soit anéantie par voie de conséquence ? La question est discutée ; la jurisprudence et la doctrine se prononcent en sens contraires l'une de l'autre. Voyez ce qui a été dit sur ce sujet, t. I, 1re édit., n° 2244 ; 2e édit., n° 2885.

****2953. Sanction de l'incapacité.** — Quand l'enfant naturel a été avantagé au delà des limites de sa capacité, la loi ouvre une *action en nullité* à ceux qui sont appelés à succéder en concours avec lui, descendants ou ascendants du disposant, frères, sœurs ou descendants de frères ou de sœurs (art. 908, al. 1er, *in fine*). Aucune autre personne ne peut agir[1]; ainsi l'action sera refusée au *conjoint,* qui est entièrement primé par l'enfant naturel, et même ce qui se comprend moins bien, aux *légataires* qui peuvent concourir avec lui. La loi nouvelle condamne ici la jurisprudence antérieure qui considérait la nullité comme d'ordre public et ouvrait l'action à

[1] Avant 1896, la doctrine donnait déjà une solution analogue : elle soutenait qu'il s'agissait moins d'une *incapacité* proprement dite que d'une *indisponibilité* créant au profit de la famille légitime *une réserve « sui generis »* (DEMOLOMBE, t. XIV, n° 83 ; AUBRY et RAU, t. VII, n° 650 *bis*, note 23 ; DEMANTE, t. IV, n° 28).

tout intéressé, même aux légataires (Cass., 7 févr. 1865, D. 65. 1. 49, S. 65. 1. 105; Paris, 6 août 1872, D. 73. 2. 174).

La loi suppose d'ailleurs que les personnes qui ont le droit de critiquer la donation viennent à la succession du donateur; c'est en leur qualité d'héritiers lésés par une libéralité excessive qu'elle leur donne action. Par suite quand il existe des collatéraux exclus par un légataire universel, personne n'a le droit d'attaquer la donation faite à l'enfant naturel, quelque énorme qu'elle soit.

L'effet de l'action est d'obliger l'enfant à *imputer sur sa part* la libéralité qu'il a reçue, et à opérer la *remise à la succession de l'excédent*, s'il y a lieu. Sa renonciation ne l'affranchirait pas de cette obligation qui n'est pas un *rapport* véritable, dû par lui seulement en qualité d'héritier, mais bien une sorte d'*annulation partielle* de la libéralité excessive, qui en amène la réduction à la quotité légale, en toute hypothèse.

2954. Combinaison des deux dispositions de la loi nouvelle. — La loi redoute (bien à tort) des donations excessives faites entre vifs aux enfants naturels; elle autorise d'une manière beaucoup plus large les libéralités testamentaires, qui sont les plus faciles et les plus fréquentes. Ses auteurs ne se sont pas aperçus que la disposition favorable au testament effaçait indirectement la disposition restrictive des donations : le père qui a fait à son enfant naturel reconnu une libéralité entre vifs excédant la limite légale n'a qu'à lui léguer la même valeur ou le même bien par son testament pour lui permettre de le conserver sinon intégralement, tout au moins dans une proportion bien plus forte.

2° Descendants de l'enfant naturel.

*** 2955. Cas où l'enfant naturel est encore vivant.** — Tant que vit l'enfant naturel, aucune libéralité ne peut être faite par ses père et mère à ses propres enfants, au delà des limites fixées par l'art. 908, car ses enfants seraient réputés *personnes interposées*, en vertu de l'art. 911, et la libéralité serait réductible, comme si elle lui avait été faite à lui-même.

*** 2956. Cas où l'enfant naturel est décédé.** — Après la mort de l'enfant naturel, ses propres descendants, qui ne sont frappés d'aucune incapacité personnelle, peuvent valablement recevoir de leurs grands-parents des libéralités entre vifs ou testamentaires (Montpellier, 28 janv. 1864, D. 65. 2. 68, S. 64. 2. 84; Cass., 21 juill. 1879, D. 81. 1. 348, S. 80. 1. 31). C'est à tort qu'on a essayé de soutenir que l'expression « enfants naturels » de l'art. 908 pouvait s'appliquer même à ses descendants; dans le langage du Code civil, cette expression ne concerne jamais que l'enfant au premier degré (arg. art. 761 actuel, 759 ancien). Voyez cependant DEMOLOMBE, t. XVIII, n° 561.

3° Enfants adultérins et incestueux.

**** 2957. Caractère rigoureux de leur incapacité.** — On sait avec quelle rigueur la loi les a traités : elle ne leur donne que des *aliments* (art. 762-764). Leur capacité de recevoir à titre gratuit ne va pas au delà : ils ne peuvent recevoir, par donation ou par legs, qu'une pension alimentaire (art. 908, al. 3). La loi de 1896 n'a apporté aucun changement à leur situation.

*** 2958. Sanction.** — Si la donation ou le legs qui leur est fait n'avait pas le caractère alimentaire, il serait frappé d'une *nullité absolue,* qui pourrait être opposée à l'enfant adultérin ou incestueux par tout intéressé ; la loi n'a pas reproduit l'énumération limitative qu'elle donne des personnes munies de l'action en nullité, à propos des donations faites aux enfants naturels simples.

*** 2959. Inutilité de la loi.** — Du reste, toute cette sévérité légale vient se briser en pratique contre l'impossibilité d'établir légalement la filiation adultérine ou incestueuse, dont la reconnaissance volontaire est tout aussi bien interdite que sa recherche en justice. Les cas dans lesquels cette filiation se trouve régulièrement prouvée sont infiniment rares, de sorte que l'incapacité de recevoir édictée par l'art. 908 est à peu près illusoire et qu'un grand nombre d'enfants adultérins reçoivent en fait des libéralités considérables de leurs parents. Ils sont considérés comme *étrangers à leurs parents,* et dès lors comme capables de recevoir des libéralités, sans autre limite que celle qui résulte du droit commun fixant la quotité disponible.

La jurisprudence a voulu faire respecter la loi et, comme elle ne peut annuler la libéralité pour incapacité, puisque la filiation du donataire n'est pas réputée connue, elle l'annule pour cause illicite [1]. Toutefois la libéralité faite au profit d'une personne que le donateur considérait comme son enfant adultérin ou incestueux n'est annulée qu'autant que la preuve de cette opinion résulte de l'acte lui-même, ordinairement un testament, qui la donne comme en ayant été la raison déterminante (A l'arrêt de 1860 cité à la note joignez Cass., 6 déc. 1876, D. 77. 1. 492 ; Pau, 16 juin 1884, D. 85. 2. 254). Cette limitation était nécessaire à cause des textes formels de la loi qui interdisent absolument la recherche de toute filiation adultérine ou incestueuse. Il en résulte que, sous la seule condition d'être discrets, et de ne pas se parer ostensiblement de leur paternité, les parents d'enfants adultérins ou incestueux échappent aux dispositions de la loi.

B. — Incapacité du tuteur.

2960. Sa durée et son motif. — Le tuteur ne peut recevoir aucune libéralité de son pupille, pas même par testament. Cette incapacité dure encore quand la tutelle a cessé, *jusqu'à ce que le compte définitif de la tutelle ait été rendu et apuré* (art. 907). On craint un abus d'influence du tuteur, qui pourrait chercher à se faire gratifier en utilisant le pouvoir qu'il a pu prendre sur l'esprit de l'enfant.

Il suffit que le compte soit rendu et apuré, c'est-à-dire *vérifié* ; il n'est pas nécessaire que le reliquat ait été payé ni qu'un délai quelconque se soit écoulé depuis l'apurement du compte ; l'art. 472, qui exige ces conditions, est relatif à une autre sorte d'actes.

2961. Sa généralité. — La loi ne fait d'exception que pour les *ascendants,* qui ont ou qui ont eu la tutelle (art. 907, al. 3). Leur qualité de parents est une garantie suffisante, et on n'a pas voulu les priver des libéralités que leur enfant désire leur faire. Tout autre tuteur est frappé d'incapacité, même le *cotuteur* et le *protuteur* (Cass., 27 nov. 1848, D. 48. 1. 225, S. 49. 1. 12), même le simple *tuteur de fait.*

Sont cependant *en dehors de la règle* :

1° Les *tuteurs d'interdits,* car la loi ne parle que des mineurs. L'état mental de l'incapable l'empêche d'ailleurs de faire des libéralités ;

2° Les *tuteurs ad hoc,* qui ne sont investis que d'une mission tout à fait temporaire et accidentelle ;

[1] Un arrêt de la Chambre des requêtes a défini ainsi le procédé applicable : La libéralité a pour mobile et pour cause déterminante l'opinion de son auteur, que le légataire était son enfant adultérin ou incestueux ; il a donc voulu transgresser la prohibition de la loi, et son acte a pour cause un motif illicite. Or, si la loi défend de vérifier la *filiation* adultérine ou incestueuse en elle-même, elle n'a pas défendu de constater l'*opinion* que le donateur avait de sa paternité ; les deux faits sont distincts, puisque chacun d'eux peut être vrai, l'autre étant faux (Cass. 31 juill. 1860, D. 60, 1. 458).

3° Les *subrogés tuteurs*, qui n'administrent pas.

A plus forte raison, l'art. 907 est-il inapplicable aux curateurs et aux conseils judiciaires.

C. — Incapacité des médecins.

2962. Motif. — Le médecin qui soigne un malade prend facilement sur son esprit un grand empire ; d'autant plus que le malade attend de lui sa guérison et se montre souvent disposé à faire des sacrifices énormes pour l'obtenir. On a donc dû interdire aux médecins d'accepter des libéralités de leurs clients. Ils y gagnent d'ailleurs de voir l'exercice de leur profession placé au-dessus du soupçon.

2963. Personnes frappées de l'incapacité. — Le texte nomme les médecins (*docteurs en médecine* et *en chirurgie*), les *officiers de santé*, les *pharmaciens* (art. 909). Ces derniers à proprement parler n'exercent pas la médecine et ne « traitent » pas les malades, ou du moins ils ne le font pas légalement. La jurisprudence assimile à ces personnes tous ceux qui se livrent à l'*exercice illégal de la médecine* (Trib. Lyon, 20 juin 1895, D. 96. 2. 346 ; Lyon, 17 juin 1896, S. 98. 2. 124). Cette assimilation était nécessaire parce que ces personnes offrent moins de garanties d'honorabilité que les médecins et chirurgiens diplômés, et aussi parce que leur clientèle se recrute en général dans les classes les moins éclairées de la population.

2964. Conditions de l'incapacité. — Ces conditions sont au nombre de trois. Il faut :

1° Que la personne gratifiée ait *traité* le malade *pendant la maladie dont il est mort* (art. 909). Ainsi il n'y a aucune incapacité : *a*) pour le pharmacien qui s'est borné à vendre des remèdes ; *b*) pour le médecin ou le chirurgien que le docteur chargé du traitement a appelé accidentellement en consultation ou qui s'est borné à donner quelques conseils (Limoges, 6 févr. 1889, S. 89. 2. 173 ; Cass., 8 août 1900, D. 1900. 1. 559, S. 1901. 1. 87) ;

2° Que la libéralité entre vifs ou testamentaire ait été faite *pendant le cours de la maladie* (art. 909, al. 1er, *in fine*). La nullité serait donc évitée si la rédaction du testament était antérieure au commencement de cette maladie (Cass., 29 juill. 1891, D. 92. 1. 260, S. 92. 1. 518);

3° Que le malade *meure de sa maladie*. Il n'y aurait donc pas lieu d'appliquer la disposition de l'art. 909 si le malade revenait à la santé [1], ou même s'il mourait pour une cause étrangère à la maladie (Cass., 13 avril 1880, D. 80. 1. 263, S. 80. 1. 361).

2965. Caractère de la nullité. — La nullité établie par l'art. 909 est une nullité purement relative, qui sera prononcée sur la demande des héritiers naturels ou des autres légataires ; mais elle ne peut être empêchée par aucun moyen de défense. Le médecin gratifié ne pourrait pas offrir de prouver que la libéralité qu'il a reçue n'a été nullement captée par lui et qu'elle a été inspirée par un sentiment sérieux d'affection, ou même par un lien de parenté. En d'autres termes la *présomption de captation*, en vertu de laquelle la loi annule la libéralité, est irréfragable conformément à l'art. 1352 (Cass., 29 juill. 1891, D. 92. 1. 960, S. 92. 1. 518).

2966. Exceptions à la règle.— Diverses exceptions tempèrent d'ailleurs la sévérité de la règle.

Libéralités rémunératoires. — Il est permis au malade de faire au médecin une libéralité rémunératoire, *à titre particulier* (art. 909, al. 2). Cette libéralité tiendra lieu d'honoraires. Elle devra d'ailleurs ne pas dépasser une certaine limite, qui sera appréciée « eu égard aux facultés du disposant et aux services rendus ».

[1] On a fait remarquer une sorte d'incorrection dans le système de la loi moderne. Si le malade revient à la santé, la libéralité n'est pas nulle ; et cependant elle a pu être obtenue par captation. Sans doute, si c'est une libéralité testamentaire, son auteur pourra la révoquer ; mais si c'est une donation entre vifs, elle est irrévocable. Il y a là un danger sérieux ; le malade peut se trouver frustré de son bien sans ressource. Cette situation ne se présentait pas dans l'ancien droit, où la donation à cause de mort était révocable comme un testament.

Libéralités faites aux proches parents. — Les dispositions, *même universelles*, sont permises au profit du médecin traitant, lorsque celui-ci est un proche parent du malade. L'affection qu'inspirent tout naturellement les relations de famille explique suffisamment cette libéralité pour faire tomber le soupçon de captation. La loi fixe comme limite de parenté le *quatrième degré* (art. 909, al. 2) et toutefois la parenté ne rendrait pas le médecin apte à recevoir de son malade, si celui-ci avait des *héritiers en ligne directe* (ibid.), à moins que le médecin ne fût lui-même au nombre de ces héritiers. Toutes ces dispositions se justifient d'elles-mêmes.

L'exception admise par la loi au profit des parents jusqu'au quatrième degré a été étendue par la doctrine et la jurisprudence au *conjoint*, principalement au mari qui a soigné sa femme. La loi lui fait de ces soins une obligation (art. 212) ; il n'en peut découler pour lui une incapacité (Cass., 30 août 1808, S. 8. 1. 482. En ce sens Aubry et Rau, t. VII, § 649, note 46). Il y aurait toutefois une difficulté si le médecin traitant épousait sa malade au cours de la maladie pour lui permettre de lui faire une libéralité considérable ou même s'il était établi que le mari qui soignait sa femme a abusé de l'influence que lui donnait son art pour se faire gratifier par elle (Paris, 24 févr. 1817, D. 5. 825, S. 17. 2. 354, S. chr. 5. 2. 241 ; Cass., 21 août 1822, D. 5. 291, S. 23. 1. 100, S. chr. 7. 1. 129).

Mais la disposition de la loi relative aux proches parents ne s'étend pas aux *alliés* (Cass., 12 oct. 1812, S. 13. 1. 38).

D. — Incapacité des ministres du culte.

2967. Assimilation avec les médecins. — A leur égard, la loi se borne à dire, à la fin de l'art. 909, après avoir parlé des médecins : « Les mêmes règles seront observées à l'égard du ministre du culte. » C'est donc une assimilation absolue qu'on a entendu établir. Ainsi le ministre du culte bénéficiera des mêmes exceptions que le médecin.

Toutefois quelques observations sont nécessaires. L'incapacité établie par l'art. 909 existait autrefois pour les *confesseurs* (Pothier, *Donations testamentaires*, n° 148 ; *Donations entre vifs*, n° 38). Elle avait été admise par la jurisprudence, par extension des dispositions de l'ordonnance de 1539 (art. 131) et de la coutume de Paris (art. 276), qui parlaient seulement des « mineurs et autres sous la puissance d'autrui » [1]. Par le texte actuel, elle se trouve étendue aux ministres des cultes autres que le culte catholique, bien qu'ils n'admettent pas la confession auriculaire et que les captations soient peut-être moins à redouter.

L'incapacité n'atteint l'ecclésiastique qu'à la même condition que le médecin : il faut qu'il ait assisté la malade d'une manière suivie pendant sa maladie, qu'il ait été chargé, en quelque sorte, de son *traitement spirituel*. Il échappe à la disposition de la loi s'il s'est borné à lui rendre visite en ami (Cass., 13 avril 1880, D. 80. 1. 263, S. 80. 1. 361) [2].

E. — Incapacité des officiers de marine.

2968. Ses motifs et sa portée. — Les officiers qui commandent un navire sont maîtres à leur bord, « après Dieu », dit une vieille formule. On doit donc redouter leur influence autant que celle du prêtre ou du médecin. De là les dispositions de l'art. 995 actuel (ancien art. 997, modifié par la loi du 8 juin 1893) : on tient pour « nulles et non

[1] « L'empire que ces personnes [les directeurs de conscience et confesseurs] acquièrent ordinairement sur l'esprit de leurs pénitents, et surtout de leurs pénitentes, a servi de motif à cette extension » (Pothier, édit. Bugnet, t. VIII, p. 363).

[2] Cet arrêt va jusqu'à admettre qu'un prêtre peut recevoir une libéralité, quand il habite depuis longtemps chez le malade, vit dans son intimité, lui donne la communion et célèbre la messe dans un oratoire attenant à son habitation, pourvu qu'il soit prouvé qu'il n'était pas le *confesseur* du défunt. C'est aller jusqu'à l'extrême limite de la bienveillance, et la disposition de la loi, entendue d'une manière aussi restrictive, cesse d'être applicable en fait aux ministres des cultes non catholiques.

avenues » les dispositions *testamentaires* faites à leur profit, au cours d'un voyage maritime, par des personnes se trouvant à bord de leur navire. On fait toutefois exception pour le cas où ils seraient *parents* ou *alliés* du testateur, à un degré quelconque, exception qui est beaucoup plus large que l'exception semblable admise au profit du médecin ou du prêtre.

F. — Incapacité des congrégations de femmes.

2969. Son étendue. — La loi du 24 mai 1825 a interdit aux congrégations religieuses de femmes régulièrement autorisées de recevoir des libéralités de leurs membres (art. 5). Cette incapacité vient compléter l'incapacité générale de ces congrégations de recevoir à titre universel, dont il a déjà été parlé ci-dessus n° 2922 : venant d'un de leurs membres, les libéralités à titre particulier sont en principe défendues ou du moins elles ne peuvent dépasser *le quart de la fortune du disposant*, à moins que le total des valeurs données n'excède pas 10 000 francs.

Cette incapacité particulière s'applique non seulement à la congrégation elle-même, mais aussi aux religieuses qui en font partie, qui pourraient servir de personnes interposées.

§ 4. — *Des époques auxquelles la capacité est requise.*

2970. Silence des textes. — Le Code ne dit que peu de chose sur les époques à considérer pour apprécier la capacité du disposant et du bénéficiaire, soit en matière de donations entre vifs, soit en matière de testaments. C'est toute une théorie qui a été construite, à l'aide des principes généraux et des règles admises par l'ancienne jurisprudence ; elle a été principalement l'œuvre de MM. Aubry et Rau, t. VII, § 650.

A. — Donations entre vifs.

***2971. Époques à considérer.** — Une donation n'est parfaite qu'autant qu'elle a été *acceptée* par le donataire. L'acceptation peut être donnée immédiatement, dans l'acte qui contient l'offre de donation ; elle peut aussi être donnée plus tard, si le donateur n'est pas présent à l'acte par lequel le donataire accepte, l'acceptation doit lui être *signifiée*. Il peut ainsi y avoir *trois époques successives* : celle de l'offre, celle de l'acceptation, celle de la notification de l'acceptation.

Il n'y a pas à distinguer entre les donations pures et simples et les donations conditionnelles : ces dernières sont parfaites comme conventions par la seule conclusion de l'acte.

1° Donation par un seul acte.

***2972. Règle unique.** — Quand la donation s'achève par un seul et même acte, *il faut* et *il suffit* que les deux parties, donateur et donataire, aient à ce moment la capacité de disposer et de recevoir.

2° Donation décomposée en plusieurs actes.

***2973. Capacité du donateur.** — Il est évident qu'il doit être capable de disposer au moment où il fait l'offre ; il doit l'être encore au moment où le donataire accepte cette offre, et, s'il n'est pas présent à l'acceptation, *il faut que sa capacité ait duré jusqu'au moment de l'acceptation,* car c'est à ce moment seulement que le donateur est définitivement lié et que la donation est parfaite à son égard.

*** 2974. Capacité du donataire.** — Il doit être également *capable de recevoir* à chacun de ces trois moments[1]. Mais la *capacité d'accepter* n'est pas requise avec la même rigueur : si le donataire accepte par lui-même, il doit être *habilité* au moment où il fait l'acceptation ; il n'est pas nécessaire qu'il le soit déjà au moment où l'offre de donation lui est adressée ; si l'incapable est *représenté* par une autre personne, la capacité d'accepter n'est requise en sa personne à aucun moment ; il suffit que son représentant fasse l'acceptation en son nom avec les formes et conditions voulues.

B. — Libéralités testamentaires.

1° Capacité du testateur.

*** 2975. Capacité lors de la confection du testament.** — Il faut que le testateur soit pleinement *capable de tester* au jour de la confection du testament. S'il est incapable à cette époque, le testament est nul et reste tel. Ainsi un testament fait par un mineur âgé de plus de seize ans ne vaut que pour la portion dont le mineur peut disposer, même quand son décès survient en état de majorité (Cass., 30 août 1820, D. 5. 260, S. 20. 1. 442, S. chr. 6. 1. 309).

*** 2976. Capacité requise au jour du décès.** — Il faut, en outre, qu'au jour de son décès, il soit encore *capable de laisser un testament*, mais il n'est pas nécessaire qu'il soit à cette époque *capable de faire un testament*.

Ainsi un testament fait par une personne qui est légalement et moralement capable de tester, devient nul si cette personne, par l'effet d'une condamnation pénale, n'a plus le droit de laisser un testament au jour de sa mort (L. 31 mai 1854). Mais le testament fait en temps de capacité ne devient pas nul parce que le testateur a perdu l'usage de ses facultés mentales avant sa mort : la survenance de cette *incapacité de fait* est sans influence sur la validité du testament.

*** 2977. Époque intermédiaire.** — Suivant une vieille tradition, le testament reste valable, si la capacité requise a existé au jour de sa confection et au jour du décès du testateur, alors même que celui-ci aurait été atteint dans l'intervalle d'une incapacité qui a ensuite disparu. *Media tempora non nocent.*

2° Capacité du légataire.

*** 2978. Époque de la confection du testament.** — Un legs peut être valablement adressé *à une personne qui n'existe pas encore* au jour où le testament est fait (art. 906, al. 2). A plus forte raison, peut-on léguer à

[1] Voyez cependant l'opinion contraire défendue par MM. Aubry et Rau, t. VII, § 650, note 4 ; Demolombe, t. XX, n° 141.

quelqu'un qui existe déjà, mais qui est à ce moment incapable de recevoir ; il suffit que l'incapacité du légataire disparaisse avant le décès du testateur.

Telle était la tradition de notre droit coutumier (Bourjon, *Droit commun de la France*, t. II, p. 290, n° 4 ; Ricard, *Donations*, Ire partie, n°s 829 et 830). Mais nos pays de droit écrit suivaient encore l'ancienne règle romaine, dite *règle catonienne*, qui exigeait la capacité du légataire à l'époque de la confection du testament (*Digeste*, liv. L, tit. 17, fr. 29 et 210 ; Furgole, *Des testaments*, I, p. 361, n° 46). Cette règle se trouve donc aujourd'hui abrogée.

**** 2979. Époque du décès.** — Le légataire doit être *capable de recevoir* au jour du décès. C'est de cette règle que l'art. 906, al. 2, fait l'application pour le cas de legs adressé à une personne non encore conçue. La capacité requise alors est la *capacité de recevoir* ; quant à l'*incapacité d'accepter*, si elle existe, on y remédiera en habilitant l'incapable ou en le représentant, selon les formes et conditions voulues.

Remarque. — Lorsqu'il s'agit d'une incapacité *relative* de disposer et de recevoir, qui existait à la date du testament, il ne suffirait pas, pour rendre le legs valable, que le légataire fût devenu *capable de recevoir* au jour du décès ; car il resterait toujours vrai que le testateur a été *incapable de disposer* au jour où il testait. Appliquez cette règle à un legs fait par un pupille à son tuteur avant l'apurement du compte : quand le compte sera apuré, le tuteur sera devenu capable de recevoir, mais le legs restera nul parce qu'il a été *fait par un incapable*. C'est ainsi que doit s'expliquer l'arrêt de Cassation du 27 nov. 1848, D. 48. 1. 225, S. 49. 1. 12.

*** 2980. Legs conditionnels.** — La capacité *au jour du décès* est toujours nécessaire, *même quand le legs est conditionnel* (Demolombe, t. XVIII, n° 718 ; Bordeaux, 16 août 1881, D. 84. 1. 147, S. 84. 1. 429). Voyez cependant l'opinion contraire, qui se contente de la capacité du légataire au jour de la réalisation de la condition, soutenue par Aubry et Rau, t. VII, § 650, note 11. Il y a eu en ce sens un arrêt (Chambéry, 8 juill. 1864, S. 66. 2. 298). Mais la loi ne distingue pas, dans l'art. 906, entre les legs purs et simples et les legs conditionnels, pour exiger que le légataire soit déjà vivant, au jour où le testateur meurt.

Cette capacité au jour du décès ne suffit pas ; il faut encore que le légataire soit capable *au jour où la condition se réalise*, car c'est à ce moment que le droit au legs se fixe et s'ouvre en sa personne. On n'a jamais émis de doute sur ce point.

§ 5. — *Des dispositions faites en fraude de la loi.*

*** 2981. Moyens de fraude.** — De tout temps les particuliers ont cherché à tourner les prohibitions de disposer ou de recevoir à titre gratuit établies contre eux. La plupart des procédés qui servent à cet usage sont depuis longtemps connus et classés, et la loi les a prévus pour prononcer la nullité des libéralités faites en fraude de ses dispositions. Les moyens les plus employés sont le *déguisement de la libéralité* et l'*interposition de per-*

sonnes [1]. En déguisant une donation sous les apparences d'un contrat à titre onéreux, on empêche les tiers d'en reconnaître la véritable nature, et par suite ils ne peuvent en demander la nullité, quand ils y sont intéressés [2]. En adressant la libéralité à un bénéficiaire purement apparent, qui joue le rôle de personne interposée, on empêche les tiers de connaître le nom du véritable donataire ou légataire, qui est incapable, et la nullité se trouve encore évitée en fait. Les deux moyens de fraude sont parfois combinés. Voyez Toulouse, 15 déc. 1865, D. 65. 2. 214.

*** 2982. Répression de la fraude.** — Lorsque la fraude peut être prouvée, la loi prononce la nullité de la disposition faite au profit d'un incapable (art. 911, al. 1er). Il faut remarquer que *cette nullité ajoute quelque chose aux effets naturels de l'incapacité*. Voici en quoi : lorsque l'incapacité de recevoir est seulement *partielle,* limitée à une certaine quantité ou à une certaine quotité, comme on en a vu des exemples pour les enfants naturels, les médecins, les tuteurs, les congrégations religieuses de femmes, la libéralité qui serait simplement *réductible,* si elle était faite ouvertement, se trouve *annulée pour le tout,* quand elle a été déguisée ou adressée à une personne interposée. Il y a donc aggravation de la sanction. C'est seulement dans les cas où l'incapacité de recevoir est complète que la sévérité de la loi se trouve en défaut, mais elle ne pouvait pas faire plus que d'enlever à l'incapable le bénéfice de la libéralité.

Ces dispositions s'appliquent notamment aux libéralités faites à des *congrégations religieuses non reconnues* (Cass., 26 févr. 1849, D. 49. 1. 44, S. 49. 1. 245 : Paris, 1er déc. 1892, D. 93. 2. 496) et à celles qui sont adressées aux *paroisses* par l'intermédiaire de leurs curés (Trib. Seine, 3 juin 1893, D. 94. 2. 485).

2983. Fraude dans les dons manuels. — Le don manuel se prête à l'interposition de personne comme toute autre libéralité, et il doit être annulé quand le donataire apparent était chargé de le transmettre à un établissement incapable de recevoir (Nancy, 6 févr. 1892, D. 92. 2. 268).

2984. Question relative aux congrégations reconnues. — Qu'on ne puisse pas, au moyen d'une interposition de personne, faire une libéralité à une association ou congrégation non reconnue, c'est l'effet naturel et nécessaire de l'art. 911; mais la nullité atteint-elle également la libéralité faite par personne interposée à une association ayant l'existence légale, par exemple à une congrégation autorisée? On a soutenu que l'art. 911 était alors inapplicable parce que ces associations ne sont pas *incapables de recevoir*, mais seulement *incapables d'accepter* les libéralités qui leur sont offertes. Néanmoins la nullité est considérée aujourd'hui comme certaine (Cass., 17 nov. 1852, D. 53. 1. 126, S. 53. 1. 337; Lyon, 18 janv. 1868, S. 68. 2. 131; Toulouse,

[1] Ce ne sont pas les seuls. Ainsi celui qui a fait une donation ou un legs à un incapable institue souvent un légataire universel uniquement pour enlever tout intérêt à ses héritiers naturels à critiquer cette libéralité. En ce cas l'institution du légataire universel peut être considérée comme frauduleuse et annulée (Toulouse, 2 janv. 1888, D. 91. 1. 385, S. 90. 1. 193. — Comp. Cass., 30 nov. 1869, D. 70. 1. 202, S. 70. 1. 119).

[2] Sur les donations déguisées, voyez ci-dessus, nos 2552 et suiv.

11 juin 1874, S. 74. 2. 201 ; Cass., 3 mars 1880, D. 81. 1. 261, S. 81. 1. 423). L'art. 911 est la sanction nécessaire des dispositions qui le précèdent, y compris l'art 910 ; il importe peu que ce dernier article n'établisse pas une véritable incapacité de recevoir ; le seul fait du déguisement ou de l'interposition de personne, étant destiné à priver le gouvernement de son droit de surveillance administrative, constitue une fraude à la loi et entraîne nullité.

*** 2985. Condition de la nullité.** — En pratique, les difficultés ne se présentent guère que pour des donations ou des legs faits par personne interposée ; il est rare que la libéralité soit adressée directement à l'incapable sous la forme d'un contrat onéreux.

Prenons donc la question sous son aspect habituel : à quelle condition l'annulation devra-t-elle être prononcée ? En principe, il est nécessaire que le bénéficiaire apparent ait été *spécialement chargé* de faire parvenir les biens au destinataire incapable ; on dit alors qu'il y a *fidéicommis,* mot emprunté à l'ancienne pratique romaine où il servait déjà à désigner ces libéralités restituables à une tierce personne. Cependant, comme il serait trop facile d'éluder la loi en choisissant une personne de confiance, qui s'engagerait verbalement envers le testateur à exécuter ses volontés, sans y être astreinte par une clause formelle du legs, il est admis que le *fidéicommis tacite,* qui résulte d'une simple entente non exprimée dans le testament, suffit pour entraîner la nullité de la disposition tout aussi bien qu'un *fidéicommis exprès* (Demolombe, t. XVIII, n° 640).

On va même plus loin : il n'est pas nécessaire qu'il y ait eu un *accord formel* entre le légataire et le testateur, relativement à la transmission des biens légués, ni que le légataire ait *promis* quoi ce que soit à ce sujet : il suffit que le disposant ait pu avoir la *certitude morale* que les biens arriveraient à leur véritable destination, *à raison de la qualité de la personne choisie par lui comme intermédiaire* (Cass., 20 juill. 1846, D. 46. 1. 353, S. 47. 1. 74 ; Cass., 20 avril 1847, D. 47. 1. 270, S. 47. 1. 437 ; Amiens, 1er août 1861, D. 61. 2. 202 ; Nîmes, 14 janv. 1874, D. 75. 2. 44, S. 74. 2. 174). Comp. Demolombe, t. XVIII, n° 640. Voyez aussi Cass., 20 juin 1888, D. 89. 1. 25, S 90. 1. 118.

Toutefois, comme il s'agit de faits dont l'appréciation varie avec les époques et avec la composition des tribunaux, on trouve des décisions moins rigoureuses. Ainsi il a été jugé qu'il ne suffisait pas d'établir *une communauté d'idées ou de sentiments* entre le disposant et le bénéficiaire, alors même que le disposant aurait compté que sa fortune serait employée par le bénéficiaire conformément à ses vues personnelles (Toulouse, 14 févr. 1866, D. 67. 2. 31 ; Grenoble, 8 déc. 1874, D. sous Cass., 76. 1. 325, S. 77. 1. 174 ; Cass., 15 févr. 1892, D. 92. 1. 360, S. 92. 1. 136. — Voyez aussi Rennes, 11 mai 1891, D. 92. 2. 436). Je considère cette dernière jurisprudence comme préférable. Qu'il puisse y avoir un fidéicommis sans une véritable obligation légale de restitution, soit ; un vœu, une prière suffisent à le constituer (Besançon, 7 juin 1879, D. 81. 1. 257, S. 80. 2. 14). Mais il faut qu'il y ait tout au moins une *entente* ; sinon on tombe dans l'arbitraire pur. Voyez la critique de la jurisprudence par Pont, dans la *Revue de législation*, 1847, t. III, p. 290 et suiv. Cependant la jurisprudence qui admet le fidéicommis en dehors de tout accord entre les parties a pour elle l'autorité de Pothier, *Coutume d'Orléans*, introd. au tit. XVI, n° 44.

2986. Preuve de l'interposition de personne. — En principe, la preuve de l'interposition de personne doit être faite par celui qui attaque la libéralité. On lui accorde du reste toutes les facilités désirables. *Tous les moyens de preuve* sont admis (Lyon,

10 janv. 1883, D. 83. 2. 231, S. 84. 2. 136; Cass., 15 déc. 1891, D. 92. 2. 116, S. 92. 1. 23), même les *simples présomptions*, pourvu qu'elles soient graves et précises, car on ne saurait annuler un legs sur de vagues conjectures; il faut une *preuve* et non des *soupçons* (Lyon, 10 janv. 1883, précité; Bordeaux, 13 mai 1895, D. 95. 2. 438).

C'est surtout la difficulté de cette preuve qui a fait dire à certains arrêts que l'interposition de personne ne supposait pas nécessairement un concert frauduleux entre le disposant et le bénéficiaire apparent: il eût suffi de dire que la *preuve directe* de ce concert n'a pas besoin d'être rapportée et qu'il peut être déclaré constant d'après l'ensemble des circonstances: on eût ainsi distingué la question de preuve de celle de savoir quels sont, au fond, les éléments constitutifs du fidéicommis.

Les juges du fait apprécient souverainement les faits constitutifs de l'interposition de personne (Cass., 15 déc. 1891, D. 92. 1. 116, S. 92. 1. 23; Cass., 15 févr. 1892, D. 92. 1. 360, S. 92. 1. 136). Voyez cependant Cass., 24 nov. 1891, D. 92. 1. 541.

***2987. Présomptions exceptionnelles d'interposition.** — A raison de la fréquence de ces fraudes, et pour éviter à ceux qui en sont victimes la difficulté de la preuve, l'art. 911, al. 2, a établi, pour quelques hypothèses, des *présomptions légales,* en vertu desquelles certains membres de la famille sont réputés servir de personnes interposés pour faire parvenir la libéralité à l'incapable.

Par la façon dont elles sont établies, ces présomptions ne sont applicables qu'aux *incapacités relatives de recevoir* qui sont celles des enfants naturels, du tuteur, du médecin, du confesseur, des officiers de marine. Elles restent sans application possible aux personnes fictives, par la nature même des choses, car ces prétendues personnes n'ont pas de parents. Elles ne s'appliquent pas davantage aux condamnés frappés de peines afflictives perpétuelles, car si on réputait leurs proches parents personnes interposées à leur profit il s'ensuivrait que ceux-ci ne pourraient plus recevoir aucune libéralité de personne, puisque l'incapacité du condamné est absolue. D'ailleurs les peines sont personnelles et ne peuvent pas créer de déchéances pour des innocents.

2988. Personnes réputées interposées. — D'après l'art. 911, la libéralité doit être réputée faite à l'incapable lui-même, lorsqu'elle est faite aux personnes suivantes :

1° Son père ou sa mère. — La présomption ne s'étend pas aux autres ascendants. Mais elle s'applique aux père et mère naturels aussi bien qu'aux père et mère légitimes (Cass., 22 janv. 1884, D. 84. 1. 117, S. 84. 1. 277; Orléans, 5 févr. 1885, D. 86. 2. 166, S. 85. 2. 152). Voyez cependant Cass., 28 mai 1878, D. 78. 1. 401.

2° Ses enfants et descendants. — La jurisprudence ne distingue pas non plus entre les enfants naturels et les enfants légitimes (Cass., 25 juill. 1881, D. 82. 1. 271, S. 82. 1. 417).

3° Son conjoint. — La loi dit : « l'époux ». Comme la séparation de corps ne détruit pas le mariage, la présomption d'interposition subsisterait quand bien même les conjoints seraient séparés de corps. — Mais aucune présomption de ce genre ne pèse sur le *fiancé* de l'incapable (Demolombe, t. XVIII, n° 545). Cependant si la donation était faite par contrat de mariage au futur époux de l'incapable, comme elle est certainement inspirée par la qualité d'époux que le fiancé va bientôt avoir, on la considère en général comme tombant sous la présomption de la loi (Lyon, 24 nov. 1860, D. 61. 2. 111 ; Aubry et Rau, t. VII, § 650 *bis*, note 12 ; Laurent, t. XI, n° 401). Plus récemment la

Cour de cassation a cependant écarté la présomption légale, même pour les donations faites dans le contrat de mariage (Cass., 24 janv. 1881, S. 81. 1. 404).

En tout cas, il est certain qu'il n'existe aucune présomption légale d'interposition contre le *concubin* de l'incapable.

2989. Effet des présomptions légales. — Dans les cas où elles sont applicables, les présomptions d'interposition écrites dans l'art. 911 dispensent de toute preuve les tiers intéressés à faire tomber la libéralité. De son côté la personne réputée interposée ne serait pas reçue à combattre la présomption en prouvant que la libéralité lui a été réellement adressée et qu'elle en est le bénéficiaire effectif (Cass., 22 janv. 1884, D. 84. 1. 117, S. 84. 1. 277). C'est l'application de l'art. 1352 : une présomption légale est *irréfragable*, quand la loi s'en sert pour annuler un acte.

On ne fait d'exception que pour les donations rémunératoires qui constituent une sorte de paiement. Voyez cependant Paris, 6 mai 1854, D. 56. 2. 240. Comp. Demolombe, t. XVIII, n° 676.

2989 *bis*. Présomptions spéciales contre les congrégations religieuses. — Jusqu'en 1901 aucune présomption d'interposition n'existait contre les membres des congrégations : chacun d'eux pouvait être gratifié sans être réputé personne interposée au profit de sa congrégation (Lyon, 10 janv. 1883, D. 83. 2. 231, S. 84. 2. 136). La preuve de l'interposition devait être rapportée, sinon la libéralité était maintenue (Rennes, 22 mars 1887, D. 89, 1. 25. Comp. Cass., 26 févr. 1862, D. 62. 1. 536).

La loi du 1er juillet 1901 a établi des présomptions nouvelles contre les congrégations spécialement s'il s'agit de dons ou de legs, le bénéficiaire est réputé personne interposée, à moins qu'il ne soit l'héritier *en ligne directe* du disposant (art. 17). Toutefois cette présomption souffre la preuve contraire. Sur l'importance de cette réserve, admise par voie d'amendement, voyez le discours de M. Perreau à la séance de la Chambre du 26 mars 1901 (*Journal officiel*, débats, p. 952 et suiv.).

§ 6. — *Des libéralités faites aux pauvres.*

2990. Bibliographie. — Léon Bour, *Des personnes capables de recevoir des libéralités en faveur des pauvres*, Thèse, Paris, 1899. — Léon Lallemand, *Histoire de la charité*, 5 vol. (en cours de publication), t. I, paru en 1902. — Voyez aussi l'ouvrage de M. Th. Tissier, signalé ci-dessus n° 2936.

A. — Aptitude légale des pauvres à recevoir des libéralités.

*** 2991. Leur importance.** — Depuis l'avènement du christianisme les libéralités au profit des pauvres ont été de tout temps très nombreuses. Dès le ve siècle, les empereurs Valentinien et Marcien décidaient qu'un legs fait aux pauvres était valable (*Code*, liv. 1, tit. 3, loi 23) et il est probable que depuis longtemps des libéralités charitables étaient faites aux Églises, à qui Constantin avait permis d'adresser des legs par une constitution de l'an 321 (*Code*, liv. 1, tit. 2, loi 1)[1]. Au moyen âge, un testateur n'aurait pas voulu écrire ses dernières volontés sans y insérer quelques legs pieux, destinés à de bonnes œuvres et au soulagement des pauvres. De nos jours encore rien n'est plus fréquent que de voir des libéralités souvent considérables faites aux pauvres par testament.

*** 2992. Les pauvres sont-ils des personnes incertaines ?** — Le droit ro-

[1] A l'époque païenne, quoique moins fréquente, la charité envers les pauvres se manifestait aussi par des fondations, mais elle empruntait d'autres formes et on s'adressait aux municipes et aux cités pour les charger de faire fonctionner les œuvres organisées dans ce but. Voyez l'exemple rapporté par Duruy (*Histoire des Romains*, t. IV, p. 276) d'une donation de 1 300 000 sesterces faite à la ville de Sicca pour l'entretien des enfants pauvres. Voyez aussi Marquardt et Mommsen, *Manuel*, t. IX, p. 667, note 1.

main les considérait certainement comme tels, et s'il a permis de leur faire des legs c'est en introduisant en leur faveur une véritable exception à ses principes, exception inspirée par l'influence chrétienne. Mais, comme on l'a vu plus haut (n° 2926), la prohibition ancienne de gratifier des personnes incertaines, au sens romain de ce mot, n'existe plus en droit français ; il ne subsiste qu'un obstacle de fait tenant à *l'indétermination des bénéficiaires*. Or il est permis d'adresser un legs à *toute une catégorie de personnes*, pourvu que cette catégorie soit elle-même déterminée, car le nombre des légataires appelés à bénéficier d'une libéralité n'est pas limité par la loi. Il ne reste donc plus qu'à rechercher si la catégorie des pauvres est suffisamment déterminée pour recevoir des legs [1]. On ne saurait dire où commence et où finit la pauvreté ; les limites de cette classe sont indécises ; les pauvres ne se reconnaissent pas à des signes certains, comme le seraient les personnes habitant telle commune ou exerçant telle profession.

Néanmoins, il n'y a pas lieu de s'embarrasser du défaut de détermination, et cela pour une double raison :

1° Si la classe des pauvres n'est pas déterminée par des limites tranchées, elle n'en a pas moins *une existence réelle*, et il serait aussi odieux qu'absurde d'empêcher les libéralités faites aux pauvres parce que la détermination des bénéficiaires pourra, dans certains cas, comporter une appréciation de fait pour ceux qui seront chargés d'employer les fonds. Je dis « dans certains cas », car pour la grande majorité de ceux qui se présenteront l'état de détresse et de misère sera évident.

2° En fait, la classe des pauvres est secourue par la charité tant publique que privée, et puisque des secours lui sont journellement distribués pour des sommes considérables, il est évidemment permis de contribuer volontairement à augmenter ces distributions par des legs. Le *droit* serait *la forme de l'injustice*, si ses principes aboutissaient à paralyser la charité.

*** 2993. État des textes.** — Du reste, la question n'est pas douteuse, l'aptitude des pauvres à recevoir n'a jamais cessé depuis le jour où les empereurs romains l'ont reconnue (Pothier, *Donations testamentaires*, n° 93), et le Code civil la suppose en réglant, dans ses art. 910 et 937, la façon dont doivent être acceptées les libéralités faites « aux pauvres d'une commune ». Les auteurs qui écrivent sur le droit administratif disent couramment que les pauvres forment une « personne civile » (Tissier, n° 125). Formule inutile : je puis léguer mon bien à six personnes ; pourquoi pas à 500 ?

2994. Interprétation des dispositions vagues. — Les libéralités, faites aux pauvres sont donc possibles, à une condition toutefois, c'est que la catégorie de pauvres appelée à en bénéficier soit déterminée. Ordinairement le disposant a soin de s'expliquer sur ce point. Quand il ne l'a pas fait, on n'annule pas pour cela la libéralité faite aux pauvres d'une manière vague ; on recherche par interprétation du testament, quels sont ceux que le disposant a entendu gratifier ; ordinairement ce sont les pauvres d'une région déterminée, par exemple ceux de sa commune ou de sa paroisse.

Les legs faits aux pauvres sans autre détermination donnent lieu à des difficultés d'interprétation qui ont été résolues différemment. Jadis on les attribuait volontiers aux pauvres de la commune où le testateur se trouvait lorsqu'il a testé (Avis du Conseil d'État, du 12 août 1834). D'autres préfèrent le lieu de son domicile ou de sa résidence (Pothier, *Cout. d'Orléans*, introd. au tit. XVI, n° 38 ; Demolombe, t. XVIII, n° 612 ; Laurent, t. XI, n° 312 ; Metz, 10 mai 1844). Cela paraît avant tout une question de fait et le juge doit statuer selon les circonstances (Paris, 7 et 20 mai 1885, *Gazette des Tribunaux*, 24 juin 1885 ; Douai, 29 nov. 1893, D. 94. 2. 599).

[1] J'écarte provisoirement la complication provenant de ce que la libéralité au profit des pauvres est ordinairement *perpétuelle* et que les *revenus* seuls du bien donné ou légué doivent être distribués annuellement: la libéralité profite alors indéfiniment aux générations à venir, c'est-à-dire à des *personnes futures*. On a vu plus haut le moyen de tourner cette difficulté en choisissant un intermédiaire qui sera réputé propriétaire immédiat des biens légués.

2995. Terminologie. — Dans les arrêts et dans la pratique, on confond souvent, sous le nom de « *legs pieux* » ou « *legs pie* », les libéralités faites aux pauvres avec les sommes affectées à faire dire des messes. Ce sont deux ordres de dispositions tout à fait différentes : les sommes attribuées aux pauvres constituent de véritables *libéralités*, puisque ceux-ci les reçoivent *à titre gratuit* ; l'argent payé pour les messes est un *salaire*. Voyez ce qui en est dit ci-dessous n° 3331, en note.

D'un autre côté, on confond parfois avec les dons aux pauvres, sous le nom de *bonnes œuvres*, une foule de libéralités inspirées par la piété, mais qui n'ont pour objet ni la charité, ni la célébration d'offices spéciaux. Tels sont des secours alloués aux Frères des Écoles Chrétiennes, des sommes données pour contribuer à la réfection ou à l'agrandissement d'une église, ou pour fournir des subsides aux jeunes gens qui se destinent à l'état ecclésiastique, etc. Voyez comme exemples Cass., 1er juill. 1861, D. 61. 1. 257, S. 61. 1. 753 ; Bourges, 11 janv. 1887, D. 87. 2. 80, S. 90. 2. 170 ; Douai, 1er mai 1894, D. 95. 2. 249, S. 95. 2. 1. Ces dispositions ne constituent *aucune catégorie spéciale* ; ce sont des libéralités faites soit à des particuliers, soit à des associations ou établissements. Il faut leur appliquer les règles du droit commun selon qu'elles affectent la forme de *libéralités directes*, conférant la qualité de légataires ou de donataires aux personnes gratifiées, ou la forme de *simples charges* imposées à un donataire ou à un légataire.

B. — Formes diverses des libéralités faites aux pauvres.

2996. Fondations perpétuelles. — Si le disposant a donné ou légué un capital dont les revenus seuls doivent être distribués aux pauvres ou employés à leur profit, il a fait une *fondation*, et l'étude des difficultés qui se présentent n'a rien de spécial à l'objet de la libéralité, qui est la charité ; elles rentrent dans l'étude générale des fondations. On les retrouvera ci-dessous nos 3330 à 3347.

2997. Libéralités à distribuer immédiatement. — Très souvent la libéralité a pour objet des sommes qui doivent être, non pas placées, mais distribuées immédiatement. Dans ce genre de libéralités rentre le produit des *quêtes* faites soit dans les *églises*, soit dans les *fêtes de charité*, qui ont parfois fait naître des difficultés spéciales. Voyez pour les quêtes dans les églises, Caen, 12 janv. 1881, D. 82. 2. 57, S. 84. 1. 145 ; et pour les fêtes de charité, Cass., 2 août 1897, D. 98. 1. 199. Voyez aussi Dijon, 14 mai 1879, D. 80. 2. 11.

C. — Mode d'exécution des libéralités faites aux pauvres.

1° Libéralités faites sans indication d'intermédiaire.

2998. Représentation légale des pauvres. — Le legs adressé aux pauvres est fait en réalité *à une collectivité*. Cette collectivité ne peut être admise à exercer des droits sous la forme d'une foule incohérente et indéterminée ; elle a un *représentant légal*, qui est *le maire de la commune* : aux termes de l'art. 937, la libéralité faite aux pauvres d'une commune doit être acceptée « par l'administrateur de cette commune », c'est-à-dire par le maire (Comp. Ord. 2 avril 1817, art. 3). En acceptant, le maire agit « au nom des pauvres » et non « au nom de la commune » (Note de la section de l'intérieur, 12 juill. 1892, dans les *Notes de jurisprudence*, par JOSEPH REYNAUD, Melun, 1899, p. 260).

Quand le legs adressé aux pauvres intéresse plusieurs communes, il est accepté *par le préfet* (Avis du Conseil d'État du 15 février 1837 ; Avis du 11 août 1885). Voyez cependant une note du 5 janvier 1887, dans REYNAUD, p. 260. Comp. Cass., 19 juin 1900, D. 1901. 1. 268.

Quand la libéralité s'étend sur plusieurs départements l'acceptation doit être faite par le Ministre de l'intérieur (Avis du 13 févr. 1837).

2999. Rôle des établissements publics de bienfaisance. — Il existe dans la plupart des communes trois catégories d'établissements qui sont spécialement chargés d'assurer les services d'assistance publique. Ce sont : 1° les BUREAUX DE BIENFAISANCE, institués par la loi du 7 frimaire an V, pour les *distributions de secours à domicile* ; 2° les HOSPICES, qui recueillent les enfants, les vieillards et les incurables ; 3° les BUREAUX D'ASSISTANCE MÉDICALE, créés par la loi du 15 juillet 1893 [1].

Selon l'affectation que le disposant aura donné à sa libéralité, elle sera recueillie par l'un ou l'autre de ces établissements, de sorte que le rôle des maires se trouve en fait réduit à peu de chose, surtout grâce à la jurisprudence administrative qui, méconnaissant les textes du Code, s'efforce de transformer le bureau de bienfaisance en représentant légal des pauvres [2]. Ce sont là des points qui ne peuvent être qu'indiqués ici. Voyez les tables des recueils d'arrêts aux mots : *Legs*, *Secours publics*, *Bureaux de bienfaisance*, etc.

3000. Système propre à la Ville de Paris. — A Paris, tous les services d'assistance sont centralisés dans une organisation unique appelée *l'Assistance publique* (L. 10 janvier 1849). Voyez SIMONET, 2e édit., nos 1789-1791, 3e édit., nos 1823-1825, BERTHÉLEMY, 2e édit., p. 791, et la *Grande Encyclopédie*, t. IV, p. 271.

Voyez aussi Paris, 23 janv. 1891, D. 91. 2. 342, S. 91. 2. 206.

3001. Projet de réforme. — Un projet déposé au Sénat le 23 novembre 1897, par le Ministre de l'intérieur, tend à réorganiser les services d'assistance, en leur donnant une forme plus simple et en supprimant les difficultés qui naissent de leur complication actuelle. Voyez sur ce projet BOUR, thèse précitée, p. 33 et suiv.

2° Libéralités adressées à un intermédiaire.

3002. Monopole prétendu par les bureaux de bienfaisance. — Les bureaux de bienfaisance sont des institutions municipales, créées en exécution de la loi du 7 frimaire an V, pour distribuer aux indigents les ressources que cette loi mettait à la disposition des communes au moyen d'une imposition sur les spectacles, dite « le droit des pauvres ». A l'origine ces bureaux n'étaient donc que des commissions chargées de distribuer aux pauvres des sommes provenant d'une source déterminée ; il n'y a rien de plus dans la loi de l'an V. — Depuis lors une série d'autres textes ont mis d'autres ressources à la disposition des bureaux de bienfaisance. Voyez notamment l'arrêté du 9 fructidor an IX et le décret du 12 juillet 1807. Mais *jamais* aucun texte législatif n'a dit en termes généraux que les bureaux de bienfaisance avaient *seuls* qualité pour recevoir et gérer les libéralités faites aux pauvres.

Cependant l'idée que les bureaux de bienfaisance sont les représentants nécessaires des pauvres est très ancienne dans la jurisprudence [3]. Beaucoup d'arrêts ont décidé que leur

[1] Il est résulté de leur création, par la loi du 15 juillet 1893, une sorte de concurrence pour les bureaux de bienfaisance. C'est le bureau d'assistance qui a qualité pour recueillir désormais les libéralités faites aux pauvres *malades* (note du 16 janv. 1895, REYNAUD, p. 269) et lorsque la libéralité est adressée *aux pauvres* en général, il y a lieu de la faire accepter à la fois par le bureau de bienfaisance et par le bureau d'assistance, parce qu'elle concerne les indigents malades aussi bien que ceux qui sont valides (note du 19 février 1895, REYNAUD, p. 270). En principe, le cinquième de la libéralité est attribué au bureau d'assistance (avis du 31 octobre 1895, REYNAUD, p. 271). Toutefois le bureau d'assistance n'a aucun droit sur les legs antérieurs au 15 juillet 1893 (note du 8 janvier 1896, REYNAUD, p. 271), ni sur les libéralités qui sont adressées nominativement au bureau de bienfaisance (note du 4 mars 1896, REYNAUD, p. 271).

[2] Cette conception pénètre même dans les arrêts des tribunaux judiciaires (Limoges, 28 janv. 1889, D. 90. 2. 303, S. 91. 2. 149 ; Agen, 16 nov. 1891, D. 93. 2. 213). Toutefois, lorsqu'il ne s'agit pas de secours à distribuer aux pauvres, mais d'une fondation spéciale, par exemple de la création d'un hospice, c'est au maire et non au bureau de bienfaisance que le legs doit être délivré (Paris, 9 juillet 1895, D. 96. 1. 322. Comp. Caen, 9 juillet 1894, D. 95. 2. 236, S. 96. 2. 281 et la note ; Amiens, 26 déc. 1894, D. 96. 2. 75, S. 97. 2. 197). Quand il n'existe pas de bureau de bienfaisance, le legs doit être réclamé par le maire (Angers, 12 février 1894, D. 94. 2. 494, S. 95. 2. 161).

[3] Elle est encore admise par les arrêts les plus récents (Amiens, 26 déc. 1894, D. 96. 2. 75, S. 97. 2. 197 ; Cass., 6 août 1895, D. 96. 1. 322 ; Paris, 27 juill. 1897, D. 98. 2. 112, S. 98. 2. 45).

intervention ne peut être écartée par une clause spéciale du testament ou de la donation, cette clause étant nulle comme contraire à l'ordre public (Cass., 4 août 1856, D. 56. 1. 453, S. 57. 1. 273; Cass., 14 juin 1875, D. 76. 1. 132, S. 75. 1. 467). A son tour le Conseil d'État, dans divers Avis de principe, a proclamé en termes absolus que « c'est aux bureaux de bienfaisance seuls qu'il appartient de recevoir les libéralités faites aux pauvres » (Comité de l'intérieur, 6 juillet 1831. Confirmé par un autre avis du 15 février 1837). Voyez ces textes et leur commentaire dans TISSIER, n° 230. Plus récemment ce monopole a été affirmé à nouveau : « Les bureaux de bienfaisance tiennent des lois, décrets et ordonnances, la *mission exclusive* d'administrer les biens des pauvres et *celle de faire la répartition des secours* » (13 avril, 7 juillet et 13 juillet 1881, D. 82. 3. 23). — C'est donc la jurisprudence qui a organisé en fait ce monopole : *il n'existe pas dans les lois*[1].

3003. Tempérament admis par la jurisprudence. — Le résultat le plus clair du système de la jurisprudence serait de décourager la charité privée. A tort ou à raison, beaucoup de gens ne veulent pas employer les administrations laïques pour les distributions de leurs largesses. Une combinaison déjà ancienne leur donne le moyen d'écarter le bureau de bienfaisance, tout en respectant son prétendu monopole : la libéralité charitable est *acceptée* par le bureau de bienfaisance; les biens ou valeurs qui en font l'objet sont *recueillis et gérés par lui*, mais *ce n'est pas lui qui fait la distribution des secours*. Il est permis au disposant de désigner d'autres personnes pour les charger de ce soin, et les exemples qu'on rencontre dans la pratique sont des plus variés[2]. Cette combinaison, de plus en plus employée, est licite (Cass., 22 août 1881, D. 82. 1. 476, S. 83. 1. 467; Cass., 21 avril 1898, D. 98. 1. 455, S. 98. 1. 233)[3].

Toute cette pratique a pour point de départ une lettre de M. Guizot, du 9 mars 1837 (TISSIER, *Dons et legs*, n° 230, t. I, p. 512-513), qui proposait d'autoriser l'établissement gratifié et l'autorité municipale à accepter simultanément la libéralité. Sa proposition, rejetée d'abord par le Conseil d'État, fut accueillie à titre transactionnel, sur les instances du clergé, par un avis du 4 mars 1841, et améliorée par deux avis des 24 janvier et 10 juin 1863. Ce fut ce qu'on appela le *système de l'acceptation conjointe*. Sur les variations de la pratique administrative, que je ne puis suivre ici en détail, voyez TISSIER, n°s 231 et suiv.

3004. De la dispense de rendre compte. — En principe, l'intermédiaire employé par le disposant pour la distribution des secours est obligé de rendre compte au bureau de bienfaisance, qui lui remet périodiquement les fonds à distribuer (Caen, 23 oct. 1888, D. 97. 2. 50, en sous-note). Mais souvent le disposant le dispense de cette obligation, et cette dispense est valable (Limoges, 28 janv. 1889, D. 90. 2. 303, S. 91. 2. 149; Riom, 11 juin 1895, D. 97. 2. 49, S. 95. 2. 295)[4]. Un arrêt a cependant

[1] Le seul texte qu'on puisse citer et qui soit un peu probant est celui de l'ordonnance du 2 avril 1817. A cette époque, à raison de l'harmonie parfaite qui régnait entre l'Église et l'Etat, on a pu ne pas voir le danger qu'il y avait à monopoliser la charité au profit de l'administration générale de la commune. Mais s'il est vrai que l'ordonnance ait un pareil sens, est-elle valable ? Et un *décret* a-t-il pu ajouter ainsi à la loi et limiter une liberté qui résulte de l'ensemble de nos institutions ? — Sur toute cette question, voir TISSIER (n°s 228 et suiv.), qui croit au monopole.

[2] Distribution par des ecclésiastiques (Douai, 11 février 1845, D. 45. 2. 60, S. 45. 2, 273); par les sœurs de charité d'un hospice (Bordeaux, 26 juin 1845, D. 45. 4. 150. S. 46. 2. 368); par le curé de la paroisse (Douai, 30 décembre 1874, D. 77. 2. 158; Limoges, 28 janvier 1889, D. 90. 2. 303, S. 91. 2. 149; Riom, 11 juin 1895, D. 97. 2. 49, S. 95. 2. 295); par la fabrique paroissiale (Paris, 23 janv. 1891, D. 91. 2. 342, S. 91. 2. 206); par le maire de la commune assisté d'un parent du testateur (Angers, 23 janv. 1880, D. 82. 1. 476); par les juges de paix de la ville (Riom, 1er juin 1874, D. 76. 1. 132).

[3] Cependant, la jurisprudence administrative ne paraît pas d'accord avec la jurisprudence civile. Sur la possibilité de faire distribuer aux pauvres par un tiers le revenu d'une fondation recueillie par le bureau de bienfaisance, elle décide que le bureau de bienfaisance ne peut pas « abdiquer la mission qu'il tient de la loi de répartir les secours » (note du 15 mai 1889, REYNAUD, p. 267).

[4] L'arrêt de la Cour de Riom admet en outre que, pour mieux assurer le res-

considéré ce procédé comme illicite, et annulé en conséquence la libéralité dont il lui paraissait être la cause impulsive et déterminante (Agen, 16 nov. 1891, D. 93. 2. 213). Un autre, considérant la clause comme illicite, l'a réputée non écrite (Toulouse, 4 nov. 1890, D. 97. 2. 49 en sous-note, S. 91. 2. 151). Ces deux dernières décisions sont certainement inexactes; elles conduisent à des rigueurs inutiles, dont les pauvres sont les victimes, au grand détriment de la justice. Comp. Paris, 27 juill. 1897, D. 98. 2. 112, S. 98. 2. 45.

3005. Observation. — Le prétendu monopole des bureaux de bienfaisance n'est admis que pour les *biens* ou *capitaux* qu'il s'agit de conserver et gérer dans l'intérêt des pauvres; il ne s'étend pas aux sommes à distribuer en une seule fois et notamment au produit des quêtes. Voyez les arrêts de 1881 et de 1897 cités ci-dessus n° 2997.

D. — Droit fiscal.

3005 *bis*. Tarif applicable aux dons et legs charitables. — Lorsque les Chambres ont surélevé en 1901 les droits de mutation à percevoir sur les dispositions à titre gratuit (L. 25 février 1901, art. 18), en les portant jusqu'à 13 francs 50 pour cent entre personnes non parentes, elles ont établi un tarif de faveur pour les dons et legs affectés à des œuvres d'assistance, qui paient seulement 9 pour cent, sans addition de décimes (art. 19).

Section III. — Des conditions et charges des libéralités.

3006. Bibliographie. — Et. Bartin, *Théorie des conditions impossibles, illicites ou contraires aux mœurs*, Paris, 1887. — Labbé, *Examen doctrinal*, dans la *Revue critique*, 1884, t. XIII, p. 641. — Labbé, Note dans Sirey, 84. 1. 305. — Voyez aussi les ouvrages cités aux nos 2924 et 2990 ci-dessus et aux nos 3264 et 3330 ci-dessous.

** **3007. Distinction de la condition et de la charge.** — Il y a *libéralité conditionnelle*, lorsque l'effet en est subordonné à la réalisation d'une condition proprement dite, qui peut être *suspensive* ou *résolutoire* : ainsi la libéralité faite sous la condition que le bénéficiaire ne se remariera pas est faite sous condition résolutoire : il la perdra s'il se remarie.

Il y a *libéralité avec charges*, lorsque celui qui en est gratifié est obligé d'en employer l'objet en tout ou en partie à une certaine destination indiquée par le disposant. C'est la *libéralité onéreuse* ou libéralité « sub modo », dont il a déjà été parlé ci-dessus à propos du caractère gratuit des donations (ci-dessus n° 2505). La libéralité avec charges est affectée d'une condition implicite, en ce sens que si le donataire ou le légataire n'exécute pas la charge qui lui est imposée, il s'expose à voir prononcer contre lui la *résolution* de la donation ou du legs : c'est l'action en résolution admise dans tout rapport synallagmatique et appelée vulgairement « condition résolutoire tacite ». Voyez sur ce point t. II, nos 1307 et suiv.

§ 1. — *Des libéralités avec charges.*

3008. Distinction. — Pour étudier les effets de l'imposition d'une charge à une

pect de la volonté des testateurs, la clause du testament qui désigne la personne chargée de la distribution des revenus doit être inscrite sur le titre de rente acheté par le bureau de bienfaisance comme placement des fonds.

libéralité, il faut distinguer dans l'intérêt de qui la charge existe. Elle peut être en effet : 1° dans l'intérêt *du disposant* ; 2° dans l'intérêt *du gratifié* ; 3° dans l'intérêt *d'un tiers*.

A. — Charges établies au profit du disposant.

1° Libéralités entre vifs.

***3009. Effet de la charge sur le caractère gratuit de l'acte.** — Si le donateur doit retirer personnellement un profit de l'exécution de la charge, par exemple s'il s'agit de payer ce qu'il doit à autrui ou d'assumer à sa place une charge qui allait lui incomber, comme le service d'une rente qu'il venait de constituer à un vieux domestique, alors *il se trouve lui-même plus riche de toute la valeur de la charge imposée au donataire* : il est libéré envers ses créanciers ou dispensé d'une rente. *Dans cette mesure l'acte cesse d'avoir le caractère gratuit,* qui est l'essence de la donation ; il y a un *contrat mixte,* qui est en partie onéreux, en partie gratuit.

Néanmoins, par une tradition qui remonte au droit romain, on considère l'acte comme étant une donation dans son ensemble (MAYNZ, t. II, §256, 3°), et il garde ce caractère tant que la charge ne devient pas la partie principale de l'opération, la partie donnée gratuitement étant réduite au rôle d'accessoire. Si les charges deviennent équivalentes, ou à peu près, à la valeur des biens cédés, l'acte n'est pas une donation, mais une vente ou un contrat innommé (Caen, 21 avril 1841, D. 41. 2. 229, S. 41. 2. 433 ; Cass., 21 déc. 1887, D. 88. 1. 256, S. 88. 1. 412. Comp. Cass., 7 déc. 1885, D. 87. 1. 324, S. 88. 1. 10).

2° Libéralités testamentaires.

3010. Leur rareté. — Il est assez rare de rencontrer dans les testaments une charge imposée au légataire dans l'intérêt du testateur ; cependant cela se voit parfois. Par exemple, il est dit que, pour profiter de la libéralité qui lui est faite, le légataire devra entretenir le testateur jusqu'à sa mort, le nourrir et le défrayer de tout. On peut citer encore en ce genre la charge de faire dire des messes pour l'âme du testateur [1].

3011. Cas de validité. — Ces charges sont-elles valables ? Une distinction est nécessaire, selon que le légataire a pris ou non un engagement formel envers le testateur.

1° ENGAGEMENT POSITIF DU LÉGATAIRE. — Il y aurait nullité si le légataire prenait *d'une manière positive* envers le testateur l'engagement de remplir la charge : il y aurait alors *convention sur succession future* (Cass., 25 janv. 1853, D. 53. 1. 43, S. 53. 1. 172. — Comp. Paris, 12 nov. 1858, D. 59. 2. 131, S. 59. 2. 307).

2° ABSENCE D'ENGAGEMENT. — Au contraire, la nullité sera évitée, si le légataire s'abstient de prendre *aucun engagement* envers le testateur (Cass., 22 mars 1882, D. 83. 1. 76, S. 85. 1. 59). En l'absence de tout accord de volonté, la charge se réduit à une simple condition de nature à se réaliser seulement pendant la vie du testateur. C'est une combinaison qui était déjà permise par le droit romain (*Digeste*, liv. XXXV, tit. 1, fr. 91). D'autre part la condition d'un legs peut être potestative de la part du légataire

[1] Sur le cas où ces messes doivent être dites dans des églises ou chapelles appartenant à des congrégations non autorisées, voyez Paris, 1er déc. 1892, D. 93. 2. 196. — Pour le cas où le service des messes a fait l'objet d'une *fondation*, voyez ci-dessous, n° 3331, note.

(Rennes, 10 mars 1841. DALLOZ, *Répert.*, v° Dispositions entre vifs et testamentaires, n° 115).

B. — Charges établies au profit du gratifié.

***3012. Maintien constant de la gratuité malgré la charge.** — Quand c'est la personne gratifiée elle-même qui doit profiter de l'exécution de la charge, la libéralité qui lui est faite conserve toujours son caractère a titre gratuit, et cela sans qu'il y ait lieu de distinguer entre les donations et les legs.

Ainsi je vous donne ou je vous lègue 500 francs à la condition expresse que vous ferez un voyage projeté par vous et devant la dépense duquel vous reculiez. Il y a libéralité, car vous recevez les 500 francs sans rien faire en retour pour moi ou pour mon héritier, et je m'appauvris gratuitement ; j'augmente à mes dépens votre puissance d'action. L'acte conserverait même son caractère de libéralité, si la charge devait monter à un chiffre supérieur à la valeur donnée, par exemple, si le voyage devait vous coûter 1 000 francs. C'est dans cette catégorie que rentrent les *donations faites aux villes avec une affectation obligatoire*, charitable, scientifique ou autre. Voyez cependant Nîmes, 22 janv. 1890, D. 91. 2. 113, S. 93. 2. 13 ; mais dans cet arrêt le caractère onéreux attribué à la donation a été un simple procédé pour obtenir un résultat auquel on voulait arriver. C'est pour la même raison encore que les *constitutions de dot* faites à l'un des époux par un tiers sont des actes à titre gratuit, bien que le donataire assume en se mariant des charges plus lourdes que les revenus de la dot (voyez ci-dessus n° 854).

C. — Charges établies au profit d'un tiers.

***3013. Caractère spécial de l'hypothèse.** — Je vous donne ou je vous lègue 100000 francs à la condition que vous en donnerez vous-même 50000 à une autre personne que je désigne, ou que vous emploierez le montant en bonnes œuvres. Quelle est la nature d'un pareil acte ? Remarquons tout d'abord que le nombre des personnes qu'il intéresse augmente : dans les deux précédentes hypothèses, le bénéficiaire de la charge était tantôt le disposant, tantôt le gratifié, en tout cas *l'une des parties* ; ici le *bénéficiaire de la charge est un tiers.* Nous avons donc affaire à des rapports juridiques plus compliqués : il y a une relation établie entre le disposant et le légataire ou donataire grevé de la charge, d'une part ; entre le disposant et le bénéficiaire de la charge, d'autre part.

1° Nature de l'acte à l'égard de la personne grevée de la charge.

***3014. Diminution dans l'étendue de la libéralité.** — Toute charge imposée à un don ou à un legs au profit d'un tiers a nécessairement pour effet de *diminuer le montant de la libéralité de toute la valeur de la charge.*

Ainsi si je vous donne 100000 francs à la condition que vous en emploierez 50000 au profit d'un tiers, de la façon que j'indique, il est clair que je ne vous en donne que 50000. Pour toute la partie du don, qui ne doit pas rester entre vos mains, la personne gratifiée est véritablement le bénéficiaire de la charge entre vifs ou testamentaire; la libéralité suppose toujours un *enrichissement*, une *acquisition*, et cet élément constitutif fait défaut si on suppose que, d'après les termes mêmes de la disposition, le bénéfice n'en appartient pas à la personne qui est gratifiée en apparence.

Ce que nous appelons « donation » ou « legs » n'est donc pas une libéralité pour celui qui reçoit; il peut très bien se résoudre en *une pure charge*, et le prétendu légataire se rapproche de l'exécuteur testamentaire, auquel notre droit traditionnel assigne un rôle trop étroit et incapable de répondre aux besoins de la pratique. Ce n'est pas une raison pour condamner comme illicite un procédé vingt fois séculaire, dont l'utilité est évidente. Cela prouve seulement que les définitions de la donation et du legs, données par le Code, sont insuffisantes et ne font pas connaître la double application dont ces deux sortes d'actes sont susceptibles, tantôt sous forme de libéralités directes, tantôt sous forme de libéralités par intermédiaires.

2° Nature de l'acte à l'égard du bénéficiaire de la charge.

***3015. Rapprochement de la libéralité avec charge et de la libéralité par personne interposée.** — Une personne donne ou lègue 10000 francs à un ami, à charge par celui-ci de distribuer cette somme, en tout ou en partie, à certaines autres personnes que le disposant indique : il y a *libéralité avec charge*. Cette même personne, voulant en gratifier une ou plusieurs autres, s'adresse à un intermédiaire qui jouera le rôle de donataire ou légataire apparent, simplement chargé de recueillir les sommes ou les objets compris dans la libéralité et de les faire parvenir à ceux que le disposant a voulu gratifier : il y a *libéralité par personne interposée*. Où est la différence ? Dans la réalité il n'y en a pas, ou il n'y en a que dans les mots et dans la forme, car dans les deux cas l'argent n'a fait que passer par les mains d'un intermédiaire, qui n'en retire aucun profit personnel.

3016. Différence de traitement légal. — Cependant l'intérêt de la distinction est considérable, car souvent le sort de la libéralité dépend de la qualification qu'on lui donnera.

1° Question de validité. — Supposons que les bénéficiaires définitifs de la libéralité soient des personnes que le disposant n'aurait pas pu gratifier directement. La disposition sera valable, si on l'interprète comme une libéralité avec charge adressée personnellement à son bénéficiaire apparent. Jugé en ce sens, pour un legs adressé à un évêché, à charge d'entretenir un orphelinat (Amiens, 16 févr. 1893, D. 94. 2. 67). — Au contraire il y aura nullité, si on admet que le disposant a voulu gratifier un incapable au moyen d'une interposition de personne (Paris, 1er déc. 1892, D. 93. 2. 496).

2° Question d'exécution. — Quelquefois la question qui se pose, quoique importante encore, est moins grave. Il s'agit de savoir si la libéralité sera exécutée selon le mode indiqué par le testateur et par les soins de la personne qu'il avait choisie ; sa validité n'est pas en jeu. Ainsi un legs est adressé à une personne à charge de l'employer en tout ou en partie à la fondation d'un hospice où seront recueillis les vieillards ou des enfants pauvres. Voit-on en lui une libéralité avec charges ? Il sera recueilli par le légataire apparent, qui sera seul chargé de la fondation de l'hospice, conformément aux vues du testateur (Paris, 17 juin 1892, D. 92. 2. 381). Y voit-on au contraire une libéralité adressée directement aux pauvres? Elle doit être *recueillie par le maire,* représentant légal des pauvres (Besançon, 25 mars 1891, D. 93. 2. 6, S. 96. 1. 29).

*** 3017. Jurisprudence arbitraire.** — La Cour de cassation juge que l'interprétation du testament est une question de fait, et que les juges du fond apprécient souverainement si le disposant a eu sérieusement l'intention de gratifier le légataire désigné par lui, ou si ce légataire n'est qu'une personne interposée (Cass., 6 nov. 1888, D. 89. 1. 314, S. 90. 1. 241 ; Cass., 25 janv. 1893, D. 94. 1. 257, S. 96. 1. 29).

M. Beudant a montré dans une note du *Dalloz* (D. 94. 1. 257) combien cette jurisprudence était dangereuse : en laissant aux juges « user souverainement du pouvoir d'appréciation qui leur appartient », la Cour s'est dispensée de trancher une question difficile, mais elle a ouvert la porte à l'arbitraire, et les solutions les plus opposées deviennent possibles ; il n'y a plus de principe ; il n'y a que des solutions d'espèce.

3018. Identité des deux procédés. — Au fond, *la libéralité avec charge et la libéralité par personne interposée ne se distinguent pas,* quand la charge est établie dans l'intérêt d'un tiers. C'est un seul et même procédé sous deux noms différents ; ils paraissent nettement distincts dans leurs cas extrêmes, mais on passe de l'un à l'autre par des transitions insensibles, et il arrive un moment où ils se confondent. Ainsi le legs d'un bien important à la charge de servir une rente viagère à un vieux domestique du testateur, est un legs avec charge, et l'on ne s'aviserait pas d'y voir une libéralité par personne interposée ; au contraire le legs de 100 000 francs à un ami, chargé de remettre pareille somme à une congrégation, est une libéralité par personne interposée. On dira donc qu'il y a « charge », quand la personne gratifiée en première ligne doit conserver une part plus ou moins forte de la libéralité ; et « interposition de personne », quand c'est *le total* de la libéralité qui doit être transmis à un tiers. Mais *cette différence est vaine*, comme on va voir.

1° Au cas de *simple charge* apposée à une libéralité plus importante, il y a réellement *interposition partielle*, car le légataire gratifié en première ligne n'est vraiment gratifié que de la différence entre le montant du legs et le montant de la charge ; et pour toute la valeur de cette charge, la personne gratifiée n'est autre que le bénéficiaire de la charge. Cela deviendrait évident si la charge faisait l'objet d'un *legs spécial* imposé à un premier légataire. C'est également vrai si on suppose que la libéralité principale est une donation entre vifs, et si on traite la charge qui en est l'accessoire comme constituant une stipulation pour autrui ; car on sait que la stipulation pour autrui sert fréquemment à réaliser une donation faite par le stipulant au tiers bénéficiaire. On peut donc dire que, de toute façon, le légataire ou le donataire grevé d'une charge fait l'office de personne interposée pour tout le montant de cette charge.

2° Il est admis que le montant d'une libéralité peut être entièrement absorbé par les charges imposées à son bénéficiaire. Ainsi jugé pour les légataires universels, quand les charges ou les legs particuliers épuisent toute la succession ; le legs universel n'en est pas moins valable et conserve son caractère (Cass., 5 juill. 1886, D. 86. 1. 465, S. 90. 1. 241 ; Bourges, 11 janv. 1887, D. 87. 2. 80, S. 90. 2. 170 ; Bordeaux, 13 mai 1895, D. 95. 2. 438)[1]. Il peut donc y avoir *équivalence entre la libéralité et les charges*,

[1] Voyez cependant Douai, 1er mai 1894, D. 95. 2. 249, S. 95. 2. 1. Cet arrêt se jus-

et de ce côté encore toute différence s'évanouit entre l'interposition de personne et la libéralité avec charges : le gratifié qui exécute les charges ne retire aucun profit personnel de la libéralité dont il est réputé bénéficiaire ; en d'autres termes cette libéralité est nulle pour lui, et il a fait, cette fois pour le tout, office de personne interposée.

3019. Solution rationnelle. — L'emploi de la libéralité avec charges est un procédé traditionnel, extrêmement ancien, et dont la légalité n'est pas douteuse. Qu'on lui donne ou qu'on lui refuse le nom d'interposition de personne, il ne faut pas s'en effrayer : les solutions ne varieront pas. Le tout est de trouver le fil d'Ariane, et de ne pas s'en remettre au pouvoir souverain des juges, comme l'a fait l'arrêt de 1893 critiqué par M. Beudant.

Il en est de l'*interposition de personne* comme de la *simulation* : elle ne doit pas être par elle-même une cause de nullité ; elle peut être *un moyen de réaliser un but licite* ; elle ne peut pas *couvrir une libéralité que la loi prohibe*.

Pour savoir dans quels cas la libéralité devra être maintenue comme valable ou annulée, il ne faut donc pas ramener la question à une *interprétation de volonté* et rechercher si le disposant a voulu gratifier la personne attributaire de la libéralité onéreuse ou les tiers bénéficiaires de la charge ; ce n'est pas une question d'intention et de volonté de sa part, et là est le vice irremédiable du système des arrêts : il faut rechercher si le but qu'il a voulu atteindre était : 1° *possible*, 2° *licite*.

3020. Cas où la libéralité sera valable. — Il y a des cas où l'interposition de personne rendra possibles des libéralités qui ne pourraient pas être adressées directement à leurs bénéficiaires véritables. Cela arrivera toutes les fois que l'obstacle qui empêche de gratifier directement ces personnes est une *situation de fait*, et non une *prohibition de la loi*. La libéralité directe est simplement *impossible* ; elle n'est pas *illicite* : l'interposition de personnes la rendra possible par une voie détournée.

On peut en signaler trois cas : 1° les libéralités à des *personnes incertaines* (ci-dessus nos 2924 et suiv.) ; 2° les libéralités à des *personnes non encore conçues* (ci-dessus nos 2911 et suiv.) ; 3° les libéralités à des *établissements d'utilité publique non encore reconnus*, que dans la doctrine courante sur la personnalité fictive, on assimile à des personnes futures. Dans ces trois cas, la loi n'a aucune prévention contre ces personnes ou ces établissements ; elle ne tient pas à prohiber les libéralités que les particuliers désirent leur faire. Si ces libéralités sont impossibles c'est uniquement à raison de l'*indétermination* ou de l'*inexistence actuelle* du bénéficiaire ; la dévolution de biens que suppose toute libéralité est irréalisable. Mais l'interposition d'une personne actuellement vivante, déterminée et capable lève l'obstacle et donne un sujet attributaire du droit ; l'acte devient possible. Quel législateur sensé éprouverait la velléité d'interdire une pareille combinaison ? Laurent lui-même en reconnaît la parfaite possibilité, conforme à tous les principes du droit (t. XI, n° 193).

3021. Cas où la libéralité restera nulle. — Supposons maintenant que le disposant se propose de faire parvenir ses biens, par l'intermédiaire d'une personne déterminée, à des bénéficiaires que la loi déclare incapables de recueillir à titre gratuit. La libéralité restera nulle, en ce sens que ces bénéficiaires n'en profiteront pas, que l'on veuille y voir une simple charge ou une interposition de personne. Aucun doute ne saurait s'élever à cet égard. Par exemple la loi ne veut pas que des libéralités soient adressées à des congrégations non reconnues, non pas pour la raison purement verbale que ce sont des personnes fictives qui n'ont point d'existence légale, mais parce qu'elle redoute la

tifie en tant que l'emploi d'un légataire apparent pouvait servir à faire parvenir la libéralité à des personnes incapables de la recevoir ; il est injustifiable en tant qu'il annule la disposition à raison de cette seule circonstance qu'elle a été faite sous la forme d'une libéralité grevée de telles charges qu'il ne devait rien rester au prétendu gratifié. Voyez la note critique de M. Beudant dans le *Dalloz*. La doctrine de cet arrêt est du reste inconciliable avec celle d'un autre arrêt de la même Cour, qui considère le donataire ou légataire grevé de charges absorbant tout le profit de la libéralité comme étant néanmoins le véritable gratifié (Douai, 22 avril 1890, D. 91. 2. 220). C'est aller trop loin en sens inverse : être *légataire* ne signifie pas toujours être *gratifié*.

formation occulte et trop rapide de biens de mainmorte. Il est clair que ces établissements ne pourront pas plus recueillir le bénéfice d'une charge que le montant d'une libéralité à eux faite par personne interposée ; la différence n'est que dans les mots[1].

3° Nullité des charges secrètes.

3022. Ancienneté de leur usage. — Depuis bien longtemps les testateurs ont montré qu'ils aimaient à tenir secrète la destination de certaines libéralités : ils font un legs à une personne capable de recevoir, mais qui n'est d'ordinaire qu'un légataire apparent, et le bénéfice du legs doit aller à d'autres personnes, selon les instructions verbales ou écrites données par le testateur à son légataire. Déjà dans l'ancien droit un certain nombre d'arrêts s'étaient occupés de ces legs accompagnés de charges secrètes. La jurisprudence les annulait parfois, surtout quand il s'agissait de libéralités importantes ; ou quand il y avait une fraude prouvée ; le plus souvent elle les validait. Voyez l'analyse des arrêts dans la thèse de M. Audouin, p. 28 à 39.

3023. Nullité des legs secrets. — Les décisions de la jurisprudence qui annulent les libéralités testamentaires secrètes sont très nombreuses. Il va de soi que la nullité est prononcée quand la destination de la charge secrète est connue en fait et que son bénéficiaire se trouve être incapable de recevoir, quand c'est par exemple la compagnie des Jésuites (Cass., 8 août 1826, D. 27. 1. 50, S. 27. 1. 47, S. chr. 8. 1. 409 ; Cass., 28 mars 1859, D. 59. 1. 442, S. 60. 1. 346). Alors c'est plutôt l'*incapacité* de la personne gratifiée, qui est la cause de l'annulation, que le secret dont la libéralité a été entourée.

Mais lorsque le secret n'est pas révélé et que le bénéficiaire de la charge reste définitivement inconnu, la nullité est encore prononcée par les tribunaux, non plus à raison d'une incapacité démontrée, mais dans la crainte des fraudes que ce procédé secret permettrait de réaliser impunément, s'il était toléré ; la personne du légataire véritable n'étant pas connue, sa capacité ne peut être vérifiée et toutes les prohibitions de la loi restent vaines (Douai, 15 déc. 1848, D. 49. 2. 254, S. 49. 2. 537 ; Colmar, 22 mai 1850, D. 52. 2. 288, S. 52. 2. 435 ; Cass., 13 janv. 1857, D. 57. 1. 197, S. 57. 1. 180 ; Cass., 30 nov. 1869, D. 70. 1. 202, S. 70. 1. 119 ; Paris, 3 mai 1872, D. 72. 2. 200).

3024. Effet de la nullité. — A qui profite l'annulation de la libéralité secrète ? Cela dépend. Si la charge dont la destination est inconnue est *équivalente au montant total du legs* fait au légataire apparent, celui-ci n'ayant pas été gratifié personnellement ne peut rien retenir d'une libéralité qui ne lui a pas été adressée (Cass., 6 août 1862, D. 62. 1. 436). Mais s'il s'agit d'un légataire universel, à qui une charge secrète et *partielle* a été imposée, la nullité de cette charge profite au légataire institué et non aux héritiers légitimes (Cass., 14 déc. 1819, S. 20. 1. 131).

3025. Arrêts de validation. — De rares arrêts ont admis au contraire la validité d'un legs fait avec charge de remplir les intentions du testateur, connues du légataire (Rennes, 8 déc. 1856, D. 58. 1. 79 ; Lyon, 14 févr. 1862, S. 62. 2. 314). Ce dernier arrêt surtout est catégorique. Il faut les considérer comme des arrêts d'espèces. Ainsi que les legs, les arrêts ont parfois leurs motifs secrets.

Enfin certaines décisions ont profité de ce qu'on ne trouvait pas trace de la mission secrète confiée au légataire, pour déclarer que le légataire apparent était personnellement gratifié et pour valider la disposition (Nancy, 23 mars 1872, D. 73. 1. 401 ; Paris, 28 janv. 1873, D. 73. 2. 65), et la Cour de cassation décide que les juges du fait apprécient souverainement si l'intention du testateur a été de gratifier personnellement le légataire apparent ou si celui-ci est une personne interposée (Cass., 10 nov. 1857, D. 58. 1. 79, S. 57. 1. 182 ; Cass., 12 mai 1873, D. 73. 1. 401, S. 74. 1. 114).

[1] Comp. Laurent : « Recevoir sous le nom de charge n'est-ce pas recevoir ? Donc c'est un legs indirect. Qu'importe à la congrégation non autorisée, qu'on lui donne à titre de legs ou à titre de charge, pourvu qu'elle reçoive ? » (t. XI, n° 194).

§ 2. — *Des conditions illicites, immorales ou impossibles.*

** **3026. Règle exceptionnelle applicable aux libéralités.** — Dans tout acte juridique, on peut insérer une condition suspensive, et alors l'acte est subordonné à la réalisation de la condition ; si elle ne se réalise pas, l'acte ne produit aucun effet. Il en résulte que si la condition est *illicite* ou *impossible*, sa réalisation ne se produira pas ou restera inutile, et l'acte sera *non avenu*, aussi stérile que s'il n'avait pas été fait (art. 1172).

Cette règle s'applique d'une façon absolue aux actes à titre onéreux, mais l'art. 900 l'écarte d'une manière complète pour les donations et les testaments : la condition impossible, ou contraire aux lois ou aux mœurs, est *réputée non écrite*. Cela signifie qu'on efface entièrement la condition, et que la disposition vaudra comme si elle avait été faite *purement et simplement* ; le donataire pourra donc en réclamer l'exécution sans prouver que la condition a été remplie.

3027. Législation roumaine. — En Roumanie, la solution du Code français a été abandonnée ; on applique aux donations le système que notre art. 1172 établit pour les contrats onéreux, et la disposition entière est nulle (art. 1008 C. civ. roumain). Voyez les explications que donne M. Alexandresco, p. 138 et suiv.

3028. Observation. — La disposition de l'art. 900 s'applique à la fois aux *conditions* proprement dites, événements casuels qui suspendent le sort de la libéralité, et aux *charges*, obligations imposées par le disposant au donataire ou légataire.

A. — Origine de l'art. 900.

* **3029. Innovation du droit intermédiaire.** — La disposition de la loi actuelle est la reproduction d'une disposition votée en 1791 pour des motifs tout particuliers. On venait de bouleverser la constitution de la France, et on sentait partout l'hostilité des classes riches, atteintes dans leurs intérêts : on voulut assurer les maximes du droit nouveau en brisant les résistances qu'il rencontrait. Barrère disait : « Quelques citoyens, ne pouvant se plier aux principes de l'égalité politique et de la tolérance religieuse, proscrivent d'avance, par des actes protégés par la loi, l'exercice des fonctions publiques, l'union de leurs enfants avec des femmes qu'ils appellent roturières ou qui pratiquent un autre culte religieux... La haine de la Révolution se cachera sous la forme de la volonté des mourants ou de la générosité des donateurs ; des mariages seront empêchés, les mœurs seront altérées... L'aristocrate, l'intolérant et l'ennemi de la constitution commanderont encore dans le tombeau. » Voyez les conclusions de l'avocat général Ronjat, dans D. 84. 1. 156, S. 84. 1. 305.

Une loi des 5-12 septembre 1791 déclara donc non écrites les conditions impératives ou prohibitives, qui seraient contraires aux lois ou aux mœurs, comme portant atteinte à la liberté religieuse, ou au droit de se marier, ou au droit de se choisir un métier ou une profession, ou au droit d'exercer des fonctions publiques, etc. Sa disposition fut reproduite dans les lois du 5 brumaire an II (art. 1er) et du 17 nivôse an II (art. 12). On comptait par là rendre vaines toutes les clauses inspirées par l'esprit contre-révolutionnaire : si on avait appliqué le droit commun, le donataire ou légataire, qui aurait recueilli en fait la libéralité, se serait cru obligé d'obéir à la clause à lui imposée, afin de donner satisfaction à son bienfaiteur ou à sa famille et d'éviter une action en restitution dirigée contre lui. En déclarant la clause non écrite, on lui assurait en quelque sorte l'impunité : il était autorisé à conserver la libéralité sans en remplir la condition.

***3030. Comparaison du Code civil et des lois antérieures.** — Le texte actuel est moins large que les lois de l'époque révolutionnaire, en ce qu'il vise uniquement les *donations* et les *testaments*. La loi de 1791 y ajoutait « les autres actes », ce qui pouvait comprendre des actes à titre onéreux, par lesquels on confère souvent à une personne de grands avantages. D'autre part, le Code est plus large en ce qu'il assimile les conditions *impossibles* aux conditions *illicites* ou *immorales*. Assimilation entièrement inutile, car il est évident que les conditions qui sont naturellement impossibles ne peuvent pas jouer le même rôle que celles qu'on avait voulu réprimer en 1791.

3031. Comparaison avec le droit romain. — Le droit romain a eu, lui aussi, une théorie spéciale aux conditions illicites ou impossibles ; seulement il ne l'appliquait qu'aux *testaments*. On attachait alors une grande importance à ne pas mourir intestat, et cette opinion fit admettre plus d'une solution favorable à la validité des testaments et à la liberté d'action des testateurs. Une de ces solutions consistait justement à considérer comme *non écrites* les conditions impossibles ou illicites insérées dans les legs ou dans les institutions d'héritiers. Ce fut l'école sabinienne qui fit prévaloir cette règle, malgré la résistance des Proculiens, qui voulaient traiter les testaments comme les contrats, c'est-à-dire annuler l'acte entier quand la condition en était illicite ou impossible. Cependant Gaius dit qu'il ne comprend pas bien quelle est la raison de cette différence (III, 98).

On voit que la différence qui sépare notre système de la règle romaine est l'extension à la donation d'une règle qui anciennement n'était admise que pour les libéralités testamentaires[1].

B. — Tempéraments admis par la jurisprudence.

3032. Nécessité de ces tempéraments. — A mesure que le temps s'écoulait, la crainte d'un retour offensif des institutions de l'ancien régime devenait moins vive et les raisons qui avaient inspiré l'art. 900 perdaient peu à peu leur valeur. Il vint un moment où la nécessité d'en tempérer la rigueur, devenue inutile, apparut à tous les yeux. La jurisprudence s'est servie pour y arriver de deux moyens différents : elle a annulé l'acte entier, en lui appliquant tantôt le droit commun, tantôt la nullité pour cause illicite.

1° Application de l'art. 1172.

***3033. Règle spéciale aux donations onéreuses.** — Ainsi qu'on l'a vu ci-dessus, la donation avec charges peut *perdre son caractère gratuit* et se ramener à une véritable disposition à titre onéreux, lorsque les charges qui pèsent sur elle sont établies dans l'intérêt du disposant ou de ses ayants cause. On peut alors mettre de côté l'art. 900 pour appliquer à

[1] Il est tout à fait remarquable que le droit français arrive sur ce point juste aux solutions inverses de celle que donnait le droit romain : nous réputons non écrite la *condition* illicite ou impossible apposée à une donation et la donation reste valable ; nous annulons la donation dont la *cause* est illicite. Les anciens faisaient le contraire : « Hoc in donationibus definiendum est multum interesse, causa donandi fuit an condicio : si causa fuit, cessare repetitionem ; si condicio, repetitioni locum fore » (Ulpien, *Digeste*, liv. XXXIX, tit. 5, fr. 3). La donation était ainsi maintenue (cessat repetitio) quand le fait qui lui servait de cause était devenu impossible ; tandis que la répétition était ouverte au donateur si ce même fait avait joué le rôle d'une condition. Notons en outre que les Romains n'annulaient pas les donations dont la cause était contraire aux bonnes mœurs : « Neque honestae neque inhonestae donationes sunt prohibitae, ... inhonestae circa meretrices » (*Digeste*, *ibid.*, fr. 5).

la disposition onéreuse l'art. 1172, ce qui entraîne son annulation complète si la condition en est impossible ou illicite. C'est ce qui a été décidé par quelques arrêts (Pau, 2 janv. 1827, D. 29. 2. 164; Orléans, 20 mars 1852, S. 53. 2. 13)[1]. Mais ce n'est pas là le procédé principal dont use la jurisprudence pour tempérer l'application de l'art. 900.

2° Application de la théorie de la cause.

** **3034. Son emploi en 1863.** — Depuis longtemps on décidait, par application de l'art. 1131, que les libéralités qui avaient *une cause illicite* ne pouvaient avoir aucun effet. On n'appliqua d'abord cette règle qu'aux donations pures et simples, celles qui n'étaient subordonnées à aucune condition, ni grevées d'aucune charge. Subitement, en 1863, à propos d'une donation accompagnée d'une condition illicite, la Cour de cassation déclare « qu'il est *constant* que la nullité de la condition entraîne la nullité de la donation, lorsqu'il est reconnu que la condition illicite a été *la cause impulsive et déterminante de la libéralité.* » (Cass., 3 juin 1863, D. 63. 1. 429, S. 64. 1. 269). Bien d'autres arrêts ont depuis appliqué la même idée, que l'on peut actuellement considérer comme une règle de notre droit (Cass., 7 juill. 1868, D. 68. 1. 446, S. 68. 1. 435; Cass., 17 juill. 1883, D. 84. 1. 156, S. 84. 1. 305, avec une note de M. Labbé; Cass., 28 juin 1887, D. 88. 1. 435, S. 89. 1. 99; Cass., 8 avril 1889, D. 90. 1. 205, S. 89. 1. 212). Voyez aussi les arrêts cités plus loin à propos des écoles congréganistes[2].

* **3035. Origine de cette jurisprudence.** — L'arrêt de 1863 présente sa solution comme *constante* et cependant il est le premier de la série; on n'en trouve aucun avant lui qui ait fait usage de l'art. 1131 pour limiter l'application de l'art. 900. Il est vraisemblable que le magistrat qui l'a rédigé se référait à deux arrêts de 1860, qui devaient être encore présents aux souvenirs de la Cour et qui avaient annulé, comme ayant une cause illicite, des libéralités faites l'une à un concubin (Cass., 26 mars 1860, D. 60. 1. 255, S. 60. 1. 321), l'autre à un enfant naturel (Cass., 31 juill. 1860, D. 60. 1. 458, S. 60. 1. 833). Mais ces décisions s'appliquent à des libéralités non accompagnées de charges. Il y a donc eu, en 1863, une véritable innovation qui a transporté d'une catégorie de libéralités à une autre la nullité pour cause illicite, prononcée par l'art. 1131, de façon à faire de cet article un correctif de la disposition de l'art. 900.

** **3036. Distinction servant de base à la jurisprudence.** — Toute la jurisprudence en cette matière repose sur cette idée : il est possible que la condition illicite ait été la *cause déterminante* de la libéralité; il est possible qu'elle n'ait pas ce caractère. Le sort de la libéralité dépend de l'appréciation de ce point; mais ce point lui-même dépend des circonstances de la cause; c'est donc *une question de fait,* que les juges du fond décident

[1] Comp. à ces décisions, Cass., 7 déc. 1885, D. 87. 1. 324, S. 88. 1. 10.

[2] M. Labbé a dit (S. 89. 1. 145) que le système de la jurisprudence avait été implicitement confirmé par l'art. 17 de la loi du 30 octobre 1886, qui a ouvert une action aux donateurs pour faire révoquer les libéralités faites aux communes sous la condition d'entretenir des écoles congréganistes. Ce texte supposerait qu'une condition illicite n'est pas nécessairement réputée non écrite.

souverainement; leur appréciation échappe au contrôle de la Cour de cassation (Cass., 3 nov. 1886, D. 87. 1. 157, S. 87. 1. 241).

3037. Opinions doctrinales. — A l'époque où le système de la jurisprudence n'était pas encore établi, M. Demolombe avait proposé un autre moyen d'éviter les rigueurs inutiles de l'art. 900. Selon lui, cet article était fondé uniquement *sur l'intention présumée du donateur ou testateur* : la loi suppose que le disposant aurait biffé lui-même la condition illicite, s'il en avait connu la nullité, pour donner effet à sa disposition. On donnait ainsi à la disposition de la loi une valeur purement *interprétative* de volonté, ce qui permettait de l'écarter toutes les fois que le disposant avait manifesté l'intention de retirer sa libéralité si la condition n'en était pas remplie (t. XVIII, n° 205).

Cette opinion a été rejetée par la jurisprudence qui n'a jamais tenu aucun compte des volontés les plus formellement exprimées à cet égard : elle applique l'art. 900 alors même que le disposant aurait déclaré que la condition indiquée par lui était *de rigueur* et qu'il entendait subordonner à son accomplissement l'effet de sa libéralité. Ainsi jugé pour les testaments (Cass., 7 juill. 1868, D. 68. 1. 446, S. 68. 1. 435) et pour les donations (Cass., 17 juillet 1883, D. 84. 1. 156, S. 84. 1. 305).

La plupart des auteurs approuvent le système de la jurisprudence (Aubry et Rau, t. VII, § 692, note 6). M. Bartin le combat (*Conditions illicites*, p. 311 et suiv.), mais pour lui en substituer un autre qui s'en rapproche beaucoup par ses conséquences : la condition illicite devrait être considérée comme l'*équivalent* de la prestation gratuite, ce qui transformerait l'acte entier en convention à titre onéreux ; on lui applique alors la théorie commune sur la cause, et la prestation se trouve nulle comme ayant une *cause illicite* (*op. cit.*, p. 370 et suiv.).

C. — Principaux exemples de conditions illicites ou immorales[1].

1° Conditions relatives aux successions.

3038. Exemples divers. — Beaucoup d'arrêts ont eu l'occasion d'annuler des clauses insérées dans les donations et surtout dans les testaments pour empêcher des enfants ou d'autres parents d'exercer les droits qu'ils tiennent de la loi en leur qualité de réservataires[2] (Cass., 6 mai 1878, D. 80. 1. 345. Comp. Paris, 27 nov. 1877, D. 78. 2. 188). D'autres fois ces clauses ont d'autres objets ; voyez par exemple, Cass , 27 mars 1855, D. 55. 1. 258, S. 55. 1. 702 ; Cass., 18 janv. 1858, D. 58. 1. 25.

Souvent aussi ces dispositions sont annulées, quand elles sont faites entre vifs, comme constituant des *pactes sur succession future*, par application des art. 791 et 1130 (Cass., 24 août 1841, S. 41. 1. 719 ; Cass., 11 déc. 1867, D. 67. 1. 471, S. 68. 1. 87).

3039. Théorie de l'option. — Sur une tendance de la jurisprudence à considérer les *peines* imposées aux héritiers qui tenteraient d'exercer leurs droits contrairement aux volontés du disposant comme ouvrant à ceux-ci une *option* entre les libéralités qui leur ont été faites et leurs droits légaux, voyez Grenoble, 7 janv. 1873, D. 73. 2. 109, S. 73. 2. 129. Voyez aussi la discussion de cette jurisprudence avec de nombreux arrêts plus anciens dans Bartin, p. 198-205.

2° Condition de viduité.

3040. Principe admis en jurisprudence. — La condition de ne pas se remarier, ou *condition de viduité*, imposée généralement par une personne à son conjoint survivant, devrait être considérée comme illicite, car elle porte atteinte à une faculté na-

[1] Il n'y a pas lieu de se préoccuper des conditions impossibles. On n'en trouve pas d'exemples dans la pratique.

[2] Si la disposition protégée par la clause pénale ne porte pas atteinte à la réserve, elle est valable (Cass., 11 juill. 1883, D. 83. 1. 444, S. 84. 1. 323).

turelle, dont la loi doit protéger le libre exercice. En ce sens LAURENT, t. XI, n° 501 ; HUC, t. VI, n° 60. Mais ce n'est pas ainsi que la traite la jurisprudence.

Les arrêts remarquent que la prohibition expresse, qui frappait cette clause dans les lois du 6 brumaire an II (art. 1) et du 17 nivôse an II (art. 12), n'existe plus (L. 30 ventôse an XII, art. 7). La condition de viduité n'est donc plus *illicite* ; d'autre part, *elle n'est pas nécessairement immorale*, car elle peut être inspirée par des sentiments respectables. Tout dépend des circonstances et il appartient aux tribunaux d'en déterminer le caractère (Cass., 18 mars 1867, D. 67. 1. 332, S. 67. 1. 204). C'est encore un des moyens par lesquels la Cour de cassation cherche à restreindre l'application de l'art. 900 : elle donne effet, le plus souvent possible, à la volonté du testateur. Lorsque la condition sera réputée licite, le donataire ou légataire devra s'y conformer ; s'il se remarie, il perdra la libéralité qu'il avait reçue (Poitiers, 21 janvier 1902, D. 1902. 2. 52).

3041. Applications. — On remarque même que la Cour de cassation se montre très exigeante pour considérer la clause comme immorale. Ainsi, la Cour de Caen avait réputé non écrite comme immorale la condition obligeant *une veuve de vingt ans* à garder un célibat perpétuel, sous peine de perdre une grande partie des biens que lui laissait son mari (Caen, 24 juill. 1894, D. 95. 2. 269, S. 95. 2. 279). Son arrêt a été cassé (Cass., 22 déc. 1896, D. 98. 1. 537, S. 97. 1. 397). L'arrêt déclare que la clause est licite en soi et qu'elle ne peut être annulée qu'autant que le mari, en l'imposant à sa femme, a été guidé « par une intention répréhensible » et c'est aux demandeurs en nullité à faire la preuve de cette intention.

Il a même été jugé que la condition de viduité peut être imposée *par un fils à sa mère* (Montpellier, 14 juill. 1858, D. 59. 2. 107, S. 59. 2. 305).

Enfin, la jurisprudence applique le même principe à la condition *de ne pas se marier*, imposée à une personne quelconque (Paris, 1er avril 1862, D. 62. 2. 77, S. 62. 2. 145). Ce dernier arrêt se justifie presque par les circonstances exceptionnelles de la cause : cependant, même dans des cas semblables, on ne voit pas bien quel intérêt supérieur il y a à empêcher un concubinage de se transformer en mariage légitime.

3° Condition d'inaliénabilité.

3042. Renvoi. — La façon dont sont traitées en jurisprudence les clauses établissant l'inaliénabilité des biens donnés ou légués a déjà été expliquée à propos de la théorie de la propriété (t. I, nos 973-976) : la clause est nulle quand la prohibition est *perpétuelle* ; elle est valable quand elle est *temporaire* et qu'elle s'explique par quelque motif sérieux.

3043. Prohibition d'hypothéquer. — Le même système s'applique à cette sorte de clauses. Ainsi un donateur peut défendre à son donataire d'hypothéquer sans son consentement les biens qu'il lui donne ; la clause est valable, car elle est nécessairement temporaire, le propriétaire recouvrant sa liberté d'action à la mort du donateur. Cependant on l'interprète restrictivement : elle ne s'entend que des hypothèques conventionnelles, et non des hypothèques légales ou judiciaires (Cass., 24 avril 1894, D. 95. 1. 91, S. 95. 1. 276). Sur la question de savoir par qui peut être demandée la nullité d'une hypothèque consentie en violation de la clause, voyez Cass., 27 nov. 1893, D. 94. 1. 566, S. 94. 1. 349.

4° Conditions relatives aux écoles congréganistes.

3044. Situation antérieure à 1886. — Un grand nombre de dons et de legs avaient été faits à des communes à la condition d'entretenir des écoles de filles ou de garçons dirigées par des sœurs ou des frères, dont l'ordre était souvent déterminé par le fondateur lui-même. La Cour de cassation jugeait que cette clause était illicite, comme portant atteinte au droit que les lois du 18 juillet 1837 et du 15 mars 1850 attribuaient *au préfet* de décider si la direction d'une école communale devait être confiée à un instituteur laïque ou congréganiste (Cass., 20 nov. 1878, D. 79. 1. 304, S. 79. 1. 413 ; Cass., 19 mars 1884, D. 84. 1. 281, S. 85. 1. 49, note de M. Labbé ; Cass., 3 nov.

1886, D. 87. 1. 157, S. 87. 1. 241). Cette jurisprudence était fortement discutée (BARTIN, *Conditions impossibles*..., p. 89) ; et dans la pratique beaucoup de libéralités, faites sous cette condition, avaient été acceptées avec l'autorisation du gouvernement et recevaient loyalement leur exécution. En 1886, la situation a brusquement changé.

3045. Situation actuelle. — La loi du 30 octobre 1886 (art. 17) a interdit aux communes d'entretenir ou de subventionner des écoles congréganistes. Il en résulte que toute libéralité qui leur serait faite désormais sous cette condition subirait l'application de l'art. 900 : la condition serait réputée non écrite, sauf le cas où elle serait la cause impulsive et déterminante de la libéralité.

Mais il fallait régler le sort des libéralités antérieures, et le législateur, troublé par les passions politiques, n'osa prendre sur lui de le faire ; il s'en remit à la jurisprudence. L'art. 19 de la loi porte que le disposant ou ses ayants cause ont *deux années*, à compter de la laïcisation de l'école, pour agir. On a donc restreint le délai qui, sans ce texte, aurait été de trente ans ; mais on n'a pas dit quelle serait la nature de cette action, et on a entièrement abandonné aux tribunaux le soin d'en reconnaître l'existence et d'en déterminer les caractères. L'équité la plus impérieuse exigeait que des libéralités, qui avaient été faites sous la foi d'une législation permettant l'emploi des congréganistes dans les écoles publiques, fussent restituées à leurs auteurs. En fait les familles ont profité de la latitude que leur laissait le texte et les tribunaux ont fait droit à leurs réclamations ; de nombreux arrêts ont prononcé la révocation de libéralités plus ou moins anciennes[1]. Mais la jurisprudence a été un peu désorientée par la nouveauté de la question, car il s'agissait d'une condition qui, à l'époque où elle avait été établie, n'était pas illicite ; du moins de nombreuses Cours d'appel l'avaient reconnu, contrairement aux arrêts de cassation signalés au numéro précédent. On ne pouvait donc pas la réputer non écrite. Certains arrêts ont traité la donation comme une *convention onéreuse* pour lui appliquer l'art. 1172 (Nancy, 22 janv. 1890, D. 91. 2. 113) ; d'autres ont parlé de *condition résolutoire expresse* (Chambéry, 8 juill. 1891, D. 92. 2. 137, S. 92. 2. 147) ; d'autres enfin ont recouru à la révocation pour inexécution des charges de l'art. 953 (Riom, 7 mai 1892, D. 93. 2. 409 ; Cass., 10 déc. 1894, D. 95. 1. 329, S. 98. 1. 436), ce qui souffrait quelque difficulté (voyez les notes dans D. 91. 2. 113, 92. 2. 137, 95. 1. 329). Mais la solution qui a prévalu, à cause de sa simplicité même, a été l'application pure et simple de l'art. 900 : il est donc admis en jurisprudence qu'une condition doit être réputée non écrite quand, licite à son origine, elle devient illicite *par l'effet d'une loi postérieure*, ce qui est une extension tout à fait injuste de l'effet des prohibitions légales[2]. La jurisprudence a pu le faire en cette hypothèse, parce qu'elle a apporté une véritable bonne volonté à reconnaître que l'emploi d'instituteurs ou d'institutrices congréganistes avait été la cause impulsive et déterminante de la libéralité. Elle a donc mis une *inelegantia juris* au service de l'équité (Besançon, 21 févr. 1889, D. 90. 2. 95 ; Cass., 29 nov. 1892, D. 93. 1. 67 ; Cass., 15 avril 1893, D. 93. 1. 487 ; Cass., 29 janv. 1896, D. 96. 1. 573, S. 97. 1. 136 ; Cass., 19 oct. 1896, D. 97. 1. 604, S. 98. 1. 350 ; Cass., 13 déc. 1897, S. 98. 1. 436).

SECTION IV. — De la réserve héréditaire.

3046. Bibliographie. — VERNET, *De la quotité disponible*, 1855. — BROCHER,

[1] Les donations n'ont été maintenues que dans les cas où il a été reconnu que le donateur ou testateur n'avait pas entendu faire du caractère confessionnel de l'école une condition *sine qua non* de sa libéralité (Cass., 20 févr. 1895, D. 95. 1. 473, S. 97. 1. 211).

[2] La Cour de cassation n'a jamais admis ouvertement que la clause fût licite avant 1886 ; mais plusieurs de ses arrêts impliquent que c'est seulement la loi de 1886 qui a rendu impossible l'exécution de la condition, et toutes les Cours d'appel sont parties de cette idée que la donation ou le testament n'était pas nul dès l'origine.

Étude sur la légitime et les réserves, 1868. — BOISSONNADE, *Histoire de la réserve héréditaire*, Paris, 1873. — R. CUENOT, *Des droits de légitime et de réserve*, thèse, Paris, 1877. — NICOLESCO, *Nature de la réserve légale*, thèse, Paris, 1888. — Ed. LAMBERT, *De l'exhérédation et des legs au profit d'héritiers présomptifs*, Paris, 1895. — GLASSON, *L'autorité paternelle et le droit de succession des enfants*, *Réforme sociale*, 1889, t. II, p. 209. — CORNULIER-LUCINIÈRE, *Le droit de tester*, 1876, 7e édit. 1880. — G. ALBERT, *La liberté de tester*, Paris, 1895.

§ 1. — *Préliminaires.*

A. — Notion générale de la réserve.

** **3047. Définition de la réserve.** — Une personne, quoique majeure et capable, n'est pas toujours libre de disposer de son bien à titre gratuit. La loi réduit le droit de disposition qui appartient au propriétaire, *toutes les fois que celui-ci a pour héritiers des parents en ligne directe*. En pareil cas, les dispositions à titre gratuit ne peuvent absorber qu'une partie de la fortune du disposant, et le surplus est *réservé* par la loi aux héritiers, descendants ou ascendants, qui, pour cette raison, sont appelés « héritiers réservataires ». La réserve est donc une part des biens d'une personne, qui est assurée par la loi à ses héritiers en ligne directe, et dont ceux-ci ne peuvent être dépouillés par des libéralités adressées à d'autres.

** **3048. Quotité disponible.** — La fraction dont on peut disposer par donation ou testament, quand on a des héritiers en ligne directe, est dite *quotité disponible* ; elle est variable, selon la qualité et le nombre des héritiers réservataires. En fait, elle est au moins d'un quart, et au plus des trois quarts de la succession.

Quand il n'y a pas d'héritiers réservataires, il n'y a pas de *quotité* disponible ; la *succession entière* est disponible.

* **3049. Motifs de la réserve.** — L'existence de la réserve s'appuie sur un double fondement : elle est la sanction d'un *devoir moral*; elle répond à un *intérêt social*.

RAISON MORALE. — Les personnes qui descendent les unes des autres sont liées entre elles par un devoir naturel, piété filiale d'un côté, affection paternelle ou maternelle, de l'autre. Ce lien du sang produit diverses obligations que la loi a sanctionnées : d'une part l'*obligation alimentaire*, de l'autre, la *réserve héréditaire* ; en vertu de la première, les parents en ligne directe doivent, de leur vivant, venir au secours les uns des autres; en vertu de la seconde, ils doivent, en mourant, laisser une forte part de leurs biens à ceux qui survivent. Le droit naturel serait blessé, si un ascendant mourait, après avoir enrichi des tiers de sa fortune, sans rien laisser à ses enfants et descendants; ou si un descendant oubliait ce qu'il doit à ses parents au point de leur enlever tous ses biens. — L'une de ces obligations n'est pas la conséquence de l'autre, car elles n'ont pas la même importance comme étendue ; en outre, la créance d'aliments est attribuée à plus de personnes que la réserve ; mais toutes deux ont une source commune et dérivent d'une idée supérieure. Sur le lien qu'on a voulu à tort établir entre ces deux institutions, voyez HUC, *Le Code civil italien*, t. I, p. 200 et suiv.

INTÉRÊT SOCIAL. — La famille est l'élément premier de la société, le groupe qui sert de base aux autres, le plus naturel et le plus nécessaire de tous. Un État est une nation et une nation n'est qu'une agglomération de familles. L'État a donc un intérêt direct et considérable à la bonne organisation des familles, et par suite à leur *durée*, à leur *stabilité*. C'était ce que disait, dans son vieux langage, le chancelier de l'Hospital, déplorant « les donations immodérées, desquelles s'ensuit la désolation des bonnes familles, et conséquemment la diminution des forces de l'État » (Préambule de l'édit des secondes noces; ci-dessus n° 1399). Bigot du Préameneu disait de même: « Il faut que la volonté ou le droit de quelques individus cède à la nécessité de maintenir l'ordre social, qui ne peut subsister, s'il y a incertitude dans la transmission d'une partie du patrimoine des père et mère à leurs enfants; ce sont ces transmissions successives qui fixent principalement le rang et l'état des citoyens » (Fenet, t. XII, p. 244-245). Comp. Huc, *Le Code civil italien*, t. I, p. 199-211.

***3050. La liberté testamentaire et l'école de Le Play.** — Le système du Code civil a été vivement attaqué par Le Play. Pour lui, la division nécessaire de l'hérédité entre les enfants est un mal, parce qu'elle morcelle les héritages, en même temps que la certitude de n'être pas dépouillé enlève à l'héritier réservataire l'aiguillon de la nécessité qui le rendrait actif et laborieux. Voyez ses livres intitulés *La Réforme sociale*, et *Organisation du travail*.

Son système contient certainement une grande part d'utopie. Il espérait restaurer l'autorité paternelle en donnant au père le redoutable pouvoir de transmettre son patrimoine entier à un seul de ses enfants. Mais qui répondrait que les parents feront toujours un bon usage de ce pouvoir? Ce n'est pas toujours au plus digne qu'irait leur faveur, souvent aveugle. On a vu des mères avantager celui de leurs enfants que le défaut d'intelligence ou de volonté rendait incapable d'initiative ou de suite dans les idées, quoique la fortune qu'elles lui transmettaient fût condamnée à dépérir rapidement entre ses mains. Ne serait-ce pas souvent le *mauvais sujet* de la famille, comme l'a fait remarquer Batbie, qui saurait obtenir des libéralités en sa faveur? Et quel nom donner à celui des enfants qui serait assez peu scrupuleux pour prendre la part des autres dans les biens paternels? Comp. Batbie, *Revue critique*, p. 140 et suiv.; Boissonnade, *Histoire de la réserve héréditaire*, p. 536 et suiv. et dans le recueil de l'Académie de législation de Toulouse, t. XIV, p. 212. Pour que la liberté testamentaire donnât les résultats féconds qu'en attendait Le Play, il faudrait que chaque homme atteignît l'idéal parfait du père de famille éclairé et sûr de ses décisions[1]. Comp. Cauwès, t. III, n° 1036.

La liberté de tester servirait surtout à *faire un aîné*, expression employée encore assez fréquemment dans le Midi de la France, où l'on cherche volontiers, malgré le Code civil, à se rapprocher de l'état du droit qui existait en matière successorale avant la Révolution. Avec ce procédé, les inconvénients qu'on attribue à la réserve héréditaire se reproduiront, mais aggravés, en la personne de l'héritier. Il est vrai, comme le disait par raillerie Johnson, que « le droit d'aînesse a l'avantage de ne faire qu'un sot par famille ». Mais le droit d'aînesse paraît définitivement condamné chez nous, et il n'est pas sûr qu'en Angleterre même il ait produit de bons résultats[2].

3051. La faculté d'exhérédation. — Un autre système, qui a été quelquefois proposé, est celui de l'*exhérédation*. Le père aurait le droit de dépouiller complètement ses enfants quand il aurait contre eux de graves sujets de plaintes. Ce système a été pratiqué dans notre ancien droit, où l'on suivait la novelle 115 qui déterminait 14 causes d'exhérédation; et les ordonnances en avaient ajouté une quinzième (voyez Pothier, *Successions*, chap. II, sect. 2, art. 4. Comp. Lambert, *L'exhérédation*, n°s 237 à 329). Il a le grave inconvénient de provoquer des procès scandaleux, dans lesquels toutes les plaies cachées des familles sont mises au jour, quand les enfants attaquent le testament de leurs parents comme inofficieux. — Le seul remède acceptable serait peut-être une extension des causes légales d'indignité. Comp. ci-dessus n° 1735.

[1] Un homme qui partageait les croyances religieuses et les idées sociales de M. Le Play est arrivé sur cette question à des résultats diamétralement opposés. M. de Cornulier Lucinière demandait l'abolition du testament (*Le droit de tester*, 1876).

[2] Voyez la défense du système anglais, par M. Guérin, dans la *Réforme sociale*, 1886, t. II, p. 662 et suiv. Mais voyez aussi ce qu'en pensait Le Play, dans son livre sur la *Réforme sociale*, chap. II, § 21.

3052. Les ventes à fonds perdu. — Du reste les gens qui veulent déshériter leurs héritiers à réserve, sans que ceux-ci aient aucune ressource ont à leur disposition un moyen très simple : ils n'ont qu'à traiter avec une *compagnie d'assurance* en vendant *tous leurs biens moyennant une rente viagère*. Cette rente s'éteint avec eux, et leurs enfants ou ascendants ne recueillent pas un centime. J'en ai vu des exemples absolument scandaleux. Une protection légale serait ici nécessaire.

3053. Législations étrangères. — Systèmes voisins du notre. — La plupart des législations admettent comme la nôtre l'existence d'une réserve et n'en diffèrent guère que *par la quotité* qu'elles laissent à la disposition de chaque personne, et aussi quelquefois *par la liste des héritiers réservataires*. Ainsi, tandis que le Code néerlandais (art. 960 à 963) n'attribue de réserve qu'aux héritiers en ligne directe, comme le fait le Code français, le Code italien (art. 812 et suiv.) et le Code allemand (art. 2303) y ajoutent le conjoint auquel ils reconnaissent également une réserve.

En outre le Code allemand se distingue du nôtre, en ce qu'il supprime la réserve des ascendants autres que père et mère, parce que ces ascendants sont primés dans la succession par les frères et sœurs et leurs descendants, qui ne sont pas réservataires.

Les pays qui ont adopté une réserve plus étendue que celle du droit français sont rares (Suède, Danemark, Russie, quelques cantons suisses).

Système anglais. — En Angleterre, la réserve n'existe pas ; mais, comme l'a fait remarquer M. Glasson, on n'y jouit pas pour cela de la liberté testamentaire : les biens s'y transmettent au moyen d'un système très compliqué de substitutions plutôt que par l'effet des testaments (*Réforme sociale*, 1889, t. II, p. 223).

Système espagnol. — Le nouveau Code espagnol a adopté un système original. Le montant de la réserve des enfants est fixé d'une manière invariable aux deux tiers de la succession ; un seul tiers est disponible au profit des étrangers. En outre les parents peuvent disposer de l'un des deux tiers formant la réserve, pour le donner par préciput à un ou plusieurs de leurs enfants légitimes (art. 808). De la sorte aucun enfant ne peut être entièrement dépouillé ; et l'un d'eux ou quelques-uns peuvent être avantagés. Ce système a rallié certains suffrages en France ; on l'a trouvé très ingénieux. Avant de se prononcer, il faudrait voir les résultats qu'il donne : à l'égard des enfants non avantagés la quotité disponible est en réalité des deux tiers ; s'ils sont au nombre de quatre ou cinq, que restera-t-il à chacun d'eux ? Un *douzième* ou un *quinzième* de la succession, ce qui est trop peu. Il faudrait que la réserve augmentât avec le nombre des enfants.

Le Code espagnol accorde, lui aussi, une réserve au conjoint survivant (art. 807-3°).

B. — Renseignements historiques.

*** 3054. Pays de droit écrit.** — On y avait conservé les règles romaines, relatives à la *légitime*. On sait que le droit romain avait d'abord admis d'une manière absolue la liberté de disposer à titre gratuit. Puis on trouva contraire aux sentiments naturels que les parents en ligne directe pussent s'exhéréder mutuellement et donner ou léguer tous leurs biens à d'autres personnes. Pour empêcher cet abus de la liberté légale, on institua une action spéciale, la *querela inofficiosi testamenti*, qui faisait tomber le testament, comme si son auteur avait été privé de raison, « quasi non sanæ mentis fuisset ». Cette action était ouverte aux descendants, aux ascendants, et même, sous certaines conditions, aux frères et sœurs. La querela était écartée lorsque le testateur avait laissé à son héritier naturel le quart au moins de sa part ab intestat. Cette *quarte* était la légitime, *portio legibus debita*. Plus tard le chiffre de la légitime fut augmenté par Justinien au profit des descendants.

Si l'héritier avait reçu quelque chose, mais moins que sa légitime, on lui donnait seulement une *condictio ex lege*, simple action personnelle, pour obtenir le complément de sa légitime, tandis que la « querela » était une action réelle du même genre que la pétition d'hérédité et rentrait comme elle dans la compétence des centumvirs.

Ces deux actions avaient survécu dans nos pays de droit écrit. Les légitimaires avaient : 1° une *action en nullité du testament*, quand ils n'avaient absolument rien reçu, et cette action faisait tomber le testament et leur conférait la qualité d'héritiers ; 2° une *action en complément de légitime*, quand ils avaient reçu une libéralité insuffisante, et cette action laissait subsister le testament et ne leur donnait pas la qualité d'héritiers. C'est en ce sens qu'on disait que la légitime était *pars bonorum*, et non pas *pars hereditatis* : on n'avait pas besoin de se porter héritier pour l'avoir (Julien, *Statuts de Provence*, Prescription, sect. 1, n° 35 ; *Éléments de jurisprudence*, liv. II, tit. xi, n° 18 ; Furgole, *Testaments*, chap. viii).

En outre dans certaines régions du Midi, à Bordeaux notamment, on avait organisé, à côté de la légitime, une autre institution analogue, la *réserve*, d'origine purement française et universelle dans les pays de coutume (Jarriand, *Nouv. Revue historique*, 1890, t. XIV, p. 400-401).

***3055. Pays de coutume.** — Les pays de coutume possédaient à la fois la *réserve* et la *légitime*.

Réserve coutumière. — La réserve est une institution très ancienne et dont les origines sont mal connues. Peut-être se rattache-t-elle à l'idée confuse, mais profonde, d'une copropriété de la famille. Les Germains ne connaissaient pas le testament ; ils empruntèrent les formes du testament romain, mais non la liberté de tester romaine. Du reste la théorie de la réserve paraît s'être développée lentement au moyen âge ; dans Beaumanoir encore, elle n'est pas bien fixée et le juge garde une certaine latitude. — Sous sa forme définitive, la réserve présente les quatre caractères suivants :

1° Elle est *accordée à tous les parents*, même collatéraux.

2° Elle ne les protège que *contre les dispositions testamentaires* et le défunt a pu les dépouiller par des donations entre vifs.

3° Elle ne porte que sur les *propres*, biens que le défunt lui-même avait reçus par succession, et non sur les acquêts et les meubles. Sa quotité est de quatre « cinquièmes ». Aussi l'appelle-t on la « réserve des quatre quints des propres ».

4° Pour y avoir droit, *il faut se porter héritier*. Ceux qui renoncent à la succession, ou qui en sont exclus pour une cause quelconque, n'y ont aucun droit : n'étant point héritiers, ils ne sont point réservataires. La réserve est donc *pars hereditatis*, et non *pars bonorum*.

Il est facile de voir que la réserve coutumière différait profondément par son origine de la légitime romaine : celle-ci avait été établie sur une idée morale, le devoir entre parents en ligne directe ; le droit coutumier avait plutôt suivi une raison politique, la conservation des biens dans les familles.

Légitime. — Pour compléter leur système, les pays de coutume avaient emprunté au droit romain l'idée de la légitime, mais en la transformant. Les changements portaient sur plusieurs points ; voici les deux principaux : 1° la légitime des pays de coutume n'était accordée qu'aux enfants et descendants ; 2° elle était considérée comme une quote-part de la succession, à laquelle ils n'avaient droit qu'à la condition de se porter héritiers ; comme la réserve, elle était *pars hereditatis*. Toutefois on admettait que l'enfant qui avait reçu sa légitime par donation ou par legs pouvait la garder en renonçant, et la conserver *par voie d'exception*. C'était seulement quand il voulait la réclamer *par voie d'action*, qu'il lui fallait accepter l'hérédité.

La légitime protégeait l'enfant contre toutes les libéralités, entre vifs aussi bien que testamentaires, et sa quotité était fixée généralement à la moitié de ce que l'enfant aurait reçu ab intestat, sans distinction entre les diverses espèces de biens (*Cout. de Paris*, art. 298). Mais la légitime n'était que *subsidiaire à la réserve* : l'enfant ne pouvait attaquer, comme légitimaire, les donations et les legs qui avaient des acquêts ou des meubles pour objet, qu'autant que sa réserve des quatre quints, préalablement exercée par lui sur les propres, ne lui avait pas fourni la valeur de sa légitime.

Le droit coutumier, comme le droit écrit, permettait au père d'exhéréder son enfant pour des causes déterminées. Voyez ci-dessus n° 3051.

3056. Période intermédiaire. — Sous la Révolution on voulait autant que possible morceler la fortune, détruire les grands patrimoines et en empêcher la reconstitution.

La loi du 17 nivôse an II, art. 16, réduisit à peu près à rien le droit de disposer à titre gratuit, afin que les particuliers ne pussent éviter le partage de leurs biens au moyen de libéralités préciputaires : une personne ne pouvait disposer que du *dixième* de ses biens, quand elle avait des héritiers en ligne directe, et du *sixième*, quand elle n'avait que des collatéraux. Et encore cette quotité disponible si faible ne pouvait pas être donnée à l'un des héritiers. Cette loi funeste produisit de tels effets qu'il fallut bientôt l'abandonner ; elle fut abrogée le 4 germinal an VIII, après avoir amoncelé inutilement bien des ruines.

* **3057. Code civil.** — Les auteurs du Code ont inauguré un système nouveau. La réserve qu'ils ont établie est une fusion de la réserve et de la légitime : comme la légitime romaine, la réserve actuelle est *refusée aux collatéraux* et accordée à tous les parents en ligne directe ; comme elle encore, elle garantit l'héritier *contre les donations aussi bien que contre les legs*. Mais elle ressemble à la réserve en ce qu'elle est *une part de la succession* et qu'il faut se porter héritier pour l'avoir. De plus, la distinction des propres et des acquêts ayant disparu, la réserve se calcule nécessairement sur l'ensemble des biens. La quotité disponible peut être donnée à l'un des enfants (art. 919, al. 1).

§ 2. — *Détermination et attribution de la réserve.*

A. — Réserve des descendants légitimes.

** **3058. Descendants réservataires.** — *Tous les descendants légitimes,* fussent-ils au troisième ou au quatrième degré, ont une réserve (art. 913). — Il faut assimiler aux enfants légitimes les *enfants légitimés,* qui sont de tout point dans la même situation.

Quant à l'*enfant adoptif,* il a les droits d'un enfant légitime *sur la succession de l'adoptant* ; il a donc comme lui une réserve. Mais il n'a aucun droit sur les successions des parents de l'adoptant — En outre, les *enfants de l'adopté* succèdent à l'adoptant d'après la jurisprudence (ci-dessus n° 1810) ; ils ont donc, par rapport à lui, tous les droits de *petits-enfants légitimes.*

** **3059. Quotité de la réserve.** — La loi du 4 germinal an VIII avait fixé la quotité disponible à *une part d'enfant,* avec cette restriction qu'elle ne pourrait jamais dépasser *le quart,* quand il y aurait moins de trois enfants : voyez le texte en note dans les *Codes Tripier,* sous l'art. 913. Ainsi la quotité disponible n'était que d'un dixième, quand il y avait neuf enfants. C'était trop peu pour les familles nombreuses. Le Code a conservé le principe, qui donne aux parents un disponible égal à une part d'enfant, mais en fixant une limite en sens inverse, au-dessous de laquelle le chiffre du disponible ne peut pas descendre, quand le nombre des enfants est élevé ; cette limite est *le quart de la succession.*

La quotité disponible est donc de *moitié de la succession,* quand il n'y a qu'un enfant ; elle est du *tiers,* s'il y en a deux ; du *quart,* s'il y en a trois (art. 913). Au-dessus de ce nombre, la quotité disponible reste toujours du quart ; elle devient alors *invariable.*

Par suite la réserve de chaque enfant sera de *moitié* de la succession, quand il n'y en aura qu'un ; d'un *tiers,* quand il y en aura deux ; d'un *quart,* quand il y en aura trois ; de *trois seizièmes,* quand il y en aura quatre ; de *trois vingtièmes,* quand ils seront cinq ; d'un *huitième* (trois vingt-quatrièmes), quand il y en aura six ; de *trois vingt-huitièmes,* quand il y en aura sept, etc.

En Italie la réserve des enfants est fixée d'une manière invariable à la moitié de la succession, quel que soit leur nombre (art. 805 C. civ. ital.). En Allemagne, la réserve est pour chaque enfant de la moitié de la valeur de sa part légale (art. 2303) ; son chiffre total varie donc avec le nombre des enfants.

3060. Enfants incapables de succéder. — Pour le calcul de la réserve, les enfants incapables de succéder ne comptent pas : c'est comme s'ils étaient déjà morts. Cette observation n'a plus d'application pratique aujourd'hui ; elle en avait, avant 1854, pour les enfants frappés de mort civile, et avant 1819, pour l'enfant devenu étranger, à cause de l'art. 726. — Actuellement on écarte de même l'enfant *en état d'absence*, car sa vie est incertaine. Voyez ci-dessus n° 1720.

***3061. Enfants renonçants ou indignes.** — Faut-il compter ceux qui sont vivants et capables, mais qui renoncent à la succession ou qui en sont exclus comme indignes ? La question est la même pour ces deux catégories, mais elle ne se présente guère en fait que pour le cas de renonciation [1]. Elle a été très longtemps débattue.

Jurisprudence. — La Cour de cassation admet, et elle a toujours admis que *l'enfant renonçant doit être compté pour le calcul de la réserve,* bien qu'il n'y prenne aucune part. Les arrêts sont très nombreux. Le plus ancien est le fameux arrêt *Laroque de Mons,* du 18 février 1818 (D. 5. 429, S. 18. 1. 98), qui a joué un grand rôle dans plusieurs controverses. Quand un autre arrêt célèbre, l'arrêt *Lavialle* (27 nov. 1863, D. 64. 1. 5, S. 63. 1. 513) eut condamné la doctrine dite *du cumul* (ci-dessous n°s 3079 et suiv.), on espéra que la jurisprudence changerait relativement au calcul de la réserve ; il n'en fut rien, et en 1865-1866, toute une série d'arrêts de Cours d'appel vint maintenir la solution antérieure (Paris, 11 mai 1865 ; Dijon, 20 nov. 1865 ; Pau, 21 déc. 1865 ; Grenoble, 16 avril 1866 ; Paris, 24 août 1866), et la Chambre civile cassa ceux qui se prononcèrent en sens contraire (Cass., 13 août 1866, D. 66. 1. 467, S. 66. 3. 383) ; elle ne s'est pas démentie depuis (Cass., 21 juill. 1869, D. 74. 5. 377, S. 70. 1. 432).

Son argument est que l'art. 913 règle la réserve d'après le nombre des *enfants* que le défunt *laisse,* sans ajouter « comme héritiers » ; on ne doit donc pas rechercher s'ils acceptent ou non ; tous doivent être comptés. L'esprit général de la loi est en ce sens, car l'art. 786 dit que la part du renonçant *accroît à ses cohéritiers* ; pour que ceux-ci puissent en profiter, il faut qu'il fasse nombre et contribue par sa présence à grossir la réserve. Enfin

[1] Un seul arrêt a eu à résoudre la question pour le cas d'indignité ; il lui a appliqué la même solution qu'au cas de renonciation (Douai, 25 juin 1891, D. 92. 2. 80, S. 92. 2. 257).

cette solution est avantageuse en pratique parce que la réserve est fixée d'une façon certaine par le nombre des enfants et ne dépend pas du parti qu'ils prennent.

DOCTRINE. — A part quelques auteurs, qui approuvent la jurisprudence (AUBRY et RAU, t. VII, § 681, note 5), la plupart la combattent encore. Voyez notamment DEMOLOMBE, t. XIX, n° 99. Il y avait en effet plusieurs bonnes raisons pour décider qu'il ne fallait pas tenir compte des renonçants et des indignes.

1° L'art. 785 dit que l'enfant qui renonce est censé n'avoir jamais été héritier. Il ne reçoit rien de la réserve; il est donc contradictoire de le considérer comme étant un des successeurs du disposant pour réduire la quotité disponible, alors qu'on le traite comme n'existant pas quand il s'agit de partager la réserve.

2° C'est interpréter d'une manière fausse les mots « enfants qu'il laisse » dans l'art. 913. Il est sous-entendu que ces enfants sont les héritiers du défunt. L'art. 922 en précise le sens en disant que la quotité dont le défunt a pu disposer se calcule « eu égard à la quotité des *héritiers* qu'il laisse ».

3° Enfin on aboutit à des résultats choquants : s'il y a trois enfants, dont deux renonçants ou indignes, le troisième a pour lui tout seul une réserve des trois quarts : il a plus, ayant deux frères, qu'il n'aurait étant seul.

Quelques rares arrêts ont statué dans le sens de la doctrine (Rennes, 10 août 1863, D. 64. 2. 236, S. 63. 2. 209; Pau, 26 mai 1865, D. 66. 2. 67, S. 66. 2. 220). Le premier a été cassé (Cass., 13 août 1866, D. 66. 1. 467, S. 66. 1. 383). — On ne peut plus espérer un revirement de la jurisprudence; il faudrait une réforme législative.

* **3062. Réserve des petits-enfants.** — L'al. 3 de l'art. 913, qui formait l'art. 914 jusqu'en 1896, porte que les petits-enfants venant à la succession ne comptent que pour la tête de l'enfant prédécédé qu'ils représentent. Cela ne fait pas de difficulté, quand ils viennent réellement *par représentation du défunt* : la réserve sera calculée comme si le représenté avait survécu. Mais s'ils viennent *de leur chef*, parce que leur père a renoncé ou est indigne, on a soutenu qu'ils devraient avoir non pas seulement la réserve de leur père, mais une réserve calculée comme s'ils étaient enfants du premier degré, parce que le texte est fait seulement pour le cas où ils « représentent » leur père; on en tirait un argument a contrario. — Cette opinion a été condamnée. Le mot « représenter » n'a pas ici son sens technique; il signifie simplement *à la place de qui ils succèdent*. Ainsi trois enfants nés d'un fils unique, renonçant ou indigne, n'auront droit à eux tous qu'à une réserve de moitié, comme l'aurait eue leur père, et non à une réserve des trois quarts. Autrement, il dépendrait de l'héritier du premier degré, qui a plusieurs enfants, d'augmenter à sa volonté la réserve en renonçant au profit de ceux-ci (Rouen, 12 févr. 1887, D. 89. 2. 181, D. 88. 2. 42).

B. — Réserve des ascendants légitimes.

* **3063. Ascendants réservataires.** — Les ascendants *légitimes, à tous les degrés*[1], ont une réserve (art. 914 nouveau; 915 ancien). Il faut comprendre sous ce nom les père et mère qui ont légitimé leur enfant; mais non le *père adoptif* (ou la mère adoptive) : celui-ci n'a qu'un *droit de retour* sur les biens qu'il avait donnés à l'adoptant; il ne lui *succède* pas.

** **3064. Quotité de la réserve.** — La réserve des ascendants est fixée d'une manière invariable *à un quart de la succession pour chaque ligne,* quel que soit le nombre des ascendants qui représentent cette ligne (art. 914). La quotité disponible est donc de moitié seulement quand il y a des

[1] En Roumanie, les ascendants, autres que père et mère, n'ont pas de réserve; ils n'ont droit qu'à des aliments (art. 187 C. civ. roumain).

ascendants dans les deux lignes, et des trois quarts, quand il n'y en a que dans une seule.

Cette manière de fixer la réserve des ascendants entraîne une conséquence remarquable : c'est que la réserve des père et mère est, dans un cas particulier, *précisément égale à leur part héréditaire*, au lieu que, pour tous les autres réservataires, la réserve n'est jamais qu'une portion de la part ab intestat. Ceci arrive lorsque les père et mère sont en concours avec des frères et sœurs ou descendants de frères ou de sœurs : ils ont chacun un quart de la succession ; c'est le montant même de leur réserve. — En toute autre hypothèse, la réserve d'un quart accordée aux père et mère est la moitié de leur part, puisque chacun d'eux prend une moitié de la succession, celle qui est déférée à sa ligne.

***3065. Concours des ascendants avec des collatéraux.** — Il arrive assez souvent que les ascendants concourent avec des collatéraux ; les ascendants ont une réserve, les collatéraux n'en ont pas. Or il peut se faire que les libéralités, *sans dépasser la quotité disponible,* ne laissent pas assez de biens dans la succession ab intestat pour que l'ascendant y trouve encore sa réserve au complet, après avoir partagé avec les collatéraux. Ainsi soit un ascendant dans l'une des lignes, un collatéral dans l'autre ; la succession est de 40000 francs ; la réserve de l'ascendant est de 10000 francs (un quart). Les libéralités se montent à 25000 francs. Elles ne dépassent pas le chiffre du disponible ; elles ne sont donc pas réductibles ; mais quand l'ascendant aura partagé avec le collatéral les 15000 francs qui restent, il n'aura que 7500 francs. Il faudra donc faire subir au collatéral un retranchement de 2500 francs pour parfaire la réserve de l'ascendant. Tel est le sens de la disposition finale de l'art. 914 : « Ils [les ascendants] auront seuls droit à cette réserve dans les cas où un partage en concurrence avec des collatéraux ne leur donnerait pas la quotité à laquelle elle est fixée. »

***3066. Concours des ascendants avec des enfants naturels.** — La réserve des ascendants, qui est normalement d'un *quart* pour chaque ligne, se trouve réduite au *huitième* de la succession lorsqu'il y a un ou plusieurs enfants naturels (art. 915 nouveau, texte de 1896). S'il y a des ascendants dans les deux lignes, la réserve de chaque ligne se trouve réduite à *un seizième* ; elle est donc quatre fois moins forte que d'ordinaire.

***3067. Ascendants primés par des frères ou sœurs.** — Les ascendants n'ont droit à leur réserve qu'autant qu'ils sont appelés à la succession ab intestat. Or les ascendants autres que le père et la mère sont primés par les frères et sœurs qui n'ont pas de réserve. Il est donc possible que la succession entière soit enlevée aux frères et sœurs par des libéralités, par exemple par un legs universel. Tant que les frères et sœurs ne renoncent pas à la succession, les ascendants n'y sont pas appelés ; l'institution même d'un légataire universel ne les dépouille pas de leur qualité d'héritiers ab intestat, et c'est à eux que la succession reviendrait si le legs universel devenait caduc, ou s'il était révoqué ou annulé. En pareil cas, le seul fait qu'il existe des frères ou sœurs *non renonçants* empêche les ascendants d'avoir une réserve (Cass., 22 mars 1869, D. 69. 1. 431, S. 70. 1. 9).

Mais si les frères ou sœurs *renoncent tous,* le droit héréditaire des ascendants s'ouvre, et en même temps leur droit à la réserve (Cass., 11 mai 1840, D. 40. 1. 196, S. 40. 1. 680; Cass., 24 févr. 1863, D. 63. 1. 121, S. 63. 1. 191; Cass., 3 févr. 1897, D. 97. 1. 601, S. 97. 1. 137)[1]. Cette jurisprudence est très exacte : la qualité de *réservataire* dépend de la qualité de *successible,* et celle-ci naît pour les héritiers du second degré par la renonciation ou l'indignité de ceux qui les précèdent. D'autre part, cette renonciation étant *rétroactive,* d'après l'art. 785, les choses doivent se passer comme si les ascendants avaient été appelés à succéder dès le jour du décès[2]. Comp. AUBRY et RAU, t. VII, § 680, note 10.

On a fait une objection. Le frère se trouve placé entre deux personnes qui ont intérêt, l'une à ce qu'il accepte, l'autre à ce qu'il renonce ; il peut donc ouvrir en quelque sorte des enchères et se faire payer pour prendre parti. En elle-même cette situation n'aurait rien d'anormal et de choquant : tous les jours il arrive qu'une personne ait à prendre une détermination qui peut nuire ou profiter à d'autres ; elle n'a à prendre conseil que de son intérêt personnel, et par conséquent les tiers qui auraient à souffrir de sa décision dans un sens peuvent s'entendre avec elle pour la décider à prendre un autre parti. On ne peut pas dire qu'un arrangement de ce genre soit *frauduleux* : il peut être *nuisible* à d'autres ; il n'est pas contraire au *droit* de ceux qui en souffrent. Comp. la note dans D. 97. 1. 601-2°. — Toutefois nous avons en droit français un texte dont il faut tenir compte : l'art. 780 *in fine* décide que le successible qui se fait *payer* par autrui pour renoncer doit être considéré comme *acceptant* (sur ce texte voyez ci-dessus n° 1996). Il en résulte que le légataire universel écartera l'action en réduction de l'ascendant, s'il réussit à prouver que le collatéral n'a renoncé en sa faveur que moyennant un prix.

*** 3068. Absence de réserve pour l'ascendant donateur.** — Un ascendant peut se présenter à la succession de son descendant pour y exercer le droit de *retour* ou de *succession anomale* que lui donne l'art. 747 sur les biens qu'il avait donnés au défunt. En cette qualité, il n'a aucun droit de réserve ; c'est certainement une lacune de la loi moderne[3] ; mais la réserve n'existe qu'au profit des parents auxquels la loi la donne et aucun texte ne l'a fait pour l'ascendant donateur. Bien mieux, l'art. 747 la lui refuse

[1] La question a été longtemps très discutée. MM. Aubry et Rau pensaient que la renonciation des frères et sœurs était sans effet sur la réserve des ascendants, parce que la réserve est fixée par la loi eu égard à la qualité des parents que *laisse* le défunt (t. VII, § 680, note 10) ; ils se conformaient en cela au principe admis par la jurisprudence, qui veut que l'enfant renonçant soit néanmoins compté pour le calcul de la réserve (ci-dessus, n° 3061). M. Demolombe a soutenu au contraire le système qui a prévalu (t. XIX, n°s 116 et 122).

[2] On signale toujours comme contradictoires les deux solutions que donne la jurisprudence sur la question étudiée au texte et sur le calcul de la réserve des enfants, quand il y a un renonçant ou un indigne parmi eux (ci-dessus, n° 3061). Cette contradiction n'est pas irréductible : le principe est la rétroactivité des renonciations ; mais à cette règle générale l'art. 913 apporte une exception, si on l'entend comme le fait la jurisprudence, en fixant une réserve globale pour les enfants. Il y a *opposition* comme entre une règle et ses exceptions; il n'y a pas *incompatibilité*. Comp. la note dans D. 97. 1. 601-1°.

[3] *En droit écrit* l'ascendant donateur avait plus et mieux qu'une réserve : il reprenait son bien en vertu d'une *condition résolutoire,* qui faisait évanouir les aliénations à titre gratuit aussi bien que les aliénations à titre onéreux. *En droit coutumier,* c'était un cas de *succession aux propres,* qui donnait droit à la réserve des quatre quints, comme toutes les autres successions de ce genre.

implicitement, car son droit ne s'ouvre que si les biens donnés par lui se retrouvent *en nature* dans la succession ; s'ils ont été donnés ou légués, ils ne sont plus dans la succession.

***3069. Absence de réserve pour les parents naturels.** — Longtemps on a soutenu qu'il fallait leur en reconnaître une et il y a eu quelques arrêts en ce sens, mais la jurisprudence a fini par se fixer en sens contraire (arrêt des Chambres réunies, 12 déc. 1865, D. 65. 1. 457, S. 66. 1. 73 ; Bourges, 19 déc. 1871, S. 71. 2. 198). En effet, l'art. 914, qui accorde une réserve aux ascendants, n'est écrit que pour les parents légitimes, qu'il suppose être à des degrés divers et pouvant concourir avec des collatéraux. En l'absence d'un texte spécial, on ne peut attribuer une réserve à un héritier en se fondant uniquement sur la réciprocité habituelle des droits de succession, car ce n'est pas là un principe absolu ; ainsi l'adoptant ne succède pas à l'adopté, quoique celui-ci lui succède à lui-même. De plus, on ne saurait à quel chiffre fixer cette réserve, et il serait impossible de donner aux parents naturels une réserve égale à celle des parents légitimes. Les père et mère naturels peuvent donc être écartés entièrement de la succession de leur enfant, bien que celui-ci ait par rapport à eux la qualité de réservataire. Comp. AUBRY et RAU, t. VII, § 680, note 4.

C. — Réserve des enfants naturels.

***3070. Jurisprudence antérieure à 1896.** — Très débattue dans la doctrine, la question de savoir si l'enfant naturel a une réserve avait été de bonne heure résolue affirmativement par la jurisprudence (Cass., 28 juin 1809, D. 12. 326, S. 9. 1. 337, S. chr. 3. 1. 77). Le Code ne le disait pas d'une manière expresse, mais il le laissait entendre. L'art. 757 donnait à l'enfant naturel une portion du droit qu'il aurait eue, s'il eût été légitime ; c'était un droit de succession de même nature, mais seulement moindre dans sa quotité ; il comportait donc une réserve. On tirait aussi argument de la disposition de l'art. 761 qui ne permettait pas au père de dépouiller complètement son enfant. La question n'était plus discutée, au moins quant au principe (Cass., 12 juin 1866, D. 66. 1. 484, S. 66. 1. 319).

**** 3071. Loi du 25 mars 1896.** — La loi du 25 mars 1896, qui a augmenté les droits successoraux de l'enfant naturel, a en même temps jugé utile de régler expressément sa réserve ; elle a dans ce but inséré un alinéa nouveau dans l'art. 913 (al. 2) et un article entier, l'art. 915 nouveau. Aux termes de ce texte la réserve de l'enfant naturel est *une quotité de celle qu'il aurait eue, s'il eût été légitime,* et cette quotité se détermine *à l'aide de la même proportion qui sert à fixer sa part ab intestat.* Toutefois l'art. 915 contient une disposition spéciale pour le cas où l'enfant naturel concourt avec des ascendants (Voyez n° 3074).

3072. Application du principe de proportionnalité. — La réserve de l'enfant naturel varie donc selon la qualité et parfois aussi selon le nombre des héritiers légitimes qui concourent avec lui.

CONCOURS AVEC DES DESCENDANTS LÉGITIMES. — La part de l'enfant naturel étant alors réduite de moitié (art. 758), sa réserve sera de même la moitié de celle qu'il prendrait s'il était légitime. Quand il n'y a qu'un enfant légitime, la réserve de l'enfant naturel sera du *sixième* de la succession, car s'il était légitime elle serait du tiers ; s'il y a deux enfants légitimes, elle sera d'un *huitième* ; s'il y en a trois, elle sera de *trois trente-deuxièmes* (la moitié de trois seizièmes), et ainsi de suite.

S'il y a plusieurs enfants naturels, on les considérera tous comme légitimes provisoirement, pour calculer ce que serait leur réserve dans cette hypothèse ; puis on accordera à chacun d'eux la moitié des parts ainsi déterminées ; les portions qu'on retranche aux uns ne doivent pas profiter aux autres. Comp. ci-dessus n° 1832-2°. Ainsi deux enfants naturels, concourant avec un enfant légitime, auront chacun une réserve d'un huitième de la succession, car elle serait du quart, s'ils étaient tous deux légitimes.

CONCOURS AVEC DES COLLATÉRAUX PRIVILÉGIÉS. — S'il était légitime, l'enfant naturel aurait pour réserve la moitié de la succession ; la loi lui en donne les trois quarts, c'est-à-dire les *trois huitièmes de la succession* (art. 759). Quand il y a deux enfants naturels, leur réserve, qui serait d'un tiers pour chacun s'ils étaient légitimes, sera de *trois douzièmes* pour chacun (les trois quarts d'un tiers). Quand il y en a trois, la réserve de chacun sera de 3 *seizièmes* de la succession ; quand il y en a quatre, elle sera de 9 *soixante-quatrièmes*, et ainsi de suite.

CONCOURS AVEC DES COLLATÉRAUX ORDINAIRES. — En pareil cas, les droits de l'enfant naturel sont *égaux à ceux de l'enfant légitime*, car il prend toute la succession (art. 760) ; sa réserve sera donc la même que s'il était légitime, c'est-à-dire la moitié de la succession, s'il est seul ; les deux tiers, s'ils sont deux ; les trois quarts, s'ils sont trois ou davantage.

3073. Sur quoi se prend la réserve de l'enfant naturel. — En principe cette réserve se prend *sur l'ensemble de la succession*, et par suite le concours d'un enfant naturel réduit à la fois la part des réservataires légitimes et la quotité disponible attribuée aux légataires. Ainsi, quand il y a un enfant légitime en présence d'un légataire universel, la réserve et la quotité disponible seraient de moitié chacune, si l'enfant était seul ; la présence d'un second enfant légitime ferait perdre un sixième au premier enfant légitime et un sixième au légataire universel, chacun des participants devant avoir un tiers en cette hypothèse. Il se trouve que le second enfant est naturel, sa réserve n'est que d'un sixième de la succession, il enlèvera donc un douzième seulement à l'enfant légitime et un autre au légataire universel.

Toutefois, dès qu'il y a trois enfants légitimes, la quotité disponible devient invariable ; la présence d'un réservataire de plus ne la diminue pas. La réserve de l'enfant naturel se prélèvera donc uniquement sur les trois quarts indisponibles attribués aux enfants ; le légataire universel n'en souffrira pas.

*** 3074. Règle spéciale au cas de concours avec des ascendants.** — Quand l'enfant naturel concourt avec des ascendants, l'art. 759 actuel lui donne les trois quarts de la part qu'il aurait eue s'il eût été légitime, c'est-à-dire les trois quarts de la succession entière, car l'enfant légitime prime les ascendants. Si l'on eût appliqué la même proportion à sa réserve, il aurait eu les trois quarts de la réserve d'un enfant légitime. De l'autre côté, les ascendants ont leur réserve particulière : un quart pour chaque ligne (art. 914). En supposant que le défunt laisse des ascendants dans les deux lignes et trois enfants naturels, le total des réserves se trouvait dépasser le total de la succession. On ne pouvait donc appliquer à cette hypothèse le principe de proportionnalité écrit dans l'art. 913, al. 2 et pour faire une place à la quotité disponible, sans sacrifier la réserve des enfants naturels, il fallait réduire la réserve des ascendants.

Voici sur quelle base on a déterminé les droits de chacun : on a pensé que le concours d'ascendants et d'enfants naturels, qui forment deux classes distinctes d'héritiers réservataires, *équivalait pour les légataires et donataires à la présence d'enfants légitimes*, et dans cette idée on a fixé la quotité disponible *d'une manière variable selon le nombre des enfants naturels*, exactement comme si ces enfants étaient légitimes : elle est de moitié quand il n'y en a qu'un ; du tiers quand il y en a deux ; du quart quand il y en a trois (art. 915). C'est le même tarif que celui de l'art. 913, seulement cette réserve se partage entre un plus grand nombre de personnes par la présence d'un ou de plusieurs ascendants.

Sur la part ainsi réservée, les ascendants, qu'il y en ait un seul, ou trois ou quatre, ne prélèvent jamais qu'*une part invariable*, qui est *d'un huitième* de la succession totale, la moitié de leur part ab intestat, et ils se partagent cette quote-part dans la proportion de leurs droits héréditaires. Le surplus de la réserve est distribué aux enfants naturels par parts égales[1].

E. — Refus d'une réserve aux collatéraux.

***3075. Motifs du droit actuel.** — Le droit romain accordait la *querela,* au moins dans certains cas, aux frères et sœurs du défunt; le droit coutumier faisait profiter de la réserve tous les collatéraux. Lors de la rédaction du Code on proposa d'accorder une réserve tout au moins aux frères et sœurs; ce fut rejeté sur la demande du Tribunat (Fenet, t. XII, p. 319-327 et 444-446). Le lien de parenté n'a pas paru assez fort; les parents collatéraux, même au degré le plus proche, ne tiennent pas la vie l'un de l'autre. L'absence de réserve pour les frères et sœurs est la règle générale dans les législations modernes. Toute la succession est alors disponible (art. 916).

3076. Effet d'une pratique administrative. — Quand des libéralités sont faites à des établissements publics ou privés, l'administration, qui est appelée à en autoriser l'acceptation, reçoit les plaintes des parents qui se voient dépouillés au profit de communes ou d'établissements peut-être déjà riches, alors qu'eux-mêmes sont plus ou moins misérables. On tient grand compte de leur intérêt, et quand leurs réclamations ne décident pas le gouvernement à refuser son autorisation, elles amènent souvent une *réduction de la libéralité* : la commune ou l'établissement gratifié n'est autorisé à l'accepter qu'en partie. Ce système aboutit en fait à rendre *indisponible au profit des établissements publics* une part de la succession, et cette part est ainsi *réservée* à des collatéraux, auxquels la loi ne reconnaît pas la qualité de réservataires. Il existe donc à côté de la réserve véritable, établie par le Code civil, une sorte de *réserve administrative*, arbitraire et imparfaite, mais très efficace néanmoins. Celle-ci n'est plus absolue, comme l'autre; elle dépend de la qualité du légataire ou donataire; elle est relative. Comp. la note dans D. 93. 1. 217. La portion du legs devenue caduque tombe dans la succession ab intestat et est dévolue selon les règles du droit commun (Cass., 6 nov. 1878, S. 79. 1. 33).

Le droit de limiter l'effet d'un legs au moyen d'une *autorisation partielle* est d'ordre public, et le testateur ne peut l'entraver par aucune clause ni condition (Nancy, 17 nov. 1888, D. 90. 2. 23, S. 90. 2. 156). Voyez cependant Cass., 1er mars 1893, D. 93. 1. 217, S. 93. 1. 177.

Du reste l'acceptation partielle ne modifie pas la nature du legs. Ainsi quand ce legs était universel, il ne devient pas, quoique réduit, un legs à titre universel, et l'établissement légataire conserve la saisine (Amiens, 8 mars 1860, D. 60. 2. 209, S. 60. 2. 161). Voyez aussi Cass., 23 févr. 1886, D. 86. 1. 242, S. 88. 1. 471; Cass. belge, 8 déc. 1898, D. 1900. 3. 355).

[1] Voici l'application du système établi par l'art. 915. 1° UN SEUL ENFANT NATUREL : la quotité disponible est de *moitié* ; la réserve des ascendants, quel que soit leur nombre, d'*un huitième* ; il reste donc *trois huitièmes*, pour la réserve de l'enfant naturel ; — 2° DEUX ENFANTS NATURELS : quotité disponible, *un tiers* ; réserve des ascendants, *un huitième* ; il reste *treize vingt-quatrièmes*, réserve des enfants naturels, à partager par moitié entre eux ; — 3° TROIS ENFANTS NATURELS : quotité disponible, *un quart* ; réserve des ascendants, *un huitième*, il reste *cinq huitièmes* pour la réserve des enfants naturels, à partager par tiers, soit *cinq vingt-quatrièmes* pour chacun d'eux. Il serait difficile de rêver un système plus compliqué.

§ 3. — *Nature de la réserve.*

A. — Le principe et ses conséquences.

** **3077. Comment la loi a procédé.** — La réserve est *une partie de la succession ab intestat*. Dans les art. 913 et suiv. la loi ne détermine pas la réserve pour l'attribuer à tel ou tel parent; elle se contente de fixer la quotité disponible. Elle fait deux parts du patrimoine du défunt : l'une qui est disponible et qu'il a pu donner ou léguer à qui il a voulu ; l'autre qui est frappée d'indisponibilité. A qui appartiendra cette portion indisponible et comment sera-t-elle acquise aux descendants et ascendants? Ces articles n'ont pas pour but de nous le dire ; ils règlent le droit des donataires et légataires, plutôt que celui des parents [1] ; pour ceux-ci la loi laisse dans la succession ab intestat la part qui leur est réservée, et leur titre pour recueillir cette part se trouve dans les art. 745, 746 et 758 à 760. Comp. AUBRY et RAU, t. VII, § 679, note 1.

* **3078. Conséquences.** — Il résulte de là que la réserve est, comme on disait autrefois, *pars hereditatis* et non pas *pars bonorum*. En d'autres termes, *pour prendre part à la réserve, il faut se porter héritier*. Cela signifie deux choses :

1° Le réservataire qui renonce à la succession ne peut pas réclamer sa réserve *par voie d'action* ;

2° Il ne peut pas non plus, quand il en est nanti au moyen d'un don ou d'un legs, la retenir *par voie d'exception*, c'est-à-dire conserver son don ou réclamer son legs jusqu'à concurrence à la fois de la quotité disponible et de sa part de réserve réunies.

Le premier point n'a jamais fait de doute sérieux ; il n'y a guère que Troplong qui ait soutenu que le réservataire renonçant pouvait réclamer sa réserve en exerçant une action contre les donataires ou légataires (TROPLONG, t. II, n°s 914 et suiv.). Les observations présentées ci-dessus sur la nature de la réserve me dispensent de réfuter cette opinion, qui est entièrement abandonnée.

Il n'en est pas de même du second point, qui a été longtemps et passionnément discuté sous le nom de *question du cumul*.

B. — La question du cumul.

** **3079. Position de la question.** — Une personne a 120000 francs

[1] Les art. 914 et 915 déterminent bien comment se partagera la réserve entre les divers groupes de réservataires : un quart aux ascendants de chaque ligne, quand il y a des ascendants dans les deux lignes et pas d'enfants ; un huitième aux ascendants, quand ils sont en concours avec des enfants naturels. Mais ce n'est pas là une *attribution individuelle* de la réserve ; la loi ne dit pas à qui et sous quelles conditions cette réserve appartient.

de fortune et six enfants ; la quotité disponible est de 30000 francs et la part de réserve pour chaque enfant de 15000 francs. Cette personne meurt, après avoir fait à l'un de ses enfants une libéralité de 45000 francs, sans clause de préciput[1]. L'enfant donataire ou légataire renonce pour s'en tenir à son don ou à son legs. Peut-il le conserver seulement jusqu'à concurrence de la quotité disponible, soit pour 30000 francs, ou peut-il retenir en même temps sa part de réserve, ce qui lui permettra de le garder jusqu'à concurrence de 45000 francs, c'est-à-dire en totalité, avec les chiffres pris pour exemples ?

Telle est la fameuse question du cumul, qui est restée dans l'incertitude pendant un demi-siècle et sur laquelle la Cour de cassation a changé deux fois d'avis.

***3080. Système du cumul.** — Pour soutenir que l'enfant donataire pouvait retenir cumulativement, par voie d'exception, sa part de réserve et la quotité disponible, on invoquait trois arguments :

1° L'*autorité traditionnelle*, celle de l'ancien droit écrit en matière de légitime, celle du droit coutumier lui-même, qui suivait cette règle pour la légitime : « Au cas où celui auquel on auroit donné voudroit se tenir à son don, faire le peut, en s'abstenant de l'hérédité, la légitime réservée aux autres » (art. 307, *Coutume de Paris*) ; il résultait de là que le renonçant pouvait garder sa part de légitime.

2° Il y a *deux quotités disponibles*, l'une au profit des étrangers, l'autre au profit des successibles eux-mêmes ; cette dernière comprend, outre la quotité disponible déterminée par la loi, la part du gratifié dans la réserve.

3° Les autres réservataires n'ont pas à se plaindre, car *ils ont leur part de réserve intacte*. Ils n'ont donc aucune action contre le renonçant. S'ils en avaient une, il faudrait dire que la part de réserve du renonçant est transformée en une réserve pour les autres : comme on le compte pour le calcul de la réserve, *il ferait nombre contre lui-même*, et diminuerait par sa présence la quotité disponible dont il pourrait profiter.

****3081. Système du non-cumul.** — Il y a en sa faveur un argument si topique qu'il dispense de tous les autres. La réserve est une portion de biens indisponibles, qui restent purement et simplement *dans la succession ab intestat*. Elle ne peut donc appartenir qu'à ceux qui sont *héritiers*. Or le successible qui renonce est réputé n'avoir jamais été héritier (art. 785). Il devient *étranger à la succession* et doit être traité comme une personne étrangère, qui ne peut avoir droit à aucune part de la réserve. Il ne peut donc conserver son don que jusqu'à concurrence de la quotité disponible (art. 845).

Quant à dire qu'il y a deux disponibles, c'est jouer sur les mots : on ne peut pas dire que le défunt *donne* à son héritier ce dont il ne pouvait pas le dépouiller ; *c'est la loi* qui le lui donne, et elle le lui donne en sa qualité d'héritier.

[1] Il faut supposer cela, car si la libéralité était préciputaire, l'enfant accepterait vraisemblablement la succession, ce qui lui permettrait de prendre sa part de réserve, tout en prélevant la quotité disponible à son profit. Ceci fait qu'aujourd'hui la question ne peut plus se présenter que pour les *dons* faits *en avancement d'hoirie*, puisque les legs sont de plein droit dispensés du rapport (L. 24 mars 1).

L'autorité historique est à tort invoquée par le système contraire : on donnait pour la réserve des quatre quints des propres la solution que nous donnons pour la réserve moderne (POTHIER, *Coutume d'Orléans*, introd. au tit. XVI, n° 53). Les deux solutions existaient donc à la fois pour deux institutions que le Code a fondues en une seule ; l'argument tiré de l'ancien droit se détruit ainsi de lui-même. Comp. AUBRY et RAU, t. VII, § 682, note 3. Voyez aussi les longs développements donnés par M. DEMOLOMBE, t. XIX, nos 47 à 69 *ter*, p. 55-147.

3082. Vicissitudes de la jurisprudence. — PREMIÈRE PÉRIODE. — En 1818, la Chambre civile avait rejeté le système du cumul par l'*arrêt Laroque de Mons* (18 févr. 1818, D. 5. 429, S. 18. 1. 98, S. chr. 5. 1. 422). Cet arrêt avait été unanimement approuvé par la doctrine ; mais la jurisprudence n'était pas encore bien fixée ; certaines Cours, Paris, Bordeaux, Montpellier, Toulouse, admettaient le cumul de la réserve et de la quotité disponible. Voyez les tables générales du *Sirey*, v° Avancement d'hoirie, nos 1 et suiv.

DEUXIÈME PÉRIODE (1843-1863). — En 1843, un arrêt de la Chambre civile (*arrêt Leproust*, du 17 mai, D. 43. 1. 289, S. 43. 1. 689) consacra le système du cumul[1]. La jurisprudence fut dès lors divisée : la plupart des Cours d'appel refusaient de suivre la Cour de cassation, et leurs arrêts étaient cassés.

TROISIÈME PÉRIODE. — Au bout de vingt ans de luttes, un arrêt des Chambres réunies (*arrêt Lavialle*, 27 nov. 1863, D. 64. 1. 5, S. 63. 1. 513) rétablit la solution de 1818. La question est depuis lors considérée comme vidée (Cass., 10 nov. 1880, D. 81. 1. 81, S. 81. 1. 97)[2].

§ 4. — *Des opérations préalables à la réduction.*

****3083. Objet de ces opérations.** — Quand il existe un ou plusieurs réservataires, et que le défunt a fait des libéralités, on doit se demander s'il y a lieu à réduction, c'est-à-dire si les réservataires sont bien *remplis de leur réserve*. Il y a des cas où cela n'est pas douteux, quand la quotité disponible est considérable et que les libéralités sont minimes. Mais dans bien des cas le doute pourra naitre, et quand même il serait certain que les libéralités dépassent la quotité disponible, il faudra toujours *déterminer dans quelle mesure la réserve est entamée,* et quelle quotité devra être retranchée aux donataires ou légataires pour la compléter.

Deux opérations sont nécessaires pour déterminer ce point : 1° la *formation de la masse des biens,* sur laquelle devra se prendre la réserve dont la quotité est fixée par la loi ; 2° l'*imputation* des diverses libéralités,

[1] La Cour de cassation fut amenée à abandonner sa solution de 1818, par suite d'une confusion entre la *question du cumul* et la *question de l'imputation.* Cette dernière consiste à savoir si une libéralité non dispensée du rapport doit être imputée sur la quotité disponible ou sur la réserve. La Cour avait admis en 1829 et en 1834, par les deux arrêts *Mourgues* et *Castille*, que ces libéralités doivent s'imputer sur la réserve, parce qu'elles sont des *avancements d'hoirie,* et qu'on n'impute sur la quotité disponible que les libéralités faites par préciput. Cette imputation sur la réserve a été le point de départ de la jurisprudence favorable au cumul qui triompha en 1843. Sur la question de l'imputation, voyez ci-dessous, nos 3096 et suiv.

[2] En Roumanie, la question du cumul a reçu la même solution qu'en France (Cass. roumaine, Bulletin, 1876, p. 499 ; 1891, p. 315. — ALEXANDRESCO, p. 203, note 1).

qui se fait pour les unes sur la réserve, pour les autres sur la quotité disponible.

Ces opérations sont *préalables à la réduction* ; c'est seulement quand elles auront été faites que l'action en réduction pourra être exercée, parce que c'est seulement alors qu'on saura si les libéralités sont *réductibles* et dans quelle mesure elles le sont.

A. — Formation de la masse.

***3084. But et importance de l'opération.** — Cette opération a pour but de reconstituer le patrimoine du défunt, tel qu'il aurait été composé à sa mort, s'il n'avait pas fait de libéralités. Elle est réglée par l'art. 922, disposition fort importante par son objet et par ses applications pratiques.

Cette composition de la masse est une opération complexe, qui en comprend quatre autres : 1° la formation de la masse des biens *existant au jour du décès* ; 2° la recherche des biens *donnés entre vifs* ; 3° l'*estimation* des uns et des autres ; 4° la *déduction des dettes*.

1° Masse des biens existant au décès.

***3085. Biens à comprendre dans la masse.** — Parmi les biens existant au jour du décès, on comprend tous ceux dont le défunt est resté propriétaire jusqu'à sa mort, *alors même qu'il en aurait disposé par donation de biens à venir ou par testament.*

Il est impossible, et il serait inutile, de signaler ici toutes les diverses sortes de biens qui peuvent se rencontrer : il faut tenir compte de tous ceux qui ont une valeur appréciable en argent. Remarquons seulement qu'on devra compter les *créances* qui existaient au profit du défunt contre ses héritiers, et qui se sont *éteintes par confusion* : la confusion est un bénéfice pour l'héritier qui se trouve libéré et enrichi d'autant ; la créance est donc une valeur active qui faisait partie de la succession et que l'héritier a recueillie.

3086. Biens à exclure. — Il y a un certain nombre de biens dont le défunt est resté propriétaire jusqu'au dernier jour et qu'on ne devra pas comprendre dans la masse pour des raisons diverses.

1° Droits viagers. — Si le défunt avait un usufruit ou une rente viagère, son droit s'est éteint avec sa vie ; il ne se trouve pas dans sa succession ; ses héritiers n'en retirent rien.

2° Droits résolubles. — Il en serait de même si le défunt avait une propriété résoluble par l'effet d'un *droit de retour* au profit du donateur (art. 951) et on doit assimiler à ce cas de retour proprement dit le droit de *succession anomale* que la loi ouvre au profit de certains donateurs (art. 351-352, 747, 766), bien qu'il n'anéantisse pas rétroactivement la propriété qui avait appartenu au défunt : la loi retire aux héritiers ordinaires le bien qui fait l'objet de ce droit de retour et cela suffit pour qu'on ne doive pas le comprendre dans la masse.

3° Droits sans valeur. — Il faut aussi négliger tout ce qui n'a pas de valeur réelle et notamment les créances devenues irrecouvrables par l'insolvabilité du débiteur. Quant à celles dont le recouvrement est simplement douteux, on devra en estimer la valeur vénale et ne point les comprendre dans la masse pour leur valeur nominale. De même, les créances conditionnelles n'ont aucune valeur actuelle ; on n'est pas sûr encore que le défunt soit créancier; c'est seulement plus tard, si la condition se réalise, que le montant de la masse augmentera.

4° FRUITS POSTÉRIEURS AU DÉCÈS. — Doivent seuls figurer dans la masse les fruits civils qui étaient déjà *échus* et les fruits naturels déjà *perçus* au jour du décès. Ceux qui ont été recueillis depuis n'ont jamais appartenu au défunt (Cass., 29 avril 1897, D. 97. 1. 409).

2° Recherche des biens donnés entre vifs.

*** 3087. Caractère fictif de leur réunion à la masse.** — Aux biens existants il faut réunir les biens donnés entre vifs [1] par le défunt, pour reconstituer son patrimoine tel qu'il serait s'il n'avait pas fait de libéralités, et former ainsi la masse totale sur laquelle on doit calculer la quotité disponible.

Cette réunion n'est que *fictive* (art. 922) ; elle se fait sur le papier, pour fixer un chiffre ; il n'y aura de réunion réelle que si les biens donnés excédaient déjà à eux seuls la quotité disponible, et ce serait seulement pour la portion excessive qui se trouverait atteinte par la réduction.

CONSÉQUENCE. — Il est permis même aux *légataires* ou aux *donataires* de demander cette réunion fictive à la masse des biens donnés entre vifs, quoique l'art. 857 leur interdise d'en demander le rapport. Ce n'est pas d'un *rapport* qu'il s'agit, mais d'une simple opération de calcul (Cass., 29 janv. 1890, D. 91. 1. 437, S. 90. 1. 335).

***3088. Généralité de la règle.** — Beaucoup d'auteurs prétendent que les donations faites sur les revenus échappent à la réduction, parce que le défunt, qui pouvait les dépenser, ne s'est pas appauvri en les donnant. Mais la jurisprudence n'est pas de cet avis, et une donation prise sur les revenus peut parfaitement être réduite (Caen, 26 janv. 1880, D. 82. 2. 49, Cass., 11 janv. 1882, D. 82. 1. 313, S. 82. 1. 129). Il n'y a donc à échapper à la réduction que les menues libéralités, telles que les *cadeaux* et les *charités,* qu'on peut considérer comme des dépenses plutôt que comme des dons.

Hors celles-là, aucune donation n'échappe à la réduction. Il n'y a pas de distinction à faire selon la forme dans laquelle la libéralité a été faite : donations *déguisées* [2], libéralités *indirectes* contenues dans un contrat à titre oné-

[1] Il n'y a pas à tenir compte des aliénations *à titre onéreux,* parce que ces aliénations, qui se font *moyennant un équivalent,* modifient la composition du patrimoine, et ne l'épuisent pas comme les libéralités. Accidentellement, elles peuvent le diminuer par l'effet de mauvaises spéculations ; mais il y a autant de chances pour qu'elles l'augmentent. — Il n'y a pas davantage à tenir compte du *capital d'une assurance sur la vie,* contractée par le défunt au profit d'un tiers. Ce capital n'a jamais appartenu au défunt et n'entre pas en compte pour le calcul de la réserve (Cass., 29 juin 1896, D. 97. 1. 73 ; S. 96. 1. 361 ; Amiens, 18 mai 1897, D. 98. 2. 369.

[2] Un héritier réservataire est toujours admis à prouver qu'une vente faite par le défunt est *simulée* et cache une libéralité par laquelle on a voulu le priver en partie de sa réserve. Il est recevable à faire cette preuve par tous moyens, *même par présomptions* (Pau, 8 févr. 1892, D. 93. 2. 214).

reux [1], *dons manuels,* etc. Il faut aussi y comprendre les biens ayant fait l'objet d'un *partage d'ascendant* opéré entre vifs.

Il n'y a pas à distinguer non plus *selon l'objet* de la libéralité, qui peut être mobilier ou immobilier, modique ou considérable ; ni *selon la personne gratifiée,* qui peut être un étranger ou l'un des successibles, et dans ce dernier cas, on n'a pas à se préoccuper de savoir s'il a été ou non dispensé du rapport, ni s'il a accepté ou répudié la succession.

3089. Disposition de l'art. 918. — Dans cet ordre d'idées, nous rencontrons une disposition exceptionnelle de la loi, l'art. 918, qui *assimile aux donations certaines aliénations faites à titre onéreux* par le défunt.

A. — Aliénations visées par la loi. — L'art. 918 énumère :

1° Les *aliénations à fonds perdu.* Ce sont celles qui sont faites moyennant l'acquisition d'un *bien viager* ; elles ont pour type la *vente à rente viagère.* On dit que l'aliénation se fait « à fonds perdu », non pas parce que le bien aliéné cesse définitivement d'appartenir à l'aliénateur, car c'est l'effet normal de toute aliénation, mais parce que *le capital* que ce bien représente n'est pas remplacé dans le patrimoine de l'aliénateur *par une autre valeur en capital,* mais seulement par un *revenu,* tel qu'une rente viagère ou un usufruit ; c'est surtout pour les héritiers qu'il y a perte, car ils ne succéderont pas à ce bien viager, à l'aide duquel le défunt avait obtenu une augmentation momentanée de son revenu annuel.

2° Les *aliénations à rente viagère.* Ce n'est qu'un cas particulier d'aliénation à fonds perdu, le plus usuel et le plus connu. L'art. 918 les présente à tort comme une opération distincte. Le texte de la loi de nivôse était mieux rédigé : il parlait de « *donations* à charge de rente viagère » et de « *ventes* à fonds perdu ».

3° Les *aliénations avec réserve d'usufruit,* c'est-à-dire les aliénations portant seulement sur la nue propriété, quand l'aliénateur se réserve, sa vie durant, la jouissance du bien vendu. Par la nature même de sa disposition, l'art. 918 suppose que l'acte auquel il s'applique a été fait *à titre onéreux,* au moins en apparence ; il est inapplicable au cas où il y aurait donation pure et simple de la nue propriété. En ce sens, Cass., 24 août 1874, D. 75. 1. 129, S. 77. 1. 343 [2]. La doctrine se prononce pourtant en sens contraire. Voyez aussi Cass. belge, 1er juill. 1864, *Pasicrisie belge,* 1864. 1. 373 ; Trib. Liège, 28 juill. 1887, *ibid.,* 88. 3. 36.

Pour les aliénations qui remplissent en partie seulement les conditions de la loi, il y a lieu de scinder l'opération pour appliquer la présomption de l'art. 918 uniquement aux biens qui ont été cédés de la façon prévue par le texte (Cass., 6 juin 1866, D. 66. 1. 445, S. 66. 1. 298 ; Angers, 13 août 1879, D. 80. 2. 137).

B. — Présomption de déguisement. — Lorsqu'une aliénation de ce genre a été faite au profit d'un *héritier en ligne directe,* la loi présume que l'acte est au fond *une donation,* bien qu'il se présente comme étant à titre onéreux. L'art. 918 contient donc une *présomption légale* portant sur le déguisement d'une libéralité.

Pourquoi cette présomption ? C'est un emprunt fait à la loi du 17 nivôse an II. Cette loi réduisait à fort peu de chose la quotité disponible ; de plus, elle défendait de donner cette quotité à l'un des successibles. On avait dû prévoir que les particuliers chercheraient à éluder une disposition aussi sévère en faisant parvenir, à celui de leurs héritiers qu'ils voulaient gratifier, le montant de leur libéralité sous la forme d'une convention onéreuse. Cela était surtout facile au moyen des aliénations à fonds perdu ou des ventes avec réserve

[1] Ainsi jugé pour les *avantages matrimoniaux* faits à un conjoint (Cass., 15 janvier 1872, D. 72. 1. 102, S. 72. 1. 35) ; pour l'attribution à un tiers du bénéfice d'une assurance en cas de décès (Cass., 10 nov. 1874, D. 75. 1. 248).

[2] L'intérêt de la question est que, si on écarte l'art. 918, la donation faite avec réserve d'usufruit ne sera pas présumée dispensée du rapport ; et en effet il n'y a aucune raison pour qu'on présume cette dispense à son sujet.

d'usufruit. Voilà pourquoi l'art. 26 de la loi de nivôse *annulait* ces conventions (en note dans les *Codes Tripier*, sous l'art. 918). — Le Code civil ne pouvait pas maintenir cette *nullité*, puisqu'il permet de donner par préciput la quotité disponible à l'un des héritiers. Il n'a cependant pas abandonné complètement la présomption de fraude et de déguisement établie par la loi de nivôse, parce que ces sortes d'actes sont particulièrement dangereux pour les autres réservataires : ils cachent souvent des libéralités qui resteraient occultes et échapperaient au rapport et à la réduction, sans la présomption de la loi ; seulement l'effet de la présomption a changé ; l'acte n'est pas nul, la loi se borne à en *transformer la nature* ; au lieu de valoir sous la forme que lui avaient attribuée les parties et comme acte à titre onéreux, il vaut *comme donation* et, ajoutons tout de suite, comme donation *préciputaire*.

C. — Conditions d'application. — Dans quels cas cette présomption sera-t-elle applicable ? Il faut deux conditions, dont l'une tient à la *nature du contrat*, l'autre à la *qualité des parties*.

1° La loi ne prévoit que les aliénations à fonds perdu et les aliénations avec réserve d'usufruit. Aucun autre contrat ne peut être assimilé à ceux-là. Ainsi l'aliénabilité moyennant une rente perpétuelle sera considérée comme sincère ; le fonds du bien aliéné n'est pas « perdu » ; il est *remplacé* par une autre valeur perpétuelle. Ainsi encore l'art. 918, qui parle d'une réserve d'*usufruit*, ne pourrait pas être appliqué à une aliénation faite avec réserve d'un droit d'*usage* ou d'*habitation* (Cass., 14 janv. 1884, D. 84. 1. 253, S. 84. 1. 97).

2° Il faut que le contrat soit intervenu *entre le défunt et l'un de ses héritiers en ligne directe* [1]. Si c'est un collatéral qui en a bénéficié, la présomption de la loi ne s'appliquera pas (Cass., 27 juill. 1869, D. 70. 1. 113, S. 69. 2. 429). — De plus, il est nécessaire que le successible eût déjà la qualité d'héritier présomptif *au jour où le contrat a été fait* ; sinon, on ne pourrait plus présumer la fraude (Paris, 2 févr. 1881, S. 81. 2. 112) ; mais quand cette condition est remplie, si le successible renonce ou prédécède, l'art. 918 conserve sa raison d'être et la présomption de gratuité subsiste (Angers, 13 août 1879, D. 80. 2. 137).

Les présomptions légales d'interposition de personnes, établies par l'art. 911, ne sont pas applicables à l'hypothèse de l'art. 918, qui n'a pas pour objet une libéralité faite à un incapable (Cass., 7 déc. 1857, D. 57. 1. 108, S. 58. 1. 278).

D. — Effet de la présomption. — La présomption de la loi est *double*. Le texte présume : 1° que l'acte contient une *libéralité* ; 2° que cette libéralité a été faite *avec dispense de rapport*.

En vertu de la première présomption, on devra décider que la prétendue vente n'en est pas une ; que le prix n'en était pas sérieux et n'a pas été payé, et par conséquent l'héritier n'en pourra pas demander la restitution, quoiqu'on le traite comme donataire.

En même temps que la propriété du bien est réputée avoir été acquise par lui à *titre de donation*, on présume que c'est à titre de donation *préciputaire* [2]. C'est un tempérament considérable de l'effet de la première présomption : l'héritier conservera souvent,

[1] L'art. 918 porte que jamais le rapport d'un bien aliéné dans les conditions qu'il indique ne pourra être demandé *par les successibles en ligne collatérale*. C'est une inadvertance, et cela n'avait pas besoin d'être dit : les collatéraux n'ont pas de réserve ; il va de soi que la loi n'avait pas à prendre de mesures exceptionnelles pour protéger un droit qu'elle ne leur donne pas. — La loi de nivôse avait mentionné les collatéraux à côté des successibles en ligne directe, parce qu'elle défendait également d'avantager les uns et les autres. De là la mention qui en est faite dans le texte actuel.

[2] Cette présomption de dispense de rapport est la conséquence nécessaire de la première : il faut supposer que le disposant a eu l'intention d'avantager un successible au détriment des autres, puisqu'il a pris la peine de cacher sa libéralité ; et, d'autre part, on ne pouvait exiger de lui qu'il exprimât formellement sa volonté de le dispenser du rapport, ce qui aurait révélé la nature véritable de l'acte dissimulé par lui. Il y aurait eu contradiction à rechercher une forme secrète pour supprimer ensuite le secret par une clause expresse de dispense de rapport.

sinon la totalité, du moins une forte partie du bien acquis par lui, puisqu'il sera *dispensé de le rapporter*. Toutefois l'effet utile de cette dispense de rapport pourra être amoindri ou annihilé par l'existence de donations antérieures, faites à d'autres personnes, qui entameraient ou absorberaient la quotité disponible. Alors l'héritier aura beau être dispensé du *rapport*, il sera atteint par la *réduction*.

E. — Preuve contraire. — La doctrine française pense en général que ces présomptions de l'art. 918 ne souffrent pas la preuve contraire (Aubry et Rau, t. VII, § 684 *ter*, texte et note 11 ; Demolombe, t. XIX, n° 517). C'est fort discutable. Est-ce bien le cas d'appliquer la règle de l'art. 1352, puisque la loi n'*annule* pas l'acte, et se contente d'en déterminer la nature ? Il y aurait une sévérité excessive à refuser à l'acquéreur, qui en a la preuve en main, le droit de démontrer qu'il a bien réellement *acheté* le bien qu'on prétend lui avoir été transmis à titre de donation. Voyez en ce sens Laurent, t. XIII, n° 130. La jurisprudence paraît admettre la preuve contraire (voyez les arrêts d'Amiens cités par Aubry et Rau, et l'arrêt de Cassation rapporté par Dalloz, *Répert.*, v° Dispositions entre vifs, n° 995).

Lorsqu'un successible, qui a acquis du défunt un bien à rente viagère, est obligé de le rapporter par application de l'art. 918, il est tenu d'en faire le rapport en entier, sans aucune déduction, à raison des sommes qu'il aurait payées au delà de l'intérêt légal, pour le service de la rente viagère (Cass., 26 janv. 1836, D. 36. 1. 43, S. 36. 1. 297).

F. — Ressource laissée aux parties. — En fait le défunt et son héritier ont fort bien pu avoir l'intention de faire une vente sérieuse ; par crainte des fraudes, la loi méconnaît des opérations licites. On a réservé aux intéressés un moyen d'échapper à la présomption de l'art. 918. Il suffit de *faire intervenir les autres successibles*, et d'obtenir qu'ils reconnaissent dans l'acte que l'opération est réellement une vente et non une donation. Ils seront liés par cette reconnaissance, et ne seront pas admis plus tard à faire compter le bien vendu dans la masse, pour le calcul de leur réserve ; à leur égard, la présomption cesse.

Ce procédé est assez simple ; malheureusement il ne produit qu'un *effet relatif* : si quelques héritiers seulement ont été appelés à reconnaître la véritable nature de l'acte, cet acte n'est une vente que pour eux ; pour ceux qui y sont restés étrangers, il conserve la nature que lui attribue la loi, la présomption subsiste. Or il y a des successibles qu'on n'a pas pu y appeler : ce sont *les enfants qui n'étaient pas encore nés*. Il y a donc ici une insuffisance manifeste du texte : il a été impossible aux parties de se prémunir contre le soupçon de fraude que la loi élève contre eux. Néanmoins la jurisprudence réserve aux enfants nés depuis l'aliénation le droit d'en demander le rapport (Cass., 25 nov. 1839, S. 40. 1. 33 ; Rouen, 31 juill. 1843, S. 44. 2. 30).

3° Estimation des deux masses de biens.

3090. Époque à choisir pour l'estimation. — Une évaluation en argent est nécessaire pour savoir si les biens donnés ou légués excèdent la quotité disponible.

Pour les biens existants, l'estimation se fait d'après leur valeur au jour du décès ; la règle à suivre est simple : il n'y a qu'une seule époque à considérer, celle de l'ouverture de la succession.

Il n'en est pas de même pour les biens que le défunt a donnés de son vivant. Voici ce qu'en dit l'art. 922 ; ils doivent être estimés « d'après *leur état à l'époque des donations* et *leur valeur au temps du décès du testateur* ». La formule est un peu obscure ; au fond la chose est assez facile à comprendre. Voici ce que veut dire la loi : l'estimation doit se faire, comme pour les biens existants, d'après leur valeur au jour du décès ; mais on ne doit pas tenir compte des détériorations ou améliorations qui sont *le fait des donataires*. Il faut rechercher ce que serait la valeur de ces biens, s'ils n'étaient pas sortis des mains du défunt ; on ne devra donc tenir compte que des changements de valeur *qui ont une cause naturelle ou fortuite*. Ainsi, si le donataire a construit sur le terrain qui lui a été donné, on estimera le bien déduction faite des bâtiments neufs ; s'il a démoli une construction antérieure, on l'estimera comme si le bâtiment existait encore.

On estime donc tous les biens en se plaçant à l'époque du décès, sans distinction entre les meubles et les immeubles. On ne suit pas ici la même règle que pour le *rapport*, en vue duquel on estime les meubles à la valeur qu'ils avaient au jour de la donation (art. 868).

3091. Procédure. — La loi n'a établi aucune forme particulière pour procéder à l'estimation des biens. Elle se fera donc à l'amiable, et si les parties ne s'entendent pas, il faudra avoir recours à la justice.

3092. Déduction des charges. — Il faut déduire de la valeur des biens donnés le montant des charges imposées aux donataires dans l'intérêt du donateur (Cass., 27 nov. 1877, D. 78. 1. 16), car le donataire ne s'enrichit que de la différence.

4° Déduction des dettes.

*** 3093. Pourquoi cette déduction est nécessaire.** — Quand on a formé les deux masses de biens et qu'on les a estimées, il faut en déduire les dettes du défunt. La quotité disponible ne se calcule que sur *l'actif net*, parce que c'est seulement sur cet actif qu'un homme endetté peut faire des libéralités : « Nemo liberalis nisi liberatus. »

*** 3094. Ordre à observer dans ces opérations.** — A lire l'art. 922, il semble qu'on doit commencer par réunir les deux masses des biens existants et des biens donnés et que la déduction des dettes ne doit se faire qu'après. Ce procédé peut être employé sans inconvénient, *lorsque l'actif existant au jour du décès dépasse le passif*. Qu'on déduise les dettes de cette première masse, ou des deux masses réunies, le résultat sera toujours le même.

Mais si le défunt a laissé *plus de dettes que de biens*, il devient très important de savoir que la déduction du passif doit se faire *uniquement sur la masse des biens existants*. En effet, si on attendait pour le déduire à avoir réuni les deux masses, on réduirait illégalement la quotité disponible au profit de la réserve ; on arriverait même parfois à *l'anéantir*, et à permettre à l'héritier réservataire de se faire restituer *en totalité* les biens donnés entre vifs.

Prenons des chiffres : le défunt possédait 50 000 francs de biens au jour de sa mort, et il en avait donné autant entre vifs. Il laisse un passif considérable, 100 000 francs ou davantage. Pour héritier, il n'a qu'un fils, ce qui fait que la réserve et la quotité disponible sont de moitié chacune. Si on déduit le passif sur les deux masses réunies, on trouve qu'il *absorbe entièrement l'actif*, et alors la quotité disponible est *égale à zéro*. Le donataire devrait donc rendre tout ce qu'il a reçu ; mais, d'autre part, comme ce qui est sorti du patrimoine du donateur n'y peut pas rentrer par l'effet d'une réduction de façon que les créanciers puissent le saisir (art. 921), pourvu que le réservataire ait accepté sous bénéfice d'inventaire (ce qu'il aura bien soin de faire dans l'espèce), l'héritier conserverait en propre les 50 000 francs que le défunt avait donnés, et le donataire n'aurait rien, ce qui serait contraire à la loi, puisque la quotité disponible et la réserve sont égales dans l'hypothèse. Il faut donc déduire le passif sur la masse des biens existants ; quant aux biens donnés, ils sont définitivement perdus pour les créanciers, ils sont sortis de leur gage ; et c'est sur leur masse seule, parce qu'elle représente à elle seule l'actif net, que doit se calculer le disponible ; le donataire et le réservataire auront donc chacun 25 000 francs. — Si la marche contraire est indiquée dans l'art. 922, c'est que ses rédacteurs ont prévu le cas ordinaire, celui où le défunt *meurt solvable*. Tout le monde en convient.

L'ordre régulier des opérations est donc le suivant : 1° composition et estimation de la succession ; 2° déduction du passif; 3° recherche et estimation des biens donnés entre vifs ; 4° addition de cette masse au reliquat d'actif net qu'a pu donner la première. C'est sur le résultat ainsi obtenu que se calcule la quotité disponible.

3095. Calcul de la réserve dans le cas de succession anomale. — Supposons qu'un grand père ait donné à son petit-fils un bien valant 20 000 francs et que celui-ci meure, après avoir testé, possédant en outre une fortune personnelle de 20 000 francs, et laissant son père et sa mère pour lui succéder. Par hypothèse, les legs ne portent pas sur la propriété du bien donné, puisque la succession anomale ne s'ouvre qu'autant que ce bien se retrouve en nature dans la succession. Deux cas sont à distinguer :

1° Legs de corps certains portant sur les biens personnels. — Le principe est qu'il y a *deux successions distinctes*, l'une ayant une réserve, l'autre n'en ayant pas. La réserve doit se calculer uniquement sur la succession ordinaire (Nancy, 20 juill. 1895, D. 97. 2. 162, S. 95. 2. 293)[1]. Elle sera donc de 10 000 francs, que les père et mère se partageront ; le légataire aura ce qui restera des biens personnels, et le grand-père reprendra ce qu'il avait donné (Demolombe, t. XIX, nos 126 et suiv.). L'art. 922 dit bien que la quotité disponible se calcule sur l'ensemble des biens, mais il est fait pour les successions ordinaires, les seules qui aient une réserve[2]. Voyez cependant, en sens contraire, Poitiers, 15 mai 1899, D. 1901. 2. 205.

2° Legs de sommes d'argent. — Ce legs porte à la fois sur la succession ordinaire et sur la succession anomale, qui y contribuent en proportion de leurs valeurs respectives. Mais l'ascendant donateur en paie sa part entière, puisqu'il n'a pas de réserve, tandis que les père et mère, qui sont réservataires, ne paient la leur que jusqu'à concurrence de la quotité disponible.

— Au cas où le défunt a donné ou légué la propriété du bien qu'il avait reçu de son grand-père, la succession anomale ne s'ouvre pas ; il n'en peut être question. Il en résulte que le bien donné est réputé faire partie de la succession ordinaire, dont il grossit le chiffre ; on en tiendra compte pour le calcul de la quotité disponible, et au besoin les père et mère auront l'action en réduction contre le donataire ou légataire. Cette circonstance, qui écarte l'ascendant donateur, a donc pour résultat indirect de grossir la réserve.

B. — Imputation des libéralités sur la réserve et sur la quotité disponible.

** **3096. Principe général.** — Tant de discussions se sont élevées sur ce point que la question est devenue obscure. Au fond, pourtant, elle est très simple, et tient tout entière dans cette brève formule : Doivent seules s'imputer sur la réserve les libéralités faites *sans dispense de rapport à un*

[1] Si on calculait la réserve sur l'ensemble des biens, elle serait de 20 000 francs, et on se trouverait en présence de trois catégories de personnes ayant droit chacune à 20 000 francs : les ascendants ordinaires pour leur réserve, l'ascendant donateur pour son retour légal, le légataire pour la quotité disponible : total 60 000, et il n'y en a que 40 000 à distribuer. Il faudrait alors, comme le font MM. Aubry et Rau, t. VII, § 687, note 10, laisser la quotité disponible aux légataires, et forcer l'ascendant donateur à abandonner aux père et mère le bien venant de lui, afin de leur fournir leur réserve. Ce serait violer l'art. 747, qui veut que l'ascendant donateur reprenne ce bien « à l'exclusion de tous autres », quand il existe en nature.

[2] Si l'ascendant donateur était appelé en même temps à la succession anomale et à la succession ordinaire, par exemple si c'était le père, ces chiffres ne changeraient pas : il prendrait, d'une part, le bien donné et, de l'autre, son quart de réserve.

héritier acceptant; toutes les autres libéralités s'imputent sur la quotité disponible, savoir : 1° celles qui sont faites *avec dispense de rapport* à un héritier *acceptant*; 2° celles qui ont été faites, avec ou sans dispense de rapport, à un successible *renonçant*; 3° celles qui sont faites à des *étrangers*.

Le bon sens le dit : les libéralités de toute nature doivent s'imputer sur la quotité disponible, puisque c'est le fonds où le défunt à pu puiser pour en faire. Quant à la réserve, qui comprend les biens dont il n'a pas pu disposer, elle n'a pu servir à faire aucune libéralité ; aucune n'y est donc imputable. Si une donation paraît s'imputer sur la réserve, c'est seulement quand elle se trouve *soumise au rapport*, parce que le rapport est pour elle une condition résolutoire qui l'anéantit ; dans la mesure où la dispense de rapport n'a pas été accordée, ou ne l'a pas été valablement, il n'y a plus de donation ; ce qui avait été donné retombe dans la masse. Si on dit alors qu'elle *s'impute sur la réserve*, c'est tout simplement parce que l'héritier qui l'avait reçue, n'étant plus donataire, ne peut prendre que sa part de réserve.

1° Libéralités faites à des étrangers.

3097. Imputation sur la quotité disponible. — Les libéralités faites à des étrangers ne peuvent jamais être soumises au rapport. Elles s'imputent donc toutes et nécessairement sur la quotité disponible.

A cet égard, on doit considérer comme des libéralités véritables, et par suite imputables sur la quotité disponible, les *avantages matrimoniaux* faits au second conjoint, dans le cas où la loi ouvre contre eux une action en retranchement aux enfants du premier lit : ces avantages sont alors traités comme constituant des libéralités, et tout ce qui est *réductible* à ce titre s'impute sur la quotité disponible. Voyez cependant Nancy, 25 févr. 1891, D. 91. 2. 353, S. 92. 2. 65.

2° Libéralités faites à des successibles renonçants.

***3098. Assimilation du renonçant aux étrangers.** — Si le donataire (ou légataire) renonce à la succession, il y devient étranger, et par suite il se dispense du rapport, en admettant qu'il n'en fût pas dispensé par son titre. La donation (ou le legs) sera donc maintenue, et s'imputera sur la quotité disponible (Cass., 10 nov. 1880, D. 81. 1. 81, S. 81. 1. 97).

3099. Danger possible. — Dans sa note du *Sirey* sous cet arrêt, M. Labbé a montré les inconvénients de cette solution. Un père dote l'un de ses enfants au moyen d'une donation *en avancement d'hoirie*, c'est-à-dire sans dispense de rapport. Dans les prévisions du père, le fils acceptera sa succession et ce qu'il a donné reviendra à la masse par l'effet du rapport ; par conséquent la quotité disponible reste entière et libre entre ses mains pour d'autres libéralités. Mais ensuite les affaires du constituant périclitent, sa fortune diminue et quand il meurt l'enfant doté subirait une perte, s'il acceptait la succession paternelle ; il renonce donc pour garder ce qu'il avait reçu, mais alors il absorbe la quotité disponible, ce qui fait que le défunt avait épuisé du premier coup toute cette quotité ; les donations ultérieures et le testament tout entier tombent. Comp. LABBÉ, *Du don en avancement d'hoirie*, dans la *Revue pratique*, 1861, t. XI, p. 78.

Quelques auteurs frappés de ce danger voudraient que la donation non préciputaire s'imputât sur la réserve, malgré la renonciation de l'héritier gratifié, de la même façon que s'il avait accepté (AUBRY et RAU, t. VII, § 684 *ter*, note 39). Ils ajoutent que la réserve et la quotité disponible doivent être fixées d'après l'état de la famille au jour du décès, et non d'après le parti que prennent les héritiers.

3100. Ancienne jurisprudence. — Ce système d'imputation sur la réserve était admis par la jurisprudence jusqu'en 1863. Il avait été consacré notamment par les deux arrêts *Mourgue* et *Castille* du 11 août 1829 et du 24 mars 1834 (D. 29. 1. 328, S. 29. 1. 297, S. chr. 9. 1. 353; D. 35. 1. 99, S. 34. 1. 145), et c'est lui qui avait entraîné la Cour de cassation à admettre le *cumul* de la réserve et de la quotité disponible. Sa raison principale était que la donation faite sans dispense de rapport était un *avancement d'hoirie*, et que sa nature ne pouvait pas changer par le fait du donataire; c'est *sa part de réserve* qui lui est *avancée*. L'argument était faux, car s'il y avait simple avance de réserve, il en faudrait conclure que la donation se trouvait résolue par la renonciation du donataire, ce qui serait contraire à l'art. 845 qui permet au renonçant de conserver son don. Les arrêts exagéraient le sens de l'expression « avancement d'hoirie ».

En abandonnant le système du cumul, la jurisprudence se trouvait donc forcée d'imputer la donation du renonçant exclusivement sur la quotité disponible (Cass., Chambres réunies, 27 nov. 1863, D. 64. 1. 5, S. 63. 1. 513)[1]. MM. Aubry et Rau ont fait d'inutiles efforts pour démontrer que la question de l'imputation était distincte de la question du cumul (Voyez leur note 39 précitée).

3° Libéralités faites à un héritier acceptant.

** **3101. Libéralités préciputaires.** — Celles-ci s'imputent *sur la quotité disponible*[2]. Si elles la dépassent, l'excédent est *réductible*. Toutefois comme le donataire est en même temps héritier à réserve et qu'il profiterait en partie de la réduction qu'on lui ferait subir, on l'autorise à conserver les biens donnés *jusqu'à concurrence de la quotité disponible et de sa part de réserve réunies* (art. 924). L'excédent seul, qui entame la réserve des autres, est sujet à réduction.

Du reste cette rétention d'une part de réserve par le donataire est subordonnée à la circonstance qu'il existe *des biens de même nature* pour former le lot des autres (art. 924 *in fine*).

** **3102. Libéralités soumises au rapport.** — En faisant rentrer dans la masse les biens donnés ou légués, le rapport annule le titre du donataire ou du légataire, qui ne peut plus prendre ces biens que là où ils sont, c'est-à-dire dans la masse que vont se partager les réservataires. Ces libéralités résolues par le rapport sont donc les seules qui s'imputent sur la réserve.

[1] Au danger signalé dans le n° 3099 ci-dessus, il n'existe qu'un remède : si le père veut se réserver la faculté de faire d'autres libéralités, il faut qu'en dotant son enfant, il stipule que la donation sera résolue, au cas où l'enfant doté renoncerait à sa succession. Il peut du reste limiter l'effet de cette résolution en laissant à son enfant la part de réserve qu'il aurait eue en acceptant la succession. — Les constitutions de dot sous forme de *rentes* n'offrent pas cet inconvénient.

[2] Rappelons que l'art. 918 assimile aux libéralités préciputaires les acquisitions prévues par lui, bien qu'aucune dispense de rapport n'ait été accordée. Ces acquisitions, étant considérées comme gratuites et dispensées du rapport, s'imputent donc sur la portion disponible. L'art. 918 est formel sur ce point.

Notons que ce principe peut s'appliquer partiellement à des libéralités dispensées du rapport. En effet, si ces libéralités sont excessives, l'excédent est sujet à rapport (art. 866), car la dispense de rapport n'a pas pu être valablement accordée pour tout ce qui entame la réserve des autres héritiers.

§ 5. — *De l'action en réduction.*

** **3103. Son principe.** — Quand ces opérations sont terminées, on sait s'il y a lieu à réduction. Du simple rapprochement des chiffres obtenus, il ressort en effet si la réserve des héritiers directs a été ou non entamée, et dans quelle mesure elle l'a été. Si la quotité disponible est dépassée, les réservataires ont une action spéciale, appelée *action en réduction*, pour obtenir leur réserve (art. 920). C'est cette action que la loi appelle *action en retranchement* dans un cas particulier (art. 1496). Elle est la sanction du droit de réserve.

1° A qui appartient l'action en réduction.

* **3104. Droit propre des réservataires.** — L'action en réduction est un droit qui appartient aux réservataires *de leur chef*; ils ne la tiennent pas du défunt, qui ne l'avait pas. Mais c'est une action pécuniaire, qui peut être exercée du chef des réservataires, par leurs créanciers personnels (art. 1166). Leur droit ne s'ouvre qu'à la mort du disposant. De son vivant, ils n'ont qu'un *droit éventuel*, qui ne leur permet même pas de prendre des mesures conservatoires.

* **3105. Refus de l'action aux créanciers de la succession.** — Les créanciers du défunt ne peuvent ni demander la réduction, ni en profiter (art. 921). Cet article, qu'il faut rapprocher de l'art. 857 qui donne une solution semblable pour le rapport, mentionne également les légataires et donataires, comme privés de l'action en même temps que les créanciers. Il était inutile d'en parler, car il est évident que la réduction des libéralités n'a pas été introduite dans l'intérêt de ceux qui en ont reçu d'autres [1].

Pour les créanciers du défunt, il y a quelques observations à présenter, car la plupart du temps, les biens sujets à réduction serviront à les désintéresser, contrairement à ce que dit la loi. Ce n'est pas que le principe formulé par l'art. 921 soit inexact, mais son application se trouve restreinte par d'autres règles.

1° PRIORITÉ DES CRÉANCIERS SUR LES LÉGATAIRES. — Si le défunt a fait des legs, les créanciers devront être payés avant les légataires, au cas où les

[1] Toutefois, on verra que la réduction suit une marche déterminée ; certaines libéralités sont réduites avant les autres ; les donataires et légataires ont le droit de demander qu'elle se fasse conformément aux règles établies par la loi, ce qui permettra souvent à quelques-uns d'échapper eux-mêmes à la réduction. Mais ce n'est pas là *exercer l'action en réduction*. Comp. Cass., 4 janv. 1869, D. 69. 1. 10, S. 69. 1. 145.

biens ne suffiraient pas à acquitter à la fois les dettes et les legs. C'est pour cela que l'art. 921, qui refuse l'action en réduction aux créanciers du défunt, ne parle que de la « réduction des dispositions entre vifs ». Mais ce n'est pas là pour les créanciers le droit d'agir en réduction contre les légataires. C'est l'application de la maxime « Nemo liberalis nisi liberatus », et ce qui fera comprendre en quoi cette règle diffère de la réduction, c'est qu'elle fonctionne de la même manière dans les successions où il n'y a pas d'héritiers réservataires, et où par conséquent tout est disponible.

2° Cas où les créanciers auront l'action en réduction. — Quand la loi dit que les créanciers du défunt ne peuvent ni demander la réduction des donations ni en profiter, elle suppose que la succession a été *acceptée sous bénéfice d'inventaire*. Alors les créanciers du défunt, n'étant pas devenus créanciers de l'héritier, ne peuvent pas atteindre les biens donnés entre vifs par leur débiteur : ces biens sont définitivement sortis de leur gage *par une aliénation régulière*[1], et si l'action en réduction les enlève en partie aux donataires, c'est pour les faire rentrer *dans le patrimoine personnel de l'héritier,* sur lequel les créanciers de la succession n'ont aucun droit.

Mais si les héritiers ont accepté la succession purement et simplement, les créanciers du défunt sont devenus leurs *créanciers personnels,* et à ce titre ils peuvent exercer l'action en réduction du chef des réservataires, en vertu de l'art. 1166 ; et si les héritiers la demandent de leur propre mouvement, comme ils ne manquent pas de le faire, les biens qu'ils obtiendront par l'effet de la réduction serviront à désintéresser tous leurs créanciers, ceux du défunt comme les autres.

B. — Ordre de réduction des dons et des legs.

1° Réduction des libéralités testamentaires.

**** 3106. Les legs sont réduits avant les donations.** — On ne doit atteindre les donataires qu'autant que les biens légués ne suffisent pas à parfaire la réserve des héritiers; les légataires sont donc les premiers sacrifiés (art. 923). Cette règle est la conséquence de l'irrévocabilité des donations entre vifs : le défunt n'a pas pu soumettre à la réduction les donations qu'il avait faites, en laissant ses biens par testament à d'autres personnes. Ce serait un moyen indirect de reprendre ce qu'il avait donné, car le testament, qui est une *disposition de dernière volonté,* est toujours la dernière

[1] Il faut supposer que les créanciers sont obligés de respecter les donations faites par leur débiteur et ne peuvent les attaquer au moyen de l'action Paulienne, parce qu'ils ont traité avec lui postérieurement à l'époque de ces donations, ou si leur droit est antérieur en date, parce que leur débiteur était solvable au moment où il a donné et ne s'est appauvri que plus tard. S'il y avait lieu à l'action Paulienne, ils pourraient attaquer les donataires, mais par une action qui leur est personnelle, et qui est très différente de l'action en réduction par ses conditions d'exercice et par son but.

en date des libéralités, quoique sa rédaction puisse être antérieure aux donations faites par le défunt.

***3107. Réduction proportionnelle des legs.** — Lorsque la quotité disponible est absorbée en entier par les donations, il n'y a aucune difficulté : toutes les libéralités testamentaires deviennent caduques (art. 925).

Mais si le défunt n'a pas de son vivant épuisé sa quotité disponible, les dispositions testamentaires ne sont réductibles qu'en partie; il reste quelque chose pour les légataires. Si ce reliquat ne suffit pas à acquitter tous les legs, l'art. 926 veut qu'on leur fasse subir à tous une réduction *proportionnelle à leur valeur*. Tous les legs sont atteints par cette réduction, sans distinguer si ce sont des legs de *corps certains* ou des legs de *quantités,* s'ils ont été faits *à titre particulier* ou *à titre universel*. Il y a une perte à subir ; tous les legs sont de la même date ; chaque légataire doit donc en supporter sa part [1]. On calcule ce que chacun d'eux obtiendrait s'il n'y avait pas de réservataires, et on enlève à chacun une quote-part suffisante pour compléter la réserve par la réunion des parts ainsi retranchées.

Il y a eu quelques difficultés pour les dispositions en usufruit, dont cette réduction proportionnelle rend nécessaire l'évaluation : fallait-il appliquer la disposition arbitraire de la loi du 22 frimaire an VII, sur l'enregistrement, art. 14-11° et art. 15-6°, qui évalue l'usufruit à la moitié de la propriété? La jurisprudence décidait négativement (Trib. civ. Seine, 27 mai 1898, D. 99. 2. 306; Lyon, 8 mai 1891, Pau, 17 déc. 1891, *ibid.*, en sous-note), et voulait qu'on estimât chaque usufruit d'après les circonstances. La loi du budget, du 25 février 1901, est venue lui donner raison en instituant un nouveau mode d'évaluation de l'usufruit, en matière fiscale, variable d'après l'âge de l'usufruitier (art. 13).

***3108. Dérogations à la règle.** — C'est par interprétation de la volonté du défunt qu'on ordonne la réduction proportionnelle des legs. Il est donc permis au testateur d'y déroger, en déclarant qu'il entend que tel ou tel legs soit *acquitté de préférence aux autres*. On se conformera à ses indications, et les legs auxquels il aura ainsi accordé une priorité ne seront réduits qu'en dernier lieu, et si le sacrifice de tous les autres ne suffit pas (art. 927). — La loi exige une *déclaration expresse*; il n'y a pas de termes sacramentels à employer, mais il faut que le testateur ait exprimé cette intention; on ne pourrait pas l'induire de circonstances de fait qui révéleraient sa préférence pour certains légataires.

3108 *bis*. Comparaison avec le cas d'insolvabilité. — La situation qui résulte de la présence d'un ou plusieurs réservataires n'est pas la même que celle qui a pour cause l'insuffisance de l'actif héréditaire. Quand cet actif ne suffit pas pour acquitter tous les legs, la perte est, en principe, pour les légataires universels, qui en sont tenus. C'est seulement entre légataires particuliers qu'il y a lieu alors à une réduction proportionnelle (Alger, 19 juill. 1893, D. 94. 2. 213, S. 94. 2. 244).

[1] Cette disposition de l'art. 926 est une innovation du Code. Dans l'ancien droit, c'était sur les légataires universels que la réduction portait d'abord ; les légataires particuliers n'étaient atteints qu'en suite ; il pouvait donc arriver qu'un légataire universel ne conservât rien, alors que les legs particuliers étaient intégralement payés (POTHIER, *Donations entre vifs*, n° 231 ; Comp. *Donations testamentaires*, n°s 199 et 200). Le projet de Code conservait l'ancienne règle, avec un correctif : il permettait au légataire universel de retenir une *quarte*, analogue à l'ancienne *Falcidie*. Cette idée fut abandonnée au cours de la discussion, et on s'arrêta au principe de la réduction proportionnelle, qui parut plus équitable.

2° Réduction des donations.

** **3109. Principe ordinaire.** — Quand les legs ne suffisent pas pour parfaire la réserve, il faut atteindre les donations, mais pour elles le système de la réduction proportionnelle n'est plus possible; il faut leur appliquer un autre principe, celui de la *réduction successive* : au lieu de les atteindre toutes à la fois, on les réduit les unes après les autres, *en commençant par les plus récentes* (art. 923). Les donations les plus anciennes ont porté sur la quotité disponible ; ce sont les suivantes qui ont entamé la réserve : il est arrivé un moment où le défunt, s'il a fait plusieurs donations successives, avait épuisé son disponible; la première qu'il a faite ensuite est *réductible*, parce qu'il ne lui restait plus de quoi la faire; et toutes celles qu'il a faites depuis doivent *tomber entièrement*. Ainsi le veut le principe de l'*irrévocabilité des donations* : le donateur ne pouvait reprendre ce qu'il avait transmis à ses premiers donataires pour en gratifier d'autres. — Ce motif est si fort et si évident qu'on ne le discute plus aujourd'hui ; et cependant il a été discuté dans notre ancien droit jusqu'au XVIIIe siècle; c'est seulement l'ordonnance de 1731 qui a établi la règle actuelle (art. 34).

3110. Cas particuliers. — Deux cas spéciaux sont à examiner :

1° Donations de même date. — Si plusieurs donations ont été faites le même jour elles sont *réductibles proportionnellement à leur valeur*, parce que les donataires ont des droits égaux. Voyez pour les charges imposées au donataire dans l'intérêt d'un tiers, Cass., 10 août 1870, D. 72. 1. 81, S. 72. 1. 180.

2° Donations de biens a venir. — Il y a eu quelques doutes sur le rang à assigner, dans l'ordre des réductions, à certaines libéralités qui, de même que les legs, portent sur les biens que le donateur laisse à son décès : ce sont les *institutions contractuelles* et autres *donations de biens à venir*. Il est aujourd'hui reconnu que ces libéralités sont des donations entre vifs et qu'elles confèrent au donataire un droit particulier à compter de leur date. Elles sont donc réduites comme donations, à leur rang, et non en même temps que les legs (Aubry et Rau, t. VII, § 685 *bis*, note 11).

3110 *bis*. Preuve de la date. — Des difficultés s'élèvent dans la pratique pour les donations qui n'ont pas été enregistrées. D'après un arrêt, l'art. 1328 serait ici sans application et la date réelle de la donation pourrait être établie à l'aide des papiers du défunt (Caen, 28 mai 1879, D. 80. 2. 49). Mais cette solution est très contestée, et beaucoup d'auteurs proposent de considérer toutes les donations qui n'ont pas date certaine comme prenant rang seulement au jour du décès, pour les réduire au marc le franc (Guillouard, *Revue critique*, 1879, p. 305).

C. — Effet de l'action en réduction.

** **3111. Personnes tenues de l'action.** — L'action en réduction est une action *personnelle* qui est donnée *contre le donataire* : elle tend à obtenir la *résolution* de la libéralité qui lui a été faite. Cette résolution une fois obtenue, la *revendication* se trouve ouverte à l'héritier même *contre les tiers acquéreurs*.

Les effets de la réduction ne sont pas les mêmes, suivant que l'action est dirigée contre le donataire lui-même ou contre un tiers.

1° Action contre le donataire.

3112. Le principe. — Le principe est 1° que la réduction *s'opère en nature* et 2° qu'elle équivaut à une *résolution* du droit de propriété du donataire. Telle est du moins la théorie, et on verra plus loin les conséquences qui en résultent ; mais dans la pratique, il arrive souvent que les parties s'arrangent autrement, et que le réservataire se fait rembourser en argent la valeur des objets donnés ou la portion de leur valeur atteinte par la réduction.

3113. Conséquence relative aux fruits. — On n'applique pas aux fruits l'idée de résolution d'une manière rigoureuse : si la donation était complètement résolue, le donataire n'aurait le droit d'en garder aucun et l'avancement d'hoirie qu'il a reçu ne lui procurerait aucun avantage. On lui permet donc de conserver tous ceux qu'il a perçus *jusqu'au jour du décès du donateur*.

Même après ce moment, il peut encore gagner plus ou moins longtemps les fruits de la chose : cela dépendra du jour où sera dirigée contre lui la demande en réduction. Si elle est formée *dans l'année du décès*, les fruits échus ou perçus depuis l'ouverture de la succession devront être restitués en même temps que le bien ; si elle est formée après l'expiration de cette première année, le donataire ne doit restituer que ceux qu'il a perçus *depuis le jour de la demande* (art. 928).

S'il garde les fruits, c'est *à titre de propriétaire*, et non pas comme possesseur de bonne foi. D'où cette conséquence que les fruits civils *échus*, mais non *perçus* par lui, lui sont néanmoins acquis, tandis qu'un possesseur de bonne foi ne les fait siens que par la perception.

3114. Comparaison avec le rapport. — Un héritier soumis au rapport doit toujours les fruits de plein droit du jour de l'ouverture de la succession (art. 856). Un donataire soumis à réduction ne les doit à compter de ce même jour que s'il est *poursuivi dans l'année*. La raison de cette différence est que l'héritier sait fort bien qu'il est obligé de rapporter ce qu'il a reçu quand il accepte la succession, tandis qu'un donataire, qui souvent est un étranger et connaît mal l'état des affaires du défunt, a pu penser que la réserve n'était pas entamée, quand les réservataires ont attendu plus d'un an avant d'agir contre lui.

3115. Conséquence relative aux droits réels. — Le caractère résolutoire de la réduction produit une autre conséquence qui intéresse les droits réels consentis sur l'immeuble par le donataire, quand il en a conservé la propriété. L'art. 929 leur fait l'application de la maxime « Resoluto jure dantis, resolvitur jus accipientis » : ces droits réels tombent, notamment les hypothèques, et l'immeuble revient à la succession libre de toutes charges. — Bien que le texte ne nomme que les hypothèques, sa décision est nécessairement générale et s'applique à tous les droits réels particuliers, servitudes et autres.

2° Action contre les tiers acquéreurs.

3116. Cas où l'action atteint les tiers. — En principe, l'action n'est ouverte que contre le donataire ; c'est lui qui a été enrichi aux dépens de la réserve, c'est lui qui doit reconstituer cette réserve. Lorsqu'il a aliéné le bien qu'il a reçu, comme il ne peut plus le rendre *en nature*, il doit en restituer *la valeur*. Il se trouve constitué *débiteur d'une somme d'argent* envers la succession.

C'est seulement au cas où il serait *insolvable* et hors d'état de payer cette somme que la loi permet aux héritiers réservataires d'agir contre les sous-acquéreurs, et encore elle ne leur ouvre cette action subsidiaire qu'autant que la donation a eu pour objet *un immeuble* (art. 930); s'il s'agissait de meubles, ils seraient réduits à leur action personnelle contre le donataire.

***3117. Comparaison avec le rapport.** — Nous trouvons ici une nouvelle différence entre la réduction et le rapport. Quand un immeuble donné a été aliéné par le donataire, le rapport se fait *toujours en moins prenant,* et si le donataire est insolvable ses cohéritiers ne peuvent jamais agir contre les tiers acquéreurs. On vient de voir qu'il en est autrement en cas de réduction. C'est que la loi tient plus fortement à protéger la réserve des parents en ligne directe, que la simple *égalité* entre des copartageants qui se demandent des rapports réciproques. D'ailleurs le cohéritier soumis au rapport est un *copartageant*; s'il ne rapporte pas, on lui retiendra son lot; il y a là une garantie qui suffit presque toujours à rendre le rapport réel[1]; tandis que les tiers donataires atteints par la réduction ne sont pas d'ordinaire des cohéritiers, et s'ils ne restituent rien la perte est complète pour les réservataires.

3118. Caractère de l'action contre les tiers. — L'action en réduction n'est pas pour cela une action *mixte*: les héritiers font prononcer la résolution de la donation contre le donataire, et c'est cette résolution qui leur ouvre l'*action réelle*, la revendication contre les tiers.

***3119. Condition de l'action contre les tiers.** — Les réservataires ne peuvent pas agir de plein droit contre les tiers; il faut qu'ils commencent par poursuivre le donataire, afin d'en tirer ce qu'ils pourront; c'est seulement quand les biens de celui-ci ne suffiront pas à les désintéresser qu'ils auront action contre les tiers. C'est ce que décide l'art. 930 qui permet aux réservataires d'agir « discussion préalablement faite » des biens du donataire. — Ce n'est pas une simple *exception de discussion* qu'il s'agit ici, comme celle de la caution; c'est la condition première de l'action, qui n'est pas *ouverte* auparavant.

3120. Faculté laissée au tiers acquéreur. — Une ressource existe pour le tiers que la réduction menace: il peut éviter la résolution de son acquisition en payant aux réservataires la somme que le donataire soumis à réduction leur aurait versée, s'il avait été solvable. Que leur importe d'être payés par l'un ou par l'autre? Le tiers, considéré comme créancier éventuel du donataire insolvable, doit avoir la même faculté que lui; il peut *payer pour lui*.

3121. Évaluation de la somme à payer. — Quand le bien sujet à réduction est passé en mains tierces, sa valeur s'estime de la même manière que s'il n'avait pas été aliéné par le donataire: on ne tient pas compte des changements de valeur qui provien-

[1] Pour que les cohéritiers ayant droit au rapport se trouvent en perte, il faut supposer que la donation rapportable dépasse de beaucoup le lot du cohéritier donataire et que celui-ci est absolument insolvable.

nent du fait du tiers acquéreur, pas plus qu'on n'en tiendrait compte s'ils étaient le fait du donataire lui-même.

3122. Restitution des fruits. — Il semble que le tiers acquéreur doive être traité à ce point de vue de la même manière que le donataire (AUBRY et RAU, t. VII, § 685 *ter*, note 15; LAURENT, t. XII, n° 216. En sens contraire DEMOLOMBE, t. XIX, n° 639. Comp. Dijon, 6 août 1869, D.69. 2. 179).

***3123. Sous-aliénations successives.** — Comment s'y prendre lorsque le donataire a aliéné en différentes fois, par parcelles, le bien qu'il avait reçu, et au profit de personnes différentes? On procédera comme pour les donataires successifs, par ordre de dates, en faisant tomber d'abord les acquisitions les plus récentes (art. 930, *in fine*): si le donataire n'avait consenti qu'une seule aliénation partielle, en gardant une portion d'immeuble suffisante pour répondre à l'action des réservataires, ce premier sous-acquéreur n'aurait pas été atteint par la réduction; le donataire n'a pas pu compromettre sa position en cédant à un autre une nouvelle portion de ce qui lui restait.

3° Cas où le donataire est l'un des réservataires.

***3124. Disposition exceptionnelle en faveur des successibles.** — Pour le cas où la libéralité réductible a été faite à l'un des réservataires, il existe une disposition spéciale, l'art. 924, qui a donné lieu à de fausses interprétations[1]. Cet article permet au successible, qu'il suppose acceptant et gratifié par préciput, de *ne pas subir la réduction en nature* et de conserver le bien qui lui avait été donné *à la charge de l'imputer sur sa part.*

3125. Conciliation des art. 866 et 924. — N'y a-t-il pas contradiction dans la loi? L'art. 866 exige du successible gratifié un *rapport en nature*[2], pour tout ce qui excède la quotité disponible; l'art. 924 l'autorise à faire son rapport *en moins prenant*, tout au moins jusqu'à concurrence de sa part de réserve cumulée avec la quotité disponible. Mais la rédaction de l'art. 866 est trop absolue; la règle est bien que le rapport des immeubles est dû en nature, mais il y a exception pour le cas où il existe dans la succession *d'autres immeubles du même genre* dont on peut former des lots à peu près égaux pour les autres héritiers (art. 859). L'art. 924 ne fait donc que mettre l'art. 866 d'accord avec l'art. 859. Comp. Cass., 15 nov. 1871, D. 71. 1. 281, S. 71. 1. 155.

3126. Conséquence de la réduction en moins prenant. — Comme le

[1] Pour en donner un exemple, aujourd'hui bien oublié, on a fait jouer à l'art. 924 un rôle dans la question du cumul. Il suppose que le donataire a accepté la succession, mais il ne le dit pas, et plusieurs s'y sont trompés. En le lisant comme s'il s'appliquait à un héritier renonçant, on y trouverait la consécration formelle du système *du cumul, puisqu'il permet* à l'héritier de retenir sa part de réserve avec la quotité disponible. On s'en est en effet servi dans la controverse sur le *cumul*; mais l'argument était faux, car il est certain que ce cumul n'est permis par le texte qu'à l'héritier *acceptant*: en effet, il ne l'autorise à conserver en nature sa part de réserve par voie de rétention sur le bien donné, qu'autant que les biens restés dans la succession sont *de même nature*, de façon qu'on puisse en former des lots semblables pour ses cohéritiers, conformément à l'art. 832. Cela suppose le *partage*, et par suite l'*acceptation*.

[2] A proprement parler, l'art. 866 ne vise pas une hypothèse de rapport, puisqu'il suppose que le don fait à l'un des successibles est dispensé du rapport et qu'il excède la quotité disponible. C'est donc d'une *réduction* qu'il s'agit, et non d'un *rapport*. Or rapport et réduction ne sont pas soumis aux mêmes règles. Il faut donc prendre ici le mot « rapport » dans un sens vague, désignant la *restitution effective à la masse* du bien atteint par la réduction.

réservataire, qui est en même temps donataire, conserve le bien donné à titre de copartageant et jusqu'à concurrence de sa part de réserve en moins prenant, certains arrêts disent que *cette donation s'impute sur la réserve*, non pas sur la réserve prise en masse, mais sur la part qui revient au donataire (Cass., 31 mars 1885, D. 88. 5. 372, S. 85. 1. 302; Riom, 29 mars 1890, D. 94. 5. 456; Riom, 9 févr. 1895, D. 95. 2. 256, S. 95. 2. 270). Comparez ce qui a été dit ci-dessus n° 3102 des donations imputables sur la réserve.

3127. Procédé à suivre pour la réduction en nature. — Quand l'art. 924 ne peut pas être appliqué, parce qu'il n'existe pas d'autres immeubles semblables dans la masse, le réservataire gratifié doit subir la réduction en nature. Pour ce cas, l'art. 866 indique des règles spéciales.

1° Si l'excédent réductible peut être séparé, c'est-à-dire si l'immeuble peut être *commodément partagé*, cet excédent seul sera rapporté *en nature*.

2° Si ce partage ne peut se faire, l'immeuble entier est rapporté à la masse, mais pour déterminer de quelle façon doit se faire ce rapport (qui est en réalité une réduction), la loi distingue :

a. — Si l'excédent réductible a moins de valeur que la portion qui doit rester à l'héritier gratifié, cet héritier est autorisé à retenir l'immeuble entier, sauf à récompenser ses cohéritiers en argent ou autrement.

b. — Si c'est au contraire cet excédent réductible qui fait plus de la moitié de la valeur de l'immeuble, l'immeuble doit être rapporté en totalité[1].

En d'autres termes, la loi applique ici la vieille maxime : « Major pars trahit ad se minorem. »

3128. Restitution des fruits. — L'art. 928 s'applique même au cas où le donataire soumis à réduction est l'un des successibles (Cass., 26 avril 1870, D. 70. 1. 359, S. 70. 1. 377). Voyez cependant Pau, 2 janv. 1871, D. 73. 2. 94, S. 72. 2. 173.

4° Répartition des parts d'insolvables.

3129. Solutions doctrinales. — Sur qui retombe la perte résultant de l'insolvabilité d'un donataire soumis à réduction ? On suppose qu'il a dissipé ou détruit les biens donnés ; souvent c'était de l'argent qu'il avait reçu et il ne peut le rendre. Dirigée contre lui, l'action en réduction ne donnera aucun résultat. Qui en souffrira ?

Théoriquement, la perte devrait être pour les réservataires. En effet, le donateur n'a pas pu porter atteinte à des donations précédentes par ses actes ultérieurs, et ses ayants cause sont dans le même cas que lui. De plus, l'art. 922 fournit un argument puissant en ce sens : on doit estimer le patrimoine du défunt tel qu'il serait s'il n'avait pas fait de donations ; on ne doit donc pas tenir compte des dilapidations commises par les donataires. C'était le système de M. Valette. — D'autres estiment que ce serait donner au défunt le moyen pratique d'anéantir la réserve en faisant des donations à des insolvables, après avoir épuisé la quotité disponible. On propose alors de répartir la perte proportionnellement entre donataires et réservataires (Demolombe, t. XIX, n° 606). C'était l'opinion de Pothier (*Coutume d'Orléans*, introd. au tit. XV, n° 83 ; *Donations entre vifs*, sect. III, art. 5, § 5).

3130. Jurisprudence. — La jurisprudence s'est prononcée en un autre sens, elle estime que les réservataires sont toujours préférables aux donataires et elle leur permet d'agir contre les donataires antérieurs, en cas d'insolvabilité du donataire soumis à réduction (Lyon, 5 janv. et 11 août 1855, S. 56. 2. 209 et 210. Voyez cependant Amiens, 10 nov. 1853, D. 55. 2. 108, S. 54. 2. 56. Comp. pour le cas où les donataires les plus récents sont inconnus, Caen, 28 mai 1879, D. 80. 2. 49, S. 80. 2. 281 ; Cass., 11 janv. 1882, D. 82. 1. 313, S. 82. 1. 129). Cette jurisprudence s'appuie sur l'autorité d'Aubry et Rau, t. VII, § 685 *ter*, note 11, qui ne donnent point d'argument à l'appui. Ils citent en leur sens Merlin et Toullier.

[1] Comme on suppose qu'il s'agit d'un immeuble *non partageable*, et qu'il n'y en a pas d'autres dans la succession, le résultat pratique ordinaire sera la *licitation*, et les héritiers se partageront des sommes d'argent, à moins que l'un d'eux ne se porte adjudicataire.

D. — Fins de non-recevoir.

3131. Exceptions provenant du défunt. — L'action en réduction, étant un droit propre à l'héritier et qui ne lui vient pas du défunt, ne peut pas échouer devant des exceptions basées sur les actes du défunt. Ainsi, quoique l'enfant soit héritier pur et simple de son père, il peut attaquer une vente ou un acte à titre onéreux, comme contenant une libéralité qui porte atteinte à sa réserve, sans qu'on puisse lui opposer aucune exception de garantie ou autre (Cass., 2 févr. 1881, D. 81. 1. 181, S. 81. 1. 340).

3132. Exceptions provenant de l'héritier. — Les seules exceptions qu'on puisse opposer au réservataire sont donc celles qui sont *tirées de son fait*, qui proviennent de lui. Telles seraient :

1° Une *renonciation* expresse ou tacite ;

2° La *prescription de trente ans*, à compter de l'ouverture de la succession (Bordeaux, 4 déc. 1871, D. 73. 2. 177, S. 72. 2. 163) ;

3° La *prescription de dix à vingt ans*, courue au profit d'un acquéreur d'immeuble ayant juste titre et bonne foi (DEMOLOMBE, t. XIX, n° 240 ; AUBRY et RAU, t. VII, § 685 *quater*, note 5. — En sens contraire, LAURENT, t. XII, n° 168) ;

4° La qualité d'*enfant naturel reconnu pendant le mariage* : l'art. 337 s'oppose à ce qu'il puisse faire réduire les libéralités faites au conjoint (DEMOLOMBE, t. V, n°s 475-476).

E. — Règles spéciales aux libéralités en usufruit.

***3133. Position de la question.** — Les règles de la réduction expliquées ci-dessus supposent que les libéralités faites par le défunt portent sur la *pleine propriété*. Il se peut que ces libéralités aient eu pour objet soit des *droits viagers*, qui consistent simplement dans la jouissance temporaire des biens, comme des *rentes viagères* ou des *usufruits* ; il se peut aussi, à l'inverse, que le défunt ait légué la *nue propriété*.

Comment saura-t-on alors si la quotité disponible a été dépassée ? C'est une question qui a été très discutée. On concevrait deux solutions absolues et opposées : ou bien on réduirait les libéralités dès que les biens donnés ou légués *dépassent le chiffre de la quotité disponible* soit en revenus, soit en nue propriété ; ou bien *on évaluerait la valeur vénale* du droit donné ou légué, et on ne réduirait qu'autant que ce chiffre dépasse celui de la quotité disponible.

La loi n'a adopté ni l'une ni l'autre de ces solutions, mais elle n'a prévu qu'un seul des deux cas signalés ci-dessus (art. 917). Nous avons donc à étudier, avec l'art. 917, le cas où le bien donné ou légué est un droit viager ; et à régler ensuite l'autre hypothèse non prévue par la loi.

1° Explication de l'art. 917.

3134. Option ouverte à l'héritier réservataire. — Une personne laisse une succession dont la quotité disponible est de 40 000 francs. Elle a légué à une ou plusieurs personnes des rentes viagères s'élevant à 3 000 francs. Il est évident que le service de ces rentes dépassera le revenu de la quotité disponible, qui rapporterait tout au plus 2 000 francs et peut-être 1 500 francs seulement. Mais comme cette charge est temporaire et qu'elle peut prendre fin dans un avenir rapproché, il est possible qu'elle ne dépasse pas au fond la valeur du disponible. Que décide la loi ? Elle donne à l'héritier une option : il peut, à son choix, *exécuter la libéralité* telle qu'elle a été faite par le testateur ou *abandonner au légataire la quotité disponible en pleine propriété*.

3135. Son motif. — En insérant cette disposition dans la loi, on s'est proposé un double but :

1° Éviter aux parties l'estimation d'un bien viager, toujours très incertaine et qui pourrait leur causer de graves mécomptes ;

2° Assurer aux réservataires la libre disposition de leur réserve, tout en accordant aux donataires ou légataires le maximum de ce qu'ils peuvent réclamer : soit tout ce qui leur a été donné ou légué, soit tout ce qui était disponible.

La difficulté se trouve ainsi résolue de la façon la plus heureuse, car personne ne peut se plaindre, et le réservataire est constitué lui-même juge de sa propre cause. — Toutefois il faut remarquer que l'art. 917 déroge gravement au droit commun, car il transforme la nature de la libéralité, quand le réservataire ne se résout pas à l'acquitter telle quelle.

3136. Condition d'application de l'art. 917. — Pour que l'art. 917 soit applicable, il suffit que les revenus donnés ou légués excèdent ceux de la quotité disponible. C'est ainsi qu'il faut entendre le texte lorsqu'il parle d'un usufruit ou d'une rente viagère « *dont la valeur* excède la quotité disponible ». Cela ne veut pas dire qu'il faille estimer par un chiffre la valeur vénale du droit viager, puisque c'est précisément cette estimation que la loi veut éviter.

3137. Pluralité de réservataires. — Lorsqu'il y a plusieurs réservataires, chacun d'eux est libre de prendre le parti qui lui convient ; la charge du legs ou de la donation s'est partagée entre eux. Cependant s'il s'agissait de l'usufruit d'un objet indivisible, il faudrait qu'ils se missent d'accord pour exécuter le legs d'une façon ou de l'autre.

3138. Conciliation avec l'art. 1970. — Au titre « des contrats aléatoires », on voit dans l'art. 1970 qu'il y a lieu de *réduire* les rentes viagères léguées par le défunt. Ce texte semble en contradiction avec l'art. 917 d'où il résulte que l'estimation des droits viagers n'est jamais nécessaire, puisque le legs s'exécute en entier, toutes les fois que le droit du légataire ne se transforme pas en une pleine propriété. Ils se concilient cependant de la façon la plus simple, parce qu'ils ne visent pas la même hypothèse.

L'art. 917 suppose un *conflit entre le réservataire et le donataire ou légataire du droit viager* : c'est pour ne pas soumettre le droit de l'héritier aux hasards d'une évaluation qu'il lui permet d'opter comme il est dit.

L'art. 1970 suppose un *conflit entre plusieurs donataires ou légataires*. Du moment où il y a d'autres legs, et que l'ensemble dépasse la quotité disponible, il y a lieu de faire subir à tous une *réduction proportionnelle*, en vertu de l'art. 926. L'estimation du droit viager, que l'art. 917 tendait à éviter, devient ainsi nécessaire pour une autre raison.

2° Hypothèse des libéralités en nue propriété.

3139. Question. — Doit-on appliquer l'art. 917 par analogie au cas où le droit légué est une nue propriété ? La question s'est présentée devant la Cour de Rennes, en 1853 : une testatrice, ayant un enfant unique (quotité disponible : moitié de la succession), avait légué la nue propriété d'un domaine qui formait les deux tiers de sa fortune. Dans notre ancien droit Lebrun proposait de laisser l'option à l'héritier (*Successions*, liv. II, chap. III, sect. 4, n° 2), et c'est ce que décide encore M. Demolombe, qui étend l'art. 917 à cette hypothèse (t. XIX, n°s 466 et suiv.).

3140. Jurisprudence. — La Cour de Rennes avait accepté cette solution par arrêt du 27 février 1856, mais sa décision a été cassée. La Cour de cassation a décidé que l'art. 917 était une disposition exceptionnelle, qu'on ne pouvait pas étendre. Le légataire doit donc être réduit à la nue propriété de la quotité disponible, parce que la libéralité qui va au delà entame la réserve ; d'autre part, le légataire ne peut pas demander qu'on l'indemnise en usufruit de ce qu'on lui fait perdre en nue propriété, parce qu'il ne lui a été légué que de la nue propriété et qu'il ne peut pas réclamer autre chose. L'héritier réservataire est donc quitte en abandonnant la nue propriété de la quotité disponible, dont il conservera l'usufruit (Cass., 17 juin 1857, S. 57. 1. 739 ; Cass., 6 mai 1878, D. 80. 1. 345, S. 78. 1. 319 ; Amiens, 26 févr. 1896, D. 97. 2. 198, S. 98. 2. 130). — On pourrait objecter à la jurisprudence qu'elle établit ainsi un système illogique : les deux hypothèses ne sont pas réellement distinctes ; ce sont les deux faces d'une seule et même difficulté, que Lebrun étudiait en même temps et auxquelles une seule et même solution devrait être applicable.

VARIÉTÉS PARTICULIÈRES DE LIBÉRALITÉS

CHAPITRE PREMIER

DES DONATIONS FAITES PAR CONTRAT DE MARIAGE

§ 1er. — *Notions préliminaires.*

3141. Observation. — Il s'agit uniquement dans ce chapitre des donations faites *par des tiers* aux futurs époux. Pour celles qui peuvent être faites *à l'un d'eux par l'autre*, voyez le chapitre suivant (nos 3197 et suiv.).

****3142. Faveur de ces donations.** — Les donations que les parents ou amis font aux futurs époux facilitent souvent la conclusion du mariage : la loi qui favorise le mariage[1] devait nécessairement encourager et faciliter ces donations qui permettent la fondation de nouvelles familles légitimes ; et elle n'y a pas manqué.

De tout temps, le droit français à dérogé pour elles à la règle « Donner et retenir ne vaut », et il l'a fait d'une double manière :

1° En permettant d'y insérer des *conditions potestatives*. Voyez ci-dessous nos 3151 et suiv.

2° En permettant de faire porter la donation sur les *biens à venir*. Voyez ci-dessous nos 3157 et suiv.

Aussi disait-on souvent, pour faire allusion à cette exception remarquable : « Donner et retenir, *hors mariage*, ne vaut. » Cette addition à la maxime en complétait clairement le sens et en déterminait la vraie portée.

***3143. Donations faites hors contrat.** — Toutes les faveurs de la loi ne vont qu'aux donations qui sont faites aux futurs époux *dans leur contrat de mariage*. Si une donation est faite à l'un d'eux par un acte séparé, elle reste à tous égards soumise au droit commun, et notamment elle est entièrement régie par le principe de l'irrévocabilité. C'est une vieille tradition du droit français, qui remonte au moins au XVIe siècle, que les dérogations au droit commun sont réservées aux dispositions faites « par contrat de mariage », et c'est ce que supposent les art. 1081 à 1087.

Toutefois l'art. 1088 s'exprime *en termes plus généraux* et vise toutes les donations faites « en faveur du mariage » sans distinction, même celles qui seraient faites par acte spécial. Mais cet article se borne à établir la *caducité de la donation* au cas où le mariage projeté ne se ferait pas. Il n'est donc que l'application du droit commun : c'est l'effet

[1] Elle en a du moins la louable intention, car beaucoup de ses dispositions ont au contraire pour résultat d'entraver les mariages.

d'une condition résolutoire sous-entendue. La donation, étant faite « en faveur du mariage » est subordonnée à la condition *Si nuptiæ sequantur* ; cette condition venant à défaillir, la donation est caduque.

3144. Contradiction de la loi. — On ne saurait se dissimuler qu'il y a ici quelque chose de contradictoire dans le système de la loi. Comment peut-on considérer une donation comme caduque parce qu'elle est faite « en faveur du mariage » et refuser en même temps de lui appliquer les règles exceptionnelles faites pour cette sorte de donations ?

La contradiction s'accuse encore par ce fait que l'art. 959, placé dans une autre section, s'exprime en termes généraux comme l'art. 1088 et décide que les donations faites « en faveur de mariage » ne sont pas révocables pour ingratitude (ci-dessous nos 3149 et suiv.). Voilà donc une règle exceptionnelle qui s'applique au moins avec toute la largeur que la matière comporte. Pourquoi n'en est-il pas de même des autres, de celles qui sont contenues dans les art. 1081-1087 ? Il est tout à fait illogique d'attribuer à une circonstance accidentelle et de pure forme (la présence de la donation dans le contrat de mariage) la force d'entraîner la dispense d'une règle de fond, comme l'est la règle « Donner et retenir ne vaut »[1].

3145. Division. — Les donations faites par contrat de mariage sont de trois sortes :

1° *Donations de biens présents* ;

2° *Donations de biens à venir* ;

3° *Donations cumulatives de biens présents et à venir.*

La loi mentionne en outre la *donation sous condition potestative*. Cela ne fait pas une quatrième espèce ; c'est toujours l'une des trois précédentes, accompagnée seulement de modalités exceptionnelles.

Ces diverses donations sont soumises à quelques règles qui leur sont communes ; il convient de les exposer d'abord ; on verra ensuite les règles propres à chacune d'elles.

§ 2. — *Règles communes.*

A. — Dispense d'acceptation expresse.

3146. Sens de la dispense. — L'art. 1087 porte : « Les donations faites par contrat de mariage ne pourront être attaquées ni déclarées nulles, sous prétexte de défaut d'acceptation. » Tous les auteurs modernes disent que ce texte dispense seulement la donation de la formalité d'une *acceptation expresse*, exigée en principe pour les donations par l'art. 932, mais que la donation, en sa qualité de contrat, exige essentiellement l'existence d'une acceptation au moins tacite : l'acceptation peut donc être donnée sous une forme quelconque, mais il n'y a de dérogation à la règle que pour la forme, et non pour le fond.

Il n'est pas sûr du tout que tel soit le sens de la loi. L'art. 1087 a été tiré de l'art. 10 de l'ordonnance de 1731 dont il reproduit la disposition finale ; or, dans le système de l'ordonnance, la dispense s'appliquait aux art. 5 et 9 qui visaient à la fois la *nécessité* et la *forme* de l'acceptation, et les art. 11 et 12 expliquaient que la donation pouvant profiter aux *enfants à naître du mariage*, c'était l'*acceptation de ceux-ci qui n'était pas requise*. Comp. Pothier, *Donations entre vifs*, n° 61.

[1] Quelques auteurs ont voulu justifier la loi en disant : quand la donation est contenue dans le contrat de mariage on est sûr qu'elle est faite en faveur du mariage, tandis que ce point peut rester plus ou moins dans l'incertitude si elle est contenue dans un autre acte (Aubry et Rau, t. VIII, § 735, texte et note 4). — De deux choses l'une : ou bien on ne sait pas si la donation a été faite en faveur du mariage, et alors il ne faut lui appliquer aucune des règles propres à ce genre de donations ; ou bien on le sait, et alors il faut les lui appliquer toutes.

B. — Caducité.

* **3147. Cas où le mariage n'a pas lieu.** — Toutes les donations contenues dans un contrat de mariage sont réputées faites en vue du mariage. Elles sont donc subordonnées à la condition que le mariage sera célébré, *si nuptiæ sequantur*. La donation est caduque, si le mariage n'a pas lieu ; elle l'est encore, s'il est annulé après sa célébration, à moins qu'il ne vaille comme mariage putatif.

3148. Cas où le contrat de mariage est nul. — Si la nullité atteignait seulement le contrat de mariage qui contient la donation, celle-ci pourrait survivre, le mariage étant célébré, pourvu que les conditions de forme spéciales aux donations fussent remplies, ce qui arrivera rarement. Son exécution pourra valoir comme don manuel, s'il s'agit d'argent ou de meubles corporels.

C. — Suppression de la révocation pour ingratitude.

** **3149. Motifs.** — Aux termes de l'art. 959, « les donations en faveur de mariage ne seront pas révocables pour ingratitude ». Cette exception est très remarquable, parce qu'elle est unique. Voyez ci-dessus n° 2640. Elle est fondée sur le désir de ne pas frapper des *innocents* en même temps que le coupable : la donation faite en faveur de mariage profite au *conjoint du donataire*, et surtout aux *enfants* à naître du mariage, qui souffriraient indirectement de la révocation.

* **3150. Étendue de l'exception.** — A quelles donations l'art. 959 est-il applicable ? Il vise les donations faites « en faveur du mariage » d'une manière générale; peu importe qu'elles soient contenues ou non dans le contrat de mariage, mais il faut qu'il s'agisse d'une donation faite aux époux *par un tiers*; pour les donations faites par l'un des époux à l'autre voyez ci-dessous n° 3200.

D. — Dérogations au principe d'irrévocabilité.

** **3151. Motifs.** — Ainsi qu'on l'a déjà vu plus haut (n° 3142), la maxime « Donner et retenir ne vaut » ne s'applique que « hors mariage ». Cela signifie que les donations faites par contrat de mariage peuvent être faites avec des clauses et conditions qui sont prohibées dans les donations ordinaires, en vertu de leur irrévocabilité habituelle. La loi se relâche ici de sa rigueur, parce qu'elle veut faciliter les mariages.

L'art. 947 a déjà annoncé cette exception, que l'art. 1086 répète d'une manière plus spéciale pour les donations faites par contrat de mariage.

* **3152. Conséquences.** — La dérogation est complète. En effet, outre la possibilité de faire des donations de biens à venir (ci-dessous n°s 3157 et suiv.), la loi écarte entièrement les trois autres conséquences de l'irrévocabilité des donations. D'après l'art. 1086, sans qu'on ait à distinguer si la donation a pour objet des biens à venir ou des biens présents, il est permis :

1° *D'obliger le donataire à payer indistinctement toutes les dettes du donateur, même celles qu'il contractera dans l'avenir.* Convention contraire à l'art. 945. Voyez ci-dessus nos 2607-2609 ;

2° *De subordonner la donation à une condition dont l'exécution dépend de la volonté du donateur.* Convention contraire à l'art. 944. Voyez ci-dessus nos 2605-2606 ;

3° *De réserver au donateur le droit de disposer d'un effet compris dans la donation ou d'une somme fixe à prendre sur la valeur des biens donnés.* Convention contraire à l'art. 946. Voyez ci-dessus nos 2610-2611. Dans ce dernier cas si le donateur meurt sans avoir disposé de la somme ou de l'effet convenu, la donation est valable même pour cet objet ou valeur, qui reste au donataire. D'après le droit commun la donation serait nulle pour partie et le donataire n'en profiterait pas.

3153. Observation. — L'art. 1086 est rédigé d'une façon insuffisante : la première partie du texte, qui contient les deux premières dérogations, semble ne s'appliquer qu'aux *donations de biens à venir*, et la fin, qui établit la troisième dérogation, ne parle expressément que des *donations de biens présents.* Cependant sa disposition est générale et s'applique indistinctement aux trois espèces de donations possibles dans les contrats de mariage ; l'art. 947 ne peut laisser aucun doute à cet égard. — La rédaction actuelle s'explique historiquement : l'art. 1086 est la reproduction de l'art. 18 de l'ordonnance qui visait exclusivement les donations de biens présents.

§ 3. — *Donation de biens présents.*

***3154. Sa nature.** — La donation faite par un tiers aux futurs époux dans leur contrat de mariage peut avoir pour objet des *biens présents.* C'est alors une donation ordinaire, soumise aux règles générales de ce genre de donations; l'art. 1081 le dit expressément. Voyez toutefois le n° suivant.

***3155. Règles exceptionnelles.** — Cependant la donation de biens présents faite par contrat de mariage est soumise aux règles exceptionnelles indiquées au paragraphe précédent, et elle peut notamment être faite sous des *conditions potestatives* qui la rendent *révocable.* En ce dernier cas, elle prend un caractère particulier : elle devient *caduque par le prédécès du donataire et de sa postérité* (art. 1089). Ce texte établit en effet ce cas de caducité pour les donations faites dans les termes prévus par l'art. 1086, c'est-à-dire sous des conditions potestatives.

Ce cas de caducité est de droit nouveau ; il ne figurait ni dans l'ordonnance de 1731 ni dans le projet de l'an VIII. On le voit seulement apparaître brusquement dans le texte soumis au Conseil d'État (Fenet, t. XII, p. 414, art. 167), où il semble bien être l'effet d'une erreur matérielle, car Bigot du Préameneu expliquait ce texte en disant que la caducité ne s'appliquait pas aux donations de biens présents (*Ibid.*, p. 570). — En tout cas sa présence dans la loi rend inexacte la fin de l'art. 1086. Ce texte porte que les choses dont le donateur n'aura pas disposé, alors qu'il s'en était réservé le droit, « appartiendront au donataire ou à ses *héritiers* ». Cela était vrai dans le système de l'ordonnance auquel cet article a été emprunté (art. 18), parce que des héritiers quelconques pouvaient alors profiter d'une libéralité qui n'était atteinte d'aucune caducité ; mais aujourd'hui que la donation est caduque quand le donateur survit au donataire et à sa postérité (art. 1089), ce sont seulement les *descendants* du donataire qui pourront profiter des choses ou objets dont le donateur n'aura point disposé.

3156. Ses bénéficiaires. — La donation de biens présents ne peut être faite qu'*au profit des époux*, et *non au profit des enfants à naître du mariage*. L'art. 1081 le dit en termes formels, et cela était bien évident puisqu'il s'agit de faire acquérir *actuellement* un droit de propriété au donataire : les enfants à naître, qui n'existent pas encore, ne peuvent pas recevoir une pareille donation. Si la loi a cru utile de s'en expliquer, c'est pour écarter une opinion qui avait été présentée par Furgole sur l'art. 10 de l'ordonnance.

Toutefois la loi ajoute (art. 1081, al. 2) que la donation de biens présents peut avoir lieu au profit des enfants à naître, « dans les cas énoncés au chap. VI du présent titre » ; ce sera alors une *substitution permise* (art. 1048 et suiv.), mais dont l'emploi n'aura rien de spécial au contrat de mariage.

§ 4. — *Donation de biens à venir.*

(Institution contractuelle).

3157. Bibliographie. — EUSÈBE DE LAURIÈRE, *Traité des institutions et des substitutions contractuelles*, 2 vol., 1715. — Voir aussi LEBRUN, *Traité des successions*, liv. III, chap. 2. — BONNET, *Des dispositions par contrat de mariage et des dispositions entre époux*, Paris, 1860, 3 vol. in-8.

** **3158. Définition.** — La donation de biens à venir ou institution contractuelle est peut-être la plus grande singularité du droit français. C'est une donation qui a pour objet *tout ou partie des biens que le donateur laissera à son décès*. Elle est essentiellement quelque chose d'*hybride* ou, comme disait Furgole, d'*amphibie* : par la forme, c'est une *donation entre vifs* ; par son résultat, c'est une *libéralité de dernière volonté,* analogue à un legs, en ce qu'elle permet au donataire de recueillir les biens du donateur décédé, de lui *succéder* [1]. Elle diffère toutefois du legs en ce qu'elle est *irrévocable*. Aussi Laurière la définissait-il : *un don de succession,* faisant remarquer qu'il empruntait cette expression à Cujas qui s'en était servi pour qualifier de « datio successionis » l'institution d'héritier en général (*op. cit.*, chap. II, n° 21).

3159. Terminologie. — Le Code emploie exclusivement le nom de « donation de biens à venir » ; nos anciens auteurs employaient presque toujours l'expression « institution contractuelle », qui a l'avantage d'être claire et de définir elle-même la chose qu'elle indique par ses deux traits essentiels : une *institution* (d'héritier) faite *par contrat*. Aussi dans la pratique moderne a-t-on repris l'ancien usage et se sert-on couramment du nom d' « institution contractuelle ».

On trouve aussi souvent dans les ouvrages anciens l'expression « pacte de succéder » ; et d'autres encore, telles que « déclaration ou reconnaissance d'aîné », qui désignaient des variantes propres à certaines provinces.

[1] Sa possibilité a été contestée en Roumanie (ALEXANDRESCO, p. 179).

A. — Notions historiques.

3160. Origine. — L'origine exacte de l'institution contractuelle n'est pas connue. Elle ne nous vient certainement pas du droit romain, et paraît se rattacher à de très anciennes habitudes nationales, importées probablement chez nous par l'invasion germanique[1]. Avant le XVIe siècle, les textes sont rares[2]. La plupart des coutumes l'avaient admise expressément (Bourbonnais, art. 219 à 223 ; Nivernais, *Donations*, art. 12 ; Poitou, art. 216 ; Anjou, art. 245 ; Auvergne, chap. XV ; La Marche, art. 248 et 294 ; etc.), en lui donnant toutefois des noms et des effets différents. La coutume de Berry était la seule qui la rejetât par une disposition formelle.

3161. Sa fréquence. — Depuis le XVe siècle l'institution contractuelle a joué un grand rôle en France. Aussi fut-elle conservée sans difficulté par l'ordonnance de 1731 (art. 17). D'après Laurière, l'utilité de ces conventions était surtout d'empêcher les jeunes filles qui épousaient des aînés de familles nobles d'être trompées dans leurs espérances, par une fraude que commettaient souvent les père et mère du marié, en aliénant leurs biens de leur vivant : l'institution contractuelle ou même une simple reconnaissance d'héritier contenait une *prohibition tacite d'aliéner* et assurait à l'époux la part avantageuse qui lui revenait d'après la coutume[3].

3162. Sa suppression par la Révolution. — La Révolution supprima naturellement une institution aussi aristocratique (L. 7 mars 1793 ; L. 17 nivôse an II). — L'effet rétroactif de cette dernière loi lui fut retiré le 9 fructidor an III.

3163. Son rétablissement par le Code. — L'institution contractuelle a été permise par le Code dans l'intérêt du mariage, et avec raison. Une libéralité faite par testament ne conférerait aux époux qu'un droit trop fragile, étant révocable à volonté ; une donation entre vifs dépouillerait immédiatement le donateur, qui peut-être n'y peut pas consentir, ayant besoin de son bien pour vivre. L'institution contractuelle concilie tous ces intérêts opposés, elle est irrévocable comme une donation et n'entraîne aucun dessaisissement immédiat ; son effet est reculé au décès.

Elle s'est donc accomodée à nos mœurs démocratiques comme le montre la fréquence relative des arrêts qui la concernent, et elle rend de réels services, dans un milieu social bien différent de celui d'autrefois.

3164. Nature de la donation. — On a beaucoup discuté dans l'ancien droit pour savoir si l'institution contractuelle était une *donation entre vifs* ou une *donation à cause de mort*. En général on la considérait comme une donation entre vifs, parce qu'elle était irrévocable et que le trait caractéristique de la donation à cause de mort paraissait être sa révocabilité. Mais on sent bien que cette conception était l'effet de l'importance excessive attribuée à la règle « Donner et retenir ne vaut », dont on avait fait l'essence des donations ; et la classification qui résultait de là n'avait qu'une valeur toute relative et temporaire. Ainsi Laurière, en pénétrant analyste, avait bien vu que cette libéralité qui donnait le droit de succéder appartenait bien plutôt à la famille des donations à cause de mort, et après avoir d'abord adopté l'opinion commune, il l'avait rejetée. Voyez dans les *Institutes* de Loysel, édit. Laboulaye, t. I, p. 301, note I et p. 302, note 2 ; et LAURIÈRE, *Institutions contractuelles*, t. I, p. 48.

Cependant l'opinion traditionnelle, représentée par Pothier (*Coutume d'Orléans*, Introd. au tit. XVII, appendice, n° 18), s'est maintenue dans notre droit moderne. On en conclut notamment :

[1] Voyez un texte de 1044, rapporté par Laurière (t. I, p. 24-25), où l'on voit le mari donner à sa femme le quart de ce qu'il laissera en mourant. Voyez aussi la formule 47 de l'*Appendice* de MARCULF (dans ROZIÈRE, t. I, p. 175).

[2] Voyez un texte de 1437, dans BEAUTEMPS-BEAUPRÉ, *Coutumes d'Anjou*, t. II, p. 462, n° 1242. Pour le Bourbonnais, les textes remontent à 1493 (LAURIÈRE, *Institutions contractuelles*, t. I, p. 33). Il est également question de l' « institutio heredis conventionalis facta in contractu matrimonii » dans la *Practica* de Masuer, mort après 1449 (De successionibus, n° 57).

[3] Les parents mariaient leur enfant en le « déclarant leur aîné et principal hoir ». (Anjou, art. 245 ; Maine, art. 262 ; Normandie, art. 244, etc.)

1° Que la capacité nécessaire est la capacité de faire une donation et non la capacité de faire un testament. Voyez ci-dessous n° 3167 ;

2° Que cette capacité doit exister *au moment de la donation* aussi bien chez le donataire que chez le donateur ;

3° Que s'il y a lieu de réduire les libéralités faites par le défunt sur la demande de ses héritiers réservataires, les institutions contractuelles seront réduites à leur date, comme donations entre vifs et ne pourront être atteintes qu'après toutes les libéralités testamentaires et les libéralités entre vifs de date plus récente (art. 923).

Ces solutions sont justes, mais détruisent-elles les observations de Laurière ? L'institution contractuelle n'est-elle pas une donation à cause de mort d'un genre à part, un *acte entre vifs* qui opère une *transmission par décès* ? Elle est tout au moins de nature mixte.

B. — Dans quel acte elle peut être faite.

3165. Son caractère exceptionnel. — L'institution contractuelle déroge à la fois à la règle « Donner et retenir ne vaut » et à la prohibition des pactes sur succession future (art. 1130), car elle donne à une personne des droits semblables à ceux d'un héritier. Aussi est-elle d'interprétation stricte, comme toutes les institutions juridiques dont la nature est exceptionnelle.

De là nous tirerons une première conclusion : elle ne peut être faite que *par contrat de mariage* (art. 1082 et art. 947 cbn).

Même faite en faveur du mariage, elle ne pourrait pas être contenue dans un acte isolé de donation, à moins qu'on ne prît la précaution de rédiger cet acte sous la forme d'une addition ou *contre-lettre* au contrat de mariage.

Jusqu'à la Révolution, il a été permis en Auvergne de faire des institutions contractuelles dans les associations universelles.

C. — Par qui elle peut être faite.

3166. Personnes pouvant donner. — L'institution contractuelle peut être faite soit par un *étranger*, soit par un *parent* des époux, *ascendant* ou *collatéral* (art. 1082, al. 1).

* **3167. Capacité.** — La capacité requise est la *capacité de donner entre vifs* et non la capacité de tester. Les donations de biens à venir sont des donations, ainsi que l'indiquent leur nom et la place qu'elles occupent dans le Code. Cette observation a son importance, car la femme mariée ne peut donner sans autorisation et elle peut faire seule son testament ; pour la même raison un prodigue pourvu d'un conseil judiciaire ne pourra faire seul une institution contractuelle, bien qu'il puisse tester (Cass., 21 juin 1892, D. 92. 1. 369, S. 94. 1. 449).

D. — Biens pouvant être donnés.

* **3168. Généralité du texte.** — La loi permet de donner de cette façon *tout ou partie* des biens à venir (art. 1082), al. 1) ce qui s'entend de la manière suivante. L'institution peut avoir pour objet :

1° L'*universalité* des biens du disposant ;

2° Une *fraction aliquote* de ces mêmes biens ;

3° *Un ou plusieurs biens déterminés.* Il est rare qu'on voie faire une disposition de ce genre pour un bien en nature, mais il est assez fréquent de rencontrer une institution contractuelle faite pour *une somme fixe,* à prendre « sur les plus clairs deniers de la succession du donateur » (Rouen, 11 juill. 1856, D. 57. 2. 109, S. 57. 2. 359 ; Bordeaux, 6 avril 1892, D. 93. 2. 274 ; Trib. de Brignoles, 8 févr. 1899, D. 1901. 2. 36).

Dans les deux premiers cas, le bénéficiaire est institué *à titre universel*; dans le troisième, il l'est *à titre particulier.* Distinction qui a de l'intérêt pour le paiement des dettes de l'instituant : on sait que l'ayant cause à titre particulier ne les supporte pas.

E. — Bénéficiaires de l'institution.

***3169. Les époux.** — Généralement l'institution contractuelle est faite au profit d'*un seul des deux époux,* pour lequel le disposant nourrit une affection particulière. Rien n'empêcherait toutefois de la faire *en double,* au profit de chacun d'eux, mais alors il y en aurait deux au lieu d'une. Il est plus évident encore que deux institutions contractuelles peuvent être faites dans le même contrat par deux personnes différentes, ou par un plus grand nombre, soit au profit du même époux, soit au profit de l'un et de l'autre.

****3170. Enfants à naître du mariage.** — Une institution contractuelle faite au profit de l'un des époux est toujours *présumée faite également au profit des enfants à naître du mariage* (art. 1082, al. 2). La loi suppose donc que le contrat renferme une *substitution tacite* au profit des enfants. C'est en effet conforme à l'intention habituelle des parties : le disposant veut aider à la fondation d'une famille nouvelle, il pense aux enfants non moins qu'aux époux.

Il résulte de cette substitution, expresse ou tacite, que si le donataire meurt avant le donateur, la libéralité ne sera pas perdue pour ses enfants qui pourront en recueillir le bénéfice à sa place. Mais ce n'est là qu'une présomption de volonté ; et s'il le veut, le donateur peut exclure les enfants du bénéfice de l'institution, de sorte qu'ils n'en profiteront qu'indirectement, si celui de leurs parents qui est donataire a lui-même survécu au donateur.

La possibilité de comprendre dans l'institution contractuelle les enfants à naître du mariage déroge à une des grandes règles des donations entre vifs, dans laquelle il faut être *tout au moins conçu au jour de la donation* pour pouvoir en profiter (art. 906 et ci-dessus nos 2911 et suiv.).

3171. Enfants légitimés. — Les enfants déjà nés, qui se trouvent légitimés par le mariage, sont assimilés aux enfants à naître du mariage, bien que déjà nés : la loi ne parle que des enfants à naître, parce que l'existence d'enfants nés avant le mariage et légitimés par lui est une exception ; mais il n'y a pas de différence à faire entre les deux catégories.

3172. Enfants nés d'un autre mariage. — L'institution contractuelle, faite en vue d'un mariage déterminé, ne peut profiter à des enfants nés d'une autre union, antérieure ou postérieure. Ces enfants ne pourraient même pas y être compris par une clause expresse, que la loi n'a pas autorisée (Dijon, 29 janv. 1868, DALLOZ, *Suppl.*, t. V, p. 157, note 1, S. 68. 2. 306).

3173. Question. — Serait-il permis d'instituer contractuellement les enfants à naître du mariage, sans instituer les époux eux-mêmes? La plupart des auteurs décident négativement; il leur semble que les enfants sont admis à bénéficier de la libéralité seulement à titre de substitués, et que la donation doit être faite en première ligne à l'un des époux (HUC, t. VI, n° 457). Cependant la loi ne dit rien de pareil. On y voit simplement que la donation peut être faite « tant au profit des époux qu'au profit des enfants », ce qui met évidemment les deux catégories de personnes sur un pied d'égalité. Or dans l'ancien droit il était permis d'adresser la libéralité *uniquement aux enfants à naître.* Voyez la définition de Pothier : « la donation que quelqu'un fait de sa succession... par contrat de mariage, à l'une des parties contractantes ou aux enfants qui naîtront du futur mariage » (*Coutume d'Orléans*, Introd. au titre XVII, appendice, n° 17). La Cour de cassation a reconnu récemment cette liberté que l'ancien droit laissait au disposant (Cass., 10 juill. 1888, D. 90. 1. 57, S. 90. 1. 517). Le texte de la loi laisse la question douteuse, et ses rédacteurs ne semblent pas l'avoir prévue (FENET, t. XII, p. 569). En fait les institutions contractuelles sont presque toujours faites au profit de l'un des époux, et on ne voit pas quelle bonne raison le donateur peut avoir pour les exclure en réservant ses largesses à des enfants à naître, pour lesquels il ne saurait avoir encore aucune affection.

3174. Anciennes clauses d'association. — Il ne peut pas y avoir d'autres bénéficiaires de l'institution que les époux et leurs enfants. Autrefois il était permis d'*associer* un tiers au bénéfice de la libéralité, par exemple un frère ou une sœur de l'institué, avec qui celui-ci était obligé de partager. Pareille clause serait nulle aujourd'hui, et la part attribuée à ce tiers resterait en réalité dans la succession ab intestat du disposant et profiterait à tous ses héritiers légitimes indistinctement.

F. — Effets antérieurs à l'ouverture de la succession.

1° Situation de l'instituant.

** **3175. Conservation de la propriété.** — C'est une *donation de succession* qui a été faite. Par conséquent il ne s'opère *aucune transmission immédiate de propriété* : jusqu'à sa mort l'instituant reste propriétaire de tous ses biens.

* **3176. Dispense de transcription.** — De là résulte une conséquence importante : *l'institution contractuelle n'a pas besoin d'être transcrite* ; les art. 939 et suiv. ne lui sont pas applicables (Cass., 15 mai 1876, D. 77. 1. 195).

Dans l'ancien droit les donations faites par contrat de mariage en ligne directe étaient dispensées de l'insinuation (Ord. de 1731, art. 19 et 20), et on avait beaucoup discuté à cette occasion (voyez FURGOLE, sur l'art. 19).

* **3177. Atteinte au droit de disposer.** — Cependant l'institution contractuelle produit pour celui qui l'a faite une grave conséquence : *il ne peut plus faire de dispositions gratuites,* entre vifs ou par testament, à quelque titre que ce soit, au préjudice de l'institué ; toutes les libéralités lui sont interdites, sauf « pour *sommes modiques,* à titre de récompense ou autrement » (art. 1083). Ces mots réservent au disposant le droit de faire de menues libéralités, soit pour œuvres pies, comme on disait autrefois, soit à

titre rémunératoire, soit enfin comme cadeaux ou présents imposés par l'usage, les relations de famille ou les convenances mondaines. Quant à la « modicité » des sommes, la loi n'a fixé aucun chiffre et ne pouvait pas le faire : tout ici est relatif, et doit être apprécié d'après la fortune du disposant.

L'instituant conserve intact le droit de *disposer à titre onéreux* : il peut vendre, échanger, hypothéquer ses biens, les grever de servitudes, absorber son actif par des dettes, etc. — Cette liberté d'action pour les conventions à tire onéreux lui permet en fait des fraudes contre l'institué: par exemple une vente cachera facilement une donation faite à une tierce personne. Si la fraude est prouvée, l'acte sera annulé.

2° Situation de l'institué.

** **3178. Assimilation avec un réservataire.** — En d'autres termes, et en combinant ce qui vient d'être dit, on voit que l'institué se trouve exactement *dans la situation d'un héritier à réserve,* protégé d'une manière absolue contre les dispositions gratuites, mais contre celles-là seulement.

Cette situation, qui résulte pour lui de l'institution dont il a bénéficié, est *irrévocable* et ne peut lui être enlevée par aucun moyen (art. 1083).

Pendant la vie du donateur, il ne peut pas faire d'actes conservatoires de son droit [1], ni critiquer les aliénations gratuites faites par l'instituant, car il n'a qu'un simple *droit éventuel,* dont l'ouverture est encore incertaine : on n'est pas sûr qu'il survive au donateur et que l'institution produise jamais son effet. Il doit donc attendre le prédécès du donateur, c'est la situation qui est faite aux véritables héritiers, même réservataires.

3179. Incessibilité du droit. — On se demande si l'institué contractuel peut céder son droit. Comme il le tient d'un contrat, il semble que cette faculté doive lui être reconnue, la loi ne l'en ayant pas privé. Mais il faut se rappeler que son droit est un *droit de succession* et que la loi interdit toute convention ayant pour objet la cession d'une succession non encore ouverte (art. 791, 1130 et 1600).

L'incessibilité du droit empêche les créanciers de le saisir (Paris, 9 févr. 1875, D. 75. 2. 155).

G. — Ouverture et effets de l'institution contractuelle.

* **3180. Condition.** — Pour que l'institution contractuelle produise ses effets, il faut qu'au moment du décès du donateur, le donataire ou l'un au moins de ses descendants soit vivant et capable de succéder au défunt.

* **3181. Ouverture au profit des enfants.** — Quand le donataire est prédécédé, le droit de recueillir la succession de l'instituant s'ouvre au profit de ses enfants ou descendants issus du mariage. Ceux-ci en recueillent alors le bénéfice *de leur chef*; ils ne viennent pas comme héritiers de leur père ou de leur mère prédécédée, ils sont eux-mêmes donataires de l'insti-

[1] Voyez cependant Cass., 22 janv. 1873, D. 73. 1. 473, S. 73. 1. 57.

tuant, bien qu'ils ne fussent encore ni conçus ni nés au jour de la donation (ci-dessus n° 3170.)

De là découlent plusieurs conséquences :

1° Ils peuvent recueillir les biens compris dans l'institution contractuelle, bien qu'ils aient eux-mêmes renoncé à la succession de leurs parents ;

2° Ils peuvent les recueillir de même, bien que leurs parents soient encore vivants et y aient renoncé ; la renonciation des parents ne peut pas priver les enfants d'un droit qui leur appartient en propre. L'art. 1082, al. 1er, n'a prévu que le cas de prédécès de l'époux donataire, parce que c'est le fait qui donne ordinairement ouverture au droit des enfants, mais on ne peut tirer de là un argument *a contrario* pour refuser à ceux-ci le droit d'accepter après la renonciation du donataire en première ligne.

3182. Option de l'institué. — Quand la succession du donateur est ouverte, l'institué, qui est un véritable *héritier contractuel*, est admis à se prononcer de la même façon qu'un successible appelé par la loi ou par le testament du défunt : il peut ou *accepter* ou *répudier*, et s'il accepte, il peut le faire *sous bénéfice d'inventaire*, quand il a des doutes sur la solvabilité du défunt. Son option à cet égard est de tous points semblable à celle d'un héritier ordinaire.

On s'étonnera peut-être qu'il ait à ce moment la possibilité de répudier, après avoir accepté au temps de son mariage la donation qu'il recueille aujourd'hui. Mais ce qu'il a accepté tout d'abord c'est seulement le *titre* qui lui conférait *les droits d'un héritier*; or ce titre comporte essentiellement avec lui *le droit d'option* qui laisse à l'héritier toute sa liberté, et ce qu'il refuse aujourd'hui de faire, c'est d'exercer son droit.

3183. Acquisition de la propriété. — En acceptant la succession du défunt, ou la partie de cette succession qui lui est attribuée, l'institué en devient propriétaire de la même façon qu'un héritier, c'est-à-dire *avec effet rétroactif au jour du décès*.

3184. Saisine de l'institué. — L'institué est-il obligé de demander la délivrance aux héritiers saisis, ou bien est-il lui-même saisi de plein droit de la part qui lui revient ? Dans l'ancien droit, on le considérait généralement comme un vrai héritier, ayant la saisine en vertu de la maxime : « Le mort saisit le vif. » Plusieurs coutumes, entre autres celles d'Auvergne et de Nivernais, le disaient formellement.

Sous l'empire du Code, la question est vivement controversée. On doit décider que le *donataire de biens à venir* a la saisine dans les cas où l'aurait le *légataire*, c'est-à-dire quand son titre est universel et qu'il n'y a pas d'héritiers à réserve (art. 1006). Hors ce cas, la saisine lui est refusée et il est obligé de demander la délivrance à ceux qui possèdent la succession.

Toutefois beaucoup d'auteurs lui permettent, quoique non saisi, de réclamer les fruits dès le jour du décès et d'exercer immédiatement les actions possessoires et pétitoires : ces fruits et ces actions lui appartiennent en vertu d'un contrat.

***3185. Dettes du défunt.** — La question de savoir si l'héritier contractuel est tenu de payer les dettes *ultra vires successionis*, quand son titre est universel, dépend du parti que l'on prend sur l'origine de cette obligation illimitée : si on la rattache à la saisine, le donataire de biens à venir ne sera tenu *ultra vires* que dans le cas unique où il est saisi ; si on la fait dépendre du caractère universel de la succession, il le sera toutes les fois qu'il ne sera pas appelé à recueillir un bien ou une somme à titre particulier.

***3186. Action en restitution contre les donataires postérieurs.** — Cette action est la sanction de son droit : toute donation postérieure à son contrat de mariage peut être attaquée par l'institué contractuel quand elle porte atteinte à son droit. La quotité pour laquelle il a été institué est considérée comme une *réserve*, qui rend *réductibles* les libéralités qui y portent atteinte.

En principe l'action ouverte à l'héritier contractuel est la *revendication*. Dans les cas où cette action est impossible, elle est remplacée par une *action personnelle en restitution*. Dans l'un et l'autre cas, l'action dure trente ans.

3187. Cas particulier. — Pour déterminer ces effets de l'institution contractuelle, on raisonne sur le cas où la donation a pour objet les biens en nature. Si elle porte sur *une somme d'argent* payable au décès du disposant, le donataire est alors *dans la situation d'un créancier*, et il peut poursuivre les successeurs du défunt, même au delà des forces de la succession (Besançon, 8 juin 1898, D. 99. 2. 143).

II. — Des promesses d'égalité.

3188. Notions et effets. — Assez souvent, en mariant un de ses enfants, le père lui promet, dans son contrat de mariage, de ne pas rompre l'égalité à son préjudice entre lui et ses frères et sœurs. Cette promesse, appelée « promesse d'égalité » est une espèce particulière d'institution contractuelle. — EXEMPLES : Cass., 10 mars 1884, D. 85. 1. 108, S. 85. 1. 351 ; Cass., 22 févr. 1887, D. 88. 1. 128 ; Limoges, 23 mai 1888, D. 90. 2. 79 ; Orléans, 30 mars 1892, D. 93. 2. 330.

Le père conserve la liberté de disposer de la quotité disponible *au profit d'un étranger*, car, s'il le fait, il ne rompt pas l'égalité entre ses enfants. Il peut même modifier la situation respective de ses autres enfants, pourvu qu'il laisse à celui qui a reçu la promesse d'égalité sa part entière. Si nous représentons la fortune du père par 12 et si nous supposons qu'il a trois enfants la part naturelle de l'enfant institué est de 4 ; il reste 8 pour ses deux frères, mais le père peut donner 5 à l'un de ceux-ci et 3 seulement à l'autre : l'égalité est rompue, mais elle ne l'est pas au préjudice de l'enfant bénéficiaire de la promesse. Il ne peut donc pas se plaindre ; il ne le pourrait que si on lui avait promis une part égale à celle du plus favorisé.

3189. Avantages. — Les promesses d'égalité ont l'avantage de laisser un peu plus de latitude au disposant, en lui réservant plus de liberté au profit des étrangers qu'il n'en aurait à la suite d'une institution contractuelle.

§ 5. — *Donation cumulative de biens présents et à venir.*

3190. Ancien droit. — Autrefois la donation cumulative était comprise diversement par les jurisconsultes du Midi et par ceux du Nord. Dans le Midi, on disait : c'est une *double donation* qui comprend tout à la fois des biens présents et des biens à venir. Pour les biens présents, elle produit l'effet ordinaire des donations, qui est le transfert immédiat de la propriété ; pour les biens à venir, elle vaut comme institution contractuelle (FURGOLE, sur l'art 17 de l'ordonnance).

Tout autre était le point de vue des pays coutumiers. On y voyait une *libéralité unique*, qui conférait au donataire lors du décès du donateur une *option* entre une donation de biens présents et une donation de biens à venir. L'acceptait-il comme donation de biens à venir ? Il prenait tous les biens existants au jour du décès et payait toutes les dettes. Préférait-il la prendre comme donation de biens présents ? Il n'avait droit qu'aux biens existants au jour de la donation et ne payait pas les dettes contractées depuis lors (POTHIER, *Coutume d'Orléans*, introd. au tit. XV).

En d'autres termes, pour les pays du Midi, il y avait deux libéralités produisant leurs effets cumulativement ; pour les pays coutumiers, il n'y en avait qu'une, selon l'option du donataire. C'est ce dernier système qui est devenu celui du Code[1].

3191. Condition nécessaire. — Pour accorder cette option au donataire, la loi exige une condition dont la nécessité est facile à comprendre : il faut qu'un *état des dettes et charges* existantes au jour de la donation soit annexé à l'acte (art. 1084). Si cette précaution a été omise, le droit d'option disparaît et la libéralité ne peut plus valoir que

[1] Il est bien clair qu'il n'est pas interdit au disposant de faire à la fois deux donations distinctes, l'une de biens présents, l'autre de biens à venir : rien ne l'empêche de cumuler ces deux sortes de libéralités comme on le faisait jadis dans le Midi. Comp. Cass., 22 nov. 1881, D. 82. 1. 216.

comme donation de biens à venir, car il serait impossible de démêler parmi les dettes celles qui sont antérieures à la donation (art. 1085). Comp. Cass., 13 nov. 1861, D. 62. 1. 26.

3192. Effets de la donation pendant la vie du donateur. — Tant que le donateur vit, le donataire n'a pas plus de droits qu'un institué contractuel ordinaire. *Le donateur reste propriétaire* et peut aliéner et disposer de son bien, comme si la donation ne portait que sur les biens à venir, sauf l'effet rétroactif de l'option que pourra faire plus tard le donataire et qui lui donnera le droit de critiquer certaines aliénations faites par l'instituant.

3193. Option pour la donation de biens à venir. — Si la donation est acceptée comme donation de biens à venir, le donataire se trouve à tous égards dans la situation d'un héritier contractuel : il pourra accepter sous bénéfice d'inventaire ; sinon il sera tenu de toutes les dettes du défunt, même postérieures à la donation, en supposant qu'il ne soit pas institué seulement pour un bien particulier ou pour une somme fixe.

De plus, il pourra attaquer, comme tout institué contractuel, les donations postérieures à la sienne et qui porteraient atteinte à son droit ; mais il devra respecter les aliénations à titre onéreux non frauduleuses.

3194. Option pour la donation de biens présents. — Si le donataire juge que l'état des affaires du donateur s'est empiré depuis le jour de la donation, il peut déclarer qu'il s'en tient aux biens présents. Cette faculté extraordinaire concédée au donataire par l'art. 1084 est le grand avantage de cette combinaison : elle permet d'échapper à certains risques de mauvaise fortune qui peuvent atteindre le donateur après le mariage. Par conséquent, quand il déclare « s'en tenir aux biens présents, en renonçant au surplus des biens du donateur », comme le dit la loi, le donataire ne diminue pas l'émolument de la libéralité qu'il a reçue : loin de renoncer à un actif postérieur en date à son mariage, il se décharge bien plutôt du passif créé depuis lors.

Dans ce cas, il prend les biens existants au jour de la donation et ceux-là seulement ; mais il y trouve un double avantage :

1° *Il n'a pas à subir l'effet des aliénations à titre onéreux consenties par le donateur*, car il est réputé avoir été propriétaire de ces biens-là dès le jour de la donation.

2° *Il est déchargé de tout le passif postérieur en date* et n'est tenu de payer que les dettes constatées dans l'état dont il a été parlé au n° 3191 et dont la confection est la condition indispensable de son option en ce sens.

3195. Formalités de la donation de biens présents. — Quand le donataire opte pour une donation de biens présents, celle-ci ne peut valoir qu'à la condition que les formalités qui lui sont propres aient été remplies. Outre l'état des dettes mentionné au n° 3191, ces formalités sont :

1° *Un état estimatif du mobilier*, conformément à l'art. 948. Voyez cependant sur ce point Laurent, t. XV, n° 261.

2° *La transcription*, quand la donation a pour objet des immeubles. La dispense accordée aux donations de biens à venir, qui sont des donations de successions, n'a plus de raison d'être quand le donataire réclame seulement les biens présents. Faute de cette transcription, le donataire ne pourrait faire valoir ses droits contre les tiers acquéreurs ou créanciers hypothécaires qui auraient fait transcrire ou inscrire leurs titres.

3196. Caducité de la donation.— En somme, la donation cumulative est une institution contractuelle, pouvant se transformer à la volonté du donataire en une donation de biens présents. On comprend donc que la loi ait établi pour elle la même cause de caducité que pour les donations ordinaires de biens à venir : elle devient *caduque par le prédécès du donataire* (art. 1089). Mais, comme la donation de biens à venir pure et simple, la donation cumulative est présumée faite en faveur des enfants à naître du mariage en même temps qu'en faveur des époux.

CHAPITRE II

DES DONATIONS ENTRE ÉPOUX

3197. Objet de ce chapitre. — Dans le chapitre IX du titre « Des donations » (art. 1091-1100), le Code a réglé trois choses : 1° les donations *entre futurs époux par contrat de mariage* ; 2° les donations *entre époux pendant le mariage* ; 3° la *quotité disponible entre époux*.

§ 1. — *Donations entre futurs époux par contrat de mariage.*

****3198. Diverses donations permises.** — Dans leur contrat de mariage, les futurs époux peuvent se faire entre eux, soit tous deux réciproquement, soit l'un d'eux seulement au profit de l'autre, *les mêmes donations qu'un tiers pourrait leur faire* : donations de biens présents; donations de biens à venir; donations cumulatives (art. 1091). Elles sont possibles sous des conditions semblables, même potestatives ; elles produisent des effets semblables, sous les seules modifications qui suivent.

***3199. Intransmissibilité aux enfants.** — La donation de biens à venir, soit simple, soit cumulative, n'est pas transmissible aux enfants à naître du mariage (art. 1093). Non seulement cette transmission n'a pas lieu de plein droit, mais elle ne peut pas être stipulée par une clause expresse. C'est là une grave différence entre la donation faite par un tiers et la donation par le conjoint : dans la première, la substitution des enfants est sous-entendue et elle peut être écartée ; dans la seconde, elle n'est pas sous-entendue, et elle ne peut pas être ajoutée.

Le motif de cette différence est facile à comprendre. Quand la donation émane d'un tiers, ni l'époux ni les enfants qui naîtront du mariage ne succéderont au donateur ; les enfants ne peuvent donc espérer recueillir les biens de celui qui fait la donation que s'ils sont eux-mêmes considérés comme donataires : de là la facilité avec laquelle la loi les comprend dans la donation, par une interprétation toute naturelle de la volonté du disposant [1]. Mais quand la donation est faite par l'un des époux à l'autre, les enfants n'ont pas besoin d'être eux-mêmes donataires pour succéder au donateur, quand c'est lui qui survit : ils sont ses propres enfants, héritiers appelés en première ligne et en qualité de réservataires ; ils viennent donc à sa succession par la loi et n'ont pas besoin pour cela de la donation qui n'a vraiment de raison d'être qu'au profit de l'autre époux.

***3200. Révocation pour ingratitude.** — On a vu que les donations faites par des tiers aux époux en faveur du mariage ne sont pas révocables pour ingratitude, parce que la loi craint de frapper les enfants en enlevant le bénéfice de la libéralité à l'époux ingrat (ci-dessus n° 3149). La même

[1] Ce raisonnement suppose que l'institution contractuelle est faite par un étranger ou par un parent collatéral ; il ne marche plus lorsque le donateur est le père de l'époux institué, car les enfants à naître du mariage seront ses petits-enfants et lui succéderont soit de leur chef, soit par représentation de leur père.

règle s'applique-t-elle aux donations qui sont faites par l'un des époux à l'autre ? A ne consulter que le texte de l'art. 959, cette cause de révocation devrait être écartée, car il y est dit que « les donations *en faveur de mariage* ne seront pas révocables pour ingratitude». Ces termes si généraux n'annonçent aucune exception, et les donations faites par l'un des époux à l'autre dans le contrat de mariage sont certainement faites «en faveur du mariage». — Cependant les motifs de la loi font ici absolument défaut. La révocation ne nuira pas aux enfants, qui sont également héritiers de leurs deux parents et qui retrouveront nécessairement dans la succession de l'époux donateur tout ce dont l'époux donataire aura été privé. Aussi est-il admis que ces donations peuvent être révoquées pour ingratitude comme des donations ordinaires (Cass., 16 févr. 1874, D. 74. 1. 197).

Cette question se présente assez rarement. Quand la mésintelligence se met entre les époux, l'un d'eux demande la séparation de corps ou le divorce et sa demande est ordinairement fondée sur des injures graves ou sur un adultère qui n'est qu'une sorte d'injure. Or, quand la séparation ou le divorce est prononcé, l'époux reconnu coupable perd *de plein droit* tous les *avantages* que l'autre lui avait faits (art. 299 et 1518). Parmi les « avantages » perdus figurent en première ligne les donations. Il faut donc supposer la mort de l'un des époux (comme dans l'affaire Jaylé soumise en 1874 à la Cour de cassation) pour voir une demande en révocation de donation formée indépendamment d'une demande en séparation ou en divorce.

3201. Irrévocabilité malgré la survenance d'enfants. — L'art. 960, qui établit cette cause de révocation, dit que « toutes donations demeureront révoquées... autres que celles qui auraient été faites par les conjoints l'un à l'autre ». Il y a donc ici une exception formelle admise par la loi [1].

Cette exception a été introduite pour un motif fort discutable. Pothier l'expliquait en disant que ce n'était pas la peine de faire revenir les biens au donateur pour que l'enfant les retrouve dans sa succession, puisqu'il devait les trouver tout aussi bien dans la succession du donataire, dont il est également héritier. Ce motif est sans doute celui de la loi, car il n'en existe pas d'autre. Il est cependant insuffisant : il peut arriver que le mariage se dissolve sans enfants, et que le donateur se remarie et ait un enfant de son second mariage ; cet enfant ne pourra pas demander la révocation de la donation : le texte, qui est absolu, l'en empêche, et cependant il ne succédera pas à l'époux donataire si cet époux est divorcé, ni à ses héritiers, s'il est prédécédé. La loi n'a pas prévu cette hypothèse exceptionnelle dans laquelle son système est en défaut.

3202. Capacité. — Par faveur pour le mariage, la loi déroge ici au droit commun. Un *mineur* ne peut pas faire de donations (art. 903 et 904) ; mais quand il s'agit de son contrat de mariage et de libéralités à faire à son futur conjoint en vue du mariage, la loi lui permet de faire *les mêmes donations que s'il était majeur*, pourvu qu'il soit régulièrement autorisé des personnes qui doivent l'assister dans son contrat de mariage (art. 1095 et 1398). Il y a là une *extension de capacité* tout à fait remarquable, mais très justifiée. Voyez ci-dessus nos 2895 et suiv.

3203. Caducité par le prédécès du donataire. — Les donations de biens à

[1] On peut remarquer à ce sujet qu'il y a pour deux causes de révocation (l'ingratitude et la survenance d'enfants) une antithèse complète entre les donations par contrat de mariage, selon qu'elles sont faites par un tiers ou par l'un des futurs époux : faite par un tiers, la donation n'est pas révocable pour ingratitude, mais elle l'est pour survenance d'enfant ; faite par l'un des conjoints à l'autre, elle est révocable pour ingratitude et ne l'est pas pour survenance d'enfant.

venir faites entre futurs conjoints sont caduques par le prédécès du donataire ; c'est le droit commun pour ce genre de donations. Celles de biens présents échappent à cette cause de caducité, à moins qu'on ne l'ait expressément établie. C'est encore le droit commun ; et si l'art. 1092 s'en est expliqué formellement, c'est pour écarter une ancienne opinion, défendue par Furgole, d'après laquelle la condition de survie aurait été sous-entendue dans la donation de biens présents faite entre futurs époux.

Les époux ont du reste la faculté d'insérer cette condition dans la donation, et la jurisprudence n'exige même pas que la condition de survie soit stipulée en termes formels, comme le voudrait la loi (art. 1092) : on peut l'induire d'une autre clause (Cass., 9 juil. 1889, D. 89. 1. 366, S. 92. 1. 338).

§ 2. — *Donations entre époux.*

A. — Notions historiques.

3204. Droit romain. — Dans l'empire romain la donation entre vifs faite par un époux à l'autre était nulle. Ulpien nous apprend que cette règle avait été introduite par le droit coutumier : « *Moribus* apud nos receptum est ne inter virum et uxorem donationes valerent » (*Dig.*, liv. XXIV, tit. 1, fr. 1), et le motif était la crainte d'un abus d'influence aboutissant à la spoliation de l'un d'eux par l'autre (ne mutuato amore invicem spoliarentur)[1]. — Plus tard cependant on se relâcha de cette rigueur, et on décida que la donation se trouverait validée, si l'époux donateur était mort sans avoir manifesté l'intention de la révoquer ; elle valait alors comme donation à cause de mort (Sénatus-consulte rendu sous Septime-Sévère, d'après Ulpien, *ibid.*, fr. 32).

3205. Ancien droit français. — Nos coutumes présentaient sur ce point une très grande variété (Voyez Pothier, *Donations entre mari et femme*, nos 8 à 17). Quelques-unes défendaient les donations entre époux et n'autorisaient que les legs ; d'autres permettaient les deux sortes de libéralités ; la coutume d'Auvergne (XIV, 39 et 46) permettait au mari de donner à sa femme, et défendait à la femme de donner à son mari, etc. Mais en général toute libéralité entre époux était interdite, aussi bien par testament que par donation entre vifs. Telle était la disposition des coutumes de Paris (art. 282) et d'Orléans (art. 280) qui formaient le droit commun. Nos anciens auteurs sont très sobres d'explications sur l'origine et les motifs de cette prohibition. Laurière l'explique par cette idée que le mari ne pouvait conférer la saisine à la femme pendant le mariage (sur le no 127 des *Institutes* de Loysel). Ferrière en donne une raison toute différente. « C'est le soin et le désir de conserver les biens dans les familles. Autrement les conjoints par mariage qui n'auraient pas d'enfants se donneraient tous leurs biens l'un à l'autre et feraient passer des successions opulentes dans des familles étrangères » (sous l'art. 282, Cout. de Paris). Cette rigueur était du reste tempérée par l'ensemble des institutions : la femme ayant une moitié des meubles et des conquêts et possédant en plus son *douaire* sur les propres du mari, il avait pu paraître inutile de lui faire encore une libéralité supplémentaire. — Dans le Midi le conjoint survivant avait son *augment de dot* et la *quarte du conjoint pauvre* qui assuraient sa situation.

De plus la prohibition n'a jamais été absolue : on semble avoir admis de tout temps le *don mutuel* (*Grand Coutumier*, liv. II, chap. 32 ; édit. Marnier, p. 321 ; Coutume de Paris, art. 280. — Comp. Ferrière, *Compilation*, t. III, col. 1473). C'était une donation réciproque, qui ne pouvait porter que *sur les meubles et acquêts*, qui n'était possible qu'*en l'absence d'enfants* et qui ne donnait au survivant qu'*un droit d'usufruit*.

3206. Loi de nivôse. — La loi du 17 nivôse an II régla les donations entre époux dans des articles assez obscurs (art. 13 et 14) qui furent interprétés par la jurisprudence

[1] Ulpien sans doute explique mal sa pensée : ce n'est pas le *don mutuel* (invicem) qui est dangereux, mais bien la donation excessive obtenue de l'un sans contre-partie.

comme ayant admis l'irrévocabilité de ces donations (Cass., 22 mars 1841, D. 41. 1. 193, S. 41. 1. 305).

3207. Système du Code. — Le Code civil n'avait plus les mêmes raisons que l'ancienne jurisprudence, pour maintenir une prohibition qui servait surtout à conserver les biens dans les familles. Il permit donc les donations entre époux, mutuelles ou non, et pour empêcher le retour des inconvénients qui avaient fait établir la prohibition à l'époque romaine, il les déclara *essentiellement révocables*. — En outre la Code a fixé une quotité disponible spéciale aux époux pour déterminer la limite que leurs libéralités ne pourront pas dépasser.

B. — Nature de ces donations.

***3208. Biens pouvant en faire l'objet.** — Les époux peuvent se faire indifféremment des *donations de biens à venir* et des *donations de biens présents*. Il est vrai que cela n'est point dit dans la loi, mais cela y est sous-entendu : la possibilité de donner les biens présents résulte du droit commun ; la possibilité de donner les biens à venir résulte de l'art. 947, qui déclare l'art. 943 inapplicable aux donations réglées dans le chapitre IX. Le plus souvent ce sont des donations de biens à venir qui se font entre époux.

***3209. Effet de la donation de biens présents.** — Quand l'un des époux donne à l'autre un bien présent, l'époux donataire en devient *immédiatement propriétaire*, sauf l'effet de la faculté de révocation dont pourra user le donateur (ci-dessous n°s 3218 et suiv.).

Toutefois l'époux donataire ne peut pas exercer d'action contre l'autre pour obtenir l'exécution de la donation ; car le refus d'exécuter équivaut à une révocation.

***3210. Caractère entre vifs de la donation.** — Révocables à volonté, et généralement caduques par le prédécès du donataire, nos donations entre époux se rapprochent singulièrement des donations à cause de mort du droit romain, et nos anciens auteurs ne leur auraient sans doute point refusé ce nom. Cependant la doctrine et la jurisprudence moderne s'accordent pour voir en elles des donations entre vifs. Leur principale raison est que le Code déclare ne plus connaître que deux manières de disposer de ses biens à titre gratuit : la donation entre vifs et le testament. N'étant point un testament, la donation entre époux ne peut être qu'une donation entre vifs.

Du caractère qu'on lui attribue on tire les conséquences déjà signalées pour la donation de biens à venir (n° 3164). Spécialement pour la capacité de disposer, il en résulte :

1° Qu'un époux encore mineur ne peut faire une donation, même de biens à venir, à son conjoint (art. 903-904) ;

2° Qu'il en est de même de celui qui est pourvu d'un conseil judiciaire ;

3° Qu'une femme mariée sous le régime dotal ne peut faire à son mari donation de ses biens dotaux (art. 1554). — Voyez cependant Caen, 8 mai 1866 (D. 67. 2. 161), qui a admis la validité de la donation.

— Toutes ces conséquences ne sont pas bien gênantes : ce que l'époux ne peut pas faire sous la forme d'une *donation révocable*, il peut le faire sous la forme d'un *testament*, qui en est l'équivalent à peu près exact : il n'y a de différence que pour l'ordre à suivre en cas de réduction (ci-dessus nos 3106 et suiv.).

3211. Caducité par le prédécès du donataire. — Il va de soi que la donation de biens à venir faite entre époux est subordonnée à la survie du donataire, puisqu'il est appelé à succéder à l'autre. Comp. ci-dessus no 3203. Quant aux *donations de biens présents*, la jurisprudence est bien fixée et *elle rejette cette cause de caducité* (Toulouse, 26 févr. 1861, D. 61. 2. 58; Toulouse, 20 mai 1886, D. 87. 2. 40, S. 86. 2. 238). Cette solution est à peu près unanimement admise par la doctrine; mais elle est de peu de conséquence, parce que l'époux survivant conserve le droit de révoquer la donation après le décès de son conjoint (ci-dessous no 3221).

C. — Formes.

***3212. Application des règles ordinaires.**— Les donations que les époux se font pendant le mariage sont soumises aux règles générales : elles doivent être reçues *par acte notarié* (art. 931) et en la présence réelle du second notaire ou des témoins instrumentaires (L. 21 juin 1843, art. 2). Elles ne sont pas dispensées de la nécessité d'une acceptation expresse : la dispense n'est écrite que pour les donations contenues dans le contrat de mariage (art. 1087).

3213. État estimatif. — Si la donation a pour objet des meubles, faudra-t-il dresser un état estimatif? Cet état est surtout destiné à assurer l'irrévocabilité de la donation ; il semble dès lors sans but dans une donation révocable, mais on se rappelle qu'il a beaucoup d'autres utilités, en cas de rapport, de réduction, etc. Il servira donc encore ici ; d'ailleurs l'art. 948 est absolu.

3214. Transcription. — Faut-il transcrire, quand la donation comprend des immeubles? La transcription paraît inutile. A quoi sert-elle ? A protéger le donataire contre les ayants cause postérieurs du donateur ; après la transcription, le donateur ne peut pas aliéner à nouveau l'immeuble et le grever d'hypothèques; ses actes de disposition ne sont pas opposables au donataire. Mais dans une donation révocable cette utilité de la transcription s'évanouit : si le donateur aliène ou hypothèque, cet acte vaut *révocation tacite*, et la donation tombe, quoique transcrite. Cela est vrai, mais il faut songer aux droits réels qui peuvent s'établir sur l'immeuble *sans la volonté du donateur* (hypothèques judiciaires et légales), et se rappeler aussi que les créanciers chirographaires ont le droit de saisir l'immeuble, faute de transcription (art. 941). Il y a là un double danger contre lequel la transcription protégera le donataire.

***3215. Formes des donations mutuelles.** — L'usage des donations réciproques entre époux a persisté jusqu'à nos jours; il a même survécu à la loi du 9 mars 1891, qui a donné au conjoint survivant un droit d'usufruit sur la succession du prédécédé, parce que la quotité attribuée par la loi est moins large que celle qu'il est d'usage de se donner en pareil cas, et que souvent l'époux veut laisser à son conjoint la propriété de ses biens et non pas seulement un usufruit.

Ces donations réciproques ou mutuelles sont faites sous la condition de survie, de sorte qu'il n'y en a jamais qu'une des deux qui se réalise, celle qui avait été faite par le prémourant à l'autre ; celle qu'il avait reçue lui-même devient caduque par son prédécès.

Aux termes de l'art. 1097, ces donations réciproques ne peuvent pas être faites par un seul et même acte; elles doivent être contenues dans *deux actes séparés*. C'est une précaution destinée à assurer la faculté de révocation. La même règle existe pour les testaments (art. 968), où elle se comprend beaucoup mieux, parce que le testament est d'ordinaire un acte sous seings privés, que les intéressés gardent en leur possession et peuvent détruire à volonté, tandis que l'acte de donation reste chez le notaire.

3216. Prohibition des donations déguisées. — Ceci encore est une particularité de forme propre aux donations entre époux. Le déguisement de la donation, licite entre toutes personnes, leur est interdit; la donation serait *nulle* (art. 1099), même en la supposant cachée sous le voile d'un contrat permis entre époux, car ils ne peuvent employer la forme de la vente qui leur est interdite par l'art. 1595. Sur la nullité des donations déguisées, voyez ci-dessous n° 3254.

D. — Révocation des donations entre époux.

1° Causes légales de révocation.

3217. Causes admises et causes écartées. — Au point de vue des causes légales de révocation, les donations que les époux se font entre eux au cours du mariage sont traitées exactement de la même façon que celles qu'ils se font dans leur contrat de mariage : la loi déclare qu'elles ne sont *pas révoquées par la survenance d'enfants* (art. 960 et 1096 *in fine*. — Comp. ci-dessus n° 3201); elle admet au contraire la révocation pour ingratitude, non pas qu'elle le dise expressément, mais l'art. 959 ne vise que les donations faites « en faveur de mariage » et on ne peut considérer comme telles celles qui lui sont postérieures ; en outre, cela résulte implicitement de l'art. 299 qui les déclare perdues de plein droit pour l'époux coupable en cas de divorce et de séparation de corps.

Du reste, la révocation étant toujours possible à volonté, l'époux qui croit avoir à se plaindre de son conjoint n'a qu'à user de son droit : il peut révoquer lui-même sa libéralité *sans donner de motifs et sans s'adresser à la justice*. Cette révocabilité absolue rend à peu près inutiles pour les donations entre époux toutes les dispositions concernant les causes légales de révocation.

2° Révocation volontaire.

** **3218. Importance de ce caractère.** — Les donations entre époux se distinguent de toutes les autres par leur caractère *essentiellement révocable* (art. 1096, al. 1er). Par là elles diffèrent même des donations faites par contrat de mariage, lesquelles ne sont pourtant pas soumises à la règle « Donner et retenir ne vaut » (ci-dessus n° 3151), car pour celles-ci la révocabilité est une *pure faculté* pour les particuliers qui peuvent toujours se lier sans retour possible ; quand elle existe, elle est donc toujours *conventionnelle*, tandis que dans la donation entre époux la révocabilité est *légale*; elle a lieu de plein droit et elle est *essentielle*.

Aussi cette faculté est *d'ordre public*. Aucune convention n'en peut priver l'époux donateur : « Toutes donations faites entre époux pendant le mariage... seront *toujours* révocables » (art. 1096, al. 1er).

3219. Motifs de la révocabilité. — Les donations entre époux se font souvent sous l'empire de sentiments qui se modifient avec le temps. On n'a pas besoin de supposer que l'un des époux a abusé de son influence sur l'autre pour se faire faire une libéralité; le donateur a pu y être entraîné de lui-même par une passion excessive, et regretter plus tard un élan irréfléchi. On lui ménage donc le moyen de reprendre ce qu'il avait donné, le *droit de se repentir*. C'était ce que disait déjà l' « oratio » de Caracalla au Sénat romain, quand il faisait voter le sénatus-consulte mentionné ci-dessus au nº 3204 : « Fas esse eum quidem qui donavit pœnitere » (*Dig.*, liv. XXIV, tit. 1, fr. 32, § 2).

***3220. A qui appartient le droit de révocation.** — La faculté de révocation est *personnelle à l'époux*. Elle ne peut être exercée de son chef par ses créanciers (art. 1166). Elle ne passe pas après sa mort à ses héritiers. Sur ce point notre droit moderne reproduit le système romain. L'*Oratio* de Caracalla ajoutait : « Heredem vero eripere forsitan adversus voluntatem supremam ejus qui donaverit, durum et avarum esse » (*ibid.*).

3221. Durée du droit de révocation. — Il est admis que la donation peut encore être révoquée après le décès de l'époux donataire : elle peut donc se faire contre ses héritiers aussi bien que contre lui (Toulouse, 20 mai 1886, D. 87. 2. 40, S. 86. 2. 238).

***3222. Comment se fait la révocation.** — Nous ne trouvons rien sur ce sujet dans le Code. La révocation peut être tacite ou expresse. *Tacite,* elle résultera de tout acte de disposition incompatible avec le maintien de la donation ; une seconde donation du même bien révoquera la première ; un legs, contenu dans le testament, aura le même effet. *Expresse,* elle peut se faire par testament ; sinon la loi exige un acte notarié avec présence réelle du notaire en second (L. 21 juin 1843 complétant le Code sur ce point). C'est le seul détail qui soit réglé par un texte. Comp. art. 1035.

Si c'est la femme qui veut révoquer une donation faite à son mari, elle peut le faire sans autorisation ni du mari ni de justice (art. 1096, al. 2).

***3223. Effet de la révocation.** — La révocation produit l'effet d'une résolution ; elle atteint les tiers en détruisant rétroactivement le titre du donataire. Comp. ci-dessus nº 2035.

3224. Fraudes et sanction. — L'époux donateur peut se trouver privé en fait de son droit de révocation. Cela arrivera lorsque la donation aura été cachée sous la forme d'un acte à titre onéreux ou adressée à un tiers qui a servi de personne interposée. Dans de pareilles conditions le donateur pourra être fort embarrassé pour rétablir la vérité et exercer son droit de révocation, et on voit dans la pratique que ces fraudes et ces détours sont extrêmement fréquents entre époux [1].

Aussi la jurisprudence a-t-elle déclaré *nulles* les donations faites sous une forme détournée, de nature à compromettre la révocabilité qui en est le caractère essentiel (Cass., 11 nov. 1834, D. 35. 1. 18, S. 34. 1. 769 ; Cass., 16 avril 1850, D. 50. 1. 52, S. 50. 1. 591 ; Montpellier, 24 févr. 1876, D. 79. 2. 249, S. 76. 2. 241). Pour arriver à prononcer cette nullité les arrêts ont donné pour sanction à l'art. 1096 la disposition de l'art. 1099 qui parle en effet de nullité, mais qui sert uniquement de sanction aux art. 1094 et 1098 [2].

[1] Ces habitudes sont fort anciennes dans la population. Elles remontent au temps où les donations entre époux étaient non seulement révocables, mais interdites. Voyez la scène du *Malade imaginaire* (acte I, scène 9), où Argan demande à M. de Bonnefoi, qui est « fort honnête homme » un moyen de donner tout son bien à sa femme pour en frustrer ses enfants. Et le notaire lui explique qu'il y a « des expédients pour passer doucement par-dessus la loi et rendre juste ce qui n'est pas permis ».

[2] C'est ce qui résulte du simple examen des textes. L'art. 1099 défend aux époux de rien se donner « *au delà de ce qui leur est permis* par les articles qui précèdent » et déclare nulles les donations excessives. Or ce sont les art. 1094 et 1098 qui seuls fixent une *limite* en déterminant la quotité disponible entre époux. C'est donc à eux seuls que se réfère l'art. 1099, et non à tous les articles qui le précèdent. Il y a eu ainsi une véritable *adaptation* du texte par la jurisprudence qui en a *élargi* le sens : elle a admis un cas de nullité que la loi n'avait pas établi.

A quels résultats positifs une pareille nullité peut-elle conduire? Pour qu'elle soit prononcée, il faut que le véritable caractère de l'acte, quand il est déguisé, ou son véritable destinataire, quand il a été fait à une personne interposée, soit connu et prouvé. Or dans ce cas il est encore plus facile de *révoquer* la donation que d'en *demander la nullité en justice*[1]. Cependant on voit le donateur lui-même exercer l'action en nullité (Cass., 25 juill. 1881, D. 82. 1. 177). Qu'y gagne-t-il? Pour lui personnellement on ne le voit pas; mais une action en nullité peut être[2] considérée comme transmissible à ses héritiers qui ne succéderaient pas à son droit de révocation.

§ 3. — *Quotité disponible entre époux.*

A. — Son origine.

3225. Ancien droit. — La plupart des coutumes subordonnaient la possibilité de se faire des donations entre époux à la condition qu'il n'y ait point d'enfants lors du décès du prémourant. Mais elles n'avaient pas songé à limiter d'une manière spéciale l'étendue des libéralités. Toutefois quelques-unes bornaient la faculté de disposer aux biens de la communauté ou à une disposition en usufruit (Pothier, *Donations entre époux*, nos 118 à 128).

3226. Loi de nivôse. — Il en était à peu près de même de la loi de nivôse qui permettait en principe aux époux de se donner la totalité de leurs biens en pleine propriété, sauf à réduire la donation à une moitié en usufruit quand il y avait des enfants (art. 13 et 14).

3227. Code civil. — Développant cette idée, le Code civil a institué une quotité disponible spéciale pour les donations entre époux (art. 1094 et 1098). S'il n'y a point d'héritiers en ligne directe, ni enfants ni ascendants, les libéralités entre époux peuvent comprendre la totalité de la fortune, parce que le défunt ne laisse pas d'héritiers réservataires. S'il y a des héritiers réservataires, trois cas sont à distinguer selon leur qualité; ces héritiers peuvent être: 1° des *ascendants*; 2° des *enfants nés du mariage*; 3° des *enfants d'un précédent mariage*.

C'est donc un droit de formation nouvelle, et qui a donné lieu à bien des difficultés. Il y aurait grand avantage à supprimer toute cette fixation de la quotité disponible spéciale au conjoint et à laisser sous l'empire du droit commun les libéralités qui lui sont faites. En Roumanie, cette simplification est déjà obtenue: on a écarté l'art. 1094 français, ce que M. Alexandresco approuve avec raison (*Droit ancien et moderne de la Roumanie*, p. 105). Comp. ci-dessus n° 1401.

B. — Disponible en présence d'ascendants.

3228. Système du Code civil. — Quand l'époux laisse des ascendants pour héritiers, la quotité disponible au profit de son conjoint a été, jusqu'en 1900, *plus forte que celle du droit commun*. D'après l'art. 915 ancien (devenu en 1896 l'art. 914), la réserve des ascendants est d'*un quart pour chaque ligne, en pleine propriété*. Le défunt a donc pu disposer de la moitié ou des trois quarts de son bien, selon qu'il avait des ascendants dans les deux lignes ou dans une seule. Au delà de cette quotité disponible du droit

[1] Les premiers arrêts paraissent avoir été entraînés par cette considération : l'époux donateur avait vendu à un tiers qui, devenu acquéreur fictif, avait fait lui-même la donation à l'autre époux. Or l'époux vendeur ne pouvait pas révoquer la vente, qui est irrévocable, ni la donation qui n'émanait pas de lui; il était donc réduit à une demande en nullité (Arrêt précité du 16 avril 1850). On n'a pas réfléchi que, la vente étant fictive, l'époux devait être considéré comme étant lui-même le donateur, et que l'intervention frauduleuse d'un tiers n'avait pu donner à l'acte un caractère irrévocable qui ne lui appartenait pas d'après la loi.

[2] Je dis « peut être », car la conséquence n'est pas forcée. On pourrait décider que l'action en nullité étant la sanction du droit de révocation ne peut profiter qu'à la personne qui seule a le droit de révoquer la donation.

commun[1], la loi lui permettait de donner en outre à son conjoint l'*usufruit de la réserve des ascendants* (art. 1094, al. 1). Ainsi les ascendants se trouvaient réduits à *la nue propriété de leur réserve*, et ils étaient obligés d'attendre la mort de leur gendre ou de leur bru pour en obtenir la jouissance; c'était le plus souvent pour eux une espérance chimérique, étant donné qu'ils avaient affaire à un usufruitier plus jeune qu'eux de tout l'intervalle d'une génération. Malleville avait bien raison de dire qu'une pareille disposition était « dérisoire ». Privé de la jouissance de sa réserve, l'ascendant n'avait même pas le droit de demander des aliments au conjoint survivant, bien que celui-ci fût son allié en ligne directe, car nous raisonnons sur l'hypothèse où il ne reste pas d'enfants du mariage, et l'art. 206 supprime en ce cas l'obligation alimentaire. Il ne lui restait qu'une ressource, qui était de *vendre sa nue propriété*. Il en tirait ordinairement fort peu de chose, surtout si la bru ou le gendre, qui avait l'usufruit, était encore jeune.

***3229. Système actuel.** — Une loi des 14-17 février 1900 a mis fin à cette injustice : l'al. 1er de l'art. 1094 a été supprimé et les personnes mariées ont perdu le droit de disposer, au profit de leur conjoint, de l'usufruit de la réserve accordée à leurs ascendants. L'ascendant est sûr d'avoir sa réserve en pleine propriété. On a toutefois maintenu l'effet des donations consenties par contrat de mariage avant la loi nouvelle, afin de respecter le principe de la non-rétroactivité des lois.

C. — Disponible en présence d'enfants nés du mariage.

***3230. Quotité disponible.** — La quotité disponible est alors réglée par l'art. 1094, al. 2 : le conjoint peut recevoir *un quart en pleine propriété, plus un quart en usufruit*, ou bien *une moitié en usufruit*.

3231. Explication de la loi. — En apparence la disposition de la loi est singulière. La donation d'un quart en pleine propriété, plus un quart en usufruit, équivaut à une moitié en usufruit, plus un quart en nue propriété. Dès lors à quoi bon répéter que le donataire peut recevoir une moitié en usufruit seulement? N'est-il pas évident que la donation peut se tenir en deçà des limites du disponible? — La formule employée par la loi a cependant un sens : l'époux donateur aurait pu être tenté de donner à son conjoint les trois quarts en usufruit, pensant que le troisième quart en usufruit pouvait équivaloir au quart en nue propriété dont la loi lui permet de disposer. Les auteurs du Code n'ont pas voulu de cette combinaison : la limite est la même pour les donations en jouissance seulement (usufruits et rentes viagères) et pour les donations qui comprennent du capital : le chiffre de la moitié des revenus ne peut jamais être dépassé.

Dans le projet de l'an VIII, c'était un système général (FENET, t. II, p. 276, art. 17). On a déjà vu (ci dessus n° 3133) que ce système a été abandonné pour la quotité disponible du droit commun : l'art. 917 permet de remplacer une part de nue propriété par une part supplémentaire d'usufruit, mais cette faculté est spéciale au disponible ordinaire fixé par les art. 913 et suiv. Pour la quotité disponible entre époux, il existe un régime à part, qui se suffit à lui-même, et la décision de l'art. 917 ne peut pas être transportée d'une matière dans une autre. Par suite l'époux qui n'a reçu qu'un usufruit ou une rente viagère, verra son don ou son legs réduit au chiffre de la moitié des revenus du défunt, et comme il ne lui a été rien légué en nue propriété il ne pourra rien réclamer à titre de récompense : son conjoint a fait pour lui quelque chose qui lui était interdit en dépassant la quotité de moitié, et il n'a pas fait tout ce qui lui était permis, en s'abstenant de lui donner un quart en propriété (Cass., 30 juin 1885, D. 86. 1. 255, S. 85. 1. 352; Paris, 14 nov. 1894, D. 95. 2. 115).

[1] On remarquera dans l'art. 1094 l'emploi du mot « étranger » désignant toute personne autre que le conjoint. Comp. art. 839 et 1687, et t. I, n° 435.

*** 3232. Comparaison avec le disponible ordinaire.** — Voici une autre singularité beaucoup plus grave. La quotité disponible du droit commun, quand il existe des enfants, *ne coïncide jamais avec le disponible spécial au profit du conjoint*. Au profit d'un « étranger » (toute personne autre que le conjoint), les libéralités peuvent être tantôt de moitié, tantôt d'un tiers, tantôt d'un quart, toujours en pleine propriété : la moitié, quand il y a un enfant; le tiers, quand il y en a deux; le quart, quand il y en a trois ou davantage. Au profit de son conjoint, cette même personne ne pourra jamais disposer de la moitié en pleine propriété : le conjoint est *moins bien traité qu'un étranger*, quand il y a un seul enfant; il l'est au contraire *beaucoup mieux* quand il y a trois enfants : outre le quart du disponible ordinaire, qui peut lui être attribué en pleine propriété, il a droit à un second quart en usufruit. Pour le cas où il y a deux enfants l'écart est moins grand : le disponible ordinaire étant d'un tiers en propriété, la donation d'un quart en propriété, plus un quart en usufruit, s'en rapproche sensiblement, sinon en quotité, du moins en valeur.

3233. Système de M. Benech. — Pendant près de quarante ans, cette discordance ne fit naître aucune difficulté ; tout le monde admettait que l'art. 1094 s'appliquait seul entre époux. La quotité de biens dont un époux pouvait disposer au profit de son conjoint étant réglée uniquement par l'art. 1094, elle se trouvait tantôt plus faible, tantôt plus forte que celle qui pouvait être donnée à un étranger, sans lui être jamais égale.

En 1841, M. Benech, professeur à Toulouse, entreprit de prouver que l'art. 1094 était une *disposition extensive du droit commun* et que la quotité disponible entre époux devait toujours être au moins égale à celle de l'art. 913, de sorte qu'un époux pourrait toujours donner à son conjoint ce qu'il pourrait donner à un étranger, et en outre ce que l'art. 1094 lui permet de donner, dans les cas où ce dernier article est plus large que l'art. 913.

Ses arguments peuvent se réduire à deux principaux :

1° La loi serait *inconséquente*, si l'art. 1094 réglait seul la quotité disponible entre époux ; le titre d'époux serait *une cause de défaveur*, quand il n'existe qu'un ou deux enfants nés du mariage, et *une cause de faveur*, quand en il existe trois ou davantage. Une telle différence n'aurait aucune raison d'être et la loi serait absurde.

2° L'histoire de la confection du Code conduit à la combinaison des deux textes. Dans le projet, la quotité disponible ordinaire était fixée *d'une manière invariable*, à un quart en propriété, quel que fût le nombre des enfants. En cet état des textes, l'art. 1094 était *extensif* de la quotité ordinaire, permettant de donner en outre un quart en usufruit. Toutes les dispositions de la loi étaient en harmonie, car la loi étendait de même la quotité disponible au profit du conjoint quand il existe des ascendants (ci-dessus n° 3228). Au cours de la discussion on a modifié la quotité disponible au cas d'existence d'enfants, mais *la relation entre les deux séries de textes est restée la même* : les règles spéciales aux époux n'ont pas cessé d'être une extension du droit commun.

3234. Son échec. — Cette doctrine nouvelle, défendue avec beaucoup de talent et de verve, recueillit des adhésions nombreuses. M. Duranton, qui avait enseigné à Paris l'opinion contraire pendant plus de vingt ans, s'y rallia, ainsi que MM. Valette, Mourlon, etc. Voyez aussi Aubry et Rau, t. VI, § 689, note 5. — Néanmoins, l'ancienne doctrine s'est maintenue et a fini par triompher. Des arguments nombreux ont concouru son succès ; les deux plus décisifs sont les suivants :

1° Le chapitre IX (art. 1091 à 1100) forme un ensemble de règles complet qui doit se suffire à lui-même et on n'a pas besoin d'aller chercher ailleurs les règles applicables aux époux ;

2° L'art. 1099 défend aux époux de rien se donner « au delà de ce qui leur est permis *par les articles ci-dessus* », c'est-à-dire par ceux du même chapitre. On ne peut donc en faire intervenir aucun autre.

Ceci a paru convaincant (Demolombe, t. XXIII, n° 500; Huc, t. VI, n° 478. — Cass., 4 janv. 1869, D. 69. 1. 10, S. 69. 1. 145). — La question est aujourd'hui vidée, mais il est permis de trouver que M. Benech avait appliqué au Code un procédé d'interprétation plus élevé et plus scientifique que celui qui a prévalu, principalement par l'effet de la routine.

D. — Disponible en présence d'enfants d'un précédent mariage.

***3235. Fixation de la quotité disponible.** — Ce cas est réglé par l'art. 1098, le second des deux articles consacrés à la quotité disponible entre époux. D'après ce texte, le conjoint peut recevoir *une part d'enfant légitime le moins prenant, sans que cette part puisse jamais excéder le quart.*

Il résulte de cette disposition que s'il y a un seul enfant, le conjoint pourra recevoir un quart seulement; il en sera de même s'il y en a deux; tandis qu'une part d'enfant lui donnerait droit à une moitié ou à un tiers, selon le cas. Si les enfants sont au nombre de trois, les deux maximums fixés au conjoint (une part d'enfant et le quart de la succession) coïncident : il aura droit à un quart, comme chacun des enfants. Enfin s'il y a plus de trois enfants, le conjoint prend une part comme eux et cette part est toujours inférieure au quart; elle sera, selon les cas, d'un cinquième, d'un sixième, etc.

On voit que cette quotité disponible spéciale est égale à la quotité disponible ordinaire dans un seul cas : quand il y a trois enfants. Toutes deux sont alors également d'un quart. Dans tous les autres cas, le disponible au profit du conjoint est inférieur à celui du droit commun; il ne lui est jamais supérieur.

1° Histoire de la législation.

3236. Origine romaine. — L'art. 1098 est le résultat de toute une législation antérieure défavorable aux secondes noces. Les seconds mariages, encouragés par Auguste, furent vus avec défaveur par les empereurs chrétiens, qui établirent contre eux une double règle :

1° *La personne qui se remariait ayant des enfants d'un premier lit devait leur conserver tous les biens qu'elle tenait de son premier conjoint à un titre quelconque.* Cette règle, établie d'abord (en 382) pour les femmes veuves (L. *Feminæ quæ*, *Code*, liv. V, tit. 9, loi 3), fut plus tard (en 422) étendue aux veufs. Sous Justinien, l'époux qui se remariait n'était plus considéré que comme usufruitier des biens provenant du premier conjoint.

2° *Le père ou la mère, qui avait des enfants d'un premier lit, ne pouvait donner à son nouveau conjoint qu'une part d'enfant le moins prenant* (L. *Hac edictali*, *Code*, *ibid.*, loi 6). Cette seconde règle fut introduite en 469 par une constitution des empereurs Léon et Anthemius.

3237. L'édit des secondes noces. — Les dispositions du droit romain étaient suivies depuis longtemps dans le Midi, mais rien de pareil n'avait lieu dans les pays coutumiers, quand en juillet 1560 le chancelier de l'Hospital fit signer à François II un édit qui étendait ces règles à toute la France et qui est devenu célèbre sous le nom d'*Édit des secondes noces*; son histoire et son objet ont été exposés ci-dessus n° 1399. Cet édit comprenait deux chefs : le premier répondait à la loi « Hac edictali » (limitation à une part d'enfant des dons faits au conjoint); le second reproduisait la loi « Feminæ quæ » (conservation obligatoire des biens provenant du premier mari).

Bien que cet édit ne parlât que des « femmes veuves », d'après l'incident qui lui avait donné lieu, la jurisprudence l'étendit aux *veufs* qui se remariaient. Le Parlement de Paris jugeait en ce sens dès 1577 (Brodeau, *op. et loc. cit.*, n° 3). L'expérience avait montré, dit Ferrière, que les hommes qui se remarient sont « capables de la même faiblesse » (*Compilation*, t. III, sur le premier chef de l'édit, § 1, n° 3).

3238. Abandon du second chef de l'édit. — La plupart des coutumes rédigées après 1560 adoptèrent les dispositions de l'édit qui paraissaient fort sages ; et le projet du Code civil les reproduisait toutes les deux, mais le premier chef seul a été conservé, le tribunal de cassation ayant demandé la suppression de l'al. 2 de l'art. 161 du projet, qui lui paraissait contenir « une espèce de substitution » (Fenet, t. II, p. 300 et 712). Il en résultait de plus une inégalité entre les enfants des différents lits.

2° Cas d'application.

***3239. Enfants protégés par la loi.** — La loi n'a statué qu'en faveur des enfants *légitimes* ou *légitimés* : elle suppose qu'ils sont nés « d'un autre lit », ce qui désigne ici un *mariage régulier*. Par suite, la présence d'un enfant adoptif ou d'un enfant naturel ne donnerait pas lieu à l'application de l'art. 1098 (Paris, 5 juill. 1854, D. 56. 2. 289).

Mais quand il y a eu une précédente union, peu importe qu'il en reste plusieurs enfants ou *un seul* ; peu importe que ce soit un enfant du premier degré ou un petit-enfant. Le terme « enfants » est générique et convient à tous les descendants. L'édit s'expliquait très clairement sur ces deux points ; « Femmes veuves ayant enfant ou enfans, ou enfans de leurs enfans ».

3240. Mariage dissous par le divorce. — Dans l'édit de 1560 on n'avait naturellement prévu qu'un seul mode de dissolution pour le premier mariage : la mort de l'un des époux. Actuellement, ce premier mariage pourrait avoir été dissous par le divorce. Les enfants qui en seraient issus auraient certainement droit à la protection de la loi et le texte est assez large pour comprendre même cette hypothèse, car il dit en termes généraux : « L'homme ou la femme qui ayant des enfants d'un précédent mariage... » Jusqu'ici la question ne paraît pas s'être présentée devant la jurisprudence.

3241. Donation à une concubine. — Par une véritable singularité, la loi traite plus favorablement la concubine que la femme légitime : la donation n'est réductible en vertu de l'art. 1098 qu'autant qu'elle est faite au « nouvel époux ». En ce sens Alger, 10 mars 1879, D. 80. 2. 224.

3° Part du second conjoint.

***3242. Part d'enfant.** — La loi donne en principe au nouveau conjoint le droit de retenir sur son don ou legs « une part d'enfant ». Pour déterminer le montant de cette part on doit attendre l'ouverture de la succession, pour savoir quel parti prennent les enfants appelés à la recueillir et *ne pas tenir compte de ceux qui auraient renoncé à la succession*. Par exemple sur quatre enfants, trois seulement acceptent : ceux-là seuls y prennent une part. Cela fait, il faut *compter le conjoint comme un enfant de plus*, puisqu'il prend une part comme eux. Dans l'hypothèse d'un renonçant sur quatre, la part du conjoint sera du quart.

Si l'époux donateur, outre les enfants du premier lit, laisse des enfants de sa seconde union, tous seront comptés ensemble et auront des parts égales. Leur concours diminuera donc la « part d'enfant » qui revient au conjoint.

***3243. Enfant le moins prenant.** — Les parts des enfants sont en principe égales : il se peut cependant que l'un d'eux soit *avantagé* par le testament et reçoive par préciput tout ou partie de la quotité disponible. Le conjoint ne pourra pas calculer sa part sur celle de l'enfant le plus favorisé : il n'aura jamais plus que celui des enfants qui prendra le plus faible lot.

Il est pourtant possible de voir un descendant du donateur prendre moins que le second conjoint. Cela arrivera dans deux cas :

1° Si l'un des enfants est prédécédé laissant lui-même des enfants. Ces *petits-enfants* se partagent le lot de leur père ou mère ; chacun d'eux n'a donc qu'une partie d'une part d'enfant, c'est-à-dire moins que le conjoint.

2° S'il y a un *enfant naturel* concourant avec les enfants légitimes.

***3244. Limite du quart.** — Quand les enfants sont seulement au nombre d'un ou de deux, le conjoint prenant une part d'enfant recevrait encore une portion considérable de la succession, la moitié ou le tiers. Cela a paru trop aux rédacteurs de la loi, qui réduisent alors les libéralités faites au conjoint à un quart du total, ce qui est sensiblement moins que la part des enfants : l'enfant unique aura trois quarts, les deux enfants auront chacun trois huitièmes.

Cette limite du quart n'existait pas dans l'édit de 1560 ; c'est une rigueur nouvelle ajoutée par le Code civil.

3245. Formule usuelle. — Le système de l'édit des secondes noces est si bien entré dans nos mœurs que les parties se servent souvent de sa formule même pour déterminer le montant de la libéralité faite au second conjoint : on dit dans l'acte qu'il aura « une part d'enfant ». Cette formule lui donne droit à une quote-part de la succession dont le montant ne sera connu qu'après l'ouverture de celle-ci ; d'ailleurs, par sa nature même, pareille rédaction ne peut être employée que dans une donation de biens à venir.

3246. Cas où il y a plusieurs mariages successifs. — Si l'époux survivant se remarie plusieurs fois, la question s'élève de savoir ce qu'il aura pu donner à tous ses nouveaux conjoints pris ensemble : chacun d'eux peut-il recevoir une part d'enfant, sous réserve des limites fixées par l'art. 1094 ? Autrefois, sous l'empire de l'édit de 1560, la question était résolue dans le sens le plus restrictif : les conjoints successifs de l'époux qui avait plusieurs fois contracté de nouvelles noces, ne pouvaient recevoir à eux tous qu'une part d'enfant (FERRIÈRE, *Compilation*, sur le premier chef de l'édit, § 4, n° 21)[1]. La plupart des auteurs admettent que la même solution devrait être donnée aujourd'hui, parce que la loi nouvelle n'est que le maintien de l'ancien système.

4° A qui profite la réduction.

a. — *Enfants du premier lit.*

***3247. Condition de survie.** — Prise à la lettre, la disposition de l'art. 1098 s'appliquerait par cela seul que l'époux survivant se remarierait, ayant encore des enfants d'une première union. Mais comme il s'agit d'une

[1] On considérait l'édit comme formel parce qu'il disait, au pluriel : « à leurs nouveaux marys » ; mais cette tournure était dictée par le commencement de la phrase qui était : « ordonnons que femmes veufves si elles passent à nouvelles nopces ». La question n'était donc pas réellement tranchée par le texte.

question de *quotité disponible* et de *réduction,* qui s'apprécie toujours *au décès du disposant,* les libéralités faites au second conjoint ne seront réductibles qu'autant que les enfants du premier lit, ou tout au moins l'un d'eux, seront encore vivants au jour où s'ouvrira la succession.

Jusque-là les enfants du premier lit n'ont aucun droit : ils ne peuvent ni attaquer le second conjoint, leur droit n'étant pas encore ouvert, ni renoncer à leur action en réduction, ce qui serait un pacte sur succession future.

***3248. Condition d'acceptation.** — La loi leur donne une *réserve* exceptionnelle, puisqu'elle limite la quotité disponible. Elle les suppose donc arrivés à la succession, c'est-à-dire *ni renonçants, ni indignes,* car il n'y a de réserve que pour ceux qui sont *héritiers.*

b. — *Enfants du second lit.*

3249. Comment ils profitent de la réduction. — Si la loi restreint ici la quotité disponible, c'est dans l'intérêt des enfants du premier lit : l'action en réduction est donc établie en leur faveur ; c'est en leur personne qu'elle prend naissance. Cependant l'action ne sera pas exercée à leur profit exclusif : elle aura pour effet de *faire rentrer dans la masse à partager des biens qui en étaient sortis par don ou par legs* ; et comme il n'y a aucune cause de préférence entre enfants nés de différentes unions, tous ensemble profiteront du retour de ces biens dans la masse, les enfants du second lit aussi bien que ceux du premier. C'est l'effet du partage égal institué par l'art. 745 (Bourges, 28 déc. 1891, D. 93. 2. 169, S. 92. 2. 69).

3250. Comment ils peuvent exercer eux-mêmes l'action. — On ne s'arrête pas là : on admet que si les enfants du premier lit s'abstenaient d'exercer l'action, ceux du second pourraient agir de leur chef et demander eux-mêmes une réduction dont ils sont appelés à profiter. Si on leur refusait cette faculté, l'égalité serait rompue entre les enfants, les uns ayant un droit que les autres n'auraient pas. C'est la solution traditionnelle (Pothier, *Contrat de mariage*, n° 567)[1], et l'art. 1496 n'y fait pas obstacle en disant : « Les *enfants du premier lit* auront l'action en retranchement » : ce texte se borne à faire l'application du principe à un cas particulier et s'exprime en prévoyant le cas ordinaire. Comp. ci-dessus n° 1112.

E. — Sanction des art. 1094 et 1098.

***3251. Existence d'une sanction spéciale.** — Ordinairement quand la loi fixe une quotité disponible, en réservant le surplus aux héritiers qu'elle appelle à la succession, la seule sanction d'une pareille disposition, au cas où la quotité disponible serait dépassée par les libéralités du défunt, n'est autre que l'*action en réduction.* Cette action existe nécessairement contre le conjoint donataire, de la même façon que contre toute autre personne ; dans un cas particulier, l'art. 1496 l'appelle « action en retranchement », mais ce nom spécial n'en change pas la nature.

Mais l'expérience a prouvé que les fraudes contre les réservataires, qui sont peu à craindre au profit de donataires étrangers, sont au contraire très

[1] Pothier cite à cette occasion la loi romaine : « Nec est novum in jure ut quod quis ex persona sua non haberet, ex persona alterius habeat. »

fréquentes au profit du conjoint. L'époux que la loi empêche de donner ou à qui elle ne permet que des libéralités limitées, cherche à tourner la prohibition en faisant à son conjoint des *donations secrètes*, par tous les moyens possibles. Là-dessus la jurisprudence a fondé l'idée d'une répression beaucoup plus sévère que d'habitude, et elle a fait sortir d'un mot contenu dans la loi un *système supplémentaire de nullités très rigoureuses*, qui atteignent les donations occultes.

***3252. Disposition de la loi.** — L'art. 1099 est ainsi conçu : « Les époux ne pourront se donner indirectement au delà de ce qui leur est permis. Toute donation ou déguisée ou faite à personnes interposées sera nulle. » Selon moi, le sens de cet article est très clair : il signifie que toute donation, *faite au delà de la quotité disponible*, doit être annulée alors même qu'elle serait cachée sous la forme d'un contrat à titre onéreux ou faite en apparence à un tiers. Le second alinéa de l'article sert de sanction à la prohibition contenue dans le premier, et ce que la loi appelle « donation indirecte » au commencement de l'article, c'est la donation déguisée ou faite avec interposition de personne. Les travaux préparatoires ne laissent sur ce point aucun doute[1] et tel est le sens traditionnel des mots « avantage indirect »[2].

On va voir maintenant ce que la jurisprudence a tiré de là. Elle a en quelque sorte *séparé l'un de l'autre les deux alinéas de l'art.* 1099, pour appliquer le premier à ce que les auteurs modernes appellent les « donations indirectes » et le second aux donations déguisées ou à personnes interposées.

1° Libéralités indirectes.

***3253. Leur validité.** — Une donation est « indirecte » quand elle n'est ni déguisée, ni faite avec interposition de personnes, et qu'elle résulte de l'accomplissement d'un autre acte juridique. Comp. ci-dessus n° 2544. Une telle donation n'a rien de caché ; elle est faite ostensiblement et franchement. La jurisprudence la déclare *simplement réductible* quand elle dépasse la quotité disponible ; elle lui applique l'al. 1er de l'art. 1099, qui défend aux époux de rien se donner indirectement au delà de ce qui leur est permis (Rennes, 7 avril 1892, D. 92. 2. 245).

2° Libéralités déguisées ou à personnes interposées.

***3254. Leur nullité.** — Scindant comme il a été dit l'art. 1099, la

[1] Au Tribunat, Jaubert disait : « La loi ne permet pas que les donations puissent jamais excéder cette quotité, qui est le dernier terme de la *disponibilité en directe*. La simulation des actes et l'interposition des personnes seraient de vains subterfuges » (Fenet, t. XII, p. 622). Et Favard disait au Corps législatif : « Enfin il fallait prévenir l'effet des *donations indirectes* entre époux *par personnes interposées*, de la portion de biens qu'ils ne peuvent pas se donner : le projet de loi les défend... » (*Ibid.*, p. 646).

[2] Voyez Molière, *Le malade imaginaire*, acte I, scène 9. On y voit que l' « avantage indirect » est un « expédient pour tourner la coutume », qui défendait les donations entre époux.

jurisprudence interprète son al. 2 comme s'il prononçait la *nullité* (et non pas seulement la réduction) des donations cachées sous le voile d'un contrat onéreux, ou faites sous le nom d'une personne interposée. Par suite, ces donations sont anéanties *pour le tout,* au lieu d'être seulement réduites au montant de la quotité disponible.

3255. Origine et motifs de la nullité. — Cette jurisprudence paraît remonter à un arrêt de la Cour d'Angers, du 12 juin 1828, confirmé par arrêt de cassation du 30 nov. 1831 (D. 31. 1. 371, S. 32. 1. 134), pour le cas de donation déguisée, et à un autre arrêt (Cass., 11 nov. 1834, D. 35. 1. 18, S. 34. 1. 769) pour le cas de personne interposée. Il a paru aux magistrats que le déguisement ou l'interposition de personne était de nature à *compromettre la faculté de révocation* appartenant à l'époux donateur et que, par suite, la donation devait être non pas seulement réductible, mais *nulle pour le tout,* comme faite en fraude de la loi [1]. Malgré les critiques dont elle a été l'objet, cette jurisprudence s'est toujours maintenue (Cass., 14 avril 1886, D. 87. 1. 169, S. 86. 1. 289; Rennes, 7 avril 1892, D. 92. 2. 245). Les arrêts dissidents admettant la simple réductibilité sont extrêmement rares (Grenoble, 21 mars 1870, D. 70. 2. 190, S. 70. 2. 240).

3256. Critique. — L'origine de l'erreur est imputable à Toullier (t. V, n° 901) [2], qui n'a pas motivé son opinion.

Dès les premiers temps la jurisprudence a rencontré de vives contradictions. Voyez la note du *Sirey*, 34. 1. 769, qui fait ressortir sa conséquence la plus fâcheuse : elle a pour effet de frapper les enfants du premier lit de l'autre conjoint d'une incapacité complète, car ils ne peuvent recevoir aucune libéralité de leur beau-père ou belle-mère.

Même en ne considérant que les droits du donateur, tant de sévérité paraît excessive ; et il est historiquement certain qu'elle n'a pas été dans la pensée des rédacteurs du Code (ci-dessus n° 3252).

3257. Condition de la nullité. — Certains arrêts admettent que la donation déguisée ou par personne interposée est nulle en toute hypothèse, *quand même elle n'excéderait pas la quotité disponible* (Limoges, 5 août 1879, sous Cass., D. 83. 1. 407) [3]. Mais telle n'est pas la solution généralement admise. La plupart des arrêts, et notamment ceux de la Cour de cassation, décident que ce sont seulement les *donations excessives,* celles qui entament la réserve, qui sont sujettes à nullité ; celles qui restent en deçà des limites de la quotité disponible sont parfaitement valables (Cass., 7 févr. 1849,

[1] Ce motif est tout à fait *étranger à la question de réduction* : la question n'est pas de savoir si une donation peut être annulée *sur la demande du donateur* parce qu'elle a eu lieu sous une forme qui tendait à le priver en fait de son droit de révocation ; mais bien seulement de savoir si elle peut être anéantie pour le tout *sur la demande d'un héritier réservataire,* parce qu'elle porte atteinte à sa réserve. Les arrêts ont mêlé les deux questions et la jurisprudence s'est plongée elle-même dans le chaos. Nous ne nous occupons ici que des intérêts des réservataires ; pour le droit de révocation et sa garantie, voyez ci-dessus, n°s 3218 à 3224.

[2] Le n° 78 du *Traité des donations entre mari et femme* de Pothier, cité dans Dalloz, t. 49, p. 79, en note, comme contenant déjà la doctrine actuellement appliquée par la Cour de cassation, a en réalité un autre sens : Pothier dit que les Romains qui interdisaient *tout avantage entre époux,* annulaient en entier les actes simulés qui étaient pour le tout de pures libéralités, et « réformaient » les actes onéreux qui contenaient un avantage partiel pour l'autre époux, en lui enlevant cet avantage et en laissant subsister l'acte pour le surplus. Ce système était fondé sur le principe de l'*impossibilité absolue* de toute donation entre époux.

[3] Cette formule absolue est un effet de la confusion déjà signalée entre la question d'irrévocabilité et celle d'atteinte à la réserve (ci-dessus n° 3255). Si on admet que la donation déguisée ou faite à personne interposée est nulle parce que sa forme secrète tend à priver le donateur du droit de la révoquer, il est bien clair qu'on n'a pas à s'inquiéter du point de savoir si la réserve est entamée, ni même s'il y a des héritiers réservataires. Mais alors on n'aboutit qu'à une action en nullité *ouverte au profit du donateur,* tandis que nous parlons ici de l'action en nullité garantissant la réserve.

D. 49. 1. 71, S. 49. 1. 165; Cass., 2 mai 1855, D. 55. 1. 193, S. 56. 1. 178; Cass., 25 juill. 1881, D. 82. 1. 177, S. 82. 1. 417).

3258. Personnes pouvant attaquer la donation. — Si l'on considère la donation comme *nulle*, l'action dirigée contre elle sera une action en nullité et non une action en réduction. De plus les motifs sur lesquels on se fonde sont de telle nature que cette nullité est d'ordre public, et peut être prononcée *sur la demande de tout intéressé* (Rennes, 7 avril 1892 précité).

Cependant la Cour de cassation, cassant un arrêt de la Cour de Montpellier, du 9 août 1882, a rendu une décision qui détruit entièrement tout ce système : l'*action en nullité n'appartient qu'aux héritiers à réserve et aux institués contractuels* (Cass., 22 juill. 1884, D. 85. 1. 164, S. 85. 1. 112); les héritiers non réservataires ne pourraient attaquer pour cette cause les donations faites par leur auteur.

L'action en nullité donnée au réservataire ne se confond pas avec son action en réduction : par cette dernière il ferait seulement *réduire* la donation excessive; par l'action en nullité il la fait *tomber pour le tout*.

3259. Présomption légale d'interposition de personnes. — Quand la donation a été faite en apparence à un tiers et qu'elle est attaquée comme étant adressée réellement au conjoint, c'est à celui qui l'attaque de prouver l'interposition de personne. Il n'y a là qu'une application du droit commun. Mais la loi prévoyant que le conjoint donateur serait souvent tenté de prendre comme personnes interposées certains parents qui touchent de près au conjoint donataire, a pour quelques cas particuliers *présumé l'interposition de personnes*, de façon à dispenser de toute preuve sur ce point ceux qui attaqueraient la donation (art. 1100). Les personnes contre lesquelles cette présomption existe sont :

1° *Les enfants de l'autre conjoint, issus d'un précédent mariage*. Ces enfants sont étrangers à l'époux donateur; il est fort à craindre, s'ils ont reçu une libéralité, qu'elle soit destinée à l'autre époux. — Au contraire, si la donation est faite à un enfant commun aux deux époux, la présomption d'interposition disparait : on peut croire que la donation est inspirée par l'amour paternel ou maternel. Cette interposition est cependant possible; elle peut avoir eu lieu et rendre la donation nulle; mais il faut qu'elle soit prouvée par le demandeur.

2° *Les parents dont le conjoint donataire est héritier présomptif au jour de la donation*. C'est en effet une combinaison très simple pour faire parvenir les biens à l'autre époux. Il suffit que la qualité d'héritier présomptif ait existé; il n'est pas nécessaire que le conjoint du donateur ait réellement succédé au donataire apparent.

La double présomption légale de l'art. 1100 est une présomption irréfragable; elle ne souffre pas la preuve contraire puisque, sur son fondement, la loi annule un acte (art. 1352).

F. — Combinaison avec la quotité disponible ordinaire[1].

3260. Prohibition du cumul. — Lorsqu'une personne mariée meurt ayant fait des libéralités à la fois à son conjoint et à d'autres personnes, il y a deux quotités disponibles, l'une au profit du conjoint réglée selon les cas par les art. 1094 et 1098, l'autre au profit des tiers, réglée par les art. 913 et suiv.

Ces deux disponibles ne peuvent pas être donnés ou légués en même temps, l'un à l'époux, l'autre aux tiers. Cela est évident, car leur réunion anéantirait la réserve, et peut même dépasser le total de la succession. De là nous tirons la première règle à suivre :

Les deux quotités ne peuvent être cumulées et l'ensemble des libéralités ne peut pas dépasser la plus forte de ces deux quotités. Ce principe est aujourd'hui admis universellement. Comp. Nancy, 25 févr. 1891, D. 91. 2. 353, S. 92. 2. 65. Voyez toutefois ci-dessous n° 3263.

***3261. Conciliation.** — On peut se guider sur la règle suivante :

[1] Voir Réquier, *De la combinaison des art. 913 et 1094*, dans *Revue historique de droit français et étranger*, 1861, t. X, p. 97.

Lorsque la quotité disponible entre époux est la plus faible, l'époux ne peut plus rien recevoir dès que les libéralités faites *à des tiers ou à lui-même* ont épuisé cette quotité : l'*excédent n'est disponible qu'au profit des enfants ou des étrangers.*

Lorsque c'est la *quotité ordinaire* qui est la plus faible, et qu'elle se trouve épuisée par des libéralités faites soit au conjoint, soit à d'autres, les enfants et les tiers ne peuvent plus rien recevoir : l'*excédent n'est disponible qu'au profit du conjoint seul.*

Malheureusement les hypothèses qui se présentent sont tellement variées et leur discussion tellement compliquée qu'il est impossible d'entrer ici dans leur examen détaillé (voyez Dalloz, *Suppl.*, v° Dispositions entre vifs, n°s 199 à 213). Nous nous bornerons à étudier deux hypothèses à titre d'exemples.

3262. Première hypothèse. — Le défunt laisse trois enfants nés du mariage : la quotité disponible ordinaire est d'un quart. Le *contrat de mariage* porte donation mutuelle au profit du survivant de *moitié en usufruit*. A-t-il été permis au défunt de disposer encore au profit de ses enfants ou d'étrangers de la *nue propriété du quart*, qui était disponible en pleine propriété au profit de toutes personnes? Non. La jurisprudence est fixée en ce sens et ses arrêts sont très nombreux. La Cour de cassation surtout a constamment jugé de la sorte (Cass., 2 août 1853, D. 53. 1. 300, S. 53. 1. 728) et elle est aujourd'hui suivie par la grande majorité des Cours d'appel (Toulouse, 20 déc. 1871, D. 73. 2. 17, S. 72. 2. 97). L'idée qui a entraîné cette solution est l'*évaluation de l'usufruit* ou sa conversion fictive en pleine propriété : comme il arrive souvent que l'usufruit vaut la moitié de la pleine propriété, il se trouve que le don de la moitié des biens en usufruit équivaut à celui du quart en propriété[1]. Par suite la donation faite au conjoint étant antérieure à toutes les autres puisqu'elle est contenue dans le contrat de mariage, le défunt a du premier coup épuisé la quotité disponible, et il n'a pu dans l'avenir rien donner à qui que ce soit, ni à un tiers ni à ses enfants, ni en propriété, ni en usufruit.

Cette solution est extrêmement fâcheuse, car les donations en usufruit sont très fréquentes dans les contrats de mariage, et sauf convention contraire, ces donations sont irrévocables. Alors la puissance paternelle se trouve désarmée : le père et la mère ne peuvent plus amoindrir le lot d'un de leurs enfants pour avantager les autres. Aussi la doctrine résiste autant qu'elle peut (Aubry et Rau, § 689, note 24 ; Demolombe, t. XXIII, n° 525), et on peut voir dans le changement de jurisprudence signalé en note un tempérament destiné à atténuer les conséquences du principe admis, l'évaluation faite d'après l'âge et la santé du conjoint survivant donnant presque toujours un chiffre inférieur à celui qui résultait du système primitivement suivi. En tout cas, il y a une réflexion pratique à tirer de là : il faut éviter de faire des donations en usufruit à son conjoint par contrat de mariage, ou ne les faire qu'avec faculté expresse de révocation, comme cela est permis[2].

[1] La base sur laquelle doit se faire cette évaluation a varié. Les arrêts anciens appliquaient ici une règle fixe, formulée par la loi du 22 frimaire an VII, sur l'enregistrement (art. 15), d'après laquelle l'usufruit s'évaluait toujours à la moitié de la pleine propriété (Paris, 31 mai 1861, D. 63. 2. 91). Mais les arrêts plus récents admirent que cette règle était propre aux matières fiscales et qu'elle était destinée à simplifier les opérations de l'enregistrement. En matière civile, il faut procéder à une évaluation plus exacte et estimer la valeur de l'usufruit d'après l'âge et la santé de l'usufruitier (Cass., 28 mars 1866, D. 66. 1. 397, S. 66. 1. 217 ; Caen, 3 mai 1872, D. 73. 2. 218, et Toulouse cité au texte). — Du reste, le droit fiscal lui-même s'est rapproché de cette solution (L. 25 févr. 1901, art. 13). Voyez ci-dessus n° 3107.

[2] Une combinaison ingénieuse s'est présentée dans la pratique pour corriger l'inconvénient du système de la jurisprudence. L'époux qui a eu l'imprudence de faire *par contrat de mariage* à son conjoint une libéralité irrévocable qui épuise sa quotité disponible, lui fait *par testament* une seconde libéralité ayant le même objet que la première, par exemple la moitié de ses biens en usufruit. Ce legs ouvre une *option* au conjoint gratifié ; il faut qu'il renonce à l'une des deux pour s'en tenir à l'autre. S'il renonce à celle qu'il avait reçue par contrat de mariage, pour accepter le legs, la libéralité qui lui est faite devient *contemporaine* de celle qui est faite aux enfants ou à des étrangers, et on peut lui appliquer le système admis par la jurisprudence pour le cas de *libéralités simultanées*, signalé au n° 3263. Le maximum disponible sera apprécié séparément pour la nue propriété et pour l'usufruit : l'époux prendra une moitié *en usufruit*, les autres gratifiés pourront recevoir *en nue propriété* un tiers ou

3263. Seconde hypothèse. — Toutes les libéralités, tant au profit de l'époux survivant que des tiers, ont été *faites par testament* : elles sont donc *toutes contemporaines*, elles datent toutes du jour du décès, et l'antériorité de l'une d'elles, qui caractérisait l'hypothèse précédente, ne se rencontre plus. — Supposons qu'il reste deux fils; la quotité disponible ordinaire est d'un tiers. Le défunt a légué *à son conjoint la moitié en usufruit*; *à l'un de ses fils ou à un étranger, un tiers en nue propriété*. La jurisprudence admet que les deux libéralités s'exécutent *sans réduction*, quoique leur réunion dépasse la quotité disponible la plus forte, qui est celle de l'art. 1094 : un *tiers* en nue propriété est plus que le *quart* en nue propriété que le défunt aurait pu léguer à son conjoint; la différence est d'un douzième (Cass., 3 mai 1864, D. 64. 1. 173, S. 64. 1. 273). Cette solution est certainement difficile à concilier avec la précédente.

CHAPITRE III

DES SUBSTITUTIONS FIDÉICOMMISSAIRES

3264. Bibliographie. — I. Droit ancien. — Ricard, *Des deux espèces de substitution directe et fidéicommissaire* (*Œuvres complètes*, t. II). — Pothier, *Traité des substitutions*, à la suite de son « Traité des Donations » (édit. Bugnet, t. VIII). — Furgole, *Commentaire de l'ordonnance de Louis XV sur les substitutions*, 1767. — Thévenot d'Essaule de Savigny, *Traité des substitutions fidéicommissaires*, Paris, 1778.

II. Droit moderne. — Outre l'ouvrage déjà ancien de Rolland de Villargues (3e édit., 1833), voir Ed. Lambert, *De l'exhérédation*, nos 771 à 882, et les traités généraux sur les Donations et testaments.

** **3265. Définition.** — On appelle « substitution fidéicommissaire » toute disposition par laquelle *l'auteur d'une libéralité charge la personne gratifiée de conserver toute sa vie les biens qu'il lui donne, pour les transmettre en mourant à une seconde personne désignée par le disposant.*

Cette clause peut se rencontrer aussi bien dans une libéralité entre vifs que dans un legs.

Toute substitution contient en réalité deux *libéralités* :

L'une au profit de la personne gratifiée en première ligne, que l'on appelle *le grevé* ;

La seconde au profit de celui ou ceux qui doivent la recueillir à la mort du grevé, et qu'on nomme *les appelés*, parce qu'ils sont appelés à bénéficier de la substitution dont est tenu le grevé.

un quart de la succession selon qu'il y aura deux enfants ou davantage (Cass., 3 juin 1863, D. 64. 1. 32, S. 63. 1. 417 ; Rouen, 18 mai 1876, D. 78. 2. 110, S. 77. 2. 139). Toutefois, cette option du conjoint ne peut s'exercer qu'après l'ouverture de la succession (Agen, 12 déc. 1866, D. 67. 2. 17, S. 68. 2. 37).

D'autre part, la Cour de Lyon a rendu récemment un arrêt qui a écarté l'évaluation de l'usufruit ou sa conversion fictive en pleine propriété avec imputation obligatoire sur la quotité disponible ordinaire, même lorsque les libéralités n'étaient pas *simultanées* et que le conjoint avait reçu une moitié en usufruit par une libéralité contenue dans le contrat de mariage (Lyon, 9 mars 1900, *Gaz. des trib.*, 26 août 1900 ; D. 1900. 2. 409).

Ordinairement les appelés sont les enfants et descendants du grevé.

** **3266. Observation.** — Il y a une autre espèce de substitution qu'on appelle la *substitution vulgaire*. Celle-ci consiste à désigner un second légataire, qui recueillera le legs *à la mort du disposant*, si le légataire gratifié en première ligne ne le recueille pas pour une cause quelconque. C'est une institution en sous-ordre, *sub-institutio*.

Ce genre de substitution est fréquent dans les testaments, parce que le testateur, qui peut survivre de longues années, doit prévoir que le légataire choisi par lui peut prédécéder, ou même peut-être qu'il refusera. Il est très rare au contraire dans les donations qui sont généralement acceptées d'une manière définitive soit immédiatement, soit après un court intervalle.

Il est évident que la substitution vulgaire diffère profondément de la substitution fidéicommissaire : il n'y a pas ici *deux libéralités* devant produire *successivement* leur effet, il n'y en a qu'une : le testateur lègue en apparence seulement à deux personnes, parce que la seconde ne doit recueillir que si la première libéralité n'a pas d'effet ; la seconde libéralité est donc *subordonnée à la condition de caducité de la première*, et finalement une seule s'exécutera.

La substitution vulgaire n'est soumise à aucune règle particulière ; elle ne soulève aucune difficulté. L'art. 898 l'autorise dans les termes les plus généraux. Nous n'en dirons rien de plus. — Au contraire, les substitutions fidéicommissaires offrent des intérêts pratiques considérables, et la théorie en est très difficile à bien pénétrer. Elles ont joué un rôle important dans notre histoire et c'est d'elles que l'on parle quand on dit « les substitutions », tout court.

§ 1. — *Histoire de la législation en matière de substitutions.*

3267. Origine historique des substitutions. — De tout temps les donateurs et testateurs ont eu le désir de régler indéfiniment l'avenir selon leurs goûts et leurs idées, ou tout au moins de prolonger l'influence de leur volonté pendant plusieurs générations après eux. Les Romains déjà avaient cette tendance, et ils utilisèrent dans ce but une institution qui avait une autre fonction, le *fidéicommis*. Sous sa forme primitive, le fidéicommis servait seulement à faire parvenir des biens à une personne qui n'aurait pas pu être instituée directement comme héritier ou comme légataire ; on s'adressait à un intermédiaire appelé *fiduciaire*, en qui on avait confiance, et on le priait de restituer les biens à la personne qu'on lui désignait et qui était appelée *fidéicommissaire*, parce qu'elle bénéficiait du fidéicommis. Pratiquée d'abord comme simple affaire de conscience, abandonnée à la bonne foi du fiduciaire (d'où le nom de *fideicommissum*), la restitution du fidéicommis devint obligatoire sous Auguste.

3268. Fidéicommis graduels. — Sous sa forme *simple*, le fidéicommis romain ne nous aurait pas donné nos substitutions, parce que les biens ne faisaient que passer par les mains du fiduciaire, et la restitution en était, sinon immédiate, du moins assez prompte. On imagina de faire des fidéicommis à plusieurs degrés : le premier fidéicommissaire devenant à son tour fiduciaire, grevé d'un second fidéicommis au profit d'une troisième personne, et ainsi de suite. En même temps on laissait à chaque fiduciaire successif la possession et la jouissance intérimaires, plus ou moins longues, des biens compris dans le fidéicommis. On eut ainsi la *substitution graduelle* de notre ancien droit.

* **3269. Leur faveur dans l'ancien droit.** — On conserva bien, pour certains

cas où il pouvait être utile, le fidéicommis simple, avec ses dénominations anciennes, de *fiduciaire* et *fidéicommissaire* ; mais le fidéicommis graduel prit une importance inattendue sous le nom nouveau de *substitution*. Dans un temps où l'on ne connaissait guère d'autre richesse que la terre, et où les familles nobles présentaient le spectacle d'une décadence lente, mais sûre, par l'effet des partages, il était de toute nécessité d'en assurer le maintien par tous les moyens possibles, si l'on voulait conserver autour du trône une noblesse nombreuse et riche. Le droit d'aînesse ne suffisait pas à atteindre ce but, car s'il créait dans chaque famille un héritier du nom possesseur de la plus grosse part de la fortune, il n'assurait pas la transmission indéfinie de cette fortune. On pouvait toujours craindre d'en voir le dépôt tomber entre des mains inhabiles ou malheureuses, et de la voir s'anéantir. Les substitutions furent la garantie de la noblesse : en rendant les biens inaliénables entre les mains du grevé, on le forçait, en quelque sorte, à rester riche malgré lui, et on protégeait contre tout risque le patrimoine de la famille future.

3270. Inconvénients des substitutions. — On établissait ainsi un nouveau genre de succession, dans lequel la volonté de l'homme prenait la place de la loi, comme dit le préambule de l'ordonnance de 1747, car le disposant choisissait lui-même les appelés. L'inconvénient capital du système était de lier les mains pour de longues années, peut-être pour des siècles, aux propriétaires successifs des biens substitués. L'immobilité perpétuelle de la propriété foncière pouvait être un secours pour le régime féodal et monarchique, mais elle faisait payer cher ses services. D'ailleurs elle n'a pas empêché la ruine de la noblesse, que les libéralités connues ou secrètes du roi ne purent sauver : le développement du commerce et des richesses mobilières lui fut fatal. Voyez ce qui arriva à Colbert pour son édit sur la publicité des hypothèques (t. II, n° 2681) ; voyez aussi ce qu'en pensait Rossi, *Cours d'économie politique*, 3e édit., t. II, p. 159. Comp. Montesquieu, *Esprit des lois*, liv. V, chap. IX.

3271. Limitations successives. — Les abus étaient tels que la royauté elle-même apporta, et de très bonne heure, des restrictions considérables au droit de faire des substitutions. L'ordonnance d'Orléans (janvier 1560) défendit de faire à l'avenir des substitutions *ayant plus de deux degrés*, « après l'institution et première disposition, icelle non comprise » (art. 59), c'est-à-dire que deux générations au plus devaient se trouver grevées de la charge de conserver et de rendre. On prétendit alors que les substitutions antérieures à 1560 devaient demeurer perpétuelles, l'ordonnance n'ayant statué que pour l'avenir ; mais l'ordonnance de Moulins (février 1566) les limita à quatre degrés (art. 57).

L'ordonnance de 1747, sur les substitutions, qui régla entièrement la matière, renouvela la défense de l'ordonnance d'Orléans (art. 30 et suiv.). Le chancelier d'Aguesseau, qui la rédigea, écrivait quelques années auparavant que « l'abrogation entière des fidéicommis serait peut-être la meilleure de toutes les lois » (Lettre du 24 juin 1730, t. IX).

3272. Abolition des substitutions. — La Révolution, qui anéantit l'organisation féodale et nobiliaire de la France, supprima les substitutions : la loi du 14 novembre 1792 les prohiba absolument pour l'avenir et annula toutes celles qui, faites antérieurement, n'étaient pas encore *ouvertes* [1] à cette date. On justifie ordinairement cette mesure en disant que la Révolution cherchait à faciliter la circulation des biens et à débarrasser la terre des entraves qui en gênaient les propriétaires. Il y a peut-être un peu de cette idée dans l'opinion du temps, mais les vrais motifs sont d'ordre politique ; on ne les donne pas d'ordinaire ; ils sont avoués dans une lettre de Bonaparte (A. Du Casse, *Mémoires et correspondance... du roi Joseph*, 3e édit., 1856, t. II, p. 299 et 300).

**** 3273. Régime du Code civil.** — Le Code civil conserva le principe nouveau : les substitutions sont *prohibées* (art. 896). Cependant, dans une autre partie du Code, et sans dire qu'on autorisait des *substitutions* (le mot

[1] On dit que la substitution *s'ouvre* quand le grevé meurt et qu'il existe au moment de son décès des appelés capables de recueillir les biens substitués.

n'y est pas prononcé), les rédacteurs de la loi permirent d'en faire dans certains cas exceptionnels et avec diverses conditions et restrictions. Ce sont les *substitutions permises* (art. 1048 à 1074).

***3274. Les majorats.** — Une seconde exception fut introduite peu de temps après le vote du Code civil. Elle était beaucoup plus grave parce qu'elle était inspirée par le même esprit qui avait fait prospérer les substitutions sous l'ancien régime : ce fut la création des *majorats* [1]. Un Sénatus-consulte du 14 août 1806, inséré en 1807 dans le Code civil (al. 3, ajouté à l'art. 896), permit de créer des *substitutions perpétuelles* sur des biens attachés à un *titre de noblesse* dont ils formaient la *dotation*, transmissible de mâle en mâle par ordre de primogéniture.

C'est sur cette institution des majorats que Napoléon comptait pour fonder sa noblesse d'empire. On en distinguait de deux sortes : 1° les *majorats de propre mouvement*, créés par le chef de l'État lui-même, avec des biens domaniaux ; 2° les *majorats sur demande*, fondés par des particuliers avec leurs propres biens, après une autorisation du gouvernement. Les majorats n'eurent qu'un succès éphémère. Une loi du 12 mai 1835 a interdit d'en créer de nouveaux à l'avenir. Quant à ceux qui existaient, on en fit deux parts :

1° Les majorats de propre mouvement ont été maintenus purement et simplement. Il y en a encore quelques-uns et leur durée peut être longue, car ils sont transmissibles en ligne directe sans limite ; ils ne s'éteindront qu'avec la descendance masculine de ceux qui les possèdent.

2° Les majorats sur demande ont été limités d'abord à deux degrés en 1835, non compris l'institution (Cass., 6 avril 1894, D. 95. 1. 7, S. 94. 1. 216). Plus tard, la loi du 7 mai 1849 en restreignit encore l'effet en déclarant abolis tous ceux pour lesquels il n'existait pas d'appelés nés ou conçus au jour de sa promulgation ; on respectait seulement les droits acquis et il est probable que les derniers majorats de cette sorte sont aujourd'hui éteints et que les biens qui les composaient sont redevenus libres entre les mains de leurs possesseurs ; tout au moins il n'en reste guère.

3275. Loi de 1826. — Sous la Restauration, une nouvelle exception fut admise. Une loi du 17 mai 1826 permit au père d'employer la quotité disponible au profit d'un de ses enfants en le grevant de substitution [2]. Ces substitutions étaient valables pour deux degrés (deux générations). On voulait consolider la monarchie en maintenant le plus possible la fortune de la noblesse. La loi de 1826 a été abrogée par la loi du 7 mai 1849, qui mit également fin aux majorats. Quant aux substitutions alors existantes en conformité de cette loi, elles furent maintenues seulement au profit des appelés déjà *nés* ou *conçus* à cette époque (mai 1849). S'il n'y en avait pas, les biens substitués devenaient libres et disponibles entre les mains du grevé. Sous l'inspiration de M. Valette, rapporteur de la loi, on se montra donc plus respectueux des droits acquis en 1849 qu'en 1792.

§ 2. — *De la prohibition des substitutions.*

**** 3276. Justification de la prohibition.** — En mettant à part les haines politiques qui firent supprimer les substitutions en 1792 et en 1849, il reste encore assez de motifs pour en maintenir la prohibition. L'inaliénabilité prolongée qui en résulte pour des fortunes considérables est une source de fraudes et de surprises. Les grevés de substitution cherchaient

[1] Sur les majorats, voir la thèse de M. P. VERDELOT, *Du bien de famille en Allemagne*, Paris, 1899, p. 610-613.

[2] Cette loi contenait une autre partie qui rétablissait le droit d'aînesse, mais qui fut rejetée par les Chambres. Sur cette loi, voir VERDELOT, thèse précitée, p. 614-634.

perpétuellement à aliéner ou à emprunter sur hypothèque et ne pouvaient le faire que dans des conditions désastreuses pour eux et pour les tiers, ceux-ci étant nécessairement exposés à voir leurs droits se résoudre par l'ouverture du droit des appelés. Gênés dans leurs projets, les grevés s'en dédommageaient par une exploitation abusive, ou en laissant dépérir des biens dont ils ne pouvaient pas tirer parti à leur gré. Enfin les créanciers, qui avaient pu compter sur les biens substitués à un moment où il n'y avait personne d'appelé à les recueillir, se les voyaient souvent enlever par la survenance d'enfants inattendus. On s'en plaignait déjà à tous ces points de vue dès le XVIe siècle. Voyez GUI COQUILLE, *Coustume de Nivernois*, chap. XXXIII, art. 10 : « Car celui qui a une chevance substituée n'est pas maistre et seigneur de son bien... et l'evenement faict quelques foys l'heredité coquine de celuy que l'on pensoit estre bien riche. »

3276 *bis*. Législations étrangères. — Dans la plupart des pays étrangers, les substitutions sont prohibées comme en France et même plus sévèrement, car plusieurs Codes ont rejeté l'exception admise par nos art. 897 et 1048. Voyez pour la *Roumanie*, ALEXANDRESCO, p. 131 ; pour l'*Italie*, HUC, *Code civil italien*, t. I, p. 227.

Cependant le *Code néerlandais*, qui est bien antérieur aux deux précédents, a conservé et même développé le système français (art. 928 et art. 1020 à 1038).

3277. Observation préliminaire. — L'art. 896 est conçu en termes beaucoup trop généraux. Après avoir dit : « Les substitutions sont prohibées, » la loi ajoute : « Toute disposition par laquelle le donataire, l'héritier institué ou le légataire sera *chargé de conserver et de rendre* à un tiers, sera nulle... ». Il y a beaucoup de cas dans lesquels cette charge existe sans qu'il y ait *substitution prohibée* et la recherche des caractères distinctifs de la vraie substitution forme la principale difficulté de cette matière.

A. — Caractères constitutifs de la substitution prohibée.

****3278. Énumération.** — On reconnaît une substitution véritable à la réunion de trois caractères :

1° L'existence d'une *double libéralité*.

2° La *charge de conserver et de rendre*.

3° L'*ouverture* du droit des appelés *par la mort du grevé*.

Nos anciens auteurs analysaient autrement l'opération. Ils distinguaient : 1° la *double libéralité* ; 2° le *trait du temps* ; 3° l'*éventualité* ; 4° l'*ordre successif*. Dans cette liste, le premier élément et le dernier sont les mêmes que dans l'analyse moderne de la substitution ; mais la charge de conserver et de rendre, qui est le point capital, fait défaut ; on la considérait jadis comme sous-entendue dans toute substitution et elle est remplacée 1° par le trait du temps, qui est implicitement compris dans l'idée d'une double libéralité ; 2° par l'éventualité qui est, elle aussi, impliquée par l'ordre successif.

1° De la double libéralité.

***3279. En quoi elle consiste.** — Toute substitution contient une *double libéralité*, adressée par le disposant au grevé d'abord, aux appelés ensuite. Ces deux transmissions sont *successives* et produisent toutes deux leurs effets *l'une après l'autre*, et non pas seulement une seule d'entre elles à défaut de l'autre (Cass., 1er juillet 1891, D. 92. 1. 145, S. 91. 1. 337).

C'est cet intervalle, pendant lequel la première libéralité produit son effet au profit du grevé, que nos anciens auteurs appelaient le *tractus temporis*, ou *trait du temps*.

2° Charge de conserver et de rendre.

** **3280. Son danger.** — C'est cette charge qui fait tout le danger des substitutions, parce qu'elle rend les biens qui en sont frappés *inaliénables* entre les mains du grevé.

* **3281. Désignation de l'appelé.** — Ordinairement le disposant désigne lui-même la personne qui sera appelée à recueillir le bénéfice de la substitution à la mort du grevé. Si le grevé restait libre d'attribuer les biens à une personne de son choix, il n'y aurait pas substitution, car personne n'aurait d'action contre ses héritiers s'il était mort en omettant de désigner quelqu'un.

Cependant il y a désignation suffisante, quand le disposant appelle *la famille* du grevé à lui succéder (Cass., 27 mars 1889, D. 90. 1. 254, S. 92. 1. 455 ; Cass., 10 févr. 1891, D. 91. 1. 294, S. 91. 1. 105). Cette clause paraît devoir s'entendre des héritiers naturels dans l'ordre où la loi les appelle à succéder, si le disposant n'a pas indiqué un autre ordre. Comp. Cass., 21 août 1866, D. 67. 1. 30 ; Cass., 27 avril 1874, D. 75. 1. 13, S. 74. 1. 315.

3282. Qualité du grevé. — Ordinairement la charge de conserver et de rendre est imposée à un premier légataire choisi par le testateur ; mais elle pourrait l'être également à l'héritier ab intestat. Toutefois, la sanction ordinaire des substitutions ne pourrait être appliquée ici ; l'héritier ab intestat ne serait pas privé de la succession à laquelle il est appelé par la loi elle-même, malgré l'annulation du testament, et la libéralité faite au second gratifié serait seule anéantie.

3° Ouverture de la substitution par la mort du grevé.

** **3283. L'ordre successif comme caractère des substitutions prohibées.** — Il n'y a pas de substitution quand la seconde libéralité doit recevoir son effet à une époque autre que le décès du premier gratifié. L'essence de la substitution est de régler d'avance la succession du grevé relativement aux biens substitués : le disposant en règle lui-même la dévolution, supprimant par sa volonté la liberté de tester en la personne de celui qu'il gratifie. C'est ce que nos anciens auteurs appelaient l'*ordo successivus*. Là est encore un des traits caractéristiques de la substitution : elle établit un régime successoral particulier, distinct du régime légal, et souvent contraire.

Par suite il n'y a pas substitution, si la charge de rendre ne doit pas s'ouvrir à la mort du grevé. Le testateur peut la lui imposer valablement, lorsque la condition d'où elle dépend est de nature à se réaliser *à une époque quelconque*, ou lorsqu'elle est établie *à terme*, à une époque fixe, déterminée par lui.

3284. Silence du texte. — On peut remarquer que l'art. 896, en définissant la charge de rendre comme élément constitutif des substitutions qu'il prohibe, ne précise pas qu'il s'agit d'une restitution à faire au décès du grevé. Mais cette condition est sous-entendue : c'était une notion courante, que les rédacteurs de la loi n'ont pas songé à exprimer ; le mot l'implique. C'est seulement la *survie* de l'appelé au grevé qui ouvre à son profit la substitution.

3285. Question relative aux personnes morales. — Une libéralité faite à un établissement d'utilité publique (une association régulièrement autorisée) peut-elle être entachée de substitution, lorsque le disposant, en prévision du cas où l'association viendrait à se dissoudre, décide que les biens qu'il donne ou lègue seront attribués à un autre établissement similaire ou recevront telle autre destination réglée par lui ? La Cour de cassation a admis l'affirmative, et on a annulé pour cette raison la libéralité entière (Cass., 12 févr. 1896, D. 96. 1. 545, S. 99. 1. 305). On ne saurait trop regretter une pareille décision, qui est l'un des effets les plus extraordinaires qu'ait produits l'inutile fiction de la personnalité des associations ; on s'est dit : c'est une *personne* qui est gratifiée ; la dissolution de l'association est *sa mort* : voilà l'*ordre successif* caractéristique des substitutions prohibées. — Raisonnement de mots, qui sacrifie des intérêts sérieux et positifs à une raison imaginaire : il est admis par tout le monde que les associations qui se forment agissent prudemment, et prennent une précaution sage et utile en réglant elles-mêmes la dévolution de leurs biens après leur dissolution ; pourquoi cette même mesure ne pourrait-elle pas résulter d'une stipulation insérée dans l'acte même qui les rend propriétaires et librement acceptée par elles ? Il n'y a aucune similitude à établir entre le décès d'une personne et la dissolution d'une association. On objecte que ce serait donner aux particuliers le moyen d'assurer *la perpétuité à leurs volontés* : est-ce que ce moyen n'est pas, en fait, à leur disposition ? Au lieu de donner leurs biens à des groupements passagers, susceptibles de disparaître, comme des associations privées, ils peuvent s'adresser à ceux qui jouissent de la pérennité, comme l'État ou la Ville de Paris. Voyez la note du *Dalloz*, sous Paris, 2 juin 1893, D. 93. 2. 513.

B. — Sanction de la prohibition des substitutions.

**** 3286. Sévérité de la loi.** — Une substitution se compose de deux libéralités, à effet successif : celle qui est faite au profit du grevé, celle qui est faite au profit des appelés. C'est cette dernière seule qui est illicite et condamnée par la loi. Il aurait donc suffi de l'annuler, et de laisser le grevé recueillir les biens qui lui ont été donnés ou légués, à l'état de biens libres, comme s'ils avaient fait l'objet d'une libéralité ordinaire. C'était ce qu'avait fait la loi du 14 novembre 1792, qui annulait seulement la charge de conserver et de rendre.

Le Code Napoléon s'est montré plus sévère : il annule *l'ensemble de la disposition*, c'est-à-dire *même la libéralité adressée au grevé* (art. 896, al. 2). Tout est nul, même à l'égard du donataire ou légataire chargé de rendre.

Cette sévérité exceptionnelle est destinée à mieux assurer le respect de la loi, qui voulait faire disparaître une institution condamnée : on annule une première libéralité, qui est valable par elle-même, dans la crainte que celui qui l'a reçue ne se conforme par scrupule aux intentions du disposant. Le législateur devait voir, dès 1804, avec quelle opiniâtreté la pratique lutterait pour conserver un mode de disposer qui répond au secret désir de tant de gens [1].

[1] On n'imagine pas combien de testaments sont annulés pour substitution prohibée

***3287. Nature de la nullité.** — La nullité qui frappe les substitutions n'est pas une simple nullité relative ; c'est une nullité *absolue,* fondée sur des motifs d'ordre public, et que rien ne peut réparer. L'exécution volontaire de la disposition ne vaudrait donc pas confirmation, et les héritiers légitimes conserveraient leur action contre les légataires (Cass., 24 avril 1860, D. 60. 1. 224, S. 60. 1. 514 ; Cass., 8 nov. 1892, D. 93. 1. 92, S. 94. 1. 500. Voyez cependant Cass., 11 déc. 1860, D. 61. 1. 25, S. 61. 1. 185 ; Cass., 5 mars 1866, D. 66. 1. 124). — La nullité ne s'effacerait pas davantage si l'un des deux bénéficiaires venait à disparaître ou à renoncer: il resterait toujours vrai que le défunt a voulu faire une substitution.

3288. Nullité des clauses pénales. — Souvent le testateur cherche à assurer le respect de sa volonté en établissant une peine contre ceux qui attaqueraient son testament. Cette disposition est nulle, comme celle qu'elle a pour but de garantir.

***3289. Effet de la nullité.** — Quand c'est un legs universel qui est grevé de substitution, la nullité qui le frappe profite aux héritiers légitimes, puisque le légataire universel est écarté par l'art. 896. Il en est de même, si la substitution porte seulement sur une partie : pour cette part, le legs principal est nul, et l'hérédité fait partiellement retour aux successeurs ab intestat (Cass., 10 févr. 1891, D. 91. 1. 294, S. 91. 1. 105 ; Cass., 27 juin 1894, D. 95. 1. 294).

La jurisprudence applique la même solution lorsque la charge de restitution est imposée au légataire universel, non pas pour une fraction, mais pour un simple corps certain, pour un bien déterminé : ce bien doit faire retour aux héritiers du sang (Cass., 16 mars 1874, D. 74. 1. 354, S. 74. 1. 299). Cette dernière solution est très contestable, car le *titre universel* qui donne au légataire vocation à l'hérédité entière reste intact; ce n'est pas lui qui est entaché de substitution.

En tout cas, il est certain que le légataire universel profiterait de la nullité, à l'exclusion des héritiers ab intestat, si c'était seulement un legs particulier, dont il était lui-même chargé, qui se trouvait grevé de substitution : la nullité frapperait les deux légataires successifs, et le bien reviendrait au légataire universel en vertu de sa vocation au tout.

C. — Dispositions échappant à la nullité.

***3290. Tendance nouvelle de la jurisprudence.** — Le temps n'est plus où la substitution apparaissait comme un mal social et un danger politique, où son seul nom était odieux. Depuis la promulgation du Code, la pratique a fait d'innombrables efforts pour éluder la disposition de l'art. 896;

Souvent même on ne plaide pas : les avocats consultés reconnaissent la substitution comme évidente, et conseillent aux parties de tenir le testament pour nul, au lieu de faire des frais inutiles. C'est une tendance si naturelle à l'homme, surtout chez les gens de cœur et d'énergie, de vouloir régler, dans l'avenir, le sort de leur famille, quand ils voient qu'ils ont affaire à des volontés débiles et à des intelligences incapables. Même sans cela, l'homme se plaît à édifier des combinaisons à longue durée, et la substitution est un instrument si commode, que beaucoup de testateurs s'en servent en fait, qui en ignorent même le nom.

on s'y est pris de toutes les façons pour le tourner, le battre en brèche ; pour décomposer les substitutions en éléments distincts et leur trouver des formules nouvelles capables de les rendre valables. Et les tribunaux ont suivi le mouvement; leurs décisions se sont accumulées, ouvrant la porte toujours plus grande aux combinaisons dont on faisait usage, tant qu'enfin en 1873, la Cour de cassation rendit deux arrêts qui, achevant l'évolution, ne laissaient plus rien subsister de la prohibition légale. Mais bientôt après elle abandonna une partie de son système, et depuis lors le désarroi le plus complet règne dans la jurisprudence. On lira avec intérêt sur ce sujet la belle étude de M. LAMBERT, signalé au n° 3264, que je ne fais guère que résumer ici, lui empruntant même une partie de ses expressions.

3291. Observation. — Afin de bien comprendre la portée exacte des arrêts qui vont être analysés, il importe de se rendre compte que la destruction progressive de la prohibition des substitutions a laissé debout une autre prohibition du Code civil, celle qui défend de faire des libéralités à des personnes non encore conçues (art. 906). Par suite, même en usant de toute la liberté que leur laisse la jurisprudence, les particuliers ne peuvent se mouvoir que dans un cercle étroit, en appelant uniquement à bénéficier de leur libéralité des personnes *déjà vivantes ou tout au moins conçues au jour de leur décès*. De là résulte que le fonctionnement actuel des substitutions est limité en fait *à un seul degré*, sans qu'il y ait pourtant en cela une raison théorique infranchissable qui empêche de faire plus.

1° Procédés divers admis en jurisprudence.

*** 3292. Fidéicommis sans obligation juridique.** — Il est évident qu'il n'y a pas de substitution, lorsque le disposant n'a pas imposé à son prétendu grevé l'obligation juridique de conserver les biens donnés pour les transmettre aux appelés, mais s'est borné à émettre un *vœu* ou une *prière*, pour lui faire connaître son désir à cet égard (Cass., 19 mars 1856, D. 56. 1. 123, S. 56. 1. 685 ; Cass., 26 juin 1882, D. 84. 1. 447, S. 82. 1. 403 ; Cass., 14 juin 1899, D. 1900. 1. 353). Ce point était déjà admis dans l'ancien droit (RICARD, n° 312).

Mais nos tribunaux vont plus loin ; ils ont interprété systématiquement les testaments de façon à y voir la simple expression d'un vœu et à les rendre valables, toutes les fois que l'obligation de conserver et de rendre ne s'y trouvait pas écrite expressément en termes impératifs. Voyez notamment, à titre d'exemples, Cass., 8 juill. 1834, D. 34. 1. 37, S. 34. 1. 754 ; Cass., 16 mars 1875, D. 75. 1. 483, S. 75. 1. 150. On supprime par là toute garantie en faveur des appelés, mais on leur laisse au moins une chance de profiter de la substitution et, de plus, on rend valable la libéralité de première ligne.

*** 3293. Fidéicommis sans inaliénabilité.** — Très fréquemment le disposant ne grève pas la personne qu'il gratifie en première ligne d'une véritable charge de restituer, frappant les biens d'inaliénabilité : il la prie seulement de conserver les biens, et n'attribue aux appelés que la propriété de ce qui restera au décès du premier donataire ou légataire. C'est ce qu'on appelle le fidéicommis *de residuo* ou *de eo quod supererit*. Pareille disposition ne présente évidemment pas les inconvénients d'ordre économique que l'on reproche aux substitutions. Aussi la jurisprudence admet-elle, depuis longtemps, que ces fidéicommis sont valables et doivent s'exécuter, non seulement au profit du grevé, mais même au profit des appelés (Cass., 1er févr. 1827, D. 27. 1. 130, S. chr. 8. 1. 515 ; Cass., 27 févr. 1843, D. 43. 1. 181, S. 43. 1. 440 ; Cass., 2 mars 1864, D. 64. 1. 214, S. 64. 1. 167)[1].

On admet même que le fidéicommis de residuo ne perdrait pas son caractère licite, si le disposant, afin d'en assurer le plus possible le bénéfice aux appelés, avait limité le droit de disposition du premier gratifié ; par exemple, s'il lui avait interdit de disposer à titre de legs : les biens restant aliénables entre vifs, ne sont pas retirés du commerce (Cass., 11 août 1864, D. 64. 1. 468, S. 64. 1. 436 ; Cass., 8 mai 1899, S. 1901. 1. 391. — Comp. Cass., 24 avril 1860, S. 60. 1. 514).

Cette jurisprudence accuse le parti pris des tribunaux de faciliter des combinaisons qui ne leur paraissent avoir aucun danger, bien qu'elles rentrent dans les termes de l'art. 896. En effet cet article reproduit les dispositions de la loi de 1792 et sous l'empire de cette loi on considérait les fidéicommis *de eo quod supererit* comme prohibés (Cass., 18 frimaire an V, D. 12. 161, S. chr. 1. 1. 65) et dans les premiers temps, cette jurisprudence s'était maintenue sous le Code civil (Paris, 19 juin 1808 ; Metz, 16 févr. 1815 ; Riom, 6 avril 1821). Il y a donc eu un changement complet de solution en 1827.

Tout au moins faut-il que le testateur ait donné une *vocation héréditaire directe* à celui qui doit profiter de la restitution ; un simple « vœu » émis par lui, pour inviter le légataire à transmettre les biens à la personne désignée, ne suffirait pas pour constituer ce genre de fidéicommis (Cass., 8 mai 1899, D. 1900. 1. 68).

***3294. Emploi de dispositions en usufruit.** — Au temps où la loi du 14 novembre 1792 était en vigueur, on s'était demandé si la disposition par laquelle l'usufruit est légué à l'un et la nue propriété à l'autre constituait une substitution, parce que les droits du grevé pendant sa vie se réduisent à peu près à ceux d'un usufruitier quand s'ouvre le droit des appelés. Néanmoins, il est certain que ce n'est pas une substitution, parce que le droit des deux légataires est alors différent, le premier ne transmet rien au second et s'il est incapable d'aliéner, c'est qu'il n'est pas propriétaire. Il n'y a là que l'emploi d'une combinaison très simple, la division de la propriété pleine en deux droits distincts. Aussi les auteurs du Code en autorisent-ils expressément l'emploi, afin de trancher le doute qui s'était produit (art. 899).

Mais cette disposition a permis encore à nos tribunaux de montrer toute la bienveillance avec laquelle ils appliquent la loi. Quand le disposant ne s'est pas expliqué en termes techniques sur la nature des droits qu'il confère à ses légataires, on interprète son testament comme s'il ne contenait qu'un legs d'usufruit au profit du premier gratifié, et on explique par là que

[1] Ce genre de disposition pourrait rendre des services aux époux qui n'ont pas d'enfants : chacun d'eux pourrait disposer au profit de l'autre sans dépouiller sa famille et en donnant à son conjoint plus de liberté que n'en a un usufruitier. Il paraît qu'on en fait grand usage en Belgique.

celui-ci soit privé du droit de disposer. Les arrêts en ce sens sont nombreux (Cass., 20 janv. 1840, D. 40. 1. 327, S. 40. 1. 363; Cass., 25 janvier 1865, D. 65. 1. 74, S. 65. 1. 73 ; Riom, 21 nov. 1887, D. 90. 2. 38). Les Cours d'appel vont quelquefois si loin que leurs décisions sont cassées. Voyez par exemple un arrêt de Dijon, du 19 mars 1886, et Cass., 7 janv. 1889, D. 89. 1. 11, S. 91. 1. 461.

***3295. Emploi du legs conditionnel.** — D'assez bonne heure, la pratique a cherché à remplacr la substitution, qu'il lui était interdit d'employer, par une double disposition conditionnelle ; en léguant à Primus sous condition résolutoire, par exemple pour le cas où il décéderait sans enfants, et à Secundus sous condition suspensive, pour le cas où l'événement prévu se réaliserait, on se rapproche singulièrement de la disposition prohibée par l'art. 896. Pendant longtemps la jurisprudence a annulé ces sortes de legs conditionnels comme contenant une substitution (Cass., 8 févr. 1854, D. 54. 1. 59, S. 54. 1. 694 ; Cass., 7 mai 1862, D. 62. 1. 289, S. 62. 1. 433); aujourd'hui elle en reconnaît la validité.

Elle commença par l'admettre pour le cas où il s'agissait d'un simple legs particulier subordonné au prédécès du premier légataire, gratifié à titre universel (Paris, 7 déc. 1835, S. 36. 2. 86 ; Cass., 30 déc. 1835, S. 36. 1. 108). Puis cette jurisprudence s'étendit même au cas où la seconde disposition portait sur la totalité des biens faisant l'objet de la première (Cass., 30 avril 1855, D. 55. 1. 207, S. 56. 1. 607[1]. — Comp. Cass., 4 déc. 1843, D. 45. 4. 188, S. 44. 1. 268). Elle s'est maintenue depuis lors (Cass., 18 décembre 1900, D. 1901. 1. 121 et les renvois)[2].

Du moment où les testateurs ont à leur disposition un moyen aussi simple de faire *deux libéralités successives et valables*[3], qui ne diffèrent de la substitution que par la façon d'être présentées et la qualification qu'on leur donne, pourquoi *les tribunaux ne feraient-ils pas eux-mêmes cette analyse* dans les cas où le testateur a omis de le faire, parce qu'il ignorait les subtilités de la loi ? En 1870, la Cour de Paris se crut autorisée à interpréter de la sorte une disposition qui avait toute l'apparence d'une substitution prohibée,

[1] En prévision du cas où le premier légataire institué mourrait sans enfants, le testateur avait dit : « Je veux qu'il soit réputé n'avoir recueilli qu'en usufruit, ... et dans ce même cas je lègue la propriété sous condition suspensive à mes neveux. » L'arrêt décide qu'il y a là deux donations conditionnelles distinctes, l'une d'usufruit, l'autre de nue propriété, valables en vertu de l'art. 1040. Cet arrêt est en contradiction manifeste avec les arrêts antérieurs de 1854 et de 1862 cités au texte.

[2] M. Léon Michel a essayé de démontrer que le double legs conditionnel était valable quand les deux légataires étaient appelés sous deux conditions suspensives inverses l'une de l'autre, et qu'il constituait au contraire une substitution prohibée lorsque le premier gratifié recevait la propriété sous condition résolutoire (D. 99. 1. 209). Du moment où on lui lègue l'usufruit, cela devient une question de mots : si un fait déterminé, pris comme condition résolutoire, doit rendre l'acte nul, il n'y a qu'à exprimer le fait inverse, pris comme condition suspensive, pour rendre la combinaison valable.

[3] M. Lambert observe très exactement que cette interprétation du testament le décompose en trois libéralités distinctes : 1° un *legs d'usufruit ferme*, fait au premier gratifié ; 2° un *legs de nue propriété conditionnel*, fait également à son profit ; 3° un *autre legs de nue propriété* fait, *sous une condition inverse*, au second gratifié (*op. cit.*, n° 802).

et le pourvoi fut rejeté (Paris, 19 juill. 1870, D. 70. 2. 215, S. 71. 2. 69; Cass., 19 mars 1873, D. 73. 1. 55, S. 74. 1. 5, avec une note de M. Labbé). Bien plus, peu de temps après, la Cour de cassation décida que cette interprétation favorable à la validité des testaments était *obligatoire pour les tribunaux* et elle cassa un arrêt de Lyon du 3 mars 1871, qui avait annulé une disposition toute pareille à celle dont la Cour de Paris avait reconnu la validité (Cass., 18 juin 1873, D. 73. 1. 283, S. 74. 1. 5).

Ainsi que le dit fort bien M. Lambert, au lendemain de ces deux arrêts, il ne restait plus rien de la prohibition écrite dans l'art. 896 (*De l'exhérédation*, n° 811).

***3296. Retour de jurisprudence et incertitudes actuelles.** — Malheureusement la Cour de cassation n'a pas maintenu la seconde de ses deux décisions de 1873. Dès l'année suivante elle décidait que les juges du fait avaient le pouvoir de rechercher souverainement si le testateur avait voulu faire une substitution prohibée ou un double legs conditionnel et sa jurisprudence ne s'est jamais démentie depuis (Cass., 27 avril 1874, D. 75. 1. 13, S. 74. 1. 315; Cass., 15 mai 1877, S. 77. 1. 264; Cass, 18 janv. 1893, D. 93. 1. 575, P. 93. 1. 213, S. 94. 1. 502; Cass., 27 juin 1894, D. 95. 1. 204, S. 98. 1. 501)[1].

Cependant l'idée qu'il y a lieu d'interpréter les testaments *potius ut valeant quam ut pereant* reparaît de temps en temps dans les arrêts (Cass., 26 avril 1875, D. 75. 1. 485; Cass., 16 juill. 1885, D. 86. 2. 289, S. 86. 1. 103; Limoges, 23 juin 1886, D. 87. 2. 78, S. 89. 1. 454; Cass., 6 févr. 1889, D. 89. 1. 62, S. 89. 1. 454; Cass., 20 déc. 1892, D. 93. 1. 117, S. 94. 1. 501; Besançon, 18 nov. 1896, S. 97. 2. 32; Cass., 7 mai 1900, D. 1900. 1. 379, P. 1901. 1. 267).

En somme le désarroi le plus complet règne dans la pratique. Ainsi que le dit M. Lambert, « il est impossible au testateur de prévoir, au moment où il dispose, si sa volonté recevra ou non effet. Les tribunaux trompent à chaque instant ses espérances, en annulant, en qualité de substitutions, des dispositions qu'il avait formulées sur la foi de décisions judiciaires qui, la veille, les avaient validées en qualité de legs conditionnels. Les auteurs se sont vainement ingéniés à trouver un criterium quelconque entre les libéralités que la jurisprudence permet et celles qu'elle défend. Peine perdue. Il n'en existe aucun. Il y a des décisions libérales; il y a des décisions restrictives; voilà tout » (*De l'exhérédation*, n° 818)[2].

3297. Solution souhaitable. — Il y aurait pourtant un moyen de sortir de difficulté et c'est encore M. Lambert qui l'a signalé en empruntant son idée aux Notes de M. Labbé dans le *Sirey*. La lettre de la loi, dans l'art. 896, en prohibant absolument toute substitution, va plus loin que la pensée de ses auteurs. Il est infiniment probable que, pour eux, le seul motif de cette prohibition était que la substitution véritable donnait nécessairement vocation à des enfants *non encore conçus au jour du décès du testateur*. Voyez les opinions émises par le Premier Consul, par Treilhard, par Portalis, par Berlier, par Cambacérès, par tous les orateurs, dans les discussions et dans les Exposés de motifs, sur la raison qui leur fait trouver les substitutions dangereuses : c'est toujours

[1] La Cour se réserve seulement son droit de contrôle pour le cas où les juges du fait, après avoir constaté tous les éléments d'une substitution prohibée, refuseraient de lui en appliquer le nom et la sanction (Cass., 10 févr. 1891, D. 91. 1. 254, S. 91. 1. 105; Cass., 2 févr. 1892, D. 92. 1. 506).

[2] Ont annulé des dispositions par application de l'art. 896; Bordeaux, 13 août 1873, D. 74. 2. 129, S. 74. 2. 55; Chambéry, 2 janv. 1874, S. 74. 2. 55; Caen, 15 déc. 1879, D. 82. 1. 30, S. sous Cass., 84. 1. 62; Aix, 27 juin 1881, D. 82. 2. 5, S. 84. 2. 173; Cass., 28 déc. 1881, D. 82. 1. 146, S. 82. 1. 155; Cass., 27 mars 1889, D. 90. 1. 254, S. 92. 1. 455; Pau, 10 août 1891, D. 92. 2. 559; Besançon, 29 juin 1892, D. 93. 2. 285; Cass., 17 avril 1894, D. 94. 1. 323; Alger, 2 févr. 1900, D. 1901. 2. 446, S. 1901. 2. 33; Cass., 2 mai 1900, S. 1901. 1. 217.

Ont écarté cet article pour valider le testament : Grenoble, 5 mars 1874, S. 74. 2. 175; Caen, 23 févr. 1875, S. 75. 2. 102; Lyon, 30 juin 1876, S. 76. 2. 324; Montpellier, 26 mai 1879, D. 80. 2. 115, S. 80. 2. 167; Poitiers, 11 juin 1889, D. 92. 1. 115, S. 91. 1. 337; Besançon, 18 nov. 1896, D. 97. 2. 395, S. 97. 2. 32. — Voyez aussi Cass., 5 janv. 1887, D. 87. 1. 186, S. 87. 1. 481.

l'attribution de la propriété à des personnes futures ; à les entendre, appel des enfants non conçus et substitution, c'était une seule et même chose (FENET, t. XII, p. 264-267, 271-276, 284-288, 516, 642). « Si le législateur de 1803 a frappé toutes les substitutions sans distinction, il ne tenait en réalité à atteindre que celles qui, adressées à des personnes futures, ont le double inconvénient de prolonger leurs effets sur plusieurs générations et d'entraîner une incertitude sur l'existence même de la personne du propriétaire » (LAMBERT, *De l'exhérédation*, n° 814). Ainsi interprété, l'art. 896 ne serait que la conséquence et la sanction de l'art. 906. Sous la seule condition de ne faire profiter de la seconde libéralité que des personnes déjà conçues, le testateur serait libre de réaliser tous les éléments constitutifs de la substitution prohibée, et c'est à peu près à ce résultat qu'on arrive avec le système du double legs conditionnel. On peut donner l'usufruit à l'un, la nue propriété à l'autre et faire de cette dernière l'objet de deux legs alternatifs sous une condition inverse (ci-dessus n° 3295).

3298. Des substitutions compendieuses. — Ce terme nous vient de l'ancien droit. On appelait ainsi les substitutions énoncées en termes obscurs et abrégés [1], de telle sorte qu'elles peuvent être comprises aussi bien comme *substitutions vulgaires* ou comme *substitutions fidéicommissaires*. Par exemple le disposant lègue à Primus et pour le cas où une certaine condition viendrait à se réaliser, lègue les mêmes biens à Secundus : on ne sait pas s'il a entendu que le fait surviendrait avant son décès ou seulement avant le décès de son premier légataire. Autrefois on y voyait volontiers une substitution fidéicommissaire, puisque cela était permis. Aujourd'hui que ce genre de substitutions est prohibé, il faudrait y voir plutôt une substitution vulgaire, pour donner effet au testament (Montpellier, 26 mai 1879, D. 80. 2. 115, S. 80. 2. 167).

§ 3. — *Des substitutions permises.*

(art. 1048 à 1074).

A. — Cas où la loi autorise les substitutions.

*** 3299. Cas unique.** — On a prévu le cas où une personne prodigue, incapable de conserver des capitaux sans les gaspiller ou sans les risquer dans de folles entreprises, aurait d'un côté, des parents en état de lui laisser une certaine fortune ; de l'autre, des enfants qui se verraient privés par sa prodigalité des successions qui devraient leur revenir. On a donc permis aux parents de cette personne de la grever de substitution au profit de ses propres enfants, afin d'assurer à ceux-ci la transmission d'une partie au moins de la fortune de leur famille, en rendant inaliénables pendant une génération les biens qui la composent. Il y a là une exception directe à la prohibition portée par l'art. 896.

Par la nature des motifs qui l'ont inspirée, ont voit que cette exception n'a rien de commun avec celles qui avaient été admises, pour des considérations politiques, 1° en 1806 pour les *majorats*; 2° en 1826, pour la constitution facultative d'une sorte de *droit d'aînesse* (ci-dessus nos 3274 et 3275).

[1] Malgré sa longueur, le mot *compendieusement* veut dire « en abrégeant ». *Compendium* signifie *économie*, et par suite *abréviation*. On s'y trompait déjà au XVIIe siècle, et Racine a fait exprès de l'employer à faux dans *Les Plaideurs* (III, 3) en le mettant dans la bouche d'un avocat diffus et qui annonce lui-même qu'il ne va rien omettre.

*3300. **Portée restreinte de l'exception.** — De plus les substitutions permises par les art. 1048 et suiv. n'ont pas la même importance que les anciens fidéicommis, parce qu'elles sont nécessairement *simples* et *non graduelles* : c'est-à-dire qu'il ne peut y avoir qu'une seule génération de grevée, et une seule génération d'appelés ; il n'y a donc jamais lieu à deux fidéicommis successifs.

*3301. **Qui peut faire la substitution.** — Ce droit n'appartient qu'à *deux catégories de personnes* : 1° les *père* et *mère* du grevé (art. 1048) ; 2° ses *frères et sœurs,* quand ils n'ont pas d'enfants (art. 1049).

Ces textes sont d'*interprétation stricte.* Ainsi ni l'aïeul, ni l'oncle, ne seraient autorisés à employer ce même moyen, sans qu'on voie bien la raison qui les a fait exclure par la loi.

D'autre part, pour les frères et sœurs, il existe une condition particulière : il faut qu'ils n'aient pas d'enfants ; s'ils en ont ils doivent songer à eux tout d'abord, avant de se préoccuper d'assurer le sort de leurs neveux. De la part des frères et sœurs, la disposition est valable bien qu'ils aient des enfants au moment où ils la font, si ces enfants prédécèdent ; elle est nulle au contraire s'il leur survient des enfants, alors qu'ils n'en avaient aucun au jour où ils ont disposé. En effet la loi dit : « Sera valable, *en cas de mort sans enfants* » (art. 1049). La substitution est autorisée pour assurer la transmission des biens à ceux à qui ils sont normalement destinés.

*3302. **Personnes pouvant être appelées à la substitution.** — C'est seulement en faveur des *enfants* du grevé que la substitution est permise, de ses enfants *nés ou à naître,* mais *au premier degré seulement* (art. 1048-1049).

Toutefois la loi admet la représentation : quand l'un des enfants du premier degré est prédécédé, ses propres enfants ne sont pas exclus par les survivants ; ils recueillent la part vacante à la place de leur père (art. 1051).

D'ailleurs les enfants du premier degré doivent être *tous appelés,* sans exception, à recueillir les biens substitués (art. 1050). La loi ne veut pas même qu'on fasse de différence entre eux, ni d'après l'âge, ni d'après le sexe (*ibid.*).

*3303. **Biens pouvant être compris dans la substitution.** — On peut y faire entrer des biens de toute nature, mais seulement *jusqu'à concurrence de la quotité disponible.* Au delà la substitution serait réductible à cette quotité (Paris, 4 mai 1899, D. 1900. 2. 403).

C'est là une restriction remarquable, qui en bien des cas supprime complètement pour les père et mère l'utilité de la liberté qu'on leur laisse. Qu'on suppose, en effet, qu'ils aient plusieurs enfants, cinq par exemple, dont un seul leur donne par sa conduite l'idée de recourir à la substitution : s'ils veulent assurer quelque chose aux petits-enfants nés de celui-là, il faut qu'ils dépouillent leurs autres enfants, autrement leur prudence sera vaine : empêchés de les substituer pour la part de réserve de leur père, ils ne pourront leur attribuer à l'état inaliénable que la *cinquième partie de la quotité disponible*, c'est-à dire le vingtième de leur succession, s'ils ne veulent pas modifier l'égalité entre leurs propres enfants. Et si les petits-enfants appelés à bénéficier de la substitution sont seulement au nombre de quatre, cela fera à chacun *un quatre-vingtième* de la succession de leurs grands-parents. Si ceux-ci possèdent 200 000 francs, cela fera pour chaque petit-enfant 2 500 francs, ce qui est dérisoire. — Les art. 1048 et suiv. n'ont donc d'utilité que pour les fils uniques, ou pour les familles très peu nombreuses.

3304. Combinaison particulière. — L'art. 1052 a prévu une situation qui doit être bien rare en fait. Un enfant a reçu une première donation sans condition ni réserve. Puis ses parents, s'avisant du danger, lui en font une seconde à la condition que les biens précédemment donnés seront eux-mêmes grevés de substitution. S'il accepte cette seconde libéralité, il ne lui est plus permis de diviser les deux dispositions pour s'en tenir à la première, même en offrant de rendre les biens précédemment reçus.

3305. Utilité pratique des substitutions permises. — Dans beaucoup de cas on n'aura pas besoin de recourir à l'appareil compliqué d'une substitution. Si la personne dont on redoute la prodigalité est veuve, ou si elle est déjà d'un âge avancé, on pourra se contenter de lui donner un droit d'usufruit et de léguer à ses enfants la nue propriété. Le résultat sera à peu près le même qu'avec l'emploi d'une substitution, et la sécurité des enfants sera tout aussi grande. Mais ce procédé ne peut plus être employé si on peut croire qu'il surviendra de nouveaux enfants : la substitution seule permet de maintenir l'égalité entre eux tous, en profitant aux *enfants à naître* aussi bien qu'à ceux qui sont déjà nés ou conçus.

B. — Mesures prises dans l'intérêt des appelés.

3306. Énumération. — Ces mesures sont nombreuses et compliquées. Elles concernent : 1° la nomination d'un tuteur ; 2° la rédaction d'un inventaire ; 3° la vente du mobilier et l'emploi des fonds ; 4° la publicité à donner à la substitution.

1° Du tuteur à la substitution.

3307. Sa mission. — Ce tuteur est chargé, sous sa responsabilité personnelle, de veiller à l'observation de toutes les règles établies par la loi (art. 1074). Ce n'est pas un tuteur véritable, c'est plutôt un *curateur*, et jadis on lui donnait ce nom. Il est seulement chargé de surveiller l'exécution de la substitution et l'accomplissement des formalités auxquelles elle donne lieu. Il n'est donc pas grevé de l'hypothèque légale, et il n'y a pas lieu de lui adjoindre un subrogé tuteur.

Sa nomination est nécessaire alors même que les appelés seraient déjà majeurs ou pourvus d'un tuteur ordinaire.

3308. Qui le nomme. — La désignation du tuteur peut être faite par le disposant lui-même (art. 1055). A défaut de cette désignation, le grevé (ou son tuteur) est tenu de le faire nommer dans le délai d'un mois, à compter du décès du testateur ou de la découverte du testament (art. 1056). La nomination est faite selon les règles ordinaires par le conseil de famille des appelés. Si cette formalité a été omise, le grevé peut être déclaré déchu (art. 1057). La déchéance n'a pas lieu de plein droit ; elle doit être prononcée par le tribunal. Il y a controverse sur le point de savoir si elle est obligatoire pour les juges, ou si elle peut être évitée. L'art. 1057 emploie une expression (*pourra* être déclaré) qui semble réserver leur pouvoir d'appréciation.

2° De l'inventaire.

3309. Son utilité et ses formes. — L'inventaire n'est utile qu'autant que la substitution porte sur une disposition universelle ou à titre universel. Voyez l'art. 1058. Il est fait à la requête du grevé et en présence du tuteur ; les frais sont prélevés sur les biens compris dans la substitution (art. 1059). Voyez aussi les art 1060 et 1061, qui ne soulèvent aucune difficulté.

3° Vente du mobilier et emploi des fonds.

3310. Vente des meubles. — Comme les meubles diminuent en général de valeur par le laps du temps, la loi veut que le grevé de substitution vende ceux qui sont compris dans la disposition (art. 1062). Elle fait toutefois exception : 1° pour ceux qu'il est autorisé à conserver, à la condition de les rendre en nature (art. 1063), et 2° pour ceux qui sont immeubles par destination (art. 1064)[1].

Malgré la généralité des termes dont s'est servie la loi, ses dispositions ne sont applicables qu'aux *meubles corporels*. Ce sont les seuls pour lesquels le motif existe ; les valeurs mobilières ne dépérissent pas par l'usage, et si on les vendait, il faudrait en racheter d'autres pour placer l'argent. Il vaut mieux les garder.

3311. Comparaison avec l'usufruit. — Finalement, le droit du grevé ressemble à celui d'un usufruitier, toutes les fois que le droit des appelés s'ouvre : il aura eu la jouissance des biens substitués, sa vie durant, sans avoir pu en disposer. Cependant ce n'est pas un usufruitier[2]. Notamment on ne l'oblige pas à fournir caution. Quelques autres différences, que l'on signale d'ordinaire, sont fort contestables. Ainsi l'on dit que le grevé, qui est tenu de *conserver* pour rendre, est obligé de faire les grosses réparations, dont l'usufruitier est dispensé par l'art. 605. C'est se méprendre sur le sens des mots « charge de conserver » ; ils ne signifient pas que le grevé est obligé de prendre soin des biens substitués, qu'il en est le gérant pour le compte d'autrui, mais simplement qu'il n'a pas le pouvoir d'en disposer : il est obligé de les conserver en ce sens qu'il ne peut pas les aliéner.

3312. Emploi des fonds. — Tous les deniers liquides compris dans la substitution doivent être placés, soit qu'on les ait trouvés dans la succession, soit qu'ils proviennent de ventes ou de remboursements faits par des débiteurs.

L'emploi se fait en principe conformément aux indications du disposant. S'il n'a rien dit, on suit les règles formulées par les art. 1065 à 1067. Le grevé a un délai de trois ou de six mois pour faire le placement, selon l'origine des deniers. L'art. 1067 veut que le placement soit fait *en immeubles* ou *avec privilège sur des immeubles*. On ne crée pas à volonté des privilèges sur les immeubles ; il faut trouver à acquérir, par achat ou par subrogation, une créance privilégiée déjà existante, ce qui est rare et peu facile. Mais l'opinion générale admet qu'un *placement sur première hypothèque* donne satisfaction à la loi, qui veut simplement assurer la priorité de la créance (Dalloz, *Suppl.*, v° Substitution, n° 294). Comp. Dijon, 16 août 1861, D. 61. 2. 239, S. 61. 2. 543.

De plus *les rentes françaises* peuvent servir à placer les fonds, sauf clause contraire dans la donation ou le testament (L. 16 septembre 1871, art. 29 ; L. 11 juin 1878 ; art. 3 ; L. 27 avril 1888, art. 3).

4° Publicité.

3313. Formes. — Toute substitution, tant par testament que par donation, est soumise à une certaine publicité, soit *par voie de transcription*, quant aux immeubles, soit au moyen d'une *mention dans l'inscription*, quand il y a des placements immobiliers sur privilège ou sur hypothèque (art. 1069).

3314. Motif et sanction. — Cette publicité est organisée dans l'intérêt des tiers

[1] L'art. 1064 attribue à ces objets un caractère mobilier. C'est une légère inexactitude, mais qui s'explique par ce fait que la partie du Code relative aux substitutions a été votée avant le titre relatif à la distinction des biens, et que la catégorie des immeubles par destination n'avait pas avant le Code civil le caractère net et tranché qu'elle a actuellement.

[2] C'est cependant de la même façon que le mari, jadis propriétaire de la dot en droit romain, en est devenu simple usufruitier : il a perdu le pouvoir d'aliéner, le jus abutendi ; il ne lui est resté que le *jus utendi* et le *jus fruendi*, c'est-à-dire l'usufruit ; le grevé est dans le même cas. Si on le répute propriétaire, c'est un peu par souvenir des principes, et aussi peut-être parce qu'il a au moins une chance d'être traité comme un propriétaire ordinaire, si la substitution devient caduque.

qui traiteront avec le grevé. Par l'effet de la substitution les pouvoirs de celui-ci sont considérablement restreints : tenu de conserver et de rendre, il ne peut disposer librement des biens substitués ; il n'a pas le droit de les aliéner.

Si cette publicité a été remplie, les tiers sont avertis par des moyens efficaces ; ils doivent donc s'abstenir, et s'ils se décident à traiter avec le grevé, c'est à leurs risques et périls.

Si la publicité a été négligée, *la substitution ne peut pas être opposée aux tiers* : ils sont à l'abri, comme s'ils avaient traité avec un propriétaire ordinaire, maître de ses droits (art. 1070). L'art. 1071 ajoute qu'il en serait ainsi quand même ils auraient eu connaissance de la substitution par une autre voie.

3315. Personnes admises à opposer le défaut de publicité. — La question ne se pose que pour les ayants cause du grevé : eux seuls ont intérêt à connaître l'existence de la substitution, d'où dérive l'inaliénabilité des biens qui leur ont été transmis ou sur lesquels ils ont acquis des droits[1].

Aux termes de l'art. 1070, le défaut de publicité peut être opposé par les *créanciers* et par les *tiers acquéreurs* du grevé. Tous les créanciers, chirographaires aussi bien qu'hypothécaires, sont également autorisés à s'en prévaloir; quant aux tiers acquéreurs, dans l'opinion commune, on entend cette expression uniquement des *sous-acquéreurs à titre onéreux*. Un donataire du grevé ne serait donc pas admis à opposer ce défaut de publicité aux appelés. Il n'y a cependant aucune bonne raison pour justifier une pareille différence.

L'état d'interdiction ou de minorité des appelés ne les empêcherait pas de subir les conséquences du défaut de publicité (art. 1070), sauf leur recours contre le grevé et contre le tuteur à la substitution, chargés de la rendre publique et qui ont omis de le faire (art. 1073-1074).

3316. Controverse sur l'art. 1072. — L'art. 1072 est ainsi conçu : « Les donataires, les légataires, ni même les héritiers légitimes de celui qui aura fait la disposition, ni pareillement leurs donataires, légataires ou héritiers, ne pourront, en aucun cas, opposer aux appelés le défaut de transcription ou inscription. » Sa disposition est la reproduction littérale de l'art. 34 de l'ordonnance de 1747 ; il a donc le même sens et doit s'interpréter de la même manière. Or il était jadis certain que ce texte visait uniquement le défaut d'enregistrement de la *substitution* considérée comme telle, c'est-à-dire comme entraînant l'inaliénabilité des biens entre les mains du grevé, et ne s'occupait nullement de la publicité à donner, *par voie d'insinuation*, à la libéralité qui dépouillait le disposant (Furgole, sur l'art. 34 de l'ordonnance; Pison, *Revue critique*, 1859, t. XIV, p. 14 et suiv.). De là le système suivant : si la substitution portait sur des biens *donnés entre vifs*, le défaut d'insinuation de la *donation* pouvait être opposé par tous les ayants cause du donateur, conformément à l'ordonnance de 1731 ; mais on leur refusait le droit d'opposer le défaut d'enregistrement de la substitution.

Il existe sur ce point une autre opinion, d'après laquelle l'art. 1072 s'occuperait à la fois de la transcription de la substitution comme telle, et de la transcription de la donation faite au grevé (Demolombe, t. XXII, n°s 536 et suiv. ; Aubry et Rau, t. VII, § 696, notes 57 et 58). Dans bien des cas les deux publicités manqueront en même temps, puisqu'il n'y a plus qu'une seule formalité, la *transcription*, pour rendre publics le transfert de propriété et la condition d'inaliénabilité, tandis qu'autrefois il y avait deux formalités différentes l'enregistrement et l'insinuation, dont l'une pouvait manquer sans

[1] Pour les ayants cause *du disposant*, une autre question de publicité se pose, tout au moins quand la substitution est faite par donation entre vifs : il faut que cette donation soit *transcrite*, conformément au droit commun (art. 939 à 941) ; sinon, leur auteur sera réputé être resté propriétaire des biens donnés, mais à leur égard, il importe peu que les biens transmis au grevé soient, entre ses mains, disponibles ou inaliénables. On aura donc bien soin de distinguer : 1° la *publicité de l'aliénation*, qui dépouille le disposant ; et 2° la *publicité de la substitution*, qui lie le grevé. La première n'est requise qu'au cas de *donation* ; la seconde est également nécessaire quand la substitution est *faite par testament*.

l'autre. Au reste, la question est purement théorique; jamais la jurisprudence n'a eu à s'en occuper.

C. — Droits du grevé.

3317. Son droit de propriété. — Jusqu'au jour de l'ouverture de la substitution, le grevé est *propriétaire des biens substitués.*

Il est à considérer comme étant leur vrai maître; il peut les aliéner et les hypothéquer; il peut exercer à leur occasion toutes actions, tant réelles que personnelles; il a seul qualité pour recevoir les paiements et donner quittance; c'est aussi contre lui que courent les prescriptions. Et personne, ni lui ni un autre, n'a qualité pour attaquer les actes ainsi faits, tant que la substitution n'est pas ouverte.

Il se peut même que son droit se consolide définitivement en sa personne: si les appelés font défaut, tous les actes du grevé deviennent inattaquables.

3318. Droit de ses créanciers. — Par une conséquence toute naturelle, les biens frappés de substitution peuvent être saisis entre les mains du grevé par ses propres créanciers. Seulement cette saisie ne sera pas opposable aux appelés, si leur droit vient à s'ouvrir (Bordeaux, 3 mai 1877, D. 78. 2. 95, S. 77. 2. 236).

3319. Résolution du droit du grevé. — Quand il se trouve un ou plusieurs appelés, au jour du décès du grevé, acceptants et capables de recueillir la substitution, tous les actes de disposition faits par le grevé pendant sa vie tombent.

On explique ordinairement ce résultat par l'idée d'une *résolution*; on dit que le grevé est propriétaire sous condition résolutoire. C'est le langage courant et il est emprunté à Pothier (*Substitutions*, nos 158 et suiv.).

3320. Critique. — Cette idée est cependant profondément inexacte. Si le droit du grevé était réellement résolu, il faudrait le considérer comme n'ayant jamais été propriétaire des biens substitués; la libéralité faite à son profit serait effacée et il ne resterait plus, de la double disposition formant substitution, que celle qui profite aux appelés. On mutilerait ainsi après coup la volonté du disposant.

Et cette transformation est parfaitement inutile pour expliquer les résultats qui se produisent. Il suffit de considérer le grevé comme un propriétaire ordinaire, pouvant se transformer sous une certaine condition (qui est l'ouverture de la substitution), en un *propriétaire de biens inaliénables*. L'inaliénabilité conditionnelle, quand sa condition se réalise, suffit à tout justifier: les actes de disposition sont annulés et on n'a pas besoin de supposer que le droit de propriété est rétroactivement anéanti en la personne du grevé. On répond bien mieux à l'idée de la substitution si on suppose que la propriété a résidé pendant toute sa vie sur sa tête, sans qu'il ait pu en abuser au détriment des appelés.

3321. Maintien exceptionnel de certains droits. — Qu'on l'explique par une résolution proprement dite, ou simplement par une idée d'inaliénabilité, le résultat principal est le même: le grevé ne peut pas disposer des biens substitués ni établir sur eux des droits réels opposables aux appelés.

Par exception à cette règle, sont maintenus les actes ou faits suivants :

1° Actes d'administration. — Il faut que les biens substitués soient administrés en attendant l'ouverture du droit des appelés, et ils ne peuvent l'être que par le grevé. Les baux faits par lui sans fraude seront donc maintenus.

2° Jugements et transactions. — Les jugements rendus contre le grevé et les transactions consenties par lui sont opposables aux appelés, lorsqu'il a eu soin de faire intervenir le tuteur à la substitution.

3° Hypothèque de la femme du grevé. — La loi elle-même a réglé la question dans l'art. 1054. Elle admet que l'hypothèque légale s'établit sur les biens frappés de substitution, au profit de la femme du grevé; seulement elle entoure cette concession de tant de réserves et de restrictions qu'elle la rend à peu près vaine :

Il faut que le disposant l'ait *expressément ordonné* et il est rare qu'il y songe;

L'hypothèque ainsi accordée n'est que *subsidiaire* et ne peut être utilisée qu'au cas où les autres biens du grevé seraient insuffisants pour les reprises de la femme;

Elle garantit seulement le *capital de la dot* (des deniers dotaux, dit la loi) et non les autres créances de la femme.

4° PRESCRIPTION. — La prescription qui a couru contre le grevé est opposable aux appelés : du moment où aucun texte ne la suspend, je crois qu'elle doit courir. Ce point est cependant très controversé (DEMOLOMBE, t. XXII, nos 554 et suiv.).

Ceux qui admettent la résolution de la propriété du grevé sont obligés de considérer les appelés comme ayant été rétroactivement propriétaires ; la prescription aura donc été suspendue à leur profit, *s'ils étaient mineurs* ; elle n'a pu courir contre eux qu'autant qu'ils étaient majeurs.

D. — Droits des appelés.

3322. Ouverture de la substitution. — On appelle « ouverture de la substitution » le fait qui permet aux appelés d'exercer leur droit et d'exiger du grevé ou de ses représentants la restitution des biens substitués. Les *causes d'ouverture* sont :

1° La *mort du grevé*. C'est le cas normal : les appelés lui succèdent et recueillent les biens devenus vacants par son décès.

2° La *déchéance du grevé*. Elle a lieu lorsqu'il a omis de faire nommer un tuteur à la substitution (art. 1057). Cela suppose qu'il y a eu négligence de sa part et il faut que cette faute soit constatée par le tribunal.

3° L'*abandon anticipé*. Le grevé peut renoncer à son droit de jouissance sur les biens qui lui ont été transmis à charge de restitution ; le fait est du moins prévu dans l'art. 1053, mais il sera rare.

1° Période antérieure à l'ouverture de la substitution.

3323. Nature du droit des appelés. — Au temps de Pothier on considérait les appelés comme étant à peu près dans la situation d'héritiers présomptifs qui ne pourraient pas être dépouillés de la succession à eux promise : ils ont une sécurité encore plus grande que celle des héritiers réservataires, puisqu'ils sont protégés contre les actes de disposition à titre onéreux aussi bien que contre les dispositions gratuites. Néanmoins ils n'ont encore qu'une simple *espérance*, un *droit éventuel*, tout à fait semblable à un *droit de succession*, et au fond ce n'est pas autre chose (POTHIER, *Substitutions*, nos 174 et suiv.).

Malheureusement Pothier s'était servi des mots « résolution, se résoudre » pour désigner l'effet produit par l'ouverture de la substitution ; les auteurs modernes y ont attaché un sens précis et formel qui n'était pas dans la pensée de Pothier et ils en ont tiré des conséquences qui transformeraient radicalement la nature des substitutions si elles étaient définitivement admises comme expression de la vérité. Ils regardent les appelés comme possédant un véritable droit de *propriété conditionnelle*.

3324. Conséquences. — Dans une opinion comme dans l'autre, on doit permettre aux appelés de faire tous les actes conservatoires parce qu'ils tiennent leur droit d'un testament ou d'une donation et qu'ils ont devant eux une personne qui est en position de compromettre leurs intérêts.

Mais la jurisprudence est allée plus loin : elle a autorisé les appelés, en leur qualité de propriétaires sous condition suspensive, à constituer des hypothèques même avant l'ouverture de leur droit (Amiens, 6 déc. 1892, D. 93. 2. 129).

2° Effet de l'ouverture de la substitution.

3325. Contre le grevé ou ses représentants. — Dès que la substitution est ouverte, le grevé, s'il survit, ses successeurs, s'il est décédé, doivent restituer tous les biens compris dans la substitution. Ils n'ont plus aucun titre pour les retenir.

Ils pourront cependant réclamer le remboursement de leurs impenses utiles ou nécessaires.

3326. Contre les tiers. — Par l'effet de l'inaliénabilité, ou, si l'on suit l'opinion moderne, de la résolution du droit du grevé, les droits conférés par lui à des tiers doivent disparaître : il n'a pas pu aliéner ni constituer des droits d'aucune sorte. Les appelés reprennent donc les biens substitués, même quand ils se trouvent aux mains des tiers et ils ne sont obligés de respecter ni hypothèques ni servitudes provenant du grevé.

Il y a toutefois des *exceptions* :

1° S'il s'agit de *meubles corporels*, la maxime « En fait de meubles possession vaut titre » pourra protéger les tiers acquéreurs.

2° Si la prescription a eu le temps de s'accomplir au profit d'un tiers, elle sera opposable aux appelés.

3° Si les appelés ont accepté purement et simplement la succession du grevé, ils se verront repoussés, comme l'aurait été le grevé lui-même par l'*exception de garantie* (Amiens, 6 déc. 1892, D. 93. 2. 129).

3327. Effet restreint des causes anticipées d'ouverture. — Le prédécès du grevé est la seule cause qui produise des *effets absolus*, aussi bien à l'égard des tiers acquéreurs ou des créanciers, qui voient tomber tous leurs droits sur les biens substitués, qu'à l'égard des appelés, car on est sûr qu'il n'y en aura pas d'autres que ceux qui existent actuellement, puisque les appelés ne peuvent être que des enfants du grevé et que le grevé est mort.

Quant aux autres causes, il faut distinguer leurs effets pour les appelés et leurs effets pour les tiers.

1° *A l'égard des appelés*, elles ne peuvent produire qu'un *effet provisoire*. Ceux qui vivent au moment où la substitution s'ouvre *du vivant du grevé*, se partagent les biens substitués, sauf à procéder à un nouveau partage au jour de sa mort, car il se peut que le grevé ait d'autres enfants ou que quelques-uns de ceux qu'il avait prédécèdent. L'art. 1050 veut que tous ses enfants nés et à naître en profitent également.

2° *A l'égard des tiers*, les causes anticipées d'ouverture ne produisent pas d'effet. Elles n'en pourraient produire qu'un, qui serait la résolution ou la caducité de tous les droits qui leur ont été conférés. Or la seule cause qui menace ces droits est le *prédécès du grevé*, laissant des appelés capables de lui succéder. Tant que cette circonstance n'est pas réalisée, il n'y a pas de raison pour faire tomber les droits des tiers, à la suite d'une *renonciation volontaire* du grevé ou d'une *déchéance* prononcée contre lui *à titre de peine*. Ni l'un ni l'autre de ces faits ne doit leur nuire.

L'art. 1053 le dit formellement pour les *créanciers* du grevé : l'abandon anticipé de la jouissance au profit des appelés ne peut pas leur préjudicier. Cette disposition n'est que le maintien en abrégé des art. 42 et 43 de l'ordonnance de 1747 (en note dans les *Codes Tripier*, sous l'art. 1053), qui réservaient non seulement aux *créanciers*, mais à tous les *tiers*, à quelque titre qu'ils eussent acquis, l'exercice de tous leurs droits sur les biens substitués jusqu'à l'époque de l'ouverture réelle de la substitution par le décès du grevé, nonobstant tout abandon anticipé consenti par lui. On exigeait seulement que leur titre eût *date certaine* avant cet abandon et cette condition devrait encore être exigée d'eux.

E. — Caducité des substitutions.

3328. Caducité du chef des appelés. — Une substitution fidéicommissaire peut devenir caduque du chef des appelés : 1° par leur *prédécès* ; 2° par leur *incapacité* ; 3° par leur *répudiation*, pourvu toutefois qu'ils se trouvent tous empêchés de la recueillir par l'une ou l'autre de ces causes. Pour que la substitution soit caduque, il faut qu'il n'existe personne qui puisse et veuille en profiter au décès du grevé.

3329. Caducité du chef du grevé. — Peut-il y avoir également caducité du chef du grevé ? La question ne se pose que pour les substitutions faites par testament ; car si la disposition est faite par acte entre vifs, il arrivera de deux choses l'une : ou bien le grevé l'aura acceptée et l'acte, devenu définitif, ne pourra plus se trouver caduc en sa personne ; ou bien il l'aura refusée et il n'y aura pas de substitution du tout, puisqu'il n'y aura pas de convention formée. Mais lorsque la substitution est contenue dans un testament, il arrivera parfois que le grevé sera mort avant le testateur, ou qu'il répudiera, ou qu'il sera incapable. La question a été très débattue. Il est unanimement admis aujourd'hui que la disposition faite au profit des appelés subsiste, mais à quel titre? Est-ce comme legs ordinaire? Alors elle ne peut profiter qu'aux appelés déjà nés ou conçus au jour du décès du testateur. Est-ce comme fidéicommis? Alors elle sera recueillie provisoirement par les appelés déjà nés, sauf à être plus tard partagée avec ceux qui seraient vivants au jour où mourra la personne qui aurait dû jouer le rôle de grevé, si cette personne est encore vivante. On rencontre dans la doctrine beaucoup de divergences sur ce point. Tout extraordinaire que cela puisse paraître, la disposition doit valoir *comme substitution* au profit des appelés et on en peut donner un double argument: 1° *l'autorité de l'ancien droit*, représenté par l'art. 27 de l'ordonnance de 1747, tel que le comprenaient Pothier et Furgole; 2° *la volonté du disposant*, qui a voulu faire profiter de sa libéralité tous les enfants à naître du grevé et qui le pouvait, puisque la loi le lui permettait.

CHAPITRE IV

DES FONDATIONS

3330. Bibliographie. — 1° Thèses. — A. Lory, *Du mode d'établissement des fondations*, Paris, 1888. — H. Truchy, *Des fondations*, Paris, 1888. — P. Ravier du Magny, *Le contrat de fondation*, Lyon, 1894. — Geouffre de Lapradelle, *Théorie et pratique des fondations perpétuelles*, Paris, 1895; l'abbé J.-L. Fénelon, *Les fondations et les établissements ecclésiastiques*, Paris, 1902. — Voir aussi Ed. Lambert, *La stipulation pour autrui*, Paris, 1893; Audouin, *Des dispositions en faveur de personnes incertaines*, Paris, 1890, et les ouvrages cités t. Ier, n° 1965.

2° Ouvrages divers. — Ch. Beudant, Notes dans le *Dalloz*, 93. 2. 1. et 94. 1. 257. — Labbé, Notes dans le *Sirey*, 92. 4. 17; 95. 2. 1. — Et. Bartin, *Théorie des conditions impossibles, illicites ou contraires aux mœurs*, Paris, 1887. — Saleilles, *Théorie de l'obligation*, n° 144. — Théod. Tissier, *Dons et legs aux établissements publics*, 2e édit., 1896, t. I, nos 72 et suiv., et *passim*. — Dalloz et Vergé, *Codes annotés*, Lois administratives, t. II, tables, vis Fondation, Fondation religieuse, etc.

*** 3331. Définition.** — On appelle « fondation » *l'affectation perpétuelle de biens ou de valeurs à un service déterminé par le disposant.*

Ordinairement le but des fondations a un caractère d'utilité publique : elles servent à créer des hospices, des asiles, des écoles, des établissements d'enseignement ou d'étude de toutes sortes, etc., ou à augmenter l'importance et la richesse de ceux qui existent déjà, par la création de lits nouveaux dans les hospices, de chaires nouvelles ou de laboratoires, etc. Mais cette condition n'est pas nécessaire, et on voit des fondations inspirées par une pensée égoïste, comme les fondations de messes pour l'âme du testateur. Voyez les tables des recueils d'arrêts, aux mots *Fondation pieuse, legs pie,* surtout pour la période voisine de l'ancien régime [1]. Voyez aussi Claude de Ferrière, *La science parfaite des notaires,* Paris, 1699, p. 476.

[1] Les fondations de messes ont donné lieu à une jurisprudence toute particulière, d'après laquelle les sommes qui y sont affectées ne doivent pas être considérées comme une donation faite à une paroisse ou à une congrégation ; c'est le *salaire d'un*

** **3332. Double procédé.** — Pour réaliser leurs intentions, les particuliers ont le choix entre deux procédés :

1° Ils peuvent *s'adresser à un établissement déjà existant,* et le charger de recevoir les biens qu'ils entendent affecter à leur fondation et d'assurer le service de celle-ci.

3° Ils peuvent *créer un établissement nouveau,* qui n'aura d'autre objet que celui que lui assigne le disposant.

Au premier cas, la fondation est un simple service annexe ajouté à d'autres ; au second cas, elle a une existence indépendante, elle est autonome, dans la mesure où la loi le permet.

3333. Observation. — A raison du but principal des fondations, on ne peut pas adresser à un particulier les biens qui leur sont affectés : ce particulier peut mourir à une époque toute voisine de l'organisation de la fondation, laisser des héritiers nombreux, inconnus ; ou même n'en pas laisser du tout. La durée et la stabilité de la fondation ne saurait être assurée par ce moyen. Il y a là un obstacle de fait plutôt qu'une prohibition légale.

§ 1. — *Fondations attribuées à des établissements déjà organisés.*

** **3334. Points à étudier.** — Ce cas est le plus simple. Il n'y a à régler que deux choses : 1° l'*aptitude de l'établissement* à se charger du service qui lui est proposé ; 2° les *relations juridiques* qui naissent entre les divers intéressés.

A. — Aptitude de l'intermédiaire chargé de la fondation.

1° Fondations adressées à l'État, aux départements et aux communes [1].

* **3335. Absence de toute restriction.** — Si les biens affectés à la fondation sont donnés à l'État, à un département ou à une commune, il n'y a aucun doute sur la possibilité du fonctionnement de la fondation, sous la seule réserve de l'acceptation des autorités représentant l'État, le département ou la commune. De leur part, cette acceptation est nécessaire, et si elles refusent, la fondation devient caduque ; mais il n'y a *aucun obstacle légal* qui les empêche d'accepter une fondation quelconque, *à raison de la nature de l'objet de cette fondation,* si elles la jugent utile pour la nation

service, et par suite *il n'y a pas besoin de demander l'autorisation administrative* (Cass., 13 juill. 1859, D. 59. 1. 322, S. 59. 1. 653 ; Paris, 23 nov. 1877, S. 77. 2. 330). Il en est ainsi alors même que des capitaux seraient affectés à ce service, sous la forme d'une *fondation perpétuelle*, ou alors même que les sommes employées à faire dire des messes absorberaient la totalité des biens du testateur (Rennes, 22 août 1861, S. 62. 2. 38 ; Caen, 28 nov. 1865, D. 66. 2. 43, S. 66. 2. 264). Pour une difficulté particulière, voyez Cass., 4 nov. 1895, D. 96. 1. 206 ; cet arrêt implique le maintien de la jurisprudence antérieure.

[1] Notons une circulaire du Directeur de l'Enregistrement du 22 octobre 1895, qui dispense du droit de mutation les dons et legs faits aux Facultés et Universités parce que ces établissements sont « rattachés par des liens étroits à l'ensemble des services » ; on les a assimilés aux Lycées.

entière ou pour la région qu'elles représentent. État, département et commune sont également chargés de pourvoir à tous les intérêts collectifs, chacun dans l'étendue de son territoire. Comp. n° 2923 ci-dessus. Toutefois le département et la commune devront se munir de l'autorisation administrative, qui leur est nécessaire à cause de la dépendance où ils se trouvent par rapport au pouvoir central. Voyez la note dans D. 95. 1. 217.

2° Fondations adressées aux établissements publics et d'utilité publique.

***3336. Effet du principe de spécialité.** — En ce cas le fondateur peut rencontrer un obstacle particulier, tenant au principe administratif de la *spécialité* de ces établissements, dont l'histoire, les motifs et la portée ont été exposés ci-dessus, n° 2923. Il se peut que, *par sa nature,* la fondation ne rentre pas dans les attributions de l'établissement choisi par lui, auquel cas *l'autorisation sera refusée,* et la fondation ne pourra pas se réaliser. Cette application du principe de spécialité a donné lieu à des décisions particulièrement intéressantes pour les fondations adressées soit aux paroisses, fabriques et autres établissements religieux [1], soit à *d'autres établissements publics* [2], lorsqu'il s'agit de la création d'*écoles* ou d'*hospices* ou autres institutions charitables [3]. Les décisions rendues contre les fabriques

[1] La jurisprudence des tribunaux judiciaires paraît avoir admis de tout temps l'aptitude de l'Église catholique, et par suite celle des autres Eglises, à accepter des fondations charitables ou scolaires. Ainsi il a été jugé qu'un legs peut être adressé à un *évêché* pour fonder une *école* (Cass., 31 janv. 1893, D. 93. 1. 513, S. 93. 1. 345 ; Chambéry, 21 juin 1893, D. 94. 2. 157, S. 94. 2. 124) ou un *orphelinat-ouvroir* (Amiens, 16 févr. 1893, D. 94. 2. 67, S. 93. 2. 253). Une décision analogue a été rendue au profit des consistoires jugés aptes à entretenir une école protestante (Cass., 18 mai 1852, D. 52. 1. 137, S. 52. 1. 524). Mais si les établissements religieux trouvent une tendance libérale chez les tribunaux, ils se heurtent à une volonté contraire de la part de l'administration. Sauf pendant une courte période, de 1873 à 1881, le Conseil d'État a refusé systématiquement aux établissements religieux le droit de faire fonctionner à côté d'eux soit des écoles, soit des institutions charitables (Avis des 13 avril, 7 juillet et 13 juillet 1881, D. 82 3. 21 et suiv.). Pour la jurisprudence contraire inaugurée en 1873, voyez l'avis du 6 mars 1873, D. 73. 3. 97. Ces variations de la jurisprudence administrative trouvent leur explication dans les changements politiques qui se sont produits en France : en 1873 le pouvoir appartenait aux partis de droite, qui cette année-là même renversèrent M. Thiers, pour le remplacer par le maréchal de Mac-Mahon ; en 1881, les républicains étaient les maîtres et se trouvaient pour la première fois en majorité dans les deux Assemblées, Chambre et Sénat. Pour l'examen théorique de la question, voyez les notes de MM. Koehler (D. 93. 1. 513), Planiol (D. 95. 1. 217), la note anonyme du *Sirey*, 93. 1. 345 et les articles de MM. Ducrocq, Béquet, Rivet et autres qui y sont cités. En fait de textes, voyez le *Concordat* de 1801, art. 15 (L. 18 germinal an X, dans Sirey, *Lois annotées,* t. I, p. 574) et l'art. 73 de la loi du 18 germinal an X, contenant les *articles organiques* : ces deux textes permettent d'une manière large de « faire des fondations en faveur des Eglises ».

[2] Pour les établissements laïques, la jurisprudence des tribunaux judiciaires est également moins étroite que celle du Conseil d'État. Voyez notamment un hospice autorisé à recevoir une fondation ayant pour objet une salle d'asile (Cass., 26 mai 1894, D. 95. 1. 217, S. 96. 1. 129).

[3] Malgré sa tendance libérale, la jurisprudence a été en quelque sorte déviée sur un point particulier par un autre principe du droit administratif. C'est lorsqu'il s'agit d'institutions charitables, destinées à secourir les pauvres : en pareille matière, elle rencontre devant elle le bureau de bienfaisance et son prétendu monopole, et elle écarte les fabriques et autres établissements, moins parce qu'ils sont impropres par eux-mêmes à faire fonctionner ces institutions que parce qu'on prête (sans texte) au bureau de bienfaisance le droit exclusif de faire la charité. Voyez en

ou paroisses et les consistoires ou synodes doivent être considérées comme une des formes de la lutte qui se poursuit entre les deux pouvoirs éternellement rivaux de l'Église et de l'État.

***3337. Cas où l'établissement désigné est incompétent.** — Deux hypothèses sont à distinguer.

1° L'AUTORISATION D'ACCEPTER EST REFUSÉE. — Que devient alors la libéralité? Elle n'est pas nécessairement caduque. Il est possible que le gouvernement en autorise l'acceptation par un autre établissement, dans les attributions duquel la fondation rentre par la nature de son objet. On en cite des exemples (Avis du Conseil d'État du 13 avril 1881, D. 82. 3. 21 ; du 30 nov. 1886) [1]. Mais le décret d'autorisation est un simple acte de tutelle administrative, qui ne peut modifier en rien les droits des parties, et il appartient à l'autorité judiciaire de vérifier si la décision de l'Administration n'est pas contraire à l'intention du disposant, et s'il lui paraît que cette intention a été méconnue elle doit prononcer la révocation de la libéralité (Grenoble, 5 janv. 1869, D. 73. 2. 226, S. 70. 2. 13 ; Angers, 23 mars 1871, D. 73. 2. 227, S. 71. 2. 3; Aix, 14 juill. 1873, D. 76. 5. 162. — Comp. Avis du Conseil d'État, 9 août 1880, D. 81. 3. 92 et la note).

2° L'AUTORISATION A ÉTÉ ACCORDÉE. — Si le gouvernement, pour des raisons dont il est seul juge, a trouvé bon d'autoriser un établissement à accepter une libéralité sous des conditions qui ne paraissent pas rentrer dans sa compétence, il n'en saurait résulter, *dans l'ordre civil,* aucune nullité de la fondation, ni de la libéralité qui en a été la source (Cass., 31 janv. 1893, D. 93. 1. 513, S. 93. 1. 345 ; Amiens, 16 févr. 1893, D. 94. 2. 67, S. 93. 2. 253 et la note dans D. 95. 1. 217-218). C'est à tort qu'on a voulu présenter l'établissement ainsi autorisé comme un *incapable de recevoir,* inhabile comme tel, à conserver la donation (DUCROCQ, *Revue de droit public,* 1894, t. I, p. 70-71). C'est faire une règle de droit civil, contrairement à toutes les traditions, de ce qui ne doit être qu'un principe de bonne administration, une règle de conduite politique pour le gouvernement [2]. Voyez cependant en faveur de la nullité, Dijon, 11 juin 1896, D. 98. 2. 279. Comp. ci-dessus, n° 2923.

ce genre, Toulouse, 4 nov. 1890, S. 92. 2. 151 ; Chambéry, 10 déc. 1894, D. 94. 2. 291, S. 96. 2. 14. Sur le monopole des bureaux de bienfaisance, voyez ci-dessus nos 3002 et suiv.

[1] Voyez aussi les arrêts de Besançon, du 26 mars 1891 (D. 93. 2. 1) et de Cassation, 25 janv. 1893 (D. 94. 1. 257).

[2] Anciennement ce principe de spécialité n'existait pas. Pothier et tous nos anciens auteurs considèrent les villes, les communautés et autres gens de mainmorte comme capables d'accepter, sous le bon plaisir du roi, toutes les libéralités qu'on voulait bien leur offrir et de faire fonctionner par suite les institutions les plus diverses. Nous en avons encore un exemple dans un des rares établissements qui remontent à l'ancien régime : l'Académie française, créée par Richelieu pour veiller à la pureté de la langue, distribue tous les ans des sommes considérables à titre de charité, ou d'encouragement au bien, prix Monthyon et autres.

Les exemples ne sont pas rares d'autorisations données à des établissements pour accepter des libéralités dont l'objet ne rentre pas directement dans leur compétence. Voyez un *hospice* autorisé à entretenir une *salle d'asile* pour des enfants pauvres, Bourges, 2 juin 1892, D. 95. 1. 222 ; Cass , 26 mai 1894, D. 95. 1. 217, S. 96. 1. 129. — Sur un tempérament admis en cette matière, voyez ci-dessus n° 2740.

3338. Cas où la fondation a un objet illicite. — Le procédé de la fondation, c'est-à-dire d'une charge imposée à une libéralité adressée à un établissement capable de recevoir, ne peut pas servir à créer indirectement des institutions contraires à la loi. Ainsi on a annulé un legs fait à l'archevêché de Rouen à la charge d'entretenir à perpétuité un chapelain dans un oratoire privé, ce qui était la création d'un office ecclésiastique que la loi ne reconnaît pas (Cass., 24 nov. 1891, D. 92. 1. 541, S. 92. 1. 25).

B. — Relations établies entre les intéressés.

3339. Rapports du fondateur avec l'établissement doté. — Les relations qui naissent entre le fondateur et la ville ou l'établissement qui a reçu la fondation sont celles qui dérivent de la donation « sub modo » et de la stipulation pour autrui : le fondateur ou ses représentants peuvent exiger, au cas où ils y auraient un intérêt personnel, l'*exécution effective* des clauses de la libéralité, c'est-à-dire *le fonctionnement de la fondation* conformément à l'acte qui l'a constituée et, comme il s'agit là d'une obligation de faire, elle se résoudra, le cas échéant, en *dommages-intérêts*.

En outre, et en toute hypothèse, c'est-à-dire même à défaut d'un intérêt personnel de leur part à l'exécution de la donation, ils peuvent demander la *révocation pour inexécution des charges*. Tout cela n'est que l'application du droit commun. Comp. Paris, 7 mai 1886, D. 87. 2. 91, S. 86. 2. 173.

***3340. Situation des bénéficiaires.** — L'application des principes de la stipulation pour autrui, qui constitue au fond la charge des fondations, semble bien conduire à faire considérer les bénéficiaires définitifs de la fondation comme étant de véritables *créanciers* par rapport à l'établissement chargé de la fondation et comme leur ouvrant une action contre lui. Comp. Douai, 22 avril 1890, D. 91. 2. 220, où cette idée se trouve indiquée.

Toutefois elle ne paraît pas avoir produit dans la pratique toutes les conséquences dont elle est susceptible, et cela grâce à cette circonstance que les bénéficiaires de la fondation ne sont pas déterminés d'avance et que nul ne pourrait se présenter comme tel. Il y a là une lacune d'organisation à laquelle l'existence des bureaux de bienfaisance, chargés de la représentation légale des pauvres, ne répond que très imparfaitement.

§ 2. — *Fondations comportant la création d'un établissement nouveau.*

A. — Système français.

***3341. Cas où cette création est nécessaire.** — Il est possible que le disposant ne veuille utiliser aucun des établissements existants, soit qu'il n'en trouve pas qui réponde exactement au genre de services qu'il a en vue ;

soit qu'il ne soit pas satisfait de leur esprit et de leur tendance politique, scientifique ou religieuse ; soit enfin qu'il veuille faire une fondation assez importante pour vivre seule de ses propres ressources, et à laquelle il désire attacher son nom. Dans ces hypothèses le fondateur a besoin de créer un établissement nouveau, distinct des autres. Sous quelles conditions et par quels moyens cela lui est-il permis ? Il faut distinguer selon qu'il se propose de faire sa fondation par *donation entre vifs* ou *par testament*.

1° Fondations par donation entre vifs.

3342. Marche à suivre. — C'est le procédé le plus facile. Il s'agit d'obtenir tout à la fois la *déclaration d'utilité publique* pour le nouvel établissement, et l'*autorisation d'accepter la libéralité*. Comme le gouvernement ne reconnaît jamais aucun établissement avant qu'il ait fait ses preuves, le fondateur devra l'organiser en fait et au bout d'un certain temps de fonctionnement, il sollicitera à la fois les deux actes administratifs dont il a besoin pour arriver à ses fins. La plupart du temps ces fondations rencontrent un accueil bienveillant de la part de l'administration, et pour les fondations importantes on voit souvent se produire un accord préalable entre le fondateur et les représentants du gouvernement. Malheureusement il est fort rare que le disposant consente ainsi à se dépouiller de son vivant ; il est même possible qu'il ne le puisse pas ; auquel cas il est réduit à employer la seconde voie qui s'offre à lui.

2° Fondations par testament.

***3343. Obstacle à leur création.** — Ce sont les plus fréquentes. Elles rencontrent une difficulté particulière en droit français, et cette difficulté n'a *aucun motif sérieux,* ni dans l'ordre logique, ni au point de vue social ou administratif. Elle vient uniquement de nos habitudes de langage en matière de personnalité civile et d'une tendance à raisonner sur des mots. On dit : le testateur ne peut adresser sa libéralité à l'établissement qu'il veut fonder, puisque cet établissement n'existera pas encore comme personne juridique au jour de son décès ; il naîtra seulement plus tard, et la disposition doit être traitée comme faite à une personne non encore conçue. Il est tout aussi impossible de *créer* un établissement nouveau par ce procédé que de gratifier une associatiou ou établissement ayant déjà l'existence de fait, mais sans reconnaissance d'utilité publique. Voyez les arrêts cités ci-dessus aux n°s 2918-2919.

***3344. Moyen pratique de réaliser la fondation.** — Quand on y réfléchit on voit que l'obstacle, qui empêche de réaliser *d'une manière directe* une fondation par testament, ne vient pas d'une *prohibition de la loi,* puisque cette même fondation aurait peut-être été approuvée avec empressement et encouragée par l'administration, si le fondateur avait voulu ou pu l'organiser de son vivant. L'obstacle vient de ce que, le jour de son décès, ses biens vont se trouver vacants et sans maître : ils ne seront pas encore la dotation d'un établissement qui n'existe pas ; ils ne sont à personne[1]. Dès lors un moyen très simple s'offre non pas d' « éluder la loi », comme on le dit à tort, car la loi ne *défend* rien ici, mais de *tourner la difficulté* : c'est de charger quelqu'un de faire, *après la mort du testateur,* ce que celui-ci aurait pu faire de son vivant ; cette personne sera, en quelque sorte, le *dépositaire temporaire* des biens destinés à la fondation, et il les possédera sous le titre de *légataire, tenu d'exécuter certaines charges* à lui imposées par le défunt.

***3345. Validité du procédé.** — La jurisprudence admet la régularité de ce moyen. Voyez pour un cas où l'organisation de l'établissement avait été commencée par le testateur lui-même, et où il s'agissait seulement de l'achever, Cass., 8 avril 1874, D. 76. 1. 225, S. 74. 1. 258 ; et pour le cas où il s'agit d'une fondation entièrement nouvelle, les divers arrêts auxquels a donné lieu la fondation de Biencourt, pour la création d'une école libre à Azay-le-Rideau (Cass., 5 juill. 1886, D. 86. 1. 465, S. 90. 1. 241 ; Angers, 22 juin 1887, D. 89. 2. 6, S. 90. 1. 241 ; Cass., 6 nov. 1888, D. 89. 1. 314, S. 90. 1. 241). Comparez l'affaire Ottételéchano, jugée par la Haute Cour de Roumanie, 2 mars 1892, D. 93. 2. 3-4 en sous-note, S. 92. 2. 381[2]. Voyez aussi Bordeaux, 13 mai 1895, D. 95. 2. 438.

Il faut d'autant plus savoir gré à la jurisprudence d'avoir accordé cette facilité, qui est d'ailleurs de tous points conforme aux principes juridiques et aux nécessités pratiques, qu'elle rencontrait souvent devant elle les prétentions des bureaux de bienfaisance, qui tendent sans cesse à accaparer toutes les ressources de la charité à leur profit. On a vu des arrêts admettre la validité de ces *fondations testamentaires par l'intermédiaire d'un particulier,* chargé de les organiser, alors même que le but était nettement charitable et que le bureau de bienfaisance prétendait absorber la fondation (Paris, 17 juin 1892, D. 92. 2. 381). Voyez aussi dans le même sens, Cass., 7 nov. 1859, D. 59. 1. 144, S. 60. 1. 350. On trouve cependant des décisions dissidentes, qui méconnaissent certainement et bien utilement la volonté des fondateurs, comme l'arrêt de Besançon, si justement critiqué par M. Beudant (25 mars 1891, D. 93. 2. 1).

3346. Réfutation des objections. — Deux objections principales ont été dirigées contre ces solutions.

1° Le légataire chargé d'organiser la fondation *n'est pas un véritable légataire* ; il n'est pas *gratifié,* puisqu'il ne lui restera rien après qu'il aura rempli sa mission. — L'objection tombe d'elle-même dans les cas où la fondation ne doit absorber qu'une partie

[1] On supprimerait cette difficulté avec une loi de deux lignes qui accorderait la *rétroactivité* aux autorisations administratives données pour des fondations testamentaires. Tous les droits de l'Etat seraient sauvegardés, puisque rien ne se ferait sans son autorisation. Mais qui y songe, dans nos Chambres ? Nous nous croyons en progrès, et souvent nous sommes moins avancés que l'était le droit romain, avec un Préteur ayant le pouvoir de l'assouplir.

[2] La jurisprudence va même jusqu'à sous-entendre l'interposition d'un intermédiaire capable, dans certains cas où il n'est pas expressément désigné par le testateur. Ainsi la fondation de deux lits dans un hôpital dont la création était projetée par une commune, a été réputée faite au profit de la commune elle-même, parce que le testateur était mort avant que l'hôpital fût organisé (Douai, 10 juin 1884, D. 85. 2. 156, S. 86. 2. 172).

des biens légués. Si la charge est aussi étendue que le legs, elle est encore sans valeur, car il est reconnu que les *charges* d'un legs peuvent en absorber entièrement le profit sans en détruire la nature. Voyez ci-dessus n° 3015.

2° *Le légataire fait l'office de personne interposée.* — On a déjà vu que les deux procédés de l'interposition de personne et de la charge au profit d'un tiers sont si voisins qu'ils semblent se confondre (ci-dessus n° 3018). Cependant il ne faut pas avoir peur d'un mot ni bannir l'interposition de personne quand elle n'a rien de frauduleux. Remarquons du reste une différence : quand l'interposition de personne est destinée à faire fraude à la loi pour cacher une libéralité faite à un véritable incapable, la personne interposée n'aura jamais été, *à toute époque*, qu'un *propriétaire fictif*, tandis que la personne interposée, qui sert dans une donation avec charges à gratifier des enfants non encore conçus ou des établissements non encore organisés, est *réellement propriétaire*, au moins pour un temps et parfois pour toujours.

B. — Système allemand.

3347. Renseignements sommaires. — En Allemagne, il est admis depuis longtemps que celui qui veut fonder un établissement utile n'a pas besoin de faire entrer les biens dont il compte le doter dans le patrimoine d'une personne réellement existante ; sa fondation trouve en elle-même la raison de son existence : elle est un patrimoine affecté à un but déterminé (Puchta, *Pandekten*, § 27 ; Roth, *System des deutschen Privatrecht*, 1re partie, § 73 ; Windscheid, §§ 58 et 59). Le Code civil allemand a réglementé toute la matière des fondations dans ses art. 80 à 89. L'approbation administrative est toujours exigée. Si la fondation est faite par testament, l'approbation est rétroactive (art. 83 et 84).

Ce qu'il y a de plus remarquable, c'est que ces fondations ne sont pas le patrimoine d'une corporation, *Körperschaft* ; c'est une *Stiftung*, un établissement composé d'une masse de biens sans que personne en soit réputé propriétaire. Comp. t. I, n° 1989.

On trouvera quelques renseignements et documents sur diverses fondations allemandes dans la thèse de M. Lory (p. 165, *fondation Bluntschli*, ; p. 159, Caisse de subsides des *étudiants genevois*) ; comp. Truchy, thèse, p. 159[1].

[1] M. Truchy fait observer avec raison que nous avons en France un certain nombre de fondations qui ressemblent beaucoup aux *Stiftungen* allemandes, en ce sens qu'elles constituent à elles seules une personne morale possédant un patrimoine, sans que ce patrimoine puisse être considéré comme le bien collectif d'une corporation ou d'une association. Il cite en ce genre (p. 163 et 165) la fondation *Chabrand Thibault*, hospice privé établi à Cormeilles-en-Parisis (Seine-et-Oise) et approuvé par décret du 24 février 1869 (*Bulletin des Lois*, série 11, t. XXXIII, p. 488) et la fondation *Rothschild*, comprenant une maison de secours, une maison de retraite, un orphelinat, etc., approuvée par décret du 8 avril 1886, et érigée en établissement indépendant, bien qu'elle eût pour origine une donation au consistoire israélite. Il y en a bien d'autres : Institution des jeunes aveugles de Nancy (*Bulletin des Lois*, 11e série, t. XXVI, p. 174), orphelinat de Ham (t. XIV, p. 49), maison de santé évangélique de Nîmes (12e série, t. IV, p. 901), etc. La différence est que ces fondations sont organisées *par une personne vivante* ; elles ne résultent pas directement, comme dans le système allemand, *des dispositions testamentaires d'une personne décédée*. — Il y aurait peut-être avantage à exiger que celui qui désire faire une fondation par testament soit obligé de s'entendre *de son vivant* avec l'administration compétente : un échange de vues l'amènerait peut-être à faire d'utiles changements à son projet, tandis qu'on ne discute pas avec un mort, et les testaments imposent souvent aux fondations des conditions gênantes, inutiles ou regrettables, qu'on ne peut faire disparaître.

CHAPITRE V

DES PARTAGES D'ASCENDANT

(Art. 1075 à 1080).

3348. Bibliographie. — Genty, *Des partages d'ascendant*, 1850. — Réquier, *Traité théorique et pratique des partages d'ascendants*, 1868. — Barafort, *Des partages d'ascendants*, 1870. — Bonnet, *Traité pratique des partages d'ascendants*, 2 vol., 1874. — André, *Traité théorique et pratique des partages d'ascendants*, 1881.

** **3349. Définition.** — Le partage d'ascendant est l'acte par lequel un ascendant partage lui-même sa succession entre ses descendants, en composant à sa guise les lots qu'il attribue à chacun. Il peut se faire de deux façons, soit par donation entre vifs, soit par testament ; on a ainsi des *donations-partages* et des *testaments-partages*. C'est donc un *acte mixte*, dans lequel les règles des partages se combinent avec celles des donations ou des testaments.

* **3350. Utilité de l'institution.** — Le partage d'ascendant a pour but d'éviter les contestations qui pourraient s'élever entre les enfants sur la formation et sur l'attribution des lots. Il peut aussi servir à éviter le tirage au sort des lots, quand il y a des mineurs parmi les héritiers, et à économiser les frais d'un partage en justice : l'ascendant fait lui-même, et à peu de frais, la répartition de sa fortune en attribuant à chacun le bien qui lui convient le mieux.

D'autre, part, il peut avoir pour l'ascendant lui-même une certaine utilité : quand il est vieux et infirme, il se décharge de l'administration de ses biens, en l'abandonnant à ses enfants ; il évite par là une interdiction judiciaire, ou tout au moins le dépérissement d'une fortune qu'il n'est plus en état de gérer.

* **3351. Ses inconvénients.** — Malheureusement le partage d'ascendant ne remplit que d'une manière très imparfaite le rôle pour lequel il a été créé. Lui qui devrait éviter des procès, il en est une source abondante ; nos recueils d'arrêts enregistrent tous les ans des décisions sur cette matière [1]. La faute en est en partie au législateur qui n'a réglé ce contrat que d'une manière insuffisante, et en partie aux particuliers eux-mêmes qui ne font pas toujours ces partages avec l'impartialité nécessaire : leurs actes portent trop souvent la marque de leurs préférences personnelles. La jurisprudence aussi a sa part de responsabilité. Voyez les observations critiques de M. Réquier dans la *Revue pratique*, 1866, t. XXII, p. 253.

[1] Il ne faut pas toutefois s'en exagérer le nombre, car l'emploi du partage d'ascendant est assez fréquent dans certaines régions de la France.

D'autre part, l'utilité que cette opération peut offrir pour l'ascendant, quand elle se fait par donation entre vifs, est souvent illusoire ; souvent même l'abandon de ses biens devient pour lui une véritable calamité. Les enfants, qui ont reçu ses biens par anticipation, peuvent se montrer ingrats, et l'expérience en témoigne, comme ce dicton rapporté par LOYSEL : « Qui le sien donne avant mourir, bientost s'appreste à moult souffrir » (*Institutes coutumières*, n° 668). Le remède à ce danger consiste à stipuler une *rente viagère* au profit de l'ascendant, en la garantissant par une hypothèque, s'il y a des immeubles.

3352. Histoire. — Les débuts du partage d'ascendant remontent au droit romain. Ce partage se faisait d'abord sans aucune forme, en vertu de la puissance paternelle ; Justinien exigea seulement la rédaction d'un écrit (Nov. 18). D'un autre côté, on pratiquait le *testamentum inter liberos*, admis par Constantin, qui était un testament privilégié, en ce sens qu'il n'avait pas besoin de contenir une institution d'héritier (Nov. 107). Comp. ACCARIAS, t. I, p. 900, note 2.

Ces deux institutions, qui avaient toujours été distinctes, ont été rapprochées et confondues par nos anciens auteurs. Le partage d'ascendant se faisait par acte de dernière volonté ; il était révocable en principe, et on l'avait affranchi des formalités ordinaires des testaments. Ord. de 1735, sur les testaments, art. 15 et 18. La plupart des coutumes étaient muettes sur cette matière.

A côté de ce partage testamentaire, notre ancien droit possédait une autre institution, la *démission de biens*, qui était une sorte de libéralité entre vifs : l'ascendant transmettait immédiatement ses biens à ses enfants, comme s'il y avait ouverture anticipée de sa succession (BOULLENOIS, *Questions sur les démissions de biens*, 1727 ; POTHIER, édit. Bugnet, t. I, p. 530 et suiv. ; MERLIN, *Répert.*, v° Démission de biens ; RÉQUIER, n°s 28 à 39).

Notre partage d'ascendant actuel est la combinaison de ces deux institutions anciennes. Comp. FÉRÉOL-RIVIÈRE, *Essai historique sur les partages d'ascendants, Revue de législation*, 1847, t. III, p. 406.

§ 1. — *Conditions et formes du partage d'ascendant.*

A. — Qui peut faire un partage d'ascendant.

***3353. Énumération limitative.** — Cette faculté n'est accordée qu'aux *père, mère* et *autres ascendants* (art. 1075). On n'a pas voulu accorder le même droit à d'autres parents, ni à plus forte raison à des étrangers. Ainsi un oncle ou un frère, qui laisse sa succession à plusieurs héritiers, ne serait pas autorisé à la répartir entre eux par un véritable partage comme celui que ferait un ascendant.

Il pourrait cependant faire quelque chose qui s'en rapprocherait beaucoup. D'abord, s'il veut leur transmettre ses biens par testament, il est libre de composer les lots comme il lui plaît, et il peut s'astreindre à respecter, dans la distribution de ses biens, la proportion établie par la loi pour la succession ab intestat. Sans doute un testament ainsi fait n'établirait pas entre les différents légataires les rapports particuliers qui naissent du partage ; mais il dépend du testateur de les créer par des clauses spéciales, tout au moins dans une large mesure : ainsi il pourrait imposer à ses différents légataires l'obligation réciproque de *garantie,* au cas où l'un d'eux serait évincé d'un bien mis dans son lot. Il pourrait également obliger l'un d'eux à payer une *soulte* aux autres, s'il recevait un lot plus fort que sa part. La seule chose peut-être qu'il ne dépendrait pas de lui d'imiter, c'est le *privilège* qui garantit le paiement de la soulte, car les privilèges ne peuvent être créés que par la loi. — D'autre part ce testament d'un collatéral échappe aux causes spéciales de nullité qui sont édictées contre les partages d'ascendants, mais cette différence est toute à son avantage.

En second lieu, si le disposant est décidé à se démettre immédiatement de la propriété, il peut faire *une vente* à ses héritiers présomptifs, *avec prix payable à son décès,* et intérêts annuels jusque-là : cette opération échappe à la fois aux règles du partage d'ascendant et à l'art. 918 (Cass., 27 juillet 1899, S. 1901. 1. 183).

B. — Forme des partages d'ascendant.

***3354. Partage testamentaire.** — Des deux formes sous lesquelles peut être fait le partage d'ascendant, celle-ci est la plus simple. On emploie les formes ordinaires des testaments auxquelles l'art. 1076 se borne à renvoyer. Rappelons seulement que le père et la mère ne peuvent pas faire le partage général de leurs biens à tous deux par un seul et même acte ; ils doivent rédiger deux testaments séparés.

***3355. Partage entre vifs.** — L'ascendant peut aussi faire une *donation-partage.* L'acte est alors soumis à toutes les formes prescrites pour les donations entre vifs par les art. 931 et suiv. Ainsi la *transcription* sera nécessaire, s'il y a des immeubles ; pour le mobilier, il faudra dresser un *état estimatif* ; l'acceptation des donataires devra être *expresse* et notifiée comme le prescrit l'art. 932, si elle est faite par acte séparé (Rennes, 15 juin 1892, D. 92. 2. 591), etc.

En principe, la rédaction d'un *acte notarié* sera nécessaire. Toutefois, si la disposition ne portait que sur des *meubles corporels,* il semble bien que la simple distribution de ces meubles, faite de la main à la main, serait suffisante pour opérer le partage, car le *don manuel* est une forme licite de donation.

3356. Droits d'enregistrement. — Afin de faciliter les partages d'ascendant une loi du 16 juin 1824 avait abaissé considérablement le droit de mutation à percevoir sur les donations-partages, mais ce droit a été relevé au taux uniforme de 1 pour 100, sans distinction entre les meubles et les immeubles, par la loi du 18 mai 1850, art. 10. — De plus, en 1824, on avait dispensé les donataires de payer le droit de transcription au moment même où ils faisaient enregistrer l'acte, comme le voulait l'art. 54 de la loi du 28 avril 1816 : le droit proportionnel de transcription (1,50 pour 100) était payable seulement quand cette formalité était réellement requise. Dans ces conditions un huitième à peine des partages d'ascendant étaient transcrits. Pour augmenter les recettes du fisc une loi du 21 juin 1875, art. 1er, a rétabli le principe de la loi de 1816 pour les partages d'ascendants ; le droit de transcription est perçu quand l'acte est présenté à l'enregistrement et la formalité de la transcription ne donne plus lieu ensuite qu'au droit fixe de 1 franc (L. 28 avril 1816, art. 61). Cette même loi de 1875 a abaissé le droit proportionnel de transcription à percevoir sur les partages d'ascendants au taux de 0,50 pour 100.

C. — Au profit de qui doit être fait le partage.

***3357. Règle principale.** — Le partage doit être fait au profit de *tous les enfants du disposant,* qui se trouveront ses héritiers au jour de sa mort, et qui seront capables de succéder et acceptants. *Si l'un d'eux a été omis, le partage est nul,* et il doit en être fait un nouveau dans les formes ordinaires (art. 1078). Sur cette cause de nullité, voyez ci-dessous n° 3384.

***3358. Conséquence.** — Il résulte de là : 1° que s'il survient un nouvel enfant, fût-ce un posthume, le partage est nul, bien qu'il n'y ait eu aucun moyen d'en empêcher la nullité ; 2° que s'il y a omission d'un enfant vivant, la nullité n'est pas encourue immédiatement, car il se peut que l'enfant omis meure ou répudie la succession. Pour apprécier la validité d'un partage d'ascendant, on doit donc se placer non pas au moment où le partage est fait, mais au moment du décès.

3359. Enfants dont l'omission entraîne nullité. — Le partage serait nul, si on avait omis un *enfant adoptif,* car il a les mêmes droits qu'un enfant légitime. Il en serait de même pour l'omission d'un *enfant naturel,* car il a des droits de succession, comme ses frères et sœurs légitimes. Enfin les *enfants légitimes d'un enfant prédécédé* doivent être compris dans le partage sous peine de nullité, car ils représentent leur père ou mère.

3360. Effet du prédécès d'un enfant. — L'hypothèse inverse doit être prévue, et elle est peut-être plus fréquente : on a compris dans le partage un enfant qui est mort avant le disposant, et sans laisser de postérité. En ce cas, *le partage n'est pas nul*; mais il faut déterminer ce que devient la part attribuée à l'enfant prédécédé. Si le partage a été fait entre vifs, cette part fait retour à l'ascendant donateur, à titre de succession anomale, conformément à l'art. 747 (Rennes, 3 nov. 1893, D. 94. 2. 39, S. 78. 1. 395); si c'est un partage testamentaire, elle est indivise entre les cohéritiers survivants.

Si l'enfant prédécédé a laissé lui-même des enfants, ceux-ci succèdent tout naturellement à son lot, s'il l'avait reçu entre vifs ; ils le recueillent par droit de représentation si c'est un partage testamentaire (Riom, 7 mars 1885, D. 87. 2. 8, S. 87. 2. 153).

On peut supposer aussi que l'un des enfants apportionnés renonce ou est indigne : celui-là conserve en pratique ce qu'il a reçu en vertu de la donation ou ce qui lui est attribué par le testament ; sa part lui reste jusqu'à concurrence de la quotité disponible, sauf révocation pour ingratitude, s'il y a lieu.

3361. Enfants d'un premier lit. — Si l'un des conjoints a des enfants d'un premier lit, ceux-ci ne peuvent figurer que dans un partage fait par celui des deux conjoints dont ils descendent. Par suite une donation opérée en leur faveur par les deux époux conjointement ne peut valoir que comme donation ordinaire et non comme partage d'ascendant (Nancy, 11 juin 1887, D. 88. 2. 183).

D. — Capacité nécessaire.

3362. Capacité de l'ascendant. — Aucune règle spéciale n'est établie ; c'est le droit commun qui s'applique. L'ascendant devra donc posséder, selon le cas, soit la capacité de disposer par acte entre vifs, soit la capacité de tester. Ainsi un interdit, qui ne peut ni tester ni donner, ne pourra faire de partage d'ascendant sous aucune forme. Un prodigue pourvu d'un conseil judiciaire, qui ne peut pas faire de donations, pourra néanmoins faire un partage testamentaire, parce qu'il peut disposer par testament.

3363. Capacité des enfants. — Pour eux encore, c'est la capacité de droit commun qui est nécessaire.

Une seule observation est à faire. S'il existe parmi les enfants un condamné à une peine perpétuelle, le partage ne peut avoir lieu par acte entre vifs, parce que les condamnés aux travaux forcés à perpétuité sont incapables de recevoir entre vifs, si ce n'est pour cause d'aliments (L. 31 mai 1854). Ce résultat fâcheux ne se produisait pas avant 1854, car le condamné était réputé mort civilement et ne comptait pas pour le règlement de la succession, tandis qu'aujourd'hui il a droit de succéder et doit être compris dans le partage, à peine de nullité. Le partage devra donc se faire *par testament*, et l'enfant condamné pourra y recevoir une part, bien que la loi de 1854 le déclare incapable de recevoir aussi bien par testament que par donation. Ceci tient à ce que les enfants viennent *en qualité d'héritiers*, lorsque le partage est fait par testament, et non en qualité de légataires ; c'est la succession légitime qui s'ouvre, le partage seul en a été fait d'avance par le père. Le condamné à une peine perpétuelle n'est donc pas exclu du partage testamentaire ; toutefois, il n'y peut figurer que pour sa part ab intestat, et ne doit rien recevoir par préciput, ce qui constituerait une libéralité qu'il est incapable de recueillir.

E. — Biens pouvant faire l'objet du partage.

***3364. Biens dont l'ascendant ne peut pas disposer.** — Une personne ne peut pas partager entre ses enfants les biens dont elle n'a pas la libre disposition. Ainsi une femme mariée sous le régime dotal ne peut pas comprendre ses biens dotaux dans un partage entre vifs, à moins qu'elle ne se trouve dans le cas exceptionnel où l'aliénation est permise pour établir les enfants (art. 1556). Elle peut au contraire les distribuer entre eux par un partage testamentaire.

***3365. Biens à venir.** — Si le partage a lieu entre vifs, il ne peut comprendre que des *biens présents* (art. 1076, al. 2.). Un partage fait par testament peut au contraire porter même sur les biens à venir.

3366. Biens de communauté. — Lorsque l'ascendant qui veut faire un partage de ses biens entre ses enfants est marié sous le régime de la communauté, il lui est impossible de comprendre sa part des biens communs dans le partage, soit qu'il le fasse sous forme de donation, soit qu'il le fasse sous forme de testament. C'est là une singularité de notre droit et une lacune évidente de la loi : il faudrait permettre aux époux mariés sous le régime de communauté de déterminer d'une manière définitive la part de chacun dans les biens communs, en vue d'un partage d'ascendant. En l'état actuel du droit ce moyen n'existe pas : la part de celui qui fait le partage ne sera déterminée qu'après sa mort, et quand il fait son testament ou sa donation-partage, il ignore encore quels biens la composeront (Cass., 13 nov. 1849, D. 49. 1. 311, S. 49. 1. 753 ; Cass., 23 déc. 1861, D. 62. 1. 31, S. 62. 1. 29).

La seule ressource est alors le *partage conjonctif* (ci-dessous n° 3370), lequel ne peut se faire que par donation entre vifs.

3367. Biens donnés entre vifs. — Peut-on comprendre dans un partage d'ascendant des biens précédemment donnés entre vifs à l'un des enfants ? Cela dépend. Si ces biens ont fait l'objet d'une *donation préciputaire*, le successible qui les a reçus a le droit de les garder jusqu'à concurrence de la quotité disponible, et l'ascendant ne peut plus rien sur eux. Mais s'il s'agit d'une simple *donation en avancement d'hoirie*, comme elle doit faire retour à la succession par l'effet du rapport, l'ascendant qui veut procéder au partage général de ses biens par testament[1] a le droit de la comprendre dans la masse partageable ; cela ne porte aucune atteinte à l'irrévocabilité des donations, parce que l'opération est en réalité le partage de la succession, dont les biens donnés se trouveront faire partie. S'il est prudent, l'ascendant devra précompter ces biens sur le lot du successible auquel il les avait donnés ; car, s'il les mettait dans le lot d'un autre, tout pourrait se trouver compromis par la répudiation du donataire, qui garderait ce qu'il a reçu jusqu'à concurrence de la quotité disponible, ou même plus simplement par l'aliénation des biens donnés, qui dispenserait le donataire d'en faire le rapport en nature.

3368. Biens n'appartenant pas au disposant. — Le partage serait nul pour le tout si l'on y avait compris d'autres biens que ceux de l'ascendant, par exemple ceux du conjoint prédécédé de l'ascendant, et ceux des enfants eux-mêmes (Angers, 25 janv. 1862, D. 62. 2. 36 ; Caen, 15 juin 1863, S. 64. 2. 292). Voyez cependant Riom, 29 oct. 1888, D. 90. 2. 330, qui permet de comprendre en une seule masse les biens de l'ascendant prédécédé confondus avec ceux du survivant, du consentement de tous les enfants majeurs et capables.

3369. Partages partiels. — L'ascendant peut faire porter le partage sur la totalité de ses biens, soit qu'il les donne entre vifs, soit qu'il préfère employer la forme testamentaire. Mais il peut aussi ne faire qu'un partage partiel[2], et dans ce cas il lui est possible de procéder à plusieurs partages successifs, sans s'astreindre à prendre pour le second la même forme que pour le premier : l'un peut se faire entre vifs et l'autre par testament.

Si l'ascendant meurt en laissant des biens qu'il n'a pas partagés lui-même, ses héritiers se les partagent conformément aux règles ordinaires (art. 1077).

***3370. Des partages conjonctifs.** — Les père et mère réunissent volontiers leurs biens en une seule masse pour les distribuer conjointement à leurs enfants, quand ils veulent les leur donner par acte entre vifs. C'est ce qu'on appelle un « partage conjonctif » (Cass., 16 nov. 1885, D. 86. 1. 395, S. 86. 1. 454). On y trouve un double avantage : 1° la composition des lots est rendue plus facile ; 2° la liquidation des reprises de la femme se trouve évitée.

Les deux époux, agissant conjointement, peuvent disposer de la totalité des biens de la communauté ; ici ne s'appliquent pas les limitations apportées par l'art. 1422 au droit du mari de donner entre vifs les biens communs (Cass., 29 avril 1851, D. 52. 1. 25, S. 51. 1. 329).

Mais *le partage conjonctif n'est possible que sous la forme entre vifs.*

[1] Si le partage se fait par donation entre vifs, les biens donnés ne sont pas encore *rapportables*, puisque la succession du donateur n'est pas ouverte ; ils peuvent néanmoins être compris dans le partage, avec l'assentiment du donataire et sous réserve du droit des tiers.

[2] Dans notre ancien droit coutumier, l'ascendant était obligé de faire le partage de tous ses biens ; une disposition partielle ne pouvait valoir que comme donation ou comme legs, parce qu'elle n'atteignait pas le but dans lequel les partages d'ascendants avaient été autorisés, qui était de prévenir toutes les contestations naissant de l'indivision et du partage (FURGOLE, *Testaments*, chap. VIII, sect. I, n° 161 ; AUROUX DES POMMIERS, *Coutume de Bourbonnais*, art. 216, n° 12).

L'art. 968 s'oppose à ce que les deux époux fassent ensemble un testament-partage par un seul et même acte. Il y avait dans l'ordonnance de 1735 (art. 77) une disposition contraire, qui n'a pas été conservée.

D'autre part, le partage conjonctif n'est possible qu'*au profit des enfants communs*. Si l'un des époux a des enfants du premier lit, il leur est interdit de disposer de cette façon parce que ces enfants n'ont aucun droit sur la succession du second conjoint de leur père ou mère.

F. — Composition des lots.

3371. Rôle de l'ascendant. — Dans le système de la loi, il est bien visible que c'est l'ascendant lui-même qui doit procéder au partage de ses biens, et la jurisprudence décide en effet qu'il n'y a pas partage d'ascendant, lorsque la division des biens a été effectuée par les enfants eux-mêmes, hors la présence de leur ascendant, qui s'est borné à leur faire une donation collective (Cass., 24 juin 1872, D. 72. 1. 472, S. 73. 1. 77; Poitiers, 4 févr. 1878, D. 78. 2. 67).

Cependant les arrêts admettent des tempéraments qui détruisent à peu près toute certitude dans la pratique. Ainsi il a été jugé que l'opération constitue un partage d'ascendant, par cela seul que la division des biens a été imposée aux enfants par le donateur, et qu'ils y ont procédé par voie d'attribution et non par voie de tirage au sort (Lyon, 6 mars 1878, D. 78. 2. 65), ou encore parce que l'ascendant leur a remis des biens à la condition de les partager dans la proportion de leurs parts héréditaires, et cela quoique le partage ait été fait entre les enfants *par acte séparé et hors la présence de l'ascendant* (Cass., 5 nov. 1877, D. 78. 1. 372, S. 78. 1. 214; trib. Louvain, 18 nov. 1892, D. 93. 2. 476). Les arrêts antérieurs semblaient exiger *le concours de l'ascendant* au partage fait par les enfants (Montpellier, 27 juill. 1869, S. 70. 1. 174, Dalloz, *Suppl.*, t. V, p. 282, note 2).

La question a de nombreux intérêts soit au point de vue des droits d'enregistrement, soit pour les actions au moyen desquelles on peut attaquer le partage. Sur le pouvoir des juges du fait, voyez Cass., 2 juill. 1878, D. 78. 1. 463.

3372. Application de l'art. 832. — Cet article veut que l'on mette dans chaque lot une même quantité d'objets de même nature, de façon à les rendre aussi semblables que possible. S'applique-t-il au partage d'ascendant? Ce n'est pas un texte ayant nécessairement une portée générale : il est écrit à propos des partages judiciaires. Il y aurait eu une certaine utilité à laisser toute liberté au père pour la composition des lots. Cependant la jurisprudence exige qu'on observe dans les partages d'ascendants la similitude de composition des lots, en vertu de l'art. 832 (Arrêts nombreux. Voyez notamment Cass., 25 févr. 1878, D. 78. 1. 449, S. 81. 1. 73; Toulouse, 31 déc. 1883, D. 84. 2. 81, S. 84. 2. 113). Cette règle souffre toutefois exception, conformément à l'art. 827, lorsque les biens ne sont pas commodément partageables (Bordeaux, 3 juin 1887, D. 88. 2. 125; Lyon, 27 mars 1893, D. 94. 2. 60; Cass., 15 nov. 1893, D. 94. 1. 437, S. 96. 1. 20. Comp. Cass., 8 mars 1875, D. 75. 1. 278).

La doctrine s'élève en général avec force contre cette jurisprudence, qui enlève au partage d'ascendant une bonne part de son utilité en empêchant les parents d'attribuer leurs biens aux plus capables de les exploiter et de lotir les autres en argent. Sur un système intermédiaire qui restreignait l'application de l'art. 832 aux partages testamentaires, parce que dans les partages entre vifs l'acceptation des enfants emportait ratification du lotissement, voyez Aubry et Rau, t. VIII, § 732, note 3.

3373. Possibilité d'une dérogation. — Néanmoins l'art. 832 n'est pas considéré comme une disposition d'ordre public, à laquelle il ne puisse pas être dérogé. Par conséquent l'ascendant qui procède au partage, sans se conformer à cet article, peut édicter telle clause pénale qu'il voudra pour empêcher ses enfants de l'attaquer pour ce motif. Par exemple, il peut attribuer la quotité disponible par préciput à celui des enfants contre lequel l'action serait dirigée (Cass., 26 juin 1882, D. 83. 1. 70, S. 85. 1. 118).

§ 2. — *Effets du partage d'ascendant.*

A. — Partage par donation entre vifs.

1° Effets du vivant du donateur.

***3374. Titre auquel les enfants possèdent les biens donnés.** — Ce point a fait autrefois difficulté, mais on peut dire que la question est aujourd'hui tranchée : tant que le donateur vit, ses enfants ne peuvent pas être traités comme *héritiers*. « Nulla est viventis hereditas », disait un adage ; la succession d'une personne ne s'ouvre que par sa mort. S'ils ne sont pas héritiers, ils ne peuvent être que *donataires*[1]. Personne ne songe plus à leur attribuer une autre qualité.

3375. Conséquences. — 1° Les enfants n'ont pas encore la qualité de *successeurs universels* de l'ascendant qui leur a transmis ses biens ; ils ne sont que des *ayants cause particuliers* et par suite ils ne sont pas tenus de ses dettes, par le seul effet de la transmission qui s'est opérée à leur profit ; ils n'en doivent répondre qu'en vertu de conventions particulières, comme des donataires ordinaires. Il y aurait donc nullité de la donation-partage, si elle leur imposait l'obligation d'acquitter les dettes futures (Cass., 4 mars 1878, D. 78. 1. 149).

2° Les enfants peuvent se voir enlever les biens donnés par une action en révocation pour inexécution des conditions ou pour ingratitude.

3° La donation n'est opposable aux créanciers et autres ayants cause du disposant, qu'autant que les formalités légales ont été remplies, notamment la *transcription*, si elle comprend des immeubles.

***3376. Rapports des enfants entre eux.** — Donataires à l'égard de leur père ou mère, les enfants ont entre eux des relations semblables à celles qui naissent d'un partage : ils sont *donataires copartagés*[2]. Ils pourront exercer les uns contre les autres l'*action en garantie*, s'ils subissent une éviction ; ils pourront se demander le *paiement des soultes* qui leur auront été imposées par le donateur. Et ces deux actions seront garanties par le *privilège des copartageants*, de l'art. 2103.

[1] Le système qui voyait dans le partage entre vifs une sorte de *présuccession* ou d'ouverture anticipée de la succession de l'ascendant, avait cependant été admis par la Chambre des requêtes (4 février 1845, D. 45. 1. 49, S. 45. 1. 305). Il a été abandonné par elle en 1860 (Cass., 13 février 1860, D. 60. 1. 169, S. 60. 1. 552).

[2] Ce point paraît aujourd'hui bien établi. M. Genty avait proposé un autre système, qui refusait aux enfants la qualité de copartagés tant que vivait leur ascendant. Pour lui le partage entre vifs se décomposait en deux éléments, l'un *actuel*, la donation ; l'autre simplement *éventuel*, la distribution des biens. Ce dernier ne pouvait produire d'effets qu'à la mort de l'ascendant, parce que les enfants y figuraient *en qualité d'héritiers*. Provisoirement, ils étaient de simples donataires en avancement d'hoirie. En conséquence, il ne pouvait être question ni de soulte, ni de privilège, ni de recours en garantie, tant que la succession de l'ascendant n'était pas ouverte. Pour la réfutation de ce système, voyez Aubry et Rau, t. VIII, § 728, note 2.

Par une suite de la même idée, le défaut de paiement d'une somme par l'un des enfants à l'autre n'autorise pas l'exercice de l'action en résolution pour inexécution des charges, cette action n'existant pas en matière de partage (Besançon, 8 juin 1857, D. 58. 2. 66, S. 57. 2. 688. — Comp. Cass., 7 août 1860, D. 60. 1. 498, S. 61. 1. 977).

2° Effets après la mort du donateur.

***3377. Ouverture de la succession.** — Une fois le donateur mort, le caractère et les effets du partage entre vifs changent : il devient à ce moment un véritable *partage de succession,* et les enfants qui, jusque-là n'étaient que des donataires, deviennent des *héritiers.*

***3378. Conséquences.** — 1° Chacun d'eux peut accepter ou répudier la succession. 2° Ceux qui l'acceptent sont tenus des dettes *ultra vires,* à moins qu'ils n'aient eu soin d'accepter sous bénéfice d'inventaire.

Cependant leur nouvelle qualité d'héritiers n'efface pas complètement leur titre ancien de donataires. Ainsi ceux qui renoncent conservent leurs lots jusqu'à concurrence de la quotité disponible. Ainsi encore, s'il y en a qui aient accepté sous bénéfice d'inventaire, les biens que l'ascendant leur a distribués ne peuvent être atteints entre leurs mains, ni par les créanciers ni par les légataires ; en effet, ces biens étaient sortis définitivement du patrimoine du défunt par la donation entre vifs qu'il en avait faite ; ils ne sont pas dans sa succession, et les créanciers héréditaires ou les légataires ne pourraient les atteindre que si les enfants avaient accepté la succession purement et simplement.

B. — Effets du partage testamentaire.

1° Époque antérieure au décès.

***3379. Absence d'effets du partage.** — Comme le testament ne produit d'effet qu'à la mort du testateur, il n'y a en réalité qu'une seule période à examiner pour étudier les effets d'un testament-partage : c'est celle qui suit le décès de son auteur. Jusque-là ce n'est qu'un projet que le testateur a pu révoquer; ce sera, pour lui, une *disposition de dernière volonté.* Cependant on doit se préoccuper de certains faits qui peuvent survenir dans l'intervalle.

3380. Changements survenus avant le décès. — S'il se produit quelque changement dans la valeur des biens, après que le testament a été rédigé, ces variations n'ont en principe aucune conséquence : les enfants en souffriront ou en profiteront, et recevront des lots valant plus ou moins que ceux qu'ils auraient recueillis, si le décès s'était produit plus tôt. Ils n'auront donc aucun recours à exercer (art. 1018 et 1019). Toutefois si ces changements étaient si considérables qu'il en résultât pour l'un d'eux une *lésion de plus du quart,* ce fait ouvrirait à son profit l'*action en rescision,* dont il est parlé plus loin.

Pour l'application de ces règles, on ne doit pas distinguer entre les changements qui sont dus au hasard et ceux qui ont pour cause le fait de l'ascendant et qui constituent des détériorations, des améliorations ou des constructions.

Il pourrait arriver aussi que le testateur ait aliéné avant de mourir tous les objets compris dans le lot de l'un des enfants : celui-là devrait être considéré comme n'ayant pas été compris dans le partage, et par conséquent la nullité serait encourue par application de l'art. 1078.

2° Époque postérieure au décès.

***3381. Question générale.** — La principale question qu'on se pose alors est de savoir si les enfants recueillent les biens *à titre de légataires* ou *à titre d'héritiers* : est-ce la succession ab intestat ou la succession testamentaire qui s'ouvre? La solution la plus communément admise, et qui paraît vraiment la meilleure, est que *le testament-partage n'opère aucun changement dans le titre des enfants*, dans leur vocation héréditaire : le testament ne leur confère pas le droit de succéder; il ne fait que partager entre eux la succession, alors même qu'il débuterait en fait par une institution expresse des enfants comme légataires. Cette déclaration serait sans effet, comme inutile et étrangère à l'objet véritable de l'acte.

Les preuves en sont décisives. C'est d'abord l'ancien droit très clairement exposé par Lebrun : « Quoique le partage soit fait par testament, les coutumes considèrent les enfants comme héritiers ab intestat des parts et portions que leur père leur a léguées » (Lebrun, *Successions*, liv. IV, chap. I, n° 11. Comp. Guy Coquille, Question 244 ; Auroux des Pommiers, *Coutume de Bourbonnais*, art. 216, n° 31).

C'est ensuite le texte même de l'art. 1075, qui définit le partage d'ascendant en disant que c'est l'acte par lequel les père et mère font le *partage* et la *distribution* de leurs biens entre leurs enfants. Cela signifie que le père prend pour base la vocation légale de ses enfants, et il ne fait que se substituer à eux pour opérer le partage de sa succession.

***3382. Conséquences.** — Les enfants n'ont pas d'autre titre que celui d'héritiers pour recueillir les biens du défunt. Ils ne peuvent donc renoncer à la succession pour s'en tenir au testament. S'ils acceptent la succession, les biens mis dans leur lot par l'ascendant peuvent être saisis par ses créanciers ou réclamés par les légataires, sauf l'effet de l'action en réduction s'il y a lieu, car ce sont *des biens héréditaires*.

D'ailleurs tous les effets du partage se produisent entre les enfants, pour l'action en garantie, le paiement des soultes et le privilège des copartageants.

§ 3. — *De la rescision du partage.*

A. — Cas de nullité.

***3383. Nullités de droit commun.** — Un partage d'ascendant peut être attaqué pour bien des causes différentes. Il y en a dont on a rien à dire parce qu'elles sont l'application du droit commun. Telles sont les actions fondées sur un vice de forme, sur une incapacité ou sur un vice de consentement.

*** 3384. Omission d'un enfant.** — Il y a en outre pour les partages d'ascendants un *cas spécial de nullité*, dans lequel il semble bien que l'exercice d'une action soit inutile : c'est l'*omission d'un enfant*. Aux termes de l'art. 1078, le partage doit comprendre tous les enfants du disposant, non pas ceux qui vivaient au jour de la donation ou de la confection du testament, mais ceux qui, étant vivants au jour de son décès, acceptent sa succession. Si l'un d'eux a été omis, il y a nullité, et une *nullité radicale* : le partage est nul pour le tout. Et le texte ne se borne pas à cela; il ajoute : « Il en pourra être provoqué un nouveau dans la forme légale... » On n'a donc pas besoin de faire casser l'acte ; la présence d'un enfant omis est un fait évident, qui permet de le tenir pour non avenu. L'action qui appartient à l'enfant omis est une *pétition d'hérédité,* qui dure trente ans (Besançon, 23 mars 1880, D. 81. 2. 15, S. 81. 2. 92).

Toutefois cette nullité n'a lieu qu'après le décès de l'ascendant et à la condition que l'enfant omis lui succède (Colmar, 20 févr. 1867, D. 67. 2. 42, S. 67. 2. 209). Elle serait donc couverte, si cet enfant renonçait à la succession. Pour la même raison l'ascendant n'est pas autorisé à agir de son vivant comme si le partage était nul et à disposer à nouveau des biens qu'il avait donnés (Caen, 10 mai 1852, D. 53. 2. 185, S. 53. 2. 74).

Mais, quand la nullité est encourue, l'enfant omis n'est pas seul admis à s'en prévaloir ; ses frères et sœurs, qui ont été apportionnés, ont le même droit que lui (Cass., 5 nov. 1877, D. 78. 1. 372).

La nullité n'atteint d'ailleurs que le partage lui-même et non les dispositions étrangères, telles qu'une libéralité par préciput, qui pouvaient se trouver dans le même acte (Bordeaux, 20 août 1853, D. 54. 5. 258).

3385. Autres causes de nullité. — Enfin il existe deux actions spéciales, organisées par les art. 1079 et 1080, l'une pour *lésion de plus du quart,* l'autre pour *atteinte à la réserve,* qui soulèvent beaucoup de difficultés dans la pratique.

B. — Rescision pour lésion.

***3386. Le principe.** — D'après l'art. 1079, l'un des enfants peut attaquer le partage, quoiqu'il ait reçu toute sa réserve et même davantage, par cela seul qu'on ne lui a pas donné *les trois quarts de sa part véritable dans les biens partagés.* Cette action n'est autre chose qu'une application particulière de l'action ordinaire en rescision des partages pour lésion de plus du quart ; néanmoins elle appelle quelques observations.

3387. Évaluation de la lésion. — On tient compte uniquement de la masse des *biens partagés,* ce qui amène quelquefois des résultats singuliers. Ainsi, pour prendre des chiffres divisibles par 2 et par 3, supposons une fortune de 24 000 francs et deux enfants. Le père a commencé par donner à l'un d'eux toute sa quotité disponible, qui vaut 8 000 francs. Il en reste 16 000 à partager : il attribue 5 500 francs à celui qui est déjà donataire par préciput, et 10 500 francs à l'autre. Finalement, l'un d'eux aura 13 500 francs et l'autre 10 500 francs seulement ; néanmoins celui qui a la plus forte part des biens paternels pourra se plaindre et faire rescinder le partage, quoiqu'il ait beaucoup plus que sa part de réserve, car il aurait dû recevoir au moins les trois quarts de sa part dans ce qui restait à partager, c'est-à-dire 6 000 francs et il n'a eu que 5 500 francs. Comp. Montpellier, 5 juill. 1853, D. 54. 2. 63, S. 53. 2. 692 ; Bordeaux, 27 déc. 1869, D. 71. 2. 201, S. 70. 2. 124.

En sens inverse, il pourrait arriver qu'un enfant n'eût pas sa réserve au complet et qu'il fût privé de toute action contre le testament. Supposons pour cela que la quotité disponible (8 000 francs) ait été léguée à un étranger. Sur les 16 000 francs qui restent le père en attribue 9 500 à l'un des enfants et 6 500 à l'autre. Ce dernier n'a pas sa réserve intacte, il lui manque 1 500 francs. Néanmoins il ne peut agir ni en réduction contre le tiers qui n'a pas reçu plus que la quotité disponible, ni en rescision contre son frère, car il n'a pas subi une lésion de plus du quart sur ce qui restait à partager. Comp. Nîmes, 7 avril 1856, D. 57. 2. 43.

Cependant, s'il y avait eu plusieurs partages partiels successifs, la lésion se calculerait sur leur ensemble, et non pas isolément pour chacun d'eux (Cass., 18 déc. 1854, D. 55. 1. 55, S. 55. 1. 572).

3388. Moment de l'évaluation. — Il n'y a pas de difficultés pour les *partages testamentaires* : on ne peut se placer qu'à un seul moment, celui du décès du disposant, pour faire l'estimation des biens. Il y a eu au contraire des doutes très sérieux pour le *partage entre vifs.* Comme il s'agit d'une donation qui dépouille immédiatement l'ascendant, il semblait naturel d'évaluer les biens au moment même où ils sont attribués aux enfants, et il y a eu des arrêts en ce sens (Agen, 11 juill. 1861, D. 61. 2. 233, S. 62. 2. 375), mais la jurisprudence est maintenant fixée en sens contraire : la Cour de cassation juge depuis longtemps que l'évaluation de la lésion doit se faire *à l'époque du décès*, parce que c'est l'ouverture de la succession de l'ascendant, qui donne à l'acte fait par lui le caractère de partage héréditaire et qui seule permet de l'attaquer pour cause de lésion (Cass., 18 févr. 1851, D. 51. 1. 294, S. 51. 1. 340 ; Cass., 25 août 1869, D. 69. 1. 466, S. 69. 1. 454 ; Cass., 2 juill. 1895, D. 95. 1. 511, S. 95. 1. 311). Sur les opinions des auteurs, voyez les indications données par MM. Aubry et Rau, t. VIII, § 734, note 12. Comp. Réquier, nos 134 à 138.

3389. Durée de l'action. — Si le partage a été fait par acte entre vifs, comme il a pris la forme d'une convention, on lui applique l'art. 1304, et la prescription s'accomplit par *dix ans* (Orléans, 29 juill. 1880, D. 80. 2. 161, S. 84. 1. 259). Mais s'il a eu lieu par testament, l'art. 1304 devient inapplicable et la prescription ne peut être que celle de *trente ans* (art. 2262). Comp. t. II, no 1344.

C. — Réduction pour atteinte à la réserve.

***3390. Hypothèse.** — Voici sur quelle hypothèse la loi a statué. Il se peut que l'un des enfants ait reçu par préciput la quotité disponible ; c'est l'avantage le plus grand qu'il puisse avoir, le père n'a plus rien à lui donner, et cependant, en partageant la réserve, il lui donne encore un lot plus fort qu'aux autres. Cet enfant a donc reçu, par la combinaison du partage et des dispositions par préciput, « un avantage plus grand que la loi ne le permet », comme le dit l'art. 1079. Ainsi, quand il y a deux enfants et 24000 francs d'actif, la quotité disponible (8000 francs) étant donnée à l'un, celui-ci reçoit encore un lot de 9000 francs, sur ce qui reste à partager, tandis que son frère n'obtient que 7000 francs.

3391. Utilité d'un texte spécial. — Si la loi n'avait rien dit, l'enfant avantagé aurait pu se retrancher derrière le dilemme suivant : « Est-ce la libéralité préciputaire ou le partage que vous attaquez ? Si c'est la libéralité, elle n'est pas sujette à réduction, car je n'ai reçu que la quotité disponible ; si c'est le partage, il n'est pas critiquable, car vous n'êtes pas lésé de plus du quart. » De là la nécessité d'une action spéciale, établie par un texte exprès, comme l'est l'art. 1079.

3392. Condition de l'action. — L'action est soumise par la loi à une condition particulière : il faut que ce soit *le même enfant* qui, étant déjà donataire ou légataire par préciput de la quotité disponible, profite en outre de l'inégalité des lots. Par suite l'action n'est pas recevable, quoique l'un des enfants ait reçu moins que sa réserve, si la quotité disponible a été donnée ou léguée à un étranger. Elle ne le serait pas davantage, quand la quotité disponible est attribuée par préciput à l'un des enfants, si cet enfant n'a reçu dans le partage qu'un lot égal ou inférieur à sa part de réserve. Ni dans un cas ni dans l'autre on ne trouve un enfant ayant reçu un avantage excessif.

3393. Nature de l'action. — On s'est demandé quelle est la nature de cette action : est-ce une action *en rescision pour lésion* ou une *action en réduction* ? La question est très controversée.

Intérêts de la question. — La discussion offre des intérêts multiples :

1° Si c'est une action en rescision, le résultat sera la chute du partage entier, qui devra être refait à nouveau ;

2° Elle doit être dirigée contre tous les enfants à la fois ;

3° Elle peut être écartée par l'offre d'une indemnité égale au complément de la part légitime du demandeur ;

4° Elle se prescrit par dix ans (art. 1304).

— Si c'est une action en réduction, tous ces points seront réglés différemment : le partage ne sera pas annulé ; l'action sera dirigée uniquement contre l'enfant qui a reçu un avantage excessif ; elle ne peut être écartée que par la remise de biens en nature, et non d'une indemnité pécuniaire ; elle ne se prescrit que par trente ans.

Opinions doctrinales. — En général, on enseigne dans la doctrine qu'il s'agit d'une action en rescision, parce que l'art. 1079 la rapproche de l'action en rescision pour lésion : c'est le même texte ; il doit parler de la même action dans les deux cas qu'elle prévoit. La loi elle-même le dit : *le partage pourra être attaqué*...; elle ouvre donc une action qui fera tomber le partage et ne servira pas seulement à compléter la réserve d'un enfant (Demolombe, t. XXIII, n° 189 *bis* ; Colmet de Santerre, t. IV, n° 247 *bis*, viii et xii). Aubry et Rau (t. VIII, § 734, notes 42 et suiv.) et Réquier (nos 208 à 215) approuvent au contraire la jurisprudence.

Jurisprudence. — La jurisprudence décide que la seconde des deux actions dont parle l'art. 1079 est une *action en réduction*, parce que sa seule raison d'être est une *atteinte portée à la réserve*. Par conséquent le partage n'est pas annulé (Cass., 30 juin 1852, D. 54. 1. 434, S. 52. 1. 735) ; elle doit être dirigée exclusivement contre l'enfant avantagé au delà de la quotité disponible (Agen, 28 mai 1850, D. 51. 2. 8, S. 51. 2. 177).

3394. Calcul de la quotité disponible. — Pour savoir s'il y a eu atteinte à la réserve, on doit procéder conformément aux règles ordinaires, c'est-à-dire estimer la fortune totale du disposant en joignant aux biens qu'il a pu laisser lors de son décès ceux dont il avait précédemment disposé au moyen d'une donation-partage. Cette réunion fictive doit se faire en vertu de l'art. 922, comme s'il s'agissait d'une donation ordinaire (Cass., 13 févr. 1860, D. 60. 1. 169, S. 61. 1. 552 ; Cass., 14 mars 1866, D. 66. 1. 173, S. 66. 1. 353).

3395. Nullité des clauses pénales. — Le disposant ne peut empêcher par aucun moyen ses donataires ou légataires d'attaquer le partage, lorsque celui-ci porte atteinte à leurs droits de réserve. Toute clause pénale, qui tendrait à les priver de leur action, est nulle (Cass., 14 mars 1866, précité ; Cass., 7 juill. 1868, S. 69. 1. 125).

D. — Ouverture des actions en nullité ou en rescision.

3396. Règle générale. — Pour les partages faits par testament, il ne peut y avoir de doute : l'acte ne produit d'effet qu'au décès du testateur et c'est seulement à partir de ce moment qu'il peut être attaqué. Pour les partages entre vifs, il y a eu de longues controverses dans la doctrine : beaucoup d'auteurs voulaient qu'il fût permis aux enfants d'agir immédiatement en nullité ou en rescision (voyez les citations dans Aubry et Rau, t. VIII, § 734, notes 19 et 51) ; mais la jurisprudence décide que l'action ne peut être intentée qu'après le décès de l'auteur du partage, et que c'est seulement à partir de ce moment qu'elle commence à se prescrire, sans distinguer selon la cause et la nature de l'action (Cass., 16 juill. 1849, D. 49. 1. 237, S. 49. 1. 622 ; Cass., 13 juill. 1869, D. 71. 1. 171, S. 71. 1. 34 ; Cass., 23 mars 1887, D. 87. 1. 400, S. 87. 1. 152). C'est surtout pour l'enfant qui se plaint d'être *lésé* dans le partage que le doute a été sérieux ; mais la solution qui a triomphé se justifie par une bonne raison : s'il avait été *entièrement omis*, il n'aurait le droit d'attaquer le partage qu'à la condition de survivre au donateur et de se porter héritier ; à plus forte raison doit-il en être de même quand il a simplement reçu une part trop faible.

3397. Règle spéciale aux partages conjonctifs. — Si les père et mère ont donné leurs biens en une seule masse, l'ouverture des actions et leur prescription sont retardées jusqu'au jour du décès du dernier mourant des donateurs (Cass., 16 nov. 1885,

D. 86. 1. 395, S. 86. 1. 454). C'est l'effet de l'indivisibilité des deux opérations qui ont été confondues en une seule. Si les deux successions, bien que données par le même acte, avaient fait l'objet d'un règlement et d'un partage distincts, les actions existant pour chacune d'elles seraient indépendantes et se prescriraient séparément à compter de chaque décès (Agen, 11 juin 1865, D. 65. 2. 31).

3398. Effet de la rescision. — Quelle que soit sa cause, la rescision du partage rétablit l'indivision entre les enfants, qui doivent alors procéder entre eux à un nouveau partage dans les formes ordinaires. Si le partage annulé était un partage entre vifs, l'effet des actes de disposition faits par les enfants donataires dépend de la façon dont les biens leur seront définitivement attribués ; ces actes peuvent disparaître par application de l'art. 883 (Cass., 26 juill. 1887, D. 89. 1. 71, S. 87. 1. 377). Sur une conséquence particulière de la rescision dont l'effet est nécessairement général, voyez Cass., 6 août 1884, D. 85. 1. 49, S. 85. 1. 369.

3399. Frais. — L'art. 1080 qui veut que l'enfant demandeur fasse l'avance des *frais*, et qu'il les supporte en totalité quand son action est repoussée, est une dérogation au principe général de l'art. 131 C. proc. civ.

3400. Inconvénients du système de la loi. — L'existence d'actions en rescision ou en nullité, reculées à une époque indéterminée, a de grands inconvénients pratiques. On reste trop longtemps sans savoir si le partage sera valable, et les enfants qui ont reçu les biens entre vifs ne trouvent pas d'acheteurs quand ils veulent vendre. Beaucoup d'avocats donnent pour conseil de ne plus faire de ces partages.

ADDITIONS

1.

1. Bibliographie du mariage. — OLIVIER MARTIN, *La crise du mariage dans la législation intermédiaire*, 1789-1804, Thèse, Paris, 1901.

2.

278. Gains de la femme mariée. — La question a été discutée par la *Société d'études législatives*, récemment fondée à Paris, dans ses deux premières séances (20 février et 20 mars 1902). Voyez les *Bulletins*, nos 1 et 2 de cette société, contenant des documents intéressants et divers projets.

3.

691. Différence entre le divorce et la séparation de corps. — *Adde* : ALBERT TISSIER, *Revue critique*, décembre 1901, p. 577 et suiv.

4.

773. Communauté d'acquêts. — Voy. aussi ALBERT TISSIER, *De la communauté d'acquêts comme régime de droit commun*, *Revue Bourguignonne*, 1901, no 1.

TABLE ALPHABÉTIQUE DES MATIÈRES

CONTENUES DANS LE TROISIÈME VOLUME

Les chiffres qui ne sont précédés d'aucune indication renvoient aux *numéros*; les renvois aux *pages* sont indiqués par la lettre p. Le signe — tient lieu du mot principal de chaque article de la table. La lettre s. à la suite d'un numéro signifie *et suivants*.

TABLE DES TEXTES

CODE CIVIL

Articles	N^os du volume
938-941. .	2589, s.
942.. . . .	2573.
943.. . . .	2599, s.
944.. . . .	2605, s.
945.. . . .	2607, s.
946.. . . .	2610.
947.. . . .	3208.
948.. . . .	2556, 3213.
949.. . . .	2613.
950.. . . .	2614.
951-952. .	2615, s.
953.. . . .	2629.
954.. . . .	2630. s.
955.. . . .	2586, 2637, s.
956.. . . .	2647.
957.. . . .	2645, 2647, s.
958.. . . .	2652, s.
959.. . . .	2640, 3149, 3200.
960.. . . .	2662, s., 3201.
961.. . . .	2664.
962.. . . .	2672, 2675.
963.. . . .	2673.
964.. . . .	2672.
965.. . . .	2659.
966.. . . .	2676.
967.. . . .	2729.
968.. . . .	2682-2683.
969.. . . .	2678.
970.. . . .	2688, 2693-9°.
971.. . . .	2698, s.
972.. . . .	2702, s.
973-974. .	2706.
975.. . . .	2711.
976.. . . .	2714, s.
977.. . . .	2715.
978-979. .	2721.
980.. . . .	2709.
981-998. .	2725.
995.. . . .	2968.
999.. . . .	2726.
1002. . . .	2729, 2730.
1003. . . .	2750.
1004. . . .	2754.
1005. . . .	2763.
1006. . . .	2754.
1007. . . .	2694, 2723.
1008. . . .	2756, s.
1009. . . .	2765, s.
1010. . . .	2771, s.
1011. . . .	2774.
1012. . . .	2777.
1013. . . .	2781.
1014. . . .	2732, 2775, 2785, s.
1015. . . .	2786.
1016. . . .	2736, s.
1017. . . .	2789, s.
1018-1020.	2800, 3380.
1021. . . .	2804, s.
1022. . . .	2802.
1023. . . .	2748.
1024. . . .	2798.
1025. . . .	2831.
1026. . . .	2817, s.
1027. . . .	2821.
1028-1030.	2815.
1031. . . .	2822, s.
1032. . . .	2814, 2821.
1033. . . .	2831.
1034. . . .	2835.
1035. . . .	2839, s.
1036. . . .	2843-1°.
1037. . . .	2839.
1038. . . .	2843.
1039. . . .	2847.
1040. . . .	2784, 2847.
1041. . . .	2847.
1042. . . .	2851.
1043. . . .	2848, s.
1044-1045.	2860, s.
1046. . . .	2853, s.
1047. . . .	2854.
1048-1049.	3301, s.
1050-1051.	3302.
1052. . . .	3304.
1053. . . .	3327.
1054. . . .	3321-3°.
1055-1057.	3308, 3322.
1058-1061.	3309.
1062-1064.	3310.
1065-1067.	3312.
1069. . . .	3313.
1070-1071.	3314.
1072. . . .	3316.
1073. . . .	3315.
1074. . . .	3307, 3315.
1075. . . .	3353.
1076. . . .	3354, 3365.
1077. . . .	3369.
1078. . . .	3357, 3384.
1079. . . .	3386, s.
1080. . . .	3399.
1081. . . .	3154.
1082. . . .	3165, s.
1083. . . .	3177, s.
1084-1085.	3191.
1086. . . .	3151.
1087. . . .	3146.
1088. . . .	3143.
1089. . . .	3155, 3196.
1090. . . .	3088.
1091. . . .	3198.
1092. . . .	3203.
1093. . . .	3199.
1094. . . .	3228, s.
1095. . . .	789, 2895, s.
1096. . . .	3218, s.
1097. . . .	3215.
1098. . . .	3235, s.
1099. . . .	3216, 3252, s.
1100. . . .	3259.
1131. . . .	3034.
1172. . . .	3033.
1220. . . .	2067, s., 2398.
1221. . . .	2075.
1338. . . .	2735.
1339. . . .	2531, 2681.
1340. . . .	2532, 2685.
1351. . . .	422-429.
1387. . . .	795, s.
1388. . . .	799, s., 1017.
1389. . . .	801.
1390. . . .	802.
1391. . . .	811.
1392. . . .	1479.
1393. . . .	840.
1394, al. 1.	806, s.
al. 2 et 3.	811, s.
1395. . . .	813, s.
1396-1397.	819, s.
1398. . . .	784, s.
1399. . . .	903.
1400. . . .	840.
1401-1°.. .	915, s.
2°.. .	973, s.
3°.. .	930, s.
1402. . . .	1242, 1243.
1403. . . .	975, 976, 1292.
1404, al. 1.	925, 935.
al. 2.	927, s.
1405. . . .	938, s.
1406. . . .	941, s.
1407. . . .	943, s.
1408, al. 1.	963-964.
al. 2.	965, s.
1409-1°.. .	1076, s., 1114, 1282.
2°.. .	1086, s.
3°.. .	1122, s.
4° et 5°.. .	1124.
1410. . . .	1079-1085.
1411-1417.	1110-1121. Voyez aussi 1093.
1418. . . .	1109.
1419. . . .	1073.
1420. . . .	1098, s.
1421. . . .	1021.
1422. . . .	1023, s., 1040.
1423. . . .	1033, s. Voy. aussi 1030, 1043.
1424. . . .	1088, 1288-1289.
1425. . . .	1089.
1426. . . .	1038, 1091, s., 1101, 1107.
1427. . . .	1041, 1102, s.
1428. . . .	1047-1065.
1429-1430.	1059.
1431. . . .	1094, s.
1432. . . .	1093.
1433. . . .	1259.
1434-1435.	947, s.
1436. . . .	1261.
1437. . . .	1280, 1295.
1438. . . .	857, s.
1439. . . .	861.
1440. . . .	865, 867.
1441. . . .	1144.
1442. . . .	1146-1150.
1443. . . .	1160, s.
1444. . . .	1179, s.
1445, al. 1.	1178.
al. 2.	1187, s.
1446. . . .	1192.
1447. . . .	1197.
1448. . . .	1432.
1449. . . .	1441, s.
1450. . . .	1462.
1451. . . .	1199, s., 1206.
1452. . . .	1310.
1453. . . .	1217, 1220.
1454. . . .	1223.
1455. . . .	1223, 1233, s.
1456. . . .	1228.
1457-1458.	1225.
1459. . . .	1222, 1228.
1460. . . .	1224.

Articles	N°s du volume
1461. . . .	1222.
1463. . . .	1231, 1232.
1464. . . .	1236.
1465. . . .	1151, s.
1466. . . .	1230.
1467. . . .	1237.
1468. . . .	1297.
1469. . . .	1290. Voyez aussi 1032.
1470. . . .	1239, 1256, 1259.
1471. . . .	1264, s.
1472. . . .	1271.
1473. . . .	1264, s., 1298, 1395.
1474. . . .	1301.
1475. . . .	1221, 1331.
1476. . . .	1332.
1477. . . .	1325, s., 1356.
1478. . . .	1376, s.
1479. . . .	1377.
1481. . . .	1152.
1482. . . .	1337, 1354.
1483. . . .	1359, s.
1484. . . .	1340.
1485. . . .	1343.
1486. . . .	1340.
1487. . . .	1097, 1341.
1488. . . .	1350-1351.
1489. . . .	1354.
1490. . . .	1358.
1491. . . .	1338.
1492. . . .	1380, s.
1493. . . .	1393, s.
1494. . . .	1382.
1495. . . .	1154.
1496. . . .	1396, s.
1498. . . .	995, s., 999, s., 1136.
1499. . . .	1245, s.
1500, al. 1.	995, s.
al. 2.	1012, s.
1501-1502.	1014.
1503. . . .	1013.
1504. . . .	1245, s.
1505. . . .	982.
1506. . . .	984.
1507. . . .	985, 1036, 1049.
1508. . . .	986, 1049, 1240-1241.
1509. . . .	1333-1°.
1510. . . .	1129, s.
1511. . . .	1140.
1512. . . .	1132.
1513. . . .	1142-1143.
1514. . . .	1385, s.
1515. . . .	1302, s.
1516. . . .	1307.
1518. . . .	728, 1308.
1519. . . .	1309.
1520. . . .	1311, 1312.
1521. . . .	1346.
1522. . . .	1312.
1523. . . .	1347.
1524. . . .	1347.
1525, al. 1.	1313, s.
al. 2.	1318, s.
1526. . . .	988, s., 1127.
1527. . . .	1396, s.
1528. . . .	906, 1015.
1530-1531.	1419, s.
1532. . . .	1420.
1533-1534.	1422.
1535. . . .	1424.
1536. . . .	1429, 1441.
1537. . . .	1432.
1538. . . .	1450.
1539. . . .	1461.
1540. . . .	847, s.
1541. . . .	1489, s.
1542. . . .	1486.
1543. . . .	1498, s.
1544. . . .	857, s.
1545. . . .	862.
1546. . . .	856.
1547. . . .	867.
1548. . . .	865.
1549. . . .	1503, s.
1550. . . .	1517.
1551-1552.	1505-2°.
1553, al. 1.	1494, s.
al. 2.	1496-1°.
1554. . . .	1522, s.
1555. . . .	1561.
1556. . . .	1562.
1557. . . .	1545, s.
1558. . . .	1495, 1564, s.
1559, al. 1.	1564-7°, 1572.
al. 2.	1492.
1560-1561.	1538-1543, 1626, 1633-1641.
1562. . . .	1515, 1516.
1563. . . .	1614, s.
1564. . . .	1642, 1652.
1565. . . .	1653, 1654.
1566-1568.	1648, 1649.
1569. . . .	864, 1645.
1570. . . .	1651, 1656.
1571. . . .	1650.
1572. . . .	1655.
1573. . . .	876-877.
1574. . . .	1657.
1575. . . .	1432.
1576. . . .	1660, 1664.
1577-1579.	1461, 1661.
1580. . . .	1662.
1581. . . .	1681, s.
2111. . . .	2177, s.
2205. . . .	2327.
2258-1°. . .	2112-2113.

CODE DE PROCÉDURE CIVILE

Articles	N°s du volume
49, al. 2. .	150.
59-6°. . . .	1703.
83-6°. . . .	298, 1527.
130, 131. .	154.
174.. . . .	1179, 1222, 1965.
303.. . . .	1564-7°.
480-481 . .	326.
728.. . . .	1594.
863.. . . .	293.
865-872. .	1174-1178.
875.. . . .	699.
883.. . . .	72.
904.. . . .	2141.
911.. . . .	2355.
942, 943. .	2017, s.
945, s. . .	2130.
916-918. .	2694.
971.. . . .	2360.
975-978. .	2362, s.
980-981. .	2364.
985.. . . .	2350.
988-989. .	2167.
990.. . . .	2149.
991.. . . .	2144.
995, s. . .	2160.
996.. . . .	2110.
997.. . . .	1569.
1004. . . .	298, 1527.
1030. . . .	532.

CODE DE COMMERCE

Articles	N°s du volume
4.	299.
7.	276.
66.	602.
69.	1606.

CODE PÉNAL

Articles	Nos du volume	Articles	Nos du volume	Articles	Nos du volume
193	88, 120.	336	573.	340	31, 120.
194	473.	337-339	225-227.	357	629.
199-200	172.				

TEXTES DIVERS

(Les textes dont la nature n'est pas indiquée sont jusqu'à 1789 des ordonnances et depuis cette époque des lois.)

Dates	Nature et objet	Numéros
1215.	Concile de Latran.	37.
1420.	(Ord. de Jean V, duc de Bretagne). Communauté.	1219.
1510. (V. st.). Mars.	Coutume de Paris. Art. 115.	1219.
	Art. 123.	1764.
	Art. 160.	2592.
1539. Août.	Ordonnance de Villers-Cotterets. Art. 133.	2912.
1549. 4 mars.	(Décl.). Titres exécutoires.	2065.
1556. V. st. Février.	(Édit). Mariages.	13, 62, 94.
1560. Juillet.	(Édit). Secondes noces.	468, 1390, 3237.
1561 (1560 v. st.) Janvier.	Ord. d'Orléans. (Art. 59). Substitutions.	3271.
1563. 24 juillet.	Concile de Trente.	162.
1566. Février.	Ord. de Moulins. (Art. 57). Substitutions.	3271.
1567. Mai.	Édit des mères.	1786.
	Art. 18.	468.
1579. Mai.	Ord. de Blois. Art. 40.	164, 193.
	Art. 44.	193.
1580. Mars.	Coutume de Paris. Art. 80.	2376.
	Art. 220.	896, 974.
	Art. 222.	1129.
	Art. 223.	259.
	Art. 223-227.	897.
	Art. 225.	1018, 1022.
	Art. 226.	1047.
	Art. 228.	1361.
	Art. 232.	940, 1254, 1261.
	Art. 235.	276.
	Art. 237.	1219.
	Art. 238.	1302.
	Art. 248.	P. 561, note 2.
	Art. 273.	2592.
	Art. 274.	2610.
	Art. 275.	2612.
	Art. 279.	1399.
	Art. 280 et 282.	3205.
	Art. 298.	3055.
	Art. 299.	2728.
	Art. 300-307.	2207, 2216.
	Art. 305.	2287.
	Art. 312.	1793.
	Art. 313.	1892.
	Art. 316.	1956.
	Art. 318.	1983.
	Art. 320.	1764.
	Art. 326.	1791-2°.
1629. Janvier.	Code Michaud. Art. 126.	2686.
	Art. 132.	2943.
1639. Novembre.	Mariage.	13, 56, 62, 359.
1664. Avril.	(Édit). Suppression de la loi Julia.	1470.

Dates		Nature et objet	Numéros
1900.	6 juillet. . . .	(Instruction). Enregistrement.	2393.
1901.	4 février. . .	Personnes fictives.	2938, s.; p. 827, note 1.
	25 février. . .	Droits de mutation. Art. 2 et 3.	2066 *bis*.
		Art. 13.	3107.
		Art. 19.	3005 *bis*.
	1er juillet. . . .	Associations. Art. 17.	2989 *bis*.
	29 novembre.	Mariages à l'étranger.	186.
	5 décembre..	Enlèvement d'enfants.	619.

CHARTRES. — IMPRIMERIE DURAND, RUE FULBERT.

www.ingramcontent.com/pod-product-compliance
Lightning Source LLC
LaVergne TN
LVHW020951300926
849160LV00007B/120
* 9 7 8 2 0 1 9 9 1 5 9 5 7 *